NOUVEAU
DICTIONNAIRE-FORMULAIRE
PRATIQUE

OU

MANUEL ALPHABÉTIQUE

DE

DROIT USUEL, CIVIL, COMMERCIAL, ADMINISTRATIF & JUDICIAIRE

DÉFINITION CONCLUANTE DES MOTS ET TERMES JURIDIQUES.
PRINCIPALES RÈGLES DE DROIT.
DROIT ET USAGES LOCAUX. — FORMULES D'ACTES SOUS SEING PRIVÉ,
DÉCLARATIONS DE SUCCESSION, RÉCLAMATIONS,
SUPPLIQUES. — DROITS D'ENREGISTREMENT. — GUIDE DU PLACEMENT
EN VALEURS MOBILIÈRES, ETC., ETC.

MIS AU COURANT DE LA JURISPRUDENCE ET DES NOUVELLES LOIS

PAR

J.-M. LE MOUTIER
Ancien Notaire.

PARIS

Librairie Marescq aîné

CHEVALIER-MARESCQ ET Cⁱᵉ, ÉDITEURS

20, RUE SOUFFLOT, 20

1889

NOUVEAU

DICTIONNAIRE-FORMULAIRE

PRATIQUE

ou

MANUEL ALPHABÉTIQUE

DE DROIT USUEL, CIVIL, COMMERCIAL, ADMINISTRATIF ET JUDICIAIRE

NOUVEAU
DICTIONNAIRE-FORMULAIRE

PRATIQUE

OU

MANUEL ALPHABÉTIQUE

DE

DROIT USUEL, CIVIL, COMMERCIAL, ADMINISTRATIF ET JUDICIAIRE.

CONTENANT :

Outre la définition des mots et termes *juridiques*,
et les principales *Règles de droit, Usages locaux et coutumes*,
quantité de *Formules* d'acte sous-seing privé, déclarations de succession,
procès-verbaux, réclamations, suppliques, etc., — le *Tarif* général des droits
d'enregistrement, droits de mutation par décès, droits de timbre, d'hypothèque,
de greffe et autres, — le *Guide* du placement des capitaux en valeurs mobilières, —
la *Taxe* des frais dus aux notaires, avoués, huissiers et greffiers ; — le tout mis au courant
de la *jurisprudence* et notamment des nouvelles *Lois* sur : LES PLANTATIONS, — LA MITOYENNETÉ
DES CLOTURES, — L'ORGANISATION MUNICIPALE, — LE DIVORCE, — LES VICES RÉDHIBITOIRES, —
LES VENTES JUDICIAIRES D'IMMEUBLES, — LES ÉCHANGES D'IMMEUBLES RURAUX, — LES
MARCHÉS A TERME, — LA PURGE DES HYPOTHÈQUES LÉGALES, — L'INSTRUCTION
PUBLIQUE, — LE RECRUTEMENT, — LA CHASSE, — LA PÊCHE, etc., etc. —
avec une *Notice* géographique sur la France continentale,
départementale et coloniale ; divers renseignements
généraux sur les Postes, Télégraphes et autres
administrations, et plusieurs *Méthodes*
abréviatives et *Tableaux* pour cubage,
jaugeage, répartitions, calculs
d'intérêts, etc., etc.

PAR

J.-M. LE MOUTIER

Ancien notaire.

PARIS

Librairie Marescq aîné.

CHEVALIER-MARESCQ & Cie, ÉDITEURS

20, RUE SOUFFLOT, 20

1889

AVERTISSEMENT DE L'ÉDITEUR

Ce livre est un résumé des *Lois, Décrets, Arrêtés* et *Usages locaux* en vigueur.

Ce n'est pas un cours de droit destiné aux Magistrats ni aux Jurisconsultes, mais un *Vade-mecum* pour ceux qui, n'ayant pas étudié le droit, ont journellement besoin de conseils, soit pour l'administration de leurs propres affaires, soit pour la gestion des intérêts qui leur sont confiés.

C'est d'ailleurs un principe de droit, que : *nul n'est censé ignorer la loi.*

En groupant sous chaque *mot* ou *terme juridique* tout ce qui peut s'y rattacher d'important, en y intercalant les *formules*, tant des *Actes sous seing privé* que des *Pétitions* et *Réclamations* d'un usage journalier, l'auteur a certainement fait œuvre utile, qui permettra à chacun de se familiariser en peu de temps avec des notions qu'il n'est plus permis d'ignorer par ce temps d'instruction et de progrès.

Les officiers ministériels et les fonctionnaires y trouveront aussi des renseignements qui leur éviteront des recherches et la perte d'un temps précieux ; enfin les jeunes gens qui se destinent à des fonctions publiques pourront en faire le guide élémentaire de leur éducation en droit et en administration.

ABRÉVIATIONS

Arr............	ARRÊT.	Flor..........	FLORÉAL.
Arr. Cons.....	ARRÊTÉ DU CONSEIL D'ÉTAT.	Frim.........	FRIMAIRE.
Arg...........	ARGUMENT.	Fruct.........	FRUCTIDOR.
Art............	ARTICLE.	Germ.........	GERMINAL.
Av............	AVIS.	Instr..........	INSTRUCTION.
Brum.........	BRUMAIRE.	L.............	LOI.
C.............	COUR.	LL...........	LOIS.
Cass..........	ARRÊT DE LA COUR DE CASSATION.	Mess.........	MESSIDOR.
		N. D.........	NOUVEAU DENISARD.
C. civ........	CODE CIVIL.	Niv...........	NIVOSE.
C. comm......	CODE DE COMMERCE.	Ord..........	ORDONNANCE.
C. for........	CODE FORESTIER.	Pluv..........	PLUVIOSE.
C. instr. crim.	CODE D'INSTRUCTION CRIMINELLE.	Prop..........	PROPORTIONNEL.
		Suiv..........	SUIVANTS.
Cout..........	COUTUME.	Therm........	THERMIDOR.
C. pén........	CODE PÉNAL.	Trib..........	TRIBUNAL.
C. proc.......	CODE DE PROCÉDURE CIVILE.	Vend.........	VENDÉMIAIRE.
C. rur........	CODE RURAL.	Vent..........	VENTOSE.
Déc...........	DÉCRET.	V.............	VOYEZ.
D. N.........	DICTIONNAIRE DU NOTARIAT.	Voy..........	VOYEZ.
E. N..........	ENCYCLOPÉDIE DU NOTARIAT.		

ERRATA

PAGES	TITRES	ALINÉA	LIGNES	RECTIFICATIONS
8	Abus d'autorité....	3e	1re	Supprimer cette ligne reproduite par erreur.
24	....	....	....	Au lieu de *14*, lisez : page 24.
34	....	....	....	Au lieu de *43*, lisez : page 34.
39	Allier.............	....	4	Au lieu de *Cuttel*, lisez : Cusset.
43	Année.............	Avant dr	1	Au lieu de *toute de la chrétienneté*, lisez : toute la chrétienté.
64	Aval (formule).....	....	2	Au lieu de *à son profit pour*, lisez : à son profit par.
70	§ 6. De la résiliation du bail.......	....	2	Au lieu de *résié*, lisez : résilié.
86	Bail de pêche (formule)...........	9	1	Au lieu de *sous les formes*, lisez : sous les clauses.
97	Biens ecclésiastiques............	....	2	Au lieu de *curés*, lisez : cures.
215	§ 9. De la taxe sur les cercles, etc....	1	2	Au lieu de *soumises*, lisez : soumis.
217	§ 12. Des dégrèvements (suite)......	dernier.	1, 2, 3	Au lieu de *une formule de pétition en remise*, lisez : plusieurs formules de pétitions en remise et décharge ou réduction.
221	Choses d'autrui.....	3	....	Au lieu de *et de loi*, lisez : et de la loi.
227	Côtes du Nord.....	3	....	Au lieu de *Reims*, lisez : Rennes.
228	Cour de cassation..	4	1	Au lieu de *des*, lisez : de.
254	Déclaration de vente de meubles.......	....	4	Au lieu de *sont autorités*, lisez : sont autorisés.
324	Élections législatives.............	7	2	Au lieu de *sur liste*, lisez : sur la liste.
332	Enfant adultérin...	avant dr	2	Au lieu de *résultant*, lisez : et que cela résultât.
343	....	....	....	Numérotage de la page : au lieu de *3*, lisez : 343.
348	Cahiers des charges.	....	21	Au lieu de *actes innommés*, lisez : actes innomés.
353	....	....	....	(Titre paginal) au lieu de NR, lisez : ENR.
355	Liquidation de reprises, etc........			1re col. D. F., lisez : *3 fr.*, portés par erreur à la ligne précédente.
365	Enrôlement volontaire............	....	1	Au lieu de *Réengagement*, lisez : Rengagement.
399	....	....	....	(Numérotage de la page) au lieu de *39*, lisez : 399.
424	Fort (se porter)....	....	2	Au lieu de *mais n'en*, lisez : mais non.
453	Griefs.............	....	1	Au lieu de *lequels*, lisez : lesquels.
478	Incommunité......			Au titre *Incommunité*, lisez : Incommunité.
497	Tabl. de calc. des int. à 3 p. %....	....	6	Au lieu de *61e par mois pour 0 fr.*, lisez : 01 c.
505	3me cas.—Fonds ovales, etc........	2	6	Au lieu de *régie*, lisez : règle.
518	Lavoir.............	....	2	Au lieu de *naviguable*, lisez : navigable.

PAGES	TITRES	ALINÉA	LIGNES	RECTIFICATIONS
556	Marché (Devis et)	avant d^r	1	Au lieu de *et l'entrepreneur*, lisez : à l'entrepreneur.
557	Marché, etc. (formule)	....	....	Au lieu de *pour la construction d'un bâtiment avec description*, lisez : pour la construction d'un bâtiment.
558	Marché à terme		2	Au lieu de *fixé*, lisez : fixe.
569	Valeur des différents titres (or.)		11	Au lieu de *le jaseron vaut 20 94, 65*, lisez : vaut 2094, 65.
571	Médicaments		3	Au lieu de *Pharmacie*, lisez : Pharmacien.
575	Messageries	2	1	Au lieu de *La Compagnies*, lisez : Les Compagnies.
601	....	....	....	(Titre paginal) au lieu de NAV, lisez : NAU.
604	Naturalisation (suite)	dernier.	dernière.	Au lieu de *déclaration d'utilité*, lisez : déclaration d'identité.
613	....	....	....	(Titre paginal) au lieu de UL, lisez : NUL.
614	....	....	....	(Titre paginal) au lieu de OB, lisez : OBJ.
614	Nullité (suite)	7	2,3	Au lieu de *pour cause*, lisez : à raison.
616	Obligation ou prêt (formule)		1	Au lieu de *prêt*, lisez : prête.
620	Offres réelles		avant d^{re}	Au lieu de *auxquelles tiennent*, lisez : auquel elles tiennent.
645	Abandonnements et jouissance, etc.		1	Au lieu de *abonnements*, lisez : abandonnements.
647	Particule	3	1	Au lieu de *à cette égard*, lisez à cet égard.
685	De la portion disponible	3	3	Au lieu de *quand le défunt laisse*, lisez : lorsqu'il existe.
719	Procuration (formule 4)	3	3	Au lieu de *partie de biens*, lisez : partie des biens.
724	Promesse de vente (formule)	8	2	Au lieu de *de toutes part*, lisez : de toutes parts.
726	Propriété littéraire, etc.	7	1	Au lieu de *les autres*, lisez : les auteurs.
736	Quittance (formule II)		1	Au lieu de *donnés par un*, lisez : donnée par un.
736	d° d°			Avant le mot *signature*, lisez : A... le...
753	Engagements et rengagements	7	2	Au lieu de *sous-officiers*, lisez : sous-officier.
812	....	....	....	(Titre paginal) au lieu de SAT, lisez : SAR.
816	Séminaire		1	Au lieu de *eclésiastique*, lisez : ecclésiastique.
823	Session législative			Au titre Session législative, au lieu de *législaive*, lisez : législative.
828	De la société en nom collectif (suite)	4	1	Au lieu de *Le société*, lisez : La société.
882	De la tutelle légitime, etc.	1	2	Au lieu de *à son aieul maternel*, lisez : à l'aïeul maternel.
887	Normandie	4	1	Au lieu de *Granville*, lisez Grainville.
900	Vente de navire	6	1	Au lieu de *ettes*, lisez : dettes.

NOUVEAU

DICTIONNAIRE-FORMULAIRE

PRATIQUE

OU

MANUEL ALPHABÉTIQUE

DE DROIT USUEL, CIVIL, COMMERCIAL, ADMINISTRATIF ET JUDICIAIRE

A

ABANDON. — Action de se dessaisir ou de renoncer à réclamer une chose ou un droit, ce qui a lieu le plus ordinairement par des actes ou contrats, tels que : *Vente, Bail, Donation*, etc.

En droit, on qualifie plus particulièrement *Abandon*, la renonciation à la possession d'une chose pour s'affranchir des servitudes ou des charges dont elle est grevée.

L'abandon de biens et droits immobiliers étant translatif de propriété doit être soumis à la formalité de la transcription. Il doit être signifié au propriétaire au profit duquel il est fait ou accepté par lui.

Il est révocable jusqu'à l'acceptation ou la signification.

ABANDON d'animaux. — Il n'y a aucun délit ni contravention dans le fait d'avoir laissé un animal à l'abandon, dès lors que cet abandon n'a causé ni dégâts ni dommages; mais les dégâts faits à la propriété d'autrui par les bestiaux laissés à l'abandon sont à la charge des personnes qui ont la jouissance des bestiaux et, si elles sont insolvables, ils doivent être payés par celles qui en ont la propriété. — *C. rur., 28 sept.-6 oct. 1791.*

Celui qui éprouve le dommage peut saisir les bestiaux à charge de les faire conduire en fourrière dans les 24 heures. — Voyez *Fourrière*.

Il peut même en poursuivre la vente et se faire payer du dommage causé.

Si ce sont des volailles de n'importe quelle espèce qui causent le dommage, celui qui l'éprouve peut les tuer sur le lieu au moment du dégât, mais à la campagne seulement, et il doit les laisser sur place.

ABANDON de biens. — Voy. *Démission de biens.* — *Cession de biens.* — *Partage d'ascendants.*

ABANDON de la maison paternelle. — Action de l'enfant qui quitte la maison paternelle sans la permission de son père. — *C. civ. 374.* — Voy. *Puissance paternelle.*

Cet abandon n'est permis que pour le cas d'enrôlement volontaire de 18 à 20 ans. — *L. du 27 juillet 1872.*

ABANDON d'enfant. — Cette expression désigne en droit criminel le fait d'abandonner un enfant au-dessous de sept ans dans un lieu solitaire. Ce fait est qualifié et puni comme tel par l'article 349 du Code pénal.

ABANDON du domicile conjugal. — Violation du devoir imposé aux époux de cohabiter ensemble.

La femme non séparée de corps ne peut se dispenser du devoir d'habiter avec son mari; mais celui-ci doit lui offrir un logement convenable.

L'emploi de la force publique pourrait même être accordée au mari.

ABANDON de mitoyenneté. — Acte permis à celui qui veut se dispenser de contribuer aux réparations et reconstruction d'un mur dont la mitoyenneté lui appartient. — *C. civ.* 656.

Celui qui fait l'abandon est tenu de le faire signifier à ses frais au propriétaire voisin, à moins que ce dernier n'intervienne pour accepter.

L'abandon est révocable jusqu'à ce qu'il ait été accepté ou signifié.

Si le mur mitoyen soutenait un bâtiment, ce ne serait qu'après sa démolition que le propriétaire de ce bâtiment pourrait abandonner la mitoyenneté. — *C. civ.* 656.

Si, après l'abandon, le voisin resté seul propriétaire du mur le laisse tomber, celui qui a consenti l'abandon peut exercer l'action en répétition et révocation.

Les fossés, haies, égouts et puits mitoyens peuvent être également l'objet d'un abandon. Ce n'est pas seulement le mur et les haies et fossés qu'on doit abandonner, mais encore le terrain sur lequel ils sont assis.

L'abandon de mitoyenneté d'un mur n'empêche pas celui qui l'a fait de racheter ensuite cette mitoyenneté; mais la même faculté ne s'applique pas aux autres objets mitoyens. — *C. civ.* 661.

Il est prudent pour celui qui reçoit l'abandon de mitoyenneté d'un mur d'exiger un acte authentique qui constate la position précise et l'alignement du mur; autrement, ce mur pourrait, par la suite, être prétendu mitoyen, en vertu de la présomption de la loi. — *D. N.*

Nous donnons cependant une formule de cet acte qui peut être fait sous seing privé.

Abandon de mitoyenneté.

Aujourd'hui.....
Les soussignés :
M. A...
Et M. B...
Ont dit et fait ce qui suit :

M. A... est propriétaire d'un jardin clos de murs situé à....., borné au Nord par M. B... et mitoyen avec ce dernier.

Ce mur étant dans un état de vétusté qui nécessite sa reconstruction totale et M... A. voulant s'affranchir des dépenses de cette reconstruction, il a, par ces présentes, déclaré renoncer purement et simplement au droit de mitoyenneté que ses titres lui attribuent sur ledit mur, ainsi que sur le sol sur lequel il a été édifié.

Cet abandon est accepté par M. B... qui a dispensé M. A... de toute signification.

Pour l'enregistrement, l'objet de cet abandon est évalué à 100 fr. en capital.

Fait double à....., lesdits jour, mois et an, et signé, lecture prise.

(*Signatures.*)

Observation. — Pour les droits d'enregistrement des actes de toute espèce, Voy. *Enregistrement (Tarif).*

ABANDON de terrain grevé de servitude. — Délaissement que fait le propriétaire d'un terrain assujetti à une servitude, au propriétaire de celui auquel elle est due, pour s'affranchir des charges. — *C. civ.* 699.

Comme l'abandon de mitoyenneté, celui-ci peut être révoqué jusqu'à ce qu'il ait été accepté ou signifié.

Cet abandon ne peut nuire aux tiers qui auraient des droits de servitude ou d'hypothèque sur le fonds abandonné; aussi, le propriétaire au profit duquel il est fait peut le refuser, jusqu'à ce qu'il lui ait été justifié que le fonds est libre d'hypothèques.

S'il s'agit d'un passage, il suffit d'abandonner la partie du champ sur laquelle il s'exerce.

Si le propriétaire d'un terrain inférieur était obligé d'entretenir le mur qui ferme et soutient celui du propriétaire supérieur, nous pensons qu'il ne pourrait se libérer des charges par l'abandon de ce mur.

L'abandon de terrain peut être rédigé sous seing comme le précédent, et nous en donnons ci-après une formule, bien qu'il soit préférable de le faire devant notaire à cause des indications d'origine de propriété qu'il doit contenir, et des formalités de transcription et de purge légale qu'il peut être nécessaire de faire remplir.

Abandon de fonds grevé de servitude.

Aujourd'hui.....
Les soussignés :
M. A...
Et M. B...
Ont dit et fait ce qui suit :

M. A... est propriétaire d'un pré à faucher de la contenance de..., situé à..., au lieu dit..., tenant d'un côté à un jardin appartenant à M. B... et, d'autre côté, à un pré appartenant au même propriétaire ; ledit pré grevé en faveur de ces deux héritages d'un droit de passage tant à pied qu'avec charrues et charrettes, et de l'obligation de faire les travaux nécessaires à l'usage et à la conservation de cette servitude, ainsi qu'il résulte d'un acte de vente passé devant M⁰..., notaire à..., le...

En conséquence, et pour s'affranchir de l'obligation qui lui est imposée par l'acte ci-dessus énoncé, M. A... a déclaré abandonner purement et simplement la portion de terrain sur laquelle s'exerce la servitude de passage dont il s'agit, et renoncer à y prétendre à l'avenir aucun droit de propriété.

Cette portion de terrain, d'une largeur de..... mètres sur une longueur de..... mètres, est limitée par quatre bornes placées, savoir : la première du côté du levant à..... mètres de distance de....., la seconde du côté du couchant à....., etc.

M. A... est propriétaire du pré grevé de servitude au moyen de l'acquisition qu'il en a faite par contrat passé devant M⁰....., etc.

M. A... déclare que ledit pré est entièrement libre d'hypothèques.

Il déclare encore, à l'égard de son état civil, qu'il est célibataire et n'est soumis à aucune hypothèque légale.

Le présent abandon est accepté par M. B..., qui a dispensé M. A... de toute signification.

Fait double à....., lesdits jour, mois et an, et signé, lecture prise.

(*Signatures.*)

ABANDON de navire. — Un capitaine ne peut abandonner son navire pendant le voyage, pour quelque danger que ce soit, sans l'avis des officiers et principaux de l'équipage. Il est tenu de sauver avec lui les papiers, l'argent et ce qu'il pourra de plus précieux, sous peine d'en répondre personnellement. — *C. comm.* 241.

Tout propriétaire de navire, à moins qu'il ne soit en même temps capitaine, peut s'affranchir de la responsabilité des engagements et faits du capitaine, en abandonnant le navire et le fret. — *C. comm.* 216.

Le navire peut être également abandonné aux assureurs. — Voy. *Délaissement maritime.*

ABANDON par un héritier bénéficiaire. — Acte par lequel l'héritier bénéficiaire abandonne tous les biens d'une succession qui lui est échue, aux créanciers et légataires, pour se décharger du paiement des dettes de la succession. — *C. civ.* 802.

ABANDONNEMENT. — Action d'abandonner, de délaisser.

Ce mot s'applique à la transmission des biens, et plus spécialement pour désigner la cession que fait le débiteur de ses biens à tous ses créanciers, lorsqu'il se trouve hors d'état de payer ses dettes. — *C. civ.* 1265.

L'abandonnement ou cession de biens est *volontaire* ou *judiciaire.*

La *cession volontaire* est celle qui est conventionnellement acceptée par tous les créanciers, dont les effets sont réglés par le contrat, et qui peut stipuler : ou que les biens seront administrés et vendus pour libérer le débiteur jusqu'à due concurrence, ou bien que la dette sera entièrement éteinte par l'abandon ou seulement pour une partie. — *C. civ.* 1267.

La cession volontaire peut ne comprendre qu'une partie des biens.

S'il y a plusieurs créanciers, l'abandonnement doit être accepté par tous, sans quoi celui qui n'y aurait pas figuré pourrait toujours exercer des poursuites, à moins qu'il ne s'agisse d'un concordat sur faillite contenant abandon volontaire de ses biens par le failli.

Des effets de l'abandonnement.

La *cession volontaire* n'a pas d'autre effet que celui résultant des stipulations des parties.

La *cession judiciaire* est un bénéfice que la loi accorde au débiteur malheureux et de bonne foi, de faire en justice l'abandon de tous ses biens à tous ses créanciers. — *C. civ.* 1268.

Depuis la loi du 22 juillet 1867, qui a aboli la contrainte par corps en matière civile, cette cession n'est plus applicable que dans quelques cas très rares, notamment lorsqu'un individu a été condamné à des dommages-intérêts, soit pour un délit d'homicide commis par imprudence, soit pour une simple contravention commise sans intention de nuire.

Il suffit pour le débiteur de prouver qu'il est malheureux et de bonne foi, pour obtenir le bénéfice de la cession judiciaire.

L'abandon ou cession de biens ne confère pas la propriété aux créanciers, elle leur donne seulement le droit de faire vendre sans remplir les formes de la saisie, et de percevoir les fruits jusqu'à la vente.

La cession volontaire de biens a lieu fréquemment dans le commerce. — Elle peut être faite par acte sous seing privé, et contient le plus souvent l'abandonnement de l'établissement commercial, des créances, des marchandises, du droit au bail et de tous autres biens meubles et immeubles du débiteur, avec union entre les créanciers et pouvoirs à un ou plusieurs d'entre eux d'administrer, vendre et recevoir. — Notre cadre trop restreint nous empêchant de donner ici une formule applicable dans ce cas, nous nous bornons à celle ci-après.

Abandonnement ou cession volontaire stipulant l'extinction de la dette.

Aujourd'hui.....
Les soussignés :
M. A..., , d'une part ;
Et MM. B..., C..., etc.
Tous créanciers de M. A..., d'autre part.

Ont arrêté ce qui suit :

M. A...., se trouvant dans l'impossibilité de satisfaire aux engagements de commerce et autres dettes qu'il a contractées envers les créanciers dénommés ci-dessus, déclare, par ces présentes, faire cession en leur faveur de tous ses biens meubles et immeubles, pour le produit desdits biens être distribué entre eux au prorata de leurs créances.

Ces biens consistant en :
Meubles :
1°..... le tout estimé à.....
2°..... ...., etc.
Total de l'estimation...
Immeubles :
1° Une maison d'habitation composée de....., située à..... ;
2° Une pièce de terre labourable située à....., contenant.....
Tels que sont lesdits biens, en circonstances et dépendances.

Ces immeubles appartiennent à M. A..., au moyen de l'acquisition qu'il en a faite de M....., etc.

La présente cession est faite aux conditions suivantes :
1°.....
2°.....

MM. B.... C..., etc., déclarent accepter expressément la cession qui leur est faite aux conditions plus haut énoncées.

En conséquence, ils tiennent quitte et déchargent ledit sieur A..... de toutes dettes et engagements par lui contractés envers eux jusqu'à ce jour, et renoncent à toutes poursuites relativement aux obligations et effets de commerce quelconques souscrits ou endossés à leur profit par ledit sieur A....

La présente convention est acceptée par les créanciers susnommés sous la foi de la déclaration faite par le sieur A... que les biens ci-dessus désignés sont les seuls qu'il possède.

Elle serait réputée nulle et non avenue s'il était reconnu que cette déclaration n'est pas sincère.

Fait double à....., lesdits jour, mois et an, dont un original pour le cédant et l'autre pour les créanciers a été remis à M. B..., l'un d'eux.

(*Signatures.*)

ABANDONNEMENT à titre de partage. — Attribution par anticipation d'une ou plusieurs choses à l'un des ayants droit, pour le remplir de tout ou partie de sa part dans une masse de biens indivis.

Cet abandonnement se fait en général par le partage ou la liquidation ; cependant il peut être l'objet d'un acte séparé.

Dans ce dernier cas, pour éviter la perception du droit de soulte sur la formalité de l'Enregistrement, le contrat doit être rédigé dans des termes tels qu'il y soit fait abandon actuel, non seulement à un des héritiers ou copropriétaires de l'immeuble qui lui est destiné, mais encore aux autres héritiers ou copropriétaires, d'une valeur équivalente sur d'autres biens, *spécialement désignés*.

Cet acte soumet les copartageants qui l'ont consenti à la garantie, comme à tous autres effets du partage. — Voy. *Partage*.

Il peut être fait sous seing privé.

Nous en donnons une formule ci-après :

Abandonnement à titre de partage.

Aujourd'hui.....
Les soussignés :
1° M. A...
2° M. B...
3° M⁽ᵐᵉ⁾ C...

Tous trois frères et sœur germains, seuls enfants issus du mariage de M. et Madame.....

Ont dit et fait ce qui suit :

Il dépend de la succession de M..., une maison située à....., rue..... consistant en.....; ladite maison provenant à feu M.. de l'acquisition qu'il en avait faite avant son mariage de M.., suivant acte passé devant Mᵉ....., etc.

Il est de l'intérêt des soussignés que cette maison ne reste pas dans l'indivision à cause des travaux que va nécessiter le percement de la nouvelle rue....., etc.

Or, M. A..., se trouvant dans la position la plus favorable pour entreprendre et diriger la construction que nécessitera le nouvel état de choses, MM. B... et Mᵐᵉ C... ont cédé et abandonné à titre de partage à M. A..., qui a accepté, à valoir sur ses droits, dans la succession de M..., son père, ladite maison et ses dépendances.

M. A... jouira et disposera de cette maison en pleine et absolue propriété à partir de ce jour, à charge par lui de la prendre dans l'état où elle se trouve actuellement et de payer, à compter du... prochain, toutes les contributions auxquelles elle peut et pourra être assujettie.

Cet abandonnement a été fait moyennant la somme de....., que M. A... a tout présentement payée comptant à M. B... et Madame C..., chacun à concurrence de moitié.

Il est attribué dès à présent une valeur égale à chacun de M. B... et de Madame C... sur une terre et ferme, etc.. dépendant de la succession de M... père, d'où il s'en suivra que les opérations de liquidation et partage auxquelles il sera procédé ultérieurement entre les parties porteront seulement sur le surplus des biens de lad. succession.

Jusqu'à ce que ce partage ait eu lieu, les biens restés indivis continueront, comme par le passé, d'être administrés en commun, et les revenus seront partagés entre les soussignés, chacun dans la proportion de ses droits.

M. A... reconnaît que les titres de la maison qui lui est abandonnée lui sont remis.

Fait triple à....., lesdits jour, mois et an, et signé, lecture prise.

(*Signatures*.)

ABANDONNEMENT pour fait d'assurance. — Acte par lequel, après sinistre arrivé, l'assuré abandonne à l'assureur les marchandises et autres objets assurés, pour obtenir l'indemnité convenue par la police d'assurance. — *C. comm.* 369 et suivants.

Bien que la loi ne s'occupe que du délaissement maritime, nous pensons qu'elle doit s'appliquer aussi bien aux actes d'assurance relatifs aux dangers de l'incendie, comme à ceux concernant les risques de mer.

ABATTAGE. — Action d'abattre les bois sur pied.

Le Code forestier défend, et qualifie de délit, l'abattage ou défrichement des bois sujets à déclaration pour le service de la marine, la salubrité publique, etc.

Sont exceptés ceux nécessaires pour réparations et constructions aux immeubles des propriétaires, et après constatation préalable de ces besoins par le maire de la commune. — *C. for.* 125 à 131.

ABATTOIRS. — Les préfets sont autorisés à statuer sur les propositions et demandes relatives à l'établissement des abattoirs. — *Déc. du 1ᵉʳ août* 1864.

ABDICATION de la propriété. — Renonciation à la propriété ou à la possession d'une chose.

Tout propriétaire d'une chose a le droit d'abdiquer ou transférer sa propriété, en abandonnant la possession de son bien, avec l'intention expresse de s'en défaire. — *D. N.*

Celui qui se repent peut reprendre la chose avant qu'un autre s'en soit mis en possession; par conséquent, les propriétaires des navires qui auraient jeté à la mer leurs marchandises pour sauver leur bâtiment peuvent les revendiquer, si elles ont été retirées de la mer ou recueillies sur le rivage. — *C. comm.* 429.

Il y a deux espèces d'abdication de la propriété : par la première, on se dépouille des choses sans tirer aucun avantage de l'abandon; par la seconde, on se libère des obligations imposées sur la chose abandonnée. — Voy. *Abandon.*

ABEILLES. — Insectes de la classe des mouches, dont le travail produit la cire et le miel.

Les abeilles que l'on entretient dans les ruches sont *immeubles* par destination, lorsqu'elles ont été placées pour l'exploitation du fonds. — *C. civ.* 524.

Autrement et dans tous les autres cas, elles sont naturellement *meubles.*

Les abeilles qui s'attachent aux arbres, haies ou buissons, dans les bois ou dans les champs, sans avoir été recueillies, n'appartiennent à personne, et deviennent, de même que le miel et la cire qu'elles forment ainsi dans l'état sauvage, la propriété du premier occupant.

Celles recueillies dans une ruche ou autrement appartiennent à celui qui les a recueillies.

Toutefois, le propriétaire du fonds sur lequel l'essaim s'est fixé peut le réclamer, s'il ne l'a pas attiré par fraude ou artifice. — *C. civ.* 564.

Mais celui à qui appartient l'essaim et qui n'a pas cessé de le suivre a toujours le droit de le réclamer et de s'en ressaisir partout où il le trouve. — *Toullier.*

L'autorité administrative peut défendre le placement des ruches dans les endroits où elles pourraient incommoder les personnes et dès lors les assimiler aux établissements dangereux. — Voy. *Etablissement dangereux.*

La loi du 28 septembre 1791 interdit de troubler les abeilles dans leur travail, d'où la conséquence que les ruches ne peuvent être saisies, même pour le paiement des impositions, que dans les mois de décembre janvier et février.

AB-INTESTAT. — Se dit d'une personne décédée sans avoir fait de testament.

On appelle aussi héritier *ab-intestat* celui qui recueille la succession d'une personne décédée sans avoir fait de testament, et qui dès lors vient à cette succession en vertu de la loi. — Voy. *Testament.* — *Succession.*

AB-IRATO. — Locution latine qui sert à qualifier les actes de libéralité qui sont le résultat de la haine ou de la colère; ainsi on dit : testament *ab-irato*, chose faite *ab-irato*. — *E. N.*

On dit aussi action *ab-irato*, de l'action d'attaquer les libéralités faites par haine ou par colère.

Mais cette action ne doit être intentée qu'avec la plus grande circonspection devant les tribunaux qui, d'après l'opinion de plusieurs auteurs, ne doivent admettre la preuve des allégations élevées à cet égard qu'avec la plus grande réserve, et alors seulement que les faits sont graves et concluants, comme dans le cas où le donateur ou le testateur n'auraient pas été sains d'esprit au moment de la disposition.

ABONNEMENT. — Convention par laquelle on fixe à une certaine somme, des droits, services et fournitures dont le prix ou produit est incertain.

On s'abonne pour certains services journaliers au moyen d'une somme fixe : comme l'abonnement aux journaux, l'éclairage au gaz, etc.

Les débitants et fabricants sont autorisés à s'abonner avec l'Administration des contributions indirectes pour le paiement des droits dus au Trésor. — *L. du* 28 *avril* 1816.

La faculté d'abonnement existe encore pour le paiement des droits de timbre des certificats d'actions dans les Sociétés, — des obligations négociables des départements, communes, etc., — de même que pour les polices des compagnies d'assurances. — Voy. *Action.* — *Actionnaire.* — *Assurance (Contrat d').* — *L. du 5 juin* 1850.

ABONNEMENTS par la poste. — Voy. *Poste.*

ABORDAGE. — Choc de deux navires qui se rencontrent.

Le dommage en cas d'abordage de navires est supporté par celui qui l'a causé; et, s'il y a doute, à frais communs. Mais si le navire endommagé est assuré, la compagnie doit payer l'indemnité, sauf son recours contre qui de droit, s'il y a lieu. — *C. comm.* 330, 407, etc.

ABOUTISSANTS. — Désignation des pièces diverses qui joignent un héritage, qui y aboutissent, et qui servent ainsi à le faire reconnaître.

ABREUVOIR. — Réservoir d'eau où l'on mène boire ou baigner les bestiaux.

Les conducteurs doivent être âgés de 18 ans au moins.

Le droit d'abreuvoir est une servitude consistant à faire abreuver les bestiaux dans une eau appartenant à autrui. — *C. civ.* 696.

Ce droit comporte celui du passage nécessaire pour l'exercer.

Cette servitude s'éteint par le non-usage pendant trente ans.

On ne peut conduire les bestiaux aux abreuvoirs communs pendant la nuit.

Les bestiaux atteints de maladies contagieuses ne peuvent y être conduits.

ABRÉVIATION. — Action de retrancher quelques lettres ou syllabes dans un mot, ou un ou plusieurs mots dans une phrase.

La clarté et la précision sont les premières conditions de la rédaction des actes. — *D. N.*

On doit surtout éviter d'indiquer les sommes et les dates en chiffres, qui peuvent être facilement altérés; il faut avoir soin de les écrire en toutes lettres. — Voy. *Acte notarié.* — *Acte sous seing privé.*

ABROGATION. — Acte par lequel une loi est complètement détruite, anéantie.

Lorsqu'une partie seulement de cette loi est détruite, ce n'est qu'une dérogation.

Il a été jugé que lorsqu'une loi spéciale a dérogé au droit commun, si cette loi vient à être abrogée, le droit commun reprend son empire. — *Cass., 9 juin* 1841.

ABSENCE. — En droit, on qualifie d'absence l'état d'une personne dont on ignore la résidence, dont on n'a pas de nouvelles et dont l'existence peut paraître douteuse; en un mot, celle qui, ayant disparu de son domicile, est restée pendant quatre ans au moins sans donner de ses nouvelles. — *C. civ.* 112 *et suiv.*

L'absence se divise en trois périodes: la première, qui s'intitule *présomption d'absence*, est celle qui s'écoule depuis la disparition ou les dernières nouvelles; — la deuxième, qui commence à la *déclaration d'absence* et dure trente ans, à moins que l'absent n'ait atteint plus tôt sa centième année, et pendant laquelle les héritiers présomptifs de l'absent peuvent être envoyés en *possession provisoire* de ses biens à charge de donner caution; — enfin la troisième période, qui a son point de départ à l'expiration des trente ou cent années, et qui dure indéfiniment si l'absent ne reparaît pas, et pendant laquelle les héritiers peuvent obtenir l'*envoi en possession définitive*, sans caution.

De la déclaration d'absence.

Les déclarations de présomption d'absence et d'envoi en possession doivent être portées par les parties intéressées devant le Tribunal civil du dernier domicile du présumé absent; cependant, s'il ne s'agissait que de pourvoir provisoirement à l'administration des biens, nous pensons que le Tribunal du ressort de la situation des biens serait compétent pour nommer un administrateur.

En matière de déclaration d'absence, le tribunal ordonne d'abord l'enquête;

le jugement de déclaration d'absence est rendu un an après, puis les héritiers présomptifs demandent l'envoi en possession provisoire, et remplissent ensuite les formalités d'inventaire et autres.

Des effets de l'absence.

Ceux qui, par suite de l'envoi en possession provisoire, auront joui des biens de l'absent, ne seront tenus de lui rendre que le cinquième des revenus s'il reparaît avant quinze ans révolus, et le dixième s'il ne reparaît qu'après. Après trente ans d'absence, la totalité des revenus leur appartiendra.

Si l'absent reparaît, ou si son existence est prouvée après l'envoi en possession, il recouvrera ses biens dans l'état où ils se trouveront. — *D. N.*

La femme d'un absent présumé peut se faire autoriser par justice, soit pour ester en jugement, soit pour contracter. — *C. civ.* 222.

Elle peut obtenir l'administration des biens du mari en optant pour la continuation de la communauté. — *C. civ.* 124.

Une loi du 6 brumaire an V a prescrit des mesures pour la conservation des droits et des propriétés des militaires absents.

Il ne faut pas confondre avec les absents les personnes disparues en mer dont la déclaration de décès peut être prononcée par les Tribunaux. — Voy. *Disparus en mer.*

ABSOLU. — Ce qui n'admet point de restriction ni d'exception.

ABSOLUTION. — Renvoi d'accusation. — Voy. *Acquittement.*

ABUS (appel comme d'). — Recours devant l'autorité civile pour les délits et contraventions du clergé ou contre le clergé.

Les appels comme d'abus doivent être déférés au Conseil d'État sur mémoire présenté au Ministre des cultes — *L. du* 10 *germinal an X.* — *Ord. du* 29 *juin* 1814.

Les particuliers qui y sont intéressés peuvent former le recours pour tous abus de pouvoir commis par les ministres du culte, dans l'exercice de leurs fonctions.

Le fait, par un prêtre, de procéder à un mariage religieux sans qu'il lui ait été justifié du mariage civil, ou à une inhumation sans l'autorisation préalable de l'officier de l'état civil, constitue un cas d'abus. — *Cass.*, 29 *décembre* 1842.

ABUS d'autorité. — Délit que commet un fonctionnaire qui excède ses pouvoirs au préjudice de la chose publique ou des particuliers.

Les fonctionnaires publics, agents ou préposés du Gouvernement qui auront requis ou ordonné l'action de la force publique contre l'exécution d'une loi, la perception d'une contribution légale, ou contre l'exécution d'un mandat de justice, peuvent être punis de la réclusion. — *C. pén.* 188.

Action de celui qui trompe la confiance qu'on a mise en lui.

Les abus d'autorité commis contre les particuliers tels que ceux : de s'introduire en leur qualité dans le domicile d'un citoyen contre le gré de celui-ci, hors les cas prévus par la loi ; — d'user de violence envers les personnes sans motif légitime ; — de refuser de rendre la justice après en avoir été requis par les parties, et après avertissement ou injonction des supérieurs ; — et de commettre ou faciliter des suppressions ou ouvertures de lettres confiées à la poste, sont également passibles de diverses peines. — *C. pén.* 184 *et suiv.*

ABUS de blanc-seing. — Voy. *Blanc-seing.*

ABUS de confiance. — Action de celui qui trompe la confiance qu'on a mise en lui.

Le détournement fait au préjudice des propriétaires, possesseurs ou détenteurs, soit des effets, deniers, marchandises, billets, quittances, soit de tous autres écrits contenan ou opérant obligation et décharge, qui n'auraient été remis qu'à titre de louage, de dépôt, de mandat, de nantissement ou de prêt à usage, à la charge de les rendre ou représenter ou d'en faire un usage ou un emploi déterminé, est punissable d'emprisonnement, sans préjudice de l'amende et de tous dommages-intérêts. — *C. pén.* 408.

Si l'abus de confiance a été commis par un officier public ou ministériel, ou par un domestique, homme de service à gages, élève, clerc, commis, ouvrier, compagnon ou apprenti, au préjudice de son maître, la peine est celle de la réclusion. — *L. du 13 mai 1863.*

Le fermier d'un cheptel, qui le vend sans le consentement du bailleur, commet un abus de confiance. — *Cass., 25 janvier 1838.*

S'il n'y a pas eu fraude, il n'y a pas abus de confiance punissable.

ABUS des faiblesses du mineur. — Délit prévu par l'article 406 du C. pénal.

Celui qui abuse des besoins, des faiblesses ou des passions d'un mineur pour lui faire souscrire à son préjudice des obligations, quittances ou décharges pour prêt d'argent ou de choses mobilières, est passible d'amende et de dommages-intérêts, et puni d'emprisonnement.

La nullité de l'obligation résultant soit de la minorité, soit de la forme de cette obligation, n'atténuerait pas le délit.

ACADÉMIES. — Sociétés de savants, de gens de lettres ou d'artistes.

On nomme *Académie Française* celle qui s'occupe de la langue et de la littérature, et dont le nombre des membres est fixé à *Quarante*, — *Académie des sciences*, celle qui cultive la physique, la chimie, les mathématiques et les sciences naturelles.

Il y a aussi l'*Académie de peinture*, *d'architecture*, l'*Académie de musique*, etc.

Enfin le mot *Académie* désigne aujourd'hui chacune des principales sections de l'Université.

Il existe en France et en Algérie *dix-sept* circonscriptions académiques administrées chacune par un *recteur*.

Chaque recteur est assisté d'autant d'*inspecteurs d'académie* qu'il y a de départements dans la circonscription.

Le siège de chaque circonscription académique comprend plusieurs départements selon l'indication suivante :

AIX.
Bouches-du-Rhône. — Basses-Alpes. — Alpes-Maritimes. — Corse. — Var. — Vaucluse.

ALGER.
Alger. — Constantine. — Oran.

BESANÇON.
Doubs. — Jura. — Haut-Rhin. — Haute-Saône.

BORDEAUX.
Gironde. — Dordogne. — Landes. — Lot-et-Garonne. — Basses-Pyrénées.

CAEN.
Calvados. — Eure. — Manche. — Orne. — Sarthe. — Seine-Inférieure.

CHAMBÉRY.
Savoie. — Haute-Savoie.

CLERMONT.
Puy-de-Dôme. — Allier. — Cantal. — Corrèze. — Creuse. — Haute-Loire.

DIJON.
Côte-d'Or. — Aube. — Haute-Marne. — Nièvre. — Yonne.

DOUAI.
Nord. — Aisne. — Ardennes. — Pas-de-Calais. — Somme.

GRENOBLE.
Isère. — Hautes-Alpes. — Ardèche. — Drôme.

LYON.
Rhône. — Ain. — Loire. — Saône-et-Loire.

MONTPELLIER.
Hérault. — Aude. — Gard. — Lozère. — Pyrénées-Orientales.

NANCY.
Meurthe-et-Moselle. — Meuse. — Vosges.

PARIS.
Seine. — Cher. — Eure-et-Loir. — Loir-et-Cher. — Loiret. — Marne. — Oise. — Seine-et-Marne. — Seine-et-Oise.

POITIERS.
Vienne. — Charente. — Charente-Inférieure. — Indre. — Indre-et-Loire. — Deux-Sèvres. — Vendée. — Haute-Vienne.

RENNES.
Ille-et-Vilaine. — Côtes-du-Nord. — Finistère. — Loire-Inférieure. — Maine-et-Loire. — Mayenne. — Morbihan.

TOULOUSE.
Haute-Garonne. — Ariège. — Aveyron. — Gers. — Lot. — Hautes-Pyrénées. — Tarn. Tarn-et-Garonne.

ACCEPTATION. — Action d'agréer ou recevoir ce qui est proposé.

Le concours d'une personne dans un contrat où elle stipule établit généralement son acceptation, qui peut être tacite, sauf dans certains cas prévus par la loi ; néanmoins, il est d'usage de mentionner l'acceptation de la convention principale et c'est une bonne précaution.

Lorsqu'il ne s'agit que d'actes unilatéraux, tels, par exemple, que reconnaissance de prêt ou quittance, l'acceptation n'est pas nécessaire.

ACCEPTATION d'adoption. — Voy. *Adoption.*

ACCEPTATION de communauté. — Acte par lequel la femme ou ses représentants acceptent la communauté de biens qui a existé entre elle et son mari.

Après la dissolution de la communauté, et dans les trois mois quarante jours accordés pour faire inventaire et délibérer, la femme, ses héritiers ou représentants, même ses légataires, peuvent l'accepter ou y renoncer ; toute convention contraire serait nulle. — *C. civ.* 1453 *et suiv.*

Mais les cessionnaires de la femme n'auraient pas le même droit.

Les délais ci-dessus expirés, la femme est réputée acceptante si elle n'a pas fait sa renonciation, mais elle n'est déchue de la faculté de renoncer qu'après trente ans, si elle n'a pas accepté expressément ou tacitement. — Voy. *Renonciation à communauté.*

L'acceptation de communauté est *expresse* ou *tacite*. Elle est *expresse* quand, dans un acte, la femme prend la qualité de commune. Elle est *tacite* quand elle fait des actes qui supposent cette qualité, par exemple si elle détourne ou vend des effets de la communauté, etc.

Les actes conservatoires ou d'administration ne font pas eux-mêmes supposer l'acceptation.

L'acceptation comme la renonciation, une fois faites, sont irrévocables.

Les créanciers pourraient attaquer la renonciation faite en fraude de leurs créances, et accepter la communauté de leur chef. — *D. N.*

ACCEPTATION de donation. — Déclaration formellement exprimée par le donataire qu'il accepte les dispositions faites en sa faveur dans une donation entre vifs.

L'acceptation est une des conditions requises pour la validité d'une donation entre vifs. — *C. civ.* 894.

Elle peut avoir lieu dans l'acte même de donation ou par acte séparé.

Comme la donation n'engage le donateur et ne produit d'effet que du jour de son acceptation, elle doit être notifiée au donateur si elle a lieu par acte séparé, et c'est du jour de la notification seulement que la donation devient parfaite, produit son effet, et que le donateur est engagé.

Comme la donation entre vifs, l'acceptation doit être faite par acte notarié à peine de nullité. — *C. civ.* 932.

La femme mariée ne peut accepter une donation entre vifs sans le consentement de son mari.

L'acceptation d'une donation faite à un mineur non émancipé ou à un interdit doit être faite par son tuteur.

Le mineur émancipé peut accepter avec l'assistance de son curateur ;

Néanmoins, les père et mère du mineur, émancipé ou non, ou les autres ascendants, même du vivant des père et mère, quoiqu'ils ne soient ni tuteurs ni curateurs du mineur, peuvent accepter pour lui.

ACCEPTATION de legs. — Acte par lequel une personne accepte une disposition testamentaire faite en sa faveur.

En général, l'acceptation de legs a lieu tacitement et résulte soit de la demande en délivrance, soit de la délivrance qui en est consentie volontairement.

Si le legs porte sur divers objets distincts, le légataire peut répudier l'un et accepter l'autre. — Voy. *Legs.*

ACCEPTATION de lettre de change. — Voy. *Lettre de change.*

ACCEPTATION de remploi. — Voy. *Remploi.*

ACCEPTATION de succession. — Acte par lequel une personne témoigne de la volonté qu'elle a d'être héritière de celui dont la succession lui est transmise par la loi. — *E. N.*

Les personnes appelées à recueillir une succession peuvent l'accepter ou y renoncer.

Elles peuvent accepter *purement et simplement* ou *sous bénéfice d'inventaire*.

Elles ont trois mois pour faire inventaire et quarante jours pour délibérer.

L'acceptation peut résulter d'un fait, comme, par exemple, d'avoir disposé d'un des objets de la succession, ce qui serait une acceptation tacite. — *C. civ.* 778.

L'acceptation pure et simple oblige l'héritier au paiement de toutes les dettes et charges de la succession, tandis que l'acceptation sous bénéfice d'inventaire ne l'oblige que jusqu'à concurrence de ce qu'il recueille dans la succession. — Voy. *Bénéfice d'inventaire.*

Les mineurs et autres incapables ne peuvent accepter que sous bénéfice d'inventaire. — *C. civ.* 461, 484.

L'acceptation une fois faite est irrévocable, à moins qu'elle ne soit le résultat d'une fraude, ou bien dans le cas où la succession se trouverait absorbée ou diminuée de plus de moitié par la découverte d'un testament inconnu au moment de l'acceptation. — *C. civ.* 783.

ACCEPTEUR. — C'est ainsi qu'on désigne le *tiré*, lorsqu'il s'est engagé à payer une traite. — Voy. *Lettre de change.*

ACCEPTILATION. — Voy. *Remise de dette.*

ACCESSION. — Moyen d'acquérir la propriété de certaines choses qui s'unissent à celles dont on est déjà propriétaire. — *C. civ.* 551.

C'est par le droit d'accession que l'on devient propriétaire de tout ce qui s'unit ou s'incorpore, soit naturellement, soit artificiellement, à l'immeuble que l'on possède.

L'effet de l'accession ne se borne pas à la propriété seule, car la chose adjointe, en se confondant avec l'objet auquel elle s'incorpore, suit nécessairement sa condition.

Le droit d'accession par rapport aux immeubles est relatif : 1° aux alluvions et atterrissements ; 2° aux îles qui se forment dans les fleuves et rivières ; 3° aux constructions et plantations ; 4° aux travaux faits dans les mines ; 5° à certaines espèces d'animaux. — *C. civ.* 552 *et suiv.*

ACCESSOIRE. — Ce qui accompagne la chose principale, s'y joint, s'y incorpore.

Une chose est réputée accessoire d'une autre lorsqu'elle y a été mise pour son usage, son agrément ou son complément. — *C. civ.* 567.

En règle générale, l'accessoire suit le sort du principal, d'où la conséquence que tout ce qui aurait été fait en vertu d'un acte déclaré nul doit être également annulé. Cependant, on admet des exceptions, par exemple : le cautionnement subsiste quoique l'obligation soit nulle, si la nullité est purement personnelle à l'obligé. — *C. civ.* 2012.

ACCIDENT. — Événement fâcheux et imprévu résultant de la force majeure ou du hasard.

Chacun répond du dommage causé par les accidents qui résultent de sa faute, de sa négligence ou de son imprudence. — *C. civ.* 1382, 1383.

En cas d'accident, tous les citoyens sont obligés de prêter secours sous des peines de police. — *C. pén.* 475.

ACCOLADE. — Trait de plume qui sert à embrasser plusieurs sommes ou plusieurs objets ensemble pour n'en former qu'un seul total qui se place au milieu du crochet.

ACCORDS. — ACCORDAILLES. — On appelle ainsi dans certains endroits, notamment dans les campagnes, les conventions préliminaires au mariage. — Voy. *Contrat de mariage.*

ACCOTEMENT. — En matière de voirie de chemins de fer, l'accotement est la largeur comprise de chaque côté entre le bord extérieur du rail extrême et l'arrête extérieure du chemin.

Ce mot désigne aussi la portion de terrain comprise entre le fossé et l'empierrement des chemins publics, ou les bords des canaux et rivières.

ACCROISSEMENT. — Droit qui appartient à un cohéritier ou un colégataire, de réunir à sa portion la part de l'hérédité ou du legs que son cohéritier ou colégataire refuse, ou est empêché de recueillir par un motif quelconque.

La part de celui qui renonce à une succession accroît aux successibles du même degré dans la même ligne, qui acceptent, ou à ceux du degré subséquent, qui, à son défaut, auraient été appelés directement à recueillir l'héritage. — *C. civ.* 786.

En pareil cas, il n'y a pas lieu à représentation.

S'il s'agit d'une succession échue à des ascendants, la part de celui qui renonce accroît à ceux de ses cohéritiers de la même ligne et non à ceux de l'autre, la loi voulant que toute succession échue à des ascendants se divise en deux parts égales : l'une pour la ligne paternelle, l'autre pour la ligne maternelle. — *D. N.*

Or, ce n'est qu'à défaut de parents successibles dans une ligne que l'accroissement peut avoir lieu au profit de l'ascendant dans une autre ligne. — *C. civ.* 735.

L'accroissement a lieu de plein droit entre légataires lorsque le legs est fait conjointement. — *C. civ.* 1044.

Il est réputé fait conjointement lorsqu'il résulte d'une seule et même disposition, sans assignation de parts, ou lorsqu'une chose, qui n'est pas susceptible d'être divisée sans détérioration, a été donnée par le même acte, même séparément. — *C. civ.* 1044 *et* 1045.

Les légataires ayant droit à l'accroissement peuvent y renoncer expressément ou tacitement.

ACCRUE. — S'entend des accroissements qui se font dans les rivières au moyen de l'alluvion ou atterrissement. — Voy. *Accession.* — *Alluvion.*

ACCRUE de bois. — En matière forestière, on nomme *accrues* les racines et rejetons des arbres qui s'étendent sur les terres voisines.

Les accrues appartiennent au propriétaire du terrain sur lequel elles se forment.

ACCUSATION. — Imputation faite à un individu d'une faute ou d'un crime, ou disposition d'un arrêt qui le renvoie devant la Cour d'assises pour un fait qualifié crime.

Quelle que soit la gravité des charges qui pèsent sur un accusé, la condamnation seule peut détruire la présomption légale d'innocence qui le protège. Or, s'il meurt avant cette condamnation, la loi le considère comme mort dans la pleine jouissance de ses droits civils.

Ainsi, un accusé peut valablement faire son testament, toucher ses capitaux et revenus, administrer ses biens, les aliéner ou en disposer à titre gratuit ou onéreux, à la condition que les actes qu'il passe ne soient entachés d'aucune simulation ou fraude envers les tiers.

ACHALANDAGE. — Selon l'importance ou la nature de tel ou tel établissement de commerce ou d'industrie, on nomme achalandage ou clientèle les pratiques attachées à cet établissement et qui en forment le fonds exploitable.

L'achalandage étant parfaitement distinct du matériel et des marchandises, l'un peut être cédé sans l'autre.

L'achalandage comprend l'enseigne de la maison de commerce, qu'il n'est pas permis à un tiers d'usurper.

Les droits de mutation par décès sont dus sur la valeur de l'achalandage dépendant d'une succession. — *Trib. Seine, 7 mai 1840.* — Voy. *Clientèle.* — *Fonds de commerce.*

ACHAT. — Se dit, dans le langage usuel, de toute acquisition faite à prix d'argent.

Les achats et ventes se constatent par actes publics, par actes sous signatures privées, par facture acceptée, par correspondance, par les livres des parties, par la preuve testimoniale, etc. — *C. comm.* 109.

ACHETEUR. — Celui qui se rend acquéreur d'un objet, une denrée, un immeuble.

On ne peut être acheteur sans le consentement du vendeur, puisque ce consentement est une condition essentielle de la vente. Or, le marchand qui étale une marchandise avec l'indication du prix n'est pas plus tenu de la livrer qu'on n'est tenu de l'acheter.

Celui qui achète un meuble dans une vente publique, et qui découvre dans ce meuble une somme ou valeur cachée que le vendeur n'y soupçonnait pas, doit la restituer au vendeur sous peine d'être poursuivi correctionnellement.

La propriété est acquise de droit à l'acheteur à l'égard du vendeur dès qu'on est convenu de la chose et du prix, et quoique la livraison n'ait pas encore été faite, ni le prix payé. — *C. civ.* 1583.

L'acheteur ne peut intenter l'action en rescision pour cause de lésion.

Il doit l'intérêt du prix de la vente jusqu'au paiement du capital : 1° s'il a été ainsi convenu lors de la vente ; 2° si la chose vendue et livrée produit des fruits ou autres revenus ; 3° s'il a été sommé de payer ; dans ce dernier cas, l'intérêt ne court que du jour de la sommation.

Si l'acheteur est troublé, il peut suspendre le paiement du prix jusqu'à ce que le vendeur ait fait cesser le trouble, si mieux n'aime celui-ci donner caution, à moins qu'il n'ait été stipulé dans le contrat que l'acheteur paiera même en cas de trouble.

Si l'acheteur ne paie pas le prix, le vendeur peut demander la résiliation de la vente.

ACOMPTE. — S'entend d'une somme payée à valoir sur une plus forte.

Comme tout paiement suppose une dette, celui qui paie un acompte se reconnaît débiteur. — *C. civ.* 1235.

ACQUÉREUR. — C'est celui qui fait une acquisition, qui achète, par un contrat de vente. — Voy. *Acheteur.*

ACQUÊT. — Dans le langage du Droit, ce mot est synonyme de conquêt de communauté et désigne les biens acquis pendant le cours de la communauté légale, de même que ceux acquis par des époux mariés sous le régime dotal qui ont stipulé une société d'acquêts. — Voy. *Communauté de biens.* — *Conquêt.* — *Société d'acquêts.*

ACQUIESCEMENT. — Adhésion ou consentement donné à un acte, à une demande judiciaire ou à un jugement, ce qui rend la partie non recevable à l'attaquer, ou à former opposition ou appel.

L'acquiescement a quelquefois lieu à la suite de certaines opérations, par exemple d'un arpentage ou d'un bornage.

Lorsqu'il s'agit d'un de ces actes ou de tout autre, l'acquiescement prend plutôt le nom de *consentement*, d'*adhésion*, de *ratification*. — Voy. ces mots.

Le mineur, l'interdit et la personne placée sous l'assistance d'un conseil judiciaire ne peuvent consentir un acquiescement. — *D. N.*

L'acquiescement aux actes judiciaires est la renonciation à attaquer ces actes ou le consentement à leur exécution.

Il peut être *exprès* ou *tacite*.

Il est *exprès* lorsqu'il a lieu soit par acte authentique ou sous seing privé, soit par lettre missive, ou encore par adhésion apposée sur l'expédition d'un jugement. — *Cass., 6 février 1816.*

L'acquiescement *tacite* résulte du silence de la partie pendant les délais accordés par la loi pour attaquer l'acte et le jugement.

La demande de délai est un acquiescement. — *Cass.*, 28 *nov.* 1860.

L'avantage de l'acquiescement pour celui qui acquiesce à une demande judiciaire ou à un jugement par défaut est d'arrêter là les frais en évitant les suites de la demande et la signification du jugement.

L'acquiescement par le débiteur au jugement qui le condamne, moyennant un délai que lui accorde le créancier pour se libérer, est un acte synallagmatique, qui, lorsqu'il a lieu par acte sous seing, doit être fait en autant d'originaux qu'il y a de parties ayant des intérêts distincts.

Nous donnons ci-après une formule d'acquiescement.

Acquiescement à un jugement.

Aujourd'hui......
Les soussignés :
M. A..., demeurant à.....[1]
Et M. B..., demeurant à.....
Ont arrêté ce qui suit ;
M. A... déclare par le présent acquiescer purement et simplement au jugement rendu contradictoirement entre lui et M. B... par le tribunal civil de...... le......, et aux termes duquel il a été condamné à payer audit sieur B... une somme de..... pour fourniture de....., ensemble les intérêts du jour de la demande et les dépens.

Cet acquiescement est accepté par M. B...

Par suite, M. A... renonce à interjeter appel de ce jugement, s'obligeant à l'exécuter dans toutes ses dispositions.

Fait double à....., lesdits jours mois et an, et signé, lecture prise.

(*Signatures.*)

ACQUISITION. — Action par laquelle on devient propriétaire d'une chose.

Ce mot ne s'emploie ordinairement que comme contre-partie du mot vente. — Voy. *Vente.*

ACQUIT. — C'est la mention, le reçu ou décharge que l'on met au bas ou au dos d'un acte ou titre portant obligation, et particulièrement sur les billets, factures ou mémoires.

L'acquit doit porter ces mots : *Pour acquit, le.....*, avec la signature au-dessous.

L'acquit est sujet au timbre de 10 centimes, s'il s'agit d'une somme de plus de dix francs. — *L. du 23 août* 1871.

Le timbre doit être *oblitéré* soit par l'écriture de la quittance, la date, la signature ou tout autre moyen.

Le droit de timbre de 10 centimes est dû pour chaque *acquit* ou *quittance* donnée séparément, ou pour la quittance donnée par chaque créancier.

ACQUIT-à-caution. — L'acquit-à-caution, ou permis de circulation, se délivre par les employés des contributions indirectes ou des douanes, à l'effet d'autoriser soit la sortie ou l'entrée de marchandises prohibées à l'exportation ou à l'importation, soit l'enlèvement ou la circulation des liquides. Il doit être apuré dans les trois mois.

Il y en a de trois sortes : l'*acquit de paiement*, l'*acquit-à-caution* et l'*acquit de transit* ou *passavant*.

Le coût des acquits-à-caution et passavants de toute sorte est de 50 c., y compris le timbre, plus les droits de circulation et de consommation, s'il y a lieu. — *L. du 31 décembre* 1873.

Les droits de circulation ne sont exigibles que lorsque les boissons ne sont pas destinées à des débitants, ceux-ci devant les acquitter au lieu de destination avec les droits de consommation.

Le droit de circulation sur les vins, cidres, poirés et hydromels est perçu en principal et par chaque hectolitre, savoir : vins en cercles à destination des départements : première classe, 1 fr. 20 ; — deuxième classe, 1 fr. 60 ; — troisième classe, 2 fr. — quatrième classe, 2 fr. 40 ; — Cidres poirés et hydromels, 1 fr. ; — Vins en bouteilles, quel que soit le département, 15 fr.

Le droit général de consommation par hectolitre d'alcool pur contenu dans les eaux-de-vie et exporté en bouteilles, de liqueurs et absinthes en cercles et bouteilles et de fruits à l'eau-de-vie, est fixé à 125 fr. en principal, plus les décimes. — *L. du 1er sept.* 1871.

La taxe de remplacement aux entrées de Paris est de 141 fr., en principal, par hectolitre d'alcool pur contenu dans les eaux-de-vie et esprits en cercles, par hectolitre d'eaux-de-vie et esprits en bouteilles, de liqueurs et absinthes en cercles et en bouteilles, et de fruits à l'eau-de-vie. — Voy. *Contributions publiques* (sect. 2me). — *Douanes.* — *Boissons.* — *Licence.*

ACQUITTEMENT. — Terme ancien : libération, décharge.

ACTE. — Le mot acte signifie à la fois ce qui a été dit, fait ou convenu, et l'écrit destiné à le prouver, comme *acte de vente*, etc. ; ou bien signifie un fait, une manière d'agir, comme *acte d'héritier*, etc.

Les actes du domaine des officiers publics, tels que notaires ou administrateurs, sont des *actes publics*; les autres, ceux qui interviennent entre simples particuliers, sont *privés*.

Les actes doivent être rédigés avec clarté et précision.

Ils ne peuvent exprimer les poids et mesures autrement que par leurs dénominations légales.

Ils ont entre les parties la même force et le même caractère que la loi.

Il doit être passé acte de toutes choses excédant la somme ou valeur de 150 fr., chiffre au delà duquel la preuve par témoins n'est pas admise, à moins qu'il n'y ait un commencement de preuve par écrit. — *C. civ.* 1341.

Les actes contraires aux lois, aux bonnes mœurs et à l'ordre public sont nuls ; mais l'acte annulé fait preuve, contre les parties qui l'ont souscrit, des faits qu'ils ont reconnus. — *Cass.*, 29 *flor. an VII.* — Voy. *Acte administratif.* — *Acte notarié.* — *Acte sous seing privé.*

ACTE administratif. — On entend par actes administratifs tous les actes qui émanent de l'autorité administrative. — *E. N.*

Ces actes prennent les noms : d'*Ordonnances, Décrets, Arrêtés, Décisions, Délibérations*, etc., selon le caractère du Corps administratif ou du fonctionnaire dont ils émanent.

L'Administration, soit par ses tribunaux administratifs, soit par ses fonctionnaires, prononce sur les contestations dont la connaissance lui est déférée par la loi.

Les actes faits par l'Administration municipale, tels que les *adjudications, baux, marchés* et autres, n'ont aucun caractère d'authenticité, et n'ont de valeur que comme actes sous seing privé ; ils sont nuls s'ils ne sont signés de toutes les parties. — *D. N.*

ACTES arbitraires. — Actes faits ou ordonnés par les fonctionnaires publics, agents ou préposés du Gouvernement pouvant porter atteinte soit à la liberté individuelle, soit aux droits civiques d'un ou plusieurs citoyens. — *C. proc.* 114.

Les personnes lésées par ces actes peuvent demander des dommages-intérêts. — *C. proc.* 117.

ACTE authentique. — C'est celui reçu par un fonctionnaire public compétent, et revêtu des formalités prescrites par la loi. — *C. civ.* 1317.

Sont actes authentiques : 1° les actes du *pouvoir législatif*, c'est-à-dire, les *lois, ordonnances, décrets*, etc. ; — 2° les actes *administratifs*, qui émanent des administrations, ainsi que les *actes de l'état civil*, les *registres des hypothèques, de l'enregistrement*, etc. ; — 3° les actes *judiciaires*, c'est-à-dire, les *jugements* et *actes de procédure, exploits, enquêtes, procès-verbaux* et autres, faits par des officiers de justice. — 4° enfin, les *actes notariés.* — *D. N.*

L'acte qui n'est point authentique par l'incompétence ou l'incapacité de l'officier public, ou par défaut de forme, est valable comme acte sous seing privé, s'il a été signé de toutes les parties.

L'acte authentique fait foi par lui-même de la convention qu'il renferme entre les parties contractantes, leurs héritiers ou ayants cause et la preuve de vérité qu'il porte ne peut être détruite qu'au moyen d'une procédure compliquée appelée *Inscription en faux*. — *C. civ.* 1319.

Les actes authentiques sont exécutoires par eux-mêmes, sans aucune formalité; mais ils doivent être intitulés comme les lois, et revêtus du mandement aux officiers de justice; c'est ce qu'on appelle l'exécution parée. — Voy. *Exécution parée*.

ACTE confirmatif. — C'est celui par lequel on ratifie une obligation ou un engagement qui pourrait donner lieu à une action en nullité ou en rescision. — Voy. *Obligation*. — *Ratification*.

ACTE conservatoire. — Celui qui a pour objet la conservation de nos droits, en empêchant qu'il n'y soit porté atteinte.

Les *appositions de scellés*, *inventaires*, *oppositions*, les actes qui interrompent la *prescription*, les *inscriptions hypothécaires*, sont des actes conservatoires.

Il suffit d'avoir un droit éventuel pour exercer un acte conservatoire, mais il faut que ce droit, quoique soumis à une condition, soit irrévocable.

L'héritier a le droit de faire les actes conservatoires, sans qu'on puisse lui opposer qu'il a pris qualité.

L'héritier bénéficiaire peut aussi faire les actes conservatoires, sans pour cela devenir héritier pur et simple. — *C. civ.* 796.

Ce droit est encore accordé par la loi à la femme pendant le procès en séparation de biens; aux établissements publics, en attendant l'autorisation d'accepter les dons et legs; et en cas de présomption d'absence, aux parties intéressées.

Le propriétaire peut faire saisir les meubles de ses locataires et fermiers pour la sûreté de ses loyers et fermages; c'est une autre espèce d'acte conservatoire. — *C. pr.* 819. — Voy. *Saisie-gagerie*.

ACTE constitutif. — Se dit de celui qui crée un droit, une rente, une hypothèque.

ACTE d'administration. — Terme employé pour désigner les actes qui n'ont pour objet que la gestion d'une affaire, la conservation d'une chose, et la perception de ses produits ordinaires.

ACTE de commerce. — Se dit en général d'une opération, contrat, ou acte fait dans un but de spéculation commerciale.

Les actes de commerce sont régis par une législation spéciale, soumise à des juges d'exception et à une procédure particulière.

La loi commerciale contient l'énumération de ces actes, au moins pour la majeure partie, lesquels sont notamment: les achats de denrées et marchandises pour les revendre; toute entreprise de manufacture, de commission, de transport; toute opération de change, de banque; toute entreprise de construction; tous affrétements et expéditions maritimes, etc. — *C. comm.* 631 *et suiv.*

Les actes de commerce faits par les mineurs, ou les femmes mariées non autorisées régulièrement, ne sont, à leur égard, considérés que comme des actes civils.

Le fermier qui achète des animaux pour les revendre après les avoir élevés ou engraissés n'est pas réputé faire acte de commerce.

ACTE de dernière volonté. — C'est le nom que l'on donne aux dispositions testamentaires. — Voy. *Testament*.

ACTES de l'état civil. — Ce sont ceux qui ont pour objet de fixer d'une manière certaine l'état des personnes, en constatant les *naissances*, *adoptions*, *mariages*, *décès* et *reconnaissances d'enfants naturels*.

Les maires et adjoints des communes remplissent les fonctions administratives relativement à l'état civil et à la police. — *L. du* 28 *pluv. an VIII.*

Les fonctions d'officier de l'état civil appartiennent aux maires, mais elles peuvent être remplies par les adjoints en vertu d'une délégation formelle. — *Déc. du 4 juin* 1806.

Lorsque ces fonctions n'ont point été déléguées par le maire à l'adjoint, celui-ci doit exprimer, quand il les remplit accidentellement, qu'il agit en l'absence ou par l'empêchement du maire.

En cas d'absence ou d'empêchement du maire et de ses adjoints, les fonctions d'officier de l'état civil sont remplies par un membre du conseil municipal dans l'ordre de la liste.

Les actes de l'état civil sont reçus hors de France : 1° pour les Français non militaires, par les agents diplomatiques et les consuls français. — *C. civ.* 48; 2° pendant un voyage en mer, par les officiers à bord des bâtiments pour les naissances et décès. — *C. civ.* 59 *et suiv.* ; 3° pour les militaires hors du territoire français, par les quartiers-maîtres et autres officiers commandants, ou les directeurs d'hôpitaux. — *C. civ.* 88 *et suiv.*

Toute personne a le droit de se faire délivrer une expédition des actes de l'état civil. Cette expédition est délivrée sur timbre de 1 fr. 80. Outre le timbre, il est dû un droit de délivrance selon le tarif réglé par le décret du 12 juillet 1807.

Au cas d'erreur, les actes de l'état civil ne peuvent être rectifiés que par un jugement du tribunal civil. — *C. civ.* 99. — *C. proc.* 855. — Voy. *Actes de naissance.* — *Actes de mariage.* — *Actes de décès.* — *Adoption.*

ACTE déposé chez un notaire. — Dans certains cas, il est nécessaire de déposer des actes sous-seing, actes de l'état civil ou autres pièces, chez un notaire, pour être classés au rang de ses minutes.

L'acte dressé à cette occasion prend le nom d'acte de dépôt. — Voy. *Dépôt de pièces.*

ACTE d'héritier. — Action ou fait de personnes appelées à recueillir une succession qui fait supposer leur intention d'accepter, et entraîne acceptation de l'hérédité, lorsqu'il est fait en connaissance de cause.

L'acceptation est *expresse* ou *tacite* : elle est expresse lorsqu'on prend le titre ou la qualité d'héritier dans un acte; elle est tacite quand l'héritier fait un acte qui suppose son intention d'accepter. — *D. N.*

Les actes conservatoires, de surveillance et d'administration provisoire, ne sont pas des actes d'héritier, si l'on n'a pas le titre ou la qualité. — *C. civ.* 779. Mais tout acte de disposition et, en général, tout acte de propriété fait par l'habile à succéder, supposent nécessairement son acceptation.

Ainsi, il a été jugé notamment par la Cour de Limoges que c'est faire acte d'héritier que de disposer seulement de la garde-robe du défunt. — *Arr. du 19 fév.* 1831.

Il a été jugé par la Cour de Caen que le paiement des droits de mutation de la part du successible entraîne la qualité d'héritier. — *Arr. du 17 janvier* 1824. Mais ce paiement est considéré généralement aujourd'hui comme un acte simplement conservatoire.

On ne doit pas considérer comme acte d'héritier la vente de meubles susceptibles de dépérir ou dispendieux à conserver, faite par un successible qui s'est réservé, dans le procès-verbal de vente, la faculté d'accepter bénéficiairement ou de renoncer. — *Cass.*, 1er *août* 1809.

Il sera prudent toutefois de se faire autoriser par justice pour agir sans attribution de qualité. — *C. civ.* 796.

Nous recommandons à l'héritier qui n'a pas encore accepté de bien réfléchir à la nature de l'acte qu'il se propose de faire, qui peut avoir pour lui des suites graves, puisqu'il peut le priver du bénéfice d'inventaire et mettre à sa charge toutes les dettes de la succession, même celles qui excéderaient son actif. — Voy. *Bénéfice d'inventaire.*

ACTES de décès. — Les actes de décès sont dressés par l'officier de l'état civil sur la déclaration de deux témoins, parents ou voisins du défunt. — Cette déclaration doit être faite dans les 24 heures. — *C. civ.* 78. — Voy. *Décès (déclaration de).*

L'inhumation ne peut avoir lieu sans une autorisation sur papier libre et sans frais, de l'officier de l'état civil. — *C. civ.* 77.

ACTES de mariage. — L'homme, avant dix-huit ans, la femme, avant quinze ans accomplis, ne peuvent contracter mariage.

Ils doivent pour ce fait justifier du consentement de leurs père et mère ou, à leur défaut, de celui de leurs aïeuls ou aïeules.

Le mariage doit être précédé de deux publications qui doivent être faites un jour de dimanche à huit jours d'intervalle. — *C. civ.* 63.

Il ne peut être célébré ailleurs que dans la commune où l'un des deux époux aura au moins six mois de domicile.

Il peut, dans certains cas, avoir lieu au domicile de l'un des époux, mais le mariage étant un acte public, les portes doivent rester ouvertes à tout le monde.

Les époux doivent indiquer, parmi leurs plus proches parents ou amis, quatre témoins en présence desquels le mariage a lieu et qui signent avec eux. — *C. civ.* 76.

ACTES de naissance. — Les déclarations de naissance doivent être faites dans les trois jours à l'officier de l'état civil, par le père, ou, à son défaut, par les médecins, sages-femmes, ou autres personnes ayant assisté à l'accouchement. — *C. civ.* 55 *et suiv.*

ACTES de notoriété. — Voy. *Notoriété.*

ACTES de société. — Voy. *Société.*

ACTE de suscription d'un testament mystique. — C'est l'acte par lequel le testateur qui a fait un testament mystique en fait le dépôt à un notaire.

Le but de cet acte est d'assurer le secret des dispositions testamentaires, et de conférer au testament lui-même le caractère d'authenticité. — Voy. *Testament.*

ACTE de tolérance. — Celui que le propriétaire permet sur sa propriété, sans vouloir concéder un droit, et qui ne peut dès lors produire ni la possession civile, ni la prescription.

ACTE de violence. — Se dit, en matière de possession, de l'usurpation de la chose d'autrui. — Voy. *Action possessoire.*

ACTE d'incommunité. — Sorte de déclaration à l'effet de constater la propriété d'autrui ou celle du déclarant, en ce qui concerne les meubles appartenant à deux personnes réunies dans le même local, afin d'en éviter la confusion.

Cet acte a pour but d'assurer à chacun la propriété de son propre mobilier et de leur en garantir la reprise en toutes circonstances.

La désignation des meubles doit être faite minutieusement pour établir la sincérité de la déclaration.

Cet acte a lieu le plus ordinairement lorsqu'un père ou une mère vont habiter avec un de leurs enfants.

Bien qu'il puisse être valablement fait sous seing privé, il sera plus prudent de recourir à un notaire.

ACTE écrit à la suite ou en marge d'un autre. — En thèse générale, on ne peut sans contravention écrire deux actes à la suite ou en marge l'un de l'autre, sur la même feuille de papier timbré, excepté toutefois les quittances de prix de vente et celles de remboursement de rentes ou d'obligations, les codicilles ou additions aux testaments, et quelques autres actes authentiques dont nous n'avons pas à nous occuper ici. — *L. du* 13 *brum. an VII.*

Mais on peut insérer plusieurs conventions dans un seul et même acte.

ACTE exécutoire. — On appelle ainsi celui revêtu de la forme d'exécution parée, c'est-à-dire de l'intitulé des lois et du mandement de justice. — Voy. *Acte notarié.* — *Exécutoire.* — *Grosse.*

ACTE illégal. — Se dit de celui ordonné ou exécuté par un agent de l'autorité en dehors des cas prévus par la loi. — Voy. *Abus d'autorité.*

ACTE illicite. — Celui qui est contraire aux lois, aux mœurs, à l'ordre public. — Voy. *Convention.*

ACTE imparfait. — Se dit de celui qui manque de quelques-unes des conditions requises pour sa validité.

Un acte notarié est réputé imparfait lorsqu'il n'est pas signé de toutes les parties qui y ont figuré, ou bien, lorsqu'il n'est pas signé des témoins ou du notaire, ou bien encore par l'incompétence du notaire ou défaut de forme. *D. N.*

Cet acte est absolument nul comme acte notarié ; mais, s'il est signé de toutes les parties contractantes, il est valable comme acte sous seing privé, et l'une des parties peut s'en faire délivrer copie. — *C. proc.* 841.

Celui qui veut obtenir copie d'un acte notarié imparfait doit présenter, par le ministère d'un avoué, une requête au président du tribunal de première instance de la résidence du notaire. — *C. proc.* 841.

L'acte sous seing privé peut aussi être imparfait s'il n'est pas revêtu des formes essentielles à son existence ; par exemple s'il n'est pas rédigé en double, s'il n'est pas signé de toutes les parties. — Voy. *Acte sous seing privé.*

ACTE innomé. — Celui qui n'est pas désigné nominativement dans la nomenclature des lois sur l'enregistrement. — Voy. *Enregistrement (Tarif).*

ACTE judiciaire ou extra-judiciaire. — Les actes judiciaires sont ceux qui émanent de l'autorité judiciaire, tels que les jugements ou arrêts de toute nature.

Les actes extra-judiciaires au contraire ont pour but de prévenir une contestation, de conserver ou d'assurer un droit.

ACTE non enregistré. — Celui qui n'a pas été soumis à la formalité de l'enregistrement.

L'acte non enregistré dans les délais fixés par la loi n'est pas nul pour cela ; mais on ne peut en faire usage sans le soumettre à cette formalité, qui entraîne alors le double droit.

Le délai pour l'enregistrement des actes sous seing privé, dont nous nous occupons spécialement dans cet ouvrage, est de trois mois du jour de leur date. — Voy. *Enregistrement.*

ACTE notarié. — Acte passé devant un notaire, c'est-à-dire un fonctionnaire public établi pour recevoir les actes et contrats auxquels les parties doivent ou veulent donner le caractère d'authenticité, et pour en assurer la date, en conserver le dépôt, et en délivrer des grosses et expéditions. — *L. du 25 ventôse an XI.*

De la foi et de l'autorité des actes notariés.

Les actes notariés font foi en justice et on ne peut contester les faits que le notaire atteste comme s'étant passés devant lui, la preuve contraire n'étant pas admise. On ne peut donc attaquer un acte notarié que par la voie de l'*inscription de faux.*

A raison des obligations qu'ils renferment, ces actes sont *exécutoires* dans toute l'étendue de la France et ont la même autorité qu'un jugement définitif.

Ils ont encore l'avantage de pouvoir conférer une hypothèque qu'on ne peut obtenir par acte sous seing privé. — *D.N.*

Des actes notariés obligatoires.

Il est certains actes qui, d'après les lois, doivent être passés devant notaire, à peine de nullité, tels sont : les *contrats de mariage*, les actes contenant *constitution d'hypothèque* et *mainlevée d'inscriptions hypothécaires*, les *donations entre vifs*, etc., etc.

Nous en donnons une dénomination plus complète sous le titre *acte sous seing privé*, afin de prévenir les rédacteurs de ces actes des cas où ils doivent forcément recourir aux notaires. — Voy. *Actes sous seing privé.*

Des avantages des actes notariés.

Les actes notariés étant rédigés par des hommes spéciaux habitués à la pratique et au style des affaires, on n'y trouve pas, comme cela arrive souvent dans les actes sous seing privé, des clauses obscures, ambiguës ou contradictoires, ou des omissions préjudiciables.

D'un autre côté, l'intervention de l'officier public dans les actes notariés garantit la sincérité non seulement des *conventions*, mais encore des *signatures* des parties et de la *date* de l'acte, et assure en un mot son *exécution* et sa *conservation* dans un dépôt public.

Les actes sous seing, au contraire, ne font aucune foi en justice, les signatures pouvant toujours en être contestées; ils n'ont pas de date certaine et n'ont aucune force exécutoire. Si on veut les mettre à exécution, il faut recourir à la justice; enfin ils sont exposés à de nombreuses causes de détérioration et de perte. — Voy. *Acte sous seing*.

Nous ne saurions donc trop engager les contractants à établir leurs conventions par acte notarié chaque fois que les circonstances le leur permettront.

Les formules d'actes sous seing contenues dans cet ouvrage étant pour la plupart extraites du *Dictionnaire du Notariat*, publié par l'administration du *Journal des Notaires et des Avocats*, et étant rédigées avec soin, peuvent facilement être utilisées pour la rédaction des actes notariés de même nature, au moyen de quelques légers changements, c'est-à-dire en y appliquant l'intitulé et la clôture spéciale à ces actes.

ACTE passé à l'étranger. — S'entend d'une convention conclue hors du territoire du pays auquel appartiennent les contractants ou l'un d'eux.

La capacité du Français qui passe un acte à l'étranger est régie par la loi française, mais les actes passés à l'étranger sont régis par la loi du pays où ils ont été réalisés.

ACTE recognitif. — C'est celui par lequel un débiteur reconnaît l'existence d'une obligation déjà constatée par un acte antérieur. — Voy. *Titre nouvel*.

ACTE respectueux. — Cet acte est celui par lequel les enfants ayant atteint l'âge fixé par la loi, et auxquels leurs père et mère, aïeuls ou aïeules, lorsque leurs père et mère sont décédés, refusent ou sont dans l'impossibilité de donner leur consentement pour se marier ou pour être adoptés, en font *respectueusement la demande*.

Les enfants naturels sont soumis à la même condition, mais seulement envers leurs père et mère qui les ont reconnus.

Les hommes avant 25 ans et les filles avant 21 ans ne peuvent faire d'actes respectueux.

Ces actes doivent être renouvelés deux fois de mois en mois; ce n'est qu'un mois après le troisième acte qu'il peut être procédé à la célébration du mariage. Toutefois, lorsque le fils a atteint 30 ans accomplis et la fille 25 ans, il suffit d'un seul acte respectueux.

Cet acte et sa notification aux père et mère sont du ministère des notaires à peine de nullité. — *C. civ.* 154.

L'enfant adoptif n'est pas tenu de faire des actes respectueux à celui qui l'a adopté.

Le second mariage de la mère ne dispense pas de lui adresser des actes respectueux, mais il n'est besoin de les notifier qu'à elle seule.

La loi n'exige pas que les enfants soient présents lors de la notification des actes respectueux, le notaire y procède seul, assisté de deux témoins.

ACTE sous seing privé. — C'est celui fait entre particuliers sous la simple signature des parties et sans l'intervention d'un officier public. — *C. civ.* 1322 et suiv.

La majeure partie des actes peut être faite sous seing privé; mais dans ce cas ils n'ont point le caractère d'authenticité.

Les actes sous seing privé ne sont soumis à aucune formalité proprement dite; il suffit qu'ils soient rédigés d'une manière claire, qu'ils soient signés de toutes les parties, et qu'ils soient faits en autant d'originaux qu'il y a de parties ayant un intérêt distinct.

Il serait dangereux de contracter par acte sous seing avec une personne qui aurait déclaré ne savoir signer précédemment dans des actes notariés, bien qu'on puisse apprendre à signer à tout âge.

Les abréviations et les chiffres ne sont pas interdits, et cependant il est très utile de les éviter, et dangereux d'écrire les sommes en chiffres, les falsifications devenant alors faciles.

Les mots écrits en interligne ne sont pas nuls, quoique non approuvés, s'ils sont écrits de la main de celui qui les désavoue.

Il n'est pas nécessaire que les actes sous seing soient écrits par les parties elles-mêmes; mais il est bon dans ce cas que celles qui n'ont pas écrit fassent précéder leur signature d'une approbation, telle par exemple, que *vu et lu*, ou *lu et approuvé*, ou bien *approuvé l'écriture ci-dessus*; c'est une précaution contre des allégations de surprise et de dol, bien qu'elle ne soit pas indispensable pour les actes synallagmatiques, c'est-à-dire qui renferment des obligations réciproques; mais il en est autrement pour les billets et promesses de payer, la signature devant toujours être précédée de ces mots : *bon pour*, ou *approuvé la somme de*..... (en toutes lettres).

Formalités des actes sous seing.

Les actes sous seing privé doivent être écrits sur papier timbré de n'importe quelle dimension ; cependant l'acte fait sur papier libre n'est pas nul pour cela ; mais si on vient à le faire enregistrer, soit pour lui donner une date certaine, soit pour le produire en justice, il sera passible d'une amende de 50 fr., plus les décimes, et cela indépendamment des droits de timbre et d'enregistrement.

L'empreinte du timbre ne doit être jamais ni couverte ni altérée.

Il ne peut être fait deux actes à la suite l'un de l'autre, sauf dans certains cas. — Voy. *Acte écrit à la suite d'un autre*.

Des actes qui doivent être faits devant notaire et autres officiers publics.

Certains actes doivent être faits devant notaire, à peine de nullité; tels sont :
1° les *contrats de mariage*; 2° les *donations entre vifs* et les *acceptations* de ces donations ; 3° les *testaments publics et mystiques*; 4° les *révocations de donation ou de testament* ; 5° les *reconnaissances d'enfants naturels* ; 6° les *actes respectueux* pour le mariage ; 7° les actes constitutifs *d'hypothèques* et les *mainlevées d'inscriptions hypothécaires*; 8° les actes *d'emprunts* et *quittances* nécessaires pour opérer la *subrogation*; 9° les *cessions de brevet d'invention* ; 10° et les *procurations* pour consentir ces divers actes.— *D. N.*

L'obligation de recourir à la forme notariée peut encore résulter de la force des choses ; par exemple, si l'un des contractants ne sait ou ne peut signer. Cette obligation est aussi parfois conventionnelle, lorsque les parties sont convenues dans un acte sous seing qu'il sera *réalisé* devant notaire à la première réquisition de l'une d'elles.

Plusieurs autres actes ne peuvent se faire que par les officiers publics préposés pour les recevoir, tels sont : les *adoptions*, *émancipations*, *délibérations du conseil de famille*, *acceptations de succession*, les *ventes publiques de meubles et récoltes*, etc.

De la foi due aux actes sous seing.

L'acte sous seing privé dont l'écriture ou la signature sont déniées par le prétendu signataire, ou ne sont pas reconnues par ses héritiers ou ayants cause, doit être vérifié en justice ; mais l'acte sous seing reconnu par celui à qui on l'oppose, ou légalement tenu pour reconnu, a, entre ceux qui l'ont souscrit et entre leurs héritiers et ayants cause, la même foi que l'acte authentique.

De l'enregistrement et de la date certaine.

Les actes sous seing peuvent être enregistrés indistinctement dans tous les bureaux. Ils doivent être soumis à cette formalité dans les trois mois de leur date, sous peine de devenir passibles du double droit.

Ils n'ont d'ailleurs de *date certaine* que du jour où ils ont été enregistrés ou du jour du *décès* de celui ou de l'un de ceux qui les ont souscrits, ou encore du jour où ils ont été énumérés en substance dans des actes dressés par des officiers publics.

Les actes sous seing qui ont acquis date certaine font foi contre les tiers et peuvent servir de base à la prescription à partir du jour où ils ont acquis cette date.

L'acte sous seing privé qui n'a point acquis date certaine forme néanmoins un commencement de preuve par écrit.

Danger des actes sous seing.

Il est certainement très utile à chacun de pouvoir faire ses affaires et de s'accoutumer à rédiger soi-même les actes sous seing privé, au besoin; c'est dans ce but que nous en donnons un grand nombre de formules dans cet ouvrage.

Toutefois, nous recommandons aux contractants d'avoir bien soin de préciser leur intention afin d'éviter toute surprise qui pourrait donner matière à contestation et de ne recourir aux actes sous seing qu'avec la plus grande circonspection et seulement à titre provisoire, sauf pour certains actes de peu d'importance et d'un usage journalier, tels que : *Baux à loyer, quittances simples, billets,* etc.

A ces exceptions près, nous regardons en général l'usage des actes sous seing comme dangereux.

Comme nous l'avons dit sous le titre *acte notarié*, les actes sous seing ne font pas foi en justice, n'ont point de date certaine, et n'ont pas, comme les actes authentiques, la force d'exécution parée, qui doit être à leur égard prononcée par un jugement, — les signatures mêmes qui y sont apposées ne sont considérées comme véritables que du jour où elles ont été reconnues par les parties ou leurs héritiers; — il faut encore ajouter à cela le danger de voir disparaître des actes qui ne laissent souvent aucune trace après eux, lorsqu'ils n'ont pas été enregistrés.

C'est pour éviter ces inconvénients que toutes les personnes véritablement soigneuses de leurs intérêts font toujours leurs actes devant notaire. — D. N.

Les formules des actes que nous avons cru pouvoir être faits sous seing, mais que nous conseillons toujours de régulariser autant que possible devant notaire, se trouvent sous chaque titre qu'elles comportent tels que : *Compte, Bail, Vente, Partage, Procuration,* etc., etc.

Comme nous l'avons dit au titre *acte notarié*, ces formules étant rédigées avec soin peuvent être utilisées pour la rédaction des actes notariés au moyen de quelques légers changements, c'est-à-dire en y appliquant l'intitulé et la clôture particulière à ces actes.

ACTE synallagmatique. — Acte qui contient des obligations réciproques entre les parties. — Voy. *Contrat*.

ACTE unilatéral. — C'est celui par lequel l'une des parties s'oblige seule envers l'autre, tel par exemple que le billet ou la promesse sous seing privé par lequel une personne s'engage à payer à une autre une somme d'argent ou une chose appréciable.

Les *procurations, quittances, consentements*, en un mot tous les actes qui ne contiennent pas d'*engagements réciproques*, sont des actes unilatéraux.

ACTIF. — Ce mot s'entend de la totalité de l'avoir d'un particulier, d'une succession, d'une communauté, par opposition avec son passif, c'est-à-dire avec le montant de ses dettes.

Il désigne aussi les biens, les créances, les actions, déduction faite des dettes et charges, de même que le reliquat d'un compte.

ACTION. — Droit de réclamer et de poursuivre nos droits en justice. Se dit également de la demande formée judiciairement.

Les actions sont *personnelles* quand nous soutenons que la personne contre laquelle nous agissons est obligée envers nous.

Elles sont *réelles* quand nous réclamons l'attribution d'un droit ou d'une chose indépendamment de toute considération de la personne.

Elles sont *mixtes* lorsqu'elles s'exercent tout à la fois contre la personne obligée et contre le possesseur.

Enfin, elles se divisent encore en actions mobilières ou *possessoires*, ou en actions immobilières ou *pétitoires*, selon qu'il s'agit d'objets mobiliers ou immobiliers. — Voy. *Action possessoire.* — *Action pétitoire.*

Pour exercer une action, il faut y être fondé en droit et y avoir intérêt.

Toutes les actions, tant réelles que personnelles, se prescrivent par trente ans. — *C. civ.* 2262.

ACTION nominative. — Intérêt dans une compagnie de finances ou de crédit.

Les actions sont nominatives ou au porteur. — Voy. *Action au porteur.*

Elles sont essentiellement nominatives jusqu'à ce qu'elles aient été libérées de moitié. — *L. du 24 juil.* 1867.

Tout propriétaire d'action ou obligation a le droit de convertir les titres au porteur en titres nominatifs, et réciproquement. — *L. du 23 juin* 1857.

Les actions de sociétés, étant réputées *meubles*, peuvent être saisies et vendues.

Elles peuvent être données en nantissement.

Les actions qui appartiennent à des mineurs peuvent être aliénées par leur tuteur sans autorisation du conseil de famille.

Une taxe annuelle et obligatoire de 3 pour cent a été établie sur les intérêts, dividendes, revenus et autres produits des actions et sociétés de toute nature par a loi du 29 juin 1872.

ACTION au porteur. — Intérêt dans une société de finances ou de crédit, dont la transmission légale s'opère par la remise du titre.

Cet intérêt se divise ordinairement en actions et coupons d'actions, qui sont considérés comme *meubles*.

Les sociétés *anonymes* sont autorisées à créer des actions au porteur, à la condition qu'elles soient libérées au moins de moitié. — *L. du 24 juil.* 1867.

Il en est de même à l'égard des sociétés en *commandite* et des sociétés purement civiles. — *C. comm.* 35.

Celui qui possède un titre d'action au porteur en est réputé propriétaire d'après cette règle : que *possession vaut titre*. — Voy. *Action commerciale.*

Néanmoins celui qui a perdu ou auquel il a été volé un titre peut le revendiquer pendant trois ans à compter du jour de la perte ou du vol contre celui dans les mains duquel il l'a trouvé. — *C. civ.* 2279.

Il peut aussi être formé opposition au transfert du titre. — Voy. *Transfert.*

ACTION civile. — L'action civile proprement dite est celle qui appartient à tout individu qui a souffert un dommage par suite d'un fait puni par la loi.

La personne lésée a le droit de citer directement l'auteur du fait punissable devant le tribunal de répression pour en obtenir des dommages-intérêts. — *C. Instr.* 145, 182.

L'action civile peut être exercée dans un intérêt d'honneur, par exemple en cas d'injures ou de diffamation ; de même que dans un intérêt de profession, pour usurpation de fonctions, etc. — *Cass.*, 15 *juin* 1833.

S'il s'agit de la réparation d'un dommage, elle peut être exercée contre le prévenu ou contre ses représentants.

ACTION commerciale. — L'action commerciale proprement dite est la partie ou égale portion d'intérêt dans une compagnie ou société de commerce, de finance ou d'industrie.

Lorsqu'il est stipulé que le capital d'une société sera divisé en un certain nombre d'actions, la réunion des actions forme le capital de la société.

L'action est une part nominative dans la propriété de tout ce qui compose le fonds social, meubles et immeubles.

Pendant toute sa durée, la société est seule propriétaire du fonds social et les créanciers d'un associé ne peuvent obtenir d'hypothèque sur les immeubles sociaux ni les faire saisir, même jusqu'à concurrence de la part de l'associé débiteur, attendu que le droit de l'associé n'est qu'un droit mobilier sur la généralité de l'actif social sans distinction de la nature des choses qui composent cet actif. — *C. civ.* 529.

ACTION de la Banque de France. — Valeur nominative représentant une portion d'intérêt dans la société anonyme dite *Banque de France*, créée par la Loi du 22 avril 1806. — Voy. *Banque de France*.

Le capital de la Banque de France est actuellement de 182.500 actions de 1000 fr. chacune et d'un fonds de réserve formé avec une partie des bénéfices qu'elles produisent. — *L. du 9 juin* 1857.

Les actions de la Banque de France sont *meubles*, comme toutes actions dans les sociétés, mais elles peuvent être *immobilisées* par la déclaration des propriétaires. — Les actions immobilisées peuvent être ultérieurement remobilisées.

Elles sont nominatives et ne peuvent être transférées que par le ministère d'un agent de change qui certifie la signature du vendeur.

La Banque ne délivre qu'un seul titre au titulaire d'actions, quel qu'en soit le nombre.

Les intérêts et dividendes sont payables en janvier et juillet, sur la représentation du titre par l'actionnaire.

Les actionnaires ne sont responsables des engagements de la Banque que jusqu'à concurrence de leurs actions.

Les actions de la Banque de France constituent en réalité un placement sérieux; elles sont d'ailleurs généralement admises même par les tribunaux, comme remploi de biens dotaux.

ACTION en déclaration d'hypothèque. — C'est celle que l'on est en droit d'exercer contre le tiers détenteur d'un immeuble hypothéqué pour interrompre la prescription de l'hypothèque. — Voy. *Déclaration d'hypothèque*.

ACTION en délaissement. — Voy. *Délaissement*.

ACTION en réintégrande. — Voy. *Action possessoire*.

ACTION en rescision. — Voy. *Rescision*.

ACTION en revendication. — Se dit de celle qu'on intente pour réclamer une chose dont on est propriétaire.

Cette action s'applique aussi bien aux *meubles* qu'aux *immeubles*.

A l'égard des meubles, comme il y a présomption de propriété en faveur de celui qui possède, c'est au revendiquant à établir qu'il est propriétaire et que le possesseur ne l'est pas.

L'action en revendication peut être exercée pendant 3 ans, par celui qui a perdu un objet mobilier ou auquel on l'a volé ou escroqué et il peut agir contre tout possesseur de bonne ou de mauvaise foi. — *C. civ.* 2279.

Cette action s'applique aux *titres au porteur*. — *Cass.* 15 août 1863.

L'action en revendication peut encore être exercée : 1° par les créanciers du vendeur, s'il est établi que la vente est simulée; 2° par le vendeur d'un meuble; 3° par le bailleur; 4° en matière de faillite. — Voy. *Dépôt. — Faillite. — Privilège*.

Règle générale : le revendiquant a le droit d'être remis en possession de sa chose sans avoir à rembourser au détenteur son prix d'achat; toutefois, lorsque ce dernier a acheté dans une foire, un marché, une vente publique ou d'un marchand vendant des choses pareilles, le propriétaire originaire ne peut se la faire rendre qu'en lui payant son prix d'achat.

En ce qui concerne les immeubles, nous renvoyons au mot *Revendication.* — Voy. *Revendication.*

ACTION frustratoire. — C'est ainsi qu'on appelle une action intentée sans nécessité aucune, ou dans le but d'obtenir ce qu'on a déjà.

ACTION hypothécaire. — C'est celle du créancier contre le tiers détenteur ou nouveau propriétaire de l'immeuble hypothéqué, à l'effet d'obtenir le paiement de sa créance soit du détenteur lui-même, soit par la vente de l'immeuble affecté à sa créance.

Cette action n'est, par le fait, qu'une voie d'exécution, puisque le créancier hypothécaire a le droit de faire vendre l'immeuble hypothéqué à moins que le tiers détenteur ne préfère payer la créance ou délaisser l'immeuble. — *C. civ.* 2168-2169.

ACTION paulienne. — C'est celle par laquelle tout créancier hypothécaire ou chirographaire peut demander en son nom personnel la révocation des actes faits par le débiteur au préjudice ou en fraude de ses droits. — Voy. *Créancier.* — *Faillite.* — *Fraude.*

ACTION pétitoire. — L'action pétitoire est celle par laquelle on révendique contre le détenteur soit la propriété d'un fonds, soit un droit réel immobilier.

Cette action doit être portée devant les tribunaux de première instance.

On peut assigner directement au *pétitoire* sans intenter préalablement l'action *possessoire*; mais alors il faut prouver la propriété de l'immeuble indépendamment des faits de possession. Le demandeur au pétitoire n'est plus recevable à agir au possessoire, il est censé avoir reconnu qu'il n'était pas possesseur.

ACTION possessoire. — L'action possessoire est celle que la loi accorde au possesseur d'un immeuble ou d'un droit réel, à l'effet d'être maintenu dans sa possession s'il y est troublé par quelqu'un, ou afin d'y être rétabli lorsqu'il a été dépossédé.

Cette action est uniquement relative à la possession et n'est en général recevable qu'autant qu'elle a été formée dans l'année du trouble. — *C. proc.* 23.

Elle est de la compétence des juges de paix qui en connaissent à charge d'appel, et elle doit être intentée devant le juge de la situation de l'objet litigieux. — *L. du 25 mars* 1838.

Celui qui a obtenu la possession n'est pas judiciairement reconnu comme propriétaire, mais il est présumé l'être jusqu'à preuve contraire, et la partie qui a succombé au possessoire ne peut attaquer au pétitoire sans avoir satisfait aux condamnations prononcées contre elle.

ACTION publique. — Celle qui intéresse la société, telle par exemple que la *recherche des coupables.*

Hors les cas où l'action publique est intéressée, la police doit s'abstenir de faire des recherches au profit des particuliers.

ACTION rédhibitoire. — Voy. *Vices rédhibitoires.*

ACTION résolutoire. — Voy. *Résolution.*

ACTION révocatoire. — C'est celle qui a pour objet de faire déclarer nulle la vente d'un fonds dotal. — Voy. *Régime dotal.*

Cette action appartient aussi aux créanciers pour faire annuler les actes faits en fraude de leurs droits. — Voy. *Faillite.* — *Fraude.*

ADAGE. — Axiome de droit ou de jurisprudence énoncé en peu de mots. — Voy. *Règles de droit.*

ADHÉSION. — Action de se joindre à d'autres personnes en se rendant communes avec elles les stipulations qu'elles ont faites.

L'adhésion suppose de la part de celui qui la donne le sacrifice d'un droit acquis.

L'adhésion a lieu le plus ordinairement en matière de société, lorsque des actionnaires ou commanditaires acceptent les statuts sociaux, ou encore après concordat, abandonnement volontaire ou atermoiement; en un mot, à tous contrats où figurent un grand nombre de parties.

Nous en donnons ci-après une formule.

Adhésion à un acte d'abandonnement ou cession de biens.

Je soussigné A..., demeurant à..., créancier de M. B... ci-après nommé.

Après avoir pris communication d'un acte sous seing privé en date du....., enregistré à....., le.., f°....., par le receveur qui a perçu les droits dus, aux termes duquel M. B..., demeurant à..... pour se libérer envers ses créanciers de toutes dettes et engagements par lui contractés envers eux a abandonné à titre de cession de biens auxdits créanciers, ce accepté par la majorité de ceux-ci, les immeubles lui appartenant situés à..... et consistant en.....

A déclaré approuver entièrement ledit acte d'abandonnement, y donner une complète adhésion et consentir qu'il soit exécuté à son égard, comme s'il y avait concouru directement.

Pour faire signifier ces présentes tout pouvoir est donné au porteur.

A....., le.....

(*Signature*.)

ADIRÉ. — Se dit de ce qui est perdu, égaré, et plus particulièrement des titres et pièces qui ne se trouvent plus.

Dans le cas où le titre original est perdu, les copies font foi.

ADITION d'hérédité. — Se dit de tout acte de l'héritier duquel il résulte qu'il accepte la succession; en un mot, de tous les faits qui constituent une acceptation tacite. — Voy. *Acceptation de succession*. — *Acte d'héritier*.

ADJOINT au maire. — Fonctionnaire préposé pour seconder le maire et pour le remplacer dans l'exercice de ses fonctions, en cas d'absence ou d'empêchement.

Les adjoints n'ont de fonctions qu'au défaut des maires, ou n'exercent que celles qui leur sont déléguées par eux, excepté en matière de police.

La nomination des adjoints se fait comme celle des maires. — Leurs fonctions sont gratuites. Ils sont élus pour 4 ans. — Voy. *Maire*. — *Organisation municipale*.

ADJONCTION. — Se dit de l'union de deux choses qui appartiennent à des propriétaires différents.

ADJUDICATION. — Se dit généralement des ventes, cession ou bail de meubles ou immeubles aux enchères publiques et avec concurrence, faites par les fonctionnaires publics.

Les adjudications concernant des mineurs ou des incapables, de même que celles par suite d'expropriation, ont lieu devant les tribunaux, ou sont renvoyées devant notaire, et ont un caractère judiciaire.

Les adjudications volontaires que les parties majeures capables de contracter font devant notaire ne sont soumises à aucune règle spéciale. — Elles forment contrat entre le vendeur et l'acheteur adjudicataire, et ont la force exécutoire entre les parties. — *D. N.*

Pour les adjudications judiciaires qui ont lieu par suite d'une décision de la justice soit devant le tribunal, soit devant un notaire nommé à cet effet. — Voy. *Vente judiciaire*.

En matière administrative, il se fait aussi des adjudications de marchés pour travaux, fournitures et entreprises, soit aux enchères, soit par voie de soumissions au plus offrant et au rabais. A l'égard de ces dernières adjudications. — Voy. *Vente administrative*.

Il est défendu d'employer avant ou pendant les enchères aucun moyen pour écarter les enchérisseurs, entraver ou troubler la liberté des enchères, sous peine d'amende et même d'emprisonnement. — *C. pén.* 412.

Ne peuvent se rendre adjudicataires des biens qu'ils sont chargés de vendre, ni par eux-mêmes, ni par personnes interposées, les mandataires, les administrateurs, etc. — *C. civ.* 1596.

ADJUDICATION administrative. — Voy. *Bail administratif.* — *Marché administratif.* — *Vente administrative.*

ADMINICULE. — On nomme ainsi un fait admis en preuve. — Voy. *Preuve.*

ADMINISTRATION, — Ce mot qui signifie direction, conduite des affaires, se dit de la régie des biens de la femme par le mari, et de ceux d'une succession, d'une faillite, d'un mineur, d'un absent, d'un prodigue ou d'un interdit, par un tuteur ou curateur. *Voy.* ces mots.

ADMINISTRATION légale. — Celle qui appartient au père pendant le mariage sur la personne et les biens de ses enfants mineurs, et qui est une conséquence de la puissance paternelle. — *C. civ.* 389.

L'administration légale passe à la mère lorsque le père est interdit, absent ou déchu de son droit de puissance paternelle.

Il ne faut pas confondre cette administration avec la tutelle, qui ne commence qu'au décès du père et de la mère. Ainsi l'administrateur légal n'est pas tenu de faire nommer un subrogé-tuteur ; il peut faire procéder seul à l'inventaire des biens échus à ses enfants ; il peut conserver les meubles ou les vendre sans autorisation de justice. — *Demolombe, n°ˢ 433 et suivants.*

La loi du 27 février 1880, relative à l'aliénation des valeurs mobilières, appartenant aux mineurs et à la conversion de ces mêmes valeurs en titres au porteur n'est pas applicable au père administrateur légal de ses enfants mineurs.

Tant que dure le mariage, le père administrateur n'est pas soumis à l'hypothèque légale qui ne frappe que les biens du tuteur. — *Cass., 3 décembre* 1821.

L'administration légale cesse par la dissolution du mariage et alors la tutelle s'ouvre. — *Cass., 11 novembre* 1828.

ADMINISTRATION de l'enregistrement et des domaines. — C'est celle chargée de percevoir les impôts du *timbre*, de l'*enregistrement*, de *greffe* et d'*hypothèques*, des *amendes de contravention* y relatives et de la *taxe annuelle* de 3 p. 0/0 établie sur les intérêts, dividendes et produits des actions, obligations et emprunts des départements, communes et établissements publics, par la loi du 29 juin 1872.

Cette administration est aujourd'hui dirigée par un *directeur général.*

Le siège de la direction est à Paris.

Il y a des *directeurs*, des *inspecteurs* et *sous-inspecteurs* dans les départements, et des *receveurs* dans tous les chefs-lieu de département et d'arrondissement et dans la majeure partie des cantons.

La voie de réclamation administrative relative à la perception des droits d'enregistrement ou amendes est ouverte à tous les intéressés. — *L. du 22 frimaire an VII.*

Les notaires ont qualité pour demander en leur nom ou pour leurs clients la restitution des droits indûment perçus.

Les *pétitions* doivent être rédigées sur papier timbré.

On peut les remettre directement au receveur de l'Enregistrement du bureau que l'affaire concerne, ou les envoyer au directeur du chef-lieu de département, ou enfin les adresser par la poste, soit au directeur général de l'Enregistrement, à Paris, soit au Ministre des finances.

Si on n'obtient pas satisfaction par la voie administrative, la *voie judiciaire* reste ouverte, et l'instance est portée devant le Tribunal civil de l'arrondissement du bureau où la perception a été faite.

Lorsqu'il s'agit d'amendes encourues et que les contraventions sont excusables ou proviennent d'erreur, on peut en demander la remise par une pétition sur timbre adressée au Ministre des finances.

On peut se pourvoir par la même voie, soit pour obtenir des délais pour le paiement des suppléments de droits et des amendes, soit des prorogations de délai pour passer les déclarations de succession. — *N. D.*

Voy. *Receveur de l'Enregistrement.* — *Enregistrement.* — *Déclaration de succession.* — *Amendes.* — *Pétition.*

ADMINISTRATION municipale. — On nomme ainsi l'administration des communes confiée aux maires, adjoints et conseils municipaux sous la surveillance de l'Administration supérieure. — Voy. *Organisation municipale.*

ADMINISTRATION publique. — On désigne ainsi l'ensemble des fonctionnaires ou des agents placés dans la dépendance du chef de l'Etat et de ses Ministres, et qui, essentiellement agissants, transmettent la vie et le mouvement au corps social. — Voy. *Organisation administrative.* — *Organisation municipale.*

ADOPTION. — L'adoption est un acte purement civil qui, sans faire changer de famille à l'adopté, établit entre lui et l'adoptant des rapports de paternité et de filiation, bien qu'ils ne descendent pas l'un de l'autre.

On distingue trois espèces d'adoption.

L'adoption *ordinaire,* l'adoption *rémunératoire* et l'*adoption testamentaire.*

De l'adoption ordinaire.

Les conditions exigées pour l'adoption ordinaire sont celles-ci :

Il faut que *l'adoptant,* quel que soit son sexe, soit âgé de plus de 50 ans; qu'il n'ait, au moment de l'adoption, ni enfants, ni descendants légitimes; qu'il ait au moins 15 ans de plus que *l'adopté;* que l'adoptant, s'il est marié, ait le consentement de son conjoint; que l'adoptant ait donné à la personne adoptée pendant qu'elle était mineure des soins et des secours non interrompus pendant six ans au moins ; enfin que l'adoptant jouisse d'une bonne réputation. — *C. civ.* 343 *et suiv.*

Pour pouvoir être adopté, trois conditions sont requises : 1° être majeur; — 2° produire le consentement de ses père et mère, s'ils sont encore vivants; — 3° n'avoir pas déjà été adopté par une autre personne, si ce n'est par le conjoint de l'adoptant.

Pour être adoptée, la femme a besoin de l'autorisation de son mari ou de celle de la justice.

De l'adoption rémunératoire.

L'adoption rémunératoire ne peut avoir lieu qu'en faveur de celui qui a sauvé la vie à l'adoptant, soit dans un combat, soit en le retirant des flammes ou des flots. — *C. civ.* 345.

Cette adoption est soumise aux mêmes conditions que l'adoption ordinaire, mais il suffit que l'adoptant soit majeur, plus âgé que l'adopté, sans enfants ni descendants légitimes, et, s'il est marié, que son conjoint consente à l'adoption. Il n'y a donc pas de limite d'âge ni pour l'un ni pour l'autre.

Des formes de l'adoption.

Les formes de l'adoption ordinaire et de l'adoption rémunératoire sont les mêmes. Il faut passer un acte devant le juge de paix, en remettre une expédition au Ministère public ; le Tribunal vérifie si les conditions sont remplies. Il admet ou rejette l'adoption sans énoncer de motifs; le jugement est ensuite soumis à la Cour d'appel, qui prononce aussi sans énoncer de motifs, après quoi l'arrêt est inscrit sur les registres de l'état civil dans les trois mois, à défaut de quoi l'adoption resterait sans effet; mais cette dernière formalité remplie, l'adoption ne peut être révoquée même d'un consentement mutuel. — *C. civ.* 353 *et suiv.*

De l'adoption testamentaire.

L'adoption testamentaire n'est permise qu'à celui qui s'est rendu tuteur officieux d'un mineur.

Elle peut être conférée par testament *mystique* ou *olographe.* Elle peut être faite en faveur d'un mineur après cinq ans révolus depuis la tutelle ; enfin l'adoptant n'a pas besoin du consentement de son conjoint.

L'adoption testamentaire n'est pas sujette à l'homologation des Tribunaux ni à l'inscription sur les registres de l'état civil. — *C. civ.* 366.

Des effets de l'adoption.

L'adoption confère le nom de l'adoptant à l'adopté et l'obligation réciproque des aliments.

L'adopté a les mêmes droits sur la succession de l'adoptant que ceux qu'y aurait l'enfant né en mariage, même quand il y aurait d'autres enfants de cette dernière qualité nés depuis l'adoption.

En entrant dans la famille de l'adoptant, l'adopté ne devient pas pour cela étranger à sa propre famille.

L'enfant adoptif ne doit, pour les biens qu'il recueille dans la succession de celui qui l'a adopté, que les droits de mutation en ligne directe.

L'adoption n'est pas révocable par consentement mutuel, ni pour cause d'ingratitude. — *D. N.*

Contrairement à l'opinion de certains auteurs, nous concluons, d'accord avec certains autres et la jurisprudence de la Cour de cassation (*Arr. du* 10 *nov.* 1869), que si l'adopté meurt avant l'adoptant, et qu'il laisse des enfants légitimes, ceux-ci, qu'ils soient nés avant ou après l'adoption, recueillent *par représentation* les droits que leur auteur aurait eus dans la succession de l'adoptant comme le feraient des descendants légitimes.

ADULTÈRE. — S'entend de la violation de la foi conjugale, ou de l'époux convaincu de cette violation.

La loi qualifie l'adultère de délit correctionnel, et lui applique une sanction pénale ; mais il ne peut être poursuivi que sur une plainte formelle du mari ou de la femme.

L'adultère de la femme, en quelque lieu qu'elle l'ait commis, que ce soit dans la maison conjugale ou ailleurs, est punissable de 3 mois à 2 ans de prison, et autorise le mari à demander la séparation de corps et même le divorce.

L'adultère du mari est punissable d'une amende de 100 à 2.000 fr. et autorise aussi la femme à demander sa séparation de corps, mais seulement quand le mari a tenu sa concubine dans la maison conjugale. — Il autorise également la femme à demander le divorce. — Voy. *Divorce.*

Le complice de la femme ne peut être convaincu que sur la preuve résultant du flagrant délit ou de lettres ou autres pièces écrites émanées de lui.

Si l'époux outragé se désiste de la plainte, ce désistement emporte extinction non seulement de la procédure en cours, mais de l'action elle-même.

Le désistement du mari avant tout jugement définitif profite au complice de la femme.

Le mari peut arrêter l'effet de la condamnation en consentant à reprendre sa femme. — *C. civ.* 339 *et suivants.*

ADULTÉRIN (Enfant). — Voy. *Enfant adultérin.*

AFFAIRE. — On désigne par ce mot les négociations et conventions, toute contestation ou procès, et tout ce qui concerne la fortune, les intérêts des particuliers.

AFFAIRE contentieuse. — Ce sont celles qui ont pour objet des contestations judiciaires, des procès, etc. — Voy. *Action.* — *Compétence.*

AFFECTATION. — Se dit de l'attribution d'une chose à quelqu'un, de même que de la disposition de cette chose au profit d'une personne pour assurer ou garantir l'exercice d'un droit.

AFFECTATION de bois. — Faculté accordée à un établissement ou à une commune de prendre dans les forêts de l'État, pendant un certain temps et moyennant un prix déterminé, les bois qui leur sont nécessaires. — Voy. *Forêts*.

AFFECTATION domaniale. — Se dit de l'acte public qui affecte des immeubles faisant partie du domaine de l'Etat au service d'une administration publique

AFFECTATION hypothécaire. — C'est l'acte par lequel on hypothèque un ou plusieurs immeubles à la garantie d'une obligation.

L'affectation hypothécaire pure et simple a quelquefois lieu après l'obligation principale; cet acte n'a pas l'effet d'un *cautionnement* et n'entraîne aucune obligation personnelle, de sorte que l'immeuble hypothéqué se trouve seul atteint.

L'effectation hypothécaire n'est valable que lorsqu'elle est passée devant notaire. — *C. civ.* 2127.

Mais elle peut être consentie pour la garantie d'une obligation *sous seing privé* précédemment faite.

L'affectation hypothécaire donnée par acte authentique pour sûreté d'un engagement antérieur n'a pas besoin d'être acceptée expressément et dans la même forme par le créancier.

AFFICHAGE (droit d'). — Droit établi au profit du Trésor public.

Toute affiche inscrite dans un lieu public, sur les murs, sur une construction quelconque, ou même sur toile au moyen de la peinture ou de tout autre procédé, donne lieu à un droit d'affichage fixé à cinquante centimes pour les affiches d'un mètre carré et au-dessous et à un franc pour celles d'une dimension supérieure. — *L. du 8 juillet* 1852.

Toutefois, cette loi n'est pas applicable aux enseignes et aux écrits portant : *maison à vendre ou à louer*.

A l'égard des placards imprimés ou manuscrits. — Voy. *Affiche*.

AFFICHE. — Feuille imprimée, lithographiée ou manuscrite que l'on appose dans un lieu fréquenté pour avertir le public. — *E. N.*

Les affiches qu'on dénomme aussi *placards* sont volontaires lorsqu'elles ont pour but d'annoncer une vente ou location amiable. Nous ne nous occupons que de celles-ci.

Sauf les exceptions ci-après, elles sont soumises au timbre spécial y compris les 2 décimes en sus, savoir : de 6 centimes lorsque leur dimension n'excède pas 12 décimètres et demi carrés; de douze centimes au-dessus de cette dimension jusqu'à 25 décimètres carrés; de 18 centimes jusqu'à 50 décimètres carrés et de 24 centimes au delà de cette dernière dimension. — *LL. des 18 juillet* 1866 *et 23 août* 1871.

Les papiers destinés à l'impression des affiches sujettes au timbre doivent être coloriés et peuvent être timbrés au moyen de timbres mobiles oblitérés. — *L. du 27 juillet* 1870.

Les affiches émanées de l'autorité publique ou administrative peuvent seules être écrites ou imprimées sur papier blanc et ne sont pas sujettes au timbre, sauf cependant celles apposées dans un intérêt particulier, par exemple lorsqu'il s'agit d'adjudications aux enchères ou au rabais.

Les affiches électorales des candidats aux fonctions publiques soumises à l'élection sont affranchies du timbre pendant l'ouverture de la période électorale. — *L. du 11 mai* 1868.

Sont encore exemptes du timbre les affiches sur papier et sur bois, appliquées sur les demeures des particuliers, pour annoncer une location, un genre de commerce ou d'industrie.

On ne peut, sans le consentement du propriétaire, apposer une affiche sur son mur.

Sont punis d'une amende de 5 à 15 fr. ceux qui ont enlevé, déchiré ou altéré les affiches apposées par ordre de l'Administration, dans les endroits par elle désignés. — *L. du 29 juillet* 1881.

AFFICHEUR. — Se dit de la personne dont la profession est d'apposer des affiches publiques ou privées.

La profession d'afficheur est libre, et celui qui veut l'exercer n'est astreint qu'à une simple déclaration préalable à la mairie, qui doit être renouvelée en cas de changement de domicile.

AFFILIATION. — Se dit de l'admission d'une personne dans une société ou une corporation ; de même que de l'union entre plusieurs corporations, sectes ou sociétés. — *C. civ.* 21.

Toute affiliation d'un Français à une corporation militaire étrangère lui fait perdre sa qualité de Français.

AFFINITÉ. — Lien que le mariage établit entre l'un des époux et les parents de l'autre.

Il ne se forme aucun lien d'affinité entre les parents du mari et ceux de la femme.

AFFIRMATION. — Attestation sans serment de la vérité d'un fait.

L'affirmation a lieu plus particulièrement en matière de faillite par les créanciers.

Ce mot s'applique aussi aux procès-verbaux des gardes et agents salariés par l'Etat dans l'exercice de leurs fonctions.

L'affirmation pure et simple d'un compte, d'une créance a lieu en faisant précéder sa signature par ces mots : *Affirmé sincère et véritable.*

L'affirmation a lieu par serment devant les tribunaux et encore lors de la clôture des inventaires. — *C. proc.* 943.

AFFOUAGE. — Droit en vertu duquel les habitants d'une commune propriétaire de bois participent aux produits des forêts communales.

Le droit d'affouage est un des droits d'usage les plus importants.

Le partage de l'affouage se fait par feu ou chef de maison ou de famille, s'il n'y a titre contraire. Est considéré comme chef de famille ou de maison, tout individu possédant un ménage ou une habitation à feu distinct. — *C. for.* 105. — *L. du 23 nov.* 1883.

Les célibataires, curés ou desservants ont, comme les autres habitants, droit à l'affouage, à la condition d'avoir un ménage séparé. — *D. N.*

La délivrance des coupes à partager est faite par les agents forestiers au maire de la commune auquel est confié le soin d'en effectuer le partage.

Le droit d'affouage est incessible de particulier à particulier, et nul ne peut vendre sa portion de bois façonnée ou non. — *Cass.* 13 *oct.*, 1809.

AFFRANCHISSEMENT — Exemption ou libération d'un droit onéreux, tel qu'une servitude.

AFFRÈTEMENT. — Convention qui a pour objet le louage d'un navire. — Voy. *Charte-partie.* — *Nolissement.*

AFFRONTAILLES. — Vieux terme encore en usage dans certaines localités rurales, et qui désigne les bornes de plusieurs fonds aboutissant à celles d'un autre.

AGE. — Se dit du nombre d'années auquel un individu est arrivé, et des différentes périodes de la vie humaine.

Des distinctions importantes sont établies par les lois quant à l'âge des personnes.

La majorité, l'émancipation, le mariage, l'adoption sont soumis à des conditions d'âge. — *Voy.* ces mots.

L'âge requis pour remplir des *fonctions publiques* est 25 ans. C'est aussi l'âge qu'il faut avoir pour être *éligible.*

On ne peut être *juge, procureur, notaire, avoué, huissier, greffier,* avant 25 ans; mais on peut être *substitut* à 22 ans.

Il faut avoir 27 ans pour être *président* de 1ʳᵉ instance ou *conseiller* à la Cour ;

30 ans pour être *président de Cour d'appel, membre de la Cour de cassation, juge de commerce* ou *juge de paix*, et 40 ans pour être *président d'un Tribunal de commerce.*

On ne peut être élu *sénateur* avant l'âge de 40 ans. — *Député, membre du Conseil général* et *membre du Conseil d'arrondissement* avant 25 ans.

Il faut 30 ans pour être *conseiller d'Etat*; 27 ans pour être *maître des Requêtes*; 25 ans pour être *auditeur de* 1re *classe;* mais on peut être *auditeur de 2e classe* à 21 ans.

Pour être *juré*, il faut être âgé de 30 ans accomplis.

Enfin, on peut être *maire, adjoint, conseiller municipal* à 25 ans.

Pour le calcul de l'âge, comme pour l'accomplissement du mois, de l'année, le jour de la naissance comme le jour de la date ne comptent pas, mais les heures doivent être comptées; ainsi, l'individu né le 1er janvier 1870, à 10 heures du soir, ne sera majeur que le 1er janvier 1891 à la même heure.

AGE des fonctionnaires. — Voy. *Age.*

AGENT. — Sous ce nom générique on désigne tout individu qui remplit ou a mission de remplir un rôle actif dans une administration, association ou entreprise publique ou particulière.

AGENT d'affaires. — C'est celui qui fait sa profession habituelle de gérer les affaires d'autrui moyennant salaire.

Cette profession est libre, mais elle a été classée au nombre des actes de commerce. — *C. comm.* 632.

Les agents d'affaires peuvent poursuivre le paiement de leurs salaires contre ceux qui les ont employés. — *Cass.*, 16 *mars* 1818.

AGENTS de change. — Officiers ministériels exclusivement chargés de la négociation des valeurs cotées à la Bourse et de la constatation authentique du cours de ces valeurs, de même que de celui des matières d'or et d'argent.

La négociation des valeurs de Bourse se traduit par des actes de commerce tels que transferts de rentes sur l'Etat, actions et obligations de sociétés et autres valeurs industrielles. — *C. comm.* 74.

Il existe des agents de change dans toutes les villes qui ont une *Bourse de commerce.*

A Paris, ils sont au nombre de 60. Ils ont une Chambre syndicale composée d'un syndic et de six adjoints nommés par leurs collègues.

L'agent de change est personnellement garant de l'exécution des opérations dont il est chargé.

Le droit de courtage à percevoir par les agents de change de Paris ne peut dépasser 1|4 pour cent.

La Chambre syndicale de ces agents de change a déterminé un tarif minimum qui fixe à un 1|8e pour cent le droit de courtage pour les rentes françaises (au comptant); bons du Trésor, fonds publics étrangers (au comptant); emprunts des départements, villes ou établissements publics; actions et obligations des compagnies des chemins de fer français (au comptant et à terme) et étrangers (au comptant) et généralement toutes les actions et obligations dont la négociation à la Bourse est autorisée.

Le droit est de 1|10 pour cent pour les opérations à terme sur toutes les valeurs soumises à la double liquidation.

Ce courtage est perçu : pour les rentes, sur le capital nominal de la vente ; et pour les autres valeurs, sur le prix de leur négociation.

Le minimum du droit de courtage pour les opérations à terme sur les rentes françaises est de 20 fr. par 1500 fr. de rente 3 pour cent, et 2250 fr. de rente 4 et demi pour 100, et successivement dans la même proportion.

Pour toute valeur négociée à terme, qu'elle se liquide une ou deux fois par mois, le droit de courtage est : de 50 cent. par action ou obligation ; et, sur les rentes étrangères, de 25 fr. pour la plus petite coupure négociable à terme et successivement dans la même proportion.

Pour toute négociation sur laquelle le courtage serait inférieur à 1 fr., le minimum est de 1 fr.

L'agent de change est responsable de la validité des transferts des inscriptions de rente et des actions en ce qui concerne l'identité du propriétaire, la vérité de sa signature et des pièces produites.

Il n'est responsable de la négociation faite par son entremise, de tous titres perdus ou volés, qu'autant que les oppositions lui auront été signifiées personnellement, ou qu'elles auront été publiées dans le Bulletin par les soins du syndicat. — *L. du 13 juin* 1872.

Les Chambres syndicales des agents de change accordent, refusent suspendent ou interdisent la négociation à la Bourse des actions, obligations et autres valeurs émanant de sociétés et corporations étrangères. — *Déc. du 6 fév.* 1880.

Bien qu'on puisse s'adresser directement aux agents de change pour toutes opérations de Bourse, nous conseillons aux personnes qui habitent la province de faire ces opérations de préférence par l'entremise des Recettes générales et particulières, dont le concours est entièrement gratuit et obligé pour certaines valeurs.

Ces établissements, outre l'avantage qu'ils ont d'éviter aux intéressés les frais d'envoi de fonds et de titres, ont encore celui de ne pas les exposer à se nantir de mauvaises valeurs, puisqu'ils ne peuvent servir d'intermédiaires que pour celles de tout repos, telles que rentes sur l'État, actions de la Banque de France, du Crédit foncier, etc. — Voy. *Bourse de commerce.* — *Rentes sur l'État.* — *Actions.* — *Banque de France.*

AGENT consulaire. — Voy. *Consul.*

AGENT diplomatique, — Toute personne chargée de représenter une puissance près d'une autre puissance. — Voy. *Ministre public.*

AGIOTAGE. — Ce mot s'entend des opérations illicites faites à la Bourse et se prend en mauvaise part.

AGRÉÉ. — On nomme ainsi des mandataires attachés au tribunaux de commerce, et admis par ces tribunaux pour y représenter les plaideurs qui les ont chargés de la défense de leurs intérêts. — *D. N.*

Les agréés n'ont aucun caractère public, et leur ministère n'est pas forcé comme celui des avoués, de telle sorte que les parties sont toujours libres de choisir d'autres défenseurs.

Le tribunal qui nomme les agréés conserve sur eux un droit de règlement et de police, utile pour la bonne administration de la justice.

AGRÉGATION. — Se dit du grade nécessaire pour permettre à une personne de se livrer à l'enseignement.

AGRÈS. — On appelle ainsi tout ce qui est nécessaire pour les manœuvres d'un vaisseau, tels que voiles, mâts, câbles, poulies, vergues, la chaloupe, les canots, etc.

AGRICULTURE. — Art de cultiver, ensemencer et faire produire à la terre toute espèce de récoltes et notamment les denrées alimentaires. — *E. N.*

L'agriculture est libre, sauf quelques restrictions. — Ainsi les propriétaires ou fermiers peuvent varier à leur gré la culture et l'exploitation de leurs terres, conserver leurs récoltes et disposer de toutes les productions sans préjudicier aux droits d'autrui, en se conformant aux lois. — *L. du 5 juin* 1791.

On ne peut cultiver le tabac qu'en se conformant aux lois des Contributions indirectes. — *L. du 22 avril* 1816.

Dans les cantons où la culture du riz n'est pas en usage, on ne peut le cultiver sans autorisation.

Il est défendu d'inonder l'héritage du voisin ni de lui transmettre les eaux d'une manière nuisible, même en usant du droit d'irrigation.

Il existe un Ministère de l'agriculture auquel ressortissent toutes les questions législatives, techniques, etc., concernant l'industrie agricole, et qui est de plus chargé de l'administration des forêts.

AIEUL-AIEULE. — C'est l'ascendant du deuxième degré, c'est-à-dire le père ou la mère du père ou de la mère.

AIN. — Département formé des anciennes provinces de la Bresse, du Bugey et de la principauté des Dombes.
Chef lieu : *Bourg.*
Cour d'appel : *Lyon.*
Ce département est limité à l'Est par la Suisse ; au Sud par le département de l'Isère ; à l'Ouest par ceux du Rhône et de Saône-et-Loire, et au Nord par le département du Jura.
Il est divisé en 5 arrondissements, 46 cantons et 453 communes.
Superficie : 584.822 hectares.
Impôt foncier : 1.285.226 francs.
Population : 364.408 habitants.

AÎNÉ de jumeaux. — Se dit d'un des deux enfants mâles nés d'une même couche.
L'aîné de deux jumeaux est celui qui a vu jour le premier.

AISNE. — Département formé d'une partie de l'Ile-de-France, de même que d'une partie de la Picardie.
Chef-lieu : *Laon.*
Cour d'appel : *Amiens.*
Ce département est limité à l'Est et au Sud par le département de la Marne ; à l'Ouest par ceux de l'Oise et de la Somme, et au Nord par le département du Nord.
Il est divisé en 5 arrondissements, 37 cantons et 838 communes.
Superficie : 735.747 hectares.
Impôt foncier : 2.968.778 francs.
Population : 555.925 habitants.

AJOURNEMENT. — En matière de procédure, ce mot signifie *citation*, ou se dit de l'assignation donnée pour comparaître en justice à un jour marqué.
Les délais ordinaires des ajournements sont de *huit* jours pour les tribunaux de première instance, et de *un* jour au moins pour les justices de paix, si les parties sont domiciliées dans la distance de trois myriamètres.
Ils sont augmentés d'un jour à raison de cinq myriamètres en plus.
Le jour de l'assignation et celui de l'échéance ne sont pas comptés dans les délais.

ALCOOL. — On comprend sous ce mot l'esprit de vin et le produit de la fermentation spiritueuse du cidre, de la bière ou de tout autre liqueur.
On extrait aussi des alcools de certaines plantes, telles que betteraves, etc.
Les alcools sont assujettis à des droits de fabrication, de circulation, d'entrée et de débit. — Voy. *Boissons.*
La falsification des boissons alcooliques ayant atteint des proportions alarmantes depuis quelques années, une loi du 10 décembre 1887 institue un prix au profit de celui qui découvrira un moyen pratique et usuel de déterminer, dans les spiritueux du commerce, la présence et la quantité de substances autres que l'alcool chimiquement pur ou alcool éthilique.

ALÉATOIRE. — Ce qui est abandonné à une chance incertaine.
Les contrats aléatoires sont généralement interdits ; cependant il en est quelques-uns qui sont autorisés. — *C. civ.* 1964.
Ainsi l'assurance, le contrat constitutif de rente viagère à titre onéreux, la vente de droits successifs, le contrat à grosse aventure, et, dans certains cas, le jeu et le pari, etc., sont autorisés, et sont des contrats aléatoires.

Dans le contrat aléatoire, la chose reçue est le prix d'un risque couru par la partie qui l'a reçu.

ALGÉRIE. — L'Algérie est une de nos principales possessions coloniales. Elle a été déclarée territoire français par la Constitution de 1848.

Sa superficie est de 39 millions d'hectares, et sa population de 2.600.000 habitants.

Elle est divisée en 3 départements (autrefois provinces) qui sont : *Alger, Constantine, Oran*.

La forme administrative suivie en France a été appliquée à l'Algérie, qui est aujourd'hui régie par des préfets et sous-préfets, sous la direction d'un gouverneur général.

L'organisation judiciaire y a été réglée, par une ordonnance du 26 septembre 1842 et un décret du 10 août 1875. Elle se compose d'une Cour d'appel siégeant à Alger ; de 11 tribunaux de 1re instance, dont 3 dans le département d'Alger, 5 dans celui de Constantine, et 3 dans celui d'Oran ; — de 3 tribunaux de commerce, l'un à Alger, l'autre à Constantine et l'autre à Oran ; — de 69 tribunaux de paix, — et de plusieurs tribunaux musulmans.

Le principe de la propriété individuelle mobilière et immobilière est aujourd'hui consacré en Algérie, et toutes nos lois civiles et de procédure, y compris la loi du 25 mai 1838, sur les justices de paix, et celle du 12 janvier 1851, sur l'assistance judiciaire, y ont été étendues, sauf quelques modifications.

Le délai des ajournements devant les tribunaux d'Algérie, pour les personnes domiciliées dans le territoire de la France continentale, est d'un mois.

Conformément à un décret du 30 septembre 1878, le gouverneur général de l'Algérie est autorisé à concéder gratuitement des terrains en Algérie, aux Français d'origine européenne, et aux Européens naturalisés qui justifient de ressources suffisantes.

Un décret d'octobre 1881 a rattaché aux départements ministériels de la métropole les services algériens qui ont leurs similaires en France : justice, instruction publique, finances, cultes, guerre, marine, etc.

ALIBI. — On entend par ce mot l'exception par laquelle un *accusé* se justifie en prouvant par témoins qu'il se trouvait dans un lieu différent au moment du crime ou délit incriminé.

ALIÉNATION. — S'entend de tous les actes par lesquels on transmet à autrui, la propriété d'une chose mobilière ou immobilière, soit à titre onéreux, soit à titre gratuit.

Les mineurs et autres incapables ne peuvent aliéner si ce n'est avec des formalités particulières.

Certains biens sont hors du commerce et dès lors sont inaliénables. — *C. civ.* 1598, 2226.

ALIÉNATION mentale. — Perte totale ou partielle de la raison. — *D. N.*

Les diverses formes de l'aliénation mentale sont : 1° la *monomanie* ou *mélancolie*, dans laquelle le délire est borné à un seul objet ou à un petit nombre d'objets ; 2° la *manie*, dans laquelle le délire s'étend sur toutes sortes d'objets et s'accompagne d'excitation ; 3° la *démence*, dans laquelle les insensés déraisonnent à défaut d'énergie des organes de la pensée ; 4° l'*imbécillité* ou l'*idiotisme*, causés par la mauvaise conformation des organes.

Il existe dans chaque département au moins un établissement public destiné à recevoir et soigner les aliénés dangereux ou indigents.

En dehors de ces deux catégories, les établissements d'aliénés peuvent recevoir des malades qui paient pension.

Pour faire admettre une personne dans ces établissements, il faut produire une demande d'admission sur papier libre, un certificat du médecin et justifier de l'individualité de l'aliéné par un passe-port ou autre pièce.

Cette demande doit être adressée au préfet, et contient les nom, profession, âge et domicile, tant de la personne intéressée qui la forme, que de celle dont le placement est réclamé, et l'indication du degré de parenté, ou, à défaut, de la nature des relations qui existent entre elles.

La demande est écrite et signée par celui qui la forme et, s'il ne sait pas écrire, elle est reçue par le maire ou le commissaire de police qui en donne acte.

Si la demande d'admission est formée par le tuteur d'un interdit, il doit fournir à l'appui un extrait du jugement d'interdiction.

Les préfets doivent ordonner d'office le placement dans un établissement d'aliénés de toute personne dont l'aliénation compromettrait l'ordre public ou la sûreté des personnes.

En cas de danger imminent attesté par certificat de médecin, ou par la notoriété publique, les maires ordonnent les mesures provisoires à charge d'en référer dans les 24 heures au préfet qui statue sans délai.

Les établissements consacrés au traitement des aliénés doivent être visités une fois au moins par trimestre par une commission composée notamment du préfet, du président du tribunal, du juge de paix et du maire.

Cette commission reçoit les réclamations des personnes qui y sont placées et doit prendre à leur égard tous les renseignements propres à faire connaître leur position. — *L. du 30 juin 1838.*

Les personnes placées dans un établissement d'aliénés ne sont pas frappées d'une incapacité absolue comme l'interdit, mais les actes faits par elles peuvent être attaqués pour cause de démence. — *C. civ. 1304.*

Nous donnons ci-après une formule de demande d'admission.

Demande d'admission dans un établissement d'aliénés.

A Monsieur le Préfet du département de.....

Monsieur le Préfet,

Le S. A... (nom, prénoms, profession, âge et domicile) a l'honneur de vous exposer que le nommé B... (nom, prénoms, âge et domicile de l'aliéné), et qui est (fils, neveu ou.....) de l'exposant est atteint de démence et donne des signes évidents d'aliénation mentale depuis.....; en raison de quoi son interdiction a été prononcée par jugement rendu par le Tribunal civil de.....

Que le degré auquel est parvenue sa maladie exigeant nécessairement qu'il soit placé dans un établissement pour y être traité d'une manière convenable, la présente vous est donnée, Monsieur le Préfet, a fin d'admission du s^r B... à l'établissement de..... (et s'il y a lieu), observant que la position dudit s^r B... le met dans l'impossibilité de payer aucune pension ni traitement.

A....., le.....

(Signature.)

ALIGNEMENT. — Tracé indiqué par l'autorité compétente, des limites des constructions et reconstructions sur la voie publique, conformément aux plans arrêtés par l'autorité administrative. — *LL. des 16 septembre 1807 et 18 juillet 1837.*

On entend par alignement : 1° la ligne que forme une clôture existante ; 2° la délimitation des propriétés sur la voie publique et l'obligation de s'y conformer pour bâtir ; 3° enfin l'action ou l'acte par lequel on détermine sur quelle ligne doivent être placés le mur, la haie ou fossé servant à clore un héritage.

De l'alignement entre voisins.

Lorsqu'il s'agit, entre propriétaires voisins qui ne peuvent s'entendre, de l'alignement d'un mur, haie ou fossé de séparation, il est d'usage de s'en rapporter à des experts qui examinent d'abord s'il y a mitoyenneté; dans ce cas, la ligne de séparation est celle du milieu. Mais s'il n'y en a point, c'est le bord du mur, de la haie ou du fossé opposé à l'héritage sur lequel la clôture est située, qui forme la ligne de séparation que l'on cherche ; telle est du moins la règle générale.

De l'alignement en matière de voirie.

En matière de voirie, l'autorité administrative a droit de déterminer la délimitation des voies publiques, par des arrêtés d'alignement auxquels les particuliers sont obligés de se conformer. Partant de ce principe, aucune construction ou clôture longeant la voie publique (route nationale ou départementale, chemin vicinal, chemin de halage, rue de ville, bourg ou village) ne peut être entreprise qu'après avoir demandé et obtenu l'autorisation de l'autorité compétente. — *Cass.*, 1ᵉʳ *février* 1833.

La même autorisation est nécessaire lorsqu'il s'agit de réédifier ou réparer d'anciens bâtiments ou de rétablir ou réparer d'anciens murs de clôture qui peuvent être sujets au reculement.

L'autorisation ne doit être accordée pour les bâtiments sujets à reculer ou à avancer qu'autant que les réparations n'ajoutent rien à leur solidité ; mais lorsque les fondations et le rez-de-chaussée sont en bon état, on doit autoriser la reconstruction des étages supérieurs. — *Arr. Cons. d'État, 14 juillet* 1831.

Grande voirie.

En ce qui concerne la grande voirie, c'est-à-dire les routes nationales et départementales, les rues des villes, bourgs et villages qui forment le prolongement des grandes routes, l'alignement doit être demandé au préfet. — Toutefois, d'après la loi du 4 mai 1864, partout où il existe un plan d'alignement régulièrement approuvé, le sous-préfet peut délivrer les alignements conformément à ce plan.

A Paris, toutes les rues sans exception appartiennent à la grande voirie et les alignements sont donnés par le préfet de la Seine, moyennant un droit perçu au profit de la ville.

Dans les autres villes, les alignements pour l'ouverture des nouvelles rues, pour l'élargissement des anciennes, qui ne font pas partie d'une grande route, ou pour tout autre objet d'utilité publique sont donnés par les maires.

Petite voirie.

A l'égard de la petite voirie ou voirie municipale, c'est aux maires à donner l'alignement dans les rues des villes bourgs et villages qui ne font pas partie d'une route nationale ou départementale. — *L. du 4 mai* 1864.

Contraventions.

Les alignements sont donnés sans frais sur la demande qui en est faite en double original, dont un sur papier timbré et l'autre sur papier commun, soit au préfet, soit au maire.

S'ils ne sont pas suivis, il est dressé procès-verbal de la contravention.

Les contraventions pour défaut ou pour empiétement d'alignement entraînent la démolition des ouvrages, indépendamment de l'amende qui peut être prononcée tant contre le propriétaire que contre les ouvriers ; mais elles doivent être constatées dans l'année, à peine de prescription.

Nous donnons ci-après une formule de demande d'alignement :

Demande d'alignement.

A Monsieur le Préfet (ou Maire) du département du... (ou de la ville de)...

Monsieur le Préfet,

Le sieur A..., demeurant à...., ayant l'intention de faire reconstruire un mur de clôture sur un terrain situé à...., longeant la partie, sur cette commune, de la route départementale n°....., de... à...

A l'honneur de vous demander, conformément aux lois et arrêts sur la voirie, l'alignement qui lui est nécessaire.

Il a l'honneur d'être,
Monsieur le Préfet,
Votre respectueux serviteur,
(*Signature.*)

A....., le....

ALIMENTS. — Ce mot a un sens technique ; il comprend non seulement la nourriture, mais encore toutes les choses nécessaires à la vie telles que le logement et le vêtement, et même les frais de maladie.

Les père et mère doivent des aliments à leurs enfants. — *C. civ.* 203.

De leur côté, les enfants doivent des aliments à leurs père et mère et autres ascendants qui sont dans le besoin. — *C. civ.* 205.

Il a été jugé que les aïeuls et aïeules sont également tenus de fournir des aliments à leurs petits-enfants. — *Cass.*, 28 *oct.* 1807.

L'obligation de se fournir des aliments est encore imposée réciproquement au gendre, à la belle-fille, au beau-père et à la belle-mère. — *C. civ.* 206.

Nous pensons même, bien que la Loi ne le dise pas formellement, que cette obligation s'étend aux ascendants par alliance du degré supérieur.

L'obligation d'aliments subsiste seulement tant que durent les liens qui produisent l'affinité.

La belle-mère qui convole en secondes noces perd le droit de réclamer des aliments de son gendre ou de sa bru. — *D. N.*

Les époux se doivent aussi entre eux des aliments. C'est une suite des obligations du mariage. — *C. civ.* 212, 214.

La veuve, pendant l'an de deuil, a le droit de se faire fournir des aliments par la succession du mari, en abandonnant les intérêts de sa dot.

La loi accorde encore dans certains cas des aliments aux enfants adultérins ou incestueux. — *C. civ.* 762, 764.

Les tribunaux apprécient l'importance des aliments, qui se traduisent dans la majeure partie des cas par une pension alimentaire, combinée selon les besoins de celui qui la réclame et de la fortune de celui qui les doit — *C. civ.* 208.

Les pensions alimentaires sont insaisissables et ne peuvent être aliénées. — Voy. *Pension alimentaire.*

ALLIANCE-ALLIÉ. — Affinité produite par le mariage entre l'un des époux et es parents de l'autre.

Les alliés sont ceux entre lesquels existe l'alliance. Ainsi, tous les parents du mari sont les alliés de sa femme et réciproquement.

Pour désigner l'alliance, on emploie les dénominations de beau-père, belle-mère, beau-fils, belle-fille, etc.

En général, l'alliance donne lieu aux mêmes empêchements, aux mêmes prohibitions que la parenté, par exemple, à l'égard du mariage. — *C. civ.* 161 *et suivants.*

Mais elle n'est aussi en général d'aucune considération dans les transactions de la vie civile, non plus que dans la transmission des biens par succession. — *Cass.*, 22 *déc.* 1829.

ALLOCATION. — Action de passer en compte un article, d'allouer une indemnité qu'on approuve.

En matière d'administration, ce terme désigne l'admission des articles d'un budget. Les administrateurs ne peuvent rien dépenser au delà des allocations. — Voy. *Budget.*

ALLONGE d'un effet de commerce. — Se dit de la feuille de papier que le porteur d'un effet de commerce peut ajouter à la suite du dernier endossement, lorsqu'il ne reste plus de place. Cette feuille doit être de la largeur et au même timbre que l'effet et doit contenir la mention ci-après :

Allonge à un billet de la somme de....., souscrit par....., à l'ordre de....., daté du....., payable le....., et endossé en dernier lieu à mon profit par..... A.:., le ..

ALLIER. — Département formé de l'ancienne province du Bourbonnais.
Chef-lieu : *Moulins.*
Cour d'appel : *Riom.*

Ce département est limité à l'Est, par ceux de la Loire et de Saône-et-Loire ; au Sud par ceux de la Loire, du Puy-de-Dôme et de la Creuse ; à l'Ouest par ceux de la Creuse et du Cher, et au Nord par ceux de Saône-et-Loire, de la Nièvre et du Cher.

Il est divisé en 4 arrondissements, 28 cantons et 321 communes.

Superficie : 742.272 hectares.
Impôt foncier : 1.467.314 fr.
Population : 424.582 habitants.

Par exception, l'un des tribunaux civils du département est placé à Cuttel, chef-lieu de canton. C'est le tribunal de l'arr. de La Palisse.

ALLUMETTES. — Sont considérés comme allumettes chimiques passibles de l'impôt, tous les objets quelconques, amorcés ou préparés de manière à pouvoir s'enflammer ou produire du feu. — *L. du 4 sept.* 1875.

Le monopole de la fabrication et de la vente des allumettes chimiques appartient à l'État. — *L. du 2 août* 1872.

L'importation en est prohibée.

La quantité d'allumettes non revêtues des marques de la régie dont la détention est admise à titre de provision ne peut excéder un kilogramme, sauf pour les débitants de boissons, cafetiers, etc., pour les allumettes qu'ils mettent gratuitement à la disposition des consommateurs. — *L. du 28 juill.* 1875.

Au reste, la fabrication, le débit, le colportage, et même la simple détention des allumettes de fraude donnent lieu à la confiscation des produits et instruments de fabrication et à l'amende de 100 fr. à 1.000 fr. Le colportage entraîne même l'arrestation des contrevenants.

ALLUVION. — Accroissement ou amas de terre qui se forme le long du rivage par l'action des eaux, et qui profite au propriétaire du fonds riverain, à la charge de laisser libre le marchepied ou chemin de halage.

Les terres que les eaux, en se retirant, laissent à découvert sont terrains d'alluvion et profitent au propriétaire riverain.

Il en est de même des relais que forme l'eau courante qui se retire insensiblement de l'une de ses rives en se portant sur l'autre.

La violence d'un cours d'eau qui déplace un terrain sans le dénaturer ne constitue pas l'alluvion et le propriétaire de la partie enlevée peut le réclamer sa propriété, à la condition de former sa demande dans l'année. — *C. civ.* 559.

L'alluvion n'a pas lieu à l'égard des lacs et étangs, dont le propriétaire conserve toujours le terrain que l'eau couvre quand elle est à la hauteur de la décharge de l'étang. — *D. N.*

Elle n'a pas lieu non plus à l'égard des lais et relais de la mer. — Voy. *Atterrissement*.

Pour les arbres et matériaux étrangers amenés par la violence des eaux sur le terrain d'autrui. — Voy. *Inondation*.

ALPES (basses). — Département formé d'une partie de la Provence.
Chef-lieu : *Digne*.
Cour d'appel : *Aix*.

Ce département est limité à l'Est par l'Italie ; au Sud par les départements du Var et des Alpes-Maritimes ; à l'Ouest par celui du Vaucluse, et au Nord par les Hautes-Alpes.

Il est divisé en 5 arrondissements, 30 cantons et 251 communes.
Superficie : 690.919 hectares.
Impôt foncier : 625.670 francs.
Population : 129.194 habitants.

ALPES (hautes). — Département formé du Dauphiné.
Chef-lieu : *Gap*.
Cour d'appel : *Grenoble*.

Ce département est limité à l'Est par l'Italie ; au Sud par le département des Basses-Alpes ; à l'Ouest par ceux de la Drôme et de l'Isère, et au Nord par ceux de la Savoie et de l'Isère.

Il est divisé en 3 arrondissements, 24 cantons et 189 communes.
Superficie : 43.418 hectares.
Impôt foncier : 514.620 fr.
Population : 122.924 habitants.

ALPES (maritimes). — Département formé du comté de Nice et de l'arrondissement de Grasse distrait du département du Var.

Chef lieu : *Nice*.

Cour d'appel : *Aix*.

Ce département est limité à l'Est par l'Italie; au Sud par la Méditerranée; à l'Ouest par le département du Var et des Basses-Alpes, et au Nord par les Alpes.

Il est divisé en 3 arrondissements, 26 cantons et 152 communes.

Superficie: 383. 900 hectares.

Impôt foncier : 779.030 fr.

Population : 238.057 habitants.

ALTÉRATION. — C'est en général le changement apporté à l'état matériel d'une pièce ou d'un acte.

Les monnaies ou le titre des matières d'or ou d'argent peuvent aussi être altérés.

L'altération constitue un faux et est rigoureusement punie par les lois pénales. — Voy. *Faux — Surcharge*.

ATERNATIVE. — Choix ou option, c'est-à-dire faculté de faire une chose ou une autre.

Les *obligations alternatives* sont celles qui portent sur plusieurs objets déterminés, avec la condition que l'une des clauses suffira.

AMBASSADEUR. — Agent diplomatique ou Ministre public chargé des intérêts et affaires d'un Gouvernement auprès d'un autre.

Les ambassadeurs ne dépendent pas du souverain chez qui ils sont envoyés, et ne sont pas justiciables des tribunaux civils ou criminels du pays. — Voy. *Ministre public*.

AMBIGUITÉ. — Voy. *Interprétation*.

AMÉLIORATIONS. — Dépenses qui augmentent la valeur du fonds sur lequel elles sont faites. — Voy. *Impenses*.

AMÉNAGEMENT. — Se dit de l'ordre suivi dans les coupes des bois et forêts. On appelle aménagement relativement aux *usagers*, le règlement ou distribution de leurs droits d'usage dans les cantons déterminés.

L'aménagement ne change pas la qualité des usagers.

L'usage suivi par les propriétaires pour l'ordre et la quotité des coupes dans leurs bois et forêts soit en taillis, soit en baliveaux et futaies se nomme aussi aménagement.

AMENDE. — C'est la peine pécuniaire imposée pour contravention aux lois, à des règles, à des devoirs. — Voy. *Enregistrement* (*droits en sus et amendes*).

On distingue diverses espèces d'amendes, qu'on nomme, selon la circonstance, *criminelles*, *correctionnelles*, *civiles* ou *fiscales*.

Les amendes étant personnelles ne peuvent atteindre que le coupable et non ses représentants ; cependant, lorsque l'amende est prononcée par la loi plutôt comme une indemnité du domaine et du fisc lésé que comme une peine, elle peut être requise contre les héritiers du contrevenant. — *D. N*.

L'Administration de l'enregistrement est chargée du recouvrement des amendes de contravention relatives aux impôts du timbre, de l'enregistrement et des hypothèques ; mais le recouvrement des amendes et des autres condamnations pécuniaires au profit de l'État est maintenant fait par les percepteurs des contributions directes. — *L. du 29 déc.* 1873.

Les tribunaux ne peuvent accorder ni remise, ni modération des amendes, seul le Ministre des finances peut accorder la remise ou modération des amendes de contravention de toute nature sur la demande du délinquant.

Les amendes encourues en matière d'enregistrement, de timbre et autres se prescrivent généralement après deux ans ; mais les amendes prononcées par les tribunaux ne se prescrivent que par 30 ans.

A l'égard des amendes en matière de timbre. — Voy. *Timbre (amendes)*.

Toute pétition en remise d'amende doit être écrite sur papier timbré de 60 centimes au moins.

Nous renvoyons au titre *Enregistrement* pour les formules de pétitions ou demandes de *sursis, remise ou réduction de droits en sus*, etc. — Voy. *Enregistrement*.

Nous donnons ci-après une formule de pétition en remise d'amende qui, à l'aide de quelques légers changements, pourra être employée dans tous les cas.

Pétition en remise d'amende.

A Monsieur le Ministre des finances,

Monsieur le Ministre,

Le Sr A..., demeurant à.....

A l'honneur de vous exposer :

Que par acte sous seing privé en date à....., du....., enregistré à......, le..... fo......, par M. B..., qui a perçu les droits, il a vendu à M. C..., demeurant à...... 3 pièces de terre labourables situées à....., la première triage de.....; la seconde au lieu dit..... et la troisième.....;

Que dans l'indication des contenances, et contrairement aux dispositions de la loi du 4 juillet 1837, l'exposant a employé des dénominations de mesures prohibées par la loi du 18 germinal an III;

Et que, par suite, M. le Receveur de l'enregistrement a relevé la contravention entraînant l'amende prévue par les lois précitées, contravention bien involontaire et commise par inadvertance.

En conséquence, l'exposant vous prie, Monsieur le Ministre, de bien vouloir ordonner la remise de l'amende encourue.

Confiant dans votre bienveillance. il vous prie d'agréer,
Monsieur le Ministre,
L'assurance de sa déférence et de son respectueux dévouement.
(Signature.)

Présentée à....., le......,

AMEUBLISSEMENT. — Clause ou convention matrimoniale par laquelle les époux ou l'un d'eux, stipulent que tout ou partie de leurs immeubles présents ou à venir entrera en communauté. — *C. civ.* 1505.

L'ameublissement est général ou particulier.

Lorsque l'ameublissement est déterminé, l'immeuble qui en est frappé devient meuble à l'égard de la communauté, et dès lors il n'est dû ni remploi ni récompense pour l'aliénation qui en serait faite pendant le mariage.

Il s'ensuit que le mari a le droit d'aliéner et hypothéquer seul les immeubles ameublis par la femme, comme les autres effets de la communauté, à moins que le contrat de mariage ne porte quelque stipulation qui puisse faire obstacle à ce droit, telle, par exemple que la clause de *reprise*, d'*apports* en faveur de la femme, pour le cas de renonciation à la communauté.

AMIABLES compositeurs. — On nomme ainsi les arbitres et tiers-arbitres qui sont dispensés par le compromis de juger selon les règles du droit. — Voy. *Arbitre*. — *Arbitrage*.

AMNISTIE. — Acte du pouvoir souverain par lequel il anéantit les poursuites ou les peines encourues pour crimes ou délits.

L'amnistie ne fait disparaître que l'action publique et est rendue dans un intérêt général à la différence des lettres de grâce qui sont individuelles.

Elle ne peut, dans aucun cas, préjudicier aux droits acquis à des tiers.

Le mariage contracté par l'amnistié avant la condamnation, les effets de son contrat de mariage, la puissance paternelle et maritale renaissent de droit par l'effet de l'amnistie.

L'amnistie des individus condamnés pour avoir pris part aux événements insurrectionnels de 1870-1871 et aux événements insurrectionnels postérieurs résulte de la loi du 11 juillet 1880.

AMODIATION. — Bail d'un héritage moyennant une portion de fruits déterminée. — Voy. *Bail partiaire*.

AMORTISSEMENT. — Rachat ou extinction d'une rente, d'une redevance par le remboursement de son capital.

On donne le même nom au mode employé pour l'extinction de la dette publique. — Voy. *Remboursement de rente.*

AMPLIATION. — C'est en général une sorte de copie ou duplicata d'un acte.

En style notarial on nomme ampliation la grosse que délivre un notaire après ordonnance du juge sur la grosse originale qui lui a été déposée. — *C. proc.* 844.

On doit encore recourir à la voie de l'ampliation chaque fois qu'une grosse devient commune à plusieurs personnes, par exemple en cas de partage d'une créance, etc.

En matière administrative, l'ampliation est la copie authentique d'un acte administratif délivrée après les expéditions nécessaires à son exécution.

ANALOGIE. — Voyez *Interprétation.*

ANATOCISME. — C'est la conversion des intérêts en capital pour leur faire produire des intérêts à eux-mêmes.

L'anatocisme n'est autorisé que dans le cas d'une demande en justice ou d'une convention spéciale, à la condition qu'il s'agisse d'intérêts dus depuis une année au moins. — *C. civ.* 1054.

Les intérêts des intérêts ne sont pas eux-mêmes susceptibles de produire des intérêts.

Toutefois ces principes reçoivent exception en matière de comptes courants commerciaux et de comptes de tutelle par suite de la capitalisation des intérêts aux époques déterminées.

ANCIENNETÉ. — Ce mot exprime, dans le langage du droit, la priorité d'admission dans un corps, une compagnie; elle se détermine par l'installation ou la prestation de serment.

ANIMAUX. — C'est ainsi qu'on désigne tous les êtres vivants et sensibles, l'homme excepté. — *D. N.*

Les animaux sont naturellement meubles, mais ils peuvent devenir immeubles suivant leur destination. — Voy. *Meubles. —Immeubles.*

Les animaux sont ou sauvages, ou domestiques, ou privés.

Les animaux sauvages sont ceux qui vivent dans leur indépendance; ils appartiennent à celui qui s'en saisit.

Animaux domestiques et privés.

Les animaux domestiques sont ceux qui vivent dans nos maisons, par exemple: le cheval, le bœuf, le chien, etc., et qu'on revendique même après avoir été égarés.

Les animaux privés ou apprivoisés sont: le pigeon de colombier, l'abeille de ruche, etc. — On conserve la propriété de ces derniers tant que l'animal conserve l'habitude de rentrer.

Les animaux qui servent à faire valoir les terres et qui sont susceptibles de croît ou de profit pour l'agriculture ou le commerce sont compris sous la dénomination de bestiaux et peuvent être l'objet d'un contrat de louage. — Voy. *Bail d'animaux. — Bail à cheptel.*

La loi protège les animaux domestiques contre les mauvais traitements. — *C. pén.* 452, 453; et quand ils sont exercés publiquement et abusivement, ils sont passibles de peines correctionnelles. — *L. du 2 juillet* 1850.

Animaux malfaisants. — Responsabilité.

Les personnes qui laissent divaguer des animaux malfaisants ou féroces, ou qui ne retiennent pas leurs chiens lorsqu'ils attaquent les passants, sont passibles de peines de police. — *C. pén.* 475.

Est considéré comme animal malfaisant le chien qui, sans y être provoqué, mord une personne, ou le chien qui attaque ou qui tue les autres animaux. — Cass., 29 *février* 1823; — 2 *sept.* 1826; — 12 *janv.* 1866.

Le propriétaire d'un animal ou celui qui s'en sert est responsable du dommage que l'animal a causé pendant qu'il est à son usage, soit que l'animal fût sous sa garde, soit qu'il fût égaré ou échappé. — *C. civ.* 1385.

Sont passibles d'amende depuis un franc jusqu'à cinq francs ceux qui ont laissé passer leurs bestiaux sur le terrain d'autrui avant l'enlèvement de la récolte. — *C. pén.* 471 *et suivants.* — Voy. *Bestiaux.*

Les propriétaires doivent retenir leurs volailles sur leur terrain et empêcher qu'elles n'aillent sur l'héritage d'autrui, à défaut de quoi le propriétaire qui éprouverait le dommage pourrait à la campagne tuer les volailles sur place, sans toutefois les emporter. — *L. du* 16 *oct.* 1791. — Voy. *Volailles.* — *Abandon d'animaux.*

Les préfets et les maires sont autorisés à faire des règlements contre la divagation des animaux. — *LL. des* 24 *août* 1790 *et* 18 *juillet* 1837.

Maladies épidémiques.

Des précautions sont prescrites contre les maladies épidémiques qui attaquent les animaux. — Voy. *Épizootie.*

Le propriétaire d'un animal mort est tenu de le faire enfouir dans la journée à 1 mètre 33 cent. de profondeur dans son terrain, sous peine d'amende. Si l'animal est mort à la suite d'une maladie contagieuse, la fosse doit avoir 2 m. 66 cent. de profondeur.

Vices rédhibitoires.

La vente des animaux atteints de vices rédhibitoires est régie par des lois spéciales. — Voy. *Vices rédhibitoires.*

ANNÉE. — L'année est, en réalité, le temps de la révolution de la terre autour du soleil.

Elle est composée de 12 mois formant une période de 365 jours, plus une fraction de 5 heures 8 minutes 49 secondes.

C'est cette fraction excédente qui fait que tous les quatre ans on ajoute un jour au mois de février, ce qui forme les années bissextiles.

L'année civile commence en France le premier janvier, depuis 1564.

L'année ecclésiastique, uniforme dans toute de la chrétienneté, commence le premier dimanche de l'Avent.

L'énonciation de l'année doit s'entendre d'une année complète et dont le dernier jour est accompli, c'est-à-dire du premier janvier au premier janvier, et même d'heure en heure s'il s'agit de l'âge d'un individu. — Voy. *Age.* — *Calendrier.*

ANNÉE commune. — Voy. *Appréciation de grains.* — *Mercuriales.*

ANNEXE. — Dans le langage du droit, on donne le nom d'annexe à une pièce jointe à un acte qui le constate, et qui dès lors fait corps avec lui et ne peut plus en être détachée.

Lorsqu'on stipule au nom d'un tiers et comme son fondé de pouvoirs, il est nécessaire de justifier du pouvoir en vertu duquel on agit et pour assurer la conservation de ce pouvoir, qui fait pour ainsi dire partie intégrante de l'acte, il doit y demeurer annexé. — Néanmoins, l'annexe n'est point un accessoire indispensable.

Les notaires sont tenus toutefois d'annexer les procurations des contractants à leurs minutes, sous peine d'amende. — *L. du* 25 *ventôse an XI.*

Il est bon de faire certifier véritable et signer par le mandataire les procurations annexées.

ANNONCES légales et judiciaires. — Ce sont les formes de publicité prescrites par la loi pour certaines opérations ou procédures. — Voy. *Affiche.* — *Vente judiciaire.*

ANNUITÉ. — Se dit du mode de remboursement d'un capital emprunté, et qui doit être rendu par fractions annuelles. On appelle aussi annuité chacune des fractions de ce capital.

On dit aussi implicitement *annuité d'intérêt, annuité de rente.*

ANNULATION. — Action d'annuler, casser, abolir, rendre nul. Dans l'ordre judiciaire, ce mot s'applique à toutes sortes d'actes soit législatifs soit conventionnels.

On dit aussi l'annulation d'un jugement.

Dans l'ordre administratif, une autorité supérieure prononce l'annulation d'un arrêté pris par un autorité inférieure.

ANONYME. — Se dit de tout ce qui ne porte pas de nom propre.

On appelle anonymes et on inscrit sous ce titre, sur les registres de l'état civil, les enfants nés morts ou qui meurent en naissant.

Les sociétés anonymes sont celles fondées sans aucune raison déterminée, et dont on ignore le nom des associés.

ANTÉRIORITÉ d'hypothèque. — Voy. *Cession d'antériorité ou de priorité.* — *Hyphothèque.*

ANTICHRÈSE. — Contrat par lequel un débiteur ou celui qui le cautionne, remet en *nantissement* ou *gage* à son créancier, la jouissance d'un immeuble pour en percevoir les fruits et revenus.

Ces fruits et revenus s'imputent, déduction faite des frais de culture, impôts et autres charges, d'abord sur les intérêts, s'il en est dû, et ensuite sur le principal. — C. civ. 2072 *et suivants.*

Le créancier antichrésiste ne peut s'opposer aux droits déjà acquis par les tiers, par exemple des créanciers ayant inscription.

L'antichrèse ne se constitue que par un écrit.

Le créancier est tenu du paiement des contributions, de même que des réparations utiles, s'il n'en a été dispensé par le contrat, sauf à prélever ces dépenses sur les revenus.

Le débiteur ne peut réclamer l'immeuble avant l'entier acquittement de sa dette, mais il peut abréger le terme en remboursant le capital et les accessoires, sauf convention contraire. Le créancier antichrésiste peut toujours, à moins qu'il n'ait renoncé à ce droit, contraindre le débiteur à reprendre la jouissance de son immeuble.

L'antichrèse peut avoir lieu par acte sous seing, mais il est nécessaire que cet acte soit transcrit au bureau des hypothèques.

Nous en donnons ci-après une formule.

Antichrèse par le débiteur direct pour opérer le remboursement du capital et des intérêts.

Aujourd'hui.....
Les soussignés :
M. A..., demeurant à.....
Et M. B.... demeurant à.....
Ont arrêté ce qui suit :

M. A... voulant assurer le paiement, tant en capital qu'intérêts échus et à échoir, d'une dette de..... francs, par lui contractée au profit de M. B... et constatée par acte sous seing privé, en date du......, enregistrée le....., f°....., par le receveur qui a perçu les droits dûs,

A remis à titre d'antichrèse à M. B... qui a accepté sa maison située à.....

En conséquence, M. A... aura le droit de toucher, sur ses simples quittances, les loyers des locataires de ladite maison à partir du....., et cela par privilège et préférence à tous les créancier dudit sieur A....

Les soussignés conviennent que le prix touché desdits loyers se compensera avec les intérêts de la somme due par M. A... à M. B... jusqu'à concurrence de la somme de..... et que le surplus s'imputera sur le capital jusqu'à entier acquittement de la dette.

M. B... prend l'engagement :

1° De payer les contributions quelconques de ladite maison et d'y faire toutes espèces de répa-

rations, en prélevant, toutefois, sur le prix des loyers ce qui sera dépensé pour contributions et réparations ;
2° De jouir de cette maison en bon père de famille ;
3° De rendre ladite maison à M A... aussitôt que sa créance sera intégralement acquittée.
Fait double à....., lesdits jour, mois et an, et signé, lecture prise.
(Signatures.)

ANTICIPATION. — On appelle ainsi l'usurpation ou l'empiétement sur le terrain du voisin, soit par l'effet du labourage ou des opérations de la récolte.

Pour prévenir l'anticipation, il est prudent de délimiter les héritages voisins par une plantation de bornes.

Le mot anticipation s'applique aussi aux renouvellements de baux et aux paiements faits par avance.

Le créancier ne peut pas être contraint de recevoir son paiement par avance.

Les paiements faits par anticipation sont d'ailleurs toujours dangereux en ce sens qu'ils peuvent ne pas être valables à l'égard de tiers. Ainsi, en cas de faillite ou de saisie-arrêt, on peut parfaitement se trouver dans l'obligation de payer deux fois. — Voy. *Faillite.* — *Saisie-arrêt.*

ANTIDATE. — Se dit de l'apposition d'une date antérieure à l'époque où un acte a été véritablement fait. — *E. N.*

L'antidate peut, à raison des circonstances, constituer un fait passible des peines du faux. — *C. pén.* 146 *et suivants.*

APOSTILLE. — On donne ce nom, — qui équivaut à celui de renvoi, — généralement à l'addition ou annotation qu'on fait en marge ou au bas d'un acte ou d'un écrit, à la demande et du consentement des parties. — Voy. *Renvoi.*

APPARTENANCES et dépendances. — Ce sont les accessoires incorporés à la chose principale.

Cette expression, généralement adoptée dans la formule des actes, comprend, lorsqu'il s'agit par exemple d'une maison, tous les bâtiments accessoires, les jardins, réservoirs, puits, etc.

Les dépendances d'un fonds de commerce comprennent les marchandises, les ustensiles, le bail de la boutique et l'enseigne de l'établissement.

APPEL. — Se dit du recours à un Tribunal supérieur pour faire réformer une décision rendue par une juridiction inférieure, qui n'a pas encore acquis l'autorité de la chose jugée et qui est susceptible d'un second degré de juridiction. — *C. proc.* 453.

Pour pouvoir être frappé d'appel, il faut qu'un jugement ait causé un préjudice, par conséquent ceux qui ne nuisent point aux parties et se bornent à consacrer leur consentement réciproque ne sont pas susceptibles d'appel. — *Cass.*, 14 *juillet* 1813.

L'appel de jugements *arbitraux* doit être porté devant les juges de paix pour les matières de leur compétence, ou devant les tribunaux de première instance. — *C. proc.* 1023.

Les jugements par *défaut* ne sont susceptibles d'appel que lorsque les délais de l'opposition se sont écoulés, ou lorsqu'il a été statué sur l'opposition. — *C. proc.* 443, 455.

Toutefois, on peut se pourvoir immédiatement par appel contre un jugement rendu par défaut en matière commerciale. — *Cass.*, 24 *juin* 1816.

Le délai ordinaire d'appel pour les jugements soit contradictoires soit par défaut est de trois mois. — *C. proc.* 443. — *C. comm.* 645.

Il n'est que de 30 jours pour les jugements des juges de paix. — *L. du* 25 *mai* 1838.

Le délai d'appel des jugements contradictoires court du jour de la signification de ces jugements à personne ou à domicile. — *C. proc.* 443.

L'appel doit être interjeté par un acte exprès et séparé contenant assignation par huissier à l'intimé, à la requête de l'appelant.

L'appel suspend l'effet et l'exécution du jugement, à moins que le jugement ne soit exécutoire par provision. — *C. proc.* 457.

On peut appeler des jugements rendus par les tribunaux de simple police lorsqu'ils prononcent l'emprisonnement, ou lorsque les amendes, restitutions et autres réparations civiles excèdent la somme de 5 fr. outre les dépens. — *C. instr. cr.* 172.

Les jugements des tribunaux correctionnels en tant que de ceux de compétence et d'interlocutoire peuvent aussi être attaqués par la voie de l'appel. — *D. N.*

APPEL comme d'Abus. — Voy. *Abus (appel comme d').*

APPELÉ. — On appelle ainsi celui qui doit recueillir l'effet d'une substitution après le grevé. — Voy. *Substitution.*

APPENDICE. — Supplément placé à la fin d'un ouvrage avec lequel il a du rapport.

APPOINT. — Monnaie qui se donne pour compléter une somme que l'on ne saurait parfaire avec les principales espèces employées pour le paiement.

Tout débiteur doit faire son appoint sans avoir le droit d'exiger qu'on le lui rende. — *L. du 22 avril 1791.*

Il ne peut forcer le créancier à recevoir en monnaie de cuivre et de billon que l'appoint d'une pièce de 5 fr. — *Déc. 18 août 1810.*

APPOINTEMENTS. — C'est le salaire annuel attaché à une place, à un emploi, à une fonction et dont une fraction est saisissable dans divers cas. — Voy. *Saisie-arrêt.*

APPORT. — Se dit spécialement des biens que les époux apportent en mariage, soit qu'ils se les réservent propres, soit qu'ils les mettent en communauté. — Voy. *Communauté de biens.*

Il est permis à la femme de stipuler qu'en renonçant à la *communauté* elle reprendra ses apports francs et quittes de toutes charges.

Lorsqu'il s'agit d'une *société*, le mot *apport* exprime la mise de fonds de chaque associé. — Voy. *Société.*

APPOSITION d'affiches. — Voy. *Adjudication.* — *Affiche.* — *Vente judiciaire.*

APPOSITION de scellés. — Voy. *Scellés.*

APPRÉCIATION. — Se dit en général de l'estimation de la valeur d'une chose, de la détermination du montant des dommages-intérêts dus.

APPRÉCIATION de grains. — Constatation faite par les maires des communes où il existe un marché, du prix moyen de la vente de chaque espèce de grains, les jours de marché.

Ce terme indique encore l'année commune, ou réduction à un seul prix des différents prix des grains et marchandises pendant plusieurs années. — Voy. *Mercuriales.*

APPRÉHENDER. — Par ce mot, on entend s'emparer d'une personne comme d'un délinquant qu'on arrête; ou d'une chose comme d'une succession dans laquelle on fait acte d'héritier.

APPRENTISSAGE. — Se dit du contrat par lequel un artisan s'engage à enseigner son état à un apprenti moyennant certaines conditions. — Voy. *Brevet d'apprentissage.*

APPROBATION. — C'est le consentement donné à l'exécution d'un acte.

Le plus souvent et selon les cas, l'approbation se nomme plutôt *acquiescement, adhésion, consentement* ou *ratification.* — Voy. ces mots.

L'approbation de la justice qui prend le nom d'homologation est exigée, par exemple pour certaines délibérations des conseils de famille, partages, liquidation, etc.

Dans l'ordre administratif, l'approbation est le consentement donné par l'autorité supérieure à l'exécution d'un acte émanant de l'autorité inférieure.

Certains actes même notariés, tels que les adjudications des biens des hospices, des fabriques et autres établissements publics, ne sont valables qu'après qu'ils ont été approuvés par l'autorité administrative.

A l'égard des billets et obligations. — Voy. *Approbation d'écriture.*

APPROBATION d'écriture. — Mention par laquelle une personne manifeste son adhésion à un acte, une promesse ou un billet sous seing privé, et qui consiste dans ces mots : *Bon* ou *approuvé*. — *E. N.*

Le billet ou l'obligation sous seing privé par laquelle une seule partie s'engage envers l'autre à lui payer une somme d'argent, doit être écrite en entier de la main de celui qui l'a souscrite, ou tout au moins il faut, qu'outre sa signature il ait écrit de sa main un *bon pour* ou un *approuvé pour*, portant en toutes lettres la somme ou la quantité de la chose, excepté dans le cas où l'acte émane de marchands, artisans, laboureurs, vignerons, gens de journée ou de service. — *C. civ.* 1326.

Lorsque le billet est écrit de la main du souscripteur, il est dispensé d'une approbation spéciale.

Le défaut d'approbation n'entraîne pas la nullité absolue, mais le billet non approuvé ne peut servir que comme commencement de preuve par écrit.

Il ne faut pas confondre l'approbation des *billets ou obligations*, avec celle des autres actes sous seing privé écrits d'une main étrangère, sur lesquels il suffit d'écrire : *Approuvé l'écriture ci-dessus,* ou autres équivalents, comme par exemple : *Vu et lu.*

APUREMENT. — Se dit de l'examen et de l'approbation d'un compte, et le plus souvent d'un compte de tutelle. — Voy. *Compte.*

En matière d'administration, ce terme signifie que le compte présenté a été débattu et reçu, et que le comptable a été reconnu entièrement quitte.

AQUEDUC. — Canal destiné à conduire l'eau d'un lieu dans un autre. — Voy. *Canal.*

On nomme droit d'aqueduc la servitude, continue ou apparente, consistant à faire traverser par le fonds d'autrui l'eau qu'on amène sur sa propriété.

Si un aqueduc est commun à plusieurs propriétaires, chacun d'eux, selon son intérêt, doit contribuer à son entretien et au curage. — *D. N.*

Lorsqu'on pratique un aqueduc le long d'un mur mitoyen ou non, il faut établir un contremur suffisamment épais pour empêcher les eaux de dégrader le mur. — Voy. *Contremur.*

Les aqueducs destinés à recevoir les eaux pluviales sont généralement mitoyens entre voisins, sauf titre ou présomption contraire.

On ne peut établir un aqueduc trop près de la voie publique, ni à travers cette voie sans autorisation du préfet. — Voy. *Usages locaux.*

ARATOIRES (instruments). — Les instruments aratoires sont ceux qui servent ou qui appartiennent à l'agriculture, par exemple les *charrues, herses,* etc.

ARBITRAGE. — On nomme arbitrage la juridiction conférée par les parties à de simples particuliers pour terminer une contestation sans avoir recours à la justice.

L'arbitrage forcé relatif aux sociétés commerciales ayant été abrogé par la loi du 17 juillet 1856, qui attribue aux tribunaux de commerce la connaissance des contestations entre associés, l'arbitrage est devenu une juridiction essentiellement volontaire.

L'acte par lequel les parties nomment leurs arbitres se nomme *Compromis.*

Le compromis doit désigner les objets en litige et contenir les noms des arbitres à peine de nullité. — Voy. *Compromis.*

Les mineurs, les furieux, les sourds et muets, les femmes, et les individus frappés de condamnations infamantes ne peuvent être choisis pour arbitres.

Une fois nommés, les arbitres ne peuvent être révoqués que du consentement des parties.

Ils ne peuvent donner leur démission d'arbitres si leurs opérations sont commencées, et ils ne peuvent être récusés si ce n'est pour cause survenue depuis le compromis.

En cas de partage d'avis, les arbitres autorisés à nommer un tiers-arbitre doivent le faire par la décision qui prononce le partage.

A défaut de pouvoir s'entendre, le tiers est nommé par le président du tribunal, sur requête présentée par la partie la plus diligente.

Le tiers-arbitre est tenu de prononcer dans le mois, du jour de son acceptation, après avoir conféré avec les arbitres divisés.

Les arbitres prononcent d'après les règles du droit, à moins que le compromis ne les autorise à prononcer comme amiables compositeurs.

Le jugement arbitral est rendu exécutoire par une ordonnance du président du tribunal; à cet effet, la minute doit être déposée au greffe dans les trois jours.

Les jugements arbitraux ne peuvent dans aucun cas être opposés à des tiers.

Les arbitres ne peuvent rendre un jugement sur des actes non enregistrés, à peine de devenir personnellement responsables des droits.

Pour la formule du compromis ou nomination volontaire d'arbitres. — Voy. *Compromis.*

Et pour celle du jugement arbitral. — Voy. *Rapport d'experts.*

ARBITRAGE du juge. — C'est le pouvoir donné au juge de prononcer dans certains cas selon les règles de l'équité.

ARBITRE rapporteur. — Nom que l'on donne aux personnes devant lesquelles les tribunaux de commerce ont la faculté de renvoyer les parties, pour examiner des comptes, pièces ou registres. — *C. proc.* 429.

ARBITRAIRE. — Abus de pouvoir; ce qui est fait sans règle et contrairement à la loi.

ARBRES. — Plantes ligneuses, ordinairement nues à la base, couronnées de branches et de feuilles qui croissent en hauteur et en grosseur plus que les autres végétaux. — *D. N.*

On divise les arbres en deux espèces : les arbres à *haute tige*, et les arbres à *basse tige.*

Les arbres à *haute tige* sont les chênes, frênes, hêtres, ormes, platanes, châtaigniers, noyers, peupliers, mérisiers, etc.

Sont considérés comme arbres *à basse tige*, à la condition de ne pas excéder 4 mètres de hauteur, les vignes, buis, aubépines, lilas, etc., et généralement tous les arbres mis en *quenouilles, buissons, haies, palissades, charmilles, espaliers,* etc.

En matière forestière, on distingue les *arbres d'assiette*, les *arbres de brin*, les *arbres de chablis*, les *arbres faits*, les *arbres de haute futaie*, les *arbres de ligne*, etc.

Les arbres font partie du fonds et sont immeubles par destination, mais ils deviennent meubles lorsqu'ils sont abattus.

De la propriété des arbres.

Les arbres appartiennent à celui sur le terrain duquel le tronc est assis. — *C. civ.* 553.

Les arbres qui se trouvent dans les fossés ou sur les berges appartiennent au propriétaire de ce fossé.

Ceux qui se trouvent dans une haie ou un fossé mitoyens sont mitoyens, comme la haie et le fossé.

Les arbres plantés sur la ligne séparative de deux héritages sont aussi réputés mitoyens. — Lorsqu'ils meurent ou lorsqu'ils sont coupés ou arrachés, ces arbres sont partagés par moitié. Les fruits sont recueillis à frais communs et partagés aussi par moitié, soit qu'ils tombent naturellement, soit que la chute en ait été provoquée, soit qu'ils aient été cueillis. — *L. du 27 août* 1881.

Chaque propriétaire a le droit d'exiger que les arbres mitoyens soient arrachés.

Celui sur la propriété duquel avancent les branches des arbres du voisin peut contraindre celui-ci à les couper. Les fruits tombés naturellement de ces branches lui appartiennent. — Voy. *Élagage*.

Si ce sont les racines qui avancent sur le terrain voisin, le propriétaire de ce terrain a le droit de les couper lui-même pour son profit.

Les arbres plantés sur un chemin privé appartiennent au propriétaire de ce chemin, sauf titre ou preuve contraire.

Ceux plantés sur le sol des routes nationales ou départementales sont présumés appartenir à l'Etat, sauf titre ou possession contraire. Quant aux arbres qui se trouvent sur le terrain riverain de ces routes, ils appartiennent au propriétaire de ce terrain.

A l'égard des arbres actuellement plantés sur le sol des chemins communaux ou simplement ruraux, la Cour de cassation a, par arrêt du 3 fév. 1868, décidé que la propriété de ces arbres appartient aux riverains et non à la commune.

Les arbres existant sur les places des villes, bourgs et villages ou autres biens communaux, sont censés appartenir aux communes, sauf titres ou possession contraire par des tiers.

Lorsque des arbres ont été plantés par un tiers sur le terrain d'autrui, le propriétaire de ce terrain peut, à son choix, ou retenir ces arbres en en payant la valeur et le prix du travail, ou exiger qu'ils soient enlevés aux frais de celui qui les a plantés.

Les arbres plantés par l'usufruitier ne peuvent être enlevés à l'extinction de son usufruit et ne donnent lieu à aucune reprise de la part de ses héritiers.

Le propriétaire a le droit de conserver les arbres plantés à perpétuelle demeure par le fermier, en indemnisant celui-ci de la valeur, mais le fermier peut les emporter si le propriétaire ne l'indemnise pas.

Pour les pépinières, on doit se conformer aux usages. Ainsi en Normandie, par exemple, l'usage accorde au fermier la moitié du plant à enlever à sa sortie, lorsqu'il y a eu consentement du maître à la création de la pépinière ; dans le cas contraire, le fermier n'a droit qu'à ses frais de culture.

Il n'est permis d'avoir des arbres, arbrisseaux et arbustes près de la limite de la propriété voisine qu'à la distance prescrite par les règlements particuliers ou par des usages constants et reconnus, et, à défaut de règlements et usages, qu'à la distance de 2 mètres de la ligne séparative des deux héritages, pour les plantations dont la hauteur dépasse 2 mètres, et à la distance de 50 cent. pour les autres plantations.

Nous avons traité particulièrement de la *plantation*, de l'*élagage* et de l'*émondage* des arbres sous ces titres. — Voy. *Plantation*. — *Elagage*. — *Emondage*. — *Haie*.

De la prescription.

On peut acquérir par la prescription des arbres sur le sol d'autrui, mais on n'acquiert pas le droit de les y laisser. — *C. civ.* 555.

On peut également acquérir par la prescription le droit de conserver des arbres plantés à une distance du fonds voisin moindre que celle légale, mais on n'a pas le droit de les remplacer par des arbres nouveaux quand les anciens ont été abattus. — *Cass.*, 22 déc. 1857.

Le droit de couper les racines ou de faire couper les branches est imprescriptible. — Voy. *Elagage*.

Des actions civiles et pénales.

Les usurpations d'arbres et les actions relatives à la distance des plantations et l'usage des arbres, de même que celles relatives aux dommages causés par l'égout et l'ombrage des branches qui s'avancent sur le voisin, sont de la compétence des juges de paix. — *L. du 25 mai* 1838.

Celui qui mutile ou abat des arbres appartenant à autrui, même le fermier qui abat des arbres contre le gré du propriétaire, sont passibles de peines correctionnelles. — *C. pén. 445 et suiv.*

ARCHITECTE. — Celui qui fait profession spéciale de tracer des plans et devis pour les constructions, en dirige les travaux et règle les mémoires des entrepreneurs.

Cette profession n'est soumise à aucune condition légale de capacité, et chacun peut l'exercer librement. — *D. N.*

Les honoraires dus aux architectes ne sont réglés par aucune loi, mais les tribunaux leur allouent généralement 5 pour cent du prix des constructions pour tous frais.

Les architectes ont un privilège sur les constructions qu'ils ont dirigées pour le paiement du prix de leurs travaux. — *C. civ. 2103.*

Leurs honoraires ne se prescrivent que par 30 ans.

Les architectes et entrepreneurs sont responsables pendant 10 ans des plans et devis qu'ils ont dressés, si ces plans ont donné lieu à quelque vice de construction. — *C. civ. 1792.*

ARCHIVES. — Établissements publics où sont déposés et conservés les *titres, chartes, traités, actes administratifs et judiciaires,* de même que les *anciennes minutes* et autres *actes publics.* — *E. N.*

On distingue les archives *particulières* et les archives *publiques*.

A l'égard des premières. — Voy. *Papiers domestiques.*

Les archives publiques se composent des archives de l'*État*, des archives *domaniales* et des archives *judiciaires*.

Les archives de l'État comprennent le dépôt de tous les actes qui établissent la constitution de la France, son droit public, ses lois et sa division par départements.

Les archives domaniales se composent de tous les titres concernant le domaine public.

Les archives judiciaires comprennent les actes de nos anciens tribunaux intéressant la propriété des citoyens.

C'est au Ministère de l'intérieur, sous l'autorité duquel est placée l'administration des archives générales, qu'on doit s'adresser pour obtenir communication ou copie des pièces qui en dépendent.

Chaque Ministère ou administration possède ses archives pour les objets spéciaux de son département, indépendamment de celles générales.

Tous les documents relatifs à l'état civil des marins et autres engagés de l'armée de mer, et tous ceux ayant rapport aux successions en déshérence dans les colonies, se trouvent au Ministère de la marine.

Les actes de l'état civil intéressant les militaires, et les registres tenus à cet effet dans les différents corps de l'armée pendant leurs campagnes hors de France, se trouvent au Ministère de la guerre.

La préfecture de police à Paris possède également des archives où se trouvent des sommiers qui relèvent, sur chaque accusé ou prévenu, les condamnations encourues ou les poursuites commencées dans tous les tribunaux de France.

On distingue encore les *archives départementales*, qui sont conservées dans les préfectures, et les *archives communales* ou *municipales*, conservées dans les mairies des communes.

Les archives communales comprennent les registres de l'état civil, les anciens titres de propriété, les actes et les arrêtés des maires et des conseils municipaux, les plans du cadastre, les tableaux des chemins vicinaux, etc.

Les particuliers peuvent se faire délivrer des copies ou extraits des actes déposés aux archives. — *L. du 12 sept.* 1790.

ARDÈCHE. — Département formé de la partie du Languedoc appelée le Vivarais.

Chef-lieu : *Privas.*
Cour d'appel : *Nîmes.*

Ce département est limité à l'Est par ceux de l'Isère et de la Drôme; au Sud par celui du Gard; à l'Ouest par ceux de la Lozère et de la Haute-Loire, et au Nord par ceux du Rhône et de la Loire.

Il est divisé en 3 arrondissements, 31 cantons et 339 communes.
Superficie : 553.532 hectares.
Impôt foncier : 957.082 fr.
Population : 375.472 habitants.

ARDENNES. — Département formé du nord de l'ancienne Champagne.
Chef-lieu : *Mézières.*
Cour d'appel : *Nancy.*

Ce département est limité à l'Est par la Meuse; à l'Ouest par la Marne; au Sud par l'Aisne et au Nord (nord-ouest) par la Belgique.

Il est divisé en 5 arrondissements, 31 cantons et 502 communes.
Superficie : 511.651 hectares.
Impôt foncier : 1.401.830 fr.
Population : 332.759 habitants.

ARE. — Unité des mesures de superficie. — Voy. *Poids et mesures.*

ARGENT. — On entend vulgairement par ce mot toutes les monnaies d'or, d'argent, de cuivre ou autre métal, en un mot toutes les valeurs en numéraire. — Voy. *Monnaie.* — *Paiement.*

ARGENT comptant. — Celui que l'on paie de suite. Ce terme comprend en droit l'argent monnayé et les billets de banque. — Voy. *Meubles.* — *Immeubles.*

ARGENTERIE. — L'argenterie comprend tous les objets fabriqués en or, vermeil ou argent, et particulièrement ceux affectés au service de table. — *C. proc.* 943.

ARGUMENT. — Se dit du raisonnement dont on tire une conséquence ou motif concluant. — Voy. *Interprétation.*

ARIÈGE. — Département formé de l'ancien comté de Foix.
Chef-lieu : *Foix.*
Cour d'appel : *Toulouse.*

Ce département est limité à l'Est par l'Aude et les Pyrénées-Orientales; au Sud par les Pyrénées-Orientales et les Pyrénées; à l'Ouest par la Haute-Garonne et au Nord par la Haute-Garonne et l'Aude.

Il est divisé en 3 arrondissements, 20 cantons et 336 communes.
Superficie : 490.646 hectares.
Impôt foncier : 622.621 fr.
Population : 237.019 habitants.

ARMATEUR. — Terme en usage dans la marine et dans le commerce de mer, et qui s'applique particulièrement au négociant qui équipe un bâtiment pour le commerce. — Voy. *Charte-partie.* — *Lettre de marque.* — *Navire.*

ARMÉE. — Voy. *Recrutement de l'armée.*

ARMEMENT. — Tout ce qui est nécessaire à la subsistance, à la manœuvre et à la sûreté d'un navire. — On emploie aussi ce mot pour désigner les opérations de commerce maritime. — Voy. *Navire.*

ARMES prohibées. — On comprend sous ce titre toutes les armes offensives cachées et secrètes.

D'après la loi du 24 mai 1834, le port des armes prohibées est interdit et constitue un délit punissable par les tribunaux correctionnels. — Voy. *Port d'armes.*

ARPENTAGE. — Action ou art de mesurer la superficie des terrains et d'en dresser le plan.

Profession libre, assimilée à un louage d'ouvrage et donnant droit à un salaire.

Celui qui fait le mesurage prend le nom d'*arpenteur* ou d'*expert-géomètre*.

Les arpenteurs ne peuvent se servir que des nouvelles mesures.

Dans certains cas, l'arpentage a lieu par commission de justice; les arpenteurs operent alors comme experts.

Nous donnons ci-après deux formules de certificats d'arpentage.

I. — Certificat d'arpentage simple.

Je soussigné A..., géomètre-expert, demeurant à....., déclare m'être transporté en la commune de....., sur une pièce de terre nommée le....., appartenant à M. B..., et, sur la requisition de ce dernier, avoir arpenté la d..... pièce de terre que j'ai reconnu être d'une contenance de..... ares..... centiares,

En foi de quoi j'ai délivré le présent que je certifie sincère et véritable.

A....., le.....

II. — Autre certificat ou procès-verbal d'arpentage.

Aujourd'hui.....

Les soussignés :

1° M. A..., géomètre-expert, demeurant à.....

Et 2° M. B..., aussi géomètre-expert, demeurant à.....

Commis par le Tribunal civil de..... (*ou bien*) nommés par MM. C... et D..., aux effets ci-après :

Déclarons nous être transportés en la commune de....., sur une propriété située à..... lieudit le....., vendue par M. B... à M. C... suivant contrat passé devant M^e...... etc.

Et après avoir reconnu les limites de cette propriété, et en vertu et pour l'exécution de la mission qui nous a été confiée, nous avons procédé à l'arpentage de lad. propriété que nous certifions contenir dans son ensemble..... hectares..... ares..... centiares, selon le plan visuel ci-après.

(Comme dans les opérations de bornage, le plan, bien qu'il ne soit pas obligatoire, nous paraît absolument nécessaire).

Plan.

. . . .

Nous déclarons avoir employé chacun..... vacations, tant aux opérations d'arpentage qu'à la rédaction du présent que nous certifions sincère et véritable.

(*Signatures.*)

ARRÉRAGES. — Ce mot s'emploie pour désigner les termes périodiques d'une rente, pension ou tout autre redevance. — *D. N.*

Dans la pratique, il s'applique aux termes à échoir comme aux termes échus.

Les arrérages sont des fruits civils qui s'acquièrent jour par jour. — *C. civ.* 584, 586.

Ils suivent le sort du principal.

La quittance du capital donnée sans réserve, fait présumer la libération des arrérages ou intérêts, et libère complètement le débiteur. — *C. civ.* 1908.

Les arrérages se prescrivent par cinq ans, c'est-à-dire que le créancier ne peut jamais en réclamer plus de cinq années et la courante. — *C. civ.* 2277. — Voy. *Prescription.*

Le créancier inscrit n'a droit d'être colloqué à son rang d'hypothèque que pour deux années et la courante. — *C. civ.* 2151.

ARRESTATION. — Action d'arrêter ou saisir une personne pour la conduire en état de détention.

On peut arrêter une personne en vertu d'une décision judiciaire qui ordonne qu'elle sera appréhendée au corps.

En matière criminelle, les arrestations sont ordonnées par les magistrats chargés de l'instruction des procédures criminelles, ou par les officiers du ministère public, en vertu d'un mandat d'arrêt.

ARRÊT. — Dénomination que l'on donne aux décisions rendues par une *Cour d'appel*, une *Cour d'assises*, par la *Cour des comptes*, ou par la *Cour de cassation*.

ARRÊT de deniers. — Voy. *Saisie-arrêt.*

ARRÊTÉ. — Décision émanant de certaines autorités administratives, ou délibération prise par une compagnie. — Voy. *Acte administratif.*

ARRÊTÉ administratif. — Nom que l'on donne en général aux actes de l'autorité administrative, pour l'exécution des lois et des règlements, et plus particulièrement aux actes des préfets et des maires et aux décisions des Conseils de préfecture, sur les matières de leur compétence.

ARRÊTÉ de compte. — Fixation d'accord avec les parties du reliquat d'un compte après examen. — Voy. *Compte.*

ARRÊTÉ de police. — Règlement de l'autorité municipale ou administrative. L'article 471 du Code pénal prononce une amende de 1 à 5 fr. contre ceux qui refusent ou négligent de se conformer aux règlements et arrêtés.

ARRHES. — Se dit de ce que l'on verse à valoir pour assurer l'exécution d'une convention, d'un marché. — *C. civ.* 1590.

La nature des arrhes diffère suivant qu'elles sont données avant ou après le marché conclu.

Ainsi celles qui se donnent avant le marché sont perdues pour celui qui les a données, s'il refuse de conclure le marché proposé. Réciproquement, celui qui les reçoit est tenu de les rendre en double, au cas d'un pareil refus de sa part.

Si la convention est rompue du consentement des deux parties, celui qui a reçu les arrhes les rend sans rien payer de plus.

Mais les arrhes données après la conclusion du marché, par exemple dans les ventes de bestiaux, de denrées, sont en général considérées comme un acompte sur le prix, ou commencement d'exécution du contrat qu'il n'est plus permis de rompre.

Il existe cependant deux circonstances où les arrhes laissent aux parties la faculté de se dédire même après un marché conclu : c'est lorsque le marché a été fait sous une condition suspensive ou sous une condition résolutoire.

ARRONDISSEMENT. — Division territoriale soumise à une autorité, ou comprise dans ses attributions.

On distingue plusieurs sortes d'arrondissements : l'arrondissement *administratif* ou *communal*, l'arrondissemant *judiciaire*, l'arrondissement *municipal*, l'arrondissement *forestier* et l'arrondissement *maritime*.

L'arrondissement administratif est lui-même fractionné en *cantons*, et les cantons en *communes*.

Le pouvoir exécutif est représenté dans les arrondissements par un sous-préfet, sauf ceux où se trouvent situés les chefs-lieux de préfecture qui sont administrés directement par le préfet.

On nomme arrondissement judiciaire le territoire sur lequel s'exerce la juridiction du tribunal civil ou correctionnel, attendu que le chef-lieu judiciaire n'est pas toujours dans la ville où se trouve le chef-lieu administratif.

On appelle arrondissements municipaux les fractions de communes trop étendues pour être régies par une seule administration, telles que *Paris, Lyon*, etc.

Il existe actuellement en France 381 arrondissements communaux dans chacun desquels il y a une préfecture, ou une sous-préfecture, et un tribunal civil.

On compte trente-huit arrondissements forestiers et cinq arrondissements maritimes.

ART. — Se dit figurément de l'industrie, de l'adresse avec laquelle on se conduit dans tout ce que l'on fait.

On distingue les *arts mécaniques* des *arts libéraux ;* dans ceux-ci, l'esprit joue un plus grand rôle que dans les premiers.

ARTICLES de mariage. — On appelle ainsi les clauses et conditions que l'on se propose d'insérer dans un contrat de mariage, et qui sont ordinairement signées des parties et de leurs parents, sous forme de projet de contrat.— *D. N.*

Cet usage est peu fréquent et ne se pratique guère que dans les familles opulentes, surtout lorsque des considérations particulières font retarder la célébration du mariage.

L'effet des articles de mariage, qui ne peuvent jamais valoir contrat, est d'être considérées comme promesse de mariage et de pouvoir donner lieu à des dommages-intérêts. — Voy. *Contrat de mariage.* — *Promesse de mariage.*

ARTICULATION. — Énonciation détaillée par articles, des faits dont on demande à faire la preuve. — Voy. *Enquête.* — *Faux.*

ARTIFICES coupables. — Manœuvres ayant pour but de provoquer une action qualifiée *crime* ou *délit*, et dont les auteurs sont poursuivis et punis comme complices. — *C. pén.* 60.

ARTS et manufactures. — Voy. *Comité consultatif des arts et manufactures.*

ARTS et métiers. — Voy. *École d'arts et métiers.*

ASCENDANTS. — Parents desquels nous descendons en ligne directe, *père, mère, aïeux,* etc.

Toute succession échue à des ascendants se divise en deux parts égales : l'une pour les parents de la ligne paternelle, l'autre pour les parents de la ligne maternelle. — *C. civ.* 733. — Voy. *Succession.*

Les femmes autres que la mère et les ascendantes ne peuvent être tutrices ni membres du conseil de famillle. — *C. civ.* 442.

Les ascendants ne profitent de l'accroissement que dans la ligne de celui qui renonce. — Voy. *Accroissement.*

ASSÉCHEMENT. — Opération par laquelle on dessèche les eaux d'un terrain accidentellement inondé. — Voy. *Marais.*

ASSEMBLÉE législative. — Voy. *Organisation politique.*

ASSEMBLÉE de créanciers. — Voy. *Abandonnement.* — *Concordat.* — *Faillite.* — *Union de créanciers.*

ASSEMBLÉE de famille ou de parents. — Voy. *Avis de parents.* — *Conseil de famille.*

ASSESSEUR. — Officier de justice dont les fonctions consistent à assister un juge et lui servir de conseil.

On nomme *conseillers assesseurs*, les magistrats assistant qui siègent aux côtés des présidents des Cours d'appel, et *juges assesseurs*, ceux qui siègent près des présidents des Tribunaux civils.

ASSIETTE. — S'entend ordinairement de la répartition de l'impôt entre les propriétés ou les habitants d'une commune. — Voy. *Cadastre.* — *Contributions.*

En matière d'administration forestière, on entend par *procès-verbal d'assiette* la désignation de la coupe à faire dans un triage ou canton de bois.

ASSIGNATION. — L'assignation ou *ajournement*, considéré comme le fondement d'une procédure, est l'acte par lequel un huissier fait, au nom d'un tiers, sommation à une personne de comparaître devant le juge à certain jour, pour procéder sur les conclusions prises contre elle. — Voy. *Ajournement.* — *Demande.* — *Exploit.*

ASSIGNATION de part. — Se dit d'une attribution de lots sans tirage au sort ou de tout autre mode de disposer qui exclut l'accroissement. — Voy. *Accroissement.*

ASSISES. — Juridiction chargée de la répression des crimes.

Les assises se composent de *juges* et de *jurés* : les *juges* sont chargés de l'instruction des affaires, de la conduite des débats et de l'application de la peine; les *jurés* prononcent sur la culpabilité de l'accusé.

Les Cours d'assises connaissent de toutes les affaires dites de *grand criminel*. — Voy. *Compétence des Cours d'assises.*

ASSISTANCE. — S'entend de la présence d'un conseil choisi par les parties à la rédaction d'un acte auquel elles sont intéressées, de celle d'un curateur ou d'un conseil judiciaire dans une instance ou la passation d'un contrat, etc.

ASSISTANCE judiciaire. — L'assistance judiciaire est l'admission des indigents à ester en justice gratuitement devant n'importe quels tribunaux, soit en demandant, soit en défendant. — *L. des 21 et 30 janvier 1851.*

Celui qui réclame l'assistance judiciaire doit adresser : 1° sa demande sur papier libre au Procureur de la République du tribunal de son domicile; 2° un extrait du rôle de ses contributions, ou un certificat du percepteur de son domicile constatant qu'il n'est pas imposé ; et 3° un certificat d'indigence délivré par le maire de sa commune.

La demande doit ensuite être affirmée sincère et véritable devant le maire qui en donne acte.

L'admission à l'assistance judiciaire est prononcée par un bureau spécial établi près de chaque juridiction, après avis préalablement donné à la partie adverse, qui peut se présenter pour contester l'indigence, ou pour fournir des explications sur le fond.

Les actes de procédure faits à la requête de l'assisté, de même que ceux qu'il produit pour justifier de ses droits, sont visés pour timbre et enregistrés, en débet.

On désigne un huissier, un avoué, un avocat, qui lui prêtent gratuitement leur ministère.

L'assisté est dispensé provisoirement du paiement des sommes dues au Trésor pour droit de timbre, d'enregistrement et de greffe, ainsi que de toute consignation d'amende ; mais il doit acquitter les frais s'il lui survient ensuite des ressources suffisantes.

S'il y a condamnation aux dépens contre l'adversaire de l'assisté, la taxe comprend tous les droits, frais de toute nature, honoraires et émoluments auxquels l'assisté aurait été tenu, s'il n'y avait pas eu assistance judiciaire.

Nous donnons ci-après une formule de demande.

Demande d'assistance judiciaire.

A Monsieur le Procureur de la République près le Tribunal civil de.....

Le Sr A...., demeurant à.....

A l'honneur de vous exposer :

Que se trouvant, à raison de son indigence, dans l'impossibilité d'exercer ses droits en justice, ne possédant rien et n'ayant pour tout moyen d'existence que le salaire qu'il reçoit comme journalier attaché aux travaux de....., il réclame, conformément à la loi du 24 janvier 1851, l'assistance judiciaire pour ester en justice sur la demande qu'il se propose d'intenter à M... pour.....

Il joint à sa demande :

1° un certificat du percepteur de son domicile constatant qu'il n'est pas imposé;

Et 2° un autre certificat du maire de sa commune, constatant qu'il est dans l'indigence.

Il a l'honneur d'être,
Monsieur le Procureur de la République,
Votre très humble et respectueux serviteur,

(*Signature.*)

Présentée le.....

ASSISTANCE publique.—Se dit de l'ensemble des institutions charitables destinées à secourir les indigents.

L'administration de l'assistance publique instituée à Paris comprend le service de secours à domicile et le service des hôpitaux et hospices civils. — *L. du 10 janvier 1849.* — Voy. *Hospices.*

ASSOCIATION. — S'entend de l'union ou de la réunion de plusieurs personnes dans un intérêt commun, même dans un but coupable.

Les associations se forment dans un *intérêt général* ou dans un *intérêt privé.*

Celles qui ont pour but un intérêt général ne peuvent avoir lieu sans l'autorisation du Gouvernement. — Voy. *Etablissements publics.* — *Hospices.*

Pour celles formées dans un intérêt purement privé. — Voy. *Société.*

Il ne faut pas confondre les associations qui ont un but déterminé et permanent avec les réunions politiques et autres.

Ces réunions, dès lors qu'elles ne comprennent pas plus de vingt personnes, fût-ce même pour se livrer à des excercices lyriques ou littéraires, ne peuvent avoir lieu sans autorisation. — *C. pén.* 291.

Le défaut d'autorisation, de même que les provocations à des crimes ou à des délits, de quelque nature que ce soit, qui auraient lieu dans ces assemblées, sont punis d'amende et d'emprisonnement.

Sont condamnables, non seulement ceux qui ont fait partie des réunions mais ceux même qui auraient loué ou prêté leurs maisons ou locaux à cet effet.—*C. pén.* 293. — *L. du 10 avril 1834.* — Voy. *Réunions publiques.*

ASSOCIATION en participation. — Voy. *Société.*

ASSOCIATIONS religieuses. — Voy. *Communauté religieuse.* — *Congrégation.*

ASSOCIATIONS syndicales. — Se dit de celles formées entre propriétaires d'immeubles, dans le but de faire exécuter des travaux d'ensemble d'utilité commune.

Les propriétaires qui y ont intérêt peuvent former une association syndicale pour l'exécution et l'entretien de tous travaux d'endiguement ou de défense contre la mer et les fleuves et rivières, le dessèchement des marais, l'assainissement des terres humides et insalubres, le drainage, les chemins d'exploitation et toute autre amélioration agricole ayant un caractère d'intérêt collectif, etc. — *L. du 21 juin 1865.* — Voy. *Drainage.*

Les associations syndicales sont libres ou autorisées; libres, elles se forment sans l'intervention de l'Administration, avec le consentement unanime des associés constaté par écrit; autorisées, les propriétaires intéressés à l'exécution des travaux sont réunis par arrêté préfectoral en association syndicale, soit sur la demande d'un ou plusieurs d'entre eux, soit sur l'initiative du préfet.

Les syndics sont élus par l'assemblée générale et pris parmi les intéressés.

Les taxes ou cotisations sont recouvrées comme en matière de contributions directes, sur des rôles dressés par le syndicat.

ASSOCIATIONS syndicales professionnelles. — Ce sont celles même de plus de vingt personnes exerçant la même profession ou concourant à l'établissement de produits déterminés, autorisées par la loi du 21 mars 1884.

Ces syndicats ne peuvent avoir d'autre objet que l'étude et la défense des intérêts économiques, industriels, commerciaux ou agricoles.

Les fondateurs de ces syndicats doivent déposer à la mairie de la localité où le syndicat est établi et, à Paris, à la préfecture de la Seine, les statuts et les noms de ceux qui, à un titre quelconque, seront chargés de l'administration ou de la direction. Ce dépôt doit être renouvelé à chaque changement de la direction ou des statuts.

Les membres doivent être Français, et jouir de leurs droits civils.

Les syndicats professionnels de patrons ou d'ouvriers ont le droit d'ester en justice et peuvent employer les sommes provenant de cotisations, mais ils ne peuvent acquérir d'autres immeubles que ceux nécessaires à leurs réunions, à leurs bibliothèques et à des cours d'instruction professionnelle.

Ils peuvent, sans autorisation, mais en se conformant aux autres dispositions de la loi, constituer entre leurs membres des caisses spéciales de secours mutuels et de retraites.

Ils peuvent librement créer et administrer des offices de renseignements pour les offres et les demandes de travail.

ASSOCIÉ. — Voy. *Société.*

ASSOLEMENT. — Se dit du mode de culture des terres et de l'état dans lequel elles doivent être laissées à la fin de la jouissance.

Le fermier est tenu de conserver l'assolement suivant l'usage des lieux. — *C. civ.* 1774.

Toutefois, comme cet usage varie fréquemment selon les prix des céréales et les progrès de l'agriculture, nous conseillons aux propriétaires et fermiers de bien s'entendre sur la nature des assolements que le preneur devra laisser à sa sortie, et aux rédacteurs de baux d'avoir soin de l'expliquer d'une façon claire et précise, afin d'éviter toute contestation.

ASSURANCE. — Dans son acceptation la plus générale ce mot signifie convention ou contrat aléatoire par lequel une personne, le plus souvent une société, se charge envers un autre, moyennant un prix ou une redevance annuelle appelée prime d'assurance, du risque des cas fortuits auxquels une chose est exposée.

Le contrat qui intervient dans ce cas se nomme *Police d'assurance*.

Les sociétés d'assurances autres que celles d'assurances sur la vie peuvent se constituer sans autorisation du Gouvernement. — *L. du 24 juillet* 1867.

Toutes les choses sujettes à des risques peuvent faire l'objet du contrat d'assurance.

Ainsi, on assure les maisons, les meubles et récoltes engrangées contre les dangers du feu, les récoltes sur pied contre la grêle, etc.

On assure aussi les navires et leurs chargements. — Voy. *Assurance maritime*.

Il existe encore des assurances *sur la vie* ayant diverses combinaisons pour constituer un capital ou une rente viagère dans des cas déterminés. — Voy. *Assurance par l'État*. — *Assurance sur la vie*.

Les déclarations faites par l'assuré sur les objets, la valeur et les risques, doivent être exactes, toute fraude pouvant entraîner la nullité de l'assurance.

L'assuré est tenu de travailler au sauvetage des objets assurés dans les limites du possible.

Il ne peut réclamer que ce qu'il a réellement perdu, et non l'estimation portée dans la police d'assurance, bien que la prime annuelle ait été payée sur cette estimation.

La prescription des actions dérivant du contrat d'assurance terrestre a lieu par trente ans, mais la prescription de cinq ans est applicable à la prime d'assurance si elle est payable par annuités. — *C. civ.* 2277.

L'assurance peut encore avoir lieu entre plusieurs personnes exposées aux mêmes risques. — Voy. *Assurance mutuelle*.

Comme les polices d'assurances sont rédigées à l'avance et imprimées et que le contrat d'assurance a lieu par la simple adhésion de l'assuré à cette police, qui n'est autre chose qu'un acte sous seing, nous recommandons aux personnes qui s'assurent de bien se rendre compte des conditions qu'ils acceptent et de les faire modifier au besoin, attendu que l'inexécution d'une clause du contrat peut entraîner sa résolution. Nous leur recommandons aussi de veiller avec soin à l'exécution des clauses de leur contrat et au renouvellement de leurs polices, de ne pas manquer d'y faire apporter les changements nécessités par les circonstances, soit en cas d'augmentation ou de diminution des valeurs assurées, enfin d'acquitter exactement leurs cotisations d'assurances afin d'éviter toute difficulté en cas de sinistres.

ASSURANCE contre la grêle. — Voy. *Assurance mutuelle*. — *Assurance terrestre*.

ASSURANCE contre les accidents. — Voy. *Assurance par l'État*. — *Assurance sur la vie*.

ASSURANCE contre l'incendie. — Voy. *Assurance*. — *Assurance terrestre*.

ASSURANCE en cas de décès. — Voy. *Assurance par l'État*. — *Assurance sur la vie*.

ASSURANCE par l'État. — Caisses d'assurances créées sous la garantie de l'État.

Ces caisses, établies par la loi du 11 juillet 1868, ont pour objet : 1° de payer, au décès de chaque assuré, à ses héritiers ou ayants droit, une somme déterminée ; 2° de servir, en cas d'accidents, des pensions viagères aux personnes assurées qui, dans l'exécution de leurs travaux journaliers, seraient atteintes de blessures entraînant une incapacité de travail, et de donner des secours aux veuves et aux enfants des personnes assurées qui auraient péri par suite d'accidents survenus dans l'exécution desdits travaux.

Les caisses d'assurances créées par l'Etat sont gérées par la Caisse des dépôts et censignations.

L'assurance en cas de décès a lieu au moyen du versement de *primes uniques* ou de *primes annuelles,* et la somme à payer au décès de l'assuré est fixée conformément à des tarifs, tenant compte tant de l'intérêt composé à 4 pour cent par an que des chances de mortalité à raison de l'âge des déposants, plus 6 pour cent.

Toute assurance faite moins de 2 ans avant le décès de l'assuré demeure sans effet et les versements effectués sont restitués aux ayants droit avec les intérêts simples à 4 pour cent.

Les sommes assurées sur une tête ne peuvent excéder 3.000 fr. et sont incessibles et insaisissables jusqu'à concurrence de moitié.

Nul ne peut s'assurer s'il n'est âgé de 16 ans au moins et de 60 ans au plus.

L'assurance en cas de décès a lieu par l'entremise des receveurs des finances.

Les assurances en cas d'accidents ont lieu par année. L'assuré verse à son choix et pour chaque année, 8 fr., 5 fr. ou 3 fr. Il faut être âgé de 12 ans au moins pour s'assurer.

Pour le règlement des pensions viagères à concéder, les accidents sont distingués en deux classes : 1° accidents ayant occasionné une incapacité absolue de travail ; 2° accidents ayant entraîné une incapacité permanente du travail de la profession. La pension accordée pour les accidents de la seconde classe n'est que la moitié de celle afférente aux accidents de la première.

Le secours à allouer en cas de mort par suite d'accident à la veuve de l'assuré et, s'il est célibataire ou veuf sans enfants, à son père ou à sa mère sexagénaire, est égal à deux années de la pension à laquelle il aurait droit. L'enfant ou les enfants mineurs reçoivent un secours égal à celui qui est attribué à la veuve.

ASSURANCE fluviale. — C'est celle qui a pour objet de garantir les propriétaires de bateaux qui parcourent les fleuves, rivières et canaux, des risques de la navigation. — Voy. *Assurance.* — *Assurance maritime.*

ASSURANCE maritime. — Contrat par lequel l'assureur s'oblige envers l'assuré à le garantir des pertes et dommages que pourront éprouver, sur mer, les navires et marchandises exposées aux dangers de la navigation. — C. de comm. 334.

L'assurance peut être faite par un tiers pour le compte d'un commettant.

L'assuré peut abandonner ce qui reste des choses assurées après le sinistre pour être payé du montant de l'assurance.

Les actions résultant du contrat d'assurance maritime se prescrivent par 5 ans. — Voy. *Assurances.*

ASSURANCE mutuelle. — L'assurance mutuelle est un contrat de société d'après lequel chacun des associés s'engage pour un temps déterminé à garantir de certains risques ses coassociés, et acquiert en même temps le droit d'être indemnisé par eux pour des pertes de même nature.

Les assurances mutuelles peuvent, comme les assurances à primes fixes, avoir pour objet toute espèce de risques. — Voy. *Assurance.* — *Assurance terrestre.*

ASSURANCE sur la vie. — Contrat qui garantit les individus du préjudice que leur décès peut occasionner à leurs familles ou à leurs créanciers.

Par cette assurance, l'assureur s'engage à payer un capital ou des annuités équivalentes moyennant, soit un capital moindre, soit une prime payable à des époques fixes.

L'assurance sur la vie se divise en deux classes : les *assurances en cas de décès* et les *assurances en cas de vie.*

Les assurances en cas de décès les plus usitées sont :

1° L'assurance pour la *vie entière* par laquelle l'assureur, moyennant le versement soit d'un capital, soit d'annuités en nombre déterminé ou pendant la vie de l'assuré, s'engage, à la mort de celui-ci, à verser au bénéficiaire, soit une somme fixe en capital, soit une rente viagère ;

2° L'assurance de *survie*, par laquelle l'assureur s'oblige à payer à une personne déterminée, si elle survit à l'assuré, une somme fixe ou une rente viagère, et qui a pour conséquence que si le bénéficiaire meurt avant l'assuré les annuités ou le capital versé à l'assureur lui sont acquis ;

3 L'assurance à *terme fixe* par laquelle l'assureur s'oblige à verser à une époque déterminée au moment du contrat entre les mains de l'assuré, s'il existe encore à cette époque, ou, s'il est mort, entre les mains de la personne qu'il aura désignée, un capital fixé par le contrat, et ce, moyennant la prestation de primes annuelles ;

Et 4° l'assurance *mixte* qui consiste dans l'engagement que prend l'assureur de fournir un capital soit à l'assuré lui-même, s'il est vivant au terme indiqué, soit à toute autre personne désignée, immédiatement après son décès, s'il meurt avant le terme fixé.

Dans les assurances en cas de vie, l'assuré a pour but de se garantir contre les éventualités de la vie et les revers de fortune, en se procurant immédiatement ou pour une époque ultérieure une rente viagère ou un capital fixe.

La constitution de rente viagère immédiate, dont les règles sont établies par la loi, est le premier type et le plus connu de ces contrats. — Voy. *Rente viagère*.

Le second type est la constitution, au profit de l'assuré, de rentes viagères ou de capitaux différés, et qui consiste dans l'engagement que prend l'assureur de verser à l'assuré, à une époque fixe, s'il est encore vivant à cette époque, soit un capital, soit une rente viagère moyennant la prestation par l'assuré, soit d'un capital ou d'indemnités qui restent acquises à l'assureur, au cas de décès de l'assuré avant le terme prévu par le contrat. — Voy. *Assurance*.

ASSURANCE terrestre. — Se dit des assurances ayant pour objet les pertes ou dommages causés par l'incendie, la grêle ou autres fléaux calamiteux.

Ces assurances se divisent en *assurances mutuelles* et en *assurances à primes fixes* — Voy. *Assurance*. — *Assurance mutuelle*.

Toutes choses corporelles ou incorporelles, meubles ou immeubles qui courent risque, peuvent donner matière au contrat d'assurance.

Les sociétés d'assurances à primes sont, comme toutes celles qui n'ont pas pour objet les assurances sur la vie, dispensées de l'autorisation du Gouvernement. — L. du 24 juill. 1867.

ATERMOIEMENT. — Contrat par lequel des créanciers consentent à accorder à leur débiteur des délais pour se libérer, ou lui font remise de partie de leurs créances.

C'est, lorsque tous les créanciers y concourent, le moyen d'empêcher la mise en faillite.

L'atermoiement peut encore avoir lieu après la mise en faillite.

Il doit, avant comme après faillite, être consenti par tous les créanciers, sans exception, mais le consentement peut être donné par acte postérieur. — D. N.

S'il a lieu après la faillite, il forme un véritable concordat et est soumis aux formes de cette espèce de convention judiciaire. — Voy. *Concordat*. — *Faillite*.

Nous donnons ci-après une formule d'atermoiement avant déclaration de faillite, cet acte pouvant être fait sous seing privé s'il ne confère pas hypothèque aux créanciers.

Atermoiement avant déclaration de faillite.

Aujourd'hui.....
Les soussignés :
M. A..., demeurant à....., *d'une part*,
Et 1° M. B..., 2° M. C..., 3° M. D...

Tous créanciers de M. A..., *d'autre part*,
Ont dit et fait ce qui suit :
M. A... a établi que, par suite de circonstances indépendantes de sa volonté, il se trouve dans l'impossibilité de faire face à ses engagements, mais que ses ressources sont plus que suffisantes pour faire face à son passif et que dès lors ses créanciers ne peuvent rien perdre, en lui accordant les délais nécessaires pour réaliser son actif et se libérer.

En conséquence, il a demandé à ces derniers de lui accorder un délai de..... années pour se libérer entièrement envers eux.

Les créanciers sus-nommés, ayant consenti à accéder à la demande dudit sieur A..., lui ont accordé l'atermoiement dont les conditions suivent.

Article 1er. — Un délai de..... est accordé. etc.

En conséquence, aucune poursuite ne pourra être exercée contre M. A... avant l'expiration du délai accordé, etc.

Article 2. — Toutes les créances continueront à produire des intérêts à raison de....., à compter de ce jour.

Article 3. — M. A... aura le droit de se libérer par anticipation et les paiements partiels s'imputeront d'abord sur les intérêts qui décroîtront proportionnellement, et subsidiairement sur les capitaux des créances.

Article 4. — Pour garantir l'exécution de ses engagements, M. A... s'engage à fournir aux créanciers sus-nommés, dans un délai de....., le cautionnement d'une personne notoirement connue solvable.

Article 5. — Dans le cas où M. A... ne remplirait pas exactement les engagement qu'il vient de contracter, notamment à l'égard du cautionnement promis, le présent serait résilié de plein droit, et les créanciers sus-nommés rentreraient dans la plénitude de leurs droits.

Article 6. — Le présent ne sera définitif qu'après l'adhésion de tous les créanciers de M. A...

Fait en autant d'originaux que de parties intéressées, lesdits jour, mois et an, et signé, lecture prise.

(Signatures.)

ATRE. — Partie de la cheminée.

On ne peut construire un âtre près d'un mur mitoyen ou non qu'à la distance et en faisant les ouvrages prescrits par les règlements et usages particuliers. C. civ. 674. — Voy. *Contremur.*

ATTENTAT. — Crime qui porte une atteinte grave à l'ordre public ; tels sont les attentats à la sûreté publique, à la sûreté des personnes.

Il y a aussi l'attentat aux mœurs puni par les articles 330 et suivants du Code pénal.

ATTERRISSEMENT. — On appelle ainsi les terrains que les eaux de la mer, des fleuves ou des rivières forment au milieu de leurs lits ou sur leurs bords, successivement et imperceptiblement, ou bien qu'elles y transportent tout à coup. — Voy. *Accession.* — *Propriété.*

Les lais et relais de la mer appartiennent à l'État.

Les îles et îlots qui se forment au milieu des fleuves et rivières appartiennent aussi à l'État. — *D. N.*

Quant aux atterrissements ou accroissements qui se forment sur les bords des rivières, ils appartiennent aux propriétaires riverains, de même que ceux que forme l'impétuosité des eaux par le déplacement des terrains. — Voy. *Alluvion.*

ATTESTATION. — C'est l'acte par lequel on certifie la vérité d'un fait. — Voy. *Certificat.* — *Notoriété.*

ATTRIBUTION. — Fonctions conférées à une autorité constituée, ou pouvoir de gérer certaines affaires. — Voy. *Compétence.* — *Juridiction.* — *Prorogation de juridiction.*

ATTRIBUTION de juridiction. — C'est l'extension de la compétence d'un juge au delà des limites assignées à cette compétence. — Voy. *Compétence.* — *Juridiction,* etc.

ATTRIBUTIONS des Juges de Paix. — Voy. *Juge de paix.*

ATTROUPEMENT. — Se dit d'une réunion illicite, c'est-à-dire de plus de 20 personnes, dans un lieu ou sur la voie publique dans un but de désordre ou pour faire acte de violence.

Ce délit est punissable de peines plus ou moins graves, selon que l'attroupement est armé ou non. — *L. du 9 juin* 1848.

AUBAIN. — Mot qui signifie *né ailleurs* et est synonyme d'étranger. — Voy. *Étranger*.

AUBE. — Département formé d'une partie de l'ancienne Champagne.
Chef-lieu : *Troyes*.
Cour d'appel : *Paris*.
Ce département est limité à l'Est par la Haute-Marne ; au Sud par la Côte-d'Or et l'Yonne ; à l'Ouest par l'Yonne et Seine-et-Marne, et au Nord par la Marne.
Il est divisé en 5 arrondissements, 26 cantons et 446 communes.
Superficie : 601.212 hectares.
Impôt foncier : 1.528.734 fr.
Population : 257.374 habitants.

AUBERGE. — Mot synonyme d'hôtel. — Voy. *Hôtel*. — *Hôtellerie*, etc.

AUBERGISTE. — Voy. *Hôtel*. — *Hôtellerie*, etc.

AUDE. — Département formé d'une partie du Languedoc.
Chef lieu : *Carcassonne*.
Cour d'appel : *Montpellier*.
Ce département est limité à l'Est par la Méditerranée ; au Sud par les Pyrénées-Orientales et l'Ariège ; à l'Ouest par l'Ariège et la Haute-Garonne, et au Nord par l'Hérault, le Tarn et la Haute-Garonne.
Il est divisé en 4 arrondissements, 31 cantons et 437 communes.
Superficie : 629.079 hectares.
Impôt foncier : 1.886.275 fr.
Population : 332.080 habitants.

AUDIENCE. — S'entend, en terme de palais, de la séance dans laquelle les juges écoutent les débats et plaidoiries relatifs aux demandes et contestations qui sont portées devant eux. — *D. N.*
Les audiences doivent être publiques, sauf dans certains cas, où le huis-clos est ordonné. — *C. proc.* 87.
Les délits d'audience qui tendraient à entraver le cours de la justice sont punis sur le champ.
Les juges de paix peuvent donner audience chez eux en tenant les portes ouvertes.

AUDIENCIER. — Qualification que l'on donne aux huissiers chargés du service des audiences près les Cours et Tribunaux.

AUDITEUR au Conseil d'État. — Voy. *Conseil d'État*.

AUDITION. — S'entend de l'action d'écouter et d'examiner.
Entendre et recevoir les dépositions des témoins, c'est procéder à l'audition des témoins.
Faire l'examen et le règlement d'un compte, c'est procéder à l'audition d'un compte. — Voy. *Enquête*. — *Compte*.

AUDITOIRE. — Se dit du lieu public où se tiennent les audiences, de même que de la réunion des personnes présentes. — Voy. *Audience*.

AUGMENT de préciput. — On appelle ainsi le supplément au préciput entre époux stipulé par le contrat de mariage. — Voy. *Communauté de biens*.
L'augment de préciput ne se stipule guère que dans les contrats de mariage des personnes opulentes, et porte le plus ordinairement, pour le mari, sur sa bibliothèque ou ses armes, et pour la femme, sur ses linges, dentelles, bijoux et diamants.

AUGMENTATIONS. — On entend par ce mot toutes les constructions et améliorations faites sur un immeuble. — Voy. *Impenses*.

AUTEUR. — Voy. *Propriété littéraire*. — *Brevet d'invention*.

AUTEURS. — En terme de pratique, on désigne ainsi les précédents propriétaires ou ceux qui ont antérieurement possédé une chose. — Ce terme s'emploie surtout à l'égard des successions et des biens susceptibles d'hypothèques. — Voy. *Action*. — *Garantie*. — *Hypothèque*. — *Inscription hypothécaire*.

AUTHENTICITÉ. — Caractère d'un acte qui émane d'un fonctionnaire compétent et qui, étant revêtu de toutes les formes requises par la loi, fait foi en justice. — Voy. *Acte authentique*. — *Acte notarié*. — *Exécution parée*.

AUTORISATION. — C'est le consentement exprès ou tacite donné par la justice, par l'Administration ou par un particulier à l'effet de faire ou de ne pas faire une chose. — *E. N.*

La femme mariée ne peut contracter ni ester en jugement sans l'autorisation de son mari. — Voy. *Autorisation maritale*.

Il est certains actes que le mineur émancipé ne peut faire sans l'autorisation de son curateur. — Voy. *Curatelle*. — *Curateur*.

Il en est d'autres que le tuteur ne peut faire sans l'autorisation du conseil de famille. — Voy. *Tutelle*. — *Conseil de famille*.

Pour plaider et pour accepter les donations et les legs faits à leur profit, les communes ont aussi besoin d'autorisation. — Voy. *Acceptation de donation*. — *Autorisation pour plaider*.

AUTORISATION de Justice. — Se dit de l'autorisation que la femme mariée doit demander, si le mari la lui refuse ou est incapable. — Voy. *Autorisation maritale*.

AUTORISATION de faire le commerce. — Consentement spécial nécessaire, soit au mineur, soit à la femme, pour s'obliger valablement pour des actes de commerce. — *D. N.*

Autorisation donnée au mineur.

Pour qu'il puisse *s'obliger* valablement pour des actes de commerce, il faut : 1° qu'il soit émancipé ; 2° qu'il soit âgé de dix-huit ans accomplis ; 3° qu'il soit autorisé par son père, ou par sa mère, en cas de décès, interdiction ou absence du père ; ou à défaut du père, par une délibération du conseil de famille homologuée par le Tribunal civil ; 4° enfin, que l'acte d'autorisation ait été enregistré et affiché au Tribunal de commerce du lieu où le mineur veut établir son domicile.

L'autorisation peut être donnée dans l'acte même d'émancipation devant le juge de paix ou par un acte devant notaire. Elle ne serait pas valablement donnée par acte sous seing privé.

Par l'effet de l'autorisation, le mineur est réputé majeur pour les faits de son commerce. Il peut même engager et hypothéquer ses immeubles. — *C. civ.* 487.

Autorisation donnée à la femme.

Pour exercer valablement la profession de *marchande publique*, la femme mariée a besoin du concours de la volonté de son mari dont le simple consentement suffit.

Il ressort de ce consentement qu'elle peut contracter seule tous engagements pour faits de commerce, et même la cession du fonds de commerce, si elle vient à quitter.

Le consentement peut être tacite, et il est considéré comme tel toutes les fois que la femme exerce notoirement le commerce, au vu et au su de son mari, et sans opposition de sa part.

Le mari mineur ne peut donner l'autorisation de faire le commerce à sa femme même majeure.

La femme mineure doit, outre le consentement de son mari, être autorisée par ses père et mère ou par le conseil de famille.

Nul doute que le mari n'ait le droit de révoquer l'autorisation, mais cette révocation doit être faite par acte public.

Nous donnons plus loin sous le titre : *Autorisation maritale*, une formule d'autorisation par le mari à la femme, à l'effet de faire le commerce. — Voy. *Autorisation maritale*.

AUTORISATION pour plaider. — L'autorisation pour plaider est nécessaire à la femme mariée. — Voy. *Autorisation maritale*.

Elle est aussi nécessaire dans certains cas au tuteur, de même qu'aux communes et établissements publics. — C. proc. 1034. — Voy. *Tutelle*.

Nulle action ne peut être intentée par une commune sans autorisation préalable.

Les autorisations pour plaider sont accordées aux communes sur l'avis du conseil municipal, et aux établissements publics par les conseils de préfecture. LL. des 14 déc. 1789 et 18 juillet 1837.

Réciproquement, tout créancier qui veut intenter une action personnelle ou mobilière contre une commune doit obtenir préalablement la même autorisation.

En cas de refus d'autorisation fait à une commune ou autre établissement public, la commune où l'établissement a son recours au Conseil d'Etat.

AUTORISATION maritale. — Acte par lequel le mari donne son approbation à certains actes que sa femme pourra faire sans son concours.

En cas de refus, d'absence ou d'incapacité du mari, l'autorisation est donnée par la justice.

L'autorisation du mari est nécessaire à la femme dans un grand nombre de cas, tels que pour ester en jugement, pour contracter, donner, aliéner, hypothéquer, acquérir, accepter une succession ou y renoncer, faire le commerce, etc.

L'autorisation peut être tacite : or, lorsque le mari concourt à l'acte, l'autorisation s'ensuit nécessairement,

Elle doit être donnée par écrit lorsqu'il n'y assiste pas.

Donnée par acte séparé, elle est expresse, constitue un véritable mandat et est soumise aux formes des *procurations* en général.

Elle peut être donnée par acte *sous seing privé* ou par *acte authentique*, et n'est assujettie à l'authenticité que lorsque le mandat y est lui-même sujet. — *D. N.*

Comme la formule de l'autorisation maritale diffère peu de celle de la procuration, nous en donnons deux seulement, dont une à l'effet de faire le commerce, et nous renvoyons au mot *pouvoir* ou *procuration* pour les autres.

Autorisation maritale à l'effet de faire le commerce.

Je soussigné A..., propriétaire, demeurant à.....
Autorise la dame B..., mon épouse, demeurant avec moi,
A exercer personnellement la profession de marchande de....., à....., et à faire relativement à cette profession, sans mon assistance et comme seule intéressée, toutes opérations commerciales et relativement à ces opérations tous actes permis à la femme marchande publique.
Donné à....., le.....

(Signature.)

Autre autorisation maritale à l'effet de vendre.

Je soussigné A..., propriétaire, demeurant à.....
Autorise la dame B..., mon épouse, demeurant avec moi,
A vendre soit aux enchères, soit à l'amiable, par acte authentique ou sous seing privé, aux prix, charges et conditions qu'elle jugera convenables (*désigner l'immeuble à vendre*) le tout appartenant à ladite dame de son chef ; s'obliger à toutes garanties de fait et de droit ; fixer les époques d'entrée en jouissance et le paiement des prix ; toucher lesdits prix ainsi que les intérêts convenus, en donner quittances et décharges, faire toutes déclarations d'état civil et autres, déclarer notamment que nous sommes mariés sous le régime de la communauté aux termes de notre contrat de mariage passé devant M^e....., notaire à......

Aux effets ci-dessus passer et signer tous actes et généralement faire tout ce que les circonstances exigeront.
Donné à....., le.....

(Signature.)

AUTORITÉ. — Ce mot, qui signifie une puissance légitime, se dit du pouvoir auquel on doit obéir, telles sont les *lois*, les *actes du Gouvernement*, les *autori-*

tés constituées, le *pouvoir* des pères, des maris, des tuteurs, des curateurs, etc.

Dans un autre sens, on cite comme *autorité* l'opinion de certains auteurs ; on dit aussi l'*autorité de la chose jugée*.

AUTORITÉ administrative. — Voy. *Conflit.* — *Conseil d'État.* — *Conseil de préfecture.* — *Ministre.* — *Maire.* — *Pouvoir administratif.* — *Préfet.* — *Organisation administrative.*

AUTORITÉ judiciaire. — Voy. *Organisation judiciaire.*

AUTORITÉ paternelle. — Voy. *Puissance paternelle.*

AUTRUI. — Mot fréquemment employé dans le style des lois comme synonyme de *tiers* ou *autre personne*. — Voy. *Stipulation pour autrui.* — *Tiers.* — *Vente*, etc.

AUVENT. — Petit toit en *saillie* que l'on place le plus ordinairement au-dessus des boutiques pour empêcher la pluie d'y pénétrer ou pour les abriter du soleil.

On ne peut établir un auvent sans la permission de l'autorité municipale.

AVAL. — Cautionnement ou garantie donnée par un tiers, à part ou à la suite des lettres de change et billets à ordre. — C. comm. 141, 187. — Voy. *Billet à ordre.* — *Lettre de change.*

Le donneur d'aval est tenu solidairement et par les mêmes voies que les tireurs et endosseurs. — C. comm. 142.

Il ne peut se prévaloir du défaut de protêt ou de sa signification, pour échapper à la garantie résultant de son aval. — *Cass.*, 26 *janvier* 1818.

Les actions relatives aux lettres de change et billets à ordre souscrits pour faits de commerce se prescrivent par cinq ans. — C. comm. 189.

Nous donnons ici une formule d'aval.

Aval de garantie d'un billet à ordre ou lettre de change.

Je soussigné A..., demeurant à....., déclare garantir au s^r B... le paiement d'un billet de... (ou *lettre de change*) souscrit à son profit pour le s^r C..., et payable le..., et en conséquence m'obliger au paiement du dit billet (ou lettre de change) sur la représentation d'un simple protêt constatant que le souscripteur ne l'a pas acquitté à son échéance.

A..., le...

(*Signature.*)

AVANCEMENT d'hoirie. — C'est la donation faite à un héritier présomptif par anticipation sur ce qu'il a droit d'espérer dans la succession du donateur.

Cette espèce de *donation* ne diffère en rien des donations pures et simples faites à des successibles qui sont, les unes comme les autres, sujettes à rapport. — C. civ. 843. — Voy. *Rapport à succession.*

Le donataire en avancement d'hoirie peut renoncer à la succession pour s'en tenir à sa donation, mais il peut être sujet à rapporter certaine quotité. — Voy. *Portion disponible.*

AVANCES. — Déboursés faits pour le compte d'une personne.

AVANTAGES. — Ce mot s'emploie pour exprimer certaines espèces de libéralités, comme ce qu'un père donne à quelqu'un de ses enfants de plus qu'aux autres dans sa succession future. — Voy. *Rapport à succession.* — *Donation déguisée.* — *Personne interposée.* — *Fidéicommis*, etc.

AVANTAGE indirect. — Donation déguisée soit sous la forme d'un contrat onéreux, soit sous le nom de personnes interposées.

Toute disposition dans cette forme est nulle.

Sont réputées personnes interposées, le père, les enfants et descendants, et l'époux de la personne incapable. — C. civ. 911.

AVANTAGE entre époux. — Voy. *Donation entre époux.*

AVARIE. — En matière d'*assurance maritime*, on appelle avarie tout dommage qu'éprouvent les objets assurés par fortune de mer, lorsque ce dommage n'est pas assez considérable pour donner lieu au *délaissement*. — Voy. *Assurance*. — *Délaissement maritime*.

Ce terme s'emploie aussi pour exprimer le dommage qu'éprouvent les marchandises transportées par terre ou par eau, dont les voituriers et commissionnaires sont responsables. — Voy. *Voitures*. — *Commissionnaire de roulage*. — *Responsabilité*.

Les avaries sont de deux sortes : avaries simples et particulières ; avaries grosses ou communes. — *C. comm.* 399.

Pour les avaries simples ou particulières. — *C. comm.* 403.

Pour les avaries communes. *C. comm.* 400.

Les lamanages, touages, pilotages, les droits de congé, visite, rapports, tonnes, balisés, ancrage et autres droits de navigation sont de simples frais à la charge du navire, et ne peuvent être considérés comme avaries. — *C. comm.* 406.

La demande en indemnité d'avarie n'est recevable qu'autant qu'elle excède un pour cent de la valeur cumulée du navire ou des marchandises. — *C. comm.* 408.

AVENANT. — En matière d'assurance, se dit de la clause modificative du contrat ou de l'addition à la police d'assurance.

AVENIR. — Acte d'avoué à avoué contenant *sommation* de se trouver à l'audience un jour déterminé pour y poser des conclusions ou plaider. — *C. proc.* 79.

AVERTISSEMENT. — S'entend d'une espèce de *congé* que le bailleur et le preneur conviennent, par le bail, de se donner respectivement, avant l'expiration des trois ou six premières années, ou de tout autre délai. — *D. N.* — Voy. *Bail*. — *Congé*.

On distingue en outre l'avertissement en matière de contributions, l'avertissement pour délits de presse, etc., etc.

En matière de police, les parties peuvent comparaître volontairement et sur un simple avertissement du juge de paix sans qu'il soit besoin de citation. — *C. inst.* 147.

Il est même interdit aux huissiers de donner aucune citation sans un avertisment préalable du juge de paix. — *L. du 2 mai* 1855.

AVEU. — Reconnaissance que fait une personne de la vérité d'un fait, d'une dette ou d'une convention. — *C. civ.* 1316.

L'aveu, comme le consentement, n'est pas valable s'il n'a été donné que par erreur, extorqué par violence, ou surpris par dol. — *C. civ.* 1109.

L'aveu tacite produit le même effet que l'aveu formel, mais le silence sur une réclamation ne peut être considéré comme un aveu tacite.

L'aveu fait en jugement est *judiciaire* ; celui fait hors jugement est *extrajudiciaire*.

AVEU DE MATERNITÉ. — Fait par la mère de donner son consentement à la reconnaissance de l'enfant par le père. — Voy. *Reconnaissance d'enfant naturel*.

AVEUGLE. — Les aveugles, même de naissance, ne sont point placés par la Loi dans un état d'incapacité, et peuvent faire tous les contrats dont un majeur est capable.

Ils peuvent *tester* sous toutes les formes, excepté sous celle mystique, si le testament est écrit d'une main étrangère.

L'aveugle peut refuser la tutelle ou s'en décharger.

Il ne peut être témoin instrumentaire.

AVEYRON. — Département formé de l'ancien Rouergue.

Chef-lieu : *Rhodez*.

Cour d'appel : *Montpellier*.

Ce département est limité : à l'Est par la Lozère et le Gard ; au Sud par l'Hérault et le Tarn ; à l'Ouest par le Tarn, Tarn-et-Garonne et le Lot, et au Nord par le Cantal.

Il est divisé en 5 arrondissements, 43 cantons et 295 communes.

Superficie : 875.589 hectares.

Impôt foncier : 1.509.700 francs.
Population : 415.826 habitants.

AVIS. — Opinion, sentiment ou interprétation d'un règlement, d'une ordonnance.

Se dit aussi administrativement de la demande soumise par une autorité inférieure à l'autorité supérieure.

AVIS imprimé. — Les avis imprimés qui se crient et se distribuent dans les rues et lieux publics, ou que l'on fait circuler de toute autre manière, sont exempts du timbre. — *L. du 23 juin 1857.*

AVIS du Conseil d'État. — Se dit de la décision émise par le Conseil d'État sur un point de législation.

Le Conseil d'Etat est chargé de résoudre les difficultés qui s'élèvent en matière d'administration. —*L. du 15 janvier 1852.*

AVIS de parents. — Délibération du conseil de famille présidée par le juge de paix sur les choses intéressant les personnes et les biens d'un mineur, d'un interdit ou d'un absent.

Les avis de parents sont nécessaires pour la nomination des *tuteurs, co-tuteurs pro-tuteurs, subrogés-tuteurs* et *curateurs*. — La fixation de la dépense du pupille, le mode d'emploi des capitaux, les autorisations à l'effet de faire les grosses réparations, d'emprunter, d'aliéner, d'accepter des successions, de provoquer un partage, enfin de faire tous les actes qui ne sont pas d'une administration ordinaire. — Voy. *Conseil de famille.. — Absence. — Emancipation. — Hypothèque. — Interdiction. — Mineur. — Partage. — Vente judiciaire.*

Le conseil de famille se compose de six parents ou alliés, trois du côté paternel, trois du côté maternel, sous la présidence du Juge de paix qui a voix délibérative et prépondérante. — *C. civ. 407.* — Voy. *Conseil de famille.*

Certains avis de parents doivent être soumis à l'homologation du Tribunal. — *C. civ. 457, 458, 466, 467, et 511.*

AVOCAT. — Titre que l'on donne à ceux qui, ayant obtenu le grade de licencié en droit, se consacrent à la défense des intérêts de leurs concitoyens devant les diverses juridictions.

Pour jouir de la plénitude des droits attachés à la qualité d'avocat, il faut : 1° avoir obtenu un diplôme de licencié en droit; 2° avoir fait un stage; 3° être inscrit au tableau.

Le ministère de l'avocat est entièrement libre, et nul n'a le droit de le contraindre à défendre ses intérêts s'il ne le veut.

Les avocats sont autorisés à taxer eux-mêmes leurs honoraires, mais le client a le droit de se pourvoir auprès du conseil de discipline de l'ordre pour les faire réduire au cas où ils excéderaient les limites d'une juste modération.

L'action de l'avocat à raison de ses honoraires se prescrit par 30 ans.

AVOCATS au Conseil d'État et à la Cour de cassation. — Ce sont ceux établis pour instruire, discuter et plaider les affaires portées à la Cour de cassation et au Conseil d'Etat. — *E. N.*

Ces avocats sont des intermédiaires légaux et nécessaires, comme les avoués devant les Cours d'appel et les tribunaux civils. — Voy. *Cassation. — Conseil d'Etat.*

AVOUÉ. — C'est l'officier ministériel chargé de représenter les parties devant les Cours et Tribunaux.

Le ministère des avoués est forcé devant les Tribunaux civils et les Cours d'appel, mais il n'est pas nécessaire devant les juges de paix ni les Tribunaux de commerce, là où les parties peuvent plaider et conclure elles-mêmes ou se faire représenter par des mandataires.

Les avoués sont tenus de prêter leur ministère aux parties qui le réclament, à moins qu'il ne s'agisse d'une action contraire aux lois, aux bonnes mœurs ou à l'ordre public.

Ils doivent remplir envers leurs clients les devoirs d'un mandataire.

Ils sont tenus d'avoir un registre coté et paraphé par le président du Tribunal, sur lequel ils doivent inscrire par ordre de date toutes les sommes qu'ils reçoivent des parties.

Ils ne peuvent réclamer que ce qui leur est alloué par le tarif ; et les parties ont le droit de faire taxer leurs mémoires par le président du Tribunal, ou par un juge commis à cet effet.

Toutefois, en ce qui concerne les affaires qui sortent des bornes de leur ministère et à l'égard desquelles ils doivent être considérés comme de simples agents, ils ont, comme ceux-ci, une action en justice pour obtenir la rémunération de leurs soins et démarches.

Il y a prescription au bout de deux ans pour le paiement des frais et honoraires dus aux avoués, et au bout de cinq ans seulement s'il s'agit d'affaires non terminées. — *C. civ.* 2273.

Les avoués sont déchargés des pièces cinq ans après le jugement des procès. — *C. civ.* 2276.

Ils ne peuvent les retenir pour cause de non paiement de leurs frais.

Tarif des frais de procédure dus aux avoués.

D'après le tarif des frais et dépens décrété le 16 février 1807, il est alloué aux avoués, savoir :

Pour l'original des actes de 1re classe, tels que constitution d'avoué ; pour un acte d'avoué à avoué ; pour suivre l'audience. — A Paris : 1 fr. — Dans le ressort : 75 centimes.

Pour les copies de chacun des actes ci-dessus, indépendamment des copies de pièces le 1/4.

Pour l'original des actes de 2me classe, tels que chaque sommation, déclaration, justification, réponse, offres, contestation, acceptation, désistement, etc., de même que pour les conclusions, reprises d'instance, offres, etc. — A Paris : 5 fr. — Dans le ressort : 3 fr. 75 cent.

Pour l'original ou grosse des requêtes servant de défenses aux demandes et contenant 25 lignes à la page et 12 syllabes à la ligne. — Paris : 2 fr. — Ressort : 1 fr. 50 cent.

Pour les copies de pièces qui doivent être données avec l'exploit d'ajournement et autres actes par rôle contenant 25 lignes à la page et 12 syllabes à la ligne, ou évaluées sur ce pied. — A Paris : 30 cent. — Ailleurs : 25 cent.

Pour la consultation sur toute demande principale intervention, tierce opposition et requête civile, tant en demandant qu'en défendant. — A Paris : 10 fr. — Dans le ressort : 7 fr. 50 cent.

Pour assistance de l'avoué à l'audience. — Paris : 1 fr. 50. — Ressort : 1 fr.

Pour assistance et plaidoirie au jugement par défaut. — Paris : 3 fr. — Ressort : 2 fr. 45 cent.

Pour assistance à tout jugement portant remise de cause ou indication de jour. — Paris : 3 fr. — Ressort : 2 fr. 25 cent.

Pour assistance à chaque journée de plaidoirie qui précède les jugements interlocutoires et définitifs contradictoires. — Paris : 3 fr. — Ressort : 2 fr. 25 cent.

Pour l'original des qualités d'un jugement par défaut. — Paris : 3 fr. 75 cent. — Ressort : 2 fr 80 cent.

Pour l'original des qualités d'un jugement contradictoire. — Paris : 7 fr. 50 cent. — Ressort : 5 fr 50 cent.

Pour l'original des qualités en instruction. — Paris : 10 fr. — Ressort : 7 fr. 50 cent.

Vacations pour mettre la cause au rôle, — communiquer les pièces, — pour produire, — prendre communication, — former opposition, — pour consigner et retirer l'amende. — Paris : 1 fr. 50 cent. — 3 fr. — 5 fr. et 6 fr. — Ailleurs : 1 fr. 15 cent. — 2 fr. 25 cent. — 3 fr. 75 cent. — 4 fr. 50 cent.

Pour l'obtention d'un jugement par défaut contre partie ou avoué, quand la demande n'excède pas 1.000 fr. — A Paris : 7 fr. 50 cent. — Dans le ressort les 3 1/4, et quand elle excède 1.000 fr. jusqu'à 5.000 fr., 10 fr. ; au-delà de 5.000 fr., 15 fr.

Pour l'obtention d'un jugement contradictoire ou définitif : quand la somme n'excède pas 1000 fr., 15 fr. — De 1.000 à 5.000, 20 fr. — Au delà de 5.000, 30 fr.

S'il y a plus de deux parties en cause et si elles ont des intérêts contraires, il est alloué un quart en sus des droits ci-dessus à l'avoué qui a suivi contre chacune des autres parties.

AYANT CAUSE. — En général on appelle ayant cause celui qui tient son droit d'une personne qu'il représente soit à titre de successible, de donataire, de légataire, acquéreur ou autrement.

Mais il faut distinguer entre l'héritier qui est ayant cause à titre universel, et comme tel est tenu de toutes les obligations de son auteur, et les autres ayants cause qui ne sont tenus que pour les choses qu'ils représentent.

AYANT DROIT. — Se dit de celui qui a les droits d'une personne et peut les exercer comme elle, ou s'emploie, en termes généraux, pour désigner, dans les actes d'administration, plusieurs personnes appelées à l'exercice d'un même droit.

B

BAC. — Grand bateau plat servant au transport des personnes, des voitures et des animaux, d'une rive à l'autre d'un fleuve, d'un canal ou d'une rivière, pour l'usage d'une voie publique. — *D. N.*

La propriété des passages d'eau, établis sur les chemins communaux et les routes départementales, appartient aux départements. — *L. du 10 août* 1871.

Les bacs établis sur les routes nationales et sur les chemins vicinaux autres que ceux de grande communication appartiennent à l'État.

Mais ceux établis par les particuliers pour leur usage personnel ou pour l'exploitation de leurs propriétés, appartiennent à ces derniers, à la condition d'avoir obtenu l'autorisation préalable du préfet, approuvée par le Gouvernement.

L'autorisation n'est pas nécessaire pour les barques, batelets et bachots, sans passage à heure ni lieu fixe.

L'exploitation des bacs est concédée par voie d'adjudication sur cautionnement.

Les adjudicataires ou leurs préposés sont obligés de passer toutes les personnes qui se présentent, sans pouvoir exiger rien au delà de la rétribution portée au tarif, à peine de restitution, d'amende et même d'emprisonnement.

Les mêmes peines sont applicables aux personnes qui refuseraient de payer, mais celui qui passe la rivière par un gué ou autrement n'est pas tenu du péage.

Sont dispensés de paiement des droits de passage, les magistrats, administrateurs, ingénieurs, la gendarmerie, les militaires en marche, etc., lorsqu'ils en usent pour raison de leurs fonctions respectives.

La police et l'administration des bacs et bateaux est régie par la Loi du 6 frimaire an VII.

BACHELIER. — Celui qui a obtenu le premier grade ou degré dans l'enseignement des lettres, des sciences ou du droit.

BAGAGES. — Voy. *Chemin de fer.*

BAGUES et JOYAUX. — Expressions de l'ancien droit qui désignaient les présents envoyés à la femme en vue du mariage.

L'usage a maintenu ces termes.

Lorsque le mariage ne peut avoir lieu par suite du décès de l'une ou de l'autre des parties, les bagues et joyaux et autres présents doivent être rendus.

Si le mariage s'accomplit, les bagues et joyaux font partie de la communauté, à moins que le contrat de mariage ne stipule que la femme pourra les conserver à titre de *préciput* ou augment de *préciput*.

Les bagues et joyaux donnés à titre de présents d'usage ne sont pas rapportables à la succession du donateur.. — *C. civ.* 852.

BAIL. — Le bail ou louage est en général un contrat par lequel l'une des parties, qu'on nomme *bailleur* ou *locateur*, cède à un autre, que l'on nomme *preneur* ou *locataire*, soit l'usage ou la jouissance d'une chose pour un temps convenu et moyennant un prix, ou s'engage à lui fournir temporairement son travail ou ses services. — *D. N.*

§ 1ᵉʳ. — *De la nature du bail.*

Il existe deux sortes de contrats de louage : celui des choses (meubles et immeubles), et celui d'ouvrage et d'industrie. — *C. civ.* 1708.

Ces deux genres de louage se subdivisent en un grand nombre d'espèces particulières qui seront traitées sous les dénominations qui leur sont propres.

Le louage des choses se subdivise lui-même en plusieurs espèces.

Il en est deux surtout qui sont d'un usage fréquent, tel est le *bail à ferme*, qui s'applique aux biens ruraux, et le *bail à loyer*, qui s'entend des maisons et autres propriétés urbaines.

§ 2. — *Quelles personnes peuvent louer.*

Toutes les personnes ayant capacité pour contracter peuvent consentir un bail.

Cet acte, sauf quelques exceptions, se range au nombre des actes d'administration, et est de nature mobilière; or, le mari administrateur des biens de la femme a le droit d'affermer les immeubles même dotaux de celle-ci.

Les biens de l'interdit ne peuvent être affermés que par son curateur.

Le mineur émancipé, la femme non commune ou séparée de biens, l'usufruitier, le tuteur, les envoyés en possession provisoire, peuvent louer et affermer leurs propres biens, ceux qu'ils détiennent à titre d'usufruit, ou ceux dont la gestion leur est conférée.

§ 3. — *De la durée des baux.*

La durée des baux faits par le mineur émancipé et les autres personnes dont il vient d'être parlé ne peut excéder *neuf ans*, et ils ne peuvent être renouvelés que trois ans avant leur expiration, s'il s'agit de biens ruraux, et deux ans s'il s'agit de maisons.

Le mari administrateur des biens dotaux ne peut pas non plus, même avec le concours de la femme, donner à bail l'immeuble dotal pour plus de 9 ans.

Sauf ces exceptions, la durée du bail dépend de la volonté des parties. On peut même stipuler qu'il pourra prendre fin à l'expiration d'une ou plusieurs années, trois, six, neuf ou plus, lorsqu'il s'agit de biens ruraux, à la volonté de l'une ou de l'autre, ou de chacune des parties.

Si, à l'expiration du bail écrit, le preneur reste en possession de la chose louée, il devient *locataire verbal* ou par tacite reconduction. — Voy. *Location verbale.*

La durée des baux faits par le mari seul des biens de sa femme est soumise à des règles spéciales, en cas de dissolution de la communauté. — C. civ. 1429 et suiv.

§ 4. — *Des droits et obligations du bailleur.*

Sauf stipulation contraire, le bailleur est tenu de délivrer la chose louée et ses accessoires en bon état de réparations, et d'y faire, pendant la durée du bail, toutes celles nécessaires.

Il est tenu des impositions, sauf convention contraire, mais les fermiers et locataires sont obligés d'en faire l'avance, sauf à les retenir sur leurs loyers et fermages.

Le fermier qui serait chargé de l'acquit des contributions ne le serait pas d'un impôt forcé, lors même que le cas aurait été prévu par son bail.

Le bailleur a le droit d'exiger que les lieux loués soient suffisamment garnis de meubles, bestiaux et ustensiles.

Il a un privilège sur tous les objets mobiliers et les fruits, qu'il peut faire saisir pour la garantie de ses loyers et fermages. — Voy. *Saisie-gagerie.*

Mais ce privilège ne s'applique pas aux indemnités pour dégradations, à l'égard desquelles une clause du bail peut seule garantir le bailleur.

Le droit de chasse appartient à ce dernier, à l'exclusion du preneur.

§ 5. — *Des droits et obligations du preneur.*

Le preneur est tenu de labourer, fumer et ensemencer, selon l'usage du pays, et ne peut employer les pailles et fumiers qu'à l'engrais des terres.

Il doit veiller aux possessions du bailleur sous peine de dommages-intérêts, et ne peut changer la destination des objets qui lui sont affermés.

Il est tenu des dégradations et des pertes qui arrivent par son fait et celui des personnes à son service.

Il a le droit de sous-bailler ou céder son droit au bail, si cette faculté ne lui a pas été interdite.

Il peut demander une réduction de prix ou remise sur ses fermages, dans les cas fortuits imprévus, ou si les réparations que fait le propriétaire durent plus de quarante jours, à moins que le bail ne lui impose de supporter ces charges sans indemnité.

Au cas d'incendie des bâtiments, le preneur est responsable s'il ne justifie pas que l'incendie est arrivé par cas fortuit, force majeure, ou vice de construction, ou que le feu a été communiqué par une maison voisine. S'il y a plusieurs locataires, tous sont responsables jusqu'à ce qu'il ait été établi sur qui cette responsabilité doit peser. Il est donc du plus grand intérêt des fermiers et locataires de veiller à ce que les bâtiments qu'ils occupent soient et demeurent toujours assurés contre l'incendie.

§ 6. — *De la résiliation du bail.*

Le bail peut être résilié du consentement des deux parties, mais il n'est pas résié par la mort du preneur, pas plus que par celle du bailleur. — C. civ. 1742.

Il se trouve résilié de droit par la perte de la chose louée, et par le défaut respectif du preneur et du bailleur de remplir leurs engagements.

La résiliation peut être demandée avec dépens et dommages-intérêts, par exemple, lorsque le preneur ne garnit pas les lieux loués de meubles suffisants, s'il détériore la chose louée, s'il ne paie pas exactement et laisse arrérager plus de deux termes, encore bien que les fermages arriérés ne se prescrivent que par cinq ans.

En quittant, le preneur doit rendre les choses en bon état ; il sera donc toujours prudent de faire dresser un état de lieux dans les six premiers mois de l'entrée en jouissance.

Le preneur doit également laisser les pailles et engrais à sa sortie. S'il ne les avait pas reçus, le propriétaire aurait néanmoins le droit de les retenir, suivant l'estimation.

Les contestations qui s'élèvent entre le propriétaire et le locataire à l'égard des réparations locatives ou des dégradations sont du ressort du juge de paix.

§ 7. — *De l'indemnité en cas de résiliation prévue.*

S'il a été convenu lors du bail qu'en cas de vente l'acquéreur pourrait expulser le fermier ou locataire, et qu'il n'ait été fait aucune stipulation relativement aux dommages-intérêts, le bailleur est tenu d'indemniser le fermier, savoir :

S'il s'agit d'une maison, appartement ou boutique, d'une somme égale au prix du loyer pendant le temps qui, suivant l'usage des lieux, est accordé entre le congé et la sortie, et, s'il s'agit de biens ruraux, du tiers du prix du bail pour le temps qui en reste à courir. — C. civ. 1745 et suiv.

L'indemnité se règle par experts pour les manufactures, usines, ou autres établissements de ce genre.

L'acquéreur qui veut user de la faculté d'expulsion réservée par le bail en cas de vente est, en outre, tenu d'avertir le locataire dans les délais usités pour les congés. Il doit avertir le fermier de biens ruraux un an à l'avance. Si le bail n'avait pas date certaine, l'acquéreur ne serait tenu d'aucuns dommages-intérêts.

§ 8. — *De la forme des baux.*

Les baux et locations sont faits par écrit ou verbalement, c'est-à-dire sans écrit. — C. civ. 1714.

Si, à l'expiration du bail écrit, le preneur reste en possession de la chose louée, sans qu'il lui ait été donné congé, il devient locataire verbal aux mêmes conditions ou par tacite reconduction. — Mais les locations verbales présentent des inconvénients : ainsi, s'il n'y a pas eu de commencement d'exécution, et que l'une des parties nie la convention, la preuve ne peut en être faite par témoins, quel que soit le prix. — Le serment peut seulement être déféré à celui qui nie. — Voy. *Location verbale*.

La promesse de bail écrite vaut bail, si elle indique la chose louée, le prix, et si elle contient le consentement respectif des parties.

Les baux des biens des communes des hospices et autres établissements publics, doivent être passés devant notaire ; les autres peuvent être faits par acte sous seing privé.

§ 9. — *De l'enregistrement des baux.*

Tous les baux à ferme ou à loyer, sous-baux, subrogations, cessions et rétrocessions de baux, de quelque nature et quelle que soit leur forme, et même les locations verbales ou par tacite réconduction, sont soumis à la formalité de l'enregistrement, dans le délai de trois mois du jour de l'entrée en jouissance, ou de leur date lorsqu'ils sont faits par acte sous seing privé avant l'entrée en jouissance ;

Ils sont passibles du droit de 25 centimes pour cent, décimes compris, calculé sur le prix cumulé de toutes les années, auquel il faut encore ajouter les charges imposées au preneur.

Si le bail est de plus de trois ans, et si les parties le requièrent, le paiement du droit peut être fractionné par périodes triennales : celui de la première période est payé au moment de l'enregistrement de l'acte ou de la déclaration de location verbale, et celui des périodes subséquentes dans le premier mois qui commence chaque période.

Pour requérir le paiement des droits par périodes triennales, il suffit de la mention ci-après mise en marge ou à la suite du bail et signée de l'une ou de l'autre des parties.

Requis l'enregistrement pour la première (ou la deuxième ou troisième) période seulement. (*Signature.*)

A défaut d'enregistrement ou de déclaration dans le délai de trois mois, il est dû un droit en sus qui ne peut être inférieur à 62 fr. 50, décimes compris.

Le propriétaire et le locataire sont responsables du paiement des droits.

Ces observations présentées sur les baux en général, nous avons traité à part chaque espèce de baux particuliers sous les titres desquels on trouvera une ou plusieurs formules. — Voy. *Bail à ferme.* — *Bail à loyer.* — *Bail de chasse*, etc.

BAIL à cheptel. — Contrat par lequel l'une des parties, que l'on nomme *bailleur*, donne à l'autre, que l'on nomme *preneur* ou *cheptelier*, un fonds de bétail pour le garder, le nourrir et le soigner, sous les conditions convenues entre elles. — *C. civ.* 1800 et suiv.

Le mot cheptel désigne aussi parfois le troupeau donné à cheptel.

On peut donner à cheptel toute espèce d'animaux susceptibles de croît ou de profit pour l'agriculture ou le commerce.

On distingue plusieurs sortes de cheptel.

Le cheptel simple ou ordinaire. — Voy. *Bail à cheptel simple.*

Le cheptel à moitié. — Voy. *Bail à cheptel à moitié.*

Le cheptel donné au fermier ou colon partiaire. — Voy. *Bail à cheptel donné au fermier.*

Il y a une quatrième espèce de contrat improprement appelé cheptel ; c'est celui par lequel une ou plusieurs vaches sont livrées au preneur qui doit les loger et les nourrir. Le bailleur en conserve la propriété, et profite seul des veaux qui en naissent ; le preneur profite du lait et du fumier.

Le bail à moitié fruits est encore une espèce de cheptel. — Voy. *Bail à moitié fruits.*

Tous les baux à cheptel peuvent être faits par acte sous seing privé.

BAIL à cheptel simple. — Par le cheptel simple, le bailleur remet au preneur le fonds de bétail à garder, nourrir et soigner, à condition qu'ils partageront ensemble les bénéfices et les pertes partielles.

Le cheptel simple peut être fait par écrit ou verbalement; il se prouve comme les autres baux.

A défaut de convention particulière il est régi par la loi. — *C. civ.* 1804 *et suiv.*

L'estimation donnée au cheptel n'en transporte pas la propriété au preneur; elle a seulement pour but de fixer la perte ou le profit qui pourra se trouver à la fin du bail.

Le bailleur et le preneur ont chacun moitié dans les bénéfices et dans les pertes, sauf toute autre stipulation.

On ne peut stipuler que le preneur supportera la perte totale du cheptel, quoique arrivée par cas fortuit, ou qu'il supportera dans la perte une part plus grande que celle qu'il a dans le profit, ou que le bailleur prélèvera à la fin du bail plus que la valeur du cheptel fourni. Toute convention semblable serait nulle.

Il est de la nature du contrat que le preneur profite seul du laitage, du fumier et du travail des animaux. La laine et le croît se partagent. On peut cependant déroger à ces deux dispositions.

Le preneur est tenu : 1° d'apporter à la conservation du cheptel les soins d'un bon administrateur; et 2° d'avertir le bailleur quand il voudra tondre le troupeau.

Il ne peut disposer d'aucune bête soit du fonds, soit du croît, sans le consentement du bailleur, qui d'ailleurs ne peut lui-même en disposer sans le consentement du preneur.

Si le cheptel périt en entier sans la faute du preneur, la perte est pour le bailleur; s'il n'en périt qu'une partie, la perte est supportée par égale portion entre le bailleur et le preneur.

Si le bétail éprouve quelque dommage par la faute du preneur ou celle de ses gens de service, il en est responsable envers le bailleur et lui doit des dommages-intérêts, mais il n'est pas responsable des cas fortuits imprévus.

Le bail s'éteint : 1° par l'expiration du temps fixé, ou, s'il ne l'est pas, après trois ans; 2° par la perte de tout le cheptel; 3° à défaut d'exécution des obligations du preneur; mais dans ce dernier cas elle doit être prononcée en justice.

Après les trois ans, si le preneur reste en possession du bail sans opposition de la part du bailleur, il se forme un nouveau bail de trois ans par tacite reconduction.

A la fin du bail, il se fait une nouvelle estimation du cheptel. Le bailleur prélève des bêtes jusqu'à concurrence de la première estimation, et l'excédent se partage ensuite. — S'il n'existe pas assez de bêtes pour remplir la première estimation, le bailleur prend tout ce qui reste, et le preneur lui tient compte de la moitié de la perte.

Lorsque le cheptel est donné au fermier d'autrui, il ne faut pas manquer de le faire signifier au propriétaire de la ferme, sans quoi il pourrait le saisir et le faire vendre pour le paiement de ce qui lui serait dû. — *D. N.*

Nous donnons ci-après une formule de cheptel simple.

Bail à cheptel simple.

Aujourd'hui.....
Les soussignés :
1° M. A..., demeurant à.....
Et 2° M. B..., demeurant à.....
Ont arrêté ce qui suit :
M. A... donne à M. B..., ce acceptant, à titre de cheptel simple pour..... années consécutives à partir de ce jour le fonds de bétail ci-après désigné, savoir :
Trois vaches sous poil brun dont l'une tachetée de blanc et l'autre de noir, âgées d'environ quatre ans, estimées chacune..... fr.
(*Désigner chaque bête en faisant connaître son poil, son âge et sa valeur.*)
Ce qui porte la valeur totale du fonds de bétail à..... fr.

Duquel fonds de bétail M. B... a été mis en possession pour profiter seul des laitages, du fumier et du travail des animaux, et partager la laine et le croit avec M. A...

Le présent bail est fait en outre aux conditions suivantes :

1° M. B... logera et soignera en bon administrateur les animaux à lui confiés ;

2° Il ne pourra disposer d'aucune bête du troupeau, soit du fonds, soit du croit, pour les vendre ou déplacer de quelque manière que ce soit, sans le consentement du bailleur, à peine de dommages-intérêts ;

3° Il ne sera fait aucune tonte sans en prévenir le bailleur quelques jours d'avance ;

4° A la fin du bail il sera fait une nouvelle estimation du cheptel par trois experts, que d'ici à cette époque les parties aviseront à nommer. — Le bailleur prélèvera des bêtes de chaque espèce jusqu'à concurrence de la première estimation ; l'excédent se partagera par moitié ;

5° Chaque partie pourra, dans le courant de chaque année, demander le partage des croîts. — A cet effet, on commencera par remplacer par le croît existant ce que le bétail aura perdu en valeur, et le surplus de ce croît sera partagé ;

6° Si le cheptel périt en entier sans la faute du preneur, la perte en sera pour le bailleur ; — s'il périt en partie sans la faute du preneur, la perte en sera supportée par moitié entre le bailleur et le preneur au moyen du remplacement des bestiaux manquants par le croît, de manière que le surplus du croît soit partagé. — Si le croît n'est pas suffisant pour couvrir la part du preneur dans la perte du cheptel, il payera le déficit en argent ;

7° Si quelques bêtes périssent, se perdent ou sont estropiées par la faute ou l'imprudence du preneur ou de ses gens de service, le preneur payera au bailleur, aussitôt après la perte, la somme de..... pour chaque brebis et la somme de..... pour chaque vache ;

8° Dans tous les cas le preneur sera tenu de représenter les peaux des bêtes, à moins qu'une maladie épizootique n'ait obligé d'enfouir l'animal avec sa peau, ou que le preneur ne donne toute autre raison valable de l'impossibilité où il est de représenter les peaux.

Fait double à....., lesdits jours, mois et an, et signé, lecture prise.

(*Signatures.*)

BAIL à cheptel à moitié. — Le cheptel à moitié est, plutôt qu'un bail, une société dans laquelle chacun des contractants fournit la moitié des bestiaux qui se trouvent en commun, pour les bénéfices et les pertes. — *C. civ.* 1818 *et suiv.*

Comme dans le cheptel simple, le preneur profite seul : 1° des laitages, du fumier et des travaux des bêtes ; 2° de la moitié au moins de la laine et du croît. — Toute convention contraire est nulle, à moins que le bailleur ne soit propriétaire de la métairie dont le preneur est fermier ou colon partiaire.

Chacune des parties est obligée à la garantie des bêtes qu'elle a fournies. De même, le bailleur et le preneur peuvent exercer réciproquement l'action rédhibitoire. — Voy. *Vices rédhibitoires.*

Lors du partage du cheptel à moitié, le bailleur n'a pas de prélèvement à faire par exclusion.

Le cheptel à moitié doit être constaté par écrit.

Toutes les autres règles du cheptel simple s'appliquent au cheptel à moitié, mais la perte totale est évidemment supportée par les deux parties. — Voy. *Bail à cheptel simple.*

Nous donnons ci-après une formule de cheptel à moitié.

Bail à cheptel à moitié fruits.

Aujourd'hui.....

Les soussignés :

M. A..., demeurant à.....

Et M. B... demeurant à.....

Ont arrêté ce qui suit :

M. A... donne à M. B..., acceptant, à titre de cheptel à moitié pour..... années consécutives à partir de ce jour les bestiaux dont le détail suit, savoir :

1° Une vache de trois ans sous poil noir, estimée à.....

2°.....

3°.....

Total.....

Pour ces bestiaux être réunis à ceux de M. B... dont le détail suit :

1° Huit bœufs de..... ans, dont..... sous poil..... et les autres sous poil..... estimés à.....

2°.....

3.....

Total égal.....

Ces bestiaux ne formeront ensemble qu'un seul fonds de bétail commun aux deux parties.

M. B... a été mis en possession de ce fonds de bétail pour profiter seul des laitages, du fumier et du travail des animaux et partager la laine et le croit avec M. A...

Le présent bail est fait en outre aux clauses et conditions suivantes :

1° M. B... logera, nourrira et soignera en bon administrateur les animaux à lui confiés ;

2° M. A... devra être prévenu de l'époque de la tonte, qui ne pourra être faite qu'en sa présence ou lui dûment appelé;

3° Aucune des parties ne pourra disposer pendant la durée du cheptel d'aucun des chefs de bétail, ni d'aucun des croîts, sans le consentement par écrit de l'autre partie, à peine de tous dommages-intérêts et même de résiliation des présentes;

4° M. B... sera tenu de remplacer à ses frais les bêtes qui viendraient à se perdre ou à périr par sa faute ou sa négligence; et dans le cas où elles auraient péri par cas fortuits, il devra compte des peaux des dites bêtes;

5° A l'expiration du temps fixé par le présent cheptel, il sera procédé par des experts choisis par les parties, ou nommés d'office par le juge de paix du canton, pour celle qui se refuserait à l'estimation du fonds du cheptel. L'une et l'autre des parties prendra des bêtes de chaque espèce jusqu'à concurrence de sa mise; et du surplus, s'il en existe, il sera formé deux lots égaux qui seront tirés au sort entre elles;

6° Pour que M. C..., propriétaire de la ferme qu'exploite M. B..., ne puisse exercer son privilège sur le fonds du bétail formant l'apport de M. A..., ces présentes lui seront notifiées à la requête de ce dernier, dans le plus bref délai, avec déclaration de l'objet de cette notification.

Le produit annuel qui pourra revenir à M. A... a été évalué par les parties à la somme de..... mais seulement pour servir de base à la perception des droits d'enregistrement.

Telles sont les conventions des parties qui, pour leur exécution, élisent domicile à la mairie de.....

Fait double à....., lesdits jours, mois et an, et signé, lecture prise.

(*Signatures*.)

BAIL à cheptel donné au fermier. — Ce cheptel, qualifié en droit *cheptel de fer*, et connu sous le nom de *cheptel ferme*, est celui par lequel le propriétaire d'une métairie la donne à ferme moyennant un loyer convenu, à la condition qu'à l'expiration du bail, le fermier laissera des bestiaux d'une valeur égale au prix d'estimation de ceux qu'il a reçus. — *C. civ.* 1821 *et suivants*.

Ce cheptel est un accessoire du bail à loyer.

L'estimation du cheptel donné au fermier ne lui en transfère pas la propriété, mais il peut disposer de quelques têtes de bétail, à charge de les remplacer par le croît.

Cette estimation met le cheptel aux risques du fermier, qui en retire tous les bénéfices, et en supporte seul la perte totale ou partielle, s'il n'y a convention contraire.

Dans les cheptels donnés au fermier, le fumier n'entre pas dans les profits personnels du preneur, mais appartient à la ferme et doit être uniquement employé à son exploitation.

A la fin du bail, le fermier ne peut retenir le cheptel en en payant l'estimation; il doit en laisser un d'une valeur égale à celui qu'il a reçu. S'il y a déficit, il doit le payer, et c'est seulement l'excédent qui lui appartient. — Voy. *Bail.* — *Bail à loyer.* — *Bail de meubles.*

BAIL à colonage partiaire. — Ce bail n'est autre chose qu'une *variété* du cheptel simple qui le soumet aux règles de celui-ci, compliqué d'un élément d'association. C'est en définitive le cheptel simple, entre les mains d'un colon partiaire, qui trouve dans la métairie la nourriture et le logement.

Dans ce cheptel, le preneur profite seul des laitages, du fumier et du travail des animaux donnés à cheptel; la laine et le croît se partagent.

Si le cheptel périt en entier sans la faute du colon, la perte est pour le bailleur.

On peut stipuler : 1° que le bailleur aura une plus grande part dans le profit du cheptel que le colon; 2° qu'il aura moitié des laitages; 3° que le colon lui délaissera sa part dans la toison à un prix inférieur à la valeur ordinaire.

Mais on ne peut pas convenir que le colon sera tenu de toute la perte du cheptel.

BAIL à complant. — Le bail à complant ou à devoir est le contrat par lequel un propriétaire remet à un cultivateur, soit des champs déjà plantés de vignes, soit des champs vides, sur lesquels ce dernier se charge d'en planter, sous la condition de fournir au propriétaire, et de conduire à son pressoir, une redevance annuelle d'une quotité de denrées à produire par les champs. — *D. N.*

Ce bail, usité dans certains départements tels que la Loire-Inférieure, l'Allier, la Loire et autres, est désigné sous le nom de *champart*, ou bail à devoir de tiers et de quart.

Le terme de complant, spécial aux baux de terrains destinés à être plantés et entretenus en vignes, désigne à la fois la condition du bail et la redevance à percevoir par le bailleur.

Les effets de ce bail résultent des termes du contrat, le Code civil gardant le silence à ce sujet.

Il est d'usage de stipuler que, faute par le preneur de remplir exactement ses engagements, le bail sera résilié sans formalité de justice.

Si le bailleur a conservé le droit de rentrer dans son bien et de congédier le preneur quand il lui plaira, ce dernier n'est plus qu'un véritable colon.

BAIL à convenant ou domaine congéable. — Ce bail, en usage dans certaines parties de la Bretagne, contient tout à la fois une convention qui tient de la nature du louage et d'une vente à réméré. — Voy. *Domaine congéable.*

BAIL administratif. — On comprend sous cette dénomination les baux tant des biens immeubles que des droits incorporels, tels que droits de chasse, de pêche, de passage d'eau, d'octroi, etc., qui sont confiés à des administrateurs temporaires, tels que ceux des départements, des communes et autres établissements publics. — *LL. des 12 août, 23 octobre et 5 novembre* 1807.

Ces baux doivent être faits par adjudication aux enchères, aux conditions d'un cahier de charges dressé et déposé au secrétariat de la préfecture, de la sous-préfecture, ou de la mairie, afin que chacun puisse en prendre connaissance.

Ils ne peuvent avoir lieu qu'après l'apposition d'affiches faite un mois d'avance, de quinzaine en quinzaine, et après des publications aussi faites de dimanche en dimanche, à la porte des églises paroissiales. — Les affiches qui ont rapport aux biens communaux doivent être faites sur papier timbré, et de couleur.

La durée des baux administratifs, qui n'était en général que de neuf années, a été étendue à dix-huit ans pour les biens ruraux. — *L. du 25 mai* 1835.

Il est procédé aux baux des biens de l'État et du département par les préfets et sous-préfets, à la diligence des receveurs de la régie et des domaines, sans qu'il soit besoin du ministère des notaires.

Toutefois, lorsqu'il s'agit d'immeubles départementaux, comme les règles relatives à l'administration de ces biens, tracées par le décret du 25 mars 1852, ne disposent pas à cet égard, nous pensons qu'on doit appliquer celles en usage pour les communes, en substituant toutefois l'intervention du conseil général à celle du conseil municipal.

Les baux intéressant les communes, les fabriques et autres établissements publics, doivent être passés devant notaire, et ils ne sont définitifs qu'après l'homologation du préfet. — *Ord. 7 octobre* 1818.

Les conditions de ces derniers baux sont réglées par des délibérations des conseils municipaux, ou des conseils de fabrique.

BAIL à devoir. — Voy. *Bail à complant.*

BAIL à durée illimitée. — Ce sont ceux qui ne doivent pas avoir de terme, et dont la durée est subordonnée à la volonté de l'une ou de l'autre des parties, ou à une condition éventuelle, ou à un événement incertain.

Pour consentir un bail à durée illimitée, il faut avoir capacité pour aliéner.

BAIL à ferme. — Le bail à ferme s'entend de celui des héritages ruraux, c'est-à-dire de ceux produisant des fruits naturels et industriels, tels que prairies, labours, et autres fonds de terre à la campagne. — *C. civ.* 1711.

Nous avons exposé, autant que notre cadre nous le permet, sous le mot *Bail*, les principes qui régissent le bail à ferme. — Voy. *Bail.*

Nous en donnons ici deux formules, dont une toute simple, applicable à une ou plusieurs pièces de terre, et une autre aussi complète que possible, et dans laquelle on pourra trouver à peu près toutes les clauses qu'il peut être nécessaire d'insérer.

I. — Bail d'une pièce de terre.

Aujourd'hui.....
Les soussignés :
M. A..., demeurant à.....
Et M. B..., demeurant à.....
Ont arrêté ce qui suit :
M. A... consent bail à ferme à M. B..., ce acceptant,
D'une pièce de terre labourable située à....., contenant environ....., limitée par.....
Telle que la dite pièce se consiste et étend, à la connaissance du preneur et sans garantie de la contenance indiquée.

Durée du bail.

Ce bail est fait pour..... années entières et consécutives qui commenceront à courir le......
et finiront à pareille époque de.....

Conditions.

1re. Le preneur prendra la pièce louée dans l'état où elle se trouvera lors de son entrée en jouissance.

2me. Il devra maintenir les possessions du bailleur et l'avertir de tous empiétements ou usurpations.

3me. Il sera tenu de bien et dûment labourer, fumer et ensemencer ladite pièce en temps et saison convenables; en un mot de jouir en bon administrateur.

4me. A la fin du bail, la pièce louée sera laissée un tiers en varet et à deux airures, un tiers en compôt propre à recevoir semence en blé, et l'autre tiers en compôt blanc, le tout en bon état.

5me. Le preneur paiera pendant toute la durée du bail, en l'acquit du bailleur, et en sus du fermage stipulé, toutes les contributions publiques de quelque nature et sous quelque dénomination qu'elles puissent être établies, auxquelles ladite pièce de terre pourrait être imposée.

6me. Il ne pourra sous-bailler, céder son droit, ni donner pouvoir de faire valoir en son nom, sans le consentement exprès et par écrit du bailleur.

7me. Enfin le preneur sera tenu de faire enregistrer le présent à ses frais et d'en justifier au bailleur, dans le délai de trois mois de ce jour, à toute demande, à peine de demeurer seul responsable des droits et amendes en sus.

Prix.

En outre les charges ci-dessus, ce bail est consenti et accepté moyennant un fermage annuel de..... que M. B... s'oblige à payer à M. A... en sa demeure, à....., ou pour lui au porteur de ses titres et pouvoirs en deux termes égaux de chacun..... francs, dont le premier sera exigible le.... et le second le....., et ainsi chaque année jusqu'à la fin du bail, sauf cependant la dernière qui deviendra exigible en entier le jour....., c'est-à-dire avant l'enlèvement des récoltes.

Les paiements ne seront faits valablement qu'en espèces d'or ou d'argent, condition expresse et d'honneur.

A défaut de paiement d'un seul terme de fermage à son échéance, le présent bail sera résilié de plein droit si bon semble au bailleur sans formalités de justice.

Telles sont les conventions des parties, pour l'exécution desquelles elles élisent domicile en leur demeure respective, avec attribution de juridiction à M. le juge de paix du canton de.....

Fait double à....., lesdits jours, mois et an, et signé, lecture prise.

(*Signatures.*)

II. — Bail à ferme.

Nous avons réuni dans cette formule toutes les clauses fondées non seulement sur la loi, mais encore sur d'anciens usages, afin de donner quelque chose de complet. — Il sera toujours facile de retrancher ce qu'on ne jugera pas à propos d'y insérer.

Aujourd'hui.....
Les soussignés :
M. A..., demeurant à.....
Et M. B..., demeurant à ....
Ont arrêté ce qui suit :
M. A... a par ces présentes loué et affermé
A M. B..., qui a accepté pour lui, ses héritiers ou ayant cause,
Une terre et ferme nommée....., située en la commune de....., canton de....., arrondissement de.... et consistant en :

1° Un corps de bâtiments pour l'habitation et l'exploitation composé d'un principal corps de logis habitable, une grange, une cave ou cellier, un pressoir, grande et petite écurie, deux étables à vaches, une bergerie, une remise, deux toits à porcs, un poulailler, hangars et autres bâtiments, avec cour au milieu, et jardins et verger plantés d'arbres à fruits derrière, le tout clos de murs en bon état;

2° Deux herbages plantés de pommiers entourés de haies vives.....;

3° Deux prés à faucher non plantés;

Et 4° six pièces de terre labourables plantées de pommiers.

Le tout se tenant, contenant environ..... hectares..... centiares...., ayant pour limites au levant..... au midi..... au couchant et au nord.....

Tels que tous ces biens se consistent et étendent avec leurs accessoires et dépendances sans exception ni réserve, à la connaissance du preneur qui a déclaré les avoir visités dans l'intention d'en devenir fermier, et sans garantie de la contenance indiquée, quelle que soit la différence en plus ou en moins qui puisse se rencontrer, cette différence excédât-elle même le vingtième.

Durée du bail.

La durée de ce bail sera de..... années entières et consécutives qui commenceront à courir le..... prochain pour les bâtiments et les labours, et le..... suivant pour les herbages et prés, et finiront aux mêmes époques de l'année.....

Conditions.

Le présent bail a été fait aux charges et conditions suivantes que le preneur a acceptées, et auxquelles il s'est obligé envers le bailleur, sans pouvoir prétendre à aucune diminution de fermages, ni aucune indemnité pour quelque cause que ce soit :

1° Le preneur sera tenu d'habiter la ferme louée par lui-même, sa famille et ses domestiques, et de la garnir et tenir garnie de meubles, effets mobiliers, grains, fourrages, bestiaux et instruments aratoires, en suffisantes quantité et valeur pour répondre des fermages, sans pouvoir déposer ailleurs que dans les bâtiments de la ferme les récoltes de toute nature qu'elle produira. Néanmoins, lorsque les récoltes seront trop abondantes pour être contenues dans les granges, il pourra les mettre en meule sur le terrain de la ferme, à la distance du corps de bâtiments voulue par la loi ;

2° Il entretiendra les bâtiments de la ferme et dépendances de toutes réparations locatives et devra les rendre en bon état à l'expiration du bail, et conformément d'ailleurs à l'état des lieux qui sera dressé contradictoirement entre les parties, aux frais du preneur, avant l'entrée en jouissance ou, au plus tard, dans les six premiers mois du bail.

Les dégradations seront réglées entre le bailleur et le preneur dans le mois de la cessation de jouissance, soit à l'amiable, soit judiciairement, et les indemnités allouées au bailleur deviendront exigibles avant l'enlèvement des meubles et ustensiles aratoires, nantissant la ferme louée comme s'il s'agissait de fermages ;

3° Il souffrira toutes les grosses réparations et constructions qui deviendraient nécessaires aux bâtiments de la ferme pendant le cours du bail, sans indemnité ni diminution de fermage, lors même que les travaux dureraient plus de quarante jours. Il devra de plus mettre à la disposition du bailleur, sans aucune rétribution, deux voitures attelées de trois chevaux chacune, pour les charrois que nécessiteraient lesdites réparations et constructions, mais à la condition que ces charrois n'auront pas lieu pendant le temps des semailles ni de la moisson.

Par cette clause, le bailleur n'entend toutefois prendre aucun engagement autre que celui de tenir les bâtiments affermés clos et couverts selon l'usage, et le preneur devra prendre les choses dans l'état où elles se trouveront lors de son entrée en jouissance, et les conservera dans le même état jusqu'à l'expiration de son bail, sans pouvoir y faire d'autres changements que ceux autorisés par le bailleur ;

4° Le preneur sera tenu de bien et dûment labourer, fumer et ensemencer les terres labourables par soles et saisons convenables, de manière à ne pas les détériorer ni épuiser; en un mot d'en jouir en bon administrateur et de les laisser à la fin du bail en bon état. savoir : un tiers en varet à deux airures, un tiers en compôt propre à recevoir semence en blé, et l'autre tiers en étêule blanc ;

5° Il convertira en fumiers toutes les pailles qui proviendront des terres de la ferme pour fumer et amender ces terres ainsi que les herbages et prés, sans pouvoir en distraire pour d'autres usages ;

6° Il sera tenu de laisser dans la ferme lors de sa sortie, et sans indemnité, toutes les pailles et fumiers sans exception qui s'y trouveront. Il devra aussi se conformer aux usages de fin de bail, en ce qui concerne la mise à disposition des bâtiments nécessaires au fermier qui lui succédera, tout en conservant lui-même ceux qui lui seront nécessaires ;

7° Il ne pourra faucher les herbages qui devront être dépouillés par des bêtes à cornes ; néanmoins, il aura le droit d'y faire pâturer et herbager quatre chevaux ou deux juments suivies de leurs poulains ;

8° Il sera tenu d'engraisser les herbages et prés deux fois au moins pendant le cours du bail, avec chaux et fumier mélangés, selon l'usage, et d'en justifier au bailleur ;

9° Il devra curer, nettoyer et réparer tous les fossés de clôture de la ferme, rejeter la vase des fossés sur les ados, creuser s'il est nécessaire de nouvelles crèches et fossés pour l'écoulement des eaux ou la défense des terres, et les rendre en bon état à la fin du bail ;

10° Il devra détruire les mauvaises herbes et plantes nuisibles, faire détruire les taupes et épandre les taupinières, de même que le dépôt fait par les bestiaux dans les herbages ;

11° Il sera tenu d'entretenir, tailler et écheniller tous les arbres fruitiers et autres existant actuellement sur la ferme louée, de même que ceux que le bailleur se réserve le droit d'y faire planter pendant la durée du bail, faire les labours nécessaires au pied des arbres fruitiers, les fumer convenablement, détruire les rejetons qu'ils pourraient produire, les épiner et garantir contre les bestiaux ;

12° Le bailleur se réserve le droit de planter et abattre tous arbres, sans être tenu à aucune indemnité envers le preneur. Il se réserve encore les pommiers qui tomberont ou mourront, qu'il aura la faculté de remplacer ou de ne pas remplacer selon qu'il lui plaira ;

13° La tonte des haies et fossés et l'élagage des arbres seront faits par le preneur, à son profit, dans les temps et saisons convenables, sans pouvoir étêter les arbres, et en laissant les baliveaux indiqués par le bailleur, une fois seulement pendant la durée du bail, à charge de laisser à la fin de sa jouissance une pousse de deux ans au moins;

14° Le preneur ne pourra demander ni prétendre à aucune diminution du prix ni des charges du présent bail, pour cause de grêle, gelée, coulure, inondation, stérilité, invasion ni aucun autre événement prévu ou imprévu, renonçant à jamais s'en prévaloir;

15° Il veillera à la conservation des possessions de la ferme louée et devra avertir de suite le bailleur de toutes usurpations et empiétements, sous peine d'en demeurer responsable;

16° Le bailleur se réserve le droit exclusif de chasse pour lui et les personnes auxquelles il lui plaira de le conférer, de telle sorte que le preneur ne pourra pas chasser ni faire chasser sur la ferme louée;

17° Il est expressément interdit au preneur de sous-bailler ni céder son droit au présent bail, en tout ou en partie, sans le consentement exprès et par écrit du bailleur. Toutefois, cette interdiction ne s'étend pas au cas où le preneur céderait ce droit à son fils; mais en faisant cette cession, le preneur resterait garant de son cessionnaire pour l'entière exécution de ce bail;

18° A l'expiration du présent bail, le preneur sera tenu de laisser..... hectares de trèfle ensemencés de l'année, mais il lui sera tenu compte du prix de la graine, soit par le bailleur, soit par le fermier entrant;

19° Indépendamment du fermage ci-après, le preneur devra fournir et livrer au bailleur annuellement, en son domicile à..... et aux époques qu'il en fera la demande, deux dindons, quatre chapons, six poulets gras, et six canards, le tout vif, loyal et marchand;

20° Le preneur sera tenu de payer, à compter du premier janvier 18... jusqu'au premier janvier 18..., en sus et sans diminution de son fermage, toutes les contributions foncières et autres ordinaires et extraordinaires, prévues et imprévues, et toutes les autres charges de quelque nature qu'elles soient et sous quelque dénomination qu'elles puissent être établies sur la ferme louée, pendant la durée du présent bail, et de justifier chaque année de leur acquit au bailleur par quittances en bonne forme, le tout de manière à ce que le fermage ci-après stipulé soit délivré au bailleur, franc et quitte de toutes charges publiques quelconques, le preneur renonçant dès à présent au bénéfice des lois qui, par la suite, pourraient mettre à la charge des propriétaires une partie des impôts et contributions, le prix du présent bail ayant été calculé en égard à ces diverses chances;

21° Le preneur devra faire chaque année, pour le bailleur, aux époques qui lui conviendront, autres que celles des semailles et de la récolte, huit journées de voitures à trois chevaux pour faire les transports dont le bailleur pourra avoir besoin, sans aucune indemnité de la part de ce dernier. Ces journées ne pourront commencer avant le lever ni se terminer après le coucher du soleil. Elles ne pourront plus être exigées dès que l'année pour laquelle elles sont dues sera écoulée, à moins qu'elles n'aient été demandées judiciairement;

22° Le preneur sera tenu de faire assurer contre l'incendie et tenir assurés à ses frais le corps de ferme loué et tous les bâtiments qui en dépendent, pendant toute la durée du bail, ainsi que les récoltes qui proviendront des terres, et de justifier des polices d'assurances au bailleur et à toute réquisition;

23° Enfin, le preneur sera tenu de faire enregistrer le présent à ses frais et d'en justifier au bailleur dans le délai de trois mois de ce jour, à peine de demeurer seul responsable des droits et amendes en sus;

Et pour le cas où ce dernier jugerait à propos de requérir le dépôt du présent bail devant notaire, les frais occasionnés par ce dépôt seraient également supportés par le preneur.

Prix.

En outre les charges et conditions ci-dessus stipulées, le présent bail a été consenti et accepté moyennant un fermage annuel de..... francs que M. B... s'est obligé à payer à M. A... en sa demeure à..... ou pour lui au porteur de ses titres et pouvoirs, en quatre termes égaux de chacun ..... francs, dont le premier sera exigible le jour de Noël 18.....; le second le jour de Pâques 18.....; le troisième le jour Saint-Jean-Baptiste suivant, et le quatrième le jour Saint-Michel de la même année, et ainsi chaque année pendant toute la durée du bail, et pour la représentation des..... années de jouissance; sauf toutefois la dernière qui deviendra exigible en entier le jour saint Jean-Baptiste 18....., c'est-à-dire avant l'enlèvement des récoltes.

Les paiements ne pourront être faits valablement qu'en espèces d'or ou d'argent, au cours actuel, condition expresse et d'honneur.

A défaut de paiement d'un seul terme de fermage à son échéance, ou d'inexécution de n'importe quelle clause ou condition du présent bail, il sera résilié de plein droit si bon semble au bailleur, sans qu'il soit besoin d'en faire prononcer la résiliation en justice.

A raison de l'obligation qu'il s'est imposée de faire assurer et tenir ses récoltes assurées pendant la durée du bail, le preneur consent au profit du bailleur, le acceptant, la délégation des indemnités qui lui seraient allouées par toutes compagnies d'assurances, en cas de sinistre, avec autorisation de faire notifier cette délégation toutefois et quantes à qui il appartiendra.

Le bailleur se réserve expressément le privilège que la loi lui confère sur les meubles et récoltes nantissant la ferme louée, pour le paiement de tous les fermages et indemnités pour dégradations;

Pour asseoir la perception des droits d'enregistrement seulement, les charges et faisances imposées au preneur en sus de son fermage sont évaluées, y compris les impositions, à une somme annuelle de..... francs.

Telles sont les conventions des parties pour l'exécution desquelles domicile est élu à la mairie de....., avec attribution de juridiction à M. le juge de paix du canton de.....
Fait double à....., lesdits jour, mois et an, et signé, lecture prise.

(*Signatures.*)

III. — Bail de vignes.

Aujourd'hui.....
Les soussignés :
M. A..., demeurant à.....
Et M. B..., demeurant à.....

Ont arrêté ce qui suit :

M. A... loue pour..... années consécutives qui commenceront au..... et finiront à pareil jour de l'année.....
A M. B..., acceptant,
Une pièce de vignes située au terroir de..... lieu dit....., contenant....., close de tous côtés par des haies vives, tenant, etc., sur laquelle il existe..... poiriers et..... pêchers.
La dite pièce de vignes garnie de ses échalas.
Ainsi que cette pièce se consiste et étend à la connaissance du preneur ainsi qu'il le déclare.
Le présent bail est fait à la charge par le preneur qui s'y oblige :
1° D'entretenir en bon état les haies et clôtures de la pièce louée et de les rendre tels à la fin du bail sans aucune brèche ni lacune ;
2° De bien cultiver, fumer, façonner et provigner les vignes en temps et saisons convenables, suivant l'usage des lieux, de les tenir garnies d'échalas, et de les rendre à la fin du bail en bon état de culture et d'engrais et complètement garnies de tous échalas nécessaires ;
3° De supporter sans recours ni diminution de fermage tous les cas fortuits tels que, gelée, coulure, inondation et grêle, alors même que la perte de la récolte en serait la conséquence, le prix du bail étant déterminé à forfait, en prévision de ce cas ;
4° De prendre toutes les mesures préventives nécessaires contre le phylloxera et, en cas d'invasion, d'en supporter les conséquences de la même manière, tout en préservant les parties non atteintes ;
5° D'écheniller et garnir d'épines tous les arbres des vignes, de leur donner les labours nécessaires, et de remplacer par d'autres de mêmes espèces et qualités ceux qui viendraient à périr, sans cependant pouvoir en arracher aucun, quoique mort, sans le consentement exprès et par écrit de M. A... ;
6° De fournir et livrer à M. A..., en son domicile, dans le courant du mois de septembre de chaque année, un panier de..... kilogrammes de raisin mûr, loyal et marchand ; cette charge évaluée à..... fr. par an pour la perception des droits d'enregistrement ;
7° De ne pouvoir changer ni l'espèce ni la nature du plant de vignes, sous peine de résiliation du présent bail, si bon semble au bailleur, et de tous dommages-intérêts ;
Et 8° de ne pouvoir sous-bailler ni céder son droit au présent bail, en tout ou en partie, sans le consentement exprès et par écrit de M. A...
Ce bail est fait, en outre, moyennant un fermage annuel de....., que M. B... s'oblige à payer à M. A..., en sa demeure à....., ou, pour lui, au porteur de ses pouvoirs, en deux termes égaux les jours de..... de chaque année, pour le paiement du premier terme de la première année avoir lieu le.....
A défaut de paiement d'un seul terme de fermage à son échéance et quinze jours après un simple commandement demeuré sans effet, le présent bail sera résilié de plein droit si bon semble au bailleur, sans qu'il ait à remplir aucune formalité judiciaire.
Le preneur sera tenu de faire enregistrer le présent à ses frais et d'en justifier au bailleur dans le délai de trois mois de ce jour, à peine de demeurer seul responsable de tous droits et amendes en sus.
Telles sont les conventions des parties pour l'exécution desquelles, etc.
Fait double à....., lesdits jour, mois et an, et signé, lecture prise.

(*Signatures.*)

Pour les formules de prorogation ou continuation de bail, désistement, congé et quittances de loyers et fermages. — Voy. *Prorogation de bail. — Désistement. — Congé. — Quittance de loyers et fermages.*

BAIL à loyer. — On nomme bail à loyer le louage des maisons et celui des meubles. — *C. civ.* 1711.

Nous avons, sous le mot *Bail*, traité du bail à loyer dans la première acception, c'est-à-dire en ce qui concerne le louage des maisons, et nous avons exposé les principes particuliers au bail de meubles sous ce dernier titre. — Voy. *Bail. — Bail de meubles.*

Nous donnons ici une formule de bail de maison.

I. — Bail de maison.

Aujourd'hui.....
Les soussignés :
M. A..., demeurant à.....
Et M. B..., demeurant à.....
Ont arrêté ce qui suit :

M. A... donne à loyer pour trois, six ou neuf années consécutives, au choix des parties, à la condition de s'avertir réciproquement par écrit six mois avant l'expiration des trois ou six premières années, qui commenceront à courir le......

A M. B..., qui accepte,
Une maison située à....., rue....., numéro....., consistant en..... avec toutes ses dépendances.

M. B... déclare avoir visité et connaître suffisamment cette maison.

Ce bail est fait aux conditions suivantes, que M. B..., preneur, s'oblige d'exécuter :

1° De garnir ladite maison de meubles meublants ou autres effets en quantité et qualité suffisantes pour répondre des loyers ;

2° De l'entretenir et de la rendre à la fin du bail en bon état de réparations locatives, et conformément à l'état de lieux qui sera dressé entre les parties dans le délai de trois mois de ce jour ;

3° De payer les contributions personnelles et mobilières et celles des portes et fenêtres, et de satisfaire à toutes les charges de ville et de police dont les locataires sont ordinairement tenus ;

4° De souffrir les grosses réparations nécessaires pendant la durée du bail, sans pouvoir prétendre à aucune indemnité ni diminution de prix ;

5° De ne pouvoir faire aucun percement de mur, changement ou distribution nouvelle, sans le consentement exprès et par écrit du bailleur ;

6° De ne pouvoir céder son droit au présent bail, en tout ou en partie, ni même sous-louer, sans le même consentement.

7° En outre, ce bail est fait moyennant un loyer de..... francs, que M. B... s'oblige de payer chaque année à M. A..., en sa demeure ci-dessus indiquée, en quatre paiements égaux, aux termes ordinaires de l'année, dont le premier, de la somme de....., sera fait le.....; le second, etc., pour ainsi continuer de trois mois en trois mois jusqu'à l'expiration du bail.

M. B... a présentement payé à M. A..., qui le reconnaît, la somme de..... francs pour six mois d'avance desdits loyers, imputables sur les six derniers mois de jouissance du présent bail, afin de ne pas intervertir l'ordre des paiements établis.

Le preneur sera tenu de faire enregistrer le présent à ses frais et d'en justifier au bailleur d'ici à trois mois de ce jour, à peine de demeurer seul responsable de tous droits et amendes en sus.

Telles sont les conventions des parties pour l'exécution desquelles, etc.

Fait double à....., lesdits jour, mois et an, et signé, lecture prise.

(*Signatures.*)

Observations.

Cette formule de bail est susceptible de recevoir un grand nombre de modifications ayant pour objet, par exemple, la résiliation à la volonté d'une seule des deux parties; la réserve par le bailleur de résilier le bail en cas de vente de la maison, en prévenant un certain temps d'avance; l'intervention d'une caution qui s'oblige avec le preneur; etc., etc.

Quelquefois aussi, et notamment lorsqu'il s'agit d'une maison de commerce, on se réserve le droit de l'acquérir par une clause particulière du bail dont suit la formule :

Convention particulière.

Comme convention intégrante des présentes et sans laquelle elles n'auraient point eu lieu, M. A... se réserve la faculté d'acquérir, et M. B... promet de lui vendre la maison louée avec ses dépendances moyennant, outre les charges ordinaires et de droit, un prix de.....

M. A... pourra faire cette acquisition pendant le cours des..... premières années du présent bail pour son compte personnel, ou celui de la dame......, son épouse.

Le prix principal de..... ci-dessus sera payable, après l'accomplissement des formalités hypothécaires et la disparition des inscriptions, s'il y en a, dans un délai de..... du jour de la vente, et produira des intérêts sur le pied de..... pour cent par an, qui seront payables aux mêmes époques et de la même manière que le prix du bail.

M. B... aura la faculté de se libérer par anticipation, etc.

Sous ces conditions, et pour le cas seulement d'option par M. B..., dans les termes et délais ci-dessus, M. A... est et demeure dès à présent obligé à la vente, et oblige avec lui indivisiblement ses héritiers et représentants qui se trouvent dès aujourd'hui liés par l'effet des présentes, fussent-ils mineurs ou autrement incapables.

L'option de M. B..., qui forme la condition suspensive de la vente, sera constatée par un acte authentique, dans lequel M. A... s'oblige et oblige indivisiblement ses héritiers et représentants à intervenir pour la réalisation des conventions ci-dessus.

Le contrat de réalisation constatera l'origine de propriété et sera passé devant notaire aux frais de l'acquéreur.

Si le bail ci-dessus prend fin avant l'époque indiquée pour son expiration par suite de résiliation, quelle qu'en soit la cause, M. B..., sera déchu de la faculté d'acquérir.

II. — Bail d'une boutique.

Aujourd'hui.....
Les soussignés :
M. A..., demeurant à.....
Et M. B..., demeurant à.....
Ont arrêté ce qui suit :

M. A... loue pour six années consécutives, qui commenceront à courir le..... et finiront le.....

A M. B..., qui accepte,

Les objets ci-après appropriés au commerce de..... et faisant partie d'une maison appartenant au bailleur et sise à....., rue....., numéro....., savoir :

1° Au rez de chaussée, deux pièces servant actuellement de boutique et arrière-boutique donnant sur la rue ; plus une autre pièce servant de cuisine ;
2° Au premier étage, une chambre à feu éclairée sur la rue et une autre chambre froide éclairée sur la cour ;
3° Un grenier sur ces objets ;
4° Dans la cour, une écurie, un cellier et un hangar ;
Et 5° droit de communauté à la cour et à l'escalier conduisant aux chambres et au grenier ;
Ainsi que le tout se poursuit et comporte.

Il est fait réserve expresse au profit du bailleur de tous les autres objets dépendant de la maison ci-dessus et non expressément désignés au présent.

Le preneur aura la faculté de faire aux trois pièces du rez-de-chaussée tous les changements et appropriations qu'il jugera convenable pour son commerce, sauf à rétablir les lieux à la fin du bail dans l'état où il les aura reçus ; état qui sera constaté par la visite des lieux qui sera faite lors de l'entrée en jouissance aux frais du preneur.

Conditions.

Ce bail est fait aux conditions suivantes :

1re. Le preneur occupera les lieux loués par lui-même et sa famille, et les garnira de meubles et effets en quantité et valeur suffisantes pour répondre des loyers ;

2me. Il tiendra la boutique constamment ouverte et garnie de marchandises sans pouvoir en changer la destination commerciale, et comme il existe un établissement de..... dans la maison dont les objets loués font partie, le preneur ne pourra joindre ce commerce au sien, à peine de tous dommages-intérêts ;

3me. Il paiera les impôts des portes et fenêtres des bâtiments loués, l'impôt foncier restant à la charge du bailleur ;

4me. Il ne pourra sous-louer ni céder son droit au présent bail sans le consentement du bailleur, à peine de résolution et de tous dommages-intérêts ;

5me. Il entretiendra et rendra les lieux loués en bon état de réparations locatives.

Prix.

En outre de ces conditions, ce bail est consenti moyennant la somme de..... de loyer par an, que le preneur s'oblige de payer chaque année le..... au bailleur en sa demeure en espèces ; premier paiement dans un an dudit jour et ainsi de suite.

A défaut de paiement d'une année de loyer à l'échéance, le présent sera résolu de plein droit un mois après une sommation de payer restée infructueuse, sans qu'il soit besoin de faire prononcer la résolution en justice.

Le preneur sera tenu de faire enregistrer le présent à ses frais et d'en justifier au bailleur d'ici à trois mois de ce jour, à peine de demeurer seul responsable de tous droits et amendes en sus.

Telles sont les conventions des parties pour l'exécution desquelles domicile est élu à la mairie de.....

Fait double à....., lesdits jour, mois et an, et signé, lecture prise.

(*Signatures.*)

BAIL à moitié fruits. — Contrat par lequel le propriétaire d'une métairie la donne à cultiver à un métayer sous la condition du partage des fruits. Le colon partiaire doit garnir la métairie de bestiaux et ustensiles nécessaires à son exploitation, et laisser les pailles et engrais à sa sortie.

Les objets que le propriétaire fournit sont estimés par experts à l'entrée du preneur et à sa sortie ; et la différence en plus ou en moins se supporte entre le fermier et le propriétaire. Le preneur n'a pas d'indemnité à prétendre, quelle que soit la perte par cas fortuit, sauf convention contraire.

Le bail à moitié fruits n'est pas résolu par le décès du colon, et est d'ailleurs soumis aux règles générales des baux à ferme. — Voy. *Bail*.

Nous donnons ci-après une formule de ce bail.

Bail à moitié fruits.

Aujourd'hui.....
Les soussignés :
M. A..., demeurant à.....
Et M. B..., demeurant à.....
Ont arrêté ce qui suit :
M. A... donne à ferme à moitié fruits, pour..... années entières et consécutives qui commenceront à courir par la récolte de l'année.....
A M. B.... ce acceptant,
Les pièces de terre labourable, prés et vignes, situés commune de....., savoir :
1° Un pré nommé, etc.;
2° Une pièce de terre en labour, nommée, etc.
Ainsi que ces objets se poursuivent et comportent, sans exception ni réserve, à la connaissance du preneur.
Le présent bail est fait aux charges et conditions suivantes, que le preneur s'oblige à exécuter sans pouvoir prétendre à aucune indemnité, savoir :
1° De faire à ses frais tous les travaux de culture et d'exploitation, et comme conséquence de bien labourer, fumer et ensemencer les terres en temps et saisons convenables; de façonner et provigner les vignes; de fumer les prés et de les tenir à faux courante et en bonne nature de fauche ; le tout suivant la coutume de la localité ;
2° De ne pouvoir défricher aucune partie de vigne ou de pré sans le consentement du bailleur;
3° De faire tous les travaux nécessaires au remplacement des arbres morts en profitant des branchages seulement, les troncs étant réservés par le bailleur qui fournira également les jeunes arbres destinés à être replantés ;
4° D'élaguer les arbres et les haies en état d'être élagués, pour le produit de cet élagage être partagé par moitié entre le bailleur et le preneur, après prélèvement, sur la masse, du bois nécessaire pour les échalas des vignes;
5° De transporter la portion revenant au bailleur dans le produit de l'élagage, soit en son domicile, soit au lieu qu'il lui plaira d'indiquer;
6° D'entretenir et réparer les fossés et rigoles faits pour l'écoulement des eaux, ainsi que toutes haies et clôtures existant sur les biens présentement loués;
7° De fournir la moitié des semences nécessaires et d'acquitter la moitié des contributions de toute nature par douzième et aux époques exigées par le percepteur. L'autre moitié des semences sera fournie par le propriétaire, qui supportera aussi l'autre moitié des contributions, mais il ne sera tenu à aucuns autres frais ni dépenses quelconques;
8° De faire tous les travaux de moisson, de récolte et de vendange, tels que faucher et lier les blés, avoines et autres grains et fourrages, et cueillir les fruits et raisins, après quoi tous les fruits et récoltes seront partagés sur champ par moitié entre le bailleur et le preneur ;
9° De transporter immédiatement après le lotissement la portion revenant au bailleur dans les lieux qu'il aura désignés.
Toutefois, si le bailleur le préfère, le preneur sera tenu d'engranger avec les siennes les gerbes composant son lot et de battre, vanner et cribler en temps convenable, les blés, seigles et autres grains; mais dans ce cas toutes les pailles resteront au preneur qui devra toujours transporter à..... les grains appartenant au bailleur.
10° De ne pouvoir sous-louer ni céder son droit au présent bail, en tout ou en partie, sans le consentement exprès et par écrit du bailleur;
11° De ne pouvoir prétendre à aucune indemnité pour cause de guerre, grêle, gelée inondation ou tous autres cas fortuits prévus et imprévus;
12° Enfin, de faire enregistrer le présent à ses frais et d'en justifier au bailleur d'ici à trois mois de ce jour, à peine de demeurer seul responsable de tous droits et amendes en sus.
Pour la perception des droits d'enregistrement, la portion à revenir annuellement au bailleur dans les différents produits des biens loués est évaluée à la somme totale de (ou bien à telle quantité de blé, telle quantité de seigle, etc.).
Telles sont les conventions des parties pour l'exécution desquelles domicile est élu, etc.
Fait double à...., lesdits jour, mois et an, et signé, lecture prise.

(Signatures.)

BAIL à nourriture de personnes. — C'est le contrat par lequel une personne se charge d'en nourrir une ou plusieurs autres, moyennant un prix déterminé.

Le bail à nourriture renferme à la fois un louage de services et un marché de fournitures.

Cet acte est presque toujours l'accessoire d'une donation, d'une vente ou de toute autre convention rédigée par un notaire. Aussi, bien qu'il puisse être fait dans certains cas par acte sous seing, nous conseillons de le faire par acte notarié.

BAIL à rente. — Contrat par lequel on concédait autrefois un immeuble à perpétuité, moyennant une rente appelée *rente foncière*.

Ce contrat est aujourd'hui remplacé par la vente moyennant la création d'une rente, dont l'hypothèque conserve le privilège et l'action résolutoire sur l'immeuble. — *C. civ.* 529. — Voy. *Vente.*

BAIL à vie. — Contrat de louage d'une chose pendant la vie, soit du bailleur, soit du preneur ou même d'une tierce personne, moyennant un prix annuel.

Ce bail peut être consenti non seulement pour la vie du preneur, mais encore pour celles de plusieurs autres personnes successivement. Néanmoins, la loi des 10 et 29 déc. 1790, qui limitait à trois le nombre des têtes sur lesquelles il pouvait être constitué, ne paraît pas avoir été abrogée.

Les règles ordinaires du bail sont applicables au bail à vie, dont il ne se distingue que pour la durée.

Néanmoins, pour consentir ce bail, il faut avoir droit d'aliéner. — Voy. *Bail.*

BAIL d'animaux. — Convention par laquelle le propriétaire d'animaux les loue à une autre personne, afin d'en tirer le profit ou l'usage dont ils sont susceptibles, pour un temps et moyennant un prix.

La durée de ce louage se règle d'après l'intention des parties : ainsi la location, même à la journée, d'un cheval avec voiture, pour faire tel voyage, est censée faite pour tout le temps du voyage.

L'animal loué ne peut être employé qu'à l'usage auquel il a été destiné par la convention.

L'entretien, c'est-à-dire la nourriture et par exemple le ferrement d'un cheval, sont à la charge du locataire pendant la route. Il en serait autrement si le loueur conduisait lui-même ou par un homme de service.

La perte survenue sans la faute du preneur reste à la charge du bailleur, mais le preneur doit justifier comment la chose a péri. — Voy. *Bail.*

BAIL de bancs et chaises dans les églises. — Le bureau de fabrique peut procéder au plus offrant, sous l'autorisation du conseil, à la location des bancs, chaises et autres sièges de l'église, en se conformant au tarif arrêté par l'évêque et le préfet. — *Déc. du 30 décembre* 1809.

Il peut également procéder à la mise en ferme de tout ou telle partie des bancs et sièges, au profit d'un ou plusieurs adjudicataires, qui perçoivent alors, des assistants, pendant les offices, le prix déterminé par la fabrique et affiché dans l'église.

Ces opérations ont lieu après trois affiches ou annonces de huitaine en huitaine.

Mais il est d'usage de charger les notaires de ces opérations, et c'est à juste titre. En effet le ministère des notaires, outre qu'il présente l'avantage d'une plus grande régularité, ajoute à l'acte la force d'exécution, c'est-à-dire le droit de poursuivre les locataires en vertu d'un titre qui vaut jugement, ce qui n'a pas lieu administrativement.

L'adjudication n'est définitive qu'après l'approbation de l'évêque et celle du préfet.

BAIL de biens des évêchés, chapitres, séminaires, cures, etc. — Ces baux sont régis par le décret du 6 novembre 1813, qui forme un code complet sur la matière, et auquel nous renvoyons à défaut d'espace.

BAIL de biens d'un hospice ou d'un bureau de bienfaisance. — Ces baux, bien qu'ayant beaucoup d'analogie avec les baux administratifs, sont cependant soumis à certaines règles particulières.

Ils doivent avoir lieu devant notaire, aux enchères publiques, et aux conditions arrêtées par les délibérations des commissions des hospices et hôpitaux.

Ils sont soumis aux publications légales, et l'insertion de l'affiche doit être faite dans le journal destiné à recevoir les annonces judiciaires de l'arrondissement, quarante jours au plus tôt et vingt jours au moins avant l'adjudication, à peine de nullité. — *C. pén.* 683. — Voy. *Bail administratif.*

BAIL de bois. — Les bois dont les coupes annuelles représentent les fruits ou revenus peuvent être affermés comme toute autre chose, et le bail qui en est fait rentre dans la classe des baux à ferme. — Voy. *Bail*.

Toutefois, pour que les bois puissent réellement faire l'objet d'un bail, il faut qu'ils soient aménagés en coupes réglées.

S'il ne s'agissait que d'une seule coupe dont l'année d'exploitation fût arrivée, ce serait une *vente* et non un bail.

BAIL de carrières, mines et tourbières. — Les mines, carrières et tourbières en exploitation peuvent être l'objet d'un bail, puisqu'elles produisent de véritables revenus.

Le bail d'une carrière peut comprendre indifféremment la totalité ou partie des produits, dès lors que la faculté d'extraction est faite pour un temps limité.

Le prix du bail peut consister dans une partie du produit net, ou stipuler une somme déterminée.

BAIL de chasse. — Tout propriétaire ayant le droit de permettre à qui bon lui semble de chasser sur son terrain peut conséquemment affermer ce droit.

Les établissements publics et les communes sont autorisés à affermer le droit de chasser dans les biens communaux. — *Déc. du 20 prair, an XIII.* — Voy. *Bail administratif*.

Le bail de chasse consenti par des particuliers n'est soumis à aucune formalité spéciale et peut dès lors avoir lieu par acte sous seing privé.

Nous en donnons deux formules ci-après :

I. — Bail de chasse simple.

Aujourd'hui.....
Les soussignés :
M. A...
Et M. B...
    Ont arrêté ce qui suit :
M. A... a, par ces présentes, loué pour..... années consécutives qui commenceront à courir le..... et finiront le.....
A M. B..., ce acceptant,
Le droit de chasse pour lui et ses amis, sur une propriété située à....., comprenant....., le tout contenant environ..... à la connaissance du preneur.

Ce bail est consenti et accepté moyennant..... fr. de fermage annuel, que M. B... s'oblige à payer à M. A..., en sa demeure à....., en deux termes égaux de six mois en six mois et par avance, de telle sorte que le premier terme sera exigible le....., le second le....., et ainsi de suite.

Le présent bail est fait en outre aux conditions suivantes que M. B... s'est obligé à exécuter.
1° De se conformer aux lois et règlements sur la police de la chasse;
2° De demeurer personnellement responsable envers les fermiers, propriétaires, voisins et autres, des dommages et dégâts occasionnés par la chasse;
Et 3° De ne pouvoir sous-louer ni céder son droit au présent bail, sans le consentement exprès et par écrit de M. A...

Pour l'exécution des présentes, domicile est élu à la mairie de...

Fait double à....., lesdits jour, mois et an, et signé, lecture prise.

                                                         (*Signatures.*)

II. — Autre bail de chasse.

Aujourd'hui.....
Les soussignés :
M. A..., propriétaire, demeurant à.....
Et M. B..., aussi propriétaire, demeurant à.....
    Ont arrêté ce qui suit :
M. A... a, par ces présentes, loué et affermé pour..... années consécutives qui commenceront à courir le..... et finiront à pareille époque de l'année.....
A M. B..., qui a accepté,
Le droit de chasse pour lui et ses amis (ou pour lui et..... de ses amis au plus) sur une propriété située à....., et par extension sur les communes de..... et de....., contenant environ....., bien connue du preneur, ainsi qu'il le déclare.

Le présent bail a été consenti et accepté aux conditions suivantes que M. B... s'est engagé à exécuter et accomplir fidèlement :
1° De se conformer aux prescriptions de toutes lois et règlements sur la police de la chasse;
2° De ne jamais chasser avec des chiens courants dans les bois, depuis le jour de la clôture jusqu'au jour de l'ouverture de la chasse;

3° De faire fureter au moins une fois par mois dans tous les bois et remises, afin d'empêcher la trop grande production des lapins ;

4° De ne jamais chasser le faisan autrement qu'en présence et de concert avec M. A..., qui s'est réservé expressément le droit exclusif de chasser ce gibier;

5° De détruire tous les animaux malfaisants ou nuisibles qui pourraient se trouver dans les bois dont la chasse est louée à M. B...;

6° De payer toutes les indemnités qui pourraient être réclamées par les propriétaires des terres qui entourent les bois de..... pour raison des dégâts qui seraient commis par le gibier, quelle que soit la nature et l'importance des indemnités;

7° De ne pouvoir céder son droit au présent bail, en tout ou en partie, sans le consentement exprès et par écrit du bailleur;

8° Enfin de faire enregistrer le présent bail et d'en justifier au bailleur dans le délai de trois mois de ce jour, à peine de devenir seul responsable de tous droits et amendes.

Et, en outre, ce bail est consenti et accepté moyennant la somme de..... francs de fermage annuel, que M. B... s'est obligé de payer en numéraire à M. A..., en sa demeure à....., en un seul terme, le..... de chaque année, en sorte que le premier paiement aura lieu le.....

M. A... fait observer ici que par le bail qu'il a fait à M. C... de toutes les terres labourables, suivant acte passé devant Mᵉ....., il a accordé au fermier le droit de chasser personnellement seulement sur les terres labourables et les prés, mais que ce droit lui a été formellement interdit dans les bois. — M. B... sera tenu de souffrir l'exercice de ce droit.

Telles sont les conventions des parties qui, pour leur exécution, élisent domicile à la mairie de.....

Fait double à....., lesdits jour, mois et an, et signé, lecture prise.

(*Signatures.*)

BAIL de meubles ou droits incorporels. — On peut donner à bail des meubles comme des immeubles, et le louage des meubles est régi par les mêmes règles que celles des autres baux en général, sauf quelques exceptions.

Ainsi, contrairement à ce qui a lieu dans le louage d'immeubles où la preuve testimoniale est prohibée, elle peut être faite pour le louage de meubles.

Si le bail consistait en choses qui se consument par l'usage, la restitution devrait en être faite à l'expiration du bail, en choses de même nature, qualité et quantité.

Le détournement par le preneur des meubles qui lui ont été confiés constitue le délit d'abus de confiance. — Voy. *Abus de confiance.*

Les meubles loués doivent être détaillés et estimés soit dans le bail même, soit dans un état descriptif et estimatif dressé pour y être annexé ; mais lorsqu'il s'agit d'un bail sous seing privé, il paraît plus simple de décrire les objets dans le bail.

Nous en donnons une formule d'après ces principes.

Bail de meubles meublants.

Aujourd'hui.....

Les soussignés :

M. A..., demeurant à.....

Et M. B..., demeurant à.....

Ont arrêté ce qui suit :

M. A... a, par ces présentes, donné à loyer, pour une année qui commencera à courir le.....

A M. B..., qui a accepté,

Les meubles ci-après détaillés et estimés :

1° Une couche, un sommier élastique, un matelas, etc., le tout estimé à.....

2°.....

3°.....

Total de l'estimation.....

Ces meubles seront livrés à M. B..., le jour de sa mise en jouissance, dans l'état où ils se trouvent aujourd'hui, et seront transportés par ce dernier dans l'appartement qu'il occupe aux dépens d'une maison située à....., rue....., numéro.....

Ce bail a été fait aux conditions suivantes, que le preneur s'est obligé à exécuter:

1° D'employer les objets loués à l'usage auquel ils sont destinés, afin de les rendre à la fin du bail dans l'état où il les aura reçus, sauf les détériorations naturelles produites par l'usage, et de payer le prix d'estimation porté ci-dessus pour tous ceux qui seraient perdus, brisés ou mis hors de service ;

2° De ne pouvoir transporter lesdits objets dans un autre appartement, ni céder son droit au présent bail, en tout ou en partie, sans le consentement exprès et par écrit du bailleur ;

3° Enfin de faire enregistrer ces présentes à ses frais, et d'en justifier au bailleur dans le délai de trois mois de ce jour.

Et, en outre, ce bail a été fait moyennant..... francs de loyer annuel que le preneur s'est obligé de payer au bailleur en sa demeure ci-dessus indiquée ou, pour lui, au porteur de son pouvoir, en....., payements égaux de..... mois en..... mois, dont le premier aura lieu le....., le second le....., et ainsi de suite jusqu'à la fin du présent bail.

M. A... a reconnu avoir à l'instant reçu de M. B... la somme de..... francs pour..... termes d'avance dudit loyer, laquelle somme sera imputée sur les..... derniers mois de jouissance du présent bail, en sorte que l'ordre ci-dessus établi pour les premiers paiements ne sera point interverti.

Pour plus de sûreté de M. A..., il a été convenu que ces présentes seront notifiées à M. C..., propriétaire de la maison, rue....., afin qu'il ne puisse prétendre à aucun privilège sur lesdits meubles, et qu'il lui sera justifié de cette notification avant le transport des meubles dans ledit appartement.

Fait double à....., lesdits jour, mois et an, et signé, lecture prise.

(*Signatures.*)

BAIL de pâturage. — Convention par laquelle un propriétaire ou locataire d'un herbage s'oblige envers un autre d'y laisser paître tels ou tels bestiaux pendant un temps déterminé, moyennant tant par tête ou une somme fixe par année. — Dans ce cas, la garde des animaux reste à la charge du propriétaire, qui profite seul du laitage et du croît.

Ce bail est soumis aux règles des baux ordinaires. — Voy. *Bail.*

Toutefois, il a été jugé que la convention faite moyennant tant par tête ne donne au propriétaire de l'herbage qu'un droit de rétention sur les animaux, et non un privilège pour le paiement de ce qui lui est dû. —*Arr. Caen,* 13 déc. —9 *fév.* 48.

BAIL de pêche. — Ce bail s'entend de celui qu'a le droit de consentir le propriétaire riverain d'un cours d'eau, ou des baux de pêche dans les étangs, rivières, réservoirs et bassins dépendant d'un domaine privé.

La pêche qui appartient à l'Etat dans les rivières et canaux navigables ou flottables ne peut être louée qu'administrativement, par voie d'adjudication publique.

Le bail de pêche consenti par les particuliers est soumis aux règles générales du louage. — Voy. *Bail.*

Nous en donnons une formule.

Bail de pêche.

Aujourd'hui.....

Les soussignés :

M. A..., demeurant à.....

Et M. B..., demeurant à.....

Ont arrêté ce qui suit :

M. A... consent bail pour..... années consécutives qui commenceront à courir le..... et finiront le.....

A M. B..., ce acceptant,

Du droit entier et exclusif de pêche sur un étang de la contenance de..... hectares, situé sur la commune de... . appelé l'Étang..... que le preneur a déclaré parfaitement connaître, et dont il a vérifié la contenance.

Le présent bail a été fait sous les formes et conditions suivantes, que le preneur s'est obligé d'exécuter et auxquelles il a promis de se conformer :

1° D'entretenir les chaussées, la digue, les vannes et écluses en bon état pendant tout le temps du bail, et de les rendre à la fin de la jouissance exemptes de toutes réparations;

2° De curer ledit étang à ses frais, toutes les fois que ce travail sera exigé par l'autorité, soit par mesure de salubrité, soit pour tout autre motif;

3° De demeurer garant et responsable de toutes les indemnités qui pourraient être réclamées par les voisins et propriétaires des fonds inférieurs, par suite de crue extraordinaire, inondation, débordement, et généralement tout accident ou dommage causé par les eaux;

4° De jouir par lui-même du droit au présent bail, sans pouvoir le céder à qui que ce soit pour tout ou partie de sa durée ;

5° De ne pouvoir pêcher entièrement plus d'une fois par année dans le courant du mois de mars, ni jeter l'épervier dans les mois d'avril, mai et juin ;

6° De rejeter dans l'étang, lors de la pêche, tous les poissons qui ne pèseraient pas au moins....., ces poissons devant être conservés pour repeupler;

7° Enfin, de faire enregistrer le présent, et d'en justifier au bailleur dans le délai de trois mois de ce jour.

Et, en outre, ce bail est fait moyennant la somme de..... francs de fermage annuel que le preneur s'est obligé de payer au bailleur en sa demeure à....., en un seul terme, le..... de chaque année, en sorte que le premier payement aura lieu le....., le second le....., et ainsi de suite jusqu'à la fin du bail.

Les parties ont évalué, mais seulement pour la perception des droits d'enregistrement; la charge imposée au preneur de faire toutes les réparations à..... francs par an.

Telles sont les conventions des parties.
Fait double à....., lesdits jour, mois et an, et signé, lecture prise.
(*Signatures.*)

BAIL d'un appartement meublé. — Ce bail comprend à la fois l'immeuble et les meubles qui le garnissent.

Il est dès lors régi en général, par rapport à l'immeuble, par les règles des baux à loyer, et suit par rapport aux meubles les dispositions concernant les baux de meubles. — Voy. *Bail.* — *Bail de meubles.*

Le bail d'un appartement meublé est censé fait à l'année quand il a été fait à tant par an; au mois, quand il a été fait à tant par mois; au jour, s'il est fait à tant par jour. — *C. civ.* 1750.

A Paris, à défaut de convention, l'usage des lieux est de considérer les appartements garnis comme loués pour 15 jours.

Le congé doit être donné, savoir :
Pour les logements au jour, le jour même de la sortie, avant midi.
Pour ceux à la semaine, le quatrième jour après l'entrée, avant midi.
Pour ceux à la quinzaine, le huitième jour après l'entrée, avant midi.
Et pour les logements au mois, le quinzième jour après l'entrée, avant midi. — Voy. *Congé de location.* — *Usages locaux (Congé de location).*

BAIL d'ouvrage ou d'industrie. — Convention par laquelle l'un des contractants s'oblige à exécuter quelque ouvrage pour l'autre, moyennant un prix convenu entre eux. — *C. civ.* 1710.

On distingue trois espèces principales de louage d'ouvrage ou d'industrie : 1° le louage des gens de travail qui s'engagent au service de quelqu'un, tels que les ouvriers et les domestiques; 2° celui des voituriers tant par terre que par eau, qui se chargent du transport des marchandises; 3° celui des entrepreneurs d'ouvrages par suite de devis ou marchés. — *C. civ.* 1779.

Il y a encore le contrat d'apprentissage qui est une autre espèce de louage d'industrie, dont le Code ne parle pas, bien qu'il soit d'un usage assez fréquent. Ce louage est régi par les usages locaux. — Voy. *Brevet d'apprentissage.*

Le louage des services et d'ouvrage est parfait par le seul consentement des parties.

On ne peut engager ses services qu'à temps et pour une entreprise déterminée: tout engagement contraire serait nul.

Les gens de travail loués pour un ouvrage particulier, quoique payés à tant par jour, sont engagés jusqu'à la fin de l'opération.

Si l'engagement n'a pas été fait pour un temps déterminé, les maîtres et domestiques peuvent se donner congé dans le délai fixé par l'usage : ce délai est généralement de huit jours. — Les laquais, cuisiniers, femmes de chambre, servantes, etc., ne sont pas censés engagés pour un temps déterminé, quoique payés à tant par an ou à tant par mois; mais les domestiques attachés à la culture des terres sont censés engagés pour un an, et ne peuvent ni quitter ni être renvoyés avant la fin de l'année, sans que cela puisse donner lieu à un action en dommages-intérêts de part ou d'autre, à moins qu'il n'existe des motifs graves.

La preuve du louage et des salaires convenus ou payés à valoir peut être faite par témoins, par l'une ou l'autre des parties, lorsque la valeur n'excède pas cent cinquante francs. — *L. du 2 août* 1868.

Les juges de paix sont compétents pour connaître sans appel, jusqu'à ladite valeur de cent cinquante francs, et à charge d'appel à quelque valeur que la demande puisse monter, du paiement des salaires des gens de travail, des gages des domestiques, et de l'exécution des engagements respectifs des maîtres et de leurs domestiques ou gens de travail.

BAIL de voituriers par terre et par eau. — Ce genre de bail rentre dans la catégorie du louage d'ouvrage ou d'industrie, bien que ce soit un marché à part. — Voy. *Transport par terre et par eau.*

BAIL emphytéotique. — Convention par laquelle un propriétaire concède à un tiers pour un temps très long, mais qui ne peut excéder quatre-vingt-dix-neuf ans, un terrain productif ou non, à l'effet par le preneur d'en jouir moyennant un prix déterminé ou une redevance annuelle, sans pouvoir en être dépossédé, si ce n'est en cas de non-paiement. — *Troplong.*

Les baux emphytéotiques ont rarement lieu entre particuliers ; mais l'État et l'Administration font fréquemment des concessions à ce titre aux sociétés et entrepreneurs.

Au reste, le bail emphytéotique étant soumis aux mêmes droits d'enregistrement que la vente, il est beaucoup plus simple d'acquérir moyennant une rente que de recourir à ce bail, à moins qu'on ne traite avec des établissements ou des particuliers n'ayant pas capacité pour aliéner.

BAIL maritime. — On appelle ainsi le louage des navires, de même que celui des matelots et autres personne de l'équipage.

Dans ce genre de location, le propriétaire du navire, c'est-à-dire le bailleur, se nomme *fréteur*, et le preneur prend la dénomination d'*affréteur.*

Le loyer est appelé *fret* ou *nolis.*

Le bail se fait soit moyennant un prix déterminé pour tout le voyage, soit à tant par mois pour la totalité du navire ou pour une partie seulement.

Il doit avoir lieu par écrit. — *C. comm.* 273. — Voy. *Charte-partie.*

BAIL par adjudication. — C'est le bail fait aux enchères par le ministère d'un fonctionnaire ayant qualité.

Cette forme peut être adoptée par tout le monde.

Elle est obligée lorsqu'il s'agit des biens de l'Etat ou appartenant aux établissements publics.

Les effets des baux par adjudication sont les mêmes que ceux des baux ordinaires. — Voy. *Bail.* — *Bail administratif.*

BAIL par licitation. — Se dit du bail qui a lieu aux enchères, lorsque les copropriétaires d'immeubles à louer ne s'accordent pas sur le prix et les conditions du bail, ou sur le choix d'un locataire ou fermier.

Ce bail, s'il a lieu du consentement mutuel des intéressés, n'est soumis à aucune forme particulière, et rentre dans la catégorie des baux ordinaires, à moins qu'il ne se trouve des incapables.

Dans ce dernier cas et dans celui où les parties mêmes capables ne pourraient s'accorder, il faudrait recourir aux formes judiciaires.

BAIL partiaire. — C'est celui par lequel le propriétaire d'une métairie la donne à cultiver à un *métayer* ou *colon partiaire,* sous la condition du partage des fruits qu'elle produira ; c'est, en un mot, une espèce d'association entre le bailleur et le preneur ; l'un apporte la chose, l'autre son industrie, et ils partagent les fruits, le croît et autres revenus.

Ce bail est d'un fréquent usage dans certaines parties de la France où on le désigne sous les noms de *Bail à colonage.* — *Bail à grangeage.* — *Bail à métairie.* — *Bail à moitié fruits.*

Cette dernière désignation est la plus commune et la mieux appropriée, puisque le partage des fruits se fait ordinairement par moitié. Mais on peut convenir de les partager dans des proportions différentes.

Le bail partiaire a certains caractères du bail à ferme et tient du cheptel à moitié. — Voy. *Bail.* — *Bail à cheptel à moitié.*

Mais il se compose en outre de diverses conventions qui lui sont propres : ainsi le propriétaire fournit ordinairement, outre les bâtiments d'exploitation, les semences, les bestiaux et les instruments aratoires qui sont estimés par experts à l'entrée du preneur, de même qu'à sa sortie. S'il y a une différence en plus, le propriétaire paie au métayer la portion qui lui en revient, et si elle est en moins, celui-ci en paie sa part au propriétaire. — Il est encore d'usage que le bailleur prélève avant le partage, et indépendamment des semences, certaine quantité de grains pour faire face au montant de la contribution foncière.

Lorsque les parties ne tombent pas d'accord sur le choix des bestiaux qu'il faut vendre, ou sur la destination des terrains à telle ou telle culture, la volonté du bailleur est préférée.

Le colon ne peut employer les bestiaux à aucun autre usage qu'à la culture, ni faire aucun charroi sans le consentement du bailleur.

Lorsqu'il n'existe pas de convention fixant la durée de la jouissance, il doit être donné congé ou avertissement vers le mois de juin ; du moins tel est l'usage dans certaines localités.

Le bail partiaire n'est pas résolu par la mort du colon, mais il est d'usage de stipuler que la résiliation aura lieu, s'il ne laisse pas une veuve ou des enfants en état de continuer la culture.

Le propriétaire a un privilège sur la portion de fruits revenant au colon partiaire, pour toutes les obligations qui résultent du bail. — *D. N.*

BAIL sous seing privé. — On peut faire un bail par écrit ou verbalement, et conséquemment par acte sous seing privé. — Nous en avons donné diverses formules. — Voy. *Acte sous seing.* — *Bail.* — *Bail à cheptel.* — *Bail à ferme*, etc.

BAIL verbal. — Se dit de la convention verbale, c'est-à-dire sans écrit, par laquelle on peut louer tous meubles et immeubles. — *C. civ.* 1714.

Nous renvoyons au titre *Location verbale* pour tout ce qui concerne ce bail. — Voy. *Location verbale.*

BAILLEUR. — C'est celui qui donne à ferme ou à loyer. Par opposition, celui qui prend se désigne naturellement sous le nom de *preneur.* — Voy. *Bail.*

BAILLEUR de fonds. — Cette expression a plusieurs significations : elle désigne : 1° celui qui prête à un acquéreur les fonds nécessaires pour payer le prix de son acquisition ; 2° celui qui prête tout ou partie de la somme nécessaire à un titulaire d'emploi pour son cautionnement ; 3° celui qui fournit des fonds à un négociant pour former un établissement et qu'on nomme *commanditaire.* — Voy. *Vente.* — *Déclaration au profit d'un bailleur de fonds.* — *Privilège de second ordre.* — *Société.*

BAINS. — Les bains établis sur bateaux sont meubles, ceux établis sur terre sont immeubles. — *C. civ.* 531.

Les ustensiles tels que cuves, baignoires, etc., placés par le propriétaire du fonds suivent généralement le sort de l'établissement principal, et sont ou meubles ou immeubles par destination.

Toutefois, si les ustensiles n'étaient placés que par les locataires, ils ne seraient considérés comme immeubles qu'autant que le bail serait de l'espèce de ceux qui transfèrent la propriété. — Voy. *Meubles.* — *Immeubles.*

BALANCE. — Se dit, en matière commerciale, de la comparaison entre le *débit* et le *crédit* d'un compte, pour déterminer celle des parties qui se trouve débitrice ou créancière.

La balance d'un compte a pour but : 1° d'établir la situation des parties, et 2° de capitaliser les intérêts.

BALAYAGE. — Charge qui incombe aux propriétaires riverains des voies publiques, chacun au droit de sa façade, notamment dans les villes.

A Paris, la charge de balayage a été convertie en une taxe municipale obligatoire à la charge du propriétaire et dont le recouvrement a lieu comme en matière de contributions directes. — *L. du 26 mars* 1873.

Il en résulte que le locataire ne peut en être tenu qu'en vertu d'une clause expresse du bail.

BALCON. — Saillie en pierre ou en bois avec balustrade attachée à la façade des maisons, à la hauteur des fenêtres.

On ne peut établir un balcon qu'à deux mètres de distance entre le mur où il est attaché, et le terrain clos ou non clos d'un voisin.

La distance se compte, s'il y a balcons, depuis la ligne extérieure jusqu'à la ligne de séparation des deux propriétés. — *C. civ.* 678.

Toutefois, cette prohibition cesserait s'il existait une rue ou un chemin public entre les deux héritages, attendu que rien ne s'oppose à ce qu'il soit pratiqué des saillies sur les rues ou chemins publics, sauf l'autorisation du préfet, s'il s'agit d'une route nationale ou départementale ; ou du maire, s'il s'agit d'une voie publique communale.

Le balcon adossé contre le mur mitoyen doit être clos de murs ou cloisons, du côté des maisons ou héritages voisins. — Voy. *Alignement.* — *Vue.*

BALIVAGE. — Terme qui signifie le martelage de réserves qui se fait, chaque année, sur les arbres non compris dans les coupes et que l'on désigne sous le nom de *Baliveaux.* — Ce terme exprime à la fois le choix des arbres réservés et l'application du marteau. — Voy. *Bois.* — *Forêts.*

BALIVEAUX. — Arbres qui n'ont pas été coupés en même temps que le taillis et qu'on laisse croître en futaie.

BAN de moisson et de vendange. — On appelle ainsi l'arrêté que le maire de la commune a le droit de faire publier, et par lequel est fixée l'ouverture des vendanges ou autres récoltes à l'égard des vignes et terres non closes. — *L. du 6 oct.* 1791.

Il y aurait contravention en vendangeant avant le jour fixé, et les contrevenants seraient punis d'amende. — *C. pén.* 475.

Les bans de *fenaisons* et *moissons* sont également autorisés dans les lieux où l'usage en est reçu.

BAN (rupture de). — Fait, par un condamné, de se soustraire à la surveillance de la haute police.

La loi du 27 mai 1885, sur les récidivistes, a supprimé cette surveillance, mais l'article 45 du C. pénal, qui prononce un emprisonnement pouvant s'élever jusqu'à 5 ans, est applicable aujourd'hui à toute infraction à la défense faite au condamné de paraître dans les lieux dont l'interdiction lui a été signifiée. — Voy. *Récidive.* — *Récidiviste.*

BANCS d'église. — Il doit y avoir dans toutes les églises une place réservée pour les individus catholiques qui remplissent les fonctions d'autorités civiles et militaires. — *L. du 18 germ. an X.*

Dans les communes où le maire est la première autorité, il a seul droit à un banc et ce droit est tout personnel. Ainsi, quand il n'occupe pas sa place, il ne peut la céder à un autre. — *D. N.*

Les autres bancs et chaises sont loués ou concédés moyennant un prix annuel. — Voy. *Bail de banc.*

BANNISSEMENT. — Peine qui consiste dans le transport du condamné hors du territoire Français. — *C. pén.* 28.

La durée du bannissement est de 5 ans au moins et de 10 ans au plus. — *C. pén.* 32.

Le bannissement entraîne la dégradation civique, et emporte de plein droit la surveillance de la haute police pendant un temps égal à la durée du bannissement.

BANNIE. — Vieille expression, synonyme de *Criée.*

BANQUE. — Etablissement faisant des opérations commerciales. — *C. comm.* 632.

Les banques particulières, que l'on nomme *Banques à virement* ou *Banques à billets*, consistent à faire pour autrui des recettes et des paiements, à ouvrir des crédits, à escompter ou échanger des effets de commerce, coupons, bons de beurre et autres, moyennant l'intérêt légal et des droits de change, de commission, etc.

BANQUE COLONIALE. — Ces banques sont des établissements publics qui remplissent dans les colonies françaises le même but d'utilité que la Banque de France dans le continent.

BANQUE DE FRANCE. — La Banque de France (société anonyme) est une banque de circulation et de dépôt ayant le privilège exclusif des billets de circulation payables au porteur et à vue. — *L. du 24 germinal an XI.*

Le capital de cette banque est aujourd'hui de 182.500 actions d'une valeur nominative de 1.000 fr. chacune, soit 182.500.000 fr., non compris le fonds de réserves formé de parties des bénéfices. — Voy. *Actions de la Banque de France.*

La durée de son privilège expire le trente et un décembre mil huit cent quatre-vingt-dix-sept. Le maximum de l'émission de ses billets est de *trois milliards deux cents millions.*

Il existe aujourd'hui une succursale de la Banque de France dans chaque département.

La Banque de France est administrée par un gouverneur et deux sous-gouverneurs nommés par le chef de l'État, et par 15 régents et 3 censeurs, nommés par les actionnaires.

Les billets de banque en circulation sont de 1000 fr., 500 fr., 100 fr., 50 fr., 20 fr. et 5 fr.; mais les coupures de 20 fr. et 5 fr. sont actuellement retirées de la circulation au fur et à mesure de leur rentrée.

Ces billets n'ont pas cours forcé, mais la Banque en fait l'échange à présentation en espèces, or ou argent.

Elle ne peut refuser un paiement en numéraire, fût-ce même en pièces de cinq francs lorsqu'elles ont cours.

Lorsqu'un billet a été altéré par accident ou par l'usage, la banque le paie, pourvu qu'il soit reconnaissable, mais elle n'est pas tenue de payer au porteur les billets faux. — V. *Billets de banque.*

Bien que les billets portent un numéro d'ordre, il n'est pas reçu d'opposition à leur paiement, attendu qu'ils ont le caractère d'une monnaie.

La Banque a le droit de fixer à son gré le taux de ses escomptes et l'intérêt de ses avances.

Opérations.

Les opérations de la Banque de France consistent : 1° à escompter des effets de commerce à ordre à des échéances déterminées qui n'excèdent pas trois mois; 2° à recevoir en compte courant les sommes qui lui sont versées par des particuliers et des établissements publics; 3° à payer les dispositions faites sur elle ou les engagements pris à son domicile, jusqu'à concurrence des sommes encaissées; 4° à faire des avances sur effets publics, sur actions et obligations de chemins de fer français, sur obligations de la ville de Paris, et sur obligations du Crédit foncier; 5° enfin à tenir une caisse de dépôts volontaires pour tous titres et valeurs françaises et étrangères, au porteur et nominatives.

Les effets présentés à l'escompte doivent être garantis par trois signatures notoirement connues solvables.

Des dépôts.

Les dépôts volontaires que reçoit la Banque de France se composent des valeurs de toute nature françaises et étrangères au porteur et nominatives.

Le déposant paie un droit de garde annuel sur la valeur du dépôt.

Ce droit est fixé savoir :

Pour la rente consolidée perpétuelle, à dix centimes par 25 fr. ou fraction de 25 fr.

Pour la rente amortissable, les obligations et bons du Trésor, actions et obligations de toutes sortes, capitaux, etc., à vingt centimes par chaque action, obligation ou titre d'une valeur nominale de 1250 fr. et au-dessous;

A trente centimes pour ceux de 1251 fr. à 2000 fr., et ainsi de suite en augmentant de dix centimes par 1.000 fr. ou fraction de 1.000 fr.

Le minimum du droit est de un franc par dépôt, non compris le timbre.

Si le dépôt est retiré avant la fin de l'année, le droit reste acquis à la Banque.

Les dépôts de titres étant soumis à des conditions que les personnes qui remettent leurs titres en garde à la Banque acceptent par le fait du dépôt, nous indiquons celle ci-après comme étant les plus importantes : 1° les récépissés de dépôts sont nominatifs et non transmissibles ; 2° le dépôt qui n'est pas retiré au bout de l'année de garde est considéré comme renouvelé ; 3° La Banque ne vérifie pas si les titres remboursables sont sortis aux tirages ; 4° elle ne correspond pas avec les déposants qui doivent se présenter eux-mêmes ou se faire représenter ; 5° elle encaisse gratuitement les arrérages, dividendes et intérêts des valeurs payables à Paris ; 6° moyennant provision et un droit de commission, la Banque opère les versements appelés sur les valeurs non libérées ; 7° enfin, les demandes de retrait doivent être faites par écrit.

BANQUEROUTE. — Etat ou délit du commerçant failli, qui, dans ses opérations, a commis des fautes graves, ou s'est livré à des actes frauduleux. — *C. comm.* 438 *et suiv.*

Il y a deux sortes de banqueroute : 1° la banqueroute simple, qui a lieu lorsque les fautes du failli ne résultent que du défaut d'ordre ou d'une mauvaise administration, ce qui est un délit de la compétence des tribunaux correctionnels ; et 2° la banqueroute frauduleuse, qui est le résultat du dol ou de la fraude, c'est-à-dire lorsque le failli a détourné des valeurs, qu'il a fait de fausses déclarations, en un mot lorsqu'il a voulu tromper ou frauder ses créanciers ; cette dernière est un crime de la compétence des Cours d'assises.

Le banqueroutier simple peut obtenir un concordat et peut être réhabilité. Au contraire, le banqueroutier frauduleux est privé de ces avantages.

De la déclaration de faillite.

Tout failli est tenu, dans les trois jours de la cessation de ses paiements, d'en faire la déclaration au greffe du Tribunal de commerce. Le jour de la cessation de paiement est compris dans les trois jours.

La déclaration du failli doit être accompagnée du dépôt du bilan, ou contenir l'indication des motifs qui empêcheraient de le déposer. — *Voy. Bilan.*

La faillite est déclarée par jugement du Tribunal de commerce, rendu, soit sur la déclaration du failli, soit à la requête d'un ou plusieurs créanciers, soit même d'office. — Ce jugement est exécutoire provisoirement.

Des effets de la déclaration de faillite.

Le jugement déclaratif de faillite emporte de plein droit, à partir de sa date, dessaisissement pour le failli de l'administration de tous ses biens, même de ceux qui peuvent lui échoir tant qu'il est en état de faillite. A partir de ce jugement, toute action mobilière ou immobilière ne peut être suivie que contre les syndics.

Le jugement déclaratif de faillite rend exigibles à l'égard du failli les dettes passives non échues.

Il arrête, à l'égard de la masse des créanciers seulement, le cours des intérêts de toute créance non garantie par privilège, nantissement ou hypothèque.

Tous actes translatifs de propriété mobilière et immobilière, à titre gratuit ; tous paiements, soit en espèces, soit par transport, vente, compensation, ou autrement pour des dettes non échues ; tous paiements faits autrement qu'en espèces ou effets de commerce, de même que toute hypothèque conventionnelle et judiciaire et tous droits d'antichrèse ou de nantissement constitués sur les biens du débiteur pour dettes antérieurement contractées, sont nuls et sans effet relativement à la masse des créanciers, s'ils ont été faits par le débiteur depuis l'époque déterminée par le tribunal comme étant celle de la cessation de ses paiements, ou dans les dix jours qui auront précédé cette époque. — *D. N.*

Tous autres paiements faits par le débiteur pour dettes échues, et tous autres actes à titre onéreux par lui passés après la cessation de ses paiements, et avant le jugement déclaratif de faillite, pourront être annulés, si, de la part de ceux qui ont reçu du débiteur, ou qui ont traité avec lui, ils ont eu lieu avec connaissance de la cessation de ses paiements. — Voy. *Faillite*.

BANQUIER. — Commerçant qui reçoit des dépôts, ouvre des crédits, escompte et opère des recouvrements et paiements d'effets de commerce. — Voy. *Banque*.

BAPTÊME. — Le baptême doit être administré à l'église de la paroisse sur laquelle est né l'enfant ou à celle du domicile des parents.

L'enfant peut être baptisé avant ou après avoir été inscrit à la mairie ; les prénoms donnés à l'*église* ou à la *mairie* doivent être identiquement les mêmes, et être rangés dans le même ordre afin d'éviter des difficultés dans l'avenir.

Un extrait de l'acte de baptême doit être remis à la nourrice lorsque l'enfant s'éloigne de ses parents.

BARATERIE. — En terme de marine ce mot s'applique à toute prévarication et même à de simples fautes de la part du capitaine, maître, patron ou des gens de l'équipage. Il s'applique aussi à tout ce qui peut léser les intérêts du navire et du chargement. — *C. comm.* 353.

BARON. — Voy. *Noblesse*.

BARRAGE. — Construction transversale que l'on nomme aussi *Gord*, établie sur un cours d'eau pour en détourner ou augmenter la chute. — *E. N.* — Voy. *Eau. — Moulin*.

BARRE. — Terme de Palais employé pour désigner la clôture qui sépare le lieu où siègent les magistrats, de celui où siègent les plaideurs ou les prévenus.

BARREAU. — Se dit de l'ordre des Avocats, comme de la place qui leur est réservée au Palais. — Voy. *Avocat*.

BANS de mariage. — Se dit particulièrement des proclamations qui se font dans les églises, pour annoncer qu'il y a promesse de mariage entre deux personnes. Il est d'usage de désigner sous le même nom les publications qui doivent précéder la célébration du mariage civil, bien que le terme légal soit « publication ». — Voy. *Mariage*.

BATEAU. — Voy. *Bac. — Bail de bac. — Vente de navire*.

BATIMENT. — Ce mot s'entend généralement de toutes les constructions en pierre, bois, etc., établis pour l'usage et la conservation des choses.

La propriété du sol emporte la propriété du dessus et du dessous et par conséquent de toutes les constructions, plantations et ouvrages, sur ou dans l'intérieur du terrain, sauf preuve contraire. — *C. civ.* 552.

Le propriétaire du fonds a le droit d'acquérir au prix d'estimation les constructions ou plantations faites sur son terrain par un tiers, ou avec ses matériaux, ou d'obliger ce tiers à les enlever. — *C. civ.* 555.

BATIMENT commun. — Voy. *Etage*.

BATIMENTS civils. — Ce sont les monuments destinés à des usages publics non militaires, et qui appartiennent, soit à l'Etat, soit au département, soit à la commune.

BATIMENTS militaires. — Monuments et constructions destinés aux services publics militaires et qui appartiennent à la commune sous l'administration directe du Ministre de la guerre qui a le droit d'en disposer.

BATONNIER. — On nomme ainsi le chef de l'ordre des Avocats, qui préside le conseil de discipline dans chaque ressort de Cour d'appel ou de Tribunal.

Il est élu par ce conseil qui ne peut choisir qu'un de ses membres. — Voy. *Avocat*.

BATTUE. — Dans les forêts il doit être fait tous les trois mois au moins des chasses et des battues générales aux loups, blaireaux, renards et autres animaux nuisibles. — Voy. *Chasse*.

BAUX et locations. — Voy. *Bail*. — *Location verbale*.

BEAU-PÈRE, belle-mère, etc. — Ce sont les père et mère du mari ou de la femme. — Ces termes s'emploient également pour signifier le second conjoint du père ou de la mère.

On nomme aussi *beau-fils*, *belle-fille*, le gendre et la bru; *beau-frère*, *belle-sœur*, le frère et la sœur du mari ou de la femme. — Voy. *Alliance*. — *Allié*. — *Parenté*. — *Affinité*.

BÉNÉDICTION nuptiale. — C'est celle que donne le prêtre à de nouveaux mariés. Elle ne peut être donnée que sur la justification que le mariage civil a été contracté devant l'officier public. — Voy. *Mariage*.

BÉNÉFICE. — On entend par ce mot le profit obtenu dans une affaire ou l'avantage concédé par la loi ou par une convention : tels sont les bénéfices de cession, de division, de discussion et d'inventaire; et, relativement aux mineurs, les bénéfices de rescision et de restitution. — *E. N.*

Celui qui se trouve appelé à exercer un de ces bénéfices peut l'accepter ou le refuser.

Celui qui recueille un bénéfice doit aussi, comme conséquence, supporter les pertes.

BÉNÉFICE ecclésiastique. — On nomme ainsi les biens dont jouissent les curés et autres titulaires de fonctions ecclésiastiques.

BÉNÉFICE d'âge. — L'homme âgé de soixante-cinq ans accomplis peut refuser d'être tuteur, et celui nommé avant cet âge peut, à soixante-dix ans, se faire décharger de la tutelle. — *C. civ.* 433.

Il peut également se dispenser de remplir les fonctions de juré, lorsqu'il a atteint 70 ans.

BÉNÉFICE de cession. — Faculté que la loi accorde au débiteur malheureux et de bonne foi de faire l'abandon de ses biens à ses créanciers. — Voy. *Cession de biens*.

BÉNÉFICE de discussion. — Le bénéfice de discussion est un droit qui appartient aux cautions et aux tiers débiteurs, d'obliger le créancier à discuter préalablement les biens du débiteur principal, dès lors qu'ils n'ont pas renoncé à ce droit, et au cédant, d'obliger le cessionnaire à discuter d'abord les biens des débiteurs, avant de recourir contre le cédant. — Voy. *Obligation*. — *Solidarité*. — *Cautionnement*.

BÉNÉFICE de division. — Le bénéfice de division est la faculté accordée aux co-obligés non solidaires et aux cautions d'une même dette, de demander que le créancier divise son action contre eux, et ne leur réclame que leur part de la dette.

BÉNÉFICE d'inventaire. — Faculté que la loi accorde à tout héritier direct ou institué, d'accepter une succession sans être tenu des dettes au delà de la valeur des biens dont elle est composée. Les tuteurs des mineurs ou interdits ne peuvent accepter pour ces derniers autrement que dans cette forme. — *D. N.*

L'acceptation sous bénéfice d'inventaire implique la nécessité de faire dresser un inventaire, ou un état de l'actif et du passif de la succession, afin de savoir s'il est plus avantageux de l'accepter que d'y renoncer.

De la déclaration.

L'héritier qui entend ne prendre cette qualité que sous bénéfice d'inventaire doit en passer lui-même, ou par un fondé de procuration spéciale et authentique, la déclaration au greffe du Tribunal civil de l'arrondissement dans lequel elle est ouverte. — *C. civ.* 793.

Cette déclaration n'a d'effet qu'autant qu'elle est précédée ou suivie d'un inventaire fidèle et exact des biens de la succession, mais il est préférable de faire l'inventaire avant l'acceptation, afin que si la succession est mauvaise, l'héritier puisse renoncer au lieu d'accepter sous bénéfice d'inventaire, ce qui est beaucoup plus simple.

De l'inventaire et des délais pour délibérer.

L'inventaire doit être fait par un ou deux notaires, assistés d'un ou de deux experts, en présence du conjoint survivant, des héritiers présomptifs, de l'exécuteur testamentaire, des donataires ou légataires universels ou à titre universel.

L'héritier a trois mois pour faire inventaire, à compter du jour de l'ouverture de la succession. Il a de plus, à partir du jour de la clôture de l'inventaire, un délai de quarante jours pour délibérer sur son acceptation ou sa renonciation.

Il n'est pas nécessaire que l'inventaire soit précédé d'une apposition de scellés ; cependant tout héritier qui veut se mettre à l'abri du soupçon agira sagement en requérant cette formalité.

Pendant les délais pour faire inventaire et pour délibérer, l'héritier ne peut être contraint à prendre qualité, et il ne peut être prononcé de condamnation contre lui relativement à la succession. — S'il renonce avant ou après l'expiration des délais, les frais par lui faits légitimement jusqu'à cette époque sont à la charge de la succession.

Dans le cas où, pendant les délais ci-dessus, les créanciers viendraient à exercer des poursuites contre la succession, l'héritier pourrait les faire suspendre par l'exception dilatoire, c'est-à-dire qui a pour but de demander un délai.

L'héritier qui a omis sciemment de faire comprendre dans l'inventaire des meubles ou effets dépendant de la succession, ou qui s'est rendu coupable de recélé, est déchu du bénéfice d'inventaire.

S'il existe dans la succession des objets susceptibles de dépérir, l'héritier peut, en sa qualité d'habile à succéder, et sans être obligé de prendre qualité, se faire autoriser par justice à faire procéder à la vente de ces objets.

Des effets du bénéfice d'inventaire.

L'effet du bénéfice d'inventaire est de donner à l'héritier l'avantage de n'être tenu des dettes de la succession que jusqu'à concurrence de la valeur des biens qu'il a recueillis. Il peut même se décharger du paiement des dettes, en abandonnant tous les biens de la succession aux créanciers et légataires.

Cette qualité lui donne encore le droit de ne pas confondre ses biens personnels avec ceux de la succession, et de conserver contre elle le droit de réclamer le paiement de ses créances.

Il peut être tenu, si les créanciers ou autres intéressés l'exigent, de donner caution, gage ou hypothèque.

Il est chargé d'administrer les biens de la succession et doit rendre compte de son administration aux créanciers et légataires. — Enfin, il doit, ou délaisser les biens de la succession en en faisant l'abandon aux créanciers et légataires, pour se décharger du paiement des dettes, ou bien faire vendre lui-même lesdits biens dans les formes voulues par la loi, pour, avec le produit de ces ventes, acquitter les dettes et charges de la succession, jusqu'à due concurrence, après quoi il doit rendre compte. — Voy. *Compte de bénéfice d'inventaire.*

BÉNÉFICE de rescision et de restitution. — Droit accordé aux mineurs, aux interdits, aux femmes mariées et aux incapables en général, de se faire relever des conventions qu'ils auraient arrêtées et qui dépasseraient les limites de leur capacité. — *C. civ.* 1124, 1125, 1324 *et suiv.* — Voy. *Autorisation maritale.* — *Interdiction.* — *Lésion.* — *Mineur.*

BERGE. — Se dit du bord relevé ou escarpé d'un canal, d'une rivière, d'un chemin, d'un fossé.

BESOIN. — Terme employé en droit commercial. Ainsi, lorsqu'après avoir écrit sur une lettre de change, l'adresse de celui qui doit la payer, le tireur ajoute : *au besoin*, et l'adresse d'une autre personne, celle-ci doit payer à défaut de la première.

On peut même indiquer *au besoin* telle personne ou telle autre. Dans ce cas, le porteur doit se présenter chez chaque personne dans l'ordre où elle a été indiquée.

Le protêt doit être fait par un seul acte et le même jour, au domicile des personnes indiquées par la lettre de change pour la payer *au besoin*. — *C. comm.* 173.

BESTIAUX. — Animaux domestiques qui servent à la nourriture de l'homme et à la culture des terres.

Le gros bétail se compose des chevaux, bœufs, et vaches ; et le menu bétail, des moutons, brebis, porcs, chèvres.

Les bestiaux, considérés en eux-mêmes et séparément, sont meubles. — Voy. *Abandon d'animaux. — Animaux. — Délit rural. — Epizootie.*

BÉTAIL. — Voy. *Bestiaux.*

BIENS et choses. — En droit, ces expressions ont une signification différente.

Le mot *biens* comprend tout ce que l'homme possède en immeubles, en meubles, en argent, en créances, en un mot les choses qui sont l'objet d'une propriété publique ou privée.

Tandis que les *choses* sont tout ce qui, dans la nature, peut être de quelqu'utilité aux hommes, qu'il puisse être ou non possédé par eux, comme l'air, un monument, etc.

Les biens sont *corporels* ou *incorporels*, *meubles* ou *immeubles*

Les biens *corporels* sont ceux qui tombent sous nos sens, comme un champ, une pièce d'or, etc.

Les biens *incorporels* sont ceux dont l'existence ne se conçoit que par la pensée, comme un usufruit, une créance, une servitude, en tant toutefois qu'on les considère en eux-mêmes.

A l'égard des meubles, on distingue ceux qui se consomment par l'usage, et ceux qui ne sont pas consommés par l'usage auquel ils sont destinés. — Voy. *Biens meubles.*

Les immeubles sont ou *urbains* ou *ruraux.*

Les biens *urbains* sont les bâtiments destinés pour l'habitation et l'usage de l'homme, n'importe là où ils soient situés.

Les biens *ruraux* sont les champs ou terrains productifs, lors même qu'ils seraient situés à la ville. — Voy. *Meubles. — Immeubles. — Propriété. — Domaine. — Forêts.*

BIENS meubles. — Cette expression comprend généralement tout ce qui est censé meuble, d'après les règles établies par la loi. — *C. civ.* 535. — Voy. *Meubles.*

BIBLIOTHÈQUE. — Se dit tout à la fois de l'assemblage d'une certaine quantité de livres, et du lieu où l'on tient ces livres rangés en ordre, de même que du corps de la bibliothèque.

Les bibliothèques publiques appartiennent à l'État et aux communes, et sont l'objet de règlements particuliers.

Le mot *bibliothèque* employé dans un acte comprend les armoires et les livres ; cependant, pour éviter toute ambiguité, il sera plus prudent de se servir des mots *Bibliothèque* et *Corps de bibliothèque.*

Les bibliothèques ne peuvent être saisies que dans les limites posées par l'article 592 du Code de procédure. — Voy. *Saisie-exécution.*

BIEF. — Partie de rivière ou canal destiné à faire mouvoir un moulin. — Voy. *Moulin.*

BIENFAIT. — Avantage, libéralité, service accordé à une personne.

Les actes à titre gratuit ayant pour cause un service rendu sont des contrats de bienfaisance. — *C. civ.* 1105.

Le bienfait ne s'accorde qu'à celui qui le reçoit volontairement. — Voy. *Donation.*

BIENFAISANCE. — Voy. *Bienfait.* — *Donation.*

BIENS futurs. — S'entend des biens à venir.

Celui qui s'oblige est tenu de remplir son engagement sous l'obligation de tous ses biens présents et à venir. — *C. civ.* 2092.

Toutefois, les biens à venir ne peuvent être hypothéqués, à moins que ceux possédés par le débiteur ne soient insuffisants pour la garantie de sa dette, auquel cas, ce dernier peut, en exprimant cette insuffisance, consentir que chacun des biens qu'il acquerra par la suite y demeure affecté à mesure des acquisitions. — *C. civ.* 2130.

BIENS communaux. — Ce sont ceux auxquels les habitants d'une ou plusieurs communes ont un droit acquis. — *C. civ.* 542. — Voy. *Bail administratif.*

BIENS dotaux. — Ceux appartenant personnellement à la femme mariée sous le régime dotal.

Le mari seul a l'administration des biens dotaux pendant le mariage. — *C. civ.* 1549.

BIENS ecclésiastiques. — Ce sont ceux des chapitres, des séminaires, des curés, des fabriques, etc. — *D. N.*

Les églises protestantes et les synagogues juives peuvent aussi avoir des biens dont l'administration appartient aux consistoires. — *LL.* des 18 *germ.* an X et 8 *févr.* 1831.

Ces différents établissements forment des personnes *morales*, soumises à des règles analogues à celles prescrites aux communes et aux fabriques.

Les établissements ecclésiastiques reconnus par la loi peuvent accepter, avec l'autorisation du Gouvernement, toutes les donations qui leur sont faites par acte entre vifs ou de dernière volonté. Ils peuvent, avec la même autorisation, vendre ou acquérir des immeubles ou des rentes. — Voy. *Clergé.* — *Culte.*

BIENS de l'État. — Voy. *Domaine public.* — *Domaines nationaux.* — *Bail de biens de l'État.*

BIENS nationaux. — Voy. *Domaines nationaux.*

BIENS paraphernaux. — Voy. *Paraphernaux.* — *Régime dotal.*

BIENS tenant. — Terme qui désigne celui qui possède les biens d'une succession ou autres, affectés à une dette. — Voy. *Détenteur.* — *Tiers détenteur.*

BIGAMIE. — Crime qui consiste dans le fait de contracter un second mariage avant la dissolution du premier. — *E. N.* — Voy. *Mariage.*

Ce crime est puni des travaux forcés à temps.

La même peine est applicable à l'officier public qui procède à la célébration du mariage, avec connaissance de l'existence du premier. — *C. pén.* 330.

BIJOUX. — Voy. *Bagues et joyaux.*

BILAN. — État de l'actif et du passif d'un failli, rédigé par lui avant la déclaration de sa faillite, ou rédigé après déclaration en présence des agents. — *C. comm.* 470-472.

Le bilan doit contenir l'énumération et l'évaluation de tous les effets mobiliers et immobiliers du débiteur, l'état de ses dettes actives et passives, le tableau des profits et des pertes, le tableau des dépenses. Il doit en outre contenir tous les renseignements sur les causes et les circonstances de la faillite, et doit être certifié véritable, daté et signé par le débiteur.

Si ce dernier ne savait ou ne pouvait signer, il pourrait faire rédiger son bilan par un notaire, ou le faire dresser par un tiers, et le déposer, soit lui-même, soit par un fondé de pouvoirs, au greffe du Tribunal de commerce.

Dans le cas où le bilan n'aurait pas été déposé par le failli, les syndics le dresseraient immédiatement après leur entrée en fonctions, à l'aide des livres et papiers du failli et des renseignements qu'ils pourraient se procurer auprès de sa femme, ses enfants, ses commis et ses employés. — Voy. *Banqueroute.* — *Faillite.* — *Concordat.* — *Réhabilitation.*

Nous donnons ci-après une formule de bilan.

Bilan.

Bilan du s^r A..., marchand de...., demeurant à...., rue...... n°.....

Actif.

1° Argent comptant..	000
2° Meubles meublants, linge et argenterie	000
3° Marchandises en magasin évaluées à...........................	000
4° Fonds de commerce évalué à....................................	000
5° Une maison située à....., rue....., numéro....., évaluée à....	000
6° Bonnes créances :	
M. B........	
M. C........	
M. D........	000
M. E........	
7° Créances douteuses :	
M. F........	
M. G........	000
8° Mauvaises créances :	
M. H........	
M. I........	000
Total de l'actif....................	000

Passif.

1° Dettes privilégiées :		
M. L..., propriétaire de la maison, rue de...., pour loyers de ladite maison...	000	
Contributions..	000	000
Régie..	000	
2° Dettes hypothécaires :		
Somme restant due à M... sur la maison sise rue.............	0000	
Autre somme due à M.... suivant acte notarié du.............	0000	0000
3° Dettes chirographaires :		
Dû à M. M..., par billet à ordre qui écherra le...., une somme de..	000	
A M. N..., par autre billet à ordre à l'échéance de....., une somme de...	000	
A M. O..., pour fournitures de....., suivant notre compte courant arrêté le...	000	0000
A M. P..., pour..	000	
Enfin à M. R..., pour...	000	
Total du passif.....................		0000

Balance.

Le passif s'élève à...	0000
Et l'actif à...	0000
Déficit..............................	000

NOTES JUSTIFICATIVES.
Profits.

Les opérations du s^r S..., depuis qu'elles sont commencées, lui ont procuré un bénéfice de...	0000

Pertes.

Perdu dans la faillite du s^r S..		0000
Perdu dans la faillite du s^r T..		0000
Dépenses de maison depuis l'année....., époque à laquelle le s^r A... s'est établi..		0000
Totaux..............................	0000	0000

Résumé.

Les pertes et les dépenses ont été de...............................	0000
Les profits seulement de...	0000
Différence...........................	0000

Somme égale à l'excédent du passif sur l'actif
Le présent certifié sincère et véritable à......; le.....

(Signature.)

BILATÉRAL. — Contrat par lequel deux ou plusieurs personnes s'obligent réciproquement les unes envers les autres. On dit plus ordinairement contrat synallagmatique. — *C. civ.* 1102. — Voy. *Contrat.*

BILLARD. — Les billards publics ou privés sont soumis aux taxes ou impôts suivants :
A Paris, 60 fr. — Dans les villes au-dessus de 50.000 hab., 30 fr. — Dans les villes de 10.000 à 50.000 hab., 15 fr. — Partout ailleurs, 6 fr. — *L. du 16 sept.* 1871. — Voy. *Contributions publiques*, § 8.

Les possesseurs de billards publics ou privés doivent en faire la déclaration à la mairie, du 1er octobre au 31 janvier.

BILLET. — Le billet est en général un écrit sous seing privé, portant promesse de payer à quelqu'un une certaine somme, ou une chose appréciable, à une époque déterminée. — *D. N.*

Cette promesse se subdivise en plusieurs espèces, qui, chacune, ont reçu de l'usage une dénomination particulière indiquée par la nature spéciale de l'obligation.

Des billets simples.

Le billet simple est celui qui n'est payable qu'au créancier au profit duquel il est souscrit, si ce n'est par une cession signifiée au débiteur ou acceptée par lui.

Il doit être écrit en entier de la main du souscripteur, ou bien il faut que, outre sa signature, celui-ci ait écrit de sa main un *Bon* ou *Approuvé*, portant en toutes lettres la somme ou la quantité de la chose fournie. Exemple : *Bon pour*, ou *Approuvé pour* .....*francs*. Cependant, si le billet émane de marchands, artisans, laboureurs, vignerons, gens de journée ou de service, la loi n'exige pas la formalité du *Bon* ou *Approuvé pour*.....

Les billets simples ne sont pas susceptibles d'être protestés.

La prescription de trente ans est applicable au billet simple, alors même qu'il aurait été souscrit entre négociants et pour des opérations commerciales.

La reconnaissance de devoir une somme suffit pour faire condamner le débiteur à la payer ; cependant, pour éviter toute difficulté, il vaut mieux énoncer la cause.

Quant à la date, il est bon de la mettre en toutes lettres, bien que cette précaution ne soit pas indispensable, puisque le billet simple qui ne porterait aucune date ne serait pas absolument nul pour cela; mais cette omission serait une source de difficultés.

Des billets à ordre.

Le billet à ordre ou effet de commerce est celui par lequel le souscripteur s'engage à payer, sans condition, une certaine somme, non seulement à la personne au profit de laquelle il est nominativement fait, mais encore à *l'ordre*, c'est-à-dire au *tiers* à qui cette personne en transmet la propriété.

Cette propriété se transmet par la voie de l'endossement. — Voy. *Endossement.* — *Allonge d'un effet de commerce.*

Le billet à ordre doit être daté ; il énonce la somme à payer, le nom de celui à qui il est souscrit, l'époque à laquelle le paiement doit s'effectuer, la valeur fournie, soit en espèces, soit en marchandises, soit en compte, soit de toute autre manière.

Il est soumis à la formalité du *Bon* ou *Approuvé pour*..... *francs*, comme les billets simples, quand il n'est pas écrit de la main du souscripteur.

Toutes les dispositions relatives aux lettres de change et concernant l'échéance, l'endossement, la solidarité, l'aval, le paiement, le paiement par intervention, le protêt, la dispense de protêt, les devoirs et droits du porteur, le rechange et les intérêts, sont applicables aux billets à ordre. — Voy. *Lettre de change.* — *Protêt.* — *Endossement.* — *Aval.*

Mais il n'y a pas lieu à acceptation comme en matière de lettre de change.

Les juges peuvent accorder un délai pour le paiement d'un billet à ordre dont la cause n'est pas commerciale.

Lorsqu'un billet souscrit à l'ordre d'une personne est payable en un lieu autre que le domicile du souscripteur, c'est un billet à domicile, auquel du reste les règles du billet à ordre sont applicables.

Le défaut de paiement d'un billet à ordre doit être constaté par un protêt fait le lendemain de l'échéance. — *C. comm.* 162. — Voy. *Protêt*.

Le protêt fait courir de plein droit les intérêts au taux du commerce, du jour où il est notifié.

Si, dans les trois jours qui suivent celui de l'échéance, le billet n'est pas présenté et que le débiteur veuille se libérer, il est autorisé à déposer les fonds à la Caisse des consignations.

L'action relative aux billets ayant une cause commerciale se prescrit par *cinq ans*, à compter du jour du protêt ou de la dernière poursuite judiciaire.

Des billets à domicile.

Le billet à domicile est celui stipulé payable à un autre domicile que celui du souscripteur.

Le billet à domicile ne diffère en rien, au reste, du billet à ordre, si ce n'est qu'il doit être réclamé, non en la demeure de celui qui l'a souscrit, mais bien au domicile indiqué; c'est là aussi que le protêt doit être fait en temps utile, à défaut de quoi le porteur n'aurait pas de recours contre le tireur, si celui-ci justifiait qu'il avait fait les fonds.

Des billets au porteur.

On nomme billet au porteur celui qui n'indique pas pour créancier une personne déterminée, mais qui doit être payé à celui qui le présente. Tels sont les billets de la Banque de France et autres caisses autorisées à cet effet.

La transmission de ces billets se fait légalement de main en main.

Des billets de change.

Le billet de change est celui par lequel le souscripteur promet de payer une somme pour prix de lettres de change à lui fournir, ou celui par lequel il promet de fournir de pareilles lettres pour la valeur qu'il en aurait reçue.

Ce billet est simple ou à ordre, selon la forme dans laquelle il est fait.

Du timbre.

Les billets de toute nature, de même que les billets de change et tous autres effets négociables ou de commerce, sont sujets au timbre proportionnel. — Voy. *Timbre*.

Nous donnons ci-après plusieurs formules de billets.

I. — Billet simple.

Je soussigné A..., demeurant à....., reconnais devoir à M. B..., demeurant à....., la somme de..... francs qu'il m'a versée à titre de prêt, laquelle somme je m'engage à lui rendre et rembourser en son domicile le....., avec les intérêts qu'elle produira d'ici-là, à raison de cinq pour cent par an, à partir d'aujourd'hui.

A....., le.....

Bon pour..... francs.
(Signature.)

II. — Billet simple souscrit solidairement par un mari et sa femme.

Nous soussignés, A... et B..., mon épouse autorisée à cet effet, reconnaissons devoir à M. C... la somme de...... francs, qu'il nous a prêtée aujourd'hui, laquelle somme nous nous engageons conjointement et solidairement à lui rendre et rembourser en son domicile le...., avec les intérêts à cinq pour cent qu'elle produira d'ici-là, à partir d'aujourd'hui.

Fait à....., le.....

Bon pour..... francs.
(Signature du mari.)

Bon pour..... francs.
(Signature de la femme.)

III. — Billet à ordre.

Marseille, le 10 mai 1885. B. P. fr. 2100.

Au 22 août prochain, je paierai à M. B...., ou à son ordre, en son domicile à....., rue....., numéro....., la somme de deux mille cent francs, valeur reçue en marchandises.

Bon pour deux mille cent francs.
(Signature.)

IV. — Autre billet à ordre payable au domicile d'un tiers.

Rouen, le..... B. P. fr. 1000.

Fin janvier prochain, je payerai à M. B..., ou à son ordre, la somme de mille francs, valeur reçue comptant (ou en marchandises).

Payable au domicile de M. C..., négociant.

Bon pour... francs.
(Signature et adresse.)

V. — Billet au porteur.

Lyon, 14 août 1886. B. P. fr. 1200.

A présentation, je paierai au porteur du présent une somme de douze cents francs, valeur reçue en espèces.

Bon pour douze cents francs.
(Signature et adresse.)

BILLETS de banque. — Ce sont des billets de circulation au porteur et à vue émis par la Banque de France. — Voy. *Banque de France*.

Ces billets, bien que n'ayant pas cours forcé, sont généralement admis dans les paiements, et d'ailleurs la Banque est tenue d'en faire l'échange à présentation en espèces, à toute demande. — Toutefois, comme elle n'est pas tenue du remboursement des billets faux, nous indiquons ci-après un moyen de contrôle employé dans la majeure partie des établissements de crédit à l'aide duquel on peut s'assurer de la sincérité des billets que l'on reçoit.

MÉTHODE DE CONTRÔLE.

Pour contrôler l'authenticité de n'importe quel billet de banque, on commence par multiplier par 100 le numéro ou nombre de la *série*, c'est-à-dire celui précédé d'une lettre majuscule, puis l'on divise le produit par 4; du quotient obtenu, on soustrait ensuite le nombre indiqué en regard de la lettre majuscule qui précède le chiffre sur lequel on opère selon le *Tableau* ci-après; puis enfin, on ajoute à la suite de ce dernier résultat les chiffres formant le n° ou nombre existant du côté opposé à celui précédé d'une lettre, ce qui doit donner le nombre reproduit en petits caractères au milieu du billet entre les signatures.

Si on est pressé par le temps, on peut se borner à vérifier d'un coup d'œil, si les chiffres formant le n° ou nombre non précédé d'une lettre sont les mêmes que les derniers chiffres du nombre en petits caractères existant entre les signatures au milieu du billet, ces chiffres devant toujours être identiques; mais le premier moyen présente plus de certitude.

TABLEAU

A	B	C	D	E	F	G	H	J	K	L	M	N
25	24	23	22	21	20	19	18	17	16	15	14	13
O	P	Q	R	S	T	U	V	X	Y	Z	W	
12	11	10	9	8	7	6	5	4	3	2	1	

BILLET en blanc. — Voy. *Blanc seing*.

BILLET de prime — C'est celui par lequel un assuré s'engage à payer à l'assureur ou à son ordre le montant de la prime convenue pour l'assurance. — Voy. *Assurance*.

BILLON. — Monnaie composée d'un alliage de différents métaux, dans lequel le cuivre domine, comme sont les pièces d'un, de cinq et de dix centimes. — Voy. *Monnaie*.

BIS. — Mot latin qui signifie *deux fois*, et que l'on a francisé pour désigner un double emploi fait par erreur dans une suite de numéros, et par là même éviter des corrections, souvent difficiles.

BISAÏEUL. — C'est le père du grand-père ou de la grand'mère, et qui nous est parent au 2ᵉ degré dans la ligne ascendante. — Voy. *Aïeul*.

BLÂME. — Sorte de censure établie par les règlements de certaines compagnies ou associations, et que l'on inflige aux membres prévaricateurs.

BLANC. — Se dit de l'espace, lacune ou intervalle non rempli dans le corps d'un acte.

Le nom du mandataire peut être laissé en blanc dans les procurations même notariées, rédigées en brevet; ce n'est pas là une lacune.

BLANC-seing. — On donne ce nom à la signature au-dessus de laquelle on laisse plus ou moins de blanc, et qu'on livre à la confiance d'un tiers pour y rédiger l'acte convenu et signé d'avance.

Le blanc-seing peut donner lieu aux plus graves abus; nous ne pouvons donc trop recommander de n'en user qu'avec la plus grande circonspection.

L'abus de blanc-seing constitue une escroquerie, et la loi prononce des peines sévères contre cet abus. — *C. pén.* 407.

BLOC. — Réunion de tous les objets, de tous les lots qu'on vend en masse. La vente en bloc est soumise à certaines règles. — *C. civ.* 1586.

La vente des marchandises qui ne sont pas vendues en bloc, mais au poids, au compte ou à la mesure, n'est point parfaite en ce sens que les choses vendues sont aux risques du vendeur jusqu'à ce qu'elles soient prisées, comptées ou mesurées. — Voy. *Vente*.

BLOCUS. — Investissement d'une place ou d'un port de mer pour empêcher d'y pénétrer. — *D. N.*

BOIS. — Terrain où sont plantés des arbres tels que chênes, ormes, sapins ou autres et que l'on nomme *futaie*, ou encore ceux que l'on nomme *taillis* que l'on coupe périodiquement, à neuf, douze ou quinze ans d'intervalle, selon l'usage des lieux.

Le mot *Bois* ne s'applique dans l'usage que lorsque le terrain planté est d'une médiocre étendue. — Si l'espace est considérable, c'est une forêt. — S'il est d'une petite étendue, c'est un bosquet, une remise, ou un bouquet de bois.

On peut au besoin connaître l'âge des arbres de haute futaie sciés par le pied, en comptant les cercles. (Autant de cercles, autant d'années.)

A l'égard des bois appartenant à l'État. — Voy. *Forêts*.

Nous donnons plus loin une formule de vente d'une coupe de bois taillis. — Voy. *Vente (contrat de)*, n° 3.

BOIS défensable ou en défends. — Un bois est défensable lorsque l'entrée des bestiaux y est autorisée; il est en défends quand cette entrée y est interdite. — Voy. *Forêts*.

BOIS mort ou mort-bois. — Le bois mort est celui qui a cessé de végéter. — On entend par *mort-bois* certains mauvais bois comme les ronces, les épines, le genêt, les aunes, etc. — Voy. *Forêts*. — *Usages*.

BOISSONS. — On comprend sous ce titre les vins, cidres, poirés, eaux-de-vie, esprits et liqueurs, et généralement tous les spiritueux classés dans les attributions de la Régie des contributions indirectes, et comme tels assujettis à des droits, soit lors de la fabrication, soit au moment de la vente, en exécution de la loi du 28 avril 1816 et des lois postérieures.

Droits de circulation.

Aucun enlèvement ou transport de boissons ne peut être fait sans déclaration préalable de l'expéditeur ou de l'acheteur au bureau de la Régie, et sans que le conducteur soit muni d'une expédition, *congé*, *acquit-à-caution* (ou *passavant*), selon les cas. — Néanmoins on tolère aux voyageurs le droit de porter trois bouteilles pour leur usage, sans expédition ; — mais le citadin qui revient de sa maison de campagne ne peut user de ce droit. — *Cass.*, *18 nov. 1820.*

Il suffit d'une seule expédition pour plusieurs voitures ayant la même destination et marchant ensemble.

Les propriétaires, fermiers ou autres récoltants qui font transporter des vins, cidres ou poirés, de leur pressoir ou d'un pressoir public à leurs caves ou celliers, ou de l'une à l'autre de leurs caves dans l'étendue d'un même arrondissement ou des cantons limitrophes de l'arrondissement où la récolte a été faite, qu'ils soient ou non dans le même département, ne sont tenus de se munir que d'un passavant dont le coût est de cinquante centimes, timbre compris.

Il en est de même pour les boissons de même espèce qu'un colon partiaire, fermier ou preneur emphytéotique à rente, remet au propriétaire ou reçoit de lui dans les mêmes limites, en vertu de baux authentiques ou d'usage notoires.

Dans les cas autres que ceux déterminés ci-dessus, l'expéditeur est tenu de payer les droits de circulation et de se munir d'un *congé* s'il s'agit de vins, cidres ou poirés, et d'un *acquit-à-caution* s'il s'agit d'eaux-de-vie, d'esprits ou de liqueurs. Les droits de *congé* sont exigibles au moment même de sa délivrance, mais ceux relatifs à l'*acquit-à-caution* ne sont exigibles qu'au lieu de destination. — Voy. *Congé. — Acquit-à-caution.*

Tarif des droits de circulation.

Ce droit est perçu sur les vins, cidres, poirés et hydromels, en principal, et par chaque hectolitre selon le tarif ci-après.

Vins en cercles à destination des départements : 1re classe, 1 fr. 20 ; — 2me classe, 1 fr. 60 ; — 3me classe, 2 fr. ; — 4me classe, 2 fr. 40.

Vins en bouteilles, quelque soit le département, 15 fr.

Cidres, poirés et hydromels, 1 fr.

Le droit général de consommation par hectolitre d'alcool, dans les eaux-de-vie, liqueurs et absinthes, en cercles et en bouteilles, est fixé à 125 fr. en principal, soit 1 fr. 25 par litre de 50 degrés centésimaux, plus les décimes.

Les vins d'une force alcoolique supérieure à 15 degrés sont passibles du double droit de consommation, d'entrée ou d'octroi, pour la quantité d'alcool comprise entre 15 et 21 degrés. Ceux d'une force alcoolique supérieure à 21 degrés sont imposés comme alcool pur.

Le droit à la fabrication des bières est porté, pour la bière forte, à 3 fr. 60 l'hectolitre (décimes compris), et pour la petite bière à 1 fr. 20.

Toute contravention aux droits de circulation est punissable de la confiscation des boissons et d'une amende de 100 fr. à 600 fr.

Droits sur la vente en détail et la consommation.

La vente en détail de vins, cidres, poirés, hydromels, eaux-de-vie, esprits ou liqueurs est soumise à un droit de 15 pour cent du prix.

Le droit général de consommation dû sur les eaux-de-vie et liqueurs adressées à des personnes autres que celles assujetties aux exercices des employés de la Régie est également de 15 pour cent. Dans les opérations de l'Administration des contributions indirectes, de même que dans les transactions privées, il ne peut plus être fait usage que de l'alcoomètre centésimal de *Gay-Lussac*, pour la constatation du degré des alcools et eaux-de-vie. — Voy. *Poids et mesures.*

Déclarations des débitants.

Les cabaretiers, aubergistes, restaurateurs et autres débitants de boissons doivent en faire la déclaration au bureau de la Régie avant de commencer leur débit, et prendre une licence.

Ils sont soumis aux visites et exercices des employés de la Régie, mais ils peuvent s'exonérer de cette charge au moyen d'un abonnement.

Droits de licence.

Le droit de licence à la charge des débitants de boissons et autres sont :

Pour les débitants de boissons : dans les communes au-dessous de 4000 âmes, 12 fr. — Dans celles de 4000 à 6000 âmes, 16 fr. — Dans celles de 6000 à 10.000 âmes, 20 fr. — Dans celles de 10.000 à 15.000 âmes, 24 fr. — Dans celles de 15.000 à 20.000 âmes, 28 fr. — Dans celles de 20.000 à 30.000 âmes, 32 fr. — Et dans celles de 30.000 à 50.000 âmes et au-dessus (Paris excepté), 40 fr.

Pour les brasseurs : dans les départements de l'Aisne, des Ardennes, de la Côte-d'Or, de la Meurthe, du Nord, du Pas-de-Calais, du Rhône, de la Seine, de la Seine-Inférieure, de Seine-et-Oise et de la Somme, 100 fr. — Dans les autres départements, 60 fr.

Pour les bouilleurs et distillateurs de profession : dans tous les lieux, 20 fr.

Et pour les marchands en gros de boissons : dans tous les lieux, 100 fr.

Eaux-de-vie.

Les propriétaires ou fermiers peuvent faire distiller le produit de leurs récoltes de vins, cidres et autres, sans être astreints à prendre une licence et sans être soumis à l'acquit des droits. Ils peuvent aussi vendre leurs eaux-de-vie sans être soumis à la patente, mais à charge d'acquitter le droit général de consommation en délivrant le congé.

Tout individu a le droit de faire distiller les vins et cidres provenant de récoltes achetées par lui en prenant une licence à cet effet, mais les employées de la Régie sont appelés dans ce cas à constater la quantité d'alcool et à percevoir le droit de consommation.

Droits d'entrée, passe-debout, transit et entrepôt.

Il est perçu un droit d'entrée au profit du Trésor dans les villes et communes de 4000 âmes et au-dessus, conformément au tarif ci-après, sur les boissons introduites ou fabriquées dans l'intérieur et destinées à la consommation.

Toutefois, les boissons introduites dans un lieu sujet aux droits d'entrée pour le traverser seulement, ou y séjourner moins de 24 heures, ne sont pas soumises aux droits, mais le conducteur est tenu d'en consigner le montant qui lui est rendu à la sortie ou de le faire cautionner, et de se munir d'un permis de passe-debout.

En cas de séjour des boissons au delà de 24 heures, le transit sera déclaré, et la consignation ou le cautionnement du droit d'entrée subsisteront pendant toute la durée du séjour.

Tout négociant ou propriétaire peut avoir un entrepôt dans un lieu sujet aux droits d'entrée, à la condition d'y faire conduire au moins 9 hectolitres de vin, 18 hectolitres de cidre ou poiré, ou 4 hectol. d'eau-de-vie ou d'esprit. A ce moyen, il ne sera tenu de l'acquit des droits qu'au fur et à mesure de la vente et pour les quantités non représentées.

Le droit d'entrée sur les vins, cidres, poirés et hydromels est perçu selon le tarif suivant :

POPULATION agglomérée DES COMMUNES	DROIT EN PRINCIPAL par hectolitre de vin en cercles et en bouteilles dans les départements de :				DROIT EN PRINCIPAL PAR HECTOLITRE de cidre, poiré ou hydromel
	1re classe	2e classe	3e classe	4e classe	
De 4.000 à 6.000 âmes..........	0,45	0,60	0,75	0,90	0,40
6.001 à 10.000 —	0,70	0,90	1,15	1,35	0,60
10.001 à 15.000 —	0,90	1,20	1,50	1,80	0,75
15.001 à 20.000 —	1,15	1,50	1,90	2,25	1,00
20.001 à 30.000 —	1,35	1,80	2,25	2,70	1,15
30.001 à 50.000 —	1,60	2,10	2,65	3,15	1,35
50.001 et au-dessus..........	1,80	2,40	3 »	3,60	1,50

Taxe spéciale pour Paris.

La taxe de remplacement perçue aux entrées de Paris est portée en principal par hectolitre : — pour les vins en cercles, à 9 fr. 50 ; — pour les vins en bouteilles, à 16 fr. 50 ; — pour les cidres en cercles et en bouteilles, à 4 fr. 75.

Dans les autres villes rédimées, la taxe de remplacement est accrue du montant de l'élévation des droits d'entrée.

Dans les droits et taxes ci-dessus ne sont pas compris les décimes en sus qui sont à ajouter.

Des contraventions.

Tous les employés de l'Administration des Finances, la gendarmerie, les gardes champêtres, tous les agents du service des ponts et chaussées, de la navigation et des chemins vicinaux, autorisés par la loi à dresser des procès-verbaux, peuvent verbaliser au cas de contravention aux lois sur la circulation des boissons.

La loi du 21 juin 1873 prononce la peine de 6 jours à 6 mois d'emprisonnement au cas de fraude dissimulée sous vêtements, ou au moyen d'engins, pour l'introduction ou le transport frauduleux d'alcools ou de spiritueux, soit à l'entrée, soit dans un certain rayon des lieux sujets au droit d'entrée.

BON. — Ce mot désigne dans les usages du commerce les billets à très courte échéance, faits pour balance de compte ou autres.

Dans une autre acception, il s'entend des *bons* du Trésor, et de ceux des caisses et administrations autorisées à en émettre.

On appelle aussi *Bon* ou *Approuvé*, l'approbation d'écriture. — Voy. *Acte sous seing.* — *Billet.*

BON père de famille. — Ces termes sont employés dans plusieurs articles du Code pour exprimer une sollicitude scrupuleuse.

L'obligation de jouir ou administrer en bon père de famille est en général imposée à tous les détenteurs des biens dont ils ne sont pas propriétaires : tels sont l'usufruitier, l'usager, le tuteur à l'égard des biens de son pupille, etc. — Celui qui ne remplit pas les obligations imposées au bon père de famille, ce qui est synonime de bon administrateur, s'expose ordinairement à des dommages-intérêts, et même à la résiliation des actes. — Voy. *Bail à ferme.* — *Tutelle.* — *Usage.* — *Usufruit.*

BONI. — Ce mot indique un bénéfice ou excédent de recettes en commerce et en finances, après prélèvement du passif, des frais et déboursés.

BONNE foi. — La bonne foi impose à ce point le respect que souvent on l'assimile au droit.

Celui qui ignore le tort qu'il peut avoir est de bonne foi.

La bonne foi est toujours présumée dans les conventions, de sorte que c'est à celui qui allègue la mauvaise foi à la prouver. — *C. civ.* 2268.

BONNES mœurs. — Les conditions illicites ou contraires aux bonnes mœurs, insérées dans les actes et contrats, sont nulles et réputées non écrites. — *C. civ.* 1133, 1172 *et* 1387.

BONS du Trésor. — Les bons du Trésor sont des effets à ordre ou au porteur à court terme, que le Trésor est autorisé à émettre pour les besoins des Finances et la facilité du service. — *L. du 4 août* 1824.

Ces *bons* à échéances fixes, et dont l'intérêt est variable, ne peuvent faire que l'objet de placements temporaires pour les capitaux disponibles, jusqu'au jour où on doit en faire un emploi définitif.

Ils expriment le total de la somme prêtée et des intérêts, de sorte qu'à l'échéance on reçoit le montant de la somme portée sur le *Bon.* — Voy. *Dette publique.*

BONS de poste. — Voy. *Poste.*

BORDEREAU. — Ce mot a reçu de l'usage diverses significations, selon qu'il est employé en pratique dans le commerce ou en matière d'administration.

Il désigne en pratique l'extrait ou l'analyse d'une opération ou d'un acte : tels sont les bordereaux de collocation, bordereaux d'inscription, etc.

Dans le commerce, le mot bordereau désigne, soit le résultat d'une opération commerciale, ou le mémoire des valeurs diverses qui composent une somme déterminée.

En matière d'administration, ce mot désigne l'état des paiements faits ou à faire délivrer à un bureau ou à une caisse.

BORDEREAU d'agent de change ou de courtier. — C'est celui qui indique le règlement ou arrêté qui constate les opérations de ces fonctionnaires. — *C. comm.* 109.

BORDEREAU de caisse. — État de recettes et de dépenses d'un comptable.

Le bordereau que le séquestre des biens d'un failli remet à des époques déterminées aux syndics de celui-ci est considéré comme bordereau de caisse ou mémoire n'établissant ni libération ni obligation.

BORDEREAU de collocation. — Titre exécutoire délivré par le greffier du Tribunal aux créanciers colloqués en ordre utile dans un ordre ou distribution du prix d'un immeuble. — Voy. *Contribution de deniers.* — *Ordre entre créanciers.*

BORDEREAU d'inscription. — On appelle ainsi l'état sommaire dressé pour être inscrit au bureau des hypothèques, d'une créance établie par titre authentique conférant hypothèque ou privilège sur les biens du débiteur. — Voy. *Inscription hypothécaire.*

BORNAGE. — Opération ayant pour objet de fixer la ligne séparative de deux terrains contigus, à l'aide de signes appelés *bornes.*

Ce terme est synonyme de délimitation.

Il s'applique à l'action qui tend à faire ordonner le bornage, aussi bien qu'au bornage lui-même.

Du bornage amiable.

Tout propriétaire peut obliger son voisin au bornage à frais communs de leurs propriétés contiguës. — *C. civ.* 646.

Ce droit appartient encore à l'usufruitier, l'usager, l'envoyé en possession définitive, etc. ; mais les administrateurs, tels que les maires, tuteurs de mineurs ou interdits, les envoyés en possession provisoire, le curateur d'un absent, le préfet pour les biens d'un département, doivent être autorisés.

Le droit de bornage est un droit absolu et imprescriptible, que toute personne peut invoquer contre son voisin. On peut même mettre en cause les propriétaires de fonds non contigus, et le juge de paix, s'il reconnaît que l'opération de mesurage et bornage ne peut se faire isolément, a le droit de l'étendre à tous les terrains compris dans le même tènement. — *Cass.*, 20 juin 1855 *et* 9 nov. 1857.

Si les parties sont d'accord et maîtresses de leurs droits, le bornage peut se faire à l'amiable et se constater par acte sous seing. — Voy. *Bornes.*

Les parties peuvent procéder seules au bornage, ou y faire procéder par un ou plusieurs arpenteurs nommés par elles. On doit s'occuper d'abord de l'examen des titres, on détermine ensuite l'étendue des propriétés d'après ces titres et la reconnaissance des anciennes bornes, s'il en existe. Les anciens fossés servent souvent de point de repère ; ils doivent être comptés à 1 mètre 66 centimètres à partir de la gueule du fossé ou terre vierge, y compris 66 centimètres de repare s'il s'agit de labours. Enfin, on pose les nouvelles bornes, et on dresse un acte constatant exactement l'emplacement des bornes établies. — Cet acte, une fois revêtu de l'approbation et de la signature des parties, fait foi pleine et entière de son contenu. — Pour éviter toute difficulté dans l'avenir, il est nécessaire d'annexer le plan des lieux à l'acte de bornage.

Celui qui aura déplacé ou supprimé des bornes, pieds corniers, ou arbres plantés ou reconnus pour établir des limites entre différents héritages, sera punissable d'un emprisonnement d'un mois à un an, et d'une amende de 50 fr. au moins. — *C. pén.* 456.

On entend par borne tout ce qui peut servir de limite ; ainsi un cours d'eau, un mur, un chemin, sont des bornes ; à défaut de limites de cette nature, on prend des pierres d'une certaine dimension qu'on plante debout, et qu'on enfonce ou enterre, en les laissant dépasser un peu le sol ; après avoir pris le soin de les entourer ou de déposer au-dessous des petites pierres, des briques brisées, crasse de charbons ou autres matières destinées à servir de *témoin*, c'est-à-dire à faire reconnaître au besoin ou la borne elle-même, ou l'endroit où elle a été placée.

L'acte de bornage doit contenir les noms des parties et de l'expert, les pouvoirs en vertu desquels celui-ci a opéré, la date de l'opération, la contenance et les confins des propriétés ; enfin, le nombre, la nature et la situation des bornes, ou le plan des lieux. — *D. N.*

Lorsque des accidents de terrain vulgairement appelés *arids*, *tertres*, *riballeys*, *rideaux*, *balmes* et *lisières* séparent deux héritages, dont l'un est plus élevé que l'autre, d'après l'usage on les donne au propriétaire du fonds inférieur, et on abandonne au propriétaire du fonds supérieur 66 centimètres pour que son terrain ne puisse s'ébouler ; toutefois, si ces tertres, rideaux ou lisières présentent un plan horizontal, on les partage par moitié, pourvu qu'il n'y ait ni titres, ni possession contraires.

Du bornage judiciaire.

Quand les parties ne sont pas d'accord ou qu'elles ne sont pas maîtresses de leurs droits, elles doivent recourir à la justice.

Le juge de paix connaît des actions en bornage, lorsque la propriété ou les titres qui l'établissent ne sont pas contestés. Il est encore compétent sur les questions en rétablissement de bornes déplacées dans l'année, que la propriété soit ou non contestée, car ce n'est là qu'une action possessoire.

En dehors de ces cas, le juge de paix ne pourrait rendre qu'un jugement d'incompétence, et ce serait au tribunal de première instance qu'il faudrait s'adresser.

La preuve testimoniale peut être admise en matière de bornage, bien qu'il s'agisse de valeurs supérieures à cent cinquante francs, s'il s'agit d'un fait personnel à l'une des parties, tel par exemple que la possession annale ou autre.

Nous donnons ci-après : 1° une formule de bornage pure et simple, pour le cas où les parties procèdent elles-mêmes ; 2° une formule de nomination d'experts-arpenteurs ; 3° enfin une formule de procès-verbal de bornage par l'expert, avec approbation par les parties.

Bornage simple.

Aujourd'hui.....
Les soussignés :
M. A..., demeurant à.....
Et M. B..., demeurant à.....
   Ont arrêté ce qui suit :
MM. A... et B... sont propriétaires de deux pièces de terre limitrophes situées à.....
Celle appartenant à M. A... est bornée au levant par celle appartenant à M. B...
Ces deux pièces de terre étant aujourd'hui sans délimitation certaine, MM. A... et B... ont résolu d'y placer eux-mêmes et d'un commun accord trois bornes pour les délimiter.
Ces bornes ont été placées comme il suit :
La première à deux mètres de l'angle des deux chemins dits de..... et de..... ; une seconde à quatre vingt-dix mètres de distance de la première sur la lisière du sentier conduisant à..... ; enfin la troisième à....., etc.
Ces bornes sont en pierre meulière et ont environ soixante centimètres de hauteur.
Il a été placé sous chacune d'elles environ un demi-litre de crasse de charbon pour témoin.
Et les soussignés ont accepté la délimitation déterminée par le présent procès-verbal de bornage et s'obligent à la maintenir.
Fait double à....., lesdits jour, mois et an, et signé, lecture prise.

(*Signatures*).

Nomination d'experts à fin de bornage.

Aujourd'hui.....
Les soussignés :
M. A..., demeurant à.....
Et M. B..., demeurant à.....
Ont dit et fait ce qui suit :
MM. A... et B... sont propriétaires de deux pièces de terre voisines situées à.....
La pièce appartenant à M. A... tient du levant à....., du midi à....., du couchant à....., et du nord à....;
Celle appartenant à M. B... est bornée au levant par....., au midi par....., etc.
Ces deux pièces de terre se trouvant aujourd'hui sans délimitation certaine, M. A... et M. B... ont résolu de les faire borner ; et à cet effet ils ont choisi d'un commun accord, comme expert-arpenteur M. G... à qui ils ont remis leurs titres de propriété.
Aux présentes, est intervenu M. G..., lequel, acceptant la mission à lui confiée, s'est chargé d'examiner les titres, de faire la reconnaissance des anciennes bornes, d'arpenter et borner lesdites pièces de terre, et de dresser procès-verbal du bornage en présence des parties.
MM. A... et B... s'engagent à s'en rapporter à la décision de l'expert, qui sera en dernier ressort et sans appel.
Fait triple à....., lesdits jour, mois et an, et signé, lecture prise.

(*Signatures.*)

Procès-verbal de bornage par expert.

Nous soussigné, G..., arpenteur-géomètre, demeurant à....., choisi d'un commun accord comme expert-arpenteur par MM. A... et B..., suivant acte sous seing privé en date du....., enregistré à....., le....., par le receveur qui a perçu les droits dus, avons, ainsi, qu'il va être expliqué, procédé au bornage de deux pièces de terre contiguës, appartenant aux sus-nommés, et sises sur le territoire de la commune de.....
La pièce de terre appartenant à M. A... tient vers le levant à ..., au midi à ..., au couchant à....., et au nord à.... ; elle contiendrait, d'après les titres de propriété, un hectare soixante-quinze ares dix-neuf centiares.
La pièce de terre appartenant à M. B... tient au levant à...., etc. Elle contiendrait également, d'après les titres de propriété, quatre-vingt-cinq ares vingt-deux centiares, ce qui ferait pour les deux terrains une contenance totale de deux hectares soixante ares quarante-un centiares.
Nous étant transporté sur les lieux le....., jour convenu avec les parties et en présence de celles-ci, nous avons procédé à l'arpentage des deux pièces de terre dont s'agit, et nous avons reconnu que la totalité du terrain contient deux hectares cinquante ares vingt-un centiares, au lieu de deux hectares soixante ares quarante-un centiares, que réclament les deux titres réunis, ce qui fait un déficit de dix ares vingt centiares.
Il était donc nécessaire de donner à chacune des deux pièces de terre une contenance moindre que celle indiquée par le titre, et de leur faire subir une réduction proportionnelle à leur étendue. En conséquence nous avons donné à la pièce de terre de M. A... la contenance de......... que ladite pièce doit avoir désormais, au lieu de un hectare soixante-quinze ares dix-neuf centiares réclamés par le titre; et à la pièce de terre de M. B..., nous avons donné la contenance de .... que ladite pièce de terre doit avoir maintenant, au lieu de quatre-vingt cinq ares vingt-deux centiares réclamés par le titre.
Et afin que lesdites propriétés soient à l'avenir délimitées d'une manière certaine et apparente, nous avons posé des bornes ainsi qu'il suit :
Pour la pièce de terre appartenant à M. A..., nous avons posé une première borne à l'angle formé par les deux chemins dits du Paistil-Vert et du Chemin-Vert, une seconde borne à cent mètres de distance de la première sur la lisière du sentier..... ; une troisième borne, etc., lesdites bornes figurées au plan ci-joint.
Pour la pièce de terre appartenant à M. B..., nous avons posé, etc.
Toutes ces bornes sont en pierre meulière et ont environ soixante centimètres de hauteur.
Nous avons placé sous chacune de ces bornes environ un demi-litre de crasse de charbon pour témoin.
En foi de quoi nous avons signé le présent procès-verbal pour valoir ce que de droit.
Fait à....., le.....

Signé : G..., arpenteur-géomètre.

Approbation.

Et ledit jour.....
Les soussignés :
M. A..., demeurant à...
Et M. B..., demeurant à...
Après avoir assisté au bornage opéré par M. G..., et avoir pris connaissance du procès-verbal ci-dessus et du plan y annexé.
Déclarent approuver ledit procès verbal, accepter la délimitation qu'il détermine et s'engager à la maintenir.
Fait double à....., le.....

(*Signatures.*)

BORNES. — Les bornes sont les signes apparents à l'aide desquels s'opère la délimitation de deux héritages contigus, et s'entend communément de pierres plantées debout et enfoncées en terre aux confins des deux héritages.

Dans certaines localités, on désigne les bornes sous les noms de *marques, mercqs, termes* et *devises*. — Voy. *Bornage*.

BOUCHER. — Commerçant qui achète des bestiaux pour en débiter et vendre la viande pour la consommation.

Le commerce de la boucherie, intéressant au plus haut point la salubrité publique, a été placé sous la surveillance de l'autorité municipale qui a qualité pour en réglementer l'exercice.

Les bouchers qui exposent en vente de la viande corrompue ou nuisible sont passibles d'amende et même d'emprisonnement, et il y a toujours lieu à confiscation et destruction de la viande de mauvaise qualité.

Dans certaines localités, la viande est taxée par l'autorité municipale, et les bouchers ne peuvent la vendre au delà du prix de taxe, sous peine d'amende et d'emprisonnement.

Les bouchers ont un privilège sur les meubles et immeubles de leurs débiteurs pour les fournitures de viande faites soit à eux, soit à leurs familles, pendant les six derniers mois. Toutefois, ce privilège ne vient qu'après les frais de justice, les frais funéraires, les frais de dernière maladie et les gens de service.

L'action du boucher contre son débiteur se prescrit par un an.

BOUCHES-du-Rhône. — Le département des Bouches-du-Rhône est un de ceux que forment la Provence, le territoire d'Avignon et le comtat Venaissin.

Chef-lieu : Marseille.

Cour d'appel : Aix.

Ce département est borné : à l'Est par le Var ; au Sud par la Méditerranée ; à l'Ouest par le Gard, et au Nord par le Vaucluse.

Il est divisé en 3 arrondissements, 27 cantons et 108 communes.

Superficie : 508.055 hectares.

Impôt foncier : 2.539.735 fr.

Population : 604.857 hab.

BOUILLEURS de cru. — Une loi du 2 août 1872 avait soumis les propriétaires qui distillent les produits de leurs récoltes de vins, cidres et autres, à l'acquit des droits et à l'exercice des employés de la Régie ; mais cette loi a été rapportée et ils en ont été dispensés par la nouvelle loi du 14 décembre 1875. — Voy. *Boissons*.

BOULANGER. — C'est le commerçant qui vend le pain qu'il fabrique avec les grains et farines qu'il achète.

Le commerce de la boulangerie est, comme celui de la boucherie, et pour les mêmes motifs de salubrité publique, placé sous le contrôle de l'autorité municipale, qui a également qualité pour en réglementer l'exercice.

Le nombre des boulangers n'est pas limité ; mais nul ne peut s'établir en cette qualité sans une permission du maire de sa localité. A Paris, cette permission est délivrée par le préfet de police.

Le prix du pain est taxé en province par les maires, et à Paris par le préfet de police, d'après l'apprécie du prix des grains et farines.

Les boulangers sont tenus de peser les pains sur la réquisition du consommateur, et d'avoir à cet effet, dans le lieu le plus apparent de leur boutique, des balances et un assortiment de poids métriques poinçonnés.

Sont passibles d'amende et même d'emprisonnement en cas de récidive : 1° les boulangers qui vendent des pains nuisibles à la santé ; 2° ceux qui emploient d'autres poids que ceux légaux ; 3° ceux qui font payer au delà des prix de taxe.

Les boulangers ont un privilège sur les biens meubles et immeubles de leurs débiteurs, à raison des fournitures faites soit à eux, soit à leur famille, pendant les six derniers mois, mais dans le même ordre que les bouchers seulement, et leur action, comme celle de ces derniers, pour se faire payer de leurs fournitures, se prescrit par un an.

BOURSE commune. — C'est la mise de fonds faite en commun, par les membres d'une même corporation, de partie de leurs droits ou vacations, pour subvenir à des dépenses communes autorisées par la corporation.

BOURSES de commerce. — Réunions, autorisées par le Gouvernement, des *agents de change, courtiers* et *commerçants,* pour se livrer dans un local *ad hoc,* et à des heures et jours déterminés, à des négociations commerciales. — Ce terme s'emploie aussi pour désigner le lieu de cette réunion.

Les bourses de commerce sont des marchés publics ouverts à tout le monde, excepté aux femmes, aux faillis non réhabilités et aux personnes condamnées à des peines afflictives ou infamantes, là où se négocient particulièrement les titres des rentes sur l'Etat, actions, obligations et valeurs industrielles de toute espèce. C'est la négociation de ces titres qu'on entend par opérations de Bourse.

A la Bourse de Paris, les effets publics et les effets particuliers susceptibles d'être cotés sont exclusivement négociés par les agents de change, au nombre de 60.

Les négociations ont lieu tous les jours *non fériés,* de une heure à trois, dans un espace réservé appelé *Parquet.* — Un crieur annonce à haute voix le cours, c'est-à-dire le prix des effets négociés. Après la clôture de la Bourse, les agents de change constatent et fixent entre eux le cours authentique de ces effets.

Il est expressément interdit aux agents de change de faire aucune opération de Bourse pour leur compte personnel.

Les bourses de commerce sont, à Paris, sous le contrôle du préfet de police, et en province sous celui des maires et officiers de police. — Voy. *Agents de change.* — *Actions.* — *Marché ferme.* — *Marché à terme.* — *Marché à prime ou libre.* — *Rentes sur l'Etat.* — *Placement en valeurs mobilières.*

BRANCHE. — Se dit en droit d'une famille par rapport à une autre famille descendant du même auteur. — Voy. *Parenté.* — *Succession.*

BRANCHES d'arbres. — Voy. *Elagage.*

BRASSEUR. — On appelle brasseur celui qui fabrique la bière.

Les brasseurs sont tenus avant toute fabrication de prévenir les employés de la Régie pour qu'ils puissent les surveiller et vérifier leurs produits.

Ils doivent placer au-dessus de leur porte une enseigne portant le mot : brasseur ou brasserie, apposer une marque particulière sur leurs tonneaux, et se soumettre, à toute réquisition, à l'exercice des employés.

Les brasseries sont classées parmi les établissements dangereux.

Aucune brasserie ne peut être établie sans une permission des préfets ou sous-préfets, et du préfet de police à Paris.

Les bières ne sont passibles que d'un droit de fabrication qui est de 2 fr. 40 par hect. sur la bière forte, et de 60 c. sur la petite bière, quel que soit le prix de vente.

A Paris et dans les villes de 30.000 âmes et au-dessus, la Régie peut faire un abonnement général d'une année pour le droit de fabrication.

Les particuliers qui fabriquent de la bière pour leur consommation sont passible des mêmes taxes que les brasseurs de profession.

Toute contravention est punie d'une amende de 200 à 600 fr., et les bières trouvées en fraude sont saisies et confisquées. — Voy. *Boissons.*

BREF délai. — Abréviation des délais ordinaires.

L'assignation à bref délai est celle donnée, par suite de permission du juge, à un jour plus rapproché que le délai ordinaire. — Voy. *Délai.* — *Exploit.*

BREVET. — Se dit du titre qui confère à un titulaire un emploi ou un grade, ou alloue une pension.

BREVET (Acte en). — C'est l'acte notarié dont on ne conserve pas minute et dont on délivre l'original, tels que les certificats de vie, procurations, quittances de fermages, décharges, consentements à mariage et autres actes simples.

BREVET d'apprentissage. — Le brevet d'apprentissage est un contrat qui tient du louage d'ouvrage ou d'industrie, et par lequel un fabricant, un chef d'atelier ou un ouvrier, s'oblige à enseigner la pratique de sa profession à une autre personne, qui s'oblige en retour à travailler pour lui pendant un certain temps, aux conditions convenues. — *L. du 22 février 1851.*

Si l'apprenti est mineur, le contrat ne peut être consenti par lui qu'avec le concours, soit de son tuteur, soit de ses père et mère ou de la personne autorisée par ses parents, et à leur défaut par le juge de paix. — *D. N.*

Le mineur émancipé n'a pas besoin de l'assistance de son curateur.

Le maître, s'il n'est âgé de vingt et un ans au moins, ne peut recevoir des apprentis mineurs.

L'apprenti doit être âgé de treize ans au moins.

La durée du travail effectif des apprentis âgés de moins de quatorze ans ne peut dépasser dix heures par jour; pour ceux âgés de quatorze à seize ans, elle ne peut dépasser douze heures.

Aucun travail de nuit, c'est-à-dire entre cinq heures du soir et neuf heures du matin, ne peut être imposé aux apprentis âgés de moins de seize ans. — *L. du 19 mai 1874.*

Le maître doit instruire l'apprenti en lui donnant de bonne foi les connaissances de l'art qu'il exerce, mais il n'est pas tenu de lui faire connaître les procédés qu'il emploie et qui sont sa propriété privée, à moins d'en avoir pris l'obligation formelle.

Il est responsable de ses faits, et doit dès lors veiller sur sa conduite.

De son côté, l'apprenti ne peut le quitter avant le temps fixé et lui doit obéissance.

A la fin de l'apprentissage, le maître doit remettre à l'apprenti, aux frais de ce dernier, soit un livret, soit un certificat d'apprentissage, afin qu'il puisse se présenter chez un autre maître.

Le contrat d'apprentissage peut être résilié, savoir :

En cas d'inexécution de part ou d'autre des engagements contractés;

Par suite de mauvais traitements de la part du maître ;

Pour inconduite de la part de l'apprenti;

Enfin dans le cas où l'apprenti se serait obligé à donner, pour tenir lieu de rétribution pécuniaire, un temps de travail dont la valeur serait jugée excéder le prix réel de l'apprentissage.

Le contrat d'apprentissage peut être fait par acte sous seing.

Nous en donnons une formule ci-après, de même qu'une formule de certificat.

Brevet ou contrat d'apprentissage.

Aujourd'hui.

Les soussignés :

M. A..., menuisier, âgé de..... ans, demeurant à.....

Et M. B..., demeurant à.....,

Stipulant au nom de M. son fils, âgé de... ans,

Ont arrêté ce qui suit :

Art. 1er. — M. A..., s'engage à enseigner au mineur B... son métier de menuisier pendant l'espace de..... années qui commenceront à courir le....., et finiront à pareille époque de l'année....., et à lui donner tous les moyens de devenir un bon ouvrier.

Art. 2. — M. A... s'engage encore : 1° à fournir à son apprenti la nourriture et le logement d'une manière saine et convenable; 2° à ne l'employer qu'aux travaux et services se rattachant au métier de menuisier, et dans la limite de ses forces; 3° à ne pas le faire travailler plus de 10 heures par jour, tant qu'il n'aura pas accompli sa quatorzième année, non plus qu'à lui faire faire aucun travail de nuit; 4° à surveiller sa conduite et à avertir son père des fautes graves qu'il pourrait commettre; en un mot à agir envers lui en bon père de famille.

Art. 3. — De son côté, le sieur B..., père de l'apprenti, oblige son fils à se conduire envers le sieur A..., son maître, avec fidélité, obéissance et respect, et à l'aider par son travail pendant les..... années fixées pour la durée de son apprentissage, dans la mesure de son aptitude et de ses forces.

Art. 4. — Dans le cas où, pendant le cours de son apprentissage, le mineur B... viendrait à faire une absence ou une maladie dont la durée excéderait .... jours, il serait tenu de remplacer le temps qu'il aurait perdu dans l'un ou l'autre cas, à la fin de son apprentissage.

Art. 5 — Le présent traité est fait moyennant la somme de....., que M. B... prend l'obligation de payer à M. A..., en son domicile, dans un an de ce jour, sans intérêts jusque-là.

Art. 6. — Il n'est nullement dérogé par ces présentes aux dispositions de la loi du 23 février 1851.

Fait double à....., lesdits jour, mois et an, et signé, lecture prise.

(*Signatures.*)

CERTIFICAT D'APPRENTISSAGE.

Je soussigné A..., menuisier, demeurant à..., certifie que le sieur B..., âgé de....., natif de....., a fait son apprentissage chez moi, depuis..... jusqu'à ....; qu'il s'est toujours bien conduit, a rempli convenablement ses obligations et son temps d'apprentissage; qu'il connait très bien son état, et peut travailler dans tout atelier que ce soit.

Fait à....., le....

(*Signatures.*)

(Cette signature doit être légalisée par le maire de la commune.)

BREVET d'invention. — Titre ou certificat délivré par le Gouvernement à l'auteur d'une découverte, et ayant pour objet de constater les demandes en priorité d'invention et d'assurer, pour un certain temps et sous certaines conditions, à l'auteur de la nouvelle découverte ou invention, le droit exclusif de l'exploiter à son profit. — *Loi du 5 juill.* 1844.

Dispositions générales.

Il existe deux espèces de brevets : les brevets d'invention et ceux de perfectionnement.

Toute personne munie d'un brevet d'invention ne peut mentionner sa qualité de breveté, sans y ajouter les mots : *sans garantie du Gouvernement*, sous peine d'une amende de cinquante francs à mille francs, qui peut être portée au double, en cas de récidive.

Sont susceptibles d'être brevetés : 1° l'invention de nouveaux produits industriels; 2° les nouveaux moyens, ou l'application nouvelle de moyens connus, pour l'obtention d'un résultat ou d'un produit industriel.

Mais les plans et combinaisons de crédit ou de finances, et les compositions pharmaceutiques ou remèdes de toute espèce, ne sont pas susceptibles d'être brevetés.

La durée des brevets est de *cinq, dix* ou *quinze* années.

Chaque brevet donne lieu au paiement de la taxe ci-après. — Cinq cents francs pour un brevet de cinq ans; — mille francs pour un brevet de dix ans; — quinze cents francs pour un brevet de quinze ans. — Cette taxe est payable par annuité de cent francs, sous peine de déchéance, si le breveté laisse écouler un terme sans l'acquitter.

Demande et délivrance.

Celui qui veut obtenir un brevet d'invention doit déposer sous cachet, au secrétariat de la sous-préfecture ou préfecture du département où il est domicilié, ou dans tout autre en y élisant domicile : 1° sa demande adressée sur papier timbré, avec duplicata sur papier libre, au Ministre de l'agriculture et du commerce; 2° une description de la découverte, invention ou application faisant l'objet du brevet demandé; 3° les dessins ou échantillons nécessaires pour l'intelligence de la description; 4° un bordereau des pièces déposées. — La demande doit mentionner la durée du brevet. — Un double de la description et des dessins doit y être joint.

Aucun dépôt n'est reçu que sur la production d'un récépissé constatant le versement d'une somme de cent francs, à valoir sur le montant de la taxe du brevet.

La durée du brevet court du jour du dépôt des pièces au secrétariat de la préfecture.

Les brevets sont délivrés tous les trois mois.

Des certificats d'addition ou perfectionnement.

Le breveté ou ses ayants droit ont, pendant toute la durée du brevet, le droit d'apporter à l'invention des changements, perfectionnements ou additions, en remplissant les mêmes formalités que pour la demande du brevet. — Ces changements sont constatés par des certificats dans la même forme, et qui produisent les mêmes effets que le brevet principal avec lequel ils prennent fin.

Chaque demande de certificat d'addition donne lieu au paiement d'une taxe de vingt francs.

Tout breveté qui veut prendre un nouveau brevet, au lieu d'un certificat d'addition expirant avec le brevet primitif, doit remplir les mêmes formalités que pour les demandes de brevets, et acquitter les taxes principales.

De la cession des brevets.

Les brevets d'invention sont meubles.

Tout breveté peut céder la totalité ou partie de la propriété de son brevet. — La cession ne peut être faite que par acte notarié et après le paiement de la totalité de la taxe. — Aucune cession n'est valable à l'égard des tiers qu'après avoir été enregistrée au secrétariat de la préfecture du département dans lequel l'acte a été passé.

Les cessionnaires d'un brevet ou leurs ayants droit profitent des certificats d'addition ultérieurement délivrés au breveté. Réciproquement, le breveté profite de ceux délivrés aux cessionnaires.

De la contrefaçon.

Toute atteinte portée aux droits des brevets par la contrefaçon est punie d'une amende de cent francs à deux mille francs.

Ceux qui ont sciemment recélé, vendu, exposé en vente ou introduit en France un ou plusieurs objets contrefaits sont punis des mêmes peines que les contrefacteurs.

Les propriétaires du brevet peuvent, en vertu d'une ordonnance du président du Tribunal, faire procéder par huissier à la désignation détaillée, avec ou sans saisie, des objets prétendus contrefaits.

Nous donnons ci-après une formule de demande de brevet.

Demande de brevet d'invention.

A Monsieur le Ministre de l'Agriculture et du Commerce.

Monsieur le Ministre,

Le S^r... (nom, prénoms, profession et domicile) a l'honneur de vous exposer :

Que, voulant prendre un brevet d'invention de..... ans, pour une découverte qu'il a faite concernant....., il sollicite la délivrance de la patente nécessaire pour lui assurer la propriété et le privilège de sa découverte conformément à la loi du 5 juillet 1844.

Il joint à sa demande :
1° Une description originale de l'invention faisant l'objet du brevet demandé ;
2° Les dessins et échantillons nécessaires pour l'intelligence de la description ;
3° Le duplicata de la description et des dessins.
Et 4° Un bordereau des pièces déposées.

L'exposant a l'honneur d'être,
Monsieur le Ministre,
Votre respectueux serviteur.

(*Signature*.)

BRIS de clôture. — On entend par ces mots toute fracture, toute effraction. — C'est en ce sens que l'on dit : *Bris de clôture, de porte de prison*.

BRIS de scellés. — Délit commis par les personnes qui brisent ou tendent de briser des scellés, et par ceux qui y participent. — E. N.

Lorsque des scellés apposés soit par ordre du Gouvernement, soit par suite d'ordonnance de justice rendue en quelque matière que ce soit, auront été brisés, les gardiens seront punis pour simple négligence depuis six jours à six mois d'emprisonnement — *C. pén.* 249.

Si le bris de scellés a eu lieu à dessein, et s'il y a eu soustraction ou destruction de pièces, les peines seront beaucoup plus fortes.

BROCANTEURS. — Ce sont les marchands de vieux meubles, objets d'art et autres.

A Paris, les brocanteurs sont tenus de faire la déclaration de leur profession à la préfecture de police. — *L. du 17 juin* 1831.

Tout brocanteur doit tenir un registre dûment coté et parafé par le maire ou le commissaire de police, sur lequel ses achats doivent être inscrits de même que les noms des vendeurs. — *Ord. du 8 novembre* 1780.

Les brocanteurs sont tenus de payer les objets qu'ils achètent au domicile même des vendeurs.

BRUT. — Ce mot, synonyme de *net*, s'emploie pour désigner le produit total d'une chose sans déduction des frais.

BUDGET. — État des recettes et dépenses à faire pendant une année par le Gouvernement, les départements, les communes et les établissements publics.

BULLETIN d'épargne. — Ces bulletins sont destinés aux personnes qui, sans être en mesure d'opérer le versement minimum d'*un franc*, désirent se créer des épargnes, et obtenir dans tous les bureaux de poste ouverts au service de la Caisse d'épargne postale, *un Livret* sur cette Caisse. — *Décret du 30 novembre* 1882.

Les formules en blanc de bulletin d'épargne sont délivrées gratuitement dans tous les bureaux aux personnes qui en font la demande.

Le possesseur du bulletin achète des timbres-poste de 5, 10 ou 15 centimes, et les colle dans l'encadrement du bulletin.

Lorsque les cases contiennent un nombre de timbres suffisant pour former *un franc*, le bulletin est remis dans un bureau de poste quelconque, où il est reçu comme numéraire, pourvu qu'aucun de ces timbres ne soit ni altéré, ni maculé, ni déchiré.

Si le porteur du bulletin n'a pas encore de livret, il lui en est délivré un ; s'il l'a déjà, le versement d'un franc y est inscrit.

Il ne peut être versé dans cette forme plus de 10 fr. par mois pour le compte de la même personne. — Voy. *Caisse d'épargne postale*.

BULLETIN des lois. — Collection officielle des lois et actes du Gouvernement.

BUREAU. — Ce mot s'applique en général au lieu consacré à des travaux de rédaction ou d'écriture.

Les ministères, les administrations publiques et plusieurs administrations particulières sont divisés en bureaux entre lesquels sont répartis les différents services administratifs.

Les assemblées législatives sont également divisées en bureaux, à la formation desquels il est procédé par voie de tirage au sort.

BUREAU d'Enregistrement et du Timbre. — Lieu où les actes sont enregistrés et où les droits de mutation par décès, d'enregistrement et de timbre sont perçus, soit au moyen de la formalité donnée aux actes ou des déclarations des parties, soit par la distribution du papier timbré.

Les bureaux d'enregistrement sont ouverts tous les jours, excepté les dimanches et jours fériés, de 8 heures du matin à 4 heures du soir, sans interruption.

Les actes sous seing privé peuvent être enregistrés dans tous les bureaux indistinctement. — Voy. *Enregistrement*. — *Succession*. — *Mutation par décès*. — *Timbre*.

BUREAU de bienfaisance. — Établissement autorisé dans les communes pour l'assistance des pauvres, et la distribution des secours à domicile.

L'administration des bureaux de bienfaisance se compose de cinq membres nommés par le préfet et dont les fonctions sont gratuites. Le maire de la commune en est président de droit.

Les bureaux de bienfaisance prononcent sur les besoins des indigents, en déterminant le genre de secours qui leur convient.

Les administrations sont responsables du mauvais emploi qu'ils font des ressources dont ils disposent.

Les bureaux de bienfaisance constituent des personnes *morales*, qui peuvent, comme les hospices, posséder, acquérir, aliéner, plaider, transiger, etc.

Les recettes des bureaux de bienfaisance, dont les revenus n'excèdent pas trente mille francs, sont confiées de droit au receveur municipal de la commune.

Dans chacun des arrondisemsnts de la ville de Paris, des bureaux de bienfaisance sont chargés du service des secours à domicile.

BUREAU des hypothèques. — Lieu où l'on remplit les formalités hypothécaires prescrites par la loi. — *D. N.*

Il existe dans chaque arrondissement un bureau des hypothèques dont l'étendue est la même que le ressort du tribunal de première instance, sauf dans le département de la Seine, où, quoiqu'il n'y ait qu'un seul tribunal de première instance, il a été néanmoins établi un bureau des hypothèques dans chacun des chefs-lieux des trois arrondissements de ce département, c'est-à-dire à Paris, à Sceaux et à Saint-Denis.

Les bureaux des hypothèques sont, comme les bureaux d'enregistrement, ouverts au public tous les jours, excepté les dimanches et jours fériés, de huit heures du matin à quatre heures du soir.

Il est expressément défendu aux conservateurs de donner ou remplir aucune formalité hypothécaire après l'heure fixée pour la fermeture des bureaux, de même que les jours où les bureaux doivent être fermés.

Les formalités hypothécaires ne peuvent être remplies qu'aux bureaux de la situation des biens. — Voy. *Hypothèques.* — *Transcription.* — *Conservateur des hypothèques.* — *Inscription hypothécaire.* — *Salaire des conservateurs des hypothèques.*

BUREAU de paix et de conciliation. — Se dit de l'audience du juge de paix où il entend les parties qui se présentent devant lui, pour essayer de se concilier sur les contestations qui les divisent.

BUREAU de placement. — Les bureaux de placement de domestiques ne peuvent être ouverts sans l'autorisation préalable prescrite par le décret du 25 mars 1852.

BUREAU de tabac. — Droit accordé à un particulier d'ouvrir une boutique pour y débiter le tabac de la Régie.

Les bureaux de tabac sont ordinairement accordés aux anciens militaires qui en font la demande, en récompense de leurs services, de même qu'à leurs veuves ou à leurs enfants.

Le nombre des bureaux de tabac est subordonné à la population des communes; il en existe au moins un par commune.

La demande des bureaux de tabac est adressée au préfet dans la forme ordinaire des pétitions.

Nous en donnons ci-après une formule.

Demande de bureau de tabac.

A Monsieur le Préfet du département de......

Monsieur le Préfet,

Le Sʳ A..., demeurant à....., a l'honneur de vous exposer :

Que, par suite de la démission faite par le Sᵉ B..., le bureau de tabac de.... est devenu vacant ; que sa profession de débitant de boissons, occupant une maison au centre du bourg, est de nature à présenter tous les avantages désirables pour l'Administration ; que d'un autre côté, en sa qualité d'ancien militaire ayant fait la campagne de....., il espère avoir droit à quelque faveur.

En conséquence, il sollicite, Monsieur le Préfet, de votre bienveillance l'obtention du débit de tabac à....., en remplacement du s' B..., démissionnaire, vous assurant à l'avance qu'il apportera tout son zèle à l'accomplissement de sa mission.

Veuillez agréer, Monsieur le Préfet,
L'assurance du profond respect de votre dévoué serviteur.
(*Signature*.)

BUREAUX des postes et télégraphes. — Voy. *Poste*. — *Correspondance télégraphique privée*.

BUT. — C'est le motif déterminant d'une convention ou d'une disposition quelconque.

BUT-A BUT. — Mot dont on se sert pour indiquer un contrat sans aucun avantage de part ni d'autre, comme dans un compte ou un échange, lorsqu'il n'y a ni reliquat ni soulte.

C

CABARETS (Cafés). — Lieux publics où l'on fait commerce de vendre : vin, cidre, café, eaux-de-vie et liqueurs en détail, et où l'on donne à boire et à manger, mais sans loger. — *E. N.*

Toute personne qui veut ouvrir un café, cabaret ou autre débit de boissons à consommer sur place, est tenue de faire, quinze jours au moins à l'avance et par écrit, une déclaration indiquant ses nom, prénoms, lieu de naissance, profession et domicile, et la situation du débit. — *L. du 17 juil.* 1880.

Cette déclaration est faite, à Paris, à la préfecture de police, et, dans les communes, à la mairie du lieu où le débit doit être établi. Il en est donné récépissé au déclarant.

La translation du débit d'un lieu à un autre doit être déclarée au moins huit jours à l'avance, et la mutation dans la personne du propriétaire ou du gérant dans les quinze jours qui suivent.

Les mineurs non émancipés, les interdits et les condamnés à un emprisonnement de plus d'un mois ne peuvent exploiter des débits de boissons à consommer sur place.

Les individus qui, à l'occasion d'une foire, d'une vente ou d'une fête publique, établiraient des cafés ou débits de boissons, ne seraient pas tenus à la déclaration prescrite, mais ils devraient obtenir l'autorisation de l'autorité municipale.

Les cafetiers et autres débitants sont, comme les hôteliers et aubergistes, assujettis à la patente, aux lois sur la vente des boissons et à la déclaration préalable au bureau de la Régie qui leur délivre une licence. — Voy. *Boissons*.

Ils sont placés dans les attributions de l'autorité municipale qui a qualité pour défendre, par des règlements de police, que le public y soit reçu passé certaine heure déterminée.

Les officiers de police ont le droit d'entrer à toute heure dans les débits pour y vérifier la salubrité des boissons et constater les contraventions relatives à l'heure de fermeture ; contraventions qui ne pourraient être excusées sous prétexte que les personnes trouvées seraient des parents ou amis, ou gens en relation d'affaires avec les débitants et non des consommateurs payants. — Voy. *Hôtel*. — *Hôtellerie*.

Les débitants sont tenus, sous peine d'amende, de tenir constamment affichés dans les endroits les plus apparents de leurs débits la loi sur l'Ivresse publique du 23 janvier 1863, qui établit des pénalités contre eux dans plusieurs cas, et les arrêtés préfectoraux relatifs aux débits de boissons. — Voy. *Ivresse*.

CABINES téléphoniques. — Voy. *Correspondance téléphonique*.

CABOTAGE. — Commerce maritime ou navigation le long des côtes. — Le petit cabotage a lieu entre villes voisines et le grand cabotage entre villes plus éloignées. — *C. comm.* 229.

CADASTRE. — Registre public que l'on nomme *Matrice cadastrale* et qui contient la désignation, la nature, la mesure et l'évaluation en produit, des terres ou biens-fonds des territoires de la France par communes, par cantons et par départements.

Il y a aussi des plans d'ensemble et des plans parcellaires.

Le cadastre est la base de la répartition de l'impôt foncier qui se fait proportionnellement à la valeur des biens que chacun possède.

Le revenu cadastral ne peut servir de base légale pour la perception des droits d'enregistrement, ni pour l'assiette des droits de mutation par décès, qui doivent être acquittés d'après la valeur vénale, selon les baux et locations.

Tout nouveau propriétaire, à quelque titre que ce soit, doit faire la déclaration des biens qu'il a acquis à la mairie de la situation des biens dans l'année, afin que le contrôleur des contributions directes puisse, de concert avec les répartiteurs, en constater la mutation.

Toute personne peut obtenir la délivrance sur papier libre des extraits ou plans du cadastre, soit à la mairie du lieu où les biens sont situés, soit au chef-lieu du département, dans les bureaux de la Direction cadastrale. — Voy. *Mutation*.

CADUC. — On entend par caduc ou caducité l'inutilité des legs et donations par le refus ou l'impossibilité de les recueillir, de la part de ceux auxquels ils ont été faits.

Toute donation faite en faveur du mariage est caduque si le mariage ne s'ensuit pas. — *C. civ.* 1088.

De même tout legs est caduc si celui en faveur de qui il est fait n'a pas survécu au testateur. — *C. civ.* 1039.

Il en est de même quand la chose léguée a totalement péri pendant la vie du testateur, ou même depuis sa mort, sans le fait ni la faute de l'héritier. — *C. civ.* 1042. — Les divers autres cas de caducité sont prévus par les articles 925, 932, 1040, 1043 et 1089 du C. civ.

CADUCITÉ. — Voy. *Caduc*.

CAFÉS. — Voy. *Cabarets (Cafés)*.

CAHIER des charges. — C'est l'acte ou procès-verbal qui contient les conditions d'une adjudication publique, soit qu'elle ait pour objet la vente ou la location de biens, meubles ou immeubles, soit qu'il s'agisse de marchés ou entreprises pour constructions, réparations ou fournitures. — *D. N.*

Les cahiers des charges sont dressés par les officiers publics chargés de procéder aux adjudications.

Ceux relatifs aux ventes judiciaires sont soumis à des formalités spéciales. — Voy. *Vente judiciaire*.

Dans les adjudications administratives, les cahiers des charges sont dressés par l'autorité administrative, et déposés avant l'adjudication au secrétariat de l'autorité qui doit y procéder, afin que ceux qui veulent mettre des enchères ou des rabais puissent en prendre connaissance.

CAISSE d'amortissement. — Administration publique chargée de toutes les opérations relatives à l'extinction de la dette de l'État. — *L. du 11 juill.* 1866.

CAISSE d'assurance. — Voy. *Assurance établie par l'État*.

CAISSE des dépôts et consignations. — C'est, comme la Caisse d'amortissement, une administration publique établie pour recevoir les dépôts et consignations volontaires et judiciaires. — *L. du 28 avril* 1816. — *Ord. du 28 mai* 1816. — Voy. *Consignation*.

La Caisse des dépôts et consignations est autorisée à recevoir à Paris : 1° les dépôts volontaires des particuliers, qui sont faits en monnaie ayant cours ou en billets de la Banque de France ; 2° les dépôts effectués par les établissements publics ou autres dont elle bonifie l'intérêt à 3 p. 0|0. A l'égard des dépôts effectués par les particuliers, l'intérêt et les conditions sont fixés par des arrêtés du directeur général.

A l'exception des dépôts volontaires, toutes les autres consignations peuvent être faites entre les mains des receveurs généraux et particuliers, dans les chefs-lieux de département et d'arrondissement.

Il en est délivré une reconnaissance énonçant sommairement les actes ou causes ayant donné lieu à la consignation.

Dans le cas où les deniers consignés proviendraient d'un emprunt et qu'il y aurait lieu à opérer une subrogation en faveur du prêteur, il serait fait mention expresse de la déclaration par le déposant, conformément à l'article 1250 du Code civil, laquelle produirait le même effet de subrogation que si elle était passée devant notaire.

Les sommes consignées produisent un intérêt de trois pour cent par an, à compter du soixante-unième jour depuis la date de la consignation, jusques et non compris celui du remboursement; mais la Caisse ne doit pas les intérêts des intérêts des sommes consignées.

La prescription de cinq ans n'est pas applicable aux intérêts courus.

La Caisse des consignations a reçu depuis sa création diverses attributions nouvelles dont les principales sont la gestion des fonds des caisses d'épargnes; celle de la caisse des retraites pour la vieillesse; le service des pensions ecclésiastiques, etc., etc.

Cette Caisse est également autorisée à faire des prêts aux départements, communes, et autres établissements publics.

Ces prêts ont le plus ordinairement pour objet les avances destinées à la confection des chemins vicinaux et à la construction des maisons d'écoles. — *LL. des 11 juillet 1868 et 1er juin 1878.* — Voy. *Emprunts communaux.*

CAISSE centrale du Trésor. — Le caissier central du Trésor public est chargé des recettes et dépenses du service de trésorerie à Paris, et il reçoit en outre directement plusieurs produits du budget.

CAISSES d'épargne et de prévoyance. — Établissements créés sous la garantie de l'État, et destinés à recevoir en dépôts les petites économies des particuliers et des sociétés de secours mutuels, et à les rembourser, à la demande des déposants, en tenant compte des intérêts cumulés. — *L. du 31 mars 1837.*

Des caisses d'épargnes sont établies dans tous les chefs-lieux de département et d'arrondissement.

La majeure partie de ces établissements sont ouverts le dimanche.

Le compte de chaque déposant ne peut excéder 2000 francs pour les particuliers, et 8000 fr. pour les sociétés, soit par le capital, soit par l'accumulation des intérêts.

Ces sommes peuvent être versées en une ou plusieurs fois.

Le minimum des versements est de un franc.

Les dépôts produisent un intérêt annuel de 3 fr. 75 cent. pour cent à compter du huitième jour après le versement. Cet intérêt est capitalisé chaque année; il n'en est pas alloué sur les fractions de franc.

Il est délivré à chaque déposant un livret en son nom sur lequel sont enregistrés tous les versements et remboursements.

Nul ne peut avoir plusieurs livrets soit sous son nom, soit sous un nom supposé, soit sous le nom d'un tiers, ni être en même temps titulaire d'un livret de caisse d'épargne ordinaire et d'un livret de caisse d'épargne postale. — Voy. *Caisse d'épargne postale.*

En cas de perte d'un livret, il en est délivré un duplicata 15 jours après la demande qui en a été faite.

Tout déposant dont le crédit est de somme suffisante pour acheter dix francs de rente au moins peut faire opérer cet achat sans frais par les soins de l'Administration.

Les dépôts peuvent être retirés en totalité ou en partie, à la volonté des déposants, moyennant que la caisse aura été prévenue 15 jours à l'avance; toutefois, la caisse à la faculté de rembourser avant l'expiration de ce délai si la demande lui en est faite.

Les demandes de remboursement sont reçues le dimanche de 10 heures du matin à midi; le remboursement est effectué en numéraire entre les mains du titulaire du livret ou de son mandataire.

Les femmes mariées, quel que soit le régime de leur contrat de mariage, et les mineurs de 16 ans peuvent se faire ouvrir des livrets sans l'assistance de leur mari ou de leur représentant légal, et les sommes versées dans ce cas sont remboursables dans les mêmes conditions, à moins qu'il n'y ait opposition de la part du mari ou du représentant légal. — *L. du 9 avril* 1881.

Les sommes déposées à la caisse d'épargne ne sont pas cessibles par voie de transport.

Nous donnons ci-après une formule de pouvoir pour retirer les sommes déposées aux Caisses d'épargne.

Pouvoir.

Caisse d'épargne de.....

Je soussigné A..., titulaire du livret nº....., donne pouvoir à M..., dont la signature est apposée ci-dessous,

De, pour moi et en mon nom, retirer de la caisse d'épargne tout ou partie des sommes qui ont été ou qui seraient inscrites par la suite sur ledit livret, ainsi que les intérêts échus ou à échoir; signer toutes quittances et décharges valables, et généralement faire tout ce qui sera nécessaire dans mon intérêt, promettant l'avouer.

Fait à....., le.....

(*Signature du fondé de pouvoir.*) (*Signature du titulaire du livret.*)

Nota. — La signature du titulaire du livret est soumise à la légalisation du maire de la résidence.

CAISSE d'épargne postale. — Cette caisse, établie par la loi du 9 avril 1881, se confond avec la caisse d'épargne et de prévoyance que nous venons d'indiquer et dont elle ne diffère que par la facilité qu'elle procure aux déposants.

En effet, tous les bureaux de poste de plein exercice de la France continentale et de la Corse sont ouverts au service de la caisse d'épargne postale, qui est destinée à faciliter le placement des petites économies. — *L. du 9 avril* 1881.

Le minimum de chaque versement est de *un franc*, et tout versement doit être d'une somme ronde *en francs*, sans centimes.

Cette caisse est régie par les mêmes règles que les autres caisses d'épargnes. Les sommes déposées produisent un intérêt annuel de 3 fr. 75 pour cent, qui part du premier ou du seize de chaque mois qui suit le jour du versement. — Après le premier versement, il est remis gratuitement un livret au déposant, au moyen duquel il peut continuer ses versements jusqu'à concurrence de deux mille francs, sans que son compte puisse dépasser ce chiffre, et retirer son argent dans les six mille bureaux de poste ouverts tous les jours, y compris les dimanches et jours fériés.

Les receveurs des postes sont chargés de remplir les formalités voulues pour faire transférer à la caisse d'épargne postale, sans frais pour les intéressés, les fonds déposés dans les caisses d'épargne privées.

Les femmes mariées, quel que soit le régime de leur contrat de mariage, peuvent se faire délivrer des livrets sans l'assistance de leur mari, et peuvent retirer, sans cette assistance, les sommes inscrites aux livrets ainsi ouverts, sauf opposition de la part de leur mari.

Les mineurs peuvent également s'en faire délivrer sans l'intervention de leur représentant légal. Ils peuvent retirer sans cette intervention, mais seulement après l'âge de 16 ans révolus, les sommes figurant sur les livrets ainsi ouverts, sauf opposition de la part de leur représentant légal.

Le compte ouvert à chaque déposant ne peut excéder 2000 fr.

Les titulaires de livrets qui veulent se faire rembourser tout ou partie de leur compte, ou former toute réclamation concernant le service de la caisse d'épargne postale, adressent, directement et sans affranchir, leur demande au Ministre des postes et des télégraphes, à Paris, et reçoivent par le retour du courrier l'autorisation de toucher leurs fonds au bureau de poste qu'ils ont désigné suivant leur convenance.

A cet effet, des formules sont mises à la disposition du public, dans tous les bureaux de poste.

Tout déposant qui désire faire régler son livret en capital et intérêts doit le déposer à un bureau de poste, et il lui est remis en échange un bulletin de dépôt.

Des bulletins d'épargne sont mis à la disposition du public pour faciliter les versements à faire aux caisses d'épargne postale. — Voy. *Bulletin d'épargne*.

Nul ne peut être en même temps titulaire d'un livret de caisse d'épargne postale et d'un livret de caisse d'épargne ordinaire, sous peine de perdre l'intérêt des sommes déposées.

CAISSE d'épargne scolaire. — La caisse d'épargne scolaire a pour but de procurer aux enfants le moyen de déposer leurs épargnes inférieures au franc admis par la caisse d'épargne ordinaire, sans déplacement, dans l'école même qu'ils fréquentent et par les soins de l'instituteur.

Les sommes versées par chaque élève épargnant sont inscrites séance tenante sur un registre *ad hoc* au compte de l'élève déposant, et lorsque les versements ont atteint 1 fr., la somme est déposée en son nom à la caisse d'épargne ordinaire de la localité et il lui est délivré un livret.

Les remboursements sont demandés par le représentant légal de l'enfant, et sont effectués sous sa signature et celle de l'instituteur.

Les instituteurs intermédiaires des caisses d'épargne scolaires sont admis à effectuer leurs dépôts aux caisses des percepteurs et aux bureaux de poste.

CAISSE des gens de mer. — Caisse chargée de recueillir et de conserver à titre de dépôt, pour les marins absents ou leur famille, les sommes, valeurs, objets et produits qui leur sont attribués. — *D. N.*

Cette caisse prélève sur la solde des marins présents ou absents la portion par eux désignée sur leur salaire, pour subvenir aux besoins de leur famille.

Elle verse à la caisse des Invalides, le 15 février de chaque année, les sommes qui, à l'époque du 31 décembre précédent, sont restées deux ans sans être réclamées.

CAISSE des invalides de la marine. — Cette caisse a été établie dans le but de fournir un fonds de pensions pour les marins et employés du Ministère de la marine et leur famille.

CAISSE des retraites pour la vieillesse. — Cette caisse, créée sous la garantie de l'État, et dont la gestion est confiée à la Caisse des dépôts et consignations, est établie pour recevoir non seulement dans les bureaux de la caisse, mais encore par l'entremise des receveurs généraux et particuliers, des percepteurs et des bureaux de poste, les économies destinées à assurer l'existence de la vieillesse, au moyen de rentes viagères. — *LL. des 18 juin 1850 et 20 juill. 1886.*

Les déposants profitent de l'intérêt composé de leurs versements, et des chances de mortalité. L'intérêt est actuellement de 4 pour cent. — *L. du 20 déc. 1886.*

Le minimum des versements est de un franc, et peut être fait au moyen de timbres-poste comme pour la caisse d'épargne postale.

Il demeure cependant limité à 2 fr. ou multiple de 2 fr., lorsqu'il doit profiter à des époux mariés en communauté. — *Déc. du 28 déc. 1886.*

Le montant des sommes versées dans une année au compte de la même personne est limité à 1000 fr., sauf les versements effectués en vertu d'une décision judiciaire, ou par les administrations publiques ou sociétés de secours.

Les versements peuvent être faits au profit de toute personne âgée de plus de trois ans, avec abandon ou réserve du capital, au choix du déposant.

Les femmes mariées, n'importe sous quel régime, sont admises à faire des versements sans l'assistance de leur mari.

Quant aux rentes viagères constituées, elles ne peuvent excéder douze cents francs.

Ces rentes sont incessibles et insaisissables jusqu'à concurrence de 360 fr.

L'entrée en jouissance de la pension est fixée, au choix du déposant, à partir de 50 ans jusqu'à 65 ans.

Les actes de notoriété, certificats et autres pièces exclusivement relatives aux opérations de cette caisse sont exempts de tout droit de timbre et d'enregistrement.

Les pièces à fournir par les héritiers pour toucher les arrérages ou les capitaux versés jouissent de la même exemption.

CAISSE (Livre de). — Le livre de caisse énonce tout ce qu'on paie ou qu'on reçoit en numéraire ou en papier-monnaie. On *débite* la caisse des sommes qu'elle reçoit, on la *crédite* de celles qu'elle paie, et le solde, c'est-à-dire la somme dont le débit de la caisse surpasse son crédit, est exactement le montant de l'argent qu'on possède. Dans ce cas, les mots *débit* et *doit* sont synonymes de recettes, et les mots *crédit* et *avoir*, synonymes de dépenses. On arrête la caisse à la fin de chaque jour ou de chaque mois, selon l'importance. Bien que la loi n'oblige les commerçants qu'à la tenue d'un livre-journal, nous pensons que ce livre doit comprendre toutes les opérations de caisse. — Voy. *Livres de commerce*.

CALCUL. — Pour calculer promptement : 1° quel capital il faut pour acheter telle somme de rente que l'on veut se procurer ; — 2° quelle somme de rente on peut acheter avec un capital donné ; — et 3° ce que rapporte un capital placé dans les fonds publics. — Voy. *Rentes sur l'État*.

Pour le calcul de tous autres revenus et intérêts. — Voy. *Intérêts de capital*.

CALENDRIER. — Se dit du tableau contenant l'ordre et la suite des mois et des jours de l'année.

CALENDRIER ancien. — On comprend sous ce titre les anciennes époques.

Ainsi la période *Julienne* remonte à l'an 287 de la création du monde, c'est-à-dire à 4713 ans avant l'ère chrétienne. L'année du calendrier *Julien* commence le 13 janvier.

L'ère des *Olympiades* remonte à l'an 4225 de la création, et 3938 de la période *Julienne*, c'est-à-dire à 775 ans avant l'ère chrétienne. L'année des *Olympiades* commence vers le 1er juillet.

L'ère de *Nabonassar* remonte à l'an 4254 de la création et 3967 de la période *Julienne*, c'est-à-dire à 746 ans avant l'ère chrétienne.

Selon *Varron*, la fondation de *Rome* remonte à l'an 4247 de la création, soit 753 ans avant l'ère chrétienne.

L'année des *Turcs*, dont l'origine remonte à l'an 584 de l'ère chrétienne, n'a, selon l'usage de Constantinople, que 354 jours.

L'année des *Juifs*, dont l'origine remonte à l'an 1240, n'a également que 354 jours.

L'année *Russe* commence le 13 janvier.

CALENDRIER grégorien. — Le calendrier grégorien, établi en France depuis le mois d'octobre 1582, est le seul en usage aujourd'hui.

L'année, qui se compose de 365 jours (366 dans les années bissextiles), commence le 1er janvier et finit le 31 décembre.

Elle se divise en 12 mois, savoir : *Janvier* qui a 31 jours. — *Février*, 28, (29 dans les années bissextiles). — *Mars*, 31. — *Avril*, 30. — *Mai*, 31. — *Juin*, 30. — *Juillet*, 31. — *Août*, 31. — *Septembre*, 30. — *Octobre*, 31. — *Novembre*, 30. — *Décembre*, 31.

Des calendriers sont édités chaque année sous toutes les formes et sont répandus partout.

Néanmoins, nous donnons ici un calendrier dit *perpétuel* en forme de tableau qui, à défaut d'autre, peut en tout temps servir à établir le quantième du mois.

CALENDRIER DIT PERPÉTUEL

EXPLICATION

Si le Mois commence un Dimanche, il faut chercher le cadre du Dimanche, et ainsi de suite.

DIMANCHE

DIMANCHE	1	8	15	22	29
LUNDI	2	9	16	23	30
MARDI	3	10	17	24	31
MERCREDI	4	11	18	25	
JEUDI	5	12	19	26	
VENDREDI	6	13	20	27	
SAMEDI	7	14	21	28	

MERCREDI

MERCREDI	1	8	15	22	29
JEUDI	2	9	16	23	30
VENDREDI	3	10	17	24	31
SAMEDI	4	11	18	25	
DIMANCHE	5	12	19	26	
LUNDI	6	13	20	27	
MARDI	7	14	21	28	

SAMEDI

SAMEDI	1	8	15	22	29
DIMANCHE	2	9	16	23	30
LUNDI	3	10	17	24	31
MARDI	4	11	18	25	
MERCREDI	5	12	19	26	
JEUDI	6	13	20	27	
VENDREDI	7	14	21	28	

LUNDI

LUNDI	1	8	15	22	29
MARDI	2	9	16	23	30
MERCREDI	3	10	17	24	31
JEUDI	4	11	18	25	
VENDREDI	5	12	19	26	
SAMEDI	6	13	20	27	
DIMANCHE	7	14	21	28	

JEUDI

JEUDI	1	8	15	22	29
VENDREDI	2	9	16	23	30
SAMEDI	3	10	17	24	31
DIMANCHE	4	11	18	25	
LUNDI	5	12	19	26	
MARDI	6	13	20	27	
MERCREDI	7	14	21	28	

LE PRINTEMPS

Commence le 21 Mars

L'ÉTÉ

Commence le 22 Juin

MARDI

MARDI	1	8	15	22	29
MERCREDI	2	9	16	23	30
JEUDI	3	10	17	24	31
VENDREDI	4	11	18	25	
SAMEDI	5	12	19	26	
DIMANCHE	6	13	20	27	
LUNDI	7	14	21	28	

VENDREDI

VENDREDI	1	8	15	22	29
SAMEDI	2	9	16	23	30
DIMANCHE	3	10	17	24	31
LUNDI	4	11	18	25	
MARDI	5	12	19	26	
MERCREDI	6	13	20	27	
JEUDI	7	14	21	28	

L'AUTOMNE

Commence le 23 Septembre

L'HIVER

Commence le 22 Décembre

CALENDRIER républicain. — Le calendrier républicain qui, en 1793, avait remplacé le calendrier grégorien, comprenait douze mois de trente jours chacun, plus cinq jours complémentaires pour les années ordinaires, et six jours pour les années bissextiles. Le mois se divisait en trois décades, et la décade en 10 jours : *Primidi, duodi, tridi, quartidi, quintidi, sextidi, septidi, octidi, nonidi, décadi.*

Les noms des mois étaient : *pour l'automne* : vendémiaire, brumaire, frimaire; *pour l'hiver* : nivôse, pluviôse, ventôse; *pour le printemps* : germinal, floréal, prairial; et *pour l'été* : messidor, thermidor, fructidor.

Ce nouveau calendrier fut mis en vigueur l'an II, c'est-à-dire le vingt-deux septembre 1793, qui était le jour anniversaire de la fondation de la République; il a été usité jusqu'au onze nivôse an XIV, c'est-à-dire jusqu'au premier janvier 1806.

On peut, sans contravention, énoncer dans un acte une date du calendrier républicain, aussi bien que celle du calendrier grégorien.

La restriction de notre cadre ne nous permettant pas de donner ici le tableau général de concordance de ces deux calendriers, nous nous bornons à l'abrégé ci-après :

TABLEAU DE CONCORDANCE INDIQUANT LES PREMIERS JOURS DU MOIS

MOIS	An II	An III	An IV	An V	An VI	An VII	An VIII
	1793	1794	1795	1796	1797	1798	1799
1er Vendémiaire	22 sept.	22 sept.	23 sept.	22 sept.	22 sept.	22 sept.	23 sept.
1er Brumaire	22 oct.	22 oct.	23 oct.	22 oct.	22 oct.	22 oct.	23 oct.
1er Frimaire	21 nov.	21 nov	22 nov.	21 nov.	21 nov.	21 nov.	22 nov.
1er Nivôse	21 déc.	21 déc.	22 déc.	21 déc.	21 déc.	21 déc.	22 déc.
	1794	1795	1796	1797	1798	1799	1800
1er Pluviôse	20 janv.	20 janv.	21 janv.	20 janv.	20 janv.	20 janv.	21 janv.
1er Ventôse	19 fév.	19 fév.	20 fév.	19 fév.	19 fév.	19 fév.	20 fév.
1er Germinal	21 mars.	21 mars.	21 mars.	21 mars.	21 mars.	21 mars.	22 mars.
1er Floréal	20 avril.	20 avril.	20 avril.	20 avril.	20 avril.	20 avril.	21 avril.
1er Prairial	20 mai.	20 mai.	20 mai	20 mai.	20 mai.	20 mai.	21 mai.
1er Messidor	19 juin.	19 juin.	19 juin	19 juin.	19 juin.	19 juin.	20 juin.
1er Thermidor	19 juill.	19 juill.	19 juill.	19 juill.	19 juill.	19 juill.	20 juill.
1er Fructidor	18 août.	18 août	18 août	18 août.	18 août.	18 août.	19 août.
Jours complémentaires	17-21 sept.	17-22 sept.	17-22 sept.	17-22 sept.	17-21 sept.	17-22 sept.	18-22 sept.

(Suite)

MOIS	An IX	An X	An XI	An XII	An XIII	An XIV
	1800	1801	1802	1803	1804	1805
1er Vendémiaire	23 sept.	23 sept.	23 sept.	24 sept.	23 sept.	23 sept.
1er Brumaire	23 oct.	23 oct.	23 oct.	24 oct.	23 oct.	23 oct.
1er Frimaire	22 nov.	22 nov.	22 nov.	23 nov.	22 nov.	22 nov.
1er Nivôse	22 déc.	22 déc.	22 déc.	23 déc.	22 déc.	22 déc.
	1801	1802	1803	1804	1805	
1er Pluviôse	21 janv.	21 janv.	21 janv.	22 janv.	21 janv.	»
1er Ventôse	20 fév.	20 fév.	20 fév.	21 fév.	20 fév.	»
1er Germinal	22 mars.	22 mars.	22 mars.	22 mars.	22 mars.	»
1er Floréal	21 avril.	21 avril.	21 avril.	21 avril.	21 avril.	»
1er Prairial	21 mai.	21 mai.	21 mai.	21 mai.	21 mai.	»
1er Messidor	20 juin.	20 juin.	20 juin.	20 juin.	20 juin.	»
1er Thermidor	20 juill.	20 juill.	20 juill.	20 juill.	20 juill.	»
1er Fructidor	19 août	19 août	19 août.	19 août.	19 août.	»
Jours complémentaires	18-22 sept.	18-22 sept.	18-23 sept.	18-22 sept.	18-22 sept.	»

Le tableau général se trouve dans divers auteurs, et notamment dans le *Dictionaire du Notariat*.

CALOMNIE. — Mensonge fait avec l'intention de porter atteinte à l'honneur ou à la considération d'autrui. — Voy. *Injure*. — *Outrage*.

Celui qui a porté contre le défunt une accusation capitale jugée calomnieuse est exclu de sa succession. — *C. civ.* 727.

Toute dénonciation calomnieuse faite aux officiers de justice est punie d'un emprisonnement d'un mois à un an sans préjudice de l'amende. — *C. pén.* 373. — Voy. *Diffamation.*

CALVADOS. — Le Calvados est un des cinq départements formés par l'ancienne province de Normandie et la partie septentrionale du Perche.

Chef-lieu : Caen.

Cour d'appel : Caen.

Ce département est limité à l'Est par l'Eure; au Sud par l'Orne et la Manche; à l'Ouest et au Nord par la Manche.

Il est divisé en 6 arrondissements, 38 cantons et 763 communes.

Superficie : 549.818 hectares.

Impôt foncier : 3.961.756 francs.

Population : 437.267 habitants.

CANAL — On appelle canal tout cours d'eau creusé de main d'homme pour recevoir les eaux de la mer, des fleuves, rivières, ruisseaux, etc., et les conduire d'un endroit dans un autre. — *D. N.*.

Il y a diverses espèces de canaux : les canaux d'irrigation, les canaux de dérivation pour les usines, les canaux de desséchement, enfin les canaux de navigation et de flottage.

La construction des canaux ne peut avoir lieu qu'en vertu d'une loi ou d'une ordonnance, et en suivant les formalités prescrites pour l'expropriation d'utilité publique. — *L. du 3 mai* 1841.

La loi ne prescrivant pas d'espace pour la confection des canaux de conduite d'eau pour les usines, les mares et les fosses à fumier près du sol d'autrui, on laisse en général en Normandie, près du riverain, l'intervalle prescrit pour la confection des fossés. Toutefois, les talus et berges des canaux doivent être disposés de manière à préserver les fonds voisins de tous éboulements. — Voy. *Usages locaux (contre-mur).*

Les francs-bords et chemins de halage des canaux de navigation et de flottage sont des dépendances de ces canaux, s'il n'y a titres établissant la propriété aux mains des riverains.

Le droit de pêche de ces canaux appartient à l'État.

CANCELLATION. — C'est l'action de rendre un écrit nul en le raturant ou le déchirant.

Lorsque, du vivant du créancier ou dans sa succession, on trouve un titre déchiré ou bâtonné, il y a présomption légale du paiement ou de la remise de la dette. Il y a lieu, en effet, de supposer que la cancellation a eu lieu par celui chez lequel l'acte se trouve.

Toutefois, le créancier peut faire la preuve que la dette existe toujours.

CANDIDAT. — C'est celui qui se présente ou que l'on désigne pour remplir des fonctions, pour être nommé à une charge quelconque.

CANON. — Ce mot a une double acception. Il est employé pour signifier une redevance, une prestation annuelle en matière d'emphytéose, et qu'on appelle *Canon emphytéotique.*

On nomme aussi *Canons* les décisions des conciles touchant à la foi et à la discipline ecclésiastique, et dans ce sens l'on appelle droit canon la science du droit ecclésiastique par opposition au droit civil.

CANTAL. — Le Cantal est un des départements que forment les anciennes provinces de l'Auvergne et du Velay.

Chef-lieu : Aurillac.

Cour d'appel : Riom.

Ce département est limité à l'Est par la Haute-Loire et la Lozère; au Sud par la Lozère et l'Aveyron ; à l'Ouest par le Lot et la Corrèze, et au Nord par la Haute-Loire, le Puy-de-Dôme et la Corrèze.

Il est divisé en 4 arrondissements, 23 cantons et 267 communes.

Superficie : 574.033 hectares.
Impôt foncier : 1.039.335 francs.
Population : 241.742 habitants.

CANTON. — Circonscription territoriale formant une division de l'arrondissement.

Chaque canton est représenté au conseil général et au conseil d'arrondissement.

Il y a un juge de paix par canton.

Les notaires des communes qui ne sont le siège ni d'une Cour d'appel, ni d'un Tribunal de première instance, n'exercent leurs fonctions que dans l'étendue du ressort de la justice de paix seulement, c'est-à-dire dans le canton.

CANTONNEMENT. — En matière forestière, le cantonnement est la conversion d'un droit d'usage sur la totalité d'un bois ou d'une forêt en un droit de propriété sur une partie du même immeuble.

L'action en affranchissement d'usage par voie de cantonnement appartient à l'État ou à tous autres propriétaires, et non aux usagers. — *C. for.* 63, 111, 118.

Le partage qui s'opère, entre les habitants d'une commune, du pâturage d'un territoire communal, est aussi une espèce de cantonnement.

CANTONNIER. — Les cantonniers ne sont pas seulement chargés des travaux de main-d'œuvre relatifs à l'entretien des routes, ils doivent faire connaître au maire les délits qui se commettent sur les routes dans l'étendue de leur canton, afin que celui-ci puisse communiquer la plainte au sous-préfet qui fait vérifier les faits par l'ingénieur de l'arrondissement.

CAPACITÉ. — Dans le langage des lois, on entend par capacité la faculté de contracter, de disposer, de donner ou de recevoir. — *C. civ.* 901 *et suivants*.

Il y a deux sortes de capacité : la capacité morale et la capacité civile. La capacité est morale lorsque la personne jouit de ses facultés intellectuelles ; elle est civile lorsqu'elle réunit les autres conditions requises par la loi.

La capacité est toujours supposée jusqu'à preuve contraire. — *C. civ.* 902.

Néanmoins chacun doit s'enquérir de la capacité de la personne avec laquelle il traite.

Le mineur âgé de moins de seize ans ne peut aucunement disposer, si ce n'est par contrat de mariage. — *C. civ.* 903.

Parvenu à l'âge de seize ans, il ne peut disposer que par testament et jusqu'à concurrence seulement de la moitié des biens dont la loi permet au majeur de disposer. — *C. civ.* 904.

La femme mariée ne peut disposer entre vifs sans l'assistance de son mari et l'autorisation de la justice, mais elle n'a besoin ni de consentement, ni d'autorisation pour disposer par testament. — *C. civ.* 905. — Voy. *Donation entre vifs*. — *Testament*.

CAPITAINE de navire. — On nomme ainsi l'officier chargé de la conduite d'un navire marchand.

Les droits et devoirs du capitaine de navire sont déterminés par les articles 221 et suivants du Code de commerce. — Voy. *Navire*.

CAPITAL. — On entend le plus souvent par ce mot une somme d'argent par opposition aux intérêts qu'elle produit, que cette somme soit constituée en rente ou qu'elle résulte d'une obligation temporaire, mais le mot *principal* est plus souvent employé dans ce dernier cas. — Dans un autre sens, le mot *capital* comprend toute une fortune mobilière en argent ou effets de commerce.

En droit criminel, on appelle aussi *Crimes capitaux* ceux qui entraînent la peine de mort.

CAPITALISATION. — C'est la transformation des intérêts d'un capital en un nouveau capital susceptible de produire lui-même de nouveaux intérêts. — Voy. *Anatocisme*. — *Intérêts*.

CAPITAL rural. — On nomme capitaux ruraux, les animaux attachés à la culture et à la garde des héritages, de même que ceux que le propriétaire y réunit et élève, les ustensiles aratoires, les semences, les pailles, les engrais et en général toutes les dépendances d'une ferme.

CAPTATION. — Insinuation artificieuse dont on se sert pour se procurer un avantage en s'emparant de la volonté d'un autre, de manière à le dominer et à lui enlever sa liberté d'esprit.

Les tribunaux peuvent annuler les dispositions testamentaires qui n'ont pas été le résultat d'une volonté libre. — *E. N.* — Voy. *Dol.* — *Suggestion.*

CARACTÈRE. — Qualité propre et distinctive d'une personne ou d'une chose. Appliqué aux personnes, ce mot signifie un titre, une qualité.

CARENCE (Procès-verbal de). — Le mot *carence* s'entend de ce qui manque. Le procès-verbal de carence est celui par lequel un fonctionnaire compétent, par exemple un juge de paix, un huissier, constate qu'il ne s'est trouvé aucun effet mobilier susceptible d'être mis sous le scellé, inventorié ou saisi, dans le lieu où il s'est présenté, ou bien qu'il ne s'y est trouvé que des objets d'une valeur insignifiante. — *C. civ.* 924.

Il est d'usage de dresser un procès-verbal de carence lorsque la valeur des objets trouvés n'excède pas trente francs.

CARRIÈRE. — Lieu d'où l'on extrait les marbres, pierres, granits, ardoises, etc. — Comme la propriété du sol emporte la propriété du dessus et du dessous, le propriétaire peut faire au-dessous toutes constructions et fouilles qu'il juge à propos, et tirer de ces fouilles tous les produits qu'elles peuvent fournir en se conformant aux lois et règlements. — *C. civ.* 552.

La loi du 21 avril 1810 reconnaît deux modes d'exploitation des carrières : l'exploitation à ciel ouvert et l'exploitation par galeries souterraines.

Tout propriétaire peut ouvrir dans son fonds des carrières à ciel ouvert sans permission, sous la simple surveillance de la police, à charge de se conformer aux règlements dont la plupart exigent toutefois une déclaration au préfet avant l'ouverture de la carrière.

Quand l'exploitation doit se faire par galeries souterraines, elle ne peut être entreprise qu'en vertu d'une autorisation du préfet.

D'après le décret du 4 juillet 1813, la distance à observer pour l'ouverture ou la fouille des carrières le long du voisin aux approches des terrains libres est déterminée d'après la nature et l'épaisseur des terres recouvrant la masse à exploiter. — *D. N.*

Aux approches des aqueducs et conduites d'eaux, les fouilles ne peuvent être poussées qu'à 6 mètres de la clef de la voute ; aux approches des simples conduites en plomb, fer, grès ou pierres, qu'à 4 mètres de chaque côté, outre lesquelles il doit être laissé une retraite ou talus d'un mètre de largeur par chaque mètre de profondeur.

A l'égard des autres creusements le long du voisin, il est d'usage, lorsqu'on ne creuse le sol qu'à la profondeur d'un cours de bêche, de laisser de 25 à 30 centimètres de terrain, mais si l'on creuse plus avant on doit laisser la distance et le talus pour les fossés. — Voy. *Fossé.*

Les carrières voisines des chemins et routes et des constructions et édifices quelconques ne peuvent être exploitées à ciel ouvert, ou fouillées, qu'à une distance de 60 mètres du bord extérieur des routes, et de 10 mètres des chemins à voiture, édifices et constructions, en laissant en outre un mètre d'épaisseur des terres au-dessus de la masse exploitée aux bords des chemins et constructions.

Les entrepreneurs de routes et autres travaux publics sont autorisés à ouvrir des carrières sur les terrains des particuliers autres que ceux fermés de murs ou autres clôtures équivalentes, ou à prendre dans celles déjà ouvertes moyennant indemnité.

On peut fouiller les carrières à ciel ouvert jusqu'aux extrémités de la masse des fossés des terrains voisins, sauf à indemniser les propriétaires pour la partie des terres que les talus entraîneraient. — Voy. *Mines.*

CARRIÈRES diplomatique et consulaire. — L'admission dans les carrières diplomatique et consulaire a lieu par voie de concours entre les jeunes gens de 21 à 25 ans pourvus de diplômes universitaires, brevets d'officier ou certificats d'examen de sortie des écoles supérieures. — *Loi du 10 juill.* 1880.

CARTE postale. — Correspondance circulant à découvert, écrite au verso de la feuille de carton qui porte l'adresse.

Les cartes postales emportant libération, reçu ou décharge, sont assujetties au timbre.

Les énonciations calomnieuses portées sur une carte postale constituent le délit de diffamation. — Voy. *Postes*.

CARTES à jouer. — Nul ne peut fabriquer, introduire en France, vendre ou colporter des cartes à jouer, sans autorisation de la Régie. — *L. du 28 avril* 1816.

Les fabricants de cartes à jouer sont tenus de se pourvoir d'une licence dont les droits sont fixés à 100 fr., annuellement. — *L. du 1er sept.* 1871.

CAS. — S'entend de tout accident, toute circonstance.

Les cas de force majeure sont ceux que rien ne peut empêcher.

Il y a encore les cas fortuits, les cas imprévus, les cas urgents, et en général les conditions et les événements casuels.

CASIER judiciaire. — On nomme sommier ou casier judiciaire le registre tenu au greffe du Tribunal civil de première instance de chaque arrondissement, et constatant le relevé des bulletins individuels de condamnation de tous les individus nés dans l'arrondissement.

L'extrait du casier judiciaire est nécessaire dans nombre de cas, et notamment pour être produit à l'appui des demandes de nomination à des fonctions publiques.

Il est délivré par le greffier du Tribunal et est soumis à la formalité de l'enregistrement.

Il n'est valable que pendant un mois du jour de sa date.

CAS fortuit. — On appelle cas fortuits les événements indépendants de la volonté de celui à qui ils arrivent et qui proviennent du hasard seul. — *D. N.*

On distingue les cas fortuits ordinaires, comme la grêle, le feu du ciel, la gelée, etc., des cas fortuits extraordinaires, comme les inondations, les ravages de la guerre et autres accidents du même genre.

L'accident occasionné par la faute de celui qui l'éprouve n'est pas un cas fortuit.

Il n'y a lieu à aucuns dommages-intérêts lorsque, par suite d'une force majeure ou d'un cas fortuit, le débiteur a été empêché de donner ou de faire ce à quoi il était obligé ou a fait ce qui lui était interdit. — *C. civ.* 1148.

Le cas fortuit éteint les obligations lorsqu'il y a perte totale de la chose qui faisait l'objet de l'engagement. — *C. civ.* 1302.

Le preneur à bail peut être chargé par une clause spéciale de tous les cas fortuits, même de ceux prévus et imprévus, et dans ce cas il n'a droit à aucune indemnité ni diminution de fermages, quoi qu'il arrive. — *C. civ.* 1772.

CASSATION. — C'est l'annulation d'un arrêt ou d'un jugement en dernier ressort, en contravention aux formes judiciaires prescrites à peine de nullité, ou bien un excès de pouvoir, ou encore une fausse application de la loi.

On ne peut se pourvoir en cassation que contre les jugements ou arrêts rendus en dernier ressort.

Le pourvoi en cassation peut être formé dans l'intérêt de la loi par le procureur général à la Cour de cassation, soit d'office, soit sur l'ordre formel du Ministre de la justice.

Le pourvoi dans l'intérêt des parties peut être formé par les parties elles-mêmes ou par leurs ayants cause, pourvu qu'elles aient intérêt à la cassation, à la condition qu'il n'y ait pas eu d'acquiescement au jugement, et qu'il n'ait pas été déjà formé un premier pourvoi qui aurait été rejeté.

En matière civile, le délai pour se pourvoir en cassation est de deux mois pour ceux qui habitent la France, à partir de la signification à personne ou à domicile de la décision attaquée.

Les pourvois contre les jugements ou arrêts rendus en dernier ressort en matière criminelle, correctionnelle ou de police, sont portés devant la Chambre criminelle. Si celle-ci rejette le pourvoi, la décision attaquée devient définitive; si elle casse la décision attaquée, elle renvoie l'affaire à un autre Tribunal ou à une autre Cour.

Les arrêts de cassation ne laissent aucun doute sur les principes qu'elle adopte, constituent la jurisprudence qui remplit les lacunes laissées par les codes et tient lieu du droit. — Voy. *Cour de cassation*.

CASUEL. — Se dit généralement de tout ce qui est incertain, accidentel.

En matière ecclésiastique, on appelle casuel les offrandes, les rétributions des services et autres produits éventuels des cures. — Voy. *Cure*.

CAUSE. — Ce terme a plusieurs acceptions. Il est d'abord synonyme d'action, et c'est en ce sens que l'on dit *cause réelle, cause personnelle, cause mobilière*. Le mot *cause* se dit aussi du procès, de l'instance elle-même, d'où les dénominations de *cause* principale, cause incidente, cause sommaire, etc. Enfin, dans le langage ordinaire, le mot *cause* est aussi employé pour exprimer le motif qui porte à faire une chose, un contrat.

L'obligation sans cause, ou basée sur une cause illicite, ou fausse cause, ne peut avoir aucun effet. — *C. civ.* 1131.

La cause est illicite quand elle est contraire à la loi ou aux bonnes mœurs. — *C. civ.* 1133.

La convention n'est pas moins valable quoique la cause ne soit pas exprimée. — *C. civ.* 1132. — Mais cela peut donner lieu à de graves difficultés. Ainsi certains auteurs prétendent que c'est au créancier à prouver que la cause existe; d'un autre côté, il a été jugé que c'est au débiteur à prouver qu'il ne doit pas. — *Cass.*, 29 *août* 1831.

Toutefois, la question ne saurait se présenter lorsqu'il s'agit d'un commerçant; il y a toujours lieu de supposer que l'obligation a été souscrite pour cause de commerce. — Voy. *Condition*. — *Obligation*. — *Jugement*.

CAUTION. — C'est celui qui garantit soit l'exécution d'un engagement pris par un tiers, soit la responsabilité de ce tiers attachée à l'exercice d'une fonction publique, et s'oblige conjointement et solidairement avec lui par un même acte ou un acte séparé. — Voy. *Cautionnement*.

CAUTIONNEMENT. — Contrat par lequel une ou plusieurs personnes s'engagent envers un créancier à remplir les obligations du débiteur, soit en totalité, soit en partie, à défaut de celui-ci. — *C. civ.* 2011.

Nous ne nous occupons pas du cautionnement fourni par les comptables, fonctionnaires, officiers publics, etc. Nous ne traitons ici que du *Contrat de cautionnement*.

Nature du cautionnement.

Le cautionnement est par sa nature un acte unilatéral parfait par le seul engagement de la caution envers le créancier.

On peut se rendre caution à l'insu du débiteur. — On peut aussi se rendre caution de la caution, c'est-à-dire de celui qui a cautionné le débiteur principal. — *C. civ.* 2014.

Mais le cautionnement ne se présume pas, il doit être exprès. Ainsi une lettre contenant ces expressions : *Vous pouvez avoir confiance... Je vous conseille... M. un tel est honnête...* etc., ne peuvent être considérées comme un cautionnement.

On distingue trois espèces de cautionnement : le cautionnement volontaire ou conventionnel, qui émane de la seule volonté de la caution ; le cautionnement légal, que la loi exige de certaines personnes telles que les usufruitiers, les héritiers bénéficiaires, les envoyés en possession provisoire, etc. ; enfin le cautionnement judiciaire, ordonné notamment lorsqu'il s'agit de l'exécution provisoire d'un jugement. — D. N.

Étendue du cautionnement.

Le cautionnement peut être contracté pour une partie de la dette seulement, auquel cas les paiements partiels faits par le débiteur sont imputables sur la partie de la dette cautionnée. — C. civ. 2013. — Arr. Caen, 16 juillet 1851.

En général, le cautionnement ne peut s'étendre au delà des limites dans lesquelles il a été contracté.

Ainsi le cautionnement d'un capital ne s'étend pas aux intérêts ; de même celui donné pour le paiement des fermages ne s'étend pas aux indemnités locatives, ni aux obligations résultant de la tacite reconduction.

Les engagements des cautions passent à leurs héritiers, mais ces derniers ne sont tenus de la dette que proportionnellement à leur portion héréditaire.

Des obligations qui peuvent être cautionnées.

On ne peut cautionner valablement les obligations entachées d'une nullité réelle et absolue, telles que celles contraires aux lois et à l'ordre public, mais le cautionnement des obligations contractées par un mineur, par une femme mariée, même la vente de leurs immeubles, serait valable.

La caution n'est obligée au paiement qu'à défaut du débiteur, qui doit être préalablement discuté dans ses biens, à moins que la caution n'ait renoncé au *bénéfice de discussion* ou qu'elle ne se soit obligée solidairement avec le débiteur.

Toutefois, la caution judiciaire n'a pas le droit de demander la discussion du débiteur principal. — *C. civ.* 2042.

La caution qui a payé la dette a son recours contre le débiteur et devient subrogée à tous les droits du créancier.

De la forme du cautionnement.

Le cautionnement peut avoir lieu par acte sous seing, même par lettre, à la condition que l'intention de cautionner s'y trouve formellement exprimée.

Nous donnons ci-après une formule de cautionnement simple.

Cautionnement simple.

Je soussigné A..., demeurant à..., après avoir pris communication d'un acte sous seing privé en date du....., enregistré à...... le....., par le receveur qui a perçu les droits dus, par lequel M. B..., demeurant à..., s'est reconnu débiteur envers M. C..., demeurant à....., de la somme de....., qu'il s'est obligé de lui rembourser dans....., ans à partir de....., avec promesse de lui en servir les intérêts à..... pour cent par an, lesquels doivent être payés par semestre, les....., et....., de chaque année.

Déclare me rendre et constituer caution dudit sieur B... envers M. C..., m'obligeant au paiement de ladite somme de....., et au service des intérêts aux époques fixées par l'obligation ci-dessus énoncée, dans le cas où il ne remplirait pas lui-même ses engagements.

A....., le.....

(Signature.)

Cautionnement solidaire pour un bail.

Je soussigné A..., demeurant à....., après avoir pris communication, etc. (*Voir la formule qui précède.*)

Déclare me rendre et constituer caution solidaire et indivise envers M. C..., ici présent et qui a accepté, des effets du bail ci-dessus énoncé et m'obliger, conjointement et solidairement avec M. B..., au paiement exact des fermages et à l'exécution de toutes les clauses, charges et conditions stipulées audit bail, le tout dans les termes et de la manière dont ledit sieur B... y est tenu, renonçant même au bénéfice de discussion.

Fait double à....., le....., et signé, lecture prise.

(Signature.)

CAUTIONNEMENT des officiers ministériels, etc. — Somme que les officiers publics dépositaires ou comptables sont tenus de verser au Trésor public, pour la garantie des abus qu'ils pourraient commettre dans l'exercice de leurs fonctions. — LL. des 22 flor. an XI et 28 avril 1816.

Les créanciers des officiers ministériels ont un privilège que l'on nomme de premier ordre sur leur cautionnement, pour tous faits de charge. — *C. civ.* 2102.

Les fournisseurs ou bailleurs de fonds du cautionnement ont un autre privilège qu'on appelle privilège de second ordre, qui vient après celui des créanciers; mais ce privilège ne leur est acquis qu'à la condition qu'il en ait été passé déclaration notariée par l'emprunteur, et que cette déclaration ait été inscrite sur les registres du Trésor.

Le taux d'intérêt des cautionnements payé par l'État est fixé à trois pour cent.

Les entrepreneurs ou concessionnaires de travaux ou services publics fournissent aussi des cautionnements pour la garantie de leurs engagements envers l'État.

CAUTION juratoire. — C'est celle qui consiste dans la promesse avec serment en justice de faire ce qui est ordonné par le jugement qui y soumet, ou de rendre ce qu'on reçoit en vertu de ce jugement. — *C.civ.* 603. — Voy. *Serment.* — *Usufruit.*

CÉDANT. — Se dit de celui qui cède à une autre personne un droit, une créance, une hypothèque, un privilège. On appelle aussi cédant le vendeur d'un office. — Voy. *Subrogation.* — *Transport-Cession.*

CÉDULE. — Ce mot s'entend de l'ordonnance délivrée par le juge dans les cas urgents, pour citer à comparaître devant lui. — *C. proc.* 6. — *C. instr. cr.* 146. — Voy. *Juge de Paix.*

CENS. — Ce mot signifie l'impôt public auquel chacun est assujetti.

On disait autrefois le cens électoral, aujourd'hui remplacé par le suffrage universel.

CENSURE — Peine disciplinaire que l'on applique aux magistrats, avocats, notaires et autres officiers ministériels qui se rendent coupables de contraventions.

CENTIÈME denier. — Voy. *Mutations par décès (droits de).*

CENTIMES additionnels. — Suppléments proportionnels au principal des contributions directes et indirectes, dont le budget des finances ordonne ou confirme l'imposition chaque année, soit pour accroître les ressources du Trésor public, soit pour subvenir aux dépenses locales des départements et des communes.

Les centimes additionnels que la loi des finances détermine chaque année sont dits centimes généraux, les autres centimes purement facultatifs sont annuellement votés par les conseils généraux et les conseils municipaux. — Voy. *Contributions publiques,* § 11e.

CENTIMÈTRE. — Centième partie du mètre. — Voy. *Poids et mesures.*

CERCLES et Sociétés (Impôt sur). — Les gérants, secrétaires ou trésoriers des cercles et lieux de réunion passibles de l'impôt doivent faire chaque année, avant le 31 janvier, à la mairie, une déclaration indiquant le nombre des abonnés, membres ou associés ayant fait partie de la réunion pendant l'année précédente, ainsi que le montant de leurs cotisations. — Voy. *Contributions publiques,* § 9.

CÉRÉMONIE publique. — Voy. *Préséance.*

CERTIFICAT. — Déclaration par laquelle on rend témoignage d'un fait qui n'intéresse pas personnellement celui qui l'atteste. — *D. N.*

On donne ce nom à des actes purement privés, tels que ceux que les maîtres ou patrons délivrent à leurs domestiques ou ouvriers qui les quittent, ou à ceux que délivrent les maires ou autres fonctionnaires, tels que les certificats de vie, les certificats d'indigence, etc.

Tous ces certificats, notamment ceux délivrés par les maîtres et patrons, sont, sauf quelques exceptions, assujettis au timbre de dimension (*timbre de 60 cent.*).

Comme il s'agit ici d'un ouvrage élémentaire, nous donnons ci-après, malgré sa simplicité, une formule de certificat.

Certificat par un patron à un ouvrier.

Je soussigné A..., entrepreneur de....., demeurant à....., reconnais que le nommé B... a travaillé pour mon compte en qualité d'ouvrier....., depuis le..... jusqu'à ce jour, et que, pendant ce temps, il a toujours fidèlement rempli ses devoirs et s'est conduit avec honneur et probité.

En foi de quoi je lui ai délivré le présent.

(*Signature.*)

A....., le.....

CERTIFICAT d'apprentissage. — Voy. *Brevet d'apprentissage.*

CERTIFICAT de bonne vie et mœurs. — Attestation délivrée par un maire, garantissant la moralité de celui auquel elle est délivrée.

Ce certificat est assujetti au timbre et doit être légalisé par le sous-préfet, notamment lorsqu'il doit faire titre pour celui auquel il est délivré, par exemple lorsqu'il s'agit de son admission à des fonctions publiques.

CERTIFICAT de capacité. — C'est celui délivré dans les écoles de droit aux jeunes gens qui se destinent à la profession d'avoué, de même que ceux délivrés aux aspirants au notariat par les chambres de discipline des notaires.

CERTIFICAT de carence. — Attestation délivrée par les maires sous leur responsabilité et constatant que tel individu ne peut payer, soit une amende encourue, soit ses impositions.

Ce certificat est délivré gratuitement et doit être visé par le préfet ou sous-préfet.

CERTIFICAT de caution. — Ces termes désignent l'obligation de celui qui se rend caution d'une caution envers le débiteur principal. — Voy. *Adjudication.* — *Cautionnement.*

CERTIFICAT de déclaration de changement de domicile. — C'est l'attestation délivrée par un notaire, au rentier, au pensionnaire de l'État qui, par suite de changement de domicile ou de tout autre motif, veut choisir un autre notaire pour faire certifier son existence.

Cette attestation, que l'on nomme *exeat*, ne peut être refusée par le notaire ayant l'habitude de délivrer les certificats de vie, et le nouveau notaire choisi ne peut en délivrer aucun que sur le vu de cette attestation. — Voy. *Certificat de vie.*

CERTIFICAT d'indigence. — C'est celui qui atteste qu'une personne ne possède rien et manque des choses nécessaires à la vie.

Ces certificats sont ordinairement délivrés par le maire, visés par le sous-préfet et approuvés par le préfet.

Ils servent, selon les cas, à obtenir la dispense de paiement des droits de timbre et d'enregistrement, l'assistance judiciaire, la remise ou modération des impôts de patente, etc. — Voy. *Bureau de bienfaisance.* — *Indigent.*

CERTIFICAT de libération du service militaire. — Justification exigée pour l'admission aux emplois civils ou militaires.

CERTIFICAT d'individualité. — Acte qui a pour objet d'attester d'une manière authentique, sur la réquisition d'une personne, ses nom, âge, état, qualité et demeure. — *E. N.*

Ces certificats sont ordinairement dressés par les notaires.

Ils sont exigés le plus souvent par les agents de change, pour certifier la signature d'un individu qui ne leur est pas connu et qui les charge du transfert d'une rente sur l'État.

CERTIFICAT de jouissance de droits civiques et civils. — Ce certifica doit être produit dans divers cas, et notamment pour être admis aux fonctions de notaire. — *L. du 25 vent. an II.*

CERTIFICAT négatif. — C'est celui par lequel on atteste la non-existence d'un fait.

On désigne plus particulièrement sous ce nom le certificat par lequel le Conservateur des hypothèques atteste qu'il n'existe aucune inscription contre telle ou telle personne ou sur tels ou tels biens désignés, ou encore après les formalités de transcription ou de purge légale sur une vente d'immeubles. — Voy. *Transcription.* — *État d'inscription.* — *Purge légale.*

CERTIFICAT d'opposition ou de non-opposition. — Voy. *Exécution des jugements.* — *Vente de meubles.*

CERTIFICAT d'origine. — Acte par lequel une autorité française ou l'agent du Gouvernement auprès d'une puissance étrangère certifie que des marchandises ou des denrées sont des produits du territoire français ou proviennent d'un lieu déterminé, d'après des lois et des décrets qui ordonnent cette justification.

CERTIFICAT de non-naturalisation. — C'est celui par lequel le Ministre de la justice atteste qu'un étranger n'a pas été naturalisé Français. — La production de cette pièce est nécessaire lorsque l'étranger veut se soustraire à certaines charges publiques, telles que le service dans l'armée, les fonctions de juré, etc. — *D. N.*

Lorsqu'il s'agit d'un étranger né en France d'un étranger, il doit produire en outre un certificat du maire de son domicile constatant qu'il n'a pas fait la déclaration prescrite par l'article 9 du Code civil.

CERTIFICAT de propriété. — C'est l'acte par lequel un officier public atteste le droit de propriété ou de jouissance d'une ou plusieurs personnes, soit sur le capital ou les arrérages d'une rente sur l'État, soit sur un cautionnement versé au Trésor, ou sur les décomptes des rentes et pensions viagères sur l'État, éteintes par les décès des titulaires, ou encore qui établit les droits des veuves et orphelins, de militaires pensionnés, à une pension viagère ou à des secours. — *L. du 28 flor. an VII.* — *Déc. du 18 septembre 1806.*

Lorsqu'il y a eu inventaire, partage public, ou transmission gratuite à titre entre vifs ou testamentaire, le certificat de propriété doit être délivré par le notaire détenteur de la minute ou de l'original de l'acte.

S'il n'existe aucun acte authentique établissant les droits du nouveau propriétaire, le certificat de propriété est délivré par le juge de paix du domicile du décédé sur l'attestation de deux témoins.

Au cas où la mutation aurait été opérée par jugement, le certificat devrait être délivré par le greffier dépositaire de la minute.

CERTIFICAT de radiation. — C'est celui que délivre un Conservateur des hypothèques, et par lequel il atteste la radiation partielle ou définitive d'une inscription. — Voy. *Mainlevée d'inscription hypothécaire.* — *Radiation.*

CERTIFICAT de vie. — Attestation donnée par un notaire, ou par toute autre autorité compétente, de l'existence d'une personne.

Les rentes viagères ou pensions s'éteignent par la mort des créanciers. Les débiteurs ne peuvent être tenus d'en acquitter le montant qu'autant qu'il leur est justifié de l'existence des ayants droit, à moins que ces derniers n'en aient été formellement dispensés. — *C. civ.* 1983.

Les certificats de vie relatifs aux rentes et pensions dues par des particuliers peuvent être délivrés par les présidents des tribunaux et par les maires, concurremment avec les notaires. — *L. du 6 mars 1791.*

Mais ceux relatifs aux rentes viagères et pensions dues par l'État doivent être exclusivement délivrés par les notaires. — *Ord. du 6 juin* 1839.

Les rentiers et pensionnaires doivent donc se présenter tous les trois mois devant un notaire, munis de leur acte de naissance et de l'extrait de leur inscription ou brevet.

Les certificats relatifs aux pensions militaires connues sous le nom de soldes de retraite et autres du même genre sont dispensés du timbre.

Il est alloué aux notaires, pour la délivrance de ces certificats à chaque trimestre, savoir : *zéro* lorsque le trimestre de la pension n'atteint pas cinquante francs; *vingt centimes* pour celles de cinquante à cent francs; — *trente-cinq centimes* pour celles de cent un à trois cents francs ; *cinquante centimes* pour celles de trois cent un à six cents francs, et *un franc* pour celles de six cents francs et plus.

Certains certificats de vie doivent être délivrés sur timbre et légalisés, mais ceci concerne les notaires et autres préposés à la délivrance de ces certificats.

CESSATION de paiements. — Tout commerçant qui cesse ses paiements est en état de faillite. — *C. comm.* 437. — Voy. *Faillite.*

CESSATION de travail. — Toute cessation concertée de travail dans le but de forcer la hausse ou la baisse des salaires, ou de porter atteinte au libre exercice de l'industrie ou du travail, est punissable d'un emprisonnement de six jours à trois ans, sans préjudice de l'amende. — *C. pén.* 414.

CESSIBLE (incessible). — Se dit de tout ce qui peut ou non être cédé ou transporté à une autre personne.

En général, tout droit pécuniaire est cessible, si le contraire ne résulte de sa nature ou des dispositions de la loi.

Mais les droits exclusivement attachés à la personne, tels que ceux d'usage et d'habitation, les pensions alimentaires et autres accordées par le Gouvernement, les droits dans une succession future, etc., sont incessibles.

CESSION. — C'est en général l'abandon ou le transport que l'on fait d'une chose à un tiers.

La cession doit, comme la vente, être faite moyennant un prix ou sous une condition.

Les règles des ventes sont applicables aux cessions. — Voy. *Vente.* — *Transport de créances.*

CESSION d'antériorité ou de priorité. — Acte par lequel un créancier hypothécaire consent à ce qu'un autre créancier ayant également hypothèque, mais d'un rang postérieur, lui soit préféré et vienne avant lui pour l'exercice de son hypothèque. — *D. N.*

Cette cession peut être faite comme toute autre, moyennant un prix.

Pour la consentir, il faut avoir capacité de renoncer à l'hypothèque.

Ainsi un tuteur ne peut, sans y être légalement autorisé, consentir au nom du mineur une antériorité d'hypothèque.

La femme mariée sous le régime de la communauté peut valablement céder son hypothèque légale ou consentir toute antériorité dans l'effet de cette hypothèque; mais, mariée sous le régime dotal, ce serait un acte d'aliénation qui lui est interdit.

La cession d'antériorité ne peut avoir lieu que par acte authentique. — *C. civ.* 2126. — Voy. *Hypothèque.* — *Subrogation.*

CESSION de bail. — Convention ayant pour objet de faire passer à un autre le droit qu'on a soi-même, en vertu d'un bail, de jouir d'une chose mobilière ou immobilière.

Le preneur a le droit de sous-louer et même de céder son bail à un autre, si cette faculté ne lui a pas été interdite. — *C. civ.* 1717.

La cession de bail est plus ordinairement désignée sous le nom de transport de bail. — Voy. *Sous-bail* ou *sous-location.*

CESSION de biens. — C'est, dans le sens le plus étendu, l'abandon qu'un débiteur hors d'état de payer ses dettes fait de ses biens à ses créanciers pour se soustraire à leurs poursuites. — *C. civ.* 1265.

Nous avons traité de cette cession sous le mot Abandonnement. — Voy. *Abandonnement (contrat d').*

CESSION de brevet d'imprimeur ou de libraire. — Voy. *Imprimerie. — Librairie. — Presse.*

CESSION de brevet d'invention. — Voy. *Brevet d'invention.*

CESSION de créance. — Voy. *Transport de créance.*

CESSION de droits litigieux. — Voy. *Droits litigieux. — Transport-Cession.*

CESSION de droits successifs. — Voy. *Retrait successoral. — Transport-Cession.*

CESSION de priorité. — Voy. *Cession d'antériorité ou priorité. — Subrogation.*

CESSION d'usufruit. — Voy. *Usufruit.*

CHAISES. — Voy. *Bail de bancs et chaises dans les églises. — Bail de chaises dans les lieux publics.*

CHAMBRE. — Se dit tant du lieu où se tiennent les assemblées d'un corps, d'une compagnie, que de la compagnie elle-même. On l'applique même à certaines juridictions telles que la Chambre des députés, la Chambre de commerce, la Chambre des notaires, des avoués, etc.

On dit encore Chambre du conseil de celle où les tribunaux délibèrent. Chambre des enquêtes, etc.

CHAMBRE d'adjudication. — Local où l'on procède aux adjudications d'immeubles. A Paris il existe : 1° au Palais de Justice une chambre d'adjudication appelée Chambre des criées, où ont lieu les adjudications judiciaires un jour de chaque semaine, et 2° une autre chambre où les notaires procèdent aux adjudications volontaires d'immeubles, le mardi de chaque semaine à midi.

Les notaires de Paris ne peuvent conséquemment faire d'adjudications d'immeubles dans leurs études ni ailleurs, sauf lorsqu'il s'agit de biens ruraux que les parties désirent vendre sur les lieux.

Les enchères ne sont reçues que de la part des notaires du ressort, ou d'avoués près les Tribunaux de Paris ; elles ne peuvent être moindres de *cinquante francs* jusqu'à dix mille francs ; au-dessus, elles doivent être d'au moins *cent francs*.

Ailleurs qu'à Paris, les adjudications judiciaires ont lieu à des jours déterminés au Palais de Justice, devant les juges commis près les Tribunaux civils. — Les adjudications volontaires ont lieu dans les études des notaires ou dans les salles de mairie des communes.

CHAMBRES de commerce. — Ce sont des réunions de commerçants chargés de présenter au Gouvernement leurs vues, afin d'augmenter la prospérité du commerce et des manufactures, et de montrer ce qui peut leur porter préjudice. — Ord. du 16 juin 1832 ; — Déc. du 22 janvier 1872.

CHAMBRE consultative des manufactures. — Les fonctions de ces Chambres ont pour objet de faire connaître au Gouvernement les moyens d'améliorer les fabriques, manufactures, arts et métiers. — *Ord. du 16 juin* 1832.

CHAMBRE de discipline. — Espèce de tribunal formé dans le sein d'une compagnie, d'une corporation, pour le maintien de l'ordre parmi leurs membres, et la punition des fautes graves dont ils se rendent coupables. — Voy. *Discipline.*

CHAMBRE de discipline des notaires. — C'est la réunion de notaires élus dans chaque arrondissement par l'assemblée générale pour administrer les affaires communes, concilier les différends, juger les fautes commises contre la discipline intérieure et représenter la corporation de l'arrondissement.

Lorsqu'un tiers croit avoir à se plaindre d'un notaire, il doit s'adresser au président de la Chambre qui, sur l'exposé qui lui est fait, se charge de faire citer le notaire devant la Chambre par une lettre du secrétaire.

Les tiers en contestation avec des notaires ont également la faculté de comparaître devant la Chambre sans assignation.

Les Chambres délibèrent à huis-clos et non en séance publique.

Elles ne peuvent prononcer que des peines disciplinaires.

CHAMBRE des députés. — Voy. *Députés*.

CHAMBRE syndicale. — Nom que l'on donne aux Chambres de discipline des agents de change et des courtiers de commerce.

Il existe aussi des Chambres syndicales formées des délégués des membres de certaines professions industrielles, et chargées de veiller à leurs intérêts communs.

CHAMBRE des vacations. — C'est une division de juges qui, pendant les vacances accordées par la loi à chaque Tribunal ou Cour, restent à leur poste pour l'expédition des affaires sommaires ou qui requièrent célérité. — *Déc. du 30 mars 1808.*

CHANCELIER de consulat. — Fonctionnaire public chargé, dans les pays étrangers, d'assister le consul dans l'exercice de ses fonctions, et de remplir certaines attributions analogues à celles de greffier, notaire et huissier. — *E. N.*

CHANGE. — Ce mot a plusieurs significations. On nomme *change-local*, ou *manuel*, l'échange, soit du numéraire métallique, soit du papier monnaie d'un pays. — On donne aussi le même nom au lieu où doivent être portées les monnaies décriées et les matières d'or ou d'argent afin d'en recevoir le prix. On entend encore par *change* le prix qu'un banquier prend pour les sommes qu'il fait remettre d'une place à une autre. Enfin ce mot indique le contrat par lequel on s'engage à faire payer dans un autre lieu que celui de la convention une somme dont on a reçu ou dont on recevra l'équivalent. — *D. N.*

Le change relatif au contrat que nous venons d'indiquer est *personnel*, lorsque le paiement est fait par la personne qui s'y engage. Le pouvoir de toucher la somme s'appelle alors *billet*. Lorsqu'au contraire c'est un tiers qui doit payer, le pouvoir s'appelle *lettre de change*. — Voy. *Billet. — Lettre de change. — Cours du change. — Agent de change. — Courtiers.*

CHANGEUR. — Voy. *Change des monnaies, etc.*

CHANGE des monnaies ou des matières d'or ou d'argent. — Commerce ou profession de *changeur*, c'est à-dire de celui qui échange des matières d'or et d'argent contre des espèces, ou des pièces de monnaie contre d'autres pièces de valeur moindre ou supérieure, et contre des monnaies étrangères.

Outre les livres communs à tous les commerçants, les changeurs sont obligés à la tenue d'un registre double, coté et paraphé par l'administration municipale, sur lequel ils doivent inscrire la nature, le nombre, le poids et le titre des matières d'or et d'argent qu'ils achètent, avec les noms et demeure de ceux de qui ils les ont achetées.

Néanmoins la tenue de ce registre double n'est pas prescrite pour la négociation des titres au porteur, ou des coupons qui en sont détachés.

Les changeurs ne peuvent acheter que des personnes connues ou ayant des répondants à eux connus.

Enfin, ils doivent faire vérifier tous les trois mois les balances dont ils font usage.

CHANGEMENT de domicile. — C'est le transport que, de fait et d'intention, l'on fait de son habitation d'un lieu dans un autre. — *C. civ. 103.*

CHANGEMENT d'état. — En droit, le changement d'état est celui qui survient dans la condition civile d'une personne, par exemple lorsque le mineur devient majeur, lorsque la femme se marie, qu'un individu est interdit, etc. — Voy. *État civil. — Femme. — Minorité. — Interdiction.*

CHANGEMENT d'hypothèque. — C'est l'acte par lequel un débiteur grevé d'une hypothèque conventionnelle affecte un nouveau gage hypothécaire en faveur de son créancier qui, au moyen de cette nouvelle affectation, renonce à son hypothèque sur le gage primitivement affecté à la sûreté de sa créance. Cet acte ne peut être fait que devant notaire. — Voy. *Tranfert d'hypothèque*.

CHANGEMENT de nom. — Voy. *Nom*.

CHAPELLE. — En législation, ce mot désigne une église érigée sous ce titre, qui lui confère certains droits. Ce mot s'applique encore aux subdivisions intérieures d'une église et aux lieux consacrés aux oratoires, soit dans les établissements publics, soit dans les habitations particulières.

Les chapelles publiques sont les églises ouvertes au culte en exécution du décret du 30 septembre 1807, après que le conseil municipal a pris l'engagement de payer le traitement du chapelain sur les revenus de la commune.

Ces chapelles se nomment *vicariales*, lorsqu'au traitement voté par le conseil municipal le Gouvernement ajoute l'indemnité de 350 francs allouée par le Trésor aux vicaires.

CHAPERON. — Sommet d'un mur présentant un plan incliné. — *C. civ.* 654. — Voy. *Mitoyenneté*.

CHAPITRE. — Se dit de la corporation des ecclésiastiques ou chanoines attachés par leur titre à une église cathédrale. On donne aussi ce nom à l'assemblée même des ecclésiastiques qui ont le droit de s'assembler capitulairement.

Les chapitres sont classés parmi les établissements qui peuvent acquérir ou recevoir par donations ou legs. — *Ord. du 2 nov. 1817*. — Voy. *Donation*. — *Acceptation de donation*.

CHARENTE. — Département formé de l'ancienne province de l'Angoumois et d'une partie de la Saintonge.
Chef-lieu : Angoulême.
Cour d'appel : Bordeaux.
Ce département est limité à l'Est par la Haute-Vienne et la Dordogne ; à l'Ouest par la Charente-Inférieure ; au Sud par la Dordogne et la Charente-Inférieure, et au Nord par la Haute-Vienne.
Il est divisé en 5 arrondissements, 29 cantons et 426 communes.
Superficie : 593.873 hectares.
Impôt foncier : 1.966.948 fr.
Population : 366.408 hab.

CHARENTE-Inférieure. — Département formé de l'ancienne province de l'Aunis et de partie de la Saintonge.
Chef-lieu : La Rochelle.
Cour d'appel : Poitiers.
Ce département est limité à l'Est par partie des Deux-Sèvres et la Charente ; au Sud par la Dordogne et la Gironde ; à l'Ouest par l'Océan, et au Nord par la Vendée et les Deux-Sèvres.
Il est divisé en 6 arrondissements, 40 cantons et 480 communes.
Superficie : 714.814 hectares.
Impôt foncier : 2.554.225 fr.
Population : 462.803 hab.

CHARGE. — On entend par ce mot une dignité, un office qui donne pouvoir d'exercer certaines fonctions publiques. — Voy. *Office*.

CHARGES. — Ce terme est synonyme soit d'une obligation, soit d'une condition onéreuse à remplir, ou bien il désigne un passif d'une nature particulière.
Le mot *Charges* est souvent remplacé par celui de *Conditions*.
Les charges sont des conditions imposées qui ne nuisent point à la transmission actuelle et entière des biens, mais il faut les distinguer de la réserve d'une partie de la chose ; par exemple si le vendeur se réserve l'usufruit de l'objet

vendu, il est évident qu'une partie de la propriété est retenue pour un certain temps.

Les charges considérées comme passif sont le plus ordinairement de droit, et s'entendent en général de tout ce qui grève une masse de biens. — Voy. *Charges de communauté*, etc.

CHARGES de communauté. — Ce sont les dettes et les dépenses qui doivent être acquittées par la communauté, sans pouvoir être prises sur les propres des conjoints. — C. civ. 1409. — Voy. *Communauté de biens*.

CHARGES du mariage. — Ces charges s'entendent des obligations particulières qu'entraîne l'union des époux, comme celles de nourrir, entretenir et élever leurs enfants. — C. civ. 203. — Voy. *Communauté*. — *Mariage*. — *Régime dotal*.

CHARGES personnelles réelles et mixtes. — On entend par charges personnelles celles qui n'obligent que la personne, telles que les obligations. — Les charges réelles, telles que les servitudes, les hypothèques, etc., grèvent seulement la *chose*; — celles considérées comme obligeant la personne et affectant la chose sont appelées *mixtes*. — Voy. *Obligations*. — *Servitude*.

CHARGES de police. — Ce sont celles qui concernent la salubrité, la sûreté et la tranquillité publiques, le bon ordre, les mœurs, les cultes, le commerce, les professions, les établissements publics, etc.

Ces charges sont en général supportées par les locataires et ne tombent pas sur la propriété. — Voy. *Bail*.

CHARGES publiques. — Ce sont celles que l'autorité publique impose aux particuliers, comme les contributions, le recrutement, les secours, l'obligation de céder sa propriété pour cause d'utilité publique, de laisser sur son fonds un chemin de halage le long des fleuves et rivières navigables, etc., etc. — Voy. *Contributions publiques*. — *Recrutement*.

CHARGE de restitution. — Nom que la loi donne à la substitution qu'elle permet d'établir au profit des petits-enfants et des neveux du disposant. (C. civ. 1048), et que la loi du 17 mai 1816 a permis d'établir au profit des enfants du donataire ou légataire jusqu'au deuxième degré. — Voy. *Substitution*.

CHARGES de succession, donation, legs. — Ce sont les obligations qui pèsent sur l'héritier, le donataire ou légataire, telles que d'acquitter les legs, les dettes, ou remplir certaines conditions. — C. civ. 724-945. — Voy. *Succession*.

CHARGEMENT. — On appelle *Chargement* ou *Cargaison* ce qui fait la charge d'un navire, et *Manifeste* l'état de ce chargement qui est dressé par le capitaine et exhibé dans les bureaux de douane pour la garantie du paiement des droits.

Tout capitaine, maître ou patron est responsable des marchandises dont il se charge. — C. comm. 228. — Voy. *Connaissement*.

CHARTE-partie. — C'est le louage d'un navire, et, par extension, l'acte écrit constatant ce louage que l'on nomme *Affrétement* sur l'Océan, et *Nolissement* sur la Méditerranée. — C. com. 273.

On nomme *Fréteur* celui qui donne à loyer, et *Affréteur* celui qui le prend. — Voy. *Bail maritime*. — *Connaissement*.

CHARTE privée. — Séquestration illégale; — détention de personne.

La loi punit de la peine des travaux forcés à temps ceux qui, sans ordre des autorités constituées, et hors les cas où elle ordonne de saisir les prévenus, auront arrêté, détenu ou séquestré des personnes quelconques. — C. pén. 341. — Voy. *Séquestration*.

CHASSE. — La chasse est l'action d'essayer de s'emparer du gibier et des animaux sauvages vivant en liberté, soit par ruse, soit par adresse.

Elle est réglementée par les lois des 3 mai 1844, 22 janvier 1874, et par des arrêtés préfectoraux.

De la nature et à qui appartient le droit de chasse.

Le droit de chasse est un attribut de la propriété et appartient au propriétaire à l'exclusion du fermier, qui n'y a aucun droit.

Tout propriétaire ou possesseur peut donc chasser sur son terrain en se conformant aux lois sur la police de la chasse.

La loi dit *tout propriétaire ou possesseur*, parce qu'il n'est pas nécessaire d'avoir la propriété complète du fonds pour y chasser ; il suffit d'en avoir la jouissance comme l'aurait le propriétaire : tels sont l'usufruitier et l'emphytéote ; mais l'usager n'ayant en principe aucun droit aux produits du fonds, le droit de chasse ne lui appartient pas.

Le nu propriétaire ne peut rien faire qui nuise à l'exercice du droit de chasse de l'usufruitier et ne peut dès lors détruire les bois et taillis, ni les fourrés servant d'abri au gibier.

Tout acte ou moyen employé pour prendre un gibier constitue un fait de chasse, que l'on soit armé ou qu'on ne le soit pas.

De la cession du droit de chasse.

Le droit de chasse peut être vendu, affermé ou cédé gratuitement, mais il ne pourrait être établi ou réservé à perpétuité sur un fonds, au profit du propriétaire d'un autre fonds et de ses successeurs à l'infini.

De la vente et du colportage du gibier.

Il est interdit de mettre en vente, de vendre, d'acheter, de transporter et de colporter du gibier en dehors de l'époque fixée pour la durée de la chasse, sous peine de saisie et contravention ; mais cette interdiction ne s'applique pas aux époques pendant lesquelles l'exercice de la chasse est suspendu à cause de la neige.

Sont permis pendant toute l'année la vente et le transport des lapins de garenne, ainsi que du gibier d'eau dont la chasse est exceptionnellement permise, à la condition que les oiseaux vendus ou transportés soient couverts de leurs plumes.

La recherche du gibier dont la vente est interdite peut même être faite à domicile chez les aubergistes, marchands de comestibles, et dans les lieux ouverts au public, mais elle ne peut être faite au domicile des particuliers qu'en vertu d'un mandat du juge d'instruction.

Il est permis aux particuliers d'avoir en tout temps du gibier en cage pour leur agrément.

De la chasse sur le terrain d'autrui.

Nul ne peut chasser sur la propriété d'autrui sans le consentement du propriétaire ou de ses ayants droit. Ce consentement peut être exprès ou tacite et doit toujours être présumé jusqu'à preuve contraire, et le ministère public ne peut agir que sur la plainte du propriétaire, à moins que le délit n'ait été commis dans un terrain clos et attenant à une habitation, ou sur des terres non dépouillées de leurs fruits.

En principe, il y a consentement, du moment que le propriétaire ne s'y oppose pas.

Il est également interdit de prendre ou de détruire sur le terrain d'autrui des œufs et des couvées de faisans, de perdrix et de cailles.

Le chasseur qui a fait lever du gibier sur son terrain ne peut le suivre sur le terrain d'autrui, et doit s'arrêter et rompre ses chiens sur la limite des deux héritages.

Néanmoins, le fait du passage des chiens courants sur le terrain d'autrui, lorsque ces chiens sont à la poursuite d'un gibier lancé sur la propriété de leurs maîtres, ne peut être considéré comme délit de chasse; mais le propriétaire qui aura éprouvé un dommage pourra toujours en poursuivre la réparation.

Le propriétaire du terrain sur lequel un chasseur serait venu sans son consentement poursuivre et prendre un gibier déjà lancé ou blessé n'aurait droit qu'à des dommages-intérêts pour violation de sa propriété; le gibier appartiendrait toujours au chasseur.

Règle générale, il est d'usage, d'accord avec la législation, que le gibier appartient à celui qui l'a frappé le premier, pourvu qu'il l'ait blessé grièvement. Mais il en est autrement lorsque le gibier n'est que légèrement blessé, ou que, même poursuivi par les chiens, il est encore à même d'échapper au chasseur. Ainsi dans cette circonstance le chasseur qui tue le gibier suivi par les chiens d'autrui ne commet pas de délit de chasse s'il le tue sur son terrain ou sur tout autre où il a le droit de chasser.

Il n'y a pas délit de chasse dans le fait du chasseur qui passe tranquillement, sans aucune poursuite, avec ses chiens, sur la propriété de son voisin pour aller chasser sur ses possessions; le voisin n'aurait que l'action civile s'il avait éprouvé un dommage.

Celui qui fait acte de chasse sur un chemin public commet un délit.

Du temps prohibé.

L'époque de la chasse est déterminée dans chaque département par arrêté du préfet publié dix jours au moins avant l'ouverture et la clôture de la chasse. Hors le temps déterminé par l'arrêté du préfet la chasse est défendue.

Elle n'est permise que le jour; la nuit elle devient un délit.

Les propriétaires ou possesseurs peuvent toutefois chasser ou faire chasser en tout temps dans leurs parcs ou possessions attenant à une habitation et entourés d'une clôture continue faisant obstacle à toute communication avec les héritages voisins; mais le chasseur doit toujours être muni d'un permis de chasse, bien que personne n'ait le droit de pénétrer dans les parcs et possessions pour constater le délit.

Cette exception n'étant fondée que sur le respect dû au domicile, s'il n'y avait pas d'habitation, mais seulement une étable ou autre construction, ce serait insuffisant.

La chasse en temps de neige ailleurs que dans les marais et le long des grèves de la mer, des étangs, canaux et rivières, a été prohibée dans toutes les parties de la France par des arrêtés préfectoraux qui restent en vigueur tant qu'ils n'ont pas été formellement révoqués par des arrêtés postérieurs.

Les préfets ont encore pris des arrêtés qui déterminent l'époque de la chasse des oiseaux de passage, le temps pendant lequel il est permis de chasser le gibier d'eau, et les espèces d'animaux malfaisants ou nuisibles que le propriétaire possesseur ou fermier peut en tout temps détruire sur ses terres. Comme ceux relatifs à la chasse en temps de neige, ces arrêtés restent en vigueur tant qu'ils n'ont pas été révoqués sans qu'il soit nécessaire qu'ils aient été rappelés dans le dernier arrêté de clôture.

Dans le département du Calvados notamment, un arrêté préfectoral permanent du 1er décembre 1882 autorise la chasse à tir du gibier d'eau et des oiseaux de passage avec ou sans barque dans les marais, le long des grèves de la mer, des étangs, des canaux et des rivières, sans que le chasseur puisse s'éloigner des francs-bords à plus de 10 mètres. Cette chasse est permise même en temps de neige, depuis l'époque de la fermeture jusqu'au 31 mars de la même année. Après le 31 mars, elle est restreinte aux grèves de la mer seulement.

La chasse du gibier d'eau dans les huttes ou gabions est permise du 15 juillet au 15 avril.

Les oiseaux de passage dont la chasse est permise sont les *bécasses*, les *bécassines* et les *huppes*. Sont compris dans la désignation du gibier d'eau : les *outardes*, *pluviers* de toute espèce, *vanneaux*, *grues*, *hérons*, *spatules*, *courlis*, *bécas-*

seaux, *chevaliers, râles, grèbes, guillemots, pingouins, plongeons, stercoraires, pétrels, goëlands, hirondelles de mer, oies, cygnes, canards, harles, butors* et *courlis* à bec-grêle.

De la destruction des animaux nuisibles ou malfaisants.

Les propriétaires et les fermiers, et bien que ces derniers n'aient pas le droit de chasser, peuvent toujours repousser et détruire en tout temps, même avec des armes à feu, les animaux malfaisants ou nuisibles qui porteraient préjudice à leurs propriétés ou à leurs récoltes, en se conformant aux arrêtés préfectoraux.

Ces animaux sont : — Parmi les oiseaux : le *faucon*, la *pigargue*, l'*autour*, l'*épervier*, le *milan*, le *buzard*, la *pie*, le *hibou*, le *corbeau*, la *corneille* et le *pigeon* ramier. — Et parmi les quadrupèdes : le *sanglier*, le *loup*, le *renard*, le *cerf*, la *biche*, le *daim*, le *chevreuil*, la *loutre*, le *blaireau*, la *martre*, la *fouine*, le *putois*, la *belette*, le *chat sauvage*, le *rat d'eau* et le *lapin*.

L'emploi du fusil pour la destruction des corbeaux, des corneilles et des pigeons ramiers n'est permis que du 1er novembre au 15 mars inclusivement.

Le blaireau, la martre, la fouine, le putois et la belette peuvent être détruits par tous les moyens en usage autres que les armes de tir ; néanmoins, les pièges ou autres engins de nature à captiver le gibier sont interdits pour cette destruction.

Les lapins peuvent être détruits à l'aide de furets ou de bourses, et au moyen du fusil. Toutefois l'usage du fusil hors l'époque de la chasse est subordonné à une autorisation spéciale strictement limitée au temps jugé nécessaire pour la destruction, laquelle autorisation ne peut être accordée que sur l'avis de l'officier de gendarmerie de l'arrondissement et des maires des communes où la chasse doit avoir lieu.

Lorsque la nécessité en est reconnue, des traques ou battues peuvent également être autorisées pour la destruction des animaux malfaisants ou nuisibles.

De la conservation des petits oiseaux.

En dehors de l'époque fixée pour la durée de la chasse, la destruction des petits oiseaux dits de pays est formellement interdite.

Sauf en ce qui concerne les oiseaux nuisibles, il est encore expressément défendu, sous peine d'amende, de détruire les nids d'oiseaux de pays, leurs œufs et leurs couvées dans les bois, haies et buissons, dépendant de toutes propriétés publiques ou privées, closes ou non closes, autres toutefois que celles attenant à une habitation et entourées de clôtures continues faisant obstacle à toute communication avec les héritages voisins. Les père, mère, tuteur, maîtres ou commettants sont civilement responsables des délits commis à ce sujet par les enfants mineurs, domestiques ou préposés.

Des engins prohibés.

La chasse au tir et à courre sont seules permises, tous autres moyens de chasse, à l'exception des furets et des bourses destinées à prendre le lapin, sont formellement prohibés. L'emploi des chiens lévriers est également défendu. — *Cass.*, 19 *fév.* 1846.

Néanmoins, la chasse avec traqueurs est permise, de même que celle au miroir. — On peut aussi chasser en voiture comme à cheval.

Les appeaux appelants ou chanterelles et les drogues ou appâts qui sont de nature à enivrer le gibier ou à le détruire sont prohibés ; cependant, les préfets peuvent autoriser la chasse des oiseaux de passage avec des appeaux, appelants ou chanterelles.

Du permis de chasse.

Nul ne peut chasser sur un terrain, même sur celui dont il est propriétaire, sans avoir obtenu un permis de chasse. Ce permis n'existe et n'a de valeur qu'en temps de chasse.

Dans le temps où la chasse est ouverte, il donne le droit de chasser de jour, c'est-à-dire tout le temps pendant lequel le soleil paraît à l'horizon, soit à *tir* soit à *courre*, et non autrement, tout autre mode de chasse étant interdit même dans les enclos attenant à une habitation.

On ne peut demander à quelqu'un trouvé dans un chemin, même avec tout un attirail de chasse, d'exhiber son permis ; ce n'est pas là un fait de chasse.

Le chasseur doit présenter son permis de chasse à toute réquisition des fonctionnaires ayant qualité pour verbaliser ; s'il ne le présente pas séance tenante, il lui est dressé procès-verbal. Ni les gendarmes ni les gardes ne sont tenus d'accompagner le chasseur à la mairie. — Toutefois, celui qui justifie de la délivrance du permis, antérieure au fait de chasse, ne peut être condamné, mais il doit supporter les frais faits jusqu'au moment *de sa justification* tardive.

La compétence des maires, adjoints et commissaires de police, pour verbaliser sur les faits de chasse s'arrête aux confins de la commune.

Celle des gardes est restreinte au territoire pour lequel ils sont assermentés.

Celle des gendarmes s'étend à toute la France.

Les employés des contributions indirectes et des octrois peuvent dresser des procès-verbaux de délits de chasse, mais ils n'ont le droit de constater le délit, et par conséquent de verbaliser, que dans l'exercice de leurs attributions ordinaires.

Nous avons traité spécialement du *permis* sous le titre *Permis de chasse*, là où on trouvera une formule de la demande à adresser soit au préfet, soit au sous-préfet pour l'obtenir. — Voy. *Permis de chasse*.

Des délits et des peines.

Les délits de chasse sont prouvés soit par procès-verbaux, soit par témoins.

Les procès-verbaux dressés par les agents de l'autorité font foi jusqu'à preuve contraire, qui peut être admise.

Ils doivent être affirmés dans les vingt-quatre heures du délit. — Voy. *Procès-verbal*.

La loi prononce des peines sévères telles que l'amende, la prison, la confiscation du fusil ou autres engins, pour les délits de chasse, soit qu'ils résultent du fait de chasse sans permis, soit qu'ils aient été commis en temps prohibé, la nuit, ou par des moyens non autorisés. — L'amende est de seize francs à deux cents francs et l'emprisonnement de six jours à deux mois, et ces peines peuvent, selon les cas, être portées au double.

CHAUFFAGE. — Ce droit s'entend de celui que les communes ou particuliers ont de couper des bois pour leur usage, dans les bois et forêts. — Voy. *Forêts*. — *Usages*.

CHEF. — Ce mot s'emploie dans le langage judiciaire pour indiquer, soit le point d'une demande en contestation, soit la partie d'un jugement dont on s'occupe. Ainsi on dit : Autant de chefs, autant de jugements distincts. — Dans la pratique, ce mot s'emploie aussi comme synonyme de personnel, par exemple, on recueille ou on possède *de son chef*.

CHEF de famille. — Outre son sens propre, ce mot désigne dans le sens de la loi sur les chemins vicinaux, tout habitant porté sur l'un des rôles des contributions directes, lors même qu'il serait seul, s'il ne vit pas chez son père ou au service d'un maître. — *Instr. minist.* 13 octobre 1824.

CHEF du jury. — Le chef du jury est le premier juré dont le nom sort de l'urne lors du tirage au sort, ou celui qui est désigné par les jurés du consentement de ce dernier. — *C. instr. crim.* 341 *et suiv.* — Voy. *Jury*.

CHEMIN. — On entend par *chemin* un long espace de terrain établi pour la communication d'un lieu à un autre.

Les chemins, routes et rues, à la charge de l'État, sont considérés comme des dépendances du domaine public. — C. civ. 538.

Les chemins publics sont ceux à l'usage de tout le monde; les chemins privés n'appartiennent qu'à certaines personnes. — Voy. *Passage*. — *Servitude*. — *Chemin d'exploitation*.

Un chemin privé peut devenir chemin public par le fait de la possession trentenaire de la part des habitants d'une commune.

Les chemins de communication entre les villes se nomment routes. — Voy. *Route*.

Les chemins publics, pour la communication générale des habitants des communes, sont des chemins vicinaux. — Voy. *Chemins vicinaux*.

Les chemins ruraux sont ceux appartenant aux communes et qui ne sont pas classés comme vicinaux. — Voy. *Chemin communal et rural*.

Quand un chemin public est impraticable, on peut traverser les propriétés riveraines sans contravention ; mais cette disposition n'est applicable qu'aux chemins vicinaux, et c'est au juge de paix à décider si la voie était impraticable. — *L. du 6 oct. 1791.* — *Cass., 17 février 1841 et 6 sept. 1843.*

Les dégradations des chemins publics, les enlèvements de pierres, de gazons, les dépôts de matériaux, sans nécessité, sur la voie publique et en général toutes les contraventions sont de la compétence des Tribunaux de police.

Les questions de possession le long des routes et chemins sont du ressort des juge de paix.

Les chemins ruraux, non classés comme vicinaux, sont toujours prescriptibles.

On peut acquérir des arbres sur le sol des routes et chemins par voie de prescription. — Voy. *Arbre*. — *Plantation*.

Les chemins de fer sont l'objet d'une législation spéciale. — Voy. *Chemins de fer*.

A l'égard des plantations sur le sol des routes et le long des chemins. — Voy. *Arbre*. — *Plantation*.

CHEMIN communal et rural. — Les chemins communaux et ruraux sont ceux qui servent aux communications des habitants des communes, et qui n'ont pas été classés comme chemins vicinaux.

L'ouverture, le redressement, la fixation de la largeur et de la limite des chemins ruraux sont prononcées par les commissions départementales.

Tout chemin à l'usage du public est présumé, jusqu'à preuve contraire, appartenir à la commune sur le territoire de laquelle il est situé. — *L. du 20 août 1881.*

L'action en revendication des chemins communaux est une action civile ordinaire et du ressort des Tribunaux, mais il en est autrement à l'égard des chemins vicinaux. — Voy. *Chemins vicinaux*.

Les chemins ruraux qui ont été l'objet d'un arrêté de reconnaissance deviennent imprescriptibles.

L'usurpation d'un chemin rural est de la compétence du Tribunal de police et non du Conseil de préfecture.

L'autorité municipale est chargée de la police et de la conservation des chemins ruraux, à l'entretien desquels elle pourvoit dans la mesure des ressources dont elle peut disposer.

Les maires peuvent prendre des arrêtés pour la police de ces chemins, l'élagage, l'encombrement de la voie, etc.

Aucune loi n'oblige les communes à réparer les chemins ruraux, et il ne peut être imposé aucune charge pour leur entretien aux personnes intéressées à leur viabilité.

Ceux qui auront dégradé ou détérioré les chemins ou usurpé sur leur largeur sont passibles de l'amende et de l'emprisonnement.

Lorsqu'un chemin a cessé d'être affecté à l'usage du public, la vente peut en être autorisée par arrêté du préfet, rendu conformément à la délibération du conseil municipal, et après une enquête précédée de trois publications faites à 15 jours d'intervalle. L'aliénation n'est point autorisée si, dans le délai de trois mois, les intéressés, formés en syndicat, consentent à se charger de l'entretien.

Lorsque l'aliénation est ordonnée, les propriétaires riverains peuvent acquérir les terrains attenant à leurs propriétés, dans le délai d'un mois de l'avertissement qui les met en demeure, et dans ce cas le prix est fixé à l'amiable ou à dire d'experts. — *D. N.*

CHEMIN de fer. — On distingue aujourd'hui deux espèces principales de chemins de fer : 1° les chemins de fer d'*intérêt général* établis par l'État ou pour le compte de l'État ; et 2° les chemins de fer d'*intérêt local* établis par les départements ou les communes, avec ou sans le concours des propriétaires intéressés ou pour leur compte par des concessionnaires. — *LL. des 11 juin 1842, 15 juill. 1845, 12 juill. 1865 et 11 juin 1880.*

Les concessions sont généralement limitées à 99 ans, et à leur expiration les chemins de fer font retour à l'État.

Les concessionnaires d'une ligne de chemin de fer sont substitués aux droits et aux obligations de l'État, quant aux expropriations d'utilité publique ayant pour objet l'établissement du chemin.

L'État peut, après 15 années écoulées, racheter les chemins de fer concédés.

La clôture des voies ferrées est forcée et doit être maintenue en bon état par les concessionnaires.

Les chemins de fer sont ouverts non seulement au transport des voyageurs, mais encore à celui des marchandises et denrées de toute espèce.

Les compagnies répondent de la perte, des avaries ou du retard des marchandises qu'elles transportent ou des bagages qui leur sont confiés.

Elles peuvent être assignées devant les juges des localités où elles ont des centres importants d'intérêts, qui sont considérés comme succursales du lieu où elles ont leur principal établissement.

Les voyageurs ont droit, sans supplément de prix, à 30 kilogrammes de bagages ; mais ce droit est personnel, et le fait de deux voyageurs qui, sans voyager ensemble, mettraient en commun leurs billets pour éviter à l'un d'eux le paiement d'un supplément, serait illicite et punissable.

Les lois et règlements sur la grande voirie et qui concernent l'alignement, l'écoulement des eaux, l'occupation temporaire des terrains en cas de réparations, la distance à observer, les plantations et le mode d'exploitation des usines, minières, tourbières, carrières et sablières, sont applicables aux chemins de fer, de même qu'aux propriétés riveraines. — Voy. *Arbre.* — *Plantation.* — *Voirie*, etc.

Aucune construction, autre qu'un mur de clôture, ne peut être établie qu'à la distance de deux mètres de la clôture extérieure d'une ligne de chemin de fer.

Mais, au delà de deux mètres, il est loisible au propriétaire riverain d'élever telle construction qu'il juge à propos, et même de prendre des vues droites sur la voie ferrée sans demander d'alignement.

Dans les localités où la voie est en remblai de plus de 3 mètres au-dessus du sol, il est interdit de pratiquer, sans autorisation préalable, des excavations dans une largeur égale à la hauteur verticale du remblai.

Il est également défendu d'établir à une distance de moins de 20 mètres d'un chemin de fer desservi par des machines à feu, des couvertures en chaume, des meules de paille, de foin et aucun autre dépôt de matières inflammables, mais les dépôts de récoltes sont permis pendant le temps de la moisson.

Il est encore défendu d'établir dans une distance de moins de 5 mètres du chemin aucun dépôt de pierres, ou autres objets non inflammables, sans autorisation du préfet, à moins qu'il n'y ait remblai ou qu'il ne s'agisse de dépôts temporaires d'engrais ou autres objets nécessaires à la culture.

Les prohibitions ci-dessus ne s'étendent pas aux terrains accessoires du chemin, à ceux par exemple qui sont à usage de gare ou de station.

La police des chemins de fer est réglée par la loi du 15 juillet 1845.

Il est défendu notamment, sous peine d'amende et même d'emprisonnement, de se conduire d'une façon inconvenante dans les voitures, soit en tenant des propos, soit en chantant des chansons légères.

Il est également défendu, sous les mêmes peines, de vendre, acheter ou utiliser aucun billet de retour, ces billets ne pouvant servir qu'aux personnes mêmes auxquelles ils ont été délivrés au départ.

CHEMIN de halage. — Servitude légale qui consiste dans l'obligation, pour tous les riverains, de laisser sur les bords des cours d'eau navigables ou flottables un espace suffisant pour tirer les bateaux tout en conservant la propriété du terrain. — *C. civ.* 650.

La largeur des chemins de halage est fixée par une ordonnance de 1669, toujours en vigueur, et varie selon le mode de tirage des bateaux.

Le classement de ces chemins se trouve dans les préfectures, où on peut en prendre connaissance.

La plus grande largeur, quand le trait se fait par des chevaux, peut être fixée à 10 mètres, dont 7 mètres 75 cent. consacrés au sol du chemin, et le surplus dégarni d'obstacles du côté opposé à la rivière. — Lorsque le tirage ne se fait pas par des chevaux, il doit être laissé une espace de trois mètres 33 cent. seulement sur chaque bord.

L'Administration a le droit de faire, pour la viabilité, tous les travaux nécessaires dans les 7 mètres 75 cent. destinés à la circulation.

Les plantations, haies, fossés et clotûres doivent être à la distance de 10 mètres au moins du bord.

Les propriétaires des héritages ruraux longeant des rivières non navigables et des ruisseaux où le flottage se fait à bûches perdues sont tenus de laisser seulement un chemin de 1 mètre 33 cent. pour le passage des ouvriers.

Le chemin de halage ne constituant qu'une simple servitude de passage, le propriétaire qui le fournit reste libre d'en user, pour l'exploitation de sa propriété limitrophe ou enclavée, en tant qu'il ne le dégrade pas et qu'il n'entrave pas le service du halage. — Il peut même s'opposer à ce que l'on se serve de ce chemin.

Le riverain qui veut construire ou planter au bord du chemin de halage doit demander l'alignement.

CHEMIN d'exploitation. — Les chemins et sentiers d'exploitation sont ceux qui servent exclusivement à la communication entre divers héritages ou à leur exploitation.

Ils sont, en l'absence de titres, présumés appartenir aux propriétaires riverains chacun en droit soi; l'usage en est commun à tous les intéressés, mais il peut être interdit au public.

Tous les propriétaires riverains sont tenus de contribuer, dans la proportion de leur intérêt, aux travaux nécessaires à la mise en état de viabilité et à l'entretien des chemins et sentiers d'exploitation ; néanmoins ils peuvent s'en affranchir en renonçant à leurs droits.

Ces chemins et sentiers ne peuvent être supprimés que du consentement de tous les propriétaires qui ont le droit de s'en servir, et les contestations relatives à la propriété et à la suppression desdits chemins et sentiers sont jugées par les tribunaux comme en matière sommaire.

Le juge de paix statue, sauf appel s'il y a lieu, sur les difficultés relatives au travaux de viabilité et d'entretien. — *L. du 20 août* 1881.

CHEMINS vicinaux. — Ce sont ceux classés comme tels par les préfets et servant aux communications entre les communes et dont l'entretien est obligatoire pour elles. — *LL. des 28 juillet* 1824, *21 mai* 1836, *24 mai* 1842, *4 mai* 1864, *8 juin* 1864, *10 août* 1871, etc.

Les chemins vicinaux se divisent en trois classes : 1° les chemins *de grande communication* traversant plusieurs communes ou cantons, se reliant aux grandes voies de communication et offrant ainsi un intérêt départemental et communal;

2° ceux d'*intérêt commun*, ou encore de *moyenne communication*, ou de *moyenne vicinalité*, intéressant aussi plusieurs communes, mais n'ayant pas, comme les premiers, une importance départementale ; 3° enfin les *chemins vicinaux ordinaires* ou de *petite communication*, ou de *petite vicinalité*, allant d'une commune à l'autre. — *D. N.*

Le soin de classer ou de déclasser les chemins vicinaux appartient aujourd'hui, savoir : *au Conseil général* pour les *chemins de grande communication* et *d'intérêt commun* ; et *à la Commission départementale*, pour les *chemins vicinaux ordinaires*.

Mais c'est le préfet seul qui approuve les plans, devis et les projets de travaux relatifs au chemins vicinaux de toute catégorie.

La répression des anticipations sur les chemins vicinaux est du ressort du Conseil de préfecture.

Les riverains des chemins vicinaux sont obligés de demander l'alignement lorsqu'ils veulent construire le long de ces chemins. — Voy. *Alignement*.

Lorsqu'il s'agit de l'ouverture de nouveaux chemins vicinaux ou du redressement d'un ancien chemin, et que les propriétaires riverains ne consentent pas à la cession amiable de leur terrain, on a recours à l'expropriation pour cause d'utilité publique.

Il est pourvu à l'entretien des chemins vicinaux à l'aide des prestations et de centimes additionnels. — Voy. *Prestation*.

Les riverains des fossés bordant les chemins vicinaux sont assujettis à recevoir sur leurs fonds, les terres et déblais provenant du curage qui en est fait.

Pour les plantations d'arbres le long de ces chemins. — Voy. *Arbre*. — *Plantation*.

CHEMIN de souffrance. — On donne ce nom à un chemin de servitude qui n'existe que par la tolérance du propriétaire du fonds.

CHEMINÉE, forge ou fourneau. — Celui qui veut construire cheminée ou âtre, forge ou fourneau près d'un mur, mitoyen ou non, est obligé de laisser la distance fixée par les règlements, ou à faire les ouvrages prescrits pour éviter de nuire au voisin. — *C. civ.* 674. — Voy. *Contremur*. — *Usages locaux*.

A Paris, les règles pour la construction et l'entretien des cheminées ont été résumées dans un arrêté du préfet de la Seine du 8 août 1874, qui interdit, d'une manière absolue, de pratiquer des foyers ou des conduits de fumée dans les murs mitoyens et dans les murs séparatifs de deux maisons contiguës, qu'elles appartiennent ou non au même propriétaire.

CHEPTEL. — Voy. *Bail à cheptel*.

CHÈQUE. — Le chèque est l'écrit qui, sous la forme d'un mandat de paiement payable à présentation, sert au tireur qui le signe à effectuer le retrait, à son profit ou au profit d'un tiers, de tout ou partie des fonds portés au crédit de son compte et disponibles dans une maison de banque ou de crédit. — *L. du 14 juin* 1865.

Le chèque indique la date du jour où il est tiré, date qui est inscrite en toutes lettres de la main de celui qui l'a écrit.

Il indique le lieu d'où il est émis et ne peut être tiré qu'à vue.

Il peut être souscrit au porteur ou au profit d'une personne dénommée.

Il peut être souscrit à ordre et transmis par voie d'endossement.

L'émission du chèque ne constitue pas par sa nature un acte de commerce.

Le porteur doit en réclamer le paiement : dans les cinq jours s'il est tiré de la place sur laquelle il est payable, ou dans les huit jours s'il est tiré d'un autre lieu. Le jour de la date est compris dans ces délais.

Le chèque, même au porteur, est acquitté par celui qui le touche ; l'acquit est daté.

Toute stipulation ayant pour objet de rendre le chèque payable autrement qu'à vue et à première réquisition est nulle de plein droit.

Le tireur que émet un chèque sans date ou non daté en toutes lettres, s'il s'agit d'un chèque de place à place, celui qui revêt un chèque d'une fausse date ou d'une fausse énonciation, et celui qui émet un chèque sans provision préalable, sont passibles de peines correctionnelles et d'amende. L'amende est de 6 pour cent de la somme pour laquelle le chèque est tiré sans que cette amende puisse être inférieure à 100 fr. — *LL. des 14 juin 1865 et 19 février 1874.*]

Formule de chèque.

Paris le....., B.-P.-F.
A vue, veuillez payer à mon ordre (*ou au porteur, ou à M. B...*, *ou à son ordre*) la somme de......, dont vous débiterez mon compte.
Paris, le... (date en toutes lettres).
(*Signature.*) A M A..., banquier à..., rue...... n°......, à Paris.

CHER. — Le département du Cher est l'un des deux que forme l'ancienne province du Berry.
Chef-lieu : Bourges.
Cour d'appel : Bourges.
Ce département est limité à l'Est par la Nièvre ; au Sud par la Creuse, l'Allier et l'Indre ; à l'Ouest par l'Indre, et au Nord par la Nièvre, le Loiret et le Loir-et-Cher.
Il est divisé en 3 arrondissements, 29 cantons et 291 communes.
Superficie : 719.934 hectares.
Impôt foncier : 1.106.235 fr.
Population : 335.349 hab.

CHEVAUX. — Il est perçu une contribution spéciale sur les chevaux et voitures. — Voy. *Contributions publiques*, § 6.
En ce qui concerne la loi du 3 juillet 1877, relative au classement des chevaux et aux réquisitions militaires. — Voy. *Réquisitions de personnes et de choses*.

CHIENS. — Il est établi dans toutes les communes de France, et à leur profit, une taxe municipale ou impôt sur les chiens. — *Loi du 2 mai 1855*. — Voy. *Contributions publiques*, § 7.
La loi punit d'une amende de 6 à 10 fr. ceux qui auront excité ou n'auront pas retenu leurs chiens lorsqu'ils attaquent ou poursuivent les passants, lors même qu'il n'en serait résulté aucun mal ni dommage. — *C. pén. 475*. — Voy. *Animaux domestiques*.
Toute personne convaincue d'avoir, de dessein prémédité ou méchamment, blessé ou tué un chien de garde sur la propriété d'autrui peut être condamnée à une amende double de la somme du dédommagement et même à l'emprisonnement.
Dans l'intérieur des villes, il est généralement défendu d'élever et d'entretenir un nombre de chiens tel qu'ils incommodent leurs voisins ou qu'ils compromettent leur sûreté.
Dans les rues et sur les chemins, les chiens doivent porter un collier garni d'une plaque avec le nom et la demeure du propriétaire. Ils doivent en tout temps être conduits en laisse et même être muselés.
On doit du reste se conformer aux ordonnances de police et aux arrêtés municipaux prescrivant les précautions relatives aux chiens.

CHIFFRES. — Caractères dont on se sert pour marquer les nombres. —*D. N.*
Dans le système de la numération, on connaît trois sortes de chiffres qui sont :
Les chiffres arabes, dont on se sert communément.
Les chiffres romains, encore usités dans beaucoup de cas.
Et les chiffres financiers, aujourd'hui peu usités.
Comme aucune loi n'interdit de mettre en chiffres les sommes et les dates dans les actes sous seing privé, on en voit beaucoup dans lesquels se trouvent des chiffres. Ce mode présente certains inconvénients en ce sens qu'il facilite les falsifications. Nous ne saurions donc trop recommander d'écrire les sommes et les dates en toutes lettres.

Nous donnons ci-après un tableau indiquant la valeur des chiffres *romains* et *financiers* en chiffres arabes ou ordinaires.

Valeur des chiffres romains

I vaut 1. — V vaut 5. — X vaut 10. — L vaut 50. — C vaut 100. — M vaut 1000.
Tout chiffre placé à la gauche d'un autre plus grand que lui, diminue celui-ci de la valeur du premier, ainsi IV ne vaut que 4 ; XL ne vaut que 40 ; XC ne vaut que 90, etc.

EXEMPLE :

I............	1	XX............	20	DC............	600
II...........	2	XXX...........	30	DCLXX.........	670
III..........	3	XL............	40	CM............	900
IV...........	4	LX............	60	M.............	1000
V............	5	LXIV..........	64	MC............	1100
VI...........	6	LXX...........	70	MCL...........	1150
VII..........	7	XC............	90	MCD...........	1400
VIII.........	8	C.............	100	MD............	1500
IX...........	9	CC............	200	MDCCCXXV......	1825
X............	10	CCC...........	300	MM............	2000
XI...........	11	CD............	400	MMIX..........	2009
XII..........	12	D.............	500	MMD...........	2500

Valeur des chiffres financiers

On exprime les chiffres financiers en lettres *italiques* de la manière suivante :

i ou *j*......	1	*x*............	10	*lxxx*.........	80
ij..........	2	*xij*..........	12	*xc*............	90
iij.........	3	*xb*...........	15	*c*.............	100
ib..........	4	*xx*...........	20	*ijc*...........	200
b...........	5	*xxb*..........	25	*ibc*...........	400
bj..........	6	*xl*...........	40	*bic*...........	600
bij.........	7	*l*............	50	*bijc*..........	700
biij........	8	*lxb*..........	65	*g*.............	1000
ix..........	9	*lxx*..........	70	*gbc*...........	1500

CHIFFRES-TAXES. — Voy. *Poste*.

CHIROGRAPHAIRE (Prononcez *Kirographaire*). — Ce qui est écrit de la main.
On désigne sous le nom de créancier *chirographaire*, par opposition à créancier *hypothécaire*, celui qui n'a pas d'hypothèque ou qui, par le défaut de quelque formalité, ne peut être rangé au nombre de ces derniers. — Voy. *Créance*. — *Créancier*. — *Hypothèque*. — *Obligation*.

CHIRURGIEN. — Voy. *Donation*. — *Frais de dernière maladie*. — *Médecin*. — *Prescription*. — *Secret*.

CHOIX. — Préférence soit d'une personne, soit d'une chose à une ou plusieurs autres personnes ou choses.
Le choix entre plusieurs choses dues alternativement appartient au débiteur, s'il n'a pas été expressément accordé au créancier. — C. civ. 1190. — Voy. *Imputation*.
Le choix peut s'exercer en personne ou être laissé à l'arbitrage d'un tiers.
La personne capable, qui a usé du droit de choisir une chose, ne peut plus revenir sur sa détermination.
En matière de disposition entre vifs ou testamentaire, lorsque l'objet donné ou légué est un usufruit ou une rente viagère, dont la valeur excède la quotité disponible, les héritiers à réserve ont le choix ou l'option d'exécuter la disposition ou d'abandonner la quotité disponible. — C. civ. 917.

CHOMAGE. — Se dit d'un certain temps d'interruption de travail d'une usine ou de tout autre établissement par une circonstance de force majeure.
Le chômage peut donner lieu à des indemnités.
L'indemnité de chômage pour les rivières servant à l'approvisionnement de Paris a été porté à 4 francs par 24 heures de chômage, quel que soit le nombre des tournants du moulin. — *Ord. du 28 juillet* 1824.

CHOSES. — Les choses comprennent tout ce dont on peut retirer quelqu'utilité ou avantage.
Les choses *corporelles* comprennent tous les objets matériels et de création naturelle ; celles *incorporelles* s'entendent de tous les droits créés par la loi et qui n'ont qu'une existence idéale ou intellectuelle, telles que les obligations, les servitudes, la propriété.

Les choses sont *meubles* ou *immeubles*, selon qu'elles peuvent ou non se transporter ou se mouvoir.

Elles sont *individuelles*, comme un être unique, ou comprennent une *universalité*, comme une *succession*, un troupeau.

Elles sont *fongibles* ou *non fongibles*, selon qu'elles se consomment ou non par l'usage et peuvent ou non se remplacer par des choses de même nature et de même espèce. — Voy. *Fongible*.

Les choses se divisent encore en choses communes, qui n'appartiennent à personne, et dont l'usage appartient à tous, comme la mer, l'air, etc., et en choses publiques, qui s'entendent des rivières, des fleuves, des chemins, et sont à l'usage du public.

On distingue encore les choses certaines, incertaines, privées, fictives, impossibles, illicites, etc. — Voy. *Biens*. — *Condition*. — *Obligation*. — *Donation*. — *Convention*.

CHOSE abandonnée. — Voy. *Abandon*. — *Épave*.

CHOSE fongible. — Les choses fongibles sont celles qui se consomment par le premier usage qu'on en fait. — *E. N.*

CHOSE illicite. — Se dit des choses qui sont défendues ou réprouvées par la loi. — Voy. *Obligation*.

CHOSE jugée. — C'est ce qui a été décidé par un jugement en dernier ressort ou une présomption de vérité inattaquable.

L'autorité de la chose jugée n'a lieu qu'à l'égard de ce qui a fait l'objet du jugement. Il faut que la chose demandée soit la même ; que la demande soit fondée sur la même cause, entre les mêmes parties, et formée par elles et contre elles en la même qualité. — *C. civ.* 1351.

L'autorité de la chose jugée fait présumer vrai tout ce qui est contenu dans le jugement.

Toutefois, celui qui aurait été condamné au paiement d'une somme dont il retrouverait la quittance serait admis, nonobstant la chose jugée, à ne pas payer une seconde fois, ou à demander la restitution de ce qu'il aurait payé indûment.

CHOSE perdue. — Le propriétaire peut revendiquer, c'est-à-dire réclamer la chose perdue ou volée bien qu'elle soit possédée par un négociant qui la tient d'un autre négociant vendant des choses pareilles. Dans ce cas, celui qui revendique est tenu de rembourser le prix qu'a coûté la chose sans que le défaut d'offre expresse de ce prix puisse être un obstacle à l'exercice de la revendication. — *Cass.* 1er août 1815. — Voy. *Épave*. — *Revendication*. — *Trouvaille*.

CIMETIÈRE. — Lieu consacré dans chaque commune à la sépulture des morts.

L'ouverture des cimetières, leur surveillance, police et administration sont réglées par un décret du 23 prairial an XII qui forme un code complet sur la matière.

La police des cimetières appartient au maire de la commune.

Aucune inhumation ne peut se faire dans les églises ou édifices clos et fermés, où les personnes se réunissent pour la célébration de leurs cultes, ni dans l'enceinte des villes et bourgs.

Les nouveaux cimetières ne peuvent être établis qu'à la distance de 35 à 40 mètres au moins de l'enceinte des villes et bourgs.

Aucune habitation ne peut être élevée, et aucun puits ne peut être creusé qu'au delà de 100 mètres de distance des nouveaux cimetières, sans autorisation de l'Administration. Les bâtiments existant dans ce rayon ne peuvent être augmentés ni restaurés sans autorisation.

Toutefois ces dispositions ne s'appliquent pas aux cimetières restés dans l'intérieur des communes.

Toute personne peut être enterrée sur sa propriété. — *D. N.*

Pour les concessions de terrains dans les cimetières, conformément à l'ordonnance du 6 décembre 1843. — Voy. *Concession*.

Les fruits et les herbes des cimetières appartiennent aux fabriques. — Voy. *Fabrique.*

CIRCONSTANCES. — Ce sont les incidents ou les particularités qui accompagnent un fait ou un droit. Les circonstances changent souvent la nature du fait ou du droit et sont causes qu'une affaire qui présente les mêmes apparences est jugée autrement.

CIRCONSTANCES et dépendances. — Se dit des accessoires de la chose qui fait la matière de la convention, et le plus ordinairement de ce qui fait partie d'un immeuble.

Cette expression s'emploie dans les baux et dans les ventes. Elle ne peut tenir lieu d'une désignation précise, surtout en fait de vente, mais seulement dispenser des détails accessoires. — Voy. *Appartenances et dépendances.* — *Désignation.* — *Vente.* — *Accessoires.*

CIRCUIT d'actions. — Cette expression indique les actions en recours que dirigent successivement, les unes contre les autres, des personnes actionnées comme tenues de remplir certaines obligations pour d'autres ou avec d'autres.

En procédure on dit : Il faut éviter les *circuits d'actions.*

CIRCULAIRE. — C'est la lettre qui informe plusieurs personnes d'une même chose.

Les circulaires imprimées ou billets de faire part, annonçant les naissances, mariages, décès, etc., sont exemptes du timbre.

En matière d'administration, la lettre circulaire est celle par laquelle un fonctionnaire public donne des ordres ou des instructions à ses subordonnés.

CITATION. — Acte ou exploit du ministère d'un huissier par lequel une partie en appelle une autre devant un bureau de conciliation ou un tribunal quelconque.

En matière purement personnelle ou mobilière, la citation doit être donnée devant le juge du domicile du défendeur, et, s'il n'a pas de domicile, devant le juge de sa résidence. — C. proc. 2 et suiv. — Voy. *Action.* — *Conciliation.* — *Juge de paix.* — *Prescription.*

CITERNE. — Réservoir souterrain destiné à recevoir et conserver les eaux pluviales.

Les règles concernant les puits sont applicables aux citernes. — Voy. *Puits.*

CITOYEN. — Membre de la cité ou de l'État.

La qualité de citoyen suppose celle de Français et implique à la fois la jouissance des droits civils et la jouissance des droits civiques ou politiques.

Toutefois, on peut être Français sans être citoyen.

La qualité de citoyen, à laquelle sont attachés les droits d'élection, d'éligibilité, etc., est purement politique.

Tout Français de naissance est citoyen de plein droit à l'âge de 21 ans accomplis.

Mais il ne devient éligible qu'à 25 ans.

On perd la qualité de citoyen par des condamnations judiciaires, par la naturalisation en pays étranger, etc.

Pour être témoin dans les actes notariés, il faut jouir de tous ses droits de citoyen. — Voy. *Français.* — *Naturalisation.* — *Dégradation civique.* — *Droits civils.* — *Droits politiques.*

CLAMEUR publique. — C'est le cri général ou concours unanime de témoignages spontanés qui s'élève au moment où un crime vient d'être commis, pour signaler à la vindicte publique le coupable surpris en flagrant délit. — C. d'instr. crim. 41.

CLANDESTIN. — Se dit du vice d'un acte qui, devant être apparent pour être valable ou pour produire certains effets, a été tenu secret à dessein ; tels sont le mariage clandestin, la possession clandestine. — Voy. *Mariage.* — *Possession.*

CLASSE des notaires. — Les notaires sont divisés en trois classes :

La première comprend les notaires des villes où siège la Cour d'appel, ces notaires ont le droit d'exercer dans tout le ressort de cette Cour.

La deuxième comprend les notaires des villes où il n'y a qu'un Tribunal de première instance, et qui ont droit d'exercer dans l'étendue du ressort de ce Tribunal.

Enfin la troisième comprend tous les autres notaires qui n'ont le droit d'exercer que dans l'étendue du ressort de la justice de paix.

CLASSEMENT des chevaux. — Voy. *Réquisition de personnes et de choses.*

CLAUSE. — On entend par clause toute disposition particulière d'un acte, d'un contrat, d'un traité.

Dans l'usage, on use indifféremment des mots *clauses et conditions* pour signifier les diverses conventions d'un traité.

Toutes les clauses qui ne sont pas contraires aux lois, ni contraires à l'ordre public et aux bonnes mœurs, peuvent être insérées dans les actes. — *C. civ.* 6.

Les clauses obscures s'interprètent contre celui qui avait le plus d'intérêt à éviter toute ambiguïté.

Certaines clauses prennent un nom particulier, telles sont les clauses générales, spéciales, pénales, résolutoires, révocatoires, etc. — *D. N.* — Voy. *Clause pénale.* — *Révocation de testament.*

CLAUSE comminatoire. — C'est celle qui n'est qu'une simple menace.

CLAUSE dérogatoire. — Voy. *Novation.* — *Testament.*

CLAUSE pénale. — Cette clause est, comme le mot l'indique, celle qui impose à une personne la nécessité de payer une somme ou autre chose pour le punir de n'avoir pas exécuté une première obligation ou d'avoir tardé à l'exécuter. — *C. civ.* 1226.

On donne aussi à cette clause le nom de peine contractuelle.

Quoiqu'il y ait ouverture à la clause pénale, le créancier peut toujours poursuivre l'exécution de l'obligation principale. — *C. civ.* 1228.

La nullité de l'obligation entraîne celle de la clause pénale, mais, si l'obligation est nulle pour défaut de forme, la clause pénale est valable si elle n'est pas affectée du même vice.

L'obligation pénale est ouverte, et la peine est due, aussitôt que celui qui s'était obligé sous cette peine à ne pas faire quelque chose, a fait ce qu'il s'était obligé à ne pas faire.

CLAUSE résolutoire. — C'est celle par laquelle on convient que, dans tel ou tel cas, un acte demeurera nul et résolu. — Voy. *Condition résolutoire.*

CLAUSE révocatoire. — Celle par laquelle on anéantit ou révoque une disposition précédente. — Voy. *Révocation.* — *Testament.*

CLAUSE de voie parée. — Voy. *Adjudication.*

CLEFS. — La remise des clefs d'une maison en constate l'entrée en jouissance, s'il s'agit d'une location, ou en constitue la délivrance s'il s'agit d'une vente. — *C. civ.* 1606.

CLERC. — S'entend de celui qui fait un stage en travaillant dans une étude.

CLERGÉ. — Se dit du corps d'ecclésiastiques. On dit le clergé d'une ville, d'une église, etc. — Voy. *Culte.* — *Église.*

CLIENT. — On donne ce nom aux personnes qui confient leurs intérêts aux avocats, notaires, avoués, etc., ou qui s'approvisionnent ordinairement chez le même commerçant.

L'ensemble des clients se nomme *clientèle.*

CLIENTÈLE. — Nom que l'on donne à l'achalandage des fonds de commerce et autres.

Les mutations de propriétés de clientèles et fonds de commerce, non constatées par des actes, doivent être déclarées au bureau de l'Enregistrement de la situation, qu'il s'agisse d'une cession à titre onéreux ou d'une mutation par décès. *L. du 28 février* 1872. — Voy. *Déclaration en matière d'enregistrement.* — *Enregistrement (Tarif).*

CLOAQUE. — S'entend d'un trou percé en terre, maçonné et couvert en dalles de pierres, dans lequel s'écoulent les eaux pluviales et celles de service des bâtiments. Il se nomme *puisard* en maçonnerie. — *D. N.*

Chacun peut établir un *cloaque* ou *puisard* sur son fonds, à 2 mètres de l'héritage voisin, en prenant les précautions nécessaires pour ne causer aucun dommage à la propriété voisine. — *C. civ.* 647. — Voy. *Puisard.* — *Égout.* — *Servitude.*

CLOS. — Terrain rural entouré de murs, de haies ou de fossés. — Voy. *Appartenances et dépendances.* — *Clôture.*

CLOTURE. — On comprend, sous ce nom, les murs, fossés, claies, haies et barrages, en un mot tout ce qui enferme les maisons, cours, jardins et héritages ruraux.

Tout propriétaire a la faculté de clore son héritage. — *C. civ.* 647.

Le droit de se clore ne peut cependant être exercé au préjudice d'autrui, par exemple de ceux qui ont un droit de passage acquis sur un terrain non clos. Néanmoins, tout propriétaire a le droit de se clore en laissant libre le passage au voisin enclavé. — Voy. *Passage.*

Ce passage peut même être fermé, si la destination le permet, en donnant une clef aux ayants droit.

La clôture ne peut, dans aucun cas, entraver l'exercice des servitudes conventionnelles ou naturelles, comme par exemple l'écoulement des eaux du pays.

Le droit de se clore entraîne nécessairement celui de se déclore. — Voy. *Déclôture.*

Le propriétaire doit entretenir sa clôture tant qu'il la conserve.

Les voisins de la clôture peuvent s'en servir, mais non au détriment du propriétaire. Ainsi ils ne peuvent laisser brouter les branches par leurs bestiaux, même quand elles dépassent la limite séparative, et particulièrement quand ces branches sont en *défends*, c'est-à-dire hors d'état de résister à la dent des bestiaux. C'est la conséquence de ce qu'ils ne peuvent couper eux-mêmes les branches qui s'étendent sur leur sol. — Voy. *Élagage.*

De la clôture mitoyenne.

D'après la loi du 20 août 1881, toute clôture qui sépare des héritages est réputée mitoyenne à moins qu'il n'y ait qu'un seul des héritages en état de clôture ou s'il y a titre, prescription ou marque contraire. — Voy. *Mitoyenneté.* — *Mur.* — *Haie.* — *Fossé.*

Après partage entre cohéritiers, la haie qui sépare deux fonds est réputée mitoyenne, encore bien qu'il n'existe de fossé que sur un seul des fonds.

Pour les fossés, il y a marque de non-mitoyenneté lorsque la levée ou rejet de la terre se trouve d'un côté seulement du fossé; dans ce cas, le fossé est censé appartenir exclusivement à celui du côté duquel le rejet se trouve. Si le rejet est des deux côtés ou s'il n'y a pas d'apparence de rejet, le fossé est réputé commun. Pour que le rejet soit une marque de non-mitoyenneté, il faut qu'il atteste la possession légale d'an et jour, c'est-à-dire qu'il ait plus d'une année d'existence. — Voy. *Fossé.*

La clôture mitoyenne doit être établie et entretenue à frais communs, mais on peut se soustraire à cette obligation en renonçant à la mitoyenneté. Cette faculté cesse toutefois si le fossé sert habituellement à l'écoulement des eaux.

Dans le cas où l'abandon est permis, il ne peut être fait que pour se décharger des réparations à venir et par une déclaration en bonne forme. Nous pensons même qu'il doit être cédé en outre 33 centimètres de terrain sur l'héritage au delà du haut de berge du fossé dans toute sa longueur pour servir de repare. — Voy. *Repare*.

La mitoyenneté d'un fossé constituant, comme celle d'un mur, une indivision forcée, le partage du terrain sur lequel le fossé mitoyen est établi ne peut être demandé dans aucun cas.

Sauf dans les endroits où la clôture est forcée, nul ne peut forcer son voisin à établir une clôture mitoyenne.

Le propriétaire d'une haie ou d'un fossé, séparant son héritage de celui du voisin, ne peut pas plus contraindre ce voisin à en acquérir la mitoyenneté que celui-ci ne peut l'obliger à la lui céder. — *Duranton*, t. V. — *Demolombe*, t. XI.

Le copropriétaire d'une haie mitoyenne ou d'un fossé qui ne sert qu'à la clôture peut les détruire jusqu'à la limite de sa propriété à charge de construire un mur sur cette limite.

Tant que dure la mitoyenneté des haies et fossés, les produits en appartiennent aux propriétaires pour chacun moitié.

La présomption légale de mitoyenneté des clôtures de toute sorte ne peut être détruite, au pétitoire, que par la preuve d'une possession de 10, 20 ou 30 ans.

· A l'égard des arbres qui se trouvent dans les haies ou sur le fossé mitoyen, de ceux plantés sur la ligne séparative, etc. — Voy. *Arbre*.

De la clôture forcée.

Dans les villes et faubourgs, la clôture au moyen de murs et à frais communs est forcée, sauf accord contraire entre les propriétaires contigus, et elle peut être exigée lors même que les héritages n'auraient pas été clos pendant plus de 30 ans.
— Chacun peut donc contraindre son voisin à contribuer aux constructions et réparations des murs de clôture faisant séparation de leurs maisons, cours et jardins et autres terrains qui forment une dépendance autour de l'habitation.

La clôture est encore forcée lorsqu'il s'agit d'un terrain servant de passage pour l'exploitation d'un jardin, mais on ne peut exiger la clôture pour les prairies et les labours.

La hauteur des murs de clôture est fixée suivant les *règlements particuliers* ou les usages *constants et reconnus*.

A défaut d'usages et de règlements, tout mur de séparation à construire ou rétablir entre voisins doit avoir au moins 3 mètres 33 cent. de hauteur (10 pieds), compris le chaperon dans les villes de 50.000 âmes et au-dessus, et 2 m. 66 cent. (8 pieds) dans les autres villes. Néanmoins, lorsque les voisins sont d'accord, ils peuvent établir leur clôture à la hauteur qui leur convient.

Dans les villes et faubourgs, tout propriétaire qui a construit un mur de clôture à ses frais sur sa propriété peut obliger son voisin à en acquérir la mitoyenneté.

Les riverains des bois et forêts sont également soumis à la clôture forcée par des fossés de 1 m. 33 cent. de largeur sur 1 m. 66 cent. de profondeur, qui doivent toujours être entretenus en bon état. Ces fossés n'ont pas de repares; ils doivent être pris en entier sur les riverains des bois de l'Etat et le rejet doit être du côté de ce riverain.

L'article 456 du C. pénal édicte des peines sévères contre ceux qui se rendraient coupables de bris de clôture. — Voy. *Usages locaux (clôture)*.

CLOTURE de compte. — Voy. *Compte*.

CLOTURE d'inventaire. — On entend par ces mots le procès-verbal qui termine l'inventaire et qui contient le serment qu'on n'a rien détourné, vu ni su qu'il ait été détourné, et la remise, s'il y a lieu, des objets inventoriés en la garde de l'une des parties requérantes ou d'un tiers. — Voy. *Inventaire*.

CLOTURE d'ordre. — Voy. *Ordre*.

CO. — Particule fréquemment employée, dans le langage du droit, pour indiquer qu'elle se rapporte à une chose commune à plusieurs, comme *co-acquéreur*, *co-associé*, *co-débiteur*, *co-détenteur*, *co-héritier*, *co-donataire*, *co-intéressé*, *co-légataire*, etc.

COALITION. — Accord ou entente entre marchands ou principaux détenteurs d'une même marchandise ou denrée, tendant à ne la pas vendre, ou à ne la vendre qu'à un certain prix, ou qui, par des voies ou moyens frauduleux quelconques, auront opéré la hausse ou la baisse du prix des denrées ou marchandises, et notamment sur grains, farines, pain, vin, etc.

La loi prononce des peines d'emprisonnement et d'amende pour les cas de coalition. — *C. pén.* 419-420.

Toute coalition entre ouvriers ayant amené ou maintenu, tenté d'amener ou de maintenir une cessation concertée de travail dans le but de forcer la hausse ou la baisse des salaires ou de porter atteinte au libre exercice de l'industrie ou du travail est punie des mêmes peines. — *C. pén.* 414 *et suiv.*

CODE. — Recueil de lois dans un ordre méthodique.

Il existe aujourd'hui en France sept Codes qui sont : le *Code civil*, le *Code de procédure*, le *Code de commerce*, le *Code d'instruction criminelle*, le *Code pénal*, le *Code forestier* et le *Code de justice militaire*.

CODICILLE. — Disposition de dernière volonté qui modifie ou annule une disposition précédente.

Cette expression ne se trouvant pas dans la loi, le codicille n'est qu'un second testament.

Le codicille peut être écrit, sans contravention, sur la même feuille de timbre que le testament. — Voy. *Testament*.

COHABITATION. — En jurisprudence, on se sert de ce terme pour exprimer l'état de la femme et du mari qui vivent ensemble. — *C. civ.* 214. — Voy. *Mariage*. — *Séparation de corps*.

COLIS postaux. — Le public est admis à expédier, de toutes les gares des chemins de fer, sans déclaration de valeurs, des colis postaux circulant en France (Corse, Algérie et Tunisie comprises), de même qu'entre la France et les colonies françaises, ainsi qu'en Italie, en Allemagne, en Belgique, en Egypte, etc , au tarif d'affranchissement au départ de 60 cent., plus 25 cent. pour le transport à domicile, s'il est requis.

Ces colis ne doivent pas dépasser le poids de trois kilogrammes et ne peuvent contenir ni lettres, ni notes ayant le caractère de correspondance.

Sauf le cas de force majeure, lorsqu'un colis postal aura été perdu ou avarié, il y aura lieu à indemnité correspondante au montant réel de la perte, sans toutefois que cette indemnité puisse dépasser 15 francs.

Les colis postaux circulant à l'intérieur de la France continentale peuvent être grevés d'un remboursement dont le montant ne peut excéder 100 francs.

Ceux de et pour l'étranger et les colonies ne peuvent être expédiés contre remboursement, et leur volume ne peut dépasser vingt décimètres cubes et leur dimension, sur une face quelconque, soixante centimètres.

En ce qui concerne Paris :

Les colis postaux de Paris pour Paris ne peuvent dépasser le poids de 3 kilogrammes et ne doivent contenir ni or, ni argent, ni matières inflammables, etc. Ils doivent porter l'adresse exacte du destinataire et peuvent être livrés à domicile ou dans les bureaux de la compagnie même contre remboursement dont le maximum est fixé à 100 francs.

Ces colis peuvent être déposés dans tous les bureaux de la compagnie des messageries.

La taxe, y compris le droit de factage, pour la remise à domicile est fixée à 25 centimes dont le paiement peut être laissé à la charge du destinataire. — *L. du 3 mars* 1881.

COLIS non postaux. — Les colis non postaux ou petits colis dont la valeur n'excède pas 100 fr. peuvent être expédiés par chemins de fer à grande vitesse jusqu'à concurrence du poids de 5 kilogr. aux droits ci-après : 1 fr. de 0 à 3 kilogr. — et 1 fr. 20 cent. de 3 à 5 kilogr. plus 25 cent. en cas de remise à domicile. Ces colis peuvent être expédiés en port dû ou en port payé.

En cas de perte, l'indemnité ne peut excéder 100 fr.

Les mêmes colis peuvent être grevés d'un remboursement qui ne peut excéder pareille somme de 100 fr.

Le tarif ci-dessus n'est pas applicable aux matières d'or et d'argent, ni autres objets précieux pour lesquels il existe des tarifs spéciaux.

COLLATÉRAL. — Ce terme sert à désigner les parents qui descendent d'une souche commune, mais non les uns des autres, tels sont les frères, oncles, neveux, cousins, etc.

On appelle succession collatérale celle qu'on recueille d'un parent collatéral; héritier collatéral celui qui recueille cette succession. — Voy. *Degré*. — *Généalogie*. — *Succession*.

COLLECTIF. — Qui renferme, qui embrasse plusieurs personnes ou plusieurs choses. — Voy. *Société*.

COLLÈGE. — Dénomination qu'on applique à certains corps ou compagnies de personnes revêtues d'une même fonction, comme le collège des Cardinaux, le collège électoral, etc. C'est aussi le nom de certains établissements d'instruction publique. — Voy. *Élection*.

COLLOCATION. — En matière d'ordre amiable ou judiciaire, ce mot s'entend, soit de l'action de classer les créanciers d'un même débiteur dans l'ordre suivant lequel ils doivent être payés, soit de l'emploi d'une créance au nombre de celles qui doivent être payées.

Les créanciers ayant privilège ou hypothèque inscrite sur un immeuble le suivent en quelques mains qu'il passe pour être colloqués ou payés suivant l'ordre de leurs créances ou inscriptions. — *C. civ.* 2166.

On appelle collocation utile celle pour laquelle il existe des fonds suffisants. On lui donne aussi le nom de collocation réelle quand l'ordre contient une collocation éventuelle.

La collocation est éventuelle lorsqu'elle est présumée devoir être payée en totalité ou en partie. — *D. N.* — Voy. *Bordereau*. — *Contribution de deniers*. — *Ordre*.

COLLUSION. — On nomme collusion tout dol ou concert frauduleux entre plusieurs personnes pour s'enrichir aux dépens d'un tiers.

Mais le dol doit être prouvé et ne se présume pas. — *C. civ.* 1116. — Voy. *Fraude*.

COLOMBIER. — Lieu où l'on garde les pigeons.

Toute personne peut avoir des pigeons en aussi grande quantité que bon lui semble pourvu qu'ils ne nuisent pas à autrui.

Les pigeons qui passent dans un autre colombier, sans y avoir été attirés par fraude ou par artifice, appartiennent au propriétaire de ce colombier. — *C. civ.* 564.

Le propriétaire qui trouve des pigeons sur son terrain au temps des semailles ou de la moisson peut les considérer comme gibier et se les approprier.

COLON. — Voy. *Bail à colonage*. — *Bail partiaire*.

COLONIE. — Contrée séparée d'un État dont elle dépend et auquel appartiennent les individus par qui elle est habitée.

COLONIES françaises. — On appelle *îles* ou *colonies françaises* celles qui ne sont pas situées en Europe ou ne font pas partie des départements de la France.

Les colonies et possessions françaises comprennent :

En Afrique.

L'Algérie, dont la population est de 2 millions 600.000 habitants, qui présente une superficie de 39 millions d'hectares, et comprend trois provinces : Alger Constantine et Oran, aujourd'hui érigées en départements. — Voy. *Algérie*.

Le Sénégal, dont la population est de 160.000 habitants et la superficie de 25 millions d'hectares.

L'île de la Réunion, dont la population est de 200.000 habitants, la superficie de 151.160 hectares, et qui comprend trois petites villes, Saint-Denis (chef-lieu), Saint-Pierre et Saint-Paul.

Mayotte. — Population, 10.000 habitants. — Superficie, 20.000 hectares, dans l'archipel des Comores et qui appartient à la France depuis 1843, ainsi que les îles de Sainte-Marie et Nossi-Bé.

La Tunisie, dont la population est de 2 millions d'habitants, la superficie de 170.000 hectares, et qui est placée sous le protectorat de la France.

En Asie.

L'Inde. — Population, 250.000 habitants. — Superficie, 50.000 hectares, et qui comprend Pondichéry, Karikal, Mahé, Chandernagor et Yanaon.

La Cochinchine. — Population, 1 million 550.000 habitants. — Superficie, 5 millions d'hectares et plus, et comprend Saïgon (chef-lieu), Mitho, Bien-Hoa, et l'île de Poulo-Condore. — En 1867, les trois provinces de la Basse-Cochinchine ont été annexées aux possessions françaises. — Au nord de la Cochinchine, le Cambodge, d'environ 8 millions d'hectares en superficie, a reconnu le protectorat de la France.

Le Tonkin, dont la population est 14 millions d'habitants, la superficie de 150.000 hectares, sous le protectorat de la France.

En Amérique.

La Guyane française. — Population, 30.000 habitants. — Superficie, 720.000 hectares, et dont la capitale est Cayenne.

La Guadeloupe. — Population, 140.000 habitants. — Superficie, 265.123 hectares, partagée en deux parties par un bras de mer nommé rivière Salée, et dont la partie orientale porte le nom de Grande-Terre et la partie occidentale celui de Basse-Terre ou Guadeloupe. — Cette possession comprend la Basse-Terre (chef-lieu) et la Pointe-à-Pitre.

Marie-Galande. — Population, 15.000 habitants. — Superficie, 15.344 hectares. — Chef-lieu le Grand-Bourg (île bordée de rochers).

Désirade (île). — Population, 2500 habitants. — Superficie, 4.300 hectares.

Saintes (groupes d'îles). — Population, 1.500 habitants, à 19 kilom. de la Guadeloupe.

Saint-Martin (île), 3.000 habitants. — La partie septentrionale seulement appartient à la France; la partie méridionale est à la Hollande.

Martinique. — Population, 135.000 habitants. — Superficie, 98.708 hectares. La capitale est Fort-de-France; toutefois, Saint-Pierre est la ville la plus populeuse et la plus commerçante.

Saint-Pierre. — Superficie, 800 hectares. — Miquelon (500 habitants), qui forme deux îles (la grande et la petite Miquelon), près de Terre-Neuve et du Labrador.

En Océanie.

Nouvelle-Calédonie. — Population, 50.000 habitants. — Superficie, 225.000 hectares. Fort-de-France et Nouméa sont les seules villes. — L'île des Pins fait partie de cette possession.

Iles Marquises. — Population, 10,000 habitants. — Superficie, 125.000 hectares. — La plus peuplée des îles Marquises est Nouka-Hiva et la plus grande Hiva-oa.

— On remarque aussi Tahouata. — La vallée de Vaitahou est un lieu de déportation.

Archipel de Taïti. — Population, 10.000 habitants. — Superficie, 25,000 hectares. L'archipel de Taïti est depuis 1843 sous le protectorat de la France. — Capitale, Papecte. Les autres îles sont Eimio, Taboui, Maitea, Ouahine, Bora-Bora, Raïatéa.

Les îles Gambier, 12.000 habitants.
L'archipel Toubouai, 10.000 hectares, 500 habitants.
Les îles Tuamotou ou archipel Dangereux, 600.000 hectares, 8.000 habitants.
Ces trois groupes d'îles sont sous le protectorat de la France.

Les colonies françaises sont soumises à des lois et règlements particuliers. — Généralement cependant ce sont nos Codes qui les régissent, sauf quelques modifications. — Voy. *Législation coloniale.*

Le nouveau système monétaire, de même que celui des poids et mesures, ont été également appliqués dans la majeure partie des colonies françaises.

COLPORTAGE. — Commerce exercé par les marchands forains, qui portent leurs marchandises de localité en localité pour les vendre.

Le colportage de marchandises est libre, sauf quelques restrictions, telles que pour le tabac, les cartes à jouer, les allumettes chimiques, etc.

Le colportage des livres ne peut être exercé sans autorisation. — *E. N.*— Voy. *Vente de marchandises neuves.* —*Vente de meubles.* — *Librairie.*—*Imprimerie.*

COMÉDIEN. — Voy. *Engagement d'acteur.* — *Bail.*

COMESTIBLES. — Denrées alimentaires propres à la nourriture.

Les comestibles gâtés, corrompus ou nuisibles doivent être détruits. — *C. pén.* 477. — Voy. *Police.*

COMICE agricole. — Association d'agriculture ayant pour objet d'encourager les arts agricoles et l'élevage des bestiaux.

Il existe un ou plusieurs comices agricoles dans chaque arrondissement.

Les propriétaires, fermiers, colons et leurs enfants âgés de 21 ans domiciliés ou ayant leurs propriétés dans la circonscription du comice peuvent en faire partie. — *L. du 20 mars 1851.* — Voy. *Agriculture.*

COMITÉ consultatif des arts et manufactures. — C'est celui institué près le Ministre de l'agriculture et du commerce et chargé de l'étude et de l'examen de toutes les questions intéressant le commerce et l'industrie.

Ce comité est composé de 20 membres pris dans le Conseil d'État, l'Académie des sciences, les Corps des ponts et chaussées et des mines, le commerce et l'industrie. — *L. du 18 oct. 1880.*

COMMAND. — C'est ainsi qu'on appelle celui pour lequel une acquisition est faite sans que son nom soit déclaré dans l'acte, où il est dit seulement que l'on acquiert pour soi ou pour son command. — Voy. *Déclaration de command.*

COMMANDE. — Ordre, commission d'acheter, de négocier, etc.— Voy. *Commission.*

COMMANDEMENT (procédure). — C'est l'exploit signifié par un huissier à un débiteur en vertu d'un jugement ou d'un titre exécutoire de payer ou faire quelque chose.

Le commandement interrompt la prescription.

L'huissier doit être porteur des titres en vertu desquels il opère. — Voy. *Expropriation forcée.* — *Intérêts.* — *Prescription.*

COMMANDITE. — On donne le nom de société en commandite à celle qui existe entre des associés responsables et solidaires, et un ou plusieurs associés simples bailleurs de fonds appelés *commanditaires.* Dans le langage commercial, on entend aussi par commandite la mise de fonds du commanditaire. — Voy. *Société.*

L'associé commanditaire ne peut jamais être engagé au delà de sa mise sociale

COMMENCEMENT de preuve par écrit. — On appelle ainsi tout écrit qui émane de celui auquel on l'oppose ou de celui qu'il représente, et qui rend vraisemblable le fait allégué. — *C. civ.* 1347.

Le commencement de preuve n'est, en général, qu'une présomption, mais qui inspire plus de confiance lorsqu'il se puise dans un écrit quelconque (lettre ou note) et en faveur de laquelle la loi admet par exception la preuve testimoniale contre et outre le contenu aux actes et au-dessus même de 150 fr.

L'écrit d'un tiers ne peut pas faire un commencement de preuve par écrit; mais il en est autrement de celui du mandataire qui doit être assimilé à celui de la partie elle-même.

COMMERÇANT. — Ce nom générique comprend les manufacturiers, négociants, banquiers, marchands en gros et en détail, enfin toute personne qui fait sa profession d'acheter et de vendre et qui fait habituellement des actes de commerce.

Les actes de commerce reconnus par la loi sont énumérés au Code de commerce. — *Articles* 632 *et* 633.

Ils consistent notamment dans toutes opérations de banque, de change et de courtage, l'entreprise de fournitures, d'agences et bureaux d'affaires, les achats de denrées et marchandises pour les revendre, les entreprises de constructions, etc., etc.

Le mineur émancipé de l'un ou l'autre sexe, âgé de 18 ans accomplis, qui veut profiter de la faculté que lui accorde l'article 487 du Code civil, ne peut commencer ses opérations et n'est réputé majeur, quant aux engagements par lui contractés pour faits de commerce : 1° s'il n'a été préalablement autorisé par son père ou sa mère, et, en cas de décès, interdiction ou absence du père, ou à défaut du père et de la mère, par une délibération du conseil de famille homologuée par le Tribunal civil ; et 2° si, en outre, l'acte d'autorisation n'a été enregistré et affiché au greffe du Tribunal de commerce du lieu où le mineur veut établir son domicile. — *C. comm.* 2.

La femme ne peut être marchande publique qu'avec le consentement de son mari; mais ce consentement donné, elle peut, pour ce qui concerne son commerce, s'obliger sans l'autorisation de son mari, et dans ce cas elle oblige ce dernier avec elle s'il y a communauté entre eux. — *C. comm.* 4, 5.

Les mineurs et commerçants dûment autorisés peuvent aliéner et hypothéquer leurs immeubles pour faits de commerce en suivant les formalités prescrites par la loi. — *C. civ.* 457 *et suiv.*

Les femmes marchandes publiques peuvent également aliéner et hypothéquer leurs immeubles pour faits de commerce, à moins qu'elles ne soient mariées sous le régime dotal. — *C. comm.* 7.

Tous les commerçants sont tenus : 1° à payer l'impôt de la patente; 2° à tenir des livres ou registres; 3° à rendre publiques leurs conventions matrimoniales. — Voy. *Patente.* — *Livres de commerce.*

Le commerçant ou industriel qui met en tête de ses factures ou imprimés et s'attribue des médailles qui ne lui ont pas été décernées dans un concours public s'expose aux poursuites autorisées par l'article 259 du Code pénal.

Livres de commerce.

Tout commerçant est tenu d'avoir un *Livre-journal* qui présente jour par jour ses dettes actives et passives, les opérations de son commerce, ses négociations, acceptations ou endossements d'effets, et généralement tout ce qu'il reçoit et paie, à quelque titre que ce soit, et qui énonce, mois par mois, les sommes employées aux dépenses de sa maison, et cela indépendamment des autres livres usités dans le commerce, mais qui ne sont pas indispensables. — *C. comm.* 8.

Il est également tenu de mettre en liasse les lettres missives qu'il reçoit, et de copier sur un registre celles qu'il envoie.

Il est encore tenu de faire, tous les ans, un inventaire sous seing privé de ses effets mobiliers et immobiliers et de ses dettes actives et passives et de le copier année par année sur un registre spécial à ce destiné. — *C. comm.* 9.

Le livre-journal et celui des *inventaires* seront paraphés et visés sans frais, une fois par année, soit par un des juges des Tribunaux de commerce, soit par le maire ou un adjoint.

Le livre-copie de lettres ne sera pas soumis à cette formalité. — Tous seront tenus par ordre de date, sans blancs, lacunes ni transports en marge. — *C. comm.* 10.

Les commerçants doivent conserver ces livres au moins pendant dix ans.

Les livres régulièrement tenus peuvent être admis par le juge pour faire preuve entre commerçants pour faits de commerce. — *C. comm.* 12.

Pourra être poursuivi comme banqueroutier simple, et être déclaré tel, celui qui présentera des livres irrégulièrement tenus ou qui ne les présentera pas du tout.

Le failli qui n'a pas tenu de livres ou dont les livres ne présenteront pas la véritable situation active et passive pourra être poursuivi comme banqueroutier. — *C. comm.* 586.

Les actes des commerçants ne sont justiciables que des Tribunaux de commerce. *D. N.* — Voy. *Acte de commerce.* — *Autorisation pour faire le commerce.* — *Commerce.* — *Faillite.* — *Patente.*

COMMERCE. — Le commerce s'entend de l'action d'acheter et revendre, et, relativement à la jurisprudence commerciale, des négociations dont l'objet est d'opérer ou de faciliter les échanges de produits naturels ou industriels dans la vue d'en tirer un profit quelconque.

La liberté du commerce a été proclamée par la loi du 2 mars 1791.

Le droit commercial est régi par des lois et règlements sur la matière, les Codes, et principalement le Code de commerce, et enfin par les usages du commerce. — Voy. *Acte de commerce.* — *Autorisation pour faire le commerce.* — *Commerçant.* — *Faillite.* — *Patente.*

COMMETTANT. — C'est celui qui donne un ordre, un mandat, en un mot qui charge une autre personne d'une affaire ou d'une fonction.

Les commettants (maîtres ou patrons) sont responsables du dommage causé par leurs domestiques et préposés dans les fonctions auxquelles il les ont employés. — *C. proc.* 1029. — Voy. *Command.* — *Déclaration de command.* — *Commissionnaire.* — *Mandat.*

COMMIS. — C'est celui qui est chargé d'un emploi, d'une fonction dont il doit rendre compte. — En matière commerciale, le commis est le préposé du commerçant. — Il prend le nom de *commis voyageur* lorsqu'il est chargé de faire des ventes et achats ailleurs qu'au siège de la maison de commerce.

Les obligations contractées pour le maître, par ses commis, dans les limites de leur mandat, qu'il soit *exprès* ou *tacite*, obligent le maître. — Voy. *Mandat.* — *Préposé.* — *Commissionnaire.* — *Société.*

COMMIS greffier. — Celui qui, ayant prêté serment à cet effet, est destiné à remplacer ou à seconder le greffier en chef.

COMMISSAIRE. — Nom que l'on donne à la personne chargée d'une commission ou fonction publique en vertu d'une attribution générale ou particulière. — Voy. *Absence.* — *Absent.* — *Commission de justice.* — *Compulsoire.* — *Partage.* — *Vente judiciaire.*

COMMISSAIRE de la marine. — Expression générale qui désigne soit le commissaire général, soit les sous-commissaires.

Ces agents ont des attributions particulières concernant la marine. — Voy. *Marine.*

Ils procèdent aux inventaires et recolements d'inventaire de cargaisons naufragées et aux ventes d'épaves; — dressent les procès-verbaux d'échouement; — reçoivent les déclarations de naufrage, etc. — Voy. *Navire.*

COMMISSAIRE de police. — On donne ce nom à des officiers établis pour veiller à la sûreté et à la tranquillité des citoyens, prévenir les délits, rechercher et poursuivre, dans certaines limites, ceux qui ont enfreint les lois répressives.

Les commissaires de police sont chargés de la police municipale et sont placés sous la surveillance des procureurs.

Ils remplissent les fonctions du ministère public près les Tribunaux de simple police.

COMMISSAIRE priseur. — Les commissaires priseurs sont des officiers ministériels chargés de procéder à l'estimation et à la vente publique aux enchères des meubles et effets mobiliers, concurremment avec les notaires, huissiers et greffiers de justice de paix.

Ils ont le droit exclusif d'exercer dans le chef-lieu de leur établissement. — Ils ont, dans tout le reste de l'arrondissement, la concurrence avec les autres officiers ministériels d'après les lois existantes.

Le nombre des commissaires priseurs vendeurs à Paris est de quatre-vingts.

Il en existe un ou plusieurs dans les autres villes.

COMMISSAIRE de surveillance. — Agent préposé à la surveillance spéciale des chemins de fer, et nommé par le Ministre des travaux publics. — *L. du 27 févr.* 1850.

Ces commissaires ont, pour la constatation des crimes, délits et contraventions relatifs aux chemins de fer, les pouvoirs d'officiers de police judiciaire.

Ils ne sont pas tenus de faire affirmer leurs procès-verbaux.

Ils reçoivent sur un registre spécial les plaintes du public pour tout ce qui concerne les chemins de fer.

COMMISSION. — Ce terme signifie, tantôt le pouvoir que l'on donne à quelqu'un de faire une chose pour soi, tantôt l'acte qui contient ce pouvoir. — Voy. *Agent d'affaires. — Commissionnaire. — Mandat. — Procuration.*

COMMISSION (nomination). — Acte ou brevet de nomination à des fonctions publiques ou à un emploi.

COMMISSION de justice. — Mandat qu'un Tribunal ou même un juge confère à un officier public.

La commission donnée par un Tribunal à d'autres juges se nomme *Commission rogatoire.*

Les notaires sont souvent commis par les Tribunaux, pour procéder aux ventes judiciaires et aux opérations de liquidation et de partage de communauté et de succession.

Ils peuvent être également commis par ordonnance du juge pour représenter les non-présents aux inventaires. — Voy. *Absence. — Absent. — Inventaire. — Liquidation. — Partage. — Vente judiciaire.*

COMMISSION mixte des travaux publics. — Cette commission est chargée de délibérer sur les affaires qui intéressent à la fois les services des ponts et chaussées, de la guerre et de la marine, pour tous travaux d'utilité publique. — *Ord. du 28 déc.* 1828. — Voy. *Travaux publics.*

COMMISSION rogatoire. — Voy. *Commission de justice.*

COMMISSIONNAIRE. — En droit commercial, c'est celui qui, sous son propre nom, agit pour le compte d'un tiers qu'on nomme commettant. — *C. comm.* 94.

Le commissionnaire diffère du mandataire qui agit au nom de son mandant. Toutefois, le commissionnaire est, dans le commerce, ce qu'est le mandataire en matière civile.

Le commissionnaire est seul obligé vis-à-vis des tiers avec lesquels il a traité.

Il a un privilège sur la valeur des marchandises à lui expédiées et déposées en consigne pour le remboursement de ses avances, intérêts et frais.

Sauf convention contraire, il n'est pas tenu de garantir son commettant des suites de l'opération.

Mais le commissionnaire chargé d'un transport par terre ou par eau est garant des marchandises et des avaries, sauf le cas de force majeure. — *C. comm.* 94 et suiv.

Les *Commissionnaires vendeurs* sont ceux chargés de la vente des marchandises pour le compte d'un tiers. — Dans ce cas, ils ne sont que dépositaires et doivent remplir toutes les obligations relatives au dépôt. — *D. N.*

COMMISSOIRE. — Voy. *Pacte commissoire.*

COMMODAT. — Se dit du prêt à usage d'une chose dont on peut user sans la détruire. — Voy. *Prêt.*

COMMUNAUTÉ. — Ce mot a plusieurs significations. On l'emploie pour désigner soit la réunion de personnes en un corps ou établissement public reconnu par la loi, soit une société de biens, soit une société de personnes et de biens.

Les communautés d'habitants et les communautés religieuses sont des sociétés de personnes. — Voy. *Association religieuse.* — *Commune.*

Les communautés de biens s'entendent surtout des biens mis en société. — Voy. *Société.*

La communauté entre époux est une société de personnes et de biens. — Voy. *Association.* — *Licitation.* — *Partage.* — *Société.* — *Communauté de biens entre époux.*

COMMUNAUTÉ de biens entre époux. — C'est une société établie entre le mari et la femme par convention expresse stipulée dans le contrat de mariage, ou tacitement par les dispositions du droit commun, et en conséquence de laquelle tous les biens meubles et immeubles qu'ils acquièrent pendant le mariage sont communs entre eux.

La communauté est *contractuelle* lorsqu'elle résulte du contrat de mariage. Elle est *légale* lorsque les époux sont mariés sans contrat. — *C. civ.* 1399, 1497 et 1528.

La communauté date du jour du mariage et non de celui du contrat.

La communauté légale se compose activement de tout le mobilier que les époux possédaient au jour du mariage et de celui qui leur est échu, de même que de tous les fruits, revenus, intérêts et arrérages échus ou perçus pendant le mariage. — *C. civ.* 1401.

Elle comprend en outre les immeubles acquis pendant le mariage.

La communauté se compose passivement de toutes les dettes mobilières dont les époux étaient grevés le jour de la célébration du mariage, de celles contractées par le mari ou la femme, et des charges du mariage. — *C. civ.* 1409.

Le mari est seul administrateur des biens meubles et immeubles de la communauté. Il peut même les vendre, aliéner et hypothéquer sans le consentement de sa femme. — *C. civ.* 1421.

Mais il ne peut en disposer entre vifs à titre gratuit, si ce n'est pour l'établissement des enfants communs. — *C. civ.* 1422.

La communauté se dissout par la mort naturelle, la mort civile, la séparation de biens, la déclaration de nullité du mariage et la déclaration d'absence.

Lorsqu'elle est dissoute, la femme ou ses héritiers et ayants cause ont la faculté de l'accepter ou d'y renoncer. — Voy. *Acceptation de communauté.* — *Renonciation à communauté.*

La veuve, soit qu'elle accepte, soit qu'elle renonce, a droit, pendant les trois mois et quarante jours qui lui sont accordés pour faire inventaire et délibérer, au logement et à la nourriture pour elle et ses domestiques. — Voy. *Inventaire.* — *Habitation de la veuve.*

La communauté conventionnelle est susceptible d'un grand nombre de modifications.

Ainsi on peut stipuler que la femme pourra, en renonçant à la communauté, reprendre son apport franc et quitte de toutes charges ou bien le mobilier qui lui écherra, etc.

On peut encore stipuler que la communauté sera réduite aux acquêts. Dans ce cas, le partage se bornera aux acquêts faits pendant le mariage, prélèvement fait des biens propres de chacun des époux.

L'époux survivant a le droit de conserver la part indivise afférente à la succession dans les biens acquis en communauté, moyennant récompense à ladite succession.

COMMUNAUTÉ religieuse. — Association de personnes qui s'engagent, par des vœux religieux, à vivre sous l'empire des statuts sanctionnés par l'autorité ecclésiastique, et à s'occuper en même temps d'œuvres de charité ou d'utilité générale.

Aucun établissement de communauté ou congrégation religieuse ne peut être fondé sans l'autorisation du Gouvernement.

Les vœux perpétuels ne sont pas admis par la loi et ne peuvent produire aucune obligation civile entre la communauté religieuse et la personne qui les a prononcés.

Certaines congrégations et communautés ont été légalement autorisées et constituent des personnes civiles ayant capacité pour acquérir, aliéner, etc.; mais il en est d'autres qui n'ont été reconnues qu'à titre d'établissements d'instruction, et qui, comme les communautés et congrégations non autorisées, ne constituent pas des personnes civiles.

Deux décrets du 29 mars 1880 ont d'ailleurs supprimé les congrégations religieuses non autorisées en leur accordant un délai de trois mois pour obtenir cette autorisation.

COMMUNE. — Division territoriale et société de citoyens unis par des relations locales dans une ville, bourg ou village, sous une ou plusieurs municipalités et qui constitue une personne civile et un corps politique. — *L. du 10 juin* 1793.

Le chef-lieu de la commune est l'endroit où se trouve le siège de l'administration municipale, c'est-à-dire la mairie.

Comme la commune, la section de commune est une communauté territoriale et un être moral.

Il ne peut être procédé à l'érection d'une commune nouvelle qu'en vertu d'une loi, après avis du Conseil général, et le Conseil d'État entendu.

Le changement de nom d'une commune est décidé par décret du Conseil d'État. — *L. du 5 avril* 1884.

L'administration des communes est confiée à un maire assisté d'un ou plusieurs adjoints et d'un conseil municipal. — Voy. *Conseil municipal.* — *Elections municipales.* — *Maire.* — *Organisation municipale.*

Minorité des Communes.

Une commune étant un *être moral* réputé *mineur*, l'administration communale est chargée de sa gérance, et le maire, qui agit au nom de la commune, n'a d'autres pouvoirs que ceux d'un gérant ou d'un mandataire.

Le conseil municipal délibère sur l'utilité de louer, aliéner, acquérir, emprunter, plaider, transiger, établir toutes impositions locales, et faire les travaux d'utilité ou d'agrément de la commune. Il est chargé en outre d'examiner les conditions auxquelles toutes ces choses seront faites, de régler le budget des recettes et dépenses, de vérifier et débattre le compte annuel de ces recettes et dépenses, etc.

Autorisation.

Certaines délibérations sont soumises à l'administration supérieure, qui approuve les avis du conseil, les modifie ou les rejette.

Les dispositions entre vifs ou testamentaires, au profit d'une commune, ne peuvent avoir leur effet qu'autant qu'elles sont autorisées.

Le conseil municipal est d'abord appelé à délibérer et l'autorisation est donnée ensuite par le Préfet, lorsqu'il n'y a pas de réclamation des familles; autrement, l'autorisation doit émaner du Gouvernement. — *C. civ.* 910. — *Déc. du 21 mars* 1852.

Le maire peut, en vertu d'une délibération du conseil municipal, accepter à titre conservatoire.

Lorsqu'il s'agit d'acquisitions à titre onéreux ou d'aliénations, la loi prescrit certaines formalités que notre cadre ne nous permet pas d'énumérer ici et qu'il est indispensable de remplir pour obtenir les autorisations nécessaires. — *L. du 17 juillet* 1837. — *Déc. du 25 mars* 1852.

Les maires, adjoints et autres administrateurs ne peuvent se rendre adjudicataires, ni par eux-mêmes ni par personnes interposées, des biens confiés à leurs soins.

Les emprunts des communes peuvent être autorisés par les préfets lorsque le terme de remboursement n'excède pas dix années et qu'ils peuvent être remboursés au moyen des ressources ordinaires ou extraordinaires.

L'emploi en rentes sur l'État des capitaux remboursés aux communes, hospices et autres établissements publics, est suffisamment autorisé par une délibération du conseil municipal approuvée par le préfet.

Les communes ne peuvent plaider sans autorisation, sauf lorsqu'il s'agit d'une action à introduire devant les Tribunaux administratifs, auquel cas elles n'ont pas besoin d'autorisation.

La commune autorisée à plaider ne peut, ni se désister, ni acquiescer, ni compromettre sans une nouvelle autorisation.

Budget des Communes.

Le budget de recettes et de dépenses de la commune est présenté chaque année par le maire et discuté par le conseil municipal.

Les conseils municipaux ont le droit de régler les dépenses communales; cependant l'État peut les obliger à faire celles nécessaires pour le maintien du régime municipal.

Les dépenses de la commune sont obligatoires, facultatives ou imprévues. — *L. du 18 juillet* 1837.

C'est le percepteur qui remplit les fonctions de receveur municipal et effectue les recettes et dépenses, excepté dans les communes au-dessus de 30.000 âmes, où il est institué des comptables spéciaux à cet effet. — *Ord. du 31 mai* 1838.

Biens communaux.

Les biens communaux sont ceux à la propriété desquels les habitants d'une ou de plusieurs communes ont un droit acquis. — *C. civ.* 542.

Le partage des biens communaux ne peut avoir lieu que lorsque ces biens sont indivis avec des particuliers ou entre deux ou plusieurs communes. Ils ne peuvent être partagés entre les habitants d'une même commune qu'en vertu d'une autorisation particulière.

Le partage des fruits communaux a lieu, non par tête, mais par feu. On entend par feu les gens mariés ou les célibataires ayant ménage ou feu particulier.

Quel que soit d'ailleurs le mode de jouissance des biens communaux, il ne peut être considéré comme appartenant individuellement aux habitants, la commune seule est et reste toujours propriétaire.

Les baux des biens des communes doivent être passés devant notaire. — *D. N.* — Voy. *Bail des biens d'une commune.*

Responsabilité.

Chaque commune est responsable des délits commis à force ouverte sur son territoire par des attroupements armés ou non armés, soit envers les personnes, soit contre les propriétés, à moins qu'elle ne justifie avoir fait tout ce qui était en son pouvoir pour les empêcher.

COMMUNE renommée. — Se dit de la preuve qui se fait au moyen d'une espèce d'enquête où les témoins déposent sur l'existence de certains faits, ou sur la consistance et la valeur des biens que quelqu'un possédait à une certaine époque.

La loi admet ce genre de preuve dans certains cas.—*C. civ.* 1415, 1442, 1504.

Dans l'enquête par commune renommée, le témoin ne doit pas se borner à déclarer ce qu'il a vu et entendu, il doit émettre son opinion sur la valeur estimative des choses dont on recherche la consistance, comme s'il avait été expert pour en faire l'appréciation. — Voy. *Enquête par commune renommée.*

COMMUNE (Femme). — On appelle *Femme commune* celle qui est en communauté de biens avec son mari, et *Femme non commune* celle mariée sans communauté.

La femme *non commune* n'a pas pour cela l'administration de ses biens. Cette administration appartient toujours au mari, tant qu'il n'y a pas séparation de biens.

COMMUNICATION. — Action de donner connaissance ou représenter tous actes pièces, registres et autres documents.

Les notaires doivent donner connaissance des actes en leur possession aux parties intéressées en nom direct, héritiers ou ayants droit qui en font la demande, mais ils ne peuvent les communiquer à d'autres, sans l'ordonnance du président du Tribunal, sous peine d'amende.

Il est cependant des cas où, sans avoir concouru à un acte, on peut en obtenir communication et même une expédition. — Voy. *Compulsoire.*

COMMUNICATION au Ministère public. — Doivent être communiquées au ministère public, aux termes de l'article 83 du Code de procédure civile : 1° les causes concernant l'ordre public, l'État, le domaine, les communes, les établissements publics, les dons et legs faits au profit des pauvres ; 2° celles concernant l'état des personnes et les tutelles ; 3° les déclinatoires sur incompétence ; 4° les règlements de juges, les récusations et renvois pour parenté et alliance ; 5° les prises à partie ; 6° les causes des femmes non autorisées par leurs maris ou même autorisées lorsqu'il s'agit de leur dot et qu'elles sont mariées sous le régime dotal, les causes des mineurs et généralement toutes celles où l'une des parties est défendue par un curateur ; 7° les causes concernant ou intéressant les personnes présumées absentes.

Le défaut d'audition du ministère public dans une cause communicable ou de mention de cette audition entraîne la nullité du jugement. — *E. N.*

COMMUNICATION de pièces. — On emploie ce titre en procédure pour désigner la remise préalable faite par une partie à son adversaire des titres, pièces et documents dont elle entend faire usage au procès. — *C. proc.* 188 *et suiv.*

Cette communication peut être demandée par tout plaideur et toute audience peut être refusée jusqu'à ce que cette communication ait eu lieu.

Elle se fait entre avoués, sur récépissé, ou par la voie du greffe.

COMMUNION. — On nomme *Communion* l'état de ceux qui possèdent en *commun*, soit une propriété affectée à un usage commun, soit une ou plusieurs autres propriétés.

Chaque copropriétaire a le droit de disposer de sa quote-part indivise dans les biens meubles et immeubles possédés en commun et peut l'aliéner sans que les autres copropriétaires soient autorisés à en exercer le retrait, comme en matière d'indivision de droits héréditaires.

Il peut valablement hypothéquer sa quote-part indivise dans l'immeuble commun, mais le sort de l'hypothèque reste subordonné au résultat du partage. — *E. N.* — Voy. *Hypothèque sur biens indivis.*

Les créanciers ont le droit de faire saisir et vendre cette quote-part avant tout partage.

COMMUTATIF. — Le contrat commutatif est celui par lequel on donne l'équivalent de ce que l'on reçoit. — Voy. *Contrat.*

COMMUTATION de peine. — C'est une grâce partielle ou l'adoucissement d'une peine prononcée contre un criminel. — Voy. *Grâce*.

COMPAGNIE. — Corps de personnes revêtues du même caractère ou réunies pour une entreprise de commerce, de finances ou d'industrie. — Voy. *Corps*. — *Société*. — *Association*.

COMPAGNON, Compagnonnage. — On appelle compagnon celui qui, après avoir appris un métier, travaille avec un maître, à la journée ou à ses pièces, et appartient en même temps à la corporation des ouvriers.

COMPARAISON d'écriture. — Confrontation de deux écritures l'une avec l'autre pour reconnaître si elles sont de la même main. Les pièces qui servent à faire cette opération se nomment pièces de comparaison. — Voy. *Faux*. — *Commencement de preuve par écrit*. — *Reconnaissance d'écriture*.

COMPARUTION. — Action de comparaître en justice ou devant un officier public. — Voy. *Procès-verbal de comparution*.

COMPASCUITÉ. — Ce mot est en certains pays, et notamment en Provence, synonyme de pacage ou vaine pâture. — Voy. *Pacage*. — *Vaine pâture*.

COMPENSATION. — Mode d'extinction qui se fait des dettes dont deux personnes sont réciproquement débitrices l'une envers l'autre. Dans ce cas la compensation a lieu de plein droit. — *C. civ.* 1289 *et suivants*.

Toutefois, pour qu'elle puisse s'opérer valablement, quatre conditions sont nécessaires : 1° que l'objet de l'une ou de l'autre dette soit de même espèce; — 2° que les deux dettes soient liquides. — 3° qu'elles soient également exigibles; — 4° qu'elles soient personnelles aux parties pour qui ou contre qui la compensation est demandée.

La compensation tient lieu de paiement et a pour effet d'éteindre les deux dettes.

Dans la comptabilité privée, une créance ou une dette de sommes égales ou inégales peuvent, du consentement des parties, se compenser, c'est-à-dire s'éteindre l'une par l'autre ou jusqu'à due concurrence; mais la compensation n'est jamais admise en fait de comptabilité publique.

COMPÉTENCE. — La compétence est le pouvoir que la loi défère au juge d'exercer sa juridiction sur certaines matières. C'est en général la mesure du pouvoir attribué par la loi à chaque fonctionnaire public.

Les grands pouvoirs de l'État ont chacun une compétence ou des attributions qui leur sont propres, et l'un ne peut empiéter sur les attributions de l'autre.

De même, les autorités administrative et judiciaire ne doivent statuer que sur les matières qui leur sont respectivement attribuées; mais chacune des deux autorités doit appliquer les actes émanés de l'autre.

En général, c'est le pouvoir judiciaire qui est compétent, et auquel il appartient de statuer sur l'état des personnes, c'est-à-dire sur les questions relatives à la nationalité, à la jouissance des droits politiques, civils et de famille, sur les contestations relatives au droit de propriété ou ses démembrements, tels que l'usufruit, les servitudes, etc.; sur les difficultés auxquelles donnent lieu les contrats, les successions, les donations, les testaments, les privilèges et hypothèques, et enfin sur l'application des lois pénales aux individus prévenus de crimes ou de délits.

La *juridiction* est le pouvoir de juger, et la compétence est la mesure de la juridiction. — Voy. *Compétence administrative*. — *Compétence criminelle*. — *Compétence des Cours d'appel*. — *Compétence des Cours d'assises*. — *Compétence des Juges de paix*. — *Compétence des Tribunaux civils d'arrondissement*. — *Compétence des Tribunaux de commerce*.

COMPÉTENCE administrative. — La compétence administrative s'entend du pouvoir conféré aux divers fonctionnaires de l'ordre administratif.

L'autorité administrative prononce sur les difficultés que fait naître l'exécution des actes administratifs et la compétence de l'autorité administrative en matière contentieuse.

Les réclamations que soulèvent les actes de l'Administration s'exercent souvent par la voie gracieuse, c'est-à-dire par simple pétition à laquelle l'autorité fait droit ou qu'elle rejette.

Lorsque le recours a lieu par la voie contentieuse, il est soumis à une procédure déterminée qui est déférée aux Conseils de préfecture, et, en dernier ressort, au Conseil d'Etat. — *LL. des 22 frimaire et 28 pluviôse an VIII.*

Les maires prononcent sur diverses contestations en matière de contributions indirectes, de police de roulage, d'inscription sur les listes électorales, etc.

La juridiction contentieuse des sous-préfets s'exerce sur certaines contraventions en matière de grande voirie, sur les rectifications demandées au tableau de recensement, etc.

Les préfets statuent seuls : — en matière de grande voirie, sur les recours contre les arrêtés des sous-préfets ; — en matière de voirie urbaine, sur les arrêtés des maires ; — en matière de contributions directes, sur les demandes en remise et modération pour cause de pertes éprouvées par des événements extraordinaires, etc., etc,

Ils statuent en Conseil de préfecture : — sur les recours contre les décisions du sous-préfet en matière d'octroi ; — sur les contestations entre les débitants et la régie des contributions indirectes pour fixer l'équivalent du droit de vente en détail, à remplacer par l'abonnement, et sur différentes autres matières.

Les Conseils de préfecture prononcent comme tribunaux : — sur les contestations relatives à l'assiette et au recouvrement des contributions directes et des taxes qui leur sont assimilées ; sur les difficultés à l'occasion des travaux publics, marchés, fournitures, entreprises de services publics ; — sur les contestations entre les communes et les établissements publics, etc., etc. — *D. N.*

COMPÉTENCE criminelle. — Le but de la loi, en distinguant, par la gravité de la peine encourue, la *contravention*, le *délit* et le *crime*, a été de déterminer la compétence du Tribunal d'après la nature de la peine à appliquer.

§ 1er. — *Compétence des Juges de Paix comme Juges de Police.*

Les juges de paix *connaissent* exclusivement :
1° des contraventions commises dans l'étendue de la commune chef-lieu du canton ; 2° des contraventions dans les autres communes de leur canton, lorsque, hors le cas où les coupables auront été pris en flagrant délit, les contraventions auront été commises par des personnes non domiciliées ou non présentes dans la commune, ou lorsque les témoins qui doivent déposer n'y sont pas résidants ou présents ; 3° des contraventions à raison desquelles la partie qui réclame conclut pour ses dommages-intérêts à une somme indéterminée ou à une somme excédant 15 francs ; 4° des contraventions forestières poursuivies à la requête des particuliers ; 5° des injures verbales ; 6° des affiches, annonces, ventes, distributions ou débits d'ouvrages écrits ou gravures contraires aux mœurs ; 7° de l'action contre les gens qui font les métiers de deviner et pronostiquer ou d'expliquer les songes. — *C. instr. crim.* 139.

Les juges de paix connaissent aussi, concurremment avec les maires, de toutes autres contraventions commises dans leur arrondissement. — *C. instr. crim.* 140.

Ils connaissent encore des contraventions relatives au travail des enfants employés dans les manufactures, usines ou ateliers. — *L. du 22 mars 1841, modifiée par celle du 19 mai 74.*

Sont considérés comme contravention de police simple, les faits qui, d'après la loi, peuvent donner lieu soit à 15 fr. d'amende ou au-dessous, soit à 5 jours d'emprisonnement ou au-dessous, qu'il y ait ou non confiscation des choses saisies et quelle qu'en soit la valeur.

Pour les autres attributions des juges de paix. — Voy. *Compétence des Juges de paix.* — *Juge de paix.*

§ 2. — *Compétence des Tribunaux correctionnels.*

La compétence des Tribunaux civils jugeant au correctionnel embrasse : 1° la connaissance des appels des jugements de simple police dans le cas où ceux-ci ont prononcé soit un emprisonnement, soit des amendes ou des réparations pécuniaires excédant 5 fr., outre les dépens (*C. instr. crim.* 72, *modif. l. 17 juillet* 56); 2° tous les délits forestiers poursuivis à la requête de l'Administration, et tous les délits dont la peine excède 5 jours d'emprisonnement et 15 fr. d'amende. — *C. instr. crim.* 179.

Le taux de la compétence de ces Tribunaux est, pour l'emprisonnement, de 6 jours à 5 ans. — Quant à la quotité de l'amende, tantôt la loi la détermine d'une manière pure et simple, tantôt elle fixe un minimum et un maximum; le minimum est de 15 fr. — *C. instr. crim.* 179.

A l'égard des dommages, toutes les fois qu'ils ont été déterminés à l'avance et qu'ils excèdent 15 fr., le Tribunal correctionnel est seul compétent. Il en est de même lorsque la valeur en a été déterminée. — Voy. *Compétence des Tribunaux civils d'arrondissement.*

COMPÉTENCE des Cours d'assises. — Lorsque le fait est qualifié *Crime* par la loi, et que la Cour (*Chambre d'accusation*) trouve des charges suffisantes pour motiver la mise en accusation, elle doit ordonner le renvoi du prévenu aux assises. — *C. instr. crim..* 231.

La loi appelle *Crime* tout fait passible de peines afflictives ou infamantes, ou seulement infamantes. Ainsi tous les faits qui sont de nature à être punis de peines afflictives ou infamantes sont de la compétence des Cours d'assises dont les pouvoirs sont illimités, puisqu'elle peut prononcer même la peine de mort. — Voy. *Cour d'assises.*

COMPÉTENCE des Cours d'appel. — La justice est rendue souverainement par les Cours d'appel qui statuent sur les appels :

1° Des jugements des Tribunaux civils et de commerce, et notamment sur ceux relatifs aux réhabilitations de faillis. — *C. comm.* 604 *et suivants;*

2° Des sentences rendues par des arbitres volontaires, lorsque la contestation était de nature à être soumise aux Tribunaux civils (*C. proc.* 1023), et, dans tous les cas, des sentences des arbitres forcés. — *C. comm.* 52 ;

3° Des ordonnances de référé. — *C. proc.* 809;

4° Des décisions rendues par les préfets en Conseil de préfecture en matière électorale.

Les Cours d'appel ne sont pas appelées à statuer sur les sentences des juges de paix et des prud'hommes. — Voy. *Cour d'appel.*

COMPÉTENCE des Tribunaux civils d'arrondissement. — Les Tribunaux civils de première instance connaissent en dernier ressort :

1° Des actions personnelles et mobilières jusqu'à la valeur de 1500 fr. de principal et des actions immobilières jusqu'à 60 fr. de revenu déterminé, soit en rente, soit par prix de bail. — *L. du 11 avril* 1838, *art.* 1er;

2° Des difficultés sur le recouvrement des droits d'enregistrement;

3° Des actions en nullité ou déchéance des brevets d'invention, etc.

Pour déterminer la compétence, on considère ce qui est demandé par l'exploit introductif d'instance, ou autrement, et non ce qui est réellement dû.

Les mêmes Tribunaux connaissent, comme juges de second degré : 1° de l'appel des jugements du juge de paix quand ils ne sont pas rendus en dernier ressort; 2° de l'appel dirigé contre des sentences arbitrales.

Ils connaissent, comme juges de premier degré, de toutes les contestations qui ne rentrent pas dans le domaine des juridictions administratives et qui n'ont point été formellement attribuées aux juges de paix, aux Tribunaux de commerce et aux prud'hommes. Leur compétence embrasse encore les affaires commerciales lorsqu'il n'existe pas de Tribunal de commerce dans le ressort. — Voy. *Tribunaux.* — *Compétence criminelle,* § 2.

COMPÉTENCE des Juges de Paix. — Les juges de paix connaissent de toutes les actions purement personnelles ou mobilières en dernier ressort jusqu'à la valeur de 100 fr. inclusivement, et à charge d'appel jusqu'à la valeur de 200 fr. aussi inclusivement. — *LL. des 25 mai 1838, 20 mai 1854 et 2 mai 1855.*

Les demandes immobilières, à l'exception des actions possessoires, ne sont pas de leur compétence.

C'est la valeur de la demande et non celle de la condamnation qui sert à déterminer la compétence.

Section 1re. — *Actions dont le juge de paix connaît sans appel jusqu'à la valeur de 100 fr. et à charge d'appel jusqu'au taux de la compétence en dernier ressort des tribunaux civils* (1500 fr. en principal et 60 fr. de revenu).

1° Les contestations entre les hôteliers, aubergistes ou logeurs et les voyageurs, et les locataires en garni pour dépenses d'hôtellerie et pertes ou avaries d'effets déposés dans l'auberge ou dans l'hôtel; entre les voyageurs et les voituriers ou bateliers pour retards, frais de route et perte ou avaries d'effets accompagnant les voyageurs; entre les voyageurs et les carrossiers ou autres ouvriers pour fournitures, salaires et réparations faites aux voitures de voyage. — *L. du 25 mai 1838* (art. 2).

2° Les indemnités réclamées par le locataire ou fermier pour non-jouissance provenant du fait du propriétaire lorsque le droit à une indemnité n'est pas contesté; — 3° les dégradations et pertes dans les cas prévus par les articles 1732 et 1735 C. civ. — Néanmoins le juge de paix ne connaît des pertes causées par incendie ou inondation que dans les limites posées par l'article premier de la loi précitée, c'est-à-dire jusqu'à concurrence de 200 fr. — *L. du 25 mai 1838* (art. 4).

Section 2me. — *Actions dont le juge de paix connaît sans appel jusqu'à la valeur de 100 fr. et indéfiniment à charge d'appel.*

1° Actions en paiement de loyers ou fermages, des congés, des demandes en résiliations de baux fondées sur le seul défaut de paiement des loyers ou fermages, des expulsions de lieux et des demandes en validité de saisie-gagerie, le tout lorsque les locations verbales ou par écrit n'excèdent pas annuellement: à Paris 400 fr. et 200 fr. partout ailleurs;

2° Actions pour dommages faits aux champs, fruits et récoltes, soit par l'homme, soit par les animaux, et de celles relatives à l'élagage des arbres ou haies, et au curage, soit des fossés, soit des canaux servant à l'irrigation des propriétés, ou au mouvement des usines lorsque les droits de propriété ou de servitude ne sont pas contestés; — 3° réparations locatives des maisons ou fermes mises par la loi à la charge des locataires; — 4° contestations relatives aux engagements respectifs des gens de travail au jour, au mois et à l'année, et de ceux qui les emploient, des maîtres et des domestiques ou gens de service à gages; des maîtres et des ouvriers ou apprentis, sans, néanmoins, qu'il soit dérogé aux lois et règlements relatifs à la juridiction des prud'hommes; — 5° contestations relatives au paiement des nourrices, sauf ce qui est prescrit par les lois et règlements, d'administration publique à l'égard des bureaux de nourrices de la ville de Paris et de toutes les autres villes; — 6° actions civiles pour diffamation verbale, ou pour injures publiques ou non publiques, verbales ou par écrit, autrement que par la voie de la presse; des mêmes actions pour rixes ou voies de fait, le tout lorsque les parties ne se sont pas pourvues par la voie criminelle. — *Ibid.* (art. 5).

Section 3me. — *Actions dont le juge de paix connaît jusqu'à une valeur indéfinie, mais toujours à charge d'appel.*

1° Entreprises commises dans l'année sur les cours d'eau servant à l'irrigation des propriétés et au mouvement des usines et moulins, sans préjudice des attributions de l'autorité administrative dans les cas déterminés par les lois et règlements; dénonciations de nouvel œuvre, complainte, actions en réintégrande et autres actions possessoires fondées sur des faits également commis dans l'année; — 2° actions en bornage et relatives à la distance prescrite par la loi, les règlements particuliers et l'usage des lieux pour les plantations d'arbres ou de haies lorsque la propriété ou les titres qui l'établissent ne sont pas contestés ; — 3° actions relatives aux constructions et travaux énoncés dans l'article 674 du C. civ. lorsque la propriété ou la mitoyenneté du mur ne sont pas contestées ; — 4° demandes en pensions alimentaires n'excédant pas 150 fr. par an, mais seulement lorsqu'elles sont fondées en vertu des articles 205, 206 et 207 C. civ. — Voy. *Juge de paix. Ibid.* (art. 6).

A l'égard de la compétence des juges de paix comme juges de police. — Voy. *Compétence criminelle*, § 1er.

COMPÉTENCE des Tribunaux de commerce. — Les tribunaux de commerce sont des tribunaux d'exception dont la compétence est circonscrite dans certaines limites.

Tout engagement commercial est de la compétence des tribunaux de commerce.

Ces tribunaux connaissent : 1° de toutes contestations relatives aux engagements et transactions entre négociants, marchands et banquiers ; — 2° entre toutes personnes : des contestations relatives aux actes de commerce ; — 3° des actions contre les facteurs, commis des marchands ou leurs serviteurs, pour le fait du trafic du marchand auquel ils sont attachés ; — 4° des billets faits par les receveurs, payeurs, percepteurs ou autres comptables de deniers publics ; — 5° des faillites et des actes y relatifs. — *C. comm.* 631, 634 *et suiv.*

Ils prononcent sur les appels des jugements rendus par les conseils de prud'hommes. — *Déc. 11 juin 1809, 3 août 1810.*

Les tribunaux de commerce jugent en dernier ressort : 1° toutes les demandes dans lesquelles les parties justiciables de ces tribunaux et usant de leurs droits ont déclaré vouloir être jugées définitivement et sans appel ; 2° toutes les demandes dont le principal n'excède pas la valeur de 1500 fr. ; 3° les demandes reconventionnelles ou en compensation lors même que, réunies à la demande principale, elles excéderaient 1500 fr. — Voy. *Acte de commerce.* — *Arbitre.* — *Arbitrage* — *Commerçant.* — *Juge de paix.* — *Lettre d'échange.* — *Prud'hommes.* — *Tribunaux.*

COMPLAINTE. — Dans son acception générale, ce mot s'entend de toute action possessoire dans laquelle le plaignant porte plainte à raison du trouble qu'il éprouve dans sa possession. — Voy. *Action possessoire.* — *Dénonciation de nouvel œuvre.* — *Réintégrande.*

COMPLANT. — Voy. *Bail à complant.*

COMPLICE. — On entend par complice celui qui prend une part plus ou moins directe, plus ou moins active à un crime ou à un délit.

Les complices sont passibles des mêmes peines que les auteurs des crimes ou délits. — *C. pén.* 59.

COMPLOT. — On nomme complot tout concert formé entre plusieurs personnes dans le but de commettre un crime.

COMPROMIS (arbitrage). — Acte constitutif de l'arbitrage par lequel deux ou plusieurs personnes s'engagent à faire juger par des arbitres la contestation qui les divise.

Par le compromis, on se donne des juges à la décision desquels on promet de s'en rapporter, ou auxquels on confère le pouvoir de terminer le différend en qualité de mandataires ordinaires sous forme de transaction.

Dans la pratique des affaires, on donne encore, mais improprement, le nom de compromis aux conventions arrêtées provisoirement et qui doivent se réaliser dans un bref délai, telles que promesses de ventes, promesses de bail, etc,

Toute personne capable de contracter peut compromettre, et tout ce qui peut être l'objet d'une convention licite peut former la matière d'un compromis. Toutefois, on ne peut compromettre sur les dons et legs d'aliments, logements et vêtements, sur les séparations d'entre mari et femme, questions d'état, ni sur aucune des contestations sujettes à communication au ministère public. — *C. proc.* 1004.

Les crimes ou délits ne peuvent former la matière d'un compromis quant à l'action pénale, mais il en est autrement en ce qui concerne l'action civile, c'est-à-dire les dommages-intérêts.

Le compromis peut être fait par procès-verbal devant les arbitres choisis, ou par acte notarié, ou sous seing privé. — *C. proc.* 1005.

Il peut être valablement constaté par procès-verbal dressé par le juge de paix, bien que ce procès-verbal ne soit pas signé des parties, mais seulement du juge de paix et du greffier. — *Cass.*, 11 *février* 1824.

La nomination d'un tiers-arbitre est valablement constatée par les arbitres eux-mêmes.

Le compromis doit désigner les objets en litige et les arbitres, à peine de nullité. — *C. proc.* 1006 *et suiv.*

Il peut fixer aux arbitres un délai pour rendre leur sentence, à défaut de quoi elle doit être rendue dans les trois mois.

On peut, dans un compromis, renoncer d'avance au droit de se pourvoir contre la sentence arbitrale par la voie d'opposition. — *Cass.*, 31 *déc.* 1816.

Le compromis finit : 1° par le décès, le refus, le départ ou l'empêchement des arbitres ; — 2° par l'expiration du délai ; — 3° par le partage, si les parties n'ont pas le pouvoir de prendre un tiers-arbitre ; — 4° par le décès de l'une des parties si tous les héritiers ne sont pas majeurs (*C. proc.* 1012 *et suiv.*), à moins que ces cas n'aient été prévus, et qu'il n'ait été pourvu à la nomination de tiers-arbitres.

Le compromis cesse encore par la destruction de l'action qui en fait l'objet ; par la transaction entre les parties, la remise, la confusion et la cession de biens.

En matière d'arbitrage forcé, la sentence est obligatoire pour les héritiers mineurs comme pour les associés eux-mêmes. — *C. comm.* 62 *et* 63.

On peut choisir pour arbitres toutes sortes de personnes, à l'exception de celles que leur âge, leurs infirmités ou leur intérêt personnel rendent incapables ou indignes de prononcer un jugement ;

Une fois nommés, ils ne peuvent être révoqués que du consentement de toutes les parties, ni être récusés que pour une cause postérieure au compromis. — Voy. *Arbitrage.*

Les experts nommés, soit par compromis, soit par jugement, procèdent seuls à l'expertise et dressent ensuite leur rapport. — *D. N.* — Voy. *Expertise.* — *Rapport d'experts.*

Le compromis pouvant être fait par acte sous seing, nous en donnons une formule ci-après :

Compromis contenant nomination d'arbitres et tiers arbitres.

Nous, **soussignés** :

A....., d'une part :

Et B....., d'autre part ;

Voulant terminer les contestations nées entre nous relativement à....., sommes convenus de faire juger ces contestations par arbitres.

A cet effet, M. A... a nommé pour le sien M. C..., demeurant à....., et M. B... a choisi M. D..., demeurant à..., lesquels, tous deux ici présents, ont déclaré accepter l'un et l'autre la mission que nous leur avons proposée.

En conséquence nous leur donnons pouvoir de juger chaque point de nos contestations en dernier ressort et définitivement, renonçant à nous pourvoir contre leur décision.

Nous autorisons les experts nommés à prononcer comme amiables compositeurs sans être astreints à décider d'après les règles du droit, ni à suivre les délais et les formes établis par les tribunaux ordinaires.

Ils pourront condamner celui qui succombera aux dépens, ou les compenser en tout ou en partie comme ils jugeront convenable.

En cas de partage d'opinions sur un ou plusieurs points de nos contestations, ils feront vider le partage par M. E..., demeurant à....., que nous désignons, dès aujourd'hui, pour tiers-arbitre.

Ce tiers-arbitre prononcera, après avoir conféré avec les arbitres et en se conformant à l'un de leurs avis.

Si l'un des arbitres se trouvait dans l'impossibilité ou refusait de remplir sa mission, il serait remplacé par un autre que serait tenu d'indiquer dans la huitaine celui de nous qui l'avait élu. Le tiers-arbitre serait remplacé dans le même cas par un autre que choisiraient les arbitres en commun.

Si l'un ou chacun de nous veut produire des notes, mémoires, défenses, observations, réponses, titres et pièces, pour l'instruction des arbitres, il sera obligé de faire sa production dans la huitaine, au plus tard, à compter de ce jour; sinon, les arbitres sont, dès à présent, autorisés à juger sur les pièces déjà produites et qui sont.....

Fait double à....., le....., et signé, lecture prise.

(*Signatures.*)

COMPTABILITÉ. — Obligation de rendre compte ; — état ou situation d'un comptable. — On se sert aussi du mot comptabilité et de l'expression pièces de comptabilité pour indiquer les registres et pièces établissant la position du comptable. — Voy. *Comptable*. — *Compte*.

COMPTABLE. — Cette dénomination s'applique à celui qui, ayant été chargé de la gestion des biens et affaires d'autrui, est tenu de lui en rendre compte. — On donne particulièrement le nom de comptables à ceux qui perçoivent les deniers du Gouvernement. — Il y a aussi les administrateurs et receveurs comptables des communes et des établissements publics.

Les comptables ne sont point admis au bénéfice de la cession judiciaire. — C. proc. 905.

Les tribunaux de commerce connaissent des billets faits par les comptables de deniers publics. — Voy. *Billet*.

Certains comptables doivent fournir caution. — Voy. *Caution*. — *Cautionnement*. — *Conservateur des hypothèques*. — *Usufruitier*.

Les tuteurs, les receveurs et administrateurs comptables des communes et des établissements publics sont passibles d'une hypothèque légale. — C. civ. 2121. — Voy. *Hypothèque*.

Le Trésor public a un privilège sur les fonds de cautionnement de ses comptables, de même que sur leurs biens meubles et immeubles. — Voy. *Privilège*.

L'action en reddition de comptes ou en paiement de débit vis-à-vis des comptables ne se prescrit que par trente ans.

COMPTANT. — Voy. *Argent comptant*. — *Monnaie*.

COMPTE. — C'est en général l'état détaillé des recettes et des dépenses des biens dont on a eu l'administration. — Il peut arriver toutefois qu'une gestion ne donne lieu à aucune recette ni dépense ; alors le compte se borne à un simple rapport, c'est-à-dire à la relation de faits ou d'actes.

Celui qui rend son compte se nomme *rendant-compte* ou simplement *rendant*. On appelle *ayant-compte* ou *oyant* la personne à laquelle le compte est rendu. Les pièces justificatives des recettes et dépenses se nomment *pièces comptables*. L'*arrêté de compte* est le résultat que présente la récapitulation ou la balance des recettes et des dépenses. — Le *reliquat* est ce qui reste dû après le compte fait.

De ceux qui doivent compte et de ceux qui peuvent le demander.

Tous ceux qui ont administré les biens d'autrui sont tenus de rendre compte et notamment :

1º Le tuteur à l'expiration de ses fonctions. — C. civ. 469 ;

2º Le curateur d'un mineur ou interdit. — C. civ. 393, 482. — C. proc. 126 ;

3º Le père qui, durant le mariage, administre les biens personnels de ses enfants mineurs. — C. civ. 389 ;

4º L'héritier bénéficiaire. — C. civ., 803 ;

5º Le curateur à une succession vacante. — C. civ. 813, 814 ;

6º Les exécuteurs testamentaires. — C. proc. 1031, 1033 ; C. civ. 1002 ;

7º L'époux survivant dans le cas de communauté. — C. civ., 1442, 1454, 1476 ;

8º Les associés. — C. civ. 1872 ;

9º Le dépositaire. — C. civ. 1937 ;

10º Le mandataire ou gérant. — C. civ. 1093, 1372, etc., etc.

C'est, en général, ceux dont les biens ont été administrés ou leurs représentants qui peuvent demander une reddition de compte.

Les créanciers de celui auquel le compte est dû peuvent exiger la reddition du compte comme exerçant ses droits et actions. — *C. civ.* 1166.

Forme du compte.

Les comptes se rendent à l'amiable ou en justice.

Aucune forme n'est tracée pour ceux à l'amiable, qui peuvent être faits devant notaire ou sous seing privé.

Quant aux comptes en justice, leur forme est fixée par les articles 527 et 542 du Code de procédure civile.

La demande à fin de compte est, comme les autres, sujette au préliminaire de la conciliation et doit être portée pour tous comptables, autres que ceux commis par justice, et les tuteurs, devant les juges de leur domicile. — *D. N.*

S'il y a erreur, omission, faux, ou double emploi dans un compte rendu à l'amiable ou en justice, il est permis aux parties de former leur demande en redressement devant les juges compétents. — Cette action est seule admise. — *C. proc.* 541.

Nous donnons ci-après une formule simple de compte rendu par un exécuteur testamentaire.

Compte d'exécuteur testamentaire.

Compte que rend M. A..., demeurant à..., de la gestion qu'il a eue des biens composant la succession de feu M. B..., en sa qualité d'exécuteur testamentaire de ce dernier.

Observations préliminaires.

M. B... est décédé à....., où il demeurait, le....,

Il avait laissé entre les mains de M. A... un testament olographe en date, à....., du....., lequel a été présenté à M. le Président du Tribunal civil de....., qui en a fait l'ouverture et ordonné le dépôt entre les mains de M..., notaire à....., dépôt constaté suivant acte du.....

Par ce testament, M. B... a institué pour ses légataires universels conjointement MM. C... et D..., ci-après intervenants.

Il a légué, à titre particulier, à M. E..

Et il a nommé pour son exécuteur testamentaire M. A..., rendant compte, auquel il a donné la saisine de ses biens pendant l'an et jour.

MM. C... et D... ont été envoyés en possession de leur legs universel par ordonnance de M. le Président dudit Tribunal, en date du...

Il a été procédé à l'inventaire, après le décès de M. B..., par M..., notaire à....., le...... et par la clôture de cet inventaire, le mobilier inventorié, les papiers et deniers comptants trouvés ont été remis à M. A..., qui s'en est chargé.

La vente du mobilier instrumentée par M..., commissaire priseur à..., suivant son procès-verbal en date du......, a produit.....

Compte.

Ces observations posées, le compte de M. A... a été dressé de la manière suivante :

Recettes :

M. A... a reçu :

1° La somme de......, montant des deniers comptants trouvés lors de l'inventaire, ci. 000 ...
2° Celle de......, provenant de la vente du mobilier existant au décès de M. B..., ci... 000 ...
3° Etc.

Dépenses :

Le rendant compte a payé :

1° Pour frais funéraires, etc.. 000 ...
2° Pour frais de dépôt de testament et inventaire, etc....................... 000 ...
2° Pour droits de mutation, etc.. 000 ...
3° A M. E..., légataire à titre particulier.................................. 000 ...
5° Etc.

Balance.

Les recettes se sont élevées à.. 000 ...
Les dépenses à... 000 ...

Reliquat actif.............. 000 ...

MM. C..., demeurant à....., et D..., demeurant à...... ici intervenants, légataires universels de feu M. B......, après avoir examiné le compte qui précède avec les pièces à l'appui, ont déclaré l'approuver dans toutes ses parties.

Et ils ont reconnu que M. A... leur a versé à l'instant, en espèces, et à chacun pour moitié,

la somme de...., formant le reliquat dudit compte, et qu'il leur a remis tous les titres et pièces en sa possession concernant la succession de feu M. B...
Dont décharge.
Fait double à....., le....., et signé, lecture prise.

(Signatures.)

COMPTE d'administration légale. — On nomme ainsi le compte de l'administration que le père a eue, pendant le mariage, des biens de ses enfants mineurs, et qu'il leur rend à leur majorité, ou après leur émancipation. — C. civ. 389. — Voy. *Administration légale.*

L'administration légale ne diffère de la tutelle qu'en ce sens que le père administrateur n'est pas tenu de faire nommer un subrogé-tuteur avant de s'immiscer dans la gestion, et qu'il n'est pas soumis à l'hypothèque légale à laquelle sont assujettis les biens du tuteur.

La formule du compte d'administration légale étant, à quelques légers changements près, la même que celle du compte de tutelle, nous renvoyons à celle placée à la fin de ce mot. — Voy. *Compte de tutelle.*

COMPTE d'antichrèse. — C'est celui que le créancier antichrésiste rend à son débiteur de la jouissance qu'il a eue des biens de ce dernier. — C. civ. 2085, 2086. — Voy. *Antichrèse.*

COMPTE à demi. — S'entend d'une société en participation dans laquelle on doit partager par moitié les bénéfices et les pertes. — Voy. *Société.*

COMPTE (Arrêté de). — C'est l'acte par lequel on approuve le compte rendu.

Les arrêtés de compte se font, soit à la suite des comptes et par le même acte, et alors le compte et l'arrêté forment un tout que l'on nomme indistinctement *compte* ou *arrêté de compte* ; soit par un acte séparé qui prend le seul nom d'*arrêté de compte.*

Toutefois, en matière de compte d'administration légale et de compte de tutelle, l'arrêté de compte ne peut valablement se faire que *dix jours* au moins après la remise du compte et des pièces justificatives, et il doit être fait mention de la remise et de l'examen de ces pièces dans l'arrêté de compte qui ne serait pas définitif sans cela.

On trouvera une formule d'arrêté de compte de tutelle après celle de ce compte et celle du récépissé. — Voy. *Compte de tutelle.*

COMPTE de bénéfice d'inventaire. — C'est celui que l'héritier bénéficiaire rend de son administration aux créanciers de la succession ou aux légataires du défunt.

La loi ne détermine pas l'époque à laquelle l'héritier bénéficiaire doit rendre son compte ; néanmoins, il est tenu de le présenter ou de produire un état de situation toutes les fois que les créanciers le lui demandent ou que la justice l'ordonne.

Lorsque les parties sont toutes présentes et d'accord, le compte peut être rendu devant notaire et même par acte sous seing privé. — Dans le cas contraire, de même que lorsqu'il s'agit d'une succession concernant des absents, des mineurs ou autres incapables, il doit être rendu en justice.

Les comptes rendus sous seing privé ne peuvent être opposés à des tiers qui se feraient connaître par la suite qu'à partir du jour de l'enregistrement.

Si c'est l'héritier bénéficiaire qui veut rendre son compte, et qu'aucun créancier ne se soit fait connaître, il doit être rendu au curateur de la succession bénéficiaire.

L'héritier bénéficiaire ne doit les intérêts des deniers de la succession qu'autant qu'il les a placés et n'est passible que de ceux qu'il a retirés du placement n'importe à quel taux.

Il n'a droit à aucune indemnité pour sa nourriture ou son logement, ni à aucun honoraire, ni indemnité. — D. N. — Voy. *Bénéfice d'inventaire.*

Bien que ce compte puisse être rendu par acte sous seing privé, nous pensons qu'il doit être établi par le notaire qui a dressé l'inventaire et fait les affaires de la succession ; c'est pour cela que nous n'en donnons pas de formule.

COMPTE de communauté. — Cette dénomination s'applique au compte que la veuve qui a accepté la communauté doit rendre aux créanciers pour n'être tenue des dettes que jusqu'à concurrence de ce qu'elle en a retiré ou à tout autre compte de gestion de biens d'une communauté. — *C. civ.* 1483. — Voy. *Communauté.* — *Partage.*

Tout représentant universel ou à titre universel de l'époux prédécédéa le droit de demander le compte de la communauté lors même qu'il n'aurait aucun droit dans cette communauté.

Si toutes les parties sont majeures et d'accord, le compte peut être rendu à l'amiable, c'est-à-dire devant notaire ou sous seing privé. Mais s'il intéresse des incapables, il doit être rendu en justice devant le tribunal dans le ressort duquel la communauté a été dissoute.

Le compte de communauté considéré comme compte de gestion se rend par le survivant des époux qui en a l'administration, soit avant le partage de la communauté, soit par le partage même.

Dans ce compte doivent être compris non seulement les fruits et revenus des biens communs, mais encore ceux des biens personnels aux conjoints, pour la portion qui en est due au moment de la dissolution de la communauté. — *D. N.*

Le reliquat actif ou passif est employé à l'actif ou au passif de communauté, avec la distinction des fonds et des fruits, quand elle est nécessaire.

Le compte de communauté ayant certaine analogie avec le compte de bénéfice d'inventaire, nous pensons qu'il doit être établi comme ce dernier par le notaire de la succession, encore bien que la loi permette de le faire sous seing privé. — Voy. *Compte.* — *Compte de bénéfice d'inventaire.* — *Liquidation et partage.*

COMPTE courant. — C'est celui qui présente les opérations successivement faites entre deux individus, et desquelles il résulte qu'ils deviennent réciproquement débiteurs l'un de l'autre.

Ce n'est guère que dans le commerce, c'est-à-dire dans les maisons de banque ou entre parties, commissionnaires ou mandataires l'une de l'autre, qu'on ouvre des comptes courants ; cependant il peut avoir lieu en matière civile.

Les comptes courants se divisent en *crédit* ou *avoir* et en *débit* ou *doit*. On nomme *créditeur* celui qui fournit, et *débiteur* celui qui paie ou dépense.

Le compte courant tient à la fois du prêt et du mandat ; il s'ensuit que les intérêts courent respectivement de plein droit au taux légal en matière de compte courant par application en général de l'art. 2001 C. civ.

D'après l'usage du commerce, l'état de compte courant est censé continuer entre les correspondants jusqu'au paiement du reliquat.

Le compte courant arrêté entre les parties ne peut, comme toute autre espèce de compte, être l'objet que d'un redressement et non d'une revision. — *C. proc.* 541.

Le solde d'un compte courant ne se prescrit que par trente ans. — Voy. *Compte.* — *Prescription.*

COMPTE de clerc à maitre. — C'est celui où le comptable porte en recette et en dépense tous les recouvrements bruts, tous les profits, toutes les pertes et tous les frais qu'il a pu faire dans sa gestion sans produire les pièces justificatives. — Voy. *Compte.*

COMPTE par échelette ou par échelle. — C'est celui par lequel on impute les acomptes payés par le débiteur, d'abord sur les intérêts exigibles, ensuite sur le principal. — *C. civ.* 1254.

Il s'agit plutôt, dans ce cas, d'un mode d'imputation que d'une espèce particulière de compte.

On divise alors le compte en deux colonnes : l'une pour les *capitaux*, l'autre pour les *intérêts*. C'est le moyen d'éviter toute confusion. — Voy. *Compte.* — *Imputation.*

COMPTE d'exécution testamentaire. — C'est celui de l'administration des biens d'une succession rendu par une personne chargée de l'exécution d'un testament et qui a eu la saisine. — *C. civ.* 1031. — Voy. *Exécuteur testamentaire.*

L'exécuteur testamentaire qui n'aurait pas eu la saisine devrait néanmoins rendre compte de sa gestion s'il était en même temps mandataire des héritiers.

C'est à l'expiration de l'année du décès du testateur que l'exécuteur testamentaire doit rendre son compte.

Ce compte se rend soit aux héritiers, soit aux légataires universels, soit au curateur si la succession est vacante.

Il peut être rendu à l'amiable, à moins qu'il n'y ait contestation, auquel cas il y aurait lieu de suivre les formes prescrites pour la reddition des comptes judiciaires.

Si le défunt n'avait rien laissé à l'exécuteur testamentaire, celui-ci ne pourrait point réclamer d'honoraires pour sa gestion.

COMPTE de faillite. — Ce compte s'entend de celui que rendent les agents, syndics ou séquestres d'une faillite. — Voy. *Compte.* — *Faillite.*

COMPTE de fermages ou d'intérêts. — C'est celui qui intervient, soit entre un propriétaire et son fermier, soit entre son créancier et son débiteur. — Voy. *Compte.* — *Bail.* — *Intérêts.*

COMPTE de fonds. — Se dit de celui qui ne comprend que des recettes de sommes capitales et des dépenses à la charge des recettes de même nature.

Le compte dû par le père, administrateur légal durant le mariage, des biens des enfants âgés de moins de dix-huit ans et non émancipés, et celui dû par l'époux survivant, tuteur et usufruitier légal, sont des comptes de fonds, puisque les fruits appartiennent à l'époux comptable des fonds. — Voy. *Compte d'administration légale.* — *Compte de fonds et de fruits.* — *Compte de tutelle.* — *Fonds.* — *Fruits.* — *Partage.*

COMPTE de fonds et de fruits. — Ordre particulier de compte dans lequel on fait la distinction des recettes en capitaux ou fonds et en revenus ou fruits, d'avec les dépenses à la charge des choses de l'une ou de l'autre espèce. — Voy. *Fonds.* — *Fruits.*

Il y a lieu de faire la distinction des fonds d'avec les fruits, soit en actif, soit en passif, toutes les fois qu'ils doivent être attribués à des personnes différentes, par exemple : au cas de compte ou de partage d'une succession à laquelle se trouve appelé l'un des époux mariés en communauté avec exclusion du mobilier; ou la femme, lorsqu'il y a non-communauté ou régime dotal.

De même, si, à l'occasion d'un partage de succession, la communauté ou le mari avait supporté des charges en fonds et en fruits, la communauté ou le mari, n'aurait à répéter contre la femme, lors de la liquidation de ses reprises, que ce qui aurait été payé pour celle-ci en fonds; la communauté ou le mari ayant dû supporter, par compensation des fruits des biens de la femme en général, le passif ou les dépenses applicables à ces fruits.

La distinction des fonds et des fruits est encore nécessaire dans un compte de tutelle quand l'oyant compte est marié sous un régime tel que ses revenus doivent profiter à son conjoint. Cette distinction est même utile bien que l'oyant ne soit pas marié lorsque, les dépenses annuelles du mineur n'ayant pas été fixées par le conseil de famille, on veut établir par la seule inspection du compte que les dépenses annuelles faites par le mineur n'ont pas excédé ses revenus. —*D. N.* — Voy. *Compte.* — *Compte de tutelle.* — *Partage.*

COMPTE de fruits. — S'entend de celui qui se compose de recettes considérées comme fruits ou revenus et de dépenses à la charge de ces fruits.

Celui qui perçoit le revenu des biens dont il n'est que nu propriétaire ou administrateur doit compte des fruits. — Voy. *Compte d'administration légale.* — *Fonds.* — *Fruits.* — *Partage.* — *Usufruit légal.*

COMPTE de gestion d'un héritier. — Voy. *Compte de succession.*

COMPTE d'intérêts. — Voy. *Compte de fermages.*

COMPTE (Projet de). — C'est le compte qui n'est qu'à l'état de rédaction, et n'a pas encore été présenté judiciairement à l'*oyant*, soit que le *rendant* l'ait ou non revêtu de sa signature, soit même qu'il l'ait déposé pour minute à un notaire.

Ce compte ne pourrait être définitif qu'à l'égard du rendant, et ne peut constituer qu'un projet pour celui à qui il est dû. — Voy. *Compte.* — *Compte de tutelle.*

COMPTE (Récépissé de). — Acte qui constate qu'un compte a été reçu par celui à qui il était présenté.

Lorsqu'il s'agit d'un compte de tutelle rendu par le tuteur au mineur devenu majeur, la remise du compte et des pièces justificatives doit être constatée par un *récépissé* de l'oyant compte, et tout traité ou arrêté de compte ne peut avoir lieu, à peine de nullité, que *dix jours* au moins après le récépissé. — C. civ. 472.

On trouvera une formule de récépissé de compte de tutelle après celle de ce compte. — Voy. *Compte de tutelle.*

COMPTE de retour. — C'est celui qui accompagne la retraite, c'est-à-dire la lettre de change qui est tirée par le porteur d'une lettre de change protestée, pour se rembourser sur le tireur ou l'un des endosseurs du principal de cette dernière, de ses frais et du nouveau change qu'il paie. — *C comm.* 180.

Ce compte comprend le principal de la traite protestée, les frais de protêt et autres frais légitimes, tels que commission de banque, courtage, timbre et correspondance. — On doit y porter le nom de celui sur qui la retraite est faite et le prix du change auquel elle est négociée, et on doit le faire certifier par un agent de change ou par deux commissionnaires dans les lieux où il n'existe ni agent de change, ni courtier. Enfin, s'il ne se fait pas assez d'opérations dans le lieu de la retraite pour qu'un cours y soit établi, on doit se régler sur celui de la place voisine. A défaut de pareils certificats, il n'est point dû de rechange. — *C. comm.* 186.

Bien que tous les signataires d'une traite soient solidairement obligés envers le porteur, celui-ci ne peut faire de retraite que sur l'un d'eux. Il s'ensuit qu'il ne peut y avoir qu'un seul compte de retour sur une lettre de change. — Ce compte est remboursé d'endosseur à endosseur respectivement, et définitivement par le tireur. — *C. comm.* 182.

Ainsi, l'endosseur sur qui le porteur aura fait retraite pourra, à son tour, en tirer une sur son endosseur immédiat, ou sur l'un des endosseurs qui le précèdent, ou sur le tireur, sans qu'il y ait jamais plus d'un compte de retour. — La loi, pour favoriser ce recours de l'endosseur contre le tireur, exige que, dans le cas où le porteur fait retraite contre un des endosseurs, le compte de retour soit accompagné d'un certificat constatant le cours du change du lieu où la lettre de change protestée était payable, sur le lieu d'où elle a été tirée. — *C. comm.* 181.

Ce certificat est de rigueur, de même que celui prescrit pour le cours du change entre le lieu de la retraite et celui de l'endosseur sur qui elle est faite, et s'il n'accompagne pas le compte de retour, le porteur n'a pas droit au rechange. — *C. comm.* 186.

COMPTE de séquestre. — C'est le compte d'administration que rend une personne nommée séquestre.

Ce compte ne diffère du compte de bénéfice d'inventaire ou autres de simple administration, que par la restriction ou l'extension des pouvoirs conférés au séquestre. — Voy. *Séquestre.*

COMPTE de société. — C'est celui que rend le gérant d'une société et aussi celui par lequel les comptes respectifs de la société et des associés sont réglés. — Voy. *Société.*

COMPTE de substitution. — Voy. *Substitution.*

COMPTE de succession. — On désigne sous ce nom tout compte qui se rattache à une succession sans indication de l'objet particulier du compte ; cependant on entend plus particulièrement par ce mot le compte de la gestion d'une succession par l'héritier, par le survivant des époux, ou par un étranger.

Le mot compte de succession s'entend encore de tous les comptes que les cohéritiers ou copartageants se donnent relativement à la succession pour rapports, prélèvements ou pour toute autre cause.

Le compte de succession peut, comme celui de communauté, se faire à l'amiable, si les parties sont maîtresses de leurs droits.

Le rendant compte a droit aux intérêts de ses avances à compter du jour où elles sont constatées, à moins toutefois qu'ils n'aient été compensés par la jouissance des biens de la succession. — Voy. *Compte*. — *Compte de communauté*.

COMPTE de tutelle. — C'est celui que rend un tuteur de l'administration de la personne et des biens d'un mineur ou d'un interdit. — *D. N.*

Le tuteur doit rendre compte de sa gestion aussitôt qu'elle a cessé et ne peut, dans aucun cas, être dispensé de cette obligation. — *C. civ.* 469.

La tutelle du mineur cesse par sa majorité, son émancipation ou sa mort.

En ce qui concerne le tuteur, la tutelle prend fin par sa démission, sa destitution, sa mort, ou par l'expiration du temps pour lequel il avait été élu ou l'accomplissement de la condition qui devait mettre fin à sa gestion.

La mère qui se remarie perd également la tutelle de ses enfants mineurs, si le conseil de famille ne la maintient pas dans cette fonction. — Voy. *Tutelle*. — *Tuteur*.

Quoique le compte de tutelle ne puisse être exigé qu'à la fin de la gestion, les tuteurs autres que les père ou mère peuvent être astreints, durant la tutelle, de remettre au subrogé-tuteur des *états de situation*, aux époques fixées par le conseil de famille.

Ces états de situation ne sont autre chose que le compte de tutelle que l'on simplifie autant que possible et que l'on intitule ainsi :

État de situation de la gestion du sieur A..., tuteur de....; ledit état remis le....., époque fixée par le conseil de famille, au Sr B..., subrogé-tuteur dudit mineur, en conformité de l'art. 470 du Code civil.

Le compte de tutelle se rend au pupille seul, lorsqu'il est majeur, ou avec l'assistance de son curateur, si la tutelle finit par l'émancipation.

Il est rendu au nouveau tuteur quand la tutelle cesse par la mort, l'interdiction ou la destitution du premier.

§ 1er. — *Des formalités*.

Le compte de tutelle est d'abord rendu à l'amiable, soit devant notaire, soit par acte sous seing privé, et, s'il survient des contestations, elles sont soumises aux tribunaux. — *C. civ.* 471, 472.

Ils se compose nécessairement de deux chapitres comprenant, article par article et date par date, les recettes et dépenses effectives. — Ces chapitres sont ensuite balancés pour fixer le reliquat du compte. — *C. proc.* 533.

On doit observer la distinction des fonds et des fruits quand il y a utilité, par exemple si l'administration des biens par le tuteur a continué depuis le mariage de l'oyant compte. — Voy. *Compte de fonds et de fruits*.

Le compte doit être remis au pupille, avec les pièces à l'appui, dix jours au moins avant l'arrêté ou l'approbation. — *C. civ.* 472.

Si le compte donne lieu à des contestations, ou s'il est rendu au mineur non émancipé, il y a lieu de suivre les règles prescrites par le Code de procédure. L'action se poursuit dans ce cas devant les juges du lieu où la tutelle a été déférée. — *C. proc.* 527.

§ 2. — *Des éléments du compte*.

Le chapitre des recettes doit comprendre : 1° l'actif porté en l'inventaire augmenté de l'argent comptant trouvé ; 2° le produit de la vente du mobilier ou la juste valeur des meubles, s'ils n'ont pas été vendus ; 3° les revenus ordinaires du mineur, c'est-à-dire les loyers et fermages, les arrérages de rentes, et les intérêts des capitaux placés et même de ceux qui n'ont pas été employés en temps utile ; 4° les créances que le tuteur a recouvrées ou dû recouvrer, et les remboursements des rentes, s'il en a été fait, etc ; 5° les intérêts des capitaux placés et ceux qui ont dû courir à défaut d'emploi ; 6° les dommages-intérêts dont le tuteur est tenu, soit pour avoir laissé dégrader les immeubles, soit pour d'autres fautes dont il doit répondre.

Le tuteur doit les intérêts de toute somme dont il n'a pas été fait emploi dans le délai de six mois, à compter du jour où elle a été reçue, quelque modique qu'elle soit. — *C. civ.* 445.

Il s'ensuit que le compte doit être balancé tous les six mois, de manière à déterminer le reliquat qui devient productif d'intérêts, quelque minime qu'il soit, à moins que le tuteur n'ait fait déterminer par le Conseil de famille le montant de la somme à laquelle commencera l'obligation d'emploi. — *C. civ.* 455, 456.

Il résulte de là un compte par échelette dont la progression rapide doit avertir les tuteurs de faire exactement l'emploi des fonds par eux encaissés.

Relativement aux dépenses, ce chapitre doit comprendre : 1° dans le cas de tutelle légale, les reprises et droits matrimoniaux du père ou de la mère qui, s'ils n'ont pas été réglés contradictoirement avec le subrogé tuteur, doivent l'être avec le mineur devenu majeur ; 2° les frais de scellés, d'inventaire et les dépenses du compte dites communes, c'est-à-dire celles faites tant pour la satisfaction de l'oyant que pour la décharge du comptable ; 3° les dépenses annuelles pour l'entretien et la conservation des biens, les réparations et contributions, les arrérages des rentes passives et les intérêts des capitaux dus par le mineur ; 4° les capitaux des dettes passives et les dépenses imprévues causées par accident ou force majeure ; 5° enfin les nourriture, pension et entretien du pupille.

Les avances faites par le tuteur ne produisent point d'intérêts, à moins qu'ils n'aient été alloués par le Conseil de famille.

On doit allouer au tuteur toutes dépenses suffisamment justifiées et dont l'objet a été utile. — *C. civ.* 471.

Le tuteur ne peut prétendre à aucun honoraire pour indemnité de ses peines. — Il n'a même droit au remboursement de ses frais de voyage qu'autant que la nécessité en a été reconnue ou jugée ; cependant, lorsque la gestion du tuteur est onéreuse, il doit être indemnisé, et, avant son entrée en exercice, le conseil de famille détermine l'indemnité annuelle qui lui est due.

Les frais du compte sont à la charge de l'oyant, mais le tuteur doit en faire l'avance. — *C. civ.* 471.

§ 3. — *Du reliquat du compte.*

Le mineur émancipé assisté de son curateur a le droit de toucher le reliquat de son compte de tutelle et de donner mainlevée de l'hypothèque légale.

Si le reliquat n'est pas payé, il porte intérêt sans demande à compter de la clôture du compte. — *C. civ.* 474.

Mais les intérêts de ce qui est dû au tuteur par le mineur ne courent que du jour de la sommation de payer qui suit la clôture du compte.

L'hypothèque légale du mineur contre le tuteur continue de subsister pendant dix ans, à raison des omissions pouvant donner lieu au redressement du compte en faveur du mineur ; néanmoins, lorsqu'il en a été donné mainlevée dans l'arrêté de compte, l'effet de cette hypothèque ne subsiste plus par rapport aux droits acquis par des tiers.

§ 4. — *De la prescription.*

Toute action du mineur contre son tuteur relativement aux faits de la tutelle se prescrit par dix ans à compter de la majorité.

Les intérêts du reliquat de compte se prescrivent par cinq ans, mais le capital ne se prescrit que par trente ans.

Toutefois, si le mineur devenu majeur, ses héritiers ou ayants cause n'ont pas pris inscription dans l'année qui suit la cessation de la tutelle, l'hypothèque ne date, à l'égard des tiers, que du jour des inscriptions prises ultérieurement. — L. du 23 mars 1855.

§ 5. — *Du traité entre le tuteur et le mineur.*

Tout traité ou convention qui intervient entre le tuteur et le mineur devenu majeur est nul s'il n'est précédé de la reddition d'un compte détaillé et de la remise des pièces justificatives, le tout constaté par un récépissé, dix jours au moins avant le traité. — C. civ. 472.

Ainsi, toute cession, quittance totale ou partielle, ou toute mainlevée d'hypothèque légale consentie par un mineur devenu majeur, avant la reddition régulièrement faite du compte de tutelle, serait nulle, à moins qu'il ne s'agisse de choses étrangères à la gestion et au compte du tuteur. — *D. N.* — Voy: *Compte.* — *Tutelle.* — *Tuteur.*

Bien que la reddition du compte de tutelle ait lieu le plus ordinairement devant notaire, ce qui nous paraît le plus convenable à cause de la nature des opérations souvent compliquées et qui appellent l'intervention d'un conciliateur éclairé et impartial, nous donnons cependant une formule de *compte de tutelle* suivie de celles des *récépissé* et *arrêté* nécessaires et qui doivent en être la conséquence, tout en faisant remarquer que cette formule ne peut être que bien incomplète eu égard à notre cadre restreint.

Compte de tutelle.

Compte définitif de gestion de tutelle rendu par M. A..., demeurant à....., à M. B.... son neveu, demeurant à....., actuellement majeur (ou émancipé par acte du....,, et assisté de M. C..., son curateur), comme ayant été tuteur légal dudit B..., depuis le..... jusqu'au......

Observations préliminaires.

M. B..., en son vivant demeurant à....., est décédé audit lieu, le....., laissant M. B..., son fils, sus-nommé, encore en état de minorité, pour seul et unique héritier.

Par suite de ce décès, et aux termes d'une délibération du conseil de famille du mineur, reçue et présidée par M. le juge de paix de. ..., le....., M. A..., oncle dudit mineur, a été nommé son tuteur, et M. C.... demeurant à....., son subrogé-tuteur.

M. A..., tuteur, a fait procéder par Mᵉ....., notaire à...,, et son collègue, le....., et jours suivants, à l'inventaire de tous les meubles dépendant de la succession de feu M. B...

Cet inventaire a eu lieu en présence du subrogé-tuteur.

Suivant procès-verbal dressé par Mᵉ....., commissaire-priseur à...., le..... et jours suivants, enregistré, il a été procédé à la vente aux enchères de tout le mobilier compris en l'inventaire sus-énoncé.

Cette vente a produit net....., etc.

Compte.

Ces observations posées, le compte de M. A... a été établi de la manière suivante.

CHAPITRE PREMIER

Recettes :

Année 18..

Date des recettes :		
2 janvier	1° Reçu de M..., commissaire-priseur, le produit net de la vente de meubles de la succession de feu M. B........	000.000
6 mars	2° Reçu de M..., demeurant à....., pour................	000.000
15 juin	3° Reçu de M..., etc.	
	(*Continuer l'énumération.*)	
	Total des recettes........	000.000

CHAPITRE II
Dépenses :
Année 18..

Date des dépenses.		
12 janvier	1° Payé à M..., pour frais funéraires............	000.000
15 mars	2° Payé à M°..., notaire, pour frais et honoraires....	000.000
20 juin	3° Payé à...., etc............	000.000

(*Continuer l'énumération.*)

Total des dépenses........ 000.000

Balance.

Les recettes s'élèvent à................................ 000.000
Et les dépenses à 000.000
Il en résulte un excédent de recettes de................ 000.000

Sommes à recouvrer.
M. A..., rendant compte, fait ici observer qu'il reste à recouvrer :
1° La somme de....., due par M..., en vertu d'obligation, etc., etc.......... 000.000
2° Celle de, etc., etc.
(*Continuer ainsi.*)

Total des sommes à recouvrer........ 000.000

Le présent compte affirmé sincère et véritable par M. A...
Fait double à....., le....., mil.....

(*Signature.*)

RÉCÉPISSÉ A DONNER PAR CELUI QUI REÇOIT LE COMPTE DE TUTELLE

Je soussigné B..., demeurant à.....,
Déclare et reconnais que M. A.., demeurant à...., mon tuteur, m'a remis aujourd'hui un double original du compte de tutelle ci-dessus avec les pièces justificatives à l'appui dont l'énonciation suit :
1° Une liasse contenant... . pièces relatives....., ladite liasse cotée *A*.
2° Une autre liasse contenant....,.., etc., ladite liasse cotée *B*...
Fait double à....., le..... mil.....

Le compte et le récépissé peuvent se mettre sur la même feuille de timbre, en double original. — Ce n'est que dix jours après l'enregistrement de ces deux actes que l'arrêté de compte peut avoir lieu et sur timbre séparé.

ARRÊTÉ DE COMPTE

Aujourd'hui...,
Les soussignés :
M. A..., demeurant à.....
Et M. B...
Ont dit et fait ce qui suit :
Suivant acte sous seing privé fait double à....., le....., enregistré à....., le....., par M..., qui a perçu les droits dus,
M. A... a rendu à M. B... le compte de la tutelle qu'il a eue de sa personne et de ses biens.
Par un autre acte à la suite également fait double à....., le....., et enregistré à....., le....., par le même receveur, M. A... a remis à M. B... l'un des originaux dudit compte avec toutes les pièces justificatives produites à l'appui.
M. B..., après avoir pris connaissance dudit compte et des pièces à l'appui, a déclaré approuver le compte tel qu'il a été rendu, le reconnaissant exact et sincère dans toutes ses parties.
En conséquence, les soussignés ont définitivement arrêté tous les résultats exprimés audit compte, et en ont fixé le reliquat dû par M. A... à M. B... à la somme de....., que ce dernier reconnaît avoir reçue à l'instant de M. A..., son ancien tuteur. Dont quittance.
Par suite, M. B... a quitté et déchargé M. A... de toutes choses relatives à ladite tutelle et s'est obligé à consentir à ses frais la mainlevée régulière et définitive de l'hypothèque légale que la loi lui conférait contre son tuteur à toute demande de ce dernier.
Fait double à....., lesdits jour, mois et an, et signé, lecture prise.

(*Signatures.*)

COMPTE de tuteur à tuteur. — C'est le compte rendu au nouveau tuteur quand la tutelle cesse par la mort, la démission, l'interdiction ou la destitution du premier tuteur.

Le compte de tuteur à tuteur doit être rendu en présence du subrogé-tuteur.

C'est au nouveau tuteur à se faire rendre compte de la gestion du tuteur qui l'a précédé, qui, par suite, demeure seul comptable de la gestion de son prédécesseur.

Toutes les règles relatives au compte de tutelle s'appliquent au compte de tuteur à tuteur. — Voy. *Compte de tutelle.*

COMPTE d'usufruit. — C'est le compte rendu par un usufruitier au nu propriétaire des biens composant l'usufruit. — Voy. *Compte.* — *Usufruit.*

COMPTOIR commercial. — S'entend de l'établissement ou bureau général de commerce d'une nation en pays étranger. — Voy. *Consul.*

COMPTOIR d'escompte de Paris. — Établissement de crédit qui a pour objet d'escompter les effets de commerce à des conditions moins rigoureuses que celles de la Banque de France.

COMPULSOIRE. — Voie ou procédure que l'on suit pour se faire délivrer, lorsqu'on en a besoin, l'expédition ou extrait d'un acte dans lequel on n'a pas été partie, et dont on n'aurait pas le droit de demander directement la communication au notaire ou autre officier public qui en est dépositaire.

La voie de compulsoire n'est pas applicable aux actes sous seing privé qui sont la propriété des parties, mais elle est admise pour ceux déposés devant notaire.

La demande de compulsoire est formée devant le Tribunal par requête d'avoué à avoué. — *C. proc.* 847.

COMTE (titre de noblesse). — Voy. *Noblesse.*

CONCEPTION. — C'est la création de l'enfant dans le sein de sa mère.

La loi protège l'enfant dès sa conception en le faisant participer à certains avantages de la vie civile. — *C. pén.* 317.

Ainsi l'enfant conçu est considéré comme né lorsqu'il s'agit de ses intérêts. Il peut donc recueillir une succession et recevoir par donation ou par testament. — *C. civ.* 725-906. — Voy. *Succession.* — *Donation.* — *Testament.*

Mais ces avantages sont subordonnés à une condition. Il faut qu'il soit né viable.

L'enfant conçu pendant le mariage a pour père le mari. — *C. civ.* 312.

CONCERT frauduleux. — Se dit de l'intelligence secrète entre plusieurs personnes dans le but d'en tromper d'autres par des moyens détournés et de mauvaise foi. — *E. N.*

CONCESSION. — Ce mot s'emploie pour exprimer la cession d'une chose en propriété ou jouissance à titre onéreux ou gratuit. Il s'emploie particulièrement pour désigner les cessions faites par l'Etat et les administrations ou établissements publics.

Les concessions faites par l'État sont toujours faites sous réserve du droit des tiers.

La concession s'entend encore de la cession consentie moyennant une prestation en argent ou en nature, limitée à la jouissance de l'objet cédé ou à l'exercice du droit accordé.

Elle a même lieu quelquefois gratuitement, par exemple lorsqu'on accorde à quelqu'un un droit de passage dans son fonds ; mais dans ce cas le passage doit s'exercer dans l'endroit le moins dommageable.

CONCESSION de terrain dans les cimetières. — Conformément à l'ordonnance du 6 déc. 1843, les concessions de terrains pour sépultures particulières dans les cimetières sont faites par l'autorité municipale, aux taux déterminés par tarifs proposés par le conseil municipal de la commune et approuvés par le préfet, et dont un tiers est attribué aux pauvres ou aux hospices et les deux autres tiers à la commune.

Elles sont divisées en trois classes qui sont : 1° les concessions perpétuelles ; 2° les concessions trentenaires renouvelables indéfiniment à l'expiration de chaque période de trente ans au gré des concessionnaires ou de leurs ayants cause ; et 3° les concessions temporaires faites pour quinze ans au plus et ne pouvant être renouvelées. — Voy. *Cimetière.* — *Frais funéraires.*

CONCIERGE. — On nomme concierge ou portier celui auquel est confiée la garde d'une maison ou d'un établissement public.

A Paris, les concierges ne peuvent être congédiés ni quitter leur service qu'après un avertissement donné huit jours à l'avance.

CONCILE. — Assemblée de prélats ou de docteurs réunis pour prononcer sur les matières de foi et la discipline de l'Église.

Aucune assemblée délibérante, concile national ou métropolitain, aucun synode diocésain, ne peut avoir lieu en France sans l'autorisation du Gouvernement. — *L. du* 18 *germinal an* X. — Voy. *Culte.*

CONCILIATION — Tentative qui doit être faite devant le juge de paix avant l'introduction d'une instance dans le but d'éviter le procès.

La conciliation n'est imposée que pour les demandes principales introductives d'instance devant les Tribunaux de première instance, entre parties capables de transiger et sur des objets qui peuvent donner matière à transaction. — *C. proc.* 48.

L'art. 49 du même Code contient l'énumération des causes dispensées du préliminaire de conciliation, mais, dans le doute, il faut décider que ce préliminaire doit avoir lieu comme étant dans le vœu de la loi.

En matière de conciliation, les parties peuvent comparaître devant le juge de paix volontairement et sans citation préalable.

Le juge de paix siégeant en conciliation n'exerce aucune juridiction et n'agit que comme médiateur.

Les arrangements contenus aux procès-verbaux de conciliation n'ont que la force d'obligation privée.

La non-conciliation peut résulter de ce que l'une des parties n'a pas jugé à propos de se présenter sur la citation ou de ce qu'ayant comparu toutes deux elles n'ont pu parvenir à s'accorder.

CONCLUSIONS. — Résumé des demandes et prétentions dont un plaideur réclame le bénéfice contre sa partie adverse. — Voy. *Demande.*

Les conclusions prises contradictoirement lient l'instance entre les parties de telle sorte que leur décès ou leur changement de qualité n'empêchent pas de statuer sur les contestations. — *C. proc.* 343.

CONCLUSIONS du Ministère public. — Ce sont les observations, avis et réquisitions des procureurs généraux près les Cours d'appel, et du Ministère public près les Tribunaux de première instance ou de simple police.

Le nom de *réquisitoire* est plus spécialement consacré dans le cas où les magistrats agissent d'office, par exemple en matière criminelle. — Voy. *Ministère public.*

CONCORDAT. — Atermoiement et abandonnement de biens qu'un commerçant en état de faillite fait à la masse de ses créanciers.

Le concordat, étant considéré comme une faveur accordée au failli, n'est plus autorisé par la loi quand le débiteur a été condamné pour banqueroute frauduleuse. — *C. comm.* 510.

Le concordat ne peut s'établir que par le concours d'un nombre de créanciers formant la majorité, et représentant en outre les trois quarts de la totalité des créances vérifiées et affirmées ou admises par provision; le tout à peine de nullité. — *C. comm.* 507.

A cet effet, tous les créanciers dont les créances ont été admises sont convoqués dans les trois jours qui suivent les délais prescrits pour l'affirmation, pour se trouver aux lieu, jour et heure fixés par le juge commissaire. — *C. comm.* 504.

Le juge-commissaire dresse procès-verbal de ce qui a été dit et décidé. Ce procès-verbal est signé des créanciers, sans qu'il soit besoin de l'intervention d'un notaire pour ceux d'entre eux qui ne sauraient ou ne pourraient signer.

Comme les créanciers peuvent se faire représenter par un mandataire, si le même mandataire représente plusieurs créanciers, il a autant de voix que de mandats. Mais le même créancier n'a jamais qu'une voix, quel que soit le nombre de ses créances sur le failli.

Le concordat consenti par la majorité des créanciers ne peut lier la minorité qu'à la condition d'obtenir l'homologation du Tribunal de commerce.

Le principal effet du concordat est de mettre fin au dessaisissement du failli et de le replacer à la tête de ses affaires. Or, aussitôt que le jugement d'homologation a acquis l'autorité de la chose jugée, les fonctions des syndics cessent. — *D. N.*

Le concordat est souvent transformé en contrat d'abandonnement, et les formules de traité et d'adhésion placées au mot *Abandonnement (contrat d')* peuvent s'appliquer, à quelques changements près, aux divers concordats. — Voy. *Abandonnement (contrat d'). — Union de créanciers. — Faillite.*

CONCORDAT ecclésiastique. — Convention intervenue entre le Gouvernement français et le pape Pie VII, le 26 messidor an IX, par lequel il est reconnu que la religion *catholique, apostolique et romaine* est la religion de la majorité des Français.

Ce principe a été rappelé par la Charte constitutionnelle de 1830, tout en maintenant d'ailleurs la liberté des cultes.

CONCOURS d'actions. — On appelle concours d'actions le choix que peut avoir le demandeur entre plusieurs actions. — On en trouve un exemple dans les droits du vendeur qui peut exercer le privilège et l'action résolutoire. — Voy. *Action. — Circuit d'actions. — Résolution.*

CONCURRENCE. — C'est une égalité de droits, de privilèges ou d'hypothèques, entre plusieurs personnes à un même titre ou sur une même chose.

Les médecins qui ont donné leurs soins au défunt pendant sa dernière maladie viennent en concurrence, pour l'exercice de leur privilège, sur les meubles de la succession. — *C. civ.* 2101.

De même, les créanciers inscrits hypothécairement le même jour sur le même immeuble viennent au même rang d'hypothèque ou par concurrence entre eux. — *C. civ.* 2147.

CONCURRENCE déloyale. — Dans le langage juridique, ces mots s'emploient pour désigner les moyens illicites dont se sert un commerçant ou un industriel pour s'attirer la clientèle au détriment de ses concurrents.

Toute concurrence déloyale peut être l'objet de poursuites de la part des personnes lésées et donner lieu à des dommages-intérêts. — *E. N.*

CONCURRENCE entre notaires. — On entend par là le cas où plusieurs notaires sont appelés pour recevoir un même acte.

Il importe aux parties de se faire représenter par le notaire de leur choix, c'est à ce titre que nous nous en occupons ici.

Chacune des parties a le droit de requérir l'assistance du notaire de son choix, mais la garde de la minute est déterminée par les règlements des Chambres de discipline.

Dans les ventes volontaires d'immeubles, la minute appartient ordinairement au notaire de l'acquéreur. — Elle est attribuée au plus ancien en exercice dans un grand nombre de cas. — Voy. *Inventaire. — Minute.*

CONCUSSION. — Toute perception illicite faite sciemment par un fonctionnaire à l'occasion de ses fonctions.

La loi répute concussionnaire tout fonctionnaire, officier public, percepteur de droits, taxes, contributions, deniers, revenus publics ou communaux, et leurs commis ou préposés, qui ordonnent de percevoir, ou exigent et reçoivent ce qu'ils savent ne leur être pas dû, ou excèdent ce qui leur est dû pour droits, taxes, contributions, deniers ou revenus, ou pour salaires ou traitement. — *C. pén.* 174.

La concussion entraîne la peine de l'amende et de la réclusion.

CONDAMNATION. — La condamnation se dit du jugement ou arrêt qui condamne et de la chose à laquelle on est condamné. — On appelle *condamné* celui contre lequel il a été prononcé une condamnation.

La condamnation *contradictoire* est celle prononcée contre les parties présentes ou représentées.

Celle par *défaut* s'entend de la condamnation à l'égard des parties non présentes au jugement.

Celle *provisoire*, de la condamnation qui n'a été prononcée qu'en partie et sauf jugement définitif.

Celle *définitive*, de la condamnation non susceptible de recours.

Celle *solidaire*, qui peut être exercée pour le tout sur chacune des parties condamnées. — Voy. *Chose jugée.* — *Jugement.* — *Solidarité.*

Les condamnations civiles sont les réparations et autres dommages alloués à la partie plaignante par un jugement rendu en matière criminelle ou correctionnelle.

Le condamné à la peine des travaux forcés à temps ou à la réclusion est, pendant toute la durée de sa peine, dans un état d'interdiction légale ; néanmoins il peut tester. — *Arr. C. Rouen,* 28 déc. 1822.

Les condamnations à des peines afflictives perpétuelles emportent la dégradation civique et l'interdiction légale.

Le condamné à une peine afflictive perpétuelle ne peut disposer de ses biens en tout ou en partie, soit par donation entre vifs, soit par testament, ni recevoir à ce titre, sauf pour cause d'aliments. Tout testament fait par lui, antérieurement à sa condamnation contradictoire devenue définitive, est nul. Cette disposition n'est applicable au condamné par contumace que 5 ans après l'exécution par effigie. — *E. N.*

Les condamnations portées par les arrêts ou jugements rendus en matière criminelle se prescrivent par vingt années révolues à compter de la date des arrêts ou jugements

Celles portées par les arrêts ou jugements rendus en matière correctionnelle se prescrivent par cinq années à compter de la date de l'arrêt ou du jugement rendu en dernier ressort. Et celles portées par les jugements rendus pour contraventions de police après deux années révolues. — *C. instr. crim.* 635 *et suiv.*

CONDITION. — Ce mot a un sens très étendu.

Il exprime l'état de l'homme dans la Société, sa qualité de majeur ou de mineur, ou d'étranger. Il est encore synonyme des mots *clause* et *charge*, comme quand on dit : les clauses et conditions d'un contrat. Mais dans le sens propre du mot, la *condition* est un événement futur et incertain auquel est subordonnée l'obligation conditionnelle.

Plusieurs circonstances sont nécessaires pour la validité des conditions ou obligations conditionnelles :

1° Elles doivent porter sur une chose future. — *C. civ.* 1168 ;

2° Elles doivent dépendre d'un événement incertain, c'est-à-dire qui puisse se réaliser ;

3° Elles doivent porter sur une chose licite possible et non contraire aux mœurs ;

4° Enfin, elles ne doivent point détruire la nature de l'obligation.

On distingue les conditions en *casuelles, potestatives* et *mixtes.*

La condition *casuelle* est celle qui dépend du hasard. — *C. civ.* 1169.

La condition *potestative* est celle qui fait dépendre l'exécution de la convention d'un événement qu'il est au pouvoir de l'une ou de l'autre des parties contractantes de faire arriver ou d'empêcher. — *C. civ.* 1170.

La condition *mixte* est celle qui dépend tout à la fois de la volonté de l'une des parties contractantes et de celle d'un tiers ou du hasard. — *C. civ.* 1171.

Toute condition d'une chose impossible ou contraire aux bonnes mœurs ou prohibée par la loi est nulle et rend nulle la convention qui en dépend. — *C. civ.* 1172.

Il en est autrement, toutefois, lorsqu'il s'agit de conditions contenues dans de dispositions entre vifs ou testamentaires ; les conditions impossibles ou contraires aux lois et aux bonnes mœurs sont seulement réputées non écrites. — *C. civ.* 900. — Voy. *Condition suspensive. — Condition résolutoire. — Donation. — Legs. — Testament. — Partage d'ascendant.*

CONDITION de mariage. — Les conditions contenues dans les dispositions testamentaires dont l'objet est d'encourager les mariages sont licites et favorables.

Ainsi, un legs fait sous la condition de se marier est valable et devient caduc si le légataire décède avant l'âge où il pourrait contracter mariage.

Mais la condition absolue de ne point se marier doit être considérée comme contraire aux mœurs et est réputée nulle et non écrite.

La condition d'épouser une personne désignée est valable, à moins que cette personne ne soit indigne, comme, par exemple, une femme de mauvaise vie. — *D. N.*

CONDITION mixte. — Voy. *Condition.*

CONDITION potestative. — Voy. *Condition.*

CONDITION (qualité). — Se dit de l'état d'une personne sous le rapport de l'étendue de ses droits, de sa capacité ou de son incapacité pour contracter.

En droit, on est toujours réputé connaître la condition de la personne avec laquelle on contracte. — Voy. *Individualité.*

La femme suit toujours la condition de son mari. — Voy. *Femme. — Contrat de mariage.*

CONDITION résolutoire. — La condition résolutoire est celle qui, lorsqu'elle s'est accomplie, opère la révocation de l'obligation et remet les choses au même état que si l'obligation n'avait pas existé ; elle ne suspend point l'exécution de l'obligation, mais si elle s'accomplit, le créancier est obligé de restituer ce qu'il a reçu. — *C. civ.* 1183.

Cette condition est toujours sous-entendue dans les contrats synallagmatiques pour le cas où l'une des parties manque à son engagement.

Mais la résolution du contrat n'a pas lieu de plein droit ; elle doit être poursuivie en justice, et la partie envers laquelle l'engagement n'a pas été exécuté a le choix, ou de forcer l'autre à l'exécution de la convention, à moins d'impossibilité, ou d'en demander la résolution avec dommages-intérêts. — *C. civ.* 1184. — Voy. *Résolution.*

CONDITION suspensive. — La condition suspensive est celle qui fait dépendre l'obligation, ou d'un événement futur et incertain, ou d'un événement actuellement arrivé, mais encore inconnu des parties. — *C. civ.* 1181.

Dans le premier cas, c'est-à-dire lorsque la condition consiste dans un événement futur et incertain, l'obligation ne peut être exécutée qu'après l'événement.

Au contraire, lorsqu'elle consiste dans un événement déjà arrivé, mais inconnu des parties, l'obligation a son effet du jour où elle a été contractée. — *C. civ.* 1181.

Si la condition suspensive vient à manquer, l'obligation ou la disposition demeure anéantie.

La condition suspensive peut être en même temps résolutoire, si son accomplissement a pour effet de faire passer le droit de la tête d'une personne sur celle d'une autre. — Il y a dans ce cas, qui se présente assez fréquemment, résolution du droit de la première.

CONDITIONNEL d'un an. — Voy. *Volontariat.*

CONDUITE d'eau. — Voy. *Aqueduc. — Cours d'eau. — Servitude.*

CONFÉRENCE. — Ce mot s'entend de l'entretien que plusieurs personnes ont ensemble sur quelqu'affaire ou matière sérieuse.

Mais il désigne plus particulièrement les réunions de jurisconsultes ou d'étudiants en droit qui se livrent à l'étude des lois et à la discussion des questions de doctrine et de pratique.

Les avocats, les notaires, les avoués et même les clercs de notaire, ceux de Paris particulièrement, ont des conférences entre eux à certains jours déterminés pour y traiter des questions qui les intéressent.

CONFESSION. — Mot synonyme d'aveu. — Voy. *Aveu*. — *Interrogatoire sur faits et articles*.

CONFINS. — Limites d'un territoire, d'un héritage. — Voy. *Bornage*. — *Clôture*. — *Propriété*. — *Tenants et aboutissants*.

CONFIRMATIF (Acte). — On entend par cette expression tout acte qui en confirme un autre, ou le ratifie. — Voy. *Acquiescement*. — *Adhésion*. — *Ratification*. — *Titre nouvel*. — *Acte recognitif et confirmatif*.

CONFIRMATION. — C'est l'action de confirmer, c'est-à-dire de corroborer, de donner plus de force à ce qui existe déjà par notre fait, ou par celui de quelqu'un qui a parlé, ou qui s'est porté fort pour nous dans un acte qui ne devait être parfait que par notre approbation. — Voy. *Acquiescement*. — *Adhésion*. — *Stipulation pour autrui*.

CONFISCATION. — Attribution au Trésor, et quelquefois aux particuliers, de tout ou partie des biens d'un condamné pour certaines infractions à la loi.

La confiscation générale ayant été abolie, il ne reste plus que la confiscation spéciale qui s'applique au corps du délit quand le condamné en est propriétaire, et aux choses produites par le délit ou à l'aide desquelles il a été commis, ou qui étaient destinées à le commettre.

Pour les cas de confiscations particulières. — Voy. *Chasse*.

CONFLIT. — Collision ou débat entre plusieurs autorités dont chacune veut s'attribuer la connaissance d'une affaire. — L. du 24 août 1790.

On divise les conflits en conflits d'*attribution* et en conflit de *juridiction*.

Le conflit d'*attribution* est une contestation élevée entre l'autorité administrative et l'autorité judiciaire pour savoir laquelle des deux doit connaître d'une affaire.

Le conflit de *juridiction* est une contestation entre plusieurs Tribunaux dont chacun revendique la connaissance d'une même affaire. — C. proc. 363 et suivants. — C. instr. crim. 527 et suivants.

Le Tribunal des conflits, réorganisé par la loi du 24 mai 1872, est présidé par le Garde des sceaux et est composé de 3 conseillers d'État, de 3 conseillers à la Cour de cassation et de deux membres et deux suppléants élus par la majorité des autres juges.

CONFUSION. — Dans un sens général, la confusion est l'union ou le mélange de plusieurs choses, de qualités ou de droits, qui opère des effets légaux sur la propriété et sur les obligations.

Ainsi, il peut y avoir confusion : 1° de l'usufruit avec la nue propriété ; 2° des qualités de créancier et de débiteur ; 3° de différentes matières appartenant à divers propriétaires. — Voy. *Usufruit*. — *Confusion de dettes*. — *Accession*.

Les obligations s'éteignent par la confusion. — C. civ. 1234.

CONFUSION de dettes. — Effet produit par la réunion, dans la même personne, des qualités de créancier et de débiteur d'une même dette.

Elle diffère de la compensation qui a pour objet deux créances distinctes, et s'opère entre deux personnes différentes. — Voy. *Compensation*.

La confusion de dettes s'opère lorsque le créancier devient l'héritier du débiteur, ou le débiteur l'héritier du créancier.

Il en est de même lorsqu'une même personne devient tout à la fois héritière du créancier et du débiteur, puisque par là elle se trouve en même temps créancière et débitrice.

CONGÉ. — Ce mot a diverses acceptions. — Il exprime d'abord la permission que les magistrats, les administrateurs, les militaires obtiennent de s'absenter pendant un certain temps.

Pour les autres acceptions. — *Voy.* les mots ci-après.

CONGÉ d'acquit. — C'est le certificat que le maître donne à l'ouvrier ou à l'apprenti qui a travaillé chez lui, à l'expiration de l'engagement de celui-ci. — Voy. *Brevet d'apprentissage.*

CONGÉ (contributions indirectes). — Permis de circulation nécessaire pour le transport des boissons d'un lieu à un autre. — Voy. *Boissons.*

Le congé peut être délivré à toute personne agissant au nom du vendeur en acquittant les droits.

CONGÉ de coupe. — C'est la déclaration ayant pour objet de reconnaître qu'une coupe de bois a été régulièrement exploitée, afin de faire cesser toute réclamation contre l'exploitant. — Voy. *Bail de bois.* — *Forêt.*

CONGÉ (défaut). — Jugement qui renvoie le défendeur de la demande lorsque le demandeur ne s'est pas présenté pour la justifier. — Voy. *Défaut.*

CONGÉ de location. — Acte par lequel l'une ou l'autre des parties déclare qu'elle entend faire cesser le louage.

Le congé peut être donné verbalement ou par écrit, par acte notarié, sous seing privé, ou par exploit d'huissier. — *C. civ.* 1736.

Lorsqu'il y a bail écrit, et que la location est faite pour un temps déterminé, le congé est inutile, à moins que le bail ne fixe des termes auxquels il est libre à chacune des parties de résoudre la location, comme trois, six ou neuf années.

Il est d'usage, dans ce cas, que le bail indique de combien de temps l'avertissement ou congé doit précéder les termes fixés dans le bail. S'il en était autrement, il devrait être donné en observant les mêmes délais que ceux indiqués pour les locations verbales.

Le congé peut être donné pendant le cours du bail par un acquéreur qui profiterait de la clause qui aurait été insérée à ce sujet. — *C. civ.* 1743. — Voy. *Bail.* — *Bail à loyer.* — *Bail à ferme.*

A l'égard des locations verbales, le congé n'est pas nécessaire, si les parties ont, par la convention, réglé la durée du bail et que la preuve puisse en être faite.

Il en est de même lorsqu'il s'agit de biens ruraux ; le bail verbal cesse de plein droit à l'expiration du temps pour lequel il est censé fait.

Pour les herbages, prés, vignes ou tout autre fonds dont les fruits se recueillent en entier dans le cours de l'année, le bail est censé fait pour un an. — Celui des terres labourables, lorsqu'elles se divisent par soles ou saisons, est censé fait pour autant d'années qu'il y a de soles. — *C. civ.* 1774. — L'usage généralement admis à cet égard est trois années.

Les baux à cheptel ayant une durée légale fixée à trois ans, il n'est pas non plus besoin de congé.

Mais il ne faut pas perdre de vue que si, à l'expiration du bail écrit ou verbal, le preneur est laissé en possession, il s'opère un nouveau bail. — *C. civ.* 1737.

Les délais des congés sont déterminés par l'usage des lieux et réglementés par les Tribunaux de paix ; ces délais sont connus dans chaque localité, et nous ne pourrions en donner ici qu'une indication incomplète. Nous avons cependant traité cette matière aussi largement que possible sous le titre *Usages locaux*, auquel nous renvoyons à ce sujet. — Voy. *Usages locaux (congé de location).*

Le propriétaire a, pendant tout le délai du congé, le droit de faire placer un écriteau indicateur des locaux à louer aux fenêtres et balcons ou sur la façade extérieure de ces locaux, sans le consentement du locataire qui doit déménager.

Le congé donné pour les locations faites suivant l'usage des lieux doit être déclaré à la Régie par le propriétaire, afin de faire cesser le droit de bail dû au Trésor. — Voy. *Location verbale.*

Il n'existe ni loi ni usages bien suivis sur les délais des congés donnés par les patrons à leurs employés et réciproquement. — Voy. *Usages locaux (congés entre patrons et ouvriers).*

Le congé verbal est sujet à de graves inconvénients, la partie qui voudrait le nier étant crue sur son affirmation et la preuve testimoniale n'étant pas admise; il doit donc être signifié par huissier ou être accepté par écrit.

Si, au jour fixé pour la sortie, le locataire refuse, on assigne en référé devant le juge de paix, s'il est compétent à raison de la valeur du loyer, ou devant un juge du Tribunal de première instance qui statue sur le vu du congé; alors l'expulsion des meubles est ordonnée et elle se fait par huissier, d'urgence et sur minute.— *D. N.* — Voy. *Référé*.

Le congé peut être donné et accepté par acte sous seing privé en double original.

Nous en donnons ci-après une formule.

Congé amiable accepté.

Aujourd'hui....,
Les soussignés :
M. A..., demeurant à....,
Et M. B..., demeurant à....,
    Ont arrêté ce qui suit :
M. A..., propriétaire (ou locataire) d'une maison située à...., rue...., n°...., actuellement occupée (ou louée) par M. B..., locataire (ou propriétaire), donne congé à ce dernier pour le premier..... prochain.

Et M. B... déclare accepter ce congé et s'oblige de remettre les clefs à M. A... (ou à la charge par M. A... de remettre les clefs) ledit jour premier....., en justifiant de toutes les obligations des locataires sortants

Fait double à...., et signé, lecture prise.

(*Signatures.*)

Acceptation de congé par acte séparé.

Je soussigné A..., demeurant à....., propriétaire (ou locataire) d'une maison située à..... rue...., numéro...., laquelle est actuellement occupée par M. B..., en qualité de locataire (ou appartenant à M. B...), déclare accepter le congé qui m'a été donné par ce dernier pour le premier..... prochain.

A....., le....., mil... .

(*Signature.*)

CONGÉ de marine ou maritime. — C'est le nom que l'on donne à la permission ou passeport nécessaire au capitaine, maître ou patron d'un navire pour sortir du port et se mettre en mer. — Voy. *Navire*.

CONGÉMENT. — Ce mot s'emploie en matière de domaine *congéable* pour la faculté d'expulser ou congédier le *domanier*, c'est-à-dire le preneur ou colon. — Voy. *Bail à domaine congéable*.

CONGRÉGATION. — Voy. *Communauté religieuse*.

CONGRÈS. — Assemblée de Ministres ou plénipotentiaires de différentes puissances, réunis pour traiter, discuter et concilier les intérêts de leurs nations respectives.

CONJOINT. — En droit, on nomme *conjoints* le mari et la femme. On dit aussi *légataires conjoints*, *créanciers* ou *débiteurs conjoints*. — Voy. *Conjonction*. — *Accroissement*.

CONJONCTION. — C'est, en matière d'*accroissement*, la disposition testamentaire qui appelle plusieurs individus à recueillir conjointement une chose. Ce terme indique aussi le préjudice commun à plusieurs personnes. — Voy. *Accroissement*. — *Legs*. — *Renonciation à succession*. — *Solidarité*.

CONNAISSEMENT. — C'est la reconnaissance par écrit que donne le capitaine d'un navire des marchandises chargées à son bord. Cet acte se nomme aussi *Police de chargement*.

Le connaissement doit être fait en quatre originaux, dont l'un pour le chargeur, l'autre pour le consignataire, le troisième pour l'armateur et le quatrième pour le capitaine qui est tenu de l'avoir à bord comme la charte-partie, à moins que le connaissement ne tienne lieu de charte-partie. — *C. comm.* 226, 282.

Chaque original doit être signé par le chargeur et par le capitaine, dans les vingt-quatre heures du chargement.

Le connaissement doit exprimer : 1° la nature et la qualité ainsi que les espèces ou qualités, marques et numéros des objets à transporter ; 2° le nom de celui qui expédie les marchandises ; 3° le nom et l'adresse de celui à qui les objets sont expédiés ; 4° le nom et le domicile du capitaine ; 5° le nom, l'espèce et le tonnage du navire ; 6° le lieu de départ et celui de la destination ; 7° le prix du transport, à moins que la charte-partie n'indique ce prix ou que le chargement ne soit fait par les armateurs eux-mêmes ; 8° enfin, le connaissement doit être daté. — *C. comm.* 281.

Le connaissement peut être fait par acte sous seing privé et être écrit sur papier de toute dimension. Ce papier est fourni par l'Administration, timbré à l'extraordinaire et frappé d'un timbre noir et d'un timbre sec. — *L. du 11 juin* 1842.

Le receveur du timbre extraordinaire établi au chef-lieu de chaque département est chargé de faire le nécessaire à ce sujet. Il suffit de lui en faire la demande. — Voy. *Charte-partie.*

Nous donnons ci-après une formule de connaissement.

Connaissement.

Aujourd'hui....,
Les soussignés :
M. A..., demeurant à....,
Et M. B..., demeurant à....,

Ont arrêté ce qui suit :

M. A..., capitaine commandant le navire le....., du port de.....tonneaux appartenant à M. C..., armateur à....., mouillé dans le bassin du port de....., promet de faire voile d'ici au....., pour....., lieu où il doit opérer le déchargement du navire, et il a reconnu avoir reçu dans l'entrepont dudit bâtiment, de M. B..., les marchandises ci-après :

(*Désignation et marque des marchandises.*)

En conséquence, M. A... s'oblige de remettre lesdites marchandises à leur adresse au port de....., et en bon état, sauf bien entendu les sinistres maritimes et les cas imprévus et de force majeure.

Cette obligation de transport est consentie par M. A... moyennant l'engagement que prend M. B... de lui payer la somme de..... francs par caisse (ou par tonneau) pour le fret, sous les responsabilités réciproques établies par les lois maritimes.

Le navire, le fret et les apparaux sont soumis par M. A... à la garantie des obligations qu'il vient de contracter.

Fait double à....., lesdits jours, mois et an, et signé, lecture prise.

(*Signatures.*)

CONNEXITÉ. — Rapport et liaison existant entre plusieurs affaires qui demandent dès lors à être décidées par un seul et même jugement.

L'article 171 du Code proc. détermine le cas où il y a connexité.

CONQUÊT. — Ce mot dérive d'*acquêts* et s'applique aux acquisitions de biens de toute nature que font le mari et la femme soit conjointement, soit séparément durant le cours de la communauté.

Il n'est guère employé que pour désigner les immeubles, et certains auteurs pensent qu'il n'est pas applicable aux meubles ; mais cette opinion est contredite et nous sommes de l'avis des contradicteurs.

Les conquêts sont opposés aux *propres* de communauté, qui appartiennent aux époux et n'entrent point en communauté. — Voy. *Acquêt.*

CONSANGUIN. — Les parents consanguins sont les parents du côté paternel. — Cette expression s'emploie particulièrement entre frères et sœurs consanguins, c'est-à-dire du côté du père. — Voy. *Parenté.* — *Utérin.*

CONSCRIPTION. — Voy. *Recrutement.*

CONSEIL. — Avis donné à quelqu'un sur ce qu'il doit faire ou ne pas faire. On nomme aussi *conseil* celui qui donne cet avis, qui est le plus souvent un avocat ou toute autre personne présumée avoir une connaissance particulière de la matière sur laquelle on le consulte.

Nul n'est obligé par le conseil qu'il donne de bonne foi ; c'est une maxime de notre droit civil.

CONSEIL d'administration de l'Enregistrement et des Domaines. — Ce Conseil se compose du directeur général comme président et des administrateurs, et l'une de ses attributions, la plus importante, est de statuer sur les demandes en restitution de droits indûment perçus, sur les demandes en remboursement, remise ou modération de doubles droits et amendes de contraventions. — *D. N.* — Voy. *Administration de l'Enregistrement et des Domaines.* — *Enregistrement.*

CONSEIL d'arrondissement. — Assemblée de notables élus dans chaque arrondissement à la majorité des suffrages, et dont la mission consiste à faire la répartition des contributions directes entre les communes de l'arrondissement, donner son avis sur les demandes en décharge ou réduction, exprimer son opinion sur l'état et les biens de l'arrondissement et formuler des vœux d'intérêt local sur lesquels les Conseils généraux sont appelés à statuer. — *Loi du 22 juin* 1833.

Il y a un conseiller d'arrondissement par canton.

Ces conseillers n'ont de fonctions que pendant leur session.

Le Conseil d'arrondissement délibère, sauf la décision ou en se conformant aux décisions du Conseil général. — Voy. *Conseil général.* — *Elections départementales.*

CONSEIL de discipline. — Sorte de tribunal de famille créé dans l'ordre des avocats pour leur discipline intérieure. On donne le même nom à certaines juridictions spéciales. — Voy. *Avocat.* — *Chambre de discipline.*

CONSEIL d'État. — Corps institué pour assister le chef de l'État et les Ministres dans la préparation des lois et règlements, et pour donner son avis sur les questions qui lui sont soumises.

Le Conseil d'Etat est encore le juge du contentieux administratif.

Il se compose aujourd'hui : 1° de 32 conseillers en service ordinaire, et de 18 conseillers en service extraordinaire; 2° de 30 maîtres des requêtes ; 3° et de 36 auditeurs dont 12 de 1re classe et 24 de deuxième. — *L. du 13 juil.* 1879.

Il délibère sur les projets de lois ou les règlements d'administration publique, et est chargé de résoudre les difficultés qui s'élèvent en matière administrative.

Il est divisé en comités.

Les séances du comité du contentieux administratif sont publiques. Après le rapport de l'affaire, les avocats des parties peuvent présenter des observations orales. La délibération n'est point publique, mais l'ordonnance qui intervient ensuite est lue en séance publique.

CONSEIL de fabrique. — C'est, dans chaque paroisse, l'assemblée formée pour délibérer sur les objets concernant l'administration des fabriques des églises. — Voy. *Fabrique.*

CONSEIL de famille. — Assemblée de parents présidée par le juge de paix et dont les fonctions consistent à délibérer sur la nomination et la destitution des tuteurs, subrogés-tuteurs, etc., à régler les dépenses de la tutelle, à autoriser les emprunts, les aliénations des biens des mineurs et des interdits, etc. ; en un mot à donner, soit sur leur état, soit sur leur fortune, dans les cas et selon les formes déterminées par la loi, les avis ou autorisations nécessaires pour imprimer à leurs actes la même efficacité qu'à ceux faits par les personnes majeures et saines d'esprit.

Composition du Conseil de famille.

Le Conseil de famille est composé du juge de paix, de six parents ou alliés du mineur ou de l'interdit, pris moitié du côté paternel, moitié du côté maternel en suivant l'ordre de proximité dans chaque ligne. — *C. civ.* 407.

Il est présidé par le juge de paix qui a voix prépondérante en cas de partage d'avis. — *C. civ.* 416.

Les membres du Conseil de famille doivent être mâles et majeurs, à l'exception de la mère du mineur et de ses ascendantes qui en font partie de droit.—*C. civ.* 442.

Les frères germains des mineurs font aussi partie de droit du conseil de famille et doivent être appelés avant les autres parents.

Les parents appelés au Conseil de famille doivent être pris soit dans la commune du lieu d'ouverture de la tutelle, soit dans la distance de deux myriamètres. — *C. civ.* 407.

Lorsqu'il ne se trouve pas sur les lieux ou dans la distance de deux myriamètres un nombre suffisant de parents ou alliés de l'une ou l'autre ligne, le juge de paix peut appeler soit des parents ou alliés domiciliés à de plus grandes distances, soit, dans la commune même, des personnes connues pour avoir eu des relations habituelles d'amitié avec le père ou la mère du mineur. — *C. civ.* 409.

La veuve peut faire partie du Conseil de famille assemblé pour délibérer si la tutelle doit lui être conservée en se remariant.

Convocation du Conseil de famille.

Le Conseil de famille se convoque devant le juge de paix du domicile primitif du mineur, c'est-à-dire du domicile où la tutelle s'ouvre.

La convocation a lieu, soit sur la réquisition et à la diligence des parents du mineur, de ses créanciers ou autres parties intéressées, soit même d'office et à la poursuite du juge de paix du domicile du mineur.

Le juge de paix fixe le jour et le lieu de l'assemblée, et si les parents ne sont pas sur les lieux ou ne veulent pas comparaître volontairement, ils sont assignés trois jours au moins à l'avance.

Hors la distance de deux myriamètres, ce délai est augmenté de un jour par trois myriamètres au plus. — *C. civ.* 411.

Les parents, alliés ou amis convoqués au Conseil de famille sont tenus de s'y rendre en personne ou de se faire représenter par un mandataire.

Ce dernier ne peut représenter qu'une seule personne. Le mandat peut être sous seing privé.

Toute personne convoquée, et qui, sans excuse légitime, ne comparaît point, encourt une amende que le juge de paix prononce sans appel, mais qui ne peut excéder cinquante francs. — *C. civ.* 413.

Attributions.

Le Conseil de famille prononce sur la nomination des tuteurs, cotuteurs, subrogés-tuteurs et curateurs ; — sur la destitution ou l'exclusion des tuteurs ; — sur le consentement, avis ou autorisation, ou opposition relatives au mariage des mineurs ; — sur la fixation des dépenses du mineur et les frais d'administration ; — sur l'émancipation, — l'interdiction, etc., etc. — *C. civ.* 395, 405, 480, etc.

De l'exécution des délibérations.

Il est des cas où les délibérations du Conseil de famille ne peuvent être mises à exécution qu'après avoir été homologuées par le Tribunal de première instance.

Cette formalité est de rigueur pour les délibérations ayant pour objet des actes graves, tels que la destitution du tuteur, l'aliénation des biens du mineur ou de l'interdit.

L'homologation n'est pas nécessaire dans les autres cas.— *D. N.* — Voy. *Avis de parents.* — *Tutelle.*

CONSEIL de guerre. — Tribunal militaire qui juge les délits et les crimes commis par les militaires et les attachés aux armées de terre et de mer.

CONSEIL général d'agriculture. — Ce Conseil, institué près du Ministre de l'agriculture et du commerce, est composé de cent membres dont quatre-vingt-six choisis parmi les Chambres d'agriculture et quatorze autres pris en dehors.

Ces membres sont nommés chaque année par le Ministre. Ils se réunissent annuellement en une cession dont la durée ne peut excéder un mois.

Les questions d'intérêt général sur lesquelles les Chambres d'agriculture ont été consultées sont soumises à ce Conseil, qui donne aussi son avis sur celles que le Ministre lui soumet.

CONSEIL général du commerce. — Ce Conseil est établi auprès du Ministre du commerce et des travaux publics. Il délibère et émet des vœux sur les propositions et réclamations de ses membres, faites, soit en leur nom, soit au nom des Chambres de commerce ou autres intéressés. — Voy. *Chambre de commerce*.

CONSEIL général de département. — Ce Conseil est la partie délibérante de l'administration départementale. Il est composé de personnes notables élues à la majorité des suffrages. Il y a un conseiller général par canton. — Voy. *Elections départementales*.

Les Conseils généraux ont chaque année deux sessions ordinaires.

Les conseillers n'ont de fonctions que pendant leur session.

C'est la loi du 10 juin 1871 qui règle aujourd'hui l'organisation et les attributions des Conseils généraux. En consacrant tout ce que contenaient les lois précédentes, elle a, de plus, étendu dans de grandes proportions les attributions de ces assemblées.

La création la plus importante de la loi de 1871 est la Commission départementale qui assure la permanence de la représentation des intérêts régionaux et constitue auprès du préfet, organe du pouvoir central, une sorte de comité de surveillance pour l'exécution des décisions du Conseil.

Le Conseil général répartit chaque année les contributions dites de répartition entre les arrondissements du département, statue sur les demandes en dégrèvement des arrondissements et des communes, juge les demandes en réduction du contingent formées par les Conseils d'arrondissement; vote les centimes additionnels et les emprunts départementaux ; opère le classement des chemins vicinaux de grande communication et d'intérêt commun ; en un mot délibère sur tout ce qui intéresse le département.

CONSEIL général des manufactures. — Relativement aux intérêts agricoles et industriels, ce Conseil remplit, pour les intérêts manufacturiers, une mission analogue à celle des Conseils généraux de l'agriculture et du commerce.

CONSEIL judiciaire. — Curateur spécial que la justice donne à une personne faible d'esprit ou prodigue, pour sauvegarder sa fortune, et sans l'assistance duquel elle ne peut valablement plaider ni aliéner ses biens. — *C. civ.* 513.

On donne aussi ce nom aux magistrats, jurisconsultes, notaires, avoués ou autres personnes éclairées que le Tribunal nomme pour remplir cette mission.

La nomination d'un conseil judiciaire diffère de l'interdiction en ce sens qu'elle n'opère aucun changement dans l'état civil de la personne qui en est pourvue.

Le conseil judiciaire est donné : 1° au prodigue, c'est-à-dire à celui qui ne met ni frein ni mesure à ses dépenses et dissipe son bien à profusion ; et 2° à l'homme qui, sans être absolument en démence, est cependant trop faible de caractère et de raison pour diriger seul ses affaires, et se trouve par là exposé à des surprises et entraîné à des actes susceptibles de consommer sa ruine.

L'appréciation des preuves de prodigalité est laissée à la prudence des juges.

Le mineur émancipé, de même que la femme mariée, surtout si elle est séparée de biens, peuvent être pourvus d'un conseil judiciaire. La loi ne distingue pas. —*Demolombe, Cours C. civ.*, n°s 696, 697.

On ne peut, sur la demande d'une personne qui se déclare incapable de gouverner ses biens, lui nommer un conseil judiciaire. Mais tous ceux qui peuvent provoquer l'interdiction peuvent provoquer la nomination d'un Conseil judiciaire ou la défense de procéder sans son assistance. — *C. civ.* 514.

L'assistance du Conseil judiciaire est nécessaire à la personne qui en est pourvue, pour plaider, transiger, emprunter, recevoir un capital mobilier, en donner décharge, aliéner, grever ses biens d'hypothèques. — *C. civ.* 499, 513.

Elle n'est pas exigée pour tous autres actes, attendu qu'elle conserve la libre administration de ses biens, et peut même faire son testament, accepter une donation, etc., sans l'assistance de son conseil.

La mainlevée du jugement qui a nommé un Conseil judiciaire peut être poursuivie par le prodigue lui-même et est prononcée par le Tribunal, s'il y a lieu. *D.N.*

CONSEIL pour le mariage. — C'est celui qui se demande dans la forme des actes respectueux. — Voy. *Acte respectueux.*

CONSEIL des ministres. — Réunion des Ministres sous la présidence du chef de l'État, pour délibérer sur les affaires publiques.

CONSEIL municipal. — Assemblée d'habitants choisis dans chaque commune par les électeurs communaux, pour délibérer, sous la présidence des maires, sur les besoins particuliers et locaux de la municipalité. — *L. du 5 avril 1884.* — Voy. *Élections municipales.* — *Organisation municipale.*

Le Conseil municipal est composé de membres âgés de vingt-cinq ans au moins, dont le nombre varie suivant l'importance de la commune.

Il est de 10 membres dans les communes de 500 habitants et au-dessous.

De	12	dans celles de	501	à	1500
—	16	— —	1501	à	2500
—	21	— —	2501	à	3500
—	23	— —	3501	à	10.000
—	27	— —	10.000	à	30.000
—	30	— —	30.001	à	40.000
—	32	— —	40.001	à	50.000
—	34	— —	50.001	à	60.000
—	36	— —	60.001	et au-dessus.	

Dans les villes divisées en plusieurs mairies, il y a 2 conseillers de plus par mairie. (*Ibid.*, art. 10.)

Les Conseils municipaux se réunissent en session ordinaire 4 fois l'année : en février, mai, août et novembre, et la durée de chaque session est de 15 jours, sauf celle dans laquelle le budget est discuté, qui peut durer six semaines.

Le préfet ou le sous-préfet peuvent prescrire la convocation extraordinaire du Conseil municipal; le maire peut même le réunir s'il le juge utile à charge d'en donner en même temps avis au préfet ou au sous-préfet.

Toute convocation est faite par le maire et par écrit, 3 jours francs au moins avant celui de la réunion.

Les séances des Conseils municipaux sont publiques, mais tout conseil peut se former en comité secret.

Tout habitant ou contribuable a le droit de demander communication ou prendre copie totale ou partielle des procès-verbaux, budgets, comptes et arrêtés municipaux, et de les publier sous sa responsabilité.

Les séances du Conseil municipal sont présidées par le maire et, en son absence, ou lorsqu'il s'agit de la reddition des comptes du maire, par un de ses adjoints. — Voy. *Maire.* — *Adjoint.*

Le Conseil ne peut délibérer que lorsque la majorité des membres en exercice assiste à la séance; néanmoins, lorsqu'après deux convocations successives à 3 jours d'intervalle et dûment constatées, les membres du Conseil municipal ne se sont pas réunis en nombre suffisant, la délibération prise après la 3ᵉ convocation est valable, quel que soit le nombre des membres présents.

Tout membre du Conseil qui, sans motifs, a manqué à trois convocations successives, peut, après avoir été mis en demeure de fournir ses explications, être déclaré démissionnaire par le préfet, sauf recours, dans les 10 jours de la notification, devant le Conseil de préfecture.

Le maire a seul la police de l'assemblée. Il peut faire expulser l'auditoire ou arrêter tout individu qui trouble l'ordre.

Les Conseils municipaux peuvent être provisoirement suspendus par arrêté motivé du préfet, mais leur dissolution ne peut être prononcée que par décret du chef de l'État.

En cas de réunion ou de fractionnement de communes, les Conseils municipaux sont dissous de plein droit, et il est procédé à des élections nouvelles. — *L. du 5 avril 1884.*

Attributions des Conseils municipaux.

Les Conseils municipaux règlent, par leurs délibérations, toutes les affaires ordinaires de la commune sur lesquelles ils statuent définitivement sans l'approbation du préfet. Il n'y a d'exception que pour les objets énumérés sous l'article 68 de la loi précitée, c'est-à-dire pour les aliénations et échanges de propriétés communales, les acquisitions d'immeubles, les constructions nouvelles, l'acceptation des dons et legs, etc., dont les délibérations ne sont exécutoires qu'après avoir été approuvées par l'autorité supérieure.

Les Conseils municipaux donnent leur avis dans un grand nombre de cas prévus par la loi, notamment sur les projets d'alignement des maisons dans l'intérieur des villes et villages, sur les matières relatives aux établissements de charité, fabriques, etc.

Ils votent le budget qui leur est proposé par le maire, entendent et débattent les comptes des receveurs municipaux, délibèrent sur les procès qu'il convient d'intenter et de soutenir pour la commune; en un mot sur tout ce qui peut être nécessaire. — Voy. *Commune.*

Les Conseils municipaux sont autorisés à voter définitivement, dans la limite du maximum fixé chaque année par le Conseil général, des contributions extraordinaires n'excédant pas 5 centimes, pendant 5 années, pour en affecter le produit à des dépenses extraordinaires.

Ils peuvent aussi voter définitivement 3 centimes extraordinaires, exclusivement affectés aux chemins vicinaux.

Enfin, ils peuvent encore voter, sauf approbation du préfet : 1° les contributions qui dépassent 5 centimes sans excéder le maximum fixé par le Conseil général ; 2° les emprunts remboursables sur les mêmes contributions extraordinaires, ou sur les revenus ordinaires.

CONSEIL de préfecture. — Juridiction établie dans chaque département et qui prononce sur toutes affaires contentieuses de la compétence de l'autorité administrative, sauf le recours au Conseil d'État. — *LL. des 28 pluviôse an VIII et 21 juin 1865.*

Le Conseil de préfecture est composé du préfet, comme président, et qui a voix prépondérante, et de trois ou quatre membres (selon l'importance du département), qui ont le titre de conseillers de préfecture.

Pour être conseiller de préfecture il faut avoir 25 ans, être licencié en droit ou avoir rempli certaines fonctions administratives ou judiciaires pendant 10 ans au moins.

Pour les attributions et la compétence du Conseil de préfecture. — Voy. *Acte administratif.* — *Autorité administrative.* — *Canal.* — *Chemin.* — *Compétence.* — *Conseil d'État.* — *Cours d'eau.* — *Vente.*

CONSEIL de prud'hommes. — Juridiction composée de négociants, fabricants et chefs d'ateliers, et instituée pour la police des manufactures et la surveillance des ouvriers envers leurs maîtres. — *Déc. des 3 juillet 1806 et 11 juin 1809.* — *LL. des 25 mai 1838, 27 mars 1848, 7 août 1850, 1er juin 1853, 7 février 1880, 24 novembre 1883 et 11 décembre 1884.*

Les Conseils de prud'hommes sont, en matière commerciale, ce que sont les Justices de paix pour les causes civiles.

Ils sont élus : 1° par les patrons âgés de 25 ans accomplis, patentés depuis

5 ans au moins et depuis 3 ans dans la circonscription du Conseil; les associés en nom collectif patentés ou non âgés de 25 ans accomplis, exerçant depuis 5 ans une profession assujettie à la contribution des patentes et domiciliés depuis 3 ans dans la circonscription du Conseil; et 2° par les chefs d'atelier, contre-maîtres et ouvriers âgés de 25 ans accomplis, exerçant leur industrie depuis 5 ans au moins et domiciliés depuis 3 ans dans la circonscription du Conseil

Le nombre des membres est de six au moins, non compris le président et le vice-président. — Leurs fonctions durent trois ans, mais ils sont rééligibles.

Les prud'hommes ne peuvent être élus avant l'âge de trente ans.

Les patrons, réunis en assemblée particulière, nomment directement les prud'hommes-patrons. Les contres-maîtres, chefs d'ateliers et ouvriers nomment les prud'hommes-ouvriers, en nombre égal à celui des patrons.

Les présidents et les vice-présidents sont élus par les membres des Conseils de prud'hommes réunis en assemblée générale, à la majorité absolue des membres présents.

En cas de partage des voix, et après deux tours de scrutin, le conseiller le plus ancien en fonctions sera élu.

Lorsque le président sera choisi parmi les prud'hommes-patrons, le vice-président ne pourra l'être que parmi les prud'hommes-ouvriers et réciproquement.

La durée des fonctions du président et du vice-président est d'une année, mais ils sont rééligibles.

Le secrétaire est nommé à la majorité absolue des suffrages; il peut être révoqué à volonté, mais dans ce cas la délibération doit être signée par les deux tiers des prud'hommes.

Les Conseils de prud'hommes sont partagés en deux bureaux : — 1° le bureau particulier, qui est chargé des tentatives de conciliation et qui est composé d'un prud'homme fabricant et d'un prud'homme chef d'atelier; et 2° le bureau général, qui prononce en cas de non-conciliation, et est composé, indépendamment du président ou du vice-président, d'un nombre égal qui ne peut être moindre de deux prud'hommes-patrons et de deux prud'hommes-ouvriers.

Chaque bureau est présidé alternativement par un patron et un ouvrier, suivant un roulement établi par le règlement particulier de chaque Conseil.

Pour être justiciable des Conseils de prud'hommes, il faut : — 1° appartenir à l'une des classes de fabricants ou ouvriers, ce qui comprend les chefs d'ateliers, les compagnons ou les apprentis; 2° travailler dans une fabrique du territoire pour lequel le Conseil est établi; et 3° qu'il s'agisse d'une contestation portant sur des affaires relatives à la branche de leur industrie et aux conventions dont cette industrie a été l'objet.

La procédure à suivre devant les prud'hommes est tout à fait sommaire; une lettre d'invitation du secrétaire suffit. — Il n'y a lieu à citation que si la personne invitée ne comparaît pas. Les parties ne peuvent être admises à signifier aucune défense.

Les jugements rendus par les prud'hommes sont définitifs et sans appel lorsque le chiffre de la demande n'excède pas 200 fr. en capital; au-dessus de 200 francs, ils sont sujets à l'appel devant le Tribunal de commerce.

Les Conseils des prud'hommes sont investis d'un certain droit de surveillance sur les ateliers, en vertu duquel ils peuvent faire des visites, constater les infidélités ou contraventions commises par les maîtres ou les ouvriers, et enfin, dans certains cas, prononcer contre les délinquants jusqu'à la peine de trois jours d'emprisonnement. — *D. N.*

Dans les localités où il n'y a pas de Conseil de prud'hommes, les contestations entre un maître, ses ouvriers ou apprentis, sont de la compétence des juges de paix.

CONSEIL de répartition. — *Voy. Contributions directes.*

CONSEIL de revision. — Juridiction établie pour juger les causes d'exemption et de dispenses prévues par les lois de recrutement et chargée de reviser les jugements des Conseils de guerre. (Art. 26 et 33 C. Just. militaire.) — *L. du 27 juil. 1872.* — Voy. *Recrutement.*

CONSEIL supérieur du commerce. — C'est un Conseil établi auprès du Ministre de l'agriculture et du commerce, pour être consulté sur les projets de lois et décrets concernant le tarif des douanes et leur régime en ce qui intéresse le commerce, sur les projets de traités de commerce ou de navigation, sur la législation commerciale des colonies, sur le système des encouragements pour les grandes pêches maritimes, sur les vœux des Conseils généraux du commerce, des manufactures et du Conseil d'agriculture, et sur toutes autres questions que le Ministre juge à propos de lui soumettre.

Lorsqu'il y a lieu de procéder à des enquêtes, le Ministre les autorise à la demande du Conseil. — *Ord. du 29 avril 1831.*

CONSEIL supérieur de l'Instruction publique. — Assemblée de dignitaires (magistrats et hauts fonctionnaires) chargés de la direction supérieure de l'enseignement. — *L. du 27 février 1880.* — Voy. *Enseignement.* — *Instruction publique.*

CONSEIL de tutelle. — C'est le conseil spécial que le père de famille peu imposer à sa veuve survivante, et à la direction duquel elle demeure soumise pour sa tutelle.

Ainsi le père de famille qui doute de la capacité de son épouse pour administrer par elle-même peut nommer à la mère survivante et tutrice un conseil spécial, sans l'avis duquel elle ne pourrait faire aucun acte relatif à la tutelle. — *C. civ.* 391.

Le Conseil de tutelle ne peut être nommé que par testament ou acte de dernière volonté, par une déclaration faite devant le juge de paix assisté de son greffier, ou devant notaire. — *C. civ.* 392.

Celui qui peut être tuteur peut être nommé conseil de tutelle; une femme peut donc être nommée conseil de tutelle, puisqu'elle peut être tutrice. C'est une mission toute de confiance qui n'entraîne aucune responsabilité et que l'on peut refuser. — *D. N.* — Voy. *Conseil de famille.* — *Tutelle.* — *Tuteur.*

CONSENTEMENT. — Adhésion à la volonté d'une autre personne, acquiescement à une chose, concours de deux volontés.

Le consentement est une des conditions de la validité des conventions. — *C. civ.* 1108.

Le consentement est *exprès*, c'est-à-dire manifesté de vive voix ou par écrit, ou bien *tacite*, c'est-à-dire qui résulte de signes d'actions ou de faits, ou encore de silence ou d'inaction, qui suppose l'acceptation.

Comme consentement résultant du silence ou de l'inaction, on peut citer la *tacite reconduction.* — Voy. *Tacite reconduction.*

Le consentement n'est pas valable, s'il n'a été donné que par erreur, ou s'il a été extorqué par violence ou surpris, ou par dol. — *C. civ.* 1109.

CONSENTEMENT à adoption. — Acte par lequel le conjoint de l'adoptant, ou les père et mère de l'adopté consentent à l'adoption. — *C. civ.* 346.

L'adopté n'est pas tenu de demander le consentement à adoption à d'autres ascendants qu'à ses père et mère ou au survivant d'eux.

Lorsque l'adoptant confère l'adoption à son pupille par acte testamentaire après cinq années de tutelle officieuse, le consentement du conjoint n'est pas nécessaire. — *C. civ.* 344 *et suiv.*

Le consentement à adoption doit être fait par acte authentique. — Voy. *Adoption.* — *Tutelle officieuse.*

CONSENTEMENT à antériorité. — Ce consentement s'entend en général de celui que l'on donne à ce qu'une personne exerce un droit préférablement ou avant une autre à laquelle appartient l'antériorité.

Ce consentement n'est guère en usage qu'en matière d'hypothèque et doit, dès lors, être fait par acte notarié. — Voy. *Cession d'antériorité ou de priorité.*

CONSENTEMENT à l'exécution d'un testament. — Ce consentement n'est autre chose que l'acquiescement que donnent les héritiers du sang à un testament contesté, soit par un acte spécial pur et simple, soit par voie de transaction, lorsqu'il n'y a pas lieu à la délivrance du legs.

Le consentement à exécution équivaut à une délivrance tacite du legs. — Voy. *Legs*. — *Délivrance de legs*.

CONSENTEMENT d'hypothèque. — Voy. *Affectation hypothécaire*. — *Hypothèque*.

CONSENTEMENT à mariage. — C'est le consentement que doit obtenir de ses père et mère ou autres ascendants celui qui veut contracter mariage.

Le fils, avant vingt-cinq ans, la fille, avant vingt-un ans, ne peuvent contracter mariage sans le consentement de leurs père et mère ou autres ascendants; en cas de dissentiment, le consentement du père suffit. — *C. civ.* 148.

Mais le dissentiment doit être constaté par un acte respectueux. — Voy. *Acte respectueux*.

Si l'un des deux époux est mort ou se trouve dans l'impossibilité de manifester sa volonté, le consentement de l'autre suffit. — *C. civ.* 149.

S'il n'existe pas d'aïeuls dans une ligne, ou s'ils ne peuvent manifester leur volonté, le consentement des aïeuls ou de l'aïeul de l'autre ligne est suffisant.

S'il n'y a ni père ni mère, ni aïeuls, ni aïeules, ou s'ils se trouvent tous dans l'impossibilité de manifester leur volonté, les fils ou filles mineurs âgés de moins de vingt-un ans ne peuvent contracter mariage sans le consentement de leur conseil de famille; passé vingt-un ans, il n'y a plus nécessité d'obtenir de consentement même pour les garçons.

L'enfant naturel non reconnu, et celui qui, après l'avoir été, a perdu ses père et mère, ou dont les père et mère sont dans l'impossibilité de manifester leur volonté, ne peuvent, avant l'âge de vingt-un ans, se marier qu'avec le consentement d'un tuteur *ad hoc*. — *C. civ.* 159.

Le consentement à mariage se constate soit lors du mariage devant l'officier de l'état civil, soit par acte authentique, c'est-à-dire devant notaire, par une déclaration expresse.

Les père et mère, ou autres ascendants appelés à donner leur consentement, ont le droit de ne donner ce consentement qu'à la mairie, au moment même de la célébration du mariage.

Ils ne peuvent être contraints de le donner par acte séparé. — *D. N.*

Les militaires ne peuvent se marier sans une permission spéciale. — Voy. *Militaires*.

CONSENTEMENT au noviciat. — Les élèves et novices des congrégations religieuses ne peuvent contracter des vœux si elles n'ont seize ans accomplis, et si elles ne présentent le consentement donné dans la même forme que celui qui leur serait nécessaire pour contracter mariage. — *Déc. du 18 février* 1809. — Voy. *Consentement à mariage*.

CONSENTEMENT à l'ordination. — Les évêques peuvent ordonner tout ecclésiastique âgé de vingt-deux ans accomplis; mais aucun ecclésiastique ayant moins de vingt-cinq ans ne peut être admis dans les ordres que du consentement de ses parents, conformément aux prescriptions des lois civiles pour le mariage des fils âgés de moins de vingt-cinq ans accomplis. — *Déc. du 28 février* 1810. — Voy. *Consentement à mariage*.

CONSENTEMENT de priorité d'hypothèque. — Voy. *Cession d'antériorité ou de priorité*.

CONSERVATEUR des hypothèques. — C'est le préposé de l'Administration des domaines établi dans le chef-lieu de l'arrondissement communal et qui est chargé de l'accomplissement des formalités hypothécaires. — Voy. *Bureau des hypothèques*.

Les bureaux des conservateurs des hypothèques sont ouverts au public tous les jours, excepté les jours fériés, de huit heures du matin à quatre heures de l'après-midi. — Voy. *Jours fériés.*

Aucune formalité ne peut être donnée soit après l'heure fixée pour la fermeture du bureau, soit les jours fériés.

Les formalités hypothécaires dont l'accomplissement est confié au conservateur comprennent notamment : les inscriptions de privilèges et d'hypothèques, les transcriptions d'actes d'aliénations et de saisies immobilières, les radiations d'inscriptions, les mentions de changement d'élection de domicile, de subrogations et autres, la délivrance des copies d'actes transcrits, de certificats négatifs, d'extraits et d'états d'inscriptions.— D. N. —Voy. *Certificat négatif.* —*Etat d'inscriptions.* — *Hypothèques.* — *Inscription hypothécaire.* — *Purge des hypothèques.* — *Radiation.* — *Saisie immobilière.* — *Transcription.*

Les conservateurs des hypothèques sont tenus de délivrer à tous ceux qui le requièrent copie des actes transcrits sur leurs registres, et celles des inscriptions subsistantes, ou le certificat qu'il n'en existe aucune. — C. civ. 2196.

Pour requérir la délivrance de ces copies ou certificats, il n'est pas nécessaire d'être partie aux actes qu'ils concernent ou d'y avoir le moindre intérêt; toute personne peut donc par ce moyen obtenir connaissance d'un acte transcrit ou connaître la situation hypothécaire de n'importe qui. Mais les conservateurs ne peuvent faire aucune délivrance de cette nature que sur une réquisition écrite.

Les conservateurs des hypothèques sont responsables du préjudice résultant : 1° de l'omission sur leurs registres des transcriptions d'actes de mutation et des inscriptions requises dans leurs bureaux ; et 2° du défaut de mention, dans les certificats, d'une ou plusieurs des inscriptions existantes, à moins, dans ce dernier cas, que l'erreur ne soit le résultat de désignations insuffisantes qui ne pourraient leur être imputées. — C. civ. 2197.

En ce qui concerne le tarif des droits d'hypothèques. — Voy. *Hypothèques (tarif).*

CONSERVATOIRE. — Voy. *Acte conservatoire.* — *Inscription hypothécaire.* — *Inventaire.* — *Titre nouvel.*

CONSERVATOIRE de musique, etc. — Le Conservatoire de musique et de déclamation, fondé à Paris, rue du Faubourg-Poissonnière, 15, est destiné à la conservation et à la propagation de l'art musical et de la déclamation dans toutes ses parties.

Les cours sont gratuits, mais l'admission n'a lieu que par voie d'examen ou de concours.

On y forme non seulement des élèves, mais aussi des professeurs.

Il existe dans cet établissement un musée instrumental, ouvert au public le jeudi, et une bibliothèque de musique, ouverte tous les jours de 10 à 4 heures (les dimanches, fêtes et le temps des vacances exceptés).

CONSERVE. — En matière de commerce maritime, *marches de conserve* s'entend de plusieurs navires dont les patrons conviennent de traverser ensemble certaine étendue de mer pour s'y prêter secours au besoin.

CONSIGNATAIRE. — Celui qui reçoit une consignation. En matière commerciale, on emploie ce terme pour désigner celui qui reçoit des marchandises par l'effet d'un dépôt volontaire.

Ce dépôt se fait ordinairement, soit par mesure de conservation des marchandises, soit pour l'application des lois de douane, d'octroi ou autres, soit enfin pour la vente ou l'expédition.

Lorsque le consignataire est chargé de vendre, la consignation participe du contrat de commission. — Voy. *Commissionnaire.* — *Connaissement.* — *Dépositaire de marchandises.* — *Dépôt.*

CONSIGNATION. — C'est le dépôt à la Caisse des consignations ou entre les mains des fonctionnaires publics préposés à cet effet des sommes dont un débiteur veut se libérer malgré le refus ou autres empêchements qui arrêtent sa libération. — Voy. *Caisse des dépôts et consignations.*

Il y a lieu à consignation :

1° Toutes les fois que le créancier veut se libérer et que le débiteur refuse de recevoir ou se trouve dans l'impossibilité de le faire ;

2° S'il y a opposition aux mains des officiers ou fonctionnaires dépositaires de deniers appartenant à des tiers;

3° Si la justice a ordonné le dépôt.

Les consignations sont de deux espèces, savoir :

Les consignations volontaires, faites par un débiteur qui veut se libérer ;

Et les consignations judiciaires, qui sont celles ordonnées par la justice ou par l'autorité administrative, comme celles des prix de ventes d'immeubles dans le cas d'opposition, etc.

Consignations volontaires.

Les conditions requises pour la validité d'une consignation volontaire sont au nombre de quatre ;

Il faut : 1° qu'elle ait été précédée d'une sommation signifiée au créancier, et contenant l'indication du jour, de l'heure, et du lieu où la chose offerte sera déposée ; 2° que le débiteur se soit dessaisi de la chose offerte en la remettant dans le dépôt indiqué par la loi pour recevoir les consignations avec les intérêts courus jusqu'au jour du dépôt ; 3° qu'il y ait eu procès-verbal, dressé par l'officier ministériel, de la nature des espèces offertes, du refus qu'a fait le créancier de les recevoir, ou de sa non-comparution, et enfin du dépôt; 4° qu'en cas de non-comparution de la part du créancier le procès-verbal du dépôt lui soit signifié avec sommation de retirer la chose déposée. — C. civ. 1259.

Il est un cas cependant où la consignation volontaire peut être faite par le débiteur sans offres préalables et sans y appeler le créancier, parce qu'il est inconnu, c'est celui où le porteur d'un engagement payable au porteur ne se présente pas dans les trois jours de l'échéance. Cette espèce de consignation peut également être faite entre les mains du receveur de l'enregistrement. — Voy. *Consignation de la valeur d'effets de commerce.*

Les frais de consignation sont à la charge du créancier si elle est déclarée valable. — C. civ. 1260.

Consignations judiciaires.

Les consignations judiciaires ont lieu lorsque le créancier ne peut recevoir à cause de saisies-arrêts faites dans les mains du débiteur. La loi trace la procédure à observer dans ce cas pour faire juger la validité de la saisie-arrêt et faire ordonner la consignation.

Le produit des ventes mobilières faites par suite de saisie-exécution doit être consigné par l'officier public qui a fait la vente, si dans le mois les créanciers ne sont pas convenus de la distribution à faire entre eux par *contribution.*

Cette consignation doit avoir lieu dans la huitaine suivante à la charge de toutes les oppositions. — C. proc. 657.

Elle n'est soumise à aucune formalité. Il suffit à l'officier public ou à l'adjudicataire de rapporter la quittance du receveur des consignations.

L'adjudicataire d'un immeuble vendu judiciairement n'est pas tenu d'en consigner le prix si le cahier des charges ne lui impose point cette obligation.

Effets de la consignation.

La consignation arrête le cours des intérêts et libère le débiteur, et la chose consignée demeure aux risques du créancier.

Tant que la consignation n'a pas été acceptée par le créancier ou n'a pas été suivie d'une opposition dûment notifiée au receveur de la caisse, le débiteur peut la retirer, à moins qu'il n'ait lui-même obtenu un jugement passé en force de chose jugée qui valide la consignation.

Lorsque la consignation a été acceptée ou validée, ou qu'elle a été suivie d'une opposition, le receveur ne peut rembourser qu'à la vue et sur la remise d'un jugement passé en force de chose jugée ou d'un acte notarié constatant le consentement des tiers-acceptants ou opposants. — *D. N.*

CONSIGNATION d'amende. — Versement préalable imposé dans certains cas aux parties qui veulent se pourvoir contre un jugement ou un arrêt par appel, cassation, requête civile ou inscription de faux. — Voy. ces divers mots.

CONSIGNATION de la valeur d'effets de commerce. — Tout débiteur de billet à ordre, de lettre de change et autre effet négociable dont le porteur ne se sera pas présenté dans les trois jours qui suivront celui de l'échéance, est autorisé à déposer la somme portée au billet dans les mains du receveur de l'enregistrement dans l'arrondissement duquel l'effet est payable, ou à la Caisse des consignations. — *L. du 6 thermidor an III.*

Le dépôt consommé, le débiteur ne sera tenu que de remettre l'acte de dépôt en échange du billet.

La somme déposée sera remise à celui qui représentera l'acte de dépôt, sans autre formalité que la remise d'icelui et la signature du porteur. — Voy. *Effet de commerce.* — *Lettre de change.*

CONSISTOIRE. — Réunion des ministres de la religion protestante, lorsqu'ils délibèrent sur les affaires de leur église. — Voy. *Culte.* — *Donation.* — *Legs.*

CONSOLIDATION. — C'est la réunion d'une chose à une autre avec laquelle elle ne faisait précédemment qu'un seul tout.

Ainsi l'usufruit s'éteint par la consolidation, c'est-à-dire par la réunion de l'usufruit à la propriété. — *C. civ.* 617 — Voy. *Usufruit.*

CONSOMMATION (Prêt de). — Prêt d'une chose dont on ne peut user sans la détruire, et qu'ainsi l'emprunteur ne peut rendre en nature, mais seulement par équivalent. — Voy. *Prêt.*

CONSOMMATION d'aliments et de boissons sans payer. — Voy. *Hôtel.* — *Hôtellerie.* — *Auberge, etc.*

CONSORTS. — Se dit des personnes qui ont le même intérêt, soit activement, soit passivement, dans une instance ou une affaire.

Les copartageants, les créanciers et les débiteurs solidaires, ceux qui plaident dans un même intérêt, en un mot tous les coïntéressés sont *consorts*. — Voy. *Indivision.* — *Solidarité.*

CONSPIRATION. — Complot ayant pour but le renversement de l'autorité établie.

CONSTITUTION. — Se dit d'abord de l'action de constituer une chose ou de l'acte l'établissant. — Voy. *Constitution d'avoué.* — *Constitution de dot.* — *Constitution de rente.*

Dans notre régime gouvernemental, le mot *constitution* s'entend des lois fondamentales et organiques des pouvoirs publics. — Voy. *Organisation politique.* — *Elections législatives.* — *Loi.* — *Ministre.* — *Sénat.*

CONSTITUTION d'avoué. — C'est la désignation faite par le demandeur dans l'exploit d'ajournement introductif d'instance, de l'avoué qui doit occuper pour lui. — Voy. *Avoué.*

CONSTITUTION de dot. — C'est en général la dot constituée à l'un ou l'autre des futurs époux dans la vue du mariage, et quelle que soit l'adoption du régime. — Voy. *Dot.*

Sous le régime dotal, la constitution de dot s'entend des biens de la femme qui doivent être frappés de dotalité, c'est-à-dire inaliénables.

On nomme aussi constitution de dot les biens mis à prix ou ameublis par les époux sous le régime de la communauté. — Voy. *Ameublissement.* — *Régime dotal.*

CONSTITUTION d'hypothèque. — Se dit de tout acte qui emporte hypothèque conventionnelle ou judiciaire. — Voy. *Affectation hypothécaire.* — *Hypothèque.* — *Jugement.* — *Obligation.*

CONSTITUTION de pension. — C'est l'acte par lequel des parents, ou même un étranger, s'obligent de payer à quelqu'un une pension viagère à titre gratuit ou onéreux. — Voy. *Pension.* — *Pension alimentaire.* — *Aliments.*

CONSTITUTION de rente. — Contrat qui renferme l'obligation de servir une rente perpétuelle ou viagère.

Tout ce qui s'applique aux rentes sera traité plus loin. — Voy. *Rente.* — *Rente viagère.*

CONSTRUCTION. — Dans un sens général, ce mot s'applique à tous les ouvrages de main d'homme, mais il s'entend plus particulièrement de l'action de construire c'est-à-dire de faire au-dessus et au-dessous du sol toutes les constructions et fouilles que l'on veut. — C. civ. 544, 552.

Ce droit est cependant modifié par des règlements de police. — Voy. *Alignement.* — *Démolition.* — *Voirie.* — *Carrière.*

A l'égard des constructions élevées aux abords des cimetières, forêts, etc. — Voy. *Défense de construire.*

Pour les propriétés contiguës sur lesquelles le propriétaire se propose de faire des constructions, des mesures préalables doivent être prises. — Voy. *Alignement.* — *Clôture.* — *Cours d'eau.* — *Dénonciation de nouvel œuvre.* — *Egout.* — *Fossé.* — *Haie.* — *Mitoyenneté.* — *Réparation.* — *Servitude.* — *Tour d'échelle.*

Les propriétaires voisins peuvent s'opposer à l'usage des constructions faites pour des établissements insalubres ou nuisibles. — Voy. *Etablissement insalubre.*

Pour les obligations respectives des propriétaires et entrepreneurs de construction. — Voy. *Marché.*

Et pour les constructions à la charge du propriétaire, du détenteur emphytéotique ou de l'usufruitier. — Voy. *Bail emphytéotique.* — *Réparation.* — *Usufruit.*

CONSULAT. — Voy. *Consuls.*

CONSULS. — On nomme ainsi les agents ou délégués que le Gouvernement d'une nation entretient dans les places de commerce, et principalement dans les ports d'une nation étrangère, pour protéger ses sujets qui y résident ou voyagent, veiller à la conservation de leurs droits et privilèges, et encore pour remplir à leur égard certaines fonctions d'administration et de juridiction.

On appelle *consulat* le siège de la juridiction d'un consul.

Le corps des *consuls* se compose de consuls généraux, de consuls de première et seconde classes et d'élèves consuls.

Indépendamment des consuls, on distingue encore les *vice-consuls* et *agents consulaires.*

Les consuls français sont juges en première instance des contestations de quelque nature qu'elles soient qui s'élèvent entre des Français. — D. N.

Ils reçoivent valablement en pays étranger tout acte de l'état civil des Français, conformément aux lois françaises. — C. civ. 48.

CONSULTATION. — Avis raisonné qu'un avocat, un jurisconsulte, donne dans une affaire ou sur une question qui lui est soumise.

Ce mot s'emploie encore pour désigner une conférence de jurisconsultes sur un point soumis à leur examen.

Les avocats ont le droit exclusif de donner des consultations lorsqu'il s'agit de transiger au nom d'un mineur ou dans le cas de pourvoi par requête civile. — C. civ. 467. — C. proc. 495.

Mais tous ceux qui possèdent des connaissances en droit, peu importe leur qualité, peuvent donner un simple avis, soit verbalement, soit par écrit.

CONTAGION. — Voy. *Épizootie.* — *C. pén.* 459,461.

CONTENANCE. — Mesure, étendue.

L'expression de mesure ou de contenance donne lieu à augmentation ou diminution du prix de la vente, dès lors que la différence en plus ou en moins excède un vingtième, sauf toute stipulation contraire. — *C. civ.* 1619. — Voy. *Anticipation.* — *Garantie.* — *Vente.*

CONTENTIEUX. — Ce qui est susceptible de litige ou fait l'objet d'une contestation. Le contentieux judiciaire est jugé par les Tribunaux, et le contentieux administratif est soumis aux magistrats de l'ordre administratif, aux Conseils de préfecture et au Conseil d'État. — Voy. *Compétence.* — *Conflit.*

CONTESTATION. — On entend par ce mot tout différend, tout procès porté devant la justice ou l'autorité compétente pour statuer sur la matière. — Voy. *Action.*

CONTIGUÏTÉ. — État de deux choses qui se touchent, de deux immeubles qui se joignent, soit pour le tout, soit pour partie.

Chaque voisin ou propriétaire contigu a le droit d'exiger que la ligne séparative des deux héritages soit marquée, et de prendre les précautions convenables pour empêcher les empiétements. — Voy. *Bornage.* — *Borne.* — *Clôture.* — *Échange.* — *Mitoyenneté.* — *Propriété.* — *Servitude.*

CONTINUATION de bail. — Voy. *Tacite reconduction.*

CONTRACTUEL. — Se dit de ce qui a été réglé par un contrat ou de la disposition qui en dérive. Ainsi l'institution d'héritiers par contrat de mariage est une *institution contractuelle*, de même la séparation de biens par contrat de mariage est une *séparation contractuelle.* — Voy. *Institution contractuelle.*

CONTRADICTEUR. — On nomme ainsi celui qui contredit ou peut contredire un acte judiciaire ou extra-judiciaire ; par exemple, le subrogé-tuteur est le contradicteur des actions que le tuteur exerce contre son pupille ; le curateur est le contradicteur du mineur émancipé, etc. — Voy. *Subrogé-tuteur.* — *Curateur.* — *Tutelle.*

CONTRADICTION. — C'est, en matière de prescription, l'acte par lequel on manifeste la prétention de posséder une chose à titre de propriétaire, ou de ne pas satisfaire à certaines obligations dont on réclame l'exécution. — Voy. *Prescription.*

CONTRADICTOIRE. — En droit, la signification usuelle du mot *contradictoire* ne s'applique pas à une contradiction nécessaire, c'est au contraire tout ce qui se fait en présence des parties intéressées. On nomme *jugement contradictoire* celui rendu entre toutes les parties présentes et contredisantes. — Voy. *Appel.* — *Chose jugée.* — *Condamnation.*

CONTRAINTE. — C'est la voie d'exécution qui résulte d'une obligation ou d'une condamnation judiciaire, et par laquelle on force quelqu'un à faire quelque chose.

Les contraintes ne s'exercent plus maintenant que sur les biens, telles sont les *saisies-arrêts*, les *saisies-exécutions*, les *saisies-immobilières*, les *ventes judiciaires*, etc. — Voy. *Contrainte par corps.* — *Expropriation forcée.* — *Saisie-arrêt.* — *Saisie-exécution.* — *Contrainte (finances).*

CONTRAINTE par corps. — C'est le droit qui appartenait autrefois au créancier de faire arrêter son débiteur.

La contrainte par corps a été supprimée en matière civile, commerciale et contre les étrangers.

Elle a été maintenue seulement en matière criminelle, correctionnelle et de police, tant en faveur de l'État que des particuliers. — *L. du 22 juill.* 1867.

Elle reste donc applicable seulement aux condamnations prononcées par les Tribunaux au profit d'une partie lésée, pour réparation d'un crime, d'un délit ou d'une contravention reconnus par la juridiction criminelle, de même que pour le paiement des frais au profit de l'État.

L'application de la contrainte par corps est, dans les cas ci-dessus, toujours de plein droit, et n'a pas besoin d'être prononcée par le jugement ou l'arrêt.

La durée de la contrainte par corps est déterminée par la loi du 22 juillet 1867.

Le maximum est de 2 ans. — En matière de simple police, elle ne peut excéder 5 jours.

Les particuliers sont obligés de pourvoir aux aliments des détenus; faute de provisions, le condamné est mis en liberté.

CONTRAINTE (finances). — C'est le mandement exécutoire décerné contre une personne redevable de deniers publics, de droits dus au Trésor ou de sommes dont le paiement a été ordonné au profit de l'État par des décisions administratives ou des jugements des Tribunaux.

Il est procédé par voie de contrainte en matière de contributions directes et indirectes, en matière de douanes et en matière d'enregistrement, de timbre et d'hypothèques, pour le recouvrement des droits et doubles droits dus et des amendes encourues.

Les contraintes en matière de contributions directes et indirectes sont exécutoires nonobstant toute opposition.

Celles décernées par l'Administration des douanes emportent hypothèque comme les condamnations judiciaires.

Le Ministre des finances peut encore décerner des contraintes contre tous comptables, entrepreneurs, soumissionnaires et agents, en un mot contre tous débiteurs du Trésor. Ces contraintes emportent également hypothèque. — *D. N.*

CONTRAINTE (violence). — C'est une espèce d'autorité employée contre une personne pour lui faire faire quelque chose contre sa volonté. — Voy. *Consentement.* — *Convention.* — *Mariage.* — *Violence.*

CONTRARIÉTÉ d'arrêts. — Se dit de l'opposition entre deux arrêts ou jugements en dernier ressort rendus par deux Tribunaux différents entre les mêmes parties et qui ont le même objet et sont appuyés sur les mêmes moyens.

La contrariété d'arrêts ou de jugements donne ouverture à rétractation et cassation. — *C. proc.* 480, 504.

CONTRAT. — Convention par laquelle on s'oblige à donner, à faire ou à ne pas faire quelque chose. — *C. civ.* 1101.

Dans la pratique des affaires, le contrat s'entend plus spécialement de l'acte même qui forme la preuve littérale de la convention des parties. — Voy. *Acte.* — *Acte notarié.* — *Acte sous seing privé.*

Pour qu'il y ait *contrat*, il faut que la convention ait pour objet quelque engagement.

Les contrats se divisent à l'infini, comme les conventions et les obligations elles-mêmes. — La convention forme entre les parties le lien du droit, le contrat en est le complément ou la preuve, et il en assure l'exécution; l'obligation est la conséquence de la convention et du contrat.

Les contrats sont *synallagmatiques* ou *bilatéraux*, lorsque les contractants s'obligent réciproquement les uns envers les autres; tels sont les contrats de vente, d'échange, de louage, etc. — *C. civ.* 1102.

Ils sont *unilatéraux* lorsqu'une ou plusieurs personnes s'obligent envers une ou plusieurs autres sans qu'il y ait engagement de la part de ces derniers; tels sont le mandat, le dépôt, le prêt à usage, le prêt de consommation, etc. — *C. civ.* 1103.

Les contrats de vente, d'échange et autres, dans lesquels on cède une chose regardée comme l'équivalent de l'autre, sont des contrats *commutatifs*.

Lorsque l'équivalent consiste dans la chance de gain ou de perte, comme le contrat à rente viagère et d'assurance, ils sont *aléatoires*. — *C. civ.* 1104.

Le contrat de bienfaisance est celui dans lequel l'une des parties procure à l'autre un avantage purement gratuit. — *C. civ.* 1105.

Le contrat à titre onéreux est celui qui assujettit chacune des parties à donner ou à faire quelque chose. — *C. civ.* 1106.

Les contrats sont aussi divisés en *réels* et *consensuels*, *solennels* et *non solennels*.

Quatre conditions sont essentielles pour la validité des contrats : 1° le consentement des parties ; 2° la capacité de contracter ; 3° un objet certain qui forme la matière du contrat ; 4° une cause licite. — *C. civ.* 1108.

Le principal effet des contrats est de conférer à chaque contractant le droit de contraindre l'autre à exécuter son obligation.

CONTRAT commutatif. — Voy. *Convention.* — *Échange.*

CONTRAT d'abandonnement. — Voy. *Abandonnement (contrat d').*

CONTRAT aléatoire. — Voy. *Aléatoire.* — *Assurance.* — *Convention.* — *Rente viagère.*

CONTRAT d'assurance. — Voy. *Assurance (contrat d').*

CONTRAT de bienfaisance. — Voy. *Convention.*

CONTRAT de change. — Voy. *Change.* — *Lettre de change.*

CONTRAT de louage. — Voy. *les divers Baux.* — *Congé de location.* — *Tacite reconduction.*

CONTRAT entre époux. — Il est certains cas où les époux peuvent contracter ensemble. Ainsi le contrat entre époux est autorisé par la loi, par exemple en matière de Dation en paiement et de rétablissement de la communauté après séparation de biens, comme aussi lorsqu'il s'agit de donations ou de mandat. — *C. civ.* 1096, 1451, 1577.

Le contrat entre époux est encore permis à la condition :

1° Qu'il ne constitue point une dérogation aux conventions matrimoniales. — *C. civ.* 1394 *et* 1395 ;

2° Qu'il ne constitue point une donation qu'on aurait voulu soustraire à la règle essentielle de révocabilité résultant des articles 1096 et 1097 du Code civil ;

3° Qu'il ne constitue point une vente, sauf dans le cas où l'un des époux cède des biens à l'autre séparé judiciairement d'avec lui, en paiement de ses droits ; ou bien dans celui où la cession que le mari fait à sa femme, même non séparée, a une cause légitime telle que le remploi d'immeubles aliénés ou de deniers à elle appartenant, si ces immeubles ou deniers ne tombent pas en communauté ; ou bien encore celui où la femme cède des biens à son mari en paiement d'une somme qu'elle lui aurait promise en dot, et lorsqu'il y a exclusion de communauté ;

4° Enfin, qu'il ne soit pas non plus un acte frauduleux au préjudice des créanciers personnels de l'un ou de l'autre des époux. — *C. civ.* 1167.

Dans les cas où les contrats entre époux sont permis, le concours du mari à l'acte suffit pour autoriser sa femme.

CONTRAT à la grosse. — Voy. *Grosse (contrat à la).*

CONTRAT judiciaire. — On appelle contrat judiciaire l'accord que font deux parties devant le juge.

On en distingue deux espèces : l'un *exprès*, résultant d'actes positifs tels que : les adjudications faites devant le Tribunal, les cautionnements, etc. ; l'autre *tacite*, résultant de la manière d'agir ou du concours des volontés des deux parties sur un point précédemment contesté entre elles.

L'acte renfermant le contrat judiciaire ayant le caractère d'une transaction ou d'une obligation n'est pas susceptible des voies ouvertes contre les jugements. — Voy. *Appel.* — *Désistement.* — *Jugement.* — *Juridiction.*

CONTRAT de mariage. — Le contrat de mariage est l'acte par lequel les futurs époux arrêtent les conventions civiles relatives au mariage qu'ils sont sur le point de contracter. — Voy. *Mariage.*

Le contrat de mariage ne peut être fait par acte sous seing privé, à peine de nullité. — Il doit être fait avant la célébration du mariage, dans la forme authentique, c'est-à-dire devant un notaire qui délivre aux parties un certificat sur papier libre pour être remis à l'officier de l'état civil avant la célébration du mariage. — *C. civ.* 1394.

Il est en outre certaines formalités particulières aux contrats de mariage des commerçants. — Voy. *Dépôt d'extraits des contrats de mariage des commerçants.* — *Hypothèque.*

Le contrat de mariage est *tacite* ou *légal* quand le mariage a lieu sans que les futurs aient fait rédiger aucun contrat, d'où il résulte qu'ils sont soumis au régime de la communauté légale.

Toutefois il est de principe que c'est la loi du domicile du mari au moment de la célébration du mariage qui, à défaut de contrat, forme le régime matrimonial. Cette distinction a son importance pour les étrangers qui auraient contracté mariage dans leur pays.

Le contrat de mariage est *exprès* ou par *écrit*, ou bien conventionnel, lorsque les futurs arrêtent les conditions civiles de leur union par un contrat écrit.

Nécessité du contrat de mariage.

Le mariage étant une société, se marier sans contrat équivaut à l'établissement d'une société commerciale sans écrit, et comme on ne peut revenir sur une société conjugale lorsque le mariage a été célébré, il est rare que l'un des époux ne soit pas dupe lorsqu'il n'y a pas de contrat.

Ainsi, en supposant deux époux apportant l'un son avoir en meubles ou valeurs mobilières ; l'autre en immeubles. Si l'un vient à mourir, celui qui a apporté les immeubles, ou ses héritiers, les reprend, et partage quand même les valeurs mobilières, il s'ensuit que celui qui a apporté ces valeurs en perd la moitié.

Nous avons encore entendu dire souvent : A quoi bon un contrat? Nous ne possédons rien. Mais ce n'est pas une raison. N'a-t-on pas toujours l'espoir de posséder quelque chose, et si cet espoir se réalise, c'est que chaque époux y aura mis du sien en travaillant et en économisant. Or, ce n'est qu'au moyen d'un contrat de mariage qu'on peut assurer au survivant la totalité des économies qui auront été faites. — *C. civ.* 1525.

Des diverses espèces de contrats de mariage.

La loi admet et explique cinq systèmes ou régimes de conventions matrimoniales, qui sont :
1° La communauté légale ;
2° La communauté conventionnelle ;
3° L'exclusion de la communauté ;
4° La séparation de biens ;
5° Le régime dotal.

Nous avons déjà parlé des trois premiers régimes sous le titre : communauté de biens entre époux. — Voy. *Communauté de biens entre époux.*

Pour les autres. — Voy. *Séparation de biens.* — *Dot.* — *Régime dotal.*

Les futurs époux peuvent encore n'adopter aucun régime ou bien se soumettre en partie au régime dotal et en partie au régime de la communauté ; c'est ce qu'on appelle le régime mixte. En un mot, ils ont la liberté de faire toute stipulation tant qu'elle n'est pas contraire à la loi, à l'ordre public et aux bonnes mœurs. — *C. civ.* 1387.

Mais ce qu'il y a de meilleur et de plus équitable, c'est la communauté réduite aux acquêts régie par les articles 1498 et 1499 du Code civil. — Ce que nous conseillons surtout d'éviter quand on fait un contrat de mariage, c'est le *régime dotal* qui est presque une injure pour le mari, et présente de graves inconvénients, de même que la *communauté absolue*, qui entraîne trop loin. Tout dépend d'ailleurs de la position des futurs.

Lorsque les futurs exercent un commerce, il est d'usage de stipuler que le survivant aura la faculté de conserver ce fonds ainsi que les marchandises et ustensiles en dépendant, de même que le droit au bail, en tenant compte de leur estimation d'après l'inventaire.

Pour consentir les conventions matrimoniales, il faut avoir capacité pour contracter mariage. — Néanmoins, bien que le majeur de vingt-un ans ne puisse contracter mariage sans le consentement de ses parents, il a capacité pour le contrat; mais le mineur ne peut le faire qu'avec l'assistance des personnes dont le consentement est nécessaire pour la validité du mariage. — C. civ. 1398. — Voy. *Consentement à mariage.*

Les conventions matrimoniales ne peuvent recevoir aucun changement après la célébration du mariage, mais elles peuvent être modifiées par une contre-lettre tant que le mariage n'a pas eu lieu.

Toutefois, les époux peuvent se faire des avantages pendant le mariage, soit par donation, soit par testament, mais les donations même qualifiées entre vifs sont toujours révocables. — Voy. *onation entre époux.* — *Testament.*

Le contrat de mariage, de même que toutes les stipulations et donations qu'il renferme, sont nulles si le mariage ne s'ensuit pas. — *D. N.*

CONTRAT de mariage des militaires. — Les militaires sont soumis pour leur mariage et pour le contrat qui doit le précéder à certaines formalités particulières. Ainsi, les militaires en activité de service ne peuvent se marier sans permission. — Voy. *Militaires.*

Les officiers de tous grades doivent, pour obtenir cette permission, justifier que la personne qu'ils recherchent leur apportera en dot un revenu *non viager* de 1200 fr. au moins.

Le mariage des sous-officiers rengagés, ayant plus de 5 ans de rengagement, ne doit être autorisé qu'à la condition que la future justifie d'un apport minimum de 5000 fr. ou d'un revenu personnel de 250 fr.

La dot exigée pour les agents principaux et autres employés d'artillerie est d'un revenu annuel de 400 fr.

La justification de la dot a lieu au moyen d'une déclaration d'apport rédigée dans la forme authentique par le notaire appelé à dresser le contrat de mariage.

Cette dot ne peut être constituée ni en *argent comptant* ni en *valeurs au porteur.*

La déclaration d'apport est jointe à la demande qui, d'après la circulaire du Ministre de la guerre du 18 février 1875, doit encore être accompagnée d'un certificat du maire du domicile de la future, constatant l'état des parents de la future, le sien, la réputation dont elle jouit ainsi que sa famille, etc.

Dans le mois de la célébration du mariage, un extrait du contrat en ce qui concerne l'apport de la future, délivré par le notaire, doit être adressé au Ministre de la guerre.

CONTRAT à titre onéreux. — Voy. *Contrat.* — *Convention.*

CONTRAT pignoratif. — Voy. *Pignoratif (contrat).*

CONTRAT (Quasi-). — Voy. *Quasi-contrat.*

CONTRAT de remise. — Voy. *Concordat.* — *Remise.*

CONTRAT de rente. — Voy. *Rente.*

CONTRAT de société. — Voy. *Société.*

CONTRAT unilatéral. — Voy. *Contrat.* — *Convention.* — *Obligation.*

CONTRAT d'union. — Voy. *Abandonnement. (contrat d').* — *Union de créanciers.*

CONTRAVENTION. — C'est l'infraction à une loi, à une ordonnance ou à un règlement en matière fiscale ou de police, d'administration ou de contribution publique. — Ce terme désigne aussi généralement l'action par laquelle on contrevient à une obligation, une convention.

L'infraction que les lois punissent des peines de police est une contravention. — *C. pén.* 1.

Les préposés des douanes, des contributions indirectes et des octrois, les gendarmes, les commissaires, gardes champêtres et tous autres agents de la force publique sont autorisés, chacun dans sa sphère, à constater les contraventions en matière de fraude, police, chasse, etc. — Voy. *Délit. — Roulage. — Voirie.*

CONTREBANDE. — Délit consistant dans l'importation ou l'exportation en France de marchandises prohibées à l'entrée ou à la sortie, ou sujettes à des droits. — Voy. *Douanes.*

CONTRE-CŒUR. — Espèce de contre-mur qui se place au fond de l'âtre d'une cheminée et qu'on appelle aussi *contre-feu.*

CONTREDIT. — Terme de procédure qui désigne en général les écritures ou défenses que fournit une partie contre la production de son adversaire dans les affaires qui s'instruisent par écrit, comme dans les ordres et contributions. — *C. proc.* 659.

Ces écritures ont pour but de détruire les inductions que la partie adverse prétend tirer des pièces qu'elle a produites. — Voy. *Contribution de deniers. — Ordre.*

CONTRE-échange. — Voy. *Échange.*

CONTRE-enquête. — Se dit d'une enquête faite par opposition à une autre et qu'elle a pour objet de contredire. — *C. proc.* 256. — Voy. *Commune renommée. — Enquête.*

CONTREFAÇON. — Copie ou imitation frauduleuse de la chose d'autrui faite au préjudice du véritable propriétaire ou inventeur. — *C. pén.* 425. — Voy. *Brevet d'invention. — Propriété littéraire.*

CONTREFACTION. — Mot employé pour désigner le fait matériel de contrefaire ou falsifier les effets publics, les billets de banque, les monnaies, poinçons, sceaux et timbres de l'État.

La loi punit ce crime de la réclusion et des travaux forcés. — *C. pén.* 140, 141.

CONTRE-lettre. — Acte secret qui déroge à un autre, c'est-à-dire qui modifie, étend ou restreint les conditions qui y sont stipulées, ou par lequel on reconnaît que ces conditions ne sont pas sérieuses.

Il ne faut pas confondre les contre-lettres avec les déclarations qui se font quelquefois en faveur des tiers, et qui, sans rien changer à l'acte, n'ont pour objet que d'en appliquer le profit à une autre personne ; telle est, par exemple, la déclaration de command.

Les contre-lettres n'ont d'effet qu'entre les parties contractantes ou leurs héritiers. Elles ne peuvent préjudicier aux droits acquis à des tiers, mais elles peuvent profiter à ces derniers. — *C. civ.* 1321.

Cette disposition s'applique aux contre-lettres passées devant notaire aussi bien qu'à celles faites sous seing privé.

Il s'ensuit que l'acquéreur qui aurait donné une contre-lettre portant que la vente ne serait pas réelle pourrait valablement transmettre la propriété à un tiers de bonne foi. De là le danger pour le vendeur.

Il ne faut pas non plus perdre de vue que le vendeur perd tout privilège pour se faire payer lorsqu'il reconnaît dans le contrat d'aliénation qu'il a reçu tout ou partie du prix comptant quoiqu'il ne lui ait pas été remis, et bien que l'acquéreur ait reconnu ce fait par une contre-lettre dans laquelle il s'oblige de payer à une époque déterminée.

D'après les lois des 23 août 1871 et 28 février 1872, lorsque l'existence d'une contre-lettre par acte public ou sous signatures privées ayant pour objet une augmentation de prix aura été constatée, il y aura lieu à la perception à titre d'amende d'une somme égale au quart de celle dissimulée.

Bien que les contre-lettres n'aient rien d'illicite, puisque la loi les autorise, et qu'elles soient même nécessaires dans certains cas, nous ne saurions trop recommander de n'en user qu'avec la plus grande circonspection, surtout lorsqu'il s'agit de contre-lettres destinées à rester secrètes, et de ne jamais en faire usage en matière de dissimulation de prix, afin d'éviter d'abord les droits en sus exigibles à titre d'amende si l'existence venait à en être constatée, et même l'action en restitution à laquelle elles pourraient donner lieu dans certains cas. — *D. N.* — Voy. *Droits en sus.* — *Action en restitution.*

Nous en donnons ci-après une formule.

Contre-lettre pour une obligation.

Je soussigné A..., demeurant à....., déclare que l'obligation souscrite à mon profit par M. B..., devant M⁰ C..., notaire à....., le....., n'est pas sérieuse.

En conséquence, bien que, par cette obligation, M. B... se soit reconnu débiteur envers moi d'une somme de....., je déclare et reconnais qu'il ne me doit rien. En foi de quoi je lui ai remis ces présentes.

Fait à....., le....., mil.....

(*Signature.*)

CONTRE-LETTRE à un contrat de mariage. — Les contre-lettres ayant pour objet de modifier un contrat de mariage sont soumises aux mêmes règles que le contrat lui-même, et doivent être faites avant le mariage par acte authentique à la suite du contrat et avec le concours de toutes les parties ayant figuré au contrat de mariage. — Voy. *Contrat de mariage.*

CONTRE-MUR. — Petit mur ou construction renforcée destinée à garantir les bâtiments et murs de clôture des dégradations auxquelles certains établissements voisins pourraient les exposer.

Nul ne pouvant rien faire sur sa propriété qui soit nuisible au voisin, il s'ensuit que les contre-murs peuvent être exigés entre voisins lorsqu'il s'agit notamment de l'établissement de *puits, citernes, canaux et aqueducs; fosses d'aisances, cheminées et âtres; forges, fours et fourneaux; étables, écuries, bergeries,* etc; *magasins de sels* et amas de *matières corrosives.* — En effet, celui qui fait exécuter ces travaux doit laisser la distance prescrite par les règlements et usages locaux sur ces objets, ou faire les ouvrages prescrits par les mêmes règlements et usages. — *C. civ.* 674.

Le contre-mur doit être établi de façon à garantir le mur de séparation, la cave, le puits ou autres établissements voisins qu'il y aurait lieu du dommage que pourrait causer l'infiltration des eaux. — La loi ne fixe ni la distance à observer, ni l'épaisseur du contre-mur à établir, mais le tout doit être fait de manière à sauvegarder l'intérêt du voisin.

Le voisin a d'ailleurs le droit de faire vérifier si les précautions convenables ont été prises lors de l'exécution des travaux.

L'usage généralement admis est que le contre-mur doit avoir 65 centimètres de profondeur de fondation, 24 centimètres d'épaisseur, et une élévation égale à celle des objets que le mur doit soutenir. — Voy. *Usages locaux* (*contre-mur*).

A Paris, la construction des fosses d'aisances est réglée par un décret du 10 mars 1809. — Celle des cheminées et âtres et des forges et fourneaux est réglée par les usages et coutumes. — Voy. *Mitoyenneté.* — *Mur.* — *Réparation.* — *Servitude.* — *Cheminée, forge ou fourneau.*

CONTRE-SEING. — Ce mot a plusieurs acceptions. Ainsi, il exprime la désignation des fonctions et la signature des personnes qui ont droit aux franchises postales. — *E. N.*

En matière d'administration, il s'entend de la signature d'une personne subordonnée, au-dessous de celle d'un supérieur, comme lorsqu'il s'agit de décrets et ordonnances qui sont contresignés par les Ministres.

Le contre-seing d'une procuration, par le mandataire qui en fait usage, est synonyme d'acceptation du mandat et atteste la véracité du pouvoir.

CONTRIBUTION. — On appelle contribution la répartition d'une chose entre plusieurs personnes. — Voy. *Contribution de deniers.*

On désigne aussi par ce mot les contributions ou impositions de toute espèce. — Voy. *Contributions publiques.*

CONTRIBUTION aux avaries. — Voy. *Avarie.*

CONTRIBUTION aux dettes de communauté, de succession. — Voy. *Communauté de biens entre époux.* — *Compte de communauté.* — *Compte de fonds.* — *Compte de fruits.* — *Dette.* — *Legs.* — *Liquidation.* — *Partage.* — *Succession.*

CONTRIBUTION communale. — C'est celle affectée aux dépenses de la commune.

Les contributions ordinaires des communes sont le produit des centimes affectés à leur profit par les lois des finances ; le produit des octrois municipaux ; le produit des péages communaux, droits de voirie et autres ; le produit de la portion qui leur est accordée dans l'impôt des patentes, etc. — *Loi du 18 juillet 1837.*

Les contributions extraordinaires sont celles ayant pour objet de pourvoir aux dépenses obligatoires ou même facultatives en cas d'insuffisance des ressources ordinaires. — Ces impositions portent toujours sur les quatre contributions directes, à l'exception des centimes relatifs au salaire des gardes champêtres qui sont assis sur la contribution foncière seulement. Elles sont votées par le Conseil municipal, et sont, suivant leur destination et selon l'importance de la commune, autorisées par le préfet ou par une loi. — *LL. des 21 avril 1831 et 18 juillet 1837.*

CONTRIBUTION départementale. — C'est, comme le mot l'indique, celle qui est perçue sur les propriétés et les habitants du département pour subvenir aux dépenses départementales. On désigne plus spécialement ces contributions sous le nom de *centimes additionnels.*

Les contributions départementales ou centimes additionnels se divisent en *centimes ordinaires, centimes facultatifs, centimes extraordinaires* et *centimes spéciaux.* — *L. du 10 avril 1838.*

Elles sont votées chaque année par la loi des finances et les Conseils généraux. — Voy. *Conseil général de département.* — *Contributions publiques.* — *Département.* — *Préfet.*

CONTRIBUTIONS directes. — Voy. *Contributions publiques, section 1re.*

CONTRIBUTION des patentes. — Voy. *Contributions publiques, § 4e.*

CONTRIBUTION foncière. — Voy. *Contributions publiques, § 1er.*

CONTRIBUTIONS indirectes. — Voy. *Boissons.* — *Contributions publiques, section 2e.*

CONTRIBUTION de deniers. — C'est la distribution au marc le franc entre créanciers de deniers mobiliers saisis-arrêtés sur leur débiteur, ou provenant du prix de ses biens meubles.

Des cas où il y a lieu à contribution.

Le droit des créanciers n'ayant ni privilège ni hypothèque contre leur débiteur est le même sur les biens de celui-ci, qui forment leur gage commun, et le prix doit s'en distribuer entre eux par contribution. — *C. civ. 2093.*

Si le mari n'a pas d'immeubles sur lesquels la femme puisse exercer l'effet de son hypothèque légale, elle vient à contribution comme les autres créanciers, attendu qu'elle n'a pas de privilège sur le mobilier. — *C. civ.* 2094. — Voy. *Reprises matrimoniales.*

Les créanciers hypothécaires non remplis sur le prix des immeubles peuvent concourir à une distribution au cas de faillite ou de déconfiture du débiteur et dans la proportion de ce qui leur reste dû. — *C. comm.* 552.

Il y a lieu d'ouvrir une contribution soit sur le prix de ventes faites par saisie-exécution ou saisie-brandon, soit sur les deniers saisis-arrêtés ou sur toutes sommes déposées à la Caisse des consignations, et en général sur le prix de tous les meubles ou choses mobilières appartenant au débiteur. — *C. proc.* 656.

Formes de la contribution.

La contribution de deniers a lieu à l'*amiable*, par acte notarié, ou dans la *forme judiciaire.*

Elle doit être faite dans le délai d'un mois. — *C. proc.* 656.

Ce délai court, en cas de saisie-arrêt, du jour de la signification au tiers-saisi du jugement qui fixe la dette; en cas de saisie de rentes, du jour de la signification du jugement d'adjudication; en cas de saisies exécutoires, saisies foraines, saisies-brandon ou même de ventes volontaires auxquelles il y aurait eu des oppositions, du jour de la dernière séance du procès-verbal de vente. — *Ord. du 3 juillet* 1816.

Le refus d'un seul créancier de concourir à une distribution amiable suffit pour rendre nécessaire une distribution judiciaire.

Lorsque le saisi et les créanciers ne se sont pas accordés dans le délai d'un mois pour la distribution amiable, l'officier qui a fait la vente est tenu d'en consigner le montant, déduction faite de ses frais taxés, dans la huitaine et à la charge de toutes les oppositions. — Voy. *Consignation.*

La consignation une fois opérée, le saisissant ou, à son défaut, la partie la plus diligente, poursuit la contribution devant le Tribunal qui a statué sur la saisie ou qui a validé la saisie-arrêt; c'est ce qu'on appelle la *contribution judiciaire.* — *C. proc.* 658.

Les créanciers sont alors sommés de produire dans le mois; néanmoins, ils peuvent encore produire utilement après l'expiration du mois accordé, tant que le juge-commissaire n'a pas clos son procès-verbal ni arrêté le règlement provisoire.

Les frais de poursuites sont prélevés par privilège avant toute créance. — *C. proc.* 662.

Effets de la contribution.

Les intérêts des sommes colloquées cessent du jour de la clôture du procès-verbal de contribution, s'il ne s'élève pas de contestation; en cas de contestation, du jour de la signification du jugement qui a statué, et, en cas d'appel, quinze jours après la signification de l'arrêt. — *C. proc.* 672.

La Caisse des consignations paie sur la présentation du mandement de collocation, sans signification. Elle n'a pas le droit d'exiger une quittance notariée, mais les parties sont tenues de lui délivrer, à leurs frais, une quittance sous seing privé sur papier timbré.

CONTRIBUTIONS publiques. — Ce sont les impositions qui se perçoivent au profit de l'Etat, du département et des communes.

Le principe consacré depuis 1789, et qui forme une des bases de notre droit public, est que tous les Français doivent contribuer indistinctement, dans la proportion de leur fortune, aux charges de l'Etat.

Les contributions sont *directes* ou *indirectes.*

Les contributions directes sont *foncières* ou *personnelles*, c'est-à-dire qu'elles frappent directement sur les biens ou sur les personnes.

Les contributions indirectes portent particulièrement sur les objets de consommation.

Le Corps législatif discute et vote l'impôt tous les ans, excepté les contributions indirectes, qui sont établies par des lois permanentes.

Les contribuables peuvent prendre connaissance, au secrétariat de la mairie, du tableau indiquant la division de chaque contribution entre l'État, le département et la commune; la nature, la quotité et le produit des divers centimes additionnels au principal des contributions, la destination des impositions départementales et communales et la date des lois, décrets, arrêtés ou votes qui les ont autorisées ou établies ; enfin, le montant des impositions.

Les percepteurs sont tenus de délivrer sur papier libre, à toute personne qui en fait la demande, l'extrait relatif à ses contributions ou tout autre extrait du rôle ou certificat négatif.

Ils ont droit à une rétribution de 25 centimes par extrait.

Si la délivrance de l'extrait a pour objet une demande en dégrèvement, ils doivent, moyennant ladite somme, remettre autant d'extraits qu'il y a de matières de contributions donnant droit à une réclamation.

Section 1re. — Contributions directes.

Les contributions directes sont : 1° la contribution foncière ; 2° la contribution des portes et fenêtres ; 3° la contribution personnelle et mobilière; 4° la contribution des patentes.

A ces quatre classes d'impôts directs, il faut ajouter différentes taxes qui leur sont assimilées, telles que les prestations en nature, les taxes sur les voitures et chevaux, sur les chiens, sur les billards, et enfin sur les revenus des valeurs mobilières. On peut encore y ajouter les redevances sur les mines.

§ 1er. — De la contribution foncière.

La contribution foncière est établie par égalité proportionnelle sur toutes propriétés foncières bâties ou non bâties, à raison de leur revenu net, c'est-à-dire sans diminution des charges. — *L. du 3 frimaire an VII.*

La répartition en a été faite d'après le cadastre qui contient la levée des plans et l'évaluation des propriétés.

Sont exemptés de cette contribution : 1° les rues, places publiques, grandes routes, chemins vicinaux, rivières et autres objets d'utilité publique ; 2° les bois et forêts appartenant à l'État ; 3° les bâtiments, cours et jardins des écoles secondaires au compte du Gouvernement ; 4° les hospices, dépôts de mendicité, prisons, maisons de détention, bureaux de bienfaisance, asiles publics d'aliénés, etc., etc.

Les édifices nouvellement construits ou reconstruits ne doivent être soumis à la contribution foncière que la troisième année après leur construction.

Les maisons dont les façades sont assujetties à un système régulier de construction, peuvent même être exemptées pendant un plus long délai de la contribution foncière et de celle des portes et fenêtres. Ce délai a été fixé à trente ans pour les maisons de la rue de Rivoli, à Paris. — *L. du 3 mai 1854.*

Sont en outre dispensées, pendant un temps plus ou moins long de toute augmentation d'impôts, les terres vaines et vagues mises en culture ou plantées, les canaux nouvellement établis, les semis et plantations de bois sur le sommet et le penchant des montagnes.

D'après une loi du 2 décembre 1887, dans les arrondissements atteints par le phylloxera, les terrains plantés ou replantés en vignes âgées de moins de 4 ans lors de la promulgation de la loi ont été exemptées de l'impôt foncier. — Ils ne seront soumis à cet impôt que lorsque les vignes auront dépassé la 4me année. — Dans les arrondissements déclarés atteints ou dans ceux qui le seront postérieurement, les plantations à venir jouiront du même privilège pendant 4 ans.

Nous donnons plus loin une formule de la déclaration à passer à la sous-préfecture en cas de plantation de bois.

La contribution foncière cesse d'être due pour des bâtiments lorsqu'ils sont en démolition et qu'ils ne sont plus susceptibles de servir.

Il est de principe que la contribution foncière est due par les propriétaires pendant qu'ils jouissent. Elle est également à la charge de l'usufruitier, du détenteur par bail emphytéotique, des engagistes, des détenteurs à titre d'antichrèse, des acquéreurs à pacte de réméré, et de tous autres détenteurs à titre de propriétaires.

Mais les fermiers ou locataires n'en sont tenus que lorsqu'ils en ont été chargés par une condition expresse de leur bail. Néanmoins, ils doivent en faire l'avance sous déduction de leurs fermages.

Le propriétaire qui a plusieurs fermiers ou locataires dans une même commune, et qui veut se décharger du paiement de ses contributions, doit remettre au percepteur un état de ses fermages avec les renseignements nécessaires pour le diriger dans sa perception, après quoi ce dernier doit exercer ses poursuites directement contre les fermiers. Toutefois, le propriétaire étant le véritable débiteur reste toujours responsable.

Tout propriétaire peut se soustraire au paiement de la contribution foncière en abandonnant les objets qui en sont grevés, à la condition de faire la déclaration de cet abandon au profit de la commune du lieu de la situation des biens, par écrit, au secrétariat de la Mairie; mais la cotisation reste à la charge du propriétaire jusqu'à ce que cette déclaration ait été faite.

Nous donnons ci-après une formule de déclaration de division de cote. Cette déclaration est remise au percepteur qui doit la transmettre au directeur des contributions directes si elle comprend plus de trois articles.

Déclaration de division de cote.

CONTRIBUTIONS DIRECTES

État de division de cote.

Commune de...

Déclaration faite par M. A... pour servir à la division de sa cote foncière entre ses fermiers.

Article.... du rôle.

Revenu matriciel : 452 fr.

NOMS, PRÉNOMS ET DEMEURES DES FERMIERS	PARTAGE DU REVENU Cadastral	OBSERVATIONS
Guérard (Pierre), à...............	110.50	
Langlois (Eugène), à...............	92 10	
Vautier (Jules), à................	137.40	
Lunel (Jacques), à...............	112 »	
SOMME ÉGALE........	452.00	

Fait à....., le.....

Le propriétaire,

(Signature.)

Les fermiers,

(Signatures.)

Déclaration à faire à la sous-préfecture en cas de plantation de bois.

Monsieur le Sous-Préfet,

Le s^r A..., demeurant à....., a l'honneur de vous exposer qu'il est propriétaire en la commune de....., de diverses parcelles de terre figurant à son nom comme il suit sur la matrice cadastrale.

INDICATION			DE LA NATURE DE LA Propriété	CONTENANCE			CLASSE	REVENU	
DE LA SECTION	DU NUMÉRO DU PLAN	DU LIEUDIT							
A.	32	Les Carreaux.....	Friche..	3^h	10^a	15^c	4	41 fr.	30
A.	33	Les Bas-Carreaux..	Friche...	1.	40	18	5	9	20
A.	34	Le Houpied.......	Labour..	2	64	29	2	160	40
D.	6	Le Mont-Rocher...	Friche..	4	12	14	5	38	70
D.	7	Le Petit-Mont.....	Friche..	2	11	16	5	17	15
			Total..	13^h	37^a	92			

Que son intention est de planter en bois les parcelles de terre ci-devant indiquées et qu'il se propose de commencer immédiatement cette plantation.

En conséquence, il demande :

1° Que le revenu cadastral des parcelles A 32 et 33 ne soit pas augmenté pendant les 20 premières années de la plantation en vertu de la loi du 3 frimaire an VII, attendu que ces deux parcelles sont en friche depuis plus de 10 ans ;

2° Qu'il lui soit fait remise pendant 30 ans de l'impôt foncier établi annuellement sur la parcelle A 34, qui est un terrain en valeur ;

3° Enfin que par application de l'article 225 du code forestier, il soit exempté de tout impôt pour les parcelles D 6 et 7, attendu qu'elles sont situées sur le penchant de la montagne de.....

Certifié sincère et véritable,

A....., le.....

(Signatures.)

§ 2. — *De la contribution des portes et fenêtres.*

Cette contribution est un impôt de répartition établi sur les portes et fenêtres donnant sur les rues, cours et jardins des maisons, bâtiments, usines, magasins, hangars, boutiques, etc., sur les portes cochères et celles des magasins de marchands en gros et courtiers. — *LL. des 4 frimaire an VII; 4 germinal an X; 21 avril 1832.*

Sont exceptées : les portes placées dans l'intérieur des escaliers et des appartements, les ouvertures non clôturées par des portes et des fenêtres servant à éclairer ou à aérer les granges, bergeries, étables, greniers, caves et autres locaux qui ne servent pas à l'habitation des hommes ; toutes les ouvertures des combles et de la toiture des maisons quand les locaux qu'elles éclairent ne peuvent servir à l'habitation.

On ne doit compter qu'une seule porte charretière pour chaque ferme, métairie ou exploitation rurale.

Les portes charretières existant dans les maisons à une, deux, trois, quatre et cinq ouvertures ne sont comptées et taxées que comme porte ordinaire, excepté celle des bâtiments à l'usage des magasins dans les villes de 5.000 âmes et au-dessus.

La contribution des portes et fenêtres est exigible des propriétaires et usufruitiers, fermiers et principaux locataires des maisons, bâtiments et usines, sauf leur recours contre les locataires particuliers pour le remboursement de la somme due à raison des locaux par eux occupés.

Lorsque la maison est occupée par le propriétaire et un ou plusieurs locataires seulement, il est d'usage que la contribution des portes et fenêtres soit acquittée par le propriétaire.

§ 3. — *De la contribution personnelle mobilière.*

Cette contribution est due par chaque habitant français, et par chaque étranger de tout sexe, jouissant de ses droits, non réputé indigent, et domicilié dans la commune depuis un an. — *L. du 21 avril 1832.*

Sont considérés comme jouissant de leurs droits les veuves et les femmes séparées de leur maris, les garçons et filles, majeurs ou mineurs, ayant des moyens suffisants d'existence, soit par leur fortune personnelle, soit par la profession qu'ils exercent, et lors même qu'ils habitent avec leurs père, mère, tuteur ou curateur.

Le Conseil municipal désigne les habitants qu'il croit devoir exempter comme indigents de toute contribution ou n'assujettir qu'à la cote personnelle.

La taxe personnelle n'est due que dans la commune du domicile réel, mais la taxe mobilière est due pour toute habitation meublée.

Lorsque, par suite d'un changement de domicile, un contribuable se trouve imposé dans deux communes, il ne doit la contribution que dans sa nouvelle résidence.

Ceux qui n'occupent que des appartements garnis ne sont assujettis à la contribution mobilière qu'à raison de la valeur locative de leur logement évalué comme un logement non meublé.

Les fonctionnaires, les employés, les ecclésiastiques logés gratuitement sont imposables d'après la valeur locative des bâtiments affectés à leur habitation personnelle.

La taxe personnelle, égale pour tous les habitants d'une même commune, se compose de trois journées de travail, dont le prix ne peut être au-dessous de cinquante centimes ni au-dessus de un franc cinquante centimes. Elle est fixée par le préfet.

La taxe mobilière est proportionnelle au loyer d'habitation dont la valeur est déterminée par les répartiteurs. On entend par loyer d'habitation celui relatif aux parties de bâtiments servant à l'habitation personnelle du contribuable et de sa famille.

La contribution personnelle et mobilière, étant due pour l'année entière, doit être payée par le contribuable qui a vendu ou déménagé, et par les héritiers du contribuable décédé.

Les propriétaires et, à leur place, les principaux locataires, doivent, un mois avant le déménagement de leurs locataires, se faire représenter par ces derniers les quittances de leur contribution personnelle et mobilière à peine d'en demeurer responsables. En cas de refus, ils doivent en prévenir immédiatement le percepteur, et retirer de lui une reconnaissance par écrit de cet avertissement.

Dans le cas de déménagement furtif, les propriétaires et, à leur place, les principaux locataires, deviennent responsables des termes échus de la contribution de leurs locataires, s'ils ne font pas constater dans les trois jours ce déménagement par le maire, le juge de paix ou le commissaire de police. Dans tous les cas, ils sont responsables de la contribution des personnes logées en garni.

§ 4. — *De la contribution des patentes.*

Tout individu français ou étranger qui exerce en France un commerce, une industrie, une profession, non compris dans les exceptions déterminées par la loi, est assujetti à la patente. — *L. du 15 juillet 1880.*

Cet impôt se compose d'un droit fixe et d'un droit proportionnel.

Le droit fixe est réglé conformément aux tableaux A, B, C, annexés à ladite loi. — Voy. *Patente.*

Le droit proportionnel est déterminé par le tableau D. Il est établi sur la valeur locative tant de la maison d'habitation que des magasins, boutiques, usines, ateliers, hangars, remises, chantiers et autres locaux servant à l'exercice des professions imposables.

La valeur locative est déterminée soit au moyen de baux authentiques, soit par comparaison et, à défaut de bases, par voie d'appréciation.

Il est remis à chaque patentable une formule de patente, non sujette au timbre, qu'il est tenu d'exhiber lorsqu'il en est requis par les agents de police judiciaire.

§ 5. — *De la prestation en nature.*

Tout habitant, chef de famille ou d'établissement à titre de propriétaire, de régisseur, de fermier ou colon partiaire, peut être appelé à fournir chaque année une prestation de trois jours : 1° pour sa personne et pour chaque individu mâle, valide, âgé de dix-huit ans au moins, et de soixante ans au plus, membre ou serviteur de la famille résidant dans la commune ; 2° pour chacune des charrettes ou voitures attelées, et en outre pour chacune des bêtes de somme, de selle ou de trait au service de la famille ou de l'établissement dans la commune. — *L. du 21 mai 1836.*

Lorsqu'un propriétaire a plusieurs résidences, il doit la prestation dans celle des résidences où il a son principal établissement.

§ 6. — *De la contribution sur les voitures et chevaux.*

La contribution sur les voitures, chevaux, mules et mulets est établie d'après les bases suivantes :

Sont imposables, les voitures suspendues destinées au transport des personnes; les chevaux, mules et mulets de selle, les chevaux, mules et mulets servant à atteler les voitures imposables.

Cette contribution est :

Pour Paris, de 60 fr. par voiture à quatre roues. — De 40 fr. par voiture à 2 roues, et de 25 fr. par cheval de selle ou d'attelage.

Pour les communes autres que Paris, ayant plus de 40.000 habitants : de 50 fr. par voiture à 4 roues. — De 25 fr. par voiture à 2 roues, et de 20 fr. par cheval de selle ou d'attelage.

Pour les communes de 20.001 habitants à 40.000 habitants : de 40 fr. pour les voitures à 4 roues, de 20 fr. pour celles à 2 roues, et de 15 fr. par cheval de selle ou d'attelage.

Pour les communes de 5.001 habitants à 10.000 habitants : de 25 fr. pour les voitures à 4 roues, de 10 fr. pour les voitures à 2 roues, et de 10 fr. par cheval de selle ou d'attelage.

Enfin, pour les communes de 5.000 âmes et au-dessous : de 10 fr. pour les voitures à 4 roues, de 5 fr. pour les voitures à 2 roues, et de 5 fr. par cheval de selle ou d'attelage.

La taxe est réduite de moitié pour les chevaux et voitures exclusivement employés au service de l'agriculture ou d'une profession donnant lieu à l'imposition des droits de patente, sauf quelques exceptions.

Sont exempts de la taxe, les chevaux et voitures affectés au service des voitures publiques, ceux possédés par les marchands de chevaux et carrossiers, les juments et étalons consacrés à la reproduction, etc. — *LL. des 2 juillet 1862, 23 juillet 1872 et 22 décembre 1879.*

§ 7. — *De la taxe sur les chiens.*

Il est établi, dans toutes les communes de France et à leur profit, une taxe municipale ou impôt sur les chiens. — *L. du 2 mai* 1855.

Cette taxe ne peut excéder dix francs ni être inférieure à un franc.

Les chiens sont classés en deux catégories dont la première, à laquelle s'applique la taxe la plus élevée, comprend les chiens de chasse et ceux d'agrément, et la seconde, à laquelle s'applique la taxe la moins élevée, comprend les chiens de garde et ceux d'utilité.

La quotité à appliquer à chaque catégorie dans chaque commune est déterminée par des règlements particuliers.

La taxe est due pour les chiens possédés au premier janvier, à l'exception de ceux encore nourris par la mère.

Précédemment (du premier octobre de chaque année au quinze janvier), les possesseurs de chiens devaient faire à la mairie une déclaration indiquant le nombre de leurs chiens et les usages auxquels ils sont destinés. — Mais aux termes du décret du 3 août 1861, cette déclaration une fois faite n'a plus besoin d'être renouvelée et la taxe est due jusqu'à ce qu'on déclare qu'on n'a plus de chiens.

Ceux qui, possédant un ou plusieurs chiens, n'ont pas fait de déclaration, sont passibles de la *triple* taxe ; ceux qui ont fait une déclaration incomplète sont passibles de la *double* taxe.

§ 8. — *De la taxe sur les billards.*

Les billards publics et privés sont soumis à une taxe fixée ainsi qu'il suit :

Paris : soixante francs ; — villes au-dessus de cinquante mille habitants, trente francs ; — villes de dix mille à cinquante mille habitants, quinze francs ; — partout ailleurs, six francs ; — *L. du* 16 *sept.* 1871.

Cette taxe est due pour l'année entière, à raison de chaque billard possédé ou dont on a la jouissance, à dater du premier janvier.

La taxe est doublée en cas de déclaration inexacte, ou de déclaration qui n'est pas faite à la mairie, du premier octobre au premier janvier de l'année suivante.

§ 9. — *De la taxe sur les cercles, sociétés, etc.*

Les abonnés des cercles, sociétés et lieux de réunions où se payent des cotisations, sont soumises à une taxe de vingt pour cent desdites cotisations payées par les membres ou associés, et qui doit être acquittée par les gérants, secrétaires ou trésoriers.

Ne sont pas assujetties à la taxe, les sociétés de bienfaisance et de secours mutuels, etc. — *LL. des* 16 *sept.* 1871 *et* 5 *août* 1874.

§ 10. — *De la taxe sur le revenu des valeurs mobilières.*

Indépendamment des droits de timbre et de transmission établis par les lois existantes, il est établi une taxe obligatoire de trois pour cent :

1° Sur les intérêts, dividendes, revenus et tous autres produits des actions de toute nature des sociétés, compagnies ou entreprises quelconques, financières, industrielles, commerciales ou civiles, quelle que soit l'époque de leur création ;

2° Sur les arrérages et intérêts annuels des emprunts et obligations des départements, communes et établissements publics, ainsi que des sociétés, compagnies et entreprises ci-dessus désignées ;

3° Sur les intérêts, produits et bénéfices annuels de parts d'intérêts et commandites, dans les sociétés, compagnies et entreprises dont le capital n'est pas divisé en actions. — *L. du* 29 *juin* 1872.

Le revenu est déterminé :

1° Pour les actions, par le dividende fixé d'après les délibérations des assemblées générales d'actionnaires ou des conseils d'administration, les comptes rendus ou tous autres documents analogues;

2° Pour les obligations ou emprunts, par l'intérêt ou le revenu distribué dans l'année;

3° Pour les parts d'intérêts ou commandites, soit par les délibérations des conseils d'administration des intéressés, soit, à défaut de délibération, par l'évaluation à raison de 5 pour cent du montant du capital social ou de la commandite, ou du prix moyen des cessions de parts d'intérêts consenties pendant l'année précédente.

Les paiements de cette taxe se font en quatre termes dans les vingt premiers jours des mois de janvier, avril, juillet et octobre de chaque année, et le montant en est avancé par les sociétés, compagnies, etc.

§ 11. — *Des centimes additionnels et des mines.*

Les centimes additionnels sont des suppléments proportionnels destinés, soit à accroître les ressources du Trésor, soit à subvenir aux dépenses locales des départements et des communes. — Voy. *Centimes additionnels.* — *Contribution communale.* — *Contribution départementale.*

Les centimes additionnels ne sont perçus au profit de l'État que dans des circonstances difficiles, par exemple en cas de guerre.

Indépendamment de la contribution foncière du terrain qu'elles occupent, une contribution spéciale est établie sur les mines. — Voy. *Mines.*

§ 12. — *Des dégrèvements.*

En matière de contributions, on distingue deux espèces de dégrèvements consistant, le premier dans la remise ou modération, et le second dans la décharge ou réduction.

La remise ou modération est de faveur et appartient au pouvoir discrétionnaire. Elle peut être accordée à ceux dont les propriétés ont été dévastées par des cas fortuits, tels que grêle, inondation, incendie, etc.

Les demandes sont jugées dans la forme gracieuse par le préfet.

Le réclamant adresse sa pétition, dans les quinze jours qui suivent l'année ou le trimestre d'inhabitation ou de chômage, au sous-préfet ou au préfet pour l'arrondissement chef-lieu qui la renvoie au contrôleur des contributions; celui-ci se transporte sur les lieux, vérifie les faits en présence du maire, constate la quotité des pertes, celle des revenus fonciers et des facultés mobilières du réclamant, et dresse procès-verbal du tout.

La décharge ou réduction, au contraire, est de droit, et peut être poursuivie par la voie contentieuse. En effet, les demandes en décharges portent sur des erreurs commises par l'Administration, telles que faux emploi, double emploi, surtaxe, erreur de cotisation ou de calcul.

Pour obtenir une décharge ou réduction, le contribuable doit réclamer dans les trois mois de la publication du rôle et joindre à sa pétition l'avertissement ou un extrait du rôle et la quittance des douzièmes échus à la date de cette réclamation.

La pétition est établie en double dont un sur timbre de 60 cent. et l'autre sur papier libre, à moins qu'il ne s'agisse d'une cote au-dessous de trente francs, auquel cas elle n'est pas soumise au timbre.

Elle est remise au sous-préfet de l'arrondissement qui la renvoie au contrôleur chargé de vérifier les faits et de donner son avis après avoir pris celui des répartiteurs.

Ces avis, auxquels le sous-préfet joint le sien, sont transmis au directeur, et c'est sur son rapport que prononce le Conseil de préfecture.

Contrairement à ce qui vient d'être dit toutefois, et d'après de récentes instructions, les réclamations en décharge ou réduction doivent dorénavant être faites à la mairie de chaque commune et consignées sur un registre spécial à cet effet, dans le courant du mois de janvier de chaque année.

Les ordonnances de décharge ou de réduction libèrent le contribuable, auquel aucune somme ne peut être réclamée pour une cote annulée, ou en sus de la cote réduite.

En cas de rejet de la réclamation, le contribuable peut demander une expertise.

Il y a recours au Conseil d'État contre les arrêtés du Conseil de préfecture. Ce recours a lieu sans autres frais que le droit de timbre et peut être transmis par l'intermédiaire des préfets.

Nous donnons ci-après une formule de pétition en remise ou modération et une autre pétition en décharge ou réduction.

I. — Pétition en remise ou modération.

A MM. les Président et membres du Conseil de préfecture du département de.....
Le soussigné A... (nom, prénoms, profession), demeurant à.....
A l'honneur d'exposer :
Qu'il a été imposé pour l'année 18.., au rôle de la commune de....., pour une maison cadastrée sous le numéro....., de la section..... qui a été complètement détruite par un incendie arrivé le..... dernier.
Par ces motifs, l'exposant sollicite la remise de l'impôt afférent pour les six derniers mois de l'année, au revenu cadastral de....., assigné à la maison incendiée.
A la présente demande sont joints : l'extrait du rôle et la quittance des douzièmes échus.
A....., le.....

(*Signature.*)

II. — Pétition en décharge ou réduction.

A MM. les Président et membres du Conseil de préfecture du département de.....
Le soussigné A... (nom, prénoms, profession), demeurant à.....
A l'honneur d'exposer :
Qu'il est propriétaire à....., d'une maison figurant au cadastre section....., numéro....., imposée pour l'année....., au rôle de ladite commune pour un revenu de....., et que ce revenu est exagéré eu égard à ceux assignés aux maisons de MM... et aux revenus de la généralité des propriétés bâties dans la commune.
C'est pourquoi l'exposant vous prie, Messieurs, de faire réduire à..... le revenu cadastral de ladite maison, et prononcer en sa faveur la réduction de l'impôt foncier afférent à..... francs de revenu cadastral.
Ci-joints l'extrait du rôle et la quittance des douzièmes échus.
A....., le.....

(*Signature.*)

III. — Pétition en décharge de la contribution personnelle mobilière pour cause de décès.

A MM. les Président, etc. (comme ci-dessus).
Le soussigné, etc.
A l'honneur de vous exposer que le s^r A..., son oncle, dont il est seul héritier, est décédé à....., le.....
Que le mobilier qui garnissait le logement occupé par le défunt a été vendu le....., suivant procès-verbal du ministère de M^e....., commissaire-priseur à.....
Que, depuis cette époque, la maison est demeurée inhabitée;
Et que cependant le défunt se trouve encore imposé à la taxe personnelle mobilière pour cette année (18..), ainsi qu'il résulte de l'avertissement ci-joint, ce qui ne peut être que le résultat d'une erreur.
En conséquence, l'exposant vous prie, Messieurs, de bien vouloir faire prononcer la décharge de la taxe personnelle mobilière dont il s'agit.
Il a l'honneur d'être,
Messieurs,
Votre très humble et respectueux serviteur,

(*Signature.*)

Présentée le.....

§ 13. — *De la perception et des recouvrements.*

Un seul rôle par chaque commune présente distinctement la somme due par chaque contribuable et pour chacune des contributions directes.

La publication de ce rôle est suivie d'apposition d'affiches et d'un avertissement donné par le percepteur à chaque contribuable.

Les contribuables sont tenus de payer chaque mois un douzième de leur rôle; cependant ils peuvent s'entendre avec le percepteur pour payer six premiers douzièmes au bout de trois mois, ou bien l'année entière au bout de six mois.

Le percepteur ne peut refuser de recevoir le douzième d'une cote, quelque modique qu'elle soit.

Tout contribuable qui n'a pas acquitté le premier du mois le douzième échu pour le mois précédent est dans le cas d'être poursuivi.

En cas de déménagement hors de la perception, ou en cas de vente volontaire ou forcée, la contribution personnelle mobilière devient exigible pour la totalité de l'année courante.

Les contribuables doivent représenter leur avertissement au percepteur à chaque paiement qu'ils effectuent.

La quittance à souche est seule valable; néanmoins, en cas de perte de cette quittance, le percepteur peut en délivrer par duplicata sur papier commun ordinaire.

La poursuite a lieu par voie de contrainte, mais aucune contrainte ne peut être décernée qu'après deux sommations, l'une gratis, l'autre avec frais. Les contraintes sont visées par le sous-préfet et remises par des porteurs qu'il nomme et qui remplissent seuls les fonctions d'huissier en cette matière.

Si la contrainte reste sans effet, le percepteur a le droit d'établir des garnisaires à la charge des retardataires, mais seulement lorsque la contribution dépasse quarante francs.

Le garnisaire a droit au logement, à la nourriture et à une place au feu, et ne doit, dans aucun cas, se loger à l'auberge.

Si, après les dix jours de garnison, le redevable ne s'est pas libéré, il reçoit du porteur de contraintes un commandement de payer dans les trois jours sous peine de saisie et vente de meubles. Ce délai expiré, il est procédé à la saisie et à la vente selon les formes et par les fonctionnaires ordinaires.

Le percepteur a un privilège sur les sommes dues aux contribuables ainsi que sur le prix des ventes opérées par suite de saisies.

Le contribuable peut opposer la prescription au percepteur qui a laissé écouler trois années à compter du jour où le rôle lui a été remis sans faire aucune poursuite.

Mais il ne peut opposer cette prescription aux tiers qui ont payé ses contributions à sa place, la prescription trentenaire seulement étant applicable dans ce cas.

Section 2me. — Contributions indirectes.

En général on appelle *contributions indirectes*, celles qui ne frappent point directement sur les biens et les personnes et portent principalement sur les objets de consommation, tels que boissons, sucres, tabacs, etc. — Voy. *Allumettes. — Bacs. — Sucres. — Tabacs. — Cartes. — Matières d'or et d'argent. — Voitures publiques.*

La plus importante de ces contributions est celle sur les boissons. — Voy. *Boissons.*

Les douanes, l'enregistrement et le timbre, les postes et télégraphes sont aussi des contributions indirectes dans l'acception générale de ce mot. — Voy. *Douanes. — Enregistrement. — Timbre. — Postes et télégraphes.*

Depuis la dernière guerre, de nouvelles contributions ont encore été établies, notamment sur le papier, la chicorée et les produits similaires, les huiles minérales et végétales, le savon et les bougies stéariques, les vinaigres et acides acétiques, etc.

Il est défendu aux préposés, à peine de destitution, de transiger à l'égard des contraventions constatées. — Mais l'agent principal dans l'arrondissement est autorisé à transiger définitivement jusqu'à concurrence de cinq cents francs; il peut le faire, sauf l'approbation du directeur général de l'Administration, jusqu'à concurrence de 3 mille, francs et même au delà de cette somme avec l'approbation du Ministre.

CONTROLE. — S'entend du double des écritures d'un comptable.

Des contrôleurs surveillants sont établis au Trésor public et auprès de divers receveurs de deniers publics. — Voy. *Comptable.* — *Compte.*

CONTROLE des actes. — Ancien terme aujourd'hui remplacé par *Enregistrement.*

CONTROLEUR. — Fonctionnaire d'administration chargé de la vérification ou de la critique des opérations d'un comptable.

CONTUMACE. — C'est celui qui, mis en accusation pour un crime entraînant une peine afflictive ou infamante, ne se présente pas, ou qui, ayant été saisi, s'est évadé avant le jugement. On appelle *contumax* le condamné par défaut.

L'accusé est admis à purger sa contumace tant que la peine n'est pas prescrite.

Les effets de la condamnation par contumace se prescrivent au profit du condamné par vingt ans, c'est-à-dire qu'il ne peut plus être arrêté ni poursuivi après ce délai. — *C. instr. crim.* 635.

Si l'accusé se constitue prisonnier ou s'il est arrêté avant que la peine soit éteinte par prescription, les procédures faites contre lui sont anéanties de plein droit et il est procédé à son égard dans la forme ordinaire. — *C. proc.* 476.

CONVENANCE de succéder. — Nom que la loi donne à la convention portant que des associés succèdent à un d'entre eux qui viendrait à décéder sans postérité. — Voy. *Convention.* — *Institution contractuelle.* — *Société.*

CONVENANT. — Voy. *Bail à convenant.* — *Bail à domaine congéable.*

CONVENTION. — C'est l'engagement qui se forme par le consentement ou le concours de deux ou plusieurs personnes sur le même objet.

Les conventions sont, ou d'intérêt général, tels que les traités de paix, d'alliance ou de commerce, ou d'intérêt privé et qui se rapportent au droit civil; nous ne nous occupons que de ces dernières.

Ces conventions deviennent de plus en plus fréquentes et compliquées grâce au développement de l'industrie et à nos besoins.

C'est la convention qui règle toutes les transactions volontaires qui ont lieu journellement, telle que la vente, l'échange, le louage, le prêt, le dépôt, le mandat, la donation, etc.

Tout contrat est donc une convention. — *C. civ.* 1101.

Mais le mot *convention* est plus général et s'applique à tout consentement réciproque donné par les parties, sur toute espèce d'affaires ou de clause qu'elles ont en vue.

Les conventions légalement formées tiennent lieu de loi à ceux qui les ont faites. — *C. civ.* 1134.

Il faut se garder de confondre la convention avec l'acte ou l'écrit destiné à lui servir de preuve. Ainsi on peut, sans critiquer l'acte, attaquer la convention qu'il renferme par voie de nullité ou de rescision, pour cause de dol, violence ou autres vices, car l'acte ou l'écrit peut être valide, vrai et même authentique, quoique la convention qu'il renferme soit nulle.

Conditions essentielles.

Quatre conditions sont essentielles pour la validité d'une convention : 1° le consentement de la partie qui s'oblige ; 2° sa capacité de contracter; 3° un objet certain qui forme la matière de l'engagement; 4° une cause licite dans l'obligation. — *C. civ.* 1108.

Le consentement doit être mutuel, autrement il n'y a que proposition, offre ou simple dire. Il ne serait pas valable s'il n'avait été donné que par erreur, ou s'il avait été extorqué par violence, ou surpris par dol. — *C. civ.* 1109.

En principe, toute personne peut contracter si elle n'en est pas déclarée incapable par la loi. Dans la classe des incapables par nature, on peut ranger les mineurs, les faibles d'esprit, les aliénés. — Voy. *Curateur. — Emancipation. — Mineur. — Tutelle. — Interdiction. — Conseil judiciaire.*

Ces incapacités ne sont pas toujours absolues, et la plupart des incapables peuvent être représentés par des tuteurs ou administrateurs.

Les personnes frappées d'incapacité d'après le droit civil seulement sont : les femmes mariées, les condamnés à une peine emportant interdiction légale, et tous ceux auxquels la loi, par des motifs particuliers, interdit certains contrats. — Voy. *Autorisation maritale. — Femme. — Nullité. — Accusé. — Condamné. — Adjudication. — Droits litigieux. — Etablissement public. — Mandat. — Régime dotal. — Vente.*

Tout contrat ou convention a pour objet une chose qu'une partie s'oblige à donner, à faire ou à ne pas faire. — *C. civ.* 1101-1126.

Le simple usage ou la simple possession d'une chose peut, comme la chose même, être l'objet du contrat, ainsi par exemple : dans le louage, c'est l'usage qui est l'objet du contrat ; dans le nantissement, c'est la possession, etc.

Les choses hors du commerce ne peuvent être l'objet de conventions. — De même une chose impossible ne saurait former la matière d'une convention.

Clauses illicites.

Parmi les choses légalement ou moralement impossibles, et qu'on appelle *illicites*, il en est que le droit naturel défend aussi bien que la morale ou les lois civiles. Telles sont les promesses qui ont une cause injuste, immorale, comme de commettre un vol, un meurtre, etc.

Sont *illicites* les conventions contraires à l'indépendance des personnes, comme celles qui auraient pour objet d'imposer à quelqu'un des services perpétuels en faveur d'un autre. — *C. civ.* 686 *et* 1780.

Sont encore nulles comme étant *illicites*, notamment :

1° La renonciation à une succession future. — Voy. *Pacte sur succession future;*

2° La renonciation au droit de demander le partage de choses indivises. — Voy. *Indivision. — Partage;*

3° La renonciation à former une demande en rescision pour cause de lésion dans une vente ou un partage. — Voy. *Lésion;*

4° La convention de déroger à la loi qui prohibe la preuve testimoniale, lorsque la chose excède 150 fr.;

5° La stipulation d'un droit de réméré pour un temps qui excéderait cinq années. — Voy. *Réméré;*

6° La renonciation par le débiteur au bénéfice de cession. — Voy. *Cession de biens;*

7° Le compromis sur un don d'aliments. — Voy. *Compromis;*

8° La stipulation en vertu de laquelle le créancier serait autorisé à retenir le gage à défaut de paiement. — Voy. *Gage;*

9° La renonciation par la femme à toute hypothèque légale sur les biens de son mari. — Voy. *Hypothèque;*

10° La renonciation à une prescription non encore acquise. — Voy. *Prescription.*

Choses inutiles, indéterminées ou futures.

La stipulation d'une chose ou d'un fait inutile à celui au profit de qui elle est faite n'est pas obligatoire.

Une chose indéterminée ne peut pas non plus être l'objet d'une obligation.

Mais les choses futures, c'est-à-dire celles qui n'existent pas encore mais qui pourront exister, peuvent, en règle générale et sauf quelques exceptions, telles par exemple que la cession ou renonciation à la succession d'une personne vivante, être l'objet d'une obligation.

Toutefois, cette obligation n'est parfaite que par l'existence de ces choses ou leur réalisation, jusque-là elle n'est que conditionnelle.

Il en serait autrement si l'objet de la convention ne consistait que dans une simple espérance ; dans ce cas le contrat serait parfait, mais aléatoire. — Voy. *Contrat aléatoire.*

Choses d'autrui.

Les choses et les actions d'autrui n'étant pas en notre pouvoir sont rangées parmi les choses impossibles. Ainsi la vente de la chose d'autrui est nulle; cependant elle peut donner lieu à des dommages-intérêts envers l'acheteur lorsque celui-ci a ignoré que la chose était à autrui. — *C. civ.* 1599. — Voy. *Vente.*

Toutefois, on peut se porter fort pour un tiers en promettant le fait de celui-ci, sauf l'indemnité contre le promettant si le tiers refuse de tenir l'engagement. — *C. civ.* 1120.

Les conventions reçoivent leur complément de l'*équité*, de l'*usage* et de *loi.*

Elles ne peuvent être révoquées que du consentement mutuel des parties ou pour les causes que la loi autorise. — *C. civ.* 1134. — Voy. *Résolution.*

De la cause.

Une dernière condition essentielle à la validité des conventions, c'est que les engagements qu'elles renferment aient une cause.

Cette importante matière est traitée ailleurs. — Voy. *Obligation.*

CONVENTION d'apport. — On donne ce nom à la clause par laquelle les futurs époux déclarent mettre tout ou partie de leur mobilier en communauté; on nomme aussi cette clause *mise en communauté.* — *C. civ.* 1501. — Voy. *Ameublissement.* — *Communauté de biens entre époux.* — *Constitution de dot.* — *Contrat de mariage.* — *Réalisation (clause de).*

CONVENTIONS matrimoniales. — Ce sont celles qui sont contenues dans le contrat de mariage et qui ont lieu en vue de l'union projetée. — Voy. *Contrat de mariage.* — *Donation par contrat de mariage.*

CONVENTION tacite. — C'est celle à laquelle il est suppléé par la loi dans le silence des parties.

Il arrive souvent, en effet, que les parties omettent de prévoir toutes les conséquences de leurs conventions; elles sont alors réputées s'en être rapportées à la loi. — Voy. *Communauté de biens entre époux.* — *Contrat judiciaire.* — *Contrat de mariage.* — *Convention.*

CONVENTION verbale. — C'est celle qui n'a pas été rédigée par écrit.

Les locations verbales doivent être déclarées au bureau de l'enregistrement de la situation des biens dans les trois mois de l'entrée en jouissance.

Le droit à acquitter est de vingt-cinq centimes par cent francs, décimes compris. Le propriétaire et le locataire sont responsables du paiement. A défaut de déclaration, il est dû un droit en sus qui ne peut être inférieur à soixante-deux francs cinquante centimes, décimes compris. — Voy. *Location verbale.*

CONVERSION. — C'est la transformation d'une convention en une autre d'une nature différente.

Lorsqu'un immeuble est saisi pour être vendu en justice, on peut demander la conversion en vente volontaire devant notaire. — De même, on convertit en une somme d'argent le legs particulier d'un objet déterminé. — Voy. *Saisie immobilière.* — *Vente judiciaire.* — *Contre-lettre.* — *Legs.* — *Novation.*

CONVOL. — Mariage contracté après la dissolution du premier.

La femme ne peut contracter un nouveau mariage qu'après *dix* mois révolus depuis la dissolution du mariage précédent. — *C. civ.* 228.

Voy. *Condition de mariage.* — *Noces (secondes).* — *Tutelle.* — *Usufruit légal.*

COOBLIGÉ. — S'entend de celui qui est obligé avec une ou plusieurs autres personnes, solidairement ou non, à l'exécution d'un contrat, d'un traité, d'une convention.

Toute personne intéressée à l'acquittement d'une obligation comme caution ou coobligée peut l'acquitter en se réservant ou non à la subrogation légale. *C. civ.* 1236-1251. — Voy. *Caution.* — *Cautionnement.* — *Obligation.* — *Solidarité.*

COPARTAGEANT. — C'est celui qui partage des biens avec d'autres, tels que les héritiers, donataires, légataires ou autres. — Voy. *Abandonnement à titre de partage.* — *Liquidaton.* — *Partage.*

COPERMUTANT. — Celui qui cède une chose en échange d'une autre de même nature. — Voy. *Echange.* — *Soulte.*

COPIE. — C'est, en général, la transcription littérale d'un acte ou d'un écrit quelconque, faite par des officiers publics ayant qualité à cet effet.

Lorsque la copie est faite par un notaire, greffier ou autre officier public, d'après la minute ou l'original qu'il retient, on l'appelle *expédition* ou *grosse*.

Les grosses ou premières expéditions délivrées par ces officiers publics font la même foi que l'original ou la minute de l'acte. — Voy. *Expéditon.* — *Grosse.*

Les copies d'actes, de jugements, d'arrêts et de toutes autres pièces faites par les avoués ou les huissiers doivent être correctes et lisibles.

Quant aux copies d'actes imparfaits. — Voy. *Acte imparfait.*

Le droit de requérir des expéditions ou copies des actes notariés n'appartient en général qu'aux personnes intéressées ou à celles qui les représentent; cependant il est des cas où les tiers peuvent également les obtenir sous l'autorité de la justice. — Voy. *Communication.* — *Compulsoire.*

Lorsque les copies tirées sur la minute d'un acte ne l'ont pas été par le notaire qui a reçu cet acte ou par l'un de ses successeurs, ou bien par des officiers public qui, en cette qualité, sont dépositaires des minutes, elles ne peuvent servir, quelle que soit leur ancienneté, que de commencement de preuve par écrit. — *C. civ.* 1355.

COPIE collationnée. — C'est la copie d'une pièce représentée et rendue au bas de laquelle l'officier public qui la délivre place un certificat qui atteste sa conformité avec la pièce sur laquelle elle a été faite. On donne aussi le nom de *collation* aux pièces délivrées par suite de *compulsoire*.

Les copies collationnées se font ordinairement sur la demande de l'une des parties sans ordonnance du juge.

Les Tribunaux admettent, à titre de renseignements, les copies collationnées délivrées par les notaires sur des pièces non déposées pour minutes comme ils admettent les copies sur pièces déposées. Mais la copie ainsi faite n'a pas la force qu'aurait une expédition délivrée par le notaire dépositaire de la minute.

Nous ne nous occupons pas ici des copies collationnées pour la purge des hypothèques légales, qui sont du ressort des notaires et des avoués.

COPIE figurée. — C'est une copie entièrement conforme à son original, non seulement quant à la substance ou teneur de l'acte, mais quant à sa forme matérielle.

Cette copie est dressée toutes les fois qu'un notaire auquel la garde en a été confiée doit s'en dessaisir en vertu d'autorité de justice, par exemple dans le cas de vérification d'écriture ou dans celui d'inscription de faux. — Voy. *Faux.* — *Vérification d'écriture.*

COPIE de lettres. — C'est le nom de l'un des livres que doivent tenir les commerçants.

En effet, tout commerçant est tenu de mettre en liasse les lettres missives qu'il reçoit et de copier sur un registre celles qu'il envoie. — *C. comm.* 8. — Voy. *Livres de commerce.*

COPROPRIÉTÉ. — Se dit de la propriété d'une chose commune à plusieurs personnes.

Les copropriétaires à *titre commun* sont les personnes qui sont devenues propriétaires par un même titre; et les copropriétaires à *titre particulier* sont ceux qui ont acquis séparément leur part dans la chose commune. — Voy. *Communion.* — *Indivision.*

CORBEAUX. — Pierres saillantes plates en dessus et arrondies en dessous placées de distance en distance dans un mur.

Il y a marque de non-mitoyenneté, lorsque les corbeaux de pierres ont été mis d'un seul côté en bâtissant le mur, auquel cas ce mur est censé appartenir exclusivement au propriétaire du côté duquel ils ont été placés.

Mais s'ils avaient été placées après coup, ils ne détruiraient pas la présomption de mitoyenneté.

Toutefois, il ne faut pas confondre les *corbeaux* avec les pierres d'attente ou *harpes* qui ne peuvent fournir aucune présomption.

CORNICHE. — Ornement saillant qui règne au-dessus des portes, des plafonds, etc. — Voy. *Saillie.*

CORPORATION. — Voy. *Corps.*

CORPOREL. — Se dit des *choses* qui tombent sous nos sens, par opposition aux choses ou droits incorporels. — Voy. *Meubles.* — *Immeubles.*

CORPS. — Se dit de la société, de l'union de plusieurs personnes qui vivent sous les mêmes lois ou des règles communes. — Ce mot s'emploie particulièrement pour désigner ce qui est d'un ordre élevé, par exemple les *Corps de l'Etat, de la magistrature,* etc. — Voy. *Association.* — *Association religieuse.* — *Congrégation.* — *Etablissement public.*

CORPS (Changement de). — Voy. *Accession.*

CORPS certain, incertain. — On nomme *corps certain* une chose déterminée, c'est-à-dire dont on peut préciser l'individualité ; et *corps incertain* la chose indéterminée ou dont l'espèce ne peut être indiquée que d'une manière générale. — Voy. *Convention.* — *Obligation.*

CORPS héréditaire. — S'entend de la masse des biens d'une succession tels qu'ils existent en nature. — Voy *Succession.*

CORPS législatif. — C'est le Corps chargé de discuter et de voter l'impôt et les projets de loi, et qu'on appelle aussi Chambre des députés.

La Chambre des députés est nommée par le suffrage universel dans les conditions déterminées par la loi électorale.

Tout électeur est éligible à l'âge de vingt-cinq ans accomplis.

Les militaires ou marins faisant partie des armées actives de terre ou de mer ne peuvent en général être élus membres de la Chambre des députés, sauf quelques exceptions.

L'exercice des fonctions publiques rétribuées sur les fonds de l'État est également incompatible avec les fonctions de député; sauf aussi dans quelques cas exceptionnels. — *L. du 30 nov.* 1875.

Les lois adoptées par le Corps législatif ne deviennent définitives que lorsqu'elles on été approuvées par le Sénat. — Voy. *Constitution.* — *Députés.* — *Organisation administrative.*

CORRECTION. — Le droit de correction contre les enfants mineurs est un des attributs de la puissance paternelle. — Il consiste dans la détention pendant un certain temps, mais elle ne peut être infligée que s'il y a sujet de mécontentement très grave. — *C. civ.* 375.

La demande est faite par le père ou, après son décès, par la mère survivante non remariée, mais dans ce cas, avec le concours des deux plus proches parents paternels. — Elle est faite, dans les autres cas, par le tuteur autorisé par le Conseil de famille. — C'est le président du Tribunal de première instance qui délivre ou refuse l'ordre d'arrestation.

Si l'enfant est âgé de moins de seize ans, la détention ne peut excéder un mois. Depuis l'âge de seize ans jusqu'à la majorité, la peine peut être portée à six mois au plus. — *C. civ.* 376 *et suiv.* — Voy. *Puissance paternelle.* — *Tutelle.*

CORRELATIF. — Se dit de la relation réciproque de plusieurs choses entre elles.

En jurisprudence, la règle des *corrélatifs* est que, lorsqu'une partie demande l'exécution d'un acte, elle doit également s'y soumettre. — Voy. *Acte.* — *Exécution des actes.*

CORRESPONDANCE. — Fait de s'entretenir par lettres ou par mémoires avec les personnes auxquelles on donne ou dont on reçoit des avertissements ou des commissions. On nomme encore *correspondance* un commerce réglé de lettres et, par extension, la collection des lettres elles-mêmes.

La loi impose diverses obligations aux commerçants à l'égard de leur correspondance. Nous les indiquerons ailleurs. — Voy. *Commencement de preuve par écrit.* — *Copie de lettres.* — *Lettre missive.* — *Livres de commerce.* — *Preuve.*

En matière postale, la taxe des lettres affranchies étant aujourd'hui réduite à quinze centimes par lettre du poids de quinze grammes ou fraction de quinze grammes, tandis que celle des lettres non affranchies est du double, l'affranchissement est généralement admis en principe.

On peut même correspondre au moyen de cartes postales soumises à la taxe de dix centimes ou vingt centimes avec réponse payée, mais dans ce cas l'affranchissement est obligatoire.

Les imprimés peuvent en outre être expédiés sous bandes mobiles soumises à la taxe de un centime par cinq grammes jusqu'à vingt, mais à la condition que ces imprimés ne présentent pas le caractère d'une correspondance. Ainsi, par exemple, une lettre ainsi conçue : *Je vous prie de m'apporter d'ici à huit jours ce que vous me devez pour prix de...* serait considérée comme correspondance et soumise à la taxe de quinze centimes.

CORRESPONDANCE télégraphique privée. — Toute personne peut correspondre au moyen du télégraphe électrique, par l'entremise des fonctionnaires de l'Administration. — Ces fonctionnaires peuvent exiger que l'expéditeur justifie de son identité.

Les dépêches doivent être écrites lisiblement, néanmoins elles peuvent être rédigées en langage chiffré ou secret, mais, dans ce cas elles donnent lieu au paiement d'une double taxe.

Lorsqu'elles ne sont pas rédigées en français, l'expéditeur peut être tenu d'en donner la traduction par écrit. Cette traduction est obligatoire pour les dépêches qui ne sont pas remises directement aux guichets des bureaux télégraphiques.

On peut faire expédier les dépêches n'importe où, soit par *poste* ou par *exprès*, et même les *faire suivre*; mais toute dépêche adressée hors du lieu d'arrivée est mise à la poste si l'expéditeur n'a pas demandé l'envoi d'un *exprès* ou d'une *estafette*.

Le port des dépêches par *exprès* dans les localités non pourvues d'un bureau télégraphique donne droit à une perception de 50 centimes par kilomètre ou fraction de kilomètre.

Les indications éventuelles doivent être formulées avant l'adresse et s'expriment ainsi : Réponse payé (R. P.). — Exprès payé (X. P.). — Accusé de réception (C. R.). — Recommandation (T. R.). — Faire suivre (F. S.).

Les dépêches adressées entre deux bureaux quelconques de la France (Corse comprise) sont tarifées, savoir :

Pour dix mots et au-dessous, adresse et signature comprises, 50 centimes.

Chaque mot en plus cinq centimes.

Celles expédiées de France (Corse comprise) en Algérie et Tunisie, et réciproquement, sont tarifées à 10 centimes par mot, avec un minimum de perception de 1 franc.

Les nombres en chiffres sont comptés pour autant de mots qu'ils contiennent de fois 5 chiffres, plus un mot pour l'excédent.

Tout télégramme doit être signé par l'expéditeur, qui est en outre tenu d'inscrire d'une manière complète son nom et son adresse sur la minute.

Tout interligne, renvoi, rature ou surcharge doit être approuvé de l'expéditeur du télégramme ou de son représentant.

Les dépêches pour l'étranger sont l'objet d'un tarif spécial que nous indiquons, mais seulement pour ce qui concerne les pays frontières et quelques autres, savoir :

Grand duché de Luxembourg, 12 centimes et demi par mot.
Belgique et Suisse, 15 centimes.
Allemagne, 20 centimes.
Pays-Bas, 20 centimes.
Angleterre, Espagne, Italie, Portugal, Gibraltar, îles de la Manche, 25 centimes.
Autriche, 30 centimes.
Grèce, Russie d'Europe, Turquie d'Europe, etc., etc., 60 centimes.

Les noms du département, de la commune et les mots composés, comme *après-demain*, ne sont comptés que pour un mot.

Mandats télégraphiques.

On peut expédier des fonds, jusqu'à concurrence de cinq mille francs, par mandats télégraphiques, moyennant : 1° un pour cent, comme pour les mandats postaux ; 2° la taxe télégraphique ordinaire ; 3° un droit fixe de cinquante centimes pour l'avis ; et 4° les frais accessoires de la taxe télégraphique pour la remise à domicile.

Cartes-télégrammes et télégrammes fermés.

Un service de *cartes-télégrammes* et *télégrammes fermés* fonctionne à Paris au moyen de tubes pneumatiques.

La taxe est de trente centimes par carte et de cinquante centimes par télégramme fermé, quel que soit le nombre de mots.

CORRESPONDANCE téléphonique. — Toute personne peut correspondre par conversation au moyen du téléphone. A cet effet, des cabines téléphoniques sont mises par l'État à la disposition du public dans toutes les grandes villes. — *Déc. du 31 déc. 1884.*

Les abonnements sont admis.

La taxe à percevoir pour l'entrée dans les cabines publiques ayant correspondance dans la même ville seulement est fixée par 5 min. de conversation, à Paris, à 50 cent. — Dans les autres localités de France, d'Algérie et de Tunisie, à 25 cent.

Des communications téléphoniques à distance sont également mises à la disposition du public. La taxe à percevoir pour 5 min. de conversation de ville à ville est fixé à 1 franc pour toute distance inférieure à 100 kilom. Toutefois, cette taxe est réduite à 50 cent. lorsque les deux villes font partie d'un seul et même groupe téléphonique.

CORRÈZE. — Le département de la Corrèze est un de ceux que forment le haut et le bas Limousin.

Chef-lieu : Tulle.
Cour d'appel : Limoges.
Ce département est limité : à l'Est par le Puy-de-Dôme et le Cantal ; au Sud

par le Cantal, le Lot et la Dordogne ; à l'Ouest par la Dordogne et la Haute-Vienne, et au Nord par le Puy-de-Dôme, la Creuse et la Haute-Vienne.

Il est divisé en 3 arrondissements, 29 cantons, 287 communes.

Superficie : 582.704 hectares.

Impôt foncier : 882.474 francs.

Population : 326.494 habitants.

CORRUPTION. — Fait de contraindre ou tenter de contraindre par voies de fait ou menaces, dons ou présents, tout fonctionnaire de l'ordre administratif ou judiciaire, tout agent ou préposé d'une administration publique à faire ou ne pas faire un acte de sa fonction.

Ce mot s'emploie également pour désigner l'action de celui qui aurait agréé ou accepté des dons et promesses à cet effet.

La loi punit ces faits et actions de la dégradation civique, c'est-à-dire de la privation des droits civils et politiques et d'une amende d'au moins deux cents francs. — *C. pén.* 177 *et suivants*.

Ainsi, par exemple, c'est un crime que de recevoir une simple gratification dans les cas ci-dessus. — Voy. *Gratification*. — *Dons et promesses*.

CORSE. — Département formé de la totalité de l'île de la Corse.

Chef-lieu : Ajaccio.

Cour d'appel : Bastia.

Ce département est limité de toutes parts par la Méditerranée.

Il est divisé en cinq arrondissements, soixante-deux cantons et trois cent soixante-quatre communes.

Superficie : 874.700 hectares.

Impôt foncier : 194.361 francs.

Population : 278.501 habitants.

Le tarif des droits d'enregistrement a été réduit, et la peine du demi-droit en sus, pour défaut de déclaration des successions dans le délai de six mois à partir du décès, a été abrogée pour le département de la Corse. — *Arrêté du 21 prair. an IX.*

Les actes passés en Corse ont leur effet en France, sans être assujettis à de nouveaux droits.

COSTUME. — S'entend de l'habillement ou de la décoration qui distingue les fonctionnaires publics.

La plupart des fonctionnaires publics ont un costume. — Les magistrats, indépendamment de leur costume d'audience, ont un costume de ville.

Toute personne qui aura publiquement porté un costume, uniforme ou décoration qui ne lui appartient pas, sera passible d'un emprisonnement de six mois à deux ans. — *C. pén.* 259. — Voy. *Décoration*.

COTE. — En matière de contributions directes, on appelle cote l'article du rôle concernant chaque contribuable.

COTE, cote-part ou quote-part. — Ce mot signifie la portion que chacun doit recevoir ou payer dans une somme totale. — Voy. *Partage*.

COTE d'inventaire. — Marque en chiffres ou en lettres que l'on met sur chaque pièce inventoriée avec le paraphe du notaire. — Voy. *Inventaire*.

En matière de compte, les papiers sujets à communication sont aussi cotés et paraphés. — Voy. *Compte*.

COTE mal taillée. — Se dit d'un compte qu'on arrête sans en rechercher les détails. — Voy. *Composition*. — *Transaction*.

COTE et paraphe. — Formalité qui consiste à numéroter et à parapher chaque page d'un registre ou d'un répertoire.

Les livres de commerce doivent toujours être cotés et paraphés, mais ils ne sont plus soumis au timbre. — Voy. *Livres de commerce.* — *Registres.* — *Répertoires.*

CÔTE-d'Or. — Le département de la Côte-d'Or est l'un des quatre que forment les anciennes provinces de la Bourgogne et de l'Auxerrois.
Chef-lieu : Dijon.
Cour d'appel : Dijon.
Ce département est limité à l'Est par la Haute-Marne, la Haute-Saône et le Jura; au Sud par le Jura et le Saône-et-Loire; à l'Ouest par la Nièvre et l'Yonne, et au Nord par la Haute-Marne, l'Aube et l'Yonne.
Il est divisé en quatre arrondissements, trente-six cantons et sept cent dix-sept communes.
Superficie : 877.000 hectares.
Impôt foncier : 2.762.254 francs.
Population : 381.574 hab.

CÔTÉ et ligne. — Ce terme est employé en droit pour signifier la parenté ou succession.
Ainsi on dit *côté paternel* ou *ligne paternelle*, de même que *côté maternel* ou *ligne maternelle*. — Voy. *Contrat de mariage*. — *Généalogie*. — *Succession*.

CÔTES-du-Nord. — Le département des Côtes-du-Nord est un des cinq que forme l'ancienne province de la Bretagne.
Chef-lieu : Saint-Brieuc.
Cour d'appel : Reims.
Ce département est limité à l'est par l'Ille-et-Vilaine; au Sud par le Morbihan; à l'Ouest par le Finistère et au Nord par l'Océan.
Il est divisé en cinq arrondissement, 48 cantons et 387 communes.
Superficie : 744.400 hectares.
Impôt foncier : 1.778.031 francs.
Population : 628.256 habitants.

COTISATION. — Part que l'on supporte dans une dette, charge ou imposition commune à plusieurs personnes. — Voy. *Bourse commune*. — *Contribution*.

COTUTEUR. — Charge imposé par la loi au second mari d'une femme ayant des enfants mineurs d'un précédent mariage et à laquelle la tutelle a été conservée ou restituée.
Le mari cotuteur est solidairement responsable avec sa femme de la gestion postérieure au mariage. — *C. civ.* 396. — Voy. *Hypothèque*. — *Tutelle*.

COUPE de bois. — Voy. *Adjudication*. — *Forêts*. — *Meubles*. — *Immeubles* — *Vente de coupe de bois*.

COUR. — Nom que l'on donne aux Tribunaux souverains.

COUR d'appel. — Juridiction instituée pour connaître des appels des jugements des Tribunaux de première instance civils, correctionnels ou de commerce.
Les Cours d'appel sont au nombre de vingt-six pour la France continentale.
Les décisions des Cours d'appel portent le nom d'arrêts.
Il y a deux sortes d'appel :
L'appel *principal* qui attaque le jugement rendu en première instance, et l'appel *incident* qui attaque le jugement dont la partie adverse a déjà porté appel.
Le délai pour interjeter appel est de deux mois du jour de la signification du jugement à personne ou à domicile.
La justice est rendue souverainement par les Cours d'appel qui statuent sur les appels : 1° des jugements des Tribunaux civils et de commerce, et notamment sur ceux relatifs aux réhabilitations de faillis. — *C. comm.* 604 *et suiv.*;
2° Des sentences rendues par des arbitres volontaires lorsque la contestation était de nature à être soumise aux Tribunaux civils. — *C. proc.* 1023, et dans tous les cas des sentences des arbitres forcés. — *C. comm.* 52;
3° Des ordonnances de référé. — *C. proc.* 809;
4° Des décisions rendues par les préfets en Conseil de préfecture en matière électorale.

Les Cours d'appel ne sont pas appelées à statuer sur les sentences des juges de paix et des prud'hommes.

Pour plus de renseignements. — Voy. *Compétence des Cours d'appel.*

Nous donnons ci-après la nomenclature des Cours d'appel de la France continentale avec l'indication des départements soumis à leur juridiction.

AGEN (3e *classe*).
Gers. — Lot. — Lot-et-Garonne.

AIX (3e *classe*).
Basses-Alpes. — Alpes-Maritimes. — Bouches-du-Rhône. — Var.

AMIENS (3e *classe*).
Aisne. — Oise. — Somme.

ANGERS (3e *classe*).
Maine-et-Loire. — Mayenne. — Sarthe.

BASTIA (3e *classe*).
Corse.

BESANÇON (3e *classe*).
Doubs. — Jura. — Haut-Rhin. — Haute-Saône.

BORDEAUX (2e *classe*).
Charente. — Dordogne. — Gironde.

BOURGES (3e *classe*).
Cher. — Indre. — Nièvre.

CAEN (3e *classe*).
Calvados. — Manche. — Orne.

CHAMBÉRY (3e *classe*).
Savoie. — Haute-Savoie.

DIJON (3e *classe*).
Côte-d'Or. — Haute-Marne. — Saône-et-Loire.

DOUAI (3e *classe*).
Nord. — Pas-de-Calais.

GRENOBLE (3e *classe*).
Hautes-Alpes. — Drôme. — Isère.

LIMOGES (3e *classe*).
Corrèze. — Creuse. — Haute-Vienne.

LYON (2e *classe*).
Ain. — Loire. — Rhône.

MONTPELLIER (3e *classe*).
Aude. — Aveyron. — Hérault. — Pyrénées-Orientales.

NANCY (3e *classe*).
Ardennes. — Meurthe-et-Moselle. — Meuse. — Vosges.

NIMES (3e *classe*).
Ardèche. — Gard. — Lozère. — Vaucluse.

ORLÉANS (3e *classe*).
Indre-et-Loire. — Loir-et-Cher. — Loiret.

PARIS (1re *classe*).
Aube. — Eure-et-Loir. — Marne. — Seine. — Seine-et-Marne. — Seine-et-Oise. — Yonne.

PAU (3e *classe*).
Landes. — Basses-Pyrénées. — Hautes-Pyrénées.

POITIERS (3e *classe*).
Charente-Inférieure. — Deux-Sèvres. — Vendée. — Vienne.

RENNES (3e *classe*).
Côtes-du-Nord. — Finistère. — Ille-et-Vilaine. — Loire-Inférieure. — Morbihan.

RIOM (3e *classe*).
Allier. — Cantal. — Haute-Loire. — Puy-de-Dôme.

ROUEN (2e *classe*).
Eure. — Seine-Inférieure.

TOULOUSE (2e *classe*).
Ariège. — Haute-Garonne. — Tarn-et-Garonne.

COUR d'assises. — Juridiction spéciale chargée par la loi de statuer sur les crimes qui lui sont déférés par les Chambres d'accusation des Cours d'appel, de même que sur les délits de presse et sur les délits politiques.

Les Cours d'assises siègent dans les départements à des époques déterminées.

Elles sont composées de trois membres des Cours d'appel dont l'un est président, d'un membre du ministère public, d'un greffier et de 12 jurés tirés au sort parmi 36 jurés également tirés au sort sur une liste annuelle dressée conformément à la loi du 10 mai 1853. — Voy. *Jury.* — *Compétence des Cours d'assises.*

COUR de cassation. — C'est la juridiction unique et suprême établie pour maintenir l'unité de législation, et qui casse et annule les jugements et arrêts en dernier ressort qui renferment quelque violation de la loi.

La Cour de cassation garantit seulement l'exécution des lois en cassant les décisions qui les violent sans s'occuper du fond des affaires.

Cette Cour est divisée en trois Chambres : la Chambre des requêtes, la Chambre civile et la Chambre criminelle.

Elle est composée d'un premier président, des trois présidents de Chambre et de quarante-cinq conseillers. Il y a en outre un procureur général et six avocats généraux dont l'un porte le titre de premier avocat général.

Il y a soixante avocats à la Cour de cassation, qui cumulent la double fonction d'avoué et d'avocat, et qui portent le titre d'avocats au Conseil d'Etat et à la Cour de cassation. — Voy. *Cassation.*

COUR commune. — S'entend d'une cour laissée dans l'indivision entre propriétaires voisins.

Il est généralement interdit de faire dans la cour commune rien qui puisse nuire à la jouissance indivise des ayants droit.

Contrairement à la règle commune aux autres biens indivis, le partage ou la licitation des cours communes ne peut être demandé. — Voy. *Indivision. — Mitoyenneté. — Servitude.*

COUR des comptes. — Corporation de magistrats institués pour vérifier les opérations des comptables publics, juger les difficultés que présentent leurs comptes, et arrêter définitivement leur position. — *L. du 16 sept. 1807.*

La Cour des comptes prend rang immédiatement après la Cour de cassation et jouit des mêmes honneurs et prérogatives.

Elle est composée d'un premier président, de trois présidents, de 18 conseillers maîtres, de 26 conseillers référendaires de 1re classe, de 60 conseillers référendaires de 2me classe, et de 10 auditeurs de 1re classe. — Il y a près la Cour des comptes un procureur général, un greffier en chef et trois commis greffiers. — *Déc. des 12 déc. 1860 et 17 juil. 1880.*

COUR de justice (haute). — Juridiction supérieure instituée en 1852.

Cette juridiction a été implicitement supprimée par la constitution du 25 février 1875, d'après laquelle le Sénat peut être exceptionnellement constitué en cour de justice, pour juger, soit le Président de la République, soit les Ministres mis en accusation par la Chambre des députés, et pour connaître des attentats contre la sûreté de l'Etat. — *E. N.*

COURS au prix courant. — Se dit du bulletin du cours des effets publics, du change et des marchandises dans les places de commerce.

Ces cours sont constatés par les agents de change et courtiers. — *C. comm. 73.*

Le cours est pour les marchandises, les effets publics, etc., ce que les mercuriales sont pour les grains. — Voy. *Cours des effets publics et de commerce et de marchandises.*

COURS d'eau. — En général, on désigne sous ce titre les eaux qui suivent d'une manière continue et régulière une direction déterminée naturellement ou artificiellement par la disposition des lieux.

Les fleuves, rivières, canaux, torrents, ruisseaux, etc., sont appelés cours d'eau, par opposition aux eaux stagnantes, tels que les étangs, lacs, marais, etc. — Voy. *Eau.*

Les cours d'eau se distinguent en cours d'eau *navigables et flottables*, et en cours d'eau qui ne sont ni navigables ni flottables.

§ 1er. — *Des cours d'eau navigables ou flottables.*

Les fleuves et rivières navigables et flottables sont considérés comme des dépendances du domaine public. — *C. civ. 538.*

Un cours d'eau devient navigable ou flottable par la déclaration qui en est faite par un arrêté du préfet rendu sur l'approbation du Ministre de l'intérieur.

Si ce cours d'eau est une propriété privée, il ne peut être déclaré navigable ou flottable qu'à la charge de l'indemnité due aux propriétaires riverains.

Un cours d'eau n'entre dans le domaine public que quand il est déclaré flottable sur trains et radeaux, et ce n'est qu'à partir de ce moment que les propriétaires riverains sont tenus de livrer le marche-pied déterminé par l'article 650 du C. civ.

Le curage d'une rivière navigable est à la charge de l'Etat.

Les bords des rivières navigables et flottables sont la propriété des riverains, sauf les servitudes établies pour le service de la rivière. — Ils peuvent les entretenir et réparer sans autorisation. — Ils peuvent y puiser de l'eau, y laver, y abreuver les bestiaux.

Mais l'autorisation du préfet est nécessaire pour y exécuter des prises d'eau ou saignées nécessaires pour l'irrigation des terres. — Voy. *Canal.* — *Canaux.* — *Chemin de halage.* — *Pont.*

§ 2. — Des cours d'eau non navigables ni flottables. — Rivières.

La propriété des rivières qui ne sont ni navigables ni flottables appartient à chacun des propriétaires riverains jusqu'à la ligne qu'on suppose tracée au milieu de la rivière, et si une île s'est formée dans son sein, elle appartient aux propriétaires riverains, à partir de cette ligne. — *C. civ.* 561. — Voy. *Alluvion.* — *Atterrissement.*

Il est à remarquer toutefois que la jurisprudence et certains auteurs admettent aujourd'hui en général que la propriété de ces rivières n'appartient pas aux riverains, sans pour cela faire partie du domaine public. — *Cass.*, 23 *nov.* 1858; 6 *mai* 1861; 6 *nov.* 1866 ; 26 *mai* 1869.

Sources. — Ruisseaux.

Celui qui possède une source dans son fonds peut en user à sa volonté, sauf le droit que le propriétaire du fonds inférieur pourrait avoir acquis par titre ou par prescription. — *C. civ.* 641.

Mais le propriétaire d'une source n'en peut changer le cours lorsqu'il fournit aux habitants d'une commune, village ou hameau, l'eau qui leur est nécessaire ; toutefois il faut qu'il y ait nécessité et, dans ce cas, il a droit à une indemnité. — *C. civ.* 643.

Cette disposition s'applique également aux eaux provenant d'un ruisseau, d'une fontaine, d'un puits, d'un réservoir d'eaux pluviales ou d'un étang, si le propriétaire n'a pas acquis ou prescrit l'usage de ce droit.

Les simples ruisseaux sont la propriété des héritages sur lesquels ils se trouvent, et on doit leur appliquer ce qui a été dit à l'égard des sources, à moins qu'ils ne se trouvent entre deux héritages, auquel cas les voisins ont droit à chacun moitié.

Eaux pluviales. — Torrents.

Les eaux pluviales sont au propriétaire à qui la disposition des lieux permet de les prendre. Il peut donc détourner sur son fonds les eaux pluviales d'un chemin, pourvu que son entreprise ne nuise point au public. — Voy. *Égout.*

Les torrents sont des cours d'eau peu profonds et très rapides. — Leur lit appartient aux propriétaires riverains qui peuvent y faire librement tous les actes dérivant de la propriété.

Le propriétaire supérieur a le droit de retenir les eaux et même de construire dans ce but un barrage que le propriétaire inférieur ne pourrait lui faire supprimer. — *Arrêt C. Caen*, 26 *fév.* 1844.

§ 3. — Droits et obligations des propriétaires supérieurs, inférieurs ou riverains.

Celui dont une eau courante traverse la propriété peut en user comme bon lui semble dans l'intervalle qu'elle y parcourt, à charge de la rendre à la sortie de son fonds à son cours ordinaire. Si cette eau borde sa propriété, il peut s'en servir à son passage pour l'irrigation de ses terres, pour faire mouvoir une usine, etc., en observant les règlements particuliers et locaux. — *C. civ.* 654. — Voy. *Irrigation.* — *Moulin.* — *Usine.*

Le propriétaire du fonds traversé par une rivière ou un ruisseau peut en abréger le cours en effaçant ses sinuosités et peut en rétrécir le lit, pourvu qu'il n'expose pas les terres voisines à être inondées pendant la crue des eaux. — *Cass.*, *15 juillet* 1807.

Le propriétaire d'un fonds inférieur est obligé de recevoir du fonds le plus élevé les eaux qui en découlent naturellement sans que la main de l'homme y ait contribué; il ne peut point élever de digue qui empêche cet écoulement. De son côté, le propriétaire du fonds supérieur ne peut rien faire qui aggrave la servitude du fonds inférieur. — *C. civ.* 640. — Voy. *Digue.*

Si le propriétaire du fonds supérieur employait n'importe pour quel usage dans sa maison ou sur son héritage de l'eau provenant d'un puits ou fontaine, il ne pourrait la laisser couler sur l'héritage du propriétaire inférieur. Il ne pourrait pas non plus y faire couler l'égout d'un toit. — Il peut cependant faciliter et diriger l'écoulement naturel de ces eaux. — Voy. *Drainage.*

Celui qui creuse un puits dans sa propriété ne peut en établir le fonds plus bas que le fonds du puits de son voisin lorsqu'il trouve de l'eau à la même profondeur. — Voy. *Contre-mur.* — *Puits.*

A l'égard des eaux stagnantes. — Voy. *Marais.* — *Étang.*

§ 4. — *Police des cours d'eaux.*

La police des rivières non navigables ni flottables est assimilée à celle des chemins vicinaux. — Voy. *Vicinalité.* — *Chemin.*

Les particuliers dont les propriétés sont traversées par un ruisseau peuvent être soumis, pour l'irrigation de leurs propriétés riveraines, à un règlement administratif. — *Ord. du 3 juin* 1818.

Lorsque plusieurs propriétaires d'héritages susceptibles de l'arrosement des eaux d'une même source ont droit de se servir de ces eaux, un règlement peut être demandé aux Tribunaux qui dès lors déterminent les époques où chacun des intéressés peut prendre les eaux et la durée du temps qu'il peut les garder.

Toutefois, le droit de faire ces règlements appartient au préfet si l'intérêt public se trouve mêlé à celui des particuliers, par exemple si le règlement doit avoir pour résultat de répandre la fertilité sur une plus grande étendue de terrain ou d'assurer le mouvement d'un moulin utile à la consommation d'un grand nombre d'individus, etc.

Les préfets ont le droit de régler par des arrêtés la hauteur à laquelle les rivières non navigables peuvent être portées. — *L. du 6 oct.* 1791. — Voy. *Moulin.* — *Étang.*

Ceux qui jouissent de moulins, usines ou étangs, et qui ont inondé les propriétés d'autrui par l'élévation du déversoir de leurs eaux au-dessus de la hauteur déterminée par l'autorité compétente, sont passibles des peines édictées par l'article 457 du Code pénal. — Voy. *Inondation.*

Partout où il existe des règlements anciens et des usages locaux, le curage des cours d'eaux et l'entretien des digues et ouvrages d'art qui y correspondent doivent être faits de la manière prescrite par ces règlements. S'il n'en existe pas ou qu'ils soient insuffisants, il y est pourvu par un règlement d'administration publique rendu sur la proposition du préfet. — *L. du 14 flor. an XI.*

§ 5. — *Des contestations.*

La connaissance des contestations entre particuliers sur la dérivation et l'usage des eaux d'une rivière non navigable ni flottable appartient aux Tribunaux.

L'action peut être *possessoire.* — Voy. *Action.* — Mais il y a lieu à *complainte* lorsqu'un propriétaire riverain a, par des travaux sur son fonds, fait refluer les eaux sur la propriété voisine, et si en usant des eaux pour l'irrigation de sa propriété il a troublé le propriétaire voisin dans sa possession. — *Cass.*, 1er *déc.* 1829 *et 5 avril* 1830. — En effet, les droits acquis relativement à un cours d'eau étant des droits immobiliers, le trouble apporté dans leur jouissance donne ouverture à la *complainte* et à la *réintégrande.*

Lorsqu'un particulier établit sans autorisation sur un cours d'eau non dépendant du domaine public des ouvrages tels que barrages, vannes ou martellières nuisibles à des usines anciennement établies sur ces mêmes cours d'eau, les Tribunaux sont compétents pour ordonner la destruction des ouvrages nouvellement construits avec dommages-intérêts, mais ils sont incompétents pour ordonner la réduction ou l'abaissement des vannes. — *D. N.*

Les Conseils de préfecture sont compétents pour appliquer par voie contentieuse dans l'intérêt général des propriétaires riverains et de la salubrité publique les règlements relatifs à la hauteur des déversoirs, des vannes, et autres ouvrages d'art.

La connaissance des anticipations ou détériorations consenties au préjudice du lit des rivières non navigables est de la compétence de l'autorité administrative si la répression en est poursuivie dans l'intérêt de la chose publique. Elle est de la compétence des Tribunaux s'il s'agit d'une action intentée dans l'intérêt d'un particulier.

COURS des effets publics et de commerce et des marchandises. — On entend par *cours* le prix des négociations de ces divers objets à la Bourse de commerce.

Les divers *cours* sont constatés par les agents de change et les courtiers selon leurs attributions et dans les formes prescrites par les lois, ainsi que nous l'avons indiqué au mot *Bourse de commerce.* — *C. comm.* 73.

Les effets publics seulement se crient à haute voix au moment de la négociation. Après la bourse, les agents de change et syndics recueillent les cours des négociations des actions de sociétés et autres valeurs, et les cotent sur le bulletin des cours.

Les certificats délivrés par les agents de change et courtiers font foi en justice. — Voy. *Agent de change.* — *Change.* — *Certificat d'origine.* — *Commissionnaire.* — *Compte de retour.* — *Courtier.* — *Demande d'origine.* — *Mercuriales.* — *Mutation.* — *Succession.*

COURTAGE. — Genre d'opération ayant pour objet de servir d'intermédiaire dans une négociation entre deux ou plusieurs personnes dont les intérêts sont opposés.

La loi répute acte de commerce toute opération de courtage. — *C. comm.* 632.

Le courtage diffère de la commission en ce que le courtier ne s'oblige pas personnellement d'exécuter le traité dans lequel il n'a été qu'intermédiaire, tandis que le commissionnaire contracte cet engagement. — Voy. *Commissionnaire.*

Le courtier n'est donc qu'entremetteur dans les opérations qu'il facilite.

On nomme aussi *courtage* le droit de commission perçu par le courtier. — Voy. *Courtier.*

COURTIER. — Agent servant d'intermédiaire aux commerçants pour opérer la vente des marchandises et procéder à diverses autres opérations de courtage. — *L. du 18 juillet* 1866.

Toute personne est aujourd'hui libre de faire le courtage de marchandises.

Toutefois les courtiers inscrits au Tribunal de commerce ont le privilège de faire certaines ventes de marchandises et certaines expertises.

Dans chaque ville où il existe une Bourse de commerce, le cours des marchandises est constaté par les courtiers inscrits réunis.

Les courtiers sont les intermédiaires de leurs clients. Ils sont assimilés aux commerçants, mais ils ne traitent jamais en leur nom et ne remplissent qu'un simple mandat.

Il y a plusieurs espèces de courtiers : 1° les courtiers de marchandises qu'on désigne habituellement sous le nom de courtiers de commerce ou seulement de courtiers ; 2° les courtiers d'assurances ; 3° les courtiers interprètes et conducteurs de navires ; 4° les courtiers de transport par terre et par eau. — *C. comm.* 77.

Il existe encore des *courtiers gourmets piqueurs de vins*, établis seulement pour le service de l'entrepôt des vins de Paris.

Des courtiers de commerce.

Les courtiers de commerce ont qualité pour procéder aux ventes volontaires aux enchères des marchandises en gros comprises dans le tableau annexé au décret du 20 mai 1863, et celles autorisés par le Code de commerce et la loi du 3 juillet 1861.

Des courtiers d'assurances maritimes.

Les courtiers d'assurances négocient les conventions pour faits d'assurances ou polices, entre les personnes qui ne traitent pas directement. Ils attestent par leurs signatures la vérité des actes sous signatures privées qui les constatent et reçoivent, concurremment avec les notaires, les actes de même nature pour les parties qui ne savent ou ne peuvent écrire. Ils certifient de plus le taux des primes ou coût d'assurances pour tous les voyages de mer et de rivières. — *C. comm.* 79.

Des courtiers interprètes ou maritimes.

Les courtiers maritimes ont plusieurs attributions. — *C. comm.* 80.

1° Ils font le courtage des *affrétements* ou *nolissements*, c'est-à-dire des locations des navires, et constatent seuls le prix de ces locations ;

2° Ils ont seuls le droit de traduire, en cas de contestations portées devant les Tribunaux, les déclarations, chartes-parties, connaissements, contrats et tous actes de commerce dont la traduction serait nécessaire ;

3° Dans les affaires contentieuses de commerce, et pour le service des douanes, ils servent seuls de truchement à tous étrangers, maîtres de navires, marchands, équipages de vaisseau et autres personnes de mer ;

4° Ils peuvent aussi servir de facteurs aux marchands étrangers dans les affaires de leur commerce et travailler à procurer aux maîtres la vente de leurs cargaisons, etc.;

5° Ils ont la faculté de procéder, après faillite, à la vente des navires et de tout ce qui en dépend. — Voy. *Navire.*

COUTUME. — Voy. *Usages locaux.*

COUVENT. — Voy. *Communauté religieuse.* — *Consentement au noviciat.*

COUVERTURE. — Ce terme est employé particulièrement en matière de banque et de commerce pour exprimer les garanties fournies pour assurer un paiement.

On l'emploie surtout dans les opérations de Bourse. — En matière de lettre de change, la couverture *remise* au *tiré* s'appelle provision. — Voy. *Agent de change.* — *Lettre de change.* — *Marché à terme.*

CRAINTE. — Voy. *Violence.*

CRAINTE révérentielle. — *C. civ.* 1114. — Voy. *Mariage.* — *Violence.*

CRÉANCE, créancier. — On appelle créance le droit que l'on a contre quelqu'un d'exiger une chose, et, suivant les différentes causes dont elles procèdent ou les effets qu'elles produisent, les créances sont *chirographaires, mobilières, personnelles, hypothécaires.* On dit aussi créance *active,* créance *passive.*

Le créancier est celui auquel il est dû.

Les actes que les débiteurs passent en fraude de leurs créanciers peuvent être annulés sur la demande de ceux-ci. — *C. civ.* 1167. — Voy. *Fraude.*

Les créanciers peuvent se mettre à la place les uns des autres ; ils peuvent rembourser ceux qui doivent passer avant eux et, par ce moyen, améliorer leur sort : ainsi un créancier chirographaire peut acquérir les droits d'un créancier hypothécaire en le remboursant avec subrogation, mais il n'use de l'hypothèque qu'il a acquise que pour la dette à laquelle elle était attachée. L'autre dette n'est remboursée qu'à son tour ; cependant, le subrogé peut, par ce moyen, en évitant ou en dirigeant lui-même les poursuites, assurer le paiement de sa créance chirographaire. — Voy. *Affectation hypothécaire.* — *Cession d'antériorité ou de priorité.* — *Subrogation.* — *Transport.* — *Cession.*

Les créanciers peuvent, pour sûreté de leurs créances, exercer tous les droits et actions de leurs débiteurs autres que ceux attachés à la personne. Il peuvent notamment former des saisies-arrêts pour ce qui leur est dû, faire annuler les engagements contractés à leur préjudice, accepter, malgré leur débiteur, les successions échues à ceux-ci.—D. N. — Voy. *Droits personnels.*

Les créanciers peuvent poursuivre l'expropriation : 1° des biens immobiliers et de leurs accessoires réputés immeubles, appartenant en propriété à leur débiteur ; et 2° de l'usufruit appartenant au débiteur sur les biens de même nature. — C. civ. 2204.

Les créanciers d'un copartageant, pour éviter que le partage ne soit fait en fraude de leurs droits, peuvent s'opposer à ce qu'il y soit procédé hors de leur présence, et ont le droit d'y intervenir à leurs frais.— C. civ. 882.

Tout créancier peut, en vertu de titres authentiques ou privés, saisir-arrêter entre les mains d'un tiers les sommes ou effets appartenant à son débiteur ou s'opposer à leur remise. — C. proc. 557.

CRÈCHES. — Établissements fondés à Paris et dans les principales villes de France, et destinés à donner asile pendant le jour, de 5 heures et demie du matin à 8 heures du soir, (excepté les dimanches et fêtes), aux petits enfants pauvres, sans distinction de religion, âgés de moins de deux ans, dont les mères sont employées ou travaillent hors de leur domicile.

L'enfant est admis à la condition d'être vacciné ou de l'être prochainement, et de n'être atteint d'aucune maladie contagieuse, sur la demande faite par la mère à la dame présidente de la crèche de son quartier et en justifiant d'un certificat de moralité.

L'enfant reçoit à la crèche les soins alimentaires, hygiéniques et médicaux.

La mère peut aller l'allaiter à toute heure de la journée, à défaut de quoi il est nourri de lait de vache coupé selon les instructions du médecin de la crèche ; néanmoins, les enfants de 4 mois et plus reçoivent une nourriture plus substantielle.

CRÉDIT. — Ce mot a plusieurs significations. Il se dit d'un délai accordé pour payer une chose ; de la réputation que l'on a d'être solvable ; du pouvoir d'obtenir certaines faveurs auprès des supérieurs. En comptabilité, de l'*avoir* ou *actif* d'une partie, etc.

CRÉDIT (Acte d'ouverture de). — On appelle ouverture de crédit l'acte par lequel un commerçant, et le plus souvent un banquier, s'oblige à fournir à une personne des fonds ou des effets négociables jusqu'à concurrence d'une somme déterminée.

Le négociant qui promet de prêter s'appelle *créditeur;* celui auquel la promesse est faite *crédité*, et la faculté qui lui est accordée *crédit*.

Un pareil acte constitue de la part du créditeur la promesse de prêter, et de la part du crédité celle d'emprunter. En effet, le premier s'engage envers l'autre à payer ou accepter, jusqu'à concurrence de la somme convenue, les lettres de change ou mandats que celui-ci doit tirer, ou les billets ou autres effets de commerce qu'il souscrira pour être payés chez lui ; et réciproquement, le crédité se constitue débiteur du montant du crédit et de ses accessoires.

Par le montant du crédit et ses accessoires il faut entendre : 1° les capitaux qui sont employés par le commerçant à l'acquit des lettres de change, billets et effets de commerce ; 2° les droits de commission et autres bénéfices fixés par l'usage ou par la convention ; 3° les intérêts des fonds qui courent de plein droit, de même qu'en matière de compte courant à partir des époques des avances successivement réalisées conformément au crédit.

Au moyen de l'ouverture d'un crédit, le créditeur et le crédité se trouvent en état de compte courant. — Voy. *Compte courant.*

Le crédit peut être limité à un certain temps ou être illimité, c'est-à-dire subordonné à la volonté de l'une ou des deux parties.

Il est d'usage que celui auquel on ouvre un crédit fournisse à l'avance soit un gage mobilier, soit un dépôt de valeurs, soit une caution, et le plus souvent une garantie hypothécaire. —*D. N.*

Dans ce dernier cas, l'hypothèque prend rang du jour de son inscription.

Les actes d'ouverture de crédit peuvent être faits sous seing, mais il est toujours préférable de les faire par acte notarié; cela devient indispensable dans le cas où ils confèrent hypothèque, et il en est presque toujours ainsi. Dans les autres cas, l'acte notarié est encore le moyen d'écarter les soupçons de fraude et de prévenir les contestations si l'une des parties vient à être déclarée en faillite. Nous en concluons qu'il serait imprudent de se contenter d'un acte sous seing lors même que le crédit ne contiendrait pas d'affectation hypothécaire.

CRÉDIT foncier. — Le Crédit foncier est une société anonyme ou établissement autorisé par décrets des 28 mars et 31 juillet 1852, agissant sous la direction et la surveillance du Gouvernement, et ayant pour objet de fournir aux particuliers qui possèdent des immeubles et qui veulent emprunter sur hypothèque des emprunts remboursables par annuités à long ou à court terme. — *L. du 10 juin 1853.*

Le Crédit foncier est encore autorisé : 1° à faire, aux lieu et place de l'État, les prêts pour les travaux de drainage; 2° à prêter, avec ou sans hypothèque, aux départements, aux communes et aux associations syndicales; et 3° à recevoir des capitaux en compte courant et à faire des avances sur obligations foncières et autres valeurs déterminées.

Les prêts dont il s'agit, qui ne peuvent être inférieurs à 500 fr., ni dépasser un million, se font en numéraire jusqu'à concurrence de la moitié de la valeur des immeubles au moyen d'une hypothèque de premier rang. — Ceux faits aux particuliers ont lieu par actes notariés et par l'entremise de leurs notaires.

Par dérogation aux lois, le Crédit foncier est spécialement autorisé à remplir les formalités de purge des hypothèques légales sur les immeubles qui lui sont offerts en garantie d'hypothèque, de même qu'à obtenir du tuteur du mineur ou de la femme mariée sous le régime de la communauté toutes mainlevées d'hypothèques légales; c'est ce qui facilite beaucoup les opérations de cet établissement. Il est encore dispensé, pendant la durée du prêt, du renouvellement décennal des inscriptions prescrit par l'article 2154 C. civ.

Prêts à court terme.

Les prêts à court terme sont faits pour une durée de 1 à 5 ans et ne sont pas remboursables par anticipation. L'intérêt est de 4,85 pour cent par an.

A l'expiration du terme qu'il a lui-même fixé, l'emprunteur peut demander que le contrat primitif soit remplacé par un prêt à long terme avec amortissement.

Prêts à long terme.

Ces prêts sont amortissables par annuités dans un délai de dix à soixante-quinze ans, sans renouvellement d'acte ni d'inscription. Néanmoins, l'emprunteur a toujours le droit de se libérer à toute époque, même partiellement, en profitant de l'amortissement déjà opéré.

L'annuité, qui comprend l'intérêt et l'amortissement et qui varie suivant la durée du prêt, est de:

12 fr. 74 c. pour cent pour un prêt d'une durée de 10 ans
de 9 fr. 46 — — — — 15 —

de 7 fr. 87 c.	pour cent	pour prêt d'une	durée de 20 ans.
de 6 fr. 95	—	—	—	—	25 —
de 6 fr. 37	—	—	—	—	30 —
de 5 fr. 96	—	—	—	—	35 —
de 5 fr. 69	—	—	—	—	40 —
de 5 fr. 34	—	—	—	—	50 —
de 5 fr. 14	—	—	—	—	60 —
de 4 fr. 99	—	—	—	—	75 —

Il n'est dû aucun droit de commission en sus pour ces prêts.

Les pièces à produire à l'appui des demandes de prêts sont les titres de propriété, le contrat de mariage, les baux ou l'état des locations, la police d'assurance, l'avertissement des contributions et l'extrait de la matrice cadastrale.

L'emprunteur doit en outre consigner le droit d'estimation, qui est de 30 fr. pour les demandes de 30.000 fr. et au-dessous, et de 1 fr. par 1000, lorsqu'il s'agit de demandes supérieures à 30,000 fr.

Prêts communaux et autres.

Outre les prêts hypothécaires, le Crédit foncier fait des prêts aux départements, aux communes, aux fabriques et autres établissements publics pour toute durée avec ou sans amortissement. L'intérêt de ces prêts est de 4 fr. 75 c. pour cent, par an, sans aucune commission. Il fait également des prêts aux *syndicats* à 5 pour cent d'intérêts par an, plus 40 centimes pour cent pour frais d'administration. — Ces prêts peuvent avoir lieu par acte sous seing privé sans hypothèque et sans frais.

Fonds social.

Les prêts faits par le Crédit foncier proviennent d'obligations foncières et communales émises par cet établissement.

Le montant des obligations foncières émises ne peut dépasser le solde des créances hypothécaires. De même, le montant des obligations communales ne peut dépasser le solde des créances sur les départements, les communes, etc. Cette règle des statuts donne à la première catégorie de ces titres le caractère et la valeur d'une créance hypothécaire de premier ordre, et à la deuxième catégorie le caractère d'une valeur d'État. — Ces obligations sont remboursables par annuités avec ou sans lots et sont soumises, comme les autres valeurs mobilières, à l'impôt ou taxe sur ces valeurs et l'impôt de transmission. — Voy. *Contributions publiques.* — *Taxe sur le revenu des valeurs mobilières,* § 10.

CRÉDIT (lettre). — Voy. *Lettre de crédit.*

CRÉDI-rentier. — Se dit du créancier d'une rente, de quelque nature que ce soit. — Voy. *Rente.*

CRÉDITÉ. — On donne ce nom, en matière de commerce et particulièrement de compte courant et d'ouverture de crédit, à celui qui doit ou auquel on fournit des sommes ou valeurs. — Voy. *Compte courant.* — *Crédit.*

CRÉDITEUR. — Le mot *créditeur* désigne la personne qui prête ou est créancière ou fournit. En style de comptabilité, on dit qu'une personne est *créditée* des sommes qui sont passées à son avoir, mais il n'y a créance que lorsque, par le résultat de la balance, le *crédit* excède le *débit.* — Voy. *Compte courant.* — *Crédit (ouverture de).*

CREUSE. — Département formé de la ci-devant Haute-Marche et de quelques parties du Berry, du Bourbonnais, du Limousin et de l'Auvergne.

Chef-lieu : Guéret.

Cour d'appel : Limoges.

Ce département est limité à l'Est par l'Allier et le Puy-de-Dôme ; au Sud par la Corrèze; à l'Ouest par la Haute-Vienne, et au Nord par l'Allier, le Cher et l'Indre.

Il est divisé en quatre arrondissements, vingt-cinq cantons et deux cent soixante-quatre communes.

Superficie : 557.121 hectares.
Impôt foncier : 741.822 fr.
Population : 284.942 habitants.

CRIÉES. — Proclamations par lesquelles on annonce le montant des enchères sur un objet dont la vente ou l'adjudication se fait publiquement. Ainsi on dit vendre à la *criée* ou aux enchères. L'audience des *criées*. — Voy. *Adjudication*. — *Chambre d'adjudication*. — *Vente judiciaire*.

CRIEUR. — On nomme ainsi celui qui, moyennant une certaine rétribution, se charge d'annoncer à cri public les choses auxquelles on veut donner de la publicité. Dans un sens plus restreint, on appelle *crieur* celui qui annonce des marchandises à vendre, soit par lui-même, soit par le ministère d'un officier public. — Voy. *Affiche*. — *Afficheur*.

CRIME. — Attentat dirigé contre les personnes, les biens ou la sûreté publique; en un mot, toute infraction aux lois punie de peines afflictives ou infamantes. — *C. pén.* 1.

Toute tentative de crime manifestée par un commencement d'exécution est considérée comme le crime lui-même si elle n'a manqué son effet que par des circonstances indépendantes de la volonté de son auteur. — *C. pén.* 2. — Voy. *Délit*.

CROÎT. — Ce mot s'emploie le plus ordinairement pour désigner le produit ou l'augmentation des nouveaux-nés qui viennent accroître le nombre des têtes de bétail dans un troupeau; mais il peut s'entendre en général de tout accroissement. — Voy. *Bail à cheptel*. — *Fruits*.

CROIX. — Voy. *Signature*.

CROUPIER. — S'entend du cessionnaire d'une portion des droits d'un sociétaire. Il devient associé à la part du sociétaire, mais il ne devient pas membre de la société. On le nomme aussi *participant*. — Voy. *Société*.

CRUE. — Augmentation faite sur une estimation jugée être au-dessous de la valeur réelle de l'objet.

Faire une estimation sans crue, c'est déterminer sur-le-champ sa valeur réelle.

Lorsqu'il s'agit de partage et qu'il n'y a pas eu d'inventaire, l'estimation est faite par gens à ce connaissant à juste prix et sans crue. — *C. civ.* 825.

Il en est de même en matière de rapport à succession. — *C. civ.* 868.

Dans les inventaires, la prisée est faite à juste valeur et sans crue.

CUBAGE des bois. — Le cubage ou solivage métrique a pour objet de trouver le volume d'une pièce de bois, quelles qu'en soient les dimensions.

Comme tous les solides, les pièces de bois ont trois dimensions : longueur, largeur et épaisseur. La largeur et l'épaisseur se désignent en général sous le nom de faces.

Du solivage carré.

Pour trouver le volume d'une pièce de bois équarrie, il suffit de faire le produit des 3 dimensions, c'est-à-dire de multiplier les deux faces l'une par l'autre, et ensuite le produit par la longueur, après quoi on retranche du résultat autant de chiffres qu'il y a de décimales dans l'opération. Pour avoir des décistères ou solives métriques on retranche un chiffre de moins.

Exemple. — On suppose une pièce de bois équarrie de 6 m. 45 de longueur sur 50 cent. de largeur et 20 cent. d'épaisseur.

Opération :

$$\begin{array}{r} 0^m50 \\ \times \text{ par } 0^m20 \\ \hline 1000 \\ \times \text{ par } 6^m45 \quad \text{longueur} \\ \hline 5000 \\ 4000 \\ 6000 \\ \hline 645,000 \end{array}$$

On devrait retrancher quatre chiffres décimaux, mais pour obtenir des décistères, il suffit d'en retrancher trois ce qui donne pour résultat 645 décistères.

Du solivage des bois en grume.

Solivage sans réduction.

Pour obtenir le solivage d'un arbre revêtu de son écorce, c'est-à-dire en grume, on mesure la longueur, puis la circonférence à moitié de la longueur ; on prend ensuite le 1/4 de cette circonférence que l'on multiplie par lui-même, c'est-à-dire par chiffre égal, après quoi on multiplie ce premier résultat par la longueur. La séparation des chiffres décimaux s'effectue comme ci-dessus.

Exemple. — On suppose un arbre en grume de 10 m. 25 de longueur sur 2 m. 50 de circonférence.

Opération :

$$\begin{array}{r} \text{Circonférence} \quad 2^m50 \\ \text{Le quart} \quad 0\ 625 \\ \times \text{ par } \quad 0\ 625 \\ \hline 3125 \\ 1250 \\ 3750 \\ \hline 390,625 \\ \times \text{ par } \quad 10^m25 \quad \text{longueur} \\ \hline 1953125 \\ 781250 \\ 3906250 \\ \hline 40,03,90625 \end{array}$$

On devrait retrancher six chiffres décimaux, mais pour obtenir des décistères, il suffit d'en retrancher cinq, ce qui donne pour résultat 40 décistères 03 centièmes, chiffre exact à un millième près.

Solivage avec réduction.

La règle à suivre pour trouver le volume ou solivage des bois en grume avec réduction soit du *cinquième*, soit du *sixième*, est la suivante :

Pour la réduction du *cinquième*, on prend le cinquième du pourtour, puis le quart du reste, on multiplie ce quart par lui-même et ensuite le produit par la longueur. On peut même simplifier l'opération en prenant seulement le cinquième du pourtour, et le multipliant par lui-même, puis multipliant le résultat par la longueur de la pièce de bois.

Pour la réduction du *sixième*, on prend le sixième de la circonférence, on le soustrait de ce périmètre, on prend ensuite le quart de ce qui reste, on multiplie ce quart par lui-même, puis le résultat par la longueur de l'arbre.

On applique la même règle que plus haut pour la séparation des chiffres décimaux.

CUBAGE des terres. — Voy. *Toisé (cubage)*.

CUEILLETTE. — Mode de louage d'un navire. — Charger un navire à cueillette, c'est convenir que la location partielle qui en est faite pourra être résolue par le fréteur, faute de trouver le chargement complet dans un délai déterminé. — Voy. *Charte-partie.*

CULTE. — Honneur rendu à la Divinité par des actes religieux.

La liberté de conscience et celle du culte ont été établies en France, et nul ne peut être inquiété pour ses opinions religieuses, pourvu que leur manifestation ne trouble pas l'ordre public.

La liberté des cultes est reconnue et garantie par les lois, et nul ne peut contraindre une autre personne à exercer tel ou tel culte autorisé, pas plus que d'assister au service divin ou à célébrer certaines fêtes; de même aussi, nul ne peut empêcher, retarder ou interrompre les exercices d'un culte, outrager les ministres ou les objets de ce culte, par paroles, gestes ou désordres causés dans le temple ou autre lieu destiné ou servant momentanément à ces exercices; le tout sous peine d'amende et même d'emprisonnement. — *C. pén* 260 *et suiv.*

L'Etat a la police de tous les cultes.

Les ministres des cultes reconnus sont seuls salariés par l'État, et c'est seulement envers ces cultes que les communes sont grevées de certaines charges, telles que l'entretien des églises et des temples.

Les outrages adressés au ministre du culte à raison, mais hors de ses fonctions, ne peuvent être poursuivis que sur la plainte de l'ecclésiastique. — *Cass.*, 10 *janv.* 1833.

Les outrages commis par la voie de la presse sont punis d'un emprisonnement de trois mois à cinq ans et d'une amende de trois cents francs à six mille francs. — *L. du* 25 *mars* 1822.

Les ministres du culte ne doivent se permettre dans leurs instructions aucune inculpation directe ou indirecte ni contre les personnes, ni contre les autres cultes reconnus par l'État.

Les particuliers ont, comme le ministère public, le droit de poursuivre les ministres du culte devant les Tribunaux de droit commun. — *Déc. du* 17 *mars* 1881.

Ces derniers ne doivent procéder aux cérémonies religieuses d'un mariage sans qu'il leur ait été justifié d'un acte de mariage préalablement reçu par un officier de l'état-civil. — *C. pén.* 199.

Il leur est également défendu de procéder à la levée d'aucun corps ou de les accompagner hors des églises et temples, sans qu'il leur soit représenté l'autorisation d'inhumer donnée par l'officier de l'état civil.

Le recours au Conseil d'Etat est ouvert dans tous les cas d'abus de la part des supérieurs ou autres ecclésiastiques, tant du culte catholique que du culte protestant. Ce recours peut être exercé d'office ou à la requête des particuliers. — Voy. *Abus (appel comme d').*

Lorsqu'il existe dans une ville des temples destinés à différents cultes, les cérémonies religieuses ne peuvent avoir lieu hors des édifices qui leur sont consacrés.

Les ministres des cultes reconnus sont dispensés du service militaire et des fonctions de juré. Ils sont aussi dispensés de toute tutelle qui s'établit dans un département autre que celui où ils résident.

Les églises sont la propriété des communes qui doivent concourir à leur entretien en cas d'insuffisance des revenus des fabriques. Mais la disposition et l'usage en appartiennent aux ministres du culte qui en ont seuls la police, et ont également seuls le droit d'en tenir les clefs, d'en faire ouvrir ou fermer les portes, et d'y célébrer les services et actes du culte catholique romain.

Les églises sont ouvertes gratuitement au public. Il est expressément interdit d'y rien percevoir de plus que le prix des chaises ou bancs. On doit y réserver une place où les fidèles qui ne louent ni chaises ni bancs puissent commodément assister au service divin et entendre les instructions. Il doit y avoir en outre une place distinguée pour les autorités civiles et militaires. — *D. N.*

Pour que le culte puisse être régulièrement exercé dans une maison particulière à la ville ou à la campagne, il faut qu'une chapelle domestique ou un oratoire particulier y soient érigés par autorisation spéciale. — *L. du 18 germinal an X.* — Voy. *Chapelle.*

Les cimetières sont soumis à la surveillance des maires qui doivent y faire établir des divisions pour les différents cultes. — Voy. *Cimetière.*

Les religions reconnues en France sont la religion *catholique*, la religion *protestante* (église réformée et église de la confession d'Augsbourg), la religion *juive*, et la religion *luthérienne.*

La hiérarchie du culte catholique se compose des évêques, vicaires généraux, chanoines, curés, desservants et aumôniers.

La circonscription des diocèses a été faite par le Concordat de l'an X et modifiée par la loi du 4 juillet 1821.

Le chef de l'État nomme les archevêques et évêques, et le Saint-Siège leur donne l'institution canonique. La nomination des curés est faite par les évêques. — Voy. *Cure.*

Le Code civil n'ayant pas déclaré que la qualité de prêtre catholique est un empêchement au mariage, la loi du 18 germinal an X se trouve virtuellement abrogée en tant qu'elle pouvait être invoquée à ce sujet. Il est d'ailleurs de jurisprudence consacrée par arrêt de la Cour de cassation du 26 janvier 1888 qu'un prêtre, en renonçant à la soutane, a le droit de se marier.

Les traitements des ministres du culte catholique et des cultes protestants sont insaisissables. — Voy. *Acceptation de donation.* — *Bail des biens des curés.* — *Bénéfice ecclésiastique.* — *Chapelle.* — *Communauté religieuse.* — *Consentement à l'ordination.* — *Cure.* — *Curé.* — *Donation.* — *Fabrique.* — *Testament.*

CULTURE. — Voy. *Agriculture.*

CULPABILITÉ. — La culpabilité se rapporte à l'homme accusé de s'être rendu coupable d'un fait puni par la loi pénale, c'est-à-dire d'avoir commis ce fait avec l'intention de nuire.

CUMUL. — Accumulation ou réunion de deux ou plusieurs choses.

En procédure, le cumul du possessoire et du pétitoire sont interdits. — *C. proc. 25.*

Dans certains cas, la loi civile dispense de cumuler plusieurs tutelles. — *C. civ. 435.*

C'est une question de savoir si la femme peut cumuler le douaire avec les autres avantages matrimoniaux. — Voy. *Communauté.* — *Douaire.* — *Régime dotal.* — Mais certaines actions peuvent être exercées cumulativement. — Voy. *Action.*

Le cumul des peines est interdit en matière criminelle. — *C. instr. crim. 365.* — Voy. *Discipline.*

Le cumul est quelquefois interdit, d'autres fois admis entre certaines fonctions, emplois ou professions. — Voy. *Incompatibilité.*

Quant au cumul des traitements, il est réglé par la loi du 28 avril 1816 et l'ordonnance du 17 mars 1825.

CURAGE. — S'entend de l'action de nettoyer soit un fleuve, soit un canal, soit une rivière ou tout autre cours d'eau.

Le curage des cours d'eau est à la charge de celui qui en profite.

Partant de ce principe, le curage d'une rivière navigable est à la charge de l'État; il appartient aux préfets de prendre les mesures nécessaires à cet égard. — Voy. *Cours d'eau.*

Celui d'une rivière non navigable est à la charge des propriétaires riverains. — Voy. *Cours d'eau.* — *Rivière.*

Lorsqu'il s'agit des eaux qui découlent naturellement d'un fonds sur d'autres, comme de simples *ruisseaux* ou *rigoles*, le propriétaire du fonds supérieur peut contraindre celui du fonds inférieur, sinon à curer le fossé, du moins à le lui laisser curer à ses frais.

S'il était nécessaire de pourvoir au curage dans l'intérêt de la salubrité publique, le préfet pourrait prescrire les mesures nécessaires à cet effet. — *L. du 10 sept.* 1807.

CURATEUR. — Voy. *Curatelle.*

CURATELLE. — On donne le nom de *Curatelle* à une charge conférée, soit par un Conseil de famille, soit par la justice, à l'effet d'administrer les biens et de veiller aux intérêts des personnes qui, bien que n'étant pas en tutelle, ne peuvent elles-mêmes se livrer à cette administration ou sont frappées d'incapacité.

On nomme *Curateur* celui à qui cette charge est confiée.

La curatelle est, comme la tutelle, une charge publique gratuite.

Il y a cette différence entre le tuteur et le curateur que le premier agit en général et contracte en son nom pour le mineur, sauf les autorisations et approbations du Conseil de famille dans les cas déterminés par la loi, tandis que le curateur n'agit point en son nom personnel et ne fait qu'assister le mineur émancipé qui figure toujours comme partie principale. — *C. civ.* 480, 482 *et suivants.*

La responsabilité du curateur ne consiste que dans celle commune à tout mandataire qui ne remplit pas son mandat. — Voy. *Mandat.*

Néanmoins, il est tenu de passer déclaration des biens des successions échues à celui qu'il représente, et d'en acquitter les droits dans les délais, à peine de supporter personnellement le demi-droit en sus. — Voy. *Succession.*

Les curateurs chargés de vendre les biens des incapables ou d'en surveiller la vente ne peuvent s'en rendre adjudicataires. — Voy. *Vente.*

Cas où le curateur est nécessaire.

Le ministère d'un curateur est nécessaire notamment dans les cas suivants : 1° lorsqu'il s'agit de l'émancipation du mineur; 2° pour l'administration des biens des successions vacantes; 3° s'il arrive qu'un immeuble soit délaissé par hypothèque; 4° dans le cas de bénéfice d'inventaire; 5° pour l'administration des biens des absents; 6° quand la femme est enceinte au décès du mari; 7° dans le cas de condamnation d'une peine afflictive; 8° dans le cas de revision d'une condamnation.

C'est toujours le Conseil de famille qui nomme un curateur au mineur émancipé. A la différence de la tutelle, il n'y a pas de curatelle de droit, si ce n'est le cas où le mari se trouve de plein droit le curateur de sa femme par le fait du mariage.

Pour être nommé curateur, il faut pouvoir être tuteur; il s'ensuit que la mère et les ascendantes du mineur peuvent être nommées curatrices de ce dernier puisqu'elles peuvent être tutrices.

Les fonctions du curateur se bornent en général à assister le mineur : 1° lorsqu'il s'agit de la reddition de son compte de tutelle, soit à l'amiable, soit en justice; 2° pour recevoir un capital mobilier et en faire emploi; 3° et dans tous procès sur actions immobilières, soit en demandant, soit en défendant.

Pour les autres cas indiqués plus haut où le curateur est également nécessaire. — Voy. *Absence.* — *Absent.* — *Bénéfice d'inventaire.* — *Compte de bénéfice d'inventaire.* — *Condamnation.* — *Condamné.* — *Contumace.* — *Délaissement par hypothèque.* — *Hypothèque.* — *Réhabilitation.* — *Deshérence.* — *Succession vacante.* — *Sourd-muet.* — *Aliéné.*

CURE, Curé. — On appelle *Cure* la fonction du prêtre chargé de la direction spirituelle d'une paroisse, et *Curé* le prêtre qui est pourvu de cet office.

Les curés sont nommés par les Évêques avec l'agrément du Gouvernement. — Voy. *Culte.*

Les cures et les succursales sont considérées comme établissements publics ayant le droit de posséder des biens et d'en recevoir sous l'autorisation du Gouvernement.

Les dons et legs faits à la cure ou succursale sont acceptés par le curé ou desservant, tant en son nom qu'en celui de ses successeurs. — *Ord. du 2 avril* 1817.

Le curé entre en jouissance des biens de la cure du jour de sa nomination. Il exerce tous les droits de l'usufruitier et en supporte les charges, sauf quelques exceptions. — Voy. *Biens des cures.*

Les fonctions du curé se renferment exclusivement dans ses devoirs ecclésiastiques.

Il a seul la police de l'église et la garde de tous les objets consacrés au culte, dont personne ne peut disposer sans son consentement.

Il est membre de droit du conseil de fabrique. — *Déc. du 30 déc.* 1809.

C'est lui qui, dans les campagnes, nomme et révoque les serviteurs de l'église, tels que bedeaux, suisses et enfants de chœur. Dans les villes, ils sont nommés par la fabrique.

Le curé fixe les heures des offices et ne doit faire de prières extraordinaires, même pour le Gouvernement, que sur l'ordre de son Évêque.

Les canons de l'Église et une ordonnance du 29 janvier 1686 consacrent l'inamovibilité des *curés*, mais il en est autrement des simples *desservants*.

En cas de décès d'un titulaire d'une *cure*, le juge de paix doit apposer les scellés d'office.

Nous avons traité ailleurs de la liberté des cultes, du mariage des ministres du culte, des fabriques, etc. — Voy. *Culte.* — *Fabrique.*

CUREMENT. — S'entend du nettoiement d'un puits, d'un égout ou d'une fosse d'aisance.

Ces travaux sont à la charge du bailleur, sauf convention contraire. — *C. civ.* 1756. — Voy. *Bail à ferme.* — *Bail à loyer.* — *Curage.* — *Puits.* — *Fosse d'aisance.*

D

DANS. — Ce mot, employé comme délai, suppose que, contre la règle générale, on compte le jour de l'échéance. Ainsi celui qui doit faire quelque chose dans les huit jours ne serait hors des délais que le neuvième jour. — Voy. *Délai.*

DATE. — C'est l'époque précise où un fait a eu lieu et où un acte a été passé. — L'indication du jour, du mois et de l'année de sa célébration est ce qu'on appelle *date.*

La date est une formalité commune à tous les actes et son omission entraîne la nullité des actes notariés. — *L. du 25 ventôse an XI.* — Voy. *Acte notarié.*

Cette omission n'entraîne pas la nullité des actes sous seing privé, si ce n'est à l'égard des testaments olographes, des contrats ou polices d'assurances, du contrat de gage, et des lettres de change, billets à ordre et endossements de ces effets. Néanmoins, la mention de la date est toujours très utile et on ne doit jamais négliger de l'indiquer.

En général, il y a date suffisante lorsqu'on a exprimé le *jour*, le *mois* et l'*année* où l'acte est passé. On entend par jour le quantième du mois et non le jour de la semaine. — Toutefois, la date par heure est exigée dans les actes de l'état civil et dans les procès-verbaux d'enquête et de scellés.

La date peut être mise indifféremment au commencement ou à la fin des actes, mais toujours avant les signatures ; cependant il a été jugé que la date d'un testament olographe apposée après la signature était valable. — *Cass., 11 mai* 1831.

Il est convenable d'énoncer la date en toutes lettres pour prévenir les altérations et la fraude, mais la date en chiffres suffit pourtant, pour les actes sous seing.

La preuve testimoniale pourrait être admise dans certains cas pour prouver la date d'un acte.

L'antidate constitue un faux et rend l'acte nul. — Voy. *Faux.*

La date d'un acte notarié est certaine et n'a pas besoin, comme celle d'un acte sous seing, d'être assurée par l'enregistrement ou par l'énonciation qui en aurait été faite dans un acte authentique, ou encore par le décès de l'une des parties. — Voy. *Date certaine*.

Le jour de la date de l'acte et celui de l'ouverture de la succession ne sont pas comptés dans les délais pour l'enregistrement des actes et des déclarations. — D. N. — Voy. *Délais d'enregistrement*.

DATE certaine. — C'est celle qui est devenue telle, par l'une des circonstances indiquées par la loi.

Les actes sous seing privé n'ont de *date* contre les tiers que du jour où ils ont été enregistrés, ou du jour de la mort de l'un de ceux qui les ont souscrits, ou bien encore du jour où leur substance est constatée dans des actes authentiques. — C. civ. 1328.

DATIF. — S'entend de ce qui est donné ou déféré par la justice ou la famille, à la différence de ce qui est déféré par la loi.

Ainsi la tutelle déférée par le Conseil de famille est *dative*, tandis que celle des père et mère ou ascendants est *légitime*. — Voy. *Curatelle*. — *Tutelle*.

DATION en paiement. — Acte par lequel un débiteur se libère en livrant à son créancier, qui consent à la recevoir, une chose à la place d'une somme d'argent ou de quelqu'autre chose qu'il lui doit. — E. N.

La dation en paiement ne peut avoir lieu que du consentement du créancier, à moins que le débiteur ne se soit réservé, dans l'acte d'obligation, le droit de se libérer par ce moyen. — C. civ. 1243.

C'est une sorte de contrat de vente qui détruit virtuellement l'ancienne obligation et opère novation. Ainsi, elle décharge la caution et éteint les hypothèques attachées à l'ancienne créance, comme le ferait le paiement lui-même.

Entre époux, la dation en paiement est permise dans certains cas. — C. civ. 1595. — Voy. *Contrat entre époux*. — *Dot*. — *Liquidation de reprises*. — *Reprises*. — *Remploi*. — *Séparation de biens*. — *Vente*.

Nous donnons ci-après une formule de dation de meubles en paiement.

Dation de meubles en paiement.

Aujourd'hui.....
Les soussignés :
M. A..., demeurant à.....
Et M. B..., demeurant à.....
Ont dit et fait ce qui suit :

M. A... est débiteur envers M. B... de la somme de......, montant d'une obligation sous seing privé en date, à....., du....., par lui souscrite au profit de ce dernier à l'échéance du.....; ladite obligation enregistrée à...... le. ..., par le Receveur qui a perçu les droits dus.

En conséquence et pour se libérer de ladite somme, M. A... a fait dation et abandonné en paiement avec garantie de toutes saisies et revendications à M. B..., ce acceptant,

Les meubles ci-après désignés :
1°..... ...., etc.

Tels que sont lesdits objets à la connaissance de M. B... qui en a pris possession aujourd'hui même, ainsi qu'il le reconnaît.

Par suite et au moyen de cette dation en paiement, M. B... a quitté et déchargé M. A... du montant de l'obligation sus-énoncée, et il lui a remis à l'instant ladite obligation acquittée, dont décharge.

Fait double à....., lesdits jour, mois et an, et signé, lecture prise.

(*Signatures*.)

DÉBAT. — En matière de comptabilité, ce mot s'entend de tout ce qui tient à l'examen, à la vérification et à l'apurement d'un compte. On appelle aussi *débat criminel* l'instruction d'un affaire criminelle.

DÉBET. — C'est le reliquat ou débit d'un compte; en d'autres termes, ce qui est dû par arrêté de compte.

On appelle aussi formalités en débet celles qui se donnent par exception sans le paiement préalable des droits d'enregistrement et de timbre.

Les débets des comptables de deniers publics portent intérêt et ne se prescrivent que par trente ans. — Voy. *Comptable.*

DÉBIT. — Terme de comptabilité qui exprime les sommes que l'on doit dans un compte courant. — Voy. *Compte courant.* — *Crédit.*

DÉBIT de boissons, — Voy. *Boissons.* — *Cabarets.* — *Cafés.*

DÉBIT de tabac. — Voy. *Bureau de tabac.* — *Tabac.*

DÉBITEUR. — Celui qui doit une somme ou une chose quelconque par opposition au créancier.

Tout débiteur qui s'est obligé personnellement est tenu de remplir ses engagements sur tous ses biens meubles et immeubles présents et à venir. — C. civ. 2092.

Il ne peut être contraint à le faire cependant sur les provisions alimentaires adjugées par justice, les sommes, objets et pensions déclarées insaisissables par le donateur ou testateur, et les sommes et pensions pour aliments, pas plus que sur certains objets mobilisés qu'on ne peut saisir. — C. proc. 581 et 592.

Tous les actes que le débiteur fait en fraude des droits de son créancier peuvent être contestés par celui-ci. — Voy. *Créance.* — *Créancier.* — *Fraude.*

Les frais du paiement sont à la charge du débiteur. — C. civ. 1248. — Voy. *Paiement.*

DÉBITEUR forain. — S'entend des marchands ambulants et saltimbanques nomades qui suivent les foires et marchés.

Tout créancier, même sans titre, peut, sans commandement préalable, mais avec permission du président du Tribunal civil et même du juge de paix, faire saisir les effets trouvés en la commune qu'il habite appartenant à son débiteur forain. — C. proc. 822.

DÉBORDEMENT. — Voy. *Épave.* — *Inondation.*

DÉBOURSÉS. — Se dit des avances faites pour autrui par tous fonctionnaires, mandataires ou gérants. — C civ. 1999.

Tout fonctionnaire ou mandataire a une action pour le remboursement de ses avances ou déboursés. — Voy. *Action.* — *Avances.*

Cette action se prescrit par cinq années. — Voy. *Prescription.*

DÉBOUTÉ. — On appelle *débouté d'opposition* le jugement ou l'arrêt qui rejette une opposition formée à un arrêt ou un jugement par défaut. On dit du demandeur dont la demande est rejetée qu'il en est *débouté.*

DÉCALITRE. — Mesure de capacité formant la dixième partie de l'hectolitre. — Voy. *Poids et mesures.*

DÉCÈS. — Ce mot désigne la mort naturelle, paisible ou violente d'une personne.

La succession d'un individu est ouverte par son décès, et ses héritiers en sont saisis de plein droit. — C. civ. 718 et 724. — Voy. *Succession.*

Le décès de toute personne donne lieu à une déclaration des biens de sa succession au bureau de l'enregistrement. — *L. du 22 février an VII.* — Voy. *Décès (déclaration de).*

La loi établit des règles pour le cas où plusieurs personnes respectivement appelées à la succession l'une de l'autre ont péri dans le même événement. — C. civ. 720 et suivants. — Voy. *Succession.*

La preuve testimoniale d'un décès est admise dans le cas de non-existence ou de pertes des registres de l'état civil. — C. civ. 46.

DÉCÈS (Déclaration de). — C'est la déclaration faite à la mairie, par deux personnes ou témoins, qui attestent l'époque du décès et l'identité de la personne décédée. — Voy. *Décès.*

Ces témoins déclarants, qui peuvent être des femmes aussi bien que des hommes, sont, autant que possible, les plus proches parents ou voisins du défunt.

La déclaration, qui se fait dans les 24 heures, à moins d'impossibilité, n'atteste pas la réalité du décès, laquelle ne peut être constatée que par l'officier de l'état civil, ou, comme cela se pratique dans la plupart des villes, par un médecin.

Aucun acte de décès ne peut être dressé, aucun permis d'inhumer ne peut être accordé, avant que le fait de la mort n'ait été constaté. — Voy. *Acte de décès*.

Lorsqu'une personne meurt hors de son domicile, la déclaration est faite par celui chez qui le décès a eu lieu, et par un parent, un voisin ou toute autre personne ayant connaissance du décès. Il en est de même lorsqu'un enfant meurt en nourrice ; s'il meurt pendant qu'on le porte, la déclaration se fait au lieu le plus voisin où la personne pourra s'arrêter, et, s'il est possible, avec le concours d'une autre personne témoin de l'événement.

Si on trouve le corps d'un homme inconnu, on doit faire à la mairie la déclaration de ce fait en indiquant toutes les circonstances propres à faire reconnaître le défunt.

Lorsqu'une personne est morte de mort violente ou soupçonnée telle, celles qui en ont connaissance ou qui connaissent les circonstances relatives à cet événement doivent en faire la déclaration devant l'officier de police judiciaire qui énonce tous les renseignements d'après lesquels l'acte de décès est rédigé.

DÉCÈS (Mutation par). — Voy. *Mutation par décès*.

DÉCHARGE. — C'est en général l'acte par lequel on reconnaît qu'une personne a remis les sommes, effets mobiliers ou pièces dont elle était dépositaire ou qu'elle détenait pour un autre. On donne aussi ce nom à la libération qu'on obtient d'une charge ou commission onéreuse.

Toute décharge sous signature privée est, comme la quittance, soumise au timbre spécial de 10 centimes. — *L. du 22 août* 1876.

Le mot *décharge* est fréquemment employé comme synonyme de quittance. — Ainsi on dit qu'une personne demeure *quitte* et *déchargée*, pour exprimer sa libération. — Voy. *Décharge de cautionnement*. — *Décharge de compte*. — *Décharge de mandat*, etc.

DÉCHARGE de cautionnement. — L'extinction du cautionnement peut résulter de l'abandon qu'en fait le créancier au moyen d'un acte de décharge. — Voy. *Remise*.

Lorsque la subrogation aux droits, hypothèques et privilèges du créancier, ne peut plus, par le fait de ce créancier, s'opérer en faveur de la caution, celle-ci se trouve déchargée du cautionnement. — *C. civ.* 2037.

La simple prorogation du terme accordée par le créancier au débiteur principal ne décharge point la caution ; mais celle-ci peut, en ce cas, poursuivre le débiteur pour le forcer au paiement. — *C. civ.* 2039.

DÉCHARGE de compte. — Cette décharge n'est autre chose qu'un arrêté de compte. — Voy. *Compte*.

Lorsqu'il s'agit d'un compte rendu par un mandataire. — Voy. *Décharge de mandat*.

DÉCHARGE de compte de tutelle. — Cette décharge ne peut avoir lieu que dix jours après la remise du compte.

La décharge s'opère par l'arrêté même de ce compte. — *C. civ.* 472. — Voy. *Compte de tutelle*.

DÉCHARGE de dépôt. — Se dit de celle donnée à tout dépositaire de sommes et effets mobiliers, lorsqu'il en fait la remise au déposant. — Voy. *Dépôt*. — *Séquestre*.

DÉCHARGE d'exécution testamentaire. — S'entend de celle donnée par des héritiers, des meubles et papiers de la succession, lorsqu'après avoir eux-mêmes acquitté les legs, ils mettent fin à la mission de l'exécuteur testamentaire. — *C. civ.* 1027.

Cette décharge ne peut préjudicier au compte que doit rendre ce dernier de sa mission. — Voy. *Compte d'exécution testamentaire*.

DÉCHARGE de legs. — C'est celle qui constate la remise ou délivrance faite au légataire d'objets mobiliers à lui légués. — S'il s'agissait d'une somme d'argent, ce serait une quittance. — Voy. *Délivrance de legs.*

DÉCHARGE de mandat. — C'est celle que doit donner le mandant à l'extinction du mandat, puisque, d'après la loi, tout mandataire doit compte à son mandant.

Cette décharge est souvent la conséquence du compte. — Voy. *Compte.*

Nous donnons ci-après une formule de décharge de mandat qui pourra être appliquée à toute autre décharge au moyen de quelques légers changements.

Décharge de mandat.

Je soussigné A..., demeurant à.....
Reconnais que M. B.. m'a remis, tant précédemment qu'aujourd'hui, en espèces et billets de la Banque de France, toutes les sommes qu'il a touchées pour moi en vertu de la procuration que je lui ai donnée par acte du....., reçu par M^e....., notaire à....., et qu'il m'a rendu compte fidèle et exact de toute la gestion qu'il a eue de mes affaires par suite du mandat que je lui avais confié.
En conséquence, je lui consens pleine et entière décharge, sans aucune réserve, de toutes choses relatives à l'exécution dudit mandat.
A....., le....., mil.....
                              (Signature.)

DÉCHARGE de pièces. — C'est celle que l'on donne par écrit à la personne qui a géré ou traité une affaire, lors de la remise des pièces qui la concernent, ou encore celle que l'acquéreur remet au vendeur lors de la remise des titres de propriété. — *C. civ.* 1605. — Voy. *Vente.*

Les avoués ne sont déchargés de la remise des pièces que cinq ans après le jugement. — *C. civ.* 2276. — Voy. *Avoué.*

Et les huissiers qu'après deux ans depuis l'exécution de la commission ou la signification des actes dont ils étaient chargés. — *C. civ.* 2276. — Voy. *Huissier..*

DÉCHÉANCE. — Perte d'un droit par défaut d'exercice de ce droit dans le temps prescrit par la loi, ou par défaut d'accomplissement des formalités imposées par toutes lois ou conventions.

La femme qui s'est immiscée dans les biens de la communauté, ou qui a pris la qualité de commune, est déchue de la faculté de renoncer à la communauté. — *C. civ.* 1454 et suiv. — Voy. *Bénéfice d'inventaire.* — *Communauté de biens.* — *Renonciation à communauté.*

Les héritiers qui ont diverti ou recélé des objets d'une succession sont déchus de la faculté d'y renoncer et demeurent héritiers purs et simples.

La mère qui convole à de secondes noces est déchue de la jouissance légale des biens de ses enfants, mais elle peut lui être conservée par le Conseil de famille. — *C. civ.* 386 et 395. — Voy. *Usufruit légal.*

Le porteur de lettres de change et billets à ordre est déchu de tout recours contre les endosseurs, dans les cas prévus par les articles 168 et suivants du Code de commerce. — Voy. *Endossement.*

DÉCIMES par franc. — Surtaxes établies par les lois des finances sur les droits d'enregistrement, de timbre, hypothèques, droits de greffe, de voitures publiques, de garanties sur les matières d'or et d'argent, amendes de contravention, etc.

Cet impôt est aujourd'hui porté : 1° à deux décimes et demi pour les amendes, les droits d'enregistrement et d'hypothèques, à l'exception des droits dus sur les assurances maritimes et des droits de transmission ; et 2° à deux décimes pour les droits de greffe, de timbre et les permis de chasse, mais pour les derniers sur la portion de prix revenant à l'État seulement. — *E. N.* — *LL.* des 6 *prairial an VII*, 23 avril 1871 *et déc.* 1873.

DÉCISION. — Se dit de la résolution prise par une autorité constituée ou par un Tribunal.

Toutefois, les décisions prises par les Tribunaux prennent particulièrement le nom de jugements ou arrêts. — Voy. *Jugement.*

DÉCISION administrative. — C'est celle qui est rendue par les divers organes de l'Administration. — Voy. *Acte administratif.*

DÉCISION arbitrale. — Jugement prononcé par des arbitres. — *C. proc.* 1016.

DÉCISION ministérielle. — C'est celle qui, comme le mot l'indique, émane d'un Ministre.

Ces décisions portent sur des points généraux et réglementaires ou sur des questions particulières.

Elles ne peuvent ni révoquer ni modifier une ordonnance ou un décret.

DÉCISOIRE. — Ce qui doit déterminer une décision.

Le serment décisoire termine toute contestation. — Voy. *Serment.*

DÉCLARATION. — Constatation d'un *fait.* — On nomme *déclaration* l'acte par lequel une personne donne connaissance, soit de sa volonté, soit d'un fait, soit d'une convention ignorée d'ailleurs.

La déclaration est une sorte d'aveu lorsqu'elle profite à un tiers.

On distingue les déclarations ayant pour objet de changer les dispositions d'un acte, de celles qui en forment un qui n'existait point. — Voy. *Contre-lettre.*

On désigne encore sous le nom de *déclarations pures et simples* celles ayant rapport à celui qui les fait, et sous le nom de *déclarations au profit d'un tiers* celles ayant pour but de profiter à un tiers, telles que les *déclarations de command.*

Les déclarations ayant pour objet de modifier un acte au profit d'un tiers ne peuvent nuire ni préjudicier aux droit acquis par d'autres personnes. — *D. N.*

DÉCLARATION d'absence. — Cette déclaration peut être poursuivie par les intéressés, lorsqu'une personne absente de son domicile ou de sa résidence n'a pas donné de ses nouvelles depuis quatre ans. — *C. civ.* 115 *et suiv.* — Voy. *Absence.* — *Absent.*

DÉCLARATION d'accouchement. — Toute personne, quelle qu'elle soit, qui a assisté à un accouchement, doit en faire la déclaration dans les trois jours à l'officier de l'état civil, sous les peines portées par la loi. — *C. civ.* 55 *et* 56. — *C. pén.* 346. — Voy. *Déclaration de grossesse.* — *Naissance.* — *Viabilité.*

DÉCLARATION affirmative. — C'est celle par laquelle un tiers-saisi, déclare s'il doit ou s'il ne doit pas la somme saisie-arrêtée.

Cette déclaration a lieu soit au greffe du Tribunal, soit devant le juge du domicile du tiers-saisi, s'il ne demeure pas dans le lieu du Tribunal. — *C. proc.* 571 *et suiv.* — Voy. *Saisie-arrêt.* — *Tiers-saisi.*

DÉCLARATION en matière d'assurance. — C'est celle ayant pour objet le délaissement, de la part de l'assuré, des marchandises assurées, dans les cas prévus par la loi. — *C. comm.* 369, 379, 380. — Voy. *Délaissement maritime.*

DÉCLARATION par le bailleur de fonds d'un cautionnement. — Voy. *Cautionnement.* — *Consentement par un bailleur de fonds, etc.*

DÉCLARATION d'arbres à abattre. — Voy. *Défrichement.*

DÉCLARATION de cessation de fonctions. — C'est celle qui se fait au greffe du Tribunal de première instance, soit par le titulaire d'un cautionnement, soit par ses héritiers, pour obtenir le remboursement de ce cautionnement. — *D. N.*

Cette déclaration doit être affichée dans le lieu des séances du Tribunal pendant *trois mois,* et ce n'est qu'après ce délai et après la levée des oppositions, s'il en est survenu, que le cautionnement peut être remboursé. — *L. du* 25 *nivôse an XIII.*

DÉCLARATION de changement de domicile. — La déclaration d'établissement et de changement de domicile faite à la mairie, conformément à l'article 104 du Code civil, doit être rédigée sur papier timbré. — Voy. *Domicile*.

DÉCLARATION de changement de notaire certificateur. — Voy. *Certificat de déclaration de changement de notaire certificateur*.

DÉCLARATION de command. — Acte par lequel une personne déclare qu'une acquisition qu'elle fait ou qu'elle a faite est pour le compte d'un ou plusieurs amis ou commettants qu'elle s'est réservé de nommer. — *L. du 22 février an VII*.

La déclaration de command doit être faite et acceptée dans les vingt-quatre heures et par acte public. — Elle doit être faite à titre gratuit, sans novation des charges et conditions de la vente, et être notifiée à la régie, ou, ce qui mieux est, enregistrée dans les vingt-quatre heures du contrat ou procès-verbal d'adjudication, sauf ce qui va être dit ci-après :

La déclaration de command faite sous seing privé enregistré et déposée devant notaire dans les vingt-quatre heures de la date du contrat de vente serait valable.

L'élection de command faite dans les termes et délais voulus par la loi substitue le command au commanditaire, de sorte que ce dernier est censé n'avoir jamais été acquéreur.

C'est ordinairement dans les adjudications et ventes d'immeubles que les élections de command ont lieu ; cependant elles sont admises dans les transports ou cessions d'obligations ou de rentes, de même que dans les baux, les adjudications de récoltes et les coupes de bois, si la faculté en a été réservée.

Les déclarations d'adjudicataires faites par les avoués lors des adjudications devant les Tribunaux ne sont qualifiées déclarations de command qu'improprement, puisqu'elles ne sont dans la circonstance qu'un acte de leur ministère.

L'avoué dernier enchérisseur n'est tenu de déclarer l'adjudicataire et de fournir son acceptation que dans les trois jours de l'adjudication. — *C. proc. 707*.

La déclaration de command peut, sans contravention, être présentée à l'enregistrement avant le contrat de vente ou adjudication, et n'est passible que du droit fixe. — *D. N.*

DÉCLARATION en matière de contributions. — Voy. *Contributions publiques*.

DÉCLARATION de décès. — *C. civ. 78.* — Voy. *Acte de l'état civil*. — *Décès*.

DÉCLARATION de défrichement. — Voy. *Défrichement*.

DÉCLARATION de dépens. — État dressé par un avoué pour le faire taxer par le juge et en obtenir exécutoire des dépens adjugés à une partie. En terme de *palais*, on appelle cet acte *État de frais*. — Voy. *Dépens*. — *Exécutoire*.

DÉCLARATION de dettes. — La déclaration ou état de dettes a lieu lorsqu'il s'agit de régler les affaires d'une succession ou d'un mineur.

Elle doit encore être faite :

1° Par le commerçant qui cesse ses paiements. — *C. comm. 471.* — Voy. *Bilan*. — *Faillite*;

2° Par celui qui fait, par contrat de mariage, donation aux futurs de ses biens présents et à venir. — *C. civ. 1084*.

La déclaration de dettes contenue dans un inventaire et faite par la veuve n'oblige pas ses héritiers, mais elle équivaut à un commencement de preuve par écrit.

DÉCLARATION d'emploi. — C'est celle faite par le mari dans un contrat d'acquisition à titre de remploi à son profit ou à celui de sa femme. — *C. civ. 1434 et 1435.* — Voy. *Remploi*. — Ou bien celle faite par un débiteur qui, en payant sa dette, fait constater que ce paiement est fait avec des deniers par lui empruntés d'un tiers et qu'on appelle aussi déclaration d'origine de deniers. — C. civ. 1250 et 2013. — Voy. *Privilège.* — *Promesse d'emploi.* — *Subrogation.*

DÉCLARATION en matière d'enregistrement. — Indépendamment des déclarations de succession ou de mutation par décès, il est d'autres déclarations en matière d'enregistrement qui sont prescrites dans plusieurs circonstances.

Ces déclarations sont nécessaires d'abord lorsque les sommes ou valeurs ne sont pas déterminées dans un acte ou un jugement donnant lieu au droit proportionnel, ou bien lorsqu'il s'agit d'objets en nature dont le prix ne peut être réglé par les mercuriales.

Elles peuvent être faites et signées par les parties, et lorsqu'elles se rattachent à des actes notariés, par les notaires rédacteurs eux-mêmes et en marge de ces actes.

A défaut d'évaluation, le receveur peut refuser la formalité de l'enregistrement.

Les déclarations dont nous nous occupons sous ce titre sont encore prescrites :

1° Lorsqu'il y a mutation entre vifs de propriété ou d'usufruit de biens immeubles, sans qu'un acte soit produit ;

2° En cas de mutation de propriétés, de clientèles et fonds de commerce non constatées par des actes ;

Et 3° En matière de locations verbales.

Ces dernières déclarations doivent être faites dans les trois mois de l'entrée en possession ou jouissance par le bailleur, sous peine d'un droit en sus qui ne peut être inférieur à 50 fr. — *LL. des 23 août 1871 et 28 février 1872.*

En cas d'insuffisance présumée dans les déclarations estimatives, soit du prix ou de la valeur des immeubles transmis entre vifs à titre onéreux, soit du revenu des immeubles transmis par décès, la régie est autorisée à requérir l'expertise. — *D. N.* — Voy. *Déclaration de succession.* — *Mutation par décès.* — *Expertise en matière d'enregistrement.*

DÉCLARATION estimative. — Voy. *Déclaration en matière d'enregistrement.* — *Expertise.* — *Prisée.*

DÉCLARATION de faillite. — Voy. *Banqueroute.* — *Faillite.*

DÉCLARATION d'apport relative au mariage des militaires. — Le Ministre de la guerre n'accorde la permission de se marier aux officiers de l'armée de terre et de mer que lorsqu'ils justifient qu'ils s'unissent avec des personnes qui leur conviennent sous le rapport de la fortune. — Voy. *Mariage des militaires.* — *Militaires.*

DÉCLARATION de grossesse. — La veuve survivante peut faire une déclaration de grossesse, soit devant le juge de paix ou devant notaire, pour demander la nomination d'un curateur au ventre. — Voy. *Curateur.*

DÉCLARATION d'héritier. — Voy. *Substitution contractuelle.*

DÉCLARATION d'hypothèque. — Acte par lequel le tiers-détenteur d'un immeuble reconnaît que cet immeuble est hypothéqué à la garantie d'une obligation.

L'action en déclaration d'hypothèque ne peut, d'après les lois actuelles, avoir d'autre objet que d'interrompre la prescription à l'égard des tiers-détenteurs, et n'est pas admissible pour contraindre ces derniers au paiement de la dette hypothécaire. — *D. N.* — Voy. *Hypothèque.* — *Action hypothécaire.*

DÉCLARATION de jugement commun. — Lorsqu'une partie qui n'est pas aux *qualités* dans une instance aurait le droit d'y intervenir, c'est-à-dire de former une opposition au jugement à rendre, on peut, pour éviter un second procès, la faire assigner à l'effet de voir déclarer ce jugement commun avec elle. — Voy. *Jugement.*

DÉCLARATION en justice. — Voy. *Aveu.* — *Contrat judiciaire.* — *Déclaration affirmative.*

DÉCLARATION de location verbale. — Voy. *Location verbale.*

DÉCLARATION de loyers. — Voy. *Location verbale.*

DÉCLARATION de majorité. — La déclaration de majorité faite par un mineur dans un contrat ne l'empêche pas de se pourvoir en restitution contre les conventions qu'il a souscrites, pourvu qu'il se soit borné à une simple déclaration.

Il en serait autrement s'il avait eu recours à des manœuvres frauduleuses ou produit de faux actes. Il serait d'ailleurs coupable d'un quasi-délit ou délit dont il devrait répondre.

DÉCLARATION de maternité. — Voy. *Déclaration d'accouchement.* —*Déclaration de grossesse.* — *Déclaration de naissance.*

DÉCLARATION de naissance. — Cette déclaration doit être faite dans les trois jours à l'officier de l'état civil du lieu, soit par le père, soit par toute personne qui a assisté à l'accouchement. — *C. civ.* 55. — Voy. *Déclaration d'accouchement.*

La mère n'est pas obligée à la déclaration de naissance, mais elle peut être faite par elle.

Le médecin peut, en déclarant la naissance, refuser de faire connaître la maison où elle a eu lieu, et même le nom de la mère, lorsqu'il s'agit d'un enfant naturel. — *Cass.*, 1er *juin* 1844.

Lorsque la naissance arrive pendant un voyage en mer, elle doit être constatée dans les vingt-quatre heures, soit par l'officier d'administration, soit par le capitaine maître ou patron, selon qu'il s'agit d'un bâtiment de l'État ou d'un bâtiment appartenant à un armateur ou négociant. — *C. civ.* 59.

A l'égard d'un enfant trouvé. — Voy. *Enfant abandonné, exposé ou trouvé.*

DÉCLARATION d'oppositions. — C'est celle que tout fonctionnaire ayant procédé à une vente mobilière doit faire au pied de la minute du procès-verbal en le présentant à l'enregistrement.

Il certifie qu'il existe ou qu'il n'existe pas d'opposition. — *Ord. du 3 juillet* 1816.

DÉCLARATION d'origine de deniers. — Cette déclaration a lieu dans une quittance, lorsque les deniers qui servent au paiement proviennent d'un emprunt ou d'un recouvrement dont on est tenu de faire emploi. — Voy. *Déclaration d'emploi.* — *Privilège.* — *Promesse d'emploi.* — *Remploi.* — *Subrogation.*

DÉCLARATION de paternité. — La recherche de la paternité étant interdite, cette déclaration doit émaner volontairement du père et ne peut être faite sans le consentement de la mère. — *C. civ.* 340. — Voy. *Déclaration de naissance.* — *Filiation.* — *Paternité.* — *Reconnaissance d'enfant naturel.*

DÉCLARATION au profit d'un bailleur de fonds. — S'entend de la déclaration d'emploi que fait un emprunteur pour procurer à son prêteur la subrogation dans les droits de la créance qu'il paie. — *C. civ.* 1249 et 2103. — Voy. *Déclaration d'emploi.* — *Privilège.* — *Subrogation.*

Cette déclaration s'applique encore au cas où le titulaire d'un cautionnement versé au Trésor public reconnaît que ce cautionnement appartient en totalité ou en partie à un tiers, dans le but de lui faire acquérir le privilège de second ordre. — Voy. *Cautionnement des notaires.*— *Officiers ministériels.* —*Comptables*, etc.

DÉCLARATION au profit d'un tiers. — Voy. *Déclaration de command.* — *Contre-lettre.* — *Déclaration de propriété de meubles ou effets.*

DÉCLARATION de propriété de meubles ou effets. — Cette déclaration se fait pour constater que tels ou tels effets mobiliers existants chez une personne sont la propriété d'une autre. — Voy. *Acte d'incommunité.*

Elle a lieu le plus ordinairement, soit entre deux personnes réunies dans le même local, soit lorsqu'un père ou une mère vont demeurer chez un de leurs enfants, mais il est prudent, dans ce dernier cas, d'y faire intervenir les autres enfants, afin d'éviter tout soupçon de fraude. — Voy. *Donation déguisée*.

DÉCLARATION de succession. — C'est celle qui doit être fournie au bureau de l'enregistrement par les héritiers ou légataires d'une personne décédée. — *L. du 22 frimaire an VII.* — Voy. *Mutation par décès.* — *Succession.*

Les héritiers, donataires ou légataires, leurs tuteurs ou curateurs, sont tenus de passer, dans le délai de *six mois* du jour du décès, la déclaration estimative et détaillée des biens meubles et immeubles à eux échus ou transmis par décès, sous peine de devenir passibles d'un *demi-droit* en sus.

Ce délai est porté à *huit mois* lorsque la personne est décédée hors la France continentale, mais en Europe; à *une année* si le décès a eu lieu en Amérique, et à *deux années* si c'est en Afrique ou en Asie. — On peut, dans divers cas, obtenir un *sursis* ou délai plus long. — Voy. *Enregistrement*.

Les cohéritiers sont solidaires pour le paiement des droits.

Toute personne peut faire elle-même la déclaration de succession dont elle est tenue, soit verbalement, soit en dressant un état de succession, et acquitter les droits, soit par elle-même, soit par l'entremise d'un mandataire muni d'une procuration sous seing, dispensée de l'enregistrement et soumise au timbre seulement. — Voy. *Procuration*, n° 1.

S'il y a eu inventaire, l'état des meubles et immeubles s'établit sur papier libre, sinon l'état des meubles doit être fait sur timbre. — Voy. *État de meubles*.

Les déclarations doivent être passées, pour les meubles, rentes et autres droits mobiliers, au bureau du domicile du décédé, et pour les immeubles, à chacun des bureaux de la situation des biens.

La valeur des objets à déclarer est déterminée pour le paiement des droits, savoir :

Pour les meubles, par l'inventaire, ou à son défaut par la déclaration estimative des parties. — Voy. *État de meubles*.

Pour les immeubles ruraux, par une évaluation portée à 25 fois le revenu, s'il s'agit de pleine propriété, et à 12 fois et demie du revenu, s'il s'agit de l'usufruit.

Enfin, pour les autres immeubles, par l'évaluation portée, s'il s'agit de la propriété, à 20 fois, et s'il s'agit de l'usufruit, à 10 fois le produit des biens.

Le tout sans distraction de charges, et d'après le prix des baux courants et locations verbales, ou, à défaut de locations, le prix de l'estimation du revenu réel.

Nous donnons ci-après le tarif des droits de succession, bien qu'il figure déjà au tarif général compris sous le titre *Enregistrement*. Nous donnons aussi plusieurs formules de déclarations de succession, tout en conseillant de s'adresser de préférence au notaire de la succession pour la préparation de ce travail.

Tarif des droits de succession.

(Meubles et Immeubles.)

	1 fr. »» p. cent.	2 déc. et demi en sus.	1 fr. 25 p. cent.
Ligne directe :			
Entre époux (*Donation ou testament*)..................	3 »»	— — —	3 75 —
Ligne colatérale :			
Entre frères, sœurs, oncles, tantes, neveux et nièces..................	6 50	— — —	8 13 —
Entre grands-oncles, grandes-tantes, petits-neveux, et petites-nièces, cousins germains..................	7 »»	— — —	8 75 —
Entre parents au-delà du 4ᵐᵉ degré jusqu'au 12ᵐᵉ.....................	8 »»	— — —	10 »» —
Entre personnes non parentes.....	9 50	— — —	11 25 —
Enfants naturels non reconnus appelés à défaut de parents au degré successible..........................	9 »»	— — —	11 25 —
Époux survivant appelé à la succes-			

sion de son conjoint à défaut de parents au degré successible et d'enfants naturels...	9	»»	—	—	—	11 25	—
Hospices, pauvres, fabriques, cures et autres établissements publics......	9	»»	—	—	—	11 25	—

FORMULES

I. — Déclaration de succession en ligne directe.

Bureau de.....

Succession directe de M. A..., en son vivant demeurant à....., où il est décédé le....., laissant pour seul héritier M... son fils majeur, demeurant à.....

Cette succession se compose de :

Meubles.

Ceux compris dans un état estimatif dressé par M..., à la date de ce jour et montant à..	0000

Immeubles.

1° Une maison d'habitation située à....., consistant en....., non louée (ou louée à M. B... suivant bail, etc), d'un revenu brut annuel de....., dont le capital au denier 20 est de...	0000
2° Une pièce de terre en herbe située à....., contenant environ...... non louée, estimée à....., de revenu brut annuel, dont le capital au denier 25 est de...	0000
Ensemble..................	0000

Droits à payer :

Meubles.

A 1 p. 0/0 sur...	0000

Immeubles.

A 1 p. 0/0 sur...	0000
Total........,......	0000
2 décimes et demi...................................	00
Timbre de la quittance.................................	00
Dû.................	0000

II. — Autre déclaration de succession en ligne directe.
(*Veuve, communauté légale.*)

Bureau de.....

M. A..., demeurant à....., rue....., numéro....., est décédé en cette ville le ...., laissant pour seuls héritiers chacun pour moitié : 1° Mademoiselle..... et 2° M..., ses deux enfants mineurs, sous la tutelle légale de Madame....., leur mère, demeurant à....., veuve dudit feu Sr A...

M. et Mme A... s'étaient mariés sans contrat à la mairie de....., de sorte que leur union était régie par la communauté légale.

M. A... n'ayant fait aucune donation ni testament, sa veuve n'a aucun droit sur sa succession. Madame veuve A..., pas plus que la succession de ce dernier, n'ont de reprises à exercer sur la communauté.

Il dépend de ladite communauté :

1° Le mobilier inventorié par M*..., notaire à....., suivant son procès-verbal en date du...	0000
2° Le numéraire inventorié, soit.................................	0000
3° Enfin, la somme de....., montant des recouvrements à faire..........	0000
Ensemble..................	0000
Dont la moitié pour la succession est de............................	0000
Droits dus par les mineurs, à 1 p. 0/0, sur............	0000
2 décimes et demi................................	0000
Timbre de la quittance............................	0000
Total.......................	0000

III. — Déclaration de succession entre époux et collatéraux.
(*Légataire particulier.*)

Bureau de.....

Succession A...

M. Eugène A..., en son vivant propriétaire, demeurant à....., est décédé en cette commune le....., laissant pour seuls héritiers : 1° M. Pierre A..., son frère germain, demeurant à...... et 2° M. André A..., demeurant à....., ce dernier à la représentation de M. Paul A..., son père, sauf les droits de toute nature de Madame....., sa veuve, survivante.

Les époux A... étaient mariés sous le régime dotal, aux termes de leur contrat de mariage passé devant M°....., notaire à....., le....., mais avec stipulation d'une société d'acquêts en biens, meubles et immeubles.

Les apports du futur époux étaient de...............................	0000
Et ceux de la future épouse de.....................................	0000

Ce contrat contient en outre donation au profit du survivant de la pleine propriété des biens meubles et de l'usufruit et jouissance des biens immeubles et rentes, dont le prémourant serait propriétaire à son décès.

Par son testament dicté à M°....., notaire à....., le....., M. A..., *de cujus*, a légué à titre particulier à M. B..., demeurant à....., en toute propriété, une pièce de terre en herbage située à....., sous la condition d'en laisser Madame veuve A... jouir de l'usufruit pendant sa vie.

REPRISE DES ÉPOUX

I. — *Succession de M. A...*

Ses reprises consistent en :

1° Montant de son apport en mariage..................................	0000
Et 2° la somme de......, produit de la vente d'une pièce de terre en labour à lui propre, nommée....., contenant..... ares, située à....., vendue à M... par acte passé devant M°....., notaire à..........................	0000
Total...................	0000

II. — *Madame veuve A...*

Ses reprises consistent en :

1° Ses apports en mariage s'élevant à................................	0000
Et 2°..... fr. formant la part lui revenant dans le prix s'élevant à...... de la vente de divers immeubles situés à....., aliénés suivant acte passé devant M°....., notaire à....., et dépendant de la succession de M....., son père, dont elle était héritière pour moitié; laquelle part a été par elle touchée sans remploi de M..., demeurant à....., acquéreur desdits biens, suivant quittance passée devant le même notaire le............................	0000
Total......................	0000

SOCIÉTÉ D'ACQUÊTS

I. — *Actif mobilier.*

1° Meubles décrits et estimés dans un état dressé par les déclarants à la date de ce jour..	0000
2° Produit d'une vente de récoltes faite par M°.......................	0000
3° Produit d'une vente mobilière faite par M°.........................	0000
Total.....................	0000
A déduire :	
1° Les reprises de la veuve étant de.................................	0000
Reste.....................	0000
2° Les reprises de la succession s'élevant à..........................	0000
Excédent des reprises de la succession...................	0000

II. — *Actif immobilier.*

Immeubles situés à.....

1° Une terre et ferme....., composée de....., louée à M..., suivant bail enregistré, d'un revenu brut annuel de...., dont le capital au denier 25 est de.	0000
2° Une pièce de terre en herbage....., nommée....., contenant environ..... non louée, estimée à..... de revenu brut annuel, dont le capital au denier 25 est de...	0000
3° Une pièce de terre en labour clair, nommée, etc.....................	0000
Immeubles situés à.....	
1°...	0000
2°...	0000
3°...	0000
Total.....................	0000
Duquel il y a lieu de déduire l'excédent des reprises de la succession, soit.	0000
Reste.....................	0000
Dont la moitié pour la succession est de.............................	0000

Succession.

La succession comprend :

Les reprises de feu M. A..., s'élevant à.............................	0000
Et sa part dans les bénéfices de la société d'acquêts, soit............	0000
Ensemble..................	0000
Dont la moitié représentant l'usufruit de la veuve est de.............	0000

Legs particulier.

L'immeuble légué à titre particulier à M. A... consiste en une pièce de terre en herbe plantée de pommiers, nommée....., située à...... non louée, estimée à un revenu de....., dont le capital au denier 25 est de............... 0000

Droits.

Madame Veuve A.... à 3 p. 0/0 sur............	00...	
(Legs) à 3 p. 0/0 sur...........	00...	0000
1/4 en sus.....................	00...	
M. Pierre A... à 6 fr. 50 p. 0/0 sur...........	00...	0000
1/4 en sus...................	00...	
M. André A... à 7 0/0 sur.....................	00...	0000
1/4 en sus....................	00...	
Et M. B..., légataire, à 9 fr. p. 0/0 sur.......	00...	0000
1/4 en sus.........	00...	
Timbre de la quittance......		0000
Total à payer........		0000

DÉCLARATION de vente de meubles. — C'est celle que tout officier public chargé de procéder à une vente publique d'objets mobiliers doit faire préalablement au bureau de l'enregistrement, pour avertir les préposés de la régie, qui sont autorisés à se transporter là où il est procédé pour y exercer leur surveillance. — *D. N.*

DÉCLINATOIRE. — C'est l'exception par laquelle une personne assignée devant un juge demande, pour cause d'incompétence, son renvoi devant un autre juge. — *C. proc.* 168. — Voy. *Exception.*

DÉCLOTURE. — Se dit de la destruction des murs, fossés, claies et barrages servant de clôture aux cours, jardins, herbages et autres héritages ruraux. — Voy. *Clôture.*

Le droit de clôre et de déclôre ses héritages résulte essentiellement du droit de propriété et ne peut être contesté à aucun propriétaire. — *LL. des 28 sept. et 6 oct. 1791.*

Toutefois, il est d'un usage consacré en Normandie par plusieurs jugements et arrêts que, conformément au règlement de 1751 sur les coutumes de Normandie, les propriétaires d'héritages clos de haies vives et fossés ne peuvent détruire leurs clôtures que depuis la Toussaint jusqu'à Noël, et après avoir averti le voisin trois mois auparavant, et qu'ils sont même obligés de les entretenir jusqu'au temps de la destruction. (Devilade.)

DECOMPTE. — Espèce de liquidation établissant des déductions ou prélèvements à faire sur les sommes dont on est débiteur.

DÉCONFITURE. — État d'un individu non commerçant dont le passif surpasse l'actif.

La déconfiture diffère de la faillite en ce que la faillite ne s'applique qu'aux commerçants de profession, et qu'elle ne suppose pas toujours l'insolvabilité, tandis que l'insolvabilité est ce qui caractérise la déconfiture.

La loi civile ayant laissé la déconfiture dans le droit commun, il en résulte que cet état ne prive pas le débiteur d'administrer ses biens, et qu'il reste libre de les vendre ou de les grever d'hypothèques.

La déconfiture de l'acheteur autorise le vendeur à suspendre la délivrance de la chose vendue, tant que caution de paiement n'est pas donnée. — *C. civ.* 1446. — Voy. *Garantie.* — *Vente.*

Le capital de la rente constituée ou perpétuelle devient exigible en cas de déconfiture du débiteur. — *C. civ.* 1913. — Voy. *Remboursement de rente.*

La déconfiture de l'un des associés dissout la société à l'égard de tous. — *C. civ.* 1865.

Elle met fin au mandat précédemment donné. — *C. civ.* 2003.

Elle ouvre au profit de la *caution* le droit d'agir en indemnité, même ayant d'avoir payé. — *C. civ.* 2032. — Voy. *Société.* — *Atermoiement.* — *Concordat.* — *Contribution de deniers.* — *Faillite.* — *Ordre.* — *Saisie.*

DÉCORATION. — Insigne accordé aux personnes qui ont rendu des services à leur pays pendant la guerre ou durant la paix.

La peine de la dégradation civique entraîne la privation du droit de porter aucune décoration.

Toute personne qui aura publiquement porté une décoration qui ne lui appartient pas sera punie d'un emprisonnement de six mois à deux ans. — *C. pén.* 259.

Il est défendu aux personnes décorées d'exploiter leur décoration en la posant comme étiquette sur leurs produits.

DECOUVERT. — On appelle ainsi, en matière d'assurance, la partie ou l'excédent de valeur de la chose assurée, sur le montant de l'assurance.

En terme de *Banque*, on nomme aussi découvert les sommes pour lesquelles le banquier n'a pas été garanti par des remises de la part de ses correspondants.

DÉCOUVERTE. — Ce mot s'entend des moyens d'acquérir la propriété d'une chose que l'on trouve, et qui n'appartient à personne, en s'en emparant. — Voy. *Occupation.* — *Propriété.* — *Revendication.*

On nomme également découvertes celles qui se font dans les sciences et les arts.

DÉCRET. — Nom que l'on donne aux actes du Gouvernement.

DÉCROIRE. — Droit de commission extraordinaire accordé au commissionnaire qui répond à son commettant de la solvabilité des tiers avec qui il contracte. — Voy. *Commissionnaire.*

DÉDIT. — Refus de tenir une promesse, ou rétractation d'une parole ou d'une obligation. Ce terme signifie aussi, en jurisprudence, la peine stipulée dans un acte contre celui des contractants qui ne voudrait pas l'exécuter.

Il y a cette différence entre le dédit et la clause pénale ajoutée à une obligation, que la clause pénale a pour objet d'assurer l'exécution de l'obligation principale, tandis que le dédit est la faculté d'y renoncer en payant la somme convenue. — *C. civ.* 1226.

Dans toutes les obligations en général, le *dédit*, c'est-à-dire le défaut d'exécution, se traduit par des *dommages-intérêts*.

Les arrhes sont souvent données comme prix du dédit. — Voy. *Arrhes.*

DÉDOMMAGEMENT. — C'est l'indemnité accordée à celui qui éprouve un dommage pour réparer la perte qui lui a été occasionnée. — Voy. *Dommage.* — *Indemnité.* — *Réparation civile.* — *Responsabilité.*

DÉFAILLANT. — Celui qui ne comparaît pas sur la citation, assignation ou sommation qui lui est faite. — Voy. *Défaut.*

DÉFAUT. — Non-comparution en personne ou par un mandataire d'une partie appelée soit devant notaire, soit en justice. L'action de donner acte de la non-comparution s'appelle *donner défaut.*

Pour le défaut à la suite d'une assignation en justice. — Voy. *Jugement.*

DÉFAUT de contenance. — Se dit du manque de mesure dans les immeubles vendus ou loués.

Dans ce cas, et lorsque le défaut de contenance est constaté, la loi accorde un recours contre le vendeur ou locateur lorsque la différence excède le vingtième, sauf stipulation contraire. — *C. civ.* 1616 *et suiv.* — Voy. *Délivrance.* — *Garantie.* — *Vente.*

DÉFAUT de lien. — C'est le vice d'un acte ou d'une obligation imparfaite, ou encore d'une offre non agréée et qui entraîne la nullité du contrat.

Lorsque la promesse ou l'offre faite sous une condition n'a pas été acceptée, il y a *défaut de lien*, et alors on peut se rétracter. — Voy. *Acceptation.* — *Convention.*

Le donateur n'est pas lié tant que le donataire ne lui a pas notifié l'acceptation de la donation. — Voy. *Acceptation de donation.* — *Indication de paiement.* — *Nullité.* — *Obligation.* — *Pacte.*

DÉFAUTS ou vices de la chose louée ou vendue. — Pour l'action en garantie contre le bailleur ou le vendeur. — Voy. *Bail.* — *Garantie.* — *Rédhibitoire.* — *Vente.*

DÉFENDEUR. — Nom que l'on donne à celui qui se défend contre une demande qui lui est faite en justice. — Le défendeur peut devenir *demandeur* en fournissant la preuve de l'exception qu'il oppose. — Voy. *Jugement.*

DÉFENDS, défensable. — Termes usités en matière de bois et forêts, pour exprimer : le premier, que les bois ne peuvent résister aux dégâts des bestiaux et qu'il est défendu de les y introduire ; le second, que les arbres sont assez forts et assez élevés pour n'avoir rien à craindre de la dent des bestiaux. — *C. proc.* 71, 76 *et* 119. — Voy. *Forêt.* — *Pâturage.*

DÉFENSE. — On entend par ce mot la prohibition de faire telle ou telle chose, ou le moyen opposé à une demande formée en justice. — Voy. *Défense devant les Tribunaux.*

DÉFENSE d'aliéner. — Cette défense peut être valablement insérée dans une donation ou un testament lorsqu'elle est motivée par un intérêt légitime et qu'elle est temporaire. — Voy. *Inaliénabilité.* — *Prohibition d'aliéner.*

DÉFENSE de construire. — On entend par ce mot la prohibition de bâtir qui résulte soit des empêchements provenant du voisin ou des règles et servitudes du voisinage, soit celle prononcée par la loi dans certains cas. — *D. N.*

Cette défense, qui est une modification au droit de propriété, est souvent prononcée par les lois dans un but d'intérêt public.

Certaines constructions sur le bord des rivières navigables ou non navigables ne peuvent avoir lieu qu'avec l'assentiment de l'autorité administrative. — Voy. *Moulin.* — *Usine.*

Les constructions d'établissements dangereux, incommodes ou insalubres sont soumises à des règles spéciales. — Voy. *Contre-mur.* — *Établissement dangereux ou insalubre.*

Bois et forêts.

Les fours à chaux ou à plâtre, briqueteries et tuileries, ne peuvent être établis sans autorisation, à moins d'un kilomètre des forêts soumises au régime forestier.

Les constructions de maisons ou fermes ne peuvent être établies, sans autorisation, qu'à la distance de cinq cents mètres des mêmes forêts.

La loi fait exception à cette dernière défense, à l'égard des bois et forêts appartenant aux communes et d'une contenance au-dessous de 250 hectares.

Sont aussi exceptées de cette défense les maisons et usines faisant partie de villes, villages ou hameaux formant une population agglomérée. — *C. for.* 151 *et suiv.*

Places de guerre.

Il ne peut être bâti aucune maison ni clôture de construction quelconque dans l'étendue de 250 mètres autour des places de guerre de toute classe, et des postes militaires.

Il ne peut être bâti ou reconstruit aucune maison ni clôture de maçonnerie dans l'étendue de 487 mètres autour des places de première et deuxième classe, mais au delà de la première zone de 250 mètres, il est permis d'élever des bâtiments et clôtures en bois et en terre seulement, et avec la condition de les démolir et d'enlever les décombres et matériaux, sans indemnité, dans le cas où la place serait menacée d'hostilités.

Autour des places de troisième classe et des postes militaires, il est permis d'élever n'importe quels bâtiments au delà de la distance de 250 mètres, mais le cas arrivant où les démolitions deviendraient nécessaires, les propriétaires n'auraient droit à aucune idemnité. — *L. du 17 juillet* 1819. — *Ord. du* 1er *août* 1821.

Voisinage des cimetières.

Nul ne peut, sans autorisation de l'Administration, élever aucune habitation ni creuser aucun puits à moins de cent mètres de distance des cimetières tranférés hors des communes. Les bâtiments existants ne peuvent non plus être restaurés ni augmentés sans cette autorisation. Et les puits peuvent être comblés en vertu de l'ordonnance du préfet, après visite contradictoire d'experts.— *Déc. du* 7 *mars*, 1808. — Voy. *Cimetière.*

Chemins et rues.

Il est défendu de construire sur le bord des chemins, rues et places publiques, sans avoir obtenu l'alignement nécessaire de l'autorité administrative. — Voy. *Alignement.*

Chemins de fer.

Il est interdit aux riverains d'une ligne de chemin de fer d'élever aucune construction autre qu'un mur de clôture, à moins de 2 mètres de distance de la ligne extérieure des terrassements. — *L. du* 15 *juillet* 1845. — Voy. *Chemins de fer.*

Voisins.

Le voisin peut défendre de continuer une construction lorsqu'elle porte préjudice à ses droits. — Voy. *Dénonciation de nouvel œuvre.*

Il est également défendu de construire sur le mur mitoyen autrement qu'avec les précautions indiquées par la loi. — *C. civ.* 757, 660 *et* 662.

Enfin la défense de construire peut être établie comme servitude conventionnelle. — *C. civ.* 689. — Voy. *Servitude.*

DÉFENSE devant les Tribunaux. — Chacun a le droit de se défendre soi-même devant les Tribunaux civils avec l'assistance d'un avoué ; mais le Tribunal peut interdire ce droit à la partie. — *C. proc.* 85. — Voy. *Avoué.*

Lorsque la partie ne se défend pas elle-même, elle ne peut se faire défendre par un simple mandataire, attendu que la loi accorde exclusivement ce droit aux avocats, ou aux avoués, à leur défaut. — Voy. *Avocat.*

Il y a toutefois exception quant à la défense devant le juge de paix ; elle peut y être faite par un mandataire ordinaire. — *C. proc.* 9. — Voy. *Juge de paix.*

En ce qui concerne les Tribunaux de commerce, la comparution en personne est de droit, le ministère des avoués n'est pas nécessaire et nul ne peut y plaider pour autrui sans être muni d'un pouvoir spécial. — La nécessité de la défense a fait admettre par ces Tribunaux certains mandataires officieux qui exercent ces fonctions sous le titre d'*agréés*, mais qui n'ont aucun caractère public. — *C. proc.* 414 *et* 627.

La loi a pourvu à la défense des absents, des mineurs, des femmes mariées, en ordonnant la communication de leurs causes au ministère public. — *C. proc.* 83.

Au criminel, on nomme des défenseurs d'office aux accusés qui n'en ont pas choisi. — *C. instr. crim.* 294.

DÉFENSES (Arrêt de). — On désigne ainsi l'arrêt par lequel une Cour, avant de statuer sur l'appel, fait défense à l'intimé d'exécuter le jugement mal qualifié en dernier ressort ou déclaré exécutoire par provision. — *C. proc.* 457, 459.

DÉFENSEUR. — C'est celui chargé par ses fonctions de défendre les parties devant les Tribunaux. — Voy. *Avocat.* — *Avoué.* — *Défense.*

DÉFENSEUR officieux. — Titre que l'on donne aux particuliers qui se chargent de la défense des justiciables devant les juges de paix.

DÉFICIT. — On entend par déficit tout ce qui manque à une caisse, à un dépôt, en un mot tout excédent de passif.

DÉFINITIF. — En matière de procédure, ce mot s'emploie par opposition à *provisoire*. Ainsi on dit *jugement provisoire*; *jugement définitif*.

DÉFRICHEMENT. — Action de convertir un bois en prairie ou terre labourable, ou de mettre en valeur un terrain inculte.

Aucun particulier ne peut arracher ou défricher ses bois qu'après en avoir fait la déclaration à la préfecture quatre mois d'avance, durant lesquels l'Administration peut faire signifier au propriétaire son opposition au défrichement.

L'opposition au défrichement ne peut être formée que pour les bois dont la conservation est reconnue nécessaire : 1° au maintien des terres sur les montagnes ou sur les pentes; 2° à la défense du sol contre les érosions et les envahissements des fleuves, rivières ou torrents ; 3° à l'existence des sources et cours d'eau; 4° à la protection des dunes et des côtes; 5° à la défense du territoire, 6° à la salubrité publique, etc. — *L. du 18 juin* 1859.

La loi du 3 frimaire an VII, encore en vigueur, dans le but d'encourager le défrichement, porte que la contribution foncière ne peut être augmentée : 1° pendant les 10 premières années des terres vaines et vagues en friche depuis quinze ans ; 2° pendant trente ans, si on plante en bois le terrain qui était en friche depuis dix ans ; et 3° pendant vingt ans, si on plante en vigne le terrain qui était en friche depuis quinze ans.

A cet effet, le propriétaire est tenu de faire au secrétariat de la mairie, avant de commencer ses défrichements, une déclaration détaillée des terrains qu'il veut ainsi améliorer. — *D. N.*

Le desséchement des marais pour les cultiver et les mettre en valeur est aussi une espèce de défrichement, mais on ne peut le faire sans avoir, au préalable, obtenu du Gouvernement la concession nécessaire. — Voy. *Desséchement.* — *Marais.*

La déclaration de défrichement doit être faite sur timbre, en double original, dont un est déposé à la préfecture, et l'autre est rendu au déclarant revêtu du visa du préfet.

Nous en donnons ici une formule.

Déclaration de défrichement.

Je soussigné A..., demeurant à....., déclare être dans l'intention de défricher un bois que je possède à....., canton de....., dit bois de....., figurant au plan cadastral de ladite commune sous le n°....., section....., contenant.....; lequel bois ne se trouve dans aucune des conditions prévues par l'article 220 du Code forestier comme pouvant en faire reconnaître la conservation nécessaire.

Je déclare, en outre, faire élection de domicile en ce qui concerne l'objet de la présente en l'Étude de Me....., notaire à.....

Fait à....., le ....

(*Signature.*)

DÉGAT. — On entend par ce terme tout dommage causé dans l'héritage d'autrui par les personnes ou par les animaux. — Voy. *Délit.* — *Dommage.* — *Forêt.* — *Police rurale.* — *Responsabilité.*

DÉGRADATION civique. — Peine infamante qui emporte la privation des droits politiques et de certains droits civils. — *C. pén.* 8, 34.

La dégradation civique entraîne la destitution ou l'exclusion du condamné de toutes fonctions ou emplois publics, et la privation de certains droits, comme d'être juré, expert, témoin en justice ou dans les actes publics, de porter aucune décoration, d'être tuteur ou curateur, sinon de ses enfants, et encore sur avis du Conseil de famille.

DÉGRADATIONS. — On comprend sous ce mot les dommages ou détériorations qui se font aux immeubles, bien qu'il puisse également s'appliquer aux choses.

Les dégradations ont pour cause, soit la destruction qui s'opère naturellement par le temps ou par quelque cas fortuit, soit par le fait des hommes ou des animaux qui lui appartiennent; or, celui qui a causé un dommage est tenu de le réparer. — *C. civ.* 1382 *et suiv.* — Voy. *Dommage.*

C'est au propriétaire à prouver que les dégradations proviennent du fait du fermier.

En général, on considère comme dégradations les actes et négligences du locataire qui sont contraires à l'obligation de jouir en bon père de famille, par exemple, s'il ne fume pas les terres convenablement, s'il les laboure ou ensemence trop tard, s'il ne conserve pas les assolements, s'il fauche contre l'usage au lieu de faire paître les herbages, s'il coupe des bois avant la saison convenable, ou fait tête à des arbres non sujets à cette opération, s'il convertit des pâturages en labours, s'il laisse des fonds en jachère hors la saison où ils doivent recevoir les labours, s'il néglige les vignes de manière à en diminuer le produit, s'il détruit ou affaiblit les clôtures vives. — *D. N.*

Les ensemencements de terre sans fumier et les divertissements de pailles et fumiers constituent également des dégradations. — *Cass.,* 20 *mars* 1820. — Voy. *Engrais.* — *Pailles.*

Au reste, comme les articles 1732 et 1735 du Code civil ne précisent pas la nature des dégradations, l'action en est laissée à l'appréciation des Tribunaux et est subordonnée aux circonstances.

Les dégradations qui peuvent se réparer pendant la jouissance ne donnent pas action pendant la durée du bail, mais seulement à son expiration; par exemple si le fermier avait négligé de fumer pendant les premières années de sa jouissance.

L'action en indemnité pour *dégradations,* par le propriétaire contre le locataire ou fermier, est de la compétence du juge de paix, à moins qu'il ne s'agisse de celles relatives à une jouissance postérieure à l'expiration du bail. — Voy. *Juge de paix.* — *Tacite reconduction.*

L'usufruitier répond non seulement des dégradations par lui commises, mais encore de celles provenant du fait d'autrui, s'il a négligé de les dénoncer au nu propriétaire. — *C. civ.* 614. — Voy. *Usufruit.*

Mais l'action intentée par le propriétaire contre l'usufruitier n'est pas de la compétence du juge de paix. — *Cass.,* 10 *janv.* 1810.

En matière de chemins publics autres que les grandes routes, ceux qui les dégradent ou détériorent sont condamnés correctionnellement à leur réparation, sans préjudice de l'amende.

Lorsqu'il s'agit de dégradations commises sur les grandes routes, de dépôts de fumier et immondices, les sous-préfets peuvent ordonner la réparation des délits. — Voy. *Route.*

DEGRÉ. — Ce mot a diverses acceptions. — Voy. ci-après : *Degré dans une faculté.* — *Degré de juridiction.*

DEGRÉ dans une faculté. — Se dit du rang ou des grades, tels que ceux de *bachelier, licencié, docteur,* que l'on obtient dans les facultés des sciences, des lettres, de droit, de médecine ou de théologie. — *Déc. du* 17 *mars* 1808.

DEGRÉ de juridiction. — Se dit de l'ordre hiérarchique des Tribunaux devant lesquels ont peut porter successivement la même affaire. — *E. N.*

Le premier degré de juridiction est en général rempli par les Tribunaux de première instance, et le second par les Cours d'appel. Règle générale : on ne peut parcourir que deux degrés de juridiction, encore faut-il que la contestation excède une certaine valeur. La Cour de cassation n'est pas un troisième degré de juridiction. — Voy. *Cassation.* — *Juridiction.*

DEGRÉ de parenté. — C'est la distance qui existe entre les personnes de chaque génération, et la distance que chacune d'elles place entre les parents. — *C. civ.* 735.

La suite des degrés forme la ligne soit *directe* soit *collatérale.* — Voy. *Généalogie.* — *Ligne.* — *Succession.*

DÉGRÈVEMENT. — Diminution d'un impôt, d'une taxe, ce qui se traduit par la réduction, la décharge, la remise et la modération.

DÉGUERPISSEMENT. — Voy. *Délaissement par hypothèque.*

DÉLAI. — Le délai est le temps accordé par la loi, par le juge, ou par la convention, pour faire une chose, ou après lequel on prescrit une action. — L'échéance du délai se nomme *terme*. — D. N.

La loi détermine des délais pour l'exercice de certains droits et de certaines actions. — Voy. *Inventaire.* — *Purge.* — *Renonciation à communauté.* — *Surenchère*, etc.

Toute obligation pour laquelle aucun délai ou terme n'a été stipulé, et qui n'est point conditionnelle, est exigible immédiatement. — Voy. *Terme.*

Le juge peut, dans certains cas, acccorder un délai au débiteur pour le paiement d'une dette échue. Ce délai est connu sous le nom de *délai de grâce*.

Les délais se comptent soit par heures, soit par jours, soit par mois, soit par années.

Celui auquel le délai ou terme a été accordé doit en jouir dans son intégrité, puisqu'il est de règle que celui qui a terme ne doit pas.

Les délais se calculent de quantième à quantième, sans égard au nombre de jours de chaque mois. Ainsi le délai d'un mois à partir du *premier février* expire le premier *mars*, quoique le mois de février ne porte que 28 ou 29 jours ; de même le délai *d'une année* à partir du premier mars 1888 expirera le premier mars 1889 inclusivement.

Les délais peuvent toutefois se trouver suspendus par certains événements de force majeure.

Les délais en matière d'enregistrement sont :

1° De *trois mois* pour l'enregistrement des actes sous seing privé portant transmission de propriété, d'usufruit ou de jouissance de biens immeubles, à partir de la date de ces actes ;

2° De *six mois* pour les déclarations de biens ou mutations par décès, lorsque celui dont on recueille la succession ou dont on est légataire est décédé en France.

Ce dernier délai est porté à huit mois lorsque le décès a eu lieu hors de France, mais en Europe. Il est de deux années si le décès a eu lieu en Afrique.

Pour les délais relatifs aux autres actes, les délais de prescription des droits non réclamés et autres. — Voy. *Enregistrement.*

DÉLAI d'abréviation. — Voy. *Délai (bref).*

DÉLAI d'ajournement. — En procédure, les mots *ajournement, citation et assignation* sont synonymes, et sont indifféremment employés. On entend donc par ajournement l'acte judiciaire par lequel on est cité devant un Tribunal. — C. civ. 2244, 2247 ; — C. proc. 50, 59 et 419. — Voy. *Compétence.* — *Déclinatoire.* — *Délai.* — *Etranger.* — *Exploit.*

Le délai ordinaire des ajournements ou assignations pour ceux qui sont domiciliés en France est de huitaine.

Ce délai est porté à un mois pour la Corse, l'Algérie, les îles Britanniques, l'Italie, etc. — Il est de 2, 5 et 8 mois pour les autres États. — L. du 3 mai 1862.

DÉLAI d'augmentation. — On appelle ainsi, en procédure, le délai qui est accordé par la loi, à raison des distances, pour le transport des parties, ou la transmission de l'acte qu'elles sont tenues de signifier. — C. civ. 411 et 439 ; — C. proc. 122 et suiv. ; — C. comm. 492. — Voy. *Délai.*

DÉLAI (bref). — Se dit, en matière d'assignation, d'un délai plus court que celui réglé par la loi, et qui est accordé par le juge. — C. proc. 72, 76, 459 ; — C. comm. 647. — Voy. *Jugement.*

DÉLAI de grâce. — Voy. *Délai.*

DÉLAIS pour faire inventaire et délibérer. — Ce sont les délais accordés par la loi, soit à des héritiers pour accepter la succession de leur auteur, soit à une femme commune en biens ou à ses héritiers, pour accepter la communauté. — *D. N.*

Délais accordés aux héritiers.

Tout héritier a *trois* mois pour faire inventaire à compter du jour de l'ouverture de la succession. — Il a de plus, pour délibérer sur son acceptation ou sur sa renonciation, un délai de *quarante jours*, qui commencent à courir du jour de l'expiration des trois mois donnés pour l'inventaire, ou du jour de la clôture de l'inventaire, s'il a été terminé avant les trois mois. — *C. civ.* 795 ; — *C. proc.* 174.

Pendant ces délais, l'héritier ne peut être contraint à prendre qualité, et il ne peut être obtenu de condamnation contre lui. — S'il renonce lorsque les délais sont expirés ou auparavant, les frais par lui faits légitimement jusqu'à cette époque sont à la charge de la succession, mais la prescription court pendant ces mêmes délais. — *C. civ.* 797 ; — *C. proc.* 174.

L'héritier peut se faire autoriser par justice à faire procéder à la vente des objets susceptibles de dépérir ou dispendieux à conserver, sans qu'on puisse en induire une acceptation. — *C. civ.* 796 ; — *C. proc.* 986. — Voy. *Vente de meubles.*

Pour conserver le bénéfice des délais, l'héritier doit éviter de faire aucun acte d'héritier, mais il peut faire des actes conservatoires. — Voy. *Acte d'héritier.* — *Acte conservatoire.*

Pendant les mêmes délais, les tiers peuvent faire et exercer des actes conservatoires contre l'héritier, tels que protêts, saisies, demandes afin d'interrompre la prescription, demandes en délivrance de legs, etc.

Après l'expiration des délais de la loi, et même de ceux qui auraient été accordés par le juge, l'héritier conserve encore la faculté de faire inventaire et de se porter héritier bénéficiaire pendant trente ans, puisque cette faculté ne se prescrit qu'avec celle d'accepter ou de renoncer, s'il n'a pas fait d'ailleurs acte d'héritier, ou s'il n'existe pas contre lui de jugement passé en force de chose jugée qui le condamne en qualité d'héritier pur et simple. — *C. civ.* 789, 793, 798, 800.

Délais accordés à la femme.

La femme survivante qui veut conserver la faculté de renoncer à la communauté doit, dans les trois mois du jour du décès du mari, faire dresser un inventaire des biens de la communauté contradictoirement avec les héritiers du mari. — *C. civ.* 1456.

Outre le délai de trois mois pour faire faire inventaire, la veuve a quarante jours pour délibérer, pendant lesquels elle conserve le droit de renoncer.

Jusqu'à l'expiration de ce second délai, la femme ne peut être forcée à prendre qualité, et elle peut repousser par une exception dilatoire les créanciers de la communauté qui voudraient exercer des poursuites contre elle.

La veuve peut renoncer même après les trois mois et quarante jours, mais à la condition qu'elle ne se soit pas immiscée. — *C. civ.* 1459. — Voy. *Renonciation à communauté.*

A défaut d'inventaire dans les trois mois ou dans le délai qu'elle aurait obtenu du juge, la femme devient de droit commune en biens.

Après avoir fait inventaire dans les trois mois, la femme peut accepter ou renoncer quand bon lui semble, tant qu'elle n'est pas poursuivie. Ce droit ne se prescrit que par trente ans.

DÉLAISSEMENT. — Abandon volontaire ou forcé d'une chose par le détenteur ou le propriétaire. — Voy. *Abandon.*

DÉLAISSEMENT maritime. — Abandon que l'assuré fait, dans certains cas déterminés par la loi, à l'assureur, de ce qui reste des choses assurées, après le sinistre, et de tous ses droits par rapport à ces choses, pour être payé du montant de l'assurance. — *C. comm.* 378 *et* 385. — Voy. *Assurance (contrat d').*

Le délaissement peut être fait en cas de prise, de naufrage, d'échouement avec bris, d'innavigabilité par fortune de mer, en cas d'arrêt d'une puissance étrangère, en cas de perte ou détérioration des trois quarts des effets assurés, etc. Il ne peut être ni partiel, ni conditionnel. — *C. comm.* 369, 375, 376. — Voy. *Avarie. — Sauvetage.*

Le délaissement ne peut être fait avant le voyage commencé. — *C. comm.* 370. — Il est censé commencé pour les marchandises du jour où elles sont à bord ou sur les gabares, et, pour les navires, du jour du départ.

DÉLAISSEMENT par hypothèque. — C'est l'abandon que fait le détenteur d'un immeuble hypothéqué pour se décharger des poursuites des créanciers inscrits du chef des précédents propriétaires.

Des cas où il y a lieu au délaissement.

Le tiers-détenteur ou nouveau propriétaire qui ne purge pas est obligé à toutes les dettes hypothécaires et jouit des termes et délais accordés au débiteur originaire; il est tenu de payer les intérêts et capitaux exigibles, quelle que soit leur importance, ou de délaisser l'immeuble hypothéqué sans aucune réserve. — *C. civ.* 2167 *et* 2168. — Voy. *Purge des hypothèques.*

Faute de satisfaire à ces obligations, les créanciers hypothécaires ont le droit de faire vendre l'immeuble hypothéqué trente jours après commandement fait au débiteur originaire, et sommation faite au tiers-détenteur de payer la dette exigible, ou de délaisser l'héritage. — *C. civ.* 2169.

Pour que le délaissement puisse être fait, il faut que le tiers-détenteur ne soit obligé ni personnellement, ni comme caution, au paiement de la dette. — Voy. *Tiers-détenteur.*

Le tiers-détenteur ne peut délaisser tant qu'il n'est pas poursuivi hypothécairement.

Il ne le pourrait pas non plus si le contrat de vente contenait une indication de paiement aux créanciers inscrits ou l'obligation de purger.

Si le tiers-détenteur a fait notifier son contrat, il est déchu de la faculté de délaisser.

Le délaissement se fait au greffe du Tribunal de la situation des biens, ou par acte notarié portant constitution d'avoué avec pouvoir de le réitérer au greffe.

Le délaissement doit être notifié au créancier qui aurait intenté l'action hypothécaire et au débiteur originaire. — *D. N.*

Des capacités requises.

Pour délaisser, il faut être capable d'aliéner. — *C. civ.* 2172.

Le tuteur peut délaisser pour le mineur avec l'autorisation du Conseil de famille. — *C. civ.* 457 *et* 458.

La femme mariée ne peut faire le délaissement sans l'autorisation de son mari, mais celui-ci peut, seul et sans le consentement de sa femme, délaisser un immeuble de la communauté. — *C. civ.* 217, 1421.

Des effets du délaissement.

Le délaissement n'est pas une abdication de la propriété, son effet est limité à l'abandon de la détention ou possession de fait et purement naturelle; aussi, jusqu'à ce que l'adjudication ait eu lieu, le tiers-détenteur peut reprendre l'immeuble en payant toute la dette, plus les frais. — *C. civ.* 2173.

Si avant l'adjudication le vendeur rapportait mainlevée des inscriptions hypothécaires, le tiers-détenteur pourrait être contraint à reprendre l'immeuble délaissé.

Celui qui délaisse doit les fruits de l'immeuble hypothéqué à compter du jour de la sommation de payer ou de délaisser, et si les poursuites ont été abandonnées, pendant trois ans, à compter de la nouvelle sommation qui aura été faite. — *C. civ.* 2176. — Voy. *Fruits.*

Les détériorations qui procèdent du fait ou de la négligence du tiers-détenteur au préjudice des créanciers hypothécaires ou privilégiés donnent lieu contre lui à une action en indemnité, mais il ne peut répéter ses impenses et améliorations que jusqu'à concurrence de la plus-value résultant de l'amélioration. — *C. civ.* 2175.

DÉLAISSEMENT d'héritage. — Acte par lequel le détenteur d'un héritage en délaisse la propriété et possession à celui qui le revendique comme propriétaire. — Voy. *Pétition d'hérédité.* — *Réintégrande.* — *Revendication.*

DÉLAISSEMENT d'immeubles. — Abandon que fait le détenteur d'un immeuble à la suite d'une action réelle et plus particulièrement d'une action en revendication. — Voy. *Abandon.* — *Revendication.*

DÉLÉGATION. — La délégation est l'acte par lequel un débiteur, pour s'acquitter, donne à son créancier un autre débiteur qui s'oblige de payer à sa place.

On distingue deux espèces de délégation : la *délégation parfaite*, qui est celle acceptée par le délégataire, et la *délégation imparfaite* par le défaut d'acceptation du délégataire.

La délégation parfaite a besoin du concours de trois personnes : le *délégant*, c'est-à-dire le débiteur, qui donne à son créancier que l'on nomme *délégataire*, lequel accepte et le *décharge*, un autre débiteur appelé *délégué*, qui s'oblige à acquitter la dette et qui, par là, devient débiteur personnel du créancier. — *C. civ.* 1275. Cette délégation est une sorte de dation en paiement qui emporte *novation.* — Voy. *Dation en paiement.*

La délégation imparfaite peut intervenir entre le débiteur *délégant* et le créancier *délégataire*, sans le concours du débiteur *délégué*, ou entre le débiteur *délégant* et le débiteur *délégué*, sans le concours du créancier *délégataire*.

Cette délégation peut devenir parfaite par l'acceptation postérieure du créancier, exprimant formellement qu'il décharge son ancien débiteur.

La délégation au profit d'un créancier dans un acte où il n'a pas été partie n'est opposable aux tiers que lorsque le créancier du délégataire a fait signifier au débiteur délégué son acceptation de la délégation.

Pour le complément des règles relatives à la délégation imparfaite. — Voy. *Indication de paiement.*

DÉLÉGATION de fonctions. — Acte par lequel un fonctionnaire autorisé à cet effet par la loi ou les règlements charge de tout ou partie de ses attributions, qu'il soit ou non empêché de les remplir, ceux des fonctionnaires qui le suivent dans la même hiérarchie.

La Cour de cassation a, par un arrêt du 7 août 1883, décidé que le droit de délégation du maire s'étend à tous les conseillers municipaux sans exception.

DÉLÉGATION de juridiction. — En matière de juridiction, on distingue la *juridiction propre*, qui appartient au chef de l'Etat, et la *juridiction déléguée*, que les juges exercent au nom de l'Etat.

Les juges ne peuvent transférer à d'autres le droit de juger, mais ils peuvent déférer à d'autres juges certains actes ou fonctions. — Voy. *Commission de justice.* — *Juridiction.*

DÉLÉGATION de notaire. — Les notaires sont délégués ou commis par les Tribunaux dans certains cas, tels que les partages judiciaires, les ventes de biens de mineurs ou interdits et de successions bénéficiaires ou vacantes. — *D. N.* — *C. proc.* 977, etc. — Voy. *Liquidation de droits indivis.* — *Partage.* — *Vente judiciaire.*

DÉLIBATION. — Prélèvement ou distraction que l'on fait d'une chose particulière, par exemple d'un préciput ou d'un legs, sur la masse des biens d'une communauté, d'une succession.

DÉLIBÉRATION. — Résolution prise ou avis adopté dans une assemblée, un corps constitué, une corporation, un conseil d'administration, etc.

DÉLIBÉRATION de Conseil de famille. — Voy. *Avis de parents.* — *Conseil de famille.* — *Homologation.*

DÉLIBÉRATION de créanciers. — S'entend de celle qui a lieu à l'égard d'un débiteur failli ou admis au bénéfice de cession. — Voy. *Abandonnement (contrat d').* — *Atermoiement.* — *Concordat.* — *Faillite.* — *Union de créanciers.*

Les créanciers ont un délai d'un mois pour délibérer et convenir entre eux de la distribution par contribution des deniers arrêtés ou du prix des ventes d'immeubles, ventes de meubles ou de récoltes de leur débiteur. — C. proc. 656 et 749. — Voy. *Contribution de deniers.* — *Ordre.*

DÉLIBÉRATION pour jet en mer. — C. comm. 410 et suiv. — Voy. *Jet à la mer.*

DÉLIBÉRÉ. — Conférence secrète ou examen que font les juges d'une affaire qui leur est soumise.

On dit qu'une affaire est en *délibéré* lorsque les juges n'ont plus qu'à prononcer. On appelle aussi *délibéré* le jugement même qui a ordonné qu'il en serait délibéré.

Il y a trois sortes de délibérés : 1° le délibéré sur-le-champ. — C. proc. 116 ; — 2° le délibéré sans rapport où le Tribunal prononce que les pièces seront remises et la cause continuée pour en être délibéré et être le jugement prononcé un jour fixé ; — 3° enfin, le délibéré sur rapport. — C. proc. 93.

DÉLIMITATION. — Opération qui consiste à fixer ou reconnaître les limites séparatives d'un fonds.

Malgré l'analogie qui existe entre la délimitation et le bornage, l'un peut parfaitement avoir lieu sans l'autre. Ainsi, la délimitation est requise en cas de difficulté sur la contenance respective des héritages contigus, tandis que le bornage constate d'une manière définitive la ligne séparative desdits héritages. — Il s'ensuit que, bien que la délimitation soit établie par des haies vives ou de vieux arbres, l'action en bornage peut toujours être autorisée. — C. civ. 646. — Voy. *Alignement.* — *Bornage.* — *Anticipation.* — *Forêt.* — *Défense de construire.* — *Place de guerre.*

DÉLINQUANT. — C'est celui qui commet un délit.

DÉLIRE. — Égarement momentané de la raison ordinairement produit par maladie.

Les personnes qui se trouvent dans ce cas sont naturellement incapables de contracter, tant que dure l'accès, et le contrat peut être annulé. — Voy. *Ab-irato.* — *Aliénation mentale.* — *Démence.* — *Donation.* — *Fureur.* — *Interdiction.* — *Testament.*

DÉLIT. — Ce mot, pris dans son acception la plus étendue, exprime toute infraction à la loi, tout fait illicite en lui-même et par lequel on porte préjudice à autrui. — Dans un sens plus restreint, on nomme *délits* les faits punis de peines correctionnelles.

Les délits sont personnels ; cependant il est des cas où la loi rend certaines personnes responsables des délits commis par d'autres : par exemple, les maris, les père, mère, tuteurs, maîtres et entrepreneurs, sont civilement responsables des délits commis par leurs femmes, enfants, mineurs, pupilles, domestiques, ouvriers, voituriers et autres subordonnés. Toutefois, les domestiques, ouvriers et voituriers sont à leur tour responsables de leurs délits envers ceux qui les emploient. — Voy. *Responsabilité.*

Division des délits.

La loi divise les délits suivant la nature de la peine qu'elle prononce.

L'infraction punie d'une peine de simple police, c'est-à-dire d'une amende qui ne peut excéder quinze francs et d'un emprisonnement qui ne peut excéder cinq jours, est appelée *contravention*. — *C. pén.* 1; — *C. instr. crim.* 137.

Celle punie des peines correctionnelles, c'est-à-dire d'une amende au-dessus de quinze francs, et d'un emprisonnement excédant cinq jours, est appelée *délit*. — *C. pén.* 1 *et* 40 ; — *C. instr. crim.* 179.

Et celle punie de peines afflictives et infamantes, ou de peines infamantes seulement, est appelée *crime*. — *C. pén.* 1678.

On distingue les *délits* véritables des *quasi-délits;* les uns donnent lieu à l'application d'une peine, les autres ne font encourir qu'une responsabilité civile. — *C. civ.* 1383 *et suiv.*

La loi a établi deux actions pour la répression des délits, l'action publique ou criminelle pour l'application de la peine, et l'action privée ou civile pour la réparation du dommage causé.

De l'action publique.

Tout délit donne ouverture à l'action publique ; néanmoins, il est certains cas où elle ne peut être exercée que sur la plainte de la partie lésée, tels sont l'adultère, la chasse sur le terrain d'autrui en temps non prohibé, la pêche dans les étangs des particuliers en temps et avec le mode permis; le rapt, dans le cas où le ravisseur a épousé la fille enlevée, l'injure et la diffamation envers certaines personnes, etc.

De l'action civile.

L'action civile, c'est-à-dire l'action en réparation d'un dommage causé par un crime ou délit ou une contravention, peut être exercée par tous ceux qui ont souffert de ce dommage, mais à la condition qu'ils y aient un intérêt et un droit actuel appréciable. — Voy. *Dommage*.

A la différence de l'action publique, elle ne s'éteint point par la mort du prévenu. — *D. N.*

DÉLIT de chasse. — Voy. *Chasse*.

DÉLIT forestier. — Voy. *Forêt*.

DÉLIT de pêche. — Voy. *Pêche*.

DÉLIT politique. — Qualification donnée aux crimes et délits contre la chose publique. — Voy. *Organisation politique*. — *Presse*.

DÉLIT de la presse. — C'est celui commis par la voie de la presse, ce qui comprend les journaux, les écrits et tous autres moyens de publication. — *L. du 29 juill.* 1881. — Voy. *Presse*.

DÉLIT (Quasi-). — Voy. *Quasi-délit*.

DÉLIT rural. — Infraction aux lois sur la surveillance ou police des biens ou usages des campagnes. — *D. N.*

Les délits ruraux sont constatés par les commissaires de police, maires, adjoints et principalement par les gardes champêtres, dont elle est la mission spéciale, mais seulement dans le territoire pour lequel ils ont été assermentés.

De même que les autres délits, les délits ruraux donnent lieu à deux actions : l'action publique et l'action civile. — Voy *Délit*.

Les délits ruraux comprennent :
1° Ceux qui ont occasionné un incendie;
2° Les dégâts des bestiaux de toute espèce ;
3° Les destructions des greffes des arbres fruitiers ou autres ;
4° Le débordement des eaux sur la propriété du voisin ;
5° Les dégradations aux fossés et haies, vives ou sèches;
6° Les coalitions pour la hausse ou la baisse du prix de la journée des ouvriers ou des gages des domestiques.
7° Le glanage, râtelage ou grapillage avant l'enlèvement entier des fruits ;

8° Le parcours et la vaine pâture hors le temps permis, et contrairement aux règles qui régissent cette matière ;

9° La dévastation des récoltes sur pied ;

10° Le passage dans les terrains préparés, ensemencés ou chargés de récoltes ;

11° Enfin les vols de fruits dans les campagnes, le maraudage et les dégradations de chemins publics. — *LL. des* 28 *septembre* - 6 *octobre* 1791. — *C. pén.* 447, 448, 471. 415, 416, 473.

Le ministère public est investi du droit d'action pour les délits ruraux, nonobstant le silence de la partie lésée. — Voy. *Abandon d'animaux*. — *Délit*. — *Garde champêtre*. — *Police*.

DÉLIVRANCE. — Mise en possession d'un droit ou d'une chose. Cette expression est synonyme de *tradition*.

Délivrance de la chose donnée ou vendue.

La délivrance est une condition essentielle de la donation ou de la vente. Elle est remplie à l'égard des immeubles, de la part du donateur ou du vendeur, lorsqu'il a remis les clefs, s'il s'agit d'un bâtiment, ou lorsqu'il a remis les titres de propriété. — *C. civ.* 1605.

Néanmoins, la vente transcrite la première a la priorité. — Voy. *Transcription*.

La délivrance des effets mobiliers s'opère, ou par la tradition réelle, ou par la remise des clefs des bâtiments qui les contiennent, ou même par le seul consentement des parties, si le transport ne peut s'en faire au moment de la vente ou de la donation, ou si l'acheteur ou donataire les avait déjà en son pouvoir à un autre titre. — *C. civ.* 1606.

Lorsqu'il s'agit d'immeubles, l'acheteur ou donataire n'est pas moins propriétaire dès l'instant du contrat, quoique la délivrance n'ait pas été faite ; mais il en est autrement s'il s'agit de meubles, il faut qu'il y ait possession réelle par délivrance ou tradition. — *C. civ.* 1141. — Voy. *Tradition*.

La délivrance se fait au temps et au lieu convenu, et si le vendeur ne la fait pas, l'acquéreur peut, à son choix, demander la résolution de la vente, ou sa mise en possession, lorsque le retard ne vient que du fait du vendeur. — *C. civ.* 1610.

L'obligation de délivrer la chose comprend en outre ses accessoires, et tout ce qui est destiné à son usage perpétuel. — Voy. *Meubles*. — *Immeubles*.

Lorsqu'il s'agit d'un immeuble, le vendeur est tenu de délivrer la contenance telle qu'elle est portée au contrat, sauf stipulation contraire. — *C. civ.* 1616. — Voy. *Contenance*.

Si la vente a été faite sans *garantie de mesure*, l'acquéreur n'a droit à une diminution ou répétition de prix qu'autant que la différence excède le *vingtième*. — Il n'aurait droit à aucune diminution ni répétition s'il était stipulé que la vente a lieu sans garantie, lors même que la différence excéderait le vingtième. — *C. civ.* 1619.

En opérant la délivrance, le donateur ou vendeur garantit l'acheteur ou le donateur de l'éviction et des vices de la chose. — Voy. *Eviction*. — *Rédhibitoire*. — *Délivrance de legs*. — *Donation*. — *Tradition*. — *Vente*.

Pour la délivrance de la chose louée. — *C. civ.* 1719. — Voy. *Bail*.

DÉLIVRANCE en matière forestière. — Ce terme s'applique à la délivrance que font les agents forestiers des coupes de bois communaux destinés à être partagés en nature. — Voy. *Affouage*. — *Forêts*.

DÉLIVRANCE de brevet d'invention. — Voy. *Brevet d'invention*.

DÉLIVRANCE de legs. — C'est l'action de mettre le légataire en possession de l'objet qui lui a été légué. — *D. N.*

La propriété des biens légués est transférée de plein droit aux légataires dès l'instant du décès du testateur, mais il en est autrement de la possession qu'ils ne peuvent obtenir que de ceux qui sont saisis de la succession, c'est-à-dire des héritiers. — *C. civ.* 724. — Voy. *Legs.*

Toutefois, le légataire universel est saisi de plein droit par la mort du testateur, sans être tenu de demander la délivrance, à moins que ce dernier ne laisse des héritiers à réserve; dans ce cas, le légataire universel est tenu de leur demander la délivrance des biens compris dans le testament. — *C. civ.* 1004, 1006.

Si le testament est olographe ou mystique, le légataire universel est tenu de se faire envoyer en possession par une ordonnance du président du Tribunal. — Voy. *Envoi en possession.*

Le légataire à titre universel est également tenu de demander la délivrance, soit aux héritiers à réserve ou au légataire universel, soit, à défaut de celui-ci, aux héritiers établis dans l'ordre appelé par la loi. — *C. civ.* 1011.

Il en est de même du légataire à titre particulier. — *C. civ.* 1014.

Il est cependant certains cas où le légataire est dispensé de demander la délivrance, par exemple si le legs consistait dans la remise d'une dette, ou si la chose léguée se trouvait au jour de l'ouverture du legs en la possession du légataire à qui le défunt l'aurait confiée à titre de dépôt, de louage, de prêt ou autrement, ou bien encore si le légataire d'une chose mobilière était nommé exécuteur testamentaire et que le testateur lui ait donné la saisine de son mobilier.

L'ascendant légataire universel est saisi de plein droit de son legs, et n'a pas à en demander la délivrance aux héritiers collatéraux de l'autre ligne de l'enfant testateur.

Nous faisons observer ici :

1° Qu'outre l'action personnelle en délivrance contre l'héritier ou le légataire universel, les légataires particuliers ont sur les biens de la succession une hypothèque susceptible d'inscription. — *C. civ.* 1017 et 2011. — Voy. *Hypothèque;*

2° Que le légataire universel et celui à titre universel ont encore, outre l'action en délivrance, celle en pétition d'hérédité, si la succession a passé en des mains qui ne doivent pas la posséder. — Voy. *Pétition d'hérédité.*

A qui la délivrance doit être demandée.

En principe, la demande en délivrance doit être faite aux débiteurs du legs, c'est donc aux héritiers à réserve, s'il en existe, ou, à leur défaut, au légataire universel. Toutefois, c'est au légataire universel, et non à l'héritier réservataire, que le légataire à titre particulier doit demander la délivrance de son legs. — *C. civ.* 1006-1017.

L'héritier ne peut être contraint à consentir la délivrance du legs pendant les délais pour faire inventaire et pour délibérer. — Voy. *Délai pour faire inventaire.*

L'action en délivrance de legs ne se prescrit que par trente ans.

Du mode de délivrance.

La délivrance peut être consentie volontairement. — Le consentement est *exprès* ou *tacite*. Il est *exprès* quand il est consenti par un acte spécial. — Le consentement à exécution du testament emporte la délivrance du legs. — Voy. *Consentement à exécution d'un testament.*

La délivrance volontaire n'est soumise à aucune forme spéciale; elle peut même avoir lieu par une lettre missive, et peut être prouvée par toutes les voies ordinaires de droit.

Elle est tacite si le légataire se met en possession du legs au vu et au su de l'héritier et de son consentement présumé.

A défaut de délivrance volontaire, la demande en délivrance suit les formes des actions ordinaires, c'est-à-dire qu'après une citation en conciliation elle est introduite, par une assignation donnée selon les règles de la procédure, devant le Tribunal de l'ouverture de la succession. — *C. proc.* 59.

Les frais de demande en délivrance et les droits de mutation sont à la charge des légataires, s'il n'en a été autrement disposé par le testament. — *C. civ.* 1016.

Des effets de la demande en délivrance.

L'effet de la demande en délivrance est de mettre le légataire en possession de son legs, et de faire courir les fruits et intérêts à son profit, du jour du décès du testateur s'il s'agit d'un legs universel et si la demande est faite dans l'année du décès, ou du jour de la demande, s'il s'agit d'un legs particulier. — *C. civ.* 1005, 1014.

Nonobstant toute demande en délivrance, les fruits et intérêts de la chose léguée appartiennent au légataire particulier du jour du décès : 1° lorsque le testateur a expressément déclaré sa volonté à cet égard dans le testament; et 2° lorsqu'une rente viagère ou une pension a été léguée à titre d'aliments. — *C. civ.* 1015.

S'il existait sur la chose léguée des fruits pendants par racines au moment du décès, et que le légataire eût formé sa demande avant la récolte, ces fruits lui appartiendraient. — *C. civ.* 1018.

Il a été jugé que le légataire ne peut être contraint de recevoir en argent le legs qui lui est dû en nature. — *Cass.*, 13 *janvier* 1807.

La délivrance de legs pouvant avoir lieu par acte sous seing, sauf dans les cas où elle doit contenir une affectation hypothécaire, nous en donnons ci-après une formule.

Délivrance par un héritier à réserve à un légataire particulier.

Je soussigné A.... demeurant à.....,

Seul et unique héritier de....., mon père, décédé à....., le.....

Après avoir pris communication du testament dudit sieur... mon père, fait olographe à....., le....., enregistré à....., le....., et déposé au rang des minutes de M^e..., notaire à....., en vertu d'une ordonnance de M. le président du Tribunal civil de ....

Déclare consentir purement et simplement l'exécution dudit testament, et faire la délivrance à M. B..., demeurant à...:, du legs en sa faveur contenu dans ce testament, de l'usufruit de...., etc.

En conséquence, M. B... disposera dudit usufruit comme de chose lui appartenant avec droit aux revenus, à compter du jour du décès du testateur.

Intervient ici M. B..., légataire susnommé, qui accepte purement et simplement la délivrance du legs qui vient de lui être faite.

Fait double à....., le....., et signé, lecture prise.

(*Signatures.*)

DEMANDE judiciaire. — C'est l'action qu'on intente en justice pour obtenir une chose à laquelle on prétend avoir droit; c'est le premier acte d'un procès.

Les demandes *principales* sont celles ayant pour objet des matières réelles ou mixtes, telles que le délaissement d'un immeuble, une servitude ou des obligations personnelles. — Voy. *Action*.

Elles sont, dans la plupart des cas, soumises au préliminaire de la conciliation. — *C. proc.* 48. — Voy. *Conciliation*. — *Juge de paix*.

Parmi les demandes principales, on distingue les demandes *accessoires*, les demandes *provisoires* et les *interventions* qui ne sont que des demandes *incidentes*, non susceptibles du préliminaire de la conciliation.

Les demandes *incidentes* prennent le nom de demandes *reconventionnelles*, lorsqu'elles sont formées par le défendeur et qu'elles ont pour objet d'anéantir ou de restreindre la demande principale.

Pour former une demande en justice, la femme a besoin d'être autorisée. Il en est de même des communes et autres établissements publics. Le tuteur a également besoin de la même autorisation dans certains cas. — Voy. *Autorisation maritale*. — *Autorisation pour plaider*. — *Tutelle*.

Si la demande est portée devant un Tribunal, ou une Cour d'appel, le demandeur doit constituer avoué. — Voy. *Avoué*.

DEMANDE en déclaration d'hypothèque. — Voy. *Déclaration d'hypothèque.*

DEMANDE d'origine. — C'est celle par laquelle on demande au Trésor public les renseignements nécessaires pour établir l'origine de la possession d'une rente sur l'État aux mains de telle ou telle personne et de quelle manière elle en était devenue propriétaire.

Cette demande, qui doit être faite en forme de pétition et sur timbre, a pour but d'arriver à connaître si la rente forme un conquêt de communauté, ou si elle est propre à l'un des conjoints, ce qui est nécessaire en cas de liquidation de communauté ou de reprises.

Elle peut être faite directement par les intéressés, ou par le notaire pour ses clients, et est adressée au Ministre des finances.

C'est sur cette demande que se délivre le certificat d'origine.

Nous en donnons ci-après une formule.

Demande d'origine de rente sur l'État.

A Monsieur le Ministre des Finances,

Monsieur le Ministre,

En ma qualité d'héritier pour......, de....., ma mère, j'aurais besoin d'établir les reprises que mes cohéritiers et moi avons le droit d'exercer contre la communauté ; or, lors de son mariage, ladite dame possédait une inscription de rente, portée à son nom de fille majeure, sous le n°...., de la...... série, pour la somme de....., de rente..... pour cent.

C'est pourquoi, à défaut de renseignements suffisants, je viens vous prier, Monsieur le Ministre, de vouloir bien ordonner les recherches nécessaires pour savoir l'époque et les motifs du transfert de l'inscription dont il s'agit.

J'ai l'honneur d'être,
Monsieur le Ministre,
Votre respectueux serviteur.

(*Signature.*)

DEMANDE en remise ou modération en matière d'enregistrement. — Voy. *Enregistrement.*

DEMANDEUR. — C'est celui qui intente un procès, qui forme une demande en justice, et qu'on nomme ainsi par opposition à *défendeur.* — Voy. *Caution.* — *Demande.*

Lorsque le défendeur élève une exception il devient *demandeur*, et doit, selon la règle applicable à ce dernier, faire la preuve du fait sur lequel il se fonde. — Voy. *Action.*— *Exception.*

DÉMEMBREMENT de la propriété. — Se dit à propos des droits réels que l'on détache d'un immeuble, comme le droit de superficie, l'usufruit, les servitudes, etc. — Voy. *Propriété.*

DÉMENCE. — État d'une personne privée de raison au point de ne pouvoir apprécier le caractère et la portée de ses actes. — *E. N.*

La loi a distingué l'aliénation mentale, en état de démence, d'imbécillité ou de fureur. — Voy. *Aliénation mentale.*

D'après M. Demolombe la démence proprement dite est le désordre des idées, ce n'est plus la faiblesse, c'est le dérangement des organes dont les fonctions sont altérées, tandis que l'imbécillité est la faiblesse permanente d'esprit. — Voy. *Interdiction.* — *Donation.* — *Testament.* — *Mariage.* — *Dommage.* — *Conseil judiciaire.*

DEMEURE. — Lieu où réside un individu. Le domicile d'un individu peut bien être sa demeure, mais la demeure n'est pas toujours le domicile. — *C. civ.* 102. — Voy. *Domicile.*

DEMEURE (Mise en). C'est la demande ou interpellation qui est faite à un débiteur de remplir son obligation et la constatation de son refus. Le mot *demeure* signifie *retard.*

On appelle aussi *mise en demeure*, mais improprement, la défense au voisin de faire telle chose, ou la sommation d'être présent, si bon lui semble, à tel ouvrage. — *D. N.* — Voy. *Dénonciation de nouvel œuvre.* — *Mitoyenneté.*

L'objet de la mise en demeure est ordinairement, soit d'obtenir des dommages-intérêts contre le débiteur qui n'a pas rempli ses engagements dans le délai convenu, soit de constater que la peine a été encourue, soit encore de demander la résolution du contrat. — *C. civ.* 1130, 1146, 1147, 1184. — Voy. *Dommages-intérêts.* — *Clause pénale.* — *Résolution.*

La mise en demeure a encore pour objet de laisser aux risques et périls du vendeur la chose qu'il a vendue, et qu'il n'a point livrée au terme convenu. — *C. civ.* 1138. — Voy. *Vente.*

La mise en demeure a lieu, soit par une *sommation* notifiée par un officier public ayant caractère à cet effet, soit par un autre acte ou écrit équivalent. — *C. civ.* 1139.

L'effet de la mise en demeure est que le débiteur ne peut plus se soustraire, soit à la peine convenue, soit aux dommages-intérêts encourus, en offrant d'exécuter l'obligation principale. — Voy. *Intérêt de capital.* — *Offres réelles.* — *Paiement.* — *Prescription.* — *Résolution.* — *Sommation.* — *Vente.*

Une déclaration écrite par laquelle le débiteur se reconnaîtrait avoir été mis en demeure produirait le même effet qu'une sommation.

DÉMISSION. — C'est l'acte par lequel on déclare vouloir cesser les fonctions que l'on exerce.

Les avocats à la Cour de cassation, notaires, avoués, greffiers, huissiers, agents de change, courtiers et commissaires-priseurs peuvent donner leur démission en faveur d'un successeur, et par conséquent ont le droit d'attacher un prix à cette démission. — Voy. *Office.*

DÉMISSION de biens. — C'était, dans l'ancien droit, un acte par lequel une personne, devançant l'ouverture de sa succession, faisait l'abandon de tous ses biens à ses héritiers présomptifs, mais avec réserve d'y rentrer en révoquant la démission.

Cet acte est aujourd'hui remplacé par les partages d'ascendants. — *C. civ.* 1075 et 1076. — Voy. *Partage d'ascendants.*

DÉMOLITION. — Se dit de l'action de détruire un édifice, un mur, etc.

La démolition, considérée sous le rapport de l'ordre public, doit être faite en observant les règlements et arrêtés de l'autorité. — *C. pén.* 471

Dans la majeure partie des villes, les anciens règlements obligent les propriétaires de maisons démolies à en reconstruire au moins la face sur les rues dans les six mois.

Si une construction a été faite en contravention aux règles de l'alignement, la démolition peut en être ordonnée. — Voy. *Alignement.*

L'autorité peut faire démolir, pour cause de sûreté publique et d'intérêt général, les édifices ou maisons particulières reconnues en état de dégradation et de vétusté. — *D. N.*

On considère comme étant en péril le bâtiment qui se trouve dans une des situations suivantes : 1° lorsque le mur de face sur la rue est en surplomb de la moitié de son épaisseur; 2° lorsque, par vétusté, l'une ou plusieurs jambes, étriers, trumeaux ou pieds droits sont en mauvais état; 3° si le mur sur la rue est à fruit, c'est-à-dire s'il présente une inclinaison, et s'il a occasionné sur la face opposée un surplomb égal au fruit ou inclinaison de la face sur la rue.; 4° toutes les fois que les fondations sont en mauvais état; 5° s'il y a un bombement égal au surplomb dans les parties inférieures du mur de face.

Il est bon de se concerter avec le voisin avant la démolition, si l'on veut conserver les servitudes attachées à l'immeuble. — *C. civ.* 665. — Voy. *Servitude.*

Lorsque l'alignement n'a pas été concerté avec le voisin, la démolition d'une construction est ordonnée, quelque légère que soit l'anticipation. — Voy. *Alignement.* — *Dénonciation de nouvel œuvre.*

Si on veut démolir des bâtiments adossés à un mur mitoyen, il faut mettre, par une signification, le voisin en demeure de prendre les précautions qu'il jugera nécessaire.

C'est aux voisins à faire, à leurs dépens, les étaiements et autres choses nécessaires pour soutenir leurs maisons, mais c'est à celui qui démolit à faire faire chez les voisins, et à ses frais, le rétablissement des dégradations causées par les percements faits pour le descellement de ses poutres et autres choses semblables.

Si l'un des voisins est absent et qu'il y ait quelque danger à effectuer la démolition sans étayer de son côté, on doit se faire assister du magistrat ou de l'officier public chargé de représenter les absents. — Voy. *Absence*. — *Absent*.

Règle générale, lorsque la démolition n'est faite que pour l'intérêt d'un voisin, c'est celui-ci seul qui est chargé des frais d'étaiement et autres accessoires, et les autres voisins doivent être remboursés de tout ce qu'auraient pu leur coûter les travaux exécutés. Mais ceci ne peut s'appliquer au cas où il s'agirait de démolir une maison adossée à un mur mitoyen, ainsi qu'on l'a vu plus haut.

Le propriétaire ne peut démolir aucune construction sur laquelle le voisin aurait un droit de servitude, sans l'avoir appelé pour contredire ou consentir la démolition.

Le propriétaire d'un terrain a le droit de faire démolir ou de retenir les constructions élevées sur ce terrain par un tiers qui en a eu la jouissance.

En cas d'incendie, les magistrats du lieu ou les personnes qui dirigent les secours peuvent faire démolir sans le consentement du propriétaire, non seulement les bâtiments attaqués, mais encore quelques-uns de ceux voisins. Mais les propriétaires doivent être indemnisés, et ils peuvent exercer leurs recours à cet effet : 1° contre le propriétaire du bâtiment originairement incendié ; 2° contre ceux des bâtiments voisins qui ont effectué ou provoqué la démolition ; 3° contre les propriétaires des bâtiments voisins qui ont été préservés de l'incendie au moyen de cette démolition.

Les propriétaires préservés doivent supporter l'indemnité par contribution et en proportion du bénéfice qu'ils ont retiré de la démolition. — *D. N.* — Voy. *Incendie*.

DÉNÉGATION. — Refus de reconnaître un fait qui nous est attribué. Le serment décisoire peut en général être déféré dans ce cas. — *C. civ.* 1360. — Voy. *Aveu*. — *Serment*.

DÉNÉGATION d'écriture. — Déclaration que fait une personne que l'écriture ou la signature d'un acte, d'une pièce quelconque, n'émane pas d'elle ou qu'elle ne les reconnaît point pour être émanées de son auteur. — Voy. *Reconnaissance d'écriture*. — *Testament*. — *Vérification d'écriture*.

DÉNI de justice. — Refus par un juge ou magistrat de rendre une décision.

Le juge qui refuse de juger sous prétexte du silence, de l'obscurité ou de l'insuffisance de la loi, peut être poursuivi comme coupable de déni de justice. — *C. civ.* 4 ; — *C. pén.* 185.

Cette règle s'applique à tout administrateur ou autorité administrative.

DENIER. — Ancienne monnaie. Ce terme s'emploie aussi pour exprimer, soit l'intérêt, soit le taux d'une rente, soit encore la partie d'une somme, d'un capital, d'un revenu, etc., prélevée au profit de quelqu'un, soit enfin une certaine part qu'on a dans une affaire, dans un traité, et à proportion de laquelle on partage le gain ou la perte. — Voy. *Intérêts*. — *Rente*. — *Société*.

DENIER-à-Dieu. — Pièce de monnaie ou somme d'argent donnée en signe d'un engagement.

Le *denier-à-Dieu* est surtout en usage dans les locations qui se contractent verbalement, dans les achats qui se font dans les foires et marchés, ou à la campagne, lors du louage des domestiques.

Chacun des contractants a la faculté de se dédire dans les vingt-quatre heures en reprenant ou en renvoyant le *denier-à-Dieu* à celui qui l'a donné ; mais passé ce temps il n'est plus recevable. — (*Ruelle*.)

L'usage a consacré que le maître peut refuser de recevoir le domestique en perdant le *denier-à-Dieu* qu'il a donné, et que, de même, le domestique peut refuser ses services en le rendant double. (*Merlin.*)

Le denier-à-Dieu est considéré comme présent ou pot de vin, et ne s'impute pas sur le prix du marché, à la différence des arrhes. — Voy. *Arrhes.*

DENIERS. — On entend par ce mot toutes sommes d'argent.

DENIERS à découvert. — Ce sont ceux que l'on exhibe au cas d'offres réelles. — Voy. *Offres réelles.*

DENIERS comptants. — Se dit, notamment dans les inventaires, des sommes d'argent trouvées au décès. — Voy. *Inventaire.*

DENIERS (Contribution de). — Voy. *Contribution de deniers.*

DENIERS d'entrée. — Somme donnée en sus du prix d'un bail, d'un marché, d'une vente. Cette expression est synonyme d'épingles, étrennes, pot de vin.

Les deniers d'entrée ne sont qu'une suite de l'accomplissement de la convention, à la différence du *denier-à-Dieu* et des *arrhes* qui se donnent avant qu'elle ne soit arrêtée définitivement, et laissent même souvent la faculté d'y renoncer. — Voy. *Arrhes.* — *Denier-à-Dieu.*

DENIERS dotaux. — Ce sont tous ceux que la femme mariée sous le régime dotal se constitue en dot, ou qui lui sont donnés par contrat de mariage, s'il n'y a stipulation contraire. — *C. civ.* 1541.

DENIERS francs. — Ceux sur lesquels aucune retenue ni prélèvement ne peuvent être faits. — *D. N.* — Voy. *Franc denier.* — *Ordre.* — *Retenue.*

DENIERS publics. — Ce sont les deniers de l'État. — Voy. *Comptable.*

DÉNOMINATION. — La dénomination des contrats et conventions en indique la nature ou le caractère. — Voy. *Contrat.* — *Convention.*

DÉNONCIATION. — C'est l'acte par lequel on donne connaissance d'un fait à un tiers. Cette expression est fréquemment employée en matière de procédure. — *C. proc.* 262, 263, 563, 575, 641, 663, 684 et 711. — Voy. *Ordre.* — *Saisie-arrêt.* — *Saisie immobilière.* — *Surenchère.*

L'usufruitier et le fermier sont tenus de dénoncer au propriétaire les usurpations qui sont commises sur les biens dont ils jouissent. — Voy. *Bail à ferme.* — *Usufruit.*

DÉNONCIATION calomnieuse. — C'est celle faite méchamment, à dessein de nuire, à un officier de justice ou de police judiciaire ou administrative. — *C. pén.* 373.

Pour être réputée calomnieuse et constituer un délit, il faut que la dénonciation ait été faite par écrit et sans motif plausible, et qu'elle ait été suivie d'une décision quelconque établissant qu'il n'y avait pas lieu à plainte.

L'accusé acquitté par la Cour d'assises peut obtenir des dommages-intérêts contre ses dénonciateurs pour fait de calomnie. — *C. instr. crim.* 358. — Voy. *Dénonciation criminelle.*

DÉNONCIATION criminelle. — Déclaration faite à la justice d'un crime ou d'un délit dont on a connaissance.

La dénonciation est obligatoire pour tout le monde. — Elle est officielle si elle émane d'un fonctionnaire ou officier public. — *C. instr. crim.* 29 et 30.

La loi déclare indigne de succéder l'héritier majeur qui, instruit du meurtre du défunt, ne l'a pas dénoncé à la justice. — *C. civ.* 728. — Voy. *Indignité.*

DÉNONCIATION de nouvel œuvre. — Espèce d'action possessoire ayant pour objet de faire ordonner la suspension de travaux qui, sans causer un trouble actuel à la possession du demandeur, produiraient ce résultat s'ils étaient terminés. — *E. N.*

Cette action est donc ouverte, soit pour conserver un droit acquis sur l'héritage voisin, tel qu'un droit de vue, de passage, de gouttière ou autre, auquel préjudicie le nouvel œuvre, soit pour éloigner de son propre fonds le dommage dont il est menacé.

Le voisin est censé faire un nouvel œuvre lorsqu'il démolit, bâtit ou change l'état des lieux.

Il a été jugé que l'ouverture près d'un étang d'une tranchée assez rapprochée pour que les eaux filtrent au travers de la terre autorise l'action dont il s'agit. — Cass., 13 juillet 1819. — Voy. Action possessoire. — Juge de paix.

L'usufruitier comme le preneur à bail d'un bien rural, sont tenus, sous peine de tous dépens et dommages-intérêts, d'avertir le propriétaire des usurpations commises sur les fonds qu'ils détiennent. — C. civ. 614, 1768.

DÉNONCIATION de protêt. — C'est l'acte par lequel le porteur d'un effet de commerce dénonce aux souscripteurs et aux endosseurs qu'il a fait protester cet effet, faute de paiement ou d'acceptation. — C. comm. 119, 156 et suiv. — Voy. Aval. — Lettre de change. — Protêt.

DENRÉES. — Se dit de tout ce qui est destiné à la nourriture et à l'entretien des hommes et des animaux.

Le mot *meuble*, employé sans autre addition ni désignation, ne comprend pas les denrées. — C. civ. 533.

Lorsque, dans un bail ou toute autre convention, le prix est stipulé en denrées, l'évaluation de ces denrées est faite, soit d'après les mercuriales, soit d'après le cours, et, à défaut, sur la déclaration des parties. — Voy. Cours. — Estimation. — Enregistrement. — Fruits. — Grains. — Mercuriales. — Paiement. — Offres réelles.

DÉPAISSANCE (Droit de). — Faculté de faire paître ses bestiaux sur le terrain d'autrui. — Voy. Parcours. — Pâturage. — Vaine pâture.

DÉPARTEMENT. — Division administrative du territoire français. — La France continentale est aujourd'hui divisée en 87 départements ou divisions territoriales et administratives. — Voy. France.

Chaque département est lui-même divisé par arrondissements.

Cet ouvrage contient une notice géographique particulière sur chaque département. — Voy. Ain. — Aisne, etc.

Dans chaque département, la partie active de l'administration est confiée aux préfets et sous-préfets; la partie délibérante appartient au Conseil général pour le département, et au Conseil d'arrondissement pour chaque arrondissement ou sous-préfecture. — Voy. Autorité administrative.

Les départements sont à la fois des divisions administratives et des personnes civiles, ayant des intérêts distincts et des droits particuliers.

C'est une vaste commune ayant son budget, ses propriétés, le droit de recevoir des dons et legs et d'acquérir; administrant les voies départementales et vicinales, les enfants assistés, les asiles d'aliénés, et donnant un concours d'encouragement ou de surveillance à la plupart des services d'assistance, d'enseignement, d'économie agricole, et d'améliorations locales de toute nature. — *LL. des* 10 *mai* 1838 *et* 10 *août* 1871.

Les propriétés départementales consistent : 1° dans les bâtiments et terrains qui leur ont été attribués par le décret du 9 avril 1811 pour les différents services publics ; 2° dans les immeubles acquis à titre gratuit ou onéreux, ainsi que dans le mobilier garnissant les hôtels de préfecture, les bureaux, etc. — *L. du* 10 *mai* 1838.

Les aliénations, acquisitions et échanges de propriétés départementales doivent être précédés d'une délibération et d'un vote du Conseil général. — Voy. Commune. — Contributions départementales.

DÉPÊCHE télégraphique. — *L. du 8 mai* 1869. — Voy. Correspondance télégraphique privée.

DÉPENDANCE. — Se dit de l'accessoire d'une chose ou d'un droit. — Voy. *Appartenances et dépendances.* — *Délivrance.* — *Legs.* — *Meubles.* — *Immeubles.* — *Vente (contrat de).*

DÉPENS. — Terme de procédure employé pour désigner les frais légaux, relatifs à un procès civil. — En matière criminelle, on emploie spécialement le mot *frais.*

La partie qui succombe doit toujours être condamnée aux dépens. — *C. proc.* 130.

On peut toutefois adjuger les dépens à titre de dommages-intérêts, et par conséquent les mettre à la charge de la partie qui gagne son procès, si elle y a donné lieu par sa faute. — *C. proc.* 147. — *Cass.*, 28 *juin* 1853.

Quelquefois aussi, les dépens sont compensés; or, par la compensation simple, chacune des parties doit payer les frais qu'elle a faits ou avancés; quant à la compensation proportionnelle, elle s'entend de ce qu'une partie est condamnée à payer une portion quelconque des frais de son adversaire.

La condamnation pure et simple aux dépens comprend de droit : 1° les déboursés de timbre, de droits de greffe et d'enregistrement des actes judiciaires; 2° les émoluments des officiers ministériels chargés de la rédaction des actes et de postuler ; 3° les honoraires des avocats qui ont plaidé, tels qu'ils sont fixés par le tarif.

Mais elle ne comprend pas les consultations et mémoires d'avocats, qui restent, de même que les honoraires excédant le tarif, à la charge de la partie qui les a faits. Elle ne comprend pas non plus les frais frustratoires, ni ceux des actes déclarés nuls. — *C. proc.* 81, 102, etc.

Les dépens constituent une dette purement personnelle, et la solidarité ne doit pas être prononcée, à moins qu'il ne s'agisse d'une dette solidaire et indivisible, ou si l'action civile en dommages est le résultat d'un délit.

Le mari appelé pour autoriser sa femme n'est point passible des dépens prononcés contre elle.

Le maire ou l'adjoint d'une commune qui a plaidé en cette qualité ne peut être condamné aux dépens, à moins qu'il n'ait plaidé sans autorisation. — *Cass.*, 21 *août* 1809.

DÉPENSES. — Se dit de l'emploi de notre argent ou de celui d'autrui.

Ce mot s'applique spécialement au chapitre passif de tout compte. — Voy. *Compte.* — *Dépôt.* — *Gage.* — *Gestion.* — *Mandat.* — *Quasi-contrat.* — *Tutelle.*

DÉPLACEMENT de bornes. — Voy. *Bornage.* — *Bornes.*

DE PLANO. — On dit qu'une chose se fait *de plano* lorsqu'elle a lieu sans discussion préalable, ou sans l'appareil judiciaire. — Voy. *Plein droit.*

DÉPORT. — Déclaration d'un juge qu'il n'entend pas connaître d'une affaire portée devant lui, — ou d'un arbitre qu'il n'entend pas remplir la mission qui lui est confiée, à cause de quelque raison particulière pour laquelle il pourrait y avoir lieu à récusation. — En terme de Bourse, on appelle encore *déport* le bénéfice de celui qui prête un titre sur dépôt d'une somme d'argent.

Les arbitres ne peuvent se déporter qu'autant que leurs opérations ne sont pas commencées. — *C. proc.* 1012 et 1014.

DÉPORTATION. — Peine criminelle, afflictive et infamante qui consiste dans le transport du condamné à demeurer à perpétuité dans un lieu déterminé par le Gouvernement, hors du territoire continental de la France. — *C. pén.* 17. — Voy. *Bannissement.*

La loi du 8 juin 1850 a institué deux degrés de déportation : la déportation simple, qui est celle que nous venons d'indiquer, et la déportation dans une enceinte fortifiée, remplaçant la peine de mort en matière politique.

Les lieux assignés aux deux espèces de déportation sont aujourd'hui : pour la déportation simple, les îles des Pins et Maré, et pour la déportation dans une enceinte fortifiée, la presqu'île Ducos (dépendances de la Nouvelle-Calédonie). — LL. des 23 mars 1872 et 25 mars 1873.

La curatelle d'office des successions et biens vacants des déportés et transportés en cours de peine est réglementée par un décret du 4 sept. 1879.

La peine de la déportation ne peut être prononcée contre aucun individu âgé de soixante-dix ans accomplis au moment du jugement. — Cette peine est remplacée à leur égard par la détention à perpétuité. — C. pén. 70, 71.

DÉPOSITAIRE. — C'est celui auquel on a confié un dépôt volontairement, en vertu d'une convention, ou par autorité de justice. — Voy. Dépôt.

DÉPOSITAIRE de marchandises. — Celui qui reçoit des marchandises en consignation ou commission pour les vendre, et qui fait des avances ou des prêts sur ces marchandises. — Voy. Commissionnaire.

Le dépositaire ou commissionnaire qui fait des avances sur des marchandises qui lui sont expédiées d'une autre place a, pour le remboursement de ses avances et frais, un privilège qui s'exerce sur la valeur des marchandises, si elles ont été mises à sa disposition par connaissement ou lettre de voiture, lors même qu'elles ne seraient pas encore dans ses magasins. — C. comm. 93.

Ce privilège s'applique indistinctement à toutes les avances faites sur la foi de la consignation et depuis l'expédition.

La loi prévoit encore les prêts avec privilège sur dépôt de marchandises. — C. comm. 95.

Mais ce privilège ne s'obtient par le dépositaire qu'en observant les dispositions prescrites par la loi civile. — C. civ. 2074. — C. comm. 95. — Voy. Gage. — Nantissement.

DÉPOSITAIRE public. — Voy. Dépôt public.

DÉPOSITION. — Déclaration faite par un témoin appelé en justice. — Voy. Enquête. — Preuve.

DÉPÔT. — Le dépôt, en général, est un contrat par lequel une personne confie une chose à une autre qui s'oblige à la garder et à la restituer en nature. — C. civ. 1915.

On donne aussi le nom de dépôt à la chose déposée.

La loi reconnaît deux sortes de dépôt: le dépôt proprement dit, et le dépôt et séquestre. — C. civ. 1916. — A l'égard de ce dernier. — Voy. Séquestre.

Le caractère essentiel du dépôt proprement dit est la garde de la chose elle-même, puisqu'elle doit être restituée en nature.

Le contrat de dépôt est gratuit. — C. civ. 1917.

Nonobstant les termes de la loi, les parties pourraient cependant convenir d'un salaire pour payer les soins du dépositaire.

Le dépôt ne peut avoir pour objet que des choses mobilières. — C. civ. 1918.

Le dépôt est volontaire et nécessaire. — C. civ. 1920.

On en distingue une troisième espèce appelée dépôt irrégulier.

Le dépôt n'est parfait que par la tradition.

Du dépôt volontaire.

Le dépôt volontaire est celui qui s'opère par la volonté libre des parties. — C. civ. 1921.

Le consentement tacite suffit et peut résulter de ce que le déposant a porté ou fait porter une chose et l'a laissée chez le dépositaire, au vu et au su de ce dernier qui l'a souffert.

Non seulement le propriétaire de la chose, mais encore un tiers, avec son consentement exprès ou tacite, peut faire le dépôt. — C. civ. 1922.

La preuve testimoniale du dépôt n'est admissible que jusqu'à concurrence de la valeur de 150 fr. — Au-dessus de cette somme, la preuve doit être faite par écrit. — C. civ. 1924.

Le dépôt doit être remis identiquement au déposant aussitôt qu'il le réclame. — C. civ. 1944.

Le dépositaire doit compte au déposant des fruits de la chose qu'il aurait perçus seulement, et non de ceux qu'il aurait négligé de percevoir, à moins qu'il n'eût été mis en demeure de le faire.

Du dépôt nécessaire.

Le dépôt nécessaire est celui fait dans un cas de nécessité et d'accident imprévu, tel qu'un incendie, un naufrage, etc. — Voy. *Incendie. — Inondation.*

Le premier soin des victimes d'un incendie est de transporter ce qu'ils ont de plus précieux chez leur voisin; le consentement des parties résulte, dans ce cas, de la nécessité, et cette sorte de dépôt peut être prouvée par témoins. — C. civ. 1950.

Est considéré comme dépôt nécessaire, entraînant la responsabilité des dépositaires, celui des effets d'un voyageur dans un hôtel, et celui des effets confiés au voiturier par terre ou par eau. — Voy. *Hôtellerie. — Responsabilité. — Voiturier.*

Du dépôt irrégulier.

Le dépôt irrégulier est fait par celui qui, ayant une somme d'argent qu'il croit n'être pas en sûreté chez lui, la confie à un de ses amis, à charge de la lui rendre lorsqu'il la lui demandera. — (*Pothier.*)

Dans cette espèce de dépôt, le dépositaire peut se servir des deniers qui lui sont déposés, mais à ses risques et périls. — (*Troplong.*)

Ces sortes de dépôts se font le plus ordinairement dans les maisons de banque.

Le dépôt pouvant être constaté par acte sous seing privé, nous en donnons une formule ci-après.

Dépôt de meubles.

Aujourd'hui.....

Les soussignés :

M. A..., demeurant à.....

Et M. B..., demeurant à.....

Ont arrêté ce qui suit :

M. A... reconnaît que M. B... lui a remis aujourd'hui en dépôt les meubles ci-après détaillés :

1°.... ...., etc.

Et il a consenti à conserver ces meubles jusqu'au jour où il plaira à M. B... de les lui réclamer.

Fait double à....., lesdits jour, mois et an, et signé, lecture prise.

(*Signatures.*)

DÉPÔT d'acte sous seing privé. — Voy. *Dépôt de pièces.*

DÉPÔT de cahier des charges. — Voy. *Cahier de charges. — Vente judiciaire.*

DÉPÔT confié à un notaire. — Voy. *Notaire.*

DÉPÔT des contrats de mariage des commerçants. — Cette formalité, ordonnée pour la sûreté des opérations commerciales, est destinée à rendre publiques les principales dispositions des contrats de mariage des commerçants. — C. comm. 67 et 68.

Tout contrat de mariage entre deux époux, dont l'un est commerçant, doit être transcrit par extrait, dans le mois de sa date, aux greffes des Tribunaux civils et de commerce, et aux Chambres des notaires et des avoués pour être exposé au tableau à ce destiné. — C. proc. 872.

On entend par commerçants tous ceux qui font des actes de commerce et en font leur profession habituelle. — C. comm. 1.

C'est aux notaires rédacteurs des contrats de mariage qu'il appartient de remplir cette formalité, pour les époux dont l'un est commerçant au moment de la passation du contrat.

Tout époux séparé de biens ou marié sous le régime dotal, qui embrasse la profession de commerçant postérieurement à son mariage, est tenu de faire pareil dépôt dans le mois du jour où il a ouvert son commerce. — *C. comm.* 69.

Dans ce dernier cas, l'obligation du dépôt devient toute personnelle à l'époux, et ce n'est plus le notaire qui a reçu le contrat de mariage qui est tenu de le faire, mais il sera toujours bon de s'adresser à lui. — Dans ce dernier cas aussi, le dépôt est inutile si le contrat stipule le régime de la communauté.

Le défaut de dépôt ou de publicité des contrats de mariage des commerçants peut, en cas de faillite, les faire condamner comme banqueroutiers frauduleux.

DÉPÔT de minutes. — Voy. *Minute*.

DÉPÔT pour minute. — Voy. *Dépôt de pièces*. — *Minute*. — *Rapport pour minute*.

DÉPÔT nécessaire. — Voy. *Dépôt*.

DÉPÔT de pièces. — C'est l'acte constatant qu'une personne a déposé, dans l'étude d'un notaire, des actes ou pièces destinées à être mises au rang des minutes de ce dernier. — *D. N.*

Ce dépôt a pour but d'assurer la conservation des pièces et la facilité d'en obtenir des copies ou expéditions à toute réquisition. — Il diffère de l'annexe en ce qu'il est l'objet principal de l'acte, tandis que l'annexe n'en est que l'accessoire.

Les dépôts de pièces sont volontaires ou judiciaires.

Tous les actes ou écrits, en originaux, expéditions ou copies, peuvent être déposés pour minute à un notaire, pourvu qu'ils ne soient contraires ni aux lois d'ordre public ni aux mœurs.

Le dépôt volontaire d'un acte sous seing privé, contenant la reconnaissance de l'écriture et des signatures par les parties, lui donne le caractère d'un acte *authentique*. — Voy. *Acte notarié*. — *Acte sous seing privé*. — *Reconnaissance d'écriture*.

Le dépôt d'un testament olographe est fait après qu'il a été présenté au président du Tribunal de l'arrondissement dans lequel la succession est ouverte, et d'après l'ordonnance de ce magistrat. — *C. civ.* 1007. — Voy. *Dépôt de testament*.

DÉPÔT public. — Lieu où sont déposés, sous la garde de l'autorité publique les actes, livres et papiers dont la conservation intéresse la société et dont le public peut prendre connaissance et lever des extraits, soit gratuitement, soit moyennant salaire.

Sont considérés comme dépôts publics les archives, les greffes, les bureaux des diverses administrations publiques, les notaires, officiers publics, vendeurs de meubles, etc.

On n'est toutefois dépositaire public qu'en vertu de la loi, et seulement pour les objets désignés. — Ainsi, les notaires ne sont dépositaires que des minutes des actes passés devant eux, ou de ceux qu'ils reçoivent à ce titre. — *D. N.* — Voy. *Dépôt de pièces*.

DÉPÔT de rapport d'experts. — Voy. *Expertise*.

DÉPÔT des registres de l'état civil. — C'est celui qui a lieu chaque année, en double minute, l'une aux archives de la commune, l'autre au greffe du Tribunal de première instance. — *C. civ.* 43.

Ce dépôt doit être fait avant le premier février.

DÉPÔT des répertoires. — Voy. *Répertoire*.

DÉPÔT de testament. — Les notaires reçoivent en dépôt les testaments *mystiques* ou *olographes*, soit du vivant du testateur, soit après son décès.

Le notaire n'est qu'un dépositaire privé, lorsqu'il reçoit du testateur un testament olographe en dépôt, sans qu'il en ait été dressé acte.

Le testateur peut toutefois demander qu'il soit dressé acte du dépôt afin d'être plus assuré de sa conservation; mais alors ce testament lui est remis ouvert, à moins qu'il ne soit fait dans la forme mystique.

Lorsque le dépôt a été constaté par acte, le testateur ne peut en faire le retrait.

Après le décès du testateur, tout testament olographe ou mystique doit être présenté au président du Tribunal de première instance dans l'arrondissement duquel la succession est ouverte; ce magistrat en fait l'ouverture, dresse un procès-verbal descriptif de l'état dans lequel il se trouve, et en ordonne le dépôt devant notaire. — Voy. *Testament.*

Si le testament est trouvé sous les scellés, la présentation au président du Tribunal doit en être faite par le juge de paix. — D. N. — Voy. *Scellés.*

DÉPÔT (Violation de). — La violation d'un dépôt est considérée par la loi comme un délit d'abus de confiance. — Voy. *Abus de confiance.*

Celui qui détourne ou dissipe des effets, deniers, marchandises, billets, quittances ou tous autres écrits, contenant ou opérant obligation ou décharge, qui ne lui auraient été remis qu'à titre de dépôt, ou pour un travail salarié, à la charge de les rendre ou représenter ou d'en faire un usage ou un emploi déterminé, est passible des peines prononcées par l'article 406 du Code pénal.

Pour former une poursuite criminelle en violation de dépôt, il faut présenter la preuve écrite du dépôt lui-même, ou avoir un commencement de preuve par écrit qui puisse faire autoriser l'audition de témoins. — C. civ. 1923-1347.

Mais lorsqu'il s'agit d'un dépôt commercial, la preuve testimoniale est toujours admise.

DÉPOUILLEMENT. — C'est le relevé que l'on fait d'un registre, d'un compte, d'un inventaire et autres pièces, c'est-à-dire l'analyse ou le résumé de chaque article. — Voy. *Compte de tutelle.* — *Liquidation de droits indivis.*

DÉPRÉCIATION. — Se dit de la moins-value qu'une chose a éprouvée. — Voy. *Estimation.*

DEPUIS tel jour. — Cette expression est synonyme des mots à compter de tel jour. — Voy. *Délai.* — *Terme.*

DÉPUTÉ. — Membre du Corps législatif.

Les députés ne peuvent être poursuivis pendant la durée des sessions, si ce n'est en vertu de l'autorisation du Corps législatif. — Voy. *Corps législatif.* — *Élections.*

DÉRANGEMENT d'affaires. — État de déconfiture ou de faillite d'un individu. — Voy. *Déconfiture.*

DÉRIVATION ou prise d'eau. — Action ou faculté de détourner une partie des eaux d'une rivière, d'un canal. — Voy. *Canal.* — *Concession.* — *Cours d'eau.* — *Irrigation.* — *Usine.*

DERNIER ressort. — S'entend du dernier degré de juridiction.

On dit qu'une décision est en dernier ressort pour exprimer qu'elle n'est pas susceptible d'appel. — Voy. *Jugement.* — *Juridiction.* — *Ressort.*

DÉROGATION. — Se dit du changement partiel fait à une loi, à un contrat, par opposition à l'*abrogation* qui en est l'annulation complète. — Voy. *Abrogation.*

On ne peut déroger par des conventions particulières aux lois qui intéressent l'ordre public et les bonnes mœurs. — Voy. *Clause illicite.*

DÉSAVEU. — Protestation contre un fait duquel il résulterait une obligation contre celui qui le désavoue.

En procédure, c'est l'action intentée par une partie pour faire juger qu'un officier ministériel n'a point eu commission d'occuper ou d'instrumenter pour elle, ou qu'il a excédé les limites de son mandat.

Aucune offre, aucun aveu ou consentement, ne peuvent être faits, donnés ou acceptés, sans un pouvoir spécial, à peine de désaveu. — *C. proc.* 352.

L'action en désaveu a lieu le plus souvent contre les avoués ou les huissiers, mais c'est au mandat et non au caractère d'officier ministériel que le *désaveu* est attaché. — Voy. *Aveu.* — *Avoué.*

DÉSAVEU de paternité. — C'est l'action que la loi accorde, dans certains cas, au mari, ou, après son décès, à ses héritiers, pour faire déclarer illégitime un enfant conçu pendant le mariage.

Le désaveu de paternité n'est autorisé que dans trois cas : les deux premiers fondés sur l'impossibilité physique ; le troisième fondé sur l'adultère prouvé de la femme, joint à la circonstance qu'elle aurait caché au mari la naissance de l'enfant. — *C. civ.* 312 *et suiv.*

Les lettres confidentielles peuvent être admises comme preuves à l'appui d'une action en désaveu de paternité.

Le délai pour agir est d'un mois si le mari se trouve sur les lieux de la naissance de l'enfant ; de deux mois après son retour, si, à la même époque, il était absent ; enfin de deux mois après la découverte de la fraude, si on lui avait caché la naissance de l'enfant. — Si le mari meurt avant d'avoir fait sa réclamation, mais étant encore dans le délai utile pour la faire, ses héritiers peuvent agir. — *C. civ.* 317.

L'action doit être dirigée en justice contre un tuteur *ad hoc* donné à l'enfant, et en présence de sa mère. — *C. civ.* 318.

DESCENDANTS. — Ce sont ceux qui sont issus les uns des autres, comme les enfants, les petits-enfants, etc., sans distinction de sexe ni de degré. — Voy. *Ligne.*

DESCENTE sur lieux. — Se dit du transport du juge sur les lieux contentieux, et de la visite qu'il en fait pour rendre ensuite son jugement en connaissance de cause.

La descente sur les lieux est prévue par les articles 41 et suiv., et 295 et suiv. du C. de proc. — Voy. *Enquête.* — *Juge de paix.* — *Visite des lieux.*

DESCRIPTION. — Sorte d'état détaillé, d'inventaire de pièces, d'objets mobiliers, d'immeubles. — Voy. *Etat de lieux.* — *Etat estimatif de meubles et effets.* — *Inventaire.* — *Scellés.*

DESCRIPTION (Procès-verbal de). — S'entend particulièrement de celui qui est dressé par le juge de paix en cas d'apposition ou de levée de scellés. — *C. proc.* 924, 939.

DÉSHÉRENCE. — Absence d'héritier. — On appelle déshérence le droit en vertu duquel l'Etat s'empare des biens d'un individu qui meurt sans laisser d'héritiers, c'est-à-dire ni parents au degré successible, ni enfants naturels, ni conjoint survivant et non divorcé. — *C. civ.* 539 et 768. — Voy. *Succession.*

Toutes les fois qu'il existe un héritier connu, il n'y a pas lieu à déshérence, mais seulement *vacance de succession.* — Voy. *Succession vacante.*

Les effets d'une personne décédée dans un hospice, où elle était malade, et dont la succession est abandonnée, appartiennent à cet hospice, et non à l'Etat, par droit de déshérence. — *Arr. Cons. d'Etat du 14 oct. 1809.*

La propriété de l'Etat est soumise à la condition résolutoire que les héritiers ne se présenteront pas pendant trente ans ; s'ils se présentent pendant ce délai, l'Etat doit leur restituer la succession. — Voy. *Pétition d'hérédité.*

DÉSHÉRITER. — Par ce mot, on entend priver son successible de tout ou partie de ses droits d'héritier. — Voy. *Portion disponible.* — *Réserve.*

DÉSIGNATION. — C'est en général l'action d'indiquer et de faire connaître une chose.

La désignation d'un immeuble vendu ou donné comprend ses accessoires et dépendances. — Voy. *Délivrance.* — *Dépendance.*

En matière d'institution ou de legs, on entend par désignation toute expression distinctive que le testateur substitue au nom de la personne ou de la chose qu'il veut indiquer. — Voy. *Legs*.

DÉSISTEMENT. — Le désistement est l'acte par lequel on renonce à une demande, à un appel, à un droit, à une réclamation quelconque.

Pour se désister, il faut être capable de disposer du droit ou de l'action qu'on abandonne.

DÉSISTEMENT d'acquisition. — C'est celui autorisé dans le cas d'un excédent de contenance pour éviter de payer un supplément de prix. — *C. civ.* 1618 *et suiv.*

Le désistement de l'acquéreur peut avoir lieu à l'amiable ou par acte extrajudiciaire signifié au vendeur.

Mais ce dernier peut le refuser, en déclarant qu'il renonce à réclamer le supplément de prix produit par l'excédent de contenance. — Voy. *Vente*.

DÉSISTEMENT d'appel. — Sorte d'acquiescement donné à un jugement attaqué, et qu'on se décide à exécuter en déclarant abandonner l'appel qui en avait été interjeté. — *C. proc.* 402, 403.

L'effet du désistement d'appel est de donner au jugement attaqué l'autorité de la chose jugée en dernier ressort.

Le désistement d'appel peut se faire à l'amiable, par acte notarié ou sous seing privé, entre l'appelant et l'intimé. — Voy. *Acquiescement*.

Nous en donnons une formule ci-après :

Désistement d'appel.

Je soussigné A..., demeurant à.....,
Déclare par le présent me désister purement et simplement de l'appel que j'ai interjeté suivant exploit de B..., huissier à....., en date du....., etc., d'un jugement rendu par le Tribunal civil de....., le....., au profit de M. C..., demeurant à....., ici présent, qui accepte ce désistement.

En conséquence, l'appel dont il s'agit sera considéré comme non avenu, et le jugement dudit jour..... sera exécuté selon sa forme et teneur comme jugement définitif rendu en dernier ressort.

Mention des présentes est consentie sur toutes pièces utiles.

Fait double à....., le....., mil....., et signé, lecture prise.

(*Signatures.*)

DÉSISTEMENT d'hypothèque. — Renonciation au gage hypothécaire donné par le débiteur, pour s'en tenir à une simple action personnelle.

Il faut distinguer le désistement d'*hypothèque* de la simple mainlevée, et de la cession d'antériorité par lesquelles le gage hypothécaire n'est pas éteint. — Voy. *Cession d'antériorité*. — *Mainlevée d'inscription hypothécaire*.

DÉSISTEMENT d'instance. — S'entend de la renonciation à une procédure commencée.

Renoncer à une procédure commencée, ce n'est pas toujours renoncer à entamer une nouvelle action sur le même objet. — *Arg. C. proc.* 403.

Celui qui se désiste purement et simplement et sans réserve d'une demande, est censé s'être désisté non seulement de la procédure, mais encore de l'action ; il est donc bon de faire attention aux termes qu'on emploie dans les actes de désistement.

Le désistement se fait par de simples actes signés des parties ou de leurs mandataires, et signifiés d'avoué à avoué. — *C. proc.* 402.

DÉSISTEMENT de plainte. — C'est celui que fait une personne à une action en réparation civile. Toute personne peut se désister d'une action en réparation civile ou plainte jusqu'au moment de la clôture des débats de l'affaire criminelle. — *C. instr. crim.* 66, 67.

Ce désistement n'empêche pas l'action du ministère public, s'il y a lieu, et ne peut soustraire la partie qui s'est portée partie civile au paiement des frais de la procédure criminelle. — Voy. *Délit*. — *Plainte*. — *Désistement d'instance*.

DÉSISTEMENT de privilège. — Renonciation faite par un vendeur ou autre créancier privilégié aux droits de préférence et de suite hypothécaire que la loi lui accorde pour le paiement d'un prix de vente. — *C. civ.* 2103.

Le désistement de privilège est l'abandon complet de ce privilège.

Outre l'action hypothécaire résultant du privilège, le vendeur a encore l'action résolutoire qui s'exerce lors même que la première n'existerait plus. — Voy. *Résolution.*

Il faut donc, pour que le vendeur n'ait plus aucun recours contre l'immeuble, qu'il ait renoncé au privilège et à l'action résolutoire. — Voy. *Mainlevée d'inscription.* — *Privilège.* — *Résolution.* — *Vente.*

DÉSISTEMENT d'une demande. — Voy. *Désistement d'instance.*

DÉSISTEMENT de saisie immobilière. — On peut toujours se désister d'une saisie immobilière ; mais lorsque la notification en a été faite aux créanciers inscrits et qu'elle a été enregistrée en marge de la transcription de la saisie, le Conservateur des hypothèques ne peut plus la rayer que du consentement des créanciers, ou en vertu de jugements rendus contre eux. — Voy. *Saisie immobilière.*

DÉSISTEMENT de signification de transport. — Comme le cessionnaire n'est saisi, à l'égard des tiers, que par la signification du transport faite au débiteur, s'il y a des oppositions, il peut avoir intérêt à se désister de la signification pour éviter des débats judiciaires. — *C. civ.* 1690.

Il en serait de même si la signification avait été irrégulièrement faite ; ce serait le cas de s'en désister pour en faire une autre.

Se désister de la signification du transport, ce n'est pas se désister de l'action résultant du transport lui-même.

DÉSISTEMENT de surenchère. — Le désistement du créancier surenchérisseur requérant la mise aux enchères ne peut, même quand il paierait le montant de la soumission, empêcher l'adjudication publique, si ce n'est du consentement de tous les autres créanciers hypothécaires. — Voy. *Surenchère.*

DESSAISISSEMENT. — Renonciation faite par une personne à la propriété ou à la possession d'une chose pour la transmettre à un tiers. — *C. civ.* 893. — Voy. *Cession de biens.* — *Délivrance.* — *Vente, etc.*

DESSAISONNER. — C'est déroger à l'ordre de culture des terres tel qu'il est établi par les conventions ou l'usage des lieux. — Voy. *Assolement.* — *Bail à ferme.* — *Dessolement.*

DESSÉCHEMENT de marais. — S'entend de la mise en valeur des marais ou marécages.

Dans l'intérêt de la salubrité publique, le desséchement et la mise en valeur des marais communaux peut être imposé aux communes. Une loi du 28 juillet 1860 règle les mesures d'exécution de ces travaux.

La loi du 16 septembre 1807 règle les conditions des desséchements prescrits par l'Etat, et celle du 10 juin 1834 règle ceux de l'assèchement entrepris volontairement par les propriétaires.

Les marais desséchés sont affranchis de toute augmentation de contributions pendant les vingt-cinq premières années après l'exécution des travaux. — *L. du 3 frimaire an III.*

A l'égard du desséchement volontaire par le drainage, nous renvoyons aux lois des 20 avril 1845 et 10 juin 1854. — Voy. *Drainage.*

DESSERVANT. — Prêtre amovible désigné par l'évêque diocésain pour administrer, dans les communes rurales, les églises dites succursales.

Il n'y a qu'un curé par canton, dont le siège est le plus ordinairement au chef-lieu. — Voy. *Cure.* — *Curé.* — *Desservant.*

DESSOLEMENT. — Fait de détériorer les terres louées en changeant le mode de leur culture sans avoir égard à l'arrangement des *soles* des saisons. — *E. N.*

Le mode de culture par soles ou saisons est reconnu par la loi, comme il est pratiqué généralement dans l'usage. — *C. civ.* 1774. — Voy. *Bail à ferme.* — *Assolement.*

Le dessolement est considéré comme une dégradation, mais il peut être justifié par l'usage local ou les circonstances, et il suffit qu'il n'y ait ni dégradation, ni épuisement des terres.

DESTINATION. — C'est la fin pour laquelle une chose est faite ou donnée, ou la disposition que l'on entend faire d'une chose.

La destination imprime la qualité d'immeubles à des objets mobiliers par leur nature, quand ils sont attachés à un immeuble. — *C. civ.* 524. — Voy. *Meubles.* — *Immeubles.*

En matière de donation, la destination est l'affectation aux usages que le donateur veut qu'il soit fait des choses qu'il donne.

En matière de louage, le preneur ne peut changer la destination de la chose louée. — *C. civ.* 1728, 1776. — Voy. *Destination du père de famille.*

DESTINATION (Immeubles par). — Voy. *Démolition.* — *Meubles.* — *Immeubles.*

DESTINATION du père de famille. — C'est la disposition ou l'arrangement fait par un propriétaire de deux fonds contigus, pour l'utilité des jours, égouts, entrées, passages et autres servitudes. Il s'ensuit que lorsque ces fonds viennent à être divisés, le service que l'un tirait de l'autre devient *servitude.* — *D. N.*

La destination du père de famille vaut titre à l'égard des servitudes *continues et apparentes.* — *C. civ.* 692.

Il n'y a destination du père de famille que lorsqu'il est *prouvé* que les deux fonds actuellement divisés ont appartenu au même propriétaire, et que c'est par lui que les choses ont été mises dans l'état duquel résulte la servitude. — *C. civ.* 693. — Voy. *Servitude.*

DESTITUTION. — C'est la privation de fonctions encourue par un officier public, dans le cas de quelque faute grave.

DESTITUTION de tuteur. — Le tuteur peut être destitué dans les cas prévus par les articles 424 du C. civ. et 132. C. proc. — Voy. *Tutelle.*

DESTRUCTION. — Atteinte portée à la propriété publique ou privée et qui puise son principe dans une intention malveillante. — *E. N.* — Voy. *Délit.* — *Crime.* — *Dégradations.* — *Dommage.* — *Plainte.* — *Fortuit* (cas).

DESTRUCTION de clôture. — Voy. *Bris de clôture.*

DESTRUCTION de pièces. — Celui qui détruit volontairement d'une manière quelconque des registres, minutes ou autres actes originaux de l'autorité publique, des titres, billets, lettres de change, effets de commerce ou de banque, contenant ou opérant obligation, disposition ou décharge, est passible des peines portées en l'article 439 du C. pén. — Voy. *Suppression de titres.*

DESTRUCTION de récoltes. — Voy. *Récoltes.*

DÉSUÉTUDE. — On entend par désuétude ce qui n'est plus en usage, comme une loi, une coutume, etc., ou même une simple disposition obligatoire dans l'origine, mais qui a cessé de l'être par l'effet du temps, la différence des mœurs, des institutions ou tout autre motif qui en a fait abandonner l'exécution. — Voy. *Abrogation* (loi). — *Prescription.* — *Servitude.*

Suivant les jurisconsultes romains, la *désuétude* serait une abrogation vivante de la Loi; mais nos auteurs modernes, notamment M. Demolombe, repoussent cette doctrine et sont d'avis que les lois subsistent tant qu'elles ne sont pas révoquées, et qu'elles ne peuvent l'être que par un acte des pouvoirs institués pour le faire. Il existe aussi des arrêts de Cassation dans ce sens, à la date des 30 juin 1827 et 25 janvier 1841.

DÉTENTEUR. — On appelle *détenteur* celui qui jouit d'une chose dont un autre a la propriété, et qui, par conséquent, possède pour autrui, tels que l'usufruitier, le fermier, l'antichrésiste. — *C. civ.* 2236.

On donne le nom de *détention* à cette possession.

On nomme aussi *détenteur* celui qui a la possession de fait, mais non de droit. — Voy. *Action.* — *Possession.* — *Possessoire.*

Celui qui détient un immeuble de bonne foi, en vertu d'un titre de propriété dont il ignore les vices, fait les fruits siens et prescrit par *dix* et *vingt* ans.— Voy. *Fruits.* — *Prescription.*

DÉTENTION. — Peine afflictive et infamante par laquelle on prive le condamné de sa liberté. — C'est l'emprisonnement appliqué aux affaires du grand criminel. Ce terme s'applique encore au fait de possession d'un immeuble. — C. civ. 2228.

DÉTENTION arbitraire ou illégale. — Voy. *Séquestration de personnes.*

DÉTENTION paternelle. — Voy. *Correction.*

DÉTÉRIORATION. — Dépérissement des meubles et immeubles à défaut d'entretien ou des réparations nécessaires.

Les détériorations et les dégradations sont rangées sur la même ligne, relativement à la responsabilité à la charge de ceux qui ont l'administration ou la possession du bien d'autrui. — Voy. *Impenses.* — *Réparations.*

DÉTOURNEMENT. — Terme employé en jurisprudence pour caractériser dans divers cas, soit au civil, soit au criminel, une soustraction frauduleuse. — Voy. *Abus de confiance.* — *Recélé.*

DÉTOURNEMENT de titres. — C. pén. 408. — Voy. *Abus de confiance.* — *Destruction de pièces.* — *Suppression de titres.*

DÉTOURNEMENT d'objets saisis.— Le saisi qui détruit, détourne ou tente de détruire ou de détourner des objets saisis sur lui et confiés à sa garde est punissable d'amende et d'emprisonnement. — C. pén. 400, 406. — Voy. *Saisie.*

DÉTOURNEMENT de mineur.— Voy. *Enlèvement.*

DETTE. — Ce que l'on doit à quelqu'un. Toute obligation contractée.

On nomme *dettes actives* les créances que nous avons à exercer, et *dettes passives*, celles pour lesquelles nous avons à faire un paiement ou une livraison. — Voy. *Bilan.*

On distingue les dettes *mobilières*, telles qu'une somme d'argent, etc., et les dettes *immobilières*, comme l'obligation de livrer une maison, un terrain. Les actions pour en réclamer le paiement sont de même nature. — Voy. *Action.*

On appelle dettes commerciales celles qui rendent les débiteurs justiciables des Tribunaux de commerce, par opposition aux dettes civiles. — Voy. *Commerçant.*

On distingue encore les dettes *personnelles*, c'est-à-dire celles consenties par le débiteur lui-même, et les dettes *réelles*, c'est-à-dire celles auxquelles on n'est obligé que par l'effet de la détention d'un immeuble, et tant que dure cette détention.

On nomme *dettes chirographaires*, par opposition aux *dettes hypothécaires*, celles qui ne sont point assurées par une hypothèque, et qui viennent avec d'autres en contribution au marc le franc. — Voy. *Chirographaires.* — *Contribution de deniers.* — *Hypothèque.* — *Privilège.*

On appelle dette *liquide* et *certaine* celle qui résulte d'un titre exécutoire et porte sur une somme d'argent.

Les dettes sont divisibles ou indivisibles. — Voy. *Obligation.*

Elle sont conditionnelles, à terme ou exigibles.— D. N. — Voy. *Condition.* — *Délai.* — *Hypothèque.* — *Terme.*

DETTES de l'Etat. — On entend par dettes de l'État les obligations que le Gouvernement contracte journellement dans l'intérêt des services publics ou pour toutes autres causes, et qui ne sont pas liquidées. — E. N.

DETTE de jeu. — Voy. *Jeu.* — *Jeu de Bourse.* — *Marché à terme.*

DETTE publique. — On entend par dette publique l'ensemble des charges de l'Etat, pour le service des rentes, emprunts, cautionnements et pensions.

Là base du crédit de l'Etat est l'inviolabilité de la dette publique.

La dette inscrite se compose de la dette fondée ou perpétuelle, de la dette viagère, des pensions et cautionnements, des obligations et bons du Trésor, etc.

Le Grand livre est le titre unique et fondamental de tous les créanciers des rentes perpétuelles sur l'Etat. — Il a été établi par la loi du 24 août 1793.

Il est tenu, à la recette générale de chaque département, un livre auxiliaire du Grand livre de la dette publique.

Les rentes perpétuelles actuellement inscrites au Grand livre de la dette publique portent intérêt à *trois et quatre et demi pour cent*.

Elles sont, ou au *porteur*, ou *nominatives*.

Les rentes sur l'Etat, même nominatives, sont insaisissables. Sont toutefois exceptionnellement saisissables par l'Etat créancier les rentes inscrites au nom de ses comptables.

La rente *trois* pour cent proprement dite, qui est inamortissable, a été instituée par la loi du 27 avril 1825, et comprend non seulement celle créée à cette époque, mais encore les anciennes rentes 4 et 4 1/2 pour cent converties par la loi et le décret du 7 novembre 1887.

La rente trois pour cent amortissable au pair, c'est-à-dire au capital de cent francs par trois francs de rente, en soixante-quinze années, par voie de tirage au sort à partir de 1878, a été créée par une loi du 11 juin 1878.

Enfin, la rente quatre et demi pour cent, existant actuellement, provient de la conversion de l'ancien cinq pour cent faite par une loi du mois d'août 1883. Pour les termes de payement des intérêts de ces rentes. — Voy. *Rente sur l'Etat*.

Les arrérages de rentes perpétuelles et viagères, et les intérêts dus sur les capitaux de cautionnements se prescrivent par cinq ans.

Les obligations du Trésor dites trentenaires et les bons du Trésor font partie de la dette publique remboursable. — Voy. *Bons du Trésor*.

Toutes les pensions à payer sur les crédits de la dette publique, et les cautionnements en numéraire applicables à la garantie de fonctions publiques, sont inscrits sur des livres spéciaux. — Voy. *Cautionnements*. — *Pensions*.

DETTES actives et passives. — Voy. *Bilan*. — *Dette*.

DETTES et charges. — Ces mots sont employés ordinairement pour désigner d'une manière générale les obligations qui grèvent une succession, une communauté. — Voy. *Charges de communauté*. — *Charges de succession*.

DETTES de communauté. — Voy. *Acceptation de communauté*. — *Communauté de biens*. — *Partage de communauté*. — *Renonciation à communauté*.

DETTES des communes. — Voy. *Commune*.

DETTES de succession. — Voy. *Succession*.

DEUIL. — Se dit, en droit, de la somme nécessaire à l'acquisition des vêtements qui doivent être portés pendant un certain temps par la femme, après le décès de son mari. — *E. N.* — *C. civ.* 1481.

La durée du deuil de la veuve est d'une année. — *C. civ.* 1570.

Ce deuil est à la charge de la succession, c'est-à-dire des héritiers du mari; n'importe dans quel cas, que la succession soit riche ou pauvre, que la femme accepte ou qu'elle renonce à la communauté, et lors même qu'elle serait séparée de corps.

Il peut, suivant les circonstances, s'étendre à toute la domesticité de la maison de la veuve.

Mais la veuve qui a la jouissance légale des biens de ses enfants mineurs ne peut réclamer les frais de deuil. — Voy. *Frais funéraires*.

DÉVASTATION de plants et récoltes. — Action de mutiler, de détruire. Délit prévu par les articles 444 et suivants C. pén., et 195 C. for.

Celui qui aura dévasté des récoltes sur pied ou des plants, qui aura abattu des arbres qu'il savait appartenir à autrui, ou qui les aura mutilés, coupés ou écorcés de manière à les faire périr, sera passible d'emprisonnement dont la durée pourra être portée à cinq ans. — Voy. *Forêts.*

DÉVERSOIR. — C'est l'endroit par lequel s'écoule, au moyen d'une vanne, le trop plein des eaux qui servent à faire mouvoir un moulin, une usine. — *E. N.* — Voy. *Eau.*

La hauteur du déversoir des moulins et usines est déterminée par le préfet. — *L. du 6 oct. 1791.* — Voy. *Cours d'eau.* — *Etang.* — *Moulin.* — *Usine.*

DEVIS. — État détaillé de travaux à exécuter et du prix qu'ils doivent coûter, ou, en d'autres termes, plan et évaluation de la dépense d'une construction.

Un devis ou plan dressé par un architecte ou entrepreneur forme la règle du marché, ou louage d'ouvrage, que l'on arrête avec lui pour la construction. — Voy. *Marché (devis et).*

DEVIN. — Celui qui fait métier de deviner et pronostiquer, ou d'expliquer les songes.

La loi prononce des peines d'amende et d'emprisonnement, outre la confiscation des instruments et costumes destinés à l'exercice de ce métier. — *C. pén. 479 et suivants.*

DEVOIR. — C'est ce à quoi on est obligé par la loi, par la morale, par sa condition. — Voy. *Droit.* — *Obligation.*

DÉVOLUTION. — Droit exclusif accordé par la loi aux parents successibles de l'une des deux lignes paternelle et maternelle de recueillir l'entière succession à défaut de parents successibles dans l'autre ligne.

Ce droit est plus particulièrement qualifié accroissement par la loi. — Voy. *Accroissement.*

DIAMANT. — Terme employé pour désigner une espèce de cadeau testamentaire que le testateur fait souvent à l'exécuteur testamentaire, soit en argent, soit en nature, pour l'indemniser des peines et soins que doit lui causer sa mission. — Voy. *Exécuteur testamentaire.*

DIFFAMATION. — Atteinte portée à l'honneur et à la considération d'une personne par des imputations faites publiquement. — *LL. des 17 mai 1819 et 25 mars 1822.* — Voy. *Outrage.*

Celui qui reproche ou rappelle publiquement à quelqu'un la condamnation ou la peine correctionnelle qu'il a subie commet le délit de diffamation et peut être condamné à une amende de 25 fr. à 2.000 fr., et à un emprisonnement de cinq jours à un an. — *L. du 17 mai 1819.*

Quiconque aura expédié, par l'Administration des postes et des télégraphes, une correspondance à découvert, contenant diffamation ou injure, soit envers les particuliers, soit envers les corps ou les personnes désignées par la loi du 29 juillet 1881, sera punissable d'amende et d'emprisonnement. — *L. du 11 juin 1887.*

DIGUE. — Construction ou amas de terres, de pierres, de bois, etc., pour servir de rempart contre l'eau.

Le propriétaire inférieur ne peut élever des digues qui empêchent l'écoulement des eaux plus élevées. — *C. civ. 640.*

Mais cette disposition n'est point applicable aux eaux des fleuves, rivières et torrents, et tout propriétaire riverain a le droit de se garantir des débordements et de l'inondation par des digues ou palissades.

Celui qui, à dessein de nuire, détruit en tout ou en partie des digues ou chaussées, est passible des peines édictées par l'article 437 du Code pénal. — Voy. *Cours d'eau.* — *Inondation.* — *Moulin.*

DILATOIRE. — Ce qui tend à retarder l'instruction ou le jugement d'un procès, la marche d'une poursuite, ou encore à obtenir un délai. — *D. N.* — Voy. *Exeption.*

DILIGENCE. — Ce mot est synonyme de poursuite. Ainsi l'on dit : *faute de diligence; faire ses diligences.* — Voy. *Vigilance.*

DILIGENT (le plus). — Qualification donnée à la partie qui a agi la première dans une poursuite ou procédure quelconque. — Voy. *Partage.* — *Poursuite.*

DIMANCHE. — Voy. *Fête.*

DIMENSION (Timbre de). — Voy. *Timbre.*

DIPLOMATE. — Voy. *Ambassadeur.* — *Ministre public.*

DIPLOME. — Acte constatant que le titulaire a obtenu, après les épreuves légales, tel ou tel grade dans n'importe quelle faculté. — Voy. *Enseignement.*
Les sociétés littéraires délivrent aussi des diplômes à leurs membres.

DIRE. — Contestation ou réplique, observation ou réquisition faite sur un procès-verbal ou un cahier de charges. — Voy. *Procès-verbal.* — *Cahier de charges.*

DIRE d'experts. — S'entend d'une décision ou déclaration d'experts sur un objet soumis à leur appréciation. — Voy. *Expertise.*

DIRECT (Domaine). — Voy. *Domaine.*

DIRECT (Nom). — Cas où une personne invoque une disposition établie par lui ou pour lui.
Ce mot s'entend donc de la dénomination de la personne comme partie dans un acte. — Voy. *Communication.*

DIRECTE (Action). — Se dit de l'action personnelle qui naît de l'obligation principale au profit de celui en faveur de qui elle est contractée, contre l'obligé, pour le contraindre à l'exécuter. — Voy. *Action.* — *Dépôt.* — *Mandat.*

DIRECTE (Ligne). — Voy. *Ligne.* — *Parenté.* — *Succession.*

DIRECTION de créanciers. — Voy. *Union de créanciers.*

DIRIMANT (Empêchement). — Voy. *Empêchement.* — *Mariage.*

DISCERNEMENT. — Faculté de réfléchir, d'apprécier.
Celui qui a commis un crime ne peut être puni s'il a agi sans discernement.

DISCIPLINE. — Surveillance et répression établie pour maintenir les fonctionnaires publics dans la ligne de leurs devoirs.
On entend aussi, par ce mot, l'ensemble des règles auxquelles ils sont soumis.

DISCRÉTIONNAIRE. — Ce qui est remis à la discrétion, à la disposition de quelqu'un.
Le *pouvoir discrétionnaire* est celui dont l'usage est abandonné à la volonté des magistrats. — Voy. *Arbitraire.*

DISCUSSION de biens. — Bénéfice accordé au débiteur, et qui lui permet, dans certaines circonstances, d'indiquer sur quels biens et contre quelles personnes doivent être dirigées les premières poursuites.
Par exemple, l'acquéreur à pacte de rachat peut opposer le bénéfice de la discussion aux créanciers de son vendeur. — C. civ. 1666. — Voy. *Réméré.*
La caution peut profiter du même bénéfice si elle n'y a pas renoncé, ou si elle ne s'est pas obligée solidairement avec le même débiteur. — C. civ. 2021 et suiv. — Voy. *Caution.* — *Cautionnement.*
La même faculté est accordée au tiers-détenteur qui n'est pas personnellement obligé à la dette, s'il est demeuré d'autres immeubles hypothéqués à la même dette dans les mains du principal obligé. — C. civ. 2170. — Voy. *Tiers-détenteur.*

DISJONCTION. — Terme de procédure servant à exprimer la séparation de deux ou plusieurs demandes jointes par un jugement précédent, ou de plusieurs chefs de conclusions réunies dans la même demande. — C. proc. 184.

DISPARUTION. — Voy. *Absence.* — *Absent.*

DISPARUS en mer. — On comprend sous ce titre les personnes qui ont péri dans un sinistre maritime, ou tout autre individu isolé tombé à la mer sans qu'on ait pu retrouver son corps, de même que les personnes embarquées sur tout navire de commerce ou autre, dont on n'aurait pas eu de nouvelles pendant un temps assez long pour qu'il y ait certitude morale de perte corps et biens.

Précédemment, l'initiative du Ministère de la justice n'était autorisé de plein droit, en ce qui concerne la situation des personnes disparues en mer, que lorsqu'un marin décédé ou dont on n'avait point de nouvelles était un marin de l'État. Mais le règlement des successions, la constitution de la famille, la bonne tenue des registres de l'état civil et la morale publique exigeant que cette situation soit régularisée aussi bien pour les marins du commerce et les passagers civils que pour le personnel de la flotte, le Ministre de la marine doit désormais saisir le Garde des sceaux d'une demande à fin de déclaration de décès par les Tribunaux, chaque fois qu'il y a lieu.

Les délais sont proportionnés à l'éloignement des mers où s'est produite la disparition. Ils sont fixés à un an pour les bateaux de pêche et ceux armés au bornage ; à dix-huit mois pour les navires de cabotage ; à deux ans pour les navires de long cours (bassin de l'Atlantique) ; et à trois ans pour ceux qui s'engagent dans le Pacifique ou dans l'océan Indien.

DISPENSE. — Se dit de l'affranchissement de ce qui est d'usage ou de loi commune, accordé dans certains cas et pour des considérations particulières.

DISPENSE d'âge et de parenté. — Des dispenses d'âge pour le mariage peuvent être accordées par le chef de l'État sur le rapport du Garde des sceaux, c'est-à-dire pour les hommes avant dix-huit ans révolus et quinze ans pour les femmes. — *C. civ.* 145.

Il peut également lever la prohibition de mariage entre le beau-frère et la belle-sœur, l'oncle et la nièce, la tante et le neveu, etc. — *C. civ.* 162-163. — Voy. *Mariage.* — *Supplique.*

DISPENSE de publication. — Les dispenses de la seconde publication prévues par l'article 163 du Code civil sont accordées, s'il y a lieu, au nom du Gouvernement, par le procureur près le Tribunal de première instance.

DISPENSE de rapport. — Disposition d'après laquelle le donateur ou testateur indique que le donataire ou le légataire, lorsqu'il est son successible, profitera du don ou du legs hors part.

On emploie dans ce cas les expressions *dispense de rapport*, *préciput* ou *hors part* ; mais ces expressions peuvent se suppléer par d'autres termes équivalents, et il suffit que la dispense ressorte clairement de l'ensemble de la donation. — *C. civ.* 843.

DISPENSE de notification de contrat. — C'est celle que les créanciers hypothécaires inscrits sur un immeuble vendu donnent à l'acquéreur ou tiers-détenteur, pour fixer son prix sans qu'il soit obligé de faire les notifications prescrites par les articles 2183 et 2184 du Code civil.

Nous donnons ci-après une formule de cette dispense :

Formule.

Aujourd'hui.....
Les soussignés :
1° M. A..., demeurant à.....
2° M. B..., demeurant à....., etc.
Seuls créanciers inscrits sur les immeubles ci-après désignés.

Lesquels ayant eu communication, ainsi qu'ils le déclarent, d'un acte passé devant Mᵉ..., notaire à....., le....., contenant vente par M. C..., au profit de M. D..., d'une propriété située à....., moyennant un prix de.....

Déclarent par le présent se trouver satisfaits du prix moyennant lequel ladite vente a eu lieu, se la tenir pour bien et dûment notifiée et renoncer à former aucune enchère sur les biens qui en font l'objet.

En conséquence, les soussignés dispensent formellement M. D... des déclarations et notifications prescrites par les articles 2183 et 2184 du C. civ. sous la seule réserve de leurs droits hypothécaires et sans dérogation au rang de chacun d'eux.

Pour faire signifier la présente déclaration à qui besoin sera, tout pouvoir est donné au porteur.

Fait en autant d'originaux que d'intéressés, à....., le....., et signé, lecture prise.

(*Signatures*.)

DISPENSE du service militaire. — Voy. *Recrutement de l'armée*.

DISPENSE de tutelle. — Cette dispense est accordée à certaines personnes. — C. civ. 427. — Voy. *Tutelle*.

DISPONIBILITÉ. — État d'une chose ou d'un droit dont l'aliénation est permise. — Voy. *Inaliénabilité*. — *Portion disponible*.

DISPONIBLE. — Se dit d'une portion de biens dont on peut disposer hors part, par donation ou testament. — Voy. *Portion disponible*.

DISPOSITIF. — C'est la partie d'un arrêt ou d'un jugement qui contient ce qui a été *statué* ou *ordonné* par la Cour ou le Tribunal.

Le jugement réside dans le dispositif, du moins en thèse générale.

DISPOSITION. — C'est, en général, l'expression de la loi, d'un acte ou de la volonté de l'homme.

Les *dispositions entre vifs* sont celles dans lesquelles la considération de la mort n'entre pour rien et qui sont irrévocables. — Les *institutions contractuelles* sont de ce nombre. — Voy. *Donation entre vifs*. — *Institution contractuelle*.

Les dispositions à cause de mort sont celles *entre époux* pendant le mariage, et celles faites par testament, qui toutes sont révocables. — Voy. *Donation entre époux*. — *Testament*.

Les dispositions de l'homme font cesser les dispositions de la loi, lorsque l'homme a disposé des choses autrement que la loi n'en dispose, mais dans les limites permises.

DISPOSITION prohibitive. — Défense contenue dans une loi, un jugement ou un contrat, de faire ou stipuler une chose, ou obligation contractée de ne pas faire cette chose.

DISPOSITION universelle. C'est celle par laquelle une personne donne ou lègue à une ou plusieurs autres l'universalité des biens qu'elle délaissera à son décès. — *E. N.* — Voy. *Donation*. — *Legs*. — *Portion disponible*.

DISSENTIMENT. — Ce terme est employé spécialement pour désigner le désaccord du père et de la mère, de l'aïeul et de l'aïeule, au sujet du mariage projeté par leur enfant ou petit-enfant. — Voy. *Acte respectueux*. — *Consentement à mariage*. — *Contrat de mariage*. — *Mariage*.

DISSIMULATION d'actif. — Voy. *Faillite*. — *Banqueroute frauduleuse*.

DISSIMULATION de prix. — La dissimulation de prix dans une vente d'immeubles est punie d'une amende égale au quart de la somme dissimulée, les dixièmes en sus. — *L. du 23 août* 1871.

La dissimulation de prix d'un fonds de commerce donne lieu à la perception du double droit, plus les décimes, sur la somme dissimulée ou sur l'insuffisance de prix constatée par l'expertise, les frais en plus. — *L. du 28 février* 1872.

DISSOLUTION. — C'est l'anéantissement moral, soit d'un acte, soit d'un état de choses primitivement établi.

On dit dans ce sens qu'il y a dissolution de mariage, de société, de communauté. — Voy. *Communauté de biens*. — *Mariage*. — *Société*.

DISSOLUTION de communauté. — La dissolution de communauté a lieu par la mort de l'un des époux, ou par la séparation judiciaire. — *C. civ.* 25, 311 et 1441. — Voy. *Communauté de biens*. — *Mariage*. — *Société*.

DISSOLUTION de mariage. — Voy. *Mariage*.

DISSOLUTION de société. — Voy. *Société.*

DISTILLATEUR. — Les distillateurs et bouilleurs de profession sont tenus de faire par écrit au bureau de la Régie, avant de commencer à distiller, toutes les déclarations nécessaires pour que les employés puissent surveiller leur fabrication, en constater les résultats et les consigner sur leurs registres.

Ces déclarations varient suivant qu'il s'agit de distilleries de grains, pommes de terre et autres substances farineuses, ou de distilleries de vins, cidres, poirés, marcs, hydromels, lies et fruits.

Les distillateurs doivent encore déclarer les vaisseaux en usage dans leurs établissements et se soumettre aux exercices ou vérification des employés de l'Administration des contributions indirectes.

Les bouilleurs de cru ne sont pas tenus de faire les mêmes déclarations. — Voy. *Bouilleurs de cru.*

Les distillateurs et bouilleurs ne peuvent commencer leur fabrication qu'après s'être pourvus d'une licence, valable pour un seul établissement et pour un an seulement, et dont le prix est de dix francs. — *LL. des 28 avril* 1816, 23 *avril* 1836, 20 *juill.* 1837, 28 *fév. et* 2 *août* 1872. — *Déc. des 4 dec.* 1872, 21 *juin* 1873, 18 *et* 20 *juill.* 1878 *et* 15 *avril* 1881.

DISTINCTION des biens. — On distingue les biens en *meubles* ou *immeubles* selon qu'ils peuvent ou non être changés de place. — Voy. *Meubles.* — *Immeubles.*

DISTINCTION honorifique. — Voy. *Légion d'honneur.* — *Mérite agricole.*

DISTRACTION (Demande en). — Action exercée en justice par un tiers, dont la propriété a été comprise à tort dans une saisie immobilière. — *C. proc.* 727 *et suiv.* — Voy. *Expropriation forcée.* — *Saisie immobilière.*

DISTRACTION de dépens. — C'est la demande faite par l'avoué, afin de toucher ses frais et honoraires sur les dépens adjugés à sa partie. — *C. proc.* 133.

DISTRIBUTION de deniers. — S'entend de la répartition des sommes appartenant à un débiteur, ou du prix de ses biens entre ses créanciers, et qui se fait par *contribution* ou par voie d'*ordre.* — Voy. *Contribution de deniers.* — *Ordre.* — *Privilège.* — *Saisie-arrêt.*

DIVAGATION. — Celui qui laisse divaguer des fous ou des furieux, de même que des animaux malfaisants ou féroces, commet un délit. — *C. pén.* 475, 479. — Voy. *Police municipale.* — *Animaux.* — *Dommage.*

DIVERTISSEMENT. — Fait de détourner des valeurs d'une communauté ou d'une succession. — Voy. *Acceptation de communauté.* — *Bénéfice d'inventaire.* — *Recélé.*

DIVIDENDE. — Part afférente à chaque créancier dans la liquidation d'une faillite d'une société, etc. — Voy. *Abandonnement.* — *Concordat.* — *Faillite.* — *Société.* — *Union de créanciers.*

DIVISIBILITÉ et indivisibilité des obligations. — Une obligation est *divisible* ou *indivisible*, selon que la chose qui en est l'objet peut ou ne peut pas être divisée entre les divers créanciers auxquels elle est due, ou entre les divers débiteurs qui doivent la donner ou livrer. — *C. civ.* 1217. — Voy. *Obligation.*

DIVISION. — Action de partager, de séparer une chose en deux ou plusieurs parties.

On distingue deux sortes de divisions, la division *matérielle* et la division *intellectuelle*. Par la première, on partage réellement une pièce de terre au moyen de la plantation de bornes ou de la construction de murs qui établissent la séparation des parties. — Par la seconde, on convient simplement que telle pièce de terre appartient en commun, par exemple un tiers à l'un et deux tiers à l'autre. — Voy. *Licitation.* — *Obligation.* — *Partage.*

DIVISION (Bénéfice de). — Voy. *Bénéfice de division.* — *Caution.* — *Cautionnement.* — *Obligation.* — *Solidarité.*

DIVORCE. — Séparation de deux époux ou *démariage*.

L'institution du divorce, introduite dans notre législation le 20 septembre 1792, fut maintenue par le Code civil, puis le titre qui la consacre fut abrogé par une loi du 8 mai 1816; mais elle a été rétablie par une nouvelle loi du 27 juillet 1884, qui, à son tour, a abrogé celle de 1816, et remis en vigueur les anciennes dispositions législatives concernant le divorce, avec quelques modifications.

Il résulte de l'ensemble de ces dispositions :

1° Que le mariage se dissout par le divorce légalement prononcé. — *C. civ.* 227;

2° Que la femme ne peut contracter un nouveau mariage qu'après dix mois révolus;

3° Que le mari, comme la femme, peuvent demander le divorce soit pour cause d'adultère, soit pour cause de sévices ou injures graves de l'un d'eux envers l'autre;

4° Que la condamnation de l'un des époux à une peine afflictive et infamante est, pour l'autre époux, une cause de divorce;

5° Que l'époux contre qui le divorce a été prononcé perd tous les avantages matrimoniaux qui lui ont été faits, tandis que l'autre les conserve;

6° Que dans les cas où il y a lieu à la demande en divorce, les époux peuvent toujours former une demande en séparation de corps;

7° Que tout jugement de séparation de corps peut, après trois années sans réconciliation, être converti en jugement de divorce, sur la demande formée par l'un des époux;

Et 8° que, dans le cas de divorce admis en justice pour cause d'adultère, l'époux coupable ne peut jamais se marier avec son complice.

Procédure et formalités.

La procédure du divorce est réglée tant par les lois précitées que par une nouvelle loi du 18 avril 1886.

Voici la marche actuelle de cette procédure :

La demande en divorce est formée au Tribunal de l'arrondissement dans lequel le mari a son domicile, qui est aussi celui de la femme.

A cet effet, l'époux demandeur remet *en personne* sa requête au président du Tribunal. — Cette requête contient le détail des faits et griefs articulés, et doit être sur timbre.

Si l'époux demandeur est empêché par maladie, le magistrat se transporte à son domicile sur sa réquisition et sur le vu du certificat de deux médecins, pour y recevoir sa demande.

Le président autorise l'époux demandeur à résider à part jusqu'à l'issue du procès. Il fait comparaître les deux époux devant lui, essaie de les réconcilier, délivre, s'il y a lieu, le permis de citer, et statue sur la garde provisoire des enfants.

Tous les actes de procédure sont signifiés *sous pli fermé*.

L'affaire est plaidée en audience publique, mais les Tribunaux peuvent ordonner le *huis-clos*.

Les journaux ne peuvent rendre compte des débats; le jugement seul est publié.

La réconciliation survenue, soit depuis le commencement du procès, soit postérieurement aux griefs articulés, éteint le droit au divorce. Mais de nouvelles offenses font revivre les anciens griefs.

Si le Tribunal juge une enquête nécessaire, toutes personnes peuvent être entendues, sauf les enfants des époux. Le témoignage des parents et des domestiques est admis.

Le Tribunal peut surseoir six mois au divorce, s'il estime que tout espoir d réconciliation n'est pas perdu ; mais, passé ce délai, le jugement doit être prononcé.

En cas d'appel, les débats ont lieu à huis clos, dans la Chambre du Conseil; l'arrêt de la Cour seul est rendu publiquement en audience ordinaire.

Un extrait du jugement ou arrêt de divorce doit être affiché tant au Tribunal que dans les Chambres des avoués et des notaires de l'arrondissement, et doit être publié dans un journal.

L'époux qui a obtenu le divorce signifie, dans les deux mois, par huissier, le jugement à l'officier de l'état civil de la commune dans laquelle le mariage a été célébré.

Il se présente en outre en personne dans le même délai devant l'officier de l'état civil du lieu de son domicile, au jour fixé pour la prononciation du divorce.

L'autre époux est appelé par huissier, mais s'il ne se présente pas il est procédé en son absence à la prononciation sans qu'il soit appelé à former opposition.

Sur le vu des pièces produites, l'officier de l'état civil prononce la *dissolution du mariage* et dresse acte du divorce dans la forme ordinaire des actes de l'état civil, en présence de quatre témoins. Il en est fait mention en marge de l'acte de mariage.

Si l'époux qui a obtenu le divorce s'abstient de signifier le jugement à l'officier de l'état civil, l'époux contre lequel le divorce a été prononcé peut prendre l'initiative de cette signification, à défaut de quoi, deux mois après le jugement ou l'arrêt, le divorce serait considéré comme nul et non avenu. — E. N.

Nous donnons ci-après une formule de *demande en divorce*, de même qu'une formule d'*acte de divorce*, bien que ce dernier acte soit en dehors de notre cadre, puisqu'il doit être dressé par l'officier de l'état civil.

Demande en divorce.

A M. Le Président du Tribunal civil de...

Le soussigné A..., demeurant à..... (*ou bien* : la dame B..., épouse de M. A..., demeurant à.....)

A l'honneur de vous exposer :

Qu'il (*ou qu'elle*) s'est marié à la mairie de....., le....., avec..... ;

Qu'il n'est issu aucun enfant de leur union (*ou bien :* qu'un enfant est issu de leur union : Octave A..., né à.., le...);

Que son épouse a abandonné le domicile conjugal le..... (*indiquer les griefs avec précision*) et qu'il en résulte suffisamment le délit d'adultère pour lequel le divorce est autorisé par l'article 229 du Code civil ;

(*Ou bien*) Qu'à différentes reprises son mari s'est rendu coupable envers elle d'excès, sévices et injures graves qui, aux termes de l'article 231 du Code civil, sont de nature à donner lieu au divorce. — Que notamment, le..... (*développer les faits*) ;

Et qu'il (*ou qu'elle*) offre d'établir la preuve des faits articulés.

Pourquoi l'exposant requiert qu'il vous plaise, M. le Président, lui donner acte de la demande en divorce qu'il forme contre la dame B..., son épouse, et dresser procès-verbal de sa comparution de même que de la remise en vos mains de la présente requête et des pièces ci-après : 1°... 2°...

(*Ou bien*) Pourquoi l'exposant, empêché de se rendre devant vous pour cause de maladie, ainsi que le constatent les deux certificats de médecin ci-joints, requiert qu'il vous plaise, etc...

Ordonner que les époux comparaîtront en personne devant vous les jour et heure que vous fixerez, et qu'à cet effet copie de votre ordonnance sera signifiée à....., par l'huissier audiencier qu'il vous plaira commettre.

Fait à....., le..... (*Signature*.)

Acte de divorce.

L'an mil-huit cent....., le....., heure de.....

Devant nous, Maire, etc...

S'est présenté M. A..., demeurant à.....

Lequel nous a déclaré que, suivant jugement rendu par le Tribunal civil de première instance de...., le....., le divorce a été admis, à sa requête, entre lui et Mme B..., son épouse, demeurant à...., avec autorisation de le faire prononcer conformément à la loi.

Et il nous a requis de prononcer la dissolution de son mariage avec la dame B..., qui a été contracté devant l'officier de l'état civil de la commune de....., le.....

A l'appui de cette réquisition M. A... a produit et déposé les pièces ci-après :

1° La grosse exécutoire du jugement ci-dessus mentionné ;

2° L'original d'un acte d'avoué à avoué en date du....., contenant signification à M^e..., avoué de la défenderesse, du jugement ci-devant indiqué ;

3° L'original d'un exploit du ministère de..., huissier à....., en date du....., contenant signification du même jugement à Mme.....;

4° Un certificat délivré par M^e..., avoué, constatant que ledit jugement a été signifié à la même dame;

5° Un certificat délivré le..... par le greffier du Tribunal civil de....., attestant qu'il n'existe contre ledit jugement aucune opposition ni appel;

6° Un extrait de l'acte de naissance de M. A...;

7° Une copie de l'acte de mariage des époux A...;

8° Enfin, l'original d'un exploit du ministère de....., huissier à...., en date du....., contenant sommation à Mme... de se trouver en ce lieu, à ces jour et heure, pour être présente à la prononciation du divorce.

Sur quoi, nous, officier de l'état civil,

Vu les pièces ci-dessus indiquées que nous avons paraphées avec le comparant pour demeurer annexées au présent registre;

Attendu qu'il en résulte que le jugement dont s'agit n'est plus susceptible d'aucun recours; que le délai de deux mois fixé par l'article 264 et suivants du Code civil n'est pas expiré; et que Mme..., quoique dûment appelée, ne s'est pas présentée;

Faisant droit à la réquisition du comparant, et en prononçant défaut contre la dame B.... déclarons, *au nom de la loi*, que le mariage entre M. A... et ladite dame B... est dissous par l'effet du divorce admis par le jugement du....., ci-devant énoncé.

Dont acte dressé en présence de (*Nom, prénoms, profession et domicile des 4 témoins*), lesquels ont signé avec nous et le comparant après lecture faite.

(*Signatures.*)

DIXIÈME. — Voy. *Décime.* — *Enregistrement.*

DOL. — Se dit de toute ruse, tromperie, captation, finesses, artifices, réticences, dissimulations insidieuses, enfin de toutes manœuvres pratiquées pour tromper quelqu'un et le déterminer à accepter une convention préjudiciable à ses intérêts, ou le détourner de faire une chose qui lui serait avantageuse.

Il ne faut pas confondre avec le dol la *simulation*, qui est le concert des parties pour cacher la véritable cause de la convention, ni la *fraude* qui a pour but de tromper ceux envers lesquels on est obligé. — D. N. — Voy. *Simulation.* — *Fraude.*

Le dol ne se présume pas, il doit être prouvé. C'est une cause de nullité de la convention, lorsqu'il est établi que, sans les manœuvres pratiquées par une des parties, l'autre n'aurait pas contracté. — C. civ. 1116.

Mais la convention n'est pas nulle de plein droit, elle donne lieu seulement à une action en nullité ou en rescision. — C. civ. 1117.

Le dol accidentel, c'est-à-dire qui porte seulement sur des accessoires, laisse subsister le contrat, et ne donne lieu qu'à des dommages-intérêts contre celui qui s'en est rendu coupable. — *Duranton.*

Quand les deux parties se sont mutuellement trompées, aucune d'elles ne peut demander l'annulation pour cause de dol. — *Chardon.*

DOMAINE. — Ce mot est synonyme de propriété.

On entend aussi par domaine l'ensemble de certaines possessions. — Voy. *Domaine de l'État.* — *Domaine public.* — *Domaine privé.*

Pour les attributions de la propriété et ses divers modes d'acquisition et de transmission. — Voy. *Propriété.*

DOMAINE congéable. — On appelle ainsi l'immeuble dont le preneur à bail acquiert la superficie et les édifices, mais dont aussi il peut être *congédié* après un certain temps, moyennant le remboursement de la valeur de cette superficie et des augmentations et améliorations par lui faites. — *L. du 6 août 1791.*

Le bail à convenant ou à domaine congéable est un contrat d'une espèce particulière, qui tient à la fois de la vente à réméré et du louage.

Ce bail est en usage dans la partie de la Bretagne dont sont formés les départements des *Côtes-du-Nord*, du *Morbihan*, du *Finistère*, etc. Il a pour effet de diviser la propriété de l'immeuble entre le propriétaire du fonds et le preneur ou tenancier, qui est propriétaire de la superficie ou des édifices et superficies.

Quand le propriétaire de maisons et terres à la campagne veut éviter l'embarras des réparations, il donne à convenant et domaine congéable, à la charge de payer une certaine rente annuelle pour en *jouir* pendant un temps déterminé, ou à *perpétuité*, sauf au propriétaire à congédier le tenancier toutes fois et quantes en le remboursant de ses *droits*.

En substance, le bail à domaine congéable se compose de trois choses : 1° la rétention de la propriété du fonds par le propriétaire; 2° la translation de la propriété des superficies et édifices dans la personne du concessionnaire, avec le droit de jouir du fonds en payant une prestation annuelle; 3° et la faculté réservée au *foncier* de congédier en tout temps, et quel qu'il soit, le *domainier*, en lui remboursant la valeur des édifices et superficies. — *Toullier*.

Le preneur à domaine congéable a le droit de jouir en propriétaire.

Les édifices et superficies sont considérés comme immeubles dans les mains du domainier ou colon, qui peut les grever d'hypothèque, sans toutefois que cette hypothèque puisse préjudicier au propriétaire du fonds. — *C. civ.* 2135.

Tout bail à convenant doit être rédigé par écrit et est régi par les conventions des parties, ou, à leur défaut, par les règles du contrat de louage et l'usage des lieux. — Voy. *Bail*.

Si la durée du bail n'a pas été déterminée par le contrat, elle est de six ans dans le ressort de l'ancien usement de Rohan, et de neuf années partout ailleurs.

Le congément ne peut être exercé à d'autres époques de l'année qu'à celle du vingt-neuf septembre, jour de Saint-Michel.

Pour qu'il soit valable, il faut que la prisée des édifices et superficies ait été terminée six mois avant l'expiration de la jouissance, autrement le *congédiant* se trouverait dans la nécessité d'attendre la Saint-Michel suivante.

Le domainier ne peut jamais être expulsé avant que, préalablement, il n'ait été remboursé de la valeur de ses édifices et superficies.

On entend par *édifices* les maisons et bâtiments, et par *superficies* les murs de clôture, fossés, engrais, taillis, arbres fruitiers, pépinières, plants et généralement tout ce qui a été élevé sur la superficie du sol par l'art et le travail de l'homme. — *D. N.*

DOMAINE de l'État. — C'est l'ensemble des biens, meubles et immeubles, que l'État possède au même titre de propriété que les particuliers, et dont le produit ou les revenus sont versés au Trésor pour être employés à l'acquit des charges publiques. — Il diffère du domaine public, qui ne se compose que de biens qui ne sont pas susceptibles d'une propriété privée. — Voy. *Domaine public*.

Le domaine de l'Etat se compose notamment des forêts, des salines, des édifices et autres biens meubles ou immeubles affectés aux différents services des Ministères et Administrations, des biens vacants et sans maître, des terrains des fortifications et remparts des anciennes places de guerre, etc. — Voy. *Deshérence*. — *Succession*.

Les biens dépendant du domaine de l'État peuvent être vendus et aliénés à titre perpétuel pour utilité publique, départementale ou communale, d'après une estimation d'experts. — Voy. *Expropriation pour cause d'utilité publique*.

Les biens de l'Etat sont soumis aux mêmes prescriptions que ceux des particuliers. — *C. civ.* 2227.

Ils sont régis par l'Administration des domaines sous la surveillance des corps administratifs, sauf les forêts qui sont régies par une Administration spéciale.

DOMAINE public. — C'est l'ensemble des biens qui, à cause de leur destination et de leur usage actuel, et en tant que le public en a la jouissance et possession, ne sont pas susceptibles d'une propriété privée.

Les chemins, routes et rues à la charge de l'Etat, les chemins de fer d'intérêt général, les fleuves et rivières navigables et flottables, les rivages, lais et relais de la mer, les ports, les hâvres, les rades et généralement toutes les portions du territoire français qui ne sont pas susceptibles d'une propriété privée sont considérés comme des dépendances du domaine public. — *LL. des 22 nov. et 1ᵉʳ déc. 1790.* — *C. civ.* 538.

Les portes, murs, fossés, remparts des places de guerre et des forteresses font aussi partie du domaine public. — *C. civ.* 540.

Les biens dépendant du domaine public sont, par une conséquence nécessaire de leur nature, inaliénables et imprescriptibles tant qu'ils conservent leur caractère, et ils ne peuvent le perdre que par une décision administrative. — *C. civ.* 541 *et* 2226.

DOMESTIQUE. — On appelle domestiques les personnes placées dans un état absolu et continuel de dépendance, comme les laquais, portiers, cuisiniers, etc.

Mais ce mot ne s'applique pas aux précepteurs, intendants, clercs, bibliothécaires, commis marchands, etc., quoique faisant partie d'une maison.

La convention qui intervient entre le maître et le domestique est un contrat de louage. — Voy. *Bail d'ouvrage et d'industrie.*

Les domestiques mineurs sont réputés majeurs pour leurs engagements de service. — Voy. *Gages.*

En général, les domestiques attachés à la personne, tels que valets de chambre, femmes de chambre, etc., peuvent quitter leur place sans être tenus à aucuns dommages-intérêts. Il est également loisible aux maîtres de les congédier quand bon leur semble, sans leur payer aucune indemnité.

Mais les serviteurs pour l'agriculture s'engagent toujours pour un temps limité, et le plus communément pour une année, ou seulement pour un travail déterminé. Or, il est de jurisprudence que ces serviteurs ne peuvent, pas plus que les maîtres, rompre leurs engagements avant le terme, sans s'exposer respectivement à des dommages-intérêts.

Les maîtres sont autorisés à retenir aux domestiques le salaire des journées pendant lesquelles ils ne peuvent travailler, pour cause de maladie ou autrement.

Les domestiques sont responsables de leurs dommages ou délits envers les maîtres qui les emploient. — *LL. des* 27 *sept. et* 6 *oct.* 1791. — Voy. *Responsabilité.*

Ils ont un privilège général sur les meubles et immeubles pour le paiement de l'année échue de leurs gages, et de ce qui leur est dû sur l'année courante. — *C. civ.* 2101. — Voy. *Privilège.*

Mais l'action des domestiques qui se louent à l'année se prescrit par un an, sauf le serment qu'ils peuvent déférer au maître sur le fait du paiement. — *C. civ.* 2272, 2275 *et* 2281.

Les contestations sur les engagements respectifs des maîtres et des domestiques sont de la compétence des juges de paix. — Voy. *Juge de paix.*

A défaut d'écrit, le domestique ou l'ouvrier peuvent établir leurs prétentions, quant au salaire, par témoins, tant qu'il s'agit de moins de cent cinquante francs. — *L. du* 2 *mai* 1868.

Le domestique a son domicile chez son maître. — *C. civ.* 109.

Toutefois, la femme mariée ne cesse pas, quoique domestique, d'avoir son domicile chez son mari. — *C. civ.* 108.

En matière civile, un domestique ne peut porter témoignage dans une affaire qui intéresse son maître. — *C. proc.* 35, 263, 283.

Les domestiques peuvent, après le décès de leur maître, requérir, en cas d'absence du conjoint ou des héritiers, l'apposition des scellés. — *C. proc.* 909.

DOMICILE. — Le domicile est le siège légal juridique de la personne et de l'exercice des droits civils de tout Français. — Il est au lieu où il a son principal établissement. — *C. civ.* 102.

Dans l'usage, cependant, on appelle aussi domicile la maison, la construction matérielle, mais ce n'est pas là le sens technique du mot.

Le domicile consiste dans un droit, et se conserve par l'intention, malgré les voyages et l'absence; il diffère de la résidence qui est toute de fait, et se perd dans un lieu dès qu'on va dans un autre.

Le domicile de naissance se conserve jusqu'à ce qu'il y ait preuve de changement.

Le nouveau domicile s'établit par six mois de résidence.

On distingue le *domicile civil* ou *domicile* simplement dit, et le *domicile politique*, selon qu'il s'agit de déterminer le lieu où chaque citoyen doit exercer ses droits politiques ou ses droits civils.

A l'égard du domicile politique, la loi du 7 juillet 1874 sur les élections municipales n'impose qu'une résidence de fait.

Cette loi, de même que celle du 30 novembre 1875, ont consacré la création d'une double liste électorale; l'une pour l'électorat politique, l'autre pour l'électorat municipal.

Pour l'électorat politique, il suffit de justifier d'une résidence de 6 mois dans la commune.

La liste pour l'électorat municipal est destinée aux élections des Conseils généraux, des Conseils d'arrondissement et des Conseils municipaux. — Pour y être inscrit, il faut justifier d'une résidence : 1° de 6 mois pour les individus nés dans la commune et qui y ont satisfait à la loi du recrutement ; 2° d'un an pour ceux qui se sont seulement mariés dans la commune ou qui sont inscrits depuis un an dans la commune au rôle d'une des quatre contributions directes ou à celui des prestations ; 3° enfin de deux ans pour toute autre individu. — Voy. *Electeur*.

Au point de vue de l'éligibilité, il faut aussi distinguer : 1° l'éligibilité politique, qui n'est soumise à aucune condition de domicile ; et 2° l'éligibilité municipale en ce qui concerne les élections aux Conseils généraux et d'arrondissement, soumise en principe au domicile d'une année, soit dans le département, soit dans l'arrondissement ou dans la commune, suivant les cas (d'observation toutefois que pour un quart des membres de chaque Conseil, la condition de domicile peut être remplacée par le paiement d'une contribution directe).

La nécessité de fixer légalement le lieu du domicile se fait sentir dans beaucoup de cas ; ainsi c'est devant le juge de son domicile que le défendeur doit être assigné pour les actions personnelles ; c'est au domicile que doivent être signifiés les exploits et actes judiciaires qu'on ne peut remettre à la personne elle-même ; le domicile détermine le lieu de l'ouverture de la succession, de la célébration du mariage, de l'inscription des actes de l'état civil, de la convocation du Conseil de famille, etc. — *Demolombe*, n° 339.

Le domicile civil, c'est-à-dire où une personne est censée toujours présente sous le double rapport de ses droits et de ses obligations, est, ou *général*, ou *spécial*.

Le *domicile général*, qui est le domicile réel et de droit, vient de la loi ou d'un fait particulier à la personne.

Le domicile *spécial* résulte de la loi lorsqu'elle attribue à la résidence le caractère de domicile, ou du choix de la personne, lorsqu'il s'agit du domicile élu par elle.

La loi assigne un domicile de droit : 1° aux fonctionnaires publics inamovibles, qui ont leur domicile au lieu où ils doivent remplir leurs fonctions ; 2° à la femme mariée, qui a pour domicile celui de son mari ; 3° aux mineurs émancipés, dont le domicile est celui de leur père, en cas de décès du père, celui de la mère, enfin celui de leur tuteur, s'ils ont un tuteur autre que leur père, ou leur mère ; 4° aux interdits, dont le domicile est celui de leur tuteur ; 5° aux condamnés placés pendant la durée de leur peine en état d'interdiction légale et dont le domicile est chez leur tuteur ; 6° à toutes personnes non comprises dans les énumérations précédentes et qui, étant en service chez un maître ou travaillant pour lui, demeurent auprès de lui, là où ils ont leur domicile.

Il est loisible à toute personne de transférer son domicile d'un lieu à un autre.

Le changement de domicile s'opère par le fait de la translation de la résidence ou par une déclaration expresse faite sur papier timbré, tant à la municipalité du lieu que l'on veut quitter qu'à celle du lieu où l'on s'établit. — *C. civ.* 104.

La loi autorise les parties contractantes à faire dans l'acte qui reçoit leur convention, élection d'un domicile spécial pour son exécution, mais l'effet de cette élection s'arrête à la convention qui l'a motivée.

Le fait de l'élection d'un domicile spécial pour l'exécution d'un acte juridique ne détruit pas, même pour cet acte, le domicile général, et le créancier peut, à son choix, porter son action devant le juge de l'un ou de l'autre domicile. — D. N.

Le domicile est inviolable. — *C. pén.* 184.

DOMICILE conjugal. — Le domicile conjugal est celui habité par le mari. — Voy. *Domicile. — Femme. — Mariage. — Séparation de corps.*

DOMICILE élu. — Le domicile élu est un domicile de pure fiction et qui, pour certains actes, suppose une personne domiciliée dans un lieu où elle ne l'est point réellement.

L'élection de domicile est *conventionnelle*, lorsqu'un acte contient de la part des parties ou de l'une d'elles élection de domicile dans un lieu autre que celui du domicile réel.

Elle est *légale* ou commandée par la loi en certains cas, comme ceux de saisie, d'inscriptions hypothécaires, etc.

Toute inscription hypothécaire doit énoncer une élection de domicile dans l'arrondissement du bureau. — *C. civ.* 2148 et 2156. — Voy. *Inscription hypothécaire.*

DOMICILE matrimonial. — C'est le domicile que les époux se sont choisi en se mariant. — Voy. *Loi. — Statut.*

DOMICILE mortuaire. — Lieu où la succession est ouverte. — *C. civ.* 110.

DOMICILE politique. — Voy. *Domicile.*

DOMINANT. — Ce qui est au-dessus, ce qui domine.

En matière de servitude, on appelle *fonds dominant* celui au profit duquel est établie la servitude, par opposition à l'héritage qui en est grevé et que l'on nomme *fonds servant.*

DOMMAGE. — On entend par ce mot toute espèce de tort qui peut nous être fait.

Tout fait quelconque de l'homme qui cause un préjudice à autrui oblige celui par la faute duquel il est arrivé à le réparer. — *C. civ.* 1382.

De même une simple négligence ou imprudence qui occasionne un dommage oblige à sa réparation. — *C. civ.* 1383.

Le pillage des récoltes, à pied, à cheval ou en voiture, donne lieu à des dommages-intérêts, sans préjudice de l'amende à laquelle peut être condamné celui qui s'en est rendu coupable.

Le propriétaire d'un animal ou celui qui s'en sert est responsable du dommage qu'il a causé, soit que l'animal fût sous sa garde, soit qu'il fût égaré ou échappé. — *C. civ.* 1385.

Le maître d'un chien est responsable des morsures qu'il a faites, même sans excitation, bien qu'il ne fût pas en état de divagation. — *C. pén.* 475.

A l'égard des dégâts commis par les bestiaux dans les bois et forêts. — Voy. *Forêt. — Pâturage.*

Pour les dégâts commis par les lapins. — Voy. *Garenne.*

Pour les dommages causés par incendie ou inondation. — Voy. *Démolition. — Incendie. — Inondation.*

Le propriétaire d'un bâtiment est responsable du dommage causé par sa ruine, lorsqu'elle est arrivée par une suite de défaut d'entretien ou par vice de construction. — *C. civ.* 1386.

L'action en réparation du dommage causé par un crime se prescrit par dix ans. — *C. instr. crim.* 637.

Cette prescription est réduite à trois ans, si le délit était de nature à être puni correctionnellement, et à un an s'il n'est punissable que comme contravention de police. — *C. instr. crim.* 638 et 640.

DOMMAGES-INTÉRÊTS. — Indemnité destinée à représenter le dommage éprouvé par quelqu'un ou le bénéfice dont il a été privé. — *E. N.* — *C. civ.* 1149.

Les dommages-intérêts sont dus soit à raison de l'inexécution, soit à raison du retard dans l'exécution de l'obligation. — *C. civ.* 1147.

Ils doivent représenter en général la valeur de la perte qu'a faite le créancier, ou le gain dont il a été privé.

Ils sont fixés par la loi, par la convention, par le juge ou par les experts.

Le débiteur n'est pas passible de dommages-intérêts lorsqu'il a été empêché de donner, ou de faire ce à quoi il était obligé, ou a fait ce qui lui était interdit par suite d'un fait qui lui est étranger, tel qu'un cas de *force majeure* ou un *cas fortuit*. — Voy. *Force majeure*. — *Fortuit (cas)*.

C'est au débiteur à prouver les *cas fortuits* qu'il allègue. — *C. civ.* 1148-1302.

Celui qui se porte fort pour un tiers doit des dommages-intérêts, si ce dernier refuse de satisfaire à l'engagement pris en son nom. — Voy. *Dommage*. — *Faute*. — *Gestion des affaires d'autrui*. — *Mandat*.

DON. — Toute espèce de présent ou de libéralité.

Les mots *Don*, *Donation* sont synonymes. — Voy. *Donation*.

Avant de donner on doit acquitter ses dettes.

A l'égard des principaux actes pour lesquels on emploie plus spécialement le mot *Don*. — Voy. *Don alimentaire*. — *Don manuel*. — *Don mutuel*.

DON alimentaire. — S'entend de celui qui est fait pour subvenir aux besoins du donataire. — Voy. *Aliments*. — *Pension alimentaire*.

Les dons alimentaires sont insaisissables. — Voy. *Aliments*.

DON manuel. — Le don manuel est celui qui est fait de la main à la main, sans qu'il soit constaté par acte.

Les seuls objets qui peuvent faire l'objet du don manuel sont les effets mobiliers et l'argent.

La tradition ou possession est la seule formalité essentielle du don manuel, puisqu'il est de principe qu'en fait de meubles possession vaut titre. — *C. civ.* 2279. — Voy. *Tradition*.

Mais la possession doit être non équivoque.

Le don manuel de valeurs mobilières, telles que titres au porteur, etc., ne saurait résulter de la seule déclaration du donataire et du seul fait de la possession. Il est nul faute de titre ou de preuve régulière.

Le don manuel est en général soumis aux mêmes règles que la donation entre vifs quant à la capacité de donner et recevoir. — Voy. *Donation*.

Les choses incorporelles, telles que les rentes, les créances, etc., n'étant point par leur nature susceptibles d'une tradition réelle, ne peuvent pas être données verbalement à un tiers.

DON mutuel. — Voy. *Donation entre époux*. — *Donation mutuelle*.

DONATION. — La donation est en général une libéralité faite volontairement par une personne à une autre. On donne aussi le nom de *donation* à l'acte même qui contient la libéralité, quand elle est expresse.

On distingue deux modes de donations, les donations entre vifs ou *donations* spécialement dites, et les donations testamentaires ou *testaments*.

Lorsqu'une personne se dépouille d'une chose actuellement, irrévocablement et à titre gratuit, en faveur d'une autre personne qui accepte, cette libéralité se nomme *Donation entre vifs*. — *C. civ.* 894.

Quand, au contraire, la libéralité est subordonnée au décès du disposant et à la survie du gratifié, elle prend le nom de *legs*, et ne peut être constatée que par un testament. — Voy. *Testament*.

Une donation n'est valable que par le consentement libre des parties entre lesquelles elle intervient.

Quelle que soit leur forme, les donations ne peuvent excéder une certaine quotité de biens, lorsque le donateur laisse des ascendants ou des descendants. — Voy. *Portion disponible*.

Toutes les donations directes ou indirectes faites à des successibles doivent être rapportées à la succession du donateur, si elles n'ont pas été expressément dispensées du rapport. — Voy. *Rapport. — Succession. — Préciput*.

Des donations entre vifs.

Entre les donations entre vifs il faut distinguer : 1° les donations ordinaires, qui font plus spécialement l'objet de cet article ; 2° celles qui sont faites aux futurs époux dans leur contrat de mariage par des tiers ; 3° enfin, celles que les époux se font entre eux, soit par leur contrat. soit pendant le mariage. — Voy. *Donation par contrat de mariage. — Donation entre époux. — Institution contractuelle. — Legs. — Testament*.

La donation entre vifs exige le concours de deux volontés, celle du donateur et celle du donataire, et n'est parfaite, c'est-à-dire irrévocable. si ce n'est dans les cas ci-après indiqués, que lorsqu'elle est acceptée en termes exprès. — C. civ. 894.

Elle peut avoir pour objet soit une nue propriété, soit un usufruit seulement.

Elle peut être soumise à une condition suspensive, pourvu que l'accomplissement de cette condition ne dépende pas du caprice du donateur. Elle peut également être soumise à un terme, et dans ce cas l'exécution seule en est retardée.

Le dessaisissement doit être irrévocable, c'est-à-dire que la donation serait nulle si le donateur s'était réservé un moyen quelconque de reprendre ce qu'il donne.

La donation entre vifs ne peut comprendre que des biens présents. — C. civ. 943.

De la capacité de donner.

En général, toutes personnes peuvent disposer et recevoir à titre gratuit, lorsquelles ne sont pas déclarées incapables par la loi.

Pour être capable de donner il faut être capable de contracter ; aussi l'interdit et le mineur ne peuvent le faire. — C. civ. 502, 903.

Toutefois le mineur peut donner par contrat de mariage. — Voy. *Contrat de mariage. — Donation par contrat de mariage*.

Le mineur âgé de plus de seize ans peut également donner dans certaines limites, par testament. — Voy. *Portion disponible. — Testament*.

Celui à qui un conseil judiciaire a été nommé ne peut faire une donation sans l'autorisation de ce conseil. — C. civ. 359.

Une femme mariée ne peut donner entre vifs sans l'autorisation ou le consentement spécial de son mari, ou sans y être autorisée par justice. Mais elle n'a besoin d'aucune autorisation pour disposer par testament.

Pour faire une donation entre vifs ou un testament, il faut être sain d'esprit.

De la capacité de recevoir.

Le tuteur ne peut rien recevoir du mineur ou de l'interdit, tant que dure la minorité ou l'interdiction. — C. civ. 509 et 907. — Voy. *Interdiction. — Tutelle*.

Les enfants naturels ne peuvent rien recevoir au delà de ce que la loi leur accorde. — C. civ. 908. — Voy. *Enfant naturel. — Portion disponible. — Succession*.

Les docteurs en médecine et en chirurgie, les officiers de santé et les pharmaciens qui ont traité une personne pendant la maladie dont elle est morte, ne peuvent profiter des dispositions entre vifs ou testamentaires qu'elle aurait pu faire en leur faveur.

Les donations au profit des hospices, des pauvres, d'une commune ou d'établissements d'utilité publique n'ont leur effet qu'autant qu'elles sont autorisées par le préfet, ou, en cas de réclamation de la famille, par le chef de l'État. — *C. civ.* 919; — *Déc. du 23 mars 1852.*

De la forme des donations entre vifs.

Tous actes portant donation entre vifs doivent être passés devant notaire dans la forme ordinaire des contrats, et il doit en rester minute sous peine de nullité. — *C. civ.* 931.

Ainsi, la donation entre vifs par acte sous seing serait nulle, et ne pourrait être validée par son dépôt chez un notaire, ni par la reconnaissance du donateur.

La donation, de même que l'acceptation d'une donation entre vifs, peuvent être faites par l'entremise d'un mandataire, mais dans ce cas les procurations doivent être notariées et en minute.

Des conditions.

On peut insérer des conditions suspensives ou résolutoires dans les donations entre vifs, mais il ne faut pas qu'il en résulte pour les donataires l'obligation de conserver et de rendre, qui constituerait une substitution prohibée, et entraînerait la nullité de l'acte.

Le retour conventionnel est une condition que le donateur a le droit d'imposer, et qui est un acte de prudence. — Voy. *Retour conventionnel*.

Une donation peut être soumise à des charges ou au paiement des dettes du donateur, mais elle serait nulle si elle avait été faite sous la condition d'acquitter d'autres dettes ou charges que celles qui existaient au moment de la donation ou qui auraient été indiquées dans l'acte ou dans l'état qui devrait y être annexé. — *C. civ.* 945.

De la révocation et de la nullité des donations.

Les donations entre vifs peuvent être révoquées pour inexécution des conditions, pour cause d'ingratitude, et s'il survient des enfants au donateur. — Voy. *Révocation de donation*.

Elles peuvent être annulées pour cause d'incapacité des parties, pour défaut de formes, et pour fraude, alors même qu'elles seraient régulières dans la forme.

Elles peuvent encore être annulées ou réduites, quand elles excèdent la quotité disponible. — *D. N.* — Voy. *Portion disponible*.

DONATION à charge de restitution. — Voy. *Substitution*.

DONATION conditionnelle. — Voy. *Donation*.

DONATION en faveur du mariage. — C'est celle faite par un tiers aux futurs époux ou à l'un d'eux, soit dans leur contrat de mariage, soit en vue ou en considération de leur mariage, par acte ultérieur. — *E. N.* — Voy. *Donation en faveur du mariage*.

Cette donation doit être faite avant la célébration du mariage, et doit exprimer qu'elle est faite en faveur du mariage.

Elle est soumise à l'authenticité de la forme et subordonnée à la condition que le mariage aura lieu. Elle serait caduque, s'il ne s'ensuivait pas. — *C. civ.* 1088. — Voy. *Contrat de mariage*.

Comme toute donation entre vifs, elle est irrévocable et ne se borne pas, comme cette dernière, aux biens présents; elle peut aussi comprendre des biens à venir.

Ainsi, toute personne peut, par contrat de mariage, disposer de tout ou partie des biens qu'elle laissera à son décès, au profit des futurs époux ou de leurs enfants à naître. — On donne le nom d'institution contractuelle à cette espèce de donation. — Voy. *Institution contractuelle*.

DONATION déguisée. — C'est celle qui se trouve cachée sous la forme d'un contrat de vente, obligation ou autre acte à titre onéreux, ou par l'interposition d'un tiers. — Voy. *Personne interposée*. — *Donation indirecte*.

Les donations déguisées ne sont pas toujours nulles.

Ainsi celles déguisées sous la forme d'un contrat de vente ne sont pas nulles, si les personnes étaient capables de disposer et de recevoir, et que l'objet donné fût disponible.

De même, celles déguisées sous les apparences d'une obligation, d'une quittance, d'une simple déclaration de propriété de meubles sont valables comme donation, si les parties avaient capacité pour disposer et recevoir, et si la valeur de la chose n'excède pas la quotité disponible. — *D. N.*

La loi frappe de nullité les donations déguisées, ou par personnes interposées, entre époux; néanmoins, ces donations ne peuvent être attaquées que par les héritiers à réserve. — *C. civ.* 1099.

Sont également nulles les donations déguisées faites au profit d'incapables. — *C. civ.* 911.

C'est à celui qui prétend que l'acte est simulé à en faire la preuve.

La donation déguisée est révocable en cas de survenance d'enfant. — Voy. *Révocation de donation.*

DONATION entre époux. — Celle que les époux peuvent se faire l'un à l'autre, soit par leur contrat de mariage, soit pendant le mariage. — *C. civ.* 1091 et suivants.

Les donations mutuelles faites pendant le mariage, soit par acte entre vifs, soit par testament, doivent avoir lieu par acte séparé.

La faculté accordée aux époux de s'avantager s'étend aux époux mariés en secondes noces, comme à ceux mariés en premières noces — Voy. *Noces (secondes).*

Des donations par contrat de mariage.

Les donations mutuelles de biens présents entre époux, par contrat de mariage, sont de véritables *donations entre vifs*. Mais la donation mutuelle de biens à venir ou de biens présents et à venir change de nature, et devient, quant aux biens à venir, une *institution contractuelle.* — Voy. *Donation par contrat de mariage.* — *Institution contractuelle.*

Les donations de biens à venir, c'est-à-dire de ceux que les époux laisseront à leur décès, sont les plus ordinaires. — Ces donations ne passent point aux enfants issus du mariage, en cas de décès de l'époux donataire avant l'époux donateur. — *C. civ.* 1093.

Les donations entre époux par contrat de mariage sont irrévocables, comme le contrat qui les contient. Elles ne sont pas même révocables pour cause de survenance d'enfant.

Ces donations sont caduques si le mariage ne s'ensuit pas.

Quant à la révocation pour ingratitude, séparation de corps ou tout autre motif. — Voy. *Révocation de donation.*

Des donations pendant le mariage.

De même que les donations faites par contrat de mariage, celles faites pendant le mariage peuvent avoir pour objet des *biens présents*, des biens *présents et à venir*, et seulement des *biens à venir*.

Les donations de biens à venir, ou de biens présents et à venir pendant le mariage, peuvent être faites indifféremment dans la forme d'un testament ou d'une donation entre vifs.

Mais, quelle que soit leur forme, ces donations sont toujours révocables. — *C. civ.* 1096. — Il en résulte qu'elles doivent être faites par acte séparé.

L'autorisation du mari est nécessaire à la femme pour disposer en faveur de son mari par acte entre vifs, mais il en est autrement s'il s'agit d'un testament. — Voy. *Testament.*

Lorsque la donation ne porte que sur des biens présents, la forme de la donation entre vifs doit être adoptée. — *D. N.*

Cette forme est préférable en général, lorsqu'elle est possible; il s'ensuit d'ailleurs que l'effet de la donation remonte au jour de l'acceptation, et que l'époux donataire n'est point, comme le légataire, tenu de demander la délivrance aux héritiers du donateur. — *Cass.*, 5 *avril* 1836.

DONATION entre vifs. — Contrat solennel par lequel le donateur se dépouille actuellement et irrévocablement de la chose donnée, en faveur du donataire qui l'accepte. — *C. civ.* 894. — Voy. *Donation.*

DONATION éventuelle. — C'est celle dont l'effet dépend d'un fait ou d'un événement incertain. — Voy. *Contrat de mariage.* — *Donation par contrat de mariage.* — *Donation entre époux.* — *Institution contractuelle.*

DONATION indirecte. — On appelle donation indirecte celle qui ne résulte que *virtuellement* d'un acte ou d'une disposition quelconque.

Telle est par exemple la libéralité qui résulte de la renonciation gratuite à une succession, à un usufruit, etc., ou bien encore celle résultant de la remise volontaire d'une dette.

La stipulation contenue dans une donation, que le donataire paiera une somme déterminée à un tiers, forme encore en faveur de celui-ci une donation indirecte.

DONATION mobilière. — Se dit de celle ayant pour objet des choses mobilières.

Lorsque cette donation est constatée par un acte, elle n'est valable qu'autant que les objets donnés sont détaillés et estimés dans l'acte, ou qu'on y annexe un état estimatif des choses données. — Voy. *Donation.* — *Etat estimatif.* — *Don manuel*

DONATION mutuelle. — C'est celle que se font réciproquement et par un seul et même acte deux ou plusieurs personnes.

Dans l'usage, la qualification de donation mutuelle est presqu'exclusivement appliquée à celle entre époux ; or, la donation mutuelle réciproque ne peut avoir lieu entre époux par un seul et même acte, soit sous la forme d'une donation entre vifs, soit sous la forme d'un testament. Ce n'est donc que par contrat de mariage que ces sortes de donations peuvent avoir lieu entre époux par le même acte. — *C. civ.* 1091, 1097.

D'un autre côté, un testament ne peut être fait dans le même acte par deux ou plusieurs personnes, soit au profit d'un tiers, soit à titre de disposition mutuelle ou réciproque. — *C. civ.* 968.

Mais, sauf ces exceptions, toute personne peut consentir avec une autre une donation mutuelle par le même acte, puisque l'article 1097 du Code civil ne prohibe ces donations qu'entre époux.

La donation mutuelle doit être acceptée expressément par chacun des donataires.

Pour les causes de révocation des donations mutuelles. — Voy. *Révocation de donation.*

DONATION onéreuse. — C'est celle qui est faite sous des charges imposées par le donateur, soit à son profit, soit au profit d'un tiers qu'il indique.

Le donateur n'a pas de privilège sur les biens donnés pour l'exécution des charges de la donation, mais il peut demander la résolution ou la révocation de la donation, quand le donataire refuse d'exécuter les charges. — Voy. *Privilège.* — *Révocation de donation.*

DONATION rémunératoire. — C'est celle qui est faite pour récompense de services rendus.

Sont des donations rémunératoires : 1° la constitution d'une rente viagère faite au profit d'un ancien domestique; 2° l'acte contenant abandon de divers objets laissés en reconnaissance de soins et de secours prodigués par le donataire au donateur.

La donation rémunératoire proprement dite ne renfermant pas une véritable libéralité, il s'ensuit que les règles spéciales aux donations entre vifs ne doivent pas y être essentiellement appliquées. Ainsi l'obligation de donner, souscrite en récompense de soins reçus, la promesse verbale, mais avouée, de payer une rente viagère pour services rendus, seraient valables, à moins que l'énonciation des services rendus ne fût fausse. — *D. N.*

Toutefois, quel que soit le mobile qui préside à la donation rémunératoire, nous considérons qu'il serait imprudent de la faire par acte sous seing, à moins que dans la forme d'un testament olographe.

Sur la révocation des donations rémunératoires. — Voy. *Révocation de donation.*

DONNEUR d'aval. — C'est le nom que l'on donne à celui qui se porte garant du paiement d'un effet de commerce, dont il n'est ni souscripteur, ni endosseur. — Voy. *Aval.*

DONNEUR d'ordre. — On appelle ainsi celui par l'ordre et pour le compte duquel une traite est tirée par un tiers. — *C. comm.* 111. — Voy. *Lettre de change.*

DORDOGNE. — Département formé de l'ancienne province du Périgord.
Chef-lieu : Périgueux.
Cour d'appel : Bordeaux.

Ce département est limité à l'Est par la Corrèze et le Lot; au Sud par le Lot et le Lot-et-Garonne; à l'Ouest par la Gironde, la Charente-Inférieure et la Charente, et au Nord par la Haute-Vienne.

Il est divisé en cinq arrondissements, 47 cantons et 583 communes.
Superficie : 918.668 hectares.
Impôt foncier : 2.226.564 francs.
Population : 492.205 habitants.

DOSSIER. — Liasse de papiers d'une affaire, ou réunion des pièces d'une procédure, d'un inventaire, etc. — Voy. *Cote d'inventaire.*

DOT. — On appelle dot, dans le sens propre du mot, le bien que la femme apporte ou promet au mari, pour supporter les charges du mariage. — *C. civ.* 1540.

La dot existe sous le régime de la communauté comme sous le régime dotal; il n'y a de distinction pour cette dernière qu'à cause de son caractère d'inaliénabilité.

L'enfant n'a aucune action contre ses père et mère pour l'obtention d'une dot. — *C. civ.* 204.

La dot constituée en effets de la communauté, même par le mari seul, est à la charge de la communauté. — La femme doit donc supporter la moitié de la dot, si elle accepte la communauté, et en cas de prédécès du père, l'enfant ne devrait le rapport que de la moitié.

Toutefois, si la mère renonçait à la communauté, le rapport de la totalité serait dû à la succession paternelle.

La dot constituée soit par le mari seul, soit par la femme autorisée de son mari, sur leurs biens personnels, ne peut entraîner de recours de part ni d'autre sur les biens de la communauté.

La dot peut être constituée sous certaines conditions.

Ainsi, on peut stipuler notamment qu'elle sera employée en acquisition d'immeubles; que la femme en touchera annuellement, sur ses seules quittances, une partie du revenu, pour son entretien et ses besoins personnels, etc.

La dot n'étant constituée que sous la condition que le mariage aura lieu n'est payable qu'après le mariage. — Voy. *Contrat de mariage.*

La dot d'une jeune fille destinée à devenir la femme d'un officier dans les armées de terre et de mer ne peut être moindre de 1200 francs de revenu. — Voy. *Déclaration d'apport.*

DOT de religieuse. — S'entend de ce qui est donné par une personne qui entre dans une communauté de religieuses légalement reconnue, ou par ses parents à cette communauté, à l'époque, soit de l'entrée, soit de la prise d'habit ou de la profession qu'elle y fait, pour aider à sa subsistance et à son entretien. — *D. N.*

L'accord fait entre la supérieure et la personne qui entre dans la communauté, ou pour elle avec ses père et mère, et par lequel ils s'engagent à payer une somme déterminée, et la supérieure à pourvoir à tous les besoins de la jeune fille, présente les caractères d'un contrat synallagmatique aléatoire, valable, et non ceux d'une donation à une communauté religieuse interdite par la loi du 24 mai 1825.

Mais la convention serait nulle si la communauté n'était pas autorisée.

DOUAIRE. — C'est la jouissance que les coutumes ou les conventions matrimoniales accordaient d'une certaine portion des biens du mari à la femme survivante.

Il n'existe plus, sous l'empire du Code civil, de douaire légal pour la femme ni pour les enfants.

On peut bien cependant stipuler par contrat de mariage, sous le titre de douaire, un avantage au profit de la veuve, mais cette stipulation n'a pas d'autre effet qu'une donation ordinaire faite dans cette forme par le mari à sa femme.

Le mot *douaire* est même devenu impropre, et on doit lui substituer celui de *Donation.* — Voy. *Donation.* — *Contrat de mariage.*

DOUANES. — Les douanes sont des droits ou taxes établis sur les marchandises et sur certaines denrées à l'entrée ou à la sortie du territoire. — Le mot *douane* est aussi employé pour désigner l'Administration publique chargée de percevoir ces taxes.

L'exécution des Lois de Douanes nécessite une surveillance non seulement sur le rayon frontière terrestre qui s'étend à 2 myriamètres, mais encore sur le rayon frontière maritime qui s'étend à 4 lieues au delà des côtes. — *L. du 28 avril 1816.*

Cette surveillance est exercée par les préposés de l'Administration et se fait au moyen de chaloupes pour le rayon maritime.

Le territoire compris dans le rayon frontière est soumis à l'exécution des lois et règlements de douanes qui imposent l'accomplissement de formalités et soumettent l'industrie à des prohibitions particulières.

Ces lois et règlements ont établi la faculté *d'entrepôt* et de *transit.*

L'*entrepôt* est le lieu où les commerçants déposent provisoirement les marchandises sujettes aux droits, qu'ils n'ont pas l'intention de livrer à la consommation, et qu'ils veulent réexporter à l'étranger.

Le droit de *transit*, qui dérive du droit d'entrepôt, est celui de faire passer à l'étranger, en traversant le territoire français, certaines marchandises prohibées ou sujettes à des droits.

Le paiement des droits dus à la régie des douanes se poursuit par voie de contrainte.

Les peines en matière de contravention sont la confiscation des objets en fraude, l'amende et même l'emprisonnement.

Les juges de paix sont juges en première instance des contestations relatives au refus de payer les droits et autres affaires concernant les douanes. — Voy. *Contributions indirectes.*

DOUBLE droit. — Peine pécuniaire appliquée à titre d'amende, soit pour n'avoir pas soumis les actes à la formalité de l'enregistrement dans les délais prescrits, soit en cas d'insuffisance de prix ou d'évaluation de biens dans les actes ou déclarations, soit encore pour omission de valeurs dans les déclarations de succession. — *D. N.*

Le double droit se compose du droit simple et du droit ou demi-droit en sus. — Voy. *Acte sous seing privé.* — *Enregistrement.* — *Expertise en matière d'enregistrement.* — *Mutation.* — *Succession.*

DOUBLES droits et amendes en matière d'enregistrement. — Voy. *Enregistrement.*

DOUBLE écrit. — Acte sous signatures privées contenant des conventions synallagmatiques et devant être rédigé en plusieurs originaux, afin que chacune des parties en possède un pour lui servir de titre. — *C. civ.* 1325. — Voy. *Acte sous seing.*

La loi exige la formalité du double écrit pour les conventions synallagmatiques et celles qui contiennent des obligations réciproques. Mais elle n'est pas exigée pour les actes unilatéraux, c'est-à-dire pour ceux dont une des parties seulement s'engage envers l'autre.

Il suffit d'un seul original pour toutes les personnes ayant le même intérêt.

Chaque original doit contenir la mention du nombre des originaux qui en ont été faits. La nécessité de cette mention est telle qu'il est de jurisprudence que la représentation des doubles n'en tient pas lieu.

Il n'est pas nécessaire que les doubles soient signés dans le même lieu. Ainsi l'un peut être signé à *Paris*, l'autre à *Marseille*, etc.

L'acte sous seing privé, non fait double, peut servir de commencement de preuve par écrit, mais c'est toujours au demandeur à justifier sa demande. — *D. N.*

DOUBLE emploi. — Erreur commise dans un compte, dans lequel on a porté deux fois la même somme en recette ou en dépense.

Le double emploi dans un compte peut toujours être rectifié, lors même que le compte aurait été rendu en justice. — Voy. *Compte.*

Le double emploi oblige à la restitution de la somme qui en est indûment provenue. — Voy. *Répétition.*

L'action se prescrit par trente ans, si le double emploi a déterminé un paiement non dû, ou par dix ans seulement s'il a été la cause déterminante d'une convention. — Voy. *Compte.* — *Erreur de calcul.* — *Prescription.* — *Répétition.*

DOUBLE lien. — Se dit de la relation qui existe entre ceux qui sont en même temps parents du côté paternel et du côté maternel, tels, par exemple, que les frères et sœurs germains qui succèdent dans les deux lignes *paternelle* et *maternelle*. — Voy. *Parenté.* — *Succession.*

DOUBS. — Département formé d'une partie de l'ancienne Franche-Comté.
Chef-lieu : Besançon.
Cour d'appel : Besançon.
Ce département est limité à l'Est et au Sud par la Suisse ; à l'Ouest par le Jura et la Haute-Saône, et au Nord par la Haute-Saône et le Haut-Rhin.
Il est divisé en 4 arrondissements, 27 cantons et 638 communes.
Superficie : 530.451 hectares.
Impôt foncier : 1.304.653 francs.
Population : 310.963 habitants.

DOUTE. — Incertitude où l'on est sur la vérité d'un fait ou sur la manière d'appliquer une convention, une loi.

Dans le doute, en matière civile, la convention s'interprète contre celui qui a stipulé et en faveur de celui qui a contracté l'obligation ; spécialement, en ce qui concerne les ventes, tout pacte obscur ou ambigu s'interprète contre le vendeur. — *C. civ.* 1162, 1602. — Voy. *Interprétation des conventions.* — *Interprétation des lois.*

En matière criminelle, lorsqu'il y a doute, on doit suivre le parti le plus humain.

En un mot, on doit toujours prendre le parti le plus modéré, dans le doute.

DOYEN. — On nomme ainsi le membre le plus ancien en réception, dans une compagnie de magistrats ou d'officiers publics.

Dans les facultés, le titre de doyen est conféré par le Gouvernement, et il est attaché à ce titre certaines attributions particulières.

DRAINAGE. — Système d'écoulement des eaux surabondantes du sol, au moyen de tuyaux placés en terre ou de tranchées. — *L. du 10 juin* 1834.

Le drainage offre dans certaines contrées de grands avantages à l'agriculture ; aussi la loi en a-t-elle favorisé et réglementé l'exercice, en établissant même une servitude à ce sujet sur les fonds voisins.

Tout propriétaire qui veut assainir son fonds par le drainage ou autre mode d'assèchement peut, moyennant une indemnité, en conduire les eaux souterrainement ou à ciel ouvert, à travers les propriétés qui séparent ce fonds d'un cours d'eau, excepté lorsqu'il s'agit de maisons, cours, jardins, parcs et enclos attenant aux habitations, de même que des routes et chemins, sauf les concessions que l'Administration fait habituellement. — Voy. *Dessèchement*.

Les propriétaires des fonds voisins ou traversés ont la faculté de se servir des travaux faits pour l'écoulement des eaux de leur fonds. Ils supportent, dans ce cas : 1° une part proportionnelle dans la valeur des fonds dont ils profitent ; 2° les dépenses résultant des modifications que l'exercice de cette faculté peut rendre nécessaires ; et 3° pour l'avenir une part contributaire dans l'entretien des travaux devenus communs.

Les associations de propriétaires qui veulent, au moyen de travaux d'ensemble, assainir leurs héritages par le drainage, ou tout autre moyen d'assèchement, jouissent des droits et supportent les obligations ci-dessus. — Ces associations peuvent, sur leur demande, être constituées par arrêtés préfectoraux en syndicats, conformément à la loi du 21 juin 1865.

Les travaux que voudraient exécuter les associations syndicales, les communes ou les départements, pour faciliter le drainage ou tout autre moyen d'assèchement, peuvent être déclarés d'utilité publique par décret rendu en Conseil d'Etat.

Les contestations relatives à l'établissement et à l'exercice de la servitude, l'exécution des travaux, les indemnités et les frais d'entretien sont portées en premier ressort devant le juge de paix.

La destruction totale ou partielle des conduites d'eau ou fossés évacuateurs, ou tout autre obstacle apporté au libre écoulement des eaux, est puni des peines portées aux articles 456 et 467 du Code pénal. *L. du 10 juin* 1854.

Les ingénieurs de l'Etat sont autorisés à faire gratuitement des études de drainage dans l'intérêt des particuliers qui en font la demande.

DROGMAN. — Secrétaire-interprète nommé par le chef de l'Etat, pour aider le consul dans tous ses rapports avec les autorités du pays. — *Ord. du 20 août* 1833.

DROIT. — Ce mot a plusieurs acceptions. Il signifie d'abord la faculté que nous avons d'exiger ce qui nous est dû ou nous appartient en vertu d'une convention ou d'une loi. Il s'entend encore de ce qui est conforme à une juste règle de conduite.

Dans un autre sens, le *Droit,* qui est la science des lois, comprend en général l'ensemble des lois établies par le législateur, ou reconnues par la raison.

Considéré dans cette dernière acception, le droit se divise en *droit naturel, droit des gens, droit public* et *droit civil*.

Le *droit naturel* est la raison humaine, qui est la loi suprême du législateur et le principe de toutes les lois positives, et celui que les juges doivent suivre dans le silence ou l'obscurité de ces dernières. — *D. N.* — Voy. *Règles de droit*.

Le *droit des gens*, souvent synonyme de droit naturel, signifie plus spécialement le droit qui règle les rapports de nation à nation, en matière de traités ou conventions diplomatiques.

Le *droit public* régit la société politique et détermine les attributions et les rapports respectifs des grands pouvoirs de l'Etat, l'exercice des droits politiques des citoyens, etc. — Voy. *Droits politiques.*

Enfin le *droit civil* s'entend des lois qui règlent les rapports des particuliers entre eux, et qui statuent sur les intérêts privés de chacun.

Le droit accordé par la loi comprend tout ce qui est nécessaire pour en user. Nul n'est présumé ignorer son droit. — Voy. *Règles de droit.*

DROIT d'accession. — C'est celui qui attribue au propriétaire d'une chose mobilière ou immobilière ce qui s'y unit ou incorpore accessoirement, soit d'une manière naturelle, soit artificiellement. — *C. civ.* 546. — Voy. *Accession.*

DROIT acquis. — S'entend de celui contre lequel une loi nouvelle ne peut rétroagir. — Voy. *Effet rétroactif.*

DROIT de chasse. — Voy. *Chasse.*

DROIT de cité. — Voy. *Cité.* — *Citoyen.* — *Droits politiques.*

DROIT des gens. — Voy. *Droit.*

DROIT civil. — Voy. *Droit.*

DROIT commun. — C'est celui qui est généralement observé par opposition aux dispositions qui y dérogent.

DROIT coutumier. — C'est celui fondé sur des usages et coutumes, écrites ou non écrites, et qui régissait une grande partie de la France avant la promulgation de nos Codes. — Voy. *Coutumes.* — *Usages locaux.*

DROIT (de). — On dit qu'une chose est *de droit* ou va *de droit*, pour exprimer qu'une chose est autorisée par la loi.

DROIT écrit. — C'est ainsi qu'on désignait autrefois le *droit romain*, qui avait force de Loi dans plusieurs provinces du royaume.

DROIT étroit. — C'est l'étroite et exacte obéissance aux lois écrites, en un mot la *lettre de la loi* prise dans sa plus grande rigueur et sans extension d'un cas à l'autre. — Voy. *Interprétation des lois.* — *Règles de droit.*

DROIT d'habitation. — Voy. *Habitation.*

DROIT fiscal. — Ce mot exprime l'ensemble des règles de la législation et de la jurisprudence qui régissent la perception de l'impôt, ou l'impôt lui-même, soit direct, soit indirect. — Voy. *Contributions publiques.* — *Douane.* — *Enregistrement.* — *Boissons.*

DROIT (Règles de). — Voy. *Règles de droit.*

DROIT de retour. — On entend par droit de retour celui qui fait rentrer les biens au donateur, lorsque le donataire décède sans postérité.

On distingue le *retour légal* et le *retour conventionnel.* — *C. civ.* 351, 747 et 951. — Voy. *Retour conventionnel.* — *Retour légal.*

DROIT de suite. — C'est le droit que l'on a de revendiquer une chose, ou celui que donne l'hypothèque de suivre l'immeuble hypothéqué dans quelques mains qu'il passe. — *C. civ.* 2166. — Voy. *Hypothèque.* — *Privilège.* — *Saisie.* — *Revendication.*

DROIT naturel. — Voy. *Droit.*

DROIT public. — Voy. *Droit.*

DROITS en sus. — Peine pécuniaire imposée par les lois sur l'enregistrement pour défaut ou retard d'enregistrement des actes et mutations, de même que pour insuffisance du prix ou d'évaluation des biens, ou encore pour omission de valeurs dans les déclarations de succession.

Le droit en sus est d'une somme égale à ce droit, pour défaut ou retard d'enregistrement des actes, ou pour omission de valeurs dans les déclarations de succession, et de moitié du droit principal pour insuffisance de prix ou d'évaluation.

Pour les contre-lettres faites sous seing privé, et tout autre acte constatant une dissimulation dans le prix d'une vente, soit d'immeubles, soit de fonds de commerce, ou toute soulte d'échange ou de partage de biens de même espèce, l'amende est d'une somme égale au quart de la somme dissimulée. — *L. du 23 août 1871.*

Les contre-lettres antérieures à la loi du 23 août 1871, faites sous seing privé et ayant pour objet une augmentation du prix stipulé dans un acte public, sont passibles d'une amende triple du droit dû sur les sommes ou valeurs ainsi stipulées. — Voy. *Acte sous seing privé. — Contre-lettre. — Mutation. — Succession.*

En ce qui concerne les droits en sus et amendes. — Voy. *Enregistrement (droits en sus et amendes).*

DROITS facultatifs. — Ce sont ceux dont on est libre d'user ou de ne pas user, comme de disposer, de se marier, de changer de domicile, etc.

En général, ces droits sont imprescriptibles. — *C. civ.* 2232.

DROITS actifs et passifs. — Ce sont ceux qui comprennent tout à la fois les biens et les charges, les créances et les dettes. — Ces termes ne s'emploient guère que pour désigner une universalité de choses en meubles ou immeubles, soit qu'il s'agisse d'une société, d'une communauté ou d'une succession.

DROITS civils. — Ce sont ceux que les lois de chaque nation confèrent aux individus qui en font partie, et qui règlent les rapports des particuliers entre eux.

Il faut distinguer ces droits de ceux politiques. — Voy. *Droits politiques.*

Les *droits civils* diffèrent des *droits naturels* par leur origine et les personnes auxquelles ils s'appliquent. — Ils ne sont attribués qu'en partie, ou sous condition, à l'étranger et aux condamnés qui ont encouru certaines peines, tandis que les droits naturels appartiennent à tous les hommes sans distinction.

Sont de droit civil : 1° la puissance paternelle et maritale ; 2° la tutelle, le droit de concourir à la nomination d'un tuteur, d'un subrogé-tuteur ou à toute autre délibération d'un Conseil de famille ; 3° le droit de succéder ou de transmettre par succession ; 4° le bénéfice de cession judiciaire ; 5° le témoignage en justice sous la foi du serment ; 6° la qualité de témoin instrumentaire ; 7° le droit de procéder en justice ; 8° le droit de permis de chasse, etc. — Voy. *Puissance paternelle. — Avis de parents. — Conseil de famille. — Tutelle. — Serment. — Témoin instrumentaire. — Jugement. — Chasse.*

On perd les droits civils de deux manières : 1° par la perte de la qualité de Français ; et 2° par suite de condamnations pénales. — *D. N.*

On peut en être privé à temps ou à perpétuité. Cette privation est encourue, ou comme peine, ou comme conséquence d'une peine. — *C. pén.* 28, 42. — Voy. *Condamné. — Interdiction légale.*

Le condamné peut recouvrer ses droits civils par la *grâce* et la *réhabilitation.* — Voy. ces mots.

DROITS civiques. — Voy. *Citoyen. — Droits politiques.*

DROITS domaniaux. — Ce sont ceux qui appartiennent au domaine de l'Etat. — Voy. *Déshérence. — Domaine de l'Etat. — Epave. — Succession.*

DROITS d'enregistrement. — Voy. *Enregistrement (tarif).*

DROITS de greffe. — Voy. *Greffe.*

DROITS d'hypothèque. — Ceux qui se perçoivent sur l'accomplissement des formalités hypothécaires. — Voy. *Hypothèques (droits).*

DROITS de mutation. — Voy. *Mutation par décès.*

DROITS incorporels. — Ce sont ceux qui ne consistent réellement qu'en un droit ou une action, par opposition aux choses corporelles, c'est-à-dire à celles qui sont meubles ou immeubles par leur nature. — Ces droits sont mobiliers ou immobiliers, selon l'objet auquel ils s'appliquent. — Voy. *Chose. — Fonds de commerce. — Meubles. — Immeubles. — Transport. — Cession.*

DROITS litigieux. — Ce sont ceux dont le sort dépend d'un procès.

Pour qu'une chose soit litigieuse, il faut qu'il y ait contestation née, procès entrepris, et que la contestation et le procès portent sur le fond du droit. — *C. civ.* 1700.

Comme toute espèce de créance et droit incorporel, les droits litigieux peuvent être cédés, soit à titre gratuit, soit à titre onéreux. — Voy. *Transports de droits litigieux.*

La partie contre laquelle le procès est entamé a le droit de faire le retrait du droit litigieux, moyennant remboursement du prix de cession. — *C. civ.* 1699. — Voy. *Retrait de droits litigieux.*

DROITS mobiliers et immobiliers. — Ce sont ceux qui ont des meubles ou des immeubles pour objet. — Voy. *Meubles.* — *Immeubles.*

DROITS, noms, raisons et actions. — Termes généraux, employés dans la rédaction des actes, et sous lesquels on comprend tous les droits et toutes les prétentions d'une personne à une chose.

On entend par *droit* ce qui appartient au cédant, — par *nom*, le titre et la qualité en vertu desquels on est fondé à agir, — par *raison*, toute prétention légitime, — et par *action* le droit d'exercer la demande. — *D. N.*

DROITS personnels. — Ce sont ceux qui ne peuvent s'exercer que contre la personne même qui s'est directement obligée ou contre ses héritiers. — Ils s'entendent encore de ceux exclusivement attachés à la personne et non transmissibles.

Sont exclusivement attachés à la personne : 1° les droits d'usage et d'habitation ; 2° le droit de retrait successoral ; 3° le droit d'accepter une donation entre vifs ; 4° le droit de demander des aliments ; 5° les demandes en nullité de mariage ; 6° celles en désaveu de paternité ; 7° le retrait d'indivision. — *D. N.* — Voy. *Habitation.* — *Usage.* — *Retrait successoral.* — *Aliments.* — *Séparation de biens.* — *Désaveu de paternité.* — *Communauté de biens.*

DROITS politiques. — Ce sont ceux attachés à la qualité de citoyen, et qui ont pour objet de participer, soit à l'exercice, soit à l'établissement de la puissance et des fonctions publiques.

Aujourd'hui, tout Français de naissance devient *citoyen* à l'âge de vingt-un ans accomplis, et entre en jouissance de ses droits politiques.

Les droits politiques sont le droit d'être électeur ; d'être éligible au Corps législatif, aux Conseils généraux, d'arrondissement ou de municipalité ; d'être fonctionnaire public, juré et témoin instrumentaire.

Toutefois, ces droits ne sont exercés que selon les conditions fixées par les lois, par exemple celle de l'âge et celle du domicile, qui diffèrent selon la nature et l'importance des fonctions. — Voy. *Domicile.* — *Age.*

Il suffit d'avoir vingt-un ans accomplis, et six mois de domicile, pour être électeur.

Sont éligibles tous les électeurs âgés de vingt-cinq ans.

L'exercice des droits politiques est suspendu par l'état de débiteur failli, par l'état d'interdiction judiciaire, d'accusation ou de contumace, etc. — Voy. *Age.* — *Citoyen.* — *Élections.* — *Français.*

DROITS de pure faculté. — Voy. *Droits facultatifs.*

DROITS réels. — Les droits réels sont ceux qui affectent les biens du débiteur d'une manière toute particulière, et qui donnent à ceux auxquels ils sont acquis la faculté de les exercer en quelques mains que ces biens soient passés.

Les principaux droits réels sont le *gage*, l'*hypothèque*, les *servitudes*, l'*emphytéose* et le *domaine congéable.*

DROITS réunis. — Ce sont ceux dont la perception se fait par les agents du Gouvernement, sur les boissons, le tabac, les cartes à jouer, la musique gravée, les voitures publiques, etc.

Cette Administration est aussi chargée de la perception des octrois municipaux pour le compte des communes. — Voy. *Boissons.* — *Contributions indirectes.*

DROITS successifs. — Ce sont ceux attachés à la qualité d'héritier, ceux qu'on recueille à titre de succession.

Ces droits constituent une véritable propriété des biens de l'hérédité.

Ils peuvent être l'objet d'une cession ou de toute autre convention. — C. civ. 1696 *et suiv.* — Voy. *Transport.* — *Cession.*

Toutefois, on ne peut céder la succession d'une personne vivante, ni en faire l'objet d'aucune convention. — D. N. — Voy. *Pacte sur succession future.* — *Vente.*

DROITS de survie. — Voy. *Augment de préciput.* — *Bagues et joyaux.* — *Gains nuptiaux et de survie.* — *Préciput.*

DROITS de Timbre. — Voy. *Timbre.*

DROITS de transcription. — Voy. *Transcription (droits de).*

DROITS sur les boissons. — Voy. *Boissons.*

DRÔME. — Département formé d'une partie de l'ancienne province du Dauphiné.
Chef-lieu : Valence.
Cour d'appel : Grenoble.
Ce département est limité à l'Est par l'Isère et les Hautes-Alpes ; au Sud par les Basses-Alpes et le Vaucluse ; à l'Ouest par l'Ardèche, et au Nord par l'Isère.
Il est divisé en 4 arrondissements, 29 cantons et 378 communes.
Superficie : 661.529 hectares.
Impôt foncier : 1.292.846 francs.
Population : 314.615 habitants.

DUEL. — Le duel n'est interdit par aucune de nos lois, mais la justice le poursuit néanmoins en l'assimilant à une tentative d'assassinat, ou à un assassinat, s'il y a eu mort d'homme.

Dans ce cas, l'accusé principal est l'adversaire survivant ; les témoins sont considérés comme complices.

DUNES. — Monticules, collines ou amas de sables, qui s'étendent le long des bords de la mer. — Voy. *Eau.* — *Mer.* — *Lais et relais.*

DUPLICATA. — Double d'une minute, d'une quittance, d'un écrit quelconque.

DYNAMITE. — Voy. *Poudres et salpêtres.*

E

EAU. — La loi considère l'eau comme l'accessoire du fonds, soit qu'elle y naisse, soit qu'elle y tombe.

Au premier rang des eaux, on place la mer, qui est le domaine commun des nations. — Voy. *Mer.*

Indépendamment des eaux de la mer, il existe deux autres sortes d'eaux : les premières, qui s'échappent de la terre et qu'on appelle *eaux vives ;* les autres, qui proviennent des pluies ou de la fonte des neiges et qu'on appelle *eaux pluviales.*

Selon que l'on considère leur volume, leur origine ou leur destination, les eaux forment, ou des rivières soit navigables et flottables, soit flottables seulement, ou toute autre espèce de cours d'eau qui n'est ni navigable ni flottable, ou bien des fontaines, puits, étangs, etc.

Les eaux sont encore *stagnantes* ou *courantes*, soit naturellement, soit par le fait de l'homme.

Les eaux stagnantes forment les lacs, les étangs, les mares, les marais, les canaux, viviers, citernes et autres réservoirs.

Les eaux courantes, dites *cours d'eau*, sont les fleuves et les rivières, les ruisseaux, les torrents et ravins, les sources ou fontaines, les eaux de pluie tombées sur la surface de la terre.

Les fleuves et rivières navigables ou flottables sont des dépendances du domaine public. — *C. civ.* 538.

Toutefois on peut acquérir sur les rives, et même sur les eaux d'un fleuve, certains droits ; ainsi on peut y construire des usines, former des gords et pêcheries ; on peut, au moyen d'écluses, en dériver les eaux pour l'irrigation ; — on peut aussi recueillir les osiers, les joncs, les roseaux qui croissent dans le lit des fleuves et rivières. — Voy. *Cours d'eau.*

C'est l'Administration des ponts et chaussées qui est chargée de la partie réglementaire des eaux.

Celui dont la propriété borde une eau courante autre que celle qui est déclarée dépendance du domaine public peut s'en servir, à son passage, pour l'irrigation de ses propriétés ; celui dont cette eau traverse l'héritage peut même en user dans l'intervalle qu'elle y parcourt, mais à charge de la rendre à son cours ordinaire. — *C. civ.* 644.

Celui qui a une source dans son fonds peut en user à sa volonté, sauf le droit que le propriétaire du fonds inférieur peut avoir acquis par titre ou par prescription. — Voy. *Prescription.* — *Servitude.* — *Cours d'eau.*

Les sources d'eaux minérales sont soumises à des règles exceptionnelles. — Voy. *Eaux minérales et thermales.*

L'exploitation des sources d'eau salée ne peut avoir lieu sans une concession du Gouvernement. — *L. du 17 juin* 1810.

Nul n'a le droit de prendre de l'eau dans le puits d'un autre, si ce n'est en cas d'incendie. — *D. N.*

Les fonds inférieurs sont assujettis envers ceux qui sont plus élevés à recevoir les eaux qui en découlent naturellement, sans que la main de l'homme y ait contribué.

Le propriétaire inférieur ne peut point élever de digue qui empêche cet écoulement, et le propriétaire supérieur ne peut rien faire qui aggrave la servitude du fonds inférieur. — *C. civ.* 640.

Mais nul ne peut inonder le terrain de son voisin en lui transmettant volontairement les eaux d'une manière nuisible, à peine de dommages-intérêts.

EAUX et forêts. — Ancienne juridiction qui n'embrasse plus aujourd'hui que l'Administration forestière, et dont l'action sur les eaux est réduite aux produits de la pêche sur les cours d'eau du domaine public. — Voy. *Compétence.* — *Cours d'eau.* — *Forêts.* — *Pêche.* — *Ponts et chaussées.*

EAUX-de-vie. — Voy. *Boissons.*

EAUX minérales ou thermales. — Ce sont les eaux de sources chargées de principes minéraux qui leur communiquent des propriétés thérapeutiques.

Les sources d'eaux minérales ou thermales sont placées sous la surveillance de l'Administration publique.

Ces sources appartiennent, soit à l'Etat, soit aux communes, soit à des particuliers.

La concession directe de l'exploitation d'une source appartenant à l'Etat ne peut être autorisée que par une loi, qui fixe la durée de la concession.

Tout propriétaire qui découvre dans son terrain une source d'eau minérale est tenu d'en instruire le Gouvernement, pour qu'il en fasse faire l'examen, et, d'après le rapport des commissaires nommés à cet effet, la distribution lui en est permise ou interdite.

L'autorisation d'exploiter n'est subordonnée qu'à la seule constatation des propriétés thérapeutiques de l'eau. — *L. du 14 juillet* 1856.

Le débit des eaux minérales est soumis à l'inspection des hommes de l'art.

Les préfets sont autorisés à faire des règlements particuliers de police qui, lorsqu'ils ont été approuvés par le Ministre de l'intérieur, sont obligatoires pour les particuliers qui fréquentent les établissements d'eaux minérales.

Les eaux sont administrées gratuitement aux indigents, sans que les frais de séjour puissent être à la charge de l'établissement.

Les sources d'eaux minérales, de même que les terrains et bâtiments jugés nécessaires pour les établissements thermaux, peuvent être l'objet d'expropriations pour cause d'utilité publique. — *D. N.*

Il est défendu aux particuliers de faire aucun sondage, ni aucun travail souterrain dans un périmètre de 1.000 mètres de rayon autour des sources d'eaux minérales exploitées, sans l'autorisation du préfet. — *Déc. du 8 mars* 1848.

EAUX pluviales. — Les eaux pluviales appartiennent, par droit d'accession, au propriétaire du terrain sur lequel elles tombent, qui peut en disposer ou les laisser couler sur les fonds inférieurs suivant la pente naturelle du terrain, sauf titre, destination du père de famille ou prescription trentenaire.

EAUX salées. — Voy. *Salines*.

ÉBOULEMENT. — Les éboulements de terre, pierres, sable, etc., qui ont lieu naturellement ou par le fait de l'écoulement des eaux des terrains supérieurs sur le terrain inférieur ne donnent pas lieu à des dommages-intérêts, à moins que le propriétaire supérieur n'ait provoqué ou favorisé l'éboulement par négligence ou autrement.

ÉBRANCHEMENT. — Voy. *Élagage*.

ÉCHALAS. — On nomme échalas ou charniers les tuteurs destinés à soutenir les ceps de vigne.

Ils sont immeubles par destination, étant placés pour l'exploitation du fonds. — *C. civ.* 524.

S'ils n'avaient point encore été appliqués au fonds, c'est-à-dire s'ils n'avaient point encore servi, ils seraient meubles; mais ceux qui ont servi, qu'ils soient par monceaux dans la vigne ou plantés en terre, sont immeubles. — *Demolombe*.

L'usufruitier peut prendre dans les bois des échalas pour les vignes. — *C. civ.* 593. — Voy. *Forêts*. — *Usufruit*.

Mais ni lui, ni ses héritiers ne pourraient les distraire de la vigne, attendu que leur service rentre dans l'entretien du fonds dont l'usufruitier est tenu. — Voy. *Usufruit*.

ÉCHANGE. — L'échange est un contrat par lequel les parties se donnent respectivement une chose pour une autre. — *C. civ.* 1702.

C'est un contrat consensuel parfait par le consentement des parties. — *C. civ.* 1703.

C'est avec la vente que l'échange présente la plus grande affinité; aussi la loi a-t-elle déclaré communes à l'échange les règles de la vente. — *C. civ.* 1707.

L'échange est, comme la vente, synallagmatique et intéressé de part et d'autre. Comme la vente aussi, il transfère la propriété. La clause résolutoire est sous-entendue dans l'échange comme dans la vente, pour le cas d'inexécution des conventions stipulées. — Enfin, l'obligation de garantir est commune aux deux contrats.

Les meubles comme les immeubles sont susceptibles d'être échangés, et on peut même échanger des meubles contre des immeubles. — *Duranton*.

Règle générale, la garantie du défaut de contenance est due en matière d'échange, sauf stipulation contraire.

Pour faire un échange, il faut être capable d'aliéner; cependant les biens dotaux peuvent être échangés en observant les formalités prescrites par l'article 1559 du Code civil. — Voy. *Régime dotal*.

Les biens indivis, ne peuvent, à peine de nullité, être donnés en échange sans le consentement du copropriétaire. — *C. civ.* 1599. — Voy. *Indivis*. — *Indivision*.

Le copermutant qui est évincé de la chose reçue en échange a le choix de conclure à des dommages-intérêts ou de répéter la sienne. — *C. civ.* 1705. — Voy. *Éviction*.

La rescision pour cause de lésion n'a pas lieu dans le contrat d'échange. — C. civ. 1706.

Mais il en serait autrement, si l'échange avait pour objet de faire cesser l'indivision entre cohéritiers. — C. civ. 888. — Voy. *Partage*.

L'échange se trouve quelquefois mélangé de vente, c'est ce qui arrive lorsqu'il ne se fait pas but à but, et qu'on stipule le paiement d'une soulte en argent. Si la soulte était supérieure à la chose donnée avec celle en contre-échange, et que par conséquent l'élément de la vente dominât, la lésion serait admise. — *D. N.*

Le privilège nécessaire pour assurer le paiement de la soulte stipulée est le même que celui accordé par l'article 2103 du Code civil au vendeur ordinaire, c'est-à-dire qu'il n'y a point de temps fixé tant qu'une seconde mutation ne s'est point opérée. — C. civ. 834. — Voy. *Licitation.* — *Soulte.* — *Transcription.*

Toute dissimulation dans le prix de la soulte donne lieu à une amende due pour moitié par chacun des échangistes, mais néanmoins solidairement, laquelle est du quart de la somme dissimulée.

Comme la vente, l'échange peut être fait par acte authentique ou par acte sous seing.

Une loi du 3 novembre 1881 favorise l'échange des immeubles ruraux en réduisant le droit proportionnel d'enregistrement et de transcription sur ces sortes d'échange à 20 cent. pour cent au lieu de 3 fr. 50 cent., lorsque les immeubles échangés sont situés dans la même commune ou dans les communes limitrophes. Il en est de même lorsque l'un des immeubles échangés se trouve contigu aux propriétés de celui des échangistes qui le reçoit. Toutefois cette réduction n'a lieu que dans le cas seulement où les immeubles ont été acquis par les contractants par acte enregistré depuis plus de deux ans, ou recueillis à titre héréditaire.

Nous donnons ci-après une formule d'acte d'échange d'immeubles, tout en recommandant de n'en user que provisoirement et en attendant la possibilité de régulariser devant notaire.

Echange d'immeubles.

Aujourd'hui....,
Les soussignés :
M. A..., demeurant à....,
Et M. B..., demeurant à....,
Ont arrêté ce qui suit :
M. A... cède, à titre d'échange et avec garantie de tous troubles et évictions,
A M. B..., qui accepte,
Une pièce de terre labourable située à....., nommée....., contenant environ....., ayant pour abornements au levant....., au midi....., au couchant....., et au nord....

M. A... est propriétaire de cette pièce de terre au moyen de l'acquisition qu'il en a faite de M. C..., par acte reçu par M⁎....., notaire à....., le....

De son côté, M. B... cède à titre de contre-échange, avec la même garantie de tous troubles et évictions,
A M. A..., qui accepte,
Un herbage planté de pommiers situé à....., nommé....., contenant environ..... ayant pour limites : à l'est....., au sud...... à l'ouest....., et au nord....

Cet herbage appartient à M. B... en sa qualité de seul et unique héritier de M. B..., son père, décédé à....., où il demeurait le....

Conditions.

1ʳᵉ. Les échangistes auront respectivement la pleine propriété et jouissance des biens échangés à partir de ce jour;

2ᵐᵉ. Ils souffriront les servitudes passives et profiteront de celles actives, s'il en existe, sur ou en faveur desdits biens;

3ᵐᵉ. Ils acquitteront respectivement la contribution foncière applicable aux biens échangés, à compter du premier janvier prochain ;

4ᵐᵒ. Ils seront tenus d'entretenir et exécuter, pendant toute leur durée, les baux qui peuvent exister des objets échangés, en recevant les fermages à courir à partir d'aujourd'hui ;

5ᵐᵒ. Cet échange étant subordonné à la tranquille possession et jouissance des objets échangés, il a été expressément convenu qu'en cas d'éviction ou trouble l'échangiste évincé rentrerait de plein droit dans la propriété et jouissance de l'objet échangé, lors même qu'il serait passé à des tiers détenteurs, les échangistes s'interdisant toute transmission autrement que sous cette condition.

6ᵐᵉ. Enfin, le présent échange est fait sans soulte ni retour (ou moyennant une soulte de la part de M. A..., de la somme de....., qu'il s'est obligé de payer à M. B..., à...... le....., avec intérêts jusqu'au paiement effectif, à raison de cinq pour cent par an, payables les....., à compter du....).

Les échangistes déclarent et garantissent réciproquement que les immeubles échangés sont libres d'hypothèques et inscriptions, et pour le cas où il en existerait, ils s'obligent à en fournir les mainlevées et radiations dans le mois de la demande.

Lesdits échangistes déclarent encore à l'égard de leur état civil, savoir : Que M. A... est marié à la dame....., demeurant avec lui. Et que M..B... est veuf en premières noces de la dame.. ... et que de ce mariage sont nés deux enfants encore mineurs, qui ont pour subrogé-tuteur M...., demeurant à.....

Remise est faite de part et d'autre des titres de propriété des immeubles échangés.

Pour l'exécution des présentes, domicile est élu à la mairie de......

Fait double à....., lesdits jour, mois et an, et signé, lecture prise.

(*Signatures.*)

ÉCHANTILLON. — Petite partie d'étoffe ou marchandise que l'on expédie pour faire juger de la qualité, et que celui qui achète peut conserver pour servir de comparaison lors de la livraison.

On appelle aussi échantillon le second morceau d'une taille. — *C. civ.* 1333. — Voy. *Taille.*

La vente sur échantillon est une sorte de vente à l'essai. — *C. civ.* 1588. — Voy. *Envoi d'échantillons.*

ÉCHÉANCE. — C'est le jour auquel on doit payer ou faire quelque chose ; le dernier jour du délai ou terme.

Ce jour appartient tout entier au débiteur, et ce n'est que le lendemain qu'il peut être poursuivi ou mis en demeure. — Voy. *Demeure (mise en).* — *Délai. Lettre de change.* — *Protêt.*

Ce qui n'est dû qu'à terme ne peut être exigé avant l'échéance du terme, mais ce qui a été payé d'avance ne peut être répété. — *C. civ.* 1186. — Voy. *Terme.*

ÉCHELAGE. — Espace qui environne un domaine ou une maison, et qui est réservé sur les dépendances de la propriété pour la facilité de tourner autour, sans empiéter sur le fonds voisin.

ÉCHELETTE. — Calcul du décroissement d'intérêts d'un capital, au fur et à mesure des acomptes payés sur ce même capital. — Voy. *Compte par échelette.*

ÉCHELLE (Tour d'). — Voy. *Tour d'échelle.*

ÉCHELLES du Levant. — On appelle ainsi les places de commerce sur les côtes et dans les mers du Levant et dans celles du nord de l'Afrique, là où les puissances maritimes entretiennent des consuls et commissionnaires pour la protection des commerçants de leur nation. — *C. comm.* 160.

Le centre de l'entrepôt du commerce de France dans les Échelles du Levant est à Marseille.

Les chargements faits aux Échelles du levant pour l'Europe peuvent être assurés sur quelque navire qu'ils aient lieu, sans désignation du navire ni du capitaine. — *C. comm.* 337.

ÉCHENILLAGE. — Destruction des chenilles sur les arbres, arbustes, haies ou buissons, et des bourses et toiles contenant les nids et les œufs des chenilles. — *E. N.*

Les propriétaires ou détenteurs d'héritages sont tenus d'écheniller ou faire écheniller chaque année, avant le vingt février, les arbres étant sur lesdits héritages, et de brûler sur-le-champ les bourses et toiles qui sont tirées des arbres, haies et buissons. — *L. du 26 ventôse an IV.*

A défaut d'échenillage dans les délais fixés par les règlements locaux, les maires et adjoints sont autorisés à les faire exécuter aux frais des propriétaires ou détenteurs.

L'exécutoire des dépenses leur est délivré par le juge de paix sur les quittances des ouvriers.

Ceux qui négligent d'écheniller selon la loi ou les règlements encourent, en outre, l'amende de un à cinq francs. — *C. pén.* 471.

ÉCHOPPE. — Sorte de petite boutique établie ordinairement à l'intérieur d'une maison contre un mur. — Voy. *Bail d'une échoppe.* — *Meubles.* — *Immeubles.*

Les échoppes sont considérées comme boutiques pour les congés. — Voy. *Congé.*

ÉCHOUEMENT. — On entend par ce mot le choc d'un navire contre un écueil, par suite duquel il périt ou éprouve des avaries.

L'échouement avec bris a lieu quand le navire se brise en échouant, et est mis hors d'état de continuer sa route. Dans ce cas, le délaissement est autorisé. — Voy. *Délaissement pour fait d'assurance maritime.*

Tout capitaine, maître, patron ou pilote chargé de la conduite d'un navire ou autre bâtiment de commerce qui, volontairement et dans une intention frauduleuse, le fait périr par n'importe quel moyen, est puni de mort. — *L. du 10 avril 1825.* — *C. comm.* 353. — Voy. *Navigation.* — *Navire.*

Les pertes et dommages occasionnés par échouement sont aux risques des assureurs. — *C. comm.* 350 ; mais il n'est dû aucun fret pour les marchandises perdues par échouement. — *C. comm.* 302.

ÉCLAIRAGE. — La loi et les règlements municipaux et de police obligent les aubergistes et autres à l'éclairage. — *L. du 24 août 1790.*

Sont passibles d'amende de un à cinq francs inclusivement : 1° les aubergistes et autres qui, obligés à l'éclairage, l'auront négligé ; 2° ceux qui, en contravention aux lois et règlements, auront négligé d'éclairer les matériaux par eux entreposés, ou les excavations par eux faites dans les rues et places. — *C. pén.* 471.

L'amende sera portée de onze francs à quinze francs inclusivement, lorsque la négligence aura occasionné la mort ou la blessure d'animaux appartenant à autrui. — *C. pén.* 479.

ÉCLUSE. — Ouvrage construit sur un cours d'eau pour en produire ou en empêcher l'élévation sur un point.

Il ne peut être établi d'écluses qu'avec l'autorisation du préfet, sauf l'approbation du Gouvernement, et sauf aussi le recours des parties devant le Ministre de l'intérieur, en cas de refus ou d'arrêté ordonnant la démolition desdites écluses.

La construction d'écluses sans autorisation sur des rivières navigables et flottables, et qui sont nuisibles au cours de l'eau, est passible d'amende. — *L. du 29 floréal an X.*

ÉCOBUAGE. — Se dit de l'enlèvement de la couche superficielle d'un terrain chargé d'arbustes et d'herbes, et d'en faire des amas auxquels on met le feu pour en répandre ensuite la cendre sur le sol.

Les écobuages des terrains situés à proximité des bois soumis au régime forestier doivent être autorisés par le préfet.

ÉCOLE. — Voy. *Enseignement.* — *Établissement public.*

ÉCOLES civiles. — Voy. *Écoles préparatoires spéciales.*

ÉCOLES d'agriculture. — Ce sont celles instituées pour recevoir les jeunes gens qui se destinent aux travaux agricoles.

On admet gratuitement aux *fermes-écoles* les jeunes gens de 15 ou 16 ans d'une bonne constitution, et qui justifient qu'ils ont reçu les éléments de l'instruction primaire.

Les *écoles régionales*, qui forment le second degré de l'enseignement agricole, reçoivent des boursiers au concours.

L'enseignement agricole supérieur est donné à l'*Institut agronomique* de Versailles.

ÉCOLES d'arts et métiers. — Il existe des écoles d'arts et métiers à Paris, Angers, Aix et Châlons-sur-Marne.

Ces écoles sont régies par un décret du 6 novembre 1873 et trois arrêtés ministériels du 8 du même mois.

On reçoit dans chacune de ces écoles 300 élèves, tant boursiers que payant la pension de 500 francs.

Pour être admis il faut être âgé de 15 à 17 ans.

En sortant de ces écoles après trois années d'études, les bons élèves obtiennent des places de contre-maîtres, chefs d'ateliers, etc.

ÉCOLES de droit. — Les écoles ou facultés de droit sont celles où l'on enseigne les lois, et où prennent leurs grades ceux qui se destinent à la magistrature, aux fonctions d'avocat et à certaines fonctions administratives. — *LL. des 22 ventôse an XII et 14 juin 1854.*

ÉCOLES militaires. — Voy. *Écoles préparatoires spéciales.*

ÉCOLES navales. — Voy. *Écoles préparatoires spéciales.*

ÉCOLES préparatoires spéciales. — On entend par Écoles spéciales les écoles du Gouvernement placées, suivant leur objet, sous la direction des différents Ministères.

Ces Écoles sont notamment :

Écoles civiles.

L'École polytechnique, d'un caractère mixte en ce sens qu'elle prépare tout à la fois aux services militaires et aux services civils,

Le Collège de France, qui comprend aujourd'hui 24 chaires et est régi par un décret du 1ᵉʳ février 1873,

L'École centrale des arts et manufactures,

L'École des beaux-arts, consacrée à l'enseignement des arts et du dessin,

L'École des ponts et chaussées,

Les Écoles des mines,

L'École forestière, réorganisée par un décret du 3 nov. 1880,

Les Écoles des arts et métiers. — Voy. *Écoles d'arts et métiers.*

Les Écoles d'agriculture. — Voy. *Écoles d'agriculture.*

L'École pratique des hautes études,

L'École des haras,

Les Écoles vétérinaires,

Le Muséum d'histoire naturelle, administré par un Directeur et 13 professeurs, et dont les cours sont publics,

L'École d'Athènes (École française établie à Athènes), pour le perfectionnement de l'étude de la langue, de l'histoire et des antiquités grecques,

Le Conservatoire de musique et de déclamation. — *Voy.* ces mots.

L'École des langues orientales,

L'École archéologique de Rome,

L'École des sourds-muets,

Le Bureau des longitudes, etc.

Écoles militaires.

Outre l'École polytechnique, les Écoles militaires sont :

Le Prytanée de la Flèche, destiné spécialement aux fils de militaires,

L'École spéciale de Saint Cyr,

L'École supérieure de Guerre,

L'École d'application du Génie et de l'Artillerie,

L'École de cavalerie de Saumur.

Écoles navales.

Les Écoles préparatoires de navigation sont notamment :

Les Écoles de maistrance,

L'École des défenses sous-marines,

L'École des pupilles de la marine,

L'École des mousses,

Le Dépôt d'instruction des Novices,
L'Ecole de timonnerie,
L'Ecole de Pilotage, de Canonnage, de Pyrotechnie, etc.,
L'Ecole navale de Brest établie sur un vaisseau de l'Etat et destinée à compléter l'instruction théorique et pratique des jeunes élèves,
L'Ecole du Génie maritime, actuellement établie à Cherbourg.

Des bourses et demi-bourses sont accordées, par voie de concours, dans ces différentes Ecoles, aux élèves qui ont fait préalablement constater l'insuffisance des ressources de leur famille par une délibération motivée du Conseil municipal, approuvée par le préfet du département, à l'exception, toutefois, du Prytanée de la Flèche, où les places gratuites sont spécialement réservées aux enfants des militaires ou officiers,

Pour les concours aux Ecoles navales, les candidats doivent être âgés de 14 à 17 ans.

Par une loi du 19 juillet 1884, il a été créé de nouvelles Ecoles militaires préparatoires, où les fils de militaires sont admis de 13 à 14 ans et reçoivent l'instruction aux frais de l'Etat. — *E. N.*

ÉCONOMIE politique. — C'est la science qui traite de la production, de la distribution et de la richesse des nations.

Cette science embrasse l'épargne, la propriété, l'agriculture, le commerce, l'argent, le crédit, l'impôt, etc.

ÉCRIT. — S'entend de ce qui constitue un acte ou la preuve d'une convention, d'une obligation ou d'une libération.

Ce mot ne s'emploie guère que lorsqu'on l'applique à un acte sous seing privé.

Pour apprécier les droits qui résultent d'un écrit et en déterminer la nature, il est de principe que l'on doit s'arrêter à son sens littéral, et non pas à la dénomination plus ou moins impropre que l'écrit donnerait à la convention qu'il constate.

Tout écrit est assujetti, selon les divers cas, à telle ou telle forme pour sa validité; toutefois cette forme manquant, il peut toujours servir de commencement de preuve par écrit. — Voy. *Approbation d'écriture.* — *Commencement de preuve par écrit.* — *Double écrit.* — *Preuve.*

ÉCRIT double. — Voy. *Double écrit.*

ÉCRITURE. — Se dit de l'art d'écrire, de même que des caractères tracés.

L'écriture constitue la preuve la plus forte des conventions et des faits dont il importe de conserver le souvenir.

Sur l'écriture des actes sous seing. — Voy. *Acte sous seing.*

Il a été jugé qu'un testament écrit au crayon est valable. — *Arr. Aix*, 27 janvier 1846.

Mais il a été aussi jugé qu'un exploit écrit au crayon est nul.

ÉCRITURES (actes). — Le mot *écritures* s'emploie au pluriel pour désigner tous actes ou écrits ayant pour objet d'établir l'existence d'un fait ou d'une convention.

Toutefois, certaines écritures qui n'ont point la forme d'actes peuvent être invoquées en justice. Telles sont les livres des commerçants, les papiers domestiques, les lettres missives, celles mises au dos, en marge ou à la suite d'un titre de créance. — Voy. *Feuille volante.* — *Lettre missive.* — *Livres de commerce.* — *Papiers domestiques.* — *Preuve.* — *Quittance.*

Les écritures privées ainsi que la signature qui les termine n'ont de valeur qu'autant qu'elles ne sont pas contestées par celui auquel on les oppose. — *C. civ.* 1322.

Les écritures même non signées peuvent former un commencement de preuve par écrit. — *D. N.* — Voy. *Commencement de preuve par écrit.*

ÉCRIVAIN. — Celui dont la profession est de copier ou transcrire des écritures.

L'écrivain d'un navire de commerce reçoit les testaments faits sur mer. — *C. civ.* 988. — Voy. *Testament.*

ÉCROU. — S'entend de l'inscription d'un prisonnier sur le registre de la prison. — *C. proc.* 789. — *C. instr. crim.* 608.

ÉBRANCHEMENT. — Voy. *Elagage.*

ÉDIFICE public. — On entend par édifice public les bâtiments, tels que les églises, les hôtels de ville, les bourses de commerce, etc.

Les édifices publics étant une dépendance du domaine public, les voisins ne peuvent, ni s'adosser aux murs, même en établissant un contre-mur, ni acquérir la mitoyenneté, spécialement s'il s'agit d'une église. — *C. civ.* 661, 678. — Voy. *Défense de construire.* — *Démolition.* — *Dénonciation de nouvel œuvre.* — *Dommage.* — *Incendie.* — *Réparations.* — *Voirie.* — *Voisinage.*

ÉDIT. — On nommait ainsi, dans l'ancien ordre de choses, une ordonnance sur un objet intéressant l'ordre public. — Voy. *Loi.*

ÉDITEUR. — Celui qui publie un ouvrage. — Voy. *Propriété littéraire.*

ÉDITION. — S'entend de la publication d'un livre. — Voy. *Propriété littéraire.*

ÉDUCATION. — En droit, ce mot comprend le soin de pourvoir à la nourriture, à l'habillement, au logement et à l'instruction d'un enfant.

Cette obligation dérive de la nature et de la loi qui l'impose aux époux, par le fait du mariage. — *C. civ.* 203.

Le devoir d'élever les enfants cesse par la majorité ou l'émancipation de ceux-ci.

Les enfants n'ont point d'action contre leurs père et mère pour la constitution d'une dot, ou pour un établissement par mariage ou autrement. — *C. civ.* 204.

Il ne faut pas confondre le devoir d'éducation avec la dette alimentaire qui ne peut naître qu'après l'extinction du premier devoir, et qui existe quel que soit l'âge de l'enfant. — Voy. *Aliments.*

L'éducation doit avoir pour objet la morale publique et privée; elle doit comprendre les devoirs envers la société et les vertus domestiques.

C'est le père qui, comme chef de famille, a le droit de décider du genre d'éducation qu'il convient de donner aux enfants, et ce droit est fort étendu. Ainsi il décide dans quel culte ils seront élevés, avec quelles personnes ils pourront avoir des rapports, quels seront leurs maîtres. Toutefois, ce pouvoir peut être limité par les Tribunaux, quand, matériellement ou moralement, l'intérêt de l'enfant est en péril.

Les frais d'éducation et d'entretien des enfants sont une des charges de la communauté entre époux. — *C. civ.* 1409.

Cette obligation cesse toutefois, hors le cas d'usufruit légal, lorsque les enfants ont des ressources suffisantes qui leur sont propres. — *C. civ.* 209.

Si le père est absent ou a disparu, l'éducation des enfants appartient à la mère. — *C. civ.* 141.

Quand le survivant des père et mère est mort ou privé de l'exercice de la puissance paternelle, le droit d'éducation appartient au tuteur.

Les frais d'éducation ne sont point sujets au rapport à succession. — *C. civ.* 852. — Voy. *Rapport à succession.*

L'éducation des enfants naturels est soumise aux mêmes règles que celle des enfants légitimes. — *D. N.* — Voy. *Enfant naturel.*

EFFECTIF. — Ce mot indique tout ce qui existe réellement, en personnes ou en choses, dans un corps ou un dépôt.

En matière commerciale, on dit aussi *paiement effectif*, lorsque le paiement a lieu en deniers comptants.

EFFET. — S'entend de toute conséquence d'une cause. Il n'y a pas d'effet sans cause.

Les *effets civils* sont la conséquence que la loi attache à tous les actes qu'elle autorise, ou à tous les faits qu'elle reconnaît comme pouvant constituer une obligation.

Le mot *effet* désigne encore une chose, ou bien une valeur; ainsi on entend par *effets d'une succession*, tout ce qui compose la succession; *effets mobiliers*, tout ce qui est meuble, etc. — Voy. *Effets de commerce*, etc.

EFFET rétroactif. — C'est l'effet d'une loi, décret ou décision, dont on fait remonter l'application à un temps où elle n'existait pas encore.

Il a été proclamé un principe de sécurité sociale à ce sujet par l'article 2 du Code civil ainsi conçu : « *La loi ne dispose que pour l'avenir; elle n'a point d'effet rétroactif.* »

Toutefois, cet article n'a pas abrogé les lois rétroactives qui existaient à l'époque de sa promulgation, de sorte que les effets des contrats antérieurs ou les droits qui en résultent doivent toujours être régis par les lois du temps.

EFFETS de commerce. — On désigne sous la dénomination générale d'effets de commerce les *billets à ordre* et *lettres de change*, transmissibles par voie d'endossement, de même que les effets payables au *porteur*. — Voy. *Billets à ordre*. — *Lettres de change*.

Les contrats de prêt à *grosse aventure* peuvent être rangés au nombre des effets de commerce.

De même le *connaissement* peut être fait à ordre, au porteur, ou à personne dénommée. — *C. comm.* 281.

Il en est de même de l'*hypothèque maritime*. — Voy. *Hypothèque maritime*.

Une *police d'assurance* peut être faite à l'ordre de l'assuré. C'est une faculté consacrée par l'usage, bien que la loi ne s'en explique pas formellement. — *C. comm.* 332.

Par l'effet de la clause à *ordre*, le créancier est autorisé à transmettre son titre, de telle sorte que son cessionnaire soit considéré comme créancier direct du débiteur, sans que ce dernier ni les tiers puissent opposer au nouveau cessionnaire les exceptions qu'ils auraient à opposer au créancier primitif ou de son chef. — Voy. *Endossement*.

Pour le timbre, l'enregistrement et le recouvrement des effets de commerce. — Voy. *Billet*. — *Aval*. — *Courtier*. — *Lettre de change*. — *Protêt*. — *Recouvrement des effets de commerce*. — *Poste*.

EFFETS mobiliers. — Voy. *Meubles*. — *Immeubles*.

EFFETS négociables. — Voy. *Effets de commerce*. — *Billet*. — *Lettre de change*.

EFFETS publics. — Ce sont ceux émis par l'État ou par des établissements publics ou compagnies autorisées, et dont la négociation s'opère publiquement à la Bourse, sous la garantie de certaines formes déterminées par la loi.

Le résultat des négociations et des transactions qui s'opèrent dans la Bourse détermine le cours des effets publics et autres. — *C. comm.* 72.

Le effets publics doivent être rangés en deux catégories qui comprennent:

La première, les inscriptions de rentes perpétuelles, 3 et 4 et demi pour 100 ; les inscriptions de rentes viagères ; — les bons et obligations du Trésor, et enfin, les actions sur certains canaux, et les actions et obligations de certains chemins de fer pour lesquelles l'Etat a donné une garantie.

Les effets publics de la deuxième catégorie sont ceux souscrits par les villes, les établissements publics et toutes les compagnies anonymes qui ne peuvent exister qu'en vertu d'une autorisation du Gouvernement, savoir : les rentes et obligations de la ville de Paris, les actions de la Banque de France, les actions de certains canaux, non garanties par l'Etat ; les actions des compagnies d'assurances, les actions et obligations des chemins de fer non garantis, etc.

Une ordonnance du 2 nov. 1823 classe en outre parmi les effets publics de la seconde espèce les effets émis par les Gouvernements étrangers.

Tout propriétaire de rentes nominatives est autorisé à en réclamer la conversion en rentes au porteur et réciproquement.

Le transfert des inscriptions de rente sur l'Etat se fait à la Bourse par l'intermédiaire des agents de change. — Voy. *Transfert*.

Nonobstant la nécessité du ministère d'agents de change pour consommer la transmission des effets publics, cela n'empêche pas les propriétaires de ces effets d'en faire l'objet de leurs conventions soit sous seing privé, soit devant notaire.

Les inscriptions au-dessus de 50 francs de rente appartenant à des incapables ne peuvent être transférées qu'avec certaines formalités.

Lorsque le transfert a lieu par succession, échange, donation, etc., le certificat de propriété nécessaire est délivré par le notaire détenteur de la minute de l'acte de partage, de donation ou d'échange. — S'il a lieu par suite d'une mutation ordonnée par jugement, le certificat est délivré par le greffier. — *D. N.*

A l'égard des actions de la Banque de France. — Voy. *Action de la Banque de France*.

EFFIGIE. — Image, représentation.

L'exécution par effigie se borne aujourd'hui à la publication et à l'affiche de l'arrêt de condamnation rendu contre un *contumax*. — Voy. *Contumace*.

EFFRACTION. — Bris d'une chose.

L'effraction est une circonstance aggravante du vol.

ÉGALITÉ civile et politique. — D'après les bases de notre droit public, les Français sont égaux devant la loi, quels que soient d'ailleurs leurs titres et leur rang. Ils contribuent indistinctement, dans la proportion de leur fortune, aux charges de l'Etat, et sont également admissibles aux emplois civils et militaires.

Du principe de l'égalité devant la loi découle encore la liberté du commerce intérieur et de l'industrie.

ÉGALITÉ (Promesse d'). — C'est l'Engagement que prend le père, la mère ou autre ascendant, en mariant l'un de ses enfants, de lui laisser, dans sa succession, une part égale à celle de ses autres enfants, et qui rend impossible toute disposition ultérieure de la portion disponible à son préjudice. — *C. civ.* 1083.

La promesse d'égalité faite à l'un des enfants dans son contrat de mariage ne profite qu'à lui seul, c'est-à-dire, que le père peut encore donner la portion disponible ordinaire, moins la part qui en a été assurée à l'enfant marié.

ÉGLISE. — Se dit à la fois du lieu consacré à l'exercice du culte et du corps des fidèles. En droit canon, c'est ce qu'on appelle l'Eglise *matérielle* et l'Eglise *spirituelle*.

Dans la première acception, le mot *Église* est synonyme de Temple. L'Eglise principale de la ville où siège un archevêque ou un Évêque porte le nom d'Eglise métropolitaine ou de Cathédrale; il y a en outre les Eglises paroissiales, collégiales, etc., les chapelles et les oratoires particuliers.

Dans la dernière acception, l'Eglise est la société des fidèles réunis par la profession d'une même foi et par la participation aux mêmes sacrements.

On dit dans ce sens, l'*Eglise primitive*, l'*Eglise catholique*, l'*Eglise grecque*, les *Eglises protestante, luthérienne* ou *calviniste*.

L'Eglise ou *Temple* est un édifice public, et non un établissement public.

L'administration temporelle en est confiée à un conseil de fabrique dont le maire est membre de droit. C'est donc à la fabrique qu'appartient le titre d'établissement public, et dès lors, c'est le trésorier qui a mission d'accepter les dons ou legs faits à l'Eglise. — Voy. *Acceptation de donation*.

La police de l'Eglise appartient à l'autorité ecclésiastique, c'est-à-dire, dans les paroisses, au curé ou desservant. — *D. N.*

Les Eglises sont exemptes de contributions.

Leur entrée doit toujours être gratuite. — Voy. *Culte*. — *Chapelle*. — *Cure*. — *Fabrique*.

ÉGOUT. — Chute et écoulement des eaux par l'égout des toits ou la pente des eaux d'un sol incliné.

De l'égout des toits.

Tout propriétaire de maisons doit établir ses toits de manière que les eaux pluviales s'écoulent sur son terrain ou sur la voie publique. Il ne peut les faire verser sur les fonds de son voisin. — *C. civ.* 681.

Mais il n'est pas tenu de les empêcher d'aller sur le fonds voisin; ainsi, du moment que les eaux de notre toit sont tombées sur notre terrain, elles peuvent suivre la pente naturelle du terrain. Toutefois, il ne faut pas que l'eau soit réunie dans des tuyaux ou godets qui produiraient un ruisseau sur le voisin. — Voy. *Cours d'eau.*

Celui qui construit doit laisser au delà de son mur un espace suffisant pour recevoir l'égout du toit, cet espace est ordinairement fixé au double de l'avancement du toit.

Lorsque le voisin a un mur contigu à l'espace laissé pour l'écoulement des eaux, cet espace doit être pavé pour empêcher l'eau de nuire aux fondements du mur voisin.

De l'égout-cloaque.

On comprend sous ce nom, non seulement le conduit, fossé ou trou pratiqué pour recevoir les eaux sales et les ordures, mais encore tous les accessoires, tels que canaux et conduits nécessaires pour diriger le cours des immondices et préparer leur sortie.

On distingue les égouts publics et les égouts particuliers.

Ceux dont les propriétés sont traversées par un égout public sont tenus de contribuer à sa réparation.

Il existe, pour les conduites d'eaux ménagères des maisons de Paris qui se trouvent en communication avec les égouts publics, une ordonnance du 30 septembre 1814.

La servitude d'égouts particuliers est une servitude *continue* qui ne peut s'acquérir que par titre, à moins qu'elle se s'annonce par des ouvrages extérieurs, auquel cas elle serait *apparente* et pourrait s'acquérir par la prescription. — *C. civ.* 688 *et suiv.*

Toute personne peut établir un cloaque sur son fonds, pourvu qu'il ne soit pas nuisible à autrui, et en observant la distance des règlements. A Paris, cette distance est de deux mètres de l'héritage voisin.

Le propriétaire qui jouit d'une servitude d'égout sur le terrain voisin est tenu d'entretenir une grille au trou par où les eaux se déchargent, afin d'empêcher la transmission des immondices et des ordures. — *D. N.* — Voy. *Servitude.*

ÉLAGAGE. — Action d'ébrancher, c'est-à-dire de couper les branches des arbres et les rameaux des haies qui avancent sur le fonds voisin. — *C. civ.* 672. — Voy. *Arbre.* — *Haie.* — *Clôture.*

A quelqu'élévation du sol que soient les branches, et lors même qu'elles existeraient depuis plus de trente ans sur le fonds voisin, l'élagage peut toujours être exigé.

Il peut être demandé par le fermier comme par le propriétaire ou l'usufruitier, mais à l'époque de l'émondage, comme de novembre à mai, par exemple, de manière à ne pas nuire aux plantations, et encore après une mise en demeure.

L'élagage a lieu à vue de ciel et dans une direction perpendiculaire.

Nous avons traité de l'Emondage sous ce titre. — Voy. *Emondage.*

Le voisin ayant intérêt à l'élagage ne peut le faire lui-même, mais si le propriétaire des arbres ou de la haie s'y refuse, le voisin peut lui faire sommation, et, au refus par lui d'y obtempérer, l'assigner devant le juge de paix pour voir ordonner qu'il sera fait à ses frais. L'usage exige toutefois plus de tolérance pour les rameaux des haies que pour les branches des arbres.

Les frais de la sommation comme de l'assignation, lors même que le voisin y obéit, sont à la charge de celui-ci.

Les fruits tombés naturellement des branches avançant sur le voisin appartiennent à ce dernier.

Lorsque ce sont les racines qui avancent sur le fonds du voisin, celui-ci a le droit de les couper lui-même pour son profit.

Le propriétaire de l'arbre le conserve néanmoins après l'élagage, quoiqu'il cause encore de l'ombrage, pourvu qu'il soit à distance.

L'action en élagage est imprescriptible et peut toujours être exercée, alors même qu'il serait établi que les branches avancent depuis plus de 30 ans.

Le droit de requérir l'élagage s'étend aux arbres des bois et forêts, mais ce droit ne peut plus être exercé après qu'ils ont 30 ans de pousse. — *C. for.* 150.

Il est une autre espèce d'élagage que l'on opère sur les arbres fruitiers et qu'on nomme *Taille*. — Voy. *Taille des arbres à fruits.*

A l'égard des rejetons et accrues de la repare des fossés. — Voy. *Repare.*

Le voisin peut s'opposer à ce que l'on passe sur son fonds pour élaguer ou réduire les branches qui s'étendent sur lui ; on doit se tenir sur la Repare.

Les copropriétaires d'arbres et de haies mitoyens qui ne voudraient pas souffrir respectivement les branches qui s'avanceraient sur leurs fonds pourraient se contraindre réciproquement à l'élagage. Toutefois, la destination du père de famille vaudrait titre pour dispenser d'élaguer, si les branches devaient produire des fruits ou ne devaient pas être tondues.

L'élagage des arbres fruitiers ou autres, de même que des haies vives dont les branches peuvent obstruer le passage sur le bord des rues et des voies publiques, doit être fait aux époques déterminées par les autorités locales.

Tout particulier peut même exercer l'action en élagage pour les branches gênant son passage ou dégradant la voie publique à son détriment personnel.

Le produit de l'élagage des arbres et pommiers appartient de droit à l'usufruitier, l'usager ou fermier, comme étant une sorte de revenus de fruits, de sorte que si le propriétaire veut se réserver l'élagage, il doit l'exprimer dans le Bail.

Sur les cours d'eau, les racines des arbres doivent être coupées d'aplomb et à rez de bord.

ÉLARGISSEMENT. — Voy. *Ecrou.* — *Mainlevée d'écrou.*

ÉLECTEUR. — C'est celui qui a le droit de concourir à une élection, c'est-à-dire tout Français âgé de 21 ans, jouissant de ses droits civils et politiques et réunissant les conditions de domicile nécessaires. — *L. du 7 juillet* 1874. — Voy. *Domicile.*

Il y a deux sortes d'Electeurs : les Electeurs *municipaux* et les Electeurs *politiques.*

Les Electeurs municipaux se distinguent des Electeurs politiques par l'obligation d'une année de résidence.

Parmi les Electeurs municipaux, les uns doivent être inscrits d'office, ce sont :

1° Ceux qui sont nés dans la commune ou y ont satisfait à la loi du recrutement, et s'ils n'y ont pas conservé leur résidence, sont venus s'y établir de nouveau depuis six mois au moins ;

2° Les non-indigènes résidents, qui sont depuis un an inscrits au rôle d'une des quatre contributions directes ou des prestations en nature. — On doit aussi inscrire les membres de la famille de ces électeurs compris dans la cote de la prestation en nature sans y être personnellement portés, et les habitants qui, en raison de leur âge ou de leur santé, sont dispensés de cet impôt ;

3° Ceux qui sont mariés dans la commune et y justifient d'une résidence d'un an au moins ;

4° Les ministres des cultes et les fonctionnaires publics astreints à une résidence obligatoire, qui sont Electeurs de droit dès leur arrivée dans la commune ;

5° Enfin, les Alsaciens-Lorrains qui ont opté.

Les autres ne sont inscrits que sur leur demande. Ils comprennent :

1° Les citoyens inscrits depuis un an au rôle d'une des quatre contributions directes ou au rôle des prestations en nature, mais qui ne résident pas dans la commune ; et 2° les citoyens ne se trouvant dans aucun des cas ci-dessus, mais qui justifient d'une résidence de deux années consécutives dans la commune.

Les Electeurs politiques sont tous les citoyens français, âgés de vingt-un ans et domiciliés depuis six mois dans la commune.

Les Electeurs, soit municipaux, soit politiques, pour exercer leur droit, ne doivent se trouver dans aucun des cas d'indignité prévus par la loi.

L'Electeur inscrit au domicile qu'il quitte peut voter à ce domicile, jusqu'à ce qu'il soit inscrit au nouveau domicile qu'il a choisi.

Les extraits de naissance pour établir l'âge des *Electeurs*, les actes judiciaires en matière électorale, et les exploits relatifs aux inscriptions sur les listes électorales, sont exempts du timbre et doivent être enregistrés gratis.

Ceux qui, à l'aide de *déclarations frauduleuses* ou de faux certificats, se seraient fait inscrire ou auraient tenté de se faire inscrire indûment sur une liste Electorale, sont passibles d'un emprisonnement de six jours à un an et d'une amende de cinquante à cinq cents francs.

Les listes Electorales sont permanentes, mais elles sont l'objet d'une revision annuelle.

Un registre est ouvert dans chaque mairie sur lequel sont inscrites les réclamations dont le maire donne récépissé aux réclamants.

Ces réclamations sont jugées par la Commission municipale dont les décisions sont notifiées dans les 3 jours de leur date, sauf appel devant le juge de paix et pourvoi en cassation. — Voy. *Elections.* — *Elections départementales.* — *Elections législatives.* — *Elections municipales.* — *Listes Electorales.*

Nous donnons ci-après plusieurs formules relatives tant aux réclamations en rectification des listes, que contre les opérations Electorales.

I. — Réclamation tendant à inscription ou rectification des Listes électorales.

A MM. les membres de la Commission Électorale de la commune de.....

Le Sr A..., demeurant à....., né à....., le....., et ayant conséquemment atteint sa 21me année le....., demande son inscription sur la liste des électeurs de ladite commune de....., sur laquelle son nom a été omis par erreur (ou bien demande qu'au prénom de....., qui est indiqué sur la liste, soit substitué celui de....., qui est son véritable prénom).

Il joint à sa demande une expédition de son acte de naissance délivrée par M. le maire de.....

A....., le.....

(*Signature.*)

II. — Requête en appel devant le juge de paix.

Le Sr A..., demeurant à.....

Demande l'annulation de la décision de la Commission municipale de la commune de....., sur la réclamation présentée le....., à l'effet de....., et de laquelle il résulte....., et conclut à ce que, contrairement à cette décision, son inscription soit ordonnée sur la liste des Électeurs de ladite commune de.....

L'exposant joint à sa demande : 1° la décision attaquée; 2°....., etc.

A....., le.....

(*Signature.*)

III. — Requête en cassation d'une décision du juge de paix en matière électorale.

Le Sr A..., demeurant à.....,

Demande la cassation d'un jugement rendu le....., par M. le juge de paix du canton de.... et prononçant le rejet d'une demande en inscription sur la liste Électorale de la commune de......

Ce jugement est attaqué par le motif que.....

L'Exposant conclut en conséquence à ce qu'il plaise à la Cour, admettre son pourvoi et, y statuant, casser et annuler ledit jugement, et ordonner que l'exposant sera inscrit sur la liste électorale de ladite commune de.....

Le présent pourvoi a été déposé au greffe de la justice de paix de....., avec les pièces à l'appui qui sont : 1° la décision attaquée ; 2°....., etc.
A....., le.....

(Signature.)

IV. — **Réclamation d'un électeur contre les opérations électorales.**

A MM. les Président et membres du Conseil de préfecture du département de.....
Messieurs,
Le soussigné A..., demeurant à....., électeur dans le canton de....., ainsi qu'il résulte du certificat ci-joint à lui délivré par M. le maire de.....,
A l'honneur de vous exposer :
Que, dans les opérations électorales qui ont eu lieu à....., pour l'élection de....., il s'est produit des irrégularités de nature à entraîner la nullité de l'Election.
En effet *(exposer ici les causes de la nullité)*.
Par ces motifs, l'exposant demande qu'il vous plaise annuler l'élection faite à....., le..... de.....
A....., le.....

(Signature.)

ÉLECTION. — Nomination faite par une réunion de personnes agissant dans l'ordre légal. — Voy. *Conseil de famille.* — *Election, etc.*

ÉLECTION d'ami. — Voy. *Déclaration de command.*

ÉLECTION de command. — Voy. *Déclaration de command.*

ÉLECTION de domicile. — Voy. *Domicile élu.*

ÉLECTION de tuteur. — Voy. *Conseil de famille.* — *Tutelle.*

ÉLECTIONS. — Choix ou suffrage exprimé en faveur des personnes destinées à remplir des fonctions telles que celles de *Député, Conseiller général, Conseiller d'arrondissement, Conseiller municipal, etc.* — Voy. *Electeur.* — *Elections départementales, etc.*

ÉLECTIONS départementales. — Ce sont les Elections des membres des Conseils généraux de département, et celles des membres des Conseils d'arrondissement. — *L. du 22 juin* 1833.

Depuis 1848, ces Elections ont lieu par le suffrage universel.

Les Conseils généraux sont la partie délibérante du département. Les Conseils d'arrondissement délibèrent aussi en ce qui concerne leur arrondissement, mais sauf l'avis, ou conformément aux décisions du Conseil général.

Chaque canton est appelé à élire un Conseiller général et un Conseiller d'arrondissement.

Ces conseillers n'ont de fonctions que pendant leurs sessions. La durée de leur mandat est de 6 ans. Ils sont renouvelés par moitié tous les trois ans, et sont toujours rééligibles.

Les Elections départementales ont lieu dans chaque commune dans la forme et comme en matière d'Elections municipales, sur les listes dressées chaque année à cet effet. — Voy. *Elections municipales.*

Sont Eligibles, à la condition d'être domiciliés dans le département, ou inscrits au rôle d'une des contributions directes, tous les citoyens Français, âgés de 25 ans accomplis, jouissant de leurs droits civils et politiques. — *L. du 10 août* 1871.

Il n'y a pas d'incompatibilité entre les fonctions de conseiller général et d'arrondissement, et celles de sénateur, de député, maire, adjoint ou conseiller municipal.

Mais il en est autrement à l'égard des préfets, sous-préfets, magistrats, membres du Parquet et autres. — *L. du 10 août* 1871.

Sont applicables aux Elections départementales, les dispositions de la loi du 30 novembre 1875, relatives à l'affranchissement du timbre des circulaires et affiches. — Voy. *Electeur.* — *Elections législatives.* — *Conseil général de département.* — *Conseil d'arrondissement.*

ÉLECTIONS communales. — Voy. *Elections municipales.*

ÉLECTIONS de prud'hommes. — Voy. *Conseil de prud'hommes.* — *Prud'hommes.*

ÉLECTIONS des juges des Tribunaux de commerce. — Voy. *Compétence des Tribunaux de commerce.* — *Tribunaux de commerce.*

ÉLECTIONS législatives. — Ce sont celles qui ont pour objet la nomination des députés.

Comme les Elections départementales, ces Elections ont lieu par le suffrage universel.

Il est nommé un député par arrondissement, à moins qu'il ne compte plus de 100.000 habitants, auquel cas il est élu un député par chaque circonscription de 100.000 ou fraction de 100.000 habitants. — *L. du 30 nov.* 1875.

Le nombre des députés est actuellement de 555, tant pour la France que pour l'Algérie et les autres Colonies françaises.

La durée du mandat législatif est de 4 années.

Les députés reçoivent une indemnité de 9000 fr. annuellement.

Sont Electeurs politiques appelés à nommer les députés tous les citoyens français âgés de 21 ans accomplis, inscrits sur liste des électeurs municipaux, et les règles applicables aux Elections municipales le sont également aux Elections législatives. — Voy. *Electeur.* — *Elections municipales.*

Toutefois, la loi du 16 juin 1885 a substitué au scrutin uninominal par arrondissement le scrutin de liste par département.

Chaque département élit au moins trois députés, sauf le territoire de Belfort qui en nomme deux; au reste, le nombre exact de députés à élire est indiqué au tableau annexé à la loi du 16 juin 1855, à raison d'un député par 70.000 habitants.

En cas de dissolution ou de vacance, il est procédé à une nouvelle Election dans un délai de 3 mois.

Sont Eligibles aux fonctions de député, sans condition de domicile, tous les citoyens français âgés de vingt-cinq ans accomplis, jouissant de leurs droits civils et politiques, à l'exception de ceux frappés d'indignité ou d'incapacité.

En principe, le mandat législatif est incompatible avec l'exercice d'une fonction publique salariée; néanmoins des exceptions ont été introduites en faveur de certains hauts fonctionnaires.

Sont affranchies du timbre, les circulaires et professions de foi, de même que les affiches électorales des candidats, expédiées et affichées pendant la période électorale. — *L. du 30 nov.* 1875.

ÉLECTIONS municipales. — Ce sont celles qui ont pour objet la nomination des conseillers municipaux. — *L. du 31 mars* 1884.

Cette nomination a lieu par le suffrage direct universel.

Sont Electeurs tous les Français âgés de 21 ans accomplis qui ne se trouvent dans aucun cas d'incapacité prévu par la loi.

La liste Electorale est dressée annuellement dans chaque commune et comprend : 1° tous les citoyens qui ont leur domicile réel dans la commune ou y habitent depuis 6 mois au moins; 2° ceux inscrits au rôle d'une des quatre contributions directes ou au rôle des prestations en nature, et, s'ils ne résident pas dans la commune, qui auront déclaré vouloir y exercer leurs droits Electoraux; 3° les membres de la famille des mêmes Electeurs compris dans la cote de la prestation en nature, alors même qu'ils n'y sont pas personnellement portés, et les habitants qui, en raison de leur âge ou de leur santé, auront cessé d'être soumis à cet impôt; 4° ceux qui, en vertu du traité du 10 mai 1871, ont opté pour la nationalité française, et déclaré fixer leur résidence dans la commune; 5° ceux qui sont assujettis à une résidence obligatoire dans la commune, en qualité, soit de ministres des cultes reconnus par l'Etat, soit de fonctionnaires publics.

Doivent aussi être inscrits les citoyens qui, ne remplissant pas les conditions d'âge et de résidence lors de la formation des listes, les rempliront avant la clôture définitive.

L'absence de la commune résultant du service militaire n'empêche pas l'inscription sur les listes Electorales.

Les réclamations auxquelles peuvent donner lieu la confection des listes Electorales doivent être formées dans les 20 jours qui suivent le 15 janvier. Elles sont de la compétence du maire ou de la commission qui a établi la liste, sauf appel devant le juge de paix et pourvoi en cassation. — Voy. *Electeur*.

Certaines déchéances du droit Electoral sont prononcées par le décret organique du 25 mars 1852, et les Tribunaux ont eux-mêmes la faculté d'en prononcer l'interdiction.

L'exercice du droit de vote est suspendu pour les militaires et assimilés de tout grade, sauf pour ceux qui, au moment de l'Election, se trouvent en résidence libre, en non-activité, ou en possession d'un congé régulier, qui peuvent voter dans la commune où ils sont inscrits. — Voy. *Militaires*.

Les Elections se font au scrutin de liste pour toute la commune, si ce n'est à Paris, où le vote a lieu par quartier ou section.

L'assemblée des Electeurs est convoquée par arrêté du préfet, et l'arrêté de convocation est publié dans la commune 15 jours au moins avant l'Election, qui doit toujours avoir lieu un dimanche.

Cette Election peut être présidée soit par le maire, soit par les adjoints ou conseillers municipaux, soit même par des Electeurs désignés par le maire.

Les deux plus âgés et les deux plus jeunes des Electeurs présents à l'ouverture de la séance remplissent les fonctions de scrutateurs. Le secrétaire est désigné par le président et les scrutateurs. Dans les délibérations du bureau, il n'a que voix consultative.

Trois membres du bureau au moins doivent être présents pendant tout le cours des opérations.

Pour Paris, le mode d'Election reste fixé par la loi du 16 avril 1871, d'après laquelle les 20 arrondissements nomment chacun 4 membres au scrutin individuel, à raison d'un membre par quartier ou section.

Le nombre des conseillers municipaux à élire varie selon le chiffre de la population. — Voy. *Conseil municipal*.

Les conseillers municipaux sont nommés pour 4 ans. Ils sont renouvelés intégralement le 1er dimanche de mai dans toute la France, lors même qu'ils auraient été élus dans l'intervalle.

Le scrutin ne dure qu'un jour. Il est ouvert pendant 6 heures au moins.

Nul n'est élu au 1er tour de scrutin s'il n'a réuni : 1° la majorité absolue des suffrages; 2° un nombre de suffrages égal au quart de celui des Electeurs inscrits.

En cas de 2me tour de scrutin, l'assemblée est de droit convoquée pour le dimanche suivant, et l'Election a lieu à la majorité relative, quel que soit le nombre des votants.

Des Elections partielles doivent avoir lieu lorsque, par suite de vacances, le nombre des conseillers se trouve réduit d'un quart.

Sont Eligibles au Conseil municipal, sauf les restrictions ci-après, tous les Electeurs âgés de 25 ans au moins, ayant un domicile réel d'une année dans la commune.

Néanmoins il peut être élu un quart des membres sans condition de domicile, pourvu que chacun des élus non domicilié soit inscrit dans la commune au rôle d'une des quatre contributions directes.

Sont inéligibles : 1° les individus privés du droit électoral; 2° ceux pourvus d'un conseil judiciaire ; 3° ceux dispensés de subvenir aux charges communales et ceux qui sont secourus par les bureaux de bienfaisance ; 4° les militaires et employés des armées de terre et de mer en activité de service ; 5° les domestiques attachés exclusivement à la personne.

Ne sont pas Eligibles dans le ressort où ils exercent leurs fonctions : 1° les préfets, sous-préfets, secrétaires généraux, conseillers de préfecture, secrétaires et employés de préfecture et de sous-préfecture, les ingénieurs et les conducteurs des ponts et chaussées chargés du service de la voirie urbaine et vicinale, et les agents-voyers; 2° les magistrats des Cours d'appel et des Tribunaux de 1re instance, à l'exception des juges suppléants non chargés de l'instruction; 3° les juges de paix; 4° les comptables de deniers communaux et les entrepreneurs de services municipaux; 5° les commissaires et agents de police; 6° les instituteurs publics; 7° les ministres en exercice d'un culte légalement reconnu; 8° enfin, les agents salariés de la commune.

Les maires et adjoints révoqués sont frappés d'inéligibilité pendant un an.

Dans les communes de 501 habitants et au-dessus, les ascendants et les descendants, les frères et les alliés au même degré, ne peuvent faire simultanément partie du même Conseil municipal.

Sont applicables aux Élections municipales les dispositions de la loi du 30 novembre 1875, relative à l'affranchissement du timbre, des circulaires et affiches. — Voy. *Elections législatives*.

ÉLECTIONS sénatoriales. — Ce sont celles des hauts dignitaires par lesquels s'exerce le pouvoir législatif définitif sous la Constitution actuelle. — Voy. *Sénat*.

Une loi du 9 déc. 1884 a réglementé à nouveau les conditions suivant lesquelles doivent s'effectuer les Élections sénatoriales.

En conséquence, il est procédé au renouvellement des membres du Sénat par tiers tous les trois ans, la durée de leurs fonctions étant de 9 années.

Lorsqu'il y a lieu à remplacement par suite de décès ou autrement, il y est pourvu dans les deux mois de la vacance.

Sont Eligibles tous les citoyens français âgés de 40 ans au moins et jouissant de leurs droits civils et politiques.

Les Sénateurs sont élus dans chaque département ou colonie, au scrutin de liste, par un corps Electoral composé d'abord, des députés, des conseillers généraux et conseillers d'arrondissement du département ou de la colonie, et ensuite des délégués élus, un dans chaque commune et par chaque Conseil municipal, parmi les Electeurs de la commune.

La liste des Electeurs Sénatoriaux est arrêtée par le préfet, huit jours avant l'Election.

Le Collège Electoral se réunit au chef-lieu de département et le vote est obligatoire pour les délégués ou leurs suppléants à peine de 50 fr. d'amende; mais les délégués ou suppléants ont droit à une indemnité de déplacement comme les membres du jury.

ÉLIGIBLE. — On entend par Eligible celui qui peut être élu à quelques fonctions, et notamment celles de membre de la Chambre des députés.— Voy. *Elections législatives*.

Tout citoyen français jouissant de ses droits civils et politiques est Eligible à l'âge de 25 ans accomplis. — Voy. *Age*. — *Elections législatives*. — *Elections municipales*, etc.

ÉMANCIPATION. — Acte qui affranchit le mineur de la puissance paternelle et de la tutelle, et par lequel il acquiert le droit de se gouverner lui-même et d'administrer ses biens dans les limites déterminées par la Loi.

Du mode d'émancipation.

L'Emancipation est *tacite* ou *expresse*.

L'Emancipation *tacite* est celle qui s'opère de plein droit par le mariage; il n'y a aucune formalité à remplir. — *C. civ.* 476.

L'Émancipation *expresse* s'opère par la volonté du père, de la mère ou du Conseil de famille. — Elle a lieu, soit par la déclaration du père ou de la mère devant le juge de paix, soit par la déclaration du Conseil de famille, sous la présidence du juge de paix, qui prononce que le mineur est émancipé. — *C. civ.* 477, 478.

Il existe une espèce d'émancipation particulière en ce qui concerne les commerçants. Ainsi le mineur ne peut se livrer au commerce s'il n'est âgé de 18 ans, émancipé et pourvu d'une autorisation spéciale. — *C. civ.* 487 ; — *C. comm.* 2. — Voy. *Autorisation pour faire le commerce.*

Des personnes qui peuvent émanciper et être émancipées.

Le mineur peut être émancipé par son père ou, à défaut du père, par sa mère, lorsqu'il a 15 ans révolus. — *C. civ.* 477.

Le père destitué, ou simplement dispensé de la tutelle, ou excusé, pourrait néanmoins émanciper.

De même, la mère qui aurait perdu ou renoncé à la tutelle, et même convolé à de secondes noces, pourrait émanciper sans l'assistance de son second mari.

Celui resté sans père ni mère peut aussi, mais seulement à l'âge de dix-huit ans accomplis, être émancipé, si le Conseil de famille l'en juge capable. — *C. civ.* 478.

L'enfant naturel reconnu peut, comme l'enfant légitime, être émancipé par son père ou sa mère. S'il n'a pas été reconnu, ou si ses père et mère sont morts, l'émancipation à dix-huit ans peut être prononcée par un Conseil de famille qui alors est composé d'amis. — *Arr. Limoges*, 2 *janv.* 1821.

L'enfant admis dans un hospice peut être émancipé à quinze ans par le membre de la Commission administrative désigné pour son tuteur, et qui seul comparait à cet effet devant le juge de paix. — *L. du* 15 *pluv. an XIII*. — Voy. *Enfant abandonné.*

C'est au tuteur ou aux parents, et non au mineur, qu'il appartient de requérir la convocation du Conseil de famille pour l'émancipation.

Des effets de l'émancipation.

Les effets de l'émancipation relativement à la personne du mineur sont de faire cesser la tutelle et même les droits de la puissance paternelle, à l'exception cependant du consentement à mariage.

Quant aux biens, les effets de l'émancipation sont : 1° de donner au mineur le droit d'exiger son compte de tutelle, de toucher ses revenus, de passer les baux dont la durée n'excède pas neuf années, et de faire en un mot pour ce qui concerne ses immeubles tous les actes de pure administration ; 2° de lui donner également le droit de disposer de ses meubles, sans toutefois pouvoir recevoir ses capitaux mobiliers sans l'assistance de son curateur, qui doit même en surveiller le remploi ; 3° de l'autoriser à ester en jugement, à moins qu'il ne s'agisse d'une action immobilière pour laquelle il doit être assisté de son curateur, soit pour l'intenter, soit pour y défendre.

Pour tous les autres actes, tels que emprunts, aliénations d'immeubles, acceptation de succession, etc. ; en un mot pour tout ce qui excède les bornes d'une simple administration, il est assujetti aux mêmes formalités que le mineur non émancipé. — Voy. *Mineur.*

De la révocation de l'émancipation.

L'Emancipation peut être retirée au mineur en observant les mêmes formalités que celles qui ont eu lieu pour la lui conférer, si les engagements qu'il a contractés sont de nature à être réduits pour excès, ou s'il tient une conduite désordonnée. — *C. civ.* 485.

Cette révocation n'est pas applicable à l'émancipation tacite, c'est-à-dire par mariage.

L'Emancipation du mineur autorisé à faire le commerce est révocable pour excès commis, même dans ses engagements commerciaux. — *D. N.*

A dater du jour de la révocation, le mineur rentre en tutelle et y reste jusqu'à sa majorité. — *C. civ.* 486.

ÉMARGEMENT. — Se dit de la mention en marge d'un registre, d'un état, d'un compte ou d'une expédition ou titre quelconque.

Les émargements qui constituent une libération sont soumis au droit de quittance. — Voy. *Quittance*. — *Mention*.

EMBARGO. — Terme de marine sous lequel on entend la défense faite aux vaisseaux marchands de sortir des ports. — *C. comm.* 253, 869. — Voy. *Arrêt de prime*. — *Assurance (contrat d')*. — *Délaissement pour fait d'assurance maritime*.

EMBARRAS sur la voie publique. — Dépôt de matériaux, fumiers ou autres, laissés sans nécessité dans les chemins ou rues, et qui entravent la liberté ou la sûreté du passage.

Cette contravention est punie d'une amende de 1 à 5 francs inclusivement. — *C. pén.* 471.

Les dommages ou accidents causés par l'encombrement des voies publiques, sans les précautions ou signaux ordonnés ou d'usage, sont punis d'une amende de 11 à 15 francs inclusivement. — *C. pén.* 479.

EMBAUCHAGE d'ouvriers. — Celui qui, en vue de nuire à l'industrie française, fait passer en pays étranger des directeurs, commis, ou des ouvriers d'un établissement, est punissable d'un emprisonnement de 6 mois à 2 ans, et d'une amende de 50 à 300 fr. — *C. pén.* 417.

EMBELLISSEMENT. — C'est ce que l'on nomme en droit *impense voluptuaire*.

L'embellissement fait à un immeuble depuis la date du testament appartient au légataire de cet immeuble. — *C. civ.* 1019.

Dans le cas où il y a lieu à demander compte de l'embellissement, on ne peut le faire qu'autant qu'il a procuré une plus-value à l'immeuble. — Voy. *Gestion des affaires d'autrui*. — *Impenses*. — *Récompense*. — *Surenchère*.

ÉMENDER. — Se dit, en terme de palais, de l'action de *réformer*, de *corriger* un jugement émanant d'un Tribunal inférieur.

ÉMIGRATION. — Fait de celui qui abandonne son pays sans esprit de retour. On donne le nom d'émigrés spécialement aux Français qui se sont expatriés pendant la Révolution.

ÉMIGRATION aux Colonies. — Voy. *Immigration de travailleurs dans les Colonies*.

ÉMIGRATION Européenne. — L'Emigration Européenne a existé de tout temps. — Ce sont principalement les pays transatlantiques vers lesquels se dirigent les émigrants. — La découverte de l'or en Australie et en Californie a aussi exercé une puissante attraction sur eux.

L'Angleterre et l'Allemagne sont les deux pays qui fournissent le plus à l'émigration. La France ne fournit qu'un très petit nombre d'émigrants.

Des bureaux de renseignements auxquels les émigrants peuvent s'adresser pour obtenir gratuitement toutes les informations soit relatives à leur voyage à travers la France, soit à leur séjour, soit à la rédaction des contrats d'embarquement, ont été établis dans un grand nombre de villes. — *Déc.* 16 *janvier* 1855.

Dans les localités où il n'existe pas de bureau de renseignements, les commissaires de police sont chargés d'y suppléer.

Les bagages et denrées alimentaires appartenant aux émigrants transportés sur le territoire Français par chemins de fer sont, à moins de soupçon de fraude, affranchies à la frontière de toute vérification de douane et du plombage par colis.

Les quantités et espèces de vivres dont l'émigrant doit s'approvisionner sont fixées pour chaque destination par le commissaire de l'émigration, eu égard à la durée du voyage calculée ainsi qu'il suit : — Pour New-York et les autres ports de l'Union Américaine situés sur l'Océan Atlantique septentrional, 55 jours. — pour le Canada, 60 jours ; — pour la Nouvelle-Orléans, 65 jours ; — pour les Antilles, 55 jours ; — pour le Golfe du Mexique et pour le Brésil, 70 jours ; — pour la Plata, 80 jours. — pour les pays situés au delà des caps Horn et de Bonne-

Espérance, au sud de l'Équateur, 120 jours ; — et pour ceux situés au delà des caps Horn et Bonne-Espérance, au nord de l'Equateur, 160 jours. — *D. N.*

ÉMOLUMENT. — Ce terme désigne la part afférente d'un héritier légataire ou commun en biens dans la masse d'une succession ou communauté.

Il désigne encore les salaires et vacations dus aux officiers publics.

ÉMONDES. — Voy. *Emondage.*

ÉMONDAGE. — Action d'émonder, c'est-à-dire d'ôter les branches superflues d'un arbre, nettoyer des graines, trier des noix, etc.

Dans l'usage, l'émondage des arbres se fait tous les 9 ans, d'octobre à mai ; mais le fermier sortant doit le terminer au plus tard pour le 15 avril qui précède l'expiration de son Bail, à peine de déchéance.

Pour les bois taillis, haies de pied, ronces et jonc marin. — Voy. *Haie.*

EMPÊCHEMENT. — Obstacle que la loi oppose dans certains cas à l'exercice d'une faculté, d'un droit, d'une action.

On appelle empêchement *dirimant* celui qui produit la rupture ou l'annulation d'un engagement contracté en contravention à la loi, comme, par exemple, dans le cas de mariage.

Ce terme s'applique d'ailleurs en droit dans une foule de cas. — Voy. *Alliance.* — *Allié.* — *Arbitre.* — *Arbitrage.* — *Défense de construire.* — *Déport.* — *Disposition prohibitrice.* — *Incompatibilité.* — *Juge.* — *Mariage.* — *Parenté.* — *Prohibition d'aliéner.* — *Récusation.*

EMPHYTÉOSE. — Voy. *Bail emphytéotique.*

EMPIÉTEMENT. — Usurpation sur la propriété d'autrui, ou excès de pouvoir que commet un fonctionnaire ou une autorité quelconque sur les attributions d'un autre fonctionnaire ou autorité. — Voy. *Alignement.* — *Anticipation.* — *Bornage.* — *Chemin.* — *Délimitation.* — *Dénonciation de nouvel œuvre.*

EMPLOI de deniers. — Fait d'employer en placements ou acquisitions dans les conditions imposées par la loi ou par une convention, les sommes dont on est débiteur. — *E. N.*

La Loi prescrit l'emploi des deniers dans divers cas :

1° De la part du tuteur pour les deniers du mineur. — C. civ. 455, 456, 510. — Voy. *Compte de tutelle.* — *Tutelle:*

2° De la part des envoyés en possession provisoire des biens d'un absent. — C. civ. 126. — Voy. *Absence.* — *Absent.*

3° De la part des usufruitiers. — C. civ. 602 *et suiv.* — Voy. *Usufruit.*

4° De la part des successeurs irréguliers, c'est-à-dire des enfants naturels et du conjoint survivant. — C. civ. 767.

5° De la part du tuteur à une substitution. — C. civ. 1065 *et suiv.* — Voy. *Substitution.*

6° De la part du mari pour les deniers dotaux. — C. civ. 1553. — Voy. *Dot.* — *Régime dotal.* — *Remploi.*

En outre, la convention d'emploi de deniers est d'un usage fréquent dans le notariat, pour assurer un capital, une jouissance, ou procurer des garanties aux parties contractantes ou à des tiers, au moyen de subrogations. — Voy. *Déclaration d'emploi.* — *Déclaration d'origine de deniers.* — *Privilège.* — *Subrogation.*

EMPLOYÉ. — Ce mot désigne en général tout préposé commis aux affaires d'autrui ou mandataire salarié, et particulièrement les préposés des administrations de l'Etat. — Voy. *Commis.* — *Mandat.*

Le Commettant est responsable du dommage causé par son préposé dans les fonctions auxquelles il l'a employé. — C. civ. 1384.

A l'égard du contrat à intervenir entre l'employé et celui qui l'occupe. — Voy. *Bail d'ouvrage et d'industrie.*

EMPOISSONNEMENT. — Voy. *Etang.*

EMPREINTE de timbre. — Voy. *Timbre.*

EMPRISONNEMENT. — Incarcération, privation de la liberté, ou exécution donnée à un mandat de justice criminelle. — Voy. *Contrainte par corps.*

Le condamné qui n'a pas été incarcéré préventivement ne peut être emprisonné pendant les 10 jours que la loi lui accorde pour porter appel du jugement. Il ne peut pas non plus être incarcéré jusqu'à ce que, ayant porté l'appel, le jugement qui le condamne ait été confirmé.

EMPRUNT. — Ce mot s'emploie pour désigner, soit l'action de demander ou recevoir en prêt de l'argent ou toute autre chose, soit la somme d'argent empruntée.

Pour emprunter, il faut être capable de contracter, de s'engager. — Voy. *Conseil judiciaire. — Curatelle. — Emancipation. — Interdiction. — Séparation de biens.*

Toutefois, l'incapable ne serait pas moins tenu de rendre la somme prêtée si elle avait tourné à son profit. — Voy. *Autorisation maritale. — Mineur.*

Le tuteur ne peut emprunter pour le mineur, sans l'accomplissement de certaines formalités. — *C. civ.* 457. — Voy. *Conseil de famille. — Tutelle.*

Pour l'emprunt à intérêt, l'emprunt à usage, l'emprunt de consommation, l'emprunt à la grosse, etc. — Voy. *Prêt à intérêt. — Prêt à usage, etc.*

EMPRUNTS communaux. — On comprend sous ce titre les emprunts que les Conseils municipaux, d'accord avec le maire, votent et règlent par leurs délibérations, pour le compte et dans l'intérêt des communes.

Ces emprunts sont remboursables, soit sur les centimes extraordinaires votés dans la limite du maximum fixé chaque année par le Conseil général, et n'excédant pas 5 centimes pendant 5 années, soit sur les ressources ordinaires, lorsque l'amortissement, en ce dernier cas, ne dépasse pas 12 années. — *L. du 24 juillet 1867.*

Il peut être procédé à la réalisation des emprunts communaux, soit par adjudication, avec publicité et concurrence, soit par traité de gré à gré avec la Caisse des consignations. — Voy. *Caisse des dépôts et consignations.*

La société du Crédit foncier de France prête également aux départements et aux communes pour toute durée, avec ou sans amortissement : intérêt : *4,75 pour 100 par an*, sans aucun droit de commission. — Voy. *Crédit foncier.*

ENCAISSEMENT. — Réception du montant d'une créance, et plus spécialement d'un effet de commerce.

En banque, les effets de commerce ne sont reçus que sauf encaissement. — Il s'ensuit que celui qui les donne en paiement d'une dette ne se trouve libéré que lorsqu'ils sont acquittés. — *Cass.*, 6. *nov.* 1823.

ENCAN. — Se dit de la criée des enchères dans une vente publique. — Voy. *Vente de meubles.*

ENCHÈRE. — On nomme ainsi l'offre d'un prix supérieur à celui proposé par une autre personne pour une chose qui se vend ou s'afferme par adjudication au plus offrant, soit en justice, soit devant un officier public.

Une enchère n'est qu'une promesse par laquelle l'enchérisseur s'engage, si son enchère n'est pas couverte par une autre, mais cette promesse se dissout de plein droit aussitôt qu'il y a eu une autre enchère.

La Loi prononce des peines contre les entraves apportées à la liberté des enchères. — Voy. *Adjudication. — Vente judiciaire.*

ENCHÈRE (folle). — Voy. *Folle enchère.*

ENCLAVE. — Isolement de la voie publique d'un fonds entouré de tous côtés par d'autres fonds, et qu'on ne peut dès lors exploiter qu'au moyen d'un passage forcé, cas prévu par l'article 682 *C. civ.*, et la *Loi du 20 août 1881.* — Voy. *Passage.*

ENCLOS. — Propriété comprise dans l'enceinte d'une clôture. — Voy. *Clôture. — Chasse. — Parcours. — Vaine pâture.*

EN commun. — Ce qui reste indivis entre des héritiers, des associés, des copropriétaires. Ce terme est fréquemment employé dans les comptes, liquidations et partages. — Voy. *Indivision.* — *Liquidation.* — *Partage.*

ENDOSSEMENT. — C'est l'ordre que le porteur d'un effet négociable écrit au dos de cet effet pour en transmettre la propriété à une autre personne, c'est-à-dire lui donner le droit de le toucher ou d'en faire la négociation pour son compte personnel. — *C. comm.* 136.

Toute créance, même non commerciale et entre non-commerçants, peut être l'objet d'un *billet à ordre* transmissible par voie d'endossement, mais la clause à *l'ordre* est de rigueur.

Cette clause, d'où ressort la faculté d'endossement, se rencontre particulièrement (outre les lettres de change et effets de commerce) dans les contrats de prêt à la grosse, les chèques, les lettres de voiture, les polices d'assurances, les actions et obligations de sociétés, les warants des magasins généraux et les contrats d'hypothèque maritime.

On peut également tout aussi bien transmettre par simple endossement une obligation notariée à *ordre* qu'un billet sous seing privé qui contient la même stipulation, sans qu'il soit nécessaire de faire la signification prescrite par l'article 1790 du Code civil.

Lorsque l'endossement a pour objet la cession ou transport de l'effet, il doit être *daté*, exprimer la *valeur fournie* et le *nom* de celui à l'ordre duquel il est passé, autrement il n'aurait que l'effet d'une Procuration. — *C. comm.* 138 ; — *Cass.*, 15 *juin* 1831.

Nous donnons ci-après une formule d'endossement applicable à toute espèce d'effet de commerce négociable. — Voy. *Allonge d'un effet de commerce.*

Endossement.

Payez à l'ordre de M. A..., négociant à......, valeur reçue en *compte* (ou *en espèces*) (ou *en marchandises*).

Lyon, le.....

(*Signature*.)

ENDOSSEUR. — Celui qui transmet un effet négociable par la voie de l'endossement. — Voy. *Endossement.*

ENFANT. — Ce mot s'applique au fils ou à la fille considérés dans leurs relations avec leurs père et mère, et quelquefois avec leurs aïeux.

Les enfants se divisent en plusieurs classes. — Voy. *Enfant légitime.* — *Enfant naturel*, etc.

L'enfant conçu est présumé né pour tous avantages qui peuvent lui échoir, s'il naît viable. — Voy. *Enfant mort-né.* — *Succession.* — *Viabilité.*

Certains droits et devoirs réciproques ont été établis par la nature et les lois entre les enfants et leurs père et mère. — Voy. *Aliments.*

L'administration de la personne et des biens de l'enfant appartient à ses père et mère jusqu'à son émancipation ou sa majorité. — *C. civ.* 349. — Voy. *Tutelle.*

La Loi impose des devoirs de respect à l'enfant de tout âge envers ses père et mère. — *C. civ.* 371. — Voy. *Acte respectueux.* — *Consentement à mariage.*

La vente par le père et la mère à l'enfant, n'étant interdite par aucune disposition de la Loi, est valable, mais lorsqu'elle constitue une donation déguisée, elle est sujette à retranchement ou rapport. — Voy. *Rapport à succession.*

ENFANT abandonné, assisté ou trouvé. — Ce sont en général ceux nés de parents inconnus et dont l'éducation est confiée à la charité publique.

La Loi punit l'abandon ou délaissement des enfants au-dessous de sept ans. — *C. pén.* 349 *et suivants.*

Toute personne qui trouve un enfant nouveau-né doit, sous peine d'amende et d'emprisonnement, le remettre à l'officier de l'état civil avec les vêtements et autres effets qu'il a sur lui, et déclarer toutes les circonstances du temps et du lieu où il a été trouvé. — *C. pén.* 347.

Les hospices sont destinés à recevoir les enfants trouvés. Des registres constatent leur arrivée, leur sexe, leur âge apparent, et décrivent les marques naturelles et les langes qui peuvent servir à les faire reconnaître. — *L. du 27 frimaire an V.*

La tutelle de ces enfants appartient de droit à la Commission administrative de l'hospice, qui la défère à l'un de ses membres. — *D. N.* — Voy. *Emancipation.* — *Hospice.*

ENFANT adoptif. — Voy. *Adoption.*

ENFANT adultérin. — On nomme adultérin l'enfant né de deux personnes, dont l'une était libre et l'autre mariée, ou qui étaient mariées l'une et l'autre, mais non pas l'une avec l'autre.

La reconnaissance volontaire d'un enfant adultérin est interdite. — *C. civ.* 335.

La Loi actuelle ne lui accorde que des aliments réglés eu égard aux facultés du père ou de la mère, et au nombre et à la quotité des héritiers légitimes. Il ne peut rien recevoir au delà par donation ou testament. — *C. civ.* 908.

Et comme la recherche de la maternité, de même que celle de la paternité lui sont interdites, ce n'est que lorsque, par la force des choses, la preuve est faite en justice, qu'il peut demander des aliments.

L'enfant adultérin peut recevoir, à titre de dons ou legs, de ses père et mère; mais si l'adultérinité était la cause même de la donation et résultant de l'acte, la donation pourrait être annulée. — *Cass.*, 4 *janv.* 1832.

La succession de l'enfant adultérin passe à ses descendants et, à leur défaut, au conjoint survivant ou à l'Etat.

ENFANT incestueux. — C'est celui né de deux personnes libres, mais entre lesquelles le mariage n'est pas permis à cause des liens de parenté ou d'alliance qui les unissent.

Les règles sur les droits des enfants adultérins sont communes aux enfants incestueux. — *C. civ.* 762 *et suiv.* — Voy. *Enfant adultérin.* — *Reconnaissance d'enfant naturel.*

ENFANT légitime. — On appelle enfant légitime celui qui est provenu d'un mariage légitime, ou qui a été légitimé par un mariage subséquent. — Voy. *Enfant.* — *Légitimation.* — *Légitimité.*

ENFANT mort-né. — L'enfant *mort-né* n'est pas censé être *né*, ni avoir été procréé; il ne peut avoir le titre d'enfant.

ENFANT naturel. — On entend par enfant naturel celui né, hors mariage, de deux personnes libres et qui auraient pu contracter mariage ensemble. — Cette circonstance distingue l'enfant naturel de l'enfant adultérin ou incestueux. — *D. N.* — Voy. *Enfant adultérin.*

L'enfant naturel porte le nom du père qui l'a reconnu, ou sinon celui de la mère.

La reconnaissance doit être faite par acte authentique, lorsqu'elle ne l'a pas été par l'acte de naissance. — *C. civ.* 334.

Les enfants naturels n'ont pas de famille et ne sont parents légalement que du père ou de la mère qui les ont reconnus. — Toutefois lorsqu'ils se marient, ils deviennent les chefs de leur famille légitime, et parents légitimes de leur descendance.

L'enfant naturel reconnu est soumis à la puissance paternelle.

Il peut être légitimé par le mariage subséquent de ses père et mère. — Voy. *Légitimation.*

La recherche de la maternité est admise par la Loi (*C. civ.* 341); mais la recherche de la paternité étant interdite, la filiation par rapport au père naturel ne peut en général être établie que par une reconnaissance volontaire et authentique. — *C. civ.* 334.

Toutefois, dans le cas d'enlèvement, lorsque l'époque de cet enlèvement se rapporte à celle de la conception, le ravisseur peut, sur la demande des parties intéressées, être déclaré père de l'enfant. — *C. civ.* 340.

L'enfant naturel légalement reconnu peut réclamer des aliments de ses père et mère, mais il n'a aucune action à ce sujet sur les biens de ses aïeux, puisqu'il n'existe pas de liens de parenté entre lui et ces derniers, et que la loi ne lui accorde aucun droit sur les biens des parents de ses père et mère. — *C. civ.* 756.

Les enfants naturels ne peuvent, par donation entre vifs ou par testament, rien recevoir au delà de ce que la Loi leur accorde au Titre des successions. — *C. civ.* 759, 908. — Voy. *Succession*.

Mais cette incapacité ne s'étend pas à leurs descendants légitimes, qui peuvent, après le décès de leur auteur, recevoir au delà de ce que celui-ci aurait pu recueillir lui-même dans la succession de son père ou de sa mère. — *Cass.* 13 avril 1840.

ENFANTS du premier âge. — *L. du 23 déc. 1874.* — Voy. *Protection des enfants du premier âge*.

ENFANTS employés dans les manufactures. — Voy. *Travail des enfants*. — *Manufactures*.

ENFANTS (Travail des). — Voy. *Travail des enfants*.

ENGAGEMENT. — C'est l'obligation de faire telle ou telle chose envers autrui. On nomme aussi *Engagement* l'affectation d'une chose à la garantie d'une dette.

On distingue les engagements sans convention qui ont leur source dans les dispositions de la Loi, et ceux qui résultent de la Convention. — Voy. *Engagement sans convention*. — *Obligation*.

ENGAGEMENT conditionnel. — Voy. *Volontariat*.

ENGAGEMENT d'acteur. — On appelle ainsi l'acte par lequel un artiste s'engage dans une entreprise théâtrale.

Ces engagements sont de deux sortes : le premier est l'acte par lequel l'artiste s'oblige à faire partie de l'entreprise pendant un temps déterminé, et qui est régi par les principes en matière de louage et d'industrie. — Voy. *Bail de louage et d'industrie*.

Le second est un contrat de société entre plusieurs personnes, et qui est régi par les principes de ce contrat. — Voy. *Société*.

Ces engagements étant synallagmatiques sont soumis aux formalités du double écrit. — *C. civ.* 1325. — Voy. *Double écrit*.

Ils ne peuvent être formés valablement qu'entre personnes capables de s'obliger. Ainsi la femme doit être autorisée de son mari, et le mineur doit fournir, soit le consentement de son père durant le mariage, soit celui de sa mère après la dissolution du mariage, soit enfin celui de son tuteur, s'il n'a plus ses père et mère.

L'engagement ne peut être fait que pour un temps, la Loi ne reconnaissant pas de services *à vie*. — *D. N.*

ENGAGEMENT d'immeubles. — Acte par lequel on affecte ou remet des immeubles pour la garantie d'une dette ou sûreté d'un paiement. — Voy. *Antichrèse*. — *Hypothèque*.

ENGAGEMENT sans convention. — C'est celui qui résulte de l'autorité seule de la Loi, ou qui naît à l'occasion d'un fait personnel à celui qui se trouve obligé, sans qu'il existe un concours de volontés pouvant produire l'obligation. — *C. civ.* 1370 *et suiv.*

Parmi ces engagements on distingue :
1° Ceux qui naissent des cas fortuits. — Voy. *Fortuit (cas)*;
2° Ceux entre propriétaires voisins. — Voy. *Mitoyenneté*. — *Voisinage*;

3° Ceux des tuteurs et autres administrateurs qui ne peuvent refuser la fonction qui leur est déférée. — *C. civ.* 1370. — Voy. *Tutelle;*

4° Et ceux qui ont leur source dans un fait personnel, tel que le quasi-contrat, le délit et le quasi-délit. — Voy. *Délit.* — *Dommage.* — *Gestion des affaires d'autrui.* — *Quasi-contrat.* — *Responsabilité.*

ENGAGEMENT et rengagement militaire. — L'armée se recrute par des appels et des engagements volontaires.

§ 1er. — *Des engagements.*

D'après la Loi du 27 juillet 1872, tout Français peut contracter un engagement volontaire aux conditions suivantes :

S'il entre dans l'armée de mer, il doit avoir 16 ans accomplis, sans être tenu d'avoir la taille prescrite, mais sous la condition qu'à l'âge de 18 ans il ne pourra être reçu, s'il n'a pas cette taille.

S'il entre dans l'armée de terre, il doit avoir 18 ans accomplis, et au moins la taille de 1 mètre 54 centimètres; — savoir lire et écrire; — jouir de ses droits civils; — n'être ni marié ni veuf avec enfants, — et être porteur d'un certificat de bonne vie et mœurs délivré par le maire de la commune de son dernier domicile.

Si l'engagé a moins de 20 ans, il doit justifier du consentement de ses père, mère ou tuteur.

La durée de l'engagement volontaire est de cinq ans.

Les années de l'engagement volontaire comptent dans la durée du service militaire.

Un décret du 23 septembre 1887 détermine les époques auxquelles peuvent être reçus les engagements volontaires, qui sont:

Pour l'infanterie et les troupes d'administration, du 1er octobre au 30 nov., et du 1er au 31 mars suivant.

Pour la cavalerie, du 1er au 30 novembre.

Pour l'artillerie et pour le train des équipages militaires, du 1er octobre au 31 décembre.

Et pour le Génie, du 1er octobre au 31 décembre.

§ 2. — *Des rengagements.*

Des rengagements peuvent être reçus pour 2 ans au moins et 5 ans au plus pendant le cours de la dernière année de service sous les drapeaux. — Ils sont renouvelables jusqu'à l'âge de 29 ans accomplis, pour les caporaux et soldats, et jusqu'à l'âge de 35 ans accomplis, pour les sous-officiers.

§ 3. — *Des engagements conditionnels d'un an.*

Les jeunes gens pourvus du diplôme de bachelier ès-lettres, de bachelier ès-sciences, de diplômes de fin d'études ou de brevets de capacité, institués par les articles 4 et 6 de la loi du 21 juin 1855; — ceux qui font partie de l'Ecole centrale des arts et manufactures, des Ecoles des arts et métiers, des Ecoles des beaux-arts, du Conservatoire de musique; — les élèves des Ecoles vétérinaires, des Ecoles d'agriculture et de l'Ecole des haras du Pin; — les élèves externes de l'Ecole des mines, de l'Ecole des ponts et chaussées, de l'Ecole du génie maritime, et les élèves de l'Ecole des mineurs de Saint-Etienne sont admis, avant le tirage au sort, lorsqu'ils présentent les certificats d'études émanés des autorités désignées à cet effet tel que le Recteur de l'Académie pour les diplômés, et les Directeurs des établissements pour les élèves de l'Ecole centrale et autres, à contracter des engagements conditionnels d'un an dans l'armée de terre, selon le mode déterminé.

Indépendamment de ces jeunes gens, sont encore admis à contracter un semblable engagement avant le tirage au sort, ceux qui satisfont à des examens exigés par les différents programmes préparés par le Ministre de la guerre, et approuvés par décrets rendus dans la forme des règlements d'administration publique.

L'engagé volontaire d'un an est habillé, monté et équipé à ses frais. Toutefois, le Ministre de la guerre peut exempter de tout ou partie de ces obligations les jeunes gens qui ont donné, dans leur examen, des preuves de capacité, et qui justifient être dans l'impossibilité de subvenir aux frais résultant de ces obligations.

Dans l'année qui précède l'appel de leur classe, les jeunes gens diplômés ou les élèves des Ecoles indiquées plus haut qui n'auraient pas terminé leurs études peuvent, tout en contractant l'engagement d'un an, obtenir de l'autorité militaire un sursis avant de se rendre au corps pour lequel ils se sont engagés. — Ce sursis peut leur être accordé jusqu'à l'âge de 24 ans accomplis.

Jouissent du même privilège, sous la condition d'avoir contracté un engagement conditionnel d'un an : 1° les élèves des Ecoles supérieures d'agriculture subventionnées par l'Etat ; 2° les élèves des Ecoles supérieures du commerce subventionnées par les Chambres de commerce. — *L. du 31 déc.* 1875.

Examens.

Un décret du 31 oct. 1872 règle les examens auxquels sont astreints les jeunes gens qui demandent à contracter un engagement conditionnel d'un an.

Ces Examens consistent en deux épreuves successives devant des Examinateurs nommés par le Ministre de la guerre et choisis parmi les agriculteurs, industriels et commerçants, ou des citoyens ayant exercé l'une de ces professions.

La première épreuve consiste dans une dictée écrite en français. — La seconde en un Examen oral public.

L'Examen se divise en deux parties : la première roule sur les matières composant l'Enseignement que le candidat a dû recevoir à l'Ecole primaire ; la seconde partie porte plus spécialement sur les notions élémentaires pratiques relatives à l'exercice même de la profession du Candidat.

Programme.

Chaque candidat est interrogé sommairement selon sa profession et sa spécialité, d'après les indications générales ci-après :

Agriculture. — Natures diverses des terrains au point de vue de l'agriculture. — Engrais et amendements. — Climats, saisons, leurs rapports avec la culture. — Moyens d'utiliser les eaux ou de s'en préserver. — Instruments et machines agricoles. — Méthodes et procédés de culture. — Conservation des récoltes. — Bestiaux et animaux domestiques. — Comptabilité agricole. — Débouchés des principaux produits agricoles de la région.

Commerce. — Marchandises qui font l'objet de la spécialité du Candidat, leur provenance, leur emploi et leur prix de revient. — Comptabilité et tenue des livres. — Dénomination des livres de commerce. — Principales opérations de commerce ou de Banque. — Formules usuelles, du billet à ordre, de la lettre de change, du mandat, du chèque, etc. — Signification des principaux termes de commerce ou de Banque.

Industrie. — Caractères et propriétés des matières premières ou matériaux. — Leur extraction, leur préparation, leur transformation ou leur emploi. — Moteurs, machines, instruments et outils dont le Candidat fait habituellement usage. — Procédés au moyen desquels il obtient les produits de son industrie spéciale. — Nature de ces produits.

Conditions à remplir.

Les conditions à remplir pour l'engagement conditionnel d'un an sont déterminées par le décret du 1er déc. 1872, duquel il résulte qu'en outre des conditions indiquées ci-dessus, il faut: 1° être sain, robuste et bien constitué ; 2° n'avoir pas concouru au tirage au sort ; 3° n'être pas lié au service dans les armées de terre ou de mer ; 4° avoir la taille réglementaire ; 5° Se trouver dans l'un des cas prévus par la Loi ou avoir satisfait aux examens ; 6° s'être conformé aux obligations imposées pour l'habillement et l'équipement en versant la somme de 1500 fr. fixée par arrêté ministériel du 7 déc. 1872 ; 7° justifier du diplôme, certificat d'études, ou autre, prescrit.

Le versement des 1500 francs a lieu, pour le département de la Seine, à la direction générale de la Caisse des dépôts et consignations, et dans les autres départements chez les trésoriers-payeurs généraux et receveurs particuliers des finances.

Les Engagements d'un an sont contractés au chef-lieu de département devant l'officier de l'Etat civil.

Les Engagés volontaires d'un an sont incorporés et soumis à toutes les obligations de service imposées aux hommes présents sous les drapeaux, et les règlements sur la discipline leur sont applicables sans aucune modification. — Voy. *Organisation générale de l'Armée.* — *Recrutement.* — *Service militaire.*

ENGAGEMENT des gens de mer. — Voy. *Gens de mer.* — *Navire.*

ENGAGISTE. — Se dit du détenteur d'un domaine engagé. — Voy. *Domaine échangé ou engagé.*

ENGINS. — Voy. *Chasse.* — *Lais.* — *Pêche.*

ENGRAIS. — Ce mot sert à désigner les substances destinées à féconder les terres, comme la chaux, la marne, les fumiers, etc. — Voy. *Pailles et Engrais.*

Ils sont *meubles,* s'ils sont destinés à être vendus. — Voy. *Meubles.* — *Immeubles.* — *Bail à ferme.* — *Labours et Semences.*

Ceux qui, en vendant ou mettant en vente des engrais ou amendements, ont trompé ou tenté de tromper l'acheteur soit sur leur nature, leur composition ou le dosage des éléments utiles qu'ils contiennent, soit sur leur provenance, soit par l'emploi, pour les désigner ou les qualifier, d'un nom qui, d'après l'usage, est donné à d'autres substances fertilisantes, sont punissables d'amende et d'emprisonnement. — C. pén. 463. — L. du 4 fév. 1888.

ENGRANGEMENT. — Tout preneur de bien rural est tenu d'engranger dans les lieux à ce destinés d'après le bail. — C. civ. 1767.

ENLÈVEMENT (rapt). — Se dit du crime que commet celui qui enlève une femme ou une fille du lieu de sa demeure, pour la corrompre ou pour l'épouser.

L'enlèvement d'une fille mineure opéré par fraude ou violence est puni de la peine de réclusion. — Si la personne enlevée ou détournée est âgée de moins de 16 ans accomplis, la peine est celle des travaux forcés à temps. — C. pén. 354 et suiv.

Pour la recherche de la paternité en cas d'enlèvement. — C. civ. 340. — Voy. *Enfant naturel.*

ENLÈVEMENT de pièces. — Voy. *Destruction de pièces.* — *Suppression de titres.*

ENLÈVEMENT et détournement de mineure. — Voy. *Enlèvement (rapt).*

ÉNONCIATION. — Mention faite dans un acte d'un fait ou d'un titre antérieur.

Les énonciations qui ont un rapport direct à la disposition font foi entre les parties. — C. civ. 1320.

ENQUÊTE. — Procédure ayant pour objet de constater la vérité d'un fait au moyen de l'audition de témoins. — E. N.

La preuve testimoniale n'est jamais admise pour un intérêt supérieur à 150 francs, et, même au-dessous de ce chiffre, elle n'est jamais admissible contre ni outre le contenu aux actes. — C. civ. 1341, 1343, 1345.

Toutefois, ces règles reçoivent exception dans trois cas : 1° quand il existe un commencement de preuve par écrit ; 2° quand il a été impossible au réclamant de se procurer une preuve écrite ; 3° enfin quand il s'agit de matières commerciales. — *C. civ.* 1347, 1348; — Cass., 2 janvier 1843.

Lorsque l'enquête a lieu devant le juge de paix, elle est régie par les articles 34 et suivants du Code de procédure civile.

En matière sommaire, si les faits dont une partie demande à faire la preuve sont admissibles, qu'ils soient déniés et que la Loi ne défende pas la preuve, elle peut être ordonnée.

L'enquête ou audition des témoins a lieu devant un juge nommé à cet effet par le Tribunal. — Voy. *Juge commissaire.* — *C. proc.* 253 *et suiv.*

En matière commerciale, lorsque le Tribunal ordonne la preuve par témoins, il y est procédé dans les formes prescrites pour les enquêtes sommaires devant les Tribunaux. — *C. proc.* 432.

ENQUÊTE de commodo et incommodo — Voy. *Information de commodo et incommodo.*

ENQUÊTE par commune renommée. — C'est celle au moyen de laquelle on établit l'importance d'une succession ou d'une communauté, contre la personne qui s'est emparée des choses qui en dépendaient, et en a disposé sans au préalable avoir fait dresser un inventaire, — *C. civ.* 1442.

Dans cette enquête, le témoin appelé doit dire non seulement ce qu'il a vu ou entendu, mais encore son opinion sur la consistance, le nombre et la valeur estimative, soit qu'il l'ait formée sur ce qu'il a vu, soit qu'il ne l'ait formée que sur les bruits publics ; en un mot sur la *commune renommée.*

On procède par commune renommée dans divers cas, notamment après la dissolution de la communauté entre époux, lorsque le défaut d'inventaire préjudicie à la femme ou à ses héritiers. — *C. civ.* 1415 et 1504. — Voy. *Communauté de biens.* — *Dot.* — *Inventaire.*

ENQUÊTE sommaire. — On donne ce nom aux enquêtes qui sont faites verbalement à l'audience dans les matières sommaires. — *C. proc.* 407 *et suiv.* — Voy. *Enquête.*

ENREGISTREMENT (lois, délais, etc.). — Formalité qui consiste dans la relation des actes et des mutations de propriété sur un registre public, et qui s'accomplit au moyen de droits perçus au profit du Trésor public par les préposés de l'Administration.

Lois.

La base de la législation de l'Enregistrement a été établie par la Loi du 22 frimaire an VII. — Celle du 6 prairial an VII ordonne la perception d'une subvention extraordinaire de guerre d'un dixième en sus sur les droits d'Enregistrement, de timbre, etc.

Viennent ensuite de nouvelles Lois et décrets modificatifs au nombre desquels nous citerons les Lois des 23 août 1871 et 30 décembre 1873, qui ont porté à *deux décimes et demi* la subvention extraordinaire à ajouter en sus des droits d'Enregistrement.

Bureaux.

Il existe des bureaux d'Enregistrement dans toutes les villes et dans la majeure partie des chefs-lieux de canton. — Voy. *Administration de l'Enregistrement et des Domaines.*

Dans les localités importantes, il a été établi des bureaux spéciaux pour les actes civils, les actes judiciaires et les successions.

Les bureaux des petites localités sont chargés de l'enregistrement de tous les actes et du recouvrement des droits de succession.

Les *notaires* ne peuvent faire enregistrer leurs actes qu'aux bureaux dans l'arrondissement desquels ils résident.

Il en est de même des *secrétaires* des Administrations *centrales* et *municipales*.

Les actes *sous seing privé* et ceux passés en *pays étranger* peuvent être enregistrés dans *tous les bureaux* indistinctement.

Les mutations par décès de propriété ou d'usufruit de biens immeubles, autrement dit, les *déclarations de succession*, sont enregistrées ou déclarées au bureau de la situation des biens.

Les héritiers, donataires ou légataires, leurs tuteurs ou curateurs, doivent en passer déclaration détaillée dans chacun des bureaux de la situation, et la signer sur le registre. — Les rentes et biens meubles sont déclarés au bureau du domicile du décédé.

Les mutations de propriété, de fonds de commerce et de clientèle non constatées par des actes doivent être déclarées au bureau de l'Enregistrement de la situation.

Les *Gardes et Agents forestiers*, les *Gardes champêtres*, les *Gendarmes*, les *Vérificateurs des poids et mesures*, et les *Préposés des douanes* peuvent faire enregistrer leurs actes au bureau le plus voisin de leur résidence.

S'il n'y a pas de bureau au lieu de leur résidence, les gendarmes peuvent adresser leurs procès-verbaux non enregistrés au parquet.

Les *Commissaires de police* et autres fonctionnaires doivent faire enregistrer leurs procès-verbaux pour faits de police judiciaire ou administrative, soit au bureau de leur résidence, soit à celui de l'arrondissement dans lequel ils procèdent.

Délais pour l'Enregistrement des actes et déclarations.

Trois jours pour les procès-verbaux de contravention en matière de police de roulage.

Quatre jours : 1° pour les actes des huissiers et autres ayant pouvoir de faire des exploits et procès-verbaux ; 2° pour les procès-verbaux des *gardes et agents forestiers*, en comptant le délai du jour de l'affirmation, si le procès-verbal est assujetti à cette formalité ; 3° pour les protêts faits par les *notaires ;* 4° pour les ventes aux enchères par les *commissaires-priseurs*.

Dix jours pour les actes des *courtiers de commerce*, ainsi que pour les procès-verbaux des ventes publiques de marchandises par eux faites.

Dix ou quinze jours pour les actes des *notaires*, selon qu'ils résident ou ne résident pas dans la commune où le bureau de l'enregistrement est établi.

Quinze jours pour les baux des hospices et autres établissements publics de bienfaisance *devant notaires*, à partir du jour de la remise au notaire, par le maire, de l'approbation du préfet ; et pour les procès-verbaux des vérificateurs des poids et mesures, à partir de l'affirmation qui a lieu au plus tard le lendemain de la clôture.

Vingt jours pour les *actes judiciaires*.

Vingt jours pour les *actes administratifs*, savoir : 1° actes des administrations centrales et municipales ; 2° ventes de prises et de navires ou de bris de navires par les officiers de la marine ; 3° actes des autorités administratives et des établissements publics, portant transmission de propriété, d'usufruit ou de jouissance, adjudication ou marché de toute nature aux enchères, au rabais, ou sur soumission ; cautionnement relatif à ces actes ; 4° procès-verbaux d'assiette d'arpentage, de balivage, de martelage, de bris de réserve, de délivrance de menus produits dressés par les agents forestiers.

Le délai à l'égard des actes qui ne doivent avoir d'exécution qu'après avoir été approuvés par l'autorité supérieure, court du jour de la remise de l'arrêté d'approbation du préfet

Vingt jours de l'échéance de chaque terme des baux faits verbalement, suivant l'usage des lieux, pour le paiement des droits des termes échus.

Vingt premiers jours des mois de janvier, avril, juillet et octobre, pour le paiement, par les sociétés, des droits dus pour la cession de leurs actions et obligations, et par les départements, communes et établissements publics, des droits de transmission dus sur leurs obligations.

Un mois à compter de leur constitution définitive, pour la déclaration à faire par les sociétés, compagnies ou entreprises, du nombre et du montant des titres d'actions ou d'obligations émis par elles. — Voy. *Cessions de titres d'actions et d'obligations dans les sociétés ou compagnies.*

Un mois à compter du jour où a commencé une nouvelle période d'un bail écrit, consenti pour plus de trois années, lorsqu'on a déclaré vouloir user de la faculté de fractionner le paiement du droit par périodes triennales.

Deux mois pour les procès-verbaux de réarpentage, récolement et autres, rédigés par les agents forestiers, *postérieurement* à la délivrance en nature.

Trois mois : 1° pour les *testaments* déposés chez les notaires, ou par eux reçus, à compter du décès des testateurs ; 2° pour les actes sous seing privé translatifs de propriété ou d'usufruit d'immeubles, et les baux à terme ou à loyer, sous-baux, cessions et subrogations de baux et les engagements d'immeubles. Pour ceux des actes de ces espèces passés en pays étranger ou dans les îles ou colonies françaises, le délai est de *six mois* s'ils sont faits en Europe ; d'*une année*, si c'est en Amérique, et de *deux années*, si c'est en Asie ou en Afrique ; 3° pour les mutations entre vifs, de propriété, d'usufruit ou de jouissance à titre de bail d'immeubles, sans conventions écrites, d'après des déclarations détaillées et estimatives ; 4° pour les mutations de propriété de fonds de commerce ou de clientèles, lors même que la mutation n'est pas constatée par acte. Le délai court, en ces deux derniers cas, à partir de l'entrée en possession.

Un délai supplémentaire d'*un mois* est accordé à l'ancien propriétaire ou au bailleur d'immeubles, ainsi qu'au vendeur de fonds de commerce ou de clientèle, pour déposer à l'enregistrement l'acte de vente ou de bail, ou faire la déclaration de la vente et s'affranchir tant du versement immédiat des droits, que du droit en sus qui lui est imposé personnellement, en cas de contravention.

Quand il s'agit d'un bail verbal, c'est le bailleur qui est seul tenu d'en faire la déclaration et de payer les droits, mais il a un recours contre le preneur dont le loyer annuel est supérieur à 100 fr.

Dix premiers jours de chaque trimestre, pour le versement des taxes perçues pendant le trimestre précédent sur les assurances maritimes.

Avant le dixième jour du troisième mois de chaque trimestre pour le versement des taxes perçues sur les assurances contre l'incendie pendant le trimestre précédent. Mais pour les assurances mutuelles dont les cotisations se payent d'avance, la taxe se paye par quart dans les 10 *jours* qui suivent l'expiration de chaque trimestre.

Il n'y a point de délai de rigueur pour l'enregistrement des actes sous seing privé autres que les précédents ; mais il ne peut en être fait aucun usage, soit par acte public, soit en justice, ou devant toute autorité constituée, qu'ils n'aient été enregistrés.

Délais pour les déclarations de succession ou mutations par décès.

Les délais pour les déclarations de succession sont : de *six mois* à compter du jour du décès, lorsque celui dont on recueille la succession est décédé en France ; — *huit mois*, s'il est décédé dans toute autre partie de l'Europe ; — *une année*, s'il est mort en Amérique ; — *deux années*, si c'est en Afrique ou en Asie.

Le délai de *six mois* court, pour la succession d'un absent, soit de la mise en possession, soit du jour de l'envoi en possession provisoire.

Dans ces délais, le *jour* de la date de l'acte ou de l'ouverture de la succession n'est pas compté, non plus que le *dernier jour*, si c'est un dimanche ou un jour de fête légale.

Sursis.

On peut obtenir un sursis ou délai plus long pour ces déclarations et l'ac=

quit des droits, dans divers cas, en adressant une pétition à cet effet au Ministre des finances. — Voy. *Pétition.*

Nous en donnons ci-après une formule.

Demande de sursis pour une déclaration de succession.

A Monsieur le Ministre des Finances,

Monsieur le Ministre,
Le Sr A..., demeurant à.....,
A l'honneur de vous exposer :
Que M. B..., son frère, est décédé à....., le....., laissant l'exposant pour seul héritier ;
Que, n'ayant pu réunir encore tous les documents nécessaires pour établir l'actif de la succession, actif comprenant notamment....., il a besoin d'un délai pour correspondre et se procurer les titres nécessaires.

En conséquence, il vous prie, Monsieur le Ministre, de bien vouloir lui accorder un sursis de trois mois à partir de l'expiration des délais, pour faire la déclaration prescrite par la loi et acquitter les droits sur les valeurs de ladite succession, dont il ne pourrait d'ailleurs préciser l'importance en ce moment.

L'exposant vous prie d'agréer,
Monsieur le Ministre,
L'hommage de son profond respect.

(*Signature.*)

Présentée....., le.....

Assiette du droit.

Les droits d'Enregistrement sont *Fixes* ou *Proportionnels.*

Le *Droit fixe* s'applique aux actes, soit civils, soit judiciaires ou extra-judiciaires qui ne contiennent, ni obligation, ni libération, ni condamnation, collocation ou liquidation de sommes et valeurs, ni transmission de propriété, d'usufruit ou de jouissance de biens, meubles ou immeubles.

Le *Droit proportionnel* est établi pour les obligations, libérations, condamnations, collocations ou liquidations de sommes et valeurs, et pour toute transmission de propriété, d'usufruit ou de jouissance de biens meubles et immeubles, soit entre vifs, soit par décès. — Il est assis sur les valeurs.

Une autre espèce de droit, dit *Droit fixe gradué*, est établi sur certains actes, dont les uns seraient sujets au droit fixe simple, et les autres au droit proportionnel d'après la distinction ci-dessus. Sont assujettis à ce *droit fixe gradué :* 1° les actes de formation et de prorogation de société ; 2° les actes translatifs de propriété de biens immeubles sis à l'étranger ; 3° les ventes de marchandises avariées par suite d'événements de mer et de bris de navires ; 4° les contrats de mariage ; 5° les partages ; 6° les délivrances de legs ; 7° les consentements à mainlevée totale ou partielle d'hypothèque ; 8° les prorogations de délai ; 9° les marchés dont le prix doit être payé directement par le Trésor public et les cautionnements relatifs à ces marchés ; 10° les Titres-nouvels et reconnaissances de rentes. — Il n'y a point de fraction de centime dans la liquidation du droit proportionnel. Lorsqu'une fraction de somme ne produit pas un centime de droit, le centime est perçu au profit de l'Etat.

La perception du droit proportionnel suit les sommes et valeurs de 20 fr. en 20 fr. inclusivement et sans fraction.

Il ne peut être perçu moins de 25 cent. pour l'enregistrement des actes et mutations dont les sommes et valeurs ne produiraient pas 25 cent. de droit proportionnel.

La valeur de la propriété, de l'usufruit et de la jouissance des biens meubles et immeubles est déterminée, pour la liquidation et le paiement du droit proportionnel, suivant le mode établi pour chaque nature d'actes ou de mutations, par les art. 14 et 15 de la loi du 22 frim. an VII.

Si les sommes et valeurs ne sont pas déterminées dans un acte ou un jugement donnant lieu au droit proportionnel, les parties sont tenues d'y suppléer, avant l'enregistrement, par une déclaration estimative, certifiée et signée au pied de l'acte.

La quotité du droit fixe gradué est déterminée d'après l'importance des sommes ou valeurs que les actes assujettis à ce droit énoncent ou ont pour objet. Il est fixé à 5 fr. pour les sommes ou valeurs de 5.000 fr. et au-dessous, et pour les actes ne contenant aucune énonciation de sommes ou valeurs, ni disposition susceptible d'évaluation ; à 10 fr. pour les sommes ou valeurs supérieures à 5.000 fr., mais n'excédant pas 10.000 fr. ; à 20 fr. pour les sommes ou valeurs supérieures à 10.000 fr., mais n'excédant pas 20.000 fr. ; il est ensuite augmenté de 20 fr. pour chaque somme ou valeur de 20.000 fr. ou fraction de 20.000 fr.

Mercuriales. — Pour les rentes et les baux stipulés payables en quantité fixe de grains et denrées dont la valeur est déterminée par des mercuriales, et pour les donations entre vifs et les transmissions par décès de biens dont les baux sont également stipulés payables en quantité fixe de grains et denrées dont la valeur est également déterminée par des mercuriales, la liquidation du droit proportionnel est faite d'après l'évaluation du montant des rentes ou du prix des baux résultant d'une année commune de la valeur des grains ou autres denrées, selon les mercuriales du marché le plus voisin.

Pluralité des droits. — Lorsque, dans un acte quelconque, soit civil, soit judiciaire ou extra-judiciaire, il y a plusieurs dispositions indépendantes ou ne dérivant pas nécessairement les unes des autres, il est dû pour chacune d'elles, et selon son espèce, un droit particulier. — *Quant aux exploits*, il est dû un droit pour chaque demandeur ou défendeur, en quelque nombre qu'ils soient dans le même acte, excepté les copropriétaires et cohéritiers, les parents réunis, les cointéressés, les débiteurs ou créanciers associés ou solidaires, les séquestres, les experts et les témoins, qui ne sont comptés que pour une seule et même personne, soit en demandant, soit en défendant, dans le même original d'acte, lorsque leurs qualités y sont exprimées.

Paiement des droits.

Les droits des actes et ceux des mutations par décès doivent être payés avant l'Enregistrement. — Nul ne peut en atténuer ni différer le paiement, sous le prétexte de contestation sur la quotité, ni pour quelqu'autre motif que ce soit, sauf à se pourvoir en restitution, s'il y a lieu.

Les droits sont acquittés, savoir : par les notaires, pour les actes passés devant eux ; — par les huissiers et autres ayant pouvoir de faire des exploits et procès-verbaux, pour ceux de leur ministère ; — par les greffiers, pour les actes et jugements ; — par les secrétaires des administrations centrales et municipales (préfectures, sous-préfectures et mairies), pour les actes de ces administrations qui sont soumis à la formalité de l'enregistrement ; — par les parties, pour les actes sous seing privé et ceux passés en pays étranger, les ordonnances sur requêtes ou mémoires, les certificats immédiatement délivrés par les juges et les actes et décisions arbitrales ; — et par les héritiers, légataires et donataires, leur tuteurs et curateurs, et les exécuteurs testamentaires, pour les testaments et autres actes de libéralité à cause de mort ; — par les locataires, pour les baux écrits ; — par les propriétaires, pour ceux qui sont verbaux, mais sauf leur recours contre les locataires, quand le prix annuel excède 100 fr.

Les droits des actes civils et judiciaires emportant obligation, libération ou transmission de propriétés, ou d'usufruit de meubles ou immeubles, sont supportés par les débiteurs et nouveaux possesseurs ; et ceux de tous les autres actes par les parties auxquelles les actes profitent, lorsque, dans ces divers cas, il n'a pas été stipulé de dispositions contraires dans les actes.

Les droits des déclarations des mutations par décès sont payés par les héritiers, donataires ou légataires. — Les cohéritiers sont solidaires.

Les receveurs ne peuvent, sous aucun prétexte, différer l'Enregistrement des actes et mutations dont les droits ont été payés aux taux réglés par la loi. — Ils ne peuvent non plus suspendre ou arrêter le cours des procédures en retenant des actes ou exploits ; cependant, si un acte dont il n'y a pas de minute, ou un exploit contient des renseignements dont la trace puisse être utile pour la découverte des droits dus, le receveur a la faculté d'en tirer copie et de la faire certifier conforme à l'original par l'officier qui l'a présenté. En cas de refus, il peut conserver l'acte pendant 24 heures seulement, pour s'en procurer une collation en forme, à ses frais, sauf répétition, s'il y a lieu. — Cette disposition est applicable aux actes sous signature privée qui sont présentés à l'Enregistrement.

Les droits établis par la Loi du 23 juin 1857 et par celle du 16 septembre 1871 pour les cessions d'actions et d'obligations sont payés par les sociétés, départements, communes et établissements publics, sauf leur recours contre les propriétaires et porteurs des titres.

Restitution de droits et prescriptions.

Tout droit d'Enregistrement régulièrement perçu ne peut être restitué, quels que soient les événements ultérieurs, sauf les cas prévus par la Loi.

Il y a lieu à restitution : 1° lorsqu'à défaut de mention d'Enregistrement d'un acte dans un jugement rendu, ou un arrêté pris en conséquence, le droit dû pour cet acte ayant été exigé sur le jugement ou l'arrêté, il est ensuite justifié de cet Enregistrement ; 2° lorsque le droit d'obligation ayant été perçu sur une délégation de prix dans un contrat pour acquitter des créances à terme, envers un tiers, sans énonciation de titre enregistré, il est justifié de l'Enregistrement de ce titre ; 3° lorsqu'une adjudication faite en justice a été annulée par les voies légales ; 4° lorsque, dans le délai de deux ans, à partir de la perception du droit proportionnel sur des acquisitions amiables, faites en vue d'une expropriation pour cause d'utilité publique, mais antérieurement aux arrêtés des préfets, il est justifié que les immeubles acquis sont compris dans ces arrêtés ; 5° en cas de retour de l'absent dont les droits de succession ont été payés ; 6° des droits perçus sur un *contrat de mariage*, sauf le droit fixe lorsqu'il est constaté que la célébration n'a pas eu et n'aura pas lieu.

Il y a prescription pour la demande des droits, savoir :

1° Après *un an* à compter du jour de l'enregistrement du contrat pour requérir l'expertise, si le prix énoncé dans un acte de vente de propriété ou d'usufruit de biens immeubles paraît inférieur à leur valeur vénale à l'époque de l'aliénation. Le délai pour requérir l'expertise à l'effet de constater l'insuffisance du prix de vente des fonds de commerce et de clientèle est de *trois mois* seulement.

2° Après *deux années* à compter du jour de l'enregistrement, s'il s'agit d'un droit non perçu sur une disposition particulière dans un acte, ou d'un supplément de perception insuffisamment faite, ou d'une fausse évaluation dans une déclaration, et pour la constater par voie d'expertise.

Cette prescription court du jour où les préposés ont été mis à portée de constater les contraventions au vu de chaque acte soumis à l'enregistrement, ou du jour de la présentation des répertoires à leur *visa*. — Dans tous les cas, la prescription pour le recouvrement des droits simples d'enregistrement et des droits de timbre dus, indépendamment des amendes, reste réglée par les lois existantes.

Les parties sont non recevables, après *deux ans*, pour toute demande en restitution de droits perçus.

Ce délai pour la restitution des droits se compte du jour de l'enregistrement de l'acte ou de la déclaration.

C'est également dans le délai de *deux ans* que peuvent être réclamés les droits simples et en sus pour dissimulation des sommes ou valeurs ayant servi de base à la perception du droit gradué.

3° Il y a prescription pour la demande des droits, après *cinq années*, à compter du jour de l'enregistrement, s'il s'agit d'une omission de biens, autres que des inscriptions de rentes sur l'État, dans une déclaration faite après décès.

4° Après *dix ans* à compter du jour du décès, pour les successions non déclarées, et pour prouver par témoins toute dissimulation dans le prix d'une vente ou la soulte d'un partage ou d'un échange, ayant pour objet des immeubles, des fonds de commerce ou clientèles.

5° Après *trente ans* : 1° en cas de retard de déclaration ou d'omission d'inscriptions de rentes sur l'Etat dans la déclaration des héritiers, légataires ou donataires; 2° pour la demande du droit dû sur l'importance réelle d'un marché, lorsque la perception a été établie d'après une déclaration estimative ; 3 pour la demande des droits d'une transmission éventuelle qui se réalise après l'enregistrement de l'acte ; 4° et en général pour la demande des droits simples d'une mutation secrète, non déclarée, ou d'un acte qu'on a omis de faire enregistrer.

Les prescriptions ci-dessus (sauf celle de 30 ans) sont suspendues par des demandes signifiées et enregistrées avant l'expiration des délais ; mais elles sont acquises irrévocablement si les poursuites commencées sont interrompues pendant une année, sans qu'il y ait d'instance devant les juges compétents, quand même le premier délai pour la prescription ne serait pas expiré.

La date des actes sous seing privé ne peut cependant être opposée à l'Etat pour la prescription des droits et peines encourues, à moins que ces actes n'aient acquis une date certaine par le décès de l'une des parties, ou autrement. — Voy. *Enregistrement (tarif général)*. — *Enregistrement (réclamations)*. — *Enregistrement (droits en sus et amendes)*.

ENREGISTREMENT (tarif général). — Nous donnons ci-après le Tarif général par *ordre alphabétique* des droits d'enregistrement mis au courant de la législation à ce jour (1888), en faisant observer qu'il est dû et qu'il doit y être ajouté *deux décimes et demi par franc* en sus de tous droits.

Tarif.

Les initiales D. F. *signifient* Droit fixe, *et les initiales* D. P. **Droit** proportionnel.

	D. F.	D. P.
Abandonnements de biens volontaires ou forcés, pour être vendus en direction. — Voy. *Concordats*............	7 50	
Abandonnements pour faits d'assurance ou grosse aventure, en temps de paix................		1 » p. %
(Le droit est perçu sur la valeur des objets abandonnés.)		
Idem, en temps de guerre............		» 50 c. %
Abstentions, répudiations et renonciations à successions, legs ou communautés pures et simples, à moins qu'elles ne soient faites en justice............	3 »	
(Il est dû un droit par chaque renonçant et pour chaque succession).		
Quand l'acte est passé au greffe, le droit dû est de............	4 50	
Acceptations de successions, legs ou communautés, aussi lorsqu'elles sont pures et simples............	3 »	
(Il est dû un droit par chaque acceptant et pour chaque succession.)		
Quand l'acte est passé au greffe, le droit dû est de............	4 50	
Acceptations de successions sous bénéfice d'inventaire............	4 50	
(Il est dû un droit par chaque acceptant et pour chaque succession.)		
Acceptations de transport ou délégations de créances à termes, par acte séparé, lorsque le droit proportionnel a été acquitté pour le transport ou la délégation, et celles qui se font dans les actes mêmes de délégation............	3 »	
Accroissement (droits d'). — Dans les congrégations, communautés, sociétés ou associations civiles ou religieuses, autorisées ou non, qui admettent l'adjonction de nouveaux membres, les accroissements par suite de réversion au profit des membres restant en cas de décès, de retraite ou d'exclusion de la part de ceux qui cessent de faire partie de l'association. Le droit de mutation à 9 % est dû dans les six mois du décès et dans les 3 mois de la retraite, sur la valeur de la part accrue dans les biens meubles et immeubles de l'association, sous peine d'un droit ou d'un demi-droit en sus.		
Acquiescements purs et simples, quand ils ne sont point faits en justice............	3 »	
Acquisitions et échanges faits par l'Etat; partages de biens entre lui et les particuliers et tous autres actes à ce sujet............	Gratis	

	D. F.	D. P.
Acquits des billets à ordre et autres effets négociables sous seing privé..	Exempts	
Actes (les cédules exceptées) et jugements préparatoires, interlocutoires ou d'instruction des *Juges de paix*, certificats d'individualité, *visa* de pièces et poursuites préalables à l'exercice de la contrainte par corps, oppositions à la levée des scellés par comparence personnelle dans le procès-verbal, tous autres actes des juges de paix et leurs jugements définitifs portant condamnation de sommes dont le droit proportionnel ne s'élèverait pas à 1 fr. 50..............................	1 50	
Actes des administrations publiques autres que ceux portant transmission de propriété, d'usufruit et de jouissance, ou adjudications, marchés et cautionnements y relatifs................................	Exempts	
Actes d'apposition et levée de scellés ou de nomination de tuteur ou subrogé-tuteur d'*office*, après l'ouverture de successions échues à des héritiers absents et non représentés, ou à des mineurs qui n'ont ni tuteurs, ni curateurs..	Débet	
(De même, si les mineurs sont pourvus d'un tuteur, sauf à suivre contre celui-ci la rentrée des droits restés en suspens.)		
Actes de commerce. — Les marchés et traités réputés actes de commerce par les art. 632 *et suiv.* du C. comm. (*faits ou passés sous signatures privées*), et donnant lieu au droit proportionnel de 1 ou de 2 pour 100, sont enregistrés *provisoirement*, moyennant le droit fixe de	3 »	
Les droits proportionnels sont perçus lorsqu'un jugement portant condamnation, liquidation, collocation ou reconnaissance, intervient sur ces marchés, ou qu'un acte public est fait ou rédigé en conséquence, mais seulement sur la partie des prix ou des sommes faisant l'objet, soit de la condamnation, liquidation ou reconnaissance, soit des dispositions de l'acte public.		
Actes de complément d'actes antérieurs enregistrés :		
S'il s'agit d'actes civils..	3 »	
S'il s'agit d'actes judiciaires.....................................	1 50	
Actes d'émancipation..	15 »	
(*Le droit est dû par chaque émancipé.*)		
Actes du Gouvernement et du Corps législatif..................	Exempts	
Actes aux greffes des Tribunaux civils, portant acquiescement, dépôt, décharge, désaveu, exclusion des Tribunaux, affirmation de voyage, opposition à remise de pièces, enchères, surenchères, renonciation à communauté, succession ou legs, reprise d'instance, communication de pièces sans déplacement, affirmation et vérification de créances, opposition à délivrance de jugement, dépôt de bilan et registres, opposition à publication de séparation, dépôt de sommes et pièces et tous autres actes conservatoires ou de formalité...............................	4 50	
(*Les affirmations de créances en matière de faillite* ne sont assujetties qu'à un seul droit fixe, quelque soit le nombre des déclarations contenues dans le procès-verbal.)		
Actes aux greffes des Cours d'appel.............................	7 50	
Actes des huissiers et des gendarmes concernant la police générale et de sûreté et la vindicte publique......................................	Gratis	
Actes innommés, c'est-à-dire tous les actes non tarifés et qui ne peuvent donner lieu au droit proportionnel :		
S'il s'agit d'actes civils..	3 »	
S'il s'agit d'actes judiciaires.....................................	1 50	
Actes et jugements de la police ordinaire des Tribunaux de police correctionnelle et criminelle, soit entre parties, soit sur la poursuite du ministère public avec partie civile sans condamnation de sommes et valeurs ou dont le droit proportionnel ne s'élèverait pas à 1 fr. 50 c.; et les dépôts et décharges aux greffes desdits Tribunaux, s'il y a partie civile..	4 50	
Actes et jugements préparatoires ou d'instruction des Tribunaux de première instance, de commerce ou des arbitres.....................	4 50	
Actes et jugements qui interviennent sur les actes et procès-verbaux des juges de paix pour faits de police, des commissaires de police, des gardes ruraux et forestiers....................................	Débet	
Actes et jugements des prud'hommes :		
Si la somme n'excède pas 25 fr., ils doivent être enregistrés.....	Gratis	
Si elle excède 25 fr..	Débet	
Actes de naissance, mariage et sépulture reçus par les officiers de l'Etat civil et les extraits qui en sont délivrés, sauf ceux portant reconnaissance d'enfants naturels. — V. *Divorce*.	Exempts	
Actes de notoriété..	3 »	
Actes de notoriété et procès-verbaux relatifs à la disparition des militaires et à l'indigence de leur veuves et orphelins...................	Exempts	

	D. F.	D. P.
Actes de notoriété passés en France devant les juges de paix, et constatant les ressources des demandeurs en concession de terres en Algérie.....	1 50	
Actes passés en forme authentique avant l'établissement de l'Enregistrement, dans l'ancien territoire de la France, et ceux authentiques ou sous seing dans les pays réunis et qui ont acquis une date certaine d'après les Lois de ces pays, ainsi que les mutations par décès avant la réunion desdits pays.............	Exempts	
Actes de procédure et jugements à la requête du ministère public ayant pour objet : 1° de réparer les omissions et faire les rectifications, sur les registres de l'état civil, d'actes qui intéressent les individus notoirement indigents ; 2° de remplacer les registres de l'état civil perdus ou incendiés par les événements de la guerre et de suppléer aux registres qui n'auraient pas été tenus.............	Gratis	
Actes et procès-verbaux (excepté ceux des huissiers et gendarmes, qui doivent être enregistrés en *débet* ou *gratis*) et les jugements concernant la police générale et de sûreté, et la vindicte publique......	Exempts	
Actes et procès-verbaux des huissiers, gendarmes, préposés, gardes champêtres ou forestiers (autres que ceux des particuliers), et généralement tous actes et procès-verbaux concernant la police ordinaire, et qui ont pour objet la poursuite et la répression des délits et contraventions aux règlements généraux de police et d'impositions, lorsqu'il n'y a pas de partie civile.............	Débet	
Parmi ces actes sont compris les procès-verbaux des Gardes du Génie, ceux rédigés, soit par des agents voyers, soit par tous autres officiers de police judiciaire et constatant des délits ou contraventions commis sur les chemins vicinaux ; — ceux des vérificateurs des poids et mesures pour contraventions au système métrique ; — et ceux des Gardes et Agents préposés aux chemins de fer (*quand ces agents sont nommés par l'État*) pour remplir les fonctions de Commissaire de police ou de Préposé de la grande voirie.		
Acte de recours (premier) en cassation, ou devant le Conseil d'État, soit par requête, mémoire ou déclaration en matière civile, de police simple ou de police correctionnelle.............	37 50	
Actes refaits pour nullité ou autre motif sans aucun changement qui ajoute aux objets des conventions ou à leur valeur............	3 »	
Acte respectueux (*acte innommé*)..............	3 »	
Actes sous seing privé tendant uniquement à la liquidation de la dette publique et pour les seules opérations de cette liquidation......	Exempts	
Actes translatifs de propriété, d'usufruit ou de jouissance de biens immeubles situés soit en pays étranger, soit dans les colonies Françaises où le droit d'Enregistrement n'est pas établi.		
Droit fixe gradué sur le prix exprimé en y ajoutant toutes les charges en capital, 5 fr. pour 5.000 fr. et au-dessous ; 10 fr. quand le prix est supérieur à 5.000 fr., mais n'excède pas 10 000 fr. ; 20 fr. quand le prix est supérieur à 10.000 fr., mais n'excède pas 20.000 fr., avec une augmentation de 20 fr. par chaque somme ou fraction de 20.000 fr. en plus.		
S'il s'agit d'une cession opérée en France, de fonds publics, d'actions, de parts d'intérêts, de créances et généralement de valeurs mobilières étrangères, de quelque nature que ce soit, elle est passible du droit proportionnel établi pour les cessions de biens de même nature sis en France.		
Actes de tutelle officieuse.............	75 »	
Adjudications, ventes, reventes, cessions, rétrocessions, marchés, traités ou autres actes, soit civils, soit judiciaires, translatifs de propriété, à titre onéreux de meubles, récoltes de l'année sur pied, coupes de bois taillis et de haute futaie, et autres objets mobiliers généralement quelconques, même les ventes de biens de cette nature faites par l'État.............		2 » p. %
La liquidation du droit est déterminée par le prix exprimé et le capital des charges qui peuvent y ajouter.		
Adjudications, ventes, reventes, cessions, rétrocessions et tous autres actes civils et judiciaires, translatifs de propriété ou d'usufruit de biens *immeubles* à titre onéreux.............		5 50 c. %
La formalité de la transcription ne donne lieu à aucun droit proportionnel.		
Lorsqu'un acte translatif de propriété ou d'usufruit comprend des meubles et immeubles, le droit est perçu sur la totalité du prix, au taux réglé pour les immeubles, à moins qu'il ne soit stipulé un prix particulier pour les objets mobiliers, et qu'ils ne soient désignés et estimés, article par article, dans le contrat.		

	D. F.	D. P.

La liquidation du droit est fixée par le prix exprimé en y ajoutant toutes les charges en capital.

Adjudications d'immeubles d'une succession aux héritiers sous *bénéfice d'inventaire* :
- En *justice*... 7 50
- Devant *notaire*.. 3 »
- Plus le droit de transcription à 1 fr. 50 pour cent qui doit être établi sur le prix intégral.

Adjudications d'immeubles d'une succession aux héritiers *mineurs*.
- En justice... 7 50
- Devant notaire.. 3 »
- Plus le droit de transcription à 1 fr. 50 pour cent.

Adjudications à la folle enchère, lorsque le prix n'est pas supérieur à celui de la précédente adjudication, si elle a été enregistrée.. 4 50

Adjudications à la folle enchère de biens meubles, mais seulement sur ce qui excède le prix de la précédente adjudication, si le droit a été acquitté.. 2 » p. %

Adjudications à la folle enchère de biens *immeubles*, mais seulement sur ce qui excède le prix de la précédente adjudication, si le droit en a été acquitté... 5 50 c. %

Adjudications au rabais et marchés pour constructions, réparations et entretien, approvisionnements et fournitures, dont le prix doit être payé par les Administrations locales ou par les Établissements publics. 1 » %

Adjudications au rabais et marchés pour constructions, réparations et entretien, et tous autres objets mobiliers susceptibles d'estimation, faits entre particuliers, qui ne contiennent ni vente, ni promesse de livrer des marchandises, denrées et autres objets mobiliers........... 1 » %

Adjudications au rabais et marchés pour constructions, réparations, entretien, approvisionnements et fournitures dont le prix doit être payé directement par le Trésor :
Droit fixe gradué sur le prix exprimé ou sur l'évaluation des objets :
- Quand le prix est de 5.000 fr. et au-dessous.................. 5 »
- Quand le prix est de plus de 5.000 fr., mais n'excède pas 10.000 francs... 10 »
- Quand le prix est supérieur à 10.000 fr., mais n'excède pas 20.000 francs... 20 »
- Avec une augmentation de 20. fr. par 20 000 fr. ou fraction de 20.000 fr., quand le prix est supérieur à 20.000 fr.

Adjudications et marchés de toute nature, ayant pour objet le travail dans les prisons.. 3 »

Adoptions autres que par jugement............................ 3 »

Affectations d'hypothèques consenties par les *débiteurs* suivant actes postérieurs aux obligations....................................... 3 »

Si elles sont consenties par des *tiers*, elles ont le caractère de cautionnement. V. *Cautionnement*................................. » 50 c. %

Affectation hypothécaire sur des navires ou portions de navire, par acte authentique ou sous seing privé :
Droit proportionnel de 1 fr. par 1.000 fr.

Affirmations de procès-verbaux des employés, gardes, etc....... Exempts

Aliénés. La requête, le jugement et les autres actes auxquels donne lieu la réclamation contre le placement d'une personne dans un établissement d'aliénés.. Débet

Aliments. — V. *Déclarations et pensions alimentaires*.

Antichrèses. — V. *Engagements d'immeubles*.

Apprentissage (contrat d'), lors même qu'il contiendrait des obligations de sommes ou valeurs mobilières ou des quittances........... 1 50

Arrêts interlocutoires ou préparatoires des Cours d'appel, non susceptibles d'un droit plus élevé, et les ordonnances et actes devant les mêmes Cours.. 7 50

Arrêts définitifs des Cours d'appel dont le droit proportionnel ne s'élèverait pas à 15 fr.. 15 »

Arrêt des Cours d'appel confirmant une adoption.............. 150 »

Arrêts des Cours d'appel portant interdiction ou prononçant séparation de corps entre mari et femme............................. 37 50

Arrêts définitifs de la Cour de cassation et du Conseil d'État.... 37 50

Arrêts interlocutoires ou préparatoires de la Cour de cassation et du Conseil d'État... 15 »

Arrêtés de comptes.. 1 »

Assignations et exploits devant les prud'hommes :
- S'il s'agit d'une contestation inférieure à 25 fr.............. Gratis
- S'il s'agit d'une valeur indéterminée ou de 25 fr............. » 75 Débet

Assistance judiciaire. — Actes de la procédure faits à la requête

	D. F.	D. P.
de l'assisté ; actes et titres produits par l'assisté pour justifier de ses droits..	Débet	
Assurance (actes et contrats d') autres que les actes d'assurance maritime, et contre l'incendie, non produits en justice :		
En temps de guerre..		» 50 c. p. %
En temps de paix..		1 » %
Assurance contre l'incendie (actes et contrats d')................	Gratis	
Mais les compagnies, sociétés et assureurs sont tenus de payer une taxe annuelle de 8 % sur le montant des primes, cotisations ou contributions		
Assurance maritime (actes et contrats d')........................	Gratis	
Les compagnies, sociétés et assureurs sont tenus de payer une taxe annuelle de 52 cent. %, décimes et demi compris, du montant des primes et accessoires.		
Les contrats d'assurances passés à l'étranger, pour des biens sis soit en France, soit à l'étranger, doivent être enregistrés aux mêmes droits, mais seulement quand on veut en faire usage en France.		
Assurance mutuelle contre des risques autres que les événements de mer et que l'incendie (*acte innommé*)............................	3 »	
Atermoiements entre débiteurs et créanciers......................		» 50 c. %
Le droit est perçu sur les sommes que le débiteur s'oblige de payer. — V. *Concordats*.		
Attestations pures et simples.....................................	3 »	
Autorisations pures et simples....................................	3 »	
Aval d'un effet de commerce, billet à ordre ou lettre de change, exempt comme étant une espèce particulière d'endossement.		
Mais s'il est donné par acte particulier, Dr. prop. 50 c. %, comme cautionnement.		
Avis de parents..	6 »	
Avis de parents autorisant l'engagement volontaire des mineurs....	Gratis	
Baux à ferme ou à loyer, sous-baux, subrogations, cessions et rétrocessions de baux, de biens meubles et immeubles, même ceux de l'État, de pâturage et nourriture d'animaux, à cheptel ou reconnaissance de bestiaux, conventions pour nourriture de personnes lorsque la durée est limitée, sur le prix cumulé de toutes les années.................		» 20 c. %
Pour la liquidation du droit des baux et locations d'immeubles, des baux à ferme ou à loyer, des sous-baux, cessions et subrogations de baux, il faut ajouter, au prix annuel exprimé, les charges imposées au preneur.		
Si le prix est stipulé payable en nature, la liquidation du droit proportionnel est faite d'après l'évaluation du prix résultant d'une année commune de la valeur des grains ou autres denrées, selon les mercuriales du marché le plus voisin.		
On forme l'année commune d'après les quatorze dernières années antérieures à celle de l'ouverture des droits, on retranche les deux plus fortes et les deux plus faibles : l'année commune est établie sur les dix années restantes.		
Pour les baux à portions de fruits, l'évaluation de la part revenant au bailleur doit être faite d'après les dernières mercuriales du canton de la situation des biens.		
S'il s'agit d'objets dont la valeur ne puisse être constatée par les mercuriales, les parties en feront une déclaration estimative.		
Si le bail est de plus de trois ans, et si les parties le requièrent, le paiement du droit peut être fractionné par périodes triennales ; celui de la première période est payé au moment de l'Enregistrement de l'acte ou de la déclaration, et celui des périodes subséquentes doit avoir lieu dans le premier mois qui commencera chaque période.		
Pour les baux à cheptel, à défaut de prix exprimé, le droit se perçoit sur l'évaluation du bétail.		
Baux d'immeubles dans lesquels l'État est preneur................	Gratis	
A moins que, par une clause expresse de l'acte, les droits aient été mis à la charge du bailleur, auquel cas le droit est de 20 c. pour cent.		
Baux emphytéotiques. Cessions ou rétrocessions de ces baux.....		5 50 c. %
Baux d'ouvrage ou d'industrie....................................		1 » %
Baux à rentes perpétuelles de biens immeubles..................		5 50 c. %
Le droit est perçu sur un capital formé de 20 fois la rente ou le prix annuel, et les charges aussi annuelles, en y ajoutant les autres charges en capital et les deniers d'entrée.		

	D. F.	D. P.
Si le bail à rente a pour objet des immeubles ruraux, la rente doit être capitalisée par 25 pour la perception du droit.		
Baux de biens immeubles à durée illimitée, s'ils restent dans les termes d'un louage......................................		4 » p. %
Ce droit est calculé sur un capital formé de vingt fois la rente ou le prix annuel, en y ajoutant les charges.		
Baux de biens meubles pour un temps illimité...............		2 » %
Baux à vie d'immeubles, s'ils restent dans les termes d'un louage.		4 » %
Sur un capital de dix fois le prix et les charges annuelles en y ajoutant les autres charges en capital, telles que les deniers d'entrée.		
Bilan...	3 »	
Billets à ordre, et tous autres effets négociables de particuliers ou de compagnies, y compris les lettres de change tirées de place à place.		» 50 c. %
Les effets négociables de cette nature peuvent n'être présentés à l'Enregistrement qu'avec les protêts qui en auront été faits.		
Billets au porteur......................................		» 50 c. %
Billets simples...		1 » %
Brevets d'apprentissage. — V. *Apprentissage* (contrats d').		
Bulletin de gage. — V. *Warrant*.		
Cahiers des charges par acte séparé de l'adjudication (Actes innommés)..		
En justice......................................	1 50	
Devant notaire.................................	3 »	
Caisse des consignations. — Quittances et décharge des parties prenantes au profit de la Caisse.	Gratis	
Caisses d'Epargne. — Pouvoirs à donner par les porteurs de livrets qui veulent vendre les inscriptions provenant de la consolidation opérée en 1848; — autres pièces à produire pour la vente, certificats de propriété, intitulé d'inventaire, etc.................	Exempts	
Caisse de retraite pour la vieillesse. — Certificats, actes de notoriété et autres pièces exclusivement relatifs à l'exécution de la loi du 18 juin 1850, qui a créé cette Caisse........................	Gratis	
Cautionnements des baux de toute nature à durée limitée........		» 10 c. %
Cautionnements des comptables envers l'État.................		» 25 c. %
Cautionnements en immeubles ou en rentes des conservateurs des hypothèques..	3 »	
Cautionnements des receveurs particuliers de la navigation intérieure...	3 »	
Cautionnements relatifs aux adjudications et marchés, dont le prix doit être payé par le Trésor public.		
Droit gradué d'après le prix des marchés ou l'évaluation des parties : 5 fr. pour les sommes et valeurs de 5,000 fr. et au-dessous; 10 fr. pour les sommes ou valeurs supérieures à 5,000 fr., mais n'excédant pas 10,000 fr.; 20 fr. pour les sommes ou valeurs supérieures à 10,000 fr., mais n'excédant pas 20,000 fr., et 20 fr. par 20,000 fr., ou fraction de 20,000 fr. pour les sommes ou valeurs supérieures à 20,000 fr.		
Cautionnements de se représenter ou de représenter un tiers en cas de mise en liberté provisoire, soit en vertu d'un sauf-conduit dans les cas prévus par le Code de procédure et par le Code de commerce, soit en matière civile, correctionnelle ou criminelle.........		» 50 c. %
Cautionnements de sommes et objets mobiliers, garanties mobilières et indemnités de même nature............................		» 50 c. %
Le droit se perçoit indépendamment de celui de la disposition que le cautionnement, la garantie ou l'indemnité a pour objet, mais sans pouvoir l'excéder.		
Cédules des juges de paix pour citer par devant eux............	Exempts	
Certificats de cautions et de cautionnements...................	3 »	
Certificats purs et simples.................................	3 »	
Certificats des avoués et greffiers...........................	1 50	
Certificats des imprimeurs, attestant l'insertion d'un avis dans un journal :		
En matière civile.................................	3 »	
En matière judiciaire..............................	1 50	
Certificats de vie et de résidence, par chaque individu...........	1 50	
Certificats de vie pour recevoir des rentes ou pensions sur l'Etat, sur les tontines dont les fonds sont employés en achats de rentes sur l'Etat; sur la liste civile, la Caisse de retraites de la vieillesse......	Exempts	
Cessions d'actions ou promesses d'actions, dans une société, compagnie ou entreprise quelconque, financière, industrielle, commerciale ou civile, quelle que soit la date de sa création, et d'*obligations* émises		

	D. F.	D. P.

soit par les sociétés, soit par les départements, communes et établissements publics. Droit proportionnel, 50 c. par 100 fr. de la valeur négociée *sans décimes*.. | | » 50 c. p. %

Ce droit se perçoit sur la valeur négociée, déduction faite des versements restant à faire sur les titres non entièrement libérés.

Pour les titres au porteur et pour ceux dont la transmission peut s'opérer sans un transfert sur les registres de la société, ce droit est converti en une taxe annuelle et obligatoire de 20 centimes par 100 fr., *sans décimes*, du capital des actions et obligations évalué par leur cours moyen, pendant l'année précédente, et à défaut de cours dans cette année, conformément aux règles établies par les Lois sur l'Enregistrement.

Le droit de 50 c. par 100 fr. pour les titres *nominatifs* est perçu au moment du transfert pour le compte du Trésor. par les sociétés, compagnies et entreprises qui en sont constituées débitrices par le fait du transfert. Pour les titres au porteur, la taxe annuelle de 20 cent. par 100 fr. est payable par trimestre et avancée par les sociétés et compagnies, sauf le recours contre les porteurs desdits titres. Cette taxe de 20 cent. par 100 fr. par an est exigible ur les actions et obligations émises par les sociétés, compagnies ou entreprises *étrangères* admises aux négociations de la Bourse en France, ou émises en France.

Cession d'actions ou de parts dans les sociétés dont le capital est divisé en fractions qui se transmettent conformément à l'article 1690 C. comm., sous quelque forme que la société soit constituée, pourvu que la cession soit consentie, abstraction faite des meubles et immeubles sociaux.. | | » 50 c. %

Cessions de créances à termes.. | | 1 » %

La liquidation et le paiement du droit prop. sont déterminés pour les créances à terme, leurs cessions, transports et autres actes obligatoires, par le capital exprimé dans l'acte et qui en fait l'objet.

Cessions, transports et délégations de rentes de toute nature (sauf des rentes foncières créées avant la loi du 11 brum. an VII)......... | | 2 » %

La liquidation du droit proportionnel est déterminée par le capital constitué, quelque soit le prix stipulé pour le transport.

Cessions et transports de rentes foncières dont le titre est *antérieur* à la loi du 11 brumaire an VII (droit de transcription compris).. | | 3 50 %

Chambres de discipline. — Délibérations et actes d'administration, d'ordre et de discipline intérieure des notaires, avoués, commissaires-priseurs, huissiers, etc... | Exempts |

Chemins vicinaux. — Les plans, procès-verbaux, certificats, significations, jugements, contrats, quittances et autres actes ayant pour objet exclusif l'acquisition ou l'expropriation de terrains pour la construction, l'entretien ou la réparation de ces chemins......... | Gratis |

Chemins vicinaux et ruraux. — Marchés, adjudications de travaux, ayant pour objet la construction, l'entretien ou la réparation de ces chemins... | 1 50 |

Chèques... | | » 50 c. %

Codiciles — V. *Testaments*.

Collations d'actes et pièces ou, extraits, par quelque officier public qu'elles soient faites.. | 3 » |

Le droit est payé pour chaque acte, pièce ou extrait collationné. Il n'est dû que 1 fr. 50, si la copie collationnée est destinée à l'accomplissement de formalités judiciaires, notamment à la purge des hypothèques légales.

Collocations et distributions de sommes, quelle que soit leur forme, en justice ou devant notaire, qui ne contiennent ni obligation, ni transport, par le débiteur... | | » 50 c. %

Colonies. — Tous actes judiciaires ou extra-judiciaires, notariés et Jugements relatifs à l'indemnité accordée aux colons par suite de l'affranchissement des esclaves........................... | Gratis |

Compromis ou nominations d'arbitres, qui ne contiennent aucune obligation de sommes et valeurs donnant lieu au droit proportionnel. | 4 50 |

Comptes de recettes ou gestions publiques.............................. | Exempts |

Comptoir d'Escompte. — V. *Nantissement*.

Concession de terrains dans les cimetières, perpétuelles ou illimitées.. | | 4 » %

— Temporaires... | | » 20 c. %

Concordats ou atermoiements consentis conformément aux art. 507 et suivants du Code de commerce, quelle que soit la somme que le

	D. F.	D. P.

failli s'oblige de payer.. 4 50

Le concordat par abandon total ou partiel de l'actif du failli est assimilé à l'union pour la perception des droits d'enregistrement. 4 50

Congés (actes de)....................:............................. 3 »

Connaissements ou reconnaissances de chargement par mer..... 4 50

Il est dû un droit par chaque personne à qui les envois sont faits.

Consentements purs et simples................................. 3 »

Constitution de rentes soit perpétuelles, soit viagères, et de pensions à titre onéreux.. 2 » p. %

La liquidation du droit proportionnel est déterminée par le capital constitué ou aliéné. Pour les rentes et pensions créées sans expression de capital, leurs transports et amortissements, à raison d'un capital formé de vingt fois la rente perpétuelle et dix fois la rente viagère ou la pension, et quel que soit le prix stipulé pour le transport ou l'amortissement. — Il n'est fait aucune distinction entre les rentes viagères et pensions créées sur une tête, et celles créées sur plusieurs têtes, quant à l'évaluation. — Les Rentes et Pensions stipulées payables en nature sont évaluées aux même capitaux.

La liquidation du droit proportionnel est faite d'après l'évaluation des rentes résultant d'une année commune sur la valeur des grains et autres denrées, selon les mercuriales du marché le plus voisin. On forme l'année commune des 14 dernières années antérieures à l'ouverture du droit ; on retranche les deux plus faibles et les deux plus fortes ; l'année commune est établie sur les 10 années restantes. S'il est question d'objets dont le prix ne puissent être réglés par les mercuriales, les parties en font une déclaration estimative. — Voy. Pensions alimentaires.

Contrats de mariage sans autres dispositions que les déclarations des apports personnels des futurs et sans aucune stipulation avantageuse entre eux. Droit gradué d'après le montant net des apports personnels des futurs époux, 5 fr. si les apports sont de 5000 fr. et au-dessous ; 10 fr. si les apports sont supérieurs à 5000 fr., mais n'excèdent pas 10.000 fr. ; 20 fr. si les apports sont supérieurs à 10.000 fr. mais n'excèdent pas 20,000 fr. ; 20 fr. par 20.000 fr. ou fraction de 20.000 fr., si les apports sont supérieurs à 20.000 fr.

Contrats, transactions et tous autres actes ou écrits contenant obligation de sommes sans libéralité et sans que l'obligation soit le prix d'une transmission de meubles ou d'immeubles non enregistré....... 1 » %

Contre-lettre faite sous signature privée et tout acte constatant une dissimulation dans le prix d'une vente, soit d'immeubles, soit de fonds de commerce, ou la soulte, soit d'un échange, soit d'un partage de biens de même espèce. (*Amende égale au quart de la somme dissimulée.*).

Cette dissimulation peut être établie par tous les genres de preuves admises par le droit commun, à l'exception du serment décisoire.

Contre-lettre antérieure à la loi du 23 août 1871 faite sous seing privé et ayant pour objet une augmentation du prix stipulé dans un acte public.

Triple droit dû sur les sommes et valeurs ainsi stipulées.

Contre-lettre constatant une simulation du prix exprimé dans une cession d'office. (Double droit de 2 pour 100.).

Conversion d'actions ou d'obligations au porteur en titres nominatifs, et *vice versâ*. (D. p. 50 cent. par 100 fr. (sans décimes) de la valeur déterminée par le cours moyen de la bourse de la veille.).

Copies collationnées. — V. *Collations.*

Cotes et paraphes de registres de négociants et autres........... 1 50

Crédit (acte d'ouverture de)...................................... » 50 c. %

Sauf la perception du droit complémentaire d'obligation en cas de réalisation constatée du crédit. — V. *Oblig. de sommes.*

Crédit foncier (V. *Sociétés de*).

Décharges de prix de vente de meubles...................... 3 »

Décharges de sommes et effets mobiliers déposés chez des officiers publics, lorsque la remise est faite aux déposants ou à leurs héritiers.. 3 »

Décharges à un mandataire ou comptable...................... 3 »

Déclarations d'abattage en vertu des articles 131 et 132 du Code Forestier... Exemptes

Déclarations d'appel des jugements rendus en matière de police correctionnelle, lorsqu'il n'y pas de partie civile ou lorsqu'il y a une

	D. F. Débet	D. P.
partie civile en cause et que l'appelant est emprisonné............		
S'il y a partie civile en cause et si l'appelant est en liberté:.....	1 50	
Déclarations et significations d'appel des jugements des juges de paix aux tribunaux civils.....................................	7 50	
Déclarations et significations d'appel des jugements des tribunaux civils de commerce et d'arbitrage...........................	15 »	
Déclarations de changement de domicile en exécution de l'article 104 C. civ...	Exemptes	
Déclarations de dons manuels. — V. *Dons manuels*.		
Déclarations ou élections de command et d'ami, lorsque la faculté d'élire un command a été réservée dans l'adjudication, de la vente et que la déclaration est faite par un acte public, et notifiée dans les 24 heures de l'adjudication ou du contrat.................	4 50	
Le délai de 24 heures pour l'adjudicataire déclaré par un avoué d'après l'article 709 du Code de procédure dans les trois jours de l'adjudication, ne court que du jour de cette déclaration.		
Déclarations ou élections de command ou d'ami, par suite d'adjudications ou contrats de vente de biens *immeubles* autres que celles des domaines nationaux, si la déclaration est faite après les 24 heures (ou trois jours, suivant le cas) de l'adjudication ou du contrat, ou lorsque la faculté d'élire un command n'y a pas été réservée........		5 50 c. p. %
S'il s'agit de biens meubles dans le même cas.................		2 » %
Déclarations par des enfants qu'ils se soumettent à fournir des aliments à leurs père et mère ou ascendants, *sans fixation de somme.*	3 »	
Déclarations par les rentiers de l'Etat qui ont perdu leurs extraits d'inscription, devant le maire de la commune de leur domicile et en présence de deux témoins attestant leur individualité..........	3 »	
Déclarations par les titulaires de cautionnements versés au Trésor en faveur des bailleurs de fonds, pour leur assurer le privilége de second ordre...	3 »	
Déclarations simples en matière civile ou de commerce.........	3 »	
Délégations de créances à terme et celles de prix stipulées dans un contrat pour acquitter des créances à terme envers un tiers sans énonciation de titres enregistrés....................................		1 » %
Délivrances de legs pures et simples. Droit gradué d'après le montant des sommes ou la valeur des objets légués. 5 fr. pour les sommes ou valeurs de 5.000 fr., et au-dessous ; 10 fr. pour les sommes ou valeurs supérieures à 5.000 fr. mais n'excédant pas 10.000 fr. ; 20 fr. pour les sommes ou valeurs supérieures à 10.000 fr. mais n'excédant pas 20.000 fr. ; 20 par 20.000 fr. ou fraction de 20.000 fr. pour les sommes et valeurs supérieures à 20.000 fr.		
Dénonciation de protêt.......................................	1 50	
Dépôt d'actes et pièces chez les officiers publics...............	3 »	
Dépôts et consignation des sommes et effets mobiliers chez les officiers publics, lorsqu'ils n'opèrent pas la libération des déposants et les décharges qu'en donnent les déposants ou leurs héritiers, lorsque la remise des objets déposés leur est faite........................	3 »	
Dépôts de sommes chez les particuliers.......................		1 » %
Desistements purs et simples................................	3 »	
Devis d'ouvrages et entreprises qui ne contiennent aucune obligation de sommes et valeurs ni quittances.........................	3 »	
Dispenses d'âge pour le mariage.............................	20 »	
Dispenses d'âge délivrées aux personnes reconnues indigentes....	Gratis	
Dispenses de parenté pour le mariage........................	40 »	
Divorce. Jugements interlocutoires et préparatoires..............	7 50 c.	
Jugements de première instance prononçant le divorce...........	75 »	
Arrêt de Cour d'appel prononçant définitivement sur une demande de divorce...	150 »	
Acte de l'officier de l'état civil constatant le divorce, ensuite d'un jugement non frappé d'appel..................................	150 »	
Ce dernier droit se perçoit sur la première expédition de l'acte de l'état civil et la perception est mentionnée en marge de la minute et sur les nouvelles expéditions.		
Domicile. Autorisation de l'établir en France..................	20 »	
Le gouvernement peut faire remise totale ou partielle de ces droits.		
Dommages-intérêts prononcés par les tribunaux criminels, correctionnels et de police...		2 » %
Dommages-intérêts prononcés par les tribunaux en matière civile.		2 » %
Dons manuels. Les actes renfermant soit la déclaration par le donataire ou ses représentants, soit la reconnaissance judiciaire d'un don manuel, sont sujets au droit de donation.—V. *Donation entre vifs.*		

	D. F.	D. P.
Donations entre époux, lorsqu'elles sont soumises à l'événement du décès :		
Par contrat de mariage	7 50	
Pendant le mariage	7 50	
Entre vifs par contrat de mariage de biens meubles		1 50 p. %
De biens immeubles		3 » %
Pendant le mariage, de biens meubles		3 » %

De biens immeubles. Droit proportionnel 3 fr. par 100 fr., outre le droit de transcription à 1 fr. 50 par 100 fr.

Donations en faveur de mariage lorsqu'elles sont faites dans le contrat de mariage et qu'elles emportent dessaisissement actuel :

Par les pères et mères et autres ascendants..

Meubles et immeubles. Droit proportionnel 1 fr. 25 c. par 100 fr., indépendamment du droit de transcription hypothécaire à 1 fr. 50 c. par 100 fr. pour les donations d'immeubles.

Ligne collatérale.

Par frères et sœurs, oncles et tantes, neveux et nièces : meubles et immeubles		4 50 %
Par grands oncles et grand'tantes, petits-neveux et petites-nièces, cousins germains : meubles et immeubles		5 » %
Par des parents au delà du 4ᵉ degré et jusqu'au 12ᵉ : meubles et immeubles		5 50 %

Par personnes non parentes.

Meubles et immeubles		6 » %

Ces droits, en ce qui concerne les donations d'immeubles en ligne collatérale et autres personnes non parentes, comprennent le droit de transcription hypothécaire, en sorte que la formalité de la transcription au bureau des hypothèques n'est passible que du droit fixe de 1 fr.

Donations entre vifs hors contrat de mariage.

Ligne directe.

Meubles		2 50 %
Immeubles		3 50 %

Y compris le droit de transcription à 1 fr. 50 c. par 100 fr., qui est également perçu à l'Enregistrement.

Ligne collatérale.

Entre frères et sœurs, oncles et tantes, neveux et nièces : meubles et immeubles		6 50 %
Entre grands oncles et grand'tantes, petits-neveux et petites-nièces cousins germains : meubles et immeubles		7 » %
Entre parents du 4ᵉ degré et jusqu'au 12ᵉ : meubles et immeubles		8 » %

Entre personnes non parentes.

Meubles et Immeubles		9 » %

Ces droits, en ce qui concerne les immeubles transmis en ligne collatérale et entre personnes non parentes, comprennent le droit de transcription hypothécaire, et lorsqu'ensuite cette formalité est requise, elle ne donne plus lieu qu'au D. F. de 1 f.

La valeur des objets donnés est déterminée pour le paiement des droits, savoir : pour les *meubles*, par la déclaration estimative des parties sans distraction des charges ; *pour les immeubles ruraux*, par une évaluation portée à 25 fois le revenu s'il s'agit de la propriété, et à 12 fois et demie le revenu, s'il s'agit de l'usufruit ; *pour les autres immeubles*, par l'évaluation portée, s'il s'agit de la propriété, à 20 fois, et s'il s'agit de l'usufruit, à 10 fois le produit des biens ou le prix des baux courants sans distraction des charges.

Donations entre vifs de rentes sur l'Etat. Mêmes droits que pour les autres biens meubles de toute nature.

Le capital servant à la liquidation du droit d'enregistrement est déterminé par le cours moyen de la bourse au jour de la donation.

Donations entre vifs de fonds publics, actions, obligations, parts d'intérêts, créances et généralement de toutes valeurs mobilières étrangères, lorsque la mutation s'opère en France. — (Mêmes droits que pour les autres biens meubles de toute nature.)

	D. F.	D. P.

Le capital servant à la liquidation du droit d'Enregistrement est déterminé par le cours moyen de la Bourse au jour de la donation. — S'il s'agit de valeurs non cotées à la Bourse, le capital est déterminé par la déclaration estimative des parties, conformément à l'article 16 de la loi du 22 frimaire an VII.

Donations entrevifs de biens meubles et immeubles par les pères, mères et autres ascendants, avec partage entre leurs enfants et descendants d'après les articles 1075 et 1076 du Code civil. — D. p. 1 pour cent pour les meubles; 1 fr. 50 pour cent pour les immeubles, y compris le droit de transcription hypothécaire.

La transcription effective au bureau des hypothèques ne donne plus lieu qu'à la perception du droit fixe de 1 fr.

Les règles de perception concernant les soultes de partage sont applicables à ces actes. — V. *Retours et soultes*.

Donations éventuelles ou à cause de mort.............................	7 50	
Donations non acceptées par le donataire...........................	3 »	

Echanges d'Immeubles ruraux situés dans la même commune ou dans les communes limitrophes, et contigus aux propriétés de celui des échangistes qui le reçoit et dans le cas seulement où ces immeubles auraient été acquis depuis plus de deux ans ou recueillis à titre héréditaire.. » 20 c. p. %

Echange d'Immeubles autres que ceux ci-dessus (droit de Transcription compris... 3 50 c. %

Le droit se perçoit sur l'une des parts (*la moindre*), s'il y a retour, indépendamment du droit de vente à 5 1/2 pour cent sur le retour de la plus-value.

La liquidation du droit est fixée par une évaluation qui doit être faite en capital d'après le revenu annuel multiplié par 25 pour les *immeubles ruraux*, par 20 pour les autres immeubles, sans distraction des charges.

Le droit est réduit de moitié si l'usufruit seulement est échangé.

Elections, tous les actes judiciaires en matière électorale.........	Gratis	

Elections ou déclarations de command ou d'ami. — Voy. *Déclaration de command*.

Emancipation. — Voy. *Acte d'émancipation*.

Endossements et acquits de billets à ordre et autres effets négociables sous seing privé...	Exempts	
Engagements de biens immeubles..		2 » %

Le droit proportionnel est déterminé par les prix et sommes pour lesquels les engagements sont faits.

Engagements, enrôlements, congés, certificats, cartouches, passe-ports, quittances de prêt et fournitures, billets d'étapes, de subsistance et de logement tant pour le service de terre que pour le service de mer et tous autres actes de l'une et l'autre administration..................	Exempts	
Etats de dettes..	3 »	
Etats joints aux donations..	3 »	
Etats sur déclaration de tiers saisi....................................	3 »	
Exécutoires (Jugements)...		» 50 c. %
Exécutoires de dépens, lorsque le droit proportionnel de 50 cent. par 100 fr. n'atteint pas 1 fr. 50 cent...................................	1 50	
Expéditions et extraits d'actes et jugements enregistrés...........	Exempts	
Exploits et autres actes des huissiers ne pouvant donner lieu au droit prop. à l'exception de ceux nommément tarifés à 50 cent., à 1 fr. 50, à 5 fr. et au-dessus. (*Voir* les mots suivants)................	3 »	
Exploits et significations relatifs aux procédures devant les juges de paix jusques et y compris les significations des jugements définitifs.	2 25	
Exploits et autres actes du ministère des huissiers relatifs aux procédures devant les Cours d'appel, jusques et y compris la signification des arrêts définitifs...	4 50	
Exploits et autres actes des huissiers relatifs aux procédures devant la Cour de cassation et le Conseil d'État, jusques et y compris les significations des arrêts définitifs, le premier acte de recours excepté.....	7 50	
Exploits et autres actes, tant en action qu'en défense pour le recouvrement des contributions directes ou indirectes, et toutes autres sommes dues au trésor à quelque titre et pour quelque objet que ce soit, même de contributions locales, lorsqu'il s'agit de cotes et de droits et créances non excédant cent francs...................................	Gratis	
Exploits et significations ayant pour objet le recouvrement des contributions directes et indirectes, publiques et locales, dont la somme principale excède 100 fr...	1 50	

Voy. *Dénonciation de protêt*. — *Protêt*. — *Prud'hommes et significations*.

354 ENR

	D. F.	D. P.
Expropriation pour cause d'utilité publique (plans, procès-verbaux, certificats, significations, jugements, contrats, quittances et autres actes faits en vertu de la Loi sur l')............	Gratis	» 50 c. p. %
Factures signées seulement du marchand ou négociant (actes innommés)..................	3 »	
Garanties mobilières et indemnités de même nature............	Gratis	
Grandes-lettres de naturalisation.............................		
Hypothèque maritime (Acte authentique ou sous seing privé constitutif d'). Dr. prop. de 1 fr. par 1.000 fr. des sommes ou valeurs portées au contrat.		
Indemnités mobilières. — V. *Garantie*.		
Indemnité attribuée aux anciens colons de Saint-Domingue, titres et actes de tout genre produits par les réclamants et leurs créanciers pour justifier de leurs qualités, ainsi que les mutations par décès pour raison de cette indemnité...............	Exempts	
Inventaires de meubles, objets mobiliers, titres et papiers.......	3 »	
Il est dû un droit pour chaque vacation.		
Les inventaires après *faillite* ne sont assujettis qu'à un seul droit fixe, quel que soit le nombre des vacations.		
Inventaires en matière de douanes sur feuilles volantes, suppléant au registre-journal des détenteurs de tissus français ou de cotons filés et indiquant l'origine française...............	Gratis	
Inscriptions sur le Grand livre de la dette publique, leurs transferts et ceux des arrérages formant un tout transférable avec l'inscription et tous effets de la dette publique inscrits ou à inscrire définitivement...............	Exempts	
Jugements de radiation et de remise de cause purs et simples...	Exempts	
Jugements et actes de procédure relatifs à la navigation du Rhin.	Gratis	
Jugements préparatoires, interlocutoires ou d'instruction du juge de paix...............	1 50	
Jugements définitifs des juges de paix portant condamnation de sommes et valeurs dont le droit proportionnel ne s'élève pas à 1 fr 50.	1 50	
Jugements des juges de paix portant renvoi ou décharge de demande, débouté d'opposition, validité de congé, expulsion, condamnation à réparation d'injures personnelles, et généralement tous ceux qui, contenant des dispositions définitives, ne donnent pas ouverture au droit proportionnel...............	3 »	
Jugements définitifs des juges de paix rendus en dernier ressort d'après la volonté expresse des parties au delà des limites de la compétence ordinaire, lorsqu'ils ne contiennent pas de dispositions donnant ouverture à un droit proportionnel supérieur...............	4 50	
Jugements interlocutoires ou préparatoires et autres actes des Tribunaux de première instance, de commerce ou d'arbitrage, qui ne sont pas de l'espèce de ceux ci-après dénommés...............	4 50	
Jugements des tribunaux civils prononçant sur l'appel des juges de paix, ceux desdits tribunaux et des tribunaux de commerce ou d'arbitres rendus en premier ressort, contenant des *dispositions définitives* qui ne donnent pas lieu à un droit plus élevé; ce qui comprend les jugements portant acquiescement, acte d'affirmation, d'appel, de conversion, d'opposition à saisie, débouté d'opposition, décharge et renvoi de demande, déchéance d'appel, péremption d'instance, déclinatoire, entérinement de procès-verbaux et rapports, homologation d'actes d'union et atermoiements, injonction de procéder à inventaire, licitation, partage ou vente; mainlevée d'opposition ou de saisie, nullité de procédure, maintenue en possession, résolution de contrat ou de clause de contrat pour cause de nullité radicale, reconnaissance d'écriture, nomination de commissaires, directeurs et séquestres; acceptation judiciaire de donation, bénéfice d'inventaire, rescision, soumission et exécution de jugements, et généralement tous jugements de ces tribunaux et des tribunaux de *commerce* ou d'*arbitres* contenant des dispositions définitives qui ne donneraient pas lieu à un droit plus élevé........	7 50	
Jugements de résolution de contrats de vente pour défaut de paiement quelconque, sur le prix de l'acquisition, lorsque l'acquéreur n'est point entré en jouissance...............	7 50	
Jugements en dernier ressort par les tribunaux de première instance ou les arbitres d'après le consentement des parties, lorsque la matière ne comportait pas ce dernier ressort, sauf la perception du droit proportionnel, s'il s'élève au delà de 15 fr............	15 »	
Jugements des tribunaux de *première instance* portant interdiction et ceux de séparation de biens entre mari et femme, lorsqu'ils ne portent point condamnation à des sommes et valeurs, ou lorsque le droit prop. ne s'élève pas à 22 fr. 50...............	22 50	

	D. F.	D. P.

Jugements des tribunaux de première instance, admettant une adoption.. **75 »**

Jugements et arrêts contradictoires, ou par défaut, des juges de paix, des tribunaux civils de commerce, et d'arbitrage, de la police ordinaire, de la police correctionnelle, des Cours d'assises, des Cours *supérieures* portant condamnation, collocation ou liquidation de sommes et valeurs mobilières, intérêts et dépens entre particuliers, excepté les dommages-intérêts... **» 50 c. p. %**

Dans aucun cas et pour aucun de ces jugements, le droit prop. ne peut être au-dessous du droit fixe tel qu'il est réglé pour les jugements des divers tribunaux. — Lorsque le droit prop. a été acquitté sur un jugement rendu par défaut, la perception sur le jugement contradictoire qui peut intervenir n'a lieu que sur le supplément des condamnations; il en est de même des jugements rendus sur appel et des exécutoires. — S'il n'y a pas de supplément de condamnation, le jugement s'enregistre pour le droit fixe qui est toujours le moindre droit à percevoir. — Lorsqu'une condamnation est rendue sur une demande non établie par un titre enregistré et susceptible de l'être, le droit auquel l'objet de la demande aurait donné lieu, s'il avait été convenu par acte public, est perçu indépendamment du droit dû pour l'acte ou le jugement qui a prononcé la condamnation.

Le droit prop. est perçu sur le capital des sommes et les intérêts et dépens liquidés.

Lorsque, après une sommation extrajudiciaire ou une demande tendant à obtenir un paiement, une livraison, ou l'exécution de toute autre convention dont le titre n'a point été indiqué dans lesdits exploits, ou qu'on a simplement énoncée comme verbale, on produit au cours d'instance, des écrits, billets et marchés, factures acceptées, lettres ou tout autre titre émané du défendeur, non enregistrés avant ladite demande ou sommation, le *double droit* est dû et peut être exigé ou perçu lors de l'enregistrement du jugement intervenu.

Jury. — Tous les actes judiciaires auxquels peuvent donner lieu les réclamations relatives à la composition de la liste générale du Jury.... **Exempts**

Légalisations de signatures d'officiers publics....................... **Exemptes**

Légitimation d'enfants d'indigents. — V. *Mariage des indigents et Reconnaissance d'enfants naturels.*

Lettres d'autorisation de se faire naturaliser ou de servir à l'étranger... **100 »**

Lettres d'autorisation d'établir son domicile en France. — V. *Domicile.*

Lettres de change tirées de place à place et celles venant de l'étranger et des colonies françaises lorsqu'elles sont protestées........ **» 50 c. %**

Elles peuvent n'être présentées à l'Enregistrement qu'avec les protêts qui en auront été faits.

Lettres de déclaration de naturalité. — V. *Domicile.*

Lettres de gage et obligations de la société du Crédit foncier...... **» 15 c.**

Lettres missives qui ne contiennent ni obligation, ni quittance, ni aucune autre convention donnant lieu au droit proportionnel......... **3 »**

Lettres patentes de réintégration dans la qualité de Français..... **20 »**

Lettres de voiture.. **3 »**

Il est dû un droit pour chaque personne à qui les envois sont faits.

Licitations de biens *immeubles* indivis (Parts et portions acquises par)... **4 » %**

Licitations de biens *meubles* indivis (Parts et portions acquises par)... **2 » %**

Liquidation. — V. *Jugement et partage.* **3 »**

Liquidation de reprises résultant d'actes enregistrés..............

Magasins généraux de marchandises. — V. *Récépissé.*

Mainlevées. — Consentements à mainlevées totales ou partielles d'hypothèques.

Droit gradué d'après le montant des sommes faisant l'objet de la mainlevée. 5 francs pour les sommes de 5.000 fr. et au-dessous; 10 fr. pour les sommes supérieures à 5.000 fr., mais n'excédant pas 10.000 fr.; 20 fr. pour les sommes supérieures à 10.000 fr., mais n'excédant pas 20.000 fr.; 20 fr. par 20.000 fr. ou fraction de 20.000 fr., pour les sommes supérieures à 20.000 fr. S'il y a seulement réduction de l'inscription, il n'est dû qu'un droit de 5 fr. par acte.

Majorats (Actes et consentements concernant les)................. **3**

Mandats (Procuration).. **3 »**

	D. F.	D. P.

Mandats de paiement (non négociables)............................ | | 1 p. % |
— Négociables.. | | « 50 c. % |
Comme les billets à ordre et lettres de change.
Marais desséchés (Délaissements de) par les propriétaires pour se libérer de l'indemnité due aux entrepreneurs du dessèchement......... | 3 » |
Marchés. — V. *Adjudications au rabais*.
Marchés réputés actes de commerce. — V. *Actes de commerce*.
Mariage des indigents, légitimation de leurs enfants et retrait de ces enfants déposés dans les hospices. Les actes de notoriété, de consentement, de publication, les délibérations des Conseils de famille, les certificats de libération du service militaire, les dispenses pour cause de parenté, d'alliance ou d'âge, les actes de reconnaissance d'enfants naturels, les actes de procédure, jugements et arrêts dont la production est nécessaire pour ces objets............................ | Gratis |
Monts de Piété. — Obligations, reconnaissances et tous actes concernant l'Administration de ces établissements........................ | Exempts |
Mutations par décès :

En ligne directe.

Meubles et Immeubles... | | 1 % |
Lorsque les enfants naturels sont appelés à la succession, à défaut de parents au degré successible, ils sont considérés quant à la quotité des droits comme personnes non parentes.

Entre Époux.

Meubles et Immeubles... | | 3 % |
Lorsque l'époux survivant est appelé à la succession à défaut de parents au degré successible, il est considéré quant à la quotité des droits comme personne non parente.

En ligne collatérale.

Entre frères et sœurs, neveux et nièces, oncles et tantes : Meubles et immeubles... | | 6 50 c. % |
Entre grands-oncles, grand'tantes, petits-neveux et petites-nièces, cousins germains : Meubles et immeubles................................. | | 7 % |
Entre parents au delà du 4ᵐᵉ degré et jusqu'au 12ᵐᵉ : Meubles et immeubles... | | 8 % |

Entre personnes non parentes.

Meubles et Immeubles... | | 9 % |
Les alliés sont considérés comme personnes non parentes pour le paiement des droits de succession.
La valeur des objets transmis par décès est déterminée, pour le paiement des droits, d'après les mêmes bases que pour les donations entre vifs. (V. *Donation entre vifs*.) Mais, en ce qui concerne les biens qui ont été, soit inventoriés, soit estimés par les parties dans la déclaration, s'ils ont été vendus publiquement dans les deux ans du décès, c'est le prix exprimé dans l'acte de vente qui doit servir de base à la perception des droits. L'insuffisance dans l'estimation des biens déclarés est passible d'un droit en sus quand elle résulte d'un acte antérieur à la déclaration ; si, au contraire, la vente est postérieure, il n'est dû qu'un droit simple sur la différence.
Mutations, par décès, d'inscriptions sur le Grand livre de la dette publique. (Mêmes droits que pour les autres biens de même nature.)
Le capital servant à la liquidation des droits est déterminé par le cours moyen de la Bourse au jour du décès.
Le transfert ou la mutation au Grand livre de la Dette publique, d'une inscription de rente provenant de titulaires décédés ou déclarés absents, ne peut être effectué que sur la présentation d'un certificat délivré sans frais par le Receveur de l'Enregistrement et visé par le Directeur du département, constatant l'acquittement des droits de mutation par décès. Dans les départements autres que celui de la Seine, la signature du Directeur doit être légalisée par le Préfet.
Mutations, par décès de fonds publics, d'actions, d'obligations de parts d'intérêts, de créances et généralement de toutes valeurs mobilières *étrangères*, de quelque nature qu'elles soient, dépendant de successions régies par la Loi Française ou de la succession d'un étranger

	D. F.	D. P.

domicilié en France avec ou sans autorisation. (Mêmes droits que pour les autres biens de toute nature.)

Le capital servant à la liquidation du droit est déterminé par le cours moyen de la Bourse au jour du décès. S'il s'agit de valeurs non cotées à la Bourse, le Capital est déterminé par la déclaration estimative des parties conformément à l'article 14 de la loi du 22 frimaire an VII, sauf l'application de l'article 39 de la même loi, si l'estimation est reconnue insuffisante.

Nantissements pour sûreté d'une obligation qui a subi la perception du droit prop. — V. *Actes de Complément.*

Nantissement au profit des comptoirs et sous-comptoirs d'escompte (tous actes ayant pour objet de constituer ces nantissements par voie de transport ou autrement et d'établir les droits des sous-comptoirs comme créanciers).................... 3 »

Nominations d'arbitres. — V. *Compromis.*

Nominations d'experts hors jugement..................... 3 »

Obligations à la grosse aventure ou pour retour de voyage....... » 50 c. p.%

Obligations pour prix de vente consenties dans l'acte même de vente. Exempts

Obligations de sommes................................. 1 %

Le droit se perçoit sur le capital exprimé dans l'acte et qui en fait l'objet.

Offices (transmissions d') à titre onéreux par décès et celles qui s'opèrent par suite de dispositions gratuites entre vifs ou à cause de mort, lors que les droits établis pour les donations de biens meubles ne produiraient pas 2 p. 100............................. 2 %

Les décrets de nomination, en cas de création nouvelle de charges ou d'offices, ou de nomination de nouveaux titulaires sans présentation par suite de destitution ou par tout autre motif, si ces nouveaux titulaires sont soumis comme condition de leur nomination à payer une somme déterminée pour la valeur de l'office, le droit de 2 pour 100 est exigible sur cette somme.

Dans aucun cas, le droit de 2 pour 100 ne pourra être inférieur au dixième du cautionnement affecté à la fonction ou à l'emploi.

Indemnités fixées en cas de suppression d'office, et à défaut de traité, par le décret qui prononce l'extinction.................. 2 %

Le droit sera perçu en enregistrant l'expédition du décret.

Offices (transmissions d') et décrets de nomination lorsque les droits soit à 2 p. 100, soit aux taux établis pour les donations, sont d'un produit inférieur au dixième du cautionnement. D. p. 10 fr. par 100 francs sur le cautionnement affecté à la fonction ou à l'emploi.

Offices, (Décrets de nomination à des) en cas de création nouvelle ou de nomination de nouveaux titulaires sans présentation, par suite de destitution ou par tout autre motif, lorsque les nouveaux titulaires ne sont pas soumis à payer une somme pour la valeur de l'office. D. p. 20 fr. par 100 fr. sur le cautionnement affecté à la fonction ou à l'emploi.

Ordonnances de décharge ou de réduction, remise ou modération d'imposition, les quittances y relatives, les rôles et extraits de ces rôles...................................... Exempts

Ordonnances devant les Cours d'appel sur requêtes, mémoires, etc.. 7 50

Ordonnances des Juges des Tribunaux civils et de commerce sur requêtes ou mémoires, celles de réassigné, référés, de compulsoire ou d'injonction, celles portant permission de saisir-gager, revendiquer ou vendre, et celles des procureurs de la république................

Ordres en justice ou devant notaires lorsqu'ils ne contiennent ni obligation ni transport par le débiteur........................ 4 50

Ouvertures de crédit, pures et simples....................... » 50 c. %

Sauf perception du droit complémentaire d'obligation en cas de réalisation constatée. » 50c. %

Partages de biens meubles et immeubles entre copropriétaires, à quelque titre que ce soit, pourvu qu'il en soit justifié, et sans soulte. Droit gradué d'après le montant de l'actif net partagé. — 5 fr. si cet actif net est de 5.000 fr. et au-dessous; 10 fr. s'il est supérieur à 5.000 fr., mais n'excède pas 10.000 fr.; 20 fr. s'il est supérieur à 10.000 francs, mais n'excède pas 20.000 fr.; 20 fr. par 20.000 fr. ou fraction de 20.000 fr., si l'actif net partagé est supérieur à 20.000 fr., s'il y a retour ou soulte. — V. *Retours.*

Passe-ports délivrés par l'administration publique............. Exempts

Pensions alimentaires de sommes déterminées et abandons de jouissance d'immeubles, pour en tenir lieu, par les enfants à leurs ascendants. » 20 c. %

Polices d'assurance. — V. *Assurance.*

Prestation de serment : D'un Commis Greffier temporaire, des Gardes messiers, des garde-ventes ou facteurs, des Interprètes jurés de

	D. F.	D. P.
langues étrangères, des Imprimeurs et des libraires, des Surnuméraires chargés de l'intérim d'un bureau, des Courriers convoyeurs des postes..	1 50	
Prestations de serment des avoués, avocats et défenseurs officieux..	22 50	
Prestations de serment des débitants de tabacs.................	4 50	
Prestations de serment de tous les employés dont le traitement n'excède pas 1,500 fr...................................	4 50	
Prestations de serment des greffiers et huissiers des justices de paix, des gardes des douanes, gardes forestiers et gardes champêtres pour entrer en fonctions.................................	4 50	
Prestations de serment des notaires, greffiers et huissiers des tribunaux civils, criminels, correctionnels et de commerce, et de tous les employés salariés par l'État autres que ceux ci-dessus..............	22 50	
Prestations de serment des Inspecteurs chargés de la surveillance du travail des enfants dans les manufactures.....................	Gratis	
Prestations de serment des Magistrats, Procureurs, Avocats généraux, Substituts, Commissaires de police et des membres du corps de la Gendarmerie.....................................	Exemptes	
Prêts sur dépôts ou consignations de marchandises, fonds publics français et actions des compagnies d'industrie et de finance au profit de commerçants.......................................	3 »	
Prisées de meubles.............................	3 »	
Prises de possession en vertu d'actes enregistrés................	3 »	
Procès-verbaux d'apposition de reconnaissance et de levée de scellés...	6 »	
Dû un droit pour chaque vacation. En matière de *faillite*, il n'est dû qu'un seul droit de 3 fr., quel que soit le nombre des vacations.		
Procès-verbaux des bureaux de paix desquels il ne résulte aucune disposition donnant lieu au droit prop. ou dont le droit prop. ne s'élèverait pas à 1 fr. 50....................................	1 50	
Procès-verbaux pour contraventions aux lois sur la police du roulage dans les trois jours de leur date ou de leur affirmation..........	Débet	
Procès-verbaux de délits et de contraventions aux règlements généraux de police ou d'impositions............................	1 50	
Procès-verbaux en matière forestière, d'assiette, d'arpentage, de balivage, réarpentage, et récolement de coupes de bois communaux, de délivrance de harts, rouettes et perches dans les forêts de l'État......	Débet	
Procès-verbaux des notaires. — V. *Actes innommés*.		
Procès-verbaux dressés par les préposés des douanes pour constater la destruction opérée en leur présence de marchandises avariées..	8 50	
Procès-verbaux et rapports d'employés, gardes particuliers, commissaires, séquestres, experts et arpenteurs.....................	3 »	
Procès-verbaux et rapport des Gardes champêtres des communes..	Débet	
Procès-verbaux de nomination de tuteurs et curateurs..........	6 »	
Procès-verbaux de vente des effets de marins et passagers morts en mer qui ne sont pas réclamés, quand le produit de la vente n'excède pas 25 fr. et qu'elle a lieu d'office et non à la requête des particuliers..	Gratis	
Procès-verbaux de vérification de régie des employés de l'Enregistrement..	Exempts	
Procurations et pouvoirs pour agir ne contenant aucune stipulation ni clause, donnant lieu au droit prop....................	3 »	
Procurations des sous officiers et soldats en retraite pour toucher leurs arrérages....................................	Exemptes	
Production (Actes de) mentionnés dans l'art. 754 du C. de proc. civ.	1 50	
Promesses d'indemnité indéterminées et non susceptibles d'estimation...	3 »	
Promesses de payer..............................		1 p. %
Prorogations de délai lorsque le titre est enregistré. Droit gradué d'après le montant de la créance dont le terme d'exigibilité est prorogé. — 5 fr. pour les créances de 5000 fr. et au-dessous; 10 fr. pour les créances supérieures à 5000 fr., mais n'excédant pas 10,000 fr. ; 20 fr. pour les créances supérieures à 10,000 fr. mais n'excédant pas 20,000 fr.; 20 fr. par 20,000 fr. ou fraction de 20,000 fr. pour les créances supérieures à 20,000.		
Protêts par les huissiers ou par les notaires. — V. *Dénonciation de protêt*.................................	1 50	
Prud'hommes (Actes et jugements des). — Lorsque l'objet de la contestation n'excède pas 25 fr........................	Gratis	
De même pour les certificats de dépôts de dessins.............	Gratis	
Lorsque l'objet de la contestation excède 25 fr................	» 75	

	D. F.	D. P.

Les assignations et tous autres exploits devant les conseils de prud'hommes lorsqu'ils ne doivent pas être enregistrés gratis. (Débet.)... » 75

Quittances de contributions, droits, créances et revenus payés à l'Etat, celles pour charges locales, et celles des fonctionnaires et employés salariés par le Gouvernement pour leurs traitements et émoluments.. Exemptes

Quittances de fournisseurs, ouvriers, maîtres de pension et autres de même nature, produites comme pièces justificatives d'un compte (C. proc., art. 537).. Exemptes

Quittances notariées par un particulier ne sachant pas signer, à l'Etat, pour prix de fournitures................................... Gratis

Quittances de prix de vente, consenties dans l'acte même de vente. Exemptes

Quittances, remboursements et rachats de rentes et redevances de toute nature et tous autres actes et écrits portant libération de sommes et valeurs mobilières... » 50 c. %

    Le droit prop. est établi sur le total des sommes ou capitaux dont le débiteur se trouve libéré ou d'après le capital constitué de la rente, quelque soit le prix stipulé pour l'amortissement.

Quittances de répartition par les créanciers aux syndics ou au caissier de la *faillite*, quel que soit le nombre d'émargements sur chaque répartition.. 3 »

Rapports en matière de faillite par le juge commissaire........... Exempts

Ratifications pures et simples d'actes en forme.................. 3 »

Récépissés délivrés aux Collecteurs, aux receveurs de deniers publics et de contributions locales.................................. Exempt

Récépissés de marchandises déposées dans les magasins généraux établis en vertu du décret du 21 mars 1848 et de la Loi du 28 mai 1868, art. 13.. 1 50 | 1 %

Reconnaissances de dépôts de sommes chez des particuliers.......

Reconnaissances d'enfants naturels appartenant à des individus notoirement indigents (gratis). — Par acte de célébration de mariage. D. F. 3 fr.; — autrement que par acte de mariage. D. F. 7 fr. 50 c...

Reconnaissances pures et simples, ne contenant aucune obligation ni quittance.. 3 »

Réméré. — V. *Retrait*.

Remplacements militaires (Obligations pour)..................... | 1 %

Remise de dettes. — Lorsqu'elles sont assimilées au paiement: comme les quittances. — Mais le Droit de Donation est dû, lorsqu'elles ont le caractère d'une libéralité.

Renonciations à succession. — V. *Abstentions*.

Rescriptions, mandats et ordonnances de paiement sur les caisses publiques, leurs endossements et acquits........................ Exempts

Résiliation de bail. — Quand elle est *verbale*, et qu'il en est fait la déclaration à l'enregistrement : Exempte de droit. — Consentie par acte notarié, droit fixe 3 fr., à moins que le dr. prop. à 20 cent. % sur le loyer ou fermage ne produise une somme inférieure.

Résiliements purs et simples par actes authentiques dans les 24 heures des actes résiliés.. 3 »

Résolutions par jugements de contrats de vente d'immeubles pour cause de nullité radicale....................................... 7 50

Résolutions par jugements de ventes d'immeubles, pour défaut de paiement quelconque sur le prix de l'acquisition, lorsque l'acquéreur n'est point entré en jouissance........................... 7 50

Lorsque l'acquéreur est entré en jouissance................... | 4 %
(Point de droit de transcription.)

Résolutions par actes à l'amiable de contrats de ventes d'immeubles.. | 5 50 c. %

Retours ou soultes de partage de biens *meubles*................ | 2 %

Retours de biens *immeubles*.................................... | 4 %

Ces règles de perception sont applicables aux donations portant partage, faites par actes entre vifs ou testamentaires par les pères et mères ou autres ascendants, en vertu des art. 1075 et 1076 C. civ.

On doit, dans tous les cas, imputer les soultes de la manière la plus favorable aux parties; — de sorte qu'elles ne donnent lieu à aucun droit, si on peut les imputer sur des rapports de dot, sur des rentes sur l'Etat ou d'autres valeurs exemptes de droit. — En cas d'imputation sur des valeurs dont la cession est passible du droit de 50 cent. p. 100, c'est ce droit qu'on perçoit; si elles s'imputent sur des créances, il y a lieu de percevoir le droit de 1 pour 100.

Retours d'Echanges de biens *immeubles*. — V. Echange....... | 5 50 c. %

	D. F.	D. P.
Retractations et revocations..........	3 »	
Retraits de réméré par acte public dans les délais stipulés ou faits s. s. privé et présentés à l'Enregistrement *avant* l'expiration des délais et *avant* celui de cinq ans..........		50 c. p. %
Retraits exercés *après* l'expiration des délais convenus par les contrats de vente sous faculté de reméré, ou après celui de cinq ans à compter du jour du contrat..........		5 50 c. %
Rétrocessions de biens *meubles*..........		2 » c. %
— De biens immeubles..........		5 50 c. %
Réunions de l'usufruit à la propriété, lorsque la réunion s'opère par acte de cession et qu'elle n'est pas faite pour un prix supérieur à celui sur lequel le droit a été perçu, lors de l'aliénation de la propriété. Si le prix est supérieur, le droit de 5 fr. 50 c. pour 100 est dû sur l'excédent.	4 50	
Réunions d'usufruit à la propriété par acte de cession, donation ou renonciation, quand la nue propriété a été transmise par décès ou par acte de donation (indépendamment du droit fixe de 4 fr. 50, le Dr. prop. de transcription à 1 fr. 50 c. par 100 fr. est dû).		
Rôles d'équipages et engagements de matelots et gens de mer, de la marine marchande et des armements qui le en course..........	Exempts	
Saisies (Exploits). — Il est dû le droit fixe de 3 fr. pour chaque partie d'un procès-verbal de saisie enregistrée dans les quatre jours de sa date, quel que soit le nombre d'heures ou de vacations employées.		
Scellés —V. *Procès-verbaux*.		
Significations d'avoué à avoué devant les tribunaux de première instance..........	» 75	
Significations d'avoué à avoué devant les Cours d'appel..........	1 50	
Significations d'Avocat à avocat dans les instances à la Cour de Cassation et au Conseil d'Etat. — V. *Exploits*. —*Dénonciation de protêts et Protêts*..........	4 50	
Société. — Actes de formation et de prorogation de Société, ne portant ni obligation, ni libération, ni transmission de biens meubles ou immeubles, entre les associés ou autres personnes. Droit gradué d'après le montant total des apports mobiliers et immobiliers, déduction faite du passif: 5 fr. pour les apports de 5000 fr. et au-dessous; 10 fr. pour les apports supérieurs à 5000 fr. mais n'excédant pas 10.000 fr. ; 20 francs pour les apports supérieurs à 10.000 fr. mais n'excédant pas 20.000 fr.; 20 fr. par 20.000 fr. ou fraction de 20.000 fr. pour les apports supérieurs à 20.000 fr.		
Société de Crédit foncier. — Lettres de gage de cette société.	» 15	
Sociétés de secours mutuels. — Actes intéressant ces sociétés. L'exemption des droits ne s'applique pas aux transmissions de biens, même lorsqu'elles sont constatées par des actes.	Gratis	
Soultes. — V. *Retours*.		
Soumissions et enchères, hors celles faites en justice, sur des objets mis ou à mettre en adjudication ou en vente, ou sur des marchés à passer, lorsqu'elles sont faites par des actes séparés de l'adjudication..........	3 »	
Sous-Comptoirs d'Escompte. — V. *Nantissement*.		
Subrogations conventionnelles, quand elles ont l'effet d'un transport de créance..........		1 %
Subrogations légales résultant du paiement effectué par un créancier hypothécaire à un autre créancier qui le prime..........		» 50 c. %
Succession (droits de). — V. *Mutations par décès*.		
Testaments et autres actes de libéralité qui ne contiennent que des dispositions soumises à l'évènement du décès, et les dispositions de même nature par contrat de mariage entre les futurs, ou par d'autres personnes..........	7 50	
Testaments, lorsqu'ils contiennent un legs d'immeubles à charge de restitution (indépendamment du droit fixe, droit prop. de transcription 1 fr. 50 c. par 100 fr.).		
Titres-nouvels et reconnaissances de rentes dont les contrats sont justifiés en forme. Droit gradué d'après le capital des rentes: 5 fr. si le capital est de 5.000 fr. et au-dessous; 10 fr. si le capital est supérieur à 5.000 fr. mais n'excède pas 10.000 fr.; 20 fr. si le capital est supérieur à 10.000 fr. mais n'excède pas 20.000 fr.; 20 fr. par 20.000 fr. ou fraction de 20.000 fr. lorsque le capital des rentes est supérieur à 20.000 fr.		
Traités réputés actes de commerce. — V. *Actes de commerce*.		
Transactions, en quelque matière que ce soit, ne contenant aucune stipulation de sommes et valeurs, ni dispositions soumises à un plus fort droit d'Enregistrement..........	4 50	

	D. F.	D. P.
Transactions en matières de douanes....................	3 »	
Transferts de rentes sur l'Etat devant notaires (Actes innommés)..	3 »	
Transports. — V. *Cessions de créances.* — *Nantissements.*		
Unions et directions de créanciers pures et simples............	7 50	

Si elles portent obligations de sommes déterminées par les coïntéressés envers un ou plusieurs d'entre eux, ou autres personnes chargées d'agir pour l'union, il est perçu un droit particulier comme pour obligation. ·

Ventes de fonds de commerce ou de clientèles................ 2 p. %

Le droit est perçu sur le prix, tant de l'achalandage que de la cession du droit au bail (c'est-à-dire sur le bénéfice particulier stipulé par le cédant, en outre du loyer payable au propriétaire de l'immeuble, et des objets mobiliers ou autres servant à l'exploitation, à la seule exception des marchandises neuves garnissant le fonds. — Ces marchandises ne sont sujettes qu'au droit de 50 c. par 100 fr., lorsqu'il est stipulé pour elles un prix particulier, et qu'elles sont désignées et estimées article par article dans le contrat, quand la vente est faite par un acte, ou dans la déclaration, quand la vente est verbale.

Ventes de poissons de mer publiquement et aux marchés......... Exemptes

Ventes de marchandises *avariées* par les commissaires de marine et des *débris de navires naufragés.* Droit gradué d'après le prix exprimé en y ajoutant toutes les charges en capital : 5 fr. si le prix avec les charges ne dépasse pas 5.000 fr.; 10 fr. s'il est supérieur à 5 000 fr., mais n'excède pas 10.000 fr.; 20 fr. s'il est supérieur à 10.000 fr., mais n'excède pas 20.000 fr.; et 20 fr. par 20.000 fr. ou fraction de 20.000 fr. si le prix total est supérieur à 20.000 fr.

	D.F.	D.P.
Ventes totales ou partielles de navires.....................	3 »	
Ventes de meubles et marchandises faites conformément à l'article 486 du Code de commerce (après faillite)..............		» 50 c. %
Et celles du mobilier du *failli* aux enchères par le ministère des commissaires-priseurs, notaires, huissiers ou greffiers de justice de paix...		» 50 c. %
Ventes publiques de marchandises et objets donnés en gage, dans le cas prévu par l'article 93 nouveau du Code de commerce............		» 10 c. %
Ventes publiques de marchandises à la Bourse et aux enchères par les courtiers de commerce, d'après l'autorisation du Tribunal de commerce............		» 50 c. %
Et celles de même espèce faites dans les lieux où il n'y a pas de courtiers de commerce, par les commissaires priseurs, les notaires, les huissiers et les greffiers..........		» 50 c. %
Ventes volontaires aux enchères en gros, de marchandises faites par le ministère des courtiers sans autorisation du Tribunal de Commerce, dans les locaux spécialement déterminés à cet effet............		» 10 c. %
Ventes de marchandises aux enchères et en gros après décès ou cessation de commerce, ou dans tout autre cas de nécessité, autorisées spécialement par le Tribunal de commerce faites par des courtiers ou par tous autres officiers publics désignés par ce Tribunal.............		» 10 c. %
Ventes de marchandises neuves autres que celles assujetties au droit de 50 cent. par 100 francs.............		2 %
Ventes réputées actes de commerce. V. *Actes de commerce.*		
Ventes de biens *immeubles*.................		5 50 c. %
Ventes de biens *meubles.* — V. *Adjudications.*.............		2 » c. %
Ventes de biens *immeubles* au nom de l'Etat par les Préfets, sous-Préfets et autres agents de l'autorité publique.............		2 » c. %
Ventes d'immeubles situés en Corse. Arrêté 21 prair. an IX.......		3 50 c. %
Ventes d'immeubles situés à l'Etranger. — V. *Actes translatifs.*		
Ventes sous seing privé d'immeubles d'une date antérieure à la Loi du 28 avril 1816............		4 %
Warrant ou bulletin de gage séparé du récépissé des marchandises déposées dans les magasins généraux............		» 50 c. %

Les endossements de Warrants sont exempts de l'Enregistrement.

ENREGISTREMENT (réclamations). — Deux voies sont ouvertes pour les réclamations en matière d'Enregistrement.

I. — *Voie administrative*

La voie de réclamation administrative est ouverte aux parties par l'article 63 de la Loi du 22 frimaire an VII, pour la solution des difficultés qui peuvent s'élever relativement à la perception des droits d'Enregistrement. — Les pétitions doivent être rédigées sur papier timbré. (*L.* 13 *brum. an VII, art.* 12.) — On peut les remettre directement au Receveur de l'Enregistrement du bureau que l'affaire concerne, ou les envoyer au Directeur qui réside au chef-lieu de chaque département, ou enfin les adresser par la poste, soit au Directeur général de l'Enregistrement, à Paris, soit au Ministre des Finances.

Les notaires ont qualité pour demander en leur nom, ou pour leurs clients, la restitution des droits d'Enregistrement indûment perçus.

Les pétitions adressées aux Directeurs des départements doivent être affranchies.

La réclamation admininistrative n'a point pour effet d'interrompre la prescription biennale prononcée par l'article 61 de la Loi du 22 frimaire an VII, en matière de restitution de droits. Cette interruption ne peut résulter que d'une demande signifiée et Enregistrée avant l'expiration du délai de deux ans. — Cass., 13 *janv.* 1836.

Nous donnons ci-après une formule de réclamation Administrative.

Pétition en réclamation de droits indûment perçus.

A Monsieur le Directeur de l'Enregistrement et des domaines.
     Monsieur le Directeur,
        Le Sr A..., demeurant à....,
A l'honneur de vous exposer :
Que par acte sous seing privé en date à....., du......, enregistré à....., le....., F^o....., par M....., qui a perçu les droits, les enfants au nombre de trois du S^r....., décédé à....., ont fait entre eux le partage par voie d'attribution des biens dépendant de la succession de ce dernier, après que préalablement la délivrance, du legs d'un quart de la succession, résultant en faveur de l'un d'eux du Testament dont un extrait littéral figure dans le Partage, a été régulièrement consentie;

Que ledit Testament indique que le quart légué formant la quotité disponible doit être prélevé sur la valeur de tous les biens sans exception, et que la charge d'une rente de....., imposée au légataire ne peut être considérée comme une soulte puisqu'elle est de l'essence même du Testament;

Que malgré l'évidence de ce fait, M. le Receveur a, lors de l'Enregistrement du Partage, et indépendamment des autres droits dus, perçu un droit de soulte s'élevant à....., y compris les décimes;

Et que rien ne motivant cette perception qui ne peut être que le résultat d'une erreur puisqu'en réalité il n'y a pas soulte, la présente vous est donnée, à ce qu'il vous plaise, Monsieur le Directeur, ordonner la restitution des...... indûment perçus, et vous ferez justice.

Une copie certifiée véritable du Partage, ainsi que de la quittance du Receveur, est jointe à la présente.

Recevez, Monsieur le Directeur,
L'assurance du profond respect de l'exposant.
                                       (*Signature.*)
Présentée le.....

II. — *Voie judiciaire.*

C'est devant le Tribunal civil de l'Arrondissement du bureau où la perception a été faite ou de celui qui a décerné la contrainte que doit être portée l'instance. S'il s'agit d'une restitution de droits, le Tribunal est saisi par une assignation qui est signifiée par un huissier à la régie en la personne soit du Receveur du bureau, soit du Directeur du département, soit du Directeur général, à Paris. S'il s'agit d'un supplément de droit réclamé par la régie, on doit attendre la signification de la contrainte, qui est le premier acte de poursuite pour le recouvrement des droits ; mais pour en interrompre l'exécution, il faut faire signifier immédiatement, soit au Receveur lui-même, soit au Directeur du département, soit au Directeur général à Paris, une opposition contenant assignation à jour fixe ou dans les délais de la Loi, devant le Tribunal civil de l'arrondissement du bureau d'où émane la contrainte. Cette opposition doit être *motivée* et renfermer une élection de domicile dans la commune où siège le Tribunal. — *Loi* 22 *frim. an VII, art.* 64.

L'instruction se fait ensuite par simples mémoires respectivement signifiés, sans plaidoiries. Les parties ne sont point obligées d'employer le ministère des avoués. (*L. 27 vent. an IX, art.* 17.) Mais elles peuvent s'en servir, seulement les frais d'avoués restent en tous cas à leur charge ; elles ne peuvent les répéter contre la régie, même lorsque celle-ci succombe et est condamnée aux dépens.

Les pièces des instances en matière d'Enregistrement doivent donc être remises au Greffe du Tribunal civil par les parties elles-mêmes ou leurs mandataires, et pour obtenir la désignation du juge rapporteur et l'appel de la cause, elles doivent s'adresser directement au Président.

Les jugements sont rendus sur le rapport d'un Juge fait en audience publique, et sur les conclusions du Ministère public ; ils sont sans appel, mais ils peuvent être attaqués par voie de cassation. — *L. 22 frimaire an VII, art.* 65.

ENREGISTREMENT (droits en sus et amendes). — Le défaut d'observation des délais d'Enregistrement donne lieu à l'ouverture des droits et amendes ci-après, augmentés comme les droits simples de deux décimes et demi en sus.

I. — *Demi-droit en sus*

La déclaration de succession ou de mutation par décès faite après l'expiration des délais donne lieu à la perception d'un *demi-droit* en sus. — On peut toutefois demander la remise de ce demi-droit lorsque la contravention est excusable, en adressant une pétition au Ministre des Finances. — Voy. *Pétition*.

Nous en donnons ici une formule.

Demande de remise du demi-droit encouru à défaut de déclaration dans les délais.

A Monsieur Le Ministre des Finances.....
    Monsieur Le Ministre.
La dame A..., veuve de M. B..., demeurant à.....
A l'honneur de vous exposer :
Que le s. B..., son mari susnommé, est décédé à....., le....., *ab intestat*, sans postérité et sans laisser de parents au degré successible
Que par suite, la succession de ce dernier est échue à l'exposante, qui, ignorant la loi, a omis d'acquitter dans le délai, les droits de mutation à sa charge ;
Qu'à raison de cette omission, M. Le Receveur de l'Enregistrement au bureau de..... lui réclame la somme de....., pour droits *simple et en sus* ;
Que la dame veuve B... offre de payer le *droit simple* par elle dû en *principal* et *décimes*, mais qu'elle demande la remise du *demi-droit en sus*.
En conséquence, l'exposante vous prie, Monsieur Le Ministre, de vouloir bien ordonner la remise du droit encouru par le défaut de déclaration dans le délai de la loi.
Elle a l'honneur d'être,

               Monsieur Le Ministre,
            Votre respectueuse servante,
                  (*Signature.*)
Présentée le.....

II. — *Double droit et amendes.*

Le défaut d'Enregistrement dans les délais donne lieu au double droit :

1° De tout acte public (de notaire, huissier ou tout autre ayant pouvoir de faire des procès-verbaux) assujetti à un droit proportionnel excédant 10 fr. et de tout testament reçu ou déposé chez un notaire ;

2° De tout acte judiciaire (jugement et acte au greffe) ou administratif ;

3° De tout acte sous seing privé translatif de propriété, d'usufruit, ou de jouissance d'immeubles, ou de droits immobiliers ;

4° De toute mutation entre vifs de propriété ou d'usufruit, d'immeubles, sans conventions écrites ;

5° De tout bail sous seing privé ou verbal d'immeubles.

Le minimum de l'amende est de 50 francs en principal, dans les trois derniers cas indiqués ci-dessus, et une amende égale est à la charge personnelle de l'ancien possesseur ou du vendeur, s'il ne fait pas le dépôt ou la déclaration autorisée dans le délai supplémentaire d'un mois, qui lui est accordé à cet effet ;

6° Des ventes de fonds de commerce ou de clientèles.

Le minimum de l'amende est de 50 fr. et le vendeur en est également passible si, à défaut d'Enregistrement ou de déclaration par l'acquéreur dans les trois mois, il ne fait pas lui-même, dans le mois qui suit, le dépôt de l'acte ou la déclaration de la vente au bureau de l'Enregistrement ;

7° De tout contrat d'assurance passé à l'étranger pour des biens sis en France, lorsqu'il en est fait usage avant l'Enregistrement.

Le droit en sus ne peut être inférieur à 50 fr.

Le *double droit* est encore dû :

Pour omission ou insuffisance d'évaluation dans une déclaration de succession ;

Pour insuffisance d'évaluation dans une donation d'immeubles, et insuffisance de prix dans une vente d'immeubles constatées par expertise.

S'il s'agit d'une vente, il faut que l'estimation excède d'un huitième au moins le prix porté au contrat ;

Pour insuffisance d'évaluation dans les déclarations de Baux verbaux ;

Pour insuffisance du prix de vente de fonds de commerce et clientèles, lorsqu'elle a été constatée par une expertise, qui ne peut être requise que dans les trois mois de l'Enregistrement, et qu'elle excède un huitième du prix exprimé dans l'acte ;

Pour dissimulation des sommes ou valeurs ayant servi de base à la perception du droit gradué, lorsque cette dissimulation est établie dans les deux ans de l'Enregistrement, par des écrits émanés des parties ou par des jugements. Le droit en sus ne peut, en ce cas, être inférieur à 50 fr. ;

Pour production, au cours d'une instance, d'un titre non enregistré avant la demande ;

Pour insuffisance d'évaluation, simulation de prix, ou défaut d'Enregistrement dans les cas prévus par la Loi du 23 juin 1841, art. 11, 12 et 13, en matière de transmissions d'offices ;

Pour omission ou insuffisance, soit d'évaluation, soit d'indication du prix dans les relevés et transferts pour la perception des droits de transmission établis sur les actions et obligations par les Lois des 23 juin 1857 et 16 sept. 1871.

Il est dû, à titre d'amende, *un quart* de la somme dissimulée, tant sur les prix de vente, soultes de partage ou d'échange de biens immeubles, que sur les prix de vente des fonds de commerce ou des clientèles.

III. — *Demandes en remise ou modération.*

Lorsque les contraventions sont excusables, il arrive fréquemment que le Ministre des Finances en accorde la remise totale ou partielle sur la demande qui lui est faite.

Cette demande doit être rédigée sur timbre de 60 centimes et peut être adressée soit directement, soit par l'entremise des receveurs de l'Enregistrement.

Nous en donnons ci-après une formule.

Demande en remise ou réduction.

A Monsieur Le Ministre des Finances.
 Monsieur Le ministre,
Le S. A.., demeurant à.....
 A l'honneur de vous exposer:
Qu'il a, le...... passé au bureau de l'Enregistrement de....., la déclaration de mutation, prescrite par la Loi après le décès de la dame...., son épouse ;

Que croyant son union soumise au régime de la communauté légale, il n'a pas compris dans cette déclaration diverses reprises mobilières auxquelles avait droit la succession de sa femme, lesquelles n'existaient plus en nature au moment du décès de cette dernière;

Que cette erreur de sa part motive une réclamation qui vient de lui être adressée par M. le Receveur de l'Enregistrement de..... d'une somme de..... y compris le double droit encouru pour omission;

Que l'exposant est tout prêt à acquitter le droit simple en principal et décimes, mais qu'il demande la remise du double droit, comme ayant agi de bonne foi.

En conséquence, la présente vous est donnée, à ce qu'il vous plaise, Monsieur le Ministre, ordonner la remise du double droit encouru par l'omission involontairement commise.

L'exposant vous prie d'agréer,

Monsieur le Ministre,
L'hommage de son profond respect.

(*Signature*).

Présentée le.....

ENRÔLEMENT volontaire. — Voy. *Engagement et Réengagement militaire*. — *Recrutement*.

ENSEIGNE. — Inscription ou tableau qu'une personne place sur sa maison pour indiquer le genre de profession ou de commerce qu'elle exerce.

Toute usurpation d'enseigne est sévèrement réprimée par les Tribunaux.

En l'absence de toute convention contraire, le locataire d'une boutique a le droit d'avoir une enseigne indiquant sa profession sur le pilastre de cette boutique, à charge de ne pas dégrader la maison et de ne pas gêner les autres locataires.

Les débitants de boissons sont astreints à avoir une enseigne ou bouchon. — L. du 28 avril 1816.

Les règlements ont déterminé la grandeur et la forme des enseignes dans certaines villes. Il existe pour Paris une ordonnance du 24 déc. 1824, qui a sanctionné le règlement de police du 9 juin précédent.

Une enseigne est mobilière par sa nature, lorsqu'elle est placée sur l'immeuble par le locataire. — *D. N.*

ENSEIGNEMENT. — Ce mot sert à désigner l'institution et l'ensemble des dispositions légales concernant l'instruction publique.

Organisation.

La liberté d'enseignement, sous la surveillance de l'Etat, a été organisée par les Lois des 15 mars 1850, 15 juin 1854, 12 juillet 1875, 18 mars 1880, 16 juin 1881, 28 mars 1882 et 30 octobre 1886.

La Loi du 18 mars 1880 a établi la gratuité des inscriptions dans les facultés de l'Etat, défendu aux établissements libres d'enseignement de prendre le titre d'*universités*, supprimé le jury spécial ou *jury mixte* devant lequel les élèves des facultés libres pouvaient se présenter, et décidé que les examens et épreuves pratiques déterminant la collation des grades ne pourraient être subis à l'avenir que devant les facultés de l'Etat.

La Loi du 16 juin 1881 a établi la gratuité absolue de l'enseignement primaire dans les Ecoles et salles d'asile publiques, et celle du 28 mars 1882 a proclamé l'Enseignement primaire obligatoire.

Une autre Loi, du 30 octobre 1886, a modifié l'organisation résultant des Lois antérieures et décidé que dans les Ecoles publiques de tout ordre l'Enseignement serait à l'avenir confié à un personnel laïque.

Le Ministre de l'Instruction publique est chargé de la surveillance générale et du régime de l'enseignement.

Il est aidé dans cette tâche : 1° par le Conseil supérieur de l'Enseignement établi près du Ministre, et sous sa présidence ; 2° par le Conseil Académique siégeant au chef-lieu de chaque Académie, sous la présidence du Recteur; 3° par un Conseil départemental de l'Instruction publique établi dans chaque chef-lieu de département sous la présidence du Préfet ; et 4° par la Commission municipale scolaire de chaque commune, présidée par le maire.

De l'Enseignement primaire.

L'Enseignement primaire comprend l'instruction morale et civique, la lecture, l'écriture, les éléments de la langue Française, le calcul, le dessin, l'histoire, la géographie de la France, les langues vivantes, la géométrie, la tenue des Livres, les éléments des sciences naturelles, physiques et mathématiques, la gymnastique, les exercices militaires pour les garçons, les travaux à l'aiguille pour les filles, etc.

L'Enseignement primaire est donné :
1° Dans les Ecoles maternelles et les classes enfantines ;
2° Dans les Ecoles primaires élémentaires ;
3° Dans les Ecoles primaires supérieures et dans les classes d'Enseignement primaire supérieur annexées aux Ecoles élémentaires et dites *Cours complémentaires* ;
4° Dans les Ecoles manuelles d'apprentissage établies par la Loi du 11 décembre 1880.

Les Ecoles publiques primaires sont divisées en deux classes : les *Ecoles Elémentaires*, et les Ecoles d'Instruction primaire supérieure.

En première ligne des *Ecoles Elémentaires* nous plaçons les *Salles d'Asile*, aujourd'hui *Ecoles Maternelles*, où les enfants des deux sexes de 2 à 7 ans reçoivent, avec les soins qui leur sont nécessaires, les premiers éléments de l'instruction (lecture, écriture et calcul).

Des Ecoles privées.

L'Instituteur qui veut ouvrir une Ecole libre doit préalablement en faire la déclaration à la mairie de la commune où il veut s'établir, en désignant le local choisi.

Le postulant adresse les mêmes déclarations au Préfet, à l'Inspecteur d'Académie et au Procureur de la République ; il y joint en outre, pour l'Inspecteur, d'Académie, son acte de naissance, ses diplômes, l'extrait de son casier judiciaire, l'indication des lieux où il a résidé et des professions qu'il y a exercées pendant les dix années précédentes, le plan des locaux affectés à l'établissement, et, s'il appartient à une association, une copie des statuts de cette association.

Les Directeurs et Directrices d'Ecoles primaires privées sont entièrement libres dans le choix des méthodes, des programmes et des Livres.

Aucune Ecole privée ne peut, sans l'autorisation du Conseil départemental, recevoir d'enfants des deux sexes, s'il existe au même lieu une Ecole publique ou privée spéciale aux filles.

Elle ne peut recevoir des enfants au-dessous de 6 ans, s'il existe dans la commune une Ecole Maternelle publique ou une Classe Enfantine, à moins qu'elle ne possède elle-même une Classe Enfantine.

L'Instituteur privé peut, comme l'Instituteur public être frappé, de la Censure ou de l'Interdiction, pour raison de fautes plus ou moins graves dans l'exercice de ses fonctions.

Du personnel enseignant.

Nul ne peut exercer les fonctions d'*Instituteur* ou d'*Institutrice* titulaire ou d'adjoint ou d'adjointe dans une Ecole publique ou libre, sans être pourvu du brevet de capacité, en remplacement duquel il n'est admis aucunes équivalences. — *L. du 16 juin* 1881.

Les Directrices et sous-directrices de salle d'asile *publique* ou *libre* ne peuvent pas non plus exercer sans être pourvues du brevet de capacité.

Tout aspirant à une fonction supérieure d'Enseignement doit être pourvu du titre de capacité correspondant à cette fonction. — *L. du 30 oct.* 1886.

Les Instituteurs ou Institutrices sont divisés en stagiaires et titulaires.

Pour être nommé Instituteur titulaire, il faut avoir fait un stage de deux ans au moins dans une école publique ou privée.

La nomination des Instituteurs titulaires est faite par le Préfet sur la proposition de l'Inspecteur d'Académie.

Les Directeurs, Directrices et professeurs d'Écoles primaires supérieures sont nommés par le Ministre de l'Instruction publique.

Tout directeur ou adjoint chargé de classe dans une École publique doit être Français et n'avoir subi aucune condamnation.

Les étrangers remplissant les conditions d'âge et de capacité et admis à jouir des droits civils en France peuvent néanmoins enseigner dans les Ecoles privées avec l'autorisation du Ministre.

Nul ne peut enseigner dans une Ecole primaire de quelque degré que ce soit avant l'âge de 18 ans pour les instituteurs et 17 ans pour les Institutrices, et ne peut diriger une Ecole avant 21 ans.

Pour diriger une Ecole primaire supérieure ou une Ecole recevant des internes, il faut avoir 25 ans révolus.

Les instituteurs adjoints dans les Ecoles primaires supérieures doivent être âgés de 21 ans et être munis du brevet supérieur.

Dans les classes primaires pour adultes ou pour apprentis il ne peut être reçu d'élèves des deux sexes.

D'après la Loi du 30 octobre 1886, aucune nomination nouvelle soit d'Instituteur, soit d'Institutrice congréganiste ne peut être faite à l'avenir dans les Départements où fonctionne une Ecole normale depuis 4 ans — Pour les écoles de garçons, la substitution du personnel laïque au personnel congréganiste doit être complète 5 ans après la promulgation de la Loi.

Sont interdites aux Instituteurs et Institutrices de tout ordre, les professions commerciales, industrielles et les fonctions administratives, de même que les emplois rémunérés ou gratuits dans les services des cultes.

Les Instituteurs communaux peuvent toutefois exercer les fonctions de Secrétaire de mairie.

Les peines disciplinaires applicables au personnel de l'Enseignement sont : la réprimande, la censure, la révocation et l'interdiction momentanée ou absolue.

Les instituteurs et institutrices publics des communes peuvent être suspendus par le maire, à charge par celui-ci d'en rendre compte dans les deux jours au Préfet.

Les fonctionnaires de l'enseignement primaire public peuvent recevoir des récompenses, telles que mentions honorables et médailles, et peuvent être nommés *instituteurs honoraires* après leur mise à la retraite.

Les instituteurs titulaires et ajoints des Ecoles publiques, les membres et novices des associations autorisées ou reconnues, les élèves de l'École Normale supérieure, les répétiteurs, régents et professeurs des Lycées et Collèges sont dispensés du service militaire lorsqu'ils ont, avant l'époque fixée pour le tirage, contracté l'engagement de se vouer pendant dix années à l'Enseignement public, et s'ils réalisent cet engagement. A l'expiration de leur engagement décennal, les instituteurs et autres dispensés font partie de l'armée territoriale, à moins qu'ils ne contractent un nouvel engagement.

De l'Instruction gratuite.

La Loi du 16 juin 1881 ayant posé le principe de l'Instruction gratuite, aucune rétribution scolaire ne peut être perçue dans les Ecoles primaires et Salles d'Asile publiques. Le prix de la pension dans les Ecoles Normales a été également supprimé.

Le service de l'Instruction primaire est rétribué par un Impôt obligatoire, pour toutes les communes de 4 centimes spéciaux votés chaque année par le Conseil municipal. Toutefois certaines dépenses ont été mises exclusivement à la charge de l'Etat. — *Déc. du 16 octobre 1886.*

Toute commune doit avoir au moins un Instituteur ; néanmoins, dans les communes peu populeuses dont les Écoles mixtes, c'est-à-dire qui comprennent les deux sexes, ne comptent pas plus de 40 élèves, les enfants peuvent être confiés à une institutrice. Au cas où ils sont confiés à un Instituteur, le Préfet, sur la proposition du Conseil municipal, doit y attacher une femme pour diriger les travaux à l'aiguille.

Dans les communes subventionnées, il est accordé un adjoint ou une adjointe par 80 élèves.

L'établissement d'Écoles primaires élémentaires est une dépense obligatoire pour toutes les communes, de même que le logement du personnel enseignant attaché à ces Écoles, l'entretien ou la location des bâtiments, l'acquisition et l'entretien du mobilier scolaire, le chauffage et l'éclairage des classes.

Le minimum des traitements des instituteurs est de : 1re classe, 1200 fr. ; 2e classe, 1100 fr. ; 3e classe, 1000 fr. ; 4e classe, 900 fr. — Dans les écoles de hameau, il est de 800 fr. seulement.

Celui des Directeurs et Instituteurs-Adjoints des Écoles primaires supérieures est de 2000 fr. à 2,800 fr., pour les premiers, et de 1200 fr. à 1800 fr. pour les seconds.

Le traitement des institutrices est de 900 fr., 800 fr. et 700 fr., suivant les classes, et de 650 à 600 pour les adjointes chargées ou non d'Écoles de hameau.

Les pensions de retraite des Instituteurs ne peuvent être inférieures à 600 fr. et celles des Institutrices ne peuvent être moindres de 500 fr. — *L. du 17 août 1873.*

Les instituteurs retraités ont droit à un minimum de retraite de 500 fr.

De l'Instruction obligatoire et du Certificat d'Études

La Loi du 28 mars 1882 a proclamé l'instruction publique obligatoire pour les enfants des deux sexes âgés de 6 à 13 ans. Elle peut être donnée, soit dans les établissements d'Instruction primaire ou secondaire, soit dans les Écoles publiques ou libres, soit dans les familles par le père de famille lui-même ou par toute autre personne de son choix.

Une commission municipale scolaire a été instituée dans chaque commune pour surveiller et encourager la fréquentation des Écoles.

L'admission des enfants aux Écoles primaires a été réglementée par un arrêté du 12 janvier 1881. Ils doivent avoir 6 ans au moins et 14 ans au plus ; être vaccinés et n'être atteints d'aucune maladie de nature à nuire aux autres. Le même arrêté règle le régime intérieur, l'emploi du temps et les obligations de l'Instituteur.

Il a été institué un Certificat d'Études primaires qui est décerné après un examen public auquel peuvent se présenter les enfants âgés de 11 ans. Ceux qui, à partir de cet âge, ont obtenu le certificat d'études sont dispensés du temps de scolarité obligatoire qui leur restait à passer.

Les familles domiciliées à proximité de plusieurs Écoles publiques ont la faculté de faire inscrire leurs enfants à l'une ou à l'autre de ces Écoles.

La personne qui a la garde de l'enfant (père, tuteur ou patron) doit, 15 jours au moins avant la rentrée des classes, faire savoir au maire de la Commune s'il entend faire donner à l'enfant l'instruction dans la famille ou dans une École publique ou privée, en indiquant celle qu'il aura choisie.

Lorsqu'un enfant quitte l'École, les parents ou les personnes responsables doivent en donner avis au maire. S'il ne doit y manquer que momentanément, ils doivent faire connaître les motifs de son absence à l'instituteur.

Un registre d'appel est tenu dans chaque classe pour constater l'absence des élèves inscrits.

Les seuls motifs d'absence réputés légitimes sont ceux de maladie de l'enfant, décès d'un des membres de la famille, ou empêchements résultant de la difficulté accidentelle des communications.

Lorsqu'un enfant se sera absenté de l'Ecole quatre fois dans le mois pendant au moins une demi-journée sans justification admise par la commission municipale scolaire, la personne responsable sera invitée à comparaître devant lad. commission pour s'entendre rappeler à son devoir. En cas de récidive, l'infraction pourra être considérée comme une contravention passible des peines de police.

Des dispenses de fréquentation scolaire pourront être accordées, mais elles ne pourront dépasser 3 mois par année.

Les enfants qui reçoivent l'instruction dans leurs familles doivent, chaque année, à partir de la fin de la deuxième année d'instruction obligatoire jusqu'à l'âge de 13 ans révolus, subir un examen sur les matières de l'enseignement correspondant à leur âge, et si l'examen est jugé insuffisant, les parents sont mis en demeure d'envoyer l'enfant à l'Ecole publique.

Instruction secondaire

Les établissements d'instruction secondaire sont les Lycées et les Collèges communaux.

L'Enseignement secondaire spécial comprend un cours normal de six années d'Études dont les programmes sont arrêtés par le ministre.

Les lycées comprennent deux divisions : la division de Grammaire, commune à tous les élèves, et la division supérieure, où les Lettres et les Sciences forment la base de deux enseignements distincts.

La division supérieure est divisée en deux Sections, dont la première a pour objet la littérature et ouvre l'accès des facultés des lettres et des facultés de droit ; et la seconde prépare aux professions commerciales et industrielles, aux facultés des sciences et de médecine.

Les Collèges communaux sont fondés et entretenus par les Communes et peuvent être subventionnés par l'Etat.

Les fonctionnaires et professeurs des établissements publics d'instruction secondaire sont nommés par le Ministre.

L'enseignement secondaire n'est pas donné gratuitement, mais il y a dans les Lycées et les Collèges communaux des bourses entières ou partielles.

Les Etablissements libres d'instruction secondaires sont soumis aux mêmes déclarations et formalités que ceux d'instruction primaire.

Un enseignement secondaire spécial a été fondé par une Loi du 31 mai 1865.

Ecoles des Filles.

Toute commune de plus de 500 habitants est tenue, si elle a des ressources suffisantes, d'avoir au moins une Ecole de filles, sauf le cas où l'admission des enfants des deux sexes est autorisé dans la même Ecole.

Les Ecoles de filles sont divisées en deux ordres.

Des établissements destinés à l'Enseignement secondaire des jeunes filles ont été établis par une Loi du 21 décembre 1880. Ces établissements sont dirigés par des femmes et sont soumis au même régime que les collèges communaux.

Un décret du 22 janvier 1882 divise l'enseignement en deux périodes, la première de 3 années pour les élèves de 12 à 15 ans, et qui donne lieu à la délivrance d'un certificat d'études secondaires ; et la seconde de 2 ans, pour les élèves de 15 à 17 ans, et qui, après examen, aboutit à la délivrance d'un diplôme.

Toutes les classes de jeunes filles, dans les internats comme dans les externats primaires, publics et privés, tenues par des associations religieuses cloîtrées ou non cloîtrées, sont soumises, quant à la surveillance de l'enseignement et à l'inspection, aux autorités instituées par la Loi.

Ecoles Normales.

Les départements pourvoient au recrutement des instituteurs communaux en entretenant des élèves-maîtres dans les Ecoles Normales. — Ces Ecoles ont été réglementées par une Loi du 15 mars 1850.
La durée des cours d'Etude est fixée à 3 ans.
Les inscriptions des candidats ont lieu du 1er au 15 janvier.
Pour être admis à subir l'examen d'entrée dans les Ecoles Normales primaires, il suffit aujourd'hui d'être âgé de 16 ans au moins (20 ans au plus) au 1er janvier de l'année dans laquelle on se présente. — *Déc. 12 juillet* 1866.
L'Ecole Normale supérieure prépare aux grades de Licencié-ès-lettres, Licencié-ès-sciences.
Les élèves de l'Ecole Normale supérieure qui ont subi avec succès les examens de sortie sont chargés de cours dans les Lycées.

Enseignement supérieur.

Les établissements d'instruction supérieure sont ceux chargés de la collation des grades.
On distingue cinq ordres de Facultés qui sont : les facultés de Théologie, — de Droit, — de Médecine, — des Lettres et des Sciences.
Les facultés de droit sont établies à Paris, Bordeaux, Lyon, Montpellier, Nancy, Douai, Dijon, Grenoble, Aix, Toulouse, Poitiers, Rennes et Caen.
Les facultés de médecine sont établies à Paris, Montpellier, Lille et Nancy.
Il y a en outre, dans un grand nombre de villes, des Ecoles préparatoires de médecine et de pharmacie et des Ecoles préparatoires à l'enseignement supérieur des sciences et des lettres.
Dans toutes les villes qui ont une Ecole de médecine il existe une Ecole supérieure de pharmacie.
Chaque Faculté confère trois sortes de grades à la suite d'examens : le Baccalauréat, la Licence et le Doctorat.
Les facultés de droit délivrent en outre des certificats de capacité aux élèves qui justifient de 4 Inscriptions.
L'Enseignement de 3 années de la Licence en droit a été réorganisé par un décret du 28 déc. 1880. — Il y a un examen à la suite de chacune des 3 années. — Lors de l'examen de 3e année qui confère la licence, il n'y a plus d'épreuve écrite ni de thèse de Licence.
Un autre décret du 28 déc. 1880 a modifié le programme de seconde année du doctorat en droit.
Pour l'obtention du brevet de pharmacien de 1re classe, le stage est de 6 ans ; 3 dans une officine avec certificat d'Etudes ; 3 dans une faculté ou Ecole, avec diplôme de Bachelier ès-lettres ou ès-sciences. — *Déc. des 12 juill. et 30 août* 1878.
L'Examen du Baccalauréat ès-lettres a été réorganisé par décret du 19 juin 1880. Il comprend deux séries d'épreuves. Les candidats doivent être âgés de 16 ans au moins.
Il y a aujourd'hui deux sortes de baccalauréat ès-sciences : le baccalauréat complet et le baccalauréat restreint aux sciences mathématiques ou physiques.
Un décret du 15 juillet 1877 détermine les épreuves écrites et orales à subir par les candidats à la licence et au doctorat ès-sciences.
Les épreuves pour le titre de Docteur en médecine comprennent 5 examens et la Thèse. Les aspirants doivent produire, au moment de leur première inscription, le diplôme de bachelier ès-lettres et celui de bachelier ès-sciences restreint.

D'après la Loi du 18 mai 1880, les inscriptions prises dans les facultés de l'Etat, les Ecoles de plein exercice et les Ecoles de médecine et de pharmacie sont gratuites, mais il est perçu des droits d'examen fixés par un décret du 8 janvier 1881.

La loi du 12 juillet 1875 a établi la liberté de l'Enseignement supérieur, mais celle du 18 mars 1880 a interdit aux établissements libres de décerner des diplômes universitaires, de sorte que leurs étudiants ne peuvent subir leurs examens que devant les facultés de l'Etat.

A l'égard des Écoles préparatoires civiles, militaires et navales. — Voy. *Ecoles préparatoires spéciales.*

ENTÉRINEMENT. — Action de confirmer, d'approuver un acte, une opération, un Jugement. — *E. N.*

On entérine un rapport d'experts. — *C. proc.* 972, 988.

Une requête civile. — *C. proc.* 501.

Les lettres de grâce ou de commutation de peine sont aussi entérinées par les cours d'appel en audience solennelle.

ENTRAVES à la liberté des enchères. — Dons ou promesses, voies de fait, violences ou menaces de nature à écarter les enchérisseurs dans les adjudications de meubles ou d'immeubles, ou dans les locations.

L'article 412 du Code pénal punit ce délit d'un emprisonnement de 15 jours à 3 mois et d'une amende de 100 fr. à 5000 fr.

Toutefois, la loi ne punit que le trouble, il faut que les enchères aient été écartées, en sorte que si le prévenu s'était borné à de simples exhortations, il n'y aurait aucun délit. — *E. N.*

ENTRÉE (Droit d'). — Impôt perçu sur certains objets et denrées, soit à l'entrée du territoire, soit à l'entrée d'une ville. — Voy. *Contributions.* — *Impositions.* — *Douane.* — *Octroi.*

ENTREMETTEUR. — Se dit de celui qui s'emploie dans une affaire entre plusieurs personnes; tels sont les fondés de procuration, les courtiers, les proxénètes, etc. — Voy. *Mandat.* — *Commissionnaire.*

ENTREPÔT. — On appelle ainsi le lieu où l'on met en dépôt, provisoirement et sans paiement de droits, des marchandises et denrées pour un certain temps; tels sont les magasins des commissionnaires de dépôts ou dépositaires de marchandises. — Voy. *Commissionnaire.*

En matière de douane, on donne le nom d'Entrepôt aux magasins de la douane dans lesquels les marchandises sont introduites en franchise, et placées sous la surveillance de l'Administration. Quand ces marchandises ne sont pas réimportées, les droits sont payés à leur sortie. — Cet entrepôt s'appelle *réel;* sa durée est fixée par la loi du 8 floréal an XI.

L'entrepôt *fictif* est celui qui a lieu au domicile des particuliers, moyennant la soumission cautionnée de payer les droits, et dont la durée ne peut excéder une année.

On appelle entrepôt *frauduleux* le dépôt illégal des marchandises prohibées, soit à l'entrée, soit à la sortie, ou sujettes à des droits, et qui sont emmagasinées dans le rayon frontière des douanes, pour être livrées ou exportées clandestinement.

ENTREPRENEUR. — Ce terme désigne celui qui, seul ou sous la direction d'un architecte, exécute, avec des ouvriers qui travaillent pour son compte, des travaux de construction ou réparation de bâtiments.

La Loi répute acte de commerce toute entreprise de construction. — *C. comm.* 633.

L'entrepreneur est responsable pendant dix ans, soit envers l'architecte, soit directement envers le propriétaire, s'il a traité avec ce dernier, de la mauvaise exécution de ses travaux. — *C. civ.* 1792.

Il est d'un usage généralement admis que le propriétaire ne doit faire aucun paiement à l'entrepreneur sans l'approbation de l'architecte, mais il est aussi d'usage de payer des acomptes mois par mois jusqu'à concurrence de moitié de ce qui est dû suivant l'état des travaux.

Les ouvriers qui traitent directement, soit avec le propriétaire, soit avec un entrepreneur principal, pour certains travaux spéciaux, comme la maçonnerie ou la charpente, sont considérés comme entrepreneurs en cette partie, et subissent la responsabilité de leurs travaux. — *D. N.* — Voy. *Devis et marchés.* — *Prescription.*

Les Entrepreneurs conservent, par la double inscription du procès-verbal qui constate l'état des lieux et du procès-verbal de réception, leur privilège à la date de l'inscription du premier procès-verbal. — *C. civ.* 2110. — Voy. *Privilège.*

En matière de travaux publics, les entrepreneurs sont soumis à des règles particulières, — Voy. *Travaux publics.*

ENTREPRENEUR de transports. — Se dit de celui qui se charge de transporter d'un lieu à un autre des personnes, des marchandises ou autres objets à leur destination, moyennant un prix convenu.

L'entrepreneur diffère du commissionnaire en ce qu'il agit pour son compte personnel et à ses risques, tandis que le commissionnaire agit pour le compte de son commettant, et doit lui faire part fidèlement du prix convenu entre eux

L'entrepreneur de transports est sujet aux obligations imposées au commissionnaire par les articles 96 et suiv. du Code de commerce.

Les entrepreneurs de transports sont garants des dommages arrivés aux objets dont ils se chargent, jusqu'à preuve de force majeure. — Voy. *Voiturier.*

ENTREPRISE de fournitures, manufactures ou travaux. — Voy. *Bail d'ouvrage.* — *Entrepreneur.* — *Marché (devis et).* — *Travaux publics.* — *Usine.*

ENTRETIEN. — On entend par ce mot les réparations nécessaires pour la conservation d'un immeuble. — Voy. *Réparation.* — *Usufruit.*

On emploie aussi ce mot pour désigner les besoins de la vie, et particulièrement ce qui est nécessaire à l'habillement.

ENVIRON. — C'est-à-dire à peu près (un peu plus, un peu moins).

On se sert souvent de ce mot, que l'on ajoute à l'énonciation de la contenance de l'immeuble vendu, mais il ne suffit pas pour empêcher l'effet de la disposition des articles 1617 et suivants du Code civil, sur le plus ou moins de contenance. Si l'on se propose de renoncer respectivement à toute réclamation à ce sujet, il faut que cette renonciation soit *expressément* constatée. — Voy. *Délivrance.*

ENVOI en possession. — Acte ou mandement de justice, par lequel un individu est mis en jouissance d'un legs ou d'une succession. — *D. N.*

L'héritier est dispensé de cette formalité. — Mais l'Etat, l'époux survivant, les enfants naturels doivent se faire envoyer en possession. — *C. civ.* 770, 773. — Voy. *Succession.*

S'il n'y a pas d'héritiers à réserve, le légataire universel par testament authentique est saisi de plein droit ; il n'est pas obligé, ni de demander la délivrance, ni de se faire envoyer en possession ; mais si le testament est fait dans la forme olographe ou mystique, il est tenu de se faire envoyer en possession par une ordonnance du Président du Tribunal de première instance du lieu de l'ouverture de la succession. — *C. civ.* 1008.

Lorsqu'il y a des héritiers à réserve, le légataire universel est tenu de leur demander la délivrance, et cette délivrance, qui est l'exécution même du testament, vaut l'envoi en possession. —Voy. *Délivrance de legs.*

Mais il y aurait lieu à l'envoi en possession du légataire universel, si les héritiers à réserve avaient renoncé à la succession.

Les héritiers présomptifs de l'absent peuvent se faire envoyer en possession de ses biens. — *C. civ.* 120.

L'envoi en possession ne pourrait empêcher les héritiers *ab-intestat* de faire apposer les scellés, de faire dresser un Inventaire de la succession, ni d'attaquer le Testament.

ENVOI d'échantillons. — La poste se charge du transport, moyennant affranchissement préalable, des échantillons avec ou sans imprimés, des épreuves d'imprimerie corrigées, des papiers de commerce ou d'affaires placés soit sous bandes mobiles, soit dans des enveloppes non fermées ou dans des sacs faciles à ouvrir, moyennant une taxe, pour chaque paquet portant une adresse particulière, de 5 cent. par 50 gr. ou fraction de 50 gr.

Les poids des échantillons ne peut dépasser 350 gr., et celui des papiers d'affaires et autres 3 kilogr.

La dimension des imprimés, épreuves d'Imprimerie, papiers d'affaires et échantillons d'étoffes sur cartes, ne doivent pas excéder 45 centimètres, et celle des autres échantillons 30 centimètres.

ENVOI d'épreuves d'imprimerie corrigées. — Voy. *Envoi d'échantillons*.

ENVOI de papiers d'affaires ou de commerce. — Voy. *Envoi d'Echantillons*.

ENVOIS d'argent. — La poste se charge, moyennant un droit de un pour cent, du transport des sommes d'argent déposées à découvert dans ses bureaux, et délivre en échange des *mandats* payables à vue à tout individu résidant en France, en Algérie, dans les Colonies françaises, dans les villes du Levant, de la Chine et du Japon, où la France entretient des bureaux de poste, ainsi qu'à tout militaire, marin, ou employé de l'Etat aux armées, ou sur les bâtiments de la flotte. — Voy. *Poste*.

D'autres mandats appelés *mandats-cartes* peuvent encore être employés pour les envois d'argent par la poste. — Voy. *Mandats-cartes*.

Le public est également admis à employer la voie télégraphique pour faire payer à destination, jusqu'à concurrence de 5000 fr., les sommes déposées dans les bureaux de poste et de télégraphes. — Voy. *Mandats télégraphiques*.

Des bons de poste de la valeur de 1 fr., 2 fr., 5 fr., et 20 fr. sont aussi mis à la disposition du public. — Voy. *Bons de poste*.

On peut encore expédier toutes sommes en Billets de Banque, de même que tous bijoux et objets précieux, par lettres chargées (valeurs déclarées), jusqu'à concurrence de 10.000 fr., moyennant un droit de 2 pour cent, outre le port ordinaire de la lettre et le droit fixe de 25 cent. — Voy. *Valeurs déclarées*,

Il est même permis d'expédier les mêmes sommes, bijoux et objets précieux, par simple lettre ou paquet *recommandé*, moyennant le port ordinaire de la lettre et le droit fixe de 25 centimes; mais, en cas de perte, le destinataire n'a droit, quelle que soit la valeur perdue, qu'à une indemnité de 25 fr. — Voy. *Lettre et Objets recommandés*.

Toutes les sommes remises aux agents des postes et pour une destination, et dont le remboursement n'aura pas été réclamé par les ayants droit dans le délai de huit années, sont définitivement acquises à l'Etat. — *L. du 31 janvier* 1833.

Nous conseillons l'envoi à découvert par mandats ou lettres chargées de préférence aux simples lettres ou paquets recommandés, le premier mode offrant beaucoup plus de garanties, l'Administration étant responsable, sauf les cas de force majeure.

ÉPARGNE (Caisse d'). — Voy. *Caisse d'Epargne*.

ÉPARGNES. — Voy. *Gains et Epargnes*.

ÉPAVES. — Ce terme s'emploie pour désigner les choses perdues ou égarées dont le maître ne se représente pas.

Les épaves ayant un maître inconnu, celui qui les trouve n'en acquiert point par cela même la propriété.

On distingue les épaves de mer, les épaves de fleuves, les épaves de terre et les choses assimilées aux épaves.

Des épaves maritimes.

Les *épaves de mer* sont d'abord les choses du cru de la mer, comme le Corail, l'Ambre, etc. — Elles appartiennent à ceux qui les ont tirées du fond de la mer. — S'ils les ont trouvées sur les grèves, ils n'en ont que le tiers, les deux autres tiers appartiennent à l'Etat. — *Ord. de 1681.*

Les *Varechs* ou autres plantes marines qui croissent en mer ou sur les rivages, et que la mer a détachés et jetés sur les grèves, appartiennent, partout et en tout temps, au premier occupant; mais la récolte de ceux qui restent attachés aux rochers appartient exclusivement aux habitants des communes situées sur les côtes de la mer, à l'endroit de leur territoire.

A l'égard des objets qui proviennent de naufrage, il faut distinguer entre les objets tirés du fond de la mer ou trouvés sur les flots, et ceux qui sont échoués sur les grèves ou rivages.

Parmi ceux tirés du fond de la mer, quelques-uns appartiennent intégralement à celui qui les a pêchés; par exemple les ancres, lorsque, dans les deux mois de la déclaration qui doit en être faite, le propriétaire n'en a pas fait la réclamation, à moins que ce dernier n'eût laissé une marque indicative de l'endroit où ils se trouvent.

A l'égard des autres objets, soit qu'ils proviennent de naufrage, soit qu'ils aient été jetés à la mer, soit qu'ils aient été tirés du fond de la mer ou trouvés sur les flots, ceux qui les ont recueillis doivent les mettre en sûreté, et en faire la déclaration dans les vingt-quatre heures au plus tard à l'officier de l'Administration de la Marine. — Ces objets sont ensuite proclamés, à la diligence du Ministère public, dans les ports et villes maritimes les plus voisines. — La valeur des deux tiers de ces objets, déduction faite des frais de justice, est déposée pour être restituée au propriétaire s'il en fait la réclamation dans l'an et jour de la proclamation, passé lequel délai la propriété en appartient au Domaine. A l'égard de la troisième partie de ces effets, elle est remise sans frais, soit en nature, soit en deniers, à ceux qui les ont trouvés.

Lorsqu'il s'agit d'effets trouvés au moment ou à la suite d'un naufrage auquel on travaille actuellement, ceux qui les ont sauvés ne peuvent prétendre qu'au salaire dû pour leur travail, et si le propriétaire ne réclame pas dans l'an et jour, l'Etat profite de la totalité.

Enfin, l'argent, les bijoux et autres choses de prix trouvés sur un cadavre noyé, s'ils ne sont pas réclamés dans l'an et jour, appartiennent pour un tiers à celui qui a découvert le cadavre, et pour les deux autres tiers à l'Etat, sans distinction du cas où ils ont été retirés de la mer, ou trouvés sur la grève.

Des Épaves de fleuves.

Les Epaves de *fleuves*, c'est-à-dire celles trouvées sur les bords ou dans le lit des fleuves navigables ou flottables, sont vendues au profit du Domaine, et les sommes en provenant sont versées dans la caisse du Receveur, sauf à les délivrer, s'il y a lieu, au réclamant, dans les deux mois de la vente. — Celui qui les trouve est donc obligé d'en faire la déclaration et le dépôt. — Il n'a droit à aucune partie de leur valeur.

Comme il n'existe pas de règles particulières sur les épaves des rivières non navigables, on doit leur appliquer celles des épaves de terre.

Epaves de terre ou objets trouvés.

Les *épaves de terre* sont toutes les choses égarées ou perdues, les bêtes et toutes sortes de meubles trouvés sur un grand chemin ou ailleurs.

Celui qui trouve une épave de cette nature est tenu d'en faire la déclaration et le dépôt, soit au Greffe du Tribunal civil, soit au maire de la commune.

Le Maire dresse un procès-verbal descriptif des objets déposés et le transmet au Sous-Préfet, qui prescrit les publications nécessaires pour que les propriétaires puissent se faire connaître.

A Paris, la déclaration et le dépôt se font à la Préfecture de police, notamment pour les objets trouvés dans les voitures de place.. — Une liste sommaire de ces objets est publiée dans le *Moniteur*. — Les personnes qui croient reconnaître un de ces objets comme leur appartenant doivent se rendre chez le Commissaire de police de leur section, y faire la déclaration de perte, décrire l'objet aussi exactement que possible, signer au procès-verbal et attendre sans faire plus de démarches que l'Administration leur écrive de se rendre dans ses bureaux pour la restitution. — (*Extr. du Moniteur du 4 juin* 1855.)

Les bestiaux égarés sont mis en fourrière, et la vente en est ordonnée après le délai de huit jours, s'ils ne sont pas réclamés par le propriétaire. Cette vente a lieu à la diligence du Receveur des domaines et le prix en est versé à la Caisse des dépôts et consignations.

La Loi accorde au propriétaire un délai de trente ans à partir du jour de la vente pour réclamer la restitution du prix.

Toutefois, à défaut de réclamation par le propriétaire dans le délai d'un an du jour du dépôt au greffe, la restitution des choses égarées et déposées, ou du prix de leur vente, doit être faite à la personne qui les a trouvées, lorsqu'elle en fait la demande.

On assimile aux épaves les objets abandonnés et non réclamés par leurs propriétaires.

Du nombre de ces objets sont les caisses, malles, paquets, etc., confiés à des entrepreneurs ou administrateurs, pour être transportés par terre ou par eau, lorsqu'ils n'ont pas été réclamés dans le délai de six mois du jour de leur arrivée au lieu de leur destination et que l'on ne connaît pas leurs propriétaires. Ils sont vendus aux enchères à la diligence de la Régie de l'Enregistrement. Il est fait un état séparé du produit de ces ventes, pour le cas où il surviendrait une réclamation susceptible d'être accueillie dans un délai de deux ans à compter du jour de la vente. — *Déclar.* 29 *janv.* 1699. — *Déc.* 13 *août* 1810.

Les marchandises abandonnées dans les bureaux des douanes sont vendues au bout d'un an, et le produit en appartient à l'Etat, quand une nouvelle année s'est écoulée sans réclamation. — *L. du* 6 *août* 1791.

Les sommes confiées à la poste pour être remises à destination sont acquises à l'Etat, quand le remboursement n'en a pas été réclamé dans les huit ans à partir du versement. — *L. du* 31 *janvier* 1833.

Les effets déposés dans les Greffes à l'occasion des procès-civils ou criminels doivent se vendre après six mois depuis le jugement définitif, s'ils n'ont pas été réclamés à cette époque ; le prix en provenant est déposé à la Caisse des consignations et, à défaut de réclamation, il reste acquis à l'Etat, mais après trente ans seulement. — *D. N.* — Voy. *Propriété.* — *Trésor.*

ÉPIDÉMIE. — Se dit d'une maladie contagieuse sur les personnes. — Les précautions à prendre pour arrêter les épidémies sont tracées par les Lois et réglées par l'Administration supérieure. — Voy. *Police.* — *Quarantaine.*

Lorsqu'une épidémie se déclare dans une commune, les Autorités Municipales doivent en donner avis au Sous-Préfet, et prendre en même temps les mesures provisoires que la prudence exige.

L'existence d'une épidémie apporte, dans certains cas, des modifications au droit commun pour la forme des testaments, etc. — *C. civ.* 77, 985 *et suivants.* — Voy. *Testament.*

ÉPILEPSIE. — Affection cérébrale caractérisée par la perte subite de connaissance et par des convulsions, et que l'on nomme aussi *mal caduc.*

Cette infirmité ne peut servir de cause pour une demande en séparation de corps, à moins que l'épileptique ne soit en même temps idiot, ce qui arrive quelquefois. — Voy. *Démence.* — *Donation.* — *Séparation de corps.*

ÉPINGLES. — Somme promise ou donnée en sus du prix d'une vente, d'un Bail, ou de tout autre marché conclu. — Voy. *Deniers d'entrées.* — *Pot-de-vin.*
Il ne faut pas confondre les *épingles* avec les *arrhes*, et le *denier-à-Dieu.* — Voy. *Arrhes.* — *Denier-à-Dieu.*

ÉPIS. — En matière de Cours d'eau, les épis sont des jetées composées de fascines et de pierres, dont l'une des extrémités est fortement attachée au rivage, et dont l'objet est de défendre une rive contre l'action des courants, ou de diriger l'eau sur d'autres points. — Voy. *Digues.* — *Jetées.* — *Rivières.*

ÉPIZOOTIE. — Maladie contagieuse qui attaque les animaux.

Les règles applicables en cette matière résultent de la loi du 21 juillet 1881, portant abrogation des anciennes Lois, ordonnances, décrets et règlements sur la police sanitaire des animaux.

Les maladies des animaux réputées contagieuses et qui donnent lieu à l'application de la Loi sont : 1° La peste bovine dans toutes les espèces de ruminants; 2° La péripneumonie contagieuse dans l'espèce bovine; 3° La clavelée et la gale dans les espèces ovine et caprine ; 4° La fièvre aphteuse dans les espèces bovine, ovine, caprine et porcine ; 5° La morve, le farcin, la dourine, dans les espèces chevaline et asine ; 6° La rage et le charbon dans toutes les espèces.

Tout propriétaire, détenteur ou gardien d'animaux ou bestiaux malades ou soupçonnés d'être infectés de maladie contagieuse, doit les tenir renfermés et est tenu d'en faire sur-le-champ la déclaration au maire de la commune où se trouvent ces animaux.

Sont également tenus de faire cette déclaration les vétérinaires qui seraient appelés à soigner les animaux malades.

L'animal atteint ou soupçonné d'être atteint de l'une des maladies spécifiées ci-dessus doit être immédiatement séquestré, séparé et maintenu isolé, autant que possible, des autres animaux susceptibles de contracter cette maladie.

Il est interdit de le transporter avant que le vétérinaire délégué par l'Administration l'ait examiné. La même interdiction est applicable à l'enfouissement, à moins que le Maire, en cas d'urgence, n'en ait donné l'autorisation spéciale.

Le Maire devra, dès qu'il aura été prévenu, s'assurer de l'accomplissement des prescriptions ci-dessus, y pourvoir d'office s'il y a lieu, faire procéder sans retard à la visite de l'animal malade ou suspect et adresser son rapport au Préfet dans le plus bref délai.

Après la constatation de la maladie, le Préfet prend un Arrêté sur les mesures nécessaires, telles que la visite, le recensement, la marque, l'interdiction des foires et marchés, l'enfouissement, la désinfection des étables, écuries ou bergeries, etc.

Lorsqu'un Arrêté du Préfet a constaté l'existence de la peste bovine dans une commune, les animaux qui en sont atteints et ceux de l'espèce bovine qui auraient été contaminés, alors même qu'ils ne présenteraient aucun signe apparent de maladie, sont abattus par ordre du Maire conformément à la proposition du vétérinaire délégué et après évaluation.

Les animaux des espèces ovine et caprine qui ont été exposés à la contagion sont isolés, et soumis aux mesures sanitaires déterminées par le règlement d'Administration publique rendu pour l'exécution de la Loi.

Dans le cas de morve constatée et, dans le cas de farcin et de charbon, si la maladie est jugée incurable par le vétérinaire délégué, les animaux doivent être abattus sur ordre du Maire.

Au cas de péripneumonie contagieuse, le Préfet ordonne l'abattage dans le délai de deux jours des animaux reconnus atteints de cette maladie par le vétérinaire délégué, et l'inoculation des animaux d'espèce bovine dans les localités reconnues infectées de cette maladie.

La rage, lorsqu'elle est constatée chez les animaux de n'importe quelle espèce, entraîne l'abattage immédiat.

Dans les épizooties de clavelée, le Préfet peut ordonner la clavelisation des troupeaux infectés.

La chair des animaux morts de maladies contagieuses quelles qu'elles soient, ou abattus comme atteints de la peste bovine, de la morve, du farcin, du charbon ou de la rage, ne peut être livrée à la consommation et les débris doivent être enfouis avec la peau tailladée.

Quant à celle des animaux abattus comme ayant été en contact avec les animaux atteints de la peste bovine, elle peut être livrée à la consommation, mais les peaux, abats et issues ne peuvent être sortis du lieu de l'abattage qu'après avoir été désinfectés.

Il est alloué : 1° aux propriétaires des animaux abattus pour cause de peste bovine, une indemnité des trois quarts de leur valeur avant la maladie ; et 2° aux propriétaires d'animaux abattus pour cause de péripneumonie contagieuse, ou morts par suite de l'inoculation, une indemnité ainsi réglée: la moitié de leur valeur avant la maladie, s'ils en sont reconnus atteints ; les trois quarts s'ils ont seulement été contaminés ; la totalité s'ils sont morts des suites de l'inoculation de la péripneumonie contagieuse. L'indemnité ne peut dépasser 400 fr. pour la moitié de la valeur de l'animal ; 600 fr. pour les trois quarts et 800 fr. pour la totalité.

Il n'est alloué aucune indemnité aux propriétaires d'animaux importés des pays étrangers, abattus pour cause de péripneumonie contagieuse dans les 3 mois qui ont suivi leur introduction en France.

La demande d'indemnité doit être adressée au Ministre de l'agriculture et du commerce dans le délai de 3 mois du jour de l'abattage, sous peine de déchéance.

Les frais d'abattage, d'enfouissement, de transport, de désinfection et tous autres, sont à la charge des propriétaires et conducteurs d'animaux, et en cas de refus de se conformer aux injonctions de l'autorité administrative, il y est pourvu d'office à leur compte.

Les oppositions sont portées devant le Juge de paix.

La vente ou mise en vente des animaux atteints ou soupçonnés d'être atteints de maladie contagieuse est interdite.

Les animaux des espèces chevaline, asine, bovine, caprine et porcine sont soumis en tout temps, aux frais des importateurs, à une visite sanitaire à leur entrée en France, soit par terre, soit par mer.

Le Gouvernement peut prohiber l'entrée en France ou ordonner la quarantaine des animaux suspects. Il peut, à la frontière, prescrire l'abattage, sans indemnité, des animaux malades ou ayant été exposés à la contagion.

Les mesures sanitaires à prendre à la frontière sont ordonnées par les maires dans les communes rurales, et par les commissaires de police dans les gares-frontières et dans les ports de mer.

Toute infraction aux dispositions de la Loi précitée est punissable d'amende et d'emprisonnement.

Sont punissables notamment : 1° Ceux qui, au mépris des défenses de l'Administration, auront laissé leurs animaux infectés communiquer avec d'autres ; 2° Ceux qui auraient vendu ou mis en vente des animaux qu'ils savaient atteints, ou soupçonnés d'être atteints, de maladies contagieuses ; 3° Ceux qui, sans permission de l'autorité, auront déterré ou sciemment acheté des cadavres ou débris des animaux morts de maladies contagieuses, quelles qu'elles soient, ou abattus comme atteints de la peste bovine, du charbon, de la morve, du farcin et de la rage. La peine est d'un emprisonnement de 2 à 6 mois.

Sont punissables d'un emprisonnement de 6 mois à 3 ans et d'une amende de 100 fr. à 2000 fr. : 1° Ceux qui ont vendu ou mis en vente de la viande provenant d'animaux qu'ils savaient morts de maladies contagieuses, quelles qu'elles soient, ou abattus comme atteints de la peste bovine, du charbon, de la morve, du farcin et de la rage ; 2° Ceux qui se seront rendus coupables des délits prévus par les articles précédents, s'il est résulté de ces délits une contagion parmi les autres animaux.

Les voitures ayant servi au transport des bestiaux devant, en tout temps, être désinfectées, tout entrepreneur de transport qui aura contrevenu à l'obligation de désinfecter son matériel sera passible d'une amende de 100 fr. à 1.000 fr. et d'un emprisonnement de 6 jours à 2 mois, s'il est résulté de cette infraction une contagion parmi les autres animaux.

Un service des Épizooties a été établi dans chaque Département.

ÉPOUX. — Se dit de l'homme et de la femme unis par le mariage. — Les *futurs époux* sont ceux qui sont sur le point de se marier ensemble. — Voy. *Aliments.* — *Autorisation maritale.* — *Contrat de mariage.* — *Contrat entre époux.* — *Donation entre époux.* — *Puissance maritale.* — *Responsabilité entre époux.* — *Vente*, etc.

ÉQUIPAGE. — Terme de marine employé pour désigner l'ensemble des gens de mer qui montent un bâtiment pour en faire le service et la manœuvre.

C'est le capitaine qui doit engager l'équipage, mais en agissant de concert avec les propriétaires du navire, quand il est dans le lieu de leur demeure. — *C. comm.* 223.

Les conditions d'engagement de l'équipage sont constatées, soit par acte authentique, soit par acte sous seing privé, et plus généralement sont énoncées seulement dans le *rôle d'équipage,* qui doit toujours se trouver à bord du navire dès que l'expédition en est faite. — *C. comm.* 226 et 250.

Le *rôle d'équipage* est l'état de toutes les personnes, même des passagers, qui montent le navire. — Il est obligatoire même pour la navigation intérieure.

L'engagement des matelots est un louage de services, mais qui a de tout temps été soumis à des règles particulières, déterminées par les articles 250 et 272 du Code de commerce.

Aucun loyer n'est dû aux matelots en cas de perte du navire et des marchandises, sans qu'ils soient tenus cependant de restituer les avances reçues. — *D.N.*

Un décret du 18 juin 1887 approuve la déclaration signée le 31 mai précédent entre la France et la Belgique, à l'effet de régler les salaires des marins des deux pays et les successions des marins décédés.

ÉQUITÉ. — Ce qui est conforme à la raison et qui nous porte à rendre justice à chacun. Ce mot signifie encore la Justice même, exercée selon les principes de la Loi naturelle, et non selon les rigueurs de la Loi civile.

Les lois pénales surtout laissent aux Juges le soin d'en tempérer la rigueur selon les règles de l'équité, puisqu'elles leur permettent de graduer les peines applicables à certains crimes ou délits d'après les circonstances. — *C. pén.* 463.

Toutefois, l'équité ne doit suppléer la Loi aux yeux du Juge que dans le cas où elle est muette ou obscure. — *C. civ.* 4, 565. — Voy. *Interprétation des Lois.*

L'Équité sert encore à l'interprétation des conventions, mais elle ne doit jamais prévaloir contre une clause expresse. — Voy. *Interprétation de conventions.* — *Loi.* — *Règles de droit.*

ÉRECTION. — Terme usité en Jurisprudence et qui est synonyme de Création d'Établissement. — Ainsi on dit : l'Érection d'un Tribunal, d'une étude, d'un bénéfice. — Voy. *Office.*

ERREMENTS. — Terme de procédure qui exprime les actes ou écrits faits dans une instance non terminée et suivant lesquels elle est continuée. — *C. proc.* 375.

Ainsi les derniers errements sont les derniers actes.

ERREUR. — Opinion ou jugement contraire à la vérité.

En général, l'Erreur vicie le Consentement ; or, les conventions qui ne se forment que par le consentement des parties doivent être nulles lorsqu'elles sont le produit de l'erreur. — *C. civ.* 1109. — Voy. *Consentement.*

On distingue deux espèces d'erreurs, l'erreur de *fait* et l'erreur de *droit.*

L'erreur *de fait* porte, soit sur le *motif* qui a déterminé à contracter, soit sur la *personne,* soit sur la *chose* ou sur la *nature du contrat.* — Les erreurs de calcul sont aussi des erreurs de *fait.* — Voy. *Erreur de calcul.*

L'erreur sur les *motifs* n'est point une cause de nullité lorsqu'elle ne tombe que sur des motifs *accessoires*, mais il en serait autrement si elle tombait sur le motif *déterminant*. — Voy. *Obligation*.

L'erreur sur la *personne* n'annule le contrat que lorsque la considération de cette personne a été la cause principale de la convention. — *C. civ.* 1110. — Ainsi, dans le mariage, l'erreur sur la personne peut être une cause de nullité. — *C. civ.* 180. — Voy. *Mariage*.

L'erreur sur l'objet ou la chose qui fait la matière du contrat se subdivise en erreur sur la substance même de la chose, qui est une cause de nullité, et en erreur sur la *qualité*, qui ne vicie point le contrat.

Il n'y a nullité pour erreur sur la nature de la convention, que lorsqu'on a fait une convention autre que celle qu'on avait principalement en vue, d'où il suit qu'il ne suffit pas de s'être trompé sur la dénomination du contrat pour qu'il soit nul.

L'erreur qui tombe sur un point de droit annule la convention, tout aussi bien que l'erreur de fait. La loi ne distingue pas. — *C. civ.* 1109.

Toutefois, cette règle reçoit exception lorsqu'il s'agit de transactions. Elles ne peuvent être attaquées pour erreur de droit. — *C. civ.* 2052.

L'Aveu judiciaire ne peut pas non plus être révoqué sous prétexte d'une erreur de droit. — Il ne pourrait l'être que si on établissait la preuve qu'il a été la suite d'une erreur de fait. — *C. civ.* 1356.

La convention entachée d'erreur n'est pas nulle de plein droit ; elle donne seulement lieu à une action en nullité ou rescision. — Voy. *Rescision*.

ERREUR de calcul. — L'erreur de calcul peut et doit toujours être réparée. — *C. civ.* 2058.

Si elle se trouve dans un jugement, la demande en réparation d'erreur doit être portée devant les Juges qui ont prononcé. — *C. proc.* 541.

Les sommes indûment reçues par suite d'erreur de calcul doivent être restituées. — *C. civ.* 1376. — Voy. *Répétition*.

ERREUR commune. — L'Erreur commune fait droit, et personne ne doit souffrir de l'erreur dans laquelle il a été entraîné.

Ainsi, lorsqu'un fait faux a été longtemps regardé comme vrai, lorsqu'il avait tellement les apparences de la vérité qu'il était impossible de n'y point être trompé, il est équitable de déclarer valables les actes qui ont eu l'erreur pour base, bien que, suivant la rigueur du droit, on puisse les déclarer nuls.

On doit surtout valider les actes faits par des *incapables*, dans l'exercice d'une fonction publique à laquelle ils ont été nommés sans que l'autorité ait connu le vice d'où résultait l'incapacité.

Mais l'incapacité morale d'un témoin ou d'un contractant ne pourrait être couverte par l'erreur commune. — *D. N.*

ERREUR dans les actes. — Les erreurs ou omissions résultant seulement de l'inadvertance, l'omission d'une lettre, ou même d'un mot, ne sont pas suffisantes, en général, pour porter atteinte à la validité des actes.

ESCALADE. — Se dit de toute entrée dans un lieu clos par toute autre voie que la porte.

L'Escalade est une circonstance *aggravante* du vol.

Est qualifiée *Escalade* toute entrée dans les maisons, bâtiments, cours, basses-cours, édifices quelconques, jardins, parcs et enclos, exécutée par-dessus les murs, portes, toitures ou toute autre clôture. — *C. pén.* 397.

ESCALIER. — Série de marches ou degrés servant dans les maisons à monter d'étage en étage. Lorsqu'une maison appartient à plusieurs propriétaires, celui du premier étage fait l'escalier qui y conduit ; celui du second étage fait à partir du premier escalier qui conduit chez lui ; et ainsi de suite. — *C. civ.* 664. — Voy. *Etage*.

On peut adosser un escalier mobile à un mur non mitoyen en ne l'attachant pas à ce mur.

ESCLAVAGE. — C'est l'état de l'homme en servitude et sous la puissance absolue d'un maître.

L'esclavage a été définitivement aboli par les décrets des 4 mars et 27 avril 1848, et il est de principe appliqué, même aux colonies et possessions Françaises, que le sol de la France affranchit l'esclave qui le touche.

Il est interdit aux Français, même en pays étranger, de posséder des esclaves.

ESCOMPTE. — C'est la déduction faite au profit de celui qui paye une dette à terme avant l'échéance. Elle a lieu principalement pour le paiement des effets de commerce et autres valeurs en papier.

Le négociant qui escompte un effet de commerce se rend cessionnaire de la créance.

Il a donc le droit de déduire, sur le montant de cet effet, telle somme convenue, soit pour change ou commission, soit pour tout risque d'insolvabilité. Ce n'est pas là une opération usuraire, l'usure n'ayant lieu que dans le contrat de prêt conventionnel. — Voy. *Usure.*

ESCROQUERIE. — Délit que commet celui qui, faisant usage de faux noms ou de fausses qualités, ou en employant des manœuvres frauduleuses pour persuader l'existence de fausses entreprises, d'un pouvoir ou d'un crédit imaginaire, ou pour faire naître l'espérance ou la crainte d'un succès, d'un accident ou de tout autre événement chimérique, se fait remettre ou délivrer des fonds, meubles ou obligations, billets, promesses, quittances ou décharges et qui, par un de ces moyens, s'approprie ou tente de s'approprier le bien d'autrui. — *C. pén.* 405.

L'Escroquerie diffère du *Dol,* qui ne donne lieu qu'à une action civile, lorsque les manœuvres employées n'ont pas le caractère déterminé par l'article 405 du Code pénal. — Voy. *Dol.*

La Loi punit non seulement l'escroquerie, mais aussi la tentative d'escroquerie. Il y a tentative d'escroquerie dans le fait d'avoir obtenu par des manœuvres frauduleuses la remise entre les mains d'un tiers, à la disposition du délinquant, des titres ou valeurs dont il n'a pu se servir par suite de circonstances indépendantes de sa volonté. — *Cass.*, 9 mars 1837.

Les condamnés pour délit d'escroquerie ne sont pas admis au bénéfice de cession. — *C. proc.* 905; — *C. comm.* 575.

Ils ne peuvent, s'ils sont négociants faillis, obtenir leur réhabilitation. — *C. comm.* 612. — Voy. *Convention.* — *Délit.* — *Dol.* — *Faux.* — *Nullité.*

ESPÈCE. — Ce terme s'emploie en jurisprudence pour désigner le *cas particulier,* le *fait* et les *circonstances* d'une décision.

ESPÈCE (chose). — Ce mot s'emploie pour désigner les individus ou les choses de même nature qui appartiennent à un certain genre plus étendu.

Il faut, pour qu'une obligation soit valable, que la chose soit déterminée, au moins quant à son espèce, c'est-à-dire une partie du genre, comme un cheval, etc. — *C. civ.* 1129.

Il ne suffirait pas d'indiquer le genre ; par exemple, de s'engager à livrer un animal, du blé, du vin, sans autre désignation. — Voy. *Convention.*

ESPÈCES (monnaie). — Se dit des différentes pièces d'or, d'argent, ou de billon qui forment la monnaie. — Voy. *Monnaie.* — *Obligation.* — *Paiement.*

ESPÈCES (Réalisation des). — Voy. *Numération d'espèces.*

ESPÉRANCE. — L'espérance d'un bien, d'un profit peut faire la matière d'un contrat, et peut être vendue comme le bien ou le profit même. Ainsi on peut vendre une créance équivoque, une succession échue, dont l'utilité est incertaine, un intérêt dans une société, etc. Ce sont là des conventions dont les effets, quant aux avantages et aux pertes, dépendent d'un événement incertain. — *C. civ.* 1964. — Voy. *Aléatoire.*

Les choses futures peuvent aussi être l'objet d'une Obligation. — *C. civ.* 1130. — Voy. *Convention*

Mais on ne peut céder ses droits ni faire aucune convention sur une succession non ouverte. — Voy. *Pacte sur une succession future.*

ESPRIT de retour. — S'entend, pour celui qui a quitté son pays, de l'intention d'y revenir. — Voy. *Étranger.* — *Français.*

ESSAI de conciliation. — Voy. *Conciliation.* — *Juge de Paix.*

ESSAI (Vente à l'). — Voy. *Vente.*

ESSAIM. — Volée de jeunes *abeilles* qui abandonnent une ruche. — Voy. *Abeilles.*

ESSARTEMENT. — Ce mot, synonyme de défrichement, s'applique particulièrement aux bois et épines qui obstruent les routes et chemins.
C'est une servitude légale à laquelle sont assujettis les riverains des routes et chemins, et qui ne peut être ordonnée que par l'administration. — *E. N*

ESSENCE. — Se dit de l'élément constitutif d'une chose.
En général, on distingue ce qui est de l'*essence particulière* d'un acte, c'est-à-dire ce *sans quoi* il ne peut exister ; ce qui est de sa *nature*, c'est-à-dire ce qui fait partie de ses caractères habituels, mais non indispensables, enfin ce qui est *accidentel*, c'est-à-dire ce qui ne s'y trouve que quand les parties l'y ont fait insérer. — Voy. *Convention.*

ESTER en justice. — Terme de Palais qui signifie comparaître devant un Tribunal, soit en demandant, soit en défendant.
La femme ne peut ester en justice sans l'autorisation de son mari. *C. civ.* 215.

ESTIMATION. — Prisée ou évaluation d'une chose.
L'estimation peut avoir pour objet des meubles ou des immeubles. — Voy. *Expertise.* — *Prisée.*
Elle est faite, soit par les parties elles-mêmes, dans l'acte de leurs conventions, soit par des experts.
Sous le régime dotal, le mari acquiert la propriété des apports de la femme estimés dans le contrat, sauf stipulation contraire. — *C. civ.* 1551.

ESTOC. — Ce mot ne s'emploie plus maintenant qu'en matière forestière, et désigne un tronc d'arbre ; ainsi couper un arbre à *blanc estoc* veut dire couper un arbre à fleur de terre. — Voy. *Bois.*

ET CŒTERA. — Expression généralement employée pour exprimer que le reste est facile à suppléer et qu'il est inutile de l'énoncer.
C'est une règle d'interprétation donnée au Juge, de suppléer dans le contrat les clauses qui y sont d'usage. — *C. civ.* 1160.

ÉTABLE. — Lieu servant à enfermer des animaux.
Celui qui veut adosser une étable, une écurie ou tout autre appartement où doit séjourner du fumier contre un mur mitoyen, est tenu d'établir au préalable un contre-mur d'au moins un mètre de hauteur, hors terre, sur vingt et un centimètres d'épaisseur. — *C. civ.* 674. — Voy. *Contre-mur.* — *Usages locaux (contre-mur).*

ÉTABLISSEMENT. — On entend par ce mot une entreprise commerciale, une profession, une industrie, même un mariage, de même que certaines institutions créées ou autorisées et ayant des rapports avec la chose publique, et enfin l'exposition dans un acte des faits destinés à servir de base aux conventions des parties. — Voy. *Établissement public.* — *Établissement dangereux, etc.*

ÉTABLISSEMENT dangereux, insalubre ou incommode. — On nomme ainsi les ateliers, manufactures, usines et autres, de nature à nuire à la santé des habitants, à mettre en péril ou à incommoder les propriétés voisines.
Ces établissements sont divisés en trois classes : la première comprend ceux qui doivent être éloignés des habitations particulières ; la deuxième, ceux dont l'éloignement des habitations n'est pas rigoureusement nécessaire, mais dont il

est prudent néanmoins de ne permettre la formation qu'après qu'il a été justifié qu'ils ne peuvent causer ni dommage, ni incommodité ; enfin, la troisième comprend ceux qu'on peut créer auprès des habitations, mais qui sont soumis à la surveillance de la police locale.

Certains établissements, tels que l'éclairage par le gaz, les machines à vapeur, les poudres, etc., ont été, à cause de leur nature particulière, l'objet de dispositions spéciales.

Lorsque ces établissements sont installés près du voisin, il y a obligation de faire un contre-mur. — Voy. *Contre-mur*. — *Usages locaux (contre-mur).*

Les Préfets statuent sur la création des établissements dangereux ou insalubres.

La demande en autorisation est présentée au Préfet pour la première classe ; au Sous-Préfet pour la seconde ; et pour la troisième au Préfet, si on veut former l'Etablissement au chef-lieu de Département, et au sous-Préfet, si on veut le former dans un arrondissement. — Si l'établissement doit être ouvert à Paris, il faut s'adresser au Préfet de police.

Les demandes, en ce qui concerne la première classe, sont affichées dans un rayon de cinq kilomètres du lieu de l'établissement projeté, et l'apposition de ces affiches est suivie d'une enquête *de commodo et incommodo*. — *Ord. du 14 janv. 1815.*

L'apposition d'affiches n'est pas nécessaire pour la deuxième classe ; l'enquête *de commodo et incommodo* suffit.

Aucune affiche ni information n'est prescrite pour la troisième classe.

Un décret du 15 octobre 1810 veut que les établissements dont on s'occupe soient éloignés des habitations particulières, mais il ne parle pas de la distance à observer ; cela dépend des circonstances locales. Il faut donc recourir à l'Autorité locale.

L'ouverture régulièrement autorisée d'un Etablissement classé, ne met pas le fabricant à l'abri du recours des voisins dans le cas où l'exploitation de l'usine ou de l'atelier leur cause un dommage. — Deux voies sont ouvertes dans ce cas aux tiers lésés, le recours Administratif pour faire retirer au manufacturier ou fabricant l'autorisation qu'il a obtenue, et l'action judiciaire en dommages-intérêts.

L'ouverture, sans autorisation, d'un établissement, classé ou non, donne lieu à l'application des peines de police déterminées par la Loi.

Le Tribunal peut, outre l'amende, ordonner la fermeture de l'établissement. — *D. N.*

Les établissements dangereux ont été classés par les décrets et ordonnances ci-après : *Déc. du 15 oct. 1810 ; — Ord. des 14 janv. 1815, 29 juill. 1818, 25 juin et 29 oct. 1823, 20 août 1824, 9 février 1825, 5 nov. 1826, 20 sept. 1828, 31 mai 1833, 27 janv. 1837, 27 mai 1838 ; — Déc. des 19 février 1853, 31 déc. 1866, 31 janvier 1872, 7 mai 1878, 22 avril 1879 et 26 février 1881.*

ÉTABLISSEMENT ecclésiastique. — Voy. *Communauté religieuse.* — *Etablissement public.*

ÉTABLISSEMENT d'enfant. — Se dit du devoir naturel des père et mère d'établir leurs enfants par mariage ou autrement, en leur créant une position au moyen des libéralités qu'ils leur font.

Toutefois, l'enfant n'a aucune action contre ses père et mère pour son établissement et ce n'est de la part de ceux-ci qu'un acte volontaire prévu et facilité par la Loi. — *C. civ. 204, 511, 1427 et 1556.* — Voy. *Communauté de biens.* — *Interdiction.* — *Rapport à succession.*

L'Etablissement d'un enfant comprend tout ce qui lui procure une existence indépendante, un état dans le monde ou un rang comme chef de ménage.

La femme mariée sous le Régime dotal peut donner ses biens pour l'établissement de ses enfants. — Voy. *Dot.* — *Régime dotal.*

ÉTABLISSEMENT public. — Les établissements publics sont des communautés formées dans un but d'utilité matérielle ou morale, constituées, reconnues et personnifiées par la Loi ou par l'Autorité publique.

Il ne faut pas confondre les Etablissements publics avec les Administrations publiques qui dépendent directement du Gouvernement, et ont pour objet la gestion des affaires publiques.

Les principaux Etablissements publics sont : les Départements, les communes, hospices, Bureaux de bienfaisance, Fabriques, chapitres, séminaires diocésains, consistoires protestants et Israélites, l'Université de France, l'Institut et les diverses académies qui le composent, le Collège de France, l'Académie de médecine, les monts-de-Piété et la caisse de dotation de l'armée.

Parmi les Etablissements publics, les uns ont un rapport direct avec l'Etat, les autres sont formés dans un intérêt Départemental ou Communal. Mais ils ont tous une existence civile indépendante de celle de l'Etat ou de la Commune ; ils peuvent posséder, acquérir, recevoir par Donation entre vifs ou testamentaire, plaider, transiger, sauf à demander préalablement les autorisations nécessaires dans certains cas.

L'existence légale des Etablissements publics est soumise à l'autorisation et la sanction de la puissance civile, et à la surveillance de l'Autorité publique.

ÉTABLISSEMENT en pays étranger. — C'est celui que forme un Français en pays étranger, sans esprit de retour, et dont l'effet est de lui faire perdre sa nationalité. — *C. civ.* 17. — Voy. *Français.*

ÉTABLISSEMENT de propriété. — C'est l'analyse succincte et raisonnée des titres en vertu desquels une personne possède des biens qu'elle aliène, ou sur lesquels elle consent une hypothèque ou toute autre garantie.

Bien que l'établissement de propriété ne soit point obligatoire, il est toujours utile dans les actes et contrats qui emportent transmission de propriété ou d'usufruit d'immeubles, comme dans les ventes, les donations entre vifs de biens présents, les affectations hypothécaires, les transports de rentes et créances.

ÉTABLISSEMENT d'utilité publique. — Les établissements d'utilité publique sont ceux dont l'existence présente un caractère d'utilité générale et publique.

Les principaux établissements d'utilité publique sont les Caisses d'épargne, les sociétés de charité, les sociétés de secours mutuels, les académies et les sociétés littéraires et scientifiques.

Comme les établissements publics, ceux d'utilité publique ont une existence civile et constituent des personnes morales. — Voy. *Etablissement public.*

Les établissements d'utilité publique sont soumis aux mêmes prescriptions que les particuliers, et peuvent également les opposer. — *C. civ.* 2227.

Ils ne peuvent transiger qu'avec l'autorisation du Gouvernement. — *C. civ.* 2045.

ÉTAGE. — On appelle Étage l'espace qui existe entre les planchers d'une maison ou d'un bâtiment quelconque.

Lorsque les différents étages d'une même maison appartiennent à divers propriétaires, ce qui se rencontre assez fréquemment en Bretagne et en Corse, leurs droits s'établissent par leurs titres et suivant les règles ordinaires de la propriété. — Voy. *Propriété.*

L'article 644 du C. civ. règle, à défaut de titres, les difficultés qui peuvent s'élever entre eux, quant aux réparations et reconstructions.

Les gros murs et le toit sont à la charge de tous les propriétaires, chacun en proportion de la valeur de l'étage qui lui appartient.

Le propriétaire de chaque étage fait le plancher sur lequel il marche.

Le plafond de chaque étage est aux frais du propriétaire qui l'habite.

Le plancher du grenier doit être réparé par le propriétaire de l'étage le plus élevé, s'il jouit seul du grenier ; s'il ne jouit pas seul, la réparation est proportionnelle.

Le propriétaire du premier étage fait l'escalier qui y conduit et ainsi de suite.

L'escalier de la cave est entretenu à frais communs par les propriétaires qui s'en servent ; si un seul jouit de la cave, il est seul tenu de le réparer.

Les impôts, y compris celui de la porte cochère, forment une charge commune et proportionnelle, à l'exception de ceux des portes et fenêtres qui sont au compte du propriétaire qui les a dans son étage.

Nul, pas même le propriétaire, n'a le droit de jeter aucune malpropreté sur ses locataires des étages inférieurs et peut être poursuivi pour ce fait en dégâts et dommages-intérêts.

Quel que soit l'étage qu'ils habitent, les locataires sont solidairement responsables lorsqu'un incendie éclate dans une maison. Toutefois, s'il est établi que l'incendie a commencé à tel étage, c'est le locataire de cet étage qui demeure seul responsable de l'incendie. La responsabilité pèse sur tous, lorsque le même étage est occupé par plusieurs locataires, à moins qu'il ne soit prouvé que l'incendie a commencé dans l'habitation de l'un d'eux. — *D. N.*

Les locataires qui peuvent prouver que l'incendie n'a pu commencer chez eux sont ainsi déchargés de la responsabilité. — *C. civ.* 1734. — Voy. *Incendie.*

ÉTAL. — On appelle ainsi le lieu où l'on débite de la viande ou autres denrées alimentaires.

A Paris, la police des étaux est l'objet de règlements particuliers. — *Déc. 6 février* 1811.

ÉTALAGE. — Se dit de l'action d'exposer les marchandises qu'on veut vendre, et particulièrement de celles que les marchands mettent en dehors de leurs boutiques.

Les étalages ou montres ne peuvent excéder les gros murs de plus de seize centimètres et demi. — *Ord. du 25 sept.* 1600. — *LL. des 10 et 21 juillet* 1791.

Celui qui, sans permission de l'autorité locale, expose des marchandises sur la voie publique, peut être poursuivi devant le Tribunal de police. — *C. pén.* 471.

A Paris, on ne peut vendre aucunes denrées et marchandises, ni disposer d'aucune place sur la voie publique, sans permission. — Voy. *Police municipale.*

ÉTALON. — Se dit du modèle prototype ou original, sur lequel doivent être ajustés et rectifiés les poids et mesures. — Voy. *Poids et mesures.*

On nomme aussi Etalon un cheval reproducteur. — Voy. *Haras.*

ÉTANG. — On appelle Etang un amas d'eau réuni dans un terrain dont la partie inférieure est close par une digue ou une chaussée, et dans lequel on nourrit du poisson. — *D. N.*

Un *déversoir* ou *décharge* est destiné à garantir les propriétés voisines des inondations. Toutefois, il n'existe pas de disposition qui oblige le propriétaire de l'étang à le munir d'un déversoir et à faire fixer la hauteur par l'autorité administrative, bien que l'article 457 du *C. pén.* semble supposer le contraire, mais il en résulte que l'Administration peut seulement fixer la hauteur du déversoir si elle le croit utile.

Tout propriétaire d'une source peut en réunir les eaux et en former un étang, pourvu qu'il n'en résulte aucun préjudice pour autrui. — *C. civ.* 640.

L'Etablissement des étangs n'est pas soumis à la nécessité d'une autorisation préalable de l'administration.

C'est devant l'Autorité judiciaire que doit être portée la demande du voisin, à fin de destruction de l'ouvrage indûment élevé, et des dommages-intérêts qui en résultent. La prescription trentenaire pourrait d'ailleurs être opposée à l'action du propriétaire voisin.

Le propriétaire ne peut changer la décharge de l'étang établi au travers d'un ruisseau, ce serait changer le cours et la direction des eaux, et il n'en a pas le droit.

S'il y a inondation provenant de la retenue d'un étang, les propriétaires des terrains inondés ont une action en dommages-intérêts.

Si les eaux regorgent jusqu'à un chemin et qu'elles l'inondent, le propriétaire de l'étang peut être contraint d'y construire un pont, à moins qu'il ne s'agisse de crues extraordinaires.

L'autorité administrative a le droit d'ordonner la destruction des étangs qui occasionnent des maladies épidémiques. — *L. du 11 sept.* 1792.

Bien que le volume de l'eau vienne à diminuer, le propriétaire conserve toujours le terrain que l'eau couvre quand elle est à la hauteur de la décharge de l'étang, l'alluvion n'a pas lieu dans ce cas. — *C. civ.* 558.

Les propriétaires riverains d'un étang ne peuvent y faire des prises d'eau pour l'irrigation.

Le poisson qui passe dans un autre étang appartient au propriétaire de celui-ci, pourvu qu'il n'y ait pas été attiré par fraude ou artifice, d'où la conclusion que le propriétaire d'un étang peut suivre son poisson, tant qu'il n'est pas arrivé dans l'autre étang. — *C. civ.* 564.

La vente ou donation d'un étang comprend nécessairement le poisson qui s'y trouve, et qui, dans ce cas, est considéré comme immeuble par destination. — *C. civ.* 524.

Les poissons qui peuplent l'étang au moment où l'usufruit est ouvert appartiennent à l'usufruitier, mais seulement du moment où ils sont mis en pêche, c'est-à-dire de celui où la bonde est levée.

L'usufruitier qui a perçu la pêche de l'étang est tenu de l'aleviner ou empoissonner de nouveau, selon l'usage des lieux.

Quiconque aura empoisonné, volé ou tenté de voler du poisson en étang, vivier ou réservoir, sera puni d'emprisonnement de 1 à 5 ans. — *C. pén.* 388, 452.

ÉTAT. — C'est en général la position où se trouve une personne ou une chose.

On entend cependant plus particulièrement par État un mémoire détaillé ou dénombrement d'objets divers, tels que meubles, pièces, dettes, etc.

Un état est, dans ce dernier cas, un tableau écrit.

Les états sont dressés et certifiés véritables par les parties. Ils ne sont soumis à aucune forme particulière. Toutefois, lorsqu'ils sont destinés à faire titre et doivent être annexés à des actes notariés, ils doivent être établis sur timbre. — Voy. *Annexe*.

ÉTAT (Cause en). — Se dit d'une cause en état d'être jugée, c'est-à-dire où les conclusions ont été respectivement prises.

Lorsqu'un Tribunal ordonne une mesure provisoire, et dit que toutes choses demeureront en *État*, on doit suspendre toute poursuite et laisser la procédure sur ses derniers errements.

ÉTAT civil. — On appelle ainsi la condition qu'une personne occupe dans la Cité ou dans la famille, sous le rapport des droits civils.

Parmi les causes qui exercent le plus d'influence sur l'état ou la capacité des personnes, c'est-à-dire sur leur état civil, il faut ranger, dit M. *Demolombe* :

1° L'extranéité. — Voy. *Étranger*.
2° Le sexe. — Voy. *Autorisation maritale*.
3° L'âge. — Voy. *Mineur*.
4° Le mariage. — Voy. *Mariage*.
5° La paternité et la filiation. — Voy. *Puissance paternelle*. — *Enfant naturel*.
6° Les infirmités intellectuelles. — Voy. *Interdiction*. — *Conseil judiciaire*.
7° Les condamnations judiciaires. — Voy. *Interdiction légale*.

L'État des personnes est d'Ordre public, ce qui le met hors du commerce et le rend imprescriptible. Il résulte ordinairement des actes de l'État civil. — Voy. *Acte de l'État civil*. — *Déclaration de Naissance*.

L'État civil peut encore, dans certains cas, être constaté par la possession, par des papiers domestiques, et par témoins. — *C. civ.* 198, 321 *et suiv.* — Voy. *Légitimité*. — *Mariage*. — *Reconnaissance d'enfant naturel*.

En cas d'inexistence ou de perte des registres de l'Etat civil, on peut établir une généalogie à l'aide de *titres privés* ayant date certaine. — *Cass.* 10 *juin* 1833.

Les actes de l'Etat civil étant des actes publics de leur nature, tous les citoyens ont le droit d'en requérir la communication, et de s'en faire délivrer des expéditions ou copies sans aucune formalité de justice. — *C. civ.* 45.

Les Tribunaux civils sont seuls compétents pour statuer sur les réclamations d'Etat. — *C. civ.* 326.

ÉTAT de compte, liquidation et partage. — Compte ou tableau de l'actif et du passif d'une Communauté, d'une succession à liquider. — Voy. *Liquidation*.

ÉTAT de dettes. — Détail, article par article, du passif dont une personne est grevée.

Il existe deux cas où l'on peut avoir à remettre l'état de ses dettes :

1° Celui où un Commerçant dépose son bilan. — Voy. *Bilan*. — *Faillite*.

2° Celui où l'on fait en faveur du mariage d'autrui une donation de ses biens présents et à venir. — Cet état est destiné à être annexé au contrat de mariage. — *C. civ.* 1840 *et suiv.* — Voy. *Donation par Contrat de mariage*. — *Institution contractuelle*.

Nous donnons ci-après une formule d'état de dettes.

État de dettes.

État des dettes et charges dont M. A... est actuellement tenu sur les biens qu'il possède présentement ; cet état dressé pour être annexé à la donation par lui faite à M. B..., demeurant à.....

Ces dettes et charges se composent :

1° De la somme de..... francs que M. A... reste devoir à M..., demeurant à....., sur le prix de la Vente qu'il lui a faite suivant contrat passé devant Me...., notaire à....., le....., d'une maison située à....., comprise dans la Donation..... 0000

2° De celle de....., francs due par M. A... à M. M...................... 0000

(*Continuer ainsi*.)

Total des charges............... 0000

Le présent État a été reconnu exact, certifié véritable et signé par M. A..., pour demeurer annexé à la minute du contrat de mariage de M. M..., contenant donation au profit de ce dernier, passé devant Me....., notaire à..... Ce jourd'hui....., mil huit cent.....

(*Signature.*)

ÉTAT estimatif de meubles et effets. — Désignation faite, article par article, d'objets mobiliers avec leur estimation.

Il y a lieu de dresser cet état dans plusieurs circonstances, et notamment dans les donations d'effets mobiliers, dans les ventes comprenant des meubles et des immeubles, et enfin à l'appui des déclarations de mutation par décès.

Tout acte de donation d'effets mobiliers n'est valable que pour les effets dont un état estimatif, fait, article par article, signé du donateur et du donataire ou de ceux qui acceptent pour lui, a été annexé à la minute de la donation, à moins que cet acte ne contienne la description détaillée avec estimation, aussi article par article, de tous les meubles donnés. — *C. civ.* 948.

Lorsqu'un acte translatif de propriété comprend des meubles et des immeubles, le droit d'Enregistrement est perçu sur la totalité du prix au taux réglé pour les immeubles, à moins qu'il ne soit stipulé un prix particulier pour les meubles et qu'ils ne soient désignés, article par article, dans le contrat ou dans un état estimatif séparé. — *L. du* 22 *frim. an VII.*

Enfin, pour acquitter les droits de mutation par décès par eux dus, les héritiers légataires, ou donataires, doivent, s'il n'existe pas d'inventaire dressé par un officier public, fournir à l'appui de leurs déclarations d'effets mobiliers un Etat estimatif, article par article, par eux certifié ; cet Etat estimatif est déposé et annexé à la déclaration qui est reçue et signée sur le registre du receveur de l'Enregistrement. — *L. du* 22 *frimaire an VII.* — Voy. *Mutation par décès*. — Ces derniers états estimatifs doivent être établis sur timbre de 60 cent., mais ils sont dispensés de l'enregistrement.

Nous en donnons ci-après une formule.

État estimatif de meubles.

État descriptif et estimatif des meubles et effets mobiliers dépendant de la succession de M. A..., décédé à....., où il demeurait, le....., laissant pour seuls héritiers MM....., ses deux enfants, chacun pour moitié (*ou bien* des Meubles et effets donnés par M. A... à M. B..., cet État dressé pour être annexé à la donation faite par ledit Sr A... audit Sr B...).

Ces meubles consistent en :
1° Un ameublement de chambre à coucher composé de....., etc., le tout estimé à..
2° Divers ustensiles de cuisine, tels que, etc.................................
3° Un tonneau vide, une barrique, etc..................................
  Total de l'estimation...............

Le présent État dressé par MM..., frères susnommés (tant pour eux que comme se portant fort de M..., leur autre frère) (*ou bien encore* par M,.., au nom et comme mandataire de MM..., en vertu de la procuration qu'ils lui ont donnée à cet effet suivant acte.....) a été certifié sincère et véritable à....., le.....

Lorsqu'il s'agit d'une déclaration de succession, on peut donner la Procuration à la suite de l'État en ajoutant avant la date :

Par ces mêmes présentes, MM....., sus-nommés donnent pouvoir à M...

De, pour eux et en leur nom, se présenter au bureau de l'Enregistrement, etc. — Voy. *Procuration, n° 1.*

ÉTAT de frais. — Se dit du mémoire détaillé de tous les déboursés et Emoluments d'un acte, d'une procédure. — Voy. *Honoraires.* — *Taxe.*

ÉTAT hypothécaire. — S'entend de l'énonciation des hypothèques dont un propriétaire d'immeubles se trouve grevé.

Les biens des mariés, des tuteurs et des comptables publics sont, en cette qualité, frappés d'hypothèques légales, et il doit en être fait déclaration expresse dans les actes par lesquels ils consentent une affectation hypothécaire sur leurs biens ; autrement ils seraient réputés *stellionataires.* — *C. civ.* 2136. — Voy. *État civil.*

On peut également être poursuivi pour stellionat lorsqu'on présente comme libres des biens déjà hypothéqués, ou que l'on déclare des hypothèques moindres que celles dont ces biens sont chargés. — Voy. *Stellionat.*

ÉTAT d'immeubles. — On comprend sous ce titre le détail des constructions, plantations et ouvrages existant sur un fonds, de même que les servitudes qui y sont attachées.

Cet état doit être dressé : 1° Par l'usufruitier, lors même qu'il aurait été dispensé de faire inventaire. — *C. civ.* 600. — Voy. *Usufruit ;*

Et 2° par l'envoyé en possession provisoire des biens d'un absent. — *C. civ.* 126. — Voy. *Absence.* — *Absent.*

Pour l'état des immeubles affermés. — Voy. *État de lieux.*

ÉTAT d'inscriptions. — C'est le relevé de toutes les inscriptions hypothécaires qui existent sur les registres de la Conservation des hypothèques, soit contre une personne, soit sur les biens qu'elle possède dans l'arrondissement hypothécaire. — S'il n'existe pas d'inscriptions, le conservateur délivre un certificat ou état *négatif.*

Les conservateurs sont tenus de délivrer ces relevés ou états d'inscriptions à *tous ceux qui le requièrent,* ou un *Certificat qu'il n'en existe aucune,* de même que des *copies des actes transcrits* sur leurs registres, et concernant toutes personnes, tous biens et tous actes quelconques indiqués sommairement par le requérant.

Toute personne a donc le droit de requérir la copie d'une transcription, ou un état d'inscriptions contre n'importe qui.

Cette délivrance a lieu en vertu d'une réquisition signée de la personne qui la requiert.

Au cas de demande d'un État *nominatif* ou *Individuel,* lequel se délivre toutes les fois qu'une personne veut connaître la position d'une autre, le Conservateur doit y comprendre généralement toutes les inscriptions non périmées prises contre les individus dénommés dans la réquisition, sauf toutefois celles qu'on en aurait *formellement exceptées*.

Il est permis d'excepter, par économie, les inscriptions que l'on connaît déjà, en l'indiquant spécialement dans la réquisition.

Et pour le cas de demande d'un Etat sur certains *immeubles désignés spécialement*, et qui est destiné à faire connaître seulement les hypothèques qui grèvent ces immeubles, le Conservateur ne doit y porter que les inscriptions qui grèvent les mêmes immeubles, y compris celles dont l'hypothèque est générale.

Les Conservateurs ne peuvent donner connaissance verbalement ou sur papier non timbré des inscriptions et actes existant sur leurs registres, ils ne peuvent que délivrer des Etats ou Extraits. — Voy. *Conservateur des hypothèques*.

Ils ne peuvent refuser ni retarder la délivrance des Etats d'Inscriptions requis, sous peine de dommages-intérêts envers les parties. — *D. N.*

Ils sont responsables du préjudice résultant du défaut de mention dans les Etats ou certificats d'une ou de plusieurs des inscriptions existantes. — *C. civ.* 2197.

Nous donnons ci-après une formule de la réquisition à produire sur *papier libre*, pour la délivrance d'un Etat hypothécaire.

Réquisition.

Je soussigné A..., demeurant à....., requiert M. le Conservateur des hypothèques au bureau de....., de délivrer l'Etat des inscriptions hypothécaires non périmées, subsistantes audit Bureau contre M. B... (*indiquer exactement les noms, prénoms, qualités et domicile*) : 1° Depuis dix ans seulement pour celles soumises au Renouvellement; Et 2° à quelque date qu'elles soient pour celles prises au profit du Crédit foncier de France; sur tous les biens qu'il possède dans la circonscription dudit bureau (*ou bien*) mais seulement en tant que ces inscriptions grèvent une pièce de terre en herbe située à....., nommée....., contenant environ....

Si on veut excepter certaines inscriptions que l'on connaît, on ajoutera :
A l'exception toutefois des inscriptions suivantes :
1° Du.... Vol....., N°....., au profit de M....
2°....., ..., etc.
Ces Inscriptions étant formellement exclues de la présente Réquisition.
A..., le..., mil-huit cent.....

(*Signature.*)

ÉTAT de lieux. — On nomme ainsi la description d'une maison, d'un appartement, d'un corps de ferme ou de tous autres biens immeubles, qui se fait entre le bailleur et le preneur à bail ou l'usufruitier, lorsque les lieux sont remis à celui-ci, c'est-à-dire avant ou dans les premiers temps de son entrée en jouissance.

L'utilité d'un état de lieux est incontestable, puisque, s'il a été fait, le preneur ne doit rendre les choses que dans l'état où il les a prises, tandis qu'au contraire, s'il n'a pas été fait, le preneur est présumé les avoir reçus en bon état de réparations locatives, et doit les rendre telles, sauf preuve contraire. — *C. civ.* 1730, 1731.

La rédaction des états de lieux est ordinairement confiée aux architectes ou experts; cependant, ils peuvent être faits par toute autre personne.

L'Etat de lieux doit commencer par une description sommaire dans laquelle on énonce les différents corps de logis et autres biens, leur situation, après quoi on entre dans le détail de toutes les parties, sans omettre même les plus petites choses, en distinguant ce qui est défectueux, usé ou cassé.

Les jardins et terrains ruraux doivent être désignés par leur situation et clôture, le nombre des arbres et arbustes, etc. — *D. N.*

L'Etat de lieux, étant un acte synallagmatique, doit être fait en double original et sur timbre. — Voy. *Double écrit*.

Nous en donnons ci-après une formule.

État de lieux.

Aujourd'hui.....
Les soussignés :
M. A..., propriétaire, demeurant à......,
Et M. B..., cultivateur, demeurant à.....,
Ont, par ces présentes, dressé contradictoirement entre eux l'Etat de lieux d'une terre et ferme située à...., appartenant à M. A..., et louée à M. B..., suivant Bail sous seing privé en date à....., du......, enregistré à....., le....., F°....., par M..., qui a perçu les droits dus.
Ou bien : Etat de lieux d'une terre et ferme située à....., appartenant à M. A..., dressé contradictoirement entre lui et M. B..., son fermier, en vertu et pour l'exécution d'un Bail sous seing privé en date, à......, du....., etc.

Description sommaire.

La terre et ferme dont il s'agit est composée d'un corps de logis principal pour l'habitation; de deux autres corps de bâtiment pour l'exploitation à droite et à gauche, cour au milieu, jardin derrière, entretenant planté, et quatre pièces de terre en labour clair, le tout se tenant, contenant environ 31 hectares.

Cour.

La cour s'accède par une grande porte cochère à deux battants avec barrage intérieur, et par une petite porte à côté avec clanche et serrure, le tout solidement ferré et presque neuf.
Elle est sans pavage.
A droite, en face de l'écurie, se trouve une mare ou pièce d'eau dont les murs sont en vétusté.
A gauche, près de la cuisine, une pompe en bois avec deux auges en pierre dont une neuve et l'autre à moitié brisée.

Maison d'habitation.

Elle est couverte en ardoises ancien modèle, mais il en existe au moins un tiers de brisées. — Les gouttières sont neuves.
Cuisine. — Les portes et fenêtres sont bonnes et garnies de leurs clanches, verrous et crochets.
Plusieurs pavés sont usés.
Le potager est fêlé à divers endroits.
L'âtre de la cheminée est en bon état. — Une seule crémaillère appartient à la propriété, etc.
Salle à manger. — Les portes et fenêtres sont bonnes. Il existe des volets intérieurs du côté de la cour.
Les enduits, la tapisserie et le plafond sont usés, etc.
Office, etc.

Chambre sur la salle, etc.

(Procéder ainsi pour chaque corps de bâtiment, pièce par pièce.)

Entretenant.

Il est planté de 62 pommiers, dont 22 jeunes sujets, un noyer et deux poiriers. — Les fossés de clôture appartiennent à la propriété. Ils sont en bon état et sont plantés de 72 arbres de haute futaie dont 46 ormes et 26 frênes. — La barrière ouvrant sur la rue est bonne et ferme avec clanche et serrure.

Pièce dite la Garenne.

Cette pièce est en labour clair; elle est pour moitié environ en blé, et pour l'autre moitié en trèfle d'Espagne dépouillé. Dans cette dernière moitié il existe quelques génottes. La pièce n'est pas plantée de pommiers, mais il existe 76 petits arbres sur le fossé vers l'ouest, qui seul en dépend.

Pièce, etc.

Le présent Etat certifié sincère et véritable par les soussignés.
Fait double à....., lesdits jour, mois et an, et signé, lecture prise.

(*Signatures.*)

ÉTAT (nation). — Se dit de l'être moral dans lequel se résument tous les droits et les intérêts généraux d'une société soumise au même Gouvernement. — *E. N.*

L'Etat peut acquérir, aliéner. — Il est soumis aux mêmes prescriptions que les particuliers et peut également les opposer. — *C. civ.* 2227. — Voy. *Domaine de l'Etat. — Droits politiques. — Élections. — Prescription.*

L'Etat succède aux personnes décédées sans laisser de parents au degré successible, c'est-à-dire au 12e degré, ni enfants naturels, ni conjoint survivant. — *C. civ.* 767 *et suiv.* — Voy. *Succession.*

ÉTAT de paix, de guerre, de siège. — La police et l'administration des places de guerre et postes militaires sont réglées par la Loi du 8 juillet 1791, selon l'un ou l'autre de ces trois états.

Les servitudes militaires, dans les cas de guerre et de siège, sont régies par celles des 10 juillet 1851 et 10 août 1853. — Voy. *Place de guerre.*

ÉTAT des personnes. — C'est la condition, la qualité à raison de laquelle une personne a des droits à exercer, des devoirs à remplir. — Voy. *Etat civil.*

ÉTAT politique. — Ces mots désignent l'aptitude d'un citoyen relativement à l'exercice des droits politiques qui lui sont délégués. — Voy. *Droits politiques.*

Dans une autre acception, *Etat politique* signifie le corps d'une Nation. — Voy. *Etat (nation).*

ÉTAT (Possession d'). — S'entend de la possession paisible et publique d'une condition ou qualité légale, ou de certains droits civils.

L'article 321 du C. civ. définit la possession d'Etat de l'enfant légitime. — Voy. *Enfant naturel. — Etat civil. — Légitimité.*

ÉTAT (Question d'). — Se dit des difficultés qui surgissent à l'égard d'une personne sur les droits relatifs à sa naissance où à la validité de son mariage. — Voy. *Enfant naturel. — Etat civil. — Mariage. — Paternité.*

ÉTAT de situation. — Voy. *Compte de tutelle. — Etat de Compte.*

ÉTAT de transcriptions. — C'est l'Etat que délivrent, sous leur responsabilité, lorsqu'ils en sont requis, les Conservateurs des hypothèques, des transcriptions de contrats faites sur leurs registres. — Voy. *Etat d'inscriptions. — Transcription.*

ÉTATS de sections. — Registres ouverts dans les communes pour l'indication de leur territoire, de leur produit et de leurs propriétaires.

Ces registres se rapportent à la Matrice Cadastrale. — Voy. *Matrice Cadastrale* ou *Cadastre.*

ÉTRANGER. — On appelle Etranger : 1° celui né hors de France de parents non Français ; 2° celui qui, né en France de parents non Français, n'a pas acquis la qualité de Français depuis sa naissance ; 3° enfin, celui, qui étant né de parents Français, a perdu sa qualité de Français. — *E.N.* — Voy. *Français.*

Pour qu'un étranger devienne Citoyen Français, il faut qu'il obtienne des lettres de naturalisation.

Les étrangers non naturalisés ne jouissent pas des droits politiques et ne peuvent exercer aucune fonction publique en France. — Ils ne peuvent même pas servir de témoins dans les actes.

Toutefois, un étranger peut être domicilié en France avec l'autorisation du gouvernement, et dans ce cas il jouit de tous les droits civils sans distinction tant qu'il continue d'y résider. — *C. civ.* 13.

La Loi du 14 juillet 1819 modifiant le principe de l'article 11 du Cod. civ. a même admis l'étranger, sans condition de réciprocité, à succéder, disposer et recevoir de la même manière que les Français.

Les étrangers qui se marient en France et y sont domiciliés sont aptes à consentir toutes conventions matrimoniales.

Ils sont sujets, pour la forme, aux lois Françaises, et pour la Capacité personnelle, à celle de leur pays.

Les étrangers peuvent obtenir un brevet d'Invention, et jouir pour les produits de leurs établissements situés en France du bénéfice des marques de fabrique. — *L. du 23 juin* 1857.

La femme étrangère qui aurait épousé un Français suivrait la condition de son mari.

Il en serait de même de la femme Française qui aurait épousé un étranger.

L'étranger, même non résidant en France, peut être cité devant les tribunaux Français, pour l'exécution des obligations contractées soit en France, soit en ays étranger, avec un Français. — *C. civ.* 14.

Les Lois de police de sûreté obligent tous ceux qui habitent le territoire Français et conséquemment les étrangers. — *C. civ.* 3.

A l'égard des individus nés en France d'un étranger. — Voy. *C. civ.* 9 *et suiv. ;* — *LL. des 22-23 mars 1849 et 7 et 12 février 1851.*

Lors du recensement de la population fait en 1886, on comptait 1,115,214 étrangers en France sur 38,218,903 habitants.

ÉTRANGER (Pays). — Les actes faits en pays étranger sont régis par les lois de ce pays quant à leur forme intrinsèque. — Voy. *Acte.*

Pour faire foi en France ils doivent être légalisés par les consuls.

Les contrats passés en pays étranger ne peuvent donner d'hypothèque sur les biens de France. — *C. civ.* 2128. — Voy. *Hypothèque.*

Les Lois Françaises prescrivent des formalités particulières pour les actes de l'Etat civil et pour les testaments faits à l'étranger. — *C. civ.* 47, 170 *et suiv.*, 981 *à* 1001, 1009.

ÊTRE moral. — S'entend d'une individualité juridique telle qu'une association, un établissement public, une communauté ayant par elles-mêmes une existence civile, indépendamment des personnes qui agissent en son nom. — *E. N.* — Voy. *Commune. — Fabrique. — Etablissement public.*

La communauté de biens entre époux ayant des droits et des obligations distincts de ceux propres aux époux doit être considérée comme un être moral. — Voy. *Communauté de biens.*

Il en est de même d'une succession vacante. — Voy. *Succession.*

ÉTUDE. — Lieu où travaillent les clercs d'un officier ministériel, notaire, avoué ou huissier.

Ce mot s'emploie aussi pour désigner la charge ou office même du notaire, de l'avoué, etc. — Voy. *Dépôt de minutes.* — *Office.*

Une étude de notaire est un dépôt public. — Voy. *Dépôt public.*

C'est aussi un lieu public puisqu'elle doit être ouverte à toute personne qui a le droit de venir requérir la délivrance d'une expédition ou la passation d'un acte. Mais ce qui lui donne surtout ce caractère, c'est le droit qui appartient à chacun de venir consulter le tableau des interdits qui doit y être exposé.

Ainsi les notaires doivent tenir exposés dans leurs études un tableau contenant les noms et prénoms des personnes qui, dans l'étendue du ressort où ils peuvent exercer, sont interdites ou assistées d'un conseil judiciaire. — *D. N.* — Voy. *Tableau des interdits.*

EURE. — Le département de l'Eure est un des cinq que forment la Normandie et la partie septentrionale du Perche.

Chef-lieu : Evreux.

Cour d'appel : Rouen.

Ce département est limité à l'Est par l'Oise et Seine-et-Oise ; au Sud par l'Eure-et-Loir et l'Orne ; à l'Ouest par le Calvados, et au Nord par la Seine-Inférieure.

Il est divisé en cinq arrondissements, 36 cantons et 700 communes.

Superficie : 609.996 hectares.

Impôt foncier : 3.340.526 francs.

Population : 358.829 habitants.

EURE-ET-LOIR. — Département composé des anciennes provinces de l'Orléanais et de la Beauce, du pays Chartrain, de la Normandie, du Perche, etc.

Chef-lieu : Chartres.

Cour d'appel : Paris.

Ce département est limité à l'Est par le Loiret et Seine-et-Oise ; au Sud par le Loiret, Loir-et-Cher et la Sarthe ; à l'Ouest par l'Orne et l'Eure.

Il est divisé en quatre arrondissements, 24 cantons et 426 communes.

Superficie : 586.812 hectares.

Impôt foncier : 2,277,943 francs.

Population : 283.719 habitants.

EUROPE. — L'Europe est une des cinq parties du monde ou Globe terrestre.

Sa population est, en chiffres ronds, de 335 millions 300 mille habitants.

Elle comprend les différentes nations ci-après : *Angleterre. — Belgique. — Allemagne. — France. — Italie. — Espagne. — Suisse. — Grèce. — Norvège. — Russie. — Turquie. — Autriche. — Pays-Bas. — Suède. — Portugal. — Roumanie* et *Danemark.*

ÉVALUATION. — Appréciation ou estimation de la valeur d'une chose.

Certaines évaluations sont exigées par la Loi dans plusieurs cas, notamment en matière d'Enregistrement. — Voy. *Déclaration en matière d'Enregistrement.*

Il en est de même en matière d'hypothèque — C. civ. 2148, 2192.

ÉVÊCHÉ. — On désigne sous ce Titre tantôt la dignité ecclésiastique qui y est attachée, tantôt le lieu de résidence ou siège de Juridiction d'un Evêque.

Les évêchés sont considérés comme des Etablissements publics susceptibles de posséder des biens. — Voy. *Acceptation de Donation. — Bénéfice ecclésiastique. — Culte. — Etablissement public.*

ÉVÉNEMENT. — Se dit d'un accident prévu ou imprévu. — Voy. *Cas fortuit. — Condition.*

ÉVÉNEMENT futur et incertain. — Voy. *Obligation conditionnelle.*

ÉVENTUALITÉ. — Ce qui dépend d'un événement incertain. — Voy. *Condition.*

ÉVICTION. — Action de déposséder juridiquement un individu d'une chose dont il est en possession.

Pour caractériser une véritable éviction, la dépossession doit être juridique, autrement ce ne serait qu'un trouble de fait. — Voy. *Possession.*

L'éviction donne lieu à une action en garantie de la part de celui qui a transmis la chose à titre onéreux. La garantie n'a pas lieu en général quant aux donations, mais seulement dans certains cas. — Voy. *Donation. — Garantie.*

En matière d'échange, l'éviction donne au copermutant évincé le droit de demander des dommages-intérêts ou de répéter sa chose. — C. civ. 1705. — Voy. *Echange.*

L'Eviction soufferte par un Copartageant donne naissance en sa faveur à une action en garantie. — Voy. *Partage.*

L'Acquéreur évincé a un recours contre son vendeur, et peut lui demander la restitution du prix, celle des fruits, les frais faits, de même que les frais et loyaux coûts du contrat. — C. civ. 1630. — Voy. *Garantie.*

L'Acheteur qui n'est pas encore évincé, mais qui a sujet de craindre une éviction, peut retarder le paiement du prix de son acquisition, jusqu'à ce que le vendeur lui ait donné caution. — C. civ. 1653. — Voy. *Vente.*

ÉVIER. — Conduit pratiqué dans un mur pour l'écoulement des eaux ménagères.

A Paris, les Eviers pour l'écoulement des eaux ménagères sont permis, à la condition que leur orifice extérieur ne s'élève pas à plus d'un décimètre au-dessus du pavé de la rue. — *Ord. du 24 déc.* 1823. — Voy. *Saillies.*

ÉVOCATION. — C'est en général l'action d'enlever au juge ordinaire la connaissance d'une contestation, et de conférer à d'autres le pouvoir de la décider.

L'évocation proprement dite n'a plus lieu qu'en matière d'appel. — C. proc. 473.

EX ÆQUO ET BONO. — Ces mots signifient qu'on doit régler les choses par équité, suivant ce qui paraît le plus raisonnable. — Voy. *Equité.*

EXACTION. — Crime ou délit commis par un fonctionnaire public dans l'exercice de ses fonctions. — Voy. *Concussion. — Honoraires.*

EXAMEN. — C'est l'épreuve que l'on fait subir au candidat qui se présente pour obtenir des degrés dans une faculté, ou pour remplir certaines fonctions. Voy. — *Enseignement. — Certificat de moralité et de Capacité.*

EXCAVATION. — Action de creuser un terrain.

Il ne peut être pratiqué aucune excavation sous la voie publique sans la permission de l'autorité administrative.

Pour les excavations ou creusements le long du voisin. — Voy. *Carrière.*

EXCEPTION. — Ce mot exprime une dérogation à la règle générale dans certains cas et en faveur de certaines personnes. — Il s'emploie aussi pour exprimer la réserve que l'on fait d'une chose.

L'exception confirme la règle et lui donne plus de force pour les cas non exceptés.

Les exceptions étant de droit *strict* doivent être rigoureusement limitées.

En procédure, on entend encore par exception un moyen opposé par le défendeur pour ne pas discuter le fond du droit. — Voy. *Exceptions (Procédure).*

EXCEPTION de chose jugée. — Voy. *Chose Jugée.*

EXCEPTION de division et de discussion. — Voy. *Bénéfice de division. — Bénéfice de discussion.— Caution. — Cautionnement.*

EXCEPTION de garantie. — Celui qui doit garantir ne peut évincer. — Voy. *Garantie.*

EXCEPTIONS (Procédure). — Ce mot est employé en procédure pour désigner en général les moyens employés par l'une des parties contre la demande de l'autre.

On nomme *déclinatoires* les exceptions qui tendent à faire renvoyer la contestation devant un autre Tribunal. — Voy. *Compétence. — Déclinatoire.*

On appelle *dilatoires* celles qui, sans exclure l'action, tendent seulement à différer la poursuite ou le jugement. — *C. proc.* 186.

Il y a encore les exceptions *péremptoires* qui sont de deux sortes : les unes, sans détruire l'action, sont fondées sur l'irrégularité de la forme dans laquelle on l'a intentée, comme sur la nullité de l'exploit ; les autres sont tous les moyens qui écartent le fond même de la demande, comme le défaut ou la nullité du titre, le paiement ou la prescription de la dette. — *D. N.* — Voy. *Caution juratoire. — Délai. — Délai pour faire inventaire. — Communication de pièces. — Garantie.*

EXCÈS de pouvoir. — C'est de la part d'un juge ou d'un tribunal l'acte par lequel il sort de ses attributions.

La décision rendue par un juge incompétent est une sorte d'excès de pouvoir. — Voy. *Cassation. — Compétence. — Incompétence.*

EXCÈS, sévices, injures graves. — Outrages ou violences matérielles. — Les *excès, sévices* ou *injures* graves sont une cause de révocation des donations, de même que de séparation de corps et de divorce. — Voy. *Divorce. — Révocation de donation. — Séparation de corps.*

EXCITATION à la débauche. — Tout attentat aux mœurs ou excitation à la débauche, ou corruption de la jeunesse de l'un ou de l'autre sexe au-dessous de vingt-un ans, est puni d'un emprisonnement de 6 mois à 2 ans, et d'une amende de 50 fr. à 500 fr. — Voy. *Enlèvement. — Rapt.*

EXCLUSION. — Etat dans lequel se trouve la personne à laquelle la Loi refuse certains droits dans des cas déterminés. — *C. civ.* 443, 444, 727. — Voy. *Conseil de famille. — Droits politiques. — Inclusion. — Indignité. — Tutelle.*

EXCLUSION de fonctions publiques. — Voy. *Dégradation civique.*

EXCLUSION de Communauté. — C'est la disposition d'un contrat de mariage par laquelle les époux déclarent qu'ils se marient sans communauté, ou qu'ils excluent de leur communauté telle partie de leur mobilier. — *C. civ.* 1498, 1500, 1530. — Voy. *Communauté de biens.*

EXCUSE. — Raison alléguée pour se soustraire à une charge ou fonction, ou pour atténuer quelque faute. — Voy. *Tutelle. — Témoignage.*

EXCUSES en matière criminelle. — Circonstances qui ont pour effet, soit de détruire la criminalité, soit de la diminuer.

La criminalité s'affaiblit si la conduite de l'accusé est restée pure jusqu'au crime, s'il a été poussé à le commettre par la misère ou le délire de la passion, si son repentir et ses larmes l'ont expié déjà ; cette atténuation se caractérise s'il y a eu provocation, ivresse involontaire ou jeunesse ; enfin, la criminalité disparaît entièrement si l'accusé n'a fait qu'user du droit de légitime défense ou se conformer à l'ordre d'un supérieur, s'il était subjugué par une contrainte irrésistible ou dominé par les égarements de la démence.

EXÉCUTEUR testamentaire. — C'est la personne nommée pour exécuter les dispositions faites par un testateur ou pour surveiller l'exécution de ces dispositions.

L'exécuteur testamentaire n'est autre chose que le mandataire du défunt, et les règles relatives au mandat sont applicables à l'exécution testamentaire.

Il peut être nommé un ou plusieurs exécuteurs testamentaires par le testateur, et l'efficacité du mandat confié à l'un n'est pas subordonnée à l'acceptation des autres. — *C. civ.* 1025.

Le mandat de l'exécuteur testamentaire peut être limité et soumis à des conditions. S'il y a plusieurs exécuteurs, leurs attributions peuvent être divisées. — *C. civ.* 1033.

Par sa nature de mandat, l'exécution testamentaire est gratuite ; mais le testateur peut y attacher un salaire ou une récompense qui prend le nom de *diamant*, et que l'exécuteur testamentaire peut recevoir quand même il serait incapable de recevoir un legs. — Voy. *Diamant*.

L'exécution testamentaire est un office d'ami entièrement volontaire, et on ne peut forcer personne à l'accepter. Mais lorsque l'exécuteur a commencé à gérer, il ne peut plus se désister avant l'expiration de sa gestion.

Celui qui ne peut s'obliger ne peut être exécuteur testamentaire, c'est une exception à la règle de l'article 1990 qui permet de confier un mandat à des incapables.

Les femmes non mariées ou veuves peuvent être exécuteurs testamentaires.

La femme mariée ne peut accepter l'exécution testamentaire qu'avec le consentement de son mari ; cependant si elle était séparée de biens, elle pourrait y être autorisée par justice. — *C. civ.* 1029.

La *saisine*, qui a pour objet d'assurer le paiement des legs et l'exécution des volontés du défunt, n'a pas lieu de plein droit, et ne peut être donnée par le testateur que pour le mobilier, et pour la durée d'une année seulement. — *C. civ.* 1026.

Au reste, les pouvoirs de l'exécuteur testamentaire ayant la saisine sont énumérés dans l'art. 1031 du C. civ.

Ils consistent à faire faire inventaire, faire vendre le mobilier pour acquitter les legs, surveiller l'exécution du testament, etc.

Le mandat de l'exécuteur testamentaire s'éteint par sa mort, par son interdiction, sa faillite ou sa déconfiture. — Voy. *Compte d'Exécution testamentaire.*

EXÉCUTION. — C'est l'action d'accomplir un acte, un paiement. — Voy. *Paiement*.

En terme de jurisprudence, on nomme encore *exécution* l'accomplissement d'une obligation, la saisie et la vente des meubles d'un débiteur, de même que l'action d'infliger à un condamné la peine prononcée contre lui. — Voy. *Exécution des actes*.

EXÉCUTION des Actes et Jugements. — Accomplissement des Obligations résultant d'un acte authentique ou de condamnations prononcées par jugement.

L'exécution des actes et jugements est ou volontaire ou forcée.

L'exécution est *volontaire* lorsque l'obligé ou le condamné accomplit de plein gré toutes les dispositions de l'acte ou du jugement, et que son créancier ou adversaire adhère à ce qu'il fait.

Si les deux parties ont la libre disposition de leurs droits, il n'est besoin de suivre pour l'exécution aucune autre règle que leur volonté. Mais lorsque le créancier veut contester, et dans tous les cas pour prévenir les contestations, la Loi a prescrit des règles pour les exécutions volontaires, telles que les redditions de compte, présentations de caution, liquidations de dommages, fruits ou dépens, offres et consignations. — Voy. *Compte*. — *Fruits*.

L'exécution volontaire d'une convention emporte ratification, et par suite rend le débiteur non recevable à former une demande en nullité. — Voy. *Nullité*. — *Ratification*.

L'exécution *forcée* est celle qui a lieu malgré l'une des parties.

Elle se fait sur la personne ou sur les biens des condamnés, ou même tout à la fois sur la personne et sur les biens ; sur la *personne* par le moyen de la contrainte par corps ou emprisonnement qui a lieu en matière criminelle, correctionnelle ou de police, et sur les *biens* par le moyen de la saisie, laquelle s'applique aux *meubles* ou aux *immeubles*. — Voy. *Contrainte par corps*.

A cet égard les actes authentiques et les Jugements sont exécutoires, c'est-à-dire ont force d'exécution parée dans toute la France sans formalités particulières. — *C. proc.* 547. — Voy. *Exécution parée*.

Les actes administratifs emportent exécution comme les jugements et les actes notariés, c'est-à-dire qu'ils forment pour ceux qui les ont obtenus, des titres en vertu desquels ils peuvent faire faire des contraintes, par saisie, vente mobilière et autres voies de droit. — Voy. *Acte administratif*.

Les actes sous seing ne sont pas susceptibles d'exécution forcée, ils peuvent fonder une saisie-arrêt et devenir la base d'un jugement, mais la force de leur exécution n'est pas en eux-mêmes.

Un titre exécutoire contre une personne l'est aussi contre ses héritiers, à la charge de notifications à ceux-ci. — *C. civ.* 877.

Le cessionnaire doit aussi notifier son transport avant de pouvoir exécuter contre le débiteur. — *C. civ.* 1690.

La notification à l'héritier doit précéder de huit jours tout acte d'exécution, afin qu'il ait le temps de se mettre en mesure. — *C. civ.* 877.

Mais un commandement de payer n'étant pas un acte d'exécution dans le sens de l'art. 877 du C. civ., la signification du titre n'est pas nulle, par cela seul qu'elle contient commandement de payer. — *D. N.*

EXÉCUTION parée. — C'est celle qui a lieu en vertu d'un titre revêtu de la formule exécutoire ou en vertu d'actes exécutoires par eux-mêmes sans cette formule, et sans qu'il soit nécessaire de recourir aux tribunaux.

Tous les jugements rendus et les actes passés en France sont exécutoires sans visa, à la condition pour les actes notariés d'être revêtus du *Mandement* aux officiers de justice. — Voy. *Acte authentique*. — *Acte notarié*. — *Grosse*.

Toutefois les testaments même notariés n'emportent pas cette exécution, sauf le cas où le testateur ne laissant pas d'héritier à réserve aurait institué un légataire universel dans un testament par acte public.

Ce légataire peut, en effet, se mettre en possession en vertu du testament, sans être obligé de demander la délivrance du legs. — Voy. *Testament*.

Les actes administratifs proprement dits ont l'exécution parée. — Voy. *Acte administratif*.

Toutefois, les adjudications reçues par les maires et contenant des conventions entre des communes et des particuliers, de même que les baux faits par les conseils de fabrique, ne sont, même après l'approbation du Préfet, que des actes sous seing et n'ont jamais l'exécution parée.

Les procès-verbaux de conciliation dressés par les Juges de paix ne sont pas exécutoires.

EXÉCUTION par effigie. — Voy. *Effigie*.

EXÉCUTION provisoire. — Se dit de l'Exécution d'un jugement nonobstant le recours par voie d'appel ou d'opposition dont il est l'objet. — *E. N.*

S'il existe un titre authentique ou une promesse reconnue, la sentence est de plein droit, et sans caution, exécutoire par provision.

Lorsqu'il y a contestation du titre, les juges peuvent, selon la gravité des moyens opposés, exiger une caution en promettant l'exécution provisoire.

L'exécution provisoire ne peut être ordonnée d'office; il faut qu'elle soit demandée par les parties.

Elle peut être demandée en appel bien qu'elle ne l'ait pas été devant les premiers juges.

Elle ne peut être prononcée pour les dépens. — *C. proc.* 137.

Enfin, elle peut être suspendue si le jugement est argué de faux. — *C. civ.* 1319.

EXÉCUTION de Testament. — Voy. *Consentement à exécution d'un testament. — Délivrance de legs. — Exécuteur testamentaire. — Testament.*

EXÉCUTION volontaire. — C'est l'exécution que l'on consent volontairement d'un jugement ou d'un acte qu'on aurait pu attaquer. — Voy. *Acquiescement. — Exécution des actes et jugements. — Ratification.*

EXÉCUTOIRE. — Ce mot exprime la qualité d'un acte ou d'un jugement qui donne le droit de procéder à une exécution judiciaire, comme un contrat notarié, un jugement, une commission de juge, etc.

EXÉCUTOIRE délivré aux experts. — Ordonnance du Président du Tribunal civil qui déclare exécutoire contre l'une des parties la taxe des frais d'une expertise ordonnée judiciairement. — *C. proc.* 209 *et* 319. — Voy. *Expertise.*

EXÉCUTOIRE délivré par le juge de paix. — Les Officiers publics, tels que notaires, greffiers, huissiers, qui ont fait l'avance de droits d'Enregistrement et de timbre, peuvent prendre exécutoire du juge de paix de leur canton pour leur remboursement. — *L. du 22 frimaire an VII.*

L'exécutoire peut être requis contre toutes les parties qui ont figuré dans l'acte; il y a solidarité entre elles. — Voy. *Déboursés. — Honoraires.*

EXÉCUTOIRE délivré par le Président du Tribunal. — La loi du 5 août 1881 dispose que la taxe des actes notariés régulièrement faite par le Président du Tribunal donnera ouverture à un exécutoire qui sera délivré sur la réquisition du notaire par le Greffier.

Cette disposition de la loi a l'avantage de fournir un Titre en forme aux notaires pour le paiement de leurs déboursés et honoraires, sans qu'ils soient obligés de recourir à la procédure ordinaire.

Il est procédé dans ce cas, comme ci-après. — Voy. *Exécutoire de dépens.*

EXÉCUTOIRE de dépens. — On appelle ainsi le mandement de payer ou de contraindre, délivré dans la forme des expéditions des jugements, et contenant l'énonciation de la taxe des dépens adjugés et de l'ordonnance du juge. — Voy. *Dépens.*

L'exécutoire n'est délivré que dans le cas où le jugement ne liquide pas les dépens.

Il est précédé de la taxe qui est faite par le juge conformément au décret du 16 février 1807.

Il est signifié à l'adversaire sans qu'il soit nécessaire de signifier en même temps le jugement.

Il est susceptible d'opposition, mais elle doit être formée dans les trois jours.

EXÉCUTOIRE (Titre). — Le titre exécutoire proprement dit est l'acte ou jugement revêtu du mandement aux officiers de justice. — *C. proc.* 146 *et* 545. — Voy. *Grosse. — Titre exécutoire.*

EXEMPTION du service militaire. — Voy. *Exonération.*

EXEQUATUR (Ordonnance d'). — C'est l'Ordonnance du Président du Tribunal qui donne à la sentence arbitrale sa force d'exécution. — Voy. *Arbitre. — Arbitrage.*

EXHAUSSEMENT. — Voy. *Mitoyenneté*. — *Servitude*.

EXHIBITION. — Représentation que l'on fait d'une chose, d'un titre.

EXHIBITION de pièces. — En procédure le défendeur n'est pas obligé de représenter une pièce utile au demandeur.

Mais un commerçant peut être obligé à représenter ses livres, même dans une contestation avec un non-commerçant. — *C. comm.* 17. — Voy. *Livres de commerce*.

EXHUMATION. — Action de retirer un cadavre de la terre.

Nul ne peut procéder à une exhumation sans y être autorisé par le maire de la commune, l'exécution des lois sur cette matière appartenant exclusivement à l'autorité administrative. — Voy. *Cimetière*.

EXIGIBILITÉ. — Ce terme s'emploie pour désigner l'état d'un droit, la qualité d'une créance dont on peut actuellement demander le paiement.

Une créance est exigible lorsque le terme est échu ou quand la condition se trouve accomplie. — Voy. *Condition*. — *Terme*.

L'exigibilité d'une créance doit être indiquée dans l'inscription hypothécaire à peine de nullité. — Voy. *Inscription hypothécaire*.

EXOINE. — Certificat ou justification qu'une personne obligée de comparaître en justice fait de l'impossibilité où elle se trouve de remplir ce devoir. — *C. inst. crim.* 468, 469.

EXONÉRATION du service militaire. — L'exonération du service militaire n'a plus lieu maintenant que pour les jeunes gens que leurs infirmités rendent impropres à tout service actif ou auxiliaire dans l'armée.

Les faibles, les boîteux, les myopes, etc., sont incorporés dans les services auxiliaires. — *L. du 27 juillet* 1872. — Voy. *Recrutement*.

Mais la Loi admet des dispenses et sursis d'appel. — Voy. *Dispenses et Sursis d'appel*.

EXPECTATIVE. — C'est l'attente fondée sur un titre quelconque ou sur une Loi, d'un droit, lorsqu'il viendra à s'ouvrir. — Voy. *Effet rétroactif*. — *Substitution*.

EXPÉDIENT. — C'est, en terme de palais, le nom que l'on donne à un jugement convenu ou rendu d'accord entre les parties. — Voy. *Contrat judiciaire*. — *Jugement*. — *Hypothèque*.

EXPÉDITEUR. — C'est celui qui envoie, ou au nom de qui des marchandises sont envoyées. — Voy. *Entrepreneur de transports*. — *Lettres de voiture*. — *Voiturier*.

EXPÉDITION. — C'est la Copie ou transcription littérale de la minute d'un acte.

La délivrance des expéditions ne s'applique généralement qu'aux actes authentiques.

L'expédition délivrée par un notaire est le double de son propre ouvrage. Elle a le même caractère de vérité que l'Original.

Elle prend le nom de *Grosse*, quand elle est revêtue de la formule exécutoire.

Les notaires ne peuvent, sans l'ordonnance du Président du Tribunal de première instance, délivrer expédition des actes à d'autres qu'aux personnes intéressées en nom direct, héritiers ou ayants droit, sous peine de dommages-intérêts et d'amende.

Les expéditions des actes font foi par suite de la présomption qu'elles sont conformes à la minute; par conséquent, tant que l'original subsiste on peut en exiger la représentation. — *D. N.* — *C. civ.* 1334. — Voy. *Communication*.

EXPERT ou Expertise. — On appelle *experts* des personnes nommées par la justice ou par les parties, pour donner leur avis sur des points en litige qui concernent leur art ou leur profession. — L'ensemble des opérations et du rapport des experts se nomme *Expertise*.

L'Expertise est amiable ou judiciaire.

L'Expertise *amiable* est une sorte d'arbitrage, et n'a d'autre règle que la convention des parties. — Voy. *Arbitre*. — *Arbitrage*.

Les formalités de l'Expertise *judiciaire* sont tracées par les articles 302 et suiv. du Code de procédure.

Il y a lieu à expertise notamment dans les cas suivants :

1° Pour constater les biens d'un absent. — *C. civ.* 126.

2° Pour estimer les meubles dont la jouissance légale reste aux père et mère. — *C. civ.* 453.

3° En cas de partage de succession intéressant un mineur. — *C. civ.* 466, 824, 834.

4° En cas d'échange d'un immeuble dotal. — *C. civ.* 1559.

5° De rescision de vente pour lésion. — *C. civ.* 1678, 1680.

6° De contestation sur le prix d'un bail non écrit — *C. civ.* 1716.

7° De vérification d'écriture. — *C. proc.* 195 *et suiv.*

8° D'inscription de faux. — *C. proc.* 232, 236.

9° D'estimation d'ouvrages ou marchandises. — *C. pr.* 429.

10° De levée de scellés. — *C. proc.* 935.

11° D'aliénation d'immeubles de mineurs. — *C. proc.* 955.

12° De jet à la mer. *C. com.* 414.

13° De répartition. — *C. proc.* 416.

14° Pour apprécier la nature d'un délit. — *C. instr. crim.* 43.

15° Comme condition préalable à l'exercice de l'action redhibitoire dans les ventes et échanges d'animaux. — *L. du 20 mai* 1838.

Dans ces diverses circonstances, l'expertise doit être ordonnée quand la Loi l'exige d'une manière formelle. — Autrement elle est facultative.

Tout individu ne jouissant pas de ses droits civils et civiques, ne peut être nommé expert par les Tribunaux. — Voy. *Droits civils*. — *Droits civiques*. — *Arbitrage forcé*.

Les art. 29, 42 et 43 du C. de proc. tracent les règles de l'expertise devant les juges de paix.

L'expertise ordonnée par justice est suivie de l'avis écrit des experts — Voy. — *Rapport d'experts*.

EXPERTISE en matière d'Enregistrement. — C'est celle requise par l'administration de l'Enregistrement à l'effet de constater la valeur réelle, vénale ou locative des transmissions d'immeubles lorsque le prix énoncé dans les actes paraît inférieur à la valeur vénale. — *E. N.* — *L. du 22 frimaire an VII*.

La Régie est également autorisée à requérir l'expertise des revenus des immeubles transmis en propriété ou usufruit, à titre gratuit ou par décès, lorsque l'insuffisance dans l'évaluation ne peut être établie par actes qui puissent faire connaître le véritable revenu des biens.

Comme conséquence des nouvelles Lois des 23 août 1871 et 28 février 1872, la régie peut encore requérir l'expertise lorsque la déclaration du prix d'une location verbale, ou le prix de vente des fonds de commerce ou de clientèles, lui paraissent insuffisants.

La faculté de requérir l'expertise n'appartient qu'à la régie, elle n'est pas accordée aux parties, qui ne peuvent se dispenser d'acquitter les droits sur les valeurs exprimées dans les actes, ou sur les déclarations estimatives qu'elles sont tenues de faire pour la perception des droits de mutation entre vifs ou par décès.

L'expertise des immeubles transmis à titre onéreux doit être demandée dans l'année de l'Enregistrement du contrat, et celle ayant pour objet de constater la fausse évaluation du revenu de ceux transmis par décès, dans le délai de deux ans à partir de la déclaration faite par les héritiers.

La demande en expertise est faite au Tribunal civil de l'arrondissement dans l'étendue duquel les biens sont situés, par une requête avec nomination de l'expert de la régie.

Elle peut être autorisée dans la forme d'une ordonnance sur requête ou par un jugement, dans les dix jours de la demande.

Il est ensuite fait sommation à la partie de nommer son expert, et faute par elle d'y satisfaire dans les trois jours, il lui en est nommé un d'office par le Tribunal.

Les experts, en cas de partage d'avis, doivent appeler un tiers-expert, et s'ils ne peuvent en convenir, c'est au juge de paix du canton de la situation des biens à y pourvoir. — Voy. *Instance en matière d'Enregistrement*.

Les frais de l'expertise tombent à la charge de l'acquéreur ou du déclarant, lorsque l'estimation excède d'un *huitième* au moins le prix annoncé au contrat ou dans la déclaration. — *L. du 22 frim. an VII*.

Quel que soit le résultat de l'estimation, il y a toujours lieu au double droit d'Enregistrement sur le supplément de l'estimation. — *L. du 27 août an IX*.

EXPLICITE ou IMPLICITE. — Le mot *Explicite* signifie ce qui est formellement *exprimé*, et le mot *Implicite* ce qui est sous-entendu.

EXPLOIT. — On entend généralement par ce mot tous les actes faits par le ministère des huissiers et auxquels ces officiers publics, agissant dans la limite de leurs fonctions, donnent le caractère d'authenticité dans l'intérêt des parties.

Toutefois, le droit de faire des exploits n'est pas exclusivement attribué aux huissiers. Quelques-uns de ces actes peuvent être faits par les notaires, par les préposés des administrations, etc.

La validité de tous les exploits est subordonnée à deux conditions : la présence et la capacité de l'officier ministériel, et l'accomplissement des formalités prescrites par la Loi. — *D. N.*

EXPLOITATION. — Action d'exploiter ou de mettre en produit, soit des fonds de terre, soit des bois ou une entreprise industrielle. — Voy. *Exploitation d'un fonds*. — *Fonds de commerce*. — *Forêt*.

EXPLOITATION d'un fonds. — Mise en culture ou récolte des produits naturels d'un certain nombre de pièces de terre réunies dans les mêmes mains.

Le propriétaire d'un fonds enclavé a le droit de demander le passage nécessaire à son exploitation. — *C. civ.* 682. — Voy. *Passage*,

Tous les objets placés par le propriétaire pour l'exploitation du fonds sont immeubles par destination. — *C. civ.* 524.

Lorsque le propriétaire du fonds a adopté un genre d'exploitation, par exemple la division des terres en soles, ou celle des coupes de bois, celui qui vient à jouir précairement de ce fonds doit se conformer aux mêmes usages. — Voy. *Assolement*. — *Bail à ferme*. — *Dessolement*. — *Usufruit*.

EXPORTATION. — Action de transporter hors du pays de production les denrées ou marchandises indigènes.

Certaines marchandises sont prohibées à la sortie, d'autres sont seulement assujetties à des droits. — Voy. *Douane*.

Les marchandises destinées à l'exportation peuvent être déposées dans les entrepôts de la douane. — Voy. *Entrepôt*. — *Importation*.

EXPOSITION. — C'est le fait ou l'acte par lequel une chose est mise en vue ; ainsi on expose des meubles que l'on se propose de vendre aux enchères ; on expose une demande en séparation, un jugement de séparation, d'interdiction, un contrat pour purger les hypothèques légales, les contrats de mariage des commerçants, etc. — Voy. *Dépôt de contrat de mariage*. — *Interdiction*. — *Séparation*. — *Tableau des interdits*.

EXPOSITION d'Enfant. — Action d'exposer ou de délaisser en un lieu solitaire un enfant au-dessous de sept ans ; délit prévu par l'art. 347 du C. pén. — Voy. *Enfant abandonné, exposé, etc.*

EXPOSITION publique des produits de l'industrie française. — Cette exposition a été instituée pour avoir lieu tous les cinq ans, dans le but d'encourager les arts, d'exciter l'émulation et de hâter le progrès de l'industrie en France.

EXPOSITION universelle. — Il a été institué une exposition universelle des produits de l'agriculture, de l'industrie et des beaux-arts pour avoir lieu tous les dix ans.

Les produits agricoles et industriels ainsi que les œuvres d'art de toutes les nations, ont été admises à cette exposition.

EXPRÈS. — Se dit de ce qui est prescrit ou stipulé d'une manière formelle. Ainsi l'on dit : termes *exprès*, disposition *expresse*. — Voy. *Convention.* — *Clause explicite.*

EXPROPRIATION forcée. — C'est la vente par autorité de justice des immeubles d'un débiteur sur la poursuite de l'un de ses créanciers.

Toute poursuite en expropriation d'immeubles doit être précédée d'un commandement de payer fait à la personne du débiteur ou à son domicile par le ministère d'un huissier. — *C. civ.* 2217.

En procédure, la poursuite de la vente des immeubles est appelée *Saisie immobilière* et la vente elle-même *Adjudication.* — Voy. *Adjudication.* — *Saisie immobilière.*

Lorsque le débiteur ne paie pas sa dette, ses créanciers porteurs de titres authentiques et exécutoires s'emparent de ses biens, qui sont leur gage *tacite* ou *exprès*, pour les vendre à son lieu et place, même malgré sa volonté.

C'est l'autorité publique seule dans ce cas qui met les biens à l'enchère, et la vente émane de la justice, qui adjuge et délivre la chose.

En général, il n'est pas dû de garantie en cas d'éviction ni par les créanciers ni par le saisi. — Voy. *Garantie,*

Il n'est pas dû non plus de diminution de prix à l'adjudicataire pour moindre mesure.

EXPROPRIATION pour utilité publique. — C'est le droit accordé à l'Etat, à un Département ou à une Commune de s'emparer d'une propriété particulière moyennant indemnité, pour l'affecter à un usage public.

L'expropriation pour cause d'utilité publique est aujourd'hui régie par les lois des 3 mai 1841, 14 *juillet* 1856 *et* 21 *juin* 1865.

Elle s'applique aux immeubles corporels et aux sources d'eaux Thermales.

Elle ne peut avoir lieu que pour cause d'utilité publique générale, départementale ou communale, et à charge d'une indemnité préalable.

Elle peut avoir lieu aussi au profit des associations syndicales autorisées.

Il y a expropriation du jour où l'Etat a déclaré qu'un immeuble doit être *occupé* dans un but d'utilité publique.

La déclaration est faite par l'Administration, l'expropriation est prononcée par les Tribunaux et le règlement de l'indemnité est déterminé par un jury spécial dont les membres sont choisis par la Cour d'appel ou, à défaut de cour, par le Tribunal civil, sur une liste dressée par le Conseil général du Département.

L'Expropriation pour cause d'utilité publique, même lorsqu'elle n'a lieu que dans un intérêt départemental ou communal, ne peut être déclarée que par le Gouvernement, et non par les Préfets.

Tout décret ayant pour but une *déclaration* d'utilité publique doit être précédé d'une enquête administrative.

Les propriétaires et détenteurs ne peuvent s'opposer aux travaux préparatoires nécessaires pour la levée des plans et l'étude des projets ; mais ils ont droit à une indemnité qui est réglée par le Conseil de Préfecture pour les dommages que ces travaux leur causent.

Aucun recours n'est admis contre le décret qui déclare l'utilité publique.

Mais si les terrains acquis pour des travaux d'utilité publique ne reçoivent pas cette destination, les anciens propriétaires ou leurs ayants droit peuvent en demander la remise.

EXPULSION de lieux. — C'est le fait de contraindre quelqu'un, par exemple un locataire, à sortir des lieux qu'il occupe.

En général, les demandes en expulsion de lieu, qui sont d'un usage fréquent dans les grandes Villes, se portent en référé devant le Président du Tribunal civil. — Voy. *Référé*.

Les expulsions sur *congé* ne présentent aucune difficulté, si le congé est *régulier*. Mais s'il est contesté, il est d'usage d'ordonner que le locataire formera la demande en nullité dans les vingt-quatre heures, sinon l'on autorise le propriétaire à le faire expulser en employant au besoin la force armée.

Lorsque c'est le locataire qui a donné le congé, et que ce congé est contesté par le propriétaire, le déménagement peut néanmoins être autorisé à charge du dépôt des loyers à échoir, et, s'il y a lieu, d'une somme pour les réparations locatives.

S'il y a saisie antérieure des meubles, le Président ordonne que l'expulsion aura lieu en présence du saisissant, ou lui dûment appelé, et que les meubles seront transportés dans tel lieu que le locataire et le saisissant désigneront, avec l'assistance de l'huissier ; sinon qu'ils seront mis sur le carreau ou dans tel lieu convenable aux risques de qui il appartiendra.

L'expulsion des lieux peut être prononcée après le décès du locataire. Alors, s'il y a congé, le Président ordonne que dans un certain délai l'héritier fera procéder à la levée des scellés et à l'enlèvement du mobilier, etc., sinon, il autorise le propriétaire à faire procéder en présence des intéressés, ou eux appelés, ou en présence d'un notaire qu'il commettra pour représenter les héritiers absents, à la levée des scellés sans description, à mettre les meubles sur le carreau ou à les transporter dans tel lieu aux risques de qui il appartiendra, et faute de paiement des loyers et de justifier de l'acquit des charges, à les saisir et séquestrer dans le lieu indiqué aux risques de qui il appartiendra.

Lorsque la succession est abandonnée, le Président autorise le propriétaire à faire procéder à la vente des meubles.

Le Président ordonne également dans le cas d'un bail authentique ou sous seing privé, enregistré et non contesté, l'expulsion à *défaut de paiement de six mois de loyer par avance* ou de *garnir les lieux* de meubles suffisants. Sans cette expulsion, le propriétaire serait exposé à perdre six mois de loyer et les frais du jugement de résiliation de bail.

L'expulsion de lieu peut sans difficulté être ordonnée en *référé* pour *abandon* ou *déménagement furtif*.

Il y a également lieu à expulsion par voie de référé d'un acquéreur ou adjudicataire qui veut se perpétuer dans sa jouissance, au delà de la vente et du terme fixé pour l'entrée en jouissance de l'acquéreur.

On ordonne encore en référé l'expulsion :

1° D'un individu auquel on a cédé un logement par pure tolérance ou gratuitement ;

2° D'un caissier ou autre employé ;

3° De garçons de caves, jardiniers, portiers, domestiques et gens à gages.

Le juge de paix est compétent pour prononcer l'expulsion des lieux s'il s'agit d'un loyer ne dépassant pas 400 fr.

L'huissier qui procède à une expulsion doit en dresser Procès-verbal ; il doit agir avec mesure et sans violence.

L'acquéreur ne peut expulser le fermier ou locataire qui a un bail authentique ou dont la date est certaine, à moins que ce droit ne soit réservé par le Bail; mais dans ce cas le bailleur est tenu d'indemniser le fermier. — D. N. — C. civ. 1743 *et suiv.*

EXTINCTION des feux. — C'est le mode adopté pour procéder aux adjudications. — Voy. *Adjudication*. — *Vente judiciaire*.

EXTINCTION des Obligations. — Les obligations s'éteignent : par le paiement, par la novation, par la remise volontaire, par la compensation, par la confusion, par la perte de la chose, par la nullité ou la rescision, par l'effet de la condition résolutoire, et par la prescription. — *C. civ.* 1234. — Voy. *Obligation.* — *Paiement.* — *Prescription.*

EXTORSION. — C'est l'action d'obtenir par force, violence ou contrainte, la signature ou la remise d'un écrit, d'un titre, d'une pièce quelconque contenant ou opérant obligation, dispositions ou décharge ; — Crime puni de la peine des travaux forcés à temps. — *C. pén.* 400.

EXTRACTION. — Se dit de l'ordre ou de la permission en vertu de laquelle un prisonnier est extrait de la prison où il était détenu, soit pour comparaître devant un juge, soit pour être conduit dans un autre lieu et être ensuite réintégré dans la prison.

EXTRACTION de matériaux pour travaux d'utilité publique. — C'est une servitude établie sur les propriétés, dans l'intérêt public.

Ainsi les terrains qui contiennent de la pierre, du sable et autres matériaux nécessaires à la confection des travaux d'utilité publique, peuvent être *fouillés* par les entrepreneurs, lorsque ces terrains sont indiqués par les ingénieurs, soit dans les devis et actes d'adjudication, soit dans tous actes d'autorisation postérieurs ; — *L. du 16 septembre 1807.*

Mais ce droit ne s'étend pas aux propriétés closes de murs ou autres clôtures équivalentes.

Le propriétaire doit être indemnisé, mais seulement après l'achèvement des travaux, ou au fur et à mesure de leur exécution. En cas de difficulté, elle est réglée par le conseil de Préfecture.

En matière de chemins vicinaux, les extractions de matériaux sont autorisées par arrêté du Préfet qui désigne les lieux. Cet arrêté est notifié aux parties intéressées, dix jours au moins avant l'exécution. — *L. du 21 mai 1836.*

EXTRADITION. — C'est l'action de livrer à la puissance à qui il appartient, l'étranger prévenu d'un crime ou d'un délit, pour le faire juger et punir.

Règle générale, nul ne peut être arrêté ni jugé en France où il a cherché un refuge, pour crime commis en pays étranger. — Néanmoins, il résulte de plusieurs traités avec les principales puissances de l'Europe que l'extradition est réciproque pour tous les individus mis en état d'accusation pour des faits qualifiés *crimes*, comme l'*assassinat*, l'*incendie*, les *faux* en écriture, etc.

EXTRAIT. — C'est la Copie ou expédition partielle, ou l'analyse sommaire d'un acte ou d'un écrit quelconque.

Ce mot sert aussi à désigner les copies partielles tirées d'un Registre, ou délivrées dans les archives publiques.

Les parties peuvent ne requérir que l'extrait de l'acte qu'elles ont passé. — Cet extrait peut d'ailleurs remplacer l'expédition, toutes les fois que la Loi ne parle pas d'expéditions entières ou d'actes en entier.

EXTRAIT d'Inscription hypothécaire. — Se dit de la Copie d'une inscription que délivre le Conservateur des hypothèques. Mais l'expression propre est *Copie d'inscription*, puisque le Conservateur est tenu de la délivrer tout au long. — *C. civ.* 2196.

Il ne faut pas confondre la demande d'extrait ou copie d'inscription isolée, qui n'engage qu'imparfaitement la responsabilité du Conservateur, avec celle d'un état d'inscriptions offrant la réunion de toutes celles qui grèvent tel ou tel individu désigné, et pour laquelle le Conservateur encourt la responsabilité des omissions qu'il commettrait. — *D. N.* — Voy. *Conservateur des hypothèques.* — *État d'Inscriptions.*

EXTRAIT des Registres de l'Enregistrement. — Les Receveurs de l'Enregistrement ne peuvent délivrer d'extrait de leurs registres qui ne sont pas publics, que sur ordonnance du juge de paix, lorsque ces extraits ne sont pas demandés par les parties contractantes ou leurs ayants cause.

Il leur est dû, outre le timbre, cinquante centimes par chaque extrait, plus un franc pour recherches de chaque année indiquée.

Mais il ne leur est dû aucune rétribution pour les certificats qu'ils délivrent pour constater le paiement des droits de mutation par décès, soit sur les rentes inscrites au Grand livre de la dette publique, soit sur les Titres d'actions ou d'obligations.

EXTRA judiciaire. — Se dit des actes et significations qui ne sont point relatifs à un procès actuellement pendant en justice. — Voy. *Acte judiciaire.* — *Acte extrajudiciaire.*

EXTRANÉITÉ. — État de ce qui est étranger. — Voy. *Etranger.*

EXTRAORDINAIRE. — La procédure criminelle était autrefois qualifiée de procédure à l'*extraordinaire*, par opposition à la procédure civile, et on dit encore aujourd'hui : *Se pourvoir par les voies extraordinaires*, pour exprimer une action criminelle ou correctionnelle.

EXTRAORDINAIRE (Timbre à l'). — Voy. *Timbre.*

EXTREMIS (in). — Cette expression signifie à l'*article de la mort*, et c'est ainsi qu'on dit qu'un testament a été fait *in extremis*, qu'un mariage a été célébré *in extremis*. — Voy. *Mariage.* — *Suggestion.*

EXTRINSÈQUE. — Nom que l'on donne aux formalités accessoires d'un acte. — Voy. *Effet rétroactif.* — *Formalités.*

F

FABRICANT. — On appelle fabricant celui qui, avec des matières premières qu'il achète, fabrique ou fait fabriquer par des ouvriers des objets d'une nature ou d'une forme nouvelle qu'il vend directement au public, ou qu'il livre à des débitants en détail.

Le fabricant est rangé dans la classe des commerçants. Il a le droit d'appliquer sur les objets de sa fabrication une marque qui distingue ses produits de ceux des autres fabricants exerçant la même industrie.

Toute convention entre fabricants qui s'associent pour l'exploitation de leurs produits, et s'engagent à ne les vendre que sous les conditions et avec les formes déterminées par la Société, est considérée comme nuisant à la libre concurrence, et est *nulle et illicite*. — C. pén. 419. — Voy. *Acte de Commerce.*

FABRICATION. — Voy. *Fabricant.*

FABRIQUE d'Église. — Les fabriques d'Eglise sont des établissements publics légalement organisés pour la gestion des biens et revenus des Eglises, cures, et généralement de tout ce qui appartient au culte.

Le mot *fabrique* désigne tantôt le temporel, c'est-à-dire les biens et revenus, tantôt les administrateurs qui en ont la direction et la régie.

Les fabriques ont été instituées par la loi organique du concordat du 8 germinal an X, et réglementées par un décret du 30 décembre 1809.

Chaque fabrique se compose d'un conseil de fabrique et d'un bureau de Marguilliers.

Des conseils de Fabrique.

Dans les paroisses dont la population est de cinq mille âmes et au-dessus, le conseil de fabrique est composé de neuf membres. — Dans les autres, il n'est composé que de cinq membres. — Il y a, de plus, deux membres de droit : 1° Le curé ou desservant, qui a la première place, et qui peut se faire remplacer par un de ses vicaires; 2° Le maire, qui a la seconde place, et qui peut se faire remplacer par un adjoint. — Dans les villes où il y a plusieurs paroisses ou succursales, le maire est de droit membre du conseil de chaque fabrique.

Le maire qui ne serait pas catholique serait remplacé par un adjoint. Il en serait de même de ce dernier, qui serait remplacé par un conseiller municipal.

Les membres sont pris parmi les notables; ils doivent être catholiques et domiciliés dans la paroisse. Les nominations sont faites pour six ans, mais les membres sortants peuvent être réélus.

Les fabriciens sont nommés pour la première fois par l'Évêque et le Préfet, et pour 6 ans. (Les nominations subséquentes sont faites à l'élection, le dimanche de Quasimodo.) — Après trois ans, 3 ou 5 membres que le sort désigne sortent les premiers, et ce sont les membres restants qui nomment les membres sortants, lesquels peuvent être réélus.

Le conseil nomme le premier dimanche d'avril, son secrétaire et son président, qui sont toujours rééligibles.

Il y a quatre séances par an : les premiers dimanches de Janvier, d'Avril, de Juillet et d'Octobre. — Le conseil ne peut délibérer que lorsqu'il y a plus de la moitié des membres présents. Le président a voix prépondérante.

Le conseil de fabrique délibère :

1° Sur le budget de la fabrique;
2° Sur le compte rendu par le trésorier;
3° Sur l'emploi des fonds excédant la dépense, du montant des legs et donations, et le remploi des capitaux remboursés;
4° Sur toutes les dépenses extraordinaires excédant la compétence du bureau;
5° Sur les procès à intenter et à soutenir, les transactions, les baux emphytéotiques ou à longues années, les achats, aliénations ou échanges, et généralement sur tous les objets excédant les bornes de l'administration ordinaire des biens des mineurs. — Voy. *Eglise*.

Du bureau des Marguilliers.

Le bureau des marguilliers se compose : 1° du Curé ou desservant qui en est membre perpétuel et de droit, y a la première place et peut s'y faire remplacer par un de ses vicaires; 2° de trois membres du conseil de fabrique, ni parents ni alliés entre eux jusqu'au degré d'oncle et de neveu, nommés pour trois ans, par le conseil, et renouvelés par tiers, chaque année.

Le plus ancien marguillier est remplacé chaque année, le dimanche de Quasimodo, par le conseil, et à défaut par l'Evêque. Le bureau des marguilliers nomme un Président qui a voix prépondérante en cas de partage, un Secrétaire et un Trésorier. Il faut au moins trois membres pour que les délibérations soient valables. Le bureau se réunit tous les mois, et plus souvent, si cela est nécessaire. Il est chargé de la partie active de l'Administration qu'il partage avec le Curé.

Les principales attributions du bureau des marguilliers sont : de dresser le budget de la fabrique et de préparer les affaires qui doivent être portées au Conseil. Il fait sans autorisation du Conseil certaines dépenses.

Il est chargé de faire tous les actes qui sont dans les limites de l'administration des biens des mineurs. Il veille à l'acquit de toutes les fondations pieuses, à la conservation du mobilier et des ornements de l'Eglise. Il pourvoit à tous les besoins du service divin, paie les dettes de la fabrique régulièrement établies et procure la rentrée de toutes les sommes qui lui sont dues.

Le bureau, avec l'autorisation du Conseil, met en régie ou en ferme la location des bancs et des chaises de l'Eglise; il fixe, avec la même autorisation, le prix des chaises pour les différents offices. — Il peut, sans l'autorisation du Conseil, donner à bail les immeubles de la fabrique pour une durée ordinaire.

Le Trésorier, dont les fonctions sont les plus importantes, effectue toutes recettes et acquitte toutes dépenses, passe les baux, signe tous actes autorisés de concession, d'acceptation et autres, et assiste aux scellés et inventaires, lors de la vacance de la Cure.

Nous renvoyons particulièrement au décret du 30 déc. 1809 pour plus amples explications.

Des autorisations.

Les fabriques sont toujours réputées mineures et placées, à ce titre, sous la tutelle du Gouvernement qui en confie la haute administration, partie à l'Evêque du diocèse, partie au Préfet du département.

Elles peuvent néanmoins acheter ou vendre sans autorisation tout ce qui a le caractère d'objets mobiliers corporels.

Les aliénations, acquisitions, échanges et partages de biens de toute nature, quelle que soit leur valeur, sont autorisées par les Préfets.

Les Préfets autorisent également l'acceptation des dons et legs de toutes sortes de biens lorsque la libéralité n'excède pas 1000 fr., qu'elle ne donne lieu à aucune réclamation de la part des familles, et n'est grevée d'autres charges que de l'acquit de fondations pieuses, et de dispositions au profit des pauvres ou des Bureaux de bienfaisance. — *Déc du 15 février* 1862. — Voy. *Etablissement public.*

Aucune acceptation de legs au profit des fabriques n'est autorisée sans que les héritiers connus du testateur aient été appelés, par acte extrajudiciaire, pour prendre connaissance du testament, donner leur consentement à son exécution, ou produire leurs moyens d'opposition.

En cas de réclamation, c'est le gouvernement qui statue sur l'acceptation des dons et legs.

La demande en autorisation relative aux aliénations, échanges, et aux baux à long terme, doit être précédée d'une délibération du Conseil de fabrique et accompagnée de l'avis du Sous-Préfet et de l'Evêque.

Les fabriques doivent communiquer aux Conseils Municipaux, avant de demander l'Autorisation, les projets des actes relatifs aux emprunts, achats, ventes et échanges qu'elles se proposent de passer ; les Conseils Municipaux donnent leur avis et l'adressent au Préfet, qui statue.

Les fabriques ne peuvent intenter aucun procès, ni *défendre* à aucune demande, sans y avoir été autorisées par le conseil de Préfecture, après une délibération du conseil et du bureau réunis. Mais le trésorier, qui agit en leur nom, peut faire, sans autorisation, tous les actes conservatoires et toutes les diligences nécessaires pour le recouvrement des revenus. — *D. N.* — Voy. *Acceptation de donation.* — *Bail des biens d'une fabrique.* — *Commune.* — *Eglise.* — *Culte.* — *Etablissement public.*

Des biens et revenus des Fabriques.

Les biens des Fabriques se composent : 1° de ceux des anciennes Fabriques supprimées, y compris les Eglises, les Presbytères, les Rentes, etc. Ils appartiennent à la Fabrique de l'Eglise à laquelle est réunie la paroisse supprimée ; 2° des biens provenant des anciennes confréries ; 3° des propriétés non vendues qui leur ont été rendues depuis la révolution.

Quant aux revenus des Fabriques, ils consistent : 1° Dans les produits des troncs ; 2° Dans ceux des quêtes ; 3° Dans les revenus de leurs biens ; 4° Dans les droits qu'ils perçoivent en vertu des Tarifs dressés conformément aux règlements des Evêques dûment approuvés ; 5° Dans les secours fournis par les communes, les Conseils Généraux et le Gouvernement ; 6° Dans les offrandes faites par la dévotion des Fidèles ; 7° Dans les produits des concessions de bancs placés dans l'Eglise ; 7° Et dans celui de la location des chaises.

La Loi municipale du 5 avril 1884 a inscrit parmi les dépenses obligatoires des communes : 1° L'indemnité de logement aux Curés et desservants quand il n'existe pas de bâtiment affecté à leur logement, et que les fabriques ne peuvent pourvoir elles-mêmes au paiement de cette indemnité ; 2° Les grosses réparations des Eglises, sauf application préalable à ces dépenses des revenus et ressources disponibles des Fabriques. — Les dépenses d'entretien et les subventions aux fabriques, en cas d'insuffisance des revenus, ne sont plus que facultatives pour les communes.

FABRIQUES (manufactures). — Voy. *Etablissement dangereux.* — *Manufactures.*

FACTEUR. — C'est en général le nom que l'on donne au préposé ou mandataire salarié, chargé par un commerçant ou autre de faire en ses lieu et place des opérations commerciales. — Voy. *Mandat.* — *Poste.* — *Préposé.*

Les Tribunaux de Commerce connaissent des actions contre les facteurs. — *C. comm.* 634.

FACTEUR aux halles et marchés. — Préposé nommé ou agréé par l'Administration Municipale, dans les grandes villes et notamment à Paris, pour recevoir et effectuer la vente des denrées envoyées aux halles et marchés. — E. N.

FACTUM. — Se dit, en style de palais, de l'exposé des faits d'un procès ou du mémoire qu'une personne publie pour attaquer ou se défendre.

FACTURE. — État détaillé ou mémoire indiquant les nature, quantité, qualité et prix des marchandises vendues, consignées ou envoyées, et dont l'usage est généralement répandu dans le commerce.

Lorsque la facture est acceptée, c'est une preuve de la vente. — *C. comm.* 109.

L'Acceptation se présume dans diverses circonstances : par exemple, si le correspondant garde la facture, s'il répond à la lettre d'envoi sans refuser ou nier l'achat, s'il continue ses relations avec le commerçant qui la lui a remise.

L'Acceptation peut encore être établie par témoins. — Voy. *Preuve testimoniale.*

Toute facture excédant 10 fr. est soumise au timbre de 10 c. lorsqu'elle est revêtue de l'acquit du créancier.

FACULTATIVE (Obligation). — On nomme obligation facultative, celle par laquelle le débiteur se réserve la faculté de donner certaine chose aux lieu et place de celle qu'il doit. — Voy. *Obligation.*

FACULTÉ. — Se dit d'un droit dont on peut user ou ne pas user.

Il faut distinguer les facultés qui viennent de la *nature* ou de la *Loi,* de celles qui résultent d'un *Contrat* ou d'une *Convention.*

Ainsi, le pouvoir de se marier, de disposer de ses biens, de s'obliger, etc., sont des facultés communes à tous les hommes. — Celles qui dérivent de la Loi sont imprescriptibles, puisqu'on peut, sans les perdre, en user ou ne pas en user. — *C. civ.* 2232.

Mais les facultés dérivant d'un contrat et qui consistent dans le pouvoir accordé de faire ou de ne pas faire telle ou telle chose sont prescriptibles comme toute autre convention. — Voy. *Prescription.*

FACULTÉS des lettres, sciences, etc. — Voy. *Enseignement.*

FACULTÉ de rachat. — S'entend du droit réservé par le vendeur de rentrer dans la propriété de la chose vendue en remboursant l'acquéreur. — Voy. *Réméré.*

FAILLITE. — C'est l'état d'un commerçant qui cesse ses paiements par suite de l'impossibilité où il se trouve de satisfaire aux demandes de ses créanciers. — *C. comm.* 437.

On donne également ce nom, soit à la masse des créanciers d'un failli, soit à la procédure que la Loi prescrit pour la gestion de ses biens.

Le commerçant seul peut être déclaré en faillite, mais quiconque fait des actes de commerce est réputé tel, encore bien qu'il exerce une autre profession. — Voy. *Commerçant.*

Le désordre des affaires d'un non-commerçant prend le nom de déconfiture. — Voy. *Déconfiture.*

Dans l'usage on confond souvent la *Faillite* et la *Banqueroute*, bien que la Loi ait attaché à ces deux expressions un sens différent. C'est par sa cause que la faillite se distingue de la banqueroute : ainsi, si la cessation de paiement est due uniquement au malheur, elle prend le nom de *faillite;* si elle est le résultat de l'imprudence ou de l'inconduite, elle prend celui de *banqueroute simple;* enfin si elle est entachée de fraude et de mauvaise foi, elle prend le nom de *banqueroute frauduleuse.*

Par cessation de paiement, il faut entendre celui qui succombe sous le poids de ses engagements et se trouve dans l'impossibilité d'y faire face, et non pas seulement une interruption partielle et momentanée.

De la déclaration de faillite.

La Faillite est déclarée par jugement du Tribunal de commerce, rendu, soit sur la déclaration du failli, soit à la requête d'un ou plusieurs créanciers, soit d'office. Ce jugement est exécutoire provisoirement. — *C. comm.* 440.

Tout failli est tenu, dans les trois jours de la cessation de ses paiements, d'en faire la déclaration au Greffe du Tribunal de commerce de son domicile. Le jour de la cessation de paiement est compris dans les trois jours. — *C. comm.* 438.

La déclaration du failli doit être accompagnée du Dépôt du *Bilan*, ou contenir l'indication des motifs qui empêcheraient le failli de le déposer.

Le bilan contient l'énumération et l'évaluation de tous les biens mobiliers et immobiliers du débiteur, l'état des dettes actives et passives, le tableau des profits et pertes et celui des dépenses; il est certifié véritable, daté et signé par le débiteur. — *C. comm.* 439. — Voy. *Bilan.*

Tant que le jugement déclaratif de faillite n'a pas été prononcé, le failli a le droit de retirer sa déclaration; mais une fois prononcé, il ne peut plus être rapporté et les effets de la faillite ne cessent que par la réhabilitation.

Effets de la faillite.

La déclaration de faillite fait perdre au failli, lors même qu'il obtiendrait un concordat, l'exercice de tous ses droits de citoyen. Il ne peut dès lors exercer aucune fonction publique, ni ses droits politiques et électoraux.

Il ne peut plus entrer à la Bourse. — *C. comm.* 614.

Il ne peut pas non plus figurer dans les Assemblées tenues pour l'Élection des prud'hommes. — *Déc. 11 juin* 1809. — Voy. *Droits politiques.* — *Elections législatives.*

Il conserve néanmoins la jouissance de ses droits civils et peut contracter valablement avec des tiers, sauf à ses syndics à faire déclarer, s'il y a lieu, les engagements pris par lui, nuls à leur égard.

Il peut défendre ses intérêts contre la masse de ses créanciers, toutes les fois qu'ils paraissent compromis.

Il continue d'exercer tous les droits de la puissance paternelle et maritale, et conserve l'administration des biens de ses enfants mineurs et de ceux de sa femme, s'il n'y a pas séparation.

Plusieurs auteurs enseignent qu'il n'est pas tenu de rendre compte des fruits de son industrie, mais en ce sens qu'il n'est pas équitable de le contraindre à en rendre un compte journalier; car, en principe, tout ce qu'il acquiert, même depuis le dessaisissement, par industrie, hasard, succession ou donation, appartient à la masse des créanciers.

En ce qui concerne les biens du failli, le jugement déclaratif de faillite emporte de plein droit, à partir de sa date, dessaisissement par le failli de l'administration de tous ses biens, même de ceux qui peuvent lui échoir tant qu'il est en état de faillite.

Le jugement déclaratif de faillite rend exigible à l'égard du failli les dettes passives non échues. — *C. comm.* 444.

Il arrête, mais seulement à l'égard de la masse des créanciers, le cours des intérêts de toute créance non garantie par un privilège, par un nantissement ou par une hypothèque.

Les actes antérieurs à la faillite peuvent être attaqués et annulés s'ils ont été faits en fraude des créanciers. — *C. civ.* 1167.

Sont *nuls et sans effet*, relativement à la masse des créanciers, les actes faits par le débiteur depuis l'époque déterminée par le tribunal comme étant celle de la cessation de ses paiements, ou dans les dix jours qui auront précédé cette époque et notamment : 1° tous actes translatifs de propriétés mobilières ou immobilières à titre gratuit; 2° tous paiements, soit en espèces, soit par transport, vente, compensation ou autrement, pour dettes non échues; et pour dettes échues, tous paiements faits autrement qu'en espèces ou effets de commerce; 3° toute hypothèque conventionnelle ou judiciaire, et tous droits d'antichrèse ou de nantissement constitués sur les biens du débiteur pour dettes antérieurement contractées. — *C. comm.* 446.

Tous autres paiements faits par le débiteur pour dettes non échues, et tous autres actes à titre onéreux par lui passés après la cessation de ses paiements et avant le jugement déclaratif de faillite, *peuvent être annulés* si, de la part de ceux qui ont reçu du débiteur ou qui ont traité avec lui, ils ont eu lieu avec connaissance de la cessation de ses paiements.

Administration de la faillite.

La faillite s'administre par des syndics chargés de représenter la masse des créanciers, et qui agissent sous la surveillance d'un Juge-Commissaire désigné par le Tribunal de Commerce parmi ses membres.

Le nombre des syndics peut être porté jusqu'à trois. Ils ne peuvent dans ce cas agir que collectivement, à moins d'attributions ou autorisations spéciales de la part du juge-commissaire.

A compter de leur entrée en fonctions, les syndics sont tenus de prendre inscription au nom de la masse des créanciers sur les immeubles du failli dont ils connaissent l'existence. — Ils sont aussi tenus de faire tous actes nécessaires pour la conservation des droits du failli contre ses débiteurs. — *C. comm.* 490.

Conformément au décret du 25 mars 1880, il est tenu au Greffe de chaque Tribunal de commerce et de chaque Tribunal civil, un Registre sur lequel sont inscrits, pour chaque faillite, les actes relatifs à la gestion des syndics, recettes, dépenses et versements à la caisse des dépôts et consignations.

Vérification des créances.

A partir du jugement déclaratif de faillite, les créanciers peuvent remettre au Greffier leurs titres avec un bordereau indicatif des sommes par eux réclamées; c'est ce qu'on appelle la *production des titres*.

La vérification des créances se fait aux lieu, jour et heure indiqués par le Juge-Commissaire. Les créanciers sont convoqués à cet effet.

Tout créancier *vérifié* ou porté au bilan peut assister à la vérification des créances et fournir des contredits aux vérifications faites ou à faire. — Le failli a le même droit.

Chaque créancier est tenu d'affirmer entre les mains du Juge-Commissaire, dans la huitaine au plus tard de la vérification de sa créance, que ladite créance est sincère et véritable. — *D. N.*—*C. comm.* 497. — Voy. *Atermoiement.* — *Cession de* biens. — *Banqueroute simple.* — *Banqueroute frauduleuse.* — *Réhabilitation.* — *Vérification de créances.* — *Union de créanciers.*

Le créancier qui n'a pas paru à la faillite n'en est pas moins créancier comme les autres, seulement il ne peut prétendre qu'à la somme stipulée par le concordat. — *C. comm.* 516. — Voy. *Concordat.*

FAISANCES. — Se dit de tout ce qu'un fermier s'oblige par son bail de faire et fournir en dehors du prix de location, tels que charrois, volailles, beurre, œufs et autres prestations en nature. — Voy. *Bail à ferme.*

FAIT. — Ce mot a plusieurs acceptions; et d'abord il est synonyme d'*action*, de *chose faite* ou *à faire*.

Il se dit aussi par opposition au droit.

Un fait à accomplir peut être l'objet d'une convention, car on peut s'obliger à faire ou à ne pas faire une chose. — *C. civ.* 1126.

Mais pour que l'obligation d'un fait soit valable, il faut qu'il soit possible.

Nul ne peut être contraint de faire ce qu'il a promis, mais l'inexécution donne lieu à des dommages-intérêts. — Voy. *Dommages intérêts.*

Chacun est responsable de son fait lorsqu'il porte préjudice à autrui. — *C. civ.* 1383.

Par opposition au *droit*, on appelle *fait*, en terme de palais, la série des actes qui constituent un procès.

Les questions de *fait* sont laissées à l'appréciation des juges.

Etre en possession de *fait* c'est avoir la simple détention d'une chose. Etre en possession de *droit*, c'est avoir seulement le titre de la propriété.

On appelle encore point de *fait* ou question de *fait*, par opposition au point de *droit*, l'exposé des circonstances d'une affaire litigieuse.

FAIT d'autrui. — Se dit de tout ce qui est fait, dit ou écrit par une personne relativement à une autre.

En principe, le fait d'autrui ne peut pas nuire à un tiers. Mais si le fait d'autrui nous est profitable, nous pouvons nous le rendre propre. — Voy. *Stipulation pour autrui.*

Le fait des personnes qui gèrent pour nous, comme un mandataire, un tuteur, est considéré comme notre propre fait, et non celui d'autrui.

FAIT (Erreur de). — Voy. *Erreur de fait.*

FAIT (Point de). — Voy. *Point de fait.*

FAIT et Cause. — Se dit du droit et de l'intérêt d'un tiers. — Ainsi, prendre *fait et cause* pour quelqu'un, c'est intervenir en justice afin de le garantir des effets d'une contestation ou de le faire mettre hors de cause. — *C. proc.* 182 et suiv. — Voy. *Garantie.*

FAIT de charge. — C'est en général tout acte ou omission dommageable à autrui, commise par un officier public dans l'exercice de ses fonctions. — *D. N.*

Toutes les fautes commises par un officier public engagent sa responsabilité, et peuvent motiver contre lui une poursuite disciplinaire et une action en dommages-intérêts.

Tout fait de charge donne lieu à un privilège sur le cautionnement de l'officier public qui s'en est rendu coupable. — *L. du 25 ventôse an XI.*

FAIT négatif. — Se dit, soit d'un fait que l'on dénie, soit de l'omission qui cause un préjudice à autrui. — Voy. *Faute.* — *Preuve.*

FAIT (Point de). — Voy. *Fait.*

FAIT (Question de). — Voy. *Fait.*

FAITS et articles. — Ce sont ceux sur lesquels, en matière de procédure, une partie peut faire interroger son adversaire. — Voy. *Aveu.* — *Interrogatoire sur faits et articles.*

FAITS pertinents. — Ce sont ceux qui, en procédure, appartiennent à la cause et concourent à justifier la demande qu'on intente. Ces faits sont aussi appelés admissibles. — *C. proc.* 253.

FAITS et Promesses. — La garantie des simples faits et promesses est, comme ces mots l'indiquent, celle qui résulte des actes ou des faits personnels de celui qui la consent. — Elle ne s'étend pas au delà.

Cette garantie est de droit lors même qu'elle ne serait pas exprimée. — *C. civ.* 1628. — Voy. *Eviction.* — *Garantie.* — *Vente.*

FAITS qui gisent en preuve. — Ce sont ceux susceptibles d'être prouvés, soit par titres, soit par témoins. — Voy. *Preuve.*

FALSIFICATION. — Fraude ou altération d'une chose.

D'après la Loi du 27 mars 1851, sur la répression des fraudes dans la vente des marchandises, les peines de police édictées par l'art. 423 du C. pén. sont applicables : 1° à ceux qui ont falsifié des substances ou denrées alimentaires ou médicamenteuses destinées à être vendues ; 2° à ceux qui ont mis en vente ou vendu ces mêmes denrées, sachant qu'elles sont falsifiées ou corrompues ; 3° à ceux qui ont trompé ou tenté de tromper, sur la quantité des choses livrées, les personnes auxquelles ils vendent ou achètent, soit par l'usage de faux poids ou de fausses mesures, soit par des procédés tendant à fausser l'opération du pesage ou mesurage.

Si, dans les cas prévus, il s'agit d'une marchandise contenant des mixtions nuisibles à la santé, l'amende est de 50 à 500 fr. et l'emprisonnement de trois mois à deux ans.

Les dispositions de la loi du 27 mars 1851 sont applicables aux boissons. — *L. du 5 mai 1855.*

Les voituriers, bateliers ou leurs préposés qui ont altéré ou tenté d'altérer des vins ou autres liquides ou marchandises dont le transport leur a été confié, par le mélange de substances malfaisantes, sont punis d'une amende de 25 à 500 fr., et d'un emprisonnement de 2 à 5 ans. — *C. pén.* 387.

Les boissons falsifiées, trouvées chez les vendeurs et débitants, peuvent en outre être saisies et confisquées. — *C. proc.* 477.

FAMILIARITÉ. — Se dit des actes de complaisance ou de simple tolérance que l'on permet sur son fonds en faveur d'un propriétaire voisin. — Voy. *Possession.* — *Prescription.* — *Servitude.*

FAMILLE. — On entend par famille, la réunion de toutes les personnes unies par les liens du sang, ou qui descendent d'une souche commune.

Les enfants légitimes suivent la famille de leur père et non celle de leur mère. Quant aux enfants naturels, ils n'ont d'autre famille que le père ou la mère qui les ont reconnus. — Voy. *Enfant naturel.*

La loi reconnaît des droits et devoirs de famille. — Voy. *Aliments.* — *Conseil de famille.* — *Curateur.* — *Education.* — *Tutelle.*

FAMILLE (Conseil de). — Voy. *Conseil de famille.*

FAMILLE (Nom de). — Voy. *Nom.*

FAUBOURG. — On entend par faubourg, la continuité des maisons qui se trouvent hors des portes d'une ville. — Voy. *Ville.*

FAUSSAIRE. — Voy. *Faux.*

FAUSSE cause. — Voy. *Cause.*

FAUSSE déclaration, évaluation ou mention. — Voy. *Déclaration en matière d'Enregistrement.* — *Donation.* — *Expédition.* — *Expertise en matière d'Enregistrement.* — *Succession.* — *Vente.*

FAUSSE démonstration. — Voy. *Démonstration.*

FAUSSE monnaie. — Contrefaçon, ou altération des monnaies d'or ou d'argent ayant cours légal en France.

Le fait de contrefaçon, altération, émission, participation à l'émission ou introduction en France des fausses monnaies est un crime puni des travaux forcés. — *C. pén.* 132.

FAUTE. — Tout fait, toute omission qui cause un dommage à autrui, soit par négligence ou impéritie, c'est-à-dire sans intention de nuire.

En droit, la faute qui occasionne un dommage à autrui oblige à le réparer. — *C. civ.* 1383.

Les fautes diffèrent des *délits* et *quasi-délits*, en ce que ceux-ci supposent des faits illicites en eux-mêmes, c'est-à-dire contraires à l'ordre public.

C'est à celui qui se plaint de la faute ou de la négligence de quelqu'un, à en administrer la preuve. Nul n'est tenu de prouver qu'il ne s'est pas mis en faute.

FAUX. — Ce mot s'applique à toute suppression ou altération de la vérité. Toutefois pour qu'il y ait crime de faux, il faut que cette suppression ou altération soit frauduleuse et puisse porter préjudice à autrui.

Le faux se commet :

1° Par des paroles, en faisant de faux serments, de faux témoignages, de fausses déclarations ;

2° Par des faits, en usant de faux poids, de fausses mesures, en fabricant de fausses monnaies, de faux poinçons, timbres, marques, etc. ;

3° Enfin, par des écrits, en contrefaisant la signature de quelqu'un, en fabricant de faux contrats, de fausses promesses, de faux testaments ; en altérant des pièces véritables par des ratures, additions ou surcharges, en supposant dans un acte des consentements qui n'y ont pas été donnés, des qualités qui n'ont pas été prises, des formalités qui n'ont pas été remplies, ou d'autres circonstances qui n'ont pas eu lieu. — *C. pén.* 132, 163.

Il y a trois espèces de faux en écriture : le faux en écriture publique, le faux en écriture de commerce, et le faux en écriture privée. — *C. pén.* 145, 146, 147, 150.

Le faux donne lieu, comme les autres crimes, à l'action publique, pour l'application des peines, et à l'action civile, pour la réparation du dommage causé. — *C. inst. crim.* 1.

Tout fonctionnaire ou officier public qui, dans l'exercice de ses fonctions, aura commis un faux sera puni des travaux forcés à perpétuité. — *C. pén.* 145.

Seront punis de travaux forcés à temps toutes autres personnes qui auront commis un faux en écriture authentique et publique, ou en écriture de commerce ou de banque. — *C. pén.* 146.

Ceux qui auront fait usage des actes faux seront punis des travaux forcés à temps. — *C. pén.* 148.

Tout individu qui aura commis un faux en écriture privée, ou en aura fait usage sera puni de la réclusion. — *C. pén.* 150, 151.

FAUX frais. — On appelle ainsi, en général, toutes les petites dépenses que l'on est obligé de faire pour un objet, outre les dépenses principales. — Cette expression s'entend aussi des frais de procès qui n'entrent point en taxe.

Il est ordinairement tenu compte des faux frais à ceux qui les ont faits sur leur affirmation.

Les faux frais qui consistent dans les avances doivent toujours être remboursés par le mandant ou mandataire. — *C. civ.* 1375, 1999.

FAUX incident civil. — Voie que l'on prend pour faire déclarer fausse ou falsifiée une pièce signifiée, communiquée ou produite dans le cours d'une procédure. — *C. proc.* 214.

Cette voie est également ouverte contre les actes privés. La dénégation qui entraîne la vérification n'exclut pas l'inscription de faux, si celui à qui l'on oppose l'acte préfère ce dernier moyen.

FAUX permis de chasse ou passeport. — Celui qui aura fabriqué un faux permis de chasse, faux passeport, feuille de route, ou certificat, ou aura falsifié, ou fait usage de l'une ou l'autre de ces pièces, sera puni d'un emprisonnement de six mois à trois ans. — *C. pén.* 153.

Celui qui aura pris un nom supposé, dans un passeport ou permis de chasse, sera puni d'un emprisonnement de trois mois à un an. — *C. pén.* 154.

FAUX poids. — Voy. *Poids et mesures.*

FAUX témoignage. — Témoignage fait en justice contrairement à la vérité.

Quiconque se sera rendu coupable de faux témoignage en matière criminelle, soit contre l'accusé, soit en sa faveur, sera puni de la peine de la réclusion. — *C. pén.* 361.

En matière correctionnelle, la peine sera de 2 à 5 années d'emprisonnement et d'une amende de 50 fr. à 2.000 fr. Elle ne sera que de 1 à 3 ans et de 16 fr. à 500 fr. d'amende en matière de simple police. — *C. pén.* 362.

Le coupable de faux témoignage, en matière civile, sera puni d'un emprisonnement de 2 à 5 ans et d'une amende de 50 fr. à 2.000 fr.

Si le faux témoin a reçu de l'argent, une récompense ou quelque promesse, les peines seront plus fortes. — *C. pén.* 364.

FAVEUR. — Se dit des prérogatives ou avantages accordés à certaines personnes, ou qui accompagnent certains actes.

On est toujours libre de refuser une faveur.

Lorsque deux parties sont également fondées en titres, la faveur est pour celle qui possède. — Voy. *Possession.*

En cas de doute, il vaut mieux favoriser celui qui agit pour recouvrer le sien que celui qui agit pour acquérir de nouveau. — *D. N.*

FEMME. — En droit, ce mot comprend en général toutes les personnes du sexe féminin, qu'elles soient filles, mariées ou veuves. Dans un sens plus restreint, il ne s'applique qu'aux femmes mariées.

Les femmes jouissent des droits civils, mais, par la seule raison de leur sexe, elles sont inhabiles à plusieurs sortes d'engagements et à presque toutes les fonctions publiques ; cependant, elles peuvent être Receveuses des Postes et Télégraphes, Buralistes de loteries ou de tabac, Distributrices de papier timbré, etc.

Elles ne peuvent être Arbitres, mais elles peuvent dans certains cas être Experts. — *D. N.*

Elles ne peuvent servir de témoin dans les testaments ni dans les actes notariés ; mais elles sont appelées à déposer à ce titre, soit en matière civile, soit en matière criminelle. — *C. civ.* 980.

Elles ne peuvent être Tutrices que de leurs enfants et petits-enfants, et de leurs maris interdits. — *C. civ.* 390, 402, 442, 503.

Elles ont, comme les hommes, la faculté d'exercer un commerce ; elles peuvent même, lorsqu'elles sont mariées avoir un commerce qui leur est propre. — *C. comm.* 4.

FEMME mariée. — Les femmes mariées suivent la condition de leur mari, tant pour le domicile que pour la qualité, le rang et les honneurs.

L'étrangère qui épouse un Français devient Française, et la Française qui épouse un étranger devient étrangère.

Le mariage soumet les femmes à la puissance maritale. — Voy. *Autorisation maritale.* — *Mariage.* — *Puissance maritale.*

La femme ne peut, sans l'autorisation de son mari, contracter aucune obligation ni aliéner ses biens, les hypothéquer, ni ester en jugement ; mais elle peut tester, accepter un mandat, reconnaître un enfant naturel, sans l'autorisation de son mari.

La femme mariée ne peut vendre ses biens à son mari que dans les cas prévus par l'art. 1595 du C. civ.

La femme qui se marie en secondes noces ne peut donner à son nouvel époux qu'une part d'enfant légitime le moins prenant, sans que cette part puisse excéder le quart des biens. — *C. civ.* 1098.

La femme est obligée d'habiter avec son mari et de le suivre partout où il juge à propos de résider, même au cas où il quitterait sa patrie. — *C. civ. 214.*

Une femme qui perd son mari ne peut se remarier avant le délai de dix mois révolus. Il en est de même de la femme divorcée.

Les femmes mariées ont, pour garantie de leur dot et de leurs conventions matrimoniales, une hypothèque légale sur les biens de leur mari.—Voy. *Hypothèque.*

Les droits des femmes des commerçants sont réglés, en cas de faillite de leurs maris, par les art. 557 et suiv. du C. de comm.

FEMME autorisée. — Voy. *Autorisation maritale.*

FEMME commune. — On nomme *Femme Commune*, celle qui est mariée en communauté. Elle est *non commune*, si elle a été mariée sans communauté, ou si elle ne l'a pas acceptée. — Voy. *Communauté de biens.*

FEMME divorcée. — Voy. *Divorce.*

FEMME enceinte. — Voy. *Curatelle.* — *Déclaration de grossesse.* — *Déclaration d'accouchement.*

FEMME marchande publique. — S'entend de celle qui fait un commerce personnel entièrement séparé de celui de son mari.

Elle ne peut, même étant majeure et sous quelque régime qu'elle ait été mariée, exercer un commerce sans l'autorisation de son mari.

Cette autorisation n'étant soumise à aucune forme particulière peut être donnée par acte sous seing et peut même être tacite. — Voy. *Autorisation pour faire le commerce.*

Une fois autorisée à cet effet, la femme marchande peut contracter toutes les obligations relatives à son commerce. — *C. comm. 45.*

Elle ne peut ester en jugement sans l'autorisation de son mari. — *C. civ. 215*

FEMME séparée. — Voy. *Séparation de biens.* — *Séparation de corps.*

FENÊTRE. — Voy. *Indivision.* — *Jours de coutume.* — *Jours de servitude.* — *Vue.*

FERMAGES et loyers. — C'est ainsi qu'on désigne le prix des baux et locations ; mais le mot *Fermages* s'applique particulièrement au bail d'héritages ruraux, et le mot *Loyers* au bail de maisons.

Les paiements de fermages et loyers faits par anticipation au propriétaire, peuvent, dans certains cas, être critiqués par ses créanciers, et il est prudent de s'en abstenir. — Voy. *Bail.* — *Hypothèque.*

Les demandes en paiement de fermages sont dispensées du préliminaire de la conciliation.

Pour faciliter le calcul des arrérages et proratas de fermages. — Voy. *Revenus.*

FERME, Fermier. — On appelle *ferme*, le corps d'un domaine rural, c'est-à-dire les terres, prés, bois et vignes, à l'exploitation desquels sont destinés des bâtiments, granges et lieux d'habitation.

Le *fermier* est le locataire d'un bien rural.

Il exploite la ferme.

Il ne peut intenter la *complainte* ni l'action en *bornage*, pas plus que l'action en *réintégrande* qui tend à la répression d'une voie de fait, d'une violence, sans l'intervention du propriétaire. — Voy. *Bail à ferme.* — *Bornage.* — *Réintégrande.*

Il n'a pas le droit de chasse, qui est réservé au propriétaire. — Voy. *Chasse.*

FERMIER entrant et sortant. — Les noms de fermier *entrant* et de fermier *sortant* sont employés pour exprimer les obligations qui pèsent sur un fermier, à l'époque où commence et où finit sa jouissance. — *C. civ. 1777.* — Voy. *Bail à ferme.* — *Pailles et engrais.*

FERMIER d'Octroi. — On nomme ainsi, mais improprement, l'adjudicataire de la perception des droits établis à l'entrée de certaines communes pour subvenir aux besoins communaux. — Voy. *Bail d'Octroi*. — *Octroi*.

FERMIER partiaire ou métayer. — Se dit de celui qui exploite une métairie, sous la condition du partage des fruits et récoltes avec le propriétaire. — Voy. *Bail partiaire*.

FÊTE légale. — Jour consacré par la loi aux exercices du culte ou à des cérémonies publiques, et pendant lequel les affaires publiques et les travaux particuliers sont suspendus.

Les seuls jours fériés légalement reconnus, indépendamment des *Dimanches*, sont : le 1er *Janvier*, — le *Lundi de Pâques*, — l'*Ascension*, — le *Lundi de la Pentecôte*, — le 14 *Juillet* (jour de la Fête Nationale annuelle adopté par la Loi du 6 juillet 1880), — l'*Assomption*, — la *Toussaint* et *Noël*. — LL. des 18 *germ. an X*, 8 *mars* 1886, *etc.*

En matière civile, lorsque le dernier jour du délai est un jour férié, le délai est prorogé au lendemain. — *C. proc.* 1003. — *L. du 3 mai* 1863.

Les bureaux d'Enregistrement, du Timbre, des Hypothèques, et tous les bureaux des Administrations et fonctionnaires publics, sont fermés au public les Dimanches et jours fériés.

Les Tribunaux ne doivent pas tenir séance les jours fériés, mais les Juges de paix peuvent donner audience et juger tous les jours, même ceux des Dimanches et Fêtes. — *C. proc.* 8.

Il en est de même du Juge des référés, en cas d'urgence. — *C. proc.* 808.

Les exploits, significations et autres actes de poursuites ne peuvent être faits par les huissiers les jours fériés, sauf les cas d'urgence et avec la permission du Juge.

Les notaires peuvent recevoir tous les actes volontaires les Dimanches et jours fériés, excepté ceux qui participent de la juridiction contentieuse, comme les inventaires, les procès-verbaux, les protêts, etc. — Mais ils ne sont obligés à déférer aux réquisitions des parties que pour les testaments et autres cas urgents, et pourraient conséquemment s'abstenir de prêter leur ministère pour tous autres actes.

En matière civile, les délais se comptent par jours continus, sans en excepter les fêtes et les Dimanches. Ainsi les jours fériés sont compris dans les délais légaux et conventionnels, lors même que le dernier jour du délai est un jour férié et que la déchéance ne peut être évitée que par un acte judiciaire notifié avec l'autorisation prévue par l'article 1037 du C. proc.

Il n'y a d'exception à cette règle qu'en matière de protêt. (*C. comm.* 102) et pour le cas où la loi fixe un délai de vingt-quatre heures. (Ce délai ne pourrait s'entendre que de vingt quatre-heures utiles.)

En matière d'enregistrement, lorsque le délai expire un jour de fête légale, ce jour n'est pas compté. — *D. N.* — Voy. *Délais* ou *Délais légaux*.

Les garçons âgés de moins de 16 ans, et les filles âgées de moins de 21 ans, ne peuvent être employés à aucun travail par leurs patrons, les Dimanches et jours fériés. — *L. du 19 mai* 1874.

FEU. — Ce mot est quelquefois employé pour signifier *ménage* ou *famille*, et même *domicile*. — Voy. *Affouage*.

Il est synonyme d'incendie. — Voy. *Incendie*.

Il s'emploie également en matière d'adjudication. — Voy. *Extinction des feux*.

FEUX allumés dans les champs. — Il est défendu d'allumer du feu dans les champs à moins de 200 mètres des bois et forêts, sous peine d'une amende de 20 à 100 fr.

Il est également défendu d'allumer du feu dans les champs à moins de 100 mètres des maisons, bruyères, vergers, meules de grains, de paille ou de foin, sous peine d'une amende égale à la valeur de 12 journées de travail. — *LL. des* 28 *sept. et* 6 *oct.* 1791. — Voy. *Incendie*.

FEUILLE d'audience. — Voy. *Plumitif*.

FEUILLE de route. — Ordre de marche donné aux militaires voyageant en corps ou isolément.

Ce sont les commissaires de guerre, et les fonctionnaires chargés de les remplacer, qui délivrent et signent les feuilles de route.

FEUILLES mortes. — L'enlèvement des feuilles mortes par d'autres que le propriétaire est défendu. — *C. for.* 144. — Voy. *Forêt*.

FEUILLES volantes. — Feuilles de papier isolées qui ne tiennent ni à un registre ni à un livre.

Les écritures non signées, mises sur des feuilles volantes, par exemple les quittances écrites de la main du créancier, non signées, qui se trouvent aux mains du débiteur, ne font pas foi de paiement. Ce n'est que la signature qui manifeste en général l'intention de s'engager.

Il en est de même des écrits emportant promesse, vente, etc.; ils sont considérés comme de simples projets qui n'ont pas reçu d'exécution.

Un écrit de cette nature pourrait toutefois servir de commencement de preuve par écrit. — Voy. *Papiers domestiques*.

FICTIF. — Se dit de ce qui n'est point réel, mais que l'on suppose par fiction.

Dans les partages et liquidations, le mot *fictif* s'entend particulièrement des choses qui, se compensant avec d'autres, ne figurent pas réellement dans l'acte; ainsi, par exemple : les rapports qui ne se font qu'en moins-prenant sont des rapports fictifs. — *C. civ.* 858, Voy. — *Communauté*. — *Liquidation de droits indivis*. — *Rapport*.

FICTION. — Supposition admise par la Loi et par suite de laquelle les personnes et les choses sont considérées sous un rapport qui n'est pas réel, mais est cependant légalement vrai.

Les fictions de droit concercent les *personnes*, les *choses*, le *temps* ou le *lieu*.

A l'égard des personnes, les principales fictions concernent l'enfant simplement conçu, qui est réputé né dans son intérêt; l'enfant légitimé par mariage subséquent, qui est supposé né légitime; l'adopté, qui est censé le fils de l'adoptant; le mineur, qui est réputé majeur pour fait de commerce, etc.

Les principales fictions sur les *choses* sont celles qui donnent le caractère d'immeubles à la chose qui ne l'avait pas de sa nature, par exemple, aux meubles réputés *immeubles* par leur destination, aux actions de la banque *immobilisées*, etc.

L'effet rétroactif qui a lieu dans l'accomplissement des conditions est une fiction de *temps*. — Il en est de même de celle que produit, en matière de succession, *le mort saisit le vif*.

Enfin, la règle qui veut que les meubles aient leur siège au lieu même du domicile de leur propriétaire est une fiction de *lieu*.

La fiction est de droit étroit, et il n'appartient pas au juge de la créer.

C'est une fiction nécessaire et qui est la base même du droit civil et criminel, que *Nul n'est censé ignorer la Loi*.

FIDÉI-COMMIS. — Disposition par laquelle un donateur charge son héritier ou son légataire de restituer à une ou plusieurs personnes tout ou partie des biens qu'il lui laisse, soit dans un certain cas, soit dans un certain temps.

Le fidéi-commis est *exprès* ou *tacite*.

Il est *exprès* lorsqu'il résulte d'une disposition formelle du donateur.

Pour le fidéi-commis *tacite*. — Voy. ces mots.

Le fidéi-commis *exprès* a certaine analogie avec une disposition d'usufruit, par exemple lorsque le donateur veut que le fonds légué à l'un soit remis à l'autre dans certain délai. Dans ce cas, le droit du fidéi-commissaire est acquis au même instant et aussi invariablement que celui du grévé. La délivrance est seule retardée par le terme.

Les substitutions prohibées par l'art. 896 du C. civ. sont une espèce de fidéi-commis, mais qui ne s'applique qu'au cas ou le fidéi-commissaire est autorisé par le disposant à jouir toute sa vie à titre de propriétaire, et n'est tenu de rendre qu'à son décès. — Voy. *Substitution*

FIDÉI-COMMIS tacite. — Se dit d'une disposition faite en apparence au profit de quelqu'un, mais avec la condition secrète que le bénéfice en sera transmis à une autre personne qui n'est point nommée.

Le fidéi-commis *tacite* n'est prohibé par la Loi qu'autant qu'on s'en sert pour transmettre des biens à un incapable. — La personne qui peut recevoir directement le peut d'une manière indirecte, mais la personne gratifiée n'a d'autre garantie de son droit que la bonne foi de l'institué, la preuve n'étant pas admise dans ce cas. — D. N. — Voy. *Donation déguisée.* — *Personne interposée.*

Toutefois, la preuve, même testimoniale, suffirait pour constater une disposition au profit d'un incapable, déguisé sous le nom de personne interposée.

FIDÉJUSSEUR. — Mot synonyme de Caution. — Voy. *Cautionnement.*

FIDUCIE. — La *fiducie* est une disposition par laquelle un testateur charge quelqu'un, en l'instituant héritier pour la forme, d'administrer la succession et de la tenir en dépôt jusqu'au moment où il doit la remettre au véritable héritier.

La *fiducie* est permise. Elle ne tombe pas sous la prohibition de l'art. 896 du C. civ.

Pour distinguer une simple *fiducie* d'une *substitution*, il faut rechercher si le déposant n'a consulté que les intérêts de l'*appelé* en différant la remise, ou s'il a institué le *grevé* pour son propre avantage.

Pour qu'il y ait institution fiduciaire, il n'est pas nécessaire que l'appelé soit l'enfant du disposant, ni que le substitué soit parent de l'un ou de l'autre. — Il n'est pas non plus nécessaire que l'appelé soit en bas âge, tel qu'il ait besoin d'un tuteur, ni que la remise soit effectuée avant la majorité.

Mais si la restitution avait été ajournée jusqu'au décès de l'institué, on devrait en conclure que la disposition a été faite pour l'avantage personnel du grevé aussi bien que du substitué, et il y aurait fidéi-commis conditionnel ordinaire, et conséquemment substitution prohibée.

L'institué *fiduciaire* n'est qu'un simple administrateur qui doit rendre compte des biens et de leur produit, à moins que le testateur ne l'ait dispensé de restituer les fruits. — *D. N.*

FIEFFE. — C'était autrefois, en Normandie, le nom d'un bail d'héritage, fait à la charge d'une rente, soit perpétuelle, soit rachetable.

La fieffe se nommait aussi *Bail à rente*. Aujourd'hui, ces deux actes sont confondus avec la *vente*. — Voy. *Bail à rente.* — *Rente.* — *Vente.*

FILETS. — Ce mot signifie la moulure qui fait saillie au bout du chaperon du mur et excède sa surface, et qu'on appelle aussi *larmiers* ou *corbeaux*.

On entend aussi par *filets* les engins avec lesquels le pêcheur prend les *poissons* et le chasseur le *gibier*. — Voy. *Corbeaux.* — *Mitoyenneté.* — *Mur.* — *Chasse.* — *Pêche.*

FILIATION. — Se dit de la descendance des enfants à l'égard de leurs père et mère et de leurs aïeux. — Voy. *Légitimité.* — *Succession.*

La filiation est *légitime* ou *naturelle*. — Voy. *Adoption.* — *Enfant adultérin. Enfant naturel.* — *Reconnaissance d'enfant naturel.*

FILIGRANE. — Marque qui se trouve dans la pâte du papier, notamment de celui que la régie fait timbrer et débiter.

FILOUTERIE. — Se dit de tout menu vol.

FILS. — FILLE. — Termes qui s'emploient suivant la différence du sexe, pour désigner les enfants d'une personne.

Les mots *fils*, *fille* s'entendent quelquefois, selon les cas, des *petits-fils* ou *petites-filles*. — Voy. *Enfant.* — *Famille.* — *Légitimité.* — *Mariage.* — *Puissance-paternelle.*

FINANCE (contrainte). — Voy. *Contrainte (finances)*.

FINANCES. — Se dit des revenus et produits que l'Etat retire, soit de ses biens, soit des impôts.

Les Lois des finances, qui règlent les Recettes et les Dépenses du Trésor public, sont votées chaque année par le Corps Législatif.

FINISTÈRE. — Le département du Finistère est un des cinq que forme l'ancienne province de Bretagne.

Chef-lieu : Quimper.

Cour d'appel : Rennes.

Ce département est limité : à l'Est par les Côtes-du-Nord et le Morbihan ; au Sud et à l'Ouest par l'Océan et au Nord par la Manche.

Il est divisé en cinq arrondissements, 43 cantons et 237 communes.

Superficie : 671.615 hectares.

Impôt foncier : 1.638.875 francs.

Population : 707.820 habitants.

FINS. — En procédure, ce terme est employé pour exprimer l'objet d'une *demande*, c'est-à-dire ce à quoi tendent les conclusions.

FINS civiles. — Se dit des actions judiciaires qui n'ont pour objet que des condamnations pécuniaires ou autres du même genre.

FINS de non-payer. — Motifs ou exceptions que fait valoir un débiteur pour éluder un paiement qui lui est demandé.

FINS de non-procéder. — Se dit des motifs allégués pour empêcher la procédure de s'engager ou la faire différer. — Telles sont les exceptions *déclinatoires* et *dilatoires*. — Voy. *Exception*.

FINS de non-recevoir. — Exceptions qui tendent à faire écarter définitivement une action ou une demande intentée. — E. N. — Voy. *Exception*.

FISC. — On entend par ce mot le domaine ou Trésor de l'Etat.

Les épaves, les biens vacants et sans maître appartiennent au *fisc*.

Il est en outre appelé, comme successeur irrégulier, à recueillir les biens de ceux qui ne laissent ni parents au degré successible, ni enfants naturels, ni conjoints survivants et non divorcés. — *C. civ.* 713, 723.

Le fisc a un privilège sur tous les meubles et effets mobiliers des contribuables, pour la contribution personnelle et mobilière, celle des portes et fenêtres, celle des patentes, et pour les droits de timbre, de douanes et de contributions indirectes.

Il a une hypothèque légale sur les immeubles des comptables publics.

FLAGRANT délit. — S'entend du crime ou délit qui se commet actuellement ou qui vient de se commettre à l'instant même. — *C. inst. crim.* 41. — Voy. *Adultère*. — *Délit*.

Tout dépositaire de la force publique, et même tout particulier est tenu de saisir le *prévenu* surpris en *flagrant délit*, ou poursuivi soit par la clameur publique, soit dans les cas assimilés au flagrant délit, et de le conduire devant l'officier du ministère public, sans qu'il soit besoin de mandat d'amener si le crime ou délit emporte peine afflictive ou infamante. — *C. instr. crim.* 106.

L'inculpé est immédiatement interrogé et traduit sur-le-champ, ou au plus tard le lendemain, à l'audience du tribunal. Les témoins peuvent être verbalement requis et sont tenus de comparaître. — Toutefois, il peut être accordé un délai de trois jours au moins à l'inculpé pour préparer sa défense, s'il en fait la demande. — *L. du 20 mai* 1863.

FLEUVE. — On appelle *Fleuves* les grandes rivières qui portent leurs eaux et conservent leur nom jusqu'à la mer. — *C. civ.* 538. — Voy. *Alluvion*. — *Atterrissement*. — *Cours d'eau*. — *Digue*. — *Domaine public*. — *Chemin*. — *Eau*. — *Halage*. — *Ile*. — *Ilots*. — *Inondation* — *Marchepied*. — *Usines*.

FLOTTAGE. — C'est le transport du bois sur l'eau sans le secours des bateaux. On distingue le flottage à bûches perdues et le flottage par trains ou radeaux.

Les rivières navigables sont également flottables ; mais on ne peut y exercer le droit de flottage qu'autant que l'Autorité Administrative en a accordé la permission.

Le flottage à bûches perdues ne peut avoir lieu que du premier novembre au trente-un mars inclusivement. Les bûches doivent avoir une longueur déterminée.

Les propriétaires intéressés doivent être avertis par publications faites dix jours au moins à l'avance, et il leur est dû indemnité pour les dégradations qui en résulteraient. — *Déc. du 14 janv.* 1810.

Pendant 40 jours après le flot, les marchands peuvent faire pêcher les bois qui auraient été au fond de l'eau.

Les propriétaires des moulins sont tenus, sans indemnité, de laisser chômer leurs moulins s'il est besoin pendant le flottage.

Les marchands peuvent se servir des terres qui bordent les rivières navigables ou flottables, pour y faire l'amas de leurs bois en tant que de ceux destinés à l'approvisionnement de Paris. — *D. N.* — Voy. *Cours d'eau.* — *Marchepied.* — *Rivière.*

FOI. — Se dit de ce qui mérite confiance, — de l'autorité accordée par la loi aux écrits et aux déclarations. — *C. civ.* 1319 *et suiv.*, 1331, 1334. etc. — Voy. *Acte.* — *Acte authentique.* — *Acte sous seing privé.* — *Papiers domestiques.*

FOI (bonne). — Voy. *Bonne foi.*

FOI publique. — Confiance que le public accorde à la capacité d'une personne d'après la notoriété. — Voy. *Erreur commune.*

La violation de la foi publique aggrave certains *délits* ou *quasi-délits.* — *C. pén.* 145, etc.

FOIRES et marchés. — Réunions publiques autorisées pour l'exploitation et la vente des denrées et marchandises de toute espèce, et qui se tiennent dans des lieux déterminés et à des jours fixes. — *E. N.*

Les foires doivent être autorisées par décrets du gouvernement, tandis que les marchés sont autorisés par les Préfets.

La police des lieux où se tiennent les foires et marchés appartient à l'Autorité Municipale. — Voy. *Maire.*

Le possesseur d'un objet perdu ou volé peut se disculper de toute poursuite s'il prouve qu'il l'a acheté en foire ou en marché. — *C. civ.* 2280.

Les effets de commerce, stipulés payables en foire, sont échus la veille du jour fixé pour la clôture, ou le jour de la foire si elle ne dure qu'un jour. — *C. comm.* 129. 133, 187.

FOL-appel. — Nom que prend l'appel rejeté. — Ce mot n'est guère employé qu'en parlant de l'amende à laquelle est condamné l'appelant qui succombe et qu'on nomme amende de fol-appel. — *C. proc.* 471. — Voy. *Appel.* — *Juridiction.*

FOLIE. — Voy. *Aliénation mentale.* — *Aliénés.* — *Conseil judiciaire.* — *Convention.* — *Délire.* — *Démence.* — *Excuses.* — *Interdiction.*

FOLLE enchère. — Se dit de l'enchère faite sur un immeuble vendu en justice dont l'enchérisseur ne remplit pas les conditions. — Dans ce cas, l'immeuble est revendu de la même manière, à sa folle enchère, c'est-à-dire que si, avant la nouvelle adjudication, il ne paie pas tout ce qu'il doit, il est tenu de la différence entre le prix de son enchère et celui de la revente, sans pouvoir prétendre à l'excédent s'il y en a. — Voy. *Vente sur folle enchère.*

FONCIER. — Ce qui est relatif ou *inhérent* à un fonds de terre. — Voy. *Passage.* — *Servitude.*

FONCIER (Crédit). — Voy. *Crédit foncier.*

FONCIÈRE (Contribution). — Voy. *Contributions.*

FONCTION. — Se dit des devoirs d'une charge, d'un emploi, de même que de la charge ou de l'emploi. — Les fonctions sont gratuites ou salariées. — On distingue aussi les fonctions judiciaires des fonctions administratives. — Voy. *Magistrat.*— *Notaire.* — *Office.*

FONCTIONNAIRE public. — On appelle fonctionnaires publics, en général, tous ceux qui exercent un emploi, une charge quelconque. — Toutefois, dans le langage judiciaire, on ne doit entendre par fonctionnaire public que celui auquel sa fonction confère une portion de la puissance publique.

L'Autorité dont la délégation partielle constitue la qualité d'officier public, est le droit de requérir la force publique, et, à ce titre, les membres de l'Ordre Judiciaire sont incontestablement des fonctionnaires publics ; mais ils sont plus ordinairement désignés sous le titre de Magistrats.

La qualité de fonctionnaires publics appartient également aux notaires ; mais les Avoués et les Huissiers sont des officiers Ministériels et non des fonctionnaires publics. — *D. N.*

Tout crime commis par un fonctionnaire public dans l'exercice de ses fonctions est une *forfaiture.* — *C. pén.* 168.

FOND (très-) ou Tréfond. — Le *très-fond* ou *tréfond* est la propriété du dessous du sol, comme la *superficie* est la propriété du dessus. — *C. civ.* 552.

Mais il est une locution beaucoup plus simple qui embrasse tout ce qui se rattache au fonds, tout ce qui en dépend, c'est l'expression *Immeuble.* Il suffit donc de dire l'*Immeuble dont la désignation suit.* — Voy. *Vente.*

FONDATION. — On entend par ce mot une *donation* ou un *legs,* ayant pour objet la création d'un établissement ou d'un service public.

On divise les fondations en *Ecclésiastiques,* *Séculières,* ou *Mixtes.*

Les fondations *Ecclésiastiques* sont celles qui ont pour objet des services religieux et l'entretien des ministres de la religion. Les fondations *Séculières* sont celles qui ne sont applicables ni à aucune église, ni au service divin, telles que l'établissement d'une école, d'un hospice, etc. — Enfin les fondations *Mixtes* sont celles dont l'objet est à la fois *spirituel* et *temporel.*

Tous les établissements d'utilité publique, les Etablissements ecclésiastiques, les Ecoles, les Hospices, etc., peuvent être l'objet d'une fondation.

Les fondations de service religieux sont acceptées par la fabrique.

La fabrique, les Curés et les Evêques doivent veiller à l'exécution des fondations, et cette exécution peut, en outre, être réclamée par les héritiers des fondateurs. — Voy. *Acceptation de Donation.* — *Donation.*— *Etablissement public.* — *Fabrique.*

FONDATIONS, Fondements.— On désigne ainsi la maçonnerie que l'on établit en terre jusqu'au rez-de-chaussée pour y asseoir une construction.

Celui qui porte ses fondations plus bas que celles du voisin qu'il joint immédiatement, est responsable du préjudice que celui-ci en pourrait éprouver.— *E. N.* — *C. civ.* 1382 *et suiv.*

FONDÉ de pouvoir. — Celui qui a procuration d'une personne pour agir en son nom et la représenter. — Voy. *Mandat.* — *Procuration.*

FONDS.—Dans son acception la plus étendue, le mot *fonds* désigne toute sorte de biens meubles et immeubles et argent monnayé. — Ainsi on dit un fonds de *commerce,* un fonds *social,* être en *fonds,* placer ses *fonds,* etc.

En matière de doctrine, d'affaires, de procès, ce mot signifie l'objet principal, c'est-à-dire, la base fondamentale, ou ce qu'il y a de plus essentiel, par opposition à ce qui n'est que de forme. C'est dans ce sens qu'on dit : *La forme emporte le fond;* conclure au *fond,* etc.

Il se dit aussi du sol d'un immeuble, abstraction faite de la superficie.

Il a encore d'autres acceptions. — Voy. *Compte de fonds et de fruits.*

On distingue les fonds *Urbains* des fonds *Ruraux.* — Les fonds Urbains sont les maisons ou bâtiments destinés à l'usage des hommes, qu'ils soient situés à la ville ou à la campagne. — Les fonds Ruraux sont les champs ou terrains productifs, non destinés à la demeure des hommes, fussent-ils situés dans la ville.

C'est la destination des héritages et non leur situation qui détermine, en droit, leur qualité ; il y a des bâtiments ruraux, tels qu'étables, pressoirs, etc., à la ville comme à la campagne.

FONDS d'État Français. — Voy. *Dette publique.* — *Rentes sur l'État.*

FONDS de commerce. — On entend par fonds de commerce la propriété d'un établissement commercial, ce qui comprend l'achalandage et les marchandises et ustensiles relatifs au commerce.

On considère comme produisant l'achalandage, indépendamment des pratiques, non seulement la situation de la maison et la durée de la jouissance par bail, mais encore le nom, le titre et l'enseigne sous lesquels l'établissement est connu du public. — Voy. *Achalandage.* — *Enseigne.*

Le fonds de commerce doit être considéré comme *meuble.*

Il a été jugé que l'on doit comprendre dans l'actif d'un failli le fonds de commerce qu'il exploite, indépendamment des marchandises qui en dépendent. — *C. Paris, 19 nov. 1824.* — Mais il n'est pas d'usage de comprendre dans l'inventaire autre chose que la valeur matérielle des marchandises et ustensiles.

Nous donnons plus loin une formule de vente de fonds de commerce. — Voy. *Vente (contrat de, n° 6).*

FONDS dominant ou servant. — En matière de servitude, on appelle fonds *dominant* celui auquel la servitude est due, et fonds *servant* celui qui en est grevé. — Voy. *Servitude.*

FONDS dotal. — Se dit, sous le régime dotal, d'un immeuble constitué en dot à la femme, ou même de la dot mobilière en capital. — Voy. *Dot.* — *Régime dotal.*

FONDS enclavés. — Voy. *Passage.*

FONDS perdu. — Se dit du capital ou de l'immeuble aliéné moyennant le service d'une rente viagère. — Voy. *Aléatoire.* — *Portion disponible.* — *Rente viagère.*

FONDS publics. — Voy. *Dette publique.* — *Rentes sur l'État.*

FONDS riverains. — Ce sont ceux qui forment les rives d'une eau courante ou stagnante, ou qui bordent une forêt, un chemin, etc. — *C. civ. 556 et suiv.* ; *C. for. 8.* — Voy. *Alluvion.* — *Attérissement.* — *Bornage.* — *Chemin de halage.* — *Délimitation.* — *Établissement dangereux.* — *Forêts.* — *Servitudes.*

FONDS de succession. — Se dit de tout ce qui compose une succession en actif et en passif.

Lorsque dans un compte de succession les fonds et capitaux ne suivent pas le sort des revenus, on distingue les *fonds* d'avec les *fruits*, pour faciliter l'application particulière des recettes en capitaux et en revenus, aux dépenses relatives à chacun de ces objets. — Voy. *Compte de fonds et de fruits.* — *Liquidation de succession.*

FONDS de terre. — Voy. *Exploitation.* — *Fonds.* — *Meubles.* — *Immeubles.*

FONGIBLE (Chose). — On appelle ainsi le plus souvent les choses qui se consomment par l'usage, et qui peuvent être exactement et identiquement remplacées par d'autres de même espèce et qualité.

Il faut toutefois considérer l'intention des parties et la nature du contrat.

L'*argent*, les *grains*, les *liquides* sont au nombre des choses fongibles. — *C. civ. 587.*

Le poisson des étangs est aussi considéré comme chose fongible.

La loi admet la compensation des choses fongibles avec les dettes liquides et exigibles. — *C. civ. 1291.* — Voy. *Compensation.*

Le caractère fongible des choses est très important en matière d'usufruit. — Voy. *Usufruit.*

FONTAINE. — Se dit de l'endroit d'où jaillit l'eau d'une source. — Voy. *Cours d'eau.* — *Source.*

FOR-INTÉRIEUR ou extérieur. — On entend par *for-intérieur*, le droit naturel ou les règles d'après lesquelles notre conscience juge chacune de nos actions, et par *for-extérieur*, les principes qui, gravés ailleurs que dans notre conscience, composent le droit positif ou les règles de la justice humaine.

Il suit de cette distinction, que telle action n'est pas punissable dans le *for-extérieur* bien qu'elle soit blâmable dans le *for-intérieur*. — Voy. *Délit.*

FORAIN. — On appelle *Forain* l'étranger à la localité. C'est en ce sens que l'on dit *débiteur forain, marchand forain.*

La saisie-gagerie peut être pratiquée d'urgence sur les débiteurs forains. — Voy. *Saisie foraine.*

FORCE. — Mot synonyme de *violence, voie de fait* ou *autorité*. C'est dans ce dernier sens que l'on dit : *tel acte a force de Loi.*

FORCE de chose jugée. — C'est l'autorité d'une décision administrative ou judiciaire rendue en dernier ressort et contre laquelle il n'existe plus aucune voie de recours. — Voy. *Chose jugée.*

FORCE majeure. — La force majeure est l'événement auquel on ne peut résister, soit de droit, soit de fait. — *C. civ.* 1148 *et* 1302.

Les événements de force majeure comprennent les cas fortuits qui se confondent en général et produisent les mêmes effets ; néanmoins on définit ordinairement le *Cas fortuit* comme un événement que la prudence humaine ne peut prévoir, et la *force majeure* comme une force à laquelle on ne peut résister.

Les cas fortuits ou de force majeure naturels sont les tremblements de terre, les neiges immodérées, la grêle, le feu du ciel, les tempêtes, etc.

Ceux provenant du fait de l'homme sont la guerre, l'invasion, l'assaut des voleurs, etc.

La force majeure peut, dans les cas graves, tels que les événements de la guerre, donner lieu à la suspension de certains délais, par exemple, ceux *de protêt, de surenchère*, etc. — *D. N.*

En matière de baux à ferme, les cas fortuits ou de force majeure se divisent en *ordinaires* et en *extraordinaires*. — *C. civ.* 1773. — Voy. *Bail.*

L'effet du cas fortuit, comme celui de toute force majeure, est d'éteindre l'obligation lorsqu'il détruit la chose déterminée qui en est l'objet. — *C. civ.* 1302.

Il en est de même lorsque, l'obligation consistant à faire ou ne pas faire quelque chose, le débiteur se trouve dans l'impossibilité de tenir ses engagements. — *C. civ.* 1148.

La règle générale en vertu de laquelle l'obligation est éteinte par la perte de la chose qui en fait l'objet, arrivée par cas fortuit ou force majeure, cesse d'être applicable dans les cas suivants :

1° Si le débiteur en a été chargé par la convention. — *C. civ.* 1134, 1302.

2° S'il est en faute. — *C. civ.* 1302.

3° Lorsqu'il est en demeure de remplir ses engagements. — *C. civ.* 1881, 1929.

4° Enfin, lorsqu'il s'agit de choses volées ou reçues de mauvaise foi par celui auquel elles n'étaient pas dues. — *C. civ.* 1302, 1379.

Il est à remarquer que toutes les fois que la perte de la chose arrivée par cas fortuit ou force majeure éteint l'obligation, cette perte est supportée par le propriétaire de la chose périe : ainsi par exemple, si, après la vente consommée, la chose vendue périt par cas fortuit, même chez le vendeur, la perte sera pour l'acquéreur, sauf dans le cas où les délais de garantie ne seraient pas expirés. — *C. civ.* 1647.

FORCE publique. — C'est la réunion de toutes les forces militaires, c'est-à-dire de l'armée et de la gendarmerie, etc.

La Loi punit l'emploi illégal de la force publique, de même que le refus des commandants et officiers de la force publique. — *C. pén.* 91 *et suiv.*, 189-234. —

Voy. *Contrainte par corps.* — *Exécution des actes et jugements.* — *Exécution parée.* — *Gendarmerie.* — *Grosse.*

FORCLUSION. — Déchéance ou exclusion du droit de faire un acte ou une production résultant de l'expiration des délais.

Le créancier qui se présente pour produire à l'ordre après les délais est déclaré *forclos.* — Voy. *Contribution de deniers.* — *Déchéance.* — *Ordre.*

FORÊTS. — Terrains plantés de grandes masses d'arbres.

La conservation des forêts, successivement régie par l'ordonnance de 1669 et par les Lois des 29 septembre 1791 et 8 floréal an VIII, l'est aujourd'hui par le Code forestier (*Loi du 21 mai 1827*), par l'ordonn. du 1er août 1827 et par des ordonnances et des décrets spéciaux postérieurs.

La France est divisée en trente-huit Arrondissements ou Conservations forestières, subdivisés en Inspections et sous-Inspections.

L'Administration des forêts est régie par un Directeur Général, assisté de trois Administrateurs, formant avec lui le Conseil d'Administration qu'il préside.

La Direction Générale a sous ses ordres : des agents sous la dénomination de Conservateurs, d'Inspecteurs, de sous-Inspecteurs, de Gardes généraux, Titulaires et Adjoints, et d'Ingénieurs-Arpenteurs.

Une Ecole forestière est destinée à former des agents pour l'administration des forêts.

Pour obtenir un emploi dans l'administration des forêts de l'Etat, il faut être âgé de 25 ans accomplis ; toutefois, les élèves sortant de l'Ecole forestière peuvent obtenir des dispenses d'âge.

Les arbres des forêts reçoivent diverses dénominations, selon leurs différentes qualités ou essences et les usages auxquels on les emploie.

On leur en donne quatre principales : 1° le *bois vif*, qui comprend celui qui est vivant et portant fruit ; 2° le bois *mort*, qui est celui tombé et gisant par terre, ou sec, debout, qui ne peut servir qu'à brûler ; 3° le *mort bois* (maubois ou mauvais bois), qui est celui qui, quoique vert et sur pied, est ainsi appelé, n'ayant aucune valeur ; 4° le *bois blanc*, tels que les bouleaux, les érables, les trembles et tous autres bois de qualité inférieure et qui ne produisent aucun fruit.

Outre ces dénominations générales, on distingue : 1° le bois d'*entrée* qui est celui entre vert et sec, c'est-à-dire dont quelques branches sont vertes et les autres sèches ; 2° le bois *abrouti*, qui est celui brouté par les bêtes ; 3° le bois *encroué*, qui est celui qui, coupé par le pied et abattu, tombe sur un arbre, auquel il reste accroché ; 4° le bois *châblis*, qui est celui que le vent a abattu et qui est détaché du sol ; la tige restée sur pied se nomme *volis* ; 5° le bois de *délit*, qui est celui qui a été coupé dans une intention coupable ; 6° le bois *charmé*, qui est celui que l'on a fait périr pour se l'approprier, une fois mort.

La Loi distingue encore, dans les massifs de bois, les taillis et les futaies. — Voy. *Bois.*

La majeure partie des forêts appartient à l'Etat : néanmoins il en est qui appartiennent aux communes, à des établissements publics et à des particuliers.

Les bois et forêts de l'Etat sont inaliénables de leur nature ; la propriété ne peut en être transmise qu'en vertu d'une Loi spéciale.

Tous les bois et forêts du domaine de l'Etat sont assujettis à un aménagement réglé par des ordonnances.

Il est défendu, sous peine d'amende, et même sous des peines plus graves, selon les cas : 1° d'aller dans les bois et forêts, hors des routes et chemins ordinaires, avec des instruments propres à couper des arbres ; 2° de conduire les voitures, bestiaux, animaux de charge ou de monture, hors des routes et chemins ordinaires ; 3° de porter ou allumer du feu dans l'intérieur ou à la distance de deux cents mètres des bois et forêts. — *D. N.*

Il est également défendu d'établir, sans autorisation du Gouvernement, aucune construction de maisons ou fermes à une distance de moins de 500 mètres des bois et Forêts. — *C. for.* 153.

Les gardes forestiers sont autorisés à saisir les bestiaux trouvés en délit, ainsi que les instruments, voitures et attelages des délinquants, et à les mettre en séquestre.

Ils peuvent arrêter et conduire devant le Juge de paix ou le Maire tout individu pris en flagrant délit.

Les transactions sur la poursuite des délits et contraventions dans les bois soumis au régime forestier sont permises, et deviennent définitives par l'approbation des Conservateurs des forêts lorsque les condamnations encourues ou prononcées, y compris les réparations civiles, n'excèdent pas 1000 fr. Au-dessus de cette somme elles sont soumises à l'approbation du sous-secrétaire d'Etat et du ministre de l'agriculture. — *Déc. du 22 déc.* 1879.

Tout ce qui a trait au régime forestier, tels que la délimitation, l'exploitation, l'aménagement, l'assiette des coupes, l'administration, etc., est régi par le Code forestier. — Voy. en outre les mots ci-après : *Domaine engagé ou échangé. — Congé de coupe. — Glandée. — Affouage. — Bois. — Garde forestier. — Arbres. Mines. — Défense de construire.*

FORFAIT. — Se dit d'un marché fait à perte ou profit moyennant un prix déterminé. — Voy. *Marché (devis, etc.).*

Le mot *forfait* indique généralement, dans les conventions, la renonciation des parties à tout recours l'une envers l'autre. Il emporte encore avec lui l'idée d'une transaction ou composition dont l'effet est d'éteindre tout procès à naître. — Voy. *Transaction.*

On peut traiter à *forfait* de tous droits éventuels.

FORFAIT (crime). — Ce mot s'emploie pour désigner les crimes les plus odieux.

FORFAIT de communauté. — C'est la stipulation qui attribue au survivant des époux ou à ses héritiers, une somme déterminée pour tout droit de communauté, que cette communauté se trouve bonne ou mauvaise. — *C. civ.* 1520, 1522, 1523. — Voy. *Communauté.*

FORFAIT (Vente à). — Se dit de la vente faite sans garantie de la part du vendeur, c'est-à-dire dans laquelle l'acheteur prend à ses risques et périls les éventualités ou les défauts de la chose vendue. — *C. civ.* 1127. — Voy. *Rédhibitoire. — Vente.*

FORFAITURE. — On appelle ainsi tout crime commis par un fonctionnaire dans l'exercice de ses fonctions. — *C. pén.* 166.

Toutefois, un simple *délit* ne constitue pas une forfaiture : il faut qu'il y ait crime ou intention coupable. — *C. pén.* 168.

FORGE, Fourneau. — On doit observer les règles du voisinage pour l'établissement d'une forge ou fourneau. — *C. civ.* 674. — Voy. *Servitude. — Fours et cheminées. — Usages locaux (contre-mur).*

Aux termes de l'article 190 de la coutume de Paris, entre la forge, le fourneau ou le four et un mur mitoyen ou non, il faut un contre-mur de 33 centimètres d'épaisseur dans toute la longueur et la hauteur de la forge, du fourneau et du four. — Un espace vide, que l'on nomme *tour du chat*, doit, en outre être laissé pour la circulation de l'air entre le mur et la nouvelle construction. Cet espace doit avoir 16 centimètres de largeur et ne doit être fermé ni par le haut ni par ses côtés.

S'il s'agit d'un four à porcelaine ou de tous autres établissements à feu continu, les précautions doivent être plus grandes et l'espace pour tour de chat doit avoir au moins une largeur de 33 centimètres. — Voy. *Usages locaux.*

Les forges ou hauts fourneaux pour la fonte des minerais de fer et autres substances *métalliques* ne peuvent être établis qu'avec l'autorisation du Gouvernement. — *L. du 21 avril* 1810. — Voy. *Mine. — Usine.*

FORMALITÉS. — On nomme *formalités* ou *formes*, les règles établies par les Lois pour la validité et la régularité des transactions et de la procédure.

On distingue quatre sortes de formalités :

1° Les formalités *habilitantes*, qui sont celles sans lesquelles une personne incapable ne peut faire certains actes, par exemple, l'autorisation du mari pour la femme, du tuteur pour le mineur ;

2° Les formalités *intrinsèques* ou *viscérales*, qui sont celles constitutives de l'acte, comme le consentement, la présence de l'officier public à un mariage, etc. ;

3° Les formalités *extrinsèques* ou *probantes*, qui ne sont requises que pour constater, soit l'accomplissement des formalités précédentes, soit ce qui a été fait par la suite, comme les signatures des parties, etc.

4° Enfin, les formalités d'*exécution*, qui sont exigées, comme l'indique leur dénomination, pour assurer les conséquences d'un acte, comme l'enregistrement, la légalisation, etc.

Les formalités qui concernent les personnes se règlent par la loi du domicile ; celles qui concernent l'acte se règlent par la loi du lieu où il est passé.

Enfin, celles qui concernent les biens se règlent par la loi du lieu où ils sont situés.

Les actes sous seing privés ne sont soumis à aucune formalité proprement dite. Toutefois, lorsqu'ils contiennent des conventions synallagmatiques, ils doivent être faits en autant d'originaux qu'il y a de parties ayant un intérêt distinct, et chaque original doit contenir la mention du nombre des originaux qui en ont été faits. — *D. N.* — *C. civ.* 1325. — Voy. *Acte sous seing privé.* — *Double écrit.*

FORME. — Voy. *Formalités.*

FORME exécutoire. — On entend par forme exécutoire, le mandement de justice qui confère l'exécution parée à la grosse d'un acte ou d'un jugement. — Voy. *Exécution des actes.* — *Exécution parée.* — *Formule exécutoire.* — *Grosse.*

FORME des actes sous seing. — Voy. *Acte sous seing privé.*

FORME probante. — Se dit de la forme authentique qui confère aux actes l'éminente prérogative de faire foi par eux-mêmes. — Voy. *Acte authentique.* — *Effet rétroactif.* — *Formalité.*

FORMEL. — Ce qui est *exprès*, ce qui est écrit, ou résulte textuellement des actes. — Voy. *Garantie.*

FORMULE. — Modèle d'acte contenant les termes dans lesquels il doit être conçu pour être conforme à la loi.

Il est nécessaire de connaître la forme ou cadre d'un acte qu'on n'a jamais eu l'occasion de rédiger. C'est dans ce but que nous avons placé, à la suite des articles de notre ouvrage qui le comportent, des formules d'actes sous seing privé, à l'aide desquelles toute personne pourra rédiger les conventions susceptibles d'être arrêtées dans cette forme. — Voy. *Acte sous seing privé.*

La loi n'interdit pas de se servir de formules ou cadres d'actes imprimés. Cet usage est même assez répandu en Normandie, en matière de baux de terres arables ; mais ces formules doivent être imprimées sur papier timbré de la débite ordinaire.

FORMULE exécutoire. — C'est le style que l'on emploie dans les jugements et les actes notariés, pour commander leur exécution au nom du Gouvernement. — *C. proc.* 146, 545. — Voy. *Exécution des actes.* — *Exécution parée.* — *Grosse.*

FORT (Se porter). — Se porter fort pour quelqu'un, c'est stipuler pour lui, répondre de son consentement et garantir qu'il ratifiera la convention, mais n'en le cautionner. — *C. civ.* 1120. — Voy. *Caution.* — *Stipulation pour autrui.*

FORTERESSE (fortifications). — Tous les terrains de fortifications des places de guerre ou postes militaires et tous autres objets dépendant des fortifications sont propriétés nationales. — *E. N.*

Il est défendu de construire dans un certain rayon de ces terrains. Les propriétés situées dans ce rayon sont grevées de la servitude des travaux nécessaires à la défense des forts ou fortifications et sont susceptibles d'expropriation. — Voy. *Défense de construire.* — *Expropriation pour cause d'utilité publique.* — *Place de guerre.*

FORT-denier. — Voy. *Denier fort.* — *Fraction.*

FORTUIT (Cas). — Voy. *Cas fortuit.* — *Dommage.* — *Force majeure.*

FORTUNES de mer. — On comprend sous ce mot tous les accidents en général qui peuvent arriver à un navire ou à son chargement, et qui sont à la charge des assureurs, s'il n'existe pas de restrictions dans la police. — Voy. *Assurance.* — *Avarie.* — *Navire.* — *Prêt à la grosse.*

FOSSE d'aisances. — Celui qui fait creuser une fosse d'aisances près d'un mur, mitoyen ou non, est tenu de faire les ouvrages prescrits par les règlements et usages locaux pour éviter de nuire au voisin. — *C. civ.* 674. — Voy. *Usages locaux* (*contre-mur*).

La convention par laquelle un voisin permettrait de construire une fosse d'aisance sans les précautions exigées serait nulle.

A Paris, d'après l'ancienne coutume et les ordonnances des 24 sept. 1819 et 23 oct. 1850, chaque maison doit être pourvue de fosses d'aisances suffisantes et proportionnées au nombre de personnes qui doivent en faire usage. Cette obligation a été étendue aux communes rurales du ressort de la Préfecture de Police par une ordonnance du 1er déc. 1853.

En l'absence de semblables dispositions dans les autres communes, les maires peuvent prendre des arrêtés à ce sujet et prescrire les travaux nécessaires.

Le mode de construction et de réparation des fosses d'aisances est déterminé, pour la ville de Paris, par l'ordonnance précitée du 24 sept. 1819.

Le propriétaire de la fosse est toujours tenu des dommages causés par l'infiltration, lors même qu'il aurait observé ce qui est prescrit par les usages et règlements.

Les ventouses qui se pratiquent pour diminuer la mauvaise odeur ne peuvent être ouvertes sur le voisin, même quand le mur de séparation est mitoyen; — et le voisin qui se trouverait incommodé par la ventouse établie trop près de ses fenêtres pourrait exiger qu'il lui fût donné une autre direction. — Voy. *Etablissement dangereux.*

On peut acquérir par prescription le droit de faire usage d'une fosse d'aisances située dans une maison voisine, au moyen de tuyaux existant dans le mur mitoyen. — *Cass.,* 22 *oct.* 1811.

Le curage des fosses d'aisances est une mesure de salubrité qui peut être ordonnée par l'autorité municipale. — *Cass.* 24 *juill.* 1852.

FOSSÉ. — Petite tranchée creusée en long ou en travers, ou masse de terre, établies pour la clôture ou l'utilité d'une propriété.

On distingue plusieurs espèces de fossés et notamment :

1° Ceux servant à l'écoulement des eaux pluviales, qui consistent uniquement dans le creux, et qui sont en général réputés mitoyens aux héritages riverains et doivent être entretenus et curés à frais communs par les ayants-droit ;

2° Les petits fossés à sec, qui ont pour objet d'intercepter les passages et se font par deux voisins en commun ;

3° Les fossés servant de clôture ou séparation des héritages, qui sont destinés à intercepter le passage de l'un à l'autre et qui sont présumés mitoyens, s'il n'y a titre ou marque contraire. — *C. civ.* 666. — Voy. *Clôture.* — *Repare.*

Ces fossés s'établissent de plusieurs manières selon les contrées :

Ainsi dans certains départements, tels que la Seine-Inférieure, l'Eure et l'Orne, le fossé se compose presque toujours de trois objets : la *haie*, le *creux*, et la *repare*.

Dans le Calvados et la Manche, il y a en plus la masse, quelquefois défendue par deux creux, mais le plus souvent par un seul.

Dans d'autres endroits, le fossé se compose simplement d'une masse de terre ou banquette de certaine hauteur, formée en talus et plantée, sans creux, mais avec repare.

Il y a encore une autre manière d'établir les fossés de clôture, qui consiste à élever une masse sur la ligne séparative des deux propriétés, en donnant certaine largeur au sommet et où l'on plante une haie en douve ou tablette à distance légale, c'est-à-dire à 50 cent. du voisin, en lui laissant la masse à garder ; c'est ce qu'on nomme vulgairement *le fossé à malice.* — Il a été jugé que ce genre de fossé doit être une clôture sérieuse et qui arrête les bestiaux. — *Cass.*, 22 *fév.* 1821. — *Devilade.*

De la Dimension.

Aucune Loi ni règlement ne fixant la dimension des fossés, le propriétaire qui veut en ouvrir un sur son héritage peut lui donner toute la largeur qu'il juge à propos.

Tout fossé doit être fait en talus du côté du voisin.

En pratique, les talus se font de manière à présenter dans leur base une largeur égale au cinquième de la hauteur mesurée depuis le creux jusqu'à la gueule du fossé.

En Normandie, il est d'usage, quand on veut avoir une bonne clôture, d'établir les fossés : le creux de 1 mètre de profondeur avec 1 mètre 66 cent. de largeur à l'ouverture et 33 centimètres à la base.

D'autres fossés plus économiques se font encore assez communément avec un creux de 80 cent. de profondeur seulement sur 1 mètre 33 cent. de largeur à l'ouverture, et environ 30 centimètres à la base.

Pour l'un comme pour l'autre de ces fossés, on rejette la masse sur son terrain en laissant le creux du côté du voisin avec l'espace nécessaire pour la réparation. C'est à partir de la gueule du fossé que se compte la distance à laisser pour la réparation — Voy. *Repare.*

Celui qui fait un fossé le long du voisin sans laisser de répare porte trouble à la propriété et peut être attaqué en complainte au possessoire.

Lorsque le fossé n'est pas mitoyen, le propriétaire a le droit de le combler, mais s'il y a *déclôture* il est tenu d'en avertir son voisin. — Voy. *Déclôture.*

Quand on creuse un fossé contre un mur mitoyen appartenant à autrui, on doit faire, dans toute la longueur, un contre-mur suivant l'usage du pays pour en soutenir le pied. — Voy. *Contre-mur.*

Nous avons traité ailleurs du fossé mitoyen et des marques de non-mitoyenneté. — Voy. *Clôture.* — *Mitoyenneté.*

De la présomption de propriété.

D'après la Loi du 20 août 1881, le rejet de la terre ou masse d'un seul côté du fossé établit la présomption de propriété exclusive en faveur de celui qui a ce rejet, mais à la condition qu'il atteste la possession légale d'an et jour; c'est-à-dire qu'il ait plus d'un an d'existence.

Si le voisin s'était permis de mettre le rejet de son côté, le propriétaire véritable du fossé devrait intenter l'action en complainte dans l'année du fait. — *C. proc.* 3.

Lorsque, dans les délimitations de propriétés, il s'agit de déterminer la largeur d'un fossé, il est d'usage, à défaut de titre, de mesurer la masse à sa base pour déterminer la largeur que doit avoir le creux à son ouverture ; opération qui a lieu en tenant compte des éboulements et dégradations.

La plante, douve ou jetée du fossé appartient à celui sur le terrain duquel elle est jetée ou plantée, s'il n'y a titres, bornes ou possession contraires.

Si le rejet est des deux côtés, ou s'il n'y a pas d'apparence de rejet, le fossé est éputé commun.

La présomption de propriété établie par la Loi ne s'applique pas aux fossés séparatifs des forêts domaniales et des bois des particuliers, ces derniers étant obligés de se clôre du côté des forêts. Il s'ensuit que le fossé leur appartient, bien que le rejet soit du côté de la forêt. — *Cass.*, *12 août* 1854. — Voy. *Clôture.*

Dans certaines localités, le fossé qui joint une haie en dehors est présumé appartenir au propriétaire de la haie, qui est supposé l'avoir fait pour garantir sa haie, lorsque la construction du fossé est antérieure au Code ; mais si elle est postérieure, on doit appliquer la règle contraire résultant de l'article 666 du C. civ. Le fossé joignant une haie n'appartient pas moins au voisin de la haie si le rejet se trouve de son côté.

La berge ou réparation d'un fossé est présumée la propriété de celui qui a creusé le fossé, sauf titre ou preuve contraire. Mais elle peut être prescrite comme toute autre propriété d'un fonds.

Le voisin dont l'héritage joint un fossé non mitoyen, ne peut contraindre le propriétaire de ce fossé à lui céder la mitoyenneté.

Le fossé n'étant pas un mode de clôture prescrit par la loi, on ne peut pas non plus contraindre son voisin à faire un fossé commun pour la séparation de deux héritages.

Le copropriétaire d'un fossé mitoyen qui ne sert qu'à la clôture, a le droit de le détruire jusqu'à la limite de sa propriété, à charge de construire un mur sur cette limite.

La possession d'un fossé se manifeste notamment par le curage qui se fait de sur la repare. — Voy. *Repare.*

En général, on peut forcer au curage des creux, quand ils s'engorgent de manière à ne plus faire clôture ou à ne plus laisser les eaux suivre leur cours, ou encore quand ils s'emplissent de manière à déborder.

Les fossés qui bordent les grandes routes leur appartiennent. Ceux qui bordent les autres chemins ne leur appartiennent que s'ils ont été créés sur leur sol. — Voy. *Routes.*

La Loi ne dit pas à quelle distance du chemin on peut établir un fossé, mais l'Usage indique que la distance doit être suffisante pour prévenir les éboulements en donnant assez de talus.

L'Administration peut faire curer aux riverains leurs fossés le long des chemins. — Voy. *Chemins.*

Les propriétaires peuvent faire planter des bornes au delà de leurs fossés pour fixer la largeur de leurs berges. Les voisins peuvent user du même droit pour prévenir toute usurpation.

Le fait de combler en tout ou partie le fossé d'autrui est un délit punissable d'amende, de prison et de dommages-intérêts. — *C. pén.* 456.

Le curage et l'entretien des fossés le long des grandes routes est à la charge de l'Etat, auquel ils appartiennent ; mais les riverains sont tenus de recevoir sur leur sol, à titre de servitude, le rejet ou résidu du curage.

Les fossés longeant les routes et chemins ne peuvent être comblés et il est défendu d'y mettre aucuns fumiers, décombres ou autres immondices, soit en pleine campagne, ou dans les villes, bourgs et villages. — Il est également défendu de faire aucune fouille ni de planter des arbres ou haies vives, à moins de deux mètres de distance des fossés des chemins vicinaux. — Voy. *Route.* — *Chemins.*

FOSSES (cloaque). — Voy. *Egout.* — *Servitude.*

FOU. — Se dit de l'homme privé de la raison. — Voy. *Aliénation mentale.* — *Aliéné.* — *Démence.* — *Excuses.* — *Interdiction et Folie.*

FOUILLES. — La propriété du sol emportant la propriété du dessus et du dessous, le propriétaire d'un fonds a le droit d'y pratiquer toutes les fouilles que bon lui semble, en se conformant aux règlements relatifs aux Mines et à la sûreté publique. — *C. civ.* 552. — Voy. *Carrière.* — *Extraction de matériaux.* — *Mine.* — *Voirie.*

FOURS et Cheminées. — Les fours et cheminées ne peuvent être construits qu'en observant les règles pour la sûreté des habitations et la garantie des droits du voisin.— C. civ. 674. — Voy. *Forge*, *Fourneau*. — *Usages locaux* (*contre-mur*).

Le défaut de nettoyage des fours est puni des peines de simple police, et l'incendie occasionné par le défaut de nettoyage ou de réparations est puni comme délit. — C. pén. 458, 471.

Les officiers municipaux sont tenus de faire, au moins une fois par an, la visite des fours et cheminées de toutes maisons et bâtiments éloignés de moins de 200 mètres environ d'autres habitations. — Ces visites doivent être annoncées huit jours d'avance.

Après la visite, la réparation ou la démolition des fours et cheminées qui se trouvent en état de délabrement peut être ordonnée.

FOURNIR et faire valoir. — Cette clause, lorsqu'elle est insérée dans un transport de créance, oblige le cédant à une garantie spéciale. — Voy. *Garantie*. — *Transport*. — *Cession*.

FOURNISSEMENT. — C'est le fait d'abandonner dans un partage, un objet rapporté par une des parties ou une somme dont elle est débitrice.

Ce mot est employé par l'art. 828 du C. civ., bien que l'expression *Abandonnement* soit plus généralement employée dans les partages. — Voy. *Liquidation et Partage*.

FOURNISSEURS. — On appelle ainsi en général celui qui fournit à crédit, au consommateur ou à sa famille, les objets d'alimentation dont il a besoin. — *E. N.*

En droit administratif, les fournisseurs ou *munitionnaires* sont ceux qui font des marchés de fournitures pour le compte de l'Etat. — C. civ. 2101. — Voy. *Marché administratif*. — *Privilège*.

FOURNITURES. — Certaines fournitures de marchandises faites au débiteur sont sujettes à un privilège et à une prescription particulière, et se prouvent soit par les livres ou registres du fournisseur, soit par des tailles corrélatives. — C. civ. 1333, 2101, 2271 et 2272. — C. comm. 191 et 433. — Voy. *Navire*. — *Prescription*. — *Privilège*. — *Taille*.

FOURRAGES. — Grains et herbes propres à la nourriture des bestiaux.

La destruction ou dévastation des fourrages est punie d'un emprisonnement de 6 jours à 2 mois. — C. pén. 449 et suiv.

Le vol de fourrages tombe sous l'application de l'article 388 du même Code.

FOURRIÈRE. — Se dit du dépôt ou séquestre, dans un lieu désigné par l'Autorité Municipale, jusqu'à ce qu'il en soit ordonné ou jusqu'à réclamation, de bestiaux abandonnés ou trouvés en délit.

Les animaux ou autres objets périssables, pour quelque cause qu'ils aient été saisis, ne peuvent rester plus de huit jours en fourrière ou sous le séquestre. Après ce délai, la mainlevée provisoire pourra être accordée. — S'ils ne doivent ou ne peuvent être restitués, ils seront mis en vente et les frais de fourrière seront prélevés, par privilège, sur le produit de la vente. La mainlevée sera ordonnée par le juge d'instruction ou par le juge de paix, moyennant caution et le paiement des frais de fourrière et de séquestre. Si les objets doivent être vendus, la vente en sera ordonnée par les mêmes magistrats. Cette vente sera faite à l'enchère, au marché le plus voisin, à la diligence de l'Administration de l'Enregistrement. — Le jour de la vente sera indiqué par affiches, 24 heures à l'avance, et le produit sera versé dans la caisse de l'Administration de l'Enregistrement pour en être disposé selon qu'il sera ordonné par le jugement définitif. — *L. du 18 juin 1811.*

FRACTION. — Partie d'une chose.

En matière de Liquidation de droits d'Enregistrement et d'hypothèque, lorsqu'une fraction de somme ne produit pas un centime de droit, le centime est perçu au profit de l'Etat.

Le minimum du droit est de 25 cent.

La perception des droits d'Enregistrement, d'hypothèque et d'inscription suit les sommes et valeurs de 20 fr. en 20 fr. inclusivement, de telle sorte que pour une somme de 20 fr. 1 centime, le droit serait dû sur 40 francs.

Le droit gradué est perçu par séries de 5.000, 10.000, et 20.000 fr., selon les cas, sans fraction, de telle sorte que si la valeur servant de base à la perception est de 5.000 fr. 1 cent., le droit est perçu sur 10.000 fr. — Voy. *Enregistrement*. — *Hypothèque (droits d')*. — *Timbre*.

FRAI. — Se dit de l'action propre aux poissons pour leur reproduction et des œufs qui en proviennent.

La pêche est interdite pendant le temps du *frai*. — Voy. *Pêche*.

FRAIS. — On comprend sous cette dénomination les dépenses occasionnées par la poursuite d'un procès ou d'un acte ou jugement, ainsi que les choses faites pour leur exécution. — Le mot *frais* s'entend aussi de certaines dépenses privilégiées. — Voy. *Faux frais*.

En général, les frais des actes sont à la charge de ceux dans l'intérêt desquels ils se font.

Les frais de procédure sont à la charge de la partie qui succombe, s'ils ne sont compensés. — Voy. *Dépens*.

FRAIS de bénéfice d'inventaire. — Voy. *Bénéfice d'inventaire*. — *Frais de justice*.

FRAIS pour la conservation de la chose. — Voy. *Frais de justice*. — *Privilège*.

FRAIS de dernière maladie. — Ces frais sont les dépenses de toute espèce faites durant la maladie dont le débiteur est mort.

Ces frais sont privilégiés sur la généralité des meubles, et viennent après les frais de justice et ceux funéraires, concurremment entre ceux auxquels ils sont dus. — *C. civ.* 2101. - Voy. *Privilège*.

Ils sont à la charge de l'époux survivant qui a la jouissance légale des biens de ses enfants mineurs. — *C. civ.* 385. — Voy. *Usufruit légal*.

FRAIS extraordinaires de poursuites. — Ce sont ceux occasionnés par les incidents d'une expropriation forcée. — *C. proc.* 713, 714. — Voy. *Ordre entre créanciers*. — *Saisie immobilière*.

FRAIS extraordinaires de transcription. — Ce sont ceux qui, en matière de transmission de biens susceptibles d'hypothèques, sont causés par les inscriptions existantes ou qui peuvent survenir par suite de l'accomplissement des formalités de purge légale. — *C. proc.* 759 et 777. — Voy. *Ordre entre créanciers*. — *Privilège*. — *Transcription*.

FRAIS frustratoires. — Se dit des frais d'actes ou de procédure qui ne sont ni prescrits ni autorisés par la loi et qui n'offrent aucune utilité. — *E. N.*

Ces frais doivent être mis à la charge des officiers ministériels qui les ont faits et peuvent même donner lieu contre eux, selon les circonstances, à des dommages-intérêts de la partie et à des peines disciplinaires. — *C. proc.* 71, 1031.

FRAIS funéraires. — Ce sont ceux faits pour l'inhumation du défunt.

Ces frais se composent des dépenses de cercueil, billets d'invitation, tenture, cire, transport du corps, ouverture de la terre ou du caveau, et frais de la cérémonie religieuse, le tout proportionné à la fortune et au rang du défunt.

Les frais funéraires sont à la charge de la succession et non à celle de la communauté. — *D. N.* — Voy. *Communauté de biens*.

Mais ceux du premier mourant des père et mère sont à la charge du survivant, lorsque celui-ci a la jouissance légale des biens de ses enfants mineurs. — *C. civ.* 385. — Voy. *Usufruit légal*.

Les frais funéraires sont privilégiés sur la généralité des meubles et des immeubles. — *C. civ.* 2101. — Voy. *Privilège*.

Toutefois, pour que le privilège existe, il faut que les frais funéraires soient proportionnés à la qualité et à la fortune du défunt, autrement ils pourraient être réduits.

L'action des fabriques et des entrepreneurs pour le paiement de ces frais se prescrit par six mois.

A Paris, le service des inhumations est divisé en neuf classes dont le chiffre total des frais s'élève approximativement, savoir : 1re classe 4125 fr. ; — 2me classe 2625 fr. ; — 3me classe 1525 fr. ; — 4me classe 788 fr. ; — 5me classe 445 fr. ; — 6me classe 155 fr. ; — 7me classe 80 fr. ; — 8me classe 50 fr. ; — 9me classe 15 fr.

Le prix fixé pour chaque classe est le maximum qu'il est interdit de dépasser, sous peine, en cas de contestation, de ne pouvoir répéter l'excédent et même d'une amende ; il peut être diminué dans la proportion des objets de chaque classe qui ne seraient pas commandés par les familles.

Tout ordre pour un convoi doit être donné par écrit, indiquer la classe, et désigner les objets à retrancher, ou ceux fixés dans le tarif supplémentaire qui sont demandés.

Il existe à Paris plusieurs administrations qui se chargent de toutes les démarches et formalités, depuis la déclaration du décès à la mairie jusqu'à l'érection des monuments funèbres dans les cimetières.

FRAIS de garde. — Voy. *Inventaire.* — *Saisie-exécution.* — *Scellés.*

FRAIS de justice. — S'entend de tous ceux qui sont faits sous le sceau de la justice, c'est-à-dire ceux que la loi autorise pour la conservation et la liquidation du gage commun : tels sont ceux pour scellés, inventaire, saisie, poursuite de vente ou expropriation, ordre et distribution de deniers.

Mais les frais faits par un créancier pour obtenir condamnation contre son débiteur, ou même un rang dans la distribution, ne sont point considérés comme frais de justice, et suivent le sort de la créance dont ils forment l'accessoire. — Voy. *Contribution de deniers.*

Les frais de justice sont privilégiés au premier rang sur la généralité des meubles. — C. civ. 2101. — Voy. *Privilège.*

A défaut de mobilier, le privilège des frais de justice s'exerce sur les immeubles. — C. civ. 2105.

FRAIS de justice criminelle. — Ils sont réglés par le tarif contenu au décret du 18 juin 1811, celui du 7 avril 1813 et la loi du 18 germinal an VII. — Voy. *Privilège.*

FRAIS de labours et semences. — Ce sont ceux faits pour la culture et l'ensemencement des terres, et qui sont régis par des règles différentes, suivant qu'il s'agit de communauté ou d'usufruit. — Voy. *Labours et semences.*

Ces frais sont en général une charge des fruits et jouissent d'un privilège sur la récolte.

FRAIS dus aux notaires, avoués, huissiers et greffiers. — Voy. *Avoué.* — *Greffe (droits de).* — *Greffier.* — *Huissier.* — *Notaire.*

FRAIS et loyaux coûts. — Se dit des frais légitimement faits pour la passation d'un contrat et les formalités qui en sont la suite.

Ces frais doivent être remboursés à l'acquéreur en cas d'éviction, soit par suite d'une action en garantie, soit d'une action en lésion ou surenchère, soit en cas d'exercice du droit de réméré. — C. civ. 1630, 1673, 1681, 2188. — Voy. *Loyaux coûts.*

FRAIS et mises d'exécution. — Ce sont les frais faits par le créancier pour parvenir au remboursement de sa créance.

C'est une suite des dépens.

En requérant inscription pour une créance, on ne doit pas omettre de requérir en même temps pour les *frais et mises d'exécution, exigibles en même temps que le principal de la créance,* et qu'on évalue approximativement, afin de ne pas s'exposer à voir rejeter ces frais lors de la distribution hypothécaire, l'art. 2148 du C. civ. supposant que ces frais ont été inscrits comme accessoires. — Voy. *Inscription hypothécaire.*

FRANC. — Dénomination de l'unité du système monétaire décimal.

Les stipulations de sommes doivent être exprimées en francs et centimes. — L. du 17 *floréal an VII.*

FRANC d'avarie. — Clause par laquelle l'*assureur* maritime n'est tenu que des pertes susceptibles de donner lieu au délaissement du navire assuré. — *C. comm.* 409.

Cette clause ne rend pas le délaissement obligatoire. — Voy. *Avarie.* — *Délaissement.*

FRANC et quitte. — Terme employé pour établir, soit qu'une personne est affranchie de toutes dettes, soit qu'une chose est libre de privilèges ou hypothèques.

Cette expression s'emploie surtout dans les contrats de mariage, lorsque la femme stipule la reprise de son apport *franc et quitte*, ou lorsque l'un des époux est déclaré *franc et quitte* des dettes antérieures au mariage. — Voy. *Communauté.*

Dans les constitutions d'hypothèque, une pareille stipulation *fausse* donnerait lieu à la peine du *Stellionat.* — *C. civ.* 2059. — Voy. *Stellionat.*

FRANÇAIS. — On donne ce nom à tous les individus qui font partie de la nation Française, et dont l'État et la capacité sont régis tant en France qu'en pays étranger par les lois Françaises.

La qualité de Français s'acquiert : 1° par droit de naissance ; 2° par la naturalisation ; 3° par le mariage d'une étrangère avec un Français ; 4° par la réunion d'un territoire à la France. — Voy. *Naissance.* — *Naturalisation.*

Tout individu né en France ou en pays étranger d'un Français qui n'a point perdu cette qualité, est Français. — *C. civ.* 10.

Est encore Français, tout individu né en France d'un étranger qui lui-même y est né, à moins que, dans l'année qui suit l'époque de sa majorité, telle qu'elle est fixée par la Loi Française, il ne réclame la qualité d'étranger.

On considère également comme Français de plein droit, les individus nés en France de parents inconnus.

Tout Français jouit des droits civils ; mais les droits politiques n'appartiennent pas à tous les Français. — *C. civ.* 7, 8.

La qualité de Français se perd dans les cas suivants : 1° par naturalisation acquise en pays étranger ; 2° par l'acceptation non autorisée de fonctions publiques conférées par un gouvernement étranger ; 3° par l'acceptation non autorisée de service militaire ou affiliation à une corporation militaire non autorisée à l'étranger ; 4° par tout établissement non commercial fait en pays étranger, sans esprit de retour ; 5° enfin, par le mariage d'une Française avec un étranger.

La femme devenue Française par son mariage avec un Français ne perd pas sa qualité par la mort de son mari. — *D. N.*

Le Français qui a perdu sa nationalité peut toujours la recouvrer en rentrant en France avec l'autorisation du Gouvernement, et en déclarant qu'il veut s'y fixer et qu'il renonce à toute distinction contraire à la loi Française. — *C. civ.* 18.

FRANCE. — La France est une Nation ou État des plus importants de l'Europe.

Elle est représentée par le Gouvernement et ses agents, soit vis-à-vis des puissances étrangères, soit vis-à-vis des particuliers.

Considéré comme Être moral, l'État a des droits et obligations, peut acquérir et aliéner, est soumis aux mêmes prescriptions que les particuliers, et peut également les opposer.

La France, située sur la lisière occidentale de l'Europe, forme un hexagone, borné, à l'est : par les Vosges, le Jura, le lac de Genève, la Suisse et les Alpes ; au sud : par la Méditerranée et les Pyrénées ; à l'ouest : par l'Océan Atlantique, et au nord : par la Manche, le Pas-de-Calais, la Belgique, le Grand duché de Luxembourg, la Prusse et la Bavière Rhénane.

La France continentale est divisée en 87 départements, 381 arrondissements, 2888 cantons et 36.092 communes.

Nous avons donné une notice géographique particulière sur chaque Département. — Voy. *Ain, Aisne, etc., etc.*

Sa superficie est de 528.572 kilomètres carrés, c'est-à-dire 52,857,200 hectares, sur lesquels 2.822.000 sont occupés par les villes et villages, les voies et les cours d'eau.

Un sixième de la surface du territoire, près de 8.500.000 hectares est en bois. — Plus d'un huitième est composé de landes, de pâtis, ou de terres vagues — Le onzième environ est en prés ou en herbages. — Un peu moins du 20me (2.320.533 hectares) est planté de vignes. — Enfin, environ demi pour cent, soit en chiffres ronds 696.000 hectares, est en terrains de qualité supérieure, tels que vergers, chenevières et jardins.

La population de la France est, d'après le recensement de 1886, de 38.218.903 habitants.

La grande majorité de la nation appartient au culte catholique. — On ne compte guère que 1 million de protestants ou calvinistes, et à peu près 100.000 Israélites.

Le Culte Catholique est divisé en 90 Diocèses, dont 18 Archevêchés et 72 Evêchés.

Les Calvinistes ont un consistoire à Montauban.

Les Israélites ont un consistoire central à Paris, et des synagogues à *Paris, Nancy, Bordeaux* et *Marseille.*

L'Administration Gouvernementale est représentée dans chaque Département par les Préfets qui siègent au chef-lieu, et dans chaque Arrondissement par les Sous-Préfets.

La Justice comprend : 1° la Cour de cassation (Tribunal suprême) dont le siège est à Paris. — Voy. *Cour de cassation.*

2° 26 Cours d'appel, non compris celle d'Alger. — Voy. *Cour d'appel.*

3° Une Cour d'assises siégeant dans chaque département.

4° Un Tribunal civil par arrondissement.

Et 5° Un juge de paix au moins par canton.

L'instruction publique est divisée en 16 Académies. — Voy. *Académie.*

L'Administration militaire comprend 18 régions de corps d'armée. Les centres de ces régions sont : *Lille.* — *Amiens.* — *Rouen.* — *Le Mans.* — *Orléans.* — *Châlons-sur-Marne.* — *Besançon.* — *Bourges.* — *Tours.* — *Rennes.* — *Nantes.* — *Limoges.* — *Clermont-Ferrand.* — *Grenoble.* — *Marseille.* — *Montpellier.* — *Toulouse* et *Bordeaux.*

Les territoires de *Paris* et *Lyon*, augmentés des communes suburbaines, et pour *Paris* du département de Seine-et-Oise, forment des Gouvernements militaires spéciaux dont la garnison se compose de fractions empruntées aux divers corps d'armée.

Enfin, la marine militaire est divisée en 5 Préfectures qui sont *Cherbourg.* — *Brest.* — *Lorient.* — *Rochefort* et *Toulon.*

Nous ne nous occupons ici que de la France continentale. En ce qui concerne l'Algérie et les autres colonies Françaises. — Voy. *Algérie.* — *Colonies.*

FRANCHISE. — C'est l'exemption accordée à quelques personnes de certaines charges imposées à la généralité des citoyens. — L'exemption accordée aux habitants d'un lieu se nomme *lieu de franchise.* Le terme de *Franchise* s'applique encore à des droits d'asile attachés à certains lieux. — Voy. *Asile.*

FRANCHISES postales. — Se dit de l'exemption des taxes postales accordée aux hauts fonctionnaires et à certaines personnes, à raison de leurs qualités, sans condition de contreseing.

Jouissent de cette exemption :

Pour toute la France.

Le Président de la République,
Le Président du Sénat,
Le Président de la Chambre des Députés,
Le Grand chancelier de la légion d'honneur,
Les Ministres secrétaires d'Etat à département,
Les sous-secrétaires d'Etat à département ministériel,
Le Gouverneur Général de l'Algérie,
Le Président du Conseil d'Etat,
Le Vice-Président du Conseil d'Etat,
Le Président du Contentieux au Conseil d'Etat,
Le premier Président de la cour des Comptes,
Le Premier Président de la cour de Cassation,
Le Procureur Général de la cour de Cassation,
Le Procureur Général de la cour des Comptes,
Le Gouverneur militaire de Paris,
Le Commandant de la Place de Paris et du département de la Seine,
Le Chef d'Etat major Général du ministre de la Guerre,
Le Préfet de Police,
Le Directeur Général des contributions directes,
Le Directeur Général des contributions indirectes,
Le Directeur Général de l'administration des cultes
Le Directeur général des Douanes,
Le Directeur Général de l'Enregistrement, des Domaines et du Timbre,
Le Directeur Général des manufactures de l'Etat,
Le Directeur du personnel au ministère de la Guerre,
Le Directeur Général de la Caisse d'amortissement et de la Caisse des dépôts et consignations.
Le Président de la Commission chargée d'établir les listes des candidatures aux débits de tabac.
Le Secrétaire Général du Conseil d'Etat ;

Et dans leur ressort seulement :

Le Préfet de la Seine,
Les Commandants de Corps d'armée,
Les Procureurs Généraux.
Les Procureurs de la République près les cours d'assises.
Les Procureurs de la République près les Tribunaux de première instance,
Et le Préfet du Rhône.

FRANCISATION (Acte de). — On appelle acte de francisation le titre qui constate la nationalité Française d'un navire. — Cette pièce est délivrée par la douane et signée par le ministre des finances.

Le capitaine doit toujours avoir à bord l'acte de francisation. — *C. comm.* 226.

FRANCS-BORDS. — Bande de terrain bordant les canaux et cours d'eau et qui constitue la berge du canal. — Voy. *Canal.* — *Rivière.* — *Usine.*

Se dit aussi dans certains lieux de la repare d'un fossé. — Voy. *Repare.*

FRANCS deniers. — Voy. *Deniers francs.*

FRAUDE. — On appelle ainsi toute manœuvre employée pour tromper un tiers et lui porter préjudice.

Les créanciers peuvent faire annuler les actes frauduleux faits par leur débiteur, et qui leur portent préjudice.

Pour qu'il y ait *fraude*, deux choses sont nécessaires : le *dessein* de frauder, et une *perte effective* éprouvée par les créanciers.

La fraude ne se présume point et doit être prouvée contre son auteur par tous les moyens, même par des présomptions. — *C. civ.* 1353.

Pour l'exercice de l'action en nullité, il n'est pas nécessaire que la fraude ait été connue de ceux avec lesquels le débiteur a traité. Néanmoins on admet généralement une distinction à cet égard. Ainsi les actes à titre onéreux forment des conventions licites, que les créanciers ne peuvent faire annuler qu'en prouvant la mauvaise foi de ceux qui les ont passés avec le débiteur. Mais les libéralités faites par ce dernier, en fraude des droits de ses créanciers, sont nulles, lors même que le donataire est de bonne foi.

La fraude pratiquée par un négociant failli donne lieu contre lui à une prévention de banqueroute frauduleuse. — *D. N.* — Voy. *Banqueroute*.

Celui qui, par fraude, attire des lapins, poissons, pigeons, dans une garenne, étang ou colombier, ne devient pas par là propriétaire de ces animaux. — *C. civ.* 564. — Voy. *Abeilles*.

A l'égard de la fraude en matière de Transport et débit de boissons. — Voy. *Boissons*.

Une Loi du 14 mars 1887 tendant à la répression des fraudes commises dans la vente des Beurres interdit d'exposer, de mettre en vente ou de vendre, d'importer ou d'exporter sous le nom de *Beurre*, de la *margarine*, de l'*oléo-margarine*, et d'une manière générale, toute substance destinée à remplacer le beurre, ainsi que les mélanges de margarine, de graisse, d'huile et autres substances avec le beurre, le tout sous peine d'amende et d'emprisonnement.

FRAUDE à la Loi. — Se dit de tout moyen détourné pour éluder les prohibitions de la Loi.

Comme le *dol* ou la *fraude* envers la personne, la *fraude à la Loi* autorise la preuve testimoniale contre les obligations écrites.

FRÈRES et Sœurs. — Enfants de sexe différent, nés des mêmes père et mère, ou de l'un d'eux seulement.

On nomme frères et sœurs *Germains*, ceux nés des mêmes père et mère ; *Consanguins*, ceux nés du même père seulement, et *Utérins* ceux nés de la même mère.

Les frères et sœurs sont au deuxième degré dans la supputation des générations qui forment la ligne collatérale. — Voy. *Parenté*. — *Succession*.

FRET ou Nolis. — On donne le nom de *fret* ou *Nolis* au prix du transport des marchandises chargées dans un navire pour un voyage maritime. — Voy. *Bail maritime*. — *Charte-partie*.

Il n'est dû aucun fret pour les marchandises perdues par événement de force majeure. — *C. comm.* 302.

Mais si le navire périt et que les marchandises soient sauvées, il est dû une partie du fret à proportion du voyage avancé. — *C. comm.* 303.

Le capitaine a un privilège pour le paiement de son fret sur les marchandises transportées. Ce privilège peut même être exercé pendant la quinzaine du débarquement, tant qu'elles sont encore dans les mains de l'affréteur. *C. comm.* 306 *et suivants*.

FRIPIERS. — Voy. *Brocanteurs*.

FRUITS. — C'est ainsi qu'on appelle les revenus d'une terre, d'une maison, et généralement tout ce qui est produit par une chose et se perçoit périodiquement.

La Loi distingue trois sortes de fruits :

1° Les *fruits naturels*, qui sont le produit spontané de la terre, ainsi que le croît des animaux, et qui s'acquièrent par le fait de la récolte ou perception ;

2° Les *fruits industriels*, qui sont ceux qu'on obtient par la culture ;

Et 3° les *fruits civils*, qui sont les loyers des maisons, les intérêts des sommes exigibles, les arrérages des rentes, les prix de baux à ferme et qui s'acquièrent jour par jour.

Les fruits naturels ou industriels de la terre, les fruits civils, le croît des animaux appartiennent au propriétaire par droit d'accession, à charge de rembourser les frais de labours, travaux et semences faits par des tiers. — *C. civ.* 547 *et suivants.*

Les fruits sont meubles par leur nature. Cependant la Loi répute immeubles les récoltes pendantes par les racines et les fruits des arbres non encore recueillis. — *C. civ.* 520.

Mais dès que les grains sont coupés et les fruits détachés, quoique non enlevés ils sont meubles.

Les liquidations et comptes de fruits sont réglés par les art. 526 et suiv. du C. proc. — Voy. *Compte de fonds et de fruits.* — *Compte de fruits.*

Le possesseur de bonne foi fait les fruits siens jusqu'au jour où son titre lui est contesté. — Voy. *Pétition d'hérédité.*

Jusqu'au partage, les fruits de la succession n'appartiennent à aucun des héritiers spécialement et doivent être compris dans la masse partageable. — *D. N.*

Les fruits échus ou perçus des biens personnels des époux ou qui leur sont advenus pendant le mariage entrent dans la Communauté. — *C. civ.* 1401. — Voy. *Communauté de biens.*

Les fruits des biens dotaux sont réglés d'après les art. 1549, 1568 et 1750 du C. civ. Ceux des biens paraphernaux, par l'art. 1557. — Voy. *Régime dotal.*

La saisie des fruits pendants par racines porte le nom de saisie-brandon; elle est assujettie à certaines règles spéciales. — Voy. *Saisie-brandon.*

Les dommages causés aux fruits donnent lieu à une action civile de la compétence du Juge de paix. — *C. proc.* 3.

FRUITS de succession. — Ceux perçus depuis l'ouverture de la succession jusqu'à la liquidation et qui augmentent l'hérédité. — Voy. *Compte de fonds et de fruits.* — *Rapport à succession.*

FRUITS tombés. — D'après une modification introduite à l'art. 673 du C. civ., les fruits tombés naturellement des branches d'arbres plantés dans un jardin, mais avançant sur la propriété du voisin, appartiennent à ce dernier. — Voy. *Élagage.*

FRUSTRATOIRE. — Voy. *Frais frustratoires.*

FUIE. — Espèce de petit colombier. — Voy. *Colombier.*

FUMÉE. — Le propriétaire d'une maison inférieure en élévation à celle du voisin ne peut diriger vers celle-ci la fumée de la sienne d'une manière nuisible.

Toutefois, le voisin n'est recevable à se plaindre de cet inconvénient qu'autant qu'il s'agit d'une fumée épaisse, telle que celle qui sort des fours, forges, fourneaux, cuisines et autres lieux où on fait ordinairement de grands feux, et encore à la condition que la fumée ne s'évapore pas avant d'avoir atteint les appartements voisins ; en un mot il faut qu'il y ait préjudice réel. — *E. N.*

FUMIER. — On ne peut, contre un mur même mitoyen, adosser du fumier sans faire un contre-mur. — *C. civ.* 674.

A l'égard du fumier considéré comme pailles et engrais. — Voy. *Pailles et engrais.*

Il est défendu de jeter ou de laisser exposés des tas de fumier au devant de ses bâtiments, sous peine d'amende. — *C. pén.* 471.

Cette disposition ne s'applique, bien entendu, qu'aux fumiers déposés sur la voie publique, à moins qu'ils ne soient nuisibles, soit au voisin, soit à la salubrité publique, auquel cas il y aurait lieu à l'action devant les tribunaux, et l'autorité municipale aurait le droit d'aviser.

FUNÉRAILLES. — Cérémonies et derniers devoirs qu'on rend aux morts.

Tout majeur et mineur émancipé en état de tester, peut régler les conditions de ses funérailles, notamment en ce qui concerne le caractère *civil* ou *religieux* à leur donner et le mode de sa sépulture.

Toutes les dispositions légales relatives aux honneurs funèbres sont applicables, que le caractère des funérailles soit civil ou religieux.

En cas de contestation il est statué immédiatement par le Juge de paix sauf appel devant le Président du Tribunal civil, puis la décision est notifiée au maire chargé d'en assurer l'exécution. — *L. du* 15 *nov.* 1887. —Voy. *Frais funéraires.*

FUNÉRAIRES (Frais). — Voy. *Frais funéraires.*

FUREUR. — Voy. *Aliénation mentale.* — *Démence.* — *Interdiction.*

FUTAIE. — Bois, ou forêt composée de grands arbres. Ce mot se dit aussi des arbres qu'on laisse croître en futaie. — Voy. *Forêts.* — *Usufruit.*

FUTAILLES. — Voy. *Poids et mesures.*

FUTURE (Chose). Ce qui est dans l'avenir.

Les choses futures peuvent être l'objet d'une convention, mais il n'est pas permis de stipuler sur une succession future. — Voy. *Convention.* — *Condition.* — *Legs.* — *Obligation.*

FUTURE succession. — Voy. *Mandat.* — *Pacte sur succession future.* — *Succession.*

FUTURS époux. — C'est ainsi que l'on désigne les personnes entre lesquelles un contrat de mariage est passé, ou qui sont liées par un projet de mariage légalement annoncé. — Voy. *Promesse de mariage.*

G

GAGE. — Le gage est le nantissement d'une chose mobilière, corporelle ou incorporelle, remise au créancier pour la garantie du paiement de sa créance.

Le gage confère au créancier le droit de se faire payer sur la chose par privilège et préférence aux autres créanciers. — Voy. *Privilège.*

L'acte de nantissement doit renfermer avec la plus scrupuleuse exactitude la désignation des objets donnés en gage.

Le gage peut être donné par un tiers pour le débiteur.

Les meubles présents, même les meubles corporels, peuvent être donnés en gage; mais on ne peut engager les biens à venir, la *tradition* ou remise du titre ou de la chose et sa description étant de l'essence du nantissement dont le gage n'est qu'une espèce, — *C. civ.* 2074, 2076. — Voy. *Nantissement.*

Les meubles incorporels, tels que les créances mobilières, les actions industrielles, les rentes sur l'Etat et tous autres titres négociables ou non, peuvent être donnés en gage.

Comme tout contrat, le gage ne peut avoir lieu qu'entre personnes capables de contracter et ayant la propriété et possession de l'objet donné en gage; néanmoins le mineur émancipé peut donner ou recevoir des meubles en gage. — Il en est de même de la femme mariée qui serait séparée de biens.

Le gage dont la matière est corporelle doit, sauf les exceptions ci-après indiquées, être constaté par acte notarié ou sous seing privé, enregistré et contenant la déclaration de la somme due, ainsi que l'espèce et la nature des choses remises en gage, ou un état annexé de leurs qualité, poids et mesure, le tout à peine de nullité. — *C. civ.* 2074.

Dans le cas d'un gage constaté par acte sous seing privé, cet acte n'est pas rigoureusement soumis à la formalité du double écrit, à moins qu'il ne contienne des conventions synallagmatiques.

Toutefois, lorsque la matière du gage ne s'élève pas à 150 francs, aucune formalité n'est obligatoire, puisque toutes les obligations au-dessous de cette valeur peuvent se prouver par témoin.

Lorsque la chose donnée en gage est incorporelle, c'est-à-dire consiste en une créance ou un droit, la loi exige que le gage, quelle que soit sa valeur, soit toujours constaté par écrit et signifié au débiteur.

L'acceptation de ce dernier ne serait valable que par acte notarié.

Le créancier gagiste a le droit de retenir le gage jusqu'à parfait paiement de ce qui lui est dû, en principal, intérêts et frais.

Si la dette nantie n'est pas acquittée à son échéance, le créancier peut faire ordonner en justice que le gage lui demeurera en paiement jusqu'à due concurrence, d'après une estimation faite par experts, ou qu'il sera vendu aux enchères. — *C. civ.* 2078.

En matière commerciale, le gage peut être établi par un endossement régulier indiquant que les valeurs ont été remises en garantie, et, dans ce cas, les effets sont recouvrables par le créancier gagiste. — *C. comm.* 91. — Il peut même être *tacite* lorsque, par exemple, l'ouvrier retient la chose jusqu'au paiement de son salaire.

Le gage et les droits qu'il confère au créancier finissent : 1° par l'abus que le créancier aurait fait du gage ; 2° par la perte de la chose engagée ; 3° par la confusion ou réunion dans la même personne des qualités de créancier et de propriétaire du gage ; 4° par les résolutions du droit de celui qui l'a donné ; 5° par l'extinction de l'obligation ; 6° enfin, par la restitution volontaire qu'en fait le gagiste.

Les dispositions ci-dessus ne s'appliquent pas aux maisons de prêts sur gages autorisées qui sont régies par des règlements spéciaux. — *D. N.* — Voy. *Mont-de-Piété. — Prêt sur gage.*

Nous donnons ci-après un formule de gage d'objets mobiliers corporels.

Gage d'objets mobiliers.

Aujourd'hui....., mil.....
Les soussignés :
M. A...
Et M. B...

Ont dit et fait ce qui suit :

Par acte sous seing privé, en date à....., du....., sur lequel se trouve cette mention : Enregistré à....., etc..., M. A... s'est reconnu débiteur envers M. B... de la somme de....., qu'il s'est obligé de lui rembourser le....., avec intérêts à raison de cinq pour cent par an, stipulés payables par semestre, les.....

Or, pour la garantie de cette créance, M. A..., a tout présentement remis à titre de gage et nantissement à M. B..., qui le reconnaît, les objets mobiliers ci-après désignés lui appartenant, savoir :

(*Désigner exactement les objets.*)

M. B... sera tenu de rendre les objets désignés ci-dessus, dans l'état où ils se trouvent actuellement, le jour où il aura été remboursé par M. A... du montant de l'obligation ci-devant indiquée.

Il a été expressément convenu, qu'à défaut de paiement des intérêts ou du remboursement du capital aux échéances, M. B..., aura la faculté de poursuivre la vente judiciaire aux enchères des objets donnés en gage, après un simple commandement fait à domicile réel et resté sans effet pendant un mois afin d'être payé par privilège et préférence à tous autres créanciers, sur les deniers provenant de la vente.

Fait double à....., lesdits jour, mois et an, et signé, lecture prise.

(*Signatures.*)

GAGES des domestiques. — On entend par gage des domestiques le prix du louage de leurs services. — *C. civ.* 1023, 1781, 2102, 2271, 2272. — Voy. *Bail d'ouvrage et d'industrie, Domestiques, Juge de paix, Privilège, Inscription.*

GAGERIE. — Voy. *Saisie-gagerie.*

GAGEURE. — Mot synonyme de pari. — Voy. *Aléatoire. — Jeu. — Pari.*

GAIN. — Se dit en général de tout profit que l'on tire de son travail, de son industrie.

Le *gain* dont le créancier a été privé par suite de l'inexécution d'une obligation est un des éléments des dommages-intérêts qu'il peut réclamer. — *C. civ.* 1149. — Voy. *Dommages-intérêts.*

La Loi autorise certains marchés à perte ou gain — Voy. *Forfait.*

GAINS et épargnes. — Se dit ordinairement des choses appartenant aux enfants, ouvriers et domestiques, et qu'ils se sont procurées par leur travail et leur économie.

La loi admet en principe que les enfants mineurs peuvent acquérir certaines économies qui leur sont propres. — *C. civ.* 387. — Voy. *Dot.* — *Pécule.*

Les gains et épargnes ou pécule des enfants peuvent figurer dans leur contrat de mariage comme étant leur chose propre, lorsqu'ils ne dissimulent pas des avantages qui leur seraient faits par leurs père et mère ou autres.

GAINS de survie. — Se dit des avantages qui ont lieu entre époux au profit du survivant. Les gains de survie prennent différentes dénominations. On les appelle *Douaire.* — *Augment.* — *Contre-augment.* — *Préciput.* — *Bagues et joyaux,* etc. — Voy. ces mots.

La Loi n'admet que des gains de survie *conventionnels,* et les époux peuvent faire à cet égard telles stipulations qu'il leur convient.

Les gains ainsi stipulés étant de leur nature des donations conditionnelles dans lesquelles la clause, *en cas de survie,* est toujours censée apposée et suppléée de droit, il s'ensuit que la jouissance ne peut avoir lieu que lorsque l'un des époux prédécède.

Les gains de survie sont exigibles immédiatement après le décès de l'époux prédécédé.

Il n'est accordé de délai au mari que pour la restitution de la dot. — *C. civ.* 1565. — Voy. *Dot.* — Mais les intérêts ne courent que du jour de la demande. — *C. civ.* 1479.

La dissolution de communauté opérée par la séparation, soit de corps, soit de biens de la femme, ne donne pas ouverture aux droits de survie, mais celle-ci conserve toujours la faculté de les réclamer à la mort de son mari. — *C. civ.* 1452.

Les femmes de commerçant failli ne peuvent pas exiger leur gain de survie au préjudice des créanciers, mais ceux-ci n'ont aucun droit sur le gain de survie appartenant au mari survivant. — *C. comm.* 564 — Voy. *Faillite.*

GARANTIE. — Ce mot a plusieurs acceptions. Il se dit d'abord, soit de l'assurance que l'on fournit pour l'exécution de sa propre obligation, soit des sûretés que l'on donne à quelqu'un pour l'exécution d'une obligation, soit enfin de l'obligation de celui que la loi rend responsable envers quelqu'un.

On distingue deux sortes de garanties : la *garantie de droit,* qui a lieu indépendamment de toute stipulation, et la garantie *conventionnelle,* qui, ainsi que le mot l'indique, résulte des conventions.

La garantie qui a sa cause dans un fait indépendant de toute convention, c'est-à-dire qui ne résulte que de la loi, se nomme plutôt *responsabilité* et peut avoir pour objet le fait d'autrui. Voy.— *Responsabilité.*

La garantie est mobilière ou immobilière, selon que la chose qui en est l'objet est meuble ou immeuble. — *C. civ.* 526, 529.

Dans la vente et dans le transport de créance, le vendeur et le cédant sont obligés de défendre et d'indemniser l'acheteur et le cessionnaire, de tout trouble dans la propriété et jouissance de la chose vendue ou de la créance cédée.

En matière de vente, la garantie que le vendeur doit à l'acquéreur a deux objets : le premier, la possession paisible de la chose vendue; le second, les défauts cachés de cette chose ou les vices rédhibitoires. — *C. civ.* 1625. — Voy. *Délivrance.* — *Rédhibitoires (vices).*

Le vendeur de droits successifs ne doit garantir au cessionnaire que sa qualité d'héritier. — *C. civ.* 1696. — Voy. *Transport-Cession.*

En matière de cession de droits litigieux, le cédant ne garantit rien; il cède ses prétentions bien ou mal fondées. — Voy. *Transport de droits litigieux.*

Dans le contrat de louage, il est dû garantie au preneur pour tous les vices ou défauts de la chose louée qui en empêchent l'usage, lors même qu'ils n'auraient pas été connus lors du bail. — *C. civ.* 1721. — Voy. *Bail.*

Le locataire a aussi une action en garantie contre le bailleur pour cause de trouble dans la jouissance de la chose louée. — *C. civ.* 1726 *et suiv.*

Le cédant d'une créance ou autre droit incorporel est toujours censé en garantir l'existence au temps du transport, quoiqu'il soit fait sans garantie. — C. civ. 1693. — Voy. *Convention*.

Il est même obligé de garantir le cessionnaire de la nullité du titre de la créance, malgré la stipulation de non-garantie, recours, ni restitution.

Le cédant ne répond de la solvabilité du débiteur que lorsqu'il s'y est engagé, et jusqu'à concurrence seulement du prix qu'il a retiré de la créance. — C. civ. 1694.

Le transport d'une créance avec *toute garantie* n'oblige pas le cédant à la garantie future du débiteur; cette garantie doit être exprimée par ces termes : *garantir, fournir et faire valoir*.

L'obligation de *fournir et faire valoir* ne confère pas une action directe contre celui qui l'a souscrite, qui n'est tenu qu'après la discussion du débiteur principal.

La garantie de *fournir et faire valoir* n'a plus lieu lorsque, sans l'aveu de celui qui l'a souscrite, le créancier accorde une prolongation de délai au débiteur.

Pour la garantie relative aux autres actes que la restriction de notre cadre ne nous permet pas d'énumérer ici. — Voy. *Échange. — Partage. — Transaction. — Donation. — Dot. — Remploi. — Aval. — Besoin. — Billet. — Endossement. — Lettre de Change. — Agent de Change. — Courtier. — Commissionnaire*.

On distingue encore, en procédure, la garantie *Formelle* d'avec la garantie *Simple*.

La garantie est *formelle* lorsqu'elle se rapporte à une action réelle ou hypothécaire. Elle est *simple* lorsqu'il s'agit d'une action personnelle. — *D. N.*

En garantie formelle, le garant peut toujours prendre fait et cause du garanti, tandis qu'au contraire, en garantie simple, la prise de fait et cause n'est pas admise. — C. proc. 182, 183.

La mise en cause des garants devant le juge de paix est réglée par les art. 32 et 33 du C. proc.

Les délais et formes de l'exception de garantie opposée devant les tribunaux de première instance, de même que tout ce qui concerne les jugements en cette matière, sont déterminés par les art. 175 et suivants du C. de proc.

GARANTIE des fonctionnaires publics. — On nomme ainsi la protection dont la loi couvre certains fonctionnaires, en ne permettant de les mettre en jugement pour raison des abus ou délits prétendus commis par eux dans l'exercice de leurs fonctions, qu'avec la permission de l'autorité supérieure. — Voy. *Fonctionnaire public. — Pouvoir administratif*.

GARANTIE des matières d'or et d'argent. — On comprend sous cette dénomination générale l'ensemble des règles qui ont pour objet : d'abord, de déterminer les divers degrés d'alliage que peuvent admettre les matières d'or et d'argent livrées au commerce, soit en lingots, soit ouvragés, et de fixer leur *titre* légal; ensuite de fournir à l'autorité et aux particuliers des moyens de vérifier ce titre par le contrôle qui est un impôt au profit de l'Etat. — *LL. des 19 brum. an VI, 5 vent. an XII, et Ord. du 5 mai 1820*. — Voy. *Matières d'or et d'argent*.

GARANTIE mobilière. — Voy. *Cautionnement. — Garantie*.

GARD. — Le Département du Gard est un de ceux que formait autrefois l'ancienne province du Languedoc.

Chef-lieu : Nîmes.

Cour d'appel : Nîmes.

Ce département est limité à l'Est par le Vaucluse et les Bouches-du-Rhône ; au Sud par les Bouches-du-Rhône, la Méditerranée et l'Hérault; à l'Ouest par l'Hérault et l'Aveyron, et au Nord par l'Ardèche et la Lozère.

Il est divisé en quatre arrondissements, 40 cantons et 350 communes.

Superficie : 584.689 hectares.

Impôt foncier : 1.982.997 francs.

Population : 417,099 habitants.

GARDE. — Ce terme signifie protection, conservation, administration. — Il s'applique aux personnes et aux choses, et notamment à la personne et aux biens des mineurs. — Voy. *Tutelle.*

GARDE champêtre. — Fonctionnaire chargé de veiller, dans sa commune, à la conservation des propriétés rurales et des récoltes, et de constater les délits et contraventions aux règlements de police municipale par des procès-verbaux.

Une commune peut avoir plusieurs gardes champêtres, et plusieurs communes peuvent s'entendre pour choisir et payer le même.

Les gardes champêtres sont des officiers de police judiciaire institués par les Lois des 28 sept.-6 octob. 1791 et 31 juillet 1867.

Ils sont choisis par les maires sur l'approbation des conseils municipaux, de préférence parmi les vétérans et autres anciens militaires; ils doivent être âgés de vingt-cinq ans au moins, et savoir lire et écrire. — C'est le Sous-Préfet qui délivre la Commission.

Ils sont reçus par le Juge de paix qui leur fait prêter serment avant d'entrer en fonctions.

Bien qu'il y ait un garde champêtre salarié dans la commune, tout propriétaire ou établissement public a le droit d'établir un garde particulier pour la conservation de ses propriétés; mais il ne reste pas moins tenu de contribuer au traitement du garde champêtre de la commune.

Les gardes champêtres dressent des procès-verbaux des délits et contraventions.

Ils suivent les choses enlevées dans les lieux où elles ont été transportées et les mettent en séquestre, sans néanmoins pouvoir s'introduire dans les maisons, ateliers, bâtiments, cours adjacentes et enclos, si ce n'est en présence, soit du Juge de paix, soit de son suppléant, soit du Commissaire de police, soit du Maire du lieu ou de son adjoint, et le procès-verbal qui en est dressé doit être signé par celui en présence duquel il a été fait.

Ils arrêtent et conduisent devant le maire tout individu qu'ils ont surpris en flagrant délit, ou qui est dénoncé par la clameur publique, lorsque ce délit entraîne la peine d'emprisonnement ou une peine plus grave. Ils se font donner à cet effet main-forte par le maire ou par l'adjoint du maire du lieu qui ne peut s'y refuser. — *C. instr. crim.* 16.

Ils sont chargés en outre de constater les délits de chasse, les contraventions à la Loi sur le port d'armes, lorsqu'elles sont accessoires à un délit de chasse, les délits de pêche et les fraudes qui intéressent l'Administration des tabacs. — *LL. des 3 mai 1844, 22 avril 1790, 16 juillet et 28 avril 1816.*

Ils doivent encore constater les embarras commis sur les chemins publics dans les campagnes, de même que les anticipations ou détériorations sur les chemins.

Enfin, ils sont tenus d'informer les maires, et ceux-ci les officiers, sous-officiers et brigadiers de gendarmerie, de tout ce qu'ils découvrent de contraire au maintien de l'ordre et de la tranquillité publique.

Les procès-verbaux des gardes champêtres doivent être affirmés et enregistrés. — Voy. *Procès verbal.*

Une ordonnance du 5 mai 1845 a accordé une gratification de 8 à 25 fr., selon les cas, aux gardes et gendarmes rédacteurs des procès-verbaux constatant les infractions à la Loi sur la chasse et qui auront donné lieu à une condamnation.

Les gardes champêtres sont placés sous la surveillance du Parquet et de la Gendarmerie, qui peut les mettre en réquisition pour la seconder dans certains cas.

Ils répondent des dommages pour lesquels ils ont négligé de faire leur rapport dans les vingt-quatre heures.

Les changements ou la destitution des gardes champêtres des communes ne peuvent être prononcés que par le Sous-Préfet, sur l'avis du Maire et du Conseil municipal et avec l'approbation du Préfet. — *D. N.*

Nous donnons une formule de procès-verbal par un garde champêtre, sous ce titre. — Voy. *Procès-verbal.*

GARDE-chasse. — C'est celui chargé de veiller à la conservation du gibier dans l'étendue du territoire confié à sa garde.

Cette fonction est souvent réunie à celle de *Garde champêtre* ou de *Garde forestier*, qui sont de même nature, le garde-chasse étant, comme les autres gardes, officier de police judiciaire dans la partie qui le concerne. — Voy. *Garde champêtre.* — *Garde forestier.*

Les particuliers peuvent avoir des *Gardes-chasse* à leur nomination, que l'on nomme plus spécialement *Gardes particuliers.*

Le propriétaire est civilement responsable des délits de son garde-chasse commis dans l'exercice de ses fonctions.

Il a été jugé par la Cour de Bourges, le 29 juin 1853, qu'un domestique ne peut être nommé aux fonctions de garde particulier.

Les gardes-chasse écrivent eux-mêmes leurs procès-verbaux, les signent, et les affirment dans les vingt-quatre heures devant le Juge de paix, dans les communes où ils résident, et, dans les autres communes, devant les maires ou adjoints, à peine de nullité. Ces procès-verbaux sont enregistrés dans les quatre jours, le tout comme ceux des gardes champêtres. — Voy. *Garde champêtre.*

Nous donnons, sous le titre *Procès-verbal*, une formule de procès-verbal par un garde champêtre qui peut également servir pour un garde-chasse. — Voy. *Procès-verbal.*

La nomination des gardes-chasse ou particuliers a lieu sur la demande que le propriétaire adresse lui-même directement et sur timbre au Préfet par l'entremise du Sous-Préfet, s'il y a lieu, et à laquelle doit être joint l'extrait du casier judiciaire du garde proposé, délivré au Greffe du Tribunal civil de l'arrondissement, où il est né.

Les gardes-chasse sont, comme les gardes champêtres, reçus par le Juge de paix, qui leur fait prêter serment.

Avant d'entrer en fonctions, ils doivent faire enregistrer leur commission à la mairie des communes où sont situées les propriétés confiées à leur garde.

Nous donnons ci-après une formule de demande.

Demande de garde-chasse ou garde particulier.

Monsieur le Préfet,

M. A..., demeurant à....., a l'honneur de vous prier d'agréer comme garde-chasse particulier des propriétés qu'il possède en la commune de...., et par extension sur celles de....., le sieur B..., né à...., domicilié à.....

Il joint à sa demande l'extrait du casier judiciaire dudit S. B..., délivré par le Greffier du Tribunal civil de.....

Il a l'honneur d'être,
   Monsieur le Préfet,
   Votre respectueux serviteur.

(*Signature.*)

GARDE de Paris. — Corps employé au service de surveillance dans Paris, et assimilé à la Gendarmerie. — Voy. *Gendarmerie.*

GARDE du génie. — On appelle gardes du Génie ceux préposés à la garde des fortifications. — Voy. *Place de guerre.*

GARDE forestier. — C'est celui chargé de veiller à la conservation des bois et forêts, et de constater par des procès-verbaux tous les délits qui peuvent y porter atteinte.

Le personnel de l'Administration forestière est composé d'agents et de préposés.

Les agents sont : les Conservateurs, Inspecteurs, Sous-Inspecteurs. — Le titre de Garde général est supprimé. — *Déc. du 23 oct. 1883.*

Les préposés sont : les Brigadiers, Gardes simples, Cantonniers, les Brigadiers sédentaires et les Gardes à cheval.

Les gardes forestiers doivent savoir lire et écrire et être âgés de vingt-cinq ans au moins. — *C. for. 3.*

Ils sont nommés par le directeur général. — *C. for. 12.*

Les gardes forestiers sont, de même que les gardes champêtres, rangés dans la classe des officiers de police judiciaire et ils ont les mêmes attributions. — Voy. *Forêts.*

Ils écrivent eux-mêmes leurs procès-verbaux, les signent, et les affirment au plus tard le lendemain de la clôture, devant le Juge de paix du canton, son suppléant, ou devant le Maire ou l'adjoint, soit de la commune de la résidence, soit de celle où le délit a été commis ou constaté, le tout sous peine de nullité.

Ils doivent faire enregistrer leurs procès-verbaux dans le délai de quatre jours au bureau le plus voisin de leur résidence.

Ils peuvent les faire viser pour timbre en les soumettant à l'Enregistrement et peuvent dès lors les écrire sur papier non timbré. — *D. N.* — Voy. *Forêts.* — *Fonctionnaire public.* — *Garde champêtre.*

GARDE-malade. — Les salaires des *Garde-malade* dus pour la dernière maladie du défunt sont privilégiés. — Voy. *Frais de dernière maladie.*

Les garde-malade peuvent recevoir un legs, et les incapacités prononcées par l'art. 909 du C. civ. ne peuvent les atteindre. — Voy. *Donation.*

GARDE particulier. — Voy. *Garde-chasse.* — *Garde champêtre.*

GARDE-pêche. — Ce sont les préposés à la garde de la pêche dans les cours d'eau du domaine public non compris dans les limites de la pêche maritime, et dont la surveillance, la police et l'exploitation ont été confiées à l'Administration des ponts et chaussées. — *Déc. 29 avril 1862.*

Les gardes-pêche sont nommés par le Ministre des travaux publics.

Les procès-verbaux de ces gardes font foi jusqu'à preuve contraire comme ceux des gardes champêtres et sont dispensés de la formalité de l'affirmation. — Voy. *Pêche.* — *Garde champêtre.*

GARDE-port. — Agent chargé de veiller, sur les ports, à la conservation des denrées et marchandises. Ces agents sont commissionnés par le Directeur général des ponts et chaussées et payés par le commerce.

GARDE des sceaux. — Ce titre est aujourd'hui donné au Ministre de la Justice, chargé de la garde des sceaux de l'Etat. — Voy. *Ministère.*

GARDE-vente. — On appelle Garde-vente ou facteur, le préposé que l'adjudicataire d'une coupe de bois établit pour l'exploitation et la vente des bois par lui achetés. — *C. for. 31.* — Voy. *Forêts.*

GARDIEN judiciaire. — On donne ce nom à celui préposé, au nom de la justice, à la garde d'une chose à laquelle plusieurs personnes ont intérêt, tels que les objets saisis, séquestrés ou autres, pour être représentés à qui de droit.

Le gardien est un véritable dépositaire, et la violation du dépôt donne lieu à l'application de la peine portée par l'art. 408 du C. pén. — Voy. *Dépôt.* — *Saisie-exécution.* — *Scellés.*

La principale obligation du gardien est de représenter les effets confiés à sa garde.

GARDIEN des scellés. — C'est celui présenté au juge de paix, lors de l'apposition des scellés, pour la garde et conservation des objets dépendant de la succession.

Le juge de paix établit un gardien d'office, s'il ne lui en est pas présenté. — *C. proc. 914.* — Voy. *Scellés.*

GARE. — De temps immémorial on a désigné sous le nom de gare les lieux destinés, sur les rivières, à retirer les bateaux pour les mettre à l'abri des glaces et des débâcles.

Aujourd'hui, le mot *gare* est plus particulièrement employé pour désigner les diverses stations des chemins de fer. — Voy. *Chemin de fer.* — *Rivière.*

GARGOUILLE. — Pierre creusée en gouttière que l'on pose soit dans les maisons, soit dans les allées pour former un ruisseau ou conduit qui porte les eaux dans la rue.

GARENNE. — Dune, bois ou bruyère destinés à nourrir et élever des lapins.

On distingue deux sortes de garennes : les garennes *ouvertes*, c'est-à-dire celles qui ne sont pas suffisamment closes pour empêcher la sortie libre des lapins, et les garennes *forcées*, qui sont celles closes de murs ou fossés remplis d'eau, de manière à empêcher les lapins de sortir.

Tout propriétaire a la faculté de convertir son terrain en garenne, sans être pour cela tenu de le clore.

Les lapins d'une garenne appartiennent au propriétaire et sont immeubles par destination. — *C. civ.* 524.

Il suit de ce principe que le propriétaire de la garenne a une action en justice pour réclamer les lapins pris ou tués dans sa garenne et pour se les faire rendre, ou au moins leur valeur, mais il n'a pas le droit de suite, c'est-à-dire qu'il ne peut réclamer ceux tués ou pris ailleurs que dans sa garenne.

Quoique le maître de la garenne ne puisse pas suivre ses lapins, il est toujours responsable du dommage qu'ils font, à moins qu'il n'ait autorisé ses voisins à les détruire. — *D. N.*

Le propriétaire, pas plus que le locataire d'un Bois non constitué en Garenne, ne sont responsables du dommage causé par les lapins qui s'y trouvent et ne sont pas obligés de les détruire eux-mêmes, mais à la condition d'accorder aux voisins toute permission nécessaire pour qu'ils puissent le faire. — *Cass.* 19 *mars* 1883.

Les lapins qui passent dans une autre garenne appartiennent au propriétaire de cette garenne, pourvu qu'ils n'y aient point été attirés par fraude ou artifice.— *C. civ.* 564.— Voy. *Accession.* — *Animaux.* — *Meubles.* — *Immeubles.*

GARNISAIRE. — On appelle ainsi l'homme que l'on place au domicile d'un contribuable en retard, pour le contraindre, par la crainte des frais considérables que cette mesure lui occasionne, à payer ce qu'il doit. — *L. du 17 brum. an V.* — Voy. *Contributions (impositions).*

GARONNE (Haute-). — Le Département de la Haute-Garonne est un des sept que forme l'ancienne province du Languedoc.

Chef-lieu : Toulouse ;
Cour d'appel : Toulouse.

Ce département est limité à l'Est par le Tarn, l'Aude et l'Ariège ; au Sud par l'Ariège, les Pyrénées et les Hautes-Pyrénées ; à l'Ouest par les Hautes-Pyrénées et le Gers, et au Nord par le Tarn et le Tarn-et-Garonne.

Il est divisé en quatre arrondissements, 39 cantons et 585 communes.
Superficie : 630.295 hectares.
Impôt foncier : 2.513.665 francs.
Population : 481.169 habitants.

GAZON. — Terrain couvert d'herbe. Il est défendu, sous peine d'amende, d'enlever les gazons des chemins publics sans y être autorisé, à moins qu'il n'existe un usage général qui l'autorise. — *C. pén.* 479.

GENDARMERIE. — La Gendarmerie est une force instituée pour veiller à la sûreté publique et assurer le maintien de l'ordre et l'exécution des Lois, notamment dans les campagnes et sur les voies de communication. — *Déc.* 1er *mars* 1854.

La Gendarmerie se compose de 22 légions.

Les légions de corps d'armée à six départements forment deux sections : la première section est commandée par un Colonel, et la deuxième par un Lieutenant-Colonel.

Chaque section comprend trois Départements.

Le Colonel est le chef de la Gendarmerie du corps d'armée.

Le Lieutenant-Colonel conserve les attributions de chef de légion sous l'autorité du Colonel.

Toutes les compagnies sont commandées par des chefs d'escadron. — *Déc. du* 6 *avril* 1886.

La Gendarmerie est au reste divisée et répartie par brigades.

Les officiers de tout grade sont officiers de police judiciaire.

Dans leurs opérations, les officiers de Gendarmerie se font assister par le commissaire de police du lieu, ou, à défaut, par le Maire ou son adjoint, etc.

Les brigades de Gendarmerie doivent visiter chaque commune au moins deux fois par mois, et dressent des procès-verbaux des déclarations faites par les habitants sur les indices et renseignements relatifs à tous crimes et délits, de même que les incendies, effractions, assassinats, et de tous les crimes qui laissent des traces après eux, comme aussi de toute contravention en matière de grande voirie.

Excepté dans le cas de flagrant délit, la Gendarmerie ne peut s'introduire dans une maison malgré la volonté du maître, mais elle peut l'investir ou la garder à vue, en attendant les ordres ou l'arrivée de l'Autorité, qui a le droit d'en exiger l'ouverture.

Toutefois, elle peut y entrer pendant le jour pour un objet formellement exprimé par une Loi ou en vertu d'un mandat spécial de perquisition. Elle ne peut y pénétrer la nuit qu'en cas d'incendie, d'inondation ou de réclamation venant de l'intérieur de la maison.

Le temps de jour et de nuit est réglé par l'article 1037 du C. proc. — Voy. *Jour.* — *Nuit.*

GENDRE. — Dégré d'alliance entre l'époux et les père et mère de son épouse. — *E. N.* — Voy. *Alliance.* — *Allié.* — *Aliments.*

GÉNÉALOGIE. — Explication ou tableau sommaire d'une famille ayant pour but d'indiquer la filiation et les degrés de parenté entre les membres qui la composent.

La famille se divise en deux lignes : la *ligne Directe* et la *ligne Collatérale*, chacune desquelles se subdivise en deux parties distinctes, l'une pour le *côté paternel*, l'autre pour le *côté maternel*. — La Généalogie détermine la place qu'occupe une personne dans ces deux lignes.

On dispose les noms des parents dans un ordre qui présente, pour chaque côté *paternel* et *maternel*, la ligne directe et la ligne collatérale, et qui indique tous les dégrés de parenté ou d'alliance, les branches principales et les subdivisions de chacune d'elles.

La *ligne Directe* se divise d'abord en deux parties distinctes : le *côté paternel* et le *côté maternel*. — On place en tête le plus ancien auteur commun, et plus bas, successivement, les enfants et descendants, de façon que le tableau présente, en partant du haut en bas, la ligne descendante, et en remontant, la ligne ascendante, le fils étant ascendant par rapport au petit-fils, et descendant par rapport à l'aïeul.

Il arrive quelquefois que les descendants par les femmes ont des noms différents, lorsque, par exemple, la même ascendante a eu des enfants de plusieurs lits, mais ils n'en sont pas moins au même degré quand ils sont de la même génération.

La *ligne Collatérale* se compose de parents qui ne descendent pas les uns des autres, mais qui descendent du même auteur commun. Elle se divise également en *paternelle* et *maternelle*, et on la nomme ainsi, attendu que, l'auteur commun étant placé en tête du tableau généalogique, les lignes collatérales sont échelonnées de chaque côté et se composent de chacun des descendants qui sont collatéraux entre eux, d'un côté à l'autre.

Pour dresser une généalogie exacte, il ne faut y inscrire aucun nom sans s'être bien assuré de la filiation par toutes les preuves possibles, et éviter avec soin toute confusion entre le parent qui doit y figurer et son conjoint. — *D. N.*

La filiation et la parenté s'établissent par les actes de naissance, de mariage et de décès, ou, à leur défaut, par titres, papiers domestiques ou par témoins. — *C. civ.* 46. — Voy. *Légitimité.*

A défaut d'actes formels, la possession d'Etat peut encore être invoquée. — — Voy. *Ligne.* — *Succession.*

Tableaux généalogiques.

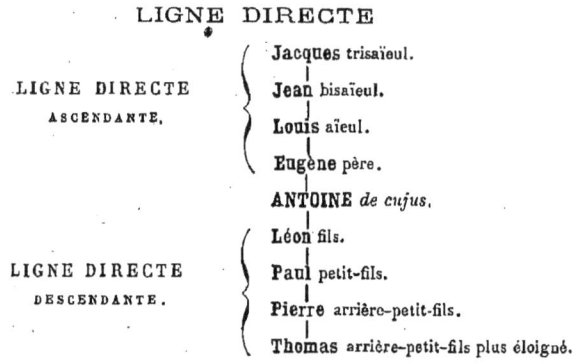

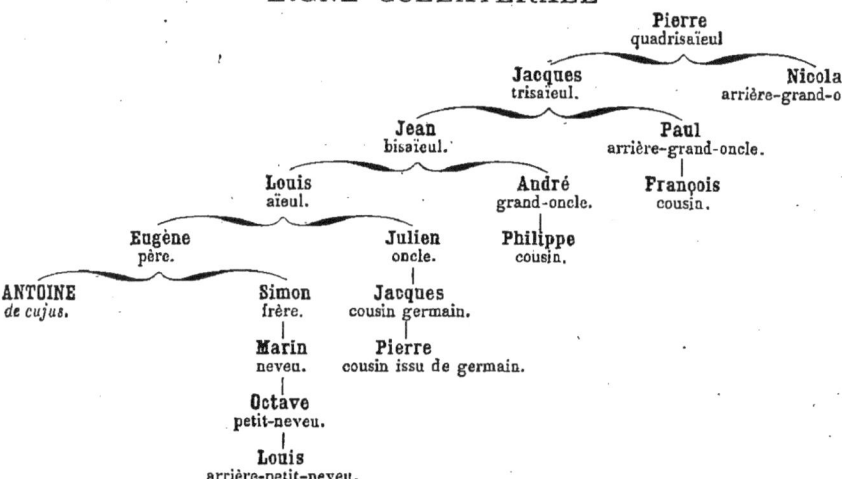

GÉNÉRATION. — Ce mot s'entend de tous ceux qui vivent dans un même temps.

Il s'entend encore des descendants au même degré d'une personne de l'un ou l'autre sexe. Ainsi les enfants forment ensemble la première génération, les petits-enfants la seconde génération, et ainsi de suite. — Voy. *Généalogie.* — *Ligne.* — *Parenté.* — *Succession.*

GENRE. — Caractère commun à plusieurs espèces.

Il ne suffit pas, pour la validité d'un contrat, d'indiquer le genre de la chose qui en fait l'objet, il faut désigner l'espèce même de la chose. — Voy. *Espèce (chose).* — *Fongible (chose).*

GENS d'affaires. — Voy. *Agent d'affaires.*

GENS de travail. — Ce sont ceux qui louent leurs services à la journée ou pour un temps déterminé, mais en conservant certaine indépendance : tels sont les moissonneurs, les terrassiers, faucheurs, vendangeurs, etc. — *E. N.* — Voy. *Bail d'ouvrage et d'industrie.* — *Journalier.* — *Privilège.*

GENS de Loi. — On désigne sous ce titre les Jurisconsultes, Avocats, Notaires Avoués, etc. — Voy. *Avocat.* — *Homme de Loi.* — *Jurisconsulte.*

GENS de mer. — Cette dénomination générique désigne toutes les personnes préposées, sous diverses qualifications, à la conduite, au service et aux manœuvres d'un navire, même le capitaine. — *D. N.* — Voy. *Equipage.*

On ne peut être admis à s'engager pour le service d'un navire sans être compris dans l'inscription maritime. — *Ord. du 31 oct.* 1784. — *LL. des 7 janvier* 1791 *et 3 brum. an IV.*

Tout homme de mer engagé pour le service d'un navire est tenu de s'y rendre au jour déterminé par la convention ou l'usage.

L'Engagement a lieu au *profit* et au *frêt*, ou pour un *prix déterminé*, au mois ou au *voyage*. — *C. comm.* 252 *et suivants*, 257.

Les gens de mer ne peuvent, sans cause légitime, quitter le navire avant la fin du voyage, *aller et retour*, sauf preuve ou convention contraire.

Les loyers des gens de mer sont privilégiés sur le navire. — *C. comm.* 191. — Voy. *Navire.* — *Privilège.*

L'action en paiement de loyers des gens de mer se prescrit par un an depuis la fin du voyage. — *C. comm.* 433.

En ce qui concerne la situation des gens de mer qui auraient péri dans un sinistre maritime. — Voy. *Disparus en mer.*

GENS de service. — On appelle gens de service ou à gages, les serviteurs-domestiques, tels que valets, servantes, cuisiniers et autres qui se louent ordinairement à l'année. — Voy. *Domestique.* — *Privilège.*

GENS sans aveu. — On appelle ainsi ceux qui n'ont ni domicile, ni moyens d'existence avoués.

La Loi punit de peines correctionnelles, pour ce seul fait, les gens sans aveu et les vagabonds. — *C. pén.* 271 *et suiv.* — Voy. *Vagabondage.*

GEÔLIER. — On entend par ce mot le concierge d'une prison. — Voy. *Concierge.* — *Ecrou.* — *Mainlevée d'écrou.*

GÉOMÈTRE-arpenteur. — Se dit de celui dont la profession consiste à mesurer des terres et à lever des plans.

Les Géomètres-arpenteurs exercent une profession libre et n'ont aucun caractère officiel. — Voy. *Arpentage.*

GÉRANT. — Celui chargé d'une gestion, d'une administration quelconque. — Voy. *Gestion des affaires d'autrui.* — *Mandat.* — *Presse.* — *Société.*

GERMAIN. — Qualité que l'on donne aux parents qui appartiennent à la fois aux deux lignes. Ainsi on appelle *frères et sœurs Germains* les enfants nés d'un même père et d'une même mère, par opposition aux *Consanguins* ou *Utérins*. On nomme également *cousins germains* ceux nés des deux frères ou des deux sœurs ou d'un frère et d'une sœur.

Dans les successions, les parents germains prennent part dans les lignes *paternelle* et *maternelle*, à la différence des autres, qui prennent part chacun dans la ligne à laquelle ils appartiennent seulement. — *C. civ.* 733. — Voy. *Consanguin.* — *Frères et sœurs.* — *Parenté.* — *Succession.* — *Utérin.*

GERS. — Département formé de partie de l'ancienne province de la Guyenne.
Chef-lieu : Auch.
Cour d'appel : Agen.
Ce département est limité à l'Est par la Haute-Garonne ; au Sud par la Haute-Garonne et les Hautes-Pyrénées ; à l'Ouest par les Basses-Pyrénées, et au Nord par le Lot-et-Garonne.
Il est divisé en cinq arrondissements, 29 cantons et 463 communes.
Superficie : 618.353 hectares.
Impôt foncier : 1.679.567 francs.
Population : 274.391 habitants.

GESTION. — Ce mot est synonyme d'Administration. Ainsi on dit la gestion d'une tutelle, des biens d'un absent, d'un mineur, d'une communauté, etc.

GESTION des affaires d'autrui. — Action de celui qui gère volontairement, sans mandat, les affaires d'une personne. C'est un quasi-contrat par lequel on s'oblige envers cette personne et qu'on oblige quelquefois envers soi-même.

Le *quasi-contrat* de *gestion d'affaires* a lieu, soit que le propriétaire connaisse la gestion, soit qu'il l'ignore, mais par le fait de la gestion, le gérant se soumet à toutes les obligations qui résulteraient d'un mandat formel. — *C. civ.* 1372.

Le mandataire qui excède son mandat se trouve, pour cet excédent, dans la même position que le gérant d'affaires d'autrui.

Les faits d'où résulte le quasi-contrat de gestion d'affaires peuvent être prouvés par témoins, quel que soit le taux de la demande.

Celui qui a commencé à gérer volontairement les affaires d'autrui doit continuer la gestion qu'il a commencée jusqu'à ce que le propriétaire soit en état d'y pourvoir lui-même. Il est tenu d'y apporter tous les soins d'un bon père de famille.

Le gérant comme le mandataire doit rendre compte de sa gestion. — *D. N.*

Il doit l'intérêt des sommes qu'il a employées à son usage, à dater de cet emploi, et de celle dont il est reliquataire, à compter du jour qu'il est mis en demeure. — *C. civ.* 1372 et 1996. — Voy. *Mandat.*

Le propriétaire dont les affaires ont été bien administrées doit remplir les engagements que le gérant a contractés en son nom, l'indemniser de tous les engagements personnels qu'il a pris, et lui rembourser les dépenses utiles et nécessaires qu'il a faites. — *C. civ.* 1375.

GESTION d'un héritier. — Voy. *Compte de succession.* — *Succession.*

GESTION provisoire. — C'est la nomination d'un gérant provisoire qui a lieu, dans les cas urgents, afin de l'autoriser à faire certains actes qui ne souffrent pas de retard.

Ces autorisations sont accordées par jugement ou sur requête, mais pour un court délai et à la charge de se pourvoir dans les 24 heures au principal, et sous la réserve d'en référer.

GIBIER. — On nomme ainsi les animaux que l'on prend à la chasse et dont la chair est bonne à manger. — Voy. *Animaux.* — *Bail de chasse.* — *Chasse.* — *Garenne.*

Dans certains cas, les pigeons peuvent être considérés comme gibier. — Voy. *Colombier.*

Ils le sont en tout temps à l'égard du propriétaire du terrain dont ils endommagent les semences ou les récoltes. — *Cass.*, 1er août 1829.

GIRONDE. — Le Département de la Gironde est un des quatre que forme l'ancienne province de la Guyenne.

Chef-lieu : Bordeaux.

Cour d'appel : Bordeaux.

Ce département est limité à l'Est par la Dordogne et le Lot-et-Garonne ; au Sud par les Landes ; à l'Ouest par l'Océan, et au Nord par la Charente-Inférieure.

Il est divisé en six arrondissements, 48 cantons et 552 communes.

Superficie : 977.823 hectares.

Impôt foncier : 3.724.560 francs.

Population : 775.845 habitants.

GLACES. — Voy. *Meubles.* — *Immeubles.*

GLACIS. — Esplanade en forme de talus ou sorte de pente insensible.

Les glacis dépendant des fortifications font partie du domaine public.

GLANAGE. — C'est l'action de ramasser les épis, grains, fourrages, etc., dans les champs, prés et vignes.

Les glaneurs ne doivent entrer dans les champs qu'après l'entier enlèvement des récoltes. — *LL.* des 28 sept. et 6 octob. 1791.

Toute contravention à cette disposition est punie des peines portées par l'article 471 du C. pén.

Les règlements sur le *glanage* et le *chaumage* sont de la compétence de l'Autorité administrative. — Voy. *Chaume.* — *Police rurale.*

GLANDÉE. — Récolte du gland ou droit de mettre des porcs dans les bois et forêts pour y faire manger des glands, faînes et autres fruits tombés des arbres.

La glandée s'exerce par les propriétaires des bois, par les adjudicataires de ce droit et par les Usagers. — *C. for.* 54, 56, 57.

L'adjudication de la glandée n'est permise que quand cette glandée est assez abondante pour compenser le dommage que cause l'introduction des porcs dans les bois. — Elle ne peut avoir lieu pour plusieurs années.

Le conservateur forestier autorise ces adjudications et en fixe l'ouverture, lorsqu'il y a lieu. — Sa durée ne peut excéder trois mois. — *C. for.* 66.

GOËMON. — Mot qui sert à désigner en certains lieux, et notamment en Bretagne, les varechs ou herbes maritimes qui croissent sur les rochers, le long des côtes.

GORD. — C'est une pêcherie construite dans les rivières avec des rangs de perches et de piquets pour y étendre des filets. — Voy. *Pêche.*

GOUTTIÈRE. — Conduit placé sous les toits à l'effet de recevoir et réunir les eaux pluviales. — *E. N.*

Toute personne a le droit d'établir des gouttières, soit pour amener les eaux de pluie dans des réservoirs, soit pour prévenir l'inconvénient de l'égout des toits, mais sans que cela puisse nuire, ni former ruisseau sur le voisin. — Voy. *Egout.*

Toutefois, on peut avoir, à titre de servitude, le droit de conduite et de chute des eaux de pluie par une gouttière, sur le terrain voisin. — *C. civ.* 688.

Le droit de gouttière, étant une servitude *continue et apparente*, s'acquiert par titre ou par la possession de trente ans. — *C. civ.* 690.

GOUVERNEMENT. — Ce terme désigne le plus ordinairement le pouvoir Exécutif, et signifie l'ensemble, soit des institutions politiques ou de la Constitution d'un Etat, soit des moyens que la Loi et la Constitution mettent entre les mains du Chef de l'Etat pour faire respecter le pays au dehors et maintenir l'ordre au dedans. — Voy. *Constitution.* — *Loi.* — *Pouvoir administratif.*

GRÂCE. — Remise totale ou partielle faite au coupable d'une peine corporelle ou pécuniaire qu'il a encourue par crime ou délit.

Le Chef de l'Etat a le droit de faire grâce, de commuer les peines, et d'accorder des amnisties. — Voy. *Amnistie.* — *Supplique.*

Les Présidents des Cours d'Assises, des Tribunaux et des Chambres des Appels de Police correctionnelle, de même que les Chefs des Jurys, peuvent recommander à l'indulgence du Chef de l'Etat le condamné qui leur paraît digne, dans une lettre confidentielle adressée au Garde des Sceaux.

Le recours en grâce ne suspend pas l'exécution du jugement.

Le droit de grâce ne peut être appliqué qu'aux condamnations contradictoires, et non aux *contumax.*

La grâce, n'effaçant pas la condamnation, ne prive pas le condamné du droit de demander, s'il y a lieu, la revision de son jugement. — Voy. *Réhabilitation.*

GRÂCE (Jours de). — Voy. *Jours de grâce.*

GRADUÉ. — C'est celui qui a obtenu des grades dans une université, tels que ceux de Bachelier, de Licencié, de Docteur. — Voy. *Enseignement.*

GRAINS. — On désigne généralement par ce mot tous les produits agricoles, tels que blé, seigle, maïs, orge, avoine, etc., qui sont livrés à la consommation et au commerce.

Dès que les grains sont coupés et les fruits détachés, ils sont meubles, quoi que non enlevés.

Les grains et récoltes pendantes par racines peuvent être saisies-brandonnées, ou vendues à l'amiable, dans les six semaines qui précèdent l'époque de la maturité.

La Loi prononce des peines contre ceux qui emploient des manœuvres pour faire baisser ou hausser le prix des grains. — *C. pén.* 420.

D'après la Loi du 15 juin 1861 sur l'importation des grains, le froment, l'épeautre et le méteil sont soumis à un droit de 50 cent. par 100 kilog. lorsqu'ils sont importés par navires français ou par terre, et à un droit de 1 fr. par 100 kilog. lorsqu'ils sont importés par navires étrangers. Le seigle, le maïs, l'orge, le sarrasin, l'avoine sont exempts de droits lorsqu'ils sont importés par navires français, ou par terre, et sont soumis à un droit de 50 cent. par 100 kilog. lorsqu'ils sont importés par navires étrangers.

Le droit pour les farines de froment, épeautre ou méteil est de 1 fr. par 100 kilog. lorsqu'elles sont importées par navires français, ou par terre, et de 1 fr. 50 cent. lorsqu'elles sont importées par navires étrangers.

Les autres farines sont exemptes de droits lorsqu'elles sont importées par navires français ou par terre, et paient un droit de 50 cent. par 100 kilog. lorsqu'elles sont importées par navires étrangers.

Les grains et farines venant de l'étranger peuvent être reçus en entrepôt.

GRAINS en vert. — Ce sont ceux qui ne sont pas encore parvenus à maturité.

La Loi du 6 messidor an III, toujours en vigueur, prohibe d'une manière générale et absolue toutes les ventes de grains en vert pendants par racines.

Toutefois, cette Loi n'est point applicable aux ventes de grains sur pied qui n'ont pas le caractère d'une spéculation illicite sur les grains et les accaparements nuisibles à la société et capables de compromettre l'ordre public. Ainsi, la vente est permise dès que les grains, quoique encore sur pied, sont parvenus à leur maturité. — Voy. *Saisie-brandon.* — *Vente de fruits et récoltes.*

GRAMME. — C'est l'Unité de poids d'après le nouveau système. — Voy. *Poids et mesures.*

GRAND-LIVRE. — En matière de tenue de livres, le Grand-Livre est un registre destiné à la réunion des comptes épars dans les autres livres.

Le Grand-Livre en partie simple présente les articles portés au Livre-Journal, non par ordre de date, mais au compte de chacun, c'est-à-dire que chaque créancier et chaque débiteur y a son compte ouvert.

Dans le Grand-Livre en partie double, les sommes du journal sont portées à la fois au débit d'un compte et au crédit d'un autre compte, de sorte que, pour chaque article, tout compte débiteur a un compte créditeur correspondant, et réciproquement.

GRAND-LIVRE de la Dette publique. — Livre sur lequel sont inscrites les Rentes sur l'Etat ou créances composant la Dette publique, suivant l'ordre alphabétique des noms des créanciers. — Voy. *Inscription sur le Grand-Livre de la Dette publique.*

GRANGE. — Bâtiment où on entasse les gerbes.

Tout détenteur de bien rural est tenu d'engranger dans les lieux à ce destinés d'après le Bail. — *C. civ.* 1767.

GRAPPILLAGE. — Par Grappillage on entend recueillir les grappes de raisin laissées sur pied par les vendangeurs. — Voy. *Glanage.* — *Vendange.*

GRATIS. — Les Lois sur l'Enregistrement et le Timbre ont prévu différents cas où cette formalité doit être donnée *gratis*. — Nous les avons indiqués, çà et là, dans le cours de cet ouvrage, et notamment aux mots *Enregistrement* et *Timbre.*

GREFFE. — C'est le lieu où l'on conserve et où l'on expédie les actes de justice. — Voy. *Greffier.*

GREFFE (Droits de). — On comprend sous cette dénomination les droits perçus par les préposés de l'Enregistrement sur certains actes judiciaires, de même que sur les actes passés ou reçus dans les Greffes des Tribunaux civils et de commerce.

La perception de ces droits est régie par les Lois des 21 ventôse et 22 prairial an VII et par le décret du 12 juillet 1808.

Les droits de greffe consistent : 1° dans ceux de *mise au rôle*; 2° ceux de *rédaction et de transcription* des actes; 3° ceux d'*expédition* des Jugements et actes.

Sont exempts des droits de greffe comme de ceux de timbre et d'enregistrement, les actes et jugements relatifs : 1° aux expropriations pour utilité publique; 2° au mariage des indigents, à la légitimation de leurs enfants naturels et au retrait de ces enfants déposés dans les hospices; 3° aux élections législatives. — Voy. *Expropriation pour cause d'utilité publique.* — *Mariage des indigents.* — *Elections législatives.*

En matière d'Assistance judiciaire, l'assisté est provisoirement dispensé du paiement des droits de greffe comme de ceux de timbre et d'enregistrement. — Voy. *Assistance judiciaire.*

Tarif.

Droit de mise au rôle.

Ce droit est la rétribution due pour la formation et la tenue des Rôles et l'Inscription de chaque cause au rôle auquel elle appartient.

Le droit n'est dû qu'une seule fois, et en cas de radiation, la cause est replacée gratuitement à la fin du rôle avec mention du premier placement.

Les droits de mise au rôle sont, pour chaque cause portée à l'audience des justices de paix, de *1 franc.*

Pour les causes sommaires et pour celles des Tribunaux de commerce, de *1 fr. 50 c.*

Pour les causes de 1re instance ou sur appel des Juges de paix, de *3 fr.*

Dans les cours d'appel, sur appel des Tribunaux civils et de commerce, de *5 fr.*

Il est dû en outre 25 cent. aux huissiers audienciers pour chaque placement de cause.

DROITS FIXES :

1 franc 25 centimes.

Acceptations de succession sous bénéfice d'Inventaire.
Actes au greffe (tous actes, procès-verbaux et rapports faits ou rédigés par le greffier).
Actes de voyage.
Certificats délivrés par le Greffier.
Consignations de sommes.
Décharges au Greffier par les parties.
Déclarations affirmatives et autres, faites au Greffe, à l'exception de celles à la requête du ministère public.
Dépôts de bilans, pièces, registres, répertoires, signatures, paraphes, etc.
Dépôts de contrats pour être affichés conformément à l'article 2194 C. civ.
Enquêtes (Procès-verbaux d'). — Outre le droit de 1 fr. 25 c., il est dû 50 cent. par chaque déposition de témoin.
Insertions au Tableau de l'auditoire, des contrats de mariage, jugements de séparation, actes et dissolutions de Société, etc.
Interrogatoires sur faits et articles.
Procès-verbaux et Rapports.
Publications.
Récusations de juges.
Réception de caution.
Renonciation à communauté ou succession.
Sociétés.
Soumissions de caution.
Transcriptions et Enregistrement, sur les Registres du Greffe, d'oppositions et autres actes (excepté de la Transcription de la saisie immobilière). Le droit n'est dû qu'autant qu'il est délivré expédition de la Transcription.

1 franc 50 centimes.

Dépôts de Titres de Créances pour la Distribution par ordre ou par Contribution. (Il est dû un droit pour chaque production.)
Radiations de saisie immobilière.
Surenchères faites au Greffe.

2 francs.

Tenue du Registre des Liquidations et Partages ordonnés par justice. (Il est dû un droit par chaque procédure.)

3 francs.

Dépôt de l'exemplaire d'apposition d'affiche et de l'état des Inscriptions.
Transcription de la saisie immobilière.

DROITS PROPORTIONNELS

25 centimes par 100 francs.

Bordereaux de Collocation et Mandements sur Contribution. Le droit est dû sur le montant de chaque créance colloquée.

50 centimes par 100 francs.

Adjudications soit volontaires, soit sur licitation, soit sur expropriation forcée faites en justice. — Le droit n'est dû à 50 cent. pour 100 que sur les 5 premiers 1000 fr.; il est de 25 cent. pour l'excédent. Pour la revente sur folle enchère, le droit n'est dû que sur ce qui excède la première adjudication. Il n'est exigible pour les licitations que sur la part acquise par le colicitant.

DROITS D'EXPÉDITION

Les Expéditions ne doivent contenir que 20 lignes à la page et 8 à 10 syllabes à la ligne.

1 franc le rôle.

Expéditions des jugements interlocutoires préparatoires et d'instruction, des enquêtes, interrogatoires, rapports d'experts, délibérations, avis de parents, dépôts de bilan, pièces et registres, des actes d'exclusion ou option des tribunaux d'appel, déclarations affirmatives, renonciations à communauté ou succession, etc...

1 franc 25 cent. le Rôle.

Expéditions des jugements définitifs rendus par les Tribunaux civils, soit par défaut, soit contradictoires, en dernier ressort ou sujets à l'appel, celles des décisions arbitrales, celles des jugements rendus sur appel des juges de paix, celles des ventes et baux judiciaires.

2 francs le rôle.

Expéditions des arrêts définitifs sur appel des Tribunaux civils ou de commerce soit contradictoires soit par défaut.

VENTES JUDICIAIRES D'IMMEUBLES

Il est alloué aux greffiers des Tribunaux de 1re instance : pour la communication sans déplacement tant du cahier des charges que du procès-verbal d'expertise *15 francs*. Ce droit est dû qu'il y ait eu expertise ou non. Toutefois si l'expertise a été ordonnée en matière de licitation, le droit est réduit à 12 fr.

DROITS DE GREFFE EN DÉBET.

Sont liquidés en débet : Les droits auxquels donnent ouverture les procédures d'office en matière civile et d'assistance judiciaire. — Comme ceux de Timbre, ces droits sont recouvrés ultérieurement sur les parties.

GREFFES (Destruction de). — L'article 447 du Code pénal punit de la peine d'emprisonnement la destruction des greffes d'arbres.

GREFFIER. — Les greffiers sont des fonctionnaires publics établis près des Cours et Tribunaux et chargés d'écrire tous les actes du ministère des juges, d'en conserver les minutes et d'en délivrer des expéditions et grosses.

Il existe un greffier dans chaque Cour ou Tribunal de première instance ou de commerce, et dans chaque Justice de paix.

Les greffiers sont nommés par le Chef de l'État. — Ils doivent être âgés de vingt-cinq ans accomplis, et ne peuvent entrer en fonctions qu'après avoir prêté serment et fourni le cautionnement exigé par la Loi.

Les greffiers à la Cour de Cassation et dans les Cours d'Appel ne peuvent entrer en fonctions avant l'âge de vingt-sept ans accomplis. Le greffier en chef de la Cour des Comptes doit être âgé de trente ans.

Les greffiers sont réputés membres de la Cour ou du Tribunal auquel ils sont attachés et prennent rang après les officiers du ministère public.

Ils sont obligés de tenir leur greffe ouvert tous les jours, les Dimanches et fêtes exceptés, au moins huit heures par jour, aux heures réglées par les Tribunaux auxquels ils sont attachés.

Ils peuvent avoir des commis-greffiers assermentés pour les suppléer.

Les commis-greffiers de justice de paix ne peuvent procéder à des ventes de meubles aux enchères. — *D. N.* — Voy. *Vente de meubles.*

Les greffiers ne peuvent exiger aucun droit de recherche des actes et jugements faits ou rendus dans l'année, ni de ceux dont ils font les expéditions ; mais lorsqu'il n'y a pas d'expédition, il leur est attribué un droit de recherche fixé à 50 cent. pour l'année qui leur est indiquée, et à 25 cent. pour les autres années.

Ils sont responsables de toutes amendes, restitutions et dommages-intérêts résultant de toutes contraventions dont eux ou leurs commis se seraient rendus coupables dans l'exercice de leurs fonctions. Ils sont également responsables des pièces dont ils sont dépositaires pendant 30 ans à partir du Jugement du procès.

Il est alloué aux greffiers près les Cours et Tribunaux de simple police une rétribution de 5 centimes par article du Bordereau d'envoi des extraits des Jugements portant condamnation. — *Déc. du 21 avril* 1880.

Des frais dus aux Greffiers.

D'après le Tarif des frais et dépens du 16 février 1807 et les lois postérieures, il est alloué aux *Greffiers des Justices de paix*:
1° Par rôle d'expédition de 20 lignes à la page et 10 syllabes à la ligne ; à Paris, 50 cent. — Partout ailleurs 40 cent. ;
2° Pour l'expédition du Procès-verbal d'inconciliation ; à Paris, 1 fr. — Ailleurs 80 cent. ;
3° Pour transport sur les lieux contentieux, les deux tiers de la Taxe du juge de paix ;
4° Pour la transmission au Procureur de la République de la récusation et de la réponse du juge, tous frais de port compris. — Tarif unique 5 fr. ;
5° Pour assistance aux opérations des experts et avoir écrit la minute de leur rapport, les deux tiers des vacations de l'expert ;
6° Pour assistance aux conseils de famille, aux appositions de scellés, aux reconnaissances et levées de scellés, aux référés, aux actes de notoriété, les deux tiers des actes du juge de paix ;
7° Pour chaque opposition aux scellés formée par déclaration sur le procès-verbal de scellés, et pour chaque extrait des appositions aux scellés. — A Paris, 50 cent. — Ailleurs, 40 cent.
En ce qui concerne les autres droits de Greffe. — Voy. *Greffe (droits de)*.

GRÊLE. — Eau congelée en l'air et qui tombe par grains. La grêle cause parfois de grands ravages aux récoltes, et la Loi la range, en matière de baux à ferme, au nombre des cas fortuits ordinaires. — *C. civ.* 1773. — Voy. *Bail à ferme*.

Elle peut être mise à la charge du preneur par une clause insérée dans le bail. Dans le cas contraire, elle pourrait donner lieu à une diminution proportionnelle des fermages. — *C. civ.* 1772.

En matière de baux à loyer, la grêle peut aussi être mise à la charge du preneur, mais s'il n'était rien stipulé à ce sujet, le locataire serait dispensé de faire les réparations locatives qu'elle aurait occasionnées, par exemple de remplacer les vitres qu'elle aurait brisées. — *C. civ.* 1754. — Voy. *Bail à loyer*.

Lorsque la grêle a détruit les récoltes d'un propriétaire ou d'une commune, le contribuable ou le Maire en donne avis au Préfet ou Sous-Préfet, qui fait procéder à la vérification des pertes par le Contrôleur des contributions directes assisté du maire de la commune et de deux commissaires nommés à cet effet.

S'il y a lieu à une demande collective de secours, elle est faite par le maire de la commune, mais s'il ne s'agit que d'une demande en remise de contributions par un particulier, elle peut être faite directement par ce dernier.

Nous en donnons ci-après une formule :

Demande en remise ou réduction de contributions.

A Monsieur le Préfet du département de......
   Monsieur le Préfet,

Le soussigné A....., cultivateur, habitant la commune de....., a l'honneur de vous exposer que la plus grande partie de ses récoltes a été détruite par la grêle, le....., ainsi que l'atteste le certificat joint à la présente.

C'est pourquoi il vous prie de vouloir bien prendre en considération la perte considérable qu'il a éprouvée, et lui accorder à titre de dédommagement la remise de ses contributions directes,
L'exposant attend cette faveur de votre Justice.
Il a l'honneur d'être,
   Monsieur le Préfet,
Votre respectueux serviteur.

(Signature.)

GREVÉ de substitution. — C'est ainsi qu'on nomme celui qui a reçu une libéralité à charge de restitution. — Voy. *Fideicommis.* — *Substitution.*

GRIEFS. — On nomme ainsi les moyens sur lequels une partie se fonde pour faire réformer, infirmer ou annuler en appel, un jugement rendu en premier ressort. — Voy. *Exception (procédure).* — *Jugement.*

GRIFFE. — Voy. *Signature.*

GROS fruits. — On distingue sous ce nom les blés, seigle, orge, avoine et autres denrées semblables. — Voy. *Grains.* — *Mercuriales.*

GROSSE. — On appelle Grosse la copie d'un acte notarié ou jugement revêtu du mandement d'exécution. — Toute autre copie n'est qu'une *Expédition.*

Les grosses sont délivrées au nom du Chef de l'Etat qui atteste l'existence de la convention, qui la proclame comme loi des parties contractantes et qui ordonne aux autorités, chacune dans son ressort, de prêter main-forte et assistance pour l'exécution de l'acte.

La grosse autorise donc à exécuter directement, comme on peut le faire après avoir obtenu jugement.

Pour qu'un acte puisse être délivré en forme de grosse, il faut qu'il soit authentique, exécutoire contre le débiteur, et qu'il contienne obligation de choses certaines et liquides.

L'acte sous seing privé ne peut donc être revêtu de cette forme, à moins qu'il n'ait été déposé devant notaire et reconnu par le débiteur lui-même.

Toute partie intéressée, c'est-à-dire celle qui a le droit de poursuivre l'exécution d'un acte, peut requérir la délivrance d'une grosse.

C'est au notaire possesseur de la minute, ou à son successeur, qu'il appartient de délivrer des grosses et expéditions des actes. — *D. N.*

En cas de perte d'une grosse, il ne peut en être délivré une seconde qu'en vertu d'une ordonnance du Président du Tribunal de première instance de l'arrondissement du notaire dépositaire de la minute. — *C. proc.* 844. — Voy. *Ampliation.*

La remise volontaire de la grosse du titre est une présomption de la remise de la dette ou du paiement, sans préjudice de la preuve contraire que le créancier reste toujours en droit de faire. — *C. civ.* 1283.

GROSSE (Contrat à la). — Voy. *Prêt à la grosse aventure.*

GROSSE (procédure). — En procédure on entend par Grosses les originaux des requêtes d'avoué, lorsque ces actes doivent être grossoyés, de même que les cahiers des charges pour les ventes judiciaires. — *Tarif de* 1807, 1841. — Voy. *Vente judiciaire.*

GROSSES réparations. — Voy. *Réparations.*

GROSSESSE. — Voy. *Curateur.* — *Déclaration d'accouchement.* — *Déclaration de grossesse.*

GROSSOYER. — Vieux terme qui exprime l'action d'écrire en gros caractères.

Il s'emploie à l'égard de la confection des requêtes par les avoués, et de l'expédition des jugements et arrêts par les greffiers.

Le mot grossoyer s'entend aussi de l'émolument alloué aux officiers publics, à raison de tant par rôle. — *D. N.*

GUÉRETS. — Ce sont les terres labourées et non ensemencées. — Voy. *Labours et semences.*

GUERRE. — Voy. *Etat de paix, de guerre et de siège.*

GUERRE civile. — C'est celle qui s'allume entre les Citoyens d'un même Etat.

La Loi punit de mort tout attentat dont le but serait d'exciter la guerre civile, en armant ou en portant les Citoyens ou habitants à s'armer les uns contre les autres.

GUET-apens. — Le guet-apens consiste à attendre plus ou moins de temps, dans un ou divers lieux, un individu, soit pour exercer sur lui un acte de violence, ou lui donner la mort.

C'est une circonstance aggravante du meurtre ou des coups. — *C. pén.* 296, 298 *et* 311.

GUIDE du placement en valeurs mobilières. — Voy. *Placement en valeurs mobilières.*

GYMNASTIQUE. — L'Enseignement de la Gymnastique est obligatoire dans tous les Etablissements d'Instruction publique de garçons, dépendant de l'Etat, des Départements et des Communes. — *L. du 27 janv.* 1880.

H

HABILE. — Ce mot s'emploie en Jurisprudence pour indiquer celui qui réunit les capacités requises pour exercer un droit. — Ainsi on dit que quelqu'un est *habile à succéder* pour exprimer qu'il n'a aucune incapacité qui l'empêche de succéder. — On dit encore qu'un homme est *habile à se dire et porter héritier* pour exprimer qu'il a droit à une succession ouverte.

Celui qui est appelé à une succession et qui veut se réserver de l'accepter ou d'y renoncer doit avoir soin, dans les actes conservatoires ou d'administration qu'il peut faire, de ne prendre d'autre qualité que celle d'*habile* à se porter héritier. — Voy. *Acte d'héritier.*

HABILITANTES (Formalités). — Ce sont celles ayant pour objet de compléter la capacité, telles que l'autorisation maritale et celle donnée au mineur pour la passation de son contrat de mariage. — Voy. *Formalités.*

HABILLEMENT. — Dans les inventaires, il est d'usage de laisser au survivant des époux, quel qu'il soit, un habillement complet qu'on ne comprend pas dans le partage. — Voy. *Inventaire.*

HABITANT. — On entend par *habitants* d'un lieu quelconque, ville, bourg ou village, ceux qui y résident ou y sont domiciliés. — Voy. *Commune.*

HABITATION (Droit d'). — C'est celui qui appartient à une personne, de jouir, suivant l'étendue de ses besoins, par elle-même et avec sa famille, de tout ou partie d'une maison étant la propriété d'autrui. — *D. N.*

Le droit d'habitation doit être considéré comme personnel, en ce que celui à qui il appartient ne doit l'exercer que par lui-même, sans pouvoir le céder, ni le louer. Il n'est pas transmissible aux héritiers du titulaire.

Ce droit est réel pour l'objet auquel il s'applique, puisqu'il peut être acquis par la prescription de dix ou vingt ans et que l'*habituaire* a une action en revendication contre le détenteur de l'immeuble sur lequel son droit est affecté. — *C. civ.* 2265.

Le droit d'habitation est, comme l'usufruit, un démembrement de la propriété; mais il en diffère en ce sens que, ne pouvant être aliéné, il n'est pas susceptible d'hypothèque.

De même que l'usufruit, il s'établit, ou par une disposition de la Loi ou par la volonté de l'homme. — *C. civ.* 579 *et* 625.

La Loi accorde un droit légal d'habitation à la veuve dans la maison du mari prédécédé, pendant le temps nécessaire pour faire inventaire et pour délibérer sur l'acceptation de la communauté, et pendant l'année de délai que les héritiers ont pour la restitution de la dot de la femme mariée sous le régime dotal. — *C. civ.* 1465 *et* 1570. — Voy. *Habitation de la veuve.*

Le droit d'habitation établi par la volonté de l'homme peut l'être gratuitement, soit par concession particulière, par acte entre-vifs, ou par testament, soit à titre onéreux, par cession ou vente; mais il est le plus souvent l'objet d'une réserve, soit dans une vente, soit dans une donation. — Il peut encore être établi par contrat de mariage en faveur de l'époux survivant, qui serait, dans ce cas, obligé de fournir caution, s'il n'en avait été dispensé par une clause spéciale.

Pour être opposables aux tiers, les actes constitutifs ou translatifs de droit d'habitation doivent être soumis à la formalité de la Transcription. — *L. du 23 mars 1855.*

Celui qui a un droit d'habitation est, comme l'usufruitier et l'usager, tenu de jouir en bon père de famille. Il doit faire les réparations d'entretien, et est tenu du paiement des contributions et charges annuelles. Il répond des usurpations qu'il aurait laissé commettre.

Le droit d'habitation peut être concédé à titre onéreux par acte sous seing, et nous en donnons ci-après une formule, bien qu'il soit préférable de le faire par acte notarié.

Concession de droit d'habitation à titre onéreux.

Aujourd'hui......, mil.....

Les soussignés.

M. A.....

Et M. B.....

Ont arrêté ce qui suit :

M. A... cède et abandonne avec garantie de tous troubles à M. B..., ce acceptant,

Le droit d'habitation d'une maison située à......, composée de.....

Telle que la dite maison se consiste, sans réserve.

M. A... en est propriétaire au moyen de l'acquisition qu'il en a faite de M. C.... suivant acte, etc...

M. B.... jouira du droit d'habitation qui lui est cédé pendant sa vie, à compter de ce jour.

La présente cession est faite et acceptée aux charges et conditions suivantes, que M. B... s'oblige d'exécuter :

1° D'habiter par lui-même, avec sa famille seulement, la maison ci-dessus désignée, sans pouvoir céder ni sous-louer, en tout ou partie, son droit d'habitation à qui que ce soit ;

2° De jouir de ce droit en bon père de famille et d'entretenir les objets qui le composent, non seulement des toutes réparations d'entretien, mais encore des grosses réparations, afin qu'ils soient rendus en bon état à M. A...,

Et 3° D'acquitter, à compter de ce jour, les contributions de toute nature auxquelles la maison ci-dessus désignée est ou pourra être imposée.

Et en outre, cette cession est faite moyennant la somme de....., que M. B... paie comptant à M. A..., ainsi qu'il le reconnaît. Dont quittance.

M. B... fera transcrire un des originaux des présentes à la Conservation des hypothèques de....., pour en assurer l'effet.

Pour l'exécution de la présente cession, domicile est élu en la demeure respective des parties.

Fait double à......, lesdits jour, mois et an, et signé, lecture prise.

(*Signatures.*)

HABITATION de la veuve. — C'est le droit qui appartient à la veuve, soit sous le régime de la communauté, soit sous le régime dotal, d'être logée pendant un certain temps aux dépens de la succession de son mari ; droit auquel elle joint celui de se faire donner des aliments pendant le même temps.

La veuve, soit qu'elle accepte, soit qu'elle renonce, a droit, pendant les trois mois et quarante jours qui lui sont accordés pour faire inventaire et délibérer, au logement et à la nourriture pour elle et ses domestiques, sur les provisions existantes, et, à défaut, par emprunt sur la masse commune. — *C. civ. 1465.*

On désigne ordinairement ce droit sous le titre d'*indemnité de logement et de nourriture.*

Cette indemnité, étant considérée comme une charge de l'usufruit légal, cesse d'être due lorsque le mari laisse des enfants âgés de moins de dix-huit ans et que la veuve a l'usufruit ; cependant, à défaut de fruits suffisants dans la succession du mari, les enfants seraient tenus de la moitié de l'indemnité qui se prendrait sur les fonds. — Voy. *Compte de fonds et de fruits.*

Les droits dont il s'agit sont personnels à la veuve survivante, et ne sont pas transmissibles aux héritiers. — *C. civ. 1495.*

Lorsque la femme fait inventaire et renonce à la communauté avant le délai fixé, elle perd son droit à la nourriture et au logement.

Après la dissolution du mariage par la mort du mari, sous le régime dotal, la femme a le choix d'exiger les intérêts de sa dot pendant l'an de deuil ou de se faire fournir des aliments, pendant cette année, aux dépens de la succession du mari. Dans l'un comme dans l'autre cas, l'habitation durant cette année et les habits de deuil doivent lui être fournis sur la succession du mari et sans imputation sur les intérêts qui lui sont dus. — *C. civ.* 1570. — Voy. *Deuil.*

HABITS. — Dans son acception commune, ce terme ne comprend que les vêtements extérieurs et non le linge.

La femme qui renonce à la communauté retire les linge et hardes à son usage. — *C. civ.* 1492. — Voy. *Deuil.* — *Hardes.* — *Linge.* — *Renonciation à communauté.*

Les faillis ont aussi droit à leur linge et hardes. — *C. comm.* 469. — Voy. *Hardes.* — *Linge.*

En matière de saisie-exécution, le mot *habits* s'entend des vêtements dont le saisi est vêtu et couvert, de même que sa femme et ses enfants. — *C. civ.* 592.

Les habits et costumes des comédiens doivent également être réservés comme servant à la pratique de leur art, jusqu'à concurrence d'une valeur de trois cents francs. — *C. proc.* 592. — Voy. *Saisie.*

HABITS de deuil. — Le deuil de la femme veuve est aux frais de la succession du mari. — *C. civ.* 1481 *et* 1570. — Voy. *Deuil.*

HABITUDE. — La Loi prend l'habitude en considération dans différentes circonstances. Ainsi, relativement à ceux que l'on doit considérer comme commerçants, relativement aux vagabonds, mendiants, usuriers, etc. — *C. comm.* 1; — *C. pén.*, 270-275. — *L. du* 3 *sept.* 1807. — Voy. *Commerçant.* — *Usure.*

HAIE. — Clôture faite soit d'arbustes vivaces tels que charmilles, épines ou autres, soit de branchages secs ou morts. — Voy. *Clôture.*

Les *haies vives* sont celles formées d'arbrisseaux en végétation, et les *haies sèches*, que l'on nomme aussi *hallier*, sont celles faites de morceaux de bois fichés en terre ou de branchages entrelacés.

Il n'y a pas de largeur déterminée pour les haies.

Les haies vives ne peuvent, à défaut de règlements et usages contraires, être plantées qu'à la distance de 2 mètres de la ligne de séparation des deux héritages pour les plantations dont la hauteur dépasse 2 mètres et à la distance de 50 centimètres pour les autres plantations. — *L. du* 20 *août* 1881.

Le voisin peut exiger que les arbres, arbrisseaux et arbustes placés à une distance moindre, soient arrachés ou réduits à la hauteur déterminée.

Les haies vives doivent être tondues au moins tous les six ans du côté du voisin et doivent être réduites à une hauteur ne pouvant excéder 2 mètres, sans qu'il soit permis d'y laisser échapper aucun baliveaux ou grands arbres qui ne seraient pas à distance.

Les haies sèches peuvent toujours être fixées sur la ligne de séparation.

La *repare* qui sépare la haie vive du terrain voisin est présumée appartenir au propriétaire de la haie sauf preuve contraire, et il y a prescription inattaquable à ce sujet au bout de 30 ans si le voisin ne réclame pas dans ce délai.

Comme celle des fossés, la *repare* des haies doit être tenue libre et les riverains ont le droit d'exiger la coupe des accrues et broussailles qui y poussent. — Voy. *Repare.*

Les bois taillis et haies de pied sont en coupe tous les six ans, mais les haies d'épines doivent être tondues tous les trois ans. — Il en est de même des ronces et joncs marins; ils doivent également être coupés tous les 3 ans au moins.

En principe, toute haie sèche ou vive, comme toute clôture qui divise deux héritages, est réputée mitoyenne s'il n'y a titre, présomption ou marque contraire, à moins qu'il n'y ait qu'un seul des héritages en état de clôture. Dans ce dernier cas, la haie est présumée appartenir à la propriété dont elle complète la clôture. — *L. du* 20 *août* 1881.

Le voisin dont la propriété joint une haie non mitoyenne ne peut pas plus contraindre le propriétaire de cette haie a lui céder la mitoyenneté que celui-ci ne peut l'obliger à l'acquérir.

Le copropriétaire d'une haie mitoyenne peut la détruire jusqu'à la limite de sa propriété, à charge de construire un mur sur cette limite.

Tant que dure la mitoyenneté de la haie, les produits en appartiennent aux propriétaires pour chacun moitié.

Nous avons traité plus au long de la mitoyenneté des haies et autres clôtures sous ce dernier titre. — Voy. *Clôture*. — *Usages locaux (clôture)*.

Les haies, comme les murs, bornes et autres signes de démarcation, peuvent servir de guide en matière d'alignement. — Voy. *Alignement*.

Les haies existant sur le bord des chemins appartiennent aux propriétaires limitrophes comme étant présumées plantées pour défendre aux passants l'accès de la propriété.

L'art. 456 du C. pén. prononce une amende de 50 fr. et un emprisonnement d'un mois à un an, contre toute personne qui aurait arraché ou coupé des haies en tout ou en partie.

HALAGE. — Voy. *Chemin de halage*.

HALLES et Marchés. — Lieux où se réunissent les acheteurs et les vendeurs.

L'établissement des Halles et Marchés ordinaires peut avoir lieu sur la simple autorisation des Préfets ; mais les foires et marchés de bestiaux doivent être autorisés par le Gouvernement. — *Ord. du 25 mars* 1814 ; *Déc. du 25 mars* 1852.

La police des foires, halles et marchés appartient aux Maires. — C'est à eux à en désigner l'enceinte. — Ils ont le droit de fixer les heures de la vente des denrées, d'assigner un emplacement pour l'étalage, le dépôt et la vente de chaque marchandise ; en un mot de faire tous les règlements nécessaires au maintien de l'ordre et de la salubrité. — Ils prennent des arrêtés à cet effet qui deviennent exécutoires avec l'approbation des Préfets.

HARAS. — Les Haras sont des Etablissements destinés à faciliter la reproduction et l'amélioration de la race chevaline.

L'Administration des Haras est réglementée par le décret du 4 juillet 1806, les Ord. des 16 janv. 1825, 19 juin 1832, 10 déc. 1833, 24 oct. 1840, 12 nov. 1842, 22 juin 1846, les arrêtés des 11 déc. 1848, 17 juin et 20 oct. 1852, 2 déc. 1854 et la Loi du 29 mai 1874.

Le nombre des Etablissements de l'Administration des Haras est ainsi fixé ; un haras (celui de Pompadour) et 21 dépôts d'Etalons. Ces Etablissements sont divisés en 6 Arrondissements d'Inspection.

Le personnel de l'Administration des haras est composé d'un Inspecteur général directeur ; de 6 Inspecteurs généraux placés à la tête de chacun des arrondissements ; et des fonctionnaires attachés au service de chaque établissement, qui se composent d'un Directeur, un sous-directeur agent comptable, un vétérinaire, plus un certain nombre d'adjudants, brigadiers et palefreniers.

Il y a, en outre, 5 surveillants et 2 régisseurs de domaine, en résidence à Pompadour et au Pin.

L'Ecole des haras du Pin a été rétablie par la loi du 29 mai 1874 et un arrêté du 14 août suivant.

Tous les fonctionnaires et agents sont nommés par le Ministre.

Il y a auprès du Ministre de l'Agriculture un conseil supérieur composé de 24 membres nommés par décret, pour 9 ans, qui est chargé de l'examen des questions intéressant d'une manière générale la production et l'amélioration de la race chevaline.

Il a en outre été institué un Comité consultatif pour éclairer le Ministre sur les questions de moindre importance ou qui présentent un caractère d'urgence. Ce comité est formé des Inspecteurs généraux des haras réunis sous la présidence de l'Inspecteur général directeur.

Chaque année, à l'époque de la monte, il est réparti dans les Arrondissements de chaque haras ou dépôt un nombre d'étalons proportionné aux besoins de la localité. Ces stations se composent en général de deux étalons au moins. — Ils sont mis en station chez un propriétaire ou cultivateur, ou confiés à des palefreniers. — Les propriétaires ou chefs de station sont responsables du prix de la saillie qui est versé dans la caisse du haras ou dépôt.

Des étalons particuliers.

Les propriétaires possédant des étalons particuliers qu'ils destinent à la monte des juments peuvent les présenter aux inspecteurs généraux par qui ils sont approuvés quand ils en sont susceptibles, sauf la ratification du Ministre.

L'approbation est accordée pour un an seulement mais peut être renouvelée aussi longtemps que l'étalon reste propre à la reproduction.

Les conditions de l'approbation sont que l'étalon soit exempt de maladies, qu'il soit susceptible d'améliorer les races, et qu'il soit spécialement consacré à la reproduction.

Une simple autorisation peut être accordée pour un an.

Les Etalons *approuvés* ou *autorisés* ne peuvent être employés à la monte que dans l'arrondissement déterminé par le titre même qui constate l'approbation ou l'autorisation. — *D. N.*

Le tarif des primes d'approbation des étalons particuliers est fixé comme ci-après : de 500 fr. à 3.000 fr. pour un étalon pur sang ; de 400 fr. à 1500 fr. pour un étalon demi-sang et de 300 à 800 fr., pour un étalon de gros trait. — *Déc. du 19 déc.* 1860.

HARDES-linge. — Ce sont les effets à l'usage personnel et de nécessité absolue, qui sont exceptés ou réservés dans certains cas où tous les autres biens peuvent être atteints. — Voy. *Habits.*

La femme a le droit de les reprendre, même en renonçant à la communauté. — Voy. *Renonciation à Communauté.*

Le failli et sa femme peuvent également les reprendre entre les mains des syndics. — *C. comm.* 469.

Les hardes des gens d'équipage de navire ne devant jamais faire partie du *jet à la mer*, si elles y avaient été jetées, le prix leur en serait dû par contribution sur tous autres effets. — *C. comm.* 419.

HASARD. — Ce qui est incertain, c'est-à-dire ce qui ne peut être ni prévu, ni déterminé.

Le hasard peut faire l'objet d'une condition. — *C. civ.* 1169. — Voy. *Condition.*

Les jeux de hasard sont prohibés. — *C. pén.* 410.

Il en est de même des loteries, sauf quelques exceptions. — *L. du 21 mai* 1836. — Voy. *Jeu.* — *Loterie.* — *Pari.*

Il est des choses dont le hasard peut attribuer la propriété. — *C. civ.* 16. — Voy. *Epave.* — *Trésor.*

Le hasard peut aussi donner lieu à des événements ayant certaine influence sur le sort des conventions, et notamment dans les contrats aléatoires. — Voy. *Aléatoire.* — *Cas fortuit.* — *Force majeure.*

HAUSSE et baisse. — On désigne par ces mots la variation du prix des papiers et effets publics et des denrées et marchandises.

Ceux qui, par des manœuvres ou des coalitions frauduleuses, causent l'élévation ou la diminution du taux des effets publics ou du prix des marchandises au-dessus ou au-dessous de celui qu'aurait déterminé la concurrence naturelle et libre du commerce, sont punis par la loi. — *C. pén.* 419.

De même, ceux qui, dans les adjudications publiques, entravent les enchères ou les soumissions par les mêmes moyens, ou les troublent par des violences, voies de fait ou menaces, sont punissables. — *C. pén.* 412. — Voy. *Adjudication.*

HAUTE cour de justice. — Tribunal supérieur institué pour juger certains crimes politiques.

D'après la loi du 24 février 1875, le Sénat peut être constitué en cour de justice pour juger soit le Président de la République, soit les Ministres, et pour connaître des attentats commis contre la sûreté de l'État.

HAUT-RHIN. — Département formé de l'ancien territoire de Belfort.
Chef-lieu : Belfort ;
Cour d'appel : Besançon.
Ce département est limité à l'Est et au Nord par l'Alsace ; au Sud par la Suisse et le département du Doubs, et à l'Ouest par celui de la Haute-Saône.
Il comprend un arrondissement, 4 cantons et 106 communes.
Impôt foncier : 215.202 francs.
Population : 79.758 habitants.

HAUTE futaie. — Voy. *Forêt*.

HAVRE. — On appelle hâvre l'enfoncement que produit la mer dans certains endroits du rivage, et qui, au moyen de certaines dispositions, peuvent recevoir les navires et les mettre à l'abri du vent.

Les frais d'entretien que nécessite la destination des hâvres sont à la charge de l'Etat comme faisant partie du Domaine public. — *C. civ.* 538. — Voy. *Domaine public*.

HÉBERGE. — Se dit du point où le mur qui sépare des bâtiments de hauteur inégale cesse de servir d'appui à l'un ou à l'autre, et où cesse la mitoyenneté entre ces bâtiments. — Voy. *Mitoyenneté*. — *Mur*.

HECTARE. — Mesure de superficie contenant cent ares. — Voy. *Poids et mesures*.

HECTO. — Mot employé dans le calcul décimal pour indiquer le centuple de l'Unité.

Il se joint au mot qui l'exprime et forme un mot composé comme *hectomètre*, *hectolitre*, etc.

HECTOGRAMME. — Poids de cent grammes. — Voy. *Poids et mesures*.

HECTOLITRE. — Mesure de capacité contenant cent litres. — Voy. *Poids et mesures*.

HECTOMÈTRE. — Nouvelle mesure de cent mètres. — Voy. *Poids et mesures*.

HÉRAULT. — Département formé de partie de l'ancienne province du Languedoc.
Chef-lieu : Montpellier ;
Cour d'appel : Montpellier.
Ce département est limité à l'Est par le Gard ; au Sud par la Méditerranée ; à l'Ouest par l'Aude et le Tarn, et au Nord par le Gard et l'Aveyron.
Il est divisé en quatre arrondissements, 36 cantons et 336 communes.
Superficie : 608.839 hectares ;
Impôt foncier : 2.670.654 francs ;
Population : 439.044 habitants.

HÉRÉDITÉ. — Tout ce qui compose la succession. — Voy. *Pétition d'hérédité*. — *Succession*.

HÉRÉDITÉ (Pétition d'). — Voy. *Pétition d'hérédité*.

HÉRITAGE. — En droit, ce mot comprend une terre, une maison, ou tout autre immeuble réel. — Il s'entend aussi d'une succession. — *C. civ.* 637 *et suiv.* — Voy. *Biens*. — *Héritier*. — *Succession*.

HÉRITIER. — C'est celui qui est apte à recueillir à titre successif tout ou partie des droits actifs et passifs d'une personne décédée.

Des diverses espèces d'héritiers.

Il y a diverses espèces d'héritiers : l'héritier *légitime*, l'héritier *institué*, et l'héritier *grevé de substitution* ou *fiduciaire*.

Les héritiers *légitimes* se subdivisent en *réguliers* et *irréguliers*.

Les héritiers du sang, ou *réguliers*, sont les parents légitimes du défunt, qui se divisent en trois classes : les *descendants*, les *ascendants* et les *collatéraux*. — C. civ. 571, 724. — Voy. *Succession*.

Les héritiers *irréguliers* sont ceux qui succèdent à l'universalité des biens du défunt, sans néanmoins représenter sa personne, tel que le conjoint survivant et l'État. — C. civ. 723. — Voy. *Deshérence*. — *Enfant naturel*.

Les héritiers institués tiennent leurs droits de la volonté de l'homme.

Cette institution peut résulter, soit d'une donation ou d'un testament, soit d'un contrat de mariage. — Voy. *Institution contractuelle*.

L'héritier grevé de *substitution* ou *fiduciaire*, est celui institué à charge de rendre une partie de succession à une personne désignée. La simple *fiducie* n'a pas été comprise par la Loi du 14 nov. 1792, ni par l'art. 896 du C. civ. dans l'abolition des substitutions *fidéi-commissaires*. — Voy. *Fiducie*.

Les héritiers se divisent encore en héritiers *présomptifs*, *délibérants*, *immiscés* ou *renonçants*.

L'héritier *présomptif* est celui qui se trouve dans le degré le plus apparent de successibilité, et qui par ce motif est présumé devoir hériter.

Cet héritier est appelé héritier *délibérant* pendant les délais qui lui sont accordés pour prendre qualité et délibérer. — C. civ. 795.

L'héritier *immiscé* est celui qui a fait une acceptation *expresse* ou *tacite* de l'hérédité. — C. civ. 775.

Enfin l'héritier *renonçant* est celui qui a abdiqué la succession. — Voy *Renonciation à succession*

On distingue en outre les héritiers *purs et simples* et les héritiers *bénéficiaires*.

L'héritier *pur et simple* est celui qui accepte la succession purement et simplement, et qui, par là même, devient passible de toutes les dettes du défunt, quand même elles excéderaient la valeur des biens recueillis.

L'héritier *bénéficiaire*, c'est-à-dire sous bénéfice d'inventaire, au contraire, est celui qui n'a accepté que sous la condition de n'être tenu des dettes de la succession que jusqu'à concurrence de l'émolument qu'elle lui procurera. Voy. *Bénéfice d'inventaire*.

Il y a encore : 1° l'héritier *universel*, qui succède seul et qu'on appelle aussi *héritier unique*; 2° l'héritier *portionnaire*, qui ne succède que pour une certaine quotité ou dans une certaine espèce de biens, tel que le *légataire universel*; 3° enfin, les héritiers à *réserve*, qui ont toujours droit à certaine portion des biens du défunt, malgré toutes donations ou legs qu'ils peuvent même faire réduire. — Voy. *Réserve*.

Des conditions nécessaires et des droits de l'héritier.

Pour être héritier, il faut avoir les qualités que la loi exige, c'est-à-dire n'être frappé ni d'*incapacité*, ni d'*indignité*. — Voy. *Indignité*.

Sont incapables de succéder : celui qui n'est pas encore conçu, et l'enfant qui n'est pas né viable. — L'enfant dans le sein de sa mère est réputé *né* toutes les fois qu'il s'agit de son intérêt, mais il faut qu'il *naisse viable*, autrement, il serait considéré comme n'ayant jamais existé. — Voy. *Viabilité*.

L'héritier représente universellement la personne de celui à qui il succède.

Il est saisi de tous les biens, droits et actions appartenant au défunt, sous l'obligation d'acquitter les dettes et charges. — C. civ. 724.

La qualité d'héritier est valablement établie vis-à-vis des tiers par un *inventaire*, ou, à défaut, par un acte de *notoriété* passé devant notaire. — *D. N.* — Voy. *Succession.*

HÉRITIER apparent. — On appelle héritier *apparent* celui qui a pris possession d'une hérédité, soit à titre *successible*, soit à titre de *légataire*, et qui plus tard se trouve évincé par un héritier plus proche, ou par suite de nullité ou révocation de testament. — Voy. *Pétition d'hérédité.*

HÉRITIER bénéficiaire. — Voy. *Bénéfice d'inventaire.*

HÉRITIER fiduciaire. — Voy. *Fiducie.*

HÉRITIER présomptif. — Voy. *Héritier.*

HÉRITIER pur et simple. Voy. *Héritier.*

HERMAPHRODITE. — Personne qui porte la marque des deux sexes, et qui est réputée appartenir au sexe qui prévaut en elle. — Voy. *Mariage.* — *Personnes.*

HEURE. — Subdivision du jour. En général, il n'est pas nécessaire de mentionner dans les actes l'heure à laquelle ils sont passés ; cependant il y a des exceptions. — Voy. *Date.*

Les actes faits le même jour sont réputés l'avoir été concurremment. — Toutefois, l'antériorité de l'un sur l'autre peut être établie, au besoin, au moyen de la preuve testimoniale. — Voy. *Date.*

Les actes de l'Etat civil doivent énoncer l'année, le jour et l'heure où ils sont reçus. — *C. civ.* 34. — Voy. *Acte de l'Etat civil.*

Les procès-verbaux d'enquête et de scellés se datent également par heure. — *C. proc.* 269, 914.

Il y a des délais qui se comptent par heure. Voy. *Délai.*

C'est au premier coup de cloche qu'une heure doit être considérée comme accomplie.

En matière de signification et d'exécution, on distingue les heures de jour et de nuit. — Voy. *Jour.* — *Nuit.*

HIÉRARCHIE. — On appelle ainsi la règle qui détermine l'ordre et fixe les degrés de subordination des différents fonctionnaires Administratifs et Judiciaires. — Voy. *Compétence.* — *Juridiction.*

HOIRIE. — Vieux mot en usage dans l'ancien droit et qui est synonyme d'*hérédité.*

HOMICIDE. — Action de tuer un homme.

L'homicide commis volontairement est qualifié *meurtre.* — *C. civ.* 295.

Celui qui, par maladresse, imprudence, inattention, négligence ou inobservation des règlements, commet involontairement un homicide ou en a involontairement été la cause, est passible d'un emprisonnement de trois mois à deux ans et d'une amende de cinquante francs à six cents francs.

HOMME. — Être doué de raison ou de perfectionnement intellectuel.

En droit, ce mot comprend parfois les individus des deux sexes. — *E. N.* — Voy. *Masculin.*

HOMME de loi. — On comprend sous cette dénomination les individus s'occupant d'affaires sans caractère légal reconnu, et qu'on distingue plus ordinairement et à plus juste titre sous le nom d'agents d'affaires.

Les magistrats, jurisconsultes, avocats et autres se distinguent par les qualifications qui leurs sont propres. — Voy. *Agents d'affaires.* — *Jurisconsultes.*

HOMOLOGATION. — C'est l'approbation ou confirmation que la justice donne à un acte et qui lui confère une autorité et une force exécutoire qu'elle n'aurait pas sans cette formalité. — *D. N.*

L'homologation est de rigueur pour les délibérations des conseils de famille en matière d'interdiction, de tutelle ou d'émancipation dans les cas suivants :

1º S'il s'agit du mariage de l'enfant d'un interdit, — *C. civ.* 511 ;

2° Lorsqu'il s'agit d'exclure un tuteur et qu'il n'adhère pas à la délibérations; C. civ. 448 ;

3° S'il s'agit, soit de ventes ou emprunts dans l'intérêt du mineur, ou de transactions en son nom. — C. civ. 457, 458, 467. — C. proc. 955.

L'homologation est encore exigée dans certains cas en matière de partage et licitation. — C. proc. 981 et suiv.

HONNÊTE. — Ce qui est conforme à la probité et à la vertu.

En droit, le mot *honnête* se dit de ce qui est permis ou n'est pas défendu par les Lois. — Voy. *Condition.* — *Bonnes mœurs.* — *Ordre public.*

HONNÊTETÉ publique. — Se dit de ce qui est conforme aux bienséances et aux bonnes mœurs. — Voy. *Bonnes mœurs.* — *Ordre public.*

HONNEUR et Respect. — C'est l'un des principaux devoirs des enfants envers leurs parents. — C. civ. 371. — Voy. *Puissance paternelle.*

HONNEURS civils et militaires. — On comprend sous ce titre les devoirs à rendre aux fonctionnaires civils ou militaires, soit dans les cérémonies publiques, soit dans l'exercice de leurs fonctions, soit après leur mort. Cette matière est régie par deux décrets des 24 messidor an XII et 6 frimaire an XIII. — Voy. *Préséance.*

HONORAIRE (Fonctionnaire). — Qualité que l'on donne aux magistrats ou fonctionnaires qui, après avoir exercé certaines charges ou fonctions pendant un certain nombre d'années et s'en être démis, sont autorisés à en conserver les honneurs et prérogatives. — C'est ce que l'on appelait autrefois *Vétérance*, et aujourd'hui *Honorariat.* — D. N.

HONORAIRES (rétribution). — On entend par honoraires la rétribution ou rémunération à laquelle ont droit les fonctionnaires publics, officiers ministériels et généralement tous ceux exerçant une profession libérale, pour leurs travaux, leurs services et leurs conseils.

Les honoraires dus aux *avoués, huissiers* et *greffiers* sont fixés par le tarif des frais et dépens. — L. du 16 février 1807. — Voy. *Avoués.* — *Huissiers.* — *Greffiers.*

Ceux dus aux *Avocats, Médecins, Chirurgiens, Agents d'affaires*, ne sont point tarifés. Ils sont réglés à l'amiable, entre eux et leurs clients.

A l'égard de ceux dus aux Notaires. — Voy. *Notaires.*

HONORIFIQUES (Droits). — Depuis la Révolution de 1789, il n'est reconnu d'autres droits honorifiques en France que ceux accordés à des magistrats, fonctionnaires ou officiers ministériels, après un certain temps d'exercice de leur profession, dont ils conservent le titre avec la qualification d'*honoraire.* — Voy. *Honoraire (fonctionnaire).*

HOPITAL. — Voy. *Hospice.*

HORS-de-cause. — C'est un jugement par lequel les parties sont renvoyées et mises hors de procès lorsque la demande paraît sans intérêt.

Le *hors-de-cause* peut être prononcé par défaut, sauf à celui qui se croirait lésé à se pourvoir contre le jugement qui l'aurait prononcé.

Il faut distinguer le *hors-de-cause* du débouté, qui entraîne toujours la condamnation aux dépens contre le demandeur, tandis qu'ils sont ordinairement compensés par le *hors-de-cause.* — C. proc. 130, 131.

On emploie les mots *hors-de-cour*, lorsque c'est une Cour d'appel qui prononce.

HOSPICE. — Les *Hospices* ou *Hôpitaux* sont des Etablissements de Charité publique destinés à recevoir les indigents, les malades, les orphelins, les enfants trouvés ou abandonnés et les vieillards dénués de moyens d'existence.

Les Hospices dûment autorisés sont des Etablissements publics ayant une existence légale, et qui, dès lors, peuvent posséder, acquérir, aliéner, recevoir des dons et legs, etc. — Voy. *Etablissements publics.*

La Loi des 10-13 janvier 1844 sur l'Assistance publique à Paris a réglé le mode d'administration des hospices et hôpitaux dans cette ville.

Celle du 7 août 1851 réglemente aujourd'hui tous les hospices et hôpitaux en général.

Il en résulte : 1° que lorsqu'un individu privé de ressources tombe malade dans une commune, aucune condition de domicile ne peut être exigée pour son admission à l'hôpital existant dans la commune ; 2° que les malades et incurables indigents des communes privées d'hospices peuvent être admis à ceux du département désignés par le Conseil général, sur la proposition du Préfet, suivant un prix de journée fixé par le Préfet, de concert avec la commission des hospices et hôpitaux ; 3° que les communes qui voudraient profiter du bénéfice d'admission dont on vient de parler supporteraient la dépense nécessaire pour le traitement de leurs malades et incurables, mais que le département pourrait leur venir en aide si leurs ressources étaient insuffisantes ; 4° que, dans le cas où les revenus des établissements hospitaliers le permettraient, les commissions administratives pourraient admettre, dans les lits vacants, les malades ou incurables des communes, sans exiger d'elles aucune rétribution.

Les commissions administratives des hospices et hôpitaux sont composées du Maire de la commune, président et ayant voix prépondérante, et de 6 membres renouvelables, dont les fonctions sont gratuites.

Deux des membres de chaque commission sont élus par le Conseil municipal. — Les quatre autres sont nommés par le Préfet. — *L. du 5 août* 1879.

Indépendamment du revenu de leurs biens, les hospices ont droit, concurremment avec les bureaux de bienfaisance :

1° A une portion du produit des amendes prononcées par les Tribunaux. — *L. du 29 frimaire an VIII;* et 2° au dixième des recettes de tous les spectacles, bals, concerts et fêtes publiques. — *L. du 7 frimaire an V.*

Par exception aux principes des successions, la propriété des effets mobiliers apportés par les malades décédés dans les hospices, et qui y ont été traités gratuitement, appartient à ces établissements par préférence à leurs héritiers, et même à l'Etat, en cas de déshérence. — *Av. Cons. d'Et.*, *3 nov.* 1809.

Les revenus des biens et capitaux des enfants admis dans les hospices appartiennent à ces Etablissements jusqu'à leur sortie à titre d'indemnité de nourriture et entretien, d'où la conséquence qu'en cas de décès de l'enfant dans l'hospice, ses héritiers sont tenus d'une indemnité. — *L. du 5 pluviôse an XIII.*

La tutelle des enfants admis dans les hospices est confiée aux commissions administratives de ces Etablissements.

Les bois des hôpitaux et des hospices sont, comme ceux des Communes et autres Etablissements, soumis au régime forestier. — Voy. *Forêt.*

Les baux à ferme des hospices doivent être faits aux enchères devant un notaire désigné par le Préfet. — *D. N.* — Voy. *Bail de biens d'un hospice.*

HOTEL du juge. — C'est la maison où habite le juge et où il lui est permis de faire et dater certains actes, tels que les *référés.* — *C. proc.* 808, 1040.

Les Juges de paix peuvent rendre la justice dans leur maison, en laissant les portes ouvertes. — *C. proc.* 6,8. — Voy. *Juge de paix.* — *Référé.*

HOTEL des Invalides. — Etablissement créé pour recevoir et soigner les anciens militaires mutilés ou atteints d'infirmités graves. — *E. N.*

L'institution et l'organisation de l'hôtel des Invalides, dont l'origine remonte au premier Empire, a été réglementée à nouveau par un décret du 29 juin 1863, modifié par un autre décret du 21 mars 1882.

D'après ce dernier décret nul ne peut dorénavant être admis à l'hôtel des Invalides s'il n'est en possession d'une pension militaire de retraite.

Les admissions ont lieu dans l'ordre de priorité ci-après :

1° Les militaires pensionnés pour perte de la vue, perte de deux membres, perte d'un membre, cette dernière blessure occasionnant une incapacité absolue de tout travail productif ;

2° Les militaires pensionnés pour ancienneté de service et âgés de 60 ans au moins qui ne pourraient recevoir dans leurs familles les soins nécessaires ;

3° Les Français titulaires de pensions concédées à titre de combattant de Juillet 1830 ;

4° Les sous-officiers et soldats des Bataillons de Garde mobile pensionnés pour blessures reçues dans les journées de Juin 1848.

A défaut de postulants dans les conditions ci-dessus, peuvent également être admis :

1° Les militaires pensionnés justifiant de blessures ou d'infirmités équivalentes à la perte absolue de l'usage d'un membre, et entraînant une incapacité absolue de tout travail productif ;

2° Les militaires pensionnés pour blessures ou infirmités non équivalentes à la perte de l'usage d'un membre et âgés de 70 ans révolus.

L'admission pour ces deux dernières catégories ne peut être autorisée que dans le cas où ils ne pourraient recevoir les soins nécessaires dans leurs familles.

HOTEL, hôtellerie, auberge, cabaret, hôtel garni. — Maisons ouvertes aux passants et aux voyageurs, qui peuvent y prendre, moyennant rétribution, un abri, un logement et la nourriture.

L'hôtel garni est une maison où on ne donne pas à manger, mais où on trouve des appartements et des chambres meublées à louer.

Les hôteliers ou aubergistes sont assujettis à la patente, aux Lois sur la vente des boissons et aux règlements de police.

Ils doivent, avant de commencer leur débit, faire comme les cafetiers et autres débitants, les déclarations préalables à la mairie et à la régie qui leur délivre une *Licence*. — Voy. *Cabarets*. — *Cafés*. — *Boissons*.

Indépendamment de ces déclarations, ils sont tenus d'indiquer leur débit par un signe extérieur, tel qu'enseigne ou bouchon.

Ils sont tenus d'inscrire sur un registre visé par l'Autorité municipale, et que l'on nomme *livre de police*, les noms et prénoms, âge, professions, domiciles habituels et les dates d'entrée et de sortie des voyageurs qui logent chez eux, même une seule nuit, et doivent représenter ce registre à toute réquisition de l'Autorité municipale, le tout sous peine d'amende. — *C. pén.* 475.

Les hôteliers ou aubergistes sont civilement responsables des désordres ou délits commis par ceux qui logent chez eux, faute de les avoir inscrits sur le livre de police.

Il leur est défendu, sous peine d'amende, de recevoir et loger des gens sans aveu ou femmes de mauvaise vie. — *Ord. du 6 nov.* 1778.

Les hôteliers et aubergistes sont responsables des objets que le voyageur qui loge chez eux y a apportés, dès lors que le vol peut être attribué aux personnes *allant et venant* dans leur établissement. La preuve testimoniale est admise dans ce cas même au-dessus de 150 francs. — *C. civ.* 1950, 1952, 1953. — Voy. *Dépôt*.

Toutefois, ils ne seraient pas responsables du vol d'argent et de bijoux que le voyageur aurait déposés dans l'hôtel sans les avoir ni déclarés, ni fait vérifier.

La Loi ne les rend pas non plus responsables des vols commis par des gens qui, malgré une exacte surveillance, se seraient introduits furtivement ou par escalade avec fausses clefs ou la nuit. — *C. civ.* 1094.

La liberté de l'industrie autorise les hôteliers à refuser tout voyageur qui vient leur demander asile, même sous l'offre de paiement immédiat. Toutefois s'il n'y avait qu'une seule auberge dans un village, nous pensons que l'aubergiste ne pourrait refuser.

Les effets qu'un voyageur laisse dans un hôtel en le quittant peuvent être réclamés judiciairement, le dépôt de ces effets étant réputé par la Loi comme dépôt nécessaire ; d'où il suit que la preuve de ce dépôt peut être faite par témoins ou par de simples présomptions. — *D. N.* — Voy. *Dépôt*.

L'hôtelier a un privilège sur les effets des voyageurs pour les fournitures qu'il leur a faites ; il peut donc retenir ces effets et les faire vendre judiciairement, mais ce privilège ne peut s'étendre aux vêtements dont les voyageurs seraient couverts.

L'action des hôteliers pour le paiement du prix du logement et de la nourriture par eux fournis, de même que celle des maîtres d'hôtel garnis pour les loyers qui leur sont dus, se prescrit par six mois. — *C. civ.* 2271.

La consommation d'aliments et de boissons faite dans les établissements à ce destinés par un individu sachant qu'il est dans l'impossibilité de payer entraîne, pour le délinquant, une amende de 16 à 20 francs, et un emprisonnement de 6 jours à trois mois. — *C. pén.* 401. — *L. du 26 juillet* 1873.

HÔTEL garni. — Voy. *Hôtel*.

HÔTELLERIE. — Voy. *Hôtel*.

HOUILLE. — Voy. *Mine*.

HUIS-clos. — Ce terme signifie *portes fermées, portes closes.*

Bien que toute audience doive être publique, le *huis-clos* peut être ordonné :

1° En matière civile, lorsque la discussion publique peut causer du scandale ou entraîner d'autres inconvénients ; mais dans ce cas, le Tribunal est tenu d'en délibérer et de rendre compte de sa délibération au Procureur général, et si la cause est pendante devant une Cour, au Ministre de la justice. — *C. proc.* 87.

Et, 2°, en matière criminelle, sur la réquisition du Ministère public, lorsque la publicité des débats pourrait être dangereuse pour l'ordre et les mœurs.

Le *huis-clos* exclut toute publicité des débats et plaidoiries. Il est levé aussitôt qu'ils sont terminés et le jugement est prononcé publiquement.

HUISSIER. — Officier ministériel institué pour la signification des actes nécessaires à l'instruction des procès et de tous exploits en général, et pour l'exécution de tous jugements et arrêts. — *E. N.*

On nomme *huissier audiencier* celui chargé spécialement de faire le service des audiences.

Pour être huissier, il faut : 1° être âgé de 25 ans accomplis ; 2° avoir satisfait aux Lois du recrutement ; 3° avoir travaillé au moins pendant deux ans dans l'étude d'un notaire, avoué ou huissier, ou pendant 3 ans dans un greffe de première instance ou d'appel ; 4° avoir obtenu de la Chambre de discipline un certificat de moralité, de bonne conduite et de capacité.

Les huissiers sont nommés par le Gouvernement, sur la présentation du Tribunal près duquel ils doivent exercer. — *Déc. du* 14 *juin* 1813.

Ils ont le droit d'exploiter dans tout le ressort du Tribunal de première instance de la résidence qui leur a été assignée, et quelle que soit cette résidence.

Ils sont tenus d'exercer leur ministère lorsqu'ils en sont requis, sauf les exceptions portant prohibition. — *C. proc.* 4 *et* 66.

Ils sont responsables envers leurs requérants des nullités qu'ils commettraient dans leurs exploits.

Ils sont déchargés de la restitution des pièces qui leur ont été confiées, lorsqu'il s'est écoulé deux ans depuis l'exécution de la commission ou la signification des actes dont ils étaient chargés. — *C. civ.* 2276.

Le ministère des huissiers est forcé, mais ils peuvent exiger de la partie une réquisition spéciale et par écrit qui mette leur responsabilité à couvert au cas où ils la croiraient engagée.

Les copies d'actes et jugements et de toutes autres pièces faites par les huissiers doivent être correctes et lisibles.

Tout huissier doit remettre lui-même, à personne ou à domicile, l'exploit et les copies de pièces qu'il a mission de signifier, à peine de dommages-intérêts.

Leur action pour les salaires qui leur sont dus se prescrit par un an. — *C. civ.* 2272. — Voy. *Prescription*.

Dans les lieux où il n'y a pas de commissaires-priseurs, les huissiers ont le droit de faire les *prisées* et les *ventes* de meubles et de fruits et récoltes pendant par racines. — *L. du 5 juin* 1851. — Voy. *Commissaire-priseur*.

Des frais et honoraires dus aux huissiers.

D'après le tarif des frais et dépens du 16 février 1807 et les lois postérieures, il est alloué aux huissiers, savoir :

HUISSIERS DES JUSTICES DE PAIX.

Pour l'original de chaque citation contenant demande : — à Paris, 1 fr. 50 cent.; — ailleurs, 1 fr. 25 cent.
Pour l'original de signification de jugement, — de sommation de fournir caution ou d'être présent à la réception et soumission de la caution ordonnée....................... 1 fr. 25
Pour l'original d'opposition au jugement par défaut......................... 1 fr. 50
— de demande en garantie................................ 1 fr. 50
— de citation aux témoins................................ 1 fr. 50
— de citation aux gens d'art et experts........................ 1 fr. 50
— de citation en conciliation............................. 1 fr. 50
— de citation aux membres du conseil de famille................ 1 fr. 50
— de notification de l'avis du conseil de famille................ 1 fr. 50
— d'opposition aux scellés............................... 1 fr. 50
— de sommation à la levée des scellés....................... 1 fr. 50
Et pour chaque copie de ces actes, le 1/4 de l'original.
Pour la copie des pièces à donner avec les actes, par chaque rôle d'expédition de 20 lignes à la page et de 10 syllabes à la ligne : — à Paris, 25 cent. ; — ailleurs, 20 cent.
Pour transport qui ne peut être alloué qu'autant qu'il y a plus d'un demi-myriamètre (une lieue ancienne) de distance, aller et retour, par myriamètre, 2 fr.

HUISSIERS ORDINAIRES.

Pour l'original d'un exploit d'appel d'un jugement de justice de paix, ou d'un exploit d'ajournement : — à Paris, 2 fr. ; — ailleurs, 1 fr. 50 cent.
Pour l'original de toute sommation, — signification de jugement, — assignation, — notification, — dénonciation, — commandement, — demande en séparation de corps ou de divorce, — ajournement, et généralement de tous actes simples, — à Paris : 2 fr. ; — ailleurs, 1 fr. 50 cent.
Pour chaque copie, le 1/4 de l'original.
Pour l'original de la récusation du Juge de paix, — à Paris : 3 fr. ; — ailleurs, 2 fr. 25 cent.
Pour le procès-verbal de saisie-exécution (1re vacation de 3 heures) : — à Paris, 8 fr. y compris 1 fr. 50 cent. pour chaque témoin ; — ailleurs, y compris 1 fr. par témoin, 6 fr. — Par chaque vacation subséquente : — à Paris, y compris 80 cent. pour chaque témoin, 5 fr. — ailleurs, y compris 60 cent. par témoin, 3 fr. 75 cent.
Vacation pour consigner les deniers comptants trouvés : — à Paris, 2 fr. ; — ailleurs, 1 fr. 50 cent.
Pour un procès-verbal de récolement des effets saisis : — à Paris, 3 fr. ; — ailleurs, 2 fr. 25 cent.
Dans le cas de saisie antérieure, pour le récolement sur le premier procès-verbal, témoins compris : — à Paris, 6 fr. ; — ailleurs, 4 fr. 50 cent.
Pour le récolement précédant la vente : — à Paris, 6 fr. ; — ailleurs, 4 fr. 50.
Pour rédaction de l'original du placard, 1 fr.
Pour chacun des placards manuscrits, 50 cent.
Pour l'original de l'exploit constatant l'apposition des placards : — à Paris, 3 fr. ; — ailleurs, 2 fr. 25 cent.
Pour chaque vacation de 3 heures à la vente, procès-verbal compris : — à Paris, 8 fr. ; — Villes, Tribunaux de 1re instance, 5 fr. ; — autres villes et cantons ruraux, 4 fr.
Pour un procès-verbal de saisie-brandon : — 6 fr., — 5 fr., — 4 fr.
Pour l'original d'un procès-verbal d'offres : — Paris, 3 fr. ; — ailleurs, 2 fr. 25 cent.
Pour procès-verbal tendant à la saisie-revendication : — Paris, 5 fr. ; — ailleurs, 4 fr.
Pour chaque original de protêt. — Intervention à protêt et sommation d'intervenir, assistants et copie compris : — Paris, 2 fr. ; — ailleurs, 1 fr. 50 cent.
Il n'est rien alloué pour frais de transport ou distance jusqu'à un demi-myriamètre.
Au delà d'un demi-myriamètre, pour frais de voyage qui ne pourra excéder une journée de 5 myriamètres (10 lieues anciennes), savoir : au delà d'un demi-myriamètre et jusqu'à un myriamètre pour aller et retour, 4 fr.
Au delà d'un myriamètre, pour chaque demi-myriamètre, sans distinction, 2 fr.
Pour visa : Paris, 1 fr. ; — ailleurs, 75 cent.

HUISSIERS AUDIENCIERS DE 1re INSTANCE.

Pour chaque appel de cause sur le rôle et lors des jugements par défaut, interlocutoires et définitifs : — Paris, 30 cent.; — ressort, 25 cent.
Pour significations de toute espèce, d'avoué à avoué : — Paris, 30 cent.; — ressort, 25 cent.
Pour significations extraordinaires à Paris seulement, 1 fr.

HYPOTHÈQUE. — L'hypothèque est un droit réel sur les immeubles affectés à l'acquittement d'une obligation, dont l'effet est de conférer au créancier qui en est investi le droit de suivre ces immeubles dans quelques mains qu'ils passent et de leur assurer la préférence à son rang, sur d'autres créanciers, dans la distribution du prix desdits immeubles.

1. — *De la nature et du droit d'hypothèque.*

Tout créancier peut faire saisir et vendre les biens de son débiteur à défaut de paiement, en se conformant aux lois. Mais ces biens étant le gage commun à tous, le prix en est distribué par contribution s'il n'y a cause de préférence pour quelqu'un. — C. civ. 2093. — Voy. *Contribution de deniers*. — *Ordre*.

Ces causes sont les privilèges et les hypothèques. — C. civ. 2094. — Voy. *Privilège*.

L'hypothèque ne peut avoir lieu que dans le cas et suivant les formes autorisées par la Loi. Elle est indivisible par sa nature et subsiste en entier sur les immeubles affectés, de même que sur chaque portion de ces immeubles. — C. civ. 2114-2115.

L'hypothèque est *Légale*, *Judiciaire* ou *Conventionnelle*.

L'hypothèque *légale* résulte de la Loi.

L'hypothèque *judiciaire* résulte des jugements ou actes judiciaires.

L'hypothèque *conventionnelle* est celle qui résulte des conventions et de la forme extérieure des actes et contrats.

Les hypothèques *légales* et *judiciaires* sont *générales*, c'est-à-dire qu'elles affectent les biens présents et à venir du débiteur.

Les hypothèques *conventionnelles* sont *spéciales* et ne grèvent que tels ou tels immeubles déterminés.

En général, l'action hypothécaire ne peut être intentée qu'autant que la dette est exigible, et le créancier n'a le droit de faire vendre l'immeuble hypothéqué que trente jours après commandement fait au débiteur.

2. — *Biens susceptibles d'hypothèque.*

Tous les biens *immobiliers* qui sont dans le commerce et leurs accessoires réputés immeubles, de même que l'*usufruit* des mêmes biens, peuvent être hypothéqués. — C. civ. 2118.

Mais les *meubles*, n'ayant pas de suite par hypothèque, ne sont pas susceptibles d'être hypothéqués. — C. civ. 2119.

L'hypothèque s'étend à toutes les constructions, augmentations et améliorations faites ou survenues au fonds hypothéqué.

Les actions de la Banque de France sont susceptibles d'hypothèque lorsqu'elles sont immobilisées.

Les navires sont également susceptibles d'hypothèque. — Voy. *Hypothèque maritime*.

3. — *De l'hypothèque légale.*

L'hypothèque légale appartient : 1° aux femmes mariées sur les biens de leurs maris ; 2° aux mineurs et interdits sur les biens de leurs tuteurs ; 3° à l'Etat, aux communes et aux Etablissements publics sur les biens des comptables ; 4° aux légataires, sur les biens de la succession, et 5° à la masse des créanciers de la faillite, sur les biens du failli.

L'hypothèque légale n'est pas assujettie à la formalité de l'inscription, si ce n'est dans certains cas.

L'hypothèque légale de la femme, même mariée sous le régime dotal, peut être réduite à certains biens, soit par une stipulation du contrat de mariage, soit pendant le mariage, en vertu d'un jugement. — C. civ. 2140, 2144, 2145.

L'hypothèque légale des mineurs sur les biens du tuteur peut également être restreinte par l'acte de nomination du tuteur ou par un jugement, et dans ce dernier cas la demande doit être formée contre le subrogé-tuteur et doit être précédée d'un avis du conseil de famille. — C. civ. 2143 *et suiv.*

A l'égard des formalités à remplir pour la purge des hypothèques légales. — Voy. *Purge des hypothèques légales.*

4. — De l'hypothèque judiciaire.

L'hypothèque judiciaire résulte des jugements contradictoires ou par défaut, définitifs ou provisoires, en faveur de celui qui les a obtenus. — Elle résulte même dans divers cas de certains actes judiciaires. — *C. civ.* 2117, 2123.

Néanmoins, tous les jugements ne confèrent pas une hypothèque ; pour qu'ils produisent cet effet, il faut qu'ils prononcent une *condamnation*, ou imposent une *obligation*, soit de payer une somme, soit de faire ou de ne pas faire une chose.

Les jugements rendus par les juges de paix dans les limites de leur juridiction ordinaire emportent hypothèque judiciaire comme ceux rendus par les autres Tribunaux.

L'hypothèque judiciaire est assujettie à la formalité de l'inscription. — Voy. *Inscription hypothécaire.*

5. — De l'hypothèque conventionnelle.

L'hypothèque conventionnelle est celle qui résulte du consentement des parties et des actes et contrats passés devant notaire.

Elle s'applique aux créances à terme, soit conditionnelles, soit actuellement exigibles, de même qu'à toutes obligations dès à présent liquides ou seulement indéterminées.

Elle comprend tous les accessoires, tels que les arrérages de rente, et les intérêts de capitaux, mais l'inscription ne conserve le rang que de deux années et l'année courante. — Voy. *Ordre entre créanciers.* — *Inscriptions hypothécaires.*

Elle ne peut atteindre que les biens présents spécialement désignés dans l'acte constitutif d'hypothèque. — *C. civ.* 2129.

Toutefois, lorsque les biens présents sont insuffisants, on peut, en exprimant cette insuffisance, consentir à ce que les immeubles que le débiteur acquerra par la suite soient affectés à la sûreté de la créance à mesure des acquisitions. — *C. civ.* 2130.

Pour pouvoir consentir valablement une hypothèque conventionnelle, il faut avoir capacité d'aliéner. — *C. civ.* 2124. — Néanmoins le mineur autorisé à faire le commerce peut hypothéquer ses biens pour faits de commerce, bien qu'il n'ait pas capacité pour aliéner. — *C. comm.* 6.

Tout créancier capable d'aliéner peut céder sa créance à un tiers, et le subroger dans l'effet de son hypothèque qui en est l'accessoire. Il peut également consentir toute cession d'*antériorité* ou *priorité* de rang, en se réservant la créance. — *D. N.* — Voy. *Cession d'antériorité.* — *Subrogation.*

6. — De l'hypothèque sur Immeubles indivis.

On peut hypothéquer des biens qu'on ne possède que par indivis. On peut même hypothéquer la totalité éventuellement puisque le copropriétaire a un droit éventuel sur cette totalité. Il s'ensuit que si par un partage ou une licitation le débiteur devient seul propriétaire de l'immeuble indivis, l'hypothèque frappera sur la totalité de l'immeuble auquel il sera censé avoir succédé seul et immédiatement, conformément à l'article 883 du C. civ. — *Cass.*, 6 déc. 1826.

Toutefois, l'hypothèque sur biens indivis est soumise à certaines éventualités dont on doit prévenir l'effet en faisant contracter à l'emprunteur : 1° l'obligation de ne procéder à aucun partage ni licitation sans y appeler le prêteur, et 2° en lui faisant consentir, au profit de ce dernier, le transport en garantie de la soulte ou du prix de la licitation qui pourrait lui revenir.

A l'égard des formalités hypothécaires. — Voy. *Conservateur des hypothèques.* — *Bureau des hypothèques.* — *Inscription hypothécaire.*

Et en ce qui concerne les droits d'hypothèques. — Voy. *Hypothèques (droits).*

HYPOTHÈQUE maritime. — L'hypothèque maritime, qui a pour objet d'affecter un navire à l'acquittement d'une obligation, a été créée par une loi du 10 déc. 1874, complétée par un décret du 23 avril 1875, et modifiée par une autre loi du 10 juillet. 1885.

Cette hypothèque ne peut être que conventionnelle.

Les navires de 20 tonneaux et au-dessus sont seuls susceptibles d'hypothèques.

Le propriétaire soit du navire, soit d'une portion du navire, peut seul consentir cette hypothèque dans les limites de son droit de propriété ; mais dans ce dernier cas avec l'autorisation de la majorité des copropriétaires.

En cas de copropriété, l'hypothèque consentie durant l'indivision par un ou plusieurs des copropriétaires, sur une portion du navire, continue à subsister après le partage ou la licitation.

Le contrat d'hypothèque maritime doit être rédigé par écrit, et peut être fait par acte sous seing privé. Il doit être fait en double original.

L'Inscription des hypothèques maritimes ayant été confiée aux Receveurs principaux des Douanes, un des doubles est destiné à être présenté au Receveur des Douanes au moment de l'Inscription, et déposé à la Douane ; l'autre est destiné à être communiqué au même Receveur au moment de la Radiation.

L'Inscription a lieu sur la production d'un des originaux ou d'une expédition du titre constitutif d'hypothèque, et de deux bordereaux signés du requérant dont l'un peut être porté sur le titre présenté. Ces bordereaux sont rédigés dans la même forme que ceux des inscriptions terrestres, si ce n'est que l'indication de l'espèce et de la situation des biens est remplacée par le nom et la désignation du navire hypothéqué et la date de l'acte de francisation ou de la déclaration de la mise en construction. — Voy. *Inscription hypothécaire.*

L'Inscription conserve l'hypothèque maritime pendant dix ans, à compter du jour de sa date. Elle doit donc être renouvelée avant l'expiration de ce délai, si le créancier ne veut pas qu'elle cesse de produire son effet.

Les inscriptions ne peuvent être rayées qu'en vertu, soit d'un jugement en dernier ressort ou passé en force de chose jugée, soit d'un acte *authentique* de consentement à la radiation, donné par le créancier ou son cessionnaire justifiant de ses droits.

Le titre constitutif de l'hypothèque peut être à ordre. Il devient dans ce cas transmissible par voie d'endossement et la négociation emporte translation du droit hypothécaire.

L'hypothèque maritime peut être constituée sur un navire en construction.

Elle peut être également constituée en cours de voyage.

L'Inscription s'effectue sur un Registre spécial divisé en trois parties : la première pour les inscriptions ; la seconde pour les changements de domicile et les mutations et subrogations, et la troisième pour les radiations.

Le Receveur des Douanes est tenu de délivrer à tous ceux qui le requièrent, sous sa responsabilité garantie par un supplément de cautionnement déposé au Trésor, l'Etat des Inscriptions subsistantes sur le navire désigné ou un Certificat constatant qu'il n'en existe aucune.

L'hypothèque maritime confère un droit de suite au créancier, qui peut faire saisir et vendre le navire ou la portion de navire hypothéquée, sans être obligé de provoquer la licitation de l'indivision avant de commencer les poursuites. — *D. N.*

A l'égard des droits dus au Trésor et autres. — Voy. *Hypothèques (droits).*

Nous donnons ci-après une formule de contrat d'hypothèque maritime, de même qu'une formule d'inscription.

Contrat d'hypothèque maritime.

Aujourd'hui......
Les soussignés :
M. A...
Et M. B...

Ont arrêté ce qui suit :

M. A... se reconnaît débiteur envers M. B... acceptant, de la somme de....., que ce dernier lui a prêtée précédemment à ce jour pour l'aider à la construction du navire, le....., ciaprès désigné.

En conséquence, M. A... s'oblige à rendre et rembourser cette somme à M. B..., ou à son ordre, au domicile ci-après élu dans......, ans de ce jour, et à lui en servir les intérêts à raison de cinq pour cent par an, sans retenue, payables au même lieu que le principal.

A la garantie de ladite somme de....., en principal et intérêts, et de tous frais de poursuite, mise à exécution et autres qu'il y aurait lieu, ces frais évalués approximativement à....., M. A... a affecté et hypothéqué spécialement au profit de M. B... qui a accepté, le navire E..., lui appartenant, construit à....., attaché au port de...., jaugeant..... tonneaux. (*Désigner le Navire et indiquer l'acte de Francisation ou la déclaration de mise en construction*); consentant qu'il soit pris toute inscription utile sur ledit navire conformément à la loi du 18 décembre 1874 et toutes lois et décrets postérieurs.

M. A...., a déclaré que le navire hypothéqué est libre de toute hypothèque et inscription.

Pour l'exécution des présentes, domicile est élu en la demeure de M. C...

Fait double à....., lesdits jour, mois et an, et signé, lecture prise.

Inscription d'hypothèque maritime

(*A rédiger sur timbre en double original.*)

Inscription d'hypothèque maritime est requise au Bureau du Receveur des Douanes de.....

Au profit de M. A..., demeurant à.....

Pour lequel domicile spécial est élu en la demeure de M. C..., demeurant à..... (*Lieu de la résidence du Receveur des Douanes.*)

Contre M. B..., demeurant à.....

En vertu d'un acte sous signatures privées en date à....., du....., enregistré à....., le.... f°......, v°....., case....., par M...., qui a perçu les droits dus.

Pour sûreté :

1° De la somme de....., montant en principal de la reconnaissance de dette souscrite par M. A..., au profit de M. B...., ou à son ordre par l'acte du....., ci-devant énoncé, ladite somme stipulée remboursable à....., au domicile de M. B..., dans le délai de....., ans du jour de l'acte, et produisant des intérêts à raison de cinq pour cent payables annuellement ci. 0000

2° Des intérêts courus et exigibles ici portés pour mémoire,...................... mémoire

Et 3° des frais de poursuites et de mise à exécution évalués à.................

Total, sauf mémoire..... 0000

Sur le navire le....., appartenant à M. B..., construit à....., attaché au port de....., jaugeant....., etc.

(*Désignation, et indication de l'acte de Francisation ou de la déclaration de mise en construction.*)

Pour réquisition d'inscription.

(*Signature.*)

HYPOTHÈQUES (droits). — Les droits dus au Trésor en matière d'hypothèques sont perçus par les Conservateurs des hypothèques lors de l'accomplissement des formalités. — *LL. des 28 avril 1816 ; 21 ventôse an VII; 23 mars 1855 ; 23 août 1871, etc.* — Voy. *Conservateur des hypothèques. — Inscription hypothécaire. — Radiation. — Inscription.*

La perception suit les sommes et valeurs de 20 fr. en 20 fr.

Il n'est dû qu'un seul droit d'inscription pour chaque créance, quel que soit le nombre des créanciers et des débiteurs grevés.

S'il y a lieu à l'inscription d'une même créance dans plusieurs Bureaux, le droit est acquitté dans le premier Bureau.

DROITS D'INSCRIPTION.

1 fr. par 1000 fr. sur les créances hypothécaires ;

1 fr. *fixe* pour les inscriptions concernant le desséchement des marais par l'État ;

1 fr. *fixe* pour les inscriptions à l'effet de transporter sur des biens ruraux l'hypothèque dont ont pu être grevées des maisons urbaines appartenant aux hospices de Paris.

Sans paiement immédiat des droits : 1° Les inscriptions des créances de l'État; 2° Les inscriptions indéfinies ayant pour objet la conservation d'un simple droit d'hypothèque éventuel sans créance existante.

Le droit proportionnel est toutefois perçu immédiatement pour les inscriptions garantissant des actes d'ouverture de crédit.

3° Les inscriptions judiciaires prises au profit de personnes admises à l'assistance judiciaire en vertu de jugements n'ayant pas encore acquis l'autorité de la chose jugée ; 4° Les inscriptions à la requête du Ministère public, des hypothèques légales.

Sont exemptes de droit : 1° Les inscriptions d'office ; 2° Celles requises par les agents ou syndics d'une faillite lorsque leur effet ne se prolonge pas au delà du jugement qui homologue le concordat ; 3° Celles réparant des erreurs ou omissions du fait du conservateur lorsque le bordereau en énonce la cause; 4° Celles que les titulaires de dotations sont obligés de requérir sur les biens des débiteurs.

DROITS DE TRANSCRIPTION.

1 fr. 50 c. par 100 fr., pour les actes emportant mutation de propriétés immobilières, sur le prix intégral desdites mutations, suivant qu'il a été réglé à l'Enregistrement, quand ce droit n'a pas été perçu sur cette formalité, et pour les donations portant partage faites en ligne directe par acte entre vifs, et qui n'ont acquitté que 1 % lors de leur Enregistrement;
1 fr. fixe pour tous les actes sur lesquels le droit a été perçu lors de leur Enregistrement;
Si le même acte donne lieu à la transcription dans plusieurs bureaux, le droit est acquitté en totalité dans le premier Bureau.

SALAIRES DU CONSERVATEUR.

20 centimes: Pour l'Enregistrement sur les deux Registres, et pour la reconnaissance de dépôts d'actes ou de Bordereaux à transcrire, mentionner ou inscrire ;
25 centimes: Pour chaque Duplicata de quittance de droits d'hypothèque;
50 centimes: 1° Pour chaque déclaration, soit de changement de domicile, soit de subrogation; 2° Pour la transcription des actes de mutation; 3° Pour la transcription de chaque procès-verbal de saisie-immobilière et de chaque exploit de dénonciation; 4° Par rôle d'écriture du Conservateur contenant 30 lignes à la page et 18 syllabes à la ligne ;
1 franc: 1° Pour l'inscription de chaque droit d'hypothèque ou privilège, quel que soit le nombre des créanciers si la formalité est requise par le même Bordereau; 2° Pour chaque inscription faite d'office; 3° Pour chaque radiation d'inscription ; 4° Pour chaque extrait d'inscription ou certificat qu'il n'en existe aucune; 5° Pour chaque certificat de non-transcription d'acte de mutation ; 6° Pour les copies collationnées des actes déposés ou transcrits, par rôle d'écriture du Conservateur contenant 25 lignes à la page et 18 syllabes à la ligne ; 7° Pour l'acte du Conservateur contenant son refus de transcription en cas de précédente saisie; 8° Pour la mention des deux notifications prescrites par les art. 691 et 692 du Code de procédure; 9° Pour la radiation de la saisie-immobilière ; 10° Pour la mention du jugement d'adjudication ; 11° Pour la mention du jugement de conversion.

DROITS SUR LES HYPOTHÈQUES MARITIMES.

Ces droits sont perçus par le Receveur des Douanes. — Voy. *Hypothèque maritime.*
50 centimes par 1000 fr. sur les créances donnant lieu à l'hypothèque ou au renouvellement de l'inscription.
25 centimes par 1000 fr. en cas de réserve de la faculté d'emprunter sur hypothèque en cours de voyage, et *25 cent. par 1000 fr.* pour l'inscription de l'hypothèque consentie effectivement en cours de voyage.
Salaires, *1 franc*: 1° Pour l'inscription de chaque hypothèque requise par un seul bordereau ; 2° Pour chaque inscription reportée d'office sur l'acte de francisation, sur le registre de francisation ou sur le registre du nouveau port d'attache; 3° Pour chaque déclaration soit de changement de domicile, soit de subrogation, soit de tous deux par le même acte; 4° Pour chaque radiation d'inscription ; 5° Pour chaque extrait d'inscription ou pour le certificat qu'il n'en existe pas.

I

IDENTIQUE. — Même chose sous des formes différentes.
En matière de formalités, l'*équipollence* n'est admise qu'autant qu'elle est *identique.*

IDENTITÉ. — Résultat de diverses circonstances, qui constatent, soit l'existence d'une personne ou d'un fait, soit l'application d'un fait à une personne déterminée.
En matière civile l'identité est fréquemment invoquée, par exemple : pour établir la chose jugée, pour établir la filiation d'un enfant. — Voy. *Chose jugée.* — *Filiation.* — *Légitimité.*
Il y a aussi des formalités en matière criminelle pour constater l'identité des délinquants. — *C. Instr. crim.* 444, 518. — *C. pén.* 17 à 33.

IDIOME. — Se dit du langage particulier à certaines contrées d'une même nation, et qui diffère de celui légalement employé.
Ce langage, qu'on nomme aussi *Patois*, nécessite aussi bien en justice l'emploi

d'un interprète que s'il s'agissait d'une langue étrangère. — *C. crim.* 1332. — Voy. *Interprète.* — *Langue française.*

IGNORANCE. — Défaut de connaissance.

On distingue l'ignorance de *fait*, qui est le défaut de connaissance d'un fait naturel ou d'une action de l'homme, et l'ignorance de *droit*, qui est le défaut de connaissance d'une disposition de Loi, d'un règlement, ou de tout autre acte obligatoire de l'autorité publique.

En général, l'ignorance de fait ne peut nuire, mais l'ignorance du droit n'excuse pas, attendu que « Nul n'est censé ignorer la Loi ». — *D. N.* — Voy. *Fiction.*

ILE, Ilot. — Portion de terrain entourée d'eau et qui se forme par atterrissement ou alluvion dans les fleuves et rivières. — Voy. *Atterrissement.* — *Alluvion.*

Les îles et ilots qui se forment dans le lit des fleuves et des rivières navigables ou flottables appartiennent à l'Etat, à défaut de titre ou prescription contraire. — *C. civ.* 560, 2227.

Ceux qui se forment dans les rivières non navigables et non flottables appartiennent aux riverains du côté où l'île s'est formée, et s'ils sont au milieu de la rivière à chacun des riverains à partir de la ligne du milieu de la rivière. — *C. civ.* 561.

ILES françaises. — Voy. *Colonies françaises.*

ILLE-ET-VILAINE. — Le Département d'Ille-et-Vilaine est un des cinq que forme l'ancienne province de Bretagne.

Chef-lieu : Rennes.

Cour d'appel : Rennes.

Ce département est limité à l'Est par la Mayenne; au Sud par la Loire-Inférieure; à l'Ouest par les Côtes-du-Nord et le Morbihan, et au Nord par l'Océan et la Manche.

Il est divisé en 6 arrondissements, 43 cantons et 353 communes.

Superficie : 647.287 hectares.

Impôt foncier : 2.109.339 francs ;

Population : 621.384 habitants.

ILLÉGITIME. — Ce qui est fait contre la disposition de la Loi.

Les enfants *illégitimes* sont ceux issus d'un commerce illicite. — Voy. *Enfants naturels.*

ILLICITE. — Ce qui est défendu par la Loi, blesse les bonnes mœurs et peut troubler l'ordre public. — Voy. *Condition.* — *Obligation.* — *Délit.*

ILLISIBLE. — Ce qu'on ne peut lire.

Les actes notariés et les exploits des huissiers doivent être écrits lisiblement.

Les clauses illisibles sont nulles, si aucun mot ne vient appuyer et autoriser l'interprétation des mots restés inconnus; néanmoins, à l'égard de celles illisibles par suite de vétusté du titre et ayant eu une existence et une action dans l'origine, la preuve testimoniale pourrait être admise comme en cas de perte du titre.

Une signature presqu'illisible ou mal orthographiée n'en est pas moins valable. — Voy. *Interligne.* — *Rature.* — *Signature.* — *Surcharge.*

IMBÉCILLITÉ. — État habituel de l'esprit qui, sans présenter les excès de la démence ou de la fureur, ne laisse à l'individu qui en est atteint que des idées tellement bornées qu'il se trouve incapable de gérer ses affaires.

L'état habituel d'imbécillité est une cause d'interdiction. — *C. civ.* 489 ; — Voy. *Aliénation mentale.* — *Démence.* — *Donation.* — *Interdiction.*

IMMATRICULE. — Se dit de l'inscription par ordre numérique, sur une matricule ou registre commun, du nom d'un individu, soit comme officier public, soit comme propriétaire d'une rente sur l'État.

L'immatricule des huissiers a lieu sur un registre tenu au Greffe du Tribunal de son ressort, et ils sont tenus d'en faire mention dans les exploits qu'ils signifient, à peine de nullité.

Le nouveau propriétaire d'une rente sur l'État se fait *immatriculer* sur le Grand-Livre.

IMMÉMORIAL. — Fait dont l'origine est tellement ancienne qu'on en a perdu le souvenir.

La possession est *immémoriale* lorsqu'elle remonte à une époque dont on ne peut dire le commencement. — Voy. *Possession.* — *Prescription.*

IMMEUBLES. — Les immeubles sont les fonds de terre, les maisons et bâtiments, et en général tout ce qui ne peut être changé de place. — Voy. *Meubles.* — *Immeubles.*

IMMEUBLES fictifs. — Ce sont des meubles qui ont acquis la qualité d'immeubles. — Voy. *Meubles.* — *Immeubles.*

IMMEUBLES par destination. — Ceux qui acquièrent cette qualité par leur nature ou par l'objet auquel ils s'appliquent.

Les effets mobiliers attachés au fonds, à perpétuelle demeure, et qui ne peuvent être détachés sans être fracturés et détériorés, tels que tableaux, glaces et autres ornements, les tuyaux servant à la conduite des eaux ; les statues placées dans une niche pratiquée exprès pour les recevoir, sont immeubles par destination.

Les animaux que le propriétaire du fonds livre au fermier ou au métayer pour la culture, estimés ou non, sont censés immeubles tant qu'ils demeurent attachés au fonds par l'effet de la convention. — *C. civ.* 522 *et suiv.*

IMMIGRATION de travailleurs dans les Colonies. — Un décret du 13 février 1852 favorise cette immigration, et les travailleurs peuvent y être conduits soit aux frais, soit avec l'assistance du Trésor public.

Après l'expiration du nombre d'années de travail déterminé, l'immigrant introduit a droit, lorsqu'il n'a encouru aucune condamnation correctionnelle ou criminelle, au passage de retour pour lui, sa femme et ses enfants non adultes. — Il a, pendant l'année qui suit l'expiration du délai fixé, la faculté d'opter entre la jouissance de ce droit, et une prime équivalente aux frais de son rapatriement personnel.

IMMIXTION. — C'est l'action de celui qui se mêle volontairement dans une affaire ou une chose qui lui est étrangère, mais ce terme exprime ordinairement le fait ou l'acte qui, de la part d'un successible, entraîne la qualité d'héritier pur et simple et le prive du bénéfice d'inventaire ou du droit de renoncer. — *C. civ.* 780-792.

L'immixtion de la part d'une veuve dans les affaires de la Communauté emporte de sa part acceptation tacite. — *C. civ.* 1554. — Voy. *Acte d'héritier.* — *Acceptation de communauté.* — *Bénéfice d'inventaire.*

IMMOBILIÈRE (Action). — Voy. *Action.*

IMMOBILIÈRE (Saisie). — Voy. *Saisie immobilière.*

IMMOBILIERS (Droits). — Ce sont ceux qui ont des immeubles pour objets — Voy. *Action.* — *Meubles.* — *Immeubles.*

IMMOBILISATION. — Action de convertir des effets mobiliers en immeubles fictifs.

Les rentes sur l'État, de même que les actions de la Banque de France, peuvent être immobilisées. — Voy. *Action de la Banque de France.* — *Inscription sur le Grand-Livre.* — *Remploi.*

Les rentes sur l'État inscrites au nom de la Caisse des Invalides et au nom de la Caisse des gens de mer sont de plein droit frappées d'immobilisation.

Les fruits et revenus de l'immeuble saisi sont immobilisés pour être distribués par ordre d'hypothèque. — Voy. *Saisie immobilière.*

IMMONDICES. — Le fait de jeter des immondices sur quelqu'un est puni des peines de police. — *C. pén.* 471, 475, 476.

IMMUNITÉ. — Exemption de charges ou d'impositions accordée à tout un corps, une ville, etc.

IMPARFAIT (Acte). — Voy. *Acte imparfait.*

IMPARTAGEABLE. — Ce qui ne peut se partager au moins commodément entre plusieurs cohéritiers ou copropriétaires. — Voy. *Partage.*

C'est le cas de recourir à la vente par licitation. — C. civ. 815. — Voy. *Licitation.*

IMPENSES. — Ce sont les dépenses ou frais faits par le détenteur d'un immeuble pour l'améliorer, augmenter ou embellir.

On distingue trois sortes d'*impenses* : 1° Les impenses nécessaires, sans lesquelles la chose se serait détériorée ou aurait péri, et qui doivent toujours être remboursées ; 2° Les *impenses utiles*, qui rendent la chose meilleure ou plus préceuse et qui ne donnent lieu qu'au remboursement de la plus-value qu'elles ont occasionnée ; Et 3° Les *impenses voluptuaires*, qui ornent la chose sans en augmenter le revenu ou la valeur intrinsèque, et qui ne peuvent en général être réclamées par le détenteur de la chose.

Lorsque les constructions, plantations et autres ouvrages de cette nature ont été faits par un tiers évincé, possesseur de bonne foi, et avec ses matériaux, sur le terrain d'autrui, le propriétaire ne peut demander la suppression desdits ouvrages ; mais il a le choix, ou de rembourser la valeur des matériaux et du prix de la main-d'œuvre, ou de rembourser une somme égale à celle dont le fonds a augmenté de valeur. — C. civ. 555.

Si le tiers était possesseur de mauvaise foi, le propriétaire aurait l'option ou de retenir les plantations et ouvrages, ou d'obliger le tiers à les enlever.

L'Usufruitier ne peut réclamer aucune indemnité pour les améliorations qu'il a faites, mais il a le droit de compenser les dégradations avec les impenses. — D. N. — Voy. *Usufruit.*

IMPÉRITIE. — Se dit du manque d'habileté dans une profession.

On la considère en général comme une faute.

Les officiers publics, entrepreneurs et artisans étant obligés de connaître leur état, sont responsables du dommage résultant de leur impéritie. — Voy. *Dommage. — Fruits.*

IMPERTINENT. — En procédure, on qualifie d'*impertinents* ou *non pertinents* les faits étrangers au procès et dont on n'admet pas la preuve. — Voy. *Faits pertinents. — Preuve.*

IMPÉTRANT. — Se dit de celui qui obtient un acte de grâce ou de justice, sur une requête par lui présentée.

IMPLICITE. — Voy. *Explicite.*

IMPORTATION. — Ce terme signifie l'introduction dans son pays des productions ou marchandises étrangères.

Ce droit ne peut être exercé qu'à la charge de se conformer aux lois sur les douanes et d'acquitter les droits. — Voy. *Douane. — Grains.*

IMPOSITIONS. — Voy. *Contributions publiques.*

IMPOSITIONS sur le revenu des valeurs mobilières. — Voy. *Contributions publiques,* § 10.

IMPOSSIBILITÉ. — En matière de convention, on entend par impossibilité tout obstacle à l'accomplissement d'une condition. — E. N.

Il y a deux sortes d'*impossibilités* : l'impossibilité *physique*, qui annule le contrat qui renferme une condition dont l'exécution est impossible, et l'impossibilité *légale*, qui s'attache à tout ce que la loi défend et ne peut faire l'objet d'une convention. — Voy. *Condition. — Convention.*

IMPÔT des patentes. — Voy. *Contributions publiques,* § 4.

IMPÔT sur les billards. — Voy. *Contributions publiques*, § 8.

IMPÔT sur les voitures et chevaux. — Voy. *Contributions publiques*, § 6.

IMPÔT sur les cercles et sociétés. — Voy. *Contributions publiques*, § 9.

IMPÔT sur le revenu des valeurs mobilières. — Voy. *Contributions publiques*, § 10.

IMPRESCRIPTIBILITÉ. — Qualité propre à certains *biens* qu'on ne peut acquérir par la prescription. — Voy. *Domaine de l'Etat.* — *Domaine public.* — *Inaliénabilité.* — *Prescription.*

IMPRESSION. — Il n'est pas défendu de faire imprimer, lithographier ou autographier certains cadres ou formules d'actes. Cet usage est même assez fréquent pour les baux.

IMPRIMERIE. — Voy. *Imprimeur.* — *Librairie, etc.* — *Presse.*

IMPRIMEUR. — Qui exerce l'Art de l'Imprimerie, c'est-à-dire d'empreindre, au moyen de caractères mobiles, tout écrit sur le papier. — Voy. *Librairie, etc.* — *Presse.*

La profession d'Imprimeur est libre, et les fonds d'Imprimerie et de Librairie se transmettent sans formalités particulières. — *L. du 29 juillet 1881.*

Un arrêté du 29 flor. an IX impose aux Imprimeurs de Paris l'obligation d'avoir un registre portatif sur lequel sont inscrites, chaque jour, les quantités de papiers qu'ils soumettent au Timbre, journaux, papiers, nouvelles, avis et affiches; — cet arrêté n'est plus en vigueur que pour les affiches.

Il est défendu aux imprimeurs, sous peine d'amende, de se servir de papier de couleur blanche pour les affiches ordinaires. — *L. du 25 mars 1817.* — Voy. *Affiche.*

IMPRUDENCE. — S'entend du défaut de prévoyance ou d'attention par suite duquel un dommage a été causé à quelqu'un.

Chacun est responsable du dommage qu'il a causé par son imprudence, qui entraîne en outre des peines graves lorsqu'elle a causé des blessures ou la mort. — *C. civ.* 1384; — *C. pén.* 319, 320, 479. — Voy. *Dommage.* — *Faute.* — *Responsabilité.* — *Quasi-délit.*

IMPUBÈRE. — C'est celui qui n'a pas atteint l'âge de la puberté, époque de la nature que la loi a fixée et à laquelle elle permet de contracter mariage. — *C. civ.* 144, 145. — Voy. *Mineur.* — *Mariage.*

IMPUDICITÉ. — Voy. *Inconduite notoire.*

IMPUISSANCE. — Se dit en général du manque de pouvoir pour faire une chose, et particulièrement de l'incapacité naturelle ou accidentelle du mari qui l'empêche de procréer.

L'impuissance naturelle du mari n'est pas une cause suffisante du désaveu de paternité. — *C. civ.* 313. — Voy. *Désaveu de paternité.* — *Mariage.* — *Paternité.*

IMPUTABILITÉ. — En matière de faute et de dommages-intérêts, c'est l'application qui doit ou non être faite de la responsabilité selon les excuses que le contrevenant peut avoir à présenter. — Voy. *Dommages-intérêts.* — *Faute.*

IMPUTATION. — Retranchement ou déduction d'une somme ou quantité sur une autre. — Voy. *Imputation de paiement, etc.*

Ce mot signifie aussi *Accusation;* ainsi, on dit l'imputation d'un fait, d'un crime, d'un délit. — *C. pén.* 367, 368, 371.

IMPUTATION de paiement. — C'est l'application d'un paiement à l'une des obligations d'un débiteur qui en a plusieurs.

Le droit d'imputation appartient au débiteur, c'est-à-dire, qu'il a le droit de déclarer, lorsqu'il paie, quelle dette il entend acquitter. — *C. civ.* 1253.

Toutefois, le débiteur d'une dette qui porte intérêt ou produit des arrérages ne peut, sans le consentement du créancier, imputer son paiement sur le capital; il s'impute d'abord sur les intérêts. — *C. civ.* 1254.

IMPUTATION sur la réserve. — On entend par cette expression les déductions que subit un héritier sur sa réserve légale. — Voy. *Portion disponible. — Rapport à succession.*

INALIÉNABILITÉ. — Ce mot exprime l'état d'une chose ou d'un droit dont le propriétaire ne peut disposer, c'est-à-dire donner, vendre ni hypothèquer.

Sont inaliénables d'une manière plus ou moins absolue :

1° Toutes les choses qui ne sont pas dans le commerce. — Voy. *Biens. — Hypothèque. — Vente.*

2° Les biens des mineurs, des interdits, des femmes mariées sous le régime dotal, des communes et des Etablissements publics. — Voy. *Autorisation maritale. — Communauté de biens. — Femme. — Mineurs. —Régime dotal.*

3° Les pensions militaires et celles de la Légion d'honneur.

4° Le domaine de l'Etat, excepté en vertu d'une Loi. — Voy. *Domaine de l'Etat. — Domaine public.*

Ce n'est que par une Loi positive ou par une disposition autorisée par la Loi, qu'un fonds peut être frappé d'inaliénabilité. — *Cass.*, 30 *janvier* 1821 ; — 6 *juin* 1853.

INAMOVIBILITÉ. — Caractère donné par la Loi à une fonction, à un office, de telle sorte que celui qui en est pourvu ne peut être dépouillé autrement que par mort, démission ou forfaiture jugée. — Voy. *Fonctionnaire public. — Juge. — Notaire. — Office.*

INCAPACITÉ. — Défaut de qualité ou de pouvoir pour faire, donner ou recevoir, transmettre ou recueillir quelque chose, ou pour exercer un droit. — *E. N.*

Les personnes incapables sont celles que la Loi a déclarées telles, en sorte que toute personne peut contracter si elle n'en est pas déclarée incapable par la Loi. — *C. civ.* 1123 *et suivants.*

Sont incapables de succéder :

1° Celui qui est mort au moment de l'ouverture de la succession ; 2° L'enfant qui n'est pas encore conçu ; 3° L'enfant qui n'est pas né viable. — *C. civ.* 725.

On note encore comme incapables de contracter, sauf dans certains cas et avec certaines formalités, les sourds-muets, les étrangers, les enfants naturels, les femmes mariées, les interdits, etc. — *Consentement.* — Voy. *Convention. — Donation. — Obligation.*

Il existe des différences essentielles entre les *incapables* et les *indignes*. Ainsi l'incapable ne peut donner ni recevoir, tandis que l'indigne, capable de l'un et de l'autre, ne peut retenir ce qui lui a été donné. — En résumé, l'indignité vient d'un fait, tandis que l'incapacité provient d'un vice inhérent à la personne. — Voy. *Indignité.*

Généralement l'incapacité cesse avec la cause qui l'avait produite ; c'est un principe consacré par l'article 512 du Code civil.

INCARCÉRATION. — Voy. *Contrainte par corps. — Emprisonnement.*

INCENDIE. — L'incendie peut être causé par imprudence, par malveillance, par cas fortuit, ou par force majeure.

Surveillance et Règlements.

Les lois et règlements de police générale confient au pouvoir central et à l'autorité administrative le soin de prévenir les incendies. — *LL. des* 24 *août* 1790 *et* 22 *juillet* 1791.

Les officiers municipaux chargés de veiller à la tranquillité, à la salubrité et à la sûreté des campagnes, sont tenus, après avertissement donné huit jours à l'avance, de faire, au moins une fois par an, la visite des fours et cheminées de toutes maisons et bâtiments éloignés de moins de 195 mètres d'autres habitations.

— Après cette visite, ils ordonnent la réparation ou la démolition des fours et cheminées en mauvais état.

Ils doivent en outre faire défense à toute personne d'entrer avec de la lumière, si ce n'est dans une lanterne bien fermée, dans les greniers, dépôts et magasins de fourrages et autres combustibles, ainsi que dans les écuries, et d'y fumer à peine de 200 fr. d'amende. — *Ord. de police du 15 nov.* 1781.

Sont punissables d'amende ceux qui ont négligé d'entretenir, réparer ou nettoyer les fours, cheminées ou usines où l'on fait usage du feu. - *C. pén.* 471.

L'incendie des propriétés mobilières ou immobilières d'autrui causé par la vétusté ou le défaut, soit de réparation, soit de nettoyage des fours, cheminées, forges et maisons ou usines prochaines, ou par des feux allumés dans les champs à moins de 100 mètres des maisons, édifices, bruyères, plantations, tas de grains, pailles, foins, fourrages ou de tout autre dépôt de matières combustibles, ou encore par des feux ou lumières portés ou laissés sans précautions suffisantes, ou enfin par négligence ou imprudence, est puni d'une amende de 50 à 500 fr. — *C. pén.* 458.

Les coupables sont en outre tenus du dommage que le feu a occasionné. — *L. du 6 oct.* 1791.

Les personnes qui, pouvant le faire, ont refusé ou négligé de prêter le secours dont ils ont été requis en cas d'incendie, sont punies d'une amende de six francs à dix francs. — *C. pén.* 475.

Certains règlements particuliers prescrivent aux gens de la campagne de ne placer leurs pailles et foins qu'à la distance de 20 mètres de leurs maisons, écuries et étables et des maisons des voisins ; c'est une excellente précaution.

La menace d'incendier une maison ou toute autre propriété est, comme celle de la menace d'assassinat, punie d'après les distinctions établies par la Loi. Si la menace a été faite avec ordre de déposer une somme d'argent dans un lieu indiqué, ou de remplir toute autre condition, la peine est celle des travaux forcés à temps. — *C. pén.* 305 *et suiv.*, 436.

En cas d'incendie, le dépôt de tout ou partie du mobilier de la maison brûlée peut être fait chez les voisins. C'est un *dépôt nécessaire*. — Voy. *Dépôt.*

Responsabilités et peines.

Celui qui a occasionné un incendie peut être déclaré responsable de tous les dommages causés par cet incendie et de ceux qui en ont été la suite. — C'est un principe général que celui qui a causé un dommage à autrui, soit par son fait, soit par sa négligence ou par son imprudence, est obligé de le réparer.

Cette responsabilité s'étend, non seulement au dommage que l'on cause par son propre fait, mais encore à celui qui est causé par le fait des personnes dont on doit répondre ou des choses que l'on a sous sa garde, à moins que l'on ne prouve que l'on n'a pu empêcher le fait qui donne lieu à la responsabilité. — *C. civ.* 1382 *et suiv.*

L'incendie commis volontairement et avec intention de nuire constitue un crime puni, dans certains cas, de la peine de mort. — *C. pén.* 95, 434, 435.

L'accusé condamné pour crime d'incendie est tenu d'indemniser le propriétaire des objets incendiés.

Les peines contre l'incendie sont applicables même à celui qui met le feu à sa propre maison. — *C. pén.* 434.

L'incendie n'est pas excusable à raison du défaut d'intention, ni sous prétexte d'incapacité. — Ainsi les insensés, les mineurs, etc., sont responsables du dommage qu'ils ont causé en allumant un incendie.

Dans le cas où une maison a été démolie pour empêcher la prorogation de l'incendie, le propriétaire doit être indemnisé, soit par le propriétaire du bâtiment originairement incendié, soit par ceux des bâtiments voisins qui ont effectué ou provoqué la démolition, soit enfin par les propriétaires des bâtiments voisins qui ont été préservés de l'incendie au moyen de cette démolition, le tout en proportion du bénéfice que chaque propriétaire aura retiré de la démolition. — Voy. *Démolition.*

Aucun recours légal en indemnité ou dédommagement n'est accordé à l'incendié dans les cas fortuits ou de force majeure, à moins que ce cas n'ait été prévu par le contrat d'assurance, ou bien que l'incendie ne provienne de guerre ou bombardement, auquel cas l'Etat devrait une indemnité. — Voy. *Assurance (contrat d'.)*

Le locataire répond envers le bailleur de l'incendie arrivé à la chose louée, à moins qu'il ne prouve qu'aucune faute ne peut lui être imputée. — *C. civ.* 1733. — Voy. *Bail.*

Il répond non seulement de sa faute, mais de celle de sa famille et de ses domestiques de même que de celle de ses sous-locataires, sans préjudice de son recours contre ces derniers qui sont eux-mêmes responsables envers le locataire en titre.

S'il y a plusieurs locataires, tous sont solidairement responsables de l'incendie, proportionnellement à la valeur locative de l'immeuble qu'ils occupent, à moins qu'ils ne prouvent que l'incendie a commencé dans l'habitation de l'un d'eux, auquel cas celui-là seul en est tenu, ou bien que quelques-uns ne prouvent que l'incendie n'a pu commencer chez eux, ce qui les déchargerait de toute responsabilité. — *C. civ.* 1734. — *L. du 5 janvier* 1883.

L'indemnité due au bailleur consiste dans la somme nécessaire pour la réparation ou la reconstruction de l'édifice détruit.

S'il y a destruction totale, le bail prend nécessairement fin conformément à l'art. 1741 du C. civ.; mais si la destruction n'est que partielle, le preneur qui a intérêt à continuer le bail pourra faire les réparations à ses frais et continuer sa jouissance. — *D. N.*

INCERTAIN. — Voy. *Corps certain.* — *Corps incertain.* — *Jour incertain.*

INCERTAINE (Personne). — Voy. *Personne incertaine.*

INCERTITUDE. — Doute produit par l'ambiguité d'une disposition de la Loi, ou d'une clause dans une convention. — Voy. *Interprétation des Lois.* — *Interprétation des conventions.* — *Testament.*

INCESSIBILITE. — Qualité d'une action incessible.

INCESSIBLE. — Qui ne peut être cédé. — Voy. *Cessible.* — *Inaliénabilité.* — *Remboursement de rente.*

INCESTE, incestueux. — L'Inceste est la conjonction illicite entre les personnes parentes à un degré où le mariage est défendu, et les enfants *incestueux* sont ceux nés de ces personnes. — *C. civ.* 161, 162.

Ces enfants, de même que ceux adultérins, ne peuvent jamais être reconnus et n'ont aucuns droits sur les biens de leurs père et mère; la loi ne leur accorde que des aliments. — *C. civ.* 331, 335, 342, 762. — Voy. *Enfant adultérin.* — *Légitimation.* — *Reconnaissance d'enfant naturel.*

INCIDENT. — On appelle ainsi le fait qui, dans le cours d'une instance principale, donne lieu à une contestation; c'est ce qu'on nomme demande *incidente.*

On appelle aussi *incidents* les déclinatoires, les demandes d'enquêtes, les interrogatoires sur faits et articles, etc. — *C. proc.* 180, 192, 718 et 732. — Voy. *Déclinatoire.* — *Exception.* — *Fin de non-recevoir.*

INCIDENT (Faux). — C'est l'incident ayant pour cause une inscription de faux, survenue dans une action principale. — Voy. *Faux incident.*

INCOMMUNITE (Acte d'). — Voy. *Acte d'incommunité.*

INCOMPATIBILITÉ. — C'est le terme dont on se sert pour exprimer que certaines fonctions ne doivent pas être remplies en même temps par la même personne.

Les incompatibilités sont fondées sur la nécessité de la séparation des pouvoirs publics et sont régies par des règlements spéciaux.

En général, nul ne peut être titulaire de deux offices transmissibles, mais les notaires, avoués, huissiers, etc., peuvent être membres des conseils généraux et d'arrondissement, suppléants de justice de paix, adjoints et conseillers municipaux.

Il y a aussi pour les magistrats comme pour les notaires l'incompatibilité de parenté. — *D. N.* — Voy. *Parenté.*

INCOMPATIBILITÉ des qualités d'héritier et de légataire. — Voy. *Rapport à succession.*

INCOMPÉTENCE. — S'entend du défaut de pouvoir ou d'attribution pour recevoir un acte ou pour juger une contestation.

L'incompétence résultant du défaut de pouvoir est un vice radical entraînant la nullité de l'acte. — Voy. *Acte authentique.*

En ce qui concerne les tribunaux, l'incompétence est relative ou absolue, soit qu'elle s'applique à la personne ou à la matière contentieuse. — Voy. *Compétence.*

INCONDUITE notoire. — Elle justifie, dans certains cas, les moyens de correction employés par le père contre ses enfants et par le tuteur contre son pupille. — *C. civ.* 375, 568.

Elle exclut de la tutelle. — *C. civ.* 444. — Voy. *Tutelle.*

INCORPORATION. — Réunion d'une chose à une autre pour ne former qu'un seul et même corps.

C'est une manière d'acquérir la propriété. — *C. civ.* 712, 551. — Voy. *Accession.*

INCORPOREL. — C'est ce qui n'a pas de corps ou n'existe pas matériellement, comme les créances, les actions qui n'ont qu'une existence légale. — Voy. *Droits incorporels.* — *Meubles.* — *Immeubles.*

INCULPÉ, Inculpation. — L'inculpé est celui contre lequel des poursuites sont dirigées à raison d'un crime ou d'un délit. — Jusqu'à ce qu'il ait été mis en prévention, il n'y a qu'*inculpation.* — *C. instr. crim.* 133, 134. — Voy. *Accusé.* — *Condamné.* — *Prévenu.*

INDEMNITÉ. — Dédommagement. — Ce qui est donné à quelqu'un pour un dommage qu'il a éprouvé.

L'indemnité doit au moins équivaloir au dommage qu'on a souffert. — *C. civ.* 545, 1382.

Le propriétaire dont les fonds sont enclavés a le droit de réclamer, moyennant une indemnité, un passage sur les fonds voisins pour l'exploitation de son héritage. — *C. civ.* 682. — Voy. *Passage.*

En matière de convention, celui qui s'est porté fort pour un tiers qui ne ratifie pas doit, une indemnité à celui qui a contracté avec lui sous cette condition. — *C. civ.* 1120. — Voy. *Stipulation pour autrui.*

Ont encore droit à une indemnité :

1° Le gérant qui a bien administré les affaires d'une personne. — *C. civ.* 1375. — Voy. *Gestion des affaires d'autrui ;*

2° Le mandant, pour les pertes que sa gestion a pu occasionner au mandataire, s'il n'y a de sa part ni faute ni imprudence. — *C. civ.* 2000. — Voy. *Mandat ;*

3° La femme, sur les biens de son mari ou de la communauté, pour les dettes auxquelles elle s'est obligée conjointement avec lui. — *C. civ.* 1483, 2121, 2135. — Voy. *Reprises.*

4° Le fermier ou locataire pour non-jouissance provenant du fait du propriétaire ou en cas de vente de l'immeuble affermé. — Voy. *Bail.*

En matière criminelle ou de délit, la loi détermine le cas où il y a lieu à indemnité de la part du coupable envers la partie lésée. — *C. pén.* 51, 429. — Voy. *Délit.* — *Partie civile.*

Il y a encore lieu à indemnité en cas de retard d'une commission ou transport. — *C. comm.* 102.

INDEMNITÉ de logement et de nourriture. — Voy. *Habitation de la veuve.*

INDEMNITÉ de voyage et de nourriture. — Voy. *Honoraires.* — *Voyage (frais d').*

INDÉTERMINÉ. — Se dit, en droit, d'une chose qui n'est pas spécifiée, ou qui n'a point de bornes certaines et précises.

L'obligation dont l'objet n'est pas clairement désigné est indéterminée. — Voy. *Convention.* — *Interprétation des conventions.* — *Obligation.*

INDICATION. — Se dit du renseignement que le détenteur d'un héritage poursuivi hypothécairement donne au créancier sur les biens du débiteur afin qu'il discute préalablement les biens indiqués. — *C. civ.* 1666, 2021 *et suiv.*; 2042 *et suiv.* et 2227. — Voy. *Caution.* — *Cautionnement.*

INDICATION de paiement. — C'est une convention désignant une tierce personne pour recevoir le paiement qui devait être fait à l'une des parties et donner quittance au débiteur.

Si la personne désignée est créancière de l'indiquant, ce n'est plus une indication de paiement, mais une délégation imparfaite, qui peut devenir parfaite par l'acceptation des créanciers. — *D. N.* — Voy. *Délégation.*

L'indication de paiement, qu'elle ait lieu de la part du créancier ou de celle du débiteur, n'opère point de novation et n'a d'autre objet que de donner au débiteur le droit de se libérer aussi valablement entre les mains de la personne indiquée qu'entre celles des créanciers. — *C. civ.* 1277.

Le débiteur peut se libérer valablement entre les mains de la personne indiquée quoiqu'elle soit incapable, pourvu que l'incapacité ou le changement d'état n'ait pas eu lieu depuis l'indication de paiement.

INDICES. — Circonstances qui rendent un fait vraisemblable, et dont la réunion peut former des présomptions et même des preuves. — Voy. *Preuve.*

INDIGENT. — C'est celui qui manque des choses nécessaires aux besoins de la vie.

On ne doit pas confondre l'indigence avec la mendicité qui est un délit, tandis que l'indigence, au contraire, donne droit à l'assistance publique. — Voy. *Assistance publique.*

Pour revendiquer des secours, les indigents doivent représenter un certificat d'indigence délivré par le maire de leur commune.

Au moyen de ce certificat, ils peuvent obtenir des passeports gratuits et une indemnité de route.

Des avantages particuliers leur sont également accordés pour leur mariage, la légitimation de leurs enfants et le retrait de ces enfants déposés dans les hospices. — *L. du* 18 *déc.* 1850. — Voy. *Légitimation.* — *Mariage.*

Ils peuvent aussi être admis à l'assistance judiciaire. — *L. du* 22 *janvier* 1851.

INDIGNITÉ. — État de ceux qui, pour avoir manqué au défunt ou à sa mémoire, sont privés de sa succession.

Autre chose est l'*incapacité*. On peut être capable de recueillir une succession et en être déclaré *indigne*. L'indignité suppose même nécessairement la capacité, car on ne peut être déclaré indigne de recueillir une chose que lorsqu'on y est appelé.

Sont indignes de succéder et, comme tels, exclus des successions :

1° Celui qui aura été condamné pour avoir donné ou tenté de donner la mort au défunt ;

2° Celui qui aura porté contre le défunt une accusation calomnieuse ;

3° L'héritier majeur qui, instruit du meurtre du défunt, ne l'aura pas dénoncé à la justice. — *C. civ.* 727.

L'indignité n'est pas encourue de plein droit. Elle doit être poursuivie par les héritiers réguliers ou irréguliers, appelés à concourir avec l'indigne ou qui auraient recueilli à son défaut. Mais elle n'appartient qu'à ceux qui doivent profiter de ses résultats, c'est-à-dire aux héritiers qui sont en droit de prendre la place de l'indigne ou de concourir avec lui.

L'indigne est tenu de rendre tous les fruits et les revenus dont il a eu la jouissance depuis l'ouverture de la succession. — *C. civ.* 729.

Mais les aliénations par lui faites et les hypothèques consenties à des tiers de bonne foi seraient valables ; seulement celui qui viendrait recueillir la succession aurait une action contre lui. — *D. N.* — Voy. *Héritier.* — *Pétition d'hérédité.*

L'action d'indignité se prescrit par trente ans, du jour de l'ouverture de la succession.

INDIRECT (Avantage). — Voy. *Donation déguisée.* — *Portion disponible.* — *Rapport à succession.*

INDISPONIBLE. — Se dit de la portion de biens dont la Loi ne permet pas de disposer à titre gratuit au préjudice des héritiers. — *C. civ.* 913, 915. — Voy. *Portion disponible.*

INDIVIDUALITÉ. — C'est ce qui distingue un individu d'un autre individu. En d'autres termes, l'*individualité* est l'*identité* ou la *preuve* qu'un individu se présente ou agit sous son véritable nom.

D'après la Loi du 25 vent. an XI, le nom, l'état et la demeure des parties qui se présentent pour contracter devant les notaires doivent, s'ils ne sont pas connus de ceux-ci, leur être attestés dans l'acte par deux citoyens connus d'eux, ayant les mêmes qualités que celles requises pour être témoin instrumentaire. — Voy. *Acte notarié.*

Cette disposition a pour objet d'éviter les fraudes et substitutions de personnes, et les notaires sont tenus de l'observer, le caractère d'authenticité qui appartient aux actes notariés reposant sur la certitude légale que les noms exprimés dans l'acte sont bien réellement ceux des personnes qui y ont stipulé.

INDIVIS. — INDIVISION. — Ces termes expriment l'état d'un droit exercé en commun par plusieurs personnes, ou d'une chose qui n'est point divisée ou partagée entre ceux qui la possèdent, et c'est en ce sens que l'on dit que des biens sont *indivis*, qu'une succession est *indivise*.

On reconnaît deux sortes d'indivision : 1° L'indivision *naturelle*, qui existe indépendamment de la volonté des parties, telle que celle entre cohéritiers ou colégataires ; 2° L'indivision *conventionnelle*, dans laquelle les parties se sont placées sciemment, telle que celle qui existe entre époux ou entre associés.

Nul ne peut être contraint de rester dans l'indivision naturelle. — *C. civ.* 815.

Mais l'indivision conventionnelle, au contraire, enchaîne chacune des parties contractantes, qui ne peuvent la faire cesser que dans certains cas, et pour des motifs déterminés par la Loi.

Le principe qui veut que nul ne soit tenu de rester dans l'indivision reçoit néanmoins quelques exceptions.

Ainsi, les murs mitoyens, les allées, corridors, escaliers communs à une même maison, les puits, les fosses d'aisances, les canaux d'irrigation, etc., ne sont pas susceptibles de division ou de partage.

Les obligations qui naissent de l'indivision sont, pour chacun des cohéritiers ou colégataires :

1° De contribuer aux dettes de la succession suivant la part à laquelle il a droit ;

2° De rapporter les fruits et revenus qu'il a touchés et en général tout ce qu'il a retiré de la chose commune ;

3° Enfin, de contribuer pour sa part aux réparations ou aux dépenses faites ou à faire, et dont l'utilité est constatée.

Une des prérogatives de l'indivision est d'empêcher qu'un des copropriétaire puisse être poursuivi sur sa part indivise par ses créanciers avant la licitation ou le partage. — Mais ces derniers peuvent provoquer ces actes ou y intervenir. — C. civ. 2205. — Voy. *Licitation.* — *Partage.* — *Intervention.*

L'hypothèque constituée par un copropriétaire sur l'immeuble indivis n'est pas nulle, mais elle suit le sort de la propriété de l'immeuble et si, par l'effet du partage, l'immeuble n'est pas attribué au débiteur, elle devient nulle; aussi le débiteur qui consent cette hypothèque doit-il, dans ce cas, s'interdire le droit de partager ou liciter hors la présence du créancier qui, par ce fait, peut prendre les mesures conservatoires nécessaires. — Voy. *Défense de partager ou liciter.*

L'indivision cesse par le partage ou la licitation. — Le partage n'est pas *attributif*, mais seulement déclaratif de propriété. — D. N. — Voy. *Licitation.* — *Partage.*

INDIVISIBILITÉ. — Se dit du caractère d'un droit ou d'une obligation qui engage chacun de ceux qui y sont sujets ou qui l'ont consentie, à son exécution entière, bien que la solidarité ne soit pas stipulée. — C. civ. 1202. — — Voy. *Aveu.* — *Hypothèque.* — *Obligation.* — *Servitude.*

INDIVIDU. — Voy. *Espèce (chose).*

INDRE. — Le Département de l'Indre est un de ceux que forme l'ancienne province du Berry.

Chef-lieu : Châteauroux.

Cour d'appel : Bourges.

Ce département est limité à l'Est par le Cher; au Sud par la Creuse, la Haute-Vienne et la Vienne; à l'Ouest par la Vienne et l'Indre-et-Loire, et au Nord par le Cher, le Loir-et-Cher et l'Indre-et-Loire.

Il est divisé en 4 arrondissements, 23 cantons et 245 communes.

Superficie : 682.452 hectares.

Impôt foncier : 1.083.059 francs.

Population : 296.147 habitants.

INDRE-ET-LOIRE. — Département formé de la presque totalité de l'ancienne province de Touraine.

Chef-lieu : Tours.

Cour d'appel : Orléans.

Ce département est limité à l'Est par le Loir-et-Cher et l'Indre; au Sud par l'Indre et la Vienne, à l'Ouest par le Maine-et-Loire et la Vienne, et au Nord par le Loir-et-Cher et la Sarthe.

Il est divisé en 3 arrondissements, 24 cantons et 282 communes.

Superficie : 610.806 hectares.

Impôt foncier : 1.774.543 francs.

Population : 340.921 habitants.

INDUCTION. — Argument tiré d'un fait, d'un texte de Loi, ou de pièces produites, à l'aide duquel on arrive à formuler une conclusion conforme à ce qui a été prouvé ou décidé dans d'autres cas.

INDULT. — Lettre du Pape qui accorde un privilège à une corporation ou à un individu.

INDUMENT. — Terme de pratique employé pour exprimer ce qui est fait contrairement à ce qu'on a le droit de faire.

INDU paiement. — Se dit du paiement fait à tort ou par erreur.

Ce qui a été payé sans être dû est sujet à répétition. — C. civ. 1225.

Celui qui reçoit par erreur ou sciemment ce qui ne lui est pas dû, s'oblige à le restituer à celui de qui il l'a indûment reçu. — C. civ. 1376.

INDUSTRIE. — L'industrie est, dans son sens le plus général, l'exercice du droit que chacun a de faire valoir son intelligence et ses talents.

Mais sous cette dénomination on entend plus particulièrement les Arts et Métiers, c'est-à-dire l'application des travaux à la production des objets utiles.

La liberté de l'industrie est proclamée par la Loi; néanmoins elle est soumise à certaines restrictions, telles que la délivrance des brevets d'invention, etc.

On distingue l'industrie *Agricole*, qui recueille les différents produits de la nature; l'industrie *Manufacturière*, qui les mélange et les façonne suivant nos besoins, et l'industrie *Commerçante*, qui les amène du lieu où ils se trouvaient à celui où nous sommes.

La Loi civile emploie fréquemment le mot Industrie ; nous en citons quelques exemples :

Ainsi, les biens que les mineurs acquièrent par leur propre *industrie* sont affranchis de l'usufruit légal. — *C. civ.* 387.

En matière de *communauté réduite aux acquêts*, les biens provenant de l'industrie des époux sont considérés comme acquêts et tombent dans le partage. — *C. civ.* 1498.

Enfin, en matière de *société*, l'industrie est une mise de fonds égale à celle de celui des associés qui a le moins apporté. — *C. civ.* 1853.

L'industrie peut faire l'objet d'un contrat de louage. — *C. civ.* 1787.

INDUSTRIELS (Fruits). — Voy. *Fruits.*

INEXÉCUTION. — Action de ne point exécuter, d'abandonner une chose.

Toute obligation de faire ou de ne pas faire se résout en dommages-intérêts, en cas d'inexécution de la part du débiteur. — *C. civ.* 1142.

Le créancier, peut, en cas d'inexécution, être autorisé à faire exécuter lui-même l'obligation aux dépens du débiteur. — *C. civ.* 1144.

IN-extremis. — Voy. *Extremis (in).*

INFAMIE. — Flétrissure morale que la Loi imprime à celui qui a subi certaines peines que l'on nomme *infamantes*. — *C. pén.* 6. — Voy. *Peine.* — *Séparation de corps.*

INFIDÉLITÉ. — Voy. *Adultère.* — *Foi et hommage.* — *Mariage.*

INFIRMITÉ. — Etat ordinaire d'une personne, ou maladie d'un organe ou d'un membre.

Les infirmités sont, dans certains cas, un empêchement de contracter, de disposer. — Voy. *Aveugle.* — *Sourd-muet.*

Elles sont une excuse pour certains devoirs publics ou privés, notamment en matière de tutelle, de recrutement, de témoignage, etc. — *C. civ.* 434. — Voy. *Tutelle.* — *Recrutement.*

INFORMATION de commodo et incommodo. — C'est une enquête qui se fait administrativement, pour reconnaître les avantages et les désavantages d'un Etablissement à former ou d'un changement à y faire, dans le cas où les choses ne peuvent avoir lieu qu'avec l'autorisation du Gouvernement ou de l'Autorité administrative.

L'autorisation est accordée ou refusée à la suite de cette enquête. — Voy. *Établissement dangereux.* — *Expropriation pour cause d'utilité publique.*

INFRACTION. — Se dit de la violation d'une Loi, d'un règlement, d'un traité ou d'une convention.

En matière criminelle, les infractions sont qualifiées de *contraventions*, de *délits*, ou de *crimes*. — *C. pén.* 1. — Voy. *Contravention.* — *Crime.* — *Délit.*

INGRATITUDE. — Oubli ou défaut de reconnaissance pour un bienfait reçu. En droit, c'est un outrage fait au bienfaiteur. — *C. civ.* 955.

En matière de donation entre vifs, c'est une cause de révocation. — Voy. *Indignité.* — *Révocation de donation.* — *Séparation de corps.*

INHABILE. — Celui qui n'est pas capable, qui n'a pas le droit de faire une chose, ou auquel il manque une ou plusieurs des conditions nécessaires à la qualité qu'il prétend avoir. — Voy. *Femme.* — *Incapacité.* — *Interdiction.* — *Mineur.*

On dit de celui qui a qualité suffisante pour agir ou se porter héritier, *habile à se dire mandataire, habile à se porter héritier.* — Voy. *Habile.* — *Héritier.*

INHIBITION. — Ce mot signifie Défense, Prohibition. — Voy. *Loi.*

INHUMATION. — Transport dans un cimetière du corps d'une personne décédée.

L'inhumation ne peut être faite que vingt-quatre heures après le décès et avec l'Autorisation de l'officier de l'Etat civil. — *C. civ.* 77.

La loi punit sévèrement les infractions aux Lois sur les inhumations et aux règlements sur les sépultures. — *C. pén.* 358.

Les frais d'inhumation sont privilégiés immédiatement après ceux de justice. — *C. civ.* 2101. — Voy. — *Décès.* — *Cimetière.* — *Frais funéraires.* — *Privilège.* — *Sépulture.*

INIMITIÉ. — Voy. *Ab irato.* — *Récusation.* — *Reproche.* — *Témoin.*

ININTELLIGIBLE. — Ce qui n'a aucun sens et n'exprime pas suffisamment une pensée.

Ce qui est *inintelligible* dans un acte et particulièrement dans un testament est réputé *non écrit.* — Voy. *Acte notarié.* — *Illisible.* — *Rature.*

INITIATIVE. — Voy. *Loi.*

INJONCTION. — L'injonction est l'ordre ou le commandement donné à quelqu'un par la Loi ou par le juge de faire telle ou telle chose.

En général, ce mot s'applique plutôt à une punition qu'à un ordre, et les Tribunaux peuvent faire aux officiers ministériels, et même aux juges et aux avocats qui ont contrevenu aux Lois et règlements, l'injonction d'être plus circonspects à l'avenir. — Voy. *Reprimande.*

INJURE, Insulte. — Ce qui est dit, écrit ou imprimé dans l'intention de porter atteinte à la considération ou à la dignité de quelqu'un.

La Loi du 17 mai 1819 distingue trois espèces d'injures qui constituent des faits punissables à différents degrés, selon le caractère et les personnes auxquelles elles sont adressées, et peuvent donner lieu à des actions civiles en dommages-intérêts. — Voy. *Diffamation.* — *Outrage.*

L'injure qui n'est pas proférée en public n'est passible que des peines de simple police, mais l'injure par lettre ou télégramme est passible d'amende et d'emprisonnement. — *L. du 11 juin* 1887.

Les injures graves motivent l'indignité, la révocation des dons et legs, la séparation de corps et le divorce, etc. — *C. civ.* 231, 306, 757, 955, 1047. — Voy. *Indignité.* — *Révocation de donation.* — *Révocation de testament.* — *Séparation de corps.* — *Divorce.*

INJURE grave. — Voy. *Injure.*

INJUSTE. — Voy. *Juste.* — *Injuste.*

INJUSTICE. — Ce qui est fait sans droit ou contre le droit. — Voy. *Juste.* — *Injuste.*

INNAVIGABILITÉ. — Etat d'un bâtiment qui ne peut plus tenir la mer. — Voy. *Assurance (contrat d').* — *Délaissement maritime.* — *Navire.*

INNOVATION. — Disposition nouvelle qui opère un changement à une Loi ou à un acte précédent. — Ce mot s'emploie encore pour exprimer les constructions nouvelles qui ont pour objet de changer un état de lieux. — Voy. *Action possessoire.* — *Dénonciation de nouvel œuvre.* — *Loi.* — *Novation.*

INONDATION. — C'est le débordement des eaux qui sortent de leur lit, ce qui est souvent une cause de dommage pour les propriétés voisines.

Nul ne peut inonder l'héritage de son voisin ni lui transmettre les eaux d'une manière nuisible, sous peine d'amende et de dommages-intérêts. — *LL. des 28 sept.* — *6 oct.* 1791. — *C. civ.* 640.

Il est défendu aux propriétaires ou fermiers des moulins à eau de donner une trop grande élévation aux déversoirs afin de tenir les eaux à une hauteur qui ne nuise à personne. Cette hauteur est fixée par le Préfet sur l'avis du Sous-Préfet.

Les maires et adjoints sont autorisés, dans le cas d'inondation, à requérir le secours des citoyens, et ceux qui le refuseraient seraient passibles de peines correctionnelles. — *C. pén.* 475.

Lorsqu'une inondation est l'effet d'une force majeure, personne n'en est responsable. — *C. civ.* 1148. — Voy. *Cas fortuit.*

Les dépôts d'effets amenés par l'inondation sont des dépôts nécessaires qui peuvent être prouvés par témoins.

Les propriétaires des objets entraînés par la violence des eaux dans les crues extraordinaires ont le droit de réunir ces objets sur le rivage et de les reprendre partout où ils se trouvent; ils peuvent user à cet effet du passage qui leur est nécessaire.

Les propriétaires des terrains inondés en conservent la propriété pendant trente ans, même lorsque la submersion a été complète.

Les voisins d'une place forte sont tenus de supporter, pour sa défense, l'inondation de leurs terrains. — Ces inondations sont des servitudes imposées à la propriété pour l'utilité publique.— *D. N.*

Mais les propriétaires ont droit à l'indemnité prévue par la loi du 30 mars 1831. Voy. *Cours d'eau.* — *Eau.* — *Etang.*

IN rem verso (Action de). — Voy. *Action de in rem verso.*

INSAISISSABLE. — Ce qui ne peut être saisi, soit en vertu d'une réserve de la loi, ou d'une stipulation du titre.

Sont insaisissables: 1° Les sommes dues à l'Etat, aux communes, aux hospices et aux établissements de bienfaisance; 2° Les sommes dues par l'Etat aux entrepreneurs de travaux publics; 3° Les provisions alimentaires adjugées par justice; 4° Les sommes et objets disponibles déclarés insaisissables par le testateur ou donateur; 5° Les sommes ou pensions pour aliments, bien que le testament ou l'acte de donation ne les déclare pas insaisissables; 6° les inscriptions de rente sur le Grand-livre de la Dette publique; 7° Enfin, les pensions en général. Néanmoins les pensions, soit civiles, soit militaires, peuvent être retenues pour un *cinquième* dans le cas de débet envers l'Etat, et pour un *tiers* dans le cas où une pension alimentaire serait due à des descendants ou ascendants, alliés ou conjoints.

Les traitements des militaires en activité de service sont saisissables pour un cinquième seulement.

Ceux des fonctionnaires et employés civils sont saisissables pour un *cinquième* sur les premiers mille francs; pour un *quart* sur les cinq mille francs suivants, et pour un *tiers* sur ce qui dépasse six mille francs. — Voy. *Saisie-arrêt.*

En matière de saisie-exécution, sont encore insaisissables: 1° Les objets que la loi déclare immeubles par destination; 2° Le coucher nécessaire des saisis, ceux de leurs enfants vivant avec eux, les habits dont les saisis sont vêtus et couverts; 3° Les livres relatifs à la profession du saisi; 4° Les machines et instruments servant à l'enseignement, pratique ou exercice des sciences et arts; 5° Les équipements des militaires; 6° Les outils des artisans nécessaires à leurs occupations personnelles; 7° Les farines et menues denrées nécessaires à la consommation du saisi et de sa famille pendant un mois; 8° Enfin une vache, ou trois brebis, ou deux chèvres, au choix du saisi, avec les pailles, fourrages et grains nécessaires pour la litière et la nourriture desdits animaux pendant un mois. — *D. N.* — Voy. *Saisie-exécution.*

INSCRIPTION. — C'est en général l'action d'inscrire un nom, un acte ou une mention sur un registre destiné à cet usage.

INSCRIPTION des clercs. — Mode établi par l'ordonnance du 4 janvier 1843 pour constater le stage des aspirants au notariat.

Il est tenu à cet effet par le secrétaire de la chambre de discipline des Notaires, dans chaque arrondissement, un registre coté et paraphé par le Président. — Voy. *Clerc.* — *Chambre de discipline.*

INSCRIPTION de faux. — Déclaration par laquelle une partie soutient en justice qu'une pièce produite par son adversaire est fausse. C'est ce qu'on appelle le *faux incident.* — Voy. *Faux.*

INSCRIPTION sur le Grand-livre de la Dette publique. — On appelle ainsi le titre d'une rente due par le Trésor public en raison de ce que chaque rente sur l'Etat est inscrite sur un registre qu'on nomme : *Grand-livre de la Dette publique.*

Le Grand-livre de la Dette publique, qui est tenu en double, est le titre fondamental des rentes sur l'Etat, qui y sont divisées et enregistrées par noms de créanciers. Il se compose de plusieurs volumes.

Le minimum des coupons de rentes est de 3 francs. Le Trésor n'admet pas de fractions de franc.

Chaque inscription porte le nom du propriétaire et la somme qui lui est due.

Il est ouvert un compte spécial à chaque possesseur de rentes dans lequel il est crédité du montant de ses inscriptions et est débité de celles qu'il vend.

L'identité des personnes, la vérification des pièces et des qualités et les droits à la propriété sont certifiés sous leur responsabilité par les officiers publics que les lois ont institués à cet effet.

Les Receveurs généraux des départements tiennent, comme livre auxiliaire du Grand-livre du Trésor, un registre spécial où sont nominativement inscrits les rentiers participant au compte collectif tenu au ministère des finances.

Il est délivré à chaque rentier inscrit sur ce livre auxiliaire une inscription départementale équivalant à celle émanant du Directeur de la dette inscrite et transférable dans les départements comme les extraits d'inscription le sont à Paris.

Tout propriétaire de rentes nominatives est autorisé à en réclamer la conversion en rentes au porteur, en déposant ses titres au Trésor public (Bureau des transferts et mutations), accompagnés d'une déclaration de transfert signée de lui et certifiée par un agent de change.

Les rentes au porteur sont, à la première demande qui en est faite, converties en rentes nominatives.

Dans le cas de perte de l'extrait d'une inscription, le propriétaire doit en faire la déclaration au Maire de sa commune. — Voy. *Pertes d'actes et titres.*

Les arrérages dus pour rentes nominatives sont payés au porteur de l'extrait d'inscription sur la représentation qu'il en fait et sur sa quittance.

Les propriétaires de rentes qui ne pourraient se présenter eux-mêmes et ne voudraient confier leurs titres à des tiers peuvent faire toucher leurs arrérages de rentes par des porteurs de procurations notariées. Ces procurations durent dix ans et peuvent comprendre généralement toutes les inscriptions de rente appartenant au mandant. — Elles doivent être déposées en l'étude d'un notaire de Paris, qui en délivre expédition.

Les arrérages des rentes au porteur sont acquittés sur la remise du coupon détaché des extraits d'inscription.

Il y a prescription au bout de cinq ans pour les arrérages non réclamés des rentes sur l'Etat, soit nominatives, soit au porteur. — *C. civ.* 2277. — *Ord. du 31 mai 1838.*

Les inscriptions de rente sur l'État sont meubles, mais la Loi permet d'immobiliser les inscriptions nominatives dans certains cas. — Voy. *Remploi.* — *Régime dotal.*

Elles sont insaisissables et aucune opposition ne peut être faite entre les mains du Trésor, soit pour en arrêter la vente, soit pour empêcher le paiement des arrérages.

Le transfert est le seul mode à l'aide duquel on peut faire passer la propriété d'une rente nominative entre les mains et au nom d'un tiers qui l'achète au cours du jour. — Voy. *Transfert*.

INSCRIPTION hypothécaire — L'Inscription est le moyen établi par la loi pour assurer la publicité des privilèges et hypothèques. Elle consiste dans la déclaration ou description de ces droits sur les registres de la Conservation des hypothèques. — *E. N.* — *C. civ.* 2106, 2134 *et* 2166.

L'inscription est une formalité qui seule confère l'efficacité à l'hypothèque, c'est-à-dire le droit de suite sur l'immeuble et le droit de prendre rang entre les créanciers inscrits.

Il existe une différence notable dans les effets de l'inscription, par rapport aux privilèges et par rapport aux hypothèques, quoiqu'elle produise le même résultat en les rendant publics les uns comme les autres. Ainsi, l'inscription, par sa date, fixe seulement le *rang* des hypothèques, tandis qu'elle conserve aux *privilèges* leur effet à compter du jour où ils ont pris naissance, dès lors qu'ils ont été inscrits dans les délais utiles, c'est-à-dire dans les 45 jours de la date des actes. — *C. civ.* 2106, 2134. — *L. du 25 mars* 1855. — Voy. *Privilège*.

Les hypothèques légales des femmes, des mineurs et des interdits sont classées sur la même ligne que les privilèges.

De même que les privilèges, toutes les hypothèques, de quelque nature qu'elles soient, doivent être inscrites pour pouvoir être exercées.

L'inscription est requise par le créancier lui-même ou par ses représentants, ou même par toute autre personne, sans qu'il soit nécessaire de la représentation d'aucun pouvoir.

Un créancier peut prendre inscription pour conserver les droits de son débiteur.

Les Agents ou Syndics d'une faillite sont tenus de prendre inscription, au nom de la masse des créanciers, sur les immeubles du failli dont ils connaissent l'existence. Ils sont également tenus de requérir inscription sur les immeubles des débiteurs du failli, lorsque ce dernier ne l'a pas fait, bien qu'il eût des titres hypothécaires. — *C. comm.* 490.

Des formes de l'inscription.

Les inscriptions se font au bureau de la Conservation des hypothèques dans l'arrondissement duquel sont situés les biens soumis au privilège ou à l'hypothèque. — *C. civ.* 2146.

A l'égard des inscriptions d'hypothèque maritime. — Voy. *Hypothèque maritime*.

Pour opérer l'inscription, le créancier représente, soit par lui-même, soit par un tiers, au Conservateur des hypothèques, l'original en brevet ou une expédition authentique du jugement ou de l'acte qui donne naissance au privilège ou à l'hypothèque. — *C. civ.* 2148.

Il y joint deux bordereaux identiques, écrits sur papier timbré, dont l'un peut être porté sur l'expédition du titre, lesquels contiennent : 1° Les nom, prénoms et demeure du créancier, sa profession, s'il en a une, et l'*élection* d'un domicile *particulier* pour lui, dans un lieu quelconque de l'arrondissement du bureau ; 2° Les nom, prénoms, domicile du débiteur, sa profession, s'il en a une connue, ou une désignation individuelle et spéciale, telle que le Conservateur puisse reconnaître et distinguer, dans tous les cas, l'individu grevé d'hypothèque ; 3° La date et la nature du titre ; 4° Le montant du capital des créances exprimées dans le titre, ou évaluées par l'inscrivant pour les rentes et prestations, ou pour les droits éventuels, conditionnels ou indéterminés, dans le cas où cette évaluation est ordonnée, comme aussi le montant des accessoires de ces capitaux à l'époque de l'exigibilité ; 5° L'indication de l'espèce et de la situation des biens sur lesquels il entend conserver son privilège ou son hypothèque. Toutefois cette indication n'est pas nécessaire dans le cas des hypothèques légales ou judiciaires, pour lesquelles la seule inscription, sans désignation des biens, frappe néanmoins tous ceux situés dans l'arrondissement du bureau. — *C. civ.* 2148.

Les inscriptions à faire ou renouveler sur les biens d'une personne décédée peuvent être faites sous la simple désignation du défunt. — *C. civ.* 2149.

Le créancier peut rédiger ses bordereaux lui-même ou les faire rédiger par qui bon lui semble, excepté par le Conservateur ou ses commis. — *C. civ.* 2148.

Il est inutile que les bordereaux soient datés. Il n'est pas même nécessaire qu'ils soient signés.

Le créancier peut prendre l'inscription quand il lui convient, sauf à subir la préférence des créanciers les plus diligents.

Tous les créanciers inscrits le même jour exercent en concurrence une hypothèque de la même date, sans distinction entre l'inscription du matin et celle du soir, quand même cette différence serait marquée par le Conservateur. — *C. civ.* 2147.

La seule inscription pour le capital conserve de plein droit et au même rang *deux années* d'arrérages ou d'intérêts et l'année courante, c'est-à-dire celle qui a pour point de départ la dernière échéance. — *D. N.*

Les frais des inscriptions sont à la charge du débiteur s'il n'y a stipulation contraire, et l'avance en est faite par l'inscrivant. — Toutefois, le coût de la rédaction des bordereaux est à la charge du créancier puisqu'il peut les rédiger lui-même. — *C. civ.* 2155.

De la durée et du renouvellement des inscriptions.

Les inscriptions conservent l'hypothèque et le privilège pendant dix années à compter du jour de leur date, et leur effet cesse si elles n'ont pas été renouvelées avant l'expiration de ce délai. — *C. civ.* 2154.

Il résulte de cette disposition que, si on laissait passer le délai de dix ans sans renouveler l'inscription, l'hypothèque et le privilège retomberaient dans l'état où ils étaient avant l'inscription, et que la nouvelle inscription, que l'on pourrait néanmoins toujours renouveler, ne donnerait de rang qu'à compter de sa date.

Il est donc indispensable, pour conserver le rang de la première inscription, de la renouveler avant l'expiration des dix années.

Ces dix années doivent être comptées de manière que le jour où elle a été faite n'y soit pas compris. Ainsi une inscription prise le 10 mai 1879 serait valablement renouvelée le 10 mai 1889, à moins que le dernier jour du délai ne fût un jour férié, auquel cas elle devrait être renouvelée la veille et non le lendemain.

Pour renouveler une inscription il n'est pas nécessaire de représenter au Conservateur des hypothèques le Titre constitutif du privilège ou de l'hypothèque.

Par exception, les inscriptions hypothécaires prises au profit des sociétés de crédit foncier sont dispensées pendant la durée du prêt, du renouvellement des inscriptions.

L'inscription prise en renouvellement doit mentionner, au moins quant à sa date, l'inscription renouvelée, à défaut de quoi elle ne vaudrait que comme première inscription. — *C. civ.* 2148; — *Cass.*, 25 janv. 1853.

La radiation des inscriptions ne peut avoir lieu que du consentement des parties capables, donné par acte authentique, ou en vertu d'un jugement en *dernier ressort et passé en force de chose jugée*. — *C. civ.* 2157, 2158. — Voy. *Mainlevée d'inscription*.

Bien que le privilège du vendeur se conserve sans inscription, tant que l'immeuble est resté dans la même main, ou si, ayant été aliéné, la transcription n'a pas eu lieu, le Conservateur des hypothèques est néanmoins tenu d'inscrire ce privilège dès qu'il lui est connu par la transcription qui doit être faite dans les 45 jours de l'acte de vente; c'est ce qu'on appelle l'Inscription d'office. — *C. civ.* 2108. — *L. du 25 mars* 1855. — Voy. *Privilège*.

Les bordereaux d'inscription étant ordinairement rédigés par les notaires ou autres officiers ministériels comme suite des actes et jugements, nous nous bornons à donner ici seulement trois formules d'Inscriptions en renouvellement.

I. Renouvellement d'Inscription pour sûreté d'un prêt.

Inscription est requise au Bureau des hypothèques de.....
Au profit de M. A..., demeurant à.....
Pour lequel domicile est élu.....
Contre M. B..., demeurant à.....
En vertu d'une obligation pour prêt souscrite par M.... au profit du requérant, suivant acte passé devant M^e..., notaire à....., le.....
Pour sûreté : 1° De la somme de....., montant de ladite obligation exigible le....., et produisant des intérêts à raison de cinq pour cent par an payables par semestres, les...., et....., à compter du...... ci.. 0000
Et 2° de celle qui sera due pour intérêts échus et à échoir, et dont la loi conserve le rang, ci... *mémoire*
Sur les immeubles ci-après désignés, etc.
Par renouvellement de celle prise au bureau de....., le......, volume....., n°....

II. Renouvellement d'Inscription pour sûreté d'une rente.

Inscription est requise au Bureau des hypothèques de.....
Au profit de M. A..., demeurant à.....
Pour lequel domicile est élu, etc.
Contre M. B..., demeurant à.....
En vertu : 1° d'un acte passé devant M^e... notaire, à....., le....., portant constitution de rente perpétuelle par M. B..., au profit de M. A..., Et 2° d'un titre nouvel passé devant M^e....., notaire à....., le....., portant reconnaissance de ladite rente.
Pour sûreté : 1° De la somme de....., capital non exigible hors les cas prévus par la loi d'une rente perpétuelle de....., constitué par M. B..., au profit de M. A..., par le contrat premier énoncé ; ladite rente payable annuellement le....... ci............................. 0000
Et 2° des arrérages courus et à courir de ladite rente dont la loi conserve le rang, *mémoire*
Sur les immeubles situés à...., et ci-après désignés :
1° Une maison, etc.
2° Une pièce de terre en herbe, etc.
La présente inscription est requise par renouvellement et pour faire suite à celle prise au bureau des hypothèques de....., le......, volume....., numéro.....

III. Renouvellement d'Inscription d'hypothèque judiciaire.

Inscription est requise au Bureau des hypothèques de.....
Au profit de M. A..., demeurant à.....
Pour lequel domicile est élu, etc.
Contre M. B..., demeurant à.....
En vertu d'un jugement par défaut (ou contradictoire) rendu par le Tribunal civil de....., le.....
Pour sûreté et paiement :
1° De la somme de....., montant en principal de la condamnation prononcée par le Jugement ci-devant énoncé ; ladite somme présentement exigible et productive d'intérêts à raison de....., pour cent par an, à partir du.....
2° De celle de....., à laquelle sont évalués les frais faits et ceux de mise à exécution, ci. 0000
Et 3° des intérêts dont la loi conserve le rang, ici portés pour......................... *mémoire*
Sur tous les biens présents et à venir dudit s. B..., situés dans l'arrondissement de.....
Par renouvellement et pour faire suite à l'inscription prise au bureau de....., le....., volume..... n°....

INSCRIPTION d'hypothèque maritime. — Voy. *Hypothèque maritime*.

INSCRIPTION maritime. — C'est le mode de recrutement pour la marine de l'État. — *L. du 5 brum. an IV.* — Voy. *Recrutement*.

Lorsqu'il y a lieu de recourir aux appels des inscrits maritimes, ces appels sont effectués sans tenir compte du temps de service déjà accompli et suivant la catégorie d'âge indiquée ci-après : 1° marins âgés de moins de 30 ans ; 2° de 30 à 35 ans ; 3° de 35 à 40 ans. L'effet des congés des sursis est suspendu. — *Déc. du 24 juin* 1880.

Les inscrits maritimes réunissant 25 ans accomplis, soit de services pour le compte de l'État, soit de navigation sur les bâtiments de commerce ont droit à une pension dite *demi-solde* fixée par la loi du 11 avril 1881.

A moins d'infirmités, cette pension ne peut être réclamée par les ayants droit avant l'âge de 50 ans accomplis.

Les veuves desdits inscrits ont droit à la moitié du maximum de la pension attribuée au mari.

Après le décès de la mère, les enfants reçoivent, jusqu'à ce que le plus jeune d'entre eux ait atteint l'âge de 21 ans, un secours annuel égal à la pension que la mère aurait obtenue ou aurait été susceptible d'obtenir.

Il est alloué aux marins pensionnés, ou à leurs veuves, pour chacun de leurs enfants âgés de moins de 10 ans, un supplément annuel déterminé par un tarif spécial. *É. N.*

INSCRIPTION d'office. — C'est celle que la Loi impose aux Conservateurs des hypothèques de faire, lors de la transcription des contrats de vente, et qui, lorsque cette transcription a lieu dans les 45 jours de l'acte de vente ou de partage, conserve le privilège des vendeurs ou copartageants, nonobstant toute transcription d'actes faite dans ce délai. — *L. du 23 mars* 1855. — Voy. *Privilège*.

INSENSÉ. — Celui qui, n'ayant pas l'usage de la raison, est incapable de gouverner sa personne et ses biens. — La Loi indique les voies à suivre pour pourvoir à cette administration, et, s'il y avait des raisons de craindre quelque violence, on devrait le faire mettre en lieu de sûreté. — Voy. *Aliéné*. — *Démence*. — *Interdiction*.

INSERTION. — Se dit particulièrement d'une annonce faite dans les journaux. Il y a aussi l'insertion aux tableaux exposés dans l'auditoire des Tribunaux.

Il est certaines insertions qui sont prescrites dans les journaux, notamment : — à l'égard des précédents propriétaires en matière de purge légale ; — les ventes judiciaires d'immeubles, les adjudications des baux des biens des hospices, les ventes de meubles par autorité de justice, les demandes en séparation de biens, les déclarations de faillite, les demandes d'envoi en possession provisoire, etc.

On justifie de l'insertion par la feuille du journal où elle a été faite portant le certificat, et la signature de l'imprimeur légalisée par le Maire. — *C. proc.* 683, 868 *et* 962.

Ce certificat est assujetti à l'Enregistrement.

INSOLVABILITÉ, Insolvable. — L'insolvabilité est l'état d'impuissance où l'on se trouve de payer ses dettes, et on nomme *Insolvable* celui qui ne peut payer.

L'insolvabilité produit divers effets, notamment entre cohéritiers, entre codébiteurs solidaires, dans le cas de délégation, de cautionnement, de restitution de dot, etc., etc. — *C. civ.* 876, 885 *et* 886 ; 1214, 1276, 1573, 2020. — Voy. *Déconfiture*. — *Faillite*.

INSOUMIS. — C'est ainsi qu'on désigne, en matière de recrutement, le soldat qui, ayant reçu un ordre de route, ne se rend pas à sa destination au jour fixé. — Voy. *Recrutement*.

INSTALLATION. — Action de prendre possession d'une fonction publique par celui qui est appelé à l'exercer.

Certains magistrats et fonctionnaires se trouvent installés par l'effet de leur prestation de serment, tandis que, pour d'autres, l'installation consiste dans la réception du nouveau titulaire par le corps dont il est appelé à faire partie.

INSTANCE. — Se dit de toute action introduite en justice. Ce mot est aussi employé dans le sens de degré de juridiction ; ainsi on désigne les Juges de *premier* et de *second* degré par les titres de *première* et *deuxième instance*. — Voy. *Action*. — *Compétence*. — *Jugement*.

INSTANCE en matière d'Enregistrement. — La solution des difficultés qui peuvent s'élever relativement à la perception des droits d'Enregistrement avant l'introduction des instances appartient à l'Administration des Domaines. Mais aussitôt que l'instance est engagée, l'Administration est, comme simple particulier, soumise à la juridiction des Tribunaux. — *L. du* 22 *frim. an VII.* — Voy. *Contravention.* — *Enregistrement.* — *Expertise en matière d'Enregistrement.*

Le premier acte de poursuite pour le recouvrement des droits d'Enregistreet le paiement des amendes est une *contrainte* qui est décernée par le Receveur ou Préposé de la régie, et visée et déclarée exécutoire par le Juge de paix du canton où le bureau est établi, et est ensuite signifiée.

Si le redevable veut interrompre l'exécution de cette contrainte, il doit former une opposition motivée, avec assignation à jour fixe, devant le Tribunal compétent.

A l'égard de la demande en restitution de droits indûment perçus. — Voy. *Enregistrement.*

L'Administration des Domaines étant disposée à transiger lorsque la demande lui en est faite avec soumission d'acquitter certains droits en sus, nous conseillons de recourir à ce moyen. Il n'est guère d'arrangement qui ne vaille mieux qu'un procès. — *D. N.* — Voy. *Soumission en matière d'Enregistrement.*

INSTITUT. — Se dit de tout Etablissement consacré au développement des Arts ou des Connaissances humaines.

L'Institut de France est une société savante dotée par l'Etat et chargée de recueillir les découvertes et de perfectionner les sciences et les arts. — *E. N.*

INSTITUTES. — Premiers éléments de la jurisprudence dont les principales sont celles de l'*Empereur Justinien*, mais qui n'ont plus aucune autorité en France.

INSTITUTEUR. — Voy. *Enseignement.* — *Responsabilité.*

INSTITUTION. — Se dit en général d'une chose établie. Mais ce terme est plus ordinairement employé en législation ; ainsi l'on dit l'*institution du Notariat*, l'*institution du Jury*, etc.

Le mot *Institution* se dit encore de l'acte par lequel le Chef de l'Etat confère le droit d'exercer en son nom une fonction publique.

INSTITUTION contractuelle. — C'est la donation irrévocable que toute personne capable dans le sens de la Loi peut faire, par contrat de mariage, de tout ou partie de ses biens ou d'une chose déterminée, en faveur, soit des époux ou de l'un d'eux, soit même des enfants à naître du mariage. — *C. civ.* 1082.

Cette donation, quoique faite au profit du survivant ou de l'un d'eux, est toujours, en cas de survie du donateur, présumée faite au profit des enfants et descendants à naître du mariage.

L'institution contractuelle engage le donateur, en ce sens qu'il ne peut plus disposer à titre gratuit des objets compris dans la donation, si ce n'est pour sommes modiques, à titre de récompense ou autrement.

L'héritier contractuel universel est donc héritier proprement dit, et la règle, *le mort saisit le vif*, s'applique à lui comme à l'héritier de la loi, sans qu'il soit tenu de demander la délivrance.

L'institution contractuelle laisse au donateur la propriété entière de ses biens jusqu'à son décès, et n'en prive ses héritiers légitimes que dans le cas de survie du donataire ou de sa postérité. — Elle lui laisse également le droit d'emprunter et d'hypothéquer, de même que celui de vendre, même moyennant une rente viagère. — *Cass.* 15 *nov.* 1836.

L'institution contractuelle devient caduque si le mariage en faveur de qui elle est faite n'a pas lieu, et si le donateur survit à l'époux institué et à sa postérité. — *C. civ.* 1088, 1089.

Elle n'est pas, comme la donation entre vifs, révocable pour cause d'ingratitude.

Elle donne lieu à *accroissement* lorsqu'elle a été faite aux deux époux conjointement.

L'institué ne peut, du vivant de l'instituant, renoncer à l'institution qui ne représente qu'une succession future à laquelle la Loi défend de renoncer. — D. N.

INSTITUTION fiduciaire. — Voy. *Fiducie.*

INSTITUTION d'héritier. — C'est la disposition par laquelle une personne est appelée à succéder aux droits actifs et passifs d'un défunt.

L'institution d'héritier peut être faite par *testament* et se nomme *legs,* ou par *contrat de mariage,* auquel cas elle prend le nom d'*institution contractuelle.* — Voy. *Donation par contrat de mariage. — Institution contractuelle. — Legs. — Testament.*

INSTRUCTION. — Procédure destinée à mettre une affaire en état d'être jugée.

Toutefois, ce mot s'emploie plus particulièrement pour désigner les procédures criminelles ; de là, la dénomination de *Code d'instruction criminelle.*

INSTRUCTION criminelle. — Voy. *Crime. — Délit.*

INSTRUCTION par écrit. — Cette espèce d'instruction, entraînant des frais et des longueurs, ne doit pas être ordonnée dans les affaires sommaires ; les tribunaux ne l'ordonnent que quand les plaidoiries et même un délibéré sont insuffisants pour donner aux juges une connaissance parfaite de la contestation. — *C. proc.* 95,404,405.

INSTRUCTION obligatoire. — Voy. *Enseignement.*

INSTRUCTION primaire. — Voy. *Enseignement.*

INSTRUCTION publique. — Voy. *Enseignement.*

INSTRUCTIONS ministérielles, administratives, etc. — Ce sont celles adressées par les Ministres et les Chefs des Administrations aux fonctionnaires et agents placés sous leurs ordres. — Voy. *Circulaire ministérielle.*

INSTRUMENTAIRE. — Voy. *Instrumenter.*

INSTRUMENTER. — En droit, on désigne par ce mot l'action de recevoir ou dresser des contrats, procès-verbaux ou autres actes publics. On nomme *témoins instrumentaires* les témoins qui figurent dans les actes notariés. — Voy. *Acte notarié. — Ressort. — Témoin instrumentaire.*

INSTRUMENTS aratoires. — Voy. *Bail à cheptel. — Saisie.*

INSUFFISANCE d'estimation. — Voy. *Enregistrement. — Expertise en matière d'enregistrement. — Mutation.*

INTENTION. — L'intention seule fait la culpabilité au grand et au petit criminel, sauf quelques exceptions, telles que l'*homicide par imprudence,* etc.

En matière civile, l'auteur du dommage causé à autrui ou celui sur lequel pèse la responsabilité de ce dommage est tenu de le réparer lors même qu'il ne peut être attribué à l'intention de nuire ; mais le juge peut modérer dans ce cas les dommages-intérêts. — *D. N.* — Voy. *Dommages-intérêts. — Quasi-délit. — Responsabilité.*

En matière de contraventions, l'intention n'a aucune influence.

INTERCALATION. — Addition de mots ou de lettres dans les intervalles que laisse l'écriture d'un acte, surcharges ou interlignes.

Les mots intercalés ou autrement ajoutés sont nuls.

Il faut donc, lorsqu'on a omis une disposition, recourir à un renvoi en marge que l'on fait signer ou parapher par les parties.

Toutefois, à l'égard des testaments olographes et autres actes sous seing. — Voy. *Interligne.*

INTERDICTION. — C'est l'état d'un individu déclaré par justice incapable des actes de la vie civile, et comme tel privé de l'administration de sa personne et de ses biens et assimilé au *mineur.*

Les causes d'interdiction sont au nombre de trois : l'*Imbécillité*, la *Démence* et la *Fureur*. — *C. civ.* 489.

L'*imbécillité* est cet état de l'esprit qui, sans priver un individu de sa raison, ne lui laisse que des idées bornées et qui ne peuvent lui suffire pour administrer ses affaires. La *démence* est la privation habituelle de la raison. La *fureur* est la démence portée à l'excès. — Voy. *Aliénation mentale*. — *Démence*.

Tout parent est recevable à provoquer l'interdiction de son parent, il en est de même de l'un des époux à l'égard de l'autre. — *C. civ.* 490.

Mais un allié ne pourrait provoquer l'interdiction. —*Arr. Caen*, 21 *mars* 1861.

Dans le cas de *fureur*, si l'interdiction n'est provoquée ni par l'époux ni par les parents, elle doit l'être par le Ministère public qui, dans le cas d'*imbécillité* ou de *démence*, peut aussi la provoquer contre un individu qui n'a ni époux, ni épouse, ni parents connus. — *C. civ.* 491.

La demande en interdiction doit être portée devant le Tribunal du domicile de la personne que l'on veut faire interdire. — *C. civ.* 492 ; — *C. proc.* 59.

Elle doit être précédée d'une délibération du Conseil de famille composé comme en matière de tutelle, mais dont le poursuivant ne peut faire partie quoiqu'il puisse y assister.

L'interdiction produit son effet du jour du jugement qui l'a prononcée, et tous actes passés postérieurement par l'interdit sont nuls de droit. — *C. civ.* 502.

Les actes antérieurs à l'interdiction peuvent être annulés si la cause de l'interdiction existait notoirement à l'époque où ces actes ont été faits. — *C. civ.* 503.

L'interdiction cesse avec les causes qui l'ont déterminée. Néanmoins, l'interdit ne peut reprendre l'exercice de ses droits qu'après avoir obtenu un jugement de mainlevée. — *C. civ.* 512.

Les notaires doivent tenir exposés dans leurs études un tableau des individus interdits dont toute personne peut prendre connaissance. — *D. N.* —Voy. *Tableau des interdits*.

INTERDICTION de commerce. — Défense faite de la part d'un Gouvernement aux négociants, marchands et autres, de faire aucun négoce de marchandises ou denrées avec une autre nation.

Dans le cas d'interdiction de commerce avec un pays pour lequel un navire est en charge, le chargeur est tenu des frais de la charge et de la décharge de ses marchandises. — *C. comm.* 276.

INTERDICTION de droits civiques, civils ou de famille. — Voy. *Droits civils*. —*Droits civiques*. — *Droits politiques*. — *Interdiction légale*.

INTERDICTION de fonctions. — Défense faite à un fonctionnaire public ou un officier ministériel de continuer ses fonctions.

L'interdiction peut être perpétuelle ou temporaire. Dans le premier cas, c'est la destitution ; dans le second, ce n'est qu'une sorte de suspension.

L'officier public en état d'accusation se trouve interdit de plein droit, mais l'interdiction cesse s'il est renvoyé absous. — *E. N.*

INTERDICTION légale. — État d'incapacité juridique dans lequel se trouvent les personnes condamnées, soit à une peine afflictive perpétuelle, soit aux travaux forcés à temps, à la détention, ou à la réclusion. — *C. pén.* 29. — *L. du 2 mai* 1854.

L'interdiction légale n'a lieu qu'au cas où la condamnation est *contradictoire*. — Si la condamnation a eu lieu par *contumace*, les biens des condamnés sont régis comme biens d'absents, à partir de l'exécution de l'arrêt par effigie. — *C. instr. crim.* 471.

Le condamné aux travaux forcés à temps, à la détention ou à la réclusion n'est frappé d'interdiction légale que pendant la durée de sa peine. Il lui est nommé un curateur pour gérer et administrer ses biens qui lui sont rendus à l'expiration de sa peine, de même que le compte d'administration de son curateur.

L'interdit légalement ne peut recevoir aucune portion de ses revenus, à quelque titre que ce soit, pendant la durée de sa peine ; ces revenus doivent servir à venir en aide aux personnes à qui il doit des aliments, et le curateur doit à cet effet se faire autoriser par le Conseil de famille.

L'affranchissement de l'interdiction légale n'empêche pas le condamné d'être privé de certains droits après l'expiration de sa peine ; ainsi, il ne peut être ni juré, ni expert, ni témoin dans les actes, ni déposer en justice qu'à titre de renseignements ; il ne peut être tuteur, ni curateur, si ce n'est de ses enfants et sur l'avis de sa famille seulement. Il est déchu du droit de servir dans les armées et de celui d'obtenir un permis de chasse.

INTERDIT. — Voy. *Interdiction.* — *Interdiction légale.*

INTÉRÊT. — Ce qui convient, ce qui importe à l'utilité ou à l'honneur de quelqu'un.

Ainsi, celui envers qui une obligation est contractée doit avoir intérêt à son exécution.

De même, pour procéder en justice, il ne suffit pas d'avoir qualité, il faut avoir intérêt ; de là cet axiome : *Point d'intérêt, point d'action.*

En général l'intérêt doit être né et actuel ; néanmoins il est permis de faire des actes conservatoires pour un intérêt éventuel. — *C. civ.* 1180.

INTÉRÊT ou action de commerce ou de finance. — Voy. *Action.* — *Actionnaire.* — *Compagnie de finance, de commerce, etc.* — *Société.*

INTÉRÊT public. — Tout ce qui regarde la Société en général, le Gouvernement, les Corporations, les Etablissements publics.

On le distingue de l'intérêt particulier, qui se borne aux individus.

INTÉRÊTS de capital. — Ce sont les profits ou revenus que produit périodiquement un capital dû à titre de prêt ou autrement.

Les intérêts étant les accessoires du capital suivent le même sort que lui.

Mais la nature et le caractère des intérêts diffèrent de ceux du capital, en ce que le paiement des intérêts ne fait rien présumer en faveur de la libération du capital, tandis que le paiement du capital fait présumer la libération des intérêts sans qu'il soit besoin de preuve. — *C. civ.* 1908.

Les intérêts se prescrivent par cinq ans, c'est-à-dire qu'à moins de formalités qui interrompent cette prescription on ne peut en réclamer que cinq années et la courante ; tandis que le capital n'est soumis qu'à la prescription trentenaire. — *C. civ.* 2277.

On distingue les intérêts : 1° en intérêts *conventionnels*, c'est-à-dire qui résultent de la convention comme en matière de prêt, vente, transaction, etc., et dont le taux est déterminé par les parties et fixé par écrit ; 2° en intérêts de *plein droit*, qui sont ceux déterminés par la nature seule du contrat et indépendamment de toute stipulation, tels que ceux dus par le tuteur qui n'a pas fait emploi des deniers du mineur dans les six mois, etc. ; 3° en intérêts *judiciaires* ou *moratoires*, qui sont ceux qui ne courent que par l'effet d'une demande en justice ; et 4° en intérêts dus à cause du retard dans le paiement des arrérages ou intérêts échus, et qu'on appelle *anatocisme*.

D'après la loi du 3 sept. 1807, l'intérêt légal était de cinq pour cent en matière civile, et de six pour cent en matière commerciale, le tout sans retenue. L'intérêt conventionnel ne pouvait excéder les mêmes chiffres. Mais une nouvelle Loi du 12 janvier 1886 a abrogé l'ancienne loi dans ses dispositions relatives à l'intérêt conventionnel en matière commerciale, tout en la maintenant en matière civile, de sorte que l'intérêt conventionnel en matière commerciale est maintenant complètement libre.

L'*Anatocisme* ou Capitalisation, d'où il résulte que les intérês échus des capitaux peuvent eux-mêmes produire des intérêts, ne peut avoir lieu que lorsqu'il s'agit d'intérêts dus au moins pour une année entière. — *C. civ.* 1154. — Voy. *Anatocisme.*

Le prêteur convaincu d'avoir exigé un intérêt supérieur au taux légal doit être condamné à restituer l'excédent ou à subir une réduction sur le principal de la créance, sans préjudice des poursuites correctionnelles qui peuvent être dirigées contre lui. — *L. du 19 déc. 1850.* — *C. pén.* 453.

Les intérêts se calculent, soit jour par jour, soit par mois, soit par année. — Les mois sont comptés à trente jours, et l'année à trois cent soixante jours.

Nous rappelons ci-après certains principes élémentaires du calcul que nous faisons suivre d'une méthode abréviative pour calculer promptement les intérêts, ainsi que d'un tableau servant à déterminer jour par jour et par mois le décompte des intérêts d'un capital connu.

Calcul ordinaire.

C'est par la *règle d'intérêt* que l'on détermine la somme que doit produire en revenu un capital prêté. — Le taux de l'intérêt est le bénéfice que procure une somme de 100 fr. d'après les conventions. Ce taux est ordinairement de 3, 4, 5 ou 6 fr., c'est-à-dire que la somme produit 3, 4, 5 ou 6 pour cent. (On écrit 3 p. 0|0, 4 p. 0|0, etc.)

Pour calculer les intérêts d'un capital, on procède ainsi :

Veut-on connaître l'intérêt à 5 p. 0|0 de 1468 francs 40 cent., on dit :

Puisque 100 fr. rapportent 5 fr.

1 fr. rapportera 100 fois moins ou $\frac{5}{100}$

Et 1468 fr. 40 rapporteront, $\frac{5}{100}$ qui, multipliés par 1468 fr. 40, donnent 73 fr. 42, qui est l'intérêt demandé.

On divise ensuite 73.42 par 360 pour avoir l'intérêt d'un jour, ce qui donne 22 c. 90 m., puis l'on multiplie le chiffre obtenu par le nombre de jours dont on veut connaître l'intérêt.

Ce calcul, comme on le voit, demande plusieurs opérations (multiplication et division).

Méthodes abréviatives.

I

Dans la pratique, on simplifie les opérations ci-dessus en divisant d'abord par 100 fr., au moyen de la virgule, le nombre dont on cherche l'intérêt, et en multipliant ensuite le chiffre obtenu par le taux d'intérêt.

Exemple : 1468 fr. 40 divisés par 100......	14.6840	14.6840	14.6840	14.6840
et multipliés par........	× 3	× 4	× 5	× 6
donnent..............	44.05.20	58.73.60	73.42.00	88.10.40
qui est l'intérêt à.........	3 0/0	4 0/0	5 0/0	6 0/0

On peut ensuite diviser, comme plus haut, le chiffre obtenu, par 360, pour avoir l'intérêt d'un jour, et multiplier le résultat par le nombre de jours dont on veut connaître l'intérêt.

II

Il est toutefois une autre *méthode* plus courte et plus facile, qui permet même de calculer de mémoire, et qui repose sur ce principe : que pouvant connaître instantanément le 10ᵉ d'un nombre (ce qui a lieu dans les sommes rondes en plaçant une virgule après le premier chiffre de droite, et dans les sommes à fractions en reculant la virgule d'un chiffre de droite à gauche), on aura immédiatement le 5ᵉ (qui n'est autre que le 5 0/0), en prenant la 1/2 du 10ᵉ ainsi obtenu.

1ᵉʳ Exemple : *Veut-on connaître l'intérêt à 5 0/0 de*.................... 1648 fr.
    On place une virgule après le premier chiffre de droite........ 164,8
    On prend............................ 1/2
    On obtient l'intérêt à 5 0/0 demandé, soit.................... 82,40

2ᵉ Exemple : *On veut connaître l'intérêt à 5 0/0 de*.................... 60742,40
    On recule la virgule d'un chiffre de droite à gauche........... 6074,240
    On prend............................ 1/2
    On obtient l'intérêt à 5 0/0 demandé, soit.................... 3037,12

Pour connaître ensuite l'intérêt par mois et par jour, on procède ainsi :

L'intérêt obtenu ci-dessus représentant une année, en prenant 1/2 on aura 1/2
l'intérêt de 6 mois, soit.. 1518 , 56

En prenant encore 1/2 on aura l'intérêt de 3 mois, soit................... 759 , 28 $^{1/2}$ $^{1/3}$

Prenant ensuite le 1/3 on aura l'intérêt d'un mois, soit................. 253 , 09 $^{1/3}$

En prenant encore le 1/3 on aura l'intérêt de 10 jours, soit............. 84 , 36

Enfin, en prenant le 10ᵉ, on aura l'intérêt d'un jour, soit................ 8 , 43 , 6

On peut employer la même méthode pour calculer les intérêts à 4 ou 6 0/0.

Exemple : Quel est l'intérêt à 4 0/0 de..................	1285, fr.
On procède comme ci-dessus en plaçant la virgule après le premier chiffre de droite...................................	128,5
Prenant 1/2, soit........................	64 , 25 ou intérêt à 5 0/0 $^{1/2}$
Et retranchant le 10ᵉ du nombre entier (1285), soit..........	12 , 85 ou intérêt à 1 0/0
Il reste................	51 , 40 pour le 4 0/0
Autre exemple : Quel est l'intérêt à 6 0/0 de............	1865 fr.
On procède de la même manière.....................	186 , 5
Prenant 1/2, soit.......................	93 , 25 ou intérêt à 5 0/0 $^{1/2}$
Et ajoutant le 10ᵉ du nombre entier (1865), soit.............	18 , 65 ou intérêt à 1 0/0
On obtient............................	111 , 80 pour le 6 0/0

Il est à remarquer toutefois que, lorsqu'il s'agit d'intérêts à 3, 4 ou 6 p. 0|0, la méthode indiquée sous le nº 1, où l'on divise le capital par 100, et où l'on multiplie, selon le cas, par 3, 4 ou 6, est la meilleure. Elle n'a que l'inconvénient de se faire moins sûrement de mémoire à cause de la multiplication.

Ces méthodes abréviatives peuvent servir pour calculer le revenu ou *tant pour cent* de n'importe quelle valeur.

TABLEAUX

OU CALCULS FAITS DES INTÉRÊTS D'UN CAPITAL, PAR JOUR, PAR MOIS ET PAR AN.

CAPITAL en francs.	INTÉRÊTS A 1/2 P. 0/0			INTÉRÊTS A 1 P. 0/0			INTÉRÊTS A 2 P. 0/0		
	par JOUR.	par MOIS.	par AN.	par JOUR.	par MOIS.	par AN.	par JOUR.	par MOIS.	par AN.
	fr. c.	fr. c.	fr. c.	fr. c.	fr. c.	fr. c.	fr. c.	fr. c.	fr. c.
1	» »	» »	» 01	» »	» »	» 01	» »	» »	» 02
2	» »	» »	» 01	» »	» »	» 02	» »	» »	» 04
3	» »	» »	» 01	» »	» »	» 03	» »	» »	» 06
4	» »	» »	» 02	» »	» »	» 04	» »	» »	» 08
5	» »	« «	» 02	» »	» »	» 05	» »	» »	» 10
6	» »	» »	» 03	» »	» »	» 06	» »	» 01	» 12
7	» »	» »	» 03	» »	» »	» 07	» »	» 01	» 14
8	» »	» »	» 04	» »	» »	» 08	» »	» 01	» 16
9	» »	» »	» 04	» »	» »	» 09	» »	» 01	» 18
10	» »	» »	» 05	» »	» »	» 10	» »	» 01	» 20
20	» »	» »	» 10	» »	» 01	» 20	» »	» 03	» 40
30	» »	» 01	» 15	» »	» 02	» 30	» »	» 05	» 60
40	» »	» 01	» 20	» »	» 03	» 40	» »	» 06	» 80
50	» »	» 02	» 25	» »	» 04	» 50	» »	» 08	1 »
60	» »	» 02	» 30	» »	» 05	» 60	» »	» 10	1 20
70	» »	» 02	» 35	» »	« 06	» 70	» »	» 11	1 40
80	» »	» 03	» 40	» »	» 07	» 80	» »	» 13	1 60
90	» »	» 03	» 45	» »	» 08	» 90	» »	» 15	1 80

SUITE DES TABLEAUX OU CALCULS FAITS D'INTÉRÊTS

CAPITAL en FRANCS.	INTÉRÊTS A 1/2 P. 0/0			INTÉRÊTS A 1 P. 0/0			INTÉRÊTS A 2 P. 0/0		
	par JOUR.	par MOIS.	par AN.	par JOUR.	par MOIS.	par AN.	par JOUR.	par MOIS.	par AN.
	fr. c.	fr. c.	f. c.	f. c.	f. c.	f. c.	f. c.	f. c.	f. c.
100	» »	» 04	» 50	» »	» 08	1 »	» »	» 16	2 »
200	» »	» 08	1 »	» »	» 16	2 »	» 01	» 33	4 »
300	» »	» 12	1 50	» »	» 25	3 »	» 01	» 50	6 »
400	» »	» 16	2 »	» 01	» 33	4 »	» 02	» 66	8 »
500	» »	» 20	2 50	» 01	» 45	5 »	» 02	» 83	10 »
600	» »	» 25	3 »	» 01	» 50	6 »	» 03	1 »	12 »
700	» »	» 29	3 50	» 01	» 58	7 »	» 03	1 16	14 »
800	» 01	» 33	4 »	» 02	» 66	8 »	» 04	1 33	16 »
900	» 01	» 37	4 50	» 02	» 75	9 »	» 05	1 50	18 »
1000	» 01	» 41	5 »	» 02	» 83	10 »	» 05	1 66	20 »
2000	» 02	» 83	10 »	» 05	1 66	20 »	» 11	3 33	40 »
3000	» 04	1 25	15 »	» 08	2 50	30 »	» 16	5 »	60 »
4000	» 04	1 66	20 »	» 11	3 33	40 »	» 22	6 66	80 »
5000	» 06	2 08	25 »	» 13	4 16	50 »	» 27	8 33	100 »
6000	» 08	2 50	30 »	» 16	5 »	60 »	» 33	10 »	120 »
7000	» 09	2 91	35 »	» 19	5 83	70 »	» 38	11 66	140 »
8000	» 11	3 33	40 »	» 22	6 66	80 »	» 44	13 33	160 »
9000	» 12	3 75	45 »	» 25	7 50	90 »	» 50	15 »	180 »
10000	» 13	4 10	50 »	» 27	8 33	100 »	» 55	16 66	200 »
20000	» 27	8 33	100 »	» 55	16 66	200 »	1 11	33 33	400 »
30000	» 41	12 50	150 »	» 83	25 »	300 »	1 66	50 »	600 »
40000	» 55	16 66	200 »	1 11	33 33	400 »	2 22	66 66	800 »
50000	» 69	20 83	250 »	1 38	41 66	500 »	2 77	83 33	1000 »
60000	» 83	25 »	300 »	1 66	50 »	600 »	3 33	100 »	1200 »
70000	» 96	29 16	350 »	1 94	58 33	700 »	3 88	116 66	1400 »
80000	1 11	33 33	400 »	2 22	66 66	800 »	4 44	133 33	1600 »
90000	1 25	37 50	450 »	2 50	75 »	900 »	5 »	150 »	1800 »
100000	1 38	41 66	500 »	2 76	83 32	1000 »	5 55	166 66	2000 »

CAPITAL en FRANCS.	INTÉRÊTS A 3 P. 0/0			INTÉRÊTS A 4 P. 0/0			INTÉRÊTS A 5 P. 0/0		
	par JOUR.	par MOIS.	par AN.	par JOUR.	par MOIS.	par AN.	par JOUR.	par MOIS.	par AN.
	f. c.	f. c.	f. c.	f. c.	f. c.	f. c.	f. c.	f. c.	f. c.
1	» »	» »	» 03	» »	» »	» 04	» »	» »	» 05
2	» »	» »	» 06	» »	» »	» 08	» »	» »	» 10
3	» »	» »	» 09	» »	» 01	» 12	» »	» 01	» 15
4	» »	0 01	» 12	» »	» 01	» 16	» »	» 01	» 20
5	» »	» 01	» 15	» »	» 01	» 20	» »	» 02	» 25
6	» »	» 01	» 18	» »	» 02	» 24	» »	» 02	» 30
7	» »	» 01	» 21	» »	» 02	» 28	» »	» 02	» 35
8	» »	» 02	» 24	» »	» 02	» 32	» »	» 03	» 40
9	» »	» 02	» 27	» »	» 03	» 36	» »	» 03	» 45
10	» »	» 02	» 30	» »	» 03	» 40	» »	» 04	» 50
20	» »	» 05	» 60	» »	» 06	» 60	» »	» 08	1 »
30	» »	» 07	» 90	» »	» 10	1 20	» »	» 12	1 50
40	» »	» 10	1 20	» »	» 13	1 60	» »	» 16	2 »
50	» »	» 12	1 50	» »	» 16	2 »	» »	» 20	2 50
60	» »	» 15	1 80	» »	» 20	2 40	» »	» 25	3 »
70	» »	» 17	2 10	» »	» 23	2 80	» »	» 29	3 50
80	» »	» 20	2 40	» »	» 26	3 20	» 01	» 33	4 »
90	» »	» 22	2 70	» 01	» 30	3 60	» 01	» 37	4 50
100	» »	» 25	3 »	» 01	» 33	4 »	» 01	» 41	5 »
200	» 01	» 50	6 »	» 02	» 66	8 »	» 02	» 83	10 »
300	» 02	» 75	9 »	» 03	1 »	12 »	» 04	1 25	15 »
400	» 03	1 »	12 »	» 04	1 33	16 »	» 05	1 66	20 »
500	» 04	1 25	15 »	» 05	1 66	20 »	» 06	2 08	25 »
600	» 05	1 50	18 »	» 06	2 »	24 »	» 08	2 50	30 »
700	» 06	1 75	21 »	» 07	2 33	28 »	» 09	2 91	35 »

CAPITAL en FRANCS.	INTÉRÊTS A 3 P. 0/0			INTÉRÊTS A 4 P. 0/0			INTÉRÊTS A 5 P. 0/0		
	par JOUR.	par MOIS.	par AN.	par JOUR.	par MOIS.	par AN.	par JOUR.	par MOIS.	par AN.
	fr. c.	fr. c.	fr. c.	fr. c.	fr. c.	fr. c.	fr. c.	fr. c.	fr. c.
800	» 06	2 »	24 »	» 08	2 66	32 »	» 11	3 33	40 »
900	» 07	2 25	27 »	» 10	3 »	36 »	» 12	3 75	45 »
1000	» 08	2 50	30 »	» 11	3 33	40 »	» 13	4 16	50 »
2000	» 16	5 »	60 »	» 22	6 66	80 »	» 27	8 33	100 »
3000	» 25	7 50	90 »	» 33	10 »	120 »	» 41	12 50	150 »
4000	» 33	10 »	120 »	» 44	13 33	160 »	» 55	16 16	200 »
5000	» 41	12 50	150 »	» 55	16 66	200 »	» 69	20 83	250 »
6000	» 50	15 »	180 »	» 66	20 »	240 »	» 84	25 »	300 »
7000	» 58	17 50	210 »	» 77	23 33	280 »	» 97	29 16	350 »
8000	» 66	20 »	240 »	» 88	26 66	320 »	1 11	33 33	400 »
9000	» 75	22 50	270 »	1 »	30 »	360 »	1 25	37 50	450 »
10000	» 83	25 »	300 »	1 11	33 33	400 »	1 38	41 66	500 »
20000	1 66	50 »	600 »	2 22	66 66	800 »	2 77	83 33	1000 »
30000	2 50	75 »	900 »	3 33	100 »	1200 »	4 16	125 »	1500 »
40000	3 33	100 »	1200 »	4 44	133 33	1600 »	5 55	166 66	2000 »
50000	4 16	125 »	1500 »	5 55	166 66	2000 »	6 94	208 33	2500 »
60000	5 »	150 »	1800 »	6 66	200 »	2400 »	8 33	250 »	3000 »
70000	5 83	175 »	2100 »	7 77	233 33	2800 »	9 72	291 66	3500 »
80000	6 66	200 »	2400 »	8 88	266 66	3200 »	11 11	333 33	4000 »
90000	7 50	225 »	2700 »	10 »	300 »	3600 »	12 50	375 »	4500 »
100000	8 33	250 »	3000 »	11 11	333 33	4000 »	13 88	416 66	5000 »

INTÉRÊTS civils. — Dédommagement qu'on demande comme partie civile dans une procédure criminelle. — Voy. *Dommages-intérêts.* — *Partie civile.* — *Réparation civile.*

INTÉRÊT des intérêts. — C. civ. 1154. — Voy. *Anatocisme.* — *Intérêts.*

INTÉRIM, intérimaire. — Le mot *interim* exprime le temps pendant lequel un emploi est vacant, et le mot *intérimaire* la personne qui remplit l'emploi pendant la vacance.

INTERLIGNE. — C'est l'espace blanc qui reste entre deux lignes. Toutefois, lorsqu'il s'agit d'actes notariés, cette expression doit s'entendre des mots même écrits dans l'intervalle que deux lignes laissent entre elles.

Comme tout autre addition ou intercalation, les interlignes sont interdits dans les actes publics.

Mais les règles ne sont pas aussi rigoureuses pour les actes sous seing, et les interlignes y sont maintenus s'ils sont l'expression évidente de la volonté des parties.

Dans les testaments olographes, par exemple, où l'on rencontre assez fréquemment des *interlignes*, on se borne à examiner s'ils sont bien réellement de la main du testateur.

La validité d'un *interligne* dans un testament olographe ou dans tout autre acte privé ne peut faire difficulté lorsqu'il a été expressément approuvé. — D. N.

INTERLOCUTOIRE. — On appelle jugement *interlocutoire* celui qui ordonne quelque mesure, comme une enquête ou une expertise, pour l'instruction de l'affaire en litige. — C. proc. 452. — Voy. *Jugement.*

INTERPELLATION. — Sommation ou requisition faite à une personne de répondre sur certains faits, soit comme prévenu, soit comme témoin.

Le défaut de réponse à une interpellation faite en forme d'interrogatoire sur faits et articles peut être pris pour l'aveu du fait qui en est l'objet.

L'interpellation vaut de mise en demeure. — Voy. *Demeure (mise en).*

Elle a aussi pour effet d'empêcher la prescription. — C. civ. 2249. — Voy. *Prescription.*

INTERPOSITION de personnes. — Voy. *Fidéicommis tacite.* — *Personne interposée.* — *Notaire.*

INTERPRÉTATION. — C'est l'explication d'une chose ou du sens des lois et des conventions. — *Voy.* Les mots suivants.

INTERPRÉTATION des conventions. — C'est celle qui a pour objet la recherche de la vérité dans les clauses et conditions obscures ou ambiguës. — C'est aux Tribunaux qu'il appartient de prononcer en cette matière. — *D. N.*

Dans l'interprétation des conventions, on ne doit pas s'attacher au sens littéral des termes, mais plutôt rechercher la commune intention des parties contractantes. — *C. civ.* 1156.

C'est aussi dans les principes de l'équité, dans l'usage du pays et dans les règles générales de la Loi qu'il faut rechercher l'intention des parties, car elles n'auraient pas manqué d'y déroger par une déclaration expresse si elles n'avaient pas entendu s'y conformer.

En matière de testament on doit s'attacher plus particulièrement à rechercher la volonté du testateur.

Lorsqu'une clause est susceptible de deux sens, on doit plutôt l'entendre dans celui avec lequel elle peut produire quelqu'effet ou qui convient le plus à la matière du contrat. — *C. civ.* 1157, 1158.

En matière de vente, tout pacte obscur et ambigu s'interprète contre le vendeur. — *C. civ.* 1602.

A défaut de convention dans une obligation d'argent, le paiement doit se faire au domicile du débiteur. — *C. civ.* 1247. — *Voy. Paiement.*

INTERPRÉTATION des Lois. — Interpréter une loi c'est rechercher le sens qu'elle présente et se pénétrer surtout de l'intention qui l'a dictée.

Cette interprétation est obligée pour les juges qui ne peuvent se refuser de juger sous prétexte de son silence, de son insuffisance ou de son obscurité. — *C. civ.* 4.

En matière criminelle, l'obscurité ou l'insuffisance de la Loi doit s'interpréter en faveur du prévenu, et les juges ne doivent jamais faire l'application que d'un texte précis.

INTERPRÉTATION des testaments. — *Voy. Legs.* — *Testament.*

INTERPRÈTE. — C'est celui qui explique dans le langage du pays ce qui est dit ou écrit dans une langue étrangère.

Les personnes qui ne connaissent pas la langue Française ne peuvent contracter devant notaire sans être assistées d'un interprète.

On donne aussi des interprètes aux sourds-muets. — *Voy. Sourd-muet.*

En matière criminelle, il est nécessaire de donner un interprète aux accusés et aux témoins qui ne parlent pas la même langue.

L'office des interprètes en matière commerciale est fait par des courtiers de commerce. — *C comm.* 77, 80. — *Voy. Courtier.*

L'interprète est responsable du dommage résultant pour les tiers d'une traduction infidèle, dans le cas de fraude ou de faute grave.

INTERROGATOIRE. — Se dit des demandes et autorisations que l'on fait à une partie ou à un accusé. — Le mot *interrogat*, que l'on emploie quelquefois, a la même signification.

L'interrogatoire est encore la voie par laquelle une partie essaie d'obtenir de son adversaire l'aveu de faits propres à influer sur une décision.

INTERROGATOIRE sur faits et articles. — C'est, en matière de procédure, une voie d'instruction que les parties peuvent employer réciproquement pour obtenir des aveux ou des éclaircissements pouvant influer sur la décision d'un procès.

Pour que l'interrogatoire soit ordonné, il faut que les faits soit *pertinents* et concernent seulement la matière dont il est question. — *C. proc.* 324.

INTERRUPTION de poursuites en matière d'enregistrement. — La cessation pendant une année des poursuites commencées sans qu'il y ait d'instance devant les juges compétents frappe ces poursuites de prescription. — *L. du 22 frim. an VII.* — Voy. *Enregistrement.*

INTERRUPTION de prescription. — C'est tout fait qui empêche qu'une prescription commencée ne continue et n'opère, soit l'acquisition d'un droit réel par l'effet de la possession, soit l'extinction d'un droit réel ou d'une dette personnelle par défaut de prestation ou de paiement pendant le temps déterminé par la Loi. — *C. civ.* 2242 *et suiv.* — Voy. *Prescription.*

INTERSIGNE. — Vestiges ou traces d'ouvrages annonçant une servitude. — Voy. *Servitudes.*

INTERVALLES lucides. — On appelle ainsi, en matière de démence, les époques pendant lesquelles le malade a joui de sa raison. — Voy. *Démence.*

INTERVENTION. — Action d'intervenir dans un procès où l'on prétend avoir intérêt, ou de comparaître dans le cours ou à la fin d'un acte pour y stipuler.

Le droit d'intervenir dans un procès appartient en général à tous ceux fondés à former tierce-opposition au jugement rendu entre les parties principales. — Voy. *Tierce-opposition.*

Un intérêt d'*honneur* suffit pour qu'un tiers puisse intervenir dans un procès.

Celui qui intervient dans un acte en adopte les dispositions, à moins qu'il ne fasse des réserves contraires ou que son intervention n'ait un but tout spécial. — *D. N.*

Le créancier d'un copartageant a le droit d'intervenir au partage pour empêcher qu'il ne soit fait en fraude de ses droits. — *C. civ.* 882. — Voy. *Opposition à partage.*

INTERVENTION à protêt. — C'est celle qui a lieu lorsque, sur le protêt d'une lettre de change faute de paiement de la part de celui sur qui elle est tirée, un tiers déclare vouloir l'acquitter et l'acquitte en effet, soit pour le compte du tireur, soit pour celui de l'un ou plusieurs des endosseurs ou donneurs d'aval. — *C. comm.* 126, 158. — Voy. *Lettre de change.* — *Protêt.*

INTERVERSION. — Changement qui a lieu, soit dans le titre, soit dans la possession de celui qui détient une chose. — Voy. *Prescription.*

INTESTAT. — Ce terme s'emploie pour exprimer qu'une personne est morte sans avoir fait de testament. — Voy. *Ab-intestat.* — *Succession.*

INTIMATION. — C'est l'exploit par lequel une personne déclare porter l'appel d'un jugement ou d'une sentence. On nomme *intimé* celui qui est assigné par cet acte. — Voy. *Appel.* — *Jugement.*

Le mot *intimation* est aussi employé pour désigner l'acte par lequel une partie invite l'autre à se trouver au lieu, au jour et à l'heure qu'elle indique, pour procéder à une levée de scellés, un inventaire, etc.

INTITULÉ. — Titre et qualités d'un acte. — Pour être mis à exécution, les actes et jugements doivent porter le même intitulé que les lois et être terminés par le mandement aux officiers de justice. — *C. proc.* 545. — Voy. *Exécution des actes et jugements.* — *Grosse.* — *Préambule.*

INTITULÉ d'inventaire. — C'est le préambule qui énonce les qualités des parties intéressées et la quotité de leurs droits, les causes qui donnent lieu à l'inventaire et les noms des fonctionnaires ou officiers qui concourent à sa confection.

L'intitulé d'inventaire se distingue des autres actes en ce qu'il forme un acte distinct de l'inventaire auquel il sert d'introduction.

Cet intitulé est par lui-même une preuve légale et *authentique* du nombre et des qualités de tous les représentants du défunt, et leur sert de justification de leurs droits héréditaires vis-à-vis de tous ceux avec lesquels ils sont dans le cas de traiter des choses de la succession.

Il suffit donc, pour justifier de sa qualité d'héritier, dans tous les cas où cette justification est nécessaire, de produire une expédition de l'intitulé de l'inventaire. S'il n'en a pas été dressé, on y supplée par un acte de *notoriété* attestant sa qualité. — D. N.

INTRODUCTIF, introduction. — En procédure, ces mots se lient à ceux d'*instance, demande, exploit*, et indiquent les premiers actes d'un procès. Ainsi, on dit : *Exploit introductif d'instance*, ou *introduction d'instance*. — Voy. *Demande. — Exploit.*

INUTILE. — La promesse d'une chose *inutile* n'est pas obligatoire. — Voy. *Convention.*

Mais ce qui est *utile* n'est pas vicié par ce qui est *inutile*.

On doit toujours interpréter les lois et les conventions dans le sens qui leur donne effet plutôt que dans celui qui les rend *inutiles*. — Voy. *Interprétation des conventions.*

INVALIDES. — Voy. *Hôtel des Invalides.*

INVALIDES de la marine. — Voy. *Caisse des invalides de la marine.*

INVENTAIRE. — L'inventaire est un acte conservatoire constatant l'état, article par article, des biens soit d'une *succession*, d'une *société*, d'une *faillite*, d'un *absent*, etc., à l'effet de maintenir les droits des intéressés.

Des cas où il y a lieu à inventaire.

L'inventaire, quoique presque toujours utile, est souvent facultatif.

C'est après décès qu'il a lieu le plus fréquemment.

Il est obligatoire, notamment :

1° Si, parmi les héritiers, donataires ou légataires universels ou à titre universel, ou autres ayants droit, il se trouve des absents, des mineurs ou des interdits. — C. civ. 113, 451, 461, 509, 819, 821, 1031 ;

2° Si certains héritiers n'acceptent que sous bénéfice d'inventaire ou veulent se réserver le droit d'accepter de cette manière. — C. civ. 793-794. — Voy. *Bénéfice d'inventaire;*

3° Lorsque la veuve commune en biens ou ses héritiers veulent conserver la faculté, ou de renoncer à la communauté, ou de n'être tenus des dettes que jusqu'à concurrence de leur émolument. — C. civ. 1453, 1456, 1461, 1483. — Voy. *Renonciation à la communauté;*

4° Quand les scellés ont été apposés et qu'il y a des oppositions à leur levée ou des personnes intéressées dans la succession et non maîtresses de leurs droits. — C. civ. 820; — C. proc. 937, 940;

5° Lorsque les époux mariés sous le régime de la communauté ont exclu de cette communauté leur mobilier futur, ou lorsque la communauté a été réduite aux acquêts. — C. civ. 1499, 1504;

6° Quand une succession qui échoit à l'un des époux communs en biens est en partie mobilière et en partie immobilière. — C. civ. 1414;

7° Lorsqu'il y a un exécuteur testamentaire. — C. civ. 1031 ;

8° En cas de succession vacante. — C. civ. 813; — C. proc. 1000;

9° Lorsqu'à défaut d'héritier au degré successible, la succession est dévolue à l'enfant naturel du conjoint survivant ou à l'Etat. — C. civ. 758, 767, 769, 773;

10° Lorsqu'il y a substitution universelle ou à titre universel faite par le défunt. — C. civ. 1058. — Voy. *Substitution.*

La formalité de l'inventaire est encore prescrite dans diverses circonstances. Ainsi, il doit être fait inventaire des biens des *faillis* et de ceux des *interdits*. L'*usufruitier*, l'*usager* doivent faire inventaire des meubles sujets à l'usufruit et au droit d'usage, etc., etc.

Le tuteur qui n'a pas fait dresser d'inventaire peut être condamné à des dommages-intérêts.

Le défaut d'inventaire autorise les parties intéressées (le mari excepté) à prouver la valeur du mobilier par titres, par témoins et même par commune-renommée. — *C. civ.* 1415, 1442, 1504, 1604.

Des délais.

L'héritier, la veuve ou la femme séparée de biens, ont *trois mois*, du jour de l'ouverture de la succession ou de la dissolution de la communauté, pour faire inventaire, et *quarante jours* pour délibérer sur l'acceptation bénéficiaire ou sur la renonciation à la communauté. — *C. civ.* 795, 1456, 1459. — *C. proc.* 174.

Les *légataires universels* ou à titre universel sont tenus de faire inventaire dans les mêmes délais s'ils ne veulent accepter que sous bénéfice d'inventaire.

Le *tuteur* doit faire inventaire dans les dix jours qui suivent sa nomination dûment connue de lui. — *C. civ.* 451.

L'inventaire ne peut être fait que *trois* jours après l'inhumation, ou *trois* jours après l'apposition des scellés si elle a été faite depuis l'inhumation, à peine de nullité et de dommages-intérêts contre ceux qui ont fait et requis l'inventaire, à moins qu'il n'en ait été autrement ordonné par le président du Tribunal civil pour causes urgentes. — *C. proc.* 928.

Il ne peut avoir lieu un jour férié.

Des personnes qui peuvent requérir et doivent assister à l'inventaire.

L'inventaire peut être requis : 1° par tous ceux qui prétendent droit dans la succession ou dans la communauté ; 2° par tous créanciers fondés en titre exécutoire ou dûment autorisés à cet effet ; 3° par l'exécuteur testamentaire ; 4° en cas de succession vacante, par le curateur ; 5° par le tuteur ou curateur du mineur, etc.

Il doit être fait en présence : 1° du conjoint survivant ; 2° des héritiers présomptifs ; 3° de l'exécuteur testamentaire ; 4° des donataires et légataires ou eux dûment appelés s'ils demeurent dans la distance de cinq myriamètres. — Au delà de cette distance, il est appelé pour tous les absents un seul notaire commis par le président du Tribunal. — *C. proc.* 942.

L'héritier bénéficiaire doit appeler à l'inventaire tous les héritiers présomptifs du défunt sous peine d'être déclaré héritier pur et simple.

Des officiers compétents pour procéder.

L'inventaire ne peut être fait par acte sous seing. C'est donc aux *notaires* seuls qu'il appartient d'y procéder.

Il n'y a d'exception que pour les cas de *faillite*, dans lesquels ils sont faits par les *syndics provisoires* avec l'assistance du Juge de paix.

La prisée est faite exclusivement par les commissaires-priseurs dans les chefs-lieux de leurs établissements. — Elle est faite par les notaires, huissiers et greffiers dans les lieux où il n'y a point de commissaire-priseur.

Aucun acte, quel qu'il soit, ne peut suppléer un inventaire légalement fait.

Il est d'usage de ne pas comprendre dans les inventaires les linges et hardes des enfants et les objets mobiliers à eux donnés personnellement.

Les portraits de famille ne doivent pas non plus être inventoriés. — *D. N.*

Enfin, l'inventaire doit être affirmé sincère et véritable, et tous ceux qui ont été en possession des objets de la succession doivent, lors de la clôture de l'inventaire, prêter serment devant le notaire, qu'ils n'ont détourné, ni vu détourner aucun de ces objets. — *C. proc.* 943.

INVENTAIRE administratif. — C'est celui du mobilier fourni par l'Etat ou les départements aux fonctionnaires publics en vertu des ordonnances administratives.

INVENTAIRE commercial. — C'est ainsi que l'on nomme l'état de situation que les commerçants ont l'habitude de dresser à des époques plus ou moins éloignées. Cet inventaire n'a rien d'officiel, et n'est pas essentiellement obligatoire.

INVENTAIRE (Bénéfice d'). — Voy. *Bénéfice d'inventaire.*

INVENTAIRE par commune renommée. — C'est celui qui se fait par forme d'enquête, lorsque les objets n'existent plus. — Voy. *Enquête par commune renommée.*

INVENTAIRE de production. — Se dit de l'état contenant le dénombrement des pièces produites dans un procès dont l'instruction par écrit a été ordonnée. — *C. proc. 95 et suivants.*

INVENTION (Brevet d'). — Voy. *Brevet d'invention.*

INVESTITURE. — C'est, en ce qui concerne les fonctions publiques, l'acte du Gouvernement par lequel ces fonctions sont conférées.

INVÉTISON. — Terme ancien, encore usité dans certains pays, et qui signifie espace de terrain vide qui règne dans le pourtour d'une maison ou d'un enclos et dont il fait partie. — Voy. *Tour d'échelle.*

INVOLUTION. — Terme de palais, qui signifie concours de difficultés, d'embarras. Ainsi, on dit : *Involution* de procédure.

IPSO facto. — Ce qui a lieu nécessairement par suite de quelque fait. — *E. N.*
Ainsi une peine est encourue *ipso facto*, c'est-à-dire par le *seul fait*.

IPSO jure. — Cette expression signifie de *plein droit* ou par la seule force de la Loi.

IRATO (ab). — Disposition dictée par la haine et la colère. — On appelle action *ab irato* celle qui tend à faire annuler une semblable disposition. — Voy. *Ab irato.*

IRRÉGULARITÉ. — Se dit en général de ce qui n'est pas conforme à la Loi, mais plus particulièrement des vices de forme qui n'entraînent pas nullité. — Voy. *Nullité.*

IRRÉVOCABILITÉ. — Voy. *Donation par contrat de mariage.* — *Institution contractuelle.*

IRRIGATION. — Arrosement des prés ou autres terrains, par rigoles ou saignées tirées d'une rivière, d'un canal, d'un ruisseau, ou à l'aide de machines.— Voy. *Canal.* — *Canaux.* — *Cours d'eau.* — *Eaux.* — *Etang.*

ISÈRE. — Le département de l'Isère est un des trois que forme l'ancienne province du Dauphiné.
Chef-lieu : Grenoble.
Cour d'appel : Grenoble.
Ce département est limité à l'Est par la Savoie et les Hautes-Alpes ; au Sud par les Hautes-Alpes et la Drôme ; à l'Ouest par la Drôme, la Loire, le Rhône et l'Ardèche, et au Nord par l'Ain et le Rhône.
Il est divisé en 4 arrondissements, 45 cantons et 560 communes.
Superficie : 820.859 hectares.
Impôt foncier : 2.560.977 francs.
Population : 581.680 habitants.

ITEM. — Mot latin qui signifie *de même* et dont on se servait fréquemment autrefois dans les actes, comptes et états.

ITÉRATIF. — S'emploie pour exprimer ce qui est *réitéré.* On nomme *itératif commandement* celui qui est fait pour la seconde fois et qui doit précéder la saisie immobilière.

IVRESSE. — État d'une personne qui a l'esprit troublé par les vapeurs de ceraines boissons prises avec excès.

En droit civil, l'ivresse, lorsqu'elle exclut tout discernement, est considérée comme rendant la personne incapable de contracter, et l'obligation souscrite dans cet état peut être déclarée nulle, surtout lorsqu'elle est l'effet de manœuvres frauduleuses employées envers celui au profit de qui l'obligation a été contractée. Mais c'est à celui qui allègue le fait à le prouver.

Sont punis d'une amende de 1 à 5 fr. les individus trouvés en état d'ivresse manifeste dans les rues, chemins, places, cafés, cabarets et autres lieux publics.

En cas de récidive nouvelle dans l'année qui aura suivi une seconde condamnation pour ce fait, l'inculpé est traduit devant le Tribunal correctionnel et puni d'un emprisonnement de 6 jours à un mois et d'une amende de 16 à 300 fr.

La privation de certains droits civiques est en outre prononcée contre toute personne condamnée deux fois correctionnellement.

Enfin des pénalités sont établies contre les cafetiers, cabaretiers ou autres débitants qui auront donné à boire à des gens ivres, ou qui auront servi des boissons alcooliques à des mineurs âgés de moins de 16 ans. — *L. du 23 janvier* 1873.

J

JACHÈRES. — On désigne sous ce nom les terres que le fermier est tenu de laisser reposer d'après les usages ou les clauses de son bail.

Anciennement, l'usage était de laisser en jachères un tiers des labours; mais aujourd'hui les jachères sont généralement remplacées par des prairies artificielles ou par des plantes oléagineuses. — Toutefois, lorsque le bail s'explique à ce sujet le fermier doit s'y conformer. — Voy. *Assolement.* — *Bail à ferme.* — *Dessolement.*

JARDIN. — Terrain planté d'arbres fruitiers, fleurs ou légumes, et attenant ordinairement à l'habitation.

Tout mur servant de séparation entre jardins est présumé mitoyen, sauf titre ou marque du contraire. — *C. civ.* 663. — Voy. *Mitoyenneté.*

Dans les villes et faubourgs, chacun peut contraindre son voisin à contribuer aux constructions et réparations de la clôture faisant séparation de leurs jardins. — *C. civ.* 653. — Voy. *Clôture.*

Les arbres à haute tige ne peuvent être plantés qu'à la distance de 2 mètres du mur qui sépare les deux héritages, sauf tous règlements ou usages locaux contraires. — *C. civ.* 671. — *L. du* 26 *août* 1881. — Voy. *Arbre.* — *Plantation.*

JEAUGEAGE. — Mode de mesurage employé particulièrement pour déterminer la contenance ou capacité des futailles et le tonnage des bateaux.

Du jaugeage des futailles.

Pour jauger un fût, il faut d'abord en établir le diamètre moyen, mais il peut se présenter les trois cas suivants :

1er Cas. — Fonds ronds et de même diamètre.

On suppose que le diamètre de chaque fond soit de 0^{m}60 cent. et que le diamètre du bouge soit de 0^{m}66 cent., pour obtenir le diamètre moyen, il faut ajouter au diamètre du fond le double du diamètre du bouge puis prendre le tiers du chiffre ainsi obtenu :

Exemple :
Diamètre d'un des fonds....................	0,60 c.
Double du diamètre du bouge................	1,32
Ensemble.............	1,92
Dont le tiers est de......................	0,64 qui est le diamètre moyen.

2° Cas. — Fonds ronds et de diamètre différent.

Pour ce deuxième cas il faut prendre la moyenne entre les diamètres des deux fonds, ce que l'on fait en additionnant les deux diamètres des fonds dont on prend la moitié qui est le résultat ou diamètre moyen de chacun des fonds. On opère ensuite comme dans le premier cas.

3° Cas. — Fonds ovales et de diamètre différent.

Lorsque les fonds ne sont pas ronds, ils ont nécessairement deux diamètres, un grand et un petit, dont il faut prendre le diamètre moyen, ce qui a lieu en additionnant ces deux diamètres et prenant la moitié du tout. On opère de même pour les deux fonds, après quoi on retombe dans le second cas, et on opère comme il a été indiqué.

Capacité. — Pour connaître la capacité d'un fût, il faut d'abord mesurer en décimètres la largeur diamétrale du bouge au milieu de la longueur, c'est-à-dire à la bonde, puis celle du fond; prendre ensuite les 5/8 de la différence de ces diamètres et ajouter ce nombre au diamètre du fond; on obtient ainsi le diamètre moyen ou du cylindre équivalent; on évalue ensuite la capacité de ce cylindre en multipliant le cercle de sa base par la hauteur. Cette dernière règle sert à évaluer les capacités des tonneaux qui ont la forme régulière d'un cylindre ou d'un cône tronqué, tels que cuves, foudres, seaux, etc.

Lorsque les barriques ne sont pas convenablement bombées vers le bouge, que le renflement est très prononcé, comme les pipes de Cognac, les pièces d'Auvergne, certaines basses d'Anjou et les futailles Rhum, on remplace la fraction 5/8 par 2/8. On la remplace, au contraire, par 3/5 pour les pièces de Mâcon, les bordelaises et en général pour les barriques peu bombées.

Nous donnons ci-après un Tableau de jaugeage des fûts, préparé pour les capacités les plus usuelles.

Tableau de jaugeage des fûts.

LONGUEUR	DIAMÈTRE Moyen.	CAPACITÉ Litres.	LONGUEUR	DIAMÈTRE Moyen.	CAPACITÉ Litres.
m. c.	m. c.	Litres	m. c.	m. c.	Litres
0,48	0,23	20	1,07	0,49	200, »
0,47	0,26	25	0,98	0,57	250, »
0,62	0,25	30	0,78	0,70	300,3
0,53	0,29	35	0,86	0,72	350,3
0,65	0,28	40	1,07	0,69	400,3
0,73	0,28	45	1,26	0,71	500, »
0,55	0,34	50	1,11	0,83	600,8
0,46	0,39	55	1,03	0,93	700, »
0,53	0,41	70	1,23	0,94	800,3
0,67	0,39	80	1,08	1,03	900,2
0,65	0,42	90	1,54	0,94	1000,2
0,53	0,49	100	1,85	0,87	1100,2
0,68	0,53	150	1,73	0,94	1201,1 »

Pour les noms et contenances des fûts des différents pays de France. — *Voy. Poids et mesures.*

Du jaugeage des navires.

Le jaugeage ou tonnage des navires a été réglementé en premier lieu par un décret du 12 nivôse an II (1er janvier 1794) duquel il résulte que le tonnage doit être calculé de la manière suivante :

Ajouter la longueur du pont prise de tête en tête à celle de l'étrave à l'étambord; déduire la moitié du produit; multiplier le reste par la plus grande largeur du navire au maître-ban; multiplier encore le produit par la hauteur de la cale et de l'entrepont et diviser par 94. — Si le bâtiment n'a qu'un pont, prendre la plus grande largeur du navire au maître-ban et le produit par la plus grande hauteur, puis diviser par 94.

L'ordonnance du 21 août 1831 concernant le tonnage des bâtiments à vapeur pour la perception des droits porte ce qui suit :

1° La longueur sera prise de tête en tête conformément à la Loi du 1er janvier 1794 ; 2° on en retranchera la longueur de l'espace occupé par la machine à feu et par ses approvisionnements en combustibles ; 3° on mesurera la largeur du navire de dehors en dehors, sur le pont, à chacune des deux extrémités de l'espace occupé par la machine à feu, en ne tenant aucun compte des galeries et roues extérieures destinées à mettre le navire en mouvement ; on ajoutera ces deux largeurs et on prendra la moitié de leur somme ; 4° le produit de cette largeur moyenne par la longueur réduite, sera multiplié par le creux mesuré à la pompe de secours du navire ; 5° le produit total sera divisé par 94 et le quotient donnera le tonnage légal du bâtiment.

Une autre ordonnance du 18 novembre 1837 contient les dispositions suivantes :

Art. 1er. — A partir du 1er mars 1838, le jaugeage des bâtiments à voiles du commerce dans les ports français aura lieu ainsi qu'il suit : les trois dimensions principales servant à l'évaluation du tonnage continueront à être prises conformément à la loi du 12 nivôse an II. Ces trois dimensions seront exprimées en mètres et fractions décimales du mètre, et leur produit divisé par le nombre 3,80 exprimera le tonnage légal du bâtiment.

Art. 2. — Le nombre des tonneaux ainsi obtenu sera gravé au ciseau sur les faces avant et arrière du maître-ban. Cette opération sera faite lors de la mise à l'eau du bâtiment ou dans tout autre cas où le jaugeage devra être effectué de nouveau.

Une troisième ordonnance du 18 août 1839 contient ce qui suit :

Art. 1er. — Les bâtiments à vapeur seront jaugés d'après le mode déterminé par l'ordonnance du 18 novembre 1837, sauf les modifications suivantes : 1° la plus grande largeur sera mesurée au-dessous du pont dans la chambre des machines sur le vaigrage et auprès de l'arbre des roues ; 2° le produit des trois dimensions sera divisé par 3,80, et les 60 centièmes du quotient exprimeront le tonnage légal du bâtiment.

Art. 2. — Le mode déterminé pour le jaugeage des bâtiments Français de toute espèce, soit l'ordonnance du 18 novembre 1837, soit par celle-ci, s'appliquera également pour percevoir les droits de navigation, aux navires des pays étrangers, où le mode d'établir la jauge ne fait pas ressortir pour les navires français un plus fort tonnage que le mode prescrit par lesdites ordonnances.

Art. 3. — Les dispositions de l'article 2 de l'ordonnance du 18 novembre 1837 seront communes aux bateaux à vapeur.

Ces ordonnances ont été modifiées par plusieurs décrets des 24 décembre 1872, 24 mai 1873 et 24 juillet 1887, tous relatifs à certaines déductions afférentes aux machines à vapeur, dont les armateurs et consignataires de navires ont la faculté de profiter.

En résumé, jauger un navire c'est mesurer sa capacité, son volume, enfin ce qu'on appelle son tonnage.

Une instruction de l'administration des douanes en date du 18 novembre 1837, promulguée le 5 décembre 1837, et pour les bateaux à vapeur le 12 septembre 1839, fixe le minimum à 1 tonneau et le maximum à 400 tonneaux, et prescrit le mode de jaugeage suivant : *On multiplie la longueur par la largeur, et le produit par la hauteur divisée par 3.80.*

Exemple :

On suppose un navire qui porte 15m56 de longueur sur 5m44 de largeur et 2m28 de hauteur.

Opération.

```
Long....    15.56
Larg ....    5.44
           ──────
            62.24
           622.4
          7780.
          ──────
          8464.64
Haut....     2.28
          ──────
         67717.12
        169292.8
       1692928.
       ──────────
       1929937.92  │ 3,80
             2393 │ ──────
             3337 │ 50,78
              297

Résultat......     50,78
```

D'après les règles de l'hydrostatique, le poids d'un bateau chargé est égal au poids du volume d'eau qu'il déplace, et le poids des objets contenus égale celui du volume déplacé par le bateau chargé, moins, bien entendu, le volume déplacé par le bateau vide ; or, pour avoir le poids d'un bateau, il suffit de multiplier le produit des longueur et largeur réduites par la longueur du tirant d'eau, c'est-à-dire le maximum d'enfoncement dans l'eau.

Les dimensions étant prises en mètres et partie de mètre, le résultat donne des mètres cubes d'eau dont le poids est égal à celui du tonneau de mer.

Si les côtés du bateau sont perpendiculaires, les dimensions se prennent rigoureusement ; s'ils sont inclinés, elles se mesurent au milieu du tirant d'eau occasionné par le chargement ; enfin, si les extrémités forment triangle, on prend pour la longueur celle du corps du bateau, plus celle de l'un des deux triangles.

JET. — Action de jeter. — Voy. *Jet à la mer.*

JET à la mer. — C'est l'action de jeter à la mer tout ou partie du chargement pour alléger le navire dans le cas de péril imminent. — *C. comm.* 410 *et suivants.* — Voy. *Avarie.*

JETÉES. — Ce sont des digues construites pour diriger les courants dans les fleuves et rivières, ou pour mettre les ports maritimes à l'abri des vents et des atterrissements. — *L. du 24 avril* 1832. — Voy *Digue.* — *Rivière.*

JETONS. — On appelle jetons de *présence* des jetons de métal qu'il est d'usage, dans certaines compagnies ou sociétés, de distribuer aux membres présents à une séance ou réunion, pour reconnaître leur exactitude.

JEU. — Exercice basé sur le hasard ou sur l'adresse, et auquel on se livre en risquant ordinairement une somme d'argent. — *E. N.*

C'est une convention aléatoire. — Voy. *Aléatoire.*

Le jeu considéré en lui-même n'a rien de mauvais, pourvu qu'il ne s'écarte pas des règles de la justice. Mais la Loi n'accorde aucune action pour une dette de jeu ou pour le paiement d'un pari, et toute obligation contractée pour l'une ou l'autre de ces causes, lors même qu'elle aurait été déguisée, devrait être déclarée nulle. — *C. civ.* 1965.

Cette disposition de la Loi ne s'applique toutefois qu'aux jeux de hasard, et non à ceux qui tiennent à l'adresse et à l'exercice du corps.

Les jeux de hasard sont ceux où le hasard préside seul ou domine.

Dans aucun cas, et quelle qu'ait été la nature du jeu, le perdant ne peut répéter ce qu'il a volontairement et effectivement payé, à moins qu'il n'y ait eu, de la part du gagnant, dol, supercherie ou escroquerie. — *C. civ.* 1967.

La Loi punit ceux qui auront tenu des jeux de hasard sur la voie publique, de même que ceux qui auront tenu une maison de jeu de hasard. — *C. pén.* 410, 475, 477. — Voy. *Loterie.* — *Maison de Jeu.*

JEU de bourse. — Se dit de la spéculation sur la Hausse et la Baisse des effets publics ou sur le Cours des denrées et marchandises.

Les jeux de Bourse sont prohibés par la loi. — Voy. *Agent de change.* — *Bourse de commerce.* — *Action.* — *Marché à terme.* — *Rentes sur l'État.*

JEU de hasard. — Voy. *Jeu.*

JONCTION de cause. — En terme de palais, c'est l'action de joindre deux instances entre lesquelles il y a connexité, ou une demande incidente à une demande principale pour être statué sur le tout par un seul et même jugement. — Voy. *Disjonction.* — *Instance.*

JOUISSANCE. — Se dit ordinairement du droit de retirer d'une chose tout le profit qu'elle peut procurer, d'en recueillir les fruits, d'en percevoir les revenus, ou de la faculté d'exercer librement un droit soit *personnel*, soit *réel*. — Voy. *Baux.* — *Propriété.* — *Usufruit.*

JOUISSANCE des droits civils et politiques. — Voy. *Droits civils.* — *Droits politiques.*

JOUISSANCE légale. — C'est celle que la Loi accorde aux père et mère des biens de leurs enfants mineurs, jusqu'à l'âge de dix-huit ans accomplis, ou jusqu'à l'époque de leur émancipation, si elle a lieu avant cet âge. — *C. civ.* 384. — Voy. *Usufruit légal.*

Cette jouissance n'aurait pas lieu au profit de celui des père et mère contre lequel la séparation de corps ou le divorce auraient été prononcés, et elle cesserait à l'égard de la mère dans le cas d'un second mariage.

JOUR. — Espace de temps par lequel on divise les mois et les années. — Voy. *Calendrier grégorien.*

On compte le jour de minuit à minuit, c'est-à-dire vingt-quatre heures, temps que la terre emploie à faire une révolution autour de son axe. — Voy. *Délai.*

On distingue les jours en *jours ouvrables, fériés* et *bissextiles.* — Voy. *Jour bissextile.*

Le jour du mois se nomme *Quantième.*

Certains actes ne peuvent être faits que pendant une partie des heures de la journée. Ainsi, en procédure, lorsqu'il s'agit de faire des exécutions ou significations en matière civile, le jour comprend, savoir : du premier Octobre au 31 Mars, de 6 heures du matin jusqu'à 6 heures du soir, et du premier Avril jusqu'au 30 Septembre, depuis 4 heures du matin jusqu'à neuf heures du soir. — *C. proc.* 1037. — Voy. *Nuit.*

Les notaires ne sont point tenus de prêter leur ministère les jours fériés, ni à des heures indues; il n'y a d'exception que pour les testaments. — Voy. *Jour férié.* — *Fête.*

JOUR bissextile. — Se dit de celui qui est ajouté, tous les 4 ans, au mois de février.

Le jour *bissextile* doit être compté dans les délais qui se calculent par jour, mais il ne doit pas l'être dans ceux qui se calculent par mois ou années. — Voy. *Délai.* — *Prescription.*

JOUR férié. — Voy. *Fête.*

JOURS francs. — Ceux qui ne comptent pas dans les délais. — Voy. *Délai.*

JOUR incertain. — Celui qui n'est pas fixé d'une manière positive pour l'événement d'une condition ou l'acquit d'une obligation.

Dans ce cas, l'époque se détermine en faveur de l'obligé, de telle sorte que celui qui s'oblige à payer dans le délai d'une année n'est tenu de s'exécuter que le dernier jour de l'année. — Voy. *Terme.*

JOURS de planche. — Se dit du séjour que le maître d'un navire se trouve obligé de faire dans le lieu de son arrivée pour le déchargement des marchandises, sans qu'il puisse rien exiger au delà du fret. — Voy. *Charte-partie.* — *Fret.*

JOURS de servitude. — On appelle *Jours de servitude* ou de *souffrance* les ouvertures pratiquées dans un mur donnant sur l'héritage voisin, en vertu d'un titre, d'une convention particulière ou d'un droit acquis par prescription. — Voy. *Prescription.* — *Servitudes.* — *Vues.*

JOURS de souffrance. — Voy. *Vue.*

JOURS utiles. — Se dit de ceux pendant lesquels on peut agir. — Voy. *Délai.*

JOURNAL (livre). — Voy. *Comptabilité.* — *Livre de commerce.*

JOURNALIER. — S'entend de celui qui est employé à un travail dont le salaire est fixé à tant par jour; tels sont les terrassiers, moissonneurs, vendangeurs, etc. — Voy. *Bail d'ouvrage ou d'industrie.*

JOURNAUX. — On désigne généralement sous ce titre tous les écrits périodiques. — Voy. *Presse.*

JOURNÉE de travail. — C'est en journées de travail que sont évaluées les prestations en argent pour la réparation des chemins vicinaux. — *L. du 21 mai* 1836.

C'est encore une des peines que peut prononcer le tribunal de simple police à titre d'amende. — *C. instr. crim.* 137.

La Loi prohibe toutes coalitions ayant pour objet de faire hausser ou baisser le prix des journées de travail, et elle en punit les auteurs. — *L. du* 28 *oct.* 1791.

L'action des ouvriers et gens de travail pour le paiement de leurs journées se prescrit par 6 mois. — *C. civ.* 2271.

JOYAUX. — Voy. *Bagues et joyaux.*

JOYEUX avènement. — Voy. *Avènement.*

JUDICATUM solvi. — Voy. *Caution judicatum solvi.* — *Etranger.*

JUDICATURE. — Se dit de la profession de ceux qui rendent la justice. — Voy. *Office.* — *Juge.*

JUGE. — Tout magistrat chargé de rendre la justice. Suivant la juridiction sous laquelle ils sont placés et le degré de cette juridiction, les juges sont *Ordinaires* ou *Extraordinaires*.

Les juges *ordinaires* sont ceux composant les Tribunaux de première instance et les Cours d'appel. Les juges *extraordinaires* ou *d'exception* sont : 1° les juges de paix, qui connaissent à la fois des matières civiles et de simple police ; 2° les juges des Tribunaux de commerce et ceux des Tribunaux militaires. — Voy. *Juge de paix.* — *Tribunaux.*

La Cour de cassation est formée d'une classe particulière de juges supérieurs. — *D. N.* — Voy. *Cassation.*

JUGE commissaire. — C'est celui commis par le Tribunal pour présider à une opération judiciaire.

Dans un grand nombre de cas, le Tribunal nomme un juge commissaire, notamment en cas *d'enquête*, de *vérification d'écritures*, de *comptes*, *liquidation et partage*, etc. — *C. proc.* 749 *et* 1035.

En cas de *faillite*, le Tribunal de commerce nomme encore un de ses membres commissaire de la faillite pour en suivre les opérations. — Voy. *Faillite.*

JUGE d'instruction. — Magistrat chargé, en matière criminelle, de la direction de l'Instruction écrite. — *C. instr. crim.* 55.

JUGE de paix. — Les juges de paix sont des magistrats amovibles institués soit pour juger sommairement, sans frais, ou au moins à frais réduits, et sans ministère d'avoués, les contestations de peu d'importance, soit de tenter de concilier les plaideurs quand il s'agit d'affaires de la compétence des Tribunaux civils. — *LL. des* 24 *août* 1790, 26 *vent. an IV*, 29 *vent. an IX*, 25 *mai* 1838.

Le juge de paix est l'ami, le conseil, l'arbitre, le conciliateur, le père plutôt que le juge de ses concitoyens. — Les *mineurs*, les *absents*, les *interdits* sont l'objet particulier de ses sollicitudes. — *D. N.*

Un juge de paix est établi dans chaque canton, là où il doit résider ; mais il n'est pas tenu de résider au chef-lieu.

Lorsqu'il réside au chef-lieu, il peut tenir ses audiences chez lui, les portes ouvertes.

Chaque juge de paix a deux suppléants.

Pour être juge de paix ou suppléant de juge de paix, il faut être âgé de 30 ans.

Compétence des Juges de paix.

La compétence des juges de paix est judiciaire ou extra-judiciaire.

Elle est *judiciaire* à l'égard des matières *contentieuses* sur lesquelles ils sont appelés à prononcer comme *juges* proprement dits.

Elle est *extra-judiciaire* : 1° lorsqu'en matière *contentieuse* le juge de paix agit comme *conciliateur ;* 2° lorsqu'en matière *non contentieuse*, il procède ou assiste à certaines opérations, telles qu'appositions de scellés, inventaires, délibérations de conseil de famille, etc.

Les juges de paix ont aussi des attributions comme juges de police.

La juridiction des juges de paix est limitée, mais elle peut être étendue du consentement *exprès* ou *tacite* des parties au delà des sommes et valeurs fixées par la Loi, pourvu qu'il s'agisse de matières rentrant dans les attributions de ces magistrats. — *C. proc.* 7.

La compétence judiciaire des juges de paix avait été réglée dans le principe par la Loi du 24 août 1790 et par l'art. 3 du C. de proc. civ.; mais ces dispositions ont été remplacées par la Loi du 25 mai 1838 qui divise la compétence civile des juges de paix en quatre catégories d'actions distinctes, et par celle du 20 mai 1854, qui a donné certaine extension à cette compétence.

Nous avons traité cette matière au mot *Compétence*, auquel nous renvoyons. — Voy. *Compétence criminelle*, § 1er — *Compétence des juges de paix*.

Procédure devant les Juges de paix.

Tous les huissiers d'un même canton ont le droit de donner toutes citations et de faire tous les actes devant la justice de paix, mais les juges de paix choisissent leurs huissiers audienciers.

Dans toutes les causes, excepté celles qui requièrent célérité, et celles dans lesquelles le défendeur serait domicilié hors du canton ou des cantons de la même ville, il est interdit aux huissiers de donner aucune citation en justice, sans qu'au préalable le juge de paix n'ait appelé les parties devant lui, au moyen d'un avertissement sur papier timbré, rédigé et délivré par le greffier sous la surveillance du juge de paix et expédié par la poste sous bande simple, scellé du sceau de la justice de paix, avec affranchissement. — *L. du* 22 *mai* 1855.

Au jour fixé par la citation, les parties comparaissent en personne ou par leurs fondés de pouvoirs. Ce pouvoir peut être sous seing privé, mais il doit être sur timbre et enregistré.

Les parties peuvent s'expliquer verbalement ou par écrit, mais elles ne peuvent se signifier aucune défense sous le titre de requête, mémoire, etc. — *C. proc.* 9.

Lorsque le défendeur assigné dans les délais de la Loi ne comparaît pas, la cause est jugée par défaut. — *C. proc.* 19.

Pour qu'il y ait lieu à une enquête devant le juge de paix, il faut : 1° que les parties soient contraires en faits de nature à être constatés par témoins; 2° que le juge de paix trouve la vérification utile et admissible. — *C. proc.* 34.

La preuve contraire est de droit.

Lorsqu'il s'agit, soit de constater l'état des lieux, soit d'apprécier la valeur des indemnités et dédommagements demandés, le juge de paix ordonne que le lieu contentieux sera visité par lui en présence des parties. Il peut s'adjoindre, pour cette visite, des gens de l'art qui lui donneront leur avis. — *C. pén.* 41, 42.

Les jugements doivent être rendus sur-le-champ, ou à la première audience; le juge peut se faire remettre les pièces. — *C. proc.* 13.

Des jugements et des voies ouvertes contre eux.

Les jugements des juges de paix sont toujours susceptibles, sinon d'appel, au moins de recours en cassation.

La partie condamnée par défaut peut former opposition dans les trois jours de la signification du jugement. L'opposition est portée devant le juge de paix. — *C. proc.* 20.

L'appel des jugements rendus par le juge de paix se porte devant le Tribunal civil de première instance.

Cet appel n'est recevable, ni avant les *trois* jours qui suivent celui de la prononciation du jugement, à moins qu'il n'y ait lieu à exécution provisoire, ni après les *trente* jours qui suivent la signification, à l'égard des personnes domiciliées dans le canton. — Les personnes domiciliées hors le canton ont, pour interjeter appel, outre le délai de trente jours, celui réglé par les art. 73 et 1033 du C. de proc.

Les jugements rendus par les juges de paix ne peuvent être attaqués par la voie du recours en cassation que pour excès de pouvoir, c'est-à-dire quand le juge est sorti du cercle de ses attributions légales.

Du bureau de Conciliation.

Dans toutes les matières qui excèdent la compétence du juge de paix, ce juge doit former un bureau de conciliation. — Voy. *Conciliation*.

Le préliminaire de la conciliation est indispensable dans les circonstances suivantes : 1° si la demande est principale ; 2° si elle est introductive d'instance ; 3° si les parties ont la capacité de transiger ; 4° si l'objet de la demande peut former la matière d'une transaction ; 5° enfin, si la contestation doit être portée devant un tribunal de première instance. — *C. proc.* 48.

Les demandes de la compétence du juge de paix ne sont pas soumises à l'essai de la conciliation.

Attribution des Juges de paix en matière non contentieuse.

Les juges de paix ont seuls le droit d'apposer les scellés et de présider les Conseils de famille.

Ils délivrent des actes de notoriété, notamment en cas de mariage, pour suppléer au défaut d'actes de naissance ou d'actes respectueux. — *C. civ.* 70, 71, 155.

Ils assistent à l'inventaire du mobilier et des titres de l'absent. — *C. civ.* 136.

Ils reçoivent exclusivement les actes d'émancipation et ceux d'adoption et de tutelle officieuse. — *C. civ.* 353, 363.

Grand nombre d'autres attributions leur sont encore conférées, que notre cadre ne nous permet pas d'énumérer ici.

Enfin, comme officiers de police judiciaire, les juges de paix exercent toutes les fonctions qui en général sont attribuées aux fonctionnaires publics et agents revêtus de cette qualité. — *C. instr. crim.* 48.

JUGEMENT. — On entend par Jugement, dans un sens absolu, toute décision rendue par un juge ou par un Tribunal quelconque sur un point soumis à son appréciation. On nomme généralement *Ordonnance* la décision que rend un juge seul. Les décisions des Cours supérieures prennent le nom d'*Arrêts*.

Les jugements sont prononcés publiquement dans les lieux affectés à l'Administration de la justice, à moins que la Loi n'autorise spécialement le Tribunal à prononcer en Chambre du conseil. Quelquefois aussi, lorsque le Tribunal ordonne le *huis-clos*, le débat est secret ; mais le jugement est toujours public. — *C. proc.* 87, 219, 355. — Voy. *Huis-clos*.

Les jugements des Tribunaux de première instance ne peuvent être rendus par moins de trois juges, à peine de nullité.

Des différentes espèces de Jugements.

Les jugements émanent ou de la juridiction criminelle, ou de la juridiction civile.

Dans le premier cas, ils sont ou de *simple police*, ou correctionnels.

Ceux de simple police sont rendus par le juge de paix. Ceux en matière de police correctionnelle sont rendus par le Tribunal civil — *C. instr. crim.* 139, 179 *et suiv.*

Les jugements émanants de la juridiction civile appartiennent, soit aux justices de paix, soit aux tribunaux de commerce, soit enfin aux tribunaux ordinaires de première instance.

En matière civile, on divise les jugements :

1° En *contradictoires*, c'est-à-dire ceux dans lesquels les parties ont contredit devant le juge ;

2° Par *défaut*, c'est-à-dire qui sont rendus en l'absence de l'une des parties ;

3° En *provisoires*, c'est-à-dire qui, ne pouvant rien décider actuellement, ordonnent ce qu'exigent les circonstances ;

4° En *préparatoires*, qui sont rendus pour l'instruction de l'affaire ;

5° En *interlocutoires*, c'est-à-dire par lesquels le tribunal ordonne une preuve ;

Et 6° en *jugements définitifs*, c'est-à-dire qui terminent la contestation.

On distingue encore les jugements sur *requête*, d'*expédient*, d'*homologation*, en *premier ressort*, en *dernier ressort*, et enfin les *jugements d'adjudication*.

Des condamnations.

Indépendamment de la condamnation en principal, le jugement peut prononcer des condamnations accessoires, tels que *dommages-intérêts, restitution de fruits, délais*, etc. — Voy. *Dommages-intérêts*.

La partie qui succombe doit ordinairement supporter les dépens, néanmoins on peut les compenser entre conjoints, ascendants, descendants, frères et sœurs, ou alliés au même degré, et lorsque les parties succombent respectivement sur quelques chefs. — *C. proc.* 131.

En matière sommaire, le jugement qui adjuge les dépens doit les liquider. — *C. proc.* 543.

Des effets des Jugements.

L'effet des jugements est de lier les parties entre lesquelles ils sont rendus de la même manière qu'un contrat qu'elles auraient consenti mutuellement. — *C. civ.* 1350, 1351. — Voy. *Chose jugée*.

Lorsqu'ils sont définitifs, les jugements ont aussi pour effet : 1° de terminer le litige ; 2° de produire hypothèque sur les biens du débiteur condamné, sauf au créancier à prendre inscription ; 3° de faire naître l'action personnelle ayant pour objet l'exécution des dispositions qu'ils renferment et qui dure trente ans. — *C. civ.* 2262.

Des voies contre les Jugements.

On peut se pourvoir contre les jugements par des voies ordinaires, c'est-à-dire l'*Opposition* contre les jugements par *défaut*, et l'*Appel* contre les jugements en *premier ressort*.

Le délai pour interjeter appel est de trois mois, sauf quelques exceptions. Dans ce délai on ne compte ni le jour de la signification du jugement, ni celui de l'échéance du délai.

Il court, pour les jugements contradictoires, du jour de la signification à domicile, et, pour les jugements par défaut, du jour où l'opposition n'est plus recevable. — *C. proc.* 443.

L'*acquiescement formel* à un jugement de la part d'une partie, lui ôte la faculté d'en interjeter appel. — Voy. *Acquiescement*.

On peut, avant qu'un jugement soit rendu, renoncer à la faculté d'en appeler ; mais il faut que cette renonciation soit expresse.

L'appel des jugements de justice de paix est porté devant le Tribunal de première instance de l'arrondissement ; celui des jugements de première instance devant la Cour d'appel.

L'appel suspend l'exécution des jugements qui n'ont pas prononcé l'exécution provisoire dans les cas où elle est autorisée. —*D. N.*— *C. proc.* 457.—Voy. *Appel.* — *Requête civile.* — *Cassation.* — *Tierce-opposition.* — *Prise à partie.*

JUGEMENT d'adjudication.— C'est celui qui a lieu dans les ventes de biens immeubles faites judiciairement, et notamment en matière d'expropriation forcée. — Voy. *Jugement.* — *Vente judiciaire.*

JUGEMENT arbitral. — Voy. *Arbitre.* — *Arbitrage.* — *Juridiction.*

JUGEMENT contradictoire. — Voy. *Jugement.*

JUGEMENT définitif. — Voy. *Jugement.*

JUGEMENT d'expédient. — On appelle ainsi la décision par laquelle un Tribunal donne la forme d'un jugement aux transactions intervenues entres les parties elles-mêmes, ou qu'elles font présenter par le ministère de leurs avoués. — *E. N.*

Cette transaction ne peut intervenir qu'entre parties capables. — *C. civ.* 2045.

Le jugement d'expédient a contre la partie condamnée la même efficacité qu'un contrat, et elle ne peut en porter appel, dès lors qu'elle avait capacité pour transiger.

JUGEMENT d'homologation. — Voy. *Homologation.*

JUGEMENT en dernier ressort. — Voy. *Jugement.*

JUGEMENT étranger. — Se dit d'une décision rendue hors du territoire français contre un Français.

Les jugements émanés des Tribunaux étrangers ne sont exécutoires, et n'emportent hypothèque en France, qu'en vertu d'un ordre d'exécution donné par un Tribunal français. — *C. proc.* 546. — *C. civ.* 2123.

JUGEMENT interlocutoire. — Voy. *Jugement.*

JUGEMENT par défaut. — Voy. *Jugement.*

JUGEMENT préparatoire. — Voy. *Jugement.*

JUGEMENT sur requête. — C'est celui rendu sur la demande d'une partie, sans contradicteur. Tels sont les jugements d'envoi en possession et autres.

JUIFS. — Les *Juifs*, que l'on nomme aussi *Israélites*, sont ceux qui professent le culte hébraïque.

Contrairement à ce qui existait avant la Révolution de 1789, les Juifs jouissent aujourd'hui, en France, des droits de cité et des droits civils, comme les autres citoyens.

JUMEAUX. — C'est le nom qu'on donne aux enfants nés d'un même accouchement.

Entre deux jumeaux, l'aîné est celui qui voit le jour le premier. — Voy. *Enfant.*

Il est nécessaire de dresser un acte de naissance distinct pour chacun des jumeaux, et de mentionner sur les registres de l'Etat civil l'heure de la naissance de chacun d'eux.

Les jumeaux ayant des droits égaux, la donation qui serait faite à l'enfant à naître devrait être partagée également entre les deux. — *D. N.*

JURA. — Département formé de partie de l'ancienne province de Franche-Comté.

Chef-lieu : Lons-le-Saulnier.

Cour d'appel : Besançon.

Ce département est limité à l'Est par le Doubs et la Suisse ; au Sud par la Suisse et l'Ain ; à l'Ouest par la Saône-et-Loire et la Côte-d'Or, et au Nord par le Doubs.

Il est divisé en 4 arrondissements, 32 cantons et 584 communes.

Superficie : 305,356 hectares.

Impôt foncier : 1.391.108 francs.

Population : 281,292 habitants.

JURATOIRE. — Se dit de ce qui est accompagné de serment. — Voy. *Caution juratoire.* — *Serment.*

JURÉ, Jury. — Les Jurés sont les citoyens qui sont appelés à siéger dans les *cours d'assises* pour prononcer sur les questions de fait qui leur sont soumises et décider si les accusés sont ou non coupables.

On appelle *Jury* la réunion des Jurés choisis pour délibérer sur une affaire. — LL. des 4 juin 1853 et 21-24 nov. 1872.

Pour remplir les fonctions de Juré, il faut être âgé de 30 ans accomplis et jouir de ses droits civils et politiques.

Ne peuvent être Jurés :

1° Les individus condamnés à des peines afflictives ou infamantes ;

2° Ceux condamnés à des peines correctionnelles pour fait qualifié crime par la Loi ;

3° Les condamnés à l'emprisonnement, quelle que soit sa durée, pour vol, escroquerie, abus de confiance, soustraction commise par des dépositaires publics, etc.

Les fonctions de Juré sont incompatibles avec celles de Préfet, Sous-Préfet, Juge, Ministre d'un culte reconnu par l'Etat, Militaires en activité de service, Instituteur primaire, etc.

Ne peuvent être Jurés ceux qui ne savent pas lire et écrire en français, les domestiques et serviteurs à gage, etc.

Sont dispensés : 1° les septuagénaires ; 2° ceux qui ont besoin pour vivre de leur travail manuel et journalier ; 3° ceux qui ont rempli ces fonctions pendant l'année courante ou l'année précédente.

Tout Juré qui ne se rend pas à son poste, sur la citation qui lui a été notifiée, est condamné à une amende qui est : pour la première fois, de 500 fr., mais qui peut être réduite à 200 fr. ; pour la seconde fois, de 1000 fr., et pour la troisième fois, de 1500 fr.

Celui qui n'a point comparu peut éviter la condamnation en faisant agréer une excuse ; mais si cette excuse est reconnue fausse, il est condamné, outre les amendes, à un emprisonnement de 6 jours à 2 mois. — C. *pén.* 236.

Si, pour s'affranchir de ses fonctions, le Juré a fabriqué, sous le nom d'un médecin, chirurgien ou autre officier de santé, un certificat de maladie ou d'infirmité, il est puni d'un emprisonnement de 2 à 5 ans. — C. *pén.* 159.

Le Juré qui s'est laissé corrompre, soit en faveur, soit au préjudice de l'accusé, peut être puni de la réclusion et même d'une peine plus grave, selon les circonstances. — C. *pén.* 177, 181 et 182.

JURIDICTION. — Ce mot s'emploie indistinctement pour exprimer le droit ou le pouvoir de juger.

On nomme aussi Juridiction le ressort ou l'étendue du territoire dans lequel s'exerce le pouvoir du juge, de même que le degré d'une instance soumise à l'appel.

La juridiction ne doit pas être confondue avec la compétence qui est la mesure de la juridiction, c'est-à-dire le cercle dans lequel elle est circonscrite. — Voy. *Compétence*.

La juridiction *contentieuse* est celle que le juge exerce lorsqu'il est appelé à prononcer sur des intérêts opposés.

La juridiction *gracieuse* et volontaire est celle exercée par le juge sur la demande d'une seule partie qui n'a point de contradicteurs, ou sur une contestation entre plusieurs parties qui tombent d'accord sur leurs prétentions.

Le Notariat est une juridiction volontaire, et le notaire imprime à ses actes les mêmes effets que ceux attribués aux jugements.

On reconnaît deux degrés de juridiction : les Tribunaux de première instance forment le *premier*, et les Cours d'appel le *second* ou dernier ressort.

Mais ce principe souffre diverses exceptions : ainsi, un juge de paix prononce en dernier ressort dans divers cas ; de même le Tribunal de première instance connaît en dernier ressort des appels de justice de paix et de toutes demandes n'excédant pas 1.500 fr. — Voy. *Compétence des Tribunaux de première instance.* — *Compétence des Juges de paix,* etc.

Il y a deux juridictions supérieures : l'une, la *Cour de cassation*, dans le ressort de laquelle tombent tous les actes de juridiction ordinaire et extraordinaire tenant à l'Administration de la justice ; l'autre, le *Conseil d'Etat*, qui a dans son ressort tous les actes et décisions administratifs étrangers à l'autorité judiciaire. — D. N. — Voy. *Cassation.* — *Conseil d'Etat.*

JURIDICTION consulaire. — Voy. *Tribunal de commerce.*

JURIDICTION contentieuse. — Voy. *Conseil d'Etat.* — *Juridiction.*

JURIDICTION volontaire. — Voy. *Juridiction.*

JURIDIQUE. — On nomme ainsi ce qui est conforme aux Lois et à la justice ; ainsi, on dit une action *juridique*, un moyen *juridique*, etc.

JURISCONSULTE. — C'est celui qui, étant particulièrement versé dans l'étude du droit, fait profession de donner des conseils sur cette matière. — Voy. *Avocat.* — *Consultation.* — *Homme de Loi.*

JURISPRUDENCE. — Ce terme se prend dans une double acception. — Il s'entend d'abord de la science du droit, mais on l'emploie le plus ordinairement pour exprimer les principes suivis par les Tribunaux dans des espèces analogues.

La jurisprudence est donc l'auxiliaire de la Loi.

En effet, les Lois positives n'ont pu tout prévoir ; or, c'est la jurisprudence qui éclaire et dirige les Magistrats et les Jurisconsultes dans les décisions qu'ils ont à rendre ou à préparer.

JURY d'Expropriation. — Voy. *Expropriation pour cause d'utilité publique.*

JUSTE, Injuste. — Le mot *Juste* se dit de ce qui est conforme au droit ou à la Loi. — On appelle *Injuste*, *Inique* ce qui est contraire. On dit la *juste cause*, le *juste titre*, etc.

JUSTICE. — C'est une vertu, une qualité supérieure qui préside aux actions de l'homme et le détermine à remplir fidèlement les devoirs qui lui sont prescrits.

Ce mot s'emploie encore comme synonyme de droit et de raison. Quelquefois aussi il désigne ceux qui ne sont que les organes de la justice.

La *Justice naturelle* est celle qui nous porte à rendre à chacun ce qui lui appartient, ne pas faire à autrui ce que nous ne voudrions pas qui nous fût fait à nous-mêmes.

La *Justice divine* est celle qui règle nos devoirs sous le rapport religieux.

La *Justice humaine* règle les rapports des hommes entre eux. — D. N.

JUSTICE (Déni de). — Voy. *Déni de justice.* — *Prise à partie.*

JUSTICE de paix. — Voy. *Juge de paix.*

JUSTICE (Frais de). — Voy. *Dépens.* — *Frais de justice.*

JUSTIFICATIFS (Faits). — Voy. *Preuve.*

JUSTIFICATION. — Preuve d'un fait, d'un droit ou d'une prétention. — Voy. *Preuve.*

JUSTIFICATIVES (Pièces). — Se dit des pièces qui établissent, près d'un Tribunal ou d'une Administration, la preuve d'un droit, d'un fait ou de l'accomplissement d'une condition. — Voy. *Preuve.*

K

KILO. — Mot générique indiqué dans le calcul décimal pour désigner mille fois l'Unité.

Il se joint au mot qui l'exprime, et forme un mot composé, comme *kilomètre*, *kilolitre*, *kilogramme*.

KILOGRAMME. — Poids de mille grammes dans les nouvelles mesures décimales. — Voy. *Poids et mesures*.

KILOLITRE. — Mesure de capacité égale à mille litres, dans le calcul décimal. — Voy. *Poids et mesures*.

KILOMÈTRE. — Première unité égale à mille mètres pour le calcul des mesures *itinéraires*, dans les nouvelles mesures décimales. — Voy. *Poids et mesures*.

KILOMÉTRIQUE. — Qui appartient au *kilomètre*. — On dit mesure *kilométrique*.

KILOSTÈRE. — Mesure de solidité égale à mille stères. — Voy. *Poids et mesures*.

L

LABIAL. — Ce mot s'entend de ce qui se dit de bouche seulement, et s'applique aux offres qui se font oralement à l'audience sans être réalisées par acte d'huissier. — Voy. *Offres labiales*.

LABOUREUR. — C'est celui qui fait profession de cultiver la terre, de l'ensemencer et d'en recueillir les fruits, soit comme propriétaire, soit comme fermier.

Les laboureurs proprement dits sont dispensés de *l'approbation d'écriture* dans les contrats unilatéraux. — C. civ. 1326. — Voy. *Approbation d'écriture.— Bail à ferme*.

LABOURS et semences. — En général, les frais de labours et semences sont une charge de la perception des fruits produits par le fonds. — C. civ. 548.

Le possesseur de bonne foi évincé conserve les fruits qu'il a perçus, mais il doit lui être tenu compte des dépenses préparatoires de la récolte pendant par racines. — Quant au possesseur de mauvaise foi et qui est tenu de rendre les fonds qu'il a perçus, il est néanmoins équitable de lui adjuger, avec les impenses utiles ou nécessaires, ses frais de labours.

Ainsi, en thèse générale, le propriétaire d'un fonds qui en reprend la jouissance est tenu de rembourser les labours et semences à celui qui les a faits, sauf l'exception en matière d'usufruit.

Les fruits naturels et industriels pendants par racines au moment où l'usufruit est ouvert appartiennent à l'usufruitier, et ceux qui sont dans le même état au moment où finit l'usufruit appartiennent au propriétaire, sans récompense de part ni d'autre des labours et des semences, sauf la portion qui peut être acquise au colon partiaire s'il en existe un. — C. civ. 585.

La perte des labours et semences, à la cessation de l'usufruit, s'applique au cas où ils ont été faits durant la communauté, lorsque l'usufruit appartenait personnellement à l'un des époux.

A l'égard des labours et semences après la dissolution de la communauté, s'il s'agit de récoltes pendantes sur un bien propre appartenant à l'un des époux, la communauté n'a pas droit à ces récoltes, mais elle a le droit de répéter les frais de labours, engrais et semences.

Il s'ensuit qu'une double estimation doit être faite dans les inventaires : 1° celle des frais de labours et semences dus par la succession à la communauté ; et 2° celle de la récolte appartenant à la succession. — D. N. — Voy. *Prisée*.

Mais lorsque la récolte est éloignée de plus de six semaines de sa maturité, le propriétaire du fonds ne fait compte que des labours et semences qui seuls doivent être estimés et compris dans l'inventaire. — C. proc. 626.

LAC. — C'est un amas considérable d'eau formé dans un pli naturel de terrain et qui n'a point d'issue.

Les lacs sont l'ouvrage de la nature et ont plus d'importance que les étangs ; c'est ce qui les distingue de ceux-ci, qui sont faits de main d'homme, mais ils sont régis par les mêmes règles. — Voy. *Eaux*. — *Etang*.

Les grands lacs sont communément placés dans le domaine public.

Comme dans les rivières navigables, le revenu de la pêche appartient à l'Etat.

Les riverains jouissent de tous les avantages que peut leur procurer le voisinage de l'eau ; mais ils ne peuvent faire aucune prise d'eau, ni construire aucune usine, sans autorisation.

Le droit d'alluvion n'étant établi par la loi qu'à l'égard des rivières, les lacs doivent conserver toujours leurs limites, sans que ce droit puisse être exercé sur leurs bords durant les saisons où il y a décroissement des eaux. — Voy. *Alluvion*.

Un lac peut aussi se trouver dans le domaine privé d'un particulier ou d'une Commune, comme cela existe dans les montagnes. — Dans ce cas, le propriétaire du terrain peut en disposer et même le dessécher sans être astreint à remplir aucune formalité.

Ils n'est pas dû de passage sur un lac particulier pour l'exploitation des fonds situés dans le voisinage, à moins d'un titre formel de servitude, ou qu'il n'y ait enclave.

LACÉRATION. — Action de déchirer un écrit ou imprimé.

La lacération d'actes publics ou privés donne lieu aux peines portées par l'art. 439 du C. pén. — Voy. *Destruction de pièces*.

Les notaires ne peuvent supprimer un acte, fût-il imparfait, et lors même que toutes les parties le demanderaient. — Voy. *Acte notarié*.

La lacération d'un testament en opère la révocation. — Voy. *Testament*.

Lorsque l'obligation a été déchirée et que les morceaux ont été récoltés et joints sur un papier étranger, il y a présomption que le débiteur s'est libéré ou qu'il lui a été fait remise de la dette, mais cette présomption ne peut être invoquée que s'il s'agit de sommes au-dessous de 150 fr., et d'ailleurs elle est abandonnée à la sagesse du juge. — *C. civ.* 1352.

LACS, lacets ou collets. — Pièges ou filets de crin ou de laiton qu'on tend dans les haies, sillons, rigoles ou passages étroits avec un nœud coulant pour prendre le gibier.

La Loi du 3 mai 1884 ne permettant que la chasse à *tir* et à *courre* et les *furets* ou les *bourses* destinés à prendre le lapin ; les lacets, collets, panneaux et filets de toute espèce se trouvent prohibés.[1]

LACUNE. — Espace ou blanc laissé dans l'écriture. — Voy. *Blanc*. — *Lacune*. — *Intervalle*.

LAIS et relais. — On appelle *Lais* les atterrissements ou alluvions que forment la mer, les fleuves et les rivières aux propriétés riveraines, et *Relais*, les terrains que la mer, les fleuves et les rivières abandonnent en se retirant d'une rive pour se porter sur l'autre.

Les *lais* et *relais* des fleuves ou rivières appartiennent aux propriétaires riverains, à charge de laisser le marchepied ou chemin de halage, lorsqu'il s'agit d'une rivière navigable ou flottable. — *C. civ.* 556, 557. — Voy. *Alluvion*. — *Atterrissement*. — *Utilité publique*.

Les rivages, lais et relais de la mer sont considérés comme des dépendances du domaine public. — *C. civ.* 538.

Les lais et relais commencent là où finit le rivage même de la mer.

Est réputé *bord* et *rivage* de la mer tout ce qu'elle couvre et découvre pendant les nouvelles et pleines lunes et jusqu'où le grand flot de mars peut s'étendre sur les grèves.

Les lais et relais de la mer peuvent être aliénés, mais seulement après une enquête administrative *de Commodo et Incommodo*.

Ils peuvent, comme les rivages des rivières navigables, s'acquérir par la prescription. — *D. N.* — Voy. *Mer*.

LAISSEZ-passer. — Se dit, en matière de Contributions indirectes, du permis de circuler signé par l'expéditeur et visé par la Régie. — *L. du 28 avril 1816.* — Voy. *Contributions.* — *Impositions.* — *Passavant.*

LAMANAGE. — C'est ce qui se paie aux marins *pilotes, lamaneurs* ou *côtiers*, pour les salaires qui leur sont dus, lorsqu'ils ont porté des secours aux navires et autres bâtiments de mer se trouvant dans des parages dangereux, et leur ont facilité ainsi l'entrée et la sortie des ports, hâvres et rivières. — *E. N.*

L'assureur n'est pas tenu du *pilotage, tonnage* et *lamanage*, ni d'aucune espèce de droits imposés sur le navire et les marchandises. — *C. comm.* 354.

LANDES. — On appelle Landes les terres d'une grande étendue restées incultes et stériles.

Celles appartenant à l'Etat, qui sont contiguës à une forêt domaniale, sont soumises au régime forestier. — Voy. *Communes.* — *Forêts.* — *Terres vaines et vagues.*

LANDES. — Département formé de parties de la Guyenne et de la Gascogne.
Chef-lieu : Mont-de-Marsan.
Cour d'appel : Pau.
Ce département est limité à l'Est par le Lot-et-Garonne et le Gers; au Sud par les Basses-Pyrénées ; à l'Ouest par l'Océan, et au Nord par la Gironde.
Il est divisé en 3 arrondissements, 28 cantons et 333 communes.
Superficie : 932.635 hectares.
Impôt foncier : 792.357 francs.
Population : 302.266 habitants.

LANGUE des Actes. — S'entend de l'idiôme dans lequel doivent être écrits les actes publics et les actes sous seing privé. — Voy. *Acte notarié.* — *Acte sous seing privé.* — *Langue française.*

LANGUE étrangère. — Voy. *Interprète.* — *Langue française.*

LANGUE française. — Les actes notariés doivent être écrits en langue française, mais il en est autrement pour les actes sous seing privé qui peuvent être écrits dans la langue des parties ; mais, dans ce dernier cas, celles-ci doivent y joindre à leurs frais une traduction française certifiée par un traducteur juré. — Voy. *Traduction.* — *Testament.*

LAPINS. — Voy. *Garenne.*

LARMIER. — Voy. *Filets.*

LARCIN. — Au point de vue pénal, c'est une variété du vol. — Voy. *Délit.*

LATENT. — Terme synonyme d'occulte, caché.
On dit en jurisprudence : *Vices latents. Servitudes latentes.* — Voy. *Servitudes.* — *Vente.* — *Vices redhibitoires.*

LATRINES. — Voy. *Contre-mur.* — *Fosses d'aisances.* — *Servitudes.*

LAVOIR. — Lieu destiné au lavage du linge, des laines, étoffes et autres objets.
Toute personne peut établir un lavoir sur les rivières naviguables ou flottables ; néanmoins, si son établissement donnait lieu à des constructions d'une certaine importance, l'autorisation devrait en être demandée à l'Autorité locale.
Celui dont l'héritage borde une eau courante non navigable ni flottable peut également y établir un lavoir ; mais ce droit pourrait lui être contesté si l'établissement du lavoir devait rendre l'eau sale ou insalubre, et, par là, priver les propriétaires inférieurs de s'en servir pour leur usage habituel, attendu que le propriétaire supérieur ne peut renvoyer à l'héritage inférieur des eaux infectes et corrompues.
La servitude de lavage est réglée par les mêmes principes que la servitude d'abreuvage, de sorte que ceux qui la doivent sont tenus de fournir le chemin ou passage nécessaire à son exercice. — Voy. *Abreuvoir.* — *Servitude.*

Cette servitude n'autorise pas l'enlèvement des eaux, en raison de ce principe qu'on ne peut rien faire qui puisse aggraver la servitude.

Les établissements des lavoirs à laine doivent être placés sur les rivières et ruisseaux, au-dessous des villes et villages, comme étant classés au nombre des établissements insalubres. — *D. N.* — Voy. *Etablissement dangereux, incommode ou insalubre.*

LECTURE. — Les actes notariés doivent être lus aux parties avant leur signature ou leur déclaration de ne savoir signer, et mention doit en être faite dans les actes. — *L. du 25 ventôse an XI.*

L'obligation de mentionner dans l'acte que la lecture en est faite ne s'applique pas aux actes sous seing privé ; mais, en général, celui qui a signé un écrit privé est censé l'avoir lu ou entendu lire, et il ne serait pas admis à prouver le contraire pour faire prononcer la nullité de l'acte. — *Arg. C. civ.* 1341.

Néanmoins, si le défaut de lecture avait favorisé le dol ou la fraude de manière à établir qu'il n'y a pas eu libre consentement, le fait de la non-lecture, à l'appui de celui du dol, serait susceptible de la preuve testimoniale. — *Cass.,* 20 *fév.* 1811. — Voy. *Acte sous seing-privé.*

Ceux qui ne savent ou ne peuvent lire, ne peuvent faire de dispositions dans la forme du testament mystique. — *C. civ.* 978.

LÉGAL. — S'entend de ce qui dérive de la Loi ou de ce qui y est conforme. C'est dans ce sens que l'on dit : *hypothèque légale, retour légal, usufruit légal,* etc.

LÉGALISATION. — C'est l'attestation, donnée par un fonctionnaire public ayant mission à cet effet, de la vérité des signatures apposées à un acte et des qualités de ceux qui l'ont fait ou expédié.

La légalisation ayant pour objet de confirmer l'authenticité des actes, il s'ensuit qu'elle ne s'applique le plus souvent qu'à des actes émanant d'officiers publics.

Néanmoins, les maires des communes sont appelés à légaliser dans plusieurs cas les signatures de leurs administrés.

En général, les actes doivent être légalisés lorsqu'on doit les produire hors du lieu où ceux qui les ont délivrés exercent leurs fonctions.

Les extraits des actes de l'état civil et les actes notariés (brevets, grosses ou expéditions) doivent être légalisés par le Président du Tribunal civil de l'arrondissement.

Ces mêmes actes peuvent également être légalisés valablement par les Juges de paix des cantons qui ne siègent pas au chef-lieu du ressort des Tribunaux civils. — *L. du 2 mai* 1861.

Les certificats de vie des rentiers ou pensionnaires de l'État, délivrés par les Notaires, sont également soumis à la légalisation des Présidents de Tribunaux ou Juges de paix.

Et les signatures des imprimeurs de journaux contenant des annonces légales, de même que les actes d'Administration ou d'intérêt général délivrés par des Receveurs des Contributions, Médecins et Chirurgiens, Commissaires de police, Membres des bureaux de charité et autres dont la signature a une certaine authenticité, par les Maires des communes.

La légalisation peut avoir lieu, non seulement pour la signature des personnes vivantes, mais encore pour celle des personnes décédées, quand cette signature est bien connue.

Tout acte de légalisation doit être revêtu du sceau de l'Autorité qui le délivre.

Il est dû un droit de greffe de vingt-cinq centimes pour chaque légalisation judiciaire ; mais celle faite par les agents de l'Administration ne donne lieu à aucun droit.

Indépendamment de la légalisation à laquelle ils sont soumis en France, les actes publics destinés aux Colonies doivent être légalisés par le Ministre dans les attributions duquel se trouve le fonctionnaire qui les a délivrés, et visés par le

Ministre de la marine. Ils sont ensuite légalisés par le Gouverneur de la Colonie.

Les actes et documents judiciaires délivrés en Alsace-Lorraine, et produits en France, ou délivrés en France et produits en Alsace-Lorraine, sont admis par les Autorités compétentes des deux pays, lorsqu'ils ont été légalisés, soit par le Président d'un Tribunal, soit par le Juge de paix. Aucune autre légalisation n'est exigée, hors le cas où il y aurait lieu de mettre en doute l'authenticité des pièces produites.

Il en est de même pour les actes à produire en France, pour contracter mariage, par les nationaux Belges et du grand duché de Luxembourg, et réciproquement dans ces deux pays par les Français. — *D. N.*

Les actes étrangers produits en France doivent avoir été légalisés par l'Ambassadeur ou *autre Ministre Français* et visés au Ministère des affaires étrangères.

Quant à ceux qui doivent être exécutés en pays étranger la signature du fonctionnaire qui a légalisé doit être légalisée elle-même par le Garde des sceaux ; celle de ce ministre l'est par le Ministre des affaires étrangères ; enfin, cette dernière est certifiée vraie par l'Ambassadeur ou Consul de la puissance dont il s'agit. — *Ord. 25 oct.* 1833.

LÉGAT. — On nomme *Légat* un Cardinal envoyé extraordinairement par le Pape en ambassade près d'un Gouvernement étranger.

LÉGATAIRE. — Voy. *Legs.*

LÉGATION. — Se dit de la réunion des personnes attachées à une ambassade ou mission diplomatique. — Voy. *Ambassadeur.* — *Chancelier de légation.* — *Consulat.* — *Ministère public.*

LÉGION d'Honneur. — Ordre destiné à récompenser les services militaires et civils. Cet ordre se compose de Chevaliers, Officiers, Commandeurs, Grands-Officiers, Grand'croix ; puis vient le Grand Chancelier ou Grand Maître de l'Ordre.

Le nombre des Chevaliers est illimité, mais celui des Officiers est fixé à 4000, celui des Commandeurs à 1000, celui des Grands-Officiers à 200, et celui des Grand'croix à 80. — *Déc.* 16 *mars* 1852. — *LL. des* 25 *juillet* 1873 *et* 20 *juin* 1875.

Les étrangers sont admis et non reçus ; ils ne figurent pas dans le cadre fixé.

Les officiers, sous-officiers et soldats de terre et de mer en activité de service nommés ou promus postérieurement au décret du 22 janvier 1852, reçoivent seuls un traitement fixé : pour les Légionnaires à 250 fr. ; pour les Officiers à 500 fr. ; pour les Commandeurs à 1000 fr. ; pour les Grands-Officiers à 2000 fr. et pour les Grand'croix à 3000 fr.

Le traitement des Légionnaires est incessible et insaisissable ; néanmoins, après leur décès, leurs créanciers peuvent se faire payer sur les arrérages qui en sont échus et qui sont encore dus.

Les Légionnaires peuvent être privés temporairement ou définitivement de leur titre de membre de l'Ordre pour actes contraires à l'honneur.

La médaille militaire peut se porter avec la croix de la Légion d'honneur. — Voy. *Médaille militaire.*

Toute personne qui, sans en avoir le droit, porte la décoration de la Légion d'honneur est passible d'un emprisonnement de six mois à un an, sauf les circonstances atténuantes. — *C. pén.* 259 *et* 463.

Trois maisons sont établies, à Saint-Denis, à Écouen et aux Loges, pour l'éducation des filles des membres de la Légion d'honneur.

Dans chacune de ces maisons, il y a 400 élèves gratuites et 100 pensionnaires. On y est admis de neuf à douze ans. — *D. N.*

LÉGISLATION. — S'entend du corps des Lois. Ainsi on dit : *Législation civile, Législation criminelle*, etc. — Voy. *Loi.*

LÉGISLATION coloniale. — La constitution des Colonies de la Martinique, de la Guadeloupe et de la Réunion a été réglée par un sénatus-consulte du 3 mai 1854. Il en résulte notamment que l'esclavage ne peut jamais y être rétabli.

L'*organisation judiciaire* au Sénégal, à la Guyane, à la Martinique, à la Guadeloupe et à la Réunion, a été réglée par les décrets des 9 et 16 avril 1854.

Le territoire des Colonies de la Martinique, de la Guadeloupe et de la Réunion est divisé en Communes, dont l'Administration est composée de Maires, Adjoints et Conseillers municipaux nommés par le Gouverneur. — Voy. *Colonies*.

LÉGISLATURE. — Cette expression sert à désigner les pouvoirs chargés de faire ou de voter des Lois, comme aussi la période de temps pendant lequel le Corps Législatif demeure assemblé.

LÉGITIMATION. — Fiction de la Loi introduite en faveur des enfants naturels et dont l'effet est de les placer au rang des enfants légitimes.

La légitimation des enfants nés hors mariage, autres que ceux nés d'un commerce adultérin ou incestueux, s'opère par le mariage subséquent de leurs père et mère ; elle ne peut avoir lieu autrement. — *C. civ.* 331.

Elle peut s'étendre même aux enfants décédés qui ont laissé des descendants, et, dans ce cas, elle profite à ces derniers. — *C. civ.* 332.

Pour qu'un enfant naturel puisse profiter de la légitimation, il est indispensable qu'il ait été reconnu par ses père et mère, soit avant le mariage, soit dans l'acte même de célébration. — *C. civ.* 331. — Voy. *Reconnaissance d'enfant naturel*.

La légitimation s'opère arrière des enfants et même malgré eux.

Les enfants légitimés par mariage subséquent ont les mêmes droits que s'ils étaient nés de ce mariage. —*C. civ.* 323.

LÉGITIME. — Se dit de ce qui est conforme à la Loi ou qui en dérive.

LÉGITIME contradicteur. — Qualification que l'on donne au subrogé-tuteur, en tant qu'il est appelé à surveiller les opérations du tuteur. — *C. civ.* 421. — Voy. *Subrogé-tuteur*.

LÉGITIME défense. — Se dit de l'état dans lequel se trouve une personne provoquée ou attaquée.

Les coups, blessures et même le meurtre sont excusables, s'ils ont été provoqués par des violences graves envers les personnes, ou s'ils ont été commis en repoussant l'escalade ou l'effraction des clôtures, murs ou entrées d'une maison, ou appartement habité, ou de leurs dépendances. — *C. pén.* 321 *et suiv.*

LÉGITIMITÉ. — État de l'enfant né du mariage.

Il n'y aurait pas de légitimité si le mariage était déclaré nul ; cependant le mariage contracté de bonne foi, quoique nul, conserverait aux enfants la qualité de légitimes. — *C. civ.* 201. — Voy. *Mariage*.

La légitimité dérivant du mariage, il suffirait à l'enfant dont la légitimité serait contestée de prouver l'union conjugale de ses père et mère.

Le mariage se prouve par l'acte de l'état civil. — En cas de perte ou de non-existence des registres, il se prouve, tant par titres que par témoins, ou par le résultat d'une procédure criminelle, ou bien encore, dans certains cas, par la possession d'état. — Voy. *Mariage*.

La filiation des enfants légitimes peut se prouver : 1° par les actes de naissance ; 2° par la possession d'état ; 3° par la preuve testimoniale, dans certains cas.

La possession d'état s'établit par une réunion suffisante de faits qui indiquent le rapport de filiation et de parenté entre un individu et la famille à laquelle il prétend appartenir. — Les principaux de ces faits sont : Que l'individu a toujours porté le nom du père auquel il prétend appartenir ; que le père l'a traité comme son enfant et a pourvu, en cette qualité, à son éducation, à son entretien et à son établissement ; qu'il a été reconnu constamment pour tel dans la société et qu'il a été admis aussi comme tel dans la famille. — *C. civ.* 321.

L'enfant né avant le 300me jour après la dissolution du mariage, et non compris celui de la dissolution, est présumé légitime, mais celui né postérieurement doit être déclaré illégitime sur la simple demande des héritiers du mari. — *Arg. C. civ.* 312 *et* 315. — *Cass.*, 8 *fév.* 1869. — Voy. *Désaveu de paternité.*

LEGS. — Le legs est une libéralité ou *Don* fait par testament.

Les dispositions testamentaires se divisent en legs universels ou à titre universel, ou encore à titre particulier, quelle que soit la dénomination employée.

Il est bon d'observer que toutes les fois que le testateur laisse des héritiers à réserve ou héritiers du sang, c'est-à-dire des ascendants, ou descendants, les légataires, même ceux universels, sont obligés de leur demander la délivrance du legs. — *C. civ.* 1004. — Voy. *Délivrance de legs.*

Mais si le testateur n'a ni descendants ni ascendants, l'héritier institué ou légataire universel est, dans ce cas, saisi de plein droit de toute la succession par la mort du testateur sans être tenu de demander la délivrance. — *C. civ.* 1006.

Du legs universel.

Le legs universel est la disposition testamentaire par laquelle le testateur donne à une ou plusieurs personnes conjointement l'universalité des biens qu'il laissera à son décès. — *C. civ.* 1003.

On entend par universalité de biens l'ensemble des droits actifs et passifs d'une personne, tels qu'ils existent au moment de son décès.

Lorsqu'il y a plusieurs légataires universels, chacun d'eux a un droit indivis à l'universalité, et comme ils viennent concurremment, ils partagent entre eux comme s'ils étaient héritiers légitimes, sauf la réserve légale, s'il y a des héritiers ayant droit à cette réserve.

Le légataire universel en concours avec des héritiers à réserve n'est tenu des dettes que pour sa part et portion, et, hypothécairement, pour le tout. — *C. civ.* 1009.

Pour le cas de décès de l'un des légataires avant le testateur. — Voy. *Accroissement.*

Le legs universel ne perd pas son caractère par cela seul qu'il se trouve en concours avec un legs à titre universel ou avec des legs particuliers. — *C. civ.* 1011.

Le legs de tous les meubles et immeubles, sans aucune réserve, est un legs universel. — *Ar. Rouen,* 27 *mai* 1806.

Du legs à titre universel.

Le legs à titre universel est celui par lequel une personne lègue une partie de ses biens dont la loi lui permet de disposer, telle qu'une moitié, un tiers ou tout son mobilier, ou encore tous ses immeubles, ou enfin une quotité fixe de ses immeubles ou de son mobilier. — Toute autre disposition ne forme qu'un legs à titre particulier. — *C. civ.* 1010.

Le legs de tous les meubles n'est pas un legs à titre universel, mais bien un legs particulier qui n'oblige pas le légataire à contribuer aux dettes ; néanmoins, si le testateur avait pris le mot *meubles* dans un sens plus large, par exemple, s'il avait dit : *tous les meubles* que je possède, il en serait autrement.

Le légataire à titre universel est tenu des charges afférentes à l'objet de son legs.

Il est tenu de demander la délivrance de son legs : 1° aux héritiers à réserve ; 2° aux légataires universels ; 3° aux héritiers légitimes, appelés dans l'ordre établi au titre des successions. — Voy. *Délivrance de legs.*

La quote-part d'un légataire à titre universel n'accroît pas à ses colégataires au même titre, à moins que les legs ne soient faits conjointement. — Voy. *Accroissement.*

Des legs particuliers.

Le legs particulier est celui par lequel le testateur lègue à une personne quelque chose de spécial ou un corps certain, par exemple, une somme d'argent, une créance, une pièce de terre, etc.

Tout legs qui n'est ni universel, ni à titre universel est un legs particulier dont les effets sont déterminés par les termes du testament.

Le legs de tous les meubles meublants, celui de tous les meubles et deniers comptants qui se trouvent dans une maison déterminée, sont des legs particuliers. — *D. N.*

Le légataire particulier est toujours obligé de demander la délivrance de l'objet légué ; il n'est jamais tenu personnellement des dettes héréditaires, sauf l'action hypothécaire des créanciers et sauf la réduction des legs, si les biens ne suffisent pas pour acquitter le passif. — *C. civ.* 1014 et 1024.

LÉSION. — C'est le tort ou le préjudice résultant d'une erreur sur l'appréciation des choses qui font l'objet d'un contrat ou d'un acte quelconque.

La lésion qui a lieu dans les ventes et dans les partages est le résultat d'une erreur d'appréciation, mais elle ne rend pas les conventions nulles.

On ne peut renoncer d'avance à la faculté de demander la rescision pour cause de lésion ; mais cette renonciation peut être faite postérieurement au contrat.

De la lésion dans la vente.

En matière de vente d'immeubles, la lésion de plus de sept douzièmes dans le prix est une cause de rescision. — *C. civ.* 1674.

Mais l'action en rescision n'appartient qu'au vendeur, et l'acquéreur n'a pas le droit de l'exercer.

Elle n'est pas admise dans les ventes qui, d'après la Loi, ne peuvent être faites que par autorité de justice.

L'action pour lésion n'est pas non plus admise dans les ventes de meubles ou autres valeurs mobilières.

La rescision a lieu pour lésion dans les ventes de droits immobiliers, comme les droits de superficie, de servitudes, d'emphytéose, etc. ; mais la vente ou cession de droits successifs faite à un étranger et ayant le caractère aléatoire n'est pas sujette à l'action en rescision.

La demande en rescision doit être faite dans le délai de deux années du jour de la vente. — Elle n'est plus recevable après l'expiration de ce délai.

La vente à faculté de rachat ou de réméré est, comme toute autre, susceptible de l'action en rescision.

L'acquéreur direct et même le tiers possesseur ont le droit de retenir la chose, en fournissant les neuf dixièmes du supplément du juste prix fixé par l'expertise.

La preuve de la lésion n'est admise que par jugement, et dans le cas seulement où les faits articulés seraient assez vraisemblables et assez graves pour faire présumer la lésion. — *C. civ.* 1677.

L'acheteur contre qui est prononcée la rescision pour lésion ne peut être condamné à restituer les fruits que du jour de la demande, et non du jour de la vente. — *C. civ.* 1682.

De son côté, le vendeur doit compte à l'acquéreur des intérêts de son prix, à compter du jour de la demande, et même du jour du paiement s'il n'a perçu aucuns fruits. — Il ne lui doit pas compte de ses frais de contrat.

De la lésion dans les partages.

Le partage peut être rescindé lorsqu'un des cohéritiers établit à son préjudice une lésion de plus du quart. — *C. civ.* 887.

Tout partage donne lieu à l'action en rescision, quelle que soit la forme, fût-il même fait en justice.

L'action en rescision est admise contre tout acte qui a pour objet de faire cesser l'indivision entre cohéritiers, lors même qu'il serait qualifié de transaction, vente, échange ou autre. — *C. civ.* 888. — Voy. *Partage.*

La licitation entre copropriétaires n'étant autre chose qu'un mode de partage, donne également lieu à l'action en rescision, qu'elle ait été faite à l'amiable ou en justice ; et, dans ce cas, la lésion est du quart, si c'est un héritier qui s'est rendu adjudicataire, et des sept douzièmes, si c'est un étranger.

Il est à remarquer cependant qu'il n'y aurait pas lieu à rescision, si la licitation avait été faite par autorité de justice à raison de la minorité, de l'interdiction ou de l'absence de quelques-uns des intéressés. — *C. civ.* 1684. — Voy. *Licitation.*

Le défendeur à la demande en rescision peut en arrêter le cours et empêcher un nouveau partage en offrant et en fournissant au demandeur le supplément de sa portion héréditaire, soit en numéraire, soit en nature. — *C. civ.* 801.

Il en est du partage comme de la vente, en ce qui concerne les intérêts et les fruits.

La demande en rescision pour cause de lésion en fait de partage doit être formée dans les dix ans de sa date. — *Arg. C. civ.* 1304.

De la lésion dans les autres Actes.

L'acceptation expresse ou tacite d'une succession ne peut être rescindée pour cause de lésion que dans le cas où la succession se trouverait absorbée ou diminuée de plus de moitié par la découverte d'un testament inconnu au moment de l'acceptation.

L'action en lésion n'est pas admise à l'égard du prix d'un bail ordinaire, mais il en est autrement pour le bail emphytéotique.

La rescision pour cause de lésion n'a pas lieu dans le contrat d'échange, à moins qu'il ne renferme une vente dissimulée.

Les transactions ne peuvent pas non plus être attaquées pour cause de lésion.

LETTRE. — S'entend d'une missive, une épître, une dépêche. — Voy. *Lettre.* — *Missive.*

LETTRE confidentielle. — Voy. *Lettre.* — *Missive.*

LETTRE d'avis. — On donne ce nom particulièrement à celle par laquelle un commerçant annonce à son correspondant ou à son commissionnaire, soit les marchandises qu'il lui adresse, soit les traites qu'il a faites sur lui. — Voy. *Facture.* — *Commissionnaire.* — *Lettre de change.* — *Lettre de voiture.*

LETTRE de change. — Titre commercial par lequel une personne s'oblige à faire payer une somme d'argent dont il a reçu la valeur, à une autre personne, ou à son ordre, par un tiers, dans une ville différente du lieu où le titre a été souscrit.

La lettre de change constitue toujours un acte de commerce et assujettit ceux qui l'ont souscrite à la juridiction commerciale. — *C. comm.* 632.

Comme le billet à ordre, la lettre de change peut être garantie par aval. — Voy. *Aval.*

Elle est transmissible par voie d'endossement.

Elle est tirée d'un lieu sur un autre ; elle est datée, doit énoncer la somme à payer, l'époque et le lieu où le paiement doit s'effectuer, et quelle valeur a été fournie (espèces ou marchandises).

Elle est à l'ordre d'un tiers ou à l'ordre du tireur lui-même. — *C. comm.* 110.

En ce qui concerne l'endossement des lettres de change. — Voy. *Endossement.*

La lettre de change suppose d'abord le concours de deux personnes, le *tireur* c'est-à-dire celui qui souscrit la lettre de change, et le *preneur*, c'est-à-dire celui, au bénéfice et à l'ordre duquel elle est souscrite ; elle est quelquefois faite par le tireur, à son ordre, pour la facilité du commerce, mais dans ce cas elle ne devient parfaite que lorsque le tireur a désigné dans l'endossement la personne à qui il transmet le titre. — Voy. *Endossement.*

Une troisième personne figure dans le titre sans y avoir concouru d'abord ; c'est celle sur qui la lettre de change est tirée, qui est chargée par le tireur d'en acquitter le montant. Le *tiré* devient *accepteur* et *débiteur* principal de la lettre de change, lorsqu'il déclare qu'il paiera à l'échéance : ce qui se nomme *acceptation*.

Après le preneur, les personnes qui reçoivent de lui la lettre de change et qui se la transmettent successivement par voie d'ordre se nomment *endosseurs*. Le dernier de ceux à qui le titre est transmis, et qui est chargé d'en réclamer le paiement, est le *porteur*, c'est-à-dire celui qui est nanti définitivement à l'échéance.

Il résulte des divers endossements une obligation solidaire entre tous les endosseurs en remontant du dernier au premier, chacun d'eux ayant pour obligé celui qui lui a transmis le titre et qui le précède dans les divers *ordres;* de telle sorte que le porteur a pour obligés tous les endosseurs, de même que le tireur, ainsi que l'accepteur, qui est débiteur principal envers tous les signataires.

Lorsque l'acceptation ou le paiement de la lettre de change sont refusés par le *tiré*, ou si, après avoir accepté, il refuse de payer, l'acceptation ou le paiement peuvent être faits par un tiers pour l'honneur de la signature du *tireur* ou des *endosseurs;* c'est ce qu'on appelle *paiement par intervention*.

Si le tireur ou l'un des endosseurs suppose que l'acceptation ou le paiement par le *tiré* peuvent être refusés, il peut indiquer un tiers qui paiera au *besoin* par intervention ; c'est ce qu'on nomme, en style de commerce, un *besoin*. Dans ce cas, le protêt faute d'acceptation ou de paiement doit être fait, tant au domicile du *tiré* qu'à celui du tiers désigné. — *C. comm.* 173. — Voy. *Besoin*.

Les personnes capables d'actes commerciaux peuvent seules figurer valablement sur une lettre de change. — Voy. *Change*.

Les lettres de change sont ordinairement rédigées par écrit privé ; mais elles peuvent être passées devant notaire, et cela devient même nécessaire quand le tireur ne sait pas signer.

Le paiement d'une lettre de change peut être indiqué à l'expiration d'un ou plusieurs *jours*, de *semaine*, de *mois*, à *vue*, ou à un ou plusieurs jours de semaine ou de mois de vue.

Quand la lettre est payable à *vue*, elle doit s'acquitter dès qu'on la présente. Lorsqu'elle est payable à un ou plusieurs jours ou mois de vue, le délai court du jour de l'acceptation ou du protêt faute d'acceptation. — *C. comm.* 130, 131.

La lettre de change peut aussi être payable à une ou *plusieurs usaines*, ou bien en foire. — L'usaine est un espace de trente jours qui commencent à courir le lendemain de la lettre. — *C. comm.* 132. — Si l'échéance tombe un jour férié, la lettre est payable la veille. — *C. comm.* 134.

La lettre payable en foire échoit la veille du jour fixé pour la clôture de la foire, ou le jour même de la foire, si elle ne dure qu'un jour. — *C. comm.* 133.

Le porteur d'une lettre de change est tenu d'en exiger le paiement le jour de son échéance. — *C. comm.* 161.

La lettre devient exigible avant l'échéance en cas de faillite de la part d'un des coobligés.

Le refus de paiement doit être constaté le lendemain du jour de l'échéance, ou le jour suivant, si ce jour est un jour férié, par un acte d'huissier que l'on nomme Protêt. — Voy. *Protêt*.

Le porteur de la lettre de change protestée, et, après lui, tout endosseur qui l'aurait remboursée, a le droit d'exercer son action en garantie contre le tireur et ses endosseurs qui sont ses obligés solidaires.

Pour conserver ce recours en garantie, le porteur ou son subrogé doit agir dans le délai de quinzaine à compter de la date du protêt, pour le porteur, et de la date de la citation en justice, pour tout endosseur assigné à fin de paiement. — *C. comm.* 165 et 167.

En résumé, deux formalités distinctes sont requises pour la conservation du recours dans les délais fixés : 1° la notification du protêt ; 2° la citation en justice à défaut de remboursement sur la notification.

Les obligations résultant de la lettre de change s'éteignent par la prescription de cinq ans, à compter du jour du protêt ou de la dernière poursuite, à moins qu'il n'y ait eu condamnation, auquel cas l'action n'est prescriptible que par trente ans.

Les lettres de change ont été assujetties au droit de timbre à raison des sommes et valeurs à y exprimer. — *D. N.* — Voy. *Timbre.*

Nous donnons ci-après deux formules de lettres de change :

I. — Lettre de change simple.

B. P. F.

Paris le......,

A..., mois de date il vous plaira payer par cette lettre de change à M. A..., demeurant à...., ou à son ordre, la somme de....., valeur reçue en marchandises, laquelle somme vous passerez en compte suivant avis de (ou sans autre avis de) votre serviteur.

Bon pour...... francs.

(Signature.)

A. M. A....., demeurant à.....

Acceptation.

Accepté payer la somme de....., ci-dessus, à l'échéance et domicile élu.

(Signature.)

II. — Lettre de change à l'ordre de tireur.

B. P. F.

Lyon, le.....,

A vue, il vous plaira payer par cette lettre de change, à mon ordre, la somme de....., que vous porterez au débit de mon compte sans autre avis.

Bon pour...... francs.

(Signature.)

A M. A..., demeurant à.....

LETTRES de créance. — Lettres émanées d'un Souverain ou Chef de l'État qui confèrent la mission de Ministre public près d'un autre Souverain ou Chef de l'État. On nomme lettres de rappel celles par lesquelles le Ministre est rappelé. — Voy. *Ministre public.*

LETTRE de crédit. — C'est celle par laquelle une personne, le plus ordinairement un banquier ou négociant, mande à une autre qu'elle peut payer à un tiers une somme indiquée ou toutes celles que celui-ci lui demandera. — *E. N.*

Le négociant qui donne une lettre de crédit s'oblige directement au remboursement des sommes avancées.

Le porteur d'une lettre de crédit n'est pas obligé d'en faire usage. Il ne contracte d'obligation qu'en recevant de l'argent, et cette obligation équivaut à celle de l'emprunteur vis-à-vis du prêteur.

LETTRES de grâce. — Voy. *Grâce.*

LETTRES de jussion. — Voy. *Jussion (Lettres de).*

LETTRE ministérielle. — Voy. *Décision ministérielle.* — *Circulaire.* — *Instruction.*

LETTRES de naturalisation. — Voy. *Naturalisation.*

LETTRES de réhabilitation. — Voy. *Réhabilitation.*

LETTRES de recommandation. — Ce sont celles par lesquelles on prie un correspondant d'accueillir quelqu'un avec faveur.

Ces lettres n'obligent pas celui qui les écrit et ne peuvent, dans aucun cas, être considérées comme un cautionnement qui, pour être valable, doit être exprès. — Voy. *Caution.* — *Cautionnement.*

LETTRES de répit. — Voy. *Répit.*

LETTRE missive. — Se dit d'une lettre ou dépêche écrite pour être envoyée à quelqu'un.

Celui à qui une lettre est adressée en devient propriétaire dès le moment qu'elle est remise soit à la poste, soit à un commissionnaire.

Le secret des lettres confiées à la poste a toujours été considéré comme inviolable et la Loi prononce des peines sévères pour ouverture ou suppression de lettres commises ou facilitées par des agents, sauf le cas de nécessité des instructions criminelles. — *C. pén.* 187.

Une lettre missive étant en général réputée confidentielle et constituant une sorte de propriété entre l'auteur et le destinataire, ce dernier commet une violation de dépôt s'il la livre à un tiers sans autorisation de l'auteur. — Il a d'ailleurs été décidé que les tiers ne peuvent s'en prévaloir. — *Cass.*, 12 *juin* 1823.

La lettre missive d'une personne contenant des propositions ne suffit pas pour la lier; il faut que celui à qui elle a été adressée ait répondu par une autre lettre de manière à ne pas laisser de doute sur son acceptation. — Dans ce cas seulement, le contrat se trouve formé et oblige les deux parties, ni plus ni moins que si elles avaient stipulé en présence l'une de l'autre.

Une lettre confidentielle en réponse à une demande de renseignements ne peut être invoquée en justice sans l'autorisation de l'auteur.

En matière commerciale, les contrats les plus usuels se forment le plus souvent par lettres. — *C. comm.* 109.

Tout commerçant est tenu de mettre en liasse les lettres qu'il reçoit et de copier sur un registre celles qu'il envoie. — *C. comm.* 8.

LETTRE de voiture. — Lettre ouverte ou feuille contenant l'indication des objets ou marchandises confiés à un voiturier pour les rendre à leur destination, et des conventions faites pour leur transport.

La lettre de voiture forme un contrat entre l'expéditeur et le voiturier, ou entre l'expéditeur, le commissionnaire et le voiturier. — *C. comm.* 101.

Elle est datée; elle exprime la nature, le poids ou la contenance des objets à ransporter, le délai dans lequel le transport doit être effectué; elle indique le nom et le domicile du commissionnaire par l'entremise duquel le transport s'opère, s'il y en a un; le nom de celui à qui la marchandise est adressée; le nom et le domicile du voiturier; le prix de la voiture; l'indemnité due pour cause de retard; enfin, elle est signée par l'expéditeur et le commissionnaire. Elle présente en marge la marque et le numéro des objets à transporter. La lettre de voiture est copiée par le commissionnaire sur un registre coté et parafé sans intervalle et de suite. — *C. comm.* 102.

La lettre de voiture fait foi de son contenu; c'est au voiturier à vérifier son chargement et à réclamer, s'il y a lieu, avant son départ.

Les principales obligations imposées ordinairement par la lettre de voiture consistent: pour le voiturier, à répondre de la perte ou des avaries des objets transportés et du retard apporté dans le transport de ces objets;

Pour le commissionnaire, à être garant du défaut de transport dans le délai et des avaries autres que celles provenant de force majeure; et pour le destinataire à payer le prix du transport et à indemniser le commissionnaire ou le voiturier de leurs frais et avances.

Les lettres de voiture sont sujettes au timbre de 70 centimes, y compris celui de la décharge.

Le bulletin d'expédition dont les conducteurs de trains de marchandises sur les chemins de fer sont porteurs, réunissant toutes les principales conditions de la lettre de voiture et devant en tenir lieu, sont sujets au timbre quoique ne portant pas de signature. Ce droit est, comme pour les lettres de voiture, de 70 centimes, y compris le timbre de la décharge, en ce qui concerne les récépissés pour transports effectués autrement qu'en grande vitesse, mais il n'est que de 35 centimes pour ceux applicables aux transports en grande vitesse. — *L. du 28 février* 1872.

Lettre de voiture.

A.... le.....,

A la garde de Dieu et conduite de M. A..., voiturier de....., à....., il vous plaira recevoir, marqué et numéroté comme en marge, *un fût de vin* pesant brut..... kilogrammes; ce qu'ayant reçu bien et dûment conditionné, sans manque ni dommage, dans le délai de....., jours à peine de perdre un tiers du prix de sa voiture que vous lui paierez à raison de....., et lui rembourserez le timbre de la présente

A M. B....., négociant à.....

J'ai l'honneur de vous saluer.

(*Signature*).

LEVÉE de scellés. — Voy. *Scellés.*

LIASSE. — S'entend d'une réunion de pièces administratives. — Le mot *dossier* n'est employé que pour les pièces judiciaires.

LIBELLE. — Se dit d'un écrit injurieux, diffamatoire. — Voy. *Injure.* — *Outrage.*

LIBELLÉ. — Ce qui est motivé, justifié. — Ainsi, on dit des conclusions *libellées*, un exploit *libellé*, ou le *libellé* d'un exploit, ce qui comprend aussi la rédaction.

LIBÉRALITÉ. — S'entend de toute espèce de don, avec ou sans acte. — Voy. *Donation.* — *Legs.* — *Rapport.*

LIBÉRATION. — Décharge d'une obligation, d'une poursuite, d'une servitude. — Voy. *Décharge.* — *Paiement.* — *Quittance.*

LIBERTÉ. — C'est, en général, le droit de faire tout ce qui ne nuit pas à autrui, en se conformant aux Lois.

Tout ce qui n'est pas défendu par la Loi est permis, et on ne peut être contraint de faire ce qu'elle n'ordonne pas.

LIBERTÉ (Mise en). — C'est l'action de rendre la liberté à celui qui en a été légalement privé.

Elle s'opère, soit par ordonnance de non-lieu, soit par jugement.

LIBERTÉ des cultes. — Droit de manifester par des actes extérieurs son hommage à la Divinité, selon les rites de la religion, mais sans pouvoir troubler l'ordre public. — Voy. *Culte.*

LIBERTÉ individuelle. — C'est celle de notre personne et de nos actions, et en vertu de laquelle nul ne peut être arrêté ni poursuivi que dans les cas prévus et la forme prescrite par la Loi.

Le Code d'Instruction criminelle distingue quatre sortes de mandats pour la compétence et le mode d'instruction, qui sont : les mandats de *comparution*, *d'amener*, *de dépôt* et *d'arrêt*.

La liberté individuelle est protégée, non seulement par les conditions imposées aux arrestations, mais encore par les peines portées contre ceux qui y attentent, et qui sont plus ou moins graves, selon que l'attentat a été commis par des particuliers ou par des dépositaires du pouvoir. — *C. pén.* 114 *et suiv.*

Toute personne ayant l'exercice de ses droits civils peut demeurer en quelque lieu que ce soit du territoire français et aussi longtemps qu'elle le voudra, le quitter, y revenir sans pouvoir être forcée d'en sortir ou d'y demeurer.

D'un autre côté, la maison de tout Français est un asile inviolable, dans lequel nul n'a le droit de pénétrer pendant la nuit, excepté dans les cas d'incendie, d'inondation ou de réclamation venant de l'intérieur de la maison. Pendant le jour, personne ne peut y entrer que pour un objet spécial, déterminé par La loi, ou en vertu d'un ordre émanant de l'Autorité compétente. — Voy. *Asile.*

Tout Français qui se croit lésé dans ses droits peut recourir aux Tribunaux établis par la Loi, pour demander justice et plaider d'égal à égal contre toute personne, sans pouvoir en être empêché. — *D. N.*

Enfin, toute personne ayant à se plaindre d'une grave injustice ou attentat à la liberté individuelle peut en demander la répression en s'adressant au Sénat. — Voy. *Pétition.*

LIBERTÉ de la presse. — Voy. *Presse.*

LIBERTÉS de l'Église gallicane. — On entend par ces mots la possession dans laquelle s'est maintenue l'Eglise de France, de conserver ses anciennes coutumes fondées sur les canons et sur la discipline des premiers siècles.

Les principes et la doctrine de l'Eglise gallicane sont contenus dans une déclaration du clergé du 19 mars 1682, devenue Loi du royaume par un édit du 23 du même mois de mars.

S'il était porté atteinte aux libertés de l'Eglise gallicane, il y aurait recours au Conseil d'Etat. — *L. du 18 germinal an X.*

LIBRAIRIE, imprimerie, colportage. — Les professions d'Imprimeur et de Libraire, précédemment soumises à l'obtention d'un brevet, ont été déclarées libres par la Loi sur la presse du 29 juillet 1881. — Voy. *Presse. — Imprimeur.*

D'après la même Loi, tout imprimé rendu public, à l'exception des petits ouvrages de ville ou bilboquets, doit porter l'indication du nom et du domicile de l'imprimeur à peine d'une amende de 5 à 15 fr., et même d'emprisonnement en cas de recidive dans l'année.

Au moment de la publication de chaque imprimé, l'imprimeur est tenu d'en faire, sous peine d'amende, un dépôt de 2 exemplaires destinés aux collections nationales. — Ce dépôt est de 3 exemplaires pour les estampes, la musique, et en général les reproductions autres que les imprimés. Il est fait : pour Paris, au Ministère de l'intérieur ; pour les chefs-lieux de département, à la Préfecture ; pour les chefs-lieux d'arrondissement, à la Sous-Préfecture ; et pour les autres villes à la Mairie.

La loi de 1881 punit comme complices d'une action qualifiée crime ou délit ceux qui, par l'impression, la vente, le colportage, la distribution ou l'exposition de placards ou écrits. auront provoqué l'exécution de ladite action.

La responsabilité des crimes et délits commis par la voie de la presse n'atteint les imprimeurs qu'à défaut des gérants.

On ne peut exercer la profession de colporteur ou distributeur sur la voie publique ou tout autre lieu public ou privé de livres, écrits, brochures, journaux, dessins, gravures. lithographies et photographies, sans en avoir fait la déclaration à la Préfecture du département de son domicile, et avoir justifié de sa qualité de Français jouissant de ses droits civils et politiques.

En ce qui concerne les journaux et autres feuilles périodiques, la déclaration peut être faite soit à la Sous-Préfecture soit à la Mairie de la commune dans laquelle doit se faire la distribution.

Toutefois, la distribution et le colportage accidentels ne sont soumis à aucune déclaration.

Les colporteurs et distributeurs qui auraient sciemment colporté ou distribué des livres, écrits ou emblèmes présentant un caractère délictueux, peuvent être poursuivis conformément au droit commun.

LICENCE. — Ce terme est employé, en matière de Contributions indirectes, pour désigner la permission spéciale d'exploiter certaines industries, tels que débits de tabacs, boissons, etc. — Il est encore employé pour désigner la permission de pêcher dans les fleuves et rivières. — En matière d'Enseignement, la *licence* est un grade que l'on obtient dans les Facultés après celui de Bachelier. — Voy. *Bail de pêche. — Boissons. — Pêche. — Tabac. — Enseignement.*

LICENCIÉ en droit. — C'est celui qui en a obtenu le diplôme, après avoir pris douze inscriptions dans une École de droit et avoir rempli les conditions relatives aux examens. — Voy. *Avocat. — Enseignement.*

LICITATION. — La licitation est la vente aux enchères d'une chose indivise entre plusieurs personnes pour le prix en être partagé entre elles en proportion de la part de chacune. — *E. N.*

Elle a été instituée comme moyen de sortir de l'indivision lorsque la chose commune est impartageable ; ce n'est donc rien autre chose qu'un partage, bien que la Loi l'ait placée au titre de la vente. —*C. civ. 1686 et suiv.*

Néanmoins, lorsque les biens licités sont adjugés à un étranger, la licitation devient une véritable vente.

Comme nul n'est tenu de demeurer dans l'indivision, la licitation, qui n'est qu'un mode de partage, peut toujours être provoquée toutes les fois que l'action en partage peut être formée, c'est-à-dire dans le cas où le partage ne peut être fait *commodément et sans perte*. — Voy. *Partage*.

Il n'y a donc lieu à licitation d'un immeuble que lorsqu'il ne s'en trouve pas d'autres qui, avec celui-ci, peuvent facilement composer des lots égaux. — *C. civ.* 837. — *C. proc.* 974.

Toutefois, la licitation volontaire peut avoir lieu du consentement de toutes les parties, quoique la chose commune soit susceptible d'être partagée *commodément et sans perte*.

L'Usufruitier et le Nu propriétaire ne peuvent pas demander la licitation l'un contre l'autre, attendu qu'il n'existe aucune communauté entre eux.

La licitation peut avoir pour objet des meubles ou choses corporelles comme des immeubles ou choses incorporelles.

On peut liciter le droit à un bail, un droit d'usufruit ou même d'usage, un achalandage, un fonds de commerce, etc. — Voy. *Bail par licitation*. — *Usufruit*. — *Fonds de commerce*.

La licitation peut avoir lieu non seulement entre cohéritiers, mais entre colégataires, codonataires, coacquéreurs ou autres associés et communs, et peut être demandée respectivement par chacun d'eux.

Formes et effets de la Licitation.

La licitation entre majeurs capables peut avoir lieu d'accord entre eux sans formalités de justice et sans y appeler les étrangers ; mais il en est autrement lorsqu'il se trouve des mineurs ou autres incapables. Dans ce cas, l'action doit être portée devant le Tribunal de première instance de la situation des biens, à moins qu'il ne s'agisse de biens communs à titre particulier, auquel cas l'action pourrait également être portée devant le Juge du domicile du défendeur.

Au cas de licitation judiciaire, les étrangers sont toujours admis à se rendre adjudicataires.

L'action en licitation à l'égard des cohéritiers mineurs ou interdits peut être exercée par leurs tuteurs spécialement autorisés par un Conseil de famille; mais cette autorisation n'est pas nécessaire pour répondre aux demandes en licitation dirigées contre lesdits mineurs ou interdits. — Voy. *Tutelle*.

Le mineur émancipé, assisté de son curateur, peut intenter l'action en licitation ou y défendre. — Voy. *Mineur*.

Par l'effet de la licitation entre cohéritiers ou autres copropriétaires, chaque cohéritier est censé avoir succédé seul et immédiatement aux objets à lui échus sur licitation, et n'avoir jamais eu la propriété des autres biens de la succession. — *C. civ.* 883.

Par suite, les hypothèques consenties par un cohéritier ou copropriétaire indivis s'évanouissent, si l'immeuble est adjugé à un autre colicitant. — Voy. *Etat d'inscription*. — *Hypothèque*.

La licitation comme le partage peut être rescindée pour lésion de plus du quart, de même que pour cause de violence ou de dol. — *D. N.* — Voy. *Partage*.

Bien que la licitation amiable puisse avoir lieu par acte sous seing entre majeurs capables, nous ne croyons pas devoir en donner de formule. Nous conseillons de recourir aux notaires.

LICITATION de bail. — Voy. *Bail par licitation*.

LICITE. — S'entend de ce qui est permis par la Loi. — Voy. *Illicite*. — *Condition*. — *Convention*.

Toute obligation doit avoir une cause licite. — Voy. *Obligation*.

LIEN. — Se dit de toute espèce d'engagement.

L'obligation simplement *naturelle* ne produit pas de *lien*, par la raison qu'on ne peut contraindre à l'exécuter. — Voy. *Obligation.*

LIEN double. — Voy. *Double lien.*

LIEN de droit. — Se dit de toute espèce d'engagement sanctionné par la Loi. — Voy. *Contrat.* — *Obligation.*

LIEU. — Ce terme, synonyme d'endroit, pris dans un sens général, indique une réunion d'habitations, comme un village, un hameau.

Dans un sens plus restreint, le mot *lieu* s'applique aux héritages, aux objets que l'on veut désigner.

La Loi du *lieu*, c'est-à-dire du pays où les actes ont été faits, est la règle de la forme extérieure des actes.

Le paiement doit être exécuté dans le *lieu* désigné par la convention. — *C. civ.* 1247.

LIEUX publics. — S'entend des places, rues, etc., à l'usage de tout le monde, de même que des hôtels, cafés, cabarets, bals publics, spectacles, etc., dans lesquels le public est admis de jour ou de nuit, librement ou à certaines conditions. — *E. N.*

Les lieux publics sont soumis à la surveillance de l'Autorité municipale. — Voy. — *Cabarets. Cafés.*

LIGNE (Parenté). — S'entend de la suite des générations ou degrés de parenté entre personnes d'une même famille et descendant d'un auteur commun, sans distinction de sexe. — *C. civ.* 735.

Elle se divise en deux parties principales : la ligne *directe* et la ligne *collatérale.*

La ligne directe se subdivise en ligne *directe ascendante* et en ligne *directe descendante.* — *C. civ.* 236.

La ligne *directe ascendante* se compose du père et de la mère et de tous les aïeux en remontant jusqu'aux plus éloignés ; — la ligne *directe descendante* comprend les enfants de tous les degrés, depuis le fils ou la fille jusqu'à l'arrière-petit-fils le plus éloigné.

Quant à la *ligne collatérale*, elle ne comprend que des personnes qui ne descendent pas l'une de l'autre, mais qui descendent toutes d'un auteur commun.

Les lignes se distinguent encore en ligne *paternelle* et ligne *maternelle*, selon que le chef de la ligne est le père ou la mère.

Elles se subdivisent en *branches*. Chaque branche est une portion de la famille sortie d'une source ou tige commune. Ainsi, deux frères forment deux branches différentes issues de la même tige qui est le père commun ; chacun de ces frères forme avec ses descendants une branche particulière, et les descendants se subdivisent entre eux de la même manière en diverses branches.

Les parents *utérins* et *consanguins*, et ceux qui sont parents de l'un et de l'autre côté forment aussi des branches différentes. — Voy. *Degré.* — *Généalogie.* — *Parenté.* — *Succession.*

LIGNE de douane. — Espace en deçà et autour des frontières qu'on nomme également *rayon frontière*, et qui, placé entre deux lignes de bureaux de Douanes, est soumis à une police particulière tendant à prévenir ou à réprimer les tentatives d'introduction ou de sortie des denrées et marchandises en fraude du tarif et des lois prohibitives.

Ce rayon a été fixé à deux myriamètres par la Loi du 8 floréal an II. — Le rayon frontière de mer est également de deux myriamètres au delà des côtes. Il est calculé à vol d'oiseau.

Aucune grande manufacture ou fabrique ne peut être établie sans autorisation du Gouvernement dans l'étendue du territoire formant la ligne des douanes, excepté dans les villes.

LIGNÉE. — C'est l'ensemble d'une même famille, en un mot toutes les personnes dont se composent les lignes *directe, collatérale, ascendante, descendante, paternelle et maternelle.* — Voy. *Ligne.*

LIMITATIF. — Ce qui restreint l'exercice d'un droit sur un certain objet seulement ou l'application de la loi aux seuls cas expressément prévus.

LIMITES. — Se dit en général des choses qui séparent un territoire, un État, une juridiction, un héritage. — Voy. *Bornage.* — *Bornes.* — *Juridiction.*

LINGE et hardes. — Voy. *Hardes.* — *Linge.* — *Inventaire.* — *Renonciation à communauté.*

LIQUIDATEUR. — Se dit particulièrement du notaire chargé d'une liquidation. — Voy. *Liquidation de droits indivis.* — *Société.*

LIQUIDATION. — Opération dont l'objet et le résultat sont de fixer ou régler ce qui était incertain, indéterminé, non liquidé, dans une affaire.

On distingue les liquidations de *succession*, de *communauté*, de *reprises* et de *société*.

On se sert aussi du mot *liquidation* en matière de dommages-intérêts ou de dépens. — Voy. *Dépens.* — *Dommages-intérêts.* — *Liquidation de droits indivis.*

LIQUIDATION de communauté. — Voy. *Liquidation de droits indivis.*

LIQUIDATION de droits indivis (*Communauté, succession, etc.*). — Acte par lequel on règle les droits des cointéressés dans une succession, une communauté ou une société.

Les principes du droit civil et de la procédure étant les mêmes pour la liquidation que pour le partage, on procède ordinairement aux deux opérations par le même acte, mais on ne doit procéder au partage proprement dit qu'autant qu'il n'y a ni comptes à faire entre les parties, ni rapports ou prélèvements à effectuer, et ce sont ces opérations préliminaires que la liquidation a pour objet. — Voy. *Partage.*

La liquidation est, comme le partage, déclarative et non attributive de la propriété.

Lorsque les parties sont majeures, maîtresses de leurs droits et d'accord, elles procèdent amiablement à la liquidation qui fait leur loi, sauf la rescision pour cause de lésion. — Voy. *Lésion.*

Mais si l'une des parties est mineure, ou si des parties majeures ne peuvent convenir d'un partage amiable, les opérations se font en justice. Dans ce cas, le juge commissaire renvoie les parties devant le notaire dont elles conviennent, ou qui, en cas de dissentiment, est nommé par le Tribunal. — *C. proc.* 976.

Le notaire procède seul à la liquidation suivant sa conscience et ses lumières, après quoi le travail est soumis à l'homologation du Tribunal. C'est sur l'instance en homologation que les parties qui se croient lésées dans leurs droits sont recevables à contester, et à faire réformer, s'il y a lieu, le travail liquidatif.

Les parties qui n'ont comparu ni devant le notaire ni devant le Tribunal, mais qui ont été dûment appelées, sont non recevables à attaquer le jugement qui prononce l'homologation d'une liquidation par voie d'opposition, ce jugement étant réputé contradictoire; mais elles peuvent toujours se pourvoir en appel.

De la liquidation de Communauté.

Cette opération comprend la liquidation des reprises et créances des époux sur la communauté, et l'établissement des masses active et passive. On prélève sur la masse active, non seulement la masse passive, mais encore les reprises et créances des époux, déduction faite des récompenses qu'ils doivent à la communauté, prélèvement qui est indiqué par le résultat de la liquidation de reprises; et ce qui reste de la masse active forme le bénéfice de la communauté à partager. Après avoir récapitulé les droits des parties dont le total doit égaler le montant de la masse active, on procède à des abandonnements pour les remplir de ces mêmes droits.

La liquidation de la succession de l'époux prédécédé accompagne souvent celle de la communauté, et, dans ce cas, on commence par liquider les reprises de la femme, par la raison que ses prélèvements s'exercent avant ceux du mari. — *C. civ.* 1471.

Si la communauté a été simplement légale, chaque époux reprend les immeubles qu'il possédait au moment du mariage et ceux qui lui sont échus depuis. Quant aux objets mobiliers, ils ne sont l'objet d'aucune reprise, étant tombés dans la communauté légale.

Mais si la communauté est conventionnelle, si chacun des époux y a fait un apport et s'est réservé en propres les successions mobilières et les dons et legs de même nature, chaque époux ne laisse dans la masse de la communauté que les mises ou apports qu'il a consenti à y faire, et reprend le surplus de même que les indemnités et récompenses en principaux et intérêts qui peuvent lui être dues.

Des liquidations de Succession.

En matière de liquidation de succession, avant de s'occuper du partage, on doit commencer par déterminer d'une manière certaine en quoi consiste cette succession, c'est-à-dire établir les créances actives et passives à exercer, soit contre ou par des tiers, soit contre les propres héritiers, après quoi on procède à l'établissement de la masse active, en distinguant les *fonds* et les *fruits*, de même que les *meubles* et les *immeubles*. — La masse passive est ensuite établie, puis la liquidation des dons ou legs. Après ces diverses opérations, on récapitule les droits des parties, puis enfin on procède aux abandonnements. — *D. N.*

Pour établir une liquidation, il faut avoir des connaissances en droit et l'expérience des affaires; aussi, bien que certaines liquidations entre majeurs puissent avoir lieu par acte sous seing privé, nous n'avons pas cru devoir en donner de formule ni nous étendre davantage sur ce chapitre, conseillant à nos lecteurs de toujours recourir à leur notaire pour cette opération.

LIQUIDATION de frais et dépens. — C'est celle qui se fait à la suite d'un procès contre la partie qui a succombé.

En matière *sommaire*, les dépens sont liquidés par l'arrêt ou le jugement qui les adjuge, et la liquidation est insérée dans le dispositif du jugement ou de l'arrêt.

En matière *ordinaire*, la liquidation des dépens se fait par l'un des juges qui ont assisté au jugement.

LIQUIDATION de fruits. — C'est, en procédure, le compte des fruits perçus dont la restitution est ordonnée. — *C. proc.* 526.

Ce compte se fait d'après les bases posées par l'art. 129 du C. de proc., c'est-à-dire suivant les mercuriales du marché le plus voisin, sauf la restitution en nature pour la dernière année, si elle est possible.

La liquidation de fruits se fait suivant la forme des comptes rendus à l'amiable ou en justice, selon qu'il s'agit de capables ou d'incapables. — *C. proc.* 526.

LIQUIDATION de reprises. — C'est celle qui a lieu au profit d'une femme séparée de biens ou d'une veuve, dans le cas de renonciation à la communauté.

Cette liquidation et le paiement des reprises de la femme sont indispensables pour que la séparation de biens produise son effet. — Voy. *Séparation de biens.* — *Reprises matrimoniales.*

LIQUIDATION de société. — C'est l'opération qui se fait, après la dissolution d'une société, pour le règlement des comptes respectifs des associés, le paiement du passif et le partage de l'actif.

Les liquidations et partages de sociétés sont soumis aux mêmes règles que les liquidations et partages de succession. — Voy. *Société*. — *Liquidation de droits indivis*. — *Partage*.

LIQUIDATION de succession. — Voy. *Liquidation de droits indivis*. — *Partage*.

LIQUIDE (Créance ou dette). — Se dit de celle dont la valeur est clairement déterminée, soit en argent ou autrement, quant à son importance ou à son appréciation.

LISIBLE. — Voy. *Illisible*.

LISTE des jurés. — Voy. *Juré*. — *Jury*.

LISTES électorales. — Voy. *Elections législatives*. — *Elections municipales*.

LIT. — Ce mot se prend au figuré dans le sens de *Mariage*. Ainsi, on dit : un enfant du *premier*, du *second lit*. — Voy. *Noces (secondes)*.

Dans le sens propre, on dit : Le lit du débiteur ne peut être saisi. — Voy. *Saisie-exécution*.

LIT d'hôpital. — Il existe dans certains hospices ou asiles des lits de fondation, c'est-à-dire des places achetées ou lits fournis par les fondateurs pour le traitement gratuit des malades, indigents ou enfants abandonnés dont ils se sont réservés la présentation.

Les droits des fondateurs à cet égard ont été conservés par un arrêté du 16 fructidor an XI. — Voy. *Hospice*.

LITHOGRAPHIE. — Voy. *Librairie*. — *Imprimerie*.

LITIGE. — Se dit d'une contestation en justice.

LITIGIEUX. — Ce qui est ou peut être contesté en justice. — Voy. *Droits litigieux*. — *Transport*. — *Cession*. — *Vente*.

LITISPENDANCE. — Terme servant à exprimer qu'un procès est pendant en justice. — Voy. *Exception*.

LITRE. — Unité des mesures de capacité. — Voy. *Poids et mesures*.

LIVRAISON. — C'est la tradition qui s'opère du vendeur à l'acheteur des denrées et marchandises. — On se sert plus particulièrement du mot *délivrance* pour la tradition des immeubles. — Voy. *Délivrance*.

LIVRE (Ouvrage scientifique ou littéraire). La Loi soumet à des règles particulières l'impression, la vente et la distribution des livres. — Voy. *Librairie*. — *Imprimerie*. — *Presse*.

Le mot *meuble* employé seul, sans autre addition ni désignation, ne comprend pas les livres. — *C. civ.* 533.

LIVRE de bord. — Registre tenu par les capitaines de navires et qui doit être coté et paraphé par l'un des juges du Tribunal de commerce, ou par le Maire ou son adjoint dans les lieux où il n'y a pas de Tribunal de commerce. — *C. comm.* 224, 242.

LIVRE-Journal. — Voy. *Livres de commerce*.

LIVRES domestiques. — Les livres que les particuliers tiennent pour leurs affaires peuvent, dans certains cas, faire foi contre eux; mais ils ne peuvent jamais former titre au profit de celui qui les a écrits. — Voy. *Papiers domestiques*. — *Preuve*. — *Registres*.

LIVRES de commerce. — Ce sont ceux que les commerçants sont obligés de tenir, et qui doivent présenter le résultat de leurs opérations et l'état de leur situation. Ils sont maintenant affranchis du timbre. — *E. N.*

Des Livres.

La Loi ne prescrit aucune forme spéciale pour la tenue des livres de commerce; mais tout commerçant doit en avoir au moins trois.

Le premier, appelé *Livre-Journal*, doit présenter, jour par jour, ses recettes et dépenses à quelque titre que ce soit, ses dettes actives et passives et ses négociations, acceptations et endossements. —Il doit aussi énoncer, mois par mois, les sommes dépensées pour la maison et la famille.

Le deuxième livre *obligatoire* contient les copies de lettres.

Enfin le troisième est spécialement destiné à recevoir l'*inventaire* que les commerçants doivent faire chaque année de leur actif et de leur passif. — *C. comm.* 8 *et* 9.

Chacun de ces trois livres doit être tenu par ordre de date, sans blanc, lacune ni transports en marge. Le Livre-Journal et l'Inventaire doivent être cotés et paraphés, soit par un des juges du Tribunal de commerce, soit par le maire ou un adjoint dans les lieux où il n'y a pas de Tribunal de commerce, et doivent être visés chaque année. — *C. comm.* 10 *et* 11.

Le Livre-Journal et celui des inventaires doivent de plus être visés par le même fonctionnaire, une fois par an.

Quoique la Loi n'oblige les commerçants qu'à la tenue des trois livres que nous venons d'indiquer, ils peuvent et doivent même en avoir d'autres, notamment celui qu'on appelle *Grand-Livre* sur lequel un compte est ouvert à toutes les personnes et à toutes les choses avec lesquelles ils sont appelés à faire des opérations et à entretenir des relations commerciales, pour y porter les articles du Journal.

Viennent ensuite le livre de *caisse*, de copie de *traites* ou *billets*, de *frais généraux*, d'*échéances*, d'*entrée* et de *sortie*, de *profits*, etc.

Les livres pour lesquels les commerçants n'ont pas observé les formalités prescrites ne peuvent être représentés, ni faire foi en justice au profit de ceux qui les ont tenus, et les exposent à être poursuivis, en cas de faillite, comme *Banqueroutiers simples* et même *frauduleux*.

Les livres de commerce régulièrement tenus peuvent être admis pour faire preuve entre commerçants pour faits de commerce. — *C. comm.* 12. — Mais il en serait autrement relativement aux contestations élevées par un *commerçant* contre des personnes non *commerçantes*. — La règle est, dans ce cas, que les registres des marchands ne font point preuve des fournitures qui y sont portées; néanmoins, ils peuvent former un commencement de preuve par écrit, qui pourrait être complétée par le serment, par la preuve testimoniale ou par des présomptions graves.

Les commerçants doivent conserver et mettre en liasse toutes les lettres qu'ils reçoivent.

Ils sont tenus de conserver leurs livres au moins pendant dix ans.

De la tenue des Livres.

On distingue deux espèces de tenue de Livres : la partie *simple* et la partie *double*.

Pour l'une comme pour l'autre, les deux choses principales à savoir, c'est ce qu'on entend par *débiter* et *créditer* quelqu'un ou un compte : or, *débiter* quelqu'un ou un compte sur les Livres, c'est écrire que la personne ou le compte *doivent*. Les *créditer*, c'est écrire *qu'on leur doit*. Le débiteur est donc celui qui doit, et le créditeur ou créancier celui auquel on doit.

Dans la partie double, on a assimilé aux personnes les diverses choses ou comptes qui forment les branches principales du commerce, et, d'après ce principe qu'il ne peut y avoir d'effet sans cause ni de cause sans effet, on a compris facilement qu'un compte ne pouvait donner, sans qu'un autre compte ne reçût, ou recevoir sans qu'un autre ne donnât, et dès lors on a *débité* celui qui recevait par le *crédit* de celui qui donnait.

Ainsi, par exemple, si on vend des marchandises au comptant, il est évident qu'on reçoit de l'argent et qu'il sort des marchandises; on écrira par conséquent sur les Livres : *Caisse doit à marchandises générales*, ou par abréviation *Caisse à march. gén.*; ou inversement, si on achète à quelqu'un des marchandises au comptant, comme on reçoit des marchandises et qu'on donne de l'argent, on écrira sur les Livres : *Marchandises gén. à Caisse.*

Quelquefois plusieurs comptes recevront d'un seul ou un seul recevra de plusieurs, ou enfin plusieurs recevront de plusieurs. On écrira alors sur les Livres : *Divers au compte qui donne,* ou *Compte qui reçoit à divers,* ou enfin *divers à divers* en expliquant et détaillant bien dans le corps de l'article : 1° quels sont les divers comptes qui ont reçu ; 2° ceux qui ont donné, et 3° ceux qui ont reçu et donné.

Ces derniers articles sont appelés *composés,* et ceux, comme les premiers, où il n'y a qu'un débiteur et un créancier, s'appellent *simples.*

Les articles dont nous venons de parler sont inscrits, jour par jour et par ordre de date, d'abord sur le *Journal* et ensuite sur le *Grand-Livre,* soit au *débit,* soit au *crédit* de chaque compte ouvert.

Outre les Livres indiqués plus haut, il est d'usage dans la pratique d'avoir le *Journal* en double, c'est-à-dire un Brouillard sur lequel on inscrit d'abord tous les articles et dont le *Journal* proprement dit n'est que la copie au net ; c'est le seul moyen d'avoir des Livres tenus proprement.

De la Balance des Livres.

C'est par la balance de tous les comptes au *Grand-Livre* que le commerçant peut arriver à connaître sa situation commerciale, c'est-à-dire ce qu'il a gagné ou perdu depuis le commencement de ses opérations ou depuis la dernière balance qu'il a faite.

LIVRET. — Petit registre destiné à constater les engagements des domestiques ou ouvriers envers leurs maîtres ou patrons, de même que les versements de fonds, états de service, etc.

LIVRET de Caisse d'Épargne. — Les livrets à l'usage des Caisses d'Épargne sont exempts du timbre. — Voy. *Epargne (Caisse d').*

LIVRET de domestique. — Tous les individus de l'un ou de l'autre sexe qui sont ou veulent se mettre en service à Paris sont tenus de se munir d'un livret. — *Déc. du 3 octob.* 1810.

Le domestique non muni d'un livret peut être puni d'un emprisonnement de 8 jours à 3 mois. — Il peut en outre être expulsé du département de la Seine. Ce livret est dispensé du timbre.

LIVRET de famille. — Ce livret est remis gratuitement par le Maire aux *époux* lors de la célébration du mariage.

Il est destiné à recevoir par extrait les énonciations principales des actes de l'Etat civil intéressant chaque famille et est appelé à rendre de grands services en évitant les erreurs qui se glissent trop souvent dans l'indication des prénoms et l'orthographe des noms.

LIVRET d'ouvrier. — Les ouvriers de l'un ou l'autre sexe attachés aux Manufactures, Fabriques, Usines, Mines, Minières, Carrières, Chantiers, Ateliers et autres Etablissements industriels, ou travaillant chez eux pour un ou plusieurs patrons, sont tenus de se munir d'un livret. — *L. du 22 juin* 1854.

La Loi n'a établi d'exception qu'en faveur des ouvriers membres d'une Société de secours mutuels et pourvus d'un diplôme délivré par le Bureau de cette Société.

Les livrets sont délivrés par les Maires. Toutefois, à Paris et dans le ressort, ce soin est confié au Préfet de police. Ils sont délivrés par le Préfet du Rhône, à Lyon et dans les autres Communes de son ressort. Ils sont également délivrés par les Préfets dans les Chefs-lieux de département où la population excède 40.000 âmes.

Le livret est en papier blanc. Il est coté et paraphé par les fonctionnaires ayant qualité pour le délivrer.

Le premier livret est délivré à l'ouvrier sur la constatation de son identité et de sa position.

Lorsqu'un livret est rempli ou hors d'état de servir, ou perdu, l'ouvrier peut le faire remplacer en se présentant devant le fonctionnaire compétent.

L'ouvrier est tenu de représenter son livret à toute réquisition des agents de l'Autorité.

Il ne faut pas confondre le livret avec le certificat de moralité.

Il ne doit être fait sur le livret aucune mention favorable ou défavorable à l'ouvrier.

Tout ouvrier soumis à l'obligation du livret et qui ne la remplit pas peut être poursuivi devant le Tribunal de simple police et condamné à une amende de 1 franc à 15 francs, sans préjudice des dommages-intérêts, s'il y a lieu. Le Tribunal peut, en outre, prononcer, suivant les circonstances, un emprisonnement de 1 à 5 jours. — Les mêmes peines sont encourues par tout chef d'Etablissement, soit qu'il emploie un ouvrier dépourvu de livret, soit qu'il n'inscrive pas sur le livret les mentions prescrites, ou ne tienne pas régulièrement le registre prescrit par la Loi.

Ce registre, non sujet au timbre, doit contenir les nom et prénoms de l'ouvrier, le nom et le domicile du chef de l'Etablissement qui l'a employé précédemment et le montant des avances dont l'ouvrier est resté débiteur envers celui-ci.

Aucun ouvrier ne peut être inscrit sur les listes Electorales pour la formation des Conseils de Prud'hommes s'il n'est pourvu d'un livret. — *D. N.*

LIVRET militaire. — C'est le livret individuel que reçoit gratuitement tout militaire au moment de sa première incorporation.

Ce livret contient, outre les nom et prénoms du titulaire et son Etat civil, ses états de service, la nomenclature des effets et armes qui lui sont délivrés, les articles de recette et dépense de sa masse, ses immatriculations et incorporations successives, de même que ses ordres de route.

Le livret est la propriété du militaire auquel il est délivré, et celui-ci doit le conserver avec le plus grand soin, toute négligence à cet égard étant passible de peines sévères.

Au cas de changement de domicile, le livret est remis au Commandant de Gendarmerie pour être transmis au bureau de Recrutement et y subir les modifications nécessaires.

L'homme qui perd son livret étant dans ses foyers doit en faire immédiatement la déclaration au Commandant de la Gendarmerie.

Indépendamment du livret individuel, tout homme de troupe possède un livret matricule qui contient divers renseignements particuliers au titulaire.

Ce livret, qui est préparé dans les bureaux de recrutement, suit l'homme à son régiment, et, quand il passe dans la disponibilité, la réserve ou l'armée territoriale, est envoyé au nouveau Corps ou au Commandant de recrutement.

LOCATAIRE. — Se dit de celui qui tient à louage une place, une maison ou partie de maison, pour un prix convenu. — Voy. *Bail à loyer*.

LOCATAIRIE perpétuelle. — Voy. *Bail à location perpétuelle*.

LOCATION. — Voy. *Bail*.

LOCATION verbale. — La location verbale n'est autre chose qu'un bail fait de convention, sans écrit, entre deux personnes.

Elle est régie par les mêmes principes de droit et soumet le bailleur et le preneur aux mêmes obligations que le bail. — Voy. *Bail*.

En l'absence de toute convention de la part des parties, la durée des locations verbales est déterminée par l'usage des lieux et ne cesse qu'autant que l'une des parties a donné congé à l'autre en observant les délais fixés par cet usage. — Voy. *Congé*.

A Paris, les locations faites sans écrit sont censées faites ainsi qu'il suit: 1° quand le prix du loyer est de 400 francs et au-dessous, pour 3 mois; 2° quand le prix du loyer dépasse 400 francs, pour 6 mois ; 3° quand il s'agit de boutiques ou de corps de logis entiers, ou bien encore lorsqu'il s'agit de logement de Juges de paix, de Commissaires de police ou d'instituteurs, pour un an.

En province, les locations verbales sont le plus ordinairement censées faites pour une année lorsqu'il s'agit de prairies ou bâtiments, et pour 3 années lorsqu'il s'agit de terres labourables. — *D. N.*

Si la location verbale n'a encore reçu aucune exécution et que l'une des parties la nie, la preuve ne peut en être faite par témoins, quelque modique qu'en soit le prix. — *C. civ.* 1715.

Lorsqu'il y a contestation sur le prix d'une location verbale et qu'il n'existe point de quittance, le propriétaire en est cru sur son serment, si mieux n'aime le locataire demander l'estimation par experts ; auxquel cas, les frais de l'expertise restent à sa charge, si l'estimation excède le prix qu'il a déclaré. — *C. civ.* 1716.

Les locations verbales qui n'atteignent pas 100 fr. ne sont pas sujettes à l'Enregistrement. Mais celles excédant 100 fr. doivent être déclarées au bureau de l'Enregistrement de la situation des biens, dans le délai de 3 mois du jour de l'entrée en jouissance, et sont soumises aux mêmes droits que les baux écrits, soit **25** centimes pour cent, décimes compris. — Ces droits sont exigibles dans les 20 jours qui suivent l'échéance de chaque terme.

A l'égard des congés. — Voy. *Congé de location.* — *Usages locaux (congé de location).*

Si la location doit durer plus de trois ans, le paiement des droits peut être fractionné par périodes triennales. — Voy. *Bail,* § 9.

Le propriétaire et le locataire sont responsables du paiement des droits.

A défaut de déclaration, il est dû un droit en sus, à titre d'amende, qui ne peut être inférieur à 62 fr. 50 cent., décimes compris. — *L. du 23 août* 1871.

Le propriétaire et le locataire sont tenus de l'amende chacun pour moitié, mais au cas de décès de l'un d'eux avant le paiement elle tomberait en entier à la charge du survivant.

Le congé donné pour les locations faites suivant l'usage des lieux doit être déclaré à la régie par le propriétaire, afin que le droit de bail cesse d'être dû au Trésor, à défaut de quoi les droits exigibles dans les 20 jours du terme continueraient d'être dus. — *L. du 23 août* 1871.

LOCATION (Réparations). — Voy. *Réparations locatives.* — *Bail à loyer.*

LOGEMENT. — Partie de maison qu'on habite ou qu'on a le droit d'habiter. — Voy. *Habitation.*

Le fermier sortant doit un logement convenable suivant l'usage des lieux à celui qui lui succède dans la culture. — *C. civ.* 1777. — Voy. *Bail à ferme.*

La veuve commune en biens a également droit à un logement pendant les délais pour faire inventaire et délibérer, mais ce droit lui est personnel et ne passe point à ses héritiers. — Voy. *Habitation de la veuve.*

Les communes doivent aussi pourvoir au logement de leur curé ou desservant. — *L. du 8 avril* 1802.

LOGEMENTS insalubres. — Les logements qui se trouvent dans des conditions de nature à porter atteinte à la vie ou à la santé de leurs habitants sont réputés insalubres. — *L. du 13 avril* 1850.

Lorsque le Conseil municipal d'une commune l'a déclaré nécessaire par une délibération spéciale, il nomme une Commission sur le rapport de laquelle le Conseil détermine, sauf le recours des intéressés au Conseil de Préfecture, les travaux d'assainissement à faire, ainsi que le délai pour les faire, et les logements non susceptibles d'assainissement.

En vertu de la décision du Conseil municipal ou du Conseil de Préfecture, les travaux sont exécutés par le propriétaire ou l'usufruitier dans les délais déterminés, sous peine d'une amende de 16 à 100 fr. Les travaux peuvent même être exécutés par mesure d'ordre et de police.

Lorsque le logement n'est pas susceptible d'assainissement et que, par suite d'interdiction d'habitation, il y a lieu à résiliation des baux, cette résiliation n'emporte en faveur du locataire aucuns dommages-intérêts. — *D. N.*

LOGEMENT militaire. — S'entend de l'obligation pour les citoyens de loger les troupes et gens de guerre. — *L. du 10 juillet* 1791.

Les Municipalités ne doivent fournir les logements qu'autant que les bâtiments de guerre sont insuffisants, et elles ne doivent en faire supporter la charge aux habitants qu'autant qu'elles ne peuvent suppléer autrement à cette insuffisance.

Lorsque les troupes sont en marche, le logement est dû gratuitement. Il n'est dû que sauf indemnité si elles sont en cantonnement.

Toutes les communes, petites ou grandes, doivent le logement militaire.

Les hommes de troupe sont logés chez l'habitant à raison d'un lit par sous-officier, et d'un lit au moins, d'un matelas et couverture pour deux soldats. — *Déc. du 2 août* 1877.

Les dépositaires des Caisses publiques, les Communautés religieuses de femmes, les veuves et filles vivant seules ne sont tenus de fournir le cantonnement que dans les dépendances de leur domicile qui peuvent être complètement séparées des locaux occupés pour l'habitation. — *L. du 23 nov.* 1886.

Il en est de même des officiers et autres fonctionnaires militaires en garnison ou en résidence, à moins qu'ils ne se trouvent dans le lieu de leur domicile propre, et que le logement qu'ils ont loué n'excède la proportion affectée à leur grade.

Les locataires des maisons sont assujettis au logement. — Voy. *Bail à loyer*.

Les troupes en marche ou en garnison sont responsables des dégâts qu'elles ont faits dans leurs logements.

Il est une autre servitude imposée aux habitants des villes de garnison, c'est l'obligation de fournir des lits, lorsqu'il ne s'en trouve pas une quantité suffisante pour le casernement des sous-officiers et soldats dans les bâtiments militaires; mais, dans ce cas, ils ont droit à une indemnité pour chaque lit et tout ce qui en dépend. — Voy. *Réquisition de personnes et de choses*.

LOGEUR. — Celui qui tient des logements garnis. — Ses devoirs, ses obligations et ses droits sont les mêmes que ceux de l'hôtelier, et il est soumis aux mêmes règlements de police. — Voy. *Hôtellerie*.

LOI. — C'est, d'après la définition de M. Demolombe, une règle sanctionnée par la puissance publique, une règle civilement et juridiquement obligatoire.

On donne spécialement le nom de Loi à tout acte émané du Pouvoir Législatif.

Les Lois se divisent en Lois *naturelles* et *positives*.

Les Lois *naturelles* sont celles attachées à notre nature et gravées au fond de tous les cœurs.

Les Lois *positives* sont celles qui ne doivent leur existence et leur autorité qu'au pouvoir.

Il faut distinguer les Lois qui ont pour but l'organisation de la puissance publique et qui forment le droit public, d'avec celles relatives aux relations particulières des citoyens et qui forment le droit privé.

Le droit public est écrit dans la Constitution et dans les Lois administratives, de même que dans le Code d'Instruction criminelle et le Code pénal.

Notre droit privé résulte du Code *civil*, du Code de *commerce*, du Code de *procédure* civile, et de plusieurs Lois postérieures qui ont complété ou modifié certaines dispositions de ces Codes.

On devise les Lois en Lois *générales* et *spéciales*. Toutes les Lois organiques *judiciaires*, *administratives* et *fiscales* sont des Lois générales ou d'intérêt général. Les Lois d'intérêt purement *local* ou même d'intérêt *particulier* sont des Lois *spéciales*.

Les actes des différents pouvoirs exécutifs, règlements, arrêtés, ordonnances, etc., commandent, comme les Lois, obéissance vis-à-vis de tous, pourvu qu'ils soient faits en conformité de la Loi.

Il existe encore un autre mode de formation des lois par la *coutume*, par l'*usage*.

Les conventions aussi tiennent lieu de loi, mais seulement à l'égard des contractants.

On ne peut déroger par des conventions particulières aux lois qui intéressent l'ordre public et les bonnes mœurs.

Le chef de l'Etat a l'initiative des lois concurremment avec le Sénat et la Chambre des députés. — Chacune des deux Chambres discute, amende, s'il y a lieu, et vote la loi séparément. — *L. du 25 févr.* 1875.

Les lois ne peuvent résulter définitivement que du vote des deux Chambres.

La promulgation des lois est faite par le Président de la République, dans le mois qui suit la transmission au Gouvernement de la loi définitivement adoptée. Elle a lieu dans les trois jours en cas d'urgence déclarée.

Cette promulgation résulte de l'insertion des Lois au Bulletin officiel. Elles deviennent exécutoires du moment où cette promulgation peut être connue.

Elle est présumée connue dans le département de la Seine un jour après que le Bulletin qui la contient a été transmis au Ministre de la justice, lequel constate sur un registre l'époque de la réception.

Elle est exécutoire dans les autres départements, après le même délai augmenté d'autant de jours qu'il y a de fois dix myriamètres entre Paris et le chef-lieu de chaque département, sauf dans les cas où, par force majeure, les communications seraient interrompues.

L'autorité de la loi est encore attribuée aux traités politiques.

Quant à la manière dont la loi doit être interprétée. — Voy. *Interprétation des Lois*.

La Loi ne dispose que pour l'avenir. Elle n'a pas d'effet rétroactif.

On ne peut faire indirectement ce que la Loi défend ; toute tournure frauduleuse est sévèrement réprimée.

Tout ce que la Loi ne défend pas est réputé licite.

Les Lois de police et de sûreté obligent tous ceux qui habitent le territoire, même passagèrement, c'est-à-dire les étrangers, comme les Français mêmes. — *D. N.*

Ces mêmes Lois protègent tous les individus, sans distinction, étrangers comme Nationaux.

Les immeubles, même ceux possédés par des étrangers, sont régis par les Lois Françaises.

Les Lois concernant l'Etat et la capacité des personnes régissent les Français même résidant en pays étranger ; mais les immeubles situés en pays étranger et appartenant à des Français sont régis par les Lois étrangères.

LOIR-ET-CHER. — Département formé de partie de l'Orléanais, du Blaisois et du pays Chartrain.

Chef-lieu : Blois,
Cour d'appel : Orléans.

Ce département est limité à l'Est par le Loiret; au Sud par le Cher et l'Indre; à l'Ouest par l'Indre-et-Loire et la Sarthe, et au Nord par l'Eure-et-Loir.

Il est divisé en 3 arrondissements, 24 cantons et 297 communes.
Superficie : 636.940 hectares.
Impôt foncier : 1.425.899 francs.
Population : 279.214 habitants.

LOIRE. — Département comprenant l'ancien Forez.
Chef-lieu : Saint-Etienne.
Cour d'appel : Lyon.

Ce département est limité à l'Est par le Rhône et l'Isère; au Sud par l'Ardèche et la Haute-Loire; à l'Ouest par le Puy-de-Dôme et l'Allier, et au Nord par le Rhône, la Saône-et-Loire et l'Allier.

Il est divisé en 3 arrondissements, 30 cantons et 330 communes.

Superficie : 477.837 hectares.
Impôt foncier : 1.884.971 francs.
Population : 603.384 habitants.

LOIRE (HAUTE-). — Département formé de l'ancien Velay, d'une partie de l'Auvergne, d'une partie du Gevaudan, du Vivarais et de partie du Forez.
Chef lieu : Le Puy,
Cour d'appel : Riom.
Ce département est limité à l'Est par la Loire et l'Ardèche ; au Sud par l'Ardèche et la Lozère ; à l'Ouest par le Cantal, et au Nord par la Loire et le Puy-de-Dôme.
Il est divisé en 3 arrondissements, 28 cantons et 264 communes.
Superficie : 495.940 hectares.
Impôt foncier : 1.068.429 francs.
Population : 320.063 habitants.

LOIRE-INFÉRIEURE. — Département formé de partie de la Bretagne.
Chef lieu : Nantes.
Cour d'appel : Rennes.
Ce département est limité à l'Est par la Mayenne et Maine-et-Loire ; au Sud par la Vendée ; à l'Ouest par l'Océan, et au Nord par l'Ille-et-Vilaine et le Morbihan.
Il est divisé en 5 arrondissements, 45 cantons et 217 communes.
Superficie : 691.266 hectares.
Impôt foncier : 1.884.963 francs.
Population : 643.884 habitants.

LOIRET. — Département formé de partie de l'Orléanais et du Gâtinais.
Chef-lieu : Orléans.
Cour d'appel : Orléans.
Ce département est limité à l'Est par l'Yonne ; au Sud par la Nièvre, le Cher et le Loir-et-Cher ; à l'Ouest par le Loir-et-Cher et Eure-et-Loir, et au Nord par Seine-et-Marne, Seine-et-Oise et Eure-et-Loir.
Il est divisé en 4 arrondissements, 34 cantons et 349 communes.
Superficie : 672.278 hectares.
Impôt foncier : 2.027.436 francs.
Population : 374.875 habitants.

LOIS constitutionnelles et organiques. — Voy. *Loi.* — *Organisation politique.*

LOIS sur la presse. — Voy. *Presse.*

LONG-COURS (Voyage de). — En matière maritime, on entend par voyages de long-cours ceux qui se font à la mer Pacifique, aux Indes orientales et occidentales, et autres lieux indiqués dans l'art. 377 du C. de comm. — Voy. *Cabotage.* — *Navire.*

LOT. — Portion d'un tout partagé entre plusieurs personnes. — Voy. *Partage.*

LOT. — Département formé du ci-devant Quercy.
Chef-lieu : Cahors.
Cour d'appel : Agen.
Ce département est limité à l'Est par le Cantal et l'Aveyron ; au Sud par Tarn-et-Garonne ; à l'Ouest par le Lot-et-Garonne et la Dordogne, et au Nord par la Corrèze.
Il est divisé en 3 arrondissements, 29 cantons et 323 communes.
Superficie : 519.952 hectares.
Impôt foncier : 1.285.428 francs.
Population : 271.514 habitants.

LOT-ET-GARONNE. — Département formé de partie des anciennes provinces de la Guyenne et de l'Agenois.

Chef-lieu : Agen.

Cour d'appel : Agen.

Ce département est limité à l'Est par le Lot et Tarn-et-Garonne ; au Sud par Tarn-et-Garonne, le Gers et les Landes ; à l'Ouest par les Landes et la Gironde, et au Nord par la Dordogne et la Gironde.

Il est divisé en 4 arrondissements, 35 cantons et 325 communes.

Superficie : 534.737 hectares.

Impôt foncier : 2.185.678 francs.

Population : 307.437 habitants.

LOTERIE. — Opération de banque ou affaire de hasard, dans laquelle les personnes engagées courent la chance d'obtenir un gain par le moyen d'un tirage au sort. — *É. N.*

Les loteries sont prohibées, à l'exception de celles d'objets mobiliers exclusivement destinés à des actes de bienfaisance ou à l'encouragement des arts, lorsquelles auront été autorisées. — *L. du 21 mai 1836.*

Les autorisations sont délivrées, dans le département de la Seine, par le Préfet de police, et dans les autres départements par le Préfet, sur la proposition des maires.

Les tirages doivent se faire sous l'inspection de l'Autorité municipale.

LOTS d'attribution. — Se dit de lots de partage qui sont faits de convenance et sans tirage au sort. — Voy. *Partage.*

LOTISSEMENT. — Action de diviser en parts les immeubles d'une communauté, d'une succession, etc. — Voy. *Liquidation.* — *Partage.*

LOUAGE. — Contrat par lequel les parties conviennent d'un prix déterminé, pour l'usage d'une chose mobilière ou immobilière pendant un certain temps. — Voy. *Bail.*

LOUAGE d'ouvrage et d'industrie. — Contrat par lequel l'une des parties s'engage à faire quelque chose pour l'autre, moyennant un prix convenu. — Voy. *Bail d'ouvrage et d'industrie.* — *Domestique.* — *Marché.*

LOUAGE maritime. — Voy. *Charte-partie.* — *Gens de mer.*

LOUPS, louveterie. — La destruction des loups a été l'objet de diverses mesures générales, telles que l'établissement des officiers de louveterie, des primes décernées aux personnes ayant tué un loup, et des chasses ou battues ordonnées par les Préfets. — *Ord. du 15 août 1814.* — *L. du 10 messidor an V.*

La Loi du 3 août 1882 et le règlement d'administration publique du 29 nov. suivant ont fixé comme il suit les primes accordées pour la destruction des loups.

Pour un louveteau pesant moins de 8 kilog., 40 fr. ; par tête de loup, 100 fr. ; pour une louve pleine, 150 fr. ; pour un loup qui s'est jeté sur des êtres humains 200 fr.

L'abattage est constaté par le Maire de la commune, sur la présentation du corps de l'animal entier et revêtu de sa peau, et la prime est payée dans un délai de 15 jours.

Le paiement des primes est à la charge de l'État.

Les officiers de Louveterie ne peuvent se livrer à la chasse des animaux nuisibles, dans les bois des particuliers, qu'autant qu'ils auront été autorisés par le Préfet, et encore sous l'inspection et la surveillance des Agents forestiers.

LOYAL. — Ce qui est conforme à la bonne foi, à l'équité.

Ce mot est aussi employé quelquefois comme synonyme de légal.

LOYAUX coûts. — Ce sont les frais de contrat, d'enregistrement, de transcription, purge légale et autres, qu'un acquéreur a légitimement déboursés, outre le prix principal de l'acquisition, et qui doivent lui être remboursés lorsqu'il est évincé, soit par une action hypothécaire ou en revendication, soit par une surenchère. — *C. civ.* 1630, 2188. — Voy. *Eviction. — Surenchère. — Vente.*

Le vendeur ne devrait pas la restitution des loyaux coûts si la vente était résolue pour cause de lésion.

Les frais de voyage ne sont pas compris dans les loyaux coûts, et l'acquéreur évincé ne pourrait en réclamer la restitution qu'à titre de dommages-intérêts. — *D. N.*

LOYERS et fermages. — Voy. *Bail à loyer. — Fruits. — Privilège.*

LOZÈRE. — Département formé de partie du Languedoc et de l'ancien Gévaudan.

Chef-lieu : Mende.
Cour d'appel : Nîmes.

Ce département est limité à l'Est par l'Ardèche et le Gard ; au Sud par le Gard et l'Aveyron ; à l'Ouest par l'Aveyron, et au Nord par la Haute-Loire et le Cantal.

Il est divisé en 3 arrondissements, 24 cantons et 197 communes.
Superficie : 516. 666 hectares.
Impôt foncier : 601.754 francs.
Population : 141.264 habitants.

LUCRATIF. — Se dit de ce qui emporte le gain de quelque chose. Ainsi, on dit : un titre *lucratif*, une profession *lucrative*, etc.

M

MACHINATION. — Combinaison de moyens cachés pour tromper ou surprendre quelqu'un. — Voy. *Dol. — Escroquerie.*

MACHINES. — Voy. *Meubles. — Immeubles. — Saisie.*

MADRAGUE. — Pêcherie faite de câbles et de filets, dont on se sert en mer pour la pêche du thon. — Voy. *Pêche.*

MAGASIN de sel. — On ne peut établir un magasin de sel contre un mur mitoyen ou non, sans laisser la distance prescrite par les règlements et usages particuliers ou faire les ouvrages prescrits pour ne pas nuire au voisin. — *C. civ.* 644.

MAGISTRAT. — Fonctionnaire revêtu de la puissance publique. Ce mot sert surtout à désigner les organes de la justice. — Voy. *Juge. — Ministère public.*

MAGISTRAT (honoraire). — Voy. *honoraire (Magistrat ou Notaire.)*

MAIN. — Ce mot s'emploie le plus souvent au figuré pour *Puissance, Autorité, Garde, Conservation,* et c'est dans ce sens que l'on dit *mettre sous la main de la justice,* etc. Il s'emploie aussi quelquefois dans son sens propre, comme lorsqu'on dit *lever la main,* donner de la *main à la main.* — Voy. *Don manuel. — Saisie-exécution.*

MAIN-d'œuvre. — Se dit de la façon du travail de l'ouvrier. — *C. civ.* 570. — Voy. *Accession.*

MAIN-forte. — Secours que l'on prête aux Agents de la force publique afin que les ordres de la justice soient exécutés. — Voy. *Exécution des actes et jugements. — Grosse.*

MAIN de justice. — Se dit de l'Autorité de la Justice et de la puissance qu'elle a de faire exécuter ses ordres, soit en contraignant les personnes, soit en procédant sur leurs biens. — Voy. *Saisie-exécution.*

MAINE-ET-LOIRE. — Département formé de partie de l'Anjou et du Saumurois.

Chef-lieu : Angers.

Cour d'appel : Angers.

Ce département est limité à l'Est par l'Indre-et-Loire ; au Sud par la Vienne, les Deux-Sèvres et la Vendée ; à l'Ouest par la Loire-Inférieure, et au Nord par la Mayenne et la Sarthe.

Il est divisé en 5 arrondissements, 34 cantons et 381 communes.

Superficie : 712, 568 hectares.

Impôt foncier : 2.765.647 francs.

Population : 527.680 habitants.

MAINLEVÉE. — Acte qui détruit ou restreint, soit volontairement, soit par voie de justice, une inscription hypothécaire, une opposition, une saisie, etc. — Voy. les mots ci-après.

MAINLEVÉE d'Inscription hypothécaire. — La mainlevée d'une inscription hypothécaire, qu'on nomme plus exactement, en droit, consentement à radiation, est l'acte par lequel le créancier ou titulaire de l'inscription en autorise la radiation générale ou seulement partielle.

Elle a lieu dans divers cas. Quelquefois elle est donnée par un créancier non payé, soit pour restreindre une hypothèque trop étendue, soit pour faciliter les transactions du débiteur avec des tiers, mais le plus ordinairement elle est la conséquence légale et nécessaire du paiement qui a éteint l'hypothèque.

La mainlevée doit encore être consentie lorsque la créance est éteinte par tout autre mode que le paiement, ou lorsque l'inscription n'est fondée, ni sur la Loi, ni sur un titre régulier.

Dans ces différents cas, si le créancier refuse de la donner, la radiation est poursuivie judiciairement.

L'inscription pour cause d'une rente viagère éteinte par le décès du rentier doit être rayée sur la représentation de l'acte de décès du titulaire et d'une quittance authentique des arrérages échus donnée par les héritiers.

L'acquéreur d'un immeuble grevé d'inscriptions ne peut être contraint à payer son prix, tant qu'il ne lui a pas été rapporté mainlevée de ces inscriptions, quelles qu'elles soient. — *C. civ.* 1653. — *Cass.,* 7 *mai* 1827.

La mainlevée d'inscription ne peut être valablement consentie que par le créancier ayant capacité à cet effet, ou par son fondé de pouvoirs, porteur d'une procuration notariée.

Lorsque le créancier est mineur ou interdit, c'est au tuteur qu'il appartient de donner mainlevée ; mais celui-ci ne peut la consentir qu'en recevant la créance, à moins de recourir aux formalités prescrites par les articles 2144 et 2145 du C. civ.

Le mineur émancipé, assisté de son curateur, peut lui-même consentir la mainlevée de l'hypothèque en recevant le paiement de sa créance.

Il peut donner mainlevée, sans l'assistance de son curateur, d'une inscription prise pour sûreté d'une créance qu'il peut toucher seul, par exemple, de celle résultant d'un bail.

De même, le mineur commerçant peut donner seul mainlevée des hypothèques prises en vertu de jugements, pour fait de son commerce.

Toute mainlevée d'inscription hypothécaire doit être donnée par acte authentique passé en minute devant un notaire. — *C. civ.* 2158.

L'effet de la main levée consiste spécialement à faire perdre au créancier le rang que son inscription lui donnait, et à éteindre cette inscription, en autorisant le conservateur à la rayer, mais sans lui faire perdre ni l'hypothèque, ni le privilège, ni même l'action résolutoire, à moins qu'il n'y ait formellement renoncé. — *D.N.*

Les frais des mainlevées d'inscription sont à la charge de ceux auxquels elles profitent, sauf dans le cas où elles auraient été irrégulièrement prises

MAINLEVÉE d'interdiction. — Cette mainlevée ne peut résulter que d'un jugement à l'égard duquel on doit suivre les formalités prescrites pour parvenir à l'interdiction. — *C. civ.* 512. — Voy. *Interdiction.* — *Interdit.*

MAINLEVÉE d'opposition. — On distingue plusieurs sortes de mainlevées d'opposition, savoir : la mainlevée *pure et simple*, ordonnée ou consentie sans aucune restriction ni condition; la mainlevée en *donnant caution ;* la mainlevée *provisoire*, qui est consentie et ordonnée par provision et pour avoir son effet en attendant que les parties soient réglées sur le fond ; la mainlevée *définitive*, qui est accordée sans aucune restriction ni retour ; enfin la mainlevée en *payant*, qui a lieu lorsque, les saisies étant valables, le juge ordonne que le débiteur en aura mainlevée en payant.

En principe, la mainlevée d'une opposition peut avoir lieu aussi bien par acte sous seing privé que par acte authentique, mais à la condition que celui qui la reçoit se contente de cette forme, puisque l'acte sous seing ne fait pas foi au regard des tiers.

Nous donnons ci-après une formule de mainlevée d'opposition.

Mainlevée d'opposition entre les mains d'un particulier.

Je soussigné A..., demeurant à....., déclare, par le présent, donner mainlevée pure et simple d'une opposition formée à ma requête sur M. B..., demeurant à...., entre les mains de M. C..., suivant exploit du ministère de Mᵉ..., huissier à....., etc. ; consentant que cette opposition soit et demeure nulle et non avenue, et que M. C..., en payant à M. B..., ou à tous autres ayants droit, les sommes qu'il peut lui devoir ou avoir à lui, soit bien et valablement déchargé.

Si la créance reste encore due, il faut ajouter :

En consentant cette mainlevée, j'entends faire réserve de tous mes droits et actions contre M. B..., pour raison des sommes dont il est débiteur envers moi, et pour sûreté desquelles ladite opposition avait été formée.

Donné à..., le.....

(Signature.)

MAINLEVÉE d'opposition à mariage. — C'est celle qui a pour but d'autoriser l'officier de l'état civil à passer outre au mariage dont la célébration avait été suspendue par une opposition. — *C. civ.* 68.

Cette mainlevée doit être donnée devant un notaire.

Toutefois, elle pourrait être faite dans la forme de l'opposition, c'est-à-dire par une signification d'huissier revêtue de la signature de l'opposant, selon l'article 66 du Code civil.

Elle peut aussi résulter de la présence de l'opposant au mariage, et de son consentement. — Voy. *Mariage.—Opposition à mariage.*

MAINLEVÉE de saisie-exécution. — Les règles relatives à cette espèce de mainlevée sont les mêmes que celles concernant la mainlevée d'opposition. — Voy. *Mainlevée d'opposition.* — *Saisie exécution.*

Formule :

Je soussigné A..., demeurant à....., donne, par ces présentes, mainlevée pure et simple de la saisie-exécution faite à ma requête, par procès-verbal de Mᶜ..., huissier à...., en date du..... enregistré, des meubles et marchandises appartenant à M. B..., demeurant à....., et garnissant les lieux qu'il occupait dans une maison située à.....

Consentant que cette saisie-exécution soit considérée comme nulle et non avenue, et que tous gardiens, en se retirant et remettant tous meubles et effets en la possession de M. B..., soient valablement quittes et déchargés envers moi.

A..., le....,

(Signature.)

MAINLEVÉE de saisie immobilière. — Lorsque la notification prescrite par les art. 691 et 692 du C. de proc. civ. n'a pas encore été enregistrée au bureau des hypothèques, la radiation des saisies immobilières s'opère sur la mainlevée authentique de la partie qui a fait saisir. Mais, du jour de cet enregistrement, la saisie ne peut plus être rayée que du consentement des créanciers auxquels la notification a été faite, et en vertu de jugements rendus contre eux. — Voy. *Saisie immobilière.*

MAIN-militaire. — S'entend de l'exécution par la force publique armée. — Voy. *Exécution*. — *Saisie*.

MAINMISE. — Se dit de l'action de mettre la main sur une personne ou une chose pour l'arrêter ou la saisir. — Ce mot s'emploie particulièrement en matière de procédure civile et d'instruction criminelle, spécialement quant aux *diverses saisies* et au *séquestre*. — Voy. *Saisie*. — *Séquestre*.

MAINMORTE. — Ce mot, qui vient de l'ancien droit féodal, ne se dit plus aujourd'hui que des établissements, corps et communautés qui ont une existence légale, parce qu'ils ne peuvent aliéner leurs biens et que, s'ils cessent d'exister, c'est l'Etat qui en dispose. — Voy. *Etablissement d'utilité publique*.

On donne le nom de taxe de biens de mainmorte à l'impôt direct représentatif des droits de transmission, entre vifs et par décès, créé par la Loi du 22 février 1849, sur les immeubles, appartenant aux départements, communes, hospices, séminaires, fabriques, congrégations religieuses, consistoires, établissements de charité, bureaux de bienfaisance, sociétés anonymes et tous établissements publics légalement autorisés. — D. N.

Cette taxe ou impôt, qui était de 62 centimes et demi pour franc du principal de la contribution foncière, a été élevée à 70 centimes par franc de la même contribution, plus 2 décimes et demi par la loi du 30 mars 1872.

Les terrains occupés par les chemins de fer et les canaux, même concédés à perpétuité, n'appartenant pas aux compagnies, ne sont pas assujettis à la taxe ci-dessus.

MAIN-d'œuvre. — Voy. *Bail d'ouvrage*. — *Ouvrier*. — *Marché (devis et)*.

MAINTENUE. — Confirmation, par autorité de justice, dans la possession d'un bien ou d'un droit litigieux. — Voy. *Action possessoire*. — *Juge de paix*.

MAIRE. — Chef du corps municipal, ayant le double caractère de magistrat ou mandataire de la commune et d'agent du pouvoir Exécutif. — E. N. — Voy. *Commune*. — *Organisation municipale*.

Le maire est élu par le Conseil municipal et parmi ses membres, au scrutin secret et à la majorité absolue, ou, après deux tours de scrutin sans résultat, à la majorité relative. — L. du 3 mars 1884. — Voy. *Délégation de fonctions*. — *Elections municipales*.

Les fonctions des maires sont gratuites et durent 4 ans.

Le maire qui reçoit et emploie des deniers communaux sans l'intervention du receveur municipal, se rend coupable de comptabilité occulte, et tombe sous le coup de l'art. 258 du C. pén.

MAIRIE. — Voy. *Maison commune*.

D'après la Loi du 7 messidor an II, toujours en vigueur, dans les mairies comme dans les autres administrations publiques, tout citoyen peut demander communication des pièces qui y sont déposées. Cette communication doit être donnée sans frais et sans déplacement.

Les expéditions ou extraits qui en sont demandés sont taxés à raison de 75 centimes par rôle.

Tout habitant ou contribuable a le droit de demander communication sans déplacement et de prendre copie ou extrait des procès-verbaux, délibérations, pièces cadastrales et autres, sauf des plans qui ne peuvent pas être copiés sans être endommagés. — Voy. *Organisation municipale*, § 5.

MAISON. — Ce mot a diverses acceptions. Il signifie d'abord tout bâtiment destiné à l'habitation avec ses dépendances. On nomme encore *maison* une communauté religieuse, une compagnie de commerce ou autre association.

A l'égard des principes sur l'édification, l'exercice du droit de propriété et la jouissance d'une maison. — Voy. *Alignement*. — *Construction*. — *Incendie*. — *Marchés (devis et)*. — *Mitoyenneté*. — *Servitude*.

Lorsque les bâtiments d'une maison sont dans un état pouvant compromettre la sécurité publique ou celle des voisins, l'autorité administrative peut en ordonner la démolition. — Voy. *Démolition.*

MAISON d'arrêt, de dépôt, de force, de justice. — Voy. *Prison.*

MAISON centrale. — Voy. *Prison.*

MAISON commune. — Se dit de la mairie, ou édifice où siège l'administration municipale de chaque commune. Dans les villes, cet édifice se nomme aussi *Hôtel-de-Ville.* — Voy. *Commune.* — *Organisation municipale.*

MAISON en commun. — C'est celle dont les différents étages appartiennent à plusieurs propriétaires. — Voy. *Etage.*

MAISON conjugale. — Se dit du domicile commun des époux. — Voy. *Domicile.* — *Mariage.* — *Puissance maritale.* — *Séparation de corps.*

MAISON de correction. — Lieu où l'on renferme, soit les condamnés à des peines correctionnelles et les accusés âgés de moins de 16 ans qui ont été acquittés pour défaut de discernement, soit les femmes condamnées pour adultère, soit enfin les enfants rebelles à l'autorité paternelle. — *C. pén.* 40, 66, 67. — *C. civ.* 308, 375. — Voy. *Adultère.* — *Prison.* — *Puissance paternelle.*

MAISON garnie. — C'est celle qui se loue toute meublée par des personnes qui exploitent cette sorte de location.

On comprend sous ce titre les hôtels et auberges, et en général toutes les maisons où on loge, soit à la nuit, soit au mois, ou suivant tout autre terme ou délai.

La profession de logeur en garni est régie : 1° par la loi des 19-22 juillet 1791 reproduite et sanctionnée par l'art. 475 du C. pén. ; 2° par des règlements de l'autorité municipale. — Voy. *Hôtellerie.* — *Auberge.* — *Hôtel garni.*

MAISON de jeu. — C'est celle où l'on fait jouer publiquement à des jeux de hasard.

L'article 42 du Code pénal punit de l'amende et de l'emprisonnement ceux qui tiennent des maisons de jeux. La tenue des jeux clandestins est punie plus sévèrement que celle des jeux publics. — Voy. *Jeu.*

MAISON (race). — Voy. *Famille.*

MAISON de refuge. — S'entend d'un établissement charitable privé, fondé soit pour recueillir des personnes d'une mauvaise conduite et les ramener au bien, soit pour offrir un asile temporaire aux indigents valides.

Les maisons de refuge ne peuvent s'établir sans l'autorisation du Gouvernement et sans que leurs statuts aient été approuvés.

MAISON mortuaire. — C'est celle où une personne est décédée, où l'on appose les scellés et où l'on fait l'inventaire de la succession. — Voy. *Inventaire.* — *Scellés.*

MAISON paternelle. — C'est celle où habite le père de famille et où les enfants ont leur domicile pendant leur minorité. — *É. N.* — Voy. *Domicile.* — *Puissance paternelle.*

L'enfant mineur ne peut quitter la maison paternelle sans la permission de son père, si ce n'est pour enrôlement volontaire après l'âge de 16 ans accomplis. — *L. du 27 juillet* 1872.

MAISON de prêt sur gages. — C'est celle ouverte au public et où l'on prête sur gages, moyennant un certain intérêt.

On ne peut établir une telle maison sans autorisation légale. — Voy. *Mont-de-Piété.* — *Prêts sur gages.*

MAISON de retraite. — Etablissement où moyennant, soit la cession d'un capital, soit un prix de pension, on soigne et entretient des vieillards.

Les fondateurs d'une maison de retraite doivent se pourvoir d'une permission de l'autorité.

MAISON de santé. — Etablissement où l'on reçoit à demeure les malades pour y être soignés.

Il ne peut être établi à Paris, dans le département de la Seine et dans les communes de Saint-Cloud, Sèvres et Meudon, aucune maison de santé, sans autorisation spéciale du Préfet de police.

Les maisons de santé ne sont réglementées par aucune législation spéciale; mais la Loi du 30 juin 1838 détermine les règles relatives aux établissements particuliers ou publics dans lesquels les aliénés sont reçus ou traités.

Une ordonnance de police du 9 août 1828 règle, pour le ressort de la Préfecture de la Seine, tout ce qui concerne les maisons de santé en général.

MAÎTRE. — Se dit de celui qui a des domestiques ou des ouvriers.

Le maître est responsable du dommage causé par ses domestiques ou ouvriers dans les fonctions auxquelles il les emploie, alors même qu'il n'aurait pu empêcher le fait dommageable. — *C. civ.* 1384. — Voy. *Domestique.* — *Gens de journée.* — *Responsabilité.* — *Bail d'ouvrage ou d'industrie.* — *Ouvrier.*

Le mot *Maître* comprend aussi celui qui a la propriété d'une chose. — Voy. *Propriété.*

MAITRE clerc. — Voy. *Clerc.*

MAITRE de pension. — L'action des maîtres de pension pour la pension de leurs élèves se prescrit par un an. — *C. civ.* 2272.

MAITRE de pont ou pertuis. — Titre que l'on donne à des particuliers préposés sur les rivières, pour conduire les bateaux au passage des ponts ou pertuis qui est ordinairement dangereux.

MAITRE instituteur. — Voy. *Enseignement.*

MAITRE (qualité). — Titre particulier que l'on donne à certains fonctionnaires ou officiers publics, tels que *Notaires, Avocats, Avoués, Greffiers.*

MAITRE de navire. — Ce mot est synonyme de patron, ou capitaine de navire. — Voy. *Navire.*

MAITRE de port. — Voy. *Port.*

MAITRE des Requêtes. — Voy. *Conseil d'Etat.*

MAJORAT. — Propriété immobilière dont les revenus sont affectés au soutien d'un titre nobiliaire transmissible dans la descendance masculine du titulaire.

Les majorats disparurent en 1792, mais ils furent rétablis d'une manière générale, ainsi que les titres de *Baron, Vicomte, Comte, Marquis* et *Duc,* par un sénatus-consulte du 14 août 1806.

La Loi du 12 mars 1835 a interdit les majorats pour l'avenir, mais en respectant ceux fondés précédemment. Celle du 11 mai 1849 a aboli ceux qui auraient été transmis à deux degrés successifs, et a déclaré les biens composant les majorats *libres* entre les mains de ceux qui en sont investis; néanmoins, ces deux Lois ont respecté les droits des veuves et les majorats de propre mouvement; enfin la Loi du 7 mai 1849 a réservé expressément les droits des appelés au second degré nés ou conçus.

Il a été jugé que la création d'un majorat constituait, au profit de l'enfant qui en était investi, une donation par préciput et hors-part. — *Cass.,* 22 mai 1833.

MAJORITÉ. — Etat de la personne âgée de 21 ans accomplis, ce qui la rend capable de tous les actes de la vie civile.

Cette règle est toutefois restreinte à l'égard du mariage et de l'adoption, pour lesquels le fils a besoin, jusqu'à 25 ans, et la fille, jusqu'à 21 ans, du consentement de ses père et mère. — Voy. *Adoption.* — *Mariage.*

Des conditions particulières d'âge sont requises pour être *juré, électeur, éligible* et pour d'autres fonctions publiques. — Voy. *Age.* — *Droits politiques.* — *Elections.* — *Juré.* — *Jury.*

MAL JUGÉ. — Se dit d'un jugement ou arrêt contraire à la Loi. — Dans un sens plus restreint, ce mot s'entend d'une fausse appréciation de faits ou d'intention qui ne suffit pas pour donner ouverture à cassation. — Voy. *Cassation.*

MALADIE. — La Loi accorde aux malades différents privilèges fondés sur ce qu'à raison de leur état ils se trouvent dans l'impossibilité, soit d'accomplir certains devoirs, soit de défendre leurs droits.

Ainsi, un témoin malade est dispensé de paraître devant les juges. — *C. civ.* 236.

L'époux demandeur en séparation de corps est dispensé, s'il est malade, de présenter lui-même sa demande au Président du Tribunal. — *C. civ.* 266.

L'art. 982 du même Code établit des formes particulières pour la réception du testament d'un militaire malade ou blessé.

Les médecins, officiers de santé, pharmaciens ou ministres du culte qui ont traité ou assisté une personne pendant la maladie dont elle meurt, ne peuvent profiter des dispositions entre vifs ou testamentaires qu'elle aurait faites en leur faveur pendant le cours de cette maladie. — *D. N.* — Voy. *Donation entre vifs.* — *Testament.*

MALADIE contagieuse. — Voy. *Epidémie.* — *Epizootie.*

MALADIE des animaux. — Voy. *Epizootie.*

MALADRESSE. — Voy. *Dommage.* — *Faute.*

MALICE. — Méchanceté subtile et artificieuse, sans utilité réelle pour son auteur.

Il n'est pas permis d'abuser d'un droit qu'on pourrait rigoureusement exercer, lorsqu'il en résulte un préjudice pour autrui, sans aucune utilité réelle pour celui qui veut en user. — Voy. *Dommage.*

MALVERSATION. — Faute grave commise dans l'exercice d'une charge, d'une commission publique ou particulière, comme *Corruption, Concussion, Exaction,* etc. — Voy. *Faute.* — *Forfaiture.* — *Usufruit.*

MANCHE. — Département formé de partie de l'ancienne Normandie.
Chef-lieu : Saint-Lô.
Cour d'appel : Caen.

Ce département est limité à l'Est par la mer, le Calvados et l'Orne; au Sud par la Mayenne et l'Ille-et-Vilaine; à l'Ouest et au Nord par la mer.

Il est divisé en 6 arrondissements, 48 cantons et 643 communes.
Superficie : 625,603 hectares.
Impôt foncier : 3.475,639 francs.
Population : 520.863 habitants.

MANDAT. — Le mandat ou *procuration* est l'acte par lequel une personne confie la gestion de ses affaires, ou donne pouvoir à une autre de faire quelque chose pour elle et en son nom. — *C. civ.* 1984.

Malgré la définition ci-dessus, les mots *mandat* et *procuration* ne sont pas synonymes.

Le premier désigne le contrat qui se forme par l'acceptation du mandataire, et le second s'applique à l'acte.

Le mandat est gratuit de sa nature, mais on peut y stipuler un salaire. — *C. civ.* 1986.

Ce n'est point un contrat solennel. Il peut être donné par acte public, ou sous seing privé, même par lettre. Il peut aussi être donné verbalement; mais la preuve testimoniale n'en est reçue que suivant les règles générales de la preuve des obligations. — *C. civ.* 1986.

Le mandat sous seing privé, quoique convenu avec salaire, n'a pas besoin d'être fait en double original, bien qu'il s'agisse d'un contrat intéressé de part et d'autre.

Il est plusieurs cas cependant où la Loi exige que le mandataire soit pourvu d'une procuration *notariée*, par exemple : pour consentir ou accepter une donation, pour assister à un acte de l'état civil, pour former opposition à un mariage, pour reconnaître un enfant naturel, pour toucher des arrérages de rentes sur l'Etat, etc., et généralement toutes les fois que l'acte que l'on doit faire en vertu du mandat doit être passé devant notaire.

Le mandat peut être tacite.

Il y a mandat tacite, lorsque le mandataire agit du consentement implicite du mandant.

Comme exemple de mandats *tacites*, nous citerons les femmes faisant les affaires de leurs maris et achetant les marchandises ou provisions de ceux-ci, de même les clercs et les domestiques qui font des recettes, vendent et achètent pour le compte de leurs maîtres et patrons.

Il y a encore mandat tacite par l'effet de la remise des pièces qui donne pouvoir suffisant à un avoué ou à un huissier.

En matière commerciale, le mandat tacite peut se prouver par témoin.

Quoique le contrat de mandat ne se forme que par l'acceptation du mandataire, il est d'usage que le mandant seul signe la procuration, et que le nom du mandataire soit laissé en blanc, pour donner la faculté de choisir plus commodément une personne dans un lieu où l'on peut n'avoir pas de connaissances ; ce qui n'empêche pas que la personne munie de la procuration ne se trouve chargée du mandat.

Par qui et à qui le mandat peut être donné ?

Le mandat ne peut être donné que par une personne capable de faire elle-même la chose dont elle charge le mandataire. Ainsi, le mineur, l'interdit et la femme non autorisée ne peuvent conférer aucun mandat valable, à moins que le mineur ne soit émancipé et la femme séparée de biens, et qu'il ne s'agisse d'actes d'Administration. — *C. civ.* 481 *et* 1499.

Le mineur et la femme mariée, autorisés à faire le commerce, peuvent souscrire des procurations, non seulement pour toutes les opérations de leur commerce, mais aussi pour aliéner et hypothéquer leurs immeubles, à l'exception des biens stipulés dotaux des femmes mariées sous le régime dotal.

Les femmes et les mineurs émancipés peuvent être choisis pour mandataires. — Nous pensons même que le mineur non émancipé et autres incapables, sauf ceux auxquels il est absolument interdit de figurer dans un acte, peuvent également être mandataires; il suffit que le mandant soit capable.

De l'objet du mandat.

L'objet du mandat doit être conforme aux Lois et aux bonnes mœurs.

Il est certains cas déterminés par la Loi dans lesquels on ne peut se faire représenter par un mandataire, notamment en matière d'interrogatoire sur faits et articles, dans le cas d'enquête, dans celui où un serment doit être prêté par la partie, etc.

Mais on peut se faire représenter à un Conseil de famille par un mandataire; seulement, le fondé de pouvoirs ne peut représenter qu'une seule personne.

Un membre du Conseil de famille ne peut être le fondé de pouvoirs d'un autre membre.

Le mandat est ou *spécial* et pour une affaire ou certaines affaires seulement, ou *général* et pour toutes les affaires du mandant. — *C. civ.* 1987.

Lorsqu'il s'agit d'aliéner, d'hypothéquer, ou de quelqu'autre acte de propriété, le mandat doit être *exprès*.

Le mandataire général ne peut louer que pour neuf ans. Il en serait autrement de celui qui aurait mandat spécial de louer à tels prix, clauses et conditions qu'il jugera convenables.

Des obligations du mandataire.

En acceptant le mandat, le mandataire contracte trois obligations, savoir :

1° de gérer l'affaire dont il est chargé; 2° d'y apporter tout le soin qu'elle exige; 3° de rendre compte de sa gestion.

Le mandataire ne peut acquérir l'immeuble qu'il est chargé de vendre, ni par lui-même, ni par personne interposée.

Le mandataire peut, à moins d'interdiction formelle, déléguer ses pouvoirs à une autre personne ; mais, dans ce cas, il répond de celui qu'il s'est substitué : 1° quand il n'a pas reçu le pouvoir de se substituer quelqu'un ; 2° quand ce pouvoir lui a été conféré sans désignation d'une personne, et que celle dont il a fait choix était notoirement incapable ou insolvable. — *C. civ.* 1994. — Voy. *Substitution de pouvoirs.*

Le mandataire répond en général des fautes qu'un bon père de famille n'aurait pas commises dans la gestion de ses propres affaires, même des fautes légères, si le mandat n'est pas gratuit.

Le mandataire doit l'intérêt des sommes qu'il a employées à son usage, à dater de cet emploi, et de celles dont il est reliquataire, à dater du jour où il est mis en demeure. — *C. civ.* 1996.

De même, l'intérêt des avances faites par le mandataire lui est dû, à compter du jour où elles sont constatées. — *C. civ.* 2001.

Lorsque le mandat est rempli ou expiré, le mandant doit en donner décharge au mandataire. — Voy. *Décharge de mandat.* — *Décharge de titres et papiers.*

Comment finit le mandat.

Le mandat finit par la révocation du mandataire, par la renonciation de celui-ci au mandat, par la mort naturelle, l'interdiction ou la déconfiture, soit du mandant, soit du mandataire. — *C. civ.* 2003.

Il expire aussi par le changement d'état du mandant, s'il est frappé d'interdiction ou pourvu d'un Conseil judiciaire, ou si c'est une femme, qui depuis est passée sous la puissance d'un mari.

La constitution d'un nouveau mandataire pour la même affaire vaut révocation du premier, à compter du jour où elle a été notifiée à celui-ci. — *C. civ.* 2006.

Lorsque la procuration n'est pas limitée à un certain temps, que la durée n'en est subordonnée à aucune condition, elle vaut tant que le mandant vit et qu'il ne la révoque pas. — *D. N.*

Nous renvoyons au mot *Procuration* pour les formules. — Voy. *Procuration.*

MANDAT ad litem. — C'est celui qui intervient entre un plaideur et l'avoué chargé de le représenter en justice.

Il s'établit par acte authentique ou privé, par simple lettre, par la constitution faite dans l'exploit d'ajournement, ou tacitement, par la remise des pièces.

MANDAT d'exécution. — On comprend sous ce mot tous les mandats qui se délivrent en matière criminelle, c'est-à-dire les mandats de *comparution*, d'*amener*, de *dépôt* et d'*arrêt*.

Si, sur le mandat de *comparution*, qui n'est qu'une simple citation devant les Juges d'instruction, l'inculpé ne comparaît pas, ou s'il y a des indices de crime ou délit grave, le juge délivre un *mandat d'amener*, par suite duquel il doit l'interroger dans les 24 heures de l'arrestation. — Si, sur cet interrogatoire, l'inculpé ne se disculpe pas, le juge décerne un *mandat de dépôt*. Enfin le *mandat d'arrêt* est décerné lorsque les charges sont extrêmement graves.

MANDAT judiciaire. — Commission donnée par la justice, par exemple pour l'administration des biens d'une succession vacante ou bénéficiaire, pour l'administration des biens d'un absent, pour une vente, une liquidation, etc.

MANDAT légal. — S'entend du mandat conféré par la Loi, comme la tutelle confiée aux père et mère, le devoir pour l'assuré de veiller au sauvetage des marchandises, etc. — *C. comm.* 381.

MANDAT de paiement. — Lettre ou billet portant ordre ou autorisation de payer, ou de compter certaine somme à un tiers.

On distingue trois sortes de mandats : 1° ceux en faveur d'une personne déterminée et dont le paiement ne peut être fait qu'à cette personne ; 2° ceux en faveur d'une personne, ou à son ordre, et qui sont négociables par voie d'endossement ; 3° enfin, les mandats au porteur. — Voy. *Billet.* — *Endossement.* — *Mandat (simple promesse).*

On nomme encore, et plus spécialement, *mandats de paiement*, des effets soit au porteur, soit nominatifs, sur le Trésor public.

MANDAT (simple promesse). — On donne le nom de *mandat ou simple promesse* à la lettre de change imparfaite, c'est-à-dire qui n'est pas revêtue de toutes les formalités voulues par la Loi. — Voy. *Lettre de change.*

MANDATAIRE. — Voy. *Mandat.*

MANDATS-cartes. — Voy. *Poste.*

MANDATS télégraphiques. — Voy. *Poste.*

MANDEMENT d'exécution. — Formule exécutoire qui termine les Grosses et les Jugements. — Voy. *Exécution parée.* — *Formule exécutoire.* — *Grosse.* — *Jugement.*

MANDEMENT épiscopal. — Circulaires et instructions pastorales, que les Evêques ont le droit d'adresser aux prêtres et aux fidèles de leurs diocèses.

Dans ces mandements ou instructions, les Evêques ne doivent se permettre aucune inculpation directe ou indirecte soit contre les personnes, soit contre les autres cultes autorisés par l'Etat. Ils ne doivent pas non plus émettre aucun blâme contre les actes du Gouvernement et de l'autorité publique. — Voy. *Abus (appel comme d').* — *Culte.*

MANDEMENT de collocation. — C'est, en matière de distribution de deniers, l'extrait que délivre le greffier, du procès-verbal d'Ordre qui attribue à un créancier une portion des deniers de son débiteur, pour en toucher le montant. Dans la pratique, on dit *Bordereau de collocation.* — Voy. *Bordereau.* — *Contribution de deniers.* — *Ordre entre créanciers.*

MANIFESTE. — Ce terme a une double acception : il désigne la déclaration d'une puissance exposant ses griefs contre une autre puissance, ce qui est le préliminaire des hostilités ; il signifie aussi l'état de chargement d'un navire de commerce. — Voy. *Navire.*

MANŒUVRES. — Se dit, en mauvaise part, des procédés ou faits illicites et insidieux propres à tromper.

Le mensonge ne suffit pas pour qu'il y ait dol, il faut que ce mensonge ait été appuyé de manœuvres frauduleuses. — Voy. *Dol.* — *Escroquerie.* — *Fraude.*

MANUFACTURES. — C'est ainsi qu'on nomme tous les grands établissements où l'on fabrique des produits de l'industrie.

Bien que l'industrie soit libre, on ne peut établir dans certaines localités de nouvelles manufactures sans l'autorisation du Gouvernement. — Voy. *Douanes.*

La création des Etablissements dangereux, insalubres ou incommodes est soumise à une autorisation préalable. — Voy. *Etablissement dangereux.*

La violation des règlements relatifs aux produits des manufactures est prévue par les art. 413 et suiv. du C. pén.

D'après la Loi des 19 mai et 13 juin 1874, les enfants et les filles mineures ne peuvent être employés à un travail industriel dans les manufactures, fabriques, usines, mines chantiers et ateliers avant l'âge de 12 ans révolus. Ils peuvent toutefois être employés à l'âge de 10 ans révolus dans certaines industries spéciales, mais ils ne peuvent être assujettis à une durée de travail de plus de 6 heures par jour, divisées par un repos. A partir de 12 ans, ils ne peuvent être employés plus de 12 heures par jour, également divisées par un repos.

Les enfants ne peuvent être employés à aucun travail de nuit jusqu'à l'âge de 16 ans révolus. La même interdiction est appliquée à l'emploi des filles mineures de 16 à 21 ans, mais seulement dans les usines et manufactures. Tout travail entre 9 heures du soir et 5 heures du matin est considéré comme travail de nuit.

Les enfants âgés de moins de 16 ans et les filles âgées de moins de 21 ans ne peuvent être employés à aucun travail par leurs patrons, les dimanches et fêtes reconnues par la loi, même pour rangement de l'atelier. Toutefois, dans les usines à feu continu, les enfants âgés de plus de 12 ans peuvent être employés, la nuit et les dimanches et jours fériés, aux travaux indispensables.

Aucun enfant ne peut être admis dans les travaux souterrains, mines, minières et carrières, avant l'âge de 12 ans révolus. Les femmes et les filles ne peuvent être admises dans ces travaux.

Tout enfant ayant moins de 12 ans révolus ne peut être employé par un patron qu'autant que ses parents ou tuteurs justifient qu'il fréquente une école publique ou privée. Il doit, jusqu'à 12 ans, suivre les classes de l'école, pendant le temps libre du travail. Il ne peut, avant l'âge de 15 ans accomplis, être admis à travailler plus de 6 heures par jour, s'il ne justifie, par un certificat de l'instituteur ou de l'inspecteur primaire, qu'il a acquis l'instruction primaire élémentaire. — *D. N.*

MANUSCRIT. — Voy. *Inventaire.* — *Prisée.* — *Propriété littéraire.*

MARAIS. — Terres abreuvées ou remplies d'eaux stagnantes.

Les marais et marécages, ajoncs, palus, appartiennent de leur nature à la généralité des habitants des communes, sauf titre ou possession contraire.

La propriété des marais est soumise à des règles particulières. — *L. du 16 sept. 1807.*

La législation s'occupe des marais dans le double intérêt de la salubrité publique et de l'agriculture. Elle impose l'obligation et règle leur mode de desséchement. — Voy. *Desséchement des marais.*

MARAIS salants. On entend par *marais salant* un espace de terrain entouré d'une digue, situé sur le bord de la mer qui le couvre dans les hautes marées et y laisse en se retirant une eau qui s'évapore et dépose le sel dont elle était chargée. — Voy. *Salines.* — *E. N.*

La loi du 24 avril 1806 admet, relativement aux eaux de la mer, le régime de la libre fabrication du sel, sous la seule restriction d'une déclaration préalable de l'Etablissement de toute entreprise destinée à cette fabrication.

MARAUDAGE. — Espèce de vol des productions de la terre commis dans les champs, bois, jardins et autres propriétés rurales. — Voy. *Délit rural.*

Le fait de conduire et faire pâturer des bestiaux ou troupeaux sur le terrain d'autrui, ensemencé ou non, est un acte de maraudage punissable d'amende et d'emprisonnement. — *LL. des 28 sept. et 6 oct. 1791.*

MARCHAND. — Voy. *Acte de commerce.* — *Commerçant.*

MARCHAND forain. — Voy. *Forain.*

MARCHANDE publique. — On appelle ainsi la femme mariée qui fait publiquement le commerce, pour son propre compte. — *C. comm. 4.* — Voy. *Autorisation pour faire le commerce.*

MARCHANDISE. — Tout ce qui se vend et se débite; toutes les choses dont les marchands font trafic et négoce.

La loi du 27 mars 1851 punit la falsification, fraude ou tromperie sur les marchandises. — Voy. *Fabricant.* — *Vente de marchandises neuves.*

MARCHANDISES dangereuses. — Ce sont les matières considérées comme explosibles ou incendiaires, et qui sont déterminées par la loi du 12 août 1874.

Ces matières ne peuvent être expédiées ni par terre, ni par eau, sans en déclarer la nature, sous peine d'amende. — *L. du 18 juin 1870.*

MARCHANDISES neuves. — Voy. *Vente de marchandises neuves.*

MARCHÉ (halle). — Lieu public où se vendent à certains jours fixés par l'autorité, les denrées et autres objets nécessaires à l'approvisionnement et à la consommation d'une localité. — Voy. *Foires et marchés.* — *Halles et marchés.*

Les communes sont autorisées à percevoir un droit de location ou de terrage des places dans les marchés, halles et chantiers. — *E. N.*

MARCHÉ administratif. — On comprend sous ce titre les traités faits avec l'Etat, les départements, les communes et les établissements publics.

Les marchés contractés avec l'Etat ont pour objet, soit la fourniture d'objets mobiliers nécessaires aux différents services, comme les subsistances militaires, les approvisionnements de la marine, le matériel des Administrations, etc. — Voy. *Travaux publics.*

Les marchés au nom de l'Etat sont faits avec concurrence et publicité, sauf dans quelques cas exceptionnels. — *L. du 20 septembre* 1791. — *Ord. du 4 décembre* 1836. — *Déc. des 31 mai* 1862 *et 20 novembre* 1882.

L'avis des adjudications à passer est publié, sauf les cas d'urgence, au moins 20 jours à l'avance, par la voie des affiches et insertions aux journaux.

Les soumissions sont remises cachetées, en séance publique.

Dans le cas où plusieurs soumissionnaires offrent le même prix, et où ce prix est le plus bas de ceux portés dans les soumissions, il est procédé séance tenante à une réadjudication, soit sur de nouvelles soumissions, soit à l'extinction des feux, entre ces soumissionnaires seulement.

L'Etat peut résilier le marché par sa seule volonté ; mais si cette faculté ne lui avait pas été réservée par le contrat, il deviendrait passible d'une indemnité envers l'entrepreneur.

Comme ceux faits avec l'Etat, les marchés faits avec les départements, les communes et les établissements publics ont pour objet des fournitures et des travaux à faire.

Ils prennent le caractère de bail, lorsque l'entrepreneur, au lieu de recevoir un prix fait, paie au contraire un fermage en compensation des avantages que lui procure le marché. — Voy. *Bail administratif.*

C'est au Préfet seul qu'il appartient d'approuver les traités passés au nom des Communes, tels que tarifs des droits de location dans les halles et marchés, emprunts, etc., lorsque le remboursement n'excède pas 10 années.

Sont également dans les attributions des Préfets les projets, plans et devis des travaux exécutés sur les fonds du département et les adjudications des emprunts départementaux, dans les limites fixées par les lois d'autorisation, les approbations des plans et devis des travaux communaux, quelle qu'en soit la valeur, etc. — *Déc. du 25 mars* 1852.

Lorsque les plans et devis des travaux à exécuter pour un département, une commune, ou un établissement public ont été arrêtés, on procède à l'adjudication qui doit toujours avoir lieu, comme pour les travaux de l'Etat, avec concurrence et publicité.

Il peut également être traité de gré à gré :

1° pour les fournitures, transports et travaux dont la dépense totale n'excède pas 20.000 fr., ou, s'il s'agit d'un marché passé pour plusieurs années, dont la dépense annuelle n'excède pas 5.000 fr. ; 2° pour toute espèce de fourniture, de transports ou de travaux, lorsque les circonstances exigent que les opérations du Gouvernement soient tenues secrètes ; 3° pour les objets dont la fabrication est exclusivement attribuée à des porteurs de brevets d'invention ; 4° pour les objets qui n'auraient qu'un possesseur unique ; 5° pour les ouvrages et objets d'art et de précision dont l'exécution ne peut être confiée qu'à des artistes ou industriels éprouvés ; 6° pour les travaux, exploitations, fabrications et fournitures qui ne sont faites qu'à titre d'essai ou d'étude, et encore dans beaucoup d'autres cas dont l'énumération serait trop longue. — *Déc. du 20 nov.* 1882.

MARCHÉ au comptant. — C'est, en général, celui qui s'exécute de suite, par la livraison de la chose et le paiement immédiat du prix convenu. Cette expression s'emploie surtout pour la vente des effets publics. — Voy. *Effets publics.*

On entend par marchés au comptant, ceux qui se font entre deux agents de change dont l'un est vendeur, l'autre acheteur, et qui sont suivis immédiatement de la livraison des titres et du paiement. — Voy. *Transfert*.

Les cours au comptant sont seuls publiés par le crieur pendant la durée de la Bourse.

L'agent de change étant responsable de la livraison et du paiement de ce qu'il a acheté ou vendu doit se faire remettre par ses clients les effets qu'il vend, ou les sommes nécessaires pour payer ceux qu'il achète.

Les rentes au porteur peuvent être négociées par le propriétaire lui-même, s'il trouve un acheteur qui consente à les recevoir de lui directement; mais cette manière de procéder n'est pas sans danger pour l'acheteur, le Trésor n'étant plus responsable.

Les marchés au comptant ont le plus souvent pour but des placements de fonds, mais quelquefois aussi des spéculations fondées sur la variation des cours. Dans ce dernier cas, le spéculateur revend lorsqu'il trouve un bénéfice, sauf à racheter plus tard. — *D. N.*

MARCHÉ (convention). — Acte par lequel une des parties s'oblige à faire un ouvrage, une fourniture, à certaines conditions et moyennant un prix déterminé. — Voy. *Marché.* — *Devis.* — *Bail d'ouvrage ou d'industrie.* — *Bail à nourriture de personnes.*

Les marchés peuvent, en général, se faire, soit par acte notarié, soit par acte sous seing privé. Ils peuvent même se faire verbalement, pourvu que la valeur n'en excède pas 150 fr. — Entre commerçants, les marchés se font le plus souvent par la correspondance, par une facture acceptée, par les livres des parties, par le bordereau ou arrêté d'un agent de change ou courtier, signé par les parties; enfin ils peuvent être établis par la preuve testimoniale dans le cas où le Tribunal croit devoir l'admettre. — *C. comm.* 109.

Les marchés par écrit, entre non commerçants, renfermant des conventions synallagmatiques, doivent être faits en double original. — Voy. *Double écrit.*

Si le marché avait pour objet la vente de denrées ou autres effets mobiliers, et que le vendeur manquât à faire délivrance dans le temps convenu entre les parties, l'acquéreur pourrait, à son choix, ou demander la résolution de la vente, ou sa mise en possession, si le retard ne provenait que du fait du vendeur. — *C. civ.* 1610.

L'exécution d'un marché ayant pour objet la livraison de marchandises ou effets mobiliers est soumise aux mêmes règles que les obligations en général. — Voy. *Délivrance.* — *Obligation.* — *Vente (contrat de).*

L'entrepreneur de fournitures ne peut refuser de remplir ses engagements qu'en cas de force majeure, encore faut-il observer à cet égard les principes en matière de résolution de contrat. — Voy. *Cas fortuit.*

Les sous-fournisseurs, agents ou préposés d'une entreprise envers l'Etat ont un privilège sur les sommes dues par l'Etat aux entrepreneurs, et sur le cautionnement exigé de ceux-ci par le Gouvernement. — *D. N.* — Voy. *Privilège.*

Nous donnons ci-après une formule de marché.

Marché pour fourniture de marchandises.

Aujourd'hui.....
Entre :
M. A..., demeurant à.....
Et M. B..., demeurant à.....
Il a été convenu ce qui suit :

M. A... s'engage à fournir à M. B..., qui accepte, pendant..... années, à partir du....., au fur et à mesure de ses besoins, et après avertissement donné huit jours à l'avance, le foin et l'avoine nécessaires pour la nourriture de....., chevaux.

Ces foins et avoines seront toujours de première qualité, et devront provenir des récoltes de l'année dans laquelle elles seront fournies.

Le minimum du poids de chaque botte de foin est fixé à....., et celui de chaque hectolitre d'avoine à.....

Le prix du foin est fixé à....., le cent, et celui de l'avoine à....., l'hectolitre, le tout à forfait et à perte ou à profit pour toute la durée de la convention.

Il sera donné récépissé à M. A. .., de chaque livraison qu'il opérera.

Les sommes dues pour ces fournitures seront payables par trimestres, en espèces, au domicile de M. A...., à compter du .... prochain, époque où le 1er trimestre deviendra exigible.

Les contestations qui pourraient s'élever entre les soussignés pour l'exécution du présent marché seront jugées en dernier ressort par M. le Juge de paix de....., auquel il est fait attribution de juridiction à cet effet.

Pour l'Enregistrement, les parties évaluent la fourniture de denrées objet du marché à....., par an.

Fait double à....., lesdits jour, mois et an, et signé, lecture prise.

(Signatures.)

MARCHÉ (Devis et). — C'est la convention qui intervient entre un propriétaire et un entrepreneur pour la construction d'une maison ou autre bâtiment.

Nature, Formation et Prix.

L'entreprise d'un ouvrage moyennant un prix déterminé est un louage d'ouvrage et d'industrie, lorsque la matière est fournie par celui pour qui l'ouvrage se fait. — *C. civ.* 1711. — Voy. *Bail d'ouvrage*.

Bien qu'il se rapproche de la vente, c'est encore un louage, lorsque l'entrepreneur fournit aussi les matériaux qui ne sont que l'accessoire par rapport au sol qui est le principal.

Ce contrat n'est assujetti à aucune forme pour être valable. Il le serait même sans écrit, si on pouvait le prouver d'une manière certaine. Il est donc prudent de le régulariser, soit devant notaire, soit au moins par acte sous seing privé.

Cet acte doit désigner bien exactement l'étendue de l'ouvrage à faire et le prix convenu.

Le marché peut avoir lieu de différentes manières, soit au *mètre*, c'est-à-dire à tant par *mètre*, soit la *clé à la main*, ce qui oblige l'entrepreneur à fournir tout ce qui est nécessaire à la construction, soit encore au *rabais*, c'est-à-dire par adjudication avec celui qui offre de faire le travail au plus bas prix.

Si, sans qu'il soit intervenu aucun écrit, soit comme devis soit comme marché, l'entrepreneur se met à l'ouvrage et que le maître de la construction le laisse faire, le contrat se trouve suffisamment formé et il en résulte un prix fait tacitement qui doit être réglé par estimation, selon l'usage et les cours du jour.

L'architecte ou entrepreneur qui s'est chargé de la construction à *forfait* d'un bâtiment d'après un plan arrêté et convenu avec le propriétaire du sol ne peut demander une augmentation de prix. — *C. civ.* 1793.

La Loi accorde un privilège et l'entrepreneur pour le paiement du prix des constructions. — *C. civ.* 2103.

De leur côté, les ouvriers ont une action directe et personnelle contre le propriétaire quand l'entrepreneur ne les paie pas, mais seulement jusqu'à concurrence de ce qui reste dû à ce dernier au moment où leur action est intentée. — *C. civ.* 1798. — Voy. *Privilège*.

Des devoirs et de la garantie des entrepreneurs.

Si l'Entrepreneur ne remplit pas ses engagements, le propriétaire a une action en dommages-intérêts contre lui et peut même faire terminer l'ouvrage par un autre, mais il faut toujours que le retardataire ait été mis en demeure. — Voy. *Dommages-intérêts*.

L'entrepreneur est responsable des faits des personnes qu'il emploie. — Voy. *Responsabilité*.

Lorsque la construction est faite sur la voie publique, les entrepreneurs et ouvriers doivent se faire représenter les alignements et la permission de l'Autorité administrative, à peine de démolition des ouvrages et de 300 fr. d'amende contre eux personnellement. — *Déc. du 29 sept.* 1810. — Voy. *Alignement*.

La construction doit en outre être faite par lesdits entrepreneurs et ouvriers, sous leur responsabilité personnelle, conformément aux règles de l'art et aux Lois du voisinage.

Si l'édifice construit à prix fait périt en tout ou en partie par le vice de la construction, même par le vice du sol, les architectes et entrepreneurs en sont responsables pendant 10 ans. — *C. civ.* 1792.

Cette disposition s'applique aux grosses réparations comme aux constructions nouvelles, et au cas de perte partielle comme de perte totale.

Après dix ans, les architectes et entrepreneurs sont déchargés de toute garantie. — *C. civ.* 2270.

De la résiliation.

Le propriétaire peut résilier par sa seule volonté les marchés à forfait ou autres, quoique l'ouvrage soit déjà commencé, en dédommageant l'entrepreneur de toutes ses dépenses et de tout ce qu'il aurait pu gagner dans l'entreprise. — *C. civ.* 1794.

Après cette résiliation, et lorsque l'entrepreneur est payé de tout ce qu'il a le droit d'exiger, le propriétaire peut faire reprendre les constructions par un autre entrepreneur.

L'entrepreneur ne peut céder son marché à un autre sans le consentement du propriétaire.

Le contrat de louage est dissous par la mort de l'ouvrier, de l'architecte ou entrepreneur. — *C. civ.* 1795.

La faillite de l'entrepreneur n'anéantit pas le marché, la masse des créanciers est au contraire tenue de remplir ses engagements.

De même, la mort du propriétaire ne l'anéantit pas non plus, mais ses héritiers peuvent demander la résiliation. — *D. N.*

Nous donnons ci-après une formule de marché contenant la description des ouvrages à faire.

Marché pour la construction d'un bâtiment avec description.

Aujourd'hui.....
Les soussignés :
M. A...
Et M. B...
Ont fait entre eux les conventions suivantes :

M. A..., s'oblige envers M. B...., qui accepte, à édifier au profit de ce dernier les constructions ci-après, sur un terrain situé à....., et à fournir tous les matériaux nécessaires auxdites constructions.

Ces constructions consistent en : 1° un principal corps de bâtiment élevé sur cave qui aura..... mètres de long, sur....., mètres de large dans œuvre, et dont la hauteur des cotières aura.....;
2°.....

Lesdites constructions sont indiquées et marquées sur un plan de coupe et élévation dressé par les parties sur un feuille de papier au timbre de 1 fr. 60 c., demeuré ci-annexé après contreseing, pour être soumis à l'Enregistrement avec le présent.

Toutes les constructions que M. A...., s'oblige d'exécuter suivant les règles de l'art seront faites avec des matériaux nécessaires de bonne qualité, sous la responsabilité prévue par l'article 1792 du Code civil, d'ici au premier..... prochain, jour auquel les clefs seront remises à M. B..., sous peine de tous dépens et dommages-intérêts.

Le prix de ces constructions a été fixé à la somme de....., que M. B... s'oblige de payer à M. A..., en sa demeure, le....., avec intérêts à raison de cinq pour cent par an, à partir du......

M. A... est réservé au droit de faire remplir aux frais de M. B... les formalités prescrites par la Loi pour la conservation de son privilège de constructeur.

Les contestations qui pourraient s'élever entre les parties pour l'exécution des présentes seront jugées en dernier ressort par M. le Juge de paix de....., auquel il est fait attribution de juridiction à cet effet.

Telles sont les conventions des parties.

Fait double à..... lesdits jour, mois et an, et signé, lecture prise.

(*Signatures.*)

MARCHÉ ferme. — S'entend, en matière de Bourse, de l'une des deux espèces de marchés à terme. Le *marché ferme* consiste dans la vente d'une quantité de rentes, d'annuités, d'actions de la Banque ou de fonds étrangers, dont la li-

vraison doit s'effectuer fin du mois courant ou du mois prochain. — Voy. *Marché à terme.*

MARCHÉ de fournitures. — Voy. *Marché.* — *Convention.*

MARCHÉ à prime ou libre. — C'est, en matière de Bourse, un marché à terme qui oblige le vendeur sans engager l'acheteur, et que ce dernier peut refuser d'exécuter, en abandonnant une certaine somme nommée *Prime*, qu'il a payée lors de la négociation. — Voy. *Marché à terme.*

MARCHÉ passé avec l'Etat, les Départements, les Communes, etc. —Voy. *Marché administratif.*

MARCHÉ de transport. — Voy. *Chemins de fer.* — *Lettre de voiture.* — *Messageries.* — *Voiturier.*

MARCHÉ d'urgence. — Se dit d'un marché provisoire passé par l'Administration lorsque le service d'un fournisseur se trouve suspendu, soit par sa faute, soit par force majeure. — Voy. *Marché passé avec l'Etat.*

MARCHÉ à terme. — Convention par laquelle on s'oblige de fournir certains objets, denrées et marchandises, à une époque fixé et pour un prix déterminé. — Ces marchés sont reconnus légaux. — *L. du* 28 *mars* 1885.

Le marché à terme proprement dit s'applique toutefois plus communément à la vente des effets publics; or, en matière de Bourse, les marchés à terme sont ceux où la livraison et le paiement ne s'opèrent qu'à une époque plus ou moins éloignée, convenue entre les parties.

Les marchés d'effets publics ne peuvent être faits à la Bourse pour un terme plus éloigné que celui de deux mois, à compter du jour de la date, à peine de nullité.

Les marchés à terme sur les effets publics se contractent de deux manières, ou purement et simplement, ou sous une condition résolutoire. Les premiers s'appellent *Marchés fermes* et doivent être exécutés par les deux parties, aux termes convenus. Les autres se nomment *Marchés à prime*, par la raison que, moyennant une somme payée comptant par l'acheteur, il peut faire résoudre le marché, en déclarant qu'il abandonne la *prime* au vendeur.

Lorsque le marché se consolide, la prime s'impute sur le prix que l'acheteur doit payer.

A la Bourse, on appelle *Couverture* la remise des valeurs applicables au paiement des marchés à terme.

On nomme *Arbitrage* une autre opération qui consiste à spéculer, tout à la fois comme vendeur, sur des effets d'une certaine nature, et comme acheteur sur des effets d'une autre *nature;* mais de pareils marchés constituent une sorte de pari ou autrement un agiotage prohibés.

Il y a une autre espèce de marché à terme parfaitement *licite* qu'on appelle *report* et qui consiste à placer ses fonds, en achetant au Comptant une certaine quantité de rentes ou d'autres effets publics portant intérêts, et en les revendant de suite à terme, pour obtenir les bénéfices ou la plue-value qui résulte nécessairement de la revente.

Pour les divers marchés à terme, on doit se conformer au règlement des agents de change de Paris, et on ne peut opérer que sur des sommes et quotités fixées pour chaque nature d'effets et pour leurs multiples : Ainsi pour la rente 4 1|2 p. 0|0, la quotité est de 2.500 fr. de rente : pour la rente 3 p. 0|0, de 1.500 fr., pour les actions de la Banque de France, des canaux et chemins de fer, de 25 actions, etc.

Actuellement les opérations à terme ne se liquident qu'à la fin du mois.

En résumé, le marché à terme d'effets de commerce, bien qu'il n'ait rien d'illicite lorsqu'on a entre les mains les valeurs sur lesquelles on opère ou des capitaux suffisants pour en liquider les résultats, n'est autre chose qu'un jeu de Bourse toujours dangereux pour celui qui s'y livre. — Voy. *Agent de change.* — *Bourse de commerce.* — *Actions.* — *Rentes sur l'Etat.*

MARC le franc. — Le marc le franc ou centime le franc est la part proportionnelle ou répartition à *tant pour cent* d'un capital entre divers créanciers.

Cette répartition a lieu le plus ordinairement en matière de faillite lorsque le passif excède l'actif.

Nous indiquons comme méthode abréviative le mode de calcul ci-après :

Exemple :

On suppose le total des créances dues comme s'élevant à 12,315 fr. ; et la somme à partager à 7,980 fr. 50 seulement.

Opération :

Il faut d'abord établir le chiffre afférent à 1 fr., ce qui a lieu en divisant la somme à partager par le total des créances.

```
7,980,50,0        )12,315.00
  591,5000        ) 0,64,803  pour 1 fr.
   98,90300
   00,380000
      015500
```

Cette opération faite, on trouve : pour 1 franc 0,64,803 dont la ½ pour 50 c. est de 0,32.401.
- 2 — 1,29,606
- 3 — 1,94,409
- 4 — 2,59,212
- 5 — 3,24,015
- 6 — 3,88,808
- 7 — 4,53,621
- 8 — 5,18,424
- 9 — 5,83,227

Or, en supposant que la somme de 12,315 fr. appartient à cinq créanciers, à qui il est dû :

Au 1er..........	3913 fr.
Au 2e..........	3280 50
Au 3e..........	2396 50
Au 4e..........	1963 50
Au 5e..........	761 50
Somme égale...	12,315,00

Voici comment se fait le calcul :

Pour la première somme de 3913 fr., on prend les nombres correspondant aux chiffres 3, 9, 1 et 3 dont elle se compose, et on les pose au-dessous les uns des autres, en reculant chacun d'une colonne.

Pour ne pas surcharger l'opération, on peut négliger les chiffres qui suivent les centimes.

```
1re Créance  3,000............    1,944,09
              900............      583,22
               10............       06,48
                3............        1,94
             ─────                ────────
             3913............    2535,73
```

On procède de même pour les quatre autres sommes.

```
2e Créance  3.000............    1,944,09
              200............      129,60
               80............       51,84
                0............        0,00
               50............       32 ½ fr.
             ─────                ────────
             3280,50..........   2125,85
```

```
3e Créance  2,000............    1,296,06
              300............      194,40
               90............       58,32
                6............        3,88
               50............       32
             ─────                ────────
             2396,50..........   1552,98
```

```
4e Créance  1,000............    0,648,03
              900............      583,22
               60............       38,88
                3............        1,94
               50............       32
             ─────                ────────
             1963,50..........   1272,39
```

5ᵉ créance	0,700............	0,453,62
	60............	38,88
	1............	0,64
	50.........	32
	0761,50	493,46

Preuve.

3913	ont droit à............	2535,73
3285,50	—	2125,85
2396,50	—	1552,98
1963,50	—	1272,39
761,50	—	493,46
12.315,00		7980,41

Comme on le voit, et bien que les chiffres qui suivent les centimes aient été négligés, l'opération ne s'en trouve pas affectée d'une manière sensible puisque la différence n'est que de 0,09 centimes en moins sur la répartition totale.

MARE. — C'est une grande fosse creusée pour servir de réservoir aux eaux pluviales.

Lorsqu'on veut creuser une mare, un abreuvoir, un vivier ou autre, près du voisin, l'usage est de laisser de son côté un espace incliné en talus d'une longueur égale à la profondeur du creux afin d'empêcher les éboulements.

Une mare est une dépendance du fonds sur lequel elle se trouve.

Le propriétaire du fonds peut donc faire tel usage qu'il veut de la mare. Il peut en refuser l'usage à ses voisins, et quelque longue possession qu'ils aient d'y tirer de l'eau, ou d'y abreuver leurs bestiaux, cette possession est assimilée à une servitude qui ne peut faire titre en leur faveur.

Ainsi, la possession par une commune du droit pour ses habitants de faire abreuver les bestiaux, de puiser ou de laver à la mare d'un particulier, ne lui en attribue pas la propriété, cette possession n'étant regardée que comme étant de pure tolérance.

Pour prétendre à la propriété d'une mare, il faut pouvoir invoquer la jouissance utile et corporelle du terrain qui environne la mare, le curage opéré, la disposition des vases, la réparation des bords, etc.

L'Autorité municipale a sous sa surveillance les mares et les abreuvoirs. Elle doit les faire nettoyer et entretenir de manière à prévenir les accidents et la corruption des eaux. — *D. N.* — Voy. *Abreuvoir.* — *Eau.*

MARCHEPIED. — Se dit du chemin que doivent laisser pour le passage à pied les propriétaires des terrains aboutissant aux rivières navigables, sur la rive opposée à celle du chemin dit de halage où se fait le tirage des bateaux, afin que les mariniers puissent mettre pied à terre pour pratiquer leurs manœuvres. Les marchepieds sont soumis aux mêmes règles que celles des chemins de halage. — Voy. *Chemin de halage.*

MARGE. — Se dit de l'espace en blanc laissé autour d'une page.

Dans les actes, et particulièrement dans les actes notariés, il est d'usage d'écrire les renvois, de même que l'approbation des mots rayés, à la marge latérale.

MARGUILLIER. — Voy. *Fabrique.*

MARI. — C'est l'homme uni à une femme par le lien conjugal.

Les époux contractent des devoirs réciproques par le mariage, mais le mari a sur la femme une sorte d'autorité, *quant à la personne* et *quant aux biens*, qu'on nomme *puissance maritale.* — Voy. *Autorisation maritale.* — *Femme.* — *Mariage.* — *Séparation de biens.*

Le mari d'une femme mineure est de plein droit son curateur.

Le mari ne peut porter plainte en vol contre sa femme et réciproquement. — *C. pén.* 380.

Il peut, dans certains cas, contracter avec sa femme. — Voy. *Contrat entre époux.*

MARIAGE. — Le mariage est l'union légitime de l'homme et de la femme qui s'associent dans le but de perpétuer leur espèce et de partager leur commune destinée. — *Duranton*, t. II.

Il ne faut pas confondre le *Mariage*, qui est l'acte constituant l'union des époux, avec le *Contrat de mariage*, qui règle leurs intérêts pécuniaires. — Voy. *Contrat de mariage*.

Conditions.

Les conditions requises pour la validité du mariage sont au nombre de quatre : 1° l'âge des contractants ; 2° leur consentement ; 3° le consentement de ceux à l'autorité de qui ils sont soumis ; 4° l'absence de tout empêchement.

La Loi fixe l'âge requis pour contracter mariage à 18 ans révolus pour les hommes, et à 15 ans révolus pour les femmes. — *C. civ.* 144.

Le chef de l'Etat peut néanmoins accorder des dispenses d'âge, pour des motifs graves. — Voy. *Dispense d'âge et de parenté*. — *Supplique*.

Il n'y a, du reste, point d'âge après lequel on ne puisse se marier, et la disproportion d'âge entre les futurs époux ne peut jamais être une cause d'empêchement.

On ne peut se marier par procuration.

Le consentement n'est point valable s'il a été donné par *erreur*, extorqué par *violence*, ou surpris par *dol*. — *C. civ.* 1109.

A l'égard de la troisième condition requise pour la validité du mariage. — Voy. *Consentement à mariage*.

Faute d'obtenir le consentement de ceux à l'autorité desquels on est soumis, il faut rapporter des actes respectueux. — Voy. *Acte respectueux*.

Enfin, pour contracter un mariage valable, il faut qu'il n'y ait point d'empêchement ; or, le lien d'un premier mariage est un empêchement.

La veuve ne peut se remarier que dix mois après la dissolution du mariage précédent.

La parenté et l'alliance sont encore des empêchements. Ainsi, en ligne directe, le mariage est prohibé entre tous les ascendants et les descendants, légitimes, naturels ou adoptifs, et les alliés dans la même ligne. — *C. civ.* 161 *et* 348.

En ligne collatérale, le mariage est prohibé entre le frère et la sœur légitimes, naturels ou adoptifs, et les alliés au même degré, mais légitimes ou naturels seulement. Toutefois, la Loi du 16 avril 1832 a modifié ces dispositions en autorisant, sauf dispense, le mariage entre beaux-frères et belles-sœurs. — Voy. *Dispense d'âge et de parenté*.

Le mariage est aussi prohibé entre l'oncle et la nièce, la tante et le neveu ; mais il est loisible au chef de l'Etat de lever cette prohibition, pour des causes graves.

On peut également considérer comme un empêchement au mariage l'opposition légalement notifiée à l'officier de l'état civil, attendu que celui-ci ne peut célébrer le mariage avant qu'on lui en ait remis la mainlevée, sous peine d'amende et de dommages-intérêts. — *C. civ.* 68.

Formalités.

Le mariage doit être célébré publiquement devant l'officier de l'état civil de la commune où l'un des contractants a son domicile, lequel s'établit par *6 mois* d'habitation continue dans la même commune.

En cas d'empêchement du Maire, les adjoints le remplacent, ou, à leur défaut, les conseillers municipaux délégués par le Maire.

La personne qui n'a pas 6 mois de domicile dans la commune qu'elle habite actuellement ne pourrait se marier dans la commune où elle avait précédemment une résidence de plus de 6 mois. Elle devrait attendre que les 6 mois de la nouvelle résidence soient accomplis ; mais le domicile civil, quant au mariage, ne se perd pas par des absences plus ou moins prolongées.

Les mineurs n'ont d'autre domicile, pour le mariage, que celui de leurs père, mère ou tuteur.

La célébration du mariage doit être précédée de deux publications faites par l'officier de l'état civil, dans les communes du domicile respectif de chacune des parties et des personnes dont elles dépendent quant au mariage; et si le domicile actuel n'est établi que par 6 mois de résidence, les publications doivent, en outre, être faites à la municipalité du dernier domicile.

Le mariage ne peut être célébré que deux jours francs après la seconde publication, et au plus tard dans l'année.

Les formalités du mariage sont indiquées par les art. 70 et suiv. du C. civ.

Le jour du mariage est désigné par les parties, mais elles ne peuvent contraindre l'officier de l'état civil à célébrer le mariage un jour férié. C'est à l'officier public à fixer l'heure.

Le mariage a lieu dans la maison Commune; mais en cas d'urgence, l'officier de l'état civil peut se rendre chez l'un des futurs époux, en faisant mention dans l'acte de mariage du motif de son transport. — Dans ce dernier cas, et comme le mariage doit être célébré publiquement, les portes doivent être tenues ouvertes.

Le mariage prononcé par l'officier de l'état civil, ayant reçu sa perfection par la déclaration des parties et le prononcé de l'officier, serait valable, même lorsque l'un des époux refuserait de signer.

Les mariages des indigents ont été l'objet d'une Loi du 10 décembre 1850. — Voy. *Mariage des indigents*.

De la preuve du Mariage et des Nullités.

Pour pouvoir réclamer le tire d'époux et les effets civils du mariage, on doit représenter l'acte de célébration inscrit sur le registre de l'état civil, à moins qu'il n'en ait pas existé ou qu'il soit perdu ou brûlé, auquel cas, la preuve testimoniale serait admissible. — *C. civ.* 46 et 194.

La preuve du mariage peut, à l'égard des tiers, résulter de la possession d'état, lorsqu'il s'agit d'un mariage contracté dans un pays où les registres de l'état civil ne sont pas en usage. Elle peut encore résulter d'une procédure criminelle, dans le cas où l'acte de célébration aurait été détruit, soustrait ou lacéré.

A l'égard des nullités, il importe de remarquer qu'un mariage n'est jamais nul de plein droit; qu'il faut, dès lors, en faire prononcer la nullité, et que le mariage déclaré nul produit néanmoins les effets civils, tant à l'égard des époux qu'à l'égard des enfants, lorsqu'il a été contracté de bonne foi.

L'époux absent, dont le conjoint a contracté une nouvelle union, est seul recevable à attaquer ce mariage, par lui-même ou par son fondé de pouvoirs, muni de la preuve de son existence; mais, dès que l'absence a cessé, le mariage peut être attaqué par toute partie intéressée. — *C. civ.* 439.

Le nouveau mariage que contracte une femme pendant l'absence simplement présumée de son conjoint, ne peut être attaqué par le second mari, qu'autant qu'il prouve qu'à l'époque de la célébration de son mariage, l'absent était encore vivant.

Des effets du Mariage.

L'effet du mariage est d'abord d'émanciper de plein droit les époux mineurs, de les affranchir de la puissance paternelle et de les rendre ainsi habiles à administrer leurs biens.

Les époux se doivent mutuellement fidélité, secours et assistance. Le mari doit protection à sa femme, la femme obéissance à son mari. — *C. civ.* 212, 213.

La femme est obligée d'habiter avec son mari, de le suivre partout où il juge à propos de résider, et le mari est obligé de la recevoir, et de lui fournir tout ce qui est nécessaire pour les besoins de la vie, selon ses facultés et son état. — *C. civ.* 214.

La femme est obligée de suivre son mari, même en pays étranger, et le mari peut être autorisé à faire saisir ses revenus, comme moyen de la contraindre à habiter avec lui. Il peut même la contraindre par huissier.

Mais la femme ne peut être obligée de cohabiter avec son mari, lorsque ce dernier n'a pas un logement convenable et décent pour la recevoir.

La femme ne peut contracter, ni ester en justice, sans l'autorisation de son mari ou du juge. — Voy. *Autorisation maritale*.

Elle a, pour sûreté de ses droits et reprises, une hypothèque légale sur les biens de son mari.

L'un des effets du mariage, par rapport aux enfants, est qu'il légitime ceux que les époux auraient eus ensemble antérieurement. — Voy. *Légitimation*.

Les époux contractent ensemble, par le seul fait du mariage, l'obligation de nourrir, entretenir et élever leurs enfants, qui, à leur tour, doivent des aliments à leurs père et mère; mais les enfants n'ont pas d'action contre leurs père et mère pour en obtenir une dot. — *D. N.* — Voy. *Aliments*. — *Dot*.

MARIAGE clandestin. — Se dit de celui contracté sans avoir été précédé des publications légales. Ce mariage est nul et peut être attaqué par les époux eux-mêmes et par tous ceux qui y ont un intérêt né et actuel, ainsi que par le Ministère public. — Voy. *Mariage*.

MARIAGE (Contrat de). — Voy. *Contrat de mariage*.

MARIAGE des indigents. — Sont admises au bénéfice des Lois relatives au mariage des indigents les personnes qui justifient d'un certificat d'indigence à elles délivré par le commissaire de police, ou par le maire dans les communes où il n'existe pas de commissaire de police, sur le vu d'un extrait du rôle des contributions, constatant que les parties intéressées paient moins de 10 fr., ou d'un certificat du percepteur de leur commune, constatant qu'elles ne sont pas imposées.

Le certificat d'indigence doit être visé et approuvé par le Juge de paix du canton.

Les pièces nécessaires au mariage des indigents et à la légitimation de leurs enfants sont réclamées et réunies par les soins de l'officier de l'état civil de la commune dans laquelle les parties auront déclaré vouloir se marier, et leur sont délivrées gratuitement.

Les actes judiciaires et procédures nécessaires au mariage des indigents sont poursuivis et exécutés d'office par le Ministère public.

Les extraits des registres de l'état civil, les actes de notoriété, de consentement, de publications, les délibérations de conseil de famille, les certificats de libération du service militaire, les dispenses pour cause de parenté, d'alliance ou d'âge, les actes de reconnaissance des enfants naturels, actes de procédure, jugements et arrêts, dont la production est nécessaire, sont délivrés sur papier *non timbré* et visés pour timbre et enregistrés *gratis*.

Ces pièces doivent, toutefois, mentionner expressément qu'elles sont destinées à servir à la célébration d'un mariage entre indigents, ou à la légitimation ou au retrait de leurs enfants naturels déposés dans les hospices. Ils ne peuvent servir à autres fins, sous peine d'amende, outre le paiement des droits. — *LL. des 3 juillet 1846 et 10 décembre 1850.*

MARIAGE des militaires. — Voy. *Militaires*.

MARIAGE in-extremis. — C'est celui contracté par un mourant, le plus souvent pour légitimer des *enfants naturels*.

Ce mariage est valable, pourvu que les formalités légales aient été remplies. — Voy. *Mariage*.

MARIAGE putatif. — S'entend d'un mariage nul, mais qui, contracté de bonne foi par l'une des parties ou par toutes les deux, produit des effets civils. — *C. civ.* 201. — Voy. *Mariage*.

MARIAGE second. — Voy. *Second mariage*.

MARIAGE secret. — C'est celui que les parties ne divulguent pas, mais qui a reçu les publicités nécessaires à sa validité. — Voy. *Mariage*.

MARINE. — On comprend sous cette dénomination tout ce qui a trait à la navigation sur mer et aux forces maritimes d'un Etat.

Marine marchande.

Les Lois et règlements concernant la marine marchande distinguent trois sortes de navigation : 1° la navigation au *long cours*; 2° celle au *cabotage*, qui se divise elle-même en grand et en petit cabotage; 3° celle au *bornage*.

La navigation au long cours est celle faite au delà des mers, dans les limites établies par l'art. 377 du C. de comm., modifié par la Loi du 14 juin 1854, ainsi conçue :

Sont réputés voyages de long cours, ceux qui se font au delà des limites ci-après déterminées ; au Sud, le 30° degré de latitude Nord; au nord, le 72° degré de latitude nord; à l'Ouest, le 15° degré de longitude du méridien de Paris; à l'Est, le 44° degré de longitude du méridien de Paris.

Le cabotage comprenait, autrefois, tous les voyages qui ne sont pas indiqués dans l'article ci-dessus; mais le décret du 20 mars 1852 a modifié cette acception, en reconnaissant une navigation inférieure au petit cabotage, qui est celle dite *au bornage* ou celle faite par une embarcation jaugeant vingt-cinq tonneaux au plus, avec faculté d'escales intermédiaires entre son port d'attache et un autre point déterminé, qui ne doit pas être distant de plus de quinze lieues marines.

En matière de douane, le cabotage comprend seulement, sans considération de la longueur du voyage, la navigation qui s'opère de port français à port français.

Le choix du capitaine d'un bâtiment marchand appartient au propriétaire de ce bâtiment.

Pour aspirer au grade de capitaine, ou de maître d'un bâtiment, il faut être âgé de 24 ans, et avoir fait 60 mois de navigation, dont 12 sur les bâtiments de l'Etat.

Les candidats doivent, en outre, subir deux examens publics, l'un sur la théorie, l'autre sur la pratique de la navigation; après quoi, lorsqu'ils réunissent les conditions de capacité requises, ils obtiennent du Ministre de la marine, selon la nature des examens subis, des brevets de capitaine au long cours, ou de maître au cabotage.

Il résulte de la loi du 29 janvier 1881, ayant pour but de faciliter le développement de la marine marchande en France :

1° Que la franchise du pilotage est accordée aux navires à voiles jaugeant moins de 80 tonneaux, et aux navires à vapeur jaugeant moins de 100 tonneaux, quand ils font habituellement la navigation de port en port et pratiquent l'embouchure de la rivière;

2° Que la construction de nouveaux bâtiments donne droit à l'allocation d'une prime dont le montant varie avec la capacité du navire, et suivant qu'il s'agit de navires en bois, en fer ou composites;

3° Que toute transformation d'un navire ayant pour résultat d'en accroître la jauge donne droit à une prime calculée d'après le nombre de tonnes d'augmentation;

4° Que les navires de commerce peuvent être requis par l'Etat en temps de guerre pour le transport des troupes et en tout temps pour le service postal;

6° Enfin, qu'à titre de compensation des charges ci-dessus, il a été accordé pour 10 ans, à dater de la loi, une prime de navigation pour les bateaux de long cours à voile et à vapeur. Cette prime fixée au début à 1 fr. 50 c. par tonne de jauge nette, et mille milles parcourus, décroît chaque année d'une quantité qui varie de 75 à 5 centimes suivant la nature du bâtiment. Elle augmente de 15 p. 0/0 pour les vapeurs construits sur des plans préalablement approuvés par la marine militaire. Elle est réduite de moitié pour les navires de construction étrangère et n'est pas allouée aux bâtiments de pêche ou de plaisir.

Un décret du 17 août 1881 contient règlement d'administration publique pour l'application de la loi précitée du 29 janvier 1881.

Marine militaire de l'État.

Le service central de la marine et l'administration des colonies forment un département ministériel. — Voy. *Ministère*.

Les officiers du corps de la marine sont chargés du commandement des divers bâtiments de la flotte et des équipages de Ligne. Ils ont aussi la direction de certains services dans les arsenaux, et font partie du conseil de l'Amirauté et de celui des travaux de la Marine.

Le cadre de ce corps comprend des Amiraux et des Vice-Amiraux, des Contre-Amiraux, des Capitaines de vaisseau, des Capitaines de frégate, des Lieutenants de vaisseau, des Enseignes et des Aspirants de première et de deuxième classe.

Il y a lieu à l'apposition des scellés lors du décès d'un officier de marine. — Voy. *Scellés*.

L'inscription maritime fournit à la flotte les marins, aux arsenaux les maîtres et ouvriers. Cette institution est régie par la Loi du 3 brumaire an IV modifiée notamment par les décrets des 5 juin 1856, 22 octobre 1863, 27 février 1866, et les lois des 4 juin 1864 et 27 juillet 1872.

D'après la loi du 4 juin 1864, les charpentiers de navires, les perceurs, les voiliers et les calfats, ne sont plus compris dans l'inscription maritime.

L'inscription maritime comprend au reste tous ceux qui se livrent à la pêche ou à la navigation, en un mot tous ceux qui exercent des professions maritimes.

Les enrôlements sont admis, dans l'armée de mer, pour les jeunes gens de 18 ans qui satisfont aux conditions d'aptitude exigées. — Ils sont admis à 16 ans pour les élèves des Écoles de mousses, ou pour les jeunes gens auxquels une dispense spéciale du Ministre de la marine aurait été accordée.

L'armée de mer se compose, indépendamment des hommes fournis par l'inscription maritime : 1° des hommes admis à s'engager volontairement ou à se rengager ; 2° des jeunes gens qui, au moment des opérations des conseils de revision, auront demandé à entrer dans le corps de la marine et auront été reconnus propres à ce service ; 3° enfin, et à défaut d'un nombre suffisant d'hommes compris dans les deux catégories précédentes, du contingent de recrutement affecté par décision du Ministre de la guerre, à l'armée de mer. — *L. du 27 juillet* 1872.

Le service exigé des marins classés est réparti en deux périodes : la première de 5 années, la seconde de deux. Pendant ces périodes, le marin peut recevoir, quand il est en France, un congé renouvelable, sans solde.

Le premier appel a lieu dans le premier mois qui suit l'accomplissement de la 20me année, ou le retour en France du marin inscrit.

Quant aux appels subséquents, ils sont effectués sans qu'il soit tenu compte du temps de service déjà accompli, et suivant les catégories d'âge indiquées ci-après : 1° les inscrits âgés de moins de 30 ans ; 2° les inscrits âgés de plus de 30 ans et de moins de 35 ; 3° les inscrits âgés de plus de 35 ans et de moins de 40. — L'affichage de l'ordre de mobilisation tient lieu d'ordre de route individuel. — *Déc. des 6 mars* 1877 *et 24 juin* 1880.

Le territoire maritime de la France est partagé en cinq arrondissements qui prennent le nom de chefs-lieux. Ce sont : *Brest, Cherbourg, Lorient, Rochefort* et *Toulon*.

Dans chaque arrondissement, le service de la marine est dirigé par un Préfet maritime. — Voy. *Gens de mer*.

MARNE. — Département formé de partie de la Champagne.
Chef-lieu : Châlons.
Cour d'appel : Paris.
Ce département est limité à l'Est par la Meuse et la Haute-Marne ; au Sud par

la Haute-Marne, l'Aube et Seine-et-Marne; à l'Ouest par Seine-et-Marne et l'Aisne, et au Nord par les Ardennes et l'Aisne.

Il est divisé en 5 arrondissements, 32 cantons et 664 communes.
Superficie : 778.466 hectares.
Impôt foncier : 2.086.029 francs.
Population : 429.494 habitants.

MARNE (Haute-). — Département aussi formé de partie de la Champagne.
Chef-lieu : Chaumont.
Cour d'appel : Dijon.
Ce département est limité à l'Est par les Vosges et la Haute-Saône; au Sud par la Haute-Saône et la Côte-d'Or; à l'Ouest par la Côte-d'Or et l'Aube, et au Nord par la Meuse et la Marne.

Il est divisé en 3 arrondissements, 28 cantons et 550 communes.
Superficie : 622.163 hectares.
Impôt foncier : 1.457.410 francs.
Population : 247.781 habitants.

MARNIÈRE. — Voy. *Carrière.* — *Usine.*

MARQUE ou croix. — Voy. *Signature.*

MARQUES de fabrique. — Emblème, empreinte, timbre, cachet ou vignette que les fabricants ont la faculté, ou doivent, dans certains cas, apposer sur les produits de leurs fabriques. — *L. du 23 juin* 1857. — Voy. — *Propriété industrielle.*

Nul ne peut revendiquer la propriété d'une marque de fabrique, s'il n'a déposé deux exemplaires du modèle de cette marque au greffe du Tribunal de commerce de son domicile.

Ce dépôt, n'ayant d'effet que pour 15 années, doit être renouvelé au bout de ce laps de temps.

Les contrefacteurs peuvent être poursuivis et condamnés à l'amende et même à l'emprisonnement. — *L. du 23 juin* 1857.

Tout propriétaire d'une marque de fabrique ou de commerce déposée régulièrement peut être admis, sur sa requisition écrite, à faire apposer par l'Etat, soit sur les étiquettes, bandes ou enveloppes en papier, soit sur les étiquettes ou estampilles en métal sur lesquelles figure sa marque, un timbre ou poinçon spécial destiné à affirmer l'authenticité de cette marque. — *L. du 26 nov.* 1873.

Pour être admis à user de cette faculté, tout propriétaire de marques de fabrique ou de commerce doit en faire la déclaration préalable en déposant à l'un des bureaux désignés à cet effet dans les villes de Lille, Rouen, Paris, Châlons-sur-Marne, Nantes, Tours, Lyon, Bordeaux, Toulouse et Marseille, une expédition du procès-verbal du dépôt de sa marque et un exemplaire du dessin de la gravure ou de l'empreinte qui représente sa marque. Des requisitions écrites spéciales doivent être remises ensuite aux mêmes bureaux, toutes les fois qu'on veut faire apposer sur cette marque le timbre ou le poinçon. — *Déc. du 25 juin* 1874.

Il est perçu au profit de l'Etat pour chaque apposition du timbre un droit qui peut varier de 1 cent. à 1 fr., et pour chaque apposition du poinçon sur les objets eux-mêmes, un droit qui ne peut être inférieur à 5 centimes et peut s'élever jusqu'à 5 fr.

Au reste, la quotité de ces droits est proportionnée à la valeur des objets sur lesquels doivent être apposées les étiquettes, et à la difficulté de frapper d'un poinçon les marques fixées sur les objets eux-mêmes. — *L. du 26 nov.* 1873.

Le tarif détaillé des droits de poinçonnage tant pour les étiquettes, bandes ou enveloppes, que pour les étiquettes et estampilles en métal, est contenu dans le décret du 25 juin 1874.

La déclaration, le dépôt pour le poinçonnage et l'apposition du poinçon ne peuvent être opérés que dans les bureaux de garantie des matières d'or et d'argent établis à Amiens, Avignon, Besançon, Bordeaux, Le Havre, Lille, Lyon Marseille, Nancy, Nantes, Nîmes, Paris, Rouen, Saumur, Toulouse et Valence.

Le timbre ou poinçon de l'Etat apposé sur une marque de fabrique ou de commerce fait partie intégrante de cette marque, et la falsification ou contrefaçon de timbre ou poinçon peut être poursuivie par le propriétaire de la marque aussi bien que par l'Etat.

Ceux qui auront contrefait ou falsifié les timbres ou poinçons établis, ceux qui auront fait usage des timbres ou poinçons contrefaits ou falsifiés, seront punis des travaux forcés à temps, sans préjudice des réparations civiles.

Les consuls de France à l'étranger ont qualité pour dresser les procès-verbaux des usurpations des marques et les transmettre à l'autorité compétente. — E. N.

MARQUIS. — Titre de noblesse. — Voy. *Noblesse*.

MARRONAGE. — C'est, en matière d'*usage*, le droit de se faire délivrer, dans les forêts ou les bois d'autrui, des arbres pour réparations et constructions de bâtiments. — Voy. *Forêts*. — *Usages*.

MASCULIN. — En droit, le terme *masculin* comprend ordinairement les deux genres. Ainsi, le mot *homme* comprend souvent la *femme*.

Le mot *enfants* s'applique aux *filles* comme aux *garçons* ; le mot *fils* comprend aussi généralement les *filles*. — Voy. *Homme*. — *Femme*. — *Fils*.

MASSE. — Réunion de plusieurs sommes, de plusieurs choses formant un tout comme une société, une succession, une communauté, une faillite. — Il s'applique à l'ensemble des dettes comme des valeurs et créances ; néanmoins, on distingue la *masse active* et la *masse passive*. — Voy. *Liquidation*. — *Partage*.

Le mot *masse* s'applique aussi aux troupes. Il y a des masses d'*habillement*, d'*équipement*, d'*entretien*, de *chauffage*, etc.

On dit encore la masse d'un fossé. — Voy. *Fossé*.

MASSE des créanciers. — C'est ainsi qu'on désigne plus spécialement les créanciers d'une faillite. — Voy. *Banqueroute*. — *Faillite*.

MATELOT. — Voy. *Gens de mer*. — *Marine*.

MATÉRIAUX. — Choses provenant de démolition ou propres à la construction des bâtiments. — Voy. *Démolition*. — *Meubles*. — *Immeubles*.

MATERNEL. — Se dit de ce qui appartient à l'état ou à la qualité de mère. On dit, dans ce sens, *succession maternelle*, *biens maternels*, *parents maternels*.

MATERNITÉ. — C'est l'état, la qualité de mère, ou la relation de la mère à son enfant.

La Loi admet la recherche de la maternité, pourvu que la demande soit appuyée d'un commencement de preuve par écrit, tandis que celle de la paternité n'est pas admise.

L'enfant qui réclame sa mère doit prouver qu'il est identiquement le même que celui dont elle est accouchée, ce qu'il peut faire par témoin, s'il a un commencement de preuve par écrit. — C. civ. 341.

La recherche de la maternité naturelle n'appartient qu'à l'enfant seul, et non à ses héritiers ou successeurs irréguliers.

Elle est interdite aux enfants incestueux ou adultérins. — C. civ. 342. — Voy. *Désaveu de paternité*. — *Enfant naturel*. — *Légitimité*. — *Paternité*. — *Reconnaissance d'enfant naturel*.

MATIÈRE. — On entend par matière la substance dont une chose est faite. On donne aussi le nom de *matière* à ce qui fait le sujet d'une contestation, d'un procès.

Celui qui veut déposer contre un mur un amas de matières corrosives doit observer la distance prescrite, ou faire les ouvrages ordonnés par les règlements locaux pour éviter de nuire au voisin. — C. civ. 674.

MATIÈRES corrosives. — Voy. *Contre-mur*.

MATIÈRES d'or et d'argent. — On comprend sous ce titre l'or et l'argent en lingots, et tous les objets composés soit en totalité ou en partie d'or ou d'argent. — *E. N.*

Le titre de ces matières est garanti à l'aide de poinçons que l'Etat fait appliquer sur chaque pièce, après essai de la matière, afin de préserver le public de la fraude et d'assurer la perception d'un impôt indirect, connu sous la dénomination de droit de garantie.

D'après la Loi du 19 brumaire an VI, il a été établi trois titres légaux pour les ouvrages d'or, et deux pour les ouvrages d'argent, savoir : pour l'or, le premier de 920 millièmes, le second de 840 millièmes, le troisième de 750 millièmes ; et pour l'argent, le premier de 950 millièmes, et le second de 800 millièmes ; mais les deux premiers titres, assimilés à l'or, ont été délaissés, et il ne se fabrique plus aujourd'hui, en France, d'ouvrage en or au-dessus de 750 millièmes. — *LL. des 19 brumaire an VI et 28 avril 1816.* — *Ord. des 22 octobre 1817 et 7 avril 1838.*

Les poinçons forment deux classes ainsi désignées : les poinçons *simples* et *supérieurs* destinés à indiquer le titre, l'origine ou la destination des objets, et les poinçons de *contremarque* ou *bigornes*, qui servent à contremarquer, par l'effet du contrecoup du poinçon supérieur, le revers des ouvrages soumis à la marque.

Les poinçons simples ou supérieurs se divisent en poinçons de titre de garantie d'importation, d'exportation et de récense.

Les poinçons de titre sont destinés à indiquer les ouvrages d'un certain volume ; ceux de garantie s'appliquent sur les menus bijoux ; ceux d'importation comprennent le poinçon des étrangers et celui d'horlogerie ; enfin le poinçon de récense est destiné à valider les marques anciennes, lorsque l'Etat juge à propos d'établir de nouveaux poinçons.

Par une Loi du 25 janvier 1884 il a été créé un quatrième titre légal à 583 millièmes pour la fabrication des boîtes de montres d'or seulement destinées exclusivement à l'exportation.

Un poinçon spécial indiquant le titre et une empreinte particulière montrant qu'elles sont destinées à l'exportation sont appliqués sur ces boîtes par le bureau de la garantie.

Les fabricants d'orfèvrerie, joaillerie, bijouterie et boîtes de montre sont en outre autorisés à fabriquer à tous autres titres des objets d'or et d'argent exclusivement destinés à l'exportation.

Les objets ainsi fabriqués à tous titres ne reçoivent en aucun cas l'empreinte des poinçons de l'Etat, mais ils doivent être marqués avec un poinçon de maître.

La fabrication et le commerce des ouvrages d'or et d'argent à tous titres avec l'étranger donne lieu à une déclaration à la Préfecture et à la Mairie de la commune.

A Paris la déclaration est faite à la Préfecture de police et au bureau de garantie.

Il est interdit de livrer à la consommation intérieure les ouvrages dont la Loi de 1884 n'autorise la fabrication qu'en vue de l'exportation.

D'après un décret du 6 juin 1884, les boîtes de montres d'or fabriquées au quatrième titre doivent être soumises à l'essai et à la marque dans les conditions prescrites par la législation en matière de garantie.

Cette double opération est effectuée en franchise du droit de garantie et les frais d'essai sont acquittés par le fabricant.

Un autre décret, du 24 décembre 1887, a créé un poinçon spécial dit de retour pour les ouvrages d'or ou d'argent de fabrication française réimportés.

L'organisation du contrôle de la garantie des matières d'or et d'argent a été modifiée par un nouveau décret du 10 avril 1888.

Le droit de garantie a été porté, pour l'orfèvrerie, à 30 francs par hectogramme d'or, et 1 fr. 50 cent. par hectogramme d'argent, et pour les lingots dits de tirage, à 80 cent. par kilogramme, plus, sur le tout, deux décimes et demi. — LL. des 30 mars 1872 et 31 déc. 1873.

Ce droit frappe non seulement tous les produits indigènes, mais encore les ouvrages d'or et d'argent venant de l'étranger. — Il est perçu par l'Administration des contributions indirectes, dans les principaux centres de population.

Le droit de garantie est restitué en totalité au cas d'exportation d'ouvrages neufs fabriqués ou poinçonnés en France en vertu des traités internationaux, et soumis au régime de la garantie française. — L. du 30 mars 1872.

Les fabricants d'ouvrages d'or et d'argent sont tenus d'en faire la déclaration au Préfet du département et à la Mairie de la commune de leur résidence, et de faire insculper, dans ces deux Administrations, leurs poinçons particuliers avec leurs noms, sur une planche en cuivre à ce destinée. — D. N.

A la mort du fabricant, son poinçon doit être porté, dans un délai de cinq jours, au bureau de garantie de son arrondissement, pour y être biffé.

Celui qui trompe l'acheteur sur le titre des matières d'or et d'argent est passible d'amende et d'emprisonnement. La fabrication et l'emploi de poinçons faux est punie des travaux forcés à temps. — C. pén. 140,423.

A l'égard des pièces d'or et d'argent. — Voy. Monnaie.

Valeur des différents titres de l'or et de l'argent.

Or :

Bien qu'il existe trois titres pour les ouvrages d'or, les bureaux de garantie ne contrôlent que peu d'objets aux 1er et 2e titres qui se poinçonnent des chiffres 1 et 2 comme l'argent.

Le 1er titre vaut............	3,154 fr. 72 c. le kilog ou	3f 15 le gram. (plus une fraction).			
Le 2e —	2,876	76	—	2 87	—	—
Le 3e —	2,567	43	—	2 56	—	—
L'or de bijoux vaut.........	2,299	35	—	2 29	—	—
Les jetons et médailles valent.	3,148	29	—	» »	—	—
Les anciennes tabatières.....	2,599	»	—	» »	—	—

Nota. — Les tabatières ont souvent des doubles fonds en carton ou en tôle qu'il faut défalquer du poids.

Le jaseron vaut 20 94 fr. 65 le kilog.

Les bijoux étrangers 1830 fr.

Argent :

Les 1er et 2e titres sont marqués des chiffres 1 et 2 près la marque.

Le premier titre vaut....................	208 fr. 87 c. le kilog. ou	0,20 c. le gr.			
Le 2e —	175	77	—	» 17	—
La vaisselle anglaise................ ...	203	57	—	» 20	—
La vaisselle d'Allemagne marquée d'une scie.	168	06	—	» 16	—
La vaisselle d'Hombourg et de Prusse.......	136	»	—	» 13	—
La vaisselle Russe.....................	189	68	—	» 18	—
L'argenterie, anciens poinçons vieux Paris...	209	53	—	» 20	—

Nota. — La Monnaie n'achète pas le vermeil plus cher que l'argent.

MATIÈRES métalliques. La négociation de ces matières est dans les attributions des agents de change et des courtiers de commerce, et elle est soumise à certaines règles. — *C. comm.* 76. — Voy. *Agent de change.* — *Courtier de commerce.* — *Marché au comptant.* — *Marché à terme.*

MATIÈRES sommaires. — Se dit, en procédure, des affaires urgentes, qui, d'après leur nature ou leur peu d'importance, doivent être jugées promptement et sans les formalités ordinaires de la procédure.

L'énumération de ces causes est contenue dans l'art. 404 du C. de proc.

Les *dépens*, en matière *sommaire*, sont fixés par l'art. 67 du Tarif. — Voy. *Dépens.*

MATRICE cadastrale. — Voy. *Cadastre.*

MATRIMONIAL. — Terme qui sert à exprimer ce qui appartient au mariage. On nomme conventions *matrimoniales* celles que contient le contrat de mariage. — Voy. *Contrat de mariage.* — *Mariage.*

MASURE. — On entend par *masures*, en Normandie, les terrains en nature d'herbage, vergers, cours et jardins édifiés de bâtiments destinés à l'habitation du ménage.

Dans le pays d'Auge cela s'appelle *Cour*.

Et dans le reste du Calvados et de la Manche, cela se nomme *Entretenant*.

MAUVAISE foi. — Voy. *Bonne foi.* — *Dol.* — *Escroquerie.* — *Fraude.* — *Fruits*.

MAXIME de droit. — C'est une proposition générale qui sert de règle, en législation ou en jurisprudence. C'est une maxime de droit que *Nul n'est censé ignorer la Loi*. — Voy. *Règles de droit*.

MAYENNE. — Département formé de partie du Maine et de l'Anjou.

Chef-lieu : Laval.

Cour d'appel : Angers.

Ce département est limité à l'Est par la Sarthe; au Sud par Maine-et-Loire; à l'Ouest par l'Ille-et-Vilaine et la Loire-Inférieure, et au Nord par l'Orne et la Manche.

Il est divisé en 3 arrondissements, 27 cantons et 276 communes.

Superficie : 516.883 hectares.

Impôt foncier : 1.706.807 francs.

Population : 340.063 habitants.

MÉCANIQUE. — Voy. *Métier*.

MÉDAILLE. — Pièce de métal frappée par l'intermédiaire, ou de l'agrément de l'Administration, pour conserver le souvenir d'un fait ou d'une personne, mais qui n'a pas cours de monnaie.

Les médailles sont *meubles* par leur nature, bien qu'elles ne soient pas comprises dans l'expression *meubles* employée seule, sans autre addition ni désignation. — *C. civ.* 533. — Voy. *Monnaie*.

MÉDAILLE militaire. — Ordre exclusivement militaire destiné à récompenser les militaires et marins de tout grade.

La médaille militaire a été instituée par un décret du 22 janvier 1852.

Elle se porte suspendue à un ruban moiré jaune, liséré de vert.

Le ruban peut être porté seul. — *E. N.*

MÉDECINE. — Nul ne peut exercer la profession de médecin, de chirurgien, d'officier de santé, s'il n'est pourvu des certificats d'aptitude nécessaires. — *LL.* des 19 *ventôse* et 21 *germinal an XI*.

Il existe, pour les médecins, deux degrés de capacité, celui d'officier de santé et celui de docteur.

Les certificats d'aptitude pour la profession d'officier de santé et celle de sage-femme sont délivrés par la Faculté de Médecine où par les Ecoles préparatoires de Médecine et de Pharmacie, sous la présidence d'un Professeur à l'une des Facultés de Médecine.

Les aspirants au titre d'officier de santé doivent justifier de 12 inscriptions dans une Faculté de médecine ou de 14 dans une école préparatoire de médecine et de pharmacie.

Les officiers de santé ne peuvent exercer leur profession que dans le département pour lequel ils ont été reçus.

Les candidats au doctorat, étant assujettis à des études plus sérieuses, doivent prendre leurs grades dans une Faculté de médecine. — Voy. *Enseignement*.

Les docteurs en médecine et en chirurgie peuvent exercer dans toute l'étendue du territoire Français.

Ils exercent seuls, à l'exclusion des officiers de santé, les fonctions de médecins et chirurgiens jurés, appelés par les Tribunaux, et celles de médecins et chirurgiens en chef dans les hospices civils.

Les sages-femmes ne peuvent exercer qu'après avoir obtenu le diplôme ou certificat d'aptitude exigé par la Loi du 19 ventôse an XI.

Elles ne peuvent employer les instruments dans le cas d'un accouchement laborieux, sans appeler un médecin ou un chirurgien.

Nul ne peut exercer la médecine ou la chirurgie sans avoir été reçu dans les formes déterminées par la Loi, sous peine d'être poursuivi correctionnellement. Il y a exception, toutefois, pour les prêtres ou desservants et autres personnes qui, gratuitement et par charité, donnent des conseils et des soins aux malades.

L'action des médecins pour leurs visites se prescrit par un an.— *C. civ.* 2272.

Leurs honoraires pour les soins de dernière maladie sont des créances privilégiées. — *C. civ.* 2101.

Les médecins, chirurgiens et autres qui auraient indiqué ou administré les moyens propres à procurer l'avortement sont passibles de la peine des travaux forcés. — *C. pén.* 317.

Le médecin qui révélerait, sans nécessité, les secrets qui lui ont été confiés à raison de son art, se rendrait passible d'amende et d'emprisonnement. — *C. pén.* 378.

De même celui qui délivrerait un faux certificat de maladie, pour dispenser quelqu'un d'un service public se rendrait passible de peines graves, surtout s'il avait été mû par dons ou promesses. — *C. pén.* 160.

Les médecins, officiers de santé et sages-femmes ne peuvent profiter des dispositions faites en leur faveur, sauf celles rémunératoires, par une personne qu'ils ont traitée pendant la maladie dont elle est morte. — *C. civ.* 909.

MÉDIAT. — Voy. *Immédiat.*

MÉDICAMENTS. — La vente des médicaments est soumise à des règles spéciales, et placée sous la surveillance de l'Autorité municipale. — Voy. *Médecine.* — *Pharmacie.*

Le mauvais usage des médicaments est punissable de la réclusion. — *C. pén.* 317.

MÉFAIT. — Mauvaise action ou préjudice causé à autrui. — Voy. *Délit.* — *Dommage.*

MÉLANGE. — Se dit, en droit, du résultat de plusieurs matières appartenant à divers propriétaires. — Voy. *Accession.* — *Matière.*

MEMBRE d'une Assemblée, d'une Cour, d'un Tribunal. — On désigne sous ce terme générique les fonctionnaires composant les différents corps politiques, judiciaires ou administratifs. — Voy. *Corps législatif.* — *Tribunal.*

MÉMOIRE. — Ce mot a plusieurs significations. Il se dit d'un état, d'un dénombrement sommaire.

Il se dit notamment de l'état que donne un officier ministériel des frais qui lui sont dus. — Voy. *Déboursés.* — *Honoraires.* — *Taxe.* — *Vacations.*

MÉMOIRE de marchand ou fournisseur. — Ce sont les comptes ou factures que fournissent les marchands et artisans à ceux auxquels ils ont vendu des marchandises ou livré des travaux.

Lorsque ces mémoires doivent faire titre ou être produits pour obligation, décharge, justification, demande ou défense, ils sont soumis au timbre de dimension. — *L. du 18 brumaire an VII.*

Tous autres mémoires et factures, quittances pures et simples, reçus ou décharges de sommes, titres, valeurs ou objets, et généralement tout ce qui emporte libération excédant 10 fr., sont, pour leur acquit, soumis au timbre de 10 centimes, sous peine d'une amende de 50 fr., plus les décimes, à la charge personnelle du créancier. — *L. du 23 août* 1871.

MÉMOIRE sur procès. — Ecrit ou imprimé contenant les faits et les moyens d'une cause, et destiné à servir à son instruction.

Des mémoires sont prescrits dans certains cas, notamment pour obtenir des communications de pièces, dans les instructions par écrit, dans les affaires de cassation et dans les instances d'enregistrement.

Lorsque les mémoires sur procès sont injurieux et diffamatoires, ils peuvent être supprimés, même d'office, par les tribunaux. — *C. proc.* 1036.

MÉMOIRE d'un défunt. — C'est la réputation bonne ou mauvaise qui reste d'une personne morte.

Toute poursuite criminelle est éteinte par la mort. — *C. d'instr. crim.* 2.

Mais on peut être admis à justifier la mémoire d'un condamné, s'il y a lieu à la revision de son procès. Dans ce cas, l'instruction se fait avec un curateur spécial. — *C. d'instr. crim.* 447.

L'héritier, instruit du meurtre de son auteur, doit, sous peine d'être déclaré indigne de succéder, le dénoncer à la justice. — *C. civ.* 727. — Voy. *Indignité*.

L'outrage à la mémoire d'un défunt est une diffamation punissable, comme l'outrage envers une personne vivante. — *Cass.*, 24 avril 1823.

MÉMOIRE d'un condamné. — Voy. *Mémoire d'un défunt*.

MÉMOIRE (pour). — Dans les comptes, partages et liquidations, de même que dans les états de frais, on indique quelquefois, *pour mémoire*, certains articles dont on ne parle qu'en passant ou qui ne sont pas encore justifiés et sur lesquels on doit revenir. — Voy. *Partage*.

MENACES. — Les menaces verbales ou par écrit peuvent constituer un délit ou un crime. — *C. pén.* 305 *et suiv.*

La menace d'incendie est assimilée à celle d'assassinat. — *C. pén.* 436.

Celui qui a menacé de mort une personne par lui arrêtée, détenue ou séquestrée, est passible de la peine des travaux forcés perpétuels. — *C. pén.* 344.

Les menaces contre des juges ou officiers de justice dans l'exercice de leurs fonctions donnent lieu à l'emprisonnement et à l'amende. — *C. proc.* 91, 92.

MÉNAGE. — S'entend, en droit, de ce qui concerne les dépenses domestiques. — *C. civ.* 1448, 1537. — Voy. *Communauté de biens*. — *Régime dotal*. — *Séparation de biens*.

MENDIANT, mendicité. — On nomme mendiant celui qui demande l'aumône.

On appelle *Dépôt de mendicité* l'établissement où sont internés les individus arrêtés pour cause de mendicité.

La mendicité est un délit.

Les principales Lois sur cette matière depuis 1789 sont celles des 30 mai 1790, 22 juillet 1791, 10 vendemiaire an IV, 7 brumaire an V, 18 pluviôse an IX, le décret du 6 juillet 1808, qui rétablit les dépôts de mendicité, et les art. 274 et 282 du C. pén.

Toute personne trouvée mendiant dans un lieu où il existe un dépôt de mendicité est punissable de 3 à 6 mois d'emprisonnement.

Dans les lieux où il n'existe pas de dépôt de mendicité, les mendiants d'habitude, *valides*, sont punis de 1 à 3 mois d'emprisonnement, et s'ils sont arrêtés hors du canton de leur domicile, l'emprisonnement est de *six mois à 2 ans*.

L'emprisonnement est également de 6 mois à 2 ans, quand les mendiants, même *invalides*, ont usé de menaces, ou se sont introduits dans les maisons ou enclos, en feignant des plaies ou infirmités.

L'invalidité résulte de vices de conformation ou d'accidents physiques, tels que le travail soit impossible.

Le mendiant saisi, travesti, porteur d'armes, muni d'instruments propres à commettre des délits ou à procurer les moyens de pénétrer dans les maisons, est puni de 2 à 5 ans d'emprisonnement.

Celui qui s'est rendu coupable de violences envers les personnes est puni au moins de la réclusion. — Voy. *Vagabondage*.

MENSE. — Se dit des biens ou revenus attachés aux établissements ecclésiastiques. — Voy. *Bénéfice ecclésiastique*.

MENTION. — Enonciation d'un acte, d'un fait, ou de l'accomplissement d'une formalité.

MENTION d'enregistrement. — La mention de l'enregistrement des actes sous seing privé ou passés en pays étranger doit être faite par une transcription *littérale et entière* de la quittance des droits perçus, dans tous les actes publics, judiciaires, extra-judiciaires ou sous seing, où il est question desdits actes, à moins qu'ils n'aient été déjà déposés devant notaire ou annexés à des actes notariés. — LL. des 22 frim. an VII et 16 juin 1824.

A l'égard des actes non encore enregistrés, on peut les énoncer sans contravention, en les soumettant à l'enregistrement en même temps que celui qui les mentionne.

MER. — C'est l'étendue d'eau salée qui entoure toutes les parties de la terre.

La mer est le domaine commun des Nations, auxquelles elle fournit une voie pour communiquer entre elles et échanger leurs produits.

Elle reçoit diverses dénominations, selon qu'elle se trouve située entre diverses parties du continent. Ainsi on nomme *Océan* la grande mer qui sépare l'Europe de l'Amérique; on appelle *Méditerranée* celle qui nous sépare de l'Afrique, et on donne la dénomination de *Baltique* à celle qui, à partir du passage du Sund, se trouve entre les états d'Allemagne et la Suède, séparant le continent du midi d'avec les régions du nord,

La pêche en pleine mer ne peut être soumise à des mesures prohibitives ou restrictives.

Dans les limites de l'inscription maritime, elle est exercée sans restriction par les marins inscrits. Mais, quoique libre et exempte de licence, elle est, dans la partie comprise entre les limites de l'inscription maritime et la salure des eaux, soumise aux dispositions de police qui régissent la pêche fluviale. — *L. du 15 déc. 1880.*

Il est de principe généralement admis que les droits de chaque Nation s'étendent sur la mer limitrophe de son pays aussi loin qu'il est nécessaire pour sa sûreté et qu'elle peut les faire respecter.

Mais la distance n'est pas la même pour tous les peuples ; c'est à chacun en particulier, et suivant son besoin, qu'a été laissé le soin de la déterminer.

Elle est fixée, en France, à 16 kilomètres en mer par la Loi du 4 germinal an II sur le commerce maritime et les douanes.

Les bords de la mer sont déterminés par les points du sol jusques auxquels s'élèvent les plus hautes marées, sans toutefois avoir égard à celles submergées accidentellement dans les gros temps. — Voy. *Lais et Relais de la mer*.

Les bords et rivages de la mer font partie du domaine public. — *C. civ. 538.*

On ne peut donc bâtir ni faire aucun ouvrage sur les rivages de la mer qui puisse porter préjudice à la navigation à peine de démolition et d'amende, mais ces prohibitions peuvent être levées par l'Administration.

Il est également défendu d'enlever les pierres, grisons, galets et autres matières non considérées comme amendements marins qui bordent le rivage et contre lesquels la mer vient se briser ; mais le Préfet peut en autoriser l'extraction sur la demande qui lui en est faite dans la forme ordinaire des Pétitions.

Le voisinage de la mer donne lieu, au profit des communes limitrophes, à un droit d'usage sur les plantes maritimes connues sous le nom de *varech* ou *goëmon*. — *B. N.*

La récolte de ces produits est actuellement réglementée par plusieurs décrets des 4 juillet 1853, 9 janvier 1859, 19 novembre 1859 et 8 février 1868.

Ces décrets distinguent les goëmons de rives, les goëmons qui poussent en mer, et les goëmons épaves jetés sur le rivage.

La récolte des goëmons poussant en mer ne peut être faite que par les bateaux pourvus de rôle d'équipage.

Les goëmons épaves appartiennent au premier occupant.

Quant aux goëmons de rives, ils appartiennent à tous les habitants des communes riveraines, à charge par eux de se conformer aux arrêtés municipaux qui fixent les époques de la récolte qui a lieu deux fois par an, et règlent les mesures de police. Les propriétaires non domiciliés dans la commune n'ont pas le droit d'exporter hors du territoire les varechs qu'ils ont récoltés.

L'enlèvement des sables de mer ou sablons peut être autorisé en faveur des agriculteurs munis d'un certificat du Maire. Ce certificat n'est valable que pour un an et doit être présenté, à toute réquisition, aux employés de la douane. — *Ord. de 1681, 19 juin 1816, 19 mars 1817. — Arrêté du 18 thermidor an X*, etc.

MERCURIALES.—Ce sont les états périodiques du prix courant des denrées, consignés sur les registres tenus par les Maires dans les lieux où il existe des marchés. — *Ord. des 24 août 1790 et 22 juillet 1791.*

A Paris, c'est le Préfet de police qui est chargé de la tenue des registres des mercuriales.

Les mercuriales servent de base à l'Autorité administrative pour la taxe du pain et de la viande, de même qu'aux Tribunaux, pour déterminer le montant de certaines dettes ou indemnités.

Elles servent encore de base pour l'évaluation de la prestation annuelle des rentes en nature.

Elles ont également pour but de régler le taux des droits d'entrée et de sortie pour les grains.

En matière d'Enregistrement, les mercuriales servent à déterminer la valeur des stipulations en nature.

Pour les rentes et baux, de même que pour les donations entre vifs et les transmissions par décès de biens dont les baux sont stipulés payables en quantité fixe de grains ou denrées dont la valeur est déterminée par des mercuriales, la liquidation du droit proportionnel d'enregistrement est faite d'après l'évaluation résultant d'une année commune, selon les mercuriales du marché le plus voisin.

On forme l'année commune d'après les quatorze dernières années antérieures à celle de l'ouverture du droit ; on retranche les deux plus fortes et les deux plus faibles et on prend le dixième des dix années cumulées qui restent. — *L L. des 26 avril 1808 et 15 mai 1818.*

Il en est de même pour la prestation annuelle des rentes en nature ou denrées.

MERCURIALES du Ministère public. — Se dit des discours qui, tous les ans, après la rentrée des Cours d'appel, sont faits, à *huis-clos*, par les Procureurs généraux, sur l'observation des Lois et le maintien de la discipline.

Autre chose est le discours de rentrée qui est prononcé solennellement. — *Déc. 30 mars 1808.*

MÈRE. — Voy. *Acte respectueux.* — *Consentement à mariage.* — *Maternité.* — *Tutelle.* — *Usufruit légal.*

MÉRITE agricole. — Ordre destiné à récompenser les services rendus à l'agriculture. — *Déc. des 7 juil. 1883 et 18 juin 1887.*

Cet ordre se compose :

1° De chevaliers au nombre de deux mille,

Et 2° d'officiers, au nombre de trois cents.

Le nombre des croix à attribuer chaque année ne peut dépasser les chiffres de 300 pour les chevaliers et de 30 pour les officiers.

Nul ne peut être admis dans l'ordre du Mérite agricole qu'avec le grade de chevalier, et pour être élevé à la dignité d'officier il faut au moins deux ans de grade de chevalier.

Les étrangers sont admis, mais ne figurent pas dans le cadre fixé.

Les nominations sont faites par arrêté du Ministre de l'agriculture.

Les chevaliers du Mérite agricole portent la décoration attachée par un ruban moiré vert bordé d'un liséré de couleur amarante, sans rosette, sur le côté gauche de la poitrine.

Le ruban peut être porté sans la décoration.

MESSAGERIES. — Cette dénomination comprend le transport des personnes et des marchandises, bien que, dans les chemins de fer, elle soit plus spécialement appliquée au transport des marchandises.

La compagnies de chemins de fer et autres messagistes, soit par terre, soit par eau, sont soumis à toutes les obligations du voiturier.

Les messagistes doivent tenir registre des voyageurs, de l'argent et des effets et paquets dont ils se chargent; toutefois, dans les chemins de fer, les voyageurs ne sont pas enregistrés.

Les lettres de voiture sont d'un fréquent usage dans le commerce pour constater les conditions et l'objet du transport. — Voy. *Lettre de voiture.*

Les transports qui s'effectuent par entreprise constituent une entreprise commerciale. — *C. comm.* 632.

Les entrepreneurs de messageries ont un privilège sur la chose transportée pour leurs frais de voiture et les dépenses accessoires. — *C. civ.* 2102.

Il sont tenus de remplir leurs obligations à peine de tous dommages-intérêts, et sont assujettis, pour la garde et la conservation des choses qui leur sont confiées, aux mêmes obligations que les aubergistes. — *C. civ.* 1782. — Voy. *Dépôt.*

Il est défendu aux entrepreneurs de messageries et voitures publiques, sous peine d'amende, de s'immiscer dans le transport des lettres et autres objets dont le monopole est réservé à l'Administration des postes.

Le conducteur est le seul représentant de l'entrepreneur pendant la route, de sorte que les effets qui lui sont remis sont censés être remis à l'entrepreneur lui-même.

La preuve par témoins est admise même au delà de 150 fr., lorsque la remise des effets est avouée ou prouvée suivant les règles du droit commun, et la réclamation du voyageur doit être admise même lorsqu'elle porte sur des sommes d'argent, sauf aux tribunaux à apprécier.

Les entrepreneurs de messageries doivent réparation du dommage causé aux personnes ou aux objets qui leur sont confiés, et répondent des objets volés, à défaut d'avoir pris les précautions nécessaires, sauf les cas de force majeure ; mais cette responsabilité est purement civile, et l'entrepreneur ne peut être condamné à l'amende ou à l'emprisonnement pour les faits de ses préposés.

La réception des objets transportés et le paiement du prix de la voiture éteignent toute action contre le voiturier pour avarie ou perte partielle, si dans les 3 jours, non compris les jours fériés, qui suivent celui de cette réception ou de ce paiement, le destinataire n'a pas notifié au voiturier sa protestation motivée.

Il y a prescription pour les actions contre les commissionnaires ou entrepreneurs de transports, à raison de la perte ou de l'avarie des marchandises, après un an. Toutes les autres actions, y compris celles qui naissent des dispositions de l'art. 541 du C. de proc. civile, ne se prescrivent que par 5 ans. — *L. du 11 avril 1888.*

MESURES. — Voy. *Poids et mesures.*

MESURES conservatoires. — Voy. *Acte conservatoire.*

MÉTIER. — Se dit de la profession d'un art mécanique quelconque. On entend aussi par métier une machine à l'aide de laquelle cetrains artisans confectionnent leurs ouvrages.

Bien que l'industrie soit libre, certains métiers ou professions ne peuvent être exercés qu'avec l'autorisation du Gouvernement. — Voy. *Etablissements insalubres.*

MÉTRAGE. — Voy. *Toisé (cubage).*

MÈTRE. — Unité fondamentale pour le calcul des mesures de longueur. — Voy. *Poids et mesures*.

MÉTROPOLE. — Circonscription supérieure ecclésiastique qui comprend plusieurs diocèses dont l'un, qui prend le titre d'*Archevêché*, possède un siège supérieur aux autres sièges épiscopaux.

MEUBLES, Immeubles. — En général, on appelle *Meubles* les objets qui peuvent se transporter d'un lieu dans un autre, et *Immeubles* ceux qui ne sont susceptibles ni de se mouvoir, ni d'être déplacés.

Des meubles.

Sont meubles, par leur nature, tous les corps animés ou inanimés qui peuvent être transportés d'un lieu dans un autre sans détérioration. — *C. civ.* 528.

Les bateaux, bacs, navires et bâtiments de mer, bains sur bateaux et généralement toutes usines non fixées par des piliers et ne faisant point partie de l'édifice, sont rangés dans la classe des meubles. — Voy. *Bail*.

Les matériaux provenant de la démolition volontaire ou fortuite d'un édifice, ceux assemblés et même travaillés pour en construire un nouveau, sont également meubles jusqu'à ce qu'ils soient employés dans une construction. — *C. civ.* 532.

Des meubles par la détermination de la Loi.

Les actions ayant pour objet des sommes exigibles ou non, ou des effets mobiliers, sont mobiliers. — *C. civ.* 529. — Voy. *Action*. — *Communauté de biens*.

Les actions ou intérêts dans les compagnies de finances, de commerce ou d'industrie, sont aussi des droits mobiliers, par rapport à chaque associé, tant que dure la Société.

Sont également *meubles* les rentes viagères et perpétuelles constituées à prix d'argent ou pour vente d'immeubles. — *C. civ.* 530.

Les offices ministériels, les fonds de commerce, l'achalandage et les marchandises, les produits des beaux-arts, les propriétés littéraires, les brevets d'invention, etc., sont aussi de nature mobilière.

Des immeubles par leur nature.

Les immeubles par leur nature sont les corps qui ne peuvent changer de place et sont le produit de la nature, tels que les fonds de terre. — *C. civ.* 518.

Les maisons et autres bâtiments faisant accessoirement partie du fonds sur lequel ils sont élevés sont rangés dans la même classe, mais les constructions posées sur le sol, sans fondement, ni pilotis, telles qu'une boutique élevée pour la durée d'une foire, sont *meubles*.

Les usines, bâtiments, machines, puits, galeries et autres travaux établis à demeure pour l'exploitation de la mine, sont *immeubles*.

Les arbres des pépinières et les fleurs et arbustes plantés en pleine terre sont immeubles, tant qu'ils ne sont pas arrachés.

Les récoltes pendantes par racines et les fruits des arbres non encore recueillis sont pareillement *immeubles*, mais, dès que les grains sont coupés et les fruits détachés, ils sont meubles, quoiqu'ils ne soient pas encore enlevés. — *C. civ.* 520, 547. — Voy. *Fruits*.

Les fruits pendant par branches ou par racines, quoique considérés comme immeubles, peuvent être saisis mobilièrement par saisie-brandon, sur le propriétaire, le possesseur ou l'usufruitier, *attendu* ou *lorsque*, destinés à être bientôt coupés, ils sont considérés comme meubles. — Voy. *Saisie-brandon*.

Des immeubles par destination.

Ce sont les objets mobiliers placés par le propriétaire sur un fonds pour le service ou l'exploitation de ce fonds ou qu'il y a attachés à perpétuelle demeure. — C. civ. 524.

La destination doit donc venir du propriétaire : cependant, tous les meubles incorporés au fonds par tout autre sont *immeubles* par rapport au propriétaire, puisqu'il a le droit de les conserver moyennant indemnité. — Voy. *Accession.*

Les tuyaux servant à la conduite des eaux dans une maison ou autre héritage sont immeubles par destination.

Les animaux que le propriétaire du fonds livre au fermier ou métayer pour la culture, estimés ou non, sont *immeubles* tant qu'ils demeurent attachés au fonds par l'effet de la convention. — C. civ. 522.

Mais les animaux que le propriétaire donne à cheptel à d'autres qu'au fermier sont meubles. — C. civ. 524.

La Loi déclare *immeubles* par destination, quand ils ont été placés par le propriétaire pour le service et l'exploitation du fonds, les animaux attachés à la culture, les ustensiles aratoires, les pigeons de colombier, les lapins des garennes, les poissons des étangs, les ruches à miel, etc. — C. civ. 524.

En vertu de leur destination, les pressoirs, chaudières, alambics, cuves et tonnes sont immeubles, quelle que soit leur dimension, qu'ils soient ou non incorporés au fonds.

Les vases-vinaigres appelés Foudres sont également réputés *immeubles.*

Les ustensiles nécessaires à l'exploitation des forges, papeteries et autres usines, placés par le propriétaire, sont *immeubles.*

Les objets mobiliers par leur nature, qui n'ont acquis le caractère d'immeuble par destination qu'à raison de leur adhésion à un immeuble, redeviennent *meubles,* si le propriétaire les sépare du fonds auquel ils étaient attachés.

Les machines, presses, métiers et autres objets destinés à l'exercice de la profession et non au service de la maison sont *meubles.*

Les pailles et engrais, de même que le foin nécessaire à la nourriture des animaux attachés à la culture, sont *immeubles;* mais le foin, les pailles et engrais destinés à être vendus sont *meubles.* — Voy. *Pailles et engrais.*

Les échalas de vigne ayant déjà servi sont *immeubles.*

Il en est de même des oignons de fleurs, même ceux qu'on retire de terre pendant l'hiver, à la condition qu'ils aient été mis en terre, au moins une fois.

Les arbustes en caisse ou pots, tels que les orangers, citronniers et autres déposés dans les serres et jardins, ne sont pas *immeubles,* à moins qu'ils n'aient été placés à perpétuelle demeure par le propriétaire.

Le propriétaire est censé avoir attaché à son fonds des effets mobiliers à perpétuelle demeure et par là même les avoir immobilisés, quand ils y sont scellés en plâtre, chaux ou ciment, ou de toute autre manière, en un mot, lorsqu'ils ne peuvent être détachés sans être fracturés et détériorés ou sans briser et détériorer la partie du fonds à laquelle ils sont attachés. — C. civ. 525.

Les glaces d'un appartement, les tableaux et autres ornements sont censés mis à perpétuelle demeure, si le parquet sur lequel ils sont attachés fait corps avec la boiserie, ou lorsque, derrière ces objets, les murs sont nus, qu'ils complètent les cheminées et qu'on ne peut les enlever sans détériorer les appartements. — C. civ. 524. — *Cass.,* 8 mai 1850.

Les statues placées dans une niche pratiquée exprès pour les recevoir sont *immeubles* par destination, bien qu'elles puissent être enlevées sans fracture ni détérioration. — C. civ. 525.

Sont encore immeubles par destination les objets qui sont le complément nécessaire de certains fonds, tels que les clefs des appartements, les volets mobiles d'une boutique, le couvercle d'un puits, les rateliers d'une écurie, bien qu'ils puissent également être enlevés sans détérioration ni fracture.

Des immeubles par destination de la Loi ou par l'objet auquel ils s'appliquent.

Les actions de la Banque de France et les rentes sur l'Etat sont immeubles dans certains cas, par la détermination de la Loi. — Voy. *Immobilisation.*

L'usufruit des choses immobilières, de même que les droits d'usage et d'habitation qui confèrent un droit sur la chose, sont immeubles par les objets auxquels ils s'appliquent. — Voy. *Usufruit.* — *Habitation (droit d').* — *Usage.*

L'emphytéose, de même que le droit de superficie et de bail à domaine congéable, sont des droits immobiliers.

Les servitudes et services fonciers ont également le caractère immobilier. — Voy. *Servitude.*

Les actions tendant à revendiquer un immeuble légué, donné ou vendu, de même que celles en nullité ou rescision pour cause de lésion, sont considérées comme immobilières.

Des mots Meubles meublants, Effets mobiliers, etc.

Dans la pratique des affaires, il arrive quelquefois que l'on emploie indistinctement les mots *Meubles, Biens meubles, Meubles meublants, Mobilier* et *Effets mobiliers*, bien que ces expressions aient des significations différentes.

Ainsi, dans son acception la plus étendue, le mot *meuble* semble comprendre tout ce qui n'est point immeuble, et cependant, d'après l'art. 533 du C. civ., ce mot employé seul, dans les dispositions de la Loi ou dans les donations, testaments et autres actes, sans autre addition ni désignation, ne comprend pas l'argent comptant, les pierreries, les dettes actives, les livres, les médailles, les instruments de sciences, des arts et métiers, le linge de corps, les chevaux, équipages, armes, grains, vins, foins et autres denrées. Il ne comprend pas non plus ce qui fait l'objet d'un commerce.

Les exclusions de cet article doivent nécessairement s'étendre aux bœufs, vaches et autres animaux, à l'or et à l'argent en lingots, aux portraits de famille, etc.

L'argenterie est comprise dans la signification du mot *meubles*, quoiqu'employé seul.

Les mots *meubles meublants* comprennent tous les meubles destinés à l'usage et à l'ornementation des appartements, mais non les collections qui peuvent se trouver dans les galeries ou pièces particulières, ni les livres.

La moindre addition rend au mot *meubles* toute l'étendue de sa signification. Ainsi cette expression : « Je donne *tous mes meubles* » comprend tout ce qui est mobilier.

De même, dans cette disposition : « *Je donne mes meubles à Pierre et mes immeubles à Jean* », le mot *meubles* reprend son acception naturelle et générale. Il en est ainsi dans les dispositions de la Loi. — C. civ. 826, 880, 1564, *etc.*

Les expressions *biens meubles, effets mobiliers* ou *mobilier* comprennent généralement tout ce qui est censé meuble d'après les art. 528 et 529 du C. civ.

Dans le legs d'une quote-part de meubles et immeubles, le mot *meubles* comprend alors tous les effets mobiliers du défunt. — *D. N.*

La vente ou le don d'une maison meublée ne comprend que les meubles meublants. — *C. civ.* 535.

MEURTHE-ET-MOSELLE. — Département formé de partie de la Lorraine.
Chef-lieu : Nancy.
Cour d'appel : Nancy.

Ce département est limité à l'Est par le Bas-Rhin ; au Sud par les Vosges; à l'Ouest par la Meuse, et au Nord par la Moselle et le Bas-Rhin.

Il est divisé en 4 arrondissements, 29 cantons et 597 communes.
Superficie : 523.154 hectares.
Impôt foncier : 1.723.225 francs.
Population : 431.693 habitants.

MEURTRE. — C'est l'homicide volontaire, qui prend le nom d'*assassinat*, lorsqu'il y a eu préméditation ou guet-apens. — *C. pén.* 295 et 296. — Voy. *Indignité.*

MEUSE. — Le département de la Meuse est l'un des quatre que forme la Lorraine, les Trois-Evêchés et le Barrois.

Chef-lieu : Bar-le-Duc.

Cour d'appel : Nancy.

Ce département est limité à l'Est par la Moselle et la Meurthe ; au Sud par la Meurthe, les Vosges et la Haute-Marne ; à l'Ouest, par la Haute-Marne, la Marne et les Ardennes, et au Nord par la Moselle et les Ardennes.

Il est divisé en 4 arrondissements, 28 cantons et 586 communes.

Superficie : 623.261 hectares.

Impôt foncier : 1.569.773 francs.

Population : 291. 971 habitants.

MILITAIRES. — Ce mot s'applique aux individus en état ou en disponibilité de service dans l'armée permanente de terre ou de mer.

On devient militaire par enrôlement volontaire, que l'on peut faire après 16 ans accomplis, ou par le recrutement forcé. Toutefois, le service, soit dans l'armée active, soit dans les réserves, est obligatoire de 20 à 40 ans. — *LL. des 27 juillet 1872 et 24 juillet 1873.* — Voy. *Recrutement.*

Le service personnel est obligatoire pour tous les Français et la substitution n'est permise qu'entre frères.

Il n'y a d'exemption que pour l'impotent, et les dispenses ne sont pas accordées à titre de libération définitive.

Le service militaire est déterminé par la Loi sur le recrutement. — Voy. *Recrutement.*

Le militaire qui, avant sa libération définitive, quitte, sans congé, le corps auquel il appartient, se rend coupable de désertion.

Le militaire acquiert par le temps de son service des droits à l'avancement ; et les grades, honneurs et pensions militaires lui sont garanties par la Loi. — Voy. *Pensions militaires.*

Les militaires sont, comme tels, soumis à la juridiction des conseils de guerre, pour les délits qu'ils commettent.

Les militaires en activité de service des armées de terre et de mer ne peuvent se marier sans des permissions spéciales, émanant, pour les officiers, du Ministre de la guerre, et pour les sous-officiers et soldats, du conseil d'administration de leur corps. — *Déc. du 16 juin 1808.* — Voy. *Contrat de mariage des militaires.*

Doivent aussi, pour se marier, obtenir l'autorisation du Conseil d'administration de leur corps, les militaires maintenus ou renvoyés dans leurs foyers en congés renouvelables ou illimités, qu'ils appartiennent à l'armée de terre ou à la marine.

Une circulaire du Ministre de la guerre du 26 juin 1888 a décidé que les officiers, fonctionnaires ou employés militaires dont la solde réglementaire s'élève à 5000 francs au moins, pourront être autorisés à se marier sans que leur future ait à justifier d'un apport dotal.

Peuvent se marier, sans autorisation de l'autorité militaire, les hommes en *disponibilité* de l'armée active, les hommes de la *réserve* : de l'armée active, les hommes de l'armée territoriale et de sa réserve, les hommes dits à la disposition, les ajournés, les dispensés, les soutiens de famille, les marins en congé renouvelable, les hommes en sursis d'appel, les engagés conditionnels d'un an en sursis de départ, les hommes classés dans les services auxiliaires, les militaires envoyés en congé en attendant leur passage dans la réserve. Ils présentent leur livret individuel au Maire de la commune où ils doivent contracter mariage. Les hommes mariés restent soumis aux obligations de service aux classes auxquelles il appartiennent ; toutefois, les hommes en disponibilité ou en réserve qui sont pères de quatre enfants vivants passent de droit dans l'armée territoriale. — *L. du 27 juillet 1872.*

La carrière des armes n'enlève pas aux citoyens leurs droits civils, ni leurs droits politiques ; mais les hommes présents au corps, à leur poste ou dans l'exercice de leurs fonctions, ne prennent part à aucun vote ; toutefois ceux qui, au moment de l'élection, se trouvent en résidence libre, en non-activité ou en congé régulier, peuvent voter. — *L. du 30 nov. 1875.*

Cette dernière disposition est applicable aux officiers et assimilés en disponibilité ou faisant partie du cadre de la réserve.

Les militaires en activité de service sont dispensés de la tutelle et ne peuvent être jurés.

Les testaments des militaires en expédition ou en garnison hors du territoire français, ou prisonniers chez l'ennemi, sont dispensés des formalités ordinaires. — *C. civ. 981 et suiv.* — Voy. *Testament.*

Les équipements des militaires ne peuvent être saisis. — *C. proc. 592.*

Les actes de l'état civil concernant les militaires sont soumis à des règles particulières, mais le renvoi de chacun de ces actes est toujours fait au dernier domicile.

En cas de mobilisation de sa classe, portée à la connaissance des populations par voie d'affiches et de publications sur la voie publique. tout militaire doit se mettre en route sans attendre la notification individuelle d'un ordre de route ou d'appel, de manière à être rendu à destination le jour indiqué, avant midi au plus tard, sous peine d'être considéré comme insoumis et de devenir passible de la peine de l'emprisonnement.

Les jours de mobilisation sont comptés de minuit à minuit, et le premier jour est indiqué par la date de l'ordre de mobilisation.

Les ordres de route donnent droit au transport sur les chemins de fer de tout militaire appelé à l'activité. Toutefois, celui dont le domicile légal se trouve au lieu même où il doit rejoindre n'y a pas droit.

L'indemnité de route accordée au militaire lui est payée à son arrivée au corps.

Les feuilles de route sont délivrées par le sous-intendant militaire ou autre fonctionnaire à sa place.

Le militaire qui a perdu sa feuille de route en fait la déclaration à la mairie du premier gîte, et s'il justifie de la qualité qu'il a prise dans sa déclaration, le maire lui en donne acte avec un sauf-conduit pour aller jusqu'à la résidence la plus proche du sous-intendant.

D'après un décret du mois de juillet 1888, sont considérés comme feuilles de route et en tiennent lieu : 1° l'ordre d'appel individuel ; 2° le livret individuel ; 3° le récépissé du livret signé par la Gendarmerie ou l'autorité municipale ; 4° l'ordre de mouvement rapide ; 5° la lettre de service pour les officiers, et 6° l'ordre de convocation devant la commission spéciale de réforme.

MILLI. — Mot employé dans le calcul décimal pour indiquer la millième partie de l'unité. — Il se joint au mot qu'il exprime et forme un mot composé comme *milli-mètre, milli-gramme.* — Voy. *Poids et mesures.*

MILLIMÈTRE. — Mesure de longueur formant, ainsi que le mot l'indique, la millième partie du mètre. — Voy. *Poids et mesures.*

MINES. — Dans son acception la plus générale, le mot *mines* comprend les masses de substances minérales ou fossiles renfermées dans le sein de la terre, ou existant à sa surface.

Relativement à leur exploitation, les mines sont classées sous les qualifications de *Mines, Minières* et *Carrières.* — *L. du 21 avril 1810.*

Les *mines* proprement dites sont celles connues pour contenir, en filons, en couches ou en amas, de l'or, de l'argent, du platine, du mercure, du plomb, du fer, du cuivre, de l'étain, du zinc ou autres métaux ; du soufre, du charbon de terre ou de pierre, du bois fossile, des bitumes, de l'alun et des sulfates à base métallique.

La Loi du 17 juin 1840 a ajouté à cette nomenclature les mines de sel, et les puits ou sources d'eau salée.

Les *minières* comprennent les minerais de fer d'alluvion, les terres pyriteuses propres à être converties en sulfate de fer, les terres alumineuses et les tourbes.

Enfin, les *carrières* renferment les ardoises, les grès, pierres à bâtir et autres, les marbres, granits. pierres à chaux et à plâtre, le quartz, les laves, les marnes, craies, sables, pierres à fusil, argiles, caillous, les terres pyriteuses regardées comme engrais, le tout exploité à ciel ouvert, ou avec des galeries souterraines.

L'art. 552 du C. civ. décide que la propriété du sol emporte la propriété du dessus et du dessous, d'où il suit que le propriétaire d'un fonds peut, sans formalités préalables, faire des recherches pour y découvrir des mines ; mais il doit obtenir une concession du Gouvernement, avant d'y établir une exploitation.

Les sondages et recherches des mines ne peuvent avoir lieu sur le terrain d'autrui que du consentement du propriétaire, ou avec l'autorisation du Gouvernement; et, dans ce dernier cas, il y a préalable indemnité envers le propriétaire, après qu'il a été entendu.

Aucune permission de recherches, ni concession de mines, ne peut, sans le consentement du propriétaire de la surface, donner le droit de fonder, ouvrir des puits ou galeries, etc., dans les enclos murés, cours ou jardins, ni dans les terrains attenant à des habitations, qu'à la distance de 50 mètres.— *L. du 27 juillet 1880*.

Les mines ne peuvent être exploitées qu'en vertu d'un acte de concession délibéré en Conseil d'Etat.

La demande en concession est adressée au Préfet par forme de pétition, et, après les formalités indiquées par la Loi du 21 avril 1810, modifiée par celle du 27 juillet 1880, il est définitivement statué sur la demande.

Par l'effet de la concession, la mine devient propriété nouvelle et distincte de la surface. Elle appartient au concessionnaire qui peut la transmettre comme tout autre bien.

Les mines et leurs accessoires, c'est-à-dire tout ce qui y a été incorporé à titre définitif et ne peut en être détaché sans inconvénient, sont immeubles et peuvent être frappées de priviléges et d'hypothèques distinctes de celles qui grèvent la superficie du sol.

L'exploitation des mines peut être l'objet d'une société, soit civile, soit commerciale, et chaque sociétaire peut vendre sa part indivise.

Les concessionnaires de mines sont tenus de payer à l'Etat : 1° une redevance fixe annuelle, réglée d'après la superficie de la concession, à raison de 10 francs par kilomètre carré ; et 2° une contribution proportionnelle sur leurs produits, et qui, réglée chaque année par le budget, ne peut excéder cinq pour cent du produit net.

Tout puits, toute galerie ou tout autre travail d'exploitation, ouverts en contravention aux lois et règlements sur les mines, peuvent être interdits par le Préfet, sauf recours au Ministre — *L. du 27 avril 1838*.

Les *Minières* et *Tourbières* ne peuvent être exploitées sans une permission qui fixe les limites de l'exploitation et les règles indispensables pour la sûreté publique et la salubrité.

A l'égard de l'exploitation des carrières. — Voy. *Carrières*.

La surveillance des mines est confiée à des ingénieurs, sous la direction du Ministre des travaux publics et des Préfets.

Les Préfets sont compétents pour autoriser les travaux nécessaires à l'exploitation des mines concédées par le Gouvernement. — *D. N.*

MINEUR. - On appelle *mineur* l'individu de l'un ou de l'autre sexe qui n'a pas atteint l'âge de 21 ans accomplis.

La Loi déclare les mineurs incapables de contracter, à moins qu'ils n'aient été émancipés; mais le mineur seul peut se prévaloir de la nullité de l'obligation par lui contractée.

On distingue deux classes de mineurs : les mineurs *non émancipés*, c'est-à-dire ceux qui sont sous l'administration légale du père pendant le mariage, ou placés en tutelle, et les *mineurs émancipés*, qui sont seulement soumis à la surveillance d'un curateur, sans l'assistance duquel ils ne peuvent recevoir leur compte de tutelle, ni faire les actes qui sortent des bornes de la simple administration des biens, sans remplir les formalités prescrites au mineur non émancipé. — *C. civ.* 484.

Le mineur non émancipé a une hypothèque légale sur tous les immeubles de son tuteur. — Voy. *Hypothèque.*

Les longues prescriptions ne courent point contre les mineurs, et les causes qui les intéressent sont exemptes des préliminaires de la conciliation et doivent être communiquées au Ministère public.

La Loi prononce des peines sévères contre le rapt et l'enlèvement de mineurs et contre l'abus de confiance commis à leur égard.

L'accusé âgé de moins de seize ans est acquitté, s'il a agi sans discernement, sauf à être détenu. selon le cas, dans une maison de correction.

Le mineur non émancipé est placé, pendant sa minorité, sous l'administration légale du père; après la dissolution du mariage, il est en tutelle. — Voy. *Puissance paternelle.* — *Tutelle.*

Le domicile de droit du mineur est chez son tuteur. — *C. civ.* 108.

Le mineur est représenté par son tuteur dans tous les actes civils, excepté lorsqu'il s'agit de conventions matrimoniales, de mariage et de testament. — Voy. *Conventions matrimoniales.*

Pour la distinction des actes que le tuteur peut faire seul, de ceux pour lesquels il a besoin d'une autorisation du conseil de famille, et enfin de ceux pour lesquels l'homologation du tribunal est nécessaire. — Voy. *Tutelle.*

Lorsque les formalités requises à l'égard des mineurs ou des interdits, soit pour aliénation d'immeubles, soit dans un partage de succession, ont été remplies, ils se trouvent, relativement aux actes, considérés comme s'ils eussent été faits en majorité, ou avant l'interdiction. — *C. civ.* 1314. — Voy. *Tutelle.*

Aucun mineur ne peut être adopté. — Voy. *Adoption.*

De l'émancipation.

L'émancipation fait sortir le mineur de la puissance paternelle, lui donne la jouissance et l'administration de ses biens, et en général l'exercice de ses actions, lui confère la faculté de choisir sa résidence et son domicile, l'affranchit de toute tutelle, et lui donne le droit d'exiger la reddition des comptes de gestion et la remise de ses biens. — Voy. *Compte de tutelle.* — *Domicile.* — *Puissance paternelle.*

Néanmoins, le mineur émancipé ne peut, sans l'assistance de son curateur: 1° recevoir son compte de tutelle ni le remboursement de ses capitaux ; 2° accepter une donation ; 3° défendre à une demande en partage, ni la provoquer ; 4° intenter une action immobilière, ni y défendre.

Le mineur émancipé ne peut aliéner ses immeubles, emprunter, hypothéquer, accepter ou répudier une succession, ni donner entre vifs, excepté par contrat de mariage. qu'en suivant les formalités prescrites pour les mineurs en tutelle. — *D. N.* — Voy. *Tutelle.* — *Donation entre époux.*

A l'égard des testaments, le mineur émancipé n'a pas de pouvoirs plus étendus que le mineur non émancipé. — Voy. *Testament.*

MINIÈRES. — Voy. *Mines.*

MINIMUM. — Somme la plus faible à laquelle un droit ou une amende peuvent être réduits.

En matière d'enregistrement, c'est le plus petit droit auquel la formalité puisse donner lieu.

Il ne doit pas être perçu moins de 25 cent. pour l'enregistrement des actes et mutations dont les sommes et valeurs ne produiraient pas 25 cent. de droit proportionnel. — *L. du 27 ventôse an IX.*

Ce minimum est fixé pour l'acte soumis à la formalité, et non par chaque disposition contenue dans l'acte. — Voy. *Enregistrement*.

MINISTÈRE. — Se dit de l'exercice d'un emploi, d'une charge. Ce terme est aussi employé pour signifier l'entremise de quelqu'un dans un contrat, dans une affaire.

Toutefois, on entend plus spécialement par *Ministère* ou *Département ministériel* l'ensemble des attributions et des services confiés à un fonctionnaire supérieur appelé *Ministre*, qui, sous l'autorité immédiate du chef de l'Etat, est chargé de diriger l'action du Gouvernement. Enfin, le mot *Ministère* s'applique encore au corps des employés formant l'administration centrale et même au bâtiment où se trouvent les bureaux.

Le Président de la République nomme et révoque les Ministres. — *L. du 31 août* 1871.

Les Ministres sont solidairement responsables devant les Chambres de la politique générale du Gouvernement, et individuellement de leurs actes personnels. — *L. du 25 fév.* 1875.

Les interpellations ne peuvent être adressées qu'aux Ministres et non au Président de la République. — *L. du 13 mars* 1873.

Chacun des actes du Président de la République doit être contresigné par un Ministre. — *L. du 25 fév.* 1875.

Les Ministres peuvent être mis en accusation par la Chambre des Députés pour crimes commis dans l'exercice de leurs fonctions. Ils sont, dans ce cas, jugés par le Sénat. — *L. du 16 juillet* 1875.

Les Ministres ont leur entrée au Sénat ou à la Chambre des Députés et doivent être entendus quand ils le demandent.

Le nombre des Départements ministériels est aujourd'hui de 11 : 1° le ministère de la Justice et des Cultes ; 2° le ministère des Affaires Etrangères ; 3° le ministère de la Guerre ; 4° le ministère de la Marine et des Colonies ; 5° le ministère de l'Intérieur ; 6° le ministère de l'Agriculture ; 7° le ministère du Commerce ; 8° le ministère des Travaux publics ; 9° le ministère de l'Instruction publique et des Beaux-Arts ; 10° le ministère des Finances ; 11° le ministère des Postes et des Télégraphes. —*E. N.*

Les Ministres font des rapports au chef de l'Etat, chacun selon les attributions de son ministère.

Ils prennent leurs décisions, soit d'office ou sur le rapport d'une commission spéciale, soit sur la proposition des directions générales qui leur sont subordonnées, soit encore de l'avis du Conseil d'Etat attaché à leur département, ou sur la provocation des Préfets, ou la demande des parties. — Voy. *Organisation administrative*.

Ils statuent sur le recours des parties contre les décisions des Préfets qui ont excédé leur compétence. Ils prennent aussi des décisions en matière de liquidation de la dette publique, de dettes des communes, d'entreprises de travaux publics et de marchés passés en leur nom avec des agents.

Mais ils ne peuvent annuler les jugements des Tribunaux, soit définitifs, soit par défaut, même ceux d'un simple juge de paix, et ne peuvent statuer sur des questions de propriété, d'état ou de titres qui sont du ressort des Tribunaux ordinaires.

Les décisions prises par les Ministres, en matière contentieuse et dans les limites de leur compétence, produisent les mêmes effets que les jugements.

C'est devant le Conseil d'Etat que le recours des parties contre les décisions des Ministres doit être porté ; mais les règlements de police, d'ordre public, de sûreté générale, de même que les demandes de grâce ou de faveurs ne sont pas susceptibles d'être attaqués, devant le Conseil d'Etat, par voie contentieuse. — *D. N.*

A l'égard des pétitions à adresser aux Ministres. — Voy. *Pétition*.

MINISTÈRE forcé. — Se dit d'une fonction dont l'exercice ne peut être refusé à celui qui le requiert.

MINISTÈRE d'ami ou de mandataire. — S'entend de l'entremise de quelqu'un dans une affaire ou dans l'exécution d'un contrat. — Voy. *Mandat.*

MINISTÈRE de fonctionnaire ou d'officier public. — Voy. *Avoué.* — *Commissaire priseur.* — *Fonctionnaire public.* — *Greffier.* — *Huissier.*

MINISTÈRE des notaires. — Dans la généralité des cas, le ministère des notaires est purement volontaire; cependant, ils ne peuvent refuser leur ministère, lorsque les conventions ne sont contraires ni aux mœurs, ni à l'ordre public. — Voy. *Notaire.*

MINISTÈRE public. — Magistrature spéciale établie près de chaque Tribunal pour représenter la Société, veiller au maintien de l'ordre public, requérir l'application des Lois, et en poursuivre l'exécution.

Les fonctions du Ministère public sont remplies : dans les Tribunaux de première instance, par des Procureurs et des Substituts, et dans les Cours d'appel, par des Procureurs et des Avocats généraux.

Doivent être communiquées au Ministère public les causes ci-après : 1° celles qui concernent l'ordre public, l'État, le Domaine, les Communes, les Etablissements publics, les dons et legs au profit des pauvres ; 2° celles concernant l'état des personnes et les tutelles ; 3° les déclinatoires sur incompétence ; 4° les réglements de Juges, les récusations pour parenté et alliance ; 5° les prises à partie ; 6° les causes des femmes non autorisées par leurs maris, ou même autorisées, lorsqu'il s'agit de leur dot et qu'elles sont mariées sous le régime dotal ; 7° les causes des mineurs, et en général toutes celles où l'une des parties est défendue par un curateur ; 8° celles qui concernent ou intéressent les personnes présumées absentes ; 9° enfin, les affaires où il s'agit d'inscription de faux incident civil. — *L. du 24 août 1790.* — *C. proc. 83, 251.*

En matière de simple police, les Commissaires de police, les Maires ou leurs Adjoints sont parties publiques jusqu'au jugement du Tribunal de police, et dans le cas d'appel, le Procureur près le Tribunal où l'appel est porté devient à son tour partie publique, et en remplit les fonctions.

Le Ministère public surveille l'exécution des Lois, des arrêts et des jugements ; il poursuit d'office cette exécution dans les dispositions qui intéressent l'ordre public ; il veille au maintien de l'ordre et de la discipline dans les Cours et Tribunaux ; enfin, il exerce un droit de surveillance sur les officiers ministériels et sur les chambres des notaires.

MINISTRE. — Les Ministres sont les hauts fonctionnaires ou administrateurs supérieurs chargés des grandes divisions de l'Administration publique. — Voy. *Ministère.*

MINISTRE public. — On désigne sous ce nom tout Agent diplomatique envoyé par un Gouvernement pour le représenter près d'une Nation étrangère.

Il y a deux sortes de Ministres publics : ceux qui résident habituellement auprès d'une Cour étrangère et ceux chargés d'une mission temporaire ou spécialement limitée à une seule affaire ou à une négociation.

Les Ministres permanents se divisent en trois classes : les *Ambassadeurs*, les *Ministres plénipotentiaires* et les *Chargés d'affaires*.

Dans la classe des Ministres publics, se rangent aussi les *Secrétaires* d'ambassade.

Il y a aussi des *Attachés* surnuméraires dont le nombre est fixé à trente-six.

Les Consuls ne sont pas généralement compris dans la dénomination de Ministres publics. Néanmoins, dans les pays barbaresques, ils ont le titre de Chargés d'affaires.

L'Agent diplomatique envoyé auprès d'une puissance étrangère doit être porteur de pouvoirs ou d'une lettre de créance, qui est ordinairement présentée en audience solennelle.

Les Ministres publics représentent la personne même de leur souverain ; ils restent ses sujets et sont considérés comme étant sur le territoire de la puissance qu'ils représentent. — Il s'ensuit que leur résidence en pays étranger ne leur constitue pas un domicile dans ce pays, et qu'ils ne sont pas soumis à la justice soit civile, soit criminelle du lieu de leur résidence; mais s'ils abusent de leur caractère représentatif, on peut les renvoyer chez eux.

L'indépendance acquise aux agents diplomatiques s'étend aux membres de leur famille et aux personnes de leur suite.

Les agents français à l'étranger peuvent recevoir les actes de l'état civil concernant les Français. — *C. civ.* 48.

Ils doivent aussi délivrer aux créanciers des rentes viagères sur l'Etat, qui demeurent ou se trouvent momentanément dans le lieu de leur résidence ou à portée de ce lieu, les certificats de vie nécessaires pour se faire payer par le Trésor public. — *D. N.* — Voy. *Certificat de vie.*

Pareilles attributions sont conférées aux Consuls. — Voy. *Consul.* — *Consulat.*

MINORITÉ. — Etat du mineur. — Voy. *Mineur.*

MINUTE. — On appelle *minute* l'original d'un acte, d'un jugement, d'un procès-verbal. Relativement aux actes *notariés*, la minute est l'acte écrit et rédigé en présence des parties et des témoins et sur lequel on délivre des grosses et des expéditions.

Les notaires sont tenus de garder minute de tous les actes qu'ils reçoivent, excepté toutefois des certificats de vie, procurations, actes de notoriété, quittances de fermages, de loyers, de salaires, arrérages de pensions et rentes, et autres actes simples qui, d'après les Lois, peuvent être délivrés en brevet. — *L. du 25 ventôse an IX.* — Voy. *Acte Notarié.*

MISE en cause. — C'est l'action d'appeler un tiers dans un procès, par exemple, un garant. — *C. proc.* 175. — Voy. *Garantie.*

MISE en communauté. — Voy. *Communauté.* — *Réalisation (clause de).*

MISE en demeure. — Voy. *Demeure (mise en).*

MISE aux enchères. — Voy. *Adjudication.* — *Enchère.* — *Vente sur folle enchère.*

MISE d'exécution (Frais de). — Voy. *Frais de mise d'exécution.*

MISE en jugement. — Se dit du fait de traduire une personne devant la justice et plus particulièrement devant la justice criminelle. — Voy. *Accusation.* — *Fonctionnaire public.*

MISE en liberté. — Voy. *Liberté (mise en).* — *Mainlevée d'écrou.*

MISE main. — Voy. *Main mise.*

MISE en possession. — Voy. *Délivrance.* — *Délivrance de legs.* — *Envoi en possession.*

MISE à prix. — Voy. *Adjudication.* — *Cahier de charges.* — *Vente judiciaire.*

MISE au rôle. — Action de faire inscrire une cause sur le rôle tenu au greffe, afin de lui faire prendre rang. — Voy. *Rôle.*

MISE sociale. — Apport de chacun des associés. — Voy. *Société.*

MISSIVE. — Voy. *Lettre missive.*

MITOYENNETE. — On entend par mitoyenneté la propriété en commun d'un mur, d'une haie, d'un fossé, etc., séparant deux propriétés contiguës.

C'est une indivision forcée, prescrite par la Loi dans un but d'intérêt général.

Nous avons déjà traité de la mitoyenneté des haies et fossés. — Voy. *Clôture.* — *Fossé.* — *Haie.*

Nous ne nous occupons ici que de la mitoyenneté des *murs*.

Comment s'acquiert la mitoyenneté.

Le mur mitoyen étant placé sur les extrémités de deux héritages contigus, moitié sur l'un, moitié sur l'autre, la véritable ligne de séparation des héritages se trouve à la moitié du mur ; or, le mur n'est pas commun, il est mitoyen, et la mitoyenneté ne doit pas être confondue avec la communauté ou l'indivision.

Contrairement à l'art. 815 du C. civ. d'après lequel nul ne peut être contraint à demeurer dans l'indivision, le partage ou la licitation du mur mitoyen ne peuvent être demandés par l'un des copropriétaires.

La mitoyenneté d'un mur peut s'établir de deux manières : 1° par la construction d'un mur à frais communs sur les limites de deux fonds contigus ; 2° par l'achat de la moitié du mur séparatif et du terrain qu'il occupe, que l'un des voisins fait de l'autre.

Dans ces différents cas, les conventions font la Loi des parties.

Lorsqu'à cause de l'ancienneté des constructions, aucun des propriétaires voisins ne peut prouver qu'elle a été élevée à ses dépens, ou à frais communs, la Loi établit une présomption légale à ce sujet. — Ainsi, tout mur servant de séparation entre les bâtiments jusqu'à l'héberge, ou entre cours et jardins, et même entre enclos dans les champs, dans les villes et les campagnes, est réputé mitoyen, à moins qu'il n'y ait qu'un seul des héritages en état de clôture, s'il n'y a titre ou marque du contraire. — *L. du 20 août* 1881. — *C. civ.* 666. — Voy. *Clôture.* — *Héberge.*

Il y a marque de non-mitoyenneté, lorsque la sommité du mur est droite et à plomb de son parement d'un côté, et présente de l'autre un plan incliné ou égout, ou bien encore lorsqu'il n'existe que d'un côté, ou un chaperon ou des filets et corbeaux de pierre qui y auraient été mis en bâtissant le mur.

Dans ces cas, le mur est censé appartenir exclusivement au propriétaire du côté duquel se trouvent l'égout ou les corbeaux de pierre. — *C. civ.* 654.

On appelle *chaperon* le sommet du mur que l'on forme avec de la chaux ou du plâtre, ou que l'on couvre avec de la tuile ou de la brique. — Le filet ou larmier est la partie du chaperon qui déborde le mur. — Voy. *Corbeau.*

Les marques de non-mitoyenneté peuvent s'appliquer à une partie seulement du mur.

L'existence d'une sommité droite d'un côté, et inclinée ou arrondie en chaperon de l'autre, semble s'appliquer à la totalité du mur et en attribuer la propriété à celui du côté duquel se trouve l'inclinaison. — *Demolombe.*

Avant le Code, on reconnaissait d'autres signes de non-mitoyenneté, tels qu'un *Œil de bœuf* ou autres ouvertures. Ces signes ont encore aujourd'hui tout leur effet, mais c'est à celui qui les invoque à prouver que le mur existait avant le Code. — *Cass.*, 18 *juillet* 1837.

Toute présomption devant fléchir devant une preuve positive, les preuves de non-mitoyenneté devraient céder à la preuve contraire résultant d'un titre qui prouverait la mitoyenneté.

S'il existait des marques de non-mitoyenneté des deux côtés, elles se neutraliseraient et donneraient lieu à la présomption de mitoyenneté dans les lieux où la clôture est forcée ; mais il n'en serait pas de même dans ceux où elle est facultative ; dans ce dernier cas, si l'un des fonds contigus était seul clos, le mur lui serait attribué en totalité, quand même il y aurait du côté du fonds non clos quelques signes de propriété. — *Bordeaux*, 22 *février* 1844.

La propriété exclusive d'un mur que la loi répute mitoyen peut être acquise par l'un des voisins au moyen de la prescription de 30 ans.

La ruelle existant entre les bâtiments de deux particuliers est censée mitoyenne, s'il n'y a titre en faveur ni de l'un ni de l'autre.

Tout propriétaire joignant un mur autre que ceux faisant partie du domaine public a la faculté d'en acquérir la mitoyenneté, en tout ou en partie, en remboursant au propriétaire de ce mur la moitié de sa valeur au jour de l'acquisition, ou la moitié de la valeur de la portion qu'il veut rendre mitoyenne, de même que la moitié de la valeur du sol sur lequel le mur est bâti. — *C. civ.* 661.

La circonstance que le propriétaire du mur y aurait pratiqué des jours à fer maillé et à verre dormant ne serait point un obstacle à l'acquisition de la mitoyenneté, et l'acquéreur pourrait même exiger que ces jours fussent bouchés, lors même qu'ils subsisteraient depuis plus de 30 ans. — *Cass.*, 3 *juin* 1850.

Mais il en serait autrement dans le cas où le propriétaire du mur aurait eu depuis plus de 30 ans, non pas de simples jours, mais des vues ou fenêtres ouvrantes ; le voisin ne pourrait, dans ce cas, acquérir la mitoyenneté pour construire et obstruer ces vues.

Lorsque la mitoyenneté n'est pas cédée à l'amiable, celui qui la réclame doit faire signifier une sommation de cession, avec offre d'un prix suffisant, et si le propriétaire n'y obtempère pas, il est procédé à une expertise. — Les frais de justice sont à la charge du propriétaire récalcitrant, mais l'acquéreur doit supporter les frais d'estimation.

Dans les villes et faubourgs, où la clôture est forcée si l'un des deux propriétaires contigus l'exige, la mitoyenneté est obligée, puisque chacun peut contraindre son voisin à contribuer aux constructions et réparations de la clôture séparant leurs maisons, cours et jardins. — *C. civ.* 663. — Voy. *Clôture*.

Droits et charges de la mitoyenneté.

Les deux propriétaires ont le droit de faire servir le mur mitoyen à tous les usages qui sont dans sa nature, pourvu qu'ils n'y causent aucun dommage et que l'un ne gêne point la jouissance de l'autre. — *Demolombe*, n° 396.

Chacun d'eux a le droit de bâtir contre le mur mitoyen et d'y placer des poutres ou solives dans toute son épaisseur, à 54 millimètres près, sans préjudice du droit qu'a le voisin de faire réduire à l'ébauchoir la poutre ou les solives jusqu'à la moitié du mur, dans le cas où il voudrait lui-même asseoir des poutres ou solives dans le même lieu, ou y adosser une cheminée. — *C. civ.* 657.

Dans le cas où l'un des voisins veut adosser une cheminée sur le mur mitoyen ou y établir une forge, âtre, four ou fourneau, il doit faire un contre-mur. — *C. civ.* 674. — Voy. *Contre-mur*.

Tout copropriétaire d'un mur mitoyen peut y adosser non seulement une maison d'habitation, mais encore toute autre construction. Il peut aussi faire exhausser le mur, pourvu que ce ne soit pas d'une manière dangereuse, ou par pure malice et sans utilité pour lui.

Celui qui fait exhausser le mur doit payer seul la dépense de l'exhaussement, les réparations d'entretien au-dessus de la hauteur de la clôture commune, et en outre l'indemnité de la charge, en raison de l'exhaussement et suivant la valeur. — *C. civ.* 658.

Si le mur ne peut supporter l'exhaussement, celui qui veut l'exhausser doit le faire reconstruire en entier à ses frais, et l'excédent d'épaisseur doit se prendre de son côté. — *C. civ.* 659.

Lorsque le mur soutient un bâtiment appartenant à l'autre copropriétaire, celui-ci doit souffrir le déplacement de la partie de son toit qui gêne l'exhaussement, à condition que, dans un délai raisonnable, la couverture sera rétablie aux frais du constructeur.

Celui-ci doit également rétablir les treillages, berceaux, pavillons, cheminées, etc., qui étaient adossés au mur, et qu'on a été obligé de détruire ou détériorer pour opérer l'exhaussement.

Le voisin qui n'a pas contribué à l'exhaussement peut en acquérir la mitoyenneté, en payant la moitié de ce qu'il a coûté et la valeur de la moitié du sol fourni pour l'excédent d'épaisseur s'il y en a. — *C. civ.* 660.

Il ne peut être pratiqué dans le mur mitoyen aucune fenêtre ou ouverture, même à verre dormant, sans le consentement des deux propriétaires. — *C. civ.* 675.

On ne pourrait pas abaisser le mur mitoyen, quand même il serait plus élevé qu'un mur ordinaire.

Au reste, lorsqu'il s'agira soit d'exhaussement ou de construction à adosser au mur mitoyen, soit de fouilles ou de démolitions, il sera toujours prudent de s'entendre au préalable avec le voisin, le constructeur étant responsable de tous dommages occasionnés par son fait.

Comment finit la mitoyenneté.

La mitoyenneté finit : 1° lorsque l'un des voisins la cède à l'autre ; 2° lorsqu'il l'abandonne pour se dispenser des réparations ou de la reconstruction ; 3° lorsqu'il l'acquiert par prescription. — Voy. *Abandon de mitoyenneté.* — *Prescription.*

De la mitoyenneté des divers étages d'une maison.

Il peut y avoir mitoyenneté entre les propriétaires des différents étages d'une maison, et alors, outre les murs, les toits, les poutres, les escaliers sont mitoyens, et le propriétaire de l'étage supérieur a le droit, soit d'exhausser le toit commun, soit de faire au mur de l'étage qui lui appartient les changements qu'il juge à propos, soit même de construire un nouvel étage, à la condition toutefois que ces travaux ne puissent être préjudiciables aux propriétaires des étages inférieurs. — *D. N.*

Lorsque les titres de propriété ne règlent pas le mode de réparations et reconstructions, elles doivent être faites ainsi qu'il suit :

Les gros murs et le toit sont à la charge de tous les propriétaires, chacun en proportion de la valeur de l'étage qui lui appartient. Le propriétaire de chaque étage fait le plancher sur lequel il marche ; celui du premier étage fait l'escalier qui y conduit, celui du second étage fait, à partir du premier, l'escalier qui conduit chez lui, et ainsi de suite. — *C. civ.* 664.

Nous donnons ci-après une formule de cession de mitoyenneté de même qu'une formule de quittance d'indemnité de surcharge, bien qu'il soit toujours plus prudent de recourir à un notaire pour la régularisation de l'acte de cession, à cause des formalités hypothécaires qu'il est toujours prudent de remplir.

I. — Cession volontaire de mitoyenneté.

Aujourd'hui....,
Les soussignés :
M A...
Et M. B...
Ont arrêté ce qui suit:

M. A..., sur la sommation que lui a faite M. B..., par exploit de M. C.., huissier à....., en date du....., de rendre mitoyen le mur dont il va être parlé ci-après, et d'après l'offre faite par ledit sieur B..., de payer cette mitoyenneté,

A, par ces présentes, cédé et abandonné, sous les garanties de droit,

A M. B.... à ce présent et ce acceptant, la mitoyenneté du mur de clôture du jardin, au nord de la maison de M. A.., située à...... sur une longueur de..... et une hauteur de..... et séparant de l'est à l'ouest la propriété de M. A..., d'avec celle de M. B...

Ce mur est construit en pierres de taille, dans une épaisseur de....., avec les fondations de.....

Ainsi que ledit mur se comporte, à la connaissance de l'acquéreur.

M. B... est fait propriétaire et jouira et disposera de ce droit de mitoyenneté comme de chose lui appartenant en toute propriété, à compter de ce jour.

M. A..., est propriétaire du mur et du terrain sur lequel porte la mitoyenneté présentement vendue, comme faisant partie, etc. (*Indiquer l'origine de la propriété.*)

Au moyen de la présente cession, le mur dont il s'agit devient mitoyen dans l'état où il se trouve, sans que le vendeur soit tenu de le faire remettre à neuf, et pour constater cette mitoyenneté, il sera fait un chaperon à deux égouts, etc...

L'entretien dudit mur aura lieu à frais communs.

M. B... sera tenu de se conformer, dans toutes constructions qu'il voudra faire, aux lois et règlements de police y relatifs.

Et en outre, la présente vente est faite moyennant un prix de....., ainsi fixé, à dire d'experts choisis par les parties, laquelle somme M. B... a tout présentement payée comptant à M. A..., qui le reconnaît et lui en donne quittance; (ou bien) moyennant un prix évalué à....., sauf plus ou moins, et qui sera définitivement fixé par deux experts choisis par les parties et sera payé à M. A... en son domicile dans quatre mois de ce jour, sans intérêts d'ici-là.

M. A... garantit à M. B... que les immeubles sur lesquels porte le droit de mitoyenneté présentement vendu sont libres de toutes charges hypothécaires, de quelque nature qu'elles soient.

Fait double à....., lesdits jour, mois et an, et signé, lecture prise.

(*Signatures.*)

II. — Quittances d'indemnité de surcharge.

Je soussigné A..... demeurant à...., reconnais avoir reçu de M. B.... demeurant à...... la somme de.... . à laquelle a été évaluée par le sieur C..., expert commis par MM. A... et B.., l'indemnité à laquelle avait droit M. A..., en raison de l'exhaussement fait par ledit s. B.... sur un mur mitoyen séparant la propriété des soussignés sise à ..... eu égard à la surcharge imposée au mur mitoyen.

De laquelle somme mon dit sieur A... quitte et libère M. B..., dont quittance.

Fait double à....., le....., et signé, lecture prise.

(*Signature.*)

MIXTE. — On nomme action *mixte* celle qui participe tout à la fois de l'action réelle et de l'action personnelle. — Voy. *Action.*

MOBILE (Don). — Voy. *Don mobile.*

MOBILIER. — Voy. *Meubles. — Immeubles.*

MOBILISATION. — C'est l'action par laquelle on donne la qualité ou le caractère légal de meubles à certaines choses immobilières soit par leur nature, soit par la définition de la Loi. — Voy. *Ameublissement.—Immobilisation.—Rente.*

MOBILISATION de l'armée. — Voy. *Militaires.*

MODE. — On désigne sous le nom de *Modes* les parties accessoires ou clauses ajoutées à la convention principale ou à la disposition, pour imposer au donataire ou aux contractants certaines obligations qui modifient le contrat ou la disposition. — Voy. *Condition. — Donation. — Stipulation pour autrui. — Substitution.*

MODÈLE. — Voy. *Formule. — Projet d'acte.*

MODÉRATION des droits et amendes. — La modération des droits en sus et des amendes encourus soit par les particuliers, soit par les officiers publics, sinon la remise totale, peut être accordée soit par le Chef de l'Etat, soit par le Ministre des finances, sur la demande des intéressés. — Voy. *Amnistie. — Enregistrement.*

MŒURS. — Voy. *Bonnes mœurs.*

MOINS. — Voy. *Plus.*

MOINS prenant. — Voy. *Noces (secondes). — Portion disponible.*

MOIS. — Douzième partie de l'année. Pour les délais, on compte les mois d'un quantième à un autre, sans avoir égard au nombre des jours dont ils sont composés. — Voy. *Année. — Délai.*

MOISSON. — Voy. *Glanage. — Grains. — Police rurale. — Vente de récoltes.*

MOMENT (Prescription par). — Voy. *Prescription.*

MONNAIE. — On appelle ainsi les pièces d'or et d'argent ou de tout autre métal frappées par ordre du Gouvernement, dont l'Autorité publique vérifie et atteste le titre, et qui ont cours dans le commerce.

Les monnaies d'or et d'argent sont ordinairement alliées avec une certaine quantité de cuivre; aussi faut-il en distinguer la valeur *réelle* et la valeur *numérique.*

La valeur *réelle* est la quantité d'or ou d'argent pur qui se trouve dans chaque pièce de monnaie, et c'est sur ce pied que les étrangers reçoivent la monnaie en échange.

La valeur *numérique* est celle qu'il plaît à chaque Nation de donner aux pièces de monnaie, laquelle ne doit s'écarter que de très peu de la valeur *intrinsèque*.

Les monnaies françaises se composent, savoir :

En or, des pièces de 100, 50, 20, 10 et 5 fr. ;

En argent, des pièces de 5, 2, 1 fr., de 50 et de 20 centimes;

Et *en cuivre* ou *bronze*, des pièces de 10, de 5, de 2 et de 1 centimes :

Le *titre* est, pour les monnaies d'or et d'argent, de *neuf dixièmes* de fer et de *un dixième* de cuivre.

Les *ateliers monétaires* ou *Hôtel des Monnaies* sont aujourd'hui au nombre de six. Ils sont établis à *Marseille, Bordeaux, Lille, Lyon, Paris* et *Rouen*.

Chaque Hôtel des Monnaies a une petite marque particulière qu'on appelle *point secret*. Les marques sont, pour Marseille, MM ; pour Bordeaux, K ; pour Lille W ; pour Lyon, D ; pour Paris, A ; et pour Rouen, B.

L'Administration des monnaies est dans les attributions du Ministre des finances.

La monnaie de cuivre ou de bronze ne peut être employée dans les paiements, si ce n'est de gré à gré, que pour l'appoint d'une pièce de 5 fr.

Il est défendu de s'approprier ni de cisailler une pièce de monnaie fausse, suspecte ou n'ayant pas cours ; mais si le porteur paraît coupable ou complice d'émission de fausse monnaie, on peut le faire arrêter.

Il est également interdit de détériorer les pièces de monnaie, et notamment de les percer pour les attacher, en guise de breloques, à des chaînes de montre ou à d'autres bijoux.

Poids des pièces de Monnaies Françaises.

Pièces	Poids exact en Grammes	Tolérance de poids en millièmes
Or :		
100 fr.	32g 258m	1
50	16 129	2
40	12 903	2
20	6 452	2
10	3 225	2
5	1 612	3
Argent.		
5 fr.	25 000	3
2	10 000	5
1	5 »	5
0 50	2 50	7
0 20	1 »	10
Cuivre.		
0 10 c.	10 »	10
0 05	5 »	10
0 02	2 »	15
0 01	1 »	15

Avec les pièces d'argent et de cuivre non usées, on peut former la série de poids suivante :

1 gramme, avec la pièce de 1 cent.
2 — — — 2 —
5 — — — 5 —
10 — — — 10 —
25 grammes avec la pièce de 5 fr. en argent.
50 — avec 2 pièces de 5 —
100 — avec 4 pièces de 5 —

Un demi-kilog. avec 50 pièces de 10 cent. ou 20 pièces de 5 fr.

Enfin un kilog. avec 200 pièces de 5 cent. — 100 pièces de 10 cent. ou 40 pièces de 5 fr.

Anciennes Monnaies.

La livre (20 sous) équivaut à	0f 9876
Le sol (ou sou) (12 deniers) à	0 0493
Le denier à	0 0041

MONNAIES étrangères. — Les monnaies étrangères n'ont cours en France que de gré à gré.

Nous indiquons ici, par ordre alphabétique, la valeur intrinsèque des plus usuelles.

Monnaies d'or.

	Valeur intrinsèque.
Aigle ou 10 dollars. — États-Unis............................	51 71
Carolin. — Suède..	10 »
Christian. — Danemarck.......................................	20 48
Condor ou 10 pesos. — Chili..................................	47 18
Condor ou 10 pesos. — Colombie.............................	49 89
Coroa ou 10,000 reis. — Portugal............................	55 88
Doblon ou 10 escudos. — Espagne...........................	25 95
Doblon ou 5 pesos. — Chili...................................	23 59
Dobon de oro ou 4 pesos. — Iles Philippines...............	20 34
Dollar ou 100 cents. — Etats-Unis...........................	5 17
Dollar. — Guatemala..	5 07
Ducat ad legem Imperii. — Allemagne. — Autriche. — Danemarck. — Hollande. — Suède, etc..........................	11 75
Esculo ou 2 pesos. — Chili....................................	9 43
Escudo de oro ou 2 pesos. — Mexique et Philippines.....	10 17
Escudillo de oro ou un peso. — Mexique et Philippines..	5 08
Frédéric. — Prusse..	20 78
Frédéric. — Danemarck..	20 48
Guillaume. — Hollande...	20 79
1/2 Impériale. — Russie.......................................	20 60
10 Krone. — Danemarck. — Suède. — Norwège...........	13 85
Livre sterling. — Angleterre. — Monnaie de compte.....	25 20
20 marks. — Empire d'Allemagne.............................	24 72
Medjidieh d'or ou 100 piastres. — Turquie.................	22 48
Milreis ou 1000 rois. — Portugal.............................	5 59
Mohur. — Indes britanniques..................................	39 72
Onça ou 16 pesos. — Mexique. — Amérique du Sud.....	81 »
Peso ou piastre. — Chili.......................................	4 72
Pistole ou 4 pesos. — Mexique...............................	20 29
Quadruple ou 16 pesos. — Amérique........................	81 »
Sovereign ou 20 schillings. — Angleterre...................	25 28
Yen. — Japon...	5 15

Monnaies d'argent.

Boudjou. — Alger..	1 80
Drown ou 5 schillings. — Angleterre.........................	5 60
Décime, 1/10 peso. — Chili...................................	» 49
Dime ou 10 cents. — Etats-Unis..............................	» 53
Dinero. — Pérou...	» 49
Dollar. — Etats-Unis..	5 31
Drachme. — Grèce...	1 »
Duro ou 2 escudos. — Espagne...............................	5 15
Escudo ou 10 reales. — Espagne.............................	2 57
Florin ou 2 schillings. — Angleterre.........................	2 25
Florin ou 100 kreutzers. — Autriche........................	2 25
Franc. — Belgique...	1 »
Gros (silbergroschen), 1/30 thaler. — Prusse..............	» 12
Gulden ou 60 kreutzer. — Allemagne du Sud..............	2 10
Gulden ou 100 cents. — Hollande............................	2 08
Lira. — Italie...	1 »
Ley. — Roumanie..	1 »
Mark. — Monnaie de compte. — Allemagne................	1 23
Milreis ou 1000 reis. — Brésil................................	2 48
Peseta ou 4 réales. — Espagne...............................	» 92
Peso ou piastre, ou 8 réales de Plata, Mexique et Amérique du Sud.	5 35
Peso ou piastre, 10 réales ou 100 cents....................	4 96
Piastre ou 40 paras. — Turquie..............................	» 22
Piastre. — Egypte...	» 25
Piastre. — Tunis...	» 59
Réal de Plata. — Amérique....................................	» 66
Réal de Vellon. — Espagne....................................	» 23
Rigsdaler. — Danemarck.......................................	2 77
Rixdaler ou 2 1/2 Gulden. — Hollande......................	5 21

Rixdaler species. — Suède................	5 61
Rouble ou 100 kopecks. — Russie...........	3 82
Roupies. — Indes-Britanniques.............	2 36
Silbergroschen ou 1/30 thaler. — Prusse.....	» 12
Schilling. — Angleterre...................	1 12
Sol. — Pérou.............................	4 96
Specie daler. — Norwège.................	5 54
Testao ou 100 reis. — Portugal............	» 50
Thaler Veréinsthaler.— Prusse et Allemagne..	3 68
Two-Annas. — Indes-Britanniques.........	» 29
Yen-Japon...............................	5 35

Monnaies de cuivre ou de bronze.

Bani. — Roumanie........................	» 01
Cent ou 1/100 dollar. — Etats-Unis.........	» 05
Cent ou 1/010 Galden. — Hollande..........	» 02
Centime. — Belgique......................	» 01
Centesimo. — Italie.......................	» 01
Kopeck 1/100 double. — Russie............	» 04
Kreutzer. — Allemagne. — Autriche.........	» 03
Krone (monnaie de compte). — Danemark, Suède et Norwège..	1 38
Lepton 1/100 drachme. — Grèce............	» 01
Para 1/40 piastre. — Turquie..............	» 06
Penny. — Angleterre......................	» 11
Pienning. — Allemagne et Prusse..........	» 01
Rei (monnaie de compte). — Portugal.......	» 04
Rei (monnaie de compte). — Brésil.........	» 03
Schilling. — Norwège.....................	» 05
Schilling. — Danemark...................	» 12
Soldo ou 5 centèsimi. — Etats Pontificaux...	» 05

MONOMANIE. — Voy. *Démence.*

MONOPOLE. — C'est le droit exclusif d'exercer tel ou tel commerce ou industrie ou de fabriquer certaines choses.

Selon leur nature, les monopoles peuvent être accordés par une loi ou par un décret.

Ils peuvent même, comme mesure d'ordre ou de sécurité publique, être établis par arrêté Préfectoral ou Municipal.

Parmi les monopoles légaux, on peut citer la Banque de France, et les diverses entreprises de chemins de fer, de canaux, de paquebots maritimes, etc.

La conséquence ordinaire et rigoureuse du monopole, c'est l'établissement d'un tarif.

Plusieurs monopoles sont réservés par l'Etat, notamment la *Poudre*, le *Tabac*, le *Papier timbré*, les *Postes*, les *Télégraphes*, la fabrication des *Allumettes* chimiques, etc. — *D. N.*

On appelle aussi *Monopole* les conventions que font entre eux certains marchands, pour altérer ou enchérir de concert quelques marchandises. — C'est un délit. — *C. pén.* 419, 420.

MONTAGNES. — Voy. *Reboisement.*

MONSTRE. — On donne ce nom aux êtres qui naissent sans forme ni figure humaine.

Toutefois, l'enfant qui vient au monde avec une tête bien conformée, mais avec des membres d'animaux ou mal agencés, et auquel il manque un ou plusieurs membres, est néanmoins réputé *homme*.

Les monstres ne tiennent pas lieu d'enfants à ceux à qui ils naissent, et ne doivent pas être inscrits sur les registres de l'état civil.

MONT-de-Piété. — C'est un Etablissement de prêt sur gage ou nantissement autorisé par le Gouvernement, et destiné à venir au secours des malheureux, et dont les bénéfices sont exclusivement dévolus aux hospices.

La pratique de ces prêts est interdite aux particuliers.

Les Monts-de-Piété ou maisons de prêts sur nantissement sont institués comme Etablissements d'utilité publique, et seulement dans les villes où la Caisse municipale et celle des maisons hospitalières forment un capital suffisant pour fonder un établissement de cette nature.

Les dispositions qui régissent les Monts-de-piété se trouvent dans les décrets des 7 pluviôse an XII, 24 messidor an XII, 8 thermidor an XIII, dans la loi du 24 juin 1851, et dans le décret du 24 mars 1852.

Les opérations des Monts-de-piété sont :

1° L'*engagement* ou la mise en *gage* de l'objet sur lequel le prêt est consenti et dont il est délivré *reconnaissance* à l'emprunteur ;

2° Le dégagement ou retrait du nantissement contre le remboursement de la somme avancée, et le paiement des intérêts échus ;

3° Le renouvellement que l'emprunteur qui ne peut rendre effectue à l'expiration du terme, s'il ne veut perdre le gage qu'il a remis ;

4° La vente faite aux enchères des objets abandonnés par leurs propriétaires, et dont l'excédent ou *boni* profite à l'établissement.

Le taux d'intérêt des prêts est de 5 0/0 au moins, et peut être élevé au delà de ce chiffre.

Afin que les Monts-de-piété ne deviennent pas des maisons de recels pour les objets volés, on exige une garantie morale du déposant, celle d'être connu et domicilié, ou au moins assisté d'un répondant connu et domicilié lui-même. Si des doutes s'élèvent sur la légitimité de la possession, le prêt doit être suspendu et la police informée. — *Déc. du 8 thermidor an XIII.*

Pour diminuer le trafic des *reconnaissances* souvent vendues à perte par des emprunteurs imprévoyants, il est permis à tout déposant de requérir, trois mois après l'emprunt, et sans attendre l'époque fixée pour le remboursement, la vente de l'objet déposé, dont le prix lui est, dans ce cas, remis sans délai, sous la déduction de la somme due en principal et accessoires. — *L. du 24 juin* 1851.

Néanmoins, il est interdit de vendre les marchandises neuves avant l'expiration du délai d'une année.

L'emprunteur qui a perdu sa reconnaissance, et qui, après le terme fixé pour l'engagement, veut retirer son nantissement ou recevoir le boni de la vente, est tenu d'en donner une décharge notariée, s'il s'agit d'effets d'une valeur excédant 100 francs.

Les dispositions ci-dessus ne sont pas applicables aux Monts-de-piété établis à titre purement charitable, et qui, au moyen de dons ou fondations spéciales, prêtent gratuitement ou à un intérêt inférieur au taux légal. Ces établissements sont régis par les conditions de leurs actes constitutifs.

L'Administration du Mont-de-Piété de Paris a été reconstituée par le décret du 24 mars 1852.

Les obligations, reconnaissances et tous actes concernant les Monts-de-piété sont exempts des droits de timbre et d'enregistrement. — *D. N.*

MONUMENT. — La destruction ou dégradation des monuments publics est punie par la Loi. — *C. pén.* 257.

MONUMENT funèbre. — C'est celui dressé ou élevé à la mémoire d'un défunt et que toute personne peut faire placer sur la fosse de son parent ou ami sans autorisation, mais après avoir obtenu la concession du terrain. — *Déc. du 23 prairial, an XII.* — Voy. *Cimetière.* — *Frais funéraires.*

MONUMENTS historiques. — Ce sont les édifices ou ouvrages d'art qu'il est intéressant de conserver au point de vue archéologique, et à raison, soit de leur belle exécution, soit des souvenirs historiques qui s'y rattachent. — *E. N.*

Un fonds spécial est inscrit au Ministère d'Etat pour la conservation des monuments historiques, dont la répartition se fait sur l'avis de la Commission de ces monuments.

Sur la liste des monuments historiques, sont inscrits quelques édifices appartenant à des particuliers, afin d'en recommander la conservation à leurs possesseurs.

Le Gouvernement, en contribuant à la restauration des édifices appartenant à des particuliers, exige, comme condition de son concours, l'engagement des propriétaires, pour eux et leurs successeurs, de n'altérer en rien à l'avenir leur caractère et leur disposition.

Aucune indemnité pour démolition ou expropriation n'est due aux personnes qui ont bâti sans autorisation sur les fondations d'un monument public.

MORALE. — On distingue la morale publique et la morale privée.

La *morale publique* est celle que la conscience et la raison révèlent à tous les hommes, et la *morale privée* est celle selon laquelle chaque homme doit se conduire.

Tout outrage à la morale publique et aux bonnes mœurs est puni d'emprisonnement. — *L. du 18 mai 1819.*

L'outrage aux bonnes mœurs commis par la voie de la presse ou par toute autre publication est puni d'emprisonnement et d'amende. — *L. du 29 juillet 1881.*

Les conditions contraires aux mœurs et aux Lois sont réprouvées dans tous les actes. — Voy. *Condition.*

MORALITÉ. — Ce mot se dit pour *conscience, discernement* moral. Il se dit encore de ce qui est conforme à la morale.

La moralité de nos actions est prise en considération par la Loi, et, dès lors qu'il n'y a pas eu intention de nuire, il n'y a ni crime, ni délit. — Voy. *Délit.* — *Fraude.*

MORATOIRES (Intérêts). — Se dit des intérêts dus par suite du retard dans l'exécution d'une obligation. — Voy. *Intérêts de capital.*

MORBIHAN. — Le département du Morbihan est un des cinq que forme la Bretagne.

Chef-lieu : Vannes.

Cour d'appel : Rennes.

Ce département est limité à l'Est par l'Ille-et-Vilaine; au Sud par l'Océan et la Loire-Inférieure; à l'Ouest par le Finistère, et au Nord par les Côtes-du-Nord.

Il est divisé en 4 arrondissements, 37 cantons et 249 communes.

Superficie : 679.578 hectares.

Impôt foncier : 1.582.748 francs.

Population : 535.256 habitants.

MORIBOND. — On donne ce nom à celui qui, atteint d'une maladie mortelle, est sur le point d'expirer. — Voy. *Testament.*

MORT. — Fin de la vie.

En droit, on distinguait autrefois la mort *naturelle* et la mort *civile.* — Voy. *Mort civile.*

Mais le cas de *mort* prévu dans un contrat ne pourrait jamais s'appliquer à la mort *civile.*

La mort peut être le motif d'une convention, telle est la Rente viagère, l'Assurance sur la vie. — Voy. *Rente viagère.*

La mort fixe l'état des biens et des obligations de la personne décédée. Elle donne ouverture à des droits de succession. — Voy. *Décès.* — *Nue propriété.* — *Usufruit.* — *Succession.*

Nous donnons ci-après un Tableau représentant la loi de la mortalité ou les probabilités de la vie humaine en France, d'après la statistique et suivant la Table de *Deparcieux.*

TABLEAU DE MORTALITÉ D'APRÈS DEPARCIEUX
(CALCULÉ SUR 10.000 NAISSANCES)

AGES	VIVANTS à CHAQUE AGE	NOMBRE des DÉCÈS	TAUX POUR CENT de la mortalité	DURÉE PROBABLE de la vie	AGES	VIVANTS à CHAQUE AGE	NOMBRE DE DÉCÈS	TAUX POUR CENT de la mortalité	DURÉE PROBABLE de la vie	AGES	VIVANTS à CHAQUE AGE	NOMBRE DE DÉCÈS	TAUX POUR CENT de la mortalité	DURÉE PROBABLE de la vie
0	10.000	2550	25.50	42.0	33	4.844	52	1.07	34.06	66	2.559	111	4.34	10.01
1	7.450	362	4.86	53.02	34	4.792	52	1.09	33.09	67	2.448	112	4.58	9.08
2	7.088	265	3.74	54.11	35	4.740	52	1.10	33.00	68	2.336	113	4.84	9.00
3	6.823	205	3.00	55.04	36	4.688	51	1.09	32.03	69	2.223	114	5.13	8.05
4	6.618	150	2.27	55.02	37	4.637	50	1.08	31.05	70	2.109	116	5.50	7.11
5	6.468	123	1.90	54.10	38	4.587	49	1.07	30.08	71	1.993	119	5.97	7.01
6	6.345	102	1.61	54.04	39	4.538	48	1.06	29.10	72	1.874	125	6.67	7.00
7	6.243	89	1.43	53.09	40	4.490	49	1.09	29.00	73	1.749	132	7.55	6.07
8	6.154	81	1.32	53.02	41	4.441	49	1.10	28.03	74	1.617	138	8.53	6.02
9	6.073	69	1.14	52.06	42	4.392	50	1.14	27.05	75	1.479	142	9.60	5.09
10	6.004	58	0.97	51.10	43	4.342	51	1.17	26.07	76	1.337	139	10.40	5.04
11	5.946	49	0.83	51.01	44	4.291	52	1.21	25.09	77	1.198	134	11.19	4.11
12	5.897	43	0.73	50.03	45	4.239	53	1.25	24.11	78	1.054	128	12.03	4.07
13	5.854	39	0.67	49.06	46	4.186	54	1.29	24.02	79	935	124	13.25	4.03
14	5.815	37	0.64	48.09	47	4.132	55	1.33	23.04	80	812	115	14.16	4.00
15	5.778	38	0.66	47.11	48	4.077	56	1.37	22.07	81	697	107	15.35	3.09
16	5.740	41	0.71	47.02	49	4.021	57	1.42	21.06	82	590	98	16.61	3.07
17	5.699	44	0.77	46.05	50	3.964	59	1.49	21.00	83	492	88	17.89	3.03
18	5.655	47	0.83	45.08	51	3.905	62	1.59	20.03	84	404	77	19.05	2.11
19	5.608	50	0.89	44.11	52	3.843	66	1.72	19.07	85	327	66	20.18	2.09
20	5.558	52	0.94	44.02	53	3.777	70	1.85	18.10	86	261	55	21.07	2.06
21	5.506	53	0.96	43.02	54	3.707	76	2.05	18.01	87	206	47	22.82	2.04
22	5.453	54	0.99	42.09	55	3.631	81	2.23	17.05	88	159	42	26.42	2.00
23	5.399	55	1.02	42.00	56	3.550	85	2.39	16.08	89	117	37	31.62	1.09
24	5.344	56	1.05	41.03	57	3.465	88	2.54	15.00	90	80	30	37.50	1.05
25	5.288	57	1.08	40.04	58	3.377	91	2.69	15.04	91	50	22	44.00	1.03
26	5.231	58	1.11	39.10	59	3.286	95	2.89	14.08	92	28	14	50.00	1.00
27	5.173	57	1.10	39.01	60	3.191	99	3.10	14.00	93	14	7	50.00	1.00
28	5.116	56	1.09	38.04	61	3.092	102	3.29	13.04	94	7	4	57.14	0.08
29	5.060	55	1.09	37.07	62	2.990	105	3.51	12.07	95	3	2	66.67	0.06
30	5.005	54	1.08	36.10	63	2.885	107	3.71	12.00	96	1	1	100.00	
31	4.951	54	1.09	36.01	64	2.778	109	3.92	11.04					
32	4.897	53	1.08	35.03	65	2.669	110	4.12	10.08					

MORT-BOIS. — Voy. *Forêts*.

MORT civile. — La mort civile a été abolie par la Loi du 31 mai 1854. — Voy. *Condamnation*.

MORT-NÉ. — Les enfants qui naissent morts sont considérés comme s'ils n'étaient ni nés, ni conçus; mais il faut que la mort soit certaine, car on *présume pour la vie*. — Voy. *Viabilité*.

Les successions qui échoient aux enfants *morts-nés* passent directement aux personnes à qui elles auraient appartenu, s'ils n'avaient pas été conçus. — Voy. *Succession*.

MORT saisit le vif. — C'est une maxime de droit, dont le sens est que les biens et droits d'un défunt passent de plein droit à ses héritiers, dès l'instant du décès. — Voy. *Héritier*. — *Succession*.

MOTIF. — C'est la cause d'un engagement ou d'une disposition.
Dans les obligations, la fausseté du motif déterminant et principal entraîne la nullité de l'engagement. — *C. civ.* 1131. — Voy. *Cause*.

MOTIFS des Lois. — Ensemble des causes qui ont donné naissance aux Lois.
Les motifs des Lois peuvent servir à leur interprétation. — Voy. *Interprétation des Lois*.

MOTIFS des jugements. — Considérants, ou exposé des faits déterminants. Les jugements doivent être motivés, à peine de nullité. — Voy. *Jugement*.

MOTS rayés. — Voy. *Rature*.

MOTTE-FERME. — On entend par motte-ferme la portion de terre voisine d'un fleuve ou d'une rivière, qui, échappant à l'inondation, est restée à sec.

Les propriétaires de terrains inondés en conservent la propriété, non seulement lorsqu'il y est resté des mottes-fermes, mais encore lorsque la submersion a été complète. — *C. civ.* 563. — Voy. *Inondation*.

MOULINS et Usines. — On comprend sous ce titre les Etablissements de grande fabrication, et notamment ceux mus par l'eau, le vent ou la vapeur. — Ceux destinés à la mouture du grain sont plus particulièrement appelés Moulins.

Les propriétaires ou fermiers de moulins et usines sont garants de tous dommages que les eaux pourraient causer aux chemins et aux propriétés voisines par la trop grande élévation du déversoir ou autrement, et sont obligés de tenir les eaux à une hauteur qui ne puisse nuire à personne, sauf, bien entendu, les cas de force majeure. — *L. du 6 octobre* 1791.

Moulins et Usines sur les Rivières navigables et flottables.

Nul ne peut construire sur les rivières navigables et flottables aucun moulin, bâtardeau, écluse, gorel ou pertuis, sans autorisation. — *Ord. de* 1815, 1869, 1877. — *Arr du 19 vendémiaire an VI.*

Cette autorisation est accordée par décret du Gouvernement, après instruction administrative, et sauf l'opposition et le recours des parties intéressées.

Les tiers peuvent s'opposer à l'établissement de nouveaux moulins, et sont autorisés à se pourvoir, par intervention à cet effet, au Ministère de l'intérieur. — Ils peuvent même former opposition par la voie contentieuse, après le décret.

Les canaux dérivant des rivières navigables ou flottables font partie de cette rivière et, par conséquent, sont soumis aux mêmes règles.

L'établissement de prises d'eau faites au moyen de machines peut être autorisé par les Préfets.

Il y a deux espèces d'usines : les usines *fixes* et les usines à *nef*.

L'emplacement d'une usine à nef doit être fixé en dehors du courant navigable de la rivière.

Le propriétaire d'un moulin ne peut, sans autorisation, apporter à son industrie ou à l'état de l'usine des changements qui modifieraient le régime des eaux, mais il peut toujours faire les simples réparations.

Les permissions d'établir des usines sur les cours d'eau du Domaine public sont toujours révocables.

Les propriétaires d'usines autorisées doivent conserver et tenir en bon état les digues, chaussées, épanchoirs et pertuis qui servent au passage des bateaux, radeaux et bois mis à flot.

Le passage doit, en général, avoir lieu gratuitement, à moins qu'il n'en résulte pour les usines la nécessité de suspendre leurs travaux à cause du manque d'eau, auquel cas les propriétaires ont droit à une indemnité de chômage, fixée à 4 fr. pendant 24 heures, pour un moulin. — *L. du 28 juillet* 1824.

Toute autre indemnité due pour le chômage résultant d'un service ou de travaux publics est réglée par le Conseil de préfecture.

Moulins et Usines sur les Cours d'eau non navigables ni flottables.

On ne peut établir d'usines sur les cours d'eau non navigables qu'en vertu d'une autorisation du Préfet, après enquête *de commodo et incommodo*, et rapport des Ingénieurs. — *Déc. des 25 mars* 1852 *et 13 avril* 1861.

Les Administrations municipales ne peuvent, sans l'autorisation du Préfet, consentir à l'établissement d'aucuns moulins, usines, écluses, etc., dans les canaux d'irrigation ou de desséchement appartenant à leurs communes.

L'arrêté d'autorisation contient l'énumération des conditions imposées au constructeur.

Les tiers qui se croient lésés par la décision préfectorale peuvent réclamer près du Ministre.

Lorsqu'une usine, sur un cours d'eau non navigable, n'a pas été autorisée, elle peut être supprimée sans indemnité.

C'est au Conseil de préfecture qu'il appartient de prononcer sur les contestations que fait naître entre des riverains un arrêté du Préfet qui détermine la hauteur des eaux d'une rivière. — *D. N.*

MOULIN à vent. — La construction d'un moulin à vent n'est soumise à aucune permission préalable de l'Administration. Toutefois, les anciens règlements locaux interdisant de placer les moulins à vent à une distance déterminée des chemins publics sont toujours obligatoires, et les Maires peuvent prendre des arrêtés à ce sujet.

Le moulin à vent pourrait être frappé d'interdiction par décision du Préfet, sauf recours au Conseil d'Etat, s'il se trouvait dans la ligne des douanes et qu'il fût établi par procès-verbal qu'il a servi à la contrebande des grains et farines. — *L. du 30 avril 1806.*

MOYENNANT. — Ce mot signifie presque toujours à *condition de...* — Voy. *Condition.*

MOYENS. — Raisons ou motifs qu'on invoque pour obtenir ce qu'on demande.

Les juges doivent suppléer d'office les *moyens de droit* que peuvent omettre les parties.

En appel, on peut proposer de *nouveaux moyens*, mais non de *nouvelles demandes*. — Voy. *Appel.*

MUET. — Voy. *Sourd-muet.* — *Témoin instrumentaire.*

MUNICIPALITÉ. — Voy. *Organisation municipale.*

MUR. — Ouvrage en pierres, moellons ou autres matériaux lié par du mortier, et qui sert, soit à soutenir des constructions, soit à clore un espace ou à le séparer d'un autre. — *E. N.*

On ne considère pas comme *mur* l'assemblage de bois, de haies, de palissades ou de pierres sèches, qui n'ont entre elles aucune cohésion, au moins dans les lieux où la clôture est forcée.

On distingue particulièrement les murs de clôture et les murs mitoyens. — Voy. *Clôture.* — *Mitoyenneté.*

Les simples cloisons ou séparations d'intérieur ne sont point assimilées à des murs proprement dits. — Voy. *Gros murs.* — *Réparations.*

Les murs de *face* se trouvent sur la façade du bâtiment, les murs de *refend* sont ceux qui séparent les diverses pièces, les gros murs font le contour.

Le mur d'appui est celui qui, pour ne pas nuire à la vue, n'est élevé que d'environ un mètre.

Avant de construire ou de démolir un mur sur la limite d'un héritage voisin, il est certaines précautions à prendre. — Voy. *Alignement.* — *Démolition.* — *Dénonciation de nouvel œuvre.* — *Voirie.*

Celui qui élève un mur peut le placer à l'extrémité de sa propriété, sans intervalle.

Il n'est pas obligé de laisser le tour d'échelle pour entretenir et réparer le mur, mais il peut le faire. — Voy. *Tour d'échelle.*

Il peut laisser une bande de terrain au delà de son mur, par exemple 20 centimètres, pour empêcher le voisin d'acquérir la mitoyenneté. — Voy. *Mitoyenneté.*

Le mur peut être élevé aussi haut qu'il plaît au propriétaire, à moins qu'il ne nuise au voisin, sans utilité.

Certaines constructions ne peuvent être faites sans des précautions spéciales pour ne pas nuire au voisin. — Voy. *Contre-mur.*

Le voisin peut labourer jusqu'au pied du mur, à moins qu'il ne résulte de l'état des lieux que le propriétaire du terrain limitrophe possède au delà de ce mur un espace de terrain à lui appartenant.

Le voisin d'un mur non mitoyen ne peut se servir de ce mur pour aucun usage ; il n'a pas même le droit d'y appuyer un treillage ou des espaliers ; mais il peut en acquérir la mitoyenneté pour s'en servir à son besoin. — Voy. *Mitoyenneté*.

Tout mur servant de séparation entre bâtiments jusqu'à l'héberge, ou entre cour et jardin, et même entre enclos dans les champs, est réputé mitoyen s'il n'y a titre ou marque du contraire. — C. civ. 656. — Voy. *Mitoyenneté*.

Tout propriétaire peut se soustraire aux réparations d'un mur mitoyen en abandonnant son droit, pourvu qu'il ne soutienne pas son bâtiment. — C. civ. 656. — Voy. *Abandon de mitoyenneté*.

Il est défendu de construire des murs dans certains lieux. — Voy. *Défense de construire*.

Dans les lieux où la clôture est forcée, le propriétaire d'un mur peut contraindre son voisin à en acquérir la mitoyenneté. — Voy. *Clôture*. — *Mitoyenneté*.

MUTATION. — Changement qui s'opère dans le droit de propriété ou de possession d'un bien ou d'un droit, par la transmission qui s'en fait par vente, échange, donation ou succession.

Il y a mutation par *vente*, par *échange* ou par *donation*, lorsqu'un propriétaire vend son bien, le permute ou échange, ou le donne.

Il y a mutation par *décès*, lorsque, par la mort du propriétaire ses biens passent soit à ses héritiers, soit à ses légataires universels ou particuliers.

Le changement de nom sur le cadastre se nomme également *mutation*.

Les mutations de meubles, fonds publics, actions, obligations, créances, et généralement de toutes valeurs mobilières, ne sont soumises à l'enregistrement que lorsqu'elles ont lieu par décès, ou sont constatées par des actes soumis à la formalité. — Mais toutes les mutations d'immeubles situés en France, de quelque manière qu'elles s'effectuent, soit par décès, soit entre vifs, à titre onéreux ou gratuit, soit par écrit, soit verbalement, sont assujetties, sans exception, au droit proportionnel d'enregistrement. — LL. des 22 *frimaire an VII* et 27 *ventôse an IX*.

Il en est de même des fonds de commerce ou de clientèles. — L. du 28 *février* 1872.

Les droits de mutation de propriété d'immeubles sont acquis à la Régie lors même que l'acte constatant la mutation serait nul.

La mutation d'un immeuble en propriété ou usufruit est suffisamment établie pour la demande du droit d'enregistrement et la poursuite du paiement contre le nouveau possesseur, soit par l'inscription de son nom au rôle de la contribution foncière et des paiements par lui faits d'après ce rôle, soit par des baux par lui passés, soit enfin par des transactions et autres actes constatant sa propriété ou son usufruit. — L. du 22 *frimaire an VII*.

Les mutations verbales de propriété ou d'usufruit d'immeubles et de fonds de commerce et clientèles sont sujettes aux droits comme les mutations écrites, et à défaut d'actes, il doit y être suppléé par des déclarations détaillées et estimatives faites par les nouveaux possesseurs aux bureaux de la situation des biens, dans les 3 mois de l'entrée en possession, à peine d'un droit en sus. Dans ce cas, la quotité du droit proportionnel est déterminée par la nature de la mutation, et le droit est liquidé sur le prix, tel que le tout est déclaré.

L'amende pour défaut de déclaration dans le même délai de 3 mois d'une mutation secrète d'immeubles ou de fonds de commerce ou de clientèle est du double droit en sus qui ne peut être inférieur à 50 fr. — L. du 23 *août* 1871.

Dans le cas de déclaration d'une mutation, comme dans celui où la mutation est constatée par acte présenté à l'enregistrement, la Régie a le droit de requérir l'expertise, lorsque le prix ou le revenu déclaré paraît inférieur à la valeur des biens à l'époque de la mutation. — Voy. *Expertise en matière d'enregistrement.*

La Loi du 22 frimaire an VII a établi des prescriptions spéciales en matière d'enregistrement, qui sont : de 2 années à accomplir du jour de l'enregistrement, s'il s'agit d'un droit non perçu sur une disposition particulière dans un acte, ou d'un supplément de perception insuffisamment faite ; 5 ans, s'il s'agit d'une omission de biens dans une déclaration de succession, et 10 ans, à compter du jour du décès, pour les successions non déclarées. — *D. N.*

La prescription de 2 ans s'applique également aux amendes de contravention, et court du jour où les préposés ont été mis à portée de constater les contraventions. — *L. du 16 juin 1824.*

Sous le titre *Enregistrement* nous avons indiqué les règles relatives à l'application des droits et nous avons donné un tarif général qui comprend, outre les droits d'enregistrement applicables à tous les actes, tous les droits de mutation de quelque nature que ce soit. — Voy. *Enregistrement.*

MUTATION par décès. — Nous renvoyons particulièrement à ce sujet au Titre *Déclaration de succession*, de même qu'au Tarif général alphabétique des droits d'enregistrement, pour les droits dus et à acquitter. — Voy. *Enregistrement (Tarif). — Legs. — Succession. — Déclaration de succession.*

MYRIA. — Ce mot indique *dix mille* fois l'unité, dans le calcul décimal. — Il se joint au mot qu'il exprime et forme un mot composé comme *myria-mètre, myria-gramme.*

MYRIAGRAMME. — Poids du nouveau système décimal. — Voy. *Poids et mesures.*

MYRIAMÈTRE. — Seconde unité pour le calcul des mesures *itinéraires*, dans le système décimal. — Voy. *Poids et mesures.*

MYSTIQUE. — Voy. *Testament.*

N

NAISSANCE. — Moment où un enfant vient au monde.

La naissance est constatée dans les trois jours, par un acte de l'autorité publique, et fixe l'état civil des enfants. — Voy. *Acte de l'état civil. — Déclaration de naissance.*

L'enfant est présumé né pour tous les avantages attachés à son existence civile, dès le moment de la conception ; mais cette présomption n'a d'effet que s'il naît viable. — Voy. *Curatelle. — Viabilité.*

Les extraits et copies des actes de naissance ne peuvent être délivrés que sur papier timbré, excepté dans certains cas spéciaux, tels que pour servir au mariage des indigents, etc.

Ils sont dans tous les cas exempts de l'enregistrement.

NAISSANCE (Acte de). — Voy. *Acte de l'état civil. — Déclaration de naissance. — Naissance.*

NANTISSEMENT. — C'est un contrat par lequel un débiteur ou un tiers, pour celui-ci, remet au créancier un objet mobilier ou immobilier pour sûreté de sa dette. — *C. civ.* 2071.

On nomme également *Nantissement* la chose qui forme la matière du contrat.

Le nantissement d'une chose mobilière s'appelle *Gage ;* celui d'une chose immobilière s'appelle *Antichrèse.* — *C. civ.* 2072.

Pour qu'il y ait nantissement, il faut que la chose soit remise au créancier pour garantir son paiement et non à tout autre titre.

Trois conditions sont essentielles au nantissement, savoir : une chose mobilière ou immobilière qui en fasse la matière ; la tradition ou remise de cette chose, et enfin une dette qu'elle garantisse. — *D. N.*

On peut donner en nantissement des titres, des créances, des obligations, des valeurs industrielles, même des Rentes sur l'État. — Voy. *Gage*.

Le nantissement est un contrat synallagmatique qui donne naissance à des obligations réciproques, notamment celle, pour le débiteur, de laisser la chose au créancier jusqu'à parfait paiement, de reconnaître au créancier le droit de faire vendre le gage en cas de non-paiement, etc. — *C. civ.* 2078, 2082, 2086 *et suiv.* — Voy. *Gage*.

NANTISSEMENT (Maison de prêt sur). — Voy. *Mont-de-Piété*. — *Prêt sur gages*.

NATION. — Ce mot est synonyme d'État, royaume ou contrée, et comprend une réunion d'hommes soumis au même Gouvernement et parlant la même langue.

Les rapports entre les nations sont réglés par les traités diplomatiques.

Les étrangers sont placés sous la protection des Agents diplomatiques et consulaires de leur pays. — Voy. *Consul*. — *Consulat*. — *Ministre public*.

NATIONALITÉ. — Se dit de l'état ou condition de celui qui fait partie d'une Nation. — Voy. *Étranger*. — *Statut*.

NATURALISATION. — C'est l'acte par lequel un étranger devient membre ou sujet d'un État autre que celui auquel il appartient. On donne à cet acte le nom de *Lettres de naturalisation*.

La naturalisation est conférée par le Gouvernement après enquête sur la moralité et sur l'avis favorable du Conseil d'État.

L'étranger doit en outre réunir les deux conditions suivantes : 1° avoir, après l'âge de 21 ans accomplis, obtenu l'autorisation d'établir son domicile en France conformément à l'article 13 du C. civ.; 2° y avoir résidé pendant 3 années sans interruption depuis cette autorisation. — *LL. des 3 déc. 1849 et 29 juin 1867.*

Le délai de 3 ans peut être réduit à une seule année en faveur des étrangers qui ont rendu à la France des services importants ou qui ont fondé de grands établissements ou apporté des industries ou inventions utiles.

Les étrangers qui veulent se faire naturaliser Français doivent adresser une demande sur papier timbré au Ministre de la justice, en y joignant leur acte de naissance et la justification de séjour. — La demande est transmise, avec les pièces à l'appui, par le Maire du domicile du pétitionnaire, au Préfet du département.

La résidence ne peut jamais suppléer à la naturalisation. Ainsi, l'étranger conserve sa nationalité, quelque ancienne que soit sa résidence en France et lors même qu'il s'y serait marié; il la transmet à ses enfants, même nés sur le territoire français.

Les règles relatives à la naturalisation sont communes aux individus des deux sexes.

La naturalisation a lieu de plein droit en faveur de l'individu né en France d'un étranger, lors même que son père ne résiderait pas en France, mais seulement du jour de la déclaration par lui faite dans l'année de sa majorité. — Voy. *Français*. — *C. civ.* 9. — *LL. des 22 mars 1849 et 7 février 1851.*

Elle a également lieu dans les mêmes conditions en faveur des enfants de l'étranger naturalisé, quoique nés en pays étrangers, s'ils étaient mineurs lors de la naturalisation; de même qu'à l'égard des enfants nés en France ou à l'étranger qui étaient majeurs à cette même époque, du jour de la déclaration par eux faite dans l'année de la naturalisation.

Les enfants mineurs, même ceux nés à l'étranger avant la naturalisation des parents, peuvent, soit s'engager volontairement, soit contracter l'engagement conditionnel d'un an, ou entrer dans les écoles du Gouvernement en déclarant, sous l'autorisation de leurs père, mère ou aïeuls, qu'ils adoptent la nationalité française.

La même faculté est accordée et aux mêmes conditions aux enfants mineurs d'un Français qui auraient perdu cette qualité, si le père recouvre sa nationalité d'origine; quant aux enfants majeurs, ils peuvent réclamer la qualité de Français par une déclaration faite dans l'année qui suit le jour où le père a recouvré sa nationalité. — *L. du 14 février* 1882.

La naturalisation a encore lieu de plein droit en faveur : 1° de l'étrangère qui a épousé un Français; 2° du Français qui, ayant perdu sa nationalité, rentre en France pour la recouvrer, sauf dans les cas où il aurait, sans autorisation, pris du service militaire à l'étranger; 3° des descendants, à quelque degré que ce soit, d'un Français ou d'une Française expatriés pour cause de religion ; 4° des habitants d'un territoire étranger réuni à la France. — Voy. *Français*.

Par l'effet de la naturalisation, l'étranger devient citoyen Français, peut en exercer tous les droits et devient apte à toutes fonctions publiques.

Le changement de nationalité du père n'en opère aucun à l'égard de celle de ses enfants déjà existants, et, de même, le changement de nationalité du mari, depuis le mariage, est sans influence sur celle de la femme.

Tous les étrangers qui, sous l'empire de la Constitution de l'an VIII ou des lois antérieures, ont acquis la qualité de Français, n'ont pu la perdre depuis, les Lois postérieures sur cette matière ne pouvant les atteindre.

La naturalisation acquise en pays étranger fait perdre la qualité de Français. — *C. civ.* 17.

Un déc. du 2 oct. 1888 prescrit aux étrangers, non admis à domicile en France, de faire à la Mairie de la commune une déclaration d'utilité et de nationalité.

NATURALITÉ. — Voy. *Naturalisation.*

NATURE. — Se dit de ce qui constitue un *contrat* et s'emploie par opposition à *essence*. Tout ce qui est indispensable à l'existence ou à la validité du contrat est de son *essence;* tandis que ce qui en forme communément la matière, mais qui pourrait être modifié sans que le contrat cessât d'être valable, est simplement de sa *nature*. — Voy. *Contrat. — Convention. — Obligation.*

NATURE (en). On dit que des objets existent en nature lorsqu'ils n'ont été ni aliénés, ni détournés. Les prestations en *nature*, c'est-à-dire en fruits, travaux, etc., se distinguent de celles en argent. — Voy. *Mercuriale. — Partage. — Prestation. — Rapport.*

NATUREL (Droit). — Voy. *Droit (en général).*

NATURELLEMENT. — Ce qui a lieu par une cause naturelle, et sans le concours de l'homme. Dans les servitudes relatives aux eaux, on possède *naturellement* et non pas seulement *civilement*. — Voy. *Eau. — Possession. — Servitude.*

NAUFRAGE. — Perte totale ou partielle, soit d'un navire, soit de son chargement, occasionnée par une cause ou par une autre. — *C. comm.* 246, etc.

Le capitaine est tenu d'user de tous les moyens en son pouvoir pour conjurer le danger.

Il doit notamment employer, s'il lui est possible, les procédés de filage à l'huile récemment découverts pour calmer les flots dans les environs des brisants, et ne peut abandonner le navire en danger que de l'avis des officiers et principaux de l'équipage.

Il doit également employer tous les moyens possibles pour arriver au sauvetage, en commençant par les choses les plus précieuses, et est tenu de faire immédiatement son rapport au Greffe, devant le Président du Tribunal de commerce et, à défaut, au Juge de paix du canton. — *C. comm.* 241 *et suiv.*

Le rapport du capitaine est vérifié par le juge qui reçoit les interrogatoires des gens de l'équipage et, s'il est possible, des passagers, sans préjudice des autres preuves.

Les parties intéressées sont réservées à faire la preuve des faits contraires. — *C. comm.* 247.

Lorsque le sauvetage est opéré par les soins de l'Administration, les effets amenés sur le rivage sont inventoriés, et il en est dressé procès-verbal.

Les marchandises périssables à dire d'experts doivent être vendues sans délai par l'Administration, au profit des ayants droit Les autres objets sont conservés un an et un jour, et si, à l'expiration de ce délai, ils n'ont pas été réclamés, ils sont vendus par l'officier d'Administration de la Marine. — *D. N.*

Les frais de sauvetage d'un navire naufragé sont privilégiés, et pour les payer, le capitaine peut, si cela est nécessaire, emprunter et affecter à la dette les effets ou les débris sauvés. — *C. civ.* 2102.

Lorsque le navire est asssuré, le naufrage donne à l'assuré la faculté de faire le délaissement. — Voy. *Délaissement pour fait d'assurance maritime.*

Si le navire et les marchandises périssent, il n'est point accordé de loyer aux gens de mer. — *C. comm.* 258.

Lorsqu'une partie seulement du navire est sauvée, les gens de mer, engagés au voyage ou au mois, sont payés de leurs loyers échus et de l'indemnité de conduite, sur le produit des débris du navire, sauf réduction des frais de sauvetage. — *C. comm.* 259, 261.

Les dépôts nécessaires faits en cas de naufrage peuvent toujours être prouvés par témoins.

Ceux qui, le pouvant, refusent ou négligent de prêter secours en cas de naufrage, sont passibles d'une amende de 6 à 10 francs. — *C. pén.* 475.

NAVIGATION. — Se dit de voyage ou de transport sur mer ou sur les fleuves, rivières et canaux navigables et flottables.

On distingue la navigation *maritime* de la navigation *intérieure*.

NAVIGATION intérieure. — La navigation intérieure est celle qui a lieu dans l'intérieur de la France, et dont la législation assure le libre cours.

L'impôt établi sur la navigation intérieure par une loi du 30 floréal an X a été aboli par la loi du 19 février 1880, sauf sur les canaux concédés.

Néanmoins, les patrons et mariniers sont toujours tenus de déclarer aux agents commissionnés à cet effet la nature et le poids de leur chargement, et sont tenus de leur représenter, à toute requisition, leurs connaissements et lettres de voiture.

Les seuls canaux navigables aujourd'hui concédés, et sur lesquels sont encore perçus des droits de navigation au profit des compagnies concessionnaires, sont ceux ci-après :

Canaux de Paris (Saint-Denis, Saint-Martin et de l'Ourcq); Canal du Midi et embranchements; Canal de Sambre à l'Oise; Sambre canalisée; Canal de Lunel; Lez canalisé ou Canal de Grave; Canal de Givors; Canal latéral à la Garonne et embranchements; Dropt (affluent de la Garonne); Canal de Furnes; Canal de Sylvéréal et du Bourgidon (Canaux de Beaucaire); Canal de Beuvry (embranchement du Canal d'Aire) ; Canal de la Dive. —*E. N.*

Ces droits sont perçus sur des tarifs spéciaux.

Sont exempts des droits : les bateaux vides, les bateaux de la marine, ceux des agents des ponts et chaussées, les bateaux pêcheurs qui ne portent que des objets relatifs à la pêche; les bacs, batelets et autres canaux servant à transporter d'une rive à l'autre; enfin les bateaux appartenant aux propriétaires ou fermiers et chargés d'engrais, de denrées, de récoltes et de grains en gerbes, lorsque ces propriétaires ou fermiers ont obtenu l'autorisation de se servir de bateaux particuliers, dans l'étendue de leur exploitation.

Les bâtiments ou navires de 30 tonneaux et au-dessus doivent être munis d'un congé contenant la date et le numéro de l'acte de Francisation. — Voy. *Acte de Francisation.*

La perception des droits se fait à chaque bureau de navigation.

Les navires étrangers paient double droit, à l'exception de ceux qui, par des traités, sont assimilés aux navires français.

Toute contravention aux Lois et décrets sur la matière est punie d'amende.

Les propriétaires des bâtiments, bateaux et trains sont responsables des amendes résultant des contraventions commises par les conducteurs.

NAVIGATION maritime. — La navigation maritime a pour objet le service de l'Etat, la course sur les propriétés ennemies et le commerce.

Les règles relatives au recrutement de la Marine de l'Etat et à la navigation pour la course sont indiquées sous les titres ci-après : — Voy. *Inscription maritime.* — *Marin.* — *Neutralité.* — *Prise maritime.*

La navigation maritime commerciale donne lieu à certains contrats importants. — Voy. *Charte-partie.* — *Assurance maritime.* — *Contrat à la grosse.*

Au point de vue des douanes, la navigation maritime se divise en deux catégories, savoir : la navigation *réservée*, qui comprend le cabotage, la pêche maritime et la navigation coloniale; et la navigation de *concurrence*, qui s'exerce concurremment avec tous les pavillons étrangers, soit pour l'importation des produits qui arrivent en France, soit pour l'exportation des produits expédiés à l'étranger.

Aucun navire français ne peut prendre la mer sans être pourvu de son acte de Francisation et de son congé. — *L. du 27 vend. an II.*

NAVIRE. — On comprend sous cette dénomination tous les bâtiments de mer destinés au commerce maritime.

On désigne plus particulièrement les bâtiments de l'Etat sous le nom de *Vaisseaux.*

Les navires sont meubles par leur nature. — Voy. *Meubles.* — *Immeubles.*

Pour avoir la propriété, en tout ou en partie, d'un navire français, il faut être Français ou associé à une maison de commerce française.

Le Français demeurant en pays étranger est même exclu de cette propriété.

Réciproquement, les Français ne peuvent devenir propriétaires d'un navire étranger.

Sont exceptés les navires avariés ; mais, pour que ceux-ci puissent devenir propriété française, il faut y avoir ajouté, en réparations, le quadruple du prix d'achat.

Tout navire de commerce doit être enregistré au Bureau maritime dans l'arrondissement duquel il est construit ; et quand le propriétaire du navire veut le faire porter sur l'état d'un autre port, il doit le déclarer au Commissaire de marine du port auquel appartient le bâtiment. — *Ord. du 31 oct.* 1784.

Quand on a fait construire un navire, on doit obtenir, au bureau de la Douane du port dont il dépend, un acte qui en contienne la description et qu'on nomme acte de Francisation. — Voy. *Francisation.*

Les navires de 30 tonneaux et au-dessus ne peuvent sortir sans être munis d'une permission appelée *Congé*, délivrée par l'Administration des douanes.

L'acte de Francisation et l'acte de propriété doivent toujours se trouver à bord du navire et entre les mains du capitaine. — *C. comm.* 226.

Les navires sont susceptibles d'hypothèque conventionnelle. — *L. du 10 déc.* 1874. — Voy. *Hypothèque maritime.*

Des capitaines de Navire.

La conduite et le gouvernement d'un navire sont confiés au capitaine, qui ne prend ce titre que lorsqu'il commande un navire pour un voyage de long cours.

Lorsqu'il s'agit d'un bâtiment expédié pour le cabotage, il prend le nom de Maître ou Patron, ou bien encore de Maître au cabotage.

Nul ne peut obtenir un brevet de Capitaine, Maître ou Patron, s'il n'a 24 ans accomplis et 60 mois de navigation, dont 12 au moins dans la Marine de l'Etat, et encore après avoir subi un examen sur la théorie et la pratique de la navigation.

Le capitaine est choisi par les propriétaires et armateurs. Les conditions d'engagement sont constatées par le rôle d'équipage ou par les conventions des parties. — *C. comm.* 250.

Le propriétaire peut congédier le capitaine, qui n'a droit à une indemnité que s'il y a convention écrite. — *C. comm.* 218.

Le capitaine doit fournir une reconnaissance des marchandises dont il se charge. — Voy. *Connaissement*.

Il doit, avant de prendre charge, faire visiter le navire.

Il doit tenir exactement le livre du bord.

Il est garant de ses fautes, même légères, dans l'exercice de ses fonctions.

Tout propriétaire de navire est civilement responsable des faits du capitaine et tenu des engagements contractés par ce dernier, pour ce qui est relatif au navire et à l'expédition; mais il peut s'affranchir de ces obligations par l'abandon du navire et du fret.

Des droits des créanciers.

Les créanciers peuvent exercer leurs droits sur les navires pour se faire payer, et les navires peuvent être saisis et vendus par autorité de justice.

L'ordre, la conservation et l'extinction des privilèges sur les navires est réglée par la Loi. — Voy. *Privilège*.

De l'aliénation et de la copropriété des Navires.

La vente volontaire d'un navire doit être rédigée par écrit et peut avoir lieu par acte public ou sous seing privé. L'acte de Francisation doit être transcrit littéralement dans la vente.

Lorsqu'un navire est vendu étant en route, la vente ne préjudicie pas au créanciers du vendeur.

Les navires peuvent s'acquérir encore par échange, succession, donation ou testament; mais chaque mutation impose au nouveau propriétaire l'obligation de remplir des formalités analogues à celles requises en cas de construction du navire.

Un navire peut être la propriété de plusieurs, et chacun peut faire assurer sa part, sans y être obligé. — *D. N.*

Pour la formule de la vente. — Voy. *Vente (contrat de)*. — Mod. n° 5.

NÉANT. — Terme qui désigne, dans les comptes, états et mémoires de frais, les articles rejetés. Les tribunaux supérieurs qui rejettent un appel déclarent qu'ils mettent l'*appellation au néant*, etc.

NÉCESSITÉ. — Loi supérieure à toutes les autres et à laquelle on ne peut se soustraire.

La nécessité physique enlève aux actions illicites leur caractère de criminalité. Ainsi, l'homicide commis dans la nécessité de légitime défense n'est pas un crime, ni un délit. — *C. pén.* 327 et suiv. — Voy. *Excuses (en matière criminelle)*.

La nécessité sociale impose des sacrifices aux particuliers, comme l'abandon de la propriété ou des charges, celle des servitudes légales, etc. — Voy. *Expropriation pour cause d'utilité publique*. — *Servitude*. — *Force majeure*. — *Fortuit (cas)*.

NÉGLIGENCE. — C'est le défaut d'attention ou de prévoyance.

Il est de règle générale que celui qui occasionne un dommage en doit la réparation. — *C. civ.* 1383. — Voy. *Dommage*. — *Faute*. — *Quasi-délit*.

L'héritier bénéficiaire, n'étant tenu que des fautes graves, ne serait pas responsable d'une simple négligence. — *C. civ.* 804. — Voy. *Bénéfice d'inventaire*.

Le mari est tenu, à l'égard des biens dotaux, des détériorations survenues par sa négligence. — *C. civ.* 1562. — Voy. *Régime dotal*.

Le subrogé-tuteur est responsable, personnellement, du défaut d'inscription hypothécaire sur les biens du tuteur, dans l'intérêt du mineur. — *C. civ.* 2437. — Voy. *Subrogé-tuteur*.

Dans certains cas, la négligence peut devenir une contravention ou un délit. — *C. pén.* 237, 319, 320, 458, 471. — Voy. *Dommage*. — *Faute*. — *Responsabilité*.

NÉGOCE (négociant). — Voy. *Commerce.* — *Commerçant.*

NÉGOCIANT. — Se dit de celui qui fait le commerce en grand.

NÉGOCIATIONS. — Voy. *Agent de change.* — *Courtier.* — *Inscription sur le Grand Livre.* — *Jeu de Bourse.* — *Marché à terme.* — *Transfert.*

NEGOTIORUM gestor. — Celui qui, sans mandat, gère les affaires d'autrui — Voy. *Gestion des affaires d'autrui.*

NET. — Ce qui reste, après la déduction des frais, est le produit *net*, que l'on distingue du produit *brut* composé de toute la recette ou de toutes les dépenses et réparations.

NETTOIEMENT. — Voy. *Curage.* — *Fosse.* — *Réparations.* — *Voirie.*

NEUTRALITÉ. — S'entend de l'état des puissances qui ne prennent aucune part à une guerre dans laquelle d'autres puissances se trouvent engagées.

On appelle *neutralité naturelle*, celle que tout Etat a le droit de garder lorsqu'il n'est lié par aucun engagement; *neutralité conventionnelle*, celle qu'un Etat s'est engagé à observer; neutralité *pacifique*, celle qui ne fait rien pour ou contre l'un ou l'autre des Etats belligérants; et *neutralité* celle qu'un Etat se prépare à soutenir par la force, contre les prétentions contraires aux droits qui en résultent.

Les sujets d'un Etat *neutre* doivent être respectés, en pays ennemi, dans leurs personnes et dans leurs biens, à moins qu'il n'y ait lieu de les considérer comme sujets permanents de l'Etat ennemi, ou qu'ils n'aient pris part aux hostilités.

Une déclaration conclue le 16 avril 1856, à la suite de la guerre d'Orient, par les plénipotentiaires ayant signé le traité de Paris du 30 mars même année, conclu entre la *France*, l'*Autriche*, l'*Angleterre*, la *Prusse*, la *Russie*, la *Sardaigne* et la *Turquie*, contient réglementation des droits et devoirs des neutres en fait de guerre maritime.

Aux termes de cette déclaration, la *Course* a été abolie. Le pavillon neutre couvre la marchandise ennemie, à l'exception de la contrebande de guerre. Enfin, les blocus, pour être obligatoires, doivent être maintenus par une force suffisante pour interdire l'accès du littoral à l'ennemi. — *D. N.*

NEVEU, Nièce. — C'est le fils ou la fille soit du frère, soit de la sœur. — Voy. *Fils.* — *Fille.* — *Mariage.* — *Parents.*

NIÈVRE. — Département formé de l'ancien Nivernais.
Chef-lieu : Nevers.
Cour d'appel : Bourges.

Ce département est limité à l'Est par la Côte-d'Or et Saône-et-Loire; au Sud par Saône-et-Loire et l'Allier; à l'Ouest par le Cher, et au Nord par l'Yonne et le Loiret.

Il est divisé en 4 arrondissements, 25 cantons et 313 communes.
Superficie : 622.771 hectares.
Impôt foncier : 1.381.527 francs.
Population : 347.645 habitants.

NITRIÈRE. — Voy. *Poudre.* — *Salpêtre.*

NOBLESSE. — Titre honorifique et héréditaire, transmissible aux descendants mâles, mais qui ne confère aucun privilège.

La femme noble ne communique pas sa noblesse à son mari, ni à leur descendance.

Les titres de noblesse selon l'ordre hiérarchique sont ceux de *Baron*, *Vicomte*, *Comte*, *Marquis* et *Duc*.

La *collation* par le Chef de l'Etat est aujourd'hui le seul mode d'acquisition des titres de noblesse.

Ces titres conférés à un Français par un souverain étranger ne peuvent être portés en France sans une autorisation du Gouvernement français. — *Déc. du 5 mars* 1859.

La particule *de* ne constitue pas le titre de noblesse.

D'après la loi du 28 mai 1858, quiconque, sans droit et en vue de s'attribuer une distinction honorifique, a publiquement pris un titre, changé, altéré ou modifié le nom que lui assignent les actes de l'état civil, est puni d'une amende de 500 à 10.000 francs.

Toutefois, comme aujourd'hui les décrets qui confèrent des titres n'assignent plus aux titulaires des armoiries particulières, on en conclut que chacun a le droit de décorer sa voiture d'armoiries et de donner des livrées à ses domestiques. Il suffit de ne pas porter préjudice aux droits des tiers et de ne pas usurper un faux titre dans un but d'escroquerie.

A l'égard des lettres patentes de noblesse. — Voy. *Sceau*.

NOBLE. — Voy. *Noblesse*.

NOCES (Secondes). — On appelle secondes noces un mariage qui a été précédé d'un autre mariage.

Restriction de la Faculté de disposer.

L'homme ou la femme qui, ayant un ou plusieurs enfants ou petits-enfants, contracte un second ou subséquent mariage, ne peut donner à son nouvel époux qu'une part d'enfant légitime le moins prenant, sans que, dans aucun cas, cette part puisse excéder le quart de ses biens. — *C. civ.* 1098.

Quel que soit le nombre des petits-enfants, ils ne comptent tous que pour l'enfant qu'ils représentent.

La part d'enfant se détermine par le nombre de tous les enfants que laisse le donateur, sans distinguer s'ils sont issus du premier ou du second mariage.

L'enfant absent ne compte pas pour déterminer la part d'enfant; mais s'il a laissé des enfants, ceux-ci prennent les droits qu'il aurait eus.

L'enfant adoptif ne compte pas pour fixer la part d'enfant; mais il en est autrement de l'indigne et du renonçant.

On divise la masse par le nombre des enfants, en y ajoutant une unité, c'est-à-dire que l'époux donataire est considéré comme un enfant de plus.

Il se pourrait que, outre la donation faite au nouvel époux, il existât d'autres dispositions réduisant à la réserve les enfants ou l'un d'eux. Dans ce cas, la donation faite au nouvel époux ne pourrait excéder la portion de l'enfant réduit. C'est là la signification des mots *Enfant le moins prenant*.

Le don *hors part* fait postérieurement par l'époux remarié à l'un de ses enfants devrait être supporté par son conjoint donataire contractuel, comme par ses autres enfants, à moins que le don par contrat de mariage ne fût d'une quote-part *déterminée*, comme du *quart*, ou du *cinquième*. Dans ce cas, il serait assimilé à une institution contractuelle, et le don n'aurait d'effet que vis-à-vis des autres enfants et non de l'époux donataire contractuel.

Des avantages indirects.

Les époux ne peuvent se donner indirectement au delà de ce qui leur est permis. — *C. civ.* 1099. — Voy *Donation déguisée*. — *Personne interposée*.

Aussi, la *vente*, offrant un moyen facile de dissimuler la fraude en matière de donation indirecte, est prohibée par la loi, excepté dans le cas où elle n'est plus qu'une *dation en paiement*. — *C. civ.* 1595. — Voy. *Contrat entre époux*. — *Vente*.

L'avantage indirect n'est pas nul pour le tout, mais seulement réductible à la quotité que permet la Loi. Mais les donations déguisées ou faites à personnes interposées sont radicalement nulles.

La part d'enfant qui forme la quotité disponible ne pouvant se déterminer qu'à la mort du donateur, c'est alors seulement que peut être intentée la demande en réduction ou en nullité. — *D. N.*

Prohibitions légales.

La mère remariée perd l'usufruit légal des biens de ses enfants mineurs. Elle perd également la tutelle, à moins que le conseil de famille ne la lui défère de nouveau. — *C. civ.* 386, 393. — Voy. *Usufruit légal.* — *Tutelle.*

La belle-mère qui se remarie ne peut plus réclamer d'aliments de son gendre ou de sa bru. — *C. civ.* 206. — Voy. *Aliments.*

Le père qui contracte un second mariage ne peut plus faire détenir son fils du premier lit que par voie de réquisition, quand même il serait âgé de moins de 16 ans. Dans le même cas, la mère perd le droit de correction. — *C. civ.* 381 et suiv. — Voy. *Puissance paternelle.*

NOLIS, Nolissement. — Expressions employées, dans la Méditerranée, pour désigner le fret et l'affrétement d'une navire. — Voy. *Bail maritime.* — *Chartepartie.* — *Connaissement.*

NOM collectif. — C'est celui qui sert à désigner une réunion d'individus, tels que créanciers, associés, héritiers. On désigne la Société en nom *collectif* sous une raison *sociale*. — Voy. *Créance.* — *Créanciers.* — *Héritiers.* — *Société.*

NOM commercial. — Le nom d'un négociant ou d'une maison de commerce est une propriété privée, susceptible de revendication.

L'établissement commercial, ayant une raison commerciale et une enseigne, peut empêcher qu'un établissement plus nouveau et du même genre s'établisse dans des conditions sociales et avec une enseigne qui feraient confondre les deux établissements. — Voy. *Enseigne.*

La raison sociale appartient d'ailleurs tellement à la société que, lors de la liquidation, l'un ou plusieurs des associés ne peuvent s'en emparer. — Voy. *Raison sociale.*

La Loi punit de peines sévères toute addition, retranchement, altération ou falsifications des objets fabriqués au détriment de l'auteur, sans préjudice des dommages-intérêts qui pourraient être réclamés. — Voy. *Propriété industrielle.*

NOM direct. — Les intéressés à un acte en nom direct sont ceux qui y ont figuré eux-mêmes ou qui représentent les parties contractantes. — Voy. *Communication.*

NOM et armes. — Voy. *Armoiries.* — *Noms.* — *Prénoms.*

NOMS, prénoms. — Les *noms* servent à désigner spécialement chaque famille, et les *prénoms* chacun de ses membres.

Le nom de *famille* ou *patronymique* est celui qui, de père en fils, a toujours été porté par la famille, et le *prénom* est généralement celui d'un des saints du calendrier. Ces derniers et ceux des personnages connus de l'histoire ancienne peuvent seuls être donnés aux enfants comme prénoms sur les registres de l'état civil. — *L. du 11 germinal an VII.*

Les enfants *naturels* légalement reconnus ou dont la paternité a été légalement constatée dans les cas prévus par la Loi ont, comme les enfants légitimes, le droit de porter le nom de leur père.

Les enfants *adoptifs* portent le nom de l'adoptant, en l'ajoutant à leur nom propre. — *C. civ.* 347. — Voy. *Adoption.*

Nul ne peut prendre d'autre *nom*, ni *prénoms* que ceux portés dans son acte de naissance, à moins d'y être légalement autorisé.

Quiconque, sans droit et en vue de s'attribuer une distinction honorifique, aura publiquement pris un titre, changé, altéré ou modifié le nom que lui assignent les actes de l'état civil, sera puni d'une amende de 500 francs à 10.000 francs. — *C. pén.* 259.

Toute personne ayant quelque raison de changer de nom doit en former la demande motivée au Gouvernement qui prononce; mais l'arrêté ne reçoit d'exécution qu'un an après son insertion au Bulletin des Lois; et pendant le cours de cette année, toute personne y ayant droit est admise à demander la révocation de l'arrêté. — *L. du 11 germinal an XI.*

Pareille autorisation est nécessaire pour l'addition d'un nom à celui qu'on porte.

Les autorisations relatives aux changements et additions de noms sont assujetties à un droit de sceau fixé à 600 francs, susceptible de réduction. — *LL. des 21 avril 1832 et 28 juillet 1837.*

Lorsqu'il s'agit de rectifier des erreurs commises dans les actes de l'état civil, ou lorsque ces changements se rattachent aux questions d'état, les tribunaux seuls sont compétents pour ordonner les changements de noms.

Le nom d'une société ou établissement de commerce est une propriété qui peut être revendiquée contre tout usurpateur. — *D. N.*

Dans les actes sous seing privé il n'est pas indispensable que les noms des parties soient désignés autrement que par leurs signatures, mais comme cela peut être utile, nous conseillons de toujours indiquer ces noms.

NOMS, Raisons et Actions. — Voy. *Droits, Noms, Raisons et Actions.*

NOM propre et privé. — La caution ou le mandataire répondent d'une chose en leur nom propre et privé, ce qui veut dire qu'ils s'en rendent personnellement responsables.

NOMINATION. — Titre qui confère une fonction ou un emploi.

Le Chef de l'Etat nomme à toutes les fonctions publiques.

NOMINATIVE (Action). — Voy. *Action.* — *Actionnaire.*

NON bis in idem. — Règle de droit confirmative de la chose jugée, dont le sens est que celui qui, poursuivi pour un fait criminel, a été jugé, condamné ou acquitté par un arrêt ou jugement en dernier ressort, ne peut plus être repris à raison du même fait. — *C. pén. 246 et suiv.*

NONCE. — Voy. *Ambassadeur.* — *Ministre public.*

NON-conciliation. — Voy. *Conciliation.* — *Juge de paix.*

NON-décroissement. — Voy. *Accroissement.*

NONCIATION de nouvel œuvre. — Ce mot est synonyme de *Dénonciation de nouvel œuvre.* — Voy. ce mot.

NON-jouissance, privation de jouissance. — Voy. *Bail.* — *Fruits.* — *Possession.* — *Prescription.* — *Propriété.* — *Usage.* — *Usufruit.*

NON-lieu. — C'est, en matière criminelle, la décision que rendent les chambres de mise en accusation (aujourd'hui le juge d'instruction), lorsqu'elles reconnaissent qu'un fait ne présente ni crime ni délit, ou qu'il n'existe pas de charges suffisantes contre l'inculpé. — *C. instr. crim. 128, 229 et suiv.* — Voy. *Absolution.* — *Accusation.* — *Condamnation.*

NON recevable. — C'est ainsi qu'on qualifie une action contre laquelle s'élève une fin de non-recevoir. — Voy. *Exception (procédure).*

NON-usage. — Cessation ou privation de l'usage d'une chose. — Voy. *Abrogation.* — *Possession.* — *Prescription.* — *Servitude.*

NON-valeur. — Se dit, soit de l'insolvabilité d'un débiteur, soit du manque de produit d'une terre ou tout autre bien.

NORD. — Département formé de la Flandre française, de la Flandre maritime, du Hainaut et du Cambrésis.

Chef-lieu : Lille.

Cour d'appel : Douai.

Ce département est limité à l'Est par la Belgique ; au Sud et à l'Ouest par les Ardennes, l'Aisne, la Somme et le Pas-de-Calais, et au Nord par la Mer du Nord.

Il est divisé en 7 arrondissements, 61 cantons et 663 communes.
Superficie : 567.784 hectares.
Impôt foncier : 5.337.097 francs.
Population : 1.670.184 habitants.

NORMANDIE. — Voy. *Femme normande.*

NOTABLES commerçants. — Cette expression désigne les commerçants admis à élire les Juges de commerce. — *C. comm.* 618 *et suiv.*

Le nombre des électeurs est égal au dixième des commerçants inscrits à la patente; il ne peut dépasser 1.000, ni être inférieur à 50. Dans le département de la Seine, il est de 3.000.

La liste des électeurs est dressée par une Commission spéciale. — Voy. *Tribunal de commerce.* — *Juge au Tribunal de commerce.*

NOTAIRES. — Les notaires sont les fonctionnaires publics établis pour recevoir les actes et contrats auxquels les parties doivent ou veulent faire donner le caractère d'authenticité attaché aux actes de l'Autorité publique, et pour en assurer la date, en conserver le dépôt, et en délivrer des grosses et expéditions. — *L. du 25 vent. an XI.*

Le notariat fait partie de l'Ordre judiciaire, et ses attributions sont une émanation de celles des Tribunaux.

Les actes des notaires ont par eux-mêmes la force exécutoire, comme les Jugements. — Voy. *Acte notarié.*

Il existe 3 classes de notaires :

1° Ceux qui résident au chef-lieu de la Cour d'appel, et qui ont le droit d'instrumenter dans tout le ressort de cette Cour;

2° Ceux résidant au chef-lieu du Tribunal de première instance, et qui instrumentent dans le ressort de ce Tribunal.

Et 3° ceux qui résident dans une commune rurale, qu'elle soit ou non le siège d'une Justice de paix, et qui ne peuvent instrumenter que dans leur canton.

Les notaires sont institués à vie et sont irrévocables.

Ils ne peuvent être suspendus ou destitués que par des jugements fondés sur des fautes graves.

Sauf dans le cas de destitution ou de suppression de place, ils ont le droit de présenter leur successeur à l'agrément du Gouvernement, ce qui implique pour les titulaires le droit de stipuler le prix de leur démission.

Pour être admis aux fonctions de notaire, il faut être âgé de 25 ans accomplis, et réunir les conditions de stage et autres exigées par la Loi.

Les notaires sont tenus de prêter leur ministère lorsqu'ils en sont requis, à moins que les parties ne refusent de consigner d'avance entre les mains du notaire les droits d'enregistrement de l'acte qu'elles se proposent de faire, et encore dans les cas d'empêchement légitime qui sont : l'incapacité des parties, l'illégalité de l'acte, l'incompétence ou l'empêchement du notaire. — *D. N.*

Il est du devoir des notaires de conserver le secret aux parties, sur les faits qu'elles ont pu leur confier. — Voy. *Secret.*

Il leur est défendu de devenir cessionnaires des procès, droits et actions litigieux qui sont de la compétence du Tribunal dans le ressort duquel ils exercent leurs fonctions ni de s'immiscer dans aucune opération hasardeuse.

Les plaintes et réclamations des tiers contre les notaires doivent être portées devant la Chambre de discipline. — *Ordonn. du 4 janvier* 1843.

L'action des notaires pour les frais et honoraires qui leur sont dus se prescrit par 5 ans. — *L. du 5 août* 1881. — Voy. *Prescription civile,* § 5.

Les actes judiciaires du ministère des notaires sont légalement tarifés par le tarif de 1807, mais les honoraires des autres actes sont réglés à l'amiable avec les parties.

Toutefois, dans presque tous les arrondissements, les chambres des notaires ont arrêté des tarifs qui, sans avoir de caractère obligatoire, sont basés sur les usages et l'équité.

Ces tarifs sont généralement admis, mais les parties ont toujours le droit de recourir à la taxe du président du Tribunal civil du ressort de la résidence du notaire.

Si la taxe paraît exagérée, les parties peuvent y faire opposition, et se pourvoir devant le Tribunal.

Les honoraires dus aux notaires sont fixes ou proportionnels.

Ils sont basés non seulement au point de vue du travail matériel, mais encore à raison de la responsabilité qui pèse sur les notaires et qui s'attache autant a la garde de la minute qu'aux erreurs ou omissions.

D'après la Loi du 22 frim. an VII, les droits des actes emportant libération ou translation de propriété ou d'usufruit de meubles et immeubles sont à la charge des débiteurs et nouveaux possesseurs ; ceux des autres actes doivent être supportés par les parties auxquelles les actes profitent, sauf convention contraire. Il s'ensuit que les frais de vente sont à la charge de l'acheteur, ceux de quittance à la charge de celui qui se libère, ceux de bail à la charge du preneur, etc.

Les notaires ont une action solidaire contre toutes les parties contractantes pour le paiement de leurs frais et honoraires, et peuvent, indépendamment de toutes autres voies et moyens, se faire délivrer exécutoire du juge de paix pour leurs déboursés.

Ils peuvent refuser la délivrance de toutes expéditions, grosses et extraits, tant qu'ils ne sont pas payés de leurs frais et déboursés.

Nous pensons même qu'ils peuvent retenir les pièces fournies pour la rédaction des actes jusqu'à l'entier acquittement des déboursés et honoraires, bien que le contraire ait été décidé en première instance.

Des honoraires et frais dus aux notaires.

D'après le tarif des frais et dépens du 16 février 1807 et les lois postérieures, il est alloué aux notaires, pour *tous les actes* de leur ministère non susceptibles d'une taxe proportionnelle par chaque vacation de 3 heures : à *Paris*, 9 fr. — Dans les *villes* où il y a un *Tribunal de première instance*, 6 fr. — *Partout ailleurs*, 4 fr.

Dans les *actes à la vacation*, sont compris notamment : les *Inventaires*, *compulsoires* et autres, dans lesquels ils sont tenus de constater le temps qu'ils y auront employé.

Les mêmes droits leur sont encore alloués pour leur *Transport, requis*, soit devant le *juge*, en *référé* ou pour toute autre cause, soit au *Greffe* pour *Dépôt de minutes*, etc.

Lorsque les notaires sont obligés de se *transporter* à plus d'un myriamètre de leur résidence, il leur est alloué, indépendamment de leur journée, pour tous frais de voyage et de nourriture, par chaque myriamètre, *un 5º de leurs vacations* et autant pour le retour ; et par *journée complète à raison de 5 myriamètres* aussi pour l'aller et le retour, 4 vacations.

Il est alloué aux notaires pour les Comptes et Liquidations de succession, une somme correspondante au nombre de vacations que le juge arbitrera avoir été employées à la confection du travail.

Quant aux *honoraires* des autres actes, tels que *Ventes*, *Obligations*, *Transports de créances*, etc., qui se font de gré à gré, ils sont réglés à l'*amiable* entre le notaire et les parties. Toutefois, dans chaque arrondissement, les chambres de discipline ont arrêté des Tarifs spéciaux auxquels les notaires du ressort doivent se conformer. Ces Tarifs, basés sur l'usage sont à peu près uniformes et sont, sauf quelques rares exceptions, savoir :

Pour les *Ventes*, *obligations* et *Transports de créances*, de *1 pour cent* du prix ou de la somme prêtée ou transportée, à moins que le notaire n'ait été l'intermédiaire des parties, auquel cas il aurait droit à demi pour cent en plus.

Pour les *Quittances*, de *50 cent. pour cent* ;

Et pour les *Contrats de mariage*, de 50 cent. pour cent du montant de la dot ou des apports.

Les *expéditions* de tous les actes reçus par les notaires doivent contenir 25 lignes à la page et 15 syllabes à la ligne.

Chaque rôle leur est payé : à *Paris*, 3 fr. ; dans les *villes* où il y a un *Tribunal* de première instance, 2 fr. ; et *partout ailleurs*, 1 fr. 50 cent.

Lorsqu'il s'élève des difficultés entre les notaires et les parties, les honoraires sont taxés par le Président du Tribunal de première instance, comme on l'a expliqué ci-dessus.

NOTAIRE instrumentaire. — C'est celui qui dresse le contrat et qu'on appelle plus communément dans la pratique *Notaire en premier*.

NOTAIRE en premier. — Voy. *Notaire instrumentaire*.

NOTAIRE en second. — Nom que l'on donne au notaire qui assiste le notaire *instrumentaire* ou qui contre-signe l'acte reçu par ce dernier. Le notaire en second tient lieu de *deux témoins*.

NOTE. — Se dit, en procédure, d'un extrait succinct ou abrégé sommaire des faits ou des moyens d'une affaire.

NOTIFICATION. — Exploit par lequel on donne connaissance légale d'une chose par l'entremise d'un officier ministériel, le plus souvent par un huissier.

NOTIFICATION aux créanciers inscrits. — Voy. *Purge des hypothèques*.

NOTIFICATION de contrat. — C'est l'acte ou l'exploit par lequel un acquéreur ou tiers détenteur qui a fait transcrire son contrat aux hypothèques le fait connaître aux créanciers inscrits, avec offre d'acquitter sur-le-champ les dettes et charges hypothécaires jusqu'à concurrence de son prix.

La notification de contrat a pour but de faire fixer définitivement le prix d'acquisition et d'arriver à la purge des hypothèques, dont la matière a été traitée sous ce titre. — Voy. *Purge des hypothèques*.

Les créanciers inscrits peuvent toutefois dispenser l'acquéreur de notifier, ce qui est une autre manière de fixer le prix. — Voy. *Dispense de notification*.

NOTOIRE. — Ce qui est public, connu de tous, ou ce qui est évident, clair incontestable. — Voy. *Notoriété (acte de)*.

NOTOIRE (Inconduite). — Voy. *Inconduite notoire*.

NOTORIÉTÉ. — Se dit des faits à la connaissance du public, comme d'un *usage*, d'une *loi*, en un mot de ce qui est notoire.

Il existe deux espèces de notoriété, la notoriété de *droit*, qui résulte de l'accomplissement des formalités prescrites par la Loi pour porter un fait à la connaissance de tous, et la notoriété de *fait*, qui résulte, en matière civile, du témoignage d'un certain nombre de personnes sur des faits qu'il importe de constater. — Voy. *Notoriété (acte de)*.

NOTORIÉTÉ (Acte de). — C'est l'attestation, faite par deux ou plusieurs personnes devant un officier public qui en dresse acte, qu'un fait est notoire et constant. L'acte de notoriété peut se donner sur tous les faits qui intéressent les particuliers entre eux.

Dans les cas prévus par les art. 70 et suiv. du C. civ., l'acte de notoriété a la force d'une preuve légale.

Les témoins qui auraient donné une fausse attestation dans un acte de notoriété pourraient, s'ils l'avaient fait sciemment, être condamnés à des dommages-intérêts envers les tiers lésés.

Les attestations pour notoriété peuvent, dans certains cas, être faites par des parents ou alliés, notamment pour obtenir en justice la rectification d'actes de l'état civil.

Lorsqu'il n'a pas été dressé d'inventaire, le nombre et la qualité des héritiers appelés à recueillir une succession se prouvent et s'établissent au moyen d'actes de notoriété.

Avant de se faire envoyer en possession, un acte de notoriété est nécessaire au légataire universel. Cet acte est encore nécessaire dans beaucoup d'autres cas.

La majeure partie des actes de notoriété doivent être faits devant notaire. Les juges de paix ont cependant qualité pour en dresser quelques-uns. —*D. N.*

NOURRICE. — C'est la femme qui nourrit et élève, moyennant une rétribution, un enfant qui n'est pas le sien.

A Paris, le bureau des nourrices est réglementé par l'Administration générale de l'Assistance publique.

Toute personne qui veut se procurer un nourrisson ou un ou plusieurs enfants en sevrage ou en garde est tenue de se munir préalablement des certificats exigés par les règlements pour indiquer son état civil et pour justifier de son aptitude.

Une loi du 24 décembre 1874 établit la surveillance de l'autorité publique sur tout enfant âgé de moins de 2 ans, placé, moyennant salaire, en nourrice, sevrage ou garde.

A cet effet, la personne qui place l'enfant doit en faire la déclaration à la Mairie, et doit, de plus, remettre à la nourrice ou gardeuse un bulletin contenant un extrait de naissance de l'enfant. Ce bulletin est ensuite déposé à la Mairie par la nourrice ou gardeuse.

Le prix des mois de nourrice est fixé de gré à gré entre les familles et les nourrices.

La surveillance est exercée dans le département de la Seine par le Préfet de police, et dans les autres départements par le Préfet, avec l'assistance d'un Comité.

Dans les départements où le Préfet le juge nécessaire, il peut être établi des Commissions locales de chacune desquelles font partie deux mères de famille. — E. N.

Une législation spéciale règle ce qui est relatif aux nourrices des enfants trouvés. — *Déc. du 19 janvier* 1811.

NOURRISSONS. — Les enfants du premier âge, et en particulier les nourrissons, sont protégés par la loi du 24 décembre 1874.

Est soumise à la surveillance instituée par cette Loi, et conséquemment à la visite du Médecin-inspecteur, du Maire de la commune, ou autres délégués, toute personne ayant un nourrisson, ou un ou plusieurs enfants en sevrage ou en garde, placés chez elle moyennant salaire, de même que les bureaux de placement et tous les intermédiaires qui s'emploient au placement des enfants en nourrice, en sevrage ou en garde.

Toute personne qui place l'enfant est tenue d'en faire la déclaration à la Mairie, et la nourrice ou gardienne est elle-même tenue d'en faire la déclaration à la Mairie de son domicile. — Voy. *Nourrice*.

NOURRITURE. — Se dit des aliments nécessaires à la vie. Dans un sens plus général, il s'entend aussi du vêtement et du logement.

Quelques personnes sont réciproquement obligées de se fournir la nourriture. — Voy. *Aliments*.

L'obligation de nourrir peut être l'objet d'un contrat — Voy. *Bail à nourriture*.

Les frais de nourriture ne sont pas sujets à rapport entre cohéritiers. — C. civ. 852. — Voy. *Rapport à succession*.

La veuve a droit à la nourriture, pour elle et ses domestiques, pendant les *3 mois et 40 jours* pour faire inventaire et délibérer. — Voy. *Communauté de biens*.

L'action des hôteliers et traiteurs, à raison de la nourriture qu'ils fournissent, se prescrit par 6 mois. — C. civ. 2271. — Voy. *Hôtel.* — *Hôtellerie*.

On ne peut saisir les farines et menues denrées nécessaires à la consommation du saisi et de sa famille pendant 1 mois. — C. proc. 592. — Voy. *Saisie*.

NOURRITURE (Bail à). — Voy. *Bail à nourriture*.

NOURRITURE de la veuve. — Voy. *Communauté de biens.* — *Habitation de la veuve*.

NOUS. — Pronom dont les fonctionnaires publics doivent se servir à la place de celui *Je* pour tous les actes qu'ils font en personne et en leur nom, dans l'exercice de leurs fonctions, autrement que par arrêté.

NOUVEL Œuvre. — Ce terme désigne les travaux entrepris par un propriétaire et qui peuvent troubler la possession des droits de l'héritage voisin. L'opposition aux travaux ou au nouvel œuvre se nomme *Dénonciation de nouvel œuvre*. — Voy. ce mot.

NOVATION. — C'est la substitution d'une nouvelle obligation à une précédente qui se trouve éteinte.

Le caractère constitutif de la novation est d'opérer l'extinction de l'ancienne dette, en même temps qu'on y en substitue une nouvelle.

La novation s'opère : 1° lorsque le débiteur contracte envers son créancier une nouvelle dette qui est substituée à l'ancienne qui est éteinte ; 2° lorsqu'un nouveau débiteur est substitué à l'ancien déchargé par le créancier; 3° lorsque, par l'effet d'un nouvel engagement, un nouveau créancier est substitué à l'ancien, envers lequel le débiteur se trouve déchargé. — *C. civ.* 1271.

Règle générale : la novation ne se présume point; il faut que la volonté de l'opérer résulte clairement de l'acte.

Toutefois, il n'est pas nécessaire qu'elle-soit expresse, il suffit que la volonté des parties ne puisse être mise en doute. — *C. civ.* 1273.

La délégation n'opère *novation* que lorsque le créancier intervient et donne décharge expresse au premier débiteur. — Voy. *Délégation.*

La novation ne peut s'opérer qu'entre personnes capables de contracter. — *C. civ.* 1272.

L'effet de la novation est d'éteindre l'ancienne dette, comme s'il y avait eu paiement effectif. — *D. N.*

NOVICE, Noviciat. — On appelle *Novices* les personnes qui se destinent à l'état religieux et qui font leur année d'épreuves; et l'on nomme *Noviciat*, soit l'état des novices avant qu'ils fassent profession, soit le temps pendant lequel ils sont dans cet état. — Voy. *Congrégation.* — *Consentement au noviciat.*

NUE propriété. — La nue propriété n'est autre chose que la propriété elle-même, séparée de la jouissance que possède l'usufruitier, à la différence de la pleine propriété, qui comprend l'usufruit ou la jouissance aussi bien que les fonds. — Voy. *Propriété.* — *Usufruit.* — *Vente (contrat de,* n° 9.)

Nous donnons ci-après, sous le mot *Usufruit,* un tableau pour servir à l'évaluation tant de la *nue propriété* que de l'*usufruit* d'un capital, selon l'âge de l'usufruitier. — Voy. *Usufruit.*

NUIT. — S'entend du temps qui s'écoule entre le coucher et le lever du soleil.

Le temps de nuit est ainsi réglé :

Du 1er octobre au 31 mars, depuis 6 heures du soir jusqu'à 6 heures du matin ; et du 1er avril au 30 septembre, depuis 9 heures du soir jusqu'à 4 heures du matin. — *C. proc.* 1037. — Voy. *Jour.*

En matière civile, aucune signification ni exécution ne peut être faite pendant la nuit. — *C. proc.* 1037.

Nul individu, pas même la force publique, n'a le droit de pénétrer dans la maison d'un citoyen pendant la nuit, excepté dans les cas d'incendie, d'inondation ou de réclamations venant de l'intérieur de la maison.

Il n'y a ni crime ni délit dans l'homicide commis pendant la nuit, en repoussant l'escalade ou l'effraction des clôtures, murs ou entrées d'une maison ou d'un appartement habité, ou de leurs dépendances. — *C. pén.* 329.

NULLITÉ. — Vice qui rend un acte nul et l'empêche de produire son effet.

L'acte nul n'a pas d'existence légale et ne peut être confirmé ni par le temps, ni par aucun mode d'approbation.

Il est, en général, considéré comme nul, lorsqu'il n'a pas les conditions essentielles pour la validité des conventions. — *C. civ.* 1108.

Mais lorsqu'il ne contient que quelque vice ou incapacité et que dès lors il est simplement annulable ou rescindable, il est valable jusqu'à ce qu'il soit critiqué, et est susceptible d'être confirmé par approbation ou exécution volontaire ; il suffit qu'il ne soit pas attaqué dans le délai par les ayants droit pour demeurer, à l'avenir, à l'abri de toute attaque. — *C. civ.* 1117, 1125, 1338.

On distingue donc deux espèces de nullités : les nullités de plein droit, qui sont prononcées par la Loi elle-même, et celles qui ne sont prononcées par le Juge qu'après examen et en connaissance de cause.

Aucun exploit ou acte de procédure ne peut être déclaré nul, si la nullité n'en est pas prononcée par la Loi. — *C. proc.* 1030.

La nullité absolue ne peut être proposée que par celui qui y a un intérêt né et actuel.

Quant aux nullités fondées sur l'incapacité de certaines personnes, elles ne peuvent être invoquées que par les incapables eux-mêmes, et non par la partie qui a traité avec eux.

Les créanciers peuvent exercer les actions en nullité ou en rescision de leurs débiteurs, lorsqu'elles ne sont pas exclusivement attachées à la personne. — *C. civ.* 1166. — Voy. *Droits personnels.*

La nullité fondée sur le dol, la fraude ou l'erreur peut être établie par la preuve testimoniale ou des présomptions. — Voy. *Dol.*

La compétence du Tribunal qui doit connaître des actions en nullité varie selon la nature de l'acte qu'il s'agit d'annuler.

Ainsi, la demande en rescision d'un partage doit être portée devant le Tribunal du lieu de l'ouverture de la succession, tandis que celle de rescision pour cause de la vente d'un immeuble, pour cause de lésion, appartient au Juge de la situation. — *C. civ.* 822. — *C. proc.* 59. — Voy. *Partage.*

La durée de l'action en nullité varie selon les cas. Ainsi, la durée des actions en nullité ou en rescision est de 10 ans pour les conventions; mais celle en nullité d'un testament reste soumise à la prescription ordinaire. — *C. civ.* 1304, 2262.

Les nullités d'ordre public peuvent toujours être proposées, et celles de forme peuvent toujours être opposées.

Les jugements contradictoires doivent, en général, être attaqués dans les 3 mois de leur signification.

Un acte nul peut former un commencement de preuve par écrit. — Voy. *Commencement de preuve par écrit.*

Le principal effet de la nullité prononcée est de remettre les choses dans l'état où elles étaient avant le contrat. — *D. N.*

NUMÉRAIRE. — Voy. *Monnaie.*

NUMÉRATION d'espèces. — C'est l'action de nombrer, de compter des espèces, pour en faire la remise à quelqu'un.

Celui qui a *reconnu avoir reçu* une somme n'étant pas fondé à nier le fait, à moins qu'il ne prouve le dol, il n'est pas nécessaire, en général, de constater dans les actes la remise des espèces.

NUPTIAUX (Gains). — Voy. *Gains nuptiaux.*

O

OBÉISSANCE. — L'obéissance s'entend du devoir de se soumettre à une autorité supérieure.

En procédure, on entend par *obéissance* les offres faites par une partie d'exécuter un acte ou une décision judiciaire. — Voy. *Femme.* — *Mariage.* — *Puissance paternelle.* — *Puissance maritale.* — *Souveraineté.*

OBJET. — Matière d'un acte, d'un contrat. — Voy. *Convention.* — *Obligation.*

OBJETS trouvés. — Les objets trouvés sur la voie publique deviennent la propriété de ceux qui les ont trouvés, lorsqu'ils ont fait les déclarations et publications nécessaires, et qu'une année s'est écoulée sans réclamation. — Voy. *Épaves.*

OBLIGATION. — S'entend de la nécessité de se conformer à une loi morale ou sociale, ou à tout engagement contracté légalement.

On appelle obligations *imparfaites* celles imposées par la conscience, tels sont les devoirs de charité, de reconnaissance, etc.

Les obligations *parfaites* sont celles qui confèrent à autrui le droit d'en exiger légalement l'exécution en justice.

Comme l'obligation ainsi entendue est un *lien*, il faut, pour qu'elle soit valable, qu'elle ne dépende pas de la seule volonté de celui qui s'oblige, les obligations contractées sous une condition purement potestative de la part de l'obligé étant nulles. — Voy. *Condition*.

Les obligations naissent : 1° du *consentement des parties* ou de la *convention*, c'est le *contrat* ; 2° d'un fait *licite*, indépendant de tout consentement réciproque, c'est le *quasi-contrat* ; 3° d'un fait *illicite* commis à dessein de nuire ou imprudemment et qui a causé préjudice à autrui, c'est le *délit* ou le *quasi-délit*. — Voy. ces mots.

Certaines obligations ont encore pour cause la loi naturelle, comme celle de restituer ce qui appartient à autrui, de nourrir ses père et mère, etc.

Dans le notariat, le mot *Obligation* désigne plus spécialement l'acte qui constate un prêt et en règle les conditions.

Les conditions essentielles pour la validité d'une obligation conventionnelle sont le *consentement* et la *capacité* des parties, un *objet* certain et une *cause* licite. — Voy. *Convention*.

L'obligation sans cause, ou sur une fausse cause, ou sur une cause illicite, ne peut avoir aucun effet. — *C. civ.* 1131.

Une obligation motivée sur des sentiments d'honneur et de délicatesse a une cause suffisante et doit recevoir son exécution — *Cass.*, 10 *mars* 1818.

La cause est illicite, lorsqu'elle est prohibée par la loi ou contraire à l'ordre public ou aux bonnes mœurs. — *C. civ.* 1133.

Les dettes de jeu n'ont pas une cause *licite*, mais le paiement d'une dette de jeu n'est pas sujet à répétition. — *C. civ.* 1967. — Voy. *Jeu*.

Une obligation est néanmoins valable quoique la cause n'en soit pas exprimée, comme dans ces cas : *Je m'oblige à payer* ; *je reconnais devoir*, sans ajouter pour qu'elle cause ; mais le débiteur est admis à prouver l'absence de cause.

Lorsqu'une cause est indiquée elle est présumée vraie, et c'est au débiteur à en démontrer la fausseté.

Les obligations sont indivisibles tant qu'il ne s'agit que d'un seul créancier et d'un seul débiteur. Mais s'il y a plusieurs créanciers et plusieurs débiteurs, le droit et l'obligation se divisent dès le principe par portions égales ou viriles, si la dette est *divisible*. Il en est de même lorsque le créancier ou le débiteur, *uniques* dans l'origine, décèdent, laissant plusieurs héritiers, le droit du premier et l'obligation du second se divisent entre leurs héritiers de plein droit, par la seule force de la Loi. — *C. civ.* 1220.

Toute obligation de faire ou de ne pas faire se résout en dommages-intérêts, en cas d'inexécution de la part du débiteur, à moins que l'inexécution ne provienne de force majeure. — *C. civ.* 1142, 1148. — Voy. *Dommages-intérêts*.

Le principal effet de toute obligation est de forcer à l'exécution celui qui a contracté, ainsi que ses héritiers ou ayants cause. — *C. civ.* 1122.

Et ce n'est pas seulement la personne qui est engagée, mais encore tous ses biens présents et à venir.

Pour l'exercice des droits du créancier sur les biens du débiteur. — Voy. *Expropriation forcée*. — *Hypothèque*. — *Privilège*. — *Saisie*.

Pour arriver à l'exécution, il faut que l'obligation soit exigible et fondée en titre exécutoire, c'est-à-dire reconnue par *jugement*, ou par contrat *notarié*.

Les obligations se prouvent d'abord, pour les actes écrits, et avec certaines conditions, par témoins ; par présomptions, par l'aveu du débiteur, et par serment.

Elles se dissolvent de la même manière qu'elles se sont formées. Ainsi, celles formées par un consentement réciproque se dissolvent par un mutuel consentement :

Elles s'éteignent par le *paiement*, la *cession de biens*, la *compensation*, la *délégation*, la *novation*, la *confusion*, la *perte* de la chose due, la *remise* de la dette, la *nullité*, la *rescision*, et la *prescription*. — Voy. ces mots.

La mort du débiteur ou du créancier n'éteint pas l'obligation qui passe aux héritiers, à moins qu'il ne s'agisse de droits exclusivement personnels.

Les obligations ou actes de prêt qui confèrent hypothèque doivent être rigoureusement passées devant notaire; mais celles qui ne confèrent pas d'hypothèque peuvent être rédigées sous seing privé. — *D. N.*

Nous en donnons ci-après une formule. — Voy. *Billet*. — *Prêt à usage*. — *Prêt de consommation*.

Obligation ou Prêt simple.

Je soussigné A..., demeurant à....., reconnais que M. B..., demeurant à....., me prêt à l'instant la somme de...... en espèces.

Et je m'oblige de lui rendre et payer ladite somme aussi en espèces, sur sa demande, en un seul paiement, dans... ans, de ce jour.

Je m'oblige en outre de lui servir les intérêts de ladite somme, à raison de cinq pour cent, en un seul terme, au même domicile que le capital.

A....., le..... 188.

Bon pour..... fr...
(*Signature.*)

OBLIGATION alternative. — L'obligation est *alternative* lorsque les choses comprises dans la convention sont séparées par une disjonction, par exemple : *Je m'engage, soit à bâtir une maison, soit à payer une somme de...*

Dans les obligations alternatives, le débiteur est libéré par la délivrance de l'une des deux choses. — *C. civ.* 1189.

OBLIGATION divisible et indivisible. — Voy. *Obligation*.

OBLIGATION facultative. — L'obligation facultative est celle qui laisse au débiteur la faculté de payer une autre chose à la place de celle qui est due. — Voy. *Obligation. — Legs. — Option.*

OBLIGATION à la grosse aventure. — Voy. *Prêt à la grosse.*

OBLIGATION naturelle. — L'obligation naturelle ne produit aucune action, mais elle peut produire des effets civils, et lorsque le débiteur y a satisfait, il ne peut répéter ce qu'il a donné pour l'exécuter. — *C. civ.* 1235.

La reconnaissance ou l'exécution de l'obligation naturelle l'élève au niveau des obligations civiles. — Voy. *Obligation*.

OBLIGATION personnelle. — Les obligations sont personnelles en ce sens, qu'en général on ne peut s'engager et stipuler que pour soi-même. — *C. civ.* 1119.

Mais on peut se porter fort pour un tiers, en promettant le fait de celui-ci, sauf à devenir passible d'indemnité, si le tiers refuse l'engagement. — *C. civ.* 1120. — Voy. *Obligation*.

OBLIGATION à terme. — Voy. *Délais. — Paiement. — Terme.*

OBLIGATIONS du Trésor. — Dettes de l'Etat formant une classe à part. Ces obligations sont remboursables à 500 fr. par voie de tirage au sort.

Elles produisent un intérêt annuel de 20 fr. payables par moitié les 20 janvier et 20 juillet. — Voy. *Dette publique*.

OBLIGATOIRE. — Se dit de ce qui oblige, à quoi on est tenu de se conformer. — Voy. *Obligation. — Titre.*

OBLIGEANT, etc. — Voy. *Abréviation*.

OBREPTICE et subreptice. — Se dit des titres, concessions ou faveurs obtenues par fraude ou simulation. — Voy. *Dol. — Fraude.*

OBSCURITÉ. — Voy. *Interprétation des conventions*. — *Interprétation des Lois*.

OBSERVATION. — Action d'observer, d'exécuter ce qui est prescrit par la Loi, ce qu'on a promis d'exécuter. — Voy. *Loi*. — *Obligation*.

OBSERVATIONS. — Se dit des précis et mémoires signés des hommes de loi et défenseurs officieux.

Ces mémoires sont soumis au timbre. — Voy. *Mémoire*.

OBSESSION. — Action par laquelle on se rend maître de l'esprit de quelqu'un, ce qui est un moyen de *captation* et de *suggestion*. — Voy. *Dol*. — *Fraude*. — *Suggestion*.

OBTEMPÉRER. — Vieux mot en usage dans la pratique des affaires, et qui signifie obéir, exécuter, déférer à ce qui est demandé ou requis.

OBTENTION. — S'entend, en terme de palais, de l'action d'obtenir une chose, un jugement, un arrêt.

OCCULTE. — Se dit de ce qui est caché ou non apparent, tel que servitudes *occultes*, vices *occultes*. — Voy. *Garantie*. — *Servitude*.

OCCUPATION. — Action de s'emparer des choses qui ne sont à personne, avec l'intention de se les approprier.

Les biens vacants et sans maître, ceux des personnes qui décèdent sans héritiers ou dont les successions sont abandonnées, appartiennent au domaine public, et ne sont pas susceptibles d'occupation.

Mais les animaux sauvages, les oiseaux, les poissons, les abeilles, les coquillages trouvés sur les bords de la mer sont susceptibles d'occupation.

Le navigateur qui découvre une île déserte et l'occupe en devient le propriétaire exclusif et légitime, soit pour lui, soit pour l'Etat qu'il représente, pourvu que l'occupation ne soit ni passagère, ni équivoque.

OCTROI. — Taxe ou impôt indirect et local établi sur les objets destinés à la consommation et l'usage des habitants, pour subvenir aux dépenses des communes. — *LL. des 28 avril 1816, 10 mai 1846, 22 juin 1854, 24 juillet 1867 et 10 août 1871*.

Les octrois ne sont établis dans les communes que lorsque leurs revenus sont inférieurs à leurs dépenses.

L'établissement est demandé par le Conseil municipal. — *Ord. 9 déc. 1814*.

Les denrées sujettes à l'octroi sont rangées dans les cinq catégories suivantes : 1° provisions et liquides ; 2° comestibles ; 3° combustibles ; 4° fourrages ; 5° matériaux.

Les grains et farines peuvent également être imposés.

Les droits sur les vins, cidres, poirés et hydromels ne peuvent être supérieurs aux droits d'entrée au profit du Trésor.

Il ne peut être introduit d'objets assujettis à l'octroi que par les barrières ou bureaux désignés à cet effet ; les tarifs et règlements doivent y être affichés.

Toute personne qui récolte, prépare ou fabrique dans l'intérieur d'un lieu sujet à l'octroi des objets compris au tarif, doit, sous peine d'amende, en faire la déclaration et acquitter immédiatement le droit, si elle ne réclame la faculté de l'entrepôt. — *L. du 27 frimaire an VII*.

La surveillance générale de la perception et de l'administration des octrois est attribuée à la régie des Contributions indirectes.

Les employés de l'Octroi ont le droit de visiter les voitures, bateaux et autres moyens de transport, pour s'assurer qu'il n'existe rien de sujet aux droits. Ce droit s'exerce même sur les voitures particulières suspendues. — *L. du 24 mai 1834*.

Les personnes voyageant à pied ou à cheval ne peuvent être arrêtées, questionnées ou visitées sur leurs personnes, ou en raison de leurs malles ou effets ; mais tout individu soupçonné de faire la fraude, à la faveur des exceptions ci-dessus, peut être conduit devant un officier de police, ou devant le Maire, pour être interrogé. — La visite de ses effets peut être autorisée, s'il y a lieu.

Les communes peuvent exploiter leur octroi de trois manières différentes : en les mettant en régie, en les donnant à ferme, ou en traitant avec la régie des Contributions indirectes.

Les traités ou abonnements faits par les communes avec cette administration, pour la perception des droits de leur octroi, varient selon les circonstances. Ils ont lieu de gré à gré et sont approuvés par le Ministre des finances.

Les préposés de l'Octroi doivent être âgés au moins de 21 ans accomplis.

Les contraventions sont constatées par des procès-verbaux qui peuvent être rédigés par un seul employé, et qui, après avoir été affirmé devant le juge de paix, dans les 24 heures, font foi en justice. — *Ord.* 9 *déc.* 1814.

Ces contraventions sont poursuivies devant le tribunal de simple police, ou de police correctionnelle, selon la quotité de l'amende encourue.

Toutefois, la régie de l'Octroi ne poursuit les contraventions devant les tribunaux que lorsqu'elles sont accompagnées de voies de fait ou autres circonstances aggravantes, comme, par exemple, la fraude faite dans une voiture suspendue. — *D. N.*

Dans les autres cas, comme la peine de la contravention consiste dans une amende égale à la valeur de l'objet qu'on a essayé d'introduire en fraude, la régie a le droit de le faire vendre et d'en encaisser la valeur, sans autre forme de procès. — *Ord.* 1814.

Les Maires sont autorisés, sauf l'approbation des Préfets, à faire remise, par voie de transaction, de la totalité ou partie des condamnations encourues, même après le jugement rendu.

Toutefois, le droit de transaction appartient exclusivement à la régie des Contributions indirectes, si la saisie a été opérée dans l'intérêt commun des droits d'octroi et des droits imposés au profit du Trésor.

OCTROI de navigation. — Voy. *Navigation.*

ŒUVRE (Nouvel). — *Dénonciation de nouvel œuvre.*

OFFENSE. — Voy. *Injure.* — *Outrage.*

OFFICE. — En général, ce terme est synonyme d'emploi ou de fonction publique. Dans l'usage, il est employé particulièrement pour désigner les charges ou offices ministériels auxquels est attachée la faculté de présentation.

Les offices ministériels appartiennent aux titulaires, qui peuvent, en raison du droit de présentation que la Loi leur accorde, les transmettre ou les vendre.— *L. du 28 avril* 1816.

Ces dispositions sont applicables dans les Colonies comme dans la France continentale; mais il en est autrement en Algérie.

Les fonctionnaires ayant le droit de présenter des successeurs à l'agrément du Chef de l'Etat sont les avocats à la Cour de cassation, les notaires, avoués, greffiers, huissiers, agents de change, courtiers et commissaires-priseurs.

C'est aux titulaires des offices qu'appartient, en première ligne, le droit de présentation; mais après leur décès, cette faculté passe à leurs héritiers.

Toutefois, la faculté de présentation n'a pas lieu pour les titulaires destitués.

Les offices peuvent être transmis, à titre onéreux, par donation entre vifs ou testamentaire, ou par succession.

Les contre-lettres portant augmentation du prix des offices sont *nulles*, comme portant atteinte à l'ordre public. Elles ne produisent donc aucune obligation naturelle, et le paiement du supplément de prix est sujet à répétition.

L'ancien titulaire qui a reçu un supplément de prix en dehors du prix avoué, ou ses héritiers, sont obligés de restituer les intérêts, à compter du jour du paiement.

L'existence de la contre-lettre ou de la convention verbale portant augmentation peut être prouvée par témoins. Il en est de même des paiements.

L'action en répétition ne se prescrit que par 30 ans, par application de l'article 2262 du C. civ.

En cas d'inexécution de part ou d'autre du traité de cession, les obligations du cédant, comme celles du cessionnaire, se résolvent en dommages-intérêts.

Le traité intervenu entre un officier ministériel et le successeur qu'il a présenté ou fait agréer ne peut être attaqué sous prétexte de lésion, quand il a été consenti de bonne foi et sans fraude.

Les offices ministériels, formant une partie du patrimoine du titulaire, sont le gage commun de ses créanciers ; mais ils ne peuvent être ni saisis, ni vendus aux enchères ; de sorte que les créanciers ne sont admis à exercer leurs droits que sur le prix de la charge.

Les offices ministériels étant réputés meubles, le privilège du vendeur non payé est reconnu et se fonde sur l'art. 2102 du C. civ., qui déclare créance privilégiée le prix d'effets mobiliers non payés, s'ils sont encore en la possession du débiteur.

En cas de décès du titulaire, son *office* fait partie de l'actif de sa succession. — D. N.

OFFICE d'ami. — Voy. *Conseil de famille.* — *Déclaration de command.* — *Exécuteur testamentaire.* — *Fiducie.* — *Mandat.*

OFFICIEL. — Tout acte que fait un fonctionnaire public dans l'exercice de ses fonctions est *officiel.*

OFFICIER. — C'est celui qui est revêtu d'une certaine autorité qui lui donne capacité de faire certains actes, de remplir un office public.

OFFICIER d'Académie. — Voy. *Palmes académiques.*

OFFICIER de l'état civil. — Se dit du fonctionnaire établi ou désigné pour constater les naissances, mariages et décès, c'est-à-dire le Maire de la commune et, en cas d'empêchement, l'un de ses adjoints. — Voy. *Acte de l'état civil.*

OFFICIER de la force publique. — C'est celui qui, dans une localité, a le commandement de la Gendarmerie ou de la troupe soldée.

L'officier de la force publique doit déférer à toutes réquisitions faites pour assurer l'exécution des lois, actes et jugements, et peut être requis directement. — C. pén. 234. — Voy. *Gendarmerie.*

OFFICIER de l'Instruction publique. — Voy. *Palmes académiques.*

OFFICIER ministériel. — Tout officier public qui remplit une fonction près d'une Cour ou d'un Tribunal, ou que la Loi oblige à prêter son ministère lorsqu'il en est requis. Tels sont les avocats à la Cour de cassation et au Conseil d'Etat, les avoués, les huissiers, les greffiers, les commissaires-priseurs, les courtiers de commerce, les agents de change, etc. Les notaires sont également compris dans la classe des officiers ministériels, quoique la loi de leur institution leur donne le titre de fonctionnaires publics.

Les officiers ministériels sont sujets à des dommages-intérêts envers les parties, et même, suivant le cas, aux peines d'amende, de suspension et de censure, lorsqu'ils ont fait des actes nuls, irréguliers ou frustratoires. — C. proc. 1031.

Ils ne peuvent devenir cessionnaires des procès, droits et actions litigieux qui sont de la compétence du Tribunal dans le ressort duquel ils exercent leurs fonctions, à peine de nullité et de tous dépens, et dommages-intérêts. — D. N. — Voy. *Droits litigieux.*

OFFICIERS municipaux. — Se dit des membres des municipalités, c'est-à-dire des *Maires, Adjoints* et *Conseillers municipaux.* — Voy. *Commune.* — *Organisation administrative.* — *Organisation municipale.*

OFFICIERS de police judiciaire. — On donne ce nom aux fonctionnaires désignés par la Loi, pour la recherche et la constatation des délits et des crimes. — C. instr. crim. 8, 48, 50. — Voy. *Délits.* — *Crimes.* — *Garde champêtre.* — *Gendarmerie.* — *Maire.* — *Ministère public.* — *Tribunaux.*

OFFICIERS de port. — Ce sont des fonctionnaires qui, dans les villes maritimes, sont préposés pour veiller à la liberté et sûreté des ports et rades de commerce et de leur navigation, à la police sur les quais et chantiers, au lestage et délestage des navires, et à l'exécution des lois de police, de pêche et du service des pilotes.

OFFICIER public. — Se dit en général de celui qui occupe un emploi public. — Voy. *Fonctionnaire.* — *Notaire.* — *Officier ministériel.*

OFFICIERS de santé. — Voy. *Médecine.* — *Pharmacie.*

OFFICIEUSE (Exhérédation, Tutelle). — Voy. *Exhérédation officieuse.* — *Tutelle officieuse.*

OFFRANT. — C'est, en matière d'adjudication, celui qui offre un prix ou qui surenchérit les choses mises en vente. Ainsi, on dit *au plus offrant et dernier enchérisseur.* — Voy. *Adjudication.* — *Enchère.* — *Surenchère.*

OFFRES. — C'est ce qu'on propose ou présente à quelqu'un pour qu'il l'accepte. Voy. *Acceptation.* — *Contrat.* — *Offres réelles.* — *Pollicitation.*

OFFRES labiales. — On appelle ainsi, dans la pratique, de simples offres verbales ou même par écrit, qui ne sont pas accompagnées de la représentation effective des deniers ou autre chose qu'on offre.

Ces offres sont insuffisantes, alors même qu'elles seraient signifiées ; elles doivent être réelles.

OFFRES réelles. — Ce sont celles qui sont accompagnées de l'exhibition ou de la représentation effective des deniers ou autres objets offerts.

Lorsque le créancier refuse de recevoir son paiement, ou qu'il se trouve dans l'impossibilité d'en donner quittance, le débiteur peut lui faire des offres réelles et, au cas de refus de les accepter, consigner la somme ou la chose offerte. — C. civ. 1257. — Voy. *Consignation.*

Les offres réelles ne sont nécessaires qu'à l'égard du créancier direct qui peut recevoir et libérer. Ainsi, elles sont inutiles : 1° lorsqu'il y a des opposants à la délivrance des sommes dues; 2° lorsque l'acquéreur d'un immeuble veut se libérer de son prix, en consignant; 3° lorsque l'acquéreur d'un immeuble saisi consigne une somme suffisante pour valider son acquisition et prévenir l'adjudication ; 4° lorsque l'adjudicataire veut éviter l'adjudication sur folle-enchère poursuivie contre lui, etc., etc.

Les conditions nécessaires pour la validité des offres réelles sont énoncées dans l'art. 1258 du C. civ.

Il est d'un usage général que les offres réelles soient faites par un huissier, bien que les notaires aient également qualité pour ces sortes d'actes.

Tout procès-verbal d'offres doit désigner l'objet offert de manière qu'on ne puisse y en substituer un autre, et si ce sont des espèces, il doit en contenir l'*énumération* et la qualité, c'est-à-dire le nombre de pièces, ce qu'elles valent, si c'est de l'or ou de l'argent. — C. proc. 812.

Le procès-verbal fait mention de la *réponse*, du *refus* ou de l'*acceptation* du créancier, et s'il a signé, refusé ou déclaré ne pouvoir signer. — C. proc. 813.

La demande, soit en validité, soit en nullité des offres ou de la consignation, doit être formée d'après les règles établies pour les demandes principales. Si elle est incidente, on la forme par requête. — C. proc. 815.

Le jugement qui déclare les offres valables ordonne la consignation, dans le cas où elle n'aurait pas encore été faite. — C. proc. 816.

Les frais des offres réelles sont à la charge des *créances*, lorsqu'elles sont valables et suivies de consignation ; mais, si le créancier les accepte, il ne peut être soumis aux *frais.*

L'effet des offres réelles suivies de consignation est de libérer le débiteur auquelles tiennent lieu de paiement, et la chose consignée demeure aux risques du créancier. — C. civ. 1257.

OFFRIR (Droit d'). — Voy. *Droit d'offrir.*

OISE. — Le département de l'Oise est un des six que forment l'Ile-de-France, le Soissonnais, le Beauvoisin, la Picardie, le Vexin-français et le Mulcien. Chef-lieu : Beauvais.

Cour d'appel : Amiens.

Ce département est limité à l'Est par l'Aisne ; au Sud par Seine-et-Marne et Seine-et-Oise ; à l'Ouest par l'Eure et la Seine-Inférieure, et au Nord par la Somme.

Il est divisé en 4 arrondissements, 35 cantons et 701 communes.
Superficie : 585.445 hectares.
Impôt foncier : 2.889.761 francs.
Population : 403.146 habitants.

OLOGRAPHE (Testament). — Celui écrit en entier, daté et signé de la main du testateur. — Voy. *Dépôt de Testament olographe. — Testament olographe.*

OMISSION. — Négligence ou manquement à une chose qui devait être faite.

En général, l'omission a le caractère d'une faute.

Toutefois, c'est une maxime que les choses omises par oubli sont tenues pour reconnues et exprimées, de sorte que l'omission de quelques mots n'empêche pas la validité d'une disposition, si les mots qui se lisent conviennent à ceux qui doivent être écrits, ou s'ils les supposent. Mais le juge ne peut suppléer l'omission des mentions requises par la Loi, à peine de nullité, pour maintenir l'acte. — *D. N.*

OMISSIONS dans une déclaration de succession. — Voy. *Succession.*

OMISSION d'hérédité. — On appelle ainsi la renonciation tacite de l'héritier qui n'accepte pas la succession dans le délai légal et laisse prescrire son droit. — Voy. *Renonciation à succession.*

OMISSIONS dans un inventaire. — Voy. *Inventaire.*

ONCLE. — C'est le frère du père ou de la mère. — Voy. *Neveu. — Parenté. — Succession.*

En Bretagne, le titre d'*oncle* est donné au cousin-germain du père ou de la mère, c'est ce qui a donné lieu à cette expression : *Oncle à la mode de Bretagne.*

ONÉRAIRE. — Celui qui a le soin et la charge d'une fonction dont un autre a le titre et l'honneur. — Voy. *Tutelle.*

ONÉREUX. — Ce qui emporte une charge, une obligation. On oppose ce terme à gratuit. Une succession est onéreuse, quand le passif excède l'actif. — Voy. *Contrat.*

OPÉRATIONS. — Se dit, en affaires, des travaux importants, compliqués, comme les adjudications, les liquidations et partages, etc. En procédure, on nomme *opérations* certains actes qui exigent des détails ou des constatations nombreuses, comme les saisies, etc. — Voy. *Compte. — Inventaire. — Liquidation. — Partage.*

OPÉRATIONS de Bourse. — Voy. *Agent de change. — Bourse de commerce. — Actions. — Marché ferme. — Rentes sur l'Etat.*

OPINION. — Avis ou sentiment que l'on a sur une affaire.

Les opinions individuelles de chacun des Juges doivent demeurer secrètes. S'il se forme plus de deux opinions, les Juges plus faibles doivent se réunir à l'une des opinions du plus grand nombre. Enfin, l'opinion des Juges s'exprime par l'organe du Président du Tribunal qui la prononce à haute voix, en la motivant. — *L. du 11 août 1849. — C. proc. 117-467.*

OPPOSITION. — C'est un acte qui a pour objet d'empêcher que quelque chose se fasse au préjudice de l'opposant.

On fait opposition à un jugement, à un paiement, à la délivrance ou vente de meubles, à des scellés, nominations de tuteurs, mariage, etc.

Elle a lieu le plus souvent par une signification d'huissier, ou, dans certains cas, par une simple énonciation, dans un inventaire ou procès-verbal dressé par un notaire.

L'opposition se détruit ou se lève par une mainlevée ou consentement des parties, ou par un jugement du Tribunal. — Voy. *Mainlevée.* — *Acte de notoriété.* — *Inventaire.* — *Opposition.* — *Procès-verbal.* — *Saisie-arrêt.* — *Scellés.*

OPPOSITION aux contraintes administratives. — C'est celle que forme un débiteur du Trésor aux contraintes décernées contre lui. Cette opposition, avec assignation devant l'autorité compétente, est la seule voie ouverte aux redevables.

L'opposition aux contraintes décernées contre les débiteurs des Contributions directes doit être portée devant les Conseils de préfecture. — *L. du 28 pluv. an VIII.*

Mais l'opposition aux contraintes délivrées en matière d'enregistrement est portée devant les Tribunaux. — Voy. *Contrainte (Finances).*

OPPOSITION à un jugement par défaut. — C'est une voie de recours ouverte aux parties jugées sans avoir été entendues, pour faire rétracter ou réformer par les mêmes juges les décisions rendues à leur égard. — *E. N.*

Cette opposition est de droit commun et admissible dans tous les cas où elle n'est pas expressément interdite par la Loi.

Les jugements par défaut que la Loi déclare non susceptibles d'opposition sont : 1° ceux qui ont rejeté une première opposition ; 2° ceux qui, dans une instruction par écrit, ont été rendus sur les pièces de l'une des parties, faute d'avoir produit ; 3° les jugements de jonction dans le cas prévu par l'article 153 du C. de proc. ; 4° ceux intervenus sur des incidents de saisie immobilière et d'ordre.

L'opposition suspend l'exécution du jugement, à moins que le tribunal ne l'ait déclaré exécutoire nonobstant opposition, et donne à l'opposant le droit de plaider sur la demande en rétractation du jugement par défaut qui l'a condamné.

Le délai et les formes de l'opposition sont indiqués par les art. 157 et suiv. du C. de proc.

OPPOSITION à mariage. — Acte par lequel un tiers met empêchement à un mariage projeté. — *D. N.*

Les seules personnes qui peuvent former opposition à un mariage sont :

1° Le conjoint, dont la qualité seule établit la preuve d'un empêchement, et dont l'opposition est toujours recevable. — *C. civ.* 172 ;

2° Les ascendants, qui peuvent former opposition au mariage de leurs descendants, encore que ceux-ci aient 25 ans accomplis. — *C. civ.* 173 ;

3° Les collatéraux, avec les distinctions établies par la Loi ;

4° Enfin, le Ministère public, dans tous les cas d'empêchement dirimants et d'ordre public.

En cas d'opposition, l'officier de l'état civil ne peut célébrer le mariage que sur le vu de la mainlevée, sous peine de 300 fr. d'amende et de tous dommages-intérêts. — *C. civ.* 68.

Cette opposition peut être faite par un notaire, mais elle est plus particulièrement du ministère des huissiers.

L'acte d'opposition doit être signé sur l'original et sur la copie par l'opposant ou son fondé de procuration spéciale et authentique.

Si les futurs époux sont domiciliés en des communes différentes, il suffit de notifier l'opposition à l'officier de l'état civil de l'une d'elles, l'autre ne pouvant procéder à la célébration que sur le vu d'un certificat de publications faites dans les divers domiciles et non suivies d'oppositions.

En ce qui concerne la mainlevée d'opposition, si l'opposant ne la donne pas à l'amiable, le futur époux que l'opposition concerne devra s'adresser au Tribunal dans l'arrondissement duquel est située la commune où devait être célébré le mariage. Cette demande est dispensée du préliminaire de la conciliation et le Tribunal doit statuer dans les dix jours.

OPPOSITION à un paiement. — C'est l'acte par lequel un créancier saisit une somme d'argent due par un tiers à son débiteur et que l'on nomme plus légalement *saisie-arrêt*. — Voy. *Saisie-arrêt*.

OPPOSITION à partage. — C'est l'acte par lequel le créancier d'un cohéritier ou copropriétaire s'oppose à ce qu'il soit procédé au partage d'une succession ou de biens indivis, sans qu'on l'y appelle pour y être présent. — Voy. *Partage*.

OPPOSITION à scellés. — C'est l'acte par lequel un tiers ayant des droits à exercer sur des effets mis sous le scellé s'oppose à ce qu'il soit levé hors sa présence. — Voy. *Scellés*.

OPPOSITION en sous-ordre. — C'est celle formée par les créanciers d'un créancier hypothécaire inscrit, afin d'être payés de ce qui leur est dû sur les deniers revenant à leur débiteur, dans l'ordre du prix des biens hypothéqués. — Voy. *Ordre entre créanciers*.

OPPOSITION (Tierce). — Voy. *Tierce opposition*.

OPPOSITIONS au Trésor et entre les mains des comptables publics. — En principe, toutes les sommes dues aux créanciers de l'Etat peuvent être saisies-arrêtées entre les mains des comptables chargés de payer, en vertu de titres authentiques ou d'une ordonnance du juge.

Il est, toutefois, certaines modifications en ce qui concerne les travaux publics, les secours, les rentes, les traitements, les pensions.

Les rentes inscrites au Grand Livre et leurs arrérages sont insaisissables.

Les traitements bruts des fonctionnaires publics et employés civils sont saisissables jusqu'à concurrence d'un *cinquième* sur les premiers 1000 francs et toutes sommes au-dessous; du quart sur les 3000 fr. suivants, et du tiers sur la portion excédant 6000 fr., à quelque somme qu'elle s'élève, et jusqu'à l'entier acquittement des créances. — *L. du 21 vent. an IX*.

Ces règles sont applicables à tous fonctionnaires ou agents civils recevant de l'Etat un traitement payé mensuellement. Il s'ensuit que le salaire des cantonniers employés sur les grandes routes est également saisissable. — *Instr. du 27 août 1845*.

Le même principe doit être appliqué aux Instituteurs communaux, aux Percepteurs des Contributions, aux Receveurs des hospices et des communes, et aux employés des octrois.

Il est d'autres traitements insaisissables, ce sont : 1° ceux des Ambassadeurs, Ministres et Agents diplomatiques; 2° ceux des Ministres des cultes salariés par l'Etat; 3° ceux des Membres de l'Institut; 4° celui des Membres de la Légion d'honneur et celui attaché à la médaille militaire; 5° les sommes allouées aux Directeurs de Contributions indirectes, pour frais de bureaux, etc., aux Contrôleurs des mêmes contributions, pour frais de tournée, etc.

La solde d'activité, de disponibilité, ou de non-activité des officiers et employés aux armées n'est saisissable que pour un cinquième, quel que soit son montant.

Celles des matelots et autres marins au-dessous du grade d'officier n'est pas susceptible d'opposition, à moins qu'il ne s'agisse de loyers de maisons, subsistances, et vêtements fournis du consentement du commissaire de l'inscription maritime.

Les cautionnements peuvent être saisis, non seulement à raison des créances provenant des faits de charge auxquels ils sont affectés par privilège, mais à raison des créances ordinaires.

Les oppositions ne conservent leur effet que pendant cinq ans; ce délai passé, elles sont rayées si elles n'ont pas été renouvelées.

Les mains levées d'oppositions sont données par acte notarié, ou sont ordonnées par les Tribunaux. — *D. N.*

OPPOSITION à un inventaire. — C'est la défense faite par un créancier de procéder à un inventaire hors de sa présence. — Voy. *Inventaire*.

OPPOSITION à un transfert. — Voy. *Transfert*.

OPPOSITION à une vente de meubles. — Voy. *Vente de meubles*.

OPPOSITION d'intérêts. — Se dit des intérêts d'une personne se trouvant en opposition ou contrariété avec ceux d'une autre personne, c'est-à-dire, quand la défense des premiers ne peut se concilier avec celle des seconds.

Lorsque, par suite de l'opposition des intérêts du mineur avec ceux de son tuteur, le subrogé-tuteur prend la place de celui-ci, il y a lieu de procéder à la nomination d'un subrogé-tuteur *ad hoc*. — *E. N.* — Voy. *Tutelle*.

Si, dans un partage, il y a plusieurs mineurs ayant des intérêts opposés, il doit leur être donné à chacun un tuteur spécial et particulier. — *C. civ.* 838.

OPTION. — Faculté de choisir entre plusieurs choses qu'on ne peut avoir à la fois.

Dans les obligations alternatives, l'option dérive d'un contrat.

Elle dérive d'un testament dans le legs alternatif.

Lorsqu'elle n'a été déférée à personne, elle appartient à l'héritier comme débiteur, et il peut délivrer celle des deux choses qu'il veut, mais il ne peut forcer le légataire à recevoir partie de l'une ou de l'autre.

Quand le testateur a déféré le choix au légataire, celui-ci peut choisir l'objet le meilleur, mais il ne peut exercer son droit avant que l'héritier ait accepté la succession.

Lorsqu'un legs alternatif est divisé par années, le choix fait une année, n'empêche pas de varier, les années suivantes.

OR et Argent. — Voy. *Matières d'or et d'argent*.

ORATOIRE. — Petite chapelle établie pour le service particulier et exclusif d'un établissement public ou d'une maison privée. — Voy. *Chapelle*.

ORDINAIRE. — Terme employé fréquemment en jurisprudence. Les lois ne statuent que sur ce qui arrive ordinairement. On distingue les juridictions *ordinaires* et *extraordinaires*. On règle un procès, une affaire à l'*ordinaire*, c'est-à-dire au civil et non au criminel. Il y a aussi les Conseillers d'Etat en service *ordinaire* et en service *extraordinaire*, les Ambassadeurs *ordinaires* et *extraordinaires*. — Voy. *Extraordinaire*.

ORDINATION. — Action de conférer les ordres de l'Eglise. — Voy. *Consentement à ordination*.

ORDONNANCE. — Ce mot signifie en général une Loi, un commandement ou règlement d'intérêt général.

ORDONNANCE d'acquittement. — Déclaration par laquelle le Président de la Cour d'assises prononce l'acquittement et ordonne la mise en liberté de l'accusé déclaré non coupable par le Jury. — *C. d'instr. crim.* 358.

ORDONNANCE de Chambre du Conseil. — C'est le nom que l'on donne généralement aux jugements rendus à la Chambre du conseil d'un Tribunal.

Ces chambres ont des attributions importantes en matière civile, et dans la pratique, leurs décisions se nomment Jugements. — Voy. *Tribunaux*.

Les Chambres du conseil n'existent plus en matière criminelle; le juge d'instruction renvoie directement à la Chambre d'accusation ou à la police correctionnelle. — *L. du 18 juin* 1856.

ORDONNANCE de décharge ou de réduction. — C'est celle qui intervient pour dégrever un contribuable. — Voy. *Contributions publiques*.

ORDONNANCE de dernière volonté. — Synonyme de testament. — Voy. *Testament.*

ORDONNANCE d'envoi en possession. — Voy. *Envoi en possession.* — *Succession.*

ORDONNANCE d'exequatur. — C'est celle qui rend exécutoire une sentence arbitrale. — Voy. *Arbitrage.*

ORDONNANCE du Juge. — On appelle ainsi la décision que rend un juge, soit au bas d'une requête ou à la suite d'un procès-verbal, soit en référé, ou dans tout autre cas déterminé par les Lois. — Voy. *Référé.* — *Requête.*

ORDONNANCE de paiement. — C'est le nom qu'on donne souvent aux mandats délivrés sur les caisses publiques. — Voy. *Mandat de paiement.*

ORDONNANCE de prise de corps. — Acte par lequel le juge d'instruction ordonne que le prévenu sera pris au corps et conduit dans la maison de justice, en attendant qu'il soit jugé. — *L. du 18 juin 1856.* — Voy. *Liberté individuelle.*

ORDONNANCE de référé. — C'est celle que rend le président d'un Tribunal dans les cas d'urgence, et sur les incidents relatifs à l'exécution des actes. — Voy. *Référé.*

ORDONNANCEMENT. — Terme de comptabilité administrative qui signifie l'action de régler et ordonner les dépenses entre les divers agents et créanciers de l'Administration. — Voy. *Ministère.*

ORDONNATEUR. — C'est le nom qu'on donne à un fonctionnaire lorsqu'il autorise une dépense publique. — Voy. *Ministère.*

ORDRE. — Dans le langage du droit ce mot a différentes acceptions. Ainsi, employé seul, il signifie *ordre public.* — En matière d'hypothèque, il se dit du rang assigné aux créanciers, d'après la date de leurs inscriptions. — Voy. *Ordre entre créanciers.*

En matière de commerce et de Banque, *ordre* se dit de l'endossement qu'on met au dos ou dans le corps d'un billet négociable, ou d'une lettre de change, pour en faire le transport et les rendre payables à un autre. — Voy. *Endossement.*

Ordre est aussi souvent synonyme de *mandat*, et c'est en ce sens qu'on dit : agir en vertu de l'ordre de quelqu'un. — Voy. *Mandat.*

Le mot *ordre* s'emploie encore dans le sens de distinction, de décoration, comme par exemple l'*Ordre de la Légion d'honneur.*

On dit *Ordre judiciaire*, *Ordre administratif*, pour désigner une organisation, une hiérarchie.

ORDRE administratif. — Se dit de l'ensemble des fonctionnaires qui composent l'administration générale, départementale ou communale.

ORDRE (arrangement). — S'entend spécialement de tout ce qui tient à la disposition ou classification que nécessitent certaines fonctions ou opérations.

ORDRE des Avocats. — Corps des avocats exerçant près des Cours et Tribunaux. — Voy. *Avocat.*

ORDRE (Billet à). — Voy. *Billet.* — *Endossement.*

ORDRE entre créanciers. — C'est la distribution entre les créanciers hypothécaires et privilégiés du prix d'un immeuble appartenant à leur débiteur.

Le prix de tous les biens du débiteur doit être distribué indistinctement, par contribution, entre tous ses créanciers, dans l'ordre de leurs privilèges et hypothèques. — *C. civ. 2093 et suiv.* — Voy. *Contribution de deniers.*

On distingue deux sortes d'ordre, savoir :

L'ordre *amiable*, qui a lieu lorsque le débiteur peut s'entendre avec ses créanciers pour leur répartir amiablement le prix de la vente;

Et l'ordre *judiciaire*, qui a lieu lorsque les créanciers ne peuvent s'entendre.

L'ordre n'est ouvert qu'après l'accomplissement des formalités prescrites pour la purge des hypothèques, mais cette règle ne reçoit son application que pour les aliénations autres que sur saisie, puisque le jugement d'adjudication sur saisie immobilière dûment transcrit purge toutes les hypothèques autres que les hypothèques légales. — *C. proc.* 717, 772.

Pour que l'ordre puisse être ouvert en justice, soit sur une vente volontaire, soit sur une vente par expropriation forcée, les créanciers inscrits doivent être plus de 3.

Lorsqu'il n'y a que 2 ou 3 créanciers, s'ils ne s'entendent pas à l'amiable, on n'ouvre pas la procédure d'ordre ; il suffit d'un jugement d'*attribution*. — *C. proc.* 775.

La procédure d'ordre régulièrement commencée contre plus de 3 créanciers inscrits doit être continuée, lors même que, par l'effet de quelque cession de créance, leur nombre se trouverait réduit à 3.

Les créanciers à terme sont admissibles à l'ordre et reçoivent immédiatement le montant de leur collocation, quoique le terme ne soit pas échu. — *C. civ.* 2184.

Un créancier peut exercer les droits de son débiteur dans un ordre. — *C. proc.* 778.

Le classement ou collocation des créances a lieu dans l'ordre suivant

On colloque d'abord les frais de poursuites d'ordre et de radiation des inscriptions des créanciers colloqués ou non colloqués, ensuite les frais extraordinaires de transcription, ceux de notification et les frais extraordinaires de saisie.

Après les frais dont il vient d'être parlé, on colloque les privilèges énoncés dans les art. 2101 et 2103 du C. civ.

Enfin, après les privilèges, on colloque les hypothèques, suivant la date des inscriptions, si elles sont conventionnelles ou judiciaires, et des titres, si elles sont légales. — *D. N.*

ORDRE (endossement). — C'est la transmission d'un effet de commerce. — Voy. *Endossement*.

ORDRE d'hypothèques. — Rang qui doit être observé entre les divers créanciers hypothécaires. — Voy. *Ordre entre créanciers*.

ORDRE judiciaire. — C'est l'ensemble du corps des magistrats, fonctionnaires et officiers publics, admis à concourir, soit directement, soit comme auxiliaires, à l'administration de la justice.

ORDRE de route (mobilisation). — Voy. *Militaire*.

ORDRE du maître. — Se dit de l'ordre qu'un maître donne à ses domestiques et subordonnés. — Voy. *Bail d'ouvrage et d'industrie*. — *Domestique*. — *Ouvrier*. — *Responsabilité*.

ORDRE public. — On comprend sous cette expression, non seulement les règles qui touchent à l'organisation et à la conservation de la société, mais encore les choses d'intérêt privé que le législateur a dû régler en vue de l'intérêt social.

Les lois de police et de sûreté tiennent essentiellement à l'ordre public, et dès lors obligent tous ceux qui habitent le territoire français, sans distinction de nationalité. — Voy. *Étranger*. — *Français*. — *Loi*.

Sont également d'ordre public les lois concernant l'état et la capacité des personnes, les règles générales sur les conventions, sur les successions, les lois de compétence, de procédure, celles sur la forme et l'authenticité des actes.

La Loi laisse aux parties majeures, maîtresses de leurs droits, la plus grande latitude pour la direction et le règlement de leurs intérêts privés. Peu importe que les conventions soient faites de telle ou telle manière, c'est aux contractants à veiller à leurs intérêts. La Loi n'intervient que lorsqu'il y a présomption de dol ou de fraude.

L'ordre public exige encore qu'une protection particulière soit accordée à ceux qui ne peuvent veiller eux-mêmes à la conservation de leurs droits : tel est le principe des dispositions législatives concernant les mineurs, les interdits, les absents, les femmes mariées.

Les Procureurs généraux et les Procureurs près les Tribunaux de première instance sont chargés de veiller à l'exécution et au maintien des lois d'ordre public.

Enfin, les notaires eux-mêmes sont chargés de faire observer, dans les conventions, les lois qui intéressent l'ordre public. — *D. N.*

ORDRES étrangers. — Aucun Français ne peut porter d'ordres étrangers, sans autorisation. — Voy. *Légion d'honneur.*

ORDRES militaires. — Voy. *Légion d'honneur.* — *Ordres (décorations).*

ORDRES religieux. — Se dit des congrégations d'hommes ou de femmes. — Voy. *Communauté religieuse.* — *Congrégation.* — *Etablissement public.*

ORDRES (décorations). — On comprend sous ce titre les institutions honorifiques destinées à récompenser les grandes actions et les services rendus au pays.

Les décorations actuelles sont : la *Légion d'honneur*, la *Médaille militaire* et la *Médaille de Sainte-Hélène*.

La Légion d'honneur, créée par la Loi du 29 floréal an X, et reconstituée par le décret du 16 mars 1852, est destinée à récompenser les services militaires et civils. — Voy. *Légion d'honneur.*

La Médaille militaire a été créée par décret du 22 janv. 1852.

Enfin, la Médaille commémorative dite de Sainte-Hélène, donnée à tous les militaires français et étrangers qui ont combattu sous les drapeaux de la France, de 1792 à 1815, et portée à la boutonnière, suspendue par un ruban vert et rouge, a été créée par décret du 27 août 1857.

Il y a encore le Mérite agricole. — Voy. *Mérite agricole.*

ORDRES sacrés. — Ce sont les ordres religieux qui confèrent le droit d'exercer les fonctions ecclésiastiques. — Voy. *Consentement à l'ordination.*

ORDURES. — Voy. *Dommage.* — *Fumier.*

ORFÈVRE. — Voy. *Matières d'or et d'argent.*

ORGANISATION administrative. — On désigne sous ce titre l'ensemble des services publics au moyen desquels il est pourvu à la sûreté de l'Etat et au maintien de l'ordre public par l'application des lois d'intérêt général.

Les attributions de l'administration peuvent se diviser ainsi : *haute administration, tutelle administrative, police et finances.*

La haute administration comprend l'exercice des droits civiques, la formation des listes électorales et du jury, l'institution et l'entretien de la force publique, les rapports politiques, maritimes et commerciaux avec les étrangers, et tout ce qui est relatif à la diplomatie et aux consulats ; la concession des honneurs et récompenses publiques, les changements de noms, les naturalisations, l'enseignement, les travaux publics, et les expropriations pour cause d'utilité publique.

La tutelle administrative s'exerce sur les départements, les communes, les établissements publics, les hospices, les bureaux de bienfaisance, les caisses d'épargne, les fabriques des églises.

La police administrative comprend, outre les mesures générales pour la sûreté de l'Etat et des particuliers, celles qui concernent les chemins publics, les eaux, les mines, les subsistances, les établissements sanitaires, l'industrie, les lieux publics, les établissements de répression, la police rurale et celle de la presse.

Enfin, les finances embrassent toutes les branches de la fiscalité ; l'assiette, la répartition, le recouvrement des impôts, leur emploi et le contentieux de ces divers services.

Administration supérieure.

On distingue les pouvoirs de l'Etat, en pouvoir *législatif*, pouvoir *exécutif* et pouvoir *judiciaire*.

Le pouvoir législatif est exercé par le Sénat et la Chambre des députés.

Le pouvoir exécutif est entre les mains du Président de la République et du Conseil des Ministres.

Et le pouvoir judiciaire est exercé par la magistrature. — Voy. *Organisation judiciaire*.

Les envoyés et ambassadeurs étrangers sont accrédités auprès du Président de la République qui négocie les traités, sauf ratification par les Chambres dans les cas où ils entraînent modification du territoire ou de la capacité des nationaux, ou quand il s'agit de traités de paix ou de commerce.

Le Président de la République communique par des messages avec les Chambres qu'il a le droit de convoquer extraordinairement ou d'ajourner. — Voy. *Organisation politique*.

Administration active.

La hiérarchie de l'administration active comprend : les Ministres, les Sous-Secrétaires d'Etat, les Préfets, les Secrétaires généraux de préfecture, les Sous-Préfets, les Maires, les Adjoints, les Commissaires de police, et les fonctionnaires et agents des services spéciaux.

Les objets sur lesquels s'exerce l'autorité administrative sont divisés entre les différents ministères.

Les Ministres sont les chefs de l'administration, chacun dans la branche dont il porte le titre.

Il y a aujourd'hui 11 Ministères ou départements ministériels. — Voy. *Ministère*.

Les Ministres traitent au nom de l'Etat, passent des marchés pour l'exercice de leur département et exercent une haute tutelle dans l'administration des communes et des départements.

Le Conseil d'Etat donne son avis sur les règlements d'administration publique et sur les décrets qui doivent en avoir la forme.

Le Préfet administre le département territorial, comme représentant à la fois le Gouvernement et les intérêts du département. — Voy. *Organisation départementale*.

Les Sous-Préfets représentent le Gouvernement dans les arrondissements ; mais leur autorité est bien plus restreinte que celle des Préfets. — Voy. *Organisation départementale*.

Les juges ordinaires du contentieux administratif sont les Conseils de préfecture et le Conseil d'Etat. — Voy. *Compétence*.

Le Maire est le lien qui unit l'administration à l'administré. Il est agent de l'autorité supérieure, chef de l'administration communale et représentant des intérêts communaux. — Voy. *Organisation municipale*.

Les Commissaires de police sont les agents du Gouvernements chargés, sous l'autorité immédiate du Maire, tant de la police générale, que de la police municipale.

Ils sont subordonnés, à Paris, à l'autorité du Préfet de police ; dans les chefs-lieux de département dont la population excède 40.000 âmes à celle des Préfets, et dans les autres communes à celle des Maires. — *D. N.* — Voy. *Commissaire de police*.

ORGANISATION départementale. — Le département est la plus grande des trois divisions administratives. Les deux autres sont : l'arrondissement et la commune. Toutefois, l'arrondissement se confond dans l'existence civile du département ; le canton n'est que division judiciaire.

Le département et la commune sont à la fois une division administrative et une individualité civile. — Voy. *Département.*

Des Préfets.

Le premier fonctionnaire du département est le *Préfet* qui pourvoit aux intérêts qui lui sont confiés, soit seul, soit avec le concours du Conseil général et du Conseil de préfecture.

Les attributions du Préfet sont classées en quatre catégories, selon que l'on considère le Préfet comme agent du Gouvernement, comme administrateur des intérêts départementaux, comme tuteur des communes, ou comme juge.

L'action du Préfet comme agent du Gouvernement s'étend sur tous les services publics, sans distinction. Il relève de tous les Ministres et correspond directement avec eux.

Les Préfets statuent, sous l'autorisation du Ministre de l'intérieur, sur les objets concernant les subsistances, les encouragements à l'agriculture, l'enseignement agricole et vétérinaire, les affaires commerciales et la police sanitaire et industrielle.

Ils nomment directement, sans l'intervention du Gouvernement, et sur la présentation des Chefs de service : 1° les Directeurs, gardiens et membres des Commissions de surveillance des maisons d'arrêt et des prisons départementales; 2° les Médecins et comptables des asiles publics d'aliénés; 3° les Médecins des eaux thermales, dans les établissements privés ou communaux; 4° les Directeurs et agents des dépôts de mendicité; 5° les Architectes et archivistes départementaux; 6° les Administrateurs, Directeurs et Receveurs des établissements de bienfaisance; 7° les Vérificateurs des poids et mesures; 8° les Directeurs et professeurs des écoles de dessin et les Conservateurs des Musées des villes; 9° les Percepteurs surnuméraires; 10° les Receveurs municipaux des villes dont les revenus ne dépassent pas 300.000 francs; 11° les Débitants de poudre à feu; 12° les Titulaires des débits de tabacs simples, dont le produit ne dépasse pas 1000 fr.; 13° les Préposés en chef des Octrois des villes; 14° les Lieutenants de louveterie; 15° les Directeurs des bureaux de poste aux lettres, dont le produit ne dépasse pas 2000 fr.; 16° les Distributeurs et facteurs des postes; 17° les Gardes forestiers des départements, des communes et des établissements publics; 18° les Gardes champêtres, les Commissaires de police des villes de 6000 âmes et au-dessous; 19° les Membres des Jurys médicaux; 20° les Piqueurs des ponts et chaussées et cantonniers du service des routes; 21° les Gardes de navigation, cantonniers, éclusiers, barragistes et pontonniers; 22° les Gardiens de place, les courtiers de service des ports maritimes et de commerce, baliseurs et surveillants des quais, etc. — *Déc. du 25 mars 1852.*

Conformément au décret du 13 avril 1861, les Préfets nomment encore directement : 1° les surnuméraires de l'administration des lignes télégraphiques; 2° les surnuméraires-contrôleurs des contributions directes; 3° les surnuméraires des contributions directes; 4° les gardiens des salines; 5° les médecins des épidémies; 6° les ouvriers employés dans les manufactures des tabacs.

Les Préfets rendent compte de leurs actes aux Ministres compétents, et ceux-ci ont, dans certains cas, le droit de les annuler ou de les réformer.

Le Préfet fait dresser et rend exécutoires les rôles des contributions directes des Recettes municipales.

Il est principalement chargé de pourvoir au maintien de l'ordre public, et, dans ce but, il a le droit de requérir la force armée.

Il surveille la publication, la mise en vente et le colportage en matière de presse périodique, de même que des dessins, gravures, lithographies, etc.

Il peut prendre directement des arrêtés de police applicables à tout le département.

Dans le département de la Seine, l'administration est partagée entre le Préfet de la Seine et le Préfet de police.

Dans les communes chefs-lieux de département, dont la population excède 40.000 âmes, le Préfet remplit les fonctions de Préfet de police.

Depuis le décret du 25 mars 1852 sur la décentralisation, les Préfets statuent directement sur certaines affaires qui auparavant devaient être soumises à la décision des Ministres.

Il y a un secrétaire général dans chaque Préfecture qui remplit près des Conseils de préfecture jugeant en audience publique, les fonctions de ministère public et auquel le Préfet peut déléguer une partie de ses attributions.

Des Sous-Préfets.

Dans chaque arrondissement communal il y a un Sous-Préfet, au remplacement provisoire duquel il est pourvu, en cas d'absence ou de maladie, par le Préfet, qui choisit ordinairement à cet effet un membre du Conseil d'arrondissement.

Le Sous-Préfet relève immédiatement du Préfet, dont il n'est le plus généralement qu'un agent de transmission, d'information, de surveillance et d'exécution.

A ce titre, il prépare l'instruction des affaires administratives; il assure l'exécution des dispositions relatives à l'administration communale, etc.

Au point de vue de la sécurité publique, il peut, dans les cas urgents, requérir la force publique, à charge d'en informer immédiatement le Préfet.

Le Sous-Préfet arrête, avec l'assistance des Maires de chaque canton, les tableaux de recensement qui servent au recrutement annuel de l'armée.

Il autorise ou prescrit les convocations extraordinaires des Conseils municipaux, etc.

Il est chargé d'étudier les intérêts généraux des localités qu'il administre.

Enfin, dans le cas d'interruption des communications entre le chef-lieu du département par fait de guerre ou d'insurrection, le Sous-Préfet exerce l'autorité préfectorale tout entière.

Il y a, dans chaque arrondissement, un Conseil composé d'autant de membres qu'il y a de cantons. — *D. N.* — Voy. *Conseil d'arrondissement.*

ORGANISATION judiciaire. — On entend par organisation judiciaire l'ensemble des règles sur la composition et les attributions des Tribunaux. — Voy. *Tribunaux (Cours et).*

La *Cour de cassation* constitue le Conseil supérieur de la magistrature. Elle ne peut statuer en cette qualité que toutes chambres réunies. — *L. du 30 août 1883.*

Les différents tribunaux se distinguent en tribunaux *civils, criminels* et *administratifs.*

Les Tribunaux civils se divisent en tribunaux *ordinaires*, qui sont ceux de première instance et les *Cours d'appel*, et en tribunaux extraordinaires ou d'exception, qui sont les *Justices de paix*, les Tribunaux de *commerce* et les Conseils de *prud'hommes.* — Voy. ces différents mots.

Les Tribunaux criminels se divisent aussi en tribunaux ordinaires, qui sont les *Cours d'assises*, et en tribunaux d'exception, qui sont les tribunaux de *police correctionnelle* et les tribunaux de *police municipale.* — Voy. *Compétence criminelle.*

Il existe en outre, en matière criminelle, plusieurs juridictions spéciales, tels que les Conseils de guerre, les tribunaux maritimes, etc.

A moins d'une disposition législative contraire, toutes les affaires sont susceptibles de deux degrés de juridiction.

Les Tribunaux de première instance et de commerce statuent dans certains cas comme tribunaux d'appel, mais le plus ordinairement ce sont les Cours d'appel qui remplissent le degré supérieur.

La Cour de cassation n'est appelée qu'à examiner si le jugement a été rendu par le Tribunal compétent et s'il ne viole aucune loi.

Il y a, dans chaque arrondissement, un ou plusieurs *Juges d'instruction* nommés pour trois ans et qui peuvent être continués plus longtemps, lesquels prononcent les ordonnances de non-lieu, ou renvoient les inculpés devant la juridiction compétente.

Les juges des Tribunaux de commerce sont nommés pour deux ans par les notables commerçants. Les Prud'hommes sont également nommés pour un terme limité. — Voy. *Compétence*. — *Conseil de prud'hommes*. — *Tribunal de commerce*.

Les Conseillers à la Cour de cassation, ceux aux Cours d'appel, les juges des Tribunaux de première instance et les juges de paix sont nommés par le Gouvernement.

La loi du 30 août 1883 a réglé la composition numérique du personnel des Cours et Tribunaux, et dispose que les arrêts des Cours et les jugements des Tribunaux doivent toujours être rendus par des magistrats délibérant en nombre impair.

Ce nombre doit être au moins de 3 pour les Tribunaux de première instance, cinq pour les Cours d'appel, et 9 pour les audiences solennelles des Cours d'appel.

Les magistrats que des infirmités graves et permanentes mettraient hors d'état d'exercer leurs fonctions peuvent être mis à la retraite sur avis conforme du Conseil supérieur de la magistrature.

Le Garde des sceaux a sur les magistrats de toutes les Juridictions civiles et commerciales un droit de surveillance et peut leur adresser une réprimande.

Toute délibération politique est interdite aux corps judiciaires. — Voy. *Vacances des tribunaux*.

ORGANISATION municipale. — L'organisation municipale, telle qu'elle existe actuellement, résulte de la loi du 31 mars 1884 et de certaines dispositions maintenues des lois antérieures.

Composition du Corps municipal.

Le Corps municipal de chaque commune se compose du Maire, d'un ou de plusieurs Adjoints et des Conseillers municipaux. — *L. du 5 avril* 1884. — Voy. *Commune*.

Les Maires et Adjoints sont élus par les Conseils municipaux dans toutes les communes. Ils sont nommés pour quatre ans. — Voy. *Maire*.

Les Conseils municipaux sont élus par le suffrage universel direct, et l'élection a lieu au scrutin de liste pour toute la commune. — Voy. *Élections municipales*.

Les Conseils municipaux sont nommés pour 4 ans. — Voy. *Conseil municipal*.

Le Conseil municipal émet des vœux, donne des avis ou prend des délibérations.

Dans les communes de 2500 habitants et au-dessous, il y a un adjoint; dans celles de 2501 à 10.000, il y en a deux; et dans les communes d'une population supérieure il y a un adjoint de plus par chaque excédent de 25.000 habitants, sans que le nombre des adjoints puisse dépasser 12, sauf à Lyon où, par exception, il est porté à 17.

Les fonctions des Maires, des adjoints et autres membres du Corps municipal sont gratuites; néanmoins les Maires et adjoints ont droit au remboursement des frais nécessités par tous mandats spéciaux, et il peut même leur être alloué des frais de représentation.

Les fonctions des Maires et adjoints sont incompatibles avec celles des Préfets, Sous-Préfets, Secrétaires généraux et Conseillers de Préfecture, des membres des Cours et Tribunaux, des Ministres du culte, des militaires et employés des armées de terre et de mer en activité de service ou en disponibilité, des agents et employés des administrations financières, des instituteurs primaires, etc.

Administration.

Le Maire représente la commune dans tous les actes qui la concernent, gère ses biens, garantit ses intérêts et pourvoit à sa police locale. — Il est encore agent du Gouvernement, officier de l'état civil, officier de police judiciaire, juge de police, etc.

Le Maire prend des arrêtés à l'effet d'ordonner des mesures locales sur des objets confiés par les lois à sa vigilance et à son autorité. Ces arrêtés sont immédiatement adressés au Sous-Préfet qui les transmet au Préfet. — Le Préfet peut les annuler ou en suspendre l'exécution.

Un particulier lésé par un arrêté municipal peut s'adresser au Préfet pour en obtenir la réformation ; si le Préfet refuse, sa décision peut être déférée au Ministre compétent ; et s'il s'agit d'un arrêté individuel et temporaire, cet acte peut être attaqué devant le Conseil d'Etat, par la voie contentieuse.

Le Maire nomme à tous les emplois communaux pour lesquels la Loi ne prescrit pas un mode spécial. Il nomme notamment les Secrétaires, Bibliothécaires, Architectes, Agents de police, etc.

Le Maire nomme aussi les Gardes champêtres qui doivent être agréés et commissionnés par le Préfet.

Le Maire procède aux adjudications, assisté de deux Conseillers municipaux et du Receveur municipal.

En cas d'absence ou d'empêchement, le Maire est remplacé par un de ses Adjoints, et en cas d'empêchement de ceux-ci, par un Conseiller municipal délégué par arrêté du Maire et sous sa responsabilité. — *D. N.*

Les Adjoints ont certaines fonctions spéciales qui leur sont conférées par la Loi du 3 frimaire an VII, le décret du 6 mai 1811, sur les mines, et par l'art. 67 du C. d'instr. crim.

Nous avons traité ailleurs des Conseils municipaux, des Elections et autres Titres se rattachant à l'organisation municipale. — Voy. *Commune. — Conseil municipal. — Elections municipales.*

ORGANISATION politique. — L'organisation actuelle du Gouvernement a pour base la Loi constitutionnelle du 25 février 1875.

Le pouvoir législatif s'exerce par le Sénat et la Chambre des Députés.

La composition, le mode de nomination et les attributions du Sénat ont été réglés par une Loi spéciale du 25 février 1875. — Voy. *Elections sénatoriales.*

La Chambre des Députés est nommée par le suffrage universel. — Voy. *Elections législatives.*

Les deux Chambres ont en principe les mêmes prérogatives et les mêmes attributions. Elles concourent également à la confection des Lois. Il n'y a d'exception que pour les Lois des Finances qui doivent être d'abord soumises à la Chambre des Députés et votées par elle. — Voy. *Loi.*

Le pouvoir exécutif est exercé par le Président de la République et par les Ministres.

L'élection du Président de la République a lieu, à la majorité des suffrages, par le Sénat et la Chambre des Députés réunis en assemblée générale ; il est nommé pour 7 ans et est rééligible. — Si la fonction du Président de la République devient vacante par démission, décès ou toute autre cause, les deux Chambres, réunies en congrès, procèdent immédiatement à l'élection d'un nouveau Président. Dans l'intervalle, c'est le Conseil des Ministres qui est investi du pouvoir exécutif.

Le Président de la République n'est responsable que dans le cas de haute trahison.

Le Président de la République a l'initiative des Lois, concurremment avec les membres des deux Chambres ; il promulgue celles votées, en surveille et en assure l'exécution. — Il a le droit de faire grâce. — Il dispose de la force armée. — Il nomme à tous les emplois civils et militaires. — Il préside aux solennités nationales, etc.

Les actes du Président de la République sont contresignés par les Ministres qui sont solidairement responsables devant les Chambres de la politique du Gouvernement, et individuellement de leurs actes personnels. — Voy. *Ministère.*

Le Président de la République peut, sur l'avis conforme du Sénat, dissoudre la Chambre des Députés avant l'expiration légale de son mandat.

La revision des Lois constitutionnelles peut être proposée, soit par le Président de la République, soit par l'une ou l'autre des deux Chambres.

Toutefois, il résulte de la Loi du 14 août 1884, que la forme républicaine du Gouvernement ne peut faire l'objet d'une revision.

D'après cette même Loi, les membres des familles ayant régné sur la France sont inéligibles à la présidence de la République. — *E. N.*

En ce qui concerne l'administration. — Voy. *Organisation administrative.*

ORIGINAL. — C'est ainsi qu'on appelle l'*écrit* primitif signé des parties, qui seul forme la convention, sur lequel on tire des copies. On nomme aussi *Original* le procès-verbal de l'huissier constatant qu'il a délivré tel ou tel acte de son ministère. — Voy. *Acte.* — *Copie.* — *Expédition.* — *Exploit.* — *Minute.*

ORIGINE (Certificat d'). — Voy. *Certificat d'origine.*

ORIGINE (Demande d'). — Voy. *Demande d'origine.*

ORIGINE de propriété. — Analyse des anciens titres qu'il est nécessaire de faire dans les contrats de vente d'immeubles et actes constitutifs d'hypothèques, afin de pouvoir remonter, de degré en degré, jusqu'aux anciens propriétaires et de s'assurer si les biens ont été possédés en vertu de titres réguliers, et s'ils ne sont point grevés de servitudes, ou de privilèges fonciers.

ORNE. — Le département de l'Orne est un des cinq que forment la Normandie et une partie du Perche.

Chef lieu : Alençon.

Cour d'appel : Caen.

Ce département est limité à l'Est par l'Eure-et-Loir; au Sud par la Mayenne et la Sarthe; à l'Ouest par la Mayenne, et au Nord par le Calvados et partie de l'Eure.

Il est divisé en 4 arrondissements, 36 cantons et 511 communes.

Superficie : 610.067 hectares.

Impôt foncier : 2.441.945 francs.

Population : 367.248 habitants.

ORNEMENTS. — Se dit particulièrement des bijoux qui servent à parer une personne. On fait aussi certains ornements dans les constructions et habitations. — Voy. *Bagues et joyaux.* — *Meubles.* — *Immeubles.*

ORPHELIN. — Voy. *Enfant abandonné.*

ORTHOGRAPHE. — Art d'écrire les mots correctement selon l'usage établi.

En général, les fautes d'orthographe ne nuisent point aux actes; cependant certains mots peuvent changer de sens suivant la manière dont ils sont orthographiés.

Lorsque dans les actes de l'état civil les mots sont mal orthographiés, on peut en obtenir la rectification. — Voy. *Rectification des actes de l'état civil.*

OTAGE. — Les otages sont une espèce particulière de prisonniers. On appelle otage le sujet mis au pouvoir de l'ennemi pour la sûreté des engagements pris avec lui. En droit maritime, c'est l'homme de mer donné pour garantir le paiement de la rançon d'un navire.

OU. — Voy. *Particule.*

OUTRAGE. — Actes et paroles d'une nature offensante adressées à un fonctionnaire public, dans l'exercice ou à l'occasion de ses fonctions, ou qui blessent la religion, la morale et les bonnes mœurs.

L'outrage consiste, non seulement dans des expressions injurieuses ou diffamatoires, mais encore dans l'imputation ou l'allégation d'un fait de nature à blesser l'honneur, la considération ou la délicatesse de la personne, de même que dans un geste ou une menace, lorsqu'ils ont ou qu'ils indiquent un sens injurieux ou diffamatoire.

A la différence de l'injure, qui s'applique indifféremment aux simples particuliers comme aux agents de l'autorité, l'outrage ne concerne jamais que les fonctionnaires pris isolément ou collectivement.

Il existe encore une autre différence essentielle, c'est que l'injure et la diffamation ne sont punissables que lorsqu'elles ont lieu publiquement, tandis que l'outrage est punissable, qu'il ait été commis publiquement ou non. — *D. N.*

Les outrages aux magistrats dans l'exercice ou à l'occasion de l'exercice de leurs fonctions sont punis d'emprisonnement. — *C. pén.* 222 *et suiv.*

L'outrage accompagné d'excès ou de violence est puni, selon la gravité des cas, de peines correctionnelles ou criminelles. — *C. pén.* 228.

L'outrage fait à un des ministres des cultes reconnus, dans l'exercice de ses fonctions, est puni d'emprisonnement et d'amende. — *L. du 25 mars 1822.*

Des peines sévères (amende et emprisonnement) sont également prononcées par les lois, soit pour l'outrage à la morale publique, religieuse ou aux bonnes mœurs, soit pour l'outrage public à la pudeur.

OUTRE (passer). — Voy. *Passer-outre.*

OUVERTURE. — Se dit, par rapport à certains droits ou actions, pour marquer l'époque à laquelle remonte leur exercice. — Voy. *Faillite.* — *Substitution.* — *Succession.*

OUVERTURE de crédit. — Voy. *Crédit (Acte d'ouverture de).*

OUVERTURE de testament. — Voy. *Dépôt de testament.*

OUVERTURES. — Se dit ordinairement des servitudes appelées *Jours de souffrance.* — Voy. *Vices.*

OUVRAGE. — Ce qui est produit par le travail d'un ouvrier. — Voy. *Bail d'ouvrage.*

OUVRAGE littéraire ou artistique. — Voy. *Propriété littéraire.*

OUVRAGES d'or et d'argent. — Voy. *Matières d'or et d'argent.*

OUVRIER. — C'est ainsi qu'on appelle celui qui travaille de la main à l'industrie ou à une branche quelconque des arts et métiers.

On nomme *gens de travail* ceux qui se livrent journellement à de gros travaux, comme les terrassiers, les manœuvres, etc.

Certaines règles sont communes aux ouvriers et aux gens de travail.

Les ouvriers sont apprentis, compagnons ou maîtres.

Les maîtres, comme les apprentis ouvriers, sont tenus de remplir leurs engagements.

Toute coalition est défendue, sous peine d'amende et d'emprisonnement.

Les ouvriers peuvent s'engager pour un nombre d'années ou de jours, mais jamais pour la vie.

Ils sont tenus d'avoir des livrets. — Voy. *Livret d'ouvriers.*

En fait de responsabilité de la part de l'ouvrier, la Loi distingue plusieurs hypothèses. — *C. civ.* 1788 *et suiv.*

Si la perte de la chose a lieu par la faute même légère de l'ouvrier, il est responsable. — Voy. *Faute.*

Si la perte a lieu par force majeure, l'ouvrier perd son industrie, et le maître perd la matière.

Mais si elle a lieu par un vice intrinsèque de la matière, le maître de la chose est tenu de la perte et du salaire de l'ouvrier.

La réception de l'ouvrage dégage complètement l'ouvrier de toute responsabilité, même pour malfaçon. L'art. 1792 du C. civ., qui étend cette responsabilité pendant dix ans aux architectes, est tout spécial aux travaux de construction; mais pour tous autres ouvrages, l'artisan est complètement déchargé par la réception. — *D. N.*

OYANT. — Terme de pratique dont on se sert pour désigner celui auquel on rend un compte. — Voy. *Compte.*

P

PACAGE. — Lieu où l'on mène paître les troupeaux pour les engraisser.

Le mot *Pacage* désigne aussi le droit d'envoyer paître les bestiaux dans certains fonds que l'on nomme aussi *Pacages.* — Voy. *Pâturage.*

PACOTILLE. — Petite quantité de marchandises que les gens de mer ou les passagers embarquent quelquefois avec exemption de fret, pour les vendre ou échanger. — Voy. *Bail maritime.* — *Charte-partie.* — *Fret.* — *Navire.*

PACTE. — Ancien mot qui signifie *convention, accord.*

PACTE commissoire. — C'est une clause par laquelle les parties conviennent qu'un contrat sera résolu faute de satisfaire aux conditions imposées.

Le pacte commissoire ne produit effet de plein droit qu'autant qu'il y a stipulation formelle à cet effet et encore après une mise en demeure. — *E. N.*

PACTE de famille. — C'est, en général, tout traité qui intervient entre les membres d'une famille pour le règlement de leurs intérêts.

Le pacte de famille peut s'interpréter d'après les circonstances dans lesquelles il a été souscrit.

PACTE de préférence. — Convention par laquelle l'acheteur s'oblige, par son contrat d'acquisition, à donner la préférence au vendeur, s'il revend la chose.

Cette convention est licite, et donne lieu, en cas de non-accomplissement, à des dommages-intérêts. — Voy. *Dommages-intérêts.*

Le pacte de préférence peut aussi avoir lieu en matière d'échange. — Voy. *Échange.*

PACTE de quota-litis. — Convention par laquelle le propriétaire d'une créance difficile à recouvrer ou litigieuse en promet une portion à celui qui lui fait les avances nécessaires pour obtenir son paiement.

Cette convention est valable entre particuliers, à moins de dol et de fraude; mais elle est vicieuse et illicite quand elle est faite au profit du juge, de l'avocat ou de l'avoué du créancier. — *D. N.*

Le pacte stipulé par un agent d'affaires qui se charge de recouvrer une succession, moyennant une quote-part, est considéré comme un mandat pur et simple dont le salaire peut être arbitré par le juge. — *Paris, 25 nov. 1834.*

PACTE de rachat ou de réméré. — C'est la convention par laquelle un vendeur se réserve de reprendre dans un certain temps la chose vendue, en restituant le prix et les accessoires. — Voy. *Réméré.*

PACTE sur une succession future. — Convention qui a pour objet soit la renonciation à la succession d'une personne vivante, soit l'aliénation des droits éventuels à prétendre sur cette succession.

Les choses qui n'existent pas encore, mais qui doivent exister plus tard, peuvent être l'objet d'une convention ; mais la Loi fait exception au principe lorsqu'il s'agit d'une succession.

Ainsi, on ne peut faire aucune stipulation sur la succession d'une personne vivante, même avec son consentement, pas même dans un contrat de mariage.

Toutefois, on peut, par contrat de mariage, disposer de sa succession en faveur des futurs époux ou de l'un d'eux, ou même des enfants à naître du mariage; mais on ne peut renoncer à la succession d'une personne vivante. — *C. civ.* 791, 1082. — Voy. *Contrat de mariage.* — *Institution contractuelle.*

PAIEMENT. — Acquittement d'une dette, d'une obligation, libération du débiteur.

Tout paiement suppose une dette qu'il a pour objet d'éteindre. — *C. civ.* 1315.

Le paiement n'étant que la prestation de la chose due, il n'y a pas lieu à paiement s'il n'y a pas de dette, et la répétition peut être exercée. — Voy. *Répétition*.

Toutefois, la loi n'admet pas la répétition à l'égard des obligations naturelles. — Voy. *Obligation.* — *Répétition.*

Par qui et à qui le paiement peut être fait.

Le paiement peut être fait par toute personne intéressée à obtenir la libération du débiteur, telle qu'une caution, un coobligé.

Il peut même être fait par un tiers non intéressé, et à l'insu du débiteur qu'il libère, s'il est fait au nom et à l'acquit de celui-ci.

Pour être valable le paiement doit être fait au créancier ou à quelqu'un qui a pouvoir de lui ou qualité pour recevoir. — *C. civ.* 1239.

Lorsque le créancier a laissé plusieurs héritiers, chacun d'eux ne devenant créancier que pour sa part, on ne peut valablement lui payer que la portion qui lui appartient dans la créance, et si la succession est indivise, le débiteur doit appeler tous les héritiers au paiement. — *C. civ.* 1220.

Pour que le paiement fait au créancier soit valable, il faut que celui-ci ait capacité pour le recevoir, à moins que le débiteur ne prouve que la chose payée a tourné au profit du créancier. — *C. civ.* 1241.

Le titre exécutoire dont l'huissier est porteur forme dans ses mains un mandat tacite suffisant pour recevoir le paiement.

Le paiement fait à ceux à qui la Loi donne qualité pour recevoir à la place du créancier libère le débiteur. Ainsi, le mari reçoit valablement pour sa femme commune ou mariée sous le régime dotal, le tuteur reçoit valablement pour le mineur et l'interdit, etc.

Quant au mineur émancipé, il peut toucher ses capitaux avec l'assistance de son curateur.

Quelle chose doit être payée et comment.

Le débiteur ne peut obliger ses créanciers à recevoir autre chose que ce qu'il leur doit, la valeur de la chose offerte fût-elle égale, ou même plus grande, à moins qu'il n'y ait lieu à compensation. A part ce dernier cas, le débiteur qui s'est obligé à donner des choses ou des denrées doit acquitter son obligation en nature, lors même qu'elles auraient été estimées dans le contrat.

Le débiteur peut indifféremment payer la somme en or en argent, mais il ne peut forcer le créancier à accepter la monnaie de cuivre ou de billon que pour l'appoint de la pièce de cinq francs.

Le créancier peut refuser le paiement partiel de sa dette, de même qu'il ne peut être forcé de recevoir le capital, si on ne lui paie pas les intérêts.

Si le même débiteur a plusieurs dettes envers le même créancier, il peut les payer chacune séparément et déclarer, en payant, quelle dette il entend acquitter. — Voy. *Imputation de paiement.*

Quand et en quel lieu le paiement doit être fait.

Le terme du paiement n'a pas pour effet de suspendre la dette, mais seulement d'en arrêter l'exigibilité, de sorte que le débiteur peut toujours le devancer, à moins qu'il n'ait été stipulé dans l'intérêt du créancier. — *C. civ.* 1186, 1187.

Les juges peuvent accorder des délais modérés pour le paiement, et surseoir à l'exécution des poursuites, c'est ce qu'on appelle les délais de grâce. — *C. civ.* 1244. — Voy. *Délai.*

Toutefois, le bénéfice des délais de grâce n'est point applicable aux matières commerciales. Ainsi, les juges ne peuvent accorder aucun délai pour le paiement des lettres de change.

Le paiement doit être fait au lieu désigné par la convention ; le créancier ne peut forcer le débiteur à payer ailleurs, même en offrant de lui tenir compte de ses frais de déplacement. — *C. civ.* 1247.

Si le lieu n'est pas désigné, le paiement doit être fait au domicile du débiteur. — *C. civ.* 1247.

Quant au paiement du prix, si l'obligation est pure et simple, il est naturel qu'il soit fait au lieu même de la délivrance. — *C. civ.* 1651.

Si l'obligation est à terme, la chose ayant été immédiatement livrée, elle rentre dans le principe de l'art. 1247 qui veut que le paiement soit fait au domicile du débiteur. Ce principe s'applique non seulement aux simples prêts, mais encore aux obligations de choses indéterminées, comme celle de livrer un cheval.

Des frais du paiement et de ses effets.

Le débiteur étant obligé de livrer la chose, les frais du paiement sont à sa charge. (Tels sont les frais de transport au lieu où doit se livrer la chose, les frais de mesurage, s'il s'agit de denrées, le coût de la quittance, y compris le timbre, etc.)

L'effet du paiement est d'éteindre non seulement l'obligation principale, mais encore celles accessoires, telles que le cautionnement et l'hypothèque.

Le paiement produit dans certains cas la subrogation aux droits du créancier. — *D. N.* — Voy. *Subrogation.*

Le paiement fait sans égard à une saisie ou opposition est sans effet à l'égard des saisissants et opposants qui peuvent contraindre le débiteur à payer de nouveau, sauf son recours contre le créancier. — *C. civ.* 1242. — Voy. *Saisie-arrêt.*

PAIEMENT anticipé. — C'est, comme le mot l'indique, celui qui se fait avant l'époque d'exigibilité.

Ce paiement présente des dangers dans plusieurs cas. — Voy. *Bail à ferme.* — *Faillite.* — *Hypothèque.* — *Saisie-arrêt.* — *Terme.*

PAIEMENT des droits d'enregistrement. — Voy. *Enregistrement.*

PAIEMENT de la chose non due. — Voy. *Erreur.* — *Répétition.*

PAILLES et engrais. — C'est ainsi qu'on désigne certains produits de l'exploitation des fonds ruraux.

Les pailles et engrais sont *meubles* par leur nature. — *C. civ.* 528.

Mais ils sont *immeubles* par destination, lorsque le propriétaire d'un fonds de terre les y a placés pour son exploitation, peu importe qu'ils aient été achetés par le propriétaire ou qu'ils soient un produit de son fonds. — *C. civ.* 524.

Le fermier sortant doit laisser les pailles et engrais de l'année, s'il les a reçus lors de son entrée en jouissance. Dans le cas où il ne les a pas reçus, le propriétaire est autorisé à retenir ceux de l'année, en en payant la valeur, d'après l'estimation. — *C. civ.* 1778. — Voy. *Bail à ferme.*

L'estimation des pailles et fumiers se fait par des experts lorsque les parties ne sont pas d'accord.

Les fermiers ou leurs héritiers ne sont point admis à prouver par témoins qu'ils ont apporté des pailles et engrais lors de leur entrée en jouissance, à moins qu'il ne s'agisse d'une valeur inférieure à 150 francs. — *C. civ.* 1341. — Voy. *Engrais.*

PAISSON. — Se dit de tout ce qui sert de nourriture aux bestiaux dans les bois et forêts. — Voy. *Forêt.* — *Glandée.* — *Pâturage.*

PAIX. — Voy. *État de paix, de guerre, de siège.*

PALMES académiques. — Décorations et titres honorifiques d'officier d'Académie et d'officier de l'Instruction publique.

Ces distinctions établies par un décret organique du 17 mars 1808, ont été réglementées par diverses ordonnances et décrets dont le dernier est du 24 déc. 1885

Elles sont conférées par le Ministre de l'instruction publique, des beaux-arts et des cultes aux fonctionnaires de l'administration de l'Instruction publique, à ceux des Écoles normales primaires, des établissements littéraires et scientifiques et des Écoles spéciales.

Elles peuvent également être accordées aux membres des sociétés savantes et aux littérateurs recommandés par leurs ouvrages.

Nul ne peut être nommé officier de l'Instruction publique s'il n'est depuis 5 ans au moins officier d'Académie.

Les instituteurs ou institutrices libres pourvus du brevet supérieur peuvent obtenir les palmes académiques au bout de 25 ans de services. — *E. N.*

PANAGE. — Droit de faire pâturer des porcs dans une forêt pour s'y nourrir de glands et de faînes. — Voy. *Glandée.* — *Pâturage.*

PANCARTE. — Se dit le plus souvent d'une affiche ou placard. — Voy. *Affiche.* — *Placard.*

PANDECTES. — *Recueil de Lois et décisions.*

PANONCEAUX. — Ce sont les écussons que les notaires et autres fonctionnaires placent à la porte extérieure de leur maison pour marquer que ce lieu est sous la sauvegarde et la protection du Gouvernement.

PAPE. — Voy. *Concordat.*

PAPETERIE. — Voy. *Manufacture.* — *Usine.*

PAPIER. — Les actes des notaires doivent être écrits sur papier timbré.

Il en est de même des actes sous seing privé, mais ceux écrits sur papier commun ne sont pas nuls pour cela ; leur mise à exécution donne seulement lieu à une amende. — Voy. *Acte sous seing privé.*

PAPIER blanc. — En matière d'affichage, le papier blanc est exclusivement réservé aux actes émanés de l'Autorité. — *L. du 29 juillet* 1881.

PAPIERS d'affaires (Transport des). — Voy. *Postes.*

PAPIERS domestiques. — On comprend sous ce titre les registres, cahiers, livres, tablettes, etc., dont on se sert habituellement pour se rendre compte de ses affaires domestiques, de ses revenus, de ses dépenses, etc., afin de conserver la mémoire des choses qui peuvent nous intéresser personnellement, ou intéresser notre famille et nos domestiques.

Ces papiers ne forment pas titre pour ceux qui les ont écrits, mais ils font foi contre eux, dans deux cas : 1° s'ils énoncent formellement un paiement reçu ; 2° s'ils contiennent la mention expresse que la note a été faite pour suppléer le défaut du titre en faveur de celui au profit duquel ils énoncent une obligation. — *C. civ.* 1331.

A l'exception des cas ci-dessus, les registres domestiques ne font pas preuve complète, mais ils peuvent, suivant les circonstances, servir de commencement de preuve par écrit et faire admettre la preuve testimoniale. — *C. civ.* 1347.

Les particuliers n'étant pas obligés à tenir des registres, le juge ne peut, comme en matière commerciale, en ordonner la communication.

PAPIER-MONNAIE. — Signe monétaire que peut créer le Gouvernement pour suppléer le numéraire.

C'est le cours forcé qui constitue le papier-monnaie. On ne doit donc pas considérer comme papier-monnaie les billets de la Banque de France, les bons du Trésor, et généralement les valeurs au porteur, émises soit par le Trésor, soit par des Compagnies financières ou industrielles. — Voy. *Banque de France.*

PAPIER timbré. — Voy. *Timbre.*

PAQUETS cachetés. — Lorsqu'après le décès d'une personne, on trouve, en faisant l'inventaire, des paquets de papiers cachetés, l'ouverture doit en être faite par le Président du Tribunal. — Voy. *Dépôt de testament.* — *Inventaire.*

PARAPHE. — S'entend soit de la marque d'un ou plusieurs traits de plume qu'on ajoute ordinairement après sa signature, soit des lettres initiales des noms et prénoms.

Les renvois et apostilles mis dans les actes doivent être paraphés par les signataires. Il en est de même de l'approbation des mots rayés. Toutefois, dans les actes sous seing privé, il suffit qu'ils soient indiqués à la fin de l'acte, avant l'apposition des signatures.

PARAPHERNAL. — C'est ainsi qu'on appelle, sous le régime dotal, le bien aliénable de la femme, c'est-à-dire celui qui n'est pas compris dans la constitution de dot. — Voy. *Régime dotal.* — *Séparation de biens.*

PARC de bestiaux. — Clôture mobile établie dans les champs et destinée à contenir des bestiaux, et particulièrement des moutons.

La Loi assimile *le parc de bestiaux* à un enclos. — *C. pén.* 392.

Le pacage des bestiaux et notamment des moutons étant un moyen d'engrais sur les terres en jachères, est souvent l'objet d'une sorte de louage par lequel le propriétaire s'oblige à faire parquer ses moutons sur le terrain du preneur, pendant un certain temps et moyennant un loyer déterminé. — Voy. *Bail d'animaux.* — *Parcours et vaine pâture.*

Toute rupture de parc de bestiaux est punie d'un emprisonnement d'un mois à un an. — *C. pén.* 454.

PARCHEMIN. — Peau d'animal préparée pour recevoir l'écriture et autres usages.

Le parchemin destiné à l'écriture se fait avec les peaux de veau, de chèvre, de mouton et d'agneau.

On appelle *Velin* le parchemin d'une peau plus douce et plus fine.

Le parchemin n'est plus guère employé aujourd'hui qu'à la Chancellerie pour les lettres patentes portant collation de titres de noblesse, pour les lettres de naturalisation, les diplômes universitaires, etc.

PARCOURS et vaine pâture. — C'est le droit réciproque appartenant à deux communes, ou aux habitants d'une commune, de faire paître leurs bestiaux, soit sur le territoire des deux communes, soit sur les héritages les uns des autres, après l'enlèvement de la récolte. — Lorsque ce droit existe entre les habitants de communes différentes, il prend le nom de *parcours.* — De particulier à particulier, il n'y a que la servitude de pâturage ou des droits déterminés par les conventions.

Le pâturage dans les bois ne doit pas être confondu avec la vaine pâture ou le parcours. Une des principales différences qui existent entre ces deux droits, c'est que le pâturage peut s'exercer dans les bois défensables pendant toute l'année, tandis que la vaine pâture ne peut avoir lieu qu'à une certaine époque de l'année. Il s'ensuit qu'on ne peut prétendre au droit de pacage dans le bois défensable d'autrui, sous le prétexte de la vaine pâture établie sur le territoire de la commune.

Les droits résultant de la vaine pâture et du parcours ne constituent pas des servitudes, mais seulement de simples droits d'usage, à moins qu'ils n'aient été concédés par une commune à une autre, sans réciprocité, ce qui constituerait dans ce cas une servitude conventionnelle.

D'après l'art. 691 du C. civ., nul n'a le droit, en aucun temps, de faire paître ses bestiaux sur l'héritage d'autrui s'il n'a titre, à moins qu'il n'ait une possession immémoriale antérieure au Code, dans les pays de coutume où l'on pouvait l'acquérir de cette manière.

La vaine pâture ne peut donc s'exercer qu'en vertu, soit de l'ancien statut local, soit du titre lorsqu'elle a été constituée conventionnellement, soit encore par la tolérance des habitants les uns envers les autres.

Ce droit est purement personnel et n'est point transmissible.

Il n'est autorisé qu'à l'égard des propriétaires ou cheptéliers de bestiaux, et non de ceux qui en font commerce, ou qui les tiennent d'autrui pour les nourrir et les engraisser.

Les Conseils municipaux sont chargés de faire les règlements sur l'exercice du parcours et la vaine pâture, et l'autorité municipale a le droit de prescrire à tout propriétaire d'animaux atteints, ou seulement suspects de maladies contagieuses, d'exercer son droit de vaine pâture sur un cantonnement séparé.

Les porcs, les chèvres et les oies sont généralement exclus de la vaine pâture.

Dans aucun cas et dans aucun temps, le parcours et la vaine pâture ne peuvent s'exercer sur les prairies artificielles, telles que trèfles, sainfoins, luzernes, etc.

Tout propriétaire peut se soustraire à l'exercice de la vaine pâture par la clôture de son héritage, lorsque le droit n'est fondé que sur la coutume et la possession, et non sur un titre régulier; mais cette clôture fait perdre au propriétaire son droit au parcours en vaine pâture en proportion du terrain qu'il y soustrait. — *D. N.*

Entre particuliers, tout droit de vaine pâture fondé sur un titre, même dans les bois, est rachetable à dire d'experts. — *L. du 6 octobre 1791.* — Voy. *Pâturage.* — *Servitude.*

PARÉE (Exécution). — Voy. *Exécution parée.*

PARENTÉ. — Rapport qui existe entre les personnes qui descendent les unes des autres ou d'un auteur commun.

On comprend aussi généralement sous ce terme l'alliance ou l'affinité qui n'est qu'une parenté indirecte et qui résulte du mariage, mais qui produit néanmoins, dans certains cas, les mêmes effets légaux que la parenté. — Voy. *Alliance.* — *Allié.*

La parenté est *légitime*, quand la naissance provient d'un mariage contracté conformément à la Loi. — Voy. *Mariage.* — *Légitimité.*

Elle est *naturelle*, quand les enfants naissent hors mariage. — Voy. *Enfant naturel.*

Lorsqu'une personne en adopte une autre, la parenté est simplement civile. — Voy. *Adoption.*

Les parents se distinguent en *ascendants*, *descendants* et *collatéraux*. Les ascendants sont le père, la mère, l'aïeul, etc., en remontant. — Les descendants sont les enfants, petits-enfants, arrière-petits-enfants, etc. — Les collatéraux descendent d'une souche commune, tels que les frères, les cousins, l'oncle et le neveu, etc.

Selon qu'ils sont du côté du père ou de la mère, les parents sont *paternels* ou *maternels*.

Les parents *paternels* d'une personne sont tous ceux paternels ou maternels, ascendants ou collatéraux du père de cette personne. Ceux *maternels* sont tous les parents paternels et maternels de sa mère.

Tous les descendants d'un individu, quel que soit leur degré, sont à la fois ses parents *paternels* et *maternels*.

Il peut arriver que les parents collatéraux d'une personne soient en même temps ses parents paternels et maternels. Ce sont : 1° les enfants issus des mêmes père et mère que cette personne ; 2° tous les descendants de ses frères et sœurs, qui sont ses neveux ou nièces. Mais, sauf dans ces cas, les collatéraux ne sont parents que dans une seule ligne, du côté du père ou de la mère. Il en est de même des ascendants.

Les parents se distinguent en *germains*, *consanguins* et *utérins*. — *C. civ. 733.* — Voy. ces mots.

De même, on distingue encore dans la parenté la *ligne*, la *branche* et le *degré*. — Voy. *Degré.* — *Généalogie.* — *Ligne.* — *Succession.*

Il y a parenté ou alliance naturelle : 1° entre les ascendants ou descendants à tous les degrés et leurs conjoints ; 2° entre les frères et sœurs et leurs alliés au même degré ; 3° entre les oncles et neveux, tantes et nièces.

Toutefois, les enfants naturels, n'ayant d'autre famille que leurs père et mère, n'ont aucun droit sur les biens des parents de ces derniers.

L'adoption n'opère parenté ou alliance qu'entre : 1° l'adoptant, l'adopté et ses descendants ; 2° les enfants adoptifs du même individu ; 3° l'adopté et les enfants qui pourraient survenir à l'adoptant ; 4° l'adopté et le conjoint de l'adoptant, et réciproquement, entre l'adoptant et le conjoint de l'adopté. — Mais elle ne confère ni parenté ni alliance entre l'adopté et tous les parents de l'adoptant, pas plus qu'entre l'adoptant et tous les parents de l'adopté. — Voy. *Adoption*.

La parenté s'établit par la filiation et la légitimité.

La *filiation* se prouve par l'acte de naissance ou, à défaut, par la possession d'état, et, dans certains cas, par la preuve testimoniale. La *légitimité* s'établit par l'acte de célébration du mariage du père ou de la mère, ou par la possession d'enfant légitime. — C. civ. 197, 319 *et suiv*.

La parenté donne droit, dans certains cas, à des aliments. — Voy. *Aliments*.

Elle est le fondement de la puissance paternelle et de la tutelle légitime. — *Voy.* ces mots.

La parenté donne le droit de succéder jusqu'au douzième degré. — Voy. *Succession*.

Il existe certains empêchements résultant de la parenté ou alliance, à l'égard des juges et officiers de justice, des notaires et des témoins, de même que des notaires et témoins avec les parties contractantes. — *D. N.*

PARFAIRE (sauf à). — Termes employés dans les offres réelles pour les frais non liquidés.

Ces frais n'étant pas connus, on doit offrir une somme approximative, en ajoutant *sauf à parfaire*. — Voy. *Offres réelles*.

PARI. — Gageure ou contrat aléatoire par lequel deux personnes qui sont d'avis contraire sur un sujet quelconque conviennent que celle dont l'opinion sera reconnue fondée recevra de l'autre une somme ou une chose convenue. — Voy. *Aléatoire*.

En général, le pari, de même que le jeu, n'engendre point d'action. — C. civ. 1965. — Voy. *Jeu*.

Cependant, le pari légalement fait est valable ; mais il n'y a réellement contrat que quand chacune des parties n'a rien ignoré de ce qui aurait pu l'empêcher de parier.

S'il a été fait des billets en paiement d'une dette de jeu ou pari, et que la cause y soit exprimée, ou puisse être prouvée, même par témoins, le paiement ne pourra être réclamé.

Mais le gagnant ne peut être forcé de rendre ce qu'il a reçu, à moins qu'il n'y ait eu dol, supercherie ou escroquerie. — *C. civ.* 1967.

Les paris sur la hausse et la baisse des effets publics sont punis par les articles 419 et 421 du C. pén.

PARJURE. — Crime de celui qui fait sciemment un faux serment en justice. On appelle aussi *Parjure* celui qui s'est parjuré. — *C. pén.* 366. — Voy. *Serment*.

PAROISSE. — Se dit d'une communauté d'habitants régie, quant au spirituel, par un même curé. On donne aussi le même nom à l'église desservie par le curé. — Voy. *Culte*. — *Fabrique*.

PAROLE. — En matière de convention, ce mot se dit d'un engagement purement verbal.

Les paroles ne sont point obligatoires et n'engendrent d'action que lorsqu'elles sont rédigées par écrit et signées. Néanmoins, on peut déférer le serment à celui qui manque à sa parole ; et lorsque la valeur de la chose n'excède pas 150 francs, on peut recourir à la preuve testimoniale. — *C. civ.* 1341, 1357. — Voy. *Serment.* — *Preuve.*

Dans les stipulations, les paroles font communément la Loi, mais elles doivent être subordonnées à l'intention des parties. — Voy. *Interprétation.*

PARQUET. — Terme de palais qui signifie le lieu où se tiennent les officiers du ministère public, pour recevoir les communications et préparer leurs travaux, et ces officiers eux-mêmes. — Voy. *Ministère public.* — *Tribunaux.*

PARRICIDE. — S'entend du meurtre du père ou de la mère et autres ascendants, et se dit aussi du meurtrier lui-même. — Voy. *Excuses en matière criminelle.*

PART. — Portion de quelque chose qui se divise entre plusieurs personnes. — Voy. *Portion.*

PART afférente. — C'est celle qui doit être attribuée à un copartageant, soit dans les biens, soit dans les dettes. — Voy. *Partage.*

PART d'Enfant. — C'est ainsi qu'on désigne généralement la part qui revient à l'enfant le moins avantagé dans la succession de ses père et mère. — Voy. *Réserve.* — *Succession.*

Cette part sert à déterminer la portion dont peut disposer en faveur de son nouvel époux l'homme ou la femme qui, ayant des enfants d'un autre lit, contracte un second ou subséquent mariage. — *C. civ.* 1098. — Voy. *Noces (secondes).*

PART héréditaire. — C'est ce que quelqu'un prend à titre d'héritier dans une succession. — Voy. *Héritier.* — *Réserve.* — *Succession.*

PART personnelle. — C'est celle qui échoit personnellement à un cohéritier, légataire ou autre propriétaire, dans l'actif d'une succession, ou celle dont il est tenu dans le passif, abstraction faite de l'action hypothécaire. — Voy. *Succession.*

PART virile. — Voy. *Portion virile.*

PARTAGE. — C'est la division entre plusieurs personnes, dans la proportion de leurs droits, des choses qui leur appartiennent en commun à quelque titre que ce soit. — *E. N.*

Le partage d'une succession est la division entre les héritiers donataires ou légataires des biens et droits d'une personne décédée.

De l'action en partage.

Nul ne peut être contraint de demeurer dans l'indivision, et le partage peut toujours être provoqué, nonobstant toutes prohibitions ou conventions contraires. — *C. civ.* 815. — Voy. *Indivis.* — *Indivision.*

On peut, toutefois, convenir de suspendre le partage pendant un temps limité, mais qui ne peut excéder cinq ans, sauf à renouveler la convention.

Lorsque tous les héritiers sont présents, capables de contracter et d'accord, le partage peut être fait à l'amiable, par acte notarié ou sous seing privé. Mais si les héritiers ne sont pas tous présents, s'ils ne sont pas d'accord, ou s'il y a parmi eux des mineurs ou autres incapables, le partage doit être fait en justice.

Lorsque le partage a lieu par acte sous seing privé, il faut autant d'originaux de l'acte qu'il y a de parties ayant un intérêt distinct. Chaque original doit contenir la mention du nombre d'originaux qui ont été faits. Il suffit d'un même original pour ceux qui ont le même intérêt. — *C. civ.* 1325. — Voy. *Double écrit.*

Le partage fait sous seing privé est nul, même à l'égard de ceux qui l'ont signé, s'il ne porte pas la signature de toutes les parties qui y ont figuré.

Tout cohéritier majeur et jouissant du libre exercice de ses droits civils peut intenter l'action en partage. Quant aux mineurs ou interdits, l'action est intentée par leurs tuteurs munis d'une autorisation spéciale du conseil de famille, mais qui n'a pas besoin d'être homologuée.

L'autorisation du conseil de famille n'est pas nécessaire au tuteur pour répondre à une demande en partage dirigée contre le mineur.

La demande en partage s'introduit dans la forme ordinaire. S'il y a plusieurs demandeurs, la poursuite appartient à celui qui a, le premier, fait viser l'original de son exploit par le greffier du Tribunal. — *C. proc.* 966, 967.

Le mari peut, sans le concours de la femme, provoquer le partage des biens à elle échus et qui tombent dans la communauté, s'ils sont mariés sous le régime de la communauté. Mais il ne peut, sans le concours de sa femme, provoquer le partage des biens réservés propres à cette dernière.

L'action en partage appartient aux créanciers personnels de l'héritier comme à l'héritier lui-même; mais ils ne pourraient mettre en vente la part indivise d'un cohéritier dans les immeubles de la succession, avant le partage ou la licitation, qu'ils peuvent d'ailleurs provoquer, si bon leur semble. — *C. civ.* 2205. — Voy. *Expropriation forcée.*

L'action en partage et les contestations qui s'élèvent pendant le cours des opérations sont portées devant le tribunal du lieu de l'ouverture de la succession. — *C. civ.* 822.

En principe, le partage doit se faire en nature pour les meubles comme pour les immeubles; mais s'il a été pratiqué des saisies sur les meubles, ils doivent être vendus. — S'il est reconnu que la division des immeubles ne peut s'opérer sans une dépréciation notable ou de grandes difficultés dans la jouissance des lots, la vente doit en être faite par licitation, devant un juge ou un notaire commis par le tribunal, dans les formes prescrites pour l'aliénation des biens de mineurs, et avec admission d'étrangers. — *C. civ.* 827 *et* 839.

Le partage judiciaire est souvent précédé de l'apposition et de la levée des scellés, et ordinairement de l'inventaire. — Voy. *Inventaire.* — *Scellés.*

De la forme du partage et de ses effets.

L'acte de partage doit contenir l'exposé des faits nécessaires pour faciliter l'intelligence des opérations, tels que l'énonciation du décès, l'apposition des scellés, l'inventaire, le testament, les renonciations et acceptations, la vente des meubles, l'estimation ou la vente par licitation des immeubles, le compte d'administration des biens de la succession, en un mot, tous les faits qui peuvent donner l'explication des opérations et conventions formant l'objet de l'acte. — On procède ensuite à la composition des masses active et passive, puis à la composition des lots, à leur tirage au sort ou aux abandonnements.

Le partage peut être fait avec ou sans soulte ou retour; mais dans ce dernier cas, toute dissimulation dans le prix de la soulte donne lieu à une amende du quart de la somme dissimulée due solidairement par les parties, sauf à la répartir entre elles par égale part.

Le partage est *déclaratif* et non *attributif* de propriété, et chaque cohéritier est censé avoir succédé seul et immédiatement aux objets compris dans son lot ou à lui échus sur licitation du jour du décès, et n'avoir jamais eu la propriété des autres effets de la succession.

Les copartageants demeurent respectivement garants les uns envers les autres des troubles et évictions provenant d'une cause antérieure au partage, à moins que l'éviction n'ait été acceptée par une clause particulière et expresse de l'acte. — *C. civ.* 884.

Le partage donne également lieu à la rescision pour lésion de plus du quart. — *C. civ.* 887. — Voy. *Lésion.*

Tout *cessionnaire* de droits successifs peut être écarté du partage par un ou plusieurs des cohéritiers, au moyen du remboursement du prix de la cession qui lui a été consentie. — Voy. *Retrait successoral.*

Les frais et honoraires de partage sont, en général, à la charge de la succes sion et sont supportés par tous les héritiers, lors même qu'il s'agit d'un partage fait en justice, sur la provocation ou à cause de l'incapacité de quelques-uns des héritiers.

Les règles qui s'appliquent au partage de succession s'appliquent aussi généralement, par voie de conséquence, à tout autre partage. — *D. N.*

Bien que le partage volontaire puisse avoir lieu par acte sous seing privé, il est le plus souvent l'objet d'un acte compliqué qui demande à être rédigé par une personne compétente; aussi conseillons-nous de s'adresser aux notaires, devant lesquels les tribunaux renvoient d'ailleurs les parties, lorsqu'il s'agit de partages judiciaires.

Nous donnons ci-après une formule de partage simple.

Partage entre héritiers majeurs.

Aujourd'hui....,
Les soussignés,
M. Charles A..., demeurant à....,
M. Eugène A..., demeurant à....,
M. Jules A..., demeurant à....,
Frères germains, seuls héritiers, chacun pour un tiers, de M. Pierre A.,. et de Mme Désirée B..., sa veuve, leurs père et mère, tous deux décédés.

Lesquels, pour motiver le partage des immeubles composant les successions de leurs père et mère susnommés, ont d'abord exposé ce qui suit :

M. Pierre A... est décédé à.... le....

Après son décès, il n'a pas été dressé d'inventaire et sa veuve est restée en possession de tous les biens meubles et immeubles dépendant, tant de la communauté ayant existé entre elle et son défunt mari, que de la succession de ce dernier,

Mme Désirée B..., veuve A... est décédée au même lieu de....., le....., et par suite les enfants A... ont fait entre eux le partage du mobilier laissé par ladite dame.

Au moyen de ce partage les successions de M. et Mme B... ne se composent plus que d'immeubles dont les soussignés ont formé trois lots pour être tirés au sort entre eux.

Ceci exposé, il a été procédé comme il suit :

Désignation des biens à partager.

1° Une petite terre et ferme située en la commune de....., composée de....., le tout contenant environ....., ayant pour limites au levant....., au midi....., au couchant....., et au nord.....;
2° Une pièce de terre labourable, etc.....;
3° Un herbage, etc.

Origine de la propriété.

Ces immeubles appartiennent aux copartageants en leur qualité d'héritiers de leur père et mère susnommés.

La terre et ferme désignée sous le n° 1er appartenait en propre à M. A... père, comme lui ayant été attribuée par le partage de la succession de M. Antoine A..., son père, dont il était héritier pour moitié, suivant acte passé devant M^e..., notaire à....., le...

La pièce de terre désignée sous le n° 2 a été acquise par M. et Mme A..., pour le profit de la communauté ayant existé entre eux, suivant acte, etc.

Composition des lots.

PREMIER LOT :

Le premier lot a été composé de la terre et ferme désignée sous le n° 1, avec toutes ses dépendances.

DEUXIÈME LOT :

Le deuxième lot a été formé de la pièce de terre labourable désignée sous le n° 2.

TROISIÈME LOT :

Le troisième et dernier lot a été composé, etc.

Tirage au sort.

Les lots ainsi composés, ils ont été tirés au sort en la manière accoutumée; et par suite de ce tirage, le premier lot est échu à....., le second à..... et le troisième à.....

Abonnements et jouissance divise.

Chacun des copartageants ayant accepté le lot qui lui est échu, les enfants A... se sont fait tous abandonnements à titre de partage et sous la garantie ordinaire.

En conséquence, ils auront la jouissance divise des biens compris dans leur lot et en disposeront en pleine propriété, à compter de ce jour, en supportant toutes les charges et servitudes qui pourraient les grever.

Titres.

Les copartageants reconnaissent que chacun d'eux a en sa possession les titres de propriété des immeubles compris dans son lot.

Fait en triple original à..... lesdits jours, mois et an, et signé, lecture prise.

(*Signatures.*)

PARTAGE anticipé. — Voy. *Partage d'ascendants.*

PARTAGE d'ascendants. — C'est la distribution et le partage que les père et mère ou autres ascendants peuvent faire de leurs biens entre tous leurs enfants et descendants, conformément à l'art. 1075 du C. civ.

Ce partage est soumis aux règles prescrites par les donations entre vifs ou testamentaires. — C. civ. 1076.

Il ne peut porter que sur les biens présents des donateurs lorsqu'il est fait par donation entre vifs.

Les ascendants donateurs ou testateurs doivent être capables de disposer par donation entre vifs ou par testament, et leurs enfants doivent avoir capacité pour recevoir.

Le partage entre vifs peut être fait conjointement par les donateurs.

Tant qu'il n'est pas accepté il peut être révoqué.

Le décès du donateur survenu avant l'acceptation l'anéantit de plein droit.

Enfin il n'est irrévocable que lorsqu'il est accepté par tous les enfants ou donataires.

Cet acte doit être passé devant notaire et revêtu de toutes les formalités prescrites pour les donations entre vifs, à peine de nullité. — Voy. *Donation entre vifs.*

Il doit également être transcrit aux hypothèques.

Le partage testamentaire est soumis aux mêmes formalités que les testaments olographes, mystiques, ou par acte public, et peut être fait n'importe sous laquelle de ces formes. Il est révocable comme tout autre testament.

Un testament particulier est nécessaire pour chacun des donateurs.

Celui qui, faisant un partage testamentaire, comprend dans le lotissement qu'il effectue ses biens propres et ceux de son conjoint décédé, ne dispose pas de la chose d'autrui, et dans ce cas, la clause pénale par laquelle l'héritier contestant serait réduit à la réserve est licite et ne sanctionne qu'une obligation d'exécuter le partage.

Pour la forme du partage testamentaire nous renvoyons au mot *Testament.* — Voy. *Testament.*

Le partage d'ascendants, qu'il soit fait dans la forme entre vifs ou testamentaire, est toujours assujetti aux règles communes à tout partage. Ainsi, chacun des copartageants est soumis à la garantie des lots et à l'action en rescision pour cause de lésion de plus du quart. — Voy. *Partage.*

L'action accordée par l'art. 1079 du C. civ. à l'enfant lésé doit, comme les autres actions en rescision, durer 10 ans.

Lorsque tous les enfants ou descendants existant à l'époque du décès des donateurs n'ont pas figuré au partage, la nullité peut en être demandée. — C. civ. 1078.

L'action en nullité du partage où tous les enfants n'ont pas figuré est une action en pétition d'hérédité qui dure 30 ans. — Voy. *Pétition d'hérédité.*

Au cas de décès de l'un des copartageants donataires sans enfants, si le partage a été fait par acte entre vifs, il y a lieu au retour légal établi par l'art. 747 du C. civ.; mais s'il a été fait par testament, l'ascendant peut disposer de la portion de biens qui eût appartenu à l'enfant prédécédé, et s'il ne le fait pas, elle appartient aux autres enfants, soit comme héritiers, soit par droit d'accroissement.

Les réserves d'usufruit ou de rente viagère stipulées en faveur du survivant des donateurs dans les donations-partages entre vifs étant, quant à la forme, assimilées aux donations entre époux pendant le mariage, doivent comme ces donations être faites par acte séparé. Il s'ensuit que pour y parvenir il faut stipuler dans le partage la réserve d'usufruit et le droit d'en disposer, puis faire la disposition par deux actes distincts.

Le partage d'ascendants fait en fraude des créanciers du donateur doit être annulé. — *D. N.* — Voy. *Fraude.*

PARTAGE de communauté. — Division des biens dépendant d'une communauté après sa dissolution et son acceptation.

Après l'acceptation de la communauté par la femme ou ses héritiers, l'action en partage est ouverte. — *C. civ.* 1467. — Voy. *Communauté de biens.*

S'il y avait renonciation, il n'y aurait lieu qu'à une simple liquidation de reprises de la femme, à payer par le mari ou par ses héritiers.

L'action en partage a pour objet les rapports à faire par chacun des conjoints ou leurs héritiers à la masse de la communauté, les déductions et prélèvements à opérer sur cette masse, et la division du surplus en deux lots, l'un pour le mari, l'autre pour la femme ou ses héritiers.

C'est devant le tribunal du domicile du mari, là où est le siège de la communauté, que l'action en partage doit être intentée.

Les formes et les règles du partage de communauté sont les mêmes que celles indiquées pour le partage des successions. — Voy. *Partage.*

Les frais de liquidation, licitation et partage font partie des dettes de la communauté. — *C. civ.* 1482.

Le partage de communauté est ordinairement précédé d'une liquidation de l'actif et du passif, et terminé par le partage entre les ayants droit de l'actif net, toutes déductions opérées ; or, ce travail exigeant une grande connaissance des affaires, nous conseillons de s'adresser aux notaires, bien que, dans certains cas, il puisse avoir lieu par acte sous seing privé. — Voy. *Liquidation de droits indivis.*

PARTAGE d'opinions. — Division dans les opinions des Juges.

En matière correctionnelle ou criminelle, le partage est acquis à l'accusé, c'est l'avis qui lui est le plus favorable qui l'emporte.

PARTAGE judiciaire. — C'est celui qui est fait sous l'autorité de la justice, soit à défaut d'entente pour un partage amiable, soit pour cause d'incapacité de certains copartageants. — Voy. *Partage.*

PARTAGE provisionnel. — Division provisoire faite en attendant le partage définitif et qui n'a d'effet que relativement à la jouissance des biens.

Le partage est provisionnel, soit par la volonté des parties, soit parce que la loi le répute tel, soit à cause de l'incapacité des parties, ou pour tout autre motif.

Ce partage est un acte d'administration qui ne peut être demandé que par ceux qui sont au moins capables de pareils actes. Ainsi, le mineur non émancipé, l'interdit, et en général la femme mariée ne peuvent le provoquer.

L'effet de ce partage est de rendre chaque cohéritier propriétaire des fruits perçus sur les biens tombés dans son attribution de jouissance.

Ce partage n'est valable que pour cinq ans, mais il peut être renouvelé.

La Loi répute *provisionnel* le partage fait dans les circonstances suivantes, lors même que les parties n'auraient pas eu cette intention :

1° Quand il se trouve des absents, des mineurs ou des interdits et que cependant il n'a pas été procédé en justice ;

2° Quand une partie majeure et capable n'a pas été appelée, ou si elle a fait défaut ;

3° Quand la femme mariée a concouru seule au partage, sans y être autorisée par son mari ;

4° Enfin, lorsque le partage étant fait judiciairement entre parties capables de procéder à l'amiable, il aura été négligé quelque formalité sans le consentement de toutes les parties.

Quoique le partage provisionnel diffère par ses effets du partage définitif, nous pensons qu'il est également susceptible de rescision, et comme il est toujours considéré comme définitif à l'égard des parties capables, celles-ci ont toujours intérêt à exercer ces actions.

Le partage provisionnel n'est assujetti à aucune formalité particulière et peut être fait devant notaire ou sous seing privé dans la même forme que le partage amiable. — D. N. — Voy. *Partage*.

PARTAGE de société. — Division de l'actif d'une société après qu'elle a été liquidée. — Voy. *Partage*. — *Société*.

PARTAGE de succession. — Voy. *Partage*.

PARTAGE testamentaire. — Voy. *Partage d'ascendants*.

PARTIAIRE (Colon). — Voy. *Bail à colonage*. — *Bail partiaire*.

PARTICIPANT. — Voy. *Croupier*. — *Société*.

PARTICIPATION (Société en). — Se dit de celle qui n'a pour objet qu'une opération déterminée et n'a pas de raison sociale. — Voy. *Société*.

PARTICULE. — On distingue la particule *conjonctive* et la particule *disjonctive*.

La particule conjonctive *et*, et la particule disjonctive *ou*, s'emploient souvent l'une pour l'autre dans les actes et même dans les lois, ce qui peut changer le sens véritable de la disposition.

La règle, à cet égard, est de rechercher l'intention du législateur, s'il s'agit d'une loi, ou celles des parties, s'il s'agit d'une convention.

Dans certains contrats, cependant, les deux particules ont le même sens, par exemple : *Enchérir pour soi et son ami*, c'est enchérir pour soi ou son ami. De même, si *je donne à Pierre ou à ses enfants*, les enfants seraient réputés institués conjointement avec leur père.

PARTIE. — Se dit de la personne qui figure en son propre nom dans un acte, une convention, un procès, et non pas de celle qui stipule ou agit au nom d'autrui, tels que les mandataires, tuteurs, gérants, etc.

PARTIE civile. — C'est le plaignant qui, en matière criminelle, se rend partie en cause, et poursuit en son nom personnel la réparation du dommage que lui a causé un crime, un délit ou une contravention commis à son préjudice.

On l'appelle *partie civile* par opposition à la partie publique (ministère public), qui seule peut conclure sur l'application de la loi pénale.

Toute personne ayant un intérêt direct et un droit formé et actuel peut se porter partie civile, sur les poursuites du ministère public, en matière criminelle, correctionnelle, ou même de simple police.

La partie civile peut intervenir jusqu'à la clôture des débats. Elle a le droit de prouver par tous les moyens légaux que son action est bien fondée.

Elle doit élire domicile dans l'arrondissement où se fait l'instruction, et consigner la somme présumée nécessaire pour les frais de la procédure.

L'intervention a lieu, soit par requête d'avoué, soit par des conclusions prises à l'audience.

Le recours est interdit à la partie civile contre les ordonnances de non-lieu et contre les arrêts d'acquittement. — D. N.

PARTIE contractante. — Voy. *Partie*.

PARTIE jointe. — C'est celle qui intervient pour conclure dans le même sens que l'une des parties en cause. — Voy. *Intervention judiciaire*.

Le ministère public procède aussi comme *partie jointe* en matière civile dans certaines causes.

PARTIE (portion). — Voy. *Dette*. — *Indivision*. — *Partage*.

PARTIE publique. — S'entend du ministère public poursuivant au nom de la Société. — Voy. *Action civile et publique*. — *Ministère public*.

PAS-DE-CALAIS. — Le département du Pas-de-Calais est l'un des 3 que forment l'Artois, le Calaisis, le Boulonnais et la Picardie.

Chef-lieu : Arras.

Cour d'appel : Douai.

Ce département est limité à l'Est par le département du Nord ; au Sud par la Somme ; à l'Ouest par la Mer, et au Nord par le Pas-de-Calais et le département du Nord.

Il est divisé en 6 arrondissements, 44 cantons et 904 communes.

Superficie : 660.426 hectares.

Impôt foncier : 3.281.013 francs.

Population : 853.526 habitants.

PASSAGE. — Droit de passer sur le fonds d'autrui. Se dit aussi du lieu où il s'exerce.

De la servitude de passage.

C'est une servitude *discontinue* qui ne peut s'acquérir que par titre, si ce n'est pour cause d'enclave, et par le fait de la copropriété. — Voy. *Servitudes*.

Celui qui jouit du passage doit se conformer aux dispositions du titre qui le lui confère.

A défaut de désignation de l'endroit où le passage doit s'exercer, le choix appartient au propriétaire assujetti ou servant.

Sauf stipulation contraire, l'entretien du droit de passage est à la charge de ceux qui en profitent. — *C. civ.* 698.

Celui qui réclame un droit de passage à titre de copropriété peut établir son droit par prescription. — *Cass.*, 14 nov. 1840.

Le droit de passage est indivisible et ne peut s'acquérir par partie, de sorte que si le cessionnaire vient à mourir laissant plusieurs héritiers, chacun d'eux jouit alors du même droit.

Celui qui doit un passage n'est pas tenu de le réparer.

Lorsque le passage à lieu par une allée bordée de murs, celui à qui il est dû doit contribuer avec le propriétaire à la réparation de ces murs. — Voy. *Servitude*.

Du passage pour cause d'enclave.

Le propriétaire dont les fonds sont enclavés et qui n'a sur la voie publique aucune issue, ou qu'une issue insuffisante pour l'exploitation industrielle ou agricole de sa propriété, peut réclamer un passage sur les fonds de ses voisins pour l'exploitation de son héritage, à la charge d'une indemnité proportionnée au dommage qu'il peut occasionner. — *C. civ.* 682. — *L. du 20 août* 1881.

Le passage doit être pris du côté où le trajet est le plus court, du fonds enclavé à la voie publique ; mais toutefois dans l'endroit le moins dommageable à celui sur le fonds duquel il est accordé.

Si l'enclave résulte de la division d'un fonds par suite de partage, vente, échange ou tout autre contrat, le passage ne peut être demandé que sur les terrains qui ont fait l'objet de ces actes, à moins qu'il n'y ait impossibilité d'établir un passage suffisant sur ces terrains.

L'assiette et le mode de servitude de passage pour cause d'enclave sont déterminés par 30 ans d'usage continu.

La Loi oblige à céder le passage, mais non la propriété du terrain, et dès lors, les droits du cessionnaire sont semblables à celui de l'acquéreur d'une servitude conventionnelle.

Il est dû une indemnité à celui qui est contraint de céder le passage. Cette indemnité est proportionnée au passage souffert, est réglée à dire d'experts, et doit être payée avant l'exercice du passage.

Le passage légal, étant fondé sur la nécessité, s'acquiert par la prescription de 30 ans d'usage continu. Dans ce cas, l'action en indemnité n'est plus recevable, bien que le passage puisse être continué.

Des divers autres passages.

Lorsqu'un chemin est momentanément impraticable et que le fait a été légalement constaté, le voisin est obligé de supporter le passage, sauf l'indemnité contre la commune qui a négligé de faire les réparations nécessaires au chemin.

Si le chemin qui traverse un bois est impraticable, le voyageur peut passer sous bois avec sa charrette.

On peut aussi aller chercher et reprendre les choses qui nous appartiennent sur la propriété d'autrui, notamment les fruits tombés sur le fonds du voisin, sauf ceux tombés naturellement qui lui appartiennent, et ce dernier doit même permettre les recherches dans son puits ou sa fosse, si cela est nécessaire, sauf à réparer le dommage.

La Loi donne une action au propriétaire supérieur pour contraindre l'inférieur à lui permettre l'entrée de son fonds pour le rétablissement du cours des eaux, lorsqu'un accident imprévu ou la succession du temps en a obstrué le cours, sauf indemnité, s'il y a lieu. — *D. N.*

En ce qui est du passage nécessaire pour les réparations aux bâtiments ou mur contigu. — Voy. *Tour d'échelle.*

PASSAGE d'eau. — Voy. *Bac.* — *Bail de bac.* — *Péage.*

PASSAGE de mer. — S'entend de celui accordé aux frais de l'Etat, soit sur des bâtiments de la marine, soit sur des bâtiments de commerce, aux fonctionnaires, employés et agents des services maritimes et coloniaux, de même qu'aux agents diplomatiques, consulaires et autres, dans les cas déterminés par les lois et règlements. — Voy. *Colonies.* — *Marine.* — *Ministère public.*

PASSAVANT. — C'est, en matière de douanes et de contributions indirectes, l'acte qui autorise à transporter d'un lieu à un autre les denrées ou marchandises qui ont déjà payé le droit ou qui en sont exemptes.

Le passavant diffère du congé en ce qu'il autorise le transport des boissons pour le compte du propriétaire lui-même, tandis que le congé se délivre pour le transport des boissons en cas de vente. — Voy. *Congé.*

Il diffère aussi de l'acquit-à-caution, en ce que celui-ci se délivre à l'expéditeur d'esprits, liqueurs ou eaux-de-vie, qui ne doit acquitter les droits qu'aux lieux de la destination. — Voy. *Acquit-à-caution.* — *Contributions.* — *Douanes.*

PASSE-DEBOUT. — C'est la permission donnée à un marchand ou voiturier de faire entrer, sans payer de droits d'entrée, dans les limites de l'octroi d'une commune, des denrées ou boissons qu'il déclare ne devoir pas y être consommées, à la charge de justifier de leur sortie. — *L. du 28 avril 1816.* — *Ord. 9 décembre. 1814.* — Voy. *Octroi.*

PASSEPORT. — Acte de l'autorité administrative dont chacun doit se munir pour voyager soit à l'intérieur, soit à l'extérieur, sous la protection des lois et de l'autorité.

Le passeport pour l'intérieur est délivré par le Préfet dans les chefs-lieux de département dont la population dépasse 40.000 âmes, et par le maire dans les autres communes. Il doit être délivré par le Préfet, si c'est pour l'étranger. A Paris, il est, dans les deux cas, délivré par le Préfet de police. — *LL. des 1er février et 28 mars 1792, et du 5 mai 1855.*

Les passeports sont valables pour un an seulement.

Ils sont individuels; cependant le même passeport peut comprendre le mari et la femme et encore les enfants au-dessous de quinze ans. Il peut comprendre également deux frères ou deux sœurs, si l'un est en bas âge et sous la surveillance de l'autre.

En fait, la législation des passeports est tombée en désuétude.

Il n'en est plus exigé maintenant, pas même pour voyager à l'étranger.

Le coût du passeport est pour l'intérieur de 2 francs 40 centimes, et pour l'étranger de 12 fr., y compris les décimes.

Les passeports d'indigents, avec secours de route (75 centimes par 2 myriamètres), sont délivrés par les Préfets.

PASSE de sac. — Retenue qui s'opère dans les paiements en espèces pour le prix des sacs. Cette retenue est de 10 centimes. — *Déc. du 1ᵉʳ juillet 1809.*

PASSER outre. — Termes employés dans les procès-verbaux et actes de procédure, et qui signifie que, malgré tel obstacle ou tel dire, les choses n'en suivront pas moins leur cours.

PASSIF. — On appelle ainsi, par opposition à l'actif, la partie du compte qui présente l'état des dettes dont une société, une succession, une communauté, un failli se trouvent grevés. — Voy. *Actif.* — *Communauté de biens.* — *Compte.* — *Liquidation.* — *Partage.* — *Société.* — *Succession.*

PATENTE. — Impôt de quotité, classé parmi les contributions directes, auquel sont assujetties toutes les personnes qui exercent en France un commerce, un métier ou une industrie. On nomme aussi patente la formule que l'on reçoit en payant cet impôt. — *L. du 15 juillet* 1880.

Les droits de patente sont fixes ou proportionnels.

Les droits *fixes* sont réglés conformément aux Tableaux A B C, annexés à ladite Loi, et sont établis : eu égard à la population et d'après un tarif général, pour les industries et professions énumérées dans le Tableau A; eu égard à la population et d'après un tarif exceptionnel pour les industries et professions portées dans le Tableau B; et sans égard à la population pour celles qui font l'objet du Tableau C.

Dans les communes dont la population est de plus de 5000 habitants, les patentables exerçant dans la banlieue des professions imposées eu égard à la population paient le droit fixe d'après le tarif applicable à la population non agglomérée.

Les patentables exerçant leur profession dans la partie agglomérée paient le droit fixe d'après le tarif applicable à la population totale.

Le taux du droit proportionnel est actuellement déterminé par le Tableau D, annexé à la loi du 15 juillet 1880.

Le droit proportionnel est dû lors même que les logements et locaux sont concédés à titre gratuit aux patentables.

La valeur locative qui sert de base pour la fixation du droit proportionnel est à défaut de baux authentiques, déterminée par voie d'appréciation ou d'éléments de comparaison.

La contribution des patentes est due, pour les individus exerçant une profession imposable, à partir du premier du mois de leur exercice. — En cas de cession d'établissement, la patente est, sur la demande du cédant, transférée à son successeur, et la mutation de cote est réglée par arrêté du Préfet.

Les patentes sont personnelles et nul ne peut être tenu à en prendre plus d'une, quelles que soient les diverses branches de commerce ou d'industrie qu'il exerce; mais dans ce cas, il est tenu d'acquitter le droit le plus élevé.

Le patentable ayant plusieurs établissements, boutiques ou magasins de même espèce ou d'espèces différentes est, quel que soit le tableau auquel il appartient, passible d'un droit fixe, en raison du commerce, de l'industrie ou de la profession exercée dans chacun de ces établissements, boutiques ou magasins.

Il est également tenu de payer le droit proportionnel dans les diverses communes où sont situés les locaux servant à l'exercice de la profession.

Les patentes sont personnelles et ne servent qu'à ceux à qui elles sont délivrées.

Les ouvriers de moins de 16 ans et de plus de 65, les moteurs hydrauliques chômant au moins 4 mois dans l'année, ne sont comptés que pour moitié dans le calcul des taxes variables du droit fixe.

Ne sont pas assujettis à la patente :
Les fonctionnaires publics et employés salariés par l'Etat ;
Les laboureurs et cultivateurs pour la vente des denrées provenant des terrains qu'ils exploitent ;
Les commis, ouvriers, journaliers et autres personnes travaillant pour autrui, dans les maisons, ateliers et boutiques de ceux qui les emploient ;
Les peintres, graveurs et sculpteurs qui ne vendent que le produit de leur art ;
Les officiers de santé attachés aux hôpitaux et au service des pauvres ;
Les professeurs de lettres, sciences et arts ;
Les éditeurs de feuilles périodiques ;
Les artistes dramatiques ;
Les garde-malade ;
Les sages-femmes ;
Les pêcheurs ;
Les blanchisseuses, les savetiers, etc., etc.

Tout patentable doit recevoir et payer une formule de patente.

La contribution des patentes est assimilée à celle des contributions directes, tant pour le recouvrement que pour les remises ou demandes en modération. — Voy. *Contributions publiques*, § 4.

PATERNEL. — Se dit de tout ce qui concerne l'état ou la qualité de père comme *puissance paternelle, parents paternels*, etc.

PATERNITÉ et filiation. — Termes corrélatifs employés pour désigner le lien naturel ou civil entre le père et l'enfant.

Selon qu'il y a eu mariage ou non, la paternité est *légitime* ou *naturelle*.

Elle peut être désavouée dans le premier cas, mais dans le second la recherche en est interdite, à moins qu'il n'y ait eu *enlèvement*. — Voy. *Désaveu de paternité*. —*Enfant naturel*.

La paternité peut être reconnue volontairement, sauf dans les cas d'adultère ou d'inceste. — Voy. *Enfant adultérin*.

En principe, la recherche de la paternité est interdite. — Voy. *Recherche de la paternité*.

PATERNITÉ (Recherche de la). — Voy. *Recherche de la paternité*.

PATRE commun. — Celui chargé de la garde des troupeaux communs. — L. du 18 juillet 1837. — Voy. *Parcours et vaine pâture*. — *Pâturage*.

PATRIE. — C'est la nation dont on fait partie, la société politique dont on est membre.

Ce terme exprime le sens que nous attachons à ceux de *famille*, de *société*, d'*Etat libre* dont nous sommes membres, et dont les lois assurent nos libertés, nos biens et notre honneur.

La patrie de *naissance* est le pays dans lequel on est né. — La patrie d'*adoption* s'acquiert par la naturalisation. — Voy. *Etranger*. — *Naturalisation*.

PATRIMOINE. — Ensemble des biens d'une personne et particulièrement de ceux provenant de la famille à titre d'héritage. — Voy. *Biens*. — *Séparation de patrimoines*.

PATRIMOINES (Séparation de). — Voy. *Séparation de patrimoines*.

PATRIMONIAL (Bien). — Se dit des biens provenant d'une succession.

PATRON. — Ce mot ne s'emploie plus aujourd'hui qu'à l'égard des officiers ministériels de la part de leurs élèves et employés, de même qu'à l'égard des maîtres de la part de leurs ouvriers.

PATRON de navire. — Voy. *Navire.*

PATURAGE. — Droit de faire paître des bestiaux sur les fonds d'autrui. On donne aussi le nom de pâturage au terrain qui produit de lui-même et sans culture ni semences les herbes servant à la nourriture des bestiaux.

Ce droit se nomme indifféremment *pâturage*, *pacage*, *dépaissance*, ou *paisson*. On distingue le pâturage *vif* ou le pâturage *vain*.

Les marais, les pâtis, les bruyères et les landes sont de vives pâtures.

Le pâturage *vain* n'est pas considéré comme fruit, c'est ordinairement ce que le propriétaire abandonne comme ne lui étant d'aucune utilité. — Voy. *Parcours.*

Le droit de pâturage ou pacage, lorsqu'il est dû sur des propriétés autres que les bois, ne constitue qu'un simple droit de servitude discontinue et non un droit de copropriété.

Le droit de faire pâturer ses bestiaux dans la propriété d'autrui s'acquiert :
1° Par location ;
2° A titre d'usufruit ;
3° Par concession d'usage ;
4° A titre de servitude.

Certaines communes sont propriétaires de pâturages, terres vaines et vagues, où, de tout temps, chaque habitant a pu mener paître ses bestiaux.

D'autres communes exercent aussi, en vertu d'anciennes concessions, le droit de pâturage sur la propriété d'autrui et particulièrement dans les bois.

Le pâturage ou pacage est de deux espèces, dont l'une se rapporte aux herbes seulement, l'autre aux glands, faînes et autres fruits tombés des arbres.

Le droit de pâturage ne comprend pas celui de *glandée*.

Le droit de pâturage ou pacage se prescrit, comme les servitudes, par le non-usage pendant trente ans. — *C. civ.* 706, 707.

PAUVRE. — Voy. *Assistance publique.* — *Hospice.* — *Indigents.*

PAVILLON. — Voy. *Navigation.* — *Navire.*

PAYS étranger. — Voy. *Etranger (pays).*

PAYS de nantissement. — Voy. *Nantissement (pays de).*

PÉAGE. — C'est un droit établi pour le passage d'un chemin ou d'une rivière.

Le péage appliqué aux chemins s'appelle aussi droit de *passe* et de *barrage*. Appliqué aux rivières, il se nomme droit de *pontonnage*, ou de *pontage* si l'on passe sur un pont ; droit de *bac*, si l'on passe sur un bac ; droit de *navigation*, si l'on monte ou descend la rivière sans la traverser. — Voy. *Bac.* — *Octroi de navigation.* — *Pont.*

L'administration et la police des péages établis sur les ponts appartiennent aux préfets des départements dans lesquels ces ponts sont situés.

D'après une Loi du 30 juillet 1881, il ne peut plus être construit de ponts à péage sur les routes nationales ou départementales, et ceux établis antérieurement doivent être rachetés dans un délai de 8 ans, du 1ᵉʳ janvier 1881.

PÊCHE. — S'entend de tout moyen de prendre du poisson dans les eaux privées ou publiques. On distingue la *pêche fluviale* et la *pêche maritime*.

PÊCHE fluviale. — On entend par ces mots l'ensemble des moyens à l'aide desquels on s'empare du poisson d'eau douce, dans les différents cours d'eau.

La faculté de pêcher est réglée par des lois particulières. — *C. civ.* 715.

La pêche fluviale est régie aujourd'hui par la loi du 15 avril 1829, le décret des 22 août et 22 septembre 1865, la loi des 31 mai et 8 juin 1866, et le décret du 10 août 1875.

Le droit de pêche est un accessoire et une dépendance de la jouissance même des cours d'eau où il s'exerce.

Ce droit est exercé au profit de l'État :

1° Dans tous les fleuves, rivières, canaux et contrefossés navigables ou flottables, avec bateaux, trains ou radeaux dont l'entretien est à la charge de l'État ;

2° Dans les bras, noues, boires et fossés qui tirent leurs eaux des fleuves ou rivières navigables ou flottables.

La pêche au profit de l'État est exploitée soit par voie d'adjudication, soit par concession de licence à prix d'argent.

A l'égard des rivières et canaux non navigables ni flottables, les propriétaires riverains ont, chacun de leur côté, le droit de pêche jusqu'au milieu du cours de l'eau.

Le fermier d'un moulin n'a pas le droit de pêcher dans le canal de ce moulin, à moins que ce droit ne lui ait été concédé par le propriétaire, auquel il appartient exclusivement.

Il est permis à tout individu de pêcher à la ligne flottante tenue à la main, dans les fleuves, rivières et canaux dont la pêche appartient à l'État, excepté pendant le temps du frai, qui est déterminé, selon les lieux, par l'autorité administrative.

Dans les rivières non navigables ni flottables, la pêche, même à la ligne flottante, ne peut avoir lieu qu'avec l'autorisation du propriétaire.

Les riverains des eaux du domaine public ont le droit d'empêcher qu'on ne se place sur leurs héritages pour pêcher.

Interdictions, délits et pénalités.

La pêche n'est permise que depuis le lever jusqu'au coucher du soleil ; mais le séjour dans l'eau des filets et engins ayant les dimensions réglementaires est permis à toute heure, à la condition d'être placés et relevés depuis le lever jusqu'au coucher du soleil.

Les filets et engins de toute nature ne peuvent excéder les deux tiers de la largeur mouillée des cours d'eau.

Les filets traînants sont prohibés ; mais le petit épervier jeté à la main et manœuvré par un seul homme est permis.

Il est interdit de pêcher dans les parties des rivières, canaux ou cours d'eau dont le niveau serait accidentellement abaissé pour y opérer des curages ou autres travaux.

La pêche du saumon, de la truite, de l'ombre-chevalier et du lavaret est interdite du 20 octobre au 31 janvier ; celle de tous les autres poissons et de l'écrevisse est interdite du 15 avril au 15 juin inclusivement, c'est-à-dire qu'on peut pêcher le 15 avril, mais non le 15 juin. — *Déc. du 10 août* 1875.

La pêche sans permission peut donner lieu à une amende de 20 francs à 100 francs, indépendamment des dommages-intérêts et de la restitution du prix du poisson pêché en délit. La confiscation des filets et engins de pêche peut, de plus, être prononcée.

Lorsque l'infraction a été commise par l'emploi de l'un des moyens de pêche prohibés d'une manière absolue par la Loi, il y a deux délits et la peine la plus grave doit alors être prononcée.

L'enlèvement du poisson d'un étang, d'un vivier ou d'un réservoir particulier est un vol qui donne lieu à l'application de l'art. 401 du C. pén.

Le droit de pêche ne peut, dans aucun cas, être exercé par les moyens que la Loi reconnaît contraires à la police de la pêche et dangereux pour la conservation du poisson.

Ainsi, il est interdit de placer dans les rivières ou cours d'eau aucun barrage ou appareil ayant pour objet d'empêcher entièrement le passage du poisson, sous peine d'une amende de 50 francs à 500 francs, sans préjudice des dommages-intérêts et de la saisie ou destruction des appareils.

Il est défendu de jeter dans les eaux des drogues ou appâts de nature à enivrer ou à détruire le poisson, sous peine d'une amende de 30 francs à 300 francs et d'un emprisonnement de 1 à 3 mois.

Il est également interdit : 1° de se livrer à la pêche pendant les saisons, et heures prohibées ; 2° de faire usage des procédés ou modes de pêche ou des instruments ou engins prohibés ; 3° de se servir pour une autre pêche de filets permis seulement pour le poisson de petite espèce ; le tout sous peine d'amende de 30 francs à 300 francs.

Ceux qui seraient trouvés porteurs ou munis, hors de leur domicile, d'engins ou instruments de pêche prohibés, peuvent être condamnés à une amende qui ne peut excéder 20 fr. et à la confiscation des engins ou instruments, à moins qu'ils ne soient destinés à la pêche dans les étangs ou réservoirs.

Il est défendu de pêcher, colporter ou débiter des poissons qui n'ont point les dimensions déterminées par les ordonnances, à peine d'une amende de 20 à 50 fr. et de la confiscation des poissons. — Cette disposition s'applique au frai du poisson et à l'alevin, mais, comme celle relative aux engins de pêche, elle n'est point applicable aux poissons provenant des étangs ou réservoirs.

Les pêcheurs qui ont appâté leurs hameçons, nasses, filets ou autres engins avec des poissons de l'espèce prohibée par les ordonnances sont passibles d'une amende de 20 fr. à 50 francs.

Il faut remarquer que les propriétaires riverains et tous autres ayant droit à la pêche dans les rivières et ruisseaux du domaine privé sont soumis aux défenses indiquées ci-dessus.

Les peines sont doubles dans les cas de récidive et quand les délits ont été commis la nuit.

Les particuliers peuvent avoir des gardes pour leur pêche.

Les gardes-pêche, gardes champêtres, éclusiers des canaux et autres officiers de police judiciaire, sont aptes à constater par des procès-verbaux toute espèce de délits de pêche.

A l'égard de ces procès-verbaux. — Voy. *Garde champêtre.* — *Garde-pêche.* — *Procès-verbal.*

PÊCHE maritime. — La pêche maritime ou pêche de la mer est du nombre des choses dont l'usage appartient à tout le monde ; chacun peut donc y pêcher à son gré, en observant les règlements de police établis par chaque puissance maritime.

En France, la pêche maritime est divisée en petite pêche ou pêche côtière, et en grande pêche ou pêche de la morue et de la baleine.

Les poissons de pêche française sont admis à la consommation en exemption de tout droit de douane.

Les principales dispositions qui régissent la pêche maritime sont l'ordonnance de 1681 sur la marine ; celles des 18 mars 1727 et 18 décembre 1728 concernant les pêches sur les côtes de Flandre, du Boulonnais, de la Picardie et de la Normandie ; l'ordonnance du 13 mai 1818 sur la pêche au Chalut ; la loi du 22 juillet 1851 ; les décrets des 28 mars 1852 et 4 juillet 1853 sur la pêche du hareng, du maquereau et des huîtres, et enfin la loi du 15 décembre 1880. — Voy. *Mer.*

Une autre Loi, du 1er mars 1888, interdit la pêche aux étrangers, sous peine d'amende, dans les eaux territoriales de France et d'Algérie, en deçà d'une limite fixée à trois milles marins au large de la laisse de basse mer.

PÉCULAT. — Vol des deniers publics par un dépositaire ou receveur qui en dispose ou les détourne à son profit. — *C. pén.* 169 *et suiv.* — Voy. *Concussion.*

PÉCULE. — On comprend sous ce nom ce qu'un fils de famille a acquis par son travail ou ce qui lui est donné à titre de libéralité.

Toutefois, le mineur non émancipé n'a pas même l'administration de son pécule. — *C. civ.* 389. — Voy. *Émancipation.* — *Gains et épargnes.*

PEINE, Pénalité. — Toute punition d'un crime, d'un délit ou d'une contravention.

Il y a plusieurs classes de peines, comme plusieurs classes de délits.

En matière criminelle, les peines sont afflictives et infamantes, ou seulement infamantes. — Les peines afflictives et infamantes sont : la mort, les travaux forcés à perpétuité, la déportation, les travaux forcés à temps, la détention, la réclusion. — Les peines infamantes sont : le bannissement et la dégradation civique. — *C. pén.* 6 *et suiv.*

Les peines, en matière correctionnelle, sont l'emprisonnement à temps dans un lieu de correction, l'interdiction à temps de certains droits civiques, civils ou de famille, et l'amende. — *C. pén.* 9.

Les peines de police sont : l'emprisonnement, l'amende et la confiscation de certains objets saisis. — *C. pén.* 464.

La condamnation aux peines établies par la Loi est toujours prononcée sans préjudice des restitutions et dommages-intérêts dus aux parties. — *C. pén.* 10.

Les peines peuvent être anéanties par la grâce, l'amnistie, la réhabilitation.

Lorsqu'un délit est reconnu constant, le juge doit appliquer la peine infligée par la Loi, sauf à modérer cette peine quand il existe des circonstances atténuantes.

S'il y a plusieurs crimes ou délits, la peine la plus forte est seule prononcée.

La peine n'est exécutoire que du moment où la condamnation est devenue irrévocable. — *C. pén.* 23.

Les peines sont purement personnelles et les condamnations prononcées contre un coupable n'impriment aucune flétrissure à sa famille.

Le décès du contrevenant éteint toutes les espèces de peines, même pécuniaires, y compris celles qui ne peuvent être poursuivies que devant les Tribunaux civils.

PEINE comminatoire. — Voy. *Clause.*

PEINE contractuelle. — C'est celle stipulée dans un contrat en cas d'inexécution. — Voy. *Clause pénale.*

PEINE testamentaire. — C'est celle prononcée par un testateur contre ses héritiers ou légataires, pour le cas où ils n'exécuteraient pas ses dispositions.

Les dispositions pénales sont valables ou nulles, suivant qu'elles sont ou non impossibles, contraires aux lois, aux bonnes mœurs. — *C. civ.* 900.

PENSION. — Prestation en nature ou en argent pour la subsistance et quelquefois le logement d'une personne.

La pension comme la rente viagère sont limitées à l'existence de la personne pour laquelle elles sont constituées ; mais il existe une différence essentielle entre elles ; ainsi, la pension est insaisissable tandis que la rente viagère ne jouit pas de ce privilège.

Il existe différentes espèces de pensions.

Il y a d'abord les pensions *alimentaires* que les parents et alliés en ligne directe se doivent réciproquement, lorsqu'ils sont dans le besoin. — *C. civ.* 207 *et suiv.* — Voy. *Aliments.*

Celles constituées par les père et mère ou autres ascendants au profit des futurs époux, par contrat de mariage. — Voy. *Contrat de mariage.*

On donne aussi le nom de pension à la somme que l'on paie dans les établissements publics ou privés d'instruction publique, bien que ce contrat n'ait aucune analogie avec la pension alimentaire, et constitue plutôt un louage de services.

On appelle encore pension ce que l'Etat ou les administrations particulières accordent en récompense de services rendus. — Voy. *Pension sur l'Etat.*

Enfin, il y a les pensions dont il doit être justifié, à défaut d'un revenu personnel, pour exercer certaines fonctions publiques. Ainsi, il faut justifier d'un revenu ou d'une pension de *trois mille francs* au moins pour entrer dans la magistrature, au conseil d'Etat ou dans la diplomatie, et les parents de ceux qui se destinent à l'état ecclésiastique doivent également leur assurer un revenu fixé par les règlements. — *D. N.*

Pour la facilité du calcul des arrérages et proratas de pensions. — Voy. *Revenus*.

PENSION alimentaire. — C'est celle fournie en nature ou en argent, en exécution de l'obligation légale qui astreint certaines personnes à donner dans des cas déterminés des aliments à leurs parents et alliés. — *E. N.* — Voy. *Aliments*.

Les père et mère doivent également des aliments à leurs enfants.

Les pensions alimentaires sont constatées en vertu, soit d'une convention ou disposition à titre gratuit, soit de la Loi.

Elles peuvent être l'objet d'une donation entre vifs ou d'un legs. — Voy. *Donation rémunératoire*. — *Legs*.

Les pensions alimentaires sont constituées à vie ou pour un temps limité, et sont insaisissables si ce n'est pour cause d'aliments, à moins qu'elles n'aient été constituées à titre onéreux.

Lorsqu'un enfant condamné à payer à ses père et mère une pension alimentaire ne possède aucun immeuble sur lequel il puisse être pris inscription, les juges peuvent ordonner qu'un capital mobilier soit placé ou déposé par l'enfant pour fournir au service de la pension.

Les gendres et belles-filles doivent des aliments à leurs beaux-pères et belles-mères.

Les pensions alimentaires peuvent être établies soit par acte authentique, soit en vertu d'un jugement, soit encore par acte sous seing privé sous forme de constitution, mais dans ce dernier cas elles ne confèrent pas d'hypothèque.

Nous en donnons ci-après une formule :

Constitution de pension alimentaire.

Aujourd'hui.....
Les soussignés,
M. Eugène A.....
Et M. Pierre A.....
Ont arrêté ce qui suit :
M. Eugène A... a. par ces présentes, créé et constitué,
Au profit de M. Pierre A... son père, ici présent et qui accepte,
Une pension alimentaire annuelle de....., incessible et insaisissable ; qu'il s'est obligé de servir et payer à ce dernier en son domicile, à....., en deux termes égaux de six mois en six mois, les..... et....., et dont le premier semestre sera exigible le..... prochain, le second, le..... suivant, et ainsi de suite jusqu'au décès de M. A... père, époque où elle s'éteindra en principal, arrérages et prorata.

La présente constitution est faite à titre gratuit conformément aux dispositions de l'article 205 du C. civ.

Il a été expressément convenu :
1° Que la quittance de M. A... père lui vaudra de certificat de vie ;
2° Qu'à défaut de paiement d'un seul terme par M. A... fils, et quinze jours après un commandement de paiement fait à domicile réel et demeuré infructueux, M. A... père pourra requérir le dépôt et la régularisation des présentes devant notaire avec affectation hypothécaire aux frais du débiteur.

Fait double à....., lesdits jour, mois et an, et signé, lecture prise.

(*Signatures*.)

PENSION sur l'Etat. — C'est celle payée par le Trésor public et accordée à titre de rémunération, après un certain temps de service, aux fonctionnaires et employés civils et militaires et à leurs veuves et orphelins.

Des pensions civiles.

La Loi du 9 juin 1853 et le déc. du 9 novembre suivant ont mis le service de toutes les pensions civiles indistinctement à la charge du Trésor public.

Les fonctionnaires et employés directement rétribués par l'Etat, les fonctionnaires de l'enseignement et autres ont droit à pension, et doivent supporter indistinctement, sans pouvoir les répéter en aucun cas, certaines retenues pour la constitution de leurs pensions.

On distingue plusieurs espèces de pensions civiles : la pension d'ancienneté, la pension pour infirmités, la pension des veuves et les secours annuels des orphelins.

Le droit à la pension de retraite est acquis par ancienneté ou 60 ans d'âge et après 30 ans accomplis de services. Il suffit de 55 ans d'âge et de 25 ans de services pour les fonctionnaires qui ont passé 15 ans dans la partie active des douanes, des contributions indirectes, des forêts et des postes.

La pension est basée sur la moyenne des traitements et émoluments de toute nature soumis à retenues, dont l'ayant droit a joui pendant ses 6 dernières années d'exercice.

Elle est réglée, pour chaque année de services civils, à un soixantième du traitement moyen. Néanmoins, pour 25 ans de services entièrement rendus dans la partie active, elle est de la moitié du traitement moyen, avec accroissement, pour chaque année de services en sus, d'un cinquantième de traitement. En aucun cas elle ne peut excéder ni les trois quarts du traitement moyen, ni les maximum déterminés par la Loi et qui varient de 750 à 6000 francs pour les différents services.

Les fonctionnaires et employés mis hors d'état de continuer leurs services, et les veuves de fonctionnaires ou employés, peuvent, dans certains cas, obtenir pension.

L'orphelin ou les orphelins mineurs ont aussi, dans certains cas, droit à un secours annuel.

Aucune pension n'est liquidée qu'autant que le fonctionnaire a été admis à faire valoir ses droits à la retraite.

La jouissance de la pension commence du jour de la cessation du traitement ou du lendemain du décès du fonctionnaire ou du décès de la veuve.

Les pensions sont incessibles, et aucune saisie ou retenue ne peut être opérée du vivant du cessionnaire que jusqu'à concurrence d'un cinquième pour débet envers l'Etat, ou pour des créances privilégiées d'après l'article 2101 du C. civ., et d'un tiers dans les circonstances prévues par les articles 203, 206, 207 et 214 du même Code.

Les pensions et secours annuels sont inscrits au Grand Livre de la dette publique et sont payés par trimestres, sur la présentation d'un certificat de vie délivré par un notaire, conformément à l'ordonnance du 6 juin 1839.

Des pensions militaires et de la marine.

Elles se divisent, comme les pensions civiles, en pensions d'ancienneté, pensions pour blessures ou infirmités, pensions de veuves et secours aux orphelins.

Le droit à la pension de retraite pour ancienneté est acquis pour les officiers de l'armée à 30 ans de service actif, et pour les sous-officiers, caporaux, brigadiers et soldats à 25 ans accomplis de service effectif. — *LL. des 11 avril 1831, et 26 avril 1855.*

Les années de service se comptent de l'âge auquel la loi permet de contracter un engagement volontaire, c'est-à-dire de 18 ans. Toutefois, le service des marins incorporés dans l'armée de terre peut se compter à partir de l'âge de seize ans.

Il est compté quatre années de service effectif à titre d'études préliminaires aux élèves de l'École polytechnique, au moment où ils entrent comme officiers dans les armes spéciales. Le temps passé aux écoles navales et autres à partir de l'âge de 16 ans est admis aussi comme service effectif.

La pension d'ancienneté se règle sur le dernier grade lorsque le titulaire a 2 ans au moins d'activité dans ce grade, autrement sur celui immédiatement inférieur.

La pension des veuves et orphelins est fixée au quart du maximum de la retraite affectée au grade du mari, quelle que soit la durée de son activité dans ce grade.

Elle est élevée du quart à la moitié du maximum de la pension d'ancienneté, pour les veuves ou orphelins de militaires et marins tués sur le champ de bataille, ou dont la mort a été causée par des événements de guerre.

Le droit à la pension de retraite d'ancienneté est acquis pour les officiers de la marine et pour les marins de tous les grades à 25 ans accomplis de service effectif. — 30 ans sont exigés dans les autres corps de la marine, à moins de réunir 6 ans de navigation sur les vaisseaux de l'Etat, ou 9 ans, tant de navigation sur ces vaisseaux, que de service dans les colonies. — *L. du* 18 *avril* 1831.

Les pensions militaires sont incessibles et insaisissables, sauf le cas de débet envers l'Etat, ou dans les cas prévus par les articles 203 et 205 du C. civ. — *LL. des* 18 *avril* 1831 *et* 25 *juin* 1861.

Le Ministre de la guerre permet la retenue d'un tiers sur les pensions des militaires, pour subvenir aux besoins de leurs épouses et de leurs enfants. — *Ar. du Conseil d'Etat du* 11 *janvier* 1808.

Les veuves ou orphelins des militaires privés de moyens d'existence peuvent obtenir une pension du quart du maximum de celle de l'ancienneté attribuée à chaque grade. — *L. du* 17 *août* 1821.

Des pensions ecclésiastiques.

Il a été fondé une caisse générale pour le service de ces pensions par une loi du 28 juin 1853.

Ces pensions constituent une libéralité.

Elles ne peuvent être accordées qu'aux prêtres âgés ou infirmes et dont les ressources sont insuffisantes, et qui sont entrés dans les ordres depuis plus de 30 ans.

Les aspirants à cette pension doivent être présentés par l'évêque qui peut seul les désigner, de concert avec le Préfet.

PENSIONS sur les départements et les communes. — Ce sont les caisses de retraite établies par la majeure partie des départements et un certain nombre de communes, pour leurs employés.

PENSIONS civiles. — Voy. *Pension sur l'Etat.*

PENSIONS de retraite. — Voy. *Pension sur l'Etat.*

PENSIONS ecclésiastiques. — Voy. *Pension sur l'Etat.*

PENSIONS militaires. — Voy. *Pension sur l'Etat.*

PENSIONNAT. — Se dit d'un établissement d'instruction publique ou libre, dans lequel les élèves sont réunis à demeure. — Voy. *Enseignement.*

PÉPINIÈRE. — Terrain dans lequel on fait des semis d'arbres pour obtenir de jeunes plants destinés à être transplantés.

Les arbres des pépinières qui tiennent encore à la terre sont censés en faire partie et sont *immeubles*, mais lorsqu'ils ont été arrachés de la pépinière, ils deviennent *meubles* et conservent même cette qualité lorsque, transplantés dans un autre terrain, ils y sont mis comme en dépôt jusqu'à ce qu'on les en arrache pour les vendre.

Les arbres qu'on peut tirer d'une pépinière sans la dégrader fort partie de l'usufruit, de sorte que l'usufruitier peut les vendre à la charge de se conformer aux usages des lieux, pour le remplacement.

Le fermier qui a fait une pépinière peut l'enlever à l'expiration de son *bail*; néanmoins, on doit suivre l'usage des lieux, mais le propriétaire du fonds ne peut jamais être autorisé à retenir la pépinière que moyennant remboursement du prix des arbres à l'époque de leur plantation. — *D. N.*

La dévastation des plants venus naturellement ou faits de main d'homme est punie des peines portées en l'article 444 du C. pén. — Voy. *Agriculture.*

PERCEPTEUR. — Fonctionnaire public révocable, nommé par le Gouvernement pour effectuer et poursuivre le recouvrement des contributions directes et des amendes et condamnations pécuniaires autres que celles concernant les droits d'enregistrement, de timbre, de greffe, d'hypothèques, etc. — *E. N.*

Ces fonctionnaires sont divisés en 5 classes, en raison de l'importance des émoluments qui y sont attachés.

Il y a dans chaque département, celui de la Seine excepté, des percepteurs *surnuméraires* dont le nombre ne peut excéder 260. — *Déc. 3 fév.* 1876.

Les percepteurs des contributions directes sont nommés par le Ministre des finances.

Les percepteurs surnuméraires et le tiers des percepteurs titulaires de 5me classe sont nommés par le Préfet sur la présentation des trésoriers payeurs généraux.

Un tiers des vacances annuelles est réservé aux sous-officiers ayant passé 12 ans dans l'armée active, dont 4 ans au moins avec le grade de sous-officier.

Ils ne sont toutefois admissibles que jusqu'à 36 ans, s'ils satisfont d'ailleurs aux conditions d'aptitude exigées.

Les surnuméraires ne peuvent être nommés titulaires qu'après 2 ans au moins.

Pour être nommé surnuméraire, il faut avoir 21 ans accomplis et moins de 30 ans.

Les percepteurs remplissent les fonctions de receveurs municipaux des communes de leur circonscription, et sont de droit receveurs des hospices et autres établissements de bienfaisance de leurs communes, lorsque les revenus ordinaires de ces communes et de ces établissements ne dépassent pas 30.000 francs.

PERCEPTION. — S'entend de la recette des impôts directs et indirects.

Toute perception non autorisée par la Loi est une *concussion*.

A l'égard de la perception des droits d'octroi et de péage. — Voy. *Bac.* — *Bail de bac et passage.* — *Octroi.* — *Péage.* — *Pont.*

PÈRE et Mère. — Ceux qui ont un ou plusieurs enfants.

Les père et mère *légitimes* sont ceux dont les enfants sont nés d'un mariage légitime. Les père et mère *naturels* sont ceux qui ont des enfants d'une personne avec laquelle ils ne sont pas mariés.

Il existe des droits et devoirs réciproques entre les père et mère et leurs enfants. — Voy. *Aliments.* — *Portion disponible.* — *Réserve.* — *Succession.*

PÈRE de famille. — On entend par ce mot celui qui a des enfants existants.

Toutefois, dans plusieurs dispositions, la Loi recommande les soins d'un bon père de famille. Il en résulte que le possesseur doit apporter à la chose les soins d'un bon administrateur, et l'entretenir dans un bon état de production. — Voy. *Bail.* — *Fruits.* — *Usufruit.*

PÉRÉGRINITÉ. — Etat de celui qui est étranger dans un pays.

PÉREMPTION. — C'est une espèce de *prescription* qui court, tant contre les procédures discontinues pendant un certain temps que contre les jugements par défaut non exécutés dans les 6 mois de leur prononciation, de même que contre les inscriptions hypothécaires non renouvelées dans les 10 ans. — Voy. *Péremption d'instance.* — *Inscription hypothécaire.*

PÉREMPTION d'instance. — Cette péremption a lieu par la discontinuation des poursuites, pendant 3 années. — *C. proc.* 397.

La péremption n'a pas lieu de plein droit, et elle peut être couverte par tout acte valable de l'une ou de l'autre des parties, jusqu'à ce qu'elle soit demandée. — *C. proc.* 300.

La péremption éteint toute espèce d'instance, mais elle n'anéantit point l'action.

Toutefois, la péremption de l'appel donne au premier jugement l'autorité de la chose jugée. — *C. proc.* 460.

Les jugements par défaut rendus contre une partie qui n'a pas constitué avoué sont périmés par 6 mois et réputés non avenus s'ils n'ont pas été exécutés dans les 6 mois de leur obtention. — *C. proc.* 156.

PÉREMPTOIRE (Exception). — Voy. *Exception.* — *Procédure.*

PERFECTIONNEMENT (Brevet de). — Voy. *Brevet d'invention.*

PÉRIL. — Se dit de toute espèce de risque ou de danger menaçant les hommes et les choses. — Ainsi on dit qu'il y a *péril en la demeure* pour exprimer qu'il y a urgence de faire des actes conservatoires ou d'exécution. — Voy. *Demeure (mise en).* — *Dénonciation de nouvel œuvre.* — *Démolition.* — *Dommage.* — *Jet à la mer.* — *Incendie.* — *Naufrage.*

PÉRILS et risques. — Voy. *Risques et périls.*

PERMIS d'exploiter. — Ce terme désigne la permission que l'adjudicataire d'une coupe de bois est tenu d'obtenir de l'autorité, avant de faire la coupe. — C. for. 30.

On délivre aussi des permis d'exploiter aux *usagers* dans les bois soumis au régime forestier, et aux communes qui ont droit à des *affouages.* —C. for. 79. — Voy. *Forêts.*

PERMIS de chasse. — Le permis de chasse est indispensable pour tout chasseur, quel que soit le mode de chasse, et de quelque manière qu'elle se fasse, fût-ce même sur son terrain.

Les auxiliaires, tels que traqueurs et rabatteurs, sont dispensés du permis de chasse à moins que le fait de chasse ne soit délictueux, auquel cas ils seraient responsables comme complices. — *Cass., 29 nov.* 1845 *et* 16 *janv.* 1872.

La quittance du percepteur, pas plus que le certificat attestant que la demande a été faite à l'Administration, ne peuvent, dans aucun cas, remplacer le permis de chasse.

Nous avons déjà traité sommairement du *Permis*, au mot *Chasse.* — Voy. *Chasse.*

Le permis de chasse ne peut être accordé aux mineurs âgés de moins de 16 ans, aux interdits, aux gardes champêtres ou forestiers, aux gardes-pêche et autres agents de la force publique préposés à la surveillance et à la constatation des délits.

Il est personnel, et ne se délivre jamais par duplicata, de sorte que celui qui le perd doit en demander un autre et payer de nouveau les droits.

Le permis de chasse est délivré par le Préfet dans l'arrondissement du chef-lieu, et par le Sous-Préfet dans les autres arrondissements du domicile de celui qui en fait la demande (homme, femme, ou fille).

Il est valable pour toute la France, et pour une année entière et révolue, c'est-à-dire que le permis délivré le 1er septembre 1888 sera encore valable le 1er septembre 1889.

Il doit être demandé directement par les père, mère, tuteur, ou curateur des mineurs âgés de 16 à 21 ans.

Il peut être refusé à toute personne ayant subi une condamnation judiciaire, mais la privation des droits politiques n'est pas un obstacle à sa délivrance.

Une personne condamnée pour délit de chasse peut être privée de l'obtention d'un nouveau permis pendant 5 ans. Les tribunaux sont souverains pour limiter le délai.

Actuellement, le coût du permis de chasse est de 28 francs, décimes compris, dont 18 fr. pour l'État et 10 fr. pour la commune.

La demande de permis de chasse doit être rédigée sur papier timbré (demi-feuille de 60 centimes).

Elle est adressée au Préfet ou au Sous-Préfet. — *Déc. du* 13 *avril* 1861.

A Paris, les permis de chasse sont délivrés par le Préfet de police, sur l'avis motivé du Commissaire de police de l'arrondissement.

Une fois faite et signée, la demande est remise au Maire, qui donne son avis, puis elle est transmise au Préfet ou au Sous-Préfet, avec la quittance du Percepteur du domicile ou de la résidence, et le permis de chasse de l'année précédente. Toutefois, comme ce dernier permis n'est nécessaire qu'à cause du signalement, on peut le conserver en reportant ce signalement en marge de la demande. Il va sans dire que toute première demande doit forcément contenir le signalement.

Le permis de chasse est adressé directement au Maire qui en fait la remise à qui de droit.

L'usage d'un permis délivré sous un autre nom que celui du chasseur est puni d'un emprisonnement de 3 mois à 1 an, et le prêteur du permis peut être poursuivi comme complice. — *C. pen.* 154.

La quittance du percepteur est valable, quelle que soit sa date, pour l'obtention du permis, et le remboursement des droits versés ne peut avoir lieu que dans le seul cas où le permis de chasse serait refusé.

Nous donnons ci-après une formule de demande de permis de chasse.

Demande de permis de chasse.

A Monsieur le Préfet du département de..... (ou à Monsieur le Sous-Préfet de l'arrondissement de ....;

Monsieur le Préfet *ou* Sous-Préfet,

Le soussigné (*Nom, prénoms, qualité et demeure*) a l'honneur de vous prier de vouloir bien lui délivrer un permis de chasse (*ou bien, s'il s'agit d'un mineur*), de vouloir bien délivrer un permis de chasseur au sieur S..., son fils mineur, âgé de plus de 16 ans, comme étant né à....., le.....

Il vous prie d'agréer,
    Monsieur le Préfet.
L'assurance de son profond respect.

                                                              (*Signature.*)
A....., le.....

Avis du maire à mettre à la suite de la demande.

Le Maire de....., considérant que le sieur... ne se trouve dans aucun des cas prévus par la loi pouvant empêcher la délivrance d'un permis de chasse, est d'avis que sa demande soit accueillie.

Fait à....., le.....
(*Sceau de la Mairie.*)   *Le Maire,*

PERMIS de port d'armes. — Voy. *Chasse.* — *Permis de chasse.* — *Port d'armes.*

PERMISSION. — Voy. *Autorisation.* — *Chasse.* — *Faculté.* — *Pêche.* — *Port d'armes.*

PERMISSION de se marier. — Nous entendons parler ici de celle que doivent obtenir soit du Ministre de la guerre, soit de leurs chefs, les officiers, sous-officiers ou soldats en activité de service, les marins, employés dans la marine et aux armées, et autres personnes dénommées dans les décrets des 16 juin, 3 et 28 août 1808. — Voy. *Consentement à mariage.* — *Mariage.*

PERMUTATION. — Terme synonyme d'échange. On dit indifféremment les coéchangistes ou copermutants. — Voy. *Echange.*

PERPÉTUELLE demeure. — Voy. *Meubles.* — *Immeubles.*

PERQUISITION (Acte de). — C'est l'acte qui constate les recherches faites pour découvrir le vrai domicile de celui à qui un exploit est signifié.—*C. comm.* 173.

En matière criminelle, on appelle perquisition la recherche faite au domicile d'un prévenu des objets pouvant servir à la découverte du crime ou du délit. — *C. instr. crim.* 36.

PERSONNE. — Ce mot s'entend de tout être humain né vivant et viable.

Il se dit, en droit, d'un individu considéré selon l'état qu'il tient dans la société, avec les droits ou les devoirs qui en résultent.

Ainsi, il y a deux choses dans l'homme : l'individu et la personne.

On divise les personnes en personnes publiques et en personnes privées.

Les personnes publiques sont celles remplissant des fonctions qui intéressent l'Etat et la masse des citoyens : tels sont le juré, l'électeur, le député, le préfet les magistrats, etc.

Les personnes privées sont celles qui n'exercent pas de fonctions publiques, et dont les droits et devoirs ne concernent pas l'Etat, mais les individus.

Hors de l'exercice de leurs fonctions, les personnes publiques deviennent personnes privées.

D'autres distinctions résultent du sexe, de l'âge, des rapports de famille, des qualités de citoyen ou d'étranger, etc.

La capacité de contracter et d'ester en jugement appartient, en général, à toute personne, soit *réelle*, soit *morale*, sauf celles qui, étant administrées par d'autres, ne peuvent agir et contracter que par l'intermédiaire de leurs administrateurs, tels que les mineurs, les interdits, les communes, les établissements publics, les faillis, etc. — D. N. — Voy. *Droits civils*. — *Droits personnels et réels*. — *Droits politiques*.

PERSONNE capable. — Voy. *Capacité*.

PERSONNE civile. — On appelle personnes civiles ou morales les communes, les établissements, les sociétés, etc., qui exercent certains droits actifs et passifs. — Voy. *Etablissement public*. — *Personne*.

PERSONNE incapable. — Voy. *Capacité*. — *Convention*.

PERSONNE incertaine. — Celle qui n'est pas désignée d'une manière suffisante. Une personne entièrement incertaine ne peut être l'objet d'une disposition valable. — Voy. *Donation*. — *Legs*.

PERSONNE intéressée. — Voy. *Intérêts*.

PERSONNE interposée. — On appelle personnes interposées celles qui prêtent leur nom à un tiers qui serait incapable de recevoir par lui-même une libéralité.

Les dispositions au profit des *incapables* sont nulles, soit qu'on les déguise sous la forme d'un contrat onéreux, soit sous le nom de personnes interposées. — C. civ. 911. — Voy. *Donation déguisée*.

L'article 911 ne s'applique pas à tous les incapables, mais seulement à ceux dont l'incapacité n'est que relative, c'est-à-dire qui peuvent recevoir, en général, sauf de certaines personnes, tels que les enfants naturels, les médecins et les ministres du culte qui ont traité ou assisté une personne pendant la maladie dont elle meurt, etc.

Ce qui caractérise l'interposition ou *fidéi-commis*, c'est que la personne gratifiée en apparence est chargée de rendre à la personne incapable. — Voy. *Fidéicommis tacite*.

L'interposition de personnes peut avoir lieu de toutes manières, et peut être prouvée par tous les moyens : preuve littérale, preuve testimoniale, aveu de la partie, présomptions, etc.

Sont réputées personnes interposées par une présomption légale de la loi, les père et mère, les enfants et descendants et l'époux de la personne incapable. — C. civ. 911.

L'article 1100 du C. civ. répute encore personnes interposées au respect de l'un des époux les parents dont l'autre époux serait l'héritier présomptif.

PERSONNE morale. — Voy. *Personne civile*.

PERSONNE publique. — C'est celle qui est revêtue d'une fonction publique. — Voy. *Fonctionnaire public*. — *Personne*.

PERSONNE en puissance. — S'entend des mineurs, des interdits, des femmes mariées, etc. — Voy. *Emancipation*. — *Autorisation maritale*. — *Interdiction*. — *Mineurs*. — *Prodigue*. — *Puissance paternelle*.

PERSONNEL. — Se dit, en droit, de ce qui est attaché à la personne, ou s'exerce sur elle, ou est destiné à son usage. Le *personnel* est ordinairement opposé au *réel*, qui s'exerce sur la chose. — Voy. *Action*. — *Droits personnels et réels*. — *Obligation*.

PERTE. — Privation d'un droit ou d'une chose et dommage résultant de cette privation.

En principe, toute perte doit tomber sur celui qui pouvait l'éviter.

Elle est à la charge du propriétaire, sauf les cas où le débiteur en est tenu. — Voy. *Perte de la chose due.*

En matière de dommages-intérêts, la perte se compose du préjudice causé et du bénéfice dont on a été privé. — Voy. *Dommages-intérêts.*

PERTE d'actes ou titres. — Le signataire d'un acte sous seing privé qui a perdu son double ne peut exiger que l'autre partie lui représente le sien. — Voy. *Double écrit.*

Le créancier qui a perdu le titre qui lui servait de preuve littérale, par suite d'un cas fortuit imprévu et résultant d'une force majeure, est admis à y suppléer par la preuve testimoniale. — C. civ. 1348. — Voy. *Preuve.*

Des Titres nominatifs.

Au cas de perte d'une inscription ou récépissé d'inscription nominative sur le Grand Livre de la dette publique, le propriétaire doit en faire la déclaration au Maire de sa commune, en présence de deux témoins, qui attestent son individualité. Cette déclaration est faite sur timbre et enregistrée, et la signature du Maire est légalisée par le Sous-Préfet. — Elle est ensuite adressée au Ministre des finances (Direction de la dette inscrite) qui, après s'être assuré de sa régularité, autorise la délivrance d'un nouveau titre. — Voy. *Inscription sur le Grand Livre de la dette publique.* — *Rentes sur l'Etat.*

Les compagnies de chemins de fer et autres sociétés industrielles doivent aussi, en cas de perte de titres nominatifs d'actions ou obligations, en délivrer de nouveaux, sur une déclaration faite dans la même forme que celle indiquée pour les inscriptions de rentes sur l'Etat.

Des Titres au porteur.

Lorsqu'il s'agit de la perte d'une inscription au porteur, il n'y a pas lieu à remplacement du titre, mais, d'après la loi du 15 juin 1872, le propriétaire d'un titre de rente ou d'une action ou obligation au porteur, qui en est dépossédé, peut, en indiquant le numéro d'ordre, former, soit au Trésor, soit entre les mains de la compagnie, opposition à la négociation et au transfert du titre ainsi qu'au paiement des coupons, en faisant notifier par huissier à l'établissement débiteur un acte indiquant le nombre, la nature, la valeur nominale, le numéro, et, s'il y a lieu, la série des titres.

Comme pour les titres nominatifs, déclaration de la *perte* ou du *vol* doit être adressée au Ministre des finances.

Nous donnons ci-après une formule de cette déclaration.

Formule.

A Monsieur le Ministre des Finances (Directeur de la dette Inscrite) :

Monsieur le Ministre,

Le soussigné A.....

A l'honneur de vous exposer :

Qu'il a perdu, *ou* qu'il lui a été volé, (*indiquer dans quelles circonstances*) un *ou* plusieurs titres de rente française, nominatifs *ou* au porteur, de..... pour cent, portant les numéros (*en toutes lettres, et ensuite en chiffres*) ;

Que les derniers coupons de ces titres ont été par lui touchés à....., le..... ;

Qu'il porte cette perte, *ou* ce vol, à votre connaissance, Monsieur le Ministre, demandant qu'il vous plaise donner les instructions nécessaires pour empêcher, dans la limite des facultés de votre administration, la négociation de ces titres et le paiement des intérêts et coupons y afférents.

Et qu'il lui soit fait remise d'un duplicata de ces titres, prenant dès à présent l'engagement de déposer à cet effet le cautionnement qui pourra être demandé par votre administration, conformément à la loi du 15 juin 1872.

Il a l'honneur d'être,

Monsieur le Ministre,

Votre respectueux serviteur.

(*Signature.*)

De la notification et de ses effets.

La notification par huissier doit, autant que possible, contenir, outre les énonciations précédemment indiquées :

1° L'époque et le lieu où l'opposant est devenu propriétaire ainsi que le mode de son acquisition ; 2° l'époque et le lieu où il a reçu des derniers intérêts ou dividendes ; 3° les circonstances qui ont accompagné sa dépossession ; 4° une élection de domicile dans la commune du siège de l'établissement débiteur. Cette notification vaut opposition au paiement tant du capital que des intérêts ou dividendes échus ou à échoir. — *L. du 15 juin* 1872.

Pour prévenir la négociation ou la transmission des titres dont l'opposant aura été dépossédé, il devra encore notifier par exploit d'huissier, au syndicat des agents de change de Paris. une opposition renfermant les énonciations indiquées plus haut. L'exploit contiendra en outre réquisition de faire publier les n°ˢ des titres ; publication qui sera faite un jour franc après, au plus tard, par les soins et sous la responsabilité du syndicat des agents de change de Paris. A ce moyen toute négociation ou transmission postérieure au jour où le bulletin de publication sera parvenu ou aurait pu parvenir par la voie de la poste, dans le lieu où elle aurait été faite, sera sans effet vis à vis de l'opposant, sauf le recours du tiers porteur contre son vendeur et contre l'agent de change par l'intermédiaire duquel la négociation aura eu lieu.

Ainsi, il paraît indispensable de faire deux significations, c'est-à-dire : 1° la notification de l'opposition à la société débitrice du titre, qui a pour but d'empêcher le paiement ; et 2° l'opposition à la Chambre syndicale des agents de change, qui a pour but d'empêcher la circulation du titre.

Ces oppositions ont une grande importance, puisqu'elles peuvent faire découvrir le détenteur, et par la même faire rentrer les valeurs en la possession du véritable propriétaire, tout en aidant à l'action de la justice, s'il y avait eu vol.

Lorsqu'il se sera écoulé une année depuis l'opposition sans qu'elle ait été contredite, et que, dans l'intervalle, deux termes au moins d'intérêts ou de dividendes auront été mis en distribution, l'opposant pourra se pourvoir auprès du Président du Tribunal civil du lieu de son domicile, afin d'obtenir l'autorisation de toucher les intérêts ou dividendes échus ou à échoir au fur et à mesure de leur exigibilité, et même le capital des Titres frappés d'opposition, dans le cas où ledit capital serait ou deviendrait exigible.

Si le Président accorde l'autorisation, l'opposant devra, pour toucher les intérêts, fournir une caution solvable dont l'engagement s'étendra au montant des annuités exigibles, et de plus à une valeur double de la dernière annuité échue. — Après deux ans écoulés depuis l'autorisation, sans que l'opposition ait été contredite, la caution sera de plein droit déchargée. — Si l'opposant ne veut ou ne peut fournir la caution requise, il pourra, sur le vu de l'autorisation, exiger de la Compagnie le dépôt à la Caisse des consignations des intérêts ou dividendes échus et de ceux à échoir qu'il pourra retirer après 2 ans.

Après 10 ans de publication des oppositions sans que, pendant ce temps, personne se soit présenté pour recevoir les intérêts ou dividendes des titres disparus, l'opposant pourra exiger de l'établissement débiteur qu'il lui soit remis un titre semblable et subrogé au premier. Ce titre, qui sera délivré par duplicata et portera le même numéro que celui originaire, conférera les mêmes droits que le titre primitif et sera négociable dans les mêmes conditions.

Ces dispositions ne sont applicables qu'aux titres au porteur émis par les départements, les communes et les établissements publics et non aux billets de la Banque de France, ni aux rentes et autres titres au porteur émis par l'Etat, qui sont régis par des lois et décrets antérieurs encore en vigueur.

Toutefois, la Loi du 15 juin 1872, précitée, consacre implicitement au profit des propriétaires de titres de rente au porteur qui en auraient été dépossédés le droit d'obtenir un duplicata des mêmes titres en fournissant un cautionnement.

La même Loi détermine encore le temps pendant lequel le cautionnement peut être retenu au trésor.

En effet, la dernière disposition de cette Loi est ainsi conçue : « Les cautionne-
« ments exigés par l'administration des Finances pour la délivrance des dupli-
« catas de titres perdus, volés ou détruits, seront restitués, si, dans les 20 ans
« qui auront suivi, il n'a été formé aucune demande de la part de tiers-porteurs,
« soit pour les arrérages, soit pour le capital, et le Trésor sera définitivement libéré
« envers le porteur des titres primitifs, sauf l'action personnelle de celui-ci
« contre la personne qui aura obtenu le duplicata. »

PERTE de la chose due. — C'est un des modes d'extinction des obligations, mais qui ne peut s'appliquer qu'à celles de livrer un corps certain et déterminé.

L'obligation de donner contient, outre l'obligation de livrer la chose, celle de la conserver jusqu'à la livraison avec les soins d'un bon père de famille. — *C. civ.* 1136 *et suiv.*

Mais, lorsque le débiteur a rempli la dernière de ces obligations et que, malgré cela, la chose vient à périr, est mise hors du commerce, ou se perd de manière qu'on en ignore absolument l'existence, il ne peut plus être tenu de la livrer. — *C. civ.* 1302.

La perte de la chose due n'éteint que l'obligation de livrer ; les autres obligations corrélatives continuent d'exister. — *C. civ.* 1138.

Lorsque les deux choses comprises dans l'obligation alternative périssent, comme l'obligation était nécessairement déterminée à l'une ou à l'autre, quoiqu'elle fût indéterminée, la perte opère l'extinction de l'obligation, à moins que le débiteur ne soit en faute. — *C. civ.* 1193.

C'est au débiteur à prouver que la chose a péri par cas fortuit ou de force majeure. Il doit aussi prouver que la chose eût également péri chez le créancier. *C. civ.* 1302.

Ceci une fois établi, si le créancier prétend que l'événement est arrivé par la faute du débiteur, c'est à lui à en faire la preuve.

Le débiteur et ceux qui ont accédé à son obligation peuvent être tenus au paiement du prix, lors même qu'aucune faute ne leur serait imputée, s'ils se sont chargés des cas fortuits. — *C. civ.* 1302.

A l'égard de la chose volée, de quelque manière qu'elle vienne à périr entre les mains de celui qui l'avait soustraite, il est toujours en faute et doit en restituer le prix. — *C. civ.* 1302.

Dans les cas où le débiteur n'est pas libéré de la chose, on doit procéder à son estimation sur les bases ci-après : si l'obligation est pure et simple, on doit estimer la valeur au jour de la demande, et si elle est à terme on doit estimer la valeur qu'aurait la chose à l'échéance. — *D. N.*

PERTE d'un effet de commerce. — Voy. *Billet.* — *Lettre de change.*

PERTINENT. — Voy. *Faits pertinents.*

PERTUIS. — Ouverture pratiquée dans le barrage d'un cours d'eau pour favoriser les manœuvres de la navigation et du flottage. — Voy. *Eau.* — *Navigation.*

PESAGE, mesurage, etc. (Bureau de). — Ce sont des bureaux publics où chacun a le droit de faire peser, mesurer et jauger des marchandises, moyennant une rétribution fixée par des tarifs. — *Arr. du 7 brum. an IX, etc.* — Voy. *Poids et mesures.*

PESTE. — C'est un des cas fortuits ou de force majeure. — Voy. *Cas fortuit.* — *Testament.*

PÉTITION. — C'est une demande, une réclamation adressée à l'autorité supérieure dans le but d'en obtenir une décision ou une mesure quelconque.

Toute personne a le droit d'adresser des pétitions ou suppliques au Chef de l'Etat. — Voy. *Supplique.*

On peut aussi adresser des pétitions au Sénat, aux Ministres, aux Préfets et aux divers fonctionnaires de l'autorité administrative.

Les demandes ou réclamations adressées aux tribunaux ou à leurs Présidents portent le nom de requêtes.

Les pétitions ou réclamations en matière d'enregistrement, adressées au Ministre ou à la Régie, n'interrompent pas la prescription. — Voy. *Enregistrement.*

Toutes les pétitions, mémoires, même en forme de lettres présentées au Gouvernement, aux Ministres, aux autorités constituées, aux administrations ou établissements publics, sont assujettis au timbre, et on peut employer du papier timbré de toute dimension. — *L. du 13 brumaire an VII.*

Lorsque la pétition est rédigée en double, il suffit que l'un d'eux seulement soit sur timbre.

Toute contravention aux dispositions ci-dessus donnerait lieu, outre le paiement des droits de timbre, à une amende de 5 francs. — *L. du 16 juin 1844.*

Sont dispensées du timbre :

1° Les pétitions adressées au Sénat et à la Chambre des députés. — *L. du 13 brumaire an VII;*

2° Celles ayant pour objet des demandes de congés absolus ou de secours. — *L. du 13 brumaire an VII;*

3° Les réclamations en décharge ou réduction des contributions foncière, personnelle ou mobilière, des portes et fenêtres et des patentes ayant pour objet une cote moindre de 30 francs. — *L. du 21 avril 1832.*

Toutefois, lorsque la cote générale du contribuable dépasse 30 francs, la pétition doit être sur timbre, quand même il ne s'agirait que d'une cote partielle au-dessous de ce chiffre;

4° Celles relatives à la composition de la liste du Jury, de celle des électeurs, des tribunaux de commerce, et de la liste des élections en matière électorale. — *Déc. 7 et 28 août 1848, 8 et 28 février 1849;*

5° Les mémoires et la correspondance adressés par les Chambres de commerce, soit au Ministre, soit à l'administration des douanes pour des demandes ou réclamations d'un intérêt général. — *Déc. Min. Fin. 13 août 1819;*

6° Les pétitions adressées au Gouvernement en demande de secours, pour des personnes dans une position malheureuse, ou par les maires dans l'intérêt de leurs administrés, en cas d'incendie, d'inondation, d'épizootie, etc. — *Déc. Min. Fin. 15 sept. 1849.*

7° Les demandes ayant pour objet l'inscription du cautionnement versé au Trésor public par un fonctionnaire ou du privilège du bailleur de fonds. — *Déc. Min. Fin., 7 juillet 1851.*

L'obligation du timbre n'est pas appliquée non plus en ce qui concerne le département de la Guerre; — aux militaires en activité de service de la réserve et de la territoriale; — aux demandes de secours et de pensions; — aux pétitions émanant de personnes domiciliées hors la France, ni aux demandes de renseignement sur des militaires supposés disparus ou décédés.

Pour les pétitions en remise d'amende. — Voy. *Amende.*

Pour celles en demande de *sursis, remise ou réduction de droits en sus.* — Voy. *Enregistrement.*

Pour les pétitions à l'effet d'une demande de débit de tabac. — Voy. *Bureau de tabac.*

Nous donnons ci-après deux modèles de pétition (l'un à adresser au Sénat, l'autre à un Ministre) qui, à l'aide de quelques changements, peuvent servir d'indication dans tous les cas.

Pétition au Sénat pour se plaindre d'un attentat à la liberté individuelle.

A Messieurs les membres du Sénat.
   Messieurs les Sénateurs,
     Le sieur A..., demeurant à.....
   A l'honneur de vous exposer :
Que le... de ce mois, se trouvant à......, ville située à un myriamètre de sa résidence, il a été rencontré dans la rue par M...., commissaire de police de la ville; que ce dernier lui ayant demandé son passeport, qu'il n'avait pas en sa possession, l'a mis immédiatement en état d'arrestation, malgré l'offre faite par l'exposant de faire constater son individualité par différentes personnes honorables de la ville, et sa demande d'être conduit immédiatement devant le Maire; qu'il a ensuite dirigé l'exposant, malgré ses protestations, sous la conduite de la Gendarmerie, à la prison de la ville, où M. le Procureur de la République l'a fait mettre en liberté;
Que la conduite arbitraire du sieur..... mérite une sévère punition pour éviter qu'à chaque instant les citoyens paisibles et honorables soient exposés à être traités comme des malfaiteurs.
En conséquence, Messieurs les Sénateurs, l'exposant appelle très respectueusement votre attention sur l'abus d'autorité commis à son égard par le sieur....., vous priant d'intervenir pour le faire révoquer de ses fonctions qu'il est indigne d'exercer plus longtemps sans porter préjudice à la société et discréditer le Gouvernement aux yeux des populations.
Il a l'honneur d'être, avec le plus profond respect.
   Messieurs les Sénateurs,
Votre très humble et très respectueux serviteur.
                                                               (*Signature*.)

Pétition à un Ministre pour demander une place ou pour toute autre cause.

A Monsieur le Ministre, secrétaire d'Etat au département de.....
   Monsieur le Ministre,
     Le sieur A..., ancien (notaire, avoué, greffier, etc.),
   A l'honneur de vous exposer très humblement.
Qu'il a exercé les fonctions de....., pendant..... années avec honneur et probité, ainsi que le constatent les certificats ci-joints :
Et que la place de..... étant vacante par suite du décès de M. B..., qui en était titulaire, l'exposant vous supplie, Monsieur le Ministre, de prendre en considération les Titres qu'il fait valoir, et si, comme il l'espère, vous les jugez suffisants, d'avoir l'extrême obligeance de le nommer..... à...
Il a l'honneur d'être,
   Monsieur le Ministre,
Votre très humble et très respectueux serviteur.
                                                               (*Signature*.)

PÉTITION d'hérédité. — C'est la demande en délaissement d'une succession en tout ou en partie par un héritier ou légataire universel contre celui qui la détient indûment. — *E. N.*

Il ne faut pas confondre la pétition d'hérédité avec la revendication qui a lieu pour une chose déterminée, ni avec l'action en partage qui a pour but la division des choses communes. La pétition d'hérédité, au contraire, a pour objet le droit de succéder en général et non telle chose en particulier.

Elle ne peut être intentée que par l'héritier ou légataire universel ou par leurs ayants cause en justifiant de leurs qualités.

L'action en pétition d'hérédité doit être exercée contre les cohéritiers ou les acquéreurs de droits successifs; elle ne peut être dirigée contre les tiers munis de titres authentiques dont la nullité n'a pas été prononcée.

La pétition d'hérédité ne s'éteint que par le laps de 30 ans.

Elle doit être portée devant le tribunal du lieu du domicile du défunt, ou de sa résidence habituelle s'il était étranger.

La demande en pétition d'hérédité a pour effet de constituer le possesseur en mauvaise foi, mais ce dernier peut discuter les preuves du demandeur.

Le possesseur qui succombe doit délaisser tout ce qu'il possède parmi les choses soit corporelles, soit incorporelles de la succession.

Toutefois, le possesseur de bonne foi n'est tenu de restituer les fruits que du jour de la demande, sauf à tenir compte à l'héritier du bénéfice qu'il en a retiré en augmentant sa fortune. Mais le possesseur de mauvaise foi doit compte de tous les fruits qu'il a perçus, qu'il en ait profité ou non. Il est même tenu de ceux qu'il aurait pu percevoir et responsable du défaut de placement des capitaux.

Le possesseur de bonne foi n'est pas responsable des pertes arrivées par son fait ou sa négligence; il suffit qu'il rende les biens dans l'état où ils se trouvent. Mais il en est autrement des possesseurs de mauvaise foi.

A l'égard des tiers, le possesseur est réputé propriétaire de la chose, non seulement jusqu'à la revendication, mais encore jusqu'au jugement qui prononce en faveur du demandeur.

Par suite, les paiements faits à l'héritier apparent, les transactions par lui consenties et les jugements rendus contre lui sont obligatoires pour l'héritier véritable. — Voy. *Héritiers.*

PÉTITION (plus-). — Voy. *Plus-pétition.*

PÉTITOIRE. — On qualifie ainsi, par opposition à l'action possessoire, celle par laquelle on revendique la propriété d'un droit réel immobilier. — Voy. *Action.* — *Action possessoire.* — *Juge de paix.* — *Possession.* — *Revendication.*

PETITS-enfants. — Ce sont les descendants au-dessous du degré de fils. — Voy. *Enfant.* — *Legs.* — *Ligne.* — *Substitution.* — *Succession.*

PHARES, Fanaux. — Tour construite près du bord de la mer ou sur quelque point saillant d'une côte, et au sommet de laquelle on entretient des feux allumés pour guider les marins en mer.

Ils sont classés en feux de 1er, 2me, 3me et 4me ordre.

La portée des phares de premier ordre est de 35 à 50 kilomètres; celles des phares de deuxième ordre de 28 à 33; celle des phares de troisième ordre, de 21 à 26. La portée de ceux de quatrième ordre, dénommés plus particulièrement *feux de port* ou *fanaux*, n'excède pas 15 à 18 kilomètres.

L'entretien et la surveillance des phares et fanaux est confiée à l'administration des ponts et chaussées. — *Déc. du 7 mars 1806.*

PHARMACIEN. — Profession de celui qui compose et prépare les médicaments d'après les prescriptions soit des docteurs en médecine ou en chirurgie, soit des officiers de santé.

Cette profession, comme celle de médecin, exige des certificats d'aptitude, et nul ne peut l'exercer sans avoir obtenu ces certificats, qui confèrent au titulaire le grade de pharmacien de 1re ou de 2me classe.

Pour être reçu pharmacien, il faut être âgé de 25 ans au moins.

Les pharmaciens ne peuvent vendre aucun remède secret.

Ils ne peuvent faire aucun autre commerce ou débit que celui des drogues et préparations médicinales.

Les pharmaciens de 1re classe peuvent exercer dans toute l'étendue du territoire français, tandis que ceux de 2me classe ne peuvent s'établir que dans le département où ils ont été reçus.

Tout pharmacien nouvellement reçu est tenu de présenter son diplôme : à Paris, au Préfet de police, et dans les autres villes, au Préfet du département, devant lequel il prête serment d'exercer son art avec fidélité et probité.

Il est défendu à tout individu qui n'a pas été reçu pharmacien de vendre ou préparer des médicaments, sous peine d'amende et même d'emprisonnement en cas de récidive.

Il est toutefois fait exception en faveur des sœurs de charité des hospices ou des établissements de secours à domicile, mais elles ne peuvent préparer de médicaments *officinaux.* Elles ne peuvent d'ailleurs vendre aucun médicament au public.

Les officines et magasins des pharmaciens sont visités, au moins une fois par an, par les professeurs des écoles de pharmacie.

Les médecins et pharmaciens ne peuvent profiter des dons faits en leur faveur par une personne qu'ils ont traitée pendant sa dernière maladie. Toutefois, l'article 909 du C. civ. excepte les dispositions rémunératoires, et celles faites à titre universel dans le cas de parenté, jusqu'au 4me degré inclusivement.

Comme le médecin, le pharmacien est tenu de la plus grande discrétion et peut refuser de déposer en justice sur des faits qui ne lui ont été révélés ou qu'il n'a découverts qu'à raison de sa profession. — Voy. *Médecine*.

PHYLLOXERA. — Insecte qui s'attache aux vignobles, les détruit, et qui se reproduit avec rapidité.

Un prix de 300.000 fr. a été voté en faveur de celui qui trouvera un moyen efficace et pratique de sauver les vignobles de ce fléau. — *L. du 22 juillet* 1874.

Par une autre loi du 15 juillet 1878, l'administration a été autorisée à traiter les vignes malades même contre le gré du propriétaire.

Une loi du 1er déc. 1887 exempte de l'impôt foncier les terrains plantés et replantés en vignes dans les départements phylloxérés. L'exemption est acquise à partir du 1er janvier de l'année qui suit celle pendant laquelle la plantation ou replantation a été faite. Mais, pour jouir de cette exemption, le contribuable doit adresser à la Sous-Préfecture ou à la Préfecture, dans les trois mois de la publication du rôle, une déclaration exacte des terrains par lui nouvellement plantés ou replantés; déclaration qui a lieu sur des formules imprimées à la mairie. — *Déc. du 2 mai* 1888.

PIÈCES. — Se dit des titres, actes, papiers ou écritures de toute espèce, qui sont produits pour justifier un droit, une demande, un dire ou une exception. — Voy. *Acte*. — *Écriture*. — *Feuille volante*. — *Papiers domestiques*. — *Titres*.

PIÈCES de comparaison. — Voy. *Faux*. — *Vérification d'écriture*.

PIED cornier. — Se dit des arbres destinés à fixer les limites d'une coupe de bois dans une forêt. — Voy. *Forêts*.

Les pieds-corniers ne dispensent pas du bornage s'il est requis par le voisin. — Voy. *Bornage*.

PIÈGES. — Voy. *Chasse*. — *Délit de chasse*. — *Pêche*.

PIERRE. — Voy. *Carrière*. — *Meubles*. — *Immeubles*. — *Mine*.

PIGEONS. — Voy. *Colombier*. — *Meubles*. — *Immeubles*.

PIGNORATIF (Contrat). — C'est un contrat usuraire, déguisé sous la forme d'une vente à réméré avec relocation au vendeur. — Voy. *Prêt*. — *Usure*.

PILLAGE. — Se dit du ravage ou enlèvement d'effets, marchandises ou denrées à force ouverte. — *C. pén.* 91. 96, etc. — Voy. *Naufrage*. — *Police d'assurance*. — *Responsabilité*. — *Sûreté publique*.

PILOTE. — Marin préposé à la garde et à la direction du gouvernail.

On distingue deux sortes de pilotes, le pilote *hauturier*, qui dirige le vaisseau en pleine mer, et le pilote *lamaneur*. — Voy. *Lamanage*. — *Lamaneur*.

Les droits de pilotage ou salaires dus par les capitaines de navires aux pilotes lamaneurs sont fixés, pour chaque localité, par des décrets, et les contestations qui s'élèvent sont réglées sans frais par le commissaire de l'inscription maritime et le Président du tribunal de commerce, sans préjudice du droit des parties de faire prononcer judiciairement sur ces contestations par le tribunal de commerce. — *Déc.* 12 *décemb.* 1806.

PIRATE, piraterie. — On appelle *Pirates* des individus qui, sans commission spéciale d'aucun Gouvernement, courent la mer avec des navires, pour piller et voler les autres bâtiments, amis ou ennemis.

La piraterie est un crime. — *L. du* 16 *avril* 1825.

PISTOLET. — Voy. *Port d'armes*.

PLACARD. — Mot synonyme d'affiche. — Voy. *Affiche*. — *Saisie immobilière*. — *Timbre*. — *Vente judiciaire*.

PLACE. — Se dit d'une fonction quelconque, d'un emploi public ou privé. — Voy. *Démission*. — *Fonctionnaire public*. — *Office*.

PLACE de commerce. — Se dit de la ville où se tient la Banque, où se fait le négoce d'argent. On emploie les mêmes termes pour désigner le lieu particulier où les banquiers et les négociants s'assemblent pour y traiter les affaires de leur commerce. — Voy. *Lettre de change*. — *Remise de place en place*.

PLACE de guerre. — Poste militaire. — Servitude défensive. — On comprend sous le titre de place de guerre et postes militaires les enceintes fortifiées destinées à la défense du territoire. Les restrictions apportées dans l'intérêt de la défense de l'Etat aux droits de jouissance attachés à la propriété foncière sont des *servitudes défensives militaires*.

L'établissement des places de guerre, leur classement et les servitudes qui en résultent pour la propriété privée, ont été réglés par les ordonnances des 16 juillet 1670, 14 août 1680, etc, etc; et particulièrement par le décret du 10 août 1853 qui abroge toutes les lois antérieures dans leurs dispositions contraires et qui forme le dernier état de la législation.

Servitudes autour des fortifications.

Les servitudes défensives autour des places et des postes s'exercent sur les propriétés comprises dans trois zônes, commençant toutes aux fortifications, et s'étendant respectivement aux distances de 250 mètres, 487 mètres et 974 mètres pour les places, et de 250 mètres, 487 mètres et 584 mètres pour les postes.

Dans la première zône de servitude, autour des places et postes classés, il ne peut être fait aucune construction de quelque nature qu'elle soit, à l'exception des clôtures de haies sèches ou en planches à claire-voie.

Au delà de la première zône jusqu'à la limite de la deuxième, il est également interdit, autour des places de la première série, d'exécuter aucune construction quelconque en maçonnerie; mais il est permis d'élever des constructions en bois et en terre, sans y employer ni pierres, ni briques, ni même de chaux ni plâtre, autrement qu'en crépissage, et à charge de les démolir immédiatement et d'enlever les décombres et matériaux, sans indemnité, à la première réquisition de l'autorité militaire, dans le cas où la place déclarée en état de guerre serait menacée d'hostilités. — Dans la même étendue, c'est-à-dire entre les limites de la première et de la deuxième zône, il est permis, tout autour des places de la deuxième série et des postes militaires, d'élever des constructions quelconques. Mais le cas arrivant où ces places et postes sont déclarés en état de guerre, les démolitions qui sont jugées nécessaires n'entraînent aucune indemnité pour les propriétaires.

Dans la troisième zône de servitudes des places et des postes, il ne peut être fait aucun chemin, aucune levée ou chaussée, aucun exhaussement de terrain, aucune fouille ou excavation, aucune exploitation de carrière, aucune construction au-dessous du niveau du sol, avec ou sans maçonnerie, enfin aucun dépôt de matériaux ou autres objets, sans que leur alignement et leur position aient été concertés par les officiers du génie, et que les conditions auxquelles les travaux doivent être assujettis aient été déterminées par un décret du Ministère de la guerre.

Les reconstructions totales des maisons, clôtures et autres bâtisses sont soumises aux mêmes prohibitions que les constructions neuves.

Travaux permis par exception.

Certains travaux peuvent toujours être exécutés dans les zônes de servitudes, par exception aux prohibitions des deux premières sections : 1° au delà de la première zône des places et des postes, les socles en maçonnerie ou en pierre, isolés ou servant de base à d'autres constructions et ne dépassant pas 50 centimètres en hauteur et en épaisseur; 2° les fours de boulangerie et les fourneaux ordinaires de petites dimensions, nécessaires dans les bâtiments d'habitation, aussi en maçonnerie ; 3° les cheminées ordinaires, en briques ou en moëllons, dans les pignons et refends des mêmes bâtiments construits en bois ou terre, pourvu que la maçonnerie n'excède pas 1 mètre 50 centimètres par chaque pignon et chaque refend ; 4° les cloisons en plâtre ou briques sur champ, pourvu que leur épaisseur ne dépasse pas 8 centimètres, tout compris; 5° le remplacement des couvertures en chaume ou autres par des couvertures légères en ardoise ou en zinc, etc., etc.

Autorisations.

Les travaux qui sont l'objet d'une autorisation générale ne peuvent être entrepris, même ceux de simple entretien, qu'après que la déclaration en a été faite au chef du génie, accompagnée d'une soumission de démolition, sans indemnité, dans les circonstances prévues par la Loi.

Les travaux nécessitant une permission spéciale ne peuvent être commencés qu'après l'accomplissement des formalités suivantes : 1° production d'une demande sur papier timbré indiquant l'espèce des travaux, la position et les principales dimensions de la construction ; 2° permission du directeur des fortifications énonçant les conditions auxquelles elle est accordée, lorsqu'il s'agit de constructions dans un polygone exceptionnel, et dans les autres cas, permission du Ministre ; 3° soumission par laquelle le propriétaire s'engage à remplir les conditions imposées et à démolir sa construction sans indemnité. Les soumissions concernant les servitudes défensives sont faites en double sur papier timbré.

Indemnités.

La construction des fortifications et les mesures prises pour la défense des places de guerre et des postes militaires peuvent donner lieu à des indemnités pour cause de dépossession, de privation de jouissance et de destruction ou de démolition dans certains cas.

Nous renvoyons du reste, faute d'espace, au décret du 10 août 1853.

PLACE publique. — Terrain découvert environné de bâtiments dans l'intérieur d'une commune, soit pour la commodité de son commerce soit pour son embellissement.

Les places publiques appartiennent aux communes. — Voy. *Commune.* — *Voirie.*

PLACEMENT de fonds. — Voy. *Compte de tutelle.* — *Mandat.* — *Notaire.* — *Tutelle.*

PLACEMENT en valeurs mobilières. — C'est celui que l'on fait de ses capitaux en Rentes sur l'Etat, Actions et Obligations de Sociétés de crédit, de Chemins de fer, de Compagnies d'assurances et autres valeurs.

Et d'abord le premier placement à faire de ses économies est à la Caisse d'épargne. En effet, on peut obtenir un Livret de Caisse d'épargne, même pour un dépôt de 1 fr., et on ne doit songer à faire ce qu'on appelle un placement que lorsqu'on est déjà en possession d'une certaine somme. — Voy. *Caisse d'épargne postale.*

On peut placer ensuite en achat de *Titres nominatifs* ou au *porteur*, mais si d'un côté le titre nominatif présente plus de sécurité, il a l'inconvénient de donner lieu à des formalités souvent compliquées au cas de transfert, il s'ensuit que le titre au porteur est d'un usage beaucoup plus répandu.

Une loi du 15 juin 1872 protège d'ailleurs le légitime propriétaire de ces derniers titres qui en aurait été abusivement dépossédé. — Voy. *Transfert.* — *Perte d'actes et titres.*

Nous ne nous occupons ici que d'achats et de ventes au comptant.

On peut acheter ou vendre par l'entremise des Receveurs généraux ou particuliers, ou bien s'adresser directement aux agents de change près la Bourse de Paris en leur faisant parvenir les fonds nécessaires pour acheter, ou les titres à vendre, par lettre chargée.

Les droits de courtage dus aux agents de change sont de 1|4 pour 100 lorsque la négociation a lieu en vertu de pièces contentieuses, et de 1|8 pour 100 pour les *Rentes Françaises, Bons du Trésor, Emprunts des départements, Villes, Actions* et *Obligations des Chemins de fer*, et généralement toutes *Actions et Obligations* dont la négociation a lieu à la Bourse. — Le minimum du courtage est de 1 fr.

Les placements que nous recommandons particulièrement comme étant les plus sûrs sont les *Rentes Françaises sur l'Etat*, dont le revenu varie entre 3 fr. 75 c. et 4 fr. 25 c. selon les cours, et les *Bons et Obligations du Trésor*, qui sont des effets souscrits par le Gouvernement. — Voy. *Rente sur l'Etat. — Bons du Trésor. — Obligations du Trésor. — Dette publique.*

Viennent ensuite les *Actions de la Banque de France*, les *Obligations du Crédit Foncier*, les *Obligations* créées par les *Villes* pour les emprunts qu'elles ont contractés, et celles des *départements* dont l'intérêt varie entre 3, 4 et 5 pour 100. — Les *Obligations du Crédit Foncier* et celles des *Villes* donnent en outre droit au *Tirage de lots*, s'élevant jusqu'à 200.000 fr. — Voy. *Actions de la Banque de France. — Crédit Foncier.*

Les obligations des Villes et des départements sont toutes au porteur. Les obligations de la *Ville de Paris*, notamment, consistent en :

1° L'emprunt de 1855, composé d'obligations de 400 fr. jouissant d'un intérêt annuel de 15 fr. et remboursables à 500 fr. ;

2° L'emprunt de 1865, composé d'obligations de 450 fr. jouissant d'un intérêt annuel de 20 fr. et remboursables à 500 fr.;

3° L'Emprunt de 1869, composé d'obligations de 345 fr. jouissant d'un intérêt annuel de 12 fr. et remboursables à 400 fr.;

4° L'Emprunt de 1871, composé d'obligations de 277 fr. jouissant d'un intérêt annuel de 12 fr. et remboursables à 400 fr. ;

5° Enfin, l'emprunt de 1875, composé d'obligations de 440 fr. jouissant d'un intérêt annuel de 20 fr. et remboursables à 500 fr.

Le remboursement est déterminé par des Tirages au sort : les premiers numéros sortants ont droit à des lots ou primes de 200.000 fr., 150.000 fr., 100.000 fr., 10.000 fr., 2.000 fr., et 1.000 fr.

Les *Obligations des Chemins de fer Français* offrent également d'excellentes garanties, et donnent des intérêts au moins égaux à celles des Villes, mais elles ne donnent pas de lots, l'avantage qu'elles présentent c'est d'être *remboursables à 500 fr.*, quand elles ne coûtent généralement que de 300 à 400 fr.

La *Caisse des Retraites pour la vieillesse;* la *Caisse d'assurances en cas d'accidents et de décès;* les *Sociétés de secours mutuels;* les *Assurances sur la vie* (celles autorisées et surveillées par le Gouvernement) offrent aussi toute sécurité.

Enfin les placements hypothécaires, lorsqu'ils reposent sur des garanties sérieuses, sont aussi des placements de tout repos.

Nous ne nous occupons ici ni des actions et obligations de toutes les autres valeurs françaises et étrangères, bien qu'il y en ait d'excellentes, nous laissons ces valeurs à l'appréciation de personnes plus compétentes.

PLACET. — Se dit de la supplique adressée au Chef de l'Etat, pour obtenir une grâce ou la réparation d'un tort. — Voy. *Supplique.*

Le placet s'adresse encore aux membres des Tribunaux pour obtenir audience. Dans ce dernier cas, il contient copie des conclusions de la demande de l'avoué poursuivant.

PLAGIAT. — Action de publier sous son nom et comme si on en était l'auteur des ouvrages ou portions d'ouvrages d'esprit, composés par un autre. — Voy. *Propriété littéraire.*

PLAIDER par procuration. — Nul ne peut plaider, agir ou se défendre en justice qu'en son nom personnel, tout en se servant du ministère des avoués; et les jugements ne peuvent être prononcés que nominativement contre les plaideurs. — Voy. *Action.*

PLAIDOIRIE. — Action de plaider, et défense des parties devant le juge.

On appelle *plaidoyer* le discours prononcé à l'audience.

Les plaidoiries du ministère public prennent le nom de *réquisitoires*.

Dans les tribunaux où il existe un collège d'avocats, c'est à eux qu'il appartient de plaider toutes les causes, à l'exception de celles dites *sommaires*, sur lesquelles les avoués peuvent être entendus concurremment avec eux. — *Déc.* 14 décembre 1810.

En cas d'absence ou de refus des avocats, les avoués peuvent être autorisés à plaider.

Les agréés ont le droit de plaider devant les tribunaux de commerce.

Les parties peuvent être autorisées par les cours et tribunaux à plaider elles-mêmes leurs causes. — *D. N.*

Devant les cours d'assises, l'avocat de l'accusé ne peut être choisi par lui ou désigné d'office par le Président que parmi les avocats ou avoués du ressort, à moins que l'accusé n'obtienne du Président la permission de prendre pour conseil un de ses parents ou amis. — *C. instr. crim.* 295.

Mais devant les Tribunaux correctionnels et de simple police, le prévenu peut prendre son défenseur dans toutes les classes de citoyens. — *L. du 24 août* 1790.

Les plaidoiries doivent être publiques, néanmoins le tribunal peut ordonner qu'elles auront lieu à huis-clos. — Voy. *Huis-clos*.

PLAINTE. — Dénonciation d'un crime ou d'un délit faite au magistrat compétent.

Toute personne lésée par un crime ou délit a droit d'en porter plainte devant le Juge d'instruction ou le Procureur, soit du lieu où il a été commis, soit de celui de la résidence du prévenu, soit enfin de celui où il pourra être trouvé. — *C. instr. crim.* 63.

Il n'est pas indispensable que le préjudice soit personnel et direct; ainsi, le mari peut porter plainte des injures proférées contre sa femme; le père, pour réparation des injures adressées à sa fille; le maître, du délit commis sur la personne de son domestique, lorsque ses intérêts se trouvent compromis.

La plainte doit contenir : 1° l'exposé des faits que l'on défère à la justice et toutes les circonstances qui s'y rattachent; 2° les noms, prénoms et domiciles des auteurs et complices soupçonnés de ces faits; 3° les noms, prénoms et domiciles des témoins; 4° si les auteurs sont en fuite, leur signalement et les indications qui pourraient mettre la justice sur leurs traces.

Le plaignant n'est réputé partie civile que s'il le déclare formellement dans sa plainte ou par acte subséquent, à moins qu'il ne prenne des conclusions en dommages-intérêts. — *C. instr. crim.* 66. — Voy. *Partie civile*.

La plainte peut être conçue en forme de lettre ou de requête, et être écrite sur papier libre. Nous en donnons ci-après une formule.

Plainte.

A Monsieur le Procureur (ou Juge d'Instruction) près le Tribunal civil de.....

Le sieur A..., demeurant à.....

A l'honneur de vous exposer :

Que, le....., s'étant trouvé dans des circonstances qui l'ont forcé de recourir à des emprunts, il s'est adressé au sieur B..., propriétaire, demeurant à...., qui, abusant de son inexpérience et du besoin pressant où il se trouvait, lui a prêté la somme de....., en exigeant qu'il lui souscrivit un effet de....., payable le...., avec intérêts, dont il lui réclame aujourd'hui le montant intégral avec menaces de poursuites (*ou bien que par suite de..... et pour..... il avait confié au sieur B... un blanc-seing dont ce dernier a abusé en écrivant frauduleusement au-dessus de la signature une obligation de....; ce qui est un vol, puisque ledit sieur B... ne lui a jamais prêté aucune somme*);

(*Ou encore tous autres faits et circonstances.*)

Que ces faits sont à la connaissance du sieur C..., demeurant à....., et du sieur D..., demeurant à..... (*ou bien que la preuve de ces faits peut être établie par.....*);

Et, attendu qu'il y a abus de confiance de la part du sieur B..., l'exposant a cru devoir vous rendre plainte des faits ci-dessus, requérant, pour la vindicte publique, qu'il y soit donné telle suite qu'il appartiendra conformément à la loi; se réservant en outre, comme partie civile, ainsi

qu'il se constitue par le présent, de se pourvoir en son nom propre et privé contre ledit sieur B.....
devant le Tribunal compétent et de prendre telles conclusions qu'il avisera.

Le plaignant a l'honneur d'être,
Monsieur le Procureur (ou Juge d'Instruction),
Votre respectueux serviteur,

(Signature.)

PLAINTE d'inofficiosité. — Voy. *Inofficiosité*.

PLAN. — Copie figurée d'un ou plusieurs immeubles.

PLAN d'alignement. — Se dit de celui adopté par l'autorité pour les rues dans les villes et communes, et auquel est subordonnée la faculté de bâtir. — Voy. *Alignement. — Marais. — Rue. — Voirie.*

PLANS et devis. — S'entend de ceux fournis à l'Administration pour l'exécution des travaux publics.

Les plans et devis de travaux de routes et de bâtiments, pour le compte des départements, des communes et des établissements publics, sont sujets au timbre et doivent être soumis à l'enregistrement.

Ceux des ingénieurs des ponts et chaussées, de la marine et du génie militaire pour les travaux de l'Etat, sont exempts du timbre et de l'enregistrement.

PLANO (de). — Ce terme est employé pour exprimer ce qui a lieu de plein droit, c'est-à-dire par la seule force de la Loi.

PLANT. — C'est ainsi que l'on nomme les jeunes tiges d'arbres ou arbrisseaux que l'on déplante pour être replantés ailleurs. — Voy. *Forêts. — Pépinière. — Usufruit.*

PLANTATION. — Action de planter.

Le propriétaire peut faire sur son fonds toutes les plantations qu'il juge à propos, en observant les distances. — Voy. *Arbre. — Chemins. — Propriété. — Servitude.*

De la distance.

Les arbres et arbustes de toute espèce, fruitiers ou forestiers, ne peuvent être plantés qu'à la distance prescrite par les règlements particuliers actuellement existant et reconnus, et, à défaut de règlements et usages, qu'à la distance de 2 mètres de la ligne séparative des deux héritages pour les plantations dont la hauteur dépasse 2 mètres, et de 50 centimètres pour les autres plantations. — *L. du 20 août* 1881.

En Normandie, le règlement du 17 août 1751 sur les Coutumes étant encore en vigueur, c'est à la distance de 2 mètres 33 centimètres que doivent être plantés les arbres de haute futaie entre propriétés non closes ; mais entre propriétés closes, la distance est de 2 mètres. — *Ar. Caen, 19 février* 1859.

Pour mesurer les distances, l'usage est de prendre le point de départ du milieu du tronc de l'arbre.

Lorsque les héritages sont séparés par une clôture mitoyenne, la distance se calcule du milieu de la clôture.

Si les fonds riverains sont séparés par un chemin public, par une rivière (non un ruisseau), la distance se calcule à partir du bord extérieur du fonds voisin. — *Demolombe.*

Les arbres, arbustes et arbrisseaux de toute espèce peuvent être plantés en espaliers de chaque côté du mur séparatif, sans que l'on soit tenu d'observer aucune distance, mais aussi sans pouvoir dépasser la crête du mur. Si le mur n'est pas mitoyen, le propriétaire seul a le droit d'y appuyer ses espaliers. Mais le voisin peut acheter la mitoyenneté.

Les distances doivent être observées pour les arbres de haute futaie à la ville comme à la campagne, lors même que les deux propriétés seraient séparées par un mur de clôture, à moins d'usages contraires.

Dans l'intérieur des villes, et notamment à Paris et dans la banlieue, il est d'usage, lorsque les terrains sont clos de murs, de n'observer aucune distance même pour les arbres de haute futaie.

Sauf dans les cas où la plantation en est autorisée, le voisin peut exiger que les arbres, arbustes et arbrisseaux plantés à une distance moindre que celle légale soient arrachés ou réduits à la hauteur déterminée, à moins qu'il n'y ait titre, destination du père de famille ou prescription trentenaire.

Il ne suffit pas qu'un arbre soit à distance par la base de son tronc, il doit être maintenu droit et d'aplomb.

Pour l'enlèvement du plant prohibé, l'usage accorde jusqu'à la saison où le bois peut reprendre.

Si les arbres meurent ou s'ils sont coupés ou arrachés, le voisin ne peut les remplacer qu'en observant les distances légales.

Si les branches s'étendent sur le terrain voisin, le propriétaire des arbres est tenu d'en couper l'extrémité pour les restreindre à son terrain. — Voy. *Élagage.*

Il n'y a aucune distance à observer pour les arbres plantés entre deux bois qui peuvent s'étendre de part et d'autre jusqu'à la limite respective des propriétés.

Les forêts de l'Etat ne jouissent d'aucun privilège de distance pour leurs plantations. Il s'ensuit que le règlement de 1751 sur les Coutumes de Normandie leur est applicable dans ce pays, et que le voisin peut faire élaguer et a le droit de couper les racines.

Plantations le long des cours d'eau.

Les plantations le long des rivières navigables ne peuvent être faites à moins de 10 mètres du bord du côté où les bateaux se tirent, et à moins de 3 mètres 33 centimètres de l'autre bord. — Le long des rivières purement flottables à bûches perdues, la distance à observer est de 1 mètre 30 centimètres seulement.

Il n'y a pas de distances à observer pour les plantations le long des cours d'eau naturels appartenant à l'Etat et à la commune.

Mais lorsque ces cours d'eau sont une propriété privée, les distances légales doivent être observées et se comptent du milieu du lit, si le cours d'eau est commun aux deux riverains, et à partir du franc-bord du côté de celui qui fait la plantation, si le ruisseau est la propriété exclusive de l'autre voisin.

Si c'est un ruisseau qui sépare un petit cours d'eau, la distance doit être calculée du milieu du ruisseau toujours supposé mitoyen entre les riverains, et non du bord de la propriété opposée. — *Duranton.* — Voy. *Usages locaux (Plantation).*

Plantations le long des routes et chemins.

La distance à observer pour les plantations le long des routes nationales, départementales et chemins vicinaux est réglée par les Préfets. — Voy. *Routes.*

On doit donc demander l'alignement à la Préfecture ; on pourrait toutefois s'en dispenser, en plantant à 6 mètres de distance de la crête extérieure des fossés.

Tous les Préfets fixent la distance de 2 mètres des chemins pour les plantations d'arbres, et respectent en général les possessions de plus d'un an tant qu'elles n'entravent pas la voie. Ils peuvent faire élaguer, tous les ans, à vue de ciel, sous la surveillance des maires.

Il est permis de planter le long des chemins communaux, ruraux ou d'exploitation sans observer aucune distance.

Tout riverain peut également planter des arbres le long des rues, places et chemins dans les villes, bourgs et villages, mais à la condition de requérir l'alignement.

Plantations sur les routes et chemins.

Les plantations faites par l'Administration sur le sol des routes et chemins doivent être à la distance de 2 mètres à défaut de règlement; mais en Normandie elles doivent être à 2 mètres 33 centimètres par application du règlement de 1751.

PLANTATION de bornes. — Voy. *Bornage*.

PLEIGE. — Ancien terme de pratique synonyme de Caution. — Voy. *Caution.* — *Cautionnement*.

PLEIN. — Se dit, en droit, de ce qui est entier, complet. — Voy. *Plein droit (de).* — *Pleine propriété*.

PLEIN droit (de). — Ces expressions signifient qu'une chose se fait par la seule autorité de la Loi.

On distingue les *intérêts de plein droit* et les *intérêts conventionnels*. — Voy. *Intérêts de capital*.

Dans certains cas, la subrogation a lieu de plein droit. Il en est de même de la compensation. — Voy. *Compensation.* — *Subrogation*.

PLEINE propriété. — C'est celle qui comprend l'usufruit comme la nue propriété ou, en d'autres termes, la jouissance comme le fonds. — Voy. *Propriété.* — *Usufruit*.

PLUMITIF. — Registre distinct de la feuille d'audience sur lequel le greffier d'un Tribunal écrit sommairement les jugements et en général tout ce qui se passe à l'audience.

PLURALITÉ. — S'entend du plus grand nombre.

Dans les délibérations, la pluralité des voix est *absolue* ou *relative*. Elle est *absolue* lorsqu'elle est formée de plus de la moitié des voix, et simplement *relative* lorsque plus de deux opinions s'étant formées, l'une d'elles l'emporte en nombre, quoique ce nombre n'excède pas la moitié des votants. — Voy. *Conseil de famille.* — *Election.* — *Juré.* — *Jury*.

PLURALITÉ des droits d'Enregistrement. — Voy. *Enregistrement*.

PLUS. — Règle générale, qui peut le plus peut le moins. Cependant cette règle n'est pas toujours exacte : ainsi la femme, qui peut donner à son mari tous ses biens par contrat de mariage, n'a pas le droit de renoncer à l'hypothèque que la Loi lui accorde pour le recouvrement de ces mêmes biens. — *C. civ.* 1091, 1094, 1095, 2140.

PLUS-PÉTITION. — Se dit d'une demande excédant ce qui est dû.

Dans notre droit actuel, la *plus-pétition* ne peut nuire.

PLUS-VALUE. — S'entend de l'augmentation de valeur qu'une chose a pu acquérir.

C'est surtout dans le remboursement des impenses faites sur le bien d'autrui qu'il y a lieu à la *plus-value*. — Voy. *Accession.* — *Impenses*.

POIDS et mesures. — Corps et quantités déterminées par la Loi.

Le système métrique décimal aujourd'hui en vigueur a été établi par les lois des 1er août 1793, 18 germinal an III, 19 frimaire an VIII et 4 juillet 1837.

Mesures de longueur.

L'*unité* est le mètre. — Ses multiples sont : le *décamètre* ou 10 mètres; — l'*hectomètre* ou 100 mètres; — le *kilomètre* ou 1000 mètres; — le *myriamètre* ou 10.000 mètres. Ses sous-multiples sont : le *décimètre* ou dixième du mètre; — le *centimètre* ou centième du mètre, — et le *millimètre* ou millième du mètre.

Le mètre, le décimètre, le millimètre servent à mesurer les petites longueurs; — le décamètre sert à mesurer les dimensions des terrains; — l'hectomètre, le kilomètre et le myriamètre servent à mesurer les longueurs des chemins, ce qui les a fait appeler *mesures itinéraires*.

Les mesures itinéraires sont parfois appliquées indûment aux mesures des dimensions de terrains. Ainsi on dit un *kilomètre carré*; or, le kilomètre carré équivaut en superficie à 10 hectares.

Mesures agraires ou de superficie.

Lorsqu'il s'agit de mesurer la surface des terrains, on prend pour unité de superficie l'*are* ou décamètre carré, c'est-à-dire un carré dont chaque côté a 10 mètres de longueur.

L'are contient 100 mètres carrés (carré de 10 mètres de côté). — Son multiple est l'*hectare*, c'est-à-dire 100 ares ou 10.000 mètres carrés, ou un carré de 100 mètres de côté. — Et son sous-multiple, le *centiare*, c'est-à-dire un mètre carré, ou un carré de un mètre de côté.

Mesures de capacité.

Ces mesures, destinées aux liquides et aux matières sèches, sont : le *litre* égal à un décimètre cube, dont les multiples sont le *décalitre* ou 10 litres ; — l'*hectolitre* ou 100 litres, et le *kilolitre* (un mètre cube) ou 1.000 litres. — Les sous-multiples sont : le *décilitre* ou dixième du litre ; — le *centilitre* ou centième du litre et le *millilitre* ou millième du litre.

Pour le mesurage des grains on ne doit se servir légalement que du *litre*, du *double décalitre* et de l'*hectolitre*, contenant 100 litres ou 5 doubles décalitres.

Mesures de solidité.

L'unité de volume pour le bois de chauffage est le *stère*, qui vaut un mètre cube. — Son seul multiple en usage est le *décastère*, qui vaut 10 mètres cubes, et son seul sous-multiple est le *décistère*, qui est la dixième partie du stère ou du mètre cube.

On emploie aussi le *demi-décastère* ou 5 stères, et le double *stère*.

Mesures de pesanteur ou poids.

L'unité est le *gramme*. — Les multiples du gramme sont : le *décagramme* ou 10 grammes, l'*hectogramme* ou 100 grammes, le *kilogramme* ou 1000 grammes, le *myriagramme* (quintal métrique) ou 100 kilogrammes et le *millier*, ou 1000 kilogrammes égal au poids d'un mètre cube d'eau distillée et du tonneau de mer. — Les sous-multiples sont : le *décigramme* ou dixième partie du gramme, le *centigramme* ou centième partie, et le *milligramme* ou millième partie.

Surveillance et vérification.

Il existe dans chaque arrondissement au moins un vérificateur de poids et mesures dont le bureau est établi au chef-lieu.

Chaque bureau de vérification est pourvu de l'assortiment nécessaire d'*étalons* vérifiés et poinçonnés au dépôt des prototypes établi au ministère de l'Agriculture, du Commerce et des Travaux publics.

Une Loi du 7 juillet 1888 rend exclusivement obligatoire l'alcoomètre centésimal de *Gay-Lussac* pour la constatation du degré des alcools et eaux-de-vie, et le soumet, ainsi que le thermomètre nécessaire à son usage, aux vérifications périodiques exigées pour les poids et mesures.

La vérification des poids et mesures a lieu tous les ans dans les chefs-lieux d'arrondissement et dans les communes désignées par le Préfet. Mais les vérificateurs peuvent toujours faire, soit d'office, soit sur la réquisition des autorités, des visites extraordinaires chez les assujettis pour constater les contraventions et verbaliser.

Énonciation. —Contraventions.

Toutes dénominations de poids et mesures autres que celles établies par la

Loi du 18 germinal an III sont interdites dans les actes publics et sous seing privé, les registres de commerce et autres écritures privées produits en justice, de même que dans les affiches et annonces, à peine d'une amende de 20 fr. pour les officiers publics et de 10 fr. pour les contrevenants autres que ces derniers. — *L. du 4 juillet* 1847.

Nous donnons ci-après quelques renseignements sur les anciennes mesures et leur comparaison avec les nouvelles.

TABLEAUX DE CONVERSION

I. — Mesures de pesanteur ou poids.

Valeur du gramme et de ses composés.

	Livres	Onces	Gros	grains
Le gramme vaut............	»	»	»	18.82715
Le décagramme.............	»	»	2	44.27150
L'hectogramme.............	»	3	2	10.71500
Le kilogramme.............	2	0	5	37.15000
Le myriagramme............	20	6	6	63.50000
Les 100 kilog. ou quintal mét.	204	2	4	59.00000
Le décigramme.............	»	»	»	1.88272
Le centigramme............	»	»	»	0.18827
Le milligramme............	»	»	»	0.01833

Conversion de la Livre et de ses subdivisions en kilog., etc.

1 livre (2 marcs) vaut	0 kilog.	489 grammes	505.84 millig.
2 —	valent	0 —	979 —	11.69
3 —	—	1 —	468 —	517.54
4 —	—	1 —	958 —	23.39
5 —	—	2 —	447 —	529.23
6 —	—	2 —	937 —	35.08
7 —	—	3 —	426 —	540.93
8 —	—	3 —	916 —	46.77
9 —	—	4 —	405 —	552.62
10 —	—	4 —	895 —	58.46

Le marc (8 onces) vaut......................	244 gr.	753 millig.
L'once vaut...............................	30	591.12 »
Le gros...................................	3	824.29
Le grain..................................	0	000.053

Le millier ou tonneau de mer contient............	1.000 kil. 00
Le quintal métrique.............................	100 00
Les anciennes mesures étaient :	
Le tonneau de mer (2,000 livres) équivalant à.....	979 kil. 01
Le quintal (100 livres) à........................	48 » .95

II. — Mesures de longueur et itinéraires.

Valeur du mètre et de ses composés.

	Toises	Pieds	Pouces	Lignes	
1 mètre vaut............	0	3	0	11.296	ou 0.841 aunes
1 décamètre ou 10 mètres.	5	0	9	4.959	8.414 »
1 hectomètre ou 100 mèt.	51	1	10	1.594	84.144 »
1 kilomètre ou 1.000 mèt.	513	0	5	3.936	0.257 lieues de poste.
1 myriamètre ou 10.000 m.	5130	4	5	3.360	2.565 »
1 décimètre.............	0	0	3	8.333	0.084 aunes.
1 centimètre............	0	0	0	4.432	»
1 millimètre............	0	0	0	0.443	»

Valeur des anciennes mesures de longueur.

La toise (6 pieds de 12 pouces) vaut............	1 mètre	949 millimètres.
L'aune (3 pieds 8 pouces).......................	1 —	188 —
Le pied de 12 pouces............................	0 —	324 —
Le pied de 11 pouces............................	0 —	297 —
Le pouce (12 lignes)............................	0 —	027 —
La ligne (12 points)............................	0 —	002.256 —

Solidité.

La toise cube (216 pieds cubes) vaut..........	7 m. 40,38
Le pied cube (1728 pouces cubes) vaut.........	0 m. 03,42
Le pouce cube (1750 lig. cub.)..................	0 m. 09.19,336
La ligne cube...................................	0 m. 00,01,158
La toise carrée (36 pieds carrés) vaut.........	3 m. 7987
Le pied carré (144 pouces carrés)..............	0 m. 1055
Le pouce carré (144 lig. car.)..................	0 m. 00,732
La ligne carrée.................................	0 m. 00,058

Anciennes mesures itinéraires.

La lieue ordinaire ou lieue de poste vaut.......... (1 myriamètre vaut 2 lieues 25).	3.888 mètres
La lieue de 25 au degré ou lieue terrestre de 2280 toises vaut.	4.445 —
La lieue marine ou géographique de 20 au degré ou 2850 toises vaut............	5.556 —
La lieue de 18 au degré vaut	6.173 —
La lieue de 15 au degré ou mille géographique vaut......	7.408 —

Mesures employées dans la marine.

Brasse (5 pieds).....................	1 mètre 624 millimètres.		
Nœud................................	15	— 432	—
Encâblure de 100 toises..............	194	— 904	—
Encâblure nouvelle..................	200	— 000	—
Mille marin ou de 60 au degré ou d'une minute.	1852	— 000	—

Le nœud est la 120e partie du mille marin : chacun des nœuds du loch parcouru dans les 30 min. du sablier ou dans la 120e partie d'une heure correspond à une marche d'un mille marin par heure.

III. — Mesures agraires ou de superficie.

Parmi les nombreuses mesures dont on se servait autrefois, on comptait notamment :

L'acre de Normandie (4 vergées de 40 perches de 22 pieds ou 160 perches), équivalant à..................................	81 ares 71 cent.
La vergée (40 perches de 22 pieds)...........	20 » 42 80
Le Journal de Bourgogne (360 perch. de 9 pieds 6 pouces), équivalant à...	34 » 28 »

La hommée (mesure de terre ou de travail d'une journée d'homme).

Ces mesures se subdivisaient elles-mêmes en verges, carreaux, gaules, mancaudées, œuvrées, chainées, etc.

L'arpent (100 perches carrées), qui variait d'une localité à une autre, avait pour base la toise de 6 pieds (le pied 12 pouces, le pouce 12 lig.).

L'arpent de 24 pieds à la perche équivaut à..........	60	ares	78	cent. 00 m.
— 22 — —	51	»	07	— 00
— 21 — —	46	»	53	— 00
— 20 — —	42	»	21	— 00
— 19 — —	38	»	09	— 00
— 18 — —	34	»	19	— 00
La perche de 24 pieds équivaut à...........	»	»	60	— 78 m.
— 22 —	»	»	51	— 07
— 21 —	»	»	46	— 53
— 20 —	»	»	42	— 21
— 19 —	»	»	38	— 09
— 18 —	»	»	34	— 19
L'hectare à 24 pieds à la perche équivaut à..........	164	p.	67	cent.
— 22 — —	195	»	80	
— 21 — —	214	»	89	
— 20 — —	236	»	92	
— 19 — —	265	»	52	
— 18 — —	292	»	49	

L'are étant la 100e partie de l'hectare, l'are de 24 pieds à la perche équivaut à...	1 p. 646 cent.
L'are de 22 pieds à la perche à..........................	1 » 958

Et ainsi de suite.

IV. Mesures de solidité pour les bois.

Les anciennes mesures se nomment Cordes.

On distingue principalement :

La corde des eaux et forêts ou d'ordonnance (8 pieds de couche sur 4 de hauteur,

3 pieds 6 pouces de longueur de bois, soit 112 pieds cubes), valant............ 3 stères 839
La corde pour les taillis (8 pieds de couche, 4 pieds de hauteur, 2 pieds et demi de longueur de bois, en solidité 80 pieds cubes)................... 2 » 742
La Corde pour gros bois de feu (8 pieds de couche, 4 pieds de hauteur, 4 pieds de longueur de bois, 128 pieds cubes de capacité)................ 4 » 387
La corde de bois, dite corde de port, représente encore :
Sur la rivière de Cure... 4 » 9
Sur l'Oise, l'Aisne, la Seine, les canaux (Montargis excepté)............ 5 » 0
Sur la Marne, l'Ourc et le Morin...................................... 4 » 8
Sur les ports de Clamecy, Briançon, Sery, Sens et Villeneuve-sur-Yonne. 4 » 7
Sur les autres ports de l'Yonne.. 4 » 6
Sur le port de Montargis.. 5 » 3
On employait aussi dans d'autres localités :
Le tonneau équivalant à... 3 » 636
La brasse.. 3 » 570
La solive.. 0 » 103
La voie de bois de Paris.. 1 » 920

La bûche de Normandie, qui équivalait dans certains endroits, notamment à Caen et à Falaise, à 15 millistères 876, et à Bayeux à 15 millistères seulement.
Le stère représente 63 bûches, mesure de Caen.
Dans la partie du Calvados dite Pays d'Auge, on se sert encore d'une ancienne mesure appelée marque ;
La marque, qui est la 13ᵉ partie du stère, se subdivise par quart ; ainsi on dit : quart de marque, etc.

V. — Mesures de capacité pour les grains et les liquides.

Grains.

Le setier, 12 boisseaux anciens (13 lit. au boisseau), vaut 1 hectolitre 56 litres.
Le boisseau (16 litrons) vaut 1 décalitre 3,008.
Le boisseau (barretée de 25 pots) vaut 50 litres.
Le picotin d'avoine vaut environ 3 litres.
Ces mesures ne sont guère usitées. On ne se sert plus que des nouvelles, c'est-à-dire du litre, du double décalitre et de l'hectolitre.

La razière (3 baretées ou 3 boisseaux) équivaut à 1 hectolitre 50 litres.
Le décalitre (nouvelle mesure) représente 0 boisseau.................... 0 boisseau 7687
Le litre (id.) ou pinte de Paris, 0 boisseau............................. 0 — 0737

Liquides.

Anciennes mesures de Paris.

Le muid (2 feuillettes ou 288 pintes) équivaut à....................... 268 litres 2144
La feuillette (144 pintes)... 134 » 1072
La pinte (2 chopines ou setiers, 8 poissons ou 16 roquilles)............ 0 » 9313
La chopine.. 0 » 4556
Le poisson.. 0 » 1164
La roquille... 0 » 0582
Le foudre (8 feuillettes)... 1072 » 0000

Mesures de Bourgogne.

La queue (2 tonneaux)... 456 litres 000
Le tonneau, muid, poinçon ou pièce, vaut 2 feuillettes ou............. 228 » 000
La feuillette vaut 2 quartauts ou..................................... 114 » 000
Le quartaut vaut... 57 » 000
La pointe de Dijon vaut.. 1 » 615

Mesures du Bordelais.

Pot de Bordeaux... 2 » 265
Pot de la Réole... 2 » 422
Barrique (100 pots de Bordeaux)..................................... 226 » 475
Velte.. 7 » 529
Pièce d'eau-de-vie (50 veltes)....................................... 376 » 438
Tonneau (4 barriques de 228 litres ou 30 veltes...................... 912 » 000

Alcools.

Pipe de la Rochelle.. 553 litres.
Pipe Cognac.. 600 à 650 »
Pipe Saint-Gilles... 761 »
Grande pipe.. 900 »

Futailles.

Les futailles employées dans les pays vignobles de France sont celles ci-après :
Les barils, dont la contenance varie de 15 à 35 litres ;

Les **tierçons, demi-caques, sixains, quart de muids, demi feuilles**, qui contiennent de 53 à 68 litres;

Les **caques, quartauts, feuillettes, demi-muids**, dont la contenance varie de 94 à 144 litres;

Les **demi-queues, barriques, tiercerolles, busses**, de 175 à 274 litres ;

Les **muids** de 289 à 380 litres ;

Les **pipes, barbantanes, muids du midi, barriques de Marseille**, etc., de 460 à 563 litres;

Et les **grandes pipes**, qui contiennent jusqu'à 900 litres.

POIDS publics. — Bureaux tenus par des préposés de l'Administration, pour faire, moyennant salaire, le pesage, mesurage et jaugeage. — *Voy.* ces mots.

POINÇON. — Instrument servant à marquer les métaux, principalement l'or et l'argent.

Il y a aussi des poinçons pour la vérification des poids et mesures.

La contrefaçon des poinçons est punie par la loi. — *C. pén.* 140.

POINT de fait et de droit. — C'est l'exposé des faits qui ont donné lieu à une instance et des questions de droit qu'elle présente à juger. — Voy. *Cassation.* — *Jugement.*

POISON. — Substances vénéneuses.

La vente de ces substances est réglementée par une Loi du 19 juillet 1845 suivie d'une ordonnance du 29 oct. 1846, modifiée elle-même par un déc. du 18 juillet 1850.

POISSON. — Voy. *Bail de pêche.* — *Etang.* — *Pêche fluviale.* — *Pêche maritime.*

POLICE. — On entend par ce mot la surveillance de l'autorité qui maintient le bon ordre et la tranquillité publique.

Elle se divise en police *administrative* et police *judiciaire.*

La police administrative, confiée aux Préfets, Sous-Préfets, Maires et autres autorités locales administratives, tend principalement à prévenir les délits, et au maintien de l'ordre public, de la salubrité, etc. Elle comprend en outre les mesures qui constituent la police sanitaire.

La police judiciaire, confiée aux officiers de police judiciaire et aux tribunaux, recherche les délits, en rassemble les preuves, instruit la procédure et prononce la punition des coupables.

La police considérée par rapport aux objets auxquels elle s'applique, se subdivise en police *municipale, rurale, correctionnelle* et *criminelle.*

La police municipale a pour objet le maintien de l'ordre, la sûreté, la propreté et la commodité de la voie publique,

La police rurale est celle relative aux délits ruraux par leur nature, spécifiés dans les Lois des 28 sept. et 6 oct. 1791.

La police correctionnelle comprend toutes les infractions dont la peine excède 5 jours d'emprisonnement et 15 francs d'amende.

Enfin la police criminelle a pour objet la poursuite des délits ou crimes emportant des peines afflictives ou infamantes.

Les lois de police et de sûreté générale obligent tous ceux qui habitent le territoire. — *C. civ.* 3.

La police des campagnes est spécialement sous la juridiction des juges de paix et des officiers municipaux, et sous la surveillance des gardes champêtres et de la gendarmerie. — *D. N.*

POLICE d'assurance. — Voy. *Assurance (Contrat d').*

POLICE de la chasse. — Voy. *Chasse.*

POLICE des chemins de fer. — Voy. *Chemin de fer.*

POLICE correctionnelle. — Juridiction chargée d'assurer la répression des délits. — Voy. *Compétence criminelle.* — *Tribunaux.*

POLICE générale. — C'est celle confiée au Ministre de l'intérieur, et qui a pour objet de prévenir les attentats contre la sûreté intérieure de l'Etat.

POLICE judiciaire. — Voy. *Police.* — *Procès verbal.*

POLICE médicale. — Voy. *Médecine.*

POLICE municipale. — C'est celle que le maire est chargé d'exercer dans chaque commune sous la surveillance de l'administration supérieure, pour le maintien de l'ordre.

Cette attribution est confiée, à Paris, au Préfet de police, et dans les communes, chefs-lieux de département dont la population excède 40.000 âmes, au Préfet. — Voy. *Organisation municipale.*

Les contraventions aux règlements de l'autorité municipale sont jugées par le tribunal de simple police.

POLICE de la navigation. — Voy. *Navigation intérieure.* — *Navigation maritime.*

POLICE du roulage. — Voy. *Roulage.* — *Route.* — *Voiture.* — *Voiturier.*

POLICE rurale et forestière. — Voy. *Forêts.* — *Garde champêtre.* — *Pâturage.*

POLICE sanitaire. — Dans sa généralité, cette expression comprend la surveillance et la police de la médecine et de la pharmacie, des établissements insalubres et des eaux minérales. On désigne aussi sous ce titre l'ensemble des mesures prises pour empêcher l'importation des maladies pestilentielles ou réputées contagieuses, telles que la peste, la fièvre jaune et le choléra.

La police sanitaire est régie par diverses lois et décrets, notamment par les Lois des 9 mai 1793, 3 mars 1822 et le décret du 4 juin 1853 et celui du 22 février 1862.

Les navires provenant des côtes orientales de la Turquie d'Europe, du littoral de la mer Noire, et de tous les pays situés hors d'Europe, excepté l'Algérie, sont soumis en tout temps à la présentation d'une patente de santé pour rentrer en France.

POLICE sanitaire des animaux. — Voy. *Epizootie.*

POLITIQUE. — Voy. *Droits politiques.* — *Organisation politique.* — *Police générale.*

POLLICITATION. — Simple offre ou promesse non encore acceptée par celui à qui elle a été faite.

Une telle promesse n'est point obligatoire et ne peut le devenir que par l'acceptation.

Mais il ne faut pas confondre avec la pollicitation la reconnaissance d'une dette faite au profit d'une personne même absente, cette reconnaissance, qui prouve une obligation déjà existante, étant irrévocable et n'ayant pas besoin d'être acceptée.

POLYGAMIE. — Terme synonyme de *bigamie*. Etat d'un homme marié avec plusieurs femmes, ou d'une femme mariée avec plusieurs hommes en même temps. — Voy. *Bigame.* — *Mariage.*

POMPES funèbres. — Voy. *Deuil.* — *Frais funéraires.* — *Privilège.* — *Sépulture.*

PONCTUATION. — Signes convenus pour la distinction des phrases et de leur sens partiel.

Les erreurs de ponctuation qui ont pu se glisser dans un acte ou écrit ne sont en général d'aucune influence sur l'interprétation.

PONT. — Construction de pierre, de fer ou de charpente élevée d'un bord à l'autre d'une rivière pour la traverser.

Les ponts sont établis aux frais du Gouvernement ou des particuliers.

Lorsque l'Etat ne croit pas devoir construire le pont à ses frais, il en accorde la concession au moyen d'un péage. — Voy. *Péage.*

Le droit de péage n'est pas dû par ceux qui passent la rivière à gué. Il ne l'est que par ceux qui passent réellement sur les ponts.

PONTS ET CHAUSSÉES. — Partie de l'administration publique, dont les attributions comprennent l'établissement, l'amélioration, la conservation des routes nationales et départementales, des chemins de fer et des ponts ; de même que les fleuves et rivières navigables ou flottables, les canaux, bacs ou bateaux, les ports de commerce, quais, digues et dunes et le desséchement des marais.

L'administration des ponts et chaussées est placée dans les attributions du ministre de l'Agriculture, du Commerce et des Travaux publics.

Le corps des ponts et chaussées se compose d'un Ingénieur en chef par département avec un ou plusieurs ingénieurs ordinaires, et en outre un certain nombre d'ingénieurs en chef et d'ingénieurs ordinaires pour les services spéciaux. Les ingénieurs ont sous leurs ordres des conducteurs, piqueurs et cantonniers. — Voy. *Travaux publics.*

POPULATION. — On désigne sous ce titre l'ensemble des individus qui habitent la terre, une contrée, un pays, une province, une localité, sans distinction d'âge ni de sexe.

C'est la population qui sert de base à l'assiette de la contribution des portes et fenêtres, de la contribution mobilière, de l'impôt des patentes ; au droit d'entrée sur les boissons, au dégrèvement d'impôts pour vacances de maisons dans les villes, etc. — *LL. des* 12 *déc.* 1830 *et* 21 *avril* 1832.

Toutefois, d'après un décret du 31 oct. 1877, certaines catégories d'habitants ne doivent pas compter dans le chiffre de la population servant de base à l'assiette de l'impôt ou à l'application des lois d'organisation municipale, notamment les corps de troupe de terre et de mer, les maisons centrales, de force, de correction, dépôts de mendicité, hospices, asiles d'aliénés, maisons d'éducation, communautés religieuses, etc.

Le chiffre de la population détermine également le nombre des députés à élire au Corps législatif, le nombre des adjoints et conseillers municipaux, les frais d'administration de chaque commune, etc.

Le recensement de la population est fait dans chaque commune tous les ans.

D'après le dernier recensement fait en 1886, la population de la France continentale était de 38.218.903 habitants.

Dans la notice sur chaque département que contient cet ouvrage, nous avons indiqué sa population. — Voy. *Ain.* — *Aisne, etc., etc.*

PORT. — Lieu où séjournent les bateaux sur les bords de la mer ou des rivières et destiné à l'embarquement et au dépôt des marchandises.

On distingue les ports en ports militaires ou de commerce, et ces derniers, selon leur importance, en ports de grande navigation, ports de cabotage et ports de pêche du littoral.

Le service des ports de commerce est placé dans les attributions du ministre de l'Agriculture, du Commerce et des Travaux publics.

Les ports forment une dépendance de la grande voierie. — Voy. *Navigation maritime.*

PORT d'armes. — Droit qui appartient aux citoyens de porter des armes pour la chasse ou pour leur défense personnelle.

Cette règle souffre néanmoins quelques exceptions en ce qui concerne les vagabonds et gens sans aveu, et les individus condamnés à une peine afflictive ou infamante, ou même, en certains cas, à des peines correctionnelles. — *C. pén.* 28, 42 *et* 43.

Il est interdit de porter des armes dans les églises, foires, marchés et autres lieux de rassemblement.

Les fusils et pistolets à vent, les pistolets de poche, revolvers au-dessous de 150 millimètres, poignards, épées en bâtons et bâtons à ferrements, sont également prohibés. — Toutefois les revolvers au-dessus de 150 millimètres sont tolérés, et on peut en porter en voyage pour sa défense personnelle, sans autorisation. — *Déc. minist. du 29 juin* 1868.

La loi du 24 mai 1834 défend la détention, sans autorisation, des armes de guerre.

Le port d'armes sans permis est un délit, lorsqu'il est uni au fait de chasse. — Voy. *Chasse.* — *Permis de chasse.*

PORTABLE, Quérable. — Ces termes se disent des rentes. Le premier indique que le créancier n'est pas obligé de se déplacer pour recevoir la rente qui est portable à son domicile. Le second exprime le contraire, c'est-à-dire que le débiteur peut exiger que le créancier de la rente vienne quérir ou chercher son paiement chez lui. — Voy. *Rente.*

PORTER fort (Se). — C'est stipuler au nom d'un tiers en promettant sa ratification. — Voy. *Caution.— Cautionnement. — Obligation. — Stipulation pour autrui.*

PORTE-ROUELLES. — Voy. *Repare.*

PORTES et fenêtres. — Voy. *Contributions. — Impositions.*

PORTEUR. — Se dit, en général, de celui qui détient un titre de créance et principalement d'un effet de commerce. Ainsi l'huissier est porteur de l'obligation pour laquelle il exécute. On qualifie surtout de *porteur* ou de *tiers-porteur* le détenteur d'un effet de commerce qui a le droit d'en réclamer le paiement. — Voy. *Billet. — Lettre de change. — Protêt.*

PORTEUR (Billet au). — Voy. *Billet au porteur.*

PORTEUR de contraintes. — Fonctionnaire public chargé des actes de poursuites en matière de contributions directes. — Voy. *Contributions. — Impositions.*

PORTIER. — Voy. *Concierge. — Domestique.*

PORTION. — Se dit de la partie d'un tout considérée comme appartenant ou devant revenir à une personne.

Lorsqu'il n'est rien spécifié, on doit entendre par *portion* la moitié de la chose.

PORTION afférente. — Part devant revenir à chacun des intéressés dans un objet indivis. — Voy. *Portion civile.*

PORTION disponible. — On appelle portion ou quotité disponible la portion de biens dont il est permis de disposer à titre gratuit; celle dont on ne peut disposer se nomme *réserve.*

Le droit de disposer est illimité pour le majeur qui ne laisse que des frères et sœurs ou des enfants de ceux-ci, c'est-à-dire qu'il peut disposer de la totalité de ses biens. — *C. civ.* 916.

De la portion disponible lorsqu'il existe des descendants légitimes.

Les libéralités, soit par acte entre vifs, soit par testament, ne peuvent excéder la *moitié* des biens du disposant, s'il ne laisse à son décès qu'un enfant légitime; le *tiers*, s'il en laisse deux, et le *quart*, s'il en laisse trois ou un plus grand nombre. — *C. civ.* 913.

La réserve des descendants suit la proportion de la quotité disponible que leur nombre détermine au moment de la mort du disposant.

La loi ne compte que les enfants ou descendants légitimes, légitimés ou adoptifs. — *Adoption.*

L'enfant absent ne compte qu'autant que les autres enfants fournissent la preuve de son existence au moment de l'ouverture de la succession, et ses enfants, s'il en a laissé, font nombre comme aurait fait leur père. — Voy. *Absence. — Absent.*

L'enfant déclaré par la Loi indigne de succéder doit néanmoins faire nombre pour la fixation de la portion disponible, à moins que la déclaration d'indignité n'ait eu lieu du vivant du donateur et avant qu'il n'ait disposé de la quotité disponible.

La profession religieuse n'entraînant aucune privation des droits héréditaires, ceux qui y sont engagés font nombre pour la fixation de la portion disponible.

Les enfants étrangers et les enfants nés Français, mais ayant perdu cette qualité, comptent également pour le calcul de la quotité disponible, attendu que les étrangers succèdent en France, comme les Français eux-mêmes, depuis la loi du 14 juillet 1819.

L'enfant qui renonce à la succession ne doit pas moins faire nombre.

Sous le nom d'enfant, sont compris les descendants à quelque degré que ce soit, mais ils ne sont comptés que pour l'enfant qu'ils représentent dans la succession du disposant. — *C. civ.* 914.

De la portion disponible quand il existe des ascendants.

Les libéralités par acte entre vifs ou par testament ne peuvent excéder la *moitié* des biens, si, à défaut d'enfant, le défunt laisse un ou plusieurs ascendants dans chacune des lignes paternelle et maternelle, et les *trois quarts*, s'il ne laisse d'ascendants que dans une ligne. — *C. civ.* 915.

Toutefois, ces règles sont modifiées lorsque la disposition est faite par l'un des époux à l'autre. Alors la portion disponible se compose : 1° de tout ce dont il est permis de disposer en faveur d'un étranger; 2° de l'usufruit du surplus. Il s'ensuit que la réserve se trouve réduite à la nue propriété de moitié, s'il y a des ascendants dans les deux lignes, ou d'un quart, s'il n'y a d'ascendants que dans une ligne.

Il résulte de l'art. 915 du C. civ. que si le père et la mère existent, chacun d'eux a droit à une réserve du quart dans la succession, laquelle réserve est égale à la portion héréditaire quand le défunt laisse des frères et sœurs du défunt.

D'après le même article combiné avec les art. 741 et 746 sur les successions, à défaut du père ou de la mère, le quart qu'ils auraient eu est dévolu à l'ascendant le plus proche; et, s'ils sont plusieurs au même degré, ils partagent par égales portions, sans que jamais un ascendant d'un degré plus éloigné puisse prendre part à la réserve, la représentation n'étant pas admise en ligne ascendante.

Si le disposant a laissé des frères et sœurs ou des descendants d'eux qui se portent héritiers, les ascendants autres que le père et la mère se trouvant exclus de la succession n'ont pas de réserve à réclamer. — *C. civ.* 750, 915.

Lorsque le père ou la mère survivant, à défaut de frère ou sœur ou descendants d'eux, se trouve en concours avec des collatéraux de l'autre ligne, il a l'usufruit du tiers de la moitié à laquelle il ne succède pas en propriété. — *C. civ.* 753, 754.

Les ascendants succèdent, à l'exclusion de tous autres, aux choses par eux données à leurs enfants ou descendants décédés sans postérité, lorsque ces choses se trouvent encore dans la succession : c'est ce qu'on appelle le retour légal. Mais ce droit cesse même quand l'enfant donataire a disposé, même par testament, des objets donnés. — *C. civ.* 757.

De la portion disponible lorsqu'il existe des enfants naturels.

L'enfant naturel a un droit de *réserve* dans la succession de ses père et mère, et, lorsqu'il concourt à une succession avec des enfants légitimes, cette réserve est du *tiers* de ce qu'elle serait s'il était légitime.

La réserve de l'enfant naturel est de *moitié* de ce qu'elle aurait été, s'il eût été légitime, c'est-à-dire d'un *quart* lorsqu'il concourt avec des ascendants, des frères et sœurs ou des descendants des frères et sœurs du défunt, et elle est supportée en commun par la portion disponible et la réserve des ascendants.

Dans le cas de concours de l'enfant naturel avec des collatéraux autres que des frères et sœurs ou leurs descendants, sa réserve est des *trois quarts* de celle qu'il aurait eue étant légitime.

En l'absence de parents légitimes au degré successible, la réserve d'un enfant naturel est de la *moitié* de la succession. — *C. civ.* 758, 761.

Les père et mère peuvent, de leur vivant, réduire la part de l'enfant naturel à la moitié de ce qui lui est attribué par les art. 757 et 758 du C. civ. — Voy. *Succession.*

De la portion disponible pour les mineurs.

Le mineur de moins de 16 ans ne peut disposer d'aucune partie de ses biens. Au-dessus de 16 ans, il peut donner, par testament seulement, la moitié de ce dont il pourrait disposer s'il était majeur. — *C. civ.* 903, 904.

Toutefois, il y a dérogation à ces règles pour les dispositions contenues dans les contrats de mariage, là où le mineur stipule comme s'il était majeur pourvu : 1° qu'il ait l'âge requis pour contracter mariage ou qu'il ait obtenu des dispenses d'âge ; 2° que le contrat de mariage soit fait sous l'assistance de ceux dont le consentement est requis pour la validité du mariage. — *C. civ.* 1095, 1309, 1398. — Voy. *Contrat de mariage.*

Le legs fait par un mineur serait réductible d'après l'article 904, alors même que le disposant serait mort majeur sans changer ses dispositions. — *D. N.* — Voy. *Donation.*

De la portion disponible entre époux.

L'époux peut, soit par contrat de mariage, soit pendant le mariage, pour le cas où il ne laisserait point d'enfants ou descendants, disposer en faveur de l'autre époux, en propriété, de tout ce dont il pourrait disposer en faveur d'un étranger, et en outre de l'usufruit de la totalité de la portion dont la loi prohibe la disposition au préjudice des héritiers à réserve. Et pour le cas où l'époux donateur laisserait des enfants ou descendants, il peut donner à l'autre époux, ou un *quart* en pleine propriété et un *quart* en usufruit, ou la moitié de tous ses biens en usufruit seulement. — *C. civ.* 913, 1094.

La quotité dont un époux peut disposer en faveur de l'autre est plus restreinte lorsqu'il y a des enfants nés d'un précédent mariage. Ainsi, l'époux qui contracte un second ou subséquent mariage ne peut donner à son nouvel époux qu'une part d'enfant le moins prenant, sans que dans aucun cas cette part puisse excéder le quart des biens. — *C. civ.* 1098. — Voy. *Noces secondes.*

Des dispositions d'usufruit et de rentes viagères.

Lorsqu'une disposition entre vifs ou testamentaire est d'un usufruit ou d'une rente viagère dont la valeur excède la quotité disponible, les héritiers à réserve ont l'option, ou d'exécuter cette disposition, ou de faire l'abandon de la propriété de la portion disponible. — *C. civ.* 917.

De la masse à former pour la détermination de la portion disponible.

La valeur de la quotité disponible se détermine en formant une masse des biens sur lesquels elle doit être prise. Dans cette masse, entrent d'abord tous les biens existant au décès du donateur ; on y réunit fictivement ceux dont il a été disposé par donation entre vifs, d'après leur état à l'époque des donations et leur valeur au temps du décès du donateur. Enfin on calcule la quotité disponible sur tous ces biens, déduction faite des dettes. — *C. civ.* 922.

PORTION indisponible. — Se dit de la réserve légale, c'est-à-dire de la portion de biens dont on ne peut disposer au préjudice des héritiers à réserve. — Voy. *Réserve légale.*

PORTION virile. — Se dit, en matière de succession, d'une part égale à celle des autres héritiers, à la différence de la portion *héréditaire*, dont l'importance peut n'être pas la même pour tous les héritiers.

PORTRAITS de famille. — Les portraits de famille ne sont pas considérés comme des meubles ordinaires faisant partie de l'actif de la communauté ou de la succession, et ne doivent pas être inventoriés.

Ils ne doivent pas non plus être compris dans le partage, et chacune des parties a droit aux portraits de sa famille.

POSITIF (Droit). — C'est celui établi par les lois, et qu'on désigne ainsi par opposition au *droit naturel.* — Voy. ce mot.

POSSESSION. — On appelle possession la détention ou la jouissance d'une chose ou d'un droit, soit à titre de propriétaire, soit à tout autre titre. — *C. civ.* 2228.

La possession a pour conséquence de faire acquérir la prescription et de mettre la preuve à la charge de celui qui revendique la propriété, alors qu'il n'est pas en possession de la chose revendiquée. — Voy. *Prescription.*

Bien que la possession et la détention se trouvent ordinairement confondues, il existe néanmoins une différence entre elles. — Ainsi, les fermiers, locataires et dépositaires détiennent la chose mais ne la possèdent pas; la possession en appartient à ceux au nom de qui ils la détiennent, c'est-à-dire à ceux qui ont loué, donné en dépôt ou prêté.

D'après M. *Troplong,* on doit distinguer : 1° la possession à titre *précaire,* pour désigner la possession de fait de celui qui possède par le fait d'une usurpation qui peut être de bonne ou de mauvaise foi ; 2° la possession à titre de *propriétaire,* qui est la possession de fait de celui à qui appartient réellement la propriété ; 3° la possession *suffisante à prescrire* prévue par l'article 2229 du C. civ. et d'après lequel il faut, pour prescrire, une possession continue et non interrompue, paisible, publique, non équivoque et à titre de propriétaire ; 4° enfin, la possession *annale* ou saisine, pour désigner la possession qui sert de base aux actions possessoires et qui fait supposer la propriété.

La distinction la plus importante en matière de possession et qui produit des résultats importants relativement à la prescription est celle de la bonne ou de la mauvaise foi. — Voy. *Prescription.*

On peut posséder et acquérir par prescription, non seulement les choses corporelles, soit meubles, soit immeubles, mais aussi les choses incorporelles, telles qu'une servitude continue et apparente, un usufruit, un droit de superficie.

Mais on ne possède pas les choses qui sont dans le domaine public.

Les lais et relais de la mer sont prescriptibles et conséquemment susceptibles de possession. — *Cass.,* 3 *nov.* 1824.

En règle générale, c'est par la possession que se manifeste la propriété.

Ainsi, la loi présume, jusqu'à preuve contraire, que celui qui possède est propriétaire, pourvu que sa possession ait duré un an et un jour, et elle lui accorde le droit de s'y maintenir provisoirement.

Si la possession se continue par 10 ou 20 ans ou par 30 ans, avec certaines conditions, la Loi y imprime définitivement le sceau de la propriété.

Deux conditions sont nécessaires pour faire acquérir la possession, d'abord la préhension de la chose, c'est-à-dire que nous soyons mis à même de nous en servir, et ensuite la volonté de la conserver, c'est-à-dire l'intention d'en recueillir les avantages.

La possession se perd par notre volonté, c'est-à-dire par l'abandon pur et simple, par la tradition faite avec dessein, ou contre notre volonté, lorsque les choses ont péri ou nous sont ravies par ruse ou par violence.

Il est de règle que la possession n'a d'effet que pour ce qui a été réellement possédé. Ainsi, quand une chose est susceptible de division, si l'on n'en possède qu'une partie, l'on ne pourra s'y faire maintenir que pour cette partie seulement. Mais si la chose est indivisible, la possession d'une partie entraînera celle du tout.

Comme nous l'avons dit plus haut, conformément à l'article 2229 du C. civ., lorsque la possession est non interrompue, paisible, publique et non équivoque, elle fait acquérir la prescription après le temps voulu par la Loi. Elle fait aussi gagner les fruits perçus de bonne foi sur la chose d'autrui, et donne droit, même au possesseur de mauvaise foi, au remboursement de ses avances pour les constructions par lui faites sur le terrain d'autrui, lorsque le propriétaire veut les conserver.

La possession, qui n'est qu'un fait, se prouve par témoins, lorsqu'il s'agit de choses corporelles. — D. N.

POSSESSION ancienne. — Se dit de celle qui a précédé et qui fait présumer la nouvelle. La possession ancienne s'entend aussi de la longue possession, c'est-à-dire de celle de 10 ans au moins. — Voy. *Possession.* — *Prescription.*

POSSESSION annale. — Celle qui a duré depuis au moins une année et qui est connue sous le nom de *saisine.* — Voy. *Possession.*

POSSESSION d'état. — C'est la notoriété qui résulte d'une suite non interrompue de faits et d'actes qui établissent la filiation ou la légitimation d'un enfant à défaut d'actes de l'état civil, ou de reconnaissance authentique. — Voy. *Etat civil.* — *Filiation.* — *Légitimité.* — *Question d'état.*

POSSESSION immémoriale. — C'est celle qui excède la mémoire des hommes les plus anciens, sans que le terme en soit fixé, et qui, en général, tient lieu de titre et acquiert tout ce qui n'est pas imprescriptible.

Elle se prouve, soit par des actes ou d'anciennes énonciations, soit par témoins. — Voy. *Possession.* — *Prescription.* — *Preuve.*

POSSESSION précaire. — Celle qui s'exerce à tout autre titre qu'à titre de propriétaire. Ainsi le fermier, le dépositaire, l'usufruitier, les maris, les tuteurs et les administrateurs en général, n'ont qu'une possession précaire. — Voy. *Possession.* — *Prescription.*

POSSESSION (Prise de). — Voy. *Bénéfice ecclésiastique.* — *Prise de possession.*

POSSESSOIRE. — Se dit d'une action qui a pour objet de faire maintenir ou réintégrer quelqu'un dans la possession d'un bien ou d'un droit. Ce terme est employé par opposition à celui de *pétitoire* qui a trait à la propriété.

Les actions *possessoires* ou *en complainte* sont celles qui ont pour objet la possession d'un fonds ou d'un droit immobilier, et qui sont fondées sur une possession annale, publique, non interrompue, non précaire, et qui ne soit pas l'effet de la violence. — Voy. *Action.* — *Complainte.*

POSTÉRIORITÉ d'hypothèque. — Voy. *Cession d'antériorité ou de priorité.*

POSTDATE. — Se dit de la date postérieure à celle véritable. — Voy. *Date.*

POSTE. — Institution qui a pour objet le transport des lettres et journaux, imprimés, papiers d'affaires, échantillons, valeurs d'argent, etc. Elle se charge également du recouvrement des effets de commerce, factures et valeurs commerciales.

Aujourd'hui, les bureaux télégraphiques sont presque tous réunis aux bureaux de poste, et, dans les petits bureaux, le receveur est en même temps receveur des postes et des télégraphes ; néanmoins, en ce qui concerne la correspondance télégraphique, nous renvoyons à ce titre. — Voy. *Correspondance télégraphique privée.*

Un décret du 7 avril 1887 autorise la création de bureaux auxiliaires des postes dans les communes qui en font la demande et qui s'engagent à en supporter les charges.

Organisation et service des Postes.

Le service des postes est régi, au nom et pour le compte de l'Etat, par une administration spéciale, sous la direction du Ministre des Postes et Télégraphes. Ce Ministère a été créé par un décret du 5 février 1879. — Voy. *Télégraphes*.

Il existe dans chaque département des inspecteurs, sous-inspecteurs et des receveurs comptables qui sont nommés par le Ministre. Les distributeurs et facteurs sont nommés par les Préfets.

L'administration des postes exerce un monopole pour le transport des lettres, journaux et imprimés, de même que pour la fabrication et la vente des timbres-poste d'affranchissement.

Il est défendu à tous entrepreneurs de voitures libres et à toute personne étrangère de s'immiscer dans le transport des lettres, journaux et imprimés, sous peine d'amende.

Sont toutefois exceptés de ce monopole :

1° Les lettres ou paquets de papiers qu'un particulier expédie à un autre particulier par son domestique ou par un exprès ; 2° les registres, cartes et plans ; 3° les dossiers de procédure ; 4° les publications de librairie et imprimés non périodiques ne portant aucune écriture à la main, et n'ayant pas le caractère d'avis ou de circulaire ; 5° les lettres de voiture ou factures accompagnant les marchandises transportées ; 6° les notes de commission dont les messagers sont porteurs à l'effet de leur donner mandat ou autorisation de prendre ou livrer la marchandise ; 7° les papiers relatifs au service personnel d'un entrepreneur de transport ; 8° les paquets de papiers d'affaires ou autres dont le poids dépasse trois kilogrammes.

Le transport des dépêches se fait aujourd'hui au moyen de bureaux ambulants sur les chemins de fer, de paquebots et bâtiments de commerce, d'entreprises particulières en voiture, à cheval et à pied.

Il y a une boîte aux lettres dans chaque commune, dont la levée est faite au moins une fois par jour.

La distribution des correspondances est faite à domicile, aussi au moins une fois par jour. Dans les localités importantes, il y a plusieurs distributions. — Depuis 1851, on en compte 7 à Paris.

Les lettres adressées *poste restante* sont distribuées au guichet des bureaux de Recettes. Les destinataires doivent, autant que possible, justifier de leur identité.

Les lettres sont remises directement aux destinataires, excepté en cas de faillite. — Celles des militaires sont confiées aux Vaguemestres. — Celles des prisonniers sont portées à la prison.

Pour leur correspondance officielle, les fonctionnaires de l'administration jouissent de la franchise ou dispense de taxe pour les lettres qu'ils reçoivent, et du contreseing, c'est-à-dire du droit d'affranchissement pour celles qu'ils envoient. — Voy. *Franchises postales*.

Certaines lettres, notamment celles adressées aux prévenus ou écrites par eux, peuvent être saisies à la poste, en vertu d'un réquisitoire régulier, soit du Préfet, soit de l'autorité judiciaire.

Valeur des timbres-poste.

Les timbres-poste sont de 15 valeurs différentes : 1 centime, 2 cent., 3 cent., 4 cent., 5 cent., 10 cent., 15 cent., 20 cent., 25 cent., 30 cent., 35 cent., 40 cent., 75 cent., 1 franc et 5 francs.

Taxe des lettres ordinaires.

Affranchies.	0 fr. 15 cent.
Non affranchies.	0 fr. 30 cent.

Par chaque 15 grammes ou fraction de 15 grammes.

Cartes postales.

Cartes simples.	0 fr. 10 cent.
Cartes avec réponse payée.	0 fr. 20 cent.

Cartes-lettres fermées.

Pour la France, 0 fr. 15 c.
Pour l'Etranger, 0 fr. 20 c.

L'affranchissement de ces cartes est obligatoire et il est défendu d'y joindre aucun objet.

Enveloppes et bandes.

L'administration des postes tient à la disposition du public :
Des enveloppes au prix de 1 centime,
Et des bandes au prix de 1 centime pour trois qui sont livrées timbrées, moyennant le prix du timbre d'affranchissement en sus.

Chiffres-taxes.

Les chiffres-taxes sont de petites étiquettes imprimées qui sont apposées par les soins des agents des postes sur les objets de correspondance de toute nature non affranchis ou insuffisamment affranchis.

Imprimés, échantillons, épreuves d'imprimerie corrigées, papiers de commerce ou d'affaires.

Leur taxe est réglée à prix réduit, moyennant affranchissement préalable.

Le poids des imprimés, épreuves d'imprimerie corrigées et papiers de commerce ou d'affaires ne doit pas dépasser 3 kilogrammes, celui des échantillons 350 grammes. La dimension des imprimés, épreuves d'imprimerie, papiers d'affaires et échantillons d'étoffes sur cartes ne doit pas excéder 45 centimètres, celle des autres échantillons, 30 centimètres.

Les imprimés sont expédiés sous bandes mobiles, couvrant au plus le tiers de la surface du paquet ; ils sont divisés en deux classes :

1° Journaux et ouvrages périodiques paraissant au moins une fois par trimestre.

Leur port est fixé : 1° à 2 centimes par exemplaire jusqu'à 25 grammes ; au-dessus de 25 grammes, le port est augmenté de 1 centime par 25 grammes ou fraction de 25 grammes ; 2° à 1 centime jusqu'à 50 grammes, lorsque l'objet est pour l'intérieur du département où il est publié ou pour les départements limitrophes. Au-dessus de 50 grammes, la taxe supplémentaire est de 1|2 centime par 25 grammes ou fraction de 25 grammes. Pour les journaux publiés dans les départements de la Seine et de Seine-et-Oise et expédiés dans le département où ils sont publiés, la taxe est fixée à 1 centime jusqu'à 25 grammes, avec augmentation de 1|2 centime par 25 grammes ou fraction de 25 grammes.

2° Imprimés autres que les journaux et ouvrages périodiques expédiés sous bandes.

1 centime par 5 grammes jusqu'à 20 grammes ; 5 centimes au-dessus de 20 grammes, jusqu'à 50 grammes ; au-dessus de 50 grammes, 5 centimes par 50 grammes ou fraction de 50 grammes excédant.

Les mêmes objets sont reçus sous forme de lettre disposés de manière à pouvoir être facilement vérifiés, ou sous enveloppes ouvertes d'un côté ; taxe : 5 centimes par 50 grammes ou fraction de 50 grammes.

Le port des échantillons avec ou sans imprimés, des épreuves d'imprimerie corrigées, des papiers de commerce ou d'affaires, placés soit sous bandes mobiles, soit dans des enveloppes non fermées, ou dans des sacs faciles à ouvrir, est fixé pour chaque paquet portant une adresse particulière à 5 cent. par 50 grammes ou fraction de 50 grammes.

On peut aussi expédier par chemin de fer, sous le titre de *colis postaux*, les petits paquets, échantillons, etc. — Voy. *Colis postaux*.

Lettres et objets recommandés.

Le public est admis à recommander les lettres, les mandats-cartes, les cartes postales, les échantillons, les papiers de commerce et d'affaires, les journaux, les imprimés et généralement tous les objets rentrant dans le monopole de la poste ou dont le transport peut lui être confié en vertu des Lois en vigueur.

Les lettres recommandées ne sont assujetties à aucun mode spécial de fermeture.

Il est permis d'insérer des valeurs payables au porteur dans les lettres recommandées, sans en faire la déclaration.

L'administration des postes n'est tenue à aucune indemnité, soit pour détérioration, soit pour spoliation des objets recommandés. La perte, sauf le cas de force majeure, donne seule droit au profit du destinataire à une indemnité de 25 francs. Les objets recommandés paient en sus de la taxe qui leur est applicable, selon la classe à laquelle ils appartiennent, un droit fixe de 25 centimes. Taxe et droit fixe sont acquittés par l'expéditeur.

Valeurs déclarées.

L'expéditeur qui veut s'assurer en cas de perte, sauf le cas de force majeure, le remboursement des valeurs payables au porteur insérées dans une lettre, doit faire la déclaration du montant des valeurs que cette lettre contient.

La déclaration ne doit pas excéder 10.000 fr.; elle est portée en toutes lettres à la partie supérieure de la suscription de l'enveloppe, et énonce en francs et centimes le montant des valeurs insérées. Elle doit être écrite d'avance par l'expéditeur lui-même, sans rature ni surcharge. — Une lettre contenant des valeurs déclarées est passible, outre le port de la lettre et le droit fixe de 25 cent., d'un droit de 10 c. par 100 fr. ou fraction de 100 fr. déclarés.

Les bijoux ou objets précieux sont assimilés aux lettres renfermant des valeurs déclarées, quant aux formalités relatives au dépôt, à la déclaration, à la remise au destinataire, à la responsabilité de l'administration. Ces objets acquittent le droit fixe de chargement de 25 cent., et une taxe de 1 0/0 de leur valeur jusqu'à 100 francs; et de 50 cent. par chaque 100 fr. ou fraction de 100 francs en plus jusqu'à 10.000 fr., suivant la déclaration faite par l'expéditeur. — Cette valeur ne peut être inférieure à 50 francs.

Ils sont déposés à la poste dans des boîtes closes d'avance, dont les parois doivent avoir une épaisseur d'au moins 8 mill. et dont les dimensions ne peuvent excéder 5 c. de hauteur, 8 c. de largeur et 10 c. de longueur.

Demande d'avis de réception d'objets chargés et recommandés.

L'expéditeur d'une lettre ou d'un objet recommandé, d'une lettre ou d'une boîte contenant des valeurs déclarées à destination de l'intérieur ou de l'Algérie, peut demander, moyennant le paiement d'un droit d'affranchissement de 10 c., qu'il lui soit donné avis de la réception par le destinataire.

Envois d'argent. — *Mandats de poste ordinaires.*

La poste se charge, moyennant un droit de 1 0/0, du transport des sommes d'argent déposées à découvert dans ses bureaux, et délivre, en échange, des mandats payables à tout individu résidant en France, en Algérie, dans les colonies françaises, dans les villes du Levant, de la Chine et du Japon, où la France entretient des bureaux de poste, ainsi qu'à tout militaire, marin ou employé de l'Etat, aux armées ou sur les bâtiments de la flotte.

Mandats-cartes.

De nouveaux mandats appelés *mandats-cartes* peuvent être employés pour les envois d'argent à la place des mandats ordinaires. Ils diffèrent de ces derniers, en ce qu'au lieu d'être transmis dans une lettre de l'envoyeur, ils sont directement adressés sur le bureau de destination, qui invite le bénéficiaire à se présenter pour en toucher le montant.

Avis de paiement d'un mandat de poste.

L'expéditeur d'un mandat de poste ordinaire ou d'un mandat-carte peut demander, au moment du dépôt des fonds, qu'il lui soit donné avis du paiement de ce mandat, moyennant un droit de 10 centimes pour l'affranchissement de cet avis.

Mandats télégraphiques.

Le public est admis à employer la voie télégraphique pour faire payer à destination, jusqu'à concurrence de 5.000 francs, les sommes déposées dans les bureaux de poste et de télégraphe.

Les taxes à percevoir sur les mandats télégraphiques se composent : 1° d'un droit fixe de 1 0/0 sur le montant du mandat ; 2° de la taxe ordinaire télégraphique ; 3° d'un droit de 50 centimes pour l'avis à remettre au destinataire ; 4° des frais accessoires de la taxe télégraphique pour la remise à domicile.

Le paiement doit être réclamé dans les 5 jours qui suivent le jour de la remise du mandat au bureau de poste de destination. Passé ce délai, les mandats sont envoyés à l'administration centrale, à Paris, pour être remboursés à l'envoyeur.

Toutefois, lorsque le destinataire demande le paiement dans un autre bureau que le bureau indiqué primitivement, le mandat peut être transmis à l'administration centrale sans attendre l'expiration du délai de 5 jours.

Mandats étrangers.

Des envois de fonds peuvent être faits au moyen de mandats de poste à destination des pays étrangers.

Bons de poste.

Des bons de poste de sommes fixes de la valeur de 1 fr. ; 2 fr. ; 5 fr., 10 fr. et 20 fr. sont mis à la disposition du public. Le droit à percevoir est fixé à 5 cent. pour les bons de 1 fr., 2 fr., et 5 fr. ; à 10 cent. pour ceux de 10 fr., et à 20 cent. pour ceux de 20 francs.

Tout bon de poste présenté au paiement doit porter le nom et l'adresse de la personne entre les mains de laquelle le paiement doit avoir lieu.

Il doit être présenté au paiement dans les 3 mois du jour de l'émission. — *L. du 29 juin 1882.*

Recouvrement des effets de commerce.

Le recouvrement des effets de commerce se fait moyennant un droit de recommandation de 25 cent. pour la transmission des valeurs, et un prélèvement de 10 cent. par 20 francs ou fraction de 20 francs sur le montant de chaque valeur recouvrée. Ce prélèvement ne peut dépasser, en aucun cas, le maximum de 50 c. par valeur. Les sommes recouvrées sont converties en mandats de poste pour lesquels le droit est perçu sur les bases suivantes : 1 0/0 pour tout recouvrement ne dépassant pas 50 fr. ; 1/2 p. 0/0 pour toute fraction excédant 50 fr. Le maximum du montant de chaque valeur à recouvrer, en France ou en Algérie, est de 2.000 fr. — La perte d'une valeur à recouvrer, ou d'une lettre recommandée transmettant des effets à recouvrer, donnent droit à une indemnité de 50 francs. — Les valeurs protestables de et pour la France continentale sont admises au recouvrement.

La poste se charge également du recouvrement des valeurs de toute nature payables en Allemagne, en Belgique, dans le grand duché de Luxembourg, dans la principauté de Monaco, dans le Portugal, dans les Pays-Bas, en Roumanie, en Suède et en Suisse, et *vice versa*.

Les valeurs protestables ne sont admises au recouvrement par la poste que dans les rapports avec l'Allemagne et la Belgique.

Abonnement aux journaux et publications périodiques.

Des abonnements aux journaux et publications périodiques se font moyennant un droit de 1 p. 0/0, plus un droit fixe de 10 centimes par abonnement.

Taxe des lettres pour les militaires ou marins dans les colonies ou en station dans les pays étrangers.

Les lettres adressées de la France ou de l'Algérie aux militaires et marins de tous grades, soit dans les colonies, soit à bord des bâtiments de l'Etat stationnant dans les ports étrangers, et réciproquement les lettres adressées en France et en Algérie par ces militaires et marins, ne supportent que la taxe territoriale, sans supplément de taxe pour le parcours à l'étranger, ni pour le parcours de voie de mer, lorsqu'elles sont transportées exclusivement par des services français, ou apportées en France ou en Algérie par des bâtiments de l'Etat. — *Loi du 27 juin 1792.*

Lettres pour les colonies et l'étranger.
Pour les pays compris dans l'Union postale universelle.

Lettres ordinaires : 25 cent. par 15 gr., cartes postales simples, 10 cent., et avec réponse payée, 20 centimes.

Papiers d'affaires : 25 cent. jusqu'à 250 grammes ; et au delà de 250 gr., 5 cent. par 50 gram. ; échantillons, 10 cent., jusqu'à 100 gr., et au delà de 100 gr., 5 cent. par 50 gr. ; journaux et autres imprimés, 5 cent. par 50 gr.

Un décret du 20 mars 1888 accorde le bénéfice de la taxe métropolitaine (15 cent.) aux lettres adressées aux militaires et marins présents sous les drapeaux et à bord des bâtiments de l'Etat, à l'étranger ou aux colonies françaises et réciproquement, ainsi qu'aux lettres adressées dans les mêmes conditions par les militaires et marins.

Pour les pays non compris dans l'Union postale universelle, les taxes varient suivant les voies employées pour l'expédition.

A l'égard des colis postaux. — Voy. *Chemin de fer.* — *Colis postaux.*

Et en ce qui concerne les caisses d'épargnes postales. — Voy. *Caisse d'épargne postale.*

Contraventions postales.

Le monopole du transport des lettres et objets manuscrits étant attribué par la Loi au service des postes, le transport en fraude de ces objets de correspondance est puni d'une amende de 150 à 300 francs.

La même peine est applicable à celui qui insère dans un objet de correspondance affranchi à prix réduit (imprimé, échantillon, papier d'affaires) des notes manuscrites ayant le caractère de correspondance personnelle, ou qui les porte sur ces objets eux-mêmes. Il est interdit d'insérer dans un objet de correspondance autre qu'une lettre recommandée ou chargée, des billets de banque, des bons de poste sans nom de destinataire ou autre valeur payable au porteur. Il est également défendu d'insérer de l'or, de l'argent, des bijoux ou autres effets précieux dans un objet de correspondance autre qu'une boîte chargée, et aussi d'insérer des monnaies françaises ou étrangères dans les boîtes chargées.

Les infractions à ces deux prescriptions sont punies d'une amende de 50 francs à 500 fr.

L'emploi sciemment fait d'un timbre-poste ayant déjà servi constitue un délit passible d'une amende de 50 fr. à 1000 fr. La déclaration sur la suscription d'un chargement d'une somme supérieure au montant des valeurs réellement insérées dans la lettre entraîne un emprisonnement de 1 mois à 1 an et une amende de 16 à 500 francs.

POSTÉRITÉ. — Suite de ceux qui descendent d'une même origine, d'une même personne. — Voy. *Fils.* — *Fille.* — *Succession.*

POSTHUME (Enfant). — C'est ainsi qu'on appelle l'enfant qui naît après la mort de son père.

L'enfant conçu étant réputé né chaque fois qu'il s'agit de son intérêt, l'enfant posthume a droit à la succession de son père comme ses frères et sœurs, et c'est pour surveiller ses droits que la Loi ordonne la nomination d'un curateur au ventre. — Voy. *Curatelle.* — *Curateur.* — *Enfant.*

POSTHUMES (Ouvrages). — Se dit de ceux qui sont publiés après la mort de leurs auteurs. — Voy. *Propriété littéraire.*

POST-SCRIPTUM. — Voy. *Date.* — *Signature.*

POSTULATION. — Se dit de l'action d'occuper pour une partie devant un Tribunal, c'est-à-dire de l'exercice des fonctions d'avoué et en même temps de l'usurpation de ces fonctions.

POTESTATIVE. — Voy. *Condition.*

POT-DE-VIN (ou vin de marché). — Somme payée en plus d'un prix de vente, ou à l'occasion d'une location ou de tout autre marché, en considération de l'avantage du traité qui en est l'objet. — Le pot-de-vin donné à la femme du vendeur ou du bailleur est ordinairement qualifié d'*épingles*.

Comme le pot-de-vin n'est point ordinairement porté dans l'acte, il y a danger pour l'acquéreur de le perdre s'il vient à être évincé ou qu'une surenchère soit formée. — Voy. *Surenchère.*

D'un autre côté, si celui qui le paie exige une quittance, elle peut un jour être produite et être considérée comme une contre-lettre passible, à titre d'amende, du triple droit d'enregistrement qui aurait été perçu sur les sommes et valeurs ainsi stipulées. — Voy. *Contre-lettre.*

Les pots-de-vin et épingles font partie des loyaux coûts, lorsqu'ils sont portés au contrat. — *D. N.* — Voy. *Arrhes.*

POUDRES et salpêtres. — L'État s'est réservé le monopole de la fabrication et de la vente de la poudre et des matières fulminantes. — Voy. *Contributions indirectes.*

Le Ministre des Finances fixe annuellement, après entente avec le Ministre de la Guerre, le prix de vente des poudres de commerce extérieur. — *Déc. du 30 déc. 1882.*

La direction et le contrôle du service des poudres et salpêtres ont été réglés par une loi du 16 mars 1882 et un décret du 19 février 1883.

Nul ne peut, sans une permission administrative, être détenteur d'une quantité quelconque de poudre de guerre et de plus de 2 kilogrammes de toute autre poudre.

La fabrication, la vente et le colportage illicite de la poudre sont punis d'amende, d'emprisonnement et de confiscation.

La dynamite peut être fabriquée par les particuliers, à charge d'autorisation, moyennant le dépôt d'un cautionnement de 50.000 fr., et à charge d'un impôt qui ne peut excéder 2 fr. par kilogramme. — *L. du 8 mars 1875.*

Il est défendu d'élever aucune construction à une distance moindre de 25 mètres des murs d'enceinte des magasins à poudre de la guerre et de la marine.

L'établissement des conduits de gaz, les clôtures de bois et de haies sèches, les dépôts de bois, de fourrages ou matières combustibles sont aussi prohibés dans le même rayon de 25 mètres.

Les usines et établissements pourvus de foyers avec ou sans cheminées d'appel sont également prohibés dans un rayon de 50 mètres. — *E. N.*

POUR acquit. — Voy. *Acquit.*

POURSUITE. — Se dit de tous les actes d'exécution ou tendant à exécution, comme aussi de tous les actes de procédure qui se font dans un procès, soit civil, soit criminel.

POURSUITE en matière d'Enregistrement. — Les préposés de la Régie ne peuvent diriger des poursuites en recouvrement des droits et amendes dont la perception leur est confiée, sans, au préalable, avoir adressé des avertissements aux débiteurs. — Voy. *Avertissement.*

Le premier acte de poursuite est une contrainte signifiée au débiteur et dont l'effet ne peut être interrompu que par une opposition motivée. C'est cette opposition qui constitue l'instance et arrête le cours de la prescription. — Voy. *Enregistrement.*

POURVOI. — C'est le recours contre une décision judiciaire.

Le pourvoi en cassation suspend l'exécution en matière criminelle, mais il n'est pas suspensif en matière civile. — Voy. *Cassation.*

POURSUIVANT. — On désigne spécialement sous ce nom celui qui provoque un partage, une licitation, une expropriation forcée, un ordre, une distribution par contribution. — Voy. *Ordre.* — *Saisie immobilière.*

POUSSE. — Maladie des chevaux. — Voy. *Vices rédhibitoires.*

POUVOIR. — Ce mot indique d'abord l'autorité qui gouverne la société, ensuite le droit de chacun de faire telle ou telle chose en vertu, soit de la loi, soit d'une convention, soit de la chose jugée, et enfin l'autorisation ou mission d'agir qui nous est donnée. — Voy. *Mandat.* — *Procuration et les mots suivants.*

POUVOIR administratif. — Voy. *Organisation administrative.* — *Organisation départementale.* — *Organisation municipale.*

POUVOIR constituant. — Voy. *Organisation politique.* — *Sénat.*

POUVOIR (Excès de). — Voy. *Excès de pouvoir.*

POUVOIR exécutif. — C'est l'autorité suprême qui fait exécuter les Lois. — Voy. *Gouvernement.* — *Loi.* — *Ministère.* — *Ministre.*

POUVOIR judiciaire. — C'est celui exercé par la magistrature, dont la mission consiste à régler les intérêts privés des citoyens, en leur administrant la justice suivant les lois civiles, et en repoussant les attaques dirigées contre eux et leurs propriétés. — Voy. *Compétence.* — *Juge.* — *Juridiction.*

POUVOIR législatif. — C'est celui chargé de faire les lois et qui est exercé collectivement par le Sénat et la Chambre des députés.

POUVOIR (mandat). — Faculté d'agir pour autrui en vertu du mandat qu'on en a reçu. — Voy. *Mandat.* — *Procuration.*

POUVOIR municipal. — Voy. *Commune.* — *Conseil municipal.* — *Maire.* — *Organisation municipale.* — *Police municipale.*

PRAIRIE artificielle. — Voy. *Bail à ferme.* — *Parcours et vaine pâture.*

PRATICIEN. — Se dit de celui qui exerce un art ou une profession. On entend aussi par praticien celui qui fait son état de la procédure et même les clercs des avoués, des greffiers et des huissiers.

PRATIQUE. — Ce terme est employé pour signifier l'expérience, la science des affaires, par opposition à *théorie*.

PRATIQUE (achalandage). — Voy. *Fonds de commerce.* — *Vente de fonds de commerce.*

PRATIQUE (Libre). — Voy. *Police sanitaire.*

PRATIQUE (Usage). — Manière d'agir habituelle sur un point de fait de procédure ou de droit.

PRÉ. — Voy. *Parcours et vaine pâture.*

PRÉALABLE. — Ce qui doit être fait avant toute autre chose.

PRÉAMBULE. — Commencement ou introduction d'un acte, d'un procès-verbal, etc.

PRÉCAIRE. — Ce qui doit avoir un terme; qui ne s'exerce que par une concession, un titre révocable, et dont l'effet peut cesser.

L'*usufruitier*, le *fermier*, le *dépositaire* ne sont que des détenteurs précaires. — C. civ. 2236, 2239. — Voy. *Possession.* — *Prescription.*

PRÉCAUTION. — C'est une maxime de droit que celui qui prend des précautions excessives se rend suspect de fraude. — Voy. *Fraude.*

PRÉCEPTE. — Toute disposition qui ordonne une chose. Tels sont les préceptes du droit. — Voy. *Loi.* — *Règles de droit.*

PRÉCEPTE nu. — Disposition dépourvue de sanction ou simple conseil. — Voy. *Inaliénabilité.* — *Loi.* — *Obligation.*

PRÉCIPUT, Prélèvement. — Ce qui est pris avant le partage.

PRÉCIPUT conventionnel. — C'est la somme ou les effets mobiliers que l'un des époux, par une clause de leur contrat de mariage, a le droit de prélever, avant partage, sur la masse des biens de la communauté.

Le préciput peut être stipulé en faveur de la femme, lors même qu'elle renoncerait à la communauté. Dans ce cas, la femme renonçante le prend sur les biens personnels du mari.

On range le préciput parmi les droits ou gains du mari, attendu qu'il ne peut s'ouvrir que par la mort de l'un des époux.

Le préciput est tout à la fois considéré comme convention de mariage et comme avantage.

L'époux contre lequel le divorce ou la séparation de corps a été prononcé perd tous les avantages que son conjoint lui avait faits, soit par contrat de mariage, soit depuis le mariage. — C. civ. 299.

La simple séparation de biens laisse entiers les droits de l'un ou de l'autre époux.

Le préciput peut être stipulé en argent ou en effets mobiliers et peut être limité à certains objets. — *D. N.*

PRÉCIPUT (hors part). — C'est l'avantage fait à un successible au delà de sa part héréditaire, avec dispense de rapport.

L'égalité entre cohéritiers est de règle générale, et la Loi exige que tout héritier venant à une succession rapporte à la masse tout ce qu'il a reçu par donation entre vifs, directement ou indirectement; mais cette règle peut être modifiée par la manifestation d'une volonté contraire de la part du défunt, s'il a déclaré d'une manière expresse qu'il entendait donner ou léguer *par préciput et hors part* ou *avec dispense de rapport.* Dans ce cas, l'héritier avantagé ne doit aucun rapport, à moins que les objets qui lui sont donnés hors part n'excèdent la quotité disponible. — C. civ. 843, 844, 919. — Voy. *Portion disponible.*

La Loi n'exige pas positivement les expressions *préciput, hors part* ou *dispense de rapport*, qui peuvent être remplacées par des termes équivalents; en un mot, il suffit que la volonté du donateur ou testateur soit clairement exprimée. — Elle peut même résulter de certaines conditions dont l'appréciation est laissée aux Tribunaux.

La déclaration que le don ou legs est à titre de *préciput*, ou *hors part*, ou avec *dispense de rapport* peut être faite, non seulement par l'acte qui en contient la disposition, mais encore par un acte postérieur, dans la forme des donations entre vifs ou testamentaires. — *C. civ.* 919.

PRÉDÉCESSEUR. — Celui qui a précédé un autre dans le même emploi, dans la même charge. Le prédécesseur est *médiat* ou *immédiat*. — Voy. ces mots.

PRÉFÉRENCE. — Avantage qu'on donne à une personne sur une autre, ou droit qu'on a d'être préféré à un autre sur une même chose. — Voy. *Hypothèque*. — *Ordre entre créanciers*. — *Privilège*. — *Subrogation*.

PRÉFÉRENCE (Pacte de). — Voy. *Pacte de préférence*.

PRÉFET. — C'est le fonctionnaire chargé en chef de l'administration du département, sous l'autorité du Pouvoir exécutif. — Voy. *Organisation départementale*.

PRÉFET maritime. — Fonctionnaire ayant la direction supérieure de tous les services et établissements de la marine dans son arrondissement.

PRÉFET de police. — Magistrat chargé de la police administrative et municipale à Paris et dans tout le département de la Seine. — Voy. *Organisation départementale*.

PRÉJUDICE. — Se dit du tort ou dommage causé par une personne à une autre. — Voy. *Dommages*.

PRÉJUDICIELLE (Question). — Voy. *Question préjudicielle*.

PRÉJUGÉ. — Décision préalable ou opinion adoptée sans un mûr examen.

Ce terme se dit encore de ce qui a été jugé précédemment dans un cas semblable ou analogue.

PRÉLEGS. — Se dit du legs fait par préciput à un héritier présomptif. — Voy. *Préciput (hors part)*.

PRÉLÈVEMENT. — Action de prendre certaines sommes ou certains objets sur la masse des biens d'une communauté, d'une succession ou d'une société, avant le partage de ces biens. — *E. N.*

Les prélèvements de la femme s'exercent avant ceux du mari. La femme a de plus son droit d'option, d'après les règles de l'article 1471 du C. civ. — Voy. *Communauté*. — *Partage de communauté*. — *Reprises matrimoniales*.

PRÉMÉDITATION. — Dessein formé à l'avance, ce qui est une circonstance aggravante.

PREMIER président. — Se dit du chef de la Cour de cassation, de la Cour des comptes, de même que de ceux des Cours d'appel. — Voy. *Tribunaux*.

PRENEUR. — C'est ainsi qu'on appelle le locataire ou le fermier. Il désigne aussi celui au profit de qui une lettre de change a été souscrite. — Voy. *Lettre de change*.

PRÉNOMS. — Voy. *Noms et prénoms*.

PRÉPARATOIRE (Jugement). — Se dit des jugements rendus pour l'instruction d'une cause. — Voy. *Jugement*.

PRÉPOSÉ. — Se dit de celui commis pour gérer certaines affaires, par exemple une manufacture, un magasin appartenant à autrui.

Les préposés obligent leurs maîtres ou commettants, aussi longtemps que dure leur mission, pour tout ce qu'ils font dans les limites des pouvoirs ou de la confiance dont ils sont investis, qu'ils aient agi au nom de ces derniers ou en leur propre nom, mais seulement lorsqu'il s'agit d'actes relatifs aux affaires qui leur sont confiées.

Les commettants sont civilement responsables des délits et quasi-délits de leurs préposés. — *C. civ.* 1384.

PRÉROGATIVE. — S'entend du privilège ou des avantages attachés à ceraines fonctions, charges ou dignités.

PRESBYTÈRE. — Se dit de la maison destinée au logement d'un curé ou desservant de paroisse. — Voy. *Fabrique.*

PRESCRIPTION civile. — Moyen d'acquérir ou de se libérer par un certain laps de temps et sous les conditions déterminées par la Loi. — *C. civ.* 2219.

La prescription est une mesure d'ordre et d'intérêt général.

Elle doit être invoquée, et les juges ne peuvent jamais la suppléer, si ce n'est en matière criminelle, correctionnelle et de police.

La prescription peut être opposée en tout état de cause, même devant la Cour d'appel, mais elle ne pourrait plus être invoquée pour la première fois devant la Cour de cassation.

Les créanciers, ou toute autre personne ayant intérêt à ce que la prescription soit acquise, peuvent l'opposer, encore que le propriétaire ou le débiteur y renonce. — *C. civ.* 2223.

§ 1er. — *De la renonciation à la prescription.*

On ne peut d'avance renoncer à la prescription, pas plus qu'à la péremption d'instance. — *C. civ.* 2220.

Mais on peut renoncer à la prescription acquise. — Voy. *Renonciation à la prescription.*

La renonciation peut être expresse, comme lorsqu'elle est l'effet d'une déclaration explicite contenue dans un acte, ou bien tacite, comme lorsqu'elle résulte d'un fait qui suppose l'abandon d'un droit.

Les personnes placées par la Loi dans l'incapacité d'aliéner ne peuvent renoncer à la prescription.

La renonciation à la prescription ne vaut pas de titre nouveau pour celui au profit duquel elle est faite.

§ 2. — *Des choses sujettes à la prescription.*

Il y a des choses imprescriptibles par leur nature, d'autres ne le sont qu'à raison de leur destination, d'autres enfin ne le sont qu'à raison des personnes qui les possèdent.

En général, on ne peut prescrire les choses qui ne sont pas dans le commerce.

Les rades, ports et hâvres, les fleuves et autres rivières navigables, n'étant pas susceptibles de propriété privée, sont imprescriptibles. Mais il en est autrement des lais et relais de la mer, qui sont considérés comme des biens ordinaires susceptibles de prescription. — *Cass.*, 17 nov. 1852.

Sont également imprescriptibles les églises et chapelles des divers cultes, tant qu'elles conservent leur destination, les cimetières, les chemins et routes, les rues et places des villes et villages, les fontaines communales, etc.

Les rivages des rivières navigables appartiennent aux riverains jusqu'au flot, et sont prescriptibles.

Les grandes masses de forêts dépendant du domaine de l'Etat sont imprescriptibles.

La repare ou berge d'un fossé, comme toute autre partie d'un fonds, est prescriptible.

L'Etat, les établissements publics et les communes sont soumis aux mêmes prescriptions que les particuliers, et peuvent également les opposer.

§ 3. — *Des conditions pour prescrire.*

La prescription des obligations s'accomplit par le temps, sans le concours d'aucune autre condition. Mais celle de la propriété ne s'opère qu'à l'aide du temps, joint à une possession selon la Loi. — Voy. *Possession*.

Ceux qui possèdent pour autrui, tels que les fermiers, les dépositaires, l'usufruitier, ne peuvent jamais prescrire.

§ 4. — *De l'interruption de la prescription.*

L'interruption de la prescription a lieu, soit par un commandement, une saisie ou même une simple demande en justice faite à celui qu'on veut empêcher de prescrire. — *C. civ.* 2244.

La citation en conciliation devant le bureau de paix interrompt la prescription, du jour de sa date, lorsqu'elle est suivie d'une assignation en justice donnée dans les délais de droit.

La demande des intérêts d'une dette faite judiciairement interrompt la prescription, même pour le principal.

Le renouvellement des inscriptions hypothécaires n'empêche pas la prescription des rentes et autres prestations.

La prescription est interrompue par la reconnaissance expresse ou tacite que le débiteur fait du droit contre lequel il prescrivait.

La reconnaissance est *expresse*, spécialement lorsqu'après 28 ans de la date du dernier titre, le débiteur d'une rente fournit un titre nouvel à son créancier. Ce dernier a d'ailleurs le droit de l'exiger après ce laps de temps.

La clause par laquelle le débiteur d'une rente hypothéquée vend l'immeuble, en imposant à l'acquéreur l'obligation de la servir, est une reconnaissance *expresse* et interruptive de prescription.

La reconnaissance tacite à lieu : 1° par le paiement des intérêts et arrérages produits par le principal dû ; 2° par la prestation d'une caution ; 3° par la dation d'un gage ; 4° par la compensation ; 5° par la demande d'un délai pour payer, etc.

L'interruption ne s'étend pas d'une personne à une autre ; ainsi celle faite contre l'usufruitier, lors même qu'on l'aurait cru propriétaire, ne s'étendrait pas au nu propriétaire.

En matière de prescription, il n'y a d'incapables que ceux que la Loi déclare tels.

La prescription ne court pas contre les incapables ou ceux qui se trouvent dans une incapacité absolue d'agir.

En général, elle ne court pas contre les mineurs et les interdits ; néanmoins, ils sont soumis aux prescriptions en matière commerciale.

§ 5. — *Du temps requis pour prescrire.*

La prescription se compte par jours et non par heures, et elle est acquise lorsque le dernier jour du terme est accompli, fût-ce même un jour de fête légale. — *C. civ.* 2260 *et suiv.*

30 ans. — Toutes les actions tant réelles que personnelles sont prescrites par 30 ans, sans que celui qui allègue cette prescription soit obligé d'en rapporter un titre, ou qu'on puisse lui opposer l'exception déduite de la mauvaise foi. — *C. civ.* 2262.

C'est la prescription la plus longue qui existe dans notre droit, et celle admise entre les parties.

La prescription de 30 ans est applicable à celui qui paie les contributions pour autrui, c'est-à-dire que son action en répétition dure 30 ans, bien qu'entre l'Etat et le contribuable la prescription ne soit que de 3 ans. — *Cass.*, 22 *janv.* 1828. — *L. du* 3 *frimaire an VII.*

10 et 20 ans. — A l'égard de la prescription de 10 et 20 ans, elle est réglée par l'art. 2265 du C. civ. ainsi conçu : « Celui qui acquiert de bonne foi et par juste titre un immeuble en prescrit la propriété par 10 ans, si le véritable propriétaire habite dans le ressort de la Cour d'appel dans l'étendue de laquelle l'immeuble est situé, et par 20 ans, s'il est domicilié hors dudit ressort. »

Ces 10 ans ou 20 ans se comptent du jour de la transcription.

La prescription par 10 et 20 ans a pour effet, non seulement de faire acquérir au possesseur de bonne foi, et en vertu de juste titre la propriété, de l'immeuble possédé, mais encore d'affranchir cet immeuble de toutes les éventualités d'éviction auxquelles il se trouvait soumis, même des hypothèques et inscriptions dont la charge n'aurait pas été imposée à l'acquéreur.

Il est de principe qu'un titre entaché d'une nullité relative n'en transfère pas moins la propriété, lorsqu'il émane du véritable propriétaire ; or, il s'ensuit que l'acquéreur qui aurait acheté d'un mineur ou d'une femme mariée sous le régime dotal un immeuble leur appartenant pourrait, malgré la connaissance qu'il aurait eue de la minorité ou de la dotalité, prescrire par 10 ou 20 ans contre les successibles des vendeurs primitifs, excepté dans les cas prévus par la Loi où cette prescription ne pourrait leur être opposée, par exemple s'ils étaient en état de minorité.

Après 10 ans les entrepreneurs ou architectes sont déchargés de la garantie des ouvrages qu'ils ont faits ou dirigés. C'est aussi par 10 ans que se prescrit, au profit des tuteurs, toute action de l'ex-pupille relative aux faits de la tutelle.

5 ans. — Les arrérages des rentes perpétuelles et viagères, ceux des pensions alimentaires, les fermages des biens ruraux, les loyers des maisons, les intérêts des sommes prêtées et généralement tout ce qui est payable par année ou à des termes périodiques plus courts, se prescrivent par 5 ans. — *C. civ.* 2277.

Les intérêts des sommes dues par le mandataire, ceux courus depuis la cessation de la tutelle jusqu'au compte, les intérêts entre négociants en compte courant, ceux entre cohéritiers pour les sommes qu'ils doivent rapporter à la succession ne sont pas prescriptibles par 5 ans.

Les actions relatives aux lettres de change et aux billets à ordre souscrits pour actes de commerce se prescrivent par 5 ans. La prescription court du jour du protêt ou de la dernière poursuite juridique, et, s'il n'y a pas eu de protêt, du jour où il aurait dû être fait. — Les billets à ordre souscrits par des non-commerçants pour des actes non commerciaux ne se prescrivent que par 30 ans.

Les juges et avoués sont déchargés des pièces, 5 ans après le jugement du procès.

L'action des notaires en paiement des sommes dues pour les actes de leur ministère se prescrit par 5 ans à partir de la date de ces actes, mais la prescription cesse de courir s'il y a eu compte arrêté, reconnaissance ou citation en justice non périmée. — *L. du 5 août* 1881.

Les avoués ne peuvent non plus former de demandes pour frais dans les affaires non terminées, si ces frais remontent à plus de 5 ans.

La même prescription éteint généralement toutes les dettes de l'Etat.

3 ans. — L'action en revendication de meubles volés ou perdus se prescrit par 3 ans, c'est une exception à la règle générale qui est qu'en *fait de meubles la possession vaut titre.*

Cette règle s'applique aux titres au porteur.

Si le possesseur actuel de la chose volée ou perdue l'a achetée dans une foire, un marché, une vente publique, ou d'un marchand vendant des choses pareilles, le propriétaire originaire ne peut se la faire rendre qu'en remboursant au possesseur le prix qu'elle lui a coûté. — *C. civ.* 2279.

Comme nous l'avons déjà dit, les contribuables prescrivent par 3 ans l'impôt foncier contre les percepteurs.

2 ans. — L'action des avoués pour le paiement de leurs frais et salaires se prescrit par 2 ans, du jour du jugement définitif du procès ou de la conciliation des parties. — *C. civ.* 2273.

Cette prescription n'est pas opposable aux avocats, greffiers agréés et agents d'affaires. — Voy. *Agents d'affaires.* — *Avocat.*

Les demandes en taxe et les actions en restitution des honoraires dus aux notaires, pour les actes de leur ministère, se prescrivent par 2 ans du jour du paiement ou du règlement par compte arrêté, reconnaissance ou obligation. — *L. du 5 août* 1881.

Les huissiers sont déchargés des pièces qui leur étaient confiées 2 ans après l'exécution de la commission ou la signification des actes. — *C. civ.* 2276.

Un an. — Se prescrivent par un an ; 1° l'action des médecins, chirurgiens et pharmaciens pour leurs visites, opérations et médicaments ; 2° celle des huissiers pour les salaires des actes qu'ils signifient et des commissions qu'ils exécutent ; 3° celle des marchands pour les marchandises qu'ils vendent aux particuliers non marchands ; 4° celle des maîtres de pension pour le prix de la pension de leurs élèves, et des autres maîtres pour le prix de l'apprentissage ; 5° celle des domestiques qui se louent à l'année pour le paiement de leur salaire. — *C. civ.* 2272.

Cette prescription court, quoiqu'il y ait eu continuation de fournitures, services et travaux. Elle n'est interrompue, comme celle de 2 ans, que par un compte arrêté, une obligation ou une citation en justice. Mais ceux à qui on l'oppose peuvent aussi, comme pour celle de 2 ans, déférer le serment à ceux qui en exigent sur le fait du paiement.

6 mois. — Se prescrivent par 6 mois : 1° l'action des maîtres et instituteurs des sciences et arts pour les leçons qu'ils donnent au mois ; 2° celle des hôteliers et traiteurs à raison du logement et de la nourriture qu'ils fournissent ; 3° celle des ouvriers et gens de travail pour le paiement de leurs journées, fournitures et salaires. — *C. civ.* 2271.

Comme la prescription d'un an et de 2 ans, celle de 6 mois n'est interrompue que par un compte arrêté ou une citation en justice, et continue à courir, malgré les nouvelles fournitures ou livraisons ; mais ceux à qui on l'oppose ont également le droit de déférer le serment à leurs adversaires. — *D. N.*

Prescription en matière criminelle.

L'action publique et l'action civile résultant d'un crime se prescrivent par 10 ans révolus, à compter du jour où le crime a été commis, si, dans cet intervalle, il n'a été fait aucun acte d'instruction ou de poursuites.

La prescription est de 3 années s'il s'agit d'un délit. — *C. instr. crim.* 637, 638.

Ces prescriptions sont un obstacle absolu à toute poursuite, et les prévenus n'ont pas même le droit d'y renoncer et ne peuvent être admis à se présenter pour purger le défaut ou la contumace.

Les peines portées par les arrêts ou jugements rendus en matière criminelle se prescrivent par 20 années, à compter de la date des arrêts ou jugements. — *C. instr. crim.* 635.

Toutefois, le condamné ne peut résider dans le département où demeureraient soit celui sur lequel ou contre les propriétés duquel le crime aurait été commis, soit ses héritiers directs.

Le Gouvernement peut assigner un lieu de domicile au condamné.

Les peines portées par les arrêts ou jugements rendus en matière correctionnelle se prescrivent par 5 années révolues, à compter de la date de l'arrêt ou du jugement rendu en dernier ressort ; et à l'égard des peines prononcées par les tribunaux de première instance, à compter du jour où ils ne peuvent plus être attaqués par voie d'appel. — *C. instr. crim.* 636.

Les peines pour contraventions de police sont prescrites par 2 années révolues, savoir : pour celles en dernier ressort, à compter du jour de l'arrêt ; et pour les autres, à compter du jour où ils ne peuvent plus être attaqués par la voie de l'appel. — *C. instr. crim.* 639.

PRESCRIPTION criminelle. — Droit que la loi accorde à l'auteur d'un crime, d'un délit ou d'une contravention, de ne pas être poursuivi, et, s'il a été condamné, de ne pas subir sa peine après un certain laps de temps.

L'action publique et l'action civile résultant des crimes de nature à entraîner des peines afflictives et infamantes se prescrivent par 10 ans, à compter du jour du crime ou des derniers actes d'instruction ou de poursuites. — *C. instr. crim.* 637 *et suiv.*

Ces mêmes actions se prescrivent, pour les contraventions de police, après une année révolue, à compter du jour où elles ont été commises, lors même qu'il y aurait eu procès-verbal, saisie, instruction ou poursuite, si, dans cet intervalle, il n'est point intervenu de condamnation.

Certains délits ou contraventions sont soumis à des prescriptions particulières: ainsi en matière de chasse et de pêche, la prescription est d'un mois à compter du jour du délit lorsque le prévenu est désigné dans le procès-verbal. Dans le cas contraire, le délai est de 3 mois. — Voy. *Chasse.* — *Forêts.*

PRESCRIPTION fiscale. — C'est celle opposable, soit à l'action de l'administration de l'Enregistrement envers les contribuables, soit à la réclamation de ces derniers pour droits indûment perçus, et qui s'applique, tant aux droits d'enregistrement, de mutation par décès, de greffe, d'hypothèque et de timbre, qu'aux amendes de contravention. — Voy. *Amende.* — *Enregistrement.* — *Greffe.* — *Mutation par décès.* — *Timbre.*

PRÉSÉANCE. — Rang hiérarchique, où les corps constitués et fonctionnaires ont droit de se placer dans un ordre plus honorable qu'un autre.

Les préséances sont réglées par les décrets des 24 messidor an XII, 28 décembre 1875, et par quelques autres dispositions concernant les services judiciaires, administratifs, militaires et financiers.

Le classement résultant de la législation actuellement en vigueur est le suivant :

A. *Rang individuel :* Cardinaux, Ministres, Maréchaux, Amiraux; Grand chancelier de la Légion d'honneur ; Conseillers d'État en mission; Commandants de corps d'armée, Vice-amiraux, Préfets maritimes; Grands-croix, Grands officiers de la Légion d'honneur; Généraux de division commandant la région après le départ du corps d'armée; Premier Président de la Cour d'appel; Archevêques; Généraux de division commandant un groupe de subdivisions; Préfets, Présidents de Cours d'assises ; Evêques ; Généraux de brigade commandant les subdivisions ; Contre-amiraux, Majors généraux de la marine; Généraux de brigade commandant les subdivisions après le départ du corps d'armée; Commissaires centraux de police; Sous-Préfets; Majors généraux de la marine qui ne sont pas contre-amiraux; Présidents de Tribunal de première instance ; Présidents du Tribunal de commerce ; Maires ; Commandants de place ou d'armes ; Présidents de consistoires ; Députation des membres de la Légion d'honneur.

B. *Rang des corps :* Sénat ; Chambre des députés ; Conseil d'État; Cour de cassation ; Cours des comptes ; Conseil supérieur de l'instruction publique ; Cour d'appel; Etat-major du corps d'armée; État-major de la Préfecture maritime ; Etat-major de la région constituée après le départ du corps d'armée ; État-major de la division territoriale ; Cour d'assises ; Conseil de préfecture; Tribunal de première instance ; Etat-major de la majorité générale de la marine ; Etat-major des subdivisions territoriales ; Corps municipal ; Corps académique ; Etat-major de la place ; Tribunal de commerce ; Chambre de commerce ; Juges de paix ; Commissaires de police.

Le rang des fonctionnaires ou corps à l'égard desquels il n'est point intervenu de dispositions spéciales est déterminé par l'usage.

PRÉSENCE. — S'entend de l'assistance à une délibération, à une opération. — Voy. *Inventaire.* — *Scellés.*

PRÉSENT. — Se dit, par opposition à *absent,* de ceux qui se trouvent dans le lieu où il s'agit de faire un acte ou d'intenter une action.

En matière de prescription par 10 ou 20 ans, le propriétaire d'un immeuble est réputé *présent* ou *absent*, selon qu'il habite dans le ressort ou hors du ressort de la Cour d'appel où est situé cet immeuble. — *C. civ.* 2265. — Voy. *Prescription.*

PRÉSENT de noces. — Cadeau fait à une femme par son futur époux ou par les parents de celui-ci sous la foi de la promesse de mariage. — Voy. *Bagues et joyaux.* — *Promesse de mariage.* — *Rapport à succession.*

PRÉSENT et acceptant. — Expression employée dans les actes après le nom de ceux auxquels ils doivent profiter, pour constater leur acceptation.

Mais cette acceptation n'est pas nécessaire dans les actes *unilatéraux*, tels que les obligations de sommes à payer et les consentements.

PRÉSENT (Don). — Cadeau ou libéralité qui se fait de la main à la main. — Voy. *Don manuel.* — *Rapport à succession.*

PRÉSENTS d'usage. — On comprend sous cette expression, non seulement les cadeaux qui se font à l'occasion des mariages, mais en général toute espèce de présents qui se font dans les différentes circonstances de la vie. — *E. N.*

Les présents d'usage sont affranchis de la règle qui soumet au rapport toutes les libéralités du défunt envers l'un de ses successibles. — *C. civ.* 852. — Voy. *Rapport.*

PRÉSENTATION. — On appelle *présentation* le droit que tient de la Loi le titulaire d'un office, de présenter son successeur à la chambre de discipline et à l'agrément du Gouvernement. — Voy. *Notaire.* — *Office.*

PRÉSIDENT. — C'est le chef d'une assemblée, d'une compagnie, d'un Tribunal.

PRÉSIDENT de Chambre de discipline des notaires, avoués, etc. — Titre que porte le premier officier du bureau de la Chambre, et dont la principale attribution est de représenter la Chambre dans ses rapports extérieurs et de convoquer et diriger les séances.

Il a voix prépondérante en cas de partage d'opinion.

PRÉSIDENT du Tribunal civil. — Les présidents des tribunaux civils de première instance, ou les juges qui les remplacent, ont une juridiction particulière.

Ils peuvent, en général, prendre toutes les mesures d'urgence et autorisent et font beaucoup d'actes où il n'est pas besoin de l'intervention du tribunal. Ils font notamment l'ouverture des testaments olographes ou mystiques, ordonnent l'envoi en possession des légataires universels, etc. — *C. civ.* 1007 *et suivants.*

PRÉSOMPTIF. — Ce mot signifie, en droit, celui qui est présumé avoir une qualité.

PRÉSOMPTIF (Héritier). — On désigne ainsi celui qui est présumé devoir recueillir une succession, quoiqu'il n'ait fait encore aucun acte d'héritier, ni pris qualité. — Voy. *Héritier.* — *Succession.*

PRÉSOMPTION. — Les présomptions sont des conséquences que la Loi ou le magistrat tire d'un fait connu, pour servir à faire connaître un autre fait inconnu dont on cherche la preuve. — *C. civ.* 1349.

La présomption diffère de la preuve en ce que celle-ci fait foi directement, tandis que la présomption ne fait foi qu'indirectement et par une conséquence tirée d'un fait à un autre. Ainsi la possession de la grosse d'une obligation par le débiteur ne forme qu'une présomption de paiement contre laquelle la preuve contraire est recevable, tandis que la quittance fait foi par elle-même et constitue une preuve littérale du paiement.

La présomption légale dispense de toute preuve celui au profit duquel elle existe.

On entend par présomption légale celle qui est attachée par une loi spéciale à certains actes ou à certains faits. Tels sont : 1° les actes que la Loi déclare nuls comme présumés faits en fraude de ses dispositions ; 2° les cas dans lesquels la

Loi déclare que la propriété ou la libération résulte de certaines circonstances déterminées; 3° l'autorité que la Loi attribue à la chose jugée et à l'aveu de la partie ou à son serment. — *C. civ.* 1350.

Les présomptions qui ne sont pas établies par la Loi sont abandonnées aux lumières et à la prudence des magistrats, mais ils ne peuvent les admettre que lorsqu'elles sont graves, précises et concordantes, et dans le cas où la Loi admet la preuve testimoniale, à moins que l'acte ne soit attaqué pour cause de dol ou de fraude. — *C. civ.* 1358.

Le paiement d'une obligation excédant 150 francs ne pourrait être admis, même sur des présomptions graves, s'il n'existait pas un commencement de preuve par écrit. — Voy. *Commencement de preuve par écrit.*

Lorsqu'un débiteur représente une quittance du dernier terme sans aucune réserve, il y a présomption que les termes antérieurs ont été acquittés. — *D. N.*

PRESSE. — Ce mot, qui signifie machine d'imprimerie, s'emploie figurément de la faculté même de faire imprimer tous écrits.

La presse est régie aujourd'hui par la loi du 29 juillet 1881, qui a même été rendue applicable aux Colonies.

Pour les dispositions de cette Loi relatives à l'exercice des professions d'Imprimeur et de Libraire et à l'affichage et le colportage. — Voy. *Imprimerie.* — *Librairie,* — *Colportage.*

De la presse périodique.

Tout journal ou écrit périodique peut être publié sans autorisation préalable et sans dépôt de cautionnement, à la condition : 1° qu'il y ait un gérant français, majeur, jouissant de ses droits civils et civiques ; 2° qu'une déclaration préalable ait été faite par écrit sur papier timbré et signée par le Gérant au Parquet du Procureur de la République ; déclaration contenant le titre et le mode de la publication, le nom et la demeure du Gérant, l'indication et l'adresse de l'Imprimeur.

Le nom du Gérant doit être imprimé en bas de tous les exemplaires, à peine contre l'Imprimeur de 16 à 100 fr. d'amende par chaque numéro.

Le gérant est tenu d'insérer gratuitement : 1° en tête du plus prochain numéro du Journal ou écrit périodique, les rectifications qui lui sont adressées par un dépositaire de l'autorité publique au sujet des actes de sa fonction qui auront été inexactement rapportés ; 2° dans les trois jours de la réception, ou dans le plus prochain numéro, les réponses de toute personne nommée ou désignée dans le journal ou écrit.

Ces rectifications et réponses ne doivent pas dépasser le double de la longueur de l'article auquel elles répondront.

Des crimes et délits.

La complicité d'un délit, d'un crime ou d'une tentative de crime, résulte du fait d'avoir, par des écrits, des imprimés vendus ou distribués, mis en vente ou exposés aux regards du public, directement provoqué l'auteur ou les auteurs à commettre lesdits délit, crime ou tentative de crime, si la provocation a été suivie d'effet.

S'il y a eu provocation aux crimes de meurtre, de pillage, d'incendie ou à un des crimes contre la sûreté de l'Etat, ceux qui auront commis cette provocation, dans le cas où elle n'aurait pas été suivie d'effet, seront passibles d'une peine de 3 mois à 2 ans d'emprisonnement et de 100 fr. à 3000 fr. d'amende.

L'offense au Président de la République, la provocation adressée à des militaires, la publication ou reproduction de fausses nouvelles, la diffamation, l'injure, l'outrage aux bonnes mœurs, soit par des écrits, soit par la mise en vente, la distribution ou l'exposition de dessins, gravures, peintures, emblèmes ou images obscènes sont également punissables d'emprisonnement et d'amende.

La publication des actes d'accusation et de tous autres actes de procédure criminelle ou correctionnelle avant qu'ils aient été lus en audience publique est punie d'amende.

Est aussi punissable d'amende celui qui a rendu compte d'un procès en diffamation où la preuve des faits diffamatoires n'est pas autorisée. Les cours et tribunaux peuvent d'ailleurs, dans toute affaire civile, interdire le compte rendu du procès; mais les jugements peuvent toujours être publiés.

Les comptes rendus des délibérations intérieures, soit des Jurys, soit des Cours et Tribunaux, est puni d'une amende de 100 à 2000 fr.

Poursuites et répression.

Sont considérés comme auteurs principaux et, par suite, sont passibles des peines qui constituent la répression des crimes et délits commis par la voie de la presse dans l'ordre ci-après : 1° les gérants ou éditeurs, quelles que soient leurs professions ou dénominations; 2° à leur défaut, les auteurs ; 3° à défaut des auteurs, les imprimeurs ; 4° à défaut des imprimeurs, les vendeurs, distributeurs et afficheurs.

Lorsque les gérants ou les éditeurs sont en cause, les auteurs sont poursuivis comme complices.

Quand une condamnation pécuniaire a été prononcée au profit des tiers contre le gérant ou l'éditeur, l'auteur de l'article, l'imprimeur, les vendeurs, distributeurs ou afficheurs, le propriétaire du Journal dans lequel a été commis le délit ou le crime, est responsable de cette condamnation, conformément aux articles 1382 et suiv. du C. civ.

La loi du 2 août 1882 punit d'un emprisonnement de 1 mois à 2 ans et d'une amende de 16 fr. à 3000 fr. quiconque aura commis le délit d'outrage aux bonnes mœurs, par la vente, l'offre ou l'affichage sur la voie publique, ou dans les lieux publics, d'écrits, imprimés, affiches, dessins, gravures, peintures, emblèmes ou images obscènes. Les complices sont passibles des mêmes peines.

Procédure.

La juridiction compétente pour connaître des crimes et des délits prévus par la loi du 29 juillet 1881 est la Cour d'assises, sauf les exceptions ci-après indiquées :

Doivent être déférés aux Tribunaux correctionnels les délits et infractions suivants : 1° le défaut de dépôt, par l'imprimeur, de tout imprimé au moment de sa publication; 2° le défaut de gérant ; 3° le défaut de déclaration de publication de tout journal ou écrit périodique au parquet du Procureur de la République, et le défaut de déclaration de mutation de titre du journal, de gérant et d'imprimeur ; 4° le défaut de dépôt au parquet du Procureur de la République ou à la mairie, au Ministère de l'intérieur ou à la préfecture, sous-préfecture ou mairie, de chaque feuille ou livraison du journal ou écrit périodique au moment de sa publication; 5° l'omission du nom du gérant au bas de tous les exemplaires; 6° le refus d'insertion de rectificaions émanant, soit de l'autorité publique, soit de particuliers; 7° la distribution ou la mise en vente faite sciemment d'un journal publié à l'étranger et interdit en France ; 8° le fait d'avoir enlevé, déchiré, recouvert ou altéré, soit les affiches apposées par ordre de l'Administration dans les emplacements à ce réservés, soit les affiches électorales émanant de simples particuliers apposées ailleurs que sur les propriétés de ceux qui auront commis cette lacération ou altération, lorsque, dans l'un et l'autre cas, le délit a été commis par un fonctionnaire ou un agent de l'autorité publique ; 9° la mise en vente, la distribution, l'exposition de dessins, gravures peintures, emblèmes ou images obscènes ; 10° la diffamation ou l'injure commises envers les particuliers, etc.

Certaines contraventions sont renvoyées devant les tribunaux de simple police et notamment : 1° le défaut d'indication du nom et du domicile de l'imprimeur sur tout imprimé rendu public, à l'exception des ouvrages dits de ville ou bilboquets; 2° le fait d'apposer des affiches particulières sur les lieux exclusivement destinés à recevoir les affiches des Lois et autres actes de l'autorité publique; 3° le fait d'imprimer sur papier blanc des affiches privées; 4° le fait d'avoir enlevé, déchiré, recouvert ou altéré les affiches apposées par ordre de l'Administration dans les emplacements à ce réservés, etc. — *E. N.*

PRESSOIR. — Voy. *Meubles.* — *Immeubles.*

PRESTATION. — Action de fournir quelque chose en argent ou en nature. — Voy. *Mercuriales.*

Les prestations sont *personnelles* ou *annuelles*. Les premières comprennent ce qui doit être fourni une fois pour toutes, et les autres ce qui doit l'être à des époques fixes et périodiques, telles que les pensions alimentaires, rentes, etc.

Les prestations annuelles forment autant de dettes distinctes qu'il y a de termes différents, et le débiteur peut obliger le créancier à recevoir le paiement d'un terme, quoiqu'il ne lui offre pas les autres en même temps. Mais ce dernier conserve toujours le droit d'exercer ses poursuites pour les termes restant dus.

PRESTATION annuelle. — — Voy. *Prestation.*

PRESTATION en nature. — Voy. *Contributions publiques*, § 5. — *Prestation.* — *Mercuriales.*

PRESTATION, Impositions. — Voy. *Contributions publiques*, § 5.

PRESTATION de serment. — Voy. *Serment.*

PRÉSUMÉ absent. — C'est celui dont l'absence existe de fait, mais n'a pas été déclarée par jugement. — Voy. *Absence.* — *Absent.*

PRÊT. — C'est un contrat par lequel une personne livre une chose à une autre pour s'en servir, à la charge de la rendre en nature, ou seulement pareille chose en même espèce et qualité.

On distingue trois sortes de prêts : 1° le prêt à *usage* ou *commodat*, qui est celui des choses dont on peut user sans les détruire; 2° le prêt de *consommation*, c'est-à-dire celui des choses qui se consomment par l'usage qu'on en fait; 3° le prêt à *intérêt* ou le prêt d'argent, qui est le plus usité.

Il y a aussi le *prêt à la grosse*, le *prêt sur gages*, etc. — Voy. les mots suivants.

Pour le prêt d'argent. — Voy. *Obligation.* — *Billet à ordre.*

PRÊT à la grosse aventure. — C'est ainsi qu'on nomme le prêt consenti sur des objets exposés aux risques de mer, et qu'on appelle simplement dans l'usage *prêt à la grosse.* — *C. comm.* 325 *et suiv.*

Outre le consentement des parties, quatre conditions sont essentielles à ce contrat : 1° une somme ou valeur fournie par le prêteur ou donneur à l'emprunteur ou preneur; 2° le prêt doit être affecté sur des objets déterminés et sujets à des risques de mer, tels que corps et quilles du navire, chargement, victuailles ou autres; 3° la valeur des objets affectés au prêt doit être au moins égale au montant de la somme ou à la valeur des objets prêtés; 4° enfin il n'y a point de prêt à la grosse sans un profit maritime stipulé au profit du prêteur.

On ne peut prêter sur le profit espéré des marchandises, les loyers des gens de mer, et le frêt du navire, pas plus qu'on ne peut les assurer. — *D. N.*

Tout prêteur à la grosse est tenu de faire enregistrer son contrat au greffe du Tribunal de commerce dans les 10 jours de la date, à peine de perdre son privilège. — *C. comm.* 312.

Le capitaine peut, pendant le cours du voyage, emprunter à la grosse sur le corps du navire, à condition d'en faire constater la nécessité par un procès-verbal signé des principaux de l'équipage et de se faire autoriser par le magistrat du lieu. — *C. comm.* 234.

Le contrat à la grosse doit être fait par écrit, et peut avoir lieu par acte sous seing privé. Le défaut d'espace ne nous permettant pas d'en donner une formule, nous nous bornons à indiquer qu'il doit énoncer : 1° le capital prêté; 2° la somme convenue pour le profit maritime; 3° les objets sur lesquels le prêt est affecté; 4° les noms du navire et du capitaine : 5° les noms du prêteur et de l'emprunteur; 6° si le prêt a lieu pour un voyage, pour quel voyage, et pour quel temps; 7° enfin l'époque du remboursement. — *C. comm.* 311.

La loi du 10 déc. 1874, qui a créé l'hypothèque maritime, a abrogé le privilège des prêteurs à la grosse aventure.

PRÊT de consommation ou simple prêt. — Contrat par lequel l'une des parties livre à l'autre une certaine quantité de choses fongibles ou qui se consomment par l'usage, à la charge par cette dernière de lui en rendre autant de même espèce et qualité. — *C. civ.* 1892.

La consommation est ou *civile*, comme l'argent qui est pour celui qui le dépense comme s'il n'existait plus, ou *naturelle*, comme le vin que l'on boit ou les denrées que l'on mange.

Le prêt de consommation n'est pas gratuit. Ainsi, il est permis de stipuler des intérêts pour tout prêt de ce genre, soit d'argent, soit de denrées ou autres choses mobilières. Il prend alors le nom de *prêt à intérêt.* — Voy. ce mot.

L'emprunteur est tenu de rendre la quantité de choses prêtées dans la même espèce et qualité, ou d'en payer la valeur eu égard au temps et au lieu où la chose devait être rendue d'après la convention. — *C. civ.* 1892, 1903.

Si l'emprunteur ne rend pas les choses prêtées ou leur valeur au terme convenu, il en doit l'intérêt du jour de la demande en justice. — *C. civ.* 1904. — Voy. *Intérêts de capital.*

Lorsqu'il n'y a pas de lieu fixé pour la restitution, elle doit se faire au domicile de l'emprunteur. — *C. civ.* 1247. — Voy. *Paiement.*

Nous donnons ci-après une formule de prêt de consommation.

Prêt de consommation.

Aujourd'hui......
Les soussignés :
M. A..., demeurant à.....
Et M. B..., demeurant à.....
Ont arrêté ce qui suit :
M. A... a, par ces présentes, reconnu que M. B... lui a prêté aujourd'hui...... hectolitres de blé de bonne qualité, du poids de..... l'hectolitre.
En conséquence, il s'est obligé à rendre à ce dernier et en sa demeure sus-indiquée, le..... prochain, pareille quantité de blé aussi de bonne qualité et du même poids. — Il s'est de plus obligé de lui livrer à la même époque, à titre d'intérêt de ce prêt, la quantité de.... litres de blé de pareille qualité.
Il a en outre été convenu :
1° Qu'à défaut par M. A... de faire ces livraisons à l'époque fixée et quinze jours après un simple commandement constatant le défaut ou le refus, il sera tenu, ainsi qu'il s'y oblige, de payer à M. B...., si celui-ci l'exige, la valeur en argent du principal et des intérêts du prêt, d'après le prix le plus élevé de la mercuriale du marché de..... le plus rapproché du....;
2° Que tous frais de mise à exécution qu'il y aurait lieu, à défaut d'exécution des présentes, seront à la charge de M. A...
Fait double à....., lesdits jour, mois et an, et signé, lecture prise.

(*Signatures.*)

PRÊT sur consignation ou dépôts de marchandises. — C'est celui fait par le commissionnaire ou dépositaire de marchandises, en vertu des art. 93 et 95 du C. de comm. et de la loi du 23 mai 1863. — Voy. *Gage.* — *Dépositaire de marchandises.*

PRÊT sur gage. — C'est le prêt à raison duquel l'emprunteur remet au prêteur un objet mobilier pour sûreté de la restitution de la chose prêtée. — Voy. *Gage.* — *Nantissement.*

Tout prêt peut être fait sur gage, mais les maisons de prêt sur gage sont soumises à une autorisation préalable, sous peine de poursuites judiciaires. — Voy. *Maison de prêt sur gage.* — *Mont-de-piété.*

PRÊT sur gage (Maison de). — Voy. *Mont-de-piété.* — *Usure.*

PRÊT à intérêts. — C'est un contrat par lequel le prêteur stipule un profit annuel, pour la remise d'un capital faite à l'emprunteur pendant un temps déterminé.

Le prêt à intérêts se fait par forme d'obligation à terme, pour simple prêt d'argent, denrées ou autres choses mobilières.

La valeur numérique et nominale fixée au contrat doit être rendue en espèces ayant cours au moment du paiement. — *C. civ.* 1895.

L'intérêt doit être expressément stipulé et par écrit. Il ne peut y être suppléé, ni par témoins, ni par les livres et registres du créancier, même en matière criminelle.

Le taux de l'intérêt est *légal* ou *conventionnel*. Le taux légal est de cinq pour cent en matière civile, et tout intérêt supérieur est considéré comme usuraire. Il est illimité en matière commerciale. — *L. du 12 janvier* 1886. — Voy. *Intérêts de capital.*

Les intérêts sont généralement dus en argent; néanmoins on peut stipuler qu'ils seront payés en denrées.

Le prêt à intérêt n'est assujetti à aucune forme particulière, et peut être constaté aussi bien par acte sous seing sans double original, que par acte notarié, et même par simple billet souscrit par l'emprunteur.

Toutefois, le prêt garanti par hypothèque doit être fait par acte notarié.

Nous renvoyons aux formules de billets à ordre et obligations simples que nous avons données ailleurs. — Voy. *Billet.* — *Obligation.*

PRÊT à usage. — Le prêt à *usage* ou *commodat* est celui par lequel une personne livre une chose à l'autre pour s'en servir, à la charge par le preneur de la rendre en nature après s'en être servi. Ce contrat est essentiellement gratuit. — *C. civ.* 1875 *et suiv.*

Toutes les choses qui sont dans le commerce et qui ne se consomment pas par l'usage peuvent être l'objet du commodat.

Le caractère de bienfaisance attaché au prêt à usage oblige l'emprunteur à veiller à la conservation de la chose en bon père de famille et à la rendre telle qu'elle lui a été prêtée.

Il ne peut la retenir par compensation de ce que le prêteur lui doit.

Si la chose périt par cas fortuit ou de force majeure, sans qu'il y ait eu faute de l'emprunteur, il n'est pas responsable, à moins de convention expresse. — L'emprunteur n'est donc tenu que de sa faute. — *D. N.*

Nous donnons ci-après une formule de ce prêt.

Prêt à usage.

Aujourd'hui....,
Les soussignés :
M. A...
Et M. B...
  Ont arrêté ce qui suit :
M. A... prête à M. B..., qui accepte, deux chevaux, l'un âgé de...., sous poil....., l'autre, âgé de....., sous poil.....,
M. B... reconnaît que ces chevaux lui ont été livrés aujourd'hui, sains et en bon état, et il s'oblige à les rendre dans les mêmes conditions, dans..... mois de ce jour, temps pendant lequel il les emploiera à toute espèce de travaux qu'il jugera convenable.
Conformément à la loi ce prêt est fait à titre gratuit.
Fait double à....., lesdits jour, mois et an, et signé, lecture prise.

(*Signatures.*)

PRÊT hypothécaire. — Voy. *Obligation.*

PRÊT hypothécaire négociable ou au porteur. — Le prêt hypothécaire négociable est celui fait par obligation à ordre avec hypothèque. Il ne peut avoir lieu que par obligation notariée à ordre, dans la forme ordinaire des actes en brevet.

Dans cette forme, l'obligation est transmissible par un simple endossement en vertu duquel le porteur se trouve saisi. — *Cass.*, 7 *mai* 1879.

L'inscription est prise au profit du premier créancier désigné conformément à l'art. 2148 du C. civ. ou au profit du tiers porteur pour le cas où le créancier primitif n'aurait pas fait inscrire.

Les obligations au porteur émises par les sociétés de crédit sont transmissibles de la main à la main, et sont affranchies de la formalité de l'endossement et de la signification au débiteur. — *E. N.*

PRÊTE-NOM. — Se dit de celui qui figure dans un acte à la place du véritable contractant qui ne veut pas y paraître.

Lorsque le prête-nom n'est pas une personne interposée pour éluder les prohibitions de la loi il n'entache pas les actes de nullité. Ainsi, une obligation consentie à un tiers auquel il n'est rien dû et qui ne fait que prêter son nom au véritable créancier est valable; le prête-nom n'est, dans ce cas, qu'un mandataire tacite.

PRÉTENDU. — Expression employée pour désigner celui que l'on suppose avoir une qualité quoiqu'il ne l'ait pas, ou lorsqu'elle est contestée.

PRÉTENTION. — Se dit d'une chose que l'on se croit fondé à soutenir, ou, en matière judiciaire, d'une demande sur laquelle le jugement n'est pas encore intervenu. — Voy. *Action.* — *Demande.* — *Plainte.*

PRÊTEUR. — Voy. *Bailleur de fonds.* — *Prêt.* — *Privilège.*

PRÊTRE. — Voy. *Cultes.* — *Fabrique.*

PREUVE. — Tout ce qui tend à établir la vérité d'un fait ou d'une convention.

En thèse générale, tout fait allégué en justice doit être prouvé. Ainsi, celui qui réclame l'exécution d'une obligation doit la prouver, et de même, celui qui se prétend libéré doit en justifier.

Les deux parties peuvent être admises à prouver le contraire des faits allégués par leur adversaire, pourvu que les faits soient pertinents et qu'il ne s'agisse pas d'une présomption légale. — Voy. *Présomption.*

Les modes de preuve sont : la preuve littérale, la preuve testimoniale, la présomption, l'aveu de la partie et le serment. — C. civ. 1316. — Voy. *Aveu.* — *Présomption.* — *Serment.*

De la preuve littérale.

La preuve littérale résulte des actes authentiques et des actes sous seing privé. — Voy. *Acte authentique.* — *Acte sous seing privé.* — *Commencement de preuve par écrit.*

Elle résulte encore, dans certains cas, des livres de commerce et des tailles. — Voy. *Livres de commerce.* — *Taille.*

Les copies de titres et les lettres missives forment, en général, un commencement de preuve par écrit. — Voy. *Lettre missive.*

L'écriture mise par le créancier à la suite, en marge ou au dos d'un titre qui est toujours resté en sa possession, ou qui se trouve entre les mains du débiteur, fait foi, quoique non signée ni datée, lorsqu'elle tend à établir la libération de ce dernier.

De la preuve testimoniale.

La preuve testimoniale est admise dans tous les cas où elle n'est pas défendue par la Loi.

En principe, toute demande n'atteignant pas 150 francs peut être prouvée par témoins.

Mais la preuve testimoniale ne saurait avoir lieu sur la demande d'une somme même moindre de 150 francs, restant ou formant partie d'une créance plus forte qui ne serait pas prouvée par écrit.

Celui qui a formé une demande excédant 150 francs ne peut plus être admis à la preuve testimoniale, même en restreignant sa demande primitive. — C. civ. 1345.

D'après l'article 1341 du C. civ., il doit être passé acte écrit de toutes choses excédant la valeur de 150 francs, même pour dépôts volontaires, et dans le cas où il existe un acte, la preuve testimoniale n'est pas admise contre ni outre le contenu, ni sur ce qui serait allégué avoir été dit avant ou depuis les actes, même quand il s'agit de moins de 150 francs.

Ces règles reçoivent exception, et la preuve testimoniale est admise quand il y a un commencement de preuve par écrit, et toutes les fois qu'il n'a pas été possible au créancier de se procurer une preuve littérale de l'obligation contractée envers lui. — Cette exception porte non seulement sur la défense de prouver contre et outre le contenu des actes, mais aussi celle |de prouver au-dessus de 150 fr.

En matière commerciale, la preuve testimoniale est admise généralement, même contre et outre le contenu des actes, sur toutes les obligations entre marchands. Il suffit que l'objet réel de la contestation soit un acte de commerce. Mais la preuve cesserait d'être admissible dans les cas où la loi exige expressément l'écriture, de même que s'il ne s'agissait pas, même entre commerçants, d'un acte de commerce.

La preuve testimoniale ne suffirait pas pour établir l'existence d'une lettre de change perdue.

Elle ne serait pas admise, même au-dessous de 150 francs, pour prouver un bail sans écrit qui n'aurait reçu aucune exécution et serait nié par l'une des parties. — *C. civ.* 1715.

Il en serait de même du congé verbal qui n'aurait été suivi d'aucune exécution, quelle que fût la modicité du loyer.

Lorsqu'il s'agit de la poursuite d'un crime ou délit par la voie criminelle, tous les genres de preuve sont indistinctement admis, quelle que soit la valeur de l'objet. — Ainsi, la preuve testimoniale est admise pour démontrer, soit la fraude et le dol, soit l'erreur ou la violence.

La preuve testimoniale s'applique encore aux dépôts nécessaires |faits en cas d'incendie ou naufrage, de même qu'aux dépôts volontaires faits aux aubergistes, voituriers, etc. — *D. N.*

PREUVE littérale. — Voy. *Preuve.*

PREUVE par écrit. — Voy. *Preuve.*

PREUVE testimoniale. — Voy. *Preuve.*

PRÉVARICATION. — Se dit en général de tout délit commis par un fonctionnaire dans l'exercice de ses fonctions. — *E. N.* — Voy. *Fonctionnaire public.*

PRÉVENU, Prévention. — En matière criminelle, on nomme prévenu l'individu renvoyé devant le Tribunal correctionnel pour être jugé au sujet d'un délit, ou devant la chambre des mises en accusation, chargée de décider si les faits qui lui sont reprochés ne constituent pas un crime. La prévention est l'état du prévenu. — *C. instr. crim.* 133 et 134.

PRIÈRE. — Voy. *Substitution.* — *Suggestion.* — *Testament.*

PRIME. — Se dit, en matière d'assurances, de la somme payée par l'assuré à l'assureur. — Voy. *Assurance (contrat d').* — *Police d'assurance.*

PRIME (Marché à). — Voy. *Marché à prime.* — *Marché à terme.*

PRIMITIF. — Se dit de ce qui se rapporte à l'état originaire d'une chose, d'une obligation. — Voy. *Acquiescement.* — *Acte récognitif et confirmatif.* — *Ratification.* — *Titre nouvel.*

PRIMORDIAL (Titre). — Premier titre constitutif d'un droit. — Voy. *Ratification.* — *Titre nouvel.*

PRINCIPAL. — Se dit de ce qui est le plus important ou le plus particulièrement en vue entre plusieurs choses. — Ainsi, on distingue le principal d'avec l'accessoire. — Voy. *Accessoire.* — *Intérêts de capital.* — *Obligation.*

PRINCIPAL clerc. — Voy. *Clerc.* — *Premier clerc.*

PRINCIPALE (Demande). — Voy. *Demande.*

PRINCIPES de droit. — Voy. *Règles de droit.*

PRIORITÉ d'hypothèque. — Voy. *Cession d'antériorité d'hypothèque.* — *Subrogation.*

PRISE d'eau. — Voy. *Cours d'eau.* — *Eau.*

PRISE maritime. — C'est la capture d'un navire et de tout ou partie de sa cargaison, faite en mer, en temps de guerre, par un belligérant.

C'est un principe du droit des gens qu'en temps de guerre maritime un Gouvernement peut saisir les navires appartenant aux sujets de son ennemi.

Mais il résulte d'une déclaration internationale du 16 avril 1856 que le pavillon *neutre* couvre la marchandise ennemie à l'exception de la contrebande de guerre, et que la marchandise neutre, à l'exception de la contrebande de guerre, n'est pas saisissable sous pavillon ennemi ; enfin que les blocus, pour être obligatoires, doivent être maintenus par une force suffisante pour interdire réellement l'accès du littoral de l'ennemi.

PRISE à partie. — C'est le recours personnel que la Loi accorde aux parties contre les magistrats, pour les faire déclarer responsables du préjudice qu'ils ont causé dans l'exercice de leurs fonctions. — *C. proc.* 505 *et suiv.*

La prise à partie a lieu : s'il y a dol, fraude ou concussion, s'il y a déni de justice, et lorsqu'elle est expressément ordonnée par la Loi ou que le juge est déclaré responsable.

Sont déclarés responsables à peine de dommages-intérêts, et peuvent être pris à partie : 1° le juge de paix qui laisse périmer une instance ; 2° celui qui lève le scellé avant l'expiration des 3 jours depuis l'inhumation ; 3° le juge qui se rend coupable d'attentat à la liberté individuelle.

PRISE de possession. — Action de se mettre en possession d'une chose.

La Loi exige dans certains cas un acte de prise de possession, par exemple, quand la possession peut être ou devenir temporaire ; ainsi l'usufruitier, les envoyés en possession pour cause d'absence, ou l'époux qui opte pour la communauté, sont tenus de faire inventaire du mobilier. — Voy. *Absence.* — *Absent.*

PRISÉE. — Mot synonyme d'estimation, et qui s'applique particulièrement aux estimations de meubles corporels faites par certains officiers publics ou par des experts.

Tout inventaire doit contenir la prisée ou estimation des meubles qui y sont décrits. — *C. proc.* 943.

La prisée est indispensable dans les états annexés aux donations d'effets mobiliers. Elle doit encore avoir lieu dans d'autres cas déterminés par la Loi.—Ainsi, lorsque les père et mère qui ont la jouissance légale des biens de leurs enfants mineurs veulent les garder pour les rendre en nature au lieu de les vendre, ils sont obligés d'en faire une estimation.

Dans les inventaires, l'expert doit être choisi par le subrogé-tuteur.

La prisée est faite par les commissaires-priseurs, et, dans les localités où il n'en existe pas, par les notaires, greffiers et huissiers.

Elle doit être faite à juste valeur et sans crue.

PRISON. — Lieu destiné à la garde des prévenus et accusés.

Les prisons civiles sont divisées en chambres municipales, dépôts de sûreté, prisons départementales, établissements d'éducation correctionnelle de jeunes détenus, maisons centrales de force et de correction, maisons de détention, bagnes et colonies pénales.

Les chambres municipales sont affectées aux délinquants arrêtés en flagrant délit.

Les dépôts de sûreté servent au dépôt des prisonniers que l'on transfère.

Les prisons départementales sont les maisons d'arrêt, les maisons de justice et maisons de correction.

Les établissements correctionnels de jeunes détenus sont de trois sortes : colonies agricoles, établissements ou quartiers industriels, établissements mixtes.

Les maisons centrales servent à la détention : 1° des condamnés correctionnels des deux sexes, lorsque la peine prononcée est l'emprisonnement de plus d'une année ; 2° des réclusionnaires des deux sexes ; 3° des forçats, dès qu'ils ont atteint l'âge de 70 ans accomplis ; 4° des femmes condamnées aux travaux forcés.

Les maisons de détention, comme leur dénomination l'indique, reçoivent les condamnés à la peine de la détention.

Les bagnes servent à la détention des condamnés aux travaux forcés.

Les colonies pénales sont établies à la Guyane-Française.

Le travail est obligatoire pour les condamnés, qui reçoivent, sauf les condamnés aux travaux forcés, une part sur les produits de leur travail. — *D. N.*

Un Conseil supérieur des prisons a été institué par une Loi du 5 juin 1875, et sa composition et ses attributions ont été réglées par un décret du 3 janvier 1881.

PRISONNIER. — Voy. *Accusé.*

PRISONNIER de guerre. — Voy. *Testament.*

PRIVATION. — Voy. *Dommage.* — *Dommages-intérêts.*

PRIVATION de droits civils. — Voy. *Droits civils.*

PRIVILÈGE. — C'est un droit que la seule nature de la créance, c'est-à-dire la faveur qu'elle mérite aux yeux de la Loi, donne au créancier d'être préféré aux autres créanciers même hypothécaires. — *C. civ.* 2095.

En droit, celui qui s'est obligé personnellement est tenu de remplir son engagement sur tous ses biens meubles et immeubles présents et à venir, et en vertu de ce principe, ses créanciers peuvent faire saisir et vendre tous les biens de leur débiteur dont le prix est distribué entre eux par contribution, selon l'ordre de leurs privilèges et hypothèques. — *C. civ.* 2092 *et suiv.* — Voy. *Contribution de deniers.* — *Hypothèque.*

La qualité de la créance, c'est-à-dire sa cause, est l'unique fondement du privilège.

Il y a quatre classes de privilèges : 1° les privilèges *généraux* sur les meubles ; 2° les privilèges *spéciaux* sur certains meubles ; 3° les privilèges qui s'étendent sur les *meubles* et les *immeubles* ; 4° enfin les privilèges sur les *immeubles*.

Privilèges généraux sur les meubles.

Les créances privilégiées sur la généralité des meubles sont celles ci-après et qui s'exercent dans l'ordre suivant :

1° Les frais de justice ;

2° Les frais funéraires ;

3° Les frais quelconques de dernière maladie concurremment entre ceux à qui ils sont dus ;

4° Les salaires des gens de service pour l'année échue et ce qui est dû sur l'année courante ;

5° Les fournitures de subsistances faites au débiteur et à sa famille, savoir : pendant les 6 derniers mois par les marchands en détail, tels que boulangers, bouchers et autres, et pendant la dernière année, par les maîtres de pension et marchands en gros. — *C. civ.* 2101.

Privilèges spéciaux sur certains meubles.

Les créances privilégiées sur certains meubles sont : les loyers et fermages des immeubles, sur les fruits de la récolte de l'année et sur le prix de tout ce qui garnit la maison louée ou la ferme et tout ce qui sert à l'exploitation de la ferme, pour tout ce qui est échu et pour tout ce qui est à échoir, dès lors que les baux sont enregistrés. — Le même privilège a lieu pour les réparations, locations et généralement pour tout ce qui concerne l'exécution du bail. Néanmoins, les sommes dues pour les semences ou pour les frais de la récolte de l'année sont payées sur le prix de la récolte, et celles dues pour ustensiles, sur le prix de ces ustensiles, par préférence au propriétaire dans l'un et l'autre cas. — *C.iv.* 548, 1720, 1728, etc.

Le propriétaire peut faire saisir les meubles qui garnissent sa maison ou sa ferme, lorsqu'ils ont été déplacés sans son consentement, et il conserve sur eux son privilège, pourvu qu'il ait fait la revendication dans le délai de 40 jours, s'il s'agit de mobilier de ferme, et dans celui de quinzaine, s'il s'agit de meubles garnissant une maison. — *C. proc.* 583 et 819.

Sont encore privilégiés :

1° La créance sur le gage dont le créancier est saisi. — *C. civ.* 2072 *et suiv.* ;

2° Les frais faits pour la conservation de la chose. — *C. civ.* 1137 ;

3° Les fournitures d'un aubergiste sur les effets du voyageur qui ont été transportés dans son auberge. — *C. civ.* 1952, 2271 ;

4° Les frais de voiture et les dépenses accessoires sur la chose voiturée. — *C. civ.* 1782. — *C. comm.* 93 *et suiv.* ;

5° Les créances résultant d'abus et prévarications commis par les fonctionnaires publics dans l'exercice de leurs fonctions, sur les fonds de leur cautionnement et sur les intérêts qui en peuvent être dus. — *C. civ.* 2098, *etc.* ;

6° Le prix d'effets mobiliers non payés s'ils sont encore en la possession du débiteur, qu'il ait acheté à terme ou non. — *C. civ.* 2279.

Si la vente a été faite sans terme, le vendeur peut même revendiquer ses effets tant qu'ils sont en la possession de l'acheteur, et empêcher la revente, pourvu que la revendication soit faite dans la huitaine de la livraison et que les effets se trouvent dans le même état dans lequel cette livraison a été faite. — *C. civ.* 1184. — *C. proc.* 826.

Le privilège du vendeur ne s'exerce toutefois qu'après celui du propriétaire de la maison ou de la ferme, à moins qu'il ne soit prouvé que le propriétaire avait connaissance que les objets n'appartenaient pas au locataire.

Privilèges sur certains immeubles.

Les créanciers privilégiés sur les immeubles sont :

1° Le vendeur sur l'immeuble vendu pour le paiement du prix. — *C. civ.* 1650, 2108. — S'il y a plusieurs ventes successives dont le prix soit dû en tout ou en partie, le premier vendeur est préféré au second, le deuxième au troisième et ainsi de suite ;

2° Ceux qui ont fourni les deniers pour l'acquisition d'un immeuble, pourvu qu'il soit authentiquement constaté, par l'acte d'emprunt, que la somme était destinée à cet emploi, et, par la quittance du vendeur, que ce paiement a été fait des deniers empruntés. — *C. civ.* 1250, 1317, 1689 ;

3° Les cohéritiers sur les immeubles de la succession pour la garantie du partage et des soultes ou retours de lots. — *C. civ.* 815, *etc.* ;

4° Les architectes, entrepreneurs, maçons et autres ouvriers employés pour édifier, reconstruire ou réparer des bâtiments, canaux ou autres ouvrages quelconques, pourvu néanmoins que, par un expert nommé d'office par le tribunal de première instance dans le ressort duquel les bâtiments sont situés, il ait été dressé préalablement un procès-verbal à l'effet de constater l'état des lieux relativement aux ouvrages que le propriétaire déclarera avoir dessein de faire, et que les ouvrages aient été, dans les 6 mois au plus de leur perfection, reçus par un expert également nommé d'office qui en aura dressé un second procès-verbal ;

5° Ceux qui ont prêté les deniers pour payer ou rembourser les ouvriers, pourvu que l'emploi soit authentiquement constaté par l'acte d'emprunt et par la quittance des ouvriers.

Privilège sur les meubles et les immeubles.

Lorsqu'à défaut de mobilier, les créanciers privilégiés énoncés dans l'article 2101 du C. civ. se présentent pour être payés sur le prix d'un immeuble en concurrence avec les créanciers privilégiés sur l'immeuble, les paiements se font dans l'ordre suivant: 1° les frais de justice et autres énoncés dans l'article 2101 ; 2° les créances désignées en l'article 2103.

Privilège du Trésor public.

I. — Sur les meubles.

Le Trésor a un privilège sur les meubles : 1° pour le recouvrement des contributions directes et indirectes ; 2° pour le paiement des droits de mutation ; 3° pour le paiement des droits de douane. — *LL. des 12 nov. 1808, 22 frimaire an VII, 1er germinal an XIII.*

En ce qui concerne la contribution foncière, le privilège du Trésor frappe sur les récoltes, fruits, loyers et revenus des immeubles, et en ce qui concerne la contribution personnelle et mobilière, sur tous les meubles et effets mobiliers. Il s'étend aux fruits et revenus des années antérieures, mais il ne s'étend pas aux immeubles.

Le privilège du Trésor public lui permet même d'agir contre les tiers : ainsi, il peut obliger le fermier à payer l'impôt assis sur l'immeuble affermé, à la décharge du propriétaire et sauf remboursement sur le prix du bail, mais seulement pour l'année courante, et lors même que le fermier aurait payé son fermage par anticipation.

Le Trésor peut exercer son privilège contre le propriétaire à l'égard de la contribution personnelle et mobilière due par les locataires des maisons, en cas de déménagement de ceux-ci.

Il peut aussi, en cas de faillite ou de décès, faire saisir et vendre les biens affectés à son privilège, sans se soumettre à la procédure des faillites et des successions.

II. — Sur les meubles et immeubles.

Le Trésor public a un privilège sur les meubles et immeubles :

1° Des comptables de deniers publics tels que receveurs particuliers, percepteurs, etc. ;

2° Des condamnés en matière correctionnelle, criminelle ou de police, pour le remboursement des frais dont la condamnation a été prononcée à son profit; mais, en ce qui concerne les immeubles, à charge d'inscription dans les 2 mois du jugement.

Ce dernier privilège ne s'exerce qu'après les autres privilèges et droits suivants : 1° les privilèges désignés en l'article 2101 dans le cas prévu; 2° les privilèges désignés en l'article 2103, pourvu que les conditions prescrites pour leur conservation aient été accomplies ; 3° les hypothèques légales existant indépendamment de l'inscription ; 4° les autres hypothèques dûment inscrites ; 5° les sommes dues pour la défense personnelle du condamné.

Privilèges établis par le Code de commerce.

Les privilèges spéciaux résultant des dispositions du Code de commerce sont :

1° Celui établi en faveur des commissionnaires et qui frappe les marchandises qui leur sont expédiées d'une autre place. — *C. comm.* 193;

2° Celui créé au profit de plusieurs sortes de créanciers, et qui s'étend sur les navires, leur fret et leur chargement. — *C. comm.* 191.

Conservation des privilèges.

Les privilèges sur les meubles, ne pouvant s'exercer que tant que les meubles sont en la possession des débiteurs ou des créanciers gagistes, et s'éteignant aussitôt que des tiers de bonne foi s'en trouvent saisis, ne sont assujettis à aucune formalité.

Mais les privilèges sur les immeubles, les suivant en quelques mains qu'ils passent, sont, comme les hypothèques, assujettis à la publicité et soumis à l'inscription. — Voy. *Inscription hypothécaire.*

Le privilège du vendeur d'un immeuble subsistant toutefois, indépendamment de l'inscription, pendant tout le temps que l'immeuble affecté reste entre les mains du premier acquéreur, n'est assujetti à aucun délai. De même aussi la péremption de l'inscription d'office, à défaut de renouvellement, n'éteint pas le privilège et n'empêche pas le vendeur de prendre une nouvelle inscription qui le conserve à la date de la vente, tant que l'immeuble n'est pas sorti des mains de l'acquéreur. En cas de revente par ce dernier, le privilège du vendeur précédent peut même être inscrit tant que le sous-acquéreur n'a pas fait transcrire son contrat. — Voy. *Transcription.*

Les privilèges généraux qui s'étendent tout à la fois sur les meubles et les immeubles sont dispensés de la formalité de l'inscription, encore cette dispense n'existe-t-elle qu'entre créanciers, l'inscription étant nécessaire pour conserver même les privilèges généraux à l'égard des tiers détenteurs. — Voy. *Transcription.*

Le vendeur d'un immeuble conserve son privilège par la transcription du titre qui a transféré la propriété à l'acquéreur et qui constate que la totalité ou partie du prix lui est due. Cette transcription vaut inscription d'office, tant pour le vendeur que pour le prêteur. — *C. civ.* 2108.

Le vendeur peut conserver son privilège en prenant inscription pure et simple en vertu du contrat de vente même sous seing privé et non transcrit.

La transcription faite par un nouvel acquéreur de son contrat d'acquisition ne conserve le privilège que du dernier vendeur ; elle ne profite pas aux précédents vendeurs qui n'ont pas fait transcrire.

A partir de la transcription, les créanciers privilégiés ou ayant hypothèque ne peuvent prendre utilement inscription sur le précédent propriétaire. Néanmoins, le vendeur ou le copartageant peuvent utilement inscrire les privilèges à eux conférés par les articles 2108 et 2109 du C. civ. dans les 45 jours de l'acte de vente ou de partage, nonobstant toute transcription d'acte faite dans ce délai. — *L. du 23 mars 1855.*

Le privilège des architectes et entrepreneurs ou prêteurs de deniers se conserve par la double inscription des procès-verbaux d'état de lieux et de réception. — *C. civ.* 2110.

Le Trésor public, comme tout créancier, est obligé, pour conserver son privilège à raison des droits de mutation par décès, de le faire inscrire avant la transcription de l'acte de vente de l'immeuble. — *D. N.* — *Cass.*, 8 mai 1811. — Voy. *Succession.*

PRIVILÈGE de l'ancienneté. — Voy. *Ancienneté.*

PRIVILÈGE de bailleur de fonds ou de second ordre. — Voy. *Cautionnement des notaires.* — *Officiers ministériels, etc.*

PRIVILÈGE de créance. — Voy. *Privilège.*

PRIVILÈGE pour faits de charge. — Voy. *Cautionnement.*

PRIVILÈGES personnels, réels. — Voy. *Droits personnels, réels.*

PRIVILÈGE sur le prix d'un office. — Voy. *Office.* —*Privilège.*

PRIVILÈGE sur les meubles. — Voy. *Privilège.*

PRIVILÈGE sur les immeubles. — Voy. *Privilège.*

PRIVILÈGES sur les navires. — Voy. *Navire.*

PRIVILÈGES du Trésor public. — Voy. *Privilège.*

PRIVILÈGES établis par le Code de commerce. — Voy. *Privilège*.

PRIX. — Valeur donnée à une chose qui est dans le commerce ; en d'autres termes, c'est la valeur à payer en argent ou objets mobiliers, pour raison soit d'une vente ou location, soit d'un marché quelconque. — Voy. *Bail*. — *Vente*.

PRIX d'affection. — On entend par prix d'affection d'une chose celui qui résulte des rapports accidentels ou de la proximité, et qui, dans l'idée du possesseur, la font préférer aux autres choses de même nature ; mais, en général, le prix des choses ne s'estime pas d'après l'affection ou l'utilité particulière, mais d'après leur valeur commune. — Voy. *Estimation*.

PRIX courant. — Voy. *Cours des effets publics*. — *Mercuriales*.

PRIX fait. — Se dit de celui convenu ou déterminé à l'avance d'une chose, d'un marché. — Voy. *Marché (devis et)*.

PROBANTE (Forme). — S'entend d'un acte qui fait preuve, qui a les caractères de l'authenticité. — Voy. *Preuve*.

PROCÉDURE. — Se dit de l'ensemble des règles à observer devant les tribunaux pour obtenir un jugement en matière civile. Au criminel, la procédure prend le nom d'instruction. — Voy. *Exceptions (procédure)*. — *Jugement*. — *Plainte*.

PROCÈS. — On nomme ainsi toute contestation en Justice. — Voy. *Instance*.

PROCÈS-VERBAL — Tout acte émanant d'un officier public ou agent de l'autorité, un expert, un arbitre, tendant à établir un fait ou une contravention.

Lorsque les procès-verbaux participent sous quelque rapport du caractère des actes judiciaires ou de procédure, tels que les inventaires, les procès-verbaux de carence, les actes respectueux, etc., ils ne peuvent être faits les jours de dimanches et fêtes reconnues par la Loi ; mais dans les autres cas, ils peuvent être faits les jours de fête et de dimanche.

Plusieurs actes du ministère des notaires et officiers ministériels sont rédigés en forme de procès-verbaux, notamment les ventes publiques de meubles, adjudications d'immeubles, inventaires, etc.

Des procès-verbaux en matière de police.

La police judiciaire recherche les crimes, les délits et les contraventions, en rassemble les preuves et en livre les auteurs aux tribunaux chargés de les punir. — C. instr. crim. 8.

Elle est exercée par les procureurs et leurs substituts, les juges d'instruction, les officiers de gendarmerie, les juges de paix, les maires et leurs adjoints, les commissaires de police, les gendarmes, les gardes champêtres et les gardes forestiers.

Le Préfet de police à Paris et les Préfets des départements peuvent constater eux-mêmes les crimes, délits ou contraventions.

Les agents administratifs des eaux et forêts, des contributions indirectes, des octrois, des tabacs, des poids et mesures, etc., sont institués pour constater les délits et contraventions sur ces matières. D'autres agents administratifs sont établis pour constater les contraventions aux lois et règlements relatifs à la circulation sur les routes, chemins de fer, rivières et fleuves navigables.

La constatation des crimes, délits et contraventions est faite par les fonctionnaires compétents qui en dressent des procès-verbaux.

Tout officier de police judiciaire peut valablement verbaliser contre son parent.

Les procès-verbaux doivent porter la date et le lieu de leur rédaction, les noms, qualités et demeure des fonctionnaires qui les rédigent, la présence ou l'absence de ceux contre qui ils sont dressés, la lecture qui leur en est faite, la copie qui leur est laissée, et la signature, tant du fonctionnaire que de la partie présente.

Les procès-verbaux de la police judiciaire doivent, outre les énonciations communes aux autres procès-verbaux, désigner l'objet et la remise de la dénonciation ou de la plainte, l'existence ou le corps du délit, sa nature, le temps, les lieux où il a été commis, les preuves, indices et circonstances qui peuvent servir à la manifestation de la vérité.

De l'affirmation et de la foi due aux procès-verbaux.

L'agent qui a dressé un procès-verbal est tenu de le déclarer sincère et véritable devant le juge de paix du canton ou devant le maire ou l'adjoint de la commune sur laquelle il a verbalisé. C'est ce qu'on nomme l'*affirmation*.

Les procès-verbaux des gardes champêtres et gardes particuliers, des gardes du génie et autres établissements militaires, doivent être affirmés dans les 24 heures, à peine de nullité.

Ceux des maires et adjoints, des commissaires de police et des agents-voyers, en matière de simple police, ne sont pas sujets à l'affirmation, sauf ceux en matière de police et de roulage, qui doivent être affirmés dans les 3 jours, à peine de nullité.

Les procès-verbaux dressés par les officiers de gendarmerie, les gendarmes, et ceux des agents forestiers ne sont pas assujettis à l'affirmation.

Les procès-verbaux doivent être rédigés sur timbre et soumis à l'enregistrement dans un délai de 4 jours.

Ceux des gardes champêtres des communes peuvent exceptionnellement être visés pour timbre et enregistrés en débet, et le visa pour timbre peut avoir lieu en même temps que l'enregistrement.

La validité des procès-verbaux n'est point subordonnée à la condition que l'officier ou agent soit revêtu de son costume ou des marques distinctives de sa fonction.

Le défaut de notification du procès-verbal au délinquant rend nulle la citation qui lui est donnée pour comparaître en justice.

Les procès-verbaux font foi jusqu'à preuve contraire, excepté dans les cas où la Loi ne leur attache pas le droit d'être crus jusqu'à inscription de faux. Les procès-verbaux des agents des contributions indirectes constatant les contraventions concernant les boissons, brasseries, distilleries, etc., font foi jusqu'à inscription de faux. — *D. N.* — *LL. des* 14 *brumaire an VII,* 5 *ventôse an XII, etc.*

Nous donnons ci-après une formule pouvant servir pour les procès-verbaux des gardes champêtres ou gardes-chasse.

Procès-verbal pour délit de chasse.

Aujourd'hui..... (date en toutes lettres), à.... heures du....., je soussigné A...., garde champêtre de la commune de....., canton de....., département de..... (ou B..., garde particulier des propriétés de M..., demeurant à....., canton de....., département de.....), reçu et assermenté devant le Tribunal civil de..... (ou devant M. le juge de paix de.....), revêtu des marques distinctives de mes fonctions, faisant ma tournée habituelle dans les propriétés confiées à ma garde, ai aperçu dans un herbage, nommé....., situé en ladite commune de....., un individu porteur d'un fusil double, et chassant accompagné d'un chien ferme couleur marron; m'étant approché, je l'ai requis de me déclarer ses nom, prénoms, profession et domicile. Il m'a répondu se nommer (nom, prénoms, etc.); l'ayant sommé de m'exhiber son permis de chasse, j'ai constaté qu'il était en règle sur ce point (*ou bien* qu'il n'en avait pas, *ou bien encore* il m'a répondu (faire mention de la réponse). Je lui ai ensuite représenté qu'il chassait sur la propriété de M... sans son consentement, à quoi il m'a répondu (*faire mention de la réponse*). Je lui ai alors déclaré que n'ayant pas de permis de chasse, et étant en contravention à la loi, je saisissais entre ses mains son fusil que j'ai estimé à la somme de..... et que je l'en constituais dépositaire pour le représenter à toute réquisition (*ou bien* que chassant sur la propriété de M..... sans son consentement, je lui déclarais procès-verbal, en le prévenant d'avoir à se rendre le lendemain, avant..... heures à la Mairie de....., pour être présent à l'affirmation dudit procès-verbal, conformément à la loi.

Fait et clos à..... lesdits jours, mois et an, et signé par moi.
(*Signature*.)

Ce procès-verbal doit être affirmé dans les vingt-quatre heures, soit devant le juge de paix, ou à son défaut devant le maire de la commune.

Affirmation.

L'an....., devant nous, Juge de paix (ou Maire) de la commune de....., procédant à raison de l'empêchement du juge de paix, a comparu le sieur....., garde.....demeurant à....., dénommé au procès-verbal qui précède, lequel, après que lecture lui en a été faite par nous, l'a affirmé par serment sincère et véritable; de laquelle affirmation il a requis acte que nous lui avons donné.

(*Signature du Garde et du Juge de paix ou du Maire.*)

PROCÈS-VERBAL d'adjudication.—Voy. *Adjudication.*— *Licitation.*—*Vente judiciaire,* etc.

PROCÈS-VERBAL d'apposition et de levée de scellés. — Voy. *Scellés.*

PROCÈS-VERBAL d'arpentage, de bornage.— Voy. *Arpentage.*— *Bornage.*

PROCÈS-VERBAL de carence. — Voy. *Carence.*

PROCÈS-VERBAL de comparution.—C'est l'acte dressé, soit en justice, soit devant un notaire ou autre officier public, en conséquence d'une sommation donnée par l'une des parties à l'autre, à l'effet de constater leur comparution, leurs prétentions, leurs dires, ou de réaliser leurs conventions.

PROCÈS-VERBAL de compulsoire. Voy. *Compulsoire.*

PROCÈS-VERBAL de conciliation. — Voy. *Conciliation.*

PROCÈS-VERBAL de consignation. — Voy. *Consignation.*

PROCÈS-VERBAL de contravention.— Voy. *Contravention.*

PROCÈS-VERBAL de description, — Voy. *Description* (*Procès verbal de*).

PROCÈS-VERBAL d'experts.—Voy. *Expertise.*— *Prisée.* — *Rapport d'experts.*

PROCÈS-VERBAL d'ordre. — Voy. *Ordre entre créanciers.*

PROCÈS-VERBAL de récolement.— Voy. *Récolement.*

PROCURATION. — La procuration ou mandat est l'acte par lequel une personne en charge une autre de suivre et régler ses intérêts dans une ou plusieurs affaires. — Voy. *Mandat.*

Celui qui donne procuration se nomme *constituant, mandant* ou *commettant,* et celui auquel elle est donnée reçoit le nom de *mandataire, fondé de pouvoirs* ou *procureur constitué.*

La procuration qui contient le pouvoir indéfini de gérer et administrer tous les biens, droits et affaires du mandant, se désigne sous le titre de *procuration générale,* tandis que la procuration *spéciale* se borne simplement à une affaire indiquée.

Certaines procurations doivent être données par acte notarié. — Voy. *Mandat.*

Mais, en général, elles peuvent être données par acte sous seing privé, ou même par *lettre missive* adressée directement à celui qui doit agir. —*C. civ.*1085. — Cass., 4 *avril* 1821. — Voy. *Lettre missive.*

La lettre missive qui contient un pouvoir ou mandat doit être visée pour timbre et enregistrée lorsqu'on veut en faire usage en justice ou dans un acte public.

La procuration peut aussi être donnée en laissant le nom du mandataire en blanc; c'est même ce qui a lieu le plus ordinairement dans la pratique des affaires. — Voy. *Mandat.*

Nous donnons ci-après plusieurs formules de procuration parmi celles qui se font le plus ordinairement sous seing privé, en faisant observer qu'il sera toujours bon de faire précéder la signature de ces mots écrits de la main du mandant : *Bon pour pouvoir.*

I. — Procuration pour se présenter au bureau de l'Enregistrement pour payer des droits de succession.

Je soussigné A..., demeurant à.....
Seul et unique héritier de. ... mon père, décédé à....., le.....
Donne, par le présent, pouvoir :
A M. B..., demeurant à....,
De, pour moi et en mon nom, se présenter au bureau de l'Enregistrement de....., à l'effet d'y passer la déclaration des valeurs mobilières et immobilières dépendant de la succession dudit feu sieur.....
A cet effet, produire tous titres et pièces, dresser et présenter tous états mobiliers, faire toutes affirmations requises, acquitter tous droits de mutation, en retirer quittances, signer tous registres et pièces, et généralement faire tout ce qui sera nécessaire.
Donné à....., le.....

Bon pour pouvoir.
(*Signature.*)

II. — Procuration pour concourir à la nomination d'un tuteur ou d'un subrogé-tuteur.

Je soussigné A..., demeurant à.....
Donne pouvoir à M. B...
De me représenter au conseil de famille qui sera convoqué devant M. le Juge de paix du canton de.... à l'effet de nommer un subrogé-tuteur (ou un un tuteur et un subrogé-tuteur) à..... enfant mineur de....., et de dame....., son épouse; conférer ces qualités à ceux des parents du mineur qu'il plaira au mandataire de désigner, donner au tuteur toutes autorisations qui seront jugées nécessaires, accepter celles desdites qualités qui pourraient être conférées au constituant, signer tous procès-verbaux et généralement faire tout ce qui sera nécessaire.
Donné à....., le.....

(*Signature.*)

III. — Procuration pour se faire représenter et poursuivre en justice de paix.

Je soussigné A....., demeurant à.....
Donne pouvoir à M. B.....
A l'effet de poursuivre par toutes voies et moyens de droit le sieur C..., mon débiteur de...., pour.....
En conséquence appeler ledit sieur..... en conciliation amiable devant le Juge de paix et me représenter à cette conciliation.
Faute de paiement ou de s'entendre avec lui, le faire citer par tout huissier, me représenter devant la justice de paix, prendre toutes conclusions, obtenir tous jugements, les faire exécuter; procéder à toutes saisies-exécutions, saisies-arrêts et autres, poursuivre toutes ventes mobilières et immobilières; toucher et recevoir le montant de ma créance et de tous frais, faits donner toutes quittances et mainlevées de toutes saisies-arrêts; assister à tous ordres et contributions, y produire, obtenir toutes collocations, en toucher le montant; en cas d'appel constituer tous avoués et avocats, les révoquer, en constituer et choisir d'autres, signifier tous désistements d'actes et de procédure; poursuivre l'exécution de tous jugements; traiter, composer, transiger et généralement faire tout ce qui sera nécessaire.
Fait à....., le.....

(*Signature.*)

Cette procuration peut, au moyen de quelques légers changements, servir pour poursuivre devant les Tribunaux civils et de commerce.

IV. — Procuration pour faire un bail et toucher des loyers.

Je soussigné A..., demeurant à.....
Donne pouvoir à M...
De, pour moi et en mon nom, louer et affermer verbalement, par acte sous signatures privées ou par actes notariés, aux personnes, pour le temps, et aux prix, charges et conditions que le mandataire constitué jugera convenables, tout ou partie de biens immeubles qui m'appartiennent et pourront m'appartenir par la suite, renouveler et résilier tous baux, même ceux déjà existants. faire faire tous états de lieux, arpentages, mesurages et bornages, adhérer à toutes cessions de baux et sous-locations, exiger ou accorder toutes indemnités, en recevoir ou payer le montant ; faire procéder à tous récolements, faire faire toutes réparations, arrêter tous devis et marchés, en payer le montant, s'opposer à toutes usurpations et envahissements, toucher et recevoir tous loyers et fermages échus et à échoir, payer toutes impositions ; faire toutes réclamations en dégrèvement ou réduction ; présenter à cet effet tous mémoires et pétitions ; de toutes sommes reçues ou payées, donner ou retirer quittances ou décharges valables.
A défaut de paiement ou en cas de difficultés, exercer toutes poursuites, contraintes et dili-

gences nécessaires; traiter, composer, transiger; prendre tous arrangements, accorder termes et délais; nommer tous experts, leur donner tous pouvoirs et autorisations; obtenir tous jugements et arrêts, en poursuivre l'exécution.

Aux effets ci-dessus, passer et signer tous actes et généralement faire ce que les circonstances exigeront.

Donné à....., le.....

(Signature.)

V. — Procuration pour se faire représenter à une faillite.

Je soussigné A..., demeurant à.....
Donne pouvoir à M. B...
A l'effet de me représenter à toutes les opérations de la faillite du sieur....., dont je suis créancier pour une somme de..... ; faire établir ou rectifier le chiffre de ma créance; assister à toutes réunions et assemblées de créanciers, prendre part à tous votes et à toutes délibérations; accorder ou refuser tous concordats; produire à tous ordres et distributions; recevoir tous dividendes en donner quittances; donner mainlevée de toutes saisies et oppositions; entendre tous comptes, les approuver ou contester, en accorder ou refuser décharge, attaquer et faire annuler tous actes comme frauduleux et généralement faire tout ce que les circonstances exigeront dans mon intérêt.

Fait à....., le.....

(Signature.)

VI. — Procuration pour gérer les affaires d'une maison de commerce.

Je soussigné A..., demeurant à.....
Donne pouvoir à M....., demeurant à.....
De continuer et faire toutes les opérations de mon commerce, acheter et vendre toutes marchandises, se charger de toutes commissions et passer tous marchés, les exécuter, souscrire tous billets à ordre, effets de commerce et autres engagements, tirer et accepter toutes traites et lettres de change, signer tous endossements et avals, arrêter tous comptes courants, faire tous protêts, dénonciations, comptes de retour; signer tous mandats sur tous correspondants, négociants particuliers et sur toutes caisses et notamment sur la Banque de France; traiter avec tous créanciers, tous débiteurs ou simples comptables; entendre, débattre, clore et arrêter tous comptes actifs et passifs, en fixer les reliquats, les payer ou recevoir, en donner ou retirer quittance; retirer de toutes administrations des postes, des chemins de fer, messageries, roulages et autres, tous paquets et lettres chargés ou non chargés à l'adresse du constituant; agir dans les faillites ou déconfitures dans lesquelles le constituant aurait des intérêts à discuter.

Représenter le constituant dans toutes faillites, en conséquence, requérir toutes oppositions, reconnaissances et levées de scellés; procéder à tous inventaires et récolements; faire, en procédant, tous dires, réquisitions, protestations et réserves; prendre communication de tous livres, registres, journaux et autres titres et pièces propres à constater la situation active et passive du débiteur; comparaître à toutes assemblées de créanciers, prendre part à toutes délibérations, vérifier, admettre ou rejeter tous titres qui seraient produits; faire vérifier la créance du constituant, affirmer qu'elle est sincère et véritable et qu'il ne prête son nom directement ou indirectement à qui que ce soit, ainsi qu'il l'affirme présentement ici; traiter, composer, transiger, faire toutes remises, signer tous contrats d'union, d'atermoiement et concordat, nommer tous syndics, caissiers-gérants et séquestres, les révoquer s'il y a lieu et en nommer d'autres; accepter toutes cessions, transports et abandons de biens meubles et immeubles; recevoir toutes les sommes qui pourront être dues au constituant à tel titre et pour quelque cause que ce soit; payer et acquitter celles dont il est et pourra être débiteur; de toutes sommes reçues ou payées donner ou retirer quittances et décharges valables, consentir toutes mentions et subrogations sans garantie, remettre ou se faire remettre tous titres et pièces.

En cas de difficulté et à défaut de paiement de la part des débiteurs, exercer toutes poursuites, etc.

(Terminer comme à la formule IV.)

(Signature.)

VII. — Procuration pour vendre.

Je soussigné A..., demeurant à.....
Donne, par le présent, pouvoir à M..... de vendre, soit à l'amiable, soit aux enchères, aux personnes et aux prix, charges et conditions que le mandataire jugera convenables, une maison située à..... dont je suis propriétaire; m'obliger à toutes garanties et au rapport de toute mainlevées et radiations, fixer l'époque des paiements du prix, le recevoir en principal et intérêts, en donner quittance; remettre tous titres et pièces (ou m'obliger à les remettre, de même qu'à donner mainlevée et consentir régulièrement les radiations de toutes inscriptions d'office ou autres, ou à consentir par acte notarié toutes subrogations utiles).

A défaut de paiement, former toutes demandes en résolution de vente, exercer toutes poursuites, contraintes et diligences nécessaires, faire tous commandements et sommations; citer et paraître tant en demandant qu'en défendant devant tous tribunaux de paix; se concilier, si faire se peut; prendre tous arrangements, faire toutes remises, accorder termes et délais; traiter, composer, transiger, compromettre en tout état de cause; nommer tous experts, leur donner tous pouvoirs et autorisations, s'en rapporter à leurs décisions ou les contester; à défaut de conciliation, se pourvoir devant tous tribunaux compétents, y former toutes demandes, défendre à celles intentées; obtenir tous jugements et arrêts, en poursuivre l'exécution.

Aux effets ci-dessus, passer et signer tous actes, élire domicile, substituer, et généralement faire tout ce qui sera nécessaire.

Donné à....., le.....

(*Signature.*)

VIII. — Procuration pour acquérir.

Je soussigné A..., demeurant à.....

Donne pouvoir à M..., d'acquérir aux prix et conditions que le mandataire constitué jugera convenables une maison située à...... m'obliger au paiement du prix et des intérêts qui seront stipulés et à l'exécution de toutes les charges qui seront imposées, faire remettre tous titres et pièces en donner décharge, signer tous contrats de vente ou procès-verbaux d'adjudication; faire faire toutes transcriptions, dénonciations. notifications et offres de paiement, provoquer tous ordres; payer les créanciers colloqués ou faire toutes consignations; former toutes demandes en mainlevée; constituer tous avoués; élire domicile, et généralement faire le nécessaire.

Donné à....., le.....

(*Signature.*)

PROCUREUR. — Magistrat chargé des fonctions de ministère public près les tribunaux de première instance.

Se dit aussi de celui qui a pouvoir d'agir pour autrui. — Voy. *Mandataire.* — *Plaider par procureur.* — *Procuration.*

PROCUREUR ad litem. — Voy. *Mandat ad litem.*

PROCUREUR ad negotia. — C'est le mandataire ordinaire, celui que l'on charge de conclure ou de gérer une affaire. — Voy. *Mandat.*

PROCUREUR général. — Magistrat chargé des fonctions de ministère public près des Cours supérieures.

PRODIGUE. — Voy. *Conseil judiciaire.*

PRODUCTION. — Ce mot, qui s'applique particulièrement à la procédure d'ordre et de contribution de deniers, désigne en général les titres et pièces que l'on produit à l'appui d'une demande en collocation. — Voy. *Contribution de deniers.* — *Ordre entre créanciers.*

PRODUIT. — C'est ce que rapporte un commerce, un travail, une terre, une charge, en argent ou denrées.

PRODUITS de l'industrie. — Voy. *Exposition des produits de l'industrie.*

PROFESSEUR. — Voy. *Enseignement.*

PROFESSION. — C'est ainsi qu'on appelle l'état ou l'emploi que l'on exerce, l'art ou le métier auquel on se livre habituellement.

Les actes de l'état civil doivent énoncer les noms, prénoms, âge, profession et domicile de tous ceux qui y sont dénommés. — *C. civ.* 34.

La qualité de propriétaire, rentier ou autre, remplit le vœu de la loi.

Il existe des règles sur le voisinage relativement à certaines professions. — Voy. *Etablissement dangereux, etc.*

PROFESSION religieuse. — Promesse solennelle que font les personnes qui embrassent la vie religieuse d'observer les règles de leur ordre. — Voy. *Communauté religieuse.*

PROFIT. — Bénéfice ou avantage qu'on retire d'une chose. — Voy. *Dommages-intérêts.* — *Mineur.*

PROFIT du défaut. — En procédure, le défaut emporte profit, c'est-à-dire gain de cause pour l'autre partie.

Dans le cas de l'article 53 du C. de proc. le jugement de jonction prend le nom du jugement de défaut profit-joint. — Voy. *Jugement.*

PROFIT maritime. — C'est, en droit commercial, l'intérêt reçu par le prêteur à la grosse aventure. — Voy. *Prêt à la grosse.*

PROFITS et pertes. — Termes employés en style commercial pour indiquer les bénéfices et les pertes qui résultent d'une balance annuelle.

Dans la comptabilité en partie double, le compte des profits et pertes balance tous les autres, soit par son *crédit* pour les bénéfices, soit par son *débit* pour les pertes.

PROHIBITION. — Empêchement, défense de faire quelque chose.

Les conventions ne peuvent, dans aucun cas, déroger aux prohibitions de la Loi. — Voy. *Condition.* — *Nullité.*

PROHIBITION d'aliéner. — La prohibition d'aliéner peut résulter de la Loi ou émaner de la volonté de l'homme. — Voy. *Inaliénabilité.* — *Régime dotal.* — *Substitution.*

PROHIBITION de convoler. — Cette clause, contenue dans une disposition à titre gratuit, entre vifs ou testamentaire, est généralement considérée comme licite quand elle est inspirée, non par un pur caprice, mais par un sentiment honnête et respectable. — *E. N.*

PROHIBITION de se marier. — La clause portant prohibition de se marier avec une ou plusieurs personnes désignées est généralement considérée comme licite. — Voy. *Donation.*

PROJET de contrat de mariage des officiers. — Voy. *Déclaration d'apport.*

PROMESSE. — Tout engagement contracté pour l'avenir, soit par parole, soit par écrit.

La promesse ne forme lien, ne devient obligation que lorsqu'elle est acceptée et alors seulement qu'elle a une cause licite. — Voy. *Condition.* — *Obligation.* — *Pollicitation.*

PROMESSE d'acheter. — Voy. *Promesse de vente.*

PROMESSE d'aliments. — L'obligation de pourvoir à l'entretien d'un enfant naturel, contractée vis-à-vis de la mère, sans reconnaître cet enfant, mais dans l'intention de remplir un devoir de conscience, est valable. — *Cass., 27 mai* 1862.

PROMESSE de bail. — Acte par lequel une personne promet de louer ou de prendre à loyer tel ou tel objet, moyennant un prix convenu.

Comme la promesse de vendre qui vaut vente, celle de louer vaut louage, lorsqu'on est d'accord sur la chose et sur le prix. — *C. civ.* 1589. — Voy. *Bail.*

L'acte sous seing contenant promesse de louer n'est pas assujetti à la formalité du double écrit, à moins qu'il n'y ait promesse réciproque. — Voy. *Double écrit.*

PROMESSE de donner. — S'entend de celle de faire une donation.

Cette promesse non suivie d'acceptation est sans effet; mais lorsqu'elle a été acceptée, son inexécution peut donner lieu à des dommages-intérêts.

Il en serait de même de la promesse de donner un gage ou une hypothèque.

PROMESSE d'échange. — La promesse d'échange est licite comme la promesse de vente et les mêmes règles sont applicables à l'une et à l'autre. — Voy. *Promesse de vente.*

PROMESSE d'égalité. — Voy. *Egalité (promesse d').* — *Contrat de mariage.*

PROMESSE d'emploi. — Obligation contractée par l'emprunteur de faire emploi des deniers empruntés au paiement d'une créance, avec subrogation au profit du prêteur dans les droits résultant de cette créance. — Voy. *Subrogation.*

PROMESSE de faire ratifier. — Voy. *Ratification.* — *Stipulation pour autrui.*

PROMESSE de fournir et faire valoir. — Promesse synonyme de garantie, c'est-à-dire par laquelle le cédant d'une créance ou d'un droit incorporel se porte garant, non seulement de l'existence de la créance, mais encore de la solvabilité présente et future du débiteur cédé. — E. N. — Voy. *Garantie.* — *Rente.* — *Transport-cession.*

PROMESSE d'indemnité. — C'est celle faite à quelqu'un, soit de l'indemniser d'un dommage qu'il a éprouvé, ou d'un risque actuel ou éventuel.

Elle est régie par les principes généraux des contrats. — Voy. *Dommage.*

PROMESSE d'instituer. — La promesse faite par contrat de mariage d'instituer un des futurs pour son héritier doit, contrairement à l'opinion de certains auteurs, équivaloir à l'institution elle-même. — Voy. *Institution contractuelle.*

PROMESSE de mariage. — Cette promesse peut être l'objet d'un acte *exprès.*

Elle est nulle comme clause *illicite*, mais elle peut donner lieu à des dommages-intérêts.

Il a été décidé par la Cour de Douai, et après elle par un arrêt de Cassation de 1888, que l'obligation relative à une promesse de mariage qui n'a pas été tenue est valable lorsqu'il y a eu préjudice causé.

PROMESSE de parfaire. — C'est celle que, dans un contrat de mariage, les père et mère font de parfaire une somme déterminée, pour le cas où les apports n'atteindraient pas cette somme, ce qui équivaut à une promesse de donner. — Voy. *Promesse de donner.*

PROMESSE de payer. — C'est l'obligation de payer une somme d'argent, qui se fait ordinairement par simple billet. — Voy. *Billet.*

PROMESSE de prêter. — Cette promesse n'est pas un prêt, mais elle rend celui qui l'a faite passible de dommages-intérêts en cas d'inexécution. — Voy. *Crédit (acte d'ouverture de).* — *Prêt.*

PROMESSE de récompense. — C'est celle faite, soit pour un service rendu, soit pour un service à rendre. Elle est *obligatoire* dans le premier cas, et seulement *conditionnelle* dans le second. — Voy. *Condition.*

PROMESSE simple. — On donne le nom de simple promesse à la lettre de change ou effet de commerce dépourvus des caractères exigés par la Loi, et qui ne vaut que comme simple promesse ou obligation ordinaire. — C. comm. 112. — Voy. *Billet à ordre.* — *Lettre de change.*

PROMESSE sous seing privé. — Se dit de l'acte sous seing privé par lequel une seule partie s'engage à payer à une autre une somme d'argent ou une chose appréciable. Cette promesse est valable. — C. civ. 1326. — Voy. *Approbation d'écriture.* — *Billet.* — *Obligation.*

PROMESSE de vente. — La promesse de vente vaut vente lorsqu'il y a consentement réciproque des deux parties sur la chose et sur le prix. — C. civ. 1589.

Mais la promesse de vente ne transfère pas par elle seule la propriété ; il faut qu'elle soit suivie de *tradition* et de *dépossession.*

On distingue trois espèces de promesses de vente : 1° la promesse réciproque, c'est-à-dire celle par laquelle l'un s'engage à vendre, et l'autre à acheter, ce qui forme un contrat synallagmatique ; 2° la promesse de vendre simple ou unilatérale, en vertu de laquelle l'acheteur peut obliger le vendeur à passer contrat ; 3° la promesse unilatérale d'acheter, par suite de laquelle l'acquéreur peut être également obligé à passer contrat ; 4° enfin, la promesse ou l'offre qui n'est pas suivie de l'acceptation de l'autre partie, et qui n'a que le caractère de la pollicitation. — Voy. *Pollicitation.*

Lorsque la promesse de vendre a été faite avec des arrhes, chacun des contractants peut s'en départir. Celui qui les a données, en les perdant, et celui qui les a reçues, en restituant le double. — C. civ. 1590. — Voy. *Arrhes.*

La promesse que fait le propriétaire d'un immeuble, pour le cas où il voudrait le vendre, d'accorder la préférence à telle personne ne donne pas à celle-ci le droit de demander la nullité de la vente qui aurait été consentie à une autre personne au mépris de la promesse, mais elle donne lieu à des dommages-intérêts contre celui qui l'a faite. — *D. N.*

Une promesse de vendre ou d'acheter n'a pas besoin d'être faite double.

Elle a lieu le plus ordinairement par acte sous seing privé, et nous en donnons une formule ci-après :

Promesse de vente synallagmatique.

Aujourd'hui.....
Les soussignés :
M. A..., demeurant à.....
Et M. B..., demeurant à.....
Ont arrêté ce qui suit :

M. A... a, par ces présentes, promis de vendre et céder, avec garantie de tous troubles, éviction et autres empêchements de toute nature,

A M. B..., ce acceptant,

Une pièce de terre labourable située à....., en la delle de..... portée au cadastre, section..., n°..., contenant environ....., et ayant pour limites de toutes part MM.....; de laquelle M. A..., se propose de se rendre adjudicataire avec d'autres biens dépendant de la succession de M. C..., et dont la vente doit avoir lieu sur licitation entre majeurs et mineurs devant le Tribunal de première instance de....., le.....

M. B... entrera en jouissance de ladite pièce de terre à partir du jour qui sera fixé par le cahier des charges de ladite adjudication.

Il sera mis par M. A... en ses lieu et place et supportera les servitudes attachées à ladite pièce de terre, acquittera les contributions et entretiendra les baux qui pourraient exister ; en un mot, sera substitué à tous les droits dudit M. A... dans la propriété de la pièce de terre dont il s'agit, sans recours ni répétition.

Et en outre, cette promesse de vente a été faite et acceptée moyennant la somme de....., que M. B... sera tenu de payer à M. A..., en sa demeure, en espèces ayant cours, le....., avec intérêts à raison de cinq pour cent, à partir du....., qui seront payables en deux termes égaux, de six mois en six mois.

Le paiement du principal ne pourra toutefois avoir lieu qu'après la transcription du contrat de vente aux hypothèques, et l'accomplissement des formalités de purge légale, sans inscriptions ou après la radiation définitive de celles qui pourraient exister.

M. A... déclare ici qu'il est marié sous le régime de la communauté avec Mme..., demeurant avec lui ; qu'il n'a jamais été tuteur, curateur, ni comptable de deniers publics, et que ses biens ne sont grevés que de l'hypothèque légale de son épouse.

Il s'oblige à faire intervenir cette dernière dans le contrat de vente de la pièce de terre dont il s'agit, et à la faire obliger solidairement avec lui à toute garantie envers M. B...

Dans le cas où, contre toute attente, M. A... ne se rendrait pas adjudicataire des biens de la succession de M. C..., ou s'en trouverait dépossédé par une surenchère ou toute autre cause indépendante de sa volonté, la présente promesse de vente serait considérée comme nulle et non avenue, sans que M. B... puisse réclamer aucune indemnité.

Pour l'exécution des présentes, domicile est élu en la demeure respective des parties.

Fait double à....., lesdits jour, mois et an, et signé, lecture prise.

(*Signatures*.)

PROMOTEUR. — Dans les évêchés et les archevêchés, le *promoteur* est l'ecclésiastique chargé du maintien de la discipline et de la répression de ceux qui y manquent.

PROMULGATION. — Publication de la Loi. — Voy. *Loi*.

PROPORTIONNEL. — Voy. *Enregistrement.* — *Honoraire.* — *Timbre.*

PROPOSITION. — Offre faite en vue d'un arrangement, d'une transaction ou dans le but de faciliter la conclusion d'une affaire.

En jurisprudence, on distingue les propositions contradictoires ou contraires, et celles qui contiennent plusieurs choses unies par une conjonctive ou disjointes par une alternative. — Voy. *Particule.*

PROPOSITION (offre). — Chose proposée pour arriver à un arrangement, à la conclusion d'une affaire. — Voy. *Offres.* — *Pollicitation.*

PROPRE fait. — Chacun répond de son propre fait. — Voy. *Assurance.* — *Garantie.* — *Incendie.* — *Vente.*

PROPRES. — Tous biens personnels à l'un des époux, par opposition aux acquêts.

PROPRES de communauté. — Les propres de communauté sont de deux espèces : les propres *réels*, qui tiennent cette qualité de leur nature, et les propres *fictifs* ou *conventionnels* qui, sans être propres de leur nature, comme le sont les effets mobiliers, le sont devenus par une convention particulière, telle qu'une clause de réalisation ou stipulation de propres.— *C. civ.* 1500 *et suiv.*

PROPRIÉTAIRE. — Celui à qui appartient une chose à titre de propriétaire. — Voy. *Propriété.*

PROPRIÉTAIRE apparent. — C'est celui qui possède en vertu d'un titre qui ne lui appartient pas en réalité. — Voy. *Héritier.*

PROPRIÉTÉ. — La propriété est le droit de jouir et de disposer des choses de la manière la plus absolue, pourvu qu'on n'en fasse pas un usage prohibé par les lois ou règlements. — *C. civ.* 544.

Considérée dans sa nature intime, la propriété se compose de trois éléments : le droit d'*user*, le droit de *jouir*, le droit de *disposer*. Ce trois éléments réunis dans les mains du maître forment un seul tout, un droit unique qui est la propriété parfaite.

Le lien de propriété existe entre la personne et la chose indépendamment de toute autre personne, à tel point qu'il peut la revendiquer, en quelques mains qu'il la trouve, quoique le possesseur soit de bonne foi.

Le propriétaire ne peut pas user de sa chose de manière à nuire à autrui. Ainsi, il ne peut la détruire contre l'intérêt public ; il ne peut pas incendier volontairement sa maison.— *C. pén.* 434.

Le propriétaire peut faire au-dessus et au-dessous du sol de sa propriété toutes les constructions et fouilles qu'il juge à propos, en se conformant aux lois et règlements de police. — *C. civ.* 552.

Il ne peut toutefois y faire des fouilles ni y creuser des fossés dont l'exécution aurait pour effet d'entraîner la ruine de bâtiments ou de plantations existant sur le fonds voisin ou d'y produire des éboulements de terre. — *Arr. Colmar,* 25 *juill.* 1861.

Toute construction, quelle qu'elle soit, est présumée appartenir au propriétaire du sol. — *C. civ.* 553. — Voy. *Meubles.* — *Immeubles.*

Lorsque les divers étages d'une maison appartiennent à différents propriétaires, la propriété du sol, à défaut de stipulation spéciale dans les titres, est indivise entre eux, proportionnellement à la valeur de chaque étage. — Voy. *Bâtiment.* — *Etage.*

La plus importante modification que les lois apportent au droit de propriété est l'obligation de l'abandonner à l'Etat ou à ses représentants, pour cause d'utilité publique, mais moyennant une juste et préalable indemnité. — Voy. *Expropriation pour utilité publique.*

On distingue six moyens d'acquérir la propriété, qui sont : 1° l'occupation ; 2° l'accession ; 3° la succession ; 4° la donation entre vifs ou testamentaire ; 5° les obligations ; 6° enfin la prescription. — *C. civ.* 711 *et suiv.* — Voy. ces derniers mots et *Testament.*

PROPRIÉTÉ industrielle. — C'est le droit de l'inventeur de profiter exclusivement des bénéfices que peuvent lui procurer ses découvertes.

Cette propriété comprend aussi les dessins et marques de fabrique. — Voy. *Brevet d'invention.*

Droit de propriété des marques.

La propriété des marques de fabrique et de commerce est aujourd'hui régie par la Loi du 23 juin 1857.

Sont considérés comme marques de fabrique et de commerce : les *noms* sous une forme distincte, les *dénominations, empreintes, timbres, cachets, vignettes, reliefs, lettres, chiffres, enveloppes,* et tous autres signes servant à distinguer les produits d'une fabrique ou les objets d'un commerce.

La marque de fabrique ou de commerce est en général facultative, mais elle peut être rendue obligatoire pour certains produits.

La marque ou le nom est obligatoire pour l'imprimerie, pour les matières d'or et d'argent, pour les cartes, pour les matières vénéneuses, et pour les tissus français similaires aux tissus étrangers prohibés.

Pour être admis à revendiquer la propriété exclusive d'une marque, il faut déposer deux exemplaires de cette marque au greffe du Tribunal de commerce. Ce dépôt n'a d'effet que pour 15 années, mais la propriété de la marque peut toujours être conservée pour un nouveau terme de 15 années, au moyen d'un nouveau dépôt. — Voy. *Marques de fabrique.*

Pénalités.

Sont punis d'une amende de 50 francs à 3000 francs et d'un emprisonnement de 3 mois à 3 ans ou de l'une de ces peines seulement : 1° ceux qui ont contrefait une marque ou fait usage d'une marque contrefaite ; 2° ceux qui ont frauduleusement apposé sur leurs produits ou les objets de leur commerce une marque appartenant à autrui ; 3° ceux qui ont sciemment vendu ou mis en vente un ou plusieurs produits revêtus d'une marque contrefaite ou frauduleusement apposée.

Sont punis d'une amende de 50 fr. à 2000 francs et d'un emprisonnement d'un mois à 1 an, ou de l'une de ces deux peines seulement : 1° ceux qui, sans contrefaire une marque, en ont fait une imitation frauduleuse de nature à tromper l'acheteur, ou ont fait usage d'une marque frauduleusement imitée ; 2° ceux qui, ont fait usage d'une marque portant des indications propres à tromper l'acheteur sur la nature du produit ; 3° ceux qui ont sciemment vendu ou mis en vente un ou plusieurs produits revêtus d'une marque frauduleusement imitée ou portant des indications propres à tromper l'acheteur sur la nature du produit.

Sont punis d'une amende de 50 francs à 1000 francs et d'un emprisonnement de 15 jours à 6 mois ou de l'une de ces peines seulement : 1° ceux qui n'ont pas apposé sur leurs produits une marque déclarée obligatoire ; 2° ceux qui ont vendu ou mis en vente un ou plusieurs produits ne portant pas la marque déclarée obligatoire pour cette espèce de produits ; 3° ceux qui ont contrevenu aux dispositions des décrets rendus en exécution de la loi du 23 juin 1857. — *D. N.*

PROPRIÉTÉ littéraire et artistique. — Droit exclusif accordé à l'auteur d'une œuvre littéraire ou artistique de profiter des bénéfices que peut offrir la publication de cette œuvre.

La propriété littéraire ou artistique a été consacrée par les lois et décrets des 19 juillet 1793, 9 janvier 1828, 17 février 1852, 8 avril 1854 et 14 juillet 1866.

Les auteurs d'écrits en tous genres jouissent pendant leur vie du droit exclusif de vendre, distribuer leurs ouvrages et d'en céder la propriété en tout ou en partie.

Les planches gravées, lithographiées, les dessins et peintures à la main, les sculptures et toutes les productions des beaux-arts sont comprises dans la disposition qui précède.

A l'égard des œuvres dramatiques et musicales, le consentement formel et par écrit des auteurs est nécessaire pour toute représentation ou exécution. L'auteur peut en outre faire imprimer sa pièce ou faire graver sa musique. Il jouit, dans ce cas, de tous les droits attachés à la propriété littéraire ou artistique.

L'exercice du droit de propriété d'un ouvrage est soumis à la condition du dépôt préalable de deux exemplaires à la Bibliothèque Nationale, sans préjudice des autres exemplaires dont le dépôt est prescrit par les lois sur la presse.

Les autres peuvent céder leurs droits à toute personne, qui est alors substituée à leur place pour eux et leur ayant cause ; et, dans ce cas, la durée du droit des cessionnaires est de 10 ans.— Voy. *Vente (contrat de), form. IV.*

Les propriétaires par succession ou à tout autre titre d'un ouvrage posthume ont le même droit que l'auteur.— *D. N.*

Les héritiers, successeurs, donataires ou légataires des auteurs, compositeurs ou artistes jouissent des mêms droits, pendant 50 ans à partir du décès de l'auteur. — *L. du 14 juillet* 1866.

Toute édition d'écrits, de composition musicale, ou autre production imprimée ou gravée en entier ou en partie, au mépris des lois et règlements relatifs à la propriété des auteurs, est une contrefaçon, et toute contrefaçon est un délit passible d'amende et de confiscation. — *C. pén.* 425, 427.

PROPRIÉTÉ souterraine. — Voy. *Carrière.* — *Mine.* — *Propriété.* — *Superficie.*

PRORATA. — Mot employé pour signifier à proportion. — Voy. *Contribution de deniers.* — *Dettes.* — *Partage.*

PROROGATION de bail. — Extension de la durée du bail. Cette prorogation est *expresse*, c'est-à-dire régie par la convention, ou bien *tacite*; auquel cas elle se nomme *Tacite reconduction.*

PROROGATION de compromis. —. C'est la prolongation du délai donné aux arbitres pour statuer. — Voy. *Compromis.*

PROROGATION de délai. — Acte qui reporte à une époque plus éloignée le délai accordé pour le paiement d'une créance.

Cet acte, fort simple d'ailleurs, peut avoir lieu par acte sous seing privé, à moins qu'il ne doive conférer une nouvelle garantie hypothécaire; auquel cas il devrait être fait devant notaire.

Nous en donnons une formule ci-après :

Prorogation de délai.

Aujourd'hui.....
Les soussignés :
M. A..., demeurant à....
Et M. B..., demeurant à....
Ont arrêté ce qui suit :

M. A..., sur la demande de M. B..., a, par ces présentes, consenti à proroger au..... le terme d'exigibilité qui expirera le..... de la somme de..., montant en principal d'une obligation pour prêt contractée à son profit par M. B..., suivant acte passé devant Me....., notaire à....., le..... ; ladite somme produisant des intérêts à raison de cinq pour cent par an, sans retenue, payables de six mois en six mois, les..... et...... de chaque année.

Cette prorogation est consentie par M. A..., sous la condition que ladite somme de..... continuera jusqu'à son remboursement effectif à produire des intérêts qui seront payés aux taux, dans les termes et aux époques fixées par l'acte d'obligation ci-dessus énoncé, et encore sous la réserve de tous droits, actions et hypothèque, résultant, en sa faveur, de ce même acte, et notamment des fins et suites de l'inscription requise pour conservation de la créance au Bureau des hypothèques de....., le....., vol....., n°...... le tout sans novation ni dérogation.

M. B... a déclaré accepter ladite prorogation et s'est obligé de nouveau au remboursement de ladite somme de..... et au service des intérêts dans les termes fixés, et a consenti à y rester contraint en vertu de la grosse de l'obligation primitive, et sous les effets de l'inscription ci-devant énoncée.

Telles sont les conventions des parties, qui, pour leur exécution, continuent d'élire domicile à.....

Fait double à....., lesdits jour, mois et an, et signé, lecture prise.

(*Signatures.*)

PROROGATION de juridiction. — C'est l'extension du pouvoir de juger au delà des limites fixées au magistrat par les lois de la compétence. — Voy. *Juge de paix.* — *Juridiction.* — *Compromis.*

PROROGATION de société. — Toute société, soit civile, soit commerciale, est susceptible d'être prorogée au delà de la durée convenue.

La prorogation de société doit être consentie par l'unanimité des associés.

Elle est soumise aux mêmes formes que les constitutions de sociétés. — *C. civ.* 1866. — *C. comm.* 46, etc.

PROSPECTUS. — Avis imprimé annonçant soit la publication d'un ouvrage, soit une vente, ou ayant pour but de recueillir des souscriptions.

Les prospectus ne sont pas, comme les affiches, assujettis à un droit spécial de timbre. — Voy. *Avis.* — *Imprimé.* — *Poste.*

PROTECTION de l'enfance. — La surveillance et la protection des enfants au-dessous de 2 ans, élevés moyennant salaire hors du domicile de leurs parents, a été établie par la loi du 23 décembre 1874, complétée par un règlement d'administration du 27 février 1877. — Voy. *Nourrice.*

PROTESTATION. — Déclaration par laquelle on proteste contre la fraude, l'oppression, la violence ou seulement les prétentions de quelqu'un, avec réserve de se pourvoir en temps et lieu contre ce qui fait l'objet de la protestation.

Pour être valable, la protestation doit être faite aussitôt qu'il a été possible de le faire ou que la fraude a été connue.

PROTESTATION (Acte de). — C'est l'acte que doit faire le propriétaire d'une lettre de change perdue et dont le paiement lui est refusé, afin de conserver ses droits. — *C. comm.* 151 *et suiv.*

PROTESTATIONS et réserves. — Locution fréquemment employée dans les actes, et notamment dans les inventaires, pour exprimer qu'on entend se réserver aux droits et moyens qu'on peut avoir à opposer.

PROTÊT. — Acte extrajudiciaire qui a pour but de constater le refus d'acceptation ou de paiement à l'échéance d'une lettre de change ou de tous autres effets à ordre.

On distingue deux sortes de protêt : l'un faute d'acceptation, qui concerne les lettres de change seulement ; l'autre faute de paiement, et qui s'applique aussi bien aux billets qu'aux lettres de change.

Le porteur d'une lettre de change n'est tenu d'en requérir l'acceptation qu'autant qu'il croit que cette acceptation est dans son intérêt. Il peut, dès lors, se dispenser de faire un protêt faute d'acceptation, à moins qu'il ne soit prescrit par une stipulation, ou bien lorsque le *tiré* n'accepte qu'une partie de la lettre, auquel cas le porteur doit faire protester pour la partie non acceptée. — *C. comm.* 124.

Quant au protêt faute de paiement, il doit être fait dès qu'il y a refus de payer à l'échéance, et lors même que le débiteur paierait au moment du protêt, il doit en supporter les frais.

Si la dette était payée en partie à la présentation du billet, on devrait néanmoins protester pour le reste. — *C. comm.* 156.

Le protêt faute d'acceptation ne dispense pas du protêt faute de paiement. Mais le protêt faute d'acceptation, suivi d'une condamnation contre le tireur et les endosseurs, devenue définitive avant l'échéance, rend inutiles le protêt faute de paiement et toutes poursuites ultérieures, ce qui n'empêche pas que le porteur, malgré l'absence de protêt faute de paiement, conserve son recours contre le tireur et les endosseurs.

La mise en faillite du tiré n'est pas une cause de dispense du protêt de la lettre de change. De même aussi, en cas de faillite de l'accepteur avant l'échéance, le porteur peut faire protester et exercer son recours. — *C. comm.* 163.

Mais cette disposition de l'article 163 ne pourrait être appliquée au cas de faillite du souscripteur ou des endosseurs d'un simple billet à ordre. — *Cass.*, 16 *mai* 1810.

La mention *retour sans frais* ne dispense que du protêt faute de paiement, mais non du protêt faute d'acceptation. — *Cass.*, 6 *juin* 1853.

Le protêt doit être fait le lendemain du jour de l'échéance, ou le jour suivant si le lendemain de l'échéance est un jour *férié légal.* — *C. comm.* 162.

Toutefois le délai est augmenté d'un jour par 5 myriamètres de distance. — *L. du 3 mai* 1862.

L'intervention et le paiement doivent être constatés dans l'acte même du protêt ou à la suite de l'acte. — *C. comm.* 158.

Les lettres de change à vue tirées d'une ville de France sur une autre doivent être présentées et protestées dans les 6 mois, et sont prescrites après 5 ans, à partir des 6 mois de leur date.

Le protêt doit être fait à la requête du propriétaire ou détenteur de la lettre de change en vertu d'un endossement régulier. — Voy. *Endossement.*

Les formes du protêt sont réglées par la Loi du lieu où la lettre de change est payable.

Il est fait par un notaire ou par un huissier porteur de l'effet à protester, au domicile de celui sur qui l'effet est payable, ou à son dernier domicile connu, ou encore au domicile des personnes indiquées pour payer la lettre de change, au besoin. — *D. N.*

L'acte de protêt faute d'acceptation ou de paiement contient la transcription littérale du titre, de l'acceptation, des endossements, des recommandations qui y sont indiquées, etc.

Le protêt faute d'acceptation a pour effet d'autoriser le porteur à exiger des endosseurs et du tireur une caution pour assurer le paiement à l'échéance du titre non accepté, ou, à défaut de caution, le remboursement, et s'il y a lieu le paiement du rechange. — *C. comm.* 120.

Quant au protêt faute de paiement régulièrement fait, il donne au porteur un recours en garantie, ou individuellement contre le tireur et chacun des endosseurs, ou collectivement contre les endosseurs et le tireur. — *C. comm.* 164.

A défaut de protêt ou d'observation des délais et formes prescrites, le porteur est déchu de tout recours contre le tireur et les endosseurs. — *C. comm.* 168, 169.

Toutefois la lettre de change non protestée n'en reste pas moins soumise à la juridiction commerciale.

L'endosseur d'une lettre de change ou de tout autre effet de commerce peut dispenser le porteur de faire protester ou dénoncer le protêt.

Nous donnons ci-après une formule de cette dispense.

Dispense de protêt et de dénonciation de protêt.

Je soussigné A..., demeurant à....., déclare dispenser M... de faire protester (ou dénoncer le protêt) d'un billet à ordre (ou lettre de change) de la somme de....., souscrit le...... par... à l'ordre de..... et passé par moi en dernier lieu à l'ordre de mon dit sieur....., m'obligeant à rembourser à ce dernier, et à la première réquisition, le montant intégral dudit effet, sauf mon recours contre le souscripteur.

A..., le.....,

(*Signature.*)

PROTUTEUR. — C'est celui qui tient lieu de tuteur pour gérer les biens du pupille dans un lieu éloigné de la tutelle. — *C. civ.* 417.

PROVERBES de droit. — Voy. *Règles de droit.*

PROVISION. — Se dit, en procédure, de ce qui est adjugé provisoirement à l'une des parties en attendant le jugement définitif. On dit aussi de certains actes et jugements qu'ils sont exécutoires par provision. — Voy. *Jugement.* — *Référé.*

En matière de lettre de change, le mot *provision* s'entend encore de la remise faite à celui sur qui une pareille lettre est tirée des fonds destinés à son paiement. — Voy. *Lettre de change.*

PROVISION alimentaire. — C'est celle que la justice accorde en attendant le jugement d'un procès. — Voy. *Pension alimentaire.* — *Séparation de corps.*

PROVISIONS de ménage. — Ce sont les fournitures destinées à la subsistance d'une maison. — Voy. *Autorisation maritale.* — *Domestique.*

PROVISOIRE. — S'entend, en procédure, de ce qui est ordonné provisoirement et sans préjudice au fond. — Voy. *Jugement.*

PROVOCATION. — Excuse spéciale pouvant être invoquée dans les crimes ou délits de meurtre ou de coups et blessures. — *C. pén.* 321 *et suiv.*

PROXÉNÈTE. — Se dit de celui qui s'entremet pour la réussite d'une affaire ou la conclusion d'un marché.

PRUD'HOMMES. — Voy. *Conseil de Prud'hommes.*

PRUD'HOMMES pêcheurs. — Voy. *Conseil de Prud'hommes.*

PUBERTÉ — S'entend de l'âge où l'homme et la femme sont capables, dans l'ordre naturel, de contracter mariage, et, dans l'ordre civil, de faire certains actes d'administration.

Des dispenses d'âge pour le mariage peuvent être accordées pour des motifs graves. — *C. civ.* 145. — Voy. *Mineur.*

PUBLICATION. — Voy. *Adjudication.* — *Affiche.* — *Loi.* — *Mariage.* — *Saisie immobilière.* — *Tableau des interdits.* — *Vente judiciaire.*

PUBLICATION de testament. — C'est ainsi qu'on appelle l'acte dressé par un notaire pour constater qu'il a donné connaissance d'un testament aux ayants droit. — Voy. *Acte de publication.* — *Acte notarié.*

PUBLICATIONS de mariage. — Actes destinés à rendre public tout projet de mariage. — *C. civ.* 63 *et suiv.*

PUBLICITÉ de l'audience. — Voy. *Audience.* — *Huis-clos.* — *Jugement.*

PUINÉ. — Voy. *Ainesse.* — *Cadet.*

PUISAGE. — Droit de puiser de l'eau au puits, à la citerne, mare, ou fontaine d'autrui. — Voy. *Servitude.* — *Puits.*

Le droit de puisage n'emporte pas celui de tirer continuellement de l'eau, de manière à tarir le puits et à le rendre inutile au propriétaire. Mais si la fontaine ou le puits est renfermé dans une cour, l'usager peut exiger une clef des serrures; néanmoins il n'est pas autorisé à passer dans la cour à toute heure de la nuit, et le propriétaire peut faire déterminer l'heure à laquelle commencera et finira l'exercice de ce droit.

PUISARD. — Excavation dans laquelle vont se réunir les eaux inutiles d'une rue, d'une maison, etc. — Voy. *Cloaque.* — *Servitude.*

PUISSANCE d'autrui. — Droits que la loi attribue à certaines personnes telles que les père et mère sur leurs enfants, et les tuteurs et curateurs sur les mineurs et les interdits. — *E. N.* — Voy. *Conseil judiciaire.* — *Emancipation.* — *Interdiction.* — *Interdit.* — *Mineur.* — *Tutelle.*

PUISSANCE maritale. — Pouvoir que le mari exerce sur la personne et les biens de sa femme.

Cette puissance est de droit civil, et cesse de la même manière que le mariage, dont elle dérive.

La femme a le même domicile que le mari, qu'elle doit d'ailleurs suivre partout où il juge à propos de résider. Elle lui doit obéissance et suit sa condition.

Mais en aucun cas le mari ne peut, sans le concours de la femme, disposer des biens propres à celle-ci.

Il est peu d'actes que la femme puisse faire sans l'autorisation de son mari; cependant, elle n'a pas besoin de cette autorisation pour faire son testament. — Voy. *Autorisation maritale.* — *Femme.*

PUISSANCE paternelle. — Autorité que les lois donnent au père et à la mère sur la personne et les biens de leurs enfants jusqu'à leur majorité ou leur émancipation.

La puissance paternelle donne au père, et à son défaut à la mère, avec un droit de correction sur leurs enfants, la surveillance de leurs personnes et l'administration et la jouissance de leurs biens.

Par suite, c'est aux père et mère qu'il appartient de déterminer la mesure et le mode d'éducation de leurs enfants, qui ne peuvent, sans leur permission, quitter la maison paternelle ou celle où ils ont été placés pour leur éducation avant leur majorité, si ce n'est pour engagement militaire volontaire.

Le droit de correction, c'est-à-dire celui de juger et de punir certaines fautes est encore un attribut de la puissance paternelle.

Ce droit peut s'étendre jusqu'à la détention, mais il ne peut être exercé sans le concours des magistrats.

La détention par voie d'autorité est permise lorsque l'enfant est âgé de moins de 16 ans commencés, et le père peut le faire détenir par voie de réquisition pendant un temps qui ne peut excéder 1 mois. — *C. civ.* 376.

Mais, lors même que l'enfant a moins de 16 ans, la détention n'est plus autorisée dans les cas suivants : 1° si le père est remarié ; 2° si l'enfant a des biens personnels, ou s'il exerce un état. — *C. civ.* 380 *et suiv.*

Lorsque l'enfant a atteint l'âge de 16 ans commencés, et jusqu'à la majorité ou l'émancipation, le père peut requérir la détention de son enfant pour 6 mois au plus. — *C. civ.* 377.

Le père peut toujours abréger la détention par lui ordonnée ou requise.

La mère survivante et non remariée ne peut faire détenir son fils que par voie de réquisition, et avec le concours des deux plus proches parents paternels.

Le père, ou la mère survivante, a l'usufruit des biens de ses enfants jusqu'à l'âge de 18 ans ou jusqu'à leur émancipation. — Voy. *Usufruit légal.*

La puissance paternelle cesse par la majorité ou l'émancipation des enfants. — *C. civ.* 372.

PUITS. — Excavation creusée dans le sol pour en tirer de l'eau.

Chacun peut creuser un puits de telle dimension qu'il lui plaît sur sa propriété, pourvu qu'il observe les distances et les règles voulues. Il n'a pas à répondre du dommage que le percement de son puits causerait à celui du voisin.

Les puits sont distincts des citernes, mais les mêmes règles leur sont communes. — Voy. *Citerne.*

Celui qui veut creuser un puits à proximité soit d'un mur appartenant au voisin, soit d'un mur mitoyen, est tenu de faire un contre-mur fondé plus bas que les ouvrages du voisin et montant jusqu'au niveau du sol. — L'épaisseur de ce contre-mur est déterminée par les usages locaux ou à dire d'experts. — Voy. *Contre-mur.* — *Usages locaux (contre-mur).*

L'article 191 de la Coutume de Paris est ainsi conçu : « Qui veut faire aisance de prises ou puits contre un mur mitoyen doit faire un contre-mur d'un pied d'épaisseur ; où il y a de chaque côté, puits d'un côté et aisances de l'autre, il suffit qu'il y ait quatre pieds de maçonnerie d'épaisseur entre deux, comprenant les épaisseurs des cours d'eau d'une part et d'autre ; mais entre deux puits, suffiront trois pieds pour le moins. »

On ne peut, sauf autorisation, creuser un puits à moins de cent mètres des cimetières transférés hors des communes, et ceux existant dans cette distance peuvent être comblés sur la demande de la police locale en vertu d'une ordonnance du Préfet. — *Déc. du 7 mars* 1808.

Celui qui fait creuser un puits dans son fonds est obligé de le couvrir et de l'enclore pour éviter les accidents.

Le droit de puiser de l'eau à un puits appartenant à un tiers est une servitude discontinue non apparente, qui ne peut s'acquérir par prescription et peut s'éteindre par le non-usage pendant 30 ans. — *C. civ.* 691, 706.

Les réparations à faire à un puits doivent être supportées par tous les ayants droit. Mais celui qui renonce à son droit se trouve par là même affranchi des réparations présentes et futures. — *D. N.*

Le fermier a, quant à la jouissance, le même droit que le propriétaire, mais il n'est point obligé aux grosses réparations, ni au curage du puits. — *C. civ.* 1720 et 1756. — Voy. *Puisage.*

PUPILLE. — Mot employé pour désigner le mineur qui se trouve sous l'autorité d'un tuteur.

PUR et simple. — Termes employés pour signifier ce qui n'est sujet à aucune charge ni condition, enfin ce qui est définitif et sans restriction.

PURGE des hypothèques. — On comprend sous ce titre la notification de contrat ou les formalités prescrites par la Loi pour affranchir les immeubles de tous privilèges et hypothèques inscrits.

A l'égard des hypothèques légales non inscrites des femmes et des mineurs. — Voy. *Purge des hypothèques légales.*

La faculté de purger les privilèges et hypothèques est établie en faveur de tout acquéreur à titre onéreux ou gratuit d'un immeuble ou droit réel immobilier.

La purge est facultative pour le tiers-détenteur, qui peut s'en dispenser en payant toutes les créances hypothécaires.

La Loi n'impartit aucun délai de rigueur au tiers-détenteur pour purger, tant qu'il n'est pas poursuivi par les créanciers, mais il doit le faire dans le mois au plus tard à compter de la première sommation de purger ou délaisser qui lui est faite, à peine de déchéance. — *C. civ.* 2183.

Après avoir fait transcrire, l'acquéreur à titre gratuit ou onéreux qui veut purger doit notifier aux créanciers inscrits un extrait de son titre contenant la date et la qualité de l'acte; le nom et la désignation précise du vendeur ou donateur; la nature et la situation de la chose vendue ou donnée, et le prix et les charges.

La notification doit également contenir un extrait de la transcription et présenter un tableau contenant la date des hypothèques et celle des inscriptions, le nom des créanciers et le montant des créances inscrites.

Enfin, l'acquéreur doit déclarer par le même acte qu'il est prêt à acquitter sur-le-champ les dettes et charges hypothécaires jusqu'à concurrence de son prix, sans distinction des dettes exigibles ou non exigibles.

Les effets de la notification sont de constituer l'acquéreur débiteur personnel du montant de son prix envers les créanciers inscrits, et de mettre les créanciers en demeure de surenchérir dans les 40 jours. — *C. civ.* 2185.

Les formalités de la purge ont pour but d'affranchir le tiers-détenteur de l'obligation de payer toutes les dettes hypothécaires, ou de délaisser, et lorsqu'il les a remplies et qu'il n'a pas été porté de surenchère dans les délais, il ne peut plus être actionné que jusqu'à concurrence de son prix.

PURGE des hypothèques légales. — C'est celle des hypothèques non inscrites des femmes sur les biens de leurs maris. et des mineurs sur les biens de leurs tuteurs. — *C. civ.* 2193.

Le Code civil dispense les hypothèques légales de l'inscription. Toutefois, la loi du 23 mars 1855 exige que la veuve, le mineur devenu majeur, et l'interdit relevé de l'interdiction prennent inscription dans l'année qui suit le dissolution de la tutelle, à peine de ne voir dater leur hypothèque à l'égard des tiers que du jour des inscriptions prises ultérieurement.

Les formalités de la purge des hypothèques légales sont celles suivantes : 1° copie collationnée de l'acte translatif de propriété doit être déposée au greffe du tribunal civil du lieu de la situation des biens ; 2° ce dépôt doit être notifié, tant à la femme ou au subrogé-tuteur qu'au Procureur près le même tribunal ; 3° extrait de l'acte est et demeure affiché pendant 2 mois dans l'auditoire du Tribunal.

Pendant ces 2 mois, les femmes, maris, tuteurs, subrogés-tuteurs, mineurs, interdits, parents ou amis, de même que le Procureur près le tribunal, sont admis à requérir s'il y a lieu, au bureau du conservateur des hypothèques, des inscriptions sur l'immeuble aliéné, qui ont le même effet que si elles avaient été prises le jour du contrat de mariage ou le jour de l'entrée en gestion du tuteur.

La purge des hypothèques légales est une formalité qu'il est nécessaire de remplir sur les contrats d'acquisition toutes les fois que le vendeur ou les précédents propriétaires peuvent être soumis à des hypothèques légales.

Toutefois, lorsqu'il ne s'agit, comme cela a lieu le plus ordinairement, que de l'hypothèque légale de la femme du vendeur mariée sous le régime de la communauté, et que la vente a lieu à l'amiable, il est d'usage, dans la pratique, de la faire concourir au contrat et renoncer à son hypothèque légale pour éviter les frais de purge.

Cette renonciation emporte extinction de l'hypothèque et vaut purge au profit de l'acquéreur à partir de la transcription de l'acte authentique qui la contient. En l'absence de stipulation contraire, la renonciation résulte même du concours de la femme à l'acte d'aliénation. — Voy. *Renonciation à hypothèque légale.*

Les formalités de purge sont remplies, s'il s'agit de ventes volontaires, par les notaires, et, lorsqu'il s'agit de ventes judiciaires, par les avoués.

PUTATIF. — Qui est réputé être ce qu'il n'est pas. On dit mariage *putatif*, *héritier putatif*. — Voy. *Erreur commune. — Mariage. — Héritier.*

PUY-DE-DÔME. — Le département du Puy-de-Dôme est un des 3 que forment l'Auvergne et le Velay.

Chef-lieu : Clermont-Ferrand.

Cour d'appel : Riom.

Ce département est limité à l'Est par la Loire ; au Sud par la Haute-Loire et le Cantal ; à l'Ouest par la Corrèze et la Creuse, et au Nord par l'Allier.

Il est divisé en 5 arrondissements, 50 cantons et 468 communes.

Superficie : 794.953 hectares.

Impôt foncier : 2.457.057 francs

Population : 570.964 habitants.

PYRÉNÉES (Basses-). — Département formé du ci-devant Béarn, des pays Basques, de la Navarre et de l'Adour.

Chef-lieu : Pau.

Cour d'appel : Pau.

Ce département est limité à l'Est par les Hautes-Pyrénées ; au Sud par les Pyrénées qui le séparent de l'Espagne ; à l'Ouest par l'Océan, et au Nord par les Landes et le Gers.

Il est divisé en 5 arrondissements, 40 cantons et 558 communes.

Superficie : 766.722 hectares.

Impôt foncier : 958.645 francs.

Population : 432.999 habitants.

PYRÉNÉES (Hautes-). — Département formé du Bigorre, du Rebouzan, des Quatre-Vallées, de l'Astarac et de l'Armagnac.

Chef-lieu : Tarbes.

Cour d'appel : Pau.

Ce département est limité à l'Est par la Haute-Garonne ; au Sud par les Pyrénées ; à l'Ouest par les Basses-Pyrénées, et au Nord par le Gers.

Il est divisé en 3 arrondissements, 26 cantons et 480 communes.

Superficie : 450.483 hectares.

Impôt foncier : 604.316 francs.

Population : 234.825 habitants.

PYRÉNÉES-ORIENTALES. — Département formé du Roussillon, de la Cerdagne et d'une partie du Languedoc.

Chef-lieu : Perpignan.

Cour d'appel : Montpellier.

Ce département a pour limites : à l'Est la Méditerranée ; au Sud les Pyrénées ; à l'Ouest les Pyrénées et l'Ariège, et au Nord l'Aude.

Il est divisé en 3 arrondissements, 17 cantons et 231 communes.

Superficie : 414.531 hectares.

Impôt foncier : 769.200 francs.

Population : 211.187 habitants.

Q

QUALIFICATION. — Attribution d'une qualité, d'un titre, d'un état.
La fausse qualification donnée au légataire ou donataire n'empêche pas la disposition d'être valable. — Voy. *Legs.*

QUALIFICATIONS et expressions féodales. — Ce sont celles qui rappellent ou appartiennent au régime de la féodalité et qui ont été supprimées et sont interdites dans les actes. — Voy. *Féodalité.*

Toutefois, il ne faut pas confondre ces qualifications avec celles *nobiliaires* qui sont des titres personnels reconnus par la Loi, tels que ceux de *Prince, Duc, Marquis, Comte* et *Baron,* et que les ayants droit peuvent porter et prendre dans les actes.

QUALITÉ. — Ce terme a diverses acceptions. — Il désigne d'abord l'état des personnes dans la société civile, comme l'état de Français ou d'étranger, de majeurs ou mineurs, etc. — Il s'entend aussi de la condition civile, de la capacité, du rang dans la Société, de la profession, du droit en vertu duquel on exerce une action ou on agit dans un acte, etc.

QUALITÉS de jugement. — C'est, en procédure, la partie du jugement contenant les noms, profession et demeure des parties, leurs conclusions respectives et les points de fait et de droit. — *C. proc.* 142.

QUANTI minoris (Action). — En droit romain, c'est l'action que la Loi accorde à l'acheteur lorsque la chose vendue est entachée d'un vice rédhibitoire, auquel cas il a le droit de garder la chose en se bornant à demander une diminution de prix, ou de la rendre et de se faire restituer le prix avec les intérêts du jour du paiement et les frais occasionnés par la vente. — *E. N.* — Voy. *Vice rédhibitoire.*

QUANTI plurimi. — Ce terme signifie le plus haut prix d'une chose fongible lors de l'échéance du paiement qui en devait être fait. — Voy. *Paiement.*

QUANTITÉ. — C'est, en matière de convention ou de legs, l'une des conditions qui servent à déterminer une chose. — Voy. *Convention.* — *Fongible.* — *Vente.*

QUARANTAINE. — Séjour imposé dans un lieu déterminé d'un navire ou de personnes venant d'un pays où règne ou est présumée exister une épidémie ou une maladie contagieuse. — *L. du 7 août* 1822. — Voy. *Police sanitaire.*

QUART de réserve. — C'est ainsi qu'on appelle le quart des bois des communes et autres établissements publics, qui doit être distrait pour croître en futaie.

QUASI-CONTRAT. — Engagement qui intervient sans convention. Les quasi-contrats sont des faits licites et volontaires d'où résulte de plein droit un engagement quelconque envers un tiers, et quelquefois un engagement réciproque des deux parties. — *C. civ.* 1370, 1371.

Les tuteurs, subrogés-tuteurs et autres qui acceptent les fonctions qui leur sont déférées dans certains cas où ils pourraient s'y soustraire réalisent un quasi-contrat. — Voy. *Tutelle.*

La gestion d'affaires et l'acceptation d'une hérédité sont aussi considérées comme quasi-contrat. — Voy. *Acte d'héritier.* — *Gestion d'affaires.* — *Répétition.*

QUASI-DÉLIT. — Tout fait quelconque de l'homme commis sans intention de nuire, mais qui cause un dommage à autrui.

Chacun est responsable du dommage qu'il a causé, soit par son fait, soit par négligence ou imprudence, et est obligé à le réparer. — Voy. *Dommage.* — *Engagement sans convention.*

Les pères et mères, les maîtres et les commettants, les instituteurs et les artisans sont même responsables du dommage causé par le fait des personnes dont elles doivent répondre, ou des choses qu'elles ont sous leur garde. — *C. civ.* 1384. — Voy. *Responsabilité.*

QUASI-USUFRUIT. — Se dit de l'usufruit des choses fongibles. — Voy. *Usufruit.*

QUÉRABLE. — Voy. *Portable.* — *Rente.*

QUESTION. — Se dit d'un point sur lequel on n'est pas d'accord.

On nomme *question de fait* celle dont la décision ne dépend que de la discussion des faits. La *question de droit* est celle qui roule sur l'appréciation d'une loi, d'une ordonnance ou d'un règlement. — Voy. *Cassation.*

QUESTION d'état. — Celle qui concerne la qualité civile des personnes. — Voy. *État civil.* — *Légitimité.* — *Mariage.*

QUESTION préjudicielle. — C'est celle qui, dans tout procès, doit être décidée avant une autre sur le sort de laquelle elle peut influer, et qui donne lieu à la suspension du jugement.

Les questions préjudicielles, n'étant qu'incidentes, ne pourraient se supposer sans une action principale dont elles sont l'accessoire.

QUÊTE. — Dans les églises, le droit de quête appartient aux fabriques et aux bureaux de bienfaisance; hors des églises il n'appartient qu'aux bureaux de bienfaisance, qui peuvent toutefois les confier à des personnes charitables.

L'Autorité ecclésiastique ne peut s'opposer à ce qu'il soit fait une quête dans une église au profit des pauvres, lorsque le Bureau de bienfaisance en fait la demande. — *Déc. du 30 déc.* 1809.

QUI. — Pronom relatif servant à rappeler l'idée des personnes ou des choses dont on a déjà parlé, ce qui a lieu, soit par forme de démonstration, soit par forme de restriction. — Voy. *Condition.*

QUIDAM. — Terme dont on se sert quelquefois dans les actes judiciaires pour désigner une personne dont on ignore le nom.

QUIRAT, Quirataire. — Les portions de la copropriété d'un navire se nomment *quirats*, et les portionnaires sont désignés sous le nom de *quirataires.* — Voy. *Navire.*

QUITTANCE. — Écrit par lequel le créancier reconnaît qu'il a reçu du débiteur tout ou partie de l'objet de l'obligation.

Pour être valable, la quittance doit émaner du créancier capable de recevoir, de son fondé de pouvoirs ou de son représentant légal. — Voy. *Paiement.*

Toute quittance est assujettie au timbre. — Voy. *Timbre.*

L'huissier chargé de procéder à la saisie des biens d'un débiteur a qualité pour lui donner quittance des sommes qu'il reçoit pour le compte du créancier au nom duquel il agit.

Les séquestres judiciaires et les envoyés en possession des biens d'un absent peuvent aussi donner des quittances valables.

Les mineurs émancipés ne peuvent donner quittance que des arrérages et intérêts qui leur sont dus. — Ils ne peuvent toucher au capital et en donner décharge qu'avec l'assistance de leurs curateurs. — Voy. *Mineur.*

De même, l'individu pourvu d'un conseil judiciaire ne peut donner quittance d'un capital qu'avec l'assistance de ce conseil. — Voy. *Conseil judiciaire.*

La femme mariée ne peut donner de quittance sans l'autorisation de son mari, si ce n'est dans le cas où elle est séparée de biens ou marchande publique, et pourvu qu'il ne s'agisse que de sommes mobilières. — Voy. *Autorisation maritale.*

Lorsque les quittances doivent contenir mainlevée, déclaration d'emploi ou subrogation, ou bien encore si le créancier ne sait ou ne peut signer, elles doivent être passées devant notaire; mais, sauf dans ces cas, elles peuvent être valablement faites par acte sous seing privé. — Voy. *Acte sous seing privé*.

Le débiteur devant, dans tous les cas, supporter les frais de la quittance, c'est à lui qu'appartient le choix de la forme (notariée ou sous seing); mais il ne saurait contraindre le créancier à lui délivrer une quittance sur papier libre, ce dernier étant garant solidaire de l'amende de 50 fr. plus les décimes, encourue à ce sujet. — *L du 23 août 1871*.

Lorsque le débiteur préfère une quittance notariée, il est libre de choisir le notaire qui lui convient.

A la différence des actes ordinaires, les quittances sous seing privé forment, en général, une preuve suffisante de la date des paiements, quoiqu'elles ne soient pas enregistrées. Mais la fraude peut toujours être prouvée.

La quittance donnée par un créancier à un débiteur solidaire de sa part de la dette, sans réserve de la solidarité, libère définitivement le débiteur qui ne peut plus être poursuivi à raison de l'insolvabilité de ses cohéritiers. — *C. civ. 1211*. — Voy. *Solidarité*.

La quittance qui indique la somme payée est valable, quoiqu'elle n'énonce pas la cause de la dette acquittée ; mais s'il existe plusieurs dettes, le débiteur peut imputer le paiement sur celle qui lui convient.

Les quittances d'arrérages de rentes ont pour effet d'interrompre la prescription et peuvent même, dans certains cas, dispenser le créancier de rapporter le titre constitutif de la rente. — Voy. *Arrérages*. — *Prescription*.

Les quittances de loyers et fermages, celles des fournisseurs, ouvriers, maîtres de pension et autres de même nature, produites comme pièces justificatives de compte, sont dispensées de l'enregistrement, mais elles sont assujetties au timbre de 10 centimes. — *D. N.* — Voy. *Timbre*.

Nous donnons ci-après plusieurs formules de quittances.

I. — Quittance de loyer.

Je soussigné A..., demeurant à......, reconnais avoir reçu de M. B..., demeurant à....., la somme de......, pour un semestre échu du....., dernier, du loyer d'une maison m'appartenant, située à....., qu'il occupe comme locataire principal. Dont quittance, réserve faite du semestre courant.

A....., le.....

(*Signature*.)

II. — Quittance d'intérêts donnés par un mandataire.

Je soussigné A...., demeurant à...., mandataire de M. B...., demeurant à....., en vertu de sa procuration contenant pouvoir de toucher et recevoir toutes sommes, passée en minute devant Mᵉ....., notaire à....., le....., reconnais avoir reçu de M. C..., demeurant à....., la somme de....., pour une année échue du.... dernier, des intérêts d'une créance de....., due à M. B... par le payant, suivant obligation passée devant Mᵉ..., notaire à....., le..... Dont quittance, sous toutes réserves pour les intérêts à échoir jusqu'au remboursement du capital.

(*Signature*.)

III. — Quittance de fermages.

Je soussigné A..., demeurant à....., reconnais avoir reçu de M. B..., demeurant à...., la somme de..... en argent, plus deux hectolitres de blé et quatre poulets, pour le terme échu du jour.... dernier, du fermage de la terre de....., que je lui ai louée suivant bail sous seing privé en date, à....., du....., enregistré.

Desquelles somme et redevances quittance est donnée à M. B..., sous toutes réserves des termes à échoir jusqu'à fin de bail.

A....., le.....

(*Signature*.)

IV. — Quittance d'un capital dû pour prêt.

Je soussigné A..., demeurant à....., reconnais avoir reçu de M. B..., demeurant à....., la somme de....., composée :

1º De celle de..... formant le montant du prêt par moi fait au payant, suivant obligation passée devant Mᵉ....., notaire à....., le..... Ci... 0000

Et 2º de celle de....., pour le prorata d'intérêts de ladite créance, couru depuis la dernière échéance à ce jour. Ci... 000

Somme égale......................... 0000

De laquelle somme totale de....., je consens pleine et entière quittance à M. B..., sans réserve.

Par suite, j'ai remis au payant les titres de la créance remboursée, m'engageant à donner mainlevée régulière de l'inscription prise pour sûreté de ladite créance, en vertu de l'obligation sus-énoncée, à toute demande de la part de ce dernier et à ses frais.

A....., le......

(*Signature.*)

QUITTANCE de dot. — La quittance ou reconnaissance de dot doit être donnée par le mari comme administrateur des biens dotaux. C'est à lui que la dot constituée à la femme doit être payée tant que dure le mariage, et il a une action directe à cet effet sur les débiteurs.

Mais si le paiement n'avait pas encore été opéré au décès de la femme, le mari ne pourrait plus l'exiger.

Le mari ne peut arguer de simulation la quittance qu'il a donnée par le contrat de mariage. Mais, à l'égard de celle donnée par acte postérieur, il serait recevable à dire et prouver qu'il l'a souscrite par pure libéralité envers sa femme, ce qui constituerait une donation déguisée révocable. — Voy. *Donation déguisée.*

La preuve de la simulation pourrait être faite par témoins.

QUITTANCE de remboursement. — Voy. *Remboursement.*

QUITTE (Franc et). — Voy. *Franc et quitte.*

QUITUS. — Se dit du certificat que doivent produire les comptables publics pour obtenir, après cessation de leurs fonctions, le remboursement de leur cautionnement. — Voy. *Cautionnement.*

QUOTA-LITIS (Pacte de). — Voy. *Pacte de quota-litis.*

QUOTE-PART. — Quotité que chacun doit payer ou recevoir dans la répartition d'une somme ou d'une chose. — Voy. *Contribution de deniers.* — *Dette.*

QUOTITÉ. — Mot synonyme de portion. — Voy. *Portion.*

QUOTITÉ disponible. — Voy. *Portion disponible.*

R

RABAIS. — Diminution de prix ou de valeur.

Certaines adjudications, notamment celles pour entreprises de travaux publics, se font au *rabais* et ont lieu administrativement.

Le mode d'adjudication au rabais a lieu par *soumissions cachetées* déposées aux secrétariats des administrations, ou à l'*extinction des feux* sur une mise à prix diminuée progressivement. — Voy. *Marché administratif.* — *Soumission.* — *Vente.* — *Vente de coupe de bois.*

RABATTEMENT de défaut. — C'est rapporter ou rétracter un jugement par défaut rendu contre une partie qui d'abord n'avait pas comparu, mais qui se présente avant la fin de l'audience. — Voy. *Jugement.*

RACE. — Se dit de la génération continuée de père en fils, tant des ascendants que des descendants. — Voy. *Famille.* — *Succession.*

RACHAT. — Faculté ou action de racheter une chose précédemment vendue, soit en vertu de la Loi, ou d'une stipulation. — Voy. *Remboursement.* — *Réméré.* — *Vente.*

RACHAT en matière d'assurance. — Voy. *Assurance (contrat d').* — *Délaissement maritime.*

RACHAT de captif. — C'est, en droit maritime, l'action de racheter un matelot qui a été pris et fait esclave. — *C. comm.* 263 à 269.

RACHAT d'un droit de servitude. — Voy. *Servitude.*

RACHAT d'un navire. — C'est, en droit maritime, le rachat qu'un capitaine fait de son navire ou du chargement à des ennemis ou à des pirates qui les ont capturés. — *C. comm.* 395.

RACHAT de rente. — Voy. *Remboursement de rente.*

RACINES. — Voy. *Meubles.* — *Immeubles.* — *Plantation.* — *Saisie-brandon.* — *Vente de récoltes.*

RADE. — Partie de mer plus ou moins abritée des vents et des courants où les navires peuvent tenir à l'ancre. — Voy. *Domaine public.*

RADIATION. — Action de rayer, d'effacer, de biffer.

RADIATION d'inscription. — La radiation d'une inscription hypothécaire est la mention par laquelle le conservateur des hypothèques atteste sur son registre, en marge de l'inscription, que celle-ci est annulée. — *E. N.*

En thèse générale, aucune inscription ne peut être rayée qu'avec le consentement du créancier capable, ou en vertu d'un jugement en dernier ressort ou passé en force de chose jugée. — *C. civ.* 2157.

Il s'ensuit que la radiation est volontaire ou forcée.

Elle est volontaire quand elle a lieu en vertu d'une mainlevée consentie par le créancier et résultant d'un acte notarié. — Voy. *Mainlevée d'inscription.*

Elle est forcée, lorsqu'elle est l'exécution d'un jugement. — Voy. *Inscription hypothécaire.*

La radiation s'opère sur le dépôt de l'expédition de la mainlevée ou du jugement.

Toutefois, lorsqu'il s'agit d'une rente viagère éteinte par décès, le conservateur doit opérer la radiation de l'inscription sur la représentation de l'acte de décès du titulaire, en lui justifiant du paiement des arrérages échus par une quittance authentique, donnée par les héritiers de ce dernier.

RADOUB. — Se dit de la réparation d'un navire. — *C. comm.* 190, 296.

RAISON écrite. — Voy. *Interprétation des lois.*

RAISON sociale (ou de commerce). — Dénomination donnée à une société commerciale.

Le nom ou le titre d'une société faisant partie de son actif doit être vendu ou licité à son profit, après sa dissolution.

RAISONS et actions. — Voy. *Droits.* — *Noms.* — *Raisons et actions.*

RANÇON. — Prix qu'on donne pour la délivrance d'un prisonnier ou pour le rachat d'un navire. — Voy. *Prise maritime.* — *Rapport à succession.* — *Rachat (navire).*

RANG. — Degré d'honneur, se dit relativement aux distinctions publiques. — Voy. *Préséance.*

Rang se dit encore de l'ordre des créanciers privilégiés ou hypothécaires. — Voy. *Ordre entre créanciers.* — *Privilège.*

RAPPORT d'arbitres. — Voy. *Arbitre.* — *Arbitrage.*

RAPPORT d'experts. — C'est l'exposé par écrit de l'avis et des opérations des experts. — Voy. *Compromis.* — *Expertise.*

L'expertise est confiée à trois experts nommés par les parties en commun, ou par un jugement. Il ne peut être procédé par un seul, à moins que du consentement des parties.

Le compromis ou le jugement qui ordonne le rapport d'experts doit énoncer clairement les objets ou opérations principales de l'expertise, et les experts doivent s'y conformer.

Le ministère des experts est complètement libre, mais lorsqu'ils ont prêté serment ils doivent remplir leur mission, sous peine de dommages-intérêts. — D. N.

Nous donnons ci-après deux formules de Rapports d'experts :

I. — Rapport d'experts en exécution d'un compromis entre les parties.

Aujourd'hui......,
Les soussignés :
M A...
Et M. B...
 Agissant tous deux comme experts nommés suivant acte....., savoir : le premier par M. D..., le second par M. E..., pour constater le dégât et fixer l'indemnité dont il va être parlé ci-après.
Lesquels, pour l'intelligence du rapport objet des présentes, ont exposé ce qui suit :
 M. D... est propriétaire d'une maison située à ...., attenant à celle de M. E..., laquelle s'est écroulée sur cette dernière et y a causé dans sa chute des dégâts assez importants.
 Après cet événement, et par exploit de....., huissier à....., en date du...:..., M. E... a fait sommation à M. D... d'avoir à réparer les dégâts faits à sa maison et à l'indemniser des pertes et dommages qu'il a éprouvés.
 A cette demande, M. D... a répondu par exploit de....., huissier à....., en date du....., en intentant lui-même une action en dommages-intérêts contre M. E..., prétendant que la chute de sa maison a été déterminée par les travaux de creusement que ce dernier a fait faire dans sa cave pour l'établissement d'un puits.
 Dans cette position, MM. E... et D..., voulant éviter une procédure devant les tribunaux, sont convenus de faire juger leur différend par des experts, et, à cet effet, ils ont nommé les comparants avec pouvoir de s'adjoindre un troisième expert en cas de partage d'avis, ainsi qu'il résulte de l'acte énoncé en tête des présentes.
 En vertu de ces pouvoirs, les experts soussignés se sont transportés sur les lieux, à différentes fois, accompagnés de MM. D... et E..., et ont procédé conjointement à l'examen de la maison écroulée, des matériaux employés à sa construction et de sa façon. Ils ont ensuite examiné le puits dont il est question, calculé la distance qui le sépare de la cotière de ladite maison, ainsi que l'effet qui a pu être occasionné par son établissement.
 Après s'être entourés de tous les renseignements qu'ils ont pu se procurer sur les causes de la chute de la maison de M. D... et les circonstances qui l'ont accompagnée, les experts soussignés se sont retirés chez l'un deux pour conférer librement, et après avoir longuement discuté ils se sont trouvés d'opinions opposées. Ainsi M. A..., expert de M. D..., pensait que..........., tandis que M. B..., expert de M. E..., prétendait au contraire que.............
 Les experts soussignés ayant persisté chacun dans son opinion, et se trouvant divisés sur la base principale de l'affaire, ils n'ont pu continuer leur opération ni s'occuper de l'appréciation des dommages et ont dû s'adjoindre un troisième expert selon la faculté qui leur en avait été accordée; en conséquence, ils ont, d'un commun accord, choisi pour tiers-expert M. C..., demeurant à....., ici présent et intervenant.
 Après avoir expliqué à ce dernier l'objet de leur mission, et le partage d'opinion existant entre eux, les experts et tiers-expert soussignés se sont rendus sur place où se trouvaient aussi les parties intéressées, et après une nouvelle discussion et un nouvel examen minutieux, le tiers-expert s'étant reconnu suffisamment éclairé s'est retiré avec les deux experts pour en conférer.
 Ensuite, il a déclaré se ranger à l'opinion de M..., expert de M..., après quoi il a été admis définitivement, en fait, que la chute de la maison, etc.
 En conséquence, les experts soussignés sont d'avis :
1° Que la réédification, etc. ;
2° Et que M... doit indemniser M...
 En ce qui concerne l'appréciation des dommages, les experts et tiers-expert soussignés ont estimé le dommage causé à M... à la somme de....., dont M... doit lui tenir compte immédiatement avec l'intérêt de droit à compter de ce jour, en cas de retard ou refus de paiement. Enfin ils ont décidé que tous les frais faits, y compris ceux des présentes, doivent être supportés par M...
 Tel est d'avis qui a réuni la majorité des experts et tiers-expert soussignés, qu'ils affirment avoir donné sincèrement et en connaissance de cause.
 Les experts soussignés déclarent avoir employé aux opérations dont il vient d'être rendu compte, savoir : les deux experts..... vacations; et le tiers-expert..... vacations, y compris la rédaction des présentes et la signature.
 De tout ce que dessus il a été dressé le présent procès-verbal pour servir et valoir ce que de raison.
 A....., lesdits jours, mois et an.

(*Signatures.*)

II. — Rapport d'experts nommés par le Tribunal.

A Messieurs les Présidents et Juges du Tribunal de première instance séant à.....

Aujourd'hui....., à,.... heures du matin.
Nous soussignés :
1° M. A...
2° M. B...
3° M. C...
Tous trois experts nommés par votre jugement rendu le..... dernier, entre M. D..., demeuran à....., et M. E... demeurant à....., à l'effet de faire un rapport sur les objets qui y sont énoncés, après avoir prêté serment devant M....., juge commis par ledit jugement, suivant procès-verbal en date du....., nous sommes transportés dans une maison appartenant à M..., sise à....., où étant arrivés à..... heures du matin,

S'est présenté M. D..., assisté de M..., son avoué, lequel nous a remis la grosse du jugement qu'il s'agit d'exécuter, ainsi que l'original de la sommation faite à M. E..., par exploit de....., huissier à....., en date du....., de se trouver à ces jour, lieu et heure, pour être présent à notre opération, nous requérant d'y procéder immédiatement, et ont signé.
(Signatures de M. D... et de son avoué.)

A aussi comparu M. E..., qui nous a dit se présenter au désir de la sommation à lui faite et être prêt à exécuter le jugement sus-énoncé, et il nous a autorisé à procéder à la visite de sa maison, offrant de nous donner tels renseignements et explications nécessaires, et il a signé.
(Signature.)

Desquelles comparution, remise des pièces et réquisition, nous avons donné acte aux parties en présence desquelles nous avons procédé à la visite de ladite maison ainsi qu'il suit :

(Ou bien si la partie appelée ne comparaissait pas :)

Attendu qu'il est..... heures de relevée et que M. E... ne s'est pas présenté, ni personne en son nom, nous avons donné défaut contre lui, et avons procédé, en présence de M. D... et de son avoué, à ladite opération, ainsi qu'il suit :

(Suit le détail de l'opération.)

Après avoir bien examiné l'état actuel de la maison, avoir réuni tous les documents et notes nécessaires pour fixer notre opinion, nous nous sommes ajournés au......, en la demeure de M..., l'un de nous, où nous nous réunirons à..... heures du matin pour délibérer sur notre avis et le rédiger en l'absence des parties.

En conséquence, après avoir vaqué à tout ce que dessus jusqu'à..... heures du soir, nous avons clos le présent procès-verbal qui a été écrit par M..., l'un de nous, qui en est devenu dépositaire.

Et après lecture, les parties comparantes ont signé avec nous.
(Signatures.)

Et le.....

Nous experts ci-dessus nommés et soussignés, nous sommes réunis à..... heures, en la demeure de M..., l'un de nous, où, en l'absence des parties, nous avons conféré sur le résultat de l'examen fait par nous de la maison de M. D... et du puits creusé par M. E..., comme il est dit ci-dessus et nous avons à l'unanimité émis l'avis suivant :

1° Il n'est pas douteux que, etc.
2° En ce qui concerne les pertes éprouvées par M... pour les dégâts constatés, nous estimons que l'indemnité à lui allouée à titre de dommages-intérêts peut être évaluée à......

Il a été vaqué par nous à tout ce que dessus jusqu'à..... heures du soir, après quoi le présent rapport, qui a été écrit par le sieur......, l'un de nous, qui s'est chargé d'en faire le dépôt au greffe, a été clos et arrêté définitivement. Et nous avons signé, après lecture prise.
(Signatures.)

RAPPORT d'officier de police judiciaire. — Voy. *Procès-verbal.*

RAPPORT à succession. — C'est la réunion à la masse d'une succession des libéralités que chaque héritier a reçues directement ou indirectement du défunt, afin que le tout soit partagé entre les cohéritiers.

Tout héritier, même bénéficiaire, venant à une succession, est obligé à ce rapport, à moins que les dons et legs ne lui aient été faits expressément par préciput et hors part ou avec dispense de rapport. — *C. civ.* 843. — Voy. *Préciput (hors part).*

L'obligation du rapport n'étant imposée qu'à l'héritier venant à la succession, celui qui renonce n'en est pas tenu, et il peut retenir le don entre vifs ou réclamer le legs à lui fait, mais seulement jusqu'à concurrence de la portion disponible. — *C. civ.* 845.

L'action en rapport est une conséquence de l'action en partage et dure le même temps qu'elle.

Lorsque les dons et legs ont été faits conjointement à deux époux, le successible seul doit le rapport, et pour sa part seulement. — *C. civ.* 849.

Le rapport ne doit se faire qu'à la succession du donateur. Ainsi l'enfant doté conjointement par le père et la mère ne doit rapporter à la succession de chacun que la moitié de ce qu'il a reçu en totalité, sauf toute stipulation contraire. — *C. civ.* 849. — Voy. *Dot*.

La dot constituée, mais non payée, n'est pas rapportable.

Le rapport n'est dû qu'aux cohéritiers, il n'est pas dû aux légataires ni aux créanciers de la succession. — *C. civ.* 857.

La preuve testimoniale est admise en matière de rapport, attendu que la fraude peut toujours être prouvée. Ainsi, l'héritier, qui demande à son cohéritier le rapport des sommes et valeurs qu'il prétend avoir été reçues et dissimulées par ce dernier, peut être admis à en faire la preuve par témoins.

Les dons ou legs rémunératoires peuvent être sujets à rapport, mais dans ce cas le donataire aurait une action pour ce qui lui serait dû. — Voy. *Donation rémunératoire*.

Le don manuel peut aussi être sujet à rapport, à moins qu'il ne soit d'une très mince valeur eu égard à la fortune du donateur. — Voy. *Don manuel*.

Les avantages indirects ou par personnes interposées sont rapportables, c'est une règle constante. Ainsi, l'héritier devra rapporter ce qu'une autre personne était chargée de remettre par contre-lettre ou par fidéi-commis exprès. — *D. N.*

La donation déguisée peut être soumise à rapport ou en être dispensée, selon que le juge du fait en aura décidé. — *Cass.*, 6 *nov.* 1855.

Il n'est pas dû rapport des profits que l'héritier a pu retirer des conventions passées avec le défunt lorsque ces conventions ne présentaient aucun avantage indirect lorsqu'elles ont été faites. — Ainsi il a été jugé qu'un père et une mère peuvent vendre leur mobilier à un de leurs enfants pour qu'il les aide à vivre pendant leur vieillesse, sans que cette vente l'assujettisse au rapport, bien qu'il en résulte plus tard un avantage pour l'enfant. — *C. civ.* 853.

Pareillement, il n'est pas dû de rapport pour les associations faites sans fraude entre le défunt et l'un de ses héritiers, lorsque les conditions en ont été réglées par acte authentique. — *C. civ.* 854.

La remise d'une dette ou renonciation au profit du successible à un avantage commun entre lui et le renonçant sont des libéralités soumises au rapport.

Les frais de nourriture, d'entretien, d'éducation et d'apprentissage, déboursés par les père et mère pour leurs enfants, sont dispensés du rapport. — *C. civ.* 852.

Les frais de noces et présents d'usage ne sont pas non plus sujets à rapport. — *C. civ.* 852.

Est rapportable la cotisation de 1500 fr. payée pour les engagés conditionnels d'un an par suite de leur admission au volontariat, mais les autres frais d'équipement ne sont pas sujets à rapport.

Tout ce qui a été payé pour frais d'établissement, tels que des fonds de commerce, part dans une association, prix de charge ou cautionnement est rapportable.

Les fruits et les intérêts des choses sujettes à rapport ne sont dus qu'à compter du jour de l'ouverture de la succession. — *C. civ.* 856.

Le rapport se fait en nature ou en moins prenant. Toutefois, les immeubles sont seuls rapportables en nature, et encore ne peut-il être exigé, s'il se trouve dans la succession des immeubles de même nature, valeur et bonté, dont on puisse former des lots égaux pour les autres cohéritiers. — *C. civ.* 858 *et suiv.*

Le rapport du mobilier ne se fait qu'en moins prenant, et sur le pied de sa valeur lors de la donation, d'après l'état estimatif annexé à l'acte, et, à défaut de cet état, d'après une estimation par experts. — *C. civ.* 868.

Les créanciers ayant hypothèque peuvent intervenir au partage pour s'opposer à ce que le rapport se fasse en fraude de leurs droits. — *C. civ.* 865.

RAPPORT du juge. — Se dit de l'exposé qu'un juge fait d'un procès devant les autres juges du même Tribunal.

RAPPORT pour minute. — C'est le dépôt effectué en l'étude d'un notaire, pour être mis au rang de ses minutes, d'un acte passé devant lui et qui d'abord avait été délivré en *Brevet*.

RAPT. — Se dit de l'enlèvement, par violence ou par séduction, d'une femme ou d'une jeune fille du lieu de sa demeure pour la conduire dans un autre endroit. — Voy. *Recherche de la paternité*.

RATELAGE. — Action de ramasser avec un rateau les parcelles de foin et de chaume abandonnées ou négligées par le propriétaire lors de la moisson. — Voy. *Glanage*.

RATIFICATION. — C'est l'approbation ou confirmation, soit d'un acte fait par un tiers en notre nom, soit d'un acte que nous avons fait nous-mêmes, ou encore d'un acte auquel nous avons concouru, mais qui serait susceptible d'être annulé.

De là, deux espèces de ratifications : par la première, nous approuvons ce qui a été fait en notre nom, sans ordre, sans mandat ou en notre absence ; par l'autre, nous approuvons un acte quelconque, auquel nous avons concouru, mais qui est susceptible d'être attaqué pour vice de forme ou irrégularité.

La ratification peut porter, soit sur l'acte, soit sur l'obligation elle-même ; mais elle ne peut porter sur une obligation contractée sans cause ou sur une fausse cause.

Elle doit être faite par personnes capables ayant un intérêt personnel, de sorte que le mari ne pourrait la consentir au nom de sa femme comme administrateur de ses biens.

Le donateur ne peut réparer par aucun acte confirmatif les vices d'une donation entre vifs, nulle en la forme ; il faut de toute nécessité qu'elle soit refaite en la forme légale. — *C. civ.* 1339.

Mais les héritiers peuvent valablement ratifier la donation après le décès du donateur. Et ce principe s'applique aussi bien aux testaments qu'aux donations entre vifs. — *C. civ.* 1340.

La ratification peut être expresse ou tacite. — *C. civ.* 1998.

Pour la ratification ou confirmation expresse de l'obligation, trois conditions essentielles sont requises : 1° relation de la substance de l'obligation ; 2° mention du motif de l'action en rescision ; 3° intention de réparer le vice sur lequel pouvait être fondée l'action en rescision.

La ratification du mari seul ne validerait pas l'acte passé par sa femme sans autorisation, si elle-même ne se rendait pas commune cette ratification.

A défaut d'acte de ratification, il suffit que l'obligation soit exécutée volontairement. Ainsi, tous les actes d'exécution volontaire faits à l'époque légale entraînent la confirmation de l'obligation rescindable, pourvu qu'ils soient non équivoques. C'est la ratification *tacite*.

Une affectation hypothécaire constitue une exécution volontaire emportant ratification *tacite*, lorsqu'elle a été consentie par un majeur, sur l'immeuble acheté pour lui pendant sa minorité, par un tiers qui s'était porté fort. — *Cass.*, 16 *juillet* 1835.

De même, un mineur dont le bien a été vendu illégalement ne peut plus en attaquer la vente si, étant en état de majorité, il en a reçu le prix des mains de l'acquéreur.

La ratification ou confirmation d'un acte, soit *expresse*, soit *tacite*, dans les formes déterminées par la Loi, le rend valable au point de prévenir toute attaque postérieure, mais sans préjudice des droits des tiers. — *C. civ.* 1338.

A l'égard de celui qui ratifie, la confirmation a un effet rétroactif qui remonte au jour du contrat, mais la rétroactivité de la confirmation ne peut nuire aux droits acquits à des tiers.

L'hypothèque consentie par le mari se portant fort pour sa femme sur les biens de celle-ci ne peut prendre date que du jour de la ratification.

Lorsque les actes à ratifier sont sujets à la forme authentique, la ratification doit être faite dans la même forme ; mais, hors cette exception, ils ne sont sujets à aucune formalité extrinsèque particulière et peuvent être faits par acte sous seing privé. Toutefois, lorsqu'il s'agira de ratifier un acte notarié, nous conseillons de faire la ratification dans la même forme.

Nous donnons cependant ci-après une formule de ratification :

Ratification d'une vente consentie sans procuration du propriétaire.

Je soussigné A... demeurant à......,

Après avoir pris lecture et communication d'un acte sous seing privé en date à......, du......, enregistré à......, le......, f°......, v°......, c°......, par M......, qui a perçu les droits dus, contenant vente par M. B..., demeurant à......, comme se portant fort de moi au profit de M. C..., demeurant à......, d'un herbage situé à......, contenant environ......, moyennant le prix de......, stipulé payable le......

Déclare par ces présentes approuver, confirmer et ratifier en tout son contenu l'acte de vente du..... ci-devant énoncé, voulant qu'il soit exécuté selon sa forme et teneur comme s'il eût été consenti et signé par moi-même, renouvelant ici, en tant que besoin serait, tous les engagements, conventions, stipulations et énonciations qu'il contient.

Et consentant que mention des présentes soit faite partout où besoin sera.

Fait et signé, lecture prise, à....., le.....

(*Signature.*)

RATURE. — On appelle rature le trait de plume passé sur un mot à l'effet de l'annuler.

Les retranchements ou rectifications à opérer dans un acte au moment de sa passation se font au moyen de ratures et de renvois. — Voy. *Renvoi*.

Dans les actes authentiques, l'approbation des mots rayés se fait, soit à la marge de la page correspondante, soit à la fin de l'acte, par l'apposition du paraphe ou des initiales des parties, au-dessous de cette mention *Rayé tant de lignes, ou tant de mots nuls.*

Nous conseillons de la faire de la même manière dans les actes sous seing privé, bien qu'à tort il soit d'usage de la faire à la fin de l'acte, avant les signatures. — Toutefois, les ratures non approuvées dans les actes sous seing privé ne sont pas nulles de droit, comme s'il s'agissait d'un acte notarié.

Ainsi, quand les ratures ont été faites par des tiers, sans le concours ou le consentement des parties intéressées, elles ne peuvent nuire à la validité de l'acte, ni entraîner la nullité des dispositions rayées.

Elles sont également sans effet si elles ont été faites, soit inconsidérément, soit par mégarde, soit par colère ou étourderie ; mais si au contraire elles ont été faites à dessein par les parties, elles annulent, en général, les dispositions rayées.

Que les ratures aient été faites à dessein ou non, celles qui portent sur des mots ou des phrases indifférentes, inutiles ou surabondantes, ne sauraient nuire à la validité de l'acte.

Il faut encore distinguer si les ratures faites à dessein par les parties ou par l'une d'elles sont antérieures ou postérieures à la confection de l'acte.

Enfin, lorsque les ratures non approuvées dans un titre sous seing privé rendent des mots ou une disposition illisible, celui qui a intérêt à faire valoir l'acte a contre l'auteur des ratures et contre la partie qui voudrait injustement en profiter une action en dommages-intérêts.

Les ratures des testaments sont présumées faites par le testateur ou de sa volonté, lorsque l'acte est demeuré chez lui ; et présumées faites contre son gré ou par mégarde, si l'acte était chez un tiers.

La preuve testimoniale peut être admise pour établir que les ratures non approuvées sont antérieures ou postérieures à la passation de l'acte et qu'elles sont l'œuvre de telle ou telle partie ou même d'un tiers. — D. N.

RAVISSEUR. — Voy. *Enlèvement.* — *Rapt.*

RÉALISATION. — C'est, dans le sens littéral, l'action de rendre réel et effectif ce qui n'était d'abord qu'un projet.

RÉALISATION (Clause de). — On appelle *réalisation* ou *immobilisation* la clause par laquelle les époux déclarent, dans le contrat de mariage, exclure de l'actif de la communauté tout ou partie de leur mobilier. — *C. civ.* 1500.

L'exclusion du mobilier peut avoir lieu de la part seulement de l'un des futurs aussi bien que de la part des deux.

RÉALISATION d'acte. — On entend généralement par ces mots la rédaction, en forme notariée, de conventions arrêtées d'abord verbalement ou sous seing privé.

Lorsqu'il s'agit de la clause de réalisation insérée dans un acte sous seing privé, il faut distinguer si cette clause est une condition de la convention, ou seulement un mode. — Voy. *Condition*.

RÉALISATION d'espèces. — Voy. *Numération d'espèces*.

RÉARPENTAGE. — Voy. *Forêts*.

RÉASSIGNATION. — Voy. *Jugement. — Témoin judiciaire*.

RÉASSURANCE, reprise d'assurance. — La réassurance est un contrat par lequel l'assureur se fait assurer lui-même à raison des risques qu'il a garantis, tout en restant tenu personnellement envers la personne qu'il a assurée. — *C. comm.* 342.

La reprise d'assurance usitée dans le droit maritime, et qui équivaut à la solvabilité de l'assureur, est un contrat par lequel l'assuré, sans cesser d'être tenu envers l'assureur primitif, s'engage à payer une prime à un autre assureur, lequel s'oblige à l'indemniser des pertes et dommages, lui tient compte des primes ou cotisations payées au premier assureur, et est subrogé aux droits et actions de l'assuré contre ce premier assureur.

Le réassuré a envers son assureur toutes les obligations d'un assuré. — Voy. *Assurance (contrat d')*.

RÉBELLION. — Se dit de toute résistance à l'autorité publique, agissant en vertu de la Loi, et qui est qualifiée, selon les circonstances, de *crime* ou *délit*.

Toute attaque, toute résistance avec violence et voies de fait envers les officiers ministériels, les gardes champêtres ou forestiers, la force publique, les préposés à la perception des taxes et des contributions, les porteurs de contraintes, les préposés des douanes, les séquestres, les officiers ou agents de la police administrative ou judiciaire agissant pour l'exécution des lois, des ordres ou ordonnances de l'autorité publique, des mandats de justice ou jugements, est qualifiée crime ou délit de rébellion. — *C. pén.* 209.

En ce qui concerne le délit d'outrage envers les fonctionnaires publics. — Voy. *Outrage*.

REBOISEMENT. — La loi du 3 frimaire an VIII a décidé que le revenu imposable des terrains en valeur qui seraient *semés* ou *plantés* en bois ne serait évalué, pendant les 30 premières années de la plantation ou des semis, qu'au quart des terres d'égale valeur non plantées.

Postérieurement, les semis et plantations sur le sommet et sur le penchant des montagnes, et sur les dunes, ont été exemptés de tout impôt pendant 20 ans. — *C. for.* 226.

L'Administration des Forêts est autorisée à opérer le reboisement des terrains en montagne. — *L. du 4 avril* 1882.

RECEL. — En droit criminel, on entend par *recel* le fait de se rendre détenteur ou dépositaire de l'objet d'un *vol* ou *délit* en connaissance de son origine. — *C. pén.* 62.

On entend encore par recel l'action d'une femme qui cache la naissance de son enfant. — Voy. *Désaveu de paternité*.

RECÉLÉ. — Action de cacher ou divertir des objets faisant partie d'une succession, d'une communauté ou société, auxquelles on a des droits, soit en les soustrayant, soit en omettant sciemment de les faire connaître.

Le recélé suppose toujours la qualité de cohéritier ou copropriétaire et ne doit pas être confondu avec le vol; néanmoins, tout héritier qui n'est pas en ligne directé peut être poursuivi comme coupable de vol pour soustraction frauduleuse d'une partie des effets de la succession. — *Cass.*, *14 mars* 1818.

On commet un recélé non seulement en détournant un des effets ou titre d'une succession, mais encore en les omettant sciemment et de mauvaise foi dans un inventaire. — *C. civ.* 801.

Les héritiers qui auraient diverti ou recélé des effets d'une succession sont déchus de la faculté d'y renoncer, et demeurent héritiers purs et simples nonobstant leur renonciation, même sans pouvoir prétendre aucune part dans les objets divertis ou recélés. — *C. civ.* 792.

La veuve qui a diverti ou recélé quelques effets de la communauté doit être déclarée commune, malgré sa renonciation. Il en est de même à l'égard de ses héritiers. — *C. civ.* 1460.

De même, celui des époux qui a diverti ou recélé des effets de la communauté est privé de sa portion dans ces effets. — *C. civ.* 1477.

Le recélé peut être prouvé par témoins, quelle que soit la valeur de l'objet diverti ou recélé.

C'est par la voie civile seulement que les recélés des *héritiers* directs, de même que ceux du mari ou de la femme, peuvent être poursuivis, y eût-il même vol caractérisé; l'art. 380 du C. pén. est d'ailleurs assez explicite à ce sujet, mais il doit être restreint aux cas littéralement exceptés, puisqu'il punit comme coupables de vol tous autres individus qui auraient recélé ou appliqué à leur profit tout ou partie des objets volés.

Le complice de l'héritier ou de l'époux peut aussi, s'il y a vol, être poursuivi criminellement.

Quant aux héritiers collatéraux et aux donataires ou légataires, le recel par eux commis est un vol qui les soumet à l'action publique et aux peines portées par l'art. 401 du C. pén.

RECENSEMENT. — Voy. *Population.*

RECENSEMENT des chevaux et voitures. — D'après la loi du 3 juillet 1877, le recensement des chevaux, mules et mulets susceptibles d'être requis en raison de leur âge, a lieu tous les ans dans chaque commune avant le 16 janvier. L'âge se compte du 1er janvier de l'année de la naissance; il est de 6 ans et au-dessus pour les chevaux et juments, et de 4 ans et au-dessus pour les mules et mulets.

Quant au recensement des voitures attelées de chevaux et de mulets autres que celles exclusivement affectées au service des personnes, il n'a lieu que tous les 3 ans.

RECEPAGE. — Opération qui consiste à tailler une vigne jusqu'au pied en coupant tous les sarments et ne conservant que le cep. — Se dit aussi des arbres et arbustes dont on coupe la tige par le pied pour leur faire pousser des rejetons.

RÉCÉPISSÉ. — Ecrit par lequel on reconnaît avoir reçu des titres, pièces ou effets en dépôt ou communication. — Voy. *Décharge de pièces.* — *Dépôt.*

On appelle aussi *Récépissé* les reconnaissances de sommes versées dans une caisse publique ou dans les mains d'un tiers.

RÉCÉPISSÉ de compte de tutelle. — Voy. *Compte de tutelle.*

RÉCEPTION. — C'est la prise de possession d'une charge ou l'admission à un office.

Nous avons indiqué ailleurs que c'est la réception qui attribue au *pourvu* le caractère d'officier, tandis que la nomination ne donne que le titre. — Voy. *Installation.*

RÉCEPTION d'un acte. — Voy. *Acte notarié.*

RÉCEPTION de caution. — Voy. *Caution.* — *Cautionnement.*

RÉCEPTION de travaux. — Voy. *Marché de construction.*

RECETTE. — La recette forme le premier chapitre d'un compte, et se dit de la somme de recouvrements faits pour le compte d'autrui. — Voy. *Compte.*

RECEVABLE. — En termes de pratique, le mot *recevable* se dit de ce qui est admissible, comme *non recevable* de ce qui n'est pas admissible. — Voy. *Exceptions*. — *Procédure*. — *Fins de non-recevoir*.

RECEVEUR. — C'est en général celui qui est chargé de faire des recettes, soit au nom du Gouvernement, soit des particuliers.

Les receveurs des simples particuliers sont des mandataires dont la mission est déterminée par les pouvoirs qui leur sont conférés. — Voy. *Mandat*.

RECEVEUR des consignations. — Voy. *Caisse des consignations*.

RECEVEUR des finances. — On comprend sous cette dénomination les receveurs généraux de département, les receveurs particuliers d'arrondissement, et les percepteurs de contributions directes.

Dans le département de la Seine, le service, réduit à la perception de l'impôt, est confié à des percepteurs et à un receveur central des finances.

RECEVEUR de l'Enregistrement. — Préposé de l'Administration de l'enregistrement et des domaines, chargé de la perception des droits d'enregistrement et de timbre, des droits de mutation par décès, de la recette des amendes, des frais de justice et autres droits ou impôts.

Les Receveurs de l'Enregistrement sont nommés par le Directeur général de la Régie, et sont choisis parmi les surnuméraires ayant trois ans de service en cette qualité, âgés de 21 ans au moins.

Pour être nommé surnuméraire, il faut avoir 18 ans au moins et 30 ans au plus, justifier d'un certificat de bonne vie et mœurs et d'un diplôme de bachelier ès-lettres.

Les bureaux de l'Enregistrement sont ouverts au public tous les jours, les dimanches et jours fériés reconnus par la Loi exceptés, durant une seule séance de 8 heures du matin à 4 heures du soir, et aucune formalité ne peut être donnée par le Receveur après la clôture.

Les Receveurs de l'Enregistrement ne peuvent accorder de remise ou modération des droits et des peines encourues ni en suspendre le recouvrement, sans en devenir personnellement responsables. — *D. N.* — Voy. *Enregistrement*.

Ils ne peuvent communiquer leurs registres ni en délivrer des extraits qu'aux parties contractantes, si ce n'est en vertu d'une ordonnance du juge.

RECEVEUR des hospices. — Voy. *Hospice*. — *Percepteur*.

RECEVEUR municipal. — Comptable chargé, seul et sous sa responsabilité, de poursuivre la rentrée des revenus de la commune et d'acquitter les dépenses ordonnancées jusqu'à concurrence des crédits régulièrement accordés. — *L. du 5 avril 1884*.

Les Receveurs municipaux sont établis seulement dans les communes dont le revenu ordinaire dépasse 30.000 francs par an.

Dans les communes dont le revenu n'atteint pas ce chiffre, les fonctions de Receveur municipal sont remplies par les Percepteurs. — Voy. *Percepteur*.

RECEVEUR des particuliers. — Voy. *Receveur*.

RECHANGE. — Opération par laquelle le porteur d'un effet protesté tire sur le tireur de cet effet ou sur l'un des endosseurs une nouvelle lettre de change appelée *retraite*, au moyen de laquelle il se rembourse du montant de l'effet protesté, de ses frais et du change qu'il paie à celui qui lui donne le montant de la retraite. On appelle aussi *rechange* le change même que le tireur de la retraite paie à celui qui lui en donne la valeur.

A l'égard des formalités et des comptes de rechange. — *C. comm.* 177 à 186. — Voy. *Lettre de change*. — *Protêt*.

RECHERCHE d'actes. — Les notaires ne peuvent se refuser de rechercher les actes anciens dont il leur est demandé expédition ou communication par les intéressés; mais il leur est dû des honoraires qui doivent être proportionnés au temps employé à la recherche et à la communication. — Voy. *Honoraires*.

RECHERCHE de la paternité et de la maternité. — C'est, en général, l'action tendant à faire constater en justice qu'on est né de tel père ou de telle mère.

L'enfant légitime est toujours admis à prouver sa filiation. — *C. civ.* 319 et suiv.

Mais il en est autrement à l'égard de l'enfant naturel, auquel la recherche de la paternité est interdite. — *C. civ.* 340. — Voy. *Enfant naturel.*

Quant à la recherche de la maternité, elle est admise par la Loi ; mais l'enfant qui réclame sa mère est tenu de prouver son identité, et ne peut faire cette preuve par témoins que lorsqu'il existe déjà un commencement de preuve par écrit. — *C. civ.* 343. — Voy. *Enfant naturel.*

RECHERCHE dans les bureaux d'Enregistrement. — Les particuliers sont autorisés à rechercher les actes qui les intéressent dans les bureaux d'Enregistrement ; mais il est dû aux receveurs pour ces recherches 1 franc par chaque année indiquée et 50 cent. pour la délivrance de chaque extrait, outre le papier timbré. — Voy. *Extrait des registres de l'Enregistrement.*

RÉCIDIVE. — C'est, en matière criminelle, le nouveau délit commis par un individu déjà atteint par une précédente condamnation, d'où suit une aggravation de peine. — *C. pén.* 56. — Voy. *Délits.* — *Peine.* — *Relégation.*

RÉCIDIVISTES. — Voy. *Relégation.*

RÉCIPIENDAIRE. — C'est celui que l'on reçoit dans une compagnie, dans un corps, avec quelque solennité ou cérémonial. — Voy. *Réception.*

RÉCLAMATION. — C'est l'action de revenir contre un acte, de revendiquer un droit, etc. — Voy. *Action.*

RÉCLAMATION d'état. — Voy. *Légitimité.*

RÉCLAMATION en matière de Contributions. — C'est celle en demande de décharge ou réduction de tout ou partie des contributions auxquelles nous sommes imposés. — Voy. *Contributions publiques.*

RÉCLAMATION en matière d'Enregistrement. — Voy. *Enregistrement (réclamations).*

RÉCLAMATION contre les amendes, droits de Timbre, d'Enregistrement et de Mutation par décès. — C'est celle ayant pour objet la remise ou la modération des amendes et autres peines pécuniaires, en matière d'Enregistrement, de Timbre, Mutations par décès, etc., de même que la restitution des droits perçus en trop.

Cette réclamation doit être adressée au Ministre des finances. — Voy. *Enregistrement.*

C'est au Ministre des finances qu'il appartient également de proroger les délais fixés par la Loi pour le paiement des droits d'Enregistrement et de Mutation par décès.

Toutefois, les officiers publics et les particuliers qui se croient fondés à réclamer, soit des remises ou modérations d'amendes de droits en sus et doubles droits, soit des prorogations de délais pour le paiement des sommes par eux dues au Trésor, peuvent, au lieu de les transmettre directement au Ministère des finances, déposer leurs mémoires et pétitions entre les mains du Receveur de l'Enregistrement. — Les réclamations ainsi déposées sont transmises à qui de droit par l'entremise des directeurs départementaux, avec leurs observations motivées, au plus tard dans la quinzaine du dépôt.

En ce qui concerne les droits simples d'enregistrement et de timbre, c'est au directeur de l'Enregistrement ou au directeur général de l'Administration que doivent être adressées les réclamations. Elles doivent être rédigées sur papier timbré.

Les notaires ont qualité pour demander en leur nom et pour leurs clients la restitution des droits d'Enregistrement indûment perçus. — *D. N.*

Nous avons donné sous le titre *Enregistrement* :
1° Une formule de *demande de sursis* pour l'acquit des droits de mutation par décès. — Voy. *Enregistrement* ;
2° Une formule de *réclamation* pour droits indûment perçus. — Voy. *Enregistrement (réclamations)* ;
Et 3° Plusieurs formules de *demande en remise* ou *réduction* pour droits en sus. — Voy. *Enregistrement (droits en sus et amendes)*.
Nous avons aussi donné sous le titre *Amende* une formule de *pétition en remise*. — Voy. *Amende*.

RÉCLUSION. — Peine afflictive et infamante, par suite de laquelle le condamné est retenu dans une maison de force. — Voy. *Peine*.

RÉCOGNITIF (Acte). — Voy. *Acte récognitif et confirmatif*.

RÉCOLEMENT. — C'est, en termes de pratique, l'action de vérifier les effets compris dans un procès-verbal de saisie ou un inventaire.

RÉCOLEMENT de bois. — En matière forestière, c'est la revue faite par les agents forestiers d'une coupe de bois, pour reconnaître si les clauses du cahier des charges ont été exécutées par l'adjudicataire. — Voy. *Forêts*.

RÉCOLTE. — Ce qu'on recueille des fruits de la terre. — Voy. *Bail à ferme*. — *Frais de labours et semences*. — *Grains*. — *Meubles*. — *Immeubles*. — *Prisée*. — *Privilège*. — *Saisie-brandon*. — *Vente de récoltes*.

RECOMMANDATAIRE. — On donne ce nom aux personnes indiquées sur un effet de commerce pour le payer au besoin. — Voy. *Besoin*. — *Lettre de change*.

RECOMMANDATION. — Acte de recommander ou prier d'être utile à quelqu'un.
En général, la recommandation n'oblige, ni celui qui la fait, ni celui qui d'après elle a promis ses services. — Voy. *Lettre de recommandation*. — *Mandat*. — *Substitution*.

RECOMMANDATION (Lettre de). — Voy. *Lettre de recommandation*.

RÉCOMPENSE. — Terme employé particulièrement en matière de société conjugale et qui signifie ce que doit chaque époux à la communauté, et réciproquement ce que la communauté doit à chacun d'eux.
Toutefois, le mot *reprise* est plus usité dans ce dernier cas et est d'ailleurs indiqué par l'art. 1472 du C. civ., lorsqu'il s'agit de sommes et indemnités que les époux ont à répéter contre la communauté. — Voy. *Reprises matrimoniales*.
Il est dû récompense à la communauté, par chaque époux, des sommes qui en ont été distraites pour acquitter ses dettes ou charges personnelles et pour le recouvrement, la conservation ou l'amélioration de ses biens propres, et cela toutes les fois que l'époux a tiré un profit personnel des biens de la communauté. — *C. civ.* 1437.
Il n'est dû aucune récompense à la communauté pour les dépenses d'entretien faites aux héritages propres des époux. — *C. civ.* 1409.
Quant aux autres dépenses, elles se divisent en trois classes : *dépenses nécessaires, utiles* et *voluptuaires*, et les récompenses en sont réglées suivant la classe à laquelle elles appartiennent. — Voy. *Impenses*.
On entend par dépenses *nécessaires* les grosses réparations dont ne serait pas tenu un usufruitier, et le conjoint propriétaire de l'héritage sur lequel elle a été faite en doit toujours la récompense, quand même la chose pour laquelle elle a été faite n'existerait plus.
Les dépenses *utiles* qui se font sur l'héritage propre de l'époux consistent, soit à construire un bâtiment, soit à défricher une terre inculte, à planter en bois ou en vignes une terre nue, ou à en faire un pré ou un étang.
Les dépenses *voluptuaires*, qui sont celles qui ne procurent que de l'agrément sans augmenter la valeur de l'immeuble, ne donnent lieu à aucune récompense ; mais les objets de ces dépenses peuvent être ou enlevés à charge de rétablir les

lieux dans leur premier état, ou conservés en tenant compte de leur valeur à la communauté.

La communauté a droit à récompense, non seulement pour les impenses qu'elle a faites, mais encore pour les améliorations qu'elle a procurées aux propres des époux.

Lorsque l'un des époux a doté des biens de la communauté un enfant qu'il a eu d'un précédent mariage, il doit récompense à la communauté du montant de cette dot.

La dot constituée aux enfants communs est plutôt une dette personnelle et particulière aux époux qu'une dette de la communauté ; aussi, lorsque le père et la mère ont doté conjointement un enfant commun sur les effets de la communauté, il en est dû récompense à cette communauté, comme ayant acquitté une dette personnelle aux époux. — *D. N.*

La récompense est due par la femme, lors même qu'elle renoncerait à la communauté, cette renonciation n'ayant pour effet que de la décharger du paiement des dettes de la communauté, et non de ses dettes personnelles. — *C. civ.* 1494.

Les époux ou leurs héritiers, débiteurs envers la communauté, doivent rapporter à la masse, avant de la partager, tout ce dont ils sont débiteurs envers elle à titre de récompense ou d'indemnité. — *C. civ.* 1468.

Les remplois et récompenses dus par la communauté aux époux et les récompenses et indemnités par eux cédées à la communauté, emportent les intérêts de plein droit, du jour de la dissolution de la communauté. — *C. civ.* 1472.

RÉCOMPENSES nationales. — Marques de reconnaissance accordées au nom de la Nation aux villes et aux citoyens dans des circonstances exceptionnelles ou pour des services éminents.

Ces récompenses sont honorifiques ou pécuniaires. — Voy. — *Pension sur l'Etat.*

RÉCONCILIATION. — Voy. — *Séparation de corps.*

RECONDUCTION (Tacite). — Voy. — *Tacite reconduction.*

RECONNAISSANCE. — Ce mot se dit, en général, de tout acte par lequel on reconnaît la vérité d'un fait, mais il désigne le plus ordinairement le billet, effet, ou autre acte sous seing, par lequel on se reconnaît débiteur d'une somme d'argent ou autres valeurs. — Voy. *Billet.*

Les titres nouvels et récognitifs sont aussi des reconnaissances d'anciennes conventions. — Voy. *Titre nouvel.*

RECONNAISSANCE de bestiaux. Voy. *Bail à cheptel.*

RECONNAISSANCE de dépôt. — Voy. *Dépôt de pièces.* — *Salaires des Conservateurs des hypothèques.*

RECONNAISSANCE de dettes. — Voy. *Déclarations de dettes.* — *Billet.* — *Obligation.*

RECONNAISSANCE de dot. — Voy. *Quittance et reconnaissance de dot.*

RECONNAISSANCE d'un droit de servitude. — Cette reconnaissance, tenant lieu d'usage de la servitude, en empêche la prescription.

Il est très utile de demander cette reconnaissance lorsque le changement d'état des lieux empêche d'user de la servitude, et qu'il peut s'écouler un espace de temps suffisant pour opérer la prescription, le titre constitutif de la servitude, à l'égard de celles qui ne peuvent s'acquérir par la prescription, ne pouvant être remplacé que par un titre récognitif émanant du propriétaire du fonds asservi. — *C. civ.* 695. — Voy. *Servitude.* — *Titre nouvel.*

RECONNAISSANCE d'écriture. — Acte par lequel un individu reconnaît un écrit sous seing privé comme étant émané de lui ou de son auteur.

L'acte sous seing privé ne fait foi que lorsqu'il a été reconnu ou tenu pour reconnu par celui à qui on l'oppose. — Voy. *Acte sous seing privé.*

La reconnaissance est *expresse* ou *tacite*.

Expresse, elle ne peut se faire que par acte notarié ou en justice.

Elle a lieu tacitement par l'exécution volontaire de l'acte.

Mais elle doit être *expresse* pour conférer un titre exécutoire ou une hypothèque au créancier.

Elle peut avoir lieu avant l'échéance de l'obligation, mais les frais demeurent, dans ce cas, à la charge du créancier. — *L. du 3 sept.* 1807.

Si la reconnaissance a lieu devant notaire, on dépose l'écrit sous seing privé, et c'est dans l'acte qui constate ce dépôt que l'on reconnaît la vérité de l'écriture et des signatures. — Voy. *Dépôt de pièces.*

Les reconnaissances d'écriture faites en justice emportent hypothèque sur tous les biens du débiteur, mais on ne peut jamais prendre inscription avant l'échéance ou l'exigibilité de la dette. — *C. civ.* 2123. — Voy. *Hypothèque.*

Quant à celles passées devant notaire, elles n'entraînent hypothèque qu'autant qu'elle a été stipulée dans l'acte de dépôt.

En matière commerciale, les porteurs de billets peuvent obtenir une condamnation sur simple assignation, sans qu'au préalable il soit besoin de procéder en reconnaissance d'écriture.

RECONNAISSANCE d'enfant naturel. — Acte par lequel on reconnaît être le *père* ou la *mère* d'un enfant naturel.

Cette reconnaissance étant une déclaration de paternité, il faut que celui dont elle émane ait atteint l'âge de puberté, c'est-à-dire *dix-huit* ans pour l'homme et *quinze* ans pour la femme, à l'époque où l'enfant a été conçu.

Le mineur, l'individu placé sous l'assistance d'un conseil judiciaire, et même l'interdit, ce dernier s'il le fait dans un intervalle lucide, peuvent reconnaître un enfant naturel.

L'un des époux peut, pendant le mariage, reconnaître un enfant naturel qu'il a eu avant le mariage, d'un autre que de son époux, et la femme mariée n'a pas besoin pour faire cette reconnaissance de l'autorisation de son mari.—*C. civ* 337.

La reconnaissance ne peut avoir lieu au profit des enfants nés d'un commerce adultérin ou incestueux. — *C. civ.* 335.

L'enfant naturel ne peut être reconnu que dans son acte de naissance ou par acte authentique. — *C. civ.* 334.

La reconnaissance du père sans l'indication ou l'aveu de la mère n'a d'effet qu'à l'égard du père et réciproquement. — *G. civ.* 336.

Lorsque la reconnaissance n'est pas faite par l'acte de naissance, elle doit avoir lieu par acte authentique, c'est-à-dire reçu par un notaire, un juge de paix ou un officier de l'état civil.

L'effet de la reconnaissance est de constater la filiation de l'enfant, de lui donner un nom, une parenté, et d'établir des rapports entre l'enfant et l'auteur de la reconnaissance.

Toute reconnaissance de la part du père ou de la mère, de même que toute réclamation de la part de l'enfant, peut être contestée de la part de ceux qui y ont intérêt. — *C. civ.* 339.

La reconnaissance peut être forcée ; ainsi, lorsque le père ou la mère d'un enfant ne le reconnaissent pas volontairement, il peut, dans certains cas, être dirigé contre eux une action pour les y contraindre.

Mais il faut distinguer entre la paternité et la maternité, la recherche de la paternité étant interdite, hors le cas d'enlèvement, tandis qu'au contraire celle de la maternité est toujours admise. — *C. civ.* 340. — Voy. *Enfant naturel.*

RECONNAISSANCE par un mari. — C'est celle que le mari souscrit, au profit de sa femme, de sommes ou valeurs qu'il a reçues pour elle, soit pour des apports faits en dehors du contrat de mariage, soit pour des valeurs recueillies par succession ou autrement. — Voy. *Quittance et reconnaissance de dot.*

Ces reconnaissances sont valables, à moins qu'elles ne déguisent des libéralités. — Voy. *Contrat entre époux.*

RECONSTRUCTION. — Voy. *Contre-mur.* — *Défense de construire.* — *Mitoyenneté.* — *Réparations.* — *Usufruit.*

RECONVENTION. — Demande formée par le défendeur contre le demandeur dans le cours de l'instance, à l'effet d'anéantir ou de restreindre l'action dirigée contre lui.

On distingue plusieurs espèces de reconventions, savoir : l'une pour demander ce qui reste dû au défendeur après la compensation légale opérée ; l'autre, qui est une action réciproque formée par le défendeur pour parvenir à une compensation ; enfin la troisième, qui n'a pour objet que de proroger la compétence du tribunal.

Le principal effet de la reconvention, quand elle est admise, est de suspendre la décision de la demande principale.

RECORS. — C'est le nom qu'on donne aux témoins qui assistent les huissiers en matière de saisie. — Voy. *Saisie-exécution.*

RECOUPE. — S'entend de la récolte des secondes herbes d'un pré. — *Parcours et vaine pâture.* — *Pâturage.* — *Usufruit.* — *Usages ruraux.*

RECOURS. — Ce terme, employé seul, désigne particulièrement l'action en garantie ou en dommages-intérêts. — Voy. *Garantie.*

RECOURS en cassation, etc. — Voy. *Pourvoi.*

RECOURS en grâce. — Voy. *Grâce.*

RECOUSSE. — Reprise sur l'ennemi ou sur les pirates des personnes du navire ou autres objets capturés.

RECOUVREMENT des effets de commerce. — L'administration des postes se charge du recouvrement des effets de commerce et convertit les sommes recouvrées en mandats de poste qui sont transmis aux ayants droit.

L'expéditeur d'un effet dont le recouvrement est confié à la poste peut demander que cet effet soit remis à la personne qu'il aura désignée en cas de non-paiement, ou qu'il soit rempli telles ou telles formalités, comme le *protêt simple*, le *protêt à deux domiciles*, le *protêt de perquisition*, etc.

Il peut également désigner à ses risques et périls le notaire ou l'huissier auquel la valeur sera remise en cas de non-paiement, lequel sera tenu d'effectuer la remise des fonds ou des titres dans la huitaine entre les mains du receveur des Postes. — *E.N.* — Voy. *Poste.*

RECOUVREMENTS. — Ce mot signifie en général la rentrée des sommes qui nous sont dues, mais il s'applique plus particulièrement aux sommes dues aux officiers publics.

Les recouvrements ont toujours été considérés comme étant distincts de la propriété des charges ou offices, et le droit d'en disposer appartient aux titulaires sortants.

RÉCRÉANCE. — Se dit de la jouissance provisoire d'une chose litigieuse, adjugée à la partie ayant le droit le plus apparent, pendant l'instance au possessoire ou même au pétitoire. — Voy. *Action possessoire.*

RÉCRÉPIMENT. — Voy. *Réparations.* — *Usufruit.*

RECRUTEMENT de l'armée. — Mode d'appel et d'engagement d'après lesquels on entretient l'effectif des armées de terre et de mer. — *LL. des 27 juillet 1872, 24 juillet 1873 et 23 juillet 1881.*

Dispositions générales.

Tout Français valide, ayant la taille de 1 mètre 54 centimètres, doit le service militaire personnel, et peut être appelé sous les drapeaux depuis l'âge de 20 ans révolus jusqu'à celui de 40 ans.

Il fait partie de l'armée active pendant 5 ans ; de la réserve de l'armée active pendant 4 ans ; de l'armée territoriale pendant 5 ans, et de la réserve de l'armée territoriale pendant 6 ans.

La durée du service compte du premier juillet de l'année du tirage au sort.

Il n'y a dans les troupes Françaises, ni remplacement, ni prime d'engagement. — Les hommes présents au corps ne prennent part à aucun vote.

Sont *exclus du service militaire* : 1° les individus condamnés à une peine afflictive ou infamante ; 2° ceux qui, ayant été condamnés à une peine correctionnelle de 2 ans d'emprisonnement et au-dessus, ont en outre été placés sous la surveillance de la police et interdits en tout ou en partie des droits civiques, civils ou de famille.

Exemptions. — *Dispense et sursis d'appel.*

Sont *exemptés du service militaire* les jeunes gens que leurs infirmités rendent impropres à tout service actif ou auxiliaire dans l'armée.

Sont *dispensés* du service d'activité, en temps de paix : 1° l'aîné d'orphelins de père et de mère, lors même qu'il aurait une sœur plus âgée que lui ; 2° le fils unique ou l'aîné des fils, ou, à défaut de fils ou de gendre, le petit-fils unique, ou l'aîné des petits-fils d'une femme veuve, ou d'une femme dont le mari a été légalement déclaré absent, ou d'un père aveugle, ou entré dans sa 70me année ; 3° le plus âgé des deux frères appelés à faire partie du même tirage, si le plus jeune est reconnu propre au service ; 4° celui dont un frère sera dans l'armée active (première portion du contingent), c'est-à-dire incorporé pour 5 années pendant tout le temps qu'il en fait partie, et lors même qu'il serait renvoyé en disponibilité (lorsqu'il passe dans la réserve, le frère cesse d'être dispensé) ; 5° celui dont un frère sera mort en activité de service, ou aura été réformé ou admis à la retraite pour blessures reçues dans un service commandé, ou pour infirmités contractées dans les armées de terre et de mer.

L'appelé ou l'engagé qui n'aurait pas justifié de ses cas de dispense devant le Conseil de revision, ou qui, postérieurement à son incorporation, se trouverait dans un des cas de dispense ci-dessus prévus, pourrait, sur sa demande et après les justifications nécessaires, être renvoyé dans ses foyers en disponibilité pour le temps qu'il lui resterait encore à servir. — *L. du 29 juillet* 1886.

Peuvent être *ajournés* deux années de suite à un nouvel examen les jeunes gens qui, au moment de la réunion du Conseil de revision, n'ont pas la taille (1 m. 54 cent.) ou sont reconnus d'une complexion trop faible pour un service armé.

Nous donnons ici une formule de certificat de trois pères de famille domiciliés dans le canton, pour établir les droits d'un jeune homme, soit comme *aîné d'orphelins*, soit comme *fils unique*, ou comme *l'aîné des fils d'une veuve*, ou tout autre cas de dispense.

Certificat.

Nous soussignés (*Noms, prénoms et domiciles des trois pères de famille*), pères de jeunes gens soumis à l'appel (ou qui, ayant été appelés, sont encore liés au service),

Certifions sous notre responsabilité personnelle que le nommé (*nom et prénoms du réclamant*) né à....., le....., fils de feu....., et de feue....., inscrit sur la liste du tirage au sort du canton de....., sous le n°....., n'a pas de frère plus âgé que lui ; qu'il est l'aîné de..... frères et sœurs enfants orphelins comme lui de père et de mère, et qui sont actuellement vivants, savoir : (*noms et prénoms et date de naissance*).

Ou bien : est *fils unique* ou *fils aîné* de la dame....., veuve dudit....., et père du sieur....., et que ladite dame est toujours veuve.

Fait à....., sur la demande de (*nom et prénoms de la personne qui demande le certificat, et indiquer en quelle qualité elle agit*).

(*Signatures.*)

Les dispensés du service en temps de paix sont néanmoins astreints aux exercices réglementaires.

Ils peuvent se marier sans autorisation, mais leur mariage ne pourrait les empêcher de rejoindre leur classe si les causes de dispense venaient à cesser ou si leur classe était rappelée.

Sont à titre conventionnel *dispensés* du service militaire : 1° les membres de l'Instruction publique et les élèves de l'Ecole normale supérieure de Paris, dont l'engagement de se vouer pendant 10 ans à la carrière de l'enseignement aura été accepté par le Recteur de l'Académie avant le tirage au sort et s'ils réalisent cet engagement ; 2° les professeurs des institutions des sourds-muets et des institutions des jeunes aveugles aux mêmes conditions que les membres de l'Instruction publique ; 3° les artistes qui ont remporté les grands prix de l'Institut, à condition qu'ils passeront à l'Ecole de Rome les années réglementaires, et rempliront toutes leurs obligations envers l'Etat ; 4° les élèves pensionnaires de l'Ecole des langues orientales vivantes, et les élèves de l'Ecole des Chartes, nommés après examen, à condition de passer 10 ans, tant dans lesdites Ecoles que dans un service public ; 5° les élèves ecclésiastiques désignés à cet effet par les Archevêques et par les Evêques, et les jeunes gens autorisés à continuer leurs études pour se vouer au ministère, dans les cultes salariés par l'Etat, sous la condition qu'ils seront assujettis au service militaire s'ils cessent leurs études en vue desquelles ils auront été dispensés, ou si, à *vingt-six* ans, les premiers ne sont pas entrés dans les ordres majeurs, et les seconds n'ont pas reçu la consécration ; 6° les membres et novices des Associations religieuses vouées à l'Enseignement et reconnues comme Etablissements d'utilité publique, et les Directeurs, maîtres-adjoints, élèves-maîtres des Ecoles fondées ou entretenues par les Associations laïques, lorsqu'elles remplissent les mêmes conditions, pourvu toutefois que les uns et les autres, avant le tirage au sort, aient pris devant le Recteur de l'Académie, l'engagement de se consacrer pendant 10 ans à l'enseignement, etc.

En temps de paix, il peut être accordé des sursis d'appel pour un an, qui pourront être renouvelés pour une seconde année, aux jeunes gens qui en auront fait la demande avant le tirage au sort, et qui justifieront de motifs plausibles.

Engagements et Rengagements.

Tout Français peut être autorisé à contracter un engagement volontaire aux conditions suivantes :

L'engagé volontaire doit : 1° s'il entre dans l'armée de mer, avoir 16 ans accomplis, sans être tenu d'avoir la taille prescrite, mais à la condition qu'à l'âge de 18 ans il ne pourra être reçu s'il n'a pas cette taille ; 2° s'il entre dans l'armée de terre, avoir 18 ans accomplis et au moins la taille de 1 mètre 54 centimètres; 3° savoir lire et écrire ; 4° jouir de ses droits civils ; 5° n'être ni marié, ni veuf avec enfants ; 4° être porteur d'un certificat de bonne vie et mœurs délivré par le Maire de la commune de son dernier domicile.

La durée de l'engagement volontaire est de 5 ans, qui comptent pour le service militaire. — Voy. *Militaires.*

En cas de guerre, tout Français qui a accompli le temps de service prescrit pour l'armée active et la réserve est admis à contracter dans l'armée active un engagement pour la durée de la guerre.

Des rengagements peuvent être reçus pour 2 ans au moins et 5 ans au plus pendant le cours de la dernière année de service sous les drapeaux. Ils sont renouvelables jusqu'à l'âge de 29 ans accomplis pour les caporaux et soldats.

Ces rengagements, après 5 ans de service sous les drapeaux, donnent droit à une haute paie.

D'après la loi du 23 juillet 1881, les sous-officiers ayant 7 ans de service, dont 4 de sous-officiers, peuvent, sur leur demande, être admis aux emplois civils, réservés aux anciens militaires.

Les rengagements des sous-officier sont renouvelables pour une durée totale de 10 ans. Après 10 ans, ceux-ci peuvent être maintenus sous les drapeaux en qualité de commissionnés jusqu'à l'âge de 47 ans accomplis.

Le sous-officier rengagé a droit à une haute paie de 30 cent. par jour, qui est portée à 50 cent. au bout de 5 ans de rengagement, et à 70 cent. après 10 ans.

Le sous-officier marié et logé en ville reçoit une indemnité de logement de 15 fr. par mois.

Il est alloué aux sous-officiers qui contractent un premier rengagement de 5 ans une première mise d'entretien de 600 fr., payable immédiatement, et une indemnité de 2000 fr. que l'Etat conserve temporairement, mais dont le bénéficiaire reçoit l'intérêt à 5 0/0 jusqu'à sa libération, époque où le capital lui est versé.

Le deuxième rengagement de 5 ans des sous-officiers leur donne droit à une nouvelle mise d'entretien de 500 fr. et à une pension proportionnelle de retraite, qui, au bout de 25 ans de services, atteint les chiffres suivants : adjudant, 1000 fr.; sergent-major, 900 fr. ; sergent, 800 fr.

En prenant leur retraite, les sous-officiers ont en outre droit à un emploi civil de 1200 à 2000 fr. Ils peuvent même être nommés Percepteurs des Contributions directes.

Indépendamment de ces avantages, les sous-officiers rengagés sont, comme leurs camarades de même grade, logés, habillés et chauffés, et touchent la solde ordinaire en plus de leur majoration.

Pour les engagements conditionnels d'un an. — Voy. *Volontariat.*

RECTIFICATION. — C'est l'action de rendre régulier ce qui ne l'était pas.

RECTIFICATION d'actes de l'état civil. — Les actes de l'état civil ne peuvent être rectifiés que sur la réquisition des personnes qui y ont intérêt, et en vertu d'un jugement, soit qu'il y ait eu un changement d'état, soit qu'il ne s'agisse que d'une simple erreur.

Un jugement est également nécessaire pour insérer dans les registres de l'état civil des actes qui n'y ont pas été portés dans les délais prescrits.

La procédure nécessaire pour arriver à la rectification est réglée par la Loi. — *C. proc.* 855 *et suiv.*

RECTIFICATION de déclaration de succession. — La rectification faite par l'héritier de sa déclaration, dans le délai de 6 mois, du jour du décès, n'est passible d'aucune peine, et ne donne lieu qu'au paiement des droits simples ; mais il en est autrement de celle faite, même volontairement, après l'expiration de ce délai ; dès lors qu'elle a pour objet une omission ou une insuffisance d'estimation, elle ne dispense pas du paiement des droits en sus. — Voy. *Succession.*

RECTIFICATION d'erreurs ou d'omissions. — Voy. *Compte.* — *Erreur de calcul.* — *Omission.*

RECTIFICATION de grosse. — Voy. *Grosse.*

RECTIFICATION d'inscription. — Voy. *Inscription hypothécaire.*

RECTIFICATION d'intitulé d'inventaire. — Voy. *Notoriété (acte de).*

RÉCURSOIRE (Action). — Voy. *Recours.*

RÉCUSATION. — Action de s'opposer à ce qu'un juge, un arbitre, un expert s'abstiennent dans une affaire qui leur est soumise.

Les causes de récusation sont déterminées par la Loi, spécialement par l'art. 378 du C. de proc.

A l'égard des juges de paix, l'art. 44 du C. de proc. les déclare récusables : 1° pour intérêt personnel à la contestation ; 2° pour parenté ou alliance d'une des parties jusqu'au degré de cousin-germain inclusivement; 3° s'ils ont donné un avis écrit dans l'affaire, etc.

RÉDACTION. — La rédaction des actes notariés est soumise par la Loi à certaines règles, mais il en est autrement des actes sous seing privé qui ne sont soumis à aucune règle particulière. — Voy *Acte notarié.* — *Acte sous seing.*

REDDITION de compte. — Voy. *Compte.*

REDEVANCE. — Se dit de toute charge, rente ou prestation annuelle. — Voy. *Prestation.* — *Rente.*

REDHIBITOIRES (Vices). — Voy. *Vices rédhibitoires.*

REDIMER (se). — S'affranchir d'une charge, d'une servitude, d'une rente, d'une obligation.

REDRESSEMENT de compte. — Voy. *Compte.* — *Compte de tutelle.*

RÉDUCTION. — Action de réduire soit une obligation, soit une disposition excessive ou devenue telle.

En matière d'obligations, la réduction est volontaire ou forcée, et prend, dans le premier cas, le caractère d'une *remise de dette*.

RÉDUCTION des donations et legs. — Il y a lieu à la réduction des donations et des legs, lorsque les libéralités excèdent la quotité disponible. — Voy. *Portion disponible.* — *Réserve légale.*

Il y a également lieu à réduction lorsque la succession est insuffisante pour acquitter les dons et legs. — Voy. *Succession.*

Le droit de faire réduire les libéralités excédant la quotité disponible s'applique à toutes les dispositions à titre gratuit, directes ou indirectes, faites par acte notarié ou manuellement, y compris celles faites en faveur des époux par contrat de mariage. — *C. civ.* 1090.

La réduction ne peut avoir lieu que lors de l'ouverture de la succession du disposant, et l'action en réduction étant une conséquence du droit de réserve, elle ne peut être exercée que par les héritiers réservataires ou leurs ayants cause.

L'héritier renonçant ne peut demander la réduction des dons et legs.

Lorsque les donations entre vifs égalent ou excèdent la quotité disponible, les dispositions testamentaires sont caduques. — *C. civ.* 925.

Lorsque les dispositions testamentaires excèdent, soit la quotité disponible, soit la portion de cette quotité restant libre après prélèvement des donations entre vifs, la réduction se fait au marc le franc sans distinction entre les legs universels et les legs particuliers, et sans avoir égard à l'ordre des divers testaments ou legs, à moins que le testateur n'en ait autrement ordonné. — *C. civ.* 926.

L'action en réduction ou revendication peut être exercée, non seulement contre les donataires, mais encore contre les tiers-détenteurs des immeubles aliénés par les donataires, de la même manière et dans le même ordre que contre les donataires eux-mêmes, après discussion préalablement faite de leurs biens. — *C. civ.* 930.

La revendication contre les tiers ne s'applique qu'aux immeubles, et les donataires peuvent garantir leur acquéreur de l'action en revendication, en payant à l'héritier le complément de sa réserve.

L'héritier à réserve qui rentre par l'action en réduction dans tout ou partie des choses données a droit aux fruits, du jour du décès du donateur, si la demande a été intentée dans l'année ; dans le cas contraire, la restitution des fruits ne serait due qu'à partir du jour de la demande.

Les tiers-détenteurs ne doivent les fruits qu'à partir du jour de la demande formée contre eux.

RÉDUCTION des inscriptions hypothécaires. — S'entend de la radiation partielle d'une inscription en ce qui concerne, soit les immeubles sur lesquels elle frappe, soit la somme pour laquelle elle a été prise.

RÉGIME HYPOTHÉCAIRE. — Se dit de l'application des lois sur les hypothèques. — Voy. *Hypothèque.* — *Inscription hypothécaire.* — *Purge.* — *Transcription.*

REGISTRE. — C'est le livre où l'on écrit les actes ou affaires de chaque jour pour y recourir au besoin.

Au premier rang des registres publics sont placés particulièrement ceux destinés à constater l'état civil des citoyens, et qui peuvent être invoqués pour suppléer à la perte d'un acte. — Voy. *Actes de l'état civil*. — *Perte d'un acte.*

Les commerçants sont astreints à tenir des registres ou livres pour leur commerce. — Voy. *Livres de commerce.*

Les particuliers non commerçants tiennent souvent aussi des registres privés, et c'est une excellente mesure, mais aucune loi ne les y contraint.

REGISTRE des certificats de vie. — Les notaires doivent tenir registres des pensionnaires auxquels ils délivrent des certificats de vie. — Voy. *Certificat de vie.*

REGISTRES et papiers domestiques. — Voy. *Papiers domestiques.*

RÈGLE. — Ce mot signifie Maxime, Loi, Enseignement, et généralement tout ce que l'on doit observer, soit dans les rapports sociaux, soit dans sa conduite, soit dans les dispositions et la forme des actes.

RÈGLES de droit. — S'entend de l'énoncé succinct d'un principe de droit ou de jurisprudence.

La règle étant le résumé de plusieurs dispositions de droit, ce sont ces dispositions qui donnent lieu à la règle ; aussi doit-on prendre garde à l'usage qu'on en fait, car si on applique à une matière celle propre à une autre, on peut tomber dans l'erreur.

Nous rapportons ci-après certaines règles principales sur l'application des lois, sur les obligations et autres. Les voici :

Nul n'est censé ignorer la Loi.
La nécessité est la première des lois.
La Loi n'a point d'effet rétroactif.
La Loi permet tout ce qu'elle ne défend pas.
Qui veut la fin veut les moyens.
Ce qui abonde ne vicie point.
L'erreur commune fait le droit.
Qui peut le plus peut le moins.
Le moins est compris dans le plus, la partie dans le tout, l'espèce dans le genre.
La Loi statue sur ce qui arrive le plus souvent.
Les droits du sang ne peuvent être détruits par aucune loi civile.
L'exception confirme la règle.
Celui qui peut vouloir a par cela même le pouvoir de refuser.
Qui s'oblige oblige le sien.
On peut stipuler pour un autre dont on promet la ratification.
Les exceptions sont de droit étroit.
On ne peut répudier ce qu'on n'a pas droit de demander.
L'espèce déroge au genre, et les dispositions spéciales doivent toujours l'emporter.
L'équité naturelle exige que les profits appartiennent à celui qui supporte les charges.
La fiction doit imiter la nature.
On ne peut, sans notre fait, transférer à autrui ce qui est à nous.
En tout, l'équité est beaucoup à considérer.
Celui qui contracte avec un autre sait ou doit savoir quelle est sa condition.
Il faut restreindre ce qui est odieux, étendre ce qui est favorable.
Une chose impossible ne saurait être le sujet d'aucune convention ni produire aucune action.
Où la Loi ne distingue pas, il ne faut pas distinguer, mais il faut combiner cette règle avec celle : *La lettre tue l'esprit.*
Où il y a même raison de décider, il faut même décision.
Les conventions des particuliers ne peuvent pas déroger au droit public.
Nul ne peut transférer à autrui plus de droits qu'il n'en a lui-même.

Il est de bonne foi de s'attacher plus au fond qu'à la forme.
L'accessoire suit le sort du principal.
Ce qui est permis n'est pas toujours honnête.
A la même cause, le même droit.
C'est toujours au demandeur à justifier sa demande.
En toute chose, l'équité doit être considérée avant tout.
Qui a terme ne doit pas.
A l'impossible nul n'est tenu.
Nul ne peut s'enrichir aux dépens d'autrui.
La fraude ne se présume pas.
On ne peut être juge ni arbitre dans sa propre cause.
Est nul tout pacte sur succession future.
Ce qui est nul de plein droit ne peut former aucun empêchement.
Il n'est pas permis de faire indirectement ce que la Loi a défendu d'une manière directe.
En fait de meubles, possession vaut titre.
Le mort saisit le vif.
N'est héritier qui ne veut.
Donner et retenir ne vaut.
Nul n'est obligé par le conseil qu'il donne.
Lorsqu'il n'y a pas de terme fixé à une obligation, la chose est due incontinent.
La chose jugée est réputée la vérité.
Les nullités sont de droit étroit.
Pièces rendues, pièces payées.
Qui épouse la femme, épouse les dettes.

RÉDUCTION des hypothèques. — Acte par lequel on limite une hypothèque, soit quant aux biens affectés, soit à l'égard de la somme énoncée dans l'inscription.

Il est a remarquer, d'abord : 1° que quelle que soit la valeur des immeubles affectés, les inscriptions ou transcriptions faites pour la conservation des privilèges ne sont pas réductibles ; 2° que l'hypothèque conventionnelle n'est jamais réductible que sous le rapport de la somme énoncée dans l'inscription. — *D. N.* — Voy. *Inscription hypothécaire.*

Peuvent être réduites comme excessives sous le rapport de la somme exprimée les inscriptions prises d'après l'évaluation faite par le créancier, en vertu de l'art. 2132 du C. civ., des créances qui, en ce qui concerne l'hypothèque à établir pour leur sûreté, n'ont pas été réglées par la convention, et qui par leur nature sont indéterminées.

Les hypothèques légales sont réductibles sous le rapport des biens qu'elles affectent. — Voy. *Inscription hypothécaire.*

L'hypothèque judiciaire peut être également réduite en tant que le nombre des inscriptions excède les sûretés raisonnablement nécessaires. — *C. civ.* 2161. — Voy. *Inscription hypothécaire..*

La demande en réduction doit être portée devant le tribunal dans le ressort duquel a été prise l'inscription, et son effet est de restreindre l'hypothèque aux biens désignés par le jugement.

RÉEL. — S'entend de ce qui s'applique aux choses, par opposition aux droits personnels qui s'exercent contre les personnes. — Voy. *Action.* — *Droits personnels, réels.*

REFENTE. — Mode de partage admis dans l'ancien droit.

RÉFÉRÉ. — C'est le recours devant le Président du Tribunal de première instance ou le juge qui le remplace, pour faire statuer provisoirement, dans les cas d'urgence, sur les difficultés relatives à l'exécution des jugements et autres actes exécutoires. — *C. proc.* 806, 809.

Le juge des référés est incompétent pour statuer sur des matières dont la compétence est attribuée aux juges de paix, ou rentrant dans la compétence de la juridiction administrative ou du Tribunal de commerce.

Sont de la compétence du juge des référés : 1° les difficultés sur la délivrance de la copie d'un acte non enregistré ou resté imparfait ; 2° sur la délivrance d'une seconde grosse ; 3° sur un compulsoire ; 4° sur une collation d'actes ; 5° sur l'apposition ou la levée des scellés ; 6° sur l'inventaire ; 7° sur l'administration d'une communauté ou succession ; 8° sur les contestations élevées avant ou après la vente d'un mobilier ; 9° sur les mesures à prendre d'urgence après le décès d'un officier public, notaire, avoué, etc., 10° et dans les cas d'urgence : les demandes en établissement de séquestre, commissaires ou gardiens, pour assurer la conservation d'un objet litigieux ; les constatations de lieux ; l'exécution ou la suspension des travaux ou réparations ; les expulsions de locataires, soit sur congé non contesté, soit à l'expiration d'un bail authentique ou faute de garnir les lieux.

Le Président peut encore statuer en référé sur tout ce qui touche à la saisie-exécution et à la vente. Il connaît encore : 1° de l'opposition à la saisie-revendication ou du refus d'ouvrir les portes pour y procéder ; 2° de la demande à fin de décharge introduite par un gardien de meubles saisis, et des réclamations que peut faire naître l'établissement d'un nouveau gardien ou le recolement des objets saisis. — *C. proc.* 606, 609, 829.

En général, la demande en référé se forme par une assignation, sans qu'il soit besoin de constitution d'avoué.

L'ordonnance sur référé est exécutoire par provision et sans caution, à moins qu'elle n'en exige, et peut même, dans les cas d'absolue nécessité et avec la permission du juge, être exécutée sur la minute qui doit être déposée au greffe, sauf dans les difficultés qui s'élèvent sur procès-verbaux de scellés, inventaires, saisies, etc., où l'ordonnance est mise au bas du procès-verbal des juges de paix, notaires et huissiers.

L'appel est le seul mode de recours contre les ordonnances de référé qui ne peuvent être attaquées par opposition. Toutefois l'appel n'est pas recevable, quand la matière n'excède pas le taux du dernier ressort. — *C. proc.* 809.

RÉFÉRENDAIRE. — On donne le nom de *Référendaires au sceau* à certains officiers qui servent d'intermédiaires auprès de la division du sceau du Ministère de la Justice. Il y a aussi les *Conseillers Référendaires* à la Cour des Comptes, et le Grand *Référendaire du Sénat*. — Voy. *Sénat*.

RÉFORMATION. — S'entend de l'action d'annuler ou corriger un compte, un jugement, une pièce fausse. — Voy. *Appel*. — *Faux*. — *Jugement*. — *Redressement de compte*.

RÉFUGIÉS. — On appelle ainsi les étrangers qui viennent en France se mettre à l'abri des persécutions politiques dont ils pouvaient être l'objet dans leur patrie.

Le Gouvernement est autorisé à réunir dans une ou plusieurs villes les étrangers refugiés en France. Il peut, sous des peines correctionnelles, leur enjoindre de sortir du territoire français. — *LL. des 21 avril 1832 et 1er mai 1834*.

REFUS. — En matière de paiement, le refus donne lieu à des poursuites.

Le refus fait par le créancier de recevoir ce qui lui est dû donne lieu à des offres réelles.

Le refus de paiement de la part du débiteur d'une lettre de change donne lieu à un protêt. — Voy. *Consignation*. — *Offres réelles*. — *Protêt*.

REFUS de services et de secours. — Contravention que la loi punit d'amende. — *C. pén.* 475.

Quatre conditions sont exigées pour l'existence de cette contravention ; il faut : 1° qu'une réquisition régulière (écrite ou verbale) soit adressée par un fonctionnaire compétent ; 2° que la réquisition ait été faite pour un cas urgent ; 3° que le contrevenant ait pu prêter le secours qui faisait l'objet de la réquisition ; 4° enfin qu'il y ait eu refus. — *E. N.*

REFUS de fonctions. — Les notaires, avoués et huissiers étant dans l'obligation de prêter leur ministère lorsqu'ils en sont requis, le refus qu'ils en feraient sans motif légitime les exposerait à des dommages-intérêts.

REGAIN. — Seconde herbe qui pousse dans un pré après que la première a été coupée. — Voy. *Pâturage.*

REGARD. — On appelle *regards* les ouvertures pratiquées pour visiter les acqueducs ou autres conduites d'eau. — Voy. *Acqueduc. — Servitude.*

RÉGIE. — Ce mot signifie, en général, l'action de régir ou administrer des biens et affaires.

RÉGIE de l'Enregistrement et des domaines. — Administration publique chargée de la perception des droits d'Enregistrement, de Timbre, de Greffe et d'Hypothèque et des droits de Mutation par décès. — Voy. *Administration de l'Enregistrement et des domaines.*

RÉGIE intéressée. — Se dit du mandat par lequel un propriétaire confie la régie et la perception de ses revenus à une personne qui s'oblige à lui en rendre annuellement une somme fixe, sous la condition de partager l'excédent avec le propriétaire dans une proportion déterminée.

Ce mode de régie, qui est ordinairement adopté pour la perception des droits d'octroi, a le caractère du mandat et en produit les effets. — Voy. *Bail d'octroi. — Mandat.*

RÉGIME. — C'est ainsi qu'on désigne les règles spéciales auxquelles sont soumises certaines personnes et certains biens.

RÉGIME de la communauté. — Voy. *Communauté de biens entre époux.*

RÉGIME dotal. — C'est un mode d'association conjugale qui conserve la distinction des biens du mari et de la femme, et consacre l'inaliénabilité de la dot de cette dernière.

Le régime dotal n'est qu'un régime *exceptionnel* et ne peut résulter que d'une convention expresse de la part des époux ; c'est le régime de la *communauté* qui forme le droit commun et règle l'association conjugale, à défaut de contrat de mariage.

Tous les auteurs modernes ont signalé les inconvénients du système dotal, ses abus, ses dangers, les fraudes qu'il autorise, les entraves qu'il apporte dans toutes les entreprises commerciales et industrielles. Comme ces auteurs, nous sommes loin de préconiser le régime dotal dont l'esprit est de tout sacrifier à la conservation de la dot, même au prix de l'honneur et de la dignité.

Pour que la dot soit inaliénable, il ne suffit pas que la soumission au régime dotal soit expressément stipulée dans le contrat de mariage, il faut encore que les biens de la femme soient spécialement constitués en dot par ce contrat. — *C. civ.* 1541.

Les époux peuvent apporter telles dérogations et modifications que bon leur semble au régime dotal, pourvu qu'elles n'aient rien de contraire aux bonnes mœurs et à l'ordre public. Il est même d'un usage constant de combiner avec le régime dotal la société d'acquêts, telle qu'elle est déterminée par les art. 1498 et 1499 du C. civ., comme aussi la faculté de vendre ou échanger les biens dotaux à charge de remploi. — Voy. *Remploi. — Contrat de mariage. — Société d'acquêts.*

La dot peut être constituée non seulement par la femme elle-même, mais par toute personne, soit par les parents de la femme, soit par des étrangers. — Voy. *Dot.*

Les augmentations faites par le mari sur un bien dotal participent de la dotalité, sauf la récompense due à la société d'acquêts ou au mari.

Sous le régime dotal, le mari a seul l'administration des biens dotaux pendant le mariage, et la femme ne pourrait se réserver l'entière administration de la dot, mais elle peut stipuler qu'elle touchera annuellement sur ses simples quittances une partie de ses revenus pour son entretien et ses besoins personnels. — On peut cependant conserver à la femme dotale l'administration de ses biens dotaux par la séparation contractuelle et le régime dotal combinés. — Voy. *Séparation de biens.*

Le mari est soumis, quant aux biens dotaux, à toutes les obligations de l'usufruitier. — *C. civ.* 1562.

De l'aliénation des biens dotaux.

Les immeubles dotaux ne peuvent être aliénés ni hypothéqués pendant le mariage, ni par le mari, ni par la femme, ni par eux deux conjointement ; mais ce principe reçoit exception, soit par les conventions, soit en vertu de la Loi.

Ainsi, l'aliénabilité du fonds dotal peut être stipulée avec ou sans charge de remploi par le contrat de mariage, et la faculté de vendre emporte celle d'échanger et d'hypothéquer. Mais la faculté d'aliéner à charge de remploi exclut celle d'hypothéquer.

L'inaliénabilité frappe l'immeuble dotal, aussi bien avant qu'après la séparation de biens.

La femme peut, avec l'autorisation du mari, donner ou hypothéquer ses biens dotaux, pour l'établissement des enfants communs.

Elle peut aussi, avec l'autorisation du mari, ou à son refus, avec permission de justice, donner ou hypothéquer ses biens dotaux pour l'établissement des enfants qu'elle a eus d'un mariage antérieur. Mais si elle n'est autorisée que par justice, elle doit réserver la jouissance à son mari. — *C. civ.* 1555 *et suiv.*

L'établissement des enfants ne s'entend pas seulement de leur mariage, mais de tout ce qui peut leur assurer un état ou une position sociale.

L'immeuble dotal peut encore être aliéné avec permission de justice : 1° pour tirer de prison le mari ou la femme ; 2° pour fournir des aliments à la famille dans certains cas prévus par la Loi ; 3° pour payer les dettes de la femme ou de ceux qui ont constitué la dot, lorsque ces dettes ont une date certaine antérieure au contrat de mariage ; 4° pour faire les grosses réparations indispensables pour la conservation de l'immeuble dotal ; 5° lorsque l'immeuble dotal se trouve indivis avec des tiers et qu'il est reconnu impartageable en nature. — *C. civ.* 1558.

De la restitution de la dot et du partage des fruits.

La restitution de la dot doit être faite à la femme ou à ses héritiers, soit en cas de dissolution du mariage, soit en cas de séparation de biens. Mais le mari ne peut être tenu à la restitution de la dot qu'autant qu'il est prouvé qu'il l'a reçue.

Il n'est pas seulement obligé de restituer le capital, il doit encore les intérêts et fruits, à partir de la dissolution du mariage ou de la demande en séparation ou divorce.

A la dissolution du mariage, le mari et la femme ou leurs héritiers se partagent les fruits des immeubles dotaux, à proportion du temps qu'il a duré pendant la dernière année, laquelle commence à la date du jour où le mariage a été célébré. — *D. N.*

Des biens paraphernaux.

Les biens paraphernaux ou extradotaux sont ceux que la femme ne s'est pas constitués en dot, soit qu'elle en fût propriétaire à l'époque de son mariage, soit qu'elle les ait recueillis depuis, et dont elle conserve l'administration et la jouissance. — *C. civ.* 1574, 1576.

RÉGIME forestier. — Se dit des lois et règlements d'administration des bois et forêts faisant partie du domaine de l'État, ou qui appartiennent aux communes, aux établissements publics et aux particuliers.

Ces lois et règlements ont été refondus dans la loi du 21 mai 1827 qui forme aujourd'hui le Code forestier. — Voy. *Forêts.*

RÉGIME matrimonial (Choix du). — Expression qui désigne l'ensemble des règles auxquelles sont soumis les biens des époux pendant le mariage.

Les futurs époux jouissent de toute liberté pour le règlement de leurs conventions matrimoniales. Ils peuvent, en faisant le choix de tel ou tel régime, le modifier au moyen de toutes stipulations qu'ils jugeront convenables. Ils peuvent également adopter un régime mixte en combinant entre elles des règles propres à divers régimes.

Nous avons marqué ailleurs notre préférence pour le régime de la communauté, c'est-à-dire la communauté réduite aux acquêts; la communauté légale ne pouvant convenir que lorsque les apports des époux sont égaux. — Voy. *Contrat de mariage*.

Nous conseillons donc le régime de la communauté réduite aux acquêts, à moins que des circonstances particulières ne s'opposent à son adoption.

RÉGIME municipal. — Voy. *Organisation municipale*.

RÉGISSEUR. — Celui qui régit, qui administre une affaire ou un bien. — Voy. *Régie*.

REGISTRE. — Livre où l'on écrit, où l'on consigne des notes, comptes, ou renseignements qu'on veut conserver. — Voy. *Livres de commerce*. — *Papiers domestiques*.

RÈGLE. — Coutume, usage ou ligne de conduite tracée par la Loi. On dit dans ce sens: les règles de droit, de la procédure, de la jurisprudence, de la pratique. — Voy. *Règles de droit*.

RÈGLEMENT. — On comprend, sous ce titre, tout ce qui est ordonné pour l'exécution des lois ou le maintien de l'ordre et de la discipline.

RÈGLEMENT administratif. — Acte du Gouvernement formulant un ensemble de prescriptions.

Les règlements administratifs légalement pris sont obligatoires pour les juges, qui doivent punir les infractions qui leur sont déférées.

Les règlements administratifs émanant du chef de l'Etat sont insérés au Bulletin des lois; les règlements préfectoraux sont publiés dans le Recueil des actes de la Préfecture, et les règlements municipaux doivent être affichés dans la commune.

RÈGLEMENT amiable. — Voy. *Ordre entre créanciers*.

RÈGLEMENT de communauté. — Voy. *Partage de communauté*.

RÈGLEMENT de compte. — Voy. *Compte (arrêté de)*.

RÈGLEMENT de coupe de bois. — *Forêts (bois et)*. — *Usages (forêts)*.

RÈGLEMENT définitif. — C'est, en matière d'ordre et distribution de deniers, la clôture de l'opération ou résumé que fait le juge du règlement provisoire, pour arriver au paiement des créanciers colloqués utilement. — Voy. *Contribution de deniers*. — *Ordre entre créanciers*.

RÈGLEMENT d'eau. — Se dit du règlement émanant de l'autorité administrative pour l'usage et la police des cours d'eau. — Voy. *Eau*.

RÈGLEMENT de juges. — Décision qui prononce sur un conflit de juridiction élevé entre deux tribunaux indépendants l'un de l'autre.

RÈGLEMENTS locaux. — Ce sont ceux particuliers à certains pays, à certains lieux, et qui ont quelquefois force de loi. — Voy. *Usages locaux*.

RÈGLEMENT de police. — Acte par lequel le Préfet de police à Paris, les Préfets dans les départements, et les Maires dans les communes, ordonnent des mesures relatives à la sûreté et à la salubrité publiques. — Voy. *Police*.

RÈGLEMENT provisoire. — Etat que dresse le Juge commissaire, en matière de distribution de deniers, des créanciers qui ont produit leurs titres pour être ensuite soumis à l'examen des parties intéressées, et suivi du règlement définitif. — Voy. *Contributions de deniers*. — *Ordre entre créanciers*.

RÈGLEMENT de qualités. — C'est l'acte du Président ou du Juge qui statue sur les difficultés élevées contre les qualités d'un jugement ou d'un arrêt. — C. proc. 145. — Voy. *Qualités de jugement*.

RÉGULIER. — Se dit de ce qui est conforme aux règles, c'est-à-dire suivant les formes prescrites par les lois.

RÉHABILITATION. — C'est le rétablissement ou la réintégration d'une personne dans son premier état, dans les droits dont elle avait été déchue.

Des condamnés.

Tout condamné à une peine afflictive ou infamante, ou à une peine correctionnelle, qui a subi sa peine ou obtenu des lettres de grâce, peut être réhabilité. — C. instr. crim. 619. — *L. du 14 août 1885*.

Le condamné récidiviste ne peut être admis à la réhabilitation.

La demande en réhabilitation ne peut être formée que 5 ans après la libération, et 3 ans s'il s'agit seulement d'une peine correctionnelle, et à la condition d'avoir résidé tout le temps dans le même arrondissement, et pendant les 2 dernières années dans la même commune. — *C. instr. crim.* 620.

La réhabilitation ne peut pas non plus avoir lieu pour les condamnés par contumace, pour ceux qui ont prescrit leur peine, et pour les condamnés à perpétuité, à moins qu'ils n'aient été graciés. — *L. du 3 juillet 1852*.

Avant d'obtenir la réhabilitation, le condamné doit, sauf le cas de prescription, justifier du paiement des frais de justice, de l'amende et des dommages-intérêts. — *L. du 14 août 1885*.

Des faillis.

Le failli, étant privé de tous ses droits politiques et de certains droits civils, ne peut recouvrer ces droits que par la réhabilitation. — Voy. *Faillite*.

Les banqueroutiers frauduleux et les personnes condamnées pour fait de vol, d'escroquerie ou d'abus de confiance, de même que les comptables, tels que les tuteurs et administrateurs, qui n'auraient pas rendu ou apuré leurs comptes, ne sont point admis à la réhabilitation. — *C. com.* 612.

Mais le banqueroutier simple peut être réhabilité après qu'il a subi sa peine.

Le failli peut être réhabilité après sa mort. — *C. com.* 614.

Pour obtenir sa réhabilitation, le failli doit justifier du paiement de tout ce qu'il doit en principal et intérêts.

La demande en réhabilitation est portée devant la Cour d'appel du ressort du domicile des demandeurs.

Des officiers publics.

Les officiers ministériels destitués peuvent être relevés des déchéances et incapacités résultant de leur destitution, et les dispositions du Code d'instruction criminelle relatives à la réhabilitation des condamnés à une peine correctionnelle leur sont applicables. Le délai de 3 ans court du jour de la cessation des fonctions. La réhabilitation accordée à un officier ministériel destitué n'a pas pour effet de le réintégrer dans ses fonctions, alors même qu'il n'aurait pas été remplacé, mais seulement de le rendre apte à recevoir une investiture nouvelle.

Nous donnons ci-après une formule de demande en réhabilitation à adresser au Procureur de la République de l'arrondissement où demeure le condamné.

Demande en réhabilitation.

Le soussigné A..., né à....., le....., marié, ayant..... enfants (ou célibataire), profession de....., demeurant à.....

A l'honneur de vous exposer :

Que par jugement du Tribunal correctionnel (ou arrêt de la Cour) de....., en date du....., il a été condamné à..... pour....;

Qu'il a subi sa peine dans la maison d'arrêt de....., a payé les frais de justice, l'amende et les dommages-intérêts, ainsi qu'il en est justifié par les quittances ci-jointes ;

Que depuis sa libération il a demeuré à....., pendant..... années, et ensuite à....., depuis le..... à ce jour, s'efforçant de faire oublier sa faute par une conduite irréprochable ;

Et qu'il sollicite la faveur de la réhabilitation, et vous prie de bien vouloir appuyer sa demande d'un avis favorable.

Dans cet espoir, l'exposant vous prie d'agréer, Monsieur le Procureur de la République, L'assurance de son profond respect.

(*Signature.*)

Cette demande doit être écrite sur timbre, et légalisée par le maire et le sous-préfet.

RÉINTÉGRANDE. — C'est l'action par laquelle on demande à être réintégré ou remis en possession d'un héritage dont on a été dépouillé par violence ou voies de fait. — Voy. *Action possessoire.* — *Juge de paix.*

REJET. — On nomme arrêt de rejet celui par lequel la Cour de cassation rejete un pourvoi. — Voy. *Cassation.*

RELAIS de la mer. — Voy. *Lais et relais.*

RELATIF. — Ce terme, qui s'applique par rapport à certaines personnes ou choses, s'emploie par opposition à *absolu.* — Voy. *Nullité.*

RELATION. — Se dit de l'énonciation d'un acte ou d'un fait auquel on entend se référer. — Voy. *Contrat de mariage.* — *Réduction.* — *Testament.*

RELATION de l'enregistrement. — Mention faite sur un acte et signée du Receveur constatant l'accomplissement de la formalité et le paiement des droits.

RELÉGATION. — Internement perpétuel sur le territoire des colonies ou possessions françaises, des condamnés récidivistes, éloignés du territoire continental de la France par mesure de sécurité publique. — *L. du 27 mai 1885.*

La relégation est prononcée par les cours et tribunaux ordinaires comme conséquence des condamnations encourues devant eux, ou en tenant compte de celles prononcées par les tribunaux militaires et maritimes pour les crimes ou délits de droit commun.

Doivent être relégués les récidivistes qui, dans un intervalle de 10 ans, non compris la durée des peines subies, auront encouru :

1° Deux condamnations aux travaux forcés ou à la réclusion ;

2° Une des condamnations ci-dessus et deux condamnations, soit à l'emprisonnement pour faits qualifiés crimes, soit à plus de trois mois d'emprisonnement pour vol, escroquerie, abus de confiance, etc.;

3° Quatre condamnations, soit à l'emprisonnement pour faits qualifiés crimes, soit à plus de trois mois d'emprisonnement pour les délits indiqués plus haut ;

4° Sept condamnations dont deux au moins prévues sous les n°^{s} 2 et 3 ci-dessus, et les autres soit pour vagabondage, soit pour infraction à l'interdiction de résidence, à la condition que deux de ces autres condamnations soient à plus de trois mois d'emprisonnement.

Les condamnations qui auront fait l'objet de grâce, commutation ou réduction de peine, seront néanmoins comptées en vue de la relégation.

La relégation n'est pas applicable aux individus âgés de plus de 60 ans, ou de moins de 21 ans.

Les condamnations encourues antérieurement à la loi sus-visée, seront comptées en vue de la relégation.

Un décret du 24 mars 1887, fixe les limites respectives des territoires de la transportation et de la relégation à la Guyane française.

Par un autre décret du 11 juillet 1887, les dispositions concernant la curatelle d'office des successions et biens vacants des déportés et transportés en cours de peine, ont été rendues applicables aux successions et biens vacants des individus condamnés à la relégation. — Voy. *Déportation*.

Enfin, un troisième décret du 11 novembre 1887 règle les formalités à remplir pour le mariage des condamnés à la relégation, transférés dans les colonies françaises.

RELIGIEUX. — Se dit d'une personne engagée par des vœux dans une association religieuse. — Voy. *Communauté religieuse*. — *Droits civils*. — *Succession*.

RELIGION. — Culte qu'on rend à la Divinité ou ensemble des croyances qui relient l'homme à Dieu.

La religion chrétienne comprend deux parties : le *Dogme*, qui est l'objet de la foi, et le *Culte*, par lequel se manifeste le sentiment religieux. — Voy. *Culte*.

Voici l'indication des diverses religions connues, avec le nombre approximatif de leurs adhérents :
Eglise catholique, 139.000.000. — *Église grecque*, 62.000.000. — *Protestantisme*, 59.000.000. — *Judaïsme*, 4.000.000. — *Mahométisme*, 96.000.000. — *Brahmanisme*, 60.000.000. — *Boudhisme*, 170.000.000. — *Religion de Zoroastre*, (mazdéisme) *et de Confucius* (sintoïsme), 40.000.000. — Sabéisme, fétichisme, chamanisme, etc. — 107.000.

RELIQUAT. — C'est ce qui reste dû après la clôture et l'arrêté d'un compte — Voy. *Compte*.

REMBOURSEMENT. — Restitution d'une somme déboursée ou de frais faits. Ce mot est toutefois généralement employé comme synonyme de paiement. — Voy. *Remboursement de rente perpétuelle*.

REMBOURSEMENT DE RENTE. — C'est l'extinction d'une rente au moyen du versement de son capital.

Toute rente perpétuelle est rachetable, c'est-à-dire que le capital peut en être remboursé à la volonté des débiteurs, à moins qu'il n'ait été convenu qu'elle ne pourra être remboursée qu'après l'expiration des termes fixés par la Loi, c'est-à-dire *dix* ans, s'il s'agit d'une rente constituée pour prêt d'argent, et *trente* ans, s'il s'agit d'une rente constituée pour prix de vente ou cession d'un immeuble. — C. civ. 530 et 1911.

Le remboursement doit être fait au tuteur du mineur et au curateur de l'interdit.

Si la rente est due à une femme mariée, le remboursement peut en être fait au mari, sans que la présence de la femme soit nécessaire, attendu que les rentes sont considérées comme meubles.

A l'égard des rentes dues aux hospices ou autres établissements publics, les Receveurs de ces établissements ne peuvent en toucher le remboursement sans y être autorisés par le Préfet.

Le taux légal du rachat d'une rente constituée se calcule sur le pied de cinq pour cent, c'est-à-dire au denier-vingt de la rente.

Mais lorsqu'il s'agit de rentes anciennes antérieures à 1791, on doit observer les règles ci-après :

Les rentes créées rachetables se remboursent sur le capital porté au contrat ;

Celles créées non rachetables, et qui sont susceptibles de la retenue du cinquième pour leur prestation annuelle, sont remboursables au denier vingt, si elles sont en argent, et au denier vingt-cinq, si elles sont en nature de grains, volailles, denrées, fruits et récoltes.

Quant à celles créées sans retenue d'imposition, le remboursement s'en fait en ajoutant un dixième en plus, c'est-à-dire au denier vingt-deux pour l'argent, et au denier vingt-sept et demi pour les denrées.

A l'égard des rentes foncières établies franches de toutes retenues, sans stipulation de capital, pendant l'époque intermédiaire entre la loi du 18 décembre

1790 et celle du 3 septembre 1807, la jurisprudence n'étant pas parfaitement établie sur ce point et plusieurs auteurs se trouvant en contradiction à ce sujet, nous conseillons de transiger, le cas échéant, c'est-à-dire de calculer le capital au denier *vingt-un* pour l'argent et *vingt-six un quart* pour les denrées ; c'est ce qui a lieu dans la pratique des affaires.

Le débiteur d'une rente constituée peut être contraint au rachat : 1° s'il cesse de remplir ses obligations pendant deux années ; 2° s'il manque à fournir les sûretés promises par le contrat ou les diminue par sa faute. — *C. civ.* 1912.

Le droit au remboursement est acquis au créancier par la seule échéance de deux années, sans qu'il soit besoin de mise en demeure, lorsqu'il s'agit d'une rente portable ; mais si la rente est quérable, la mise en demeure est nécessaire.

En ce qui concerne la diminution des sûretés, l'appréciation en est laissée aux tribunaux.

La division du gage hypothécaire par le fait du débiteur, de même que l'aliénation de partie du gage faite par ce dernier, sont considérées comme une diminution des sûretés.

L'état de faillite ou de déconfiture des débiteurs rend exigible le remboursement du capital de la rente constituée.

RÉMÉRÉ. — La faculté de *réméré*, *rachat* ou *retrait* conventionnel, est une clause par laquelle le vendeur se réserve, dans le contrat, de reprendre la chose vendue, moyennant la restitution à l'acheteur, tant du prix en principal et intérêts, que des frais et loyaux coûts de la vente, des impenses ou réparations nécessaires et de la plus-value résultant des réparations utiles. — *C. civ.* 1659 et 1673.

La clause de réméré n'est autre chose qu'une clause résolutoire, mais elle n'empêche pas la perfection de la vente, et dès lors le contrat devient susceptible de toutes les formalités applicables à la vente.

Le terme fixé pour faculté de réméré ne peut excéder la durée légale, c'est-à-dire 5 ans, et serait réduit à ce délai s'il était plus long ou indéfini. — Mais il peut être prorogé à son expiration, du consentement des parties.

Faute par le vendeur d'avoir exercé le réméré dans le délai fixé, l'acquéreur demeure propriétaire irrévocable.

Pour l'exercice du droit de réméré, il suffit d'un acte régulier, judiciaire ou extra judiciaire, par lequel le vendeur notifie à l'acheteur son intention d'user de la faculté qu'il s'était réservée.

Lorsque le vendeur rentre dans ses biens par l'effet du rachat ou réméré, il reprend exempt de toutes les charges et hypothèques dont l'acquéreur a pu le grever. — *C. civ.* 1673.

Le vendeur est tenu d'exécuter les baux faits sans fraude par l'acquéreur, pourvu qu'ils n'excèdent pas neuf années. — *D. N.*

La faculté de *rachat* ou *réméré* est parfois d'un grand secours pour le débiteur ; mais d'un autre côté il y a dans cette clause certaine facilité pour les prêteurs de mauvaise foi qui peuvent dépouiller à vil prix un emprunteur malheureux.

Nous ne saurions donc trop engager les vendeurs à se tenir en garde à ce sujet, par exemple : en stipulant dans l'acte *qu'à défaut par le vendeur de pouvoir rentrer dans sa propriété, il aura le droit de requérir la vente aux enchères de l'immeuble.*

Pour la formule de réméré. — Voy. *Vente (contrat de, n° 10).*

REMISE. — Abandon d'un droit, délai ou ajournement, etc.

REMISE des amendes et des droits. — Voy. *Enregistrement.* — *Réclamation contre les amendes.* — *Timbre.*

REMISE (bois). — Voy. *Forêts.*

REMISE de cause. — Se dit du renvoi à un autre jour des plaidoiries ou du jugement d'une affaire.

REMISE des clefs. — Voy. *Délivrance*.

REMISE (Contrat de). — Voy. *Remise*.

REMISE de dette. — Acte par lequel un créancier libère gratuitement son débiteur d'une obligation.

La remise de dette ou *acceptilation* est en général assimilée au paiement, et n'est autre chose qu'un acte de libération, à moins que l'acte ne présente le caractère d'une libéralité, auquel cas, il serait assimilé à la donation, au moins pour l'enregistrement.

Tout créancier ayant la faculté de disposer peut faire la remise de ce qui lui est dû par son débiteur, pourvu que cette remise ne soit pas faite en fraude de ses créanciers.

Cette remise n'est soumise à aucune formalité particulière, et peut être faite par toutes sortes d'actes, même par lettre missive. — Voy. *Don manuel*.

Elle peut être pure et simple ou conditionnelle, et doit être acceptée par le débiteur pour lier le créancier.

L'acceptation est *expresse* ou *tacite*.

Lorsqu'il s'agit d'une obligation sous seing privé, la remise volontaire du titre original par le créancier au débiteur fait preuve de la libération. — *C. civ.* 1282.

Mais la remise du titre devant être volontaire, le créancier et ses ayants cause peuvent toujours être admis à établir que sa possession par le débiteur n'est que le résultat d'une soustraction et que la dette subsiste toujours. — *Cass.*, 23 *janvier* 1828.

La remise de dette est réelle ou personnelle ; elle est réelle lorsqu'elle résulte d'un acte contenant déclaration que la dette est acquittée, et alors la libération profite à tous les intéressés ; elle est personnelle lorsque le créancier accorde la remise à la personne de son débiteur, et dans ce cas, s'il y a plusieurs débiteurs, tous ceux auxquels la remise n'a pas été faite continuent d'être obligés.

La remise de la dette emporte celle du gage, mais l'obligation principale pouvant subsister sans l'accessoire, la remise de la chose donnée en nantissement, de même que la remise accordée à la caution, ne libèrent pas le débiteur :

Nous donnons ci-après une formule de remise de dette.

Remise de dette.

Aujourd'hui,....
Les soussignés :
M. A..., demeurant à.....,
Et M. B..., demeurant à.....,
Ont arrêté ce qui suit :
M. A... a consenti au profit de M. B..., ce acceptant,
La remise pure et simple et gratuite de la somme de....., qui lui reste due par ce dernier pour reliquat de compte de fermages de plusieurs pièces de terre situées à....., louées pour...... années, par ledit s^r A..., audit s^r B..., suivant Bail sous seing privé en date, à....., du....., enregistré à....., le....., f°....., par M... (*ou pour toute autre cause*).

Au moyen de cette remise de dette, M. B... sera et demeurera à l'avenir entièrement quitte et libéré envers M. A... de toutes choses relatives au Bail sus-énoncé (*ou à la créance sus-indiquée*).

Fait double à....., lesdits jour, mois et an, et signé, lecture prise.

(*Signatures.*)

REMISE de droit de servitude. — C'est l'extinction de l'obligation d'un fonds envers un autre, par la remise ou renonciation volontaire du propriétaire auquel la servitude est due.

Cette remise est tacite ou expresse, mais elle ne peut être faite que par les personnes capables d'aliéner.

REMISE de loyers et fermages. — Voy. *Bail à ferme*.

REMISE (honoraires). — Somme que l'on abandonne à la personne que l'on charge d'une mission, telle qu'une recette, un remboursement, etc., pour lui tenir lieu de salaire ou honoraires. — Voy. *Honoraires*.

REMISE de minutes. — Voy. *Minute.*

REMISE de pièces. — Voy. *Décharge de titres et papiers.* — *Récépissé.* — *Titres de propriété.*

REMISE de place en place. — Se dit, en termes de Banque et de Finance, des valeurs que les négociants et banquiers font remettre à leurs correspondants par lettres de change ou traites, pour les couvrir de leurs avances, lesquelles valeurs doivent plus tard figurer en ligne de compte. — E. N. — Voy. *Lettre de change.*

REMISE de titres. — Se dit de celle qui se fait des titres établissant un droit ou une obligation lors de la transmission de ce droit ou la libération de l'obligation.

Dans certains cas, la remise des titres faite au débiteur a l'effet d'opérer une présomption de paiement. — C. civ. 1282, 1283. — Voy. *Remise de dette.*

REMPLACEMENT. — Voy. *Remploi.*

REMPLACEMENT militaire. — Le remplacement militaire, qui existait autrefois, a été supprimé par la loi du 27 juillet 1872. — Voy. *Recrutement.*

REMPLOI. — S'entend du remplacement légal d'une chose par une autre.

Ce mot, envisagé dans ses rapports avec la société conjugale, signifie le remplacement du bien propre et aliéné de l'un des époux, par l'acquisition d'un autre bien faite au profit de ce même époux.

Il y a lieu à remploi toutes les fois qu'il est vendu un immeuble appartenant à l'un des époux, mais il n'est pas toujours obligatoire. — C. civ. 1433.

Sauf le cas de régime dotal, le remploi peut s'effectuer, soit pendant le mariage, par l'acquisition d'une chose en remplacement de celle qui a été vendue, soit après la dissolution du mariage, par l'action en reprises accordée à l'époux pour le remboursement du prix de son propre aliéné. — Voy. *Reprises matrimoniales.*

Pour que le remploi s'opère, il faut que la déclaration en soit faite dans le contrat même d'acquisition ; elle ne pourrait avoir lieu valablement par acte postérieur.

Le remploi fait au profit de la femme doit être formellement accepté par elle. — C. civ. 1435.

Il peut avoir lieu par anticipation. — Cass., 5 décembre 1854.

Du remploi sous le régime dotal.

Sous le régime dotal, le remploi des biens de la femme a des effets très importants.

Ainsi, lorsqu'il a été stipulé dans le contrat de mariage que les deniers constitués en dot seront employés en acquisition d'immeubles, le mari est tenu d'en faire emploi et l'immeuble ainsi acquis devient dotal.

Si le contrat de mariage n'imposait pas au mari l'obligation de faire emploi des deniers dotaux, leur placement serait facultatif de sa part.

Le remploi des immeubles dotaux est obligatoire, et peut être exigé immédiatement par la femme contre son mari, lorsque, par exception à l'inaliénabilité absolue dont la loi frappe ces immeubles, le contrat de mariage les a déclarés aliénables à charge de remploi.

Le remploi peut avoir lieu, soit en immeubles, soit en rentes sur l'État ou en actions de la Banque de France immatriculées dotales et inaliénables. — LL. des 2 juillet 1863-17 sept. 1871. — Voy. *Rentes sur l'État.* — *Actions de la Banque de France.*

La femme dont le bien dotal a été aliéné ayant une action en revendication contre les tiers détenteurs jusqu'au remploi, ceux-ci doivent veiller à ce qu'il soit effectué dans les termes du contrat de mariage, et doivent se refuser au paiement tant que le remploi n'est pas régulièrement fait.

La femme, dont les biens dotaux aliénables sous condition de remploi ont été aliénés sans remploi, peut à son choix, soit demander la révocation des aliénations indûment faites, soit exercer son action hypothécaire sur les biens de son mari. — Cass., 2 mai 1855.

L'acquéreur de biens dotaux aliénables à charge de remploi peut se libérer par des offres réelles et la consignation de son prix.

Par exception aux principes ci-dessus, les biens dotaux peuvent être aliénés sans remploi dans les cas prévus par l'art. 1558 du C. civ., c'est-à-dire en cas d'indivision, pour tirer de prison le mari ou la femme, pour fournir des aliments à la famille, pour faire certaines réparations aux biens dotaux, etc., etc.

Ils peuvent encore être donnés pour l'établissement des enfants. — Voy. *Régime dotal*.

RÉMUNÉRATION. — Se dit de l'action de recompenser un service rendu. — — Voy. *Donation rémunératoire*.

REMUNÉRATOIRE. — Ce qui tient lieu de récompense. — Voy. *Donation rémunératoire*.

RENDANT. — Celui qui rend un compte. — Voy. *Compte (oyant)*.

RENFORT de caution. — Celui qui cautionne un débiteur en s'obligeant solidairement avec une première caution. Il ne doit pas être confondu avec le certificateur de caution qui ne garantit pas la solvabilité du débiteur. — Voy. *Caution*. — *Cautionnement*. — *Certificat de caution*.

RENGAGEMENT des sous-officiers. — Voy. *Recrutement*.

RENOMMÉE. — Se dit des choses dont on n'a pas une connaissance suffisante, et dont l'importance ne peut être fixée que par le témoignage des personnes qui ont vu ces choses.

On dit dans ce sens que l'estimation de tels objets sera faite suivant la *commune renommée*. — Voy. *Commune. renommée*. — *Notoriété (acte de)*.

RENONCIATION. — Action d'abdiquer un droit ou une prétention.

En général, chacun peut renoncer aux privilèges, droits et facultés qui lui sont déférés pour son avantage personnel. — Les nullités d'actes et de procédure sont couvertes par l'acquiescement des parties intéressées. — Voy. *Acquiescement*. — *Nullité*.

Le mineur parvenu à sa majorité peut renoncer à l'action en rescision introduite en sa faveur contre les actes faits à son préjudice pendant sa minorité. — — Voy. *Rescision*.

Il en est de même de la veuve, pour les actes faits par elle pendant le mariage sans l'autorisation de son mari.

Mais on ne peut renoncer aux droits et privilèges ayant un objet d'intérêt public.

Ainsi seraient nulles :

1° La renonciation à une prescription non encore acquise. — Voy. *Prescription*;

2° Celle du débiteur au droit de demander la réduction des intérêts qui excéderaient le taux légal. — Voy. *Intérêts de capital*;

3° Celle du propriétaire au droit d'aliéner. — Voy. *Inaliénabilité*;

4° Celle d'un copropriétaire au droit de provoquer le partage. — Voy. *Indivision*. — *Partage*.

On ne peut pas non plus renoncer à un droit que l'on ignore, par exemple à une communauté avant sa dissolution, à un legs conditionnel avant la réalisation de la condition, pas plus qu'à une succession future. — Voy. *Renonciation à succession*.

Pour être valable, la renonciation doit être utile à l'une des parties contractantes, et peut être rétractée tant qu'elle n'est pas acceptée par celui à qui elle profite.

La renonciation se fait expressément ou tacitement; cependant la loi prescrit une forme particulière pour certaines renonciations. — Voy. *Renonciation à communauté.* — *Renonciation à succession.*

RENONCIATION à l'adoption. — Tant qu'il ne l'a pas acceptée en majorité, le pupille peut renoncer au bénéfice de l'adoption testamentaire; mais l'adopté par contrat ne peut répudier un titre qu'il a accepté. — Voy. *Acceptation d'adoption.*

RENONCIATION à bénéfice d'inventaire. — Cette renonciation résulte, soit expressément, soit tacitement, de tout acte d'héritier pur et simple, que fait l'héritier qui avait accepté sous bénéfice d'inventaire. — Voy. *Acte d'héritier.* — *Bénéfice d'inventaire.* — *Renonciation.*

RENONCIATION aux bénéfices de droit. — C'est celle que, dans quelques actes, les parties font à certains bénéfices de la loi, tels que ceux de division et de discussion. — Voy. *Benéfice de division.*

RENONCIATION à communauté. — Acte par lequel la femme, ayant capacité d'aliéner, ou ses héritiers et ayants cause, pour n'être pas tenus des dettes de la communauté, renoncent, après sa dissolution, à la part leur revenant dans les biens qui la composent. — *C. civ.* 1453.

La renonciation est irrévocable et est indivisible, en ce sens qu'elle doit porter sur l'ensemble de la communauté.

Le mari, étant responsable de son administration, ne peut, pas plus que ses héritiers, répudier la communauté.

La validité de la renonciation n'est pas subordonnée à la nécessité d'un inventaire préalable, mais la femme survivante, qui veut conserver la faculté de renoncer à la communauté, doit, dans les trois mois du jour du décès du mari, faire dresser un inventaire. — *C. civ.* 1456.

La renonciation à communauté se fait au greffe du tribunal de première instance de l'arrondissement du domicile du mari, lors de la dissolution de la communauté.

Par sa renonciation, la femme perd tous ses droits sur les biens de la communauté, y compris même ses droits sur le mobilier qui y est entré de son chef, à moins qu'il n'ait été stipulé par le contrat de mariage qu'elle le reprendrait en renonçant. — Voy. *Communauté de biens.*

Elle perd aussi le préciput stipulé en faveur du survivant, s'il ne lui a été réservé, même en renonçant.

Elle doit récompense aux héritiers du mari de tout ce qui a été tiré de la communauté pour l'amélioration de ses propres. Toutefois, les dépenses relatives à l'entretien ne donnent lieu à aucune récompense. — *D. N.* — Voy. *Récompense.*

La femme renonçante est déchargée de toute contribution aux dettes de la communauté, tant à l'égard du mari qu'à l'égard des créanciers. — *C. civ.* 1494.

RENONCIATION à une donation. — Les donations de biens à venir faites par contrat de mariage aux époux, ou entre époux, quoiqu'irrévocables, confèrent seulement au donataire qui accepte le droit de réclamer la chose donnée dans la succession du donateur, de telle sorte que le donataire peut y renoncer au décès du donateur. — Voy. *Donation par contrat de mariage.* — *Donation entre époux.* — *Institution contractuelle.*

Mais la donation entre vifs une fois acceptée ne peut être répudiée qu'en vertu d'une nouvelle convention avec le donateur, et sans préjudice des droits acquis à des tiers depuis la donation. — Voy. *Acceptation de donation.*

RENONCIATION au droit de chasse. — Voy. *Chasse.*

RENONCIATION à un jugement. — On peut renoncer au bénéfice d'un jugement tant que l'appel de la partie contre laquelle il a été rendu n'est pas jugé; mais s'il a été confirmé, ou si la partie condamnée n'en appelle pas, on ne peut s'en désister.

Cette renonciation se fait ordinairement dans la forme authentique.

RENONCIATION à une hypothèque. — Voy. *Hypothèque.* — *Renonciation. Subrogation.*

RENONCIATION à l'hypothèque légale. — C'est celle que la femme mariée sous le régime de la communauté a le droit de consentir valablement en faveur des tiers acquéreurs des biens de son mari.

Cette renonciation emporte extinction de l'hypothèque et vaut purge au profit de l'acquéreur, à partir de la Transcription de l'acte authentique qui la contient.

La renonciation peut même résulter du concours de la femme au contrat d'aliénation, sans autre stipulation. — Voy. *Purge des hypothèques légales.*

La renonciation ne serait pas valable par acte sous seing privé.

RENONCIATION à une institution contractuelle. — Voy. *Renonciation.* — *Renonciation à une donation.*

RENONCIATION à un legs. — On peut toujours renoncer à un legs tant qu'on ne l'a pas accepté expressément ou tacitement, mais la renonciation est indivisible, de sorte qu'on ne peut renoncer à une partie du legs et accepter l'autre. — Voy. *Acceptation de legs.*

En général, on ne peut accepter ou répudier un legs fait sous une condition suspensive avant l'événement de la condition.

La renonciation à un legs n'a pas besoin d'être acceptée pour produire son effet.

Elle doit être faite au greffe du tribunal de première instance, bien que, dans certains cas, elle puisse avoir lieu *tacitement.* — Voy. *Renonciation à succession.*

RENONCIATION à la faculté de réméré. — Voy. *Réméré.*

RENONCIATION à un droit de servitude. — Voy. *Réserve d'un droit de servitude.*

RENONCIATION à un droit d'usufruit. — Voy. *Consolidation.* — *Usufruit.*

RENONCIATION à un mandat. — Acte par lequel le mandataire fait connaître au mandant qu'il n'exécutera pas le mandat. — Voy. *Mandat.*

La renonciation se fait ordinairement dans l'exploit même de notification qui est signifié au mandant par le ministère d'un huissier.

L'avoué une fois constitué ne peut renoncer au mandat et est obligé d'occuper jusqu'à la fin du procès.

RENONCIATION à une nullité. — On peut toujours renoncer à se prévaloir de la nullité d'un acte ou d'un exploit. — Voy. *Exceptions.* — *Nullité.* — *Ratification.* — *Renonciation.*

RENONCIATION à la prescription. — Il est permis de renoncer à une prescription acquise, mais la renonciation a une prescription non encore acquise serait nulle. — C. civ. 2224. — Voy. *Prescription.* — *Renonciation.*

Nous donnons ici une formule de renonciation.

Renonciation à une prescription acquise.

Je soussigné A..., demeurant à....., déclare renoncer à invoquer la prescription trentenaire acquise à mon profit à défaut de renouvellement, dans les délais de la loi, du Titre constitutif d'une rente dont je suis débiteur envers M. B..., demeurant à.....; ladite rente créée par M..., mon père, que je représente seul aujourd'hui, pour cause de fieffe d'immeubles situés à....., suivant acte passé devant M°....., notaire à....., le.....

En conséquence, je m'oblige à continuer comme par le passé le service de ladite rente envers M. B..., consentant à y être contraint au besoin en vertu du titre primitif.

Je m'oblige en outre à passer Titre nouvel et Reconnaissance de ladite rente par acte en forme à toute demande de la part du créancier.

A....., le.....

(*Signature.*)

RENONCIATION à un privilège de second ordre. — Voy. *Désistement de privilège par le bailleur de fonds,* etc.

RENONCIATION à une Société d'acquêts. — Les règles de cette renonciation sont les mêmes que celles de la renonciation à une communauté. — Voy. *Renonciation à communauté.*

RENONCIATION à une surenchère. — C'est la dispense de notification que font des créanciers inscrits à un acquéreur qui veut purger les immeubles qu'il a acquis des hypothèques qui le grèvent. — Voy. *Purge des hypothèques.*

RENONCIATION à une substitution. — Voy. *Substitution.*

RENONCIATION à succession. — C'est l'acte par lequel celui qui est appelé à recueillir une succession déclare qu'il y renonce.

Toute personne appelée à recueillir une succession peut y renoncer. — C. civ. 775.

La renonciation doit être gratuite et faite au profit de tous les cohéritiers, après l'ouverture de la succession.

Elle se fait dans les cas ci-après :

1° Si la succession est mauvaise ; 2° si elle est douteuse, pour éviter les embarras d'une acceptation bénéficiaire ; 3° si l'héritier a reçu du défunt, sans dispense de rapport, une libéralité qu'il croit excéder la part lui revenant ; 4° enfin, si l'héritier veut avantager ses cohéritiers en leur abandonnant le bénéfice de la succession.

On ne peut, même par contrat de mariage, renoncer à la succession d'une personne vivante, ni aliéner les droits éventuels qu'on peut prétendre à cette succession. — C. civ. 791. — Voy. *Pacte sur une succession future.*

Pendant la durée des délais pour faire inventaire et pour délibérer, l'héritier ne peut être contraint à renoncer ni à prendre qualité. — C civ. 797. — Voy. *Délai pour faire inventaire.*

La faculté de renoncer ne se prescrit que par 30 ans. — C. civ. 789.

Des personnes par qui la renonciation peut être faite.

L'héritier ne peut plus renoncer à une succession qu'il a acceptée, à moins de faire révoquer son acceptation.

Il ne peut non plus renoncer, lorsqu'il existe contre lui un jugement passé en force de chose jugée qui le condamne comme héritier pur et simple, mais il n'est privé de cette faculté qu'au respect du créancier qui a obtenu le jugement. — C. civ. 800.

L'héritier qui a diverti ou recélé des effets d'une succession est déchu de la faculté d'y renoncer, et demeure héritier pur et simple malgré sa renonciation, sans pouvoir prétendre aucune part dans les objets divertis ou recélés. — C. civ. 792.

Le tuteur a besoin de l'autorisation du conseil de famille pour renoncer à la succession échue au mineur ou à l'interdit. La même autorisation est nécessaire au mineur émancipé.

Le pourvu d'un conseil judiciaire ne peut renoncer à une succession sans l'assistance de ce conseil.

La femme, même non commune ou séparée de biens, a besoin de l'autorisation de son mari ou de justice pour renoncer à une succession.

Si l'héritier présomptif décède sans avoir pris qualité, ses héritiers peuvent accepter ou répudier la succession de son chef. — C. civ. 781.

Des formes de la renonciation.

La renonciation doit être expresse, elle ne se présume pas. — C. civ. 784.

Elle se fait au greffe du tribunal de première instance dans l'arrondissement duquel la succession s'est ouverte, c'est-à-dire du domicile du défunt, sur un registre particulier tenu à cet effet.

On renonce par soi-même, ou par un fondé de pouvoirs en vertu d'une procuration spéciale et authentique.

Entre cohéritiers, la renonciation n'a pas besoin d'être faite au greffe, elle peut avoir lieu par acte privé. — *Cass.*, *11 août 1825.*

Des effets de la renonciation.

L'effet de la renonciation remontant au moment de l'ouverture de la succession, l'héritier qui renonce est censé n'avoir jamais été héritier. — *C. civ.* 785.

Le renonçant n'est tenu d'aucune charge de la succession, il n'en peut réclamer les revenus, et s'il a géré provisoirement les biens de la succession, il est considéré comme un administrateur étranger, et doit rendre compte de sa gestion.

Mais l'héritier renonçant peut retenir le don ou réclamer le legs à lui fait jusqu'à concurrence de la portion disponible. — *C. civ.* 845. — Voy. *Portion disponible.*

La part du renonçant accroît à ses cohéritiers, et, s'il est seul, elle est dévolue aux héritiers du degré subséquent. — *C. civ.* 786.

La renonciation est irrévocable en principe, mais le dol et la violence sont des causes de restitution contre la renonciation.

Les créanciers de celui qui renonce au préjudice de leurs droits peuvent se faire autoriser en justice à accepter la succession du chef de leur débiteur en ses lieu et place. — *D. N.*

RENONCIATION à une succession future. — Toute renonciation ou pacte sur une succession future est nul. — *C civ.* 791. — Voy. *Pacte sur succession future.*

Toutefois, on peut imposer à un légataire la condition de renoncer à telle ou telle succession, c'est une option qui n'a rien de contraire à la prohibition, puisqu'elle ne se fera qu'après l'ouverture de la succession.

RENOUVELLEMENT d'inscription. — Voy. *Inscription hypothécaire.*

RÉNOVATION. — C'est l'action de renouveler un titre ou un acte. — Voy. *Titre nouvel.*

RENSEIGNEMENTS. — Voy. *Communication.*

RENTE. — Redevance annuelle, en argent ou en denrées, établie, soit à titre gratuit, soit pour prix de l'aliénation d'un capital mobilier ou d'un immeuble. — Voy. *Arrérages.*

Les rentes sont viagères ou perpétuelles; c'est à ce titre qu'elles se distinguent des annuités d'intérêts du prêt à terme.

On distingue trois espèces principales de rentes, qui sont : la rente *constituée*, la rente *foncière* et la rente *viagère*. — Voy. ces mots.

Pour le calcul des arrérages de rentes. — Voy. *Revenus.*

RENTE alimentaire. — Voy. *Pension alimentaire.*

RENTE constituée. — Se dit de l'intérêt perpétuel stipulé pour prix de l'aliénation, soit d'un capital en argent, soit de denrées ou effets mobiliers. — *C. civ.* 1909.

Les rentes constituées sont meubles comme les autres rentes. Elles diffèrent du prêt à intérêt en ce qu'elles sont perpétuelles vis-à-vis du créancier, et tant qu'elles sont exactement servies, le débiteur ne saurait être forcé d'en rembourser le capital. — *C. civ.* 1910 *et suivants.*

Les rentes créées pour prix ou comme condition de la cession d'un immeuble sont aussi perpétuelles. Elles reçoivent de plus la dénomination de rentes foncières. — Voy. *Rentes foncières.*

Du taux des rentes.

Le taux des rentes constituées moyennant un capital est de cinq pour cent, soit le denier vingt de la prestation annuelle. — Voy. *Intérêts de capital.*

Toutefois, à l'égard des rentes créées comme prix de vente ou de cession de fonds, il est permis aux parties d'en stipuler le rachat à tel taux qu'elles jugent convenable. — *C. civ.* 530.

Dans aucun autre cas, le taux fixé par la loi ne saurait être dépassé. En cas d'excès du taux légitime, le débiteur a le choix de faire annuler le contrat ou de réduire la rente et il lui est fait compte des arrérages perçus en trop.

De la forme du contrat, des clauses qui peuvent y être insérées, etc.

La constitution de rente à titre gratuit doit avoir lieu dans la forme des dispositions gratuites. — Voy. *Donation.* — *Testament.*

Quant à la constitution à titre onéreux, elle a lieu dans la forme ordinaire des actes notariés ou sous seing privé.

Bien entendu que l'acte doit être passé devant notaire, lorsqu'il contient une constitution d'hypothèque, ce qui est indispensable pour la garantie de la rente.

Les parties peuvent convenir que le rachat ne sera parfait avant un délai qui ne pourra excéder 10 ans. — *C. civ.* 1911.

Le délai peut même être de 30 ans, si la rente est établie pour le prix de la vente d'un héritage, ou comme condition de la cession à titre onéreux ou gratuit d'un fonds immobilier. — *C. civ.* 530.

Le débiteur d'une rente constituée en perpétuel peut être contraint au rachat s'il manque à fournir au prêteur les sûretés promises par le contrat. — *C. civ.* 1912.

A défaut du contrat de constitution, le droit de rente peut s'établir par des actes de reconnaissance ou des déclarations d'hypothèque. — Voy. *Déclaration d'hypothèque.* — *Titre nouvel.*

Les quittances d'arrérages peuvent même faire présumer un titre et dispenser le créancier de le représenter.

A moins de stipulation contraire dans le titre constitutif, la prestation des rentes est divisible entre les héritiers des débiteurs, et chacun de ceux-ci n'en est tenu que pour sa part, sauf l'action hypothécaire.

Les arrérages des rentes sont soumis à la prescription de 5 ans.

Les rentes stipulées payables au domicile du créancier sont *portables ;* les autres sont *quérables*, et payables au domicile du débiteur.

Il n'y a plus de retenue de plein droit à l'égard des rentes créées depuis la Loi du 3 sept. 1807. — Voy. *Retenue.*

Les rentes s'éteignent par le *rachat*, par le remboursement auquel le débiteur peut être contraint, par la remise qu'il obtient du créancier, par la novation, par la confusion et par la prescription. — Voy. *Confusion.* — *Novation.* — *Remboursement de rente perpétuelle.* — *Remise de dette.* — *Prescription.*

A l'égard du remboursement. — Voy. *Remboursement de rente perpétuelle.*

RENTE convenancière. — Prestation ou prix d'un bail à domaine congéable. — Voy. *Domaine congéable.*

RENTE sur l'Etat. — C'est ainsi qu'on appelle les rentes constituées par l'Etat comme représentation des intérêts annuels de capitaux empruntés ou de dettes contractées. Ces rentes sont cotées à la Bourse, et le taux d'après lequel ont lieu la vente et l'achat des titres se nomme *Cours de la rente.*

Des diverses espèces de rentes sur l'Etat.

Les rentes sur l'Etat sont perpétuelles ou viagères. — Voy. *Dette publique.*

Celles viagères sont relatives aux pensions de retraite et autres.

Les rentes perpétuelles sont *nominatives* ou au *porteur.* — Elles se divisent en :

1° *Rente 3 pour* 100 inamortissable, instituée par la Loi du 27 avril 1825 et avec laquelle se confondent actuellement les anciennes rentes 4 et 4 1|2 pour 100 converties par la Loi et le décret du 7 novembre 1887, et dont les intérêts se paient par trimestres, les 1er *Janvier*, 1er *Avril*, 1er *Juillet* et 1er *Octobre*. C'est le Titre le plus répandu, et comme son capital nominatif est de 100 fr., c'est celui qui semble avoir le plus de marge de hausse et dont nous conseillons l'achat de préférence, comme valeur d'avenir et de tout repos.

2° *Rente 4 1|2 pour 100 nouvelle.* Cette rente remplace, depuis le mois d'août 1883, le 5 pour 100 créé en 1871 et 1872. Les intérêts se paient par trimestres, les 16 *Février*, 16 *Mai*, 16 *Août* et 16 *Novembre*.

Et 3° *Rente 3 pour 0|0 obligatoirement amortissable* au pair, c'est-à-dire à 100 fr. en 75 ans, par voie de tirage au sort. Les intérêts sont payables par trimestres, les 16 *Janvier*, 16 *Avril*, 16 *Juillet* et 16 *Octobre*.

Cette dernière rente a été créée par une loi du 11 juin 1878 pour subvenir aux dépenses de nos chemins de fer, de nos canaux et de nos ports ; et comme il s'agit de plusieurs milliards, de nouvelles émissions doivent avoir lieu successivement, au fur et à mesure des besoins.

Les rentes sur l'Etat sont nominatives ou au porteur. — Voy. *Inscription sur le Grand-Livre de la Dette publique.*

Elles sont *insaisissables*, même pour leurs arrérages.

Elles sont *meubles* par la détermination de la Loi. Mais elles peuvent, en certains cas, être *immobilisées*. — Voy. *Régime dotal.* — *Remploi.*

La transmission des Rentes sur l'Etat s'opère par vente, par succession, donation, legs, échange, ou de toute autre manière légale.

On peut établir au besoin l'origine de la possession d'une rente sur l'Etat aux mains de telle ou telle personne. — Voy. *Demande d'origine.*

La vente qui prend le nom de *transfert* ne peut s'effectuer que par le ministère d'un agent de change. — Voy. *Transfert.*

Dans les départements, la mutation s'opère par l'entremise gratuite des Receveurs des finances.

Les Rentes sur l'Etat se vendent au comptant ou à terme. — Voy. *Marché à terme.*

Pour la déclaration à faire et l'opposition à former au Trésor en cas de vol ou de perte de titre. — Voy. *Perte d'actes ou titres.* — *Transfert.*

Nous indiquons ci-après un mode abréviatif pour calculer, soit le *prix de revient* au cours de la Bourse d'une rente sur l'Etat que l'on veut acheter, soit le *prix que doit produire une rente vendue* à un cours donné.

Rente 3 pour cent.

Multiplier le chiffre de la rente par le cours de la Bourse, et prendre le tiers du produit.

Exemple :

On suppose 120 fr. de rente 3 pour cent au cours de 80 fr.

```
        120
      ×  80
Egalent 9600
Dont le  1/3
Est de   3200 fr.
```

Ainsi 120 fr. de rente *coûteront*, ou *produiront* 3200 francs.

Rente 4 pour cent.

Multiplier la rente par le cours de la Bourse et prendre le 1/4 du produit.

Rente 4 1/2 pour cent.

Doubler le chiffre de la rente à *acheter* ou à *vendre*, multiplier le résultat par le cours de la Bourse, et prendre le 1/9 du produit ou bien le diviser par 9.

Nous donnons ensuite un Tableau indiquant le taux de l'intérêt de l'argent placé en rentes 3, 4 et 4 1/2 pour cent, aux divers cours qui y sont énoncés.

3 p. 0/0		4 p. 0/0		4 1/2 p. 0/0	
COURS	TAUX P. 0/0	COURS	TAUX P. 0/0	COURS	TAUX P. 0/0
fr.	fr. c.	fr.	fr. c.	fr.	fr. c.
à 60	5 »	à 75	5 33	à 85	5 29
61	4 91	76	5 26	86	5 23
62	4 83	77	5 19	87	5 17
63	4 75	78	5 13	88	5 11
64	4 68	79	5 07	89	5 05
65	4 61	80	5 »	90	5 »
66	4 54	81	4 94	91	4 94
67	4 47	82	4 88	92	4 89
68	4 41	83	4 82	93	4 83
69	4 34	84	4 76	94	4 78
70	4 28	85	4 70	95	4 73
71	4 22	86	4 65	96	4 68
72	4 16	87	4 59	97	4 63
73	4 10	88	4 54	98	4 59
74	4 03	89	4 49	99	4 54
75	4 »	90	4 44	100	4 50
76	3 94	91	4 39	101	4 45
77	3 89	92	4 34	102	4 41
78	3 89	93	4 30	103	4 36
79	3 79	94	4 25	104	4 32
80	3 75	95	4 21	105	4 28
81	3 70	96	4 16	106	4 24
82	3 65	97	4 12	107	4 20
83	3 61	98	4 08	108	4 16
84	3 57	99	4 04	109	4 12
85	3 52	100	4 »	110	4 08
86	3 48	101	3 96	111	4 05
87	3 44	102	3 92	112	4 01
88	3 40	103	3 88	113	3 98
89	3 37	104	3 84	114	3 94
90	3 33	105	3 80	115	3 91

RENTE foncière. — C'est celle qui forme le prix de la cession d'un immeuble ou fonds immobilier.

Avant 1789, les rentes foncières étaient le produit d'un *bail à rente*, c'est-à-dire de l'aliénation du fonds moyennant une rente, et étaient irrachetables et susceptibles d'hypothèque; mais, d'après les lois nouvelles, elles sont devenues, comme les autres, *mobilisées*, *rachetables* et *prescriptibles* par 5 ans pour les arrérages, et par 30 ans pour le capital. — Voy. *Rente constituée.*

La Loi n'admet plus les dénominations de bail à rente ni de rente foncière, mais il ne convient pas moins de distinguer la rente formant le prix de la vente d'un fonds, de celle constituée à prix d'argent, attendu que la première confère au créancier un droit de privilège et d'action résolutoire sur le fonds à défaut de paiement de la rente, tandis que la seconde ne donne droit qu'à l'action hypothécaire. — Voy. *Résolution.* — *Hypothèque.*

L'aliénation d'un fonds, moyennant une rente, n'étant autre chose qu'une vente, nous renvoyons à ce mot. — D. N. — Voy. *Vente.*

RENTE perpétuelle. — Voy. *Rente constituée.*

RENTE au porteur. — Se dit de celle due par le Trésor public, dont les arrérages sont payés au porteur de l'extrait d'inscription au Grand-Livre, sur la présentation qu'il fait des coupons qu'il détache de cette inscription. — Voy. *Dette publique.* — *Inscription sur le Grand-Livre.* — *Rente sur l'État.*

RENTE viagère. — C'est celle dont la durée est restreinte à la vie d'une ou de plusieurs personnes.

De la formation de la rente viagère.

On peut constituer une rente viagère par donation entre vifs, par testament, ou par contrats onéreux ou intéressés, c'est-à-dire à prix d'argent ou moyennant la vente ou cession d'une chose. — *C. civ.* 1968 *et* 1969.

Ce contrat est du nombre de ceux aléatoires ; ainsi, bien que le créancier meure peu de temps après la constitution, le débiteur ne doit rien restituer.

Toutefois, comme il est de l'essence de ce contrat qu'il y ait une personne sur la tête de laquelle la rente soit constituée, il en résulte que si la personne désignée était morte au jour du contrat, il ne produirait aucun effet. Il en serait de même si la personne était atteinte d'une maladie dont elle mourrait dans les 20 jours du contrat, non compris celui de sa date. — *C. civ.* 1974, 1975.

Les rentes viagères sont de nature mobilière.

Celles constituées à titre gratuit peuvent être stipulées incessibles et insaisissables, mais seulement jusqu'à concurrence de la quotité disponible lorsqu'elles sont constituées au profit d'un successible. — *C. civ.* 1981.

Les rentes viagères peuvent être constituées sur plusieurs têtes.

Elles peuvent même être constituées sur la tête d'un tiers non intéressé, capable ou non, et au taux qu'il plaît aux parties constituantes de fixer.

Néanmoins, la constitution de rente viagère dont le taux serait inférieur à l'intérêt légal du capital pour lequel elle aurait été constituée serait nulle, à moins que le contrat ne revêtît la forme d'une *Donation* et n'indiquât que le crédi-rentier a voulu faire une donation déguisée.

Les contrats de rente viagère peuvent être passés sous seing privé comme devant notaire ; mais pour conférer une hypothèque au créancier, il est indispensable qu'ils soient passés devant notaire. — Voy. *Hypothèque*.

La constitution de rente viagère à titre purement gratuit faite par acte sous seing serait d'ailleurs radicalement nulle. — *Cass.,* 23 *mars* 1870.

De la résolution du contrat et de la durée et extinction de la rente.

Celui au profit duquel la rente viagère a été constituée moyennant un prix peut demander la résiliation du contrat, si le constituant ne lui donne pas les sûretés stipulées pour son exécution. — *C. civ.* 1977.

Mais le défaut de paiement des arrérages de la rente n'autorise point celui en faveur de qui elle est constituée à demander le remboursement du capital ou à rentrer dans le fonds par lui aliéné, il n'a que le droit de saisir et faire vendre les biens de son débiteur, et de faire ordonner ou consentir, sur le produit de la vente, l'emploi d'une somme suffisante pour le service des arrérages. — *C. civ.* 1978.

La rente viagère doit être servie pendant toute la vie des personnes sur la tête desquelles elle a été constituée, sans pouvoir la racheter, à moins que la faculté de rachat n'ait été stipulée dans le contrat.

Le créancier d'une rente viagère ne peut en exiger les arrérages qu'en justifiant de son existence ou de celle de la personne sur la tête de laquelle elle a été constituée, sauf toute stipulation contraire. — *C. civ.* 1983.

Les arrérages ne sont acquis au propriétaire ou aux héritiers que dans la proportion du nombre de jours qu'a vécu la personne décédée.

On peut stipuler que la rente viagère s'éteindra en principal, arrérages et prorata au jour du décès du créancier, de sorte que, ce décès arrivant, le débiteur se trouve entièrement libéré.

La rente viagère créée sur deux têtes subsiste intégralement, après le décès de la première tête, sur la tête survivante, sauf convention contraire.

Pour le calcul des arrérages et proratas. — Voy. *Revenus*

Nous donnons ci-après deux *Tableaux* du taux moyen généralement adopté par les compagnies d'*assurances sur la vie*, pour la constitution de rentes viagères immédiates, payables par semestres.

1. Tableau du taux moyen des rentes viagères sur une seule tête.

AGE	RENTE ANNUELLE pour 100 fr.	PRIX de 100 francs de rente	AGE	RENTE ANNUELLE pour 100 fr.	PRIX de 100 francs de rente	AGE	RENTE ANNUELLE pour 100 fr.	PRIX de 100 francs de rente
Ans.			Ans.			Ans.		
31	5.74	1741.23	51	7.27	1375.65	71	12.44	803.92
32	5.78	1729.77	52	7.41	1349.49	72	12.78	782.39
33	5.82	1717.94	53	7.56	1322.19	73	13.03	767.72
34	5.86	1705.72	54	7.73	1293.66	74	13.32	750.63
35	5.91	1693.10	55	7.91	1263.85	75	13.57	736.94
36	5.95	1680.05	56	8.11	1232.67	76	13.82	723.44
37	6.00	1666.56	57	8.32	1202.46	77	14.13	707.94
38	6.06	1650.03	58	8.54	1170.88	78	14.47	690.91
39	6.12	1632.85	59	8.77	1140.22	79	14.86	672.79
40	6.19	1614.98	60	9.02	1108.17	80	15.16	659.67
41	6.26	1596.39	61	9.26	1079.87	81	15.44	647.74
42	6.34	1577.04	62	9.51	1052.00	82	15.76	634.38
43	6.42	1556.88	63	9.78	1022.25	83	16.12	620.47
44	6.51	1535.89	64	10.07	992.87	84	16.46	607.37
45	6.60	1514.01	65	10.35	966.11	85	16.74	597.38
46	6.71	1491.19	66	10.67	936.90	86	17.02	587.40
47	6.80	1469.94	67	11.02	907.42	87	17.33	577.15
48	6.91	1447.81	68	11.39	877.73	88	17.57	569.05
49	7.02	1424.75	69	11.76	850.30	89	17.78	562.35
50	7.14	1400.71	70	12.15	823.25	90	17.92	557.92

II. Tableau du taux moyen des rentes viagères sur deux têtes.

AGE de l'un.	AGE de l'autre.	TAUX.	AGE de l'un.	AGE de l'autre.	TAUX.	AGE de l'un.	AGE de l'autre.	TAUX.
50	50	6 37	53	53	6 75	55	55	7 04
	53	6 54		55	6 88		58	7 24
	55	6 66		58	7 08		60	7 41
	58	6 80		60	7 19		63	7 62
	60	6 93		63	7 41		65	7 79
	63	7 06		65	7 52		68	7 99
	65	7 18		68	7 70		70	8 09
	68	7 32		70	7 80		73	8 25
	70	7 39		73	7 91		75	8 33
	73	7 48		75	7 98		78	8 45
	75	7 53		78	8 07		80	8 50
	78	7 62		80	8 17			
	80	7 65						
60	60	7 90	63	62	8 32	65	65	8 67
	63	8 21		65	8 57		68	9 08
	65	8 42		68	8 90		70	9 34
	68	8 68		70	9 09		73	9 67
	70	8 85		73	9 36		75	9 87
	73	9 06		75	9 54		78	10 11
	75	9 18		78	9 80		80	10 28
	78	9 35		80	9 94			
	80	9 45						
70	70	9 97	73	73	10 87	75	75	11 53
	73	10 40		75	11 17		78	12 05
	75	10 68		78	11 57		80	12 37
	78	11 02		80	11 84			
	80	11 21						

RENTRÉE en possession. — Voy. *Réintégrande*. — *Réméré*. — *Rescision* — *Résolution*. — *Retour conventionnel*. — *Retour légal*. — *Retrait de droits litigieux*. — *Retrait successoral*. — *Revendication*.

RENVOI. — C'est ainsi qu'on appelle la *marque* qui, dans un écrit ou dans un acte, renvoie à une autre marque semblable sous laquelle on écrit en marge ou à la fin l'addition ou l'apostille qui doit se joindre au texte.

Sauf l'exception ci-après, les renvois doivent être placés en marge de l'acte et signés ou paraphés par les parties, à peine de nullité.

Toutefois, si la longueur des renvois exige qu'ils soient transportés à la fin de l'acte, ils doivent, non seulement être signés ou paraphés, mais encore expressément approuvés, aussi à peine de nullité.

Les personnes qui signent sans paraphe peuvent approuver les renvois au moyen des lettres initiales de leurs prénoms et noms.

Telle est la règle concernant les actes authentiques ; mais à l'égard des actes sous seing, nous pensons qu'un renvoi placé en interligne ne serait pas nul, surtout s'il était spécialement approuvé par les parties à la fin de l'acte.

RENVOI de demande. — Disposition d'un jugement qui déclare le demandeur non recevable ou mal fondé.

RENVOI d'un tribunal à un autre (Demande en). — On appelle demande en renvoi celle tendant à dessaisir un tribunal d'une affaire pour la porter devant un autre tribunal.

Les causes de renvoi sont notamment celles ci-après : incompétence, sûreté publique, suspicion légitime, parenté ou alliance des juges avec l'une des parties.

En matière civile, la procédure du renvoi est réglée par les art. 369 à 377 du C. de proc., et en matière criminelle, par les art. 542 et 552 du C. d'instr. crim.

RENVOI devant notaire. — Se dit du renvoi que prononcent les Tribunaux devant un notaire pour procéder à une opération. — Voy. *Compte.* — *Liquidation.* — *Licitation.* — *Partage.* — *Vente judiciaire.*

RENVOI d'un prévenu ou d'un inculpé. — C'est le nom, qu'en matière correctionnelle et de police, l'on donne à l'acquittement qui est prononcé en faveur d'un prévenu de délit ou contravention. — Voy. *Absolution.*

RÉPARATIONS. — Ouvrages ayant pour objet de remédier à la détérioration des biens, c'est-à-dire à leur entretien et à leur conservation, ce qui comprend la main-d'œuvre et la fourniture des matériaux.

Les réparations diffèrent des améliorations et des nouvelles constructions. — Voy. *Usufruit.*

Lorsque la construction ne porte que sur l'accessoire d'une chose, ce n'est qu'une réparation ; mais si la chose avait été totalement détruite, ce serait une nouvelle construction. — Voy. *Construction.*

On distingue les *grosses réparations* proprement dites, et les *réparations d'entretien*, qui se subdivisent elles-mêmes en réparations de *gros entretien* et de *menu entretien*, qu'on appelle *locatives*.

Dans le cas d'usufruit, l'usufruitier supporte toutes les réparations de gros et menu entretien. Les seules grosses réparations indiquées par la Loi sont à la charge du propriétaire. — C. civ. 606. — Voy. *Usufruit.*

Tout propriétaire a le droit de réparer sa propriété comme il l'entend, pourvu que la réparation ne soit contraire ni aux lois ni aux droits des voisins, ni faite avec l'intention de nuire, lors même qu'il en résulterait un dommage pour l'héritage contigu.

Il doit, pour réparer ses bâtiments donnant sur la voie publique, obtenir les alignements nécessaires de l'autorité municipale. — Voy. *Alignement.*

Dans le contrat de louage, les réparations locatives sont supportées par le fermier, sauf les cas où elles seraient occasionnées par vétusté ou force majeure. Le locataire est encore tenu de répondre des dégradations ou des pertes arrivées pendant sa jouissance. — Voy. *Dégradations.*

C'est au locataire à fournir la preuve des faits qui produisent sa décharge des réparations locatives ou des dégradations.

La Loi n'établit point de prescription particulière contre l'action à fin de réparations ; mais une fois sorti, ce serait au propriétaire à prouver que les dégradations viennent du fait du locataire.

Le propriétaire a, pour ces réparations, le même privilège que pour les loyers et fermages. — *C. civ.* 2102. — Voy. *Privilège.*

Les réparations locatives aux maisons et bâtiments sont celles désignées comme telles par l'usage des lieux, et entre autres celles indiquées par l'art. 1754 du C. civ.

A l'égard des biens ruraux en général, les terres doivent être rendues dans l'état où elles ont été livrées, et il faut consulter les usages de chaque pays.

Le locataire n'est tenu ni du curage des cours d'eau, ni de l'entretien de leurs digues ou déversoirs.

L'entretien des échalas ou charniers dans les vignes est à la charge du fermier, qui doit, par conséquent, en rendre une quantité suffisante et équivalente.

Les réparations aux biens indivis doivent être faites en commun ; les frais en sont supportés par chacun des propriétaires, dans la proportion de ses droits. — *D. N.*

A l'égard des réparations aux biens propres des époux, lorsqu'ils sont communs en biens, toutes les réparations *usufruitières* sont à la charge de la communauté ; mais sous le régime dotal, ces mêmes réparations sont à la charge du mari seul, en sa qualité d'usufruitier. *C. civ.* 1409, 1562. — Voy. *Récompense.* — *Usufruit.* — *Régime dotal.*

Le mari est tenu de faire les *grosses* réparations comme administrateur ; mais il en est dû récompense à la communauté, ou bien le mari a une action en répétition lors de la restitution de la dot. — Voy. *Récompense.* — *Régime dotal.*

RÉPARATIONS civiles. — Se dit des dommages-intérêts que les tribunaux accordent à la partie lésée, soit par un crime, un délit ou une contravention, soit par une dénonciation calomnieuse portée contre elle, lorsqu'elle s'est rendue partie civile au procès.

Les Tribunaux correctionnels ne peuvent condamner le prévenu aux dommages-intérêts qu'accessoirement à la peine qu'ils prononcent contre lui. Toutefois, en matière criminelle, lors même que l'accusé a été absous ou acquitté par le Jury, la partie civile peut encore réclamer des dommages-intérêts et la Cour d'assises lui en allouer. — *C. instr. crim.* 358, 366.

En matière criminelle, la partie civile est responsable des frais lorsqu'elle succombe. — *L. du 28 avril* 1832.

Le prévenu ou l'accusé peut, s'il est acquitté, exiger des réparations civiles de son dénonciateur pour fait de dénonciation calomnieuse. — *C. instr. crim.* 159, 191, 192, 358.

Le Ministère public n'est soumis à aucune réparation civile pour les poursuites qu'il intente, sauf le cas où la prise à partie est autorisée contre lui. — Voy. *Prise à partie.*

RÉPARATION d'erreurs. — Voy. *Compte.*

RÉPARATION d'honneur. — C'est la déclaration faite par écrit, ou à l'audience, par l'auteur d'une injure, qu'il reconnaît l'offensé pour un homme d'honneur.

Cette réparation n'est autorisée judiciairement, que dans le cas d'outrages commis envers les fonctionnaires publics, ou les agents de la force publique. — *C. pén.* 226 *et* 227.

REPARE (ou réparation). — Se dit du terrain libre ou espace légal qui sépare les fossés et haies vives du terrain voisin et que le propriétaire a dû laisser, lorsqu'il s'est enclos. — Voy. *Fossé.* — *Haie.*

La repare se nomme aussi *franc-bord, franche-raie,* ou *porte-rouelle,* selon les lieux.

Tout fossé entraîne une repare, sauf ceux qui séparent les bois de l'État des bois des particuliers ; mais les fossés des bois des particuliers ont leur repare.

Le terrain laissé pour la réparation doit rester en état d'abandon et il ne peu y être fait aucune plantation ni semaille ; mais l'usage autorise le voisin à couper et faire pâturer l'herbe lorsqu'il s'agit de prés et herbages.

Sauf preuve contraire, la repare appartient au propriétaire du fossé ou de la haie.

Elle appartient au riverain le long des chemins non vicinaux.

En Bourgogne, la distance légale ou repare est de 33 centimètres.— *Arr. Dijon*, 22 *juillet*. 1836.

En Normandie, elle est de 66 cent. pour les fossés ouverts le long des terres labourables, et partout ailleurs de 50 centimètres. — *Devilade*.

Elle est de 50 cent. pour les haies vives, quelle que soit la nature des fonds riverains.

La repare des haies et fossés doit être tenue libre de tous rejetons, accrues et broussailles, et le voisin peut contraindre le propriétaire à les couper.

Au delà de ce terrain intermédiaire, le voisin peut prendre à son profit les bois et broussailles qui s'élèvent sur lui.

Le propriétaire de la repare a le droit d'y circuler, d'y déposer les curures du fossé, en un mot d'en user comme d'un chemin de halage, sans qu'il puisse en résulter un déversement d'eaux sur le voisin.

Il peut même l'enclore sur la ligne séparative par un mur, palissade ou haie sèche ; mais si la pièce voisine est de nature à être dépouillée par des bestiaux, il doit se mettre véritablement en état de clôture.

La largeur de la repare se détermine d'après la nature des fonds limitrophes à l'époque de l'ouverture des fossés ; ainsi, celui qui aura fait un fossé le long d'un herbage en laissant 50 centimètres de repare ne sera pas obligé d'en rétablir un à 66 centimètres si l'herbage est brisé et converti en labour.

Le propriétaire d'une haie vive peut empêcher au voisin de cultiver le rejet ou réparation ; néanmoins, l'usage autorise ce dernier à couper et à faire pâturer l'herbe lorsqu'il s'agit de prés et herbages.

La repare est susceptible de prescription comme toute autre partie du fonds, mais il faut une possession paisible, continue et non équivoque.

RÉPARTITION. — Calcul au marc le franc à tant pour cent. — Voy. *Marc le franc*.

RÉPERTOIRE. — C'est ainsi qu'on appelle un Registre sur lequel certains fonctionnaires tels que les notaires, greffiers, commissaires-priseurs, courtiers, huissiers, etc., sont tenus d'inscrire sommairement, et jour par jour, tous les actes de leur ministère, à peine d'amende.

RÉPÉTITION de l'indu.— C'est l'action en restitution de ce qui a été indûment payé, contre celui qui a reçu sciemment ou par erreur ce qui ne lui était pas dû. — *C. civ. 1376 et suivants*.

C'est payer indûment que de payer plus qu'on ne doit, et il y a lieu à la répétition de l'excédent.

Les accessoires de la chose, les fruits ou intérêts qu'elle a produits, sont aussi sujets à répétition, à moins que le détenteur n'ait été de bonne foi.

RÉPÉTITION de droits indûment perçus —Voy. *Restitution de droits d'enregistrement*.

RÉPLIQUE. — Se dit de la réponse à ce qui a déjà été répondu.—Voy. *Plaidoirie*.

RÉPONDANT. — Voy. *Caution. — Cautionnement. — Garantie*.

REPORT. — Terme de comptabilité qui exprime l'action de reporter en tête de chaque page d'un compte, d'un inventaire, d'un partage, les sommes qui forment le montant des calculs de la page précédente.

REPORT de Bourse. — Opération double et simultanée qui consiste à acheter au comptant, une certaine quantité de rentes sur l'Etat et à les revendre dans le même moment, à terme, pour profiter du bénéfice de la différence entre le prix au comptant et le prix à terme, différence qui prend le nom de hausse et s'établit, tous les mois, sous la dénomination de *taux de report*. — Voy. *Marché à terme*.

REPRÉSAILLES. — Se dit, en matière de droit des gens, de l'action de nuire aux citoyens d'un Etat étranger, pour se venger de ce qu'ils ont fait au mépris du droit de la guerre ou du droit international et des traités.

On nomme lettres de représailles l'autorisation que le Gouvernement accorde à un citoyen de reprendre sur l'ennemi l'équivalent de ce qui lui a été pris. — *C. pén.* 85. — *C. comm.* 350.

REPRÉSENTANTS. — On désigne sous ce nom ceux qui sont mis aux lieu et place d'un autre, soit à titre successif, soit par procuration. — Voy. *Ayant cause*. — *Héritiers*. — *Succession*.

REPRÉSENTATION. — Ce mot se dit des *actes*, des *choses* et des *personnes*. Il y a aussi le droit de représentation. — Voy. *les mots suivants*.

REPRÉSENTATION d'actes. — C'est la communication de tous les actes qui peuvent servir de titre à une action en justice, et qui se fait, soit volontairement, soit en vertu d'une ordonnance du juge. — Voy. *Communication*. — *Compétence*. — *Minute*.

REPRÉSENTATION de choses. — C'est l'exhibition ou la mise en évidence des objets, de manière que la personne qui y prétend puisse exercer efficacement son action. — Voy. *Inventaire*. — *Saisie-exécution*. — *Saisie-gagerie*.

REPRÉSENTATION (Droit de). — En matière de succession, la représentation est une fiction de la loi dont l'effet est de faire entrer les représentants dans la place, le degré et les droits du représenté. — *C. civ.* 739. — Voy. *Succession*.

REPRÉSENTATION de personnes. — On représente une personne en la faisant paraître dans le lieu où il est nécessaire qu'elle se trouve ; ainsi, les gardiens de prisons ou maisons d'aliénés sont tenus de représenter les prisonniers et les aliénés. — *C. pén.* 120, 345.

RÉPRIMANDE. — Peine disciplinaire. — Voy. *Discipline*.

REPRIS de justice. — Qualification applicable à ceux qui ont subi une peine afflictive et infamante.

REPRISES. — Voy. *Reprises matrimoniales*.

REPRISES d'apports (Clause de). — C'est la convention qui a lieu dans le contrat de mariage pour la reprise de l'apport, en cas de renonciation à la communauté. — Voy. *Communauté de biens*. — *Reprises matrimoniales*.

REPRISE d'assurance. — Voy. *Réassurance*.

REPRISE d'instance. — C'est l'acte par lequel on déclare donner suite à une instance demeurée impoursuivie, ou par lequel on reprend la poursuite d'une affaire avec une personne autre que la partie ou l'avoué avec qui elle avait été commencée. — *C. proc.* 342 *et suiv*.

REPRISE sur l'ennemi. — Voy. *Prise maritime*.

REPRISE de terre. — C'est l'action de reprendre le terrain qu'un voisin aurait usurpé. — Voy. *Anticipation*. — *Juge de paix*.

REPRISES matrimoniales. — On entend par ces mots, non seulement les biens et valeurs restés propres aux époux et qui doivent leur être rendus lors de la dissolution du mariage, mais encore certaines indemnités dues pour avances ou autrement, de même que toutes choses ou sommes que l'époux survivant doit prélever à titre de *préciput conventionnel*. — *Voy.* ce mot.

Chaque époux a le droit de reprendre dans la communauté : 1° ses biens propres existant encore en nature, ou leur prix, s'ils ont été aliénés ; 2° les effet mobiliers ou la valeur des effets mobiliers qu'il a stipulés propres par son contrat de mariage, et qui sont entrés dans la communauté à l'époque du mariage ou depuis ; 3° le montant des obligations qu'il a contractées dans l'intérêt de la communauté et acquittées de ses deniers personnels, et généralement tout ce dont il a enrichi la communauté à ses dépens, ou tout ce qu'elle lui doit à un autre titre. — *C. civ.* 1419, 1431, 1470 et 1503.

Lorsqu'un propre de la femme a péri par la faute du mari, elle a droit à une récompense ; mais le mari ne peut prétendre à aucune reprise pour les rentes ou créances à lui appartenant qu'il aurait laissé perdre.

En cas de faillite ou de déconfiture du mari, les créanciers de la femme peuvent exercer les droits de leur débitrice, jusqu'à concurrence du montant de leurs créances. — *C. civ.* 1446.

Les récompenses dues par la communauté aux époux portent intérêt de plein droit, du jour de la dissolution de la communauté. — *C. civ.* 1473.

La femme exerce ses reprises, soit qu'elle accepte, soit qu'elle renonce à la communauté, mais il en est autrement du mari, qui, dès que la communauté a été répudiée par la femme, devient seul propriétaire des biens qui la composent, et passible des dettes dont elle est grevée, comme réunissant dans sa personne les qualités de créancier et de débiteur.

La femme, même renonçante à la communauté, a le droit de reprendre en nature les linges ou hardes à son usage personnel. — *C. civ.* 1492.

Si les biens de la communauté sont insuffisants pour remplir la femme du prix de ses propres, elle exerce ses reprises sur les biens personnels du mari ; mais ce dernier n'a de reprises que sur les biens de la communauté.

La femme a hypothèque légale sur les biens du mari, indépendamment de toute inscription : 1° pour ses apports en mariage, du jour de la date du contrat ; 2° pour le remploi et la reprise de ses propres aliénés, du jour de l'aliénation ; 3° pour la reprise des successions à elle échues ou des donations à elle faites, du jour de l'ouverture de la succession ou du jour où la donation a eu son effet ; et 4° à raison des dettes qu'elle a contractées dans l'intérêt de son mari, du jour de l'obligation. — *D. N.*

REPROCHE. — Se dit, en procédure, des moyens employés pour empêcher qu'un témoin soit entendu. — Voy. *Témoin judiciaire*.

RÉPUDIATION. — Ce mot est synonyme de renonciation et s'emploie plus particulièrement à l'égard des legs pour renoncer. — Voy. *Renonciation*.

REQUÉRANT. — Se dit de celui qui forme une demande, une requête en justice, ou qui requiert le ministère d'un officier public.

REQUÉRIR. — Se dit particulièrement de la demande adressée à un Tribunal à un officier public. Ainsi, l'on *requiert* le ministère d'un Notaire, d'un Avoué etc.

REQUÊTE. — Demande par écrit. Les requêtes sont, en général, du ministère des Avoués.

REQUÊTE civile. — C'est une voie extraordinaire, permise dans certains cas déterminés par la Loi, pour attaquer et faire rétracter les jugements en dernier ressort devant les Tribunaux mêmes qui les ont rendus. — *C. proc.* 480 *et suiv.*

Elle se fonde généralement sur ce principe, qu'on ne peut considérer comme un véritable jugement celui qui est le fruit de l'erreur ou du dol, ou qui n'a pas statué rigoureusement sur la demande.

La requête civile se divise en deux espèces : la *principale*, par laquelle on attaque directement un jugement, et l'*incidente*, par laquelle on l'attaque sur l'instance au cours de laquelle une partie le fait valoir.

Cette voie est ouverte à toutes personnes lésées par un jugement et qui, en même temps, ont été parties ou dûment appelées à ce jugement, de même qu'à leurs héritiers ou ayants cause ; mais les tiers qui n'ont point été appelés ne peuvent attaquer que par tierce opposition. — Voy. *Tierce opposition*.

La requête civile n'est pas admissible contre les jugements des Tribunaux de paix, ni contre les arrêts de cassation qui rejettent un pourvoi; mais cette voie est permise contre les jugements des Tribunaux de commerce.

On ne peut se pourvoir par requête civile, ni contre le jugement déjà attaqué par cette voie, ni contre celui qui l'a rejeté, même pour nullité ou fins de non-recevoir, pas plus que sur celui rendu sur le rescisoire, c'est-à-dire sur le fond de la contestation. — *C. proc.* 553.

Si la requête civile est rejetée, le jugement attaqué est maintenu de droit, et le demandeur est condamné au moins aux amendes et dommages-intérêts consignés. — *C. proc.* 500.

REQUÊTE à fin d'expertise. — Voy. *Expertise en matière d'enregistrement.*

REQUÊTE en collocation. — Voy. *Collocation.*

RÉQUISITION. — Terme de pratique qui signifie *Demande* et se dit surtout des demandes consignées dans les procès-verbaux avec les dires et observations des parties. — Voy. *Procès-verbal.*

RÉQUISITION de personnes ou de choses. — Demande faite par l'autorité dans le but de mettre certaines personnes ou certaines choses à la disposition de l'Etat.

Les réquisitions de personnes ont lieu pour remédier à des accidents, ou à des fléaux calamiteux. — Elles sont faites par l'autorité municipale, en vertu des Lois des 24 août 1790 et 5 avril 1884, ou bien par l'autorité judiciaire et les agents de la force publique dans les cas de brigandages, pillages, flagrants délits et clameurs publiques.

Les réquisitions de choses ont lieu lorsqu'il s'agit de pourvoir, dans des cas urgents et extraordinaires, à la fourniture d'objets nécessaires aux besoins des troupes ou à la défense de l'Etat. — Voy. *Logement militaire.*

Celui qui, à moins d'impossibilité absolue, refuse d'obtempérer aux réquisitions qui lui sont adressées par un fonctionnaire compétent, est puni conformément à l'art. 475 du C. pén.

Une loi du 3 juillet 1877, complétée par un règlement du 3 août suivant, a déterminé les règles relatives aux réquisitions faites par l'autorité militaire en cas de mobilisation totale ou partielle de l'armée ou de rassemblement de troupes.

Cette loi indique les conditions générales dans lesquelles s'exerce le droit de réquisition; détermine les prestations à fournir; règle les conditions du logement et du cantonnement des troupes en station ou en marche; détermine le mode de règlement des indemnités, etc., etc.

Un décret du 9 avril 1878, modifié par un autre décret du 25 février 1879, désigne les fonctionnaires, les administrations publiques et les établissements publics appelés à bénéficier des exemptions de la réquisition en cas de mobilisation.

En ce qui concerne les réquisitions faites par les armées ennemies en cas d'invasion, il est de principe posé par la jurisprudence que les réquisitions adressées par l'ennemi à un habitant, en dehors de tout acte de violence ou de pillage, sont réputées exécutées dans l'intérêt et pour le compte de la généralité des habitants des communes occupées, d'où il suit que l'habitant réquisitionné a son recours contre les communes. — *Cass.*, 17 nov. 1880, 7 *fév.* et 15 *mars* 1882.

Une loi du 3 juillet 1877 oblige les propriétaires de chevaux, juments, mulets et mules susceptibles d'être requis pour le service de l'armée, à présenter ces animaux tous les ans à la commission de classement qui se réunit à cet effet dans chaque commune, et ce, sous peine d'une amende de 25 fr. à 1000 fr.

Ceux qui présenteraient sciemment des animaux déjà refusés ou réformés antérieurement, aux lieu et place d'autres animaux propres au service, pourraient être condamnés à une amende de 50 fr. à 2000 fr.

RÉQUISITION militaire. — Voy. *Réquisition de personnes et de choses.*

RÉQUISITION à un notaire. — A moins d'empêchement légitime, les notaires sont tenus de prêter leur ministère lorsqu'ils en sont requis. — *L. du 25 ventôse an XI.*

RÉQUISITIONS hypothécaires. — Ce sont celles adressées aux conservateurs des hypothèques à l'effet d'obtenir d'eux, soit l'accomplissement d'une formalité, soit la délivrance d'Etats, copies ou certificats.

La simple remise des titres vaut pouvoir pour en requérir la transcription, et il n'est pas nécessaire d'une réquisition écrite, à moins qu'il ne s'agisse d'un acte dont la transcription ne serait requise que limitativement. — *E. N.*

Mais pour obtenir des états, copies, certificats et mentions, il est nécessaire de remettre aux conservateurs des réquisitions écrites portant les indications suffisantes. — Voy. *Etat d'inscriptions*, et la formule.

RÉQUISITOIRE. — Acte par lequel le ministère public expose sa demande et ses conclusions. — Voy. *Ministère public*.

RESCINDANT et rescisoire. — Voy. *Rescision*.

RESCISION. — C'est l'action qui a pour objet de faire annuler une convention ou un acte pour cause de dol, violence, erreur ou lésion.

Bien que l'action en nullité et l'action en rescision se touchent sur plusieurs points, nous avons vu plus haut que l'action en nullité doit s'entendre principalement des vices de forme du contrat, tandis que l'action en rescision s'applique aux vices radicaux mais cachés, comme le dol, la violence, etc.

Ainsi le contrat est *nul* lorsqu'il n'a pas les conditions essentielles ou n'est pas revêtu des formes requises pour sa validité. Il est seulement *annulable* ou *rescindable*, lorsque la Loi, au lieu de le déclarer nul, admet l'action en nullité ou en rescision.

Sont nulles l'hypothèque ou la donation consenties par acte sous seing privé.

Il en est ainsi des engagements du mineur en l'absence des formalités prescrites par la Loi, mais si ces formalités ont été suivies, ces engagements sont seulement *rescindables*.

La simple lésion donne lieu à la rescision en faveur des mineurs non émancipés contre toute espèce de conventions, et en faveur des mineurs émancipés contre toutes celles qui excèdent les limites de leur capacité. — *C. civ.* 1305. — Voy. *Mineur*.

Le mineur ne peut être restitué contre les obligations résultant de son délit ou de son quasi-délit. — *C. civ.* 1310.

Les majeurs ne sont généralement admis à se faire restituer contre leurs engagements, que lorsque les contrats par eux souscrits se trouvent entachés de vices qui en détruisent la substance, et la simple lésion n'est pour eux une cause de rescision, qu'au cas de partage s'il y a préjudice de plus d'un quart, et au cas de vente, pour lésion de plus des sept douzièmes au profit du vendeur. — Voy. *Lésion*.

Pendant le mariage, les femmes mariées sont restituables contre tous les engements par elle contractés sans autorisation. — Voy. *Autorisation maritale*.

Il en est de même de l'interdit, pour les actes qu'il a contractés pendant son interdiction.

La rescision ne peut être demandée par d'autres que ceux au profit desquels elle a été établie, leurs héritiers ou ayants cause. — Voy. *Nullité*.

Elle doit toujours être prononcée en justice.

De même que la nullité, la rescision ne peut plus être demandée lorsque l'acte *rescindable* a été approuvé directement ou indirectement.

L'action en rescision, comme celle en nullité, se prescrit par 10 ans, dans tous les cas où une loi n'établit pas une prescription plus courte. Mais il ne faut pas confondre l'action en rescision avec l'action en répétition, qui dure 30 ans. — Voy. *Répétition*.

Le principal effet de la rescision par rapport aux parties est de remettre les choses dans l'état où elles se trouvaient avant le contrat.

La renonciation, soit expresse, soit tacite, à l'action en rescision n'est valable qu'autant qu'elle a lieu à une époque où l'obligé est capable de disposer d'un droit et connaît les vices de l'acte qu'il ratifie. — *C. civ.* 1328.

Toute renonciation faite en termes généraux dans l'acte même qui renferme un vice susceptible de le faire rescinder doit être déclarée nulle. — *D. N.*

RESCISOIRE (Action). — *Voy. Rescision.*

RESCRIPTION. — Mandat par écrit pour toucher des fonds sur une caisse ou sur une personne. *Voy. Mandat de paiement.*

RÉSERVE. — S'entend, soit de la portion que la loi réserve aux présomptifs héritiers en ligne directe, soit de certains droits qu'on a expressément déclaré retenir dans un acte - *Voy. Réserve légale.* — *Réserve de droits et actions.*

RÉSERVE (armée). — *Voy. Recrutement.*

RÉSERVE de disposer. — Se dit, en matière de donation, de la clause par laquelle le donateur se réserve de disposer ultérieurement d'un objet compris dans la donation par lui faite.

A l'égard des donations entre vifs ordinaires, lorsque le donateur s'est réservé la faculté de disposer d'un effet compris dans la donation, ou d'une somme fixe sur les biens donnés, s'il meurt sans en avoir disposé, ledit effet ou ladite somme appartient aux héritiers du donateur, nonobstant toutes clauses et stipulations contraires. — *C. civ.* 946.

Mais rien ne s'oppose à ce que, par une seconde libéralité entre vifs ou testamentaire, le donateur dispose purement et simplement de l'objet réservé au profit du même donataire comme au profit de toute autre personne.

En ce qui concerne les donations par contrat de mariage en faveur des époux et des enfants à naître de leur mariage, en cas que le donateur se soit réservé la liberté de disposer d'un effet compris dans la donation de ses présents ou d'une somme fixe à prendre sur ces mêmes biens, l'effet ou la somme, s'il meurt sans en avoir disposé, sont censés compris dans la donation et appartiennent au donataire ou à ses héritiers. — *C. civ.* 1086.

Lorsque l'institution contractuelle ne porte que sur les biens à venir, elle peut être modifiée par une réserve de disposer. — *Voy. Institution contractuelle.*

RÉSERVE de droits et actions. — Exception ou restriction au moyen de laquelle une chose n'est pas comprise dans un acte.

Les réserves contraires à l'acte qui les renferme sont sans effet.

Les réserves de droits et actions sont quelquefois utiles à un créancier pour lui empêcher de perdre son recours contre son débiteur par l'effet d'une renonciation présumée. — *Voy. Protestation.*

Le défaut de réserve dans une quittance du principal fait présumer le paiement des intérêts.

Mais le créancier qui donne quittance d'un terme de fermages ou d'intérêts échus ne perd pas le droit de réclamer le terme courant pour ne pas en avoir fait la réserve.

RÉSERVE légale. — C'est la portion de biens dont la Loi défend de disposer à titre gratuit, au préjudice de certains héritiers, tels que les ascendants et les descendants qu'on nomme *héritiers à réserve*.

Il suit de cette définition, que les biens de celui qui a des descendants ou des ascendants, considérés relativement à la faculté de disposer à titre gratuit, se divisent en deux portions : l'une dont il peut disposer, c'est-à-dire la *portion disponible*; l'autre dont il ne peut disposer, c'est-à-dire la *réserve*. — *Voy. Portion disponible.*

La réserve des descendants légitimes est de *moitié* des biens du défunt pour un seul enfant, des *deux tiers* pour deux enfants, et des *trois quarts* pour trois enfants ou plus.

Les petits-enfants ne sont comptés que pour l'enfant qu'ils représentent. — *C. civ.* 913 *et suiv.*

Les enfants *adoptifs*, les enfants *légitimés* par mariage subséquent ont aussi droit à une réserve. — *Voy. Portion disponible.*

Les ascendants, qui comprennent même les aïeux, n'ont de réserve qu'à défaut de descendants de celui qui a disposé. Cette réserve est de *moitié* des biens, s'il y a des ascendants dans les deux lignes paternelle et maternelle, et d'un *quart*, s'il n'y a d'ascendants que dans une ligne. — *C. civ.* 915.

La réserve des père et mère est égale à leur *portion héréditaire* lorsqu'il existe des frères et sœurs du défunt ou des descendants de frères ou de sœurs ; et s'il n'en existe point, elle est d'une *moitié* de leur droit héréditaire, car dans ce cas ils auraient succédé à la moitié des biens affectés à leur ligne. — *C. civ.* 753.

Si la donation est faite au profit du conjoint du disposant, les ascendants peuvent être privés de l'usufruit des biens à eux réservés. — *C. civ.* 1094.

La quotité de la réserve augmente ou diminue, dans le cas de *donation entre époux* ou de *libéralités* faites par des mineurs. — Voy. *Donation entre époux.* — *Portion disponible.*

L'héritier qui renonce à la succession n'a pas droit à la réserve.

La réduction des dons et legs excédant la portion disponible ne peut être demandée pour fournir les réserves, qu'à la mort du disposant seulement. — *C. civ.* 920. — Voy. *Réduction des donations et legs.*

RÉSERVE d'usufruit. — Voy. *Pignoratif (contrat).* — *Usufruit.*

RÉSERVOIR. — Voy. *Eau.*

RÉSIDENCE. — Se dit tant du lieu même dans lequel on a sa demeure habituelle que du fait de l'habitation réelle dans un lieu déterminé.

La résidence peut être distincte du domicile. — Voy. *Domicile.*

Les étrangers n'ont en France qu'une résidence de fait, tant qu'ils n'ont pas été autorisés à y établir leur domicile. — Voy. *Etranger.*

RÉSIDENCE des fonctionnaires publics. — Les fonctionnaires publics sont tenus de résider pendant toute la durée de leurs fonctions dans les lieux où ils les exercent, s'ils n'en sont dispensés pour causes approuvées. — *LL. des 29 mars et 12 sept. 1791.*

RÉSIDU. — Ce mot, qui signifie *reste*, est employé pour désigner les pièces devenues inutiles dans une affaire, et qui ne sont pas produites, ou restent à l'avoué.

RÉSIGNATAIRE. — Se dit de celui au profit duquel se démet le titulaire d'une charge ou d'un bénéfice ecclésiastique. — Voy. *Bénéfice ecclésiastique.* — *Office.*

RÉSILIATION, Résiliement. — Acte par lequel les parties consentent qu'un contrat précédemment intervenu entre elles soit considéré comme non avenu. On nomme aussi cet acte *Résolution*, mais l'annulation d'une convention ordonnée en justice prend plus particulièrement le nom de *Résiliation*. — Voy. *Résolution.*

A la différence de la résolution prononcée en justice, qui anéantit le premier contrat, la résiliation forme une nouvelle convention, et dès lors ceux-là seulement peuvent résilier un contrat, qui seraient capables de le former. — Voy. *Convention.*

La résiliation doit s'opérer dans les mêmes formes que celles qui auraient pu donner naissance au contrat primitif. Ainsi ceux auxquels la forme authentique peut seule donner l'existence doivent être résiliés dans cette forme.

Mais un contrat constaté par acte public, quoique les parties eussent pu se dispenser de cette forme, peut être résilié par acte sous seing privé.

La résiliation volontaire ne pouvant nuire à des tiers ne peut entraîner l'extinction des servitudes, hypothèques et autres droits valablement acquis.

Les résiliements purs et simples, faits par actes authentiques dans les 24 heures des actes résiliés, n'entraînent pas le droit proportionnel d'enregistrement. — *D. N.*

Nous donnons plus loin une formule de résiliation ou résolution de vente. — Voy. *Résolution*.

RÉSILIATION de bail. — S'entend de la résiliation volontaire ou forcée. Elle n'a pas lieu de plein droit. — Voy. *Bail*.

La résiliation verbale d'un bail ne peut être prouvée par témoins, même avec un commencement de preuve par écrit, lorsqu'elle n'a reçu aucun commencement d'exécution; mais elle peut être prouvée par l'aveu de la partie.

Les causes de résiliation de bail sont l'expiration du terme, la perte de la chose, l'inexécution, la force majeure, l'éviction même d'une partie de la chose louée. — *C. civ.* 1737, 1741, etc.

Si le preneur abuse de sa jouissance ou n'en remplit pas les conditions, le bail peut aussi être résilié.

Le preneur qui, d'après une clause de son bail, a encouru la résiliation de plein droit après une simple mise en demeure faute de paiement de ses loyers, ne peut, lorsqu'il a été mis en demeure effective, empêcher la résolution par des offres verbalement faites à l'audience de payer les sommes par lui dues. — *Cass.* 3 déc. 1838.

Nous donnons ci-après une formule de résiliation volontaire de bail.

Résiliation de bail.

Aujourd'hui.....
Les soussignés :
M. A..., d'une part,
M. B..., d'autre part,
Ont arrêté ce qui suit :

Le bail fait par M. A... à M. B..., suivant acte sous seing privé, en date, à...... du....., enregistré à....., le....., F°....., R°....., C°°...... par M....., qui a perçu les droits dus, pour..... années qui ont commencé à courir le....., d'une maison située à....., moyennant un loyer annuel de....., outre les charges, payable en..... termes, les....., et..... est et demeurera résilié purement et simplement à partir du..... prochain, sans indemnité de part ni d'autre.

En conséquence, M. B... devra rendre cette maison en bon état de réparations locatives, remettre les clefs et payer le terme à échoir de ses loyers, le.....

Au cas de résiliation avec indemnité, ajouter :

Cette résiliation, étant consentie sur la demande de M. B..., est faite en outre à charge par ce dernier, qui s'y oblige, de payer à M. A..., en sa demeure, le....., sans intérêt jusque-là, la somme de..... francs à titre d'indemnité.

Fait double à....., lesdits jour, mois et an, et signé, lecture prise.

(*Signatures*.)

RÉSILIATION de contrat de mariage. — Acte par lequel les parties renoncent, soit au projet de mariage qu'elles avaient formé, soit au contrat de mariage qu'elles ont passé, en déclarant avant la célébration du mariage leur intention de se marier sans contrat, soit enfin, lorsqu'avant cette célébration, elles substituent un autre contrat de mariage à celui précédemment passé.

Cet acte, qui n'a d'autre but que l'obtention de la restitution des droits perçus sur le contrat de mariage, puisque ce contrat ne produit d'effet qu'au cas de mariage, doit, comme le contrat, être passé devant notaire. — *C. civ.* 1396.

RÉSILIATION de vente. — Voy. *Résiliation*. — *Résolution*.

RÉSILIEMENT. — Voy. *Résiliation*.

RÉSOLUTION. — Annulation d'un contrat pour défaut d'exécution de la part de l'une des parties. — Voy. *Résiliation*.

La résolution est volontaire ou forcée.

La résolution volontaire s'opère par le consentement mutuel des parties. Elle a pour effet de laisser subsister le premier contrat pour le passé, en ne l'anéantissant que pour l'avenir, sauf dans le cas où il s'agit de denrées ou effets mobiliers.

La résolution forcée ou judiciaire, au contraire, opère l'anéantissement du contrat primitif, comme s'il n'eût jamais existé.

L'exécution étant nécessaire pour la perfection de la vente, lorsqu'il s'agit de denrées ou d'effets mobiliers, la résolution doit nécessairement la faire considérer comme non avenue.

L'action résolutoire peut être stipulée dans toute espèce de contrat, mais, en général, la résolution est une condition sous-entendue dans les contrats synallagmatiques, à défaut par l'une des parties de satisfaire à ses engagements.

Les parties peuvent régler elles-mêmes, dans leur contrat, la manière dont il devra être résolu dans le cas d'inexécution des conditions; c'est ce qu'on appelle *Pacte commissoire*. — Voy. *Pacte commissoire*. — C. civ. 1184.

Lorsque l'acquéreur ne paye pas son prix, le vendeur peut demander la résolution de la vente. Il peut même demander cette résolution, quelque faible que soit la portion de prix qui lui reste due, en offrant de rendre ce qu'il a reçu.

Mais le seul défaut de paiement des arrérages d'une rente viagère n'autorise point la résolution, à moins que le contrat n'en contienne la convention.

L'action résolutoire n'existe pas de droit quant à la licitation d'un immeuble entre copropriétaires. Elle n'existe pas non plus au profit des cohéritiers créanciers d'une soulte de partage contre leur cohéritier.

La résolution de la vente, au cas de faillite, est l'objet de règles spéciales. — C. comm. 574 *et suiv.* — Voy. *Faillite*.

Quant à la résolution des ventes de fonds de commerce. — Voy. *Vente de fonds de commerce*.

Tout contrat, quoique stipulé résoluble de plein droit sur simple acte à défaut de paiement, ne peut être déclaré résolu que par l'autorité du juge et après mise en demeure régulière.

Il peut être accordé au défendeur un délai, selon les circonstances.

La partie envers laquelle l'engagement n'a pas reçu son exécution peut forcer l'autre à l'exécution de la convention, lorsqu'elle est possible, si mieux elle n'aime en demander la résolution avec dommages-intérêts. — C. civ. 1184 *et* 1228.

L'action résolutoire peut être exercée non seulement par la partie contractante, mais encore par ses héritiers et ayants cause.

Lorsqu'il s'agit d'immeubles saisis pour être vendus judiciairement, la demande en résolution doit être formée et notifiée au Greffe avant l'adjudication. — LL. de 1841 *et* 1858.

L'action résolutoire ne peut être exercée après l'extinction du privilège du vendeur au préjudice des tiers qui ont acquis des droits sur l'immeuble du chef de l'acquéreur et qui se sont conformés aux Lois pour les conserver. — L. du 23 *mars* 1855. — Voy. *Privilège*.

Ainsi, le vendeur perd son action résolutoire à l'égard des tiers nantis de droits réels, en laissant périmer son inscription. Mais s'il a encore la faculté de s'inscrire, l'action résolutoire revivra en même temps que le privilège par une nouvelle inscription.

La résolution de vente amiable doit être faite par acte notarié, à cause de la mainlevée de l'inscription d'office, à moins que le contrat n'ait pas encore été transcrit, auquel cas elle pourrait avoir lieu par acte sous seing privé.

Nous en donnons ci-après une formule.

Résolution pure et simple d'une vente non transcrite.

Aujourd'hui.....

Les soussignés :

M. A....

Et M. B...,

Ont, par ces présentes, déclaré consentir la résolution pure et simple de la vente consentie par M. A... à M. B.., par acte sous seing privé en date, à...... du....., enregistré à....., le....., F°...... V°....., C°°....., par M..... qui a perçu les droits, d'un herbage situé à....., contenant environ....., moyennant....., outre diverses charges, la somme de..... francs de prix principal stipulée payable le..... après l'accomplissement des formalités.

Au moyen de cette résiliation, les soussignés rentrent dans le même état que si la vente n'avait pas eu lieu, et M. B... se trouve déchargé tant du paiement du prix que des charges qui lui avaient été imposées par l'acte du.....

Il est ici fait observer que cet acte n'a pas été transcrit aux hypothèques.

Tous les frais dudit acte et ceux de la présente résolution seront supportés par M..., qui s'oblige à les payer.

Fait double à...... lesdits jour, mois et an, et signé, lecture prise.

(*Signatures.*)

RÉSOLUTION de bail. — Voy. *Bail.* — *Résiliation de bail.* — *Rétrocession de bail.*

RÉSOLUTION de vente. — Voy. *Résolution.*

RESPECT. — Ce sont les égards, la déférence, la vénération que l'on doit à quelqu'un relativement à sa qualité. — Voy. *Enfant.* — *Puissance paternelle.* — *Violence.*

RESPECTIF, respectivement. — Ce qui est réciproque de part et d'autre, en ce qui concerne chacune des parties spécialement.

RESPECTUEUX (Acte). — Voy. *Acte respectueux.*

RESPONSABILITÉ. — C'est l'obligation de réparer un dommage ou de répondre de quelque fait dont on est l'auteur direct ou indirect.

De la responsabilité de nos propres actions.

Les *délits* et *quasi-délits* sont deux classes principales de faits donnant lieu à responsabilité.

Tout crime, délit ou contravention, donne lieu contre le délinquant à l'action *publique* pour l'application de la peine, et à l'action *civile* pour la réparation du dommage causé. — Voy. *Intervention.* — *Partie civile.* — *Plainte.* — *Réparations civiles.*

Quant aux quasi-délits, l'homme n'est responsable que des faits arrivés par sa faute. Il faut qu'il y ait eu méchanceté, négligence ou imprudence de sa part. — Voy. *Quasi-délit.*

Celui qui, par ignorance, cause un préjudice à autrui, n'est pas recevable à se prévaloir de cette ignorance pour s'excuser si elle porte sur des choses que les devoirs de sa profession l'obligeaient de connaître.

Il n'est pas d'excuse non plus dans la faiblesse de celui qui entreprend une chose au-dessus de ses forces. Ainsi, le conducteur d'un animal fougueux qui n'a pas la force ou l'adresse de le retenir commet une imprudence et est tenu du dommage qui en résulte.

Le cas fortuit peut lui-même, suivant les circonstances, ne pas nous mettre à l'abri de la responsabilité, si nous avons négligé quelque précaution. — Voy. *Cas fortuit.*

Un fait on ne peut plus licite en lui-même, tel par exemple que celui de serrer du foin dans son grenier, peut donner lieu à des dommages-intérêts, si, ayant été rentré sans être parfaitement sec et que l'humidité ait produit une fermentation et par suite un incendie, il y a eu préjudice causé à un tiers.

C'est à la partie qui réclame le dommage à prouver qu'il y a eu faute de la part de l'auteur.

Les auteurs d'un crime ou d'un délit sont solidairement responsables des restitutions et dommages-intérêts ; ils sont de même tenus solidairement des amendes et frais. — *C. pén.* 55.

Mais la Loi n'établit aucune solidarité pour les simples contraventions et les dommages-intérêts résultant des quasi-délits.

De la responsabilité des actions d'autrui.

La responsabilité du fait d'autrui peut résulter, ou d'une convention, soit expresse, soit tacite des parties, ou d'une disposition de la Loi.

Les personnes civilement responsables ne sont passibles que de condamnations purement civiles, telles que les restitutions, dommages-intérêts et frais.

Les parents, étant chargés par la nature et la Loi de surveiller la conduite de leurs enfants, sont responsables des dommages causés par ceux-ci.

Durant le mariage, la puissance paternelle, et par suite la responsabilité, appartient au père; mais, au décès du père, la responsabilité passe à la mère, avec la puissance paternelle. — *C. civ.* 1384.

Lorsque l'enfant est placé, soit chez un instituteur pour y faire son éducation, soit chez un artisan pour y apprendre un état, la responsabilité du père et de la mère cessent et passent à l'instituteur ou à l'artisan ; mais ces derniers ont, comme le père et la mère, le droit de se décharger de la responsabilité, en prouvant qu'ils ont été dans l'impossibilité de prévenir ou d'empêcher le délit ou quasi-délit commis par l'enfant.

Les maîtres sont indéfiniment responsables du dommage causé par leurs préposés et domestiques dans l'exercice des fonctions auxquelles ils sont employés, et la partie lésée a la faculté de s'adresser directement au maître, sans mettre en cause le domestique. — *C. civ.* 1384.

Si le fait est arrivé par la faute du domestique vaquant à ses fonctions, celui-ci est tenu envers le maître des dommages-intérêts qu'il aurait acquittés pour lui.

Mais si, au contraire, l'action qui donne lieu au dommage a été commandée par le maître et exécutée de bonne foi par le préposé ou domestique, par exemple, si le maître l'envoie recueillir les fruits d'un champ qui ne lui appartient pas, le domestique attaqué pourra appeler son maître en garantie et demander à être mis hors de cause.

Hors des fonctions qui leur sont confiées, la responsabilité des maîtres à l'égard des domestiques et préposés cesse entièrement.

Les principes de la responsabilité du maître s'appliquent aux chefs d'ateliers, relativement au dommage causé par les ouvriers pendant leur travail. — Voy. *Dommage.*

Les propriétaires de navires sont civilement responsables des faits des capitaines pour ce qui est relatif au navire et à l'expédition. — *C. comm.* 216. — Voy. *Navire.*

De la responsabilité des choses.

Le propriétaire d'un animal ou celui qui s'en sert, pendant qu'il est à son usage, est responsable du dommage que l'animal a causé, soit que l'animal fût sous sa garde, soit qu'il fût égaré ou échappé. — *C. civ.* 1385.

Si l'animal avait été agacé ou effarouché, celui-là seul qui l'aurait agacé ou effarouché serait responsable des suites de l'accident ; et si c'était lui-même qui en eût souffert, il n'aurait aucune action à intenter. — *D. N.*

L'expéditeur d'un cheval vendu à l'essai est responsable jusqu'à la livraison. Réciproquement, l'acheteur est responsable jusqu'à ce qu'il soit restitué. Les moyens de transport entraînent, dans ce cas, la responsabilité du vendeur ; dans le second, la responsabilité de l'acquéreur.

Le propriétaire d'un bâtiment est responsable du dommage causé par sa ruine, lorsqu'elle est arrivée par suite du défaut d'entretien ou par le vice de sa construction. — *C. civ.* 1386.

Ce principe peut s'appliquer au dommage causé par la chute d'un arbre et dans tout autre cas analogue.

RESPONSABILITÉ administrative. — Les agents du Gouvernement autres que les Ministres ne peuvent être poursuivis pour des faits relatifs à leurs fonctions qu'en vertu d'une décision du Conseil d'Etat. — Voy. *Fonctionnaire public.* — *Organisation administrative.*

RESPONSABILITÉ des agents de change et courtiers. — Voy. *Agent de change.* — *Courtier.*

RESPONSABILITÉ des architectes et entrepreneurs. — Voy. *Marché (devis et).*

RESPONSABILITÉ des chemins de fer. — Voy. *Chemins de fer.* — *Messageries.*

RESPONSABILITÉ civile. — Se dit de l'obligation imposée à certaines personnes de répondre du dommage causé par les délits et quasi-délits commis par un autre. — Voy. *Action civile.* — *Délit.* — *Responsabilité.*

RESPONSABILITÉ des communes. — La loi du 5 avril 1884 a réglementé à nouveau cette matière. — Voy. *Commune.* — *Organisation municipale.*

Lorsqu'un délit a été commis sur le territoire d'une commune, l'Administration municipale est tenue de le faire constater dans les 24 heures, et d'en adresser procès-verbal au parquet du Tribunal de première instance, dans les 3 jours au plus tard.

Les communes sont civilement responsables des dégâts et dommages résultant des crimes ou délits commis à force ouverte ou par violence sur leur territoire par des attroupements ou rassemblements armés, soit envers les personnes, soit contre les propriétés publiques ou privées.

La responsabilité cesse d'être applicable, lorsque la commune établit avoir pris toutes les mesures en son pouvoir à l'effet de prévenir les attroupements et rassemblements.

RESPONSABILITÉ des conservateurs des hypothèques. — Voy. *Conservateur des hypothèques.*

RESPONSABILITÉ des conseils de famille. — Voy. *Conseil de famille.*

RESPONSABILITÉ des voituriers et entrepreneurs de voitures publiques. — Voy. *Messageries.* — *Voiturier.*

RESPONSABILITÉ du maître. — Voy. *Responsabilité.*

RESPONSABILITÉ entre époux. — Le mari ayant l'administration des biens de la femme est obligé de veiller à leur conservation, et devient dès lors responsable de tout dépérissement causé par défaut d'actes conservatoires. — *C. civ.* 1428.

Il répond de toutes les prescriptions qu'il laisse acquérir contre sa femme pendant son administration.

Les condamnations pécuniaires prononcées contre la femme pour délits ou quasi-délits n'engagent le mari en aucune manière. Elles ne peuvent même être exécutées que sur la nue propriété des biens personnels de cette dernière tant que dure la communauté, le mari ayant seul droit à la jouissance des revenus.

Mais le mari deviendrait responsable s'il avait pris part au délit ou quasi-délit commis par sa femme, et même s'il ne l'avait pas empêché, pouvant s'y opposer.

Les maris sont indistinctement responsables de leurs femmes en matière de délits ruraux. — *LL.* des 28 sept.-6 oct. 1791.

Le mari n'est pas responsable envers la femme des pertes et détériorations qu'il fait éprouver par sa faute aux biens de la communauté. Mais à l'égard des biens personnels de cette dernière, le mari est responsable, dès lors qu'il en a l'administration.

RESPONSABILITÉ des médecins, chirurgiens et pharmaciens. — La Loi punit de peines correctionnelles ceux qui exercent la médecine et la pharmacie, sans être pourvus d'un diplôme régulier.

Les médecins et chirurgiens sont responsables de leurs actes lorsqu'on peut les attribuer au dol, à la mauvaise foi ou à l'impéritie. Ils peuvent être poursuivis criminellement et être déclarés passibles de dommages-intérêts.

Pour que la responsabilité soit encourue, il faut qu'il y ait faute lourde, comme une opération faite sans méthode et sans discernement, ou un traitement contraire aux règles de l'art et de la science. — *Cass.*, 21 *juillet* 1862.

Les pharmaciens sont responsables des erreurs qu'ils commettent dans la préparation des prescriptions médicales.

RESPONSABILITÉ ministérielle. — Les lois constitutionnelles des 25 février et 16 juillet 1875 admettent le principe de la responsabilité des Ministres pour tous les actes du Gouvernement. — Voy. *Ministère.*

RESPONSABILITÉ des notaires. — Les notaires sont responsables des fautes graves qu'ils commettent, soit par impéritie, ou autrement, dans l'exercice de leurs fonctions, et peuvent être condamnés à des dommages-intérêts envers les parties lésées. — Voy. *Faute.*

Quant aux fautes légères, elles n'entraînent, en général, aucune responsabilité civile. Elles peuvent seulement, dans certains cas, motiver des observations disciplinaires. — Voy. *Discipline notariale.*

Il y a, en outre, la responsabilité criminelle. — Voy. *Faux.*

Sur les devoirs généraux des notaires. — Voy. *Acte notarié.* — *Notaire.*

Notons ici particulièrement qu'en général, les notaires sont responsables de l'exécution des formalités prescrites pour les testaments, et ce n'est pas là la moindre des responsabilités qui leur incombent, puisque cette responsabilité s'étend à tout le préjudice qu'éprouvent les légataires par suite de l'annulation du testament.

Ils sont aussi responsables des placements hypothécaires lorsqu'ils représentent le prêteur non comme notaires, mais comme mandataires et en vertu des règles du mandat.

Toutefois, il ne suffit pas, pour rendre un notaire responsable des suites d'un placement, de prouver qu'il l'a indiqué ou même négocié; il faut établir, ou qu'il a donné sa garantie personnelle comme caution de l'emprunteur, ou qu'il a commis une faute dans la négociation.

Nous pensons donc que, sauf dans l'un ou l'autre de ces cas, il ne peut être déclaré responsable, surtout s'il est établi que le gage hypothécaire était suffisant eu égard à sa valeur apparente au moment du contrat, et que l'insuffisance ne résulte que de la dépréciation momentanée du même gage.

Comme dépositaires, les notaires sont encore responsables des sommes qui leur sont confiées par leurs clients, n'importe pour quelle destination. — Voy. *Dépôt.*

L'action peut être exercée pendant 30 ans, soit par la partie qui a éprouvé le préjudice, soit par ses héritiers ou ayants cause, et non seulement contre le notaire en exercice, mais lors même qu'il aurait cessé ses fonctions, de même que contre es héritiers de celui-ci. — *D. N.*

RESSORT. — Ce mot se dit, soit de l'étendue d'une juridiction ou de la juridiction elle-même, ou de l'étendue des lieux dans lesquels un officier public exerce ses fonctions.

Les notaires, huissiers et autres officiers publics ne peuvent instrumenter hors leur ressort, sous peine de suspension et même de destitution en cas de récidive et de tous dommages-intérêts.

RESSORT dernier. — Voy. *Dernier ressort.*

RESTITUTION. — Action de rendre ce qui a été indûment perçu ou exigé.

Tel est l'objet de l'action en restitution qui diffère de la répétition. — Voy. *Répétition.*

Il est certains cas où on peut se faire restituer contre l'acceptation d'une succession ou d'une communauté. — Voy. *Acceptation de communauté.* — *Acceptation de succession.*

RESTITUTION anticipée. — Voy. *Substitution.*

RESTITUTION de dot. — Voy. *Dot.* — *Régime dotal.*

RESTITUTION d'amendes. — Les demandes en restitution d'amendes indûment perçues pour contravention aux lois sur l'Enregistrement, le Timbre, les ventes de meubles, le notariat, le dépôt des contrats de mariage des commerçants, etc., doivent être faites dans les 2 ans du paiement, à peine de déchéance par la prescription — *LL. des 22 frim. an VII et 7 juin 1824.*

RESTITUTION de droits d'enregistrement et de mutation. — Tout droit d'enregistrement ou de mutation par décès régulièrement perçu ne peut être restitué, sauf dans les cas prévus par la Loi. — *L. du 22 frim. an VII.*

Lorsqu'il y a eu erreur dans la perception du droit, les inspecteurs et vérificateurs de l'enregistrement doivent, d'office et sans attendre la réclamation des intéressés, proposer les restitutions, pourvu que la prescription ne soit pas acquise.

Dans les cas où les droits simples sont restituables, les doubles droits le sont également.

Les notaires qui ont reçu les actes ont, comme les parties elles-mêmes, qualité pour former les demandes en restitution et pour recevoir les sommes perçues en trop. — Voy. *Enregistrement.*

La demande en restitution des droits d'enregistrement perçus sur un acte sous seing privé ne peut être faite que par les contractants ou l'un d'eux seulement.

Elles peuvent être faites administrativement ou judiciairement.

Elles doivent être formées dans le délai de 2 ans à partir du jour de l'enregistrement des actes ou des déclarations, à peine de prescription.

Elles sont ordinairement faites par simple pétition administrative. — Voy. *Réclamation contre les amendes, etc.*

La Régie ne restitue pas les droits de timbre de la pétition tendant à obtenir la restitution.

La prescription de 2 ans n'est pas interrompue par une réclamation administrative, mais elle se trouve suspendue par des demandes en restitution signifiées et enregistrées avant l'expiration du délai.

La Régie ne doit pas les intérêts moratoires des sommes qu'elle est condamnée à restituer pour droits d'enregistrement indûment perçus.

Les droits proportionnels perçus sur un acte sous seing privé présenté volontairement à l'enregistrement ne sont point restituables, lors même que cet acte, par sa nature et son objet, n'aurait point été sujet à cette formalité qui aurait été requise inutilement.

À l'égard des contrats de mariage, lorsqu'il est établi que la célébration n'a pas eu lieu et n'aura pas lieu, et que la réclamation est formée en temps utile, les droits doivent être restitués.

Lorsque, par suite d'une erreur de fait, les héritiers ont compris dans leur déclaration des biens reconnus étrangers à la succession, ils sont fondés à réclamer la restitution des droits perçus sur ces biens, dans le délai de deux ans de la déclaration. — *D. N.* — Voy. *Enregistrement.* — *Réclamations contre les amendes.* — *Droits d'enregistrement, etc.*

RESTITUTION des droits d'hypothèques. — Les demandes en restitution des droits d'hypothèques sont soumises aux mêmes règles et aux mêmes formes que celles en restitution de droits d'enregistrement. — Voy. *Restitution de droits d'enregistrement.*

RESTITUTION de droits de succession. — Voy. *Restitution de droits d'enregistrement.*

RESTITUTION de fruits. — Voy. *Fruits.* — *Résiliation.* — *Usufruit.*

RESTITUTION d'honoraires. — On peut faire taxer les honoraires réclamés par les notaires, quoique payés, dans les 2 ans du jour du paiement ou du règlement par compte-arrêté, reconnaissance ou obligation.

La demande en restitution d'honoraires trop perçus doit être intentée devant le Tribunal de la résidence des notaires.

RESTITUTION de grâce. — Voy. *Grâce.*

RESTITUTION de justice. — Se dit des absolutions accordées par la Loi à celui qui vient se justifier devant la justice. — Voy. *Amnistie.* — *Contumace.*

RESTITUTION de pièces. — Voy. *Dépôt de pièces.*

RESTRICTION. — Clause qui limite une Loi ou quelque disposition d'un acte. — Voy. *Interprétation des Lois.* — *Interprétation des conventions.*

RESTRICTION d'hypothèque. — Voy. *Réduction des hypothèques.*

RÉTABLISSEMENT. — Ce mot a plusieurs significations. Ainsi, on rétablit des lieux en bon état. On rétablit un failli dans l'administration de ses biens, etc. — Voy. *Compte.* — *État de lieux.* — *Faillite.*

RÉTABLISSEMENT de communauté. — Acte par lequel des époux judiciairement séparés rétablissent la communauté de biens qui existait entre eux avant qu'elle fût dissoute par la séparation.

Si la séparation de biens avait eu lieu par le contrat de mariage, la communauté ne pourrait être rétablie, lors même que la faculté en aurait été réservée par le contrat.

Le rétablissement de communauté ne peut avoir lieu autrement que par acte notarié portant minute, et avec les formalités de publications indiquées par l'art. 1445 du C. civ.

La communauté ainsi rétablie reprend son effet du jour du mariage.

RETARD — Voy. *Demeure (mise en).*

RÉTENTION (Droit de). — C'est le droit en vertu duquel le détenteur d'une chose est autorisé à la retenir, jusqu'au remboursement de ses avances ou créances.

Ce droit est, en général, une conséquence du droit de gage dont il se rapproche beaucoup. Ainsi, celui qui est obligé de rendre un corps certain a droit de le retenir jusqu'au paiement des sommes qui lui sont dues, notamment de celles qu'il a dépensées pour sa conservation ou son amélioration.

Le droit de rétention n'a pas besoin d'être inscrit, le fait même de la possession avertit suffisamment les tiers. Néanmoins, l'antichrèse doit être transcrite. — Voy. *Transcription.*

En matière d'immeubles, le droit de rétention existe dans les cas prévus par les art. 867, 1673 et 1749 du C. civ. — Voy. *Bail.* — *Rapport à succession.* — *Réméré.*

RETENUE. — C'est l'action ou le droit de retenir, en vertu d'une loi ou d'une convention, une certaine somme d'argent sur un paiement, une rente, un traitement.

Il y a une retenue sur les pensions. — Voy. *Pension.* — *Saisie-arrêt.*

A l'égard des rentes foncières ou viagères, celles constituées avant la Loi du 3 sept. 1807 et qui n'ont pas été stipulées *sans retenue* sont sujettes à la retenue du *cinquième;* mais il en est autrement de celles constituées depuis cette loi; elles ne peuvent être soumises à la retenue qu'en vertu d'une convention expresse de la part des contractants, la *non-retenue* étant de droit.

RETENUE de traitement ou de solde. — C'est ainsi qu'en matière d'administration, on appelle un prélèvement fait sur le traitement des fonctionnaires, agents, officiers et employés.

Les retenues permanentes ont pour objet de pourvoir au service des pensions.

Les retenues temporaires s'opèrent à la requête des créanciers personnels.

Les retenues à effectuer pour sommes à rembourser, soit au Trésor, soit à des tiers, ne peuvent excéder le *cinquième* de la solde ou des appointements des fonctionnaires, officiers et employés.

Les saisies-arrêts ou oppositions doivent être faites entre les mains des payeurs, agents ou préposés sur la caisse desquels les ordonnances ou mandats sont délivrés.

RÉTICENCE. — Voy. *Dol.*

RÉTORSION. — Mesure exercée par un Etat contre un autre Etat ou ses habitants, et qui consiste à répondre à un acte de rigueur par un autre.

Certains auteurs appellent cette manière de se faire justice *droit du talion.* — *E. N.* — Voy. *Représailles.*

RETOUR (Droit de). — C'est, en général, celui en vertu duquel une personne recouvre la propriété d'une chose dont elle s'était dessaisie.

Il y a deux espèces de retour : le *retour légal ou successoral*, c'est-à-dire celui dont le droit ressort de la loi, et le *retour conventionnel*, qui est l'effet de la convention. — Voy. *Retour légal*. — *Retour conventionnel.*

On appelle aussi *Retour* le droit qui résulte d'un testament ou autre acte, de faire passer le même objet d'une tête à une autre. — Voy. *Reversibilité*. — *Substitution.*

RETOUR d'un absent. — Voy. *Absence*. —*Absent.*

RETOUR (Compte de). — Voy. *Compte de retour.*

RETOUR conventionnel. — C'est celui qui, en matière de donation, résulte, au profit du donateur, d'une stipulation expresse de l'acte de donation. — Il ne peut être réservé au profit de ses héritiers.

La Loi accorde au donateur le droit de stipuler le retour à son profit des objets donnés, soit pour le cas de prédécès du donataire seul, soit pour le cas de prédécès du donataire et de ses descendants. — *C. civ.* 951.

La clause d'avancement d'hoirie n'équivaut pas à la stipulation du droit de retour.

L'effet du droit de retour est de faire rentrer les biens donnés francs et quittes de toutes charges et hypothèques entre les mains du donateur. — *C. civ.* 952.

Les effets du droit de retour ne peuvent être que la suite d'une action en justice, et nous considérons qu'il y a lieu de procéder, dans ce cas, comme s'il s'agissait de la résolution de la donation.

RETOUR d'échange ou de partage. — C'est ce qu'en terme de pratique on appelle *Soulte*. — Voy. *Soulte.*

RETOUR légal. — Le retour légal ou successoral est celui accordé par la Loi à l'*ascendant* donateur et l'*adoptant* de reprendre, dans la succession du donataire prédécédé sans postérité, les biens par eux donnés.

Les ascendants succèdent, à l'exclusion de tous autres, aux objets par eux donnés à leurs enfants ou descendants décédés sans postérité, lorsque les choses données se retrouvent en nature dans la succession. — *C. civ.* 747.

La Loi ne distingue pas, et peu importe que les choses soient mobilières ou immobilières, corporelles ou incorporelles.

A défaut de la chose, l'ascendant aurait le droit de recueillir le prix qui en serait dû ou d'intenter l'action en reprise appartenant au donataire.

C'est plutôt à titre d'héritier que l'ascendant est admis à reprendre les choses par lui données, ce qui fait dire à M. Demolombe, dans son remarquable *Cours de droit*, que le vrai nom qui conviendrait à ce droit de retour serait celui de retour successoral.

Il s'ensuit que l'ascendant qui reprend les choses par lui données n'est pas tenu de demander la délivrance, qu'il peut accepter purement et simplement ou sous bénéfice d'inventaire et même renoncer.

Le droit de retour étant un véritable droit de succession, l'ascendant donateur ne peut pas renoncer à son droit, soit par l'acte de donation, soit par un acte postérieur pendant la vie du donateur, attendu que toute renonciation à une succession future est nulle. — Voy. *Pacte sur succession future.*

Les partages d'ascendants faits entre vifs ayant légalement tous les effets des donations, le droit de retour légal s'applique à ces partages. — *C. civ.* 1076.

Les biens dont le donataire a disposé entre vifs ne se trouvant plus dans sa succession, ne peuvent faire l'objet du retour légal. Il en est de même de ceux légués par testament ; ils sont hors la succession, et, comme l'ascendant ne recueille les biens par lui donnés qu'à titre successif, il est tenu des charges, au nombre desquelles il faut ranger les legs faits. — *Cass.*, 2 *janvier* 1838.

A l'égard du droit de retour appartenant à l'adoptant ou à ses descendants. — Voy. *Adoption.*

RÉTRACTATION. — C'est en général le désaveu formel de ce qu'on a fait, dit ou écrit.

En droit, ce mot est employé en matière de requête civile pour exprimer l'annulation du jugement attaqué. — *C. proc.* 480.

Il est également employé en matière de faillite, lorsque le débiteur rétracte la déclaration qu'il a faite avant le jugement déclaratif ; et lorsque ce jugement est intervenu d'office, il peut être rétracté, sur l'opposition du failli et de tout créancier ou autre partie intéressée. — Voy. *Faillite.* — *Jugement.* — *Révocation.*

RETRAIT. — Action par laquelle on reprend un bien, un droit qu'on avait aliéné.

On distingue deux sortes de retraits : l'un *légal*, c'est-à-dire que la Loi accorde dans certains cas ; l'autre *conventionnel*, c'est-à-dire que la convention autorise au gré des parties dans des cas autres que ceux déterminés par la Loi. — Voy. *Pacte de préférence.*

RETRAIT de pièces déposées à un notaire. — Les notaires peuvent recevoir des pièces et dépôts officiellement comme fonctionnaires publics, ou officieusement, comme personne privée, à titre d'obligeance.

Dans le premier cas, la pièce déposée devient une minute et le dépôt ne peut être retiré. — Voy. *Dépôt de pièces.*

Mais, dans le second cas, le notaire, n'étant qu'un dépositaire ordinaire, ne peut refuser la remise des pièces, lorsqu'elle lui est demandée.

RETRAIT de droits litigieux. — C'est la faculté qui appartient à celui contre lequel on a cédé un droit litigieux de s'en faire tenir quitte par le cessionnaire, en lui remboursant le prix de la cession, en principal, intérêts et accessoires.

Ce retrait, motivé sur le peu de faveur que méritent les acheteurs de procès, a été consacré par l'article 1699 du C. civ.

Il ne peut être exercé que lorsqu'au moment même de la cession, il existait procès et contestation sur le fond du droit.

La faculté de retrait s'applique non seulement aux cessions de créances et autres droits incorporels litigieux, mais encore à la vente des immeubles soumis à un procès. Toutefois, l'art. 1701 du C. civ. admet plusieurs exceptions.

Dans le cas où le droit litigieux aurait été cédé à titre gratuit, le retrait ne pourrait avoir lieu, à moins qu'il n'y eût fraude.

On ne peut voir une cession susceptible de retrait dans la convention par laquelle un individu s'engage à faire les avances nécessaires aux poursuites d'un procès, à la condition qu'il en partagera les bénéfices avec le cédant.

Le retrait de droits litigieux pouvant être fait par acte sous seing, nous en donnons ci-après une formule.

Retrait de droits litigieux.

Aujourd'hui....,
Les soussignés :
M. A..., d'une part,
Et M. B..., d'autre part,
Ce dernier cessionnaire du litige existant entre M. A... et M. C..., demeurant à....., et dont il va être parlé ci-après ainsi qu'il résulte d'un transport, etc.

Ont arrêté ce qui suit :
M. A..., en vertu de la faculté que lui confère l'art. 1699 du C. civ., a, par ces présentes, déclaré qu'il entend exercer le retrait du litige, qui existe en ce moment devant le Tribunal de première instance de....., entre lui et M. C... susnommé, et dont l'instance a été introduite par l'exploit de....., huissier, en date du....., enregistré.

Le litige dont il s'agit a pour objet la réclamation d'une créance de....., dont M. C... se prétend créancier sur M. A..., par suite de. ...

En conséquence, M. A... a remboursé à l'instant à M. B..., qui l'a reconnu, en espèces à sa satisfaction,

La somme de....., composée :
1° De celle de....., formant le prix de la cession résultant de l'acte du....., ci...   0000
2° De celle de....., pour intérêts de ladite somme courus depuis le....., jus-

qu'à ce jour. ....ci 0000
3° Et de celle de....., pour frais et loyaux coûts de ladite cession. ....ci 0000
Somme égale...................

Au moyen de ce remboursement, le procès commencé entre MM. A... et C... se trouve entièrement éteint, et MM. B... et A... se consentent toutes décharges nécessaires.
Toutes les pièces relatives à la procédure entamée au sujet du litige, de même que le transport du..... sont remis à M. A..., qui le reconnaît.
Fait double à....., lesdits jour, mois et an, et signé, lecture prise.

(*Signatures.*)

RETRAIT d'indivision. — Se dit de la faculté accordée à la femme, lors de la dissolution de la communauté, de reprendre la totalité de l'immeuble lui appartenant par indivis, dont son mari se serait rendu acquéreur en son nom personnel. — *C. civ.* 1408.

Ce retrait ne peut être exercé par les créanciers de la femme.

RETRAIT de réméré. — C'est l'exercice de la faculté de rachat réservé au vendeur. — Voy. *Réméré*.

RETRAIT successoral. — C'est la faculté accordée à l'un ou à l'autre des héritiers, ou à eux tous, d'écarter du partage l'étranger qui s'est rendu cessionnaire des droits successifs de l'un d'eux, en lui remboursant le prix de la cession. — *C. civ.* 841.

Le cessionnaire à *titre gratuit* de droits héréditaires ne peut être écarté du partage, même en lui payant la valeur estimative de la quotité donnée. Mais s'il vendait son droit, l'acquéreur pourrait être écarté.

Le cessionnaire par voie d'échange serait soumis au retrait.

Le retrait successoral ne peut être exercé contre un acquéreur de part indivise dans des biens déterminés. — *Cass.*, 27 *juin* 1832.

Il ne peut être exercé par l'héritier du cédant.

Dans aucun cas, le cessionnaire ne peut être écarté, si, de son chef, et indépendamment de l'acte de cession, la qualité de cohéritier lui donne droit d'intervenir au partage.

Nous pensons avec divers auteurs que le cessionnaire contre lequel s'exerce le retrait doit, comme l'acquéreur de droits litigieux, et bien que l'art. 841 soit muet à ce sujet, être indemnisé de ses frais, intérêts et accessoires.

Le retrait successoral pouvant avoir lieu par acte sous seing, nous en donnons ci-après une formule.

Retrait successoral.

Aujourd'hui.....,
Les soussignés :
M. A..., d'une part,
Et M. B..., d'autre part.
Ont dit et fait ce qui suit :

M... est décédé à....., le....., laissant pour seuls héritiers, chacun pour un quart, M. A..., l'un des soussignés, M..., M..., et M..., ses quatre enfants.

Par acte sous seing privé, en date du....., enregistré à....., le....., par M..., qui a perçu les droits dus, M... a transporté à M. A... tous ses droits mobiliers et immobiliers dans la succession de feu son père, moyennant une somme de..... francs dont cet acte contient quittance, et en outre la charge de contribuer aux dettes de cette succession pour la portion dont le cédant pouvait être tenu lui-même.

Enfin, par exploit de....., huissier à....., en date du....., enregistré, M. A... a fait signifier son transport aux cohéritiers susnommés de M... avec sommation de ne procéder, hors sa présence ou lui dûment appelé, à aucune vente, licitation et partage des biens composant la succession de M..., et avec réserve de faire valoir tous les droits que ledit sieur..... aurait eu à exercer en sa qualité d'héritier pour un quart de feu son père.

Sur cette signification, et par exploit de....., huissier....., en date du....., enregistré, M. B... a déclaré à M. A... qu'en vertu de l'art. 841 du C. civ., il entendait exercer pour son profit, envers lui, le retrait successoral sur les droits cédés par le transport sus-énoncé, avec offre de lui rembourser le prix de la cession, de même que tous les frais et loyaux coûts.

Sur cette demande et pour éviter l'instance que M. B... était sur le point d'introduire à cet effet, M. A... a consenti à ce retrait.

En conséquence, il a, par ces présentes, cédé et transporté, mais sans aucune garantie, A M. B..., qui a accepté, tous les droits, sans exception, qui lui ont été cédés par M...., suivant le transport ci-devant énoncé, dans la succession de M..., père, par suite de quoi ledit M. B... jouira et disposera desdits droits qu'il réunira à ceux lui appartenant déjà en sa qualité d'héritier pour un quart de feu M..., son père.

Le présent retrait successoral a lieu à la charge par M. B... qui s'y oblige, d'acquitter la portion à laquelle peuvent être tenus les droits cédés dans les dettes de ladite succession et de garantir et indemniser M. A... de toutes poursuites à cet égard;

Et à l'instant, M. B... a remboursé à M. A..., qui le reconnaît, en espèces à sa satisfaction, la somme de....., composée :

1° De celle de....., somme égale à celle par lui payée à M..., pour prix de la cession du.....;
2° De celle de....., pour intérêts de cette somme depuis le.....;
3° De celle de....., pour frais et loyaux coûts.
Somme égale.....

A ce moyen, M. A... quitte et décharge M. B... de ladite somme et le subroge tant à ses droits qu'à ceux de M... dans la succession de M... père, reconnaissant que remise lui a été faite de l'acte de cession du..... et de l'original de la signification.

Fait double à....., lesdits jour, mois et an, et signé, lecture prise.

(*Signatures*.)

RETRAITE. — En matière de change, ce mot désigne la nouvelle lettre de change au moyen de laquelle le porteur d'une lettre de change protestée se rembourse sur le tireur ou sur l'un des endosseurs, tant du principal que de ses frais et du nouveau change qu'il paie. — C. comm. 178. — Voy. *Compte de retour.* — *Lettre de change.*

RETRAITE (Pension de). — Voy. *Pensions sur l'Etat.*

RETRAITES pour la vieillesse (Caisse des). — Cette caisse, placée sous la garantie de l'Etat, a pour but de constituer, à un certain âge déterminé, aux personnes ayant fait un ou plusieurs versements de fonds, une rente viagère, calculée d'après l'importance de ces versements. — *L. du 20 juillet* 1886.

Les versements sont reçus : à Paris, à la Caisse des dépôts et consignations; dans les départements, par les Trésoriers payeurs généraux et receveurs particuliers des Finances, et en Algérie par les Trésoriers payeurs et par les payeurs particuliers. Ils sont en outre reçus chez les Percepteurs et les Receveurs des Postes.

Le capital est formé par les versements volontaires des déposants.

Chaque versement doit être de 1 franc au moins, et les sommes versées au compte de la même personne ne peuvent excéder 1000 francs par an, sauf les versements effectués en vertu d'une décision judiciaire ou ceux faits par les administrations publiques ou sociétés de secours mutuels ; mais en aucun cas ces versements ne peuvent donner lieu à l'ouverture d'une pension supérieure à 1200 fr.

Les versements peuvent être faits à capital aliéné ou à capital réservé, au profit de toute personne âgée de plus de 3 ans. Ceux opérés par les mineurs âgés de moins de 16 ans doivent être autorisés par leurs père, mère, ou tuteur.

Le versement opéré antérieurement au mariage reste propre à celui qui l'a fait.

Les femmes mariées, quel que soit le régime de leur contrat, peuvent faire des versements sans l'assistance de leur mari.

Le versement fait pendant le mariage par l'un des deux conjoints profite séparément à chacun d'eux par moitié. Toutefois, le déposant marié qui justifie, soit de sa séparation de corps, soit de sa séparation de biens contractuelle ou judiciaire, est admis à effectuer des versements à son profit exclusif.

Lorsque, le déposant étant marié, le versement doit profiter par moitié à son conjoint, chaque versement doit être au moins de 2 fr. ou multiple de 2 fr.

Les rentes sont incessibles et insaisissables jusqu'à concurrence de 360 fr.

Les arrérages sont payés par trimestres.

L'entrée en jouissance de la pension est fixée, au choix des déposants, de 50 à 65 ans. Elle peut cependant être liquidée avant 50 ans et en proportion des versements faits avant cette époque, dans le cas de blessures graves ou infirmités prématurées.

Les certificats de vie à produire, soit pour l'inscription de rentes viagères, soit pour le paiement des arrérages, sont exempts du timbre, et peuvent être délivrés, soit par un notaire soit par le maire de la résidence du rentier.

Toutes les pièces à produire, soit pour le retrait des sommes déposées, soit pour l'inscription des rentes viagères ou le paiement des arrérages desdites rentes, sont exemptes du timbre et doivent être enregistrées gratis lorsque cette formalité est nécessaire.

Nous donnons ci-après une formule de procuration pour le retrait d'une somme versée à capital réservé.

Formule :

Je soussigné A...

Agissant avec l'autorisation de..... mon mari, aussi soussigné (*ou s'il s'agit d'une tutrice ou un tuteur*) agissant (*suivant le cas*) comme tutrice ou tuteur, etc.

Donne, par les présentes, pouvoir à M. B... de toucher pour moi et en mon nom la part me revenant tant sur le montant des sommes versées à la Caisse nationale des Retraites pour la vieillesse au compte de M. C..., décédé titulaire du Livret n°...., que sur les arrérages échus, à son décès et d'en donner bonne et valable quittance.

A....., le.....

(*Signature.*)

La signature doit être légalisée par le maire de la commune, et celle du maire par le sous-préfet.

RETRANCHEMENT. — Voy. *Réduction de dons et legs.*

RÉTRIBUTION. — Voy. *Honoraire.* — *Salaire.* — *Vacations.*

RÉTROACTIF (Effet). — Voy. *Effet rétroactif.*

RÉTROACTIVITÉ des lois. — La Loi n'a pas d'effet rétroactif; elle ne dispose que pour l'avenir. — *C. civ.* 2.

Toutefois, les lois qui adoucissent les peines prononcées par la législation précédente doivent s'appliquer aux faits antérieurs à leur promulgation.

RÉTROCESSION. — C'est l'acte par lequel nous cédons volontairement une chose à celui de qui nous la tenions, de telle sorte qu'après une vente, une donation ou un bail, l'acquéreur, le donataire ou le preneur peut, au moyen d'une rétrocession, rendre la chose à celui qui la lui avait transmise.

La rétrocession volontaire ne diffère pas de la cession primitive quant à sa nature et à ses effets, et donne ouverture au même droit de mutation.

Il faut cependant distinguer le cas où la rétrocession s'opère en vertu d'un *pacte résolutoire* contenu dans le contrat primitif, alors surtout que le pacte de résolution est stipulé selon les délais et les règles relatives à la faculté de rachat ou réméré qui, toutes, nous paraissent applicables au pacte de rétrocession, et nous estimons que l'acte intervenu dans les délais pour constater l'exercice de cette faculté ne doit pas donner ouverture à un nouveau droit de mutation, mais seulement au droit d'obligation ou de quittance, suivant que le vendeur reconnaît rester débiteur du prix, ou que l'acheteur lui en donne quittance.

RÉTROCESSION de bail. — Acte par lequel le preneur transporte son droit au bail. — Voy. *Rétrocession de bail.*

RÉTROCESSION immobilière. — Voy. *Rétrocession.*

RÉUNION à la propriété de l'usufruit. — Voy. *Consolidation.* — *Usufruit.* — *Vente.*

RÉUNION de l'usufruit à la propriété. — Voy. *Consolidation.* — *Usufruit* — *Vente.*

RÉUNIONS publiques. — Les réunions publiques sont libres et peuvent avoir lieu sans autorisation préalable. — *L. du 30 juin* 1881.

Toutefois, la déclaration doit en être faite préalablement, à Paris au Préfet de Police, et dans les autres départements aux Préfets et Sous-Préfets, par deux personnes jouissant de leurs droits civils et politiques, dont une domiciliée dans la commune où la réunion doit se faire.

La réunion ne peut avoir lieu que 24 heures après la délivrance du récépissé, et ne peut être tenue que dans un local clos et couvert.

Néanmoins, ce délai est réduit à 2 heures pour les réunions publiques électorales, à moins qu'il ne s'agisse d'élections comportant plusieurs tours de scrutin, auquel cas la réunion pourrait suivre immédiatement la déclaration.

Un fonctionnaire de l'ordre administratif ou judiciaire peut être délégué pour assister à la réunion et la dissoudre, s'il en est requis par le bureau, ou s'il se produit des collisions et voies de fait.

RÉVÉLATION. — Voy. *Communication.* — *Secret.* — *Secret professionnel.*

RÉVÉLATION de succession. — C'est celle faite à un héritier d'une succession qui lui était inconnue, moyennant le paiement d'une somme fixée à forfait, ou l'abandon d'une fraction de la succession. Ce contrat n'a rien d'illicite.

REVENDICATION. — C'est l'action par laquelle on réclame une chose dont on se prétend propriétaire. — Voy. *Action en revendication.*

Bien que la revendication soit une action réelle, il arrive quelquefois que le propriétaire peut, à son choix, intenter l'action réelle ou l'action personnelle contre le détenteur de sa chose. Ainsi, à défaut de restitution d'une chose prêtée, louée ou déposée, le propriétaire peut intenter l'action réelle résultant de son droit de propriété, ou l'action personnelle résultant du contrat.

Le fermier qui retient le fonds affermé après l'expiration du bail peut être poursuivi devant le juge de son domicile en vertu du contrat de louage, ou devant celui de la situation de l'immeuble en vertu du droit de propriété. — *C. proc.* 59.

Pour pouvoir intenter la revendication, il faut être régulièrement propriétaire, et cette action ne peut être intentée que contre celui qui possède la chose.

L'acheteur d'un immeuble devenant propriétaire par l'effet même de l'obligation, sans qu'il soit besoin de la tradition, pourrait intenter la revendication contre le vendeur qui refuserait d'opérer la délivrance.

La durée de l'action en revendication d'immeubles est de 10 ou 20 ans. si le possesseur a titre et bonne foi, sinon de 30 ans. — *C. civ.* 2262, 2265. — Voy. *Résolution.*

À l'égard des meubles, comme en règle générale, possession vaut titre, le propriétaire d'un objet mobilier n'a pas le droit de le revendiquer, sauf dans quelques cas exceptionnels.

Au cas de *perte* ou de *vol*, le propriétaire peut revendiquer sa chose pendant 3 ans contre celui dans les mains duquel elle se trouve, sauf à celui-ci à exercer son recours contre son vendeur. — *C. civ.* 2279. — Voy. *Prescription.*

Si le possesseur de la chose volée ou perdue l'a achetée dans une foire, dans un marché ou dans une vente publique, ou d'un marchand vendant des choses semblables, le propriétaire doit rembourser au possesseur le prix qu'elle lui a coûté. — *C. civ.* 2280.

Peuvent être revendiquées, en cas de faillite, les remises en effets de commerce ou autres titres, même endossés, non encore payés, et qui se trouvent en nature dans le portefeuille du failli à l'époque de sa faillite, lorsque ces remises lui auront été faites à titre de mandat ou en vue d'une négociation non effectuée. — *C. comm.* 574. — *Cass.*, 12 *mars* 1867.

RÉVÉLATION de secret. — Voy. *Secret.*

REVENTE. — Vente ou rétrocession d'un objet qu'on avait acquis. — Voy. *Déclaration de command.* — *Surenchère.* — *Transcription.* — *Vente sur folle enchère.*

REVENU (Impôt sur le). — S'entend de l'impôt de 3 pour 100 établi sur le revenu des valeurs mobilières. — *L. du* 29 *juin* 1872.

Sont compris sous ce titre et soumis à cet impôt :

1° Les actions de sociétés, compagnies ou entreprises commerciales, financières ou industrielles quelconques ; 2° les arrérages et intérêts annuels des emprunts et obligations des départements, communes et établissements publics; 3° les intérêts produits et bénéfices annuels des parts d'intérêts dans les sociétés et entreprises dont le capital n'est pas divisé en actions.

REVENUS. — Ce sont les produits annuels que l'on retire d'une chose, tels que loyers et fermages, intérêts de capitaux, arrérages de rentes, actions, obligations, etc.

Pour déterminer le revenu d'un capital, il suffit de multiplier ce capital par le taux d'intérêt stipulé et de diviser ensuite le produit par 100.

Si, au contraire, on veut connaître le capital, lorsqu'on connaît le revenu et son taux, il suffira de multiplier le revenu par 100 et de diviser ensuite le produit par le taux.

Lorsqu'il s'agit de comprendre le revenu annuel connu, pour un certain nombre de mois ou de jours, dans les comptes et liquidations, nous pensons que, contrairement à certains usages, ce n'est jamais par mois que ce revenu doit être compté, mais bien par jour, attendu que le revenu d'une année étant l'*unité*, le revenu d'un jour ne peut être autre chose que le 365me de cette unité.

En ce qui concerne l'impôt établi sur les revenus de certaines valeurs mobilières. — Voy. *Contributions publiques*, § 10.

Nous donnons ci-après un tableau destiné à faciliter le calcul des revenus.

TABLEAU

Pour servir à déterminer, par jour et par mois, le décompte d'une rente, d'une pension, d'un fermage ou de tout autre revenu annuel connu.

1 AN	Fr. 100	Fr. 500	Fr. 1.000	Fr. 2.000	Fr. 3.000	Fr. 4.000	Fr. 5.000	Fr. 6.000	Fr. 7.000	Fr. 8.000	Fr. 9.000	Fr. 10.000
11 mois	91 66	458 33	916 66	1,833 33	2,750 »	3,666 66	4,583 33	5,500 »	6,416 66	7,333 33	8,250 »	9,166 66
10	83 33	416 16	833 33	1,666 66	2,500 »	3,333 33	4,166 66	5,000 »	5,833 33	6,666 66	7,500 »	8,333 33
9	75 »	375 »	750 »	1,500 »	2,250 »	3,000 »	3,750 »	4,500 »	5,250 »	6,000 »	6,750 »	7,500 »
8	66 66	333 33	666 66	1,333 33	2,000 »	2,666 66	3,333 33	4,000 »	4,666 66	5,333 33	6,000 »	6,666 66
7	58 33	291 66	583 33	1,166 66	1,750 »	2,333 33	2,916 66	3,500 »	4,083 33	4,666 66	5,250 »	5,833 33
6	50 »	250 »	500 »	1,000 »	1,500 »	2,000 »	2,500 »	3,000 »	3,500 »	4,000 »	4,500 »	5,000 »
5	41 66	208 33	416 66	833 33	1,250 »	1,666 66	2,083 33	2,500 »	2,916 66	3,333 33	3,750 »	4,166 66
4	33 33	166 66	333 33	666 66	1,000 »	1,333 33	1,666 66	2,000 »	2,333 33	2,666 66	3,000 »	3,333 33
3	25 »	125 »	250 »	500 »	750 »	1,000 »	1,250 »	1,500 »	1,750 »	2,000 »	2,250 »	2,500 »
2	16 66	83 33	166 66	333 33	500 »	666 66	833 33	1,000 »	1,166 66	1,333 33	1,500 »	1,666 66
30 jours	8 33	41 66	83 33	166 66	250 »	333 33	416 66	500 »	583 33	666 66	750 »	833 33
29	8 05	40 27	80 55	161 11	241 66	322 22	402 27	483 33	563 88	644 44	725 »	805 55
28	7 77	38 88	77 77	155 55	233 33	311 11	388 88	466 66	544 44	622 22	700 »	777 77
27	7 49	27 49	74 99	149 99	224 99	299 99	374 99	449 99	524 99	599 99	675 »	749 99
26	7 22	36 11	72 22	144 44	216 66	288 88	361 11	433 33	505 55	577 77	650 »	722 22
25	6 94	34 72	69 44	138 88	208 33	277 77	347 22	416 66	486 11	555 55	625 »	694 44
24	6 66	33 33	66 66	133 33	199 99	266 66	333 33	399 99	466 66	533 33	600 »	666 66
23	6 38	31 94	63 88	127 77	191 66	255 55	319 44	383 33	447 22	511 11	575 »	638 88
22	6 11	30 55	61 11	122 22	183 33	244 44	305 55	366 66	427 77	484 88	550 »	611 11
21	5 83	29 16	58 33	116 66	174 99	233 33	291 66	349 99	408 33	466 66	525 »	583 33
20	5 55	27 77	55 55	111 11	166 66	222 22	277 77	333 33	388 88	444 44	500 »	555 55
19	5 27	26 38	52 77	105 55	158 33	211 11	263 88	316 66	369 44	422 22	475 »	527 77
18	4 99	24 99	49 99	99 99	149 99	199 99	249 99	299 99	349 99	399 99	450 »	499 99
17	4 72	23 61	47 22	94 44	141 66	188 88	236 11	283 33	330 55	377 77	425 »	472 22
16	4 44	22 22	44 44	88 88	133 33	177 77	222 22	266 66	311 11	355 55	400 »	444 44
15	4 16	20 83	41 66	83 33	124 99	166 66	208 33	250 »	291 66	333 33	375 »	416 66
14	3 88	19 44	38 88	77 77	116 66	155 55	194 44	233 33	272 22	311 11	350 »	388 88
13	3 61	18 05	36 11	72 22	108 33	144 44	180 55	216 66	252 77	288 88	325 »	361 11
12	3 33	16 66	33 33	66 66	99 99	133 33	166 66	199 99	233 33	266 66	300 »	333 33
11	3 05	15 27	30 55	61 11	91 66	122 22	152 77	183 33	213 88	244 44	275 »	305 55
10	2 77	13 88	27 77	55 55	83 33	111 11	138 88	166 66	194 44	222 22	250 »	277 77
9	2 49	12 49	24 99	49 99	74 99	99 99	124 99	149 99	174 99	199 99	225 »	249 99
8	2 22	11 11	22 22	44 44	66 66	88 88	111 11	133 33	155 55	177 77	200 »	222 22
7	1 94	9 72	19 44	38 88	58 33	77 77	97 22	116 66	136 11	155 55	175 »	194 44
6	1 66	8 33	16 66	33 33	49 99	66 66	83 33	99 99	116 66	133 33	150 »	166 66
5	1 38	6 94	13 88	27 77	41 66	55 55	69 44	83 33	97 22	111 11	125 »	138 88
4	1 11	5 55	11 11	22 22	33 33	44 44	55 55	66 66	77 77	88 88	100 »	111 11
3	» 83	4 16	8 33	16 66	24 99	33 33	41 66	49 99	58 33	66 66	75 »	83 33
2	» 55	2 77	5 55	11 11	16 66	22 22	27 77	33 33	38 88	44 44	50 »	55 55
1	» 27	1 38	2 77	5 55	8 33	11 11	13 88	16 66	19 44	22 22	25 »	27 77

RÉVÉRENTIELLE (Crainte). — Respect de l'autorité paternelle qui peut déterminer l'enfant à consentir certains actes contraires à ses intérêts. — Voy. *Violence.*

RÉVERSIBILITÉ, Réversion. — Termes synonymes de *retour* et qui indiquent aussi certaines clauses en usage dans les contrats, et dont l'effet est de faire retourner un avantage, soit sur la tête de celui qui l'avait consenti, soit aléatoirement sur la tête de l'une des parties contractantes, ou même celle d'un tiers.

Les réversions au profit du stipulant sont, soit l'effet d'une loi, comme le retour légal, soit d'une convention, ce qui constitue le retour conventionnel. — C. civ. 747, 951. — Voy. *Retour légal.* — *Retour conventionnel.*

Les réversions au profit de l'une des parties peuvent avoir lieu dans les deux cas suivants : 1° lorsque deux ou plusieurs individus font une acquisition en commun, ou mettent en commun un bien qu'ils possédaient déjà ; 2° lorsque deux ou plusieurs propriétaires vendent la chose commune. — *D. N.*

En général, les réversions au profit d'un tiers constituent des dispositions modales autorisées par l'art. 1121 du C. civ. — Voy. *Stipulation pour autrui.*

REVISION. — Se dit du nouvel examen d'un procès, d'un compte. — Voy. *Compte.*

REVISION (Conseil de). — Voy. *Recrutement.*

REVISION en matière criminelle. — Recours ouvert en certains cas exceptionnels contre les jugements et arrêts correctionnels ou criminels, passés en force de chose jugée et fondés sur une erreur de fait. — *L. du 29 juin* 1867.

RÉVOCATION. — Anéantissement d'un acte par un changement de volonté ou une disposition de la loi.

La révocation est volontaire dans la plupart des cas, cependant elle a quelquefois lieu de plein droit. — *Voy.* les mots suivants.

RÉVOCATION d'adoption. — L'adoption testamentaire est seule révocable ; quant à celle consommée par l'accomplissement de toutes les formalités légales, elle est irrévocable dans tous les cas, même du consentement mutuel des parties. — Voy. *Adoption.*

RÉVOCATION d'aliénation. — S'entend de celle prononcée sur l'action des créanciers contre une aliénation faite à leur préjudice ou en fraude de leurs droits. — C. civ. 1157. — Voy. *Fraude.*

RÉVOCATION de donation. — Annulation d'une donation entre vifs pour une cause prévue par la Loi.

En principe, les donations entre vifs sont irrévocables, sauf les exceptions ci-après : 1° à défaut d'exécution des conditions sur lesquelles la donation a eu lieu ; 2° pour ingratitude du donataire envers le donateur ; 3° au cas de survenance d'un enfant légitime au donateur qui n'en avait pas lors de la donation. — C. civ. 953.

Sont sujettes à révocation dans les cas ci-dessus les donations, soit directes et formelles, soit déguisées, soit indirectes.

Le donateur peut, dans l'acte de donation, renoncer à l'action en révocation pour inexécution des conditions, mais il ne peut renoncer à demander, soit la révocation pour cause d'ingratitude, soit la révocation pour survenance d'enfants.

Les donations mutuelles et réciproques sont exemptes de la révocation pour survenance d'enfants.

Les donations entre époux par contrat de mariage, quoique qualifiées irrévocables, sont révoquées de droit par la séparation de corps ou le divorce, au profit de l'époux demandeur, contre le conjoint qui succombe. — Celles faites pendant le mariage, soit par testament, soit dans la forme des donations entre vifs, sont toujours révocables.

RÉVOCATION d'acte frauduleux. — Faculté accordée à tous créanciers d'attaquer et de faire annuler les actes faits par leurs débiteurs en fraude de leurs droits. — C. civ. 1167.

RÉVOCATION de donation entre époux. — Voy. *Révocation de donation.*

RÉVOCATION de fiducie. — Voy. *Fiducie.*

RÉVOCATION de fonctions. — Voy. *Destitution.* — *Office.*

RÉVOCATION de legs. — Voy. *Révocation de testament.*

RÉVOCATION de mandat ou de procuration. — La révocation est de la nature du mandat, et le mandant peut toujours révoquer sa procuration quand bon lui semble et malgré toute stipulation contraire. — C. civ. 2103. — Voy. *Mandat.*

Toutefois, dans plusieurs cas, le mandat est irrévocable par la seule force de la Loi, ou par la nature de la convention dont le mandat est l'accessoire. Dans d'autres cas, cette irrévocabilité peut être valablement stipulée. Ainsi, la loi ou la nature de la convention confère un mandat irrévocable : 1° aux créanciers qui ont obtenu la cession de biens de leur débiteur ; 2° aux gérants d'une société ; 3° au mari, pour l'administration des biens personnels de sa femme ; 4° à l'acquéreur chargé de payer le prix de son acquisition aux créanciers de son vendeur. Ce mandat est l'effet de la convention, lorsque, par le contrat de mariage, la femme, se mariant sous le régime dotal ou avec séparation de biens, a donné au mari le pouvoir de gérer tout ou partie de ses biens.

L'irrévocabilité peut encore être stipulée lorsque le mandat est intéressé de part et d'autre, comme dans le cas où une personne donne à une autre la régie de ses biens ou affaires pour un nombre d'années, moyennant un traitement annuel fixe. Mais, dans ce cas, le mandant peut reprendre lui-même la gestion de ses affaires, sauf à indemniser le mandataire.

Le décès du mandant est encore une révocation *tacite.*

La révocation d'un mandat est *tacite* ou *expresse.* Ainsi, la constitution d'un nouveau mandataire pour la même affaire est une révocation tacite du premier mandat, et elle est valable à compter du jour de sa notification.

La révocation expresse a lieu ordinairement par une simple notification par huissier, mais elle est faite aussi quelquefois par un acte notarié, qui est ensuite signifié au mandataire lorsqu'il n'y intervient pas pour accepter la révocation.

RÉVOCATION de reconnaissance de paternité. — Voy. *Reconnaissance d'enfant naturel.*

RÉVOCATION de stipulation pour autrui. — Voy. *Stipulation pour autrui.*

RÉVOCATION de substitution. — Voy. *Substitution.*

RÉVOCATION de testament. — Disposition qui annule un testament, en tout ou en partie.

Le testament étant le produit d'une seule volonté, sans engagement réciproque, est toujours révocable, et le testateur ne pourrait s'engager valablement à ne pas le révoquer.

Mais le testateur qui ne révoque pas est censé persévérer dans la même volonté, quel que soit le temps qui a pu s'écouler depuis le testament jusqu'à la mort.

La révocation est *expresse*, lorsque le testateur a déclaré formellement qu'il révoque, soit son testament, soit telle ou telle disposition particulière. Elle est *tacite*, lorsqu'elle résulte d'une autre disposition contraire ou incompatible, ou d'un fait qui suppose quelque changement de volonté.

L'acte écrit, daté et signé, par lequel le disposant déclare révoquer son testament antérieur, vaut comme révocation, encore bien qu'il ne contienne ni legs, ni institution.

Mais un testament antérieur n'est pas révoqué par un testament seul, quelle que soit sa forme. — D. N.

L'inexécution des conditions, l'attentat à la vie du testateur, les délits, sévices et injures graves envers le testateur, autorisent la demande en révocation des testaments, ainsi que des donations entre vifs. — *C. civ.* 1406. — Voy. *Révocation de donation.*

Nous donnons ci-après une formule de révocation de testament.

Formule :

Je soussigné A..., demeurant à.....,

Déclare par le présent révoquer tous testaments que j'ai faits jusqu'à ce jour, n'importe dans quelle forme (*ou bien*) le testament que j'ai fait par acte passé devant M⁵ B..., notaire à....., en présence de témoins, le..... ; voulant que ce testament *ou ces* testaments, soient et demeurent sans effet, et que les legs qu'ils contiennent soient considérés comme non avenus.

Fait, écrit, daté et signé de ma main à....., le.....

(*Signature.*)

RÉVOCATOIRE (Action). — Voy. *Révocation.*

REZ-DE-CHAUSSÉE. — Sol au-dessus du pavé des rues, des cours, jardins, chantiers et terres de toute sorte. — Voy. *Étage.* — *Mitoyenneté.* — *Servitude.*

RHIN (Haut-). — Voy. *Haut-Rhin.*

RHÔNE. — Département formé du Lyonnais et du Beaujolais.
Chef lieu : Lyon.
Cour d'appel : Lyon.
Ce département est limité à l'Est par l'Ain et l'Isère ; au Sud et à l'Ouest par la Loire, et au Nord par Saône-et-Loire.
Il est divisé en 2 arrondissements, 26 cantons et 264 communes.
Superficie : 285.536 hectares.
Impôt foncier : 3.045.367 francs.
Population : 772.912 habitants.

RIDEAU. — Se dit d'une langue de terre escarpée ou en pente se trouvant entre des héritages voisins. — Voy. *Bornage.* — *Servitude.*

RIGOLE. — Petite tranchée faite dans la terre pour l'écoulement des eaux.
Une rigole ne peut être possédée d'une façon utile pour prescrire qu'autant qu'elle est apparente, et le fait du curage est insuffisant. — Voy. *Eau.* — *Servitude.*

RISCONTRE. — En droit commercial, le riscontre indique un paiement fictif ou *virement.*

RISQUES. — Dangers ou dommages auxquels une chose se trouve exposée. — Voy. *Assurance.* — *Cas fortuit, etc.*

RISQUES et périls. — Se dit de toutes chances, bonnes ou mauvaises, attachées à une affaire dont on se charge. — *C. civ.* 1629. — Voy. *Aléatoire.* — *Transport.* — *Vente.*

RISQUES locatifs. — L'article 1733 du C. civ. établit contre le locataire, en cas d'incendie commencé dans les lieux qu'il occupe, une présomption de fraude ou de négligence qui, jusqu'à preuve contraire, le rend responsable, vis-à-vis du propriétaire, des dommages causés par l'incendie. Mais il peut faire assurer ce risque. — Voy. *Assurance terrestre.*

RISTOURNE. — En droit maritime, c'est la résolution d'un contrat d'assurance pour défaut total ou partiel de risques ou fausse déclaration. — Voy. *Assurance.*

RIVAGE de la mer. — Portion du littoral que la mer couvre ou peut couvrir dans les plus hautes marées. Ce rivage fait partie du domaine public. — *C. civ.* 538. — Voy. *Domaine public.* — *Lais et Relais.* — *Mer.*

RIVE. — Bord d'un étang ou d'un cours d'eau. — Voy. *Cours d'eau.* — *Délimitation.* — *Fossé.*

RIVIÈRE. — Grand cours d'eau.

Les fleuves et rivières navigables et flottables sont considérés comme des dépendances du Domaine public. — Voy. *Cours d'eau.* — *Domaine public.*

Les rivières navigables sont celles qui portent des bateaux, trains ou radeaux. Les rivières flottables sont celles où peuvent flotter des bois, soit en radeaux, soit à bûches perdues, sans bateaux.

RÔLE — S'entend d'un feuillet ou deux pages d'écriture. — Voy. *Expédition.* — *Grosse.* — *Honoraires.*

RÔLE des causes. — C'est ainsi qu'on appelle le registre tenu au Greffe du Tribunal, où le Greffier inscrit les causes dans l'ordre où elles doivent être jugées.

RÔLE des contributions. — Etat de ceux qui sont imposés pour l'une des contributions publiques établies par la Loi. — Voy. *Contributions.* — *Impositions.*

RÔLE d'équipage. — C'est l'état des personnes qui montent un navire. — *Ord. du 31 oct. 1784.* — Voy. *Navire.*

ROUISSAGE du chanvre. — Voy. *Eau.*

ROULAGE. — Transport des marchandises ou autres objets, par voitures, sur les chemins publics ordinaires. — Voy. *Messageries.*

La police du roulage est aujourd'hui régie par la loi du 30 mai 1851 et le décret en forme de règlement d'administration publique du 10 avril 1852.

Toute voiture peut circuler sur les routes nationales, départementales et les chemins vicinaux de grande communication, sans condition de règlement du poids et de la largeur des jantes. La loi du 30 mai 1851 a seulement réservé, au point de vue de la conservation des routes, le principe de quelques dispositions relatives à la forme des bandes de roues et des clous des bandes, aux mesures à prendre pour régler momentanément la circulation pendant les jours de dégel et à la protection des ponts suspendus. Ces dispositions ont été arrêtées par le règlement du 10 avril 1852.

Les voitures roulant sur les routes sus-indiquées doivent être munies d'une plaque en métal, posée en avant des roues du côté gauche de la voiture, portant en caractères apparents et lisibles, hauts de cinq millimètres au moins, les nom, prénoms et profession du propriétaire, la commune, le canton et le département de son domicile.

Sont toutefois exemptes de cette disposition les voitures particulières destinées au transport des personnes et celles appartenant aux départements de la guerre ou de la marine et à l'administration des postes, de même que celles employées à la culture des terres, au transport des récoltes et à l'exploitation des fermes, mais seulement lorsqu'elles servent au transport des objets récoltés, du lieu où ils ont été recueillis jusqu'à celui où ils doivent être déposés ou rassemblés pour leur manipulation.

Tout propriétaire d'une voiture circulant sans plaque est puni d'une amende de 6 à 15 fr., et le conducteur d'une amende de 1 à 6 fr.

L'usage d'une plaque portant un nom ou domicile faux ou supposé est puni d'une amende de 50 à 200 fr. La même peine est applicable, à défaut de plaque, pour toute fausse déclaration.

Les conducteurs de voitures de toute espèce sont tenus de se détourner ou ranger à droite, à l'approche de toutes autres voitures, et de laisser libre au moins la moitié de la voie publique.

Toutes voitures suspendues ou non suspendues, quelle que soit leur construction, doivent, lorsqu'elles circulent pendant la nuit, être garnies d'au moins une lanterne allumée, sous peine d'amende.

Tout propriétaire de voiture est responsable des amendes, des dommages-intérêts et des frais de réparation prononcés contre toute personne préposée par lui à la conduite de sa voiture.

Les contraventions et délits en matière de police de roulage peuvent être constatés par les Maires et Adjoints, les Commissaires et Agents assermentés de police, les Ingénieurs des ponts et chaussées, la Gendarmerie, etc.

Les procès-verbaux constatant les délits ou contraventions doivent être enregistrés en débet, dans les 3 jours, à peine de nullité. Ceux des Cantonniers sont, comme ceux des Gardes champêtres, soumis à l'affirmation.

ROULEMENT. — On donne ce nom au déplacement qui s'opère chaque année dans les Cours et Tribunaux pour le service dans les diverses Chambres.— Voy. *Tribunaux*.

ROUTES. — Voies de communication par terre.

Les grandes routes sont divisées en routes Nationales et routes Départementales. Le sol des routes nationales appartient à l'Etat, qui est chargé de leur entretien. Les routes départementales, appartiennent au Département, qui est également chargé de leur entretien.

Ces routes sont inaliénables et imprescriptibles.— *E. N.*

Indépendamment des routes dont on vient de parler, la grande voirie comprend encore les chemins de fer et les chemins vicinaux. — Voy. *Chemins de fer.* — *Chemins vicinaux.* — *Voirie.*

L'établissement des fossés sur le bord des routes est prescrit par les lois et règlements. Ces fossés doivent être ouverts sur le terrain appartenant à l'Etat. La dimension en a été fixée à une profondeur de 1 mètre et une largeur de 2 mètres dans le haut, et de 1 mètre dans le bas. C'est la crête extérieure des fossés, le pied du talus en remblai, et la crête du talus en déblai, qui forment limite des propriétés limitrophes des routes. — *Ar. C. d'Et. des 26 oct. 1836 et 22 août 1838.*

Les propriétaires riverains des routes ont le droit d'y avoir des portes et des ouvertures propres à desservir leurs maisons, leurs enclos, leurs champs. Ils ont aussi des droits de jour et d'égout, en se conformant aux règlements de police. — Voy. *Servitude.*

Nul ne peut construire sur le bord d'une grande route, soit dans l'intérieur des villes, bourgs et villages, soit même en pleine campagne, sans obtenir un alignement. — Voy. *Alignement.*

Les propriétaires dont les fonds recèlent de la pierre ou autres matériaux nécessaires aux travaux ou entretien des routes sont tenus de laisser prendre ces matériaux par les entrepreneurs, moyennant indemnité. — Voy. *Extraction de matériaux.*

Lorsqu'une route se trouve impraticable pour quelque cause que ce soit, le voyageur a le droit de passer sur les fonds voisins.

Il est défendu d'ouvrir des carrières de pierres, moellons, etc., ou de faire aucune fouille pour tirer du sable ou autres matières, à moins de 58 mètres du bord des routes. — *D. N.*

A l'égard des plantations sur le sol ou le long des routes. —Voy. *Plantations.* — *Arbre.*

RUBRIQUE. — Titre d'un livre d'un chapitre, d'une section.

RUCHE. — Voy. *Abeilles.*

RUELLE. — Petite rue qui se trouve entre deux murs ou deux maisons, et qui est réputée mitoyenne s'il n'existe ni titre ni prescription contraires. — Voy. *Mitoyenneté.*

RUE. — Les rues et places des villes, bourgs ou villages qui ne font pas partie d'une route nationale ou départementale, sont comprises dans le domaine public municipal.

Une rue nouvelle ne peut être ouverte, soit par la commune, soit par les particuliers, qu'en vertu d'un acte de l'autorité compétente pour approuver les plans d'alignement.

En matière de voirie urbaine, le droit de délivrer l'alignement et d'accorder les permissions de bâtir appartient au Maire, sous l'approbation du Préfet.

L'entretien du pavé des rues, pour les parties qui ne sont pas grandes routes, est une dépense communale.

Quant aux rues de Paris, elles sont soumises au régime de la grande voirie, et c'est le Préfet qui est chargé de la délivrance et des permissions de bâtir. Un décret du 26 mars 1852 contient des dispositions exceptionnelles relativement à ces rues.

RUISSEAU. — Courant d'eau d'une largeur trop peu considérable pour recevoir le nom de rivière.

Les cours d'eau ayant le caractère de simples ruisseaux sont la propriété des riverains. — *E. N.* — Voy. *Cours d'eau.* — *Eau.* — *Flottage.* — *Pêche.*

RUPTURE. — Voy. *Lacération.* — *Rescision.* — *Résolution.* — *Révocation.* — *Suppression de titres.* — *Testament.*

RUPTURE de ban. — Voy. *Ban (rupture de).*

RURAL. — Voy. *Délit rural.* — *Police rurale.* — *Servitude.*

S

SABLE DE MER. — Voy. *Mer.*

SAC (Passe de). — Voy. *Passe de sac.*

SACRAMENTELS (Termes). — Se dit des termes essentiels et dont il n'est pas permis de s'écarter. — Voy. *Interprétation.*

SACRILÈGE. — Action impie, profanation des choses consacrées au culte.

SAGE-FEMME. — C'est, en chirurgie, celle qui exerce l'art de l'accouchement.

Elle est tenue de déclarer les accouchements qu'elle a faits, mais elle ne peut révéler le secret qui lui a été confié dans l'exercice de sa profession. — *C. pén.* 378.

SAILLIES. — Se dit des constructions qui se projettent sur la voie publique ou sur le voisin.

On ne peut donner aucune saillie au delà de l'alignement à un ouvrage, soit sur la voie publique, soit sur le voisin; mais le droit de saillie peut s'acquérir à titre de destination de père de famille ou de servitude. — Voy. *Destination du père de famille.* — *Evier.* — *Gouttière.* — *Servitude.*

L'Autorité municipale permet ou défend l'établissement ou la réparation des saillies.

Les constructions en saillie sur les rues, places et autres fonds du domaine public, n'existent qu'à titre de tolérance, et ne peuvent produire aucun droit de prescription. On peut donc toujours être contraint à les enlever.

Un décret du 22 juillet 1882 porte règlement sur les saillies permises dans la ville de Paris.

SAIN d'esprit. — Etat de celui qui jouit de toutes ses facultés intellectuelles, c'est-à-dire de son jugement, de sa raison. — Voy. *Démence.* — *Donation.* — *Testament.*

SAISIE. — Droit accordé au créancier de mettre sous la main de la justice des biens ou effets appartenant au débiteur, pour les faire vendre à son profit. — Voy. *Saisie-exécution.*

En matière civile, la saisie est employée comme acte conservatoire des droits des créanciers, et comme moyen d'exécution des obligations. — Voy. *Acte conservatoire.* — *Exécution des actes et jugements.*

En matière criminelle, la saisie ayant pour objet des choses prohibées dans leur fabrication, vente, usage ou publication, prend souvent le nom de confiscation. — Voy. *Confiscation.* — *Chasse.* — *Forêt.* — *Pêche.* — *Peine.*

SAISIE-ARRÊT. — La saisie-arrêt ou *opposition* est celle que fait un créancier contre son débiteur entre les mains du tiers débiteur de celui-ci, et qui constitue tout à la fois *opposition*, en ce qu'elle empêche le débiteur de toucher ses deniers, et *contrainte*, en ce qu'elle tend à les faire verser au créancier saisissant en paiement de ce qui lui est dû.

On peut exercer une saisie-arrêt sur toutes les sommes dues et sur tous effets mobiliers appartenant au débiteur et qui se trouvent entre les mains d'un tiers. — *C. proc.* 557.

Toutefois, les traitements des fonctionnaires publics et employés civils ne sont saisissables que jusqu'à concurrence du *cinquième* sur les premiers 1000 fr. et toutes les sommes au-dessous ; du *quart* sur les 5000 fr. suivants, et du *tiers* sur la portion excédant 6000 fr., à quelque somme qu'elle s'élève, et cela jusqu'à l'acquittement des créances.

Il a toutefois été jugé que les appointements d'un employé ne peuvent être saisis lorsqu'ils sont nécessaires à son alimentation. — *Cass.*, 29 *mai* 1878.

Les appointements dus aux officiers des troupes, aux commissaires des Guerres et autres employés dans les armées, ne peuvent être saisis au delà du *cinquième*.

Sont insaisissables en totalité :

1° Les rentes et pensions dues par l'Etat ou par les caisses des diverses administrations de l'Etat à leurs employés en retraite. — *L. du 22 flor. an VII ;*

2° Les traitements des ecclésiastiques ;

3° Les provisions alimentaires adjugées par justice ;

4° Les sommes et objets disponibles déclarés insaisissables par le testateur ou donateur, et les pensions pour aliments. — *C. proc.* 581 *et suivants.*

Le salaire des ouvriers est saisissable dans la proportion indiquée plus haut, même avant d'être échu. — *Cass.*, 22 *nov.* 1852.

Les articles d'argent confiés à la poste peuvent être l'objet de saisies-arrêts entre les mains des receveurs.

La saisie-arrêt peut être faite, soit en vertu de titres authentiques ou privés, soit avec simple permission du Président du Tribunal civil ou du juge qui le remplace.

Elle a lieu par ministère d'huissier dans les formes voulues par la Loi, et doit être dénoncée au débiteur dans le délai de huitaine, avec assignation en validité.

La demande en validité doit être dénoncée dans un pareil délai de huitaine au tiers saisi. — *C. proc.* 563 *et suiv.*

La saisie-arrêt valablement dénoncée et contre-dénoncée a pour effet, à l'égard du débiteur saisi, d'affecter la créance saisie au paiement du saisissant. — *D. N.*

SAISIE-BRANDON. — C'est celle par laquelle un créancier saisit les fruits pendants par racines, appartenant à son débiteur, pour les faire vendre et se faire payer de ce qui lui est dû sur le prix obtenu.

On ne peut procéder à cette saisie qu'en vertu d'un titre exécutoire, et pour créances liquides et certaines.

Elle ne peut être faite que dans les six semaines qui précèdent l'époque ordinaire de la maturité des fruits. — *C. proc.* 634.

Tous les fruits pendants par racines, tels que blés, foins, légumes, raisins, fruits des arbres, etc., étant déclarés *immeubles* par la Loi tant qu'ils sont sur pied, peuvent être l'objet d'une saisie-brandon. — *C. proc.* 520 *et suiv.*

Sont encore considérés comme fruits : 1° les coupes réglées de bois taillis dans l'année où la coupe doit être faite, selon l'usage ; 2° les arbres et pépinières, lorsqu'ils sont parvenus à une certaine maturité ; 3° les bois de haute futaie, s'ils ont été mis en coupes réglées.

Le propriétaire d'une ferme, par cela même qu'il a droit aux pailles, est fondé à s'opposer à la vente des récoltes saisies sur son fermier.

SAISIE conservatoire. — C'est celle que fait pratiquer un créancier, en vertu de l'autorisation du Président du Tribunal de commerce, sur les effets mobiliers de son débiteur, avant d'avoir obtenu une condamnation contre lui.

Comme la saisie-gagerie, la saisie conservatoire se fait sans commandement préalable. — Voy. *Saisie-gagerie*.

Elle a lieu : 1° dans les cas qui requièrent célérité en matière commerciale ; 2° en faveur du porteur d'une lettre de change ou d'un billet à ordre, protesté faute de paiement, contre les tireurs, accepteurs ou endosseurs.

Lorsqu'on a obtenu condamnation au paiement de la dette contre le saisi, on doit, pour arriver à la vente des objets saisis, faire valider la saisie conservatoire par le Tribunal civil et la faire convertir en saisie-exécution.

SAISIE pour contravention. — C'est celle qui a lieu en matière de contributions indirectes et de douanes. — Voy. *Douanes*.

SAISIE pour contributions directes. — C'est celle exercée à la requête d'un percepteur sur les biens des contribuables. — Voy. *Contributions (impositions)*.

SAISIE-EXÉCUTION. — C'est celle qu'un créancier fait pratiquer sur les effets mobiliers d'un débiteur pour être conservés, et ensuite vendus au profit du saisissant et de tous autres ayants droit.

Tous les biens meubles du débiteur peuvent être l'objet d'une saisie-exécution, hors ceux exceptés par la Loi.

Les billets de banque, les actions au porteur et les reconnaissances du Mont-de-Piété au porteur, sont susceptibles de saisie-exécution.

Sont *insaisissables* : le coucher nécessaire du saisi et ceux de ses enfants vivant avec lui, c'est-à-dire les bois de lit, couverture, draps, traversin, matelas, lit de plume, et les habits dont le saisi est vêtu et couvert, même sans nécessité absolue.

L'équipement militaire, suivant l'ordonnance et le grade, est également *insaisissable*, de même que les livres relatifs à la profession, et les machines et instruments servant à l'enseignement, jusqu'à concurrence de 300 fr.

Sont aussi *Insaisissables* : 1° les outils nécessaires à la profession et à l'occupation nécessaire d'un artisan ; 2° les farines et menues denrées nécessaires à la consommation du saisi et de sa famille pendant un mois ; 3° une vache, ou trois brebis, ou deux chèvres, au choix du saisi, avec ce qui est nécessaire pour leur entretien pendant le même temps ; 4° les effets abandonnés à un failli par un concordat homologué ; 5° enfin, les divers objets exceptés de la saisie par l'art. 584 du C. de proc.

Néanmoins, ces objets sont saisissables : 1° pour le prix ou prêt du prix de la fabrication, vente ou réparation desdits objets ; 2° pour les fermages et moissons des terres et loyers des manufactures et usines auxquelles ils servent ; 3° pour aliments et loyers personnels du saisi.

La saisie doit être précédée d'un commandement fait au débiteur, au moins un jour à l'avance, contenant notification du titre, avec élection de domicile dans la commune de l'exécution là où le débiteur peut faire toutes significations.

La vente est fixée à 8 jours au moins après la notification de la saisie au débiteur, et si elle est retardée, on doit de nouveau l'y appeler. — *C. proc.* 613 *et suiv.*

La vente est annoncée un jour à l'avance par la voie des journaux et par affiches qui doivent être apposées, une au lieu de la saisie, une à la mairie, une au marché du pays ou au plus voisin, s'il n'y en a pas, une à la justice de paix, et une au lieu de la vente s'il est différent de celui des effets ou du marché. — *C. proc.* 617, 621.

SAISIE foraine. — C'est celle faite par le créancier sur les effets trouvés dans sa commune et appartenant à son débiteur forain.

On entend par *débiteur forain* celui qui, par état ou sans état, menant une vie ambulante, n'a aucun domicile fixe ; tels sont les colporteurs et marchands forains.

Les règles prescrites pour la saisie-exécution, la vente et la distribution des deniers sont applicables à la saisie foraine. — Voy. *Saisie-exécution.*

SAISIE-GAGERIE. — C'est celle qui est formée par les propriétaires ou principaux locataires pour sûreté des fermages et loyers qui leur sont dus sur les effets et les fruits qui se trouvent dans leurs bâtiments ou sur leurs terres, et même sur les meubles qui auraient été déplacés sans leur consentement. — *C. proc.* 819.

Cette mesure a pour but la conservation du privilège accordé au propriétaire par l'article 2102 du C. civ.

Le propriétaire ou principal locataire peut saisir-gager, qu'il y ait bail ou qu'il n'en existe pas, soit en vertu de l'autorisation du Président du Tribunal civil sans commandement préalable, soit un jour après un commandement de payer les loyers, sans qu'il soit besoin alors de la permission du juge. — *C. proc.* 819.

La saisie-gagerie peut être pratiquée même pour loyers à échoir, en cas de déplacement frauduleux par le locataire.

La saisie-gagerie se fait comme la saisie-exécution, et s'il y a des fruits pendants, comme la saisie-brandon. — *C. proc.* 821.

Le propriétaire a le droit de faire saisir dans le délai de 40 jours les bestiaux garnissant sa ferme qui ont été déplacés et vendus par le fermier, sans distinguer si l'acheteur est de bonne ou mauvaise foi. Le propriétaire peut même revendiquer entre les mains de l'acquéreur les bestiaux vendus en foire, sans être tenu de rembourser le prix ni les frais de vente. — *Ar. C. d'Ap. Angers, mai* 1886.

Il ne peut être procédé à la vente du mobilier saisi, hors le consentement du débiteur, sans que la saisie ait été déclarée valable.

SAISIE immobilière. — C'est la procédure par laquelle un créancier met sous la main de la justice les immeubles du débiteur pour les faire vendre.

Le résultat de cette procédure est l'expropriation forcée. — Voy. *Expropriation forcée.*

Tout créancier pourvu d'un titre authentique et exécutoire, inscrit ou non aux hypothèques, peut provoquer l'expropriation par la saisie immobilière. — *C. civ.* 2213.

Mais cette saisie ne peut avoir lieu que 30 jours après un commandement de payer, fait au domicile réel du débiteur.

Si le créancier laissait écouler plus de 90 jours entre le commandement et la saisie, il serait tenu de le réitérer.

En cas de faillite, la saisie immobilière ne peut être poursuivie que par les créanciers ayant hypothèque. — *C. comm.* 571.

Le créancier d'une succession peut faire saisir les immeubles hypothéqués à sa créance quoique encore indivis entre les héritiers, sans être obligé de faire procéder à un partage préalable.

Le créancier hypothécaire ne peut saisir les immeubles du débiteur qui ne sont pas hypothéqués à son profit qu'en cas d'insuffisance de ceux soumis à son hypothèque.

Le débiteur qui justifie par baux authentiques qu'il peut payer à l'aide de son revenu libre dont il offre la délégation, peut s'opposer à la saisie de ses immeubles. — *C. civ.* 2212.

La saisie immobilière faite contre l'héritier doit être précédée, à peine de nullité, d'une notification faite 8 jours avant le commandement, en vertu de l'art. 877 du C. civ.

La procédure relative à la saisie immobilière a été modifiée par la loi du 2 juin 1841, à laquelle nous renvoyons à ce sujet.

La saisie se fait par un huissier qui doit être porteur de la grosse du Titre en vertu duquel il procède, et d'un pouvoir spécial du créancier.

A dater du jour où la saisie est transcrite au bureau des hypothèques, elle produit les effets ci-après : 1° elle donne au saisissant le droit de poursuivre la vente par préférence à tous autres ; 2° elle constitue le saisi séquestre de ses biens et l'empêche de les dégrader ou aliéner ; 3° elle donne aux créanciers et à l'adjudicataire le droit de demander la nullité des baux n'ayant pas date certaine avant le commandement ; 4° elle immobilise les fruits.

À l'égard des suites de la saisie immobilière, c'est-à-dire de la mise en vente. — *Voy. Adjudication.* — *Vente judiciaire.* — *Surenchère.* — *Vente sur folle enchère.* — *Ordre entre créanciers.*

SAISIE mobilière. — Voy. *Saisie-arrêt.* — *Saisie-brandon.* — *Saisie-exécution.* — *Saisie-gagerie.* — *Saisie-revendication.*

SAISIE de navire. — Tout navire peut, en vertu d'un titre exécutoire, être saisi, soit gisant ou amarré dans le port, soit même hors du port, flottant sur ses ancres ; cependant, celui prêt à faire voile ne peut être saisi qu'à raison des dettes contractées pour le voyage qu'il va faire. — *C. comm.* 197 *et suiv.*

SAISIE réelle. — Nom qu'on donnait autrefois à la saisie immobilière. — Voy. *Saisie immobilière.*

SAISIE des rentes. — Voie d'exécution par laquelle le créancier met sous la main de la justice les rentes appartenant à son débiteur pour les faire vendre et se faire payer.

Sont saisissables les rentes perpétuelles ou viagères constituées, soit moyennant un capital déterminé, soit pour prix de la vente d'un immeuble ou de cession de fonds immobiliers, ou à tout autre titre onéreux ou gratuit. — *C. proc.* 636. — *L. du* 24 *mai* 1842.

Sont au contraire *insaisissables* : 1° les rentes sur l'Etat ; 2° les actions immobilisées de la Banque de France ; 3° les rentes viagères constituées à titre gratuit stipulées insaisissables dans le titre ; 4° les pensions ou rentes alimentaires, même sans stipulation d'*insaisissabilité.* — Voy. *Saisie-arrêt.*

SAISIE-REVENDICATION. — C'est celle qui se fait sur un objet mobilier sur lequel nous prétendons avoir un droit de propriété ou un gage privilégié. — Voy. *Saisie-exécution.*

Tout propriétaire peut recourir à ce mode d'exécution, soit en cas de perte ou de vol de sa chose, soit en cas de déplacement par le locataire des meubles de la maison louée. — *C. civ.* 2102, 2279.

Le créancier peut saisir-revendiquer les effets que son débiteur a détournés en fraude, pour les soustraire à ses poursuites. — *C. civ.* 1167.

La demande en validité de la saisie-revendication doit être portée devant le Tribunal civil du domicile de celui sur qui elle est faite.

SAISINE. — Se dit du fait même de l'entrée en possession d'une chose. La saisine de *fait* suppose une possession réelle antérieure. La saisine de *droit* a lieu par le seul effet de la Loi, comme dans le cas de la maxime : *Le mort saisit le vif.* — Voy. *Legs.* — *Possession.* — *Succession.*

SAISONS. — Voy. *Soles.*

SALAIRE. — Ce qui est payé pour des services ou un travail.

SALAIRES des Conservateurs. — Les Conservateurs des hypothèques ont droit à une rétribution personnelle, indépendante des droits d'hypothèque, à raison des formalités hypothécaires.

Mais il ne leur est dû aucun salaire pour les recherches. Il n'en est dû que pour l'état ou certificat délivré.

SALINES. — Lieux ou établissements où l'on fabrique le sel.

Les mines de sel, les sources ou puits d'eau salée naturelles ou artificielles ne peuvent être exploitées sans une concession du Gouvernement, et il ne peut être établi aucune fabrique ou chaudière de sel sans autorisation. L'exploitation ou fabrication des matières salines est encore soumise à une déclaration préalable au Bureau des Douanes ou des Contributions Indirectes. — *L. du* 17 *juin* 1840. — *Ord. du* 7 *mars* 1841. — *L. du* 31 *déc.* 1848.

Tout concessionnaire doit livrer à la consommation au moins 500,000 kilog. de sel par an.

SALLES d'asile. — Les Salles d'asile ou Ecoles maternelles sont des Etablissements d'éducation exclusivement dirigés par des femmes, où les enfants des deux sexes peuvent être admis à partir de l'âge de 2 ans et rester jusqu'à 7 ans. — Voy. *Enseignement.*

Les Salles d'asile ont été réglementées par un décret du 2 août 1881.

SALPÊTRIÈRE. — Voy. *Poudres et Salpêtres.*

SALUBRITÉ. — Qualité de ce qui est sain, qui contribue à la santé.

Les officiers municipaux sont tenus de veiller à la salubrité, à la tranquillité et à la sûreté des campagnes.

La loi du 15 avril 1850 a déterminé les mesures à prendre pour l'assainissement des logements qui se trouvent dans certaines conditions d'insalubrité. — E. N. — Voy. *Desséchement des marais. — Etablissement insalubre. — Police sanitaire. — Voirie.*

SANCTION. — Se dit de l'action d'accorder une récompense à telle action, ou d'infliger une peine à la désobéissance. On dit aussi la sanction des Lois. — Voy. *Loi.*

SANG (Droit du). — Voy. *Aliments. — Parenté. — Succession.*

SANTÉ (Maison de). — Voy. *Aliénés.*

SANTÉ (Officier de). — Voy. *Médecine. — Pharmacien.*

SAÔNE (Haute-). — Le département de la Haute-Saône est un des 3 que forme la Franche-Comté.

Chef-lieu : Vesoul.

Cour d'appel : Besançon.

Ce département est limité à l'Est par le Haut-Rhin ; au Sud par le Doubs et le Jura ; à l'Ouest par la Côte-d'Or et la Haute-Marne, et au Nord par les Vosges et la Haute-Marne.

Il est divisé en 3 arrondissements, 28 cantons et 583 communes.

Superficie : 514.928 hectares.

Impôt foncier : 1.521.272 francs.

Population : 290.954 habitants.

SAÔNE-ET-LOIRE. — Département formé de partie de la Bourgogne.

Cchef-lieu : Mâcon.

Cour d'appel : Dijon.

Ce département est limité à l'Est par le Jura et l'Ain ; au Sud par l'Ain, le Rhône et la Loire ; à l'Ouest par l'Allier et la Nièvre, et au Nord par le Jura, la Côte-d'Or et la Nièvre.

Il est divisé en 5 arrondissements, 50 cantons et 589 communes.

Superficie : 856.543 hectares.

Impôt foncier : 3.074.468 francs.

Population : 625.885 habitants.

SARTHE. — Le département de la Sarthe est un des 4 que forment le Maine et l'Anjou.

Chef-lieu : Le Mans.

Cour d'appel : Angers.

Ce département est limité à l'Est par l'Eure-et-Loir et Loir-et-Cher ; au Sud, par Indre-et-Loire et Maine-et-Loire ; à l'Ouest par la Mayenne, et au Nord par l'Orne.

Il est divisé en 4 arrondissements, 33 cantons et 387 communes.

Superficie : 438.917 hectares.

Impôt foncier : 2.400.925 francs.

Population : 436.111 habitants.

SATISFACTION. — En droit, ce mot est synonyme d'excuse, de réparation, de dédommagement. Il exprime aussi payer ce qu'on doit, remplir un engagement. — Voy. *Dommage*. — *Obligation*. — *Paiement*.

SAUF-CONDUIT. — Permission accordée à celui qui est soumis à la contrainte personnelle de vaquer à une affaire déterminée pendant un certain temps, sans avoir à craindre d'être arrêté.

SAUVETAGE. — Voy. *Naufrage*. — *Navigation*.

SAVOIE. — Le département de la Savoie est l'un des 2 formés par la Savoie réunie à la France.
Chef-lieu : Chambéry.
Cour d'appel : Chambéry.
Ce département est limité à l'Est par la Haute-Savoie et le Piémont; au Sud par les Hautes-Alpes et le Piémont; à l'Ouest par l'Isère, et au Nord par l'Ain et la Haute-Savoie.
Il est divisé en 4 arrondissements, 29 cantons et 328 communes.
Superficie : 561.999 hectares.
Impôt foncier : 610.329 francs.
Population : 267.428 habitants.

SAVOIE (Haute-). — Département formé de l'autre partie de la Savoie réunie à la France.
Chef-lieu : Annecy.
Cour d'appel : Chambéry.
Ce département est limité à l'Est par le Valais et les Alpes piémontaises; au Sud par la Savoie; à l'Ouest par l'Ain, et au Nord par le Canton et Lac de Genève.
Il est divisé en 4 arrondissements, 28 cantons et 314 communes.
Superficie : 431.715 hectares.
Impôt foncier : 540.966 francs.
Population : 275.018 habitants.

SAVOIR ou à savoir. — Termes, tantôt limitatifs, tantôt démonstratifs, ayant pour objet de désigner certains objets ou d'expliquer certaines clauses dans un acte.

SCEAU. — Type sur lequel sont gravés, soit les armes, initiales ou signes distinctifs d'une personne, ou bien ceux de l'Etat ou d'une Autorité publique.
La contrefaçon du sceau de l'Etat et des particuliers est un crime réprimé par la Loi.

SCEAU notarial. — Le sceau notarial est la preuve de l'authenticité des actes notariés et la marque de l'autorité dont ils sont revêtus.

SCEL. — Voy. *Sceau*.

SCELLÉS. — Mesure conservatoire consistant à appliquer une empreinte de cire faite avec le sceau ou cachet d'un Magistrat, sur les ouvertures d'un appartement ou d'un meuble, pour la conservation des droits des intéressés. — *C. proc.* 907 *et suiv.*
Le droit d'apposer les scellés après décès appartient exclusivement aux Juges de paix des lieux ou communes où sont les meubles ou effets, ou à leurs suppléants.
L'apposition des scellés est, en général, facultative de la part de ceux qui ont le droit de la requérir.
Elle a lieu :
1° Après le décès d'une personne. — *C. proc.* 907 *et suivants;*
2° En cas d'absence. — *C. civ.* 114. — *C. proc.* 591.
3° Lorsque le conjoint prétend avoir droit à la succession de son conjoint décédé. — *C. civ.* 769 ;
4° En cas de séparation de biens. — *C. proc.* 509 ;

5° En cas de demande en séparation de corps ou de divorce. — C. civ. 270 et 1445 ;

6° Lorsque l'Etat prétend à la succession, à défaut d'héritiers. — C. civ. 769 ;

7° En cas de faillite. — C. comm. 449 et suiv.;

8° Lorsque l'ouverture d'un meuble a été refusée en cas de saisie-exécution. — C. proc. 591 ;

9° Lorsque, dans une succession, il y a des absents, des mineurs ou des interdits. — C. civ. 819, 1031.

Les créanciers peuvent encore réquérir l'apposition des scellés sur les meubles de la succession. — C. civ. 820.

Elle peut avoir lieu sur la seule déclaration du Maire ou Adjoint de la commune, et même d'office par le Juge de paix. — C. proc. 911.

L'apposition des scellés peut être requise par tous ceux qui prétendent droit dans la succession, c'est-à-dire les héritiers, même l'enfant naturel ; à défaut d'héritiers, l'époux survivant ou l'Etat, le donataire universel ou particulier en propriété ou usufruit, et le légataire universel à titre universel ou à titre particulier, en propriété ou usufruit.

Lors du décès d'un officier général, supérieur ou assimilé de l'un des corps de la marine en activité de service, l'apposition de scellés peut être requise par l'autorité maritime sur les meubles contenant des papiers, cartes, plans ou mémoires intéressant le département de la marine.

En cas d'obstacles ou difficultés, il en est référé au Président du Tribunal par le juge de paix.

On peut former opposition à la levée des scellés par exploit d'huissier, sans titre ni permission du Juge.

La levée des scellés ne peut avoir lieu que 3 jours après l'inhumation, ou 3 trois jours après l'apposition, à moins qu'il n'en ait été autrement ordonné par le Président du Tribunal.

Les frais de scellés sont à la charge de la succession. — D. N.

Dans les différents cas où il y a lieu d'établir un gardien des scellés, les frais de garde sont taxés, pendant les 12 premiers jours, à raison, savoir : à Paris, de 2 fr. 50 c. — Dans les villes où il y a un Tribunal de 1re instance, de 2 fr. — Dans les autres villes et cantons ruraux, de 1 fr. 50 c. — Ils sont réduits, pour les autres jours : à Paris, à 1 fr. — Villes où siège un Tribunal de 1re instance, 80 cent. — Autres villes et cantons ruraux, 60 cent.

SCHOORES. — Voy. *Mer.*

SCIENCE. — Voy. *Art.*

SCIENCES et arts. — Voy. *Enseignement.*

SÉANCES. — Temps pendant lequel un conseil ou autre compagnie réglée est assemblée pour s'occuper de ses travaux.

SECONDE grosse. — Voy. *Grosse.*

SECONDES noces. — Voy. *Noces (secondes).*

SECOURS. — Les secours publics consistent, soit à aider ou secourir les personnes ou les propriétés dans les inondations, incendies ou naufrages, soit à accorder des distributions pécuniaires, remises ou décharges de contributions. — Voy. *Aliments.* — *Bail à nourriture.* — *Bureau de bienfaisance.* — *Nourriture.* — *Supplique.*

SECOURS à domicile. — La distribution de ces secours est dans les attributions de l'Assistance publique ou des Bureaux de bienfaisance. — Voy. *Bureau de bienfaisance.*

SECOURS mutuels. — Voy. *Société de secours mutuels.*

SECRET. — Obligation imposée à certaines personnes de ne rien révéler de ce qui leur a été confié dans l'exercice de leurs fonctions ou de leur profession, et qu'on appelle *Secret professionnel.*

Les Médecins, Chirurgiens, Officiers de santé, les Pharmaciens, les Sages-femmes et toutes autres personnes dépositaires, par état ou profession, des secrets qu'on leur confie, qui, hors le cas où la Loi les oblige à se porter dénonciateurs, auraient révélé ces secrets, sont punis d'un emprisonnement de 1 mois à 6 mois, et d'une amende de 100 fr. à 500 fr. — *C. pén.* 378.

Cette disposition s'applique aux Avocats, Notaires, Avoués, Huissiers, Agents de change et Agréés près les Tribunaux de commerce.

Toutefois, à l'égard de ces fonctionnaires, l'obligation du secret cesse lorsque le témoignage est invoqué par l'une des parties intéressées en nom direct; mais si ce témoignage était demandé par un tiers, il devrait être refusé.

L'obligation du secret cesse encore en matière criminelle; mais les Avocats, Notaires et autres fonctionnaires, appelés en témoignage, ne sont tenus de déposer sur les révélations qui leur ont été faites à raison de leurs fonctions que d'après leur conscience, et sont seuls aptes à discerner ce qu'ils doivent dire de ce qu'ils doivent taire. — *Cass.*, 18 juin 1834.

Jugé également qu'un Prêtre ne peut être tenu de déposer ni même être interrogé sur les révélations qu'il a reçues dans le secret de la confession. — *D. N.* — *Cass.*, 20 janv. 1826.

SECRET des délibérations. — C'est celui imposé aux Membres d'une Assemblée délibérante, et notamment aux Magistrats, relativement à ce qui s'est passé pendant les délibérations.

SECRET des lettres. — Voy. *Lettre missive.*

SECRET professionnel. — Voy. *Secret.*

SECRET (Mise au). — Interdiction de communiquer.

Aucun prisonnier ne peut être mis au secret qu'en vertu d'une ordonnance du Juge d'Instruction.

SECRÉTAIRE. — S'entend de celui qui fait les écritures de quelqu'un. Ce nom est aussi donné à celui qui rédige les délibérations d'une assemblée.

SECRÉTAIRE d'ambassade. — Voy. *Ministre public.*

SECRÉTAIRE d'État. — Qualité que l'on donne aux Ministres. — Voy. *Ministre.*

SECRÉTAIRE général. — Voy. *Ministère.*

SECTION de commune. — Voy. *Commune.* — *Organisation municipale.*

SÉDITION. — Attroupement ou mouvement populaire contre l'autorité. — Voy. *Attroupement.*

SÉDUCTION. — Voy. *Enlèvement et Rapt.*

SECOND mariage. — Nouvelle union du mari ou de la femme en état de veuvage.

Le mari veuf peut se remarier immédiatement.

Mais il en est autrement de la femme veuve; elle ne peut contracter un nouveau mariage qu'après 10 mois révolus depuis la dissolution du mariage précédent. — *C. civ.* 228.

SEINE. — Département formé d'une partie de l'Ile-de-France.

Chef lieu : Paris.

Cour d'appel : Paris.

Ce département est limité par le département de Seine-et-Oise qui l'environne de tous côtés.

Il est divisé en 22 arrondissements, 28 cantons ruraux et 72 communes.

Superficie : 47.872 hectares.

Impôt foncier : 16.109.419 francs.

Population : 2.961.089 habitants.

Paris, chef-lieu du département de la Seine, qui comprend à lui seul 20 arrondissements et renferme 2.344.550 habitants, est la capitale de la France, et le siège du Gouvernement, du Conseil d'Etat, de la Cour de cassation et de la Cour des comptes.

SEINE-INFÉRIEURE. — Le département de la Seine-Inférieure est un des 5 que forment la Normandie et la partie septentrionale du Perche.

Chef lieu : Rouen.

Cour d'appel : Rouen.

Ce département est limité à l'Est par la Somme et l'Oise ; au Sud par l'Eure ; à l'Ouest et au Nord par la mer de la Manche.

Il est divisé en 5 arrondissements, 51 cantons et 759 communes.

Superficie : 614.969 hectares.

Impôt foncier : 5.835.435 francs.

Population : 833.386 habitants.

SEINE-ET-MARNE. — Le département de Seine-et-Marne est un de ceux formés d'une partie de la Champagne, de l'Ile-de-France, de la Brie et du Gâtinais.

Chef-lieu : Melun.

Cour d'appel : Paris.

Ce département est limité à l'Est par l'Aisne, la Marne et l'Aube ; au Sud par l'Yonne et le Loiret ; à l'Ouest par le département de Seine-et-Oise, et au Nord par l'Aisne et l'Oise.

Il est divisé en 5 arrondissements, 29 cantons et 530 communes.

Superficie : 573.899 hectares.

Impôt foncier : 3.066.617 francs.

Population : 355.136 habitants.

SEINE-ET-OISE. — Le département de Seine-et-Oise est un de ceux formés de l'Ile-de-France.

Chef-lieu : Versailles.

Cour d'appel : Paris.

Ce département est limité à l'Est par Seine-et-Marne ; au Sud par Seine-et-Marne, le Loiret et l'Eure-et-Loir ; à l'Ouest par Eure-et-Loir et l'Eure, et au Nord par l'Oise et l'Eure.

Il est divisé en 6 arrondissements, 37 cantons et 688 communes.

Superficie : 551.440 hectares.

Impôt foncier : 4.035.377 francs.

Population : 618.089 habitants.

SEING. — Voy. *Acte sous seing privé*. — *Signature*.

SEING privé. — Voy. *Acte sous seing privé*.

SEJOUR. — Suite forcée du transport d'un fonctionnaire dans un lieu éloigné de celui de sa résidence. Les frais de séjour sont dus comme ceux de voyage. — Voy. *Vacations*.

SEL. — Voy. *Salines*.

SEMENCES. — Voy. *Frais de labours et semences*.

SÉMINAIRE. — Voy. *Ecole ecclésiastique*. — *Enseignement*.

SEMI-PREUVE. — C'est ainsi qu'on appelle un commencement de preuve ou une présomption. — Voy. *Commencement de preuve par écrit*. — *Présomption*. — *Serment*.

SÉNAT. — Le Sénat est le premier des grands corps de l'Etat.

Il a été institué par la loi constitutionnelle du 24 février 1875, d'après laquelle il se composait de 300 membres dont 75 inamovibles et 225 élus pour 9 ans par les Départements et les Colonies, et se renouvelant par tiers tous les 3 ans.

Mais une nouvelle loi du 2 décembre 1884 a supprimé pour l'avenir les Sénateurs inamovibles.

Le Sénat ne peut être dissous et peut seul recevoir la démission de ses membres.

Le Sénat est le gardien du pacte fondamental et des libertés publiques. Aucune Loi ne peut être promulguée sans lui avoir été soumise.

Il possède le droit d'initiative, sauf en matière budgétaire.

Le Sénat maintient ou annule tous les actes qui lui sont déférés comme inconstitutionnels par le Gouvernement, ou dénoncés pour la même cause par les pétitions des citoyens.

Il a le droit de proposer des modifications à la Constitution, et peut même prononcer la dissolution du Corps législatif.

En cas de dissolution et jusqu'à une nouvelle convocation, le Sénat pourvoit par des mesures d'urgence à tout ce qui est nécessaire à la marche du Gouvernement.

SÉNATEUR. — Voy. *Sénat.* — *Elections sénatoriales.*

SENTES, Sentier. — Petit chemin traversant les champs. Le *sentier* est plus large que la *sente*. — Voy. *Chemin communal.* — *Passage.* — *Servitude.*

SENTENCE. — Décision des juges inférieurs ou des arbitres.

Celle émanant de ces derniers prend le nom de *Sentence arbitrale.* — Voy. *Arbitrage.* — *Jugement.* — *Rapport d'experts.*

SENTENCE arbitrale. — Voy. *Sentence.* — *Rapport d'experts.*

SÉPARATION. — Se dit, en général, des personnes ou des choses à part l'une d'avec l'autre.

SÉPARATION de biens. — Etat dans lequel vivent deux époux lorsqu'il n'y a pas de communauté entre eux, et par suite duquel chacun des époux a séparément l'administration de ses biens.

La séparation des biens est *contractuelle*, lorsqu'elle est stipulée par le contrat de mariage, auquel cas elle est irrévocable. — C. civ. 1536, 1593.

Elle est *judiciaire*, lorsqu'elle est prononcée par jugement dans l'intérêt de la femme dont la dot est compromise par le mari. On entend par *dot* tous les apports de la femme.

La femme qui n'aurait rien apporté en mariage pourrait demander quand même sa séparation de biens dans un intérêt futur.

Il faut remarquer que la séparation de *corps* entraîne toujours la séparation de *biens*, lors même que la dot de la femme ne serait pas en péril.

La femme seule a le droit de demander la séparation de biens, c'est un droit qui lui est personnel ; cependant, elle pourrait être demandée par ses créanciers, avec son consentement.

Les reprises de la femme se liquident, soit par le jugement de séparation, soit à l'amiable devant notaire, et le paiement doit en être effectué par acte authentique.

L'effet de la séparation de biens est de dissoudre la communauté, à partir du jour de la demande. Par suite, la femme reprend la libre administration de ses biens de toute nature, et dès lors peut, seule et sans autorisation, faire tous les actes relatifs à cette administration, tels que faire et renouveler les baux, recevoir le remboursement de ses rentes, vendre toutes coupes de bois taillis, etc.

Mais elle ne peut aliéner, hypothéquer, ou même donner ses immeubles en antichrèse, sans l'autorisation de son mari ou de justice.

Toutefois, il résulte d'une loi de 1887, que la femme séparée de biens peut, à son gré, demander à son mari, ou demander directement au Tribunal, les autorisations dont elle aurait besoin pour les mesures que ses intérêts peuvent exiger.

La séparation de biens ne détruit aucune des obligations que le mariage impose respectivement aux époux.

La communauté dissoute par la séparation de biens judiciaire peut être rétablie. — *D. N.* — Voy. *Rétablissement de communauté.*

SÉPARATION de corps. — C'est le moyen légal de se soustraire à la société conjugale accordé à celui des époux dont l'honneur et l'existence se trouvent compromis par l'effet de l'autre époux.

La séparation de corps ne peut avoir lieu par consentement mutuel. Les causes sont celles suivantes : 1° l'adultère ; 2° les excès, sévices ou injures graves ; 3° la condamnation de l'un des époux à une peine infamante. — *C. civ.* 229 *et suiv.*

La femme peut, pendant la poursuite, être autorisée à quitter le domicile conjugal et demander une provision alimentaire proportionnée aux facultés du mari.

A la différence du divorce, l'effet de la séparation de corps n'est pas de dissoudre les liens du mariage, mais elle dispense les époux du devoir de la cohabitation, et donne à la femme le droit d'avoir un domicile particulier.

Mais la présomption légale de paternité n'en continue pas moins de subsister, bien que les dispositions absolues du Code civil aient été à cet égard modifiées par la loi du 6 déc. 1850. — Voy. *Désaveu de paternité.*

La séparation de corps emporte la séparation de biens avec tous ses effets. — Voy. *Séparation de biens.*

Elle révoque les libéralités, même testamentaires, faites à l'époux contre lequel elle est prononcée.

L'obligation aux aliments continue de subsister entre les époux séparés de corps, mais cette obligation ne peut consister qu'en une prestation de secours alimentaires, et non dans l'assistance personnelle.

Les enfants sont, après la séparation, confiés à l'époux qui l'a obtenue, à moins que le tribunal n'en ait ordonné autrement.

Il résulte de la Loi de 1887 :

1° Que la femme séparée de corps cesse d'avoir pour domicile légal le domicile de son mari. Néanmoins, toute signification faite à la femme doit, à peine de nullité, être également adressée au mari, excepté dans le cas où la femme séparée aura recouvré l'exercice de sa capacité civile ;

2° Que le jugement qui prononcera la séparation de corps ou un jugement postérieur pourra interdire à la femme de porter le nom de son mari ou l'autoriser à ne point le porter ;

3° Que, dans le cas où le mari aurait joint à son nom le nom de sa femme, celle-ci pourra demander qu'il lui soit interdit de le porter ;

4° Que si la séparation est prononcée contre le mari, elle aura pour effet de rendre à la femme l'exercice de la capacité civile, sans qu'elle ait besoin de recourir à l'autorisation de son mari ou de la justice ;

5° Que la femme qui n'aura pas recouvré l'exercice de sa capacité civile reprendra néanmoins la libre administration de ses biens meubles et immeubles ;

6° Enfin, que la femme qui voudra se faire autoriser à la poursuite de ses droits, après avoir fait sommation à son mari et sur le refus de ce dernier, présentera requête au Président du Tribunal qui rendra ordonnance portant permission de citer le mari à la chambre du conseil pour détruire les causes de son refus.

D'après les nouvelles Lois sur le rétablissement du divorce, tout jugement de séparation de corps peut, après 3 années sans reconciliation, être converti en jugement de divorce, sur la demande formée par l'un des époux. — Voy. *Divorce.*

La séparation de corps cesse par la réunion volontaire des époux, mais la communauté de biens ne peut être rétablie entre eux que par acte authentique. — Voy. *Rétablissement de communauté.*

SÉPARATION de dettes (Clause de). — Voy. *Communauté de biens.*

SÉPARATION des patrimoines. — Action qui consiste à distinguer, aux dépens des biens meubles ou immeubles que possède un débiteur, ceux qu'il a recueillis dans une succession à laquelle il était appelé, de ceux qui lui appartiennent personnellement à d'autres titres, et dont le but est que les créanciers de la succession que le débiteur a acceptée puissent se faire payer sur les biens de cette succession, par préférence aux créanciers personnels de l'héritier. — On désigne cette action sous le nom de *Privilège de la séparation des patrimoines.*

Les créanciers hypothécaires ou chirographaires d'une succession peuvent demander, dans tous les cas, la séparation du patrimoine du défunt d'avec celui l'héritier, ce dernier ne succédant aux biens du défunt que sous l'obligation d'acquitter toutes les charges de la succession. — *C. civ.* 724, 878.

Comme les créanciers du défunt, les légataires ont le droit de demander la séparation des patrimoines.

Elle peut être demandée directement contre l'héritier ou le légataire du défunt aussi bien que contre le créancier de cet héritier.

La cession de droits successifs faite par un héritier n'empêche pas les créanciers de cet héritier de demander la séparation des patrimoines.

L'action pour la demande en séparation des immeubles peut être intentée tant qu'ils existent dans la main de l'héritier, ou sur le prix de la vente, s'il est encore dû, et à l'égard des meubles elle se prescrit par 3 ans. — *C. civ.* 880.

Les créanciers qui demandent la séparation des patrimoines conservent, à l'égard des créanciers, des héritiers ou représentants du défunt, leur privilège sur les immeubles de la succession, par les inscriptions faites sur chacun de ces biens dans les 6 mois à compter de l'ouverture de la succession, attendu qu'avant l'expiration de ce délai aucune hypothèque ne peut être établie avec effet sur ces biens par les héritiers ou représentants, au préjudice de ces créanciers ou légataires. — *C. civ.* 2111.

Il est donc nécessaire de prendre cette inscription dans les 6 mois, soit pour maintenir la séparation qui aurait été déjà obtenue, soit pour l'obtenir postérieurement.

Le bénéfice de la séparation des patrimoines se réduit à empêcher la confusion des biens, sans établir aucune préférence entre les créanciers de la succession. — *D. N.*

La séparation des patrimoines ne fait pas exception au principe de la division de la dette entre héritiers, et le créancier même ayant pris utilement son inscription ne peut poursuivre chaque cohéritier que pour sa part.

SEPTUAGÉNAIRE. — Voy. *Age.* — *Tutelle.*

SÉPULTURE. — Les règles à observer en cette matière sont contenues dans un décret du 25 prairial an XII.

L'autorisation de l'officier de l'état civil est indispensable. — *L. du 4 thermidor an XIII.*

Au refus des Ministres des cultes, c'est à l'Autorité civile à faire porter, présenter, déposer et inhumer le corps.

Aucune inhumation ne peut avoir lieu dans les églises, chapelles ou autres édifices, ni dans l'enceinte des villes et bourgs, à moins d'autorisation spéciale.

Les lieux de sépulture sont soumis à la police de l'Administration municipale, et le Maire, comme chargé de cette police, surveille le mode de transport des personnes décédées, les inhumations et exhumations, le maintien du bon ordre et de la décence dans les cimetières. — *L. du 5 avril* 1884.

Toute personne peut être inhumée dans sa propriété.

Chacun peut faire transporter les corps de ses parents et amis d'un département dans un autre, avec l'autorisation du Préfet.

Des concessions de terrain peuvent être faites dans les cimetières, et l'héritier ou légataire qui a obtenu la concession et y a fait élever un tombeau devient propriétaire de ce tombeau et peut y autoriser une inhumation.

Un tombeau de famille échappe par sa destination même aux règles ordinaires de la propriété, de sorte que l'un des cohéritiers ne peut vendre, céder ni donner utilement sa part de copropriété à un étranger.

Toute personne peut, sans autorisation, faire placer sur la tombe de son parent ou ami une pierre sépulcrale ou autre signe indicatif de sépulture.

La violation des tombeaux ou sépultures est punie par la Loi. De même l'exhumation ne peut avoir lieu sans la permission de l'Autorité, sous peine d'emprisonnement et d'amende. — *C. pén.* 360.

SÉQUESTRTION de personnes. — Délit consistant à détenir illégalement de des personnes dans un lieu déterminé. La peine est graduée selon les circonstances. — *C. pén.* 341 *et suiv.*

SÉQUESTRE. — Se dit tant du dépôt d'une chose litigieuse entre les mains d'un tiers, pour la conserver à qui elle appartient, que de la personne même à laquelle le dépôt est confié.

On distingue deux sortes de séquestres : le séquestre *conventionnel* et le séquestre *judiciaire*.

Le séquestre *conventionnel* est le dépôt fait par une ou plusieurs personnes d'une chose contentieuse entre les mains d'un tiers qui s'oblige à la rendre, après la contestation terminée, à la personne qui sera jugée devoir l'obtenir. — *C. civ.* 1956.

Le séquestre peut avoir pour objet non seulement des effets mobiliers, mais même des immeubles. Il peut n'être pas gratuit. Lorsqu'il est gratuit, il est soumis aux règles du dépôt proprement dit, mais le dépositaire chargé du séquestre ne peut être déchargé avant la contestation terminée, que du consentement de toutes les parties intéressées ou pour une cause légitime.

Le séquestre *judiciaire* peut être ordonné d'office ou à la requête des parties.

On l'ordonne d'office principalement dans les matières de *complainte*, lorsque les parties n'ont pas un droit plus apparent l'une que l'autre, ou lorsqu'il y a plusieurs prétendants droit à la propriété d'une chose, sans que ni l'un ni l'autre ait la possession annale en sa faveur.

La justice peut ordonner le séquestre : 1° des meubles saisis sur un débiteur ; 2° d'une chose mobilière ou d'un immeuble dont la possession ou la propriété est litigieuse entre deux ou plusieurs personnes ; 3° des choses qu'un débiteur offre pour sa libération ; 4° lorsque l'usufruitier ne trouve pas de caution. — *C. civ.* 602, 1961.

Le séquestre judiciaire est donné, soit à une personne dont les parties intéressées sont convenues entre elles, soit à une personne nommée d'office par le juge. Dans l'un et l'autre cas, celui auquel la chose a été confiée est soumis à toutes les obligations qu'emporte le séquestre conventionnel.

Les gardes champêtres et forestiers peuvent mettre en séquestre les choses enlevées en contravention. — *D. N.*

SÉQUESTRE pour contumace. — C'est celui qui est établi sur les biens d'un accusé qui, traduit au criminel, est en fuite ou ne se présente pas. — *C. instr. crim.* 465, 471.

Avant comme après la condamnation, c'est toujours l'administration de l'Enregistrement et des Domaines qui remplit les fonctions de séquestre.

SERMENT. — Le serment judiciaire est un acte religieux par lequel on prend *Dieu* à témoin de la vérité d'un fait ou de la sincérité d'une promesse.

Il est *décisoire* ou *supplétif*.

Le serment *décisoire* est celui qu'une partie défère à l'autre pour en faire dépendre le jugement de la cause. Le serment *supplétif* est déféré d'office par le juge à l'une ou à l'autre des parties. — *C. civ.* 1357.

Le serment décisoire peut être déféré sur n'importe quelle contestation, pourvu qu'il s'agisse d'un fait personnel, qu'il porte sur des faits décisifs et tels que la prestation ou le refus de serment entraînent nécessairement le jugement de la cause. — *C. civ.* 1358 *et suiv.*

Le serment Supplétif est déféré d'office par le juge pour en faire dépendre la décision de la cause, ou seulement pour déterminer le montant de la condamnation. — *C. civ.* 1366.

Mais il ne peut être déféré, soit sur la demande, soit sur l'exception qui y est opposée, que sous les deux conditions ci-après : 1° il faut que la demande ou l'exception ne soit pas pleinement justifiée, et 2° qu'elle ne soit pas totalement dénuée de preuves. — *C. civ.* 1367.

Le serment déféré d'office par le juge à l'une des parties ne peut être par elle référé à l'autre. — *C. civ.* 1368.

SERMENT conventionnel ou extrajudiciaire. — C'est celui prêté en vertu d'une convention par laquelle deux personnes s'en rapportent au serment de l'une d'elles pour faire dépendre le sort d'un différend.

Tel est le serment déféré par l'une des parties et prêté par l'autre devant le Juge de paix en conciliation; mais le Juge de paix ne peut pas contraindre celui à qui on défère le serment à le prêter. — *C. proc.* 55.

SERMENT décisoire. — Voy. *Serment.*

SERMENT d'office ou supplétif. — Voy. *Serment.*

SERMENT des fonctionnaires publics. — Les fonctionnaires publics ne peuvent commencer l'exercice de leurs fonctions ou emplois, sans, au préalable, avoir prêté le serment professionnel.

Le serment est une réception, une prise de possession solennelle.

SERMENT judiciaire. — Voy. *Serment.*

SERMENT des parties. — C'est celui que prêtent les parties dans les actes qu'elles passent à l'appui de leurs engagements ou de leurs déclarations, notamment dans les inventaires.

SERMENT professionnel. — Voy. *Serment des fonctionnaires publics.*

SERMENT promissoire. — Voy. *Serment des parties.*

SERMENT supplétif. — Voy. *Serment.*

SERRURES. — La réparation des serrures est placée au nombre des réparations locatives. — Voy. *Réparations.*

SERRURIER. — La Loi punit le serrurier qui a contrefait ou altéré des clefs. — *C. pén.* 399.

SERVANT (Fonds). — Par opposition au fonds *dominant*, le fonds *servant* est celui grevé d'une servitude. — Voy. *Servitudes.*

SERVICE. — Voy. *Bail d'ouvrage et d'industrie.* — *Domestique.* — *Donation rémunératoire.*

SERVICES administratifs. — Voy. *Organisation administrative.*

SERVICE divin. — Voy. *Culte.* — *Fête.*

SERVICE funèbre. — Voy. *Convoi.* — *Frais funéraires.* — *Privilège.*

SERVICE postal. — Voy. *Poste.*

SERVICE télégraphique. — Voy. *Télégraphie privée.*

SERVITEUR à gages. — Voy. *Bail d'ouvrage et d'industrie.* — *Domestique.* — *Témoin instrumentaire.*

SERVITUDES. — Les servitudes sont des charges imposées sur les héritages, pour l'usage ou l'utilité d'autres héritages appartenant à d'autres propriétaires. — *C. civ.* 637.

Du caractère des servitudes.

Les servitudes sont consacrées par la Loi ou établies par le fait de l'homme, et ne se présument pas.

Les servitudes consistent à souffrir et à laisser faire. — Elles suivent la chose en quelques mains qu'elle passe, et diffèrent essentiellement des obligations.

Elles ne peuvent être louées, ni hypothéquées qu'avec le fonds qui en profite.

Nous empruntons à M. Demolombe la classification qu'il fait des servitudes selon leur caractère purement accidentel :

1° Elles sont *continues* lorsque l'usage *est* ou *peut être* continuel sans avoir besoin du fait actuel de l'homme, tel par exemple que le droit d'égout; *discontinues*, quand le fait actuel de l'homme est nécessaire à leur exercice, telles par exemple que les droits de passage;

2° Elles sont *apparentes* lorsqu'elles s'annoncent par des ouvrages extérieurs, tels qu'une porte; *non apparentes*, quand elles n'ont pas de signe extérieur de leur existence, telle est la prohibition de bâtir sur un fonds;

3° Elles sont *urbaines*, si elles sont établies pour l'usage des bâtiments, par exemple pour soutenir le mur du voisin; *rurales*, si elles doivent servir au fonds de terre, tel est le droit de passer sur un fonds;

4° Elles sont enfin *négatives*, lorsqu'elles obligent le fonds servant à n'y pas faire certains actes de propriété, par exemple à ne pas bâtir; et *affirmatives*, si elles obligent le propriétaire à souffrir qu'on fasse quelque chose sur son fonds, par exemple qu'on puise de l'eau à une source.

Les immeubles réels seuls sont susceptibles de servitudes, mais non ceux fictifs, tels que l'usufruit.

Sont *exempts* de servitudes, bien que les particuliers puissent en user autant que leur destination le permettent : 1° les routes et les fleuves comme appartenant au domaine public; 2° les chemins vicinaux, places, etc., comme dépendant du domaine municipal.

Des servitudes établies par la Loi.

Les servitudes établies par la Loi sont d'abord celles qui dérivent de la situation des lieux, et sont relatives à la propriété et à l'usage des eaux, au bornage et à la clôture. — *C. civ.* 640 *et suiv.* — *LL. des 29 avril 1845, 14 juillet 1847 et 10 juin 1854.* — Voy. *Cours d'eau.* — *Desséchement.* — *Bornage.* — *Haie.* — *Fossé.* — *Clôture.* — *Parcours.*

Les autres servitudes établies par la Loi ont pour objet ou l'utilité publique ou communale, ou l'utilité des particuliers. — *C. civ.* 649.

Celles établies pour l'utilité publique ou communale sont relatives au marchepied le long des rivières navigables ou flottables, à la construction ou réparation des chemins et autres ouvrages publics ou communaux. — Voy. *Chemins de halage.* — *Arbres.* — *Alignement.* — *Construction.* — *Cours d'eau.* — *Essartement. Plantation.*

Celles établies pour l'utilité des particuliers sont relatives aux murs et fossés mitoyens; à la distance et aux ouvrages intermédiaires requis pour certaines constructions et plantations; aux vues sur la propriété du voisin; à l'égout des toits et au droit de passage. — *Voy.* ces différents mots et ceux qui s'y rattachent.

Quant aux servitudes établies par le fait de l'homme, il est de principe que tout ce qui n'est pas défendu par la loi est permis.

Les servitudes peuvent être établies sous condition, et pour un temps limité.

Du mode d'établissement et d'acquisition des servitudes.

Pour consentir une servitude, il faut être propriétaire et avoir le droit de disposer; mais un incapable, tel qu'un mineur ou un interdit, pourrait l'acquérir.

L'établissement des servitudes peut avoir lieu par toute espèce de titre transmissible de la propriété.

La destination du père de famille vaut titre, à l'égard de certaines servitudes. — Voy. *Destination du père de famille.*

Les servitudes continues et apparentes peuvent s'acquérir par la prescription trentenaire. — *C. civ.* 690.

Celles discontinues, apparentes ou non apparentes, ne peuvent s'établir que par titres et ne s'acquièrent par prescription qu'à l'aide d'un titre capable d'imprimer à la jouissance le caractère de possession.

La servitude de passage peut encore être établie en justice par l'aveu de la partie, par l'interrogatoire sur faits et articles et par la délation du serment. Elle peut même l'être par la preuve testimoniale, ou à l'aide de présomptions précises et concordantes, lorsqu'il y a un commencement de preuve par écrit. — *Cass., 16 déc. 1863.*

Pour pouvoir grever un héritage d'une servitude par prescription, il est indispensable qu'il soit aliénable. Ainsi, point de servitude prescriptible possible sur un fonds dotal. — *C. civ.* 1561.

Il faut, pour prescrire, une possession continue et non interrompue, paisible, publique, non équivoque et à titre de propriétaire.— Voy. *Possession.*

De l'exercice et de l'extinction des servitudes.

Celui qui consent une servitude ou la laisse prescrire doit accorder ce qui est nécessaire pour en user. Ainsi, la servitude de puiser de l'eau à la fontaine d'autrui emporte nécessairement le droit de passage. — *C. civ.* 698.

La condition de celui qui doit la servitude ne peut être aggravée par les changements que pourrait faire celui à qui elle est due, qui doit en jouir avec modération, et ne peut faire que les ouvrages utiles, pour en user et la conserver.

Les actions relatives aux servitudes sont des actions réelles. — *C. civ.* 526. — *C. proc.* 59.

Les servitudes s'éteignent par la confusion, par le non-usage pendant 30 ans, par la résolution ou la rescision du titre, par le remise volontaire, par l'abandon du fonds assujetti, etc. — Voy. *Remise d'un droit de servitude.* — *Abandon d'une chose grevée de servitude.* — *Parcours et vaine pâture.*

SERVITUDES défensives militaires. — Ce sont des restrictions faites, dans l'intérêt de la défense de l'Etat, aux droits de jouissance attachés à la propriété foncière.

On distingue deux espèces de servitudes défensives : celles établies dans la zône de défense des frontières, et celles imposées aux propriétés situées dans le voisinage des places de guerre et autres postes fortifiés.

Les projets de travaux dans l'étendue de la zône frontière et dans le rayon des enceintes fortifiées sont soumis à la Commission mixte des travaux publics.

Les limites de la zône frontière ont été fixées à nouveau par le décret du 8 septembre 1878. — Voy. *Place de guerre.*

SERVITUDES d'utilité publique. — Ce sont celles établies par les lois, et qui ont pour objet l'utilité publique ou communale, ou l'utilité des particuliers. — *C. civ.* 649.

L'article 650 du C. civ. indique comme servitudes établies pour l'utilité publique ou communale le marchepied le long des rivières navigables ou flottables, la construction ou réparation des chemins et autres ouvrages publics ou communaux. Il en est d'autres résultant de l'ouverture des chemins de fer, des Etablissements Thermaux, de la Télégraphie, du Drainage, etc., dont nous avons traité sous chacun de ces divers titres. — Voy. *Carrières.* — *Chemins vicinaux.* — *Chemins de fer.* — *Drainage.* — *Eaux minérales.* — *Télégraphie,* etc.

Quant à celles établies pour l'utilité des particuliers, partie de ces obligations est réglée par les lois sur la police rurale ; les autres sont relatives aux clôtures mitoyennes, aux vues sur la propriété du voisin, au droit de passage, à l'égout des toits, etc., — *C. civ.* 652. — Voy. *Clôture.* — *Mitoyenneté.* — *Passage,* etc.

SESSION législaive. — Voy. *Corps législatif.* — *Sénat.*

SÉVICES. — Mauvais traitements ou violences exercés par une personne envers une autre. — Voy. *Révocation de donation.* — *Séparation de corps.*

SÈVRES (Deux-). — Le département des Deux-Sèvres est un des 3 que forment le Poitou, partie de la Saintonge, de l'Aunis et des Marches.

Chef-lieu : Niort.

Cour d'appel : Poitiers.

Ce département est limité à l'Est par la Vienne ; au Sud par la Charente et la Charente-Inférieure ; à l'Ouest par la Vendée, et au Nord par le Maine-et-Loire.

Il est divisé en 4 arrondissements, 31 cantons et 356 communes.
Superficie : 599,838 hectares.
Impôt foncier ; 1.551.583 francs.
Population : 353.766 habitants.

SEXE. — S'entend de la différence physique de l'homme et de la femme.

En matière de succession, le sexe détermine en faveur du mâle une présomption de survie — C. civ. 720, 722. — Voy. *Succession*.

Les personnes de l'un et l'autre sexe jouissent, en général, des mêmes droits civils, sauf quelques restrictions.

Ainsi, les femmes sont exclues des offices publics et civils ; la femme mariée soumise à la puissance maritale ne peut s'obliger sans l'autorisation de son mari, etc.

SI. — Particule caractéristique de la condition. — Voy. *Condition*.

SIÈGE (État de). — L'état de siège ne peut être déclaré qu'en cas de péril imminent et par une Loi qui fixe le temps de sa durée et désigne les Communes, Arrondissements ou Départements auxquels il s'applique.

Les conséquences de l'état de siège sont définies par la Loi du 9 août 1849 et par celle du 3 avril 1878.

SIENS. — Se dit généralement des parents, des héritiers de quelqu'un, mais s'entend plus spécialement des enfants et descendants.

SIEUR. — Qualification synonyme de *Monsieur* et que l'on donne aux parties dans les actes.

SIGNALEMENT. — Description de tous les caractères et signes distinctifs extérieurs d'une personne, et pouvant servir à la faire reconnaître.

Les passe ports et permis de chasse doivent contenir le signalement de ceux appelés à s'en servir.

SIGNATURE. — C'est le nom d'une personne écrit de sa main au bas d'un acte, pour confirmer l'existence de la convention et en assurer l'exécution.

Les actes notariés sont signés par les parties, les témoins et le notaire ; néanmoins, la déclaration faite par l'une ou l'autre des parties de ne savoir ou ne pouvoir signer équivaut à sa signature.

Les parties qui, sachant signer, contractent devant notaire en matière d'adjudication volontaire, ne sont définitivement obligées que par leurs signatures. Mais il en est autrement dans les ventes judiciaires même renvoyées devant notaires ; la signature de l'enchérisseur n'est pas nécessaire pour le lier.

Le testament par acte public doit être signé par les témoins, et néanmoins, dans les campagnes, il suffit qu'un des deux témoins signe, si le testament a été reçu par deux notaires, et que deux des quatre témoins, signent s'il est reçu par un seul notaire. — C. civ. 974.

En ce qui concerne les actes s.s. privés, la signature des parties est une *condition essentielle* de la validité de ces actes.

En général, la signature apposée au bas d'un acte sous seing privé suffit pour le valider, quand même cet acte serait écrit d'une autre main ; cependant le billet ou la promesse par laquelle une seule partie s'engage envers l'autre à lui payer une somme d'argent ou une chose appréciable doit être écrit en entier de la main de celui qui le souscrit, ou du moins il faut, qu'outre sa signature, il ait écrit de sa main un *Bon* ou un *Approuvé* portant en toutes lettres la somme ou la quantité de la chose, excepté dans le cas où l'acte émane de marchands, artisans, laboureurs, vignerons, gens de journée et de service. — C. civ. 1326. — Voy. *Approbation d'écriture*.

Malgré cette exception, nous conseillons, pour éviter toute difficulté, de toujours faire, autant que possible, précéder la signature des actes sous seing de quelle que nature qu'ils soient et n'importe par qui ils soient souscrits, d'un

Bon pour ou *Approuvé l'écriture*, ou enfin simplement de ces mots : *Vu et lu*, lorsqu'il s'agit d'un traité ou convention.

Les testaments olographes doivent être entièrement écrits, datés et signés de la main du testateur. — *C. civ.* 970.

SIGNATURE de crédit. — C'est celle apposée sur un effet de commerce par pure obligeance pour en faciliter la négociation.

Cette signature n'est autre chose qu'un cautionnement.

Le commerçant failli qui aurait des signatures de crédit d'une valeur trop considérable eu égard à sa situation pourrait être réputé banqueroutier simple. — *C. comm.* 586.

SIGNAUX. — Signes d'avertissement convenus.

Les signaux sont d'un usage général dans la Marine.

Le défaut de précautions ou signaux, ordonnés ou d'usage, ayant causé des accidents dans ou près des rues, chemins, places ou voies publiques est punissable d'amende. — *C. pén.* 479.

SIGNES. — S'entend de certaines marques, telles que celles de la mitoyenneté d'une clôture.

On emploie aussi ce mot pour exprimer ce qui sert à démontrer le consentement ou la volonté. — Voy. *Consentement.* — *Mitoyenneté.* — *Testament.*

SIGNIFICATION. — C'est la notification ou connaissance légale donnée à une personne, d'un transport, d'un jugement ou autre acte dont on lui laisse la copie. — Voy. *Exploit.* — *Exécution des actes.*

Les significations se font généralement par le ministère des huissiers.

SILENCE. — Quelquefois le silence emporte. *aveu, consentement.* — Voy. *Aveu.* — *Consentement.* — *Prescription.*

SIMPLE acte. — Se dit, en procédure, pour désigner qu'il suffit d'une simple sommation qui se signifie entre avoués, sans plus ample instruction. — Voy. *Exploit.* — *Huissier.*

SIMPLE ministre. — Celui qui sert d'intermédiaire ou d'agent pour l'exécution d'une disposition sans en profiter. — Voy. *Fiducie.* — *Substitution.*

SIMULATION. — C'est le concert ou l'intelligence de deux ou plusieurs personnes pour donner à une chose l'apparence d'une autre.

La simulation a communément pour objet d'éviter, soit une loi prohibitrice, soit l'acquittement d'un droit fiscal ou les réclamations des créanciers de l'un des contractants. Ainsi, les personnes qui n'ont pas le droit d'en avantager une autre font un legs ou une donation simulée à un tiers, qui s'engage verbalement à en restituer l'objet à la personne prohibée.

Il y a des simulations frauduleuses, et d'autres qui n'ont rien de blâmable aux yeux de la Loi.

La simulation d'un acte tendant à frauder les droits des parties peut être prouvée par écrit, par témoins, et même par de simples présomptions.

Mais la simulation n'est point réprouvée lorsqu'elle ne porte préjudice à personne, et il est permis de faire indirectement ce que la Loi permet de faire directement.

Un père ne peut priver son fils de sa succession en faisant des ventes simulées à des étrangers.

Les parties contractantes qui ont concouru et consenti à la simulation des actes ne peuvent être admises elles-mêmes à en faire la preuve, à moins qu'il ne s'agisse d'une obligation reposant sur une clause illicite.

Les donations déguisées sous la forme de contrats onéreux sont valables, sauf dans certains cas. — *D. N.* — Voy. *Donation déguisée.*

SINGULIER. — Ce mot, synonyme de *particulier*, désigne, à l'égard, des donations et legs, un ou plusieurs objets certains et déterminés, par opposition à une quotité ou une universalité.

Il s'emploie aussi par opposition à *pluriel*.

Cependant, dans les lois, les mots s'appliquent au pluriel comme au singulier. Ainsi *votre héritier* comprend *tous vos héritiers ; vos enfants*, s'applique au cas où il n'y a qu'un *enfant*.

SINISTRE. — Se dit des *incendies* ou accidents ayant causé la perte ou la diminution de valeur des marchandises assurées sur un navire. — Voy. *Assurance.*

SITUATION. — C'est l'assiette, la position d'une chose, et particulièrement d'un immeuble.

Les meubles n'ont qu'une situation fictive ; ils sont censés avoir leur siège au domicile du propriétaire. Il s'ensuit que les actions mobilières sont assimilées aux actions personnelles pour la juridiction. — Voy. *Action.* — *Juge de paix.* — *Meubles.* — *Immeubles.*

SOCIÉTÉ. — C'est un contrat par lequel plusieurs personnes conviennent de mettre quelque chose en commun, dans la vue de partager le bénéfice qui pourra en résulter. — *C. civ.* 1832.

La société est soumise aux règles des obligations conventionnelles. — *C. civ.* 1107.

Elle ne peut se former qu'entre personnes capables de contracter, et ne peut avoir pour objet des faits illicites, c'est-à-dire réprouvés par les lois et les bonnes mœurs.

Elle ne peut pas non plus avoir pour but l'exploitation de choses qui ne sont pas dans le commerce.

La société forme un être moral distinct des associés eux mêmes ; c'est cet être moral qui possède, agit, contracte pendant toute la durée de l'association.

Chaque associé doit apporter sa mise en argent ou autres biens, ou son industrie. Mais la mise de chaque associé peut être différente.

Les sociétés sont, sous le rapport de la nature de leur objet, ou *civiles* ou *commerciales*. Elles sont ou *universelles* ou *particulières*, sous le rapport de l'étendue de leur objet. — *C. civ.* 1835.

Des Sociétés civiles.

Les sociétés civiles sont celles qui ont pour objet des opérations étrangères au commerce.

Toutefois, les actes de commerce n'ayant trait qu'aux choses mobilières, les compagnies formées pour acheter et revendre des immeubles rentrent dans la classe des sociétés civiles.

La société commence à l'instant ou au jour fixé par le contrat, et s'il n'y a pas de convention sur sa durée, elle est censée contractée pour toute la vie des associés ; ou bien, s'il s'agit d'une affaire dont la durée soit limitée, pour tout le temps que doit durer cette affaire.

Toutes sociétés doivent être établies par écrit, lorsque leur objet excède une valeur de 150 fr. — *C. civ.* 1341.

Il y a cependant exception pour les sociétés en participation dont il va être parlé ci-après.

La Loi trace les règles que l'on doit suivre à défaut de stipulations spéciales sur le mode d'administration. Ainsi, les associés sont censés s'être donné réciproquement le pouvoir d'administrer l'un pour l'autre, et ce que chacun fait est valable, même pour la part de ses associés, sauf le droit qu'ont ces derniers de s'opposer à l'opération avant qu'elle soit conclue.

Chaque associé peut se servir des choses appartenant à la société, pour peu qu'il les emploie à leur destination ou qu'il ne s'en serve pas contre l'intérêt de la société.

L'associé qui n'est point administrateur ne peut aliéner, ni engager les choses même mobilières qui dépendent de la société.

L'associé n'a qu'un droit de copropriété sur les biens de la société, mais il est maître de sa part dans la société.

L'estimation des meubles ou immeubles mis dans la société par un associé ne peut être attaquée pour cause de lésion par l'autre associé.

Chaque associé doit tenir compte à la société des sommes en principal et intérêts qu'il a tirées de la caisse sociale pour son profit particulier ; toutefois, en cas de société universelle, les intérêts ne courraient que du jour de la dissolution.

L'associé qui a reçu sa part entière d'une créance commune est tenu de rapporter ce qu'il a reçu à la masse, si le débiteur devient insolvable.

Tout associé est tenu envers la société des dommages qu'il lui a causés par sa faute.

Les associés ont la liberté de déterminer les parts dans les bénéfices et pertes, mais la stipulation qui attribuerait la totalité des bénéfices à l'un d'eux ou qui l'affranchirait de toute contribution aux pertes serait nulle.

Toutefois, on peut convenir que la totalité des biens de la société appartiendra au survivant des associés.

Lorsque l'acte de société ne détermine pas la part de chaque associé dans les bénéfices ou pertes, la part de chacun est proportionnée à sa mise dans la société.

Si les apports n'ont pas été évalués, ils sont présumés égaux. Si quelques-uns seulement sont déterminés, ceux qui ne le sont pas sont présumés équivalant au moindre de ceux constatés, et la part de celui qui n'a apporté que son industrie est réglée comme si sa mise eût été égale à celui qui a le moins apporté.

Dans les sociétés civiles, les associés ne sont pas tenus solidairement des dettes sociales.— *C. civ.* 1862.

Les contestations relatives aux sociétés civiles, même entre associés, sont soumises aux tribunaux civils.

La société finit : 1° par l'expiration du temps fixé ; 2° par l'extinction de la chose qui en fait l'objet, et 3° par la mort de l'un des associés, son interdiction ou sa déconfiture.

Toutefois, les sociétés *anonymes*, les sociétés en *commandite* par actions, les sociétés de bail à colonage et de cheptel ne sont pas dissoutes par la mort de l'un des associés.

La société dont la durée est illimitée peut être dissoute par la volonté d'un seul associé.

Les règles concernant le partage des successions s'appliquent au partage entre associés. Mais l'art. 882 du C. civ. ne s'applique pas aux créanciers des associés. — Voy. *Opposition à partage*.

L'art. 841 du C. civ. relatif au retrait successoral ne s'applique pas non plus au cas de partage de société. — Voy. *Retrait successoral*.

Des Sociétés commerciales.

Ce sont celles qui ont pour objet des actes de commerce.

Les Compagnies d'assurance à prime sont considérées comme Sociétés commerciales, à la différence des Sociétés mutuelles.

Les associés sont solidaires à l'égard des tiers, en matière de commerce. Il en est autrement en matière civile.

Les sociétés commerciales se règlent par le droit civil, par les lois particulières au commerce, et par les conventions des parties. — *C. civ.* 1873. — *C. comm.* 18. — *LL. des 17 juillet 1856 et 24 juillet 1867.*

On distingue quatre espèces de sociétés commerciales ; 1° la société en Nom collectif ; 2° la société en Commandite ; 3° la société Anonyme ; 4° et la société en Participation. — *C. comm.* 19, 47.

De la Société en nom Collectif.

La Société en nom collectif est celle qui a pour objet de faire le commerce sous une *raison sociale*, et que contractent deux personnes ou un plus grand nombre, — *C. comm.* 20.

« On entend par raison sociale, dit M. Troplong, le nom sous lequel existe l'être moral que l'on appelle *Société*, et sous lequel sont signés les engagements pris pour le compte de la Société. »

Un seul des noms des associés suffit, les autres sont désignés sous les mots collectifs et Compagnie.

Les associés en nom collectif, indiqués dans l'acte de Société, sont solidaires pour tous les engagements de la Société, bien qu'un seul des associés ait signé, pourvu que ce soit sous la raison sociale.

La Société est tenue des engagements, même non souscrits sous la raison sociale, s'il est prouvé qu'ils ont été contractés pour son compte, ou qu'ils ont tourné à son profit.

De la Société en Commandite.

La Société en commandite est celle qui se contracte entre un ou plusieurs associés responsables et solidaires, et un ou plusieurs associés simples bailleurs de fonds que l'on nomme *Commanditaires* ou *Associés en commandite*.

Cette Société est régie sous un nom social qui doit nécessairement être celui d'un ou plusieurs des associés responsables et solidaires, mais le nom d'un associé commanditaire ne peut faire partie de la raison sociale. — *C. comm.* 23, 25.

L'associé commanditaire n'est passible des pertes que jusqu'à concurrence des fonds qu'il a mis ou dû mettre dans la Société. — *C. comm.* 26.

Les créanciers d'une Société en commandite ont une action directe contre les commanditaires pour les obliger à réaliser le montant de leurs mises sociales.

Une loi du 24 juillet 1867 a réglementé ces sociétés.

Il en résulte notamment : 1° que les Sociétés en commandite ne peuvent diviser leur capital en actions ou coupons d'actions de moins de 100 fr. lorsque ce capital n'excède pas 200.000 fr., et de moins de 500 fr. lorsqu'il est supérieur; 2° que les actions sont nominatives, jusqu'à leur entière libération ; 3° que les souscripteurs sont responsables du paiement du montant total des actions par eux souscrites ; 4° qu'un conseil de surveillance, composé de cinq actionnaires au moins, est établi dans chaque Société en commandite par actions.

De la Société Anonyme.

La Société anonyme n'est désignée par le nom d'aucun des associés et ne porte pas de nom social. Elle est qualifiée par la désignation de l'objet et de l'importance de son commerce. — *C. comm.* 29, 30.

Les associés ne sont passibles que de la perte du montant de leur intérêt dans la Société.

La Société anonyme est administrée par des mandataires à temps, révocables, associés ou non associés, salariés ou gratuits. — *C. comm.* 31.

Le capital de la Société anonyme se divise en actions et même en coupons d'actions d'une valeur égale. — *C. comm.* 34.

L'action peut être établie, soit sous la forme d'un titre au porteur, soit par une inscription sur les registres de la Société. — Dans le premier cas, la cession s'opère par la tradition du titre, et dans le second, par une déclaration de transfert.

La Société anonyme peut se former sans l'autorisation du Gouvernement, mais sous sa surveillance. — *L. du 24 juillet* 1867.

De la Société en Participation.

La Loi reconnaît encore les Associations commerciales en participation, lesquelles sont relatives à une ou plusieurs opérations de commerce ou affaires déterminées.

Une société en participation n'est pas considérée comme un être moral, à la différence de celles en nom collectif, en commandite ou anonymes, et les membres de la Société en participation ne sont tenus que de leurs engagements personnels.

Les associations en participation peuvent être constatées par la représentation soit des livres ou de la correspondance, soit par la preuve testimoniale, si le Tribunal juge qu'elle peut être admise.

Ces associations ne sont pas sujettes aux formalités de publication.

De la preuve des Sociétés commerciales et de leur publication.

Les Sociétés en nom collectif et en commandite doivent être constatées par actes notariés ou sous signatures privées, en se conformant, dans ce dernier cas, aux art. 1325 du C. civ. et 39 du C. de comm. —Ainsi il faut qu'il y ait autant d'originaux que d'associés et que chaque original contienne la mention *fait double, triple*, etc. — Voy. *Double écrit*.

Dans le cas de Société en commandite, il suffit de *deux* originaux, l'un pour les associés gérants, l'autre pour les commanditaires.

Les Sociétés anonymes ne peuvent être formées que par acte notarié. — *C. comm.* 40.

Les actes de Société en nom collectif et en commandite sont assujettis aux formalités de publicité, à peine de nullité. A cet effet, un extrait de ces actes doit être remis, dans la quinzaine de leur date, au greffe du Tribunal de commerce dans l'arrondissement duquel est établie la maison de commerce, pour être transcrit sur les registres et affiché pendant 3 mois dans la salle des audiences. L'insertion de cet extrait doit être faite dans le journal désigné à cet effet, et l'exemplaire contenant cette insertion doit être enregistré dans les 3 mois de sa date.

De la dissolution des Sociétés commerciales.

La dissolution de la Société en nom collectif a lieu de plein droit, par la mort de l'un des associés.

La Société en commandite se dissout également par la mort de l'un des associés, à moins qu'elle n'ait été formée par actions.

Mais la mort d'un associé ne dissout jamais la Société anonyme.

Quant aux Associations en participation, la dissolution dépend des circonstances. — Ainsi généralement, la dissolution n'a lieu que si le défunt avait été chargé d'un travail personnel qui ne pourrait plus être exécuté. — *D. N.*

Nous donnons ci-après plusieurs formules d'actes de Société.

I. — Société en nom Collectif.

Aujourd'hui....,
Les soussignés,
M. A..., demeurant à....., de première part,
M. B..., demeurant à....., de seconde part,
Et M. C..., demeurant à....., de troisième part,
Ont arrêté les clauses et conditions suivantes :

Art. 1er. — Les sus-nommés déclarent s'associer, par le présent, pour faire le commerce de.....

Art. 2. — La société est contractée pour..... années consécutives qui commenceront à courir le....., et finiront à pareil jour de l'année......

Art. 3. — Le siège de la maison de commerce est fixé à....., rue....., et le bail des lieux destinés à son établissement sera au nom des trois associés.

Art. 4. — Ladite maison de commerce sera sous la raison A... et Cie, et la signature sociale dont chacun des associés fera usage portera le même nom.

Art. 5. — Les livres de commerce seront tenus indistinctement par les associés, mais la caisse sera tenue par M. A...

Art. 6. — Chacun des associés sera intéressé pour un tiers dans la société, et c'est dans cette proportion qu'ils partageront les bénéfices et supporteront les pertes.

Art. 7. — Le fonds capital de la société est fixé à la somme de....., dont un tiers sera fourni par chaque associé dans le délai d'un mois de ce jour, ainsi qu'ils s'y obligent.

Art. 8. — S'il devenait nécessaire d'augmenter le fonds social, et que l'un des associés fournît seul les capitaux nécessaires du consentement de ses coassociés, ces capitaux lui porteraient intérêt à raison de 6 pour 100 par an, à partir du jour du versement.

Art. 9. — Aucun des associés ne pourra, pendant le cours de la présente société, faire aucune affaire commerciale pour son compte particulier, à peine d'en rapporter à la société tous les bénéfices présumés et d'en supporter seul les pertes.

Art. 10. — Pour subvenir à leurs dépenses particulières, chacun des associés pourra prélever annuellement sur les bénéfices de la société une somme de.....

Art. 11. — Les loyers de la maison de commerce, les appointements des employés, le chauffage, l'éclairage, les contributions, et généralement toutes les dépenses relatives au fonctionnement de la maison de commerce seront à la charge de la société.

Art. 12. — Pour constater l'état de ladite société, un inventaire en trois originaux devra en être fait chaque année au premier janvier, et les bénéfices seront laissés dans la société pour l'accroissement de ses affaires jusqu'à son extinction.

Art. 13. — La société sera dissoute par le décès de l'un des associés avant l'expiration de sa durée, et sa veuve et ses héritiers n'y auront aucun droit. — Ils ne pourront par conséquent faire apposer de scellés, former aucune opposition, ni faire procéder à aucun inventaire.

Toutefois, il sera fait un inventaire amiable entre les associés survivants, la veuve et les héritiers du prédécédé, et le partage des bénéfices aura lieu d'après cet inventaire.

Art. 14. — Les survivants des associés auront la faculté de conserver l'établissement de commerce dont la valeur, ainsi que celle de l'achalandage, seront fixées par des experts choisis par les parties.

Ils ne seront comptables envers la veuve et les héritiers de leur coassocié que de la part de celui-ci dans la société, de laquelle ils pourront se libérer en quatre portions égales, dont la première sera payée trois mois après le décès, la seconde le....., le tout avec intérêt, à raison de 5 pour 100 par an, sans retenue à partir du décès.

Les héritiers et représentants de l'associé décédé ne pourront, dans aucun cas, poursuivre en leur nom les débiteurs de la société, et le recouvrement ne pourra être fait que par les associés survivants, qui tiendront compte aux ayants droit de la portion leur revenant dans les créances actives après recouvrement.

Art. 15. — En cas de dissolution de la société par l'expiration du temps fixé pour sa durée ou de toute autre manière, les associés s'entendront à l'amiable sur la liquidation et le partage de ladite société.

Fait triple à..... lesdits jours, mois et an, et signé, lecture prise.

(*Signatures.*)

II. — Société en Commandite.

Aujourd'hui.....
Les soussignés,
M. A..., demeurant à....., d'une première part,
M. B..., demeurant à....., d'une seconde part,
Et M. C..., demeurant à....., d'une troisième part,
Ont arrêté ce qui suit :

Art. 1er. — Les sus-nommés déclarent, par le présent, s'associer pour faire le commerce de..... Cette société sera en nom Collectif à l'égard de MM. A... et B..., et simplement en Commandite à l'égard de M. C...

Art. 2. — Ladite société est contractée pour..... années, qui commenceront à courir le....., et finiront à pareil jour de l'année.....

Art. 3. — Le siège de la maison de commerce est fixé à....., rue....., et le bail des lieux destinés à son établissement sera au nom de MM. A... et B...

Art. 4. — Cette maison de commerce sera sous la raison A... et Cie. La signature sociale, que MM. A... et B... auront seuls le droit d'employer, portera ce même nom.

Art. 5. — Les livres de commerce seront tenus indistinctement par MM. A... et B... La caisse sera tenue par M. A... Bien entendu que M. C... prendra connaissance quand bon lui semblera de l'état de ladite caisse, des livres et des opérations de la société.

Art. 6. — Chacun des associés sera intéressé par tiers dans la société, et c'est dans cette proportion qu'ils partageront les bénéfices et supporteront les pertes. Toutefois, M. C..., en sa qualité de commanditaire, ne pourra être engagé que jusqu'à concurrence de sa mise de fonds.

Art. 7. — Le fonds capital de la société est de la somme de....., dont   francs seront apportés par M. A... ;   fr. par M. B... et   fr. par M.C..., ce dernier à titre de commandite. Le versement des fonds aura lieu dans le délai d'un mois à partir d'aujourd'hui.

Art. 8. — Chacun des associés pourra, du consentement de ses coassociés, verser telle ou telle somme au delà de sa mise, et dans ce cas ces sommes lui porteront intérêt à raison de 6 pour 100 par an du jour où le versement aura été effectué. Il ne pourra opérer le retrait desdites sommes qu'en prévenant ses coassociés un an à l'avance.

Art. 9. — MM. A... et B... s'interdisent le droit de faire aucune affaire commerciale pour leur compte pendant le cours de la présente société, à peine, pour le contrevenant, d'en rapporter à la société tous les bénéfices présumés, et d'en supporter seul les pertes qu'il y aurait lieu. Quant à M. C..., il ne pourra céder ses droits d'associé commanditaire qu'avec le consentement exprès et par écrit de ses coassociés.

Art. 10. — Pour subvenir à leurs dépenses particulières, chacun des associés pourra prélever annuellement sur les bénéfices de la société une somme de.....

Art. 11. — Les loyers des lieux nécessaires à la maison de commerce, les appointements des commis, l'éclairage, le chauffage, les contributions, en un mot toutes les dépenses relatives au commerce seront à la charge de la société.

Art. 12. — L'état de la société sera constaté au premier janvier de chaque année par un inventaire en 3 originaux, et les bénéfices seront laissés dans la société pour l'accroissement de ses affaires, jusqu'à son extinction.

Art. 13. — La société ne sera pas dissoute par le décès de l'associé commanditaire et continuera avec ses héritiers ou ayants cause. Mais elle sera dissoute par le décès de l'un des associés en nom Collectif, et sa veuve et ses héritiers n'auront aucun droit dans la société, et ne pourront par conséquent faire apposer de scellés, former aucune opposition, ni procéder à aucun inventaire, si ce n'est un inventaire amiable avec l'associé survivant.

Art. 14. — Le survivant des associés aura la faculté de conserver l'établissement de commerce, etc., etc.

(*Terminer comme aux art. 14 et 15 de la première formule.*)

Fait triple à....., lesdits jour, mois et an, et signé, lecture prise.

(*Signatures.*)

III. — Société ou association en Participation.

Aujourd'hui....,
Les soussignés,
M. A...,
Et M. B...,

Sont convenus de ce qui suit :

Art. 1er. — MM. A... et B... s'associent pour l'achat et vente à profit ou perte par moitié, de..... (*désigner ici l'objet de la société.*)

Ils fourniront en conséquence, chacun par moitié, les fonds nécessaires à l'achat de....., aux frais de transport, de magasin et autres accessoires.

Art. 2. — Le dépôt des marchandises aura lieu à.....

Art. 3. — La vente de..... se fera par les deux associés conjointement, ou par l'un d'eux seulement, en cas d'empêchement de l'autre, mais non sans le consentement par écrit de ce dernier.

Art. 4. — La vente aura lieu au comptant et le produit sera partagé immédiatement par moitié entre les associés.

Art. 5. — L'association, n'ayant pas d'autre objet que celui désigné ci-dessus, cessera aussitôt la vente consommée et le partage fait du prix.

Fait double à....., lesdits jour, mois et an, et signé, lecture prise.

(*Signatures.*)

SOCIÉTÉ d'acquêts. — S'entend de celle que les époux établissent entre eux par contrat de mariage, et non autrement, en mettant en commun ce qu'ils peuvent acquérir pendant le mariage.

Elle a lieu particulièrement sous le *régime dotal.*

La Société d'acquêts peut être également stipulée lorsque les époux se marient avec séparation de biens.

Elle est de droit, lorsqu'il y a communauté.

Les meubles, immeubles et dettes actives que les époux avaient avant leur union, les biens qui leur ont été donnés en paiement de la dot par le contrat de mariage même, ni aucune des donations ou successions qui leur échoient pendant le mariage, ne peuvent être considérés comme dépendant de la Société d'acquêts.

Chaque époux a droit à moitié des biens de la Société d'acquêts, si le contrat de mariage ne contient aucune stipulation contraire, car il peut attribuer des parts inégales à chacun des époux, et ceux-ci peuvent même convenir que la totalité des acquêts n'appartiendra qu'à l'un deux.

Le mari peut hypothéquer et aliéner seul pendant le mariage les immeubles dépendant de la Société d'acquêts.

La Société d'acquêts finit, comme la communauté, par la dissolution du mariage ou la séparation de biens.

La femme et ses héritiers peuvent y renoncer en se conformant à la loi. — Voy. *Renonciation à communauté.*

La femme renonçante reprend sa dot, sans être tenue d'aucune dette contractée par le mari pendant la Société. Ces dettes sont payées sur les biens du mari si les acquêts sont insuffisants.

SOCIÉTÉ d'agriculture. — Voy. *Agriculture.* — *Comice agricole.*

SOCIÉTÉS artistiques, littéraires, scientifiques. — Voy. *Établissement public.*

SOCIÉTÉ anonyme. — Voy. *Société.*

SOCIÉTÉ d'assurances maritimes. — Voy. *Assurance (contrat d').*

SOCIÉTÉ d'assurances mutuelles contre l'incendie. — Voy. *Assurance (contrat de).* — *Police d'assurance.*

SOCIÉTÉS charitables ou religieuses. — Voy. *Etablissement public.*

SOCIÉTÉ civile. — Voy. *Société.*

SOCIÉTÉ en Commandite. — Voy. *Société.*

SOCIÉTÉ commerciale. — Voy. *Société.*

SOCIÉTÉ de Crédit foncier. — Voy. *Crédit foncier.*

SOCIÉTÉ en nom Collectif. — Voy. *Société.*

SOCIÉTÉS ou associations ouvrières. — Associations librement contractées, soit entre patrons et ouvriers, soit entre ouvriers seuls, pour mettre en commun les produits de leur travail ou de leur industrie, et en partager les bénéfices.

Ces associations ont été autorisées par un décret du 5 juillet 1848 et la loi du 15 novembre suivant.

Le Ministre de l'Agriculture et du Commerce est autorisé à faire à ces sociétés des avances à titre de prêt, à la condition d'un intérêt annuel, savoir : de 5 pour 100 jusqu'à concurrence de 25.000 fr., et de 3 pour 100 pour l'excédent.

SOCIÉTÉS en Participation. — Voy. *Société.*

SOCIÉTÉS de secours mutuels. — Ce sont des Associations ayant pour but de donner des secours temporaires à leurs membres, malades, blessés ou infirmes, ou bien de leur assurer une pension de retraite, ou encore de pourvoir aux frais funéraires des sociétaires.

On distingue trois catégories de Sociétés de secours mutuels, savoir :

Les *Sociétés libres*, qui sont régies par les lois relatives aux associations en général et ne peuvent se former sans autorisation préalable du Préfet, lesquelles comptent plus de 20 membres.

Les *Sociétés reconnues*, qui sont les sociétés mutuelles, reconnues comme établissements d'utilité publique par décrets rendus dans la forme des règlements d'administration publique. — *L. du 15 juillet* 1850.

Enfin, les *Sociétés approuvées*, dont la création a été prescrite par un décret du 26 mars 1852, qui sont celles de secours mutuels dans chaque commune où l'utilité en a été reconnue par le Préfet, après avis du Conseil municipal.

Chaque société a ses statuts auxquels les membres adhérents sont tenus de se conformer.

Elle se compose de membres honoraires et de membres participants.

En général, les Sociétés de secours mutuels ne demandent aux travailleurs qu'un prélèvement d'environ 25 centimes par semaine.

SOCIÉTÉS secrètes. — Ces sociétés ont été interdites en termes formels par décrets des 28 juillet 1848 et 25 mai 1852.

SOCIÉTÉ tacite ou taisible. — Voy. *Communauté.*

SOCIÉTÉ territoriale. — Association entre propriétaires d'héritages, ayant pour but le desséchement des marais ou la préservation des inondations.

En général, ces sociétés sont administrées par des commissions syndicales qui agissent en leur nom, dans la limite de leurs droits et de leurs intérêts, et les représentent en justice. — Voy. *Desséchement.*

SŒUR. — Voy. *Frères et sœurs.*

SŒURS hospitalières. — Congrégations de femmes, établies dans le but, soit d'élever des jeunes filles pauvres, soit de porter des secours à domicile, soit enfin de faire le service des hospices. — *Déc. du 18 fév.* 1809. — Voy. *Communauté religieuse.*

SOL. — Superficie de terrain.

La propriété du sol comprend le dessus et le dessous. — *C. civ.* 552. — Voy. *Association*. — *Fonds*. — *Occupation*. — *Propriété*.

SOLDE. — Se dit du paiement intégral.

On entend aussi par ce mot la *paie* que reçoivent les militaires au service de l'Etat. — Voy. *Cession*. — *Militaire*. — *Paiement*. — *Pension*. — *Saisie-arrêt*.

SOLDE de retraite. — Voy. *Pensions*. — *Saisie-arrêt*.

SOLES. — S'entend de la division des terres labourables, eu égard aux semences. — *C. civ.* 1774. — Voy. *Assolement*. — *Bail à ferme*. — *Dessolement*. — *Jachères*.

SOLENNEL (Acte). — C'est celui qui, à raison de son importance, est soumis à certaines formalités, à peine de nullité. — Voy. *Acte*. — *Acte authentique*. — *Acte notarié*. — *Donation*. — *Testament*.

SOLENNITÉS. — Formes prescrites pour certains actes et dont l'omission les rendrait nuls. — Voy. *Solennel (acte)*.

SOLIDAIRE. — Voy. *Caution*. — *Cautionnement*. — *Solidarité*.

SOLIDARITÉ. — C'est, relativement à plusieurs débiteurs, l'obligation qui leur est imposée de payer, un seul pour tous, la somme qu'ils doivent en commun, et relativement à plusieurs créanciers d'une même chose, le droit qu'a chacun de se la faire payer en totalité.

Il y a solidarité de la part des débiteurs, lorsqu'ils sont obligés à une même chose. — De même l'obligation est solidaire entre plusieurs créanciers, lorsque le titre donne expressément à chacun d'eux le droit de demander le paiement intégral de la créance. — *C. civ.* 1192, 1200.

Lorsque la solidarité existe entre les débiteurs, chacun d'eux est tenu pour le total, et le paiement fait par l'un d'eux libère tous les autres. — *C. civ.* 1197, 1200.

De même, lorsque la solidarité existe entre les créanciers, chacun d'eux est créancier pour le total, et le paiement fait à l'un d'eux libère entièrement le débiteur. — *C. civ.* 1197.

Mais le débiteur qui a payé toute la dette peut exercer son recours contre ses codébiteurs, et le créancier qui a reçu la totalité de la dette en doit compte à ses cocréanciers, suivant la part et portion de chacun.

La solidarité peut résulter de la loi, d'une disposition testamentaire ou d'un contrat. — Lorsqu'elle résulte d'un testament ou d'un contrat, elle ne se présume pas ; il faut qu'elle soit expressément stipulée.

La solidarité résulte de la Loi dans divers cas, notamment pour le second mari lorsque la mère d'enfants mineurs s'est remariée, et que le conseil de famille l'a maintenue dans la tutelle, puisque le second mari devient solidairement responsable avec elle de la gestion de la tutelle postérieure au mariage. — *C. civ.* 396. — Voy. *Tutelle*.

En droit commercial, la solidarité a lieu entre les associés en nom collectif pour les engagements de la Société, bien que l'engagement n'ait été signé que par l'un des associés, pourvu que ce soit sous la raison sociale. — *C. comm.* 22.

Le tireur et les endosseurs d'une lettre de change, de même que les endosseurs d'un billet à ordre, sont aussi considérés comme cautions solidaires de l'accepteur ou du souscripteur.

La solidarité est encore expressément prononcée par la loi en matière criminelle ou correctionnelle.

Il est de principe général, en matière d'obligation solidaire, que la dette est conservée vis-à-vis de tous les débiteurs, par cela seul qu'elle est conservée vis-à-vis de l'un d'eux, et que les poursuites faites contre l'un des débiteurs solidaires interrompent la prescription à l'égard de tous. — *D. N.*

SOLIVAGE métrique. — Voy. *Cubage des bois*.

SOLUTION. — C'est la décision d'une difficulté, d'une question.

SOLVABLE. — On appelle ainsi celui qui a le moyen d'acquitter le montant de ses obligations.

SOMMAIRES (Causes ou matières). — Voy. *Matières sommaires*.

SOMMATION. — Acte par lequel on met une personne en demeure de déclarer ou de faire quelque chose.

La sommation diffère du commandement en ce qu'elle n'interrompt pas la prescription, et qu'elle n'a pas besoin d'être faite en vertu d'un titre exécutoire.

Les sommations sont en général du ressort des huissiers, lorsqu'il s'agit par exemple de *mise en demeure*, pour *faire courir les intérêts*, pour *couvrir la péremption*, etc.

Il est cependant certains cas où les avoués et quelquefois les notaires sont appelés à les faire. Ainsi, les avoués somment leurs confrères, par exemple, de donner des copies de pièces, de fournir des défenses, de venir plaider, etc. Enfin, les notaires font des sommations dans le cas de protêt et d'actes respectueux.

SOMMATION respectueuse. — Voy. *Acte respectueux*.

SOMMATION à un tiers détenteur. — Voy. *Délaissement par hypothèque*. — *Tiers détenteurs*.

SOMME. — Département formé de partie de la Picardie.
Chef-lieu : Amiens.
Cour d'appel : Amiens.
Ce département est limité à l'Est par les départements du Nord et de l'Aisne; au Sud par l'Oise et la Seine-Inférieure ; à l'Ouest par la Manche et au Nord par le Pas-de-Calais.
Il est divisé en 5 arrondissements, 41 cantons et 836 communes.
Superficie : 616.329 hectares.
Impôt foncier : 3.416.225 francs.
Population : 548.982 habitants.

SOMMES. — Les sommes doivent être énoncées en toutes lettres dans les procès-verbaux de ventes de meubles aux enchères, et dans les actes des notaires, sous peine d'amende.

SOMMIER. — Registre d'ordre ou de comptes ouverts, ou bien contenant l'indication des articles à faire payer. — Voy. *Livres de commerce*. — *Papiers domestiques*. — *Registres*.

SOMMIER judiciaire. — Voy. *Casier judiciaire*.

SORT. — Résultat du hasard.
Dans les partages, on doit tirer les lots au sort, bien que ce mode ne soit pas obligatoire dans les partages à l'amiable entre majeurs. — Voy. *Pari*. — *Partage*. — *Aléatoire*.

SORT (Tirage au). — Voy. *Partage*.

SOUCHE. — C'est, en terme de *Généalogie*, l'auteur d'une génération, le premier d'une suite de descendants.
Quand plusieurs enfants ou descendants ne recueillent que la portion qu'aurait eue leur auteur, ils succèdent par souche. — Voy. *Degré*. — *Généalogie*. — *Ligne*. — *Parenté*. — *Succession*.

SOUCHETAGE. — Se dit de la descente que font les Officiers forestiers pour rechercher et reconnaître les souches des bois coupés en délit dans les ventes, et à l'ouïe de la cognée. — Voy. *Forêts*.

SOUFFRANCE (Chemin et jours de). — Voy. *Chemin*. — *Jours de souffrance*.

SOULTE. — C'est la somme ou rente qui compense dans un partage l'inéga-

lité des lots, et dans un échange celle de l'objet contre-échangé. — Voy. *Echange.*
— *Partage.* — *Partage d'ascendants.* — *Privilège.*

SOUMISSION. — Engagement que l'on prend d'exécuter une disposition de loi, un jugement, un contrat.

Ou bien offre de prendre un marché moyennant une somme déterminée, ou d'acquérir telle ou telle chose moyennant tel prix.

On donne encore le nom de soumission aux engagements contractés par des contribuables de payer des droits ou amendes dont ils se reconnaissent débiteurs envers l'Etat, afin d'éviter des poursuites.

C'est particulièrement dans les opérations de finance et les marchés que passe le Gouvernement qu'ont lieu les soumissions. — Voy. *Marché de fourniture,*

SOUMISSION de juridiction. — Se dit de la clause par laquelle on soumet, par avance, à un Tribunal qui ne serait pas le juge naturel des parties contractantes toute contestation qui pourrait s'élever par rapport au contrat qu'elles passent.

La soumission de Juridiction s'opère ordinairement d'une manière tacite, par l'élection de domicile, conformément à l'art. 111 du C. civ. — Voy. *Domicile élu* et *Juridiction.*

SOURCE. — Eau qui commence à sortir de terre pour continuer son cours. — Voy. *Eau.* — *Rivière.*

SOURCES d'eau salée. — Voy. *Salines.*

SOURD-MUET. — C'est celui qui ne peut entendre, ni parler.

Les sourds-muets jouissent de l'exercice de leurs droits civils et peuvent se marier, en manifestant leur consentement par des signes, par écrit, ou de toute autre manière.

Ceux sachant lire et écrire peuvent faire un testament olographe.

SOUS-BAIL ou sous-location. — Convention par laquelle celui qui tient une chose à bail la loue lui-même à un autre.

En règle générale, le preneur a le droit de sous-louer, et même de céder son bail, si cette faculté ne lui a pas été interdite.

Le sous-bail n'étant qu'un nouveau bail du preneur originaire ou sous-locataire oblige celui-ci vis-à-vis du sous-bailleur de la manière convenue, et toutes les règles ordinaires du bail deviennent applicables.

Mais, vis-à-vis du propriétaire, le sous-locataire n'est tenu que jusqu'à concurrence du prix de sa sous-location. — *C. civ.* 1753.

Les loyers des sous-locataires ne deviennent le gage du propriétaire qu'à défaut de paiement par le locataire principal.

Le sous-locataire est valablement libéré par le paiement fait à l'échéance entre les mains du locataire principal, mais le propriétaire non payé pourrait exercer un recours contre lui, s'il avait payé par anticipation.

La sous-location faite au mépris d'une clause prohibitive est une cause de résiliation du bail principal.

Nous donnons ci-après une formule du sous-bail ou sous-location.

Sous-location.

Aujourd'hui......,
Les soussignés,
M. A..., demeurant à.....,
Et M. B..., demeurant à......,
Ont arrêté ce qui suit :

M. A..., en vertu du pouvoir qu'il a de sous-bailler, cette faculté ne lui ayant pas été interdite, a, par ces présentes, sous-loué à M. B... qui a accepté, la maison sise à....., rue....., qui lui a été louée par M. C... pour.... années, suivant bail sous seing privé en date, à....., du.... enregistré à....., le....., f°....., v°....., c°....., par M..., qui a perçu les droits.

M. B... entrera en jouissance de ladite maison le.....

Le présent sous-bail a été fait à M. B... pour..... ans, à partir du..... prochain, moyennant une somme annuelle de..... qu'il s'est obligé à payer à M. A... en quatre termes égaux de 3 mois en 3 mois, et dont le premier sera exigible le....., prochain, le second 3 mois après et ainsi de suite.

Le sous-locataire s'est engagé :
1° A garnir le logement de meubles suffisants pour la garantie du loyer ;
2° A rendre led. logement en bon état de réparations locatives, conformément à l'état qui sera dressé à frais communs entre les parties dans le délai de..... mois de ce jour ;
3° A souffrir les grosses réparations nécessaires pendant la durée du sous-bail, sans pouvoir prétendre à aucune indemnité ou diminution de prix ;
4° A payer les contributions personnelle et mobilière, et celle des portes et fenêtres ;
5° A ne faire aucun changement ou distribution nouvelle sans le consentement exprès et par écrit du propriétaire et de M. A... ;
6° Enfin, de satisfaire à toutes les charges dont les locataires sont ordinairement tenus.

Il est formellement interdit à M. B... de céder son sous-bail ni sous-louer en tout ou en partie sans le consentement exprès et par écrit du propriétaire et du locataire principal.

Le propriétaire s'étant réservé le droit de résilier le bail consenti au locataire principal pour le cas où il vendrait la maison ou voudrait l'habiter lui-même, en avertissant le locataire 6 mois d'avance, il a été expressément convenu que le présent sous-bail sera résilié, si cette condition se réalise, sans indemnité, à charge par le locataire principal de prévenir M. B... aussitôt qu'il aura été prévenu lui-même par le propriétaire.

Fait double à....., lesdits jour, mois et an, et signé, lecture prise.

(*Signatures*.)

SOUS-COMPTOIR d'Escompte. — Les Comptoirs d'Escompte créés par les décrets des 7 et 8 mars 1848 sont des Sociétés civiles ayant pour objet d'escompter des effets de commerce revêtus de deux signatures au moins, à échéance de 105 jours au maximum, de faire des avances sur Rentes françaises, Actions et Obligations de Sociétés anonymes, de recevoir des fonds en compte courant, de se charger de paiements et recouvrements.

Dans les villes où un comptoir existe, il peut être établi des Sous-Comptoirs de garantie, destinés à servir d'intermédiaire entre les Comptoirs et l'Industrie, l'Agriculture et le Commerce.

Les Sous-Comptoirs sont organisés au moyen de Sociétés anonymes dont le fonds social ne peut être moindre de 100.000 fr.

SOUS-GARANT. — Voy. *Garantie*.

SOUS-OFFICIERS. — Des emplois ont été réservés aux sous-officiers des armées de terre et de mer par un décret du 28 oct. 1874. — Voy. *Militaires. — Recrutement*.

SOUS-ORDRE. — Répartition d'une somme admise dans un ordre, entre les créanciers de celui qui a été colloqué pour cette somme, lorsqu'eux-mêmes sont intervenus dans l'ordre. — Voy. *Ordre entre créanciers*.

SOUS-PRÉFET. — Fonctionnaire public chargé, sous la direction du Préfet, de l'administration d'un arrondissement. — Voy. *Organisation administrative*.

SOUSCRIPTION. — C'est la soumission ou l'engagement par écrit de contribuer à une entreprise ou une opération d'utilité publique ou privée, telle que la construction d'un chemin, d'un monument, le soulagement des pauvres ou toute autre entreprise.

SOUSCRIPTION littéraire. — Contrat par lequel une personne s'engage à recevoir un ouvrage publié par un éditeur, par livraisons ou de toute autre manière, et à en payer le prix dans les termes fixés par le prospectus.

Cette souscription, pour être régulière, devrait être établie par acte rédigé en double original ; cependant un bulletin de souscription, signé du souscripteur seul, pourrait valoir comme commencement de preuve par écrit.

La souscription à un ouvrage littéraire n'engage le souscripteur qu'autant qu'elle a été acceptée par l'éditeur.

SOUSTRACTION de pièces et titres. — C'est le délit de celui qui a enlevé d'un dépôt public une pièce pour la communiquer, en prendre ou donner copie, ou pour l'anéantir, ou qui a soustrait les pièces, titres ou mémoires après les avoir produits en justice. — *C. pén.* 225-409.

SOUS-TRAITANT. — Se dit de celui qui consent à exécuter un marché administratif à la place du preneur direct.—Voy. *Marché administratif.—Soumission*.

SOUTÈNEMENT. — C'est, en termes judiciaires, la justification des articles du compte que l'on a présenté en justice.

En matière de construction, on dit aussi *mur de soutènement*. — Voy. *Compte. — Usufruit*.

SOUTERRAIN. — Voy. *Carrière. — Chemin de fer. — Propriété. — Servitudes*.

SOUVERAIN. — Titre du chef de l'Etat dans une monarchie. Les actes de l'autorité souveraine sont considérés comme cas fortuits, et ne donnent pas lieu à garantie.

SOUVERAINETÉ. — Se dit, dans un sens général, de la réunion de tous les pouvoirs sociaux.

La souveraineté se nomme *Monarchie* lorsqu'elle réside dans un seul homme. On l'appelle *Démocratie* lorsqu'elle réside dans le peuple même.

Dans les républiques modernes, la souveraineté est exercée par un corps ou assemblée qui représente le peuple.

SPIRITUEUX. — Voy. *Boissons*.

SPOLIATION d'hérédité. — Se dit d'un acte ayant pour objet de frustrer un héritier de tout ou partie d'une succession. — Voy. *Bénéfice d'inventaire. — Recélé. — Renonciation à succession. — Vol*.

STAGE. — Temps de travail prescrit à ceux qui aspirent à certaines fonctions, telles que celles de notaire, d'avoué, etc.

Le stage des aspirants au notariat est, sauf quelques exceptions, de 6 années entières et non interrompues, dont une des deux dernières au moins en qualité de premier clerc chez un notaire d'une classe égale à celle où se trouve la place à remplir. — *L. du 25 vent. an XI*.

Ceux qui ont exercé des fonctions administratives ou judiciaires peuvent être dispensés de la justification du temps de stage.

STATUES. — Voy. *Meubles. — Immeubles*.

STATUT. — Loi ou réunion générale des Lois.

Ce mot est employé pour la distinction des lois *réelles* et *personnelles*, c'est-à-dire celles qui ont pour objet les biens ou les personnes dans leur application aux étrangers. — Voy. *Loi*.

On dit aussi les statuts d'une société pour exprimer les clauses et conditions de son existence. — Voy. *Société*.

STELLIONAT. — Fraude que commet celui qui vend ou hypothèque un bien sur lequel il n'a aucun droit, ou qu'il a déjà engagé, ou qui dissimule ces circonstances. — *C. civ. 2059*.

Lorsqu'il n'y a qu'erreur, il n'y a pas de stellionat.

Il y a stellionat dans la fausse déclaration faite par l'emprunteur que les causes des inscriptions existant sur l'immeuble hypothéqué sont éteintes en tout ou en partie. — *Cass., 12 nov. 1838*.

Le débiteur stellionataire ne peut réclamer le bénéfice du terme contenu dans son obligation.

Le simple stellionat est de la compétence des tribunaux civils, et ne peut être poursuivi par la voie correctionnelle.

STÈRE. — Mesure de solidité égale au mètre cube. — Voy. *Poids et mesures*.

STIPULATION. — Se dit généralement de toutes sortes de conventions, engagements ou clauses d'actes, mais c'est particulièrement la convention par laquelle on oblige quelqu'un envers soi. — Voy. *Convention*.

STIPULATION inutile. — Condition qui n'a point d'objet, ou qui, dans les dispositions à titre gratuit, est réputée non écrite, comme impossible ou prohibée par la Loi.

STIPULATION pour autrui. — On ne peut, en général, s'engager ni stipuler en son propre nom que pour soi-même. — *C. civ.* 1119.

Il s'ensuit que celui qui, sans mandat, aurait promis qu'un tiers donnerait ou ferait quelque chose, ne serait point obligé, et à plus forte raison la convention ne pourrait nuire ni être opposée au tiers.

Mais la stipulation pour autrui peut être le mode ou la condition d'un contrat, par exemple, on peut donner à une personne à la condition qu'elle paiera certaine somme à une autre.

Ce n'est pas stipuler pour un tiers que d'agir au nom d'une personne qu'on représente légalement ; ainsi le tuteur stipule pour le mineur, le mari pour la femme, etc.

La stipulation faite avec la qualité de faisant et agissant pour un tiers est obligatoire pour celui qui la fait.

Ainsi, on peut se porter fort pour un tiers en promettant le fait de celui-ci. — *C. civ.* 1120. — Voy. *Caution.* — *Cautionnement.*

L'obligation contractée pour un tiers dont on s'est porté fort lie irrévocablement ce tiers dès qu'il l'a ratifiée, et celui qui s'est porté fort doit obtenir cette ratification sous peine de devenir passible d'indemnité et même de dommages-intérêts.

STIPULATION de propres. — Voy. *Réalisation (clause de).*

STYLE. — Ce mot s'entend de la manière dont on a coutume de rédiger les actes.

SUBDIVISION. — C'est la division d'une partie d'un tout déjà divisé. — Voy. *Partage.*

SUBORNATION. — Action d'engager, par dons ou promesses, une personne appelée à témoigner en justice, à faire une déposition contraire à la vérité. — *C. pén.* 365.

SUBRECARGUE. — Nom donné aux préposés que les armateurs établissent pour veiller à la conservation et à la vente des marchandises d'un navire, ainsi que pour en acheter d'autres destinées au retour et recevoir le fret. — Voy. *Navire.*

SUBREPTICE. — Voy. *Obreptice.*

SUBROGATION. — C'est, dans l'acception la plus ordinaire, la substitution d'un tiers dans les droits et privilèges d'un créancier que ce tiers a payé.

Toutes les créances personnelles, hypothécaires ou privilégiées, peuvent être l'objet d'une subrogation.

Il y a deux espèces de subrogation : la subrogation *conventionnelle* et la subrogation *légale.*

De la subrogation Conventionnelle.

La subrogation conventionnelle peut avoir lieu de deux manières, soit par le fait seul du créancier, soit par le consentement du débiteur.

Celle par le fait du créancier a lieu lorsque celui-ci, recevant son paiement d'une tierce personne, la subroge dans ses droits, actions, privilèges ou hypothèques contre le débiteur. Cette subrogation doit être *expresse* et faite en même temps que le paiement.

Et celle accordée par le débiteur a lieu lorsque ce dernier emprunte une somme à l'effet de payer sa dette et de subroger le prêteur dans les droits du créancier. Il faut, pour que cette subrogation soit valable, que l'acte d'emprunt et la quittance soient passés devant notaire ; que, dans l'acte d'emprunt, il soit déclaré que la somme a été empruntée pour le paiement, et que, dans la quittance, il soit déclaré que le paiement a été fait des deniers fournis par le nouveau créancier. Cette subrogation s'opère d'ailleurs sans le concours de la volonté du créancier. — *C. civ.* 1250.

La quittance sous seing donnée par le receveur des consignations produit le même effet que celle notariée ; elle opère également la subrogation en faveur de ceux qui ont prêté les deniers nécessaires pour la consignation, lorsque la déclaration en est faite dans la quittance, et que l'acte qui établit l'emprunt et sa destination est énoncé dans cette quittance.

De la subrogation Légale.

C'est celle qui, dans certains cas, est accordée de plein droit à celui qui paie la dette d'un tiers.

Elle a lieu : 1° au profit de celui qui étant lui-même créancier paie un autre créancier qui lui est préférable à raison de ses privilèges ou hypothèques ; 2° au profit d'un acquéreur d'un immeuble qui emploie le prix de son acquisition au paiement des créanciers auxquels cet immeuble était hypothéqué ; 3° au profit de celui qui, étant tenu avec d'autres ou pour d'autres au paiement de la dette, avait intérêt à l'acquitter ; 4° au profit de l'héritier bénéficiaire qui a payé de ses deniers les dettes de la succession. — *C. civ.* 125.

Des effets de la subrogation.

Le droit d'hypothèque pouvant être cédé et aliéné comme tout autre objet, l'hypothèque se transmet tacitement en même temps que la créance dont elle est l'accessoire, même par endossement, lorsque la créance est une obligation à ordre. — Voy. *Endossement*.

L'hypothèque peut même se transmettre, abstraction faite de la créance qui y est attachée, tout comme la cession d'antériorité ou de priorité en est admise. — Voy. *Cession d'antériorité*.

La cession d'une hypothèque, qu'elle ait lieu sous la forme de cession, de subrogation ou de renonciation tacite, peut avoir lieu par acte sous seing privé.

Il ne s'agit plus ici des formes relatives à la constitution de l'hypothèque.

Mais la mention de subrogation ne peut être opérée sur les registres hypothécaires qu'en vertu d'un acte authentique.

Toutefois, cette mention n'est pas nécessaire pour que le subrogé puisse faire valoir l'inscription.

En ce qui concerne la subrogation à l'hypothèque légale de la femme, comme elle peut disposer de ses créances matrimoniales comme de ses autres biens personnels, pourvu qu'elle ne soit pas mariée sous un régime exceptionnel, à plus forte raison elle peut céder son hypothèque légale, y subroger ou même y renoncer. Il suffit qu'elle ait capacité pour aliéner.

Le créancier subrogé a les mêmes droits que l'ancien créancier. —*D. N.*

Toutefois, le créancier sur un immeuble, qui veut payer le vendeur qui demande la résolution de la vente faute de paiement du prix, ne peut exiger que le vendeur le subroge dans son action résolutoire.

Mais la subrogation obtenue dans tous les droits du vendeur comprend l'action résolutoire.

SUBROGATION de choses. — C'est la substitution d'une chose à une autre dont elle prend la place, et qui est réputée avoir la même qualité que l'autre.

Elle n'a lieu que par la force de la Loi.

Il y a subrogation de choses, à titre universel, dans la faculté accordée à l'absent qui reparaît de recouvrer les biens provenant de l'emploi qui aurait été fait du prix de ses biens vendus. — *C. civ.* 132. — Voy. *Absence*. — *Absent*.

Il en est de même du droit conféré à l'ascendant donateur par l'art. 747 du C. civ. — Voy. *Retour légal*.

SUBROGATION judiciaire. — C'est celle qu'obtient en justice le créancier qui veut exercer les droits de son débiteur en vertu de l'art. 1166 du C. civ. — Voy. *Droits personnels réels.* — *Fraude.* — *Obligation.*

SUBROGÉ-TUTEUR. — C'est celui qui est nommé pour veiller à la conservation des droits des mineurs, quand ils sont opposés à ceux de leurs tuteurs.

Dans toute tutelle, il doit y avoir un subrogé-tuteur, et le tuteur qui ne requierrait pas cette nomination engagerait gravement sa responsabilité.

De la nomination du subrogé-tuteur.

La nomination du subrogé-tuteur est faite par le conseil de famille. — *C. civ.* 420.

Elle peut être provoquée d'*office* par le Juge de paix, toutes les fois que le tuteur est en retard de le faire.

Lorsque la tutelle est *dative*, c'est-à-dire conférée par le conseil de famille, la nomination du subrogé-tuteur a lieu immédiatement après celle du tuteur ; hors le cas de frères germains, il doit être pris dans la ligne à laquelle le tuteur n'appartient pas. — *C. civ* 422 *et suiv.*

S'il n'y a de parents ou d'alliés que dans une seule ligne, et que le tuteur ait été choisi parmi eux, le subrogé-tuteur doit être pris parmi les amis de l'autre ligne. On peut même choisir un étranger pour subrogé-tuteur, alors qu'il existe des parents ou alliés dans la ligne à laquelle n'appartient pas le tuteur.

Les causes qui dispensent de la tutelle, comme celles qui en rendent incapable ou en font exclure ou destituer, s'appliquent à la subrogée-tutelle. — *C civ.* 426.

Fonctions.

Les fonctions du subrogé-tuteur sont permanentes.

Outre les obligations ci-dessus indiquées, il doit :

1° Assister à l'inventaire des biens du mineur ;
2° Obliger le survivant de père et mère à faire faire inventaire, et nommer l'expert qui doit faire la prisée ;
3° Assister à la vente des meubles et des immeubles du mineur ;
4° Veiller à ce que les inscriptions d'hypothèques légales accordées aux mineurs soient faites, et au besoin les former eux-mêmes ;
5° Répondre à la demande en réduction d'hypothèque formée par le tuteur ;
6° Provoquer la nomination d'un nouveau tuteur dans les cas prévus par l'art. 424 du C. civ. ;
7° Convoquer le conseil de famille pour délibérer sur la destitution du tuteur ;
8° Consentir, sous l'autorisation du conseil de famille, *bail* au tuteur des biens du mineur ;
9° Recevoir copie des appels interjetés contre le mineur.

Le subrogé-tuteur peut se faire représenter à l'inventaire par un fondé de pouvoirs.

De la responsabilité, etc.

Le subrogé-tuteur ne peut, dans aucun cas, être responsable de la mauvaise gestion du tuteur, à moins qu'il ne soit établi qu'il a favorisé les agissements de ce dernier.

Il existe en outre trois cas de responsabilité contre le subrogé-tuteur : 1° s'il ne force pas le père ou la mère survivant à faire inventaire ; 2° s'il néglige de requérir inscription dans les cas prévus par l'art. 245 du C. civ. ; 3° s'il ne fait pas procéder à la nomination d'un nouveau tuteur dans le cas de l'art. 424 du même Code.

Le subrogé-tuteur se fait remettre chaque année par le tuteur (autre que le père et la mère) un état de la gestion, afin de le mettre en mesure d'exercer, sous la conduite du tuteur, la surveillance dont la loi le charge, et de provoquer même sa destitution s'il y a lieu.

Les fonctions de subrogé-tuteur cessent à la même époque que la tutelle. Elles ne cessent pas en cas de décès ou de destitution du tuteur.

Les biens du subrogé-tuteur ne sont pas soumis à l'hypothèque légale du mineur, à moins qu'il n'ait administré comme tuteur à la place de celui-ci.

SUBSISTANCES. — On comprend sous ce titre les questions se rattachant à l'alimentation des populations.

Les mesures prises à ce sujet par le Gouvernement varient suivant les circonstances, et sont relatives notamment à l'importation des grains et farines, et à la circulation des grains à l'intérieur.

Les approvisionnements de réserve imposés aux boulangers des grandes villes sont à peu près aujourd'hui la seule mesure permanente prise en vue d'atténuer les effets d'une mauvaise récolte.

SUBSTANCES vénéneuses. — Voy. *Médicaments*.

SUBSTANTIELLE (Formalité). — C'est ainsi qu'on désigne les formalités à défaut desquelles un acte ne serait pas valable. On dit aussi formalité *intrinsèque*. — Voy. *Nullité*.

SUBSTITUT. — Magistrat chargé de remplacer les Procureurs généraux et les Procureurs près les Tribunaux de première instance, et d'en remplir les fonctions au besoin. — Voy. *Ministère public*.

SUBSTITUTION. — C'est la disposition par laquelle une personne est appelée éventuellement à la place d'une autre pour recueillir le bénéfice d'une disposition entre vifs ou testamentaire.

On distingue deux sortes de substitutions: les *Substitutions fidéi-commissaires* et les *Substitutions vulgaires*.

La substitution fidéi-commissaire est celle par laquelle, en gratifiant quelqu'un expressément ou tacitement, on le charge de rendre la chose par lui donnée à un tiers, qu'on gratifie en second ordre.

Cette substitution est formellement prohibée. — Elle est nulle de plein droit, et entache de nullité l'institution elle-même, à moins qu'il ne soit possible de séparer la disposition qui renferme la substitution prohibée d'avec certaines autres dispositions licites du même acte. — *C. civ.* 896.

La substitution vulgaire au contraire, qui est celle par laquelle on subroge quelqu'un à l'héritier ou au légataire, au cas qu'ils ne veulent ou ne puissent pas recueillir la donation ou le legs, est parfaitement licite, et doit recevoir son exécution.

La Loi permet cependant certaines substitutions désignées sous le nom de *charges de restitution*.

Ainsi, d'après l'art. 1048 du C. civ., les biens dont les père et mère ont la faculté de disposer peuvent être par eux donnés en tout ou en partie à un ou plusieurs de leurs enfants par acte entre vifs ou testamentaire, avec la charge de rendre ces biens aux enfants nés et à naître au premier degré seulement desdits donataires.

D'un autre côté, l'art. 1049 du même Code porte qu'au cas de mort sans enfants, sera valable la disposition que le défunt aura faite par acte entre vifs ou testamentaire au profit d'un ou plusieurs de ses frères ou sœurs de tout ou partie des biens qui ne sont pas réservés par la loi dans sa succession, avec la charge de rendre ces biens aux enfants nés et à naître au premier degré seulement desdits frères et sœurs donataires.

On peut substituer toutes sortes de biens, soit meubles ou immeubles.

Les droits des appelés s'ouvrent à l'époque où cesse la jouissance du grevé.

Toutefois, ce dernier peut faire la remise des biens aux appelés avant que le fidéi-commis soit ouvert.

SUBSTITUTION d'enfant. — Crime consistant à mettre frauduleusement un enfant à la place d'un autre, dans une famille à laquelle l'enfant substitué est étranger. — *C. pén.* 345.

SUBSTITUTION fidéi-commissaire. — Voy. *Substitution*.

SUBSTITUTION de pouvoirs. — Acte par lequel un mandataire confère à un tiers tout ou partie des pouvoirs qui lui ont été donnés.

Règle générale, le mandataire doit agir par lui-même ; cependant, il peut toujours charger un tiers de la gestion qui lui a été confiée, mais il reste garant des faits du substitué. — *C. civ.* 1994.

Toutefois, si la procuration contient pouvoir de substituer telle personne nominativement, le substitué étant devenu l'homme du mandant, le mandataire primitif n'encourra aucune responsabilité.

Mais si la procuration contenait généralement le pouvoir de substituer, sans désigner la personne que le mandataire devrait choisir, il faut distinguer si le substitué était notoirement solvable et capable, ou s'il ne l'était pas. Au premier cas, le mandataire n'est pas responsable de la gestion du substitué ; au second, il en est garant. — *C. civ.* 1994.

Nous donnons ci-après une formule de substitution de pouvoirs.

Substitution de pouvoirs.

Aujourd'hui...,
Je soussigné A...., demeurant à.....,
En vertu du pouvoir de substituer contenu en la procuration que m'a donnée M. B..., demeurant à...... suivant acte sous seing privé en date, à....., du....., enregistré à....., le....., f°....., v°....., c**..... par M..., qui a perçu les droits dus,
Déclare, par ces présentes, substituer en mon lieu et place M. C..., demeurant à....., auquel je transmets tous les pouvoirs sans exception qui m'ont été confiés par cette procuration, pour en faire usage comme j'en avais le droit moi-même.
A cet effet, je remets à M. C... l'original de ladite procuration avec la présente substitution.
Fait à....., lesdits jour, mois et an, et signé, lecture prise.

(Signature.)

SUBSTITUTION vulgaire. — Voy. *Substitution.*

SUBTILITÉ. — Se dit d'un raisonnement qui n'est fondé que sur les apparences.

On doit s'en garder dans l'interprétation des lois et des conventions. — Voy. *Interprétation des lois.*

SUBVENTION. — Impôt extraordinaire établi pour subvention de guerre ou pour tout autre motif, par les lois des 6 prairial an VII, 23 août 1871 et 30 décembre 1873, et qui donne lieu aujourd'hui à la perception de *deux décimes et demi* en sus des droits d'Enregistrement, de Timbre, d'Hypothèque, de Greffe, etc. — Voy. *Décimes par franc.*

SUCCÉDER (Pacte de). — Voy. *Pacte sur succession future.*

SUCCESSEUR. — Se dit, en général, de toute personne mise aux droits d'une autre, mais s'emploie particulièrement, soit pour désigner celui qui remplace un officier public, soit celui qui recueille les biens d'un défunt.

SUCCESSIBLE. — C'est celui que la Loi appelle à succéder. — Voy. *Héritier.* — *Rapport à succession.* — *Retrait successoral.* — *Succession.*

SUCCESSIFS (Droits). — Voy. *Droits successifs.* — *Transport-cession.*

SUCCESSION. — Transmission des droits et charges d'une personne décédée à une ou plusieurs autres personnes survivantes, qui prennent sa place, et qu'on nomme *héritiers*. L'universalité ou la masse des biens et charges que laisse le défunt se nomme aussi *Succession* ou *Hérédité*.

La succession est *contractuelle*, lorsqu'elle est déférée par contrat de mariage aux futurs époux ou aux enfants à naître. — Voy. *Institution contractuelle.*

Elle est *testamentaire*, lorsqu'elle est déférée par testament. — Voy. *Legs.* — *Testament.*

Enfin elle est *légitime*, lorsqu'elle est déférée par la volonté de la Loi.

La succession *légitime*, dont nous nous occupons sous ce titre et qu'on appelle aussi *ab intestat*, est *régulière* ou *irrégulière*. Elle est *régulière* lorsqu'elle est dévolue à des parents légitimes, soit en ligne directe, soit en ligne collatérale, et *irrégulière* quand elle passe aux parents naturels, à l'époux survivant ou à l'Etat.

Ouverture des successions.

C'est par la mort naturelle que s'ouvrent les successions. — *C. civ.* 718.

Elles ne s'ouvrent point par l'absence. — Voy. *Absence. — Absent.*

Lorsque plusieurs personnes respectivement appelées à la succession l'une de l'autre périssent dans un même événement, sans qu'on puisse reconnaître laquelle est morte la première, la présomption de survie est déterminée par les circonstances du fait et, à leur défaut, par la force de l'âge et du sexe. — *C. civ.* 720.

Ainsi, dans un combat, on doit supposer que le soldat placé à l'avant-garde a été tué avant celui qui était à l'arrière-garde. Dans un incendie on doit présumer que celui qui était au premier étage d'une maison a péri avant celui qui était au second.

Mais, lorsque les circonstances du fait sont inconnues, on a recours aux présomptions. Si ceux qui ont péri ensemble avaient moins de 15 ans, le plus âgé sera présumé avoir survécu ; s'ils étaient tous au-dessus de 60 ans, le moins âgé sera présumé avoir survécu. Si les uns avaient moins de 15 ans et les autres plus de 60, les premiers seront présumés avoir survécu. — *C. civ.* 721.

« A plus forte raison, dit M. Demolombe, celui qui a plus de 15 ans doit-il être réputé avoir survécu à celui qui a plus de 60 ans. »

La présomption de survie basée sur le sexe n'est prise en considération que dans la période de 15 à 60 ans. — Le mâle est toujours présumé avoir survécu, s'il y a égalité d'âge, ou si la différence qui existe n'excède pas une année. — *C. civ.* 722.

Saisine des héritiers. — Paiement des dettes.

Les héritiers légitimes sont saisis de plein droit des biens du défunt, sous l'obligation de payer les dettes et charges de la succession, et c'est à eux que doivent s'adresser les légataires et donataires pour obtenir la délivrance des dons et legs. — *C. civ.* 1004, 1011, 1014.

Lorsqu'il n'y a pas d'héritiers à réserve, le légataire universel est également saisi de plein droit, sous la même obligation de l'acquit des dettes, et de délivrer les legs particuliers. — *C. civ.* 1006.

Les titres exécutoires contre le défunt le sont aussi contre ses héritiers, mais les créanciers ne peuvent en poursuivre l'exécution que 8 jours après la signification de ces titres à la personne et au domicile de l'héritier. — *C. civ.* 877.

Les créanciers de la succession peuvent demander la séparation du patrimoine du défunt d'avec le patrimoine de l'héritier. — *C. civ.* 878. — Voy. *Séparation de patrimoines.*

S'il existe plusieurs héritiers, ils ne sont tenus personnellement des dettes de la succession que pour leur part virile, c'est-à-dire leur part héréditaire; par conséquent, les héritiers ne peuvent être condamnés solidairement au paiement des dettes de la succession, mais la division des dettes n'entraîne pas la division de l'hypothèque des créanciers. — *C. civ.* 873. — Voy. *Hypothèque.*

Personnes auxquelles les successions sont déférées et qualités requises pour succéder.

L'ordre de succéder entre les parents du défunt ou héritiers légitimes est réglé par la Loi. A leur défaut, les biens passent aux successeurs irréguliers. — *C. civ.* 723.

La classe des successions irrégulières comprend :

1° Les droits des enfants naturels sur les biens de leurs père et mère ;

2° La succession aux enfants naturels décédés sans postérité ;

3° Les droits du conjoint survivant ;

4° Enfin ceux de l'Etat.

En ce qui concerne la parenté, elle est *Légitime*, *Naturelle* ou *Civile*. — Voy. *Parenté*.

Les enfants *légitimes* sont ceux nés pendant le mariage, sauf ceux légalement désavoués par le mari.

Les enfants *légitimés* sont assimilés aux enfants légitimes.

L'adopté a, sur la succession de l'adoptant, les mêmes droits que l'enfant né en mariage, mais il n'a aucun droit de successibilité sur les biens des parents de l'adoptant. — Voy. *Adoption*.

L'alliance n'établit aucun rapport de succession. — Voy. *Alliance*. — *Allié*.

L'étranger est admis à succéder aux biens que son parent laisse en France. — L. du 14 juillet 1819.

Pour recueillir une succession, il faut non seulement en avoir la capacité, mais encore ne pas s'en être rendu indigne. — Voy. *Indignité*.

Divers ordres de successions régulières.

I. — Dispositions générales.

Parmi les parents appelés à succéder au défunt, on distingue les *Ascendants*, les *Descendants*, et les *Collatéraux*, ce qui forme trois ordres de succession régulière. — Voy. *Parenté*.

D'un autre côté, la manière dont les successions sont déférées diffère suivant que les parents sont germains, consanguins ou utérins. — Voy. *Ligne*.

La Loi divise les ascendants et les collatéraux, en ligne *Paternelle* et ligne *Maternelle*. La ligne *paternelle* est composée de tous les parents du défunt du côté de son père. — La ligne *maternelle* de tous ceux qui étaient parents du défunt du côté de sa mère, sans considérer s'ils lui étaient parents du côté du père ou du côté de la mère.

Toute succession échue à des ascendants ou à des collatéraux se divise en deux parts égales : l'une pour les parents de la ligne paternelle ; l'autre pour les parents de la ligne maternelle. — *C. civ.* 733.

Les parents *utérins* ou *consanguins* ne sont pas exclus par les *germains*, mais ils ne prennent part que dans leur ligne. — Les germains prennent part dans les deux lignes. — *C. civ.* 733.

Une première division étant opérée entre les lignes paternelle et maternelle, il ne se fait plus de division entre les diverses branches, et la moitié dévolue à chaque ligne appartient à l'héritier ou aux héritiers les plus proches en degrés, sauf le cas de la représentation. — *C. civ.* 734.

II. — De la représentation.

La représentation a pour effet de faire entrer le représentant dans la place, le degré et les droits du représenté. — *C. civ.* 739.

Elle a lieu à l'infini dans la ligne *directe* descendante, soit que les enfants du défunt concourent avec les descendants d'un enfant prédécédé, soit que, tous les enfants du défunt étant morts avant lui, les descendants desdits enfants se trouvent entre eux en degrés égaux ou inégaux. — *C. civ.* 740.

La représentation n'a pas lieu en faveur des ascendants : le plus proche dans chacune des deux lignes exclut le plus éloigné. — *C. civ.* 741.

En ligne *collatérale*, la représentation est admise en faveur des enfants et descendants des frères et sœurs du défunt, soit qu'ils viennent à la succession concurremment avec des oncles ou tantes, soit que, tous les frères et sœurs du défunt étant prédécédés, la succession se trouve dévolue à leurs descendants en degrés égaux ou inégaux. — *C. civ.* 742.

Dans tous les cas où la représentation est admise, le partage s'opère par *Souche*. Si une même souche a produit plusieurs *Branches*, la subdivision se fait aussi par souche dans chaque branche, et les membres de la même branche partagent entre eux, par tête. — *C. civ.* 743.

La représentation est admise non seulement en faveur des descendants des frères et sœurs germains du défunt, mais encore en faveur des descendants des frères et sœurs utérins ou consanguins. Mais alors les utérins ou consanguins ne prennent part que dans leur ligne.

On ne représente que les personnes mortes. On peut représenter celui à la succession duquel on a renoncé ; mais on ne vient jamais par représentation d'un héritier qui a renoncé.

III. — Des successions déférées aux descendants.

Les enfants ou leurs descendants succèdent à leurs père et mère, aïeuls et aïeules ou autres ascendants, sans distinction de sexe ni de progéniture, et encore qu'ils soient issus de différents mariages. — *C. civ.* 745.

Les enfants succèdent à leurs ascendants par égales portions et par tête, quand ils sont tous au premier degré et appelés de leur chef ; ils succèdent par souche, lorsqu'ils viennent tous ou en partie par représentation. La subdivision a lieu ensuite entre les branches de la même souche, et enfin entre les têtes de la même branche. — *C. civ.* 745.

IV. — Des successions déférées aux ascendants.

Lorsque les père et mère d'une personne morte sans postérité lui ont survécu, si le défunt n'a laissé, ni frère ni sœur, ni descendants d'eux, la succession se partage par moitié entre ses père et mère. Si l'un d'eux est décédé, la moitié qui lui eût appartenu est attribuée à sa ligne, et alors le survivant a l'usufruit du tiers des biens auxquels il ne succède pas en propriété. — *C. civ.* 753, 754.

Si, au contraire, le défunt laisse des frères et sœurs ou descendants d'eux, la succession se divise en deux parties égales dont moitié seulement est déférée au père et à la mère qui la partagent entre eux également ; l'autre moitié appartient aux frères, sœurs ou descendants d'eux. — *C. civ.* 748.

Si le père ou la mère était prédécédé, la portion qui lui aurait été dévolue se réunirait à la moitié déférée aux frères, sœurs ou à leurs représentants. — *C. civ.* 749.

L'ascendant doit opter entre sa réserve légale et la portion héréditaire qu'il recueillerait comme successible, sans pouvoir cumuler. — Voy. *Réserve légale*.

Les ascendants *autres que le père et la mère* sont appelés à succéder quand le défunt n'a laissé ni postérité, ni frère, ni sœur, ni descendants d'eux. La succession se divise alors par moitié entre les ascendants de la ligne paternelle et les ascendants de la ligne maternelle, et l'ascendant qui se trouve au degré le plus proche recueille la moitié affectée à sa ligne, à l'exclusion de tous autres. — Les ascendants au même degré succèdent par tête. — *C. civ.* 746.

V. — Des successions collatérales

On distingue deux classes de *Collatéraux*, dont la première se compose des frères ou sœurs ou descendants d'eux, et la seconde des autres collatéraux.

Si le défunt n'a laissé ni père ni mère, ses frères, sœurs ou descendants d'eux succèdent, ou de leur chef, ou par représentation, à l'exclusion des ascendants et des autres collatéraux. — *C. civ.* 750.

Si les père et mère du défunt lui ont survécu, les frères, sœurs ou leurs descendants ne sont appelés qu'à la moitié de la succession. Si le père ou la mère seulement a survécu, ils sont appelés à recueillir les trois quarts. — *C. civ.* 751.

Le partage de la moitié ou des trois quarts dévolus aux frères ou sœurs s'opère entre eux par égales portions s'ils sont tous du même lit. S'ils sont de lits différents, la division se fait par moitié entre les deux lignes paternelle et maternelle du défunt ; les germains prennent part dans les deux lignes, et les utérins ou consanguins, chacun dans leur ligne seulement. — *C. civ.* 752.

Les frères et sœurs qui ne sont que *consanguins* ou *utérins* avec le défunt ou leurs descendants excluent les autres collatéraux et les ascendants autres que les père et mère, non seulement dans leur propre ligne, mais encore dans la ligne qui leur est étrangère. — C. civ. 750, 752.

A défaut de frères ou de sœurs ou de descendants d'eux, et à défaut d'ascendants dans l'une ou l'autre ligne, la succession est déférée par moitié aux ascendants pour leur ligne, l'autre moitié est attribuée aux parents les plus proches de l'autre ligne.

S'il y a concours de collatéraux au même degré, ils partagent par tête. — C. civ. 753.

Dans le cas de l'art. 753, le père ou la mère survivant a, comme nous l'avons vu déjà, l'usufruit du tiers des biens auxquels il ne succède pas en propriété, mais cet usufruit n'a lieu qu'autant que les héritiers de l'autre ligne sont des collatéraux. — C. civ. 755.

Les parents au delà du 12me degré ne succèdent pas. A défaut de parents dans une ligne, les parents de l'autre ligne succèdent pour le tout. — C. civ. 755. — Voy. *Degré.* — *Généalogie.* — *Ligne.*

Il est fait observer qu'au nombre des projets de Loi en discussion à la Chambre des députés, au moment où nous mettons sous presse, se trouve une modification de la successibilité, de laquelle il résulterait que le degré successible, au lieu de s'étendre jusqu'au 12me, comme aujourd'hui, serait restreint au 6me; or, l'article 755 du C. civ. serait remplacé par celui-ci :

« Les parents au delà du 6me degré ne succèdent pas; à défaut de parents
« au degré successible dans une ligne, les parents de l'autre ligne succèdent
« pour le tout. »

Successions irrégulières.

I. — Droits des enfants naturels sur les successions de leurs père et mère.

La Loi n'accorde aux enfants naturels des droits sur les biens de leurs père ou mère décédés, que lorsqu'ils ont été légalement reconnus, et sur la succession de celui-là seul qui les a reconnus. — C. civ. 756.

L'enfant naturel n'ayant d'autre famille que son père et sa mère, il n'a aucun droit sur les biens des parents de ses père et mère. — C. civ. 756. — Voy. *Enfant naturel.*

Le droit de l'enfant naturel sur les biens de ses père et mère varie suivant les circonstances : 1° il est d'un tiers de la portion héréditaire qu'il aurait eue s'il eût été légitime, si le père ou la mère de l'enfant naturel a laissé des descendants légitimes ; 2° il est de la moitié lorsque les père ou mère ne laissent pas de descendants, mais seulement des ascendants ou des frères ou sœurs ; 3° il est des trois quarts lorsque les père ou mère ne laissent ni descendants ni ascendants, ni frères ni sœurs ; 4° enfin, il a droit à la totalité des biens lorsque ses père et mère ne laissent pas de parents au degré successible. — C. civ. 758.

L'enfant naturel est tenu d'imputer sur ce qu'il a droit de réclamer tout ce qu'il a reçu du père ou de la mère dont la succession est ouverte et qui serait sujet à rapport. — C. civ. 760.

Les enfants naturels ne peuvent, par donation entre vifs ou par testament, rien recevoir au delà de ce qui leur est accordé par les articles 757 et suiv. du C. civ.

II. — Des successions des enfants naturels décédés sans postérité.

La succession de l'enfant naturel décédé sans postérité est dévolue au père ou à la mère qui l'a reconnu, ou par moitié à chacun, s'il a été reconnu par l'un et par l'autre. — C. civ. 765.

Mais le père ou la mère naturels n'ont aucun droit sur la succession des enfants légitimes de leur fils naturel. — *Cass.*, 5 *mars* 1849.

III. — Droits du conjoint survivant et de l'état.

Lorsque le défunt ne laisse ni parents au degré successible, ni enfants naturels, ni père et mère naturels, ni frères et sœurs naturels, sa succession appartient au conjoint non divorcé qui lui survit. — *C. civ.* 765 *et suiv.*

A défaut de conjoint survivant, la succession appartient à l'Etat. — *C. civ.* 768.

IV. — Obligations des successeurs irréguliers.

Les successeurs irréguliers n'étant pas saisis de plein droit doivent se faire envoyer en possession par justice. — *C. civ.* 724.

Les enfants naturels sont tenus de demander la délivrance aux héritiers légitimes, lorsqu'ils sont appelés à recueillir la portion héréditaire qui leur est attribuée par l'art. 757 du C. civ. Mais s'ils sont appelés à recueillir la totalité des biens à défaut de parents au degré successible, ils sont tenus de remplir les mêmes formalités que celles prescrites au conjoint survivant et à l'Etat. — *D. N.* — Voy. *Envoi en possession.*

Le conjoint survivant et l'Etat sont tenus de faire apposer les scellés sur les meubles et effets de la succession à laquelle ils prétendent droit, et de faire inventaire. — *C. civ.* 769.

Ils doivent de plus demander l'envoi en possession au Tribunal de première instance dans le ressort duquel la succession est ouverte. — *C. civ.* 770.

A l'égard des droits dits d'*Enregistrement* ou de *Mutation* sur les successions, des biens à déclarer, des délais, des bureaux, etc. — Voy. *Déclaration de succession.* — *Enregistrement.*

SUCCESSION bénéficiaire. — C'est celle que l'on accepte, sous bénéfice d'inventaire. — Voy. *Bénéfice d'inventaire.*

SUCCESSION future. — Se dit de celle qui n'est pas encore ouverte. — Voy. *Pacte sur succession future.*

SUCCESSION (Droits de). — Voy. *Déclaration de succession.*

SUCCESSION irrégulière. — Voy. *Succession.*

SUCCESSION vacante. — Une succession est réputée vacante lorsqu'après l'expiration des délais pour faire inventaire et pour délibérer (3 mois et 40 jours), il ne se présente personne pour la réclamer, qu'il n'y a pas d'héritiers connus, ou que les héritiers connus ont renoncé. — *C. civ.* 811.

Il faut distinguer les *successions Vacantes* des *successions en Déshérence.*

La succession *est en deshérence*, lorsqu'il est constaté qu'il n'existe ni parent du défunt au degré successible, ni enfant naturel, ni conjoint survivant. Elle se trouve alors dévolue à l'Etat. — Voy. *Deshérence.*

Si les héritiers connus ont renoncé, et s'il n'y a d'ailleurs ni héritiers institués ni successeurs irréguliers, la succession doit être réputée vacante, quoiqu'il existe des parents légitimes appelés à succéder en second ordre; c'est à eux de se présenter. Et les créanciers du défunt sont fondés à faire nommer un curateur, sans être obligés de rechercher les autres héritiers.

Une succession une fois acceptée ne peut plus être déclarée vacante.

La succession vacante est administrée par un curateur.

SUCCESSORAL (Retrait). — Voy. *Retrait successoral.*

SUCCURSALE. — Se dit d'une église dont le service est fait par un prêtre *amovible* qui prend le nom de *Desservant*, tandis que les curés sont *inamovibles.*

Les principales églises des villes et celles des chefs-lieux de canton sont ordinairement desservies par des *Curés*, tandis que les communes rurales ou urbaines sont administrées par des *Desservants*. — Voy. *Paroisse.*

SUCRE. — Les fabriques et raffineries de sucre sont considérées comme des établissements insalubres. — Voy. *Etablissement dangereux.*

Les conditions imposées aux fabricants de sucre pour assurer la perception des droits sont tracées par la Loi du 31 mai 1846, l'ordonnance du 29 août suivant, et les décrets des 27 mars et 1er sept. 1852.

Les droits sur les sucres de toute origine et les glucoses indigènes livrés à la consommation ont été fixés à nouveau par un décret du 29 juillet 1884.

Ces droits sont de 50 fr. par 100 kilog. pour les sucres bruts et raffinés ; de 53 francs 50 cent. aussi par 100 kilog. pour le sucre candi, et de 10 fr. également par 100 kilog. pour les glucoses.

Les droits sur les sucres bruts ou raffinés de toute origine employés au sucrage des vins, cidres et poirés avant la fermentation, ont été réduits à 20 fr. les 100 kilog. de sucre raffiné.

Les viticulteurs ou vignerons qui se proposent d'employer du sucre sous le bénéfice de la réduction de taxe accordée par la loi de 1884 doivent adresser à cet effet une demande écrite individuelle ou collective au directeur des Contributions indirectes de leur circonscription, au plus tard 15 jours avant la récolte.

Les quantités de sucre à employer pour relever le degré alcoolique des vins ne peuvent dépasser 20 kilog. par 3 hectol. de vendange. Celles pour la fabrication des vins de marc ne peuvent dépasser 50 kilog. pour la même quantité de vendanges.

En ce qui concerne les cidres et poirés, la dénaturation s'opère par le versement du sucre dans les mouts ; elle a lieu à domicile, au jour fixé par l'administration, toutes les fois que les récoltants ou leurs acheteurs en adressent la demande par écrit. Les quantités de sucre à employer au sucrage des cidres ou poirés ne peuvent dépasser 10 kilog. pour 5 hectol. de pommes ou de poires récoltées ou achetées. — *Loi du 22 juillet* 1885.

SUFFRAGE. — Déclaration que l'on fait de son sentiment, de son opinion, de vive voix ou par écrit. — Voy. *Opinion.* — *Partage d'opinions.*

SUGGESTION. — Se dit de manœuvres tendant à imposer au donateur ou testateur une volonté qui n'est pas la sienne. Ce terme est ordinairement joint au mot *Captation*, pour désigner les libéralités qui sont le résultat de la captation ou de la suggestion.

La preuve de la suggestion ou de la captation frauduleuse peut, quelle que soit la forme du testament, être faite par témoins.

Mais les faits de suggestion ou de captation ne doivent être admis qu'autant que les manœuvres employées ont le caractère du dol et de la fraude, ce qu'il appartient aux Tribunaux d'apprécier.

SUICIDE. — C'est l'action de celui qui se tue lui-même.

SUITE (Droit de). — Faculté que la loi accorde aux créanciers hypothécaires ou privilégiés d'exercer leurs droits sur les biens affectés à leur créance, après même qu'ils sont passés entre les mains des tiers. — Voy. *Hypothèque.* — *Privilège.* — *Surenchère,* — *Tiers détenteur.*

SUJET. — Nom qu'on donne aux membres d'un Etat, considérés comme soumis aux Lois de cet Etat. Ce mot exprime aussi, dans la Loi française, tout individu jouissant de ses droits civils.

SUPERCHERIE. — Ce mot s'emploie surtout pour marquer la mauvaise foi dans les *jeux* et les *paris.* — Voy. *Dol.* — *Escroquerie.* — *Jeu.* — *Pari.*

SUPERFICIE et édifice. — S'entend des constructions et améliorations faite par le preneur à domaine congéable.

SUPERFICIE. — On entend par superficie tout ce qui est à la surface du sol et lui est adhérent, comme les bâtiments, arbres, plantes et clôtures de toute espèce.

On peut aliéner tout ou partie seulement de ce qui couvre la surface du sol ; ainsi la propriété d'une construction peut être cédée à part du sol qui la supporte.

Le droit de superficie peut être établi à titre gratuit ou à titre onéreux, même par bail ou location. — Voy. *Domaine congéable.*

La concession du droit peut être intégrale ou partielle.

Le droit de superficie s'éteint par la destruction totale de la construction sur laquelle il avait été établi.

SUPPLÉANT (Juge). — Voy. *Juge suppléant*.

SUPPLÉANT de Juge de paix. — Voy. *Incompatibilité*. — *Juge de paix*.

SUPPLÉANTS des Tribunaux de commerce. — Voy. *Tribunaux*.

SUPPLÉMENT de droits d'Enregistrement. — La Régie a le droit de réclamer des suppléments de droits d'enregistrement, soit pour insuffisance de perception sur des actes et des déclarations de succession, soit pour insuffisance de prix ou d'évaluation, soit enfin pour omission de biens dans les déclarations de succession.

Toutes les personnes qui ont concouru aux actes sont tenues envers le Trésor ; et en ce qui concerne spécialement les actes sous seing privé, la Régie peut s'adresser indistinctement à l'une ou à l'autre des parties pour le paiement d'un supplément de perception insuffisamment faite.

SUPPLÉMENT d'hypothèque. — Acte par lequel on ajoute une nouvelle hypothèque à celle déjà constituée. — Voy. *Hypothèque*.

SUPPLÉMENT de prix. — Voy. *Contre-lettre*. — *Vente (contrat de)*.

SUPPLIQUE. — Requête adressée au chef de l'Etat pour demander une grâce, un secours, la réparation d'un préjudice, ou pour toute autre cause.

Ces suppliques peuvent être écrites sur papier libre. On doit faire usage de papier dit *Papier ministre* et laisser les deux feuillets.

Les pétitions adressées aux Ministres et aux autorités constituées ainsi qu'aux établissements publics doivent être écrites sur timbre. — Voy. *Pétition*.

Nous donnons ci-après plusieurs formules de suppliques adressées au chef de l'Etat.

I. — Supplique par un père pour demander la grâce de son fils.

A Monsieur le Président de la République Française.
 Monsieur le Président,
Le sieur A.... demeurant à.....,
 A l'honneur de vous exposer :
Que le sieur..,..., son fils, qui était naguère le soutien de sa vieillesse, vient d'être condamné à....., par la cour d'assises de..... pour..... ; que loin de murmurer contre cet arrêt, c'est avec douleur, Monsieur le Président, que l'exposant en reconnait la justice, aussi ne lui reste-t-il pour unique ressource que son espérance dans votre clémence ;
Que le crime dont son fils s'est rendu coupable n'est dû qu'à un moment d'égarement qu'il déplore aujourd'hui, et dont il a le plus sincère repentir ;
Et que, confiant dans votre inépuisable bonté, l'exposant ose espérer que vous ferez grâce, et lui rendrez son fils qui saura racheter sa faute et mériter son pardon par une conduite irréprochable à l'avenir.
L'exposant a l'honneur d'être,
 Monsieur le Président,
Votre très humble et fidèle serviteur.
                   (Signature.)
Présentée le.....

II. — Supplique pour demander un secours pécunier.

A Monsieur le Président de la République Française.
 Monsieur le Président,
Le sieur A..., ex-fusilier au..... régiment de ligne, né à....., le....., demeurant à.....,
 A l'honneur de vous exposer :
Qu'ayant été appelé sous les drapeaux en l'année....., fait les campagnes de..... et de....., il a servi la patrie avec dévouement, honneur et probité ;
Qu'il a été renvoyé dans ses foyers par suite d'une blessure reçue sur le champ de bataille de....., ainsi que le constate son congé de réforme dont la copie est ci-jointe ;
Que, dénué de toutes ressources, sans parents qui puissent le secourir, et incapable de travailler par suite de sa blessure, il n'a plus d'espoir qu'en votre sollicitude.
C'est pourquoi, certain qu'il est à l'avance que la cause d'un défenseur de la patrie ne peut être que bien accueillie par vous, il vous supplie, Monsieur le Président, de bien vouloir prendre

en considération sa triste position, et de lui accorder un secours qui puisse lui permettre de finir tranquillement ses jours sans l'obliger de recourir à la commisération publique.

Il a l'honneur d'être,
  Monsieur le Président,
Votre très humble et très respectueux serviteur.

(*Signature.*)

Présentée le......

III. — Supplique à fin de dispenses pour mariage entre parents au degré prohibé.

A Monsieur le Président de la République Française.
  Monsieur le Président,
Le sieur A..., demeurant à....., et la demoiselle B..., demeurant aussi à....,.
  Ont l'honneur de vous exposer :
  Que, par suite du décès de la dame A..., épouse du sieur A..., arrivé à....., le....., laissant trois enfants, âgés, l'aîné de 4 ans et le jeune de 6 mois seulement, la demoiselle B..., sa belle-sœur, est venue habiter avec lui pour lui venir en aide dans son ménage, et soigner les enfants de sa sœur près desquels elle a remplacé leur mère ;
  Que l'habitude de la vie commune qu'ils ont contractée depuis ce moment, et la nécessité qui s'impose de ne pas priver les enfants des soins de leur seconde mère, leur a fait sentir le besoin de resserrer le lien qui les unit ;
  Que ces motifs portent les exposants à vous adresser leur très humble supplique, pour solliciter les dispenses nécessaires pour contracter mariage, la loi le leur interdisant à raison du degré d'alliance existant entre eux ;
  Et qu'ils osent espérer, Monsieur le Président, que vous daignerez accueillir favorablement leur demande, et que, prenant en considération le peu de ressources que leur procure un travail manuel, vous voudrez bien leur accorder la remise entière du droit de sceau qu'ils se trouvent d'ailleurs dans l'impossibilité de pouvoir acquitter.

Ils ont l'honneur d'être,
  Monsieur le Président,
Vos très humbles et très respectueux serviteurs.

(*Signatures.*)

Présentée le......
  NOTA. — *Outre la légalisation des signatures par le maire, ce fonctionnaire devra certifier que les pétitionnaires lui ont déclaré qu'ils ont l'intention formelle de contracter mariage.*

IV. — Supplique pour demander la croix ou la médaille militaire.

A Monsieur le Président de la République Française,
  Monsieur le Président,
Le sieur A..., sergent au..... régiment de ligne, 1er bataillon, 2me compagnie, en garnison à......
  A l'honneur de vous exposer :
  Qu'étant entré au service le....., comme engagé volontaire, il n'a cessé depuis lors de rester sous les drapeaux, et que par conséquent il compte..... années de service ;
  Qu'il résulte de ses états de service ci-joints (*Détailler ici les campagnes, blessures et actions d'éclat*);
  Et qu'il vous supplie très respectueusement, Monsieur le Président, de lui accorder la décoration de la Légion d'honneur (ou de la médaille militaire) qu'il croit avoir méritée.

Il a l'honneur d'être, avec le plus profond respect,
  Monsieur le Président,
Votre très humble et très respectueux serviteur.

(*Signature.*)

SUPPOSITION d'enfant ou de part. — Crime de celui qui suppose un enfant à une femme qui n'est pas accouchée. — C. pén. 345. — Voy. *Curateur*.

SUPPRESSION d'enfant ou de part. — Crime qui consiste à faire disparaître les preuves de l'existence d'un enfant, par l'enlèvement, le recélé ou le meurtre. — C. pén. 345. — Voy. *Enfant abandonné*.

SUPPRESSION d'état. — C'est, en général, le crime de celui qui, par fraude, change l'état civil d'une personne, soit par la soustraction ou la lacération des registres publics, soit par la suppression d'enfant ou de part.

SUPPRESSION de stage. — C'est la peine de discipline que les chambres des Notaires sont autorisées à prononcer contre les aspirants de leur ressort. — Voy. *Clerc*.

SUPPRESSION de titres. — Action d'enlever, lacérer ou détruire d'une manière quelconque des titres qui ne nous appartiennent pas.

Tout Juge, Administrateur, fonctionnaire ou officier public, tous agents préposés ou commis, soit du Gouvernement, soit des dépositaires publics, qui auraient détruit, supprimé, soustrait ou détourné des actes et titres dont ils étaient dépositaires en leur qualité, ou qui leur auraient été remis ou communiqués à raison de leurs fonctions, peuvent être punis des travaux forcés à temps. — *C. pén.* 173, 255.

Les tiers qui se sont rendus coupables de soustraction, destruction et enlèvement de pièces, registres et actes contenus dans des archives ou dépôts publics, sont punis de la réclusion, et les peines sont, contre les archivistes ou autres dépositaires négligents, de 3 mois à 1 an d'emprisonnement et d'une amende de 100 fr. à 300 fr. — *C. pén.* 254, 255.

Celui dont le titre a été supprimé a le droit de réclamer des dommages-intérêts pour réparation de la perte qu'il en éprouve.

L'action doit, en général, être intentée contre les auteurs de la suppression, et non indistinctement contre toute personne à qui elle peut profiter.

SURANNATION. — La procuration laissée par l'*Absent* déclaré ne vaut pas au delà de 10 ans malgré son contenu. C'est ce qu'on appelle *Surannation*. — Voy. *Absence*. — *Absent*.

SURARBITRE. — Synonyme de tiers arbitre. — Voy. *Arbitre*. — *Arbitrage*.

SURCHARGE. — C'est la substitution, dans un écrit, d'un mot à un autre, par le changement des lettres composant celui déjà écrit.

Dans les actes notariés, les mots surchargés sont nuls, et le notaire est passible d'amende et peut être condamné à des dommages-intérêts. Mais les surcharges qui existent dans un acte sous seing privé n'entraînent pas de droit la nullité des mots surchargés. C'est une question laissée à l'appréciation des Juges.

Il est cependant toujours plus prudent de rayer et de faire approuver les mots rayés à la fin de l'acte, ou de faire des renvois, en ayant soin de les faire approuver par le paraphe ou les initiales des parties.

SURENCHÈRE. — C'est le droit accordé au créancier de mettre une nouvelle enchère sur le prix de vente du bien de son débiteur, en provoquant la revente du même bien.

On surenchérit par le ministère d'un avoué. — *C. proc.* 708.

Il y a deux sortes de surenchère : 1° celle du *dixième*, qui s'applique aux ventes sur aliénation volontaire et certaines ventes judiciaires, de même qu'à la vente des immeubles d'un failli. — *C. civ.* 2182, 2185. — *C. comm.* 573 ; et 2° celle du *sixième*, admise pour les ventes sur expropriation forcée, lors même qu'elles seraient converties en ventes volontaires sur publications, pour les ventes de biens de mineurs, et pour les adjudications sur licitation et sur succession bénéficiaire. — *C. proc.* 708, 743, 965, 973, 988.

La surenchère du dixième ne peut être formée que par un créancier ayant inscription. Elle doit être précédée de la soumission d'une caution et du dépôt des titres, et doit être portée dans les 40 jours de la notification, sauf celle relative à l'adjudication des immeubles du failli, qui doit être faite dans la quinzaine de l'adjudication.

La surenchère du sixième, au contraire, peut être portée par *toute personne* que ce soit dans la huitaine de l'adjudication.

La surenchère du dixième doit porter sur le prix et les charges, tandis que celle du sixième ne doit porter que sur le prix principal.

La surenchère n'empêche pas les notifications prescrites par l'art. 2183 du C. civ.; mais comme surenchère après surenchère ne vaut, les notifications ne donnent pas aux créanciers inscrits le droit de surenchérir de nouveau.

La caution que doit fournir le surenchérisseur du dixième peut être remplacée par un nantissement en argent ou en rentes sur l'Etat.

Les créanciers privilégiés en vertu des art. 2401 et 2104 du C. civ. ont le droit de surenchérir ; mais ils sont tenus, pour l'exercer, de former inscription avant la transcription. — Voy. *Transcription.*

La surenchère une fois faite ne peut se rétracter ; c'est une promesse qui emporte obligation de la part de l'enchérisseur de prendre l'immeuble pour le prix qu'il offre, s'il n'est pas couvert par d'autres.

Toutefois, le surenchérisseur n'acquiert aucun droit de propriété sur l'immeuble. Cette propriété, en ce qui concerne les aliénations volontaires soumises à la surenchère du dixième, continue de résider sur la tête de l'acquéreur, qui peut rendre la surenchère sans effet et conserver l'immeuble en payant ou en consignant le montant de toutes les créances inscrites en principal et intérêts.

La surenchère formée, il est procédé à la revente devant le Tribunal, dans les formes établies pour les expropriations forcées, modifiées par les art. 836 et suiv. du C. de proc. civ.

Lorsque le premier adjudicataire est dépossédé, il a le droit de réclamer du second les frais et loyaux coûts de son adjudication et ceux de transcription. — *D. N.*

L'adjudication publique par voie administrative d'immeubles appartenant aux communes, hospices et autres établissements publics n'est pas susceptible de surenchère.

SURETÉ. — Il existe des Lois de police et de sûreté.

SURETÉ individuelle. — La sûreté individuelle est garantie par la Loi, comme la liberté, par la répression des attentats dirigés contre elle. — Voy. *Liberté individuelle.*

SURETÉ publique. — S'entend de l'ensemble des dispositions tendant à prévenir ou à réprimer les attentats contre la sûreté de l'Etat, contre les personnes ou contre les propriétés.

SURMESURE. — Se dit de ce qui se trouve au delà de la mesure. — Voy. *Vente.* — *Vente de coupe de bois.*

SURNOM. — Voy. *Nom.*

SURPRISE. — C'est l'action de surprendre quelqu'un, de le tromper, de l'abuser, de l'induire en erreur par des moyens adroits et captieux, sans aller jusqu'au dol. — Voy. *Dol.* — *Fraude.* — *Suggestion.*

SURSÉANCE. — Délai pendant lequel il est sursis, soit à des poursuites, soit à un jugement.

SURSIS. — Mot synonyme de surséance.

SURTAXE. — Se dit, en matière de Contributions publiques, d'une taxation trop forte, additionnelle ou extraordinaire. — Voy. *Contributions.* — *Impositions.*

SURVEILLANCE de la haute police. — C'est une peine accessoire commune aux matières criminelles et correctionnelles, ayant pour effet de déterminer certains lieux dans lesquels il est interdit au condamné de paraître après qu'il a subi sa peine. — C. pén. 44. — L. du 28 mai 1885. — Voy. *Relégation.*

SURVENANCE d'enfant. — La survenance d'enfant est un cas de révocation de donation entre vifs. — Voy. *Révocation de donation.*

SURVIE. — C'est la prolongation de la vie au delà d'une époque donnée. — Voy. — *Substitution.* — *Succession.*

SURVIE (Gains de). — Voy. *Gains nuptiaux et de survie.*

SURVIVANT des époux. — Voy. *Donation entre époux.* — *Douaire.* — *Gains nuptiaux et de survie.* — *Préciput conventionnel.*

SUSCRIPTION. — Se dit de l'écriture qui est faite au-dessus, sur la surface extérieure d'un papier plié, tel que l'enveloppe d'un testament mystique ou même d'une lettre. — Voy. *Acte de suscription.*

SUSCRIPTION (Acte de). — Voy. *Acte de suscription.*

SUSPENS. — Ce qui est en suspens est censé ne point exister, ou du moins ne produit qu'un droit éventuel, une simple espérance. — Voy. *Condition. — Obligation. — Substitution. — Terme.*

SUSPENSION. — C'est l'action de suspendre, d'interdire temporairement le service d'une fonction.

SUSPENSION de prescription. — Voy. *Prescription. — Enregistrement.*

SUSPENSIVE (Condition). — Voy. *Condition.*

SUSPICION légitime. — La Suspicion légitime donne lieu à la demande en renvoi d'un Tribunal à un autre, en matière civile et criminelle. — *C. instr crim.* 542. — Voy. *Renvoi (demande en).*

SYNAGOGUE. — Temple des Juifs. — Voy. *Culte.*

SYNALLAGMATIQUE (Contrat). — Voy. *Contrat. — Convention.*

SYNDIC. — Mandataire chargé des intérêts d'une faillite, d'une union de créanciers ou d'une compagnie.

La législation maritime a institué des agents avec le titre de *Syndics des gens de mer.*

Il y a encore des syndics isolés ou des commissions syndicales, pour l'administration des biens et droits indivis entre plusieurs communes, le desséchement des marais, etc. — Voy. *Associations syndicales. — Commune. — Desséchement des marais. — Irrigation.*

SYNDICAT de corporations et sociétés. — Voy. *Associations syndicales. — Associations syndicales professionnelles.*

T

TABAC. — Le monopole de la vente et de la fabrication du Tabac a été établi au profit de l'État, par décrets des 29 décembre 1810 et 11 janvier 1811. Il a été maintenu par une dernière Loi du 6 juillet 1852.

La culture n'en est autorisée que dans un petit nombre de départements. Elle est réglementée annuellement par des arrêtés préfectoraux.

Ne sont admis à planter du Tabac que les cultivateurs qui en ont fait la déclaration préalable et peuvent déposer un cautionnement suffisant. — Voy. *Bureau de tabac.*

TABLE des minutes. — Voy. *État sommaire. — Minute.*

TABLES de mortalité. — Ces tables, dressées d'après des observations statistiques, ont servi de base aux tarifs de la Caisse des retraites pour la vieillesse, instituée par la Loi du 18 juin 1850. — Voy. *Mort. — Retraites pour la vieillesse. — Société de secours mutuels.*

TABLEAU des aspirants au notariat. — Se dit du registre de stage que tiennent les chambres des Notaires, et sur lequel sont inscrits les clercs qui aspirent aux fonctions de notaires.

TABLEAU des avocats. — Voy. *Avocat.*

TABLEAU comparatif des monnaies. — Voy. *Monnaie.*

TABLEAU comparatif des poids et mesures. — Voy. *Poids et mesures.*

TABLEAU de concordance. — C'est ainsi qu'on appelle le tableau qui sert à convertir en dates usuelles les dates du calendrier Républicain. — Voy. *Calendrier républicain.*

TABLEAU des contrats de mariage des commerçants, des demandes en séparation, et des actes de société. — Ces tableaux existent dans l'auditoire des tribunaux de première instance et de commerce, ainsi que dans les chambres de Notaires et d'Avoués. — Voy. *Dépôt des extraits de contrats.* — *Séparation de biens.* — *Société.*

TABLEAU des créances inscrites et des subrogations. — Voy. *Etat d'inscriptions.* — *Purge des hypothèques.*

TABLEAU généalogique. — Voy. *Généalogie.*

TABLEAU d'insertion dans l'auditoire des tribunaux. — Ce tableau doit exister pour l'insertion : 1° des jugements portant interdiction ou nomination d'un Conseil judiciaire ; 2° des contrats de mariage des commerçants ; 3° des jugements de séparation de biens ; 4° des actes de société commerciales ; 5° des cessions de biens ; 6° des copies collationnées de contrats de vente pour la purge des hypothèques légales.

TABLEAU des interdits ou assistés d'un Conseil judiciaire. — Les notaires doivent tenir exposé dans leurs études, là où toute personne a le droit d'en prendre connaissance, un tableau sur lequel sont inscrits les noms, prénoms, qualités et demeures des individus qui, dans l'étendue de l'arrondissement, sont *interdits* ou assistés d'un *Conseil judiciaire*, le tout à peine de dommages-intérêts.

TABLEAU des intérêts, arrérages de rentes, pensions et autres revenus par jour, par mois et par année. — Voy. *Revenus.*

TABLEAU de parenté. — Voy. *Généalogie.* — *Ligne.* — *Succession.*

TACITE. — Ce qui est sous-entendu, quoique non exprimé. — Voy. *Interprétation des conventions.* — *Interprétation des lois.* — *Présomption.*

TACITE (Fidéi-commis). — Voy. *Fidéi-commis tacite.*

TACITE reconduction. — C'est la présomption de renouvellement du nouveau bail ou contrat de louage.

L'art. 1738 du C. civ. porte : Si, à l'expiration des baux écrits, le preneur reste et est laissé en possession, il s'opère un nouveau bail dont l'effet est réglé par l'article relatif aux locations sans écrit.

La tacite reconduction a lieu à l'égard de la majeure partie des baux, mais elle n'est pas admise pour le bail emphytéotique. — Voy. *Bail emphytéotique.*

Elle résulte de la continuation de jouissance au vu et au su du bailleur, et sans opposition de sa part.

Elle est fondée sur le consentement présumé des deux parties, et ne peut avoir lieu qu'entre parties capables d'un nouveau bail.

Il appartient aux juges d'apprécier, d'après les usages locaux, la nature des choses louées et les différentes circonstances du fait, quel espace de temps est nécessaire pour qu'il y ait tacite reconduction.

TAILLE. — Petit bâton fendu en deux parties, et sur lesquelles on marque, en les rapprochant, par des coupures ou entailles, la quantité des marchandises fournies ou livrées.

Le fournisseur garde l'une des parties de ce morceau de bois appelé *Taille*, et l'acheteur prend l'autre que l'on nomme *Echantillon* ou *Contre-taille.*

Les tailles corrélatives à leurs échantillons font foi en justice.

Elles sont particulièrement en usage chez les bouchers et boulangers.

TAILLE des arbres à fruits. — Action de débarrasser du bois mort et de réduire les branches et pousses nuisibles des pommiers, poiriers et autres arbres fruitiers ou d'ornement, des vergers, plants et jardins.

L'usage met cette taille à la charge des usufruitiers, locataires et fermiers qui profitent des bois morts et pousses nuisibles. — Elle a lieu pour les pommiers et poiriers des vergers et plants une fois chaque année, de novembre à mai, et pour les arbres et arbustes de jardins chaque fois que les besoins l'exigent.

TAILLIS. — Etendue de bois de pied qu'on coupe de temps en temps. — Voy. *Forêts.* — *Vente de fruits et récoltes.*

TANNERIE. — Voy. *Établissement dangereux.*

TANTE. — Se dit de la sœur du père ou de la mère. — Voy. *Indignité.* — *Ligne.* — *Mariage.* — *Oncle.* — *Parenté.* — *Succession.*

TAPAGE nocturne. — Délit puni par les articles 479 et 480 du C. pén.

TARIF. — Tableau contenant l'énumération des taxes qui doivent être acquittées pour l'entrée de certaines marchandises, etc.

TARIF des frais et dépens. — C'est le règlement que doivent suivre les Juges de paix, les Officiers de justice (Avoués, Huissiers et Greffiers), de même que les Notaires, dans les cas qui y sont déterminés, pour la perception de leurs émoluments et honoraires.

Le tarif des frais et dépens, en matière civile, est réglementé par le décret du 16 février 1807 et autres lois et décrets postérieurs. — Voy. *Avoué.* — *Greffe (droits de).* — *Greffier.* — *Huissier.* — *Notaire.*

TARIF des actes notariés. — Le tarif des frais et dépens ne comprend que les actes judiciaires du ministère des notaires, leurs droits d'expédition et frais de voyage.

Les honoraires des autres actes non tarifés sont réglés amiablement entre les parties et les notaires. — D. N. — Voy. *Notaire.*

TARIF des frais dus aux Notaires, Avoués, Huissiers et Greffiers. — Voy. *Avoué.* — *Greffe (droits de).* — *Greffier.* — *Huissier.* — *Notaire.*

TARIF des droits de succession. — Voy. *Déclaration de succession.*

TARN. — Département formé de partie du Haut-Languedoc et de l'Albigeois.
Chef-lieu : Albi.
Cour d'appel : Toulouse.
Ce département est limité à l'Est par l'Hérault et l'Aveyron ; au Sud par l'Aude et la Haute-Garonne ; à l'Ouest par la Haute-Garonne et Tarn-et-Garonne, et au Nord par l'Aveyron.
Il est divisé en 4 arrondissements, 35 cantons et 318 communes.
Superficie : 575.222 hectares.
Impôt foncier : 1.731.989 francs.
Population : 358.757 habitants.

TARN-ET-GARONNE. — Département composé de divers cantons distraits de l'Aveyron, de la Haute-Garonne, du Gers, du Lot et de Lot-et-Garonne.
Chef-lieu : Montauban.
Cour d'appel : Toulouse.
Ce département est limité à l'Est par le Tarn et l'Aveyron ; au Sud par la Haute-Garonne ; à l'Ouest par le Gers et Lot-et-Garonne, et au Nord par le Lot.
Il est divisé en 3 arrondissements, 24 cantons et 194 communes.
Superficie : 370.770 hectares.
Impôt foncier : 1.692.111 francs.
Population : 214.046 habitants.

TAUX des intérêts. — Voy. *Escompte.* — *Intérêt de capital.* — *Prêt à intérêt.* — *Usure.*

TAUX des rentes constituées. — Voy. *Rente.*

TAXE municipale sur les chiens. — Voy. *Contributions publiques*, § 7.

TAXE sur les billards. — Voy. *Contributions publiques*, § 8.

TAXE sur les cercles et sociétés. — Voy. *Contributions publiques*, § 9.

TAXE sur le revenu des valeurs mobilières. — Voy. *Contributions publiques*, § 10.

TAXE sur les voitures et chevaux. — Voy. *Contributions publiques*, § 6.

TÉLÉGRAPHE. — Voy. *Correspondance télégraphique privée*.

TÉLÉGRAPHIE privée. — Voy. *Correspondance télégraphique privée*.

TÉLÉPHONE. — Voy. *Cabines téléphoniques*.

TÉMOIGNAGE. — Déclaration que fait une personne, en justice, d'un fait qui est à sa connaissance.

TÉMOIGNAGE faux. — Voy. *Témoin instrumentaire.* — *Témoin judiciaire*.

TÉMOIN. — C'est celui qui atteste ou peut attester un fait qu'il a vu ou entendu.

TÉMOIN certificateur d'individualité. — Nom qu'on donne aux témoins qui interviennent dans un acte pour certifier l'*identité*, c'est-à-dire le nom, l'état et la demeure des parties. — Voy. *Individualité*.

TÉMOIN honoraire. — C'est le nom qu'on donne aux parents ou amis des futurs, qui, par honneur ou politesse, apposent leur signature au bas du contrat de mariage.

TÉMOIN instrumentaire. — C'est ainsi qu'on appelle les témoins qui assistent un notaire dans la passation d'un acte.

Les témoins *instrumentaires* appelés aux contrats ordinaires sont choisis par les notaires. Les témoins *testamentaires* sont au contraire choisis ou présumés l'être par le testateur.

Ils doivent être citoyens français, majeurs, sachant signer et être domiciliés dans l'arrondissement.

Toutefois, il n'est pas indispensable que les témoins *testamentaires* soient domiciliés dans l'arrondissement.

Sont incapables d'être témoins les individus condamnés à une peine afflictive ou infamante, de même que les faillis non réhabilités.

Les parents ou alliés, soit du notaire, soit des parties contractantes, jusqu'au 4º degré inclusivement, pas plus que leurs clercs et leurs serviteurs, ne peuvent être témoins. — Voy. *Parenté*.

TÉMOIN judiciaire. — C'est celui qui est appelé à déposer en justice.

En matière civile, les parents ou alliés en ligne directe de l'une des parties, ou son conjoint même divorcé, ne peuvent être assignés comme témoins. — *C. proc.* 268.

D'autres témoins sont simplement reprochables pour les causes ci-après : 1º le défaut ou la faiblesse de raison ; 2º le défaut de bonne réputation ; 3º la suspicion de partialité ; 4º l'obligation du secret.

En matière criminelle, les causes de reproche sont absolues ou relatives. Celles qui enlèvent pour un temps déterminé ou pour toujours la faculté de déposer en justice, comme les condamnations à des peines afflictives ou infamantes, etc., sont *absolues*. Celles *relatives* sont celles qui n'empêchent de déposer que dans les débats où figurent certaines personnes, comme la parenté ou l'alliance, etc. — *D. N.*

Une fausse déposition devant un Tribunal constitue un faux témoignage. — *C. pén.* 361 *et suiv.* — Voy. *Enquête.* — *Serment*.

TEMPS. — On emploie ce terme pour exprimer l'époque ou l'intervalle pendant lesquels certains actes peuvent ou ne peuvent être faits. — Voy. *Délai.* — *Terme*.

TEMPS immémorial. — Se dit de celui dont les générations actuelles ont perdu le souvenir, et sur lequel personne ne peut déposer. On le fixe ordinairement à cent ans.

TENANTS et aboutissants. — Héritages qui bornent les extrémités d'une terre, d'une maison. — Voy. *Saisie immobilière.* — *Vente.*

TENTATIVE de crime ou délit. — C'est ainsi qu'on appelle les actes préparatoires d'un crime ou délit qui n'a pas été consommé, et que la Loi punit comme le crime même. — *C. pén.* 2. — Voy. *Délit.* — *Excuses.*

TENUE de livres. — Voy. *Livres de commerce.*

TERME. — C'est le temps accordé au débiteur pour s'acquitter de sa dette.

Le terme est *déterminé* quand l'exécution doit avoir lieu à un jour fixe; il est *indéterminé* lorsque la convention se réfère à une époque incertaine.

Il est de *droit* lorsqu'il est contenu expressément ou tacitement dans la convention. Il est de *grâce* lorsqu'il n'est pas compris et qu'il a été accordé par le juge. — Voy. *Délai.*

Le créancier peut prendre des mesures conservatoires pour assurer son paiement à l'échéance, bien que l'exercice de son action soit suspendu par le terme. — *C. civ.* 1180, 1186.

Le terme est toujours présumé stipulé en faveur du débiteur qui peut le devancer et faire des offres au créancier s'il refuse de recevoir, à moins qu'il ne résulte des stipulations ou des circonstances qu'il a été convenu en faveur du créancier. — *C. civ.* 1187, 1257.

Les paiements faits par le débiteur avant l'échéance sont annulables, en cas de faillite de celui-ci. — *C. comm.* 446.

Le débiteur, lorsqu'il a fait faillite ou diminué par son fait les sûretés qu'il avait données à son créancier, ne peut plus réclamer le bénéfice du terme. — *C. civ.* 1188.

La déchéance du terme a également lieu par le stellionat, ou bien encore si le débiteur a vendu une portion des biens hypothéqués à la garantie de la dette. — Voy. *Hypothèque.* — *Stellionat.*

Lorsqu'il a été stipulé que le débiteur paiera *quand il le voudra*, la créance devient exigible au décès du débiteur. S'il a été stipulé qu'il paiera *quand il le pourra*, c'est au juge qu'il appartient de fixer l'époque du paiement.

TERME de grâce. — Délai accordé par le juge pour l'exécution de son jugement. — Voy. *Terme.*

TERME (Marché à). — Voy. *Marché à terme.*

TERMES (expressions). — En jurisprudence, on distingue les termes collectifs, limitatifs, distributifs, démonstratifs, affirmatifs et négatifs. — Voy. *Interprétation des Lois.* — *Règles de droit.*

TERMES sacramentels. — Voy. *Sacramentels (termes).*

TERRAIN militaire. — Voy. *Place de guerre.* — *Servitudes défensives.*

TERRAINS enclavés. — Voy. *Passage.*

TERRAINS en montagne. — Il est pourvu à la restauration et à la conservation des terrains en montagne que la dégradation du sol et les dangers nés et actuels ont rendus nécessaires, soit au moyen de travaux exécutés par l'Etat ou par les propriétaires avec subvention de l'Etat, soit au moyen de mesures de protection, conformément à la Loi du 4 avril 1882.

TERRES (Usurpation de). — Voy. *Anticipation.* — *Usurpation.*

TERRES enclavées. — Voy. *Passage.*

TERRES vacantes. — Voy. *Défrichement.* — *Occupation.* — *Terres vaines et vagues.*

TERRES vaines et vagues. — C'est ainsi qu'un appelle généralement tous les terrains non susceptibles de culture ou qui ne servent qu'à la vaine pâture des bestiaux.

La majeure partie de ces terres appartient aux communes. — Voy. *Parcours.* — *Vaine pâture.*

Une loi du 1ᵉʳ janvier 1881 a prorogé pour 10 nouvelles années la loi du 6 déc. 1850, sur la procédure relative au partage des terres vaines et vagues, dans les 5 départements composant l'ancienne province de Bretagne.

TERRITOIRE. — C'est l'espace de terrain qui dépend d'une commune. On entend aussi par ce mot le ressort d'une autorité quelconque, ou l'étendue d'une juridiction. — Voy. *Commune.* — *Juridiction.* — *Loi.*

TESTAMENT. — Acte par lequel le testateur dispose, pour le temps où il n'existera plus, de tout ou partie de ses biens, et qu'il peut révoquer.

Toutes personnes peuvent disposer par testament comme par acte entre vifs, excepté celles que la Loi en déclare incapables. — *C. civ.* 902 *et suiv.*

Pour faire un testament, il faut être sain d'esprit. Ainsi l'imbécile, le fou et le furieux sont incapables de tester. — *C. civ.* 901.

Mais le testateur est présumé sain d'esprit jusqu'à preuve contraire.

La faiblesse d'esprit qui n'a pas les caractères de la démence et de l'imbécillité pas plus que l'état de maladie, à moins qu'il n'en résulte une altération dans les facultés intellectuelles, n'empêche pas de disposer par testament.

Mais l'ivresse provoquée par une partie intéressée est une cause de nullité, dont la preuve testimoniale est admissible.

L'action en nullité pour suggestion et captation est encore admise. — Voy. *Suggestion.*

Des incapacités de tester.

Ceux qui ne savent ou ne peuvent lire ne peuvent disposer dans la forme mystique, mais ils peuvent tester par acte public.

Toutefois, nous pensons qu'un aveugle qui sait écrire pourrait disposer par testament olographe.

Le sourd, le muet, et le sourd-muet ne peuvent tester en aucune manière s'ils ne savent lire ni écrire, mais s'ils savent lire et écrire, ils peuvent faire leur testament dans la forme mystique ou olographe.

Le mineur âgé de moins de 16 ans ne peut disposer par testament, non plus que par actes entre vifs ; mais, émancipé ou non, s'il a 16 ans accomplis, il peut disposer par testament, jusqu'à concurrence de la moitié des biens qu'il pourrait donner s'il était majeur. — *C. civ.* 904. — Voy. *Donation.* — *Portion disponible.*

La femme mariée peut tester sans l'autorisation de son mari, ni de la justice. — *C. civ.* 905.

Les personnes faisant partie d'une communauté ou établissement religieux autorisé ne peuvent disposer par testament, en faveur de cet établissement ou d'un de ses membres, que dans certaines limites. — Voy. *Communauté religieuse.*

De la capacité de recevoir.

Tous ceux que la loi ne déclare pas incapables peuvent recevoir par testament.

Les incapacités absolues sont celles des personnes incertaines, des personnes qui ne sont point encore conçues au décès du testateur, et des condamnés à une peine afflictive perpétuelle, qui ne peuvent recevoir que des aliments. — Voy. *Viabilité.* — *Donation.*

Ne peuvent non plus recevoir par testament les médecins et pharmaciens, les ministres du culte, les tuteurs, excepté dans certains cas — Voy. *Donation.* — *Tutelle.*

Les enfants naturels ne peuvent recevoir par testament au delà de leurs droits successifs. — Voy. *Enfant naturel.* — *Succession.*

Les enfants incestueux ou adultérins ne peuvent recevoir que des legs alimentaires. — Voy. *Enfant adultérin.*

Les établissements publics ne peuvent accepter de legs qu'avec l'autorisation du Gouvernement.

Une association religieuse non autorisée ne peut recevoir de legs, ni directement, ni par personne interposée. — Voy. *Communauté religieuse.*

Celui qu'on veut gratifier doit être désigné assez suffisamment pour qu'il ne puisse y avoir incertitude.

Au reste, un testateur peut léguer à des personnes qui lui sont tout à fait étrangères et qu'il n'a jamais vues. Il peut même léguer à des animaux, auquel cas ce sont des charges imposées aux héritiers pour la conservation de ces animaux.

La capacité de recevoir par testament n'est exigée qu'à l'époque où le testament doit recevoir son exécution.

De la forme et des diverses espèces de Testaments.

Le testament, devant être l'expression de la volonté unique du testateur, doit être son acte personnel, de sorte que plusieurs personnes ne peuvent tester par le même acte. — *C. civ.* 968.

On ne peut pas non plus tester par signes ou sur l'interrogation d'autrui, ni par l'intermédiaire d'un tiers à son choix ; cependant le testateur peut recourir aux lumières d'un conseil, et peut même faire ou dicter son testament sur un modèle qui lui aurait été donné.

Les formalités auxquelles les divers testaments sont assujettis par la Loi doivent être observées, à peine de nullité. — *C. civ.* 1001.

La lettre missive, quoique écrite en entier, datée et signée du testateur, ne peut valoir comme testament qu'à la condition de contenir la manifestation définitive de faire un testament et de réaliser cette intention par la lettre elle-même. Or, la lettre par laquelle on s'est borné à énoncer qu'on a fait un testament en faveur de telle ou telle personne ne vaut pas comme testament.

Il y a trois espèces principales de Testaments :
1° Le Testament par acte public, ou Testament Authentique ;
2° Le Testament Mystique ;
3° Le Testament Olographe.

On compte en outre plusieurs espèces particulières de testaments :
1° Le Testament Militaire ;
2° Le Testament fait en temps de peste ;
3° Le Testament fait en mer ;
4° Le Testament fait en pays étranger.

Du Testament Public.

Le Testament par *Acte public* est celui qui est reçu par deux notaires et deux témoins, ou par un notaire et quatre témoins. — *C. civ.* 971.

Du Testament Mystique.

Le Testament *Mystique* ou secret est celui que le testateur écrit ou fait écrire par une autre personne, et qu'il présente clos et cacheté à un notaire, chez lequel il reste en dépôt, en présence de six témoins au moins, ou qu'il fait clore et sceller en leur présence, après quoi, il déclare que le contenu en ce papier est son testament écrit et signé de lui, ou écrit par un autre et signé de lui, et le notaire en dresse l'acte de suscription. — *C. civ.* 976.

Pour faire un testament mystique il faut être capable de tester et pouvoir lire et écrire.

Le testateur peut se servir de la main que bon lui semble pour écrire ses dispositions. Le testament pourrait même être écrit par plusieurs mains. — Il doit être signé du testateur.

Du Testament Olographe.

Le Testament *Olographe* est celui qui est entièrement écrit, daté et signé de la main du testateur. — *C. civ.* 970.

La date peut être écrite en chiffres, mais il est plus prudent de l'écrire en toutes lettres pour prévenir les altérations. — *Merlin*. — *Troplong*.

Quoique écrit, daté et signé, un simple projet, un conseil ou une prière ne vaudrait pas comme testament. — Il n'a ce caractère que lorsqu'on peut y reconnaître une véritable disposition que fait le testateur, pour le temps où il n'existera plus, de tout ou partie de ses biens et qu'il peut révoquer.

Le testament olographe n'a point le caractère d'authenticité ; il n'est, par sa nature, qu'un acte sous seing privé.

Lorsqu'une personne a laissé plusieurs testaments olographes, leur date fait foi, et même dans le cas de concours d'un testament authentique avec un testament olographe dont la date est postérieure, c'est ce dernier qui fait foi.

Le testament olographe peut être écrit sur plusieurs feuilles et il n'est pas nécessaire que chacune soit signée et paraphée. Il peut même être écrit sur deux feuilles volantes, pourvu que leur liaison puisse être établie par des indications suffisantes.

Les surcharges, ratures, interlignes, apostilles et renvois opérés par le testateur lui-même n'annulent pas le testament olographe ; les dispositions raturées sont les seules qui soient censées révoquées.

Un testament olographe peut être fait en double, mais les doubles doivent être parfaitement conformes.

Il peut être écrit en langue étrangère.

Il est valable sur papier libre comme sur papier timbré, peut même être écrit sur le livre de comptes du testateur, mais le défaut de timbre donne lieu à une amende de 62 fr. 50 c., y compris les décimes, qui est perçue par le receveur de l'enregistrement, lors de cette formalité.

Si le testament olographe contenait plusieurs dispositions dont les unes fussent datées et signées, et les autres non datées, quoique signées, la nullité de celles-ci n'entraînerait pas la nullité de celles-là. Mais s'il contenait plusieurs dispositions à la suite les unes des autres que le testateur aurait signées et numérotées successivement, la date unique qui se trouverait à la fin devrait se rapporter aux dispositions précédentes, si elle n'avait pas été restreintes aux dernières.

Le testament olographe étant assimilé aux actes sous seing est soumis à la nécessité de la vérification, sans qu'il soit besoin de recourir à la voie de l'inscription de faux.

DES AUTRES ESPÈCES DE TESTAMENTS

Testament Militaire.

Le Testament *Militaire* est, ainsi que le titre l'indique, celui fait par un militaire en activité de service, ou par les chirurgiens, aumôniers et autres individus employés dans les armées.

Ce testament peut être reçu par un chef de bataillon ou d'escadron, ou par tout autre officier d'un grade supérieur, en présence de deux témoins, ou par deux sous-intendants militaires sans témoins ; et si le testateur est malade ou blessé, le testament peut être reçu par l'officier de santé en chef, assisté du commandant militaire chargé de la police de l'hospice. — *C. civ.* 981 *et suivants.*

Testament fait pendant une maladie contagieuse.

Ceux qui se trouvent dans un lieu où toute communication est interceptée à cause de la peste ou autre maladie contagieuse, lors même qu'ils n'en seraient pas attaqués, peuvent tester devant le Juge de paix ou devant l'un des officiers municipaux de la commune, en présence de deux témoins. — *C. civ.* 985 et suiv.

Testament fait sur mer.

Le testament fait sur mer peut être reçu, savoir : à bord des vaisseaux et autres bâtiments de l'Etat, par l'officier commandant le bâtiment, ou, à son défaut, par celui qui le supplée dans l'ordre du service, l'un ou l'autre conjointement avec l'officier d'administration, ou avec celui qui en remplit les fonctions ; et à bord des bâtiments de commerce, par l'écrivain du navire ou celui qui en fait les fonctions, l'un ou l'autre conjointement avec le capitaine, le maître ou le patron, ou, à leur défaut, par ceux qui les remplacent. Dans tous les cas, ce testament doit être reçu en présence de deux témoins. — *C. civ.* 988.

La facilité de disposer dans la forme prescrite pour cette espèce de testament appartient aux membres de l'équipage, aux troupes de transport ou aux simples passagers.

Testament fait en pays étranger.

Le Français qui se trouve en pays étranger peut faire des dispositions testamentaires par acte sous seing ou par acte authentique, avec les formes usitées dans le pays où cet acte est passé. — *C. civ.* 999.

Des dispositions testamentaires.

Les dispositions testamentaires ayant pour but de gratifier un individu sont particulièrement désignées sous le nom de *Legs*.

Le testateur peut régler ses dispositions, selon sa volonté, avec les conditions, charges, modes ou délais que bon lui semble, en se soumettant aux Lois. Il s'ensuit que les conditions impossibles ou prohibées sont réputées non écrites.

Nous avons donné ailleurs des explications sur les dispositions qu'on peut insérer dans les testaments. — Voy. *Legs.* — *Portion disponible.* — *Réserve.* — *Partage.*

De l'interprétation des Testaments.

Il n'y a pas d'expression sacramentelle pour les testaments, et la volonté est toujours ce qui domine.

Les testaments sont susceptibles d'une interprétation large ; cependant on ne peut induire une institution de simples conjectures ; mais à l'aide de présomptions, on peut compléter une institution expresse défectueuse.

Les dispositions écrites en dernier lieu sont, en général, présumées déroger à celles contraires qui précèdent. — Voy. *Legs.*

Exécution des Testaments.

Pour constater l'existence et assurer la conservation et l'exécution des testaments, certaines formalités sont à remplir.

Et d'abord, si le testament est Olographe ou Mystique, il doit être présenté au Président du Tribunal de l'arrondissement, afin qu'il en fasse l'ouverture et la description et en ordonne le dépôt en l'étude d'un notaire. — *C. civ.* 1007. — Voy. *Dépôt de testament.*

L'effet du testament ne commence qu'au décès du testateur.

Il transmet la propriété des legs à dater de ce décès, à moins qu'il ne s'agisse de legs conditionnels.

Toutefois, le légataire n'a pas la possession, lorsqu'il se trouve en présence d'un héritier du sang non réservataire, et il est obligé de demander l'envoi en possession par une ordonnance du Président. — *C. civ.* 1008. — Voy. *Envoi en possession*.

Il est un seul cas où le légataire universel ou héritier testamentaire n'a pas besoin de demander la *saisine* : c'est celui où il a été institué, en vertu d'un testament public, par un testateur qui n'a pas d'héritiers à réserve. Dans ce cas, le légataire universel ou héritier institué est saisi de plein droit par la mort du testateur, sans être tenu de demander ni délivrance aux héritiers du sang, ni envoi en possession à la justice. — Voy. *Délivrance de legs*.

Le testament devient sans effet lorsqu'il est révoqué.

Une disposition testamentaire est caduque, lorsqu'elle se trouve privée de son effet, par suite, soit du prédécès du légataire, de son incapacité ou de sa répudiation, soit de la perte de la chose léguée, ou du défaut d'accomplissement de la condition pendant la vie du légataire. — Voy. *Legs*.

Annulation des Testaments.

Outre les moyens de nullité résultant, soit de l'incapacité du testateur, soit des vices de forme, soit enfin du fond des dispositions, les testaments peuvent être attaqués pour erreur, violence, dol et fraude, captation ou suggestion.

L'approbation tacite ou exécution volontaire couvre, en général, la nullité du testament comme de tous autres actes.

L'action en nullité du testament est soumise aux fins de non-recevoir applicables aux autres actions. — *D. N.* — Voy. *Nullité*. — *Prescription*. — *Rescision*.

Un testament peut être déclaré nul dans quelques-unes de ses dispositions, et valable dans d'autres.

Nous donnons ci-après plusieurs formules de testaments.

I. — Testament olographe.

Je soussigné A..., demeurant à......

Déclare instituer le sieur B..., mon neveu, mon légataire universel en pleine et absolue propriété.

Fait et écrit en entier, daté et signé de ma main, à......, le premier janvier mil huit cent quatre-vingt-sept.

(*Signature.*)

II. — Testament olographe entre époux.

Je soussigné A..., demeurant à......,

Déclare instituer pour ma légataire universelle la dame B..., mon épouse, demeurant avec moi, à laquelle je donne et lègue tous les biens meubles et immeubles dont je serai propriétaire à mon décès, pour en disposer en pleine et absolue propriété, sauf la réduction voulue par la loi, si à ma mort je laissais des héritiers à réserve.

Fait et écrit en entier, daté et signé de ma main, à......, le......

(*Signature.*)

III. — Autre testament olographe entre époux.

Je soussignée A..., épouse du sieur B..., avec lequel je demeure à......

Donne et lègue par le présent, mon testament, audit sieur B..., mon mari, susnommé, l'usufruit de tous les biens meubles et immeubles qui composeront ma succession à mon décès.

Je le dispense de donner caution, mais à la condition de faire dresser inventaire dans les délais prescrits par la loi.

A défaut par mes enfants d'accorder à mon mari la délivrance entière du présent legs, je donne et lègue à ce dernier le quart en propriété et le quart en usufruit des biens que je laisserai à mon décès, le dispensant, dans ce cas, de donner caution.

Fait et écrit en entier, daté et signé de ma main, à......, le......

(*Signature.*)

IV. — Autre testament olographe (*legs particuliers*).

Ceci est mon testament :
Je soussigné A..., demeurant à.....
Sain d'esprit et agissant après réflexion et pleine liberté, déclare par le présent faire les dispositions de dernière volonté qui suivent :
J'institue pour mon légataire universel mon neveu A..., demeurant à...... auquel je donne et lègue tous les biens meubles et immeubles que je délaisserai, à charge de délivrer et acquitter les legs particuliers ci-après :
Je donne et lègue à mon autre neveu B..., demeurant à....., mon fonds de commerce de....., avec la maison et dépendances où j'exerce ledit commerce.
Je donne et lègue à mon petit-neveu C..., demeurant à......, ma propriété de....., avec toutes ses dépendances.
Je donne et lègue au bureau de bienfaisance de...... une somme de....., qui sera payable six mois après mon décès sans intérêts et devra être convertie en inscription de rente trois pour cent sur l'Etat.
Enfin, je donne et lègue à mon domestique D..., s'il est encore à mon service à mon décès, une rente annuelle et viagère de....., exempte de retenue, payable en quatre termes, de trois mois en trois mois et d'avance.
Fait et écrit en entier, daté et signé de ma main, à....., le.....

(*Signature.*)

V. — Autre testament contenant partage.

Je soussigné A..., demeurant à.....,
Voulant éviter toute contestation relativement au partage de mes biens après ma mort, je les ai divisés de la manière suivante entre mes enfants ci-après nommés :
1° Eugène A...;
2° Jules A...;
3° Alfred A...
Mes biens consistent en :
1° Une maison située à.....;
2° Une terre et ferme située à......, composée de.....;
3° Un herbage situé à.....;
4° Une pièce de terre en labour située à.....
Ces biens m'appartiennent, savoir :
La maison et dépendances désignée n° 1er comme l'ayant recueillie dans la succession de mon père, etc.
La terre et ferme désignée n° 2 pour l'avoir acquise, etc.
J'ai formé trois lots le plus égaux possibles de mes biens et les ai distribués comme il suit :

Premier lot

Je compose le premier lot que je lègue et attribue à Eugène A..., mon fils aîné, de.....

Deuxième lot.

Je compose le deuxième lot que je lègue et attribue, etc.
J'ai rendu compte précédemment à mes enfants de tout ce qui pouvait leur revenir dans la succession de....., leur mère, mon épouse décédée, et ils ont fait entre eux le partage de cette succession, antérieurement, de sorte qu'à mon décès ils n'auront plus que mon mobilier à partager.
Chacun de mes enfants aura la jouissance divise des biens compris dans son lot à compter du jour de mon décès.
J'entends que le présent partage soit exécuté tel que je viens de l'arrêter, et si, contre mon attente, un ou plusieurs de mes enfants s'opposait à son exécution ou élevait des contestations pour en changer les dispositions, j'entends qu'ils soient privés de toute la portion de ma succession dont la loi me permet de disposer, et que je lègue, pour ce cas seulement, à ceux de mes enfants qui respecteraient mes volontés.
Je révoque tous testaments et codicilles que j'ai pu faire précédemment.
Fait et écrit en entier, daté et signé de ma main, à....., le.....

(*Signature.*)

TÊTE. — Se dit, en droit, pour individu. Ainsi, l'on dit constituer une rente viagère sur une ou plusieurs têtes, succéder par *têtes*, par opposition à *souches*. — Voy. *Rente viagère.* — *Succession.*

THÉATRES. — Etablissements publics destinés à la représentation des ouvrages lyriques ou dramatiques — Voy. *Engagement d'acteur.* — *Louage d'industrie.* — *Propriété littéraire.*

THÉORIE. — Voy. *Pratique.*

TIERCE opposition. — C'est le droit accordé à une partie d'attaquer un jugement qui préjudicie à ses droits, et lors duquel ni elle, ni ceux qu'elle représente n'ont été appelés. — *C. proc. 474 et suivants.* — Voy. *Jugement.*

Il y a deux sortes de tierce opposition : la *principale*, qui se forme par une action directe et distincte, et l'*incidente*, qui est proposée par un plaideur pendant l'instance.

La tierce opposition est admise contre toute espèce de jugement en premier ou dernier ressort.

Sont toutefois exceptés de cette règle :
1° Les jugements d'arbitres qui ne sont pas opposables à des tiers ;
Et 2° les jugements en matière criminelle.

TIERS. — Terme employé, en droit, pour désigner celui qui n'a point été partie dans un acte ou un jugement.

Les actes ou jugements n'obligent pas les tiers. — Voy. *Acte authentique.* — *Acte sous seing privé.*

TIERS acquéreur. — Se dit du sous-acquéreur, c'est-à-dire de celui auquel la chose a été revendue par le premier acquéreur.

Le mot tiers détenteur est quelquefois employé dans le même sens. — Voy. *Tiers détenteur.*

TIERS arbitre. — C'est celui qui est nommé pour départager les deux premiers arbitres. — Voy. *Arbitre.* — *Arbitrage.*

TIERS détenteur. — C'est ainsi qu'on appelle celui qui a acquis et qui possède un fonds grevé d'hypothèques, ou de toutes autres charges réelles, et qui, en cette qualité, est obligé de supporter ces charges ou de délaisser le fonds.

Les créanciers hypothécaires suivent l'immeuble hypothéqué, en quelques mains qu'il passe. — *C. civ. 2166.*

Le tiers détenteur a deux moyens pour s'affranchir des poursuites du créancier hypothécaire : la *purge* des hypothèques, et le *délaissement* de l'immeuble hypothéqué.

Faute par le tiers détenteur de purger ou délaisser, les créanciers ont le droit de faire vendre sur lui l'immeuble hypothéqué. — *C. civ. 2169.*

La poursuite doit être précédée d'un commandement fait au débiteur originaire et d'une sommation au tiers détenteur 30 jours avant de commencer les poursuites en expropriation. — Voy. *Délaissement par hypothèque.*

C'est la sommation au tiers détenteur qui seule fait courir le délai de 30 jours, après lequel il ne peut plus purger. Mais la poursuite en expropriation ne peut avoir lieu que 30 jours après le commandement fait au débiteur principal. — *C. civ. 2167.* — *C. proc. 673.*

Si le tiers détenteur veut conserver l'immeuble, il doit payer tous les intérêts et capitaux exigibles, n'importe à quelle somme ils puissent se monter — *C. civ. 2168.*

En payant les créanciers hypothécaires, le tiers détenteur est subrogé légalement dans leurs droits. — *D. N.* — Voy. *Subrogation.*

TIERS expert. — Voy. *Expertise.* — *Expertise en matière d'enregistrement.*

TIERS porteur. — C'est celui auquel la propriété d'un effet de commerce a été transférée. — Voy. *Billet.* — *Lettre de change.* — *Endossement.*

TIERS possesseur. — Voy. *Tiers porteur.*

TIERS saisi. — C'est celui entre les mains duquel une saisie-arrêt a été formée. — Voy. *Saisie-arrêt.*

TIMBRE. — Impôt ou contribution sur tous les papiers destinés aux actes civils et judiciaires, aux actes privés susceptibles d'être produits en justice, et aux journaux, affiches, avis et annonces, etc. — Le même mot exprime aussi la marque ou empreinte apposée sur les papiers. — *LL. des 13 brum. an VII.* — 28 avril 1816, — 25 mars 1817, — 1er mai 1822, — 20 juillet 1837, — 21 mai 1848,

— 5 *juin* 1850, — 23 *juin* 1857, — 2 *juillet* 1862, — 11 *mai* 1868, — 27 *juillet* 1870, — 23 *août* 1871, — 30 *mars* 1872, — 25 *mai* 1872, — 29 et 30 *décembre* 1873, — 19 *février* 1874, — 22 *décembre* 1878, — *etc.*

Cette contribution est de deux sortes :

La première est un droit imposé et tarifé en raison de la *dimension* du papier. La seconde, créée pour les effets négociables ou non négociables, pour les actions dans les sociétés, pour les obligations négociables des départements, communes, établissements publics et compagnies, est un droit *gradué* en raison des *sommes* ou capitaux, sans égard à la dimension du papier.

Le *timbre extraordinaire* s'applique sur les papiers présentés par les particuliers eux-mêmes, ou sur les actes venant, soit des colonies où le timbre n'est pas établi, soit de l'étranger.

L'empreinte du timbre ne peut être couverte d'écriture ni altérée.

Le papier timbré qui a été employé à un acte quelconque ne peut plus servir pour un autre acte, quand même le premier n'aurait pas été achevé.

Il ne peut être fait ni expédié *deux* actes, à la *suite* l'un de l'autre, sur la même feuille de papier timbré.

Aucune expédition, copie ou extrait d'actes reçus par des notaires, greffiers ou autres dépositaires publics, ne peut être délivrée que sur papier de 1 fr. 80 c.

Les billets et obligations *non négociables* ne peuvent être faits que sur du papier du *timbre proportionnel*.

Les titres émis par les sociétés, villes, provinces et corporations étrangères et qui se négocient en France, sont soumis à un droit de timbre proportionnel.

L'émission en France rend également le droit de timbre exigible.

Les bordereaux et arrêtés des agents de change et courtiers sont aussi soumis à un droit de timbre proportionnel. Le droit de timbre auquel les *Warrants* endossés séparément des récépissés sont soumis par l'art. 13 de la loi du 28 mai 1858 sur les négociations relatives aux marchandises déposées dans les magasins généraux peut être acquitté par l'apposition de timbres mobiles sur ces effets.

— Le droit de timbre des connaissements, même de ceux qui sont créés en France, peut être également acquitté par l'apposition de timbres mobiles.

Le timbre mobile s'applique aussi aux quittances, reçus et décharges, aux récépissés de chemins de fer, etc.

Le droit de timbre auquel sont assujettis les effets de commerce créés en France peut également être acquitté par l'apposition de timbres mobiles.

Les agents des postes chargés du recouvrement des effets négociables ou non négociables, des factures et des chèques venant de l'étranger, sont autorisés à apposer sur ces écrits, au moment de l'encaissement, les timbres mobiles représentant les droits à percevoir d'après les lois en vigueur.

Les timbres mobiles doivent être apposés avant tout usage, collés au recto des effets, à côté de la signature du souscripteur, et *oblitérés* par lui au moyen de l'inscription à l'encre noire usuelle, à la place réservée à cet effet sur le timbre mobile : 1° du lieu où l'oblitération est opérée ; 2° de la date, quantième, mois et millésime, à laquelle elle est effectuée ; 3° de la signature du souscripteur. — L'Administration peut autoriser les sociétés et maisons de commerce, qui en font la demande, à se servir d'une griffe, dont le modèle sera agréé par elle, pour l'oblitération des effets de commerce.

Le droit de timbre des copies des *exploits, des notifications d'avoué à avoué, et des significations de tous jugements, actes ou pièces*, est acquitté au moyen de timbres mobiles apposés sur l'original de l'exploit. Néanmoins, ces copies ne peuvent être faites que sur un papier timbré spécial, qui est fourni gratuitement par l'administration, en même temps que sont délivrés des timbres mobiles d'une valeur équivalente au droit de timbre exigible à raison de la dimension des papiers.

Sont exceptés du droit et de la formalité du timbre :

Les *actes* du Corps Législatif et ceux du Gouvernement ; les minutes de tous les actes, arrêtés, décisions et délibérations de l'Administration publique, et en général de tous les Etablissements publics, etc.

Sont exempts du timbre: les *affiches* émanées de l'Autorité publique; — les *affiches électorales* d'un candidat contenant sa profession de foi, une circulaire signée de lui ou seulement son nom; — les *avis imprimés*, qui se crient et se distribuent dans les rues et lieux publics, ou que l'on fait circuler de toute autre manière; — les *livres de commerce;* — les *journaux* et écrits périodiques et non périodiques; — les *œuvres* de musique; — les *certificats* de vie pour l'inscription des rentes viagères de la vieillesse et le paiement des arrérages; — les *mandats* d'articles d'argent émis et payés par la poste, soit en France, soit dans les Colonies françaises.

Sont exempts du droit de timbre des quittances, reçus ou décharges: les reconnaissances et reçus donnés par lettres ou autrement pour constater la remise d'effets de commerce à négocier, à accepter ou à encaisser.

Tarif.

Timbre de dimension.

Pour les actes, y compris deux décimes ajoutés par les lois des 23 août 1871 et 30 mars 1872,

Demi-feuille de petit papier	» 60
Feuille de petit papier	1 20
id. de moyen papier	1 80
id. de grand papier	2 40
id. de dimension supérieure	3 60

Quittances ou Acquits.

Pour les quittances ou acquits donnés au pied des factures et mémoires, les quittances pures et simples, reçus ou décharges de sommes, titres, valeurs ou objets, et généralement tous les titres de quelque nature qu'ils soient, signés ou non signés, qui emporteraient libération, reçu ou décharge, *10 c. sans décime en sus;* il est dû un droit pour chaque quittance donnée séparément, ou pour la quittance donnée par chaque créancier.

Affiches.

Pour affiches : feuille de 12 décimètres et demi, carrés et au-dessous, 05 c.; — feuille au-dessus de 12 décimètres et demi, jusqu'à 25 décim. carrés, 10 c.; — feuille au-dessus de 25 décimètres jusqu'à 50 décimètres carrés, 15 c.; — feuille au-dessus de 50 déc. carrés, 20 c.;

Si une affiche contient plusieurs annonces distinctes, le maximum de 20 c. est exigible, quelle que soit la dimension de l'affiche, et si l'affiche contient plus de cinq annonces, ce maximum est doublé. — *L. du 1er juillet 1866, art. 4.*

Il a été ajouté deux décimes à ces droits par les lois des 23 août 1871 et 30 mars 1872.

Lorsque l'on veut employer des timbres mobiles pour l'acquittement des droits sur les affiches, ces timbres doivent être apposés avant l'affichage et oblitérés au moyen, soit de l'inscription d'une ou plusieurs lignes d'impression ou d'écriture sur les timbres, soit de l'apposition d'une griffe à l'encre grasse, indiquant le nom de l'imprimeur ou de l'auteur.

Timbre proportionnel.

Pour les lettres de change, billets à ordre, billets et tous autres effets négociables, billets, délégations et mandats non négociables, servant à procurer une remise de fonds de place à place, warrants endossés séparément des récépissés :

De 100 fr. et au-dessous	» 05 c.
De 100 fr. à 200 fr.	» 10
De 200 fr. à 300 fr.	» 15
De 300 fr. à 400 fr.	» 20
De 400 fr. à 500 fr.	» 25
De 500 fr. à 600 fr.	» 30
De 600 fr. à 700 fr.	» 35
De 700 fr. à 800 fr.	» 40
De 800 fr. à 900 fr.	» 45
De 900 fr. à 1.000 fr.	» 50
De 1.000 fr. à 2.000 fr.	1 »
De 2.000 fr. à 3.000 fr.	1 50

et ainsi de suite de 1.000 fr. en 1.000 fr. jusqu'à 20.000 fr.

Pour les effets souscrits pour une somme supérieure, il a été créé des timbres mobiles spéciaux et gradués indiquant la quotité des droits de timbre applicables aux quatre catégories ci-après : de 20 à 30.000; — de 30 à 40.000; — de 40 à 50.000 et de 50 à 60.000 fr.

Le paiement des droits de timbre des effets négociables et des warrants peut être constaté au moyen de l'apposition de plusieurs timbres mobiles, même pour les effets d'une valeur supé-

rieure à 60.000 fr. pour lesquels il n'a pas été créé de timbres spéciaux. — *L. du 8 juill. 1885.*
Deux décimes en sus ont été également ajoutés aux droits par les lois des 23 août 1871 et 30 mars 1872.

Visa pour timbre.

Sont visés pour timbre : 1° *au comptant*, dans les localités autres que le chef-lieu du département, les papiers susceptibles d'être timbrés à l'extraordinaire ; — 2° *en débet ou gratis*, les papiers destinés à la rédaction et à l'expédition des actes pouvant recevoir de la même manière la formalité de l'enregistrement.

Timbres mobiles.

Les receveurs de l'enregistrement peuvent suppléer à la formalité du visa pour toute espèce de timbres de dimension ou proportionnels, au moyen de l'apposition de timbres mobiles.
Les timbres mobiles peuvent être employés par les particuliers pour les effets négociables venant de l'étranger et même pour ceux qui sont créés en France.
Pour l'exécution de la loi précitée du 23 août 1871, il a été établi des timbres mobiles de 10 cent., 50 cent., 1 fr. et 2 fr. par un décret du 29 avril 1881.

TIMBRE (amendes). — Le défaut d'observation des lois sur le timbre donne lieu à l'ouverture des droits et amendes ci-après, augmentés de deux décimes et demi par franc en sus, savoir :

Altération de l'empreinte du timbre.	5 fr.
Acte privé écrit sur papier non timbré sans contravention aux lois du timbre, mais produit en justice avant d'avoir été soumis au timbre extraordinaire ou au visa pour timbre.	5 »
Acte privé écrit à la suite d'un autre, et sur la même feuille de papier timbré.	5 »
Application du timbre sur des affiches imprimées.	10 »
Acte public sur papier libre ou sur le papier exclusivement destiné aux copies de pièces.	20 »
Acte public fait en conséquence d'actes ou effets de commerce non écrits sur papier timbré.	20 »
Débit de timbre sans commission.	20 »
(En cas de récidive l'amende est de 50 fr.)	
Apposition d'affiches non timbrées.	20 »
Affiches sur papier blanc.	20 »
Lettre de voiture non timbrée. (L'expéditeur et le voiturier sont solidaires.).	30 »
Acte ou écrit sous signature privée sujet au timbre de dimension et fait sur papier non timbré, ou sur le papier spécial destiné aux copies de pièces.	50 »
Apposition d'affiches imprimées sur papier non timbré (contre l'imprimeur).	50 »
Contrats d'assurances maritimes et autres.	50 »
Quittance, reçu, décharge ou titre quelconque, signé ou non, portant libération, et non revêtu du timbre de 10 centimes.	50 »
Chèque sur place, non timbré.	50 »
Connaissement créé en France et non timbré.	50 »
(Le chargeur, le capitaine et l'armateur ou expéditeur en doivent une chacun.)	
Récépissés délivrés sur papier non timbré, et défaut de délivrance de récépissés particuliers pour chaque colis compris dans un groupe remis à un chemin de fer par des entrepreneurs de transports et messageries.	50 »
(L'amende est de 100 fr. en cas de récidive dans le délai d'un an.)	
Paiement d'un chèque non acquitté.	50 »
Refus par les capitaines de navires d'exhiber en douane, à l'entrée ou à la sortie, les connaissements dont ils doivent être porteurs.	100 à 600 »
Altération, emploi, vente ou tentative de vente papiers timbrés ayant déjà servi.	500 »
(En cas de récidive, l'amende est doublée avec emprisonnement de 5 jours à 1 mois.)	
Bordereau d'agent de change ou de courtier, rédigé sur papier non timbré.	500 »
Défaut de déclaration, avant de commencer leurs opérations, par les sociétés d'assurances, au bureau de l'Enregistrement du lieu où elles ont le siège de leur principal établissement.	1000 »
Refus par les sociétés, compagnies, assureurs, entrepreneurs de transports et tous autres assujettis aux vérifications des agents de l'Enregistrement, de leur représenter leurs registres, etc.	100 à 1.000 fr.
Défaut de paiement de la taxe d'abonnement au timbre des assurances dans les délais.	100 à 5.000 fr.

Négociation, exposition en vente ou énonciation dans un acte quelconque, excepté les inventaires, de titres étrangers non timbrés........ (L'amende se calcule sur la valeur nominale du titre et ne peut être inférieure à 50 fr.)	5 0/0
Billet simple ou obligation non négociable sur papier libre ou sur papier frappé d'un timbre autre que celui voulu par la loi............	6 0/0
Billet, obligation, délégation et mandat non négociable, quelle que soit sa forme ou sa dénomination, servant à procurer une remise de fonds de place à place, écrit sur papier non timbré. — Le souscripteur, le bénéficiaire ou porteur doivent chacun une amende de 6 pour 100, et sont tenus solidairement au paiement..................................	
Chèque non daté en toutes lettres, s'il s'agit d'un chèque de place à place. — Chèque revêtu d'une fausse date ou d'une fausse énonciation du lieu d'où il est tiré. — L'amende de 6 pour 100 encourue pour ces causes ne peut être inférieure à 100 fr................................	100 fr.
Contravention aux lois et règlements sur les poids et mesures métriques dans chaque acte et écriture sous signature privée dans les avis et annonces et les registres de commerce......................	10 fr.

TIMBRE épargne. — Voy. *Bulletin d'épargne.* — *Caisse d'épargne postale.*

TIRAGE de lots au sort. — Voy. *Partage.*

TIRÉ, tireur. — On appelle *tireur* celui qui tire une lettre de change, et *tiré* celui qu'on charge de payer. — Voy. *Lettre de change.*

TITRE. — Ce mot a diverses acceptions. Il signifie d'abord une fonction, une dignité.

TITRE (acte). — Dans l'usage, on appelle *titre* tout acte justificatif d'un droit.

Le titre est gratuit ou onéreux. — Voy. *Acte.*

TITRE ancien. — Se dit d'un acte qui remonte au delà de 30 ans. — C. civ. 1335. — Voy. *Titre nouvel.*

TITRE au porteur. — Voy. *Actions au porteur.* — *Rentes sur l'Etat.* — *Transfert.*

TITRE (cause). — Le mot *titre* se dit de la cause en vertu de laquelle on possède. Dans cette acception, il y a le titre *lucratif*, le titre *universel*, le titre *particulier* et le titre *onéreux*.

TITRE coloré. — On appelle ainsi celui qui a l'apparence de la bonne foi, qui paraît légitime, quoiqu'il ne soit pas suffisant pour transférer la propriété sans le secours de la prescription. — Voy. *Prescription.*

TITRE confirmatif. — Voy. *Acte récognitif et confirmatif..* — *Ratification.* — *Titre nouvel.*

TITRE (Droit de). — Le mot *titre* se prend souvent comme synonyme de droit. Ainsi on dit une demande fondée en titre.

TITRE exécutoire. — C'est celui qui réunit les conditions nécessaires pour être mis à exécution, c'est-à-dire qui est revêtu de l'exécution parée. — Voy. *Exécution parée.* — *Formule exécutoire.* — *Exécution d'actes et jugements.* — *Saisie immobilière.*

Les titres exécutoires contre le défunt le sont pareillement contre l'héritier. — Néanmoins, le créancier ne peut poursuivre l'exécution que 8 jours après la signification de ces titres à la personne ou au domicile de l'héritier. — *C. civ.* 877.

TITRE gratuit. — C'est celui par lequel on acquiert sans qu'il en coûte rien, par exemple, par succession, par donation ou legs.

TITRE (Juste). — Le juste titre est, en matière de prescription, celui qui, par sa nature, est translatif de propriété, soit à titre gratuit, soit à titre onéreux ; en d'autres termes, c'est celui qui eût transporté sur la tête du possesseur la propriété de la chose, si celui qui l'a souscrit eût été véritablement le maître de cette chose. — *C. civ.* 2265. — Voy. *Prescription.*

TITRE lucratif. — Voy. *Titre gratuit.*

TITRES (Interversion de). — Voy. *Prescription.*

TITRE de noblesse. — L'usurpation des titres de noblesse est punie par la Loi du 6 juin 1858, qui a modifié l'art. 259 du C. pén.

Aucun Français ne peut porter en France un titre conféré par un souverain étranger, sans y avoir été autorisé par un décret du Gouvernement français. — *L. du 5 mars* 1859. — Voy. *Noblesse.*

TITRE nouvel. — C'est l'acte par lequel le débiteur d'une rente reconnaît l'existence de cette rente pour empêcher la prescription. On peut aussi demander titre nouvel d'une servitude.

Après 28 ans de la date du dernier titre, le débiteur d'une rente peut être contraint à fournir à ses frais un titre nouvel à ses créanciers ou ayants cause. On ne peut obliger le créancier à attendre l'expiration des 30 années.

Le titre nouvel, devant contenir révalidation du privilège ou de l'hypothèque, doit avoir lieu par acte authentique.

TITRE (office). — Droit qu'on tient de l'autorité, d'exercer une fonction publique. — Voy. *Office.*

TITRE onéreux. — Se dit de celui qui ne transmet une chose qu'à prix d'argent ou moyennant une charge, comme une vente, un échange, etc. — Voy. *Contrat.* — *Titre gratuit.*

TITRE présumé. — C'est celui dont la loi présume l'existence, comme après 30 années de possession. — Voy. *Prescription.*

TITRE primordial. — C'est celui qui contient l'obligation contractée originairement entre les parties.

TITRE de propriété. — Se dit de l'acte établissant la transmission d'un immeuble.

TITRE putatif. — C'est celui qu'on croit avoir, comme lorsqu'on se croit héritier sans l'être. — Voy. *Prescription.*

TITRE (qualité). — Les titres s'entendent souvent d'une qualité, telle que le titre d'*héritier*, de *tiers détenteur.* — Voy. *Qualité.*

TITRE récognitif. — Voy. *Titre nouvel.*

TITRE tacite. — On nomme *tacite* le titre dont la loi fait résulter l'existence de certaines circonstances, comme le *mariage*, dont il résulte un contrat tacite de communauté. — Voy. *Contrat de mariage.*

TITRE vicieux. — S'entend de celui qui est défectueux dans la *forme*, comme un acte non signé, ou au *fond*, comme une donation non acceptée.

TITRES honorifiques. — Voy. *Palmes académiques.*

TITULAIRE. — Celui qui est revêtu d'une fonction, d'une charge. — Voy. *Office.*

TOISÉ (cubage). — Art de mesurer les *surfaces*, par exemple un mur, un plancher, une porte, et les *corps*, tels que le volume d'un bloc de pierre, d'un tas de fumier, etc.

Des surfaces.

Mesurer une surface, c'est chercher combien cette surface contient de fois le mètre carré, l'are, ou toute autre unité de superficie.

Le mètre carré est un carré d'un mètre de côté, dont les multiples sont le décamètre carré ou 10 mètres de côté, etc. — Voy. *Poids et mesures.*

Pour trouver l'étendue d'une surface de forme *rectangulaire*, il suffit de multiplier la longueur par la largeur.

Pour le *carré*, les côtés étant égaux, la base et la hauteur sont pareillement égales, il suffit dès lors de multiplier la longueur d'un côté par elle-même pour trouver la surface.

Pour le *parallélogramme* (lequel équivaut à un rectangle de même base et de même hauteur), sa surface étant égale au produit de sa base, il suffit de multiplier cette surface par sa hauteur.

Le *losange* suit la règle du parallélogramme ordinaire ; il suffit de multiplier une diagonale par l'autre et de prendre la moitié du produit.

Pour trouver la mesure d'un *trapèze*, on fait la somme des deux côtés parallèles, on en prend la moitié et on multiplie par la hauteur.

On trouve la surface d'un *triangle* en multipliant la base par la hauteur et prenant la moitié du produit.

Pour trouver la surface d'un *polygone régulier*, il suffit d'en multiplier le contour ou périmètre par la hauteur d'un des triangles qui le composent, c'est-à-dire par la perpendiculaire abaissée du centre sur le milieu d'un des côtés, et de prendre la moitié du produit.

Pour mesurer un *polygone irrégulier*, on trace une ligne appelée *directrice*, qui joint deux sommets opposés de ce polygone, puis, du sommet de chaque angle, on abaisse sur cette *directrice* des perpendiculaires qui décomposent le polygone en triangles et en trapèzes que l'on mesure d'après les moyens ordinaires.

Enfin, on trouve la surface du *cercle* en multipliant la circonférence par le rayon et prenant la moitié du produit, ou en multipliant le carré du rayon par 3,1416.

Des corps.

On entend par *corps* l'étendue en longueur, largeur et épaisseur ; or, trouver le *volume*, c'est-à-dire mesurer, toiser ou cuber un bloc de pierre, un tas de fumier, etc., c'est chercher combien ce bloc ou ce tas contient de mètres, décimètres ou centimètres cubes ; de même aussi, toiser une pièce de bois, une charpente, etc., c'est chercher combien elle contient de stères, décistères et centistères cubes.

Excepté pour le bois cassé, il n'existe pas de mesures effectives pour les volumes.

La mesure de tous les corps se réduit à celle du *prisme*, du *cylindre*, de la *pyramide* et de la *sphère*.

On trouve le volume d'un *prisme*, c'est-à-dire d'un corps dont deux faces opposées appelées bases sont égales et parallèles, et dont les faces latérales sont des parallélogrammes, en multipliant la surface de la base par la hauteur du prisme.

Pour trouver le volume d'un prisme dont toutes les faces sont des rectangles, tels que les murs, les pierres, les poutres équarries, etc., il suffit de faire le produit des trois dimensions (longueur, largeur et épaisseur).

Pour le *cube* (prisme terminé par 6 faces carrées égales), il suffit de multiplier le côté deux fois par lui-même.

On trouve la surface latérale d'un *cylindre* en multipliant la circonférence de la base par la hauteur ou longueur du cylindre. On en trouve le volume en multipliant la surface de la base par la hauteur.

La surface latérale du *cône* se trouve en multipliant la circonférence de sa base par la distance de cette circonférence au sommet et prenant la moitié du produit. On en trouve le volume, de même que celui de la pyramide, en multipliant la surface de la base par la hauteur et prenant le tiers du produit.

On trouve le volume d'une sphère en multipliant la surface par le rayon et prenant le tiers du produit.

Quant aux corps irréguliers, on en trouve le volume en les décomposant en tranches formant des prismes ou autres corps faciles à évaluer.

Du cubage des bois.

Pour le cubage des *bois en grume*, il existe des comptes faits dans lesquels ce cubage est préparé d'avance, de sorte qu'il suffit de chercher dans la table la longueur et la circonférence d'une pièce de bois, pour avoir le cube de la charpente qu'elle fournira.

Toutefois on peut faire ce calcul soi-même et voici comment on procède : On mesure la circonférence de l'arbre à 1m. 50 c. ou 2 m. du sol, puis (selon l'usage le plus commun qui est de mesurer au 5e déduit), en supposant que l'arbre ait 2 m. de tour à cette hauteur, il restera (déduction faite du 5e) 1 m. 60 c., dont le quart de ce nombre ou côté du cube sera de 0,40 c. ; or, en multipliant ce dernier nombre par lui-même on trouvera 16 décimètres carrés, qui, multipliés par la longueur prise depuis le sol jusqu'aux premières branches de la tête, donneront le volume de la charpente.

Du cubage des terres.

Pour mesurer le cube de terre enlevé d'un fossé, on emploie le procédé suivant : On pose une règle ou bien on tend une ficelle d'équerre en travers des bords du fossé, dont on mesure alors la profondeur au moyen du mètre ; à moitié de cette profondeur et au milieu des deux faces latérales, on prend la longueur du fossé ; puis, d'équerre et en travers du fossé, à moitié de la profondeur, on prend la largeur ; multipliant ensuite la profondeur par la largeur, et le résultat de cette opération par la longueur, on aura le cube exact du fossé taillé en talus des quatre côtés.

TOISONS. — Voy. *Accession.* — *Bail à cheptel.* — *Fruits.*

TOLÉRANCE. — Voy. *Acte de tolérance.*

TOMBEAUX. — Voy. *Cimetière.* — *Monument funèbre.* — *Sépulture.*

TONTE. — Voy. *Elagage.* — *Plantation.* — *Superficie.* — *Usufruit.*

TONTINE. — Association que contractent plusieurs personnes qui mettent en commun des rentes ou autres biens, sous la condition que les biens des prédécédés accroîtront en tout ou en partie aux survivants.

A la tête des tontines sont placés des Directeurs ou Gérants, chargés de l'administration.

En général, les tontines doivent être autorisées par le Gouvernement.

Elles ne peuvent jamais être assimilées à des Sociétés commerciales.

Les *Tontiniers* ne peuvent plus aliéner, ni hypothéquer les biens mis en tontine.

TORRENT. — Les torrents sont des cours d'eau intermittents, uniquement alimentés par les pluies ou les fontes de neiges.

Les règles relatives aux cours d'eau ordinaires ne sont pas applicables aux torrents. Ainsi, le terrain qu'ils occupent ne cesse pas d'être une propriété privée, et le droit d'alluvion n'y a pas lieu.

TOUR du chat. — C'est un espace isolé, une ruelle, qu'on doit laisser entre le mur du voisin et certaines constructions. — Voy. *Contre-mur.*

TOUR d'échelle. — Servitude qui donne au propriétaire du bâtiment auquel elle est due le droit de faire passer des ouvriers sur le fonds du voisin et d'y poser des échelles pour réparer son édifice.

Cette servitude, étant *discontinue*, ne s'acquiert pas par prescription et ne peut être réclamée qu'en vertu d'un titre.

Toutefois, certains auteurs pensent que la servitude du tour d'échelle peut s'acquérir par une possession de 30 ans, lorsqu'elle est accessoire de celle de l'égout qui est à la fois continue et apparente. Mais cette opinion est contestable.

Lorsque l'étendue de la servitude du tour d'échelle n'a pas été déterminée dans les titres, et qu'il n'existe pas d'usage contraire, on prend pour base l'acte de notoriété du Châtelet de Paris qui fixait la distance à 3 pieds ou un mètre.

TOUR de rôle. — S'entend de l'ordre dans lequel les causes sont inscrites pour être appelées à l'audience. — Voy. *Rôle.*

TOURBIÈRE. — C'est le lieu où se forme la tourbe. Cette substance sert au chauffage et remplace le bois. — Voy. *Bail de carrières, mines et tourbières.* — *Mines.*

TOUT. — Ce qui est du *tout* doit être entendu de *chaque partie* du tout.

TRADITION. — Action de livrer une chose à une personne.
La tradition est *réelle*, *symbolique* ou *feinte*. — Voy. *Délivrance.*
La tradition n'est pas nécessaire pour les immeubles, mais il en est autrement pour les meubles. — Voy. *Délivrance.*

TRAFIC, trafiquant. — Voy. *Commerçant.* — *Commerce.*

TRAITE. — Nom qu'on donne aux lettres de change que tire, soit un banquier sur son correspondant, soit un commerçant sur son débiteur.
Nous en donnons ci-après une formule.

Traite.

Paris, le.....   B. P. F. 1500
Au premier juillet prochain, veuillez payer contre cette Traite, à mon ordre, la somme de quinze cents francs à valoir (ou valeur pour solde) des marchandises que je vous ai fournies suivant facture du premier avril dernier, sans autre avis de
Votre serviteur,
                                      (Signature.)
                 Négociant, rue.....
A M. C..., négociant à....., rue....., n°.....

TRAITÉ. — Mot générique qui comprend les conventions de toute nature qui interviennent entre les particuliers. — Voy. *Contrat.* — *Convention.*

TRAITÉ politique. — Convention entre différentes puissances, ayant pour objet de régler leurs rapports sur certains points.

TRAITEMENT. — Indemnité ou appointements attachés à une charge, à une fonction. — Voy. *Saisie-arrêt.*

TRAITEMENT de réforme. — Voy. *Pension sur l'État.*

TRAITS de plume. — Voy. *Blanc.* — *Rature.*

TRAITEUR. — Voy. *Hôtel.* — *Hôtellerie.* — *Privilège.*

TRAMWAY. — Voie ferrée sur laquelle la traction est opérée par des moteurs mécaniques ou par des chevaux.
La concession des tramways est accordée, soit par l'État, lorsqu'il s'agit d'une ligne à établir sur une voie dépendant du domaine public de l'État, soit par le Conseil général au nom du département, soit enfin par le Conseil municipal, quand la voie ferrée est établie sur le territoire de la commune. — *L. du 11 juin 1878.*

TRANSACTION. — C'est un contrat par lequel les parties terminent ou préviennent une contestation, un procès.
La transaction, ne pouvant être prouvée par témoins, doit être rédigée par écrit. — *C. civ. 2044.*
Trois conditions sont essentielles pour qu'une chose puisse être l'objet d'une transaction. Il faut :
1° Que la chose soit dans le commerce ;
2° Que la partie qui transige puisse en disposer ;
Et 3° que la transaction soit faite en vertu d'un titre valable, à moins que les parties n'aient expressément traité sur la nullité.
Ne peuvent être l'objet d'une transaction : les choses impossibles ou contraires aux lois et aux bonnes mœurs, — les successions futures, — les prescriptions non acquises, — le fonds dotal, — la puissance paternelle et maritale, — les demandes en séparation de corps ou de biens, — le divorce, — les crimes et délits.
Mais la transaction est permise sur l'intérêt civil résultant d'un crime ou d'un délit.

Toute contestation supposant un droit douteux, la transaction qui n'a qu'un objet sur lequel il est constaté par des titres nouvellement découverts que l'une des parties n'avait aucun droit, est nulle. — *C. civ.* 2057.

La transaction a l'autorité de la chose jugée en dernier ressort.

L'effet de la transaction se borne aux parties contractantes; celle faite par l'un des intéressés ne lie pas les autres. — *C. civ.* 2051.

La transaction passée avec la caution ne profite pas au débiteur principal. Mais celle passée avec le débiteur principal libère la caution dont l'obligation n'est qu'accessoire.

Les transactions doivent se renfermer dans leur objet, et ne règlent que les différends qui s'y trouvent compris.

On peut insérer une clause pénale dans une transaction contre celui qui manquerait de l'exécuter. — Voy. *Clause pénale.*

L'erreur de droit n'est point une cause de nullité de la transaction, mais l'erreur de fait l'annule comme les autres contrats. — Voy. *Erreur.*

La transaction, étant une espèce de contrat aléatoire, ne peut être attaquée pour cause de lésion. — *C. civ.* 2052.

La violence et le dol sont des causes de nullité de la transaction. — *C. civ.* 2053.

Le délai de l'action en rescision d'une transaction, n'étant pas déterminé par une disposition spéciale, est soumis aux règles générales sur l'action en rescision. — *D. N.* — Voy. *Nullité.* — *Rescision.*

La transaction pouvant être faite par acte sous seing, nous en donnons ci-après deux formules.

I. — Transaction sur contestation.

Aujourd'hui.....
Les soussignés :
M. A..., demeurant à.....
Et M. B..., demeurant à....,
Ont dit et fait ce qui suit :
Suivant acte, etc.
Par un autre acte, etc.
Suivant exploit de, etc.
Dans cette position, les soussignés voulant terminer à l'amiable les contestations existant entre eux sont convenus, à titre de transaction irrévocable, des faits suivants :
Art. 1er. — M. A... s'oblige, etc. ;
Art. 2. — De son côté, M. B... s'oblige, etc.
Au moyen des présentes toute contestation existant entre les soussignés se trouve entièrement anéantie.
Les frais faits jusqu'à ce jour seront payés par moitié entre les soussignés.
Fait double à... , lesdits jour, mois et an, et signé, lecture prise.

(*Signatures.*)

II. — Transaction sur intérêt civil résultant d'un délit.

Aujourd'hui.....
Les soussignés :
M. A...
Et M. B...
On dit et arrêté ce qui suit :
Par suite d'une imprudence du contre-maitre de M. A..., le sieur B..., qui était employé dans les chantiers de ce dernier, a été blessé très grièvement.
Cette blessure ayant occasionné une incapacité de travail dont la durée ne peut encore être évaluée, ledit sieur B... était sur le point d'intenter une action à M. A..., comme étant civilement responsable de son contre-maitre, lorsque ledit M. A... a offert au sieur B..., qui a accepté, une somme de.... à titre d'indemnité ; somme qui a été payée à ce dernier qui le reconnait et en consent quittance.
En conséquence, ledit sieur B... a déclaré renoncer à toutes poursuites et prétentions au sujet du malheureux événement dont il a été la victime.
Fait double à....., lesdits jours, mois et an, etsigné, lecture prise.

(*Signatures.*)

TRANSCRIPTION. — C'est la publicité donnée à un acte translatif de propriété d'immeubles, par son insertion ou copie littérale sur un registre public à ce destiné, et tenu par un fonctionnaire qu'on appelle *Conservateur des hypothèques,* dans l'arrondissement de la situation des biens. — *L. des 19 et 27 sept. 1790.*

D'après la législation actuelle, la transcription a pour but : 1° de consolider la propriété immobilière à l'égard des tiers ; 2° d'arriver à la purge des hypothèques inscrites, et 3° de conserver le privilège des vendeurs.

Selon l'art. 2181 du C. civ., tous les contrats translatifs de la propriété d'immeubles ou droits immobiliers doivent être transcrits.

Une nouvelle Loi du 23 mars 1855 ne soumet à la transcription que les actes *entre vifs translatifs de propriété.* Il s'ensuit que les actes simplement *déclaratifs* tels que les partages, mutations à cause de mort, jugements, etc., n'y sont pas sujets. — Voy. *Licitation.*

L'art. 1er de cette loi est ainsi conçu :

« Sont transcrits au bureau des hypothèques de la situation des biens : 1° tout acte entre vifs translatif de propriété immobilière ou de droits réels susceptibles d'hypothèques ; 2° tout acte portant renonciation à ces mêmes droits ; 3° tout jugement qui déclare l'existence d'une convention verbale de la nature ci-dessus exprimée ; 4° tout jugement d'adjudication autre que celui rendu sur licitation au profit d'un cohéritier ou d'un copartageant. »

L'article 2 de la même loi porte :

« Sont également transcrits : 1° tout acte constitutif d'antichrèse, de servitude, d'usage et d'habitation ; 2° tout acte portant renonciation aux mêmes droits ; 3° tout jugement qui en déclare l'existence en vertu d'une convention verbale ; 4° les baux d'une durée de plus de 18 années ; 5° tout acte ou jugement constatant même pour bail de moindre durée, quittance ou cession d'une somme équivalente à 3 années de loyers ou fermages non échus. »

Jusqu'à la transcription, les droits résultant des actes et jugements énoncés aux deux articles ci-dessus ne peuvent être opposés aux tiers qui ont des droits sur l'immeuble et qui les ont conservés en se conformant aux lois.

Les baux qui n'ont point été transcrits ne peuvent être opposés aux tiers pour une durée de plus de 18 ans.

La transmission immobilière n'est parfaite à l'égard des tiers que lorsque l'acquéreur a fait transcrire son titre, et à partir de cette transcription, aucun droit réel ne peut plus être inscrit sur les biens vendus.

Entre deux acheteurs qui n'ont pas fait transcrire, c'est l'antériorité de la date du titre qui décide. Mais si deux tiers prétendent à un même droit ou à deux droits incompatibles sur un immeuble, la préférence appartient à celui qui a fait transcrire le premier.

Toutefois, l'acquéreur qui n'a pas transcrit et qui éprouve une éviction, parce que son vendeur a consenti une double aliénation de la même chose, a contre lui une action personnelle. — Voy. *Garantie.*

La transcription a pour effet de faire courir au profit du tiers détenteur de l'immeuble la prescription de l'hypothèque dont il est grevé, à partir du jour où le titre a été transcrit. — *C. civ.* 2180. — Voy. *Prescription.*

Le Conservateur, lorsqu'il en est requis, n'importe par quelle personne ayant intérêt ou non, doit délivrer, sous sa responsabilité, l'état spécial ou général des transcriptions.

A partir de la transcription, les créanciers privilégiés ou ayant hypothèque ne peuvent plus prendre utilement inscription sur le précédent propriétaire. Néanmoins, le vendeur ou le copartageant peuvent inscrire les privilèges que leur confèrent les art. 2108 et 2109 du C. civ. dans les 45 jours de l'acte de vente ou du partage, nonobstant toute transcription d'actes faits dans ce délai.

L'action résolutoire ne peut être exercée après l'extinction du privilège du vendeur au préjudice du tiers acquéreur qui a transcrit.

La formalité de la transcription n'est requise que pour la purge des hypothèques inscrites. Or, à l'égard des hypothèques légales existant indépendamment de toute inscription, on doit suivre les formalités prescrites par l'art. 2194 du C. civ. — Voy. *Purge des hypothèques légales.*

Un des effets spéciaux de la transcription est de conserver le privilège du vendeur et de ceux qui ont prêté les deniers pour le paiement du prix de la vente. — Cette transcription vaut inscription pour le vendeur et pour le prêteur, puisque le conservateur des hypothèques est tenu de faire cette inscription d'office. — D. N.

La transcription d'un acte sous seing conserve aussi bien le privilège au profit du vendeur, comme celle de l'acte notarié, mais elle ne pourrait conférer ce privilège au bailleur de fonds. — Voy. *Privilège.*

TRANSCRIPTION de saisie immobilière. — Voy. *Saisie immobilière.*

TRANSFERT. — Dans l'usage, ce mot s'emploie pour exprimer le transport soit d'une rente perpétuelle sur l'Etat, soit d'actions ou obligations nominatives de Compagnies de chemins de fer ou de Sociétés industrielles.

Le transfert des rentes nominatives sur l'Etat est fait, à Paris, au Trésor public, et dans les départements, aux Recettes générales. — Celui des actions de la Banque de France se fait à cette banque, et celui des autres effets publics, dans les bureaux de chaque Compagnie.

La transmission de ces titres s'opère, soit par vente, soit par succession, donation, legs ou échange.

Le transfert des rentes sur l'Etat ne peut avoir lieu que par le ministère d'un agent de change.

Le vendeur empêché de signer le transfert peut se faire représenter par un fondé de pouvoirs, en vertu d'une procuration authentique portant minute.

Lorsque la transmission des rentes sur l'Etat a lieu autrement que par vente, l'ayant droit est tenu de produire, indépendamment de l'ancien extrait d'inscription, un certificat de propriété. — Voy. *Certificat de propriété.*

A l'égard des rentes provenant d'une succession, outre le certificat de propriété, la Loi du 8 juillet 1852 oblige les héritiers à produire un certificat du Receveur d'Enregistrement constatant que la rente à vendre a été comprise dans la déclaration de succession, et que les droits ont été acquittés.

Les déclarations et certificats de transferts de rentes sur l'Etat sont dressés, signés et scellés dans les bureaux de l'agent de change négociateur, et déposés ensuite au Trésor. — *L. du 20 juin 1885.*

La Banque de France et les Compagnies de chemins de fer et autres sociétés industrielles n'admettent pas de certificat de propriété; les héritiers sont tenus de produire les titres établissant leurs qualités, ou, à leur défaut, un acte de notoriété.

On peut former opposition au transfert dans les 5 jours par acte extrajudiciaire signifié au trésor (Bureau des transferts), sans qu'il soit besoin d'énoncer un titre ou d'obtenir une permission du Juge.

Pour le cas de perte ou vol de titres. — Voy. *Perte d'actes ou titres.*

TRANSIT. — C'est, en matière de douanes et de droits sur les boissons, la faculté de transporter des marchandises ou des boissons d'un lieu à un autre, en exemption de droits et sous certaines formalités. — Voy. *Douane. — Entrepôt.*

Le transit et l'entrepôt furent créés simultanément par une ordonnance de 1687. La Loi du 9 février 1832 règle aujourd'hui la faculté de transit.

TRANSLATION de domicile. — Voy. *Domicile.*

TRANSLATION d'hypothèque. — Acte par lequel un débiteur substitue un nouveau gage hypothécaire à celui qu'il avait d'abord établi.

La translation d'hypothèque ne peut avoir lieu qu'à l'égard des hypothèques conventionnelles. — Il n'y a pas lieu de transférer les hypothèques légales et judiciaires, on ne peut que les restreindre. — Voy. *Hypothèque. — Inscription hypothécaire.*

Il ne faut pas confondre la translation d'hypothèque avec le changement de rang hypothécaire. — Voy. *Cession d'antériorité,*

TRANSLATION de legs. — Voy. *Révocation de testament.*

TRANSMISSION. — Acte par lequel on transfère une chose, un droit, à une autre personne. — Voy. *Enregistrement.* — *Mutation.* — *Succession.*

TRANSPORT. — C'est un acte qui fait passer la propriété d'un droit ou d'une action d'une personne à une autre, par le moyen de la cession qui lui en est faite.

— Celui qui consent le transport se nomme *cédant*, et on appelle *cessionnaire* celui auquel il est fait.

On peut transporter toute sorte de droits incorporels, tels que créances, rentes, actions, droits de toute nature, etc.

TRANSPORTATION. — Voy. *Relégation.*

TRANSPORT d'actions dans une société. — Voy. *Action.* — *Actionnaire.* — *Société.* — *Transfert.* — *Transport-cession.*

TRANSPORT de bail. — Le transport de bail ou sous-bail est l'acte par lequel un locataire ou preneur cède le bénéfice de son bail à un tiers. — Voy. *Sous-bail.*

TRANSPORT-CESSION. — C'est la vente, cession ou transport de créances ou autres droits incorporels.

Le transport, comme la vente, se compose de trois éléments essentiels : l'objet, le prix et le consentement des parties sur la chose et le prix. — Voy. *Vente (contrat de).*

Toutes créances, droits, et actions étant dans le commerce peuvent être l'objet d'un transport, à moins que des Lois particulières n'en aient interdit l'aliénation. — *C. civ.* 1598. — Voy. *Inaliénabilité.* — *Saisie-arrêt.*

Les créances non échues peuvent être cédées.

On peut même céder une hypothèque. — Voy. *Subrogation.*

Toutes personnes non déclarées incapables par la loi peuvent faire ou accepter un transport.

Le transport peut avoir lieu par acte sous seing privé comme par acte authentique. Mais l'acte authentique est indispensable lorsque le cessionnaire est subrogé dans l'effet d'une inscription hypothécaire, la subrogation ne pouvant être opérée en vertu d'un acte sous seing.

La *délivrance* ou *tradition* s'opère entre le cédant et le cessionnaire, par la remise du titre de la créance.

Le transport doit être signifié par huissier au débiteur, ou être accepté par ce dernier.

La créance successivement transportée à deux cessionnaires appartient à celui qui a le premier signifié son transport au débiteur, sauf le recours de celui évincé contre le cédant.

Un arrêt de Cassation du 16 nov. 1840 décide que le cessionnaire par acte sous seing privé d'une créance hypothécaire qui a fait signifier son transport peut faire saisir l'immeuble en vertu du titre originaire.

Le transport accepté ou signifié a tous les effets d'une vente; mais celui non accepté ni signifié n'a point d'effet à l'égard des tiers. Ainsi, le débiteur se libère valablement par le paiement fait au cédant avant la signification du transport.

Jusqu'à la signification ou l'acceptation du transport, les créanciers du cédant, même postérieurs à la cession, peuvent saisir et arrêter la créance cédée et sont préférés au cessionnaire, sauf le recours de ce dernier contre le cédant.

Le transport dûment accepté ou signifié rend le cessionnaire propriétaire de la créance, même à l'égard des tiers. — *C. civ.* 1690.

Le transport fait sans garantie ne dispense le cédant que de la garantie de la solvabilité du débiteur, et non de celle de l'existence de la créance qui est de droit. — *C. civ.* 1693.

Du transport des droits successifs.

Les droits successifs sont ceux attachés à la qualité d'héritier, mais il faut que ces droits soient ouverts. Ainsi, le transport de droits successifs échus et à échoir serait même annulable pour le tout. — Voy. *Pacte sur succession future.*

La vente de droits successifs ne comprend ni les papiers ni les portraits de famille.

Le vendeur de droits successifs n'est tenu qu'à la garantie de ses droits d'héritier.

La transmission de ces droits ne peut s'opérer que par vente ou donation, et ne peut être consentie que par les personnes ayant capacité pour aliéner.

La cession doit être signifiée aux cohéritiers du cédant, de même qu'aux débiteurs de la succession. — *C. civ.* 1690.

Il faut remarquer que le cessionnaire de droits successifs peut toujours être écarté du partage de la succession, soit par tous les cohéritiers, soit par un seul, en lui remboursant le prix de la cession. — *C. civ.* 841. — Voy. *Retrait successoral.*

Du transport des droits litigieux.

Ces droits peuvent, comme tous droits incorporels, être l'objet d'un transport.

On entend par droits litigieux les droits sujets à contestation judiciaire.

Pour céder ou donner des droits litigieux, il faut avoir capacité d'aliéner ; mais il est interdit à certains fonctionnaires de s'en rendre cessionnaires à titre onéreux, soit personnellement, soit par personnes interposées. — *C. civ.* 1597. — Voy. *Droits litigieux.*

Pour produire effet à l'égard des tiers, la cession de droits litigieux doit être notifiée ; elle ne peut être rescindée pour cause de lésion.

Toute personne contre laquelle un droit litigieux a été cédé à titre onéreux est autorisé à en exercer le retrait, c'est-à-dire à s'en faire tenir quitte par le cessionnaire. — *D. N.* — Voy. *Retrait de droits litigieux.*

Nous donnons ci-après plusieurs formules de transport-cession.

I. — Transport de créance.

Aujourd'hui......,
Les soussignés :
M A..., demeurant à.....,
Et M. B..., demeurant à.....,
On arrêté ce qui suit :
M. A... cède et transporte, avec toute garantie de la solvabilité présente et future du débiteur (*ou bien*) sous la simple garantie de ses faits et promesses,
A M. B..., ce acceptant,
La somme de...., montant en principal d'une obligation souscrite à son profit par M. C..., demeurant à....., suivant acte, etc.
Cette somme a été stipulée remboursable à....., au domicile de......, le....., et produit des intérêts, à raison de cinq pour cent par an sans retenue, payables les ..... et..... de chaque année.
Au moyen des présentes, M. B... touchera ou disposera de la somme transportée comme de chose lui appartenant en toute propriété à compter de ce jour, et il aura droit aux intérêts de ladite somme à compter du....., toute subrogation utile lui étant consentie aux effets ci-dessus par *N. A.*
Le présent transport est consenti et accepté moyennant pareille somme de..... que M. A... reconnaît avoir reçue de M. B..., auquel il en donne quittance.
M. B... reconnaît que les titres de la créance cédée lui ont été remis.
Pour faire signifier ces présentes au débiteur, tout pouvoir est donné à M. B.....
Fait double à....., lesdits jours, mois et an, et signé, lecture prise.

(*Signatures.*)

II. — Transport de créance avec acceptation par le débiteur.

Aujourd'hui....
Les soussignés :
M A..., demeurant à.....,
Et M. B..., demeurant à.....,
(*Voir la formule qui précède et remplacer la dernière phrase : Pour faire signifier, etc., par celle-ci*) :
Aux présentes est intervenu M. B... sus-nommé, qualifié et domicilié, qui, après avoir pris

connaissance du transport qui précède, a déclaré se le tenir pour bien et dûment signifié, l'accepter, et n'avoir aux mains aucun empêchement à son exécution.

Fait double, etc.

(Signatures.)

III. — Transport de droits successifs.

Aujourd'hui.....
Les soussignés :
M. A..., demeurant à.....,
Héritier pour un quart de M. A..., son père, décédé à....., le.....
Et M. B..., demeurant à.....,
Ont arrêté ce qui suit :
M. A... a, par ces présentes, cédé et transporté, sans autre garantie que celle de sa qualité d'héritier ci-dessus énoncée,
A M. B..., ce acceptant,
Tous les droits successifs mobiliers et immobiliers, en fonds, capitaux, fruits et revenus, échus et à échoir, sans aucune exception ni réserve, revenant à M. A..., dans la succession encore indivise de M..., son père, sus-nommé.
M. B... disposera des droits cédés comme de chose lui appartenant en toute propriété à compter de ce jour, avec jouissance à partir du décès de M... père..... — Il est mis et subrogé à cet effet dans tous les droits et actions du cédant concernant ladite succession.
Le présent transport est fait, à la charge par M. B..., qui s'y oblige, d'acquitter à la décharge du cédant la portion dont il peut être tenu dans les dettes et charges de lad. succession, y compris les droits de mutation par décès, de telle sorte que le cédant ne puisse être inquiété, ni recherché en aucune façon.
Et en outre, ledit transport est consenti à titre de forfait, moyennant la somme de....., que M. A... reconnaît avoir reçue de M. B... en espèces à sa satisfaction. — Dont quittance.
M. A... déclare : 1° qu'il n'a reçu aucune somme, ni disposé d'aucun des objets de la succession dont il s'agit ; 2° qu'il ne lui est rien dû et n'a rien à répéter contre ladite succession, et qu'il renonce en conséquence à tout recours contre le cessionnaire.
Pour l'enregistrement, les soussignés déclarent que la portion du cédant dans les dettes et charges de la succession peut s'élever à.....
Pour faire signifier ces présentes, tout pouvoir est donné à M. B...
Fait double à..... lesdits jours, mois et an, et signé, lecture prise.

(Signatures.)

IV. — Transport de droits litigieux.

Aujourd'hui.....
Les soussignés :
M. A...,, demeurant à....,,
Et M. B.,,, demeurant à.....,
Ont dit et arrêté ce qui suit :
M. A..., se prétendant créancier sur M. C..., demeurant à....., en vertu....., d'une somme de....., a déjà commencé des poursuites judiciaires pour le recouvrement de cette somme.
Mais M. C... ayant formé opposition à ces poursuites par exploit de..... huissier à ..... en date du....., par le motif que, etc., la cause a été portée devant le Tribunal civil de....., là où elle est pendante en ce moment.
Dans cette position, M. A... a, par ces présentes, cédé et transporté sans aucune garantie, à M. B..., qui a accepté, tous ses droits et actions contre ledit sieur C... relativement à ladite créance, sans exception ni réserve.
En conséquence, M. B... fera, à ses risques et périls et sans recours contre le cédant, le recouvrement de la créance dont il s'agit, M. A... le subrogeant à cet effet dans tous ses droits, noms, raisons et actions.
Le présent transport a été consenti à titre de forfait, moyennant la somme de....., que M. A... reconnaît avoir reçue de M. B... en espèces à sa satisfaction. Dont quittance.
M. B... reconnaît que le cédant lui a remis tous les titres relatifs aux droits cédés.
Pour faire signifier ces présentes à qui besoin sera, tout pouvoir est donné à M. B...
Fait double, à....., lesdits jours, mois et an, et signé, lecture prise.

(Signatures.)

TRANSPORT de droits litigieux. — Voy. *Transport-cession.*

TRANSPORT de droits successifs. — Voy. *Transport-cession.*

TRANSPORT [des personnes. — Voy. *Messageries.* — *Voiture.* — *Voiturier.*

TRANSPORT de rentes. — Voy. *Rentes.* — *Transfert.* — *Transport-cession.*

TRANSPORT des juges et témoins. — Voy. *Descente sur les lieux.*

TRANSPORT par terre et par eau. — Convention par laquelle le *voiturier* ou *roulier*, si le transport a lieu par terre, ou le *patron* ou *batelier*, s'il a lieu par eau, s'engage envers le chargeur ou expéditeur, moyennant un prix convenu, à conduire ou transporter des personnes ou des choses. — Voy. *Commissionnaire.* — *Lettre de voiture.* — *Messagerie.* — *Voiturier.*

TRAVAIL des enfants. — En ce qui concerne le travail des enfants dans les manufactures. — Voy. *Manufactures.*

Il est interdit d'employer les garçons de 12 à 14 ans et les filles de 12 à 16 ans à traîner des fardeaux sur la voie publique.

Les garçons seuls de 14 à 16 ans peuvent y être employés, à condition que la charge ne dépasse pas 100 kilog. — *Déc. du 13 mai 1875.*

Il est également interdit aux couvreurs et plombiers d'employer des enfants à des travaux sur les toits. — *Déc. du 31 oct. 1882.*

TRAVAIL (Journée de). — Voy. *Journée de travail.*

TRAVAUX forcés. — Peine afflictive et infamante. — *C. pén. 7, 15, 19.* — Voy. *Peine.*

TRAVAUX publics. — Ce sont ceux qui se font par les ordres et au compte de l'Etat, pour l'utilité des habitants du royaume ou d'une localité.

Sont considérés comme *Travaux publics* tous les travaux de la Guerre et de la Marine qui intéressent la sûreté de l'Etat et le commerce maritime.

Dans certains cas, on range aussi parmi les travaux publics, les desséchements, les grands canaux d'irrigation, les digues destinées à protéger une grande étendue de pays, et autres entreprises qui tendent à l'amélioration générale.

Il y a un Ministre spécial chargé des travaux publics et du commerce.

Tout le contentieux, en matière de travaux publics, rentre dans les attributions des Conseils de préfecture, sauf recours au Conseil d'Etat. — Toutefois, les contestations entre les entrepreneurs et les sous-traitants sont de la compétence des Tribunaux, à l'exclusion de l'Autorité administrative. — *Ord. du 12 avril 1832.*

TRÉFONDS. — Voy. *Fonds* (très-). — *Superficie.*

TRENTENAIRE (Possession). — S'entend de la possession de 30 ans. — Voy. *Possession.* — *Prescription.*

TRÉSOR. — C'est toute chose cachée ou enfouie sur laquelle personne ne peut justifier sa propriété, et qui est découverte par le pur effet du hasard. — *C. civ. 716.*

La chose cachée dans un meuble n'est pas un trésor, mais bien une chose trouvée à laquelle on doit appliquer les règles sur les épaves. — Voy. *Epave.*

La découverte d'un trésor fait naître deux droits : celui d'*accession*, en faveur du propriétaire du fonds, et celui d'*occupation*, en faveur de celui qui l'a trouvé.

Si la découverte est faite par le propriétaire lui-même sur son fonds, il a seul droit au trésor.

Si, au contraire, le trésor est trouvé dans le fonds d'autrui, il appartient pour moitié à celui qui l'a découvert, et pour l'autre moitié au propriétaire du fonds.

Si le fonds appartient à l'Etat ou à une Commune, c'est avec eux que celui qui a trouvé le trésor doit partager.

Celui qui aurait fouillé de dessein prémédité dans le fonds d'autrui, sans son autorisation, n'aurait pas droit au partage. Il faut pour cela que la découverte soit le pur effet du hasard.

Bien entendu que les ouvriers terrassiers, maçons ou autres qui, en faisant un ouvrage quelconque, découvrent un trésor, ont droit à la moitié.

Par le mot *découvrir*, on entend rendre visible, et il n'est pas nécessaire qu'on se soit saisi le premier de la chose. Si donc un ouvrier découvrait, en présence de son maître, un trésor que celui-ci l'empêcherait de prendre, il pourrait en réclamer la moitié. — *D. N.*

« Cependant, dit M. *Demolombe*, si le propriétaire, soupçonnant qu'il y a un trésor caché, faisait venir des ouvriers exprès pour le chercher, ceux-ci n'auraient rien à réclamer, mais ce serait au propriétaire à prouver qu'il ne les a employés que dans ce dessein. »

TRÉSOR public. — C'est celui qui se compose des produits et revenus du domaine de l'Etat. — Voy. *Contributions (impositions)*. — *Déshérence*. — *Domaine de l'Etat*. — *Enregistrement*. — *Hypothèque*. — *Privilège*. — *Timbre*. — *Succession*. — *Transcription (droit de)*.

TRIAGE. — Se dit, en droit forestier, d'une certaine étendue de bois soumise à un aménagement. — Voy. *Forêts*.

TRIBUNAL administratif. — Voy. *Tribunaux*.

TRIBUNAL civil. — Voy. *Tribunaux*.

TRIBUNAL de commerce. — Voy. *Tribunaux*.

TRIBUNAL des conflits. — Aux termes de la loi du 24 mai 1872, les conflits d'attribution entre l'autorité administrative et l'autorité judiciaire sont réglés par un Tribunal spécial composé : 1° du Garde des Sceaux, ministre de la Justice, président de droit ; 2° de 3 Conseillers d'Etat en service ordinaire élus par leurs collègues ; 3° de 3 Conseillers à la Cour de cassation aussi désignés par leurs collègues ; et 4° de 3 membres et de deux suppléants désignés par le Corps législatif.

Les membres de ce Tribunal autres que le Président sont élus pour 3 ans et sont toujours rééligibles. — Voy. *Conflits*.

TRIBUNAUX (Cours et). — Expression qui désigne, tantôt les Juges qui composent une juridiction, tantôt les lieux mêmes où siègent les Juges.

Les juridictions supérieures prennent le nom de *Cours*.

Les principales lois sur l'organisation judiciaire actuelle sont celles du 27 ventôse an VIII, le décret du 30 mars 1808, la loi du 20 avril 1810 et enfin celle du 30 août 1883.

Les divers Tribunaux qui composent l'ordre judiciaire, en France, sont :

1° Le *Tribunal de paix*, c'est-à-dire le Juge de paix lui-même ou son suppléant statuant en matière civile. — Voy. *Compétence criminelle*, § 1er. — *Compétence des Juges de paix*. — *Juge de paix*;

2° Les *Tribunaux de première instance*, institués dans chaque arrondissement et composés d'un plus ou moins grand nombre de Juges et de Chambres, suivant les besoins du service. — Les Tribunaux composés d'une seule Chambre ont un Président et deux ou trois Juges, des Juges suppléants, un Procureur et un Substitut ;

3° Les *Cours d'appel*, composées chacune d'un plus ou moins grand nombre de Conseillers selon les besoins du service, d'un Premier Président, d'autant de Présidents qu'il y a de Chambres, d'un Procureur Général, d'Avocats généraux et de Substituts. — Voy. *Compétence des cours d'appel*;

4° Les *Cours d'assises*, qui sont formées, dans les départements où siègent les Cours d'appel, de trois de leurs membres dont l'un est Président. — Voy. *Compétence des Cours d'assises*;

5° La *Cour de cassation*, qui est une juridiction supérieure chargée de maintenir l'unité de la législation. — Voy. *Cassation*;

6° Les *Tribunaux de commerce* dont les Juges sont élus par les notables commerçants. — Voy. *Compétence des Tribunaux de commerce*;

7° Les *Conseils de Prud'hommes*. — Voy. *Conseils de Prud'hommes*;

8° Les *Tribunaux administratifs*. — Voy. *Conseil d'Etat*. — *Conseil de Préfecture*. — *Compétence administrative*. — *Enseignement*;

9° Les *Tribunaux militaires*;

10° Les *Tribunaux maritimes*;

11° Les *Tribunaux coloniaux*. — Voy. *Algérie*. — *Législation coloniale*.

12° Enfin les *Tribunaux ecclésiastiques*. — Voy. *Organisation judiciaire*. — *Vacances des Tribunaux*.

TROUBLE. — Tout acte portant atteinte à la jouissance de l'héritage qui nous appartient. — Voy. *Action possessoire.* — *Eviction.* — *Garantie.*

TROUPEAU. — Se dit de toute universalité d'animaux destinée à se reproduire par elle-même. — Voy. *Bail à cheptel.* — *Parcours.* — *Usage.*

TROUPEAU commun ou à part. — Voy. *Parcours et vaine pâture.*

TROUSSEAU. — Voy. *Contrat de mariage.*

TROUVAILLES. — Se dit des choses trouvées inopinément.

Celui qui trouve une chose perdue est obligé de la restituer au propriétaire, et le fait de retenir frauduleusement une chose trouvée constitue un vol. — Voy. *Epaves.*

Il a été jugé que la promesse d'une récompense à qui rapportera la chose perdue constitue une obligation.

TUTELLE. — C'est une charge civile qui donne à celui qui en est pourvu le droit de prendre soin de la personne d'un mineur ou d'un interdit, d'administrer ses biens, et de le représenter dans tous les actes civils. — *C. civ.* 1370.

Une fois acceptée, la tutelle ne peut plus être répudiée, sans cause légitime.

La tutelle est une charge personnelle et gratuite qui ne passe point aux héritiers du tuteur, mais ceux-ci sont responsables de sa gestion.

On distingue quatre espèces de tutelle : 1° la tutelle légale des père et mère; 2° la tutelle déférée par le père ou la mère; 3° la tutelle légitime des ascendants; 4° enfin celle déférée par le Conseil de famille.

Il y a, en outre, la tutelle des interdits, celle des enfants naturels, et la tutelle officieuse.

De la tutelle légale.

La tutelle des père et mère est appelée légale et naturelle, parce qu'elle est déférée par la loi et la nature.

La tutelle légale ne s'ouvre que par la mort de l'un des époux; elle appartient de droit au survivant des père et mère.

Le père ne peut jamais refuser la tutelle, s'il n'est dans un cas d'excuse admis par la Loi. — Mais la mère n'est pas tenue d'accepter cette charge. — *C. civ.* 394.

Le père peut nommer à la mère survivante et tutrice un conseil spécial. — Voy. *Conseil de tutelle.*

Le père qui se remarie n'en conserve pas moins la tutelle, mais la mère tutrice qui veut se remarier doit, avant la célébration du mariage, convoquer le Conseil de famille, qui décide si la tutelle doit lui être conservée. — A défaut de cette convocation, elle perd la tutelle. — *C. civ.* 395.

De la tutelle déférée par le père ou la mère.

Le dernier mourant des père et mère a le droit de choisir et nommer un tuteur à ses enfants mineurs. — *C. civ.* 397.

Il peut choisir un parent ou même un étranger.

Ce droit ne peut être exercé que de trois manières :

1° Par acte de dernière volonté;

2° Par acte devant notaire;

3° Par une déclaration faite devant le Juge de paix assisté de son greffier. — *C. civ.* 392, 398.

La mère remariée et maintenue dans la tutelle a le droit de choisir un tuteur aux enfants de son premier mariage; mais ce choix, pour être valable, doit être confirmé par le Conseil de famille.

Il en est autrement de la mère remariée et non maintenue, elle ne peut leur choisir un tuteur. — *C. civ.* 399.

De la tutelle légitime des ascendants.

Cette tutelle n'est déférée qu'aux ascendants mâles, et appartient, de droit, à l'aïeul paternel, ou, à défaut de celui-ci, à son aïeul maternel.

Elle ne peut avoir lieu qu'autant que le père et la mère sont décédés, et lorsqu'il n'a pas été choisi au mineur un tuteur par le dernier mourant de ses père et mère.

De la tutelle déférée par le Conseil de famille.

Cette tutelle se nomme *dative*. Elle a lieu lorsqu'un enfant mineur non émancipé reste sans père ni mère, ni tuteur élu par ses père et mère, ni ascendants mâles, ou bien lorsque le tuteur de l'une de ces qualités se trouve dans un cas d'exclusion ou d'excuse. — *C. civ.* 405. — Voy. *Conseil de famille.*

De la tutelle des enfants naturels et des interdits.

Toutes les règles de la tutelle des mineurs, relativement à l'administration, les devoirs imposés aux tuteurs, les causes de dispense, d'exclusion et de destitution, sont applicables à la tutelle des enfants naturels reconnus comme à celle des interdits. — Voy. *Conseil de famille.* — *Enfant naturel.* — *Interdiction.* — *Interdit.*

Le Conseil de famille des enfants naturels peut au besoin ne se composer que d'amis.

La tutelle des interdits est légale en faveur du mari ou de la femme interdits. Elle est dative à l'égard des autres personnes.

La femme peut être nommée tutrice de son mari interdit.

Du tuteur ad hoc et du protuteur.

On nomme tuteurs *ad hoc* ou spéciaux, ceux nommés pour représenter les mineurs, lorsque les intérêts de ceux-ci sont en opposition avec ceux du tuteur, comme par exemple dans un partage.

Le protuteur est nommé par le Conseil de famille au mineur domicilié en France lorsqu'il possède des biens dans les colonies, ou réciproquement pour l'administration de ces biens.

Causes d'excuse, d'incapacité, d'exclusion et de destitution de la tutelle.

Toutes les personnes exerçant une fonction publique exigeant résidence dans un département autre que celui où la tutelle s'établit, les militaires en activité de service, sont excusés de la tutelle.

Les personnes âgées de 65 ans accomplis sont également excusées, mais celui qui a été nommé avant cet âge ne peut se faire décharger de la tutelle qu'à 70 ans. — *C. civ.* 433.

Sont incapables d'être tuteurs : 1° les mineurs, excepté le père ou la mère ; 2° les interdits ; 3° les femmes autres que la mère et les ascendants, etc. — *C. civ.* 442.

Les clauses d'exclusion et de destitution sont : 1° la condamnation à une peine afflictive ou infamante ; 2 l'interdiction des droits de famille prononcée par les tribunaux ; 3° l'inconduite notoire ; 4° une gestion attestant l'incapacité ou l'infidélité.

Des fonctions du tuteur.

Le tuteur veille à l'éducation du pupille, pourvoit à sa nourriture et à son entretien. Il peut même, avec l'autorisation du Conseil de famille, requérir sa détention s'il a des sujets graves de mécontentement.

Il représente le mineur dans tous les actes civils autres que le mariage et le testament. — Voy. *Mineur.*

Le tuteur légal, testamentaire ou légitime, est tenu, avant d'entrer en fonctions, de faire convoquer le Conseil de famille pour nommer un subrogé-tuteur.

Le tuteur passe valablement les baux des biens du pupille, en se conformant à la Loi. — Voy. *Bail*.

Il ne peut se rendre fermier des biens du mineur, à moins que le Conseil de famille n'ait autorisé le subrogé-tuteur à lui en passer bail.

Le tuteur défend seul aux actions immobilières et aux demandes en partage.

Mais l'avis du Conseil de famille lui est nécessaire : 1° pour accepter ou répudier une succession échue au mineur ; 2° pour renoncer à la communauté ; 3° pour obliger le mineur envers les créanciers de la succession ; 4° pour exercer le retrait successoral ; 5° pour accepter la donation faite au mineur ; 6° pour accepter des legs universels ou à titre universel ; 7° pour provoquer le partage de successions, communautés ou sociétés, et dans divers autres cas.

Le tuteur ne peut aliéner, sans y être préalablement autorisé par le Conseil de famille, les rentes, actions, parts d'intérêts, obligations et autres meubles incorporels appartenant au mineur ou à l'interdit. Lorsque la valeur de l'aliénation dépassera, d'après l'appréciation du Conseil de famille, 1500 fr. en capital, la délibération devra être homologuée par le Tribunal. Le mineur émancipé au cours de la tutelle, même assisté de son curateur, devra observer les mêmes formalités, mais non celui émancipé par le mariage. — Dans les 3 mois qui suivront l'ouverture de la tutelle, le tuteur devra convertir en titres nominatifs les titres au porteur appartenant au mineur ou à l'interdit et dont le Conseil de famille n'aurait pas jugé l'aliénation nécessaire. Il devra également, dans le même délai de 3 mois, convertir en titres nominatifs, les titres au porteur qui adviendraient au mineur ou à l'interdit de quelque manière que ce soit. — *L. du 27 fév.* 1880.

Le père administrateur légal des biens de ses enfants mineurs n'est pas astreint à ces aliénation et conversion. — Voy. *Administrateur légal*.

Le tuteur, même le père ou la mère, ne peuvent aliéner les immeubles du mineur sans l'autorisation du Conseil de famille homologuée par le Tribunal.

Il ne peut *compromettre*, même avec l'autorisation du Conseil de famille. — Voy. *Compromis*.

Fin de la tutelle. — Responsabilité. — Compte.

La tutelle finit, relativement au pupille, par sa mort, son émancipation ou sa majorité.

Elle finit, relativement au tuteur, par sa mort, par ses excuses dûment agréées, par sa destitution, ou la non-maintenue de la mère qui convole ; et enfin, pour le tuteur testamentaire, par l'expiration du temps fixé, ou par l'événement de la condition.

Le tuteur est responsable de sa mauvaise gestion. — *C. civ.* 450.

Les immeubles du tuteur sont frappés d'une hypothèque légale au profit du pupille. — Voy. *Hypothèque*.

Toute tutelle, lorsqu'elle finit, donne lieu à la reddition d'un compte, et tout traité qui intervient entre le tuteur et le mineur devenu majeur est nul, s'il n'a été précédé de la reddition de ce compte. — Voy. *Compte de tutelle*.

Le tuteur doit les intérêts des sommes qu'il a touchées, et dont il n'a pas fait emploi dans les 6 mois. — *D. N.* — Voy. *Compte de tutelle*.

TUTELLE (Compte de). — Voy. *Compte de tutelle*.

TUTELLE (Conseil de). — Voy. *Conseil de tutelle*.

TUTELLE officieuse. — C'est un contrat de bienfaisance par lequel une personne âgée de plus de 50 ans, sans enfants ni descendants légitimes, s'oblige, du consentement de son conjoint, à nourrir et élever gratuitement un mineur âgé d'au moins 15 ans, à administrer sa personne et ses biens, et le mettre en état de gagner sa vie.

La tutelle officieuse est le moyen de s'attacher les mineurs par un titre légal, qui permet leur adoption par testament après 5 ans.

Ce contrat n'est pas interdit aux femmes.

TUTEUR. — Voy. *Tutelle.*

TUYAUX. — Voy. *Aqueduc.* — *Fosse d'aisances.* — *Meubles.* — *Immeubles.* — *Mitoyenneté.* — *Servitudes.*

TYPE. — Voy. *Sceau.* — *Sceau de l'Etat.*

U

ULTRA-PETITA. — Se dit d'un jugement qui accorde plus qu'on n'a demandé. — C. proc. 480. — Voy. *Plus-pétition.*

UNIFORME. — Voy. *Costume.*

UNILATÉRAL (Contrat). — Voy. *Contrat.*

UNION de créanciers. — Etat d'une faillite, quand il n'est pas intervenu de concordat. — C. comm. 529. — Voy. *Concordat.*

L'union établit une communauté de biens résultant de l'indivision temporaire de la chose commune entre les créanciers du failli, mais non une société.

Le syndic représentant la masse des créanciers est chargé de procéder à la liquidation. — Il poursuit la vente des immeubles, marchandises et effets mobiliers du failli. — D. N. — Voy. *Faillite.* — *Vente judiciaire.*

UNIVERSALITÉ. — Se dit de la totalité des droits actifs et passifs d'une personne, par exemple une hérédité. — Voy. *Donation.* — *Legs.* — *Succession.*

UNIVERSITÉ de France. — Voy. *Enseignement.*

USAGE. — On comprend sous ce titre tout ce qui se pratique ordinairement dans un pays relativement aux affaires. — Voy. *Usages locaux.*

Les usages du commerce se prouvent par des *parères* ou avis de négociants.

USAGE (Droit d'). — Le droit d'usage consiste dans la faculté, pour une personne, de se servir d'une chose appartenant à une autre personne, ou d'en percevoir les fruits, conformément au titre qui l'a établi. — C. civ. 628.

Ce droit est incessible et insaisissable.

On distingue deux espèces de droits d'usage, dont l'un *personnel et temporaire*, qui s'éteint avec la personne à laquelle il a été concédé ; l'autre *réel et perpétuel*, qui se transmet avec le fonds pour l'utilité duquel il a été créé.

Le droit d'usage personnel, peu usité d'ailleurs, consiste dans la faculté de prendre sur les fruits du bien d'autrui ce que celui qui a le droit d'usage peut en consommer pour ses besoins.

L'usage peut avoir pour objet toutes choses mobilières ou immobilières, fongibles ou non fongibles, dont la jouissance peut être de quelque utilité. Il peut même être établi sur des choses incorporelles.

Lorsque l'usage a pour objet une maison, en tout ou partie, il prend le nom de droit d'habitation. — Voy. *Habitation (droit d').*

L'usager doit jouir en bon père de famille.

A la différence de l'usufruitier, l'usager est astreint à jouir par lui-même, et ne peut, ni céder, ni louer à un autre.

USAGES (forêts). — Se dit des bois, pâturages et terres vaines et vagues, sur lesquelles des particuliers, autres que le propriétaire foncier, ont le droit de prendre du bois pour leur usage, ou de mener paître leurs bestiaux. — Cette expression s'applique encore à ceux qui en jouissent.

Les usages se divisent en grands et petits. Les grands usages sont : 1° l'affouage ; 2° le marronnage ou droit de se faire délivrer des arbres pour les réparations et constructions des bâtiments ; 3° le pâturage et la glandée. — Voy. *Glandée.* — *Pâturage.*

Le droit d'usage affecte indivisiblement tout le fonds qui en est grevé.

L'usage aux *échalas* autorise l'usager à couper les brins de coudrier, épines et bois blanc ou autres arbrisseaux, et à élaguer les branches des arbres plus considérables, quand elles peuvent être coupées sans nuire à la plante.

L'usage au *bois de chauffage* s'entend de la coupe des bois vifs en taillis, mais non des futaies ou réserves; encore l'usager doit-il se contenter des bois secs et des chablis, s'il s'en trouve en suffisante quantité pour ses besoins.

L'usage *au mort bois* n'autorise que la coupe de divers menus bois qui sont de la moindre valeur.

L'usage au *bois mort ou sec*, en cime et racines, donne le droit de couper les arbres sur pied qui se trouvent en cet état.

L'usage au bois *sec et gisant* seulement ne donne le droit que de recueillir les brins et branches que l'usager trouve par terre.

L'usage au *bois de construction* autorise à se faire délivrer les bois nécessaires aux réparations et constructions de la maison usagère.

Le droit de *marronnage* accordé aux habitants d'une commune comprend les bois nécessaires à la réparation de l'église comme à celle des maisons.

Les droits de l'usager, quels qu'ils soient, ne lui donnent pas ceux de chasse ni de pêche.

Au reste, l'usage des bois et forêts est réglé par des lois particulières, insérées au Code forestier. — *D. N.*

USAGES locaux. — On entend par cette expression les coutumes et usages d'un pays, transmis par tradition.

Tout ce qui est ambigu ou n'est pas prévu s'interprète par l'usage qui, dans ce cas, supplée à la Loi et aux conventions; cependant un usage, même immémorial, ne peut légitimer l'infraction à une loi.

Bien que les *Coutumes* proprement dites, ou *Usages locaux*, aient été abrogées en principe par la loi du 25 ventôse an XI, certains *Usages constants et reconnus* sont toujours demeurés en vigueur. — *C. civ.* 671.

Ces usages peuvent résulter d'anciennes lois, d'anciens auteurs, ou être établis par titres, notoriété publique, par la preuve testimoniale ou par des décisions des tribunaux, qui, en pareille matière, ne sont pas soumises à la censure de la Cour de cassation.

En Normandie, par exemple, ce n'est pas le Code, même modifié comme il l'a été par la loi du 20 août 1881, qui fait loi pour les plantations, mais bien encore le règlement du 17 août 1751, basé sur les anciennes coutumes. — *Devilade*.

Nous avons déjà indiqué, sous les titres auxquels ils se rapportent, certains usages locaux généralement admis; nous allons les rappeler ici en renvoyant à ces divers titres, tout en traitant plus amplement de quelques-uns des autres usages, en suivant l'ordre *alphabétique* que nous avons adopté en tout, pour la facilité des recherches.

Arbre. — Distance des arbres, arbustes et arbrisseaux de la propriété voisine. — Voy. *Arbre*.

Aqueduc. — Les aqueducs ou canaux destinés à la conduite des eaux, et leurs réservoirs, lorsqu'ils sont établis le long du voisin, sont assujettis au contre-mur. — Voy. *Aqueduc*. — *Contre-mur* (ci-après, *Usag. loc.*).

Bail d'appartement. — Voy. *Bail d'appartement meublé*.

Bail d'ouvrage ou d'industrie. — Voy. *Bail d'ouvrage ou d'industrie*.

Bail partiaire. — Usage admis pour le congé. — Voy. *Bail partiaire*.

Bail verbal. — Voy. *Congé de location* (ci-après, *Usag. loc.*). — *Location verbale*.

Bois taillis. — Voy. *Haie*.

Brevet d'apprentissage. — Espèce de louage et d'industrie. — Voy. *Brevet d'apprentissage*.

Bornage. — Points de repère. — Voy. *Bornage*.

Branches d'arbres. — Voy. *Elagage*.

Canal. — Espace à laisser pour la confection des canaux de conduite d'eaux près du voisin. — Voy. *Canal*. — *Contre-mur* (ci-après, *Usag. loc.*).

Carrière. — Espace à laisser le long du voisin. — Voy. *Carrière*.

Chasse. — Les anciens arrêtés préfectoraux restent en vigueur tant qu'ils n'ont pas été révoqués par le dernier. — Voy. *Chasse*.

Cheminées. — Règlement relatif à la construction et à l'entretien des cheminées à Paris. — Voy. *Cheminées.* — *Contre-mur* (Usage loc.).

Cloaque. — Distance du voisin. — Voy. *Cloaque.*

Clôture. — Hauteur des murs de séparation. — Obligations du fermier. — Voy. *Clôture.*

D'après l'usage, les fermiers sont tenus, sauf stipulation contraire, de clore les haies et fossés pendant le cours du bail, et d'empêcher passages et sentiers que la mauvaise clôture faciliterait. Ils doivent aussi, à chaque coupe des haies, respecter les jeunes baliveaux réservés.

Congé de location. — Pour les délais de congé relativement aux locations verbales. — Voy. *Congé de location et les explications ci-après.*

Lorsqu'il s'agit de locations verbales, ou bien, s'il a été stipulé dans le bail qu'il pourra être résolu de part ou d'autre au bout de 3, 6 ou 9 années, et qu'il n'indique pas de combien de temps l'avertissement doit précéder les termes fixés, on suit les usages des lieux.

Pour les maisons, herbages, prés, vignes ou tout autre fonds dont les fruits se recueillent en entier dans l'année, la location verbale est censée faite pour un an ; celle des terres labourables est censée faite pour 3 ans.

Paris. — A Paris, les délais de congé se règlent sur le taux du loyer, la nature des lieux loués et la profession ou les fonctions des locataires.

Pour les logements d'un loyer annuel de 400 fr. et au-dessous, les congés doivent être donnés à 6 semaines.

Pour ceux au-dessus de 400 fr. et à quelque somme que puisse s'élever le loyer, ils doivent être donnés à 3 mois.

Pour les maisons entières, corps de logis entiers, les magasins et boutiques au rez de chaussée donnant sur la rue, sur un passage public ou sur une cour marchande ayant libre accès au public, ils ne peuvent être donnés qu'à 6 mois.

Les délais doivent être complets ; or, les termes commençant, à Paris, le 1er des mois de janvier, d'avril, de juillet et d'octobre, les congés doivent être donnés au plus tard : 1° la veille du demi-terme, c'est-à-dire le 14 des mois de février, mai, août et novembre, pour les locations de 400 fr. et au-dessous ; 2° la veille du commencement du dernier terme, c'est-à-dire les 31 décembre, 31 mars, 30 juin et 30 septembre, lorsque la location excède 400 fr. ; 3° enfin, la veille du commencement de l'avant-dernier terme, lorsqu'il s'agit de maisons entières, de corps de logis entiers, boutiques, etc. Bien entendu que si la veille du terme ou demi-terme était un jour férié, le congé devrait être donné un jour plus tôt.

L'usage accorde encore au locataire, pour vider les lieux loués et faire faire les réparations locatives, un délai de grâce de 8 jours lorsque le prix du loyer n'atteint pas 400 fr., et de 15 jours lorsqu'il excède ce chiffre, ou s'il s'agit de la location d'une maison entière d'un corps de logis entier ou d'une boutique.

Versailles. — A Versailles, les termes de loyer sont les mêmes qu'à Paris, mais le délai de congé diffère de celui-ci. Ainsi il est de 6 mois pour les boutiques sur la voie publique et dans les passages et pour les maisons entières et corps de logis entiers ; mais pour les autres locations, à l'exception des jardins et des maisons avec jardins, le congé se donne à 3 mois pour les loyers excédant 200 fr., à quelque somme qu'ils puissent s'élever, et à 6 semaines pour ceux inférieurs à cette somme. Le locataire est tenu de faire voir les lieux tous les jours autres que les jours fériés : savoir : les boutiques et baraques du midi à 6 heures, et les autres locations de midi à 4 heures. Le locataire doit remettre les clefs et les lieux le 8 à midi, pour les locations de 400 fr. et au-dessous, et le 15 à midi pour les locations au-dessus de 400 fr. et pour celles des boutiques, des maisons entières et des corps de logis entier. — *Sauger.*

Orléans. — A Orléans, les locations verbales commencent et expirent à la Saint-Jean-Baptiste, et lorsque la durée n'a pas été convenue elle est censée faite pour 1 an du terme prochain ; or, si le locataire est entré en jouissance avant le terme, il doit jouir d'abord jusqu'au terme, plus une année, et la location expire de plein droit au bout de l'année sans qu'il soit nécessaire de donner congé auparavant. — *Potier.*

Lyon.—A Lyon, les termes de loyers sont fixés au 24 juin (Saint-Jean) et au 25 décembre (Noël). Les congés doivent être donnés pour les appartements 3 mois d'avance. — Pour les magasins et locaux destinés au commerce 6 mois d'avance, et pour les locations générales aussi 6 mois d'avance.

Marseille. — A Marseille, le congé doit être donné le 15 mai pour sortir au 29 septembre (jour Saint-Michel) suivant.

Toulouse. — A Toulouse, le délai de congé est de 6 mois ; il doit être donné 6 mois avant la fin de la location. — *Cout. de Toulouse.*

Grenoble. — A Grenoble, le congé des appartements, magasins, etc., doit être donné avant le 1er février pour sortir le 14 septembre suivant.

Bordeaux. — A Bordeaux, le congé est de 3 mois.

BRETAGNE.

A Rennes, les locations verbales durent 1 an ; elles commencent et finissent à la Saint-Jean, mais elles ne cessent pas de plein droit et le congé doit être donné 3 mois avant la fin de l'année.— *Poullain-Duparc.*

Dans l'arrondissement de Brest, les congés doivent être signifiés au plus tard le 1er février pour le 1er avril, ou le 21 juillet pour le 29 septembre. — *Usages du Finistère.*

A Nantes, le congé doit être signifié 3 mois avant la Saint-Jean, sans aucune distinction pour les immeubles et pour toute espèce de location, quel que soit le taux du loyer et sans avoir égard à l'industrie et à la profession du locataire. La notification du congé doit être faite le 24 mars au plus tard. — *Sibille.* — *Usages de la Loire.*

HAUT-LANGUEDOC.

Dans le département du Tarn, à *Castres*, les délais de congé sont de 6 mois pour une maison ou partie de maison d'un loyer de 300 fr. et au-dessus, et pour une maison ou portion de maison avec boutique de marchand, ou seulement d'une boutique de marchand d'un loyer de 200 fr. au moins. — Pour le loyer d'un artisan, s'il n'est que de 120 fr., le délai est de 3 mois; s'il est de 150 fr. le délai est de 4 mois. Il est de 2 mois pour un loyer de 100 fr.; d'un mois et demi pour un loyer de 80 fr. et de 15 jours pour les chambres garnies. — *Clausade.* — *Usages du Tarn.*

A Albi, les congés pour les appartements ou chambres loués au mois doivent être donnés 15 jours à l'avance. Pour les loyers de 6 mois ou 1 an, ils doivent l'être 3 mois avant l'expiration de la location.

BOURBONNAIS.

Dans le Bourbonnais, la durée des locations verbales des maisons est d'un an, et le congé doit être donné 3 mois avant la fin de la location.

AUVERGNE.

En **Auvergne**, les locations sont faites pour un an, et le congé doit être donné 6 mois d'avance.

FRANCHE-COMTÉ.

En Franche-Comté, l'usage est de donner congé 6 mois avant la sortie lorsqu'il s'agit d'un magasin ou d'un appartement loué 400 fr. et au-dessus. Pour les locations dont la durée est inférieure, le délai n'est que de 3 mois. — *E. N.*

NORMANDIE.

Les délais de congé varient, en Normandie, selon la jurisprudence des juges de paix, laquelle consacre les usages et a force de loi.

D'après le *Dictionnaire de droit normand :* « Tout bail verbal pour les biens de ville est « d'une année, et, après jouissance d'une année, le propriétaire doit avertir le locataire 6 mois « avant l'expiration de la 2ᵐᵉ année s'il est question d'un corps de logis entier; s'il s'agit au « contraire d'une partie de maison : en quelques endroits l'avertissement doit donner 6 mois de « vide et il n'est dû que 6 semaines pour une chambre ; en d'autres endroits, au-dessus de 20 fr. « de loyer, l'avertissement doit précéder de 6 mois la sortie, et de 3 mois au-dessous de ce prix. A « cet égard, l'usage des lieux est la règle. »

Dans le ressort de la Cour d'appel de Caen (Calvados), la durée des locations verbales est d'une année quand il s'agit d'un hôtel ou d'une maison de la même importance ; de 6 mois pour une maison moins considérable, mais ayant cave et grenier, et de 3 mois pour les maisons qui n'ont ni cave, ni grenier. Les congés doivent être donnés 3 mois d'avance pour les maisons de la dernière classe, 6 mois pour celles de la 2ᵐᵉ classe et 1 an pour celles de la 1ʳᵉ. — *Duvergier.*

Pour le Havre, Ingouville et Granville (Seine-Inférieure), voici les usages : Un locataire peut, au bout de la dernière année de jouissance, et même le dernier jour, lorsqu'il n'a pas de bail, remettre la maison qu'il occupe, et par identité de raison, le propriétaire peut lui-même la louer à un tiers sans être obligé d'en avertir le locataire. Mais aussi lorsque la jouissance a duré plus d'une année, le locataire est tenu d'avertir le propriétaire lorsqu'il veut quitter, 6 mois d'avance pour un corps de logis, 3 mois d'avance pour une portion de maison, et 6 semaines pour une chambre. — Il est également d'usage que les loyers des maisons sans aucune clause particulière soient exigibles de 6 mois en 6 mois, et que, lorsqu'un locataire sort d'une maison, il doit s'arranger de façon que celui qui le remplace puisse, 4 jours avant l'expiration de son terme, envoyer partie de ses meubles dans la maison qu'il va occuper, parce que celui qui la quitte peut, pendant 4 jours après le terme expiré, avoir encore une partie de ses meubles dans la maison qu'il a quittée.

A défaut de clause particulière, les maisons sont toujours censées être louées pour une année et ne peuvent être remises auparavant.

Le propriétaire est tenu d'avertir dans les mêmes délais le locataire de vider sa maison, lorsqu'il y a eu jouissance de plus d'une année; il est encore d'usage, dans la ville du Havre, que pour les magasins et les boutiques, il y ait obligation de donner congé ou de remettre la jouissance 6 mois avant l'expiration de l'année, lorsque la location a duré plus d'une année ; quant aux magasins loués au mois, pour faire cesser la jouissance après le premier mois, il n'est pas nécessaire d'un avertissement préalable, cette jouissance cesse de plein droit. Mais si le locataire est laissé en jouissance, le propriétaire doit lui signifier congé quinze jours avant l'expiration du mois suivant ou de l'un des autres mois subséquents. Il en est de même à l'égard des chambres garnies. — Les congés à l'égard des maisons doivent être signifiés, s'il s'agit d'un corps de logis ou d'une portion de corps de logis, avant le terme qui précède de 6 ou de 3 mois l'expiration de la jouissance que l'on veut faire cesser ; et encore bien que les 6 ou 3 mois ne soient pas complets par rapport au nombre de jours, le congé n'en est pas moins valable. Les termes d'usage sont Pâques, Saint-Michel et Noël. *Délibération du Tribunal civil du Havre, 7 avril 1837.*

A Bayeux, la location verbale des maisons, même avec jardin, commence et finit le 24 juin

TOURAINE.

Dans la Touraine, les époques fixées pour la signification des congés sont les 25 mars, 24 juin 29 septembre et 25 décembre, et le congé doit être donné à 6 mois pour une maison entière ou une auberge, et à 3 mois pour un appartement.

POITOU.

Dans le Poitou, le congé doit être signifié aux mêmes époques que dans la Touraine, mais les délais qui s'écoulent entre la signification du congé et la sortie des lieux diffèrent en ce que le congé doit être donné 6 mois d'avance pour une maison avec ou sans boutique, et 3 mois pour une portion de maison ou corps de logis séparé.

BÉARN.

Dans le Béarn, la durée des baux est fixée à une année, et le délai de congé est de 3 mois avant 'expiration de l'année, et de 6 mois s'il s'agit de magasins ou de boutiques. — *Duvergier.*

LORRAINE.

En Lorraine, le délai de congé est de 3 mois.

MELUN.

A Melun, le congé doit être donné au moins 3 mois avant la sortie des lieux, outre huitaine pour le délogement. — *Sevenet.*

BLOIS.

A Blois, les locations verbales sont d'une année ; elles vont de Noël à Noël ou de Saint-Jean à Saint-Jean. — *Fourré.*

Congés entre patrons et ouvriers. — Il n'existe ni lois, ni usages suivis sur les délais des congés donnés par les patrons à leurs employés et ouvriers, et réciproquement. Certains employés et ouvriers sont au mois ; le congé se donne alors 15 jours à l'avance ; les autres travaillent à leurs pièces et l'engagement finit par la livraison du travail.

Contre-mur. — Épaisseur et distance du voisin. — Voy. *Contre-mur et les explications ci-après.*

Dimensions. — L'épaisseur, l'élévation, la composition, les fondations, toutes les conditions, en un mot, d'un contre-mur, dépendent de son objet, et le Code ne traçant aucune règle on doit se conformer aux usages de chaque lieu.

On admet assez généralement une épaisseur de 21 centimètres, des fondations de 65 centimètres de profondeur, et une élévation égale à celle de la masse des objets que le contre-mur doit soutenir ou écarter du mur. — *Le Page.* — *Pardessus,* etc.

Puits. — Celui qui veut creuser un puits à proximité, soit d'un mur appartenant au voisin, soit d'un mur mitoyen ou susceptible de le devenir, soit encore de la cave ou du puits voisin, est tenu de faire un contre-mur fondé plus bas que les ouvrages du voisin et montant jusqu'au niveau du sol. — Ce contre-mur, dont l'épaisseur est déterminée par les statuts locaux ou à dire d'experts, est assez généralement fixé à un mètre et doit être tel qu'il ne permette pas l'infiltration des eaux. — *Le Page.* — *Sirey.* — *Demolombe.*

Lorsqu'on veut creuser un puits à proximité de la fosse d'aisances du voisin, on doit, à Paris, faire un contre-mur de 1 m. 33 cent. d'épaisseur. Dans les autres lieux, on observe les usages reconnus, et s'il n'en existe pas, on doit appeler des experts pour déterminer l'épaisseur du contre-mur et les précautions nécessaires. Toutefois il est de règle générale qu'entre puits et fosse d'aisances, le contre-mur doit être plus épais et plus solide que ne le sont d'ordinaire les contre-murs des puits, ce qui ne le sont ceux-là même qui séparent deux puits construits l'un près de l'autre. — *Sirey et Rendu.*

Si les deux héritages n'ont aucune construction, il suffit à celui des deux voisins qui le premier fait un puits, de laisser moitié de la distance, ou de donner à son contre-mur moitié de l'épaisseur qui devrait exister si le voisin contigu plaçait en regard, soit un autre puits soit toute autre construction. — *Le Page.* — *Sirey et Rendu.*

Canaux. — Les canaux destinés à la conduite des eaux et leurs réservoirs sont assujettis aux mêmes précautions. — *Le Page.* — *Demolombe.*

Fosses d'aisances. — D'après toutes les coutumes, d'après tous les règlements et usages particuliers, on ne peut établir une fosse d'aisances à proximité d'un mur mitoyen ou susceptible de le devenir, d'un puits, d'une cave ou d'une autre fosse d'aisances, sans faire un contre-mur en telle et si bonne maçonnerie qu'il puisse les garantir du contact et de l'infiltration des matières. — *Fournel.* — *Le Page.* — *Desgodets.*

Là où les règlements et usages ne déterminent pas les ouvrages en maçonnerie à observer entre deux fosses d'aisances, mais déterminent ceux à observer entre deux puits, la règle écrite pour le second cas est applicable au premier. Ainsi dans les lieux régis par la coutume de Paris qu ine fixe pas l'épaisseur de la maçonnerie à établir entre deux fosses d'aisances, on doit donner à cette maçonnerie l'épaisseur exigée par la même coutume entre deux puits, c'est-à-dire 1 mètre. *Desgodets. — Le Page. — Sirey. — Rendu.*

La même coutume de Paris, qui se contente en général de 33 centimètres (un pied) de contre-mur pour un puits, et de la même épaisseur pour une fosse d'aisances, veut, lorsqu'il y a puits d'un côté et une fosse d'aisances de l'autre, une maçonnerie d'une épaisseur totale de 1 m. 33 cent. (4 pieds).

La longueur du contre-mur doit excéder celle de la fosse d'une quantité suffisante pour que les urines en filtrant ne puissent pas attaquer le mur par les extrémités du contre-mur. Les architectes enseignent que, pour éviter cet inconvénient, le contre-mur doit entourer la fosse de manière que les matières s'y trouvent renfermées comme dans un vase. — *Desgodets. — Le Page.*

Cheminées et âtres. — Pour les cheminées et âtres, le contre-mur doit être en maçonnerie de tuiles ou de briques. Il ne doit pas être incorporé au mur. Susceptible d'être usé par le feu, il faut qu'il puisse être facilement enlevé et remplacé. — *Desgodets et Gougny. — Coutume de Paris.*

Le contre-mur doit avoir au moins 162 millimètres (6 pouces) d'épaisseur; il doit former le fond de la cheminée dans toute sa longueur jusqu'à la hauteur du manteau, et arriver à cette hauteur en perdant par degré et insensiblement de son épaisseur, de manière qu'il cesse d'exister sans que la retraite soit marquée. On remplace aussi très efficacement cette maçonnerie par une plaque en fonte que l'on dresse parallèlement au mur en ayant soin de couler du plâtre entre la plaque et le mur pour n'y laisser aucun vide. — *Desgodets et Gougny. — Sirey et Rendu.*

Une ordonnance de police du 11 décembre 1852 détermine, à Paris, les règles à observer pour la construction des cheminées, poêles et calorifères.

Aux termes de l'article 190 de la Coutume de Paris, entre la forge, le fourneau ou four, et un mur mitoyen ou non, il faut un contre-mur de 33 cent. (1 pied) d'épaisseur. Ce contre-mur, solidement bâti, doit s'étendre dans toute la longueur et toute la hauteur de la forge, du fourneau et du four; il en forme le contre-cœur. — *Sirey et Rendu.*

L'art. 674 ne distingue pas entre les fours des particuliers et ceux des boulangers et pâtissiers; les mêmes précautions sont requises pour les uns comme pour les autres. — *Demolombe.*

Il doit en être de même pour les tuyaux d'une fournaise.

Pour les chaudières à vapeur, il faut un contre-mur de 1 mètre, isolé de 10 cent. du mur mitoyen, et, de plus, que ledit contre-mur soit élevé de 1 mètre au-dessus de la chaudière. — *Manuel des lois du bâtiment.*

Écurie, Étable etc. — Celui qui, contre un mur mitoyen ou non, élevé sur l'extrême limite de son héritage, veut établir une écurie, une étable, une bergerie, un toit à porcs ou tout autre lieu destiné à l'habitation des animaux, et où le fumier séjourne jusqu'à ce qu'il ait acquis un certain degré de fermentation, est tenu de faire un contre-mur. — *Sirey et Rendu.*

Suivant les ancien et nouveau *Desgodets*, le but de la loi sera atteint, si on environne, à l'intérieur, d'un contre-mur de 22 cent. (8 pouces) d'épaisseur, en bons moellons scellés en mortier de chaux et de sable, le pourtour des murs, sauf celui où se trouve la porte, parce que celui-là ne peut pas être rendu mitoyen. Ce contre-mur doit être monté à hauteur de la mangeoire, attendu qu'on y relève quelques fois les fumiers; sa fondation doit être assez basse pour empêcher les eaux et urines de pénétrer aux fondements du mur. — *Sirey et Rendu.*

Si l'étable est solidement pavée à chaux et à ciment, le contre-mur est suffisamment fondé à 33 centimètres de profondeur; si elle ne l'est pas ou qu'il ne le soit pas solidement, il faut une fondation plus basse de 66 cent. à 1 m. (2 à 3 pieds), par exemple, selon le besoin et suivant l'avis des gens de l'art. — *Desgodets. — Le Page, etc.*

Magasins de sel, etc. — Il en est de même pour l'établissement d'un magasin de sel, morue ou autres salaisons. — Suivant la Coutume de Paris, le contre-mur en bonne maçonnerie doit avoir 33 centimètres (1 pied) d'épaisseur; 1 mèt. (3 pieds) de fondations, et il doit couvrir le mur ou la partie du mur à garantir en longueur ou en hauteur. — *Sirey et Rendu.*

Câve. — Une voûte de cave en simple berceau, qui, parallèle au mur mitoyen, vient s'appuyer sur lui, nécessite, au long du mur mitoyen, l'établissement d'un contre-mur de 33 cent. d'épaisseur; le contre-mur doit être incorporé au mur mitoyen et régner dans toute la longueur de ce mur qu'il s'agit de protéger. — La hauteur du contre-mur se détermine d'après la courbure et le mode de construction de la voûte; la règle est que la courbure de cette voûte doit prendre naissance sur le contre-mur. — *Desgodets. — Le Page.*

Lorsque, au contraire, le berceau fait angle avec le mur mitoyen de telle sorte que ce mur ferme seulement la cave ou l'une de ses extrémités et lui serve de pignon, aucun contre-mur n'est nécessaire puisque la voûte ne porte pas sur le mur mitoyen. — *Desgodets. — Le Page, etc.*

Quant à la voûte d'arête en lunette, celui qui l'établit joignant un mur mitoyen doit faire un contre-mur, ou, s'il préfère, construire en pierres, au long du mur, deux dosserets ou pilastres en saillie, d'épaisseur ou largeur suffisante pour porter les pieds des deux arêtes qui se courbent vers le mur mitoyen. — *Desgodets. — Le Page, etc.*

La nécessité d'un contre-mur ou de dosserets disparaît lorsqu'il existe, des deux côtés du mur mitoyen, des voûtes exactement placées vis-à-vis et à la même hauteur, et dont les poussées se neutralisent mutuellement. — *Le Page. — Sirey et Rendu.*

Lorsque, d'un côté du mur mitoyen, on construit la voûte d'une cave, et que de l'autre côté il n'y a que la masse des terres, il y a, suivant *Desgodets*, obligation de faire un contre-mur, et cette opinion a prévalu malgré l'opinion contraire émise par d'autres auteurs.

Trous en terre. — Les trous pratiqués en terre pour y éteindre la chaux ou y faire des dépôts de fumiers ou immondices ne peuvent être ouverts immédiatement contre un mur, fût-il même mitoyen; il faut une distance ou un contre-mur. — *Bordeaux, 19 août 1831.*

Inégalité du sol. — Lorsqu'un contre-mur est rendu nécessaire par l'inégalité du sol, le terrain pour le contre-mur doit être fourni en entier et la construction du contre-mur doit être supportée en entier: si l'inégalité du terrain est naturelle, par le propriétaire le plus élevé; si elle provient du fait de l'homme, par celui qui l'a occasionnée. — *Desgodets et Goupy, etc.*

Obligations diverses. — Le propriétaire d'un ouvrage qui a été placé sans contre-mur près de l'héritage voisin sur lequel il n'existait aucune construction est tenu de faire le contre-mur dès que le voisin construit près de cet ouvrage. Il sera donc sage en général d'établir le contre-mur dès l'origine, pour échapper à l'obligation de pratiquer cet ouvrage plus tard avec de nouveaux dérangements et de plus grandes dépenses. — *Fremy.* — *Ligneville.* — *Sirey et Rendu.*

Les frais de la construction du contre-mur sont en entier à la charge de celui qui établit l'ouvrage qui rend cette construction nécessaire. Le voisin n'y doit contribuer en aucune façon, encore que l'ouvrage lui profiterait indirectement. Au cas seulement où des constructions nécessitant le contre-mur seraient faites l'une près de l'autre par deux propriétaires voisins, la maçonnerie séparative formerait un ensemble dont chacun aurait sa part. — *Le Page.* — *Fremy.* — *Sirey et Rendu.*

Observations générales. — Le contre-mur doit-il être incorporé au mur? Il faut distinguer suivant les cas, c'est-à-dire incorporer le contre-mur lorsqu'il a pour objet de soutenir le mur ou d'empêcher ce mur de supporter la charge de terres supérieures ou de voûtes de caves; s'abstenir au contraire de l'incorporer lorsque ce contre-mur n'est qu'une simple séparation qui ne supporte aucun poids.

Il est des cas où l'établissement du contre-mur ne constitue qu'une obligation relative d'intérêt purement privé, et à laquelle le voisin peut renoncer : tels sont ceux où il s'agit de soutenir des terres ou des fumiers. Il en est d'autres où l'établissement est d'ordre public, intéresse la sécurité ou la salubrité générale, et où, par suite, les conventions des parties n'en pourraient dispenser; tels sont ceux où il s'agit de faire contre-mur pour cheminées, âtres, fosses d'aisances, etc. — L'autorité pourrait, nonobstant les conventions privées qui y seraient contraires, exiger l'établissement d'un contre-mur qui intéresserait la sécurité ou la salubrité publiques. Les parties elles-mêmes pourraient l'exiger malgré les consentements contraires, mais nuls de droit, qu'elles auraient pu donner. — *Fournel.* — *Delvincourt.* — *Pardessus.*

Prescriptions. — Le propriétaire qui a fait les constructions nuisibles sans observer les distances ou les précautions prescrites par la loi, acquiert, après 30 ans de possession, le droit de les conserver en l'état où elles sont et quoiqu'elles blessent l'intérêt privé du voisin; il y a alors droit acquis par prescription. Mais il n'en est pas ainsi des travaux qui pourraient être nuisibles à la société. On ne prescrit pas contre ce qui est d'ordre public. — *Demolombe.* — *Aubry et Rau.* — *E. N.*

Cours d'eau. — Règlements, curage et entretien. — Voy. *Cours d'eau.*
Déclôture. — Destruction des fossés et haies vives. — Voy. *Déclôture.*
Démolition. — Obligation de reconstruire dans les villes. — Voy. *Démolition.*
Domaine congéable. — Bail en usage dans certaines contrées. — Voy. *Domaine congéable.*
Egout. — Espace à laisser en construisant. — Voy. *Egout.*
Emondage. — Usages admis. — Voy. *Emondage.*
Etage. — Voy. *Etage.*
Forge, Fourneau. — Contre-mur et espace vide à laisser. — Voy. *Forge.* — *Fourneau.* — *Contre-mur (Usag. loc.).*
Fosse d'aisances. — Ouvrages prescrits. — V. *Fosses d'aisances.* — *Contre-mur (Usag. loc.).*
Fossés. — Dimensions et manière de les établir. — Voy. *Fossé.*
Fours et cheminées. — Voy. *Fours et cheminées.* — *Contre-mur (Usag. loc.).*
Haie. — Distance à observer, coupe et taille. — Voy. *Haie.*
Location verbale. — Durée. — Voy. *Location verbale.* — *Congé de location (Usag. loc.).*
Mare. — Espace à laisser le long du voisin. — Voy. *Mare.*
Mitoyenneté. — Les risques de mitoyenneté admis par les anciennes coutumes peuvent toujours être invoqués à l'égard des murs construits antérieurement au Code.
La mitoyenneté est obligée dans les villes. — Voy. *Mitoyenneté.*
Passage. — Choix du passage pour les propriétés enclavées. — Voy. *Passage.*
Pépinière. — Droits accordés au fermier. — Voy. *Pépinière.*
Plantations. — De la distance, du plant prohibé, et des plantations en général. — Voy. *Plantation.*
Plantations de bornes. — Voy. *Bornage.*
Poids et mesures. — Comparaison des anciennes mesures en usage dans les différentes contrées de la France. — Voy. *Poids et mesures.*
Puits. — Contre-mur à faire près du voisin. — Voy. *Puits.* — *Contre-mur (Usag. loc.).*
Repare. — Distance ou largeur à laisser près du voisin. — Voy. *Repare ou réparation.*
Ronces et épines. — Voy. *Haie.*
Saillies. — Servitude. — Comment on l'acquiert? — Voy. *Saillie.*
Servitudes. — Destination du père de famille. — Voy. *Servitudes.*
Tailles des arbres. — Voy. *Taille des arbres à fruits.*
Tertres, rideaux, balmes etc. — Voy. *Bornage.*
Usage (droit). — Voy. *Usage (droit).*

Usages (forêts). — Droit de prendre du bois et mener paître les bestiaux. — Voy. *Usages (forêts).*

Voisinage. — Règlements relatifs aux constructions des cheminées. — Voy. *Voisinage.* — *Contre-mur* (Usag. loc.).

Vues. — Servitude légale qu'on peut acquérir par titres ou prescription. — Voy. *Vues.*

USANCE. — Se dit du délai de 30 jours accordé pour le paiement d'une lettre de change, et qui court du lendemain de sa date. — C. comm. 131 et suiv. — Voy. *Lettre de change. — Protêt.*

USINE. — On désigne sous ce nom tous les établissements de grande fabrication, et particulièrement ceux qui ont pour moteur l'eau, les vents, la vapeur, etc., tels que les moulins, papeteries, verreries, filatures, fourneaux, etc. — Voy. *Moulins et usines. — Cours d'eau. — Etablissements dangereux. — Forêts. — Mines.*

USTENSILES. — Voy. *Meubles. — Immeubles.*

USTENSILES aratoires. — Voy. *Legs. — Meubles. — Immeubles. — Privilège.*

USUFRUIT. — C'est le droit de jouir et tirer profit pendant sa vie d'une chose dont un autre à la propriété, comme le propriétaire lui-même, mais à charge d'en conserver la substance. — C. civ. 578.

Il s'établit par la loi ou la volonté des personnes et sur tous biens meubles et immeubles.

Il résulte de la *Loi* au profit des père et mère, sur les biens de leurs enfants jusqu'à l'âge de 18 ans, ou de leur émancipation.

Il s'établit par la *volonté des personnes*, au moyen de donations ou autres conventions, même conditionnellement, c'est-à-dire qu'on peut stipuler qu'il cessera dans un cas déterminé.

L'usufruit suit l'immeuble, en quelques mains qu'il passe.

Lorsqu'il porte sur des immeubles, il est susceptible d'hypothèque, et peut être vendu par expropriation forcée.

L'usufruit ne peut être établi que par le propriétaire capable d'aliéner, et au profit de ceux ayant capacité pour recevoir ou acquérir. — Voy. *Vente.*

Il ne peut porter sur la réserve légale des enfants ou autres descendants ; mais il en est autrement à l'égard de la réserve des ascendants. — C. civ. 1094.

Des droits de l'usufruitier.

L'usufruitier peut jouir par lui-même, vendre ou céder à titre gratuit. — Voy. *Vente (contrat de)*, formule n° VIII.

Il a droit aux fruits, du jour où l'usufruit est ouvert, sans préjudice des droits du tiers possesseur qui les aurait perçus de bonne foi. — C. civ. 585. — Voy. *Fruits.*

Les fruits naturels et industriels qui sont le produit spontané de la terre, le croît des animaux et les récoltes, s'acquièrent par la perception qu'en fait l'usufruitier, sans fraude, à mesure qu'ils sont mobilisés ou détachés du sol.

Ceux pendants par branches et par racines au moment de l'ouverture de l'usufruit appartiennent à l'usufruitier.

Les fruits civils qui sont les loyers et fermages, les intérêts de capitaux et arrérages des rentes, s'acquièrent jour par jour.

Les bois taillis étant les fruits naturels des forêts, l'usufruitier a le droit de les couper, en se conformant aux usages constants. Mais il en est autrement des futaies, à moins qu'elles ne soient mises en coupes réglées.

Il peut, toutefois, abattre les arbres de haute futaie pour les réparations dont il est tenu.

Les arbres fruitiers qui meurent ou qui sont arrachés, ou brisés par accident, appartiennent à l'usufruitier, à la charge de les remplacer par d'autres.

L'usufruitier jouit des mines et carrières en exploitation à l'ouverture de l'usufruit, mais il n'a aucun droit à celles non encore ouvertes, sauf pour extraire les matériaux nécessaires aux réparations dont il est tenu. — C. civ. 598.

L'usufruitier qui découvre un trésor n'a droit qu'à la moitié de sa valeur ; l'autre moitié appartient au propriétaire.

Il a le droit de se servir de l'argent, et de consommer les graines et autres choses fongibles, à charge d'en payer l'estimation, ou de rendre pareille quantité et valeur à la fin de l'usufruit.

Il n'est tenu de rendre les choses qui se détériorent par l'usage, tels que le linge, meubles meublants, etc., que dans l'état où elles se trouvent. — *C. civ.* 589.

Il ne peut faire aucun changement notable, intérieur ni extérieur, aux bâtiments, qui puisse les dégrader ou rendre l'habitation moins saine.

Des obligations de l'usufruitier.

L'usufruitier est tenu de faire dresser, en présence du propriétaire, ou lui dûment appelé, un inventaire des meubles et un état des immeubles sujets à l'usufruit. — *C. civ.* 600. — Voy. *Etat d'immeubles.* — *Inventaire.*

Il doit également donner caution de jouir en bon père de famille, s'il n'en a été dispensé par le titre constitutif de l'usufruit. Toutefois, s'il ne trouve pas de caution, il peut offrir, à la place, un gage ou une hypothèque.

Le vendeur sous réserve d'usufruit est, de droit, dispensé de donner caution.

Sont aussi dispensés de donner caution les père et mère ayant l'usufruit légal des biens de leurs enfants. — Voy. *Usufruit légal.*

L'usufruitier est tenu de jouir en bon père de famille.

Il n'est tenu que des réparations d'entretien, à moins que les grosses réparations ne proviennent d'un abus de sa jouissance, auquel cas elles tomberaient à sa charge.

L'usufruitier est tenu, pendant sa jouissance, de toutes les charges annuelles ordinaires et extraordinaires de l'héritage.

Pas plus que le propriétaire, il n'est tenu de rebâtir ce qui est tombé de vétusté ou ce qui a été détruit par cas fortuit.

Des droits et obligations du propriétaire.

Le propriétaire ne peut nuire par son fait, ni de quelque manière que ce soit, aux droits de l'usufruitier. — *C. civ.* 599.

Les grosses réparations, c'est-à-dire celles des gros murs et des voûtes, le rétablissement des poutres et des couvertures entières, celui des digues et des murs de soutènement aussi en entier, demeurent à la charge du propriétaire. — *C. civ.* 606.

De l'extinction de l'usufruit.

L'usufruit s'éteint : 1° par la mort de l'usufruitier ; 2° par la réunion sur la même tête des deux qualités de propriétaire et d'usufruitier ; 3° par l'abus de jouissance ; 4° par le non-usage, c'est-à-dire par la prescription opérée au profit du propriétaire ; 5° par la renonciation de l'usufruitier ; 6° par la perte totale de la chose ; 7° par la résolution du droit constitutif de l'usufruit ; 8° enfin, par l'expiration du temps.

A l'extinction de l'usufruit, les héritiers de l'usufruitier doivent compte au propriétaire des meubles qui lui avaient été remis, des créances qu'il aurait touchées, et des choses fongibles qu'il avait reçues, de même que de l'état des immeubles dont il a eu la jouissance. — *D. N.*

Evaluation de l'usufruit.

Nous donnons ci-après un tableau basé sur le taux moyen admis par les principales compagnies d'assurances sur la vie, pour servir à l'évaluation tant d'un *usufruit* que d'une *nue propriété*, eu égard à l'âge de l'usufruitier.

TABLEAU CALCULÉ SUR 100 FR. EN CAPITAL

Pour trouver la valeur d'un USUFRUIT *ou d'une* NUE PROPRIÉTÉ, *il suffira de multiplier le nombre de fois 100 francs que présentera l'objet à évaluer par le chiffre se trouvant en regard de l'âge.*

AGE	PRIX de l'usufruit	PRIX de la nue propriété	AGE	PRIX de l'usufruit	PRIX de la nue propriété	AGE	PRIX de l'usufruit	PRIX de la nue propriété
31	87.06	12.94	51	68.78	31.22	71	40.19	59.81
32	86.48	13.52	52	67.47	32.53	72	39.11	60.89
33	85.90	14.10	53	66.10	33.90	73	38.38	61.62
34	85.28	14.72	54	64.63	35.37	74	37.53	62.47
35	84.65	15.35	55	63.20	36.80	75	36.84	63.16
36	84 »	16 »	56	61.63	38.37	76	36.17	63.83
37	83.32	16.68	57	60.12	39.88	77	35.37	64.63
38	82.50	17.50	58	58.54	41.46	78	34.54	65.46
39	81.64	18.36	59	57.01	42.99	79	33.64	66.36
40	80.74	19.26	60	55.40	44.60	80	32.98	67.02
41	79.82	20.18	61	53.99	46.01	81	32.38	67.62
42	78.85	21.15	62	52.60	47.40	82	31.71	68.29
43	77.84	22.16	63	51.11	48.89	83	31.02	68.98
44	76.79	23.21	64	49.64	50.36	84	30.36	69.64
45	75.70	24.30	65	48.30	51.70	85	29.86	70.14
46	75.13	24.87	66	46.84	53.16	86	29.37	70.63
47	73.50	26.50	67	45.37	54.63	87	28.85	71.15
48	72.39	27.61	68	43.88	56.12	88	28.45	71.55
49	71.23	28.77	69	42.51	57.49	89	28.11	71.89
50	70.03	29.97	70	41.16	58.84	90	27.89	72.11

Il est fait observer qu'au nombre des projets financiers qui viennent d'être présentés à la Chambre des députés, au moment où nous mettons sous presse, se trouve un remaniement dans le régime fiscal en matière de transmission d'usufruit et de nue propriété. Ainsi, au lieu du tarif unique actuellement en vigueur, qui fixe à 10 fois le produit des biens ou le prix des baux, ce projet établit une proportionnalité selon l'âge de l'usufruitier, d'où il résulte : que jusqu'à 20 ans l'usufruit serait estimé aux 7 dixièmes de la propriété; au-dessus de cet âge, la valeur diminuerait de 1 dixième par chaque période de 10 ans, et se trouverait réduite à 1 dixième au delà de 70 ans. L'usufruit constitué à terme serait estimé aux 2 dixièmes pour chaque période de 10 ans, sans avoir égard à l'âge de l'usufruitier.

USUFRUIT légal. — L'usufruit légal est celui qui appartient au père pendant le mariage, et, après la dissolution du mariage, au survivant des père et mère, sur les biens de leurs enfants mineurs jusqu'à l'âge de 18 ans accomplis, ou jusqu'à l'émancipation, si elle a lieu avant cet âge.

Il existe encore d'autres espèces d'usufruit légal, notamment : 1° l'usufruit accordé aux père et mère du défunt sur le tiers des biens échus aux collatéraux. — Voy. *Succession;* — 2° le droit de jouissance au profit de la communauté sur les biens des deux époux et au profit du mari sur les biens de la femme, sous le régime dotal. — Voy. *Communauté de biens.* — *Régime dotal;* — 3° le droit d'usufruit appartenant aux bénéficiers sur les biens de leurs bénéfices. — Voy. *Bénéfice ecclésiastique.*

L'usufruit légal est une espèce de récompense que la loi accorde aux père et mère, et il faut remarquer que pendant le mariage cet usufruit appartient au père seul.

Dans certains cas exceptionnels, les biens des enfants mineurs sont cependant affranchis de l'usufruit légal. Ainsi : 1° l'usufruit n'a pas lieu au profit de celui des père et mère contre lequel le divorce a été prononcé; 2° la mère qui contracte un second mariage perd l'usufruit légal ; 3° l'époux survivant qui omet de faire inventaire des biens de la communauté perd également l'usufruit légal.

Les charges de l'usufruit légal sont d'abord celles auxquelles sont tenus les usufruitiers et ensuite la nourriture, l'entretien et l'éducation des enfants, selon leur fortune ; le paiement des arrérages ou intérêts de capitaux ; les frais funéraires et ceux de dernière maladie.

La Loi dispense les père et mère de donner caution pour l'usufruit des biens de leurs enfants. — *D. N.*

USUFRUITIER. — Voy. *Usufruit.*

USURE. — Se dit de ce qui est exigé au delà du taux légal pour l'intérêt d'un prêt d'argent.

La loi du 12 janvier 1886 a abrogé, en matière de commerce, les dispositions des lois des 3 septembre 1807 et 19 décembre 1850 relatives à l'intérêt conventionnel ; de sorte que le taux d'intérêt, en matière commerciale, est maintenant complètement libre.

Mais les dispositions des mêmes lois étant restées en vigueur en matière civile, s'il est prouvé que le prêt conventionnel a été fait à un taux d'intérêt excédant le taux légal, c'est-à-dire 5 pour 0/0, le prêteur doit être condamné, par le Tribunal saisi de la contestation, à restituer cet excédent, s'il l'a reçu, et peut même être poursuivi correctionnellement.

Il existe deux modes de répression contre l'usure, savoir : l'*action civile*, qui appartient exclusivement aux individus lésés ; et l'*action publique*, qui est du ressort du ministère public.

La preuve testimoniale est admissible en matière civile comme en matière criminelle, l'usure étant une fraude ; le délit d'usure est puni d'amende et d'emprisonnement.

USURIER. — Voy. *Usure.*

USURPATION. — Action d'usurper, de s'emparer, à titre de maître, d'un bien qui appartient à un autre. — Voy. *Action possessoire.* — *Possession.* — *Prescription.*

USURPATION d'arbres. — C'est le fait d'usurper des arbres en même temps que le terrain, ce qui peut donner lieu à une action possessoire. — Voy. *Arbre.*

USURPATION de fonctions. — C'est le délit de celui qui, sans titre, s'immisce dans des fonctions publiques civiles ou militaires, ou fait les actes d'une de ces fonctions. — *C. pén.* 258.

USURPATION de nom. — Voy. *Noblesse.*— *Noms et prénoms.* — *Sceau des titres.* — *Titre de noblesse.*

UTÉRIN. — On appelle frère ou sœur *utérins* ceux nés de la même mère et non du même père. On dit aussi parenté *utérine.* — Voy. *Consanguin.* — *Germain.* — *Succession.*

UTILE, Utilité. — Voy. *Impenses.* — *Règles de droit.*

UTILITÉ publique. — L'utilité publique est une cause d'expropriation, de servitude, etc. — Voy. *Chemins.* — *Dessèchement de marais.* — *Expropriation pour utilité publique.* — *Halage.* — *Marchepied.* — *Servitude d'utilité publique.* — *Travaux publics.* — *Voirie.*

V

VACANCE. — État de ce qui est inoccupé. On dit *biens vacants, fonctions vacantes.* — Voy. *Biens.* — *Office.* — *Succession vacante.*

VACANCE de succession. — Voy. *Déshérence.* — *Succession vacante.*

VACANCES des tribunaux. — C'est, dans le langage judiciaire, l'espace de temps pendant lequel, chaque année, les audiences des Cours et Tribunaux sont suspendues.

Anciennement, ces vacances avaient lieu du 1er septembre au 1er novembre ; mais aujourd'hui elles sont fixées du 15 août au 15 octobre. — *Déc. du 15 juill. 1885.*

Les Cours d'assises, les Tribunaux correctionnels, les Tribunaux de commerce, les Justices de paix et les Conseils de prud'hommes n'ont point de vacances.

Il y a toujours, pendant les vacances, une chambre des vacations, pour l'expédition des affaires urgentes.

Un décret du 12 juin 1880 fixe les audiences réglementaires pendant les vacances judiciaires.

Il en résulte : 1° qu'une audience doit être tenue chaque quinzaine, dans les Tribunaux de première instance n'ayant qu'une chambre ; 2° que la chambre des vacations des Tribunaux de deux chambres doit tenir une audience par semaine ; 3° que la chambre des vacations des Tribunaux ayant trois chambres ou un plus grand nombre doit tenir deux audiences hebdomadaires à des jours différents fixés de huitaine en huitaine ; 4° que la chambre des vacations du Tribunal de première instance de la Seine continuera à siéger 4 jours par semaine, conformément au décret du 30 mars 1808 ; 5° que, dans chaque Cour d'appel, la chambre des vacations doit siéger au moins une fois par semaine, de huitaine en huitaine, sauf à Paris, où elle doit se réunir deux fois chaque semaine.

VACANTS (Biens). — Se dit de ceux qui n'ont pas de maître. — Voy. *Déshérence.* — *Domaine de l'Etat.* — *Epaves.* — *Occupation.*

VACATION. — Terme de pratique servant à désigner, soit le temps employé par un officier public ou un expert à une opération, soit l'émolument auquel il a droit pour cette opération.

La durée de chaque vacation est de 3 heures, mais l'opération qui ne dure qu'une ou deux heures est comptée pour une vacation entière.

VACATIONS (Chambre des). — Voy. *Chambre des vacations.* — *Tribunaux.* — *Vacances des Tribunaux.*

VAGABOND, Vagabondage. — Les vagabonds ou gens sans aveu sont ceux qui n'ont ni domicile, ni moyens d'existence, et qui n'exercent aucune profession. — Le vagabondage est un délit. — *C. pén. 69 et suiv.*

VAINE pâture. — Voy. *Parcours et vaine pâture.*

VAISSEAU. — Voy. *Navigation.* — *Navire.* — *Naufrage.*

VAISSELLE. — Voy. *Meubles.* — *Immeubles.*

VALEUR. — Ce que vaut une chose, suivant la juste estimation qu'on en peut faire. — Il y a la valeur *nominale* et la valeur *réelle* ou *intrinsèque*, la valeur *vénale*, la valeur *locative*, etc. En termes de banque, il y a encore la *valeur reçue*, qui se mentionne dans les billets et lettres de change, avec l'addition des mots *comptant*, en *compte*, en *marchandises*, etc. — Voy. *Enregistrement.* — *Estimation.* — *Expertise en matière d'enregistrement.* — *Mercuriales.*

VALEURS mobilières (Impôt sur les). — Voy. *Revenu (Impôt sur le).*

VALEURS à lots. — On entend par valeurs à lots les titres ne donnant droit à aucun intérêt, et qui sont remboursés en capital seulement, dans un temps déterminé et par voie de tirage au sort.

On considère encore comme valeurs à lots celles qui reçoivent un intérêt fixe (c'est le plus grand nombre) et de plus des lots attribués aux numéros favorisés par le hasard des tirages.

Les valeurs Françaises qui donnent éventuellement droit à des lots ont été émises par des villes ou des sociétés spécialement autorisées, telles que la Ville de Paris, le Crédit foncier, etc.

Les lots attribués aux titres sortis au tirage ou les primes de remboursement constituent, non des revenus, mais des capitaux, de telle sorte que ces lots ou primes ne tombent pas dans la société d'acquêts et n'appartiennent pas à l'usufruitier.

VALEURS fiduciaires. — Sont interdites la fabrication, la vente, le colportage et la distribution de tous imprimés ou formules obtenues par un procédé quelconque qui, par leur forme extérieure, présenteraient avec les billets de Banque, les titres de rente, vignettes, timbres, actions, obligations, etc., et généralement avec les valeurs fiduciaires émises par l'Etat, les départements, les communes et autres établissements publics, une ressemblance de nature à faciliter l'acceptation desdits imprimés ou formules aux lieu et place des valeurs imitées. — *L. du 11 juill.* 1885.

Toute infraction à cette Loi est punie d'un emprisonnement de 5 jours à 6 mois et d'une amende de 16 fr. à 2000, avec confiscation des formules et planches. — *D. N. S.*

VALIDITÉ. — Voy. *Convention. — Nullité. — Obligation.*

VAR. — Le département du Var est un des 4 que forment la Provence, le territoire d'Avignon et le Comtat-Venaissin.
Chef-lieu : Draguignan.
Cour d'appel : Aix.
Ce département est limité à l'Est par les Alpes-Maritimes ; au Sud par la Méditerranée ; à l'Ouest par les Bouches-du-Rhône, et au Nord par les Basses-Alpes.
Il est divisé en 3 arrondissements, 28 cantons et 145 communes.
Superficie : 560.948 hectares.
Impôt foncier : 1.317.201 francs.
Population : 283.689 habitants.

VARECH. — Voy. *Mer.*

VAUCLUSE. — Département formé de partie de la Provence, du territoire d'Avignon et du Comtat-Venaissin.
Chef-lieu : Avignon.
Cour d'appel : Nîmes.
Ce département est limité à l'Est par les Basses-Alpes ; au Sud par les Bouches-du-Rhône ; à l'Ouest par le Gard, et au Nord par la Drôme et l'Ardèche.
Il est divisé en 4 arrondissements, 22 cantons et 150 communes.
Superficie : 370.094 hectares.
Impôt foncier : 988.131 francs.
Population : 241.787 habitants.

VENDÉE. — Département formé de partie du Poitou.
Chef-lieu : La Roche-sur-Yon.
Cour d'appel : Poitiers.
Ce département est limité à l'Est par les Deux-Sèvres ; au Sud par la Charente-Inférieure ; à l'Ouest par l'Océan, et au Nord par le Maine-et-Loire.
Il est divisé en 3 arrondissements, 30 cantons et 299 communes.
Superficie : 671.210 hectares.
Impôt foncier : 1.682.848 francs.
Population : 434.808 habitants.

VENDANGE. — Voy. *Ban de moisson. — Grappillage.*

VENTE (Contrat de). — C'est une convention par laquelle l'un s'oblige à livrer une chose, l'autre à la payer. — *C. civ.* 1582.
La vente est un contrat consensuel, c'est-à-dire parfait, par le seul consentement des parties sur la chose et le prix.
Ce contrat est *synallagmatique*, puisque les parties s'obligent respectivement l'une envers l'autre, et *commutatif*, chaque partie ayant l'intention de recevoir l'équivalent de ce qu'elle donne.

Tous ceux auxquels la loi ne l'interdit pas peuvent acheter ou vendre. — *C. civ.* 1594.

Mais les incapacités de contracter en général s'appliquent à la vente. Ainsi, le mineur, l'interdit ne peuvent acheter ou vendre.

La vente par le père ou la mère à un enfant est valable, mais elle peut, dans certains cas, être considérée comme une donation déguisée et, par suite, être annulée.

Trois éléments sont indispensables pour le contrat de vente :

1° La chose qui en fait l'objet, c'est-à-dire une chose certaine et déterminée;
2° Un prix convenu, sérieux, déterminé et d'une somme d'argent;
3° Le consentement des parties qui doit porter sur la chose vendue, sur le prix et sur la nature du contrat.

En fait d'immeubles, la vente est parfaite entre les parties par le consentement, et la propriété est acquise de droit à l'acheteur à l'égard du vendeur, quoique la chose n'ait pas encore été livrée ni le prix payé. — *C. civ.* 1583.

Lorsqu'il est établi en fait que l'acquéreur a offert par correspondance d'acheter un immeuble, moyennant un prix déterminé, et que, par une lettre postérieure, le vendeur ou son mandataire a déclaré accepter le prix proposé, il y a vente, et cela lors même que le mode de paiement n'aurait pas été indiqué. Dans ce cas, le prix serait payable comptant par application de l'art. 1651 du C. civ.

Toutefois, il n'y a transmission parfaite dans aucun cas à l'égard des tiers que lorsque l'acquéreur a fait transcrire son contrat. — Voy. *Transcription.*

La vente des meubles est parfaite par la livraison ou tradition.

Quant aux ventes de créances et autres droits incorporels, la propriété n'en est transférée, vis-à-vis des tiers, que par la signification de l'acte de cession ou transport au débiteur. — Voy. *Transport-cession.*

En ce qui concerne les marchandises qui se vendent ordinairement au poids, au compte ou à la mesure, la vente est parfaite bien qu'il n'y ait pas eu tradition, en ce sens que le vendeur et l'acheteur peuvent en poursuivre l'exécution et demander des dommages-intérêts contre celui qui s'y refuse; toutefois, la chose n'est aux risques de l'acheteur que lorsqu'elle a été pesée, comptée ou mesurée. — *C. civ.* 1585.

Si la vente a eu lieu en bloc et pour un seul prix, la chose vendue passe aux risques de l'acheteur par le seul effet du consentement. — *C. civ.* 1586.

Pour les choses que l'on est dans l'usage de goûter avant d'en faire l'achat, telles que le vin, l'huile, etc., il n'y a point de vente, tant que l'acheteur ne les a pas goûtées et agréées. — *C. civ.* 1587.

La vente à l'essai est toujours présumée faite sous une condition suspensive, et l'acheteur doit déclarer si la chose lui plaît ou non, dans le délai fixé par la convention, ou s'il n'y en a pas eu de déterminé, dans celui accordé par le juge. — *C. civ.* 1588.

La promesse de vente vaut vente lorsqu'il y a consentement réciproque des deux parties sur la chose et sur le prix. — *C. civ.* 1589. — Voy. *Promesse de vente.*

Si la promesse de vente a été faite avec des arrhes, chacun des contractants peut s'en départir, celui qui les a données en les perdant, et celui qui les a reçues, en restituant le double. — *C. civ.* 1590. — Voy. *Arrhes.*

Forme de la vente.

La vente peut être faite indistinctement par acte authentique ou sous seing privé, et une vente authentique postérieure n'est pas préférée à une vente sous seing privé qui a date certaine. La préférence résulte uniquement de la transcription. — Voy. *Transcription.*

La vente peut avoir lieu verbalement, pourvu que le prix n'excède pas 150 fr., puisqu'au-dessous de ce chiffre la preuve testimoniale, de même que toutes présomptions graves, précises et concordantes, sont admissibles. — Voy. *Preuve*.

Entre négociants, la preuve de la vente peut résulter de lettres missives. — *C. comm.* 109.

La vente, comme tout autre engagement, peut avoir lieu purement et simplement ou sous une condition, soit suspensive, soit résolutoire. — Voy. *Condition*.

Elle peut avoir lieu sous la condition que l'acquéreur pourra rendre la chose donnée dans un temps fixé, si elle lui déplaît, ou bien avec faculté de rachat. — Voy. *Réméré*.

Le vendeur peut encore se réserver la préférence au cas où l'acquéreur viendrait à revendre la chose achetée. — Voy. *Pacte de préférence*.

Les frais d'actes et autres accessoires à la vente sont à la charge de l'acheteur, sauf ceux relatifs à la purge des hypothèques. — *C. civ.* 1593.

Il est une cause de nullité particulière à la vente, c'est la lésion. — Voy. *Lésion*.

Choses qui peuvent être vendues.

Tout ce qui est dans le commerce peut être vendu lorsque des lois particulières n'en ont pas prohibé l'aliénation. — *C. civ.* 1598. — Voy. *Biens*.

La vente des armes dangereuses, des poisons, des viandes mauvaises et des boissons falsifiées est défendue. Il en est de même des chansons, pamphlets, figures ou images contraires aux bonnes mœurs. — *C. pén.* 287, 475.

Sur la prohibition de la vente des récoltes ou grains en vert. — Voy. *Grains*.

On ne peut vendre la succession d'une personne vivante, même de son consentement, ni faire aucun pacte sur une succession future. — Voy. *Pacte sur une succession future*.

La vente de la chose commune par un des propriétaires indivis est nulle.

La vente de la chose d'autrui est également nulle, et peut donner lieu à des dommages-intérêts envers l'acheteur, s'il ignorait que la chose fût à autrui. — *C. civ.* 1599.

Mais cette vente devient valable quand elle est ratifiée par le propriétaire.

Elle est encore valable lorsque le vendeur se porte fort pour le propriétaire et que celui-ci ratifie postérieurement. — Voy. *Stipulation pour autrui*.

Le mari peut vendre seul les immeubles de la communauté aussi bien que ses immeubles personnels, sans le concours de la femme. — *C. civ.* 1421.

Si donc l'on fait intervenir le plus souvent la femme commune en biens à ces actes d'aliénation, c'est uniquement à cause de son hypothèque légale et pour y renoncer, mais pour que cette renonciation soit valable il faut que l'acte de vente soit fait dans la forme authentique. — *Cass.*, 22 *nov.* 1880.

Obligations des vendeur et acquéreur.

Le vendeur a deux obligations principales : celle de livrer et celle de garantir la chose qu'il vend. — *C. civ.* 1603.

La délivrance est le transport de la chose vendue en la puissance de l'acheteur. — *C. civ.* 1604. — Voy. *Délivrance*.

Quant à la garantie que le vendeur doit à l'acquéreur, elle a deux objets : le premier est la possession paisible de la chose vendue; le second les défauts cachés de cette chose ou les vices rédhibitoires. — *C. civ.* 1645. — Voy. *Éviction*. — *Garantie*. — *Vices rédhibitoires*.

La principale obligation de l'acheteur est de payer le prix convenu, au jour et au lieu réglés par la vente. — *C. civ.* 1650 *et suiv.*

L'acheteur contracte encore d'autres obligations, telles que celle d'enlever la chose vendue, de payer les frais faits pour sa conservation, etc.

Si l'acte de vente ne règle pas le temps et le lieu du paiement, l'acheteur doit payer dans le terme et au lieu où doit se faire la délivrance. — *C. civ.* 1651.

Toutefois, dans les ventes faites à terme, le paiement doit avoir lieu au domicile du débiteur. — *C. civ.* 1247.

Dans les ventes au comptant, la livraison fait présumer le paiement.

La résolution de la vente peut être demandée, principalement pour défaut de paiement du prix. — *D. N.* — Voy. *Résolution*.

L'amende pour dissimulation dans le prix est du quart de la somme dissimulée, et est due solidairement par le vendeur et l'acquéreur, sauf à la répartir entre eux par égale portion.

Nous donnons ci-après plusieurs formules de ventes.

I. — Vente de meubles.

Aujourd'hui,....
Les soussignés :
M. A..., demeurant à.....,
Et M. B..., demeurant à.....,
 Ont arrêté ce qui suit :
M. A... a, par ces présentes, vendu
A M. A..., ce acceptant,
Les meubles et effets mobiliers dont la désignation suit :
1°..... 2°....

Tous ces objets ont été livrés à M. B..., qui en jouira et disposera en pleine propriété, à compter de ce jour.

Cette vente a été faite, moyennant la somme de....., que M. A... reconnaît avoir reçue. Dont quittance.

Fait double à....., lesdits jour, mois et an, et signé, lecture prise.

(*Signatures*.)

II. — Vente de récoltes.

Aujourd'hui,....
Les soussignés :
M. A...
Et M. B...
 Ont arrêté ce qui suit :

M. A... a, par ces présentes, vendu
A M. B..., ce acceptant,

La récolte prochaine d'une pièce de terre plantée en blé (ou de la vigne), située à....., au lieu dit....., bornée à l'Est par....., au Sud par....., etc., contenant environ....., mais sans garantie de la mesure.

M B... profitera et fera procéder à ses frais à la récolte du blé, lorsqu'il sera arrivé à maturité (*ou bien*, du raisin, dans les 8 jours de la mise du ban de vendange, et en prenant les précautions nécessaires pour ne pas endommager les ceps ni les échalas).

La présente vente est faite à forfait, moyennant la somme de....., que M. A... reconnaît avoir reçue de M. B..., en espèces, à sa satisfaction. Dont quittance.

Fait double à....., lesdits jour, mois et an, et signé, lecture prise.

(*Signatures*.)

III. — Vente d'une coupe de bois.

Aujourd'hui.....
Les soussignés :
M. A..., demeurant à....,
Et M. B..., demeurant à...,
 Ont arrêté ce qui suit :

M. A... a, par ces présentes, vendu en s'obligeant à la garantie de toute saisie et autres empêchements,
A M. B..., qui a accepté,

La coupe de bois à faire pour l'ordinaire de l'année....., dans un bois taillis, âgé de..... ans, nommé....., situé à....., contenant....., ladite coupe d'une étendue superficielle d'environ....., portant le n°....., des coupes réglées du bois, et tenant d'un côté à la coupe n°....., etc.

Telle que cette coupe existe, sans autre exception ni réserve que celle de..... baliveaux de l'âge du taillis, marqués d'un B à l'encre rouge, que l'acquéreur sera tenu de laisser.

Cette vente a été faite aux conditions suivantes que M. B..., s'est engagé à exécuter :

1° De faire couper, receper et ravaler le plus près de terre possible, toutes les souches de bois rabougris, et de recouvrir soigneusement tous les nœuds provenant des coupes précédentes ;

2° De ne laisser introduire ni pâturer dans la vente aucuns bestiaux, et de veiller à ce que les chiens appartenant aux ouvriers qu'il emploiera soient muselés ou tenus en lesse ;

3° D'enlever le bois par le chemin qui aboutit à celui attenant à la coupe ;

4° De faire la coupe et l'enlèvement du bois dans un délai de..... mois de ce jour, c'est-à-dire avant le 15 juin prochain, à peine de tous dépens et dommages-intérêts.

Et, en outre, la présente vente a été consentie et acceptée moyennant la somme de......, que l'acquéreur a tout présentement payée au vendeur, en espèces à sa satisfaction. Dont quittance.

Fait double à....., lesdits jour, mois et an, et signé, lecture prise.

(*Signatures.*)

IV. — Vente d'un manuscrit ou propriété littéraire.

Aujourd'hui.....,

Les soussignés :

M. A...

Et M. B...

Ont arrêté ce qui suit :

M. A... vend, avec toute garantie, à M. B..., ce acceptant,

La pleine propriété du manuscrit d'un ouvrage dont il est l'auteur intitulé....., devant former .... volumes in octavo, imprimés en caractères....., chaque page de..... lignes avec..... lettres à la ligne, lequel manuscrit complet et mis en ordre a été remis à M. B...

M. B... disposera entièrement et exclusivement dudit ouvrage pour en faire autant d'éditions qu'il lui conviendra, et M. A... s'interdit formellement la faculté de publier directement ou indirectement le même ouvrage.

M. B... s'oblige à corriger soigneusement les épreuves, à les renvoyer sans retard à l'imprimeur, et à ne pas faire sur lesdites épreuves d'additions ou de modifications qui entraîneraient des remaniements trop considérables.

Et, en outre, cette vente a été faite moyennant la somme de....., que M. A... reconnaît avoir reçue en espèces à sa satisfaction. Dont quittance.

Fait double à....., lesdits jour, mois et an, et signé, lecture prise.

(*Signatures.*)

V. — Vente de navire.

Aujourd'hui.....,

Les soussignés :

M. A..., demeurant à.....,

Et M. B..., demeurant à.....,

Ont arrêté ce qui suit :

M. A... a, par ces présentes, vendu, avec obligation de garantir de tous privilèges, ettes, saisies et revendications,

A M. B..., qui a accepté,

Un bateau ponté servant à la pêche, appelé le....., jaugeant..... tonneaux métriques de 1000 kilogrammes, attaché au port de..... et se trouvant en ce moment dans le bassin de....., avec tous ses mâts, voiles, câbles, cordages, ancres, grappins et généralement tous ses agrès et apparaux, sans aucune exception ni réserve.

Ce navire appartient à M. A..., qui l'a fait construire dans le port de....., en l'année....., avec ses deniers personnels.

M. B... jouira et disposera dudit navire et de ses dépendances comme de chose lui appartenant en pleine propriété à compter de ce jour.

Il prendra les choses dans l'état où elles se trouvent, sans recours contre le cédant.

Il entretiendra, pour le temps qui en reste à courir, l'assurance que le vendeur a contractée à la compagnie de....., pour.... années.

Et, en outre, cette vente a été faite moyennant la somme de....., que M. A... reconnaît avoir reçue de M. B... en espèces. Dont quittance.

Pour purger le navire vendu de toutes créances, privilèges et hypothèques auxquelles il pourrait être affecté, l'acquéreur s'est obligé de faire le voyage de....., qu'il se propose, dans un délai de..... ; et si, à l'expiration de ce délai, il existe des oppositions ou inscriptions provenant du fait du vendeur, celui-ci s'oblige d'en fournir la mainlevée à l'acquéreur dans la quinzaine de la dénonciation.

Fait double à....., lesdits jour, mois et an, et signé, lecture prise.

(*Signatures.*)

VI. — Vente d'un fonds de commerce.

Aujourd'hui.....,

Les soussignés :

M. A..., demeurant à.....,

Et M. B..., demeurant à.....,

Ont arrêté la convention suivante :

M. A... a, par ces présentes, vendu

A M. B..., ce acceptant,

Le fonds de commerce que M. A... fait valoir dans une maison sise à....., y compris l'achalandage qui y est attaché et les différents meubles et ustensiles servant à son exploitation, tels que.....

Tel et dans l'état où le tout se trouve, sans aucune exception ni réserve, à la connaissance de l'acquéreur.

M. B... entrera en possession et jouissance du fonds présentement vendu et la livraison devra lui en être faite le..... prochain, jour où il aura le droit de prendre le titre de successeur de M. A...

Il acquittera, à compter du.... aussi prochain, les contributions mobilières, de patente, personnelle et autres, auxquelles l'exploitation du fonds cédé peuvent donner lieu quoique portées au nom du cédant, et sera tenu de satisfaire à toutes les charges de ville et de police, de telle sorte que M. A... ne puisse être inquiété à ce sujet.

Et, en outre, la présente vente est faite moyennant la somme de....., sur laquelle M. A... reconnaît avoir reçu celle de. ...

A l'égard des..... francs de surplus, M. B... s'oblige à les payer à M. A... en sa demeure ou pour lui au porteur de ses titres et pouvoirs, en..... termes et paiements égaux de..... fr. chacun, le premier le....., et le second le...... sans intérêts jusque-là.

Il a été convenu qu'à défaut de paiement du premier terme à son échéance et 15 jours après un commandement de payer resté sans effet, la totalité du prix deviendra exigible, si bon semble au vendeur.

Comme condition de la présente vente, il a encore été convenu que M. A... s'interdit expressément la faculté de former ou faire valoir directement, ou indirectement, à l'avenir, aucun autre établissement de marchand de....., dans la ville de.....

M. B... s'oblige à prendre, à prix de facture, toutes les marchandises qui se trouveront dans les magasins où s'exploite ledit fonds de commerce, à l'époque de son entrée en jouissance.

Il a été expressément stipulé que M. B... ne pourra revendre le fonds de commerce qui lui est cédé avant l'entier acquittement du prix ci-dessus, à peine d'exigibilité immédiate de la somme restant due.

(Si on cédait en même temps le droit au bail, il faudrait ajouter :)

Par ces mêmes présentes, M. A... a cédé et transporté à M. B.... qui a accepté, Son droit au bail des lieux où s'exploite ledit commerce, etc. — Voy. *Transport de bail.*

Pour l'exécution des présentes domicile est élu au siège de la maison de commerce cédée.

Fait double à....., lesdits jour, mois et an, et signé, lecture prise.

(*Signatures.*)

VII. — Vente d'un immeuble en pleine propriété.

Aujourd'hui....,

Les soussignés :

M. A..., demeurant à.....,

Et M. B..., demeurant à.....,

Ont arrêté ce qui suit :

M. A.. a, par ces présentes, vendu, sous les garanties de droit,

A M. B..., qui a accepté,

Une maison d'habitation située à....., composée de....., le tout d'une étendue superficielle d'environ....., ayant pour abornements au levant ...., au midi....., etc.

Telle que ladite maison existe, avec tous ses accessoires et dépendances, sans aucune exception ni réserve.

M. A... est propriétaire de cette maison au moyen de l'acquisition qu'il en a faite de M....., suivant acte, etc.

L'acquéreur est fait propriétaire et est mis en jouissance à compter d'aujourd'hui.

Cette vente est faite, à charge par l'acquéreur, qui s'y oblige :

1° De prendre les choses dans l'état où elles se trouvent actuellement, sans recours contre le vendeur;

2° De souffrir les servitudes passives de toute nature, en profitant de celles actives s'il y en a, sans que la présente clause puisse nuire aux droits résultant en faveur de l'acquéreur de la loi du 23 mars 1855 ;

Et 3° d'acquitter, à compter du....., les contributions et autres charges de toute nature auxquelles ladite maison peut et pourra être assujettie.

Et, en outre, la présente vente a été faite moyennant le prix de....., que M. B... promet et s'oblige de payer à M. A.... en sa demeure...., avec intérêts à raison de cinq pour cent par an.

A la sûreté du paiement dudit prix en principal et intérêts, le privilège et l'action résolutoire sont expressément réservés.

L'acquéreur fera transcrire la présente vente au bureau des hypothèques de la situation des biens, et remplira, si bon lui semble, les formalités voulues par la loi pour purger les hypothèques légales; et si, par suite de l'accomplissement de ces formalités, il existe ou survient des inscriptions, le vendeur s'oblige à en rapporter les mainlevées avant ou au plus tard lors du paiement du prix.

M. A..., vendeur, a déclaré que la seule hypothèque légale qui puisse grever la maison vendue est celle de la dame...., son épouse, demeurant avec lui.

A toute réquisition de l'un ou de l'autre des soussignés, le présent acte sera régularisé ou déposé devant notaire, avec reconnaissance d'écriture et des signatures, aux frais de l'acquéreur.

Pour l'exécution des présentes, domicile est élu en la demeure respective des parties.

Fait double à....., lesdits jours, mois et an, et signé, lecture prise.

(*Signatures.*)

Cette formule peut servir pour la vente de toute espèce d'immeubles.

VIII. — Vente d'usufruit.

Aujourd'hui.....

(*Comme ci-dessus*).

M. A... a, par ces présentes, vendu, sous les garanties de droit,

A M. B..., qui a accepté,

L'usufruit et jouissance, pendant la vie de M. B..., d'une maison d'habitation située à....., composée de....., ayant pour limites, etc.

Telle que cette maison existe, etc.

Cette maison appartient à M. A..., en sa qualité d'héritier, etc.

L'acquéreur jouira de ladite maison à titre d'usufruitier, soit par lui-même, soit par la perception à son profit des loyers et revenus, à compter du... prochain jusqu'à sa mort, époque à laquelle s'éteindra l'usufruit vendu, et où M. A..., ou ses ayants cause, reprendront la pleine propriété dudit immeuble.

Cette vente est faite à la charge, etc.

(*Voir la formule ci-dessus.*)

IX. — Vente d'une nue propriété.

Aujourd'hui.....
(*Comme ci-dessus.*)

M. A... a, par ces présentes, vendu, sous les garanties de droit,

A M. B..., qui a accepté :

La nue propriété, pour y réunir l'usufruit au décès de M. A..., d'une maison située à..... composée de....., etc.

Telle que cette maison existe, etc.

M. A... est propriétaire de cette maison au moyen de l'acquisition qu'il en a faite, etc.

L'acquéreur disposera de la maison vendue comme de chose lui appartenant, à compter de ce jour pour la nue propriété, et pour l'usufruit, à partir du décès de M. A..., qui s'en réserve la jouissance jusqu'à sa mort.

Cette vente est faite à la charge, etc.

(*Voir la formule n° VII ci-dessus.*)

X. — Vente à droit de réméré.

Aujourd'hui.....
(*Comme ci-dessus.*)

M. A..., sous la réserve du droit de réméré ci-après exprimé, a, par ces présentes, vendu, sous les garanties de droit,

A M. B... qui a accepté,

Les immeubles ci-après désignés, etc.

Tels que ces immeubles se consistent, etc.

M. A... possède ces immeubles, etc.

M. B... est fait propriétaire et est mis en jouissance des immeubles vendus, à compter de ce jour.

M. A... se reserve néanmoins, expressément, pendant 5 ans à compter de ce jour, la faculté de réméré sur les immeubles présentement vendus, en remboursant à M. B..., en sa demeure, en un seul paiement, le prix de la présente vente, ensemble tous les frais et loyaux coûts de contrat, à défaut de quoi il sera déchu de plein droit de la faculté de réméré, et M. B... demeurera propriétaire incommutable des biens vendus, sans qu'il soit besoin d'aucun acte de procédure.

Il est toutefois expressément convenu que si, à l'expiration du délai ci-dessus fixé, le vendeur n'est pas en mesure de rentrer dans sa propriété, il pourra, si bon lui semble, requérir à ses frais, dans le délai de 3 mois, la vente par adjudication aux enchères, devant le notaire de son choix, des immeubles, objet de l'aliénation par lui faite à droit de réméré, et qu'il profitera de la bonification de prix s'il en existe.

La présente vente est faite, en outre, aux charges et conditions, etc.

(*Voir la formule n° VII ci-dessus.*)

VENTE administrative. — Se dit de toutes les ventes qui ont pour objet les biens de l'Etat, des départements, des communes et des établissements publics.

Pour les ventes de coupes de bois, de récoltes, de matériaux provenant de démolitions et autres objets mobiliers. — Voy. *Adjudication.* — *Vente de coupe de bois.* — *Vente de meubles.*

A l'égard des ventes d'immeubles, il faut distinguer entre les règles qui régissent l'aliénation des biens communaux, celles relatives aux biens de l'Etat et des départements, et celles relatives aux fabriques et autres établissements publics.

Ainsi, les biens des communes ne peuvent être aliénés qu'en cas d'urgence ou pour un avantage évident, après une délibération du Conseil municipal approuvée par un arrêté du Préfet, et sur la production : 1° d'un procès-verbal d'estimation des biens à aliéner ; 2° une enquête *de commodo et incommodo* ; 3° une soumission de l'acquéreur, si la vente n'a pas lieu aux enchères ; 4° une délibération du Conseil municipal, avec l'avis du Sous-Préfet et celui du Préfet.

Les délibérations du Conseil municipal autorisant l'aliénation de propriétés communales ne sont exécutoires qu'après avoir été approuvées par l'autorité supérieure. — Le Maire procède aux adjudications concernant la commune en présence de deux conseillers municipaux. — *LL. des 18 juillet 1837 et 5 août 1884.*

Le procès-verbal d'adjudication ainsi reçu par le Maire ne vaut que comme sous-seing privé.

Les administrateurs tels que les Maires et autres ne peuvent, ni par eux-mêmes, ni par personnes interposées, se rendre adjudicataires des biens confiés à leurs soins. — *C. civ.* 1595. — *C. pén.* 175.

Le mode de vente des biens de l'Etat est réglé par les lois des 15 et 16 floréal an X et 5 ventôse an XII. — Voy. *Domaine de l'Etat.*

Pour les biens des départements, des fabriques, des hospices et autres établissements publics. — *D. N.* — Voy. *Département.* — *Etablissement public.* — *Fabrique.*

VENTE aléatoire. — On donne ce nom à la vente d'une chose incertaine ou d'un objet dont l'existence dépend d'un événement incertain. — Voy. *Aléatoire.* — *Vente.*

VENTE à charge de rente viagère ou avec réserve d'usufruit. — Voy. *Portion disponible.* — *Rente viagère.* — *Usufruit.* — *Vente (contrat de).*

VENTE d'actions. — Voy. *Action.* — *Actionnaire.* — *Société.*

VENTE en bloc. — Se dit de la vente de marchandises ou objets mobiliers qui se fait en masse, en gros, à la différence de celle qui se fait au poids ou à la mesure. — Voy. *Vente.*

VENTE d'un brevet d'invention. — Cette vente ne peut avoir lieu que par acte notarié. — Voy. *Brevet d'invention.*

VENTE de constructions et de matériaux. — Le droit de procéder aux ventes publiques de matériaux provenant de démolitions ou d'extractions à faire appartient exclusivement aux notaires. — Voy. *Adjudication.* — *Vente de meubles.*

VENTE de droits successifs. — Voy. *Transport-cession.*

VENTE entre époux. — Voy. *Contrat entre époux.* — *Remploi.* — *Vente.*

VENTE à faculté de rachat. — Voy. *Réméré.*

Et pour la formule. — Voy. *Vente (contrat de),* n° X.

VENTE sur folle enchère. — C'est la revente sur un premier adjudicataire et à ses périls et risques, à défaut d'exécution des conditions qui lui étaient imposées.

La poursuite de folle enchère est admise, de plein droit, généralement dans toutes les ventes qui ont été judiciairement ordonnées, et peut être stipulée pour le cas de non-paiement du prix dans le cahier des charges d'une adjudication d'immeubles purement volontaire.

L'action en revente sur folle enchère, comme l'action résolutoire, dure 30 ans.

La poursuite doit être portée devant le Tribunal qui a rendu le jugement d'adjudication. Les formalités sont réglées par les art. 734 et suiv. du C. de proc. civ. — Voy. *Saisie immobilière.* — *Vente judiciaire.*

Par l'effet de la revente sur folle enchère, l'adjudication qui avait été prononcée en premier lieu est considérée comme non avenue. Néanmoins, les baux faits sans fraude doivent être respectés. — *Cass., 16 janv. 1827.*

La revente sur folle enchère, pour inexécution des conditions du cahier des charges, peut être poursuivie contre le sous-acquéreur qui a fait transcrire, bien que, conformément à la loi du 23 mars 1855, le privilège du vendeur et l'action résolutoire soient éteints.

VENTE de fonds de commerce. — C'est celle de la clientèle ou achalandage. — Voy. *Fonds de commerce.*

Et pour la formule. — Voy. *Vente, n° VI.*

Le vendeur n'a pas le droit d'établir dans un lieu voisin un fonds du même genre que celui qu'il a cédé, et s'il ne s'est pas interdit le droit de former un établissement pareil, il ne peut prendre la même enseigne, ni une autre analogue. — Voy. *Enseigne.*

Il est d'usage de faire insérer dans les journaux les actes contenant vente de fonds de commerce, afin de prévenir ceux qui pourraient critiquer la vente, et d'appeler les créanciers qui auraient droit de saisie-arrêt. — Voy. *Insertion.*

L'achalandage d'un fonds de commerce et le droit au bail des lieux où s'exploite le commerce constituent des biens meubles, et par suite, le fonds de commerce exploité par l'un des époux mariés sous le régime de la communauté de biens fait partie de la communauté.

Les dispositions de la loi du 27 février 1880, relative à l'aliénation des valeurs mobilières des mineurs ou interdits, sont applicables aux ventes de fonds de commerce appartenant à ces derniers.

VENTE à fonds perdu. — On désigne ainsi la vente dont le prix consiste en une rente viagère au profit du vendeur. — Voy. *Portion disponible. — Rente viagère. — Vente (contrat de).*

VENTE à la filière. — On entend par ventes à la filière les ventes à terme de denrées ou choses fongibles de même espèce, qui se font sur le marché des grandes places de commerce, suivant certaines mesures de capacité prises comme unité, telles que farines en balles, sucres en sacs, alcools en pipes, etc., et dont on peut prendre livraison à l'échéance du terme qui est la liquidation.

Cette vente, faite par le vendeur ou créateur de la filière, donne le droit à l'acheteur de se libérer vis-à-vis de son vendeur, par une facture sur celui à qui il rétrocède, et que le vendeur primitif ou créateur de la filière accepte provisoirement jusqu'à la liquidation, sauf règlement immédiat en argent de la différence s'il y en a une entre le cours de la vente et le cours de la revente. — *D. N. S.*

VENTE judiciaire. — C'est ainsi qu'on désigne une vente publique d'immeubles ordonnée par justice.

Les ventes judiciaires comprennent notamment : les ventes sur saisies-immobilières et sur conversion de saisie ; les licitations, les ventes de biens de mineurs et autres incapables ; en un mot toutes celles ordonnées en justice.

Il est procédé aux ventes sur saisie immobilière, sur folle enchère et sur surenchère, par les Tribunaux de première instance. Mais les autres ventes judiciaires peuvent être faites, soit par un juge à l'audience des criées, soit par un notaire commis par le Tribunal de première instance. — *C. proc.* 705, 954, etc.

D'après la loi du 23 octobre 1884, les ventes judiciaires d'immeubles dont le prix principal des lots ne dépasse pas 2000 francs ont été l'objet de certains dégrèvements.

Ainsi, lorsque les prix sont devenus définitifs par l'expiration du délai de la surenchère, toutes les sommes payées au Trésor pour droits de Timbre, d'Enregistrement, de Greffe et d'Hypothèque applicables aux actes rédigés en exécution de la loi, pour parvenir à l'adjudication, sont restitués à l'avoué poursuivant dans les 23 jours de l'adjudication.

Lorsque le prix ne dépasse pas 1000 francs, les divers agents de la loi subissent une réduction du quart sur les émoluments à eux dus et alloués en taxe.

Les dispositions ci-dessus sont applicables à toutes les ventes judiciaires, même aux licitations d'immeubles appartenant à des majeurs, ainsi qu'à tous incidents de subrogation, de surenchère et de folle enchère, de même qu'aux placards, etc.

Tous ceux auxquels la loi ne l'interdit pas peuvent se rendre adjudicataires. — *C. civ.* 1594.

Le tuteur ne peut se rendre adjudicataire des biens du mineur ; mais il en est autrement du subrogé-tuteur, contre lequel la loi ne prononce aucune prohibition.

Les enchères sont portées devant les tribunaux par l'entremise des avoués, auxquels doivent s'adresser les personnes qui veulent acquérir.

VENTE de manuscrits et d'ouvrages. — L'auteur qui a composé un livre, le musicien qui a composé une œuvre lyrique, etc., peuvent vendre le droit de publier leurs ouvrages par la voie de la presse. On donne à l'acheteur le nom d'*Editeur*.

Pour la formule. — Voy. *Vente (contrat de)*, n° *IV*.

VENTE de marchandises neuves. — Ces expressions désignent la vente publique et aux enchères de marchandises neuves faisant l'objet d'un commerce.

Bien qu'on puisse, en règle générale, vendre aux enchères des meubles de toute espèce, la vente en détail de marchandises neuves a été interdite par une Loi du 25 juin 1841.

Toutefois, cette prohibition ne s'applique point : 1° à certaines ventes prescrites par la Loi ; 2° à celles faites par autorité de justice ; 3° aux ventes après décès ; 4° à celles après faillite ; 5° aux ventes en bloc après cessation de commerce ; 6° aux ventes également faites en bloc en cas de nécessité ; 7° enfin, aux ventes de comestibles et objets de peu de valeur connus sous le nom de menue mercerie.

Les ventes publiques en détail et par enchères, *après cessation de commerce* ou *dans les cas de nécessité*, ne peuvent avoir lieu qu'autant qu'elles ont été autorisées par le Tribunal de commerce, sur la requête du commerçant propriétaire, à laquelle doit être joint un état détaillé des marchandises.

Toute contravention aux dispositions de la loi précitée est punie d'amende et de la confiscation des marchandises mises en vente.

VENTE de meubles. — On comprend sous ces termes les ventes publiques de meubles, c'est-à-dire celles faites par adjudication par les commissaires-priseurs et autres officiers publics.

Néanmoins, toute personne peut vendre ses meubles à l'amiable. — Voy. *Vente*. — Pour la formule. — Voy. *Vente*, n° *I*.

Les ventes publiques de meubles ont deux caractères principaux : les enchères et la publicité.

En général, on peut vendre toute espèce de meubles aux enchères, excepté toutefois les *marchandises neuves*, les *tabacs* et les *poudres*, les *livres* condamnés et immoraux, les gravures ou tableaux *obscènes*, les *grains* en vert. — Voy. *Grains*.

Les ventes publiques d'objets mobiliers ne peuvent être faites qu'en présence et par le ministère d'officiers publics ayant qualité pour y procéder, et qu'après un déclaration préalable faite au bureau de l'Enregistrement.

VENTE de navires et bâtiments de mer. — Cette vente peut être volontaire ou forcée. — Voy. *Navire*.

Lorsqu'elle est volontaire, elle peut être faite par les courtiers de commerce comme par les autres officiers chargés de procéder aux ventes de meubles en général.

Elle comprend non seulement le navire, mais encore tous agrès, chaloupes et accessoires.

Elle est permise, que le navire soit dans le port ou en voyage.

La vente judiciaire ou forcée d'un navire doit être faite devant un juge du Tribunal de première instance de l'arrondissement dans lequel se trouve le navire, aux enchères et à l'extinction des feux, après l'accomplissement des formalités établies par les art. 202 et suiv. du C. comm. et 620 du C. de proc.

Pour la vente volontaire consentie directement par le propriétaire du navire, — Voy. *Vente (contrat de)*, formule n° *V*.

VENTE sur publications judiciaires. — Voy. *Vente judiciaire*.

VENTE de récoltes. — C'est la vente aux enchères de toute espèces de fruits sur pied, comme grains, foins, coupes de bois.

Ces ventes sont volontaires ou forcées. Dans le premier cas, les formes sont les mêmes que celles pour la vente en général, et elles peuvent avoir lieu à l'amiable entre particuliers. — Voy. *Vente (contrat de)*, formule n° II.

Dans le second cas, les formalités exigées sont les mêmes qu'en cas de saisie-brandon. — Voy. *Saisie-brandon*.

Les ventes publiques volontaires d'herbes, fruits ou récoltes pendants par branches ou par racines, parvenus à maturité, et des coupes de bois taillis, peuvent être faites par tous les officiers ministériels ayant qualité pour procéder aux ventes mobilières. — *L. du 5 juin* 1851.

VENTE à réméré. — Voy. *Réméré*.

VENTE de rentes, créances et autres droits incorporels. — La vente à l'amiable de droits incorporels n'est autre chose qu'un transport. — Voy. *Transport-cession*.

Lorsqu'il s'agit de la vente d'actions industrielles. — Voy. *Vente d'actions*.

VENTE sur surenchère. — C'est celle qui a lieu lorsque, dans les cas prévus par la loi, un tiers fait une offre supérieure au prix d'une précédente vente. — Voy. *Surenchère*. — *Vente judiciaire*.

VENTE à vie. — Aliénation, moyennant un prix, d'une chose, pour l'acquéreur en jouir en usufruit pendant sa vie. — Voy. *Bail à vie*.

VENTILATION. — Evaluation particulière d'une ou de plusieurs parties d'un tout, proportionnellement au prix fixé pour la totalité. — Voy. *Enregistrement*. — *Partage*. — *Purge des hypothèques*. — *Surenchère*. — *Vente*.

VERS à soie. — Les vers à soie sont animaux domestiques, dans le sens de l'article 454 du C. pén. — *Cass.*, 14 *mars* 1861.

VERDICT. — Expression qui signifie la déclaration du Jury en matière criminelle. — Voy. *Jury*.

VÉRIFICATION de Créances. — Se dit, en matière de faillite, de l'examen des titres des créanciers. — *C. comm.* 491 *et suiv.* — Voy. *Faillite*.

Le juge-commissaire peut ordonner la représentation des livres du créancier, dans tous les cas. — *C. comm.* 496.

Les créanciers hypothécaires d'un failli sont, comme les créanciers purement chirographaires, obligés de faire vérifier et d'affirmer leurs créances pour pouvoir prendre part à la distribution des deniers. — Voy. *Concordat*. — *Faillite*. — *Ordre entre créanciers*.

VÉRIFICATION d'écriture. — C'est l'examen que l'on fait, en justice, d'un acte sous seing privé, pour savoir de quelle main il a été écrit et signé.

La vérification d'écriture peut être ordonnée lorsque la partie à laquelle on oppose un acte sous seing privé refuse de reconnaître qu'il est de son écriture ou qu'il est signé d'elle. — *C. proc.* 195.

Les Tribunaux civils sont seuls compétents pour connaître des vérifications d'écritures, et la vérification peut se faire, tant par titres que par témoins. — *C. proc.* 195, 427.

L'acte sous seing privé, vérifié et jugé vrai, fait foi comme l'acte authentique, et le jugement qui tient l'écriture pour reconnue emporte hypothèque sur tous les biens du débiteur.

Le débiteur vérifié doit être condamné aux dépens et à l'amende.

VÊTEMENTS (habits). — Voy. *Habits*. — *Hardes*. — *Linges*.

VEUVE. — Voy. *Deuil*. — *Douaire*. — *Gains nuptiaux et de survie*. — *Habitation (droit d')*. — *Noces (secondes)*, etc.

VIABILITÉ. — Etat de l'enfant né viable, c'est-à-dire conformé de façon à pouvoir vivre.

La viabilité se prouve par le témoignage des médecins, sages-femmes ou autres personnes ayant assisté à l'accouchement.

L'enfant qui n'est pas né viable est présumé n'avoir jamais existé, et ne peut recueillir ni succession, ni donation.

VIAGÈRE (Rente). — Voy. *Rente viagère.*

VICE, Défaut, imperfection. — Voy. *Dommage.* — *Nullité.* — *Possession.* — *Ratification.* — *Rescision.*

VICES de forme. — Voy. *Formalité.* — *Ratification.*

VICES rédhibitoires. — Ce sont les défauts cachés de la chose vendue et qui donnent lieu à la garantie ou à la résolution de la vente.

D'après la nouvelle loi du 2 août 1884, sont réputés *vices rédhibitoires* et donnent seuls ouverture à l'action résolutoire ou restitution du prix résultant des art. 1641 et suivants du C. civ., sans distinction des localités où les ventes ou échanges d'animaux domestiques ont eu lieu, les maladies ou défauts ci-après, savoir :

Pour le cheval, l'âne et le mulet : la *fluxion périodique des yeux ;* — la *morve ;* — le *farcin ;* — l'*immobilité ;* — l'*emphysème pulmonaire ;* — le *cornage chronique ;* — le *tic* proprement dit, avec ou sans usure de dents, et les *boiteries anciennes intermittentes.* — Voy. *Responsabilité.*

Pour l'espèce ovine : la *clavelée* (cette maladie reconnue chez un seul animal, entraîne la rédhibition de tout le troupeau s'il porte la marque du vendeur).

Et *pour l'espèce porcine :* la *ladrerie.*

Les délais pour intenter l'action rédhibitoire sont de *30 jours* francs, non compris celui fixé pour la livraison, pour le cas de *fluxion* périodique des yeux ; et de *9 jours* francs, non compris celui fixé pour la livraison, pour tous les autres cas.

L'action en réduction de prix autorisée par l'art. 1644 du C. civ. ne peut être exercée dans les ventes et échanges d'animaux énoncés ci-dessus, lorsque le vendeur offre de reprendre l'animal vendu, en restituant le prix et en remboursant à l'acheteur les frais occasionnés par la vente.

Aucune action en garantie même en réduction de prix n'est admise pour les ventes ou échanges d'animaux, lorsque le prix en cas de vente, ou la valeur en cas d'échange, ne dépasse pas 100 fr.

Si la livraison de l'animal a été effectuée hors du domicile du vendeur, ou si, après la livraison, dans le délai ci-dessus, l'animal a été conduit hors du lieu du domicile du vendeur, le délai pour intenter l'action est augmenté d'un jour par 5 myriamètres de distance.

L'acheteur, à peine d'être non recevable, doit provoquer, dans les délais de *9 ou 30 jours,* la nomination d'experts chargés de dresser procès-verbal ; la requête est présentée verbalement ou par écrit au juge de paix du lieu où se trouve l'animal.

Le vendeur est appelé à l'expertise, à moins qu'il n'en soit autrement ordonné par le Juge de paix.

Si l'animal vient à périr, le vendeur n'est plus tenu de la garantie, à moins que l'acheteur n'ait intenté une action régulière dans le délai légal.

Le vendeur est dispensé de la garantie résultant de la *morve* ou du *farcin* pour le cheval, l'âne et le mulet, et de la *clavelée* pour l'espèce ovine, s'il prouve que, depuis la livraison, l'animal a été mis en contact avec des animaux atteints de cette maladie.

Si le vice dont se plaint l'acheteur avait été excepté par une clause spéciale, il n'y aurait pas lieu à garantie.

La garantie n'a pas lieu pour les ventes faites par autorité de justice.

L'acheteur qui exerce l'action rédhibitoire peut demander non seulement la restitution du prix, mais encore les intérêts et frais, et même des dommages-intérêts.

Un arrêt de la Cour de cassation, du mois de février 1888, a décidé que la loi du 2 août 1884 sur les vices rédhibitoires n'est pas applicable au commerce des animaux destinés à la boucherie, ce commerce continuant d'être régi par le droit commun.

VICTUAILLES. — S'entend particulièrement des provisions de bouche que l'on charge sur un navire. — Voy. *Assurance (contrat d').* — *Prêt à la grosse.*

VICOMTÉ. — Voy. *Noblesse.* — *Sceau des titres.*

VIDANGE. — Ce mot désigne le transport, hors forêt, des coupes de bois qu'on y a abattues, comme aussi le curement des fosses d'aisances. — Voy. *Curement.* — *Forêts.*

VIDUITÉ. — C'est l'état de veuvage du mari ou de la femme.

VIDUITÉ (Droit de). — Le droit de viduité consiste, pour la femme mariée sous le régime dotal, dans les intérêts de sa dot ou le droit aux aliments, à son choix. — C. civ. 1570.

On considère aussi comme une espèce de droit de viduité l'indemnité de logement et de nourriture accordée à la veuve commune en biens, pendant les délais pour faire inventaire et délibérer. — C. civ. 1465. — Voy. *Habitation de la veuve.*

VIE. — Espace de temps qui s'écoule depuis la naissance jusqu'à la mort.

Le terme le plus long de la vie, admise par la loi, est 100 ans.

Celui qui prétend à un droit, du chef d'un individu, est tenu de prouver l'existence de cet individu à l'époque de l'ouverture du droit — Voy. *Absence.* — *Absent.*

VIE des hommes. — La vie des hommes peut être prise pour mesure de la durée d'un contrat. C'est ce qui a lieu dans les contrats de constitution viagère et d'assurance sur la vie ; mais toute stipulation sur la succession d'un homme vivant est prohibée. — Voy. *Rente viagère.* — *Assurance (contrat d').* — *Pacte sur succession future.*

VIE (Bail à). — Voy. *Bail à vie.*

VIE (Certificat de). — Voy. *Certificat de vie.*

VIENNE (La). Département formé de partie de l'ancienne province du Poitou.
Chef-lieu : Poitiers.
Cour d'appel : Poitiers.
Ce département est limité à l'Est par l'Indre-et-Loire, l'Indre et la Haute-Vienne ; au Sud par la Haute-Vienne, la Charente et les Deux-Sèvres ; à l'Ouest par les Deux-Sèvres, et au Nord par l'Indre-et-Loire et Maine-et-Loire.
Il est divisé en 5 arrondissements, 31 cantons et 300 communes.
Superficie : 697.320 hectares.
Impôt foncier : 1.313.632 francs.
Population : 342.785 habitants.

VIENNE (Haute-). — Département formé du Limousin, des Basses-Marches et de quelques portions du Haut-Poitou.
Chef-lieu : Limoges :
Cour d'appel : Limoges.
Ce département est limité à l'Est par la Creuse ; au Nord par la Corrèze et la Dordogne ; à l'Ouest par la Dordogne, la Charente et la Vienne, et au Nord par la Creuse, l'Indre et la Vienne.
Il est divisé en 4 arrondissements, 27 cantons et 203 communes.
Superficie : 549.908 hectares.
Impôt foncier : 1.006.893 francs.
Population : 363.482 habitants.

VIF. — Synonyme de vie. — On dit le *mort* saisit le *vif.* — Voy. *Succession.*
On dit aussi mobilier *mort et vif.*

VIGILANCE. — Voy. *Demeure (mise en).* — *Faute.* — *Responsabilité.*

VIGNE. — Voy. *Bail à comptant.* — *Echalas.* — *Privilège.* — *Usufruit.*

VILETÉ du prix. Voy. — *Lésion.* — *Rescision.*

VILLE. — Commune dont la population est importante.

VIN (Pot de). — Voy. *Pot-de-vin.*

VINDICTE publique. — Se dit de la poursuite des crimes et des délits, exercée par le ministère public. — Voy. *Ministère public.*

VIOL. — Crime puni par l'art. 332 du C. pén. — Voy. *Enlèvement et Rapt.* — *Violence.*

VIOLATION. — Mot synonyme d'infraction.
En matière de décision judiciaire, la violation d'une loi donne lieu à cassation. — Voy. *Cassation.*

VIOLATION de clôture. — Voy. *Clôture.*

VIOLATION de dépôt. — Voy. *Abus de confiance.* — *Dépôt.* — *Fait de charge.*

VIOLATION de domicile. — C'est un délit prévu par l'art. 184 du C. pén. — Voy. *Domicile.* — *Liberté individuelle.* — *Nuit.*

VIOLATION des formes. — Voy. *Formalités.*

VIOLATION de sépulture. — Voy. *Sépulture.*

VIOLENCE. — Action de contraindre quelqu'un à faire une chose.
La violence est une cause de nullité des conventions. Il n'y a point de consentement valable s'il a été extorqué par la violence. — C. civ. 1109.
Il y a violence, lorsque les moyens dont on use sont de nature à faire impression sur une personne raisonnable, et à lui imposer la crainte d'exposer sa personne ou sa fortune à un mal considérable et présent. — C. civ. 1112.
Il y a encore violence, indépendamment de tous mauvais traitements, lorsqu'on retient quelqu'un en charte privée, et qu'on en exige une obligation pour le relâcher. — D. N.

VIREMENT. — Voy. *Riscontre.*

VIRILE (Part et portion). — Voy. *Portion virile.*

VISA. — Formule écrite par un fonctionnaire public sur un acte ou une pièce, soit pour les rendre exécutoires, ou pour constater un fait.

VISA pour timbre. — Mention que les Receveurs d'Enregistrement sont autorisés à écrire sur certains papiers ou actes présentés par les parties, et qui tient lieu de l'empreinte du timbre.
On doit, notamment, faire viser pour timbre les lettres missives et autres pièces qui ne peuvent être produites en justice avant d'avoir été timbrées à l'extraordinaire ou visées pour timbre.

VISITE domiciliaire. — Perquisition faite à domicile par un officier de police judiciaire, soit pour constater un crime ou un délit, soit pour en arrêter l'auteur présumé et le livrer à la justice.

VISITE des lieux. — Mesure préparatoire ordonnée par le juge de paix, pour s'éclairer avant de prononcer son jugement.
Autre chose est la *descente sur les lieux*, qui est ordonnée par un Tribunal de première instance, ou une autre Cour supérieure qui commet un de ses membres.
Dans un autre sens, on comprend l'état de lieux dressé après l'entrée en jouissance du fermier. — Voy. *État de lieux.*
Les visites de lieux se font aussi après congé de location. — Voy. *Congé de location.*

VIVE pâture. — Se dit par opposition à *vaine pâture*. — Voy. *Parcours et vaine pâture*.

VIVIER. — C'est un bassin d'eau dormante ou courante dans lequel sont retenus des poissons. — Voy. *Bail de pêche.* — *Etang.* — *Meubles.* — *Immeubles.* — *Pêche.* — *Mare.*

VŒUX. — Voy. *Communauté religieuse.* — *Consentement au noviciat.* — *Consentement à l'ordination.*

VOIE. — Se dit du recours contre un acte ou un jugement. Ainsi on dit : *la voie de l'appel.* C'est aussi le moyen d'exécution, ce qui fait dire : on poursuit par les *voies de droit*.

VOIE d'action. — Termes employés par opposition à ceux de *voie d'exécution*. Se dit aussi de la faculté d'intenter une demande, comme partie principale, devant les tribunaux.

VOIE de droit. — S'entend des moyens indiqués par la Loi pour l'exercice d'un droit, pour l'exécution d'un acte, d'un jugement ou d'une obligation. — Voy. *Action.* — *Saisie.*

VOIES de fait. — Actions accompagnées de violences sur le corps des personnes, et qualifiées *crimes et délits* contre les particuliers par le Code pénal.
Lorsque l'honneur est atteint, il y a injure, outrage.
Si ce sont les biens seulement, le fait s'appelle, selon les circonstances, *dégradation, destruction, usurpation* ou *vol.* — Voy. ces mots.

VOIE parée. — Voy. *Adjudication.* — *Exécution parée.*

VOIE publique. — Ce sont les chemins, rues et places qui sont dans le domaine public. — Voy. *Voirie.*

VOIE de réquisition. — Voy. *Voie d'action.*

VOIRIE. — Se dit de l'ensemble des voies de communication par terre ou par eau, de même que de l'ensemble des règles relatives à leur établissement, à leur conservation et à leur police.
Il y a la *grande* et la *petite voirie*.
La grande voirie comprend le classement, l'entretien, la plantation, la police et la propriété des grandes routes, des chemins de fer, des canaux et rivières navigables ; les bacs et bateaux, les ports maritimes de commerce, de même que les acquisitions de terrains, les extractions de matériaux, les perceptions de droits d'octroi, de péage, et la police du roulage.
Toutes les communications non classées dans la grande voirie appartiennent à la petite ; ce sont les voiries *urbaine, vicinale* et *rurale.* — Voy. *Chemin vicinal.* — *Chemin de fer.* — *Cours d'eau.* — *Rivière.* — *Route.* — *Rues,* etc.
Il est défendu d'obstruer la voie publique par aucuns dépôts, de faire ou creuser aucunes caves sous les rues.
Il est également défendu de jeter dans les rues aucunes eaux, ni ordures, par les fenêtres, de jour ou de nuit.
Avant de faire des réparations ou constructions sur le bord de la voie publique, il faut en demander l'alignement. — Voy. *Alignement.*
Les propriétaires riverains ne peuvent ajouter aux bâtiments des saillies sur la voie publique. — Voy. *Balcon.* — *Saillie.*
Les étalages sur la voie publique ne sont permis qu'avec l'agrément de l'autorité. — Voy. *Etalage.* — *Police municipale.*
Au reste, à l'égard de la voirie urbaine, nous renvoyons aux divers règlements qui la concernent, notamment au décret du 26 mars 1852, relatif aux rues de Paris, et à celui du 23 juillet 1884, sur la hauteur des maisons, les combles et les lucarnes dans la même ville.
L'entretien et le curage des fossés, le long des grandes routes, est à la charge de l'Etat. — *L. du 12 mai 1825.*
Les contraventions sur la grande voirie sont constatées et poursuivies par voie

administrative. Celles en matière de petite voirie sont dans les attributions de l'autorité judiciaire, et sont poursuivies devant le Tribunal de simple police.

VOISINAGE. — Se dit de la proximité des personnes ou des lieux.

Le voisinage est *personnel, réel* ou *mixte*.

Le voisinage *personnel* comprend les intérêts qui naissent du voisinage des personnes : tel est, par exemple, le droit de troubler quelqu'un par des bruits nocturnes, etc.

Le voisinage *réel* s'entend des rapports respectifs des propriétés foncières.

Le voisinage *mixte* est celui que produisent certains droits dont l'exercice suppose une personne d'un côté, et un bien-fonds de l'autre.

Certaines servitudes sont imposées par le voisinage. — Voy. *Mitoyenneté*. — *Vue*. — *Servitude*.

A l'égard des constructions entre voisins. — Voy. *Puits*. — *Fosses d'aisances*. — *Fours et fourneaux*. — *Egouts*. — *Etables*. — *Contre-mur*.

A Paris, il existe des règlements de police relativement aux constructions des cheminées, qui sont généralement suivis par tous les entrepreneurs, même en province. Ces règlements datent des 24 janvier 1672, 10 nov. 1781 et 20 janvier 1808.

Les entrepreneurs sont d'ailleurs garants pendant 10 ans des incendies et autres accidents provenant du défaut de solidité. — *D. N.* — Voy. *Marché (devis et)*.

VOITURE (Frais de). — Voy. *Messageries*. — *Voiturier*.

VOITURE (Lettre de). — Voy. *Lettre de voiture*.

VOITURE publique. — Voy. *Messageries*. — *Postes*.

VOITURES et chevaux (Impôt sur les). — Voy. *Contributions publiques*, § 6.

VOITURES de roulage. — On comprend sous ce titre les voitures suspendues ou non suspendues, servant au transport des personnes ou des marchandises. — Voy. *Roulage*.

VOITURIER. — On comprend, généralement, sous la dénomination de voiturier, tous ceux qui se chargent du transport des personnes ou des marchandises, par terre et par eau.

Les obligations et la responsabilité des entrepreneurs de voitures publiques ont été indiquées sous le titre Messageries. — Voy. *Messageries*. — *Roulage*.

VOL. — Soustraction frauduleuse de la chose d'autrui. — *C. pén.* 379 *et suiv.* — Voy. *Délit*.

VOLAPUK. — Nouvelle langue universelle empruntée aux différents idiomes de l'Europe, et créée pour faciliter les relations commerciales internationales.

Plusieurs associations se sont fondées à Paris et dans les différents Etats de l'Europe pour la propagation du *Volapük*, et un grand nombre d'ouvrages ont déjà été publiés pour l'étude de cette langue.

VOL de caisse. — Se dit de l'enlèvement ou soustraction des deniers déposés dans une caisse publique. — *C. pén.* 96, 169 *et suiv.*

Aucun receveur, caissier ou dépositaire de fonds publics ne peut obtenir décharge d'un vol, s'il n'est justifié qu'il est l'effet d'une force majeure.

VOLAILLES. — Oiseaux domestiques, comme poules, poulets, chapons, etc.

Le propriétaire du fonds ensemencé sur lequel sont trouvées des volailles à l'abandon peut les tuer au moment du délit, et les y laisser, sans préjudice de l'action en dommages-intérêts qu'il peut toujours intenter contre le maître des volailles. — *L. du 6 oct. 1791.* — Voy. *Animaux*.

VOLONTARIAT. — On désigne sous ce nom les engagements conditionnels d'un an permis par la Loi du 27 juillet 1872.

Tous les jeunes gens qui, à un titre quelconque, demandent à jouir du bénéfice du volontariat, doivent adresser une demande écrite à la Préfecture du département où ils veulent s'engager.

Cette obligation est la même pour les jeunes gens qui ont obtenu des diplômes de bacheliers ès lettres, de bacheliers ès sciences, des diplômes de fin d'études, ou des brevets de capacité, en un mot pour tous ceux qui se trouvent dans les conditions de l'art. 53 de la Loi du 27 juillet.

Les demandes d'inscription doivent être produites sur papier timbré de 0 fr. 60 c. et indiquer exactement : 1° les nom prénoms, profession et lieu de domicile légal et de résidence du jeune homme, et 2° l'arme dans laquelle il désire servir.

Les jeunes gens se trouvant dans les conditions de l'art. 54 de la loi du 27 juillet doivent, en outre, faire connaître la série dans laquelle ils désirent être classés pour leur examen (agriculture, commerce, industrie).

Les demandes d'admission doivent être accompagnées des pièces suivantes :
1° Acte de naissance du candidat ;
2° Certificat d'acceptation délivré par le commandant du recrutement ;
3° Si le candidat a moins de 21 ans, le consentement légalisé de ses père, mère ou tuteur (ce dernier dûment autorisé par délibération du Conseil de famille).

Ces trois pièces sont affranchies du droit de timbre.

L'engagé volontaire d'un an est habillé, monté, équipé et entretenu à ses frais. A cet effet, il est tenu de verser à la Caisse du trésorier receveur général du département une somme de 1500 fr., et d'en justifier avant de contracter son engagement.

Le Ministre de la guerre peut, toutefois, exempter de tout ou partie du versement de la somme ci-dessus les jeunes gens qui ont donné dans leur examen des preuves de capacité, et justifient être dans l'impossibilité de subvenir à leurs frais d'équipement.

L'engagé volontaire est incorporé et soumis à toutes les obligations de service imposées aux hommes présents sous les drapeaux et est astreint aux examens prescrits. — Voy. *Militaires.*

Si, après un an de service, l'engagé volontaire ne satisfait pas aux examens prescrits, il est obligé de rester une seconde année et peut même être déclaré déchu des avantages réservés aux volontaires.

Les engagés volontaires d'un an peuvent obtenir des brevets de sous-officier après avoir satisfait aux examens. — D. N.

VOLONTÉ. — On ne doit pas considérer comme volonté celle qui est forcée. — Voy. *Consentement.*

VOLUPTUAIRES (Dépenses). — S'entend des dépenses de pur agrément. — Voy. *Impenses.*

VOSGES. — Le département des Vosges est un de ceux que formaient la Lorraine et les Trois Evêchés.
Chef-lieu : Epinal.
Cour d'appel: Nancy.
Ce département est limité à l'Est par le Bas-Rhin et le Haut-Rhin ; au Sud par le Haut-Rhin et la Haute-Saône ; à l'Ouest par la Haute-Marne, et au Nord par le Bas-Rhin, la Meurthe et la Meuse.
Il est divisé en 5 arrondissements, 29 cantons et 530 communes.
Superficie : 587.656 hectares.
Impôt foncier : 1.236.829 francs.
Population : 413.707 habitants.

VOUTE. — Voy. *Réparation.* — *Vue.*

VOYAGE de mer. — Voy. *Délaissement maritime.* — *Passage de mer.*

VOYAGES d'outre-mer. — Voy. *Emigration européenne.*

VOYAGEURS. — Voy. *Hôtellerie.* — *Messageries.*

VUE. — Echéance d'une lettre de change.

VUES. — On entend par ce mot toute espèce d'ouverture ayant pour objet de donner du jour à un édifice.

On distingue toutefois les *vues* proprement dites des *jours*, en ce que les vues donnent la faculté de regarder librement sur le fonds d'autrui, tandis que les jours sont destinés seulement à donner passage à la lumière, sans qu'on puisse plonger les regards sur le fonds.

Le droit de *vues* est une servitude légale qu'on peut acquérir par titres ou par prescription.

On ne peut avoir des vues droites ou fenêtres d'aspect, ni balcons ou saillies sur l'héritage clos ou non clos de son voisin, s'il n'y a deux mètres de distance entre le mur où on les pratique et le dit héritage. — *C. civ.* 678.

On ne peut avoir des vues de côté ou obliques sur le même héritage qu'à 66 centimètres de distance. — *C. civ.* 679.

Lorsque la distance est moindre que celles désignées ci-dessus, le voisin ne peut faire que des jours de souffrance pour lesquels il est tenu de se conformer aux art. 676 et 677 du C. civ.

La distance dont est parlé dans les deux articles précédents se compte depuis le parement extérieur du mur où l'ouverture se fait, et, s'il y a balcons ou autres saillies, depuis leur ligne extérieure jusqu'à la ligne de séparation des deux propriétés.

Dans aucun cas, l'un des voisins ne peut, sans le consentement de l'autre, pratiquer dans le mur mitoyen aucune fenêtre ou ouverture, même à verre dormant. — *C. civ.* 675.

Mais lorsqu'il n'y a pas de mitoyenneté, le propriétaire d'un mur joignant immédiatement l'héritage d'autrui peut pratiquer dans ce mur des jours ou des fenêtres à fer maillé et verre dormant. — Ces fenêtres doivent être garnies d'un treillis de fer dont les mailles doivent avoir un décimètre d'ouverture au plus, et d'un châssis à verre dormant, c'est-à-dire scellé et ne pouvant s'ouvrir. — *C. civ.* 676.

Ces fenêtres ou jours ne peuvent être établis qu'à 2 mètres 66 centimètres au-dessus du plancher ou sol de la pièce qu'on veut éclairer si c'est au rez-de-chaussée, et à 2 mètres au-dessus du plancher pour les étages supérieurs. — *D. N.*

L'obligation d'observer les distances légales peut cesser par l'acquisition de la servitude, par titres, ou par la prescription trentenaire.

W

WARRANT. — Mot qui signifie *Garantie*. Les warrants ne sont autre chose que des contrats de commission.

Les magasins généraux, qui reçoivent en consignation les marchandises warrantées, font office de commissionnaires en marchandises prenant leur commission sur la marchandise lorsqu'elle est retirée ou vendue, et comme eux, ils ont un privilège pour le remboursement de leurs avances.

Le bulletin de gage délivré en même temps que le récépissé des marchandises peut être négocié par voie d'endossement et vaut nantissement de la marchandise, au profit du cessionnaire.

Le porteur du warrant doit d'abord épuiser ses droits sur la marchandise, et en cas d'insuffisance seulement, il exerce son recours contre l'emprunteur et les endosseurs.

Y

YACHTS et bateaux de plaisance. — Ces bâtiments sont dispensés du rôle d'équipage, mais ils doivent être munis d'un permis de navigation. — *Déc. du 9 déc. 1873.*

YONNE. — Le département de l'Yonne est un des 4 que forment la Bourgogne, l'Auxerrois et le Sénonais.

Chef-lieu : Auxerre.

Cour d'appel : Paris.

Ce département est limité à l'Est par l'Aube et la Côte-d'Or ; au Sud par la Côte-d'Or et la Nièvre ; à l'Ouest par le Loiret et la Seine-et-Marne, et au Nord par l'Aube et Seine-et-Marne.

Il est divisé en 5 arrondissements, 37 cantons et 485 communes :

Superficie : 742.056 hectares.

Impôt foncier : 1.881.115 francs.

Population : 355.364 habitants.

Fin du Dictionnaire.

TABLE ALPHABÉTIQUE

DES MOTS ET EXPRESSIONS DE DROIT CONTENUS DANS CET OUVRAGE

A

	Pages.
Abandon	1
— d'animaux	1
— de biens	1
— de la maison paternelle	1
— d'enfant	1
— du domicile conjugal	2
— de mitoyenneté	2
— de terrain grevé de servitudes	2
— de navire	3
— par un héritier bénéficiaire	3
Abandonnement	3
— à titre de partage	5
— pour fait d'assurance	5
Abattage	5
Abattoirs	5
Abdication de la propriété	6
Abeilles	6
Ab-intestat	6
Ab-irato	6
Abonnement	6
— par la poste	7
Abordage	7
Aboutissants	7
Abreuvoir	7
Abréviation	7
Abrogation	7
Absence	7
Absolu	8
Absolution	8
Abus (Appel comme d')	8
— d'autorité	8
— de blanc-seing	8
— de confiance	8
— des faiblesses du mineur	9
Académies	9
Acceptation	9
Acceptation d'adoption	10
— de communauté	10
Acceptation de donation	10
— de legs	10
— de lettre de change	10
— de remploi	10
— de succession	11
Accepteur	11
Acceptilation	11
Accession	11

	Pages.
Accessoire	11
Accident	11
Accolade	11
Accord, Accordailles	11
Accotement	12
Accroissement	12
Accrue	12
— de bois	12
Accusation	12
Achalandage	12
Achat	13
Acheteur	13
Acompte	13
Acquéreur	13
Acquêt	13
Acquiescement	13
Acquisition	14
Acquit	14
Acquit-à-caution	14
Acquittement	15
Acte	15
— administratif	15
— arbitraire	15
— authentique	15
— confirmatif	16
— conservatoire	16
— constitutif	16
— d'administration	16
— de commerce	16
— de dernière volonté	16
— de l'État civil	16
— déposé chez un notaire	17
— d'héritier	17
— de décès	17
— de mariage	18
— de naissance	18
— de notoriété	18
— de société	18
Acte de suscription d'un testament mystique	18
— de tolérance	18
— de violence	18
Acte d'incommunité	18
— écrit à la suite ou en marge d'un autre	18
— exécutoire	18
— illégal	18
— illicite	19
— imparfait	19
— innomé	19

	Pages.
Acte judiciaire ou extra-judiciaire	19
— non enregistré	19
— notarié	19
— recognitif	20
— passé à l'étranger	20
— respectueux	20
— sous seing privé	20
— synallagmatique	22
— unilatéral	22
Actif	22
Action	23
— nominative	23
— au porteur	23
— civile	23
— commerciale	23
— de la Banque de France	24
— en déclaration d'hypothèque	24
— en délaissement	24
— en réintégrande	24
— en rescision	24
— en revendication	24
— frustratoire	25
— hypothécaire	25
— paulienne	25
— pétitoire	25
— possessoire	25
— publique	25
— rédhibitoire	25
— résolutoire	25
— révocatoire	25
Adage	25
Adhésion	25
Adiré	26
Adition d'hérédité	26
Adjoint au maire	26
Adjonction	26
Adjudication	26
— administrative	27
Adminicule	27
Administration	27
— légale	27
— de l'Enregistrement et des Domaines	27
Administration municipale	28
— publique	28
Adoption	28
Adultère	29
Adultérin (Enfant)	29

A

	Pages.		Pages.		Pages.
Affaire	29	Annonces légales et judiciaires	43	Assemblée de créanciers	54
— contentieuse	29	Annuité	44	— de famille ou de parents	54
Affectation	29	Annulation	44	Assesseur	54
— de bois	29	Anonyme	44	Assiette	54
— domaniale	30	Antériorité d'hypothèque	44	Assignation	54
— hypothécaire	30	Antichrèse	44	— de part	54
Affichage (Droit d')	30	Anticipation	45	Assises	54
Affiche	30	Antidate	45	Assistance	54
Afficheur	31	Apostille	45	— judiciaire	54
Affiliation	31	Appartenances et dépendances	45	— publique	55
Affinité	31	Appel	45	Association	55
Affirmation	31	— comme d'abus	46	— en participation	56
Affouage	31	Appelé	46	Associations religieuses	56
Affranchissement	31	Appendice	46	— syndicales	56
Affrètement	31	Appoint	46	— syndicales professionnelles	56
Affrontailles	31	Appointements	46	Associé	56
Age	31	Apport	46	Assolement	56
— des fonctionnaires	32	Apposition d'affiches	46	Assurance	57
Agent	32	— de scellés	46	— contre la grêle	57
— d'affaires	32	Appréciation	46	— contre les accidents	57
— de change	32	— de grains	46	— contre l'incendie	57
— consulaire	33	Appréhender	46	— en cas de décès	57
— diplomatique	33	Apprentissage	46	— par l'Etat	57
Agiotage	33	Approbation	46	— fluviale	58
Agréé	33	— d'écriture	47	— maritime	58
Agrégation	33	Apurement	47	— mutuelle	58
Agrès	33	Aqueduc	47	— sur la vie	58
Agriculture	33	Aratoires (Instruments)	47	— terrestre	59
Aïeul, Aïeule	34	Arbitrage	47	Atermoiement	59
Ain	34	— du juge	48	Atre	60
Aîné de jumeaux	34	Arbitre rapporteur	48	Attentat	60
Aisne	34	Arbitraire	48	Atterrissement	60
Ajournement	34	Arbres	48	Attestation	60
Alcool	34	Architecte	50	Attribution	60
Aléatoire	34	Archives	50	— de juridiction	60
Algérie	35	Ardèche	50	— des juges de paix	60
Alibi	35	Ardennes	51	Attroupement	60
Aliénation	35	Are	51	Aubain	61
— mentale	35	Argent	51	Aube	61
Alignement	36	— comptant	51	Auberge	61
Aliments	37	Argenterie	51	Aubergiste	61
Alliance, Allié	38	Argument	51	Aude	61
Allocation	38	Ariège	51	Audience	61
Allonge d'un effet de commerce	38	Armateur	51	Audiencier	61
Allier	38	Armée	51	Auditeur au Conseil d'Etat	61
Allumettes	39	Armement	51	Audition	61
Alluvion	39	Armes prohibées	51	Auditoire	61
Alpes (Basses-)	39	Arpentage	51	Augment de précipit	61
— (Hautes-)	39	Arrérages	52	Augmentations	61
— Maritimes	40	Arrestation	52	Auteur	61
Altération	40	Arrêt	52	Auteurs	62
Alternative	40	— de deniers	52	Authenticité	62
Ambassadeur	40	Arrêté	52	Autorisation	62
Ambiguïté	40	— administratif	52	— de justice	62
Améliorations	40	— de compte	53	— de faire le commerce	62
Aménagement	40	— de police	53	— pour plaider	63
Amende	40	Arrhes	53	— maritale	63
Ameublissement	41	Arrondissement	53	Autorité	63
Amiables compositeurs	41	Art	53	— administrative	64
Amnistie	41	Articles de mariage	53	— judiciaire	64
Amodiation	41	Articulation	54	— paternelle	64
Amortissement	42	Artifices coupables	54	Autrui	64
Ampliation	42	Arts et manufactures	54	Auvent	64
Analogie	42	— et métiers	54	Aval	64
Anatocisme	42	Ascendants	54	Avancement d'hoirie	64
Ancienneté	42	Asséchement	54	Avances	64
Animaux	42	Assemblée législative	54	Avantages	64
Année	43			Avantage indirect	64
Année commune	43				
Annexe	43				

B

	Pages.
Avantages entre époux.	64
Avarie.	64
Avenant.	65
Avenir.	65
Avertissement.	65
Aveu.	65
— de maternité.	65
Aveugle.	65
Aveyron.	65
Avis.	66
— imprimé.	66
— du Conseil d'État.	66
— de parents.	66
Avocat.	66
Avocats au conseil d'État et à la Cour de cassation.	66
Avoué.	66
Ayant cause.	67
Ayant droit.	68

B

	Pages.
Bac.	68
Bachelier.	68
Bagages.	68
Bagues et joyaux.	68
Bail.	68
— à cheptel.	71
— à cheptel simple.	72
— à cheptel à moitié.	73
— à cheptel donné au fermier.	74
— à colonage partiaire.	74
— à complant.	74
— à convenant ou domaine congéable.	75
— administratif.	75
— à devoir.	75
— à durée illimitée.	75
— à ferme.	75
— à loyer.	79
— à moitié fruits.	81
— à nourriture de personnes.	82
— à rente.	83
— à vie.	83
— d'animaux.	83
— de bancs et chaises dans les églises.	83
— de biens des évêchés, chapitres, séminaires, cures, etc.	83
— de biens d'un hospice ou d'un bureau de bienfaisance.	83
— de bois.	84
— de carrières, mines et tourbières.	84
— de chasse.	84
— de meubles ou droits incorporels.	85
— de pâturage.	86
— de pêche.	86
— d'un appartement meublé.	87
— d'ouvrage ou d'industrie.	87

	Pages.
Bail de voituriers par terre et par eau.	87
— emphytéotique.	87
— maritime.	88
— par adjudication.	88
— par licitation.	88
— partiaire.	88
— sous seing privé.	89
— verbal.	89
Bailleur.	89
— de fonds.	89
Bains.	89
Balance.	89
Balayage.	89
Balcon.	89
Balivage.	90
Baliveaux.	90
Ban de moisson et de vendange.	90
— (Rupture de).	90
Bancs d'église.	90
Bannissement.	90
Bannie.	90
Banque.	90
— coloniale.	90
— de France.	91
Banqueroute.	92
Banquier.	93
Bans de mariage.	93
Baptême.	93
Baraterie.	93
Baron.	93
Barrage.	93
Barre.	93
Barreau.	93
Bateau.	93
Bâtiment.	93
— commun.	93
Bâtiments civils.	93
— militaires.	93
Bâtonnier.	93
Battue.	93
Baux et locations.	94
Beau-père. Belle-mère, etc.	94
Bénédiction nuptiale.	94
Bénéfice.	94
Bénéfice ecclésiastique.	94
— d'âge.	94
— de cession.	94
— de discussion.	94
— de division.	94
— d'inventaire.	94
— de rescision et de restitution.	95
Berge.	95
Besoin.	96
Bestiaux.	96
Bétail.	96
Biens et choses.	96
— meubles.	96
Bibliothèque.	96
Bief.	96
Bienfait.	96
Bienfaisance.	97
Biens futurs.	97
— communaux.	97
— dotaux.	97
— ecclésiastiques.	97
— de l'État.	97
— nationaux.	97
— paraphernaux.	97

	Pages.
Biens tenant.	97
Bigamie.	97
Bijoux.	97
Bilan.	97
Bilatéral.	99
Billard.	99
Billet.	99
— de Banque.	101
— en blanc.	101
— de prime.	101
Billon.	101
Bis.	102
Bisaïeul.	102
Blâme.	102
Blanc.	102
Blanc-seing.	102
Bloc.	102
Blocus.	102
Bois.	102
— défensable ou en défends.	102
Bois mort ou mort bois.	102
Boissons.	102
Bon.	103
— père de famille.	103
Boni.	103
Bonne foi.	103
Bonnes mœurs.	103
Bons du Trésor.	103
— de poste.	103
Bordereau.	106
— d'agent de change ou de courtier.	106
— de caisse.	106
— de collocation.	106
— d'inscription.	106
Bornage.	106
Bornes.	109
Bouches-du-Rhône.	109
Boucher.	109
Boulanger.	109
Bouilleurs de cru.	109
Bourse commune.	110
— de commerce.	110
Branche.	110
— d'arbres.	110
Brasseur.	110
Bref délai.	110
Brevet.	110
— (Acte en).	110
— d'apprentissage.	111
— d'invention.	112
Bris de clôture.	113
— de scellés.	113
Brocanteurs.	114
Brut.	114
Budget.	114
Bulletin d'épargne.	114
— des lois.	114
Bureau.	114
— d'Enregistrement et du Timbre.	114
— de bienfaisance.	114
— des hypothèques.	115
— de paix et de conciliation.	115
— de placement.	115
— de tabac.	115
— des postes et télégraphes.	11
But.	11
— à but.	11

C

	Pages.
Cabarets. Cafés	116
Cabines téléphoniques.	116
Cabotage	116
Cadastre	117
Caduc	117
Caducité	117
Cafés. Cabarets	117
Cahier des charges	117
Caisse d'amortissement.	117
— d'assurance	117
— des dépôts et consignations	117
— centrale du Trésor	118
— d'épargne et de prévoyance	118
— d'épargne postale	119
— d'épargne scolaire	120
— des gens de mer	120
— des invalides de la marine	120
— des retraites pour la vieillesse	120
— (Livre de)	121
Calcul	121
Calendrier	121
— ancien	121
— grégorien	121
— dit perpétuel	122
— républicain	122
Calomnie	123
Calvados	124
Canal	124
Cancellation	124
Candidat	124
Canon	124
Cantal	124
Canton	125
Cantonnement	125
Cantonnier	125
Capacité	125
Capitaine de navire	125
Capital	125
Capitalisation	125
Capital rural	125
Captation	126
Caractère	126
Carence (Procès-verbal de)	126
Carrière	126
Carrières diplomatique et consulaire	127
Carte postale	127
Cartes à jouer	127
Cas	127
Casier judiciaire	127
Cas fortuit	127
Cassation	127
Casuel	128
Cause	128
Caution	128
Cautionnement	128
— des officiers ministériels, etc.	129
Caution juratoire	130
Cédant	130
Cédule	130
Cens	130
Censure	130
Centième denier	130
Centimes additionnels	130

	Pages.
Centimètre	130
Cercles et sociétés (Impôt sur)	130
Cérémonie publique	130
Certificat	130
— d'apprentissage	131
— de bonne vie et mœurs	131
— de capacité	131
— de carence	131
— de caution	131
— de déclaration de changement de domicile	131
— d'indigence	131
— de libération du service militaire	131
— d'individualité	131
— de jouissance de droits civiques et civils	131
— négatif	132
— d'opposition ou de non-opposition	132
— d'origine	132
— de non-naturalisation	132
— de propriété	132
— de radiation	132
— de vie	132
Cessation de paiements	133
— de travail	133
Cessible (Incessible)	133
Cession	133
— d'antériorité ou de priorité	133
— de bail	133
— de biens	133
— de brevet d'imprimeur ou de libraire	134
— de brevet d'invention	134
— de créance	134
— de droits litigieux	134
— de droits successifs	134
— de priorité	134
— d'usufruit	134
Chaises	134
Chambre	134
— d'adjudication	134
— de commerce	134
— consultative des manufactures	134
— de discipline	134
— de discipline des notaires	134
— des députés	135
— syndicale	135
— des vacations	135
Chancelier de consulat.	135
Change	135
Change de monnaies et matières d'or et d'argent	135
Chageur	135
Changement de domicile	135
— d'Etat	135
— d'hypothèque	136
— de nom	136
Chapelle	136
Chaperon	136
Chapitre	136
Charente	136

	Pages.
Charente-Inférieure	136
Charge	136
Charges	136
— de communauté	137
— du mariage	137
— personnelles, réelles et mixtes	137
— de police	137
— publiques	137
— de restitution	137
— de succession, donation, legs	137
Chargement	137
Charte-partie	137
Chartre privée	137
Chasse	137
Chauffage	141
Chef	141
— de famille	141
— du jury	141
Chemin	141
— communal et rural	142
— de fer	143
— de halage	144
— d'exploitation	144
— vicinaux	144
— de souffrance	145
Cheminée. forge ou fourneau	145
Cheptel	145
Chèque	145
Cher	146
Chevaux	146
Chiens	146
Chiffres	146
Chiffres-taxes	147
Chirographaire	147
Chirurgien	147
Choix	147
Chômage	147
Choses	147
Chose abandonnée	148
Chose fongible	148
— illicite	148
— jugée	148
— perdue	148
Cimetière	148
Circonstances	149
— et dépendances	149
Circuit d'actions	149
Circulaire	149
Citation	149
Citerne	149
Citoyen	149
Clameur publique	149
Clandestin	149
Classes des notaires	149
Classement des chevaux.	150
Clause	150
— comminatoire	150
— dérogatoire	150
— pénale	150
— résolutoire	150
— révocatoire	150
— de voie parée	150
Clefs	150
Clerc	150
Clergé	150
Client	150
Clientèle	150
Cloaque	151
Clos	151

C

	Pages.
Clôture	151
— de compte	152
— d'inventaire	152
— d'ordre	152
Co	152
Coalition	153
Code	153
Codicille	153
Cohabitation	153
Colis postaux	153
— non postaux	153
Collatéral	154
Collectif	154
Collège	154
Collocation	154
Collusion	154
Colombier	154
Colon	154
Colonie	154
Colonies françaises	154
Colportage	156
Comédien	156
Comestibles	156
Comice agricole	156
Comité consultatif des arts et manufactures	156
Command	156
Commande	156
Commandement (Procédure)	156
Commandite	156
Commencement de preuve par écrit	157
Commerçant	157
Commerce	158
Commettant	158
Commis	158
Commis greffier	158
Commissaire	158
— de la marine	158
— de police	159
— priseur	159
— de surveillance	159
Commission	159
— (Nomination)	159
— de justice	159
— mixte des travaux publics	159
— rogatoire	159
Commissionnaire	159
Commissoire	160
Commodat	160
Communauté	160
— de biens entre époux	160
— religieuse	161
Commune	161
— renommée	163
— (femme)	163
Communication	163
— au Ministère public	163
— de pièces	163
Communion	163
Commutatif	163
Commutation de peine	164
Compagnie	164
Compagnon. Compagnonnage	164
Comparaison d'écriture	164
Comparution	164
Compascuité	164
Compensation	164
Compétence	164

	Pages.
Compétence administrative	164
— criminelle	165
— des Cours d'assises	166
— des Cours d'appel	166
— des Tribunaux civils d'arrondissement	166
— des juges de paix	167
— des Tribunaux de commerce	168
Complainte	168
Complant	168
Complice	168
Complot	168
Compromis (Arbitrage)	168
Comptabilité	170
Comptable	170
Comptant	170
Compte	170
Compte d'administration légale	172
— d'antichrèse	172
— à demi	172
— (Arrêté de)	172
— de bénéfice d'inventaire	172
— de communauté	173
— courant	173
— de clerc à maître	173
— par échelette ou échelle	173
— d'exécution testamentaire	173
— de faillite	174
— de fermages ou d'intérêts	174
— de fonds	174
— de fonds et de fruits	174
— de fruits	174
— de gestion d'un héritier	174
— d'intérêts	174
— (Projet de)	175
— (Récépissé de)	175
— de retour	175
— de séquestre	175
— de société	175
— de substitution	175
— de succession	175
Compte de tutelle	176
— de tuteur à tuteur	179
— d'usufruit	180
Comptoir commercial	180
— d'escompte de Paris	180
Compulsoire	180
Comte (Titre de noblesse)	180
Conception	180
Concert frauduleux	180
Concession	180
— de terrain dans les cimetières	180
Concierge	181
Concile	181
Conciliation	181
Conclusions	181
— du Ministère public	181
Concordat	181
— ecclésiastique	182
Concours d'actions	182
Concurrence	182
— déloyale	182
— entre notaires	182

	Pages.
Concussion	182
Condamnation	183
Condition	183
— de mariage	184
— mixte	184
— potestative	184
— (qualité)	184
— résolutoire	184
Condition suspensive	184
Conditionnel d'un an	184
Conduite d'eau	184
Conférence	184
Confession	185
Confins	185
Confirmatif (Acte)	185
Confirmation	185
Confiscation	185
Conflit	185
Confusion	185
— de dettes	185
Congé	185
Congé d'acquit	186
— (Contributions indirectes)	186
— de coupe	186
— (défaut)	186
— de location	186
— de marine ou maritime	187
Congément	187
Congrégation	187
Congrès	187
Conjoint	187
Conjonction	187
Connaissement	187
Connexité	188
Conquêt	188
Consanguin	188
Conscription	188
Conseil	188
— d'administration de l'enregistrement et des domaines	189
— d'arrondissement	189
— de discipline	189
— d'État	189
— de fabrique	189
— de famille	189
— de guerre	190
— général d'agriculture	190
— général du commerce	191
— du département	191
— des manufactures	191
— judiciaire	191
— pour le mariage	192
— des Ministres	192
— municipal	192
— de préfecture	193
— de prud'hommes	193
— de répartition	194
— de revision	194
— supérieur du comm^{ce}	195
— supérieur de l'instruction publique	195
— de tutelle	195
Consentement	195
— à adoption	195
— à antériorité	195
— à l'exécution d'un testament	196
— d'hypothèque	196
— à mariage	196

D

	Pages.
Consentement au noviciat	196
— à l'ordination	196
— de priorité d'hypothèque	196
Conservateur des hypothèques	196
Conservatoire	197
— de musique	197
Conserve	197
Consignataire	197
Consignation	197
— d'amendes	199
— de la valeur d'effets de commerce	199
Consistoire	199
Consolidation	199
Consommation (Prêt de)	199
— d'aliments et de boissons sans payer	199
Consorts	199
Conspiration	199
Constitution	199
— d'avoué	199
— de dot	199
— d'hypothèque	200
— de pension	200
— de rente	200
Construction	200
Consulat	200
Consuls	200
Consultation	200
Contagion	201
Contenance	201
Contentieux	201
Contestation	201
Contiguïté	201
Continuation de bail	201
Contractuel	201
Contradicteur	201
Contradiction	201
Contradictoire	201
Contrainte	201
— par corps	201
— (finances)	202
— (violence)	202
Contrariété d'arrêts	202
Contrat	202
— de louage	203
— d'abandonnement	203
— aléatoire	203
— d'assurance	203
— de bienfaisance	203
— de change	203
— commutatif	203
— entre époux	203
— à la grosse	203
— judiciaire	203
— de mariage	204
— de mariage des militaires	205
— à titre onéreux	205
— pignoratif	205
— (Quasi-)	205
— de remise	205
— de rente	205
— de société	205
— unilatéral	205
— d'union	205
Contravention	205
Contrebande	206
Contre cœur	206
Contredit	206

	Pages.
Contre-échange	206
Contre-enquête	206
Contrefaçon	206
Contre-faction	206
Contre-lettre	206
— à un contrat de mariage	207
Contre-mur	207
Contre-seing	207
Contribution	208
— aux avaries	208
— aux dettes de communauté, de succession	208
— communale	208
— départementale	208
Contributions directes	208
— des patentes	208
— foncières	208
— indirectes	208
Contribution de deniers	208
Contributions publiques	209
Contrôle	219
— des actes	219
Contrôleur	219
Contumace	219
Convenance de succéder	219
Convenant	219
Convention	219
— d'apport	221
Conventions matrimoniales	221
Convention tacite	221
— verbale	221
Conversion	221
Convol	221
Coobligé	222
Copartageant	222
Copermutant	222
Copie	222
— collationnée	222
— figurée	222
— de lettres	222
Copropriété	223
Corbeaux	223
Corniche	223
Corporation	223
Corporel	223
Corps	223
— (changement de)	223
— certain, incertain	223
— héréditaire	223
— législatif	223
Correction	223
Corrélatif	224
Correspondance	224
— télégraphique privée	224
— téléphonique	225
Corrèze	225
Corruption	226
Corse	226
Costume	226
Cote	226
— cote-part ou quote-part	226
— d'inventaire	226
— mal taillée	226
— et paraphe	226
Côte-d'Or	227
Côté et ligne	227
Côtes-du-Nord	227
Cotisation	227
Cotuteur	227

	Pages.
Coupe de bois	227
Cour	227
— d'appel	227
— d'assises	228
— de cassation	228
— commune	229
— des Comptes	229
— de justice (haute)	229
Cours au prix courant	229
— d'eau	229
— des effets publics et de commerce et des marchandises	232
Courtage	232
Courtier	232
Coutume	233
Couvent	233
Couverture	233
Crainte	233
— révérentielle	233
Créance. Créancier	233
Crèches	234
Crédit	234
— (Acte d'ouverture de)	234
— foncier	235
— (Lettre de)	236
Crédi-rentier	236
Crédité	236
Créditeur	236
Creuse	236
Criées	237
Crieur	237
Crime	237
Croît	237
Croix	237
Croupier	237
Crue	237
Cubage des bois	237
— des terres	238
Cueillette	238
Culte	239
Culture	240
Culpabilité	240
Cumul	240
Curage	240
Curateur	241
Curatelle	241
Cure. Curé	241
Curement	242

D

Dans	242
Date	242
Date certaine	243
Datif	243
Dation en paiement	243
Débat	243
Débet	243
Débit	244
— de boissons	244
— de tabac	244
Débiteur	244
— forain	244
Débordement	244
Déboursés	244
Débouté	244
Décalitre	244
Décès	244

D

	Pages.
Décès (Déclaration de).	244
— (Mutation par)	245
Décharge	245
— de cautionnement	245
— de compte	245
— de compte de tutelle.	245
— de dépôt	245
— d'exécution testamentaire	245
— de legs	246
— de mandat	246
— de pièces	246
Déchéance	246
Décimes par franc	246
Décision	246
— administrative	247
— arbitrale	247
— ministérielle	247
Décisoire	247
Déclaration	247
— d'absence	247
— d'accouchement	247
— affirmative	247
— en matière d'assurance	247
— par le bailleur de fonds d'un cautionnement	247
— d'arbres à abattre	247
— de cessation de fonctions	247
— de changement de domicile	248
— de changement de notaire certificateur	248
— de commande	248
— en matière de contributions	248
— de décès	248
— de défrichement	248
— de dépens	248
— de dettes	248
— d'emploi	248
— en matière d'enregistrement	249
— estimative	249
— de faillite	249
— d'apport relative au mariage des militaires	249
— de grossesse	249
— d'héritier	249
— d'hypothèque	249
— de jugement commun	249
— en justice	250
— de location verbale	250
— de loyers	250
— de majorité	250
— de maternité	250
— de naissance	250
— d'oppositions	250
— d'origine de deniers	250
— de paternité	250
— au profit d'un bailleur de fonds	250
— au profit d'un tiers	250
— de propriété de meubles ou effets	250
— de succession	251
— de vente de meubles	254
Déclinatoire	254
Déclôture	254

	Pages.
Décompte	254
Déconfiture	254
Décoration	255
Découvert	255
Découverte	255
Décret	255
Décroire	255
Dédit	255
Dédommagement	255
Défaillant	255
Défaut	255
— de contenance	255
— de lien	255
Défauts ou vices de la chose louée ou vendue	256
Défendeur	256
Défends. Défensable	256
Défense	256
— d'aliéner	256
— de construire	256
— devant les tribunaux	257
Défenses (Arrêt de)	257
Défenseur	257
— officieux	257
Déficit	258
Définitif	258
Défrichement	258
Dégât	258
Dégradation civique	258
Dégradations	258
Degré	259
— dans une faculté	259
— de juridiction	259
— de parenté	259
Dégrèvement	260
Déguerpissement	260
Délai	260
— d'abréviation	260
— d'ajournement	260
— d'augmentation	260
— (Bref)	260
— de grâce	260
— pour faire inventaire et délibérer	260
Délaissement	261
— maritime	261
— par hypothèque	262
— d'héritage	263
— d'immeubles	263
Délégation	263
— de fonctions	263
— de juridiction	263
— de notaire	263
Délibation	263
Délibération	264
— de conseil de famille	264
— de créanciers	264
— pour jet à la mer	264
Délibéré	264
Délimitation	264
Délinquant	264
Délire	264
Délit	264
— de chasse	265
— forestier	265
— de pêche	265
— politique	265
Délit de la presse	265
— (Quasi-)	265
— rural	265
Délivrance	266
— en matière forestière	266

	Pages.
Délivrance de brevet d'invention	266
— de legs	266
Demande judiciaire	268
— en déclaration d'hypothèque	269
— d'origine	269
— en remise ou modération en matière d'Enregistrement	269
Demandeur	269
Démembrement de la propriété	269
Démence	269
Demeure	269
— (Mise en)	269
Démission	270
— de biens	270
Démolition	270
Dénégation	271
— d'écriture	271
Déni de justice	271
Denier	271
— à Dieu	271
Deniers	272
— à découvert	272
— comptants	272
— (Contribution de)	272
— d'entrée	272
— dotaux	272
— francs	272
— publics	272
Dénomination	272
Dénonciation	272
— calomnieuse	272
— criminelle	272
— de nouvel œuvre	272
— de protêt	273
Denrées	273
Dépaissance (Droit de)	273
Département	273
Dépêche télégraphique	273
Dépendance	274
Dépens	274
Dépenses	274
Déplacement de bornes	274
De plano	274
Déport	274
Déportation	274
Dépositaire	275
— de marchandises	275
— public	275
Déposition	275
Dépôt	275
— d'acte sous seing	276
— de cahier des charges	276
— confié à un notaire	276
— des contrats de mariage des commerçants	276
— des minutes	277
— pour minute	277
— nécessaire	277
— de pièces	277
— public	277
— de rapport d'experts	277
— des registres de l'état civil	277
— des répertoires	277
— de testament	277
— (Violation de)	278
Dépouillement	278

	Pages.
Dépréciation	278
Depuis tel jour	278
Député	278
Dérangement d'affaires	278
Dérivation ou prise d'eau	278
Dernier ressort	278
Dérogation	278
Désaveu	278
— de paternité	279
Descendants	279
Descente sur lieu	279
Description	279
— (Procès-verbal de)	279
Deshérence	279
Deshéritier	279
Désignation	279
Désistement	280
— d'acquisition	280
— d'appel	280
— d'hypothèque	280
— d'instance	280
— de plainte	280
— de privilège	280
— d'une demande	281
— de saisie immobilière	281
— de signification de transport	281
— de surenchère	281
Dessaisissement	281
Dessaisonner	281
Dessèchement de marais	281
Desservant	281
Dessolement	281
Destination	282
— (Immeubles)	282
— du père de famille	282
Destitution	282
— de tuteur	282
Destruction	282
— de clôture	282
— de pièces	282
— de récoltes	282
Désuétude	282
Détenteur	282
Détention	283
— arbitraire ou illégale	283
— paternelle	283
Détérioration	283
Détournement	283
— de titres	283
— d'objets saisis	283
— de mineur	283
Dette	283
— de l'Etat	283
— de jeu	283
— publique	283
Dettes actives et passives	284
— et charges	284
— de communauté	284
— des communes	284
— de succession	284
Deuil	284
Dévastation de plants et récoltes	284
Déversoir	285
Devis	285
Devin	285
Devoir	285
Dévolution	285
Diamant	285

	Pages.
Diffamation	285
Digue	285
Dilatoire	285
Diligence	285
Diligent (Le plus)	286
Dimanche	286
Dimension	286
Diplomate	286
Diplôme	286
Dire	286
— d'experts	286
Direct (Domaine)	286
— (Nom)	286
Directe (Action)	286
— (Ligne)	286
Direction de créanciers	286
Dirimant (empêchement)	286
Discernement	286
Discipline	286
Discrétionnaire	286
Discussion de biens	286
Disjonction	286
Disparution	286
Disparus en mer	287
Dispense	287
— d'âge et de parenté	287
— de publication	287
— de rapport	287
— de notification de contrat	287
— du service militaire	288
— de tutelle	288
Disponibilité	288
Disponible	288
Dispositif	288
Disposition	288
— prohibitive	288
— universelle	288
Dissentiment	288
Dissimulation d'actif	288
— de prix	288
Dissolution	288
— de communauté	288
— de mariage	288
— de société	289
Distillateur	289
Distinction des biens	289
— honorifique	289
Distraction (Demande en)	289
— de dépens	289
Distribution de deniers	289
Divagation	289
Divertissement	289
Dividende	289
Divisibilité et indivisibilité des obligations	289
Division	289
— (Bénéfice de)	290
Divorce	290
Dixième	292
Dol	292
Domaine	292
— congéable	292
— de l'Etat	293
— public	293
Domestique	294
Domicile	294
— conjugal	296
— élu	296
— matrimonial	296
— mortuaire	296

	Pages.
Domicile politique	296
Dominant	296
Dommage	296
Dommages-intérêts	297
Don	297
— alimentaire	297
— manuel	297
— mutuel	297
Donation	297
— à charge de restitution	299
— conditionnelle	299
— en faveur du mariage	299
— déguisée	299
— entre époux	300
— entre vifs	301
— éventuelle	301
— indirecte	301
— mobilière	301
— mutuelle	301
— onéreuse	301
— rémunératoire	301
Donneur d'aval	302
— d'ordre	302
Dordogne	302
Dossier	302
Dot	302
— de religieuse	303
Douaire	303
Douanes	303
Double droit	303
Doubles droits et amendes en matière d'Enregistrement	304
Double écrit	304
— emploi	304
— lien	304
Doubs	304
Doute	304
Doyen	305
Drainage	305
Drogman	305
Droit	305
— d'accession	306
— acquis	306
— de chasse	306
— de cité	306
— des gens	306
— civil	306
— commun	306
— coutumier	306
— (De)	306
— écrit	306
— étroit	306
Droit d'habitation	306
— fiscal	306
Droit (Règles de)	306
— de retour	306
— de suite	306
— naturel	306
— public	306
Droits en sus	306
— facultatifs	307
— actifs et passifs	307
— civils	307
Droits civiques	307
— domaniaux	307
— d'enregistrement	307
— de greffe	307
— d'hypothèque	307
— de mutation	307
— incorporels	307

E

	Pages.
Droits litigieux	307
— mobiliers et immobiliers	308
— noms, raisons et actions	308
— personnels	308
— politiques	308
— de pure faculté	308
— réels	308
— réunis	308
— successifs	309
— de survie	309
— de timbre	309
— de transcription	309
— sur les boissons	309
Drôme	309
Duel	309
Dunes	309
Duplicata	309
Dynamite	309

E

	Pages.
Eau	309
Eaux et forêts	310
— -de-vie	310
— minérales et thermales	310
— pluviales	311
— salées	311
Eboulement	311
Ebranchement	311
Echalas	311
Echange	311
Echantillon	313
Echéance	313
Echelage	313
Echelette	313
Echelle (Tour d')	313
Echelles du Levant	313
Echenillage	313
Echoppe	314
Echouement	314
Eclairage	314
Ecluse	314
Ecobuage	314
Ecole	314
Ecoles civiles	314
— d'agriculture	314
— d'arts et métiers	314
— de droit	315
— militaires	315
— navales	315
— préparatoires spéciales	315
Economie politique	316
Ecrit	316
— double	316
Ecriture	316
Ecritures (Actes)	316
Ecrivain	316
Ecrou	317
Ebranchement	317
Edifice public	317
Edit	317
Editeur	317
Edition	317
Education	317
Effectif	317
Effet	317

	Pages.
Effet rétroactif	318
— de commerce	318
Effets mobiliers	318
— négociables	318
— publics	318
Effigie	319
Effraction	319
Egalité civile et politique	319
Egalité (Promesse d')	319
Eglise	319
Egout	320
Elagage	320
Elargissement	321
Electeur	321
Election	323
— d'ami	323
— de command	323
— de domicile	323
— de tuteur	323
Elections	323
— départementales	323
— communales	323
— de prud'hommes	324
— des juges des tribunaux de commerce	324
— législatives	324
— municipales	324
— sénatoriales	326
Eligible	326
Emancipation	326
Emargement	327
Embargo	328
Embarras sur la voie publique	328
Embauchage d'ouvriers	328
Embellissement	328
Emender	328
Emigration	328
— aux colonies	328
— européenne	328
Emolument	329
Emondage	329
Emondes	329
Empêchement	329
Emphytéose	329
Empiétement	329
Emploi de deniers	329
Employé	329
Empoisonnement	329
Empreinte de timbre	330
Emprisonnement	330
Emprunt	330
Emprunts communaux	330
Encaissement	330
Encan	330
Enchère	330
— (Folle)	330
Enclave	330
Enclos	330
En commun	331
Endossement	331
Endosseur	331
Enfant	331
Enfant abandonné, assisté ou trouvé	331
— adoptif	332
— adultérin	332
— incestueux	332
— légitime	332
— mort né	332
— naturel	332

	Pages.
Enfant du premier âge	333
Enfants employés dans les manufactures	333
Enfants (Travail des)	333
Engagement	333
— conditionnel	333
Engagement d'acteur	333
— d'immeubles	333
— sans convention	333
— et rengagement militaire	334
— des gens de mer	336
Engagiste	336
Engins	336
Engrais	336
Engrangement	336
Enlèvement (Rapt)	336
— de pièces	336
— et détournement de mineure	336
Enonciation	336
Enquête	336
— de commodo et incommodo	337
— par commune renommée	337
— sommaire	337
Enregistrement (Lois, délais, etc.)	337
— (Tarif général)	343
— (Réclamations)	361
— (Droits en sus et amendes)	363
Enrôlement volontaire	363
Enseigne	365
Enseignement	365
Entérinement	371
Entraves à la liberté des enchères	371
Entrée (Droit d')	371
Entremetteur	371
Entrepôt	371
Entrepreneur	371
— de transports	372
Entreprise de fournitures, manufactures ou travaux	372
Entretien	372
Environ	372
Envoi en possession	372
— d'échantillons	373
— d'épreuves d'imprimerie corrigées	373
— de papiers d'affaires ou de commerce	373
Envois d'argent	373
Epargnes (Caisse d')	373
Epargnes	373
Epaves	373
Epidémie	375
Epilepsie	375
Epingles	376
Epis	376
Epizootie	376
Epoux	378
Equipage	378
Equité	378
Erection	378
Errements	378
Erreur	378
— de calcul	379
— commune	379

	Pages.		Pages.		Pages.
Erreur dans les actes	379	Evier	392	Expropriation forcée	400
Escalade	379	Evocation	392	— pour utilité publique	400
Escalier	379	Ex æquo et bono	392	Expulsion de lieux	401
Esclavage	380	Exaction	392	Extinction des feux	401
Escompte	380	Examen	392	— des obligations	402
Escroquerie	380	Excavation	393	Extorsion	402
Espèce	380	Exception	393	Extraction	402
— (Chose)	380	— de chose jugée	393	— de matériaux pour travaux d'utilité publique	402
— (Monnaie)	380	— de division et de discussion	393		
Espèces (Réalisation des)	380	— de garantie	393	Extradition	402
Espérance	380	Exceptions (Procédure)	393	Extrait	402
Esprit de retour	381	Excès de pouvoir	393	— d'inscription hypothécaire	402
Essai de conciliation	381	— sévices, injures graves	393		
— (Vente à l')	381	Excitation à la débauche	393	— des registres de l'Enregistrement	402
Essaim	381				
Essartement	381	Exclusion	393	Extrajudiciaire	403
Essence	381	— de fonctions publiques	393	Extranéité	403
Ester en justice	381			Extraordinaire	403
Estimation	381	— de communauté	393	— (Timbre à l')	403
Estoc	381	Excuse	393	Extremis (In-)	403
Et cœtera	381	— en matière criminelle	394	Extrinsèque	403
Etable	381	Exécuteur testamentaire	394		
Etablissement	381				
— dangereux, insalubre où incommode	381	Exécution	394	**F**	
		— des actes et jugements	394		
— ecclésiastique	382			Fabricant	403
— d'enfant	382	— parée	395	Fabrication	403
— public	382	— par effigie	395	Fabrique d'église	403
— en pays étranger	383	— provisoire	395	Fabriques (Manufactures)	406
— de propriété	383	— de testament	396		
— d'utilité publique	383	— volontaire	396	Facteur	406
Etage	383	Exécutoire	396	— aux halles et marchés	406
Etal	384	— délivré aux experts	396	Factum	406
Etalage	384	— délivré par le juge de paix	396	Facture	406
Etalon	384			Facultative (Obligation)	406
Etang	384	— délivré par le président du tribunal	396	Faculté	406
Etat	385				
— (Cause en)	385	— de dépens	396	Faculté des lettres, sciences, etc	406
— civil	385	— (Titre)	396		
— de compte, liquidation et partage	386	Exemption du service militaire	396	— de rachat	406
				Faillite	406
— de dettes	386	Exequatur (Ordonnance d')	396	Faisances	409
— estimatif de meubles et effets	386			Fait	409
		Exhaussement	397	— d'autrui	409
— de frais	387	Exhibition	397	— (Erreur de)	409
— hypothécaire	387	Exhibition de pièces	397	— et cause	409
— d'immeubles	387	Exhumation	397	— de charge	409
— d'inscriptions	387	Exigibilité	397	— négatif	409
— de lieux	388	Exoine	397	— (Point de)	409
— (Nation)	389	Exonération du service militaire	397	— (Question de)	409
— de paix, de guerre, de siège	389			Faits et articles	409
		Expectative	397	— pertinents	409
— des personnes	390	Expédient	397	— et promesses	410
— politique	390	Expéditeur	397	— qui gisent en preuve	410
— (Possession d')	390	Expédition	397	Falsification	410
— (Question d')	390	Expert ou expertise	397	Familiarité	410
— de situation	390	Expertise en matière d'Enregistrement	398	Famille	410
— de transcription	390			— (Conseil de)	410
— de sections	390	Explicite ou implicite	399	— (Nom de)	410
Etranger	390	Exploit	399	Faubourg	410
— (Pays)	391	Exploitation	399	Faussaire	410
Etre moral	391	— d'un fonds	399	Fausse cause	410
Etude	391	Exportation	399	— déclaration, évaluation ou mention	410
Eure	391	Exposition	399		
Eure-et-Loir	391	— d'enfant	399	— démonstration	410
Europe	392	— publique des produits de l'industrie française	400	— monnaie	410
Evaluation	392			Faute	411
Evêché	392			Faux	411
Evénement	392			— frais	411
— futur et incertain	392	— universelle	400		
Eventualité	392	Exprès	400	— incident civil	411
Eviction	392				

G

	Pages.
Faux permis de chasse ou passe-port	411
— poids	412
— témoignage	412
Faveur	412
Femme	412
— mariée	412
— autorisée	413
— divorcée	413
— commune	413
— enceinte	413
— marchande publique	413
— séparée	413
Fenêtre	413
Fermages et loyers	413
Ferme. Fermier	413
Fermier entrant et sortant	413
— d'octroi	413
— partiaire ou métayer	414
Fête légale	414
Feu	414
Feux allumés dans les champs	414
Feuille d'audience	415
— de route	415
Feuilles mortes	415
— volantes	415
Fictif	415
Fiction	415
Fidéicommis	415
— tacite	416
Fidéjusseur	416
Fiducie	416
Fieffe	416
Filets	416
Filiation	416
Filigramme	416
Filouterie	416
Fils. Fille	416
Finance (Contrainte)	417
Finances	417
Finistère	417
Fins	417
— civiles	417
— de non-payer	417
— de non-procéder	417
— de non-recevoir	417
Fisc	417
Flagrant délit	417
Fleuve	417
Flottage	417
Foi	418
— (Bonne)	418
Foi publique	418
Foires	418
Fol-appel	418
Folie	418
Folle-enchère	418
Foncier	418
— (Crédit)	418
Foncière (Contribution)	418
Fonction	418
Fonctionnaire public	419
Fonds (Très) ou Tréfond	419
Fondation	419
Fondations. Fondements	419
Fondé de pouvoirs	419
Fonds	419
— d'État français	420
— de commerce	420

	Pages.
Fonds dominant ou servant	420
— dotal	420
— enclavés	420
— perdu	420
— publics	420
— riverains	420
— de succession	420
— de terre	420
Fongible (Chose)	420
Fontaine	421
For intérieur ou extérieur	421
Forain	421
Force	421
— de chose jugée	421
— majeure	421
— publique	421
Forclusion	422
Forêts	422
Forfait	423
— (Crime)	423
— de communauté	423
— (Vente à)	423
Forfaiture	423
Forge. Fourneau	423
Formalités	423
Forme	424
— exécutoire	424
— des actes sous seing	424
— probante	424
Formel	424
Formule	424
— exécutoire	424
Fort (Se porter)	424
Forteresse (Fortifications)	424
Fort denier	425
Fortuit (Cas)	425
Fortunes de mer	425
Fosse d'aisances	425
Fossé	425
Fosses (Cloaque)	427
Fou	427
Fouilles	427
Fours et cheminées	427
Fournir et faire valoir	428
Fournissement	428
Fournisseurs	428
Fournitures	428
Fourrages	428
Fourrière	428
Fraction	428
Frai	429
Frais	429
— de bénéfice d'inventaire	429
— pour la conservation de la chose	429
— de dernière maladie	429
— extraordinaires de poursuites	429
— de transcription	429
— frustratoires	429
— funéraires	429
— de garde	430
— de justice	430
— de justice criminelle	430
— de labours et semences	430
— dus aux notaires, avoués, huissiers et greffiers	430

	Pages.
Frais et loyaux coûts	430
— et mises d'exécution	430
Franc	431
— d'avarie	431
— et quitte	431
Français	431
France	431
Franchise	432
Franchises postales	432
Francisation (Acte de)	433
Francs bords	433
— deniers	433
Fraude	433
— à la loi	434
Frères et sœurs	434
Fret ou nolis	434
Fripiers	434
Fruits	434
— de succession	435
— tombés	435
Frustratoire	435
Fuie	435
Fumée	435
Fumier	435
Funérailles	435
Funéraires (Frais)	436
Fureur	436
Futaie	436
Futailles	436
Future (Chose)	436
— (Succession)	436
Futurs époux	436

G

	Pages.
Gage	436
Gages des domestiques	437
Gagerie	437
Gageure	437
Gain	437
Gains et épargnes	437
— de survie	438
Garantie	438
— des fonctionnaires publics	439
— des matières d'or et d'argent	439
— mobilière	439
Gard	439
Garde	440
— champêtre	440
— chasse	441
— de Paris	441
— du génie	441
— forestier	441
— malade	442
— particulier	442
— pêche	442
— port	442
— des sceaux	442
— vente	442
Gardien judiciaire	442
— des scellés	442
Gare	442
Gargouille	442
Garenne	443
Garnisaire	443
Garonne (Haute-)	443
Gazon	443

	Pages.		Pages.		Pages.
Gendarmerie	443	Habitant	454	Ile. Ilot	472
Gendre	444	Habitation (Droit d')	454	Iles françaises	472
Généalogie	444	— de la veuve	455	Ille-et-Vilaine	472
Génération	445	Habits	456	Illégitime	472
Genre	445	— de deuil	456	Illicite	472
Gens d'affaires	445	Habitude	456	Illisible	472
— de travail	445	Haie	456	Imbécillité	472
— de loi	445	Halage	457	Immatricule	472
— de mer	446	Halles et marchés	457	Immémorial	473
— de service	446	Haras	457	Immeubles	473
— sans aveu	446	Hardes. Linge	458	— fictifs	473
Geôlier	446	Hasard	458	— par destination	473
Géomètre arpenteur	446	Hausse et baisse	458	Immigration des travailleurs dans les colonies	473
Gérant	446	Haute Cour de justice	459		
Germain	446	Haut-Rhin	459		
Gers	446	Haute futaie	459	Immixtion	473
Gestion	446	Havre	459	Immobilière (Action)	473
— des affaires d'autrui	447	Héberge	459	— (Saisie)	473
— d'un héritier	447	Hectare	459	Immobiliers (Droits)	473
— provisoire	447	Hecto	459	Immobilisation	473
Gibier	447	Hectogramme	459	Immondices	473
Gironde	447	Hectolitre	459	Immunité	474
Glaces	447	Hectomètre	459	Imparfait (Acte)	474
Glacis	447	Hérault	459	Impartageable	474
Glanage	447	Hérédité	459	Impenses	474
Glandée	448	— (Pétition d')	459	Impéritie	474
Goëmon	448	Héritage	459	Impertinent	474
Gord	448	Héritier	459	Impétrant	474
Gouttière	448	— apparent	461	Implicite	474
Gouvernement	448	— bénéficiaire	461	Importation	474
Grâce	448	— fiduciaire	461	Impositions	474
— (Jours de)	448	— présomptif	461	— sur le revenu des valeurs mobilières	474
Gradué	448	— pur et simple	461		
Grains	448	Hermaphrodite	461	Impossibilité	474
— en vert	449	Heure	461	Impôt des patentes	474
Gramme	449	Hiérarchie	461	— sur les billards	475
Grand livre	449	Hoirie	461	— sur les voitures et chevaux	475
— de la dette publique	449	Homicide	461		
Grange	449	Homme	461	— sur les cercles et sociétés	475
Grappillage	449	— de loi	461		
Gratis	449	Homologation	461	— sur le revenu des valeurs mobilières	475
Greffe	449	Honnête	462		
— (Droits de)	449	Honnêteté publique	462	Imprescriptibilité	475
— (Destruction de)	451	Honneur et respect	462	Impression	475
Greffier	451	— civils et militaires	462	Imprimerie	475
Grêle	452	Honoraire (Fonctionnaire)	462	Imprimeur	475
Grevé de substitution	453			Imprudence	475
Griefs	453	Honoraires (Rétribution)	462	Impubère	475
Griffe	453	Honorifiques (Droits)	462	Impudicité	475
Gros fruits	453	Hôpital	462	Impuissance	475
Grosse	453	Hors de cause	462	Imputabilité	475
— (Contrat à la)	453	Hospice	462	Imputation	475
— (Procédure)	453	Hôtel du juge	463	— de paiement	475
Grosses réparations	453	— des Invalides	463	— sur la réserve	476
Grossesse	453	— auberge, cabaret, etc.	464	Inaliénabilité	476
Grossoyer	453	— garni	465	Inamovibilité	476
Guérets	453	Hôtellerie	465	Incapacité	476
Guerre	453	Houille	465	Incarcération	476
— civile	453	Huis-clos	465	Incendie	476
Guet-apens	454	Huissier	465	Incertain	478
Guide du placement en valeurs mobilières	454	Hypothèque	466	Incertaine (Personne)	478
		— maritime	469	Incertitude	478
Gymnastique	454	— (Droits)	470	Incessibilité	478
				Incessible	478
				Inceste. Incestueux	478
H		**I**		Incident	478
				— (Faux)	478
Habile	454			Incommunauté (Acte d')	478
Habilitantes (Formalités)	454	Identique	471	Incompatibilité	478
		Identité	471	— des qualités d'héritier et de légataire	479
Habillement	454	Idiôme	471		
		Ignorance	472		

J

	Pages.
Incompétence	479
Inconduite notoire	479
Incorporation	479
Incorporel	479
Inculpé. Inculpation	479
Indemnité	479
— de logement et de nourriture	480
— de voyage et de nourriture	480
Indéterminé	480
Indication	480
Indicateur de paiement	480
Indices	480
Indigent	480
Indignité	480
Indirect (Avantage)	481
Indisponible	481
Individualité	481
Indivis. Indivision	481
Indivisibilité	482
Individu	482
Indre	482
Indre-et-Loire	482
Induction	482
Indult	482
Indûment	482
Indu (Paiement)	482
Industrie	482
Industriels (Fruits)	483
Inexécution	483
In-extremis	483
Infamie	483
Infidélité	483
Infirmité	483
Information de commodo et incommodo	483
Infraction	483
Ingratitude	483
Inhabile	483
Inhibition	484
Inhumation	484
Inimitié	484
Inintelligible	484
Initiative	484
Injonction	484
Injure. Insulte	484
Injure grave	484
Injuste	484
Injustice	484
Innavigabilité	484
Innovation	484
Inondation	484
In rem verso (Action de)	485
Insaisissable	485
Inscription	485
— des clercs	485
— de faux	486
— sur le grand livre de la dette publique	486
— hypothécaire	487
— d'hypothèque maritime	489
— maritime	489
— d'office	490
Insensé	490
Insertion	490
Insolvabilité. Insolvable	490
Insoumis	490

	Pages.
Installation	490
Instance	490
— en matière d'enregistrement	490
Institut	491
Institutes	491
Instituteur	491
Institution	491
— contractuelle	491
— fiduciaire	492
— d'héritier	492
Instruction	492
— criminelle	492
— par écrit	492
— obligatoire	492
— primaire	492
— publique	492
Instructions ministérielles, administratives, etc	492
Instrumenter	492
Instrumentaire	492
Instruments aratoires	492
Insuffisance d'estimation	492
Intention	492
Intercalation	492
Interdiction	492
— de commerce	493
— de droits civiques, civils et de famille	493
— de fonctions	493
— légale	493
Interdit	494
Intérêt	494
— ou action de commerce ou de finance	494
— public	494
— de capital	494
Intérêts civils	498
— des intérêts	498
Intérim. Intérimaire	498
Interligne	498
Interlocutoire	498
Interpellation	498
Interposition de personnes	499
Interprétation	499
— des conventions	499
— des lois	499
— des testaments	499
Interprète	499
Interrogatoire	499
— sur faits et articles	499
Interruption de poursuites en matière d'Enregistrement	500
— de prescription	500
Intersigne	500
Intervalles lucides	500
Intervention	500
— à protêt	500
Interversion	500
Intestat	500
Intimation	500
Intitulé	500
— d'inventaire	500
Introductif. Introduction	501
Inutile	501
Invalides	501
— de la marine	501

	Pages.
Inventaire	501
— administratif	502
— commercial	502
— (Bénéfice d')	503
— par commune renommée	503
— de production	503
Invention (Brevet d')	503
Investiture	503
Invétison	503
Involution	503
Ipso facto	503
Ipso jure	503
Irato (ab-)	503
Irrégularité	503
Irrévocabilité	503
Irrigation	503
Isère	503
Item	503
Itératif	503
Ivresse	503

J

	Pages.
Jachères	504
Jardin	504
Jaugeage	504
Jet	507
— à la mer	507
Jetées	507
Jetons	507
Jeu	507
— de bourse	507
— de hasard	507
Jonction de cause	507
Jouissance	507
— de droits civils et politiques	507
— légale	508
Jour	508
— bissextile	508
— férié	508
Jours francs	508
Jour incertain	508
Jours de planche	508
— de servitude	508
— de souffrance	508
— utiles	508
Journal (Livre)	508
Journalier	508
Journaux	508
Journée de travail	508
Joyaux	509
Joyeux avènement	509
Judicatum solvi	509
Judicature	509
Juge commissaire	509
— d'instruction	509
— de paix	509
Jugement	511
— d'adjudication	512
— arbitral	513
Jugement contradictoire	513
— définitif	513
— d'expédient	513
— d'homologation	513
— en dernier ressort	513
— étranger	513
— interlocutoire	513

M

	Pages.		Pages.		Pages.
Jugement par défaut	513	Légitimation	521	Litige	534
— préparatoire	513	Légitime	521	Litigieux	534
— sur requête	513	— contradicteur	521	Litispendance	534
Juifs	513	— défense	521	Litre	534
Jumeaux	513	Légitimité	521	Livraison	534
Jura	513	Legs	522	Livre (Ouvrage scientifique ou littéraire)	534
Juratoire	513	Lésion	523	— de bord	534
Juré. Jury	513	Lettre	524	— journal	534
Juridiction	514	— confidentielle	524	Livres domestiques	534
— consulaire	515	— d'avis	524	— de commerce	534
— contentieuse	515	— de change	524	Livret	536
— volontaire	515	Lettres de créance	526	— de caisse d'épargne	536
Juridique	515	Lettre de crédit	526	— de domestique	536
Jurisconsulte	515	Lettres de grâce	526	— de famille	536
Jurisprudence	515	— de jussion	526	— d'ouvrier	536
Jury d'expropriation	515	Lettre ministérielle	526	— militaire	537
Juste. Injuste	515	Lettres de naturalisation	526	Locataire	537
Justice	515	— de recommandation	526	Locatairie perpétuelle	537
— (Déni de)	515	— de réhabilitation	526	Location	537
— de paix	515	— de répit	526	— verbale	537
— (Frais de)	515	Lettre missive	526	— (Réparations)	538
Justificatifs (Faits)	515	— de voiture	527	Logement	538
Justification	515	Levée de scellés	528	Logements insalubres	538
Justificatives (Pièces)	515	Liasse	528	Logement militaire	539
		Libelle	528	Logeur	539
		Libellé	528	Loi	539
K		Libéralité	528	Loir-et-Cher	540
		Libération	528	Loire	540
Kilo	515	Liberté	528	— (Haute-)	541
Kilogramme	516	— (Mise en)	528	— (-Inférieure)	541
Kilolitre	516	— des cultes	528	Loiret	541
Kilomètre	516	— individuelle	528	Lois constitutionnelles et organiques	541
Kilométrique	516	— de la presse	528	— sur la presse	541
Kilostère	516	Libertés de l'église gallicane	529	Long cours (Voyage de)	541
		Librairie. Imprimerie. Colportage	529	Lot	541
		Licence	529	Lot (Département)	541
L		Licencié en droit	529	Lot-et-Garonne	542
		Licitation	529	Louage d'ouvrage et d'industrie	542
Labial	516	— de bail	530	— maritime	542
Laboureur	516	Licite	530	Loups. Louveterie	542
Labours et semences	516	Lien	530	Loterie	542
Lac	516	— double	531	Lots d'attribution	542
Lacération	517	— de droit	531	Lotissement	542
Lacs, lacets et collets	517	Lieu	531	Louage	542
Lacune	517	Lieux publics	531	Loyal	542
Lais et relais	517	Ligne (Parenté)	531	Loyaux coûts	542
Laissez-passer	518	— de douane	531	Loyers et fermages	543
Lamanage	518	Lignée	531	Lozère	543
Landes (Terres)	518	Limitatif	532	Lucratif	543
— (Département)	518	Limites	532		
Langue des actes	518	Linge et hardes	532		
— étrangère	518	Liquidateur	532	**M**	
— française	518	Liquidation	532		
Lapins	518	— de communauté	532	Machination	543
Larmier	518	— de droits indivis communauté, succession, etc)	532	Machines	543
Larcin	518			Madrague	543
Latent	518	— de frais et dépens	533	Magasin de sel	543
Latrines	518	— de fruits	533	Magistrat	543
Lavoir	518	— de reprises	533	— (Honoraire)	543
Lecture	519	— de société	533	Main	543
Légal	519	— de succession	534	Main-d'œuvre	543
Légalisation	519	Liquide (Créance ou dette)	534	— forte	543
Légat	520			— de justice	543
Légataire	520	Lisible	534	Maine-et-Loire	544
Légation	520	Liste des jurés	534	Mainlevée	544
Légion d'honneur	520	Listes électorales	534	— d'inscription hypothécaire	544
Législation	520	Lit	534		
— coloniale	520	— d'hôpital	534		
Législature	521	Lithographie	534		

M

	Pages.
Mainlevée d'interdiction	545
— d'opposition	545
— d'opposition à mariage	545
— de saisie-exécution	545
— de saisie immobilière	545
Main militaire	546
Mainmise	546
Mainmorte	546
Maintenue	546
Maire	546
Mairie	546
Maison	546
— d'arrêt, de dépôt, de force, de justice	547
— centrale	547
— commune	547
— en commun	547
— conjugale	547
— de correction	547
— garnie	547
— de jeu	547
— (race)	547
— de refuge	547
— mortuaire	547
— paternelle	547
— de prêt sur gages	547
— de retraite	547
— de santé	548
Maître	548
— clerc	548
— de pension	548
— de pont ou pertuis	548
— instituteur	548
— (qualité)	548
— de navire	548
— de port	548
— des requêtes	548
Majorat	548
Majorité	548
Maljugé	549
Maladie	549
— contagieuse	549
— des animaux	549
Maladresse	549
Malice	549
Malversation	549
Manche	549
Mandat	549
— ad litem	551
— d'exécution	551
— judiciaire	551
— légal	551
— de paiement	551
— simple promesse	552
Mandataire	552
Mandats-cartes	552
— télégraphiques	552
Mandement d'exécution	552
— épiscopal	552
— de collocation	552
Manifeste	552
Manœuvres	552
Manufactures	552
Manuscrit	553
Marais	553
— salants	553

	Pages.
Maraudage	553
Marchand	553
— forain	553
Marchande publique	553
Marchandise	553
— dangereuse	553
— neuves	553
Marché (Halle)	553
— administratif	554
— au comptant	554
— (convention)	555
— (Devis et)	556
— ferme	557
— de fournitures	558
— à prime ou libre	558
— passé avec l'Etat, les départements, les communes	558
— de transport	558
— d'urgence	558
— à terme	558
Marc-le-franc	559
Mare	560
Marchepied	560
Marge	560
Marguillier	560
Mari	560
Mariage	561
— clandestin	563
— (Contrat de)	563
— des indigents	563
— des militaires	563
— in extremis	563
— putatif	563
— second	563
— secret	564
Marine	564
Marne	565
— (Haute-)	566
Marnière	566
Marque ou croix	566
Marques de fabrique	566
Marquis (Titre de noblesse)	567
Marronage	567
Masculin	567
Masse	567
— des créanciers	567
Matelot	567
Matériaux	567
Maternel	567
Maternité	567
Matière	567
Matières corrosives	568
— d'or et d'argent	568
— métalliques	569
— sommaires	569
Matrice cadastrale	569
Matrimonial	569
Masure	570
Mauvaise foi	570
Maxime de droit	570
Mayenne	570
Mécanique	570
Médaille	570
Médaille militaire	570
Médecine	570
Médiat	571
Médicaments	571
Méfait	571
Mélange	571
Membre d'une assemblée	

	Pages.
d'une cour, d'un tribunal	571
Mémoire	571
— de marchand ou fournisseur	571
— sur procès	571
— d'un défunt	572
— d'un condamné	572
— (Pour)	572
Menaces	572
Ménage	572
Mendiant. Mendicité	572
Mense	573
Mention	573
— d'enregistrement	573
Mer	573
Mercuriales	574
— du ministère public	574
Mère	574
Mérite agricole	574
Messageries	575
Mesures	575
— conservatoires	575
Métier	575
Métrage	575
Mètre	576
Métropole	576
Meubles. Immeubles	576
Meurthe-et-Moselle	578
Meurtre	578
Meuse	579
Militaires	579
Milli	580
Millimètre	580
Mines	580
Mineur	581
Minières	582
Minimum	582
Ministère	583
— forcé	584
— d'ami ou de mandataire	584
— de fonctionnaire ou d'officier public	584
— des notaires	584
— public	584
Ministre	584
— public	584
Minorité	585
Minute	585
Mise en cause	585
— en communauté	585
— en demeure	585
— aux enchères	585
— d'exécution	585
— en jugement	585
— en liberté	585
— (Main-)	585
— en possession	585
— à prix	585
Mise au rôle	585
— sociale	585
Missive	585
Mitoyenneté	585
Mixte	589
Mobile (Don)	589
Mobilier	589
Mobilisation	589
— de l'armée	589
Mode	589
Modèle	589

Modération des droits et amendes	589
Mœurs	589
Moins	589
— prenant	589
Mois	589
Moisson	589
Moment	589
Monnaie	589
— étrangères	591
Monomanie	592
Monopole	592
Montagnes	592
Monstre	592
Mont de piété	592
Monument	593
— funèbre	593
Monuments historiques	593
Morale	594
Moralité	594
Moratoires (Intérêts)	594
Morbihan	594
Moribond	594
Mort	594
— bois	595
— civile	595
— né	595
— saisit le vif	595
Motifs	595
— des lois	595
— des jugements	596
Mots rayés	596
Motte ferme	596
Moulins et usines	596
— à vent	597
Moyennant	597
Moyens	597
Muet	597
Municipalité	597
Mur	597
Mutation	598
— par décès	599
Myria	599
Myriagramme	599
Myriamètre	599
Mystique	599

N

Naissance	599
— (Acte de)	599
Nantissement	599
— (Maison de prêt sur)	600
Nation	600
Nationalité	600
Naturalisation	600
Naturalité	601
Nature	601
Nature (En)	601
Naturel (Droit)	601
Naturellement	601
Naufrage	601
Navigation	602
— intérieure	602
— maritime	602
Navire	603
Néant	604
Nécessité	604
Négligence	604
Négoce	605

Négociant	605
Négociations	605
Negotiorum gestor	605
Net	605
Nettoiement	605
Neutralité	605
Neveu. Nièce	605
Nièvre	605
Nitrière	605
Noblesse	605
Noble	606
Noces (Secondes)	606
Nolis, Nolissement	607
Nom collectif	607
— commercial	607
— direct	607
— et armes	607
— Prénoms	607
Noms Raisons et actions	608
Nom propre et privé	608
Nomination	608
Nominative (action)	608
Non bis in idem	608
Nonce	608
Non-conciliation	608
Non-décroissement	608
Nonciation de nouvel œuvre	608
Non-jouissance, privation de jouissance	608
Non-lieu	608
Non-recevable	608
Non-usage	608
Non-valeur	608
Nord	608
Normandie	609
Notables commerçants	609
Notaires	609
Notaire instrumentaire	610
— en premier	610
— en second	610
Note	611
Notification	611
— aux créanciers inscrits	611
— de contrat	611
Notoire	611
— inconduite	611
Notoriété	611
— (Acte de)	611
Nourrice	611
Nourrissons	612
Nourriture	612
— (Bail à)	612
— de la veuve	612
Nous	612
Nouvel œuvre	612
Novation	613
Novice. Noviciat	613
Nue propriété	613
Nuit	613
Nullité	613
Numéraire	614
Numération d'espèces	614
Nuptiaux (Gains)	614

O

Obéissance	614
Objet	614

Objets trouvés	614
Obligation	615
— alternative	616
— divisible ou indivisible	616
— facultative	616
— à la grosse aventure	616
— naturelle	616
— personnelle	616
— à terme	616
Obligations du Trésor	616
Obligatoire	616
Obligeant, etc.	616
Obreptice ou subreptice	616
Obscurité	617
Observation	617
Observations	617
Obsession	617
Obtempérer	617
Obtention	617
Occulte	617
Occupation	617
Octroi	617
— de navigation	618
Œuvre (Nouvel)	618
Offense	618
Office	618
— d'ami	619
Officiel	619
Officier	619
— d'académie	619
— de l'état civil	619
— de la force publique	619
— de l'instruction publique	619
— ministériel	619
Officiers municipaux	619
— de police judiciaire	619
— de port	620
Officier public	620
Officiers de santé	620
Officieuse (Exhérédation. Tutelle)	620
Offrant	620
Offres	620
— labiales	620
— réelles	620
Offrir (Droit d')	621
Oise	621
Olographe (Testament)	621
Omission	621
Omissions dans une déclaration de succession	621
Omission d'hérédité	621
Omissions dans un inventaire	621
Oncle	621
Onéraire	621
Onéreux	621
Opérations	621
— de Bourse	621
Opinion	621
Opposition	621
— aux contraintes administratives	622
— à un jugement par défaut	622
— à mariage	622
— à un paiement	623

	Pages.
Opposition à partage...	623
— à scellés............	623
— en sous ordre.......	623
— (Tierce)............	623
— au Trésor et entre les mains des comptables publics............	623
— à un inventaire......	624
— à un transfert......	624
— à une vente de meubles.............	624
— d'intérêts..........	624
Option................	624
Or et argent..........	624
Oratoire..............	624
Ordinaire.............	624
Ordination............	624
Ordonnance	624
— d'acquittement......	624
— de chambre du conseil............	624
— de décharge ou de réduction.........	624
— de dernière volonté..............	625
— d'envoi en possession.............	625
— d'exequatur........	625
— du juge............	625
— de paiement.......	625
— de prise de corps...	625
— de référé..........	625
Ordonnancement.....	625
Ordonnateur..........	625
Ordre................	625
— administratif........	625
— (Arrangement).....	625
— des avocats........	625
— (Billet à)..........	625
— entre créanciers....	625
— (Endossement).....	626
— d'hypothèques.....	626
— judiciaire..........	626
— de route (Mobilisation).............	626
— du maître..........	626
— public.............	626
Ordres étrangers......	627
— militaires..........	627
— religieux...........	627
— (Décorations).......	627
— sacrés.............	627
Ordures..............	627
Orfèvre...............	627
Organisation administrative...........	627
— départementale.....	628
— judiciaire..........	630
— municipale........	631
— politique..........	632
Original..............	633
Origine (Certificat d')..	633
— (Demande d')......	633
— de propriété.......	633
Orne.................	633
Ornements...........	633
Orphelin.............	633
Orthographe..........	633
Otage................	633
Ou...................	633
Outrage..............	633

	Pages.
Outre (Passer).......	634
Ouverture............	634
— de crédit..........	634
— de testament......	634
Ouvertures...........	634
Ouvrage.............	634
Ouvrages littéraires et artistiques........	634
— d'or et d'argent...	634
Ouvrier	634
Oyant................	635

P

	Pages.
Pacage...............	635
Pacotille.............	635
Pacte................	635
— commissoire.......	635
— de famille.........	635
— de préférence......	635
— de quotalitis.......	635
— de rachat ou de réméré	635
— sur une succession future..........	635
Paiement.............	635
— anticipé...........	637
— des droits d'enregistrement..........	637
— de la chose non due.	637
Pailles et engrais.....	637
Paisson..............	637
Paix.................	637
Palmes académiques...	637
Panage...............	638
Pancarte.............	638
Pandectes............	638
Panonceaux..........	638
Pape.................	638
Papeterie............	638
Papier...............	638
— blanc.............	638
Papiers d'affaires (Transport des)........	638
— domestiques.......	638
Papier monnaie.......	638
— timbré............	638
Paquets cachetés.....	638
Paraphe.............	639
Paraphernal..........	639
Parc de bestiaux......	639
Parchemin...........	639
Parcours et vaine pâture.............	639
Parée (Exécution).....	640
Parenté..............	640
Parfaire (Sauf à).....	641
Pari.................	641
Parjure..............	641
Paroisse.............	641
Parole...............	641
Parquet..............	642
Parricide.............	642
Part.................	642
— afférente..........	642
— d'enfant..........	642
— héréditaire........	642
— personnelle........	642
— virile.............	642
Partage..............	642

	Pages.
Partage anticipé......	645
— d'ascendants......	645
— de communauté....	646
— d'opinions........	646
— judiciaire.........	646
— provisionnel.......	646
— de société........	647
— de succession.....	647
— testamentaire.....	647
Partiaire (Colon).....	647
Participant...........	647
Participation (Société en)...............	647
Particule............	647
Partie...............	647
— civile............	647
— contractante......	647
— jointe............	647
— (Portion).........	648
— publique.........	648
Pas-de-Calais........	648
Passage.............	648
Passage d'eau........	649
— de mer...........	649
Passavant...........	649
Passe-debout........	649
Passeport...........	649
Passe de sac........	650
Passer outre........	650
Passif..............	650
Patente.............	650
Paternel............	651
Paternité et filiation.	651
— (Recherche de la)..	651
Pâtre commun.......	651
Patrie..............	651
Patrimoine..........	651
Patrimoines (séparation des)............	651
Patrimonial (Bien)....	651
Patron..............	651
— de navire........	652
Pâturage............	652
Pauvre..............	652
Pavillon.............	652
Pays étranger........	652
— de nantissement....	652
Péage...............	652
Pêche...............	652
— fluviale...........	652
— maritime.........	654
Péculat.............	654
Pécule..............	654
Peine. Pénalité......	654
— comminatoire.....	655
— contractuelle......	655
— testamentaire.....	655
Pension.............	655
— alimentaire.......	656
— sur l'État........	656
Pensions sur les départements et les communes...........	658
— civiles............	658
— de retraite........	658
— ecclésiastiques.....	658
— militaires.........	658
Pensionnat..........	658
Pépinière...........	658
Percepteur..........	658
Perception..........	659
Père et mère........	659

P

	Pages.
Père de famille	659
Pérégrinité	659
Péremption	659
— d'instance	659
Péremptoire (Exception)	660
Perfectionnement (Brevet de)	660
Péril	660
Périls et risques	660
Permis d'exploiter	660
— de chasse	660
— de port d'armes	661
Permission	661
— de se marier	661
Permutation	661
Perpétuelle demeure	661
Perquisition (Acte de)	661
Personne	661
— capable	662
— civile	662
— incapable	662
Personne incertaine	662
— intéressée	662
— interposée	662
— morale	662
— publique	662
— en puissance	662
Personnel	662
Perte	662
Perte d'actes ou de titres	663
— de la chose due	665
— d'un effet de commerce	665
Pertinent	665
Pertuis	665
Pesage. Mesurage, etc. (Bureau de)	665
Peste	665
Pétition	665
— d'hérédité	667
— (Plus-)	668
Pétitoire	668
Petits-enfants	668
Phares. Fanaux	668
Pharmacien	668
Phylloxera	669
Pièces	669
— de comparaison	669
Pied cornier	669
Piège	669
Pierre	669
Pigeons	669
Pignoratif (Contrat)	669
Pillage	669
Pilote	669
Pirate. Piraterie	669
Pistolet	669
Placard	669
Place	669
— de commerce	669
— de guerre, poste militaire, servitude défensive	670
— publique	671
Placement de fonds	671
— en valeurs mobilières	671
Placet	672
Plagiat	672
Plaider par procuration	672
Plaidoirie	672

	Pages.
Plainte	673
— d'inofficiosité	674
Plan	674
— d'alignement	674
Plans et devis	674
Plano (De)	674
Plant	674
Plantation	674
— de bornes	675
Pleige	675
Plein	675
— droit (De)	675
Pleine propriété	675
Plumitif	675
Pluralité	675
— des droits d'enregistrement	675
Plus	675
Plus-pétition	675
Plus-value	675
Poids et mesures	675
Poids publics	681
Poinçon	681
Point de fait et de droit	681
Poison	681
Poisson	681
Police	681
— d'assurance	681
— de la chasse	681
— des chemins de fer	681
— correctionnelle	681
— générale	681
— judiciaire	682
— médicale	682
— municipale	682
— de la navigation	682
— du roulage	682
— rurale et forestière	682
— sanitaire	682
— sanitaire des animaux	682
Politique	682
Pollicination	682
Polygamie	682
Pompes funèbres	682
Ponctuation	682
Pont	682
Ponts et chaussées	682
Population	683
Port	683
— d'armes	683
Portable. Quérable	684
Porter fort (Se)	684
Porte rouelles	684
Portes et fenêtres	684
Porteur	684
— (Billet au)	684
— de contraintes	684
Portier	684
Portion	684
— afférente	684
— disponible	684
— indisponible	686
— virile	687
Portraits de famille	687
Positif (Droit)	687
Possession	687
— ancienne	688
— annale	688
— d'État	688
— immémoriale	688
— précaire	688

	Pages.
Possession (Prise de)	688
Possessoire	688
Postériorité d'hypothèque	688
Post-date	688
Poste	688
Postérité	694
Posthume (Enfant)	694
— (Ouvrages)	694
Post-scriptum	694
Postulation	694
Potestative	694
Pot-de-vin	694
Poudres et salpêtres	694
Pour acquit	695
Poursuite	695
— en matière d'enregistrement	695
Pourvoi	695
Poursuivant	695
Pousse	695
Pouvoir	695
— administratif	695
— constituant	695
— (Excès de)	695
— exécutif	695
— judiciaire	695
— législatif	695
— (Mandat)	695
— municipal	695
Prairie artificielle	695
Praticien	695
Pratique	696
— (Achalandage)	696
— (Libre)	696
— (Usage)	696
Pré	696
Préalable	696
Préambule	696
Précaire	696
Précaution	696
Précepte	696
Précepte (nu)	696
Préciput. Prélèvement	696
— conventionnel	696
— (hors part)	696
Prédécesseur	697
Préférence	697
— (Pacte de)	697
Préfet	697
— maritime	697
— de police	697
Préjudice	697
Préjudicielle (Question)	697
Préjugé	697
Prélegs	697
Prélèvement	697
Préméditation	697
Premier président	697
Preneur	697
Prénoms	697
Préparatoire (Jugement)	697
Préposé	697
Prérogative	698
Presbytère	698
Prescription civile	698
— criminelle	701
— fiscale	702
Préséance	702
Présence	702
Présent	702

	Pages.
Présent de noces	703
— et acceptant	703
— (don)	703
Présents d'usage	703
Présentation	703
Président	703
— de la chambre de discipline des notaires, avoués, etc.	703
— du Tribunal civil	703
Présomptif	703
— héritier	703
Présomption	703
Presse	704
Pressoir	706
Prestation	706
— annuelle	706
Prestation en nature	706
— (Impositions)	706
— de serment	706
Présumé absent	706
Prêt	706
— à la grosse aventure	706
— de consommation ou simple prêt	707
— sur consignation ou dépôt de marchandises	707
— sur gage	707
— sur gage (Maison de)	707
Prêt à intérêts	708
— à usage	708
— hypothécaire	708
— hypothécaire négociable ou au porteur	708
Prête-Nom	709
Prétendu	709
Prétention	709
Prêteur	709
Prêtre	709
Preuve	709
— littérale	710
— par écrit	710
— testimoniale	710
Prévarication	710
Prévenu. Prévention	710
Prière	710
Prime	710
— (Marché à)	710
Primitif	710
Primordial (Titre)	710
Principal	710
— clerc	711
Principale demande	711
Principes de droit	711
Priorité d'hypothèque	711
Prise d'eau	711
— maritime	711
— à partie	711
— de possession	711
Prisée	711
Prison	711
Prisonnier	712
— de guerre	712
Privation	712
— de droits civils	712
Privilège	712
— de l'ancienneté	715
— de bailleur de fonds ou de second ordre	715

	Pages.
Privilège de créance	715
— pour faits de charge	715
— personnel, réel	715
— sur le prix d'un office	715
— sur les meubles	715
— sur les immeubles	715
— sur les navires	715
— du Trésor public	715
Privilèges établis par le Code de commerce	716
Prix	716
— d'affection	716
— courant	716
— fait	716
Probante (Forme)	716
Procédure	716
Procès	716
Procès-verbal	716
— d'adjudication	718
— d'apposition et de levée de scellés	718
— d'arpentage, de bornage	718
— de carence	718
— de comparution	718
— de compulsoire	718
— de conciliation	718
— de consignation	718
— de contravention	718
— de description	718
— d'experts	718
— d'ordre	718
— de récolement	718
Procuration	718
Procureur	721
— ad litem	721
— ad negotia	721
— général	721
Prodigue	721
Production	721
Produit	721
Produits de l'industrie	721
Professeur	721
Profession	721
— religieuse	721
Profit	721
— du défaut	721
— maritime	721
Profits et pertes	722
Prohibition	722
— d'aliéner	722
— de convoler	722
— de se marier	722
Projet de contrat de mariage des officiers	722
Promesse	722
— d'acheter	722
— d'aliments	722
— de bail	722
— de donner	722
— d'échanger	722
— d'égalité	722
— d'emploi	722
— de faire ratifier	722
— de fournir et faire valoir	722
— d'indemnité	723
— d'instituer	723
— de mariage	723
— de parfaire	723
— de payer	723

	Pages.
Promesse de prêter	723
— de récompense	723
— simple	723
— sous seing privé	723
— de vente	723
Promoteur	724
Promulgation	724
Proportionnel	724
Proposition	724
— (Offre)	724
Propre fait	724
Propres	724
— de communauté	725
Propriétaire	725
— apparent	725
Propriété	725
— industrielle	725
— littéraire et artistique	726
— souterraine	727
Prorata	727
Prorogation de bail	727
— de compromis	727
— de délai	727
— de juridiction	727
— de société	727
Prospectus	727
Protection de l'enfance	728
Protestation	728
— (Acte de)	728
Protestations et réserves	728
Protêt	728
Protuteur	729
Proverbes de droit	729
Provision	729
Provisions alimentaires	729
— de ménage	729
Provisoire	729
Provocation	729
Proxénète	730
Prud'hommes	730
— pêcheurs	730
Puberté	730
Publication	730
— de testament	730
Publications de mariage	730
Publicité de l'audience	730
Puîné	730
Puisage	730
Puisard	730
Puissance d'autrui	730
— maritale	730
— paternelle	730
Puits	731
Pupille	731
Pur et simple	731
Purge des hypothèques	732
— des hypothèques légales	732
Putatif	733
Puy-de-Dôme	733
Pyrénées (Basses-)	733
— (Hautes-)	733
— Orientales	733

Q

	Pages.
Qualification	734
Qualifications et expressions féodales	734

934 — R

	Pages.		Pages.		Pages.
Qualité	734	Réassurance. Reprise d'assurance	744	Recours en grâce	751
Qualités de jugement	734	Rebellion	744	Recousse	751
Quanti minoris (Action)	734	Reboisement	744	Recouvrement des effets de commerce	751
— plurimi	734	Recel	744	Recouvrements	751
Quantité	734	Recélé	744	Recréance	751
Quarantaine	734	Recensement	745	Recrépiment	751
Quart de réserve	734	— de chevaux et voitures		Recrutement de l'armée	751
Quasi-contrat	734	Recepage	745	Rectification	754
Quasi-délit	734	Récépissé	745	— d'actes de l'état civil	754
Quasi-usufruit	735	— de compte de tutelle	745	— de déclaration de succession	754
Quérable	735	Réception	745		
Question	735	— d'un acte	745	— d'erreurs ou d'omissions	754
— d'Etat	735	— de caution	745		
— préjudicielle	735	— de travaux	745	— de grosse	754
Quête	735	Recette	745	— d'inscription	754
Qui	735	Recevable	746	— d'intitulé d'inventaire	754
Quidam	735	Receveur	746		
Quirat. Quirataire	735	— des consignations	746	Recursoire (Action)	754
Quittance	735	— des finances	746	Récusation	754
— de dot	737	— de l'enregistrement	746	Rédaction	754
— de remboursement	737	— des hospices	746	Reddition de compte	755
Quitte (Franc et)	737	— municipal	746	Redevance	755
Quitus	737	— des particuliers	746	Rédhibitoires (Vices)	755
Quota litis (Pacte de)	737	Rechange	746	Rédimer (Se)	755
Quote-Part	737	Recherche d'actes	746	Redressement de compte	755
Quotité	737	— de la paternité et de la maternité	747		
— disponible	737			Réduction	755
		— dans les bureaux de l'enregistrement	747	— des donations et legs	755
R				— des inscriptions hypothécaires	755
		Récidive	747		
		Récidivistes	747	Régime hypothécaire	755
Rabais	737	Récipiendaire	747	Registre	755
Rabattement de défaut	737	Réclamation	747	— des certificats de vie	756
Race	737	Réclamation d'état	747	Registres et papiers domestiques	756
Rachat	737	— en matière de contributions	747		
— en matière d'assurance	737			Règle	756
		— en matière d'enregistrement	747	— de droit	756
Rachat de captif	738			Réduction des hypothèques	757
— d'un droit de servitude	738	— contre les amendes, timbre, enregistrement et mutations par décès	747		
— d'un navire	738			Réel	757
— de rente	738			Refente	757
Racines	738			Référé	757
Rade	738	Réclusion	748	Référendaire	758
Radiation	738	Recognitif (Acte)	748	Réformation	758
— d'inscription	738	Récolement	748	Réfugiés	758
Radoub	738	— de bois	748	Refus	758
Raison écrite	738	Récolte	748	— de services et de secours	758
— sociale (ou de commerce)	738	Recommandataire	748		
		Recommandation	748	— de fonctions	759
Raisons et actions	738	— (Lettre de)	748	Regain	759
Rançon	738	Récompense	748	Regard	759
Rang	738	Récompenses nationales	749	Régie	759
Rapport d'arbitres	738			— de l'enregistrement	759
— d'experts	738	Reconciliation	749		
— d'officier de police judiciaire	740	Reconduction (Tacite)	749	— intéressée	759
		Reconnaissance	749	Régime	759
— à succession	740	— de bestiaux	749	— de la communauté	759
— du juge	741	— de dépôt	749	— dotal	759
— pour minute	742	— de dettes	749	— forestier	760
Rapt	742	— de dot	749	— matrimonial (Choix du)	761
Ratelage	742	— d'un droit de servitude	749		
Ratification	742			— municipal	761
Rature	743	— d'écriture	749	Régisseur	761
Ravisseur	743	— d'enfant naturel	750	Registre	761
Realisation	743	— par un mari	750	Règle	761
Réalisation (Clause de)	743	Reconstruction	751	Règlement	761
— d'acte	744	Reconvention	751	— administratif	761
— d'espèces	744	Recors	751	— amiable	761
Réarpentage	744	Recoupe	751	— de communauté	761
Réassignation	744	Recours	751	— de compte	761
		— en cassation, etc.	751	— de coupe de bois	761

R

	Pages.
Règlement définitif	761
— d'eau	761
— de juges	761
— locaux	761
— de police	761
— provisoire	761
— de qualités	762
Régulier	762
Réhabilitation	762
Réintégrande	763
Rejet	763
Relais de la mer	763
Relatif	763
Relation	763
— de l'Enregistrement	763
Relégation	763
Religieux	764
Religion	764
Reliquat	764
Remboursement	764
— de rente	764
Réméré	765
Remise	765
— des amendes et des droits	765
— (Bois)	765
— de cause	765
— des clefs	766
— (Contrat de)	766
— de dette	766
— de droit de servitude	766
— de loyers et fermages	766
— (Honoraires)	766
— de minutes	767
— de pièces	767
— de place en place	767
— de titres	767
Remplacement	767
— militaire	767
Remploi	767
Rémunération	768
Rémunératoire	768
Rendant	768
Renfort de caution	768
Rengagement des sous-officiers	768
Renommée	768
Renonciation	768
— à l'adoption	769
— à bénéfice d'inventaire	769
— aux bénéfices de droit	769
— à communauté	769
— à une donation	769
— au droit de chasse	769
— à un jugement	769
— à une hypothèque	770
— à l'hypothèque légale	770
— à une institution contractuelle	770
— à un legs	770
— à la faculté de réméré	770
— à un droit de servitude	770
— à un droit d'usufruit	770
— à un mandat	770
— à une nullité	770
— à la prescription	770

	Pages.
Renonciation à un privilège de second ordre	770
— à une société d'acquêts	771
— à une surenchère	771
— à une substitution	771
— à succession	771
— à une succession future	772
Renouvellement d'inscription	772
Rénovation	772
Renseignements	772
Rente	772
— alimentaire	772
— constituée	772
— convenancière	773
— sur l'Etat	773
— foncière	775
— perpétuelle	775
— au porteur	775
— viagère	775
Rentrée en possession	777
Renvoi	778
— de demande	778
— d'un tribunal à un autre	778
— devant notaire	778
— d'un prévenu ou d'un inculpé	778
Réparations	778
— civiles	779
Réparation d'erreurs	779
— d'honneur	779
Repare (ou réparation)	779
Répartition	780
Répertoire	780
Répétition de l'indû	780
— de droits indûment perçus	780
Réplique	780
Répondant	780
Report	780
— de Bourse	780
Représailles	781
Représentants	781
Représentation	781
— d'actes	781
— de choses	781
— (Droit de)	781
— de personnes	781
Réprimande	781
Repris de justice	781
Reprises	781
— d'apports (Clause de)	781
Reprise d'assurance	781
— d'instance	781
— sur l'ennemi	781
— de terre	781
Reprises matrimoniales	781
Reproche	782
Répudiation	782
Requérant	782
Requérir	782
Requête	782
— civile	782
— à fin d'expertise	783
— en collocation	783
Réquisition	783

	Pages.
Réquisition de personnes ou de choses	783
— militaire	783
— à un notaire	783
Réquisitions hypothécaires	784
Réquisitoire	784
Rescindant et rescisoire	784
Rescision	784
Rescisoire (Action)	785
Rescription	785
Réserve	785
— (Armée)	785
— de disposer	785
— de droits et actions	785
— légale	785
— d'usufruit	786
Réservoir	786
Résidence	786
— des fonctionnaires publics	786
Résidu	786
Résignataire	786
Résiliation. Résiliement	786
— de bail	787
— de contrat de mariage	787
— de vente	787
Résiliement	787
Résolution	787
— de bail	789
— de vente	789
Respect	789
Respectif. Respectivement	789
Respectueux (Acte)	789
Responsabilité	789
— administrative	790
— des agents de change et courtiers	790
— des architectes et entrepreneurs	790
— des chemins de fer	791
— civile	791
— des communes	791
— des conservateurs des hypothèques	791
— des conseils de famille	791
— des voituriers et entrepreneurs	791
— du maître	791
— entre époux	791
— des médecins, chirurgiens et pharmaciens	791
— ministérielle	791
— des notaires	792
Ressort	792
— (Dernier)	792
Restitution	792
— anticipée	792
— de dot	792
— d'amendes	792
— de droits d'enregistrement et de mutation	792
— de droits d'hypothèques	793
— de droits de succession	793
— de fruits	793

	Pages.
Restitution d'honoraires	793
— de grâce	793
— de justice	793
— de pièces	793
Restriction	794
— d'hypothèque	794
Rétablissement	794
— de communauté	794
Retard	794
Rétention (Droit de)	794
Retenue	794
— de traitement ou de solde	794
Réticence	794
Rétorsion	794
Retour (Droit de)	795
— d'un absent	795
— (Compte de)	795
— conventionnel	795
— d'échange ou de partage	795
— légal	795
Rétractation	796
Retrait	796
— d'espèces déposées à un notaire	796
— de droits litigieux	796
— d'indivision	797
— de réméré	797
— successoral	797
Retraite	798
— (Pension de)	798
Retraites pour la vieillesse (Caisse des)	798
Retranchement	799
Rétribution	799
Rétroactif (Effet)	799
Rétroactivité des lois	799
Rétrocession	799
— de bail	799
— immobilière	799
Réunion de la propriété à l'usufruit	799
— de l'usufruit à la propriété	799
Réunions publiques	799
Révélation	800
— de succession	800
Revendication	800
Révélation de secret	800
Revente	800
Revenu (Impôt sur le)	800
Revenus	801
Révérentielle (Crainte)	802
Réversibilité. Réversion	802
Revision	802
— (Conseil de)	802
Révocation	802
— d'adoption	802
— d'aliénation	802
— de donation	802
— d'acte frauduleux	802
— de donation entre époux	803
— de fonctions	803
— de legs	803
— de mandat ou de procuration	803
— de reconnaissance de paternité	803

	Pages.
Révocation de stipulation pour autrui	803
— de substitution	803
— de testament	803
Révocatoire (Action)	804
Rez-de-chaussée	804
Rhin (Haut-)	804
Rhône	804
Rideau	804
Rigole	804
Riscontre	804
Risques	804
— et périls	804
— locatifs	804
Ristourne	804
Rivage de la mer	804
Rive	804
Rivière	805
Rôle	805
— des causes	805
— des contributions	805
— d'équipage	805
Rouissage de chanvre	805
Roulage	805
Roulement	806
Routes	806
Rubrique	806
Ruche	806
Ruelle	806
Rue	806
Ruisseau	807
Rupture	807
— de ban	807
Rural	807

S

	Pages.
Sable de mer	807
Sac (Passe de)	807
Sacramentels (Termes)	807
Sacrilège	807
Sage-femme	807
Saillies	807
Sain d'esprit	807
Saisie	807
Saisie-arrêt	808
Saisie-brandon	808
— conservatoire	809
— pour contravention	809
— pour contributions directes	809
Saisie-exécution	809
Saisie-foraine	809
Saisie-gagerie	810
— immobilière	810
— mobilière	811
— de navire	811
— réelle	811
— des rentes	811
Saisie-revendication	811
Saisine	811
Saisons	811
Salaire	811
— des conservateurs	811
Salines	811
Salles d'asile	812
Salpêtrière	812
Salubrité	812
Sanction	812
Sang (Droit du)	812

	Pages.
Santé (Maison de)	812
— (Officier de)	812
Saône (Haute-)	812
Saône-et-Loire	812
Sarthe	812
Satisfaction	812
Sauf-conduit	813
Sauvetage	813
Savoie	813
— (Haute-)	813
Savoir ou à savoir	813
Sceau	813
— notarial	813
Scel	813
Scellés	813
Schoores	814
Science	814
Sciences et arts	814
Séances	814
Seconde grosse	814
Secondes noces	814
Secours	814
— à domicile	814
— mutuels	814
Secret	814
— des délibérations	815
— des lettres	815
— professionnel	815
— (Mise au)	815
Secrétaire	815
Secrétaire d'ambassade	815
— d'Etat	815
— général	815
Section de commune	815
Sédition	815
Séduction	815
Second mariage	815
Seine	815
Seine-Inférieure	816
Seine-et-Marne	816
Seine-et-Oise	816
Seing	816
— privé	816
Séjour	816
Sel	816
Semences	816
Séminaire	816
Semi preuve	816
Sénat	816
Sénateur	817
Sentes. Sentier	817
Sentence	817
— arbitrale	817
Séparation	817
— de biens	817
— de corps	817
— de dettes (Clause de)	818
— des patrimoines	818
Septuagénaire	819
Sépulture	819
Séquestration de personnes	819
Séquestre	820
— pour contumace	820
Serment	820
— conventionnel ou extrajudiciaire	821
— décisoire	821
— d'office ou supplétif	821
— des fonctionnaires publics	821

S

	Pages.		Pages.		Pages.
Serment judiciaire	821	Solennel (Acte)	833	Substitution vulgaire	842
— des parties	821	Solennités	833	Subtilité	842
— professionnel	821	Solidaire	833	Subvention	842
— promissoire	821	Solidarité	833	Succéder (Pacte de)	842
— supplétif	821	Solivage métrique	833	Successeur	842
Serrures	821	Solution	834	Successible	842
Serrurier	821	Solvable	834	Successifs (Droits)	842
Servant (Fonds)	821	Sommaires (Causes ou matières)	834	Succession	842
Service	821	Sommation	834	— bénéficiaire	847
Services administratifs	821	— respectueuse	834	— future	847
Service divin	821	— à un tiers détenteur	834	— (Droits de)	847
Service funèbre	821	Somme	834	— irrégulière	847
— postal	821	Sommes	834	— vacante	847
— télégraphique	821	Sommier	834	Successoral (Retrait)	847
Serviteur à gages	821	— judiciaire	834	Succursale	847
Servitudes	821	Sort	834	Sucre	847
— défensives militaires	823	— (Tirage au)	834	Suffrage	848
— d'utilité publique	823	Souche	834	Suggestion	848
Session législative	823	Souchetage	834	Suicide	848
Sévices	823	Souffrance	834	Suite (Droit de)	848
Sèvres (Deux-)	823	Soulte	834	Sujet	848
Sexe	824	Soumission	835	Supercherie	848
Si	824	— de juridiction	835	Superficie et édifice	848
Siège (Etat de)	824	Source	835	Superficie	848
Siens	824	Sources d'eau salée	335	Suppléant (Juge)	849
Sieur	824	Sourd-muet	835	— du juge de paix	849
Signalement	824	Sous-bail ou sous-location	835	Suppléants des tribunaux de commerce	849
Signature	824	Sous-comptoir d'escompte	836	Supplément de droits d'enregistrement	849
— de crédit	825	Sous-garant	836	— d'hypothèque	849
Signaux	825	Sous-officiers	836	— de prix	849
Signes	825	Sous-ordre	836	Supplique	849
Signification	825	Sous-préfet	836	Supposition d'enfant ou de part	850
Silence	825	Souscription	836	Suppression d'enfant ou de part	850
Simple acte	825	Souscription littéraire	836	— d'état	850
— ministre	825	Soustraction de pièces et titres	836	— de stage	850
Simulation	825	Sous-traitant	836	— de titres	851
Singulier	825	Soutènement	837	Surannation	851
Sinistre	826	Souterrain	837	Surarbitre	851
Situation	826	Souverain	837	Surcharge	851
Société	826	Souveraineté	837	Surenchère	851
— d'acquêts	831	Spiritueux	837	Sureté	852
— d'agriculture	831	Spoliation d'hérédité	837	— individuelle	852
Sociétés artistiques, littéraires, scientifiques	831	Stage	837	— publique	852
Société anonyme	832	Statues	837	Sur mesure	852
— d'assurances maritimes	832	Statut	837	Surnom	852
— d'assurances mutuelles contre l'incendie	832	Stellionat	837	Surprise	852
Sociétés charitables ou religieuses	832	Stère	837	Surséance	852
Société civile	832	Stipulation	837	Sursis	852
— en commandite	832	— inutile	837	Surtaxe	852
— commerciale	832	— pour autrui	838	Surveillance de la haute police	852
— de crédit foncier	832	— de propres	838	Survenance d'enfant	852
— en nom collectif	332	Style	838	Survie	852
Sociétés ou associations ouvrières	832	Subdivision	838	— (Gains de)	852
— en participation	832	Subornation	838	Survivant des époux	852
— de secours mutuels	832	Subrecargue	838	Suscription	852
— secrètes	832	Subreptice	838	— (Acte de)	853
Société tacite ou taisible	832	Subrogation	838	Suspens	853
— territoriale	832	— de choses	839	Suspension	853
Sœur	832	— judiciaire	839	— de prescription	853
Sœurs hospitalières	832	Subrogé tuteur	840	Suspensive (Condition)	853
Sol	833	Subsistances	841	Suspicion légitime	853
Solde	833	Substances vénéneuses	841	Synagogue	853
— de retraite	833	Substantielle (formalité)	841	Synallagmatique (Contrat)	853
Soles	833	Substitut	841	Syndic	853
		Substitution	841	Syndicat des corporations et sociétés	853
		— d'enfant	841		
		— fidéicommissaire	841		
		— de pouvoirs	842		

T

	Pages.
Tabac	853
Table des minutes	853
— de mortalité	853
Tableau des aspirants au notariat	853
— des avocats	853
— comparatif des monnaies	853
— comparatif des poids et mesures	853
— de concordance	854
— des contrats de mariage des commerçants, demandes en séparation et actes de société	854
— des créances inscrites et subrogations	854
— généalogique	854
— d'insertion dans l'auditoire des tribunaux	854
— des interdits ou assistés d'un conseil judiciaire	854
— des intérêts, arrérages de rentes, pensions, etc.	854
— de parenté	854
Tacite	854
— (Fidéicommis)	854
— reconduction	854
Taille	854
— des arbres à fruits	854
Taillis	855
Tannerie	855
Tante	855
Tapage nocturnes	855
Tarif	855
— des frais et dépens	855
— des actes notariés	855
— des frais dus aux notaires, avoués, huissiers, etc.	855
— des droits de succession	855
Tarn	855
Tarn-et-Garonne	855
Taux des intérêts	855
— des rentes constituées	855
Taxe municipale sur les chiens	856
— sur les billards	856
— sur les cercles et sociétés	856
— sur le revenu des valeurs mobilières	856
— sur les voitures et chevaux	856
Télégraphe	856
Télégraphie privée	856
Téléphone	856
Témoignage	856
— (Faux)	856
Temoin	856
— certificateur d'individualité	856

	Pages.
Témoin honoraire	856
— instrumentaire	856
— judiciaire	856
Temps	856
— immémorial	857
Tenants et aboutissants	857
Tentative de crime ou délit	857
Tenue de livres	857
Terme	857
— de grâce	857
— (Marché à)	857
Termes (Expressions)	857
— sacramentels	857
Terrain militaire	857
Terrains enclavés	857
— en montagne	857
Terres (Usurpation de)	857
— enclavées	857
— vacantes	857
— vaines et vagues	858
Territoire	858
Testament	858
Tête	863
Théâtres	863
Théorie	863
Tierce opposition	863
Tiers	864
— acquéreur	864
— arbitre	864
— détenteur	864
— expert	864
— porteur	864
— possesseur	864
— saisi	864
Timbre	864
— (Amendes)	867
— épargne	868
Tirage des lots au sort	868
Tiré. Tireur	868
Titre	868
— (Acte)	868
— (Ancien)	868
— au porteur	868
— (Cause)	868
— coloré	868
— confirmatif	868
— (Droit de)	868
— exécutoire	868
— gratuit	868
— (Juste)	868
— lucratif	869
Titres (Interversion de)	869
Titre de noblesse	869
— nouvel	869
— (Office)	869
— onéreux	869
— présumé	869
— primordial	869
— de propriété	869
— putatif	869
— (Qualité)	869
— recognitif	869
— tacite	869
— vicieux	869
Titres honorifiques	869
Titulaire	869
Toisé (Cubage)	869
Toisons	871
Tolérance	871
Tombeaux	871
Tonte	871

U

	Pages.
Tontine	871
Torrent	871
Tour du chat	871
— d'échelle	871
— de rôle	871
Tourbière	872
Tout	872
Tradition	872
Trafic. Trafiquant	872
Traite	872
Traité	872
— politique	872
Traitement	872
— de réforme	872
Traits de plume	872
Traiteur	872
Tramway	872
Transaction	872
Transcription	873
— de saisie immobilière	875
Transfert	875
Transit	875
Translation de domicile	875
— d'hypothèque	875
— de legs	875
Transmission	876
Transportation	876
Transport	876
— d'actions dans une société	876
— de bail	876
— Cession	876
— de droits litigieux	878
— de droits successifs	878
— des personnes	878
— de rentes	878
— des juges et témoins	878
— par terre et par eau	878
Travail des enfants	879
— (Journée de)	879
Travaux forcés	879
— publics	879
Tréfonds	879
Trentenaire (Possession)	879
Trésor	879
— public	880
Triage	880
Tribunal administratif	880
— civil	880
— de commerce	880
— des conflits	880
Tribunaux (Cours et)	880
Trouble	881
Troupeau	881
— commun ou à part	881
Trousseau	881
Trouvailles	881
Tutelle	881
— (Compte de)	883
— (Conseil de)	883
— officieuse	883
Tuteur	884
Tuyaux	884
Type	884

U

	Pages.
Ultra petita	884
Uniforme	884

	Pages.
Unilatéral (Contrat)	884
Union de créanciers	884
Universalité	884
Université de France	884
Usage	884
— (Droit d')	884
Usages (Forêts)	884
— locaux	885
Usance	891
Usine	891
Ustensiles	891
— aratoires	891
Usufruit	891
— légal	893
Usufruitier	894
Usure	894
Usurier	894
Usurpation	894
— arbres	894
— de fonctions	894
— de nom	894
Utérin	894
Utile. Utilité	894
Utilité publique	894

V

	Pages.
Vacance	894
— de succession	895
Vacances des tribunaux	895
Vacants (Biens)	895
Vacation	895
Vacations (Chambre des)	895
Vagabond. Vagabondage	895
Vaine pâture	895
Vaisseau	895
Vaisselle	895
Valeur	895
Valeurs mobilières (Impôt sur les)	895
— à lots	895
— fiduciaires	896
Validité	896
Var	896
Varech	896
Vaucluse	896
Vendée	896
Vendange	896
Vente (Contrat de)	896
— administrative	902
— aléatoire	903
— à charge de rente viagère ou avec réserve d'usufruit	903
— d'actions	903
— en bloc	903

	Pages.
Vente d'un brevet d'invention	903
— de constructions et de matériaux	903
— de droits successifs	903
— entre époux	903
— à faculté de rachat	903
— sur folle enchère	903
— de fonds de commerce	903
— à fonds perdu	904
— à la filière	904
— judiciaire	904
— de manuscrits et d'ouvrages	905
— de marchandises neuves	905
— de meubles	905
— de navires et bâtiments de mer	905
— sur publications judiciaires	905
— de récoltes	905
— à réméré	906
— de rentes, créances et autres droits incorporels	906
— sur surenchère	906
— à vie	906
Ventilation	906
Vers à soie	906
Verdict	906
Vérification de créances	906
— d'écriture	906
Vêtements (Habits)	906
Veuve	906
Viabilité	906
Viagère (Rente)	907
Vice. Défaut. Imperfection	907
Vices de forme	907
— rédhibitoires	907
Victuailles	908
Vicomté	908
Vidange	908
Viduité	908
— (Droit de)	908
Vie	908
— des hommes	908
— (Bail à)	908
— (Certificat de)	908
Vienne (La)	908
— (Haute-)	908
Vif	908
Vigilance	909
Vigne	909
Vileté du prix	909
Ville	909

	Pages.
Vin (Pot-de-)	
Vindicte publique	
Viol	
Violation	
— de clôture	
— de dépôt	
— de domicile	
— des formes	
— de sépulture	
Violence	
Virement	
Virile (Part et portion)	
Visa	
— pour timbre	
Visite domiciliaire	
— des lieux	
Vive pâture	
Vivier	
Vœux	
Voie	
— d'action	
— de droit	
Voies de fait	
Voie parée	
— publique	
— de réquisition	
Voirie	
Voisinage	
Voiture (Frais de)	
— (Lettre de)	
— publique	
Voitures et chevaux (Impôt sur les)	
— de roulage	
Voiturier	
Vol	
Volapük	
Vol de caisse	
Volailles	
Volontariat	
Volonté	
Voluptuaires (Dépenses)	
Vosges	
Voûte	
Voyage de mer	
Voyages d'outre-mer	
Voyageurs	
Vue	
Vues	
Warrant	

Y

Yachts et bateaux de plaisance	
Yonne	

TABLE ALPHABÉTIQUE

DES FORMULES, D'ACTES, PÉTITIONS, ETC.

A

	Pages.
ABANDON de mitoyenneté	2
— de fonds grevé de servitude	3
ABANDONNEMENT ou cession volontaire de biens	4
— à titre de partage	5
ACQUIESCEMENT à un jugement	14
ADHÉSION à un abandonnement ou cession de biens	26
ALIÉNATION mentale. Demande d'admission dans un établissement d'aliénés	36
ALIGNEMENT (Demande d')	37
ALLONGE d'un effet de commerce	38
AMENDE (Pétition en remise d')	41
ANTICHRÈSE	44
ARPENTAGE (Certificat simple)	52
— (Autre certificat ou Pr.-verb. d')	52
ASSISTANCE judiciaire (Demande d')	55
ATERMOIEMENT avant déclaration de faillite	59
AUTORISATION maritale à l'effet de faire le commerce	63
— à l'effet de vendre	63
AVAL d'un billet à ordre ou lettre de change	64

B

BAIL à cheptel simple	72
— à moitié	73
— d'une pièce de terre	76
— d'une ferme	76
— de vignes	79
— à loyer de maison	80
— d'une boutique	81
— à moitié fruits	82
— de chasse simple	84
— de chasse (autre)	84
— de meubles meublants	85
— de pêche	86
BAN	98
BILLET simple	100
— par mari et femme	100
— à ordre	101
— (payable au domicile d'un tiers)	101
— (Aval de garantie)	64
— au porteur	101
BORNAGE simple	107

	Pages.
BORNAGE (Nomination d'experts à la fin de)	108
— (P.-V. d'expert)	108
BREVET ou contrat d'apprentissage	111
— d'apprentissage (Certificat d')	112
— d'invention (Demande de)	113
BUREAU de tabac (Demande de)	115

C

CAISSE d'épargne (Pouvoir)	119
CAUTIONNEMENT simple	129
— solidaire	129
CERTIFICAT de bonne conduite	131
CHÈQUE	146
COMPROMIS ou nomination d'arbitres	169
COMPTE d'exécuteur testamentaire	171
— de tutelle	178
— — (Récépissé)	179
— — (Arrêté de)	179
CONGÉ de location amiable accepté	187
— (Acceptation)	187
CONNAISSEMENT	188
CONTRE-LETTRE	207
CONTRIBUTIONS publiques (Déclaration de division de cote)	211
— (Déclaration de plantation de bois)	212
— (Pétition en remise ou modération)	217
— (Pétition en décharge ou réduction)	217
— (Pétition en décharge de la contribution pers. mobil.)	217

D

DATION de meubles en paiement	243
DÉCHARGE de mandat	246
DÉCLARATION de perte de titre de Rentes etc.	663
— de succession (Lig. dir.)	252
— — (Veuve, communauté légale)	252

	Pages.
DÉCLARATION de succession entre époux et collatéraux (Légataire particulier)	252
— — (Demande de sursis)	340
DÉFRICHEMENT (Déclaration de)	258
DÉLIVRANCE de legs	268
DEMANDE d'origine de rente sur l'État	269
DÉPÔT de meubles	276
DÉSISTEMENT d'appel	280
DISPENSE de notification de contrat	287
DIVORCE (Demande en)	291
— (Acte de)	291

E

ECHANGE d'Immeubles	312
ELECTEUR (Réclamation pour inscription ou rectification)	322
— (Requête en appel devant le juge de paix)	322
— (Requête en cassation de décision du Juge de paix)	322
— (Réclamation contre les opérations électorales)	322
ENDOSSEMENT d'effet de commerce	331
ENREGISTREMENT (Demande de sursis pour une déclaration de succession)	340
— (Pétition en réclamation de droits indûment perçus)	362
— (Demande de remise du demi-droit encouru à défaut de déclaration de succession dans les délais)	363
— (Demande en remise ou réduction)	364
ETAT de dettes	386
— estimatif de meubles	387
— d'Inscriptions (Requisition)	388
— de lieux	389

G

GAGE d'objets mobiliers	437
GARDE-CHASSE ou particulier (Demande de)	441
GRÊLE (Demande en remise de contributions)	452

H

HABITATION (Concession de droit d')	455
HYPOTHÈQUE maritime (Contrat d')	469
— — (Inscription d')	470

I

INSCRIPTION hypothécaire (Renouvellement pour prêt)	489
— — (Renouv. Rente)	489
— — (Renouv. d'hyp. judiciaire)	489

L

LETTRE de change simple	5
— de change à l'ordre du tireur	5
— de voiture	5

M

MAINLEVÉE d'opposition	5
— de saisie-exécution	5
MARCHÉ pour fourniture de marchandises	5
— pour la construction d'un bâtiment	5
MITOYENNETÉ (Cession de)	5
— (Quit. d'indem. de surcharge)	5

O

OBLIGATION ou prêt simple	6

P

PARTAGE entre héritiers majeurs	64
PENSION alimentaire (Constitution de)	65
PERMIS de chasse (Demande de)	66
PERTE de titres (Déclaration de)	66
PÉTITION au Sénat	66
— à un Ministre	66
PLAINTE	67
PRÊT de consommation	70
— à usage	70
PROCÈS-VERBAL pour délit de chasse	71
PROCURATION pour payer des droits de succession	71
— pour concourir à la nomination d'un tuteur ou subrogé tuteur	71
PROCURATION pour se faire représenter et poursuivre en justice	71
— pour faire un bail et toucher des loyers	71
— pour se faire représenter à une faillite	720
— pour gérer les affaires d'une maison de commerce	720
— pour vendre	720
— pour acquérir	72
PROMESSE de vente	724
PROROGATION de délai	727
PROTÊT (Dispense de) ou de dénonciation	729

Q

QUITTANCE de loyer	736
— d'intérêts, par un mandataire	736
— de fermages	736
— d'un capital pour prêt	736

R

RAPPORT d'experts nommés par les parties	739
— — nommés par le Tribunal	740

		Pages.
Ratification		743
Réhabilitation (Demande en)		763
Remise de dette		766
Renonciation à une prescription acquise		770
Résiliation de bail		787
Résolution de vente		788
Retrait de droits litigieux		796
— successoral		797
Retraites (Vieillesse). Pouvoir		799
Révocation de Testament		804

S

Société en nom collectif		829
— en commandite		830
— en participation		831
Sous-bail ou sous-location		835
Substitution de pouvoirs		842
Supplique pour demande de grâce		849
— pour demande de secours		849
— afin de dispense pour mariage		850
— pour demander la croix, la médaille militaire, etc.		850

T

		Pages.
Testament olographe (Légataire universel)		862
— — entre époux		862
— — (autre, entre époux)		862
— — Legs particulier		863
— — contenant partage		863
Traite		872
Transaction sur contestation		873
— sur délit		873
Transport de créance		877
— avec acceptation		877
— de droits successifs		878
— de droits litigieux		878

V

Vente de meubles		899
— de récoltes		899
— d'une coupe de bois		899
— d'un manuscrit		900
— de navire		900
— d'un fonds de commerce		900
— d'un immeuble en pleine propriété		901
— d'usufruit		901
— d'une nue-propriété		902
— à droit de réméré		902

FIN

www.ingramcontent.com/pod-product-compliance
Lightning Source LLC
Chambersburg PA
CBHW071225300426
44116CB00008B/916